THÉMA

THÉMA

Sciences de la vie

BIOLOGIE
MÉDECINE
AGRICULTURE
AGROALIMENTAIRE

· LAROUSSE ·

Distributeur exclusif au Canada : les Éditions Françaises Inc.

ISBN 2-03-152240-X (édition complète)
ISBN 2-03-152245-0 (Volume 5)

LE PROBLÈME DE L'HOMME D'AUjourd'hui n'est pas le manque mais le trop-plein d'informations. Il est de moins en moins possible de saisir un fil conducteur dans le flux des événements et des idées que répandent chaque jour aussi bien les voix des médias que les documents de plus en plus spécialisés de la vie professionnelle. Les révolutions des sciences et des techniques s'accompagnent de profondes mutations économiques, sociales et culturelles. Pour comprendre cet univers éclaté, il est utile sinon indispensable de disposer d'un guide qui trace des pistes claires et rapides dans les multiples territoires de la connaissance. Théma, encyclopédie à la dimension du monde moderne, est ce guide qui permet de se reconnaître dans le nouveau paysage du savoir contemporain.

Mais l'homme d'aujourd'hui, qu'il poursuive ses études, qu'il soit engagé dans la vie active ou qu'il cherche simplement à comprendre le monde dans lequel il vit, est un homme pressé, sollicité de toute part. Il ne lui suffit pas de disposer d'un quelconque stock de données. Il lui faut y avoir accès rapidement, sous une forme immédiatement utilisable et facilitant la mémorisation. Pour être vivante, une encyclopédie doit donc faire ressortir l'essentiel du savoir dans une présentation structurée et imagée, qui permette à la fois un repérage rapide de l'information et la claire compréhension, dans leur continuité et dans leurs relations, des événements, des faits, des concepts. Théma est une encyclopédie qui utilise de nouvelles formes de communication pour rendre accessibles les données de base de la connaissance et de la culture.

La connaissance d'aujourd'hui est en effet à plusieurs dimensions et à plusieurs voix : on montre autant qu'on démontre ; images et mises en scène participent à toute information comme à toute pédagogie ; le message et son support sont indissociables. Théma est une encyclopédie qui accorde aux moyens visuels, à l'illustration et à la signalétique une place capitale.

Théma communique le savoir avec une efficacité nouvelle parce qu'elle le structure et le synthétise. Théma brosse ainsi un panorama complet de la pensée et de l'activité humaines, en les rassemblant en cinq grands « territoires » cohérents :

– **l'histoire de l'humanité** saisie dans ses grandes périodes, dans ses croyances, ses idées, ses manifestations politiques ;
– **le monde actuel** décrit dans ses aspects géographiques, démographiques, économiques, géostratégiques, sociaux, ethniques et linguistiques ;
– **les sciences exactes** et leurs applications qui concourent à l'interprétation et à la transformation de l'Univers ;
– **les créations artistiques,** qui, par l'écrit, la peinture, le son, etc., donnent à voir et à comprendre les représentations que se font du monde les diverses civilisations ;
– **la vie** et l'ensemble des mécanismes par lesquels la vie apparaît et se développe, les connaissances modernes que la médecine a apportées sur l'homme et sur sa santé, l'exploitation que fait celui-ci des espèces végétales ou animales pour se nourrir, se vêtir.

À l'intérieur de chacun de ces grands territoires de la connaissance, Théma isole les temps forts du savoir. Parce que, pour bien se guider dans le détail de la connaissance, il faut d'abord en posséder l'essentiel.

Théma reconnaît ainsi quelque 1 250 thèmes fondamentaux, qui représentent chacun un concept de base, un moment d'une discipline scientifique ou culturelle.

Et, pour que ces thèmes soient saisis avec le plus de netteté et de force, ils sont systématiquement présentés dans l'espace d'une double-page : un seul coup d'œil permet d'appréhender l'ensemble d'une question.

Vision globale, essentielle, rapide : l'information dans Théma trouve une force neuve dans sa mise en forme.

Théma répond donc aux trois exigences d'une encyclopédie moderne. Elle embrasse la totalité du savoir ; elle organise la multiplicité des idées et des faits autour des disciplines fondamentales et des grands domaines d'activité : c'est une encyclopédie thématique ; elle offre l'essentiel du savoir sous la forme la plus dense et la plus visuelle : c'est l'outil idéal d'information et de formation intégré à la vie familiale, scolaire et quotidienne. •

THÉMA EST UNE ENCYCLOPÉdie thématique : les connaissances y sont classées et ordonnées selon un ordre logique qui se retrouve à plusieurs niveaux.

Chacun des cinq volumes de la collection est tout entier consacré à un grand territoire de la connaissance et l'ensemble de ces cinq territoires couvre la totalité du champ du savoir contemporain.

À l'intérieur de chaque volume, chacun de ces cinq grands territoires est lui-même divisé en domaines correspondant à des disciplines classiques ou à des types de questions plus récents.

CHACUN DE CES DOMAINES est exposé en un certain nombre de thèmes. Le thème est, en effet, dans Théma, la véritable unité de traitement de l'information.

Chaque thème, présenté sur une double page, permet d'appréhender, d'un seul coup d'œil, l'ensemble d'une question. Pour cela, le texte comme l'illustration sont organisés de façon rigoureuse.

Le texte comprend toujours une ouverture, qui présente une synthèse du thème et une série de modules traitant le thème en profondeur. Chaque module, titré, est précédé d'un court chapeau qui en résume le contenu.

Dans de nombreux thèmes sont donnés des repères chronologiques, biographiques, lexicaux, etc., sous la forme de dates clefs, de personnages clefs, de mots clefs ou d'œuvres clefs.

Chaque illustration est accompagnée à la fois d'un numéro, d'un élément d'identification et fait l'objet d'un commentaire, dans lequel sont rappelés, le cas échéant, les numéros des documents référencés.

Cinq volumes : cinq territoires	*Chaque volume : des domaines*	
Les Hommes et leur Histoire	**Histoire**	HIST
	Systèmes politiques	POLIT
	Histoire des idées	IDÉES
	Religions	RELIG
Le Monde Aujourd'hui	**Géographie régionale**	GEO. REG
	Démographie	DEMOGR
	Géographie économique	GEO. ECO
	Économie	ECO
	Géostratégie	GEOSTRAT
	Ethnies, peuples et États	PEUPLES
	Société	SOCIO
	Langues	LANGUES
Sciences et Techniques	**L'Univers**	UNIV
	La Terre	TERRE
	Mathématiques	MATHS
	Physique	PHYS
	Chimie	CHIM
	Techniques	TECHN
Arts et Culture	**Littérature**	LITTER
	Beaux-arts	ARTS
	Musique	MUS
	Danse	DANSE
	Cinéma	CINE
	Médias	MEDIAS
Sciences de la Vie	**Biologie**	BIOL
	Médecine	MED
	Agriculture	AGRI
	Agroalimentaire	ALIM

Domaine :

Rappel en titre courant du domaine dans le volume.

Titre :

Titre du thème traité. Peut être accompagné d'un surtitre.

Ouverture :

Mise en place des éléments essentiels du thème.

Module :

Titre : L'ensemble des titres des modules donne à lui seul les points essentiels du thème.
Chapeau : Résumé des idées-forces du module. L'ensemble des chapeaux constitue le *squelette* du sujet.
Texte du module : Exposé synthétique, clair et précis.

Éléments clefs :

Repères chronologiques, biographiques, lexicaux, etc., relatifs au thème, c'est-à-dire :
- dates clefs
- personnages clefs
- mots clefs
- œuvres clefs, etc.

POUR LES THÈMES OÙ CELA se justifie, on propose, en fin d'article, un prolongement de lecture par le biais d'un système de renvois à d'autres thèmes du même volume – ou d'autres volumes – de la collection. Ce système organise dans l'ouvrage un guide de parcours et de circulation et met en évidence les liens logiques entre les différents thèmes. Chaque renvoi comprend : le titre du thème auquel on renvoie, une abréviation (le mnémonique) du domaine où figure ce thème, les numéros de la double-page correspondante. Les titres des domaines, qui correspondent de façon simple avec les abréviations, figurent sur le dos de chaque volume et sur le rabat de la jaquette.

CHAQUE VOLUME EST PRÉCÉDÉ d'une table des matières détaillée donnant, avec la pagination correspondante, l'ensemble des titres des thèmes de chaque domaine et des modules de chacun des thèmes. Les initiales, qui sont données pour chaque thème, permettent de retrouver, dans la liste des collaborateurs du volume, le nom de l'auteur correspondant. Cette table permet un repérage rapide et facilite la consultation. Elle donne en outre une vue d'ensemble de chaque domaine et ce à deux niveaux : celui des titres des thèmes et celui des titres des modules.

Un index à la fin de chaque volume permet de localiser rapidement telle information précise recherchée par le lecteur.

À la fin de chaque volume figurent les sommaires des quatre autres volumes de la collection.

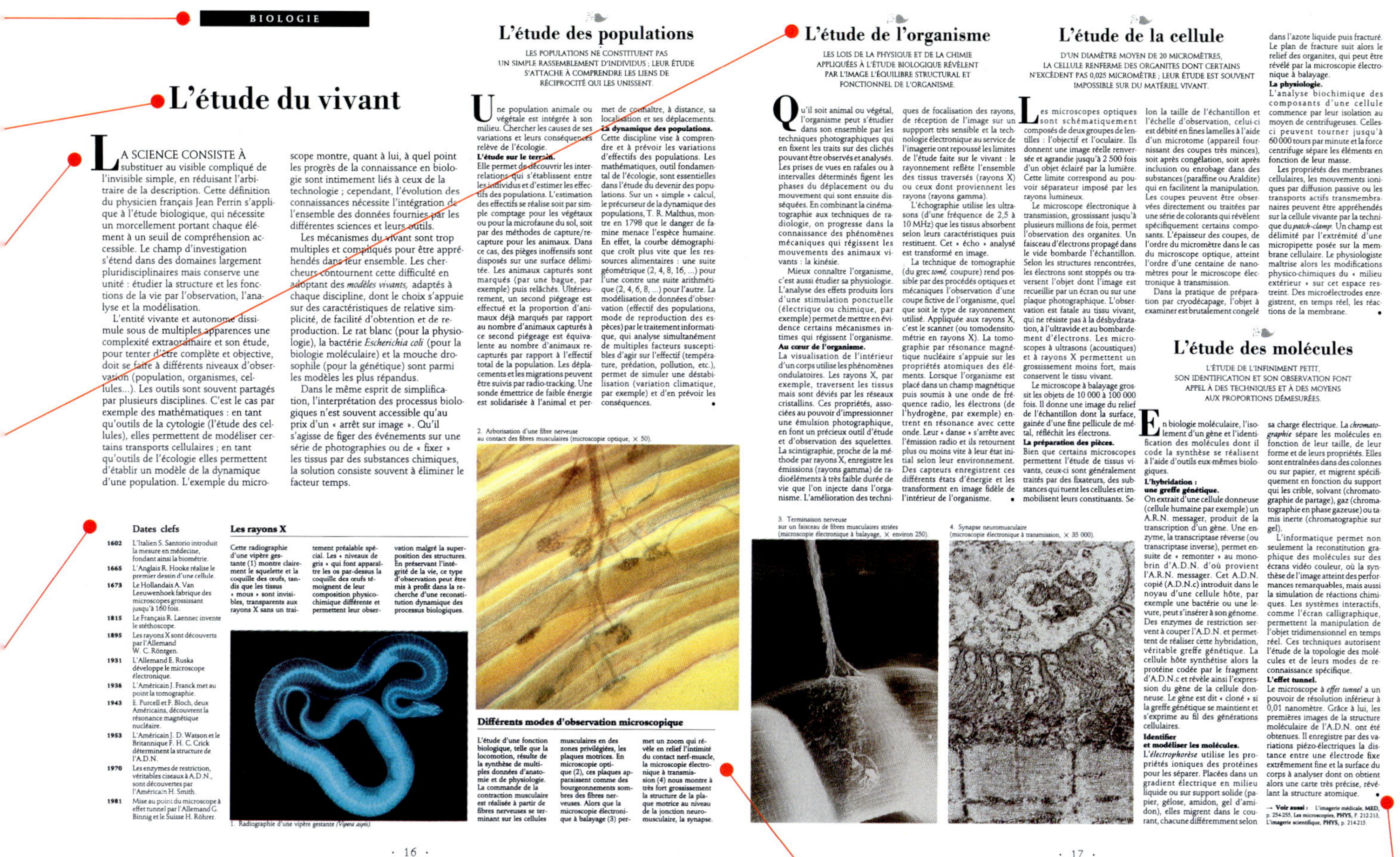

Illustration :

Organisée en un ensemble homogène, cohérent permettant une lecture autonome et transmettant un message direct et porteur d'information ou/et d'émotion.

Des légendes d'identification accompagnent les divers types de documents. Le commentaire aide à « lire » et à comprendre les images.

Voir aussi :

Système de renvois assurant une circulation dans la collection.

Patrice Maubourguet
Direction de la publication

François Demay et Henri Serres-Cousiné
Jacques Demougin
Conception et réalisation

Responsables de domaine

Éric Mathivet
Philippe Obadia, Isabelle Érard-Cerceau,
Jean-François Timmel, *Biologie*
André-Dominique Nenna, Marie-Dominique Nenna
Marie Testart, Madeleine Tréguer, *Médecine*
Bernard Roux, *Agriculture et agroalimentaire*

Suivi éditorial et indexation

Michèle Beaucourt, Marie-Thérèse Eudes, Philippe Lacrouts
Jacques Florent

Composition et informatique éditoriale

Joaquín Suárez-Prado
Michel Vizet, Jocelyne Rébéna, Gabino Alonso
Monique Roux, Martine Penin

Correction

Bernard Dauphin
Pierre Aristide, Monique Bagaïni, Nicole Chatel
Claude Dhorbais, Marie-Pierre Gachet, René Louis
Françoise Mousnier, Madeleine Soize, Annick Valade

Fabrication

Gérard Weymiens
Martine Toudert

Suivi de la réalisation

Brigitte Laurent
Sophie Godeau

Secrétariat

Anne-Marie Diény
Nelida Fortunato, Marie-Thérèse Sobusiak

François Demay et Yves Garnier
Direction éditoriale

Directeurs artistiques

Frédérique Longuépée
Daniel Leprince, François Weil

Couverture et reliure

Gérard Fritsch

Documentation iconographique

Anne-Marie Moyse-Jaubert
Nane Dujour, *responsable du projet,*
Sophie Letellier, Marie-France Naslednikov
Martial Penicaud

Dessins et cartographie

Michel Loppé, *directeur artistique*
Lucien Lallemand, Jacqueline Pajouès
Brigitte Alloppé, *préparation cartographique*

Mise en pages

Frédérique Cartalade-Delfaut, Alix Colmant
Henri François Serres-Cousiné
Guy Calka, *préparation typographique*

Secrétariat de la documentation iconographique

Monique Gouix, Danielle Jacquemain
Marie Vorobieff

Secrétariat des services graphiques

Gisèle Rucq, Michèle Stromberg

Henri Serres-Cousiné et Alain Joly
Direction des services artistiques

L'image graphique de l'ouvrage a été donnée par Yan Pennor's

Sciences de la Vie

La vie est une forme extrêmement complexe d'organisation qui possède l'extraordinaire faculté de se reproduire presque à l'identique mais en même temps d'évoluer et de se diversifier en de multiples espèces. Parmi ces dernières, l'Homme a atteint un niveau de complexité, notamment par son système nerveux central, qui lui assure une faculté de réflexion et de prise de conscience de lui-même. Le volume présente les processus fondamentaux à l'œuvre dans la grande aventure de la vie, qui permettent à l'homme d'assurer son existence dans un monde qu'il connaît et qu'il maîtrise chaque jour avec plus de précision.

Le domaine **Biologie** offre un panorama complet des êtres vivants, des plus simples aux plus complexes, de leurs types d'organisation, des grandes fonctions qui concourent à leur développement, à leur adaptation à l'environnement, à leur reproduction. Au plus profond de chaque être vivant, de chaque cellule, se trouvent les gènes, éléments fondamentaux, qui constituent le plan de construction et de fonctionnement de tout individu. La maîtrise de plus en plus grande de l'homme sur ce plan, par l'intermédiaire du génie génétique, autorise tous les espoirs comme toutes les craintes.

Végétaux et animaux sont répartis plus ou moins largement dans les divers milieux qu'offre la mince pellicule de la planète propre à la vie : la biosphère. Ils y entretiennent des relations les uns avec les autres, relations de dépendance, de compétition, etc. Chaque milieu, quelle que soit sa dimension, est régi par ce système très complexe d'interactions dont l'équilibre peut être modifié volontairement par l'homme à son profit, mais aussi menacé par ses activités irréfléchies.

Le domaine **Médecine** présente l'homme dans ses grandes fonctions physiologiques (alimentation, circulation, digestion, respiration, reproduction et sexualité, etc.), dans son développement (de la naissance à la mort), dans les relations entre le corps et le psychisme. Il expose parallèlement les différentes maladies et pathologies qui peuvent affecter l'individu tout au long de son existence. Il montre quels sont les moyens dont dispose le médecin pour examiner, porter un diagnostic et soigner, quels sont ceux du chirurgien pour intervenir et réparer, quelles sont les méthodes pour mettre au point et tester les médicaments. La médecine s'intègre dans une culture comme dans un système social et économique : il existe différentes approches (médecines dites douces), différents types d'organisation et des niveaux très divers de développement de la santé publique. Très liée aux sciences fondamentales comme aux techniques de pointe, la médecine impulse aussi une intense activité de recherche dans tous les domaines (clinique, génétique, immunologique, etc.)

Le domaine **Agriculture** expose d'abord les données générales de la domestication, de la sélection et de l'amélioration par l'homme des végétaux et des animaux. Il présente les conditions techniques (outils et machines) et économiques propres à chaque système agricole. Il passe ensuite en revue les grands types de production végétale (céréales, féculents, sucre, fruits, légumes, vigne, etc.) et animale (bovins, ovins, porcins, volailles, poissons, etc.).

Le domaine associé **Agroalimentaire** montre comment les matières de base que constituent les productions de l'agriculture et de l'élevage sont traitées et transformées en aliments, en boissons. Des industries aux techniques en progrès constant, des secteurs économiques toujours plus concentrés fabriquent et conditionnent, pour qu'ils soient toujours plus faciles à utiliser, les produits, les conserves, les surgelés et les plats préparés qui constituent désormais la base quotidienne des pratiques alimentaires des pays développés. •

Ont collaboré à cet ouvrage

J. A. Jacques **Ameille**, *professeur à l'université de Paris-V, médecin des hôpitaux de Paris.*

M.L. A. Marie-Laure **Amiel**, *docteur en pharmacie, ancien interne des hôpitaux (I.N.S.E.R.M.).*

M. AU. Michel **Aubineau**, *professeur à l'Institut national agronomique Paris-Grignon, titulaire de la chaire de machinisme agricole.*

J.J. B. Jean-Jacques **Barloy**, *docteur ès sciences, écrivain scientifique.*

A. BA. Annie **Barois**, *professeur à l'université de Paris-V, médecin des hôpitaux de Paris.*

N. B. Nicolas **Baudoin**, *ingénieur agricole, ingénieur d'étude au Centre d'étude et de recherche sur l'économie et l'organisation des productions animales.*

M.A. B. Marie-Aimée **Baudon**, *docteur ès sciences (physiologie).*

F. B. Françoise **Beauvais**, *chargée d'études dans le Groupe d'évaluations médiatique, muséologique et éducative à l'université de Paris-VII.*

S. BERG. Serge **Bergal**, *ancien chef de clinique, assistant des hôpitaux.*

S. BERL. Sophie **Berland**, *chargée de recherches au Laboratoire d'anatomie comparée à l'université de Paris-VII.*

A. BI. Arnaud **Biraben**, *ancien chef de clinique, assistant des hôpitaux.*

M. B. Marcel **Blanc**, *écrivain scientifique (biologie).*

P. BON. Pierre **Bonfils**, *chef de clinique, assistant des hôpitaux de Paris, O.R.L.*

J. BON. Joseph **Bonnemaire**, *maître de conférences à l'École nationale supérieure des sciences agronomiques appliquées.*

P. BOR. Pierre **Bordes**, *maître de conférences de génie horticole à l'École nationale supérieure d'horticulture.*

J. BOU. Jacques **Bougler**, *professeur de zootechnie à l'Institut national agronomique Paris-Grignon, directeur de l'Union nationale des unités de sélection et de promotion de races.*

C. C.K. Corinne **Cardoso-Kelfa**, *psychiatre, ancien interne des hôpitaux psychiatriques (Rhône-Alpes, Île-de-France).*

A. C. Alain **Castaigne**, *professeur à l'université de Paris-XII, cardiologue à l'hôpital Henri Mondor.*

F. C. Florence **Cerceau**, *docteur en astronomie et en techniques spatiales, maître de conférences en muséologie au Muséum national d'histoire naturelle.*

P. C. Patricia **Chairopoulos**, *professeur de physiologie animale et de nutrition à l'Institut français de chiropractie.*

E. C. Éric **Chevallier**, *médecin, diplômé de l'Institut d'études politiques de Paris, Centre international de l'enfance.*

J.M. CL. Jean-Michel **Clément**, *professeur d'enseignement supérieur agroalimentaire, président du Centre de recherches, innovation, transfert, technologie de l'agroalimentaire.*

B. C. Bruno **Corbara**, *chercheur en biologie du comportement au laboratoire d'éthologie du C.N.R.S. à l'université de Paris-XIII.*

J.C. CR. Jean-Claude **Crosnier**, *directeur de l'Institut technique de la pomme de terre.*

M. D. Maryvonne **Decharme**, *maître-assistante de pathologie végétale à l'École nationale supérieure d'horticulture.*

A. DE R. Armand **de Ricqlès**, *professeur, responsable de l'équipe « Formation squelettique » au Laboratoire d'anatomie comparée à l'université de Paris-VII.*

P.F. DE S.L. Patrick F. **De Saint Louvent**, *ancien chef de clinique, assistant des hôpitaux.*

X. D. Xavier **Dezard**, *ophtalmologiste, assistant à l'hôpital de Gonesse.*

B. D. Bernard **Djian**, *dermatologue, ancien interne des hôpitaux de Montpellier, ancien chef de clinique des Universités.*

T. D. Thierry **Doré**, *assistant d'agronomie à l'Institut national agronomique Paris-Grignon.*

D. E. David **Elkharrat**, *ancien chef de clinique, assistant des hôpitaux.*

S. E. Sylvie **Epelboin**, *gynécologue obstétricienne, responsable du Centre de fécondation in vitro de l'hôpital Saint-Vincent-de-Paul à Paris.*

M. FAG. Marianne **Fagart**, *orthoptiste, attachée aux hôpitaux de Gonesse et de Montreuil.*

J. F. Jacques **Faivre**, *ancien chef de clinique à la faculté de médecine de Paris, chirurgien esthétique de l'hôpital de Montreuil.*

M. FAR. Monique **Farel**, *médecin psychiatre.*

E. F. Eugénie **Filiu**, *anesthésiologiste, directeur du S.A.M.U. des Yvelines.*

M. FI. Marcel **Filiu**, *docteur en médecine, directeur des sciences humaines appliquées (Euréquipe).*

C. F. Claude **Foury**, *maître de conférences à l'École nationale supérieure d'horticulture, titulaire de la chaire de productions légumières et grainières.*

T. G. Thierry **Gaultier**, *chef de clinique, assistant des hôpitaux de Paris.*

G. GH. Gilles **Gheusi**, *chercheur en biologie du comportement au laboratoire d'éthologie du C.N.R.S. à l'université de Paris-XIII.*

I. G. Ismène **Giachetti**, *chargé de recherche au C.N.R.S. (physiologie).*

J.S. G.LE Q. Janine-Sophie **Giraudet-Le Quintrec**, *ancien chef de clinique, assistant des hôpitaux de Paris.*

G. G. Glyn **Goodall**, *maître de conférences à l'université de Bordeaux-II.*

P. G. Paul **Goujon**, *ingénieur du génie rural, des eaux et des forêts, directeur des études honoraire au Centre technique forestier tropical.*

C. G. Catherine **Guéroult**, *maître ès lettres, docteur en sciences de l'éducation, auteur, journaliste.*

F. H. Françoise **Haramburu**, *pharmacologue.*

G. H.G. Ghada **Hatem-Gantzer**, *chef de clinique, assistant des hôpitaux de Paris.*

B. H. Bernard **Hoerni**, *professeur de cancérologie à l'université de Bordeaux-II, chef de service et sous-directeur de la fondation Bergonié.*

P. H. Pierre **Huglin**, *directeur de recherche honoraire à l'Institut de la recherche agronomique.*

P. J. Philippe **Jauzein**, *maître de conférences en malherbologie à l'École nationale supérieure d'horticulture.*

C. J.B. Claudette **Jeulin-Bailly**, *maître de conférences à l'université de Paris-XI.*

H. K. Hanna **Kamieniecka**, *psychologue, psychanalyste, assistante à l'université de Paris-VIII.*

M. L. Michel **Labrid**, *docteur ès sciences (biologie du comportement).*

J.P. L. Jean-Paul **Lachaud**, *chargé de recherche au C.N.R.S. en biologie du comportement à l'université de Toulouse.*

P. LA. Pascal **Lacroix**, *andrologue, attaché des hôpitaux de Paris.*

R. L. Raymond **Laurans**, *ingénieur général honoraire d'agronomie, président de la Société d'ethnozootechnie.*

CL. L. Claude **Laurent**, *directeur de recherche à l'Institut national de la recherche agronomique.*

A. L. Antoine **Lazarus**, *professeur de santé publique à l'université de Paris-XIII, responsable du secteur « Santé » de l'Institut de l'enfance et de la famille.*

M. LE B. Marianne **Le Bail**, *ingénieur agronome, enseignant-chercheur à l'Institut national agronomique Paris-Grignon.*

P. LEG. Patrick **Legrand**, *architecte D.P.L.G., secrétaire général de la cellule « Environnement » de l'Institut national de la recherche agronomique.*

P. LEM. Pierre **Lemattre**, *enseignant à l'École nationale supérieure d'horticulture, responsable de la chaire de cultures ornementales.*

E. L.L. Étienne **Lévy-Lambert** (†), *pharmacien, journaliste scientifique.*

A. M.L. André **Marin-Laflèche**, *chargé de recherche à l'Institut national de la recherche agronomique.*

C. M. Catherine **Mariojouls**, *ingénieur agronome I.N.A.-P.G., ingénieur d'études au Centre d'études et de recherches sur l'économie et l'organisation des productions animales.*

G. M. Geneviève **Matheron**, *chargée de communication, responsable du musée de Ville-d'Avray.*

E. M. Éric **Mathivet**, *docteur ès sciences, secrétaire général de la rédaction Larousse.*

V. M. Vladimir **Mitz**, *chirurgien des hôpitaux de Paris.*

R. M. Robert **Molimard**, *professeur de physiologie à l'université de Paris-XI, médecin à l'hôpital de Nanterre, président de la société de tabacologie.*

J.C. M. Jean-Claude **Monfort**, *psychiatre, praticien hospitalo-universitaire (coordonnateur de l'enseignement de psychiatrie à la faculté de médecine de Créteil).*

A.D. N. André-Dominique **Nenna**, *professeur à l'université de Paris-V, médecin des hôpitaux de Paris.*

M.D. N. Marie-Dominique **Nenna**, *agrégée de l'Université.*

J.M. N. Jean-Marc **Nores**, *médecin des hôpitaux de Paris.*

P. O. Philippe **Obadia**, *docteur vétérinaire.*

P. PS. Patrick **Pasques**, *écrivain scientifique.*

P. PR Patrick **Pasquier**, *assistant à la chaire d'agronomie appliquée aux plantes horticoles et paysagères de l'École nationale supérieure d'horticulture.*

M. P.M. Marylène **Pathou-Mathis**, *chargée de recherche au C.N.R.S.*

J.C. PÉ. Jean-Charles **Péré**, *pharmacologue.*

J.M. P. Jean-Michel **Pinet**, *docteur ès sciences, professeur à l'Institut national agronomique Paris-Grignon.*

R. P. Roland **Platel**, *docteur ès sciences, maître de conférences à l'université de Paris-VII, professeur à l'Institut supérieur de rééducation psychomotrice.*

O. P. Odile **Poncy**, *docteur ès sciences (botanique tropicale), ingénieur au C.N.R.S.*

J.C. PU. Jean-Claude **Pujet**, *médecin, directeur du Centre de traitement des affections respiratoires de Paris.*

S. R. Serge **Rafal**, *docteur en médecine, attaché en premier des hôpitaux de Paris.*

J.L. R. Jean-Luc **Regnard**, *maître de conférences à l'École nationale d'horticulture, responsable de la chaire d'arboriculture fruitière.*

J.M. R. Jean-Michel **Rémy**, *professeur à l'Université de Paris-V, médecin des hôpitaux.*

M. RI. Max **Rives**, *directeur de recherche à l'Institut national de la recherche agronomique.*

P. R. Philippe **Robert**, *maître-assistant en zoologie agricole à l'École nationale supérieure d'horticulture.*

J. R.E. Jean **Roger-Estrade**, *maître-assistant d'agronomie à l'Institut national agronomique Paris-Grignon.*

D. ROJ. Dominique **Rojat**, *agrégé de sciences naturelles.*

D. ROT. Daniel **Rota**, *docteur ès sciences.*

M. RO. Marc **Roux**, *maître de conférences de zootechnie à l'École nationale supérieure des sciences agronomiques appliquées.*

M. SA. Michel **Saboureau**, *chargé de recherches au C.N.R.S.*

M. SC. Michel **Schoumann**, *chirurgien, attaché d'urologie et d'andrologie des hôpitaux de Paris.*

J.P. S. Jean-Paul **Sinquin**, *directeur de la division « Économie » de l'Institut technique de l'aviculture, des productions de basse-cour et des élevages de petits animaux.*

A.M. S. Anne-Marie **Slezec**, *docteur ès sciences (mycologie).*

CH. S. Christian **Souchon**, *maître de conférences en écologie à l'université de Paris-VII.*

C. S. Christian **Sueur**, *psychiatre.*

J. TA. Jacques **Taillard**, *docteur ès sciences, chercheur I.N.S.E.R.M. à l'hôpital psychiatrique du Vinatier (Lyon).*

M. T. Monique **Thuillier**, *médecin des hôpitaux de Paris, hémobiologiste.*

J.F. T. Jean-François **Timmel**, *docteur ès sciences, chargé de recherche au Laboratoire d'anatomie comparée de l'université de Paris-VII.*

J. TO. Jean **Touboul**, *ancien chef de clinique, assistant des hôpitaux de Paris.*

E. V. Étienne **Verrier**, *maître-assistant de zootechnie à l'Institut national agronomique Paris-Grignon.*

J.M. V. Jeanne-Marie **Viel**, *maître-assistante d'agriculture comparée à l'Institut national agronomique Paris-Grignon.*

A. V. André **Virel**, *docteur en psychologie, ancien chargé de cours de psychophysiologie à l'université de Paris-VI.*

G. V. Guy **Volle**, *assistant au Laboratoire d'endocrinologie cellulaire et de l'évolution à l'université de Paris-XI.*

Y. W. Yves **Wolmark**, *praticien hospitalier.*

TABLE DES MATIÈRES

BIOLOGIE

MÉDECINE

AGRICULTURE

5

SCIENCES DE LA VIE

Biologie

La vie

POUR DÉFINIR LA VIE, ON cherche généralement des critères de distinction entre le vivant et l'inanimé. Aristote (384-322 av. J.-C.) recense parmi les corps naturels « ceux qui ont la vie et ceux qui ne l'ont pas ». Il postule qu'un organisme se définit par son autoentretien : il se nourrit, croît et dépérit « par lui-même ». Cependant, à cette définition correspondent aussi des phénomènes non vivants : des réactions chimiques, comme la combustion, s'entretiennent tant que la combinaison des réactifs nécessaires est possible.

Influencée par la pensée aristotélicienne, la science occidentale se contente, jusqu'au XVIIIe siècle, de recenser et de classer les êtres vivants. L'interrogation sur la nature de la vie est surtout philosophique. Au XIXe siècle, le Français Jean-Baptiste Lamarck propose une interprétation très matérialiste de la vie, qu'il conçoit comme une accumulation et un échange perpétuel de fluides et de solides. Son compatriote et contemporain Georges Cuvier considère que « la forme des corps est plus essentielle que leur matière puisque celle-ci change sans cesse tandis que l'autre se conserve ». Cette idée d'un flux de matière sous une forme constante, à rapprocher de la notion physiologique de métabolisme, est importante, mais elle ne suffit toujours pas à distinguer le vivant du non-vivant : des « structures dissipatives », comme un vortex (tourbillon creux se formant dans certaines conditions d'écoulement d'un fluide) ou la flamme d'un chalumeau, peuvent également conserver une forme constante, alors que les molécules qui les composent changent en permanence. Pourtant, un autre Français, Auguste Comte, fait progresser la réflexion : il envisage l'idée de vie comme « réellement inséparable de celle d'organisation ». Une autre dimension est alors entrevue.

Dans l'optique thermodynamique, l'organisme vivant est un système ouvert qui échange en permanence de la matière et de l'énergie avec le milieu extérieur : autrement dit, il possède un métabolisme dont les réactions s'accompagnent toutes d'une perte d'énergie, mesurée par la variation d'une grandeur physique, l'entropie, et dégagée sous forme de chaleur. L'énergie et la matière prélevée à l'extérieur par l'organisme compensent ce phénomène. Les êtres vivants sont ainsi en état de déséquilibre constant et, par la mort, de ce point de vue ils atteignent un état d'équilibre thermodynamique avec l'environnement. Une définition plus complète de la vie ajoute à cet échange de matière et d'énergie deux autres caractères : la capacité de reproduction et le pouvoir d'auto-organisation, lié à la possession d'un matériel génétique. Cependant, cette définition disqualifie les virus, « organismes » dépourvus de métabolisme et incapables d'une reproduction autonome, ce qui les place, en quelque sorte, aux frontières de la vie.

L'histoire de la vie

L'IDÉE D'UNE ORIGINE ET D'UNE ÉVOLUTION DE LA VIE À PARTIR DE LA MATIÈRE NE S'EST IMPOSÉE QUE RÉCEMMENT FACE À CELLE D'UNE CRÉATION DIVINE.

Dans la plupart des croyances, la création initiale est le fait d'un être supérieur, le démiurge. Dans les religions monothéistes, Dieu est responsable de l'ensemble de l'Univers. Pour les religions polythéistes, le dieu principal se contente de créer « l'essentiel », puis d'autres dieux parachèvent cette création première. Généralement, la création des animaux est antérieure à celle de l'homme. Ils sont alors considérés comme une ébauche de celui-ci. Certaines mythologies prennent en compte les différences entre races humaines, comme en Afrique centrale où les Shilluk attribuent au dieu Juock la création des hommes blancs, façonnés avec du sable blanc, celle des hommes basanés, avec le sable du Nil d'Égypte, et celle des hommes noirs avec la terre noire. Cependant, la vie reste une création divine.

La science occidentale s'est construite sur ce type de conceptions théologiques. Au XIXe siècle pourtant, à partir des théories évolutionnistes de Charles Darwin, certains scientifiques ressuscitent le courant de pensée matérialiste gréco-romain en faisant l'hypothèse d'une apparition de la vie à partir de la matière inorganique. Les travaux de Pasteur (1882-1895) mettent un terme aux idées déjà contestées de génération spontanée. Le chimiste suédois Svante Arrhenius (1859-1927) avance alors l'idée selon laquelle la vie, ne pouvant apparaître sur Terre, y aurait été introduite à partir d'une autre planète. Cette théorie de la panspermie, pour intéressante qu'elle soit, déplace le problème de l'origine de la vie mais ne le résout pas.

Les étapes décisives sont franchies dans les années 1920 en Union soviétique par A. I. Oparine et en Grande-Bretagne par J. B. S. Haldane, qui suggèrent de manière indépendante que l'atmosphère de la Terre primitive était différente de celle d'aujourd'hui et que, sous l'influence du rayonnement solaire, les constituants inorganiques ont pu s'organiser en molécules biochimiques. Ce n'est qu'en 1953 que l'Américain Stanley Lloyd Miller teste expérimentalement ces hypothèses. Pour la première fois, la synthèse de composés biochimiques est réalisée à partir d'éléments inorganiques. Aujourd'hui, grâce à cette expérience et à certaines données biologiques plus récentes, on est en mesure de combler certains vides dans le scénario scientifique de l'apparition de la vie : les premières molécules du vivant se combinent entre elles et s'accumulent dans les eaux peu profondes qui recouvrent la Terre primitive. L'un des problèmes essentiels est celui de l'assemblage de ces matériaux en systèmes vivants possédant à la fois un patrimoine génétique (molécules informatives d'A.D.N. et d'A.R.N.) et les moyens d'utiliser ce patrimoine (protéines de nature enzymatique). Les ribozymes, molécules informatives (A.R.N.) douées d'activité enzymatique, représentent peut-être un maillon manquant entre les acides nucléiques (patrimoine génétique) et les protéines enzymatiques. Une fois cette étape franchie, les premières cellules vivantes apparaissent (cellules procaryotes, il y a plus de 3 milliards d'années). Une autre étape importante est l'apparition de la chlorophylle (2,5 milliards d'années). Puis, avec la formation d'un véritable noyau cellulaire (cellule eucaryote, il y a 1,5 milliard d'années), tous les éléments sont présents pour initier l'immense diversification des espèces vivantes. •

1. Naissance d'un requin.

L'unité de la vie

AU-DELÀ DE LEURS DIFFÉRENCES, LES ÊTRES VIVANTS PARTAGENT DES CARACTÈRES D'ORDRE PHYSICO-CHIMIQUE QUI, BIEN SOUVENT, SERVENT À DÉFINIR LA VIE.

Principalement constitués d'eau et de molécules organiques (formées de carbone et d'hydrogène, ainsi que d'oxygène et d'azote), tous les êtres vivants possèdent la même composition chimique fondamentale. L'organisme fabrique lui-même ces molécules simples ou complexes, ou il les puise dans le milieu extérieur. Les lipides, les glucides et les protides forment avec l'eau les molécules de base de tous les êtres vivants.

Une découverte fondamentale de la biologie en ce qui concerne l'unicité du monde vivant est sans doute celle de la cellule. Composant essentiel de tous les organismes, chaque cellule représente une sorte de compartiment en interaction avec le milieu extérieur ou avec les autres cellules de l'organisme. Chacune renferme une structure qui lui donne son identité : le matériel génétique, constitué de longs filaments moléculaires d'A.D.N. qui résultent de l'association de phosphates, de sucres et de bases azotées. L'A.D.N. porte, sous une forme codée, les informations nécessaires à l'élaboration de l'individu et à son adaptation future.

Le vivant, défini ainsi à partir de sa chimie carbonée ou de sa structure cellulaire, présente donc une unicité remarquable. Pourtant, l'organisation élémentaire seule ne fait pas le vivant. Les organismes sont plus que de simples mécaniques physico-chimiques, des assemblages moléculaires dont il suffirait d'analyser les rouages pour définir la vie. Toute simplification abusive constitue une interprétation réductionniste. Or, la perception des différents niveaux d'intégration (ou d'organisation) de la vie est nécessaire pour rendre compte de la spécificité des phénomènes vitaux. Outre cette unicité physico-chimique du vivant, il existe une unicité de fonction. Les êtres vivants, en perpétuel déséquilibre thermodynamique (dû à leurs pertes d'énergie continues), utilisent en permanence l'énergie en provenance du milieu extérieur pour assurer leur métabolisme. Ils se développent et se reproduisent de manière autonome (reproduction asexuée, parthénogenèse) ou avec le concours d'un autre organisme de leur espèce (sexualité) et établissent différentes relations avec leurs congénères, avec les autres espèces et avec leur milieu. •

2. Végétation tropicale.

La variété de la vie

LA DIVERSIFICATION DES MILIEUX TERRESTRES A PERMIS L'EXPRESSION D'UNE GRANDE MULTIPLICITÉ DE FORMES VIVANTES, DE LA BACTÉRIE À L'HOMME.

Les premiers êtres vivants étaient probablement des cellules ne possédant pas de noyau vrai renfermant le matériel génétique (procaryotes). Aujourd'hui, il existe sur Terre plus de 1 600 000 espèces vivantes (animaux, végétaux et bactéries), toutes différentes, présentant chacune des adaptations particulières. Du plus petit (bactéries de quelques micromètres) au plus grand (séquoia géant de plus de 130 mètres de haut) et au-delà des caractéristiques communes qui les unissent, il existe de profondes différences entre les êtres vivants, qui méritent d'être soulignées.

Les molécules indispensables à la vie peuvent être fabriquées par certains organismes directement à partir d'éléments inorganiques (l'azote atmosphérique, par exemple). Les individus réalisant ce type de synthèse sont qualifiés d'autotrophes pour l'élément considéré. Ils utilisent l'énergie solaire et sont représentés par les végétaux dont le pigment contenu dans leurs cellules, la chlorophylle, est indispensable à l'utilisation des rayons lumieux. Les autres organismes ne sont pas capables d'utiliser directement les éléments inorganiques pour fabriquer leurs propres molécules organiques. Ils tirent leur énergie de molécules organiques déjà synthétisées par les individus autotrophes. Ainsi, tous les animaux, de même que les plantes dépourvues de pigments assimilateurs (champignons par exemple), sont dits hétérotrophes. La variété des modes d'alimentation des hétérotrophes résulte de leur adaptation à de nombreuses contraintes et détermine grandement leur mode de vie (parasite, symbionte, saprophyte ou prédateur).

Le jeu des formes, les différentes symétries ou encore la taille des organismes ne sont pas seulement le fait du hasard. L'immense diversité des animaux et des végétaux est issue du jeu (encore incomplètement éclairci) de la sélection naturelle et de la variation génétique qui ont modelé, modifié, éliminé ou transformé les espèces au cours du temps. À partir de bactéries originelles apparues il y a plus de 3 milliards d'années, le vivant est devenu un ensemble complexe en perpétuel remaniement. •

3. Paramécies (*Paramecium sp.*) et bactéries filamenteuses (*Beggiatoa sp.*). Microscope optique à fond noir, × 120.

4. La molécule d'A.D.N., « vue » au microscope à effet tunnel (le modèle chimique est reporté par-dessus la photographie).

Unité et diversité

Occupant tout le paysage (2) ou dissimulée au regard (3), la vie est omniprésente, et partout les naissances répétées perpétuent les générations (1). Cependant, la variété des adaptations ne doit pas faire oublier l'unité fondamentale de la vie, de par les matériaux organiques dont les êtres vivants sont constitués, et tout particulièrement les acides nucléiques, ici l'A.D.N. (4). Ces molécules informatives renferment le programme de développement de chaque organisme, sur lequel l'environnement exerce ses contraintes.

→ **Voir aussi :** Le champ de la biologie, **BIOL**, p. 14-15. Constitution biochimique des organismes, **BIOL**, p. 18-19. L'origine de la vie, **BIOL**, p. 98-99. La mort, **MED**, p. 378-379. La recherche de la vie extraterrestre, **UNIV**, p. 62-63. Thermodynamique Le deuxième principe, l'entropie, **PHYS**, p. 270-271.

Histoire des sciences de la vie

À SES DÉBUTS, LA BIOLOGIE, en tant que domaine des sciences de la vie, est inséparable de la médecine ou de l'agriculture, l'homme s'intéressant surtout à ce qui, dans la nature, lui permet de survivre. Ainsi apprend-il à reconnaître les plantes dont il se nourrit et à fabriquer des remèdes. Si le terme de biologie (du grec *bios*, vie, et *logos*, science) n'est introduit en France qu'au tournant du XIXe siècle par Lamarck (1744-1829), les problèmes inhérents à cette science sont posés dès l'Antiquité, et les premières interprétations du phénomène de la vie qui sont parvenues jusqu'à nous peuvent être attribuées au philosophe Thalès de Milet (VIIe siècle av. J.-C.). Les Grecs accumulent par la suite une somme considérable de connaissances. Mais, avec l'extension du monde romain, un voile noir est jeté sur le monde des sciences, comme le symbolise la bibliothèque d'Alexandrie, l'un des principaux centres de la culture hellénistique, qui contenait 700 000 volumes, entièrement détruite quand Jules César s'empare de la ville en 47 av. J.-C. Le flambeau de la science passe ensuite aux Arabes, et il faut attendre le XVe siècle pour que la biologie prenne, en Europe, un nouvel essor.

La vision des choses est, tout d'abord, anthropomorphique, et toutes les explications des phénomènes naturels, qu'ils soient biologiques ou non, reposent sur la perception par l'homme de son propre corps. Ainsi, le médecin et alchimiste Paracelse (v. 1493-1541) décrit la rouille comme un « excrément du métal », qui « mange et qui boit plus que de raison dans le sein de la terre » : Paracelse projette sur les phénomènes chimiques son expérience de la biologie. Aujourd'hui, la science moderne renverse ce schéma d'explication et, pour elle, la digestion est l'hydrolyse des aliments par des enzymes : notre biologie s'efforce d'être une chimie.

Le faible développement des techniques et le carcan intellectuel religieux cantonnent jusqu'au XVIe siècle la biologie pratiquement dans le seul domaine de la morphologie. Mais la découverte du microscope et l'assouplissement des contraintes religieuses vont permettre à cette science de se développer. À partir de ce moment, le besoin de la découverte va guider les progrès du savoir.

De la Grèce antique à la Renaissance

LES SCIENCES DE LA VIE PRENNENT LEUR ESSOR AVEC LES SAVANTS GRECS, DONT LES CONCEPTIONS FERONT AUTORITÉ JUSQU'À LA RENAISSANCE.

Si des observations ont déjà été faites en Mésopotamie ou en Égypte, il faut attendre le milieu du Ier millénaire av. J.-C. pour que Thalès (v. 625-v. 547), Anaximandre (v. 610-v. 547) et Anaximène (v. 585-v. 525) formulent les premières hypothèses sur l'apparition et la composition de la vie. Cependant, le premier philosophe à étudier le monde vivant pour mieux le connaître est Aristote (384-322 av. J.-C.). Il donne une forte impulsion à la science en rédigeant un traité de zoologie qui fera référence pendant de nombreux siècles. Les fonctions le préoccupent moins que les formes, il soutient contre les philosophes ioniens que la matière vivante est différente de la matière inerte et lui applique, comme son maître Platon, la notion d'âme. À la fin des guerres puniques, vers 150 av. J.-C., Rome étend son empire sur toute la Méditerranée et reprend le flambeau de la connaissance qui, parti d'Athènes, a alors gagné Alexandrie. Pline l'Ancien (23-79) rassemble dans un ouvrage gigantesque tout le savoir scientifique de son époque. Galien (v. 131-v. 201) mérite le titre de premier biologiste de l'histoire, car il pose comme principe de ses recherches la nécessité de l'expérimentation. À son époque, la dissection des cadavres humains est toutefois interdite, par conséquent ses affirmations s'en trouvent bien souvent erronées.

Au cours des siècles suivants, l'intérêt pour les problèmes biologiques décline, en même temps que les autres activités scientifiques. Le système aristotélicien demeure valable et ne subit aucune évolution. Dans le domaine médical, les conceptions de Galien prédominent sans soulever de critiques. Avec les invasions barbares, l'effondrement de la civilisation gréco-romaine provoque l'arrêt de la recherche scientifique et entraîne l'Europe dans ce que l'on a appelé les siècles de la nuit (200-1200). En effet, au Moyen Âge, parallèlement à une foi profonde, règnent encore l'ignorance, la crédulité et la superstition. Les seules classes de la société médiévale qui aient accès à la culture sont celles des clercs et des religieux. Alors que la nuit intellectuelle règne en Europe, les savants du monde arabe (Avicenne, Averroès) établissent avec précision l'inventaire et la classification de tout ce qui est connu en botanique, analysent, critiquent et traduisent les textes des Anciens comme Aristote et Galien. Le contact de l'Europe avec le monde de l'islam favorise le développement des grandes écoles de médecine de Salerne, de Séville et de Montpellier. Cependant, cette époque, à l'exception d'Albert le Grand, manifeste bien peu d'intérêt pour le monde animal. Les sciences de la vie devront attendre un second souffle. •

1. *La Femme enceinte vue de profil*, dessin de J. F. Gautier d'Agoty, peintre, graveur et physicien français (v. 1716-v. 1785).

Observation et modification du vivant

La dissection des cadavres humains fut considérée dans la chrétienté jusqu'au XIIIe siècle comme un sacrilège. À la Renaissance, l'anatomie humaine se développe avec les travaux de Léonard de Vinci et d'André Vésale. On comprend alors mieux le fonctionnement du corps humain, mais l'observation ne reste possible que sur les cadavres, et la représentation laisse une large place à l'imagination (1). Actuellement, le développement des techniques permet des observations directes sur le vivant (2). Les manipulations génétiques permettent de modifier le patrimoine génétique d'une cellule œuf pour obtenir des mutants aux caractères nouveaux. Pourtant, la sélection génétique, fondée sur le croisement de variétés différentes, est utilisée depuis toujours en agriculture et peut donner des résultats spectaculaires (3). Il est également possible d'intervenir durant le développement : la greffe de cellules de caille sur un embryon de poulet réalisée par la Française N. Le Douarin donne une chimère (4) très utile pour la compréhension des mécanismes cellulaires du développement.

2. Échographie de jumeaux.

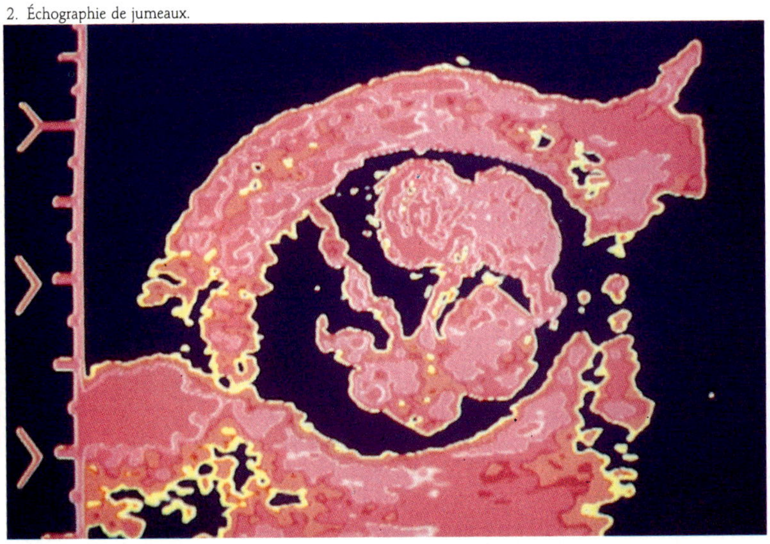

Renaissance et révolution scientifique

APRÈS « LES SIÈCLES DE LA NUIT », LE CARCAN RELIGIEUX ÉCLATE, LA CURIOSITÉ DÉPASSE LE CADRE DE LA MÉDECINE, ET LE GOÛT DES CHOSES REMPLACE CELUI DES MOTS.

Léonard de Vinci (1452-1519) réalise des descriptions minutieuses des phénomènes de la vie. La passion pour les plantes fait créer des jardins botaniques appelés « jardins des simples », dont le premier est celui de Padoue (1545). L'intérêt pour le corps donne naissance à l'*anatomie humaine*, dont le Flamand A. Vésale (v. 1514-1564), auteur de *De humani corporis fabrica*, est considéré comme le père fondateur. L'Espagnol M. Servet découvre la circulation pulmonaire du sang et l'Anglais W. Harvey la circulation générale.

Au XVIIe siècle, les lentilles sont perfectionnées et le microscope est mis au point. Ces progrès permettent la découverte des « animalcules » (bactéries) et des spermatozoïdes par le Hollandais A. Van Leeuwenhoek et celle de la cellule par l'Anglais R. Hooke. Ces recherches visent moins à un savoir scientifique qu'à une nouvelle philosophie et les premières académies se forment selon deux grands courants de pensée : l'iatromécanisme, qui cherche une explication mécanique à tous les phénomènes biologiques, et l'iatrochimie, où les mêmes processus sont interprétés dans une optique chimique. Avec l'Italien G. d'Acquapendente (1533-1619), qui étudie les embryons de mammifères et du poulet, l'*embryologie* trouve ses racines, alors que M. Malpighi fait sur les animaux inférieurs des découvertes fondamentales qui permettent de le considérer comme l'initiateur de la *parasitologie*.

L'Église du XVIIIe siècle voit son pouvoir se réduire et les luttes religieuses s'apaisent. Le champ de l'expérimentation peut enfin s'ouvrir aux sciences biologiques. Une somme considérable de travaux permet l'élaboration de théories générales et une certaine homogénéisation des données. Grâce aux naturalistes commentateurs et aux naturalistes encyclopédistes, un édifice scientifique solide s'érige, couronné par l'ouvrage colossal du naturaliste français Buffon, l'*Histoire naturelle*, publié entre 1749 et 1804. Par ailleurs, le Suédois C. von Linné (1707-1778) propose un nouveau système de classification, adopté à la quasi-unanimité, qui permet de désigner par un binom – genre et espèce – chaque être vivant (classification binominale). La *taxinomie* est née. Enfin, l'*anatomie pathologique*, qui existait déjà à la Renaissance, se développe avec l'Italien G. Morgagni.

Au XIXe siècle, le souffle de la Révolution française attise la science. La réorganisation de l'enseignement donne la priorité à l'étude des sciences sur celle des lettres. De nombreuses théories voient le jour, comme la théorie cellulaire de M. J. Schleiden (1804-1881) et T. Schwann (1810-1882), et les principaux secteurs de la biologie actuelle naissent. Ainsi, le Français Louis Pasteur confirme, par des expériences rigoureuses, l'inexistence de la « génération spontanée » et est à l'origine de l'immunologie ; le moine autrichien G. Mendel (1865) découvre les lois de la transmission des caractères héréditaires, retrouvées et appliquées seulement après 1900 ; l'Allemand W. Roux (1850-1924) initie l'*embryologie expérimentale*, et son compatriote, le naturaliste Ernst Haeckel, crée le mot écologie (1866). Parallèlement à l'anatomie humaine, l'*anatomie comparée*, qui étudie les différentes espèces animales, est une science en plein essor. Déjà abordée par G. d'Acquapendente, elle est véritablement initiée par le Français G. Cuvier (1769-1832), par ailleurs père de la *paléontologie*. Quant au naturaliste britannique Charles Darwin, sa théorie de l'évolution des espèces « par voie de sélection naturelle » (1859) bouleverse les conceptions du vivant. •

Science de la vie et technologie

OUTILS, MÉTHODES ET THÉORIES, PAR LEUR ÉVOLUTION INDISSOCIABLE, SOUS-TENDENT LES PROGRÈS DES SCIENCES EXISTANTES ET L'ÉMERGENCE DE NOUVELLES DISCIPLINES.

Un événement majeur dans l'évolution des sciences est (avec la diffusion du papier) la naissance de l'imprimerie à caractères mobiles, permettant une diffusion multiple, rapide et fiable de l'information écrite.

Un deuxième épisode essentiel de l'histoire technique est l'avènement des instruments d'optique. L'observation est, en effet, indissociable du progrès scientifique, le pouvoir de résolution de l'œil humain étant limité à 1/10 de mm. Le développement d'instruments d'optique permettant de grossir les objets suit la mise au point du télescope par Galilée au milieu du XVIIe siècle. Plusieurs biologistes testent en même temps l'arrangement de lentilles grossissantes et réalisent le microscope. Celui-ci permet à M. Malpighi d'observer les capillaires sanguins et à R. Hooke de montrer l'existence des cellules.

Les progrès dans la réalisation des instruments d'optique sont rapides et le pouvoir de résolution, grâce aux objectifs à immersion, donne à l'Allemand R. Koch la possibilité de décrire le bacille de la tuberculose en 1882 et celui du choléra en 1884. Les microscopes optiques atteignent très vite une limite (les plus performants grossissent 2 500 fois) indépendante des progrès techniques, mais due à la nature ondulatoire de la lumière. D'autres vecteurs sont alors utilisés pour l'observation à très petite échelle : les rayons X (grâce auxquels Knoll et Ruska, en 1930, obtiennent la première image d'un virus), puis les électrons (microscope électronique) et enfin la nature quantique des objets (microscope à effet tunnel), qui permet d'observer au niveau de l'atome. Les progrès de ces divers microscopes ont entraîné ceux des nombreuses sciences biologiques qui les utilisent. En optique, d'autres technologies, tels le transport de la lumière par des fibres optiques ou l'utilisation du rayonnement laser, se sont développées, dont la médecine, par exemple, se fait de précieux alliés.

Récemment, les progrès dans l'observation et l'étude des êtres vivants ont conduit à une nouvelle discipline, la *bionique*. Dans celle-ci, les processus ou les structures biologiques sont examinés du point de vue de l'ingénieur ou du technicien afin d'y découvrir des principes utilisables pour la réalisation de certaines applications. Un précurseur célèbre, Léonard de Vinci, étudiait le dessin de l'aile d'un appareil volant à partir du modèle fourni par le membre antérieur de la chauve-souris. Un exemple récent de ces recherches est celui de la fermeture de type Velcro, qui imite le système de fixation du fruit de la bardane.

Enfin, il existe une technologie universellement utilisée dans le milieu scientifique, l'ordinateur, dont les capacités croissantes servent à traiter des images, analyser des données statistiques ou tester des modèles mathématiques. L'outil informatique, par ses multiples avancées, a de plus en plus de retombées directes sur les connaissances scientifiques. •

3. Minicarottes.

De la génération spontanée à la fécondation *in vitro*

FONDÉE À L'ORIGINE SUR DES SPÉCULATIONS PHILOSOPHIQUES, L'ÉTUDE DE L'ORIGINE ET DU DÉVELOPPEMENT DE LA VIE DEVIENT UNE SCIENCE EXPÉRIMENTALE AU COURS DU XVIIIe SIÈCLE.

Les êtres vivants proviennent de parents de leur espèce. Cette évidence n'est pas toujours allée de soi. Jusqu'au XVIIe siècle, la thèse de la génération spontanée prévalait : on croyait depuis Aristote qu'une « force vitale » faisait apparaître la plupart des animaux et des végétaux. Parmi les animaux, seule la reproduction des mammifères était un peu connue : le mélange des semences produites par chacun des deux sexes est nécessaire pour qu'un nouvel individu croisse au sein de l'organisme maternel. Toutefois, on pensait alors qu'un organisme définitif en réduction était tout entier contenu dans le spermatozoïde ou dans l'ovule. Au XVIIIe siècle, le Suisse C. Bonnet imaginait même, selon cette conception dite « préformiste », qu'Ève contenait dans ses ovaires tous les germes des êtres humains à venir.

Les théories de la préformation ne disparaîtront qu'avec l'avènement de la théorie chromosomique de l'hérédité au XXe siècle. Cependant, dès la fin du XVIIe siècle, l'Italien F. Redi ébranle les doctrines de la génération spontanée et la notion de « force vitale » en démontrant qu'aucun ver ne se développe sur de la viande placée à l'abri des mouches. Puis l'Allemand K. F. Wolff observe que les organes de l'embryon de poulet s'ébauchent et se forment graduellement. En Italie, l'abbé L. Spallanzani affirme l'inexistence de la génération spontanée chez des grenouilles : celles-ci ne se reproduisent pas si on leur fait porter des caleçons qui empêchent le contact des produits génitaux mâles et femelles lors de l'accouplement. Par ailleurs, il effectue la première insémination artificielle en 1777.

Avec l'effondrement des théories associées à la génération spontanée naît la biologie du développement, ou embryologie. Au XIXe siècle, le botaniste allemand W. Hofmeister montre l'alternance des générations et établit les bases de l'embryologie végétale. Le biologiste allemand O. Hertwig observe, en 1875, la fusion des noyaux lors de la fécondation chez l'oursin. Son compatriote W. Roux et le Français L. M. Chabry fondent l'embryologie expérimentale. Connaissance et expérimentation progressent et permettent aujourd'hui de reconstituer *in vitro* la fécondation et les premiers stades du développement humain. •

→ **Voir aussi :** Claude Bernard et la méthode expérimentale, **IDÉES**, p. 404-405. Le champ de la biologie, **BIOL**, p. 14-15. Les caractères héréditaires, **BIOL**, p. 52-53. Les théories de l'évolution, **BIOL**, p. 92-93.

4. Chimère caille-poulet, entre une caille et un poulet normaux.

Le champ de la biologie

La biologie contemporaine est, pour la plupart d'entre nous, cette science qui lutte contre le cancer et le sida, élabore de nouveaux médicaments ou sélectionne les races domestiques à haut rendement. Avec les « bébés-éprouvette », elle relève des défis étonnants. Pourtant ceux-ci ne sont rien à côté des perspectives du clonage humain ou des manipulations génétiques. Mais la biologie, c'est encore bien davantage : au-delà de ses applications biomédicales plus ou moins spectaculaires, encourageantes ou angoissantes, cette science, prise au sens large, recouvre tous les aspects de l'étude de la vie, c'est-à-dire une multitude de disciplines scientifiques classiques ou récentes. Très inégalement médiatisées, toutes concourent non seulement à la compréhension de l'être vivant, mais encore à la connaissance toujours plus profonde des conditions de la vie et de l'environnement.

Quoi de commun entre l'écologiste qui étudie l'influence des haies en Normandie, le biologiste moléculaire qui s'intéresse au mode d'action de tel gène sur le développement de la mouche du vinaigre, le botaniste qui recense les espèces végétales de Nouvelle-Calédonie, le physiologiste qui découvre quel récepteur membranaire sera sensible, à la surface de telle cellule, à la présence d'une hormone, le paléontologue mettant au jour en Antarctique un reptile fossile qui y vivait il y a 220 millions d'années et le zoologiste systématicien qui élabore sur son ordinateur une hypothèse de classification des rongeurs ? Le « champ » de ce qu'est devenue la biologie est si vaste, ses objets et méthodes sont si nombreux, les relations qui peuvent s'établir entre ses divers aspects sont parfois si surprenantes que l'on demeure confondu par l'ampleur, la diversité, la complexité du domaine biologique.

Quelques concepts généraux très simples constituent cependant un « fil d'Ariane » permettant d'organiser le champ biologique en une série de disciplines scientifiques qui entretiennent entre elles des rapports nécessaires de complémentarité. Il ne s'agit pas de proposer, à cet égard, une « classification », mais de suivre simplement quelques lignes de force selon lesquelles le domaine biologique peut s'organiser.

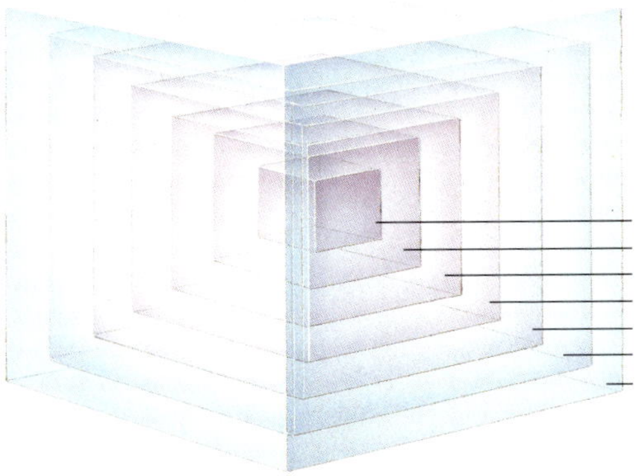

1. Échelle de taille des structures biologiques.

Unité et diversité

LA BIOLOGIE GÉNÉRALE ÉTUDIE LES MÉCANISMES COMMUNS À TOUS LES ÊTRES VIVANTS. EN REVANCHE, LA BIOLOGIE COMPARÉE, OU BIOLOGIE DES ORGANISMES, ANALYSE LA DIVERSITÉ DE LA VIE DANS L'ESPACE ET DANS LE TEMPS.

Comment s'effectue l'« autoconstruction » du vivant au cours de son développement ? Comment se reproduit-il ? Comment transmet-il ses caractères spécifiques d'une génération à la suivante ? Pour répondre à ces questions, l'étude très détaillée de certains organismes judicieusement choisis comme « modèles » a permis de mettre en évidence des structures et des processus dont l'existence paraît universelle. Leur connaissance et leur compréhension apparaissent donc fondamentales, car elles constituent des données explicatives de valeur tout à fait générale.

La génétique, science de l'hérédité, a permis sous ses différentes formes d'élucider la question cruciale de la transmission des caractères entre les générations, d'éclairer l'apparition de caractères nouveaux et leur diffusion au sein des populations. La génétique moléculaire met en évidence la nature du support de l'information héréditaire (l'A.D.N.) et les processus de « décodage » et d'utilisation de celle-ci. La biologie cellulaire étudie notamment les modalités de la reproduction cellulaire (mitose) et de la formation des cellules sexuelles, ou gamètes (méiose), ainsi que la fécondation. Elle éclaire aussi, jusqu'au niveau moléculaire, les

Structures, fonctions et niveaux d'organisation

LES SYSTÈMES BIOLOGIQUES S'ORGANISENT EN NIVEAUX SUCCESSIFS ET EMBOÎTÉS OÙ DES FONCTIONS BIOLOGIQUES PARTICULIÈRES SONT ACCOMPLIES PAR DES STRUCTURES SPÉCIALISÉES.

Les êtres vivants que nous pouvons observer directement sont tous caractérisés par des propriétés visibles et mesurables : forme, taille, poids, proportions, couleur, etc. La description de ces propriétés corporelles des organismes correspond à la morphologie. Si on pénètre dans l'organisme lui-même, on découvre des agencements caractéristiques de sous-ensembles, les organes, reliés entre eux selon des dispositions spécifiques. Le niveau d'organisation ainsi analysé correspond à l'anatomie. Tous les organes sont eux-mêmes constitués de structures plus fines, les tissus, dont le niveau d'organisation est décrit par l'histologie. Les tissus se révèlent à leur tour constitués par des unités vivantes élémentaires, les cellules et leurs produits (matrices extracellulaires), elles sont commodément étudiées par la microscopie, en particulier la microscopie électronique, qui révèle même les détails des substructures (organites) constitutives des cellules. Ce niveau d'organisation intéresse la cytologie. Enfin, les constituants des cellules sont, le plus souvent, des macromolécules organiques fort complexes, dont la composition chimique et la configuration sont révélées par la biochimie structurale et la biophysique. Au-delà, on accède au domaine des molécules simples, des radicaux, et des atomes de la chimie proprement dite.

Dans cette descente vers le niveau moléculaire et atomique, on rencontre donc une série de « paliers » structuraux successifs dans les dimensions et la complexité. Cependant, on peut, en remontant au-delà de l'organisme individuel dont nous sommes partis, découvrir d'autres niveaux, cette fois supra-individuels. Tout être vivant, en tant qu'individu, fait partie d'une population locale dont la structure est décrite par la démographie. Les populations ne sont que les sous-ensembles d'ensembles plus vastes, les espèces, caractérisées par l'interfécondité entre les individus qui les composent. La reconnaissance des espèces, du fait des caractères qui les distinguent les unes des autres, est l'objet de la systématique, qui décrit ainsi la diversité du monde vivant. La structure spatiale de la répartition des populations et des espèces, enfin, sera décrite par la biogéographie ou chorologie.

Du niveau moléculaire aux dimensions continentales, le point de vue suivi jusqu'à présent est *structural :* il répond à la description d'objets. Mais, bien entendu, ces objets biologiques ne sont pas statiques : ils fonctionnent, interagissent, échangeant et transformant matière et énergie. À chacun des niveaux d'intégration correspondront donc des disciplines dont le but est la mise en évidence des *fonctions,* des mécanismes, rendus possibles par les structures correspondantes.

Organisation fonctionnelle. Au niveau des macromolécules, les interactions fonctionnelles qui sous-tendent la vie sont élucidées par la biologie moléculaire, la biochimie métabolique, l'enzymologie. La cytobiologie (biologie cellulaire) et la physiologie cellulaire étudient ces interactions au niveau de la cellule et de ses organites constitutifs. La physiologie et les différentes sous-disciplines qu'elle comporte étudient les fonctions des différents sous-systèmes et systèmes de l'organisme, tissus, organes, appareils, jusqu'à l'organisme dans sa totalité. La biomécanique envisage le fonctionnement des organes et de l'organisme en référence à la physique et, en particulier, à la mécanique (résistance des matériaux, locomotion, etc.). À l'interface de l'organisme vivant complet et de son environnement se situe l'éthologie, science du comportement animal. Quant à l'écologie, elle constitue une sorte de physiologie des niveaux supra-individuels (communautés, écosystèmes). On y distingue les interactions entre organismes de même espèce et entre ces organismes et leur environnement (autoécologie), et les interactions entre espèces différentes au sein des écosystèmes (synécologie).

À chacun des niveaux d'intégration considérés ici, les interactions fonctionnelles des structures constituent des systèmes biologiques. Comme il existe une organisation hiérarchique des structures selon les dimensions, les systèmes des niveaux inférieurs se trouvent ainsi intégrés au sein de « systèmes de systèmes » de plus en plus complexes au fur et à mesure que l'on remonte l'échelle des dimensions. •

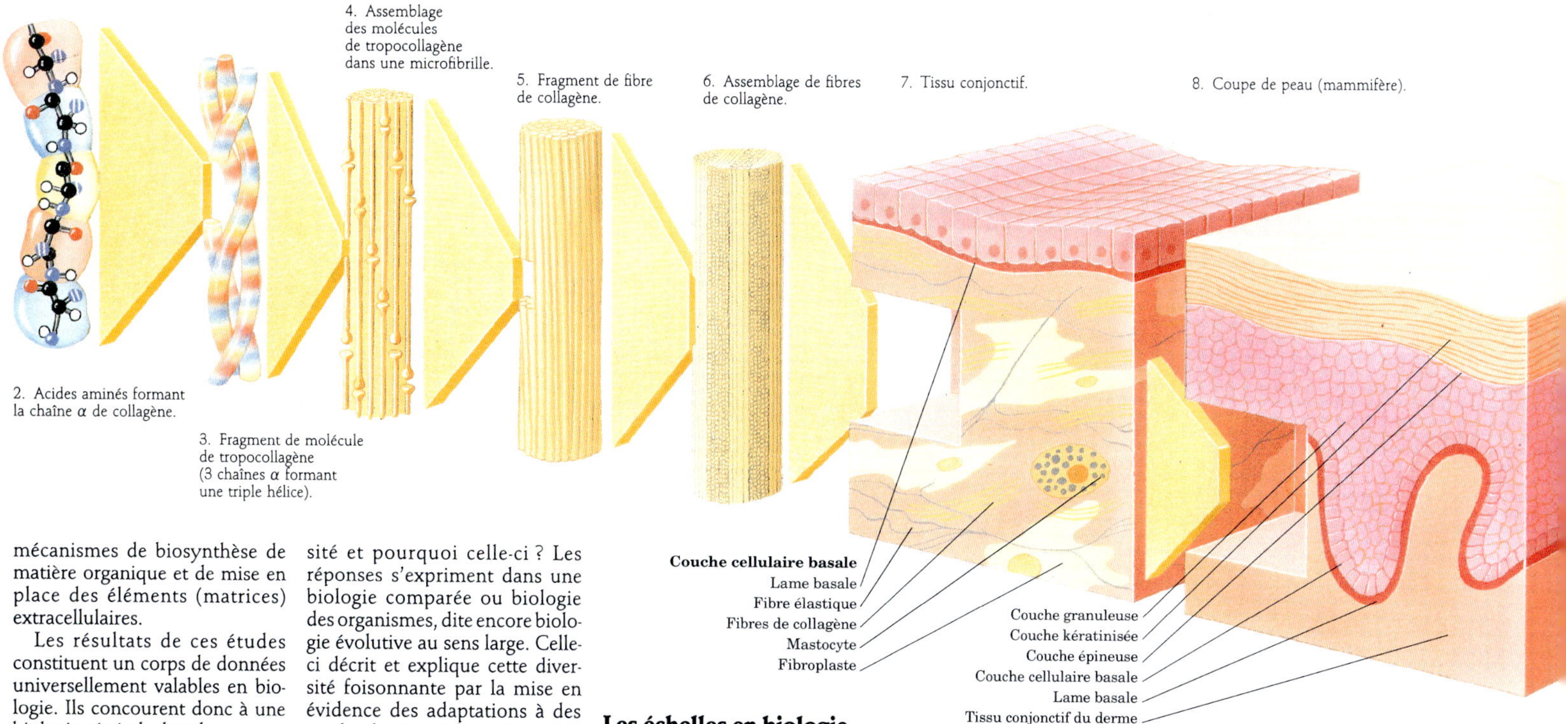

mécanismes de biosynthèse de matière organique et de mise en place des éléments (matrices) extracellulaires.

Les résultats de ces études constituent un corps de données universellement valables en biologie. Ils concourent donc à une biologie générale dont le message essentiel est celui d'une parenté profonde entre tous les êtres vivants, qui partagent des structures de base (molécules informationnelles de type A.D.N. ou A.R.N. et protéines) et des processus (métabolisme, division cellulaire...) quasiment communs.

Pourtant, il existe actuellement à la surface du globe peut-être dix millions d'espèces animales et végétales vivantes distinctes. Des millions d'autres, probablement, se sont éteintes au cours des temps géologiques ; seul un échantillonnage nous en est connu par les fossiles. Comment s'y reconnaître dans cette diversité et pourquoi celle-ci ? Les réponses s'expriment dans une biologie comparée ou biologie des organismes, dite encore biologie évolutive au sens large. Celle-ci décrit et explique cette diversité foisonnante par la mise en évidence des adaptations à des modes de vie et à des milieux écologiques variés, au travers des avatars de l'évolution de la vie : c'est donc le pôle « naturaliste » des sciences biologiques.

Bien loin de s'opposer, toutes les approches de l'étude du monde vivant sont évidemment complémentaires et mutuellement indispensables. Si, au cours des trente dernières années, les efforts financiers ont été concentrés vers la biologie générale, aux dépens de la biologie comparée, l'urgence croissante des problèmes d'environnement naturel commande de ne plus reléguer désormais la biologie comparée au rang de parent pauvre. •

Les échelles en biologie

Dans une échelle de taille (1), les structures biologiques s'emboîtent comme des poupées russes, les processus qui en dépendent s'organisent donc en « systèmes de systèmes » de plus en plus complexes, des dimensions moléculaires (nanomètres) aux dimensions continentales (milliers de kilomètres).
Illustrant la notion d'échelle d'intégration, le collagène, formé de chaînes d'acides aminés (2) [niveau moléculaire] assemblées en molécules torsadées de tropocollagène (3) organisées en microfibrilles (4), en fibrilles puis en fibres (5, 6) [niveau cytologique] et faisceaux de fibres du tissu conjonctif (6, 7) [niveau histologique], est un constituant essentiel de la peau (8) [niveau anatomique].
Plus haut dans l'échelle d'intégration, la biologie étudie les organismes, les comportements et les milieux.
Les comportements représentent une des formes d'adaptation des organismes à leurs milieux. Les interactions entre organismes, comme la prédation (9), et entre ceux-ci et leur milieu déterminent des ensembles fonctionnels, les écosystèmes, eux-mêmes réunis dans la biosphère à l'échelle planétaire.

Les temps de la biologie

LES PROCESSUS INTÉRESSANT INDIVIDUS ET POPULATIONS SE DÉROULENT DANS LE CADRE DU « TEMPS COURT », MAIS LES CHANGEMENTS MAJEURS DE L'HISTOIRE DE LA VIE SE MANIFESTENT DANS LE « TEMPS LONG ».

Les processus moléculaires qui sont à la base de réactions physiologiques ou comportementales vitales pour les organismes peuvent être extrêmement rapides et se calculent en fractions de seconde. La durée de vie des espèces sur notre planète s'exprime en millions d'années.

Comme la dimension spatiale, la dimension *temporelle* apparaît fondamentale en biologie. Très fréquemment, la temporalité des phénomènes biologiques prend un aspect cyclique : cycles de divisions cellulaires, cycles reproducteurs, cycle de remplacement des générations, etc. À des cycles d'origine interne aux organismes, à déterminisme génétique, se superposent des cycles à déterminisme externe (marées, jours, lunaisons, saisons, années...) qui se combinent avec eux et jouent un rôle éminent dans l'adaptation des individus et des populations (reproduction, migrations...). La chronobiologie, sous ses nombreux aspects, explore les dimensions temporelles du vivant. Tandis que les phénomènes circadiens ou ultradiens (c'est-à-dire de période égale ou supérieure à 24 heures) intéressent aussi la pharmacologie, la physiologie et la biologie cellulaire, les phénomènes circannuels ou infrannuels (c'est-à-dire de période égale ou inférieure à l'année) sont plutôt du ressort de la biologie des organismes et des populations, de l'éthologie et de l'écologie.

Les phénomènes à plus longue échéance (périodiques ou non) – dizaines d'années ou de siècles –, tels que colonisations ou modifications majeures des écosystèmes, sont du ressort de l'écologie, mais aussi, déjà, des sciences historiques. Au-delà, les transformations à long terme sont le domaine de la *paléontologie.*

Le « temps court », ou synchronie, est le temps du biologiste. Les phénomènes perçus à cette échelle sont directement accessibles à l'expérimentation. En revanche, le temps long, ou diachronie, est celui du paléontologue. Les phénomènes n'y sont pas susceptibles d'être directement soumis à l'analyse expérimentale, du fait de leur nature historique, nécessairement rétrospective. •

→ **Voir aussi :** L'étude du vivant, **BIOL**, p. 16-17.

9. Guépard *(Acinonyx jubatus)* poursuivant des zèbres.

Développer toutes les voies d'études

Les « percées scientifiques » réalisées dans chaque domaine peuvent retentir de façon lointaine et souvent imprévisible dans un tout autre domaine. C'est ainsi, par exemple, que la zoologie et l'écologie permettent de développer la lutte biologique en agriculture, ou que l'anatomie et la physiologie sont mises à profit, à travers la bionique, en physique des matériaux ou en aéronautique. Aucune des disciplines de la biologie ne devrait donc manquer des soutiens indispensables, ni tomber en dessous d'un seuil minimal « de veille » au-delà duquel il n'est plus possible de transmettre et d'approfondir des connaissances qui peuvent soudainement se révéler nécessaires. La biologie contemporaine a beaucoup de mal à conserver, gérer, rentabiliser, transmettre l'immense patrimoine des connaissances concrètes déjà acquises. Celles-ci sont pourtant le gage de notre aptitude à relever les défis écologiques de demain : en biologie, tout se tient.

L'étude du vivant

LA SCIENCE CONSISTE À substituer au visible compliqué de l'invisible simple, en réduisant l'arbitraire de la description. Cette définition du physicien français Jean Perrin s'applique à l'étude biologique, qui nécessite un morcellement portant chaque élément à un seuil de compréhension accessible. Le champ d'investigation s'étend dans des domaines largement pluridisciplinaires mais conserve une unité : étudier la structure et les fonctions de la vie par l'observation, l'analyse et la modélisation.

L'entité vivante et autonome dissimule sous de multiples apparences une complexité extraordinaire et son étude, pour tenter d'être complète et objective, doit se faire à différents niveaux d'observation (population, organismes, cellules...). Les outils sont souvent partagés par plusieurs disciplines. C'est le cas par exemple des mathématiques : en tant qu'outils de la cytologie (l'étude des cellules), elles permettent de modéliser certains transports cellulaires ; en tant qu'outils de l'écologie elles permettent d'établir un modèle de la dynamique d'une population. L'exemple du microscope montre, quant à lui, à quel point les progrès de la connaissance en biologie sont intimement liés à ceux de la technologie ; cependant, l'évolution des connaissances nécessite l'intégration de l'ensemble des données fournies par les différentes sciences et leurs outils.

Les mécanismes du vivant sont trop multiples et compliqués pour être appréhendés dans leur ensemble. Les chercheurs contournent cette difficulté en adoptant des *modèles vivants*, adaptés à chaque discipline, dont le choix s'appuie sur des caractéristiques de relative simplicité, de facilité d'obtention et de reproduction. Le rat blanc (pour la physiologie), la bactérie *Escherichia coli* (pour la biologie moléculaire) et la mouche drosophile (pour la génétique) sont parmi les modèles les plus répandus.

Dans le même esprit de simplification, l'interprétation des processus biologiques n'est souvent accessible qu'au prix d'un « arrêt sur image ». Qu'il s'agisse de figer des événements sur une série de photographies ou de « fixer » les tissus par des substances chimiques, la solution consiste souvent à éliminer le facteur temps.

L'étude des populations

LES POPULATIONS NE CONSTITUENT PAS UN SIMPLE RASSEMBLEMENT D'INDIVIDUS ; LEUR ÉTUDE S'ATTACHE À COMPRENDRE LES LIENS DE RÉCIPROCITÉ QUI LES UNISSENT.

Une population animale ou végétale est intégrée à son milieu. Chercher les causes de ses variations et leurs conséquences relève de l'écologie.

L'étude sur le terrain. Elle permet de découvrir les interrelations qui s'établissent entre les individus et d'estimer les effectifs des populations. L'estimation des effectifs se réalise soit par simple comptage pour les végétaux ou pour la microfaune du sol, soit par des méthodes de capture/recapture pour les animaux. Dans ce cas, des pièges inoffensifs sont disposés sur une surface délimitée. Les animaux capturés sont marqués (par une bague, par exemple) puis relâchés. Ultérieurement, un second piégeage est effectué et la proportion d'animaux déjà marqués par rapport au nombre d'animaux capturés à ce second piégeage est équivalente au nombre d'animaux recapturés par rapport à l'effectif total de la population. Les déplacements et les migrations peuvent être suivis par radio-tracking. Une sonde émettrice de faible énergie est solidarisée à l'animal et permet de connaître, à distance, sa localisation et ses déplacements.

La dynamique des populations. Cette discipline vise à comprendre et à prévoir les variations d'effectifs des populations. Les mathématiques, outil fondamental de l'écologie, sont essentielles dans l'étude du devenir des populations. Sur un « simple » calcul, le précurseur de la dynamique des populations, T. R. Malthus, montre en 1798 que le danger de famine menace l'espèce humaine. En effet, la courbe démographique croît plus vite que les ressources alimentaires : une suite géométrique (2, 4, 8, 16, ...) pour l'une contre une suite arithmétique (2, 4, 6, 8, ...) pour l'autre. La modélisation de données d'observation (effectif des populations, mode de reproduction des espèces) par le traitement informatique, qui analyse simultanément de multiples facteurs susceptibles d'agir sur l'effectif (température, prédation, pollution, etc.), permet de simuler une déstabilisation (variation climatique, par exemple) et d'en prévoir les conséquences. •

2. Arborisation d'une fibre nerveuse au contact des fibres musculaires (microscopie optique, × 50).

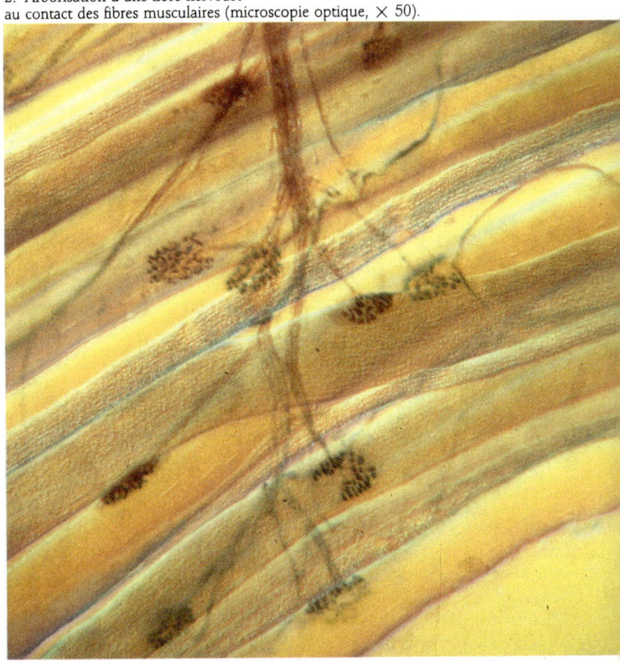

Dates clefs

1602 L'Italien S. Santorio introduit la mesure en médecine, fondant ainsi la biométrie.
1665 L'Anglais R. Hooke réalise le premier dessin d'une cellule.
1673 Le Hollandais A. Van Leeuwenhoek fabrique des microscopes grossissant jusqu'à 160 fois.
1815 Le Français R. Laennec invente le stéthoscope.
1895 Les rayons X sont découverts par l'Allemand W. C. Röntgen.
1931 L'Allemand E. Ruska développe le microscope électronique.
1938 L'Américain J. Franck met au point la tomographie.
1943 E. Purcell et F. Bloch, deux Américains, découvrent la résonance magnétique nucléaire.
1953 L'Américain J. D. Watson et le Britannique F. H. C. Crick déterminent la structure de l'A.D.N.
1970 Les enzymes de restriction, véritables ciseaux à A.D.N., sont découvertes par l'Américain H. Smith.
1981 Mise au point du microscope à effet tunnel par l'Allemand G. Binnig et le Suisse H. Röhrer.

Les rayons X

Cette radiographie d'une vipère gestante (1) montre clairement le squelette et la coquille des œufs, tandis que les tissus « mous » sont invisibles, transparents aux rayons X sans un traitement préalable spécial. Les « niveaux de gris » qui font apparaître les os par-dessus la coquille des œufs témoignent de leur composition physicochimique différente et permettent leur observation malgré la superposition des structures. En préservant l'intégrité de la vie, ce type d'observation peut être mis à profit dans la recherche d'une reconstitution dynamique des processus biologiques.

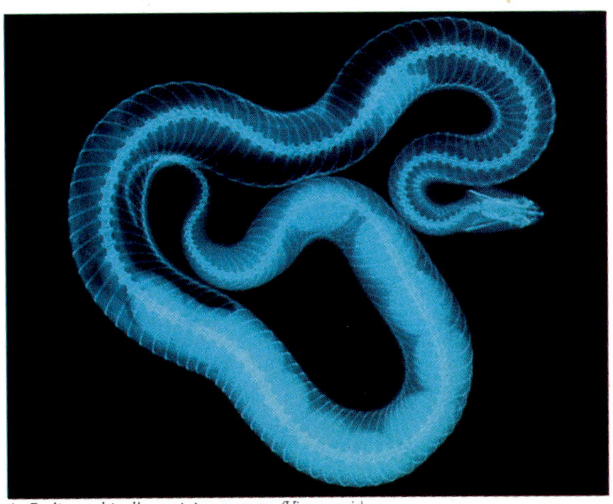

1. Radiographie d'une vipère gestante *(Vipera aspis).*

Différents modes d'observation microscopique

L'étude d'une fonction biologique, telle que la locomotion, résulte de la synthèse de multiples données d'anatomie et de physiologie. La commande de la contraction musculaire est réalisée à partir de fibres nerveuses se terminant sur les cellules musculaires en des zones privilégiées, les plaques motrices. En microscopie optique (2), ces plaques apparaissent comme des bourgeonnements sombres des fibres nerveuses. Alors que la microscopie électronique à balayage (3) permet un zoom qui révèle en relief l'intimité du contact nerf-muscle, la microscopie électronique à transmission (4) nous montre à très fort grossissement la structure de la plaque motrice au niveau de la jonction neuromusculaire, la synapse.

L'étude de l'organisme

LES LOIS DE LA PHYSIQUE ET DE LA CHIMIE APPLIQUÉES À L'ÉTUDE BIOLOGIQUE RÉVÈLENT PAR L'IMAGE L'ÉQUILIBRE STRUCTURAL ET FONCTIONNEL DE L'ORGANISME.

Qu'il soit animal ou végétal, l'organisme peut s'étudier dans son ensemble par les techniques photographiques qui en fixent les traits sur des clichés pouvant être observés et analysés. Les prises de vues en rafales ou à intervalles déterminés figent les phases du déplacement ou du mouvement qui sont ensuite disséquées. En combinant la cinématographie aux techniques de radiologie, on progresse dans la connaissance des phénomènes mécaniques qui régissent les mouvements des animaux vivants : la kinésie.

Mieux connaître l'organisme, c'est aussi étudier sa physiologie. L'analyse des effets produits lors d'une stimulation ponctuelle (électrique ou chimique, par exemple) permet de mettre en évidence certains mécanismes intimes qui régissent l'organisme.

Au cœur de l'organisme.
La visualisation de l'intérieur d'un corps utilise les phénomènes ondulatoires. Les rayons X, par exemple, traversent les tissus mais sont déviés par les réseaux cristallins. Ces propriétés, associées au pouvoir d'impressionner une émulsion photographique, en font un précieux outil d'étude et d'observation des squelettes. La scintigraphie, proche de la méthode par rayons X, enregistre les émissions (rayons gamma) de radioéléments à très faible durée de vie que l'on injecte dans l'organisme. L'amélioration des techniques de focalisation des rayons, de réception de l'image sur un suppport très sensible et la technologie électronique au service de l'imagerie ont repoussé les limites de l'étude faite sur le vivant : le rayonnement reflète l'ensemble des tissus traversés (rayons X) ou ceux dont proviennent les rayons (rayons gamma).

L'échographie utilise les ultrasons (d'une fréquence de 2,5 à 10 MHz) que les tissus absorbent selon leurs caractéristiques puis restituent. Cet « écho » analysé est transformé en image.

La technique de tomographie (du grec *tomê,* coupure) rend possible par des procédés optiques et mécaniques l'observation d'une coupe fictive de l'organisme, quel que soit le type de rayonnement utilisé. Appliquée aux rayons X, c'est le scanner (ou tomodensitométrie en rayons X). La tomographie par résonance magnétique nucléaire s'appuie sur les propriétés atomiques des éléments. Lorsque l'organisme est placé dans un champ magnétique puis soumis à une onde de fréquence radio, les électrons (de l'hydrogène, par exemple) entrent en résonance avec cette onde. Leur « danse » s'arrête avec l'émission radio et ils retournent plus ou moins vite à leur état initial selon leur environnement. Des capteurs enregistrent ces différents états d'énergie et les transforment en image fidèle de l'intérieur de l'organisme. •

3. Terminaison nerveuse sur un faisceau de fibres musculaires striées (microscopie électronique à balayage, × environ 250).

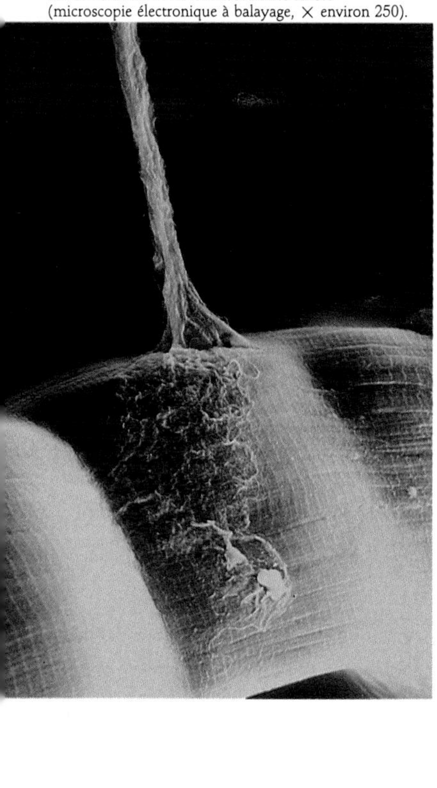

4. Synapse neuromusculaire (microscopie électronique à transmission, × 35 000).

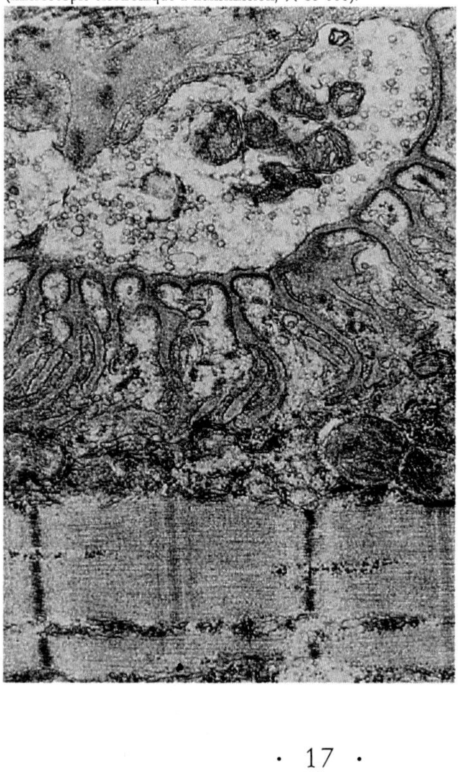

L'étude de la cellule

D'UN DIAMÈTRE MOYEN DE 20 MICROMÈTRES, LA CELLULE RENFERME DES ORGANITES DONT CERTAINS N'EXCÈDENT PAS 0,025 MICROMÈTRE ; LEUR ÉTUDE EST SOUVENT IMPOSSIBLE SUR DU MATÉRIEL VIVANT.

Les microscopes optiques sont schématiquement composés de deux groupes de lentilles : l'objectif et l'oculaire. Ils donnent une image réelle renversée et agrandie jusqu'à 2 500 fois d'un objet éclairé par la lumière. Cette limite correspond au pouvoir séparateur imposé par les rayons lumineux.

Le microscope électronique à transmission, grossissant jusqu'à plusieurs millions de fois, permet l'observation des organites. Un faisceau d'électrons propagé dans le vide bombarde l'échantillon. Selon les structures rencontrées, les électrons sont stoppés ou traversent l'objet dont l'image est recueillie par un écran ou sur une plaque photographique. L'observation est fatale au tissu vivant, qui ne résiste pas à la déshydratation, à l'ultravide et au bombardement d'électrons. Les microscopes à ultrasons (acoustiques) et à rayons X permettent un grossissement moins fort, mais conservent le tissu vivant.

Le microscope à balayage grossit les objets de 10 000 à 100 000 fois. Il donne une image du relief de l'échantillon dont la surface, gainée d'une fine pellicule de métal, réfléchit les électrons.

La préparation des pièces.
Bien que certains microscopes permettent l'étude de tissus vivants, ceux-ci sont généralement traités par des fixateurs, des substances qui tuent les cellules et immobilisent leurs constituants. Selon la taille de l'échantillon et l'échelle d'observation, celui-ci est débité en fines lamelles à l'aide d'un microtome (appareil fournissant des coupes très minces), soit après congélation, soit après inclusion ou enrobage dans des substances (paraffine ou Araldite) qui en facilitent la manipulation. Les coupes peuvent être observées directement ou traitées par une série de colorants qui révèlent spécifiquement certains composants. L'épaisseur des coupes, de l'ordre du micromètre dans le cas du microscope optique, atteint l'ordre d'une centaine de nanomètres pour le microscope électronique à transmission.

Dans la pratique de préparation par cryodécapage, l'objet à examiner est brutalement congelé dans l'azote liquide puis fracturé. Le plan de fracture suit alors le relief des organites, qui peut être révélé par la microscopie électronique à balayage.

La physiologie.
L'analyse biochimique des composants d'une cellule commence par leur isolation au moyen de centrifugeuses. Celles-ci peuvent tourner jusqu'à 60 000 tours par minute et la force centrifuge sépare les éléments en fonction de leur masse.

Les propriétés des membranes cellulaires, les mouvements ioniques par diffusion passive ou les transports actifs transmembranaires peuvent être appréhendés sur la cellule vivante par la technique du *patch-clamp.* Un champ est délimité par l'extrémité d'une micropipette posée sur la membrane cellulaire. Le physiologiste maîtrise alors les modifications physico-chimiques du « milieu extérieur » sur cet espace restreint. Des microélectrodes enregistrent, en temps réel, les réactions de la membrane. •

L'étude des molécules

L'ÉTUDE DE L'INFINIMENT PETIT, SON IDENTIFICATION ET SON OBSERVATION FONT APPEL À DES TECHNIQUES ET À DES MOYENS AUX PROPORTIONS DÉMESURÉES.

En biologie moléculaire, l'isolement d'un gène et l'identification des molécules dont il code la synthèse se réalisent à l'aide d'outils eux-mêmes biologiques.

L'hybridation : une greffe génétique.
On extrait d'une cellule donneuse (cellule humaine par exemple) un A.R.N. messager, produit de la transcription d'un gène. Une enzyme, la transcriptase réverse (ou transcriptase inverse), permet ensuite de « remonter » au monobrin d'A.D.N. d'où provient l'A.R.N. messager. Cet A.D.N. copié (A.D.N.c) introduit dans le noyau d'une cellule hôte, par exemple une bactérie ou une levure, peut s'insérer à son génome. Des enzymes de restriction servent à couper l'A.D.N. et permettent de réaliser cette hybridation, véritable greffe génétique. La cellule hôte synthétise alors la protéine codée par le fragment d'A.D.N.c et révèle ainsi l'expression du gène de la cellule donneuse. Le gène est dit « cloné » si la greffe génétique se maintient et s'exprime au fil des générations cellulaires.

Identifier et modéliser les molécules.
L'*électrophorèse* utilise les propriétés ioniques des protéines pour les séparer. Placées dans un gradient électrique en milieu liquide ou sur support solide (papier, gélose, amidon, gel d'amidon), elles migrent dans le courant, chacune différemment selon sa charge électrique. La *chromatographie* sépare les molécules en fonction de leur taille, de leur forme et de leurs propriétés. Elles sont entraînées dans des colonnes ou sur papier, et migrent spécifiquement en fonction du support qui les crible, solvant (chromatographie de partage), gaz (chromatographie en phase gazeuse) ou tamis inerte (chromatographie sur gel).

L'informatique permet non seulement la reconstitution graphique des molécules sur des écrans vidéo couleur, où la synthèse de l'image atteint des performances remarquables, mais aussi la simulation de réactions chimiques. Les systèmes interactifs, comme l'écran calligraphique, permettent la manipulation de l'objet tridimensionnel en temps réel. Ces techniques autorisent l'étude de la topologie des molécules et de leurs modes de reconnaissance spécifique.

L'effet tunnel.
Le microscope à *effet tunnel* a un pouvoir de résolution inférieur à 0,01 nanomètre. Grâce à lui, les premières images de la structure moléculaire de l'A.D.N. ont été obtenues. Il enregistre par des variations piézo-électriques la distance entre une électrode fixe extrêmement fine et la surface du corps à analyser dont on obtient alors une carte très précise, révélant la structure atomique. •

→ **Voir aussi :** L'imagerie médicale, **MED**, p. 254-255, Les microscopies, **PHYS**, P. 212-213, L'imagerie scientifique, **PHYS**, p. 214-215.

Constitution biochimique des organismes

La cellule, structure de base des organismes vivants, est essentiellement formée à partir de cinq types de molécules : les nucléotides, les acides aminés, les lipides, les glucides et l'eau. Les nucléotides peuvent se lier entre eux pour former les acides nucléiques (A.D.N. et A.R.N.) qui portent l'information génétique. Les acides aminés s'enchaînent linéairement pour constituer les protéines, dont certaines participent à l'architecture cellulaire et les autres sont responsables des travaux extrêmement variés effectués par les cellules : catalyse de réactions chimiques, transport de molécules, réactions immunitaires, etc. Les glucides et les lipides ont essentiellement un rôle structural et énergétique. Toute cellule vivante tire son énergie de la combustion de ces deux types de molécules, dont le stockage assure aux organismes une certaine indépendance vis-à-vis du milieu environnant. Glucides et lipides participent également à l'édification de nombreuses structures cellulaires telles que les membranes biologiques. Enfin l'eau est le composé le plus abondant des êtres vivants. Il ne s'agit pas d'une molécule inerte mais au contraire, grâce à ses propriétés physiques, d'une molécule qui joue un rôle important dans l'édification des membranes cellulaires.

Toutes les cellules des êtres vivants, végétaux ou animaux, étant constituées de ces molécules fondamentales, l'évolution biologique repose non pas sur la création de matériaux complètement nouveaux, mais sur la complexification de l'organisation de ces molécules, permettant sans cesse l'émergence et le perfectionnement d'espèces nouvelles.

Les protéines

LES PROPRIÉTÉS FONCTIONNELLES DES PROTÉINES, FONDÉES SUR LA RECONNAISSANCE DES FORMES MOLÉCULAIRES, SONT DÉTERMINÉES PAR LA COMBINAISON DES ACIDES AMINÉS QUI LES COMPOSENT.

Les protéines, synthétisées à partir de vingt acides aminés principaux (et quelques acides aminés rares), remplissent dans la cellule des fonctions extrêmement variées. Certaines protéines ont un rôle structural. Ainsi, les fibres d'actine, en glissant les unes contre les autres, permettent aux cellules musculaires de se contracter. De même, le collagène sécrété autour des cellules de la peau et des os assure la solidité de ces tissus. D'autres protéines permettent de véhiculer diverses molécules, soit dans le courant sanguin, comme l'albumine qui transporte les acides gras et l'hémoglobine qui transporte l'oxygène, soit au travers des membranes cellulaires comme le « transporteur » de glucose, une protéine insérée dans la membrane, sans laquelle le glucose ne pourrait pénétrer dans les cellules. Les anticorps qui participent à la défense immunitaire ainsi que certaines hormones telles que l'insuline ou le glucagon sont également des protéines. Enfin, dans toutes les cellules, les réactions chimiques sont catalysées par une variété infinie de protéines : les enzymes. Celles-ci ne modifient pas le sens des réactions mais augmentent leur vitesse de façon considérable comme le fait, par exemple, l'*A.D.N. polymérase* en favorisant le rapprochement et la liaison entre deux nucléotides lors de la synthèse de l'A.D.N.

La plupart de ces fonctions reposent sur la capacité qu'ont les protéines à reconnaître spécifiquement d'autres molécules (l'antigène à détruire, les molécules à transporter ou à faire interagir, etc.). Cette reconnaissance est permise par le jeu des complémentarités des formes. En effet, les chaînes latérales des acides aminés constituant les protéines imposent à ces dernières une structure tridimensionnelle, ménageant à leur surface des sites dans lesquels peuvent s'insérer d'autres molécules, à l'image d'une clef dans une serrure. C'est ainsi, par exemple, qu'un anticorps peut se lier à l'antigène dont il est spécifique. Dans le cas des

Les acides nucléiques

CES MACROMOLÉCULES SONT PORTEUSES D'UNE INFORMATION CODÉE, ESSENTIELLE AU DÉVELOPPEMENT ET AU FONCTIONNEMENT DES ORGANISMES.

Les acides nucléiques se constituent d'un enchaînement de nucléotides dont l'ordre, à la manière des lettres de l'alphabet dans un texte, détermine l'information génétique. L'A.D.N. (acide désoxyribonucléique) porte l'ensemble de cette information ; quant à l'A.R.N. (acide ribonucléique), il se présente sous forme de molécules beaucoup plus courtes qui sont des copies de petites séquences de l'A.D.N. destinées à être « traduites » (A.R.N. *messager*) sous forme de protéines ou à participer à cette traduction (A.R.N. *de transfert* et A.R.N. *ribosomique*).

De façon générale, le contenu des cellules en A.D.N. est d'autant plus important que l'organisme auquel elles appartiennent est complexe. Les cellules de mammifères, par exemple, contiennent en moyenne 100 000 fois plus d'A.D.N. qu'un virus, 1 000 fois plus que les cellules des bactéries et trois fois plus que celles des oiseaux.

Chez tous les êtres vivants, l'A.R.N. se présente sous forme d'une chaîne linéaire de nucléotides, alors que la structure de l'A.D.N. s'est modifiée au cours de l'évolution. Chez les virus à A.D.N. (certains virus ne contiennent pas d'A.D.N. mais uniquement de l'A.R.N.), l'A.D.N. est également une chaîne nucléotidique simple. Par contre, chez toutes les autres espèces vivantes, cette structure est double, à la manière des deux montants d'une échelle, les barreaux se formant par la liaison d'éléments spécifiques des nucléotides, les bases azotées. Cette échelle d'A.D.N., qui, par le jeu des forces électrostatiques, subit une torsion lui faisant adopter une forme hélicoïdale, semble d'une grande stabilité biochimique, garante de la conservation du message génétique. Chez les êtres unicellulaires sans noyau appelés procaryotes, dont les représentants essentiels sont les bactéries, les deux extrémités de cette double hélice d'A.D.N. peuvent se lier pour former une molécule circulaire souvent attachée à la membrane de la cellule. Chez les eucaryotes, les cellules sont pourvues d'un noyau bien visible au microscope. Il contient plusieurs doubles hélices linéaires d'A.D.N. étroitement enveloppées de protéines, les histones. •

1. Formule générale d'un nucléotide.

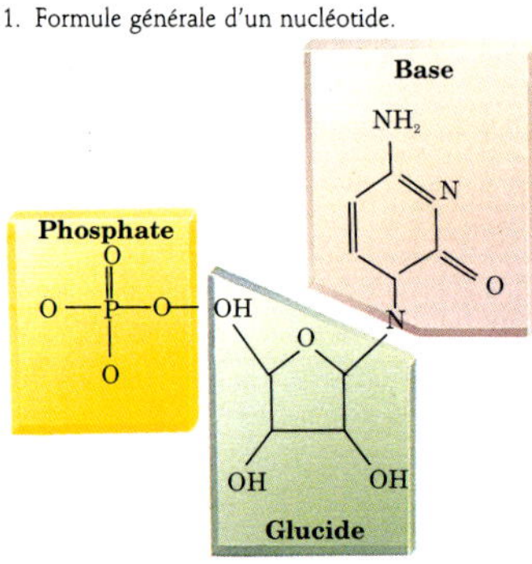

2. Formule générale d'un acide aminé.

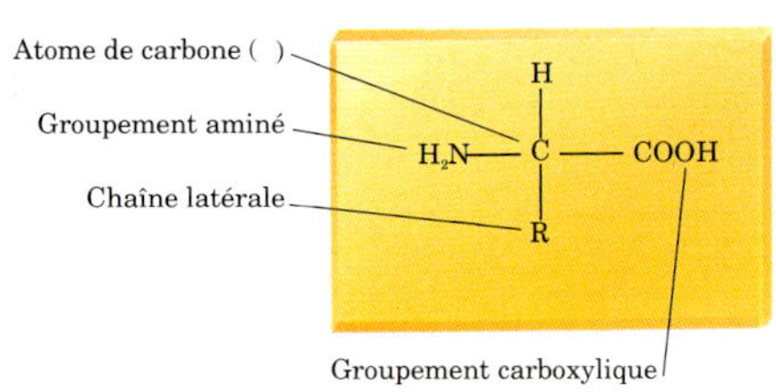

3. Liaison peptidique.

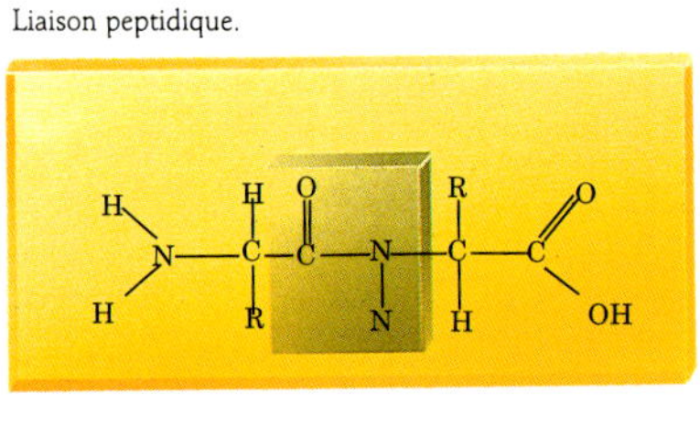

Composition biochimique d'une cellule bactérienne et d'une cellule eucaryote (en % de la masse totale)

	cellule bactérienne Escherichia coli	*cellule eucaryote (végétale ou animale)*
Eau	70	70-80
Protéines	15-20	10-20
Acides nucléiques	7	5
Glucides	3	1
Lipides	2	2-3
Sels minéraux	1	1

4. Un acide gras, l'acide palmitique.

Les principaux constituants du vivant

Un nucléotide (1) est formé d'un groupement phosphate, d'un glucide et de l'une des cinq molécules cycliques (ou « bases ») suivantes : adénine, guanine, thymine, uracile ou cytosine. Une liaison covalente peut s'établir entre le groupement phosphate et le glucide de deux nucléotides voisins, permettant la formation de chaînes qui constituent les acides nucléiques. Ces chaînes sont de deux types : l'acide désoxyribonucléique ou A.D.N., qui a pour glucide le désoxyribose et ne contient jamais d'uracile, et l'acide ribonucléique ou A.R.N., qui a pour glucide le ribose (8) et ne contient jamais de thymine.
Les protéines sont formées d'une succession linéaire d'acides aminés (2) associés entre eux par des liaisons peptidiques (3). Une vingtaine d'acides aminés, différant par la nature de leur chaîne latérale, entrent dans la composition des protéines biologiques, et leur ordre, génétiquement déterminé, impose à celles-ci une conformation spatiale et une fonction très précises. C'est ainsi par exemple que la myoglobine musculaire (5) possède des acides aminés dont la disposition permet de retenir une molécule non protéique (l'hème qui contient du fer) sur laquelle se fixera l'oxygène.
Les acides gras (4) sont des chaînes carbonées se terminant par une fonction acide. Ces

enzymes, les sites destinés à recevoir les molécules à modifier créent un environnement particulier qui favorise la réaction chimique (phénomène de catalyse). La plupart de ces protéines enzymatiques possèdent également des sites de régulation où viennent s'insérer des molécules capables de stimuler ou de réduire l'activité catalytique de l'enzyme.

L'ordre des acides aminés détermine donc à la fois la structure tridimensionnelle et la fonction d'une protéine. Cet ordre est la traduction, à partir du code génétique, du message inscrit dans la séquence des nucléotides de l'A.D.N. qui orchestre ainsi les travaux cellulaires. •

Glucides et lipides

CES ALIMENTS ÉNERGÉTIQUES, ESSENTIELS AU FONCTIONNEMENT DE LA MACHINERIE CELLULAIRE, PARTICIPENT ÉGALEMENT À L'ÉDIFICATION DE NOMBREUSES STRUCTURES BIOLOGIQUES.

Les molécules des glucides (sucres) et des lipides (graisses) constituent les formes universelles d'apport énergétique pour les cellules vivantes. Tous les organismes emmagasinent ces molécules afin d'acquérir une relative indépendance vis-à-vis de leur environnement. Les glucides, stockés sous forme de polymères de glucose, peuvent selon leur enchaînement prendre deux formes voisines : l'amidon chez les végétaux et le glycogène dans le foie des animaux. Ces polymères forment des granules dans le cytoplasme des cellules qui les hébergent. Les lipides, quant à eux, sont entreposés sous forme de gouttelettes de triglycérides. Chez les animaux, ces dernières abondent dans le cytoplasme des cellules d'un tissu spécialisé : le tissu adipeux. Les polymères de glucose sont hydratés et donc spatialement plus encombrants que les triglycérides hydrophobes. Ces derniers présentent un second avantage : ils fournissent, à poids égal, plus d'énergie que les glucides (9 kilocalories par gramme contre 4 pour les glucides). Cependant, le glucose reste pour le cerveau le combustible essentiel.

Lipides et glucides jouent également un rôle primordial dans l'élaboration des structures biologiques. La constitution des membranes des cellules en est l'exemple le plus marquant. En effet, en raison de leur hydrophobie, les acides gras qui forment les phospholipides (éléments constitutifs des membranes biologiques) ont tendance à s'orienter spontanément les uns vers les autres en rejetant la partie hydrophile de la molécule vers l'environnement aqueux. Il en résulte la formation d'une double couche de phospholipides dans laquelle les acides gras, disposés face à face, forment un feuillet intermédiaire hydrophobe. Une telle disposition permet l'édification des membranes cellulaires dans lesquelles s'insèrent de nombreuses protéines aux fonctions variées telles que des transporteurs de molécules ou des récepteurs de messages hormonaux. Les glucides ont eux aussi une fonction structurale essentielle. On les retrouve liés à des lipides ou à des protéines dans les membranes de toutes les cellules. Deux d'entre eux, le ribose et le désoxyribose, forment avec le groupement phosphate, le squelette des acides nucléiques. Chez les végétaux, le glucose se polymérise en longues chaînes linéaires pour former la cellulose qui constitue la paroi rigide des cellules. Les glucides peuvent également s'associer à des protéines pour former chez les animaux des substances lubrificatrices extracellulaires telles que celles des articulations ou des sécrétions muqueuses, ainsi que des substances de remplissage comme celles du globe oculaire. •

5. Molécule de myoglobine.

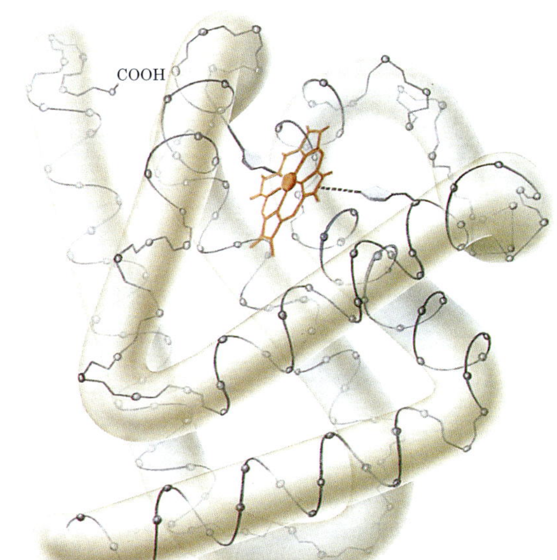

6. Triglycéride.

7. Phospholipide.

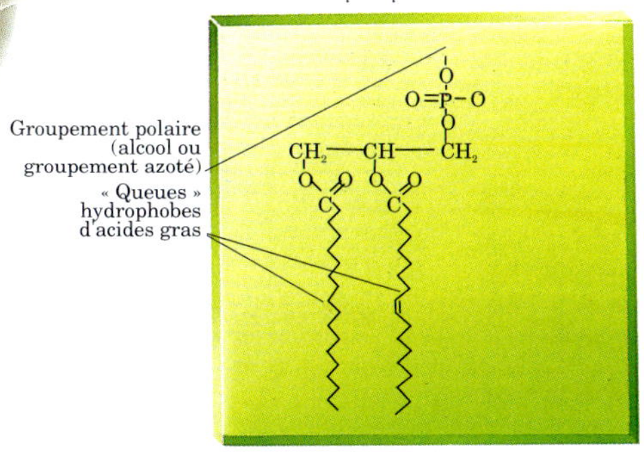

chaînes hydrophobes peuvent s'associer au glycérol pour former les triglycérides (6) ou bien se lier également à une molécule fortement hydrophile (groupement « polaire ») pour former les phospholipides (7). Les oses, petites molécules de glucides, comportent le plus souvent cinq atomes de carbone (pentoses, comme le ribose [8]) ou six atomes de carbone (hexoses, comme le glucose [9]) ainsi qu'une fonction aldéhyde, H – C = 0 (ou cétone, C = 0). La plupart des glucides adoptent une forme cyclique, résultant de l'interaction entre la fonction aldéhyde (ou cétone) et un groupement OH de la même molécule (10, 11).

8. Le ribose, formule développée.

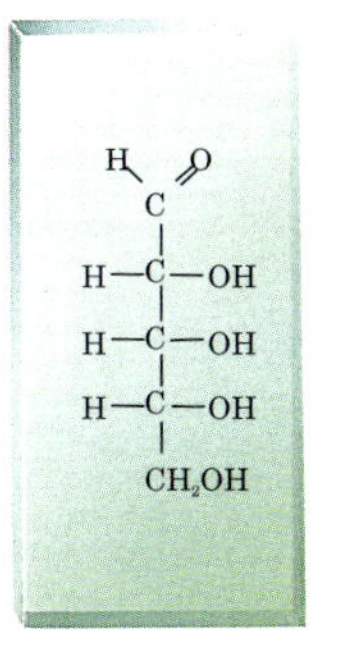

9. Le glucose, formule développée.

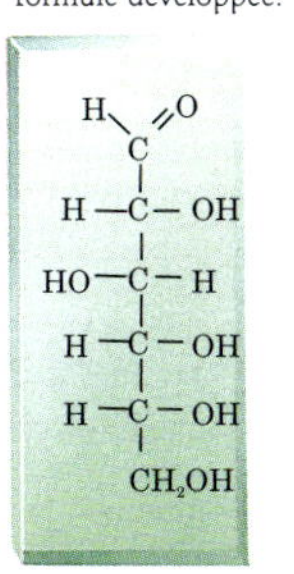

10. Structure tridimensionnelle du ribose.

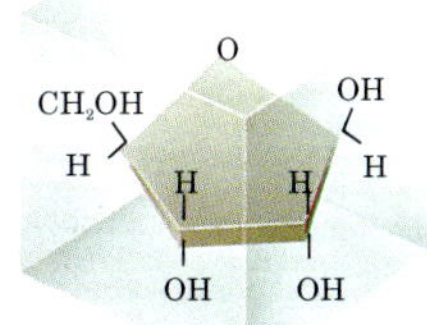

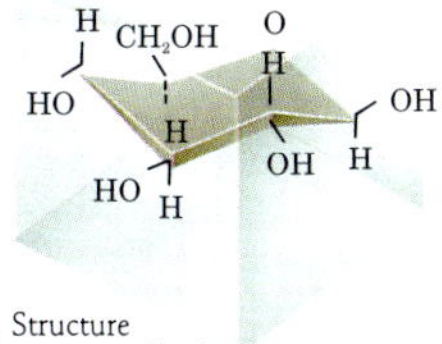

11. Structure tridimensionnelle du glucose.

Biochimie et évolution

LE MONDE VIVANT, MALGRÉ SA GRANDE DIVERSITÉ, EST COMPOSÉ DES MÊMES MOLÉCULES BIOLOGIQUES DE BASE DONT L'ORGANISATION SE MODIFIE EN PERMANENCE AU COURS DE L'ÉVOLUTION DES ESPÈCES.

La biochimie des êtres vivants est remarquablement uniforme. En effet, toute cellule est composée des mêmes matériaux soumis aux mêmes règles de construction : par exemple, la constitution des membranes biologiques, des acides nucléiques, ou des protéines, ou encore les mécanismes biochimiques tels que la réplication de l'A.D.N., la transcription de l'A.R.N. ou la synthèse des protéines étudiés en premier lieu chez des organismes aussi primitifs que les bactéries se sont révélés similaires dans les cellules des vertébrés supérieurs. C'est ainsi que, d'une espèce à l'autre, les acides nucléiques diffèrent par l'ordre et non par la nature des quatre nucléotides qui les constituent, de même que la diversité structurelle et fonctionnelle des protéines repose sur les variations d'enchaînement des vingt acides aminés communs à tous les êtres vivants. Cette diversité combinatoire est même loin d'être totalement utilisée, on retrouve en effet des séquences nucléotidiques et protéiques très similaires d'une espèce à l'autre, suggérant une origine commune. L'évolution biologique reposerait donc sur de faibles modifications de ces séquences ayant pourtant d'importantes répercussions sur l'organisation cellulaire et les performances des espèces. Un exemple simple en est fourni par la molécule d'hémoglobine qui est constituée d'une seule chaîne d'acides aminés chez les organismes inférieurs tels que la lamproie, tandis que chez les vertébrés supérieurs, quelques changements survenus dans l'ordre des acides aminés permettent à quatre chaînes de structure analogue de se grouper et de coopérer de telle sorte que la fixation de l'oxygène sur l'une d'elles augmente l'affinité des autres pour cet atome. Une telle collaboration permet d'accroître l'efficacité du transport de l'oxygène ainsi que de toutes les performances des métabolismes biochimiques aérobies qui en découlent. •

L'eau

Formées d'un atome d'oxygène et de deux atomes d'hydrogène, les petites molécules d'eau représentent 70 à 90 % du poids des êtres vivants ; les électrons des atomes d'hydrogène, attirés vers l'oxygène plus électronégatif, créent une dissymétrie électrique, rendant la molécule « polaire ». Du fait de cette dissymétrie, l'eau peut établir des liens électrostatiques appelés liaisons hydrogène avec d'autres molécules polaires tels que les glucides, ou les ions, ce qui rend ces molécules solubles. Par contre, les molécules non polaires ne peuvent contracter de liaisons hydrogène et ont donc tendance dans un milieu aqueux à être refoulées en amas, tels les acides gras qui édifient les membranes cellulaires. La polarité de l'eau est également responsable de la structure spatiale spontanément adoptée par des polymères (macromolécules formées d'un enchaînement de molécules semblables) tels que les protéines ou les acides nucléiques chez lesquels les parties polaires forment une superficie hydrophile entourant les parties non polaires hydrophobes. L'eau n'est donc pas une simple molécule de remplissage mais joue un rôle primordial dans la détermination des structures cellulaires.

→ **Voir aussi :** L'A.D.N., **BIOL**, p. 56-57. L'énergie dans la cellule, **BIOL**, p. 138-139. L'immunité, **BIOL**, p. 164-165.

Éléments de systématique

LA SYSTÉMATIQUE CONSISTE à regrouper des objets sur la base de caractères communs. Elle aboutit à une classification qui permet notamment d'organiser les connaissances.

Une classification pratique, qui s'exprime dans les clefs de détermination des faunes et des flores, consiste à réunir les formes sur des critères aisément identifiables. Si la classification regroupe les objets sur la similitude d'une large gamme de caractères, elle reflète alors un arrangement naturel des relations entre les espèces. Elle devient ainsi un outil de travail fondamental, indispensable pour les scientifiques.

Toute classification repose sur la dénomination des objets à ordonner : la taxonomie. Au XVIIIe siècle, Linné, père de la taxonomie, crée et donne leur nom à de nombreux taxons, unités de classification reliées selon un ordre bien précis – de l'embranchement à l'espèce. Il propose la nomenclature binominale universellement adoptée par les scientifiques, qui attribue à tous les êtres vivants un nom de genre et un nom d'espèce : juxtaposés, ils leur confèrent une identité qui ne connaît pas de nationalité.

Selon un protocole en vigueur depuis vingt siècles, les objets sont regroupés sur leurs ressemblances morphologiques. Le principe de cette classification classique est considéré sous un jour nouveau quand, au XIXe siècle, l'essor des technologies et l'ouverture des connaissances conduisent Lamarck et surtout Darwin à imposer l'idée de l'évolution et de la transformation des espèces dans le temps. La systématique prend alors une orientation résolument phylogénétique. La classification du monde vivant se fait sur le mode d'un arbre généalogique sur lequel (dans l'exemple des vertébrés) les descendants des poissons passent par un stade amphibien puis reptile avant de devenir mammifères.

En 1930, l'entomologiste allemand Willi Hennig s'aperçoit que la classification des larves d'insectes range parfois les animaux dans des groupes différents de ceux auxquels appartiennent les adultes. Il perçoit les lacunes d'une systématique qui laisse la part trop belle à l'intuition et s'efforce de définir une méthode rigoureuse, support d'une classification reproductible au-delà des variations morphologiques superficielles.

La systématique phylogénétique

INTÉGRANT LE CONCEPT D'ÉVOLUTION DES ESPÈCES, LA SYSTÉMATIQUE NE CONDUIT PLUS À UN SIMPLE RANGEMENT PRATIQUE, MAIS À UNE CLASSIFICATION REPRÉSENTANT L'HISTOIRE ÉVOLUTIVE.

Les prémices d'une grande modification conceptuelle apparaissent lorsque Buffon (1707-1788), naturaliste au Jardin du roi, voit le reflet d'une parenté dans la similitude des individus. Certains regroupements de la classification linnéenne ne trahiraient-ils pas plus que des simples ressemblances ?

Si les milieux scientifiques admettent une liaison de parenté entre des individus semblables, il faut expliquer la relative diversité d'espèces parentes. Lamarck (1744-1829) est le premier à proposer une théorie de la transformation des espèces au cours des générations. Darwin (1809-1882), après son voyage à bord du *Beagle* et l'observation des multiples spécimens collectés, impose le concept de l'évolution des espèces sous la pression de la sélection naturelle. Dans ce nouvel état d'esprit, la systématique, et donc la classification, respectent l'histoire évolutive et tiennent compte des relations de parenté entre les différentes espèces. Les classifications ne sont plus représentées par de simples cases portant un nom, mais par un *phylogramme,* véritable arbre généalogique, témoin des liaisons profondes entre les espèces.

Dans l'optique d'une histoire évolutive du monde biologique, chaque fossile n'est plus considéré comme le représentant d'une lignée éteinte mais comme le maillon d'une chaîne représentant un des ancêtres d'une forme fossile ou actuelle. À partir de 1960, G. G. Simpson et E. Mayr développeront l'utilisation des fossiles dans l'établissement des phylogénies. La paléontologie devient un outil de la systématique.

Les fossiles sont loin d'apporter une information complète sur tous les individus à travers tous les âges : rares sont les conditions de protection et de bonne conservation des pièces. L'organisme fossilisé n'est qu'une image de l'individu qui a existé. Les données biologiques sont très lacunaires. Restent les parties squelettiques ou l'empreinte de l'organisme entier, mais l'anatomie interne ou le cycle biologique sont rarement révélés.

À partir des données paléontologiques, l'extrapolation à des modèles vivants est toujours délicate. Elle conduit à des interprétations de parenté incertaines. •

La systématique d'Aristote à Linné

JUSQU'AU XVIIIe SIÈCLE, LA SYSTÉMATIQUE A POUR BUT D'ORDONNER LES ESPÈCES POUR PERMETTRE DES REGROUPEMENTS EN UNITÉS FACILEMENT IDENTIFIABLES.

Les premières classifications biologiques sont dues à Aristote (384-322 av. J.-C.) et à Théophraste (v. 372-287 apr. J.-C.). Aristote observe que chaque être vivant est unique et présente des caractéristiques propres. Délaissant volontairement les particularités de chaque individu, il les regroupe sur la définition de caractères généraux. Le philosophe propose déjà une organisation du monde animal qui rassemble les individus ou les groupes d'individus sur l'observation de caractères communs. Il produit l'une des premières classifications rigoureuses du monde animal, dans laquelle apparaissent déjà les mammifères, les oiseaux et les coléoptères. Son disciple Théophraste utilise le concept aristotélicien pour établir une classification botanique. Pendant près de vingt siècles, les naturalistes collectent des données, en prenant les classifications grecques comme références.

Au XVIIIe siècle, le milieu des sciences biologiques, en perpétuelle évolution, se trouve face à une quantité très importante d'informations collectées aux quatre coins du monde. Les savants, tels Tournefort (1656-1708) et Buffon (1707-1788), se cantonnent encore dans l'élaboration de catalogues de plus en plus riches décrivant le monde vivant. Il devient impératif de référencer de manière universelle toutes les formes de vie découvertes.

Linné, le père de la taxonomie. Le naturaliste suédois Carl von Linné (1707-1778) entreprend une observation rigoureuse de la flore et de la faune. Son œuvre, le *Systema naturae* (dans l'édition de 1758), décrit près de 10 000 espèces de plantes et 5 000 espèces d'animaux. Dans cet environnement intellectuel fixiste (excluant l'idée d'évolution des espèces), il définit l'espèce, spécimen de référence représentant l'unité biologique qu'il adopte. Chaque être vivant est désigné par deux noms latins : le premier prend une majuscule et désigne le genre auquel appartient l'espèce ; le second, en minuscule, caractérise l'espèce. Ainsi, *Felis leo* désigne le lion et *Felis domesticus,* le chat domestique. Cette nomenclature binominale est actuellement universellement employée. Le genre comprend une ou plusieurs espèces. Les genres voisins constituent des familles ; les familles affines sont groupées en ordres, eux-mêmes réunis en classes. Plusieurs classes composent un embranchement.

La classification selon Linné réalise souvent des regroupements sur la base de convergences morphologiques superficielles. Les études d'anatomie comparée de Georges Cuvier (1769-1832) ainsi que les théories évolutionnistes vont révolutionner cette approche systématique. •

La systématique : l'art de classer

Si l'optique de la classification est la conception d'un guide floristique, les objets sont classés par taille, par couleur ou par forme et regroupés dans un ordre artificiel, pratique pour l'utilisateur qui veut reconnaître une fleur observée dans la nature. Par contre, une classification systématique et naturelle se donne les moyens d'une étude approfondie, portant sur un grand nombre de caractères, pour ranger les êtres vivants dans des unités plus ou moins larges qui témoignent de leurs liens de parenté.

Les caractères fondamentaux qui séparent les grands groupes sont aisément identifiables (1) : les fougères se reconnaissent par l'anatomie de leurs feuilles et par leur mode de re-

1. Caractères morphologiques permettant

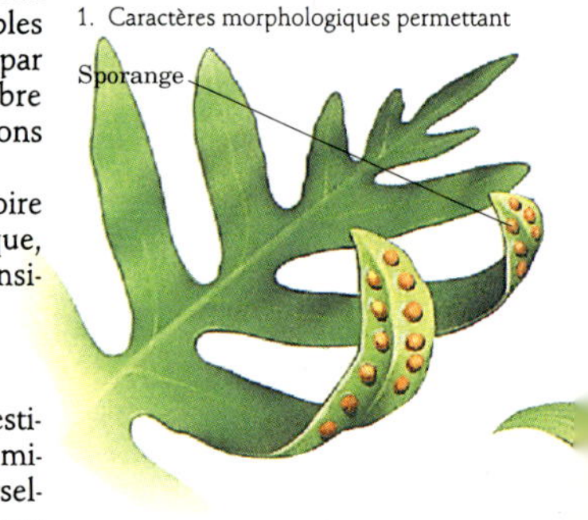

Polypode
Fougère

Conifère
Pin maritime

2.

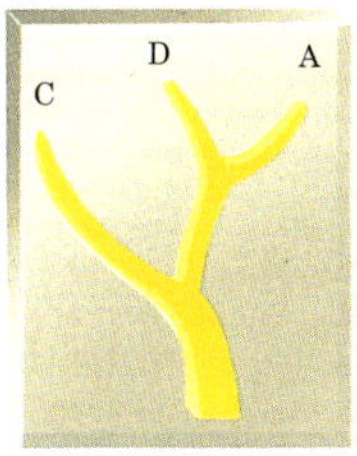

Phylogramme

Cette représentation est utilisée par les évolutionnistes.
Les relations entre les espèces sont présentées sous forme de ramifications représentant les relations d'ordre phylétique. Lamarck (1744-1829) et Darwin (1809-1882) sont les principaux fondateurs de cet arbre phylogénétique. La classification évolutionniste se réfère à des caractères souvent externes et tombe parfois dans le piège des convergences adaptatives.
– La systématique est intuitive ;
– la classification reflète une généalogie ;
– le fossile est considéré comme ancêtre d'une forme actuelle ;
– les groupes sont constitués sur la base d'une ressemblance générale, de caractères communs indistinctement primitifs et évolués.

3.

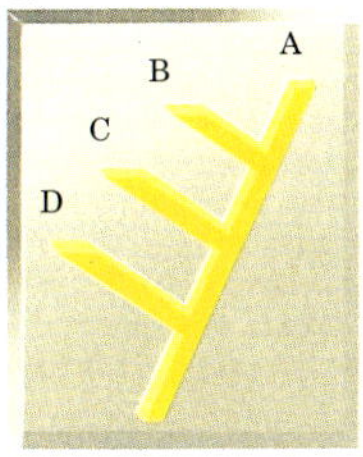

Cladogramme

Cette représentation est utilisée par les cladistes.
Willi Hennig (1913-1976) est le père d'une méthode comparative de classification qui n'établit pas de relation directe d'ancêtres à descendants au sein des groupes actuels. Elle utilise les fossiles comme des représentants évolutifs pouvant aider à établir une classification.
– La systématique est méthodique ;
– la classification résume les relations entre les groupes ;
– le fossile est traité comme la forme actuelle ;
– les groupes sont édifiés sur la base de caractères évolués ;
– les caractères sont pondérés par les systématiciens ;
– un caractère négatif n'est jamais pris en considération.

4.

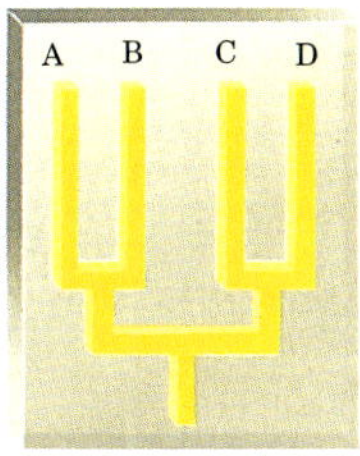

Dendrogramme

Cette représentation est utilisée par les phénéticiens.
Cette systématique permet une détermination rapide des espèces. Elle est fondée sur l'absence ou la présence de caractères. Principalement utilitaire, elle est la seule largement utilisée dans les flores et dans les faunes.
– La systématique est méthodique ;
– la classification quantifie les ressemblances entre les groupes ;
– le fossile est traité comme la forme actuelle ;
– les groupes sont édifiés sur le plus grand nombre possible de caractères communs, primitifs et évolués ;
– les caractères ne sont pas pondérés ;
– l'absence commune d'un caractère constitue une ressemblance.

Cladisme et phénétique

LES PHÉNÉTICIENS COMPARENT LES ESPÈCES EN RECENSANT POINTS COMMUNS ET DIFFÉRENCES, LES CLADISTES EXAMINENT ET PONDÈRENT LES CARACTÈRES DISTINCTIFS SELON LEUR IMPORTANCE ÉVOLUTIVE.

En 1950, W. Hennig (1913-1976) élabore une méthode afin de structurer la classification en groupes naturels. Elle repose sur une étude multidisciplinaire de l'organisme. La morphologie, la physiologie, l'embryologie... sont autant de sciences qui contribuent à la définition de l'individu. L'analyse d'un caractère détermine s'il est hérité du passé ou s'il est nouveau et transmis aux descendants : l'ensemble des organismes qui présentent, à l'exclusion de tous les autres, ce caractère évolué forme un groupe naturel.

Le vocabulaire du cladiste.
Les caractères évolués qui distinguent spécifiquement un ensemble d'individus sont nommés *apomorphies* (ou *synapomorphies*). Un groupe dont tous les représentants partagent une ou des synapomorphies est dit *monophylétique*. Les groupes des oiseaux, des mammifères et des orchidées sont monophylétiques. Les synapomorphies, phénomènes d'évolution hérités d'un unique ancêtre novateur, sont les plumes des premiers, les mamelles des deuxièmes et les fleurs particulières des troisièmes.

Le cladisme exclut de son analyse les caractères généraux, partagés par des rameaux évolutifs différents. Ces caractères, ou plésiomorphies, ne sont pas exclusifs d'un groupe et définissent aussi d'autres organismes tenus à l'écart de l'ensemble artificiel formé. De tels groupes sont *paraphylétiques* et n'ont aucune valeur de systématique aux yeux des cladistes. Le groupe des reptiles est ainsi banni de cette classification puisque leur ancêtre commun est aussi partagé avec les oiseaux.

Dans l'analyse cladistique, la valeur d'un caractère est relative. En effet, les arthropodes forment l'ensemble monophylétique des animaux dont les synapomorphies sont la segmentation du corps et la présence de pattes articulées. Il englobe l'ensemble naturel des insectes, caractérisés par six paires de pattes, ou celui des arachnides, dont tous les représentants ont quatre paires de pattes. La synapomorphie « segment articulé » pour les arthropodes (spécificité à un groupe) devient plésiomorphie dans l'analyse des insectes ou des arachnides (ce caractère étant partagé entre plusieurs groupes).

Le cladiste ne prend en compte et ne compare que des caractères homologues témoins d'une parenté dont le degré est à déterminer. Le concept de ressemblance globale est rejeté : le corps pisciforme (« en forme de poisson ») est une adéquation aux contraintes hydrodynamiques et non pas l'expression d'une proche parenté entre requins et dauphins. L'analogie morphologique ou comportementale, reflet d'une réponse à la pression du milieu, rapproche des individus de souches différentes dans des groupes artificiels, dits *polyphylétiques*. Tel est l'ensemble oiseaux-mammifères réunis par l'homéothermie (la constance de la température corporelle).

La construction d'un cladogramme.
Le cladogramme est construit en associant les groupes qui partagent le plus de synapomorphies (groupes frères). Les regroupements sont faits en respectant un principe d'économie dans l'apparition des caractères pris en compte : la parcimonie. Le cladogramme retenu est celui qui implique le moins de convergences. Il exprime le rapprochement évolutif des objets, sans référence à l'échelle de temps. La méthode cladistique permet de comparer les fossiles aux individus vivants. Cependant, la mise en séquence sur une échelle de temps de son analyse conduit à une interprétation phylogénétique.

La phénétique ou taxonomie numérique.
R. R. Sokal et P. H. A. Sneath, en 1963, s'opposent à la vision trop « évolutionniste » des systématiciens en définissant une méthode de comparaison mathématique des individus. La phénétique résulte de l'analyse multifactorielle qui quantifie les ressemblances entre les individus. Elle prend en compte le maximum de caractères. L'information portée par chaque caractère n'est soumise à aucune analyse préalable sur son importance biologique ou écologique, évitant au maximum toute subjectivité. La phénétique rapproche les objets sur le nombre de caractères communs. •

→ **Voir aussi :** Classification, **BIOL**, p. 24 à 27. Les théories de l'évolution, **BIOL**, p. 92-93.

La classe des poissons n'existe plus !

Les dipneustes (poissons à poumons) partagent avec les tétrapodes des caractères évolués (narines internes, poumons) et avec les actinoptérygiens (poissons à nageoires rayonnées) une certaine ressemblance et des caractères communs (nageoires, écailles...) [5]. Si les dipneustes et les actinoptérygiens dérivent d'un même ancêtre commun, les caractères évolués qui rapprochent les dipneustes des tétrapodes sont apparus deux fois lors de l'évolution. Si, au contraire, on rassemble dipneustes et tétrapodes, leurs caractères partagés sont issus d'une souche commune. Cette solution économique est retenue lors de l'analyse cladistique. Le groupe paraphylétique des « poissons » est caduc. Les *choanata* (animaux à narines internes) forment une unité naturelle.

5. Relations systématiques entre actinoptérygiens, dipneustes et tétrapodes (analyse cladistique).

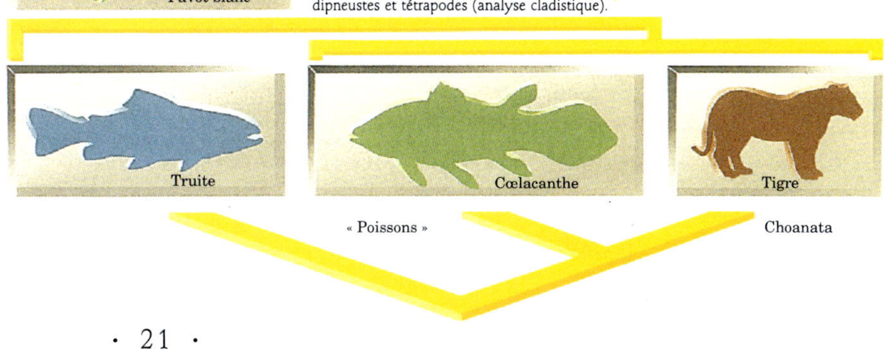

une classification en botanique.

production, les cônes et les feuilles à aiguilles définissent les conifères et, parmi les plantes à fleurs ou angiospermes, le nombre de cotylédons des graines et la nervation des feuilles séparent les monocotylédones des dicotylédones. Mais, plus les unités systématiques sont restreintes et plus les critères de détermination deviennent nombreux et indirectement observables. Ainsi, malgré leurs ressemblances apparentes (taille, couleur) le pavot blanc et l'anémone Sylvie appartiennent à des familles différentes.

Les procaryotes

Si aujourd'hui se pose encore le problème des virus et de leur position dans l'échelle des êtres vivants, on peut classer tous les autres organismes en deux catégories. On distingue les eucaryotes (étymologiquement « à noyau vrai »), constitués de cellules complexes riches en organites intracellulaires et possédant un noyau bien défini, et les procaryotes, généralement unicellulaires, avec une structure cellulaire relativement simple. En effet, les cellules procaryotes sont dépourvues de noyau délimité par une membrane, elles ne contiennent qu'une seule boucle d'A.D.N. libre baignant dans le cytoplasme et ne possèdent ni mitochondries ni chloroplastes. Alors que la reproduction est totalement asexuée chez les procaryotes, hormis la conjugaison bactérienne, chez les eucaryotes, le phénomène de méiose est à la base de la reproduction sexuée.

Les procaryotes représentent la plus ancienne structure cellulaire apparue sur Terre, et n'ont guère évolué depuis le précambrien par rapport au groupe des eucaryotes qui s'est grandement diversifié. Généralement, la classification des procaryotes distingue seulement deux grands groupes d'organismes : les bactéries, unicellulaires, et les cyanophycées ou algues bleues, parfois pluricellulaires, et caractérisées par la présence de pigments chlorophylliens.

La cellule bactérienne peut revêtir des formes très variables, dont les plus répandues sont les formes sphériques, en bâtonnets ou en spirales. La paroi bactérienne possède une structure particulière qui joue un rôle très important en tant que squelette cellulaire et zone d'échange. La classification des bactéries se fait selon des critères analogiques, qui permettent de séparer les bactéries en quatre embranchements : les eubactéries, les mycobactéries, les algobactéries et les protozoobactéries.

Les cyanophycées diffèrent des bactéries par l'absence totale de reproduction sexuée (pas de conjugaison) et par la présence de pigments assimilateurs. Elles possèdent un thalle qui peut atteindre un certain degré de complexité et permet de déterminer leur appartenance à une des deux sous-classes de cyanophycées : les coccogonophycées et les homogonophycidées.

Tableau comparatif entre procaryotes et eucaryotes

	Procaryotes	*Eucaryotes*
organismes représentés	bactéries et cyanobactéries	protistes, champignons, végétaux, animaux
taille des cellules	petite, généralement de 1 à 10 micromètres	grande, généralement de 10 à 100 micromètres
motilité	non mobiles ou avec flagelles de protéines (flagellines)	généralement mobiles, cils ou flagelles à microtubules
parois cellulaires	de sucres caractéristiques et de peptides	de cellulose ou de chitine, (manquent chez les animaux)
organites	pas d'organites limités par une membrane	mitochondries et chloroplastes
organisation génétique	boucle d'A.D.N. dans le cytoplasme	A.D.N. organisé en chromosomes et enfermé par la membrane nucléaire
reproduction	scissiparité	mitose, méiose
organisation cellulaire	en majorité unicellulaire	souvent pluricellulaire avec différenciation des cellules

1. La bactérie *Escherichia coli.*

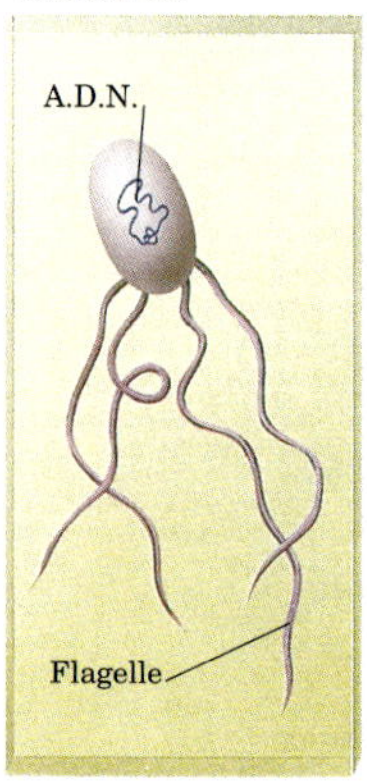

Procaryotes et eucaryotes

La présence ou l'absence de noyau délimité par une membrane nucléaire constitue la différence majeure qui sépare les eucaryotes (cellules « à noyau vrai ») des procaryotes, que l'on divise en deux groupes : les bactéries, représentées ici par la bactérie *Escherichia coli* (1), et les cyanophycées (ou algues bleues, appelées aussi cyanobactéries). Tous les autres organismes sont des eucaryotes, unicellulaires comme l'euglène (2) ou pluricellulaires comme les végétaux et les animaux supérieurs. Certains organites intracellulaires, tels les mitochondries (à fonction respiratoire et énergétique) et les chloroplastes (à fonction photosynthétique chez les végétaux), pourraient provenir de procaryotes symbiotiques intégrés dans les cellules eucaryotes primitives.

La cellule bactérienne

LA CELLULE BACTÉRIENNE SE CARACTÉRISE PAR SA BOUCLE D'A.D.N. DANS LE CYTOPLASME, SON ABSENCE DE CHLOROPLASTES ET DE MITOCHONDRIES ET SA PAROI FORMÉE DE PEPTIDOGLYCANES.

La très grande variété d'espèces bactériennes dépend de nombreux critères qui permettent de les classer selon leurs points communs. Une bactérie se caractérise par sa forme, sa taille, son métabolisme, son mode de nutrition, ses réactions vis-à-vis de certains colorants et les conditions de milieu requises pour sa croissance. Les bactéries présentent trois formes principales visibles à l'examen microscopique. Les cellules sphériques, ou cocci, regroupent les streptocoques, les entérocoques, les staphylocoques. Les cellules qui présentent l'aspect de bâtonnets, pouvant être effilés aux deux extrémités, représentent les bacilles (colibacilles, salmonelles). Les cellules en spirales sont les vibrions, ou spirilles, et les cellules ovoïdes de forme intermédiaire entre les cocci et les bacilles ont reçu le nom de coccobacilles.

La cellule bactérienne possède des dimensions de l'ordre du micromètre (1/1 000 de millimètre). La taille moyenne d'une bactérie varie entre 1 et 10 micromètres, mais il existe des cellules « naines » de 0,2 micromètre et des cellules « géantes » longues de 500 micromètres, telles certaines espèces de spirochètes. La structure bactérienne montre toutes les caractéristiques des procaryotes, c'est-à-dire une cellule dépourvue de mitochondries, de chloroplastes et de noyau différencié, qui contient un seul chromosome en boucle, baignant dans le cytoplasme. La paroi cellulaire est formée de mucopolysaccharides spéciaux (les peptidoglycanes) et entourée d'une capsule polyosidique. Cette paroi donne à la cellule bactérienne sa forme caractéristique et sa rigidité en la protégeant des variations de pression osmotique. La structure de base de la paroi est souvent complétée par des constituants variables selon chaque espèce, et ces différences apparaissent grâce à la coloration de Gram. Celle-ci permet de distinguer les bactéries Gram positives, qui possèdent une paroi épaisse et dense, et les Gram négatives, dont la couche de peptidoglycane est doublée d'une membrane semblable à la membrane cytoplasmique.

2. Un unicellulaire eucaryote, l'euglène *(Euglena).*

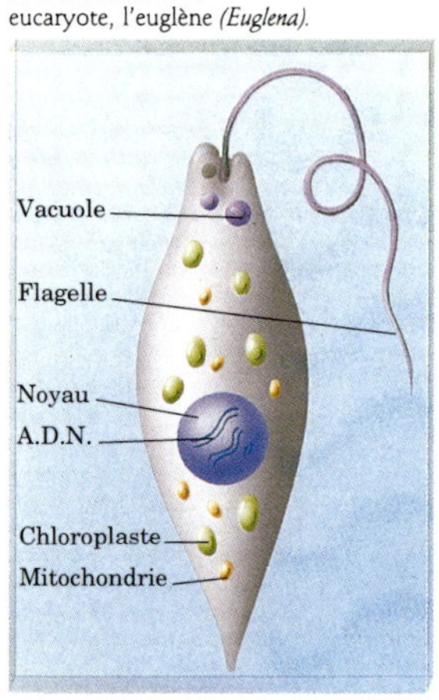

Outre son rôle de squelette, la paroi bactérienne assume plusieurs rôles vitaux. Elle constitue la zone d'échange entre la bactérie et le milieu extérieur, elle porte des sites récepteurs pour certains virus bactériophages, et on peut y détecter, selon l'espèce et les conditions de culture, la présence de « pili ». Ce sont des fibres rigides responsables des propriétés d'adhérence des bactéries aux surfaces des tissus épithéliaux qui jouent un rôle dans les premières étapes du processus d'infection des organismes supérieurs. On distingue aussi les pili sexuels, seulement présents à la surface des bactéries « mâles », qui permettraient le transfert du matériel génétique lors des phénomènes de conjugaison.

Le cytoplasme des bactéries contient de nombreux ribosomes de type 70 S, comme ceux des mitochondries de la cellule eucaryote. Le génome bactérien qui y baigne est constitué par une boucle d'A.D.N. qui se réplique par clivage ou scissiparité (les bactéries ne se divisent pas par mitose) au moment de la division cellulaire.

L'affinité des bactéries pour l'oxygène change selon les espèces : certaines nécessitent l'oxygène de l'air libre (bactéries aérobies comme *Pseudomonas* ou *Bacillus*), d'autres ne peuvent vivre qu'en l'absence d'oxygène (bactéries anaérobies). Ces dernières sont responsables des réactions de putréfaction. Quelques espèces, enfin, assimilent l'azote de l'air, comme les *Clostridium.* Leurs milieux de vie sont très variables. On distingue les bactéries autotrophes (nitrobactéries, ferrobactéries...), qui ne nécessitent pas de substrat organique, les bactéries parasites, qui se développent aux dépens d'un être vivant (bactéries pathogènes), les bactéries qui s'associent à un être vivant avec bénéfices réciproques (il y a alors symbiose), et, enfin, les bactéries « saprophytes », qui vivent dans la terre humide aux dépens des résidus organiques. Les bactéries peuvent avoir une certaine mobilité grâce à des cils ou des flagelles (par exemple la bactérie typhoïdique qui possède de longs cils souples) ou être immobiles comme le streptocoque. •

Classification des bactéries

LES BACTÉRIES SONT REGROUPÉES PAR CARACTÈRES MORPHOLOGIQUES, CYTOLOGIQUES ET PHYSIOLOGIQUES. ELLES SE RÉPARTISSENT ENTRE QUATRE EMBRANCHEMENTS, EUX-MÊMES SUBDIVISÉS EN CLASSES ET EN ORDRES.

La classification des bactéries ne peut être assimilable à celle des eucaryotes, laquelle se fait selon les relations de parenté entre les espèces. La notion d'espèce pour les bactéries tenant plus à un concept qu'à une réalité génétique, la classification des milliers d'espèces que l'on connaît actuellement repose essentiellement sur la ressemblance (classification analogique). Les critères utilisés pour établir la systématique bactérienne se fondent sur une hiérarchie déterminée de tous les caractères cytophysiologiques.

Il existe trois systèmes de classification : la systématique dite « américaine », la systématique « soviétique », proposée par N. A. Krassilnikov, et la systématique « française », établie par A. R. Prévot à partir de 1933. Dans ces trois systèmes, chaque espèce est définie, comme les espèces animales et végétales, par une nomenclature binominale internationale ; le premier terme indique le genre auquel l'espèce appartient et le second précise l'espèce : exemple, *Escherichia coli.*

La systématique selon le Français A. R. Prévot distingue quatre embranchements.

Les eubactéries.
Ce sont des bactéries simples, non différenciées, montrant des formes variées : sphériques, cylindriques ou incurvées, douées de mobilité pour certaines et ne contenant pas d'inclusions de fer ou de soufre. Elles se divisent en deux classes, les *asporulales* (elles-mêmes divisées en trois ordres) et les *sporulales* (comprenant également trois ordres).

Les mycobactéries.
Elles ont une forme de bâtonnet, sont parfois ramifiées et peuvent former un pseudomycélium. Cet embranchement se divise en trois classes. Les *actinomycétales* possèdent parfois un pseudomycélium rudimentaire et sont souvent immobiles. Elles comprennent deux ordres : les actinobactériales et les mycobactériales. Les *myxobactériales,* dont le cycle vital montre trois phases (végétative, dormante et à corpuscules reproducteurs), regroupent trois ordres : les myxococcales, les angiobactériales et les asporangiales. Enfin, les *azotobactériales* possèdent un cycle vital complexe.

Les algobactéries.
Elles représentent les bactéries aquicoles, proches des cyanophycées. Elles sont mobiles par glissement ou grâce à des flagelles. Beaucoup sont chimio-autotrophes et photosynthétiques, et la plupart sont anaérobies fonctionnelles. Cet embranchement se divise en deux classes : les *sidérobactériales,* algobactéries entourées d'une gaine d'hydroxyde de fer, qui regroupent deux ordres (chlamydobactériales et caulobactériales), et les *thiobactériales,* qui sont des cellules de caractère végétal, exigeant du soufre et de la lumière. On y distingue trois ordres : les rhodobactériales (cellules rouges), les chlorobactériales (sulfobactéries photosynthétiques vertes) et les beggiatoales (sulfobactéries incolores).

Les protozoobactéries.
Ces bactéries flexueuses, spiralées sont mobiles par reptation hélicoïdale ou par rotation en vrille. Cet embranchement possède une classe unique composée par les *spirochétales,* dont la structure cellulaire est entourée de filaments axiaux, capables d'engendrer des mouvements de flexion et de rotation. Toutes les espèces sont chimio-organotrophes ; certaines sont parasites et pathogènes pour l'homme et les animaux. •

L'univers des procaryotes

Les procaryotes occupent une place importante dans le monde vivant (3). Ils diffèrent entre eux par des propriétés spécifiques : mobilité, photosynthèse, fixation de l'azote... Certains procaryotes sont doués de mouvements grâce à des flagelles de protéines (1), mais les staphylocoques dorés (5), dépourvus d'organites moteurs, sont immobiles. Il existe une spécialisation cellulaire chez certaines cyanophycées comme l'algue *Nostoc* (4), où la spécialisation fonctionnelle est assurée par deux types de cellules. Les petites cellules sont responsables de la photosynthèse, tandis que les grosses cellules à paroi épaisse, les hétérocystes, sont capables de fixer l'azote.

3. Classification du monde vivant d'après Carl Woese.

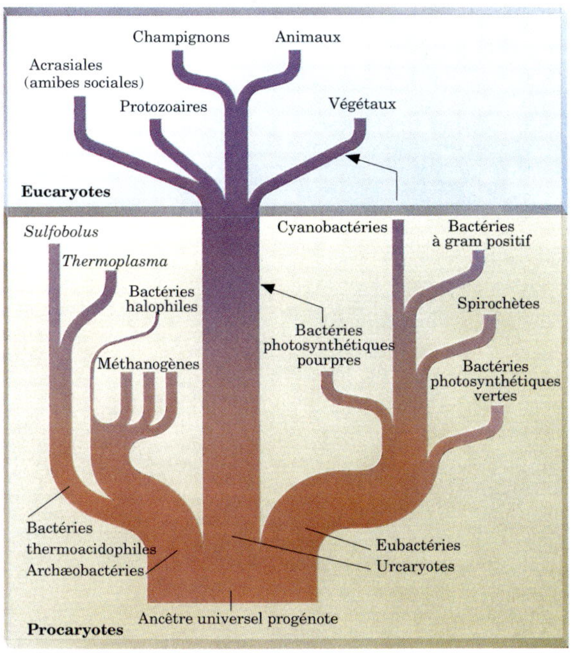

4. Filaments d'algue bleue *(Nostoc)*, microscope optique.

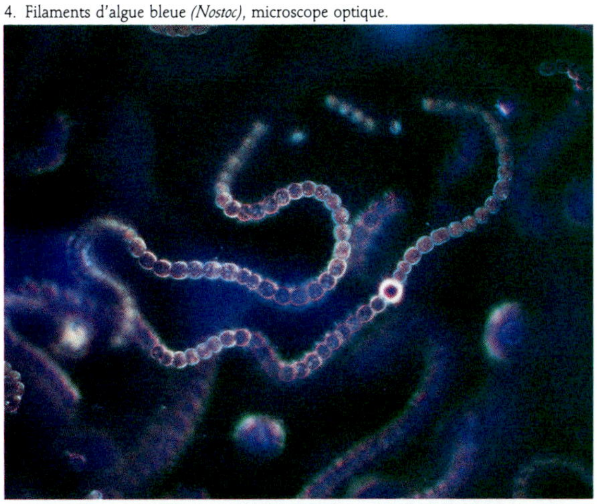

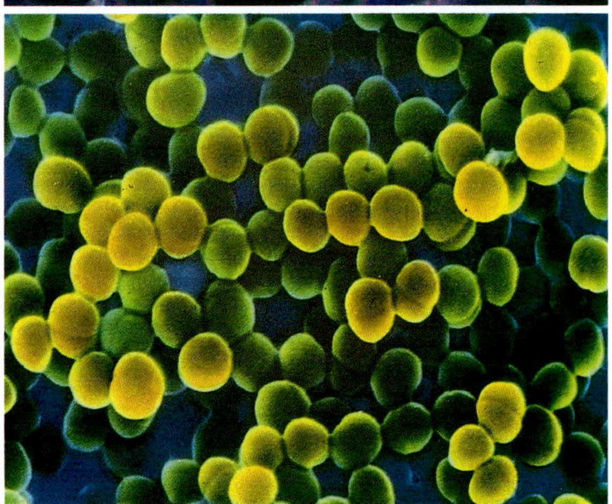

5. Staphylocoques dorés *(Staphylococcus aureus)*, microscope électronique à balayage (fausses couleurs).

Les procaryotes végétaux

LES CYANOPHYCÉES SE DISTINGUENT DES AUTRES BACTÉRIES PAR LA PRÉSENCE DE PIGMENTS PARTICULIERS (CHLOROPHYLLE A). ELLES REPRÉSENTENT UN GROUPE MOINS IMPORTANT, QUI COMPREND SEULEMENT DEUX SOUS-CLASSES.

Le groupe des procaryotes végétaux est constitué par les algues bleues nommées cyanophycées. Ces végétaux très primitifs sont dépourvus, à l'instar des autres bactéries, de plastes, de mitochondries et de noyau bien défini. Par contre, les cyanophycées se distinguent par leur reproduction a priori exempte de conjugaison et par la présence de pigments particuliers : la chlorophylle A, des pigments hydrosolubles, les phycobilines rouge (phycoérythrine) et bleue (phycocyanine), et des pigments caroténoïdes.

Le thalle (appareil végétatif) peut être réduit à un sporocyste unicellulaire – les cellules sont alors isolées ou en colonie – ou, comme chez les *Stigonema* plurisériées, formé de véritables cladomes (files de cellules) avec des liaisons cytoplasmiques intercellulaires. La complexité du thalle s'observe chez les formes filamenteuses. Ces filaments, appelés *trichomes,* sont formés d'un empilement de cellules. Ils peuvent être simples (rectilignes ou spiralés) ou plus élaborés. On observe alors plusieurs sortes de cellules : des cellules mortifiées (nécridies) et des cellules d'aspect très particulier (les hétérocystes), avec une membrane épaisse et une teinte jaunâtre. Les trichomes forment souvent des ramifications, « vraies » lorsqu'un rameau latéral part d'une cellule, « fausses » lorsque les trichomes, se rompant à l'intérieur de leur gaine mucilagineuse, en sortent latéralement.

Les cellules des cyanophycées montrent, au microscope optique, une zone périphérique colorée, le chromoplasma, et une partie plus claire, le centroplasma. Dans le chromoplasma existent des organites photosynthétiques porteurs de granules de chlorophylle et de grains de phycobiline : ils assurent la photosynthèse, mais aussi la respiration et, chez certaines cyanophycées, la fixation de l'azote atmosphérique. Le centroplasma apparaît diffus, sans membrane limitante, et renferme de l'A.D.N.

La classe des cyanophycées comprend 120 genres et plus de 1 500 espèces. Elle se divise en deux sous-classes : les coccogonophycidées, qui correspondent aux formes isolées ou coloniales, et les homogonophycidées, regroupant les formes filamenteuses à trichomes, dont beaucoup à hétérocystes. •

Les virus : position par rapport aux procaryotes

La nomenclature actuelle des virus, établie en fonction du type d'acide nucléique, de la morphologie et de la taille, ne permet pas encore une classification semblable à celle des procaryotes et des eucaryotes. Le positionnement des virus pose le problème majeur de savoir si ceux-ci sont des organismes vivants ou seulement des facteurs inanimés doués d'un pouvoir infectant transmissible. Dotés d'un seul type d'acide nucléique (A.R.N. ou A.D.N.), les virus sont incapables de réplication autonome, et constituent donc des parasites obligatoires des cellules eucaryotes ou procaryotes. Cette différence essentielle avec les bactéries, qui peuvent quant à elles se répliquer de manière autonome, constitue la barrière « du vivant » entre les procaryotes les plus primitifs et les virus les plus complexes.

→ **Voir aussi :** La cellule eucaryote, **BIOL,** p. 28-29. Les êtres vivants unicellulaires, **BIOL,** p. 32-33. Les virus. Aux frontières du vivant, **BIOL,** p. 60-61. L'origine de la vie, **BIOL,** p. 98-99.

Classification du monde animal

LE MONDE ANIMAL MONTRE une grande diversité de formes et d'adaptations. Donner de façon concise une expression classée de ce règne formé de quelque 1 300 000 espèces connues, rendre compte des degrés de parenté qui existent entre les groupes, les séparer dans un système de catégories naturelles, tels sont les préceptes de la classification actuelle.

Sous-jacent à la diversité des formes que revêt le monde vivant, un témoignage d'une origine commune peut subsister, souvent enfoui dans les formes embryonnaires ou porté ostensiblement par l'individu. Les traces d'une parenté sont parfois masquées par l'adaptation très fine à un milieu de vie. Bien que très dissemblables, l'homme et l'ascidie (petit animal vivant fixé sur les sols marins) sont tous deux des chordés (ou cordés). La chorde dorsale, sur laquelle se fonde le regroupement de ces deux formes de vie si éloignées, est un caractère permanent chez l'ascidie mais transitoire chez les autres chordés. Les espèces sont ainsi groupées dans des unités naturelles dont l'emboîtement témoigne de formes ancestrales communes.

Le panorama proposé ici ne portera pas les en-têtes taxonomiques habituels (embranchement, classe, ordre, famille). Loin d'être une simplification, cette démarche rassemble les groupes d'animaux sur leur parenté systématique. En effet, la classification traditionnelle impose une étiquette portant les mêmes échelons (comme l'ordre ou la famille) pour chaque individu. On tend actuellement à se démarquer de cette rigidité au profit d'une dénomination justifiée par le seul regroupement d'espèces.

Les vers

Le corps vermiforme a longtemps fait classer ensemble tous les animaux présentant cette morphologie. Pourtant, des différences fondamentales témoignent de séparations nettes.

Némathelminthes et plathelminthes sont des animaux souvent parasites, à symétrie bilatérale, chez qui apparaissent les trois feuillets fondamentaux (qu'on retrouve dans tous les autres groupes) : l'*endoderme* interne, l'*ectoderme* périphérique et le *mésoderme* intermédiaire. Chez les annélides, le mésoderme se creuse d'une cavité générale : le *cœlome.* Le corps est segmenté en anneaux répétitifs. Certaines similitudes du développement larvaire apparentent étroitement ces animaux aux mollusques et aux arthropodes. Les annélides comprennent quatre groupes principaux : les échiures (bonellies), les oligochètes (lombrics), les polychètes (arénicoles) et les hirudinés (sangsues). •

Les mollusques

Les mollusques, animaux au corps mou, présentent typiquement une symétrie bilatérale. La masse viscérale, recouverte d'un manteau, sécrète une coquille, plus ou moins développée.

Les mollusques sont classés selon le développement relatif des différentes parties du corps : la tête, le pied et la masse viscérale. La moule de nos côtes et les dentales ont une région céphalique rudimentaire. Cette caractéristique les distingue des céphalopodes et des gastropodes dont la partie antérieure du corps rassemble des organes sensoriels. Les céphalopodes, au système visuel très développé, portent des tentacules préhensiles. Leur coquille peut être externe et bien représentée (nautile) ou interne et réduite (seiche). Les gastropodes s'appuient largement sur une sole pédieuse épaisse. Leur masse viscérale est souvent enroulée en hélice, logée dans une coquille hélicoïdale. Leur classification repose sur le nombre et la position des branchies. L'absence de branchies et la présence d'un poumon décrit le groupe des pulmonés, seuls mollusques terrestres, comme l'escargot des haies. •

Les unicellulaires

Les protozoaires sont des organismes unicellulaires eucaryotes qui s'agrègent parfois mais ne constituent jamais de vrais tissus. La cellule est ici un organisme autonome, ses organites se spécialisent dans les différentes fonctions biologiques. À ce niveau de simplicité se pose le problème de la frontière entre règnes animal et végétal, signe d'une relation de parenté perdue dans la nuit des temps.

La classification des protozoaires repose encore sur la description de leur appareil locomoteur, elle ne donne aucune autre indication sur les relations de parenté qui pourraient rapprocher les différents groupes. Ainsi, les ciliés (comme la paramécie) présentent tous des cils vibratiles. Les rhizoflagellés se déplacent à l'aide de pseudopodes ou de flagelles, suivant les conditions du milieu ou les phases de leur cycle. •

Éponges et cnidaires

Les éponges (ou spongiaires) et les cnidaires représentent le degré d'organisation le plus simple des métazoaires (animaux pluricellulaires).

Organismes aquatiques dépourvus de symétrie, toujours fixés, les spongiaires (environ 10 000 espèces) présentent un faible degré de différenciation de leurs cellules et une grande capacité de régénération. Ils élaborent généralement un élément de soutien interne, les *spicules,* petites baguettes calcaires ou siliceuses, sur lesquels se fonde en partie leur classification. Les démosponges sont les éponges à spicules siliceux (les tétractinellides possèdent des spicules à 4 branches, les monaxones des spicules simples et les monocératidés, dont l'éponge de toilette, *Euspongia officinalis,* ont perdu leur squelette interne). On distingue deux autres groupes de spongiaires, les éponges calcaires (à spicules calcaires) et les hexactinellides (spicules siliceux à 3 axes).

Les cnidaires (9 500 espèces), organismes diploblastiques à symétrie radiaire, possèdent un type cellulaire particulier : le *cnidoblaste,* cellule urticante qui leur a valu leur nom. Sur un plan d'organisation simple, ces animaux développent des formes variées : les grandes méduses sont libres et nageuses, les hydres ou les coraux forment des polypes, isolés ou coloniaux, vivant fixés. Les cnidaires ont un cycle biologique d'alternance entre les formes polypes et méduses, servant de base à leur classification. Celle-ci les répartit en 3 groupes, les hydrozoaires (hydres), les scyphozoaires (grandes méduses) et les anthozoaires, eux-mêmes divisés en octocoralliaires (gorgones), hexacoralliaires (ou zoanthaires : anémones de mer et coraux) et tétracoralliaires (calcéoles, organismes tous fossiles). •

Mollusques (110 000 espèces)

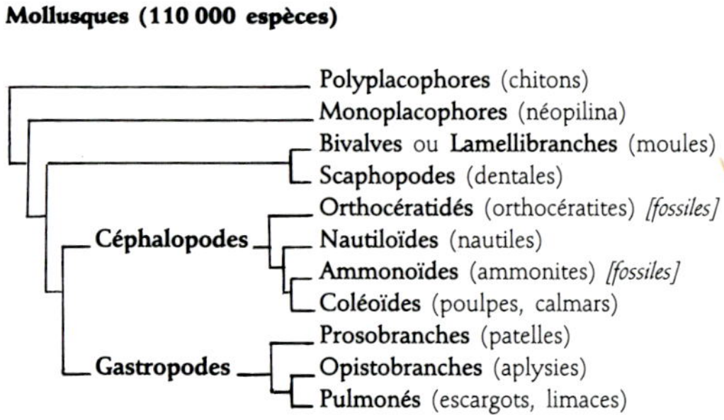

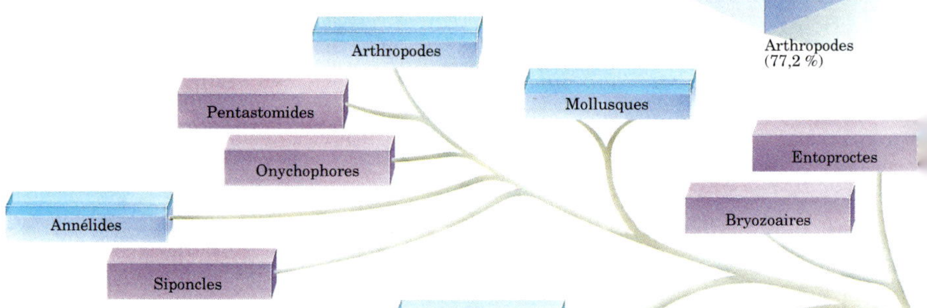

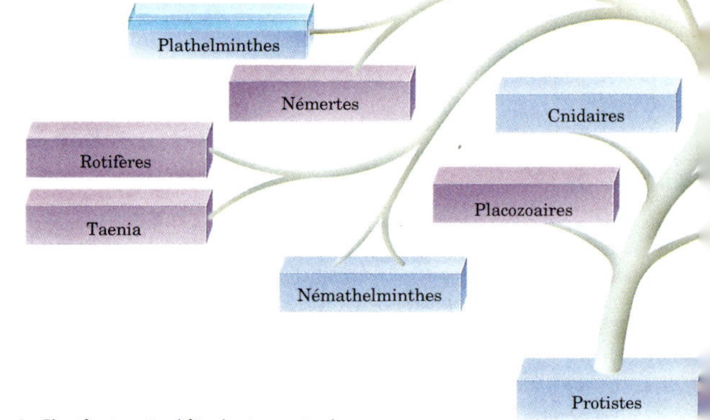

1. Classification simplifiée du règne animal.

Les arthropodes

La diversité des formes ne peut masquer l'homogénéité de ce groupe – le plus grand du règne animal – qui investit tous les milieux : aquatique, terrestre et aérien. Les arthropodes possèdent tous des appendices segmentés, mobiles et articulés. Leur squelette externe rigide (à base de chitine) impose des mues au cours de la croissance.

La structure de l'appareil masticateur divise naturellement les arthropodes : les *chélicérates* présentent des pièces buccales en forme de pinces articulées, les *mandibulates* des pièces buccales indivises. Les grandes régions du corps (ou tagmes) varient par le nombre et par les organes qu'elles portent.

Les arachnides ont un corps divisé en deux régions, la partie antérieure porte la tête et les quatre paires de pattes. Les myriapodes ont un corps formé d'une succession répétitive d'éléments identiques, les appendices locomoteurs sont disposés sur toute sa longueur. Les insectes, dont l'abdomen est dépourvu d'appendice, ont trois paires de pattes sur le thorax. Les crustacés possèdent des appendices à la fois sur le thorax et sur l'abdomen. •

Arthropodes (1 000 000 d'espèces)

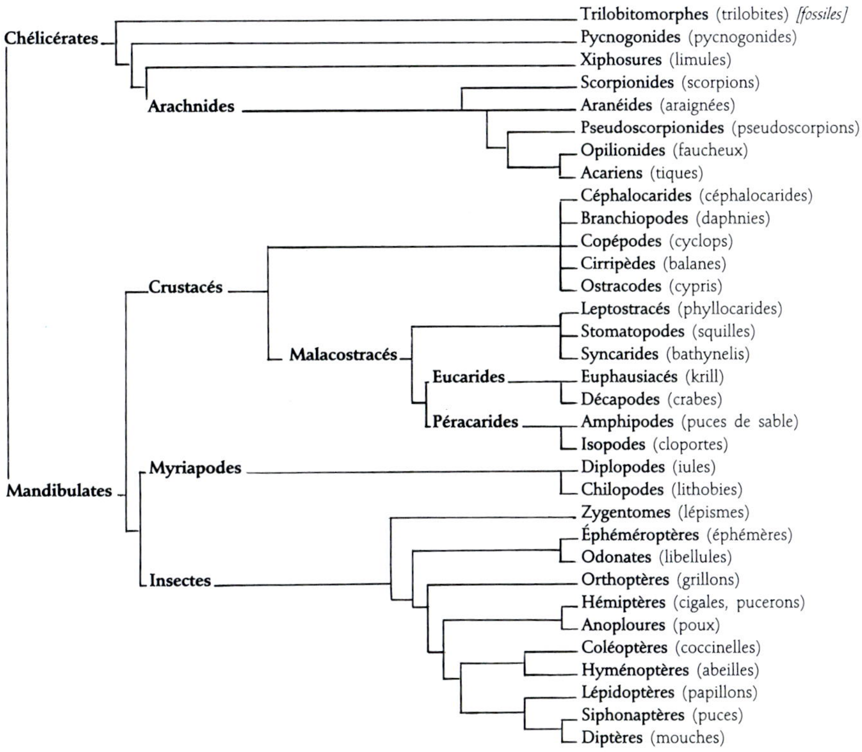

Les échinodermes

Libres ou fixés, les échinodermes sont exclusivement marins. Ils élaborent, sous le derme, un squelette protecteur, le *test,* qui peut porter des aiguillons mobiles. Une symétrie pentaradiée (en étoile à cinq branches) se superpose à la symétrie bilatérale initiale des larves. Ils développent un réseau hydraulique de soutien interne et de locomotion. Le développement embryonnaire des échinodermes, de type « deutérostomien », rapproche ce groupe de celui des vertébrés.

Les échinodermes qui demeurent fixés au moins pendant une partie de leur vie constituent le groupe primitif des crinoïdes. Les formes libres (regroupées parfois sous le nom d'éleuthérozoaires) sont les plus importantes dans la nature actuelle. Leur classification repose sur la forme générale de l'organisme (sphérique ou étoilée), la nature du test et la présence de piquants. •

Échinodermes (6 000 espèces)

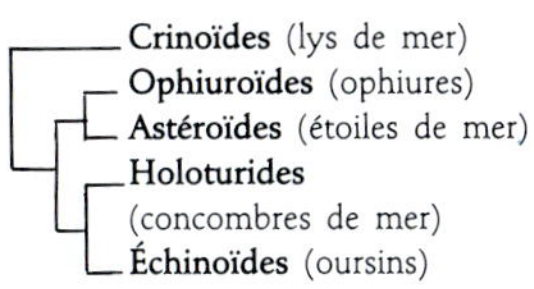

2. Importance relative des différents groupes d'animaux.

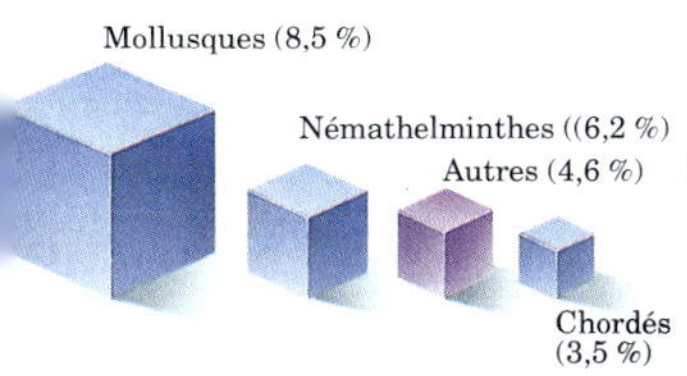

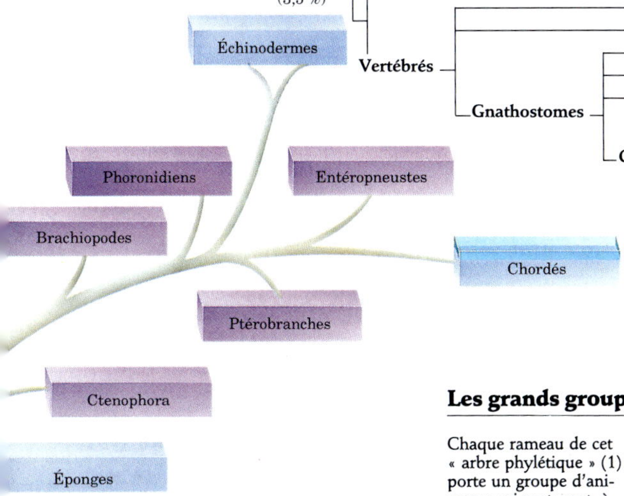

Les chordés

Les chordés (ou cordés) se définissent par leur mode de développement embryologique : tous mettent en place, aux premiers stades de l'ontogenèse, sous le tube nerveux dorsal, un axe de soutien élastique, la *chorde,* qui persiste plus ou moins à l'état adulte (urocordés, céphalocordés) ou disparaît, en initiant la mise en place d'une colonne vertébrale (vertébrés).

Mammifères et sauropsides enferment leurs embryons dans une poche, l'amnios, qui les affranchit du milieu aquatique. Cette caractéristique, traduisant une origine commune, les réunit dans le groupe des amniotes et les oppose aux autres vertébrés tétrapodes inféodés aux milieux humides, les amphibiens.

Les vertébrés aquatiques (mammifères marins exclus) ont, par-delà leur convergence de forme, des caractéristiques qui traduisent des origines très différentes et font de l'ancien groupe des « poissons » une unité sans valeur systématique. •

Chordés (45 000 espèces)

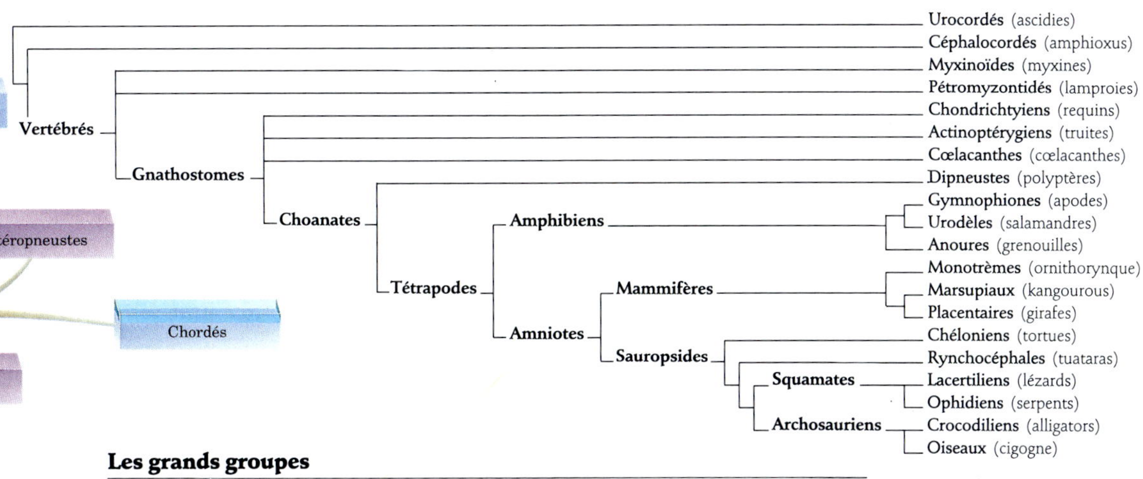

Les grands groupes

Chaque rameau de cet « arbre phylétique » (1) porte un groupe d'animaux qui partagent, à l'exclusion des autres, un ensemble de caractères distinctifs. Les nœuds sont les témoins de liens de parenté plus ou moins éloignée entre les groupes. Le rameau des échinodermes est relié à celui des chordés par un caractère embryonnaire commun.
La répartition du nombre des espèces (2) est loin d'être équivalente dans tous les phylums (grandes lignées évolutives). La variété spécifique d'un groupe traduit en partie sa « valeur adaptative », sa capacité à investir différentes niches écologiques. Mais l'échelle de taille et le mode de vie sont des facteurs importants de cette capacité : les chordés (dont la diversité adaptative n'est pas à négliger) présentent un nombre d'espèces bien inférieur à celui du groupe – essentiellement parasite – des némathelminthes. Seul le phylum des arthropodes allie la variété morphologique à l'abondance des espèces.

→ **Voir aussi :** Éléments de systématique, **BIOL**, p. 20-21. Classification du monde végétal, **BIOL**, p. 26-27. Les êtres vivants unicellulaires, **BIOL**, p. 32-33.

Classification du monde végétal

LA CLASSIFICATION DES végétaux est encore l'objet de controverses, et les tendances actuelles de la science systématique conduisent sinon à reconsidérer la validité des divisions traditionnelles, du moins à évaluer leur signification en tenant compte des relations de parenté phylogénétique (évolutive) qui les unissent plutôt que de simples ressemblances morphologiques. La recherche des relations de parenté entre groupes revient à celle de leur ancêtre commun. Un groupe est dit *monophylétique* lorsque tous ses membres dérivent du même ancêtre.

La classification des végétaux présentée ici montre que, de la même façon que pour les « reptiles » ou les « poissons » dans le règne animal, les grandes divisions connues ne correspondent généralement pas à des ensembles monophylétiques ; elles sont toutefois largement utilisées en raison de leur commodité, et parce qu'elles sont consacrées par l'usage. C'est le cas pour les ascomycètes (champignons), les chlorophytes (algues), les bryophytes (mousses), les ptéridophytes (fougères) et les gymnospermes (conifères).

Le règne végétal, qui compte près de 400 000 espèces, n'atteint pas l'importance numérique du règne animal, dominé par les arthropodes. Chez les végétaux, les angiospermes tiennent ce rôle prédominant. Les ptéridophytes et les gymnospermes (moins de 3 % des espèces actuelles), eurent une grande importance dans le passé. Les premiers dominèrent au carbonifère (il y a 350 à 270 millions d'années), les seconds au mésozoïque (225 à 70 millions d'années), à l'ère des dinosaures.

1. Classification simplifiée du règne végétal.

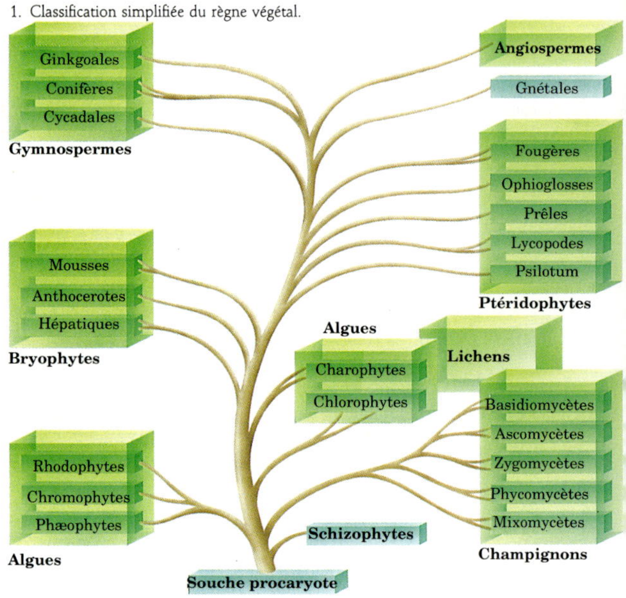

Les algues

Les algues, ou *phycophytes,* constituent un ensemble très vaste, et illustrent la limite entre le monde des procaryotes et celui des eucaryotes. Ainsi, les cyanophytes, ou « algues bleues », dont le caractère procaryote a été révélé par la microscopie électronique, sont encore parfois rattachées au groupe des algues. Cet ensemble hétérogène, difficile à caractériser, comprend des organismes unicellulaires, coloniaux, filamenteux, mais qui ne possèdent ni racines, ni tiges, ni feuilles : les algues sont des *thallophytes,* comme les champignons. Au cours de leur cycle reproducteur, les thallophytes produisent des compartiments particuliers qui renferment leurs gamètes (gamétocystes) et leurs spores (sporocystes). À la différence des champignons, les algues possèdent des chloroplastes et pratiquent donc la photosynthèse de composés organiques. Hormis la chlorophylle, d'autres pigments (carotène, biloprotéines) sont responsables de colorations caractéristiques (brune, jaune, rouge...), la nature biochimique de ces pigments constitue d'ailleurs la base de leur classification. Les algues sont toujours inféodées à un milieu humide, et la majorité d'entre elles sont aquatiques.

La classification présentée ici traduit le manque de données globales sur leur généalogie. On a longtemps admis que les rhodophytes, considérées comme les plus évoluées des algues, dérivaient du groupe souche des plantes supérieures. Il apparaît fort probable à présent que ces dernières sont issues de l'ensemble polyphylétique des algues vertes (chlorophytes).

Les algues (30 000 espèces)

- **Rhodophytes** (algues rouges)
  - Bangioïdées *(Porphyra)*
  - Floridéoïdées *(Chondrus)*
- **Pyrrophytes** (algues rousses)
  - Dinophycées (péridiniens)
  - Cryptophycées
- **Chromophytes**
  - Xanthophycées *(Tribonema)* (algues jaunes)
  - Diatomophycées ou Bacillariophycées (diatomées)
  - Chrysophycées (algues dorées)
- **Phæophytes** (algues brunes)
  - Laminariales (laminaires)
  - Fucales *(Fucus, Sargassum)*
- **Euglénophytes**
- Prochlorophytes
- **Chlorobiontes**
  - Ulvophytes (*Ulves,* entéromorphes)
  - Chlorophycées *(Volvox, Chlamydomonas)*
  - Conjugatophycées
  - Charophytes (charales)
  - Embryophytes (« plantes supérieures »)

Chlorophytes (algues vertes) : Prochlorophytes, Ulvophytes, Chlorophycées, Conjugatophycées, Charophytes

Champignons et lichens

Les champignons, ou *mycota,* forment un ensemble si particulier du règne végétal qu'ils en ont parfois été séparés. Leur biologie reste imparfaitement connue, d'autant que nombre d'entre eux présentent des formes différentes au cours de leur cycle vital. Aussi leur classification est-elle encore soumise à des divergences d'opinions entre mycologues.

Le groupe des myxomycètes, dont la reproduction s'effectue par fusion de gamètes mobiles, a parfois été considéré comme appartenant au règne animal. Il s'op-

Les champignons (50 000 espèces)

- **Myxomycètes** (« moisissures visqueuses ») (galles, hernie du chou)
- Oomycètes — **Phycomycètes** (mildiou, « encres »)
- **Zygomycètes** (moisissure du pain, mycoses)
- **Ascomycètes**
  - (autres groupes)
  - Eurotiales *(Penicillium)* (moisissures)
  - Euascomycètes (truffes, morilles)
  - Saccharomycètes (levures)
  - Taphrinacées (cloques)
- **Basidiomycètes**
  - Ustilaginales (rouilles)
  - Urédinales (charbons)
  - Homobasidiomycètes

Homobasidiomycètes (« champignons à chapeau »)
- Agaricales (amanites)
- Bolétales (bolets)
- Polyporales (polypores)
- Phallales (satyres)
- Gastréales (vesse-de-loup)

Les lichens (18 000 espèces)

- **Ascolichens**
  - Pirénolichens
    - Verrucariales
    - Arthropyréniales
  - Discolichens (gymnocarpes)
    - Graphiales
    - Cyanophilales
    - Lécidéales
    - Lécanorales (usnées)
- **Basidiolichens**

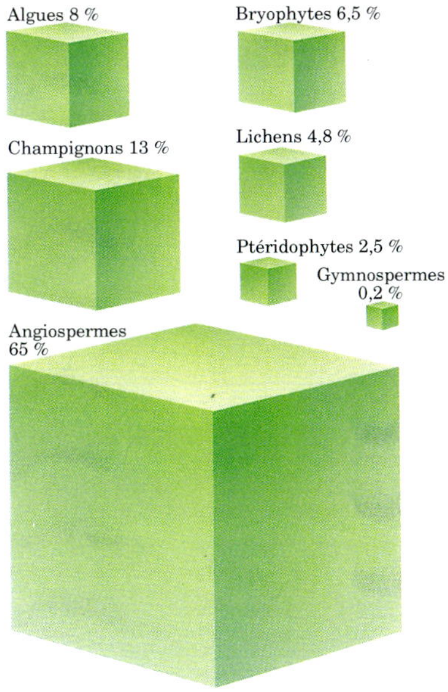

2. Importance relative des différents groupes de végétaux.

pose à l'ensemble des *eumycota,* ou champignons vrais, qui regroupe des organismes variés comme les moisissures, les agents responsables de maladies des végétaux (rouilles, charbons, cloques) et des animaux (mycoses), les levures, et les « champignons à chapeau », comestibles ou vénéneux. Leur *thalle* (appareil végétatif) est un *mycélium* formé d'hyphes, filaments pluricellulaires (à membrane de cellulose ou de chitine).

Le lichen est une véritable curiosité du monde vivant, qui résulte de l'étroite association symbiotique entre deux organismes appartenant à des phylums différents. Le thalle des lichens consiste en une imbrication des hyphes d'un champignon (ascomycète le plus souvent, parfois basidiomycète) et de cellules d'une algue (chlorophyte) ou d'un cyanophyte (« algue bleue »).

Les lichens forment par nature un ensemble difficile à placer dans la généalogie des végétaux. Leur classification est fondée sur les caractéristiques des champignons qui les composent. •

Les grands groupes

L'arbre phylétique des végétaux (1) traduit les affinités majeures entre les grands groupes (2). Plusieurs ensembles de référence de la terminologie classique (gymnospermes, ptéridophytes, bryophytes, algues) regroupent des rameaux distincts de l'arbre phylétique. Il s'agit d'ensembles hétérogènes (groupes polyphylétiques), à la différence des angiospermes dont tous les représentants sont issus du même rameau (groupe monophylétique).

Les gymnospermes

Avec les gymnospermes, on entre dans le domaine des spermaphytes, c'est-à-dire des plantes à graines (gymnospermes et angiospermes). Le terme de phanérogames (à organes de reproduction visibles) désigne le même ensemble, mais il évoque moins bien l'évolution. Chez les gymnospermes (*gymnos :* nu ; *sperma :* graine), la graine n'est pas protégée par un organe spécialisé.

Excepté le ginkgo et les quelques cycadales et gnétales, les gymnospermes appartiennent à l'ensemble des conifères, ou « résineux ». On classe généralement le groupe des gnétales (dont la flore actuelle ne compte que trois « survivants ») auprès des gymnospermes. Il possède cependant des caractères qui le rapprochent des angiospermes et se trouve pour cette raison parfois réuni à ces dernières sous le nom d'« anthophytes » (plantes à fleurs). •

Les gymnospermes (800 espèces)

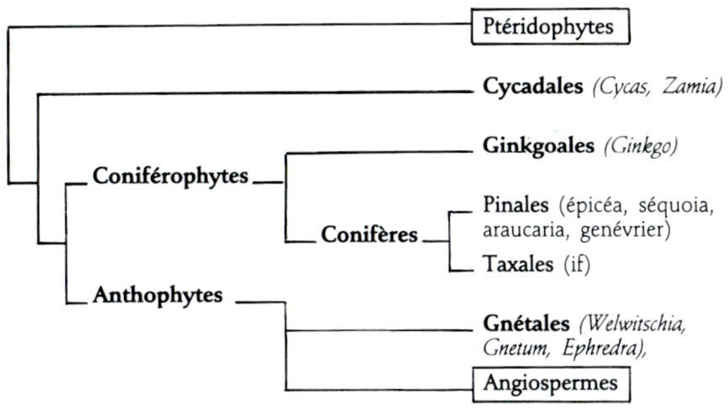

Les bryophytes

Les bryophytes, ou *musci,* mousses et hépatiques, se distinguent des algues, des champignons et des lichens par deux caractères majeurs :

– leur appareil végétatif n'est plus un thalle à croissance diffuse, mais une tige feuillée, le *cormus ;*

– ce cormus porte des organes reproducteurs différenciés, les *archégones,* où se forment les gamètes dont l'union conduit à la formation d'un véritable *embryon.*

Pour ces raisons, l'ensemble formé par les bryophytes et les végétaux supérieurs (ptéridophytes, spermaphytes) est appelé « cormophytes » ou encore, plus récemment, « embryophytes ». Quant au terme d'« archégoniates », il désigne l'ensemble des bryophytes et des ptéridophytes.

La classification des bryophytes est fondée sur les caractères anatomiques de leur appareil végétatif ainsi que sur la structure du sporophyte, c'est-à-dire de la « fructification » en forme de capsule issue du développement de l'embryon. •

Les bryophytes (25 000 espèces)

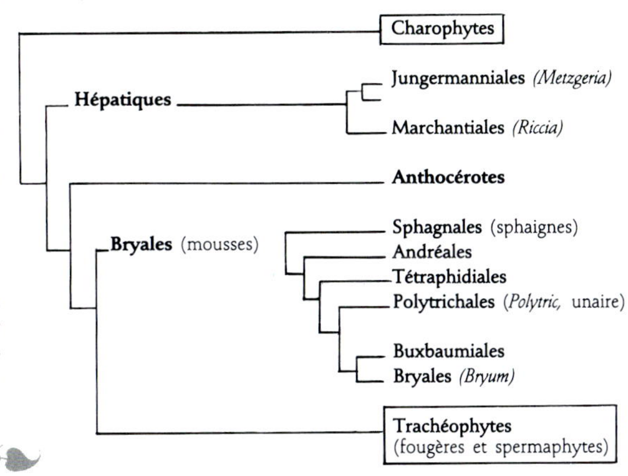

Les angiospermes

Ce second sous-ensemble des spermaphytes domine numériquement le monde végétal depuis le crétacé (environ 80 millions d'années) : il s'agit des « plantes à fleurs ». Les fleurs sont les organes spécialisés de la reproduction sexuée, et le gamète femelle, l'*ovule,* est inclus dans un *ovaire* formé de un ou plusieurs *carpelles.* Après la fécondation, l'ovule produit une *graine* incluse dans l'ovaire qui devient le *fruit :* d'où le nom d'« angiospermes » (à graines protégées), qui désigne les plantes à fleurs.

La classification des angiospermes a été profondément remaniée depuis 1950. La question de leur origine et la discussion des hypothèses avancées pour établir leur généalogie sont d'actualité chez les botanistes, et la subdivision traditionnelle entre monocotylédones et dicotylédones parfois controversée. La classification présentée ici indique les grandes subdivisions. •

Les angiospermes (250 000 espèces)

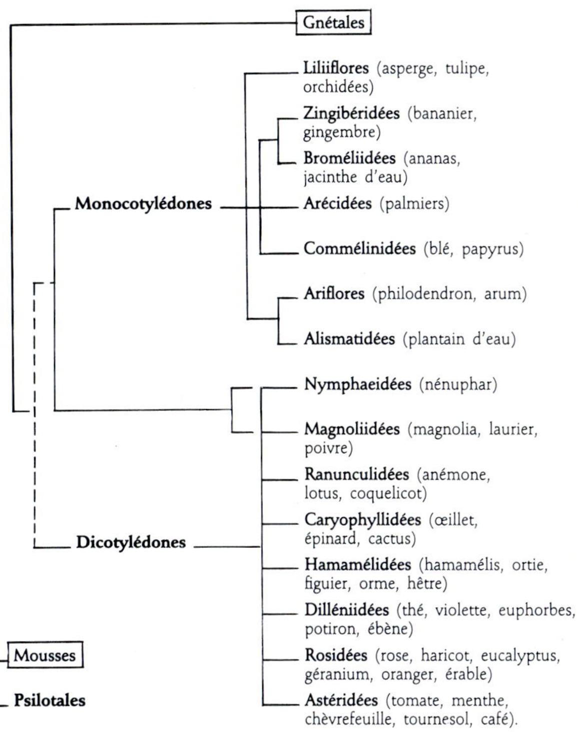

Les ptéridophytes

Les ptéridophytes (*pteris :* fougère) comprennent les fougères et leurs alliés. Comme les spermaphytes avec lesquels ils forment l'ensemble des trachéophytes (« végétaux vasculaires »), les ptéridophytes possèdent un appareil végétatif avec racines, tiges et feuilles (appelées frondes), irrigué par des vaisseaux conducteurs (outre leur rôle conducteur ceux-ci ont une fonction de soutien).

La plante feuillée (fougère) correspond à la phase diploïde (à paires de chromosomes) du cycle de reproduction, le sporophyte. Elle produit des spores dont la germination donne naissance à des « prothalles », qui portent les organes reproducteurs.

La morphologie de l'appareil végétatif, la présence ou l'absence d'organes spécialisés portant les spores et leur organisation cellulaire sont les critères principaux de la classification.

Les psilotales, encore proches des mousses, sont de véritables fossiles vivants (6 espèces tropicales). Dans la flore actuelle, seules les « fougères vraies » sont diversifiées, on les rencontre principalement dans les régions tropicales, où vivent près de 6 000 espèces. •

Les ptéridophytes (9 700 espèces)

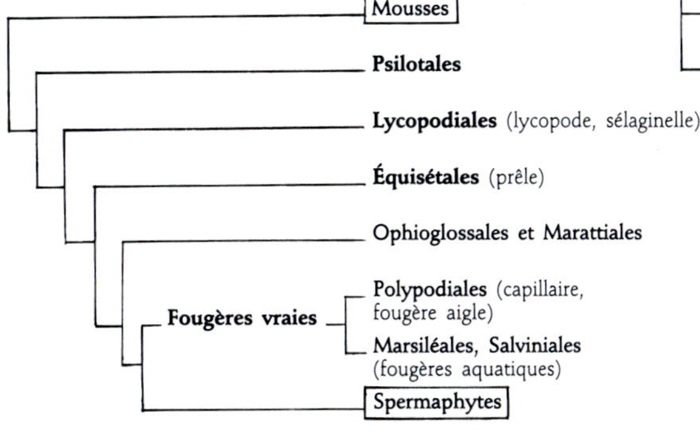

→ **Voir aussi :** Éléments de systématique, **BIOL,** p. 20-21. Classification du monde animal, **BIOL,** p. 24-25.

La cellule eucaryote

Limitée par une enveloppe externe, la membrane plasmique, la cellule eucaryote (du grec *eu,* vrai, et *karuon,* noyau) comprend une masse centrale, le noyau, entourée par le cytoplasme. Ce dernier a l'aspect d'une gelée, le cytosol, qui renferme de nombreux organites. Un système de cloisons membranaires, constituant le réticulum endoplasmique et l'appareil de Golgi, le divise en une multitude de compartiments. Un réseau de nature protéique d'une grande plasticité, le cytosquelette, le quadrille et réalise son architecture tridimensionnelle. Le noyau, entouré par une double membrane, l'enveloppe nucléaire, percée de nombreux pores, est constitué d'une sorte de gel, le nucléoplasme, occupé par une masse de chromatine, irrégulièrement subdivisée en parties denses (hétérochromatine) ou plus diffuses (euchromatine), et par une ou plusieurs structures individualisées, les nucléoles. La chromatine correspond à des unités distinctes, mais très enchevêtrées en dehors de la période de division, les chromosomes.

Cette cellule est l'unité biologique de base des êtres vivants du groupe des eucaryotes, qui comprend des unicellulaires (protozoaires, diatomées, levures) et des pluricellulaires animaux (métazoaires) et végétaux (métaphytes). Chez ces derniers, la membrane plasmique se double d'une « coque » plus rigide : la membrane pectocellulosique.

La cellule eucaryote se distingue de la cellule procaryote des bactéries et des cyanobactéries dont la structure plus simple possède un degré d'organisation interne rudimentaire (absence de membrane nucléaire et d'organites).

1. La cellule eucaryote.

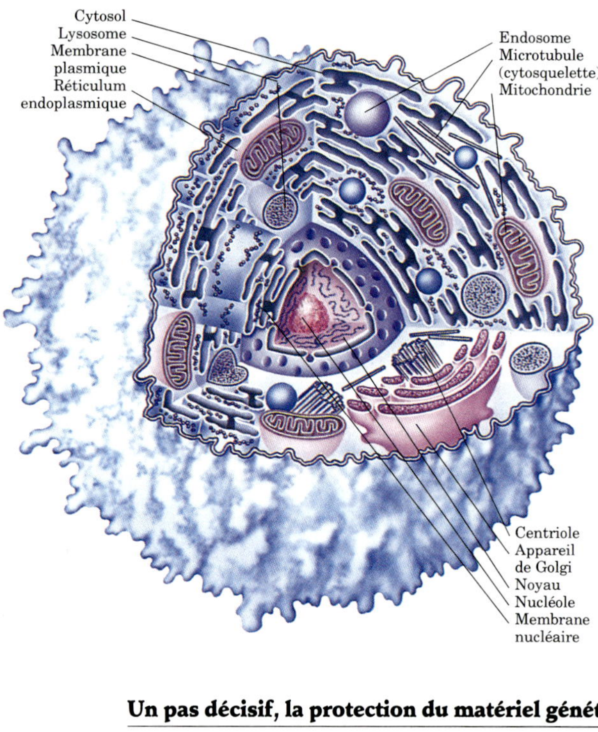

Origine des cellules eucaryotes

L'origine des cellules eucaryotes est controversée, mais l'hypothèse la plus admise est celle d'une origine symbiotique. Elle suppose que les mitochondries et les chloroplastes, organites cellulaires limités par une double membrane et possédant leur propre information génétique sous forme d'une molécule circulaire d'A.D.N., auraient évolué à partir de bactéries capables de phosphorylation oxydative pour les premières et de cyanobactéries réalisant la photosynthèse pour les seconds. Ces procaryotes auraient été englobés dans un organisme primitif, de type archæobactérie, réalisant par symbiose, et sous le jeu de la sélection, une entité nouvelle : la cellule eucaryote. Celle-ci apparaît, sous forme planctonique unicellulaire, il y a 1,4 milliard d'années, soit 2,1 milliards d'années après le type ancestral procaryote.

Un pas décisif, la protection du matériel génétique

Si les cellules procaryotes ne possèdent ni noyau ni organites cellulaires, la cellule eucaryote (1) assure la protection de son matériel génétique par une double membrane (2) qui permettra sa complexification au cours de l'évolution. Elle possède également de nombreuses structures spécialisées. Ainsi, certaines protéines forment le cytosquelette cellulaire (3) et lui confèrent une forme particulière. Des organites intracellulaires, les mitochondries (4), assurent les activités respiratoires et le stockage de l'énergie qui est utilisée notamment lors des biosynthèses protéiques. Les protéines ainsi formées sont remaniées et aiguillées en fonction de leur destination finale par l'appareil de Golgi (5).

Structures membranaires et organites cellulaires

LES MEMBRANES CELLULAIRES ENTOURENT LA CELLULE EUCARYOTE ET DÉLIMITENT DANS L'ESPACE INTRACELLULAIRE, OU CYTOPLASME, DE NOMBREUX COMPARTIMENTS CLOS, LES ORGANITES CELLULAIRES.

Une cellule eucaryote est séparée du milieu environnant par une membrane périphérique, la membrane plasmique ou plasmalemme. Des structures semblables subdivisent l'espace cellulaire en une multitude de compartiments distincts dans lesquels des activités enzymatiques différentes peuvent se réaliser simultanément. Ces compartiments clos et séparés constituent les organites cellulaires. Ce sont par exemple les lysosomes, représentés par des vésicules enfermant des enzymes digestives, et les peroxysomes, petits compartiments (diamètre 0,1 à 1 μm) contenant des enzymes qui catalysent certaines réactions d'oxydation. En dehors du noyau, indispensable au maintien de l'intégrité cellulaire car il renferme l'information génétique de la cellule, trois autres types d'organites jouent un rôle primordial dans le métabolisme cellulaire.

Le réticulum endoplasmique. Toutes les cellules eucaryotes possèdent un réticulum endoplasmique dont la membrane représente plus de 50 % des surfaces membranaires cellulaires. Cette membrane (6 nm d'épaisseur), fortement plissée, semble ne former qu'un seul compartiment clos dont la lumière (20 nm de large) occupe plus de 10 % du volume cellulaire. Le réticulum assure à la fois des fonctions de synthèse et de transport des protéines et des lipides. Il est à l'origine de la formation des membranes cellulaires et présente deux aspects fonctionnels distincts. Le réticulum endoplasmique rugueux (ou ergastoplasme) est parsemé de ribosomes liés à la face cytoplasmique de sa membrane et très développé dans les cellules où la biosynthèse protéique est intense. Il a l'aspect d'un empilement de saccules aplatis. Le réticulum endoplasmique lisse ne possède aucun ribosome lié et a l'aspect d'un fin réseau de tubules. En général peu développé, il constitue souvent un réticulum de transition qui devient prédominant dans les cellules spécialisées dans le métabolisme des lipides (cellules du foie) ou dans la synthèse d'hormones stéroïdes (corticosurrénales).

L'appareil de Golgi. Localisé près du noyau, il est constitué de plusieurs unités, les dictyosomes, formées chacune d'un empilement de saccules en forme de disque (1 nm d'épaisseur) entouré de petites vésicules (50 nm de diamètre). C'est un organite polarisé d'un point de vue structural et biochimique (équipement enzymatique). Il présente une face *cis,* située au voisinage d'une partie lisse de transition du réticulum, avec laquelle il échange des vésicules, une zone médiane et une face *trans* à laquelle sont associées les vésicules de sécrétion. Les protéines, qui transitent par l'appareil de Golgi, sont remaniées en fonction de leur destination finale. Ce tri précis paraît être une des fonctions essentielles de l'appareil de Golgi.

Les mitochondries. Ce sont, avec le noyau et les chloroplastes des végétaux, des organites entourés par une double membrane. Une mitochondrie (1 à 7 μm de long) comprend une membrane externe typique et une membrane interne beaucoup plus riche en protéines (80 %) dont la surface est augmentée par de nombreux replis ou crêtes. Un espace intermédiaire très étroit (10 nm) les sépare. Le comparti-

2. Noyau et membrane nucléaire, microscopie électronique, fausses couleurs.

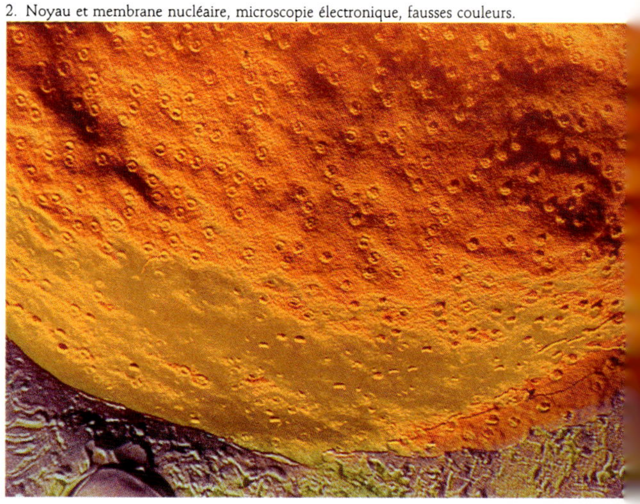

ment mitochondrial interne, ou matrice, renferme une grande variété d'enzymes, de ribosomes et une molécule circulaire d'A.D.N. C'est dans les mitochondries que se fait, à la suite d'une série de réactions oxydatives (celles de la chaîne respiratoire) dans la matrice et les crêtes mitochondriales, le transfert d'énergie des métabolites cellulaires (glucose, acides aminés) à la molécule d'adénosine triphosphate (A.T.P.), molécule de stockage de l'énergie. Ainsi, une molécule de glucose conduit à la synthèse de 36 à 38 molécules d'A.T.P. (L'hydrolyse d'une molécule d'A.T.P. libère une quantité d'énergie égale à 30,6 kJ.)

3. Microtubules mis en évidence par fluorescence.

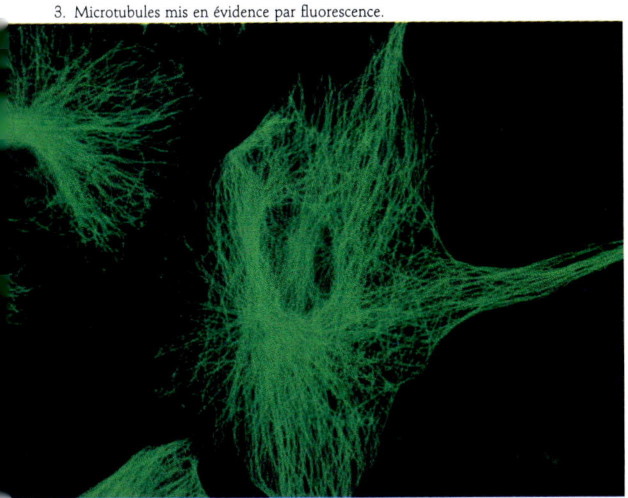

4. Mitochondries, microscopie électronique, fausses couleurs.

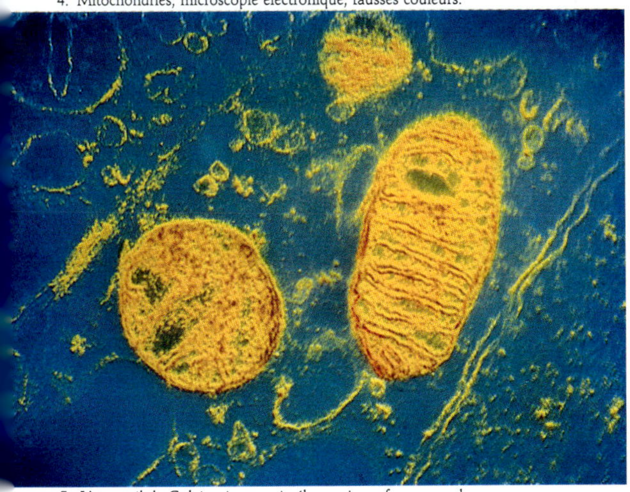

5. L'appareil de Golgi, microscopie électronique, fausses couleurs.

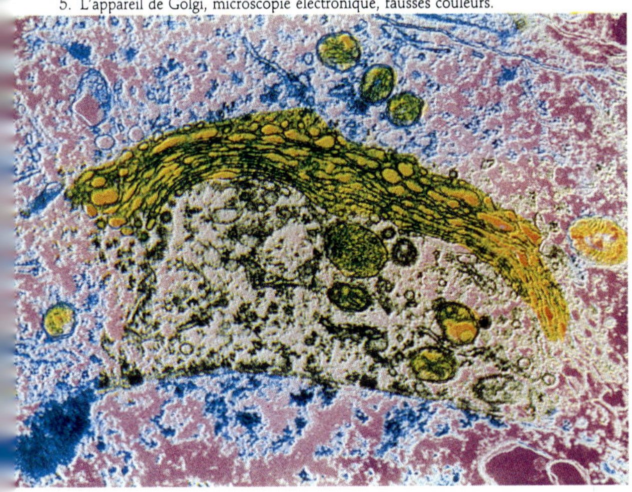

Le noyau et l'information génétique

BIEN INDIVIDUALISÉ, LE NOYAU, ENTOURÉ D'UNE DOUBLE MEMBRANE, RENFERME LES CHROMOSOMES, CONSTITUÉS CHACUN D'UNE MOLÉCULE D'A.D.N., SUPPORT DE L'INFORMATION GÉNÉTIQUE.

Chez les eucaryotes, chaque cellule parcourt un cycle cellulaire où, après une phase de croissance et d'intense activité métabolique et de synthèse (interphase), elle se divise pour donner deux cellules filles identiques à la cellule initiale. Cette division, la mitose, commence par le noyau : c'est la caryocinèse, qui conduit au partage égal de l'information génétique, et se termine par la partition du cytoplasme ou cytocinèse. À l'interphase, la cellule eucaryote possède un noyau bien individualisé, entouré par l'enveloppe nucléaire, renfermant une masse de chromatine et un ou plusieurs nucléoles. Ces derniers apparaissent, en microscopie électronique, formés d'une région fibreuse (l'organisateur nucléolaire) entourée d'une région granulaire. Ce sont les sites de synthèse des A.R.N. ribosomiques (A.R.N.r.) et d'assemblage de ces molécules d'A.R.N.r. avec des protéines pour former les deux sous-unités constitutives des ribosomes.

L'enveloppe nucléaire possède deux feuillets, l'un externe l'autre interne, délimitant un espace périnucléaire de 20 à 40 nm. La membrane (ou feuillet) externe est en continuité avec le réticulum endoplasmique et porte sur sa face cytoplasmique des ribosomes. La membrane interne est tapissée sur sa face nucléaire par la lamina nucléaire, condensation d'un complexe de trois protéines (lamines). Comme le feraient des fibres du cytosquelette, elle stabilise l'enveloppe nucléaire et participe à l'adhérence de l'hétérochromatine sur cette enveloppe. Les deux membranes de l'enveloppe nucléaire se rejoignent au niveau des pores nucléaires. Ces pores possèdent 8 granules périphériques et parfois un granule central constituant des ensembles de 100 nm de diamètre et 9 nm d'ouverture. Ils sont considérés comme des « canaux » permettant un trafic moléculaire intense entre cytosol et noyau.

Chez les eucaryotes, l'information génétique est répartie entre plusieurs chromosomes. Leur nombre est constant pour une espèce donnée. Chacun correspond à une unique et énorme molécule d'A.D.N. liée à des protéines basiques, les histones. Le complexe A.D.N., histones et quelques autres protéines constitue la chromatine. Les chromosomes sont difficiles à détecter pendant l'interphase car ils forment de très longs filaments enchevêtrés et plus ou moins condensés en fonction de l'assemblage A.D.N.-histones. Ils constituent l'euchromatine ; une condensation plus poussée caractérise l'hétérochromatine. La molécule d'A.D.N., polymère de nucléotides (désoxyribonucléotides), se compose de deux chaînes de nucléotides enroulées l'une autour de l'autre en décrivant une double hélice. Chaque chaîne, ou brin, par la nature des bases azotées de ses nucléotides, est complémentaire de l'autre. Le rôle de porteur de l'information génétique de l'A.D.N. est lié à la séquence ou ordre d'enchaînement, dans sa molécule, des 4 types de nucléotides qui la constituent. Pendant l'interphase (phase du cycle cellulaire séparant deux mitoses), les deux brins de la molécule d'A.D.N. se séparent et il s'édifie, par addition de nucléotides, un brin complémentaire de chacun des deux brins séparés. On aboutit ainsi à la formation de deux nouvelles molécules d'A.D.N. strictement identiques à la molécule initiale : c'est la réplication de l'A.D.N. Les deux molécules ne se séparent pas totalement et restent jointes en un point, le centromère. Par suite d'une extraordinaire condensation, en début de mitose, les deux molécules d'A.D.N. deviennent les deux chromatides unies au niveau du centromère. Ces deux chromatides se séparent en cours de mitose (anaphase). Il se constitue alors deux lots chromosomiques identiques répartis entre les deux cellules filles. Celles-ci possèdent chacune la totalité de l'information génétique de la cellule mère.

Le cytosquelette et les mouvements cellulaires

LE CYTOSQUELETTE DES CELLULES EUCARYOTES FORME UN RÉSEAU DE FILAMENTS PROTÉIQUES CONSTITUANT À LA FOIS L'OSSATURE DE LA CELLULE, LUI DONNANT FORME ET SOUTIEN, ET LE MOTEUR DES MOUVEMENTS CELLULAIRES.

Les filaments protéiques du cytosquelette appartiennent à trois types de structures : les microfilaments (diamètre : 7 à 9 nm), les microtubules (diamètre : 30 nm) et les filaments intermédiaires (diamètre : 8 à 14 nm). Ils sont tous reliés par des fibres protéiques constituant un réseau tridimensionnel serré : le réseau microtrabéculaire.

Les filaments intermédiaires, surtout présents dans les cellules animales, comme les filaments de kératine des cellules épithéliales ou les neurofilaments des cellules nerveuses, sont des éléments stables contribuant à la solidité structurale de la cellule.

La phagocytose (du grec *phagein,* manger) permet l'ingestion de particules de grande taille. C'est le mode de nourriture de beaucoup de protozoaires. Chez les métazoaires supérieurs, cette fonction est remplie par des cellules spécialisées, les phagocytes, tels les globules blancs macrophages impliqués dans la défense immunitaire des mammifères.

La pinocytose (du grec *pinein,* boire) est pratiquée par la plupart des cellules animales qui internalisent ainsi continuellement des morceaux de membrane plasmique sous forme de petites vésicules (0,1 μm), ce qui leur permet d'ingérer des liquides extracellulaires et des solutés. Dans des cellules mises en culture, une pinocytose intense, en créant un flux membranaire intracellulaire, contribue au déplacement des cellules sur leur support.

L'endocytose par récepteur, appelée aussi endocytose d'absorption, permet à la cellule une ingestion rapide de substances extracellulaires sélectionnées par des récepteurs spécifiques. Les récepteurs sont des protéines membranaires possédant un site de fixation capable de se lier de façon spécifique à une molécule particulière, cible de l'endocytose.

Les microtubules, à disposition radiaire à partir d'un centre organisateur proche du noyau, le centrosome, assurent, grâce à une protéine de liaison, la dynéine, le transport des vésicules, des particules et des organites du cytoplasme et, en constituant le fuseau mitotique, le déplacement des chromosomes lors de la mitose. Ils sont aussi à l'origine du mouvement des cils et des flagelles dont ils forment l'« axe squeletto-moteur ».

Les microfilaments d'actine, en liaison avec d'autres protéines dont les protéines transmembranaires, constituent l'axe des microvillosités (excroissances) de la membrane plasmique ainsi que le squelette microfibrillaire sous-membranaire (anneau contractile) et participent aux jonctions intracellulaires des cellules épithéliales. En liaison avec une protéine, la myosine, les microfilaments d'actine représentent la « machinerie contractile » des cellules et sont responsables de la contraction musculaire. Ils participent ainsi aux processus qui créent les mouvements amiboïdes et les flux cytoplasmiques.

Le fonctionnement de l'ensemble de ce réseau microtrabéculaire constituant le cytosquelette nécessite un apport d'énergie sous forme de molécules d'A.T.P. et dépend de concentrations convenables en ions calcium (CA^{2+}) et magnésium (Mg^{2+}).

→ **Voir aussi :** Constitution biochimique des organismes, **BIOL**, p. 18-19, La membrane cellulaire, **BIOL**, p. 30-31, La cellule végétale, **BIOL**, p. 42-43, Biosynthèses et sécrétions cellulaires, **BIOL**, p. 136-137.

La membrane cellulaire

COMME TOUTES LES MEMbranes biologiques, la membrane cellulaire est constituée d'une double couche de molécules lipidiques, principalement les phospholipides, où s'insèrent des protéines de toutes sortes. Si les lipides confèrent à la membrane sa structure, les protéines dispersées dans la matrice membranaire déterminent ses propriétés particulières et ses fonctions. Les cellules eucaryotes comportent des membranes internes (membranes intracellulaires, entourant les organites) et une membrane externe, ou plasmique. La membrane plasmique contribue à maintenir la composition du milieu intracellulaire en régulant les échanges avec le milieu extracellulaire où chaque cellule puise les éléments nécessaires à son édification et à ses biosynthèses, déverse les produits élaborés (sécrétions) et rejette les déchets de son métabolisme. Ces échanges à travers la membrane plasmique peuvent s'effectuer par osmose (eau) ou par simple diffusion pour les gaz dissous (oxygène et gaz carbonique essentiellement) alors que le transport des ions et des petites molécules est facilité (transport passif) ou catalysé (transport actif) par des protéines membranaires. Les grosses molécules et certaines particules pénètrent dans la cellule par un mécanisme très différent correspondant à l'invagination de fragments de membrane qui internalisent ainsi, au sein de vésicules, du matériel extracellulaire dans le milieu intracellulaire : c'est l'endocytose. Les produits de sécrétion de la cellule et les déchets de son métabolisme sont en grande partie déversés dans le milieu extracellulaire par un mécanisme inverse, l'exocytose.

Structure de la membrane plasmique

ALORS QUE LES LIPIDES CONFÈRENT À LA MEMBRANE SA STRUCTURE EN BICOUCHE FLUIDE, LES PROTÉINES ASSURENT LA PLUPART DES FONCTIONS DE TRANSPORT.

Évaluée en poids sec moyen, la membrane plasmique est composée de 40 % de lipides, de 50 % de protéines et de 8 % de glucides, présents sous forme de chaînes externes d'oligosaccharides associées aux autres composants membranaires.

Les lipides confèrent à la membrane sa structure; ils sont représentés par un petit nombre de variétés moléculaires, des phospholipides, des glycolipides sur la face externe et du cholestérol, surtout dans les cellules animales. Les molécules de phospholipides, de loin les plus abondantes, présentent, comme les autres molécules lipidiques, une « tête » hydrophile (ayant des affinités pour l'eau) et une « queue » hydrophobe, formée de deux chaînes correspondant chacune à un acide gras. Ces molécules s'organisent spontanément, en milieu aqueux, en une double couche lipidique de 7,5 à 10 nm d'épaisseur dans laquelle les « queues » hydrophobes sont prises en sandwich entre les « têtes » hydrophiles, au contact du milieu aqueux.

Les protéines membranaires offrent une très grande diversité et jouent un rôle primordial dans le transport de molécules et d'ions à travers la membrane. On les divise en protéines intrinsèques (intégrées) et protéines extrinsèques (périphériques). Les protéines intégrées, situées dans la bicouche lipidique, sont souvent des protéines transmembranaires, faisant saillie par leurs pôles hydrophiles sur les deux faces de la membrane. Certaines, formées d'un seul segment transmembranaire d'acides aminés enroulés en hélice, sont des récepteurs spécifiques de molécules extracellulaires, d'autres, constituées de plusieurs segments transmembranaires, sont des protéines globulaires de transport. Les protéines périphériques sont fixées à la surface de la membrane, en général à une protéine intégrée sur la face cytoplasmique. Elles représentent un tiers des protéines membranaires et peuvent être facilement dissociées de la membrane. Ce sont souvent des enzymes ou des récepteurs.

La membrane plasmique, comme les autres membranes biologiques, a une structure définie par le modèle de mosaïque fluide proposé par S. J. Singer et G. L. Nicolson (1971). Dans chaque couche, les molécules lipidiques peuvent diffuser rapidement comme dans un mince film liquide ; les protéines se déplacent aussi, latéralement, mais beaucoup plus lentement, dans toute la membrane. Ces déplacements caractérisent la grande plasticité de la membrane. Celle-ci possède enfin une structure asymétrique entre ses deux feuillets, qui favorise le feuillet externe et détermine en particulier les échanges avec le milieu extérieur. •

1. Organisation moléculaire de la membrane plasmique.

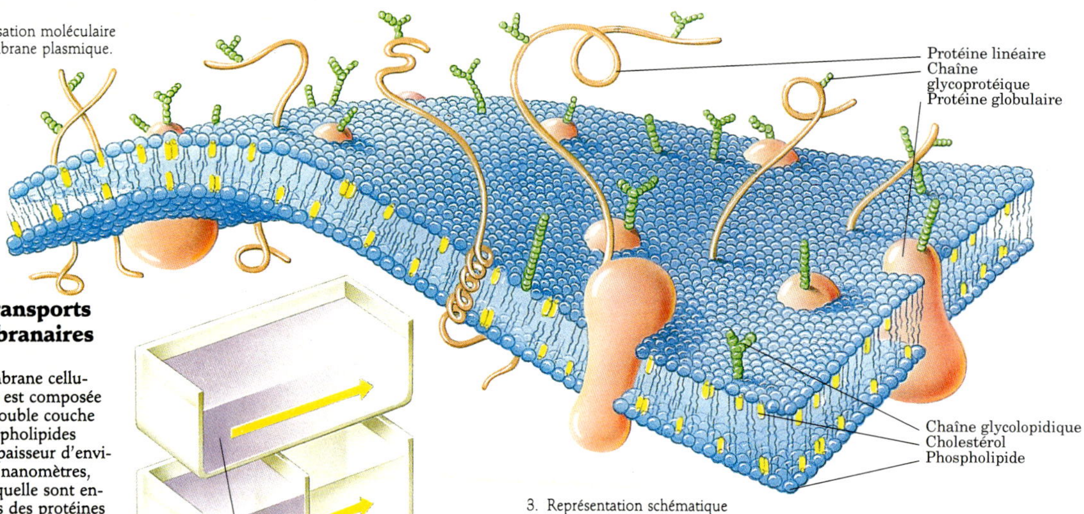

Les transports membranaires

La membrane cellulaire (1) est composée d'une double couche de phospholipides d'une épaisseur d'environ 7,5 nanomètres, dans laquelle sont enchâssées des protéines qui se déplacent par diffusion latérale. Elles peuvent porter, sur leur partie externe, des chaînes saccharidiques (glucides) qui forment un duvet moléculaire à la surface de la cellule. Les propriétés hydrophobes des phospholipides membranaires limitent considérablement les échanges cellulaires qui ne nécessitent pas d'énergie (2). Pour permettre le passage de certaines substances contre un gradient de concentration (c'est-à-dire vers le milieu où elles sont le plus concentrées), des systèmes de pompes énergétiques (3) sont nécessaires.

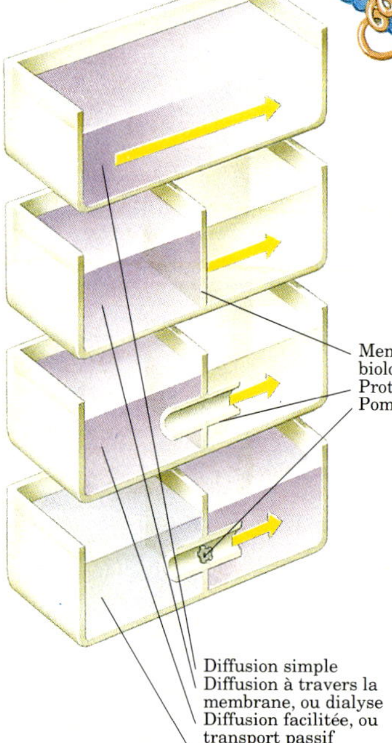

2. Différents types de transports membranaires.

3. Représentation schématique de la pompe sodium/potassium.

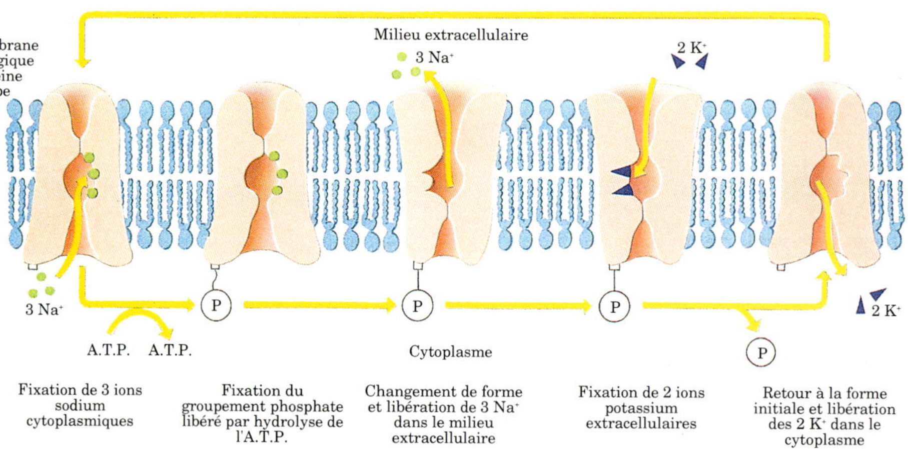

Diffusion et transport à travers la membrane plasmique

LA NATURE LIPIDIQUE DES MEMBRANES LES REND IMPERMÉABLES À BEAUCOUP DE MOLÉCULES DONT LE TRANSPORT EST ALORS ASSURÉ PAR DES PROTÉINES, SOUVENT DE FAÇON ACTIVE, CONTRE DES GRADIENTS DE CONCENTRATION.

Pour assurer son métabolisme, la cellule effectue des échanges permanents avec le milieu extracellulaire. Ces échanges, dans le cas de l'eau, sont régis par les phénomènes d'osmose, l'eau allant du milieu le moins concentré (hypotonique) vers le milieu le plus concentré (hypertonique).

Certains ions et molécules peuvent traverser la membrane plasmique par simple diffusion (sans apport énergétique) à condition que leur concentration soit différente de part et d'autre de la membrane. Cette diffusion est favorisée par la petite taille et la forme globulaire de la molécule, sa charge ionique positive et sa solubilité dans les lipides. Cependant, la membrane plasmique constitue une barrière qui limite de façon stricte le phénomène de diffusion. À part les gaz dissous (oxygène et gaz carbonique), rares sont les substances dont la vitesse de diffusion soit suffisante pour satisfaire les besoins permanents de la cellule.

La plupart des substances traversent la membrane plasmique grâce à des systèmes de transports transmembranaires spécifiques qui augmentent considérablement leur vitesse de transit. Il existe deux types de transport : la diffusion facilitée et le transport actif. La diffusion facilitée, ou *transport passif,* n'est réalisable que s'il existe une différence de concentration de part et d'autre de la membrane pour la substance transportée. Les molécules porteuses sont des protéines intégrées spécifiques qui formeraient des canaux transmembranaires permettant le passage accéléré de la substance suivant son gradient de concentration. Il n'y a pas de dépense énergétique pour la cellule. Le *transport actif* permet le passage d'une molécule contre son gradient de concentration (c'est-à-dire du milieu le moins concentré vers le plus concentré), mais consomme de l'énergie. Dans un premier temps, la molécule se fixe sur les sites de liaison spécifiques d'une protéine transmembranaire, puis elle est transportée grâce à un couplage énergétique (hydrolyse d'A.T.P.).

La pompe à sodium/potassium (exportation des ions Na^+ et importation des ions K^+) constitue un bon exemple de transport actif. La protéine porteuse est une A.T.Pase transmembranaire. La fixation de trois ions Na^+ cytoplasmiques sur cette protéine induit son activité enzymatique d'hydrolyse de l'A.T.P. La fixation du groupement phosphate libéré modifie alors sa structure, provoquant la libération des trois ions Na^+ dans le milieu extracellulaire. Dans cette configuration, la protéine fixe deux ions K^+ extracellulaires, ce qui provoque sa déphosphorylation, le retour à son aspect originel et la libération des deux ions K^+ dans le milieu intracellulaire. Ces différentes étapes sont très rapides : en une seconde, une molécule d'A.T.Pase peut exporter 300 ions Na^+ et importer 200 ions K^+. On peut également citer le transport actif des sucres et des acides aminés. Il s'agit de l'importation simultanée (cotransport), par une protéine porteuse spécifique, d'une molécule organique (glucose, acide aminé) contre son gradient de concentration et d'un ion Na^+ suivant son gradient de concentration. Le Na^+ sera ensuite rejeté dans le milieu extracellulaire par la pompe à Na^+/K^+.

De nombreuses substances traversent aussi la membrane plasmique par transport actif, comme le calcium (Ca^{2+}) absorbé par les cellules de la paroi intestinale, ou le chlore (Cl^-) excrété par les cellules à chlorure des branchies des poissons d'eau salée qui assurent aussi la régulation de leur milieu intérieur. •

L'endocytose

L'INGESTION PAR UNE CELLULE DE MACROMOLÉCULES OU DE SOLUTÉS À L'AIDE DE VÉSICULES PROVENANT DE L'INVAGINATION DE LA MEMBRANE PLASMIQUE RÉALISE L'ENDOCYTOSE.

Grâce à la fluidité de la membrane plasmique et à sa capacité de se refermer sur elle-même pour constituer un compartiment clos, la plupart des cellules peuvent capter des macromolécules par le mécanisme de l'endocytose (du grec *endon,* en dedans, et *kutos,* cellule). Les invaginations de la membrane plasmique ayant englobé du matériel extracellulaire forment des vésicules d'endocytose qui se détachent de la membrane dans le cytosol. La plupart de ces vésicules fusionnent ensuite avec des lysosomes primaires pour former des lysosomes secondaires, spécialisés dans la digestion intracellulaire. Le contenu macromoléculaire des vésicules est digéré par les enzymes lysosomales pour être utilisé par la cellule. La membrane des vésicules d'endocytose est ensuite recyclée vers la membrane plasmique. On distingue trois types d'endocytose : la phagocytose (ingestion de corps solides), la pinocytose (liquides) et l'endocytose par récepteurs. Dans ce dernier type, le complexe récepteur-molécule migre vers des invaginations de la membrane, entourées d'une enveloppe de protéine fibreuse (clathrine). Ces invaginations, appelées puits recouverts *(coated-pits),* forment des vésicules recouvertes *(coated-vesicles).* La clathrine, en liaison avec des filaments d'actine, joue un rôle dans l'internalisation des vésicules, qui fusionnent après avoir perdu leur « manteau » de clathrine. •

L'exocytose

L'EXPORTATION DE MATÉRIEL SYNTHÉTISÉ PAR LA CELLULE PAR L'INTERMÉDIAIRE DE VÉSICULES INTRACELLULAIRES FUSIONNANT AVEC LA MEMBRANE PLASMIQUE PORTE LE NOM D'EXOCYTOSE.

Dans toutes les cellules eucaryotes, la libération de produits de sécrétion dans le milieu extracellulaire, aussi bien que l'incorporation dans la membrane plasmique de composants membranaires nouvellement synthétisés, se fait par le processus d'exocytose. Parmi les substances sécrétées, certaines le sont de façon continue alors que d'autres sont stockées dans des vésicules ou grains de sécrétion qui s'accumulent au voisinage de la membrane plasmique en se liant fortement au réseau d'actine du cytosquelette. Lorsque les substances sécrétées sont des protéines, les grains proviennent de l'appareil de Golgi. Les grains stockés ne sont libérés que lorsque la cellule est stimulée par un signal extracellulaire, souvent un messager chimique, hormone ou neurotransmetteur. Celui-ci se fixe sur des récepteurs membranaires spécifiques de la cellule sécrétrice. L'activation de ces récepteurs provoque l'ouverture de canaux sodium (Na^+) et calcium (Ca^{2+}) et l'augmentation transitoire de la concentration de Ca^{2+} libre dans le cytosol (de 10^{-7} à 10^{-6} mol/l). En réponse à cette augmentation, les granules se détachent du réseau du cytosquelette et leur paroi s'accole à la membrane plasmique pour y subir le processus d'exocytose. La fusion membranaire commence par l'adhérence des feuillets cytoplasmiques des deux membranes avant leur réunion en un feuillet continu isolant la vésicule du cytosol. Il y a ensuite fission des feuillets opposés et formation du trou d'exocytose par où le contenu est déversé dans l'espace extracellulaire. La membrane du granule est ainsi incorporée à la membrane plasmique, mais un processus d'endocytose la recycle dans de nouvelles vésicules. •

→ **Voir aussi :** Constitution biochimique des organismes, **BIOL**, p. 18-19. La cellule eucaryote, **BIOL**, p. 28-29. La cellule végétale, **BIOL**, p. 42-43.

4. Phénomènes d'endocytose et d'exocytose dans une cellule épithéliale.

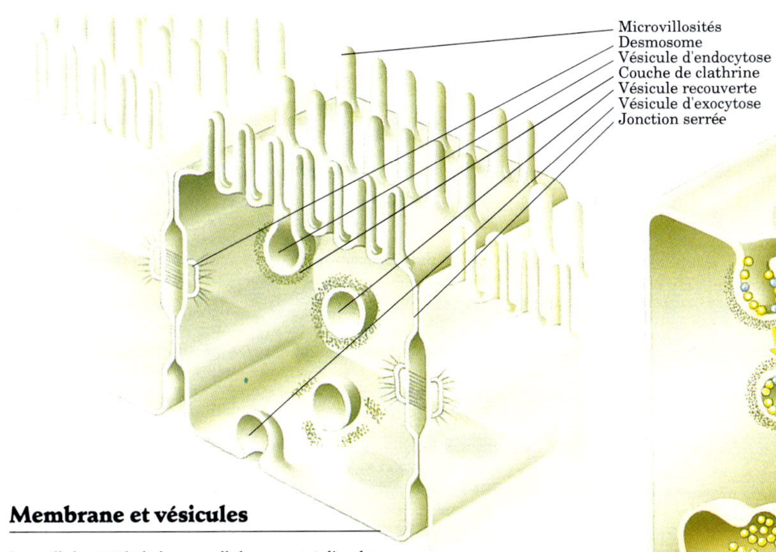

Membrane et vésicules

Les cellules épithéliales de la paroi de l'intestin forment une barrière imperméable entre le milieu intérieur (sang) et le milieu extérieur (lumière de l'intestin), l'étanchéité étant assurée par des jonctions serrées (4). Pour autoriser le passage de certains solutés ou de grosses molécules, la cellule recourt à l'endocytose. Ainsi, des invaginations de la membrane permettent la formation de vésicules dont le contenu, trié au sein des endosomes, est soit digéré dans les lysosomes pour être utilisé, soit véhiculé vers le milieu intérieur ou encore éliminé par exocytose (5).

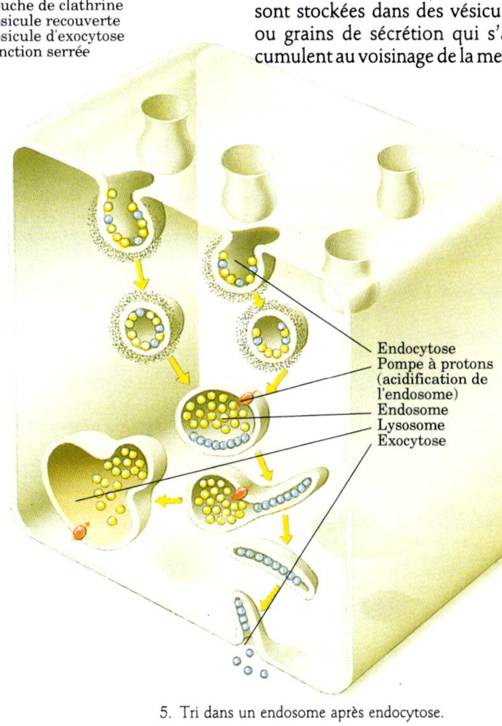

5. Tri dans un endosome après endocytose.

Les êtres vivants unicellulaires

LES ORGANISMES MICROSCOPIQUES formés d'une seule cellule se répartissent en deux groupes. Le premier, celui des unicellulaires procaryotes, est représenté par les bactéries et les algues bleues, dont l'unique cellule ne possède pas de noyau. Le second groupe, qui sera décrit ici, comprend l'ensemble des unicellulaires eucaryotes, les protistes, dont la cellule possède des structures élaborées telles qu'un noyau, des mitochondries et des chloroplastes.

La grande variété des unicellulaires eucaryotes rend leur classification difficile. Trois ensembles y sont habituellement distingués : les algues photosynthétiques, comme les diatomées, qui constituent une part importante du plancton végétal ; les champignons unicellulaires, immobiles, incapables de photosynthèse et se nourrissant principalement de matière organique ; les protozoaires, animaux unicellulaires, doués de mobilité mais hétérotrophes comme les champignons, se nourrissant par conséquent de composés biologiques. Le groupe des algues, comme celui des champignons, comporte des représentants pluricellulaires.

La cellule unique des protistes atteint un très haut niveau d'organisation, qui s'exprime, en particulier chez les protozoaires, par leur physiologie (respiration, digestion, excrétion), par la complexité de leurs cycles de vie (pouvant comporter des phases de sexualité) et par leur comportement (locomotion, capture de proies).

Les unicellulaires eucaryotes sont omniprésents dans la biosphère. Les algues unicellulaires, dont la masse totale est supérieure à celle de tous les autres organismes doués de photosynthèse, assurent une grande part de la production d'oxygène de la planète, tandis que certaines classes de champignons et de protozoaires jouent un rôle épurateur en dégradant les composés organiques. Certains protozoaires vivent en parfaite symbiose avec des animaux. En outre, les extraordinaires capacités de synthèse et de dégradation des champignons sont très précieuses à l'industrie humaine. Cependant, la présence de champignons et de protozoaires, loin d'être toujours bénéfique, pose de graves problèmes de conservation des aliments et de santé publique.

Les trois groupes eucaryotes à représentants unicellulaires

Groupes	*Caractéristiques*	*Représentants*
Algues	Autotrophes (photosynthèse) Possèdent des chloroplastes Paroi cellulosique et réserves d'amidon Souvent munies d'un ou deux flagelle(s)	**Euglénophytes** : se meuvent grâce à un flagelle antérieur. **Dinophycées (ou dinoflagellés)** : couvertes de plaques cellulosiques, possèdent deux flagelles. **Diatomées** : paroi siliceuse, immobiles.
Champignons	Hétérotrophes (pas de photosynthèse) Oxydent des composés organiques prélevés sur des êtres vivants ou en décomposition Paroi cellulaire rigide (contient de la chitine) Souvent structures mycéliennes (les cellules se groupent en filaments appelés mycéliums)	**Levures** : champignons unicellulaires (ne s'organisent pas en mycélium, sauf dans de rares cas).
Protozoaires	Hétérotrophes (pas de photosynthèse) Se nourrissent d'autres êtres vivants, ou parasitent des organismes supérieurs Tous sont unicellulaires Presque tous sont mobiles	**Rhizopodes** : émettent des pseudopodes pour se mouvoir ou pour saisir des aliments. **Flagellés** : possèdent un ou plusieurs flagelles (forment, avec les rhizopodes, le groupe des rhizoflagellés). **Ciliés** : porteurs de nombreux cils vibratiles, ils possèdent deux noyaux. **Sporozoaires** : immobiles ; toujours parasites. Leur cycle comporte une phase asexuée et une phase sexuée. **Actinopodes** : émettent de fins pseudopodes, souvent pourvus d'un squelette formé de spicules. **Cnidosporidies** : parasites ; au cours de leur cycle, prennent une forme plurinucléée (plasmodes).

La cellule chez les protistes

AVEC LEUR CELLULE COMPARTIMENTÉE, LES PROTISTES RÉALISENT DES FONCTIONS TELLES QUE L'EXCRÉTION, LA LOCOMOTION OU LA DÉFENSE.

Au cours de l'évolution, l'organisation de la cellule se complexifie. Chez les procaryotes (bactéries, algues bleues), la cellule est constituée d'une simple membrane entourant le cytoplasme, où se trouvent toutes les molécules biologiques en interaction : molécules d'A.D.N., d'A.R.N., enzymes, substrats, déchets, etc. Avec les protistes, la cellule franchit une importante étape d'organisation : des structures faites de membranes lipidiques similaires à celle de la membrane plasmique apparaissent et permettent d'en compartimenter les différentes fonctions. Les molécules d'A.D.N. porteuses de l'information génétique, entourées d'une membrane, forment le noyau. La respiration est dévolue aux mitochondries, petites structures ovoïdes et déformables, délimitées par une double membrane lipidique, où sont localisées toutes les enzymes nécessaires à cette fonction. Dans le réticulum endoplasmique et l'appareil de Golgi, structures membranaires en forme de tubes, se localisent les protéines synthétisées par les ribosomes. Enfin, chez les organismes qui tirent leur énergie de la lumière, les chloroplastes, également délimités par des membranes lipidiques, sont le siège de la photosynthèse. Toutes ces structures qui caractérisent les eucaryotes sont apparues chez des êtres unicellulaires et ont été conservées dans les cellules des organismes pluricellulaires.

Chez ces derniers, les différentes tâches nécessaires à la vie de l'organisme, telles que la digestion, l'excrétion, la locomotion ou la protection, sont réparties entre les cellules spécialisées (cellules digestives, rénales, musculaires ou cutanées...). Chez les eucaryotes unicellulaires, aucune répartition des tâches n'est possible et l'accomplissement des fonctions vitales dépend donc de l'acquisition de multiples dispositifs. Ainsi, pour se protéger des agressions extérieures, la levure (champignon) entoure sa membrane plasmique d'une paroi rigide chitineuse, tandis que les foraminifères (protozoaires) se forgent une gaine siliceuse ou calcaire, aux contours géométriques variés. Pour se défendre, les paramécies disposent de trichocystes, sortes de stylets disposés à la surface de la cellule et pouvant être projetés à l'extérieur. Les espèces douées de locomotion sont munies de cils, de flagelles ou de pseudopodes. Chez les ciliés, les vacuoles pulsatiles régulent la pression osmotique interne. Un segment rigide, l'axostyle, soutient la cellule des flagellés. Les protistes sont donc caractérisés non seulement par des structures intracellulaires évoluées telles que le noyau ou les mitochondries, mais aussi par des dispositifs cellulaires aux fonctions diverses. •

Les rôles des champignons

SOUVENT PARASITES, LES CHAMPIGNONS MICROSCOPIQUES SONT AUSSI DES AUXILIAIRES DE L'INDUSTRIE ALIMENTAIRE ET PHARMACEUTIQUE.

La diversité de l'équipement enzymatique des champignons leur permet de se développer sur toutes sortes de supports organiques. Les *levures* représentent les champignons unicellulaires, mais les *moisissures,* champignons pluricellulaires souvent microscopiques, ont des incidences comparables. Levures et moisissures forment d'actifs agents du recyclage des molécules biologiques. Cependant, leur prolifération représente une menace constante pour la conservation des aliments. Le rhizopus, par exemple, est une moisissure noirâtre qui se développe sur le pain et les fruits trop mûrs, de même que les moisissures bleues et vertes : *Penicillium* et *Aspergillus.* Ces derniers sembleraient en outre avoir des propriétés cancérigènes.

Les champignons microscopiques peuvent se développer sur des animaux et les lésions qu'ils déterminent sont appelées mycoses. Les plus communes, superficielles, se localisent au niveau des muqueuses (de la bouche et du vagin) ou bien s'étendent sur la peau. Les teignes des hommes et des chiens, par exemple, sont dues à la prolifération de levures dans les cheveux et les poils. Chez les végétaux, des champignons sont cause de lésions dites cryptogamiques, dont le mildiou et la rouille sont des exemples très répandus.

Cependant, certains champignons sont de précieux alliés de l'homme ; c'est en effet d'une moisissure, le pénicillium, qu'a été extraite la pénicilline, dont l'utilisation a permis le développement d'une lutte efficace contre

Les modes de vie des protozoaires

INDÉPENDANTS, SYMBIOTES OU PARASITES, LES PROTOZOAIRES, CONSIDÉRÉS COMME LES PREMIÈRES FORMES ANIMALES, ADOPTENT DES MODES DE VIE EXTRÊMEMENT VARIÉS.

Les protozoaires n'ont pas de pouvoir de photosynthèse, ils dépendent donc d'autres êtres vivants pour s'alimenter et sont capables, pour la plupart, d'une mobilité qui leur permet de rechercher leur nourriture. Ces caractéristiques classent les protozoaires au rang des animaux. Leurs divers modes de locomotion ont permis de les subdiviser en six groupes (dont certains, comme les flagellés et les rhizopodes, sont assez hétérogènes).

De nombreux protozoaires vivent librement, principalement en milieu aquatique. C'est le cas des foraminifères, dont la cellule est protégée par une coquille de calcaire ou de silice présentant de multiples formes géométriques. Le plus grand foraminifère fossile découvert, la nummulite, bien que constitué d'une seule cellule, possède une coquille pouvant atteindre un centimètre de long. Les actinopodes sont aussi des protozoaires menant une vie indépendante ; leur cellule n'est pas protégée par une coquille, mais soutenue par un squelette composé de longues épines calcaires, les axopodes, qui irradient hors du corps cellulaire. Foraminifères et actinopodes se déplacent en émettant, par un orifice de leur coquille ou le long de leurs axopodes, des prolongements cytoplasmiques appelés pseudopodes. Ils font partie du plancton et, comme les champignons, ils jouent un rôle important dans les processus d'épuration des matières organiques de la biosphère.

Aux aléas de l'indépendance, de nombreux protozoaires préfèrent la vie symbiotique ou parasite. Certains flagellés, par exemple, sont hébergés dans la panse rectale des termites et des blattes. Ils y disposent d'un milieu chimique constant où la nourriture leur est fournie à discrétion. En contrepartie, ils prédigèrent la cellulose que leur hôte ne pourrait utiliser directement, faute d'être muni de l'enzyme nécessaire pour la dégrader. Les termites et les blattes se transmettent ces précieux locataires en les prélevant sur le rectum de leurs congénères. La même fonction est assurée par des protozoaires ciliés, qui vivent dans la panse des ruminants. Lors de la digestion, une partie de ces micro-organismes est transférée, avec le bol alimentaire, de la panse à l'estomac où leur dégradation constitue une importante source d'acides aminés. C'est pour cette raison que les ruminants ont des besoins azotés (protéines) beaucoup plus modestes que les autres mammifères.

La présence des protozoaires n'est pas toujours bénéfique, certaines espèces parasites provoquent en effet chez leur hôte des maladies parfois mortelles. On connaît, par exemple, l'amibe *Entamœba histolytica,* responsable de graves dysenteries dans les pays tropicaux. Cette amibe se loge dans la paroi du gros intestin, où elle provoque de profondes ulcérations. Les protozoaires flagellés comptent aussi de nombreuses espèces pathogènes, telles que les trypanosomes, qui provoquent la maladie du sommeil et la maladie de Chagas, ou les leishmanias, responsables du kala-azar. Cette dernière parasitose, dont l'issue est souvent fatale, provoque des fièvres intermittentes et une hypertrophie de la rate et du foie. Enfin, les sporozoaires, dont le cycle comporte en général une phase de dissémination sous forme de spores résistantes, comprennent le genre *Plasmodium,* dont certaines espèces provoquent le paludisme. •

→ **Voir aussi :** Les procaryotes, **BIOL**, p. 22-23. La cellule eucaryote, **BIOL**, p. 28-29. La reproduction des unicellulaires, **BIOL**, p. 66-67. Le plancton, **BIOL**, p. 116-117.

1. Levure, *Candida albicans.*

Un champignon parasite

La pullulation des cellules d'une levure, *Candida albicans* (1), provoque des mycoses superficielles de la peau et des muqueuses buccales et vaginales. La réduction de la flore microbienne qui protège normalement l'organisme (en limitant l'espace et les aliments disponibles) favorise sa pullulation. La prise d'antibiotiques ou l'utilisation excessive de savon peuvent détruire une partie de cette flore protectrice.

les maladies bactériennes. Cette molécule agit contre les bactéries en empêchant la construction de leur gaine protectrice. Certains dérivés obtenus en laboratoire résistent mieux que la molécule naturelle à l'acidité des sucs digestifs des patients.

Des levures, telles que les mucors, sont également utilisées dans l'industrie pharmaceutique pour la fabrication de vitamines et d'enzymes. Dans l'industrie alimentaire, l'exploitation des champignons est très ancienne. Des moisissures sont utilisées pour la fabrication des fromages ou de la choucroute, par exemple. Les levures du genre *Saccharomyces,* capables de convertir les sucres en alcool et en gaz carbonique (fermentation alcoolique), permettent la fabrication du vin *(Saccharomyces cerevisiæ* var. *ellipsoideus),* de la bière et du pain *(S. cerevisiæ, S. minor).* Dans ce dernier cas, le dégagement de gaz carbonique permet de faire lever la pâte, tandis que l'alcool synthétisé est éliminé au cours de la cuisson. •

La locomotion des protozoaires

Les protozoaires sont des êtres unicellulaires incapables de photosynthèse. La plupart d'entre eux se déplacent donc dans leur environnement, pour y prélever les composés organiques dont ils se nourrissent. Leurs modes de locomotion sont très divers. Certains, comme cette amibe (2), sont constitués d'une cellule déformable (ici en pleine extension) qui émet des prolongements cytoplasmiques adhérents, appelés pseudopodes, à partir desquels le corps cellulaire est tracté. Les flagellés (3) sont propulsés ou tirés, selon les espèces, par les mouvements rotatoires de leur(s) flagelle(s), tandis que les ciliés (4) se déplacent dans leur environnement grâce aux battements des cils vibratiles dont est recouverte leur membrane cellulaire.

2. Amibe.

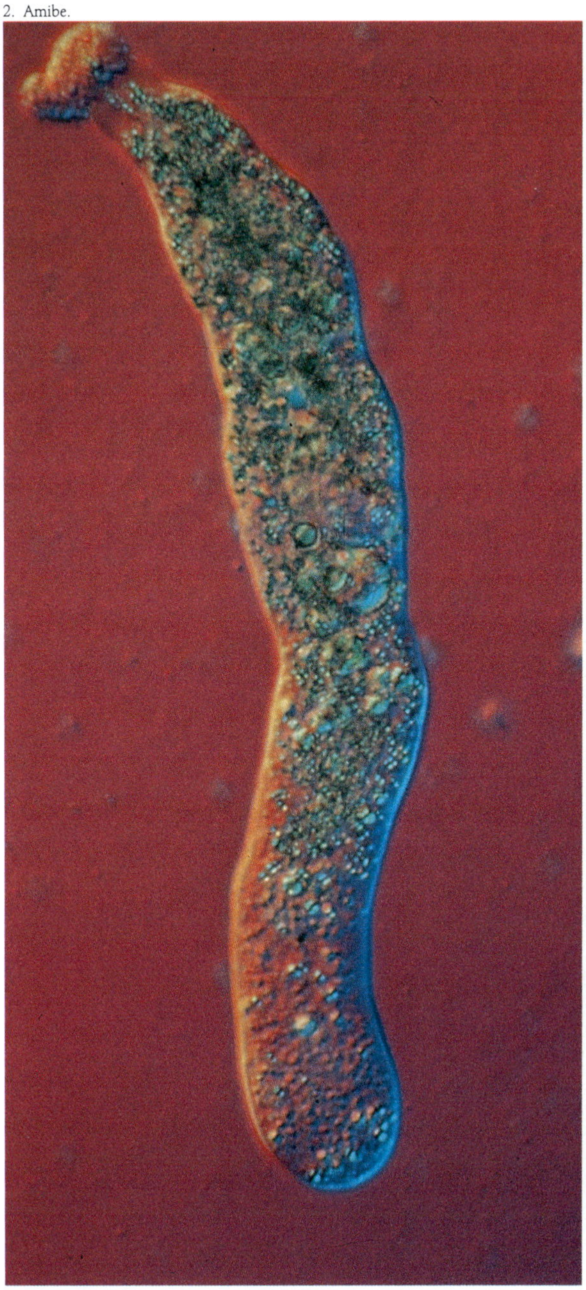

3. Flagellés *(Leishmania tropica).*

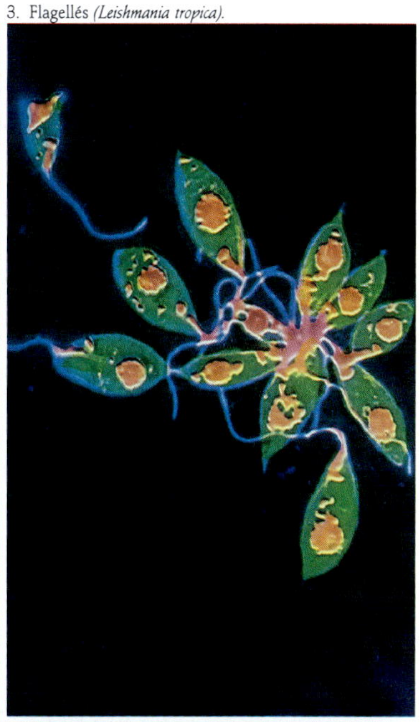

4. Cilié *(Strongylidium crassum).*

Les animaux pluricellulaires

LA CELLULE EUCARYOTE EST à la base de la construction des plantes et des animaux pluricellulaires. Appelés aussi *métazoaires,* les animaux pluricellulaires ne représentent pas qu'un agrégat sommaire de cellules identiques : chacune isolément, même si elle provient d'un animal très simple comme l'éponge, ne peut redonner un individu complet en se multipliant (dans des conditions naturelles). La spécialisation des cellules, corollaire de l'état pluricellulaire, est souvent irréversible.

Méduse, papillon, éléphant... la diversité des formes animales est telle qu'il semble difficile de dégager une homogénéité. Pourtant, tous les métazoaires possèdent des cellules spécialisées dans des tâches similaires (digestion, reproduction, par exemple). En effet, si chez l'unicellulaire (procaryote ou euycaryote) la cellule assure toutes les activités vitales, chez les animaux pluricellulaires celles-ci sont réparties entre des types cellulaires différents. Les cellules spécialisées se regroupent en tissus et en organes, au sein desquels elles concourent à une même fonction. La répartition et la coordination des tâches exigent des systèmes de communication à l'intérieur de l'organisme. Chez les métazoaires évolués, ce rôle est assuré par le système nerveux et le système hormonal.

Tout métazoaire né de la reproduction sexuée provient d'une cellule unique, l'œuf, qui se divise par mitoses successives. Les cellules issues de ces divisions se répartissent en trois groupes cellulaires ou feuillets : l'*ectoderme,* qui donne le revêtement externe de l'animal, l'*endoderme* (viscères) et le *mésoderme* (squelette axial et muscles). Chez les métazoaires primitifs tels les éponges ou les cnidaires (méduses, hydres), les deux premiers feuillets, seuls présents, élaborent l'organisme adulte. Selon leur appartenance à l'un ou l'autre des trois feuillets, les cellules ont une morphologie et une fonction déterminées par le développement embryonnaire. La répression sélective des potentialités génétiques et l'induction sont les phénomènes qui déterminent la spécialisation cellulaire : à partir d'une cellule totipotente unique (la cellule œuf), les mitoses fournissent des types cellulaires spécialisés, dont l'assemblage cohérent construit l'organisme.

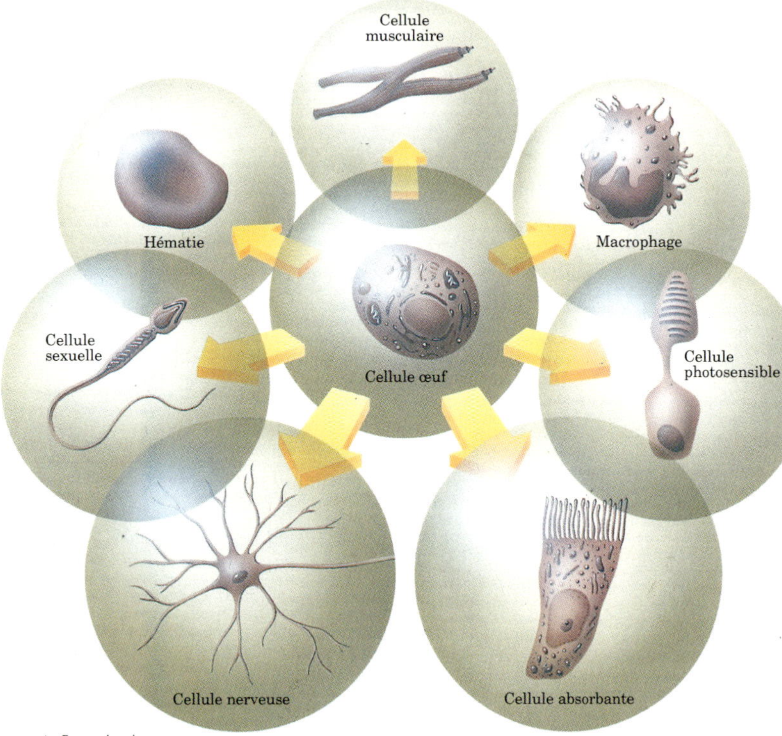

1. Exemples de cellules spécialisées issues de la cellule œuf.

La spécialisation cellulaire

SI CHEZ LES PROTOZOAIRES TOUTES LES FONCTIONS DE LA VIE SONT ASSURÉES PAR UNE SEULE CELLULE, CHEZ LES MÉTAZOAIRES ELLES SE RÉPARTISSENT ENTRE LES CELLULES SPÉCIALISÉES.

Les éponges, agencement pluricellulaire extrêmement simple, donnent actuellement une image probable des premiers métazoaires. Ces animaux, dépourvus de système nerveux, possèdent toutefois quelques types cellulaires réalisant des fonctions spécialisées, comme les cellules flagellées (brassage de l'eau) ou les cellules à spicules (pseudosquelette). « Diviser pour mieux régner », ainsi pourrait s'interpréter la biologie des métazoaires. Au cours de l'évolution, ceux-ci ont élaboré des systèmes de plus en plus perfectionnés, au sein desquels des cellules spécialisées dans une même fonction définissent des structures privilégiées, les tissus, eux-mêmes assemblés en organes, qui forment des régions fonctionnelles.

La respiration.
Les cellules dévolues à cette fonction sont généralement peu épaisses et de grande surface, ce qui favorise la diffusion des gaz (oxygène et gaz carbonique). Chez les animaux aquatiques, elles peuvent être réparties sur tout le corps (éponges, cnidaires) ou regroupées en organes spécialisés (branchies des crustacés, des poissons). Chez les animaux à respiration aérienne, les trachées (criquets) ou les poumons (araignées, serpents) assurent cette fonction. Les gaz respiratoires sont véhiculés à l'intérieur de l'organisme sous forme dissoute ou associée à des pigments particuliers. Chez les vertébrés, ces pigments respiratoires sont logés dans des cellules spécialisées, dépourvues de noyau, les globules rouges du sang.

La digestion et l'excrétion.
Les éléments chimiques nécessaires à la vie sont puisés dans le milieu extérieur. Souvent non directement assimilables, les aliments doivent être transformés en nutriments : des cellules sécrétrices produisent des enzymes appropriées, qui les fragmentent chimiquement. Des cellules absorbantes, dont la membrane possède de nombreux replis, capturent les molécules de nutriments et les transmettent aux autres cellules. Les déchets du métabolisme sont éliminés par des cellules qui filtrent, passivement ou activement, les liquides circulants de l'organisme. Au cours de l'évolution, ces filtres ont constitué des organes, les reins.

La défense et le soutien.
Les cellules des métazoaires portent des marqueurs de reconnaissance qui permettent à l'individu d'identifier le « soi » et le « non-soi ». Chez les métazoaires primitifs (éponges, coraux), la défense de l'organisme est assurée par des cellules qui, après avoir reconnu un agent étranger, le phagocytent et le détruisent. La phagocytose chez les vertébrés est favorisée par des cellules de la lignée sanguine (les lymphocytes) qui permettent la reconnaissance spécifique des éléments étrangers. Certaines cellules conservent une forme de mémoire de l'événement, rendant toute défense ultérieure beaucoup plus efficace.

L'association de molécules minérales et organiques, élaborées par des cellules de l'épiderme, forme un véritable squelette externe chez les mollusques (coquille) et les arthropodes (carapace). Les vertébrés développent un squelette interne dont les cellules interviennent dans le soutien, mais aussi dans la régulation du métabolisme phospho-calcique de tout l'organisme.

Le système nerveux.
Les cellules nerveuses possèdent un cytosquelette très développé et de grands prolongements (axone, dendrites). Elles sont capables de répondre à une stimulation (excitabilité) en produisant une onde électrique qui se propage le long de ses prolongements (conductibilité). Par libération d'une substance chimique (neuromédiateur), elles peuvent déclencher une action (contraction d'une cellule musculaire, par exemple) ou exciter une autre cellule nerveuse. Ce type cellulaire apparaît avec les cnidaires. Chez les vers, les prolongements cellulaires forment des réseaux et des cordons, alors que les arthropodes montrent des regroupements régionalisés de noyaux cellulaires que l'on qualifie, au niveau de la tête, de ganglions cérébroïdes. Chez certains mollusques (céphalopodes), cette régionalisation est très poussée, on parle alors de cerveau, comme chez les vertébrés.

La perte de la totipotence

Tout métazoaire est issu d'une cellule unique, l'œuf, qui, par divisions successives, aboutit à un organisme harmonieux.
La cellule originelle est totipotente, elle renferme dans son matériel génétique la possibilité d'exprimer tous les types cellulaires spécialisés de l'organisme (1). Au cours du développement, les cellules nouvelles, bien que conservant en leur sein la totalité du matériel génétique issu de la cellule œuf, perdent cette totipotence au profit d'une spécialisation. La plupart de leurs gènes sont masqués (réprimés) et ne s'expriment pas. Elles acquièrent alors une forme et des capacités correspondant à leur fonction (reproduction, contraction musculaire, vision, etc.).

Les systèmes de coordination

L'UNITÉ FONCTIONNELLE DES ANIMAUX PLURICELLULAIRES DÉPEND DE LA COORDINATION, NERVEUSE OU HORMONALE, DE L'ACTION DES CELLULES QUI LES COMPOSENT.

Un être métazoaire n'est viable que si les cellules qui le constituent sont « à l'écoute » les unes des autres et si elles réagissent d'une façon coordonnée pour le bien de la communauté que représente l'organisme.

Les éponges constituent une étape particulièrement simple d'organisation pluricellulaire. L'information y passe lentement au travers de l'organisme, par diffusion d'une cellule à l'autre.

Les cnidaires ébauchent une structuration de l'individu. Dans un des deux feuillets fondamentaux apparaissent des cellules nerveuses, excitables et véhiculant l'information, distribuées en réseaux. Elles jouent, par exemple, le rôle de relais entre les cellules détectant les proies et les cellules musculaires qui permettent leur capture, ou entre les différentes cellules dévolues à la locomotion, assurant ainsi la synchronisation du mouvement. De tels actes, ou séries d'actes, déclenchés par une stimulation (par exemple, détection d'une proie), montrent un enchaînement stéréotypé et systématique ; il s'agit de réflexes. La complexité du système nerveux est en relation étroite avec le degré d'organisation des animaux. Ainsi, l'acquisition de la symétrie bilatérale chez les invertébrés se traduit par un doublement des cordons nerveux qui courent ventralement tout au long de l'animal ; ces cordons se renflent par endroits, formant des ganglions. Chez les vertébrés, la chaîne nerveuse est également double, mais dorsale, et se termine, au niveau de la tête, par l'encéphale, siège de l'intégration et de la modulation des informations sensorielles et des actes moteurs.

La régulation hormonale utilise une voie plus lente que la voie nerveuse : ses signaux, les hormones, sont véhiculés par le système circulatoire. L'hormone est une substance synthétisée par les cellules spécialisées d'une glande endocrine et véhiculée par le sang jusqu'à un organe ou un tissu cible où elle déclenche une action spécifique. C'est par ce mode de régulation que sont orchestrés des processus aussi variés que la mue des arthropodes, la croissance des vertébrés ainsi que leurs cycles sexuels, leur digestion ou la teneur en calcium des os et du milieu intérieur. Toutefois, la centralisation des systèmes de coordination est si importante chez les métazoaires évolués que le système hormonal se trouve lui-même sous contrôle nerveux. •

2. Chameau *(Camelus bactrianus)*, mammifère ruminant.

Organisation et spécialisation

Au sein des organes, les cellules spécialisées se regroupent pour concourir à une même fonction. La régulation et la coordination de leur fonctionnement se font souvent par le jeu des systèmes de communication intercellulaires (nerveux et hormonal). Des mollusques aux mammifères, comme ce chameau (2), on trouve chez la plupart des groupes de métazoaires des organes assurant les mêmes fonctions, même si leur organisation peut être très différente d'un groupe à l'autre. Ainsi, parmi les vertébrés, le système digestif des ruminants (3) est celui qui offre la plus grande complexité structurale, mais on y retrouve de nombreux types cellulaires associés à la digestion, communs à tous les vertébrés. L'œsophage, grâce aux cellules musculaires qui l'entourent, véhicule les aliments vers le premier estomac, la panse. Celle-ci, sorte de cuve, largement tapissée de cellules muqueuses protectrices, reçoit et stocke de grandes quantités de nourriture non mâchée. Après régurgitation, le bol alimentaire est envoyé vers le feuillet et la caillette (4), où des cellules sécrétrices réalisent la partie chimique de la digestion.

Tout l'organisme dans une cellule

TOUTES LES CELLULES D'UN INDIVIDU POSSÈDENT LE MÊME MATÉRIEL GÉNÉTIQUE, DONT SEULES CERTAINES PARTIES S'EXPRIMENT, CONFÉRANT À CHAQUE CELLULE SA SPÉCIFICITÉ.

L'œuf, cellule initiale issue de la fécondation, est totipotent, c'est-à-dire que, à lui seul, il peut exprimer toutes les caractéristiques des différentes cellules du futur individu. Au cours du développement, il donne naissance, par mitoses successives, à toutes les lignées cellulaires de l'organisme qui, en se spécialisant, perdront cette totipotence.

Le développement, ou ontogenèse, conduit de la cellule initiale à un individu adulte, capable de se reproduire. Dans le règne animal, ce développement se réalise en trois étapes essentielles. La première étape, ou segmentation, aboutit à l'état pluricellulaire par une série de mitoses (schématiquement, cette étape suffit à construire une éponge). La seconde étape, ou gastrulation, met en place les trois feuillets embryonnaires et oriente leurs cellules vers tel ou tel devenir (par exemple, le feuillet externe, ou ectoderme, donne l'épiderme et ses revêtements cutanés). La troisième étape, pendant laquelle les cellules effectuent leur différenciation terminale et deviennent fonctionnelles, est l'*organogenèse*. Pendant cette phase du développement, les feuillets embryonnaires, amenés en contact par des mouvements morphogénétiques, interagissent par le processus d'*induction*, qui détermine un grand nombre de spécialisations morphologiques et fonctionnelles. Chez les vertébrés, par exemple, une partie du feuillet moyen, ou mésoderme, induit, par contact avec l'ectoderme, la formation du tube nerveux à partir de ce feuillet externe.

Toutes les cellules d'un organisme contiennent exactement les mêmes gènes. Pourtant, les cellules peuvent prendre une forme donnée et se spécialiser, de manière irréversible, dans une fonction particulière. Par exemple, une cellule visuelle transforme une information lumineuse en un message nerveux, alors qu'une cellule musculaire se contracte sur commande nerveuse. Dans la cellule visuelle, l'aptitude à se contracter (qui existe potentiellement dans ses gènes) a été définitivement réprimée.

Le corps humain comporte quelque 200 types cellulaires spécialisés. Chaque cellule porte en elle tout le code génétique de l'individu (environ un milliard de gènes) dont seulement une infime partie s'exprime et confère à la cellule ses caractéristiques spécifiques. Dans le noyau de la cellule, des protéines régulatrices (« dimères répresseurs ») bloquent la transcription de certaines parties de l'A.D.N. Les parties non bloquées sont transcrites par une enzyme A.R.N.-polymérase pour fabriquer un A.R.N. « prémessager », qui comporte des parties codantes (exons) et d'autres qui ne le sont pas (introns). Un complexe enzymatique particulier (« spiceosome ») débarrasse l'A.R.N. prémessager de ces parties non codantes (cette phase est nommée épissage). Les introns eux-mêmes pourraient jouer aussi un rôle dans la spécialisation cellulaire. •

Les grandes étapes temporelles

Les premières traces d'animaux pluricellulaires sont observées dans des gisements australiens (Ediacara) datant de 680 millions d'années. Dans cette faune, on reconnaît déjà des méduses et des vers annelés, associés à d'autres formes aujourd'hui inconnues. Dès le début de l'ère primaire, il y a 580 millions d'années, le monde animal montre une diversification allant de pair avec l'apparition du squelette externe : le test des échinodermes, la coquille des mollusques ou la carapace des arthropodes. Le squelette interne des vertébrés apparaît chez les poissons sans mâchoires, il y a environ 500 millions d'années. Au cours de l'ère primaire, il y a environ 350 millions d'années, s'amorce la conquête des terres émergées par les amphibiens, puis par les reptiles. Les mammifères n'existent que depuis 200 millions d'années et les oiseaux depuis 130 millions d'années seulement ! Quant à l'homme, on date son apparition entre 4 et 3 millions d'années...

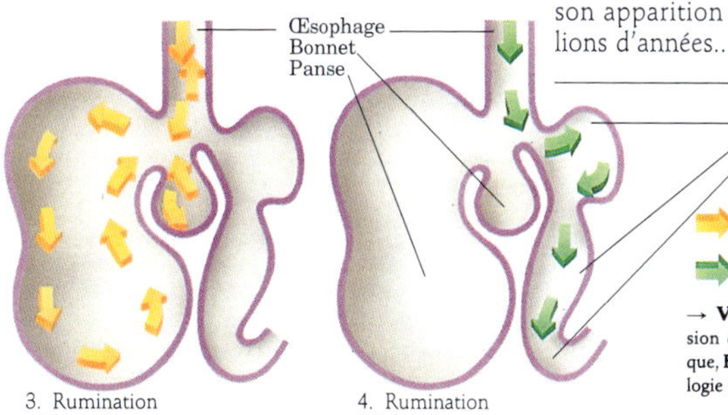

3. Rumination (1re étape).

4. Rumination (2e étape).

→ **Voir aussi :** L'expression de l'information génétique, **BIOL**, p. 58-59. L'embryologie animale, **BIOL**, p. 78-79.

L'enveloppe corporelle

LES ANIMAUX PLURICELLULAIRES, ou métazoaires, ont le corps recouvert d'un tissu spécialisé, véritable appareil fonctionnel, l'appareil tégumentaire, ou tégument. Il est formé par la peau et ses productions externes (phanères) et internes (glandes). La peau constitue un organe qui protège et isole les tissus profonds du milieu extérieur. Plus que tout autre organe, elle en subit les agressions physiques, chimiques ou microbiennes. Cependant, par les terminaisons nerveuses et les récepteurs sensoriels qu'elle contient, elle établit un système d'information entre l'organisme et l'environnement. Sa structure comporte trois couches superposées. L'*épiderme* (d'origine embryologique ectodermique) est monostratifié (une seule rangée de cellules) chez les invertébrés et pluristratifié (plusieurs rangées de cellules) chez les vertébrés. Le *derme* (d'origine embryologique mésodermique) est un tissu conjonctif dense, riche en terminaisons nerveuses et très vascularisé. L'*hypoderme,* plus ou moins développé, est un tissu lâche qui réunit la peau aux organes sous-jacents.

Le tégument n'est pas un système passif. Chez les arthropodes, il forme un squelette externe, support locomoteur de ces animaux. Chez les poissons, il est en partie responsable de la régulation osmotique. La peau des mammifères et des oiseaux contribue à la réalisation de leur équilibre thermique (homéothermie). De plus, par des sécrétions (phéromones) ou par des modulations de son aspect général (jeux de couleur ou de volume), l'enveloppe corporelle est souvent impliquée dans des phénomènes de communication.

1. Hibou grand duc *(Bubo bubo).*

Un squelette externe

LES ARTHROPODES SONT RECOUVERTS D'UNE CARAPACE QUI SOUTIENT LEUR CORPS, ASSURE UNE PROTECTION EFFICACE ET COMPORTE DES CAPTEURS, LES SENSILLES.

L'épiderme des arthropodes (crustacés, insectes et arachnides principalement) sécrète sur sa face externe la *cuticule,* formée par la superposition de couches de natures différentes. La couche de cire, la plus externe, puis l'épicuticule, toutes deux riches en lipides, constituent une barrière très efficace contre l'évaporation de l'eau. Sous l'épicuticule, la chitine de l'exocuticule est associée à une protéine, la sclérotine, qui lui donne sa rigidité. L'endocuticule, plus souple, est en contact avec l'épiderme, sauf chez les crustacés, où une couche de sels calcaires la sépare de celui-ci. Les zones articulaires des pattes ou des ailes sont exemptes du carcan d'exocuticule et la chitine est remplacée par endroits par de la résiline, une protéine élastique. Les glandes dermiques produisent le cément, sorte de laque que des canaux excréteurs déversent à la surface du tégument.

Une telle armure laisse pourtant le passage à l'information. À sa surface, les sensilles épidermiques (« poils » chitineux, ou soies, écailles, invaginations du tégument) forment les vecteurs de l'information sensorielle. Les sensilles sont impliquées dans l'équilibration, l'orientation, l'odorat, le goût ainsi que dans des phénomènes comportementaux tels que la rencontre des partenaires sexuels, par l'intermédiaire de substances chimiques très spécifiques, les phéromones.

L'enveloppe corporelle joue bien d'autres rôles dans la vie de relation des arthropodes. C'est à partir d'elle que s'élaborent les organes stridulents d'insectes (comme ceux des cigales et des grillons), qu'est produite la soie des toiles d'araignée ou celle des cocons dans lesquels se déroule la métamorphose chez les lépidoptères (papillons).

Les couleurs du corps des arthropodes ont deux origines : les couleurs simples viennent des pigments contenus dans la cuticule (les ptérines jaunes, les caroténoïdes orange, les quinones brunes ou les mélanines noires) ; quant aux couleurs iridescentes (de certains scarabées par exemple), elles sont issues de phénomènes physiques comme la polarisation, la diffraction des rayons lumineux et l'absorption sélective de certaines longueurs d'onde par la cuticule. •

La peau des mammifères

LES POILS À CROISSANCE CONTINUE ET LES GLANDES MAMMAIRES, CARACTÉRISTIQUES DES MAMMIFÈRES, SONT DES PRODUITS DE LEUR PEAU.

L'épiderme se renouvelle constamment par l'activité mitotique de sa couche la plus profonde (la couche germinative). Les cellules migrent vers la surface, où elles se transforment en écailles microscopiques chargées de kératine qui donnent à la peau son imperméabilité et s'éliminent régulièrement (desquamation). Le derme sous-jacent, dont la souplesse vient de ses protéines de structure, collagène et élastine, contient des vaisseaux sanguins et lymphatiques et des récepteurs sensoriels sensibles à la pression (corpuscules de Meissner et de Pacini), au froid (corpuscules de Krause), à la chaleur (corpuscules de Ruffini) ou à la douleur et aux démangeaisons (terminaisons nerveuses libres). L'hypoderme, couche conjonctive très vascularisée, contient des réserves graisseuses.

Les glandes.
Les glandes tégumentaires sont des formations épidermiques, mais profondément enfoncées dans le derme. Les glandes sébacées déversent à la base des follicules pileux une substance grasse lubrifiante : le sébum. Les glandes sudoripares, nombreuses (chez l'homme) ou pratiquement absentes (localisées sur la sole plantaire des souris), aident à l'élimination des déchets, à la régulation de la température et jouent parfois un rôle comportemental par l'odeur caractéristique de leurs sécrétions (larmiers des cerfs, glandes anales des carnivores). Les glandes mammaires permettent à tous les mammifères d'allaiter leurs nouveau-nés.

Le poil.
C'est une production épidermique enchâssée dans un follicule dont la base (matrice) est au contact d'une papille dermique nourricière et sensorielle. Il est formé de cellules mortes, kératinisées, étroitement empilées. Des muscles horripilateurs permettent de le redresser. Le pelage est constitué des poils de couverture et des poils de bourre (duvet et laine). Les vibrisses sont des poils sensoriels fréquents sur le museau des mammifères.

La couleur de la peau et du pelage est donnée par la mélanine des cellules pigmentaires de l'épiderme (mélanocytes) ou par la réflexion de la lumière sur les écailles de kératine. Elle peut varier selon un rythme saisonnier (belette, hermine) : les poils tombent et sont remplacés par d'autres d'une coloration différente. Chez l'homme, la pigmentation protège des rayons ultraviolets, ce qui explique le bronzage (augmentation de la concentration en mélanine). Cependant, la teinte de la peau, gouvernée chez l'homme par 6 gènes, ne peut varier que dans un spectre génétiquement déterminé. •

Le rôle des plumes

Ce rôle est loin de se limiter au vol. Le pouvoir isolant du duvet permet aux eiders (canards marins) de plonger dans l'eau glacée. Le vol des rapaces nocturnes est silencieux car les crochets duveteux de leurs plumes étouffent le bruit de l'air. Les bécasseaux communiquent en frottant leurs plumes. Le ventre des gangas, oiseaux désertiques, est tapissé de plumes spongieuses qui retiennent l'eau pour les poussins. La bondrée apivore possède un épais plumage qui la protège de la piqûre des abeilles dont elle se nourrit. Chez les pics, l'axe (rachis) des plumes caudales est durci et « assure » l'oiseau, sa queue faisant office de crampon, lorsqu'il grimpe aux arbres. Le plumage intervient également dans la communication visuelle – comme chez les paons.

2. Yack *(Bos grunniens)*.

3. Étrille *(Macropipus puber)*.

L'appareil tégumentaire

Le tégument est plus que la simple enveloppe qui entoure notre corps. Véritable lien entre l'organisme et le monde extérieur, il assure l'intégrité et l'adaptation aux conditions du milieu. Chez l'étrille (3), la cuticule forme un squelette externe. Chez le hibou (1), les plumes judicieusement disposées autour de l'oreille concentrent les moindres sons. L'exceptionnelle longueur du pelage du yack (2) le protège du froid intense des régions qu'il fréquente. La peau du pangolin (4), fait rarissime chez les mammifères, est protégée par de larges écailles, qui se recouvrent à la façon des tuiles sur un toit. Menacé, l'animal se replie en boule et le bord tranchant des écailles dressées rebute les agresseurs.

4. Pangolin *(Manis tricuspis)*.

Des fonctions multiples

LOIN DE SE LIMITER À UNE SIMPLE BARRIÈRE, LE TÉGUMENT CONSTITUE UNE ZONE D'ÉCHANGES ET PARTICIPE ACTIVEMENT À L'ÉCONOMIE INTERNE ET À LA VIE DE RELATION DE L'ORGANISME.

Par sa position, la fonction première et principale du tégument est la protection de l'animal. Ce rôle apparaît clairement à l'observation d'une langouste ou d'un tatou : l'ensemble du corps est protégé par une cuticule rigide ou des os superficiels. Dans la plupart des cas, le tégument est renforcé aux endroits physiquement sollicités, comme l'aire de contact des membres avec le sol (sabots, coussinets).

Les échanges.
La peau est dans certaines conditions le siège d'échanges gazeux respiratoires importants : les amphibiens, qui vivent perpétuellement en milieu très humide, ont un tégument mou, visqueux et vascularisé qui permet le passage des gaz respiratoires et fonctionne comme un véritable poumon accessoire. Certaines salamandres, les hydromantes, sont d'ailleurs dépourvues de poumons et leur respiration est entièrement assurée par la peau et les tissus de la cavité buccale.

L'adaptation des poissons à la salinité et leur osmorégulation (dilution ou concentration du milieu intérieur) se font en partie par la peau, qui devient un crible sélectif aux échanges d'eau et de sels dissous. Chez les mammifères, les glandes sudoripares permettent l'excrétion, avec la sueur, de substances toxiques (urée, sels et autres déchets organiques), faisant du tégument un véritable « rein suppléant ».

Les glandes muqueuses donnent aux poissons et aux amphibiens leur touché visqueux. Le mucus forme une pellicule plus ou moins isolante, au contact de laquelle l'eau glisse sans résistance et rend l'animal difficile à saisir par ses prédateurs. D'autres glandes encore interviennent dans la fonction défensive, voire offensive, du tégument. Ce sont les glandes à venins des amphibiens (glandes parotides des crapauds), celles des poissons, associées à des piquants (rascasse) ou à des aiguillons (raies), ou celles associées aux poils urticants et aux dards des arthropodes (araignées, guêpes). Ces glandes cutanées véhiculent également des substances déterminant la reconnaissance spécifique, le marquage du territoire ou les comportements reproducteurs.

La thermorégulation.
Le tégument, par ses écailles, plumes ou poils (isolation), par ses glandes (transpiration), parfois par sa coloration (les couleurs claires reflètent les rayons lumineux et la chaleur qu'ils véhiculent, les couleurs sombres les absorbent), joue un rôle important dans la thermorégulation et contribue à assurer un fonctionnement physiologique optimal. Le jeu des muscles horripilateurs ménage une couche d'air isolante à la surface de la peau lors du frisson thermique. Chez les mammifères marins, l'hypoderme graisseux, qui peut atteindre 50 centimètres d'épaisseur, limite les déperditions de chaleur.

La communication.
La coloration du tégument d'un animal a des implications autres que la régulation thermique. Elle intervient dans la protection individuelle (mimétisme) ou dans l'expression d'un état physiologique. Cette parure revêt toute son importance dans les relations comportementales d'intimidation ou de parade nuptiale.

En outre, l'enveloppe corporelle est le siège de multiples structures sensorielles, chacune répondant à un stimulus particulier, grâce auxquelles l'animal peut appréhender le milieu extérieur, même au travers d'une structure protectrice efficace. •

Les productions tégumentaires chez les vertébrés

LES PRODUCTIONS EXTERNES DE L'ENVELOPPE CORPORELLE DES VERTÉBRÉS PEUVENT ÊTRE DIFFUSES, COMME LES ÉCAILLES, LES POILS ET LES PLUMES, OU LOCALISÉES, COMME LES GRIFFES, LES CORNES ET LES SABOTS.

Rares sont les vertébrés à peau nue. En règle générale, le tégument est recouvert de productions externes, épidermiques (phanères), dermiques ou mixtes.

Les écailles.
Chez les poissons, il en existe deux types. Les écailles placoïdes des poissons cartilagineux (requins) sont anatomiquement des « dents » cutanées, régulièrement renouvelées par le tégument : le derme produit un cône de dentine sur lequel l'épiderme dépose une couche d'ivoire. En revanche, les écailles des poissons osseux sont des lamelles osseuses dermiques, jamais renouvelées, qui grandissent avec l'animal.

Les écailles des reptiles sont de simples épaississements cornés de la couche superficielle de l'épiderme, régulièrement éliminés par desquamation (mue). Des écailles du même type se retrouvent sur les pattes des oiseaux ou sur la queue de certains rongeurs (rats, souris). La carapace des tortues – comme celle des tatous – représente, quant à elle, une production squelettique osseuse, d'origine dermique.

Les plumes.
Induite par le derme mais exclusivement produite par l'épiderme, la plume forme un agencement très organisé, mais très léger, de cellules mortes, fortement kératinisées. Son axe, le rachis, est calcifié et donne sa rigidité à l'ensemble. Du rachis partent des segments parallèles, les barbes, portant des barbules garnies de crochets du côté externe. Certaines plumes, semblables à des poils, se limitent au rachis.

Griffes, ongles et sabots.
Ces enveloppes, riches en kératine, recouvrent la phalange terminale des doigts et se composent d'une lame dorsale et d'une sole ventrale. La lame des griffes des carnivores est dure et acérée. Dans l'ongle des primates, elle est plate et la sole est réduite (singe) ou vestigiale (homme). Le sabot est une adaptation à l'onguligradie, c'est-à-dire la marche sur les ongles. Il renforce l'extrémité du ou des doigts (cheval, chèvre) sur lesquels s'appuie le membre.

Cornes et bois.
Les cornes des rhinocéros résultent d'une simple agglomération des fibres de kératine. Celles des bovins se forment d'un étui épidermique corné sur une cheville osseuse dermique soudée aux os crâniens. Les bois caducs des cervidés sont constitués par une tige d'os issue du derme, recouverte par la peau (velours). •

→ **Voir aussi :** La thermorégulation, **BIOL**, p. 162-163. Les récepteurs sensoriels, **BIOL**, p. 180-181. Dermatologie. Les fonctions de la peau, **MED**, p. 308-309.

La croissance

PROCESSUS PAR LEQUEL UN organisme animal ou végétal atteint les dimensions caractéristiques de son espèce ou de sa race, la croissance résulte de deux phénomènes élémentaires : la multiplication des cellules et leur agrandissement, ou allongement. Ces phénomènes sont tributaires d'une activité de synthèse supérieure à l'activité de dégradation. Pour cela, les cellules doivent recevoir en quantité suffisante les éléments nutritifs, l'eau et les sels minéraux. Qu'un seul de ces facteurs soit en quantité insuffisante, et il devient limitant pour la croissance.

L'action des hormones permet un déroulement harmonieux de la croissance. Celle-ci peut s'effectuer régulièrement jusqu'à ce que l'individu atteigne une taille adulte, comme chez les mammifères, être entrecoupée de phases de repos à déterminisme interne ou externe, comme chez les plantes, ou encore marquer des paliers très nets, comme chez les arthropodes.

Chez les végétaux, l'allongement cellulaire est principalement responsable de la croissance des individus. Chez les animaux, en revanche, la croissance résulte essentiellement de la multiplication des cellules. Cependant, les deux modes de croissance coexistent toujours dans l'organisme. Chez les vertébrés, par exemple, les muscles squelettiques (c'est-à-dire ceux qui mobilisent les différentes parties du squelette), ainsi que les centres nerveux, croissent par allongement cellulaire, l'individu possédant dès sa naissance la totalité des cellules qui composent ces tissus, à la différence des os, dont la croissance est assurée par la multiplication cellulaire.

Les rythmes de la croissance

LA CROISSANCE CONTINUE EST RAREMENT LINÉAIRE, ELLE SUIT UN RYTHME DICTÉ PAR DES FACTEURS EXTERNES – LUMIÈRE, TEMPÉRATURE ET EAU ESSENTIELLEMENT – OU INTERNES.

Le rythme des saisons (hiver/été, ou saison sèche/saison humide) impose sa loi sur la croissance des organismes. Chez les végétaux, les variations saisonnières de la température, du degré hygrométrique (humidité) et de l'éclairement journalier (intensité lumineuse et photopériode) induisent l'alternance de phases de croissance et de latence. En région tempérée, les rythmes sont apparents. Chez les végétaux à feuilles caduques, des conditions climatiques adéquates déclenchent une poussée synchrone des feuilles qui permettent la croissance du végétal grâce à la photosynthèse. Certains animaux (ours, chauves-souris, serpents, grenouilles...) vivent au ralenti pendant les conditions extrêmes de chaleur, de froid ou de sécheresse. Toutes leurs fonctions métaboliques diminuent considérablement, leur température corporelle s'abaisse et leur croissance est freinée. Comme sur une coupe d'arbre, une coupe transversale de leurs os longs révèle des lignes d'arrêt de croissance, cernes denses de tissu calcifié qui se forme au cours des périodes où la croissance en épaisseur est ralentie.

Les facteurs internes.
Un animal placé artificiellement dans des conditions constantes pendant plusieurs années montre quand même des phases de ralentissement de croissance. Des plantes de climat tempéré introduites dans des zones tropicales (aux variations climatiques beaucoup plus faibles) conservent leurs rythmes de développement et d'activité, mais la périodicité s'écarte souvent de sa valeur initiale de 12 mois. De même, si l'on soustrait l'homme à toutes contraintes externes (comme le photopériodisme, mais aussi la société) par un isolement total, son cycle circadien de 24 heures se transforme d'abord en un cycle de 48 heures puis en cycles courts (« ultradiens »). Le déterminisme interne de cette activité cyclique est inscrit dans le génome de chaque individu, indépendamment des facteurs extérieurs. C'est ce que l'on nomme l'*horloge interne.* Ajustée selon les conditions de vie de l'organisme, elle rythme la croissance. •

L'hétérochronie, un facteur de l'évolution

Un décalage chronologique, ou hétérochronie, lors du développement, peut être responsable de transformations radicales dans la construction de l'adulte. Si la nouvelle forme est adaptée, elle peut offrir un intérêt évolutif et conduire à la stabilisation d'une nouvelle espèce. On distingue deux types d'hétérochronie.

La *pédomorphose* se traduit par la persistance chez l'adulte de caractères juvéniles. Le développement peut être bloqué par l'apparition précoce de la maturité sexuelle (progenèse), l'adulte est alors de petite taille et ressemble à la larve (salamandres bolitoglosses, par exemple). Le retard de développement peut ne pas affecter la croissance (néoténie), l'animal représente alors une larve géante (cas de l'axolotl).

La *péramorphose* correspond à l'accentuation des caractères adultes, soit par un retardement de la maturité sexuelle, qui allonge le temps de développement et de croissance et conduit à un individu surdimensionné (hypermorphose), soit par accélération du développement de l'organisme entier ou d'une de ses parties, l'animal de taille normale présentant alors des caractères hyperadultes (bois du cerf mégacéros).

Les différents types de croissance

SELON LES ORGANISMES, LA CROISSANCE EST UN MOTEUR QUI S'ARRÊTE À MATURITÉ OU FONCTIONNE TOUTE LA VIE, DE FAÇON CONTINUE OU PAR PALIERS.

Chez tous les végétaux et chez les animaux qui n'ont pas de squelette externe, la croissance dite *continue* est un processus régulier (malgré les ruptures apparentes induites par les cycles saisonniers par exemple) qui exprime la multiplication des cellules et leur grandissement d'autant plus manifestement que l'organisme est jeune. L'accroissement est d'abord rapide puis se ralentit. Il se poursuit durant toute la vie chez les reptiles, comme chez les végétaux, mais cesse chez les mammifères lorsque l'animal a atteint son état adulte. Cette limitation est due soit à un ralentissement de la multiplication qui compense alors uniquement les morts cellulaires, soit à une disparition des tissus multiplicatifs. Les os des membres, par exemple, perdent leur capacité de s'allonger : le cartilage de conjugaison, responsable de la croissance en longueur, est envahi par le tissu osseux, ce qui fixe définitivement la taille du segment.

Les végétaux supérieurs s'accroissent indéfiniment par l'action prolifératrice d'une petite population de cellules regroupées dans des *méristèmes* (zones génératrices) à l'extrémité des tiges et des racines, dans les bourgeons ou à la limite entre le « bois » et l'écorce. Ils multiplient les cellules de l'organisme qui, après différenciation, subissent une très forte croissance en longueur ou en épaisseur. La croissance animale, elle, se fait bien plus par prolifération que par grandissement cellulaire. La forme finale de l'organisme tient de la croissance relative des organes (allométrie). Dans l'espèce humaine, la taille de la tête correspond à 1/4 de celle du corps chez le nouveau-né et 1/8 chez l'adulte.

Les arthropodes ont comme revêtement corporel un carcan de cuticule inextensible qui les contraint à une croissance par paliers. La *mue* (ou exuviation) est la réponse physiologique à la demande d'accroissement du corps. Lorsque l'animal change de cuticule, les cellules des tissus se gorgent d'eau et s'épanouissent pour que la nouvelle cuticule se moule sur un corps aux proportions agrandies. •

Le contrôle hormonal

LA CROISSANCE DE L'ORGANISME EST RÉGULÉE PAR DES HORMONES QUI, AU COURS DU CYCLE DE DÉVELOPPEMENT, MODULENT LA MULTIPLICATION ET L'AUGMENTATION DE VOLUME DES CELLULES.

Le contrôle hormonal de la croissance s'exerce sur un mode analogue chez tous les vertébrés. Thyroïde et hypophyse sont les glandes endocrines essentielles du contrôle de la croissance. Les cellules folliculaires de la thyroïde sécrètent l'hormone thyroxine, qui favorise la croissance des os longs. La calcitonine, provenant des cellules parafolliculaires thyroïdiennes, renforce la fixation du calcium par les os. La régulation des sécrétions thyroïdiennes s'effectue par un contrôle central (hypothalamus) des taux circulants. Une déficience en hormones thyroïdiennes au cours de la croissance provoque un nanisme dysharmonieux : la tête est normale mais les membres sont courts. L'hypophyse, située à la base du cerveau, élabore l'hormone de croissance encore appelée hormone somatotrope (STH). Elle agit sur la croissance générale. Sa carence s'exprime par un nanisme « hypophysaire » ou harmonieux, la tête et les membres sont en proportion. Son excès provoque chez l'enfant un gigantisme et chez l'adulte une « acromégalie », par reprise de la croissance des os plats (des pieds, des mains et de la face), les os longs ayant perdu la faculté de grandir.

Le contrôle de la mue des insectes.
Le contrôle de la croissance chez les insectes est réalisé par l'hormone de la mue : l'ecdysone. Contenue dans la glande céphalothoracique, elle est libérée sous l'action cyclique d'une autre hormone (l'hormone prothoracotrope) produite par certaines cellules du cerveau. L'ecdysone commande directement la prolifération cellulaire et la mue ; de plus, elle stimule l'apparition des caractères adultes.

Les hormones de la croissance végétale.
Il existe chez les végétaux des substances appelées hormones (phytohormones) par analogie avec les hormones animales : libérées dans la circulation, elles agissent sur des cellules cibles. Ces hormones coordonnent l'activité mitotique et le grandissement de l'organisme. Ainsi, l'auxine (associée à la kinétine) active les divi-

L'influence du milieu sur la croissance

LE CODE GÉNÉTIQUE DÉTERMINE UNE FOURCHETTE DE TAILLES POSSIBLES, MAIS DES FACTEURS EXTERNES (COMME L'ALIMENTATION ET LE RAYONNEMENT SOLAIRE) EN FIXENT LA VALEUR DÉFINITIVE.

Comme tous les phénomènes biologiques, la croissance est le résultat d'une interaction entre hérédité et milieu. Chaque individu possède, codées dans son génome, les caractéristiques de taille et de forme propres à son espèce ainsi que le programme de déroulement de la libération des hormones de croissance au cours du développement. Ce déterminisme génétique se manifeste clairement chez l'homme, par exemple chez les Pygmées. Leur taille moyenne de 1,40 mètre est due à une mutation génétique fixée dans la population qui se traduit par la carence physiologique d'un facteur de croissance.

Des facteurs externes, indépendants du génome (qualifiés d'épigénétiques), provoquent parfois des variations considérables qui montrent clairement que les gènes fixent (pour la taille, par exemple) une fourchette et non pas une valeur précisément déterminée. L'impact des conditions écologiques sur la croissance est particulièrement visible chez les végétaux. Si on divise en deux la racine d'un même pied de pissenlit et que l'on replante une moitié en haute montagne et l'autre en plaine, on obtient deux plantes d'aspect très différent. En altitude, dans des conditions climatiques rudes, la plante est petite, les tiges sont courtes et portent des feuilles étroites. En plaine, elle a un port dressé, ses tiges sont bien développées et ses feuilles étalées. Bien que les deux individus possèdent le même matériel génétique, ils présentent des variations de croissance considérables influencées par les contraintes du milieu extérieur. Un apport suffisant en eau, en ions, en gaz carbonique et en lumière est essentiel, mais les facteurs épigénétiques comme le rayonnement solaire, la température, la pesanteur et les influences chimiques modulent de manière importante la croissance et le développement des plantes.

Chez les animaux, le facteur externe influençant principalement la croissance est l'alimentation. Elle doit fournir, sous une forme assimilable en quantité suffisante, des protéines, des aliments énergétiques comme les glucides et les lipides, des sels minéraux et des vitamines nécessaires au métabolisme très actif des cellules en prolifération. La lumière solaire joue également un rôle primordial. Elle stimule les centres neurovégétatifs et facilite les sécrétions hormonales. Les rayons ultraviolets permettent la synthèse de vitamine D, essentielle à la fixation du calcium par les os chez les vertébrés. Chez l'homme, une activité physique régulière et un environnement psychologique stable favorisent la croissance et un développement harmonieux. Depuis le milieu du XIXe siècle, l'amélioration des conditions de vie, dans les pays développés, permet chez les enfants une croissance plus rapide ; la puberté est plus précoce et la taille moyenne augmente. Des mesures faites en Suède, en Grande-Bretagne et aux États-Unis montrent qu'au cours des cent dernières années la taille moyenne des enfants de 1 an s'est accrue de 5 cm et celle des adultes de 10 cm, alors que l'arrêt de la croissance est plus précoce aujourd'hui : à 18 ans, au lieu de 25 il y a un siècle. •

→ **Voir aussi :** La métamorphose, **BIOL**, p. 40-41. L'embryologie animale, **BIOL**, p. 78-79.

2. Bonsaï.

L'expression du programme de croissance

La croissance d'un organisme est programmée génétiquement. Pourtant, des facteurs externes peuvent modifier considérablement son cours normal, comme chez ce bonsaï (2). Le processus peut être continu ou marquer des paliers : dans le cas des araignées (et des arthropodes en général), les mues (4) représentent des étapes de croissance où l'animal se débarrasse d'une enveloppe devenue trop petite. Même dans le cas d'une croissance continue, l'injection, à intervalles réguliers, de marqueurs fluorescents qui se déposent sur les os révèle que leurs différentes parties ne grandissent pas à la même vitesse puisque les cernes ne sont pas partout équidistants (1). À l'échelle du corps humain, une telle croissance, différente selon les parties concernées, est responsable de l'évolution de la morphologie générale, du nouveau-né à l'adulte (3).

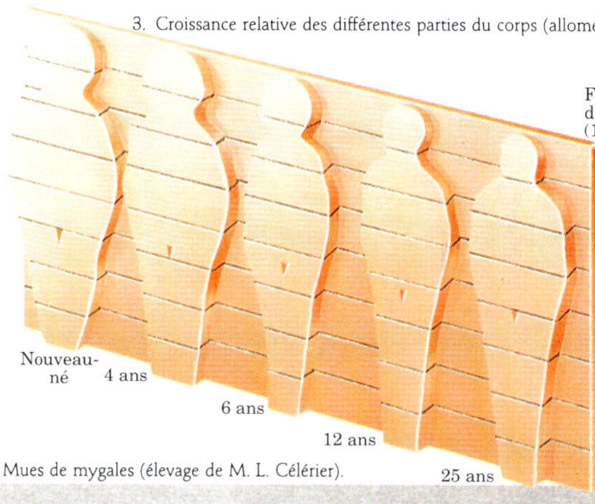

3. Croissance relative des différentes parties du corps (allométrie).

1. Squelettochronologie par fluorescence d'une mâchoire de vipère de Russell.

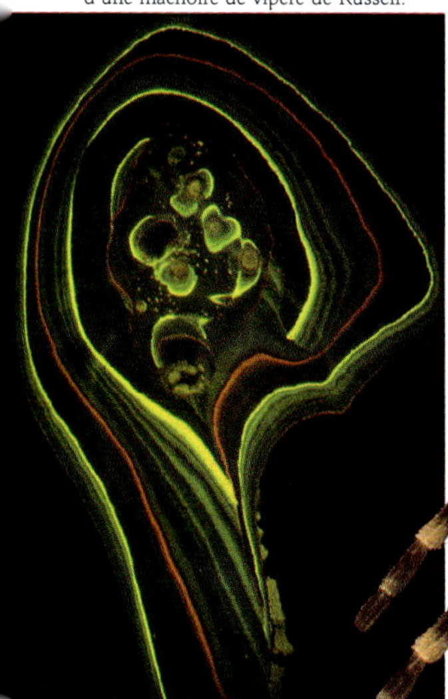

4. Mues de mygales (élevage de M. L. Célérier).

sions cellulaires dans les zones méristématiques (de prolifération) situées à l'extrémité (apex) des tiges et des racines. L'auxine assure localement le grandissement des cellules nouvelles ; d'autres hormones, les gibberellines, relaient cette action sous les méristèmes (dans la partie dite subapicale de la tige ou des racines) et induisent par ailleurs la croissance florale. En cas de lésions, la plante sécrète des nécrohormones, qui déclenchent les mitoses réparatrices. •

La métamorphose

ISSU DU GREC *META,* QUI INDIque le changement, et *morphê,* la forme, le terme *métamorphose* définit le changement radical d'aspect que présentent certains animaux au cours de leur développement. La métamorphose s'oppose ainsi au *développement direct,* c'est-à-dire sans grande variation de forme, tel qu'il s'observe, par exemple, chez les escargots, les céphalopodes et la grande majorité des vertébrés. Outre les transformations de l'aspect général, la métamorphose implique de profondes transformations des organes et même des tissus.

On appelle larve la première forme que montre l'animal à l'éclosion. Souvent très différente de l'adulte, tant par sa morphologie que par son mode de vie, elle peut traverser plusieurs stades successifs dont la durée de développement excède parfois celle de la vie de la forme adulte. Les larves des invertébrés benthiques (vivant sur le fond des milieux aquatiques) sont souvent planctoniques, les animaux ne tombant sur le fond qu'après la métamorphose. Pour beaucoup d'insectes, le stade larvaire et le stade adulte sont séparés par une période de vie ralentie, la *nymphose.* Chez les parasites internes, les nombreux stades larvaires successifs s'accompagnent souvent de changements d'hôtes.

Chez les vertébrés, les métamorphoses n'existent que dans le groupe des amphibiens et chez quelques poissons comme l'anguille (car, en général, l'alevin n'est pas considéré comme une larve). Pour quelques espèces, en particulier des amphibiens comme l'axolotl, l'animal se reproduit en conservant sa forme larvaire ; il s'agit là d'un phénomène de *néoténie*.

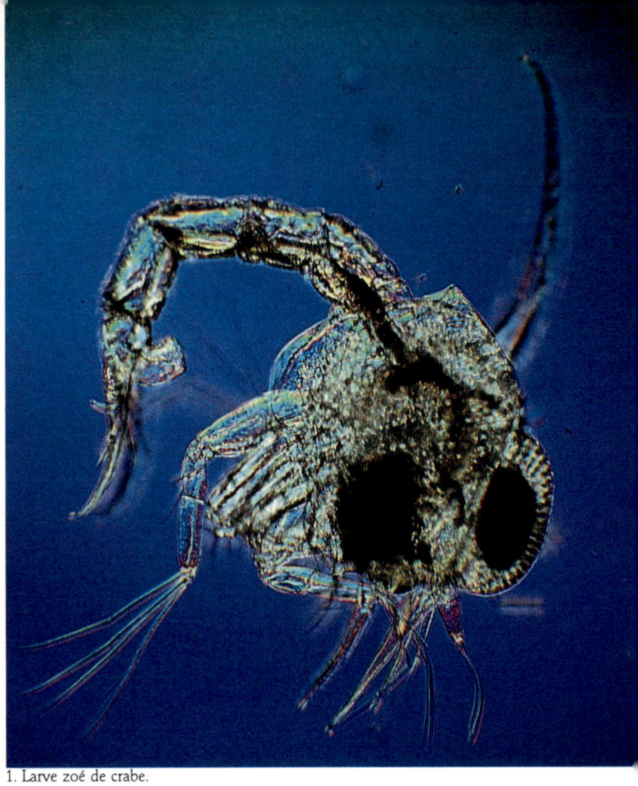

1. Larve zoé de crabe.

Différents types

LES ÉTAPES DE LA MÉTAMORPHOSE SONT BIEN CONNUES CHEZ LES INSECTES ET LES AMPHIBIENS. L'ÉTUDE DES LARVES RÉVÈLE L'EXISTENCE DE LIENS DE PARENTÉ ENTRE VERS ET MOLLUSQUES.

Les insectes dits holométaboles ont une métamorphose complète. C'est le cas des lépidoptères (papillons). La chenille éclôt de l'œuf deux jours à un mois après la ponte. Son corps est constitué d'une tête, d'un thorax qui comporte trois segments ou anneaux, et d'un abdomen qui en compte dix. Chaque anneau thoracique porte une paire de pattes et certains anneaux de l'abdomen portent une paire de « fausses pattes », terminées par une ventouse. La tête est dotée de pièces buccales broyeuses et d'yeux rudimentaires (ocelles). Les chenilles sont très variées dans leur aspect et leur coloration. Leur croissance est assurée par des mues successives et certaines atteignent une longueur de 12 cm. Au moment de la métamorphose, la chenille cherche un lieu tranquille et s'immobilise. Chez beaucoup d'espèces, elle sécrète alors un cocon de soie dans lequel elle s'enferme. Elle se débarrasse de sa cuticule (mue nymphale) et se transforme en chrysalide ou nymphe. La nymphose, étape importante de la métamorphose, implique une immobilité quasi absolue et une absence d'alimentation. On distingue, à la surface de la chrysalide, les ébauches d'yeux, de trompe, d'ailes et de pattes. Une fois formé, le papillon perce la fine enveloppe qui recouvre sa tête et commence à s'extraire de son cocon. Cette opération lui demande de nombreux efforts. Quand il est sorti de la nymphe, le sang envahit les nervures des ailes, provoquant leur gonflement et leur étalement.

Parmi les insectes, la métamorphose n'est pas l'apanage des papillons. Les libellules, les cigales ou les coléoptères possèdent leurs propres types de métamorphoses. Chez les vers et les mollusques à métamorphose, les larves donnent parfois des indications sur leur parenté dans la classification. Ainsi, la larve trochophore, en forme de toupie, qui se déplace grâce à une couronne équatoriale de cils vibratiles, se rencontre chez les annélides polychètes, mais aussi chez certains mollusques, et permet de rapprocher ces deux groupes.

Chez les vertébrés, l'anguille et les amphibiens offrent les exemples les plus nets de métamorphoses. La larve d'anguille a l'aspect d'une lame transparente, on l'appelle leptocéphale. Le leptocéphale fut jadis pris pour une espèce particulière tant il est différent de l'adulte. Quand il atteint environ 7 cm, il se métamorphose en une « civelle » ou « pibale », qui a une allure de petite anguille. Les transformations s'accomplissent au cours de la migration qui s'effectue de la mer des Sargasses aux eaux douces.

La larve des amphibiens est un têtard à longue queue, nageur. Au cours du développement, des branchies externes apparaissent, remplacées ensuite par des branchies internes puis par des poumons. Chez les anoures (grenouilles, par exemple), la queue disparaît. La métamorphose prépare très généralement l'animal à quitter le milieu aquatique pour devenir amphibie ou terrestre. Notons que, chez les urodèles (salamandres, par exemple), il n'y a pas de stade à branchies internes et que la queue subsiste chez l'adulte. Il arrive que le têtard soit plus grand que l'adulte : celui du pélobate brun atteint 16 cm, contre 7 cm pour l'adulte. À partir du schéma général, les variations sont nombreuses. Certains ont même « remplacé » la métamorphose par des procédés plus appropriés à leur mode de vie (viviparité, par exemple). •

Déterminisme et modalités

LE JEU DES HORMONES DÉCLENCHE LES PROCESSUS D'HISTOLYSE, D'HISTOGENÈSE (DESTRUCTION ET FORMATION DE TISSUS) ET DE REMANIEMENT QUI CONDUISENT À LA FORME ADULTE.

Durant sa vie larvaire, l'insecte est sujet à des mues, qui nécessitent la mise en place d'une nouvelle cuticule. Ces mues sont sous la dépendance directe de l'hormone de mue, l'ecdysone, dont la régulation s'effectue par l'hormone juvénile, inhibitrice, sécrétée par les corps allates *(corpora allata),* et l'hormone prothoracotrope, excitatrice, sécrétée par le protocérébron (cerveau dorsal) et stockée dans les corps cardio-pharyngiens *(corpora cardiaca).* Les corps allates sont d'origine ectodermique ; les corps cardio-pharyngiens, d'origine nerveuse (provenant donc aussi de l'ectoderme), sont reliés par des nerfs aux cellules neurosécrétrices du protocérébron.

En fait, la larve a très tôt la potentialité de se transformer en adulte. Chez les insectes hétérométaboles (c'est-à-dire à métamorphoses incomplètes), la transformation s'effectue de façon progressive, à chaque mue, en raison d'une diminution d'activité des corps allates dont l'hormone juvénile inhibe la métamorphose.

Chez les holométaboles, l'inhibition des caractères adultes par l'hormone juvénile tarde à disparaître : la transformation ne s'accélère que lors des deux dernières mues, la mue nymphale et la mue imaginale (*imago* est synonyme d'insecte parfait ou adulte). L'action de l'hormone juvénile est contrebalancée par l'hormone prothoracotrope, qui active la sécrétion d'ecdysone par la glande céphalothoracique. Les diverses phases de la métamorphose sont ainsi déterminées par l'équilibre entre les deux hormones.

Durant la vie nymphale des insectes, plus ou moins longue suivant les espèces, les organes larvaires disparaissent (histolyse) tandis que certains apparaissent (histogenèse). L'histogenèse des nouveaux organes est l'œuvre de cellules dites imaginales, groupées en petites ébauches : les disques imaginaux. Ceux-ci se situent dans les tissus de la nymphe (ou, déjà, de la larve), au fond d'une invagination du tégument. Les cellules imaginales sont déterminées d'une façon très précoce, dès le stade de l'œuf. Elles demeurent à l'état de vie latente jusqu'à la métamorphose. Chez les termites, les mues sont régressives, elles transforment une larve pourvue d'ébauches alaires en une larve sans ailes (aptère). Les iules (qui sont des myriapodes) sont sujets aux curieux phénomènes de la périodomorphose, au cours de laquelle un mâle adulte devient un « mâle intercalaire » aux caractères larvaires, avant de revenir à l'état adulte.

La métamorphose des amphibiens, comme celle des insectes, est sous contrôle endocrinien. Elle est régie part la thyroxine, hormone de la thyroïde. Cette glande est sous la dépendance de la thyréostimuline, hormone hypophysaire dont la sécrétion est réglée par la neurosécrétine produite par l'hypothalamus. •

2. Développement du machaon *(Papilio machaon).*

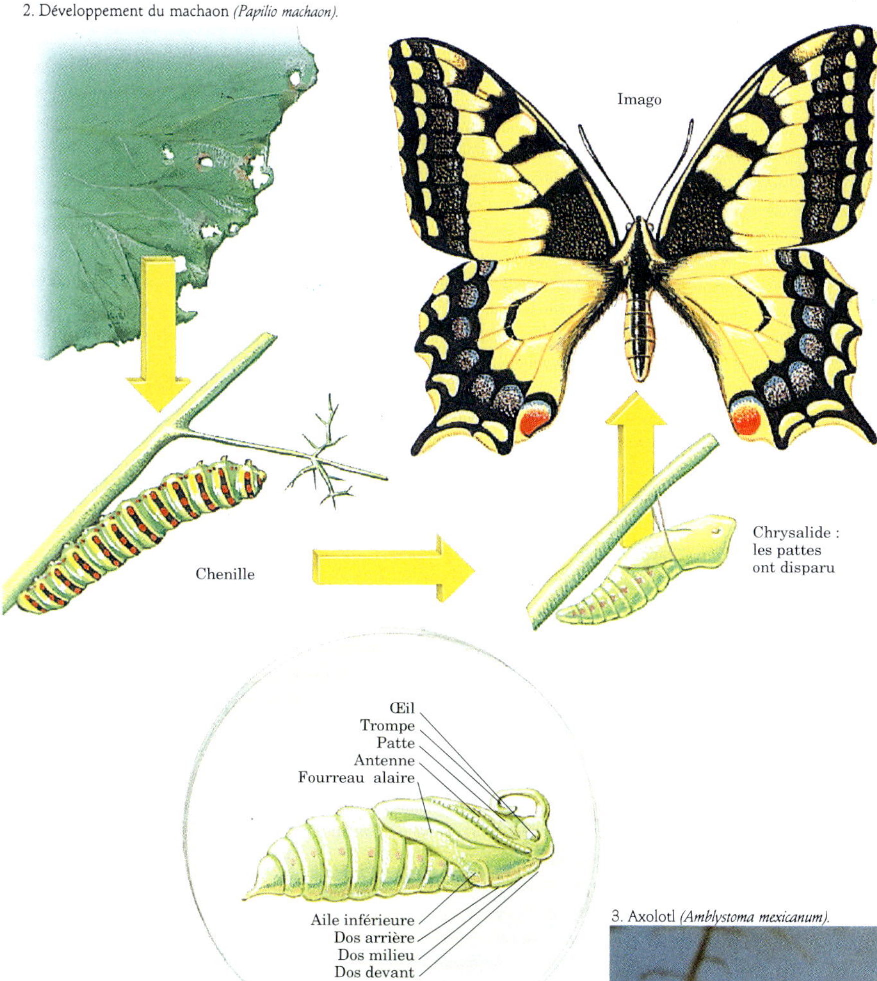

La néoténie

DANS DE RARES ESPÈCES, LES CARACTÈRES LARVAIRES OU JUVÉNILES PERSISTENT CHEZ LES INDIVIDUS DEVENUS CAPABLES DE SE REPRODUIRE.

Connu des Aztèques, mais découvert par les Européens au siècle dernier (à l'occasion de l'expédition mexicaine de Napoléon III), l'axolotl est un amphibien urodèle des lacs de montagne du Mexique. Normalement noirâtre, il est souvent albinos. D'une longueur de 25 cm, il porte des branchies externes bien visibles, ce qui est un caractère typiquement larvaire. L'axolotl peut en effet se reproduire à l'état larvaire ou bien se transformer en amblystome, dont il est le têtard. Cette propriété est la néoténie facultative. La néoténie s'observe parfois chez d'autres urodèles comme le protée des eaux souterraines de Yougoslavie ou le necture des lacs d'Amérique du Nord, mais de manière définitivement « fixée », puisque ces animaux gardent leurs branchies externes durant toute leur vie. Il s'agit de la néoténie persistante. Les deux formes de néoténie s'expliquent par des insuffisances thyroïdiennes et hypophysaires.

Chez quelques insectes, on observe également une reproduction à l'état larvaire (ou pédogenèse), en particulier chez les diptères comme le chironome, dont la larve est le ver de vase.

La néoténie est considérée comme responsable de processus évolutifs importants. Certains oiseaux aux ailes extrêmement réduites, comme le kiwi, se seraient ainsi différenciés en restant à un stade proche du poussin. La néoténie a été également invoquée pour expliquer certains caractères de l'espèce humaine. Selon la théorie de la « fœtalisation », l'homme serait comparable à un fœtus de singe devenu adulte... Il représenterait donc une néoténie « hypermorphique », c'est-à-dire impliquant une maturité sexuelle tardive. Souvent outrancières, ces théories permettent néanmoins des hypothèses intéressantes, notamment au sujet des capacités d'apprentissage très prolongées particulières à notre espèce. •

→ **Voir aussi :** L'embryologie animale, **BIOL**, p. 78-79. Les cycles parasitaires, **BIOL**, p. 202-203.

3. Axolotl *(Amblystoma mexicanum).*

Les différentes étapes de la métamorphose

Chez les animaux dont le développement comprend une métamorphose, la forme larvaire est bien différente de celle de l'adulte. Les larves « zoés » de crustacés malacostracés (crabe par exemple) sont planctoniques et ressemblent à de petites boules ciliées (1). De même, la chenille de papillon ou le têtard de grenouille sont radicalement différents de l'adulte. La métamorphose est l'ensemble des phénomènes qui conduisent à la transformation de ces formes larvaires. Certains animaux comme l'axolotl (3) peuvent se reproduire précocement et conserver leur forme larvaire toute leur vie, on parle alors de néoténie. Le papillon passe par plusieurs phases de transformations bien distinctes. La forme larvaire est une chenille, qui, en se changeant en nymphe (ou chrysalide), amorce sa transformation en imago (insecte adulte complètement réalisé), ici un machaon (2). Chez la grenouille (4), au contraire, la larve subit une transformation progressive, du stade têtard à branchies externes à celui d'animal adulte, pourvu de pattes et possédant des poumons.

4. Étapes de la métamorphose chez la grenouille.

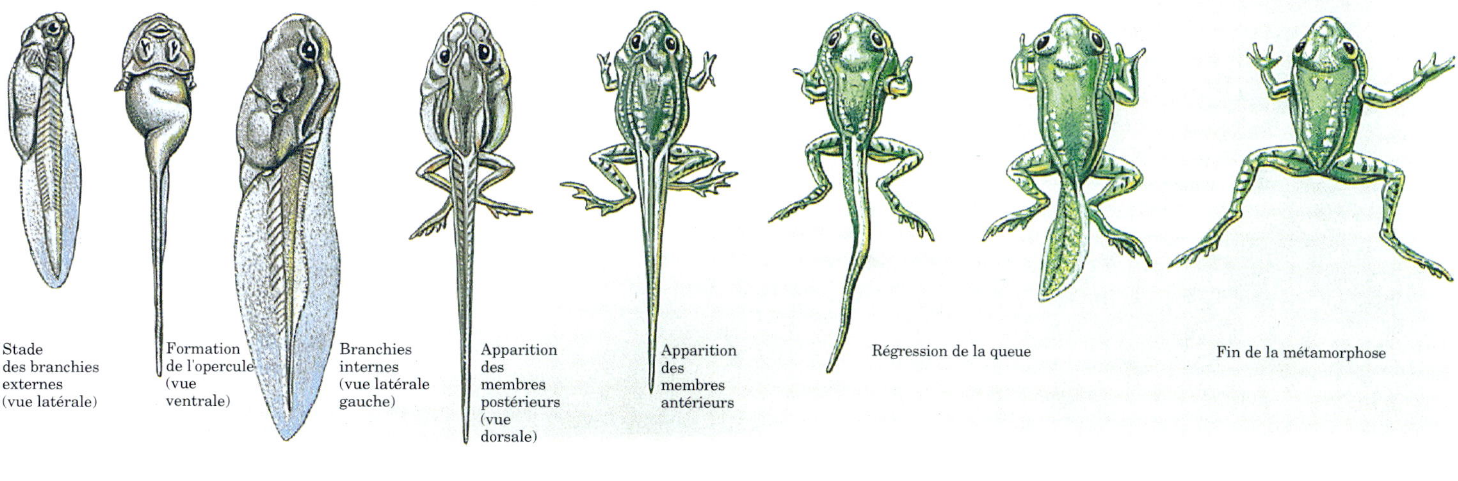

La cellule végétale

LA CELLULE VÉGÉTALE, DONT les particularités expliquent celles du monde des plantes, est caractérisée par trois structures originales : une paroi cellulosique, des chloroplastes et un appareil vacuolaire. Ces structures n'existent pas dans les cellules animales. La paroi cellulosique (ou pecto-cellulosique) et les vacuoles sont responsables du port particulier des végétaux, alors que les plastes leur confèrent un pouvoir de synthèse organique qui leur est propre. En effet, grâce aux chloroplastes, et par le biais de la photosynthèse, les végétaux verts peuvent utiliser l'énergie solaire pour transformer des substances minérales en produits organiques. Les chloroplastes contiennent en effet, en plus des pigments caroténoïdes, un pigment vert en grande quantité qui est la chlorophylle. Associés aux mitochondries, ils permettent à l'énergie solaire d'être assimilée par les autotrophes (organismes fabriquant leur nourriture à partir d'éléments minéraux). Cette énergie est ensuite transférée aux hétérotrophes, organismes se nourrissant d'aliments organiques, comme les végétaux autotrophes, par exemple. Les mitochondries, ou chondriosomes, sont des organites disséminés dans le cytoplasme qui constituent l'appareil respiratoire des cellules. Elles sont, en quelque sorte, les « centrales énergétiques » de la cellule. La cellule végétale renferme une autre formation caractéristique, l'appareil vacuolaire, qui joue un rôle important dans les échanges d'eau entre la cellule et le milieu extérieur. Constitué généralement d'une seule grande vacuole, cet appareil est le lieu préférentiel d'accumulation des substances hydrophiles, qu'il s'agisse de substances de réserve, comme la saccharose, ou de substances d'excrétion ou de sécrétion. Cette vacuole conditionne la rigidité des organes végétaux, en déterminant les variations de turgescence. En effet, la cellule est capable d'ajuster la tonicité de son liquide vacuolaire de manière à l'élever légèrement au-dessus de celle du milieu.

Les cellules végétales sont, le plus souvent, assez semblables les unes aux autres, à l'inverse des cellules animales, très spécialisées (cellules nerveuses, globules rouges, fibres musculaires, cellules rétiniennes, etc.) et donc plus différenciées quant à la forme.

La paroi et la vacuole aqueuse

LA CELLULE VÉGÉTALE EST PROTÉGÉE PAR UNE MEMBRANE RIGIDE, LA PAROI. SA VACUOLE, LIEU DE STOCKAGE, JOUE AUSSI UN RÔLE D'ARMATURE.

La cellule végétale a plusieurs enveloppes. La paroi, ou membrane squelettique, caractéristique des végétaux, est constituée de deux couches qui doublent la membrane cytoplasmique. La paroi primaire, de 1 à 3 micromètres d'épaisseur, est formée de microfibrilles (micelles formées d'amas de molécules de cellulose) disposées sans ordre et en tous sens, ce qui lui permet de s'étirer quand la cellule croît.

Intérieurement, la paroi primaire est tapissée de la paroi secondaire, deux à trois fois plus épaisse, et parfois davantage. Mais ses micelles de cellulose sont disposées régulièrement en strates alternées (il peut y avoir jusqu'à 30 couches). Cela rend la paroi secondaire élastique, capable de s'épaissir, mais incapable d'élongation. Elle ne s'élabore donc contre la paroi primaire que lorsque la croissance de la cellule végétale est achevée, c'est-à-dire après la division d'une cellule végétale mère en deux cellules filles déjà équipées de paroi primaire. Extérieurement, la paroi primaire est recouverte par la lamelle moyenne, très fine, formée de pectines (substances gélatineuses). La lamelle moyenne se prolonge de cellule en cellule entre les parois squelettiques de cellulose, comme une sorte de ciment intercellulaire, jouant un rôle important pour la cohésion des cellules végétales de la plante.

En dépit de leur paroi plutôt rigide, les cellules végétales peuvent laisser passer de l'eau et des substances dissoutes (nutritives ou de type hormonal) grâce à de minuscules orifices qui perforent leurs parois. Ce sont les plasmodesmes, canaux extrêmement fins de quelques centièmes de micromètre, souvent placés dans des ponctuations qui sont des amincissements périodiques de la paroi de cellulose entre deux cellules contiguës. Les parois de certaines cellules végétales peuvent s'imprégner de substances diverses telles que des composés durs comme la lignine (il y a alors formation de bois) ou la subérine (il y a alors formation de liège), ou encore des composés gras comme la cutine (qui rend les feuilles imperméables).

L'importance de la vacuole est caractéristique des cellules végétales. Elle est entourée d'une fine membrane qui lui est propre (le tonoplaste) et joue un rôle important dans les échanges d'eau entre la cellule et le milieu. Les vacuoles proviennent sans doute du réticulum endoplasmique ou des lysosomes, sortes de mitochondries transformées et riches en enzymes. Il s'agit du lieu préférentiel d'accumulation de substances de sécrétion ou de réserve (le saccharose, par exemple). Le liquide vacuolaire contient des substances en fortes concentrations, comme des sucres, des acides, des sels et des pigments. Mais la cellule reste capable d'ajuster ces concentrations pour réguler les échanges d'eau avec le milieu extérieur. La vacuole conditionne donc la rigidité des organes végétaux, en déterminant les changements de turgescence. Elle intervient également dans les processus de croissance cellulaire, en raison du rôle qu'elle joue dans l'hydradation germinative des graines.

Dans les graines, les vacuoles se déshydratent, se fragmentent en formant des grains compacts d'aleurone riches en protéines. Quand la graine s'humidifie, les grains se gonflent, confluent et forment, le plus souvent, une vacuole unique dont la membrane permet le passage actif des substances nutritives indispensables à la plante. •

Chloroplastes et autres organites

ATELIERS CHIMIQUES PERFORMANTS, LES CHLOROPLASTES SONT CAPABLES, GRÂCE À LA CHLOROPHYLLE, DE SYNTHÉTISER DES SUCRES À PARTIR DE L'AIR, DE L'EAU ET DES ÉLÉMENTS MINÉRAUX.

Une cellule végétale contient en général 20 à 40 chloroplastes. Descendants de cyanobactéries (algues bleues microscopiques constituées d'une cellule sans noyau), intégrés par la cellule, ils captent l'énergie lumineuse solaire et la transforment en énergie chimique.

Les chloroplastes sont disséminés dans le cytoplasme, ils sont riches en pigments (chlorophylle et caroténoïdes). Il s'agit de granules de forme lenticulaire, qui sont différents selon les groupes végétaux. Ainsi, on distingue les chloroplastes des végétaux vasculaires, ceux des algues et ceux des flagellés chlorophylliens. Les chloroplastes contiennent des pigments, dont la chlorophylle, qui captent l'énergie solaire pour synthétiser les glucides. C'est le phénomène de la photosynthèse, au cours duquel l'énergie solaire est transformée en énergie chimique de liaison dans les molécules organiques. Les chloroplastes sont entourés de deux membranes cernant un compartiment intérieur appelé stroma. La membrane intérieure s'invagine pour former les grana, saccules aplatis et creux dont l'empilement constitue un thylakoïde. Les chloroplastes sont des unités de production chimique très performantes : un flux accumulé d'électrons provenant initialement de l'eau (grâce à l'énergie lumineuse) et excités par la chlorophylle est utilisé (un peu comme l'eau d'un barrage pour actionner une turbine et produire de l'électricité) pour y synthétiser de l'A.T.P. qui va jouer le rôle d'un carburant. Grâce à cet A.T.P., la cellule végétale produira toutes sortes de substances nutritives mais aussi, par exemple, des « répulsifs » qui limitent le broutage de la plante par les herbivores.

Les mitochondries, ou chondriosomes, qui sont des organites disséminés dans le cytoplasme, constituent l'appareil respiratoire des cellules. De forme ovalaire, elles possèdent une double membrane. Des crêtes sont issues de leur paroi interne et s'insinuent dans leur stroma. Les mitochondries assistent les chloroplastes à l'aide de leurs enzymes spécifiques qui avancent la construction des molécules en formation, puis les retournent aux chloroplastes. Chloroplastes et mitochondries se multiplient par fission (ils contiennent de l'A.D.N.) et se divisent également en deux pendant la division cellulaire.

Le cytoplasme de la cellule végétale renferme aussi un réseau de tubules : le réticulum endoplasmique, tapissé de granules, les ribosomes. Le réticulum participe à la synthèse des protéines (grâce aux ribosomes) et aide à la circulation de certaines substances utiles à l'intérieur de la cellule. On trouve aussi dans le cytoplasme végétal, comme dans la cellule animale, un appareil de Golgi, sorte d'empilement de plaques (les saccules) portant sur leurs bords des vésicules capables de se détacher et de transporter des produits d'excrétion en direction de la vacuole. L'appareil de Golgi produit des substances diverses. •

1. Feuille de mousse, microscopie optique.

2. La cellule végétale.

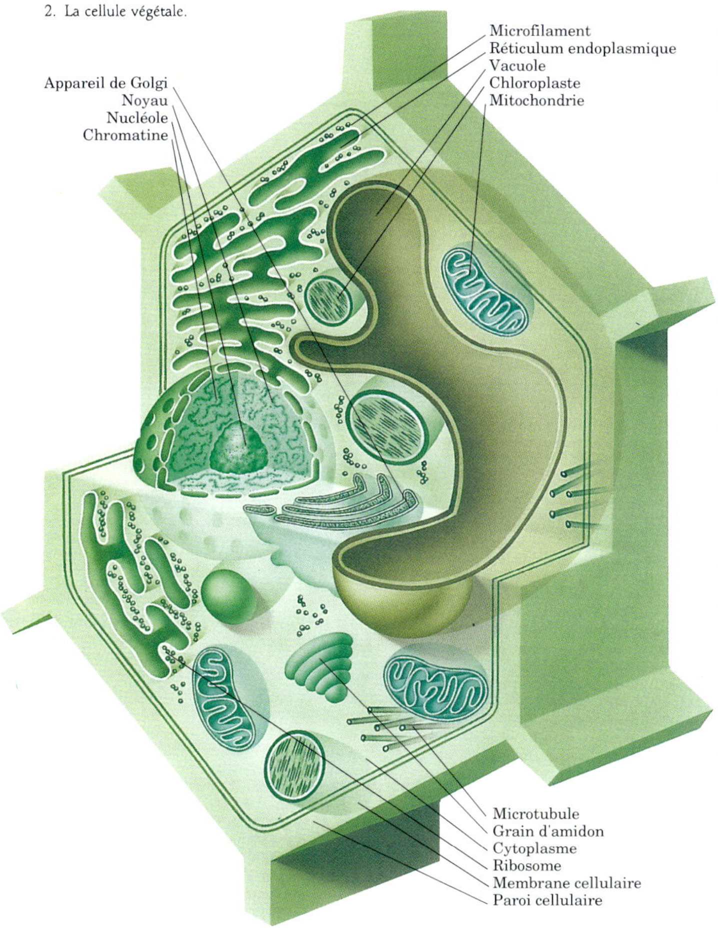

Unicité et diversité

Les cellules végétales sont toutes construites sur le même schéma. Une observation générale nous révèle une enveloppe rigide, la paroi (qui double la membrane plasmique), ainsi que la présence d'une volumineuse vacuole et d'un gros noyau (2). Dans les feuilles, la présence de chloroplastes caractérise l'activité photosynthétique des végétaux chlorophylliens (1). Audelà de ces particularités, la cellule végétale possède avec la cellule animale de nombreux traits communs, révélés par la microscopie électronique (3). Mais l'organisation et la forme peuvent cependant présenter des différences intimement liées à la fonction de chaque cellule. Ainsi les vaisseaux conducteurs de sève sont-ils constitués par des cellules allongées en tube montrant des épaississements de lignine (5). De même, certaines expansions cellulaires constituent des poils absorbants (4).

Le noyau et la division cellulaire

CHEZ LES VÉGÉTAUX, LA DIVISION CELLULAIRE S'EFFECTUE PAR SIMPLE SCISSION, SANS ÉTRANGLEMENT. LE NOYAU, AVEC SES CHROMOSOMES ET SON NUCLÉOLE, EST ALORS, COMME LE RESTE DE LA CELLULE, DIVISÉ EN DEUX PARTIES ÉGALES.

Les dimensions du noyau sont aussi variables que sa forme. Avec la vacuole, il représente un des plus gros organites de la cellule. Il contient de l'A.D.N. associé à des protéines qui forment la chromatine et de l'A.R.N. concentré dans le ou les nucléoles (jusqu'à trois), inclusions sphériques sans enveloppe membranaire. Les acides nucléiques (A.D.N. et A.R.N.) sont responsables de la synthèse protéique ; à ce titre, le noyau est considéré comme le centre de contrôle de la cellule. Il renferme un suc homogène, riche en protéines, le nucléoplasme, et est entouré d'une double membrane particulièrement fine, percée de pores qui permettent les échanges de molécules entre le noyau et le cytoplasme. Cette membrane se prolonge par de fins diverticules vers le réticulum endoplasmique.

Comme pour la cellule animale, la chromatine, au cours de la division, se condense en chromosomes. Cependant, cette division diffère par bien des caractères. En effet, alors que la cellule animale s'étrangle à sa moitié pour créer deux cellules filles, la cellule végétale crée en son milieu une membrane pectique transversale, la future lamelle moyenne. Juste avant que la cellule ne se divise, chaque chromosome se scinde en deux parties génétiquement identiques, les chromatides. Celles-ci s'épaississent, se séparent et migrent chacune à un pôle de la cellule. La lamelle moyenne coupe alors la cellule en deux parties égales et se recouvre de la paroi cellulosique rigide tandis que chaque paquet de chromosomes devient le nouveau noyau des deux cellules filles. •

Des cellules spécialisées

Les cellules végétales, sans atteindre l'infinie variété des cellules animales, peuvent se spécialiser. Les cellules stomatiques des épidermes ont une forme de rein ; groupées par deux, avec un orifice entre chaque paire, elles facilitent ainsi les échanges gazeux et la pénétration de l'air. Les cellules des vaisseaux conducteurs de la sève ont la forme de tubules allongés disposés en files et communiquant les uns avec les autres. D'autres cellules propres aux racines sont prolongées par un poil, rempli par une vacuole aqueuse unique étirée, qui porte le noyau à son extrémité. Ces poils absorbants sont chargés de pomper, dans le sol, l'eau et les composés chimiques. D'autres types de poils apparaissent sur des cellules épidermiques ; ils peuvent contenir des substances aromatiques ou urticantes, comme dans le cas de l'ortie commune.

→ **Voir aussi :** Constitution biochimique des organismes, **BIOL**, p. 18-19. La feuille et l'appareil végétatif, **BIOL**, p. 44-45. La nutrition des végétaux, **BIOL**, p. 140-141. La photosynthèse, **BIOL**, p. 142-143.

3. Cellules de l'épiderme d'oignon.

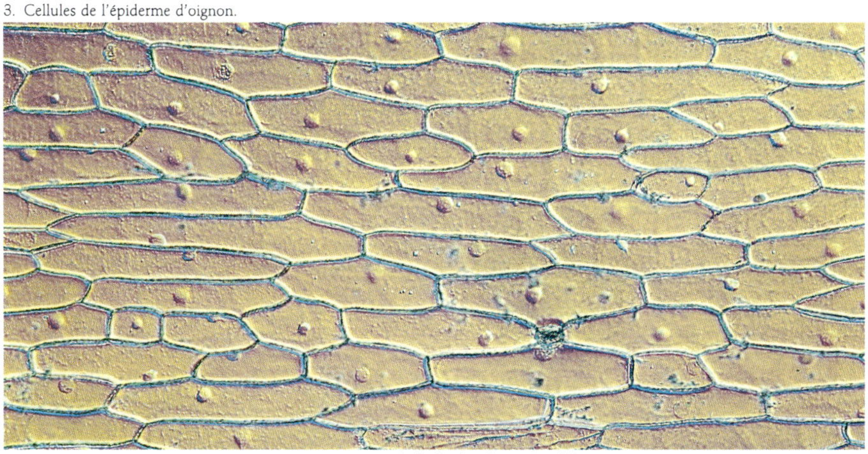

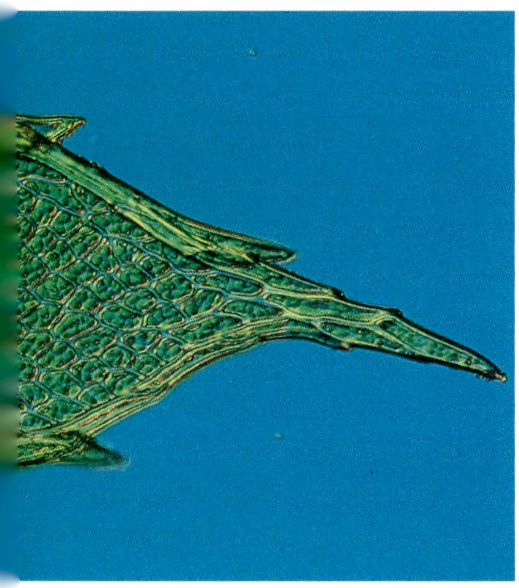

4. Poils absorbants (× 63).

5. Coupe longitudinale de vaisseaux conducteurs dans une tige de bryone (*Brionia dioica*).

La feuille et l'appareil végétatif

1. Feuille de platane.

2. Stomate sur le sépale d'une fleur *(Primula malacoides)*, microscope électronique.

LA FEUILLE CONSTITUE l'équipement universel et indispensable des plantes supérieures. Elle capte l'énergie solaire et le gaz carbonique nécessaires à la fabrication des substances énergétiques. La feuille permet aussi la transpiration en éliminant l'eau de la sève. La diversité de feuilles telles que celles du muguet, du chêne, de la carotte, du palmier ou du nénuphar atteste leur polymorphisme.

Pourtant, il existe un plan de base sur lequel elles sont toutes construites. La queue de la feuille, ou pétiole, est continuée par une lame verte et plate, le limbe, parcourue de nervures conductrices de la sève. À partir de cette contrainte, toutes les adaptations aux conditions de l'environnement sont possibles. On trouve ainsi des feuilles découpées elles-mêmes en un assemblage de folioles (les feuilles composées), des feuilles en forme d'aiguille, d'épine, de vrille, des feuilles formant des bulbes ou encore des feuilles carnivores, capables de piéger et de digérer de petits animaux (insectes, par exemple). La feuille, qui n'est qu'une tige aplatie, montre donc de multiples formes.

La diversité des feuilles, loin d'être cantonnée à l'aspect morphologique, se retrouve dans leur mode de vie. Les unes, persistantes, vivent plusieurs années, comme les feuilles des arbres toujours verts (pins). Les autres, c'est la majorité, « tombent » chaque année ; ce sont des feuilles caduques. Les feuilles sont parcourues par un réseau circulatoire qui n'est autre que le prolongement des vaisseaux de l'appareil végétatif constitué par les racines et la tige.

La tige offre à la plante à la fois un squelette ligneux assurant son maintien et un système conducteur double assurant, d'une part, la montée de l'eau et des matières minérales puisées par les racines et, d'autre part, la répartition dans toute la plante des sucres fabriqués dans la feuille. Il existe deux grands types de tiges : les tiges herbacées, comme celles de l'herbe, du blé ou des orchidées, et les tiges riches en lignine, la substance constituant le bois, celle qui permet le développement du tronc et des branches.

Les deux types de racines assurent la fixation de la plante au sol et son approvisionnement en substances.

Origine et diversification

LA STRUCTURE SIMPLE ET ANCIENNE DES FEUILLES DES MOUSSES ET DES PINS A OUVERT LA VOIE AUX « VRAIES » FEUILLES QUI SONT DES EXPANSIONS APLATIES DE LA TIGE.

L'organisation de l'appareil respiratoire des plantes en feuilles est apparue avec les mousses qui, par leur tige et les nombreuses petites feuilles chargées de chlorophylle, purent s'affranchir de l'eau et croître à l'air libre. La chlorophylle, ce pigment vert qui capte l'énergie solaire, permet aux feuilles de synthétiser des sucres et des amidons à partir du gaz carbonique de l'air et de l'eau du sol. Mais chez les mousses, tout comme chez les algues, la sève ne circule que difficilement d'une cellule à l'autre. C'est pourquoi leur taille est restée très réduite.

Les fougères, succédant aux mousses, mirent à profit le « bois » (lignine) – déjà élaboré parcimonieusement par les mousses – pour renforcer certaines zones de leurs organes reproducteurs et permettre une meilleure circulation de la sève. Chez les fougères, la lignine imprègne les parois d'un réseau de cellules allongées à l'intérieur de la tige et, véritable appareil circulatoire, se prolonge dans les feuilles qui prennent de l'ampleur. La diversification des formes suit alors le développement des grands groupes.

Les premiers arbres sont apparus il y a 300 millions d'années ; le ginkgo (160 millions d'années) possède encore des représentants actuels dont les feuilles primitives en éventail ne possèdent pas de nervure centrale. Chez les conifères, les feuilles sont des aiguilles parcourues par une nervure unique (sapin), ou des écailles appliquées sur la tige (cyprès) ; très résistantes à la sécheresse, au gel, elles sont persistantes. Chez les plantes à fleurs, la feuille est le plus souvent caduque (dépérissant et se régénérant chaque année). Elle naît de la tige, dont elle n'est en fait qu'une expansion aplatie, à partir des bourgeons terminaux de la tige et de ses rameaux. Ainsi, dès l'automne dans les régions tempérées, dans chaque bourgeon d'un arbre, sous sa pointe ou apex qui les protège, naissent des ébauches de feuilles, enroulées, plissées, qui apparaîtront au printemps.

Selon les espèces et leurs adaptations, les feuilles présentent des formes et des dimensions variées : arrondie (capucine), en cœur (lilas), lancéolée (cerisier), échancrée (chêne), dentelée (châtaignier), lobée (platane), épineuse (cactus), etc. Mais, au sein d'une même espèce, et parfois chez le même individu (sagittaire), on peut trouver des feuilles de formes très différentes. •

Anatomie de la feuille

LA STRUCTURE INTERNE DE LA FEUILLE PERMET DE CAPTER L'ÉNERGIE SOLAIRE, DE SYNTHÉTISER DES COMPOSÉS NUTRITIFS, DE RÉSISTER AUX INTEMPÉRIES ET DE RESPIRER.

La partie aplatie qui constitue l'essentiel de la feuille est appelée limbe. La courte tige qui le porte est le pétiole. Une section de feuille révèle plusieurs couches de cellules qui, chacune, jouent un rôle précis. La feuille est recouverte par un épiderme sur chacune de ses faces.

L'épiderme de la face inférieure est peu épais et possède de nombreux stomates constitués par un ensemble de cellules qui entourent un ostiole, sorte d'ouverture qui laisse passer l'air ou s'évaporer l'eau (il y a environ 400 stomates par mm^2 de feuille). Pour éviter les pertes hydriques, l'épiderme de la face supérieure est plus épais et ne présente pas de stomates. La paroi externe des cellules épidermiques est imprégnée d'une substance cireuse glucidique imputrescible, la cutine, qui rend la feuille hydrophobe. Souvent, à l'extérieur, une couche pure de cutine est sécrétée par l'épiderme : la cuticule. Sous l'épiderme de la face supérieure, on trouve plusieurs couches de cellules rectangulaires, allongées, serrées, constituant le parenchyme palissadique, très riche en chloroplastes (grains chargés de chlorophylle verte effectuant la photosynthèse). Sous le tissu palissadique se situe le parenchyme lacuneux, aux cellules beaucoup moins serrées. Moins riche en chloroplastes, il est en communication avec le milieu extérieur grâce aux stomates de l'épiderme ventral. Il y a donc, dans la section d'une feuille, six zones consécutives : la cuticule, l'épiderme supérieur, le parenchyme palissadique, le parenchyme lacuneux, l'épiderme inférieur avec ses stomates et la cuticule.

La feuille est parcourue par un système vasculaire qui véhicule la sève : les nervures. Celles-ci peuvent renfermer un seul conduit de type criblo-vasculaire central ou plusieurs, disposés en cercle. La disposition des nervures, ou nervation, est très variable : palmées, elles partent d'un point commun, comme chez le platane ; pennées, la nervure centrale possède des nervures secondaires adjacentes, comme chez le frêne. Les nervures sont parallèles dans le groupe des monocotylédones (muguet, iris), où les feuilles, souvent allongées et étroites, n'ont pas de véritable limbe. C'est le pétiole initial qui s'aplatit et donne un faux limbe renfermant un parenchyme plutôt homogène. Chez les dicotylédones, le pétiole qui porte la feuille est, en fait, une partie du limbe qui, dès l'apparition de la feuille et à sa base, réunit ses deux bords pour constituer une petite tige porteuse. Le pétiole s'élargit à la base et forme une gaine qui s'insère sur la tige. Cette gaine porte généralement, de part et d'autre du pétiole, deux minuscules feuilles que l'on appelle les stipules, lesquelles sont de petites lames de forme rarement régulière. •

3. Face interne d'une feuille de labiée tropicale *(Coleus sp.)* en microscopie électronique.

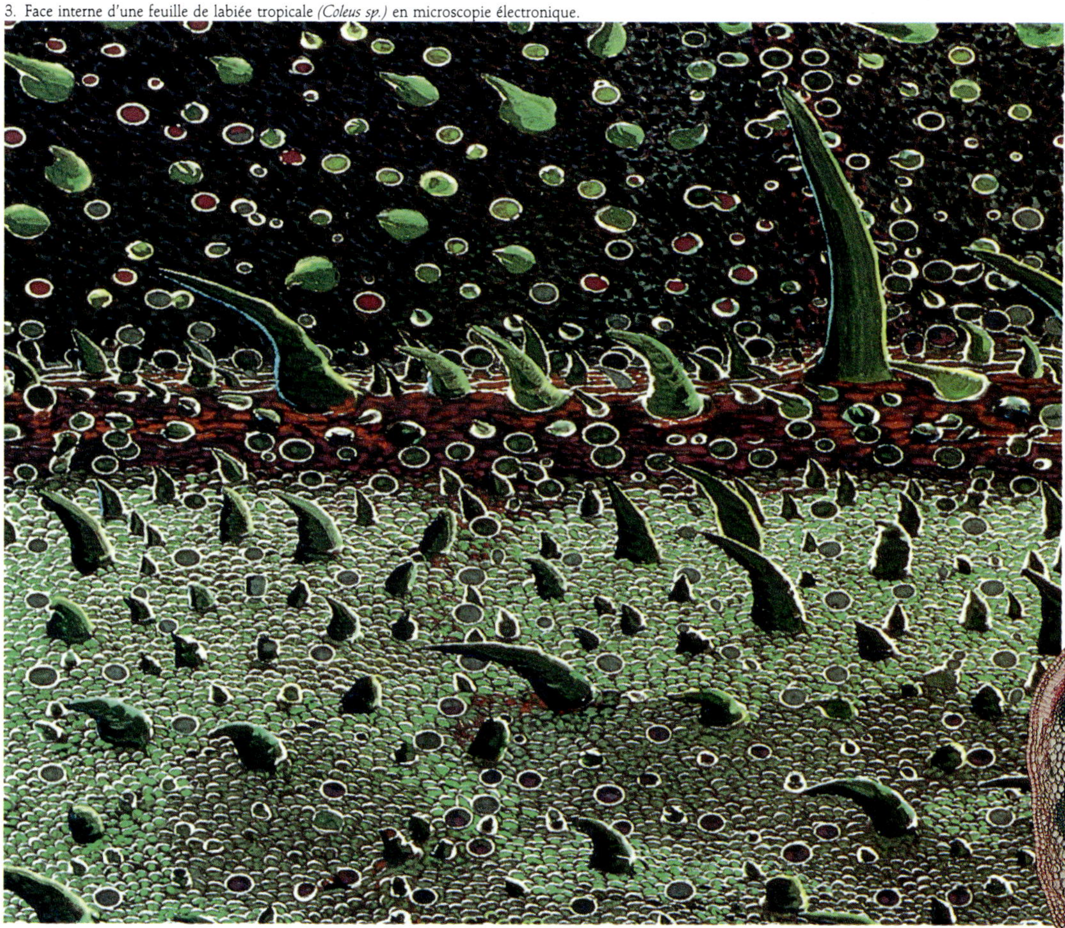

Organisation structurale de la feuille et de la tige

La feuille des dicotylédones est généralement constituée d'un pétiole et d'un limbe largement aplati (1) présentant des nervures bien marquées. Sa face inférieure comporte des stomates (2), assurant également les échanges respiratoires et l'évaporation. Des structures spécialisées comme les trichomes (3) permettent de réduire l'évaporation, luttant ainsi contre la sécheresse. Chez les monocotylédones, les nervures sont parallèles et une coupe transversale (4) met en évidence leur rôle de vaisseaux conducteurs. La tige, chez les végétaux vascularisés, soutient les feuilles. Une coupe transversale (5) révèle, de la périphérie vers le centre, l'épiderme cutinisé, l'écorce avec le mésenchyme, le sclérenchyme ligneux aux cellules épaisses, les vaisseaux conducteurs semi-criblés, les vaisseaux ligneux et la moelle centrale.

5. Coupe transversale d'une tige de clématite.

La tige et ses circulations

LA TIGE ASSURE À LA FOIS LE MAINTIEN DE LA PLANTE, PAR SES ÉLÉMENTS LIGNEUX, ET SON IRRIGATION, GRÂCE À SES VAISSEAUX CONDUCTEURS DE SÈVE.

La tige, apparue chez les mousses, a verticalisé l'individu végétal. Chez les plantes supérieures, elle est constituée de quatre parties. À sa périphérie, on trouve, comme pour la feuille, un épiderme de cellules cutinisées, avec des stomates, puis une couche de cellules arrondies : l'écorce. Cette dernière a la particularité d'être formée de plusieurs types cellulaires : d'abord le collenchyme (cellules à parois cellulosiques), puis, en dessous, le sclérenchyme (cellules épaissies et imprégnées de lignine), qui constitue un tissu de soutien ou de protection. Sous l'écorce se trouvent les faisceaux de tissus conducteurs, souvent disposés en cercle. Ils comportent deux zones, l'une extérieure, formée de tubes criblés, et l'autre interne, ligneuse. Les tubes criblés sont des files de cellules très allongées, placées bout à bout, dont les parois polaires sont traversées par de nombreux pores (cribles) qui permettent la montée de la sève d'une cellule à l'autre. Les vaisseaux ligneux qui accompagnent les vaisseaux criblés sont aussi de longs tubes, mais les parois de leurs cellules présentent des épaississements de lignine à disposition variable : en anneaux (vaisseaux annelés), en spires (vaisseaux spiralés), en bandes transversales (vaisseaux rayés), en couches avec présence de ponctuation dans la paroi (vaisseaux ponctués). Les vaisseaux ligneux constituent le xylème et conduisent la sève brute puisée dans le sol, c'est-à-dire l'eau et les sels minéraux. Les vaisseaux criblés forment le phloème et conduisent la sève élaborée, chargée de substances organiques, nutritives, provenant en grande partie des feuilles. Chaque cellule criblée est accolée à une cellule compagne plus étroite, à membrane mince et sans pores terminaux, qui joue un rôle dans la circulation de la sève élaborée. Au centre de la tige, on trouve la moelle, constituée de larges cellules. Sur le tronc d'un arbre sectionné, on peut voir les anneaux ligneux, correspondant chacun à la formation annuelle de bois, ce qui permet de calculer l'âge de l'arbre. La partie périphérique constitue l'aubier, parcouru par la sève brute, alors que la partie centrale, plus sombre, le cœur, ne conduit plus la sève. •

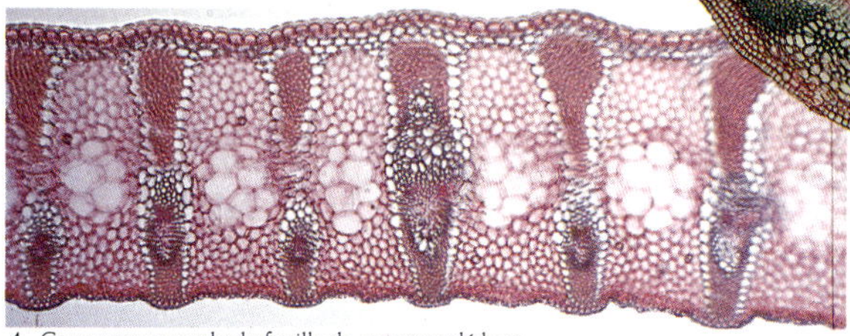

4. Coupe transversale de feuille de monocotylédone.

Les racines

LES RACINES, ADAPTÉES AUX CONDITIONS PARTICULIÈRES ET PRÉSENTANT UNE GRANDE DIVERSITÉ, ONT UN DOUBLE RÔLE : LA FIXATION DE LA PLANTE DANS LE SOL ET L'ABSORPTION D'EAU ET DE SELS MINÉRAUX.

Le système racinaire est véritablement apparu avec les plantes supérieures, les mousses n'en ont pas et les fougères n'en possèdent qu'une ébauche. Les racines ont permis, par leur fixation, l'accroissement considérable de la taille des végétaux et une meilleure résistance aux événements climatiques. Le plus souvent, on observe une racine principale, centrale, qui provient de la première racine (radicule) de l'embryon germé et forme bientôt un pivot d'où se détachent des racines secondaires de premier ordre, porteuses de racines de second ordre, etc. La racine principale se termine à son extrémité par la coiffe, un minuscule cône, ou « doigt de gant », qui joue un rôle dans sa croissance. Au-dessus de la coiffe, la zone terminale de la racine assure la croissance en longueur. Puis, toujours en remontant vers la tige, on trouve la zone pilifère, qui porte des poils racinaires par lesquels l'eau et les sels minéraux du sol pénètrent dans la racine. Ces poils microscopiques sont très nombreux (environ 400 par cm^2 de racine) et sont constamment renouvelés. Plus haut, les racines secondaires s'orientent par rapport à la racine qui les porte et peuvent s'allonger à l'oblique, voire à l'horizontale.

Les racines, comme la tige, peuvent être vascularisées (xylème et phloème) et c'est la turgescence de la racine, dans un sol humide, qui crée une pression faisant monter la sève brute dans les vaisseaux. Les racines possèdent des formes qui traduisent leurs grande capacité d'adaptation à des conditions particulières. Les racines adventives, nées de la base de la tige elle-même, peuvent maintenir l'arbre au-dessus de la zone émergée (dans la mangrove, par exemple). Les racines-piliers, ou contreforts, s'étendent en étoile sur le sol autour d'un arbre, les racines tubéreuses sont gorgées de substances de réserves (betterave), les racines-suçoirs permettent au gui de se fixer sur une branche d'arbre et de vivre à ses dépens. Les racines peuvent également développer des associations avec le monde microbien. Ainsi, les racines des légumineuses (pois, haricot, etc.) portent des nodosités remplies de bactéries, sécrétant des acides aminés, qui servent à la synthèse des protéines de la plante. Ces quelques exemples traduisent la capacité d'adaptation à des milieux différents. •

→ **Voir aussi :** La cellule végétale, **BIOL**, p. 42-43. Diversité structurale des plantes, **BIOL**, p. 46-47. Fleurs et inflorescences, **BIOL**, p. 86-87. La photosynthèse, **BIOL**, p. 142-143.

Diversité structurale des plantes

DES ALGUES UNICELLUlaires aux plantes à fleurs, les végétaux ont acquis, au cours des temps géologiques, un certain nombre de structures leur permettant de conquérir le milieu terrestre. Le passage du stade unicellulaire au stade pluricellulaire aboutit tout d'abord à la formation de végétaux dont l'appareil végétatif, le thalle, n'est pas encore différencié en tiges, feuilles et racines. Ils sont aquatiques (les algues) ou terrestres (les lichens et les champignons). Sur la terre ferme, la forme dressée devient une contrainte pour les végétaux chlorophylliens ; aussi, pour se maintenir sur un support, un système d'ancrage se met en place (lichens et mousses). À mesure que la plante s'érige, un système vasculaire s'édifie (conducteur d'eau et de substances). L'acquisition du bois, du système racinaire et des feuilles modifie le mode de vie des plantes (plantes vasculaires).

Les végétaux hétérotrophes (tels les champignons) sont incapables d'utiliser l'énergie lumineuse pour fabriquer leur propre matière organique. Cette inaptitude conditionne leur mode de vie : ils sont parasites, saprophytes ou symbiotiques. À l'inverse, tous les végétaux verts (ou chlorophylliens) sont autotrophes, c'est-à-dire capables de réaliser les processus photosynthétiques. Ainsi, les plantes acquièrent une certaine autonomie à l'égard du substrat : adaptations morphologiques mais aussi physiologiques ; la cellule végétale, par exemple, est entourée d'une paroi semi-rigide qui maintient une réserve d'eau importante dans les tissus et une pression assez forte pour maintenir dressées les plantes herbacées. En ce qui concerne la reproduction sexuée, la simple fusion des gamètes véhiculés par l'eau chez les mousses et les fougères (cryptogames) se complexifie chez les gymnospermes et les angiospermes (regroupés sous le nom de *phanérogame* ou de *spermaphyte*), où s'élabore une structure spécialisée, la graine.

À travers différents modes de colonisation du milieu terrestre, de reproduction et de capture de la lumière (cas des autotrophes) ou de la matière organique (cas des hétérotrophes), les plantes ont développé des structures variées, résultats de ces stratégies évolutives et des contraintes propres à chaque milieu.

Évolution des structures végétales

ANCRAGE, NUTRITION, ACCÈS À LA LUMIÈRE, PROTECTION DE L'APPAREIL REPRODUCTEUR : DES CONTRAINTES MARQUENT L'ÉVOLUTION DES PLANTES TERRESTRES.

C'est probablement à cause d'un rayonnement ultraviolet intense que la vie était encore absente des continents émergés au cambrien (500 millions d'années). Les premiers végétaux terrestres seraient apparus au silurien (400 millions d'années), la couche d'ozone résultant de la production d'oxygène par les plantes aquatiques étant alors devenue suffisamment importante pour opposer un barrage efficace au rayonnement ultraviolet.

Dépourvues de tiges, de racines et de feuilles, les premières plantes terrestres, tel *Sporogonites,* présentent néanmoins un système de crampons pour se maintenir sur leur support rocheux à la manière des plantes pionnières actuelles, comme les lichens. Vivant en milieu très humide, ces plantes primitives ne renferment pas de système conducteur des liquides nutritifs. Il s'agit là d'un obstacle à l'acquisition d'une structure dressée : *Sporogonites* a une taille très réduite et tapisse le substrat comme la plupart des bryophytes (mousses et hépatiques) actuelles. Cependant, à la même époque (env. 400 millions d'années), la plante *Cooksonia* présente des axes comprenant des cellules conductrices (trachéides) imprégnées de lignine (bois). On rapproche cette plante des ptéridophytes actuelles (en particulier fougères et psilophytes) à travers d'autres plantes fossiles : *Rhynia,* du dévonien inférieur (370 millions d'années), puis *Trimerophyton,* dont les axes évoluent vers la formation de feuilles (frondes de fougères).

L'existence d'un système de support et de conduction de l'eau et des solutés, représenté par les vaisseaux lignifiés, permet aux plantes de se développer en hauteur et de mieux capter la lumière (qui peut être masquée par les accidents du terrain et la proximité d'autres plantes). Au carbonifère et au permien (340 à 235 millions d'années) se développent les lépidodendrons et les calamites, pouvant atteindre 30 m de haut. Ces plantes fossiles (qui, entre autres, ont formé le charbon) appartiennent au groupe des ptéridophytes, actuellement de taille plus modeste, mis à part les fougères arborescentes tropicales (qui atteignent 20 mètres).

Par leur mode de reproduction, les fougères sont encore inféodées au milieu aquatique puisque le gamète mâle (appelé *zoogamète* ou *spermatozoïde*) doit nager vers l'ovule. Cependant, au cours de l'évolution, les plantes s'affranchissent du milieu aquatique pour coloniser la terre. Les gamètes mâles deviennent immobiles et résistants (pollen) ; transportés jusqu'à l'ovule, ils utilisent un tube pour le féconder (siphonogamie). Les plantes les plus évoluées protègent leur appareil reproducteur par des adaptations morphologiques et physiologiques dont la graine marque un aboutissement. Cette structure reproductrice, issue de la fécondation, contient des réserves et protège l'embryon. On distingue les gymnospermes (tels les conifères), dont les graines sont nues, et les angiospermes (ou plantes à fleurs), dont les graines sont renfermées dans des fruits. Ce dernier groupe domine actuellement le règne végétal.

Parallèlement à cette évolution à l'échelle des temps géologiques, on constate que les plantes primitives précèdent les plantes évoluées dans la colonisation d'un milieu terrestre vierge (surface rocheuse). On les nomme pour cette raison *plantes pionnières*. Il s'agit essentiellement des lichens et des mousses. Elles agissent sur la roche et fournissent de la matière organique, permettant ainsi (en conjonction avec les facteurs climatiques) la constitution d'un sol sur lequel, par la suite, les plantes plus évoluées (ptéridophytes et plantes à graines) pourront s'installer. Il existe donc, pour la colonisation des différents milieux, des stratégies évolutives bien particulières. •

Différences structurales chez les angiospermes

Plantes à fleurs au sens strict, les angiospermes se divisent en deux sous-classes, les monocotylédones et les dicotylédones (1), qui se distinguent par le nombre de cotylédons de la graine, mais montrent également des différences anatomiques et structurales.

Dicotylédones

Graine à deux cotylédons (feuilles primordiales de l'embryon).

Racine principale généralement persistante.

Type arborescent ou herbacé.

Tronc pouvant s'accroître en largeur grâce à la présence d'une assise génératrice (cambium). Présence d'une écorce (liber).

Feuilles à nervation généralement ramifiée. Le plus souvent pourvues d'un pétiole.

1.

Monocotylédones

Graine à un seul cotylédon.

Racine principale remplacée par des racines secondaires (système fasciculé).

Type généralement herbacé, parfois arborescent (palmiers).

Présence de cambium exceptionnelle. Pas d'écorce.

Feuilles presque toujours pourvues d'une nervation parallèle. Pétiole souvent absent.

Tige, racine, feuille et fleur

L'ARCHITECTURE VÉGÉTALE DÉPEND DE LA COMPOSITION ET DE LA RAMIFICATION DES AXES, MAIS AUSSI DE LA DISPOSITION DES FEUILLES ET DES FLEURS.

La présence ou l'absence de lignine, composant essentiel du bois, est déterminante pour l'architecture et le port des végétaux. Cette molécule, polymère de cycle carboné (phénylpropane), a une fonction de soutien et est un élément de résistance aux agressions physiques et chimiques. On distingue trois grands types de port. Les deux premiers sont réalisés par des végétaux ligneux : d'une part, les arbres (taille supérieure ou égale à 7 m) et les arbustes (taille inférieure à 7 m) possèdent une tige principale (ou tronc) ; d'autre part, les arbrisseaux (ou buissons) ont une tige ramifiée dès sa base. Le troisième type, dit « herbacé », caractérise les végétaux non ligneux dont les parties aériennes (tige et feuilles) sont annuelles (les parties souterraines pouvant être vivaces). En dehors de cette classification, on trouve le type lianescent, dont la longue tige – qui peut être lignifiée – rampe ou s'enroule autour d'un support (tige volubile).

La tige.
La tige (ou tronc) d'un végétal n'est pas toujours un axe aérien et dressé. Il existe des tiges souterraines, ou rhizomes, chez des ptéridophytes (fougère-aigle) et certaines angiospermes (iris, muguet). Les tubercules de la pomme de terre sont des portions de tige souterraine contenant des réserves d'amidon. Les lianes peuvent grimper et se cramponner par des épines, des crochets ou des poils. Les stolons sont des tiges qui se recourbent vers le sol ou rampent sur celui-ci, reconstituant, à distance de la plante mère, une nouvelle plante complète (fraisiers, ronces).

La ramification des axes suit différentes modalités. Une ramification dichotomique est considérée comme un caractère archaïque ; on l'observe chez des ptéridophytes (psilotum) mais aussi chez des angiospermes (gui). Pour la plupart des plantes à graines (gymnospermes et angiospermes), la ramification est latérale, soit monopodique (le bourgeon terminal de la tige persiste [celle-ci peut poursuivre sa croissance] et les ramifications sont initiées par des bourgeons dits « axillaires »), soit sympodique (le bourgeon terminal a une croissance limitée et les axes secondaires se substituent tour à tour à l'axe principal). Chez les arbres, l'épicéa, par exemple, est un monopode alors que le pommier est un sympode.

La racine.
Tige et racine sont difficiles à différencier morphologiquement, la distinction entre les deux étant plutôt d'ordre physiologique. La racine a une fonction d'absorption tandis que l'axe et les feuilles sont des organes d'élaboration et de distribution. L'appareil racinaire est formé d'une racine principale et de racines secondaires. De nombreuses racines sont capables de bourgeonner : elles sont dites « adventives » et représentent un puissant moyen de multiplication végétative. Elles peuvent se spécialiser et devenir bulbes (tulipe) ou tubercules (topinambour). Les racines des végétaux de la mangrove tropicale ont une partie aérienne à fonction respiratoire (pneumatophore). Certaines plantes parasites d'autres plantes, comme le gui, développent des racines « suçoirs ».

La feuille et la fleur.
La feuille des plantes à graines (ou phanérogames) se distingue de celle des ptéridophytes (ou cryptogames vasculaires) par son mode d'accroissement sans enroulement préalable en crosse et sans dichotomie et par ses formes variées. Les feuilles occupent toujours une position latérale sur un axe. La phyllotaxie est la science qui étudie la position relative des feuilles sur l'axe. L'étude de leur nervation permet de distinguer les deux sous-classes d'angiospermes : les monocotylédones (nervation parallèle) et les dicotylédones (nervation ramifiée).

Chez les phanérogames, les organes reproducteurs (étamines et carpelles) sont regroupés, mais seules les angiospermes possèdent des éléments spécialisés (calice, corolle) qui caractérisent la fleur. Les fleurs peuvent être solitaires ou groupées en inflorescences. Il existe deux types principaux d'inflorescence : la grappe et la cyme. Dans une grappe, un seul et même axe principal produit successivement vers le haut des rameaux latéraux. Si la grappe est simple, chaque rameau latéral est une fleur ; mais, si elle est elle-même une inflorescence, c'est une grappe composée. L'épi est une grappe de fleurs sessiles (c'est-à-dire dépourvues de pédoncule et s'insérant donc directement sur l'axe), le chaton est un épi dense. Le corymbe est une grappe dans laquelle le développement des rameaux a amené toutes les fleurs dans le même plan. L'ombelle représente une contraction de l'axe principal de la grappe. Quant au capitule, c'est une inflorescence à fleurs dont l'axe principal est élargi en cône ou en plateau. Dans une cyme, l'axe principal se termine par une fleur. Celle-ci peut être unipare, bipare ou multipare suivant le nombre d'axes secondaires. •

2. Araucaria (monopode plagiotrope).

3. Chêne (sympode orthogéotrope).

Architecture des arbres

La croissance des rameaux peut répondre de différentes manières à l'action de la pesanteur. L'araucaria (2) est plagiotrope : ses rameaux étagés tendent vers l'horizontale. Les rameaux du chêne (3), en revanche, sont initiés dans une direction plus proche de la verticale (croissance orthogéotrope). D'autre part, ces deux arbres diffèrent par leur mode de ramification : monopodique chez l'araucaria, sympodique chez le chêne.

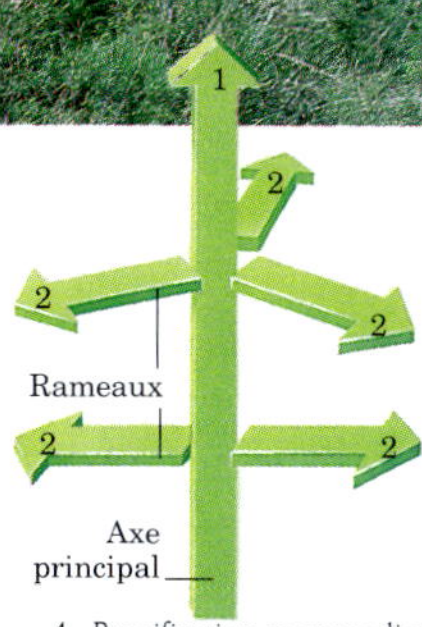

4. Ramification monopodique, croissance plagiotrope.

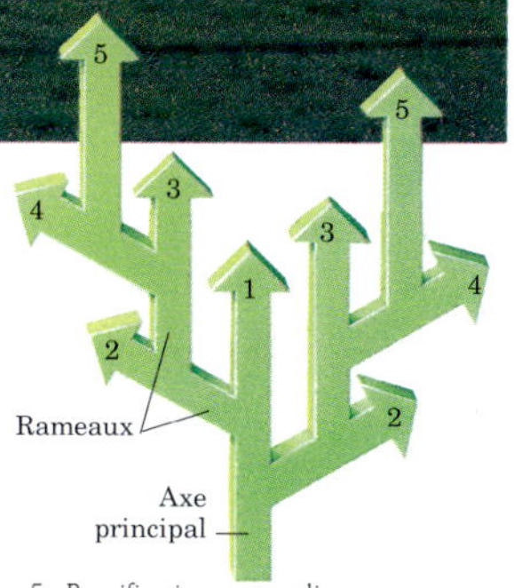

5. Ramification sympodique, croissance orthogéotrope.

Mouvement et croissance

SOUS L'INFLUENCE DE FACTEURS EXTERNES, LA CROISSANCE S'ORIENTE (TROPISMES) ET CERTAINS MOUVEMENTS SONT DIRIGÉS (TACTISMES) OU SIMPLEMENT DÉCLENCHÉS (NASTIES).

Les organes structuraux des plantes ne croissent pas de façon quelconque, mais s'orientent avec précision selon une direction et un sens résultant des effets exercés par divers facteurs externes.

Les tropismes.
Ces orientations de croissance, à déterminisme externe, organisent l'architecture de chaque plante selon ses propres sensibilités. Ainsi, la lumière, qui exerce une attirance sur le développement des végétaux chlorophylliens, est le facteur responsable du phototropisme. Elle conditionne la croissance dès la germination des graines. Dans le géotropisme, le facteur d'orientation verticale de la croissance est la pesanteur. D'une manière générale, la croissance des racines s'effectue dans le sens du vecteur d'accélération de la pesanteur (c'est-à-dire vers le centre de la Terre) et celle des tiges s'effectue dans le sens inverse. Certains végétaux montrent un tropisme de contact, ou thigmotropisme (on dit aussi haptotropisme). C'est le cas de la vigne vierge, plante grimpante dont les tiges s'accrochent au support par des pédoncules terminés par des disques de fixation. Ces pédoncules s'allongent beaucoup et leur contact avec un support provoque leur enroulement en vrille par thigmotropisme (le houblon montre également ce type de tropisme). Il existe d'autres formes de tropisme, tel l'hydrotropisme, où la croissance s'oriente vers l'humidité.

Tactismes et nasties.
À la différence des tropismes, qui concernent la croissance du végétal, les tactismes (ou taxies) sont de véritables déplacements à l'échelle des cellules, des organes ou des organismes (s'ils sont de petite taille). Ces mouvements s'orientent par rapport à un stimulus, attractif ou répulsif. Ainsi, les zoogamètes mâles des fougères sont attirés par des substances émises par les ovules (chimiotactisme). En s'orientant rapidement et de manière précise en direction du Soleil, suivant ainsi son trajet dans le ciel, les capitules du tournesol et du souci montrent un héliotactisme (on dit aussi « héliotropisme », bien qu'il ne s'agisse pas d'un phénomène de croissance).

On peut définir un autre type de mouvement chez les plantes, également provoqué par un facteur extérieur, mais sans rapport avec l'orientation de celui-ci, se différenciant ainsi des tactismes. Ces réactions déclenchées mais non dirigées par un facteur extérieur sont les nasties. L'excitant peut être le choc d'un corps solide (les gouttes d'eau sont sans effet), provoquant le repliement des folioles de la feuille de sensitive *Mimosa pudica,* ou la lumière, déterminant les positions de « veille » et de « sommeil » (feuille repliée) de certains trèfles, ou encore la chaleur (fleurs de crocus). •

→ **Voir aussi :** La cellule végétale, **BIOL**, p. 42-43. La feuille et l'appareil végétatif, **BIOL**, p. 44-45. Fleurs et inflorescences, **BIOL**, p. 86-87. Les systèmes fonctionnels, **BIOL**, p. 134-135.

Reproduction et variation

JUSQU'AU XIXe SIÈCLE, LES mécanismes de la reproduction des organismes sont restés obscurs. Pendant tout le XVIIe siècle, superstitions et préjugés font autorité et on admet qu'un certain nombre d'espèces (insectes, vers, mais aussi grenouilles ou souris) apparaissent par *génération spontanée :* ces espèces naîtraient de la chair en putréfaction ou du linge sale ! Le premier, l'Italien F. Redi (1626-1698) prouve que le vivant ne peut pas naître du non-vivant. Pour cela, il laisse des morceaux de viande dans deux bocaux, l'un fermé et l'autre ouvert ; très vite, le bocal ouvert se remplit d'asticots, lesquels ne peuvent provenir que de la ponte de mouches. (Cependant, ce n'est que deux siècles plus tard que le Français L. Pasteur fera admettre la théorie de la génération non spontanée.) Chez les espèces supérieures, on pense, au XVIIe siècle, que le germe puis l'embryon s'organisent et naissent de la fermentation de la masse fluide formée par le mélange des semences des deux parents, mais sans pouvoir préciser quelle semence apporte le germe. À la fin du siècle, on découvre dans le sperme les « animalcules » (spermatozoïdes), qui sont alors considérés comme portant le germe.

Au XIXe siècle, le perfectionnement du microscope optique permet des observations qui conduisent à la théorie cellulaire : la cellule et son noyau forment l'unité élémentaire de la vie. En 1875, l'Allemand O. Hertwig, après avoir observé la fusion des deux noyaux dans l'œuf fécondé de l'oursin, attribue leur rôle respectif à l'ovule et au spermatozoïde. À la même époque, le botaniste polonais E. Strasburger décrit la division cellulaire (mitose) et met en évidence des petites particules qui se divisent en deux (les chromosomes). Le Belge E. Van Beneden, par ses travaux sur les vers parasites de l'intestin, montre que le nombre de chromosomes des noyaux des ovules est le même que celui des noyaux des spermatozoïdes, et égal à la moitié de celui des noyaux des cellules non reproductrices (somatiques). Par cette observation, il met en évidence que le nombre de chromosomes des cellules sexuelles est réduit au cours d'une division particulière : la méiose.

Après les travaux d'hybridation sur les pois du moine autrichien G. Mendel à la fin du XIXe siècle, l'Allemand A. Weismann élabore en 1905 la théorie chromosomique de l'hérédité. L'Américain T. H. Morgan établit alors la corrélation entre la ségrégation des chromosomes et celle des caractères héréditaires, et identifie les chromosomes comme support de l'information génétique, la reproduction sexuée entraînant, dans une espèce donnée, une grande variabilité à l'intérieur d'un même schéma d'organisation. Le nombre de combinaisons possibles des caractères provenant des deux parents est tellement grand qu'il n'existe pas dans une même espèce deux individus identiques.

Le cycle vital

LA REPRODUCTION, QUI PEUT PRENDRE DIFFÉRENTES FORMES, EST LE PHÉNOMÈNE PAR LEQUEL TOUT ORGANISME VIVANT ASSURE SA PÉRENNITÉ.

Chez les organismes unicellulaires, la reproduction s'effectue souvent par simple division cellulaire. De même, chez certains pluricellulaires, elle est assurée par une succession de mitoses. Ainsi, un fragment de l'organisme parental peut donner naissance à un nouvel individu (bouturage chez les plantes, bourgeonnement ou scissiparité chez les invertébrés). Dans ce cas, la pérennité des espèces est assurée, mais les individus reproduits portent une information génétique (génome) identique à celle de leur parent ; on parle de reproduction asexuée. À l'inverse, la sexualisation permet le brassage des caractères héréditaires et introduit la variation à l'intérieur de l'espèce, favorisant ainsi les phénomènes de l'évolution. La plupart des organismes pluricellulaires se reproduisent de cette façon.

Les métazoaires se constituent à partir d'une cellule initiale diploïde (à 2*n* chromosomes), le zygote, par une série de mitoses. Ce processus conduit à la mise en place d'un stock de cellules spécialisées dans la constitution d'une lignée cellulaire somatique (cellules non reproductrices) ou évoluant vers une lignée germinale (cellules reproductrices). Les cellules germinales subissent à la fin de leur évolution la méiose, qui donne naissance à des cellules haploïdes (à *n* chromosomes), les gamètes, intervenant lors de la reproduction. Dans la plupart des espèces, on observe deux types de gamètes morphologiquement différents ; on parle alors d'anisogamie. Les gamètes mâles, ou spermatozoïdes, sont produits dans les gonades mâles, ou testicules. Les gamètes femelles, ou ovules, sont élaborés dans les gonades femelles, ou ovaires. Si les deux types de gonades sont portés par le même individu, on qualifie celui-ci d'hermaphrodite (l'escargot). Mais, dans la plupart des espèces, chaque type de gonade est porté par un individu distinct : le mâle ou la femelle. C'est le gonochorisme. L'union d'un gamète mâle (*n* chromosomes) et d'un gamète femelle (*n* chromosomes) conduit à la formation d'un œuf, ou zygote, cellule dans laquelle est rétablie la diploïdie (2*n* chromosomes), à l'origine d'un nouvel individu.

Dans une espèce donnée, le nombre de chromosomes est constant d'une génération à l'autre. Ainsi, la reproduction sexuée entraîne obligatoirement deux processus. D'une part, le passage de l'état diploïde (2*n* chromosomes) à l'état haploïde (*n* chromosomes) avec la méiose et, d'autre part, le passage de l'état haploïde à l'état diploïde, avec la fécondation. Ces deux phénomènes sont indispensables au maintien du nombre chromosomique d'une espèce au cours des générations sexuées. Cette alternance se rencontre chez presque tous les eucaryotes, des algues

Les cycles reproducteurs

La reproduction sexuée est largement répandue dans la nature. Elle permet un brassage constant des caractères au sein d'une même espèce. Ainsi, deux individus parents diffèrent par un certain nombre de caractères héréditaires. La méiose (1) conduit à la formation de gamètes haploïdes, cellules sexuelles possédant la moitié du matériel génétique de chaque parent. Si, pour une espèce donnée, la phase haploïde (à *n* chromosomes) domine le cycle de la vie (4), l'espèce est dite haplobionte. Dans le cas inverse (5), on la qualifie de diplobionte. L'association de deux gamètes permet la formation d'un nouvel individu possédant des caractères hérités des

1. La méiose.

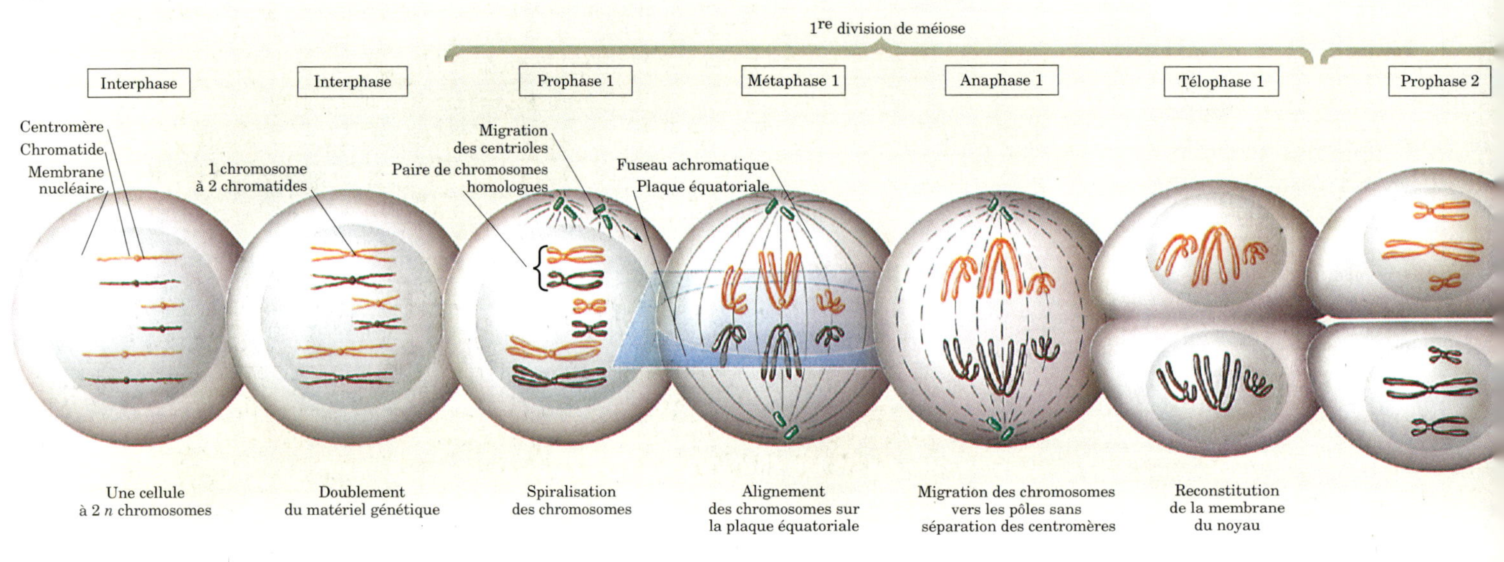

aux vertébrés. Chez l'homme, l'état haploïde est bref, puisqu'il n'existe que dans les gamètes (ovule et spermatozoïde) ; la plupart des cellules somatiques correspondant aux divers tissus sont et restent diploïdes, et seules quelques cellules de la lignée germinale peuvent subir la méiose et donner les gamètes. À l'inverse, chez de nombreux champignons, la cellule œuf ($2n$) issue de la fécondation ne se multiplie pas. Elle subit immédiatement la méiose, tandis que, pendant la phase haploïde, les cellules issues de la méiose se multiplient activement.

Le cycle de vie où la phase diploïde domine (comme chez l'homme) est appelé diplobiontique. Si la phase haploïde domine (comme chez les champignons), le cycle est appelé haplobiontique. Ces deux cycles sont des cas extrêmes, et il existe dans la nature tous les cas intermédiaires quant à l'importance relative des deux phases, qui peut donc varier dans un sens (diploïde) ou dans l'autre (haphoïde). •

Méiose et recombinaison génétique

LA MÉIOSE EST UN PHÉNOMÈNE ESSENTIEL DANS LA TRANSMISSION DES CARACTÈRES HÉRÉDITAIRES ; ELLE ASSURE LEUR BRASSAGE ET PERMET LA VARIATION AU SEIN D'UNE ESPÈCE.

L'obtention de cellules possédant la moitié du nombre de chromosomes caractéristique de l'espèce est assurée par la méiose. Ce phénomène est composé de deux divisions successives au cours desquelles ne s'effectue qu'une seule duplication des chromosomes (filaments d'A.D.N. sur lesquels sont répartis les gènes responsables des différents caractères des individus appartenant à une espèce). À partir d'une cellule diploïde, la méiose donne naissance à quatre cellules filles haploïdes. Alors que la mitose (division cellulaire donnant naissance à deux cellules filles identiques à la cellule mère et possédant le même nombre de chromosomes) est un phénomène relativement court (quelques minutes en général), la méiose requiert un temps plus long (jusqu'à 90 minutes chez certains champignons). Chacune des deux divisions méiotiques se déroule en quatre phases : prophase, métaphase, anaphase et télophase.

La prophase a pu être divisée par les cytologistes en cinq stades : leptotène (les chromosomes sont de longs filaments fins), zygotène (appariement des homologues), pachytène (les chromosomes s'épaississent), diplotène (les homologues se séparent), diacinèse (cessation des contacts entre homologues). Elle permet le doublement du matériel génétique et l'individualisation des chromosomes. Chaque chromosome possède alors deux copies identiques (les chromatides). En métaphase, l'enveloppe nucléaire et les nucléoles disparaissent ou non, suivant l'organisme, mais les paires de chromosomes homologues (bivalents) se disposent toujours sur la plaque équatoriale et un fuseau de microtubules se met en place. En anaphase de la première division, les chromosomes de chaque paire se séparent sans qu'il y ait séparation des chromatides, et migrent vers les pôles. En télophase, deux noyaux se reforment, chacun possédant la moitié des chromosomes initiaux. Cette première division est dite réductionnelle. La seconde division débute alors directement en fin de prophase sans doubler son matériel génétique. En métaphase II, les chromatides se séparent et on obtient des cellules haploïdes. Cette division est dite équationnelle. Au cours de la prophase de la première division méiotique, lorsque les chromosomes homologues sont appariés, il peut se produire des échanges de matériel génétique au niveau du chiasma entre les chromosomes de chaque parent. Ce phénomène, appelé *crossing-over,* permet des recombinaisons assurant la variation au sein d'une espèce. •

2, 3. Vraies jumelles.

deux parents. Dans certains cas, l'œuf résultant de la fécondation peut fournir deux individus strictement identiques, les jumeaux vrais (2), dont les ressemblances resteront évidentes durant toute leur vie (3).

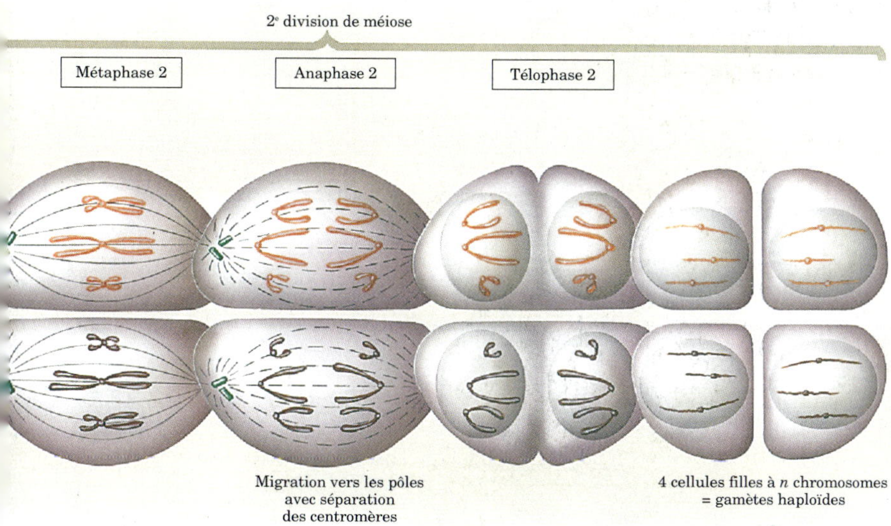

La variation

AU SEIN D'UNE ESPÈCE, LA VARIATION DUE AU BRASSAGE CHROMOSOMIQUE ASSURE UN POLYMORPHISME QUI CONFÈRE À LA POPULATION UNE VALEUR ADAPTATIVE.

Si l'on observe l'ensemble des individus d'une espèce donnée, on remarque très vite l'extrême variabilité à l'intérieur d'un même schéma d'organisation. Par exemple, dans l'espèce humaine, les cheveux peuvent être de différentes couleurs, frisés, crépus ou plats, épais ou clairsemés, autant de paramètres qui expriment la variabilité. Des remarques semblables peuvent être faites pour bien d'autres caractères visibles ou cachés chez de nombreuses espèces. Les possibilités de combinaison de ces caractères sont en nombre si gigantesque qu'il n'existe pas (chez l'homme notamment) deux individus identiques, sauf pour les jumeaux univitellins. Un couple de parents est donc capable de donner des zygotes différents les uns des autres. Ceux-ci sont formés par la fusion d'un spermatozoïde et d'un ovule, mais c'est au moment de la formation des gamètes que se détermine et se fixe la variabilité. La méiose est le processus nucléaire fondamental qui régit cette variabilité, par passage de la phase diploïde ($2n$ chromosomes) à la phase haploïde (n chromosomes) avec disjonction et recombinaison des caractères. On observe une seule exception, les jumeaux vrais, formés à l'origine par une seule cellule œuf dont la première division produit deux cellules disjointes qui donnent naissance à deux individus identiques.

Les variations peuvent intéresser un individu, une population ou une espèce entière, elles peuvent être somatiques (acquises et non transmissibles héréditairement) ou génétiques. En effet, les caractères sont soit acquis sous l'effet de l'environnement (bronzage, par exemple) et ne se maintiennent chez les descendants que si celui-ci subsiste, soit héréditaires et sont alors transmis d'une génération à l'autre, quelles que soient les conditions de l'environnement.

La variation à l'intérieur d'une même espèce repose sur l'interfécondité des individus, qui diffèrent les uns des autres par des caractères héréditaires dont les fréquences varient d'un groupe d'individus à l'autre. Il s'agit d'un polymorphisme dit « intraspécifique », qui existe dans toutes les espèces animales, végétales ou humaines. Il permet l'apparition, favorisée par un contexte écologique spécial, de variétés ou de races qui, à la suite d'un isolement (géographique, par exemple), pourront donner naissance à de nouvelles espèces. Cette sélection naturelle favorise la survie des individus les mieux adaptés. Sur cette base, on peut aussi créer une sélection artificielle qui permet, par exemple, d'isoler des variétés améliorées de plantes ou d'animaux (maïs à gros grains, vache à forte production laitière...). D'une manière générale, la variation, qui favorise le polymorphisme dans une population, permet la survie de l'espèce en autorisant son adaptation progressive aux variations du milieu. •

4. Cycle haplobiontique.

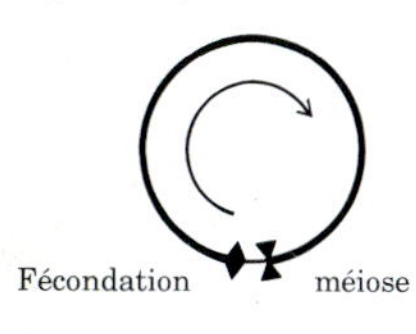

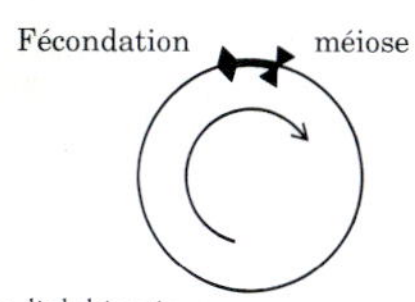

5. Cycle diplobiontique.

→ **Voir aussi :** La variation L'individu et l'espèce, **BIOL,** p. 50-51. La reproduction sexuée chez l'animal, **BIOL,** p. 74-75. La reproduction des plantes primitives, **BIOL,** p. 82-83. La reproduction des plantes à fleurs, **BIOL,** p. 84-85. L'apparition d'espèces nouvelles, **BIOL,** p. 96-97.

La variation
L'individu et l'espèce

Les êtres vivants naissent d'autres êtres vivants qui leur ressemblent. Ils appartiennent à des communautés de reproduction que l'on nomme espèces. Toutefois, la ressemblance entre parents et enfants est loin d'être absolue, de nombreuses différences s'observent entre membres d'une même famille et trahissent l'existence d'une variation biologique héréditaire entre individus. Mis à part le cas des jumeaux vrais, aucun individu n'est biologiquement identique à un autre.

Cette variation interindividuelle héréditaire s'observe aussi au niveau des populations (une population se définit comme un ensemble d'individus de la même espèce occupant un territoire commun). La variation héréditaire, qui concerne souvent un grand nombre de caractères, détermine le *polymorphisme génétique* des populations. D'autres variations entre individus d'une même population ne sont pas héréditaires, mais causées par les conditions du milieu.

Les différences héréditaires ont tendance à prendre plus d'ampleur et à devenir plus systématiques lorsqu'on compare des membres d'une même espèce provenant de zones géographiques distinctes. Ainsi peuvent se définir des races ou des sous-espèces au sein d'une même espèce, dite alors polytypique.

Par ailleurs, on rencontre souvent dans la nature des espèces d'apparence semblable. Les différences biologiques entre espèces voisines ne sont pas simplement plus grandes qu'entre races d'une même espèce. Elles résultent d'une interdiction d'hybridation et, bien plus, elles concourent à cet empêchement.

La variation entre les individus

SUR LE PLAN BIOLOGIQUE, AUCUN INDIVIDU N'EST EXACTEMENT IDENTIQUE À UN AUTRE. QUANTITÉ DE FACTEURS, GÉNÉTIQUES ET ENVIRONNEMENTAUX, SONT SOUS-JACENTS À L'EXPRESSION DE L'INDIVIDUALITÉ.

Dans une foule humaine, chacun peut distinguer facilement les individus les uns des autres par de nombreux traits particuliers (forme du visage, cheveux, stature, etc.). Ces caractères morphologiques distinctifs peuvent cependant être tout à fait discrets, par exemple les sillons cutanés à la surface des doigts, qui permettent la prise d'empreintes digitales caractéristiques de chaque individu. D'autres variations concernent des caractères biologiques comme les groupes sanguins A, B, O, ou les groupes tissulaires : pour qu'une greffe ou un organe transplanté ne soit pas rejeté, il faut que donneur et receveur appartiennent à un même système immunologique, dit de compatibilité tissulaire ou HLA. Dans le cas contraire, le système immunitaire du receveur reconnaît le tissu greffé comme « différent » et le rejette. Le grand polymorphisme du système HLA, s'il pose le problème du rejet des greffes, met cependant très clairement en évidence l'individualité biologique.

Chez les espèces animales, l'œil humain est moins exercé à détecter les différences morphologiques individuelles. Si cela est relativement facile dans le cas des animaux familiers, seuls les éleveurs peuvent reconnaître tel mouton au sein de leur troupeau. Pourtant, il est souvent possible de reconnaître une large variation interindividuelle, témoin du polymorphisme des populations naturelles. C'est le cas, par exemple, lorsqu'on recueille des petits escargots des haies *(Cepaea nemoralis)* dans une même localité. Certaines coquilles sont jaunes, d'autres brunes ou encore roses. Certaines sont unies, d'autres portent de une à cinq bandes noires.

On observe une relation entre la fréquence de certaines couleurs et le type d'habitat : les escargots jaunes unis sont, par exemple, plus fréquents dans les prairies, c'est également l'habitat où ils sont les moins visibles par leurs prédateurs. Pour leur part, les coquilles roses et brunes sont difficilement repérables dans un habitat boisé et les coquilles à bandes dans un habitat mixte. Ainsi, quel que soit l'habitat, une forme ou une autre se trouverait toujours avantagée vis-à-vis des prédateurs. On peut voir là un avantage

Les différences interindividuelles

Au sein des populations naturelles d'une même espèce, les individus peuvent présenter des apparences variées. Dans une même population locale du petit escargot des haies *Cepaea nemoralis,* les variations interindividuelles concernent la couleur et le nombre de bandes des coquilles (de 0 à 5). Ces variations obéissent à un déterminisme génétique et caractérisent le polymorphisme des populations naturelles. Les caractères biochimiques, immunologiques, etc., peuvent également varier d'un individu à l'autre au sein d'une même population locale.

1. Population locale d'escargots des haies.

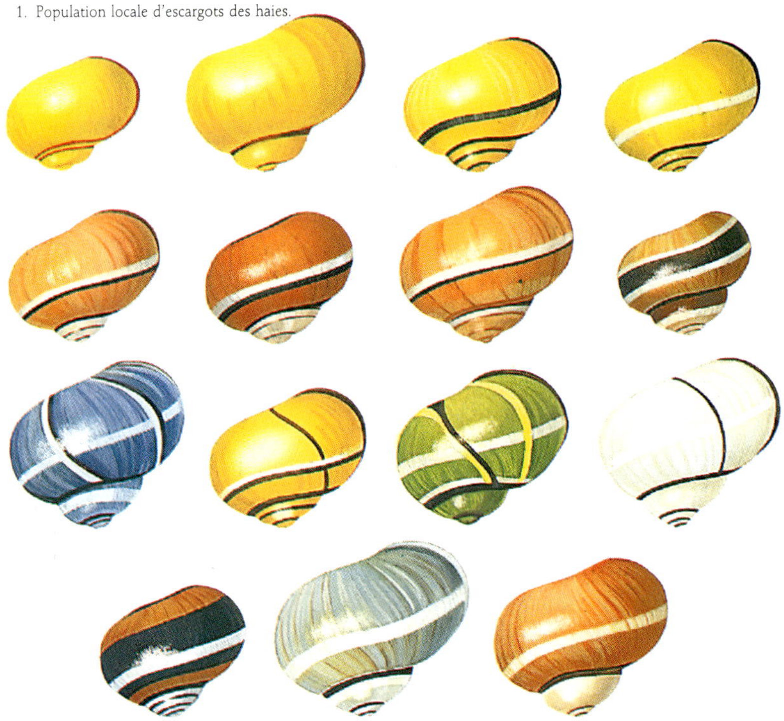

L'effet du milieu

La variation interindividuelle peut être due aux conditions du milieu. Elle est parfois spectaculaire. Chez la plante herbacée *Knautia arvensis,* la forme des feuilles est différente selon que les individus sont bien exposés au soleil (limbe profondément découpé) ou poussent à l'ombre d'un buisson (limbe entier).

2. Feuilles de *Knautia arvensis.*

adaptatif au maintien d'un grand polymorphisme dans les populations naturelles.

Outre la coloration, la variation interindividuelle dans les populations locales peut porter sur d'autres caractères : chez la limnée, petit escargot vivant dans les lacs, l'enroulement de la coquille se fait soit à droite, soit à gauche, selon les individus. Chez le papillon africain *Papilio dardanus,* certains individus ont les ailes postérieures prolongées par une queue, à la différence du reste de la population dont les ailes sont simples.

La variation interindividuelle peut être d'origine génétique ou environnementale. Le groupe sanguin, son système de compatibilité tissulaire dépendent directement du patrimoine héréditaire. La coloration des coquilles de *Cepaea nemoralis* obéit à un déterminisme génétique direct, de même que le sens de l'enroulement de la coquille de la limnée et la présence d'une queue à l'aile postérieure de *Papilio dardanus.* Pour des caractères morphologiques plus complexes, comme la taille, la variation interindividuelle dépend à la fois du déterminisme génétique et des conditions de vie dans le milieu. Dans certains cas, l'action du milieu détermine à elle seule des variations de forme spectaculaires : chez la plante herbacée *Knautia arvensis* (voisine de la scabieuse), les individus croissant dans des prairies ensoleillées présentent des feuilles très échancrées ; au contraire, les individus qui poussent à l'ombre ont des feuilles entières. •

La variation entre les races

LES POPULATIONS D'UNE MÊME ESPÈCE OCCUPANT DES ZONES GÉOGRAPHIQUES DISTINCTES DIFFÈRENT SYSTÉMATIQUEMENT PAR QUELQUES CARACTÈRES.

Le terme de race s'applique, chez les animaux domestiques et les plantes cultivées, à des variétés qui diffèrent systématiquement les unes des autres par quelques caractères morphologiques très évidents transmis héréditairement : certaines races de chiens aussi différentes que le fox-terrier, le basset, le berger allemand ou le saint-bernard appartiennent pourtant à la même espèce ; les variétés de choux sont également très diverses (chou pommé, chou frisé, chou de Bruxelles, chou-fleur, etc.).

Les espèces sauvages qui occupent de vastes territoires présentent souvent des races géographiques (aussi appelées sous-espèces) et sont dites « polytypiques ». Ces races ne diffèrent souvent que par la couleur ou la taille. Chez la corneille *Corvus corone,* les populations d'Europe occidentale sont formées d'individus à plumage uniformément noir (corneille noire) ; dans les populations de l'Europe de l'Est, les individus ont systématiquement un plumage gris et noir (corneille mantelée). De même, chez l'ours brun, *Ursus arctos,* dont quelques exemplaires vivent encore dans les Pyrénées, il existe plusieurs races géographiques, par exemple le grizzli, ours brun de grande taille occupant l'Amérique du Nord, et le kodiak, de plus grande taille encore, vivant en Alaska.

Les traits morphologiques ne sont pas les seuls à permettre l'identification des races à l'intérieur d'une espèce. Chez la mouche *Drosophila pseudo-obscura* d'Amérique du Nord, on peut reconnaître des races chromosomiques, c'est-à-dire des populations géographiques différant par la structure de leurs chromosomes.

Les différences biologiques caractérisant les races, généralement peu profondes, ne varient pas toujours de concert d'une population à l'autre. Par exemple, chez l'oiseau de paradis, *Paradisea apoda,* habitant la Nouvelle-Guinée, la coloration du dos devient plus foncée quand on passe de l'est au nord de l'île, alors que celle des ailes devient plus claire d'ouest en est.

La variation non concordante des caractères d'une race à l'autre est plus frappante encore lorsqu'on prend en compte des caractères biologiques comme les groupes sanguins ou la composition des enzymes. Les races ne correspondent pas à des subdivisions biologiquement significatives des espèces : il ne s'agit souvent que de regroupements de populations semblables, effectués pour la commodité de l'observation scientifique. •

L'espèce

LES ESPÈCES RESTENT DISTINCTES PARCE QU'ELLES FORMENT DES COMMUNAUTÉS SEXUELLES EXCLUSIVES.

Au sein de l'extrême diversité des êtres vivants, l'homme a distingué de longue date les ensembles formés par ceux qui se ressemblent, qu'il a appelés espèces. Au contraire des races, les espèces ne sont pas des entités arbitraires : les peuples primitifs reconnaissent le même nombre d'espèces dans leur environnement naturel que les spécialistes scientifiques.

Les espèces voisines se distinguent par trois catégories de caractères. La première est d'ordre morphologique et physiologique ; par exemple, l'ours blanc, *Thalarctos maritimus,* a une fourrure blanche et une dentition adaptée à un régime carnivore (poissons, phoques, etc.), alors que l'ours brun, *Ursus arctos,* a une fourrure brune et une dentition adaptée à un régime omnivore (baies, miel, petits animaux, etc.). La seconde catégorie est d'ordre écologique : l'ours blanc vit sur la banquise où il chasse et pêche, tandis que l'ours brun vit dans les forêts septentrionales. La troisième a trait à la reproduction : les membres d'une même espèce se reconnaissent comme partenaires sexuels et leurs descendants sont fertiles. Au contraire, les membres d'espèces différentes, même d'apparence voisine, ne se reproduisent qu'exceptionnellement et leurs descendants ne sont pas féconds (tel le mulet, rejeton de l'âne et du cheval) car leurs patrimoines génétiques ne sont pas compatibles (c'est ce qu'on appelle la barrière de stérilité). Dans beaucoup de cas, il n'y a même pas d'appétence sexuelle entre membres d'espèces voisines ; ou encore, par leurs modes de vie et leurs milieux respectifs, les animaux ne sont pas amenés à se rencontrer en période de reproduction.

Le zoologue Ernst Mayr définit ainsi l'espèce : une communauté reproductive (reproductivement isolée des autres communautés) occupant une niche écologique particulière dans la nature. Pour les botanistes, il est cependant plus difficile de donner une définition totalement satisfaisante de l'espèce, notamment à cause de la fréquence des hybrides fertiles dans le règne végétal.

Contrairement aux différences existant entre races au sein d'une espèce, les différences morphologiques entre espèces ont une signification particulière. Elles sont non seulement nombreuses et systématiquement concordantes, mais elles contribuent également à l'isolement reproducteur, qui est nécessaire au maintien de ces unités distinctes que sont les espèces naturelles. •

3. Différentes espèces et races d'ours.

4. Aire de répartition des ours.

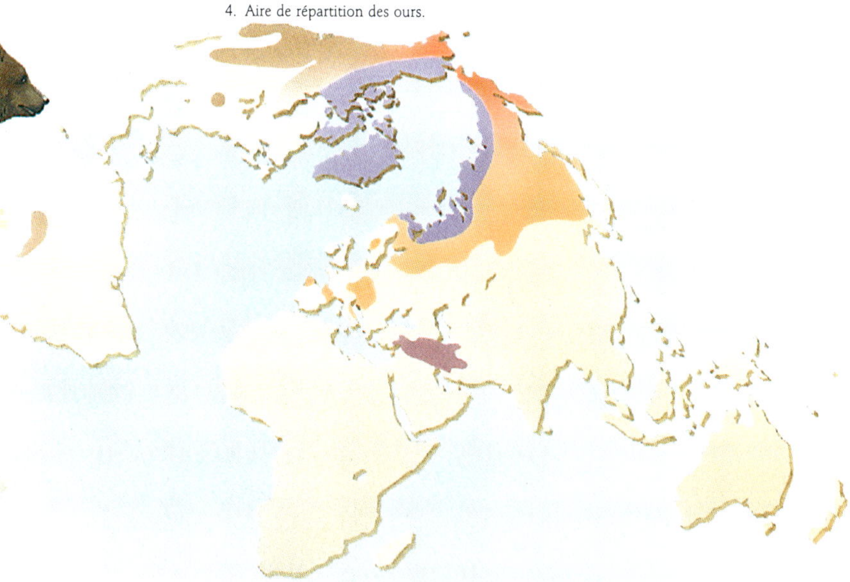

Les races géographiques

L'ours brun présente des races (ou sous-espèces) géographiques (dont la répartition mondiale est donnée ci-dessus). On voit ici l'ours brun typique *(Ursus arctos),* le grizzli d'Amérique du Nord *(Ursus arctos horribilis),* le kodiak d'Alaska *(Ursus arctos middendorfi)* et l'ours brun de Perse *(Ursus arctos syriacus).* L'ours blanc représente quant à lui une espèce distincte *(Thalarctos maritimus).*

Les caractères héréditaires

C'EST EN VERTU DE L'HÉRÉdité des caractères que les parents se livrent au petit jeu qui consiste à reconnaître chez leur enfant le nez du père ou les yeux de la mère. L'hérédité n'est cependant pas toujours évidente. Certains traits d'un enfant peuvent révéler un atavisme, c'est-à-dire provenir d'ancêtres éloignés, sans avoir été présents chez les parents immédiats. D'autres caractères se révèlent exactement intermédiaires entre ceux de chaque parent, comme la couleur de la peau d'un enfant issu d'un mariage entre Blanc et Noir.

Pendant des siècles, on a cru d'ailleurs que l'hérédité consistait en un mélange des caractères parentaux chez les descendants. Ce fut le grand mérite du moine botaniste tchécoslovaque Gregor Mendel d'avoir réfuté, en 1865, cette théorie erronée de « l'hérédité par mélange » et d'avoir établi les lois qui portent son nom. Cependant, celles-ci n'ont pas été immédiatement comprises et sont restées oubliées jusqu'en 1900. Elles ont été alors redécouvertes indépendamment par trois biologistes, le Hollandais H. De Vries, l'Allemand C. Correns et l'Autrichien E. von Tschermak.

Dans la première décennie du XXe siècle, les lois de Mendel furent approfondies et étendues. Établies chez les végétaux, on démontra qu'elles étaient aussi valables chez les animaux. La valeur intermédiaire de certains traits hérités par rapport aux traits parentaux et l'hérédité de traits à versions multiples s'avérèrent également conformes aux lois de Mendel, ainsi que l'hérédité des caractères à variations quantitatives (taille, couleur de la peau, etc.).

Caractères à variations multiples

CERTAINS CARACTÈRES HÉRÉDITAIRES PRÉSENTENT PLUS DE DEUX (ET JUSQU'À TRENTE) VERSIONS DISTINCTES.

Dans les expériences de Mendel, les caractères étudiés n'avaient que deux versions alternatives (graines rondes ou ridées, par exemple). Au début du XXe siècle, on s'est aperçu que d'autres caractères pouvaient avoir de nombreuses versions dans une population, même si chez un individu donné une seule s'exprime (sous le contrôle des deux gènes provenant des parents).

Chez le lapin domestique, le pelage peut être coloré, albinos (totalement blanc) ou de type dit Himalaya (blanc avec des taches noires sur les pattes, le museau et les oreilles) : ces trois versions du pelage sont déterminées par trois versions distinctes, ou allèles, d'un même gène. Dans le cas de l'escargot des haies *Cepeae nemoralis,* la couleur du fond de la coquille est dépendante d'un gène qui présente six allèles : l'un d'eux détermine la version « brune » ; un autre, la version « rose sombre » ; un autre, « rose pâle » ; un autre « rose très pâle » ; un autre, « jaune sombre » ; et le dernier, la version « jaune ».

Dans l'espèce humaine, un cas bien connu est celui du système sanguin ABO. Les groupes sont déterminés par un gène présentant trois allèles dénotés I^A I^B et *i*. Les règles suivantes s'appliquent : I^A ou I^B sont dominants par rapport à *i* ; I^A et I^B sont codominants, ce qui veut dire qu'ils déterminent, lorsqu'ils sont ensemble, un caractère qui est la somme des deux caractères déterminés séparément. Ainsi le groupe A résulte d'une composition génétique (ou génotype) formée de deux allèles I^A (puisqu'il y a deux exemplaires de chaque gène dans le patrimoine génétique) ou d'un allèle I^A et d'un allèle *i*. Le groupe B est déterminé par un génotype I^BI^B ou I^Bi ; le groupe AB, par un génotype I^AI^B, et le groupe O par un génotype *i i*. Le plus grand nombre de versions d'un caractère enregistré jusqu'à présent concerne les propriétés de compatibilité tissulaire (HLA), dont les gènes déterminent le rejet des greffes. On compte trente-trois allèles chez l'homme, pour un seul gène du système HLA. •

Les lois de Mendel

LA TRANSMISSION HÉRÉDITAIRE D'UN CARACTÈRE PRÉSENTANT DEUX VERSIONS DIFFÉRENTES OBÉIT À DES LOIS SIMPLES, DÉCRITES AU MILIEU DU XIXe SIÈCLE PAR MENDEL.

Pour débrouiller l'écheveau complexe de la transmission héréditaire, Mendel eut l'idée de considérer des caractères présentant des versions alternatives bien tranchées. Chez le petit pois comestible, *Pisum sativum,* il choisit d'étudier des caractères comme la forme de la graine (ronde ou ridée) ou sa couleur (jaune ou verte).

Dans une première série d'expériences, il fit se croiser des individus différant par un seul caractère, la forme de la graine : ronde et lisse, ou ridée. Il constata que tous les individus (dits de génération F_1) issus du croisement entre un plant à graines rondes et un plant à graines ridées étaient identiques, ne présentant que la version « ronde » de la forme. C'est la première loi, « d'uniformité de la génération F_1 ». La version ronde est dite *dominante* et la version ridée, *récessive.*

Lorsqu'on croise entre eux des individus de génération F_1, on obtient une génération dite F_2 dans laquelle les deux versions de la forme de la graine apparaissent à nouveau, dans des proportions bien définies : trois descendants à graines rondes pour un à graines ridées. Ce résultat illustre la deuxième loi de Mendel, de « ségrégation des caractères dans la génération F_2 ». La proportion observée s'explique aisément si l'on fait l'hypothèse que les facteurs héréditaires déterminant chacune des formes de la graine sont restés individualisés au sein du patrimoine génétique des individus F_1. Ceux-ci ont donné des cellules sexuelles ne contenant qu'un seul des deux facteurs déterminant l'une ou l'autre des versions de la forme, ronde ou ridée. Lors de la fécondation, la rencontre au hasard des cellules sexuelles mâles et femelles autorise toutes les combinaisons possibles entre facteurs. En vertu des règles de dominance, la forme ronde se manifeste lors de la combinaison de deux facteurs déterminant la forme ronde, mais aussi lors de la combinaison forme ronde-forme ridée ; la forme ridée ne se manifeste que lors de la combinaison de deux facteurs déterminant la forme ridée, qui ne se produit statistiquement qu'une fois sur quatre, d'où la proportion observée en F_2 de trois individus à graines rondes pour un à graines ridées.

La troisième loi de Mendel, dite d'« assortiment indépendant des caractères », s'applique aux croisements entre individus différant par deux caractères. Si l'on croise des pois à graines rondes et jaunes avec des pois à graines ridées et vertes, on obtient une génération F_1 encore uniforme, dans laquelle tous les individus sont à graines rondes et jaunes. La génération F_2 est formée par la réunion au hasard, au moment de la fécondation, de l'une ou l'autre des deux formes avec l'une ou l'autre couleur. On obtient de la sorte des proportions définies de descendants : en moyenne, 9 graines sont rondes et jaunes comme l'un des deux parents ; 1 graine est ridée et verte comme l'autre parent ; 3 graines réalisent une combinaison nouvelle (ridées et jaunes) et 3 autres forment également une nouvelle combinaison (rondes et vertes).

On a montré, au début du XXe siècle, que les lois de Mendel s'appliquaient aussi au cas de l'hérédité intermédiaire c'est-à-dire quand les facteurs responsables de deux versions alternatives d'un caractère peuvent déterminer une troisième version, intermédiaire entre les deux autres, s'ils se trouvent réunis chez un descendant (les facteurs sont alors dits semi-dominants) ou codominants •.

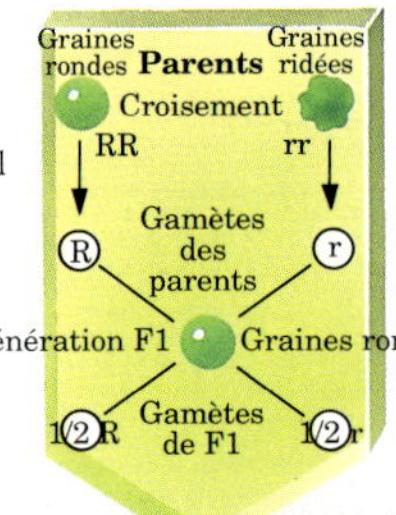

1. Transmission du caractère « forme » selon les lois de Mendel (graines du petit pois *Pisum sativum*).

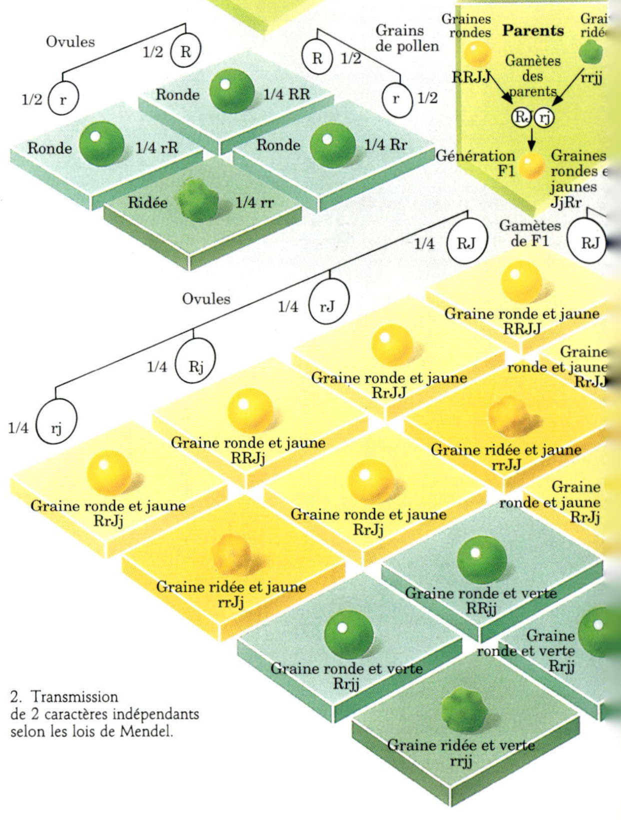

2. Transmission de 2 caractères indépendants selon les lois de Mendel.

3. Parents de couleur rouanne (génotype RB).

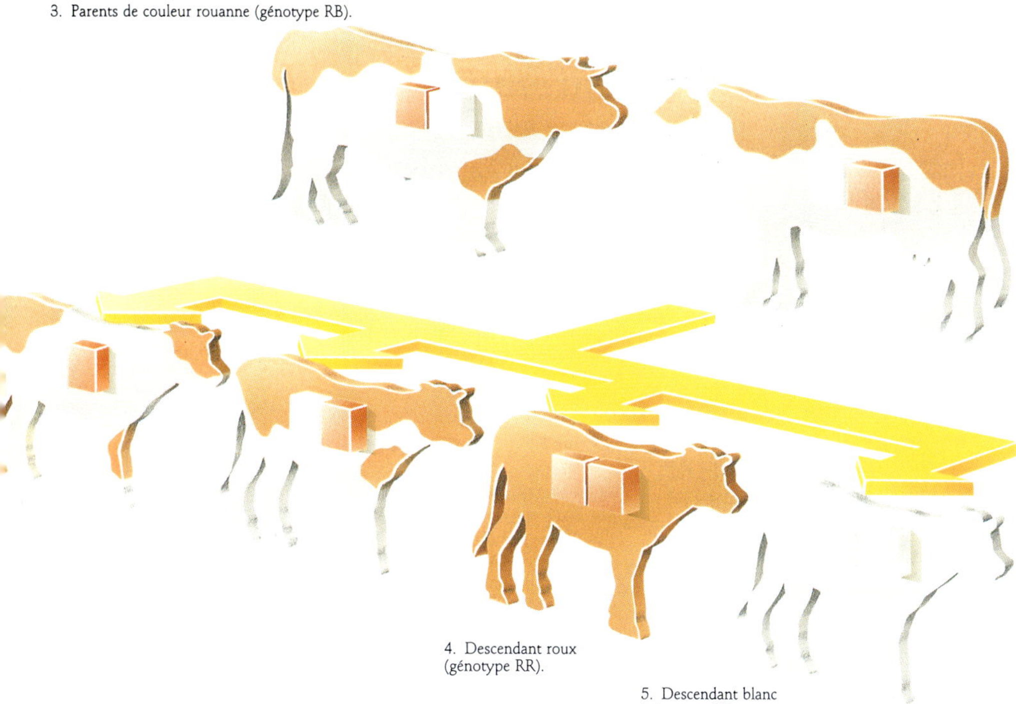

4. Descendant roux (génotype RR).

5. Descendant blanc (génotype BB).

6. Lapin de race albinos.

7. Race Himalaya.

8. Race colorée.

Déterminisme héréditaire des couleurs

Dans cette race de vaches domestiques, la couleur de la robe est rousse, blanche ou rouanne (intermédiaire entre roux et blanc). La transmission de ces caractères héréditaires illustre la notion de *codominance.* Pour que la couleur rousse se manifeste (4), les deux gènes « R » déterminant cette couleur doivent être présents dans le patrimoine génétique de l'animal (génotype RR). Il en est de même pour la couleur blanche (génotype BB) [5]. La couleur rouanne (3) ne se manifeste que lorsque ces deux types de gènes sont réunis (génotype RB). Les parents de couleur rouanne peuvent donner trois types de descendants dont les proportions sont statistiquement définies par la deuxième loi de Mendel, dite « de ségrégation ».
Le pelage des trois races de lapins ci-contre est déterminé par trois allèles différents du même gène. La couleur du pelage des trois races, colorée (8), albinos (6) ou « Himalaya » (7), constitue un caractère à variations multiples.

La transmission mendelienne

Si on croise des pois différant par le caractère forme (1), les pois hybrides de première génération (F1) sont tous ronds (dominance). La descendance de la F1 sera composée de 1/4 de pois ridés et de 3/4 de pois ronds. Si l'on s'intéresse à deux caractères (2), les phénotypes de deuxième génération permettent de déduire s'il s'agit ou non d'une transmission indépendante (comme ici).

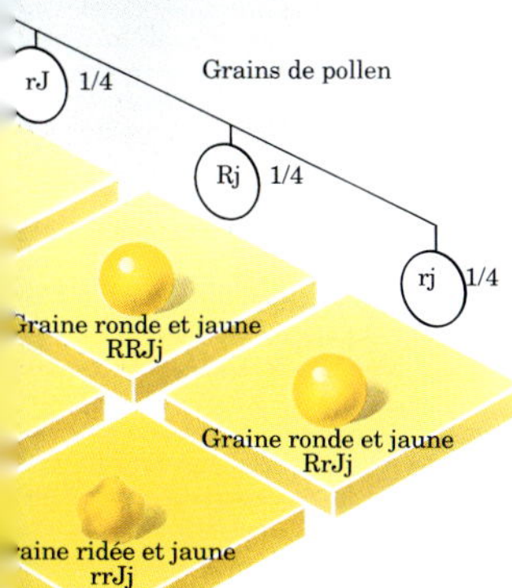

Génération F2
1/16 RRJJ + 2/16 RrJJ + 2/16 RRJj + 4/16 RrJj : 9/16 rondes et jaunes
1/16 RRjj + 2/16 Rrjj : 3/16 rondes et vertes
1/16 rrJJ + 2/16 rrJj : 3/16 ridées et jaunes
1/16 rrjj : 1/16 ridées et vertes

La variation continue

DES CARACTÈRES, COMME LA TAILLE DES INDIVIDUS, NE PRÉSENTENT PAS QUELQUES VERSIONS DISTINCTES. GOUVERNÉS PAR PLUSIEURS GÈNES, ILS VARIENT DE FAÇON CONTINUE DANS LA POPULATION.

Mendel n'avait envisagé que les caractères présentant des variations bien tranchées d'un individu à l'autre. Cependant, certains caractères possèdent tellement de versions différentes qu'ils semblent varier de manière continue. Dans l'espèce humaine, la taille des individus adultes varie entre des valeurs voisines d'un mètre cinquante à des valeurs supérieures à deux mètres. La fourchette de variation est fixée génétiquement, la taille définitive dépend dans une large mesure de la nutrition et de l'environnement. Chez les animaux, un exemple de caractère à variation continue est celui de la quantité de lait produite par les vaches. Chez les végétaux, la quantité de protéines contenues dans les graines du maïs varie également de façon continue.

Jusque dans les années 1910, on croyait que ces caractères n'obéissaient pas aux lois de Mendel et que leur transmission héréditaire devait traduire l'existence d'une « hérédité par mélange » (dans la mesure où l'on pouvait observer de nombreux intermédiaires). En fait, les travaux de trois généticiens, l'Allemand H. Nilsson-Hele, l'Américain E. East et l'Anglais R. Fisher, montrèrent que les caractères à variation continue étaient déterminés par plusieurs gènes agissant de concert, chacun d'eux présentant plusieurs versions, ou allèles. Quand plusieurs gènes gouvernent un même caractère, on parle de polygénie.

Prenons comme exemple la couleur de la peau. Un mariage entre Blanc et Noir donne des enfants mulâtres de couleur exactement intermédiaire. Des mariages entre mulâtres donnent plusieurs autres catégories d'intermédiaires, en même temps que des enfants tout à fait blancs ou tout à fait noirs. Les lois de Mendel permettent d'avancer une explication satisfaisante de ce phénomène.

Supposons que la couleur de la peau soit déterminée par deux gènes, chacun ayant deux allèles : *A* et *a* pour le premier, *B* et *b* pour le second. Le phénotype (résultat de l'expression des gènes) « couleur noire », de même que le phénotype « couleur blanche », est déterminé par un génotype dans lequel les deux gènes sont homozygotes (c'est-à-dire représentés par des allèles identiques). Dans le premier cas, les allèles sont ceux symbolisés par des minuscules (un Blanc a donc pour génotype *aabb*), et, dans le second cas, les allèles sont ceux symbolisés par des majuscules (le génotype d'un Noir est donc *AABB*). Supposons encore que la couleur de la peau soit mesurée par la « réflectance », une grandeur physique variant proportionnellement à l'intensité de la pigmentation de la peau. La couleur blanche aurait, par exemple, une valeur de 0,225 unité de réflectance et la couleur noire une réflectance de 0,425.

Dans cette hypothèse d'une couleur de peau déterminée par deux gènes, ceux-ci ont un effet additif : cela veut dire que, étant donné le génotype *aabb* déterminant une couleur blanche de réflectance 0,225, chaque remplacement, dans le génotype, d'un allèle *a* ou *b* par un allèle *A* ou *B* ajoute une réflectance de 0,050 à la couleur blanche. Un mulâtre issu d'un mariage entre Blanc *aabb* et Noir *AABB* possède un génotype *AaBb* (première loi de Mendel d'uniformité de la F_1) et une réflectance de (0,225 + 0,050 + 0,050) = 0,325, exactement intermédiaire entre blanc (0,225) et noir (0,425). Lorsque deux mulâtres se marient, leurs enfants (d'après la troisième loi de Mendel d'assortiment indépendant) pourront avoir l'un des 9 génotypes possibles. Ceux-ci déterminent cinq couleurs de peau, s'échelonnant graduellement du blanc (génotype *aabb,* réflectance 0,225) au noir (génotype *AABB,* réflectance 0,425), en passant par trois couleurs intermédiaires (« café au lait ») plus ou moins foncées : les génotypes *Aabb* et *aaBb* déterminent une couleur de réflectance (0,225 + 0,050) : 0,275 ; les génotypes *AAbb, AaBb* et *aaBB* déterminent une couleur de réflectance (0,225 + 0,050 + 0,050) = 0,325 ; les génotypes *AABb* et *AaBB* déterminent une couleur de réflectance (0,225 + 0,050 + 0,050 + 0,050) = 0,375.

En réalité, on estime que la couleur de la peau est déterminée chez l'homme par au moins six gènes agissant de manière additive, chacun ayant deux allèles. Ce déterminisme polygénique explique l'existence d'intermédiaires extrêmement nombreux dans les couleurs de peau. •

→ **Voir aussi :** Reproduction et variation, **BIOL**, p. 48-49. La variation L'individu et l'espèce, **BIOL**, p. 50-51.

Gènes et chromosomes

LE TERME DE CHROMOSOME désigne, au sein du noyau cellulaire, les corpuscules en forme de bâtonnets qui deviennent visibles au moment où le noyau se divise. Au début du XXe siècle, le biologiste américain W.S. Sutton et l'Allemand R. Boveri remarquent que les chromosomes se distribuent d'une génération à l'autre exactement comme les facteurs héréditaires (ou gènes) postulés par Mendel. Ils en déduisent que les chromosomes portent les gènes. En 1910, T.H. Morgan et son équipe montrent, chez la drosophile, que le gène de la couleur des yeux est porté par le chromosome qui détermine également le sexe. Puis ils observent que de nombreux gènes se trouvent *liés,* c'est-à-dire portés par le même chromosome. Ils établissent ainsi les premières cartes chromosomiques des facteurs héréditaires.

Le cycle vital de chaque espèce est caractérisé par un nombre particulier de chromosomes, identique pour toutes les cellules (excepté les cellules reproductrices). Les individus issus d'une reproduction sexuée reçoivent de chacun de leurs parents un stock de n chromosomes, soit $2\,n$ chromosomes homologues 2 à 2. Dans l'espèce humaine $n = 23$ (soit 46 chromosomes homologues 2 à 2), chez le singe $n = 24$ (48 chromosomes), chez le cheval $n = 32$ (64 chromosomes), chez la drosophile $n = 4$ (8 chromosomes). Ces espèces, dont la partie essentielle du cycle vital est à $2\,n$ chromosomes, sont *diploïdes.* Chez d'autres espèces, dites *haploïdes* (en particulier des végétaux), la plus grande partie du cycle vital est à n chromosomes : leurs cellules ne portent qu'un exemplaire de chaque paire de chromosomes.

La théorie chromosomique de l'hérédité

ON SAIT DEPUIS 1915, GRÂCE À T.H. MORGAN, QUE LES GÈNES, FACTEURS DE L'HÉRÉDITÉ, SONT LOCALISÉS DANS LE NOYAU DES CELLULES SUR DES CORPUSCULES APPELÉS CHROMOSOMES.

Grâce aux progrès de la microscopie, les biologistes acquièrent dès 1885 la conviction que le noyau des cellules est le siège du patrimoine génétique. En effet, à la fécondation, le noyau du spermatozoïde fusionne avec celui de l'ovule. Le patrimoine génétique est contenu par les chromosomes, corpuscules en forme de bâtonnet, qui s'individualisent par condensation de la chromatine du noyau au moment de la division cellulaire.

La preuve en est apportée au début du XXe siècle par l'Américain W.S. Sutton et l'Allemand T. Boveri, qui parviennent à suivre le destin de chacun des chromosomes d'une division cellulaire à l'autre. Ils montrent que la disparition des chromosomes n'est qu'apparente. En fait, ces derniers sont des structures permanentes de la cellule. Le stock de chromosomes est organisé par paires et chacune de ces paires est constituée au moment de la formation de la cellule-œuf. Un élément de la paire est apporté par le spermatozoïde (origine paternelle) ; l'autre, par l'ovule (origine maternelle). À l'inverse, ces paires se dissocient lors de la formation des spermatozoïdes (ou des ovules), une cellule sexuelle n'emportant avec elle qu'un des deux membres de chaque paire. Les lois de Mendel, qui viennent juste d'être redécouvertes, stipulent que les facteurs héréditaires d'origine paternelle et maternelle s'associent par paires dans les cellules-œufs, puis se séparent dans les cellules sexuelles de l'adulte.

Sutton et Boveri avancent l'idée qu'en raison de leur comportement similaire les facteurs de l'hérédité de Mendel, baptisés gènes, doivent être localisés sur les chromosomes.

Cette découverte sera confirmée par le biologiste américain Thomas Hunt Morgan et son équipe de l'université Columbia de New York. Ils démontrent que le sexe est déterminé par une paire de chromosomes particuliers. Les deux éléments de cette paire sont différents selon le sexe. Chez la

1. Chromosomes dans une cellule en division.

2. Expérience de Morgan : liaison entre deux facteurs.

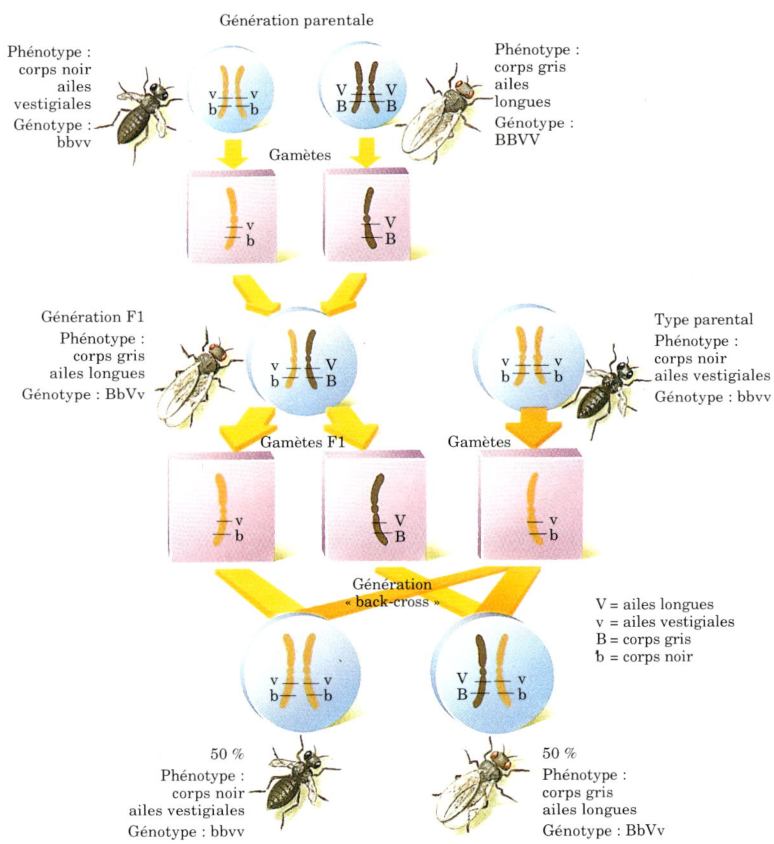

Les expériences de Morgan

Les chromosomes, sortes de corpuscules en forme de bâtonnets ou de « boomerangs », ne sont visibles à l'intérieur du noyau qu'au moment de la division cellulaire (1). Les expériences de Morgan sur la mouche drosophile, au début du XXe siècle, ont permis d'établir les notions de liaisons entre gènes (2) et de recombinaisons entre allèles de différents gènes (3). Les proportions des différents types de descendants sont celles réellement observées par Morgan dans ses expériences sur la couleur du corps et la dimension des ailes de la drosophile. La recombinaison entre allèles de gènes sur un même chromosome s'explique par le phénomène de l'entrecroisement des chromosomes. Plus exactement celui-ci consiste, au moment de la formation des cellules sexuelles, en un entrecroisement entre chromatides (moitiés de chromosomes), suivi d'une cassure et d'un échange de morceaux entre chromatides (4).

plupart des animaux, en effet, toutes les cellules du corps de la femelle possèdent une paire de chromosomes sexuels XX ; toutes les cellules du corps du mâle possèdent un chromosome sexuel X et un chromosome Y.

Au cours d'expériences sur la drosophile (mouche du vinaigre), T. H. Morgan étudie aussi le devenir d'un gène déterminant la couleur des yeux, lié aux chromosomes sexuels. Il effectue des croisements entre femelles aux yeux rouges et mâles aux yeux blancs. La première génération (notée F1) est composée uniquement d'individus aux yeux rouges. Croisés entre eux, ceux-ci donnent une seconde génération (F2), composée d'individus aux yeux rouges et d'autres aux yeux blancs, dans la proportion de 3 rouges pour 1 blanc, ce qui est conforme aux lois de Mendel. Au départ, les individus aux yeux blancs sont uniquement des mâles. Dans la génération F2, la moitié des mâles ont les yeux blancs, l'autre moitié les yeux rouges. De tels résultats peuvent s'expliquer si l'on admet que la couleur des yeux est déterminée par un gène figurant sur le chromosome X. Il faut aussi supposer que la version, ou allèle, rouge (W) est dominante par rapport à l'allèle blanc (w).

Les mâles ayant une paire de chromosomes sexuels XY n'ont qu'un seul allèle déterminant la couleur des yeux. S'ils ont reçu à la naissance un chromosome X portant l'allèle w, ils auront systématiquement les yeux blancs. Alors qu'une femelle, pour avoir les yeux blancs doit porter un même allèle w sur chacun de ses deux chromosomes X (autrement dit, elle est homozygote pour le gène déterminant la couleur des yeux). Une femelle hétérozygote, c'est-à-dire présentant un allèle w sur un chromosome X et un allèle W, dominant, sur l'autre chromosome X, aura systématiquement les yeux rouges.

Comme Morgan l'a découvert, d'autres gènes, tels que ceux qui définissent la couleur du corps ou la longueur des ailes sont aussi portés par les chromosomes X. De nombreux autres gènes se transmettent de concert sans être liés aux chromosomes sexuels. La totalité de l'information génétique est fragmentée en milliers de gènes. En 1915, Morgan publie une démonstration complète de la théorie chromosomique de l'hérédité. •

Le patrimoine génétique

CHAQUE ESPÈCE EST CARACTÉRISÉE PAR UN NOMBRE ET UNE CONFIGURATION PARTICULIERS DE CHROMOSOMES.

Pour chaque espèce, le nombre des chromosomes est parfaitement défini. Ainsi, dès le XIXe siècle, on avait établi que l'ascaris (un vers parasite de l'intestin) possède 4 chromosomes (deux paires) dans son patrimoine génétique. La drosophile, *Drosophila melanogaster*, étudiée par T.H. Morgan, a 8 chromosomes (4 paires). Des espèces voisines de drosophiles possèdent des nombres de chromosomes variables : 12 (6 paires) pour *D. subobscura* ; 10 (5 paires) pour *D. pseudo-obscura* ; 6 (3 paires) pour *D. willistoni*. En ce qui concerne l'espèce humaine, ce n'est qu'en 1957 que le nombre chromosomique a été connu : 46 chromosomes (23 paires). À ce titre, *Homo sapiens* ne diffère de son plus proche cousin, le chimpanzé, que par une paire de chromosomes. Celui-ci a en effet 48 chromosomes (24 paires).

Les espèces citées ci-dessus sont toutes diploïdes, c'est-à-dire qu'elles ont deux fois un nombre *n* de chromosomes (ou *n* paires de chromosomes). On connaît de nombreuses espèces, notamment dans le règne végétal, qui sont polyploïdes (c'est-à-dire qui ont *x* fois un nombre *n* de chromosomes). Par exemple, le bananier est triploïde, possédant 27 chromosomes (3×9) ; la pomme de terre est tétraploïde (48 chromosomes, soit 4×12) ; le blé, hexaploïde (42, soit 6×7). Les cas de polyploïdie peuvent se produire dans l'évolution des espèces, à la suite de remaniements chromosomiques consistant en duplications du stock chromosomique (autopolyploïdie). C'est le cas de la grenouille sud-américaine *Odontophrynus americanus* (un autotétraploïde, ayant 44 chromosomes, soit 4×11). Dans d'autres cas, dits d'allopolyploïdie, il s'agit de fusions entre patrimoines génétiques d'espèces différentes. Ainsi, le blé *Triticum æstivum* a été obtenu par les premiers agriculteurs par hybridation entre une espèce de céréale sauvage *Triticum monococcum* qui possède 14 chromosomes (2×7) et une autre espèce diploïde de *Triticum* ayant aussi 14 chromosomes. L'hybride tétraploïde (4×7) ainsi obtenu a de nouveau été hybridé à une autre espèce possédant également 14 chromosomes pour donner l'espèce cultivée aujourd'hui, dotée de 42 chromosomes (6×7).

L'évolution des espèces peut être liée à la fusion de certaines paires de chromosomes. L'ancêtre de l'homme et du chimpanzé avait probablement 48 chromosomes (24 paires, comme le chimpanzé aujourd'hui) : le patrimoine génétique de l'espèce humaine proviendrait d'une fusion entre deux paires de chromosomes (paires n° 2 et n° 3 du chimpanzé), donnant 46 chromosomes (23 paires). Dans une même espèce, les individus peuvent encore présenter différents remaniements chromosomiques comme la fission d'une paire en deux, ou des inversions de segments de chromosomes.

Des individus possédant un nombre incorrect de chromosomes (aneuploïdie) sont généralement atteints de handicaps congénitaux. C'est le cas, dans l'espèce humaine, des sujets atteints du syndrome de Down (trisomie 21), porteurs de 47 chromosomes (le chromosome n° 21 étant en trois exemplaires, au lieu de deux). Enfin, au cours de phases importantes du cycle vital de végétaux comme les algues ou les fougères, les individus sont haploïdes (n'ayant que la moitié du stock normal de chromosomes, soit *n*). C'est aussi le cas des abeilles de sexe mâle. •

3. Recombinaison entre deux facteurs.

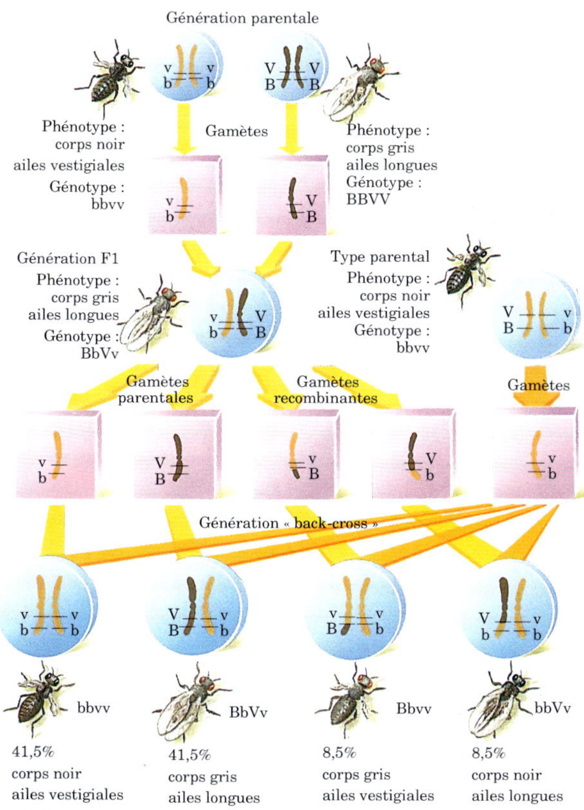

4. Entrecroisement ou « crossing-over » entre deux chromosomes homologues.

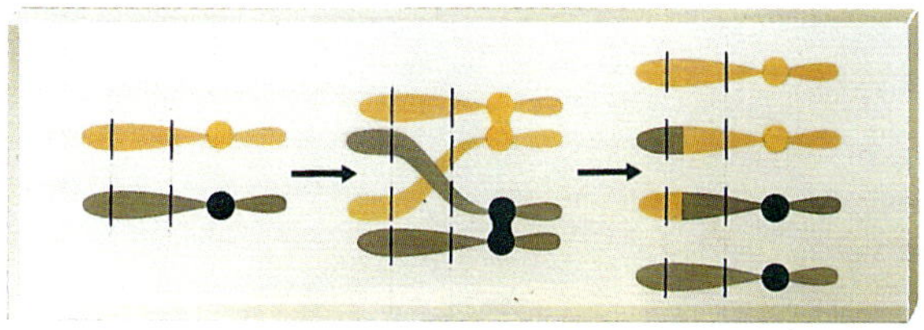

Liaison et recombinaison

LES GÈNES LIÉS SUR UN CHROMOSOME PEUVENT ÊTRE SÉPARÉS LORS D'ENTRECROISEMENTS DES CHROMOSOMES.

Pour démontrer que les gènes sont portés par les chromosomes, Morgan s'est appuyé notamment sur deux types d'observation : les liaisons entre gènes et les recombinaisons entre leurs versions alternatives (allèles).

Les liaisons entre gènes s'observent quand deux gènes responsables de deux caractères différents sont transmis de concert de génération en génération. Croisons, par exemple, des drosophiles différant par deux caractères : couleur du corps (grise ou noire) et dimension des ailes (longues ou courtes). Supposons que la couleur grise est déterminée par l'allèle dominant B et la couleur noire par l'allèle récessif b ; les ailes longues, par l'allèle V et les ailes courtes par l'allèle v. Le croisement d'une mouche au génotype bbvv avec une mouche au génotype BBVV donne une première génération F1 dont l'apparence (le phénotype) comprend un corps gris et des ailes longues (type dominant) et dont le génotype est BbVv. Croisons ensuite une mouche de la génération F1 avec une mouche du type parental récessif à corps noir et ailes courtes, de génotype bbvv. On obtient dans la génération issue de ce croisement (dit « back-cross ») 50 % de mouches de phénotype récessif à génotype bbvv et 50 % de mouches de phénotype dominant à génotype BbVv. Cela prouve que la génération F1 n'a produit que deux types de cellules sexuelles, l'un présentant les allèles b et v ; l'autre, les allèles B et V. Le gène de la couleur du corps et celui de la dimension des ailes ne peuvent se dissocier : ils sont liés, car portés par le même chromosome.

Dans certains des croisements « back-cross » décrits ci-dessus, il n'apparaît pas exactement 50 % de mouches à phénotype récessif et 50 % à phénotype dominant, mais des proportions inférieures de ces deux types. Des individus associent de manière nouvelle les allèles des deux caractères : par exemple, des mouches ont le corps gris et les ailes vestigiales (génotype Bbvv) et d'autres le corps noir et les ailes longues (génotype bbVv). Cette exception à la règle de la liaison entre gènes a été expliquée par Morgan par un phénomène de cassure de chaque chromosome d'une paire, en un point situé entre les positions des deux gènes. Les deux extrémités cassées sont alors échangées et se soudent chacune au corps du chromosome opposé à la paire. De cette façon se produisent des combinaisons nouvelles entre allèles, ou recombinaisons. Ces phénomènes ont lieu au cours des divisions de méiose, conduisant à la formation des cellules sexuelles. Chaque chromosome d'une paire se dédouble en deux chromatides. L'une des chromatides d'un chromosome s'entrecroise avec l'une des chromatides de l'autre chromosome. C'est à l'occasion de cet entrecroisement, appelé aussi « enjambement » ou « crossing-over », que se produisent les échanges de parties de chromosomes.

L'observation systématique des liaisons entre gènes et des phénomènes de recombinaison issus des entrecroisements a permis à Morgan de dresser des cartes de la position des gènes sur les chromosomes de la drosophile. En effet, plus des gènes sont éloignés sur un chromosome, plus il ont de chance de donner lieu à un phénomène d'entrecroisement. Cette technique de construction de cartes chromosomiques a été appliquée par la suite à de nombreuses espèces. •

→ **Voir aussi :** Reproduction et variation, **BIOL**, p. 48-49. Les caractères héréditaires, **BIOL**, p. 52-53. Les maladies génétiques, **MED**, p. 330-331. Les anomalies congénitales, **MED**, p. 332-333.

L'A.D.N.

VERS LE MILIEU DU XXe siècle, l'hérédité était déjà associée à des entités biologiques, les gènes, figurant dans les chromosomes des cellules. Il restait à savoir comment de telles entités pouvaient être transmises, identiques à elles-mêmes, de génération en génération. Le physicien américain reconverti à la biologie Max Delbrück a imaginé le caractère particulier de ces entités : leur capacité à former des répliques fidèles d'elles-mêmes. Mais quelle était alors la nature chimique des gènes permettant d'expliquer une telle propriété ? La réponse à cette question fut acquise en deux temps.

D'abord, les biologistes américains O. T. Avery, C. M. MacLeod et M. McCarthy identifiaient en 1944 la nature chimique du matériel héréditaire. Contrairement aux attentes, il ne s'agissait pas d'une protéine, comme c'est le cas de la majorité des molécules importantes de la cellule, mais d'un acide, l'*acide désoxyribonucléique* ou *A.D.N.* En 1953, l'Américain J. D. Watson et le Britannique F. H. C. Crick découvraient la structure en « double hélice » de l'A.D.N. La molécule d'A.D.N. est formée de deux chaînes d'éléments appelés *nucléotides.* Chaque nucléotide comprend une molécule de sucre, un groupement phosphate et une base organique azotée. L'assemblage spatial des deux chaînes de nucléotides permet d'expliquer la capacité de réplication fidèle des gènes.

Dans un deuxième temps ont été mis en évidence les facteurs susceptibles d'altérer cette réplication fidèle, engendrant des mutations de l'A.D.N. qui sont responsables de variations dans les caractères héréditaires.

La découverte de l'A.D.N.

L'IDENTIFICATION DE L'A.D.N. COMME SUBSTANCE CHIMIQUE DE L'HÉRÉDITÉ A MARQUÉ LA SCIENCE DU XXe SIÈCLE.

Dans la première moitié du XXe siècle, après les travaux de l'école de T. H. Morgan, il ne faisait plus de doute que les gènes étaient des entités matérielles. À la même époque, les progrès considérables de la biologie montrèrent que la vie de la cellule reposait essentiellement sur l'activité de grosses molécules, les enzymes, qui étaient chimiquement des protéines. C'est pour cette raison que beaucoup de biologistes pensaient que les gènes étaient eux-mêmes de nature protéique. Pourtant, les chercheurs américains O. T. Avery, C. M. MacLeod et M. McCarty démontrèrent en 1944 qu'ils étaient composés uniquement d'acide désoxyribonucléique ou A.D.N.

Cette démonstration reprenait les expériences réalisées en 1928 par le Britannique F. Griffith. Celui-ci avait injecté deux types de bactéries responsables de la pneumonie, ou pneumocoques, à des souris : des pneumocoques à enveloppe externe lisse (« smooth » ou S) et des pneumocoques à enveloppe irrégulière (« rough » ou R). Les pneumocoques S étaient virulents et tuaient les souris, mais non les pneumocoques R. Cependant, l'injection simultanée de pneumocoques R vivants et de pneumocoques S morts donnait un résultat imprévu : les souris mouraient et révélaient dans leur sang la présence de pneumocoques S. Tout se passait comme si les pneumocoques S morts avaient transmis une substance aux pneumocoques R vivants, les transformant en agents virulents de type S. Avery et ses collègues fractionnèrent chimiquement les pneumocoques S morts, donneurs du « principe transformant » et montrèrent que celui-ci n'était pas de nature protéique. Il s'agissait en fait d'A.D.N.

Le résultat ne fut pas tout de suite admis par la communauté scientifique internationale. Entre-temps, une nouvelle école, celle de la biologie moléculaire, qui cherchait à comprendre les phénomènes biologiques en termes de physique et de chimie, s'était formée à la fin des années 1930. Elle comprenait parmi ses membres, notamment, le physicien et biologiste américain Max Delbrück. Celui-ci s'attaqua au problème de la nature chimique des gènes d'une manière différente. Si les gènes sont des molécules, raisonna-t-il, celles-ci ont la propriété remarquable de se répliquer identiques à elles-mêmes et de se perpétuer ainsi de manière stable pendant des siècles. Cela était attesté par la remarquable réapparition à l'identique de certains traits héréditaires de génération en génération, comme on peut le voir en regardant une galerie de portraits de la dynastie des Habsbourg : de Maximilien Ier (XVe siècle) et Charles Quint à l'archiduc Albert (XIXe siècle), les membres de cette famille royale présentaient une conformation particulière de la lèvre inférieure (la lippe des Habsbourg).

Cette observation amena Max Delbrück et l'école de biologie moléculaire à comprendre la nature du matériel génétique. Ils la recherchèrent chez des phages, virus parasites de bactéries. Ces êtres vivants, très simples, sont composés d'une coque de nature protéique enveloppant un filament d'A.D.N. Les Américains A. D. Hershey et Martha Chase montrèrent en 1952 que, lorsque des phages se reproduisent aux dépens d'une bactérie, ils laissent leur coque protéique à l'extérieur de la cellule infectée, seul leur A.D.N. est répliqué pour produire de nouveaux phages grâce à la machinerie métabolique de la bactérie. La découverte de Avery et de ses collègues était confirmée : l'A.D.N. constitue bien le matériel héréditaire. •

La double hélice

LA CAPACITÉ DE RÉPLICATION EXACTE DES GÈNES S'EXPLIQUE PARFAITEMENT PAR LA STRUCTURE EN DOUBLE HÉLICE DE L'A.D.N.

L'Américain James D. Watson et l'Anglais Francis H. C. Crick ont élucidé la structure de l'A.D.N. en 1953. Il s'agit d'une structure en double hélice, qui, « mise à plat », se présenterait comme une échelle de deux nanomètres de large et d'une longueur pouvant aller jusqu'à plusieurs centimètres.

Ils avaient été mis sur la voie de cette découverte par les travaux du biochimiste américain Linus Pauling, montrant que les protéines, ces autres molécules fondamentales des cellules, ont une structure en hélice simple. Un autre biochimiste américain, Erwin Chargaff, avait établi une loi de composition de l'A.D.N. concernant quatre de ses composants : les bases azotées (adénine, thymine, cytosine, guanine) ; dans toute molécule d'A.D.N., il y a autant d'adénine que de thymine, et, par ailleurs, autant de cytosine que de guanine. Les bases azotées sont donc rigoureusement complémentaires deux à deux. Enfin, les biophysiciens britanniques M. H. F. Wilkins et R. Franklin avaient montré, au moyen de la diffraction des rayons X, que l'aspect physique de la molécule d'A.D.N. était celui d'une hélice double.

Watson et Crick ont réuni toutes ces informations en un modèle de la molécule consistant en deux chaînes enroulées en hélice l'une autour de l'autre. Chaque chaîne est formée d'une suite d'éléments appelés *nucléotides.* Chacun de ceux-ci regroupe une molécule d'un sucre particulier, le désoxyribose, un groupe phosphate et une des quatre bases azotées. Dans chacune des chaînes de la double hélice, les sucres et les phosphates des différents nucléotides se succèdent en continu. Chaque base azotée d'un nucléotide fait face, à l'intérieur de la double hélice, à une autre base azotée appartenant à un nucléotide sur l'autre chaîne, selon une loi « d'appariement » dictée par leur encombrement spatial. Lorsque figure, au niveau d'un nucléotide, l'adénine (A), on trouve en vis-à-vis, sur le nucléotide de l'autre chaîne, la base azotée thymine (T) ; et, lorsque figure sur une chaîne la base azotée cytosine (C), sur l'autre chaîne il y a obligatoirement une base azotée guanine (G). (Cette loi d'appariement physique, dite « de Watson-Crick », est évidemment dérivée de la loi de composition chimique de Chargaff.) Enfin, Watson et Crick ont montré que la stabilité de la double hélice était garantie par les liaisons chimiques (liaisons hydrogène) établies entre les bases azotées se faisant face au centre de la double hélice et joignant l'une à l'autre les deux chaînes enroulées.

Du fait de la loi de Watson-

1. Charles Quint ; Peinture du XVIe s. 2. L'archiduc Charles ; miniature d'Isabey. 3. L'archiduc Albert ; gravure de Navellier.

La lippe des Habsbourg

De Maximilien Ier (1459-1519) et Charles Quint (1500-1558) à l'archiduc Charles, duc de Teschen (1771-1847), et l'archiduc Albert (1817-1895), les membres de la famille royale de Habsbourg ont souvent présenté une conformation particulière de la lèvre inférieure. La constance de ce caractère dans cette lignée a suggéré à Max Delbrück que les gènes étaient capables de se répliquer fidèlement sur de nombreuses générations.

Crick dictant l'appariement entre les bases azotées, il existe une complémentarité entre les deux chaînes nucléotidiques : si l'on connaît la suite des nucléotides de l'une, on peut en déduire automatiquement la suite des nucléotides de l'autre. Par exemple, si l'on représente une suite de nucléotides à l'aide des symboles A, T, G et C des bases azotées, et si un fragment de chaîne est du type – CACGTT –, le fragment qui lui fait face dans la double hélice est forcément du type – GTGCAA –.

Cela suggère la façon dont la double hélice peut se répliquer de manière rigoureusement exacte. Supposons qu'on sépare ses deux brins et qu'un mécanisme biologique vienne positionner au regard de chacun d'eux de nouvelles séries de nucléotides formant deux nouveaux brins. On obtiendra deux nouvelles doubles hélices qui seront les copies conformes de la double hélice initiale. Ces mécanismes expliquent bien la propriété de réplication des gènes. •

4. Organisation de la double hélice d'A.D.N.

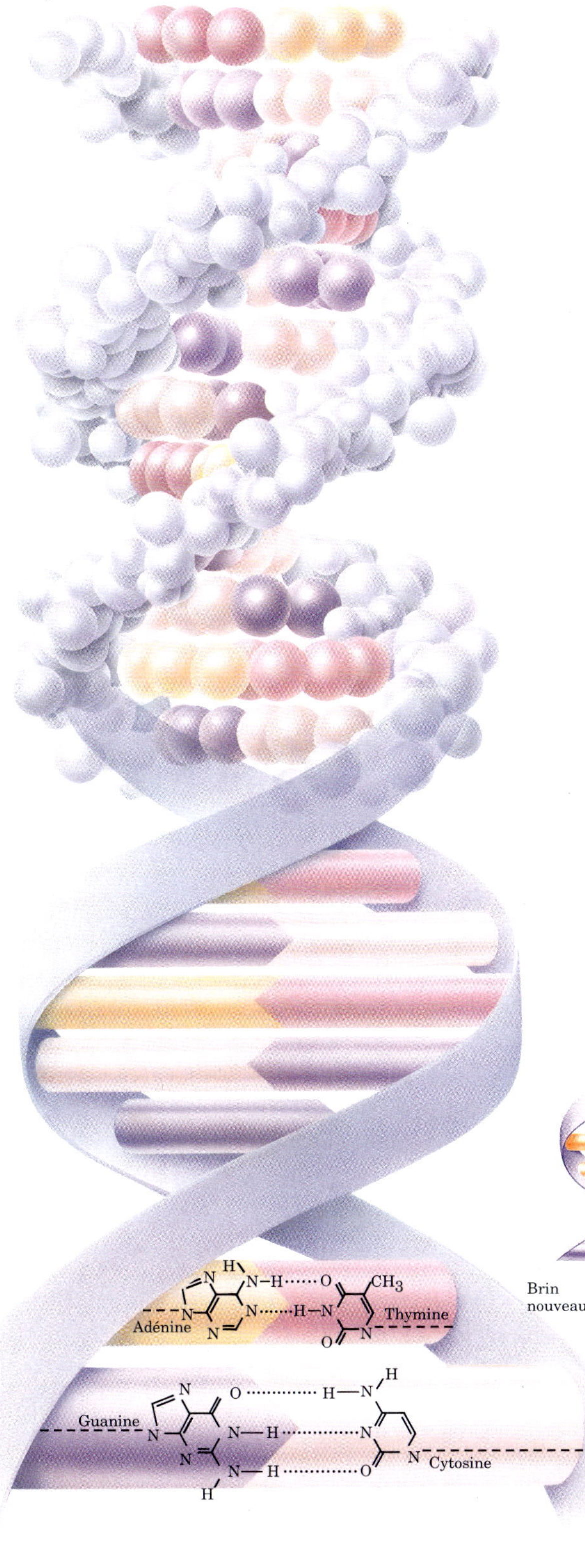

Les mutations

DES AGRESSIONS PEUVENT PERTURBER LA RÉPLICATION FIDÈLE DE L'A.D.N. IL S'ENSUIT PARFOIS UNE MUTATION GÉNÉTIQUE.

Le patrimoine génétique peut être victime d'agressions chimiques ou physiques, responsables de mutations, c'est-à-dire de changements dans l'information génétique. Parfois, les conséquences des agressions sont incompatibles avec la vie de la cellule ou bien son fonctionnement se trouve modifié, mais, le plus souvent, des mécanismes cellulaires rétablissent l'intégrité du code génétique.

Parmi les agents physiques agressifs, il y a les radiations ultraviolettes du Soleil, qui provoquent la formation de liaisons chimiques anormales entre bases azotées situées sur la même chaîne de la double hélice. D'autres rayonnements, comme les rayons X ou α, ont pour effet de briser les chaînes de la double hélice.

Parmi les agents chimiques figurent tous les agents dits mutagènes ou cancérogènes – un exemple bien connu est le benzopyrène, qui se trouve en quantité appréciable dans la fumée de cigarette. De telles substances (ou des dérivés) se fixent sur les bases azotées des nucléotides et changent par conséquent l'information génétique (c'est un effet analogue aux « coquilles » figurant dans un texte imprimé).

La cellule dispose de toute une gamme de moyens pour réparer l'A.D.N. En premier lieu, il existe des enzymes capables de défaire certaines liaisons chimiques anormales, comme celles produites par les rayons ultraviolets. Deuxièmement – et c'est le mécanisme le plus fréquent –, une enzyme, appelée *endonucléase,* détecte les bases azotées qui ont été altérées et fait une incision dans la chaîne de nucléotides au voisinage de cette « coquille ». Puis une autre enzyme, appelée *exonucléase,* intervient et ôte tout un fragment de la chaîne, comprenant la base erronée. Enfin, une troisième enzyme, l'A.D.N. polymérase, resynthétise le fragment manquant en prenant pour guide la suite des nucléotides figurant sur la chaîne opposée, demeurée intacte. Une dernière enzyme, la ligase, attache le fragment nouveau au reste de la chaîne en réparation.

La réparation de l'A.D.N. peut aussi intervenir lors de la réplication de la double hélice. Si une « coquille » n'a pas été réparée sur une chaîne, l'A.D.N. polymérase, qui est l'enzyme assurant normalement la synthèse des nouvelles chaînes, va la « sauter » lorsqu'elle arrive à son niveau, créant une brèche dans la chaîne en cours de formation. La réplication de la double hélice dans ce cas produit deux doubles hélices filles, dont une est normale et l'autre non. Cette dernière représente une base azotée anormale sur une chaîne et une brèche en son regard sur l'autre chaîne. La cellule va combler cette brèche en prélevant le fragment manquant sur la double hélice normale et en le resynthétisant pour compléter celle-ci. Dans ces conditions, on aura finalement une double hélice fille normale, et une double hélice complète mais porteuse d'une anomalie. Celle-ci, n'étant pas répliquée, se trouvera progressivement « diluée », lors des cycles de réplication ultérieurs.

D'autres modes de réparation, intervenant lorsque l'A.D.N. a subi de nombreuses agressions, mettent en jeu les fonctions dites *S.O.S.* de la cellule. Au moment de la réplication de l'A.D.N. endommagé, l'A.D.N. polymérase arrête son travail de synthèse au niveau des nucléotides lésés. Des enzymes S.O.S. introduisent alors des nucléotides au hasard, pour que la polymérase puisse poursuivre son action. La réplication de l'A.D.N. est ainsi assurée, tout comme la vie de la cellule, au prix d'un changement de l'information génétique, c'est-à-dire une mutation. Les mutations qui touchent les cellules reproductrices sont souvent responsables de handicaps héréditaires ; mais quelquefois elles engendrent l'apparition de caractères favorables qui permettent d'expliquer l'évolution des espèces. •

→ **Voir aussi :** Constitution biochimique des organismes, **BIOL**, p. 18-19.

5. Double hélice.

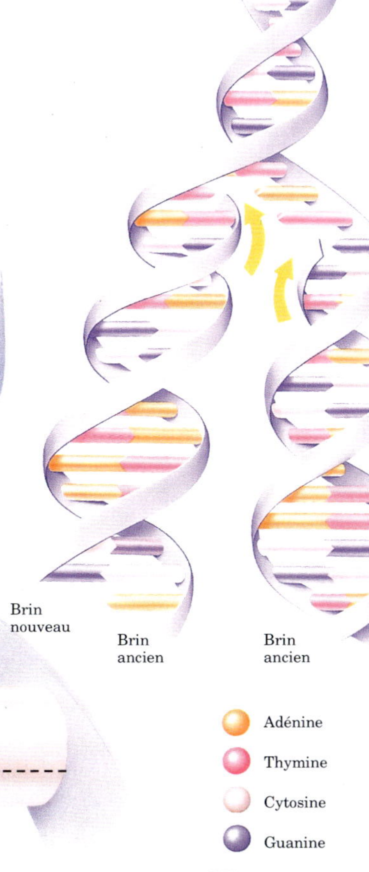

La double hélice

La molécule d'A.D.N. est représentée par un modèle tridimensionnel (4) où chaque boule figure un atome. Schématiquement (5), elle se compose de deux brins enroulés en échelle spirale, dont les échelons sont les bases azotées : adénine, thymine, guanine, cytosine. Dans la partie inférieure, le brin d'A.D.N. est en cours de réplication.

La loi d'appariement des bases explique comment la double hélice peut en donner deux parfaitement identiques.

6. Réparation de l'A.D.N.

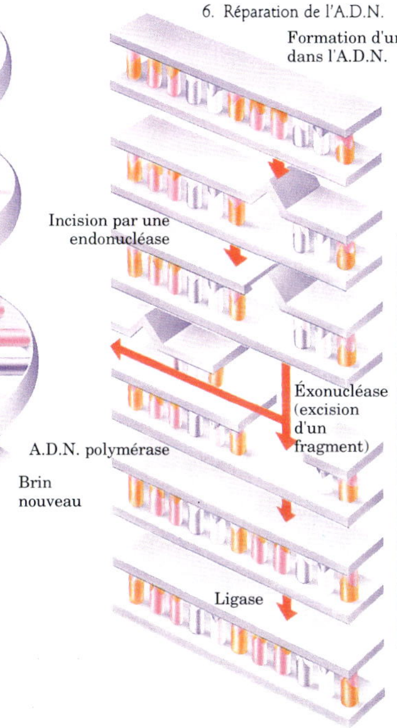

La réparation de l'A.D.N.

Lorsqu'un nucléotide est altéré, les mécanismes de réparation font intervenir une enzyme, dite *endonucléase,* qui incise la chaîne lésée, pour qu'une autre enzyme, l'*exonucléase,* enlève tout un fragment incluant l'anomalie.
Une troisième enzyme, l'A.D.N. polymérase, resynthétise le fragment manquant, que la ligase relie à la chaîne en réparation.

L'expression de l'information génétique

LES GÈNES CONTRÔLENT LA vie cellulaire en gouvernant la synthèse des protéines de la cellule. Ils en détiennent une sorte de plan de construction, inscrit sous forme codée dans la suite des nucléotides de l'A.D.N. Si la cellule a besoin d'une enzyme particulière, le message génétique est décodé : l'enchaînement, ou séquence, des nucléotides composant un gène détermine la séquence des acides aminés constitutifs d'une protéine. Le code génétique représente la table de correspondance entre les nucléotides des gènes et les acides aminés dans les protéines. Ce code, élucidé depuis 1966, s'avère quasiment identique chez tous les êtres vivants.

Les cellules mettent en œuvre le décodage de l'information génétique par des mécanismes biochimiques comprenant deux étapes essentielles : la transcription de l'A.D.N. et la traduction proprement dite du message génétique en molécules de protéines. Au cours de la vie d'une cellule, et selon sa fonction dans l'organisme, différents gènes ou groupes de gènes sont « traduits » en protéines cellulaires à des moments appropriés. Autrement dit, l'expression de l'information génétique est soumise à des régulations. L'ensemble de ces régulations constitue le programme génétique d'un organisme, grâce auquel le matériel héréditaire en gouverne l'édification.

Chez les organismes pluricellulaires, on s'est récemment aperçu que la molécule d'A.D.N. ne portait pas seulement l'information « codant pour » la synthèse des protéines. La grande question est de savoir à quoi peut bien servir l'A.D.N. restant, dit « non codant ».

1. Mouche drosophile.

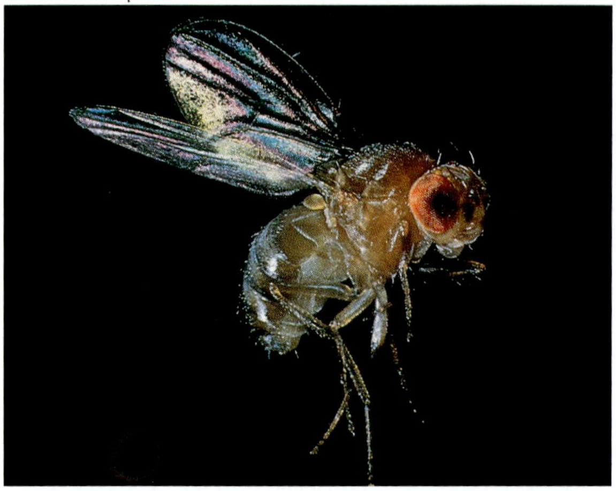

2. Drosophile mutante à deux paires d'ailes.

Le gène et son expression

LES GÈNES SONT LES SUPPORTS DES MESSAGES CODÉS QUI GOUVERNENT LA SYNTHÈSE DES PROTÉINES CELLULAIRES.

En 1940, les biologistes américains G. W. Beadle et E. L. Tatum démontraient le rôle des gènes dans les cellules : ils y commandent la synthèse des protéines. Plus exactement, chaque enzyme (de nature protéique) est synthétisée à partir d'un gène propre. Par ailleurs, le physicien allemand Erwin Schrödinger avançait, en 1945, l'hypothèse que les gènes devaient contenir l'information génétique sous forme d'un message codé dans la structure de leurs molécules.

Lorsque James D. Watson et Francis Crick publièrent, en 1953, leur modèle de la double hélice de l'A.D.N., le physicien américain George Gamow remarqua que les nucléotides de chaque chaîne formaient une suite. Or, les biochimistes venaient juste de démontrer que les protéines étaient constituées par des suites d'éléments appelés acides aminés. Il fit alors l'hypothèse que les suites de nucléotides dans l'A.D.N. représentaient, sous forme codée, la suite des acides aminés dans les protéines. De cette façon, les gènes pouvaient gouverner la synthèse des protéines par un simple jeu de décodage. Enfin, la loi de correspondance entre nucléotides et acides aminés, c'est-à-dire le code génétique, fut élucidée en 1966, grâce aux efforts de biologistes américains comme M. Nirenberg.

Le code génétique est un code à triplets de nucléotides : chaque acide aminé, élément de base des protéines, est codé par une suite particulière de trois nucléotides (appelée « codon »). En fait, chaque acide aminé peut être codé par 2, 3 ou 4 codons différents. Il en est ainsi parce que le nombre de codons est plus important que le nombre d'acides aminés : 64 ($= 4^3$) combinaisons de 3 nucléotides parmi 4 sont possibles, alors qu'une vingtaine d'acides aminés seulement sont employés à la synthèse des protéines. En outre, deux codons servent seulement à indiquer le début du message génétique et trois, la fin.

Le même code est utilisé quasi universellement pour tous les êtres vivants. Les cellules mettent en œuvre le décodage du message contenu dans un gène quand elles ont besoin d'une enzyme particulière dans leur cytoplasme. L'ensemble du processus se déroule en deux phases. Pour être traduit, le message doit d'abord être transcrit sur une molécule capable de véhiculer l'information hors du noyau cellulaire. La suite des nucléotides composant un gène (« lue » sur un seul des brins de la double hélice d'A.D.N.) est transcrite sous forme d'une molécule d'A.R.N. « messager ». La transcription est réalisée par une enzyme, l'A.R.N. polymérase, qui synthétise la molécule d'A.R.N. messager, en attachant les uns à la suite des autres des nucléotides (il s'agit de ribonucléotides, propres à l'A.R.N.). L'ordre d'enchaînement est déterminé par les bases azotées des nucléotides de l'A.D.N., en accord avec la loi d'appariement de Watson-Crick : en face d'un G (guanine), l'A.R.N. polymérase met un C (cytosine), et vice versa ; en face d'un T (thymine), elle met un A (adénine) ; simplement, en face d'un A elle ne met pas un T mais un U (uracile), base propre à l'A.R.N.

Ainsi formé, l'A.R.N. messager quitte le noyau et migre dans le cytoplasme. Il entre en contact avec des organites appelés ribosomes qui vont assurer la deuxième phase du décodage, autrement dit la traduction de l'A.R.N. messager en séquence d'acides aminés. La machinerie biochimique du ribosome met en regard de l'A.R.N. messager les petits A.R.N., dits A.R.N. de transfert, portant chacun un acide aminé, et accroche ainsi les acides aminés les uns à la suite des autres, en fonction des codons se succédant sur l'A.R.N. messager (et selon la correspondance codons-acides aminés définie par le code génétique).

Ce système en deux étapes est à l'œuvre chez tous les êtres vivants procaryotes et eucaryotes. Chez les organismes eucaryotes (cellules à noyaux), le processus de codage et décodage de l'information génétique est un peu plus complexe. On sait en effet, depuis 1977, que les gènes des eucaryotes comprennent des parties « codantes » (ou exons) et des parties « non codantes » (ou introns). La transcription donne un A.R.N. pré messager qui contient exons et introns. Ensuite vient une phase d'élimination des introns et d'« épissage » (de raccordement) des exons, qui donne un A.R.N. messager susceptible d'être décodé normalement par la machinerie ribosomique.

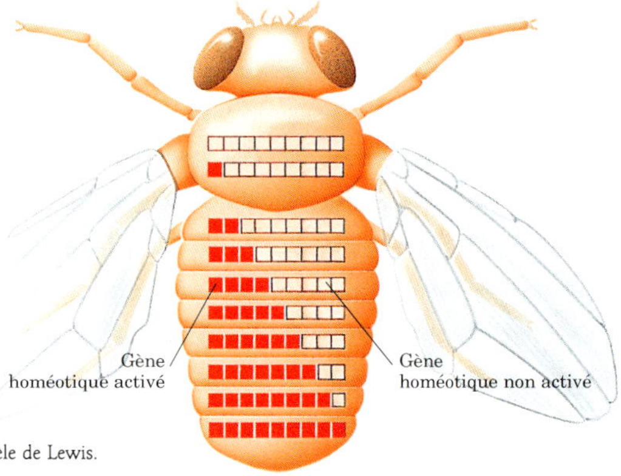

3. Modèle de Lewis.

Mutations homéotiques de la drosophile

Le programme génétique contrôle l'identité des organes. Il existe pour cela des gènes sélectionnant les gènes devant « réaliser » les organes. Chez la mouche drosophile (1), des mutations dans ces gènes sélecteurs se traduisent par l'apparition d'une paire d'ailes supplémentaire (2). Selon le modèle du biologiste américain E. B. Lewis, il y aurait 9 gènes sélecteurs (appelés homéotiques) dans chaque segment de l'insecte, entrant progressivement en activité (3).

La régulation de l'expression génétique

SUR L'ENSEMBLE DU PATRIMOINE GÉNÉTIQUE, SEULS CERTAINS GÈNES S'EXPRIMENT, EN FONCTION DES BESOINS DE LA CELLULE.

Chez une bactérie, la cellule adapte à chaque instant son métabolisme aux conditions du milieu. Elle ne réalise ainsi que la synthèse des seules enzymes dont elle a besoin. Cela signifie qu'elle sélectionne les gènes qui doivent être « décodés », parmi l'ensemble des 3 000 gènes composant son patrimoine génétique. Pour ce faire, il existe des circuits de contrôle de l'expression génétique (quand un gène est décodé et qu'il gouverne la synthèse d'une enzyme, on dit qu'il s'« exprime »). Les biologistes français François Jacob et Jacques Monod ont montré, au début des années 1960, comment est régulée l'expression de certains gènes chez le colibacille *Escherichia coli*.

Monod et Jacob ont étudié l'expression de trois gènes gouvernant la synthèse de trois enzymes nécessaires au métabolisme cellulaire d'un sucre, le lactose (c'est pourquoi ce groupe de trois gènes s'appelle l'opéron lactose). Ces trois gènes sont transcrits et traduits simultanément, mais seulement quand il y a du lactose dans le milieu d'incubation des bactéries. Quand il n'y a pas de lactose, les trois gènes ne s'expriment pas. Un autre gène, dit « gène régulateur », gouverne la synthèse d'une protéine particulière, appelée le répresseur de l'opéron lactose. Ce répresseur empêche l'A.R.N. polymérase de réaliser la transcription des trois gènes de l'opéron lactose. À l'inverse, quand il y a du lactose dans le milieu, ce sucre inactive le répresseur, les gènes de l'opéron lactose peuvent alors s'exprimer, les trois enzymes permettant le métabolisme du lactose sont synthétisées.

Le contrôle de l'expression des gènes de l'opéron lactose est de type négatif (un répresseur interdit l'expression des gènes, jusqu'à ce qu'il soit lui-même inactivé). On connaît aussi, chez les bactéries, des contrôles positifs de l'expression de ces gènes. Ainsi, dans le cas même de l'opéron lactose, il existe une protéine dite CAP (pour *Catabolite Activator Protein*), qui incite l'A.R.N. polymérase à commencer la transcription des trois gènes. Les protéines régulatrices de type « répresseur » ou « activateur » (telle la protéine CAP) agissent toutes en se liant à des petites régions (ou sites) de l'A.D.N. situées à proximité du site (appelé site promoteur) où l'A.R.N. polymérase doit s'attacher sur l'A.D.N. pour commencer la transcription des gènes.

Chez les eucaryotes, la compréhension de la régulation de l'expression génétique est encore fragmentaire. Des organismes comme les mammifères sont composés de milliards de cellules différenciées en centaines de catégories tissulaires, qui se caractérisent par la synthèse de protéines particulières. Ainsi, les globules rouges synthétisent de l'hémoglobine, les cellules musculaires synthétisent de l'actine et de la myosine (protéines « contractiles »), etc. Comment les gènes codant pour ces protéines sont-ils choisis parmi la centaine de milliers qui figurent dans le patrimoine génétique de chaque cellule d'un eucaryote ? Il semble que les gènes, chez les eucaryotes, soient accompagnés, sur l'A.D.N. chromosomique, de gènes de régulation dits « exhaucers ». Ceux-ci seraient stimulés par des protéines activatrices particulières à chaque catégorie cellulaire, et stimuleraient à leur tour les gènes situés à leur voisinage, codant pour les protéines propres aux différents types de cellules telles que l'hémoglobine. L'action des gènes « exhaucers » permet d'expliquer pourquoi on ne trouve de l'hémoglobine que dans les globules rouges, alors que les gènes codant pour cette protéine sont présents dans toutes les cellules des mammifères, aussi bien celles du sang que les autres. •

Le code génétique

Chez tous les organismes, les gènes gouvernent la synthèse des protéines grâce au code génétique, représenté par le tableau de correspondance entre nucléotides dans l'A.D.N. et acides aminés des protéines (D). Pour ce faire, l'A.D.N. est d'abord transcrit (4) en A.R.N. messager (A), puis traduit, au contact d'un ribosome, en une chaîne d'acides aminés (C) pour former un peptide (chaîne courte) ou une protéine (macromolécule). Chez les eucaryotes, l'A.R.N. messager comporte des parties non codantes qui sont éliminées (B) avant la traduction.

Le programme génétique

LE FONCTIONNEMENT COORDONNÉ DES GÈNES CONTRÔLE L'ÉDIFICATION DE L'ORGANISME AU COURS DE SON DÉVELOPPEMENT, PAR UN JEU DE RÉGULATIONS ENCORE MAL CONNU.

Le programme génétique est le plan de construction et de fonctionnement d'un être vivant, contenu sous forme d'information codée dans l'A.D.N. chromosomique. Chez un être pluricellulaire, il comprend les gènes déterminant la synthèse des éléments fondamentaux (les protéines), des gènes définissant la forme des organes ainsi que des gènes contrôlant ces deux types de gènes (c'est le cas des gènes « exhaucers » de régulation de l'expression génétique).

En ce qui concerne les gènes contrôlant la forme des organes (ou gènes réalisateurs), des chercheurs américains et suisses ont identifié, chez la drosophile, des gènes régulateurs appelés gènes « homéotiques ». On avait remarqué, depuis les années 1920, des mutations spectaculaires dites mutations « homéotiques ». L'une de ces mutations donne, par exemple, un individu pourvu de quatre ailes, alors que la mouche normale n'en a que deux. La mutation a pour effet de transformer les balanciers de la mouche normale en ailes supplémentaires. D'autres mutants ont quatre paires de pattes, au lieu de trois chez la mouche normale. Ces mutations résultent de la défaillance des gènes homéotiques, dont la fonction est de choisir les gènes « réalisateurs » d'organes dans chaque segment de la mouche.

En effet, cet insecte est formé de 12 segments (bien visibles sous forme d'anneaux au niveau de l'abdomen). Le premier correspond à la tête, les trois suivants au thorax et les huit derniers à l'abdomen. Le biologiste américain E. B. Lewis a établi, en 1978, un modèle simplifié expliquant l'action des gènes homéotiques dans les segments allant du deuxième thoracique au huitième abdominal. Tout se passe comme si ces gènes étaient au nombre de 9. Dans le deuxième anneau thoracique, les gènes homéotiques seraient tous inactifs et, en conséquence, tous les gènes réalisateurs fonctionneraient, induisant l'édification d'une paire d'ailes sur le dos et d'une paire de pattes sur le ventre. Dans le troisième anneau thoracique, un premier gène homéotique entrerait en activité, conduisant à mettre au repos relatif les gènes réalisateurs de l'aile (ce qui donnerait les balanciers), tandis que les gènes réalisateurs des pattes seraient maintenus en activité. Puis, dans le premier anneau abdominal, un deuxième gène homéotique ajouterait son action au premier, ce qui inhiberait les gènes réalisateurs des ailes et des pattes : le premier anneau abdominal n'a plus aucun appendice. Dans les anneaux abdominaux suivants, d'autres gènes homéotiques seraient activés, conduisant à des différenciations d'organes.

En 1983, les équipes de David Hogness et de Thomas Kaufmann, aux États-Unis, de Walter Gehring, en Suisse, identifiaient un certain nombre de gènes responsables des mutations homéotiques de la drosophile et montraient que, conformément au modèle d'E. B. Lewis, aucun d'entre eux n'était actif dans le deuxième anneau thoracique. •

4. Étapes de la traduction de l'A.D.N. chez les bactéries et les eucaryotes.

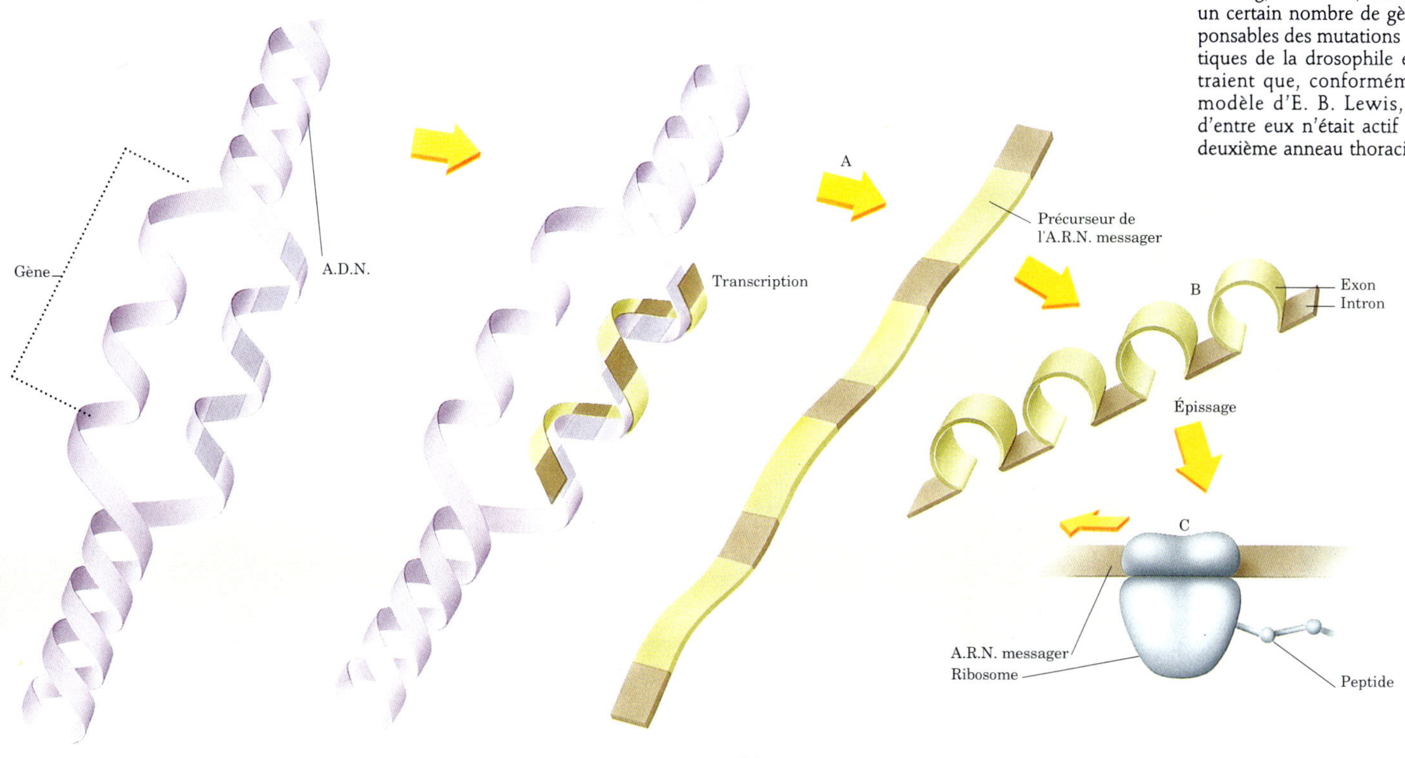

Les virus

Aux frontières du vivant

LA REPRODUCTION, LA croissance et le métabolisme sont trois propriétés fondamentales, caractéristiques de la vie. Aux frontières du vivant, on observe certaines entités biologiques, uniquement capables de se reproduire, cela grâce à la capacité de réplication des acides nucléiques qu'elles contiennent. Ces entités sont d'une part des virus, d'autre part des transposons et plasmides.

Les virus ont besoin de pénétrer dans une cellule (bactérienne, animale ou végétale) pour déterminer sa « machinerie » biochimique, afin de se reproduire et de se propager vers d'autres cellules. Il existe deux types de virus : ceux dont le patrimoine génétique est constitué d'A.D.N. et ceux pour lesquels il s'agit d'A.R.N. Véritables parasites cellulaires, les virus sont responsables de maladies infectieuses chez leurs hôtes (comme la grippe, la poliomyélite et le sida chez l'homme). En outre, certains d'entre eux, tels les rétrovirus, induisent des cancers chez les animaux et l'homme.

Les transposons sont des éléments génétiques assimilables à des parasites. Il s'agit de fragments d'A.D.N. qui se propagent au sein des chromosomes des bactéries, des plantes et des animaux. Ils ne passent pas de cellule à cellule, mais peuvent engendrer chez leurs hôtes des mutations, jouant ainsi un rôle dans l'évolution des espèces.

Enfin, chez les bactéries, il existe des entités biologiques dotées de capacités d'autoréplication : les plasmides. Ce sont des « minichromosomes », annexes aux chromosomes uniques des bactéries, formant un stock supplémentaire d'information génétique utile.

Les virus à A.R.N.

DES VIRUS À A.R.N., TELS QUE LES RÉTROVIRUS, SONT LES AGENTS DE LEUCÉMIES, DE CANCERS OU DU SIDA.

Les virus dont le patrimoine génétique est fait d'A.R.N. ont des dimensions qui varient de 0,02 μm (les picornavirus, tel le virus de la poliomyélite) à 0,2 μm (les orthomyxovirus, tel le virus de la grippe). Leur patrimoine génétique est en général de petite taille et ne dépasse jamais 20 000 nucléotides. Certains, comme les picornavirus, sont dits « nus » (c'est-à-dire n'ont pas d'enveloppe autre que la capside) ; la plupart sont dotés d'une enveloppe lipidique entourant l'ensemble du patrimoine génétique plus la capside.

Il y a trois classes principales de virus à A.R.N. Tout d'abord, les virus dont le patrimoine génétique est composé d'une seule chaîne d'A.R.N. dite positive, car elle peut fonctionner directement comme A.R.N. messager. Puis les virus dont le patrimoine génétique est une chaîne d'A.R.N. dite négative, car elle ne peut fonctionner comme A.R.N. messager. Enfin, les virus dont le patrimoine génétique est une chaîne d'A.R.N. positive, qui ne sert pas comme A.R.N. messager, mais qui est recopiée sous forme d'A.D.N. Ce dernier peut ensuite s'intégrer dans les chromosomes de l'hôte et diriger la synthèse d'un A.R.N. messager. Ce dernier cas correspond au fonctionnement des rétrovirus.

Parmi la première classe, on trouve par exemple les picornavirus (responsables, entre autres affections, de la poliomyélite). Dès qu'ils ont pénétré dans une cellule, ces virus fonctionnent comme A.R.N. messager, synthétisant les protéines de leur capside et une enzyme, la réplicase, qui leur permet de répliquer leur patrimoine génétique. Au bout de 6 à 8 heures, la cellule infectée éclate, libérant 100 000 particules virales (capside + A.R.N.), qui vont parasiter d'autres cellules.

Dans la deuxième classe figurent les orthomyxovirus, comme le virus de la grippe, ou les rhabdovirus, comme le virus de la rage. Les particules virales contiennent une enzyme, la transcriptase. Une fois dans la cellule, la chaîne d'A.R.N. virale négative donne, grâce à la transcriptase, une chaîne d'A.R.N. positive qui peut servir soit d'A.R.N. messager, soit de matrice pour la réplication du

Les virus à A.D.N.

POUR ASSURER LEUR REPRODUCTION, LES VIRUS À A.D.N. PARASITENT DES CELLULES DE BACTÉRIES OU D'ORGANISMES SUPÉRIEURS.

Les virus sont des organismes biologiques composés d'un acide nucléique (qui est leur patrimoine génétique) enfermé dans une coque protéique, la capside, elle-même parfois entourée d'une enveloppe.

Parmi les virus dont l'acide nucléique est un A.D.N., certains sont de petites dimensions comme les adénovirus (0,08 micromètre ou μm) ou les papovavirus (0,06 μm) – par comparaison, une bactérie a une dimension de l'ordre du μm et une cellule de mammifère de l'ordre d'une dizaine de μm. Les adénovirus sont responsables de pharyngites, amygdalites et maladies respiratoires chez l'homme ; parmi les papovavirus, certains sont responsables de l'apparition de verrues. Ces deux types de virus sont « nus » (leur capside n'est pas entourée d'une enveloppe), l'A.D.N. comprend 40 000 nucléotides chez les adénovirus, 5 000 à 8 000 seulement chez les papovavirus (par comparaison, l'A.D.N. d'une bactérie comprend 3 millions de nucléotides, celui d'une cellule de mammifère 3 milliards). Le plus petit virus à A.D.N. est celui de l'hépatite B, sa taille est de 0,04 μm et son A.D.N. ne comprend que 3 200 nucléotides. Contrairement aux deux types précédents, il est muni d'une enveloppe lipidique entourant sa capside. D'autres virus à A.D.N. possèdent aussi une enveloppe lipidique, mais ils sont beaucoup plus gros, tel le virus herpès (provoquant des éruptions cutanées récurrentes ou la varicelle), qui mesure 0,18 μm et dont l'A.D.N. comprend 200 000 nucléotides ; les poxvirus (comme le virus de la variole) mesurent quant à eux 0,2 μm, avec un A.D.N. de 300 000 nucléotides.

Les virus bactériophages, parasites de bactéries, possèdent une sorte de queue prolongeant leur capside, dont ils se servent pour injecter leur A.D.N. dans la cellule bactérienne.

À la différence des bactériophages, les virus parasites d'animaux et de végétaux s'accrochent aux membranes des cellules par des molécules de leur capside et de leur enveloppe, et pénètrent entièrement à l'intérieur du cytoplasme par endocytose (mécanisme qui permet normalement aux cellules d'absorber les molécules dont elles ont besoin pour leur métabolisme).

Le cycle est le même chez tous les virus à A.D.N. Ceux-ci contraignent d'abord les enzymes spécialisées de la cellule hôte à répliquer l'A.D.N. viral en de nombreux exemplaires. Puis le virus gouverne la synthèse par la cellule d'A.R.N. messagers à partir de l'A.D.N. viral et enfin celle des protéines de la capside. Après que de nombreuses capsides ont été construites par la cellule parasitée à partir de l'A.D.N. viral, celle-ci éclate. À ce stade, les A.D.N. viraux répliqués sont empaquetés dans les capsides et, à la mort de la cellule hôte, de nombreuses particules virales sont alors libérées. Ces virus néoformés vont pénétrer dans d'autres cellules et recommencer le cycle (c'est la destruction des cellules parasitées qui provoque la maladie de l'individu infecté). Pour les virus dotés d'une enveloppe, la fin du cycle est un peu différente : ceux-ci ne font pas éclater la cellule hôte, les particules virales sortent par bourgeonnement, emportant comme enveloppe une partie de membrane cellulaire. Dans ce cas, la maladie provient des réactions de l'hôte. Certains virus, comme le virus herpès dit Epstein-Barr ou certains virus responsables de verrues du col de l'utérus (papillomes) ou le virus de l'hépatite B, constituent des facteurs de risque dans l'apparition de cancers. •

Les virus : des parasites cellulaires

La taille des virus à A.D.N., bien que variable, n'excède pas quelques dixièmes de micromètres (1). Parasites de cellules bactériennes ou eucaryotes, ils en détournent la machinerie biochimique pour faire répliquer leur A.D.N. et fabriquer les protéines de leur enveloppe (ou capside), constituant ainsi de nouvelles particules virales (3). Parmi les virus à A.D.N., les bactériophages (4) ne pénètrent pas à l'intérieur des bactéries qu'ils parasitent. Leur enveloppe est prolongée par une queue, par laquelle ils injectent leur A.D.N. dans les bactéries. Par contre, les adénovirus (5), plus petits et plus simples, pénètrent entièrement dans leurs cellules hôtes. Le matériel génétique des rétrovirus n'est pas constitué d'A.D.N., mais d'A.R.N. Une enzyme particulière, la transcriptase inverse, permet la conversion de l'A.R.N. en A.D.N. Une fois formé à partir d'éléments de la cellule hôte, celui-ci s'insère dans ses chromosomes et commande la fabrication de protéines virales et d'A.R.N. pour former de nouveaux virus (2).

1. Les différentes familles de virus.

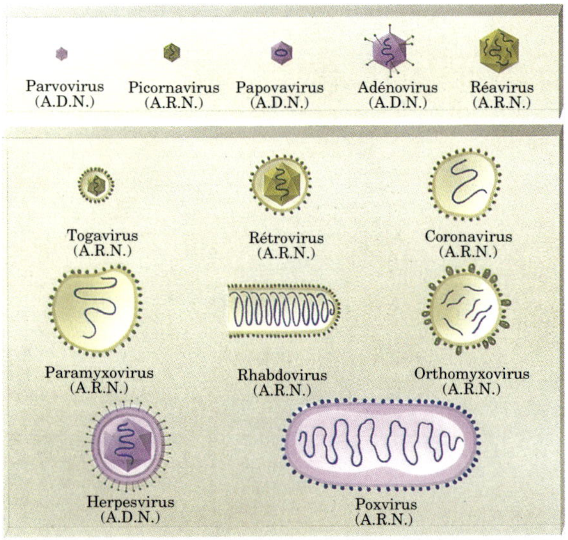

patrimoine génétique. La synthèse des protéines virales et de l'A.R.N. conduit, là aussi, à la production de nouvelles particules virales qui sortent des cellules infectées par bourgeonnement (emportant une partie de membrane cellulaire comme enveloppe).

Dans la troisième catégorie, celle des rétrovirus, les particules virales contiennent une enzyme spécifique, la transcriptase inverse. Lorsque le virus a pénétré dans une cellule, cette enzyme réalise, comme son nom l'indique, la transcription inverse de l'A.R.N. viral en A.D.N. Celui-ci peut alors s'intégrer dans l'A.D.N. chromosomique de la cellule hôte ; il prend alors le nom d'A.D.N. proviral. Ce dernier dirige la formation d'A.R.N. messager et des protéines de la capside, qui « emballent » l'A.R.N. en formant de nouvelles particules virales. Celles-ci sortent par bourgeonnement des cellules infectées.

Parmi les rétrovirus figure le virus du *sida.* D'autres rétrovirus sont à l'origine de cancers ou de leucémies (leur action a été mise en évidence chez les animaux). Dans leur patrimoine génétique se trouve un gène particulier, dit *oncogène,* qui, lorsque l'A.D.N. d'origine virale est intégré dans l'A.D.N. chromosomique, dirige la synthèse d'une protéine cancérisant la cellule hôte.

Les parasites génétiques

CHEZ LES ANIMAUX, LES PLANTES OU LES BACTÉRIES, IL EXISTE DES GÈNES, APPELÉS TRANSPOSONS, CAPABLES DE SE PROPAGER PAR EUX-MÊMES AU SEIN DES CHROMOSOMES.

Dans les années 1940, la biologiste américaine Barbara McClintock avait remarqué à plusieurs reprises de curieuses mutations génétiques chez le maïs, engendrant des décolorations partielles des grains des épis.

Ce n'est que dans les années 1960 que l'on a compris la nature exacte de ces mutations : elles sont dues à des transposons, des « gènes sauteurs » capables de changer de place sur un chromosome. Quand ils se situent au niveau du site du gène déterminant la couleur du grain de maïs, ils l'inactivent ; quand ils le quittent pour « sauter » en un autre site du chromosome, le gène redevient fonctionnel. On sait maintenant qu'il existe de nombreux types de transposons chez les végétaux, et le patrimoine génétique des plants individuels en recèle souvent de grandes quantités. Ces « gènes sauteurs » sont constitués de 4 000 à 5 000 nucléotides, comprenant entre autres l'information génétique pour coder une enzyme appelée *transposase* (qui permet au transposon de changer de place sur le chromosome) et des séquences de nucléotides terminales répétées (dont la fonction est de permettre au transposon de s'attacher par insertion au sein d'une chaîne d'A.D.N. chromosomique).

Chez les bactéries, il existe deux types de transposons. Les plus simples sont appelés « séquences d'insertion », leurs courtes chaînes de nucléotides ne comprennent que l'information génétique pour une transposase et deux séquences terminales répétées. Les plus complexes constituent les transposons proprement dits et comptent parmi leurs 5 000 nucléotides, outre des séquences correspondant à des transposases, d'autres correspondant à des gènes qui déterminent des résistances aux antibiotiques. Chez les bactéries, les transposons figurent très souvent sur des plasmides. Ils aident puissamment ces micro-organismes à résister aux antibiotiques dans la mesure où ils ont tendance à se multiplier au sein d'une même bactérie et, grâce à la transmission des plasmides, à diffuser dans les colonies bactériennes.

Il existe aussi des transposons chez les eucaryotes : ils sont de plusieurs types chez des animaux comme les mouches drosophiles. Certains sont appelés des éléments *copia* (de 5 000 à 8 000 nucléotides et figurent au nombre de 10 à 100 exemplaires dans le patrimoine génétique d'une mouche) ; d'autres sont appelés éléments ρ (de 500 à 2 000 nucléotides, et sont au nombre de 30 à 50 exemplaires chez une mouche). Chez les mammifères, on trouve insérés dans les chromosomes des rétrovirus endogènes, c'est-à-dire des patrimoines génétiques de rétrovirus ne semblant pas infectieux, mais qui restent hébergés comme des parasites génétiques, à l'image de beaucoup de transposons.

Les plasmides

DES « MINICHROMOSOMES » AIDENT LES BACTÉRIES À RÉSISTER AUX ANTIBIOTIQUES OU À S'ACCOUPLER : CE SONT LES PLASMIDES.

Les bactéries ne possèdent qu'un seul grand chromosome, de forme circulaire. Mais, en outre, on observe souvent dans une cellule bactérienne de une à cinquante petites unités circulaires d'A.D.N., appelées plasmides. Elles peuvent se répliquer de manière autonome, comme autant de petits chromosomes, et sont porteuses d'un ou de plusieurs gènes. Certains de ces gènes, appelés « facteurs F », codent pour des protéines, permettant aux bactéries de s'accoupler par conjugaison et d'échanger des portions de leur patrimoine génétique (ce qui représente la sexualité des bactéries). D'autres gènes sont en fait des transposons composés de séquences terminales répétées, de transposase et de gènes de résistance aux antibiotiques. Lorsque le besoin s'en fait sentir (par exemple, chez un malade traité aux antibiotiques), les plasmides se multiplient à l'intérieur de chaque bactérie, grâce à leur pouvoir d'autoréplication, et diffusent de cellule à cellule à l'occasion des conjugaisons entre bactéries qu'elles stimulent grâce à leur « facteur F ». Ainsi, les plasmides aident les colonies bactériennes à survivre à un traitement antibiotique. Cela explique que bon nombre de souches de bactéries pathogènes (par exemple, le gonocoque responsable de la blennorragie) sont devenues résistantes aux antibiotiques dans les hôpitaux où l'on traite les maladies vénériennes.

Mais certains plasmides ne portent pas de gènes utiles. Ils ressemblent alors à des sortes de parasites, puisque les cellules bactériennes peuvent parfaitement vivre et se reproduire sans eux. Par ailleurs, les plasmides sont devenus des outils privilégiés du génie génétique : on insère sur eux des gènes étrangers pour faire des opérations de clonage.

→ **Voir aussi :** Le génie génétique, **BIOL,** p. 62-63.

2. Cycle d'un rétrovirus.

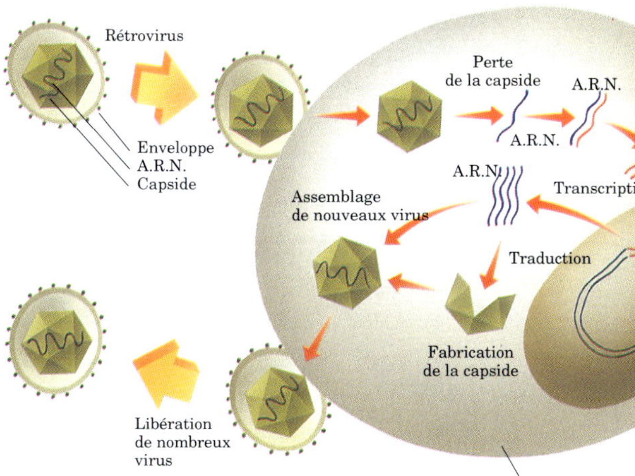

3. Cycle de réplication du bactériophage lambda.

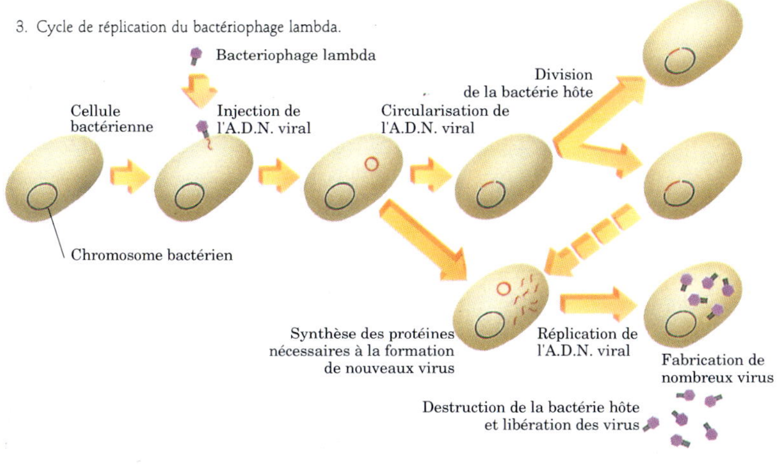

4. Bactériophage en microscopie électronique.

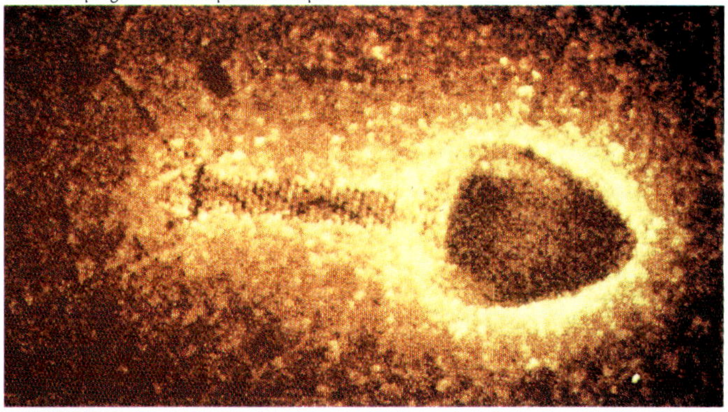

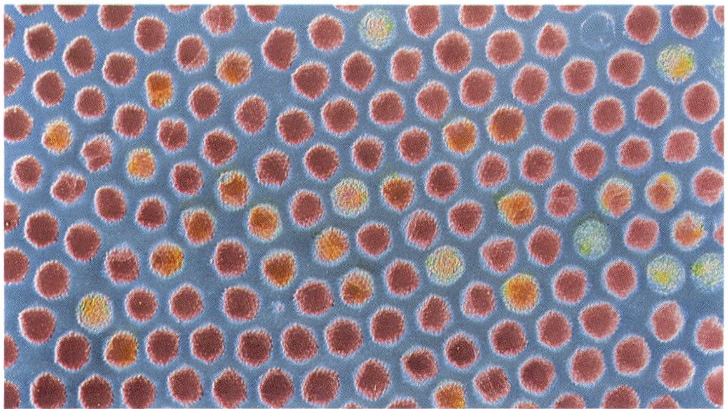

5. Adénovirus en microscopie électronique.

Le génie génétique

LES BIOLOGISTES SONT théoriquement capables de modifier à volonté le patrimoine génétique des êtres vivants. Ils savent, en effet, introduire des gènes étrangers dans leurs chromosomes. Ces « greffes » de gènes – connues du grand public sous le nom de *manipulations génétiques* – relèvent du génie génétique, technologie de base des bio-industries, qui ont pris leur essor au tournant des années 1980.

L'introduction dans des bactéries de gènes étrangers, prélevés chez d'autres bactéries, des plantes ou des animaux, conduit à ce que les biologistes appellent le *clonage des gènes*. Il s'agit de la formation de colonies bactériennes – ou clones – dont chaque individu héberge un ou plusieurs exemplaires du gène étranger. Ces bactéries génétiquement manipulées peuvent être employées, par l'industrie pharmaceutique, à la production, en grandes quantités, de nouvelles substances thérapeutiques. Elles peuvent aussi être programmées pour la protection des végétaux contre les parasites ou les dégâts du gel. Dans ce but, elles devront être répandues dans les champs, opération réclamant un contrôle écologique extrêmement rigoureux.

Les plantes ou les animaux qu'on a rendus porteurs de gènes étrangers, par génie génétique, sont dits *transgéniques*. Ils représentent des variétés végétales ou des races animales totalement nouvelles. La création de plantes transgéniques ne pose pas de grandes difficultés techniques. L'obtention des animaux transgéniques est beaucoup plus délicate ; leur intérêt économique reste douteux, à l'exception de ceux destinés à la production de substances thérapeutiques.

Découper, coller et multiplier

La manipulation génétique des bactéries (1) consiste d'abord à extraire l'A.D.N. chromosomique de cellules prélevées chez un organisme (homme, par exemple) et à le découper en fragments (comportant un ou plusieurs gènes), grâce à des enzymes dites *de restriction.* Puis on extrait d'une bactérie une petite unité circulaire d'A.D.N., appelée *plasmide,* figurant à côté du chromosome dans le cytoplasme. On ouvre le cercle d'A.D.N. grâce à une enzyme de restriction. Les fragments d'A.D.N. d'homme sont ensuite mis en présence des plasmides bactériens ouverts. En ajoutant des enzymes, les *ligases,* qui « recollent » les morceaux d'A.D.N., on obtient des plasmides portant un ou plusieurs gènes humains. On fait pénétrer ces plasmides « recombinés » dans des bactéries, qui en se multipliant donnent des colonies ou clones, porteurs d'un (ou plusieurs) gène(s) nouveau(x).

1. Principales étapes du clonage de gènes humains dans des bactéries.

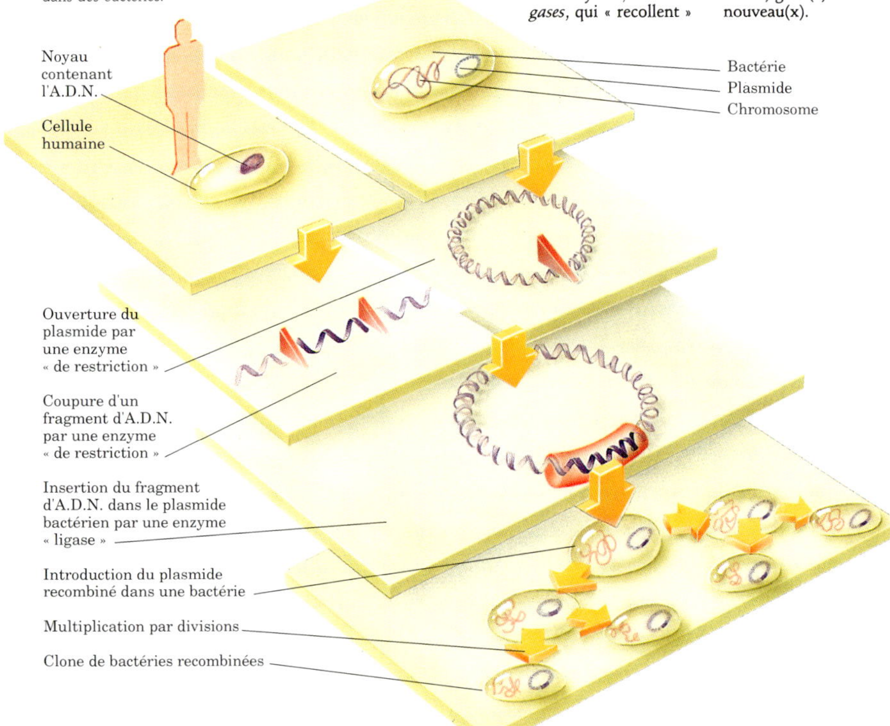

Le clonage des gènes

DEPUIS 1973, ON SAIT GREFFER AUX BACTÉRIES DES GÈNES PRÉLEVÉS CHEZ D'AUTRES ÊTRES VIVANTS.

La technique la plus élémentaire du génie génétique consiste à introduire des gènes étrangers dans des bactéries. On appelle cette manipulation génétique le clonage des gènes, c'est-à-dire la formation de clones de bactéries (colonies issues d'une seule bactérie) hébergeant des gènes d'animaux, de plantes, ou d'autres bactéries.

Le clonage des gènes a été inventé en 1973 par les biologistes américains Stanley Cohen et Herbert Boyer. Cette technique est fondée sur trois opérations de base. La première consiste en l'extraction et le découpage en petits fragments de l'A.D.N. qui constitue les gènes de l'organisme donneur. Cette extraction, à partir des noyaux cellulaires, se fait par un traitement chimique simple et donne de longues molécules filamenteuses d'A.D.N. Le découpage de ces dernières en petits fragments est assuré au moyen d'enzymes bactériennes particulières, appelées enzymes de restriction (dont on connaît plus de 300 variétés). Chacun des fragments représente un ou plusieurs gènes de l'organisme donneur.

Dans la deuxième opération, les fragments d'A.D.N. ainsi découpés sont insérés dans des petites unités circulaires d'A.D.N., appelées plasmides. Les plasmides sont des sortes de minichromosomes, éléments supplémentaires d'information génétique, habituellement présents au sein de toute cellule bactérienne, à côté du chromosome bactérien normal. Cette insertion est effectuée *in vitro,* en mélangeant les plasmides (préalablement « ouverts » au moyen d'enzymes de restriction) avec les fragments d'A.D.N. découpés et des enzymes particulières appelées « ligases » ayant la faculté de souder entre elles les extrémités libres de fragments d'A.D.N. disjoints. De cette façon est réalisé le raccordement de l'A.D.N. des plasmides avec les fragments d'A.D.N. à cloner. L'opération est encore appelée « recombinaison » (d'où découle le nom scientifique de recombinaisons génétiques *in vitro* pour les greffes de gènes chez les bactéries).

La troisième opération consiste à introduire des plasmides « recombinés » dans des bactéries vivantes : leur pénétration dans les cellules bactériennes est assurée par un traitement physique (choc thermique) ou chimique (addition de sels de calcium dans l'éprouvette) qui rend leurs membranes perméables aux plasmides.

Lorsqu'une bactérie ayant incorporé un plasmide recombiné se multiplie (par divisions cellulaires répétées), elle constitue un clone, produisant les protéines codées par le fragment d'A.D.N. étranger. Les clones de ce type peuvent servir à la recherche fondamentale (en médecine et biologie), à des fins de production industrielle ou encore à des applications agronomiques. •

2. Injection d'A.D.N. dans un œuf de drosophile (microscope optique).

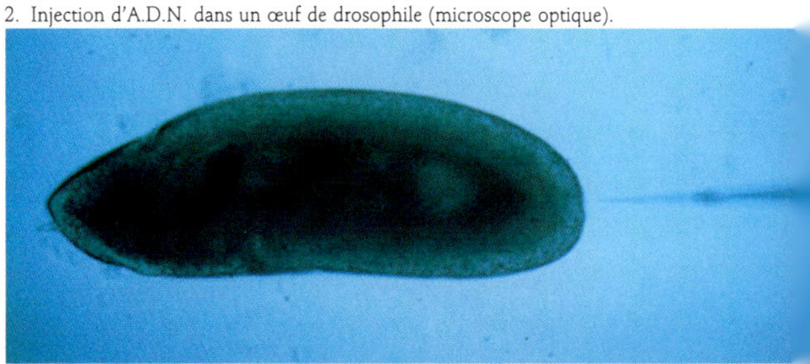

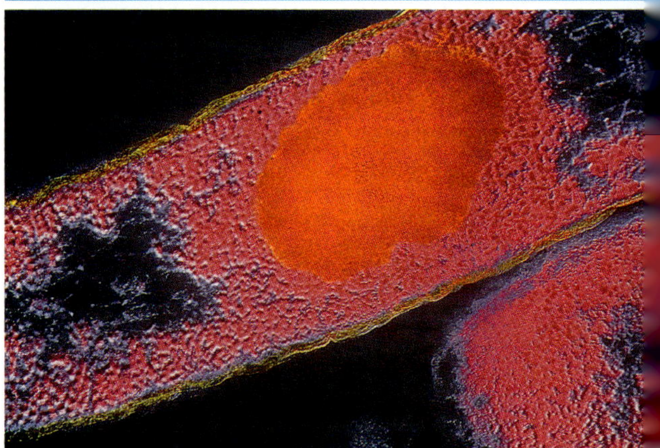

3. Bactérie *Escherichia coli* synthétisant de l'interféron humain (microscope électronique, fausses couleurs).

Les bactéries génétiquement manipulées

GRÂCE AU GÉNIE GÉNÉTIQUE,
LES BACTÉRIES SONT DEVENUES DES AUXILIAIRES DE L'INDUSTRIE PHARMACEUTIQUE ET DE L'AGRICULTURE.

Depuis l'invention de la technique du clonage des gènes chez les bactéries, des centaines de firmes biotechnologiques de par le monde (États-Unis, Japon, Grande-Bretagne, France...) s'en servent pour tenter de produire des substances thérapeutiques ou de fabriquer des souches bactériennes utiles aux agriculteurs.

Dans le premier cas, la stratégie consiste à greffer à une bactérie de laboratoire, le plus souvent *Escherichia coli,* le colibacille commun, un gène gouvernant normalement dans l'organisme humain la synthèse d'une hormone ou d'une enzyme intéressante en thérapeutique. Après manipulation génétique, les bactéries ainsi « greffées » sont cultivées en masse dans des fermenteurs de milliers de litres. Elles y synthétisent de grandes quantités de l'hormone ou de l'enzyme recherchée qu'il suffit alors d'extraire du milieu de culture par purification. Des hormones comme l'*insuline* (utile pour soigner les diabétiques) ou l'*hormone de croissance* (utile pour soigner certains cas de nanisme chez l'enfant) ou encore le *facteur VIII* (enzyme nécessaire à la coagulation du sang chez les hémophiles) sont ainsi produites industriellement.

Avant l'avènement du génie génétique, les sources humaines ou animales de ces substances étaient limitées ou insatisfaisantes. Cependant, le plus grand apport du génie génétique dans ce domaine a été de permettre la production en grandes quantités, à des fins thérapeutiques, des substances naturelles découvertes récemment comme l'*interféron*, substance antivirale également efficace contre certaines formes de leucémie ou de cancer ; l'*activateur tissulaire du plasminogène*, substance capable de dissoudre les caillots sanguins obstruant les artères (comme dans le cas de l'infarctus cardiaque) ; ou encore l'*érythropoïétine*, substance stimulant la production des globules rouges par la moelle osseuse et donc capable de suppléer l'apport de sang par transfusion. Toutes ces substances étaient déjà sur le marché à la fin des années 1980 ; mais bien d'autres sont en préparation, comme l'*interleukine-2*, une substance particulière du système immunitaire, capable de stimuler les globules blancs dans leur lutte contre les tumeurs cancéreuses.

Dans le domaine de l'agriculture, le génie génétique permet de préparer des souches de bactéries aux propriétés nouvelles. Ainsi, les bactéries *Pseudomonas fluorescens,* vivant dans le sol au contact des racines de maïs ou d'autres céréales, ont été dotées par une firme américaine du gène d'une toxine « insecticide » provenant d'une autre bactérie, *Bacillus thuringiensis,* qui ne vit normalement pas dans le sol. Ces *Pseudomonas fluorescens* génétiquement manipulés pourront être répandus dans les champs par les agriculteurs afin de lutter contre les vers blancs qui rongent les racines des céréales.

Une autre espèce de bactérie, *Pseudomonas syringae,* qui vit à la surface des feuilles de pomme de terre ou de fraisier, a été rendue « antigel » par une autre firme américaine. Plus exactement, les chercheurs de cette firme ont ôté, par manipulation génétique, le gène qui détermine, chez la souche sauvage, la formation d'une protéine dite *glaciogène :* celle-ci, excrétée par la bactérie, déclenche la cristallisation de l'eau sous forme de gel à la surface des feuilles dès que la température descend à – 2 ou – 3 °C, provoquant ainsi des « gelées blanches », néfastes pour la culture. En répandant la bactérie manipulée dans leurs champs, les agriculteurs empêcheraient la propagation de la souche sauvage et préviendraient ainsi les dégâts dus aux gelées blanches. •

Des applications universelles

Les manipulations génétiques touchent à tous les organismes : dans le cytoplasme (apparaissant en rose) de ce colibacille *Escherichia coli* (3), génétiquement manipulé, s'accumule une substance thérapeutique humaine, l'interféron (en violet). La masse orangée représente l'A.D.N. de la bactérie. À l'un des pôles de cet œuf de mouche drosophile (2), une micropipette injecte des fragments d'A.D.N., porteurs de gènes étrangers. Si l'opération réussit, la mouche transgénique qui en résulte montre des caractères nouveaux. La plus grosse de ces souris (4) est un animal transgénique, ayant reçu dans son patrimoine génétique un gène d'hormone de croissance humaine.

4. Souris normale comparée à une souris transgénique, porteuse d'un gène de l'hormone de croissance.

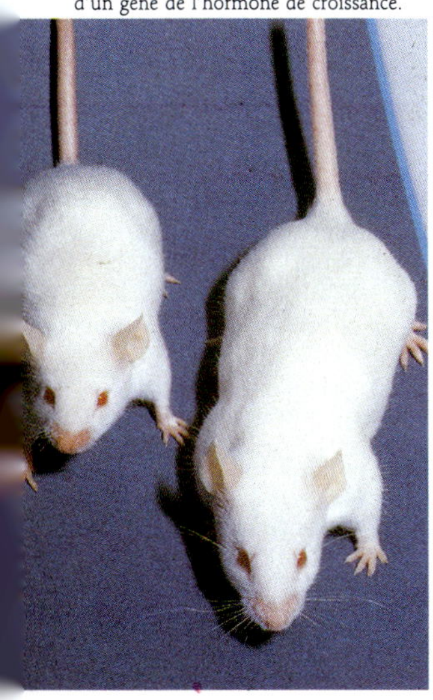

Les risques écologiques

Au tournant du XXIe siècle, les agriculteurs se verront proposer par les firmes biotechnologiques de plus en plus de plantes transgéniques ou de bactéries génétiquement manipulées. La plupart de ces organismes auront des propriétés tout à fait nouvelles. Leur introduction dans l'environnement pourrait éventuellement troubler les équilibres écologiques, comme l'ont fait, dans le passé, les introductions d'espèces étrangères (entre 1880 et 1960, les prairies australiennes ont été ravagées par le lapin, importé en 1859). Les bactéries « antigel » ne pourraient-elles se répandre hors des champs cultivés et protéger contre les gelées blanches des plantes sauvages indésirables ? Les plantes transgéniques résistantes aux herbicides ou aux insectes ne pourraient-elles transférer leurs gènes (lors d'hybridations occasionnelles) à de mauvaises herbes ? À cause des biotechnologies, on risque peut-être d'assister à des proliférations d'espèces indésirables.

Les plantes transgéniques

LES MANIPULATIONS GÉNÉTIQUES
PERMETTENT DE CRÉER DES VARIÉTÉS DE PLANTES CULTIVÉES TOTALEMENT NOUVELLES.

Depuis 1985, les biologistes savent faire pénétrer des gènes nouveaux dans le patrimoine génétique des plantes cultivées. Ils se servent pour cela d'une bactérie, *Agro bacterium tumefaciens,* qui parasite normalement les plantes en leur injectant une partie de son matériel génétique. Il suffit donc d'introduire le gène désiré d'abord dans celle-ci : il finira par s'intégrer au génome de la plante lorsqu'elle aura été infectée par la bactérie. D'autres méthodes consistent à faire pénétrer des fragments d'A.D.N. dans des cellules végétales en culture (cellules débarrassées de leur paroi squelettique, appelées protoplastes ou fragments de tissus foliaires) et de régénérer une plante complète à partir de celles-ci.

Des gènes de résistance aux herbicides ont été ainsi introduits dans des plants de tabac, notamment par Marc Van Montagu en Belgique. De nombreuses plantes transgéniques, résistantes à divers herbicides d'usage courant, ont été ainsi obtenues : coton, maïs, soja... Leur utilisation devrait permettre aux agriculteurs de détruire commodément les mauvaises herbes infiltrées au sein de leurs cultures, sans nuire aux plantes cultivées.

Un autre type de plante transgénique a été réalisé par l'introduction du gène responsable de la synthèse d'une toxine insecticide produite naturellement par la bactérie *Bacillus thuringiensis.* Des plants transgéniques de tabac, de maïs ou de coton porteurs du gène bactérien ont ainsi été obtenus. Ils synthétisent cette toxine dans leurs feuilles : lorsque des chenilles s'y attaquent, elles sont tuées. Des plants de pommes de terre ont été aussi rendus toxiques pour les coléoptères grâce à l'introduction d'un gène provenant d'une autre souche de *Bacillus thuringiensis.*

L'introduction, dans le patrimoine génétique de plantes, de certains gènes prélevés chez des virus responsables de maladies (virus de la mosaïque du tabac, de celle du concombre, etc.) rend les plantes résistantes à l'infection par ces virus. Des plants transgéniques de tomate, de tabac et de pomme de terre génétiquement immunisés contre des virus ont déjà été obtenus. •

Les animaux transgéniques

SI DES SOURIS GÉANTES
ONT BIEN ÉTÉ OBTENUES PAR
MANIPULATION GÉNÉTIQUE, LES ESSAIS RESTENT
NÉGATIFS POUR LES PORCS
ET LES MOUTONS.

En 1982, les généticiens américains R. Brinster et R. Palmiter obtenaient des souris géantes grâce à une manipulation génétique : à l'aide de micropipettes, ils avaient injecté dans des œufs de souris juste fécondés le gène de l'hormone de croissance de rat. Celui-ci s'était intégré dans le patrimoine des œufs traités et avait gouverné la synthèse en grande quantité de l'hormone de croissance de rat. Ces souris transgéniques avaient alors atteint à l'âge adulte un poids double (40 g) de celui d'une souris normale (20 g). Des firmes biotechnologiques américaines et japonaises ont depuis tenté de faire la même manipulation chez des animaux d'élevage. Cependant, seules les truites transgéniques obtenues en 1986 par la firme japonaise Kyowa-Hakko paraissent capables de doubler leur poids à la suite de l'intégration dans leur patrimoine génétique d'un gène d'hormone de croissance (provenant d'une autre espèce animale ou de l'espèce humaine). Les porcs, les moutons, les lapins transgéniques ne grossissent que peu au-delà de la normale : chez le porc transgénique, l'excès de croissance n'atteint que 15 % et seulement à condition de lui fournir un régime alimentaire particulier, riche en protéines. En outre, les porcs transgéniques sont affligés de toutes sortes de maux : ulcères d'estomac, rhumatismes articulaires, hypertrophie cardiaque... sans compter les difficultés de reproduction. Les généticiens ne savent pas contrôler le site exact d'intégration du gène dans les chromosomes, de sorte qu'il ne fonctionne pas correctement, engendrant toutes sortes d'effets secondaires. Du reste, le gigantisme des souris transgéniques est précisément dû au fonctionnement incontrôlé du gène de l'hormone de croissance de rat, qui s'accompagne également d'effets secondaires.

D'autres animaux transgéniques ont été obtenus en 1987 par une firme biotechnologique écossaise (Pharmaceutical Proteins) : il s'agit de moutons porteurs d'un gène humain associé à un gène de contrôle ; sous l'effet de ce dernier, la protéine humaine codée par le gène greffé est uniquement sécrétée dans la glande mammaire. Pour la récupérer, il suffit de purifier le lait. Les moutons transgéniques produisent le *facteur IX de la coagulation* (une substance servant au traitement des hémophiles), ou l'*alpha-1-antitrypsine* (enzyme destinée aux malades souffrant d'emphysème pulmonaire). Ces animaux transgéniques producteurs de substances thérapeutiques ont sans doute plus d'avenir que les porcs géants ! •

→ **Voir aussi :** L'agroalimentaire Les biotechnologies, **ALIM**, p. 486-487. Les biotechnologies, **ECO**, p. 308-309.

La génétique des populations

Après la redécouverte des lois de Mendel au début du xxe siècle, il était acquis que les variations dans les caractères héréditaires s'expliquaient par l'existence de plusieurs variantes (ou allèles) pour chaque gène. Cependant, la fréquence d'une variante héréditaire donnée peut être différente d'une population à l'autre : par exemple, les cheveux roux sont très fréquents chez les Irlandais mais rares chez les Espagnols ; une maladie héréditaire du sang, la drépanocytose, est fréquente chez les Noirs d'Afrique, rare dans les populations blanches... La génétique des populations étudie les facteurs réglant la fréquence des variantes héréditaires au sein des populations. Il s'agit de la sélection naturelle, mais aussi du hasard, responsable de l'élimination de certaines variantes. Des modèles mathématiques ont été testés sur des populations d'animaux élevés en laboratoire ou observés dans la nature. Les données sur la distribution des variantes héréditaires dans les populations naturelles ont été, depuis les années 1960, grandement enrichies par une nouvelle technique, l'électrophorèse, qui met en évidence et quantifie les variations génétiques au niveau des protéines constitutives des êtres vivants.

Ce type d'étude a révélé que les populations naturelles, loin d'être uniformes, maintiennent en permanence de nombreuses variantes simultanées d'un même gène. En d'autres termes, elles présentent en général un important *polymorphisme génétique.* Des mécanismes ont été proposés pour expliquer le maintien de cette structure génétique des populations, certains relevant de la sélection naturelle, d'autres du hasard.

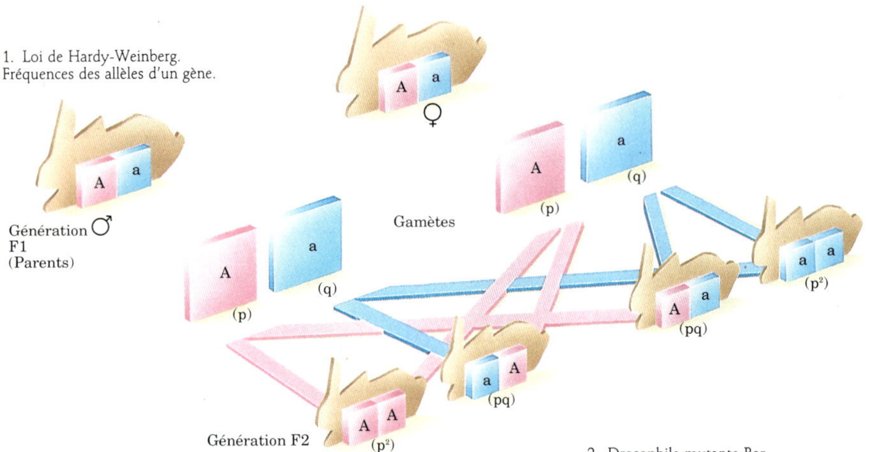

1. Loi de Hardy-Weinberg. Fréquences des allèles d'un gène.

La loi de Hardy-Weinberg

Soit une population d'animaux (1) présentant 2 variantes (ou allèles), *A* et *a,* d'un gène donné. Les effectifs des groupes d'homozygotes *AA* et *aa* et du groupe d'hétérozygotes *Aa* permettent de calculer la fréquence p de l'allèle *A* et q de l'allèle *a* dans cette population. Les mâles vont fournir p spermatozoïdes porteurs de *A* et q spermatozoïdes porteurs de *a.* Les femelles vont de leur côté fournir p ovules porteurs de *A* et q ovules porteurs de *a.* Si les accouplements se font au hasard, les rencontres entre spermatozoïdes et ovules se font toutes avec la même probabilité. Les fréquences des génotypes (*AA, Aa* et *aa*) de la nouvelle génération issue de ces fécondations sont données par un tableau à double entrée. On aura p^2 *(AA) ; (Aa)* et q^2 *(aa).* G.H. Hardy et W. Weinberg ont établi l'équation suivante : $p^2 + 2pq + q^2 = 1$, et démontrent que, dans la nouvelle génération, la fréquence de *A* est encore p et celle de *a,* encore q. Autrement dit, si les lois de l'hérédité sont seules en cause, les fréquences des diverses variantes d'un même gène restent inchangées au cours des générations. Cependant, ces variantes peuvent être soumises à la sélection naturelle. C'est le cas de la mutation génétique appelée Bar, chez la drosophile. Elle donne un œil allongé en forme de barre (2), mais elle a aussi pour effet de diminuer la viabilité des larves. L'étude d'une population expérimentale montre, au bout de quelques mois, la quasi-élimination de cette variante génétique, même si sa fréquence de départ est très élevée (3). Ces résultats vont à l'encontre de la loi de Hardy-Weinberg, qui prévoit une stabilité des fréquences : il y a élimination sélective d'une variante génétique inadaptée.

2. Drosophile mutante Bar.

Le rôle de la sélection

SI ELLE SE TROUVE FAVORISÉE PAR LA SÉLECTION NATURELLE, UNE VARIANTE GÉNÉTIQUE PEUT ÊTRE PRÉFÉRENTIELLEMENT REPRÉSENTÉE DANS UNE POPULATION.

Les lois de l'hérédité établies par Mendel prédisent qu'à la seconde génération issue d'un couple souris blanche/souris grise, 25 % des souris seront blanches, contre 75 % de grises (le caractère « blanc » étant récessif). Peut-on en conclure que s'il apparaît, par mutation génétique, une souris blanche au sein d'une population de souris grises, celle-ci finira par comprendre 25 % de souris blanches ? Le mathématicien britannique G.H. Hardy et le médecin allemand W. Weinberg établirent en 1908 qu'il n'en est pas ainsi. Au contraire, selon la loi de Hardy-Weinberg, si la variante génétique (ou allèle) déterminant la couleur blanche du pelage apparaît dans une population à une fréquence de 1 %, elle se maintiendra à cette fréquence tant que les lois mendéliennes de l'hérédité seront seules à entrer en jeu (les croisements se faisant au hasard). Pour que cette fréquence varie, il faut que les souris blanches soient, par exemple, favorisées par la sélection naturelle, laissant plus de descendants que les souris grises. On peut imaginer que cela se produise dans une population de souris vivant dans des campagnes très enneigées, où le camouflage assuré par le pelage blanc permettrait de mieux échapper aux prédateurs.

Un exemple de ce type a été réellement observé sur des populations naturelles de la phalène du bouleau, un papillon de nuit qui a pour habitude de se reposer le jour sur le tronc des arbres. Alors qu'en 1850 il n'y avait en Angleterre que des phalènes à ailes blanches, à la fin du xixe siècle, de 98 à 99 % de ces papillons avaient des ailes noires, dans les forêts situées à l'ouest des grandes villes industrielles où les troncs sont noircis par la suie. Cependant, dans les régions rurales, 100 % des phalènes continuaient à avoir des ailes blanches. Le biologiste britannique H.B.D. Kettlewell a montré, dans les années 1950, que la variété noire était protégée des oiseaux prédateurs par camouflage, dans les régions industrielles aux arbres noircis (l'inverse étant vrai pour la variété blanche dans les zones rurales).

L'impact de la sélection naturelle sur la fréquence d'une variante génétique donnée peut aussi s'observer en laboratoire. Il est par exemple possible de sélectionner une population de 2 000 mouches drosophiles dans laquelle les individus porteurs de la mutation dite « Bar » (responsable d'une déformation des yeux) sont de 5 à 6 fois plus nombreux que les individus normaux. Cependant, au bout de 9 mois, la variante génétique Bar ne présentera plus que 2 % des allèles relatifs à la forme des yeux. La forte réduction de son taux dans la population est attribuée à plusieurs facteurs, tout particulièrement à la moindre viabilité des larves porteuses de la mutation Bar. •

3. Effet de la sélection sur la fréquence du gène Bar dans une population expérimentale de drosophiles (d'après Petit).

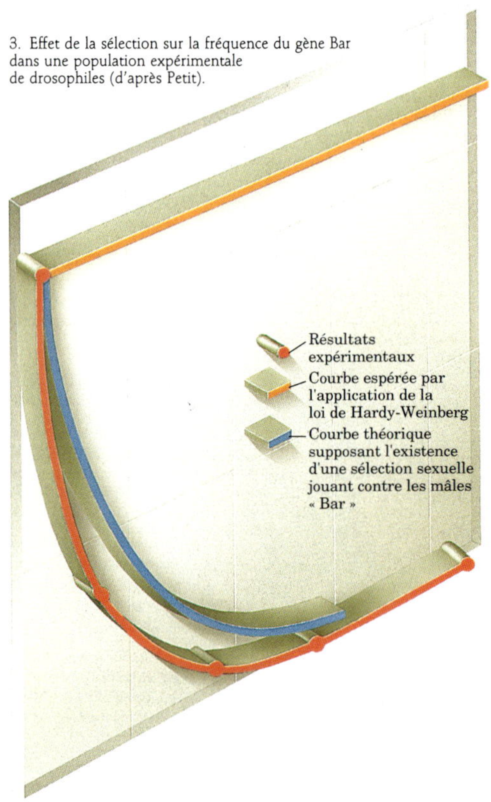

Le rôle du hasard

AU SEIN DE POPULATIONS DE PETITE TAILLE, CERTAINES VARIANTES GÉNÉTIQUES PEUVENT DISPARAÎTRE SOUS L'EFFET RÉPÉTÉ DU HASARD.

Les diverses variantes d'un même gène peuvent changer de fréquence au sein des populations, non seulement en raison de la sélection naturelle, mais aussi par simple effet du hasard. Le rôle de ce dernier n'est cependant sensible que dans les petites populations (moins de 100 individus). C'est le cas, par exemple, lorsqu'un petit groupe se détache de la population principale pour fonder une colonie à la périphérie de l'aire de distribution de l'espèce. Ce petit échantillon extrait de la population n'a peut-être pas les mêmes caractéristiques génétiques que celle-ci : si un gène A comprend, par exemple, 5 variantes dans la population principale, un gène B, 3 variantes, et un gène C, 2 variantes, la petite population fondatrice n'aura peut-être en son sein que 4 variantes pour A, 2 variantes pour B et 2 variantes pour C, simplement parce qu'aucun individu porteur des variantes A ou B manquantes ne se sera joint à elle à son départ. Il est bien évident que ce genre d'événement, dû au hasard et assimilable à une erreur d'échantillonnage, n'a que peu de chances de se produire si l'effectif de la population fondatrice est élevé.

En outre, dans une petite population fondatrice, le nombre des fécondations à l'origine des premières générations est peu élevé, ce qui correspond à l'« extraction » d'un petit nombre de cellules sexuelles parentales. Par conséquent, certaines variantes génétiques n'y sont peut-être pas représentées, sous l'effet du hasard. De plus, même si toutes les variantes génétiques sont bien représentées dans les gamètes à l'origine de la nouvelle génération, elles n'y figurent peut-être pas selon les mêmes proportions que dans la population d'origine, à nouveau sous l'effet du hasard d'échantillonnage. Tous ces changements de la fréquence des allèles au sein des petites populations sont regroupés sous le terme de *dérive génétique.*

Les effets dus au hasard dans la génétique des populations ont été bien observés par le biologiste américain Theodosius Dobzhansky dans les années 1940, sur une petite plante herbacée *Linanthus paryae,* dont les fleurs peuvent être de couleur bleue ou blanche. Certaines des populations locales de cette plante ne comprenaient que des plantes à fleurs blanches après élimination de la variante bleue par dérive génétique : d'autres populations ne comprenaient au contraire que des fleurs bleues, et un petit nombre de colonies contenaient des fleurs bleues et blanches dans des proportions variables. Ce type de distribution s'accorde avec les prédictions mathématiques établies par le généticien américain Sewall Wright concernant l'évolution génétique due au hasard dans les populations de petite taille. •

Le polymorphisme génétique

UN PARADOXE : CERTAINS GÈNES DÉFECTUEUX, AU LIEU D'ÊTRE ÉLIMINÉS, SONT CONTINUELLEMENT PRÉSENTS AU SEIN DES POPULATIONS.

Selon une ancienne théorie du généticien américain H.J. Muller, on devrait s'attendre à ce qu'une population d'êtres vivants ne présente, pour chacun de ses gènes, qu'une seule variante : celle qui confère la meilleure adaptation au milieu. En effet, en vertu de la théorie de la sélection naturelle, les variantes moins bien adaptées devraient être éliminées. La théorie de H.J. Muller n'a pu être testée avant les années 1960, car on ne disposait pas des moyens techniques permettant d'apprécier la proportion des gènes ne présentant qu'une seule forme « standard » par rapport aux gènes présentant plusieurs variantes.

La mise au point de la technique de l'électrophorèse des protéines a permis de résoudre ce problème. Cette technique consiste à déposer sur l'un des bords d'une plaque d'amidon des solutions d'une protéine donnée prélevée chez plusieurs organismes membres d'une même population. Puis on fait passer un courant électrique dans la plaque pendant plusieurs heures. Les protéines des différents individus migrent sur une longueur plus ou moins grande, en fonction des charges électriques qu'elles portent (c'est-à-dire selon leur composition en acides aminés). Au terme de la migration, on révèle leurs positions respectives par un réactif coloré. L'électrophorèse permet de savoir si une protéine existe sous une seule ou sous plusieurs formes dans une population donnée. Sachant que chaque protéine est synthétisée dans les cellules à partir d'un gène qui lui est propre, cela permet de savoir si un gène ne présente qu'une seule forme « standard » (l'électrophorèse ne révélant qu'une forme de la protéine) ou plusieurs variantes.

L'application de l'électrophorèse à des populations de drosophiles permit au biologiste américain R.C. Lewontin de démontrer, en 1966, que 30 % des protéines chez cette espèce sont polymorphes, c'est-à-dire qu'elles présentent plusieurs formes dans la population. En outre, on sait que l'électrophorèse ne détecte, en moyenne, que le tiers des protéines polymorphes ; ce sont donc en réalité 90 % des protéines synthétisées dans le corps d'une mouche qui présentent en permanence plusieurs variantes. Chez les vertébrés, y compris l'homme, le taux de polymorphisme des gènes est aussi d'environ 90 %. La théorie de H.J. Muller se trouve ainsi clairement réfutée.

Comment expliquer le maintien du polymorphisme génétique élevé dans les populations ? L'un des mécanismes les mieux établis est celui de l'*hétérosis* ou *avantage de l'hétérozygote.* Dans le cas de l'espèce humaine, l'exemple classique est celui de la maladie du sang appelée drépanocytose ou anémie falciforme. Dans cette maladie, l'une des protéines, la β-globine, entrant dans la composition de l'hémoglobine, le pigment coloré des globules rouges, présente une anomalie : l'un de ses 146 acides aminés est changé pour un autre, à la suite d'une mutation dans le gène qui gouverne la synthèse de la β-globine. L'hémoglobine qui en résulte ne fonctionne pas normalement et donne aux globules rouges une forme anormale, les faisant ressembler à une faucille. Ils ont tendance alors à obstruer les petits vaisseaux (d'où les risques d'infarctus et de gangrène chez les drépanocytaires) et à éclater (d'où l'anémie, par manque de globules rouges). Seuls les individus homozygotes sont gravement affectés par la maladie ; ils sont porteurs de deux exemplaires du gène muté *« s ».* Dans les pays du tiers-monde où les soins médicaux sont rares, ces malades meurent généralement avant l'âge de vingt ans. Pourtant, malgré le handicap qu'il représente à l'état homozygote, le gène *s* n'est pas éliminé des populations africaines ou asiatiques : en Afrique, par exemple, 50 millions de personnes sont en permanence porteuses du gène *s* à l'état hétérozygote (en un seul exemplaire dans le patrimoine génétique, l'autre exemplaire étant normal). c'est que sous cette forme, le gène *s* permet une meilleure résistance au paludisme que ne le permet le gène normal de la β-globine en double exemplaire. Cependant, le mécanisme de l'hétérosis ne peut rendre compte de la totalité du polymorphisme génétique ; la sélection naturelle ne s'exerce pas sur toutes les variantes : on est obligé d'admettre avec le généticien japonais Kimura que la majorité des variantes des gènes ne jouent pas de rôle dans l'adaptation des individus qui les portent (il s'agit de la théorie dite « neutraliste » de Kimura). •

→ **Voir aussi :** Les caractères héréditaires, **BIOL,** p. 52-53.

Le polymorphisme des populations

L'électrophorèse (4) permet de faire migrer des protéines sur un gel parcouru par un courant électrique. Les protéines (révélées par des taches colorées) s'y déplacent, en fonction de leurs propres charges électriques, elles-mêmes déterminées par leur composition en acides aminés. L'électrophorèse montre que la même protéine, prélevée chez différents individus d'une population, peut migrer à des distances différentes, révélant l'existence dans la population de plusieurs variantes du gène responsable de sa synthèse : c'est le polymorphisme génétique. Le polymorphisme peut se maintenir dans les populations, malgré les désavantages que confèrent certaines variantes alléliques : c'est le cas du gène responsable de la drépanocytose, ou anémie falciforme (5), mortel à l'état homozygote, mais qui améliore la résistance au paludisme chez les individus hétérozygotes. Le polymorphisme qui s'observe chez la phalène du bouleau accroît la plasticité adaptative des populations. Ce papillon de nuit se pose, le jour, sur les troncs d'arbres : la variété noire (6) est très fréquente dans les régions où les troncs sont noircis par la suie industrielle et la variété blanche (7), dans les régions rurales où les troncs sont blancs.

4. Électrophorèse de l'enzyme malate deshydrogénase.

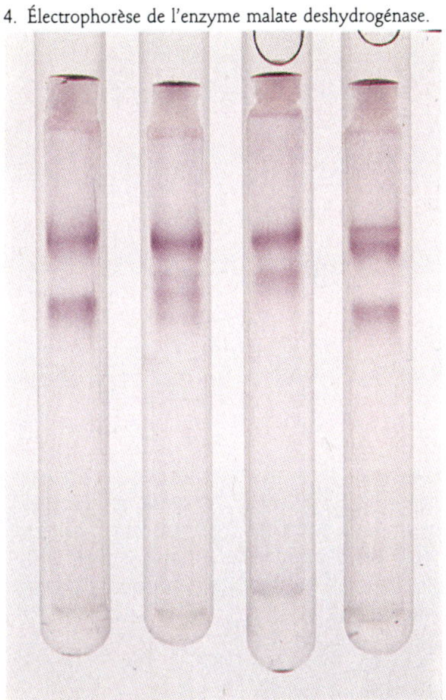

5. Sang humain. Globule rouge déformé, dans l'anémie falciforme.

6. Phalène du bouleau (*Biston betularia*), variété noire.

7. Variété blanche.

La reproduction des unicellulaires

LES ORGANISMES UNICELLULAIRES se partagent entre deux grands règnes : les procaryotes, qui ne possèdent pas de noyau délimité par une membrane, et les eucaryotes, caractérisés par une structure cellulaire complexe comprenant un noyau distinct délimité par une membrane que l'on qualifie de nucléaire. Les procaryotes se reproduisent de façon asexuée selon un processus simple de bipartition, sans mitose ni méiose. Mais il arrive qu'ils aient recours à la sexualité (sans que celle-ci implique une multiplication des individus) par un transfert d'A.D.N. d'une cellule « mâle » à une cellule « femelle », phénomène que l'on appelle la conjugaison. Ce processus intervient surtout chez les bactéries, qui peuvent ainsi modifier leur patrimoine génétique, qu'elles transmettent ensuite à leur descendance par simple division de leurs cellules.

Les organismes unicellulaires eucaryotes, végétaux (protophytes) et animaux (protozoaires), même s'ils utilisent de façon importante la reproduction asexuée, par division cellulaire, par fission ou par bourgeonnement, adoptent majoritairement la reproduction sexuée, caractérisée par la fusion de deux gamètes haploïdes mâle et femelle. Généralement, la phase de reproduction sexuée (schizogamie) alterne avec une phase de reproduction asexuée (schizogonie) lors des cycles reproductifs. Ces derniers englobent plusieurs générations successives et plusieurs formes d'individus correspondant aux étapes haploïdes ou diploïdes. Ces cycles complexes peuvent aussi se dérouler sans sexualité pour certaines espèces comme les parasites intestinaux.

Les modes de reproduction asexuée

LA REPRODUCTION ASEXUÉE N'IMPLIQUE AUCUN BRASSAGE DES ALLÈLES ET ENGENDRE DES INDIVIDUS TOUS IDENTIQUES. ELLE S'EFFECTUE PAR BIPARTITION CELLULAIRE, MITOSE, FISSION OU BOURGEONNEMENT.

La structure interne des unicellulaires est telle qu'elle leur permet d'assurer toutes les fonctions vitales que l'on retrouve chez les pluricellulaires (ingestion, digestion, excrétion et reproduction). Les procaryotes et les eucaryotes adoptent de nombreux modes de reproduction asexuée qui engendrent des générations successives toujours identiques, sauf s'il survient des mutations chromosomiques. Leur reproduction la plus simple, par division, doit, comme les autres types de reproduction, donner des descendants qui contiennent tous les organites cytoplasmiques nécessaires et la totalité du matériel génétique. Quand elle se fait par fission ou encore par bourgeonnement, la reproduction asexuée des unicellulaires peut revêtir une grande complexité et s'effectuer sous forme de cycles concernant plusieurs générations successives et alternantes.

La mitose.
À la suite d'une division simultanée et égale du cytoplasme et du noyau de la cellule mère, la mitose, qui comporte quatre phases (prophase, métaphase, anaphase et télophase), produit deux cellules filles. Ce mode de reproduction s'observe chez les amibes parasites, qui se multiplient dans le tube digestif d'un hôte par division binaire. L'amibe dysentérique, parasite de l'homme, pénètre dans la paroi intestinale et se loge dans le tissu conjonctif qui sépare la muqueuse de la couche musculaire. Dans des conditions défavorables à l'espèce, les amibes s'entourent d'une membrane épaisse et acquièrent ainsi une forme de sphère (kyste). Leur noyau se divise alors deux fois de suite. Ces kystes sont résistants et assurent la dissémination de l'espèce par les fèces. La mitose revêt souvent des aspects particuliers, comme dans le cas des levures, qui se reproduisent par bourgeonnement : une des deux cellules filles issues de la mitose présente une taille beaucoup plus petite que sa cellule « sœur » car elle est dépourvue de matériel cytoplasmique d'origine maternelle. Elle constitue le bourgeon, et reste attachée à l'autre cellule fille pendant un temps variable.

La fission.
Elle représente une autre forme de reproduction asexuée, courante chez de nombreux protozoaires. Elle peut être transverse ou longitudinale, binaire si elle aboutit à deux cellules filles, multiple lorsque plusieurs cellules filles en sont issues.

Ce type de division cellulaire peut constituer un événement très complexe, car il implique de profondes modifications dans l'organisation générale de l'individu unicellulaire et le remplacement de certains organites spécialisés. Un cycle de fission comporte quatre périodes successives qui se chevauchent souvent : tout d'abord, la maturité de l'organisme est le facteur d'initiation de la fission ; ensuite, la réorganisation interne prépare la fission ; puis vient la phase de fission active et enfin la croissance et la différenciation postérieure à la fission. Chez de nombreux ciliés, la division du noyau puis la scission du cytoplasme séparent deux cellules filles déjà partiellement différenciées. Il semblerait que la réorganisation du noyau et du cytoplasme avant la fission active permette le remplacement des parties spécialisées devenues sénescentes. Ces cycles de fission sont souvent associés à d'autres modes de reproduction, parmi lesquels l'enkystement. •

La reproduction sexuée des protozoaires

LA CONJUGAISON ET LA FÉCONDATION SONT LES DEUX FORMES DE SEXUALITÉ OBSERVÉES CHEZ LES PROTOZOAIRES. LA PREMIÈRE SE PRODUIT CHEZ LES CILIÉS PAR TRANSFERT D'A.D.N., LA SECONDE CHEZ LA PLUPART DES PROTOZOAIRES PAR FUSION DE GAMÈTES.

L'apparition de la reproduction sexuée dans différents groupes de protozoaires, en alternance avec la reproduction asexuée, est un progrès capital dans l'évolution. Elle aboutit à des cycles où les descendants d'une génération à reproduction sexuée ne peuvent se reproduire que de manière asexuée. La première trace de sexualité semble apparaître chez les bactéries avec la conjugaison, qui correspond à un échange et à une combinaison du matériel génétique entre deux individus sans qu'il y ait fécondation. La conjugaison se termine par la séparation des partenaires, contrairement à la fécondation, où les partenaires fusionnent.

Conjugaison et fécondation constituent deux formes de reproduction sexuée car il en résulte des individus nouveaux, porteurs d'un matériel génétique modifié. Les ciliés possèdent deux noyaux, un gros (le macronucléus) et un petit (le micronucléus). Ce sont les seuls protozoaires à pratiquer la conjugaison. Ils s'accouplent en se fixant par la bouche. Alors que le macronucléus dégénère et ne jouera plus aucun rôle dans la suite des phénomènes, le micronucléus se divise mitotiquement (sans réduction du nombre de chromosomes), puis les deux noyaux fils subissent une division méiotique telle que chaque noyau reçoit un nombre de chromosomes réduit de moitié. Trois des quatre noyaux formés périssent. Chaque partenaire possède alors un seul micronucléus, appelé pronucléus, qui se divise. Un des deux noyaux sexuels est échangé par un pont cytoplasmique avec le partenaire. Il fusionnera avec l'autre noyau sexuel pour former un nouveau micronucléus.

Hormis les ciliés, beaucoup de protozoaires se reproduisent par fécondation après s'être multipliés de manière asexuée. L'alternance des générations montre à chaque phase une forme caractéristique. Les foraminifères, protozoaires marins, se nourrissent en capturant leurs proies à l'aide de pseudopodes. Leur cycle de reproduction s'effectue dans un seul et même milieu, contrairement à certains parasites, qui changent d'hôte et de milieu au cours de leur cycle.

La phase asexuée débute par une petite amibe uninucléée qui s'entoure d'une coque calcaire perforée, puis des chambres s'ajoutent successivement à la première coque et se disposent en hélice. Parallèlement, le foraminifère s'accroît et forme de nombreux noyaux. Quand la croissance est achevée, les noyaux sortent des chambres et, entourés de cytoplasme, ils forment un réseau d'amibes uninucléées. Cette

Cycle du trypanosome de Gambie

Cet agent de la maladie du sommeil est un protozoaire flagellé qui revêt quatre formes au cours de son cycle dans deux hôtes : la mouche tsé-tsé et l'homme (1). Sous la forme *Trypanosoma,* il vit dans le sang des hôtes vertébrés. Le flagelle part d'un petit noyau postérieur et longe latéralement le corps, relié par une membrane ondulante. La mouche adulte s'infeste en piquant un malade. Les trypanosomes se multiplient alors dans l'intestin sous deux formes différentes : la forme *Crithidia,* avec un flagelle attaché par une courte membrane, et la forme *Leptomonas,* où le flagelle est libre. Les parasites migrent alors dans les glandes salivaires, où ils deviennent des trypanosomes métacycliques infestants sous la forme *Leishmania,* sphérique sans flagelle. À la piqûre suivante, les trypanosomes leishmania sont inoculés à l'hôte vertébré. Toutes ces formes se reproduisent par des divisions longitudinales asexuées.

1. Formes du trypanosome de Gambie *(Trypanosoma gambiense).*

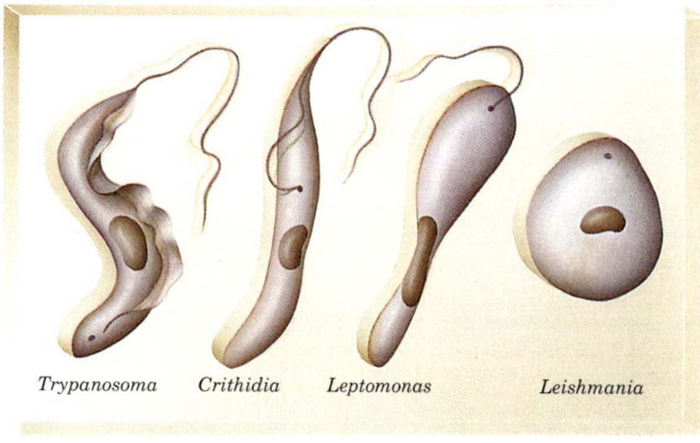

multiplication est appelée *schizogonie.* La phase sexuée commence avec la formation d'une coque calcaire autour de chaque amibe provenant de la schizogonie. De nouveau les noyaux se divisent, puis leurs descendants sortent des coques, s'entourent de cytoplasme et acquièrent deux flagelles égaux. C'est la formation de gamètes de sexes différents ou schizogamie. L'union de deux gamètes forme un zygote, qui perd ses flagelles et se transforme en amibe, point de départ de la phase asexuée.

Un grand nombre de modalités existent dans les cycles de reproduction sexuée des protozoaires. La phase asexuée peut se produire dans un hôte et la phase sexuée dans un autre. La schizogonie peut se répéter plusieurs fois de suite, comme chez les coccidies. Par contre, chez les grégarines, la phase asexuée est très discrète. •

La reproduction sexuée des protophytes

LES VÉGÉTAUX PROCARYOTES SE MULTIPLIENT PAR SCISSIPARITÉ OU PAR SPORULATION. CHEZ LES EUCARYOTES, ALGUES ET CHAMPIGNONS, LA REPRODUCTION ASEXUÉE ALTERNE AVEC UNE REPRODUCTION SEXUÉE.

Le point commun des végétaux unicellulaires, ou protophytes, est la réalisation de la photosynthèse grâce à la chlorophylle contenue dans un organite spécial : le chromoplaste (appelé ici chloroplaste). La chlorophylle leur permet d'être autotrophes, c'est-à-dire de se nourrir directement à partir d'éléments minéraux. Mais il arrive qu'une espèce végétale perde son pigment lors d'une division cellulaire : l'une des cellules filles conserve le pigment entier, à la suite d'une inhibition de sa division, alors que l'autre cellule fille ne possède plus de pigment, ce qui la place alors dans le règne animal.

On distingue chez les procaryotes végétaux les cyanophycées (algues bleues) et certaines espèces bactériennes qui contiennent un pigment (ordre des bactériales) ou qui appartiennent à l'embranchement des microbactéries (champignons). Les cyanophycées assurent leur reproduction par voie végétative, c'est-à-dire par bipartitions successives ou par sporulation. La partie végétative, ou thalle, se transforme en un sporocyste producteur de spores, qui peuvent se comporter comme des gamètes quand elles ne donnent pas directement un nouvel individu. Mais c'est surtout chez les eucaryotes que l'on observe des modes de reproduction sexuée alternant avec une reproduction asexuée, lors d'un cycle qui intègre plusieurs formes d'individus. La phase asexuée correspond à une production de spores par des sporocystes et la phase sexuée fait appel à des gamètes provenant des gamétocystes.

Exemple d'un cycle monogamétique haploïde. *Chlamydomonas reinhardi* possède deux flagelles et un chloroplaste. Cette algue se multiplie par sporulation en donnant deux à quatre spores ou par reproduction sexuée. Son contenu se divise alors en 32 cellules plus petites et toutes semblables qui, libérées de la cellule mère, nagent : ce sont les gamètes. Elles finissent par copuler et donnent un œuf, ou zygote, qui s'entoure d'une paroi épaisse ornementée. L'œuf peut rester à l'état de repos assez longtemps et, lorsque les conditions sont favorables, il aboutit, après réduction chromatique, à quatre petits chlamydomonas. •

La reproduction des bactéries

ORGANISMES PROCARYOTES, LES BACTÉRIES PEUPLENT, SOUVENT EN COLONIES, TOUS LES MILIEUX OÙ LA VIE EST POSSIBLE. ELLES SE MULTIPLIENT PAR SIMPLE DIVISION CELLULAIRE, SANS MITOSE NI MÉIOSE, OU PAR CONJUGAISON.

Les cellules bactériennes appartiennent au type procaryote, notamment caractérisé par une absence de noyau, qui présente une structure cellulaire beaucoup plus simple que celle des unicellulaires eucaryotes. L'A.D.N. bactérien, constitué d'un simple ou double brin souvent en forme de boucle, baigne dans le cytoplasme cellulaire ; cette situation chromosomique implique une absence de mitose ou de méiose dans la division cellulaire. Les bactéries se reproduisent généralement sans avoir recours à la sexualité, et leur propagation s'effectue par simple scissiparité.

Cependant, il existe chez les bactéries une forme de sexualité particulière capable d'entraîner des modifications génétiques sans être directement liée à une multiplication cellulaire. Il s'agit de la conjugaison, qui se manifeste par le transfert d'A.D.N. d'une cellule « mâle », ou donatrice, à une cellule « femelle », ou réceptrice. Cet échange chromosomique se fait entre deux cellules qui se séparent après la conjugaison, n'aboutissant en aucune façon à un nouvel individu. Ce n'est pas véritablement le chromosome en boucle qui est transmis d'une bactérie à l'autre, mais un petit brin d'A.D.N. extrachromosomique, circulaire, qui porte des gènes codant pour certains caractères de la cellule « mâle » (synthèse d'enzymes, de toxines, résistance à un antibiotique...). On appelle cet A.D.N. un plasmide. Il est capable de se répliquer, même lorsqu'il reste distinct du chromosome, et de s'intégrer au chromosome de la cellule donatrice ou de la cellule réceptrice. D'une manière générale, les deux cellules s'accolent, une enzyme scinde un ou deux brins du plasmide contenu dans la cellule mâle. Un des deux brins est ensuite transféré par un pont cytoplasmique dans la cellule réceptrice. Celle-ci synthétisera le brin complémentaire pour aboutir de nouveau à un plasmide double brin circulaire. Parfois, le plasmide emporte avec lui un morceau du chromosome bactérien « mâle », ce qui correspond à un transfert des informations pouvant entraîner une mutation... •

→ **Voir aussi :** Les procaryotes, **BIOL**, p. 22-23. Les êtres vivants unicellulaires, **BIOL**, p. 32-33. Reproduction et variation, **BIOL**, p. 48-49. La sexualité, **BIOL**, p. 70-71. Les cycles parasitaires, **BIOL**, p. 202-203.

2. Reproduction asexuée de la paramécie.

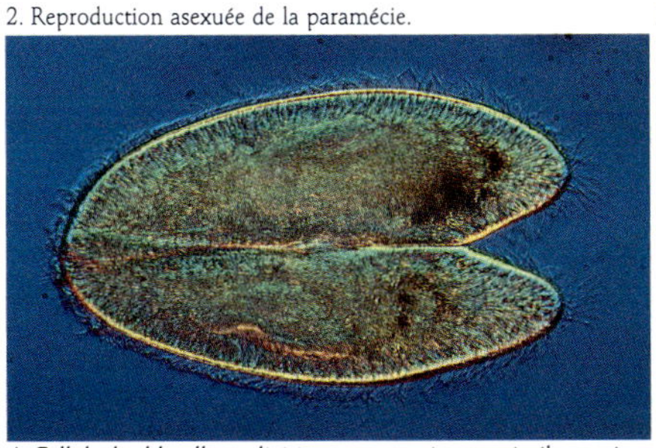

3. Conjugaison chez la paramécie.

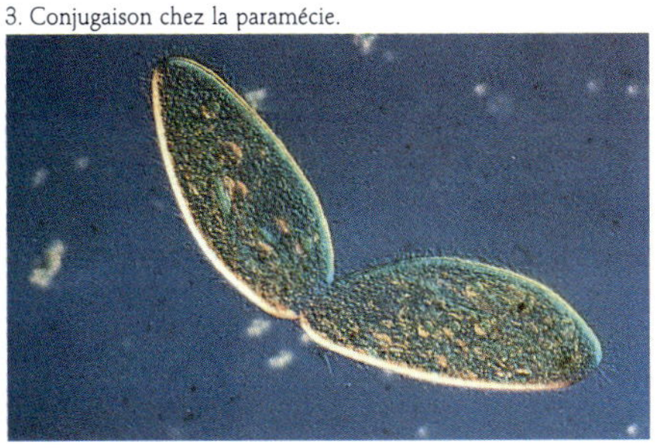

4. Cellule de chlorelle en division, vue en microscopie électronique.

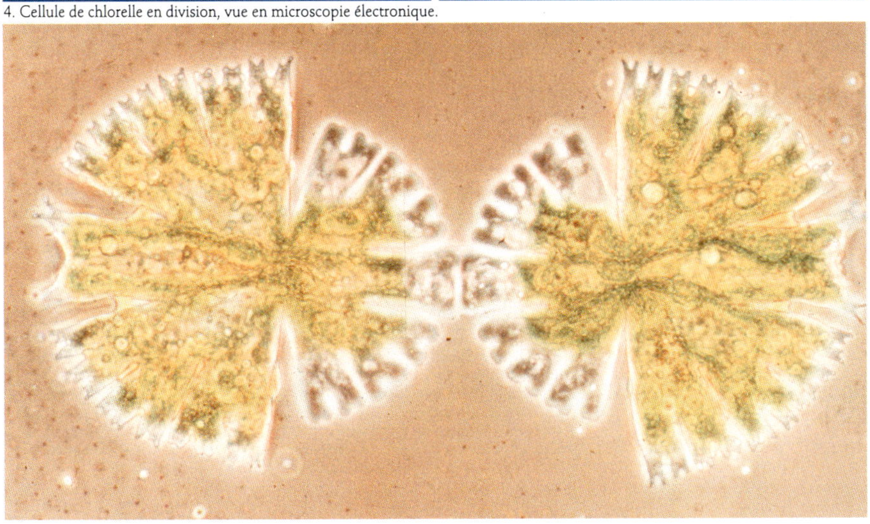

5. Cycle des foraminifères (polystomelle).

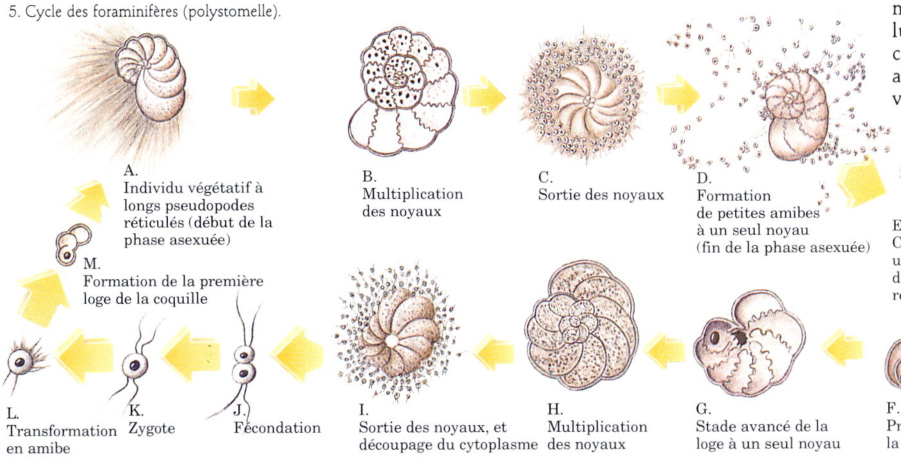

Les types de reproduction

Les foraminifères, protozoaires marins, alternent, lors de leur cycle reproducteur (5), une phase de reproduction asexuée (schizogonie) et une phase de reproduction sexuée (schizogamie). Ce type de reproduction complexe s'oppose à la simple division qu'adopte généralement la paramécie (2). Cette dernière peut pratiquer la conjugaison (3) ; il y a alors échange de matériel génétique sans création d'individu nouveau. La simple division chez les chlorelles (4), végétaux unicellulaires, conduit à la formation de deux individus identiques.

La reproduction asexuée chez l'animal

CERTAINES ESPÈCES D'ANIMAUX se reproduisent (ou se multiplient) selon un processus qui ne fait pas intervenir d'individus de sexes différents. Ce mode de reproduction est beaucoup plus rare que la reproduction par voie sexuée, qui suppose l'accouplement de sujets de sexes opposés : un sujet mâle et un sujet femelle, dont les gamètes (ou cellules sexuelles) fusionnent et mettent en commun leur patrimoine génétique pour donner un œuf, point de départ d'un nouvel individu.

Alors que la reproduction asexuée s'observe fréquemment dans le règne végétal, elle n'existe pas chez les vertébrés et reste le privilège des embranchements dits « inférieurs » (elle est toutefois connue chez les urocordés ou tuniciers). La reproduction asexuée est assez répandue chez les spongiaires, les cnidaires, les plathelminthes, sans oublier les protozoaires. Elle se présente suivant deux modalités bien distinctes : le bourgeonnement et la scissiparité.

La reproduction asexuée a pour principale caractéristique – ou « avantage » – de permettre à un spécimen isolé de se reproduire sans avoir à trouver un partenaire. Dans ce sens, il s'agit d'un mode de reproduction particulièrement propice pour les espèces vivant sur les fonds marins, où la faible densité des individus rend difficile, voire impossible, la recherche des partenaires. La contrainte est encore plus forte pour les nombreuses espèces qui vivent fixées au substrat. Pourtant, reproduction sexuée et multiplication asexuée coexistent fréquemment chez la même espèce, alternant tout au long du cycle vital. En effet, à de rares exceptions près, tous les animaux susceptibles de se reproduire de façon asexuée peuvent aussi le faire par la voie sexuée.

Pour certaines espèces de végétaux mais aussi d'animaux, les chercheurs sont parvenus à obtenir en laboratoire une multiplication asexuée artificielle qu'on appelle le *clonage.* On obtient alors des individus génétiquement identiques. Cette technique, par laquelle un individu entier est produit à partir d'une seule cellule, ou d'un fragment de tissu, offre des perspectives à la fois fascinantes et inquiétantes, si l'on songe qu'elle pourrait un jour être envisageable dans l'espèce humaine.

La scissiparité

LA BIPARTITION D'UN INDIVIDU EN DEUX INDIVIDUS FILS EST COMMUNE CHEZ LES PROTOZOAIRES, MAIS ELLE EXISTE ÉGALEMENT CHEZ LES VERS ET CHEZ CERTAINS CNIDAIRES.

Le mode de reproduction asexuée qui implique une bipartition de l'individu est appelé scissiparité. Ce phénomène, assez simple dans son principe, implique des modalités physiologiques sophistiquées. En dehors des protozoaires, la scissiparité existe notamment chez les planaires, certains annélides et les actinies (anémones de mer).

Chez les annélides, la partie postérieure du corps peut acquérir une certaine indépendance physiologique par rapport à la partie antérieure. Ce processus est lié à une variation du métabolisme cellulaire le long de l'axe antéropostérieur. L'animal s'étire et chacune des parties de son corps, de part et d'autre de la zone d'étirement, reconstitue la partie manquante. L'avant de la partie postérieure s'assombrit, ce qui indique une dédifférenciation des fibres musculaires, puis forme une nouvelle tête, avant même que la scission ne soit totale (chez les annélides polychètes, c'est à ce stade qu'apparaissent les branchies). Lors de ce processus, il intervient tout à la fois une refonte des tissus et une dédifférenciation. Des cellules de remplacement jouent alors un rôle important. On comprendra qu'une telle scissiparité n'existe que chez les organismes doués d'une forte capacité de régénération. Multiplication asexuée et régénération sont deux phénomènes apparentés.

Encore appelée *schizogenèse,* la scissiparité s'observe aussi chez les actinies, qui sont par ailleurs également susceptibles de bourgeonner. Une anémone de mer peut se diviser dans le sens longitudinal (scissiparité), ou bien de façon transversale (il s'agit alors d'une forme de bourgeonnement). La scissiparité est le mode le plus fréquent de reproduction : les deux actinies en voie de formation demeurent alors un certain temps attachées par leur pied commun, tandis que leurs bouches, munies de leurs couronnes de tentacules, sont bien séparées. Dans le cas de la division transversale, la couronne tentaculaire de l'actinie inférieure est déjà bien formée, alors même que le pied de l'individu supérieur est encore attaché à elle. •

Le bourgeonnement

LE DÉVELOPPEMENT D'INDIVIDUS FILS PAR EXCROISSANCE À PARTIR D'UN INDIVIDU COMPLET S'OBSERVE SURTOUT CHEZ LES INVERTÉBRÉS AQUATIQUES.

La constitution, à partir d'un individu, d'individus fils qui se différencient totalement, ou presque, avant de s'en détacher caractérise le bourgeonnement. Un tel mode de reproduction s'observe par exemple chez les éponges. Leurs bourgeons, appelés *gemmules,* mènent durant un certain temps une vie latente, avant de donner un nouvel individu. D'une manière générale, le processus de formation et de différenciation suit des modalités dont la complexité varie beaucoup selon les espèces. Ainsi, dans certains cas, la reproduction par bourgeonnement peut très bien alterner avec une phase de reproduction sexuée.

Le bourgeonnement a été particulièrement bien étudié chez l'hydre d'eau douce : ce petit animal de l'embranchement des cnidaires, en forme de sac et muni de tentacules, vit fixé sur les plantes aquatiques. À certains moments, notamment lorsqu'il fait chaud, l'hydre bourgeonne : des excroissances poussent alors à sa surface, elles grandissent et se percent d'une cavité, tandis que des tentacules apparaissent. Parfois, un bourgeon bourgeonne à son tour alors qu'il est encore fixé sur l'hydre mère.

Chez les méduses acalèphes, qui sont les méduses classiques des océans, le cycle vital montre une alternance entre reproduction sexuée et multiplication asexuée par bourgeonnement. Il faut noter que chez les cnidaires, parfois une seule de ces deux phases subsiste. L'œuf pondu par une méduse donne une larve ciliée qui se fixe pour devenir un polype. Celui-ci grandit, puis des constrictions transversales le divisent pour lui donner l'allure d'une pile d'assiettes qu'on désigne sous le nom de *strobile* (reproduction par strobilisation). Les éléments de ce strobile se détachent l'un après l'autre pour devenir autant de méduses. Une alternance des deux modes de reproduction, reproduction sexuée et reproduction asexuée s'observe aussi chez d'autres organismes pélagiques : les salpes (groupe des tuniciers). Un stolon (une forme de bourgeon) apparaît chez l'organisme adulte. Lorsqu'il a acquis une certaine longueur, il se segmente par à-coups successifs. Chaque phase de segmentation produit plusieurs dizaines, voire quelques centaines de « blastozoïdes ». Ceux qui ont le même âge se détachent pour former une « chaîne » qui va voguer en pleine mer. Devenus adultes, les blastozoïdes, qui sont hermaphrodites, se reproduisent de façon sexuée. L'œuf donne un « oozoïde », qui mène une vie solitaire, et sur lequel poussera le stolon.

Ces quelques exemples illustrent la grande variété des modalités de bourgeonnement chez les invertébrés, le brassage génétique étant accompli lors de phases de reproduction sexuée, lorsque ces dernières existent dans le cycle vital et lorsqu'elles sont rendues possibles par la rencontre de deux partenaires sexuels. •

Reproduction asexuée et régénération

Vers plats aquatiques, les planaires (4) sont des organismes hermaphrodites qui peuvent avoir recours à un mode de reproduction asexuée, la scissiparité. Celle-ci s'opère dans le sens transversal (5). Alors que la partie postérieure reste agrippée au substrat, l'animal s'étire et un étranglement (ou une déchirure) se produit. La partie postérieure reconstitue ensuite une tête, la partie antérieure une queue. Un cnidaire, l'hydre d'eau douce (2), également hermaphrodite, utilise un second grand mode de reproduction asexuée, le bourgeonnement : l'hydre fille se développe sur le pied de l'hydre mère (3) et constitue une couronne de tentacules avant de s'en détacher.

Les mécanismes biologiques de la régénération s'apparentent à ceux de la reproduction asexuée par scissiparité, l'animal reforme ainsi une partie manquante de son organisme. Très répandue chez les invertébrés, la régénération permet parfois la reconstitution de portions importantes de ces animaux, comme chez cette étoile de mer (1) amputée de trois de ses bras. Les vertébrés montrent un pouvoir de régénération plus faible que les invertébrés ; de plus, ce pouvoir est plus faible chez l'adulte que chez le jeune ou la larve. Cependant, certains amphibiens du groupe des urodèles sont capables de reconstituer un membre fonctionnel après section de celui-ci. C'est le cas de ces tritons américains adultes (6), dont deux ou les quatre pattes ont été sectionnées expérimentalement : des ébauches de doigts en cours de régénération sont visibles sur le sujet du haut.

1. Régénération chez une étoile de mer.

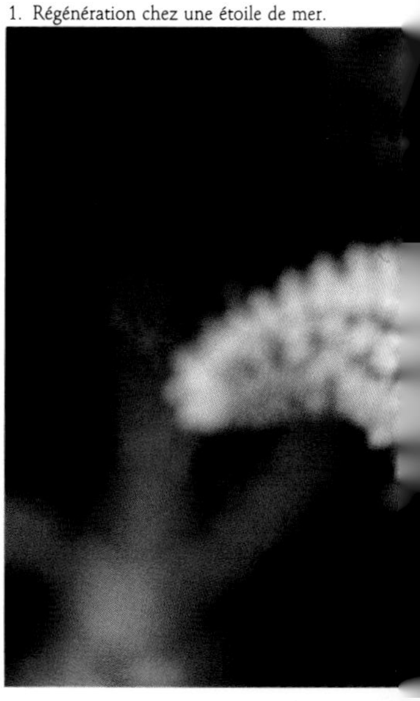

La régénération

CHEZ UN ANIMAL PRIVÉ D'UNE PARTIE DE SON ORGANISME, LA RÉGÉNÉRATION PERMET, GRÂCE À DES CELLULES NON DIFFÉRENCIÉES, LA RESTAURATION DE LA PARTIE MANQUANTE.

Le développement d'une portion de l'organisme chez un animal qui en a été privé par amputation est rendu possible, dans certains groupes, par le processus de régénération. Ce phénomène, plus complexe que la cicatrisation, s'apparente à la reproduction asexuée, et en particulier à la scissiparité. D'ailleurs, il est surtout observé dans des groupes zoologiques qui se reproduisent essentiellement selon un mode asexué. Pourtant, la régénération existe aussi chez les vertébrés, mammifères compris (mais elle est plus limitée). Ce processus est notamment répandu chez les animaux qui s'amputent volontairement en cas de danger. Ce mécanisme de défense s'appelle l'autotomie. Ainsi, un lézard qu'un prédateur attrape par la queue s'en sépare brusquement, abandonnant à son adversaire un segment de queue encore tout remuant. De même, un crabe peut s'amputer d'une de ses pinces. L'autotomie est un acte réflexe, qui provoque une intense contraction musculaire. Sous l'effet de cette impulsion, l'organe se brise selon une zone de moindre résistance, puis il se régénère.

La régénération doit bien être distinguée de la cicatrisation, laquelle consiste plus simplement en la réparation d'un tissu par les cellules de ce même tissu. Dans la régénération, la reconstitution de l'organe est l'œuvre de cellules indifférenciées ou dédifférenciées, avec une intervention de tout l'organisme en tant qu'inducteur (c'est-à-dire favorisant le phénomène). Ainsi, dans les groupes zoologiques inférieurs, des néoblastes, cellules indifférenciées, persistent pendant toute la vie de l'animal : en cas d'amputation, elles s'accumulent à l'endroit affecté par celle-ci, s'y multiplient et s'y différencient, reformant l'organe manquant. Cette régénération, dite *traumatique,* s'observe chez les amphibiens urodèles, tant à l'état larvaire qu'au stade adulte ; chez les anoures, elle n'existe que chez les têtards.

Dans le processus de régénération, on distingue l'épimorphose de la morphallaxie. Dans l'épimorphose, la partie de l'organe qui subsiste demeure inchangée. Au contraire, dans la morphallaxie, une dédifférenciation affecte aussi les cellules de cette partie. On appelle *régénération atypique* le phénomène d'hypertrophie compensatrice. Ce dernier permet, après ablation d'un organe, sa reconstitution à partir de la partie restante de celui-ci. Cette hypertrophie compensatrice est déterminée par des substances véhiculées par le sang. D'une manière générale, les hormones et le système nerveux jouent un rôle capital dans le déterminisme des processus de régénération. •

→ **Voir aussi :** La reproduction des unicellulaires, **BIOL**, p. 66-67. La reproduction des plantes primitives, **BIOL**, p. 82-83.

2. Bourgeonnement chez une hydre d'eau douce (*Chlorohydra viridissima*).

4. Planaire.

3. Organes génitaux et bourgeon de reproduction asexuée sur une hydre d'eau douce.

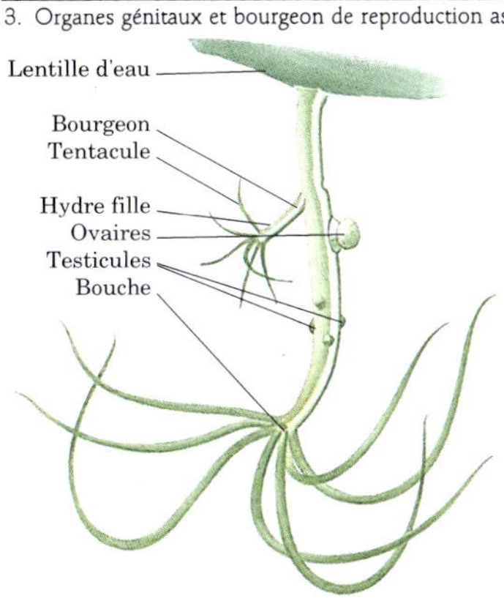

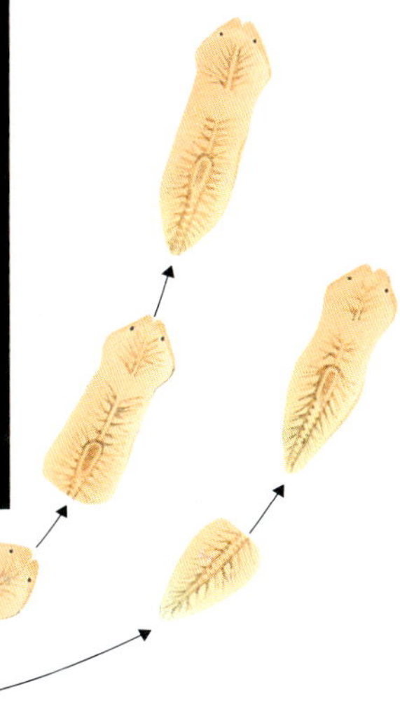

5. Scissiparité chez une planaire.

6. Tritons américains (*Notophtalmus viridescens*).

La sexualité

SI CERTAINS ORGANISMES assurent leur reproduction par simple division cellulaire, sans nécessiter l'intervention d'un autre individu de la même espèce, la plupart des organismes, animaux ou végétaux, possèdent un mode de reproduction faisant intervenir la sexualité. Grâce à la méiose, les organismes sont capables de produire les cellules spécialisées possédant la moitié du matériel génétique caractéristique de l'espèce, les gamètes, dont la fusion donnera naissance à un nouvel individu. La reproduction sexuée assure ainsi un brassage efficace du patrimoine génétique au sein d'une même espèce. Les individus peuvent porter des gamètes des deux sexes, ils sont alors dits « hermaphrodites », ou bien ne posséder qu'un seul type de gamètes, ils sont alors appelés « gonochoriques ». L'appartenance à un sexe ou à un autre est généralement déterminée par le matériel génétique de l'individu mais peut, dans certains cas, être modifiée par des phénomènes externes, comme la quantité de nourriture (nématodes) ou la température (crocodiles). Chez les individus gonochoriques, la différence entre les sexes peut être marquée par des caractères extérieurs, comme la couleur ou la forme ; on parle alors de dimorphisme sexuel. Mais, chez certaines espèces, la différence entre les sexes ne peut se faire que par l'observation du comportement sexuel (s'il y a accouplement) ou des gamètes produits (s'il n'y a pas d'accouplement, comme chez les plantes ou chez de nombreux animaux). Des modalités variées se sont développées dans les règnes animal et végétal pour assurer la réussite de la fécondation.

Le rôle de la sexualité

LA REPRODUCTION EST LE PHÉNOMÈNE PRIMORDIAL QUI PERPÉTUE L'ESPÈCE. LA SEXUALITÉ, PAR LE BRASSAGE CHROMOSOMIQUE QU'ELLE IMPLIQUE, ENTRAÎNE UNE GRANDE DIVERSITÉ DES INDIVIDUS, FACILITANT L'ADAPTATION DE L'ESPÈCE.

Si l'on considère les populations humaines, chaque individu, appartenant pourtant à la même espèce, est unique et nouveau. Il est issu de la rencontre de deux gamètes d'origines différentes. Parler de reproduction au sens strict du terme (reproduction conforme) ne s'accorde pas avec l'idée de la sexualité, puisque cette dernière peut entraîner, entre deux générations successives, une grande diversité entre des individus « frères ». La sexualité définit la notion d'espèce, elle constitue une limite infranchissable, empêchant deux espèces même voisines de se reproduire entre elles. Les différences anatomiques des organes génitaux ou d'ordre physiologique et génétique interdisant la fécondation et le développement de l'embryon correspondent souvent à l'impossibilité d'appariement des deux stocks chromosomiques parentaux.

La méiose peut être considérée comme la condition essentielle d'une sexualité féconde puisque, lors de l'élaboration des gamètes maternel et paternel, elle entraîne la formation de cellules dont l'appariement pourra donner un individu viable, des cassures et des recollages aléatoires au sein des paires chromosomiques (crossing-over) assurant une variabilité des caractères. Ainsi, le chromosome qu'un parent transmet par l'intermédiaire de son gamète n'est pas conforme à ceux qu'il possède, ni même à ceux qu'il a reçus de ses ascendants. Le programme génétique transmis à l'œuf diffère donc de celui de la génération précédente ; cela, ajouté aux mutations aléatoires, constitue l'atout majeur de la reproduction sexuée. Grâce au brassage de gènes qu'elle permet, la sexualité, en engendrant une telle diversité, favorise l'adaptation permanente d'une espèce à son environnement.

La reproduction sexuée a été adoptée par un grand nombre d'animaux et de végétaux, qui évoluent en fonction des modifications de leur milieu. Pourtant, la reproduction asexuée de beaucoup d'espèces n'est pas un handicap à leur développement puisque celles-ci, comme un grand nombre d'individus unicellulaires, se perpétuent depuis des milliers d'années. Mais, chez la plupart des espèces primitives, on observe tout de même des cycles de reproduction sexuée, qui alternent avec des périodes de reproduction asexuée, ce double cycle permettant le brassage chromosomique et l'adaptation de l'espèce.

Ces deux facteurs assurent le renouvellement du stock génétique, contribuant ainsi à son enrichissement. •

Déterminisme et caractères sexuels

AU SEIN D'UNE MÊME ESPÈCE ANIMALE, LA DIFFÉRENCE ENTRE LES SEXES JOUE PARFOIS UN RÔLE PRÉPONDÉRANT DANS L'ATTIRANCE SEXUELLE. CHEZ LES VÉGÉTAUX GONOCHORIQUES DONT LES GAMÈTES SONT VÉHICULÉS PAR LE MILIEU, LE DIMORPHISME EST MOINS MARQUÉ.

Chez les êtres vivants, le sexe est généralement déterminé génétiquement par une paire de chromosomes (les hétérosomes). Ainsi, l'observation d'un caryotype humain montre 23 paires de chromosomes. L'homme se caractérise par une paire de chromosomes hétérogènes (il possède un chromosome X de grande taille et un chromosome Y beaucoup plus petit). Le sexe mâle produit donc deux types de spermatozoïdes. Les uns portent le chromosome X, les autres le chromosome Y. Chez la femme, les deux chromosomes sexuels sont identiques (chromosomes X). À la fécondation, le sexe génétique de l'œuf sera déterminé par la nature du chromosome sexuel apporté par le spermatozoïde.

Mais de nombreux animaux (crocodiles, ou la plupart des oiseaux, par exemple) possèdent des gènes déterminant le sexe par les conditions du milieu. Chez les abeilles, les guêpes et les fourmis, les mâles se développent à partir d'œufs non fécondés, alors que les femelles sont issues d'œufs fécondés. Enfin, chez certaines espèces, les individus peuvent changer de sexe au cours de leur vie. C'est le cas chez des poissons ou chez les mollusques crépidules, dont les plus petits ont le sexe mâle et les plus gros le sexe femelle. Si un individu mâle se sépare de la colonie, il grandit et prend alors le sexe femelle. Chez les végétaux, le changement de sexe est souvent lié aux conditions extérieures. Ainsi, un stress hydrique favorise la masculinisation alors que la féminisation survient après une bonne saison de croissance.

Chez les individus gonochoriques, la morphologie des organes sexuels forme ce que l'on appelle les caractères sexuels primaires. À ceux-ci s'ajoutent des caractères sexuels secondaires, qui traduisent la différence entre les sexes par l'apparence générale de l'individu. Chez les animaux, ces caractères apparaissent sous l'influence des hormones sexuelles fabriquées par les gonades. Ils se manifestent par des modifications d'activité glandulaire, morphologique, métabolique et psychique qui accentuent le dimorphisme sexuel. Des différences de tailles et de poids existent souvent entre le mâle et la femelle ; les couleurs peuvent aussi constituer un facteur de différenciation sexuelle, et il arrive que des organes spécifiques (crête du coq, bois des cerfs) n'appartiennent qu'à l'un des sexes. Parfois, les différences peuvent être telles qu'il est difficile d'imaginer la moindre parenté phylogénétique entre le mâle et la femelle. Chez la bonellie, par exemple, le mâle est réduit à un appareil génital, mesure à peine 2 mm et vit en parasite fixé sur la femelle, qui, munie d'une longue trompe, peut atteindre 10 cm. Mais, chez certaines espèces (chez les oiseaux notamment), hormis le comportement lors de la saison des amours, seule une dissection permet de distinguer le sexe d'un individu. Chez les animaux, il est courant que les dimorphismes sexuels n'apparaissent qu'à la période où ils sont sexuellement mûrs pour se reproduire. Ainsi, chez les amphibiens anoures, seulement pendant la période de reproduction, les mâles possèdent des épaississements cornés au niveau de leurs pouces qui leur permettent d'agripper la femelle et d'ensemencer les ovules libérés par celle-ci. •

Gonochorisme et hermaphrodisme

ALORS QUE LE GONOCHORISME CARACTÉRISE LES INDIVIDUS PORTEURS D'UN SEUL SEXE, MÂLE OU FEMELLE, LES INDIVIDUS HERMAPHRODITES PRODUISENT LES DEUX TYPES DE GAMÈTES, SIMULTANÉMENT OU SUCCESSIVEMENT.

La sexualité n'implique pas toujours des sexes séparés, portés par des individus distincts. Il existe d'autres modes de sexualité, en particulier l'hermaphrodisme, qui est très répandu dans le règne végétal, mais qui existe aussi chez certaines espèces animales (escargots, par exemple). L'hermaphrodisme se définit comme la coexistence, simultanée ou successive, des appareils masculin et féminin sur un même individu. Il s'oppose ainsi au gonochorisme, qui caractérise la séparation complète des sexes. Mais l'un comme l'autre favorisent les recombinaisons génétiques et la diversité de l'espèce, grâce à la rencontre de deux gamètes porteurs de matériels génétiques différents.

On distingue l'hermaphrodisme naturel et l'hermaphrodisme accidentel. Le premier présente de multiples aspects pour des classes entières d'animaux, tels les crustacés cirripèdes, les mollusques (escargots, moules). Mais il est dominant chez les fleurs bisexuées, en particulier les angiospermes sur lesquelles « cohabitent » étamines et pistils. Ainsi, 70 % des genres d'angiospermes sont entièrement hermaphrodites ; la méiose, au même titre que chez les espèces gonochoriques, intervient pendant la formation des gamètes, aboutissant à un lot de chromosomes

La reproduction sexuée

Les cellules germinales se forment lors de la méiose, ou division réductionnelle, durant laquelle les chromosomes homologues échangent des segments correspondants (2). Les chromosomes homologues paternel et maternel étant répartis au hasard dans les cellules germinales, de nouvelles combinaisons alléliques sont ainsi créées, conduisant à un brassage chromosomique qui assure une meilleure adaptation de l'espèce. Les individus producteurs de gamètes appartiennent généralement à des sexes différents.
La différence entre ces sexes, ou dimorphisme sexuel, peut être plus ou moins marquée. Faible chez l'homme (1), elle est plus importante et fait intervenir la taille chez de nombreux insectes (3) et arachnides (4). Le dimorphisme sexuel revêt parfois des allures spectaculaires où les couleurs jouent un grand rôle dans le rapprochement des individus de sexes opposés (5).

1. Dimorphisme sexuel chez l'homme et la femme.

2. Brassage des allèles lors de la méiose.

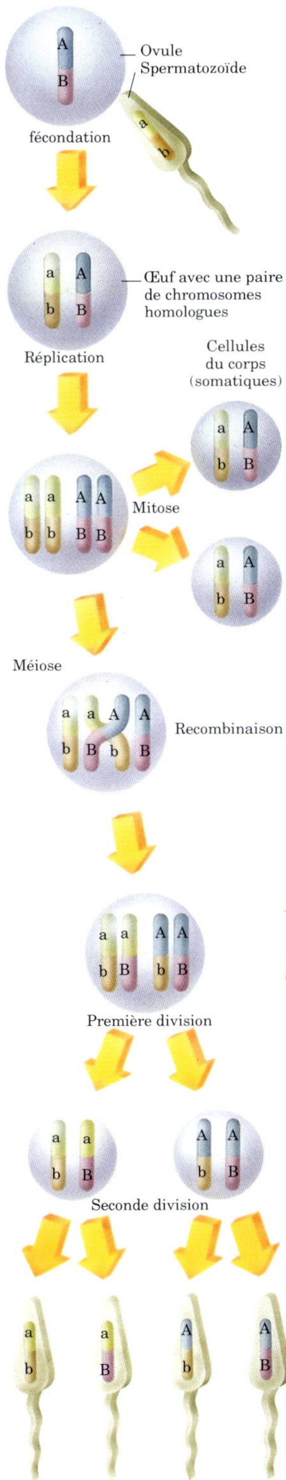

recombinés au hasard. La fécondation croisée forme un nouvel individu à partir de la fusion de gamètes en provenance de deux angiospermes différents. Or, du fait de l'hermaphrodisme très fréquent chez ces végétaux, l'autofécondation est susceptible de se produire, freinant ainsi l'évolution de l'espèce (dans la perspective adaptative). C'est pourquoi, chez les angiospermes hermaphrodites, se sont mis en place des mécanismes qui permettent de contrôler l'autofécondation. Par exemple, l'hermaphrodisme est successif ; l'individu ne produit jamais simultanément les deux types de gamètes, évitant ainsi une autofécondation.

La limite entre l'hermaphrodisme naturel et l'hermaphrodisme accidentel est difficile à situer, car certains groupes d'animaux montrent une fréquence élevée d'hermaphrodisme, sans toutefois que celui-ci soit constant. Enfin, d'autres animaux changent de sexe au cours de leur existence, ce qui est le cas, par exemple, des crabes. •

La parthénogenèse

EN DEHORS DE TOUTE SEXUALITÉ, LA PARTHÉNOGENÈSE PERMET LE DÉVELOPPEMENT D'UN INDIVIDU À PARTIR D'UN SEUL GAMÈTE, GÉNÉRALEMENT FEMELLE, SANS LA PARTICIPATION D'UNE CELLULE GERMINALE DE SEXE OPPOSÉ.

Ce mode de reproduction constitue une déviation de la reproduction sexuée, puisqu'elle nécessite quand même une cellule sexuelle. De l'ovule et du spermatozoïde, la cellule la mieux adaptée à produire seule un nouvel organisme est le gamète femelle, grâce à son abondant cytoplasme, qui contient des réserves nutritives et présente également l'organisation nécessaire à la formation d'un embryon viable.

La parthénogenèse (littéralement, naissance vierge) est un phénomène naturel chez de nombreuses plantes (houblon, ortie) et pour presque tous les groupes primitifs du règne animal. Lorsqu'elle est naturelle, la parthénogenèse peut se classer selon deux grands types : cyclique (ou obligatoire), se rencontrant en particulier chez les crustacés cladocères (daphnies), ou facultative, où une partie des œufs se développe après fécondation, l'autre évoluant parthénogénétiquement. Cette forme est surtout connue chez l'abeille domestique. Lors du vol nuptial, la reine est fécondée par plusieurs mâles dont la semence est emmagasinée dans le réceptacle séminal de la femelle, en communication avec le conduit génital. Si l'œuf, au moment de son passage dans le vagin, est fécondé, il donne naissance à une femelle. Si, par suite de la fermeture du canal, aucun spermatozoïde ne féconde l'œuf, celui-ci se développe par parthénogenèse et engendre un faux bourdon. Dans ce cas, la parthénogenèse est dite arrhénotoque (productrice de mâles), contrairement à la parthénogenèse thélytoque, chez d'autres espèces, qui n'engendre que des femelles.

Malgré les apparences, la parthénogenèse n'implique pas une fixité absolue des gènes d'une génération à l'autre, car certaines mutations chromosomiques peuvent se produire, conduisant à une diversité des individus dans l'espèce. L'avantage primordial de cette reproduction virginale est de permettre à un seul colonisateur de produire rapidement une population nouvelle, adaptée aux conditions d'un environnement donné. Il y a donc malgré tout, dans ce cas, brassage des gènes. •

→ **Voir aussi :** Reproduction et variation, **BIOL**, p. 48-49. Les gamètes, **BIOL**, p. 72-73. La reproduction sexuée chez l'animal, **BIOL**, p. 74-75. Les phénomènes de bisexualité, **BIOL**, p. 76-77. La reproduction des plantes à fleurs, **BIOL**, p. 84-85. Sexualité et société, **MED**, p. 314-315.

3. Accouplement de mantes religieuses.

4. Accouplement chez la veuve noire (arachnide, théridiidés).

5. « Petite frégate ». Le jabot du mâle est coloré en rouge.

Les gamètes

LA REPRODUCTION DES êtres vivants, animaux ou végétaux, aboutit à un nouvel individu à partir d'une cellule œuf formée par la fusion de deux cellules spécialisées, les gamètes (du grec *gamos,* mariage), provenant chacune d'un organisme parental. Chaque espèce possède un nombre stable de chromosomes, aussi les gamètes subissent-ils, lors de leur formation, une réduction chromosomique après deux divisions cellulaires successives, phénomène appelé méiose. Ce processus cytologique réduit le nombre de chromosomes de moitié ; ainsi, l'union d'un noyau gamétique mâle et d'un noyau gamétique femelle à *n* chromosomes (haploïde) conduit à une cellule à 2*n* chromosomes (diploïde) possédant le nombre de chromosomes caractéristique de l'espèce. Selon l'espèce considérée, les gamètes sont plus ou moins différents mais, en général, le gamète mâle est petit, mobile et dépourvu de réserve alors que le gamète femelle apparaît beaucoup plus volumineux (car chargé de réserves nutritives), sphérique et immobile. Ainsi, dans le règne animal, les gamètes mâles (spermatozoïdes) et femelles (ovules) montrent une grande différence de taille (anisogamie). Ils sont issus d'une lignée cellulaire particulière, la lignée germinale, et leur élaboration, après une série de divisions cellulaires sans réduction chromosomique (mitoses), s'achève par la méiose. Chez les végétaux, les gamètes des deux sexes peuvent être mobiles ; chez les végétaux inférieurs (algues vertes, champignons zygomycètes...), les gamètes mâles et femelles de tailles identiques (isogamie) sont libérés dans le milieu extérieur.

1. Les différentes étapes de la méiose.

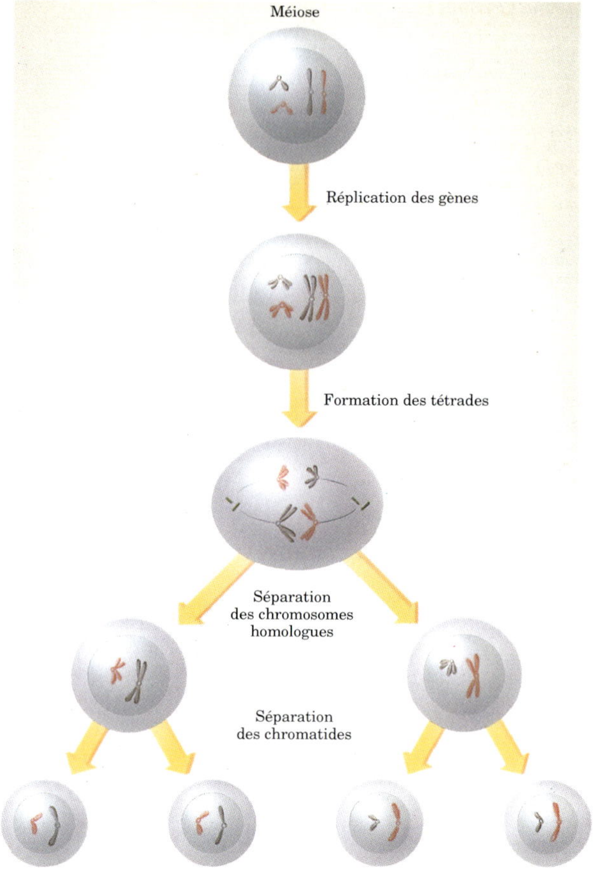

Les cellules filles sont génétiquement différentes de la cellule mère.

Caractères généraux

LA REPRODUCTION SEXUÉE EST ASSURÉE PAR LES GAMÈTES, CELLULES SPÉCIALISÉES AU NOMBRE DE CHROMOSOMES RÉDUIT DONT L'APPARIEMENT PRODUIRA UN ŒUF, À L'ORIGINE D'UN NOUVEL INDIVIDU.

Si les procaryotes (êtres unicellulaires sans noyau vrai) et certaines formes plus évoluées peuvent se reproduire par simple division cellulaire, la plupart des végétaux et des animaux pratiquent une reproduction sexuée qui assure un mélange des caractères héréditaires et favorise l'adaptation de l'espèce. Ce type de reproduction est apparu il y a plus d'un milliard d'années avec les algues bleues (cyanophycées).

Réduction chromosomique.
Chaque espèce, animale ou végétale, possède un nombre de chromosomes caractéristiques. Les cellules sexuelles, ou gamètes, doivent posséder la moitié du matériel génétique de chaque parent pour permettre, lors de la fécondation, un rétablissement du stock chromosomique initial. Ainsi, chez les espèces à 2*n* chromosomes (diploïdes), toutes les cellules sexuelles possèdent *n* chromosomes (haploïdes).

Cytodifférenciation.
Les gamètes mâles et femelles, animaux ou végétaux, ne sont pas uniquement caractérisés par leur nombre réduit de chromosomes. Ils possèdent souvent une forme et un métabolisme particuliers qu'ils acquièrent pendant une période que l'on nomme la cytodifférenciation. Ainsi, les gamètes mâles sont généralement mobiles grâce à des cils qui couvrent la surface de leur cellule, ou à des organites qui se différencient en un long flagelle. Les gamètes femelles, généralement immobiles, possèdent des structures de réserve bien développées. Après leur formation, les gamètes ne possèdent pas toujours la possibilité d'accomplir la fécondation ; leur phase de « mûrissement » métabolique est appelée capacitation.

Attraction des gamètes.
Plus nombreux que les gamètes femelles, les gamètes mâles doivent être guidés vers leur cible et rencontrer le bon gamète (de sexe opposé et de même espèce). Ce processus est empêché par des barrières physiques (incompatibilité de fusion) interdisant la fécondation entre espèces différentes, ou favorisé par une attraction chimique (chimiotactisme) entre les gamètes de sexe opposé. •

Les gamètes chez les animaux

CHEZ LES MÉTAZOAIRES, LES GAMÈTES, SPERMATOZOÏDES ET OVULES, REPRÉSENTENT LA SEULE PHASE HAPLOÏDE DU CYCLE VITAL. ILS SONT ISSUS DE LA LIGNÉE GERMINALE ET RÉSULTENT DE DEUX PROCESSUS SPÉCIFIQUES : LA SPERMATOGENÈSE ET L'OVOGENÈSE.

La lignée germinale, que l'on oppose à la lignée somatique (cellules non reproductrices), est constituée de cellules qui vont aboutir à la formation de gamètes. Mises en place très tôt au cours du développement, ces cellules, contenues dans des gonades, subissent la méiose et, en fonction du sexe de la gonade, forment des spermatozoïdes ou des ovules dont le nombre de chromosomes est réduit de moitié. Suivant le sexe et les espèces, la méiose est placée à différents stades du développement des cellules de la lignée germinale. Une fois expulsés des gonades, les gamètes possèdent une durée de vie très courte.

Les spermatozoïdes.
Suivant l'espèce à laquelle ils appartiennent, les spermatozoïdes possèdent des tailles et des formes différentes avec ou sans flagelle. Généralement plus petits que les ovules, les spermatozoïdes n'ont pas une taille proportionnelle à la taille de l'espèce à laquelle ils appartiennent. Les spermatozoïdes de l'oursin, par exemple, sont plus gros que ceux de l'homme. Dépourvus d'organites tels que les ribosomes ou l'appareil de Golgi, les spermatozoïdes contiennent de nombreuses mitochondries qui fournissent l'énergie nécessaire à leur grande mobilité. Une vésicule spécialisée (la vésicule acrosomiale) contient des enzymes qui favorisent la pénétration du noyau du spermatozoïde (pronucleus) à l'intérieur de l'ovocyte. Chez certains invertébrés, cette vésicule possède des enzymes qui permettent la fixation du spermatozoïde sur la membrane ovocytaire. La spermatogenèse est, en général, un phénomène continu. Chez l'homme, elle débute à la puberté sous contrôle hormonal et se poursuit tout au long de la vie. La formation du gamète mâle dure deux mois, de la cellule germinale au spermatozoïde. Dans une première phase, les spermatogonies se multiplient activement puis croissent pour former les spermatocytes I. Ensuite, la méiose assure la réduction chromosomique (transformation en spermatocytes II) et, lors de la deuxième division, la réduction de taille (spermatides). La spermiogenèse est la dernière phase, elle correspond à la maturation morphologique des gamètes (spermatozoïdes).

Les ovocytes.
Comme pour les spermatozoïdes, la taille du gamète femelle à sa sortie de l'ovaire est sans rapport avec celle de l'espèce mais dépend de la quantité de vitellus (substances de réserve). Chez la femme, il mesure 120 micromètres et, chez certains insectes, il peut atteindre 5 millimètres. L'ovogenèse se fait de manière discontinue et c'est l'ovulation puis la fécondation qui déterminent la reprise du développement du gamète. On peut cependant déceler une certaine homogénéité dans les phases de l'ovogenèse. La multiplication des ovogonies (cellules sexuelles primordiales, diploïdes) et leur augmentation de taille donnent une population d'ovocytes I (diploïdes) qui restent bloqués en première division de méiose pendant une semaine à quelques années suivant les espèces. Chez la femme, la fin de la méiose a lieu, pour chaque ovocyte I, avant son ovulation (ovocyte II) et s'achève, le cas échéant, avec la pénétration du spermatozoïde (ovule). Dans d'autres espèces, la fécondation a lieu au stade d'ovocyte I (ascaris). •

2. Spermatozoïde humain fécondant un ovule.

5. Grain de pollen germant sur un stigmate de chou *(Brassica campestris).*

3. Schéma d'un spermatozoïde humain.

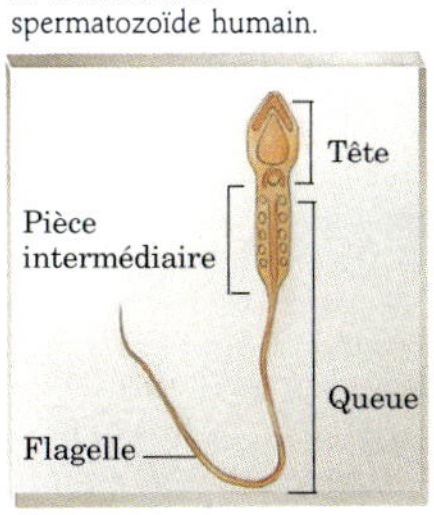

4. Schéma d'un grain de pollen germé.

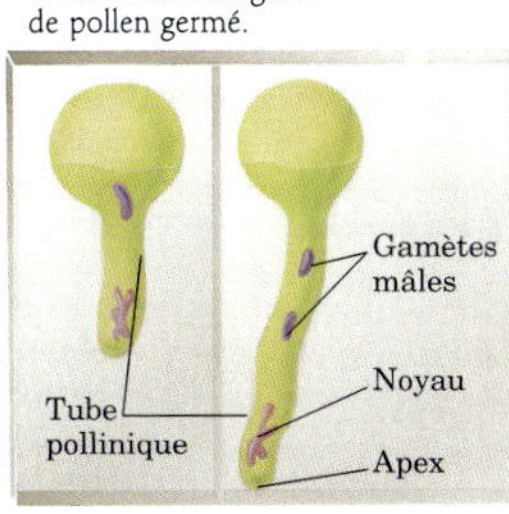

Les gamètes chez les végétaux

LE RÈGNE VÉGÉTAL PRÉSENTE UNE VARIÉTÉ DE GAMÈTES SUPÉRIEURE À CELLE DU RÈGNE ANIMAL, LIÉE AUX NOMBREUX MODES DE REPRODUCTION SEXUÉE SOUVENT DÉPENDANTS DES MILIEUX DE VIE.

Il existe, chez les végétaux, une alternance des phases haploïde et diploïde nettement plus marquée que chez les animaux, conduisant parfois à l'élaboration d'individus totalement haploïdes (gamétophytes) qui produisent des gamètes dont le nombre de chromosomes est donc identique à celui de la plante elle-même. C'est le cas des mousses (bryophytes) où la plante chlorophyllienne est totalement haploïde. Chez les ptéridophytes (cryptogames vasculaires), il existe une prédominance du sporophyte (plante feuillée diploïde) dont les spores, libérées dans le milieu, produisent un gamétophyte réduit ne présentant aucun organe végétatif différencié.

Les phanérogames possèdent un appareil reproducteur bien adapté à la vie en milieu aérien. Les gamètes mâles ne sont plus libérés dans le milieu extérieur et ne sont donc plus tributaires de la présence d'eau pour réaliser la fécondation. Le grain de pollen représente alors un gamétophyte qui renferme les gamètes mâles, tandis que l'ovule contient les gamètes femelles. Si les gamètes les plus primitifs ne présentent pas de cytodifférenciation entre mâle et femelle, leurs structures évoluent et se différencient chez les végétaux supérieurs, où ils portent le nom d'anthérozoïdes et d'oosphères.

Bien que les gamètes mâles soient toujours plus petits que les gamètes femelles, la forme des cellules sexuelles peut recouvrir de multiples aspects, variant, par exemple, en fonction de l'absence ou de la présence de flagelles. Ainsi, les bryophytes présentent des gamètes mâles dont le noyau, étiré en une masse hélicoïdale, est entouré d'une très mince couche de cytoplasme d'où sont issus deux flagelles. Par contre, les anthérozoïdes des ptéridophytes présentent une structure analogue, mais l'extrémité est munie de très nombreux flagelles qui, par leurs battements, assurent la mobilité du spermatozoïde. Chez les phanérogames, les spermatozoïdes sont généralement ovoïdes et munis de très courts flagelles. •

Un seul but, perpétuer l'espèce

Les gamètes sont des cellules sexuelles issues de la méiose (1). Lors de cette division particulière, le nombre de chromosomes caractéristique de l'espèce est réduit de moitié, ce qui permet, lors de la fécondation, le rétablissement de la diploïdie.

Les gamètes peuvent être différents suivant l'espèce mais, généralement, le gamète mâle est plus petit que le gamète femelle (2). Souvent mobile, le gamète mâle est muni d'un ou de plusieurs flagelles et pauvre en réserves (3). Si le gamète mâle doit voyager en dehors du milieu aquatique, il se trouve, chez les plantes supérieures, protégé par une structure particulière : le grain de pollen (4). Celui-ci, en contact avec l'organe femelle, émettra un tube (5) à l'intérieur duquel seront véhiculés les gamètes fécondants.

La fécondation

EN FONCTION DE L'ESPÈCE CONSIDÉRÉE, ANIMALE OU VÉGÉTALE, LA FÉCONDATION PEUT ÊTRE EXTERNE OU INTERNE. ELLE CORRESPOND À LA FUSION DU GAMÈTE MÂLE ET DU GAMÈTE FEMELLE, ABOUTISSANT À UN ZYGOTE DIPLOÏDE.

La résistance des gamètes à l'air libre est très limitée ; leur union en dehors de l'organisme parental – ou, tout au moins, le transport de l'un d'entre eux, s'il n'est pas protégé – est donc strictement dépendante du milieu aquatique. Au cours de l'évolution, l'affranchissement de ce milieu est donc passé par l'acquisition de la fécondation interne.

La fécondation externe.
Chez les végétaux, seules les algues ont conservé un mode de fécondation externe. Les gamètes mâles et femelles sont émis hors de l'organisme et se rencontrent dans l'eau, où leur union donne naissance à un nouvel individu. Chez les animaux, en revanche, ce type de fécondation est beaucoup plus courant et est adopté par la quasi-totalité des animaux aquatiques. Alors que le rapprochement entre animaux n'existe pas chez les annélides polychètes ni chez les oursins par exemple, il existe chez les amphibiens anoures un véritable amplexus (le mâle saisit la femelle) qui favorise la fécondation des ovules par les spermatozoïdes.

La fécondation interne.
Pour la majorité des êtres vivants, la fécondation est interne, le gamète femelle restant généralement dans l'organisme maternel. Chez les plantes primitives, comme les mousses, les gamètes mâles, non protégés, nagent vers le gamète femelle, immobile sur la plante. Les plantes supérieures protègent leur gamètes mâles dans des grains de pollen, ce qui leur permet de s'affranchir du milieu aquatique tout en assurant au gamète une plus grande durée de vie hors de l'organisme parental. L'ovule, après avoir été fécondé, se transforme en graine qui assure la pérennité et la dissémination de l'espèce. Le même mode de fécondation est observé chez certains animaux comme les amphibiens urodèles (tritons, salamandres...). Le mâle dépose sur le substrat un spermatophore (enveloppe contenant les spermatozoïdes), qui est attrapé ensuite par les lèvres du cloaque de la femelle. Les gamètes mâles fécondent les ovules à l'intérieur de la mère, qui, ensuite, pond des œufs qui se développent donc à l'extérieur. La fécondation interne atteint son plus haut degré de spécialisation avec la copulation. Le mâle introduit son appareil sexuel dans celui de la femelle et la semence atteint directement les ovules sans que les gamètes aient eu à être en contact avec le milieu extérieur. Après la copulation, la femelle pond ses œufs (insectes, par exemple) dans le milieu extérieur, ou alors ceux-ci se développent dans l'organisme maternel (mammifères). •

→ **Voir aussi :** Reproduction et variation, **BIOL**, p. 48-49. La reproduction des unicellulaires, **BIOL**, p. 66-67. La sexualité, **BIOL**, p. 70-71. La reproduction sexuée chez l'animal, **BIOL**, p. 74-75. Les phénomènes de bisexualité, **BIOL**, p. 76-77. La reproduction des plantes primitives, **BIOL**, p. 82-83. La reproduction des plantes à fleurs, **BIOL**, p. 84-85.

La reproduction sexuée chez l'animal

CHEZ LA MAJORITÉ DES animaux, la reproduction s'effectue par la voie sexuée. Si une espèce comprend des individus de sexe mâle et d'autres de sexe femelle, on appelle cette situation le gonochorisme (les gonades du mâle sont les testicules, ceux de la femelle, les ovaires). Mais, dans certains cas, chaque individu au sein d'une même espèce possède les deux sexes et donc les deux types de gonades ; on parle alors d'hermaphrodisme.

Dans tous les cas, la reproduction sexuée implique la présence de gonades. Elles représentent les glandes sexuelles de l'animal, qui produisent les gamètes, spermatozoïdes pour le mâle, ovocytes ou ovules pour la femelle. L'union d'un spermatozoïde et d'un ovule constitue l'acte primordial de la reproduction sexuée. C'est la fécondation, qui aboutit à la formation d'un œuf ou zygote, point de départ d'un nouvel individu.

La fécondation peut être externe ou interne, avec ou sans accouplement. La fécondation interne se réalise lorsqu'il y a introduction des spermatozoïdes dans les voies génitales de la femelle ; ce mode de fécondation est surtout répandu chez les groupes terrestres, le mâle étant souvent muni d'un organe copulateur.

Chez les espèces hermaphrodites, bien que chaque individu possède les deux sexes, l'autofécondation est rarement possible et la procréation exige presque toujours la participation de deux individus.

D'une manière générale, l'acte de reproduction est accompagné de rites nuptiaux, ou parades nuptiales, parfois très spectaculaires. Durant ces préliminaires, le mâle joue souvent un rôle très actif.

Les rites de l'accouplement

DANSES, COMBATS, CHANTS ET OFFRANDES CONSTITUENT SOUVENT DE SPECTACULAIRES PARADES NUPTIALES QUI PRÉCÈDENT OU ACCOMPAGNENT L'ACCOUPLEMENT.

Chez certains animaux, l'accouplement ou même la fécondation externe sont précédés ou accompagnés de rites divers, souvent spectaculaires, que l'on nomme parades nuptiales. On observe une grande variété de parades, allant d'une simple approche de reconnaissance à des actions complexes de séduction.

Durant ces parades, le mâle a presque toujours le rôle le plus actif. Il met en valeur ses caractères sexuels secondaires, s'il en possède, et l'on est tenté de dire, par anthropomorphisme, qu'il fait sa « cour » à la femelle. Plus exactement, il cherche à la mettre en condition afin qu'elle accepte l'accouplement.

Les rites nuptiaux les plus célèbres sont ceux des oiseaux. Ainsi, le paon, comme le dindon, fait la roue. Les paradisiers exhibent leurs splendides plumes ornementales. La frégate mâle gonfle le « sac » rouge qu'elle porte sous la gorge. Loin de se limiter à la seule apparence, les parades des oiseaux sont souvent compliquées. Le chant y joue aussi son rôle, et les exhibitions se doublent parfois de combats entre mâles, ou d'offrandes symboliques. Si les parades peuvent être aquatiques (grèbe huppé), elles ont généralement lieu en vol ou sur terre.

Les vols nuptiaux existent également chez les insectes. Ainsi, les éphémères forment des essaims quelquefois énormes : les mâles s'élèvent jusqu'à une dizaine de mètres, descendent, remontent, et ainsi de suite. C'est ce que l'on nomme le « vol pendulaire ». Ensuite, les femelles viennent se mêler aux mâles, et les accouplements se déroulent en plein vol.

Certains comportements de mammifères, comme le brame du cerf à l'automne, qui s'accompagne de combats entre mâles (ou au moins de simulacres de combat) pour la possession des biches, constituent de véritables parades nuptiales.

Les poissons offrent également toute une gamme de rites nuptiaux. Ainsi, le couple d'hippocampes se livre à une sorte de valse. Puis les deux partenaires se dressent l'un contre l'autre, les queues entrelacées ; la féconda-

La fécondation externe

CHEZ LA PLUPART DES ANIMAUX AQUATIQUES, LES SPERMATOZOÏDES REJETÉS DANS LE MILIEU EXTÉRIEUR PAR LE MÂLE FÉCONDENT LES OVULES ÉMIS PAR LA FEMELLE.

De règle chez les animaux aquatiques, la fécondation externe est le mode de reproduction exclusif des invertébrés marins et dulcicoles.

Chez la plupart des poissons, le rapprochement sexuel (ou frai) est collectif : des dizaines de milliers de spécimens des deux sexes se réunissent alors au même endroit. La femelle émet ses ovules que le mâle féconde en les arrosant de son sperme (appelé laitance). L'émission des éléments génitaux nécessite parfois force contorsions ou frottements de la part des reproducteurs. La ponte d'une femelle de poisson comprend souvent un très grand nombre d'œufs fécondables. Généralement de l'ordre de plusieurs dizaines ou centaines de milliers, il peut atteindre plus d'un million chez le turbot ! Parmi ces œufs, plusieurs milliers resteront non fécondés et le sort de l'immense majorité des jeunes poissons sera de périr avant d'atteindre le stade adulte.

Les spermatozoïdes sont également fort nombreux, mais ils meurent rapidement, parfois en moins de trente secondes. Aussi le pourcentage de fécondation diminue-t-il très rapidement après l'émission des spermatozoïdes.

Les amphibiens anoures (grenouilles, crapauds...) pratiquent aussi la fécondation externe, mais, pour favoriser la rencontre des gamètes, celle-ci se double d'un accouplement (amplexus), sorte d'embrassement de la femelle par le mâle. Selon les cas, le mâle saisit la femelle, toujours dorsalement, sous les aisselles (amplexus axillaire) ou au niveau de l'aine (amplexus lombaire). La femelle n'émet ses ovules que pendant l'étreinte du mâle. En rapprochant les partenaires, et de ce fait les organes génitaux, l'amplexus donne à la fécondation externe une efficacité qu'elle n'a pas dans les autres groupes. Les amphibiens anoures pondent cependant de nombreux œufs, en général plusieurs milliers (10 000 chez la grenouille verte, par exemple). Selon les espèces, les œufs flottent en surface ou tombent sur le fond. Ils sont enrobés dans du mucus qui se présente sous forme de cordons enroulés autour des plantes aquatiques (crapauds) ou d'amas (grenouilles). •

La fécondation interne

IMPLIQUANT PRESQUE TOUJOURS UN ACCOUPLEMENT, LA FÉCONDATION INTERNE NÉCESSITE L'INJECTION DE SPERME DANS LES VOIES GÉNITALES DE LA FEMELLE.

Tous les animaux terrestres et un certain nombre d'espèces aquatiques se reproduisent par une fécondation interne, les spermatozoïdes fécondant les ovules dans les voies génitales de la femelle. Ce type de fécondation s'accompagne généralement d'un accouplement mettant en contact les organes sexuels (copulation). La fécondation interne peut s'observer chez les insectes, les reptiles, les oiseaux et les mammifères. Elle existe également chez divers groupes de mollusques terrestres (souvent hermaphrodites, d'ailleurs), comme les escargots et les limaces.

Dans le milieu aquatique, la fécondation interne est pratiquée par les mollusques céphalopodes, certains crustacés, divers poissons, quelques amphibiens, et, bien sûr, par l'ensemble des mammifères marins (baleine, dauphin...).

Il existe un mode de fécondation interne tout à fait particulier, qui n'implique pas nécessairemnt un accouplement. Ainsi, chez les amphibiens urodèles, les spermatozoïdes émis par le mâle sont enfermés dans une coque, appelée spermatophore, qui est déposée par le mâle sur le sol. La femelle, guidée par le mâle, va saisir le spermatophore entre les lèvres de son cloaque et le fait pénétrer dans ses voies génitales.

Chez les araignées également, on observe une fécondation interne sans un véritable accouplement. Le mâle dépose une gouttelette de sperme sur une petite toile qu'il a construite. Puis, il en enduit les bulbes qui garnissent ses pédipalpes. Ensuite, il part à la recherche d'une femelle dans l'orifice génital de laquelle il introduit les bulbes de ses appendices. Parfois, la femelle, aux tendances prédatrices très développées, dévore son partenaire après avoir été fécondée.

Parmi les groupes qui pratiquent la fécondation interne, le mâle est souvent muni d'un organe copulateur, lequel peut être simplement un autre organe modifié. Ainsi, chez les céphalopodes, ce rôle est joué par l'un des tentacules, appelé hectocotyle, qui permet d'introduire les spermatozoïdes, groupés en spermatophores, dans l'organisme de la femelle. L'argonaute possède un hectocotyle qui se détache du mâle pour nager à la rencontre de la femelle et qui fut jadis considéré comme un animal particulier.

Contrairement à la majorité des représentants de leur groupe, certains poissons pratiquent la fécondation interne. Ainsi, des organes d'accouplement se rencontrent chez les sélaciens : ils consistent en parties modifiées des nageoires pelviennes. L'accouplement se déroule, chez eux, de façon variable : les raies copulent par leurs faces ventrales, tandis que la roussette mâle s'enroule autour de la femelle.

Chez les vertébrés terrestres, la possession d'un organe d'intromission n'est pas générale. L'immense majorité des oiseaux en est dépourvue. Chez eux, l'accouplement s'effectue dorsalement et consiste simplement en une juxtaposition des cloaques. Cependant, quelques oiseaux, tels les canards, possèdent un pénis. La copulation est alors dorsale, comme chez les reptiles, dont les mâles sont dotés d'un pénis ou de deux hémipénis formés par des replis du cloaque. L'accouplement est dorsal chez la plupart des mammifères, dont le pénis comporte parfois un os pénien (ours). L'accouplement peut cependant s'effectuer ventralement chez quelques cétacés et, parfois, chez certains singes anthropomorphes. •

tion survient alors, et les œufs prennent place dans la poche incubatrice du mâle. Les dragonnets des côtes d'Europe ont également une parade spectaculaire : le mâle, richement doté de couleurs vives, et la femelle nagent côte à côte, en se tenant par les nageoires.

Ces parades favorisent la reconnaissance des partenaires de la même espèce et entraînent une certaine forme de sélection (sélection sexuelle) des individus reproducteurs (choix des femelles ou résultats des combats). •

→ **Voir aussi :** La sexualité, **BIOL**, p. 70-71. Les gamètes, **BIOL**, p. 72-73. Les phénomènes de bisexualité, **BIOL**, p. 76-77.

Le choix du sexe des jeunes

La reine des abeilles décide du sexe de ses descendants en choisissant son mode de reproduction : parthénogénétique, elle engendrera des mâles, biparentale, elle engendrera des femelles. Chez certains hyménoptères du genre *Chrysis,* lorsque la femelle pond isolément, ses œufs donnent 85 % de femelles. Quand plusieurs femelles pondent au même endroit, les œufs sont, à l'origine, d'un nombre égal de mâles et de femelles. Ce procédé – déterminé génétiquement – permet, dans le premier cas, d'éviter la naissance de mâles superflus pour la fécondation des femelles.

Chez le galago (lémurien africain), les naissances de mâles sont nettement plus nombreuses que celles de femelles, cette situation évitant une compétition entre les filles et leur mère. Il existe un autre mode de régulation des sexes. Ainsi, chez les reptiles, le sexe n'est pas toujours déterminé génétiquement. Aussi, chez divers crocodiles, lézards, et tortues, c'est la température d'incubation des œufs qui est à l'origine de la détermination du sexe des jeunes.

2. Accouplement de rhinocéros.

1. Fécondation externe chez le brochet.

Reproduction interne ou externe

La reproduction sexuée favorise le brassage des caractères génétiques, assurant l'adaptation de l'espèce au cours du temps. Lorsqu'elle se déroule de manière externe, elle requiert la présence d'un milieu aqueux. Chez les poissons par exemple, les gamètes sont en général directement libérés dans le milieu (1). Chez les animaux terrestres, la fécondation est fréquemment interne, elle nécessite souvent la présence d'organes copulateurs, qui peuvent être génitaux (2) ou provenir d'un autre organe détourné de sa fonction, comme les pédipalpes des arachnides (3).

3. Reproduction chez l'araignée *Pisaura mirabilis.*

Les phénomènes de bisexualité

LA TRÈS GRANDE MAJORITÉ des espèces se reproduisant de façon sexuée sont gonochoriques, c'est-à-dire qu'au sein d'une espèce on distingue des mâles et des femelles. Il existe cependant de nombreuses espèces hermaphrodites. Chez ces animaux, chaque individu est à la fois mâle et femelle. Cependant, contrairement à ce que l'on pourrait penser, l'individu ainsi doté des deux sexes ne peut, sauf chez de rares espèces, se reproduire seul et l'accouplement entre deux sujets est nécessaire.

Certains ensembles d'animaux sont uniquement composés d'espèces hermaphrodites. Il s'agit de presque tous les plathelminthes, parmi les annélides, des oligochètes et des hirudinées, chez les crustacés, des cirripèdes, chez les mollusques, des pulmonés (mollusques gastropodes), et de nombreux lamellibranches. Par contre, sur environ 900 000 espèces connues d'insectes, deux seulement sont hermaphrodites : il s'agit d'un diptère termitophile et de la cochenille *Icerya purchasi* (dont la prolifération a été limitée par la lutte biologique en utilisant des coccinelles).

Chez les vertébrés, on ne rencontre pas d'espèce véritablement hermaphrodite. Mais, dans cet embranchement, il peut apparaître certaines confusions entre les sexes. Il s'agit en fait d'intersexualité : les gonades, paraissant en quelque sorte « hésiter » entre les deux sexes, peuvent produire des ovules et du sperme simultanément. En fait, l'embryon de vertébrés peut être considéré comme potentiellement hermaphrodite, car il possède un double jeu d'ébauches génitales. Et, durant quelque temps, il peut y avoir opposition entre les deux principaux déterminismes du sexe : le déterminisme génétique et le déterminisme hormonal. Chez les invertébrés, des facteurs externes, comme la température ou la pollution, peuvent intervenir dans le déterminisme de la sexualité. L'espèce humaine n'échappe pas aux ambiguïtés sexuelles et, si l'on parle classiquement, là encore, d'hermaphrodites, il s'agit en fait d'intersexués, voire de transsexuels. De telles anomalies posent parfois de fort délicats problèmes, comme dans le cas du gynandromorphisme, anomalie assez rare, où l'individu présente des parties mâles et femelles juxtaposées.

1. Appareil génital de l'escargot.

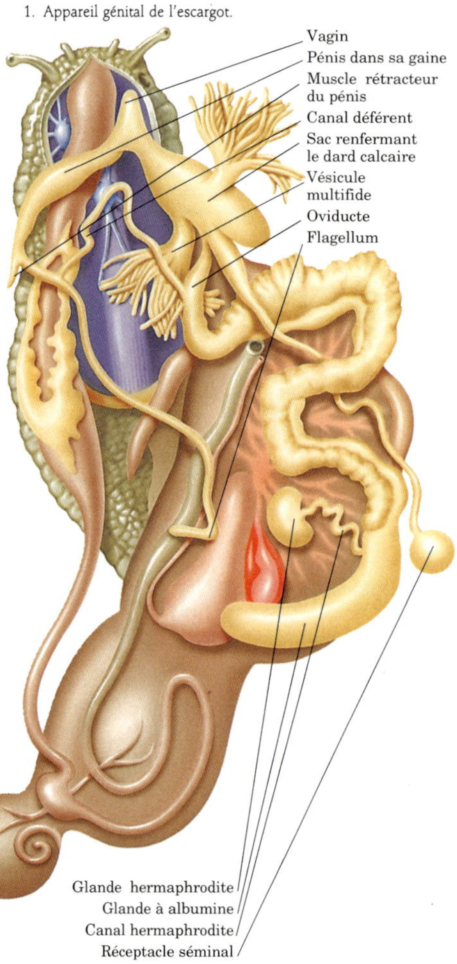

Déterminisme de la sexualité

L'appareil génital de l'escargot (1), particulièrement complexe, est à la fois mâle et femelle. Cette bisexualité naturelle, déterminée génétiquement, n'autorise pas l'autofécondation et les escargots se reproduisent deux à deux lors d'un très long accouplement (2). Dans l'espèce humaine, des « accidents » génétiques peuvent conduire à des formes intermédiaires et, dans le domaine sportif par exemple, l'aspect masculin de certaines athlètes conduit à pratiquer un examen sanguin dans le but de déterminer le sexe réel. En effet, lors d'un examen sanguin, les corpuscules de Barr (3), qui sont caractéristiques du sexe féminin, ne sont visibles que dans les noyaux de cellules de femmes et ne trompent pas sur le sexe réel de l'individu. Dans certains cas rarissimes, la gynandromorphie conduit, chez des espèces gonochoriques (à sexes séparés), à des individus « hybrides ». Ainsi, un bouvreuil gynandromorphe montrera d'un côté le ventre rose vif du mâle et de l'autre le ventre gris de la femelle (4).

L'hermaphrodisme naturel

COMME PRESQUE TOUS LES ANIMAUX HERMAPHRODITES, L'ESCARGOT ET LA LIMACE PRÉSENTENT DES APPAREILS GÉNITAUX COMPLEXES QUI INTERDISENT L'AUTOFÉCONDATION.

De très nombreux invertébrés présentent un hermaphrodisme naturel. L'escargot en est un exemple familier. Il possède une glande hermaphrodite qui est reliée par un canal du même nom à l'importante glande de l'albumine et à un canal dit godronné, lequel est formé par la juxtaposition des conduits génitaux à la fois mâles et femelles. Ainsi, spermiducte et oviducte se retrouvent unis dans un même organe chez un même individu. Puis spermiducte et oviducte se séparent pour gagner le vestibule génital commun, qui débouche sous l'œil droit par un orifice génital. Le spermiducte (ou canal déférent) est doté d'un long flagelle aboutissant à un pénis ; et l'oviducte se termine par un vagin. Ce dernier renferme un dard : c'est un organe à rôle excitateur. Comme la plupart des animaux hermaphrodites, les escargots doivent néanmoins s'accoupler deux à deux. Leur accouplement dure très longtemps : une dizaine d'heures de préludes, puis deux heures au moins pour la copulation elle-même. Le dard de chaque partenaire sort de la poche et se place contre le tégument de l'autre, l'entaillant quelque peu. Groupés en spermatophores, les spermatozoïdes passent d'un escargot à l'autre, et ils se fécondent mutuellement (fécondation croisée).

L'accouplement des limaces est comparable mais encore plus curieux. Une fois entortillés l'un à l'autre, les deux partenaires se laissent tomber depuis la branche où ils rampaient. Le mucus qu'ils ont sécrété les retient, et ils se retrouvent suspendus à la branche par un véritable « câble » de mucus. Chaque limace sort alors son pénis, qui prend un aspect de parapluie. L'échange des spermatophores achevé, les deux mollusques rentrent leur organe copulateur, puis, grimpant le long du câble de mucus, tous deux regagnent la branche.

Les gastropodes pulmonés, qui présentent une glande génitale mixte, à la fois mâle et femelle (escargot, par exemple), constituent une exception parmi les animaux hermaphrodites : la plupart possèdent à la fois ovaire et testicule, avec des conduits séparés. D'une manière générale, l'autofécondation est très rare. Elle s'observe toutefois chez des plathelminthes comme le ténia ; celui-ci, en l'absence systématique de partenaire, recourbe son corps pour faire coïncider un proglottis (un segment) dont les gamètes mâles sont « mûrs » avec un proglottis dont la partie femelle est prête pour la fécondation. L'autofécondation existe aussi chez les héliozoaires (protozoaires actinopodes), mais il est plus juste de considérer que la sexualité des protozoaires est d'un autre ordre car, chez ceux-ci, un individu végétatif unique produit deux gamètes qui se conjuguent. •

2. Accouplement d'escargots.

Les phénomènes d'intersexualité

CHEZ LES INVERTÉBRÉS, L'ENVIRONNEMENT PEUT PROVOQUER DES CHANGEMENTS DE SEXE. CHEZ LES VERTÉBRÉS, LE SEXE EST PARFOIS MAL DÉTERMINÉ À LA NAISSANCE.

Lorsque, chez les vertébrés, l'appareil génital présente une ambiguïté entre les deux sexes, on parle d'intersexualité. Par exemple, chez les lamproies, les gonades des jeunes sujets produisent des gamètes mâles et femelles. Puis l'un des sexes domine l'autre. Cependant, il peut arriver qu'une lamproie demeure, toute sa vie, intersexuée. Elle reste alors stérile. Des phénomènes assez semblables existent chez les poissons téléostéens. Testicules et ovaires sont d'abord semblables. Puis, chez le mâle, la partie inférieure de la glande se transforme en tube séminifère. Chez la femelle, c'est la zone périphérique qui prend des caractères d'ovaires. Chez certains poissons, les deux sexes coexistent quelque temps avant que l'un d'eux s'impose. Il s'agit là d'intersexualité temporaire. Dans le cas de divers téléostéens (serrans, harengs, maquereaux...), un tel état persiste au stade adulte. Le poisson présente un testicule d'un côté et un ovaire de l'autre. La daurade, elle, est alternativement mâle et femelle. Des phénomènes comparables s'observent chez les amphibiens. Ainsi, les crapauds peuvent posséder à la fois spermiducte et oviducte, ou même testicules et ovaires. Il existe d'ailleurs, chez tous les crapauds, une intersexualité latente matérialisée par la présence d'ovaires non fonctionnels, appelés organes de Bidder. Certaines grenouilles possèdent également cette bisexualité latente, puisqu'elles peuvent changer de sexe avec l'âge.

Chez les mammifères, les éleveurs de bovins connaissent des vaches intersexuées appelées free-martins. En effet, quand une vache porte deux embryons faux jumeaux ayant des sexes différents, une anastomose des artères ombilicales permet aux hormones mâles d'atteindre l'embryon femelle, qui se trouve ainsi masculinisé. L'animal deviendra un free-martin, dont les gonades sont intersexuées ou presque entièrement masculines. Surnommé vache-bœuf, il sera stérile.

Chez les invertébrés, les phénomènes d'intersexualité sont fréquents, ils permettent le changement de sexe de l'animal en fonction des conditions écologiques, par exemple. Ainsi, parmi les bonellies, qui sont des vers marins de l'embranchement des échiuriens, les femelles, de la taille d'une noix, possèdent une trompe fourchue longue d'un mètre, alors que les mâles ne dépassent pas deux millimètres. Or, si une larve de bonellie se fixe sur le sol, elle acquiert le sexe femelle ; quand elle se fixe sur la trompe d'une femelle, elle devient mâle. Si une telle larve se détache de la trompe au bout d'un ou deux jours, elle peut encore devenir femelle ; détachée plus tard, elle sera hermaphrodite. De même, chez certains mollusques gastropodes, les crépidules, qui vivent empilés les uns sur les autres sur les coquilles de moules, les individus du sommet des piles sont mâles, ceux du milieu, hermaphrodites, et ceux de la base femelles. Ce phénomène d'alternance sexuelle est d'ailleurs bien connu chez l'huître plate. Récemment, des observations ont été faites en Grande-Bretagne sur les buccins, gros gastropodes communs sur les côtes d'Europe, qui ont prouvé la transformation progressive des femelles en mâles. Une telle transformation survenait surtout dans les zones urbanisées du littoral. Il apparut alors qu'elle était provoquée par le TBT (Tributyltin), produit utilisé pour peindre les coques des bateaux. Une dilution aqueuse d'une partie par million de cette substance suffit à provoquer le changement de sexe. La longueur de l'organe copulateur du buccin femelle masculinisé permet même d'évaluer la distance du port le plus proche.

Un autre phénomène curieux est celui de la castration parasitaire. Deux crustacés y sont impliqués : un crabe et la sacculine. Celle-ci est un cirripède parasite qui s'insinue à travers tout le corps du crabe hôte. Seul est visible, à l'extérieur de l'abdomen du crabe, le sac génital de la sacculine, auquel celle-ci doit son nom et qui contient ses ovaires et ses testicules (les cirripèdes étant hermaphrodites). Le crabe ainsi parasité, lorsqu'il est de sexe mâle, acquiert des caractères de femelle (aspect extérieur, composition du sang...).

Ces exemples de changements de sexe, adaptatifs ou non, montrent à quel point les deux potentialités sexuelles sont conservées chez les animaux. •

3. Mise en évidence des corpuscules de Barr.

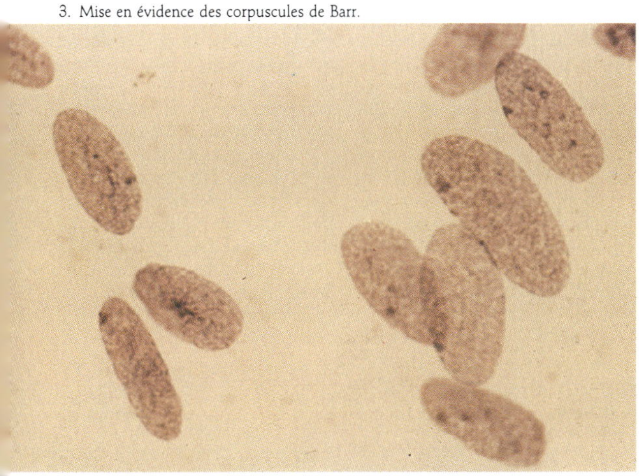

4. Bouvreuil pivoine *(Pyrrhula pyrrhula)*, mâle et femelle.

Chez l'homme

LES AMBIGUÏTÉS SEXUELLES PHYSIOLOGIQUES EXISTENT DANS L'ESPÈCE HUMAINE, ELLES SE COMPLIQUENT DE DÉLICATS PROBLÈMES PSYCHOLOGIQUES ET SOCIOLOGIQUES.

Les « hermaphrodites humains » ont parfois défrayé la chronique. Il serait plus exact de parler d'incertitude sur le sexe de certains individus. Ainsi, plus d'une fois, des sportives aux performances remarquables se sont révélées être des hommes, du moins sur le plan génétique. À défaut de l'examen du caryotype, qui est décisif, on recourt au test de Barr : il consiste à rechercher, dans les cellules du sujet, le corpuscule de Barr, petit amas de chromatine situé dans le noyau, contre la membrane nucléaire. Il est considéré comme caractéristique du sexe féminin. Une opération chirurgicale peut rendre leur vrai sexe à des sujets présentant de telles ambiguïtés (par exemple, absence d'utérus et présence de testicules dans l'abdomen). Ces individus, une fois opérés, sont appelés des transsexuels.

Ces variations numériques des chromosomes sexuels sont souvent à l'origine des anomalies sexuelles. La présence d'un seul chromosome X détermine le syndrome de Turner : le sujet est d'aspect féminin, mais petit, stérile et atteint de malformations diverses. Le test de Barr le désigne, en fait, comme masculin. La présence de deux chromosomes X et d'un chromosome Y entraîne le syndrome de Klinefelter : l'aspect est plutôt masculin, cette fois, alors que le test de Barr indique un sexe féminin. Les testicules sont atrophiés ; le sujet, là encore, est stérile. La présence de trois chromosomes X (syndrome triplo-X) donne des « superfemmes », à l'aspect féminin, fertiles mais présentant une déficience intellectuelle. Le test de Barr indique la présence de deux corpuscules. Un chromosome X et deux chromosomes Y entraînent un syndrome de supermasculinité. D'apparence masculine, le sujet est grand, myope, parfois agressif, ce qui a engendré une polémique sur l'existence d'un « chromosome du crime ». •

Le gynandromorphisme

Phénomène de bisexualité, dans lequel un organisme présente des parties mâles et femelles réparties par plaques (gynandromorphisme en mosaïque) ou de façon bipartite (gynandromorphisme bipartite), le gynandromorphisme est connu chez les insectes et surtout chez les oiseaux. Par exemple, un bouvreuil, un pinson ou un faisan peuvent montrer un plumage mâle du côté droit et femelle du côté gauche. L'oiseau possède alors un testicule à droite et un ovaire à gauche (les oiseaux n'ont jamais d'ovaire à droite). En réalité, une telle concordance n'est pas absolue. Cela peut s'expliquer par le fait que les hormones sexuelles parcourent tout l'organisme, et que les facteurs génétiques déterminent souvent, à eux seuls, le plumage des oiseaux, qui présentent parfois un gynandromorphisme en mosaïque : il arrive alors que des plumes aient une moitié inférieure de couleur mâle et que l'autre moitié soit de couleur femelle. •

→ **Voir aussi :** La sexualité, **BIOL**, p. 70-71. La reproduction sexuée chez l'animal, **BIOL**, p. 74-75. Les anomalies congénitales, **MED**, p. 332-333.

L'embryologie animale

L'EMBRYOGENÈSE (DU GREC *embruon,* embryon, et *genn,* engendrer) correspond à une succession de changements qui débute après la fécondation et se termine avec l'éclosion, ou la naissance, de l'animal. Malgré les innombrables variations observées selon les groupes zoologiques, le développement embryonnaire présente des modalités et une succession d'étapes assez constantes dans le monde animal. La première grande étape est la segmentation. Elle correspond à une phase de division active des cellules, qui se placent autour d'une cavité pour former la blastula. Ensuite, le processus de gastrulation aboutit à la formation de l'intestin primitif. Après cette étape, les tissus embryonnaires s'organisent en différentes couches appelées feuillets. Chez la majorité des animaux, ces feuillets sont au nombre de trois : ectoderme, mésoderme et endoderme, et vont chacun avoir des destinées bien précises (peau, muscles, viscères...). Cette différenciation marque le début de l'organogenèse au cours de laquelle s'individualisent les différents organes. Ainsi, au cours de la neurulation, apparaît la plaque neurale à l'origine du système nerveux. Lors du développement, c'est souvent l'interaction des feuillets embryonnaires, phénomène appelé « induction », qui rend possible l'apparition de certains organes.

Chez de nombreux vertébrés, l'embryogenèse s'accompagne de la mise en place d'annexes embryonnaires : vésicule vitelline, amnios, allantoïde et placenta (surtout répandu et important chez les mammifères), qui assurent des fonctions physiologiques vitales pour la survie du fœtus.

Les grandes étapes de l'embryogenèse

LA SEGMENTATION, LA GASTRULATION ET L'ORGANOGENÈSE CONSTITUENT LES TROIS PROCESSUS ESSENTIELS DE L'EMBRYOGENÈSE.

Bien que l'embryogenèse soit un processus continu, il existe pour l'ensemble des animaux des étapes caractéristiques correspondant à des changements identiques qui permettent de définir différents stades de développement. Les amphibiens (grenouilles par exemple) sont souvent utilisés pour présenter ces différentes étapes. Une fois fécondée, la cellule œuf (ou zygote) subit, en premier lieu, un nombre important de divisions : c'est la phase de segmentation. La première division donne deux cellules filles ou blastomères. Des divisions successives donnent quatre, huit, puis seize,... blastomères, ce qui confère à l'œuf l'aspect d'une petite mûre : c'est le stade morula. Cependant, selon les groupes d'animaux et la richesse en vitellus (substance de réserve) de l'œuf, cette segmentation peut être partielle ou totale. Dans les cas de segmentation partielle (oiseaux, insectes), le pôle inférieur de l'œuf, riche en vitellus, n'est pas affecté. Dans les cas de segmentation totale, les œufs pauvres en vitellus sont formés de blastomères qui prennent des dispositions particulières les uns par rapport aux autres. Ainsi, la segmentation totale varie selon les groupes zoologiques considérés. Elle peut être radiaire (oursin), spirale (gastropode), bilatérale (ascidie) ou inégale (amphibiens et mammifères). Pour la majorité des animaux, les blastomères se disposent autour d'une cavité de segmentation, le blastocèle, remplie de liquide. L'œuf, dont une partie (pôle animal) se divise plus vite que l'autre (pôle végétatif), atteint alors le stade blastula.

La phase suivante correspond à la gastrulation (du grec *gastêr,* ventre). La paroi de l'œuf s'invagine, puis une série de mouvements spécifiques (involution, élongation, convergence, divergence) transforme la blastula en gastrula. Cette invagination survient au pôle végétatif. S'individualisent alors un feuillet externe, désigné sous le nom d'ectoderme ou ectoblaste, et un feuillet interne, correspondant à l'endoderme ou endoblaste. Ce dernier constitue la paroi de l'intestin primitif, ou archentéron, qui s'ouvre à l'extérieur par un orifice unique, le blastopore, qui deviendra la bouche des invertébrés et l'anus des vertébrés. Chez la plupart des métazoaires, l'embryon comprend un autre feuillet : le mésoderme ou mésoblaste. Au sein

Évolution des feuillets embryonnaires chez les vertébrés

ectoderme (ectoblaste)	épiderme
	formations cutanées
	émail dentaire
	vésicules optiques et olfactives
	cristallin
	système nerveux (cerveau, moelle épinière, etc.)
	hypophyse
endoderme (endoblaste)	tube digestif
	glandes annexes (foie, pancréas)
	appareil respiratoire (poumons, trachée, etc.)
	oreille moyenne
	thyroïde
mésoderme et mésenchyme (mésoblaste)	corde dorsale
	squelette
	muscles
	appareil uro-génital
	tissus conjonctifs
	derme
	dentine des dents
	parois des vaisseaux
	globules sanguins

Développement de l'œuf de grenouille

L'embryogenèse commence après la fécondation. Elle se déroule en trois étapes essentielles qui sont la segmentation, la gastrulation et l'organogenèse. La segmentation de l'œuf de grenouille est totale et inégale, elle correspond à une phase de multiplication cellulaire active au pôle animal et plus ralentie au pôle végétatif. La gastrulation permet ensuite l'individualisation des trois feuillets embryonnaires qui, par phénomène d'induction notamment, sont à l'origine des différents organes comme le squelette ou l'appareil digestif. Lors de l'organogenèse, après la neurulation, l'embryon présente une structure métamérisée où les somites, d'origine mésodermique, sont nettement visibles. Ces structures reflètent l'organisation répétitive commune à tous les embryons de vertébrés.

1. **De l'œuf à la blastula.**

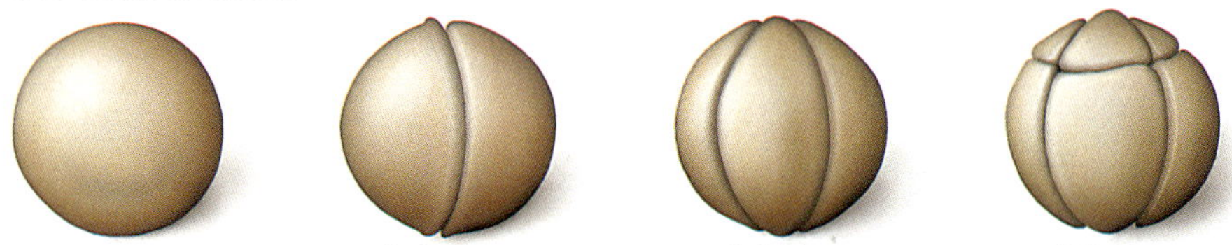

2. **De la blastula à la neurula.**

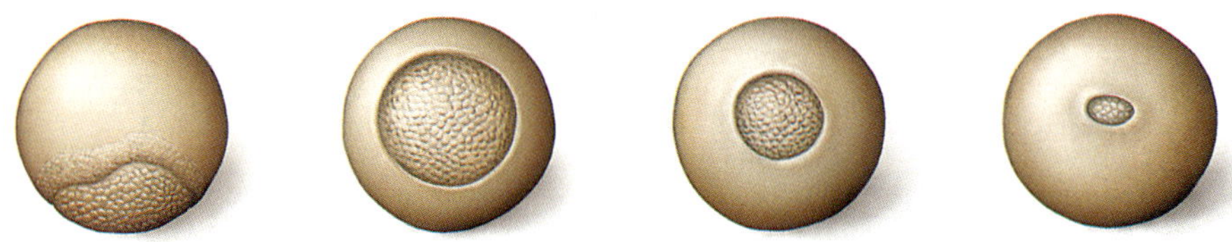

3. **De la neurula au bourgeon caudal.**

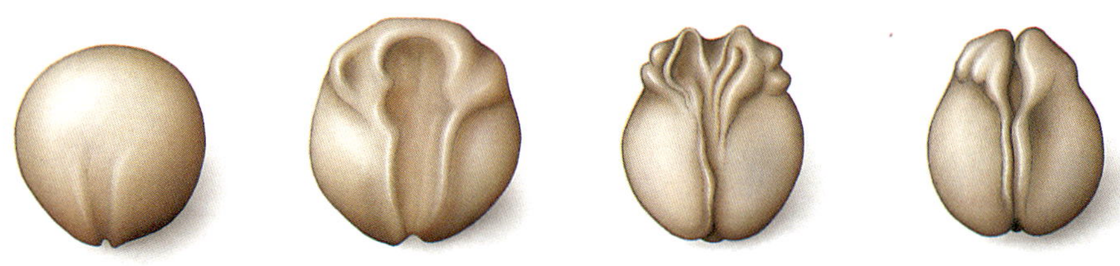

du mésoderme se constitue une cavité qui deviendra le cœlome ou cavité générale. Cet ensemble est à l'origine de nombreux organes et des muscles. Chez certains embryons (les échiuriens notamment), la gastrulation s'opère par épibolie, des blastomères en recouvrant d'autres, chez d'autres (cœlentérés) par une délamination, qui sépare en deux couches les cellules de la blastula.

L'organogenèse (mise en place des organes), qui débute par la neurulation, fait suite à la gastrulation. Chez les amphibiens, on constate qu'en fin de gastrulation une zone épaissie appelée plaque neurale, constituée par le neuroblaste, est située au-dessus de la fente du blastopore. Au cours de la neurulation, deux bourrelets se soulèvent de part et d'autre de la plaque neurale : ce sont les bourrelets médullaires. L'embryon commence alors à s'allonger dans le sens de la plaque neurale. C'est le stade neurula. Les deux bourrelets médullaires se rencontrent pour former le système nerveux de l'embryon, pendant que l'ébauche de colonne vertébrale (la corde) s'isole et forme une tige dorsale et que le mésoderme se découpe en blocs réguliers, les somites, à l'origine du squelette axial notamment. Ce découpage régulier, ou métamérisation, progresse vers la région caudale. Au fur et à mesure apparaissent des territoires de plus en plus spécialisés qui donneront les futurs organes du fœtus, comme le squelette, les organes des sens, l'appareil digestif... •

La formation des tissus embryonnaires

L'ÉVOLUTION DE L'EMBRYON EST DIRIGÉE PAR UN « CENTRE ORGANISATEUR » ET PAR UN PHÉNOMÈNE APPELÉ « INDUCTION ».

La technique des marques colorées, mise au point en 1925 par l'embryologiste allemand W. Vogt et qui consiste à colorer localement le germe (œuf fécondé après quelques divisions) par des colorants vitaux (rouge neutre, bleu de Nil...), permet de suivre l'évolution des feuillets au cours de l'embryogenèse. On peut ainsi déterminer la carte des territoires présomptifs qui exprime, au stade blastula, ce que les différentes zones vont devenir chez les fœtus. L'ectoblaste est à l'origine de l'épiderme, des placodes sensorielles (vésicules optiques et olfactives, cristallins) et aussi du système nerveux. L'endoblaste donne le tube digestif et ses annexes, comme le foie ou le pancréas, ainsi qu'une partie de l'appareil respiratoire. L'évolution du mésoblaste aboutit à la formation de la corde dorsale, du squelette, de l'appareil uro-génital, des tissus conjonctifs, des parois des vaisseaux, des globules sanguins...

Selon les théories actuelles, un œuf, relativement homogène au départ, est capable de réguler son développement jusqu'à un certain stade (chaque cellule étant potentiellement capable d'effectuer plusieurs spécialisations). Par la suite, il se décompose en un ensemble de territoires bien déterminés, ou champs morphogénétiques, dont l'évolution ultérieure est irrémédiablement fixée. Ainsi, si l'on fragmente un œuf d'amphibien au stade gastrula, un fragment isolé, à condition qu'il comporte la lèvre dorsale du blastopore, peut donner une larve entière (cependant de taille réduite). Cette lèvre dorsale correspond à l'ébauche du mésoderme et de la corde. (À la suite d'expériences de l'embryologiste allemand H. Spemann, cette zone a été appelée le centre organisateur, car elle dirige l'évolution de l'embryon.) Par contre, si l'on fragmente un œuf après le stade neurula, les fragments isolés étant déjà déterminés ne peuvent aboutir à la formation d'une larve.

Si, au cours de l'ontogenèse, il existe une certaine régionalisation des territoires, celle-ci est progressive et dépend grandement des interactions des feuillets embryonnaires avec les cellules non encore déterminées dans leur devenir. Ce phénomène est appelé induction. Ainsi, le mésoderme se met en place au cours de la segmentation sous l'action inductrice de l'endoderme. Le cas de l'œil est particulièrement significatif. Sa formation exige trois inductions émanant successivement de la voûte de l'archentéron, de la vésicule optique (provenant du diencéphale) et enfin du cristallin et de la rétine. L'induction du cordomésoderme provoque la formation de la plaque neurale ; celle-ci, à son tour, acquiert, par transfert, une capacité d'induction. L'induction met probablement en jeu des substances chimiques, dites « substances inductrices », de nature protéique, qui ne sont pas forcément spécifiques d'une induction déterminée.

Si l'on considère les résultats actuels de l'embryologie expérimentale, on peut dire que l'ensemble du développement se réalise progressivement, un événement donné contrôlant l'événement suivant. On constate que des phénomènes d'induction de plus en plus précis dirigent l'édification de l'individu. Chez les vertébrés, l'embryogenèse apparaît donc dans un premier temps indéterminée, puis orientée par le centre organisateur. Il en va de même chez beaucoup d'invertébrés ; toutefois, on peut observer chez certaines espèces, comme le dentale, un développement de type déterminé où le germe possède des territoires préformés dont la destinée est orientée très tôt, une moitié de germe ne pouvant donner qu'une moitié d'embryon. •

4e division
16 blastomères

5e division
32 blastomères
(morula)

Blastula

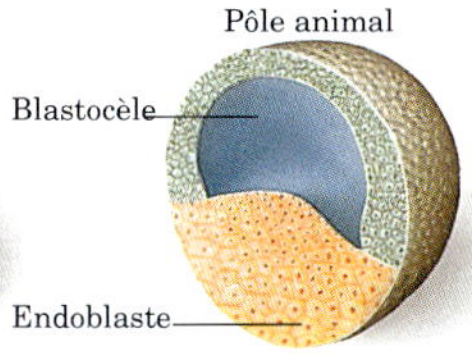

Coupe d'une blastula

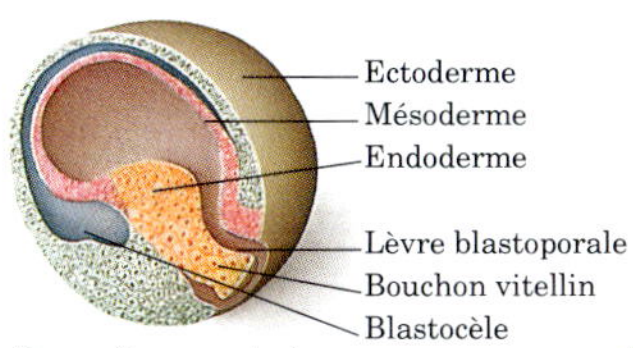

Coupe d'une gastrula

Début du bourgeon caudal (vue dorsale)

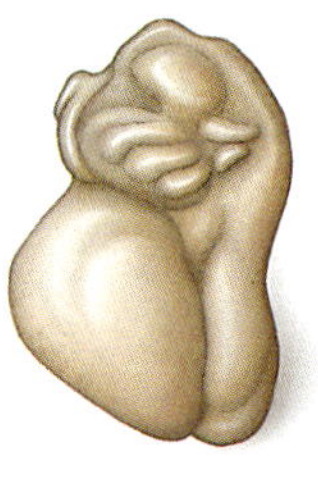
(Vue latérale)

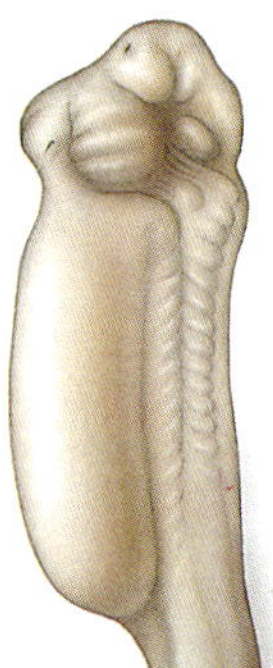
Bourgeon caudal moyen

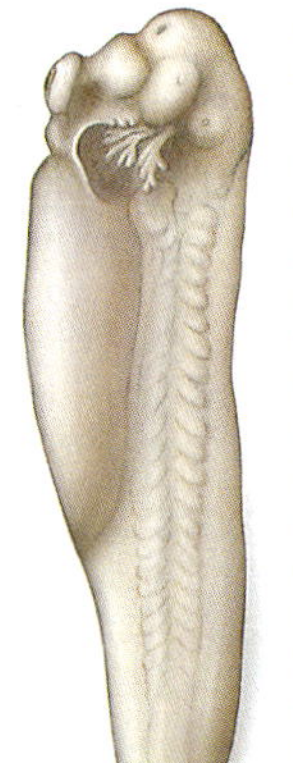
Éclosion

L'embryon

L'APPARITION ET LA TRANSFORMATION DES ORGANES FONT ÉVOLUER L'EMBRYON QUI, CHEZ CERTAINES ESPÈCES, UTILISE SES RÉSERVES GRÂCE À DES ORGANES SUPPLÉMENTAIRES, LES ANNEXES EMBRYONNAIRES.

Les transformations successives et coordonnées se manifestent chez l'embryon à des niveaux de plus en plus fins. Déterminées pour une très grande part par les potentialités génétiques de l'œuf, ces spécialisations apparaissent après l'individualisation des différents feuillets embryonnaires.

Chez les vertébrés, la première individualisation est celle du tube nerveux au cours de la neurulation. D'une manière générale, chez les espèces aquatiques dont l'œuf est pauvre en réserves, l'éclosion correspond à la libération d'une larve dont la forme est souvent différente de l'adulte (oursins, mollusques, amphibiens). Chez d'autres espèces, l'embryon peut posséder des organes supplémentaires, les annexes embryonnaires (vésicule vitelline, amnios, allantoïde, placenta), qui disparaîtront à la naissance ou à l'éclosion. Le développement est alors direct et aboutit à la réalisation d'une forme semblable à l'adulte (oiseaux, tortues...). Quand le développement se déroule dans les voies génitales maternelles, les annexes peuvent être utilisées pour établir des contacts et des relations étroites avec la mère (mammifères).

L'embryon humain, comme celui des autres vertébrés, comprend trois parties : céphalique, moyenne, caudale. La première, autrement dit la tête, est très développée et correspond dès les premières semaines après la conception à près de la moitié de la longueur de l'embryon, et se recourbe vers le ventre. Par contre, la région caudale régresse et disparaît. À ce stade, l'embryon dépasse encore à peine un centimètre. On y distingue les somites, qui sont issues du découpage du mésoblaste. Au début du deuxième mois se forment les palettes qui seront à l'origine des membres supérieurs et postérieurs. Les poches branchiales (qui étaient visibles sur les côtés du cou) se soudent. Les ébauches des yeux, des oreilles externes, des doigts et des orteils apparaissent à leur tour. À la fin du deuxième mois, l'embryon, qui mesure près de quatre centimètres, prend désormais le nom de fœtus. D'importantes transformations affectent alors le tube neural. Il se divise d'abord en trois vésicules : le prosencéphale, le mésencéphale et le rhombencéphale. Ensuite, le prosencéphale se subdivise en télencéphale et en diencéphale tandis que le rhombencéphale donne le métencéphale et le myencéphale.

L'embryon humain se trouve pourvu de trois annexes embryonnaires : l'amnios, l'allantoïde et le placenta. L'amnios se forme par invagination de la ligne primitive (épaississement d'une partie du blastoderme) qui s'enfonce dans l'œuf ; il apparaît ainsi une cavité amniotique dont le plancher constitue la région embryonnaire proprement dite. Cette cavité est remplie d'un liquide jaunâtre, dit liquide amniotique. L'allantoïde constitue un diverticule de l'intestin embryonnaire qui finit par s'étaler dans toute la cavité amniotique. En se soudant au mésoderme et au trophoblaste (vésicule de l'endoderme primitif), l'allantoïde forme le chorion. Celui-ci s'unit avec la muqueuse utérine, ce qui constitue le placenta, dont les fonctions sont multiples. Il assure la nutrition et la respiration du fœtus, produit des enzymes, des hormones, des vitamines et de l'acétylcholine. Il a aussi un rôle nourricier. •

→ **Voir aussi :** La grossesse, MED, p. 334-335.

Ponte et gestation

SELON LE MODE DE NAISsance des jeunes, les animaux à reproduction sexuée se répartissent en deux groupes principaux : ovipare et vivipare, ce dernier étant beaucoup moins fréquent.

Par définition, les animaux ovipares pondent des œufs qui, après une période d'incubation plus ou moins longue, donneront naissance aux jeunes. Très souvent, comme dans le cas de nombreux poissons, les groupes ovipares devraient plutôt être dits *ovulipares,* puisque ce sont des ovules non fécondés que la femelle émet dans le milieu et ce n'est qu'après avoir été fécondés par le mâle qu'ils deviendront des œufs proprement dits. Parmi les mammifères, les monotrèmes comme l'ornithorynque sont les seuls à pondre des œufs.

Les vivipares, eux, donnent directement naissance aux jeunes, au terme d'une gestation dont la durée varie selon les espèces. L'embryon est d'habitude uni à l'organisme maternel par une annexe embryonnaire supplémentaire : le placenta. Il existe des animaux vivipares dans tout le règne animal. Ainsi, les scorpions, certains gastropodes d'eau douce (paludines) ou encore des crapauds africains (nectophrynoïdes) mettent leurs petits vivants au monde. On rencontre aussi des espèces appelées pupipares : il s'agit de diptères ectoparasites qui pondent une larve déjà âgée, laquelle se transforme immédiatement en pupe.

Il existe entre l'oviparité et la viviparité un processus intermédiaire appelé l'*ovoviviparité.* Dans ce cas, à peine la femelle a-t-elle pondu ses œufs que ceux-ci éclosent. Une telle situation se produit par exemple chez la vipère.

La ponte et les œufs des ovipares

LES ŒUFS DIFFÈRENT PAR L'ABONDANCE DE LEURS RÉSERVES ET LA GRANDE VARIÉTÉ DE LEUR ASPECT EXTÉRIEUR. CES CRITÈRES, AINSI QUE LEUR NOMBRE ET LA MANIÈRE DONT ILS SONT DISPOSÉS, PERMETTENT SOUVENT D'IDENTIFIER L'ESPÈCE À LAQUELLE ILS APPARTIENNENT.

La richesse en substance de réserve, appelée *vitellus,* détermine en grande partie la capacité de l'œuf à assurer le développement de l'embryon en circuit fermé. Selon leur richesse en vitellus, les œufs peuvent être répartis en plusieurs catégories. Les œufs alécithes des mammifères ont perdu leur matériel de réserve, devenu inutile vu les étroites relations existant entre la mère et l'embryon. Les œufs oligolécithes, comme celui de l'oursin, sont pauvres en vitellus. Les œufs hétérolécithes (ceux des amphibiens par exemple) possèdent un vitellus inégalement réparti, beaucoup plus abondant au pôle végétatif. Les céphalopodes, les oiseaux et les reptiles émettent des œufs télolécithes, très riches en vitellus, le « jaune » de l'œuf. Enfin, les œufs des insectes sont dits *centrolécithes,* en raison de la position centrale du matériel de réserve. La structure des œufs influe sur leur développement. Quand la teneur en vitellus est faible, l'embryon, d'abord sphérique, s'allonge. C'est le cas des amphibiens. Quand l'œuf est riche en vitellus, l'embryon finit par le recouvrir, au point de l'enfermer dans un sac, dit *sac vitellin.*

Les œufs pondus présentent une grande diversité de taille et d'aspect. Au sein des mollusques par exemple, ceux de l'escargot (de 60 à 80 par ponte) ont un diamètre de quelques millimètres et sont recouverts d'une coquille blanche. Les œufs de la seiche, communément découverts échoués sur les plages, forment par contre des grappes noires et doivent à leur aspect l'appellation de « raisin de mer ».

Chez les insectes, les œufs de papillons, de formes très diverses (sphériques, ovoïdes, aplatis), présentent souvent des dessins ou de fort belles ciselures, alors que chez les poissons et les amphibiens les œufs sont tous lisses. Ces deux derniers groupes pondent souvent des œufs en quantités énormes (jusqu'à 150 000

Oviparité et viviparité

SELON LES ESPÈCES, LA FEMELLE POND SOIT UN OVULE NON FÉCONDÉ, SOIT UN VÉRITABLE ŒUF. À CES DIVERS MODES D'OVIPARITÉ S'OPPOSE LA VIVIPARITÉ, QUI CORRESPOND À LA MISE BAS DE NOUVEAU-NÉS VIVANTS.

Le mot « œuf » est à l'origine de confusions fréquentes. En biologie, il désigne avant tout le zygote, c'est-à-dire l'ovule qui vient d'être fécondé par un spermatozoïde. Les femelles de la plupart des animaux aquatiques (ou les individus hermaphrodites, dans le cas des espèces bisexuées) rejettent dans l'eau un ovule. Les mâles répandent ensuite leur sperme sur ces ovules pour les féconder. Cette oviparité est donc plutôt une ovuliparité. L'œuf du langage courant est celui pondu par les femelles de reptiles et d'oiseaux. Il correspond au « jaune », chargé de vitellus et qui renferme la cicatricule, c'est-à-dire l'emplacement de l'embryon. Le jaune lui-même est entouré par les enveloppes qui se sont successivement constituées au cours de la descente de l'œuf dans l'oviducte : le blanc ou albumen, la membrane coquillière et, enfin, la coquille.

Les reptiles, et spécialement les lézards, présentent toutes les transitions entre oviparité et viviparité. Pour certaines espèces (lézard vert par exemple), la femelle pond des œufs dont le développement a totalement lieu à l'extérieur, la durée d'incubation pouvant atteindre un an *(Cameleo cameleo).* Dans d'autres cas, la femelle conserve ses œufs dans les oviductes jusqu'à l'achèvement du développement embryonnaire et, chez certaines espèces, l'éclosion survient quelques jours après la ponte, ou seulement quelques heures, ou parfois même juste avant *(Lacerta vivipara).* On peut donc commencer à parler alors de viviparité et même de gestation : l'enveloppe externe de l'œuf est extrêmement réduite, tandis qu'apparaît un placenta rudimentaire. Les échanges entre la mère et le jeune se limitent cependant le plus souvent à des échanges d'eau et de gaz semblables à ceux qui s'observent avec le milieu ambiant chez les espèces ovipares. •

2. Œufs de poule d'eau.

1. Développement comparatif de l'allantoïde chez l'homme et le poulet.

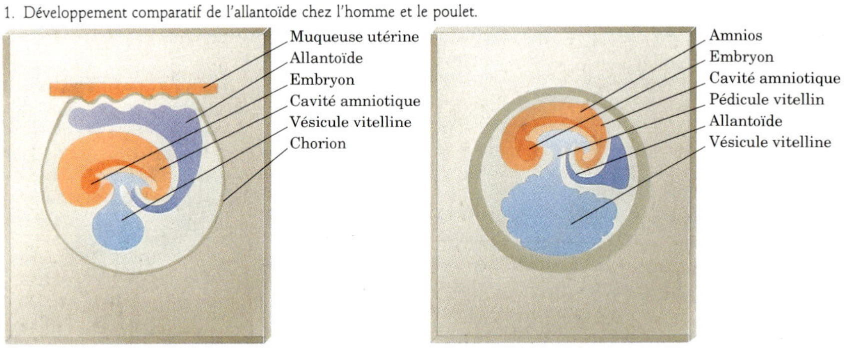

Alimentation et protection de l'embryon

Au cours de l'embryogenèse se développe une annexe embryonnaire appelée *allantoïde.* Le diverticule du sac vitellin assure la respiration de l'embryon en formation ainsi que les échanges placentaires chez les mammifères (1) ou ceux avec le milieu extérieur, via la coquille, chez le poulet. Ce dernier, comme l'immense majorité des animaux, est ovipare. Les œufs destinés à protéger l'embryon possèdent des formes et des structures très différentes. Ceux de la poule d'eau sont sphériques et tachetés (2). Ceux de l'araignée (3) sont protégés par un cocon de soie qui s'ouvre pour laisser échapper les petits arrivés à maturité. Les œufs de couleuvre à collier (4) ont, eux, une forme oblongue et c'est après une incubation de trois mois dans la paille qu'intervient l'éclosion. Les œufs de poissons (5), après avoir été de simples ovules, laissent deviner les embryons qui s'agitent à l'intérieur. L'éclosion est proche, les fines enveloppes de l'œuf disparaîtront bientôt.

par kilogramme du poids de la femelle chez la carpe). En raison de l'action des prédateurs et des modifications du milieu, les pertes sont importantes. Aussi les raies ovipares ont-elles une autre stratégie. Les œufs sont peu nombreux, mais ils ont la particularité d'être protégés par une coque élastique qui préfigure la coquille des œufs des reptiles ou des oiseaux.

Alors que les amphibiens pondent pour la plupart dans l'eau, où se développeront les têtards, les reptiles, en raison de la structure de leurs œufs munis de réserves et d'une coque épaisse, se sont affranchis du milieu aquatique. La plupart d'entre eux enfouissent leurs œufs dans le sable ou la terre, où ils trouvent l'humidité et aussi l'aération indispensable aux échanges de gaz et d'eau entre l'œuf et le sol permettant l'incubation, laquelle a une durée de l'ordre de 6 à 12 semaines, parfois beaucoup plus.

C'est chez les oiseaux que se rencontre la plus grande variété de taille et de couleur des œufs. Ceux des colibris ne mesurent que 10 mm, alors que ceux de l'æpyornis, ratite de Madagascar éteint il y a quelques siècles seulement, atteignaient 32 cm. La taille est loin d'être le seul critère de variation de ces productions aviennes et les œufs d'oiseaux peuvent prendre des formes diverses et s'ornementer de couleurs et de dessins différents. Ainsi, ceux des rapaces nocturnes et du martin-pêcheur sont presque sphériques, tandis que ceux des petits scolopacidés sont souvent en forme de poire : de cette façon, l'oiseau peut aisément disposer ses quatre œufs, la pointe vers le centre de la ponte. L'incubation est assurée soit par les deux parents, soit par la femelle seule. Avant qu'elle ne débute, certaines zones de la peau de l'abdomen de l'oiseau s'épaississent et perdent leurs plumes sous l'influence d'une hormone. Ainsi se forment des plaques incubatrices qui, grâce à leur riche vascularisation, réchaufferont les œufs. Le nombre d'œufs par ponte varie beaucoup suivant les espèces, de un à une vingtaine. De même, il peut y avoir plusieurs pontes successives au cours de la saison de reproduction. La durée de l'incubation est grossièrement proportionnelle à la taille de l'oiseau. De dix à quinze jours chez les petits passereaux, 20 jours pour la buse, 35 chez le grand duc, et 60 chez l'émeu. Chez les oiseaux aussi existent des échanges entre l'œuf et le milieu extérieur, grâce aux pores microscopiques de la coquille : durant les trois semaines de son incubation, l'embryon de poule absorbe 6 litres d'oxygène tandis qu'il évacue 4,5 litres de gaz carbonique et 11 litres de vapeur d'eau... •

3. Œufs d'araignée.

4. Éclosion d'une couleuvre à collier.

La gestation chez les mammifères

CHEZ LA PLUPART DES MAMMIFÈRES, LA GESTATION SE CARACTÉRISE PAR L'EXISTENCE D'UNE ANNEXE EMBRYONNAIRE FŒTO-MATERNELLE, LE PLACENTA, DONT LE RÔLE EST INTIMEMENT LIÉ AUX ÉCHANGES ENTRE LA MÈRE ET L'EMBRYON.

Les monotrèmes, ovipares, et les marsupiaux, dont les embryons se développent dans une poche à l'extérieur des voies génitales de la femelle, sont les seuls mammifères dépourvus de placenta. Chez les autres mammifères, le placenta permet au fœtus de se nourrir, de respirer et d'évacuer certains de ses déchets. Il peut présenter des aspects fort variés, les divers types de placentas étant définis suivant la disposition des villosités (structures d'échanges irriguées par des vaisseaux sanguins issus à la fois du fœtus et de sa mère) à la surface du chorion (enveloppe externe de l'embryon). Ces villosités sont groupées en disque (placenta discoïde) chez les primates supérieurs et les rongeurs ; elles forment une ceinture autour du fœtus (placenta zonaire) de nombreux carnivores et des éléphants ; elles peuvent également être groupées en petites plaques (placenta cotylédonaire) chez la plupart des ruminants, ou encore recouvrir toute l'enveloppe embryonnaire (placenta diffus) chez les porcs, les chevaux et les cétacés.

Les rapports entre la mère et le placenta sont plus ou moins étroits suivant les groupes et s'évaluent par l'intimité de l'association entre les villosités et l'épithélium utérin. Ces rapports permettent également de proposer une classification des placentas. On distingue le placenta *épithéliochorial* des équidés et des suidés, chez lesquels le nombre d'assises cellulaires séparant l'embryon de la mère est très important. Lorsqu'il existe un contact avec les parois des vaisseaux de l'utérus, comme chez les félidés et les canidés, on parle de placenta *endothéliochorial*. Enfin, il peut exister une pénétration de l'épithélium chorial dans le sang des vaisseaux utérins, comme chez les rongeurs et les primates, et le placenta est dit *hémochorial*. Les échanges entre les deux organismes sont alors constants, grâce à l'importance du réseau de vaisseaux sanguins, fœtaux et maternels, dont est doté le placenta. Ces différents placentas impliquent des degrés variés dans les échanges entre l'embryon et la mère. Ainsi, les médicaments, concentrés dans le sang maternel, peuvent atteindre le fœtus en passant la barrière fœto-maternelle chez certaines espèces, alors que celle-ci demeure infranchissable chez d'autres.

La durée de la gestation est à peu près proportionnelle à la taille de l'espèce. D'une vingtaine de jours chez les petits rongeurs et les insectivores, elle peut atteindre près de deux ans chez l'éléphant. Elle se situe à environ 110 jours pour le lion, 255 jours pour le gorille, 340 jours pour le rorqual et le cheval. Cependant, cette règle présente des exceptions ; ainsi, un lémurien, qui est à peine plus gros qu'un petit rongeur, possède une gestation de 60 jours, soit trois fois plus longue que ce dernier. Chez les carnivores, la longueur de la gestation des mustélidés est remarquable (de 220 à 270 jours). Elle s'explique par le phénomène de l'implantation différée de l'œuf fécondé, la blastula (stade embryonnaire précoce) demeurant à l'état de repos durant plusieurs mois.

Lors de la mise bas, la femelle se tient le plus souvent couchée, mais reste debout chez les ongulés ainsi que chez de nombreux primates. Généralement, la mère coupe le cordon ombilical et mange le placenta. La tête du nouveau-né se présente généralement la première. Cependant, chez les dauphins, le jeune naît la queue en avant : de ce fait, il risque moins l'asphyxie. On observe chez certains mammifères (dauphins, éléphants) des comportements complexes lors de la mise bas. Ainsi, une autre femelle, dite « marraine » ou « sage-femme », assiste la mère lors de l'accouchement. •

Les marsupiaux

Dépourvus de placenta de type mammalien, les marsupiaux, dont les kangourous constituent l'exemple le plus célèbre, possèdent un omphaloplacenta, c'est-à-dire un placenta irrigué par les vaisseaux de la vésicule ombilicale. Cependant, quelques-uns sont dotés d'un vrai placenta, mais sans villosités. Ils sont généralement qualifiés d'« aplacentaires », et leur placenta n'a pas de fonctions endocrines. La gestation des marsupiaux est très courte (40 jours pour le kangourou). Le nouveau-né est donc prématuré et, de plus, sous-alimenté. En dehors de ses pattes antérieures déjà griffues, il présente encore un aspect embryonnaire qui le fait considérer comme une « larve ». Après l'expulsion des voies génitales, il se hâte, en rampant à travers le pelage maternel, de gagner la poche marsupiale de sa mère, à moins que celle-ci ne l'y mette en le prenant dans sa bouche. Une fois dans la poche, le jeune s'attache à un mamelon grâce au muscle en anneau de ses lèvres. Mais c'est la musculature du mamelon qui, périodiquement, lui injecte le lait qui assurera sa croissance durant cette « gestation marsupiale ».

→ **Voir aussi :** L'embryologie animale, **BIOL**, p. 78-79. La grossesse, **MED**, p. 334-335. L'accouchement, **MED**, p. 336-337.

5. Embryons de poissons prêts à naître.

La reproduction des plantes primitives

LES VÉGÉTAUX PIONNIERS, bien avant les plantes supérieures (arbres, plantes à fleurs), témoignent de l'apparition de la vie à l'air libre sur Terre, il y a 500 millions d'années. La découverte de fossiles dans des formations géologiques de l'ère primaire nous apporte la confirmation de l'existence de ces premiers végétaux (flore du Gondwana en Australie, tourbière de Rhynie en Écosse). Ces pionniers, entièrement aquatiques comme les algues ou semi-immergés comme les mousses (bryophytes), les champignons ou les lichens, vont petit à petit s'affranchir des milieux humides. En colonisant la terre ferme, ils ont favorisé la création d'un substrat fertile et la mise en place de niches écologiques propices à l'installation de la vie animale avec les premiers invertébrés (collemboles, araignées...).

Chez les végétaux pionniers ou cryptogames (du grec *kryptos,* caché, et *gamos,* mariage), l'acquisition ou non d'un système vasculaire puis du bois permet de distinguer deux groupes : les *non-vasculaires* – algues, bryophytes, champignons et lichens – et les *vasculaires* – les ptéridophytes ou fougères et les groupes qui leur sont proches, lycopodes, sélaginelles et prêles. Ce sont tous des eucaryotes (du grec, noyau vrai), caractérisés par une membrane cellulaire rigide enfermant une grosse vacuole, un noyau, des mitochondries, un appareil de Golgi et des plastes. Ils peuvent être unicellulaires (algues, champignons) mais sont le plus souvent pluricellulaires. Tributaires du milieu aquatique, ces plantes développent, pour assurer la pérennité de l'espèce, deux formes de reproduction, *sexuée* et *asexuée*.

Les cycles des cryptogames

LA REPRODUCTION VÉGÉTATIVE, PAR SIMPLE MULTIPLICATION CELLULAIRE, ET LA REPRODUCTION SEXUÉE, PAR L'ALTERNANCE DE PHASES HAPLOÏDES ET DIPLOÏDES, ASSURENT LA PERPÉTUATION DES CRYPTOGAMES.

En raison de leur structure simple, le cycle reproductif chez les plantes pionnières est assuré par deux processus : la reproduction asexuée ou végétative et la reproduction sexuée.

La reproduction végétative est une simple multiplication cellulaire. Elle est prépondérante chez les organismes unicellulaires (virus, bactéries, algues et champignons), mais existe chez les pluricellulaires (mousses, fougères...). Elle disparaît toutefois chez les végétaux les plus évolués comme les phanérogames. Dans tous les cas, le résultat est un ensemble de cellules, toutes issues de la cellule originelle. Ce sont des clones cellulaires possédant le même potentiel héréditaire, sans brassage génétique.

La reproduction sexuée permet un brassage constant des divers clones cellulaires, donnant naissance à un nouvel individu unique, qui possède les potentialités héréditaires de ses deux parents. À l'intérieur d'une même espèce, le nombre de chromosomes est constant. Cela entraîne obligatoirement deux processus : la méiose et la fécondation. La méiose est le passage de l'état diploïde ($2n$ chromosomes) à l'état haploïde (n chromosomes) et la fécondation correspond à la réunion de deux cellules haploïdes qui forment un nouvel individu diploïde. L'importance de ces deux phases est différente selon les organismes considérés. Chez les cryptogames, la phase haploïde est prédominante, le cycle est dit haplobiontique, alors qu'à l'inverse, chez les végétaux supérieurs, la phase diploïde est prédominante. •

4. Sporogones de funaire hygrométrique *(Funaria hygrometrica).*

1. Cycle haplobiontique.

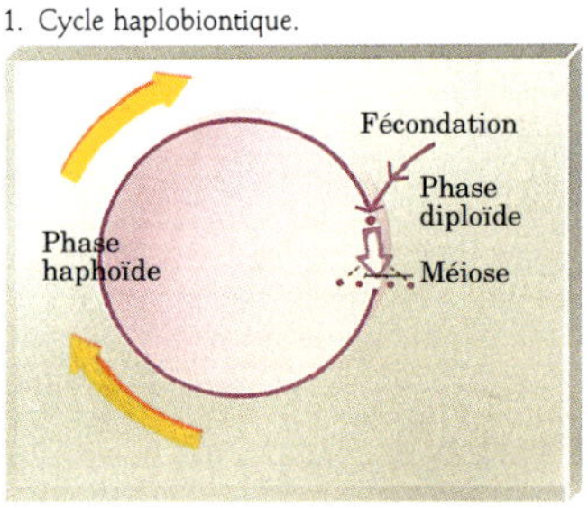

2. Cycle diplobiontique.

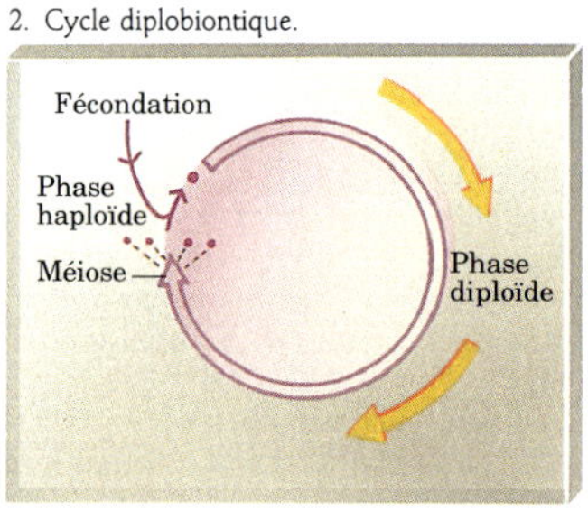

Stratégies de

La dissémination des spores fait appel à diverses stratégies. À maturité, la vesse-de-loup (5) prend une coloration brune et s'ouvre en son sommet pour laisser échapper une fumée de spores emportées par le vent. Le satyre puant (6), en sécrétant une substance

Cycles reproducteurs des cryptogames

Les cryptogames, ou végétaux primitifs, utilisent deux modes de reproduction. L'un, asexué, correspond à une simple reproduction végétative par multiplication cellulaire ; l'autre, sexué, permet un brassage des potentialités héréditaires par fusion de deux gamètes issus d'individus différents. Dans ce dernier cas, le passage par une phase dite haploïde, où les cellules formées possèdent la moitié du matériel génétique de l'espèce, est nécessaire. Dans un cycle vital, l'individu utilisant la reproduction sexuée passe donc par une phase haploïde (à n chromosomes) et par une phase diploïde (à $2n$ chromosomes). Chez les cryptogames, la phase haploïde est dominante, on parle de cycle haplobiontique (1), par opposition au cycle diplobiontique des plantes à fleurs (phanérogames), où la phase diploïde est dominante (2).
Les champignons basidiomycètes, comme de nombreux cryptogames, utilisent les deux types de reproduction. Le bourgeonnement du mycélium assure la reproduction asexuée ; on peut alors rencontrer des cellules uninucléées mais également des cellules binucléées nées de la rencontre de deux cellules complémentaires du mycélium primaire (3). La reproduction sexuée passe par la production de basidiospores issues de l'hyménium.

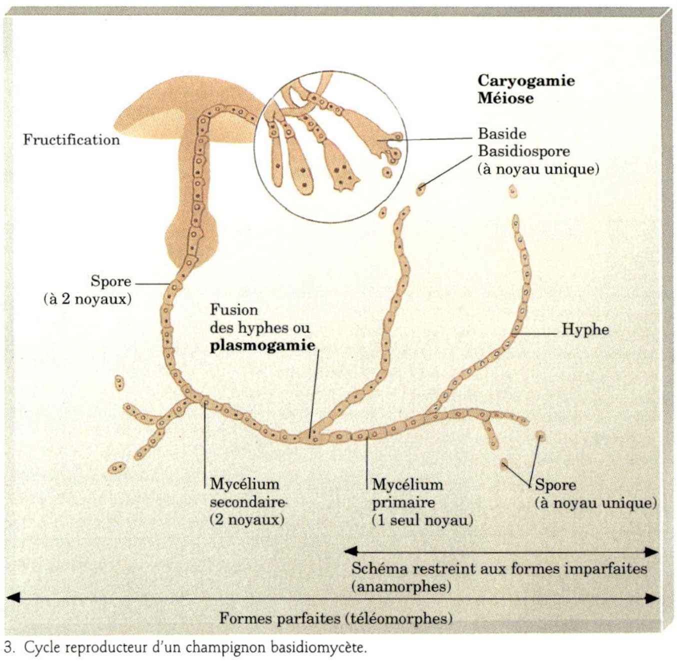

3. Cycle reproducteur d'un champignon basidiomycète.

5. Vesse-de-loup *(Lycoperdon),* dispersion des spores.

Les stratégies de reproduction

SI LA REPRODUCTION ASEXUÉE EST PEU DIVERSIFÉE, LA REPRODUCTION SEXUÉE VA DE LA SIMPLE FUSION AU CYCLE TRIGÉNÉTIQUE.

Chez les cryptogames, la reproduction asexuée ou végétative correspond à une simple multiplication cellulaire. On obtient un clone à partir d'une cellule originelle, les cellules qui en sont issues possèdent toutes le même génome. La reproduction sexuée, largement répandue dans la nature, permet au contraire un brassage génétique entre les divers clones cellulaires.

Chez les algues, les champignons et les lichens, qui présentent une différenciation cellulaire peu poussée, le cycle de développement et les modalités de reproduction sont très diversifiés. En général, la forme des cellules sexuelles ou gamètes varie considérablement selon les groupes. Chez les espèces les plus primitives, les cellules mâles et femelles sont semblables : c'est l'isogamie. Lorsqu'elles sont différentes, on parle d'hétérogamie ; les éléments mâles petits et émis en grand nombre s'opposent aux éléments femelles volumineux et peu mobiles. Quand l'élément femelle est immobile (porté par un thalle) et que les gamètes mâles vont à sa rencontre, on parle d'oogamie. Qu'il s'agisse de l'isogamie, de l'hétérogamie ou de l'oogamie, l'eau est indispensable à la dissémination des produits sexuels. Dans d'autres groupes, les cellules reproductrices ne sont pas émises dans le milieu extérieur et restent incluses dans des cellules particulières qui leur ont donné naissance (les gamétocystes). Lors de la fécondation, les gamétocystes se rapprochent, émettent un tube de conjugaison et fusionnent, c'est la cystogamie.

Chez les algues, les cycles reproductifs peuvent être variés et imbriqués. Leur reproduction, souvent sexuée, se fait par spores, formées dans les sporocystes, et par gamètes, contenus dans les gamétocystes. On distingue les cycles monogénétiques, où les thalles sont des gamétophytes (il n'existe pas de sporophytes), les cycles digénétiques, où il y a alternance d'un sporophyte diploïde et d'un gamétophyte haploïde (chez les laminaires, par exemple), et, enfin, les cycles trigénétiques, comme chez les algues rouges, où l'œuf vivant en parasite sur le gamétophyte se développe en carposporophyte diploïde. Ce dernier donnera des spores diploïdes qui produiront une génération diploïde, de laquelle seront issus des tétraspores puis un gamétophyte. La stratégie de reproduction atteint ainsi son maximum de complication.

Chez les champignons, les deux modes de reproduction sexuée et asexuée sont présents. Les levures, champignons non mycéliens, ont pour thalle des globules unicellulaires et se multiplient par bipartition ou bourgeonnement. Les champignons à filaments mycéliens non cloisonnés utilisent largement la reproduction asexuée en produisant des cellules pouvant assurer la dissémination de l'espèce : les spores. Elles sont émises directement à partir de thalle (thallospores) et présentent alors chez certaines espèces (*Mucor,* par exemple) une importante paroi squelettique (chlamydospores). Les conidies constituent une espèce de spore, véritable bouture, résultant de la fragmentation puis de la désarticulation du mycélium chez le *Penicillium,* par exemple.

Chez les champignons supérieurs (à filaments mycéliens cloisonnés), les organes producteurs de spores sont les asques ou les basides, sièges de la méiose qui aboutira à une reproduction sexuée, mais le bouturage du champignon reste un moyen de prolifération très efficace.

Chez les lichens, formés par l'association d'une algue et d'un champignon, la reproduction se fait soit par bouturage, soit par émission de corpuscules spéciaux, les sorédies constituées par quelques cellules d'algues entourées de filaments de champignon, ou encore par dissémination du champignon à l'aide de spores.

Chez les bryophytes et les ptéridophytes, la reproduction sexuée est une alternance entre les phases haploïde et diploïde. Chez les mousses, les spores véhiculées par l'eau germent en donnant un protonéma qui forme un gamétophyte produisant une anthéridie et un archégone contenant respectivement les gamètes mâles et femelles. Lorsque les spores sont mûres, elles sont catapultées hors de leurs capsules par de véritables ressorts réagissant à l'humidité ambiante, les élatères. La reproduction végétative chez certaines mousses est assurée par bouturage au moyen de petits organes ténus, les propagules.

Chez les fougères, la reproduction asexuée est assurée par la tige souterraine ou rhizome. La reproduction sexuée se fait par les spores, contenues dans les sporanges, sortes de sacs situés sur la face dorsale des frondes. •

reproduction

nauséabonde, attire les insectes, qui assurent ainsi la dissémination de ses spores. Chez les mousses (4), l'ouverture de la capsule (ou sporange) provoque la libération des spores qui, au sol, attendent d'être véhiculées par l'eau pour pouvoir germer.

6. Satyre puant *(Phallus impudicus).*

La colonisation des milieux

LA PROTECTION DES GAMÈTES, L'ÉLÉVATION DE L'APPAREIL VÉGÉTATIF PAR LA CONSTITUTION D'UNE TIGE ET LA PRÉSENCE DE FEUILLES OU DE FRONDES CHEZ LES CORMOPHYTES ONT PERMIS LA CONQUÊTE DU MILIEU AÉRIEN.

La conquête du milieu terrestre par les végétaux pionniers divise les cryptogames en thallophytes (algues, champignons, lichens) et en cormophytes (du grec *kormos,* tronc), pour lesquels l'appareil végétatif se dresse et l'appareil reproducteur passe à l'état de gamétange, adapté au milieu aérien. Cette adaptation conduit à la protection des gamètes, qui sont limités extérieurement par une assise cellulaire protectrice, isolant ainsi de manière efficace les cellules reproductrices du milieu extérieur.

Chez les cormophytes, contrairement aux thallophytes, l'alternance des générations est constante : gamétophyte (haploïde) et sporophyte (diploïde). Les mécanismes sophistiqués qui accompagnent ces deux types de reproduction assurent la plus grande dissémination possible de l'espèce, mais restent très fragiles et très sensibles aux conditions de l'environnement. Les mousses et les lichens sont d'ailleurs d'efficaces indicateurs de pollution.

Les champignons colonisent à peu près tous les milieux, depuis le Nord canadien jusqu'à l'équateur, de la forêt à la prairie. Leurs spores sont extrêmement résistantes et peuvent germer après des années, voire des siècles, de dormance si les conditions sont favorables, comme sur la momie de Ramsès II. Considérés comme « les éboueurs » de la biosphère, les champignons jouent un rôle important dans la dégradation des lignines du bois, favorisant la décomposition des litières. Ils ont la particularité de concentrer de nombreuses substances toxiques comme les métaux lourds (mercure, plomb...) et possèdent également des propriétés intéressantes et bénéfiques pour l'homme (production de pénicilline ou activité de fermentation entre autres).

Les bryophytes ont une grande importance dans la colonisation des milieux, car elles jouent le rôle d'éponge. Grâce à leur capacité de rétention et à leur forte densité de peuplement, elles retiennent l'eau, qui, autrement, serait absorbée par le sol. Maintenue en surface, cette eau reste disponible pour la croissance d'autres végétaux. Au fur et à mesure que l'extrémité de la tige feuillée des bryophytes se développe, leur base se décompose rapidement en humus. Cette capacité, jointe à celle de croître sur des milieux pauvres (murs, rocher, toits), leur confère une importance pionnière particulière. En effet, elles produisent une couche de matière indispensable au développement des plantes supérieures et à l'installation de la faune du sol. Ces deux propriétés, liées à la simplicité de leur structure (absence de système racinaire et importance de leur surface assimilatrice photosynthétique), leur permettent de croître dans des zones ombragées. On les rencontre un peu partout, de l'équateur aux terres arctiques. Capables de résister à une déshydratation poussée, elles peuvent survivre sur des substrats inorganiques soumis à des conditions difficiles : fortes variations de température et d'humidité.

Les fougères sont capables, sous le climat tempéré, de coloniser des milieux très humides et très ombragés. Dans les régions tropicales, en étant toujours arborescentes, elles ont conservé l'aspect et la luxuriance qu'elles possédaient à l'ère primaire, où elles formaient de véritables forêts aujourd'hui fossilisées. •

→ **Voir aussi :** Classification du monde végétal, **BIOL,** p. 26-27. La reproduction des plantes à fleurs, **BIOL,** p. 84-85.

La reproduction des plantes à fleurs

Comme les animaux, les végétaux pratiquent la reproduction sexuée, renouvelant ainsi leur patrimoine génétique. Le gamète mâle, ou spermatozoïde, est porté par le grain de pollen et s'unit au gamète femelle, ou oosphère, placé dans l'ovule. Mais, chez les plantes supérieures, les analogies avec les animaux s'arrêtent là. Le monde végétal a lentement mis au point une reproduction sexuée performante, qui a permis l'explosion verte sur la planète. Puisque les plantes sont immobiles, les grains de pollen doivent aller, par divers moyens, vers l'organe femelle : c'est la pollinisation. La simple pesanteur, le vent (plantes anémophiles), l'eau (plantes hydrophiles) ou les animaux (plantes zoïdophiles) comme les insectes, les oiseaux, les chauves-souris et même l'homme (fécondation artificielle) sont les agents de la pollinisation.

En fait, c'est le tube pollinique émis par le grain de pollen qui se fraie un passage au travers de l'organe femelle (stigmate ou pistil) pour libérer le gamète mâle près de la cellule femelle. Chez les angiospermes, on parle de double fécondation car deux noyaux entrent en jeu : le noyau reproducteur s'unit à l'oosphère pour former un œuf diploïde (à $2n$ chromosomes) qui donnera l'embryon, le noyau végétatif fusionne avec deux autres noyaux de la partie femelle (les noyaux accessoires) pour préparer les réserves nutritives de la graine, l'albumen. Cela constitue une des grandes caractéristiques des plantes à fleurs.

La plupart des végétaux sont hermaphrodites. Pour éviter l'autofécondation, ils ont élaboré des mécanismes très variés les contraignant à se croiser avec un autre individu (les organes mâles et femelles n'arrivent pas à maturité en même temps, existence d'une auto-incompatibilité, etc.). L'autofécondation existe néanmoins pour certaines espèces et sa réelle importance est une énigme. Bien des plantes se multiplient également sans intervention de la fécondation, par simple reproduction végétative. Une nouvelle plante est alors produite à partir des organes végétatifs ou floraux de la plante mère. L'homme a mis à profit la multiplication végétative des plantes avec la technique du bouturage, par exemple (donnant des individus génétiquement identiques).

Les gamètes mâles et les gamètes femelles

LES GYMNOSPERMES PRATIQUENT LA ZOÏDOGAMIE ET LA SIPHONOGAMIE. SEUL CE DERNIER MODE, PLUS ÉLABORÉ, EST CELUI DES ANGIOSPERMES.

Chez les gymnospermes, qui comportent trois ordres : les cycadophytes, les coniférophytes et les gnétophytes, il existe deux modes de reproduction, la zoïdogamie et la siphonogamie. La zoïdogamie, mode de reproduction le plus primitif, est celui des cycadophytes et de certaines formes archaïques de coniférophytes comme les cordaïtales – toutes fossiles – et les ginkgoales, dont le seul représentant actuel est le ginkgo (l'arbre aux mille écus). Comme chez l'animal (d'où le nom de zoïdogamie), les gamètes mâles sont appelés spermatozoïdes à cause de leur mobilité, ils nagent dans la chambre pollinique qui les contient car ils doivent rester en milieu liquide pour rejoindre l'ovule à féconder. Le deuxième mode de reproduction, la siphonogamie, caractérise les coniférophytes actuels, les conifé-rales (dont font partie les pins). Les gamètes mâles sont contenus dans un tube pollinique, émis par le grain de pollen qui les conduira vers le gamète femelle. Ainsi, à l'inverse du mode de reproduction précédent, les gamètes mâles n'ont pas de mobilité propre.

Chez les angiospermes (les plantes à fleurs *stricto sensu*), le mode de reproduction unique est la siphonogamie ; les cellules mères diploïdes (à $2n$ chromosomes) des grains de pollen subissent la méiose pour donner quatre spores haploïdes (n chromosomes), les tétraspores. Au cours de leur développement, celles-ci se transforment en quatre microspores possédant chacune un noyau, qui se divise à son tour en formant un noyau végétatif et un noyau reproducteur. Cet ensemble bicellulaire, s'entourant d'une paroi pecto-cellulosique (à base de pectine et de cellulose), constitue le grain de pollen.

L'ovule des angiospermes est de petite taille, il comprend (de l'extérieur vers l'intérieur) deux téguments, une masse ovoïde de tissus, le nucelle, et un groupe de cellules qui forment le sac embryonnaire. Celui-ci contient huit cellules, dont une, seulement, sera la cellule fertile, ou oosphère, qui donnera l'embryon après fécondation. Au centre du sac embryonnaire, deux cellules placées côte à côte constitueront les réserves (l'albumen). Le sac embryonnaire résulte de la division d'une cellule sous-épidermique du nucelle (la cellule mère du sac). Celle-ci, diploïde, subit la méiose et donne quatre cellules filles haploïdes, dont trois dégénèrent, le noyau de la quatrième se divisant trois fois pour donner les huit noyaux du sac. •

Les tactiques de la pollinisation

LE TRANSPORT DES GRAINS DE POLLEN DE L'ORGANE REPRODUCTEUR MÂLE À L'ORGANE FEMELLE S'EFFECTUE SOUVENT PAR DES MOYENS ABIOTIQUES (VENT, EAU) OU PAR L'INTERMÉDIAIRE D'ANIMAUX.

Les grains de pollen doivent d'abord s'échapper des sacs polliniques contenus dans la partie terminale de l'étamine, l'anthère. Celle-ci possède des fentes de déhiscence qui s'ouvrent à maturité. Il reste alors au grain de pollen à rejoindre l'appareil reproducteur femelle.

La pollinisation est le transport, qu'il soit biotique ou abiotique, du pollen sur le stigmate. La fécondation, quant à elle, est la fusion du gamète mâle, le spermatozoïde contenu dans le tube pollinique, avec le gamète femelle. Il y a autofécondation lorsque le pollen féconde le pistil de la même fleur. C'est le cas chez la violette, qui possède une fleur ne s'ouvrant pas. Selon certains botanistes, l'autofécondation serait beaucoup plus répandue qu'on ne le croit. Pourtant, la fécondation croisée semble plus intéressante pour le renouvellement du stock génétique. Elle devient inévitable quand, au sein d'une même fleur, étamines et pistil ne sont pas mûrs à la même période, ou alors quand la morphologie des organes sexuels rend le croisement obligatoire. Chez les primevères par exemple, dans la même fleur, les étamines peuvent être placées bien au-dessous du stigmate qui les surplombe ; le pollen ne peut donc l'atteindre.

La pollinisation peut être biotique ou abiotique, selon que le transport du pollen se fait par l'intermédiaire d'agents vivants ou non. Ainsi, on parle de plantes anémophiles quand la pollinisation est effectuée par le vent. Ces fleurs à stigmates plumeux et chatons pendants sont en général peu voyantes, comme c'est le cas pour le noisetier. Le pollen est émis en très grande quantité, on emploie d'ailleurs le terme de nuage pollinique. Les grains de pollen correspondants sont peu ornementés et peu denses pour mieux pouvoir flotter dans l'air. Pour certaines familles de plantes aquatiques à fleurs, la pollinisation se fait par l'eau, il s'agit d'hydrogamie. C'est le cas, par exemple, pour des plantes marines comme les posidonies et pour des plantes d'eau douce comme les élodées.

Les fleurs entomophiles, pollinisées par les insectes, présentent, par contre, des pétales voyants, colorés et souvent parfumés. D'après les spécialistes, il semblerait que la couleur soit plus attractive que le parfum pour les insectes. Chez les fleurs entomophiles, les grains de pollen sont émis en moins grande quantité et présentent une ornementation et un enduit cireux qui les agglutine et les rend plus facilement transportables par les animaux qui côtoient les fleurs, comme les insectes mangeurs de pollen. Ainsi, les abeilles adultes recherchent celui-ci activement car c'est un aliment protéique pour leurs larves. D'autres animaux (colibri, par exemple) contribuent à la pollinisation, se nourrissant du nectar (solution aqueuse et sucrée) des fleurs. Il existe également une pollinisation artificielle, faite par l'homme et pratiquée depuis l'Antiquité, en particulier pour le palmier-dattier ou la vanille. •

La dissémination du pollen

La fécondation des plantes est souvent réalisée grâce à des intermédiaires. La chauve-souris (1) ou le colibri (2), en venant s'abreuver du nectar de ces fleurs, emportent avec eux quelques grains de pollen qui féconderont certainement la prochaine fleur visitée. Certaines fleurs attirent les insectes car elles imitent leur apparence. Cette orchidée (4) laisse à son visiteur des conglomérats de grains de pollen appelés pollinies. D'autres plantes comme l'aulne (3) confient au vent leurs grains de pollen, dont la structure allégée facilite le transport aérien.

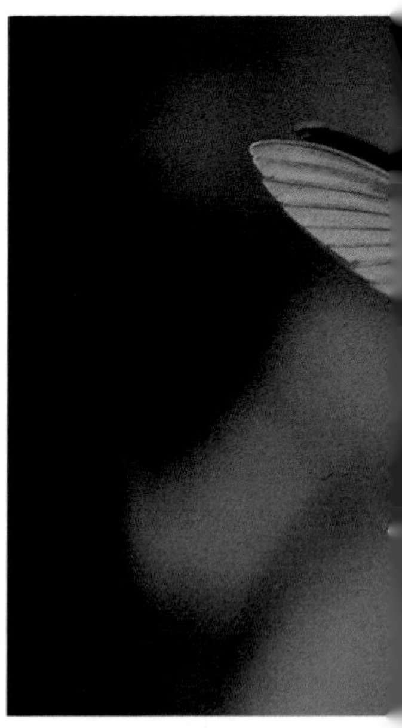

Une double fécondation

CARACTÉRISTIQUE DES ANGIOSPERMES, LA DOUBLE FÉCONDATION RÉSULTE DE L'ACTION DE DEUX NOYAUX MÂLES AUX RÔLES DIFFÉRENTS LORS DE LA FÉCONDATION.

Chez les plantes à fleurs, le stigmate est la partie femelle destinée à la réception des grains de pollen. Généralement visqueuse, sa surface est parfaitement adaptée à la rétention de ceux-ci. Le pollen parvenu sur le stigmate produit un tube pollinique qui s'enfonce dans le style (partie supérieure de l'organe femelle). Le noyau végétatif du grain de pollen commande alors l'allongement du tube pollinique, le second noyau, dit noyau reproducteur, le suit à distance. À la surface de l'ovaire, le tube s'engage dans la cavité de ce dernier et pénètre dans l'ovule par un pore, le micropyle. Lorsque le tube arrive au contact du sac embryonnaire, le noyau végétatif s'est déjà résorbé et le noyau reproducteur s'est divisé en deux noyaux fils haploïdes (à *n* chromosomes) que l'on désigne par le terme de spermatozoïdes. L'un d'eux s'unit alors à l'oosphère pour donner un œuf, cellule diploïde (à 2*n* chromosomes), dont le développement donnera l'embryon. Il s'agit de l'œuf principal ou « œuf plantule ». L'autre cellule mâle fusionne avec les deux noyaux accessoires pour donner un œuf triploïde (à 3*n* chromosomes), anormal, qui est l'œuf-albumen, à l'origine des réserves de la plante. L'ensemble de ce processus constitue ce que l'on appelle la double fécondation.

Chez les gymnospermes, il y a amorce d'une telle fécondation mais sans produire d'albumen, remplacé par le prothalle. •

1. Une chauve-souris, le glossophage de Pallas *(Glossophaga)*, se nourrissant de nectar.

2. Pollinisation d'une passiflore par un colibri *(Phaetornis)*.

La multiplication végétative

DE NOMBREUSES PLANTES PEUVENT SE REPRODUIRE SANS AUCUNE INTERVENTION SEXUELLE, À PARTIR D'UN DE LEURS FRAGMENTS QUI EST ALORS QUALIFIÉ DE VÉGÉTATIF, COMME LE RAMEAU, LA FEUILLE OU UNE PORTION DE RACINE.

La fréquence de la multiplication végétative, reproduction sans fécondation, est l'une des caractéristiques du monde végétal. Un fragment de tige, de feuille ou de racine peut être capable de produire une nouvelle plante complète. La croissance des végétaux est indéfinie et ce sont des circonstances extérieures et accidentelles qui mettent fin à leur existence. La multiplication végétative peut être naturelle ou induite par l'homme. Dans le premier cas, c'est à partir de rameaux jeunes isolés, les anciens « pourrissant », ou par leur fragmentation que naissent de nouvelles plantes. Ce mode de multiplication est facilité chez les plantes aquatiques. C'est par ce procédé que la jacinthe d'eau a envahi le fleuve Zaïre et l'élodée du Canada les canaux européens.

Certaines plantes possèdent des organes spécialisés pour leur propagation végétative ; certaines graminées portent, à la place de fleurs, de minuscules bulbes, qui, tombés au sol, donneront de nouvelles plantes. D'autres espèces herbacées, comme le fraisier, rampent, émettant des tiges horizontales, les stolons, s'achevant par un bourgeon, qui produira plus tard une nouvelle plante isolée. Certaines racines produisent des tubercules gorgés de réserves qui, une fois enterrés, sont à l'origine d'une nouvelle plante.

L'homme assure la multiplication végétative par des techniques comme l'éclatage (fragmentation d'une plante avec racines, tiges et bourgeons), le marcottage (rameau aérien de la plante généralement enfoui dans le sol sans être détaché et prélevé lorsque y sont apparus des racines et des bourgeons), le bouturage (mise en terre de rameau, de feuille ou de racine prélevés sur une plante) ou la greffe (fragment de plante, bourgeon ou petit rameau, inséré dans une autre plante, le porte-greffe). Cependant, en l'absence de brassage génétique, cette méthode répétée pourrait produire des plantes dégénérées. •

→ **Voir aussi :** Les gamètes, **BIOL**, p. 72-73. La reproduction des plantes primitives, **BIOL**, p. 82-83. Fleurs et inflorescences, **BIOL**, p. 86-87. Fruits et graines, **BIOL**, p. 88-89.

3. Chatons pendants d'aulne d'Italie *(Alnus cordata)* et nuage pollinique.

4. Deux pollinies de l'orchidée *Ophrys scolopex*, fixées sur une abeille *(Eucera longicornis)*.

Fleurs et inflorescences

LA FLEUR N'EST PAS UN organe morphologiquement défini ; elle ne peut se définir que par sa fonction : la reproduction sexuée des angiospermes, les plantes « à fleurs ». Elle est constituée de feuilles transformées : organes foliaires stériles (pétales et sépales) et fertiles (étamines et carpelles). Elle comporte un axe plus ou moins court et trois ensembles : le périanthe, formé du calice (ensemble des sépales) et de la corolle (ensemble des pétales), l'androcée (partie mâle, ensemble des étamines) et le gynécée (partie femelle, ensemble des carpelles). Les étamines contiennent les grains de pollen et les carpelles, les ovules. À partir de ce modèle de base, l'organisation de la fleur des angiospermes est extrêmement variable : les fleurs peuvent être soit bisexuées (ou hermaphrodites), c'est-à-dire posséder à la fois des organes mâles et femelles, soit unisexuées (mâles ou femelles). Dans ce dernier cas, les fleurs mâles et les fleurs femelles peuvent appartenir à la même plante ou à des plantes différentes, mâles et femelles.

La reproduction est assurée par la pollinisation, c'est-à-dire le transport des grains de pollen, incapables de mobilité propre, jusqu'aux ovules. Les grains de pollen sont libérés de l'anthère (élément constitutif des étamines) et doivent atteindre le stigmate, pour aboutir à l'ovule. La pollinisation peut être biotique (90 % des cas) ou abiotique (10 %). La pollinisation biotique est assurée par les insectes (entomogamie, 70 % des cas) et par d'autres animaux. Quant à la pollinisation abiotique, elle recouvre le transport du pollen par le vent (anémogamie) ou par l'eau (hydrogamie).

Les angiospermes sont les plantes à fleurs *stricto sensu* (mais certains botanistes comptent également les gymnospermes parmi les plantes à fleurs). Elles sont apparues il y a environ 115 millions d'années, au crétacé (ère secondaire). Cette période a également vu l'expansion du groupe des insectes. À l'heure actuelle, il existe environ 250 000 espèces d'angiospermes alors qu'on ne compte qu'environ 800 espèces de gymnospermes. Après le crétacé, les plantes à fleurs, en évoluant, ont réalisé des structures reproductrices de plus en plus élaborées, en particulier des inflorescences.

1. Coupe schématique d'une fleur bisexuée.

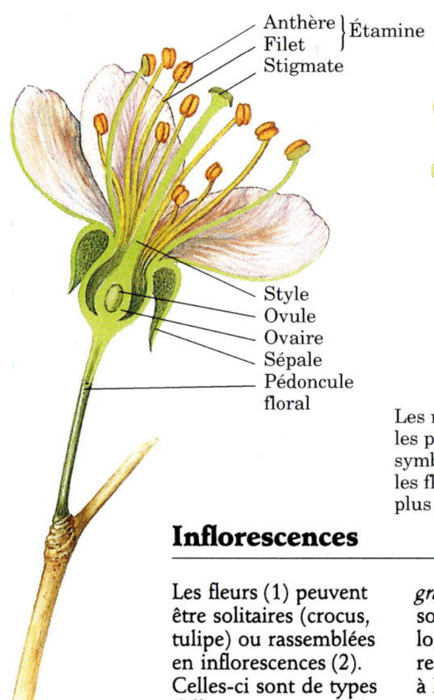

2. Différents types d'inflorescences.

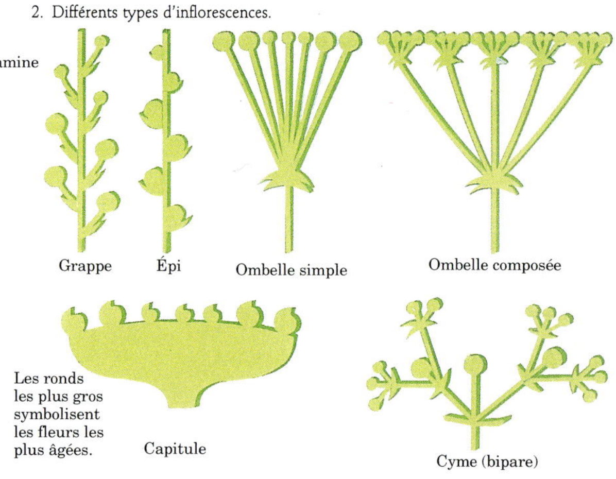

Inflorescences

Les fleurs (1) peuvent être solitaires (crocus, tulipe) ou rassemblées en inflorescences (2). Celles-ci sont de types différents. Ainsi on distingue deux grands groupes. Dans le premier, les fleurs les plus âgées sont à la base de l'axe. À l'intérieur de ce groupe, on trouve les *grappes,* où les fleurs sont échelonnées le long de l'axe de l'inflorescence, chacune étant à l'aisselle d'une bractée, munie d'un pédicelle (muguet, glaïeul) ; les *épis,* où les grappes de fleurs sont sessiles, c'est-à-dire sans pédicelle (graminées) ; les *chatons,* qui sont des épis très denses (saule) ; les *ombelles* (caractéristiques de la famille des ombellifères), qui sont des inflorescences planes ou légèrement convexes dont les pédoncules floraux s'insèrent tous en un seul point au sommet de l'axe (elles peuvent être soit simples, soit composées d'ombellules) ; les *capitules,* où les fleurs sont insérées sur l'axe dilaté, généralement en disque charnu (marguerite). Dans le second groupe, l'axe principal se termine par une fleur qui s'épanouit d'abord. Ces types d'inflorescences sont les *cymes.*

Calices et corolles

LE CALICE (ENSEMBLE DES SÉPALES) ET LA COROLLE (ENSEMBLE DES PÉTALES) CONSTITUENT LE PÉRIANTHE. LA STRUCTURE DE CELUI-CI CORRESPOND, EN GÉNÉRAL, À DES TYPES PARTICULIERS DE POLLINISATION.

Les pétales et les sépales ne sont, à l'origine, que des feuilles transformées, en position terminale d'une tige, le pédoncule floral. À la base du pédoncule sont fixées une ou plusieurs feuilles de taille réduite, la bractée. On trouve souvent entre la bractée et le calice deux autres petites feuilles, qui sont les préfeuilles.

La corolle peut avoir des pétales libres ou soudés. La forme et la couleur des pétales peuvent être très variables. Le calice est constitué de sépales libres ou soudés, qui ont parfois des formes différentes. Lorsque sépales et pétales sont égaux et disposés de manière symétrique par rapport à un ou plusieurs axes, le périanthe (calice et corolle) est dit *régulier.* Par contre, quand ils sont de formes et de dimensions différentes, la fleur est alors irrégulière. C'est la *formule florale,* très importante dans les déterminations, qui indique le nombre de pièces (S : sépales, P : pétales, E : étamines, C : carpelles).

Lorsque pétales et sépales sont tous colorés, on les qualifie de tépales. Ceux-ci peuvent avoir des couleurs vives comme c'est le cas pour les tulipes. Au contraire, certaines fleurs, comme les fleurs de graminées (avoine, blé), sont généralement peu voyantes ; celles-ci sont pollinisées par le vent.

Toute l'organisation florale concourt à la réussite de la pollinisation, c'est-à-dire à un transport efficace des grains de pollen vers les ovules. Par exemple, l'organisation des orchidées montre une remarquable adaptation à la pollinisation par les insectes. La fleur se caractérise par un grand pétale postérieur ou dorsal, appelé *labelle,* et par un organe spécial, le *gynostème* (étamine et stigmate soudés), qui sont constitués de manière à attirer l'insecte pollinisateur. •

3. Cœur de marguerite (famille des composées).

4. Fleur de passiflore *(Passiflora edulis).*

5. Inflorescence d'*Heracleum mantegazzianum* (ombellifère).

Étamines et pollen

À MATURITÉ, LES GRAINS DE POLLEN SONT LIBÉRÉS DE L'ANTHÈRE. LES CARACTÉRISTIQUES DE LEUR PAROI EXTERNE, L'EXINE, LEUR CONFÈRENT UNE GRANDE RÉSISTANCE.

Qu'il s'agisse de fleurs unisexuées mâles ou de fleurs hermaphrodites, c'est l'androcée qui préside à la formation et à la diffusion du pollen. L'androcée, qui est la partie mâle fertile, est constitué par l'ensemble des étamines. Sur chacune de celles-ci, on distingue ce que l'on appelle le *filet* (minuscule filament) et l'anthère, dont les deux loges renferment chacune deux sacs polliniques, soudés à maturité, à l'intérieur desquels se forment les grains de pollen.

Les étamines sont alternées avec les pétales et sont en face des sépales, mais l'alternance est malgré tout quelquefois troublée. Les étamines, originellement indépendantes, peuvent se souder au cours de leur développement, soit par les filets, soit par les anthères. Un cas remarquable est celui des orchidées dont la fleur possède une seule étamine, qui est liée aux stigmates. Les étamines peuvent aussi former une double couronne, comme chez l'œillet, par exemple. Chez d'autres fleurs, les étamines sont de tailles inégales, comme c'est le cas pour certaines légumineuses.

À maturité de l'anthère, les grains de pollen sont libérés sous forme de poussière pollinique. Malgré leurs faibles dimensions (de 2,5 µm à 200 µm, voire 500 µm), ils ont une structure très complexe. Le type de pollen est constant pour une espèce végétale donnée et, ainsi, la caractérise. Le pollen, distinguable à la fois par sa forme et par la structure de la paroi externe de son enveloppe (l'exine), est une véritable « carte d'identité de la plante ». Il existe une très grande variété de formes polliniques (sphériques, ovoïdes, cubiques, etc.). Une des spécialités de la palynologie, l'étude des pollens, est d'ailleurs la palynologie structurale, qui a de nombreuses applications en systématique et en phylogénie. La palynologie fonctionnelle, quant à elle, étudie le pollen en tant que gamétophyte (producteur de gamètes) et a des retentissements multiples, notamment en biologie de la reproduction.

Grâce à la sporopollénine, substance très résistante (il s'agit d'un polyester de caroténoïde) qui constitue l'exine, celle-ci peut se fossiliser, permettant ainsi des investigations en géologie sédimentaire, archéologie, etc. C'est à maturité de l'anthère que les deux gamètes pourront assurer la reproduction de la plante. •

6. Chatons mâles de saule Marsault *(Salix caprea).*

Couleurs et formes

Le cœur jaune de la marguerite (3) est en fait une inflorescence constituée de centaines de fleurs sans pétales ; les « pétales » blancs sont des feuilles (bractées) transformées.
Sur la passiflore *(fleur de la Passion)* [4], on distingue les couronnes de pétales en filets frangés *(la couronne d'épines du Christ),* cinq étamines *(les marteaux de la Passion),* fixées à la base du pistil qui se termine par trois styles à stigmates globuleux *(les clous de la Croix).*
L'inflorescence d'ombellifère (5) rassemble des ombelles, elles-mêmes formées d'ombellules, constituant ainsi un groupement floral très attractif pour les insectes pollinisateurs.
Par contre, les chatons mâles du saule (6) [une espèce à sexes séparés], ou « dioïque », sont des grappes de fleurs nues, réduites à de simples étamines que le vent secouera, emportant leurs grains de pollen vers des chatons femelles (pollinisation par le vent).
Cette fleur femelle de platane (7) comporte une cinquantaine de styles rouge flamboyant. Le même arbre, qui est dit « monoïque » (bisexué), abrite aussi des fleurs mâles.

Pistil et ovules

LES OVULES DE LA FLEUR SONT PROTÉGÉS PAR L'OVAIRE, SURMONTÉ D'UN STIGMATE. POUR ASSURER LA FÉCONDATION, LE GRAIN DE POLLEN DOIT TRAVERSER LE STIGMATE POUR ATTEINDRE L'OVULE.

L'organe sexuel femelle de la fleur est le gynécée, constitué par le pistil. Celui-ci se compose de l'ovaire, du style, plus ou moins développé, et du stigmate qui le surmonte. À l'intérieur de l'ovaire se trouvent un ou plusieurs ovules reliés à la paroi de l'ovaire par le funicule. D'ailleurs, l'étymologie du terme angiosperme signifie « à graines protégées ». Les ovules, en effet, sont enfermés à l'intérieur de l'ovaire ; par conséquent, les graines sont contenues dans un fruit. Alors que chez les gymnospermes (étymologiquement, « à graines nues ») les ovules, et donc les fruits, ne sont pas protégés.

Les ovules sont formés de deux téguments, d'une masse de tissus, appelée *nucelle,* et d'un groupe de cellules placées près d'un pôle du nucelle, qui forment le sac embryonnaire. Au-dessus de ce dernier, les téguments sont interrompus par un pore microscopique, le micropyle, par où passera le tube pollinique lors de la fécondation. L'ovule se rattache au placenta du carpelle par un pédoncule appelé *funicule.* •

7. Fleur femelle de platane à feuilles d'érable *(Platanus acerifolia).*

La floraison

ENCORE MAL CONNUE, LA TRANSFORMATION DU MÉRISTÈME VÉGÉTATIF (TISSU NON DIFFÉRENCIÉ) EN MÉRISTÈME FLORAL, QUI DONNERA LE BOURGEON FLORAL, EST IRRÉVERSIBLE UNE FOIS ENGAGÉE.

Le phénomène qui aboutit à la transformation du méristème végétatif en méristème floral, puis à la formation des organes floraux, pour parvenir ensuite à l'épanouissement de la fleur s'appelle l'*induction florale.* L'apparition des diverses ébauches des pièces florales n'est pas toujours synchrone. Ainsi, le périanthe apparaît le premier, puis les étamines et enfin les carpelles. Mais une fleur, morphologiquement hermaphrodite, peut être physiologiquement unisexuée. En effet, dans une fleur, les organes reproducteurs n'arrivent pas tous, obligatoirement, simultanément à maturité. C'est ce caractère qui peut favoriser une fécondation croisée.

Divers facteurs régissent l'induction florale ; dans certains cas, en particulier, les bourgeons floraux à maturité doivent passer par un stade de basses températures (de 10 à 90 jours entre 3 et 9 °C) avant d'aboutir à l'épanouissement de la fleur. C'est ce que l'on appelle la vernalisation. Parmi les autres facteurs intervenant, les conditions du milieu, dont la photopériode (durée relative des jours et des nuits), tiennent également une place importante. Les facteurs trophiques qui sont liés au rapport carbone/azote de la plante jouent aussi un rôle important. Quand ce rapport est élevé, par exemple, la floraison est élevée. •

→ **Voir aussi :** La reproduction des plantes à fleurs, **BIOL**, p. 84-85.

Fruits et graines

L'APPARITION DE LA GRAINE fut déterminante pour l'expansion des végétaux. Les plantes à graines ou spermaphytes, apparues il y a 135 millions d'années, ont développé un processus qui permet, par la protection offerte aux gamètes, de mieux assurer la dissémination de l'espèce. La plante mère garde d'abord en elle l'ovule fécondé par le pollen et alimente l'embryon qui s'élabore. Autour de celui-ci se constitue la graine chargée de perpétuer l'espèce. Cette transformation induit autour d'elle la formation d'un fruit, organe charnu qui renferme et protège les graines. Le plus souvent, le fruit provient du ou des carpelles, parties constitutives de l'ovaire qui renfermait ou supportait les ovules. Le fruit mûrit ; plus tard, en s'ouvrant, se délitant ou se décomposant, il libère les graines, qui sont éparpillées dans le milieu extérieur en utilisant des procédés très variés (vent ou eau, par exemple).

La graine représente un moyen efficace de conservation de la vie. À l'intérieur, l'embryon végétal, avec ses réserves nutritives, peut rester longtemps en sécurité, car le tégument protecteur lui permet de résister à la sécheresse, au vent et aux intempéries. Le mode de présentation des graines a conduit les botanistes à séparer deux grands groupes de végétaux : les gymnospermes (le groupe des pins et des sapins entre autres), dont les graines nues ne sont pas encloses dans des fruits, et les angiospermes (le groupe des véritables plantes à fleurs), dont les graines, protégées par le fruit, possèdent des réserves stockées dans l'albumen de la graine.

Après une période de latence, la graine, si elle rencontre des conditions d'humidité et de chaleur favorables, germe. Le tégument éclate, l'embryon, encore sans chlorophylle, se développe d'abord à partir des réserves à sa disposition avant qu'à l'air libre ne verdisse la plantule qui, par la photosynthèse, rend la plante autonome. Pour l'homme, les graines jouent un rôle capital tant en agriculture que dans l'alimentation. Il s'agit essentiellement, dans ce dernier cas, de graines de céréales (blé, orge) et de légumineuses (petit pois, lentille). D'autres graines sont recherchées, quant à elles, pour leurs propriétés médicinales, fort importantes pour certaines.

Cônes et fruits

LES OVAIRES DES PLANTES À FLEURS SE TRANSFORMENT EN FRUITS, ORGANES SECS OU CHARNUS QUI CONTIENNENT LES GRAINES. CHEZ LES PINS, CE SONT DES CÔNES D'ÉCAILLES DE BOIS QUI PORTENT LES GRAINES.

L'organe qui, dans la plante, renferme les graines est très disparate. Chez les gymnospermes, c'est un cône d'écailles de bois, souvent disposées en spirales comme dans la « pomme de pin ». Chaque écaille est porteuse de deux graines, qui se trouvent donc semi-protégées, à la différence de celles des angiospermes encloses dans un fruit. Cependant, quelques gymnospermes possèdent des cônes-fruits. Les graines de l'if, par exemple, portent une excroissance charnue rouge, celles du genévrier sont entourées par une sorte de « baie », formée par trois écailles réunies et devenues molles ; ces dispositifs contribuent, chez les gymnospermes, à protéger les graines.

Chez les angiospermes, la gamme des fruits est très étendue. On rencontre des fruits secs qui sont déhiscents, c'est-à-dire capables de s'ouvrir par des fentes ou des pores. Ce sont des gousses (comme celles des haricots et des pois) s'ouvrant sur les deux côtés, des follicules qui s'ouvrent sur une seule fente (pivoine), des siliques qui s'ouvrent selon quatre fentes (giroflée) ou des capsules avec des fentes ou des pores (pavot). D'autres fruits secs ne s'ouvrent pas, ce sont des akènes (érable, noisetier). Une fois tombée puis enfouie dans le sol, leur enveloppe pourrira et les graines seront ainsi libérées.

Les baies sont, par définition, des boules charnues, comme le cassis, le raisin, la tomate. Certaines contiennent une seule graine, d'autres plusieurs. Quelques fruits utilisés en cuisine, comme l'aubergine, la courgette ou la citrouille, sont appelés légumes mais sont en fait des baies.

D'autres fruits charnus sont constitués de quatre parties : la graine ou amande est recouverte d'une enveloppe lignifiée protectrice contenue dans un noyau (endocarpe). Ce dernier se situe dans une partie molle et succulente, la pulpe (mésocarpe), entourée de peau (péricarpe). Les fruits ainsi constitués sont nommés drupes. C'est le cas de la cerise et de l'olive, par exemple.

Les fruits multiples représentent des groupements de petites drupes appelés drupéoles (framboise, mûre), d'akènes ou de follicules (hellébore). Les fruits composés et les pseudo-fruits sont des associations. Le cône charnu de la fraise, par exemple, n'est pas le véritable fruit mais le support de multiples fruits secs, minuscules akènes répartis sur sa

2. Pomme de pin *(Pinus pinea)*.

De l'ovule fécondé à la graine

APRÈS LA FÉCONDATION, L'OVULE S'ENTOURE D'UNE MEMBRANE RÉSISTANTE ET L'EMBRYON ENTRE EN ÉTAT DE VIE RALENTIE. AVEC LES RÉSERVES QUI S'ACCUMULENT À SES CÔTÉS, IL CONSTITUE LA GRAINE.

Lorsque l'oosphère, le gamète femelle, a été fécondé par un spermatozoïde apporté par le tube pollinique, la membrane qui entoure l'ovule se transforme : ses cellules se sclérifient et sur leurs parois se dépose de la lignine, un des composants du bois. L'ovule fécondé est ainsi rapidement protégé par un tégument résistant. Ensuite s'organise une accumulation de réserves, lesquelles varient suivant les plantes. Souvent, ce sont les amidons (glucides complexes) qui dominent, provenant d'organites intracellulaires, les amyloplastes, sortes de chloroplastes mais sans chlorophylle. L'amidon constitue, par exemple, l'albumen des graines des céréales. La graine peut parfois renfermer aussi des lipides (graines grasses de l'olive, du raisin ou de l'arachide), des sucres simples (graines sucrées, comme l'amande) ou des protéines comme les graines des légumineuses (haricots ou lentilles). À maturité, la graine, entourée d'une ou deux enveloppes protectrices, renferme l'embryon accompagné d'une masse de réserves nutritives (le prothalle des gymnospermes, l'albumen des angiospermes). L'embryon cesse alors de croître et se déshydrate, on dit qu'il entre dans un état de vie ralentie. À l'intérieur de la graine, l'embryon attendra que de nouvelles conditions extérieures permettent sa germination. Cette discontinuité dans le cycle vital, qui est exprimée par la « mise en latence » de la vie, est l'une des caractéristiques essentielles du monde végétal.

La forme des graines, assez constante chez les gymnospermes (du type de celle du pignon du pin), est très variable chez les angiospermes. Leurs graines peuvent être microscopiques, comme chez les orchidées, où elles sont qualifiées de poussiéreuses, ou volumineuses, comme la graine située à l'intérieur de la « noix de coco » du palmier des Seychelles, qui pèse 25 kg. Les graines des angiospermes présentent également des variations de formes importantes (sphériques, lenticulaires, réniformes munies de prolongements). •

La dissémination

Les graines caractérisent les phanérogames ou spermaphytes. Elles contiennent des réserves qui permettent à l'embryon de germer après une période de dormance (1). Chez les gymnospermes, les graines sont nues et non encloses dans un fruit (2). Pour assurer leur dissémination, les plantes ont souvent recours à des intermédiaires comme l'eau ou le vent. Ainsi, les graines légères du coquelicot (4) et celles, plumeteuses, du pissenlit (3) permettent à la semence de ne pas s'accumuler au pied de la plante mère. Certains animaux assurent le transport des graines (5).

1. Germination d'une noix de coco en Polynésie.

surface pulpeuse. En revanche, l'ananas est une association de baies, de feuilles particulières (bractées) et d'une tige centrale qui se sont assemblées en devenant charnues. Les botanistes ont établi un vocabulaire précis pour désigner tous ces types de fruits : par exemple, les baies comme le melon, la citrouille ou la courge, dont le péricarpe s'est fortement cutinisé, sont regroupées sous le vocable « péponides ».

Pour tous les fruits, le développement est rapide au début, lorsque le fruit, encore vert, profite de la photosynthèse. Puis celui-ci se charge de composés organiques et d'acides qui feront sa saveur (comme l'acide malique de la pomme) et son parfum (alcools et acides volatils). Au cours de sa maturation, il stocke parfois de l'amidon (banane), mais surtout des sucres simples (glucose, fructose et saccharose), qui influent sur l'apparition de pigments responsables de la couleur définitive. Certains fruits ne résultent pas d'une fécondation, mais se développent par parthénocarpie (du gr. *parthenos,* vierge). Ces fruits ne contiennent pas de graines et présentent un intérêt agricole et commercial certain. Il en est ainsi de diverses variétés de pommes, poires, raisins, bananes ou oranges. Les fruits, par leur teneur en vitamines, jouent un grand rôle alimentaire. •

La dissémination

ESSENTIELLE À LA SURVIE DE L'ESPÈCE, LA DISSÉMINATION DES GRAINES PEUT ÊTRE ASSURÉE PAR LA PLANTE ELLE-MÊME OU PAR D'AUTRES INTERMÉDIAIRES.

S'échappant du fruit, la graine doit trouver un substrat favorable. Elle est véhiculée par la simple pesanteur, le vent, l'eau ou encore les animaux. Les graines peuvent tomber, avec ou sans leur fruit, au pied de la plante mère (barochorie), comme le font les glands du chêne, les châtaignes ou la célèbre et énorme noix du palmier « coco-fesse » des Seychelles. Certaines s'échappent par les fentes de déhiscence de leurs fruits secs, qui cèdent sous la pression des zones lignifiées sensibles aux variations d'humidité. D'autres graines sont véritablement catapultées par l'éclatement du fruit (géranium sauvage). Le vent représente un moyen de transport efficace (anémochorie) pour les graines, légères, et équipées d'appendices, comme les poils creux remplis d'air des graines de pissenlits, les fouets plumeux des clématites faisant office de parachute, ou bien des ailes membraneuses allongées (graines de pin, de tilleul, de bouleau). Les graines des végétaux aquatiques flottent sur les eaux (hydrochorie). De même, certaines « noix » imperméables de palmiers peuvent traverser des océans pour aller coloniser d'autres rivages.

La zoochorie, mode de dissémination faisant intervenir un animal, joue un rôle capital. Les graines sont équipées soit d'épines en harpons ou en crochets, soit de bractées glutineuses « collantes », appendices divers qui favorisent la fixation sur l'animal, qui peut également les transporter, mélangées avec de la terre, simplement par ses pattes. Les fourmis sont de grandes convoyeuses de graines (dans des forêts tropicales, en grimpant dans les arbres, elles installent des jardins suspendus de fruits qu'elles consomment ensuite). Quelques graines ne parviennent pas à s'échapper du fruit enfoui dans le sol (géochorie) ; elles doivent attendre la « visite » d'un animal fouisseur, ou de l'homme, comme dans le cas de l'arachide. Enfin, d'autres graines, consommées avec le fruit, restent intactes dans le tube digestif de l'animal qui les a ingérées et sont disséminées par ses excréments, comme les baies du gui, qui sont appréciées des oiseaux. •

3. Dissémination par le vent des graines de pissenlit.

4. Fruit de coquelicot *(Papaver rhœas)* laissant échapper des graines.

La germination

POUR LEVER SA DORMANCE ET GERMER, LA GRAINE DOIT RENCONTRER DES CONDITIONS D'HUMIDITÉ, DE LUMIÈRE ET DE TEMPÉRATURE PARTICULIÈRES.

La graine renferme l'embryon, future plantule, au stade de vie ralentie. Cet état de latence est principalement dû à sa déshydratation. En effet, la plupart des graines contiennent moins de 10 % d'eau, ce qui les rend résistantes aux excès de froid, de chaleur ou de sécheresse. Plus l'enveloppe de la graine est imperméable, plus ses réserves résistent à la dégradation et donc plus longue est sa durée de conservation (le record étant de 1 000 ans pour des graines de lotus d'Asie). Lorsque les conditions ambiantes d'humidité et de température sont devenues favorables, la graine absorbe de l'eau, gonfle et bientôt rompt son enveloppe. La plantule reprend alors sa croissance, échappe au tégument éclaté et se développe dans deux directions : à l'air libre apparaît la gemmule, précurseur de la tige, alors que dans le sol se développe la radicule, précurseur du système des racines. Cette croissance de la gemmule, dépourvue au départ de chlorophylle, est rendue possible par les substances de réserves de la graine qui sont digérées, transformées en cellulose et en d'autres composés vitaux.

La germination n'est pas toujours possible dès la sortie du fruit, même si les conditions d'humidité et de chaleur sont optimales. En effet, certaines graines doivent passer par une phase de dormance correspondant souvent à l'hiver, le froid éliminant progressivement les substances inhibitrices qui empêchent la germination. Cette contrainte évite une germination anticipée due à un « redoux » qui pourrait être suivi par une nouvelle période de gel. D'autres dormances correspondent au délai nécessaire pour que l'enveloppe, très épaisse, de la graine se trouve détériorée et puisse s'ouvrir sous l'action des bactéries et moisissures. •

→ **Voir aussi :** La reproduction des plantes à fleurs, **BIOL**, p. 84-85.

5. Fourmi moissonneuse transportant une graine anémophile.

Écologie et évolution

ANIMAUX ET VÉGÉTAUX sont étroitement liés à leur milieu. Celui-ci se modifie au cours du temps, conditionnant l'évolution de son peuplement. L'écologie (du grec *oikos,* maison, et *logos,* science) étudie les interactions existant ou s'établissant entre les êtres vivants et leur milieu. En 1866, le biologiste allemand E. Haeckel crée ce terme, qu'il définit comme l'étude des conditions d'existence des êtres vivants et de leurs relations avec le milieu. Si les notions d'interrelations sont donc présentes et même bien définies dès le milieu du XIXe siècle, ce n'est qu'au XXe siècle que l'écologie acquiert réellement son autonomie. Cette approche globale du monde vivant va de pair avec l'acquisition des connaissances en zoologie et en botanique ainsi qu'en biogéographie. La répartition des espèces, influencée par des facteurs abiotiques (température, climat, lumière...) et liée aux conditions existantes dans un milieu donné, dépend aussi de l'histoire de ce milieu. Ainsi, la séparation des continents et la formation des montagnes (orogenèse) constituent autant de ruptures géographiques, qui peuvent être à l'origine de la séparation de populations originellement unies. Comme la biogéographie, l'éthologie (science des comportements) est indissociable de l'écologie. Elle permet l'étude de la relation individu-environnement, étroitement influencée par le comportement des individus entre eux.

L'écologie est d'abord une science de terrain, où les données sont collectées, puis analysées et traitées (souvent à l'aide de l'informatique et des mathématiques). Des modèles sont élaborés, permettant de prévoir l'évolution du groupement étudié. Sur un même terrain vivent généralement plusieurs espèces dites « sympatriques ». Elles peuvent s'ignorer ou entretenir des relations vitales tout en étant soumises à des pressions de compétition (entre individus d'une même espèce ou d'espèces différentes). Associés aux contraintes de l'environnement physique (ou abiotique), ces facteurs liés aux êtres vivants (facteurs biotiques) ont un effet sur la survie des individus selon leurs aptitudes (sélection naturelle). Leur étude écologique rejoint ainsi celle de l'évolution des populations et des espèces.

Deux échelles de temps

Un écosystème en développement montre au cours du temps une succession de peuplements qui forment sa biocénose. Il faut quelques centaines d'années en climat tempéré pour passer d'un sol en friche à une forêt. Mais la durée des successions peut être beaucoup plus courte, comme pour ces populations de micro-organismes dans une infusion de foin (1).
C'est en revanche sur une échelle de temps très longue, celle de l'évolution, que les espèces s'adaptent à leur environnement, comme ces curieux lithops des déserts d'Afrique du Sud (2) dont les deux feuilles charnues, qui imitent des cailloux, peuvent filtrer la lumière solaire intense. La coévolution aboutit à des associations très poussées entre espèces. Ainsi, certaines plantes ne parviennent à se reproduire que par l'intermédiaire d'un animal, généralement un insecte (3), parfois un oiseau, voire un mammifère, comme cette chauve-souris (4).

1. Succession des populations de protozoaires dans une infusion de foin *(d'après Woodruff).*

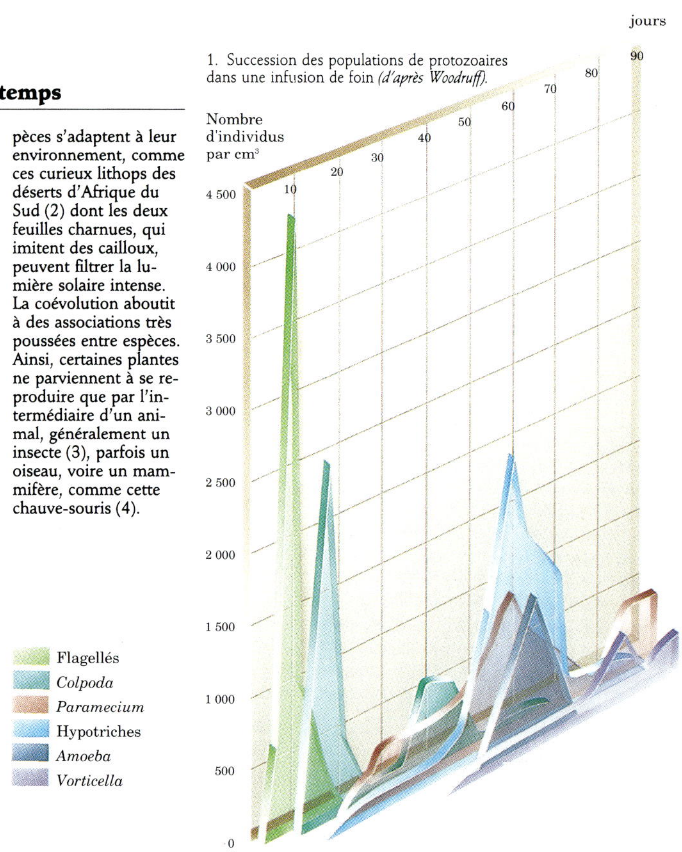

La population dans l'écosystème

À L'ÉCHELLE DES POPULATIONS NATURELLES, LA VARIABILITÉ GÉNÉTIQUE CONSTITUE UN FACTEUR D'ADAPTATION ET D'ÉVOLUTION.

À la surface du globe terrestre et dans les océans, la vie se répartit dans un vaste ensemble de milieux très différents, qui constituent la biosphère. Selon des critères d'homogénéité, cet ensemble peut être divisé en éléments, les biotopes, chacun d'eux étant peuplé d'une communauté d'êtres vivants, la biocénose. L'écosystème, objet d'étude de l'écologie, se définit ainsi comme la réunion d'une biocénose et d'un biotope.

La biocénose comprend un nombre d'espèces plus ou moins grand suivant les conditions du milieu et l'ancienneté du peuplement. Le biotope étant, par définition, un territoire homogène, les conditions y sont relativement constantes ; pourtant, les individus se répartissent généralement en groupes pour des raisons d'affinités ou d'autres causes, liées par exemple à leur mobilité. Il est plus rare que les individus soient dispersés sur le biotope. Ce cas de figure peut s'observer lorsque la compétition est forte entre les membres d'une même espèce.

La population se définit comme un ensemble d'individus de la même espèce qui vivent dans un espace donné. Cet espace ne constitue pas nécessairement un écosystème et, selon la répartition des individus dans le biotope, un même écosystème peut contenir plusieurs populations. Outre sa définition purement spatiale, la population peut se définir également d'un point de vue génétique comme un ensemble d'individus qui, se reproduisant entre eux, possèdent de nombreux gènes en commun. Cette particularité génétique distingue les populations les unes des autres ; elle sert également de prémices aux modèles de spéciation graduelle, c'est-à-dire d'apparition d'espèces nouvelles par différenciation génétique progressive d'une même population en deux populations disjointes. En effet, une fois isolée, chaque partie de la population d'origine peut évoluer de manière indépendante sous l'effet conjugué des variations génétiques et de la sélection naturelle.

Bien que les populations naturelles possèdent des caractéristiques génétiques propres, on observe en leur sein un important polymorphisme génétique : la plupart des gènes présentent plusieurs variantes (ou allèles), déterminant chez les individus une grande diversité de caractères. Ce polymorphisme représente un avantage adaptatif face aux contraintes écologiques. Cela s'explique, en simplifiant, de la manière suivante : une variation des conditions de l'environnement peut menacer la survie d'une population uniforme, mais, dans une population polymorphe, certains individus, par leurs caractères propres, résistent mieux que d'autres face aux nouveaux critères de sélection et la population n'est pas menacée dans son ensemble. L'agriculture connaît aujourd'hui des problèmes liés à l'uniformisation génétique par sélection intense : les maladies ont tendance à se propager mieux dans les populations dont la variabilité génétique a été très réduite. Le polymorphisme constitue également un facteur de spéciation ; si un petit groupe est isolé d'une population très polymorphe, il est possible que les individus y possèdent des caractères particuliers qui, à la faveur de l'isolement, conduisent cette population à se différencier rapidement en espèce nouvelle.

2. Plantes cailloux *(Lithops).*

La coévolution

L'INTERACTION ENTRE DEUX OU PLUSIEURS ESPÈCES, SOURCE DE VARIATION SÉLECTIVE, EST UN FACTEUR D'ÉVOLUTION.

Dans l'écosystème, par les modifications qu'elle provoque dans son milieu de vie, chaque espèce de la biocénose peut avoir un effet sur l'évolution d'autres espèces, jouant ainsi le rôle d'un facteur écologique. Ces interactions entre espèces au sein de la communauté ou entre différentes communautés sont à prendre en compte dans l'étude de l'évolution et de la diversification des écosystèmes au cours des âges géologiques. Ainsi, la conquête du milieu terrestre pendant les périodes du dévonien et du carbonifère (– 400 à – 200 millions d'années) au paléozoïque (ou ère primaire) correspond au développement de communautés animales et végétales nouvelles. Ces communautés amphibies et terrestres, en interagissant avec les communautés aquatiques déjà existantes, ont créé de nouvelles conditions écologiques. Celles-ci ont enrichi le jeu des autres facteurs du milieu sur l'évolution des espèces, provoquant leur diversification, mais aussi certaines extinctions (la compétition devient plus forte, mais des niches écologiques nouvelles sont créées). Cet effet réciproque des organismes eux-mêmes sur d'autres organismes, par les contraintes et les opportunités qu'ils représentent, détermine la « coévolution ».

Difficile à appréhender à l'échelle des écosystèmes, où les interactions sont généralement beaucoup trop nombreuses, la coévolution s'observe dans des cas plus simples où deux espèces évoluent en interaction. En effet, lorsque deux espèces sont en relation (prédation, parasitisme, compétition, etc.), la modification des caractères de l'une peut retentir sur la valeur adaptative des caractères de l'autre comme tout facteur sélectif. On trouve dans les diverses associations entre plantes et animaux (notamment les insectes) une quantité d'illustrations du phénomène de coévolution. Ainsi, certains papillons du genre *Danaus* élaborent des phéromones sexuelles à partir de substances chimiques synthétisées par des plantes particulières *(Heliotropa, Crotalaria)* dont ils consomment les sécrétions. Si les mâles *Danaus* n'ont pas accès à ces plantes, ils ne produisent pas de phéromones, ce qui compromet fortement leurs chances de reproduction. L'association entre la plante et l'insecte prend souvent la forme d'une véritable symbiose, chacun tirant profit de la relation spécifique qui s'est développée par coévolution. C'est le cas de certaines associations entre acacias et fourmis en Amérique centrale. Les stipules creuses (appendices épineux) des feuilles d'*Acacia cornigera* abritent des fourmis du genre *Pseudomyrmex*. Outre un abri naturel au sein duquel elles font leur nid, les fourmis trouvent dans les feuilles persistantes de l'acacia (et dans ses fleurs) une source de nourriture. De leur côté, les fourmis attaquent tout animal qui tente de se nourrir aux dépens de l'arbre et éliminent les végétaux qui, poussant à proximité, peuvent entrer en compétition avec lui. •

4. Pollinisation effectuée par une chauve-souris *(Eonycteris spelaea)*.

3. Papillon « le flambé » *(Papilio sinon)* sur une fleur de chardon.

Les facteurs d'évolution

LES FACTEURS DU MILIEU DÉTERMINENT L'ÉVOLUTION À LONG TERME DES ÉCOSYSTÈMES AINSI QUE LES SUCCESSIONS ÉCOLOGIQUES, LESQUELLES SONT BEAUCOUP PLUS RAPIDES.

La dynamique des milieux naturels peut s'étudier sur plusieurs échelles de temps. À l'échelle géologique, les données de la paléontologie renseignent sur l'évolution des espèces à travers l'étude comparée de leurs restes fossiles.

La paléoécologie.
Initiée par les travaux de l'Américain F.E. Clement (1916) et développée notamment par le Soviétique R.F. Hecker, la paléoécologie étudie les relations entre les organismes fossiles et leur milieu ; les chercheurs tentent ainsi de décrire les écosystèmes qui se sont succédé aux différents âges de la Terre. Outre les traces géologiques et les fossiles, les paléoécologistes analysent et quantifient les pollens et les spores des végétaux disparus (palynologie) ainsi que – pour des périodes récentes (quaternaire) – les charbons de bois brûlés par les hommes préhistoriques (anthracologie) et les graines ou plantes que ceux-ci utilisaient (carpologie). Aujourd'hui, la paléologie s'efforce de faire la synthèse de cet ensemble de données complémentaires. Grâce à ces informations, il devient possible de se représenter les paysages disparus et de déterminer leur écologie et leur évolution.

Les facteurs d'évolution des écosystèmes sont les mêmes que ceux qui interviennent sur l'évolution des espèces, c'est-à-dire des facteurs d'ordre physique (abiotiques) ou biologique (biotiques). Parmi les facteurs abiotiques, l'évolution du climat joue un rôle de premier plan en influençant le développement ou la régression des espèces ainsi que leur extension géographique. Ainsi, au cours de la période quaternaire (qui débute il y a 1,9 million d'années), la succession des glaciations, entrecoupées de phases climatiques plus clémentes, a provoqué des modifications drastiques du paysage ainsi que l'extinction de nombreuses espèces. Cependant, depuis le néolithique, il y a environ 10 000 ans, l'homme s'est progressivement révélé comme le principal facteur de modification des écosystèmes et d'extinction d'espèces animales et végétales.

Les successions écologiques.
À l'échelle historique, voire même sur la durée d'une vie humaine, on peut observer les phases du développement des écosystèmes. En effet, soit lors de l'installation des espèces vivantes sur un milieu vierge, soit lors de la restauration de l'environnement naturel après perturbation de celui-ci, les populations qui composent la biocénose se succèdent suivant une séquence déterminée (si l'on tient compte des conditions climatiques). Au terme de cette séquence, que l'on nomme « succession écologique », l'écosystème entre dans une phase d'équilibre, le climax.

Les successions de végétation sont les plus faciles à observer. Elles déterminent largement l'évolution des sols et des microclimats ainsi que la succession des peuplements animaux. En milieu terrestre sous climat tempéré, le premier stade correspond à une végétation herbacée à forte proportion de plantes primitives (mousses, lichens), puis ce peuplement régresse au profit de plantes plus hautes (fougères, bruyère), des arbustes et des arbres (pins, bouleaux, chênes) se développent et le stade de climax, c'est-à-dire d'équilibre, correspond à une forêt dominée par quelques essences arborescentes à feuilles caduques (futaie de chênes, par exemple). •

→ **Voir aussi :** L'adaptation à l'environnement, **BIOL**, p. 94-95. L'apparition d'espèces nouvelles, **BIOL**, p. 96-97. Les écosystèmes, **BIOL**, p. 106-107. Biomasse et productivité, **BIOL**, p. 108-109.

Les théories de l'évolution

L'ÉVOLUTION DES ESPÈCES est un fait admis par pratiquement tous les scientifiques depuis 1859, date de la publication de l'*Origine des espèces* de Charles Darwin. Dans cet ouvrage, le grand biologiste britannique démontre que les espèces végétales et animales sont issues d'autres espèces et n'ont donc pas été créées immuables à l'origine des temps comme le veulent souvent mythes et religions. Cependant, si la notion d'évolution est acquise, il n'existe toujours pas de consensus parmi les biologistes quant au mécanisme selon lequel les espèces évoluent. De nos jours, trois modèles théoriques ont cours.

Le plus répandu constitue le néodarwinisme, ou théorie synthétique. Cette théorie reprend la conception darwinienne de la sélection naturelle comme facteur déterminant d'évolution et l'applique aux variations génétiques des populations, à la lumière des lois de Mendel. Elle fait aussi la synthèse des données de la systématique appliquée à la biogéographie et de celles de la paléontologie appliquée aux rythmes d'évolution des espèces fossiles.

Un deuxième modèle théorique, le « néomutationnisme », tend à gagner de l'importance actuellement. Il prend en compte le hasard et la neutralité de certaines mutations génétiques au regard de la sélection naturelle, ainsi que des modes d'évolution paléontologiques non orthodoxes, comme les « équilibres ponctués ».

Nettement minoritaire, la troisième théorie, le néolamarckisme, nie au contraire le rôle du hasard dans l'évolution et s'efforce d'établir la réalité de l'hérédité des caractères acquis.

Les pères fondateurs

LES TRAVAUX DE LAMARCK, DE DARWIN ET DE DE VRIES SONT À L'ORIGINE DE TROIS MANIÈRES DIFFÉRENTES DE VOIR L'ÉVOLUTION.

Jusqu'au XIXe siècle, la conception dominante est celle d'une création originelle des espèces conforme au mythe biblique de la Genèse, chacune représentant un type invariable. Au XVIIIe siècle, le Suédois Carl von Linné, fondateur de la systématique, est le plus brillant représentant de cette école fixiste ou typologiste. Durant le XIXe siècle, le zoologiste français Georges Cuvier et le zoologiste suisse (émigré aux États-Unis) Louis Agassiz entretiennent le concept de fixité des espèces. Cette école antiévolutionniste n'a pas complètement disparu au XXe siècle ; elle est représentée par le biologiste australien Michael Denton.

Les prémices de l'évolutionnisme sont posées dès le XVIIIe siècle par Buffon. Mais le premier véritable théoricien de l'évolution est, au début du XIXe siècle, Jean-Baptiste Lamarck. Selon lui, les êtres vivants se modifient pour s'adapter aux changements du milieu et transmettent leurs nouveaux caractères à leurs descendants (hérédité des caractères acquis). Ultérieurement, Charles Darwin fait la démonstration de l'évolution des espèces et l'explique par le jeu de la sélection naturelle opérant sur les variations aléatoires : celles qui se révèlent favorables aux individus sont préservées au travers de leur descendance, celles qui se révèlent défavorables sont éliminées. Pour Darwin, ces variations sont de faible ampleur et leur accumulation graduelle, gouvernée par la sélection naturelle, serait responsable de l'évolution. Par contre, au début du XXe siècle, le Hollandais Hugo De Vries avance une théorie de l'évolution dite mutationniste, pour laquelle les variations aléatoires consisteraient en mutations importantes, dont la sélection provoquerait une évolution par sauts brusques, plutôt que par petites modifications graduelles.

Lamarck, Darwin et De Vries ont eu et ont encore aujourd'hui des continuateurs. Le néolamarckisme est représenté par le Français P.P. Grassé et par l'Australien E.J. Steele ; le néodarwinisme par les Américains T. Dobzhansky, E. Mayr et G.G. Simpson ; le néomutationnisme par le Japonais Kimura et l'Américain S.J. Gould. •

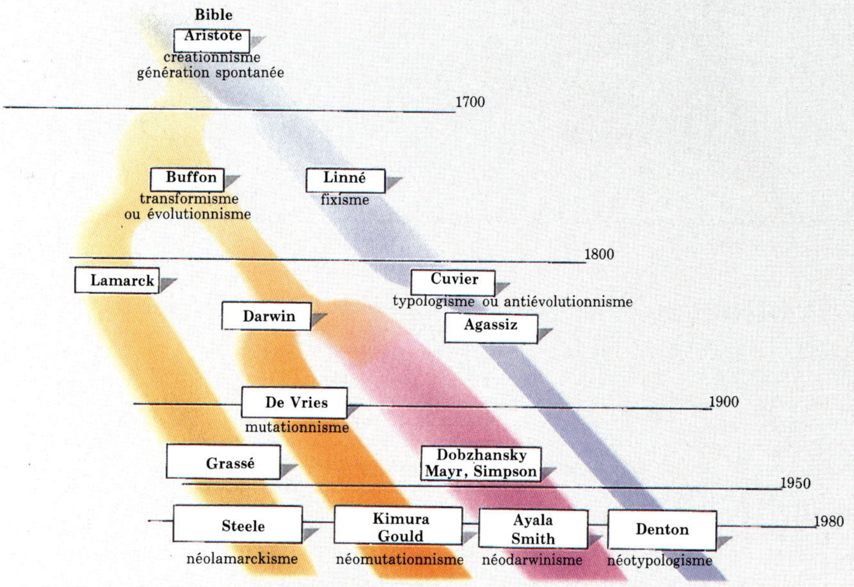

1. **La filiation des théoriciens de l'évolution.**

3. Comparaison des chaînes d'α-globines de vertébrés (d'après Kimura).

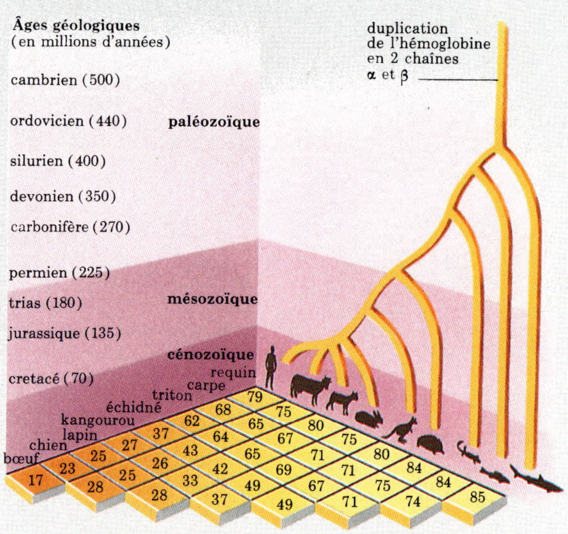

L'évolution du cheval

Les données paléontologiques de la lignée des équidés (2) s'intègrent dans un modèle néodarwinien d'évolution graduelle. Commençant par l'*Hyracotherium,* gros comme un fox-terrier, aux pattes à quatre doigts et mangeur de feuilles, la lignée se poursuit par des espèces plus grandes, à trois doigts *(Mesohippus),* puis par des espèces toujours à trois doigts, mais brouteuses d'herbe *(Merychippus).* Celles-ci donnent une espèce à un doigt, *Pliohippus,* qui est l'ancêtre direct du cheval moderne, *Equus.*

2. Lignée paléontologique du cheval.

Le néodarwinisme

L'ÉVOLUTION S'EXPLIQUE
PAR LE JEU DES MUTATIONS GÉNÉTIQUES
ET DE LA SÉLECTION NATURELLE.

Le point faible de la théorie originale de Darwin provient de l'absence d'explication à l'apparition, et à la transmission héréditaire, des variations spontanées observées dans les populations naturelles.

L'apport de la génétique.
Après la redécouverte des lois de Mendel, en 1900, le terrain est mûr pour une reformulation de la théorie de Darwin : l'évolution peut être interprétée en termes de changements de proportion des différentes versions (ou allèles) des gènes dans les populations, ces changements étant contrôlés par la sélection naturelle des variants génétiques favorables. Une modélisation mathématique est réalisée dans les années 1930 par les Britanniques R.A. Fisher et J.B.S. Haldane et l'Américain S. Wright : même avec une sélection de faible intensité, la constitution génétique d'une population peut être changée, par remplacement préférentiel de certains allèles par d'autres.

Le généticien américain T. Dobzhansky rapporte en 1937 que les différentes populations d'une espèce (races, variétés, etc.) observées dans la nature diffèrent les unes des autres par les proportions des allèles d'un même gène. Il montre aussi, sur la base d'expériences en laboratoire, que ces différences peuvent s'expliquer par la sélection naturelle. Au total, il estime que cette microévolution des variantes génétiques, au sein d'une espèce, est responsable de la macroévolution, c'est-à-dire de la naissance de nouvelles espèces : une population devenant de plus en plus modifiée génétiquement doit certainement conduire à une espèce nouvelle.

Les observations de terrain.
Dans les années 1940, le zoologiste américain E. Mayr publie ses travaux sur la distribution géographique des espèces, notamment chez les oiseaux des îles du Pacifique. Il établit que l'on observe bien dans la nature une transition graduelle, menant des variétés et des races d'une espèce à la formation d'espèces nouvelles. Cela confirmait à la fois les idées de Darwin et celles de Dobzhansky.

Par ailleurs, le paléontologiste américain G.G. Simpson indique, à partir de fossiles tels que ceux des ancêtres des équidés, que l'évolution paraît bien issue de l'apparition de petites modifications se répandant graduellement dans les populations, jusqu'au point où certaines de celles-ci peuvent être reconnues comme de nouvelles espèces.

En 1947, un congrès tenu à Princeton scelle l'accord intervenu entre les biologistes de diverses tendances sur les principes fondamentaux de la théorie néodarwinienne, ou « synthétique ». Pour celle-ci, l'évolution consiste en un remplacement progressif – sous contrôle de la sélection naturelle – de certains allèles par d'autres, au sein du patrimoine génétique des populations ; ce processus de microévolution, poursuivi suffisamment longtemps, conduit graduellement à la macroévolution, la genèse d'espèces nouvelles.

Cependant, le rôle essentiel de la sélection naturelle ainsi que l'idée d'une évolution nécessairement graduelle sont remis en question par les approches dites « néomutationnistes ». •

Mutations neutres et variations brutales

L'évolution de la chaîne α de la molécule de globine (3) a consisté en une suite régulière de mutations neutres, par remplacement d'un seul acide aminé par un autre, tous les 7 millions d'années environ. Plus les espèces sont éloignées sur l'échelle évolutive, plus leurs α-globines diffèrent par un nombre important d'acides aminés. Les trilobites (4) de l'ère primaire sont restés inchangés sur de longues périodes de temps (environ 4 millions d'années), au terme desquelles les espèces ont été brusquement remplacées. Sur les fossiles, chaque nouvelle espèce diffère de la précédente par le nombre de rangées de facettes oculaires. L'évolution de ce nombre au cours du temps (5) montre ainsi des phases d'accroissement brutal qui correspondent aux courtes périodes de remplacement d'une espèce par une autre.

4. Le trilobite *Phacops*.

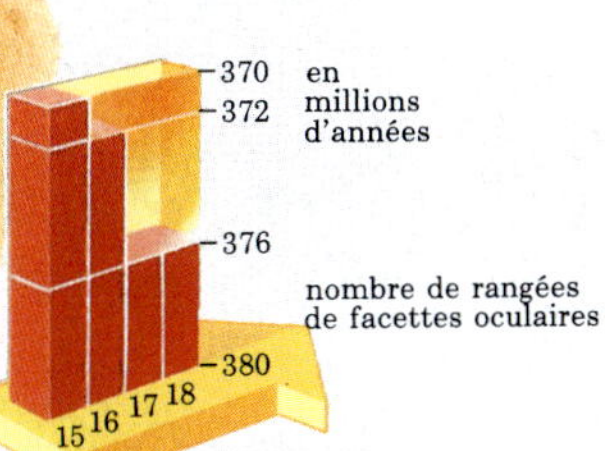

5. Étapes de l'évolution de *Phacops rana* (d'après Eldredge et Gould).

Equus

Le néomutationnisme

LES NÉOMUTATIONNISTES SOUTIENNENT
QUE L'ÉVOLUTION EST DAVANTAGE DUE AUX VARIATIONS
GÉNÉTIQUES QU'À LA SÉLECTION NATURELLE.

Issu des travaux de De Vries, le terme de néomutationnisme recouvre deux apports théoriques : le modèle « neutraliste » est l'œuvre d'un généticien, le modèle des « équilibres ponctués » est celle de deux paléontologues. Sans être en rupture totale avec le modèle darwinien, ces théories tendent à réduire l'importance de la sélection naturelle dans le processus évolutif.

Au tournant des années 1970, le Japonais Kimura propose la théorie dite « neutraliste », selon laquelle nombre de mutations génétiques s'avèrent *neutres* en regard de la sélection naturelle : elles n'ont pas d'effet (favorable ou défavorable) sur la survie des individus qui les portent. Ignorées par la sélection naturelle, ces modifications génétiques se maintiennent au cours des générations et constituent ainsi un facteur d'évolution. Considérant que le remplacement d'un allèle par un autre au niveau d'un gène revient à remplacer un acide aminé par un autre au niveau de la protéine correspondante, Kimura s'est intéressé à la chaîne α de la globine (protéine entrant dans la composition de l'hémoglobine). L'étude de sa séquence d'acides aminés chez différents organismes – dont on connaît l'ancienneté par les fossiles – suggère un remplacement régulier au cours du temps d'un acide aminé par un autre (tous les sept millions d'années dans le cas de l'α-globine). Plus deux espèces animales sont éloignées sur l'échelle de l'évolution, plus leurs α-globines diffèrent par un nombre important d'acides aminés. Cette régularité de remplacement – témoignant d'une sorte d'horloge moléculaire – signifierait que de nombreux changements génétiques ne sont pas soumis aux conditions du milieu ; ils sont neutres face à la sélection naturelle.

Dans les années 1970, les Américains S.J. Gould et N. Eldredge observent, notamment chez les trilobites (arthropodes fossiles ressemblant à des crustacés), des espèces nouvelles sans qu'il y ait trace de transformation graduelle d'espèces antérieures. Au lieu de la microévolution progressive postulée par le néodarwinisme, il y aurait plutôt des « équilibres ponctués » caractérisés par de longues périodes de stabilité des espèces, interrompues par des phases de remplacement brutal, sous l'effet de transformations génétiques importantes. Ces mutations, si elles se révèlent favorables et se produisent au sein de petites populations isolées, peuvent conduire au remplacement rapide (à l'échelle des temps géologiques) de la population d'origine.

Prises ensemble, les théories de Kimura et de Gould et Eldredge sont dans la lignée des thèses de De Vries ; l'essentiel de l'évolution se situerait plus dans la variation génétique (du fait de sa neutralité ou de son ampleur) que dans la sélection naturelle. •

Le néolamarckisme

OBJET DE CONTROVERSES,
LA CONCEPTION LAMARCKIENNE D'UNE HÉRÉDITÉ
DE CARACTÈRES ACQUIS PERMET D'EXPLIQUER
L'ÉVOLUTION SANS FAIRE APPEL
AUX VARIATIONS ALÉATOIRES.

De la théorie de Lamarck, on n'a guère retenu de nos jours que le concept d'hérédité des caractères acquis comme mécanisme de l'évolution (bien que la théorie du zoologiste français soit plus vaste que cela, visant notamment à expliquer la complexification progressive des espèces). Le cou des girafes sert d'illustration classique à ce concept ; selon Lamarck, l'espèce aurait acquis son long cou parce que les ancêtres n'avaient cessé d'étirer leur cou pour manger les feuillages des arbres élevés, tout en transmettant à leurs descendants les changements provoqués dans leur anatomie. Pour les néolamarckiens, l'évolution des espèces pourrait s'expliquer selon ce modèle, de nouvelles espèces naissant par transformation d'espèces antérieures s'adaptant à de nouvelles conditions de milieu et transmettant leurs caractères modifiés aux générations suivantes. Ainsi, à la différence du néodarwinisme, l'adaptation des espèces ne serait pas due au maintien des variations aléatoires spontanées les plus efficaces par la sélection naturelle, mais à la transmission de variations orientées par le mode de vie des individus dans leur milieu.

Depuis la fin du XIXe siècle, l'hérédité des caractères acquis n'a cessé de faire l'objet d'expériences cherchant à vérifier si ce mécanisme existe ou non. Le biologiste allemand A. Weismann, dès cette époque, avait conclu négativement, en montrant que la lignée germinale (donnant les cellules sexuelles) se séparait précocement des autres cellules (lignée somatique). Par la suite, les expériences du biologiste autrichien P. Kammerer, qui prétendait avoir mis en évidence l'hérédité des caractères acquis chez différentes espèces, et en particulier chez le crapaud accoucheur, s'étaient révélées frauduleuses.

Dans les années 1980, de nouvelles expériences ont testé le mécanisme lamarckien. L'Australien E. J. Steele pensait l'avoir démontré en établissant que des souris ayant appris à tolérer la greffe d'un tissu étranger transmettaient cette tolérance à leurs descendants. Mais cette expérience n'a jamais pu être répétée par d'autres immunologistes. En 1988, le biologiste américain J. Cairns affirmait à son tour avoir démontré l'hérédité de caractères acquis chez les bactéries par des expériences qui restent cependant très controversées. •

→ **Voir aussi :** L'adaptation à l'environnement, **BIOL**, p. 94-95. L'apparition d'espèces nouvelles, **BIOL**, p. 96-97. Darwin et le darwinisme, **IDÉES**, p. 402-403.

L'adaptation à l'environnement

POUR SE RÉALISER, LES FONCTIONS biologiques fondamentales, telles que la photosynthèse, la respiration ou la reproduction, nécessitent des conditions physiques et chimiques particulières (température, énergie, oxygénation, etc.). Les organismes ne peuvent survivre qu'en maintenant ces fonctions face aux conditions du milieu extérieur et à leurs variations éventuelles, ainsi qu'aux contraintes liées non seulement à la densité des populations mais aussi à la compétition entre espèces. L'ensemble de ces circonstances se regroupe sous le terme de *facteurs écologiques.* Un facteur écologique est constitué par tout élément du milieu susceptible d'agir directement sur les êtres vivants tout au long de leur existence ou durant une période donnée de leur développement ou de leur cycle de reproduction.

Un tel facteur est dit *limitant* lorsque son absence, ou sa présence en trop faible quantité, influe de façon négative sur les fonctions biologiques d'un organisme, réduisant son développement ou excluant totalement sa présence dans ce milieu. L'énergie lumineuse, par exemple, joue le rôle de facteur limitant pour les populations végétales en milieu aquatique puisqu'elle décroît rapidement en fonction de la profondeur. Chaque espèce se caractérise par les limites de tolérance qui lui sont propres vis-à-vis des facteurs écologiques. Entre ces limites se situe son optimum écologique (ainsi, dans le cas des végétaux aquatiques, chaque espèce a ses exigences propres en lumière).

L'action des facteurs écologiques sur les populations peut entraîner des modifications de leur densité ou de leur répartition géographique, en jouant sur les taux de fécondité ou de mortalité, jusqu'à provoquer l'élimination de certaines espèces d'un territoire donné.

Les stratégies d'adaptation des organismes au milieu se répartissent en deux types principaux :

– des stratégies de tolérance, qui s'expriment dans les caractéristiques morphologiques ou physiologiques permettant aux végétaux et aux animaux de supporter les contraintes du milieu ;

– des stratégies d'évitement, qui consistent à se soustraire aux contraintes extrêmes temporaires par modification du cycle de vie ou du comportement.

Toute espèce possède donc un éventail de caractères dits *adaptatifs,* car ils contribuent au maintien d'un équilibre entre les besoins des organismes et les conditions du milieu.

D'un point de vue évolutif, les facteurs écologiques interviennent dans la sélection des caractères nouveaux – issus de la variation génétique – puisqu'ils jouent sur la survie et/ou sur les potentialités reproductives des individus, déterminant ainsi la valeur adaptative de ces caractères. C'est ainsi que l'action des facteurs écologiques, assimilable à la sélection naturelle, conduit à l'apparition d'espèces nouvelles.

Les facteurs écologiques et leur rôle

CES FACTEURS INTERDÉPENDANTS SE REGROUPENT EN DEUX CATÉGORIES SELON LEUR ORIGINE PHYSIQUE OU BIOLOGIQUE.

Dans la nature, les êtres vivants sont soumis de façon permanente à l'action conjuguée des différents facteurs de leur environnement. Il s'agit principalement de la lumière solaire, de la température, de la composition physico-chimique de l'eau ou du sol, ainsi que de la composition et de la densité des populations végétales et animales. On distingue donc les facteurs *abiotiques,* d'une part, liés à l'environnement physique et comprenant les conditions climatiques et celles du substrat, et les facteurs *biotiques,* d'autre part, liés à l'environnement vivant et recouvrant tous les types d'interactions entre les organismes.

Parmi les facteurs abiotiques, le climat regroupe l'ensemble des phénomènes météorologiques qui caractérisent l'état de l'atmosphère et son évolution en un lieu donné. Il dépend de deux facteurs principaux : l'énergie solaire et l'eau. Le rayonnement solaire est la source essentielle d'énergie dans les écosystèmes. La quantité d'énergie arrivant en surface dépend de la durée du jour, de l'angle d'incidence des rayons solaires et de la transparence de l'air. Elle conditionne la production organique des végétaux par photosynthèse. La température dépend aussi du rayonnement ; elle varie considérablement d'une région du globe à l'autre, en relation directe avec la quantité d'énergie solaire reçue. Dans chaque région, les températures extrêmes jouent un rôle en affectant la physiologie des organismes et en limitant la distribution des espèces.

L'eau, qui est le constituant fondamental des êtres vivants, se trouve dans l'atmosphère sous forme de vapeur ou de fines gouttes en suspension. Les retours au sol (pluie, brouillard ou neige) se produisent de façon inégale à la surface du globe et jouent sur la répartition géographique des espèces terrestres, en particulier celle des grandes formations végétales.

Un second groupe de facteurs abiotiques est relatif à la nature physico-chimique du substrat auquel sont liés les organismes.

1. Renard arctique (*Alopes lagopus*).

2. Renard roux (*Vulpes vulpes*).

3. Fennec du Sahara (*Fennecus zerda*).

La règle d'Allen

Cette règle s'applique à des espèces animales voisines : les appendices (oreilles, museau, queue, pattes) sont d'autant plus courts et l'allure du corps plus massive que le climat est plus froid. Ainsi le renard arctique (1), outre son épaisse fourrure, a de petites oreilles et un museau court ; le renard roux (2) des régions tempérées possède des oreilles et un museau plus longs ; le fennec du Sahara (3) se caractérise par un museau fin et des oreilles très développées.

4. Coupe transversale de feuille d'oyat (× 25).

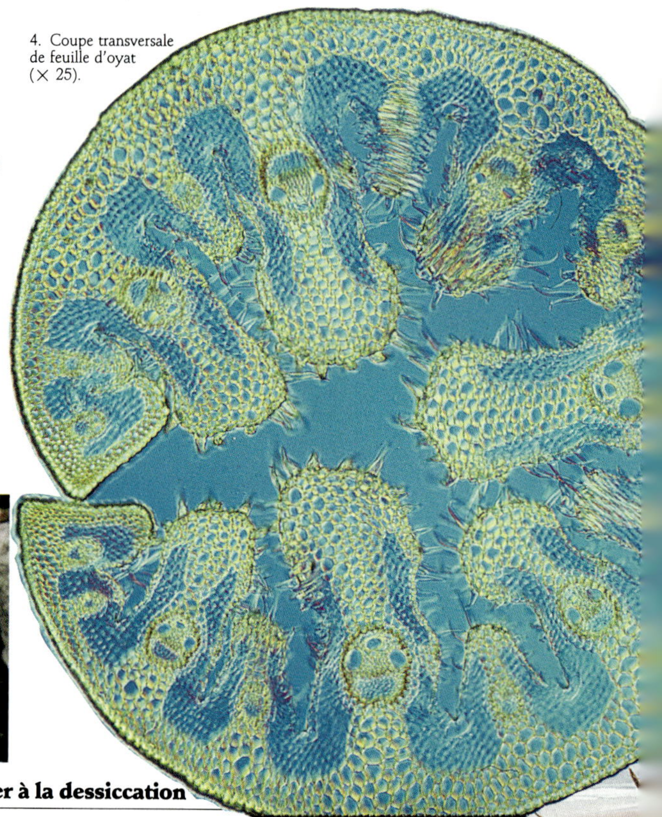

Résister à la dessiccation

L'oyat (5), graminée qui permet de fixer les dunes, est adapté à la mouvance des sables par la structure et la croissance de ses racines. L'anatomie de sa feuille (que l'on voit ici en coupe transversale) [4] révèle aussi son adaptation à la sécheresse : elle peut se refermer sur elle-même ; de plus, ses stomates sont enfouis dans des cryptes.

5. Oyat (*Ammophila arenaria*).

Qu'il s'agisse de l'eau salée des océans, de l'eau douce continentale ou du sol, ces facteurs agissent sur la physiologie des espèces, dont certaines sont liées étroitement à des conditions particulières : plantes des zones salées ou des sols calcaires, poissons d'eau saumâtre, etc.

Quant aux facteurs biotiques, ils concernent toutes les interactions entre êtres vivants, qu'elles se produisent au sein d'une même espèce ou entre espèces différentes. Leurs influences s'expriment dans les phénomènes de compétition (alimentaire, pour la reproduction ou territoriale), de prédation et de parasitisme. La disponibilité des aliments, dépendante elle-même de la compétition alimentaire, constitue un élément déterminant dans l'écologie des espèces. De nombreuses adaptations morphologiques, physiologiques et comportementales sont liées à la diversification des régimes alimentaires.

Tout facteur écologique est susceptible de varier et chaque espèce se caractérise par une amplitude écologique propre, dont le minimum et le maximum constituent des limites de tolérance. L'optimum écologique correspond, pour un facteur donné, à son niveau le plus favorable pour l'espèce. Un facteur est dit limitant lorsque sa variation peut excéder les limites tolérables. •

Les caractères adaptatifs

FACE AUX CONTRAINTES DU MILIEU, LES ÊTRES VIVANTS PRÉSENTENT DES CAPACITÉS DE TOLÉRANCE (ADAPTATIONS MORPHOLOGIQUES ET PHYSIOLOGIQUES) ET D'ÉVITEMENT (ADAPTATIONS COMPORTEMENTALES).

Pour qu'une population se maintienne dans un milieu, les individus qui la composent doivent évidemment y survivre et s'y reproduire. On définit comme caractères adaptatifs les traits favorables à la survie et à la reproduction dans un milieu donné. Ces caractères concourent à une utilisation optimale des ressources et à une protection efficace contre les facteurs défavorables. Ainsi, les espèces vivantes tendent vers un équilibre entre leurs propres exigences et les conditions de l'environnement.

Les trois mécanismes généraux d'adaptation sont d'ordre morphologique, physiologique ou comportemental. Des adaptations morphologiques spectaculaires s'observent dans les milieux où les contraintes écologiques sont brutales. En milieu aride, certaines plantes possèdent des tissus accumulateurs d'eau, situés dans la tige ou les feuilles (d'où leur aspect charnu) ; elles sont également recouvertes d'une cuticule cireuse, limitant les pertes d'eau par transpiration. Dans les régions polaires, l'adaptation conduit à une morphologie compacte des animaux, limitant la surface corporelle en contact avec l'extérieur.

Les adaptations physiologiques correspondent à des modifications de certaines fonctions ou de l'activité métabolique générale des organismes. La limitation des pertes d'eau chez les animaux du désert s'effectue grâce à des processus tels que la rétention d'eau par l'appareil urinaire ou la fabrication d'eau par oxydation des graisses en réserve (dans la bosse du dromadaire, par exemple). Pour les animaux vivant en eau douce, l'essentiel de l'adaptation réside dans une double régulation : limiter l'entrée d'eau dans l'organisme et compenser la perte de substances dissoutes.

Les adaptations morphologiques et physiologiques participent de stratégies de tolérance aux facteurs environnants : il s'agit de processus régulateurs. Une autre stratégie consiste à éviter les contraintes par adaptation du cycle de vie ou du comportement. Nombre de ces adaptations permettent aux animaux de faire face à des fluctuations journalières ou saisonnières importantes des conditions du milieu. Pour y parvenir, ils tirent profit des facteurs favorables dans leur environnement. Les oiseaux des régions froides construisent, par exemple, des nids exposés à l'est, bénéficiant de l'ensoleillement matinal ; dans les zones désertiques, de nombreux animaux sont nocturnes, évitant ainsi la forte chaleur de la journée. Chez certaines espèces, ces mécanismes sont poussés beaucoup plus loin et associent à des stratégies comportementales d'évitement des adaptations physiologiques et métaboliques particulières. Les comportements d'hibernation et d'estivation permettent de la sorte de survivre en limitant les dépenses énergétiques durant la période la plus défavorable.

D'autres comportements constituent des réponses adaptatives aux facteurs biotiques (d'origine biologique), tels que la prédation : ainsi, les poissons vivant en banc tirent profit de l'effet de groupe pour désorienter les attaques des prédateurs. Au même titre que les traits morphologiques, les comportements peuvent être étudiés pour leur valeur adaptative, bien que les avis restent partagés concernant l'étendue de leur déterminisme génétique. •

Adaptation et évolution

LA PRESSION ÉCOLOGIQUE LIÉE AUX DIFFÉRENTS FACTEURS S'EXERCE SUR LES ESPÈCES AU COURS DE L'ÉVOLUTION, DÉTERMINANT L'APPARITION D'UNITÉS SYSTÉMATIQUES ET DE NICHES ÉCOLOGIQUES NOUVELLES.

Dès le XIXe siècle, des biologistes (Candolle et Darwin) avaient constaté que des espèces différentes soumises à des conditions écologiques semblables tendaient, au terme d'évolutions parallèles, à présenter des caractéristiques communes. Les cactées du continent américain et les euphorbes africaines montrent, par exemple, des morphologies semblables dans des conditions désertiques très voisines. Ce phénomène de convergence évolutive, qui concerne souvent l'ensemble de la niche écologique (habitat, ressources alimentaires, comportement, etc.), montre le rôle déterminant des facteurs écologiques dans l'évolution, selon la théorie darwinienne.

Les conditions abiotiques du milieu représentent le principal facteur responsable des adaptations des individus et des peuplements, mais les interactions entre êtres vivants jouent également un rôle dans l'évolution. La compétition entre espèces voisines coexistant dans un même biotope est susceptible de conduire à des modifications de leur morphologie, de leur physiologie ou de leur écologie, leur permettant d'exploiter les ressources du milieu de façon différente et de réduire l'intensité de la compétition. Cette diversification des niches écologiques se traduit par une diversification des formes au sein des espèces et peut aboutir à la création de sous-espèces ou d'espèces nouvelles plus ou moins isolées les unes des autres. L'isolement peut également résulter de la présence d'obstacles physiques : montagnes ou océans.

L'invasion d'un milieu où il n'existe pas, ou peu, de compétiteurs potentiels est toujours suivie d'une évolution rapide des espèces se traduisant par une diversification des niches écologiques. Ce phénomène de radiation adaptative est bien connu pour les milieux insulaires. Darwin a d'ailleurs étayé sa théorie de l'évolution en observant la grande diversité des formes du bec chez les pinsons des îles Galápagos, en relation avec la diversification des régimes alimentaires.

Les stratégies adaptatives développées par les êtres vivants pour répondre aux pressions sélectives exercées par le milieu et les espèces compétitrices sont fondées à la fois sur la plasticité des individus et sur le potentiel génétique des populations. La cohabitation des populations animales et végétales dans un milieu donné est la traduction du succès des stratégies adaptatives des différentes espèces. Ainsi se constitue une association (une biocénose) caractéristique d'un biotope donné. •

→ **Voir aussi :** L'apparition d'espèces nouvelles, **BIOL**, p. 96-97. Les milieux extrêmes, **BIOL**, p. 124-125. L'hibernation, **BIOL**, p. 128-129.

Adaptations convergentes

Chez les plantes des déserts, l'adaptation à la sécheresse conduit à des formes semblables chez diverses familles de « plantes grasses » : cactées, euphorbiacées, asclépiadacées, composées. Plusieurs possibilités convergentes sont adoptées selon les espèces (6) : formes globuleuses, cylindriques, parfois ramifiées, feuilles absentes ou elles-mêmes charnues, globuleuses ou en raquettes... Les stomates sont rares, la cuticule épaisse et de grandes cellules à mucilage permettent de stocker l'eau. Un type de photosynthèse particulier assure l'absorption de gaz carbonique durant la nuit : il y a ouverture des stomates avec un minimum de perte d'eau. La synthèse des substances organiques a lieu, quant à elle, le jour, grâce à l'énergie lumineuse.

6. Plantes de milieux arides (cactées, euphorbiacées).

L'apparition d'espèces nouvelles

SELON UNE NOTION CENtrale de la théorie de l'évolution, des espèces nouvelles se différencient à partir d'autres espèces. Cette idée, qui peut paraître évidente aujourd'hui, ne s'est imposée qu'avec les travaux de Charles Darwin. Lors de son voyage autour du monde de 1831 à 1836, qui l'amena aux îles Galápagos, il observa plusieurs espèces de pinsons, manifestement dérivées les unes des autres à partir d'une espèce ancestrale, pionnière dans cet archipel. Ce fut le premier cas reconnu d'une *spéciation* (genèse d'espèces nouvelles). Depuis, nombre d'exemples analogues ont été décrits. La théorie néodarwinienne actuelle reconnaît deux grands types de spéciations.

Le premier regroupe les spéciations *graduelles,* c'est-à-dire procédant par différenciation génétique progessive de populations appartenant initialement à une même espèce souche. Cette différenciation peut porter sur des populations géographiquement éloignées : la spéciation graduelle est alors dite *allopatrique.* Elle peut porter sur des populations occupant la même aire, elle est alors dite *sympatrique* (mais la réalité de cette variante est contestée).

Le second grand type regroupe les spéciations dites *quantiques,* qui procèdent par divergences rapides entre populations, parfois même sans stade de transition. Certaines mettent en jeu des « révolutions génétiques », c'est-à-dire des changements brutaux de la fréquence et de la valeur adaptative des gènes, chez une petite population isolée. D'autres mettent en jeu des modifications des chromosomes chez la population fondatrice de la nouvelle espèce.

Les spéciations graduelles

AU SEIN D'UNE ESPÈCE, UNE POPULATION PEUT DIFFÉRER DE PLUS EN PLUS DE LA POPULATION PRINCIPALE ET REPRÉSENTER PROGRESSIVEMENT UNE NOUVELLE ESPÈCE.

La théorie néodarwinienne admet que le processus le plus fréquent qui conduit à la naissance d'une nouvelle espèce est la modification graduelle d'une des populations d'une espèce souche. La preuve que ce mécanisme existe est fournie par l'observation d'une transition graduelle entre les populations constitutives de deux espèces.

Spéciation allopatrique.
L'exemple classique en a été décrit en 1940 par le biologiste américain Ernst Mayr chez le goéland argenté, *Larus argentatus,* et le goéland brun, *Larus fuscus.* La première espèce s'étend du nord-est de la Sibérie aux côtes de l'Amérique du Nord et à celles de l'Europe occidentale. La seconde est cantonnée aux côtes nord de l'Europe de l'Ouest. Or, il existe des populations de goélands au nord de la Russie qui sont d'apparence intermédiaire entre *Larus argentatus* et *Larus fuscus.* Elles peuvent d'ailleurs se croiser à l'Ouest avec le goéland brun et à l'Est avec le goéland argenté. Ces deux types d'oiseaux sont pourtant des espèces biologiquement bien définies, puisqu'elles ne se croisent pas dans leur zone de coexistence en Europe occidentale. L'observation d'une forme intermédiaire suggère que le goéland brun serait apparu à partir de populations géographiquement de plus en plus éloignées (vers l'Occident) de celles du goéland argenté de l'Est sibérien. Cet exemple illustre donc la notion de spéciation graduelle allopatrique, selon laquelle la naissance d'une nouvelle espèce s'effectue par divergence biologique progressive d'une population vivant loin des populations d'une espèce souche.

Dans les années 1970, les collaborateurs de Th. Dobzhansky (dont notamment F. Ayala) ont fourni de nouvelles données en faveur de la spéciation graduelle allopatrique. Ils ont observé en Amérique du Sud des divergences génétiques progressives entre populations géographiquement éloignées, au sein d'espèces de drosophiles et particulièrement entre espèces apparentées à *Drosophila willistoni.* Selon leurs données, la formation d'une nouvelle espèce correspond à l'accentuation des différences génétiques faisant passer une population du

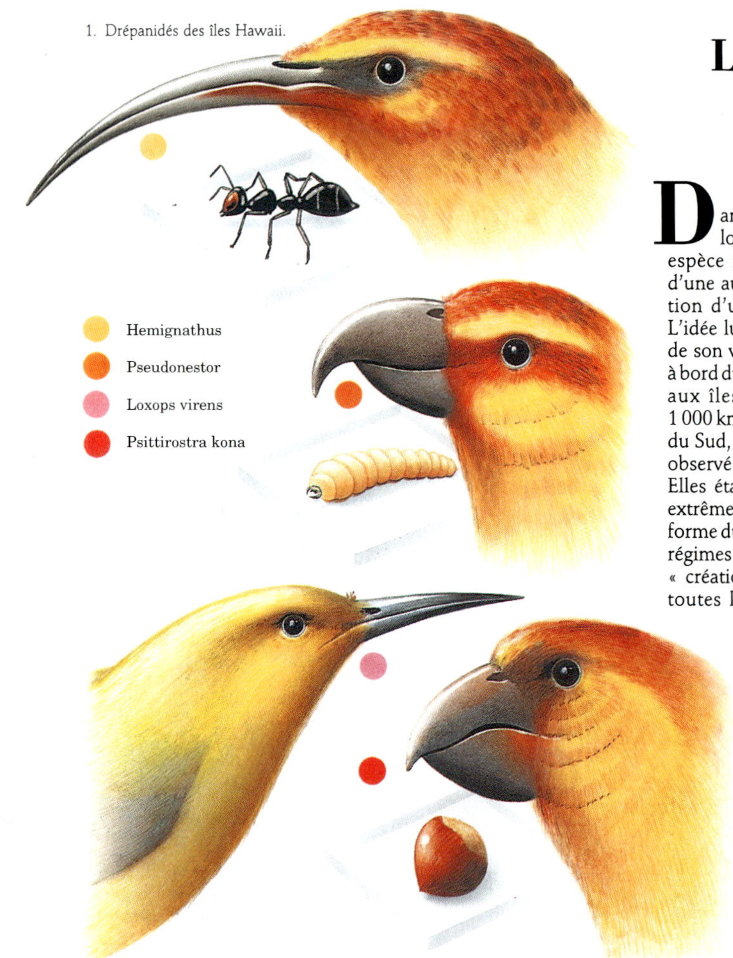

1. Drépanidés des îles Hawaii.

La naissance des espèces

EN COLONISANT UN NOUVEAU MILIEU, UNE POPULATION PIONNIÈRE PEUT ENGENDRER DE NOUVELLES ESPÈCES.

Darwin a été le premier biologiste à concevoir qu'une espèce nouvelle pouvait naître d'une autre espèce par modification d'une de ses populations. L'idée lui en est venue à la suite de son voyage autour du monde à bord du *Beagle.* Lors d'une escale aux îles Galápagos, situées à 1 000 km des côtes de l'Amérique du Sud, dans le Pacifique, il avait observé 13 espèces de pinsons. Elles étaient toutes d'apparence extrêmement voisine si ce n'est la forme du bec, adaptée à différents régimes alimentaires. La théorie « créationniste » (selon laquelle toutes les espèces auraient été créées immuables lors de la Genèse) devenait alors contestable : pouvait-on croire que la Création avait pu distribuer 13 espèces distinctes mais très semblables de pinsons sur autant de petites îles perdues dans l'océan Pacifique ? N'était-il pas plus rationnel d'imaginer que chaque espèce peuplant une île avait été formée par expansion et modification d'une population pionnière, détachée de la population originale d'une espèce déjà installée sur une île voisine ?

Ce principe de naissance des nouvelles espèces (ou spéciation) par « descendance et modification », selon Darwin, est aujourd'hui admis : les espèces se différencient par adaptation à de nouveaux modes de vie (habitat, alimentation...), c'est-à-dire à de nouvelles niches écologiques. Dans un milieu où les ressources alimentaires sont variées et la compétition faible, comme dans les Galápagos, les spéciations peuvent être nombreuses ; il s'agit alors d'une « radiation adaptative ».

Un autre exemple de « descendance et modification », traduisant une radiation adaptative, s'observe dans un groupe d'oiseaux de la famille des drépanidés, aux îles Hawaii. Pour ces passereaux à plumage jaune ou vert, l'enchaînement des spéciations a été reconstitué, tous sont issus d'une espèce souche, *Loxops virens,* qui a le bec droit et se nourrit d'insectes. De l'une de ses populations, à bec légèrement recourbé et représentant une sous-espèce, se serait détachée une population pionnière : celle-ci aurait donné naissance à une nouvelle espèce à bec fortement recourbé, *Hemignathus lucidus,* se nourrissant de nectar. Par le même processus, cette espèce aurait à son tour donné une nouvelle espèce, dotée celle-ci d'un gros bec, *Pseudonestor xanthophrys* (capturant les insectes sous les écorces) ; et celle-ci à une autre espèce encore à gros bec, mais frugivore, *Psittirostra psittacea.*

La spéciation par diversification des régimes alimentaires

De nouvelles espèces d'oiseaux sont apparues aux îles Hawaii, par adaptation à des sources alimentaires variées (1). Ce phénomène de radiation adaptative, dans lequel les espèces nouvelles occupent les niches écologiques disponibles, est facilité par l'absence de compétiteurs. Il s'illustre par la forme du bec des espèces issues de l'espèce fondatrice, *Loxops virens* : celles du genre *Hemignathus* ont un bec fin et recourbé, les *Pseudonestor* ont un bec plus fort et les *Psittirostra* possèdent un gros bec de perroquet.

stade de race locale à celui de sous-espèce, puis du stade de sous-espèce à celui d'espèce jumelle, et enfin d'espèce jumelle à une véritable espèce distincte.

Une race locale ne diffère du reste de l'espèce souche que par 3 % de ses gènes ; une sous-espèce, par 23 % de ses gènes ; une espèce jumelle (qui ne se distingue pas morphologiquement de l'espèce souche, mais ne se croise pas avec elle, comme une espèce différente), par 58 % des gènes ; et, enfin, une espèce nouvelle vraie, c'est-à-dire morphologiquement distincte et ne se croisant pas avec l'espèce souche, en diffère par 100 % de ses gènes.

Spéciation sympatrique. Ce mode de spéciation graduelle, s'il existe, se produirait sans qu'il y ait isolement géographique des populations. La possibilité théorique en a été soulevée de nombreuses fois depuis Darwin : cela suppose que certains individus d'une même population géographique se seraient adaptés à une niche écologique particulière au sein de l'aire occupée et qu'ils ne s'accoupleraient jamais avec les autres membres de l'espèce pourtant présents dans la même zone. Ces conditions théoriques ne s'observent jamais sur le terrain, ont estimé Ernst Mayr et d'autres néodarwiniens. Selon eux, la spéciation graduelle sympatrique n'existerait pas. •

Les spéciations quantiques

LA SPÉCIATION PEUT RÉSULTER DE LA TRANSFORMATION D'UNE PETITE POPULATION, PAR « RÉVOLUTION GÉNÉTIQUE » OU PAR REMANIEMENTS CHROMOSOMIQUES.

Les naissances de nouvelles espèces ne se font pas toujours de manière graduelle. En 1954, Ernst Mayr a rapporté des observations montrant que, chez les oiseaux ou les rongeurs, une nouvelle espèce peut apparaître brusquement, comme par un saut quantique, à partir d'une petite population isolée à la périphérie de l'aire de distribution de l'espèce souche. Il n'y a dans ce cas pas de transition graduelle entre la population de la nouvelle espèce et les populations de l'espèce souche. Par exemple, le martin-pêcheur *Tanysiptera galatea* habite la grande île de Nouvelle-Guinée, où il présente trois sous-espèces largement distribuées et peu différentes. En outre, il se rencontre aussi sur de petites îles au large de la Nouvelle-Guinée, où il forme des sous-espèces de petits effectifs mais très différentes les unes des autres. Sur l'une de ces îles, la population du martin-pêcheur est si différente qu'elle a reçu un autre nom d'espèce : *Tanysiptera hydrocaris.* Manifestement, celle-ci est née d'une petite population de *Tanysiptera galatea,* qui a migré sur cette île et s'y est trouvée isolée. Ses caractères biologiques sont devenus très différents de ceux de l'espèce souche pour deux raisons : à la fois parce que les conditions du milieu sur cette île ne sont pas les mêmes que sur l'île principale (la sélection naturelle des caractères y est donc différente) et parce que le hasard de cet isolement n'a pas retenu toutes les variantes génétiques de la population mère dans la population fondatrice. Les variantes retenues se sont retrouvées le plus souvent en condition homozygote, par suite de la consanguinité qui prend forcément place dans une petite population. Dans ces conditions génétiques nouvelles, qui provoquent un bouleversement des interactions entre les gènes, la valeur adaptative des différentes variantes génétiques préservées peut se trouver brutalement changée. Cette « révolution génétique » est responsable de l'apparence très différente de *Tanysiptera hydrocaris.*

Dans les années 1970, les biologistes américains H. Carson et A. R. Templeton ont rapporté d'autres cas de spéciation par révolution génétique chez les mouches drosophiles des îles Hawaii. Dans cet archipel, on dénombre 500 espèces de drosophiles, alors qu'on n'en connaît pas plus de 1 500 dans le monde entier. L'abondance des espèces traduit une activité de spéciation intense chez les drosophiles des îles Hawaii. Les spéciations sont favorisées par la nature du milieu : chaque île de l'archipel peut être l'objet d'une nouvelle colonisation par une population fondatrice. De plus, les coulées volcaniques délimitent sur chacune de ces îles des fragments de territoires pratiquement isolés les uns des autres, et pouvant être colonisés séparément. On observe que les espèces de drosophiles hawaiiennes diffèrent souvent fortement les unes des autres par leur morphologie, suggérant qu'il n'y a pas eu de transition graduelle entre leurs populations. Autrement dit, il apparaît fort vraisemblable qu'elles sont nées par révolution génétique.

Le généticien australien M. J. D. White indique, au tournant des années 1970, que de nouvelles espèces de sauterelles du genre *Vandiemenella* se sont formées par modification du nombre de leurs chromosomes. De son côté, le biologiste américain H. Lewis montre que la plante herbacée *Clarkia lingulata* est née de l'espèce *Clarkia biloba* (qui en diffère par la forme de ses pétales) à la suite de modifications importantes de la morphologie de ses chromosomes. Comme les révolutions génétiques, les spéciations par remaniement chromosomique se produisent sans transition graduelle entre les populations de l'espèce souche et celles de l'espèce nouvelle. De nombreux autres exemples d'espèces nées par spéciation chromosomique ont été rapportés (lézards, rongeurs...). Certains généticiens, comme J. Lejeune ou J. de Grouchy, estiment que l'évolution des espèces procéderait essentiellement par ce type de spéciation. Une telle estimation semble toutefois un peu exagérée.

Les deux modes de spéciation quantique (révolution génétique et remaniements chromosomiques) s'intègrent dans le modèle évolutif des « équilibres ponctués » des Américains S. J. Gould et N. Eldredje, selon lequel les espèces peuvent demeurer inchangées durant de longues périodes, au terme desquelles de nouvelles espèces apparaissent brutalement. Un des grands problèmes de la théorie de l'évolution reste bien aujourd'hui de savoir quelle est l'importance respective des différents types de spéciations (graduelles ou quantiques). •

→ **Voir aussi :** La génétique des populations, **BIOL**, p. 64-65. Les théories de l'évolution, **BIOL**, p. 92-93.

2. Spéciation graduelle et spéciation quantique.

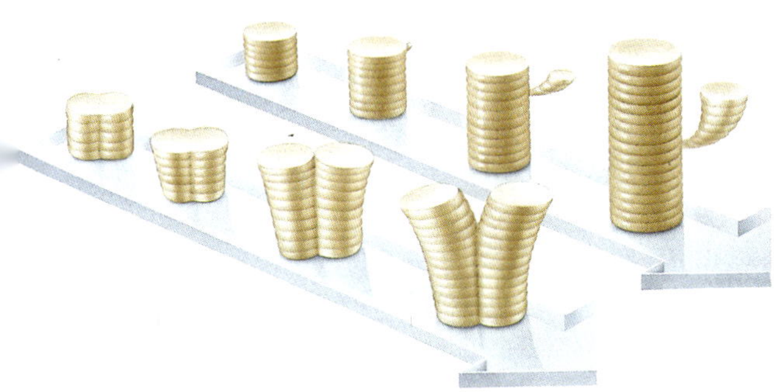

5. Goéland brun *(Larus fuscus).*

Deux grands types de spéciations

Selon les modèles théoriques d'apparition d'espèces nouvelles (2), les spéciations graduelles procèdent par divergence génétique progressive de populations appartenant initialement à la même espèce, alors que les spéciations quantiques résultent d'une transformation génétique brusque dans une petite population détachée de la population représentative de l'espèce souche. Le modèle graduel permet d'expliquer la transition géographique entre deux espèces de goélands (3) : les populations de goélands argentés *Larus argentatus* (4) [65 cm de long, ailes gris-bleu, pattes roses] occupent le nord-est de la Sibérie, l'Amérique du Nord et l'Europe occidentale. Celles du goéland brun *Larus fuscus* (5) [50 cm de long, ailes gris foncé, pattes jaunes] sont cantonnées à l'Europe occidentale. Au nord de la Russie, on trouve des populations de goélands aux caractères intermédiaires entre *Larus argentatus* et *Larus fuscus.* Cela prouve que la naissance de la seconde à partir de la première s'est faite par divergence graduelle de populations géographiquement éloignées. Deux espèces de plantes herbacées d'apparence très proche illustrent le modèle des spéciations quantiques : *Clarkia lingulata* (6) diffère de *Clarkia biloba* (7) par la morphologie de ses pétales. La première est née de la seconde par remaniements chromosomiques.

4. Goéland argenté *(Larus argentatus).*

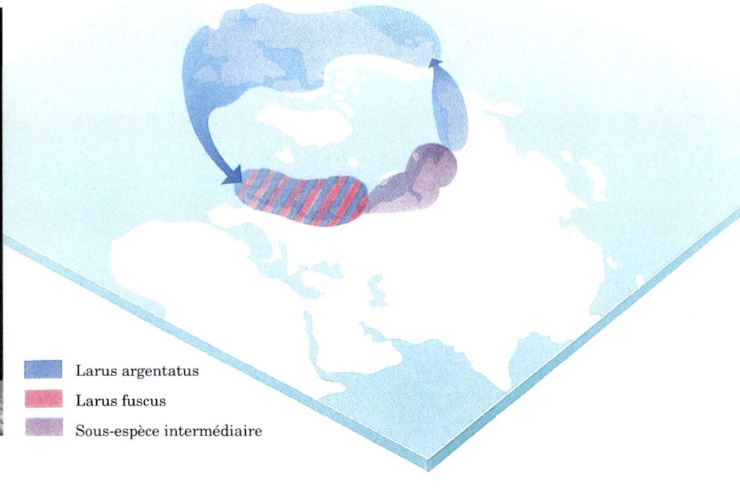

3. Répartition géographique de *Larus fuscus* et *L. argentatus.*

6. *Clarkia lingulata.*

7. *Clarkia biloba.*

L'origine de la vie

GRÂCE AUX TRAVAUX DU Britannique Ch. Darwin sur l'évolution biologique et à ceux du Français L. Pasteur abolissant la théorie de la génération spontanée, l'idée d'une origine commune à tous les êtres vivants est apparue à la fin du XIXe siècle. Dans les années 1930, la théorie de l'évolution chimique du Soviétique A. I. Oparine est le point de départ d'une série d'expériences de laboratoire visant à créer des molécules, précurseurs de la vie. La première, productrice d'acides aminés, réalisée dans les années 1950 par l'Américain S. L. Miller, reste la plus célèbre.

Il y a 4,6 milliards d'années, la Terre commence son existence. Elle ne ressemble en rien à la planète que nous connaissons aujourd'hui, transformée par la vie. En cette époque troublée par de violents événements géologiques et cosmiques, la vie va naître de l'évolution chimique et l'eau sera son berceau. En moins d'un milliard d'années se met en place le code génétique, qui permet le fonctionnement et la réplication des êtres vivants. En effet, si les plus anciennes traces de vie fossile remontent à environ 3,5 milliards d'années, des témoignages indirects (rapport isotopique du carbone) semblent montrer que la vie était déjà installée sur Terre il y a 3,8 milliards d'années.

Pendant 2 milliards d'années, le monde, peuplé de micro-organismes unicellulaires, vit au ralenti. Les premiers organismes formés d'une cellule avec un noyau contenant le matériel génétique (eucaryotes) apparaissent il y a 1,5 milliard d'années, puis évoluent, depuis plus de 700 millions d'années, sous une forme pluricellulaire.

Les théories

L'AVANCÉE EXPÉRIMENTALE DE LA BIOLOGIE, À PARTIR DU XVIIe SIÈCLE, A CONDUIT PROGRESSIVEMENT À RÉFUTER LA THÉORIE DE LA GÉNÉRATION SPONTANÉE. CELLE DE L'ÉVOLUTION CHIMIQUE SUSCITE LA NAISSANCE, DANS LES ANNÉES 1950, DE LA CHIMIE PRÉBIOTIQUE.

Les théories sur l'origine des êtres vivants se sont trouvées, au fil des siècles, largement influencées par les opinions philosophiques et religieuses. Celle de la génération spontanée, étendue à tous les êtres vivants, s'est imposée jusqu'au XVIe siècle. C'est grâce à la pratique de l'expérimentation qu'elle commence à être remise en question au XVIIe siècle. En particulier, le biologiste italien F. Redi, en 1668, démontre que la théorie de la génération spontanée, postulant l'apparition de la vie à partir de matières en décomposition, ne provient que d'une grossière erreur d'interprétation. Mais cette théorie n'est abandonnée qu'après les expériences de L. Pasteur (1862), faisant suite à celles de L. Spallanzani (XVIIIe siècle) et contemporaines des travaux de Darwin sur l'évolution.

Dès lors se trouve clairement soulevée la question de l'origine de la vie. L'apparition de la vie est considérée comme un phénomène graduel sur le plan temporel avec la théorie de l'évolution chimique, établie indépendamment en Union soviétique par le biochimiste A. I. Oparine, en 1924, et en Grande-Bretagne par le biologiste J. B. S. Haldane, en 1929. Le scénario qu'ils proposent repose sur l'évolution spontanée et la complexification, conduisant vers le vivant, de petits composés organiques, présents initialement dans une atmosphère primitive de nature réductrice, dépourvue d'oxygène moléculaire.

La vérification expérimentale, tentée en 1953 par l'Américain S. L. Miller, sous la direction du prix Nobel H. Urey, démontre que des composés d'intérêt prébiotique (en l'occurrence, des acides aminés) se forment effectivement, en grande quantité, lorsqu'on provoque des décharges électriques dans une atmosphère semblable à celle proposée par Oparine et Haldane. La chimie prébiotique est née. Elle fera l'objet de nombreuses expériences de laboratoire, de plus en plus raffinées, tentant de recréer les conditions de la Terre primitive et d'aboutir aux briques du vivant que sont les protéines et les acides nucléiques. •

1. Les facteurs d'apparition de la vie.

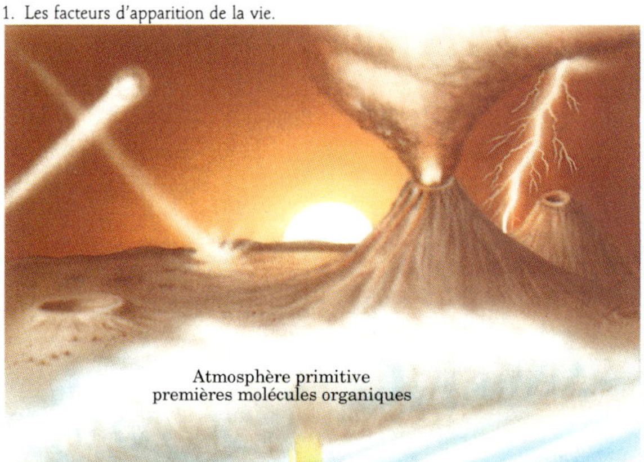
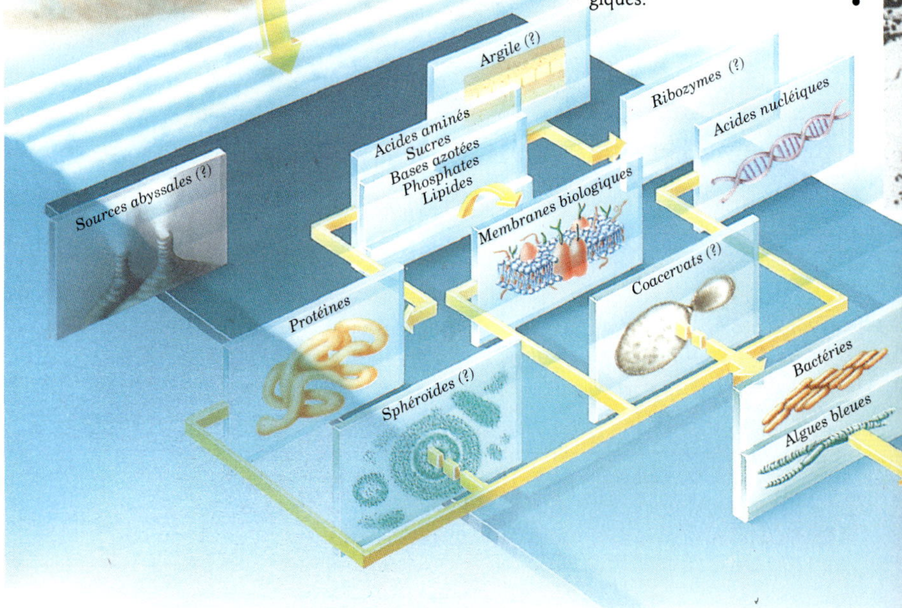

Les conditions d'apparition

LA TERRE PRIMITIVE, À L'ATMOSPHÈRE DÉPOURVUE D'OXYGÈNE, EST SOUMISE AU RAYONNEMENT SOLAIRE INTENSE, AUX ÉCLAIRS, AU VOLCANISME ET À UNE PLUIE DE MÉTÉORITES.

Aujourd'hui, un scénario précis de l'évolution chimique permet de définir la nature des composés originels constituants de la « soupe prébiotique ». Il s'agit de corps carbonés simples, possédant des liaisons chimiques multiples dans leur structure, ce qui les rend très réactifs. Ces composés se sont formés dans une atmosphère chimiquement réductrice, où le carbone était présent majoritairement sous forme de méthane.

Les expériences réalisées en laboratoire, et plus particulièrement celles menées sous la direction du chimiste français F. Raulin, montrent que l'atmosphère la plus favorable aux synthèses prébiotiques est un mélange d'azote moléculaire, de méthane et de vapeur d'eau, pauvre en hydrogène. Sous l'effet de diverses sources d'énergie, ce mélange conduit à la formation de quantités importantes de précurseurs atmosphériques (tels l'acide cyanhydrique et le formaldéhyde), qui sont précisément les ingrédients de base de toute la chimie prébiotique. En particulier, selon F. Raulin, l'acide cyanhydrique apparaît comme la « véritable plaque tournante de cette chimie organique particulière ». Ce scénario, qui paraît a posteriori d'une logique implacable, se heurte à quelques difficultés. Les problèmes surgissent dès que l'on aborde les premières étapes de l'évolution chimique. En effet, les modèles actuels indiquent que l'atmosphère primitive, oxydante, devait être majoritairement composée de dioxyde de carbone, ce qui est défavorable à la synthèse prébiotique. Aussi, tout en conservant ses grandes lignes, le scénario initial, à présent diversifié, débouche sur plusieurs éventualités. Il n'est pas exclu que les premières étapes de l'évolution chimique aient eu lieu, non pas dans l'atmosphère, mais directement dans l'eau, au voisinage des sources chaudes sous-marines. On a en effet découvert que les sources hydrothermales des milieux abyssaux offraient des conditions favorables pour la chimie prébiotique. Il est aussi possible que les bombardements de météorites ou de comètes aient pu remplacer, ou du moins compléter, les synthèses atmosphériques et apporter dans les océans primitifs les constituants organiques indispensables à la chimie prébiotique.

À moins que la Terre n'ait été « ensemencée » par des germes extraterrestres, comme le soutiennent depuis 1977 les Britanniques F. Hoyle et N. C. Wickramasinghe (cette théorie a été proposée par le chimiste suédois S. Arrhenius en 1908), il a donc fallu une concentration suffisante en composés réactifs, tels l'acide cyanhydrique et le formaldéhyde, pour que puissent se former, en solution aqueuse et en grande quantité, les acides aminés, les bases puriques et pyrimidiques et les sucres biologiques. •

L'origine du code génétique

L'A.D.N., SUPPORT DE L'INFORMATION GÉNÉTIQUE, PRÉSIDE À LA FABRICATION DES PROTÉINES. OR, CES DERNIÈRES SONT INDISPENSABLES À SON ÉLABORATION. CETTE NÉCESSAIRE COMPLÉMENTARITÉ POSE LE PROBLÈME DE L'ORIGINE DU CODE GÉNÉTIQUE.

La « machinerie » cellulaire fonctionne grâce au code génétique. Celui-ci repose sur la combinaison et les échanges entre deux groupes de petites molécules organiques complémentaires : les bases des acides nucléiques et les acides aminés, constituants des protéines. Il permet la fabrication de protéines, matériaux de construction du vivant, appelées enzymes lorsqu'elles catalysent et régulent le métabolisme. Le code génétique assure également la transmission de l'information contenue dans l'A.D.N. au moment de la réplication cellulaire.

Sans l'information stockée dans les acides nucléiques, les protéines ne peuvent pas être fabriquées, et, inversement, les acides nucléiques ont besoin du pouvoir catalyseur des protéines-enzymes pour se constituer et se répliquer. La question, devenue classique, est la suivante : qui des protéines ou des acides nucléiques est apparu en premier ?

Si, comme le souligne le biophysicien français A. Brack, « prébiotique » est synonyme de « simple », les protéines sont sans doute apparues les premières, suivies par des acides nucléiques vraisemblablement plus simples que ceux existant actuellement. En effet, il faut bien constater que, pour l'instant, aucune expérience, conduite dans des conditions de synthèse prébiotique géologiquement plausibles, n'a abouti à la construction d'un acide nucléique, ni même d'un nucléotide, qui en représente le maillon constitutif.

La découverte des propriétés catalytiques de l'A.R.N., acide nucléique à un seul brin, par T. Cech (ce qui lui a valu le prix Nobel en 1989), semble offrir une voie de recherche très prometteuse. Ces résultats montreraient qu'un certain type d'A.R.N., appelé ribosyme, a pu remplir à lui seul les fonctions de base du vivant. Cette molécule aurait été la première molécule biologique. •

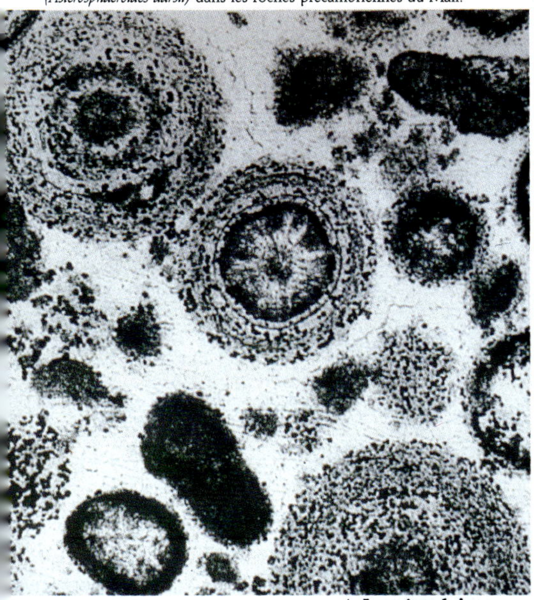

2. Sphéroïdes
(Asterosphaeroides darsii) dans les roches précambriennes du Mali.

3. Stromatolites actuels,
Shark Bay, Hamelin Pool (Australie).

Les premiers organismes vivants

LES BACTÉRIES REPRÉSENTENT PROBABLEMENT LES PREMIÈRES FORMES DE VIE. APPARUES IL Y A PLUS DE 3 MILLIARDS D'ANNÉES, ELLES SONT CONSTITUÉES D'UNE CELLULE UNIQUE SANS NOYAU. IL FAUT ATTENDRE 1,5 MILLIARD D'ANNÉES POUR QU'APPARAISSENT LES CELLULES À NOYAU.

Les paléobiologistes américains S. M. Awramik, J. W. Schopf et M. R. Walter signalent la présence, dans les couches géologiques de Warrawoona, en Australie (3,55 milliards d'années), de microfossiles de bactéries filamenteuses. Il pourrait s'agir d'algues bleues (appelées aussi cyanobactéries ou cyanophycées). Ces procaryotes groupés en colonies se retrouvent dans la série de Fig Tree au Swaziland (datée de 2 milliards d'années). En outre, des structures globulaires (appelées « sphéroïdes », sous réserve d'une confirmation de leur nature organique) ont été découvertes dans les argilites charbonneuses d'Onverwacht, toujours au Swaziland (3,54 milliards d'années). Les premiers complexes métallo-protéiques des sidérobactéries ou des thiobactéries, organismes dont le métabolisme à base de fer et de soufre nécessite très peu d'oxygène, sont présents dans les couches, datées de 2,8 milliards d'années, de Bulawayo au Zimbabwe, dans la flore du Gunflint au Canada (1,9 milliard d'années), dans les Richat de Mauritanie et au Mali dans les niveaux de Nara (1 milliard d'années). La présence dans certaines sphéroïdes d'un « point noir » suscite des interprétations contradictoires. Pour certains auteurs, il s'agirait d'un pyrénoïde (corpuscule protéique), pour d'autres d'un noyau, ce qui soulève la question de l'existence, dès cette période très ancienne, d'eucaryotes. Pour le Français Édouard Boureau, ce point noir correspondrait à un pore germinatif par où aurait eu lieu l'émission d'un mucilage, substance au sein de laquelle d'autres sphéroïdes se différencieraient. Sa présence témoignerait donc d'une activité biologique.

Les cellules à noyau, ou eucaryotes, seraient apparues il y a 1,5 milliard d'années et il faut attendre encore plusieurs millions d'années avant de voir naître les premiers métazoaires ou animaux pluricellulaires. Les plus anciens semblent constitués de groupements en filaments simples de cellules de même origine. Les véritables métazoaires apparaissent vers 800 millions d'années, ce sont des annélides, vers fouisseurs se nourrissant de détritus, qui ont laissé la trace de leurs terriers horizontaux. La diversité des terriers reflète la diversité des modes de vie, donc des espèces. Cette diversification s'accentue à la limite du précambrien et du cambrien. Ainsi ont été découverts à la surface de sédiments marins datant de 700 millions d'années des empreintes d'animaux à corps mou, proches des méduses, des pistes et des terriers. Dans la faune d'Ediacara (680 millions d'années), au sud de l'Australie, sur 1 400 spécimens, plus de la moitié sont des métazoaires. Cette faune comporte divers types d'annélides, comme *Dichinsonia* et *Spriggina,* un échinoderme primitif, un ancêtre des trilobites ou des chélicérates, des pennatulidés et quelques animaux « énigmatiques » sans rapport avec ceux d'aujourd'hui. Ce sont tous des invertébrés à corps mou, mais, pour Glaessner, qui a étudié cet ensemble, les pennatulidés ont des spicules, et certains de ces organismes auraient possédé une coquille flexible probablement en matière organique. Il faut attendre le cambrien pour voir apparaître les premiers êtres vivants à squelette résistant externe leur permettant de vivre à la surface des fonds marins et non plus enfouis dans les sédiments. La formation schisteuse du Burgess, dans les montagnes Rocheuses canadiennes, datée de 570 millions d'années, en donne de beaux exemples. Les brachyopodes, mollusques, spongiaires, arthropodes et céphalochordés, intermédiaires entre invertébrés et vertébrés, y sont présents. Durant ce laps de temps, relativement court, entre la fin du précambrien et le début du cambrien, tous les embranchements, ou presque, apparaissent. Comme le suggère l'Américain J. W. Valentine, le nombre d'embranchements semble avoir été limité par la saturation des habitats par les descendants qui, en s'adaptant, donnèrent naissance à de nouvelles espèces. •

→ **Voir aussi :** Constitution biochimique des organismes, **BIOL,** p. 18-19. Les procaryotes, **BIOL,** p. 22-23. La vie aux différents âges de la Terre, **BIOL,** p. 100-101.

L'apparition de la vie sur terre

La vaste période géologique du précambrien (4) couvre pratiquement les neuf dixièmes du temps écoulé depuis la formation de la Terre, il y a environ 4,6 milliards d'années. Sans oxygène, dans une atmosphère probablement riche en gaz carbonique, en azote, en vapeur d'eau et en méthane, les éclairs et le rayonnement ultraviolet pourraient avoir fourni l'énergie nécessaire aux premières synthèses organiques (1). Selon la théorie du Français E. Boureau, des sphéroïdes (2), formées du regroupement de gouttelettes protéiques encore dépourvues d'A.D.N., les coccoïdes, seraient à l'origine des cellules vivantes, il y a environ 3,8 milliards d'années. Quant aux premières cellules procaryotes, porteuses d'A.D.N., elles sont à l'origine de formations calcaires, les stromatolites (3), dont on retrouve des traces datant de 3,5 milliards d'années.

4. **Le précambrien.**

Période	Précambien inférieur			Précambien moyen		Précambien supérieur	
Milliards d'années	4,6	3,9	3	2,6	2	1,7	1
Ères		Katarchéozoïque		Archéozoïque		Prétozoïque Inférieur	Prétozoïque Supérieur
Principaux événements		1res roches sédimentaires	Stromatolites bactéries Anarobies sphéroïdes				
Atmosphère	NH_3CH_4HCN						

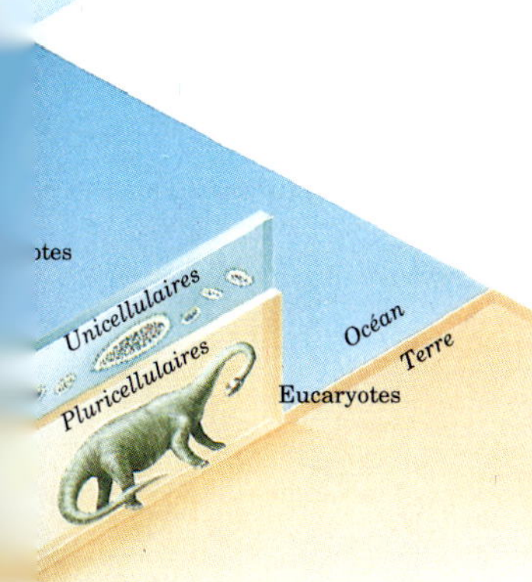

La vie aux différents âges de la Terre

LES CONTINENTS N'ONT PAS toujours eu la position ou la forme qu'ils présentent aujourd'hui. Les plaques tectoniques se déplacent, les océans transgressent et régressent, entraînant des bouleversements climatiques ou écologiques qui provoquent des modifications de la faune et de la flore. Au cours des temps géologiques, des espèces sont apparues, ont évolué, se sont éteintes, ou existent encore actuellement. La première phase de l'histoire de la vie est peu connue. Elle est pourtant fondamentale. Car c'est durant cette longue période d'une durée de plusieurs millions d'années que l'organisation cellulaire se met lentement en place sous une atmosphère réductrice riche en hydrogène et extrêmement pauvre en oxygène. Tout commence au précambrien sous la forme de vie moléculaire, il y a environ 3,4 milliards d'années, pour se complexifier et se diversifier au paléozoïque ou ère primaire. Tous les groupes d'invertébrés sont alors représentés, et dans les océans dominent les agnathes (poissons sans mâchoires) et les poissons « cuirassés ».

Au cours du dévonien, des animaux plus indépendants du milieu aquatique, comme les amphibiens, font leur apparition : c'est ce que l'on appelle la « sortie des eaux ». L'ichtyostéga est l'un des premiers tétrapodes terrestres. Les grandes forêts de « conifères », qui sont à l'origine des bassins houillers actuels, forment le paysage au carbonifère. Après la crise permienne, qui marque la fin de l'ère primaire, le mésozoïque, ou ère secondaire, voit la diversification des reptiles au trias puis leur apogée au jurassique et au début du crétacé.

Ère primaire : trilobites et poissons sans mâchoires

À L'ÈRE PRIMAIRE, LA FAUNE EST ESSENTIELLEMENT MARINE. DE NOMBREUX INVERTÉBRÉS, DES AGNATHES ET DES POISSONS « CUIRASSÉS » PEUPLENT LES OCÉANS. AU DÉVONIEN, LES PREMIERS ANIMAUX TERRESTRES APPARAISSENT.

C'est au précambrien, avant l'ère primaire ou paléozoïque, qu'apparaissent les premiers métazoaires, organismes pluricellulaires. Les fossiles d'Ediacara, en Australie, attestent la présence, dès cette période, de cnidaires (apparentés aux méduses actuelles), d'annélides et peut-être d'arthropodes. Il y a 670 millions d'années, au début du paléozoïque, presque tous les groupes d'invertébrés que nous connaissons aujourd'hui existent. Le site canadien de Burgess Shale, qui est daté du cambrien (environ 540 millions d'années) et situé dans les montagnes Rocheuses, a fourni de très nombreux fossiles de spongiaires, de brachiopodes, de mollusques, de bryozoaires, d'échinodermes, de trilobites et de graptolites.

Les trilobites sont les premiers véritables arthropodes. Ils ont un squelette dorsal externe, divisé en trois parties : la tête ou céphalon, le thorax et le pygidium ou queue. Ils vivaient dans les mers peu profondes, du début du cambrien à la fin du permien. À cette époque, c'est-à-dire à la fin du paléozoïque, des changements paléogéographiques importants (dérive des continents) vont entraîner une véritable crise climatique, provoquant l'extinction de plusieurs groupes dont ceux des graptolites (organismes coloniaux) et des trilobites.

Deux découvertes récentes ont fait remonter l'ancienneté des premiers vertébrés à plus de 450 millions d'années. La plus importante a été faite dans le centre de l'Australie, il s'agit d'un animal fusiforme qui porte une carapace osseuse couvrant toute la partie antérieure du corps, et sur ses flancs une série d'orifices branchiaux. Il appartient aux agnathes, groupe des poissons sans mâchoires, comme les lamproies actuelles, et porte le nom d'*Arandaspis.* Cependant, le plus ancien vertébré actuellement connu serait l'agnathe *Anatolepis,* dont des fragments de carapace ont été trouvés au nord-est du Wyoming, aux États-Unis, dans un sédiment marin daté du cambrien supérieur. Ces restes sont probablement apparentés aux hétérostracés, qui furent abondants du silurien au dévonien. D'étranges poissons au corps recouvert partiellement de plaques osseuses vécurent durant tout le dévonien. Parfois de grande taille, ils sont appelés « cuirassés géants ». Ces « placodermes », apparus au silurien supérieur, font partie des premiers gnathostomes, ou poissons à mâchoires.

Au cours du paléozoïque, de multiples lignées se mettent en place ; celle des crossoptérygiens donne naissance, au dévonien, aux vertébrés terrestres : c'est la « sortie des eaux » avec les premiers tétrapodes, les amphibiens. Le plus ancien d'entre eux est l'ichtyostéga. Muni de membres pairs à cinq doigts, de forte taille, il vivait dans une région qui correspond aujourd'hui au Groenland, il y a environ 360 millions d'années. Au cours du paléozoïque, ces tétrapodes vont se multiplier et se diversifier. Certains ne sont plus inféodés au milieu aquatique, c'est ainsi qu'au carbonifère apparaissent les reptiles. •

Ère secondaire : ammonites et grands reptiles

L'ÈRE SECONDAIRE VOIT L'HÉGÉMONIE, DANS LES MERS, DES AMMONITES ET, SUR TERRE, DE GRANDS REPTILES, LES DINOSAURES. LES MAMMIFÈRES LEUR SONT CONTEMPORAINS. DE TOUTE PETITE TAILLE, ILS APPARAISSENT AU TRIAS, IL Y A ENVIRON 200 MILLIONS D'ANNÉES.

Le vaste ensemble, polymorphe, des reptiles apparaît au milieu du carbonifère. Classiquement, on fait dériver les reptiles des amphibiens du primaire, les labyrinthodontes. Actuellement, les plus anciens reptiles connus sont les cotylosauriens, d'où sont issues toutes les lignées. Le plus célèbre est le *mesosaurus,* carnivore marin du permo-trias possédant une longue bouche garnie de dents en aiguilles. Au cours du trias apparaissent tour à tour les ancêtres des chéloniens (tortues), des lépidosauriens (serpents et lézards), et des crocodiliens. Au jurassique et au crétacé, les plésiosaures, reptiles marins, nageaient en battant des nageoires, contrairement aux ichtyosaures du trias et du lias, qui se déplaçaient en ondulant du corps. Il semblerait que ces derniers étaient vivipares, des squelettes de petits ayant été découverts à l'intérieur de grands individus. Les synapsidés, ancêtres des mammifères, constituent un groupe souche présent dès la fin du carbonifère, mais ils ne se développeront qu'au secondaire. Le groupe le plus important est celui des archosauriens, où les ptérosauriens, ancêtres des oiseaux, et les sauropsidés ou dinosaures vont s'enraciner.

Dès le début du jurassique, ils occuperont tous les biotopes dans les mers, les airs et sur terre. Les ptérosauriens, ou reptiles volants, représentent la première tentative de conquête du milieu aérien, au début du jurassique. Mais l'*archéoptéryx* serait bien un oiseau, car en plus d'être couvert de plumes, il possédait déjà un vol plané et battu, et cela dès le jurassique supérieur. Les dinosaures font leur apparition au trias. Selon l'aspect de leur bassin, on distingue les ornithischiens ou avipelviens, et les saurischiens ou sauripelviens. Ces derniers comprennent deux lignées dont l'une est carnivore, les théropodes, et l'autre herbivore, les sauropodes. *Tyrannosaurus,* un thérapode, était bipède et possédait de grandes dents coniques.

Quadrupèdes à la vie semi-aquatique, les sauropodes regroupaient des géants comme *Diplodocus, Brontosaurus, Brachiosaurus.* Ceux-ci pouvaient manger de l'herbe, mais également broyer les coquilles des mollusques grâce à leurs dents crénelées et à des pierres stomacales. Les ornithischiens étaient tous herbivores ; parmi eux *Stegosaurus,* avec ses plaques triangulaires sur le dos, *Iguanodon,* bipède, *Triceratops* au crâne prolongé par une colerette et muni de cornes. Après un apogée au jurassique pour les sauripelviens et au crétacé pour les avipelviens, ils s'éteignent tous à la fin du crétacé terminal. La raison de cette extinction demeure encore obscure : explosion d'une supernova, assèchement du climat, augmentation du gaz carbonique atmosphérique provoquant un effet de serre, empoisonnement par les alcaloïdes contenus dans les plantes à fleurs... Sans doute plus progressive qu'elle n'apparaît, cette disparition a certainement eu une origine multifactorielle.

Dans les océans, les ammonites, mollusques céphalopodes à coquille enroulée proches des nautiles, occupent une place équivalente à celle des dinosaures sur terre. Du début du trias à la fin du crétacé, elles vont se diversifier en nombre et en espèces. •

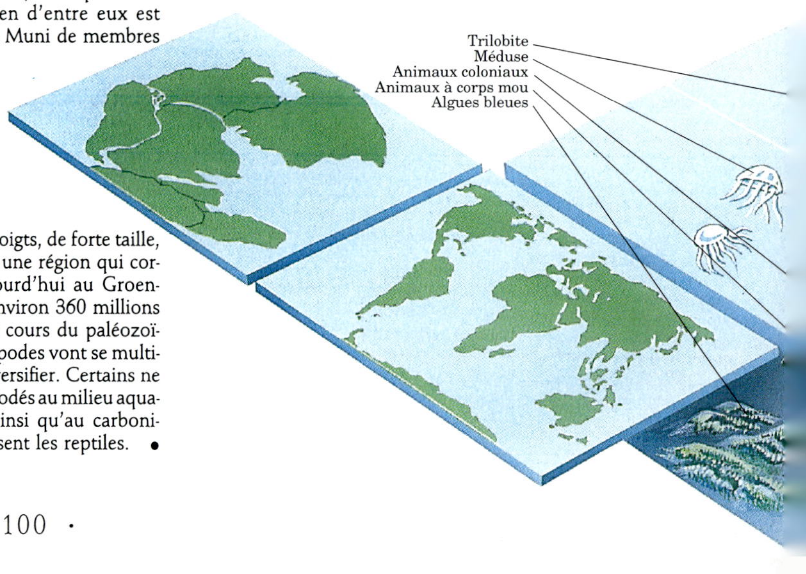

1. Positions relatives des continents à la fin du permien et à l'époque actuelle.

Ères tertiaire et quaternaire

LA DISPARITION DES GRANDS REPTILES LAISSE LA PLACE AUX MAMMIFÈRES. AU CÉNOZOÏQUE, CEUX-CI OCCUPENT TOUTES LES NICHES ÉCOLOGIQUES. LES PREMIERS HOMINIDÉS APPARAISSENT À LA FIN DU TERTIAIRE, VERS 6 MILLIONS D'ANNÉES.

Le début du cénozoïque voit la disparition des grands reptiles du mésozoïque et l'extension consécutive des mammifères. La paléogéographie donne une explication particulièrement intéressante à ce changement faunistique. L'expansion des fonds océaniques, avec l'ouverture des océans Indien et Atlantique, déjà commencée au trias terminal il y a 200 millions d'années, les orogenèses alpine et laramienne, et la poursuite de la fragmentation des grands blocs continentaux vont influencer la diversification du climat et favoriser le développement des mammifères et des plantes à fleurs. Au paléogène, tous les grands groupes connus de mammifères fossiles et actuels sont déjà représentés. Durant cette période, deux radiations vont avoir lieu : la première au paléocène et la seconde à l'éocène. Au cours du paléocène, on rencontre principalement des multituberculés, apparus au jurassique et qui s'éteindront à l'éocène, des condylarthres comme *arctocyon,* plantigrade de la taille d'un loup, omnivore aux carnassières indifférenciées et assez bon nageur, ou comme *pleuraspidotherium,* brouteur de feuilles d'arbustes, et des lémuriformes comme *plesiadapis,* ancêtre des primates, à la denture proche de celle des rongeurs. L'éocène annonce la faune mammalienne actuelle. Les grandes familles apparaissent : artiodactyles, périssodactyles, proboscidiens, siréniens, édentés, cétacés et carnivores fissipèdes. Les migrations entre l'Amérique du Nord et l'Europe facilitent les échanges fauniques. Elles s'effectuent au cours du paléocène par le Groenland, alors que plus tard, à l'éocène supérieur, elles seront interrompues entre ces deux continents.

Du côté oriental, l'existence de la mer ouralienne empêche également toute communication entre l'Europe et l'Asie. Cet isolement a certainement favorisé les radiations adaptatives des groupes arrivés juste avant cette période. Mais la venue, à l'oligocène, de nouvelles espèces originaires d'Asie à la suite de l'assèchement du bras de mer ouralien va contribuer à les faire disparaître. Si les mammifères du paléogène étaient petits, au cours du néogène, deuxième phase de l'ère tertiaire, leur taille moyenne augmente. La chaîne alimentaire herbes-herbivores-carnivores est alors bien établie. Les terres émergées se couvrent de prairies, les mammifères sont à leur apogée et vont connaître un lent déclin qui s'amorce dès la fin du pliocène pour s'accentuer au quaternaire.

Dans les océans, les ancêtres des différentes familles des poissons actuels occupent toutes les niches écologiques. Des ossements de requins dont la hauteur des dents pouvait atteindre 15 cm ont été découverts dans des sédiments marins de l'éocène, en France et en Belgique.

À la fin du tertiaire, vers 6 millions d'années, vont apparaître les premiers hominidés. •

L'évolution des végétaux

DES ALGUES BLEUES DU PRÉCAMBRIEN AUX ANGIOSPERMES, L'HISTOIRE GÉOLOGIQUE DES VÉGÉTAUX PARCOURT PLUS D'UN MILLIARD D'ANNÉES.

Les algues bleues ou cyanophycées ont construit, il y a plus d'un milliard d'années, des amas discoïdes ou mamelonnés : les stromatolites. Il s'agit des plus anciens témoignages de l'existence de végétaux et cela dès le précambrien. Les structures se développeront dans des mers peu profondes et chaudes, formant des récifs ou biothermes avec des diatomées, algues microscopiques unicellulaires, et des bactéries. Au cambrien, les algues se diversifient, avec l'apparition des algues rouges (rhodophycées) et vertes (chlorophycées). Les premiers cryptogames vasculaires, végétaux se reproduisant à l'aide de spores, appartiennent à la classe des psilophytales. Ce sont de petites plantes comme *Rhynia, Asteroxylon* ou *Psilophyton.* Elles prennent naissance dans les zones marécageuses très étendues du dévonien. Uniquement fossiles, ces herbacées sont les premières à croître sur terre. Au carbonifère a lieu la transgression marine la plus importante de tous les temps géologiques.

Dans de nombreux bassins, des dépôts de houille se forment. Ce type de charbon provient, en grande partie, de la décomposition des lycophytes, fossiles arborescents tels que les lépidodendrons et les sigillaires, que l'on trouve en milieu lagunaire ; des sphénophytes *(calamites, annularia, sphenophyllum) ;* des ptéridospermaphytes, ou fougères à graines, et des cordaïtes, plantes à ovules. On assiste à l'apogée des cryptogames vasculaires, à la diversification des préphanérogames et au développement des premières phanérogames, plantes à fleurs. Durant le mésozoïque, les gymnospermes, arbres ou arbustes résineux toujours verts, à quelques exceptions près, constituent sur les continents le fond du couvert végétal. Des espèces anciennes, comme les fougères à graines, s'éteignent. D'autres, au contraire, comme les ginkgophytes et les lebachiales, coniférophytes de climat chaud et humide, se multiplient. Les bennettitales et les cycadales apparaissent, mais restent peu abondantes et peu variées.

C'est au crétacé moyen qu'apparaissent les premières angiospermes, plantes dont les graines sont, dès leur origine, à l'intérieur d'un fruit. Le cénozoïque voit l'expansion, puis l'hégémonie des angiospermes, principalement des dicotylédones, plantes pour lesquelles l'embryon de la graine a deux cotylédons, et dont tous les ordres actuels sont représentés dans le monde des fossiles. La flore d'alors ne se distingue de celle d'aujourd'hui que par la répartition des espèces d'un continent à l'autre. Le développement d'espèces à feuilles caduques souligne l'existence des saisons. •

→ **Voir aussi :** La vie, **BIOL,** p. 10-11. L'apparition d'espèces nouvelles, **BIOL,** p. 96-97. L'origine de la vie, **BIOL,** p. 98-99. L'expansion des mammifères, **BIOL,** p. 102-103. Paléontologie humaine, **BIOL,** p. 104-105.

L'évolution de la vie sur terre

La surface terrestre, il y a 3,5 milliards d'années, était un immense continent, la Pangée, entouré d'un océan mondial, la Panthalassa. La dérive des continents a grandement influencé l'évolution des espèces animales et végétales aux différentes époques de la Terre (1). On divise son évolution en 5 grandes périodes, marquées par des événements significatifs (3). Les premiers vertébrés connus sont des agnathes, ils apparaissent au cambrien. À cette époque, toutes les formes de vie animale sont aquatiques, alors que les végétaux commencent à coloniser les terres émergées. La « sortie des eaux » pour les animaux est effectuée par les amphibiens du dévonien, comme l'ichtyostéga. Au carbonifère, dans un milieu extrêmement riche empli de fougères arborescentes, les animaux vont s'affranchir peu à peu du milieu aquatique (2). Au tertiaire, les grands reptiles dominent ; leur extinction soudaine favorisera le développement des mammifères au quaternaire.

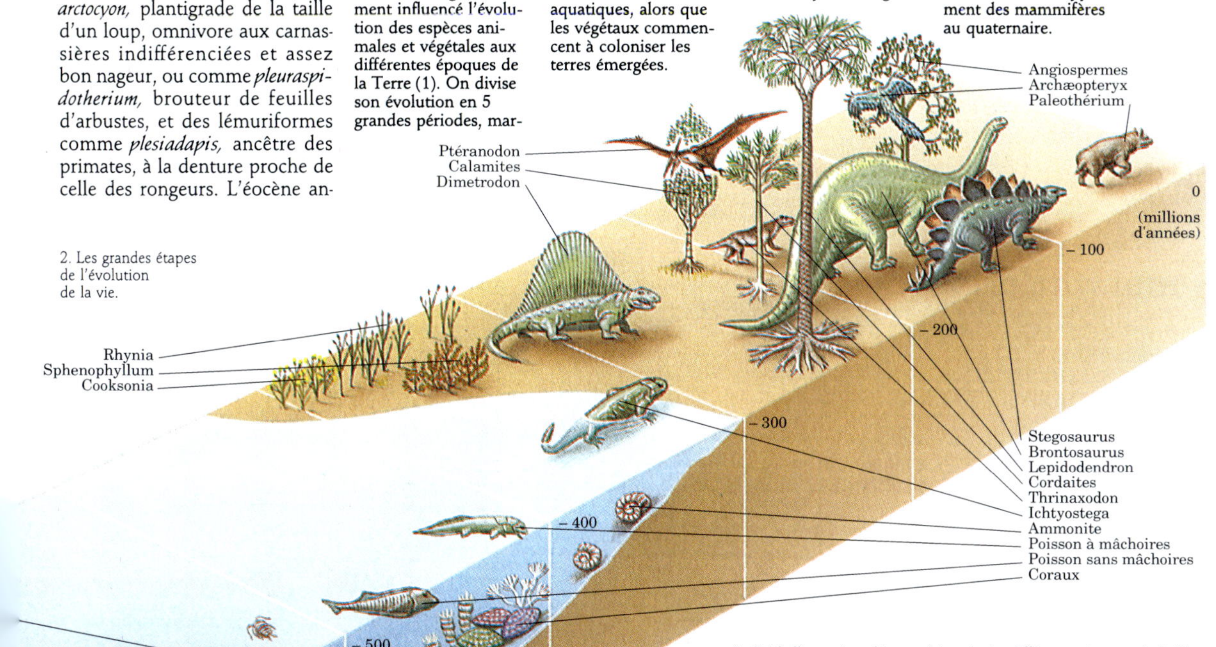

2. Les grandes étapes de l'évolution de la vie.

3. L'échelle stratigraphique schématise les différentes époques de la Terre.

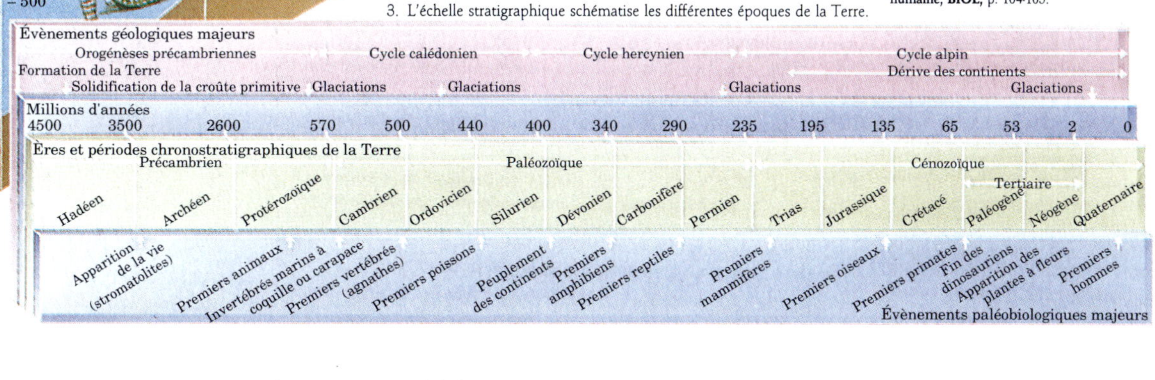

L'expansion des mammifères

LES MAMMIFÈRES OCCUPENT une place importante dans le règne animal. Bien qu'ils se rencontrent dans tous les milieux, ils prédominent en milieu terrestre. Leurs multiples adaptations sont liées, entre autres, à l'acquisition de l'homéothermie. Issus des reptiles thériodontes, les cynodontes (du grec *kunos,* chien), les mammifères s'individualisent réellement au trias terminal, il y a environ 200 millions d'années. Leur évolution se déroule en trois phases : la première au début du mésozoïque, avec une timide apparition au côté de grands sauriens comme les dinosaures ; la seconde au paléocène, période pendant laquelle a lieu la première radiation qui verra le développement de mammifères (multituberculés et condylarthres) ayant pour la plupart disparu ; la troisième, à l'éocène, avec le développement des ancêtres directs de la faune mammalienne actuelle. Au miocène, ce sera leur apogée, avant un lent déclin qui s'amorce dès la fin du pliocène, pour s'accentuer ensuite au quaternaire.

Leur diversification se produit parallèlement au développement très important des angiospermes, plantes à fleurs (qui forment le groupe végétal le plus important) et à la fragmentation des blocs continentaux qui s'isolent avec l'ouverture des océans Indien et Atlantique. Ces changements vont favoriser l'expansion des mammifères et la séparation, vers 130 millions d'années, de deux groupes frères (issus de la même souche commune) : les marsupiaux et les placentaires. Les marsupiaux (kangourous, koalas, opossums) sont actuellement très abondants en Australie et en Nouvelle-Guinée. Les placentaires dominent la faune mammalienne sur tous les autres continents. *Purgatorius* est actuellement le candidat le plus ancien pour être à l'origine des primates. Apparu à la fin du crétacé, en Amérique du Nord, ses restes dentaires montrent une transition entre des caractères plus évolués d'insectivores et ceux des singes. C'est pourtant dans l'Ancien Monde, en Afrique et en Eurasie, au début du tertiaire, qu'on a découvert, à côté de nombreuses formes de singes arboricoles ou non, nos plus proches parents, les pongidés, gorilles, chimpanzés, et, avec eux, les ancêtres de l'homme.

Les premiers mammifères

LES PREMIERS MAMMIFÈRES APPARAISSENT À LA FIN DU TRIAS. D'ORIGINE VRAISEMBLABLEMENT MONOPHYLÉTIQUE, ILS SONT DE PETITE TAILLE DURANT TOUTE L'ÈRE SECONDAIRE. LES MARSUPIAUX ET LES PLACENTAIRES S'INDIVIDUALISENT IL Y A 130 MILLIONS D'ANNÉES.

Au rhétien, dernière phase du trias, il y a 200 millions d'années, issues des reptiles mammaliens cynodontes, deux lignées de mammifères se dégagent : celle des protothériens, actuels monotrèmes, et celle des thériens. Les premiers protothériens sont les morganucodontidés. Leurs fossiles ont été découverts en Europe, en Chine et en Afrique du Sud. Ils évoluent différemment, du fait de la présence de la mer Téthys, ou Mésogée, qui séparait alors la Laurasie du Gondwana. En Laurasie vivaient les triconodontes, bien plus proches de leurs ancêtres cynodontes que les multituberculés et les docodontes, à la denture plus spécialisée. Si les multituberculés persistent jusqu'à l'éocène, les triconodontes et les docodontes s'éteignent au crétacé.

Particulièrement abondants en Amérique du Nord, ces premiers mammifères végétariens présentent des analogies avec les rongeurs actuels. Au Gondwana se développèrent les ancêtres des monotrèmes, parmi lesquels l'ornithorynque avec son bec de canard et l'échidné ou fourmilier épineux. On les rencontre encore aujourd'hui en Australie et en Nouvelle-Guinée. Ces animaux ovipares possèdent un squelette aux traits primitifs de type thérapsides, mais également des caractères mammaliens.

L'immense majorité des mammifères actuels appartient à l'autre groupe, celui des thériens. À partir du plus ancien, *Kuehneotherium,* deux lignées s'individualisent : celle entièrement fossile des symonétrodontes, qui s'éteint à la fin du crétacé, et celle des pantothériens. Ces derniers s'épanouissent au cours du jurassique et sont les ascendants directs des placentaires ou euthériens et des marsupiaux ou métathériens. Pour le Français Robert Hoffstetter, il s'agit de deux groupes frères issus d'une dichotomie résultant de l'ouverture, au crétacé, des océans Indien et Atlantique, il y a environ 130 millions d'années. Les plus anciens marsupiaux ont été découverts en Amérique du Nord avec l'espèce *Hotoclemensia.* Ils migrèrent en Amérique du Sud, puis en Antarctique et en Australie et Nouvelle-Guinée, alors rattachées. Aujourd'hui, koalas, kangourous et opossums dominent la faune mammalienne d'Australie et de Nouvelle-Guinée.

Les placentaires sont nés en Eurasie avec l'espèce *Endotherium,* fossile trouvé en Mandchourie, d'où ils gagnèrent les continents américain et africain, puis plus tardivement Madagascar, par le canal du Mozambique, et l'Australie. Cette origine asiatique des placentaires n'est pas certaine, comme en témoigne la découverte en Amérique du Nord de *Pappotherium* (crétacé inférieur).

Les ancêtres des mammifères

IL Y A ENVIRON 200 MILLIONS D'ANNÉES, DURANT L'ÈRE SECONDAIRE, À LA FIN DU TRIAS, SONT APPARUS LES PREMIERS MAMMIFÈRES ISSUS D'UNE LIGNÉE DE REPTILES MAMMALIENS CARNIVORES : LES THÉRIODONTES.

Une des distinctions anatomiques fondamentales entre les reptiles et les mammifères réside dans la structure et dans l'articulation de la mandibule. Chez les premiers, celle-ci comprend sept os et l'articulation s'effectue entre le carré, un des os du crâne, et l'articulaire, l'os de la mandibule. Chez les seconds, ces éléments sont devenus des osselets de l'oreille moyenne et la mandibule n'est formée que d'un seul os, le dentaire, s'articulant avec le squamosal, os du crâne. Chez les mammifères, d'autres critères d'ordre biologique existent : présence de poils, viviparité, homéothermie, allaitement des jeunes, développement des hémisphères cérébraux, mais, chez leurs ancêtres, seuls les caractères ostéologiques sont fossilisés ; les dents sont également très différentes entre les reptiles (nombreuses, identiques et à cycle de remplacement fréquent) et les mammifères, chez qui elles sont à tubercules complexes, permettant des activités multiples (couper, broyer, mastiquer). Elles fournissent des indices précieux pour l'identification : il est vraisemblable en effet que ces caractères sont apparus au cours de l'évolution des thériodontes (reptiles carnivores), certains d'entre eux présentant une double articulation mandibulaire (reptilienne et mammalienne fonctionnant ensemble) et ayant leurs dents différenciées en incisives, canines et molaires.

Trois lignées semblent se dégager à l'intérieur des thériodontes : l'une conduit aux gorgonopsiens, comme *Lycaenops* du Karoo, en Afrique du Sud – elle s'éteindra à la fin du permien. Une deuxième passe des thérocéphales sud-africains (à l'hétérodontie marquée) aux bauriamorphes et aux ictidosauriens, qui portent la double articulation mandibulaire, mais disparaîtront à la fin du trias. La troisième conduit aux mammifères vrais, par l'intermédiaire des tritylodontes, particulièrement évolués et très proches des mammifères, comme *Diademodon* du trias d'Afrique du Sud, qui possédait un revêtement pileux et était peut-être homéotherme. La répartition géographique des thérapsidés, dérivant d'un groupe nord-américain, fait apparaître deux grandes régions, l'Afrique du Sud, qui renfermerait encore 800 milliards de fossiles de reptiles, et l'Eurasie. Comme en témoigne la diversité des premiers vrais mammifères, le passage entre les deux groupes s'est peut-être fait à quatre reprises, si l'on en croit les données actuelles.

1. Mégazostrodon.

2. Tête de *Uintatherium mirabile.*

L'explosion des mammifères au tertiaire

LA PALÉOGÉOGRAPHIE AU DÉBUT DU TERTIAIRE A EU DE NOMBREUSES INCIDENCES SUR L'EXTENSION ET LA MIGRATION DES MAMMIFÈRES. TRÈS DIVERSIFIÉS AU MIOCÈNE, ILS VONT AMORCER UN LENT DÉCLIN DÈS LA FIN DU PLIOCÈNE, PHÉNOMÈNE QUI S'ACCENTUERA AU QUATERNAIRE.

Au début du tertiaire, il y a environ 65 millions d'années, l'Amérique du Nord et l'Europe sont soudées par le Groenland ; Madagascar est séparée de l'Afrique ; l'Inde n'a pas encore rejoint le continent asiatique et l'Arabie est totalement rattachée à l'Afrique. L'Europe restera séparée de l'Asie par la mer ouralienne jusqu'à la fin de l'oligocène, et l'Amérique du Sud disjointe de l'Amérique du Nord jusqu'au pliocène.

Le déplacement des continents a beaucoup de conséquences sur l'extension et la migration des mammifères. La migration s'effectue d'Amérique en Europe, par le Groenland et par l'isthme de Béring. Au cours de la première moitié du tertiaire, deux grandes variations ont lieu chez les mammifères. Au paléocène, les mammifères sont encore de petite taille et très différents des espèces actuelles. Les multituberculés aux molaires allongées à nombreux tubercules, qui constituent le phylum mammalien le plus important du crétacé, vont survivre jusqu'à l'éocène. *Neoplagiaulax,* qui en est le représentant le plus courant, a été découvert dans le grand gisement cénozoïque de Cernay, en France. À cette époque, les marsupiaux n'ont pas encore entamé leur migration vers le sud de l'Amérique, on les trouve au nord, surtout sous la forme de sarigues.

Les placentaires se diversifient et sont représentés par des petits insectivores, des amblypodes et des dinocérates (dont le crâne épais possède des excroissances osseuses), des condylarthres, fossiles à la denture sans diastème, aux molaires trituberculées, qui seraient à l'origine des ongulés et peut-être également des carnivores. Parmi les créodontes se rencontrent des formes carnivores qui se distinguent des futurs fissipèdes, carnivores modernes, par des carnassières peu ou pas différenciées. À leurs côtés vivait un petit lémurien, *Plesiadapis,* dont la denture, remarquable par un fort développement des incisives, évoque les rongeurs. L'éocène annonce la faune mammalienne actuelle et voit la disparition des groupes précédents, à l'exception, toutefois, des insectivores et des lémuriens.

Si toutes les familles actuelles ne sont pas encore représentées, tous les ordres sont là. Les fissipèdes apparaissent avec les miacoïdes, animaux de taille petite à moyenne, très répandus en Amérique du Nord et en Eurasie. Ils s'éteignent à l'orée de l'oligocène, en laissant la place à tous les autres carnivores : cynoféloïdes (félins et canidés) ; arctoïdés (ours, mustélidés, pandas, ratons laveurs) ; herpestoïdés (hyène, genette protèle). Les pinnipèdes, dont les représentants actuels sont les phoques, les otaries et les morses, dérivent des fissipèdes primitifs. Les artiodactyles, ongulés au nombre pair de doigts, sont séparés en deux ensembles : les suiformes et les ruminants.

Chez les premiers, le groupe le plus ancien est celui des dichobunoïdés, dont dérivent les anthracothérioïdés, animaux à l'allure d'hippopotame. L'important ensemble des ruminants regroupe : les caméloïdés ou chameaux, apparus en Amérique du Nord à l'éocène et qui restèrent jusqu'au début du quaternaire ; les tragulins, nés à l'éocène supérieur et aujourd'hui représentés par *Tragulus* (chevrotain d'Asie) et *Hyemoschus* (chevrotain aquatique d'Afrique) et par les pécoras qui, s'enracinant vraisemblablement dans le groupe des tragulins de l'éocène, s'épanouissent d'une façon extraordinaire à la fin du tertiaire (éocène). Cette période voit également la diversification des cervoïdés, des giraffoïdés, des antilocaproïdés et des bovoïdés. De nombreux fossiles de périssodactyles ongulés au nombre impair de doigts datent de cette époque de diversification. Si aujourd'hui ils ne sont plus que trois familles (tapiridés, rhinocérotidés et équidés), ils étaient alors au minimum une quinzaine. Tous les périssodactyles peuvent être dérivés des phénacodontoïdés, groupe classé parmi les condylarthres.

Dès le paléocène, les chalicothères, groupe éteint, et les cératomorphes (tapiroïdés et rhinocérotoïdés) suivent leur propre voie. Il en est de même pour les équoïdés et les brontothérioïdés, groupe fossile descendant des hyracothériums de l'éocène inférieur, qui disparaît au cours de l'oligocène. Les proboscidiens (éléphants) s'enracinent dans les mœrithérioïdes de l'éocène en Afrique du Nord. Le néocène voit l'installation des familles actuelles et, après un apogée au miocène, le nombre de familles, de genres et d'espèces va nettement diminuer, et le lent déclin des mammifères qui s'amorce dès la fin du pliocène s'accentuera au quaternaire. L'individualisation entre les insectivores et les premiers primates est difficile à déterminer exactement. *Purgatorius,* fossile découvert dans le crétacé supérieur d'Amérique du Nord, apparaît comme un candidat possible à l'origine des primates, mais seuls des restes dentaires ont été trouvés, ce qui ne permet aucune certitude. Les plus anciens primates incontestés proviennent de terrains paléocènes d'Amérique du Nord et d'Europe ; ce sont les plesiadapis, proches des tarsiens. Les premiers ancêtres anthropomorphes sont plus récents, ils datent de l'oligocène et sont africains. C'est parmi les ancêtres communs au gorille et au chimpanzé qu'il faut rechercher celui qui donnera naissance aux premiers hominidés. •

→ **Voir aussi :** L'apparition d'espèces nouvelles, **BIOL**, p. 96-97. La vie aux différents âges de la Terre, **BIOL**, p. 100-101. Paléontologie humaine, **BIOL**, p. 104-105.

3. Origine et évolution des mammifères.

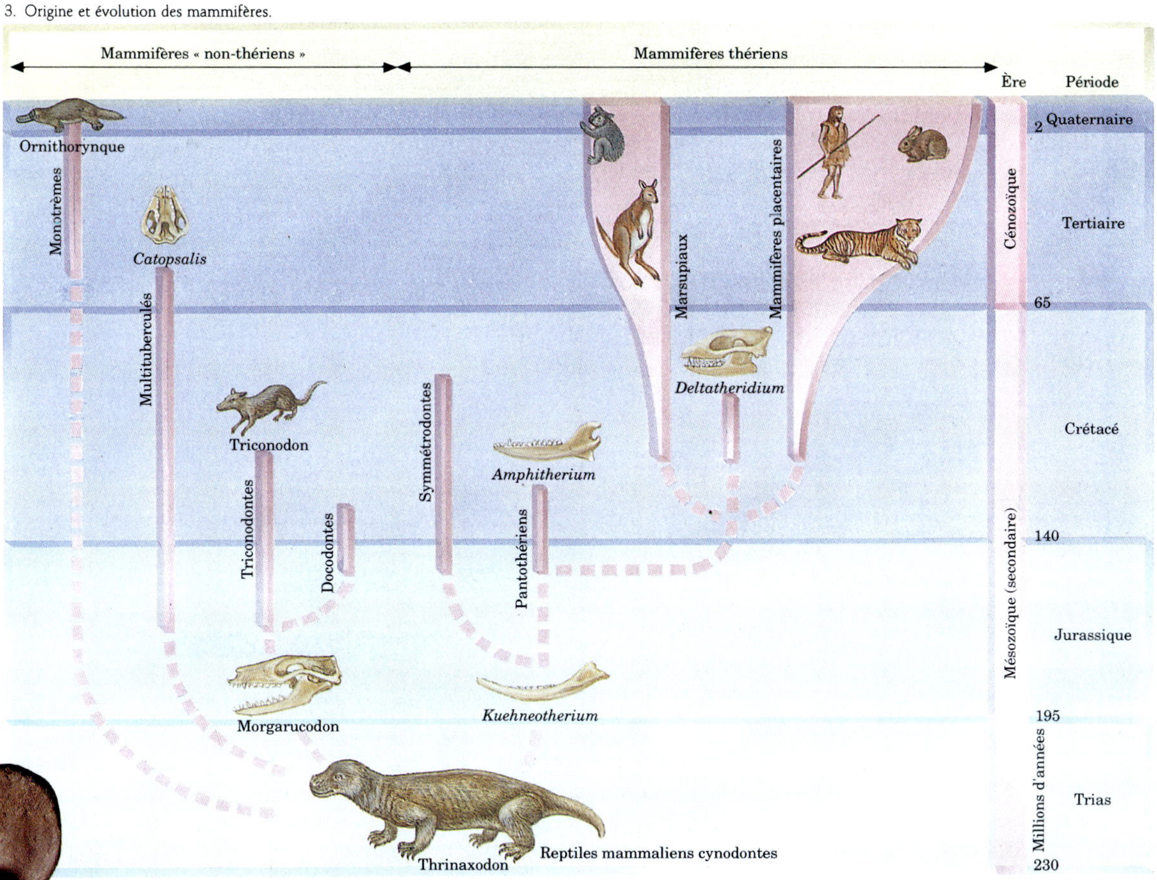

Les premiers mammifères

De la taille d'une musaraigne, le mégazostrodon (1) est l'un des premiers mammifères connus. C'est un triconodonte, encore très proche de ses ancêtres reptiliens, les cynodontes. Apparu au cours du trias il y a environ 200 millions d'années, il s'éteint au crétacé supérieur. L'uintatherium (2), mammifère végétarien de l'éocène moyen d'Amérique du Nord, possède un crâne massif orné d'excroissances osseuses et des canines supérieures développées. Il appartient au groupe des dinocérates, disparu à l'éocène.

Origine et évolution des mammifères

Issus des reptiles mammaliens cynodontes, les mammifères (3) se différencient, dès leur apparition il y a 200 millions d'années, en deux groupes : les non-thériens ou protothériens, et les thériens. Des protothériens, seuls subsistent aujourd'hui les monotrèmes, comme l'ornithorynque et l'échidné. Parmi les thériens, deux lignées apparaissent : celle des symmétrodontes, mammifères fossiles qui s'éteignent vers la fin du crétacé ; celle des pantothériens, donnant naissance aux marsupiaux (opossums, koalas, kangourous), actuellement très abondants en Australie et en Nouvelle-Guinée, et aux placentaires, qui dominent la faune mammalienne depuis la fin du tertiaire. Apparus au crétacé, les marsupiaux et les placentaires se sont individualisés il y a 130 millions d'années.

Paléontologie humaine

SCIENCE DE L'ORIGINE ET DE l'évolution de l'homme, la paléontologie humaine a pour objets d'étude deux catégories de vestiges de nos ancêtres fossiles, retrouvés au sein des couches archéologiques : ses ossements, d'une part, et les objets qui portent sa marque, d'autre part. Les paléoanthropologues déterminent la place d'un fossile dans l'histoire humaine par des critères morphométriques, des études comparatives des différents types humains, et en utilisant maintenant de plus en plus la génétique.

Il aura fallu des centaines de millions d'années pour que notre espèce : l'*Homo sapiens sapiens,* s'affirme par l'acquisition de nombreux caractères. Les premiers représentants de la famille des hominidés, les australopithèques, apparaissent il y a 5 millions d'années. La structure de leur bassin et la position particulière du trou occipital attestent l'acquisition d'une position debout propre à l'homme. Ce caractère particulier a d'importantes conséquences puisqu'il va permettre la libération des membres antérieurs et des mains. La disponibilité de celles-ci pour d'autres fonctions que la locomotion a favorisé le développement du cerveau. L'augmentation du volume cérébral va se marquer chez les successeurs des australopithèques, les *Homo habilis,* dont les fossiles sont accompagnés des premiers outils taillés. Le langage, rendu possible par de nouvelles structures anatomiques, se met en place et va permettre la transmission de l'acquis culturel. Mais les premiers témoignages de l'existence d'une vie sociale sont fournis par les *Homo erectus,* avec les premiers campements aménagés en grotte ou en plein air et, surtout, la maîtrise du feu. Cette conquête entraînera de multiples changements tant anatomiques que culturels. Les néandertaliens *(Homo sapiens neandertalensis),* dont l'origine est à rechercher dans le fonds commun *Homo erectus,* ont des caractères anatomiques spécifiques, leur donnant un physique différent de leurs prédécesseurs et de l'homme moderne. Ils sont les premiers à enterrer leurs morts. Cette branche particulière de l'évolution humaine s'éteindra sans descendance. Quant aux hommes modernes *(Homo sapiens sapiens),* ils sont issus vraisemblablement du groupe des *Homo erectus*.

L'origine des hominidés

IL Y A 6 MILLIONS D'ANNÉES, DES MODIFICATIONS CLIMATIQUES ONT PU JOUER UN RÔLE DANS L'APPARITION DES PREMIERS HOMINIDÉS.

Actuellement, aucun primate fossile ne fait parfaitement la jonction entre la souche anthropoïde présumée et les premiers hominidés, les australopithèques. Le premier primate *Purgatorius,* qui apparaît en Amérique du Nord à la fin du crétacé, il y a environ 70 millions d'années, ressemble encore à un insectivore. Le propliopithèque, découvert en Égypte dans des niveaux oligocènes, pourrait être, avec ses 32 dents, un bon candidat en tant qu'ancêtre des primates supérieurs. Parmi sa descendance, on trouve les dryopithèques, hominoïdes du miocène inférieur. Le kenyapithèque, qui en est la forme africaine du miocène moyen (16-12 millions d'années), est l'ancêtre possible des hominidés et des anthropoïdes.

Il y a 6 millions d'années, apparaissent les pré-australopithèques (selon le Français Y. Coppens) ou *Australopithecus afarensis* (selon Johanson et White). Cette espèce, qui n'a été attestée qu'en Afrique de l'Est, est bien connue grâce à la découverte d'un squelette presque complet d'un petit bipède, prénommé « Lucy ».

La transformation du climat aurait provoqué, selon Yves Coppens, au miocène supérieur, il y a environ 6 millions d'années, une séparation entre la lignée des grands singes, nos cousins, et celle des hominidés. Jusqu'à cette époque, la forêt s'étendait en Afrique de l'Atlantique à l'océan Indien, mais un effondrement de la « Rift Valley » entraîna un relèvement important des bords de ce continent, modifiant ainsi le régime des précipitations. À l'ouest, le couvert végétal demeura, tandis qu'à l'est, il se raréfia, obligeant les espèces animales à de nouvelles adaptations. Cette hypothèse expliquerait, d'une part, la présence à l'est de la Rift Valley de centaines d'espèces de vertébrés, dont l'australopithèque, et, d'autre part, à l'inverse, l'absence des ancêtres des chimpanzés et des gorilles.

Les australopithèques *afarensis* vont donner naissance, vers 3-3,5 millions d'années, aux australopithèques *africanus* (ou australopithèques graciles), qui ont été découverts en Afrique de l'Est et du Sud. Ils sont les ancêtres non seulement des premiers hommes, les *Homo habilis,* mais également de deux lignées qui s'éteindront à cause d'une trop grande spécialisation au régime végétarien, les australopithèques *robustus* en Afrique du Sud (2-1,5 million d'années) et les australopithèques *boisei* en Afrique de l'Est (2,2-1 million d'années). Les *Homo habilis* vont apparaître d'abord en Afrique de l'Est vers 2,2 millions d'années, puis en Afrique du Sud. D'après l'hypothèse d'Y. Coppens, ce nouveau genre serait apparu et se serait développé à la faveur d'une aridification de cette région d'Afrique, ce qui aurait permis son évolution. •

1. Tableau chronologique de l'évolution humaine.

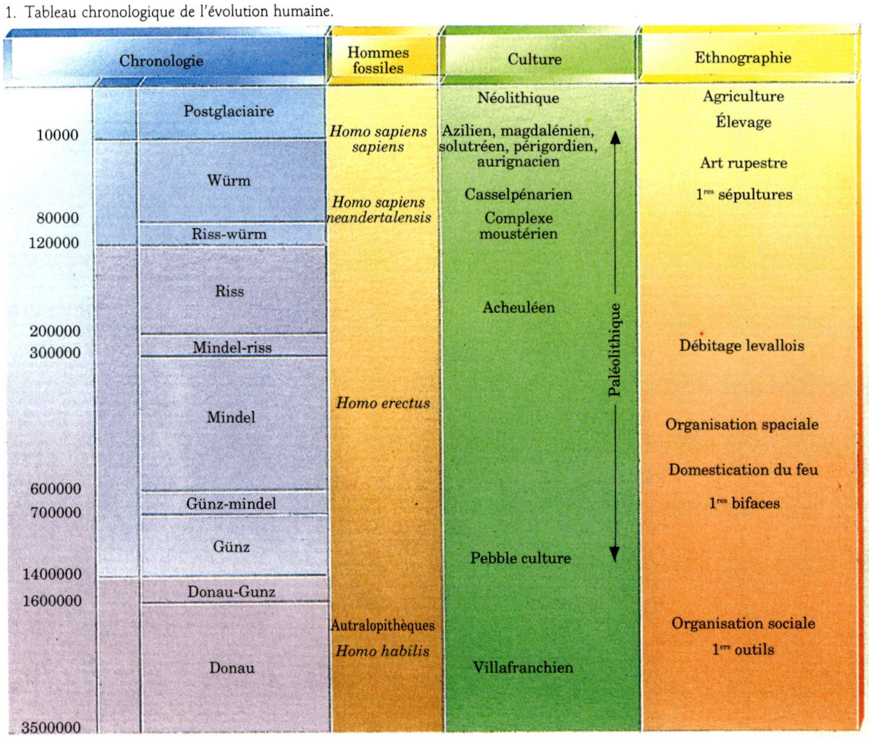

2. Hypothèse de P.V. Tobias.

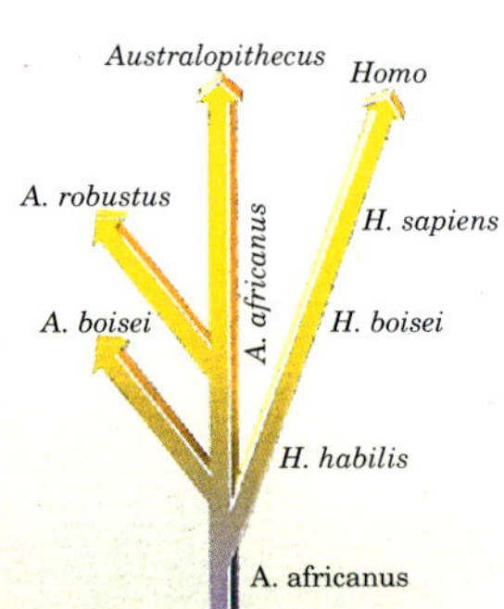

4. Hypothèse d'Y. Coppens.

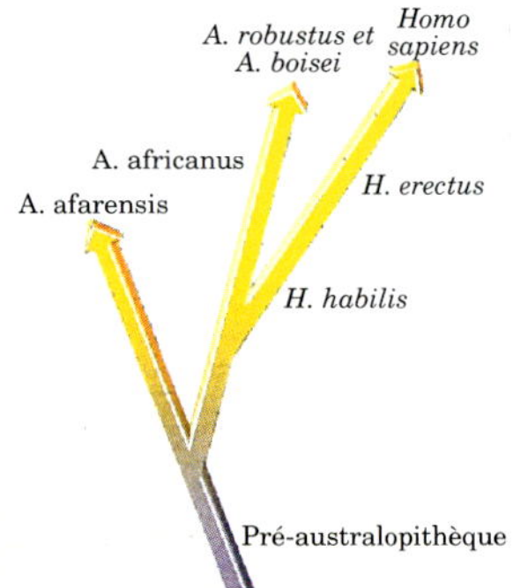

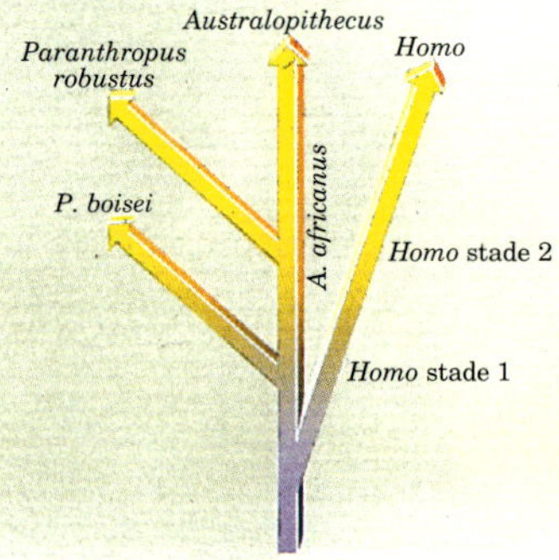

3. Hypothèse de R. Leakey.

Les hominidés

L'accord parmi les paléoanthropologues sur la filiation entre les différentes espèces de la famille des hominidés n'est pas encore réalisé. Parmi les modèles proposés par les spécialistes, trois arbres phylétiques sont aujourd'hui partiellement acceptés (2, 3, 4). Les divergences se situent particulièrement quant à l'origine du genre *Homo.*

Les grandes étapes de l'hominisation

QUATRE CARACTÈRES IMPORTANTS SONT LIÉS LES UNS AUX AUTRES DANS L'INTERPRÉTATION DE L'ÉVOLUTION DE L'HOMME.

Le fait remarquable chez l'homme est qu'il marche en permanence redressé sur ses deux pieds. Ce mode de locomotion en station verticale détermine des contraintes mécaniques. Le centre de gravité se situe au niveau du bassin ; la colonne vertébrale présente quatre courbures ; le trou occipital occupe une position plus antérieure que chez les autres primates ; le bassin est large et évasé ; les orteils sont courts, le plus gros est en adduction et le pied possède une voûte plantaire, ce qui permet une démarche de plantigrade (marcheur terrestre). Les membres supérieurs sont plus courts que les membres inférieurs, contrairement aux anthropoïdes. Les mains, libérées, peuvent appréhender et fabriquer. Le pouce, long, en étant capable de s'opposer aux autres doigts, en augmente la dextérité.

L'acquisition de la bipédie a été vraisemblablement un atout majeur, car elle a permis la libération des mains, ce qui entraîna probablement le développement du cerveau. Au niveau crânien, la bascule occipitale a entraîné simultanément une augmentation de l'arrière-crâne et une réduction de la face. Le cerveau a évolué à la fois en taille et en complexité neurologique. La capacité crânienne n'a cessé de croître des premiers hominidés à l'*Homo sapiens.* C'est surtout à partir des *Homo habilis* que cette augmentation devient vraiment significative.

Les préhistoriens ont trouvé, associés à leurs restes fossiles, les premiers outils, pierres taillées qui traduisent l'existence d'une pensée conceptuelle. L'augmentation du volume des hémisphères cérébraux s'accompagne probablement de la spécialisation d'une zone de l'hémisphère gauche pour le contrôle du langage. Cependant, il est difficile d'affirmer, à partir de leurs ossements, que les hommes préhistoriques, surtout les plus anciens, avaient un langage articulé, les parties organiques, comme le cerveau, ne se fossilisant pas. Quoi qu'il en soit, le langage articulé, propre à l'homme, permet la transmission des acquis culturels. La tradition orale tient une place importante dans toutes les sociétés humaines. Avec les *Homo erectus,* la chasse aux grands mammifères s'intensifie, ce qui va développer le sens de l'observation, l'agilité, la ruse et la mémoire. Parallèlement, le cerveau a presque doublé de capacité et les hémisphères cérébraux, notamment les zones frontales, se sont étendus.

D'autres modifications ont eu lieu au cours de l'évolution anatomique des hominidés : un système dentaire et masticateur moins puissant avec une arcade parabolique, des canines réduites et des prémolaires à deux tubercules ; une face de moins en moins prognathe où, chez les *sapiens sapiens,* les bourrelets susorbitaires sont absents et le menton présent, une gracilisation générale du squelette. •

5. Scène de la *Guerre du Feu.*

6. Crâne d'*Australopithecus robustus* et mandibule de léopard (site de Swartkrans, Afrique du Sud).

7. Empreinte de pas de Laetoli (Tanzanie). À l'arrière-plan, la préhistorienne anglaise Mary Leakey.

8. Main d'orang-outan.

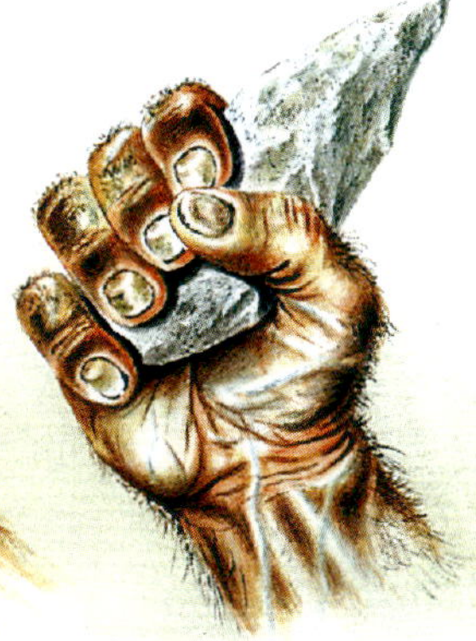

9. Main humaine.

Des ancêtres africains

On attribue à des hominidés ces traces de pas (7) découvertes dans du tuf en Tanzanie et vieilles de 3,5 millions d'années. Elles témoignent d'une démarche bipède, caractère typiquement humain lorsqu'il est permanent. Un autre caractère humain, le pouce opposable (9), favorisant la manipulation et la fabrication d'objets, ne se retrouve pas chez les singes anthropoïdes comme l'orang-outan (8).
Le cinéma a essayé d'imaginer comment nos ancêtres fabriquaient le feu (5), en frottant l'un contre l'autre deux morceaux de bois. Cette méthode est encore celle des habitants du Kalahari.
L'homme chasseur a également été gibier, comme en témoignent les deux marques circulaires sur ce crâne d'australopithèque (6), datant d'environ 1,8 million d'années, découvert en Afrique du Sud. L'écartement entre les deux marques correspond à celui mesuré entre les deux canines de la mandibule d'un léopard fossile provenant du même site. L'hominidé a certainement été tué par ce prédateur qui l'a traîné à son repaire.

La domestication du feu

LA MAÎTRISE DU FEU, QUI DÉBUTE IL Y A UN DEMI-MILLION D'ANNÉES, A DES CONSÉQUENCES IMPORTANTES SUR LE MODE DE VIE, MAIS AUSSI SUR LA BIOLOGIE DE L'HOMME PRÉHISTORIQUE.

Comme en témoignent les foyers les plus anciens découverts à Zhoukoudian, près de Pékin (Chine), l'homme *(Homo erectus)* aurait domestiqué le feu depuis 500 000 ans. La conquête du feu va entraîner des changements sur deux plans : anatomique et culturel. D'une part, la cuisson des aliments provoque des modifications du métabolisme. Les graisses et les protéines animales sont alors mieux assimilées. Une mastication moindre va permettre la diminution du volume des dents, le raccourcissement de la mandibule et la gracilisation des os du crâne. D'autre part, la clarté du feu va rendre l'homme préhistorique plus indépendant de la lumière diurne.

La technique de fabrication des armes et des outils va profiter de cette nouveauté. Les pointes d'épieu vont être passées au feu. Les prédateurs, félins et autres carnivores, vont être plus facilement écartés. Le chasseur pourra également utiliser le feu comme arme offensive pour affoler les troupeaux d'herbivores. Durant la préhistoire, deux procédés de fabrication du feu ont été utilisés : la percussion d'une pierre par une autre pierre (la pyrite de fer) et la friction de deux bouts de bois (« mâle » et « femelle ») pour porter le morceau femelle à l'ignition. La domestication du feu a sans doute permis à l'homme préhistorique de franchir une étape importante vers *Homo sapiens.* •

Les *Homo sapiens*

L'HOMME DE NEANDERTAL EST ENCORE PRÉSENT EN EUROPE LORSQUE S'Y DÉVELOPPE L'HOMME DE CRO-MAGNON, *HOMO SAPIENS SAPIENS.*

C'est dans le groupe des *Homo erectus* que prend racine l'espèce *sapiens,* il y a peut-être 500 000 ans. Deux lignées vont se différencier à cette période : en Europe, celle des prénéandertaliens et, au Proche-Orient, celle des « proto-Cro-Magnon », la première plus tôt que la seconde. À partir des fossiles humains de Tautavel (Pyrénées-Orientales), de Vértesszöllös (Hongrie), de Swanscombe (Grande-Bretagne) et de Steinheim (Allemagne), les paléoanthropologues ont été en mesure d'identifier les premiers caractères néandertaliens.

Il est pratiquement confirmé aujourd'hui que les néandertaliens ont eu pour berceau l'Europe. Tous les caractères anatomiques de cette espèce sont en place dès l'avant-dernière glaciation, comme en témoignent les restes de La Chaise (Charente), Biache-Saint-Vaast (Pas-de-Calais), Ehringsdorf (Allemagne), Saccopastore (Italie). Les néandertaliens « classiques » s'imposent en Europe, il y a environ 80 000 ans. Une partie de la population migre, au début de la dernière glaciation, au Proche-Orient (sites de Tabun, Amud et Kebara, en Israël, et de Chānidār, en Iraq) ; ce sont les néandertaliens orientaux. La morphologie particulière de ces hommes serait due, selon différents chercheurs, soit à une adaptation à un climat froid, soit à une utilisation intensive des maxillaires pour des activités domestiques, soit à un isolement « génétique » causé par le « cul-de-sac » qu'est l'Europe occidentale à cette période. Ils fabriquèrent, à partir de l'acheuléen, des outillages plus élaborés regroupés sous le terme de « complexe moustérien ».

La découverte du squelette de Saint-Césaire (Charente-Maritime) en 1979 a reposé le problème de la disparition des néandertaliens. On découvrit, associée à ce fossile, une industrie rapportée jusqu'alors au paléolithique supérieur : le « castelperronien ». Ceci prouve plusieurs faits : les derniers néandertaliens étaient contemporains des premiers *Homo sapiens sapiens* arrivés de l'est. Leur apparition n'a pas été un phénomène brutal et des métissages ont pu se produire. Ils disparaissent définitivement d'Europe à la fin de la première moitié de la dernière glaciation, durant le castelperronien. •

→ **Voir aussi :** L'homme et l'outil, **HIST**, p. 16-17. Préhistoire de l'art, **ARTS**, p. 132-133.

Les écosystèmes

De la même façon que la cellule est l'élément de base des organismes, les écosystèmes constituent les unités du milieu naturel. Tout écosystème comprend une communauté d'êtres vivants, appelée *biocénose,* installée en un lieu, le *biotope,* déterminé par une relative homogénéité de l'environnement et des conditions qui y règnent.

À l'intérieur d'une biocénose, on distingue trois grandes catégories : d'abord les *producteurs primaires* (végétaux verts chlorophylliens), à l'origine des chaînes alimentaires, puis les *consommateurs de premier ordre* (herbivores) et de *deuxième ordre* (carnivores), enfin les *minéralisateurs* (bactéries, champignons). Le fonctionnement de l'écosystème se traduit par un flux de matière et d'énergie permanent au travers des chaînes alimentaires (appelées aussi chaînes trophiques).

On peut considérer les écosystèmes selon plusieurs niveaux. Les *biomes* correspondent aux grandes zones biogéographiques (forêt tropicale, toundra, savane, etc.). À un niveau inférieur, les *écosystèmes* représentent des parcelles du paysage (un champ de blé, un secteur de forêt, etc.). À un niveau encore plus élémentaire, on trouve les *micro-écosystèmes* (un rocher littoral, une touffe de mousse, etc.).

L'un des concepts essentiels de l'écologie, mais aussi l'un des plus difficiles à définir, est celui de *niche écologique* d'une espèce, qui se détermine par différents paramètres liés à ses exigences physiologiques, à son mode de vie et à ses caractères adaptatifs. La niche écologique représente ainsi le *rôle* de l'espèce dans l'écosystème, bien au-delà de la simple notion d'habitat.

L'écosystème : le vivant et son milieu

CHAQUE ÉCOSYSTÈME EST CONSTITUÉ DE DEUX SOUS-ENSEMBLES ÉTROITEMENT LIÉS : CELUI DES ÉLÉMENTS VIVANTS, LA BIOCÉNOSE, ET CELUI DES CONDITIONS DU MILIEU, OU BIOTOPE.

Lorsqu'elle fut définie en 1935 par le botaniste britannique A. G. Tansley, la notion d'écosystème n'intéressait qu'un cercle étroit de spécialistes ; aujourd'hui, ce terme est presque passé dans le langage courant. Il désigne un milieu déterminé, le biotope, au sein duquel est établi un ensemble d'êtres vivants, la biocénose.

La biocénose se trouve souvent confinée dans une zone bien délimitée : l'étang par ses rives, la forêt par ses lisières. Elle présente, en particulier dans le cas des écosystèmes terrestres, une structure répétitive, dont l'homogénéité peut être démontrée à partir des groupements végétaux dominants. En effet, les associations végétales *(phytocénoses)* déterminent largement les biocénoses animales *(zoocénoses)* qui leur sont en grande partie inféodées.

Le biotope est défini par ses propriétés physico-chimiques, c'est-à-dire un ensemble de facteurs *abiotiques* (d'origine non vivante, bien que modifiables, pour certains d'entre eux, par les êtres vivants) : la nature du sol, les caractéristiques climatiques, telles que l'importance du rayonnement solaire, la température, l'humidité. Cependant, ces caractéristiques ne sont qu'exceptionnellement constantes dans le temps. L'alternance du jour et de la nuit, la succession des saisons, et par conséquent l'amplitude des variations de température, de luminosité et d'humidité, imposent des conditions limites auxquelles sont soumis les différents éléments des biocénoses et déterminent fortement la nature des espèces qui les composent.

À l'intérieur de ces conditions limites, les variations temporelles des caractéristiques du biotope entraînent des réactions de la part des êtres vivants. À l'échelle de la journée, ce sont surtout les changements de comportement et d'activité (repos et prise de nourriture pour les animaux, activité photosynthétique pour les

Des unités naturelles à l'échelle du paysage

Sur un substrat géologique et un sol homogène, les divers éléments d'un paysage, tels que forêt, vigne, champ cultivé, prairie, mare, peuvent être considérés comme des « échantillons » d'écosystèmes (1). La nature se divise alors en systèmes fonctionnels, comme si elle était vue au « macroscope » (selon l'image de H. T. Odum, traduisant le niveau global d'appréhension en écologie).

1. Parcelles du paysage, assimilables à des écosystèmes.

2. Les composants d'un écosystème.

plantes). Les variations saisonnières imposent souvent des fluctuations plus importantes (de la taille des populations, par exemple). À l'intérieur du biotope, les variations des conditions physico-chimiques dans l'espace ne sont pas moins déterminantes : dans les milieux aquatiques, par exemple, la lumière, maximale en surface, est pratiquement totalement absorbée au-delà d'une profondeur de 120 mètres ; de même, les teneurs en oxygène, en sels minéraux, en matières organiques varient très vite en fonction de la distance à la surface. •

3. Flux d'énergie (jaune) et cycle des éléments chimiques (bleu).

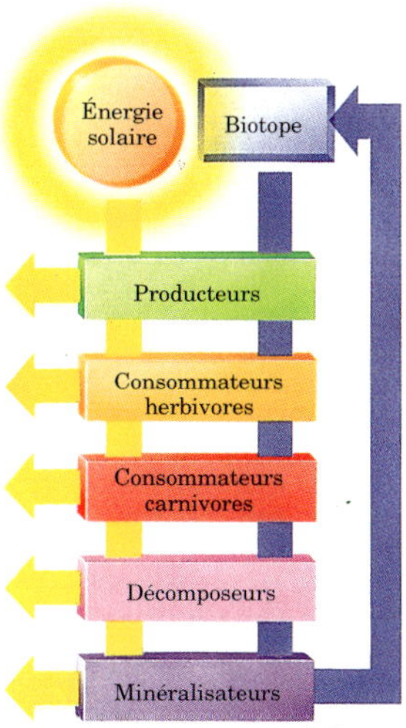

Un système fonctionnel

L'écosystème correspond à un ensemble cohérent et homogène d'éléments, séparable des autres systèmes. Il comprend deux parties : la biocénose, ensemble des êtres vivants, et le biotope, qui représente les conditions du milieu et leurs variations (2). L'écosystème est caractérisé par deux phénomènes liés (3). Premièrement, un flux énergétique (flèches jaunes) : l'énergie est captée par les végétaux verts (4), utilisée ensuite par les herbivores (5) puis les carnivores (6), et enfin par les décomposeurs (7) et minéralisateurs (8) ; le flux sortant est dû aux pertes du métabolisme des individus. Deuxièmement, des cycles d'éléments chimiques (flèche bleue) : à partir d'un réservoir (atmosphère pour le carbone, sol pour les éléments fertilisants), les éléments chimiques pénètrent dans le système par les végétaux verts et sont recyclés par les minéralisateurs ; par exemple, l'azote organique, recyclé par les bactéries « nitrifiantes », et l'azote atmosphérique, intégré dans le cycle par d'autres bactéries (8).

4. Savane au Kenya.

5. Gazelle de Grant *(Gazella granti robertsi)*.

6. Lion *(Panthera leo)*.

7. Bousier *(Scarabaeus sacer)*.

8. Nitrobactéries *(Rhizobium leguminosarum)*.

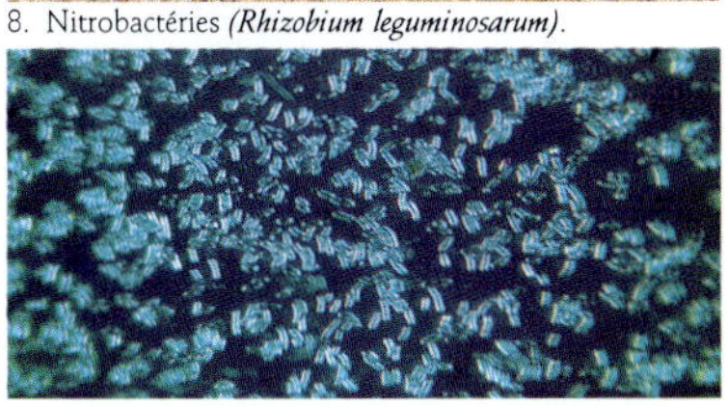

L'organisation des écosystèmes

SELON LEUR RÔLE DANS L'ÉCOSYSTÈME, LES DIVERSES ESPÈCES DE LA BIOCÉNOSE SE RÉPARTISSENT EN TROIS GRANDES CATÉGORIES.

À l'origine de tout transfert d'énergie dans l'écosystème se trouvent les *producteurs primaires.* Ce sont les végétaux verts chlorophylliens, seuls capables d'utiliser l'énergie solaire pour élaborer leur propre matière organique par photosynthèse (le carbone étant fourni par le gaz carbonique de l'air).

Les *consommateurs* sont les animaux qui dépendent de la matière ainsi formée pour obtenir leur énergie et les éléments nécessaires à l'élaboration de leur matière. Les *consommateurs de premier ordre* (herbivores, insectes phytophages) se nourrissent exclusivement du couvert végétal, les *consommateurs du deuxième ordre* (carnivores) vivent aux dépens des précédents (on peut aller jusqu'à définir des consommateurs de troisième ordre : carnivores se nourrissant de carnivores). Il est à noter que le groupe des *« décomposeurs »* comprend les organismes qui fragmentent la matière organique morte pour s'en nourrir : ils font donc partie des consommateurs.

Enfin, les *minéralisateurs* (bactéries, champignons) forment la troisième grande catégorie d'organismes. Ils dégradent les matériaux organiques (cadavres, parties mortes des végétaux) en libérant leurs éléments minéraux, qui seront à nouveau absorbés par les plantes photosynthétiques.

L'appartenance à une catégorie, notamment pour les consommateurs de premier ou du deuxième ordre, n'est pas touours facile à établir : certaines espèces participent de deux groupes, comme les omnivores ou diversivores (exemple, l'homme) ; pour d'autres, le régime change au cours des saisons (exemple, le renard) ou selon les stades du développement (exemple, les papillons). Le fonctionnement de l'écosystème est assuré par le flux énergétique dans les chaînes alimentaires ; il est aussi caractérisé par l'existence des cycles des éléments chimiques (carbone, oxygène, azote, phosphore, potassium...). Tout cycle peut être décrit à partir de la présence de l'élément au sein d'un réservoir (sol, solution du sol, atmosphère). C'est dans ce réservoir que puisent les producteurs primaires, faisant ainsi rentrer les éléments dans le cycle par incorporation dans la matière organique ; puis les éléments circulent dans les chaînes alimentaires et retournent au réservoir par l'action des minéralisateurs. •

La dimension des écosystèmes

LA BIOSPHÈRE, ENSEMBLE DE TOUS LES ÉCOSYSTÈMES, SE DIVISE EN BIOMES, EUX-MÊMES COMPOSÉS D'ÉCOSYSTÈMES PLUS PETITS. À CHAQUE NIVEAU, LES ÉCOSYSTÈMES CONSTITUENT DES UNITÉS AUTONOMES.

À l'échelle planétaire, la *biosphère* – couche externe du globe contenant tous les êtres vivants – représente le niveau d'intégration le plus élevé. Une première fragmentation régionale permet de décrire les *biomes.* Ceux-ci correspondent aux grandes zones biogéographiques et climatiques, les macro-écosystèmes terrestres : toundra, taïga, forêt tempérée, déserts chauds, savane, forêt tropicale, etc.

Un découpage plus fin individualise des écosystèmes de taille plus modeste. Des critères physionomiques simples conduisent à l'identification intuitive d'une lande, d'un marécage, d'une forêt, ou même d'une haie, d'un bosquet comme formant chacun un *écosystème*. Des ensembles plus restreints encore, les *micro-écosystèmes,* fonctionnent de la même manière : une touffe de mousse, ou même un système artificiel constitué par une limnée et un brin d'élodée enfermés dans une ampoule de verre remplie d'eau et scellée sont des micro-écosystèmes. Ils peuvent se suffire à eux-mêmes, tout en s'intégrant dans des systèmes plus importants, répondant ainsi au principe d'autonomie relative qui caractérise tous les écosystèmes.

Souvent, on désigne – à tort – comme écosystèmes des parties d'ensembles : on parle par exemple de l'écosystème sol, alors que le sol, malgré sa complexité, est totalement dépendant de la matière organique provenant d'autres systèmes. On a même employé ce terme à propos de la ville (« écosystème urbain ») alors qu'il s'agit là d'un ensemble totalement dépendant des apports extérieurs en provenance d'autres écosystèmes, et notamment des écosystèmes agricoles pour l'approvisionnement des habitants en énergie par l'alimentation.

Les « agro-écosystèmes » (prairies d'élevage, champs cultivés), la plupart des forêts, sont des écosystèmes simplifiés, conduits par l'homme, « artificialisés » : le principe général de leur fonctionnement reste le même, mais la recherche d'accroissement de la production se fait par de nombreux apports d'énergie subsidiaire, sous diverses formes : engrais, pesticides, fuel pour le travail mécanique, etc.

Des écosystèmes tout à fait artificiels ont même été conçus, telles des capsules spatiales à fonctionnement autonome pour la survie des astronautes. Un projet de grandes serres fermées dans le désert d'Arizona représente le même type d'approche : il pose malgré tout de difficiles problèmes de stabilité, de régulation et d'équilibre... jusqu'ici bien mieux résolus dans la nature. •

Le rôle des espèces dans les écosystèmes

LES CONDITIONS DE VIE DE CHAQUE ESPÈCE DANS L'ÉCOSYSTÈME DÉTERMINENT SA NICHE ÉCOLOGIQUE. DEUX ESPÈCES PEUVENT ENTRER EN COMPÉTITION LORSQU'ELLES OCCUPENT DES NICHES ÉCOLOGIQUES VOISINES.

Toute espèce vivante se caractérise par une niche écologique bien définie. Ce terme représente la « fonction » occupée par l'espèce et ne se réduit donc pas à son seul habitat. La niche écologique d'une espèce se met en évidence, en particulier à l'intérieur du réseau alimentaire, par la place tenue dans la hiérarchie de ce réseau (la niche écologique se compare alors à la fonction d'un individu dans la société humaine). Dans son acception la plus moderne, le concept de niche écologique d'une espèce est défini comme l'ensemble des conditions dans lesquelles cette dernière vit et se renouvelle.

L'amplitude de la niche permet de distinguer les espèces *généralistes,* qui peuvent s'adapter à des conditions très étendues, et les espèces *spécialistes,* qui ne s'adaptent qu'à une gamme extrêmement restreinte de conditions. L'homme est par excellence une espèce généraliste, tandis que certains animaux domestiques sont étroitement spécialistes. Bien souvent, plusieurs espèces peuvent être en compétition pour l'occupation d'une même niche ou de deux niches très voisines. Chaque espèce possède une stratégie de reproduction qui dépend de la « dimension » de la niche, cette dernière conditionnant à son tour la taille des populations de l'espèce considérée.

On distingue plusieurs types de relations entre espèces vivant dans un même écosystème. Le principal facteur qui détermine ces relations est l'appartenance ou non au même niveau dans la hiérarchie alimentaire. Lorsque les niveaux trophiques sont différents, les relations sont souvent du type proie-prédateur, les individus de chaque niveau ayant besoin du niveau inférieur pour se nourrir. Par contre, à l'intérieur du même niveau trophique, il y a souvent compétition pour l'utilisation d'une même ressource alimentaire. Cette compétition s'exerce entre individus d'une même espèce (compétition intraspécifique), mais peut également opposer entre elles des espèces différentes, occupant des niches écologiques proches (compétition interspécifique). D'autres relations entre espèces traduisent des modes particuliers de dépendance : parasitisme, symbiose, commensalisme. •

→ **Voir aussi :** Biomasse et productivité, **BIOL**, p. 108-109. Les interactions entre espèces, **BIOL**, p. 196-197.

Biomasse et productivité

Le fonctionnement des écosystèmes peut s'envisager principalement en termes de transferts d'énergie. L'énergie entrante a pour source essentielle le rayonnement solaire. La sortie s'opère sous forme d'énergie dégradée, c'est-à-dire de chaleur (rayonnement infrarouge) à basse température, diffusant dans l'environnement.

À l'intérieur de l'écosystème, l'*énergie lumineuse* solaire est utilisée à la fabrication de la matière organique et s'y trouve intégrée sous forme d'*énergie potentielle chimique.* Les producteurs primaires (végétaux chlorophylliens) assurent la production initiale de matière organique qui fournit ensuite l'énergie aux consommateurs des différents maillons des chaînes alimentaires.

La *biomasse* représente l'ensemble de la matière organique correspondant aux êtres vivants. Elle s'exprime en masse par surface, par exemple en tonnes de matière sèche par hectare. Elle peut s'accroître du fait de la reproduction et de la croissance des individus, initialement grâce à la photosynthèse des végétaux et ensuite par assimilation de la nourriture ingérée par les consommateurs. Elle tend à décroître à cause de la disparition d'individus par prédation ou mort naturelle, leur matière organique étant alors convertie et en grande partie dissipée dans l'environnement. Dans un écosystème équilibré, les deux phénomènes (accroissement et décroissance de la biomasse) se compensent.

Dans les écosystèmes jeunes ou pionniers, les organismes et les biocénoses se succèdent au fur et à mesure que le milieu se modifie et que la biomasse augmente. Les successions tendent vers un état stable, en équilibre avec le milieu. Cet état d'équilibre de l'écosystème mature se nomme *climax ;* il lui correspond une biomasse maximale, compte tenu des conditions écologiques.

D'un point de vue dynamique, la *productivité* d'un écosystème représente la vitesse d'accroissement de la biomasse, elle s'exprime par exemple en tonnes de matière sèche par hectare et par an. Selon une image classique empruntée à l'économie, la biomasse correspond au capital, et la productivité représente l'intérêt produit par ce capital.

Dans l'écosystème, les *rendements* d'élaboration et de transformation de la biomasse correspondent à des rapports entre quantités d'énergie. On les calcule en particulier pour traduire l'efficacité du passage d'un niveau à celui qui le suit dans les chaînes alimentaires. Ces rendements sont faibles, leur ordre de grandeur n'est que de 10 % : à chaque transfert, la plus grande partie de l'énergie n'est pas conservée sous forme de biomasse, mais dépensée. En ce qui concerne le passage de l'énergie solaire parvenant jusqu'aux végétaux à la production de matière organique par photosynthèse (c'est-à-dire le premier des transferts d'énergie dans l'écosystème), le rendement est seulement de 1 à 5 %.

Rôle des constituants de l'écosystème

L'ÉNERGIE CIRCULANT À L'INTÉRIEUR DES CHAÎNES ALIMENTAIRES PERMET LA SURVIE DES ÊTRES VIVANTS ET L'ACCROISSEMENT DE LA BIOMASSE.

Conformément aux lois de la thermodynamique, auxquelles obéissent les écosystèmes, toute l'énergie absorbée par les producteurs primaires sous forme de rayonnement est finalement dissipée sous forme de chaleur à la suite d'une cascade de transferts et de conversions dans l'ensemble des chaînes alimentaires (le réseau trophique) de chaque écosystème.

L'entrée d'énergie dans l'écosystème a lieu presque toujours sous forme d'énergie solaire. Une fraction seulement de cette lumière totale reçue est utilisée par les plantes, le reste est perdu par réflexion, diffusion, transmission. Quant à la fraction utilisée, elle intervient surtout dans les phénomènes de transpiration (pratiquement 50 %), seule une petite partie du reste sert, par photosynthèse, à la fabrication des substances organiques (élaboration de glucides dans les chloroplastes). Cette faible part de l'énergie solaire entrant dans l'écosystème correspond à la *production primaire brute* (de 1 à 5 % environ). La *production primaire nette* (inférieure à 1 %) constituant la partie visible et récoltable des végétaux représente la différence entre la production primaire brute et la quantité de matière perdue par les phénomènes de respiration, qui constituent une dépense de « fonctionnement ». Une partie de la production primaire nette sert d'aliment aux herbivores, qui absorbent ainsi une certaine quantité d'énergie, et le reste devient de la matière organique morte livrée aux décomposeurs. De ce qui est ingéré par les herbivores, une partie est rejetée sous forme de déchets, ou d'excréments, la fraction assimilée correspond à la *production secondaire* des herbivores et à leur dépense respiratoire. De façon analogue, les carnivores obtiennent leur énergie à partir des herbivores.

La biomasse de chaque niveau du réseau trophique représente donc une énergie potentielle accumulée sous forme biochimique, dont une fraction seulement sera assimilée par le niveau trophique supérieur. La biomasse s'exprime en masse de matière sèche, ou en équivalent énergétique, par unité de surface (ou de volume pour les eaux). La vitesse d'accroissement de la biomasse représente la *productivité,* pour laquelle les unités sont des quantités de matière sèche ou d'énergie par unité de surface et de temps (par exemple, tonnes de matière sèche par hectare et par an, ou exprimé autrement, kilojoules par mètre carré et par jour.

Les rendements écologiques caractérisent l'efficacité des organismes à réaliser les transferts d'énergie d'un niveau à un autre dans les chaînes alimentaires. On définit aussi, à l'intérieur de chaque maillon, un rendement écologique de croissance, qui rend compte de la matière vivante synthétisée par rapport à la quantité de nourriture ingérée ; un rendement de production, qui rapporte la matière vivante synthétisée à l'énergie effectivement assimilée, et un rendement d'assimilation, qui caractérise l'aptitude des individus à utiliser l'énergie contenue dans leurs aliments. Le rendement des producteurs ou efficacité photosynthétique correspond à la production primaire nette et se calcule en effectuant le rapport de la productivité nette (biomasse végétale récoltable) à l'énergie lumineuse totale. •

Les successions de végétation

Dans la région méditerranéenne, la vigne a été installée de plus en plus près des villages, alors que les lieux les plus difficiles à cultiver se trouvaient progressivement abandonnés en fonction de leur distance aux villages. En tenant compte des dates d'abandon, on peut observer les stades d'une succession dite « secondaire », par réinstallation progressive de la végétation après défrichement (1). Ces observations permettent d'évaluer le temps nécessaire pour atteindre chaque stade, de la pelouse initiale à la forêt.

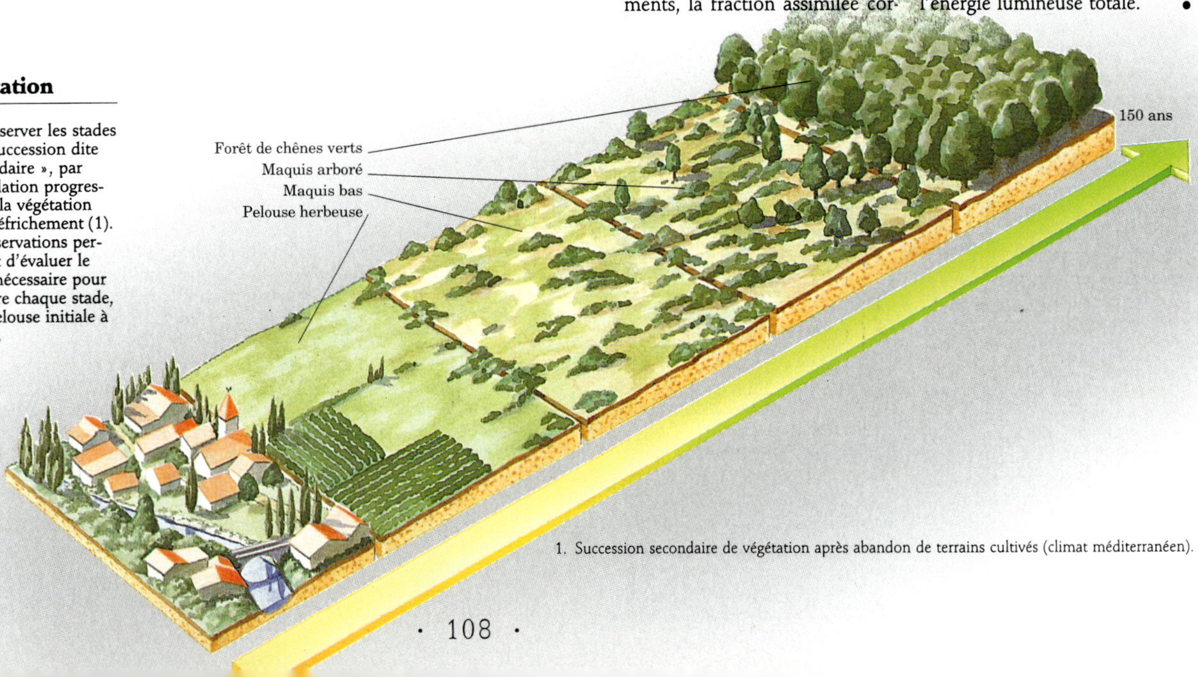

1. Succession secondaire de végétation après abandon de terrains cultivés (climat méditerranéen).

Les transferts d'énergie

ENTRE LES MAILLONS DE LA CHAÎNE ALIMENTAIRE S'OPÈRENT DES TRANSFERTS D'ÉNERGIE, CARACTÉRISÉS PAR DES RENDEMENTS TRÈS FAIBLES.

En utilisant des données arrondies à partir d'un exemple (marais de Silver Springs, en Floride, étudiés par E. P. Odum en 1957), on peut donner une idée de la façon dont s'effectuent les transferts d'énergie. À partir d'un total d'énergie fixée par les végétaux d'environ 38 000 kJ par mètre carré de terrain et par an (kJ/m²/an), les tissus des herbivores (constitués à partir de la matière organique des végétaux) ne représentent que 1 700 kJ/m²/an environ, ceux des carnivores de premier ordre 88 kJ/m²/an environ. À partir des carnivores de deuxième ordre, la quantité d'énergie par unité de surface et par an devient négligeable. Cela explique pourquoi on ne trouve guère de chaîne alimentaire ayant plus de quatre maillons. On représente sous forme graphique le stockage de l'énergie dans les écosystèmes par une pyramide des biomasses.

La *productivité nette* des producteurs primaires est une donnée fondamentale, elle représente la quantité de matière disponible et immédiatement accessible par les consommateurs (animaux ou humains). Les valeurs estimées de la productivité primaire (sous-entendu « nette ») sont très variables. La haute mer et les déserts ont une productivité très faible, de l'ordre de 0,1 à 0,5 g de matière sèche par mètre carré et par jour (g/m²/j) ; la productivité des formations herbacées semi-arides (steppes et savanes), des lacs profonds, des forêts d'altitude, des zones d'agriculture temporaire est de 0,5 à 3 g/m²/j ; celle des forêts humides, des lacs peu profonds, des zones d'agriculture permanente est de 3 à 10 g/m²/j. La *productivité secondaire,* traduite par la croissance des consommateurs, en regard de la quantité d'aliments fournie, est importante pour les agriculteurs.

Le cas d'une prairie d'élevage a été bien étudié par A. Mac Fadyen sur des bœufs pâturant un pré semi-naturel en Grande-Bretagne. L'énergie solaire apporte 1 672 000 kJ/m²/an dont seulement 18 000 servent à l'élaboration de matière végétale. Sur l'énergie ainsi fixée, 3 000 kJ sont utilisées par les bœufs – le reste est consommé par des décomposeurs et les autres herbivores. À partir de ces 3 000 kJ, les bœufs élaborent finalement une productivité secondaire nette de 125 kJ. Globalement, le rapport à l'énergie totale reçue ne dépasse pas 1/10 000. Ce résultat spectaculaire montre l'énorme avantage qu'il y aurait à axer la consommation humaine sur des produits végétaux plutôt qu'animaux. Avantage d'autant plus important que la conduite des « agroécosystèmes » (champs cultivés) nécessite souvent des apports d'énergie subsidiaire, surtout d'origine fossile (engrais, carburant des machines agricoles) donc non renouvelable. •

Réseaux alimentaires et pyramides écologiques

Un réseau alimentaire (ou réseau trophique) se constitue entre deux systèmes palustres (2), l'un aquatique, l'autre de littoral herbeux. On définit quatre échelons alimentaires : producteurs primaires (végétaux), puis trois niveaux de consommateurs, des herbivores aux rapaces.
Les consommateurs ont souvent un régime diversifié et se nourrissent à plusieurs niveaux (l'orientation des flèches signifie : « fournit de l'énergie à », c'est-à-dire « est consommé par »).
Les pyramides écologiques matérialisent l'importance relative des échelons alimentaires d'un écosystème. Les pyramides de biomasse montrent le rendement variable des chaînes alimentaires : très faible dans un écosystème terrestre herbacé (friche) [3], un peu plus important dans un récif corallien (4). La pyramide s'inverse parfois, comme dans le cas du plancton marin (5), lorsque la consommation intense opérée sur le plancton végétal est compensée par sa très grande vitesse de renouvellement.

2. Réseau alimentaire d'un marécage du littoral californien (d'après Smith).

3. Pyramide des biomasses dans un champ en friche de Géorgie.

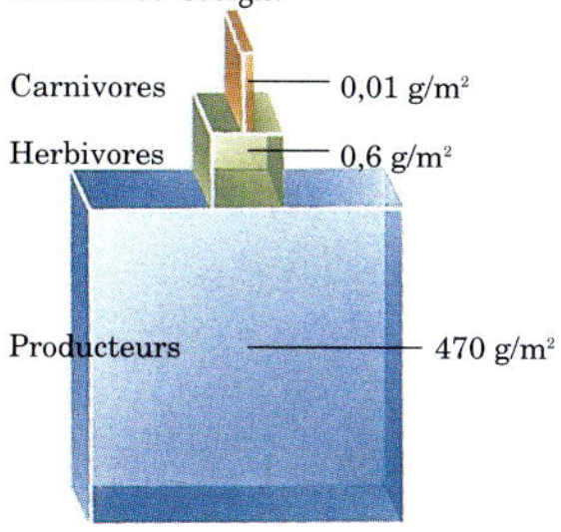

4. Pyramide des biomasses dans un récif corallien.

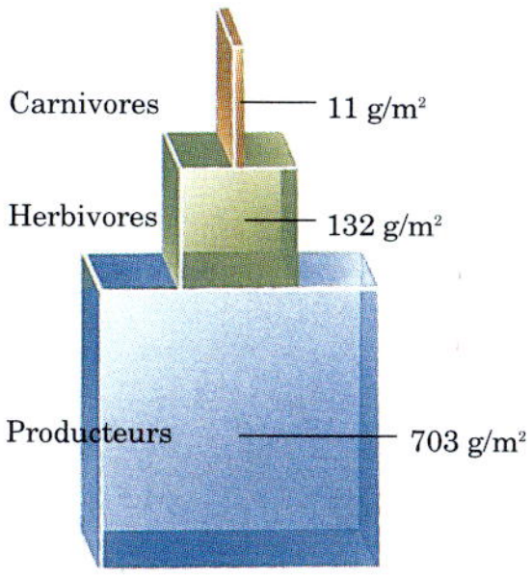

5. Pyramide des biomasses dans le plancton (Pas-de-Calais).

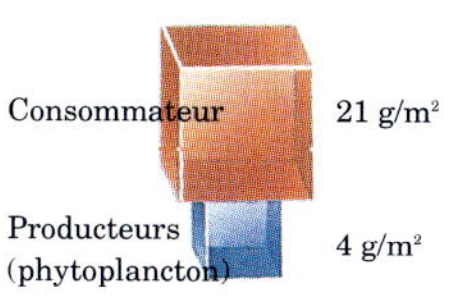

L'évolution des biocénoses

LES BIOCÉNOSES, COMMUNAUTÉS D'ÊTRES VIVANTS DES ÉCOSYSTÈMES, SE MODIFIENT AU COURS DU TEMPS PAR SUCCESSIONS PROGRESSIVES DES PEUPLEMENTS.

Les écosystèmes que nous pouvons observer aujourd'hui ne sont pas apparus soudainement. En général, leur établissement a été progressif et a requis des centaines, voire des milliers d'années. Chacun subit des modifications permanentes, qui se traduisent dans la structure des biocénoses. Les modifications, en général spontanées, sont appelées *successions écologiques.* La plupart de ces successions sont des phénomènes ordonnés et prévisibles, qui peuvent aboutir à des états finaux relativement stables appelés *climax,* en équilibre avec les conditions du milieu, principalement climatiques. Il s'agit d'un équilibre dynamique, pouvant toutefois disparaître lors de modifications importantes du milieu. L'existence des successions est facile à observer : après l'abandon d'une culture ou la coupe rase d'une forêt, le paysage se transforme spontanément (en dehors de toute intervention humaine) et on peut suivre de telles transformations (à l'échelle d'une vie humaine ou grâce à des documents). À partir d'un sol nu, dans les stades initiaux, le sol est colonisé par des espèces pionnières : la végétation herbacée est pratiquement la seule, la faune est peu abondante. Puis apparaît progressivement une végétation buissonnante, à laquelle succèdent les premiers arbres. Cette évolution s'accompagne des modifications correspondantes au sein du peuplement animal.

L'écologiste américain E. P. Odum insiste sur les principales caractéristiques de la dynamique d'une succession : augmentation et diversification de la biomasse ; complexification croissante de l'organisation des diverses communautés et des chaînes ou réseaux alimentaires qui les lient les unes aux autres ; développement des mécanismes de stabilisation de l'écosystème ; transformations corrélatives du sol et de sa faune...

On distingue deux types de successions : primaires et secondaires. Une succession primaire commence à partir d'une surface nue où aucune végétation ne l'a précédée : un milieu rocheux est colonisé par des mousses et des lichens, qui, en amorçant l'accumulation de matière organique, favorisent la formation d'un sol capable de supporter la croissance de peuplements herbacés, etc. Une succession secondaire s'établit à partir d'un milieu anciennement peuplé mais dont le peuplement a été détruit par des causes souvent brutales (incendies, défrichements, érosion...). Le climax engendré par une succession secondaire diffère du climax primitif, on parle alors de paraclimax.

Sous certaines pressions, en particulier l'exploitation humaine intensive, au lieu d'une évolution progressive vers un climax, des destructions successives répétées conduisent au contraire à une évolution régressive. Celle-ci mène à des stades dégradés ou peu évolués, souvent voisins dans leur aspect des stades pionniers, ou, dans les cas extrêmes, à des espaces désertifiés.

Toute la surface d'un territoire n'évolue pas vers le climax climatique régional. À l'étage alpin, par exemple, des creux abrités et des crêtes ventées, des parois diverses forment des stations spécifiques où s'établissent et se maintiennent des associations végétales et animales spécifiques ; on parle alors de *climax stationnels.*

De nombreux écosystèmes sont le produit de successions millénaires. L'analyse de restes végétaux donne des indications sur la constitution des peuplements végétaux anciens. Par exemple, on compare la fréquence relative des pollens de différentes plantes à l'intérieur de tourbes plus ou moins anciennes pour reconstituer l'évolution des paysages quaternaires durant les glaciations et les phases interglaciaires. L'étude de l'évolution des écosystèmes au cours des temps géologiques est l'objet d'une discipline toute récente, la paléoécologie. •

→ **Voir aussi :** Les écosystèmes, BIOL, p. 106-107.

La dynamique des populations

LES POPULATIONS DE CHAque espèce vivante sont soumises à divers types de fluctuations liées principalement à celles des facteurs du milieu, mais également dépendantes d'effets s'exerçant entre les individus d'une population (effets de groupe). Ces fluctuations peuvent être irrégulières : il s'agit alors de proliférations ou de raréfactions massives imprévisibles ; mais on observe aussi des fluctuations régulières, sous la forme de cycles saisonniers ou pluriannuels liés aux variations des conditions du milieu, en particulier celles des ressources alimentaires.

Deux catégories de facteurs interviennent dans la dynamique des populations : des facteurs indépendants de la densité des individus dans la population, et dont les principaux sont les facteurs climatiques ; des facteurs dépendants de la densité, tels que la compétition pour les ressources alimentaires.

L'évolution d'une population à partir d'un peuplement initial réduit (un couple par exemple) se traduit mathématiquement par une courbe, dite « logistique », qui tient compte du taux d'accroissement naturel (*r*) de la population et de la capacité d'accueil ou « résistance » (K) du milieu.

Selon l'importance du taux de reproduction, on distingue deux stratégies qui commandent en définitive l'occupation de l'espace et l'utilisation des ressources. La stratégie dite « *r*-sélection » est celle d'espèces à taux de reproduction élevé, dont la densité est limitée par la compétition entre individus. Au contraire, un taux de reproduction plus faible permet de constituer des peuplements plus denses, caractéristiques de la stratégie « K-sélection ».

Les connaissances acquises sur la dynamique des populations sont essentielles pour la gestion des « stocks naturels ». Par exemple, des modèles mathématiques permettent d'interpréter la dynamique des populations de poissons marins. Ces modèles servent à déterminer les quotas de pêche sur une zone en évitant une surexploitation des stocks. On peut aussi, grâce à de tels modèles, prévoir les proliférations de parasites des cultures et appliquer contre eux des méthodes de lutte biologique, souvent plus efficaces et toujours moins nocives que l'emploi de pesticides artificiels.

Fluctuations des populations naturelles

PÉRIODIQUES OU IRRÉGULIÈRES, LES VARIATIONS D'EFFECTIFS PEUVENT TOUJOURS ÊTRE RELIÉES À DES FACTEURS ENVIRONNEMENTAUX.

Aucune population ne possède un effectif rigoureusement constant dans le temps. On distingue plusieurs types de fluctuations, qui d'ailleurs sont susceptibles de se superposer.

Les fluctuations petites et *aléatoires,* autour d'une population d'équilibre K (dont l'effectif correspond aux possibilités d'accueil du milieu), sont en général associées aux changements de courte durée de l'environnement (à l'échelle de jours ou de semaines). Elles ne remettent pas en cause la place de la population concernée dans l'écosystème.

Les fluctuations *saisonnières* sont liées à celles du milieu. En général, la population atteint son maximum à la fin du printemps, après la reproduction, puis décroît vers une valeur d'hiver qui persiste jusqu'à la période suivante de reproduction.

Les fluctuations *brutales* sont fréquemment liées à un événement perturbant soudainement et fortement l'environnement. Il s'agit souvent de réductions importantes de l'effectif, mais on observe aussi des cas d'explosions démographiques, détruisant les réserves dont vit la population étudiée et se soldant par une forte mortalité et le retour drastique à une densité plus faible.

Les fluctuations *pluriannuelles,* voire séculaires, enfin, sont particulièrement spectaculaires. Ce type d'évolution démographique s'observe dans des cas où deux espèces sont liées par une relation du type proie-prédateur : toute variation chez l'un des partenaires se répercute chez l'autre, entraînant à terme une série d'oscillations. L'exemple le mieux connu d'oscillations cycliques non saisonnières des densités de populations est celui du lièvre variable et du lynx canadien, qui a pu être quantifié pendant près d'un siècle grâce aux dénombrements des peaux reçues par la Hudson Bay Company en Amérique du Nord. La périodicité observée est de 9-10 ans. Le lynx dépendant du lièvre pour son alimentation, le cycle du prédateur est lié à celui de sa proie. Lorsque la population de lynx est à bas niveau, celle des lièvres augmente, déclenchant (mais avec une certaine latence) la remontée de l'effectif des lynx, qui disposent d'une nourriture plus abondante. Mais la population de lynx exerce alors une pression croissante sur sa proie et contribue à faire redescendre le nombre des lièvres jusqu'à un point bas, entraînant une pénurie de nourriture pour les lynx, dont la population va chuter... Pour trouver la source de ces oscillations, il faut considérer comme point de départ le niveau de productivité primaire (végétale) : c'est le facteur limitant l'abondance des deux populations, entre lesquelles s'exerce une régulation réciproque. •

Caractéristiques des populations naturelles

CHAQUE ESPÈCE SE CARACTÉRISE PAR LA DENSITÉ ET LE TAUX DE CROISSANCE DE SES POPULATIONS.

L'importance de l'effectif d'une population à une époque donnée est généralement exprimée par sa densité, c'est-à-dire le rapport entre la quantité d'individus et la surface ou le volume occupés. Lorsqu'il s'agit d'une population animale, cette densité peut être exprimée à partir du nombre d'individus ; pour un peuplement végétal, il est plus commode de la donner en biomasse, masse vivante par unité de surface ou de volume.

Toute modélisation mathématique de l'évolution dans le temps de diverses populations d'un écosystème serait sans intérêt si elle ne reposait pas sur une évaluation de terrain. Les relevés phytosociologiques (relatifs aux communautés végétales) peuvent donner une image satisfaisante des populations végétales. Pour les animaux, les difficultés de capture, liées essentiellement à leur mobilité pour certains ou à leur très petite taille pour d'autres (micro-arthropodes du sol, par exemple), constituent des facteurs d'imprécision dans les évaluations. Il faut aussi avoir une connaissance suffisamment bonne de la structure démographique de chaque espèce (pyramide des âges, ratios entre sexes) pour que les modèles qui représentent leur évolution aient une quelconque valeur prédictive.

L'étude des populations est d'autant plus difficile que leur polymorphisme génétique est important. Le développement (ou la simple survie des populations) dépend fortement de l'adaptabilité liée à cette variété génétique. La croissance, le renouvellement ou, au contraire, la diminution d'une population se caractérisent par les paramètres suivants : les taux de natalité et de mortalité, c'est-à-dire le nombre d'individus naissant ou mourant pendant l'unité de temps (une année, par exemple), que l'on exprime souvent en pourcentage de la population vivante, ainsi que le taux de croissance naturelle, (*r*) qui exprime la différence entre le taux de natalité et le taux de mortalité. Sans limitation, un taux de croissance *r* positif conduirait à une progression exponentielle de l'effectif ; mais le milieu impose une limite (K) correspondant à sa capacité d'accueil.

La représentation de l'évolution d'une population à partir d'un faible effectif initial est donnée par une courbe de croissance, dite « sigmoïde », d'équation $N = K / 1 + e^{a-rt}$, dans laquelle la variable N est le nombre d'individus et *a* une constante qui représente l'effectif initial (valeur de N au temps $t = 0$). •

Croissance et fluctuations

Malgré certaines fluctuations, la courbe de croissance de la population de moutons introduits dans le sud de l'Australie (1) s'ajuste à une courbe théorique dite « logistique » (fonction du taux de croissance de la population et de la capacité d'accueil du milieu). La croissance initiale est rapide, le palier terminal correspond à la capacité limite d'accueil du milieu. C'est à son niveau que s'enregistrent les fluctuations les plus amples, liées à celles du milieu.

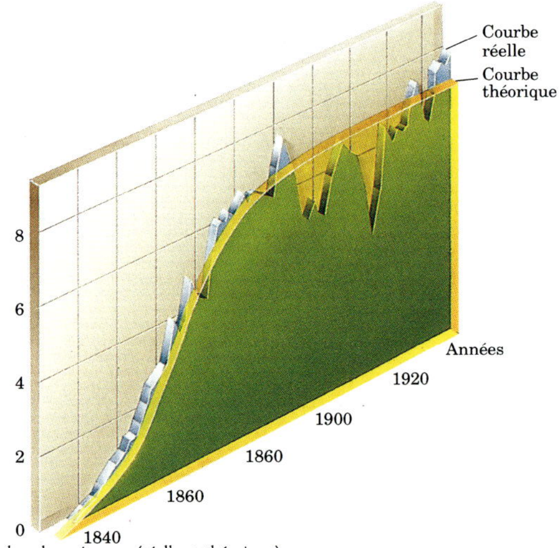

1. Courbes de croissance (réelle et théorique).
Population de moutons du sud de l'Australie (d'après Davidson).

2. Lemmings (*Lemmus lemmus*).

3. Lemmings noyés au cours d'une migration.

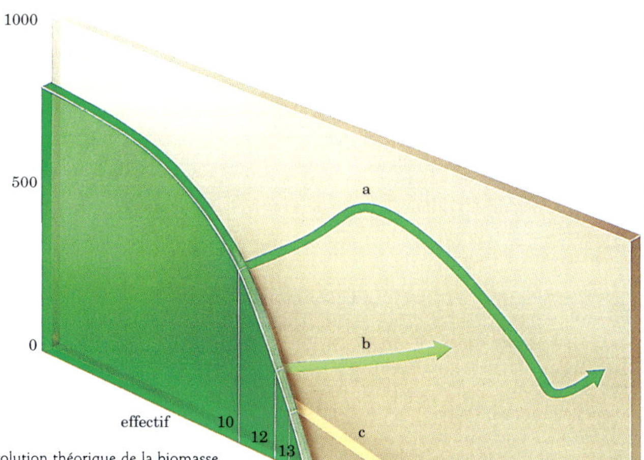

4. Évolution théorique de la biomasse végétale soumise à une faible pression de pâturage.

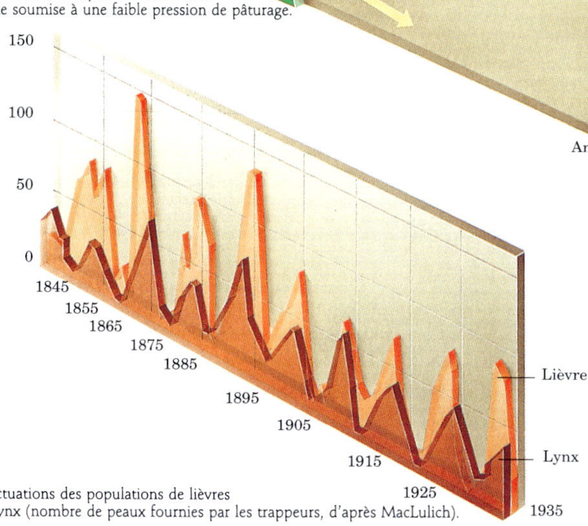

5. Fluctuations des populations de lièvres et de lynx (nombre de peaux fournies par les trappeurs, d'après MacLulich).

Les régulations d'effectifs

Un modèle mathématique simple permet de traduire l'influence d'une population à croissance exponentielle d'herbivores domestiques sur la biomasse végétale d'un pâturage (4). La destruction sera totale, sauf si on impose une forte réduction de l'effectif du troupeau. Le moment de la réduction est primordial : assez tôt (a), le pâturage peut se reconstituer ; un peu après (b), la reconstitution sera très lente ; trop tard (c), la destruction est inéluctable. Des régulations de ce type s'observent en situation naturelle, comme dans le cas des lemmings nordiques, dont les phases de prolifération (2) sont suivies de « suicides collectifs ». Ceux-ci pourraient être liés à un épuisement des éléments minéraux, provoquant un déséquilibre physiologique et des troubles du comportement des lemmings (migrations par hordes et noyades [3]). Dans une relation proie-prédateur (5), il s'exerce une régulation réciproque. Les fluctuations d'effectifs des deux populations sont semblables, mais décalées : quand le nombre de proies diminue, celui des prédateurs diminue également, avec une certaine latence ; la rareté des prédateurs favorise alors l'augmentation du nombre de proies, suivie de celle des prédateurs, etc.

Les stratégies

POUR EXPLIQUER LA DYNAMIQUE DES POPULATIONS, ON OPPOSE DEUX STRATÉGIES : CELLE DE LA REPRODUCTION RAPIDE (*r*) ET CELLE DE L'ÉQUILIBRE AVEC LES CAPACITÉS D'ACCUEIL DU MILIEU (K).

En fonction de leur mode de développement et d'utilisation du milieu, les espèces vivantes se différencient selon deux modèles théoriques de *stratégies.* La *stratégie* K est fondée sur une bonne capacité d'occupation de l'habitat pour en tirer le maximum du point de vue énergétique. La *stratégie r* est fondée sur une capacité de reproduction rapide des populations.

La stratégie *r* est celle de l'expansion numérique et géographique. Elle traduit une forme d'adaptation à des environnements variables. Les populations peuvent subir d'énormes fluctuations dans le temps et sont toujours en déséquilibre. Très mobiles, elles sont aptes à coloniser de nouveaux milieux (opportunisme). La sélection naturelle favorise dans leur cas un développement rapide, avec un taux de croissance très élevé, une reproduction précoce et abondante. Les animaux et les plantes sont plutôt de petite taille et leur durée de vie est courte, souvent inférieure à un an. Parmi les cas les plus typiques illustrant cette stratégie, on peut prendre pour exemple, chez les animaux, des espèces d'insectes phytophages comme les criquets migrateurs, qui causent des ravages dans les cultures, et, chez les végétaux, les jacinthes d'eau, extrêmement expansives. L'importance du facteur *r*, c'est-à-dire de leur taux de reproduction, permet aux espèces à stratégie *r* de suivre les fluctuations du milieu avec un temps de réponse très court. Ainsi, malgré les chutes d'effectifs auxquelles leur stratégie d'expansion les expose, des populations importantes peuvent se reconstituer rapidement.

À l'inverse, le modèle théorique de la stratégie K s'applique aux espèces à population stable, qui vivent dans des habitats susceptibles de se maintenir dans la longue durée (forêt climacique – en équilibre – par exemple). L'effectif de la population reste toujours proche de celui de la population d'équilibre K, population limite qui est fonction de la capacité d'accueil du milieu. La sélection naturelle favorise un développement lent de la population, une aptitude compétitive plus grande et une maturité sexuelle tardive. Le taux de reproduction est faible, mais les chances de survie des descendants sont importantes (protection des graines, élevage des jeunes...). Généralement, les individus sont d'une taille bien supérieure à celle de ceux pratiquant la stratégie *r* et leur durée de vie est plus élevée. Ce type de stratégie est caractéristique de la plupart des grands vertébrés et des mammifères en particulier (éléphant), ainsi que des formes arborescentes de plantes, comme le chêne, au développement lent et à la vie longue. •

Application à la gestion

QU'IL S'AGISSE DE PRÉVISIONS D'EXPLOITATION OU DE LUTTE BIOLOGIQUE, LA GESTION RATIONNELLE DES RESSOURCES NATURELLES PASSE PAR LA CONNAISSANCE DE LA DYNAMIQUE DES POPULATIONS.

La compréhension des lois d'évolution des peuplements végétaux et des populations animales peut favoriser leur gestion par l'homme, soit pour lutter contre des espèces indésirables ou nuisibles, soit pour favoriser des espèces utiles. La connaissance des effectifs, la prévision des évolutions permettent – notamment en matière de chasse, de pêche, d'exploitation des forêts – de quantifier les stocks et de déterminer la part exploitable sans mettre en danger la pérennité des populations concernées, ni celle des écosystèmes auxquels elles appartiennent. Toute surexploitation peut conduire à une situation irréversible entraînant la disparition de la source productive.

Il faut cependant se garder d'une approche trop simplificatrice. Ainsi, en forêt, la gestion n'est pas uniquement celle d'un stock de bois, il faut prendre en compte les sous-produits de la forêt. Outre leur intérêt économique, ils ont une utilité de premier plan dans le maintien du couvert forestier, la protection des sols, la régulation du cycle de l'eau...

La lutte contre les ravageurs des cultures peut gagner beaucoup, elle aussi, à la connaissance des modes de croissance de leurs populations. Ainsi, pour les insectes phytophages (qui se développent suivant un modèle de stratégie de type *r*), on se sert de ces études pour entreprendre une lutte biologique utilisant avec efficacité des prédateurs ou des parasites spécifiques de ces insectes. •

Le milieu marin

LES MOTS OCÉAN ET MER s'emploient souvent indifféremment pour désigner le milieu marin, c'est-à-dire l'ensemble des étendues d'eau salée, qui couvre 360 millions de km², soit 70 % de la surface du globe. Il s'agit d'un domaine à trois dimensions, dans lesquelles les conditions écologiques varient de manière importante.

La lumière est absorbée rapidement par les masses d'eau, délimitant ainsi une zone plus ou moins profonde (de 20 à 180 m suivant la clarté de l'eau) au-delà de laquelle la vie végétale n'est plus possible. Dans la couche superficielle, la température est liée à la pénétration des rayons solaires et subit des variations journalières et saisonnières. Au-delà de 400 m de profondeur, on n'enregistre plus de telles variations, la température diminue jusqu'à 1 500 mètres, puis se stabilise (0-3 °C) et reste relativement homogène jusqu'aux fonds. La salinité de l'eau de mer provient des nombreux sels minéraux dissous (35 grammes par litre) qui déterminent la productivité du plancton végétal. La pression augmente de 1 atmosphère tous les 10 mètres ; dans les grands fonds, elle atteint plusieurs milliers d'atmosphères. L'eau de mer renferme des gaz dissous, notamment de l'oxygène qui se trouve en quantité maximale en surface (du fait du brassage de l'eau par les vagues et de l'activité photosynthétique des végétaux marins) et du gaz carbonique, très soluble dans l'eau, présent à des taux 150 fois supérieurs à celui qu'il a dans l'air ; l'océan joue un rôle « tampon » primordial dans la régulation du taux atmosphérique de ce gaz.

Les grandes zones océaniques se définissent par la profondeur de leurs fonds. Les plateaux continentaux (jusqu'à 200 m) bordent les continents ; les fonds s'inclinent ensuite brusquement vers des zones plus profondes (2 000-6 000 m). Dans ces deux zones, on rencontre des organismes vivant sur le fond (le benthos), des organismes flottants, à mobilité faible ou nulle (le plancton), et des animaux nageurs (le necton). Les ressources biologiques des océans sont particulièrement abondantes sur les côtes et dans certaines zones de remontées d'éléments minéraux (« upwellings »). Le milieu marin doit être protégé des agressions qui l'altèrent.

L'écosystème marin

LES OCÉANOGRAPHES DIVISENT CE MILIEU EN « DOMAINES » ET EN « PROVINCES », AUX CARACTÉRISTIQUES ÉCOLOGIQUES DISTINCTES.

Considérer le milieu marin comme une entité homogène serait une vision très réductrice, tant les conditions écologiques y sont variées. On distingue tout d'abord deux grands domaines océaniques : le domaine *pélagique,* constitué par l'ensemble des masses d'eau, et le domaine *benthique,* qui concerne les fonds, depuis la côte jusqu'aux grandes fosses abyssales.

Le domaine benthique se subdivise, selon la profondeur, en trois zones principales : le plateau continental, qui s'étend de 0 à 200 mètres et représente 7,6 % de la surface des océans ; le talus continental, zone d'inclinaison brusque des fonds depuis 200 mètres jusqu'à 2 000 mètres, qui représente 8,1 % de la surface ; les plaines abyssales (2 000-6 000 m) et les fosses (au-delà de 6 000 m, et jusqu'à 11 000 m pour la fosse des îles Mariannes, la plus profonde connue), qui représentent 84,3 % des fonds océaniques. On inclut dans le domaine océanique les zones littorales battues par les marées ou même mouillées par les embruns. Les organismes vivant dans ces zones sont en effet soumis aux actions de l'océan, soit par l'alternance de phases immergées et émergées lors du flux et du reflux, soit du fait de l'importante salinité du milieu.

Le domaine pélagique se divise en deux « provinces » : la province néritique, correspondant aux masses d'eau recouvrant le plateau continental, et la province océanique, qui recouvre les fonds supérieurs à 200 mètres. Ces provinces présentent une stratification écologique verticale, liée à la pénétration des rayons solaires et aux variations saisonnières de températures. La zone euphotique (ou zone épipélagique) correspond à la couche superficielle (de 0 à 50-100 m), où la quantité de lumière est suffisante pour permettre la photosynthèse. Au-delà de cette zone, les végétaux benthiques et le phytoplancton ne peuvent survivre : seules persistent des formes animales souvent carnivores ou détritivores.

La subdivision de l'écosystème océan en différents sous-systèmes se justifie par la diversité des conditions écologiques rencontrées ; les stratégies d'adaptation des organismes et la productivité varient considérablement d'une zone à l'autre.

La faune benthique dépend pour son alimentation soit des algues du littoral, soit du plancton ; son abondance décroît donc avec la profondeur. Dans les abysses, les animaux détritivores (et les prédateurs) survivent grâce aux débris et cadavres tombant en permanence des couches supérieures. Cependant, il existe aussi de véritables écosystèmes autonomes au niveau des sources hydrothermales abyssales, les « fumeurs », autour desquelles s'organise une chaîne alimentaire à partir de bactéries qui oxydent les composés sulfurés rejetés.

Dans la zone pélagique, les organismes planctoniques de la couche superficielle éclairée sont à la base du réseau alimentaire. L'abondance de la faune marine est dépendante de la température, de l'oxygénation de l'eau et de la teneur en éléments minéraux (phosphates notamment). •

Les formes de la vie marine

ENTRE LA SURFACE ET LE FOND, ET MÊME À L'INTÉRIEUR DU SUBSTRAT GÉOLOGIQUE, LA VIE SE RÉPARTIT DANS LES TROIS DIMENSIONS DE L'ÉCOSYSTÈME MARIN.

La diversité des conditions écologiques du milieu marin s'accompagne d'une grande variété des formes et des modes de vie. On distingue trois catégories d'organismes correspondant aux grandes zones océaniques : le plancton et le necton, qui peuplent le domaine pélagique, et le benthos, qui peuple les fonds.

Le plancton est composé de l'ensemble des organismes flottants (en surface ou entre deux eaux), auxquels leur mobilité négligeable ne permet pas de lutter contre les courants, tout en autorisant, pour certains d'entre eux, des migrations verticales. De nombreux végétaux microscopiques forment le phytoplancton, qui est en partie consommé par des formes planctoniques animales (le zooplancton). Parmi les éléments du zooplancton (crustacés, mollusques, protozoaires), on trouve également des formes larvaires ou juvéniles de vertébrés et d'invertébrés qui rejoignent le benthos ou le necton après avoir atteint le stade adulte.

Le necton est composé d'organismes capables de vivre en pleine eau et de se déplacer activement dans les courants marins. Il comprend la plupart des espèces de poissons de pleine eau, des céphalopodes, ainsi que les mammifères marins. Parmi les espèces nectoniques, beaucoup sont carnivores au stade adulte ; les formes les plus petites se nourrissent du plancton et du benthos et servent de nourriture aux formes prédatrices de taille supérieure. Toutefois, certains animaux, comme les baleines à fanons, malgré leur grande taille, se nourrissent de plancton (en particulier le krill, formé de petits crustacés transparents des mers froides).

Le benthos est composé de végétaux et d'animaux fixés sur le fond (benthos sessile) et de formes animales mobiles (benthos vagile) n'effectuant que de

1. **Un réseau trophique** (d'après Duvignaud).

faibles déplacements sur le fond ou à son voisinage immédiat. Le benthos sessile comprend de nombreuses espèces d'algues, des éponges, des mollusques, des crustacés (balanes), ainsi que des cnidaires (coraux, anémones de mer). La faune vagile est constituée de crustacés (crabes, crevettes), de poissons et de formes moins mobiles (mollusques lamellibranches, vers polychètes). Lorsque le substrat est rocheux, ces formes présentent divers dispositifs de fixation : crampons, disques, groupements serrés d'individus. Ces dispositifs prennent une grande importance dans les zones battues par les vagues. Dans les susbtrats meubles, vase ou sable, les animaux (vers et mollusques notamment) sont souvent capables d'un enfouissement temporaire ou permanent (par exemple dans des tubes). •

Fonctionnement de l'écosystème marin

LA PRODUCTIVITÉ, PLUS IMPORTANTE DANS LES ZONES CÔTIÈRES ET LES MERS FROIDES, DÉPEND ESSENTIELLEMENT DU PLANCTON VÉGÉTAL DES EAUX DE SURFACE.

Le développement de la vie végétale, maillon initial des chaînes alimentaires, est soumis dans l'océan à l'action de trois facteurs écologiques principaux : la lumière, la température et la disponibilité des éléments nutritifs.

La fonction photosynthétique du phytoplancton n'a lieu que dans la zone euphotique, couche supérieure atteinte par la lumière, d'une épaisseur d'une quarantaine de mètres en région tempérée et d'une centaine en région tropicale. Les réseaux alimentaires profonds fonctionnent sur l'utilisation et la décomposition de la matière organique morte. Dans la zone euphotique, la production végétale est limitée par la quantité de certains sels minéraux indispensables, dont l'azote, le phosphore et le fer ; ces éléments accumulés dans le plancton et les organismes qui s'en nourrissent descendent vers les profondeurs avec les déchets et les cadavres. L'appauvrissement des eaux de surface qui en résulte est compensé par les remontées d'eau froide (upwellings) à proximité du plateau continental, qui entraînent vers la zone euphotique les sels nutritifs.

La productivité primaire du phytoplancton résulte de son activité photosynthétique. Elle se mesure par dosage soit de l'oxygène dégagé, soit du carbone assimilé sous forme de matière organique. Le maximum observable dans les zones d'upwelling est de 300 g de carbone assimilé par m^2 de surface et par an. En comparaison, les mers tropicales ont dans leur ensemble une productivité très inférieure, de l'ordre de 0,1 à 0,2 g de carbone par m^2 et par an. Sans considérer les zones d'upwelling, les mers froides ont une meilleure production primaire (80 g de carbone par m^2 et par an pour la mer du Nord) que les mers tropicales. Cette différence s'explique par une plus grande agitation et une meilleure oxygénation des eaux des mers froides.

Liée à l'action des consommateurs, la productivité secondaire d'un écosystème s'exprime par l'accumulation de la matière organique à leur niveau. On l'évalue concrètement pour la mer en étudiant surtout le rendement des pêcheries. Dans les chaînes alimentaires, l'efficacité des transferts d'énergie d'un niveau trophique au suivant est de l'ordre de 10 %. Ainsi, pour une chaîne du type phytoplancton/zooplancton/éperlans/maquereaux/thons, on obtient seulement 100 g de thon à partir d'une tonne de phytoplancton. Par contre, dans le cas d'une chaîne plus courte, du type phytoplancton/zooplancton/baleine, une tonne de phytoplancton donne 10 kg de baleine. Localement, on enregistre des productivités secondaires élevées : dans l'Antarctique, le krill fixe jusqu'à 300 g de carbone par m^2 et par an. Dans les estimations de biomasse, la zone pélagique (qui occupe, en surface, 90 % du milieu marin) apparaît comme un désert biologique, ne produisant que 1,6 million de tonnes de matière fraîche par an ; les zones côtières (9,9 % de la surface), par contre, donnent 120 millions de tonnes par an. Elles sont largement surpassées par les zones d'upwelling qui produisent également 120 millions de tonnes mais pour seulement 0,01 % de la surface.

L'estimation de la productivité des régions poissonneuses est primordiale pour évaluer des prises de pêche compatibles avec la régénération des populations. La surexploitation de la plupart des espèces de l'Atlantique nord (harengs et morues tout particulièrement) a conduit à la fixation de quotas annuels permettant la reconstitution des populations. De telles mesures de gestion sont indispensables à la préservation des ressources du milieu marin. •

→ **Voir aussi :** Biomasse et productivité, **BIOL**, p. 108-109. Le plancton, **BIOL**, p. 116-117. Les milieux extrêmes, **BIOL**, p. 124-125. Le système océan, **TERRE**, p. 122-123.

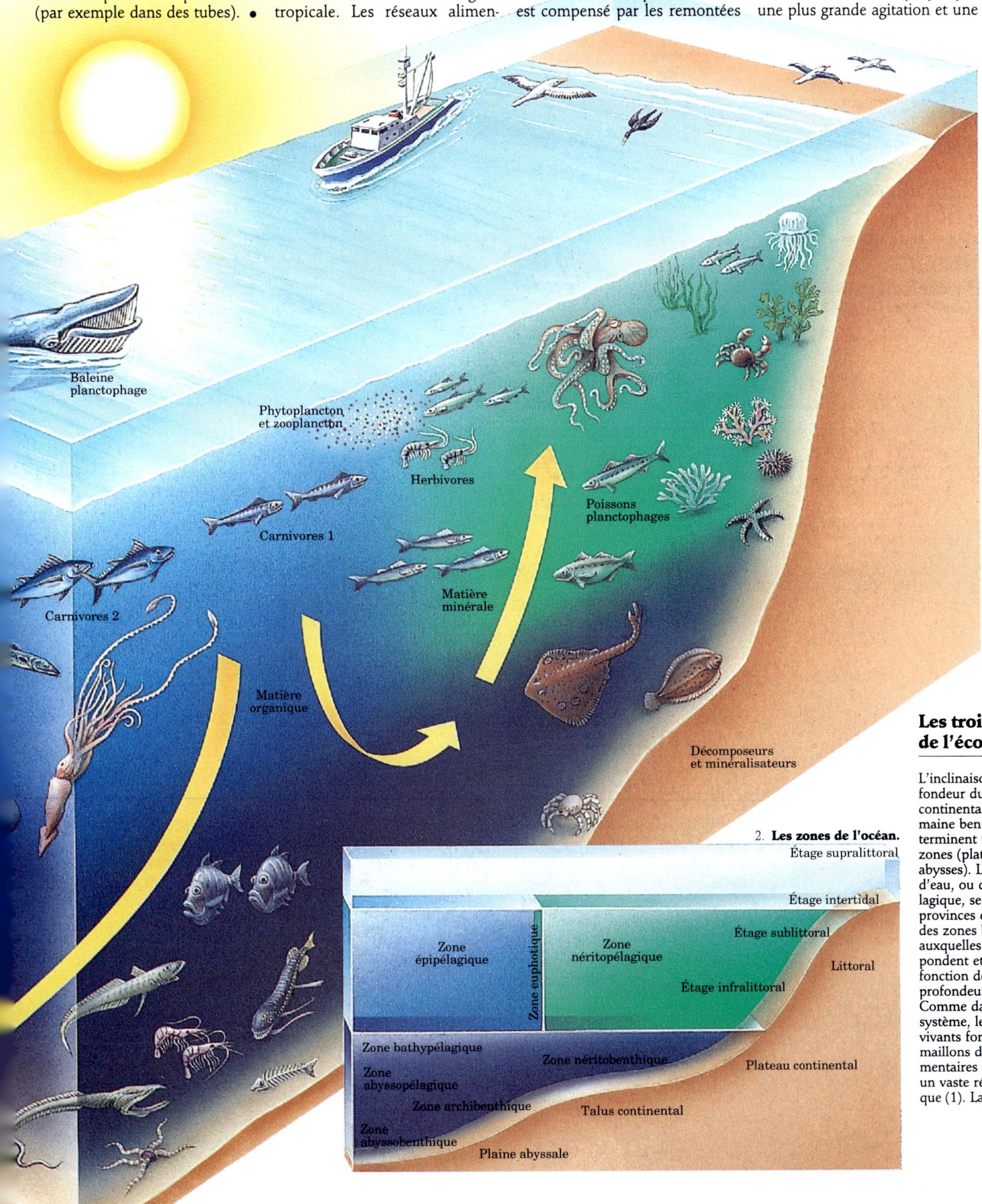

2. **Les zones de l'océan.**

Les trois dimensions de l'écosystème marin

L'inclinaison et la profondeur du substrat continental, ou domaine benthique, déterminent trois grandes zones (plateau, talus, abysses). Les masses d'eau, ou domaine pélagique, se divisent en provinces en fonction des zones benthiques auxquelles elles correspondent et en étages en fonction de la profondeur (2).
Comme dans tout écosystème, les êtres vivants forment les maillons de chaînes alimentaires réunies en un vaste réseau trophique (1). La plus grande partie des producteurs primaires appartient au plancton végétal (ou phytoplancton). Le zooplancton forme le premier élément de la série des consommateurs, complétée par les poissons et mammifères planctonophages et plusieurs niveaux de carnivores. La matière organique est recyclée par les décomposeurs et minéralisateurs. Les organismes des abysses dépendent principalement des débris et des cadavres tombant des étages supérieurs ; ce sont des détritivores et des prédateurs.

Le littoral et les îles

FORMANT UNE TRANSITION entre les continents et le milieu marin, les zones littorales présentent une grande diversité de milieux. Le relief, les substrats (roches, sables ou vases), l'existence ou non d'un balancement des marées déterminent en effet des conditions écologiques bien distinctes.

L'étage *supralittoral* constitue la zone côtière, qui n'est submergée que par forte tempête. La concentration importante en sels des sols ne laisse place qu'aux végétaux halophiles (ou *halophytes*), tolérant ou exigeant des sols salés. Les animaux de l'étage supralittoral peuvent supporter des phases d'immersion temporaire. Les marais maritimes littoraux des régions tempérées sont le domaine des vases argileuses : le substrat est progressivement colonisé par des plantes halophiles qui retiennent la vase et finissent pas élever le niveau du sol, qui n'est plus immergé qu'exceptionnellement. En zone tropicale, les côtes sont souvent bordées de véritables forêts amphibies, les *mangroves,* qui retiennent progressivement les vases et peuvent ainsi progresser sur l'océan. L'étage *médiolittoral* est soumis aux battements des marées, les algues fixées y supportent l'alternance de phases émergées et immergées. L'étage *infralittoral,* à dominante aquatique, n'est émergé que lors des basses mers exceptionnelles. L'organisation générale des communautés vivantes du milieu littoral est le reflet de cette zonation côtière. La productivité de ce milieu est abondante.

Outre les zones littorales des continents, deux autres types d'écosystèmes sont en contact étroit avec le milieu marin : d'une part, les *récifs coralliens,* se formant dans les eaux tropicales ; d'autre part, les *îles,* plus ou moins isolées du milieu continental. Les faunes et flores insulaires sont généralement moins diversifiées que celles des continents. Cette pauvreté peut être en partie expliquée par la faible compétition entre les espèces insulaires, sachant que la compétition, en tant que facteur de sélection, joue un rôle dans la diversification des espèces. Pourtant, les îles représentent des milieux favorables à l'apparition d'espèces nouvelles, du fait de l'isolement génétique, qui favorise une évolution indépendante de celle des populations continentales.

Les zones littorales

LES PEUPLEMENTS DES MILIEUX LITTORAUX SE SUCCÈDENT EN ZONES CARACTÉRISTIQUES, SELON LA DURÉE DE LA PHASE D'IMMERSION ET LES TOLÉRANCES DIVERSES DES ESPÈCES.

La zone de balancement des marées, ou zone intertidale, constitue un milieu où se superposent des conditions hostiles et des conditions très favorables pour les organismes : les habitants de la zone intertidale subissent les chocs des vagues, des immersions et émersions successives, des variations de température, mais ils tirent parti de l'abondance de lumière, de sels minéraux, ainsi que de l'oxygénation importante de l'eau, brassée par les vagues.

La nature du substrat (rochers, sables, vases) crée également des conditions écologiques contrastées et influe sur la composition et l'abondance des peuplements. La plupart des espèces animales et végétales, d'origine marine, ne peuvent subsister que dans un milieu aqueux, et leurs stratégies de résistance à la phase d'émersion sont diverses. Certaines, non fixées au substrat, suivent le reflux ou trouvent refuge dans les flaques qui subsistent par endroits. Les espèces fixées retiennent une certaine quantité d'eau dans leur coquille (moules, huîtres, balanes...), ce qui leur permet d'attendre le retour des eaux. D'autres, enfin, s'enfouissent dans le sable ou la vase (vers et mollusques fouisseurs). La marée basse signifie en outre, pour de nombreuses espèces, une phase d'inactivité et un accroissement de leur vulnérabilité vis-à-vis de leurs prédateurs.

Les adaptations aux mouvements des vagues sont également variées. Les algues, dépourvues de racines, sont fixées au substrat au moyen de crampons, leurs frondes souples et résistantes oscillent au gré du courant. Parmi les groupes d'animaux, les mollusques ont développé de nombreuses adaptations pour se fixer : les moules sécrètent des filaments (byssus) qui adhèrent au rocher, d'autres espèces se maintiennent par succion au moyen de leur pied charnu (patelles, ormeaux). Sur les plages sableuses, l'enfouissement est la stratégie la plus courante utilisée par les animaux pour se protéger des vagues.

Dans les côtes rocheuses, la zonation, en ceintures, est assez bien délimitée. La zone supérieure (étage supralittoral), rarement immergée, abrite une flore pauvre en algues (qui sont inadaptées à des séjours prolongés hors de l'eau). Des lichens incrustants colorent les roches en bandes régulières de teintes variées. La faune est composée de petits gastropodes (bigorneaux) et de crustacés (ligies) possédant des organes respiratoires adaptés au milieu aérien. La zone moyenne (étage médiolittoral) correspond à la zone intertidale : la marée découvre et recouvre les organismes suivant un rythme régulier ; plusieurs niveaux d'algues, brunes surtout, abritent des animaux fixés (balanes) ou libres mais restant au contact du substrat ou très proche de lui. La zone infralittorale n'est exposée à l'air que durant de brèves et rares périodes (grandes marées d'équinoxe). Les formes de vie y sont typiquement marines. C'est le domaine d'algues brunes (comme les grandes algues laminaires de Bretagne) et de plantes à fleurs (posidonies, zostères, formant des « herbiers »). Les différentes formes animales sont fixées (hydraires, éponges...) ou mobiles (crabes, oursins, poissons).

Les vasières qui bordent les estuaires et les baies abritées forment des écosystèmes prolifiques. Riches en détritus organiques, elles abritent des biomasses importantes d'espèces fouisseuses, également adaptées aux conditions de faible oxygénation du milieu. Les sables sont aussi le domaine des fouisseurs, en particulier des vers (arénicoles) et des coquillages (palourdes, coques, couteaux...).

L'étagement de la végétation littorale

Sur la plupart des côtes rocheuses, comme les côtes bretonnes, on observe un étagement de la végétation (ainsi que de la faune), dont les niveaux les plus bas diffèrent selon leur exposition aux flots. En mode calme, les niveaux les plus hauts – atteints seulement par les embruns – portent plusieurs ceintures de lichens : lichens gris *(Ramalina),* puis jaunes *(Xanthoria* et *Caloplaca),* puis noirs *(Verrucaria* et *Lichina).* Au niveau atteint par les pleines mers de vive-eau (marées hautes maximales), les algues brunes *Pelvetia canaliculata* et *Fucus spiralis* peuvent supporter une immersion prolongée. Dans la zone intermédiaire entre les deux flux moyens (mortes-eaux) se trouvent d'autres algues brunes *(Ascophyllum, Fucus* et *Laminaria saccharina)* et des algues rouges *(Chondrus, Bifurcaria).* Les grandes laminaires *(Laminaria digitata)* ne sont découvertes que lors des marées basses maximales (basses mers de vive-eau). En mode battu, la zonation supérieure est très semblable jusqu'au niveau intermédiaire, où on retrouve *Fucus vesiculosus* et *Chondrus,* accompagnés de l'algue rouge *Rhodymenia palmata.* La zone découverte par les basses mers de vive-eau comporte les grands « lacets » de *Himanthalia lorea,* puis viennent les grandes laminaires *(Laminaria hyperborea,* ainsi que *Saccorhiza* et *Alaria).*

1. Côte rocheuse bretonne, zone de balancement des marées (d'après Floch). Étagement de la végétation en mode « battu » par les flots et en mode « calme ».

Les milieux insulaires

QU'ILS SOIENT D'ORIGINE CONTINENTALE OU OCÉANIQUE, LES ÉCOSYSTÈMES TERRESTRES INSULAIRES ABRITENT UNE COMMUNAUTÉ VIVANTE MOINS VARIÉE QUE SUR LES CONTINENTS.

On distingue deux types d'îles selon leur origine. Les îles dites *continentales* proviennent de la dislocation des masses des continents due aux mouvements tectoniques ou de l'affaissement de bandes de terres les reliant autrefois aux continents. Les îles dites *océaniques* ont surgi de l'océan à la suite de soulèvements géologiques ou de phénomènes volcaniques. Le processus de leur peuplement est différent : les îles continentales portent, à leur formation, la plupart des espèces du continent dont elles sont issues ; les îles océaniques sont initialement vierges de toute vie terrestre et sont progressivement colonisées par des espèces provenant des terres les plus proches.

La vitesse de colonisation est logiquement d'autant plus faible que l'île est isolée, mais elle dépend aussi du pouvoir de dispersion des espèces, qui varie beaucoup d'un groupe à l'autre. Ainsi, suite à la destruction par le volcanisme de toute vie sur l'île de Krakatoa (Indonésie) en 1883, on a pu observer sa recolonisation. Cinquante ans après, l'île renfermait 4 espèces de mammifères, 41 d'oiseaux, 720 d'insectes et 219 de plantes à fleurs. Mais, aucun mollusque, ni amphibien, ni poisson d'eau douce n'avait pu franchir les 40 km d'eau salée séparant Krakatoa de la terre la plus proche, l'île de Java.

À milieu analogue, les faunes insulaires sont caractérisées par une richesse en espèces inférieure à celle des continents. La Corse, par exemple, héberge 18 espèces d'oiseaux forestiers, contre 23 en Provence. Cette relative pauvreté spécifique des milieux insulaires est la conséquence directe de leur isolement et de leurs faibles superficies, la probabilité d'atteindre une île étant d'autant plus faible que sa taille est petite. Divers modèles théoriques ont été proposés pour traduire cet état de fait. Selon les écologistes américains R. H. MacArthur et E. O. Wilson (1967), l'équilibre dynamique des populations insulaires dépend du taux d'immigration, qui décroît au fur et à mesure des nouvelles installations (car la compétition augmente), et du taux d'extinction, qui augmente en même temps que le nombre d'espèces présentes (également pour des raisons de compétition). D'autres auteurs invoquent la tendance des espèces insulaires à occuper des niches écologiques plus vastes, en liaison avec une diversité des milieux plus faible que sur les continents, associée à la pression de compétition moins forte, ne contraignant pas les espèces à une spécialisation étroite. •

2. Littoral sableux. Formation d'un siffle-vent à partir d'un couloir (d'après Estève).

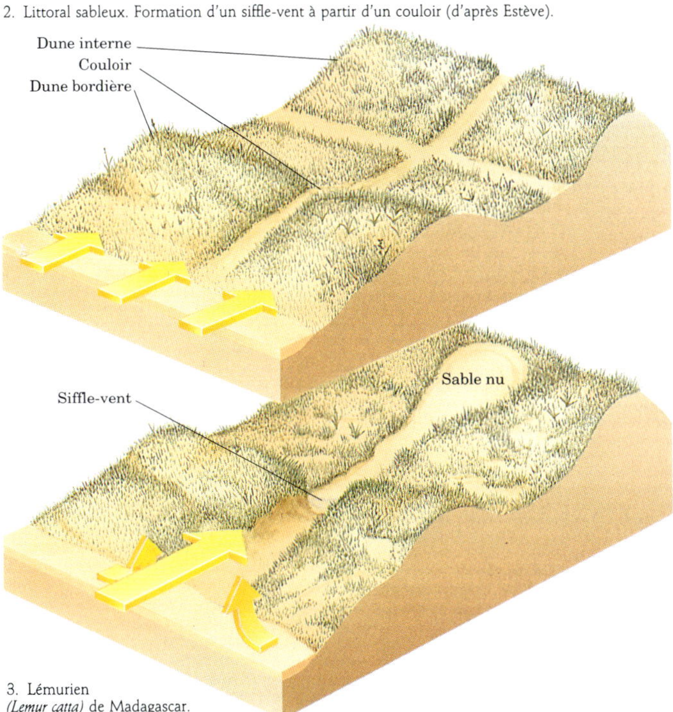

Richesse et fragilité

Les vases salées des lagunes et estuaires tropicaux sont peuplées de plantes particulières à ce milieu littoral d'une grande productivité, les palétuviers de la mangrove (4). Leur spécificité les rend sensibles à toute modification de leur habitat.
Les dunes d'un littoral sableux (2) sont progressivement peuplées par la végétation vers l'intérieur. Cependant, un dégât dans la dune bordière peut former un couloir (« siffle-vent ») et provoquer un ensablement.
Les lémuriens de l'île de Madagascar (3) se sont différenciés dans un milieu protégé, car isolé des espèces concurrentes africaines (en particulier les primates). Ils sont actuellement menacés par la destruction de leur milieu et les introductions d'espèces étrangères.

3. Lémurien *(Lemur catta)* de Madagascar.

4. Palétuviers de la mangrove.

Le rôle des îles dans la spéciation

BIEN QUE MOINS RICHES EN ESPÈCES, LES ÎLES, EN ISOLANT LES POPULATIONS, FAVORISENT LEUR DIFFÉRENCIATION EN ESPÈCES NOUVELLES.

D'un point de vue évolutif, deux caractères des milieux insulaires sont à prendre en considération pour expliquer leur rôle dans l'apparition d'espèces nouvelles. D'une part, ces milieux sont *isolés* – à des degrés divers – du continent. D'autre part, malgré leur taille souvent réduite par rapport aux terres continentales, les îles peuvent présenter des *environnements contrastés.* Les Philippines, par exemple, portent de nombreuses formations montagneuses, parfois volcaniques, qui culminent à 3 000 m et ont donc un climat froid, cependant que les zones de plaines sont baignées d'une chaleur humide et couvertes de forêts denses.

Selon la théorie darwinienne, l'évolution opère par sélection naturelle des formes les plus adaptées au milieu, parmi celles qui apparaissent au hasard des mutations génétiques. L'isolement de groupes restreints d'individus parvenus sur une île par immigration favorise la diversification génétique pouvant mener à des transformations rapides de la population séparée de la population initiale. Ainsi, même si le taux de mutation n'est pas supérieur dans les îles, la pression de sélection (par compétition, prédation) est plus faible, et les chances de survie de formes nouvelles exploitant des ressources différentes se trouvent par conséquent augmentées. L'exemple classique de radiation adaptative liée aux conditions insulaires est celui des modifications de la forme du bec chez les oiseaux (pinsons des Galápagos, vangidés de Madagascar, drépanidés d'Hawaii...) : à partir d'une souche ancestrale commune apparaissent des espèces distinctes, aux becs de formes très différentes, correspondant à des spécialisations alimentaires.

C'est le plus souvent le régime alimentaire qui est le facteur de distinction des niches écologiques en milieu insulaire, car la compétition territoriale (qui influe sur le choix d'un habitat) est limitée, la dimension réduite des biotopes imposant un fort recouvrement des domaines vitaux des individus et des populations. Cette cohabitation forcée peut être contournée par une diversification des choix alimentaires.

Cependant, les espèces insulaires étant souvent endémiques (n'existant fréquemment nulle part ailleurs) et leurs populations limitées, ce sont également celles qui sont les plus susceptibles d'extinction. Le danger provient des modifications, par des facteurs extérieurs, de cet environnement protégé par l'isolement que constitue une île. C'est le cas notamment lors de l'introduction d'espèces très compétitives et à fort pouvoir de dispersion. Le rat est l'exemple typique de ces espèces néfastes pour les faunes et flores insulaires.

Réservoirs génétiques essentiels, porteurs d'espèces témoins de l'évolution des êtres vivants, les milieux insulaires sont très fragiles et très sensibles aux perturbations d'origine humaine. C'est pourquoi ils doivent faire l'objet de mesures de protection. •

Les récifs coralliens

Ces récifs se forment dans les eaux marines intertropicales (température comprise entre 25 et 30 °C), à partir des squelettes calcaires d'organismes (essentiellement des cnidaires du groupe des madréporaires) regroupés sous le nom de corail.

Les récifs coralliens se développent en eau peu profonde, sur un substrat rocheux, à proximité du continent ou d'une île. Les parties émergées constituent des îles, des atolls (de forme annulaire) ou des barrières. Les formes de vie marine sont très variées dans un récif. Ce milieu se caractérise par une biomasse et une productivité très élevées, mais aussi par sa vulnérabilité (en particulier face à la prolifération d'étoiles de mer qui se nourrissent du corail, comme *Acanthaster planci* dont l'extension menace la Grande Barrière d'Australie et les récifs des îles Mariannes et Tahiti).

→ **Voir aussi :** L'apparition d'espèces nouvelles, **BIOL**, p. 96-97.

Le plancton

Les organismes qui composent le plancton de mer et d'eau douce possèdent une mobilité faible ou nulle, ils sont entraînés passivement par les courants.

Le plancton végétal, ou phytoplancton, comprend les algues microscopiques pigmentées (notamment des chlorophycées, diatomées, cyanophycées et dinophycées) qui, dans la couche superficielle des océans et des lacs, captent l'énergie solaire, formant ainsi l'échelon des producteurs primaires ; on dit du plancton végétal qu'il forme les « pâturages de la mer » car il sert de nourriture au plancton animal, le zooplancton, qui, comme le phytoplancton, est consommé à son tour par les animaux de plus grande taille. La distribution du phytoplancton est limitée à la zone supérieure éclairée (zone euphotique) permettant une activité photosynthétique. On observe des différences de distribution verticale du phytoplancton : les diatomées se trouvent, par exemple, plus en profondeur que les dinophycées. Des cycles saisonniers (variations de température ou de disponibilité des sels minéraux) peuvent affecter la distribution et l'abondance du plancton végétal. C'est surtout dans les lacs, mais aussi parfois sur le littoral marin, que se produisent de dangereuses pullulations de plancton végétal, dues essentiellement à un enrichissement des eaux en phosphates et parfois aussi à une augmentation de la température. Ce phénomène, l'eutrophisation, peut dans un lac anéantir toute vie en formant un écran à la lumière.

Les animaux du zooplancton se nourrissent de phytoplancton ou d'organismes de leur propre groupe. On distingue les formes permanentes (holoplancton), principalement de très petits crustacés (abondants dans certaines mers froides), et le plancton temporaire (méroplancton), composé de larves de nombreux animaux. Malgré sa mobilité réduite, le zooplancton effectue des migrations verticales, liées en grande partie à la recherche d'un optimum lumineux. Il subit, comme le phytoplancton, des variations saisonnières d'abondance (biomasse) et de composition.

Les êtres planctoniques sont généralement répartis en fonction de la température, de la salinité et de l'éclairement. On connaît peu de formes cosmopolites (ayant une vaste répartition géographique) ; il est d'ailleurs possible de caractériser certaines eaux par la présence d'espèces planctoniques typiques. L'activité photosynthétique du plancton végétal a un double rôle. Premièrement, sa productivité conditionne l'ensemble de la productivité des lacs et des océans (et donc leur richesse en poissons). En second lieu, le rôle de réservoir des océans vis-à-vis du gaz carbonique dégagé en excès par les activités humaines est lié en partie aux échanges gazeux des micro-organismes planctoniques, qui interviennent ainsi directement dans l'équilibre de la biosphère.

Le zooplancton

ENTRAÎNÉS PASSIVEMENT PAR LES COURANTS HORIZONTAUX, MAIS CAPABLES DE DÉPLACEMENTS VERTICAUX, LES ANIMAUX PLANCTONIQUES DÉPENDENT DU PHYTOPLANCTON.

Le zooplancton englobe une extraordinaire variété d'organismes animaux et presque tous les groupes marins présentent des formes planctoniques. Certains, comme les crustacés copépodes sont toujours planctoniques et constituent le plancton permanent (holoplancton). Beaucoup d'autres invertébrés, sous leurs formes larvaires, ou de poissons, aux premiers stades de leur développement, forment le plancton temporaire (méroplancton) avant d'être intégrés ensuite à la faune nageante (necton) ou à celle des fonds (benthos). L'holoplancton des océans est composé d'organismes de petite taille, en particulier des protozoaires, comme les foraminifères à coquille calcaire ainsi que les radiolaires à squelette siliceux. On trouve également de nombreux organismes pluricellulaires, vers (chétognathes), mollusques (ptéropodes), siphonophores, tuniciers... Les crustacés constituent la plus grande partie du zooplancton, ils appartiennent surtout aux groupes des copépodes et des euphausiacés. Parmi ces derniers, l'espèce *Euphausia superba* forme le krill. En eau douce, la diversité des formes planctoniques est plus faible qu'en milieu marin. Le groupe dominant y est également celui des copépodes, accompagné de crustacés cladocères (daphnies), de rotifères et de divers protozoaires.

Les animaux planctoniques se nourrissent principalement d'éléments du phytoplancton, mais aussi de zooplancton ; il existe également des régimes alimentaires mixtes ; les copépodes capturent leurs proies (diatomées essentiellement) en créant un courant d'eau puis en le filtrant. Les tuniciers, secrètent un mucus sur lequel viennent se coller les aliments, qui sont ensuite acheminés vers l'œsophage. Les vers chétognathes chassent à l'affût et immobilisent des proies parfois plus grosses qu'eux au moyen des crochets de leur tête ; les physalis (siphonophores) utilisent des filaments pêcheurs pourvus de cellules à aiguillons venimeux pour injecter des substances toxiques dans leurs proies.

Dépendant pour son alimentation du phytoplancton, le zooplancton est plus abondant dans la zone superficielle (euphotique). Les organismes zooplanctoniques effectuent des migrations verticales suivant des rythmes jour-nuit. Les migrations de certains copépodes semblent correspondre à la recherche d'un éclairement optimal, d'autres mouvements seraient liés aux besoins en nourriture. Les populations subissent, comme celles du phytoplancton, des variations saisonnières. Les pics d'abondance observés en mai et août/septembre chez des copépodes correspondent aux augmentations printanière et automnale de la biomasse du phytoplancton. •

1. Diatomées.

Le phytoplancton

LES ALGUES MICROSCOPIQUES, EN CAPTANT L'ÉNERGIE SOLAIRE, FORMENT UN ÉLÉMENT ESSENTIEL DE L'ÉCOSYSTÈME AQUATIQUE.

Les conditions écologiques nécessaires à la vie du plancton végétal sont particulièrement favorables au-dessus des plateaux continentaux des océans (au voisinage du littoral) et dans les zones peu profondes des lacs, lumineuses et riches en sels minéraux. Au large, les teneurs en éléments nutritifs vitaux deviennent plus faibles, ce qui réduit la biomasse planctonique. Le phytoplancton se compose essentiellement d'organismes microscopiques unicellulaires flottants, qui dérivent au gré des courants marins. Les espèces appartiennent à des groupes très divers, dont les mieux représentés sont les diatomées et les dinophycées.

Les diatomées sont des algues unicellulaires de couleur brun-vert. Chaque cellule de diatomée se trouve enfermée dans une sorte de capsule siliceuse, dont l'ornementation est caractéristique de l'espèce. Les quelque 9 200 espèces du groupe portent à leur surface des stries, des perforations ou des appendices très développés. Ces ornementations aident les diatomées à flotter, en augmentant la surface portante. Des adaptations physiologiques améliorent également la flottaison : certaines espèces emmagasinent dans leur cytoplasme des gouttelettes d'huile ou de l'eau non salée, ce qui diminue leur densité relative. À leur mort, les individus perdent leur flottabilité et sont entraînés vers les fonds, sous le poids de leur capsule siliceuse. De nombreuses espèces sont coloniales, leurs groupements formant des filaments, des tubes ou des éventails, mais il existe également des diatomées solitaires (par exemple *Navicula*).

Les diatomées abondent dans les mers froides, alors que dans les eaux chaudes, les dinophycées (ou dinoflagellés, encore appelées péridiniens) tendent à devenir dominantes. Il s'agit d'algues unicellulaires pourvues de deux flagelles (l'un moteur, l'autre directeur) et d'une enveloppe cellulosique (thèque). Le jour, certaines dinophycées nagent vers la surface et la lumière, effectuant des migrations sur des profondeurs pouvant atteindre 50 m en 24 h, tout en restant soumises aux mouvements horizontaux des courants. Des espèces comme la noctiluque, dépourvues de pigments, ont la particularité d'être luminescentes lorsqu'elles sont excitées par le choc des vagues.

Diatomées et dinophycées représentent, du fait de leur dominance, les premiers maillons des chaînes alimentaires aquatiques. D'autres groupes peuvent cependant atteindre localement des biomasses notables. Il s'agit des cyanophycées (« algues » bleues), des coccolithophoracées à coque calcaire ou des chrysophycées. Le phytoplancton subit des variations d'abondance au cours de l'année, dues aux fluctuations des facteurs externes : lumière, température et teneur en sels nutritifs minéraux. On assiste à des poussées des populations des océans et des lacs au printemps et à l'automne, c'est-à-dire lorsque les conditions écologiques deviennent optimales. •

6. Réseau trophique planctonique du hareng *(d'après Wells et coll.).*

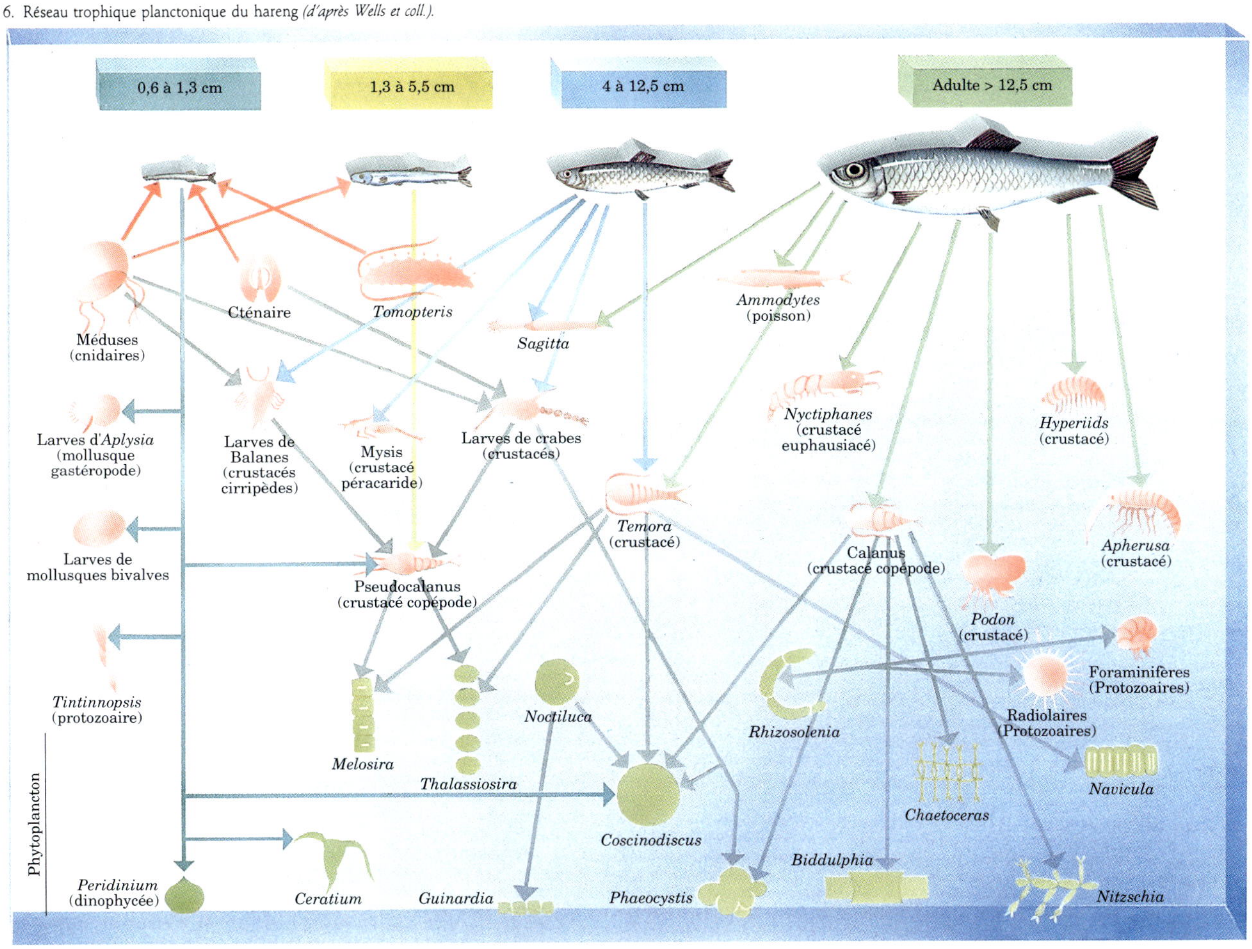

Un vaste réseau alimentaire

Cette représentation simplifiée des relations alimentaires entre les diverses formes du plancton marin (6) montre également l'évolution des choix alimentaires du hareng *(Clupea)* à différents stades de sa croissance. Le régime alimentaire varie en fonction des stades de développement, appelés écophases. Au premier stade, le poisson, encore peu mobile, fait lui-même partie du plancton (et peut servir de proie à d'autres animaux planctoniques), ses proies sont surtout des algues unicellulaires (dinophycées) et des protozoaires *(Tintinopsis)* ainsi que des crustacés copépodes *(Pseudocalanus).* Puis d'autres crustacés entrent dans son régime alimentaire (larves de balanes et de crabes, péracarides, pour les stades intermédiaires, euphausiacés pour l'adulte) ; les adultes consomment également des poissons de petite taille *(Ammodytes).*

2. *Peridinina* (dinophycée).

3. Noctiluques *(Noctiluca miliaris).*

4. Larve (nauplius) de balane.

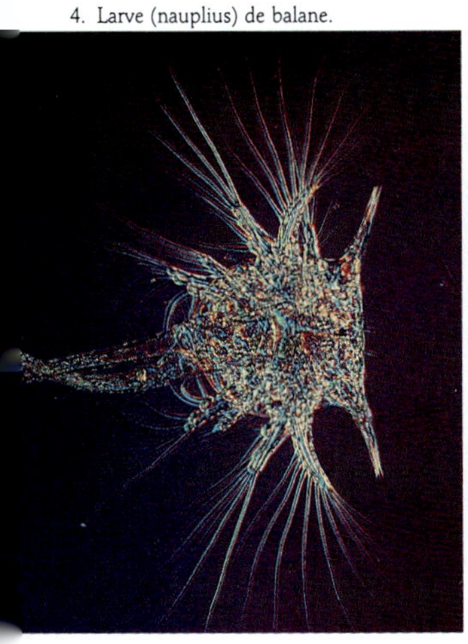

5. Méduse *(Porpita porpita).*

Les organismes planctoniques

Parmi les algues unicellulaires du phytoplancton, on rencontre surtout des diatomées (1), aux capsules siliceuses finement ornementées, ainsi que des dinophycées (2), capables de se déplacer grâce à deux flagelles. Les noctiluques, dinophycées du genre *Noctiluca* (3), ont la particularité d'être luminescentes, leur pullulation forme parfois une lueur blanche sur la mer. Le zooplancton comprend également des formes unicellulaires, mais aussi des animaux pluricellulaires. Certains, comme les balanes (crustacés fixés), ne font partie du plancton que durant leur période larvaire (4). D'autres, comme les méduses (5), appartiennent en permanence au plancton.

Rôle du phytoplancton dans la biosphère

SOURCE INITIALE DE MATIÈRE ORGANIQUE DANS LES OCÉANS, LE PLANCTON VÉGÉTAL JOUE ÉGALEMENT UN RÔLE STABILISATEUR DANS LE CYCLE DE L'OXYGÈNE.

Le phytoplancton constitue le maillon initial des chaînes alimentaires des écosystèmes aquatiques. Les végétaux qui le composent sont, au même titre que les végétaux terrestres, les seules formes de vie capables de synthétiser leur matière organique en utilisant directement l'énergie solaire. Les animaux sont totalement dépendants de la production végétale qui constitue à ce titre un facteur limitant. Les zones océaniques les plus riches en poisson sont celles où la productivité primaire atteint des valeurs maximales. C'est le cas en particulier aux endroits où les mouvements ascensionnels d'eau froide (upwelling) provoquent des remontées d'éléments minéraux. À l'inverse, une production végétale trop importante peut anéantir les populations animales. C'est le risque lié à l'eutrophisation des lacs ainsi qu'aux « marées rouges » en mer. Ces dernières résultent de la prolifération des dinophycées sous l'effet du réchauffement de l'eau ou de l'augmentation des teneurs en sels minéraux nutritifs. Elles entraînent une mortalité importante chez les poissons (sécrétion de toxines par les dinophycées et/ou asphyxie du milieu causée par la décomposition des algues mortes).

L'activité phytosynthétique des végétaux du plancton absorbe du gaz carbonique et dégage des quantités importantes d'oxygène, environ 70 % des 110 milliards de tonnes rejetés chaque année dans l'atmosphère par les végétaux. Pourtant, cette quantité ne représente que 3 % de la réserve atmosphérique ; elle est intégralement consommée par la respiration des êtres vivants. L'équilibre rigoureux entre les quantités d'oxygène produites et celles consommées conduit à la stabilité du cycle de l'oxygène dans la biosphère. De même, le taux d'oxygène dissous dans les eaux marines et continentales reste globalement stable, même s'il est susceptible de déplétions dans des zones très polluées. •

→ **Voir aussi :** Biomasse et productivité, **BIOL,** p. 108-109. Le milieu marin, **BIOL,** p. 112-113.

Faune et flore d'eau douce

LE MILIEU D'EAU DOUCE impose aux organismes diverses adaptations, dont certaines sont fondamentales, comme les dispositifs physiologiques (pigments) et morphologiques permettant la respiration et l'utilisation de substances dissoutes, et d'autres spécifiques de certains milieux, comme la résistance à la pression dans les lacs profonds ou la résistance aux courants en eau rapide. Les eaux douces sont subdivisées en deux grands types, les eaux dormantes ou stagnantes et les eaux courantes. Sous le vocable *eaux stagnantes,* on regroupe un ensemble de milieux divers allant de la simple flaque temporaire jusqu'aux grands lacs ; la dénomination *eaux courantes* englobe les sources, les torrents, les rivières et les fleuves. Le fonctionnement des milieux aquatiques, en tant qu'écosystèmes, dépend de facteurs écologiques spécifiques.

En eau stagnante, la composition chimique des eaux, la lumière et la profondeur sont des paramètres essentiels. C'est pourquoi la faune et la flore lacustres présentent une répartition spatiale liée à la profondeur. La zone littorale, qui reçoit lumière et oxygène en abondance, constitue un milieu particulièrement fertile pour les végétaux, lesquels offrent abri et nourriture à la faune. La zone profonde, ne recevant que peu de lumière, constitue à l'inverse une zone de faible productivité.

En eau courante, la vitesse d'écoulement, le substrat, l'oxygénation et la température de l'eau ont une influence déterminante sur les peuplements. Ces facteurs présentent de grandes variations, responsables de la diversité des communautés aquatiques. La flore est composée de formes fixées, d'autant plus abondantes que la force du courant est plus faible ; la faune est elle aussi caractéristique des différents secteurs des cours d'eau selon les exigences des espèces vis-à-vis de la température, de l'oxygénation et de la rapidité du courant, critères vitaux.

La productivité des eaux douces est extrêmement variable d'un milieu à l'autre : elle est presque nulle dans les sources et les lacs d'altitude mais, à l'inverse, elle atteint des niveaux parfois très élevés dans certains étangs de plaine qui ont été aménagés et fertilisés en vue de la production piscicole.

Le peuplement des eaux stagnantes

LES MARES, LES FLAQUES TEMPORAIRES OU LES GRANDS LACS CONSTITUENT DES MILIEUX DIFFÉRENTS QUI ABRITENT DES FAUNES SPÉCIFIQUES.

On distingue trois catégories de lacs. Les lacs oligotrophes (littéralement « qui nourrissent peu ») sont les lacs profonds aux eaux limpides, froides et oxygénées, pauvres en sels nutritifs et en plancton. C'est le domaine des salmonidés (truite, omble) et des corégones. Les lacs eutrophes (littéralement « qui nourrissent bien ») sont moins profonds et contiennent beaucoup d'éléments minéraux. L'oxygène, abondant en surface, diminue rapidement avec la profondeur, où la température est d'ailleurs plus élevée que dans les lacs oligotrophes. Les lacs dystrophes (« qui nourrissent mal ») se caractérisent par la présence d'acides humiques qui colorent les eaux en brun et ne permettent qu'une vie animale et végétale réduite.

Les grands lacs présentent des zonations qui se rapprochent par leurs conditions écologiques de celles de l'océan. La zone littorale est constituée par la bordure peu profonde, bien éclairée et riche en éléments nutritifs. La zone limnétique, ou pélagique, correspond à la pleine eau, c'est le domaine du plancton. Enfin, la zone profonde, sombre ou obscure, n'existe que dans les grands lacs (Léman, Baïkal, Tanganyika...). La zone littorale assure la transition avec le milieu terrestre. Les végétaux supérieurs (phanérogames) enracinés se répartissent en ceintures typiques, formant des associations végétales particulières (zone à joncs, zone à potamots). Ce sont les lacs eutrophes qui présentent la flore littorale la plus développée. Cette végétation abrite une faune très diversifiée et très dense, composée de mollusques, de larves d'insectes, de vers annélides, de nématodes et de crustacés. La zone à potamots héberge de nombreux poissons, surtout du groupe des cyprinidés (gardon, carpe, tanche). La zone limnétique est peuplée par les organismes planctoniques. Le phytoplancton, moins diversifié que dans le milieu marin, reste dominé par les diatomées et les dinophycées.

Les adaptations des animaux aux milieux d'eau douce stagnante sont principalement liées à trois facteurs : la régulation osmotique, la recherche de nourriture et la respiration. Le mucus qui recouvre certains poissons (anguille, brème) limite, par exemple, les pertes de sels minéraux et complète efficacement le système rénal perfectionné qui assure la régulation osmotique. Les pores sensitifs des poissons carnassiers (brochet, perche) et les barbillons tactiles entourant la bouche des cyprins permettent une localisation non visuelle des aliments. Les insectes aquatiques ont développé un système qui leur permet de prendre des réserves d'air à la surface de l'eau (dytiques, nèpes, corises). •

Particularité des milieux et adaptation des organismes

LES ANIMAUX ET LES VÉGÉTAUX DULCICOLES ONT DÉVELOPPÉ DES DISPOSITIFS PHYSIOLOGIQUES ET MORPHOLOGIQUES ADAPTÉS À CE MILIEU PARTICULIER.

Comparés à l'immensité des océans, les milieux d'eau douce n'occupent que des surfaces réduites dont la profondeur reste insignifiante par rapport à celle des fosses abyssales. Le volume réduit des eaux douces dont les biomasses ne sont pas faibles constitue le premier caractère original de ces milieux. Par ailleurs, l'isolement géographique des biotopes d'eau douce limite les échanges entre populations et favorise un certain isolement génétique responsable de l'apparition d'espèces nouvelles.

Les principaux facteurs physico-chimiques agissant sur les êtres vivants et sur le fonctionnement des écosystèmes aquatiques d'eau douce sont les mêmes que pour l'océan : la lumière, la température et la teneur en substances dissoutes sont les plus importants. Dans certains torrents, la force du courant apparaît également comme un facteur écologique très contraignant pour les organismes. Quant à la lumière, la pénétration des rayons solaires est limitée par la présence de particules en suspension provoquant la turbidité des eaux, ce qui occasionne une diminution notable de la productivité des organismes chlorophylliens. Ces particules peuvent atteindre des valeurs extrêmes (jusqu'à plus de 4 %, dans certains torrents himalayens). L'obscurité relative qui en résulte conduit alors à des adaptations particulières, notamment chez les poissons, dont certaines espèces présentent des yeux très petits, non fonctionnels, et ont développé des organes tactiles adaptés à la recherche de nourriture dans l'obscurité. La température des eaux douces, autre facteur important, n'est influencée par le rayonnement solaire que dans les faibles profondeurs. Dans les lacs et étangs profonds, il s'établit une stratification thermique estivale caractéristique, qui ne disparaît qu'à l'automne.

Parmi les gaz dissous, l'oxygène règle l'activité animale dans son ensemble. Sa teneur dans l'eau est faible et très dépendante de la température. Les organismes sont, selon les espèces, plus ou moins exigeants en oxygène. Ainsi, les poissons appartenant aux salmonidés (truite et omble, par exemple) ne peuvent vivre que dans des eaux froides, très oxygénées, comme les torrents ou les zones lacustres profondes. À l'inverse, lorsque les milieux sont sous-oxygénés, seules certaines espèces peuvent s'implanter, comme les vers tubifex (oligochètes) et les larves de chironomes (diptères) qui possèdent des pigments proches de l'hémoglobine ayant une grande affinité pour l'oxygène.

La productivité des eaux douces est conditionnée par la teneur des sels dissous, surtout nitrates et phosphates. En excès (eutrophisation), ceux-ci provoquent à la dégradation des milieux et l'appauvrissement piscicole. •

Adaptation physiologique

Le milieu dulcicole, selon les lois de l'osmose, devrait entraîner la fuite des substances dissoutes hors du corps des animaux aquatiques et la pénétration massive d'eau. Pour maintenir l'équilibre du milieu intérieur, des adaptations physiologiques (1) permettent l'absorption de sels et de substances dissoutes (flèches jaunes) et le rejet de l'eau (flèches bleues). Les poissons réalisent essentiellement cette régulation par les branchies et l'excrétion urinaire, les larves de chironomes et les amphibiens, par la peau.

1. Adaptation physiologique aux contraintes des milieux dulcicoles.

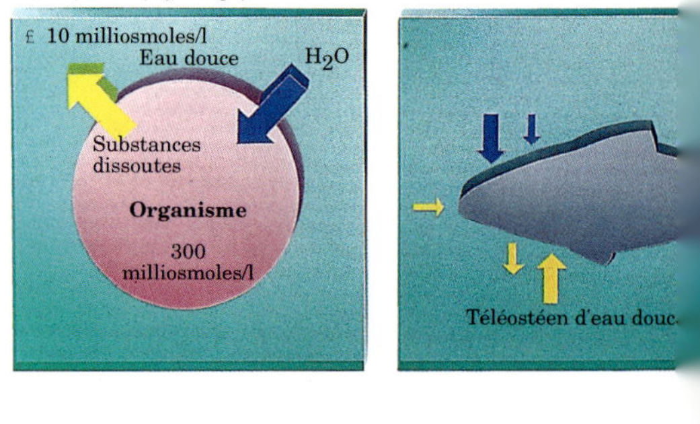

Le peuplement des eaux courantes

LE COURANT, LA VARIÉTÉ DES SUBSTANCES DISSOUTES ET LA NATURE DU FOND DÉTERMINENT SOUVENT L'ABONDANCE ET LA PRÉSENCE DES ESPÈCES.

Le courant, par son action mécanique et par son influence sur une meilleure oxygénation de l'eau ou sur l'homogénéisation de la température, constitue le facteur déterminant de ces milieux. Mais les substances dissoutes, sels minéraux et gaz qui varient avec la force du courant et la nature des roches mères traversées, ou encore avec la température, représentent également des conditions importantes qui influent sur la diversité des espèces.

Il est bien évident que les conditions écologiques sont très différentes entre un torrent et un grand fleuve ; ainsi, la diversité des communautés des eaux courantes est à la mesure de celle des biotopes. Certaines espèces de poissons, caractéristiques de conditions écologiques données, permettent de définir en eau douce trois zones piscicoles différentes.

La zone à truites est dominée par les salmonidés, la zone à ombles correspond à un peuplement mixte à cyprinidés dominants et, enfin, la zone à brèmes est dominée par les cyprinidés et possède des carnassiers autres que les salmonidés.

Les zones à truites et à ombles.
Elles correspondent aux torrents et aux rivières rapides, dont les eaux sont froides et oxygénées. La force du courant ne permet que le développement de formes fixées d'algues et de mousses, accompagnées de spongiaires et de bryozoaires. Localement, lorsque le courant diminue, des plantes supérieures comme le myriophylle ou la renoncule flottante s'installent, et des petits animaux (rotifères, nématodes, mollusques) peuvent vivre abrités dans les anfractuosités. Chez les invertébrés, on note une dominance des formes aplaties pouvant se glisser sous les pierres, certaines espèces *(Liponeura)* possèdent aussi des ventouses favorisant la fixation. Chez les poissons, il existe deux stratégies adaptatives. La forme hydrodynamique et la puissante musculature des truites et des saumons leur permettent de lutter en pleine eau contre le courant. D'autres espèces, le chabot, par exemple, sont aplaties dorso-ventralement et se plaquent sur le fond.

Les zones à barbeaux et à brèmes.
Elles correspondent aux parties moyennes et basses des rivières et des fleuves. Le courant, moins violent, permet le développement de quelques formes planctoniques et des végétaux supérieurs. Les animaux, très variés, se répartissent selon la nature du substrat (vases, sables et graviers). La faune piscicole est dominée par les cyprins, qui sont moins exigeants en oxygène.

Par la rareté du phytoplancton, les réseaux trophiques d'eau courante diffèrent sensiblement de ceux des lacs, la quantité de matière végétale (matière sèche) produite par jour et par mètre carré varie de 0,3 à 2 g alors qu'elle atteint 40 g dans certains lacs. •

Les organismes des eaux douces

De nombreuses larves d'insectes volants (moustiques, libellules, éphémères) peuplent les eaux douces (2). Certaines de ces larves sont très sensibles à la pollution et permettent d'établir une échelle de pureté des eaux reposant sur la présence et l'abondance d'espèces particulières. Chez les végétaux, le plancton microscopique et les plantes fixées comme les algues filamenteuses (4) sont souvent très développés. La renoncule flottante (3), ou grenouillette, est typique des milieux dulcicoles ; elle est susceptible d'avoir deux types de feuilles : des feuilles en petites lames vertes lobées qui s'étalent à la surface des eaux calmes et des feuilles laciniées (fortement découpées) dans les eaux courantes.

2. Larve d'éphémère.

3. Renoncule flottante *(Ranunculus aquatilis).*

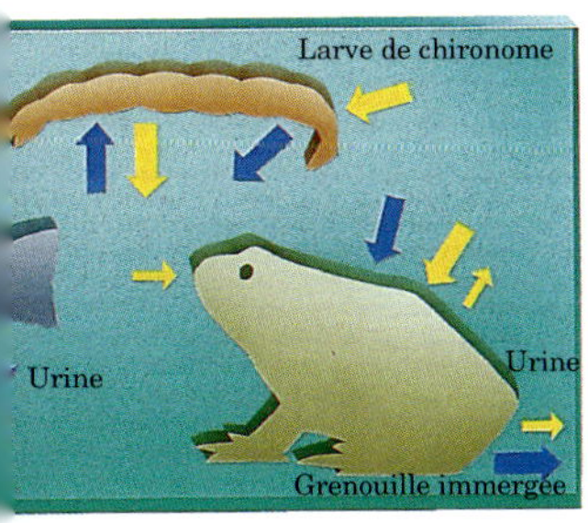

Utilisation et gestion des ressources

LES EAUX DOUCES, FERTILISÉES ET AMÉNAGÉES PAR L'HOMME, CONSTITUENT UN MILIEU FRAGILE QUI PERMET NÉANMOINS UNE PRODUCTION INTENSIVE.

Dans les sociétés industrielles, les milieux dulcicoles constituent un support de loisirs, par le biais de la pêche, plutôt qu'un lieu de production de ressources alimentaires. Dans d'autres régions, la production piscicole peut fournir un apport de protéines animales important.

Les rendements de production de poissons, en étangs, sont susceptibles d'améliorations notables. Ainsi, en Allemagne, des étangs à carpes (poissons herbivores à forte croissance) produisent, sans apport d'engrais, de 110 à 380 kg de poissons/ha/an. Fertilisés, ils en fournissent de 980 à 1 500 kg/ha/an. La productivité peut encore être améliorée par apport d'engrais et de nourriture, comme en Chine du Sud, où les productions de poissons herbivores atteignent parfois 15 000 kg/ha/an.

Les pêcheurs sportifs s'intéressent généralement aux espèces nobles, souvent des carnassiers, situées en bout des chaînes alimentaires (brochet, sandre, truite, saumon). Pour répondre à ce besoin, la productivité spécifique des étangs et des cours d'eau peut être obtenue par la mise en place et la protection des zones de frai ou la suppression des obstacles aux migrations. De plus, les alevinages contrebalancent localement les prélèvements de pêche trop importants. Ces actions sont cependant limitées par la dégradation des milieux et les pollutions des eaux douces. Les lacs et cours d'eau des régions de plaine souffrent des rejets industriels et urbains de matière organique et de polluants divers, qui affectent considérablement le fonctionnement des écosystèmes. L'enrichissement des eaux en déchets et l'augmentation de leur température conduisent à des proliférations d'algues, de champignons et de bactéries qui consomment l'oxygène du milieu, entraînant ainsi une chute de la productivité piscicole. Le maintien de la qualité des eaux est donc vital. •

→ **Voir aussi :** Biomasse et productivité, **BIOL**, p. 108-109. Le plancton, **BIOL**, p. 116-117. L'aquaculture, **AGRI**, p. 472-473. Les eaux courantes, **TERRE**, p. 126-127.

4. Algue spirogyre (chlorophycée) en reproduction.

Les écosystèmes terrestres

LA VÉGÉTATION DES écosystèmes terrestres est répartie en fonction des grandes zones climatiques (macroclimats), et la distribution des formations végétales du globe, encore appelées *biomes,* en fonction de la latitude. Dans l'hémisphère Nord, par exemple, au contact de la zone des glaces vient la toundra, puis, vers le sud, la taïga ; on trouve ensuite la forêt tropicale. Outre cette zonation en latitude, il existe également une zonation en altitude. Au fur et à mesure que l'on s'élève, se succèdent des *étages de végétation* dont les limites varient également en fonction des régions envisagées.

L'homme a une très grande influence sur les ceintures de végétation naturelle du globe. Les activités humaines, en effet, contribuent à créer des formations à vocation agricole. Les zones de culture et d'élevage sont formées d'écosystèmes simplifiés, à diversité biologique réduite, appelés *agroécosystèmes.* Leur fonctionnement n'est assuré que par des apports d'énergie ou d'éléments extérieurs : travail des sols, engrais et pesticides.

Le fonctionnement des écosystèmes terrestres est largement conditionné par le climat, qui commande notamment la durée de la période de végétation. Les productivités (primaire et secondaire) diminuent considérablement de l'équateur vers les pôles. Le climat rigoureux de la toundra est caractérisé par un gel quasi permanent du sol (9 à 10 mois par an) qui empêche la circulation de l'eau. Les formes végétales présentent des adaptations au gel et au vent (formes basses, arbres absents), la faune est pauvre.

À l'inverse, les forêts de la zone tropicale bénéficient de conditions très favorables et homogènes tout au long de l'année. La productivité primaire y atteint des valeurs maximales grâce à la constance de l'activité biologique, et la vitesse de recyclage des éléments minéraux y est très élevée. L'incroyable diversité des formes végétales et animales permet dans ces milieux le développement de chaînes alimentaires complexes. Les zones humides continentales, bordures des lacs et des étangs, tourbières, marécages, perdent de l'importance sous la pression de l'homme. En réalité, ce sont des zones de grande diversité biologique, d'un intérêt primordial pour la survie de nombreuses espèces.

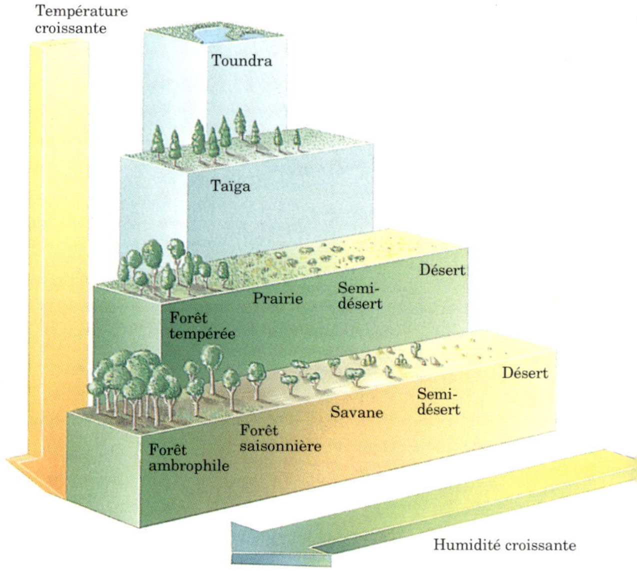

1. Les principaux biomes. Répartition selon la température et la pluviométrie.

Répartition des formations végétales dans la biosphère

LES BIOMES S'ORGANISENT SELON UNE ZONATION LATITUDINALE PLUS SENSIBLE DANS L'HÉMISPHÈRE NORD, CORRESPONDANT AUX GRANDES RÉGIONS CLIMATIQUES DU GLOBE.

Les divers écosystèmes de la biosphère occupent des surfaces qui varient entre quelques mètres carrés et plusieurs centaines de milliers de kilomètres carrés. Cependant, quelle que soit leur étendue, ils bénéficient de conditions écologiques homogènes et abritent des communautés d'êtres vivants caractéristiques. À l'échelle planétaire, on distingue les *biomes,* qui sont les grandes formations végétales existantes. En effet, dans la majorité des écosystèmes, c'est la végétation qui impose sa physionomie et qui conditionne donc les grandes divisions écologiques du globe. Les biomes représentent des ensembles d'écosystèmes, qui comportent une fraction végétale (ou phytocénose) et une fraction animale (ou zoocénose). Comme la végétation terrestre est répartie en fonction des grandes zones climatiques, les biomes ont une distribution zonale, en bandes plus ou moins parallèles à l'équateur. Cette disposition est mieux marquée dans l'hémisphère Nord que dans l'hémisphère Sud, où il existe moins de terres émergées.

Dans la zone équatoriale, les forêts tropicales forment une ceinture quasi continue. La saison sèche, plus ou moins longue, dans les régions subéquatoriales, détermine le développement de forêts sèches, de savanes et, dans les cas extrêmes, de déserts. Puis, au niveau des 35° de latitude nord et sud, se trouvent les biomes de type méditerranéen, caractéristiques des zones tempérées chaudes. Les zones de latitude moyenne sont le domaine des forêts de feuillus caducifoliés ; puis, en allant vers le nord, des prairies tempérées (steppes) et de la forêt boréale de conifères (taïga). La toundra occupe la limite des zones glaciaires arctique (66° 33' de latitude) et antarctique. Il s'agit de la zone de végétation qui est située au-delà de la limite naturelle des arbres.

La zonation des écosystèmes en altitude est encore plus marquée. Les zones d'altitude hébergent des formations végétales dont la succession – forêts sclérophylles (adaptées à la sécheresse), forêts caducifoliées, forêts de conifères, pelouse, désert alpin – est équivalente à la succession des biomes en latitude.

Prairies, steppes et savanes

LES GRANDES FORMATIONS HERBEUSES, DOMINÉES PAR LES GRAMINÉES, SONT INDIRECTEMENT ENTRETENUES PAR L'HOMME (FEU, COUPE DE BOIS, PÂTURAGE).

On désigne globalement sous le terme de *prairie* des écosystèmes dont la principale caractéristique physionomique est la prédominance de la strate herbacée, formée de graminées, et l'absence presque totale d'arbres. Deux zones du globe, à climat tempéré avec des étés chauds et des hivers froids, sont le domaine de la prairie : l'Amérique du Nord, dans la région des grandes plaines, et l'Eurasie, de l'Ukraine à la Sibérie centrale. Ces formations végétales se retrouvent dans l'hémisphère Sud, précisément en Argentine *(pampa)* et en Afrique du Sud *(veld).*

Avant que l'homme ne fasse disparaître, petit à petit, de ce milieu une grande partie de la vie animale, celle-ci était particulièrement riche. La prairie était, en effet, le domaine des grands herbivores (en particulier les bisons et les antilopes pronghorns). On y trouve, à l'heure actuelle, de nombreux rongeurs, comme, entre autres, le chien de prairie, ainsi que des carnivores.

Dans des climats à été plus sec, les *steppes continentales* succèdent aux prairies comme c'est le cas, par exemple, en Asie centrale. Elles existent également sous des climats tropicaux subdésertiques (Sahel), où la faible pluviosité ne permet pas l'installation de formes arborées. Les graminées des steppes ont un système racinaire profond, leur permettant de puiser l'eau de 50 cm à quelques mètres de profondeur. En outre, pour résister au vent, les espèces végétales adoptent souvent un port en touffe. La faune des steppes est sujette à des variations saisonnières ; la succession d'hivers rudes et d'étés chauds dans les steppes d'Eurasie entraîne des mortalités importantes. À l'inverse, des conditions clémentes peuvent s'accompagner de pullulations de rongeurs (mulots, campagnols), qui deviennent catastrophiques pour les cultures.

Les *steppes tropicales à épineux* présentent, quant à elles, un tapis herbacé discontinu et une strate arborescente, où prédominent les épineux. Ce type de formation est très profondément modifié par l'homme, qui coupe le bois, mais aussi par les troupeaux, qui broutent herbes et feuillages.

Les savanes s'installent sous les climats tropicaux, en Afrique, Asie, Amérique et Australie. La strate herbacée est constituée de graminées, tandis que la strate arborescente, dominante, est représentée par des arbres comme les acacias, les baobabs, les palmiers rôniers (Afrique) et les eucalyptus (Australie). Le couvert végétal forme un tapis abondant en saison humide, offrant ainsi un pâturage favorable à la multiplication d'herbivores de grande taille. La faune de ces savanes comprend non seulement ceux-ci (antilopes, zèbres, girafes, éléphants) mais aussi des carnivores. Il est certain que l'existence des savanes est en partie liée à l'action humaine. En effet, le feu des incendies saisonniers pratiqués par les agriculteurs joue un rôle dans l'extension des savanes, aux dépens du couvert forestier.

Les landes et les forêts

LA FORÊT REPRÉSENTE UN ÉTAT D'ÉQUILIBRE DE LA VÉGÉTATION AVEC LE CLIMAT ; ELLE EST SOUVENT MODIFIÉE PAR L'HOMME, PARFOIS DÉGRADÉE ET BLOQUÉE À L'ÉTAT DE LANDES.

Les landes occupent des zones situées aux limites naturelles des forêts, où les facteurs climatiques et édaphiques (liés au sol) deviennent limitants pour les formes arborescentes. La *toundra* occupe ainsi une bande comprise entre les forêts boréales de conifères et les régions désertiques polaires.

Les principaux facteurs limitant le développement des végétaux sont de deux ordres : la faiblesse des températures estivales (inférieures à 10 °C) et la faible durée de la période d'éclairement favorable à la végétation (60 jours en moyenne). De plus, les sols gelés en profondeur de façon permanente (ou *permafrost*) ne permettent le développement de la vie que dans la couche superficielle qui dégèle durant l'été. Les phytocénoses sont, par conséquent, peu diversifiées et constituées d'espèces très adaptées au froid et à la sécheresse. Les lichens occupent les zones les plus rigoureuses, puis quelques formes herbacées apparaissent (graminées et carex), auxquelles s'ajoutent, aux lisières des forêts, quelques arbustes (bruyères, saules nains...). Les lichens, relativement abondants, constituent la nourriture de base des rennes et des élans dans les régions polaires.

Les landes alpines (entre 4 000 et 6 000 mètres d'altitude) ont de nombreux points communs avec la toundra et constituent la limite supérieure des arbres en montagne. Elles offrent des conditions de vie particulières.

Les forêts boréales de conifères couvrent d'immenses superficies dans les régions subarctiques et constituent la *taïga*, biome majeur de l'hémisphère Nord. Les précipitations, bien qu'assez faibles dans ces régions (250-700 mm), sont étalées sur l'ensemble de l'année. C'est le domaine des conifères aux aiguilles persistantes *(sempervirens),* capables de supporter le climat rigoureux et le gel du sol en hiver. La composition spécifique de ces forêts est souvent dominée par une ou quelques espèces de pins, d'épicéas, de cèdres ou de mélèzes. Plus au sud, des forêts mixtes de conifères et de feuillus font la transition vers la forêt tempérée caducifoliée. La taïga se retrouve en altitude au niveau des forêts de conifères de l'étage subalpin (entre 3 000 et 4 000 m) des montagnes tempérées.

Les forêts de feuillus à feuilles caduques (caducifoliés) couvraient autrefois toute l'Europe tempérée, une grande partie de la Chine et du continent nord-américain. Mais l'extension des terres cultivées et l'exploitation des ressources forestières ont considérablement réduit l'aire de ce biome.

En Europe, les forêts caducifoliées sont dominées par les forêts de hêtres et de chênes. Leur diversité est relativement importante, de nombreuses espèces arborées (tilleuls, érables, charmes, châtaigniers...) accompagnant l'essence dominante. De plus, les forêts tempérées abritent des arbustes et des plantes herbacées, adaptés aux conditions de sous-bois. La faune est également assez riche en dépit d'un hiver rigoureux qui détermine l'hibernation ou la migration de nombreuses espèces animales. En altitude, les forêts de versants, analogues aux forêts de plaine, se situent entre 2 500 et 3 000 mètres.

Les biomes méditerranéens sont marqués par une saison sèche estivale, excédant souvent quatre mois. On trouve dans ces régions des forêts de chênes, dites « sclérophylles » (adaptées à la sécheresse), et des forêts sempervirentes de conifères. La dégradation du couvert végétal par l'homme a favorisé l'extension des forêts de conifères, au détriment des feuillus, et conduit à des formations végétales de type garrigue ou maquis, caractérisées par de nombreuses espèces arbustives et une strate herbacée dégradée. On trouve, enfin, dans les régions tempérées de l'hémisphère Sud, des forêts dites « ombrophiles tempérées », qui ne couvrent que des surfaces réduites du continent américain (le long de la côte du Chili), de l'Australie et de la Nouvelle-Zélande. La pluviométrie élevée et répartie sur toute l'année favorise la croissance d'arbres de très grande taille dépassant 70 à 80 m, par exemple, des hêtres du genre *nothofagus* et des conifères comme l'araucaria. Ces arbres permettent une stratification complexe ; ainsi, le sous-bois est particulièrement riche en épiphytes. En outre, la faune, variée et assez différente de celle des forêts tempérées, présente de nombreux endémiques. •

Les groupements des milieux humides

SE DÉVELOPPANT ENTRE LE MILIEU TERRESTRE ET LE MILIEU AQUATIQUE, LES ÉCOSYSTÈMES HUMIDES SONT TRÈS PRODUCTIFS ET FORTEMENT DIVERSIFIÉS.

Les milieux humides continentaux constituent des ensembles d'écosystèmes particuliers occupant une surface réduite, si on la compare à celle des principaux biomes. Zones de transition entre les écosystèmes terrestres et l'océan ou les eaux douces continentales, ils regroupent les abords des lacs et des cours d'eau, les cuvettes humides, les méandres abandonnés des fleuves, les zones d'estuaires et surtout les zones marécageuses douces ou saumâtres.

Les conditions écologiques, en régions tempérées et tropicales, sont particulièrement propices au développement de la vie dans les milieux humides. L'eau, la lumière et les sels minéraux présents en abondance permettent le développement de communautés végétales denses et diversifiées. La productivité des zones humides est d'ailleurs l'une des plus élevées de la biosphère. Ainsi, on a pu observer dans certains marécages eutrophes ou zones d'estuaires des productivités primaires nettes égales ou supérieures à celles des cultures à haut rendement. En contrepartie de leur fertilité, les milieux marécageux ont une nette tendance à l'eutrophisation. La matière morte s'accumule rapidement et se décompose, consommant ainsi la totalité de l'oxygène dissous. Cette asphyxie du milieu aqueux, qui à l'extrême est constitué de vases liquides, détermine une faune adaptée (mollusques divers, larves d'insectes amphibiens, vers, etc.).

Les milieux en voie d'assèchement, comme les méandres abandonnés des fleuves ou certains marécages, évoluent généralement en *tourbières.* Les groupements végétaux sont dominés par des cypéracées *(carex)* formant des touffes dépassant de l'eau. Lorsque la vase affleure, des mousses du genre *drepanocladus* apparaissent ; ces marécages, appelés basses tourbières, sont ensuite envahis par des espèces arborescentes, notamment des saules, des peupliers ou des aulnes.

Les tourbières acides ne permettent le développement que de quelques espèces de sphaignes, se multipliant rapidement par voie végétative, dont l'accumulation et la décomposition partielle forment la tourbe. Ces milieux couvrent de vastes régions à climat humide (régions atlantiques et montagnardes, caractéristiques en Irlande et en Écosse).

Les milieux humides sont en constante régression dans les régions où l'homme est à la recherche de terres agricoles. Leur assèchement met en péril de nombreuses espèces animales. •

→ **Voir aussi :** La forêt tropicale, **BIOL**, p. 122-123. Les formations végétales, **TERRE**, p. 114-115.

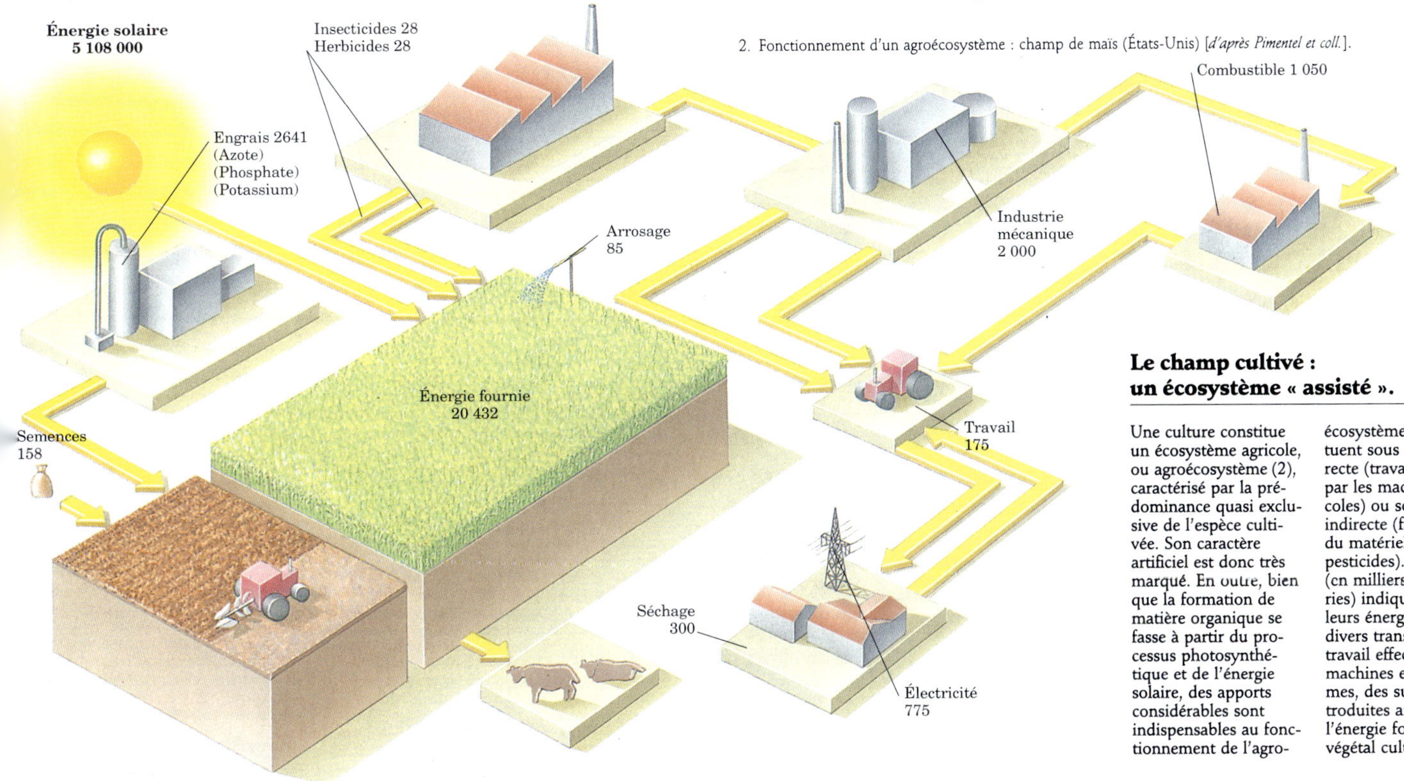

2. Fonctionnement d'un agroécosystème : champ de maïs (États-Unis) [*d'après Pimentel et coll.*].

Le champ cultivé : un écosystème « assisté ».

Une culture constitue un écosystème agricole, ou agroécosystème (2), caractérisé par la prédominance quasi exclusive de l'espèce cultivée. Son caractère artificiel est donc très marqué. En outre, bien que la formation de matière organique se fasse à partir du processus photosynthétique et de l'énergie solaire, des apports considérables sont indispensables au fonctionnement de l'agroécosystème. Ils s'effectuent sous forme directe (travail effectué par les machines agricoles) ou sous forme indirecte (fabrication du matériel, engrais, pesticides). Les chiffres (en milliers de kilocalories) indiquent les valeurs énergétiques des divers transferts, du travail effectué par les machines et les hommes, des substances introduites ainsi que l'énergie fournie par le végétal cultivé.

La forêt tropicale

Les forêts dites tropicales, équatoriales ou, de façon plus large, intertropicales, sont bien représentées en Amérique du Sud (bassin de l'Amazone), en Afrique tropicale et en Asie du Sud-Est. Elles se développent dans des climats caractérisés par une température et une humidité élevées et constantes. On distingue les forêts de type primaire, intactes, denses et humides, des forêts secondaires, partiellement déboisées, plus jeunes, plus productives mais moins diversifiées.

La végétation des milieux tropicaux humides montre une très grande diversité de formes arborescentes de grande taille, rendant ainsi les sous-bois obscurs et dénudés. La complexité de la stratification des arbres se trouve accrue par des enchevêtrements de lianes et d'épiphytes (plantes qui se développent sur d'autres plantes sans les parasiter). La faune est abondante et variée, du fait essentiellement de la diversité des habitats et des ressources alimentaires, permettant la coexistence de nombreuses niches écologiques distinctes.

Cet écosystème est l'un des plus actifs de la biosphère. Le cycle des éléments minéraux et le flux d'énergie y sont particulièrement rapides ; la matière organique peut ainsi être totalement décomposée et recyclée jusqu'à quatre fois par an. La forte activité photosynthétique est cependant associée à une respiration elle aussi très élevée, ce qui diminue la productivité nette de l'écosystème, qui est d'ailleurs comparable à celle des écosystèmes forestiers nordiques quand ils sont en période de végétation.

La forêt tropicale constitue un écosystème fragile, en raison de la faible quantité d'humus des sols et de sa dégradation rapide lors de déboisements. Elle est soumise à des atteintes humaines diverses qui réduisent constamment sa surface, la menaçant même de disparition. La surexploitation du bois et, surtout, le défrichement pour la culture ou l'élevage constituent le danger principal. La forêt perd alors sa luxuriance pour devenir pratiquement un désert. La forêt tropicale africaine a perdu déjà près de la moitié de sa surface originelle ; les forêts humides d'Asie, d'Amazonie et d'Amérique centrale sont détruites à une allure de plus en plus rapide.

L'écosystème forestier tropical

GRÂCE À L'HUMIDITÉ CONSTANTE ET À UNE PÉRIODE DE VÉGÉTATION ÉTALÉE SUR TOUTE L'ANNÉE, LA PRODUCTIVITÉ EST ÉLEVÉE ET LES CYCLES RAPIDES.

La diversité des ressources en forêt tropicale a permis le développement de réseaux alimentaires très complexes. Au sein de chaque groupe de consommateurs, les régimes alimentaires sont variés. Chez les consommateurs primaires phytophages, qui constituent le groupe majeur en raison de l'importance de la biomasse végétale, certaines espèces exploitent les parties souterraines des végétaux (rhizomes, racines ou tubercules), tandis que d'autres se nourrissent au sol des graines tombant abondamment des frondaisons (jusqu'à 10 000 unités/jour/ha). Sur les troncs et dans la canopée, on rencontre un grand nombre d'espèces d'insectes, se nourrissant du bois, des feuilles, des fruits ou suçant le nectar des fleurs ou la sève des arbres. Chez les consommateurs secondaires, essentiellement nocturnes, on rencontre de nombreux carnivores, dont beaucoup sont entomophages, mais également des hématophages (suceurs de sang) et des omnivores.

L'écosystème forestier tropical est caractérisé par une vitesse élevée de recyclage des éléments minéraux. Les pluies abondantes alliées à la chaleur conduisent au développement d'une microflore du sol très diversifiée, décomposant de façon intense pendant toute l'année la matière organique morte formée par les feuilles et autres débris végétaux qui tombent au sol. On estime que la litière est, ainsi, totalement décomposée et recyclée 4 à 5 fois par an. Les sols n'ont de ce fait qu'un stock réduit d'humus et de sels nutritifs ; par conséquent, ils se révèlent très sensibles au lessivage, et ils peuvent ainsi subir des dégradations irréversibles lors de défrichages massifs.

Les conditions climatiques générales permettent une activité photosynthétique intense et constante sur l'année, conduisant ainsi à une productivité primaire brute très élevée. Cependant, les pertes dues à la respiration des végétaux sont également considérables, et la productivité nette reste comparable aux valeurs mesurées dans les forêts caducifoliées tempérées. De même, les biomasses, excédant très exceptionnellement les mille tonnes par hectare, sont en général comprises entre 300 et 600 tonnes par hectare. L'écosystème forestier tropical n'est donc pas plus productif que les écosystèmes forestiers des régions tempérées ou froides. Ces derniers sont soumis à des variations climatiques saisonnières, contrairement à l'écosystème tropical. La productivité secondaire et les biomasses animales sont difficiles à évaluer, en raison de la complexité des réseaux alimentaires et de l'existence de pullulations temporaires d'insectes. •

La végétation et la faune

LA CANOPÉE, PARTIE SUPÉRIEURE ET FEUILLUE DES ARBRES, CONSTITUE, AU SEIN DE LA FORÊT TROPICALE, LA ZONE LA PLUS RICHE EN ESPÈCES ANIMALES ET VÉGÉTALES.

La végétation des forêts tropicales humides est caractérisée par une très grande diversité des essences et une extrême complexité des peuplements. On a ainsi recensé jusqu'à 3 000 espèces d'arbres en Indo-Malaisie contre moins d'une centaine en Europe. Le nombre d'espèces différentes présentes sur un hectare peut dépasser 300.

La structure générale des forêts humides est caractérisée par une végétation dense et luxuriante, sans variations annuelles importantes, présentant une stratification verticale. La strate arborescente est composée d'espèces héliophiles (nécessitant un éclairement abondant) pouvant atteindre 40 à 50 m de haut, dont les cimes forment une voûte dense, la canopée, rendant le sous-bois obscur et humide. La deuxième et la troisième strate, constituées d'essences de taille inférieure, plus ou moins ombrophiles, sont traversées par les troncs droits et dépourvus de branches des grands arbres. La quatrième strate est composée d'arbustes et de fougères nettement ombrophiles. La strate inférieure (sol), très obscure, porte de rares plantes herbacées apparaissant aux lisières et dans les clairières. Enfin, de nombreuses lianes grimpent le long des frondaisons, ainsi que des épiphytes (plantes se développant sur d'autres plantes sans les parasiter) s'étagent du sol jusqu'à la voûte.

Presque tous les groupes botaniques sont représentés dans la flore tropicale. L'hygrométrie élevée et constante des strates moyennes favorise le développement d'épiphytes très diverses (orchidées, fougères, aracées...). Les fougères forment des peuplements denses et exubérants au niveau du sous-bois, et certaines espèces arborescentes atteignent 15 à 20 m de haut. Parmi les arbres de grande taille, on trouve de nombreuses monocotylédones (palmiers-rôniers, cocotiers, bambous...) et dicotylédones (manguiers, fromagers, hévéas, baobabs...), dont les cimes forment la canopée. À la surface de celle-ci, baignée par la lumière mais invisible du sol, l'exubérance de la végétation atteint son maximum : les arbres, les lianes et les épiphytes (dont 13 000 espèces d'orchidées tropicales) développent leurs floraisons dans cette zone particulière.

La faune forestière tropicale présente une diversité et une abondance à la mesure de l'exubérance de la flore. Les innombrables microclimats rencontrés depuis le sol jusqu'à la canopée, ainsi que la multiplicité des ressouces alimentaires favorisent la coexistence de nombreuses niches écologiques et permettent le développement de biocénoses complexes. L'hétérogénéité des conditions dans les diverses strates forestières détermine une répartition et une activité spécifiques des groupements écologiques animaux. On distingue ainsi les groupements du sol et du sous-bois, les groupements de clairière, de lisière et de piste, et celui de la canopée, le plus riche et le plus diversifié. On a recensé 270 espèces différentes d'oiseaux sur un hectare au Costa-Rica et plus de 200 dans les forêts du Sud-Est asiatique ; le nombre d'espèces d'insectes atteint plusieurs centaines de milliers, dont une grande part est encore inconnue. Il existe aussi, bien sûr, diverses espèces arboricoles parmi les reptiles, les amphibiens et les mammifères. •

Un milieu luxuriant

La richesse et la luxuriance de la forêt tropicale ne sont pas facilement perceptibles, surtout en ce qui concerne les animaux : oiseaux de paradis bleus, toucans, paresseux, singes... ne donnent comme impressions que des bruits ou des vues très furtives. Les végétaux sont plus faciles à observer, quoique toujours dans la pénombre. On remarque surtout les bases des arbres (contreforts, échasses), les lianes, les épiphytes (fougères, broméliacées, aroïdées...) ; mais l'essentiel de la floraison se fait dans la strate la plus haute, qui est aussi la mieux éclairée et très riche par conséquent en espèces, que l'on cherche à mieux connaître.

Intérêts et rôle de la forêt tropicale

CET IMMENSE RÉSERVOIR DE VIE, EXPLOITÉ POUR SES RICHESSES, JOUE UN RÔLE DE RÉGULATEUR DU TAUX DE GAZ CARBONIQUE ATMOSPHÉRIQUE ET DE PROTECTEUR DES SOLS.

Le principal intérêt que présentent les forêts tropicales pour les sociétés industrielles tient à la valeur marchande du bois. La diversité des essences forestières permet des usages multiples : bois de charpente, de menuiserie ou d'ébénisterie, de déroulage (contreplaqué), bois de trituration et pulpe pour la fabrication des panneaux de particules agglomérées et des papiers. Les besoins industriels des pays développés ont entraîné un accroissement ininterrompu de l'exploitation forestière, particulièrement au détriment des forêts tropicales. La consommation de papier et de fibres de cellulose, par exemple, a atteint des niveaux considérables : plus de 100 kilogrammes par habitant en Europe et environ 250 aux États-Unis. Par ailleurs, la moitié des coupes mondiales de bois est utilisée comme combustible par les populations des pays en voie de développement, où le bois constitue souvent la seule source d'énergie. La consommation dépasse ainsi au Brésil une tonne par habitant et par an.

Outre le bois, les forêts tropicales fournissent de nombreux produits, notamment des huiles et des substances végétales utilisées en pharmacie et cosmétologie. La quinine, le curare et de nombreuses autres substances utilisées contre diverses maladies proviennent de plantes tropicales. Ce potentiel est actuellement sous-exploité, même si les médecines traditionnelles des peuples vivant dans les forêts tropicales utilisent plusieurs milliers de plantes. Une politique de conservation et d'étude mériterait d'être développée, en particulier, à cause du marché des médicaments à base de plantes. Ce dernier, en constante progression, atteint plusieurs milliards de dollars pour les seuls États-Unis. En outre, l'extraordinaire diversité des formes animales constitue un réservoir génétique exceptionnel et un objet d'étude irremplaçable pour les chercheurs.

Outre les divers produits qu'elles fournissent, les forêts tropicales ont un rôle essentiel dans le maintien des grands équilibres de la biosphère. Il faut, malgré tout, reconnaître que l'expression « Amazone poumon de la planète » ne correspond pas à la réalité, car un écosystème forestier « mûr » consomme autant d'oxygène qu'il en produit – l'essentiel de l'oxygène atmosphérique étant produit par le phytoplancton des océans. Pourtant, le rôle des zones forestières tropicales dans la régulation des climats est indéniable. L'importante biomasse végétale absorbe de grandes quantités de gaz carbonique et contribue à la régulation du taux atmosphérique de ce gaz. Cela contrebalance la constante augmentation des rejets industriels qui menacent, à terme, de provoquer un réchauffement de la planète en augmentant l'effet de serre de l'atmosphère. De plus, les forêts tropicales évaporent des quantités d'eau considérables et influent sur le régime des précipitations. Ainsi dans certaines régions, la déforestation a contribué à accroître l'aridité.

La protection des sols est également un des rôles essentiels des forêts tropicales. Installés sur des sols généralement pauvres en humus et en sels minéraux, peu profonds et lessivables, les arbres en grande densité retiennent la terre par leurs réseaux racinaires et évitent son dessèchement en maintenant une humidité élevée.

Enfin, les hommes qui vivent dans ces forêts y trouvent la totalité des ressources dont ils ont besoin. Ces peuples aux cultures originales, en harmonie avec leur milieu, sont aujourd'hui directement menacés par le recul accéléré des forêts humides. •

Les atteintes à la forêt tropicale

L'HOMME MODIFIE DE MANIÈRE IMPORTANTE L'ÉCOSYSTÈME FORESTIER. SUREXPLOITATION ET DÉFRICHEMENT SONT LES CAUSES PRINCIPALES DE LA DÉGRADATION DES FORÊTS TROPICALES HUMIDES.

L'exploitation de la forêt tropicale à des fins économiques s'effectue trop souvent de façon agressive. La pratique des coupes rases, mettant en œuvre des engins lourds qui labourent le sol est quasi générale. Ces méthodes menées sur de grandes superficies conduisent à la dégradation irréversible de la forêt, qui ne peut se régénérer du fait de la destruction des sols. En montagne, l'érosion des sols consécutive à un déboisement massif est catastrophique et interdit toute reconstitution du peuplement forestier initial. De plus, le lessivage des sels minéraux peut perturber sérieusement le réseau hydrologique, en entraînant une euthrophisation des milieux aquatiques.

La collecte du bois de chauffe est également responsable de la destruction de zones forestières, notamment aux alentours de concentrations urbaines. Ainsi, à Haïti, la végétation luxuriante qui couvrait l'île, transformée par l'homme en charbon de bois, a laissé la place à un désert aride.

Enfin, certaines pratiques agricoles et pastorales détruisent des superficies forestières énormes. La forêt défrichée, le plus souvent par le feu, disparaît pour laisser la place aux cultures et aux pâturages. Les sols ainsi mis à nu se dégradent rapidement et cèdent le pas au bout de quelques années à une terre infertile qui forme une croûte dure appelée *latérite.* Les agriculteurs ou les pasteurs abandonnent alors la parcelle stérile et défrichent de nouvelles surfaces. Les replantations entreprises dans certaines régions représentent une compensation dérisoire au regard du désastre. De plus, elles sont souvent réalisées avec un nombre réduit d'espèces, voire une seule, et ce milieu recréé est considérablement appauvri par rapport à l'état initial.

Les forêts tropicales disparaissent actuellement au rythme de 200 000 km² par an, ce qui représente environ la moitié du territoire français, et pourrait aboutir, si aucune mesure de préservation n'est prise, à leur disparition totale d'ici 50 ans. Outre la perte à court ou moyen terme d'un capital d'espèces inestimable, le risque est grand de voir apparaître des modifications climatiques considérables, aux effets catastrophiques dans d'autres régions de la biosphère. •

→ **Voir aussi :** Les forêts, TERRE, p. 116-117.

Les milieux extrêmes

CERTAINES RÉGIONS DE LA biosphère présentent une faune et une flore réduites en raison de l'extrême rigueur des facteurs écologiques. L'eau, en particulier, joue un trôle très important. Pour survivre à l'épreuve de l'aridité des déserts chauds, les espèces végétales doivent passer par un état d'estivation partielle ou totale ou adapter leur morphologie et leur physiologie à la rétention d'eau. Les déserts glacés (pôles et sommets) présentent, comme les déserts chauds, une aridité paradoxale, puisque l'eau y est indisponible sous sa forme liquide, qui est indispensable aux végétaux. Lorsque l'eau est disponible, la température peut elle-même devenir un facteur limitant.

Quelques espèces sont capables de vivre dans des conditions de température très élevée. Les sources chaudes renferment certaines algues thermorésistantes.

L'obscurité des abysses et des cavernes ne permet le développement d'aucune vie végétale autotrophe (végétaux chlorophylliens fabriquant de la matière organique). Les chaînes alimentaires s'en trouvent simplifiées : le maillon initial est constitué d'animaux détritivores, auxquels succèdent des stades carnivores (les sources hydrothermales abyssales font cependant exception à ce modèle). Les adaptations spécifiques des espèces abyssales sont spectaculaires et constituent une des formes les plus achevées d'adaptation à l'environnement.

Comme dans les autres milieux, les stratégies de survie en milieu extrême sont de deux types : tolérance des contraintes (adaptations morphologiques et physiologiques) ou évitement (estivation, hibernation, migration).

Les déserts froids

DANS CES RÉGIONS TRÈS DÉFAVORABLES AUX VÉGÉTAUX TERRESTRES, LA FAUNE EST DÉPENDANTE DU MILIEU MARIN ENVIRONNANT.

Les zones les plus froides du globe sont les régions polaires ; les calottes glaciaires de l'Arctique (pôle Nord) et de l'Antarctique (pôle Sud) sont les seuls déserts absolus de la planète, où aucune vie n'est possible. Aux lisières, quelques formes de vie animale arrivent à subsister (phoques, manchots, ours blancs). Les températures peuvent atteindre – 50 °C, voire – 70 °C. L'eau est alors totalement indisponible. Les déserts froids sont donc, paradoxalement, des régions arides pour les végétaux, qui ne peuvent utiliser l'eau que sous forme liquide. Autour des calottes glaciaires, les sols, gelés durant de longues périodes (le gel est permanent en profondeur), pauvres en bactéries et micro-organismes décomposeurs, souvent acides, sont peu propices au développement d'une vie végétale, entravée en outre par des vents violents quasi permanents. Malgré cela, certaines régions bénéficient d'un relatif redoux climatique estival (îles subantarctiques, Groenland). Quelques végétaux ont alors une période de vie active. Ainsi, la flore antarctique comporte 400 espèces de lichens, 75 espèces de mousses, mais seulement deux de plantes à fleurs. Ce sont les formes de végétation basses et compactes qui peuvent lutter contre le froid et les vents. De nombreuses espèces sont vivaces et se multiplient par stolons ; les rares plantes à fleurs ont des cycles très réduits, permettant la production des graines en moins d'un mois.

Les faibles biomasses de végétaux terrestres ne peuvent nourrir des populations animales importantes. Les grandes colonies d'oiseaux et de mammifères de l'Antarctique s'alimentent en mer (zone très productive). Les conditions extrêmes du milieu ont déterminé une sélection sévère parmi les faunes polaires : même si les peuplements peuvent être importants, le nombre d'espèces demeure très limité. Adaptés à la nage et au climat, les oiseaux (pingouins dans l'Arctique et manchots dans l'Antarctique) et les mammifères pinnipèdes (phoques, morses...) présentent des convergences évolutives (hydrodynamisme et résistance au froid par exemple). •

Les déserts chauds

CES DÉSERTS S'ÉTENDENT SUR UN SEPTIÈME DES CONTINENTS, SE RÉPARTISSANT SELON DEUX BANDES QUI RECOUVRENT LES TROPIQUES DU CANCER ET DU CAPRICORNE.

Le premier facteur écologique qui caractérise les milieux désertiques est l'aridité, qui correspond à des moyennes pluviométriques annuelles inférieures à 250 mm d'eau. Les précipitations sont très irrégulières, à la limite plusieurs années sans pluie pouvant se succéder.

Outre la sécheresse, les déserts sont caractérisés par une chaleur extrême. La faible nébulosité de l'atmosphère n'opposant aucun écran à la pénétration des rayons solaires, l'insolation violente provoque des températures au sol pouvant atteindre 50 °C. L'évaporation est intense à de telles températures, et dépasse largement la valeur des apports d'eau par les pluies. Le réseau hydrographique est, par conséquent, réduit, et formé de tronçons se tarissant avant de pouvoir atteindre la mer. Les variations de température entre le jour et la nuit sont également très importantes. On observe des températures nocturnes inférieures à 0 °C et pouvant descendre parfois jusqu'à –10 °C.

Parmi les facteurs climatiques hostiles, les vents jouent un rôle très important en zones arides, charriant et accumulant le sable et les poussières du sol desséché. Ils ont une action particulièrement considérable sur la végétation dont ils dénudent les racines ou ensevelissent les parties aériennes.

Les sols sablonneux sont les plus fréquents. Ils résultent de la longue action des climats désertiques. Ils sont sujets à des variations thermiques importantes et soumis à l'action continuelle des vents, dont la plus caractéristique est la formation de dunes. Les sols rocheux squelettiques sont peu propices à l'installation des végétaux. Les sols argileux, de structure très fine, sont sujets à une remontée de sels qui se déposent en surface : seules les plantes tolérantes ou dépendantes du sel pour leur développement sont susceptibles d'y vivre.

On rencontre peu d'arbres, mais de nombreux arbustes à racines très profondes et au feuillage réduit, formé d'écailles limitant les pertes d'eau. Les cactées et les euphorbes accumulent des réserves d'eau dans leurs tiges, et leurs feuilles captent la moindre pluie par des racines superficielles pouvant couvrir de grandes surfaces. Les plantes « éphémères » ont un cycle de développement et de fructification très court qui leur permet ainsi de profiter de la moindre pluie.

Pour la faune, les températures extrêmes et la carence en eau déterminent des adaptations particulières. Les insectes ont, par exemple, des pattes très longues qui éloignent le corps du sol surchauffé ; ils sont souvent de couleur blanche, réfléchissant le rayonnement solaire (coléoptères ténébrionidés). Certains mammifères (dromadaire, rat-kangourou) sont, quant à eux, capables de produire de l'eau métabolique par oxydation des graisses et de résister ainsi à la sécheresse. En outre, beaucoup d'espèces sont nocturnes, tandis que d'autres sont fouisseuses. •

2. Cheminées hydrothermales (fumeurs noirs). Profondeur : 2 500 m.

1. *Pentacrinus wyville-thomsoni.*

Abysses et cavernes

LES VÉGÉTAUX VERTS SE TROUVENT TOTALEMENT ABSENTS DE CES MONDES EXEMPTS DE LUMIÈRE, LES FORMES ANIMALES Y SONT SOUVENT AVEUGLES.

La zone profonde des océans, ou zone abyssale, se caractérise à la fois par une obscurité totale et des pressions hydrostatiques énormes.

La pression subie par les organismes aquatiques augmente d'une atmosphère tous les 10 mètres de profondeur. À 5 000 m, la pression est donc de 5 000 atmosphères, soit 500 kgf/cm². De telles pressions ne semblent pourtant pas affecter les êtres vivants qui ne renferment pas de masses gazeuses. Elles ne constituent pas, par conséquent, un facteur limitant pour le développement de la vie dans les grandes profondeurs. La lumière ne pénétrant pas au-delà de 500 m et ne permettant la photosynthèse que jusqu'à des profondeurs très inférieures (de 20 à 180 m en fonction de la turbidité des eaux), les zones abyssales se trouvent plongées dans une obscurité totale, incompatible avec la vie végétale photosynthétique. La plupart des organismes qui peuplent les grands fonds sont, par conséquent, dépendants, pour leurs apports énergétiques, des matières organiques provenant des couches supérieures de l'océan : déjections et cadavres végétaux et animaux par exemple.

La faune benthique (vivant sur le fond) est pauvre en espèces et la biomasse réduite. Sur fond vaseux, on rencontre des invertébrés détritivores : annélides polychètes, mollusques, lamellibranches, holothuries, et de nombreuses espèces prédatrices, poissons ou échinodermes.

L'obscurité et la rareté des proies sont à l'origine d'adaptations morphologiques spectaculaires chez les poissons abyssaux. Ainsi, de nombreuses espèces montrent un développement considérable de la bouche (comme chez les *macropharynx, gonostoma, chauliodus*) permettant l'ingestion de proies volumineuses. Il se développe également de nombreux appendices préhensiles, tactiles, souvent très grands. Les yeux sont soit énormes, pédonculés, soit totalement atrophiés. Enfin, de nombreuses espèces sont dotées d'organes lumineux, les photophores, qui servent à attirer leurs proies.

Le monde souterrain englobe des milieux très divers : grottes, tunnels, fissures et éboulis, et, de plus, renferme l'essentiel des eaux continentales (98 %).

Ces écosystèmes se caractérisent par l'absence de lumière, une humidité proche de la saturation et des températures faibles mais constantes. L'obscurité interdit, comme dans les abysses océaniques, toute production primaire sous forme de végétaux chlorophylliens. Les chaînes alimentaires sont dépendantes de matière organique, introduite généralement par les eaux d'infiltration ou les animaux. Leur quantité est souvent très limitée et leur potentiel énergétique faible.

L'adaptation des organismes aux conditions souterraines a entraîné l'apparition de traits convergents dans divers groupes d'animaux cavernicoles (insectes, amphibiens, poissons).

L'adaptation à l'obscurité se traduit par une régression progressive des yeux. Chez certaines espèces, leur taille est réduite et ils deviennent non fonctionnels. Chez d'autres, ils ont totalement disparu. L'absence de lumière entraîne également une autre conséquence : la dépigmentation de la plupart des organismes.

La quantité limitée des ressources a entraîné des modifications physiologiques et éthologiques de la faune cavernicole.

Ainsi, une optimisation de l'utilisation des ressources énergétiques est réalisée par une réduction du métabolisme et un ralentissement de la croissance. De plus, l'activité de recherche de nourriture est permanente, en liaison avec la perte des rythmes biologiques nycthéméraux (absence de synchronisation externe par l'alternance du jour et de la nuit). Les faibles densités des peuplements souterrains semblent favoriser l'apparition rapide d'adaptations importantes. En effet, les phénomènes de dérive génétique sont plus probables sur de petites populations isolées. •

3. *Glyptonotus megalurus.*

Les sources chaudes sous-marines

DANS LES PROFONDEURS MARINES, LES « FUMEURS » VOLCANIQUES FORMENT DES MILIEUX AUTONOMES, VÉRITABLES ÉCOSYSTÈMES.

Dans le milieu terrestre, les fluides hydrothermaux abritent des bactéries très particulières pouvant résister à des températures supérieures à 100 °C, et l'on pense que certaines d'entre elles pourraient survivre au-delà de 120 °C.

On a récemment découvert des populations animales denses aux alentours des sources hydrothermales profondes, appelées « fumeurs noirs » ou « souffleurs noirs », situées au niveau des dorsales océaniques, par 2 000 à 3 000 m de fond. Cette densité, contrastant avec l'aspect quasi désertique des fonds abyssaux, paraît inexplicable en l'absence de lumière solaire et donc d'activité photosynthétique. Cependant, les sources profondes libèrent des fluides chargés de sulfures à haute température (150-300 °C) et sont entourées de nombreux animaux coloniaux de grande taille (vers vestimentifères). On a pu démontrer que ces organismes vivaient en symbiose avec des bactéries capables de tirer de l'oxydation de l'hydrogène sulfuré l'énergie nécessaire à la fixation du gaz carbonique et à la synthèse de matière organique. Des espèces prédatrices de crabes constituent les maillons supérieurs de la chaîne alimentaire ainsi constituée.

Ces peuplements hydrothermaux, qui se développent à partir de l'énergie géothermique du globe, forment une exception par rapport à l'ensemble des biocénoses terrestres, totalement dépendantes de l'énergie solaire pour la fabrication de matière vivante. Ils pourraient constituer des témoins de ce que fut la vie à son origine sur notre planète, à une époque où l'oxygène n'existait pas sous forme libre. On peut également penser que ces formes particulières de vie continueraient à exister si le Soleil venait à s'éteindre. L'adaptation à des conditions extrêmes est possible grâce à des particularités écophysiologiques et biochimiques spéciales. •

→ **Voir aussi :** L'adaptation à l'environnement, **BIOL**, p. 94-95. Le milieu marin, **BIOL**, p. 112-113. La thermorégulation, **BIOL**, p 162-163. Les déserts, **TERRE**, p. 118-119.

Le peuplement des abysses

Photographiés par 1 500 m de profondeur, les pentacrines (1) sont des échinodermes qui vivent fixés sur le fond. Le poisson abyssal chauliodus (4) est un prédateur dont la gueule peut s'ouvrir à 360° ; le prolongement de la nageoire dorsale, visible au-dessus de la tête de l'animal, se termine par un organe lumineux, ou photophore. Ce petit crustacé (3) se déplace sur le substrat à 3 300 m de profondeur. Pour survivre, les animaux des profondeurs abyssales dépendent étroitement des débris organiques provenant des couches supérieures. En revanche, par leurs rejets sulfurés, les sources chaudes abyssales, appelées « fumeurs noirs » (2), permettent la prolifération de bactéries chimiosynthétiques ; leur matière organique constitue le premier échelon trophique d'un écosystème très particulier, qui abrite de nombreuses formes de vie (mollusques, vers, crustacés, échinodermes par exemple).

4. *Chauliodus* (photographié à 1 800 m de profondeur).

L'habitat créé par l'animal

LES MILIEUX ÉCOLOGIQUES offrent un énorme potentiel de ressources que les êtres vivants exploitent à des fins de survie. Certaines espèces animales montrent ainsi des capacités étonnantes pour élaborer des structures leur permettant d'adapter leur environnement proche en réalisant des constructions individuelles ou collectives qui, au-delà du confort qu'elles procurent à leurs auteurs, contribuent à définir leur place au sein des écosystèmes, c'est-à-dire leur « niche écologique ». Dans certains groupes zoologiques, ces structures font partie intégrante de l'organisme : elles constituent alors des éléments externes de soutien et de protection (coquille des foraminifères ou des gastropodes, par exemple). Les *constructions animales,* quant à elles, répondent à une définition comportementale. Il y a création par l'animal d'un habitat qui lui est propre. Ces constructions représentent la mise en forme d'une structure à partir de matériaux bruts (souvent de plusieurs types), provenant de l'organisme lui-même (sécrétions de soie) ou de l'environnement (sable, argile, végétaux...). Elles laissent à l'animal une certaine marge de souplesse dans la mesure où nombre d'entre elles peuvent être agrandies, consolidées, restructurées suivant les besoins. Les efforts, la précision du détail et les techniques utilisées autorisent, pour certaines de ces constructions, l'utilisation du terme d'« ouvrage ». Au-delà du travail réalisé, il est tout aussi étonnant de voir de quelle façon les animaux peuvent utiliser les principes de circulation de l'air et les lois de la physique des matériaux, à la manière de véritables architectes.

Les constructions et leurs fonctions

LES CONSTRUCTIONS ANIMALES REMPLISSENT QUATRE GRANDES FONCTIONS : MAÎTRISER LES VARIATIONS DE L'ENVIRONNEMENT ; SE PROTÉGER DES PRÉDATEURS ; CAPTURER DES PROIES ET STOCKER DES RÉSERVES ; COMMUNIQUER.

Les termites sont passés maîtres dans la construction de structures parfaitement étudiées pour le contrôle des variations thermiques. Chez *Amitermes meridionalis,* les nids de plus de 3 mètres de haut sont aplatis latéralement et leur axe longitudinal orienté suivant une direction nord-sud : ainsi, l'exposition aux rayons solaires est maximale en début et fin de journée et minimale lorsque le soleil est au zénith. En région tropicale, d'autres termites *(Cubitermes)* protègent leur ouvrage des pluies torrentielles en construisant des toits en forme de chapeaux ou de systèmes à chevrons qui permettent l'écoulement de l'eau. En Australie, les oiseaux mégapodes réalisent des constructions tout aussi élaborées sous forme d'impressionnants monticules de végétation en décomposition où ils mettent leurs œufs à incuber. En introduisant son bec dans le monticule, le mâle vérifie que la température est de 33 °C et tout écart est corrigé par un brassage répété des matériaux, l'aménagement de bouches d'aération ou l'adjonction de sable chaud ou humide servant de régulateur thermique.

Les constructions animales sont aussi des lieux de sécurité pour leurs habitants. L'épaisseur et la robustesse des murs d'une termitière en sont une illustration. L'entrée du nid des oiseaux tisserins de Cassin est située au bout d'un long tube suspendu vers le bas, ce qui les protège contre les serpents arboricoles. Le cas de l'araignée *Rhytidocolus structor* est encore plus étonnant. L'entrée de son terrier mène à plusieurs loges s'ouvrant par un opercule à charnière. Lors de l'intrusion d'une guêpe prédatrice, l'araignée se précipite et l'enferme dans une loge jusqu'à ce qu'elle meure. Les constructions peuvent servir la communication. Chez certains oiseaux, le nid construit par le mâle attire la femelle ; d'autres (manchot Adélie, cormoran) échangent des matériaux de construction avant l'accouplement. •

1. Tisserin à tête noire *(Ploceus melanocephalus).*

L'habitat et sa diversité

LES COMPORTEMENTS DE CONSTRUCTION SE MANIFESTENT DE MANIÈRE DIFFÉRENTE DANS LES GRANDS GROUPES D'ANIMAUX PAR LE NOMBRE D'ESPÈCES CONCERNÉES AINSI QUE PAR LE NIVEAU D'ÉLABORATION DE L'OUVRAGE.

Chez les poissons, certaines espèces construisent un nid pour y déposer leurs œufs ; ainsi, les épinoches mâles rassemblent des éléments végétaux et les lient à l'aide d'un mucus produit par leurs reins. D'autres espèces, comme les poissons « constructeurs de puits », logent dans un tube d'habitation vertical dont ils maçonnent les parois avec des coquilles de mollusques et de petites pierres. Curieusement, les amphibiens et les reptiles comportent peu d'espèces à proprement parler constructrices : lors de la ponte, les œufs sont simplement enveloppés d'écume ou déposés à même le sol ou encore dans un trou et recouverts. En revanche, les exemples de construction sont nombreux chez les mammifères et représentés, dans une large proportion, par des systèmes de galeries souterraines aboutissant à des chambres aménagées pour le stockage de réserves alimentaires ou pour l'élevage des jeunes. Les cas-

Les constructeurs

La confection d'un anneau constitue une des premières étapes de la construction du nid chez les tisserins (1). Gardant presque toujours ses pattes au même endroit, l'oiseau tisse autour de ce cadre de longues feuilles tendres de graminées et de palmiers. L'argyronète (2), araignée de mœurs aquatiques, conserve néanmoins une respiration aérienne. Elle construit une « cloche à plongeur » en filant une plate-forme de soie tendue entre les tiges et les feuilles de plantes aquatiques. L'animal prélève de l'air en surface, qu'il libère sous l'eau à l'intérieur de son filage.
Plusieurs fourmis tisserandes œcophylles (3) réunissent leurs efforts pour rapprocher les bords d'une feuille. D'autres ouvrières apporteront sur le lieu de l'ouvrage des larves afin de maintenir l'ensemble grâce aux fils de soie secrétés par ces dernières.
Les termites montrent de grandes capacités d'aménagement de leurs constructions. En région tropicale, les *Cubitermes* (4) protègent leurs ouvrages des pluies torrentielles à l'aide de toits et de structures en saillie.
L'aménagement intérieur des termitières est également très fonctionnel.
La coupe de ce nid de *Macrotermes bellicosus* (5), qui compte parmi les espèces les plus évoluées, révèle comment se réalisent la ventilation et le renouvellement de l'air. La fermentation des champignons qu'elles cultivent accroît la température de l'air, qui s'élève jusqu'à une chambre supérieure (ou « grenier ») puis est dirigé vers un système de conduits disposés sur les flancs de la termitière. La porosité des parois permet l'évacuation du gaz carbonique et la pénétration d'oxygène. L'air refroidi est amené dans la « cave » et humidifié pour, enfin, traverser les chambres à couvain et à champignons situées au-dessus.

tors figurent parmi les architectes les plus remarquables, bâtissant des huttes et des barrages pour aménager des étangs, mais les rongeurs comptent d'autres habiles bâtisseurs : muscardins, rats des bois ou rats des moissons. Ces derniers confectionnent de surprenantes demeures où les femelles abritent leur progéniture. Résistants, tressés en forme de boule avec une ouverture latérale, leurs nids rappellent à bien des égards ceux de certaines espèces d'oiseaux. C'est d'ailleurs parmi les oiseaux, ainsi que parmi les araignées et les insectes, que se trouvent le plus grand nombre d'espèces constructrices. D'autres constructeurs sont de véritables poseurs de pièges : les araignées et leurs toiles, le fourmilion qui attend patiemment au centre d'un entonnoir de sable l'occasion de saisir une fourmi entraînée vers le fond. Certaines larves de phryganes construisent dans les ruisseaux des nasses en soie pour recueillir de petits organismes dont elles se nourrissent.

Parfois, la construction ne vise qu'à séduire une femelle et représente alors un outil de communication. Ainsi, chez les oiseaux jardiniers, le mâle enfonce dans le sol deux rangées parallèles de rameaux, puis recouvre l'entrée de fines brindilles et la décore avec des objets colorés et scintillants (fleurs, plumes, perles, boutons...). Le ptilorhynque va jusqu'à colorer l'intérieur de la tonnelle en frottant des baies sur les parois. Ces nids n'ont pour rôle que de séduire et n'abritent jamais d'œufs. •

2. Argyronète *(Argyroneta aquatica)*.

3. Fourmis tisserandes *(Œcophylla)*.

Les techniques de construction

LES CARACTÉRISTIQUES DES CONSTRUCTIONS ANIMALES DÉPENDENT DES PROPRIÉTÉS DES MATÉRIAUX UTILISÉS ET DES TECHNIQUES ADOPTÉES PAR LES CONSTRUCTEURS.

Les animaux effectuent un choix sélectif des matériaux qu'ils utilisent. Ce choix prend en compte l'élasticité, la plasticité, la résistance, la dureté des éléments structuraux. Les matériaux ont pour rôle de supporter des charges par compression (parois, piliers) ou par tension (nids suspendus, toiles d'araignées). La confection de matériaux composites augmente les capacités de la construction : l'adjonction de fibres végétales à de la boue, par exemple, prévient la diffusion de fractures dans des conditions de dessiccation rapide. Les nids de certaines guêpes sont ainsi construits à partir de papier ou de carton que celles-ci fabriquent en mélangeant des fibres de bois avec leur salive, tandis que d'autres enveloppent leur nid d'un mortier, mélange d'argile et de sable.

Les constructions animales résultent des propriétés des matériaux et des compétences de leurs architectes : creuser, empiler, modeler, rouler, coller, tisser et même coudre. Concernant le tissage, certains oiseaux ont développé une haute technicité. Celle des tisserins des villages est particulièrement démonstrative. Le nid est construit par le mâle à partir de longs rubans flexibles d'herbes et de feuilles de palmier. La construction commence par la fixation d'un ruban à la fourche d'une brindille d'arbre. Pour cela, l'oiseau maintient le ruban sous une patte et l'enroule autour de la fourche. À partir de ce cadre, il élabore une sorte d'anneau en tirant et poussant l'extrémité des rubans d'herbe dans les espaces créés par le tissage lui-même et cet anneau est élargi et complété vers l'avant pour constituer la chambre d'incubation. À ce stade, l'oiseau a tendance à rajouter de nouveaux rubans perpendiculairement aux précédents, les poussant puis les ramenant en arrière, créant par là même un véritable tissage qui devient de plus en plus serré. Il inclut par la suite des rubans plus courts sous forme de lacets, de boucles et de nœuds. L'oiseau achève son ouvrage en construisant, à l'opposé de la chambre d'incubation, une antichambre dont l'ouverture est disposée sur un plan horizontal. Enfin, cette ouverture est prolongée vers le bas pour constituer un tube de vol. Pour construire son nid, l'oiseau couturier réunit les bords d'une ou de plusieurs feuilles, puis il coud celles-ci avec un fil de coton ou de soie d'araignée grâce à son bec long et pointu. Suspendu, en forme de cornet, le nid est ensuite capitonné de laine animale ou végétale.

Le castor, quant à lui, utilise des matériaux composites dans ses constructions hydrauliques. Il vit en famille dans une hutte érigée au-dessus de l'eau et confectionnée de branches et de brindilles. L'intérieur comprend cloisons et couloirs consolidés par de la boue et du limon. Lorsque l'eau qui entoure sa hutte n'est pas assez profonde, il en relève le niveau en construisant, en amont, une digue élaborée à partir de rondins de bois, de grosses branches et de blocs de pierre. Les variations du niveau des eaux peuvent être à l'origine de problèmes divers que les castors résolvent dans la majorité des cas avec beaucoup de maîtrise : si une montée des eaux menace d'inonder les chambres, l'animal ouvre dans le barrage quelques brèches qui permettent leur écoulement ; lors d'une baisse du niveau des eaux, il s'emploie à rehausser la digue ou à colmater d'éventuelles brèches. •

5. Coupe d'une termitière de *Macrotermes bellicosus* (d'après Driver).

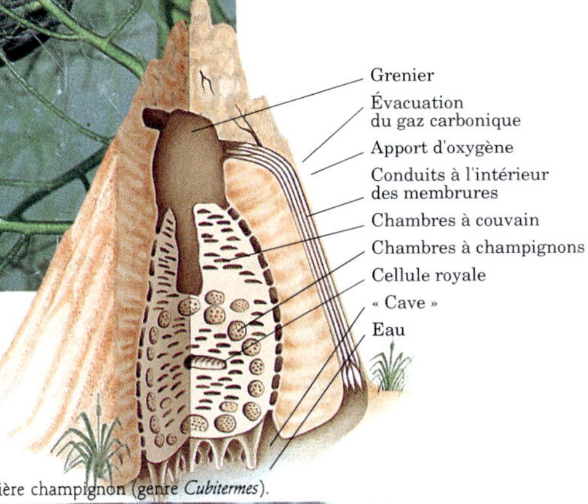

4. Termitière champignon (genre *Cubitermes*).

Des outils pour construire

CONTRAIREMENT À L'HOMME, LES AUTRES ESPÈCES ANIMALES N'UTILISENT PRATIQUEMENT PAS D'OUTILS VÉRITABLES POUR DONNER FORME À LEURS CONSTRUCTIONS.

Le terme outil s'applique à des objets de l'environnement qu'un animal, après les avoir parfois modifiés, utilise à des fins immédiates, en prolongement de son corps. Les quelques cas d'utilisation d'outils connus chez l'animal se rencontrent, pour la plupart, dans le domaine alimentaire : introduction de brindilles dans les termitières par les chimpanzés, emploi d'épines de cactus par les pics des Galápagos pour rechercher des insectes dans le bois, ou encore utilisation de pierre faisant office d'enclume chez les loutres. En revanche, pour la construction, les exemples sont relativement rares. En fait, nombre de constructeurs sont dotés de ce qu'il est tentant d'appeler des « instruments naturels ». Ainsi, les membres antérieurs des taupes montrent une parfaite adaptation au fouissement tandis que le bec et les pattes des oiseaux sont des appendices de premier plan pour manipuler les matériaux. La mobilité des pattes antérieures des petits rongeurs, la dureté et le tranchant des dents du castor, les propriétés adhésives des sécrétions glandulaires des insectes sont autant d'éléments précieux pour l'achèvement de leurs travaux.

Dans le domaine des constructions animales, on connaît cependant deux cas qui se rapportent bien à l'utilisation d'un outil. Ainsi, après avoir déposé dans une chambre souterraine leurs œufs et une proie, les guêpes du genre *Ammophila* obturent l'entrée du terrier et tassent la terre en un couvercle compact, en utilisant parfois un petit galet ou un débris de bois maintenu entre les mandibules. Le deuxième exemple nous vient des fourmis du genre *Œcophylla,* qui font usage, quant à elles, d'« outils vivants ». Elles construisent des nids formés de feuilles dont elles rapprochent les bords en les tirant avec leurs mandibules, avant de les « coudre ». Lorsque deux bords sont trop écartés, plusieurs ouvrières s'agrippent par les mandibules et par les pattes formant de véritables « agrafes » vivantes et amènent les deux bords en contact. D'autres ouvrières, transportant dans leurs mandibules des larves, les utilisent alors comme des navettes de métier à tisser et cousent avec leur soie collante les points de contact entre les feuilles. •

L'hibernation

LA TEMPÉRATURE REPRÉSENTE, dans l'environnement, un des facteurs les plus importants et les plus sélectifs pour les animaux. Chez les vertébrés, les mécanismes de régulation de la température corporelle permettent de distinguer différents types d'adaptations.

Les animaux *ectothermes* (encore appelés *poïkilothermes* ou *hétérothermes*) ne régulent pas leur température interne par des mécanismes physiologiques particuliers, celle-ci variant avec les fluctuations thermiques du milieu. Les *endothermes* (ou *homéothermes*) sont capables de réguler leur température corporelle ; ils augmentent leur activité métabolique en réponse à une baisse de température de l'environnement ; la déperdition calorifique peut être réduite par isolation thermique (fourrure, plumage, couche de graisse). Des comportements particuliers (constitution de réserves d'aliments, réduction de l'activité, choix de microclimats ou d'habitats appropriés, migrations) concourent à assurer la survie des endothermes face au froid.

Pour quelques espèces restant sur le sol natif, le maintien d'une température corporelle élevée constitue une dépense énergétique excessive lors de la saison froide. Les individus abaissent alors temporairement et de façon contrôlée leur température corporelle. Ainsi, toutes les fonctions de l'organisme sont ralenties, ce qui permet une économie d'énergie. Le terme d'*hibernation* s'applique à ce phénomène saisonnier, propre à certains homéothermes. L'hibernation se caractérise par une période de préparation active, suivie d'une torpeur sous contrôle physiologique, entrecoupée de réveils périodiques spontanés.

Une adaptation particulière au froid

PROCESSUS ACTIF D'ÉCONOMIE D'ÉNERGIE, L'HIBERNATION S'APPARENTE À L'ESTIVATION ET, DANS UNE MOINDRE MESURE, À LA DIAPAUSE DES INSECTES, MAIS SE DISTINGUE DE L'HIVERNAGE PASSIF.

Au cours de l'année, les animaux hibernants endothermes présentent deux périodes bien distinctes : la période de vie active, quand les conditions du milieu sont bonnes, se caractérise par une température corporelle constante élevée et régulée ; la période d'hibernation correspond à un abaissement de la température corporelle jusqu'au voisinage de celle du milieu (l'animal hiberne, ou est en torpeur). Au cours de cette période, tous les hibernants se réveillent régulièrement (périodiquement) et spontanément (en l'absence de variations notables des conditions du milieu). Les phases de torpeur permettent à l'animal de réduire ses dépenses énergétiques et de survivre pendant la mauvaise saison. Le réveil printanier marque le retour à la vie active.

Autres adaptations aux conditions défavorables. L'*estivation,* phénomène comparable à l'hibernation, existe chez certaines espèces soumises en été à la chaleur et à la sécheresse (gerbille, lérot). La privation d'eau conduit à un état de jeûne qui induit la torpeur estivale. Celle-ci est caractérisée par la chute de la température corporelle de l'animal pendant des périodes de courte durée (le plus souvent inférieures à 24 h) et par un réchauffement spontané assurant le retour à la normale. La chute de la température corporelle et la mise au repos d'un ensemble de fonctionnements endocriniens pendant l'estivation permettent de diminuer les dépenses énergétiques et hydriques de l'animal et ainsi d'assurer sa survie.

L'*hivernage,* ou *hivernation,* chez les vertébrés ectothermes (par exemple, la plupart des reptiles des régions tempérées), est dû, en automne, à la chute progressive de la température ambiante. Celle-ci provoque un comportement de recherche d'un environnement ou d'un habitat approprié pour passer l'hiver. Pendant toute la période d'hivernage, la température corporelle reste à un niveau bas, toujours légèrement supé-

Principaux hibernants

Hibernants saisonniers profonds

Monotrèmes
Échidné *(Tachyglossus aculeatus).*

Marsupiaux
Opossum *(Cercaertus nanus, Eudromicia lepida).*

Insectivores
Musaraigne *(Suncus etruscus)* ; hérisson *(Ericaneus europaeus)* ; tenrec *(Tenrec ecaudatus, Setifer setosus).*

Rongeurs
Loir *(Glis glis)* ; lérot *(Eliomys quercinus)* ; muscardin *(Muscardinus avellanarius)* ; marmotte *(Marmota marmota, M. monax)* ; hamster d'Europe *(Cricetus cricetus)* ; hamster doré *(Mesocricetus auratus)* ; citelles *(Citellus citellus, C. lateralis, C. richardsonii, C. tridecemlineatus).*

Hibernants non saisonniers

Chiroptères ou Chauves-souris
Molosse *(Tadarida medius)* ; rhinopomes *(Rhinopoma)*

Primates
Lémuriens : chéirogale *(Cheirogalus medius)* ; microcèbe *(Microcebus murinus)*

Oiseaux
Tourterelle des bois *(Streptopelia turtur)* ; mésange noire *(Parus ater)* ; martinet noir *(Apus apus)* ; engoulevent *(Caprimulgus europaeus)* ; oiseaux-mouches *(Selasphorus platycercus, S. rufus, Stellula calliope).*

Espèces à hypothermies hivernales

Carnivores
Ours brun *(Ursus arctos)* ; ours noir *(Ursus americanus)* ; blaireau européen *(Meles meles)* ; blaireau américain *(Taxidea taxus).*

Physiologie de l'hibernation

L'HIBERNATION SAISONNIÈRE EST PRÉCÉDÉE D'UNE PRÉPARATION ACTIVE. LES PHASES DE TORPEUR SONT SÉPARÉES PAR DES RÉVEILS SPONTANÉS.

Chez les hibernants saisonniers, la transition entre la période de vie active et l'hibernation est régulée par une horloge endogène (rythme interne) circannuelle, entraînée et synchronisée dans la nature par les facteurs de l'environnement.

Phase de préparation. Chez la grande majorité des espèces, la phase de préparation à l'hibernation se déroule par anticipation au cours de l'été, sans nécessiter d'exposition au froid (en particulier chez le hérisson, la marmotte, le loir). L'hibernant accroît sa consommation de nourriture et grossit jusqu'au doublement de la masse corporelle, dont 50 % peuvent être constitués de graisses. Dès le début de l'automne, tous les hibernants présentent un poids maximal. À cette époque, une perte d'appétit conduit à un état de jeûne qui renforce l'aptitude à entrer en hibernation. Chez d'autres espèces (peu nombreuses), l'entrée en hibernation nécessite une exposition au froid (hamster doré, citelle). Ces animaux engraissent moins, mais accumulent d'importantes réserves de nourritures dans leur terrier.

Avant d'entrer en hibernation, les hibernants aménagent un abri appelé « hibernaculum » qui les protège contre les prédateurs et les variations de la température ambiante (isolation). À l'intérieur, l'hibernant adopte la position « en boule » afin de minimiser ses déperditions de chaleur. Au terme de la phase de préparation commence l'hibernation proprement dite.

Phase de refroidissement. Au cours de cette phase, la température corporelle de l'animal chute de façon lente et progressive. Les seuils de la thermosensibilité de l'hypothalamus (au-delà desquels se déclenche la thermogenèse) sont abaissés et ajustés par paliers à des niveaux plus bas. Au début de cette phase, une rétention de gaz carbonique favorise l'entrée en hypothermie tout en entraînant une acidose respiratoire qui se maintient durant toute la durée de la torpeur.

Phase de torpeur (hibernation profonde). La température corporelle de l'animal est fortement abaissée (de 35-36 °C à 3-5 °C) au niveau de la température ambiante de l'hibernaculum et suit, dans certaines limites, les variations de celle-ci. La plupart des fonctions de l'organisme sont ralenties (fréquences cardiaque et respiratoire, consommation d'oxygène) ou diminuées (vitesse de coagulation du sang, pH sanguin). Les dépenses énergétiques sont fortement réduites : l'animal économise son énergie. Tout au long de cette phase, l'état de vigilance de l'animal se maintient à un niveau appréciable (réaction possible aux stimulations auditives, tactiles ainsi qu'aux grandes variations de température).

Les réveils spontanés. Pour des raisons encore mal connues (accumulation de déchets du métabolisme, déséquilibre de la concentration en ions des cellules...), la torpeur est obligatoirement entrecoupée de réveils périodiques spontanés. Ces réveils sont caractérisés par une phase de réchauffement rapide au cours de laquelle la température remonte au niveau régulé pendant la vie active (euthermie).

La source d'énergie spécifique à ces réveils est la graisse brune. Celle-ci se situe dans la région intrascapulaire et axillaire ainsi qu'au niveau du cou et du cœur. La graisse brune est composée de nombreuses petites cellules riches en mitochondries. Lors des réveils, les réserves lipidiques de ce tissu sont rapidement mobilisées et transformées en chaleur. La riche vascularisation de la graisse brune permet un réchauffement rapide du corps de l'animal par diffusion de la chaleur.

Les durées des phases de torpeur sont longues et celles des réveils courtes, ce qui aboutit à un bilan énergétique positif (10 jours de torpeur équivalent à 1 jour de réveil). Les fréquences des phases de torpeur et de réveil sont variables selon les espèces et les conditions de l'environnement.

Le réveil printanier correspond toujours au retour définitif à la vie active (température constante élevée, régulée). Le moment du réveil printanier varie selon les espèces, le sexe et l'âge des individus, le climat et la latitude. •

Limiter la perte de chaleur

La posture « en boule » prise par un loir en hypothermie (2) est le comportement habituel des mammifères hibernants. Cette position permet une moindre déperdition de chaleur en exposant une surface réduite par rapport au volume de l'animal. L'ouverture d'un nid de hérisson en hibernation (3) montre une accumulation de végétaux divers (herbes, mousses, feuilles). Ce type de nid conserve une partie de la chaleur émise par l'animal malgré son état d'hypothermie et constitue une barrière isolante contre le froid extérieur.

rieur à la température ambiante. Cette diminution de la température corporelle entraîne un fort ralentissement du métabolisme et une réduction de l'activité. Malgré une température corporelle en général inférieure à 10 °C, l'ectotherme peut encore se déplacer lentement pour ajuster sa température interne dans les limites permettant sa survie. Cependant, une chute brutale de la température ambiante au-dessous de 0 °C peut entraîner la mort de l'individu. À la sortie de l'hivernation, liée au retour de conditions environnementales favorables, les réserves de l'organisme, pratiquement demeurées intactes, sont utilisées pour pallier un manque de nourriture et préparer la reproduction printanière.

Dans les régions aux saisons contrastées, la *diapause* participe de manière évidente à l'adaptation des insectes. C'est une réponse qui se fait par anticipation, c'est-à-dire avant l'installation des conditions défavorables, ce qui l'apparente à l'hibernation. Au cours de la diapause, le métabolisme est fortement diminué : il se réduit à un métabolisme d'entretien, avec un arrêt total de la croissance et du développement. À la différence de l'hibernation, la diapause n'est rompue que grâce à l'action soutenue d'un ou de plusieurs facteurs externes (température, photopériode). •

Cas particuliers d'hibernation

CERTAINS OISEAUX PRÉSENTENT DE COURTES PHASES DE TORPEUR, DE RYTHME NON SAISONNIER. BIEN QUE SAISONNIÈRE, L'HYPOTHERMIE HIVERNALE DE L'OURS EST À LA LIMITE DU PHÉNOMÈNE D'HIBERNATION.

Chez les oiseaux comme le martinet noir et quelques mammifères (chauves-souris, lémuriens), l'hibernation n'est pas un phénomène strictement saisonnier, car elle est liée en grande partie à un manque de disponibilités alimentaires. Par ailleurs, des mammifères carnivores comme l'ours brun *(Ursus arctos)* et l'ours noir *(Ursus americanus)* traversent une phase de torpeur saisonnière, mais leur température interne s'abaisse beaucoup moins que chez les hibernants profonds.

Les oiseaux hibernants.
Lorsque les conditions du milieu deviennent défavorables (généralement privation alimentaire, associée ou non à une chute de la température externe), certains oiseaux peuvent réduire leur métabolisme pour épargner l'énergie. Ces torpeurs non saisonnières sont de deux types.

Une hypothermie nocturne de faible amplitude (la température corporelle passe d'environ 40 °C à 27-30 °C) s'observe chez des espèces de petite taille (mésange noire, oiseaux-mouches). Ces courtes phases de torpeur permettent une économie d'énergie de 10 à 20 %. Elles sont régulées par l'oiseau en fonction de divers paramètres : température ambiante, durée de la nuit et état de ses réserves internes.

Une hypothermie profonde (la température interne atteint un niveau situé entre 6 et 20 °C), pouvant durer 1 à 2 jours, s'observe, par exemple, chez certains martinets. L'épargne énergétique atteint 30 à 60 %. Cependant, la torpeur s'accentuant avec l'amplitude de l'hypothermie, le bénéfice de celle-ci est contrebalancé par les risques de prédation.

Le cas de l'ours.
Après avoir engraissé en automne, l'ours brun se retire dans sa tanière et entre en léthargie pour de longs mois (4 à 7). Malgré son état de somnolence et sa posture « en boule », l'ours est à tout moment capable de coordonner ses mouvements et de se déplacer lentement s'il est dérangé. Au cours du sommeil hivernal, la température corporelle de l'ours (37 °C) ne s'abaisse que de 5 à 6 degrés. Cependant, les rythmes cardiaque et respiratoire sont notablement réduits, ce qui entraîne une réduction de 50 à 60 % du métabolisme général. Pendant toute la durée de la torpeur, l'ours ne mange pas, ne boit pas, n'urine pas et ne défèque pas. Toutefois, il ne montre pas de symptômes de déshydratation ni d'urémie car, au cours de la léthargie, il utilise ses graisses (lipides) comme source principale d'énergie et d'eau et, par ailleurs, réabsorbe et recycle les produits de dégradation des protéines (l'urée) comme source d'azote pour la synthèse de nouvelles protéines. Cette adaptation biochimique et métabolique remarquable est également utilisée par les femelles lors de la gestation, la mise bas et l'alimentation des jeunes. •

→ **Voir aussi :** L'adaptation à l'environnement, **BIOL**, p. 94-95. La thermorégulation, **BIOL**, p. 162-163.

L'hypothermie nocturne du pigeon

L'absence de nourriture (provoquée en laboratoire) induit chez le pigeon une adaptation qui se traduit par des rythmes d'hypothermie, au cours desquels la température corporelle chute progressivement chaque nuit à un niveau de plus en plus bas et retourne à son niveau normal (euthermie) pendant la journée (1).
En conditions naturelles, cette hypothermie permet à certains oiseaux d'économiser de l'énergie. La régulation, spécifique et variable, tient compte de plusieurs paramètres tels que la température ambiante, la durée de la nuit et l'état des réserves internes de l'animal.

1. Température et métabolisme du pigeon privé de nourriture *(d'après Graf et Heller)*.

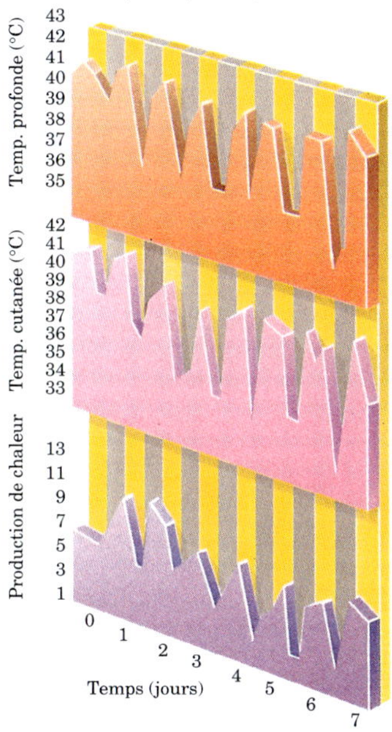

2. Loir *(Glis glis)* en hibernation.

3. Hérisson *(Ericaneus europaeus)* en hibernation.

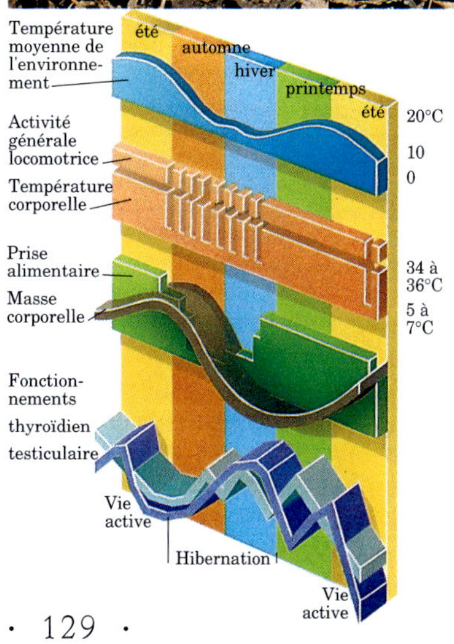

L'hibernation saisonnière du hérisson

Le hérisson présente chaque année une phase de vie active (février-mars/fin septembre) et une phase d'hibernation (octobre/février) [4]. Le début de l'hibernation, concomitant des jours courts et des températures décroissantes, est accompagné par la mise au repos simultanée de la plupart des fonctions endocrines.

Au cours de l'hibernation, les phases de torpeur de longue durée (1 à 7 jours) alternent avec les phases de réveil spontané de courte durée (1 à 2 jours). Chez le mâle, la réactivation de la fonction génitale s'effectue avant la fin de l'hibernation, de telle sorte qu'il est apte à se reproduire très rapidement après le réveil printanier.

4. Rythmes saisonniers du hérisson en conditions naturelles *(d'après Saboureau)*.

Les migrations

DU FAIT DE L'ALTERNANCE des saisons (froide et chaude ou sèche et humide) qui est la règle sous la plupart des latitudes, les différents milieux n'offrent pas, tout au long de l'année, des conditions de vie similaires. L'arrivée du froid dans les régions tempérées, la sécheresse dans les régions intertropicales déclenchent le départ de nombreuses espèces animales vers des contrées où les conditions de vie (en particulier les disponibilités alimentaires) sont meilleures. Au cours des millions d'années de leur évolution, ces animaux ont ainsi ajusté leur cycle de vie aux alternances saisonnières. Au même titre que l'hibernation, les migrations représentent une forme d'adaptation aux contraintes du milieu. Par ailleurs, d'autres impératifs, comme la reproduction, peuvent déclencher des migrations.

Si les mouvements migratoires eux-mêmes sont actuellement bien connus, il reste encore beaucoup à apprendre sur les facteurs déclenchants et sur les mécanismes d'orientation qui permettent aux animaux de voyager sur de grandes distances sans se perdre. Ces connaissances revêtent parfois une importance économique primordiale. Par exemple, les résultats futurs de la pêche industrielle dépendront pour beaucoup de la façon dont seront gérées les ressources marines. À cette fin, une bonne compréhension des déplacements saisonniers des poissons qui sont pêchés sera nécessaire pour éviter les prélèvements trop intensifs. De même, pour lutter plus efficacement contre des ravageurs de cultures comme les criquets tropicaux, il conviendra de connaître au mieux leurs cycles migratoires.

La diversité des mouvements migratoires

LES CONDITIONS CLIMATIQUES ET ALIMENTAIRES SONT À L'ORIGINE DE LA PLUPART DES MOUVEMENTS MIGRATOIRES.

Pour la majorité des oiseaux migrateurs, la migration est rythmée par l'alternance des saisons. Elle correspond à une succession de voyages aller-retour entre une zone géographique favorable à la survie et à la reproduction (par ses qualités climatiques et ses ressources alimentaires) et une aire, parfois très éloignée de la première, où l'animal ne se reproduit pas. C'est à de tels voyages réguliers qu'on attribue classiquement le terme de migration. Mais on peut regrouper sous cette dernière appellation une diversité de déplacements s'éloignant de ce schéma classique : telles espèces voyagent toute leur vie, retournent sur leur lieu de naissance, s'y reproduisent et y meurent ; d'autres espèces, dont les représentants ont une durée de vie courte, effectuent leur cycle migratoire sur plusieurs générations successives.

Les oiseaux sont les représentants du monde animal qui parcourent les plus grandes distances. Cela tient à leur mode de locomotion, qui leur permet de s'affranchir des vents dominants, pour ceux qui pratiquent le vol battu, ou d'utiliser des courants d'air ascendants, pour les espèces pratiquant le vol plané. Appartiennent à la première catégorie la plupart des passereaux, qui, à l'exemple bien connu des hirondelles et du coucou, quittent l'Europe à la fin de l'été, traversent la Méditerranée et le Sahara en ligne droite et atteignent l'Afrique tropicale ou équatoriale. Les seconds, représentés par des espèces de grande taille comme la cigogne, parviennent à la même destination en contournant la mer, celle-ci n'offrant pas les courants ascendants nécessaires.

De la même manière que les oiseaux dans l'atmosphère, de nombreux poissons se livrent à des mouvements saisonniers au sein des océans (on dit alors qu'ils sont océanodromes). Il existe cependant des cas remarquables où les poissons changent radicalement de milieu aquatique au cours de leur vie, passant des eaux douces à la mer, et inversement. Il en est ainsi des saumons : ces derniers éclosent dans les cours supérieurs des rivières, que les alevins quittent ensuite pour se diriger vers leurs embouchures. Les jeunes saumons pénètrent alors dans les eaux marines, au sein desquelles ils poursuivent leur croissance. Devenus adultes, ils regagnent la rivière qui les a vu naître et remontent son cours jusqu'au lieu de frai. Une telle espèce, se reproduisant en eau douce et vivant en mer, est dite anadrome. À l'inverse, les poissons catadromes, comme les anguilles, se reproduisent en eau salée (dans la mer des Sargasses) et passent la plus longue partie de leur vie en rivière.

Malgré leur petite taille, les insectes aptes au vol peuvent couvrir de grandes distances. Certains suivent des parcours migratoires réguliers. Le cas le plus spectaculaire est celui du papillon monarque, qui traverse le continent nord-américain. La traversée est si longue qu'il faut plusieurs générations de monarques pour l'effectuer. Les monarques migrent en masse sur des milliers de kilomètres selon des itinéraires connus. Ils hivernent en formant des amas pouvant recouvrir entièrement les arbres.

Soumis aux vents dominants, les déplacements des criquets sont beaucoup moins réguliers. Ces insectes forment de véritables nuages pouvant compter des milliards d'individus couvrant parfois des centaines de km². Les criquets migrateurs dévorent toute végétation sur leur passage. •

Migration et orientation

LES ANIMAUX MIGRATEURS DOIVENT POUVOIR S'ORIENTER. LES MÉCANISMES MIS EN JEU À CET EFFET SONT SOUVENT MULTIPLES ET, POUR LA PLUPART, ENCORE MYSTÉRIEUX.

Comment une hirondelle peut-elle retrouver le nid qu'elle a quitté l'année précédente, après un vol aller-retour couvrant des milliers de kilomètres ? Pour naviguer et s'orienter, toutes les capacités sensorielles peuvent être mises en jeu.

La vue est utilisée lorsqu'il s'agit de se diriger dans un environnement familier dont un certain nombre de repères sont mémorisés. Elle interviendra donc, par exemple, dans la phase finale du voyage d'un oiseau qui retrouve son aire de reproduction ou d'hivernage. La vue peut aussi être utilisée sur de très longues distances par certains oiseaux qui suivent, pour se guider, les rivages marins. L'orientation par rapport au Soleil est très répandue chez des espèces parfois fort différentes du monde animal. Un papillon, la vanesse « petite tortue », se déplace en maintenant toujours la même direction par rapport à l'azimut du Soleil, c'est-à-dire vers le point sur l'horizon situé à la verticale de cet astre. Du fait des mouvements de rotation de la Terre, les vanesses reproduisent chaque jour un trajet courbe similaire. Ainsi, elles maintiennent à long terme un cap moyen constant. D'autres animaux, parfois très « primitifs » comme les puces de mer vivant sur les rivages sableux, savent corriger le déplacement apparent du Soleil, ils possèdent à cet effet une « horloge interne » dont la nature reste mystérieuse. On a montré, en particulier par des expériences réalisées dans des planétariums, que de nombreux oiseaux savent s'orienter à l'aide des repères du ciel nocturne, la Lune et les étoiles, ce dont sont aussi capables certains papillons.

L'odorat est essentiel dans certains cas, le plus célèbre étant celui des saumons, qui reconnaissent les caractéristiques chimiques des eaux de leur rivière d'origine. En remontant le cours de cette dernière, ils sont capables d'identifier l'odeur du lieu qui les a vu naître. Pour certains chercheurs, des substances spécifiques, émises par les jeunes saumons appartenant à la même population et faisant le voyage inverse, vers la mer, auraient aussi un rôle non négligeable.

L'ouïe peut aussi intervenir : il semblerait qu'elle soit utilisée par les grands mammifères herbivores, gnous, gazelles et zèbres, pour guider les déplacements circulaires de leurs vastes troupeaux dans la savane africaine : le bruit des orages tropicaux les attirerait vers les zones pluvieuses où la nourriture est disponible.

Enfin, de nombreux animaux semblent sensibles aux variations du champ magnétique terrestre. Connus depuis des siècles pour leurs capacités d'orientation, les pigeons voyageurs représentent un modèle d'étude très précieux des mécanismes sensoriels mis en jeu. Dans cette espèce, outre les variations du champ magnétique (dont les récepteurs sont encore inconnus), la plupart des informations sensorielles seraient utilisées pour le retour au nid : visuelle (repères terrestres et célestes), olfactive (mémorisation des odeurs sur de vastes superficies) et peut-être acoustique (infrasons réfléchis par le relief). •

1. Krill *(Euphausia superba)*.

Méthodes d'étude des migrations

RADARS ET SATELLITES PERMETTRONT DE MIEUX CONNAÎTRE LES MIGRATIONS. QUANT AUX MÉCANISMES D'ORIENTATION, LEUR ÉTUDE NÉCESSITERA UNE CONNAISSANCE APPROFONDIE DE CHAQUE ESPÈCE.

Les premières données concernant les migrations ont été fournies par l'observation d'animaux de passage. Cette méthode apporte encore des informations quantitatives, surtout dans les zones de passage privilégiées, comme certains cols de montagne (pour les espèces terrestres) et des détroits (pour les oiseaux). L'utilisation du radar, avec lequel on peut discriminer des espèces en vol, a sensiblement accru les connaissances en ce qui concerne les oiseaux migrant de nuit. C'est pourtant avec la généralisation des techniques d'identification individuelle que l'étude des itinéraires de migrations a le plus progressé. Repérer à plusieurs reprises un même animal permet de reconstituer ses déplacements. Deux méthodes sont employées, l'une utilisant des critères naturels de reconnaissance, l'autre faisant intervenir un marquage artificiel de l'animal après capture. La première approche concerne généralement les espèces de grande taille ; elle est utilisée pour l'étude des mouvements des cétacés, par exemple. La seconde est appliquée à presque toutes les espèces migrantes, des mammifères aux insectes, parfois à très grande échelle, comme c'est le cas avec le baguage des oiseaux. Des techniques radio *(radiotracking)* permettent de suivre en continu un animal. Pour cela, on l'équipe d'un émetteur radio dont le signal permet, à tout instant, de connaître sa position. Certains émetteurs puissants suivis par satellite ont été expérimentés sur des espèces de grande taille, ours polaires, albatros, tortues marines, dont les mouvements migratoires sont encore très mal connus.

Si l'ensemble des techniques de repérage permet de dresser une carte de plus en plus précise des mouvements migratoires, les recherches expérimentales sur les mécanismes de navigation et d'orientation n'ont encore donné que peu de résultats. Deux approches classiques ont cependant fourni quelques informations. La première consiste à intervenir sur les récepteurs sensoriels de l'animal pour en déduire le rôle d'après les perturbations provoquées dans l'orientation. Si on recouvre les yeux d'un pigeon voyageur avec des verres dépolis, il continue à s'orienter correctement, utilisant à cette fin la lumière polarisée, mais ne réussit pas à retrouver précisément son pigeonnier. De même, des aimants fixés sur sa tête, en perturbant les récepteurs du champ magnétique terrestre, le désorientent totalement. En l'absence de lune et par temps dégagé, un papillon nocturne, la « fiancée », sait maintenir un cap. Si on lui recouvre la partie supérieure des yeux, il se perd, montrant ainsi qu'il se sert de repères situés au-dessus de lui, les étoiles. La seconde approche expérimentale consiste à capturer des animaux et à les relâcher en un lieu situé en dehors de leur chemin normal de migration. Une expérience célèbre, réalisée avec des étourneaux, a montré que des animaux capturés aux Pays-Bas et relâchés en Suisse réagissent différemment en fonction de leur âge. Les jeunes oiseaux n'ayant jamais migré conservent la même direction de vol et migrent vers une nouvelle aire d'hivernage. Les adultes corrigent leur cap pour gagner leur aire habituelle. •

2. Baleine à bosse *(Megaptera novæangliæ)*.

3. Sterne arctique *(Sterna paradisea)*.

Les voyageurs de l'Antarctique

En dépit de son apparente inhospitalité, l'océan Antarctique recèle une quantité fantastique d'animaux, caractérisée par une biomasse élevée, malgré un nombre relativement faible d'espèces. Du fait d'un hiver peu propice à la vie, tous ces animaux sont migrateurs. Les crustacés planctoniques composant le « krill », parmi lesquels figurent essentiellement ces crevettes (1), sont entraînés dans des mouvements migratoires de profondeur liés à leur cycle de vie. Au cours de l'été austral, l'accroissement de la masse de krill près de la surface explique la présence de nombreux cétacés à fanons qui s'en nourrissent, comme cette baleine à bosse amorçant une plongée (2). On y trouve, pour la même raison, de nombreux poissons, qui, à leur tour, seront la proie des oiseaux de mer. Ces manchots Adélie (4), qui plongent en quête de nourriture, forment de vastes colonies de reproduction sur les côtes. À l'arrivée de la saison froide, ils se dispersent à la nage et regagnent la haute mer. La sterne arctique (3), championne de la migration, vient du pôle Nord pour passer ses « quartiers d'hiver » dans ce Sud extrême. Cet oiseau effectue ainsi, tous les ans, un aller-retour de 40 000 km entre les rivages des deux océans polaires.

4. Manchots Adélie *(Pygoscelis adeliae)*.

Menaces sur les écosystèmes

L'ÉQUILIBRE NATUREL DES écosystèmes ne se traduit pas par une stabilité stricte de leurs peuplements et de leur fonctionnement, mais plutôt par une régulation d'oscillations modérées. Cet équilibre dynamique s'avère cependant fragile.

Les menaces qui pèsent actuellement sur les écosystèmes découlent de l'apparition de la civilisation industrielle, grande consommatrice de ressources naturelles et inductrice de pratiques agricoles agressives s'intensifiant avec l'explosion de la démographie. Les dégradations se traduisent par la destruction continuelle de l'environnement physique (les biotopes), par une diminution de la diversité des communautés vivantes (les biocénoses) et par des ruptures dans les cycles des éléments minéraux nécessaires à la vie. L'urbanisation et l'industrialisation sont responsables de la destruction de nombreux biotopes. Les pollutions liées à l'industrie, aux transports (en particulier l'automobile) et aux effluents domestiques affectent l'air, l'eau et les sols, portant atteinte à la fois aux êtres vivants dans leur ensemble et à l'homme dans sa santé et dans ses ressources. On assiste aussi, avec la colonisation continuelle de nouveaux milieux par l'homme, à la disparition massive de nombreuses espèces animales sous l'action de trois facteurs : destruction des biotopes, surexploitation (pêche et chasse) et parfois introduction intempestive d'espèces étrangères.

L'équilibre de la biosphère tout entière semble menacé par les effets de l'activité humaine : production croissante de gaz carbonique, destruction de la couche d'ozone protectrice.

L'équilibre des écosystèmes

FONDÉ SUR LA DIVERSITÉ DES ESPÈCES ET LA RÉGULATION DE LEURS INTERACTIONS, IL EST MENACÉ PAR LA PRESSION CROISSANTE QUE LUI FAIT SUBIR L'HOMME.

Dans la biosphère, les équilibres naturels se maintiennent grâce à la constance des taux de certains éléments chimiques, la régulation des oscillations des peuplements et la pérennité des écosystèmes. Les conditions d'équilibre sont assurées par le bon fonctionnement des chaînes alimentaires, par le maintien d'une certaine diversité des espèces et l'absence de perturbations trop violentes. Certains systèmes forestiers, comme la futaie jardinée en milieu tempéré, par exemple, constituent des systèmes stables, bien que créés par l'homme. Par contre, la plupart des agroécosystèmes sont des systèmes immatures par rapport à la forme achevée (ou climax), qui est la forêt. Ils sont maintenus à un niveau rudimentaire de la succession naturelle des peuplements végétaux, qui va des formes herbacées aux formes arborescentes. D'un point de vue écologique, les agroécosystèmes sont instables et fragiles du fait d'une structure souvent limitée à une seule espèce végétale. La productivité des agroécosystèmes varie beaucoup suivant les types de cultures pratiqués et les conditions climatiques.

D'autres facteurs menacent aujourd'hui l'équilibre général de la biosphère. Sur l'ensemble de la planète, le développement scientifique et technique, en déclenchant une fantastique croissance démographique, grâce aux découvertes thérapeutiques du dernier siècle et à l'augmentation spectaculaire de la production agricole mondiale, a créé une distorsion grandissante entre la capacité productive de la biosphère et les besoins humains. L'augmentation de la population s'est accompagnée d'une ponction croissante sur les ressources naturelles. Cette évolution a non seulement conduit à des dégâts immenses dans certains écosystèmes, comme la forêt tropicale, mais elle tend à modifier, pour la première fois dans l'histoire de l'humanité, des équilibres globaux qui ont assuré la pérennité de la vie. La nature doit être protégée. •

Les milieux naturels qui disparaissent

En Afrique, la crise du Sahel illustre de façon dramatique l'action conjuguée des facteurs climatiques (sécheresse prolongée) et humains (surpopulation, surpâturage) dans l'avancée des déserts. L'amenuisement du couvert végétal contraint à parcourir quotidiennement de longues distances pour recueillir du bois (2).
Le détournement, à des fins agricoles, des eaux des deux principaux fleuves qui alimentent la mer d'Aral, en U.R.S.S., a réduit, en une trentaine d'années, 26 000 km² de surface marine en désert salé (3).
Au rythme actuel d'exploitation, on estime que la moitié de la superficie des forêts tropicales aura disparu d'ici l'an 2000. À partir des routes taillées à travers la forêt amazonienne (1), le déboisement et les aménagements agricoles épuisent en quelques années le milieu, conduisant les populations à détruire de nouvelles portions de la forêt.

1. Forêt amazonienne. Défrichement le long d'une route.

2. Sénégal. Femmes portant des fardeaux.

3. Zone asséchée de la mer d'Aral.

L'agression humaine

DESTRUCTION DU COUVERT VÉGÉTAL, MODIFICATION DE LA COMPOSITION CHIMIQUE DU MILIEU, SUREXPLOITATION DES RESSOURCES ; CHAQUE ATTEINTE A DE MULTIPLES CONSÉQUENCES.

L'activité humaine peut perturber gravement le fonctionnement des écosystèmes, voire les régulations de la biosphère dans son ensemble. Elle produit ses effets sur plusieurs fronts à la fois, en détruisant des espèces et des écosystèmes, en épuisant les ressources fossiles, et, enfin, en provoquant d'importantes pollutions.

Il n'est pas de société humaine dont l'activité soit sans impact sur la nature : la pratique du feu, les coupes de forêts pour le défrichement, l'enlèvement de l'humus (écobuage) ont, entre autres, largement contribué à la dégradation des milieux naturels, conduisant parfois à une véritable désertification. Aussi, il n'existe plus guère d'espaces à la surface de la Terre qui ne portent l'empreinte des activités humaines. Le couvert végétal a été profondément modifié ; le processus de déforestation au profit de l'agriculture se poursuit à un rythme sans précédent, surtout, actuellement, en forêt tropicale.

L'urbanisation accélérée, les nouveaux programmes autoroutiers, le bétonnage des zones littorales fragiles, aggravent les dégradations de manière bien souvent irréversible. À l'échelle de la planète, la stérilisation des sols, leur érosion et la désertification qui s'ensuit résultent des atteintes au couvert végétal. Ce phénomène privera très rapidement les générations futures d'une énorme part de ressources. Ainsi, depuis à peine un siècle, ce sont plus de 10 millions de km² (soit 15 % des terres utilisables), situés surtout en Asie et en Afrique, qui ont été perdus par ces processus. La destruction du couvert végétal, c'est-à-dire la destruction d'écosystèmes entiers porte un coup fatal à de nombreuses espèces animales, bien plus que n'avaient pu le faire la pêche ou la chasse pratiquées sans limites.

La pression humaine sur les ressources s'exerce aussi par l'extraction des matières premières. Lorsque celles-ci sont non renouvelables (charbon, pétrole, phosphate), on court le risque d'un épuisement. Parier sur la découverte indéfinie de nouveaux gisements n'est pas une hypothèse sérieuse. Il faut aussi comprendre que les ressources en théorie renouvelables – comme les ressources biologiques – ne le sont que si l'on ne prélève pas sur les écosystèmes au-delà de leur productivité et si l'on préserve les conditions de leur pérennité.

À côté de la destruction pure et simple des écosystèmes, et de l'épuisement des ressources, les activités humaines ont aussi pour conséquences nuisances et pollutions. La pollution correspond à une dispersion dans l'environnement, soit de produits de synthèse, souvent non biodégradables, soit de produits que l'on trouve à l'état naturel, mais dont l'excès rend le recyclage impossible. La pollution atmosphérique provient surtout des combustions d'origine industrielle et domestique et des rejets des moteurs automobiles. Les effets de l'augmentation de la teneur en gaz carbonique de l'atmosphère sont au tout premier plan des problèmes les plus graves : elle est passée de 268 à 350 ppm (parties par million) en un siècle. La conséquence la plus importante pourrait être l'augmentation de la température par effet de serre, avec une élévation du niveau de l'océan mondial estimée à 1,50 mètre d'ici l'an 2050. Les effets du gaz carbonique viendront s'ajouter aux pollutions classiques avec le gaz sulfureux (SO_2, responsable de l'acidité des pluies, avec les hydrocarbures imbrûlés, etc.).

La pollution des eaux a atteint, dans certaines régions, des proportions catastrophiques. Aux rejets urbains et industriels bien connus s'ajoutent, depuis quelques dizaines d'années, les pollutions d'origine agricole, sensibles, sous forme diffuse (nitrates), là où l'on pratique l'agriculture intensive. Les sols eux-mêmes sont affectés par les pratiques de l'agriculture moderne, notamment à cause d'une mauvaise répartition des engrais et de l'emploi abusif des pesticides ou herbicides, lourd de conséquence.

Bien d'autres pollutions menacent l'ensemble des milieux. C'est le cas pour les divers produits radioactifs rejetés par les activités nucléaires, civiles ou militaires, et dont les effets persisteront dans l'environnement pendant des dizaines de millénaires. Le plutonium, par exemple, a une période de demi-vie de 24 000 ans.

Considérés ensemble, ces problèmes représentent un danger pour l'humanité et pour la vie elle-même. Les conditions d'existence des générations futures sont tributaires d'une action internationale rapide, scientifique, mais aussi économique et politique. •

Les mesures de protection

JUSQU'À PRÉSENT INSUFFISANTES, ELLES NÉCESSITENT LA MISE EN ŒUVRE D'UNE GESTION RATIONNELLE À L'ÉCHELLE MONDIALE.

Les raisons de protéger la nature se justifient à divers titres. Établir des réserves ou des conservatoires relève de critères à la fois scientifiques et éthiques. Sur le plan scientifique, l'argument le plus fort en faveur de la protection est la nécessité de maintenir le potentiel génétique de la biosphère. Détruire aujourd'hui une espèce de plante, c'est peut-être priver l'humanité de demain d'une ressource alimentaire nouvelle ou d'un médicament précieux. Le biologiste français Jean Dorst proposait déjà, en 1965, un aménagement qui tienne compte des nécessaires mesures de protection des espèces et du potentiel génétique qu'elles représentent. Des progrès ont été accomplis dans cette direction, mais ils restent, à l'heure actuelle, insuffisants.

Au-delà de l'établissement de réserves naturelles, il importe de concevoir un usage véritablement planifié des ressources et d'établir, par exemple à l'échelle d'une région, les possibilités réelles d'un développement fondé sur des techniques de production agricoles et industrielles viables à long terme. Cela signifie la mise en œuvre de procédés accessibles à tous, non polluants, économisant les ressources rares ou non-renouvelables (combustibles fossiles).

La mondialisation des problèmes écologiques remonte, sans doute, aux premières expérimentations nucléaires militaires (16 juillet 1945). En effet, l'empoisonnement de l'atmosphère par le strontium 90, le caractère irréversible des dommages génétiques induits ont eu des conséquences sans précédent historique. Il s'en est suivi une prise de conscience générale : pour la première fois, il ne s'agissait pas d'un problème local.

Au début des années 1960, la chimie, productrice d'insecticides, était à son tour mise en accusation par Rachel L. Carson (*le Printemps silencieux*, 1962). En 1968, un biologiste américain, P. Ehrlich dénonçait une autre bombe, la bombe P..., comme Population. Deux décennies plus tard, la liste des catastrophes (d'une part, accidents chimiques ou nucléaires ; d'autre part, les risques globaux : CO_2, trous dans la couche d'ozone) s'est considérablement allongée, au point d'inquiéter les gouvernements eux-mêmes. Le rapport Brundtland (1987), commandé par les Nations unies, reconnaît aujourd'hui l'urgence d'une action concertée à l'échelle mondiale, pour faire face aux drames écologiques qui prendraient origine dans des structures sociales inadaptées. Ce document propose de définir les bases d'un développement non destructeur, qui passerait par l'émergence de sociétés plus humaines sachant entretenir la pérennité des écosystèmes. L'écologie scientifique peut, sans doute, apporter beaucoup dans la recherche de cette nouvelle alliance entre l'homme et la nature. Cependant, son message est en même temps un message de modestie ; « la nature en sait plus long » comme l'a écrit très justement l'écologiste américain Barry Commoner. •

→ **Voir aussi :** La forêt tropicale, **BIOL**, p. 122-123. Agriculture et environnement, **AGRI**, p. 480-481. Environnement et pollution, **SOCIOL**, p. 456-457.

Les systèmes fonctionnels

CHEZ TOUT ÊTRE VIVANT, les différentes fonctions biologiques s'expriment de façon hautement intégrée. Pour des raisons essentiellement didactiques, il est possible de les répartir en trois grands ensembles : les fonctions « vitales », nécessaires à l'individu pour se développer et survivre, les fonctions de relation avec le monde extérieur et les fonctions de reproduction, qui assurent la survie des populations et des espèces. Seules les fonctions du premier ensemble (telles que la respiration, la nutrition, etc.) seront présentées ici.

L'étude de toute fonction biologique appelle certaines définitions. Un *organe* est un groupement de cellules spécialisées, ou de tissus, réalisant une tâche particulière (ainsi, le rein est un organe qui réalise l'épuration du milieu intérieur). Il possède une localisation précise dans l'organisme, mais peut intervenir dans plusieurs tâches et collaborer avec d'autres organes, auxquels il est lié anatomiquement, pour accomplir une fonction particulière, formant ainsi un *appareil.* Les reins, par exemple, sont associés aux uretères, à la vessie et à l'urètre pour assurer l'excrétion urinaire. Leur ensemble forme l'appareil urinaire. La notion de *système fonctionnel* est plus vaste que celle d'appareil. Un système peut, en effet, faire intervenir les organes de plusieurs appareils, comme c'est le cas du système excréteur qui, chez l'homme, met en jeu non seulement l'appareil urinaire, mais également la peau (sudation) et l'appareil respiratoire (élimination du gaz carbonique).

Ainsi définie, la notion de système fonctionnel est universelle ; en effet, tous les êtres vivants doivent se nourrir, utiliser l'énergie, excréter et se reproduire. La fonction de nutrition, par exemple, concerne les animaux et les végétaux, même si elle se réalise selon des modalités très différentes dans les deux règnes. Les appareils et les organes mis en place pour assurer les fonctions sont variables : les échanges gazeux, par exemple, s'effectuent chez les végétaux au niveau d'organes spécialisés, les stomates, tandis que les animaux disposent de divers appareils : trachéal (insectes), branchial ou pulmonaire. La hiérarchie organe → appareil → système fonctionnel n'est pas cloisonnée, puisque certains organes peuvent être sollicités pour plusieurs fonctions différentes. C'est le cas du tégument qui, chez l'animal, peut intervenir dans la thermorégulation, l'excrétion et la défense, tout en jouant un rôle sensoriel.

Le métabolisme peut être considéré comme l'expression d'un système fonctionnel particulier, qui requiert la participation de plusieurs appareils (digestif, circulatoire, excréteur, respiratoire), mais ne possède pas d'organes propres. Il se réalise, en définitive, au niveau de chaque cellule de l'organisme, avec une similitude étonnante chez tous les êtres vivants qui ne peut laisser de doute sur leur origine commune.

Les transformations énergétiques

LA PHOTOSYNTHÈSE, LA RESPIRATION ET LA FERMENTATION SONT TROIS MODES FONDAMENTAUX D'UTILISATION DE L'ÉNERGIE PAR LES ORGANISMES.

Les êtres vivants échangent constamment avec leur environnement de la matière et de l'énergie. Leur organisation, leur croissance et l'expression de leurs fonctions sont le fait de transformations de la matière et de l'énergie en provenance du milieu extérieur. L'ensemble de ces transformations représente le métabolisme. L'énergie, d'origine solaire, est captée par les végétaux et stockée dans des molécules organiques grâce au processus de photosynthèse. La respiration et la fermentation sont deux autres processus biochimiques qui permettent à tous les êtres vivants d'utiliser l'énergie contenue dans les molécules organiques. L'énergie libérée se trouve toujours sous deux formes : une partie, l'énergie libre, est « utile », c'est-à-dire qu'elle permet de fournir un travail, l'autre partie est dégagée dans l'environnement sous forme de chaleur. L'énergie totale ainsi libérée est compensée par l'apport d'énergie en provenance de l'extérieur. Les transferts d'énergie s'effectuent par l'intermédiaire d'un composé universel : la molécule d'A.T.P. (adénosine triphosphate), dans laquelle la liaison entre le deuxième et le troisième groupe phosphate est très riche en énergie et sert de « plaque tournante » énergétique.

Au cours de la fermentation qui se déroule en l'absence d'oxygène (milieu anaérobie), un nutriment comme le glucose est incomplètement oxydé pour donner un acide organique (acide lactique, par exemple) et de l'A.T.P. La fermentation n'est pratiquée de manière exclusive que par des parasites ou des symbiontes : bactéries, champignons (levures), protozoaires (symbiontes digestifs des termites et des ruminants), ou des vers parasites (douves, ascaris). La plupart des animaux ne l'utilisent que lorsque la demande énergétique est trop importante pour être satisfaite par la seule respiration (exercice musculaire intense, par exemple).

Par la respiration, qui nécessite la présence d'oxygène, l'oxydation du glucose est complète, elle produit de l'eau et du gaz carbonique et fournit de l'A.T.P. en plus grande quantité que la fermentation. La respiration est pratiquée par les plantes et les animaux vivant en milieu aérobie. L'A.T.P. produite par la fermentation et la respiration est ensuite utilisée comme relais énergétique pour l'accomplissement des travaux cellulaires : contraction, battements de cils, biosynthèses, etc.

Chez les animaux pluricellulaires, la respiration cellulaire est dépendante de plusieurs systèmes fonctionnels : la digestion décompose les grosses molécules organiques en nutriments directement utilisables par la cellule (glucose, acides gras), la circulation transporte ces nutriments vers les cellules dont elle évacue aussi les déchets. Les gaz respiratoires, oxygène et gaz carbonique, véhiculés également par la circulation, sont échangés avec le milieu extérieur (poumons, branchies, trachées des insectes ou simple diffusion chez certains parasites internes). Les végétaux ont également développé, au cours de leur évolution, des systèmes d'échange et de transport des substrats et des produits de la photosynthèse. Il s'agit, chez les plantes supérieures, de structures spécialisées de l'appareil végétatif, comme les stomates (échanges de gaz et de vapeur d'eau), le système racinaire et les vaisseaux.

1. Lézard des murailles *(Lacerta muralis).*

2. Dionée « attrape-mouches ».

Le mouvement

LE MOUVEMENT EST L'EXPRESSION DES FONCTIONS PHYSIOLOGIQUES D'UN ORGANISME, AINSI QUE DE SES RELATIONS AVEC SON ENVIRONNEMENT.

Du niveau moléculaire à celui des organismes et des populations, le mouvement est une manifestation universelle de la vie. Le mouvement permet tout d'abord l'accomplissement des grandes fonctions physiologiques, qui revêtent toujours un aspect mécanique. Chez les animaux, par exemple, la circulation sanguine résulte des contractions cardiaques et de la motricité des vaisseaux sanguins, la respiration aérienne des vertébrés mobilise les muscles de la ventilation pulmonaire, tandis que le mouvement des cils évacue les déchets des voies respiratoires, les aliments progressent dans le tube digestif grâce aux mouvements péristaltiques de ce dernier et à la contraction des sphincters. L'excrétion urinaire requiert également le mouvement péristaltiques des uretères et les contractions de la vessie. Les organes de la fonction de reproduction sont également doués de motricité : chez les mammifères, le muscle utérin se contracte, les trompes de Fallope sont pourvues de cils vibratiles, et le pénis s'érige grâce à un important afflux de sang.

Le mouvement permet aussi aux organismes d'établir des relations avec le milieu extérieur. Les prédateurs capturent leurs proies en actionnant des appendices spécialisés tels que les bras des actinies (anémones de mer), ou en filtrant le milieu comme le permettent les mouvements ciliaires des lamellibranches. La locomotion met aussi en jeu divers systèmes : battements de cils ou de flagelles pour le déplacement d'êtres unicellulaires ou de gamètes, tractions à partir d'excroissances émises par le cytoplasme chez l'amibe, ou contractions des muscles striés des animaux pluricellulaires. Chez les vertébrés, ces muscles sont dits « squelettiques » car ils mettent en mouvement les éléments du squelette.

À l'exception de certaines algues unicellulaires et des « zoogamètes » primitifs, les végétaux ne montrent pas d'activité locomotrice. Leurs mouvements se limitent souvent à une orientation des axes végétatifs (tiges, racines) vers une stimulation telle que la lumière (il s'agit de tropismes), ou à une réaction face à une modification environnementale, comme la fermeture d'une fleur lors d'une baisse de température (il s'agit alors de nasties). On observe chez certaines plantes des mouvements rapides que l'on compare à l'activité motrice des animaux : lors du contact avec un objet, les feuilles de la sensitive, *Mimosa pudica,* replient vivement leurs folioles, et la dionée « attrape-mouches » referme ses feuilles semblables à des pièges à loup. Bien que des protéines contractiles identiques à celles des muscles animaux aient été mises en évidence chez les végétaux, le mécanisme de ces mouvements s'effectue essentiellement par augmentation de la pression de l'eau dans les cellules (turgescence). •

Coordination et contrôle

L'EXPRESSION DES DIFFÉRENTES FONCTIONS EST RÉGULÉE ET HARMONISÉE GRÂCE À L'ÉCHANGE DE MESSAGERS CHIMIQUES. DEUX SYSTÈMES CONTRÔLENT CES RÉGULATIONS CHEZ L'ANIMAL.

Au cours de l'évolution, les fonctions des organismes deviennent plus nombreuses et plus complexes. Elles s'expriment soit de façon concomitante (nutrition, thermorégulation, excrétion...) soit en alternance (c'est le cas de la croissance et de la reproduction chez les végétaux). En outre, certaines fonctions sont cycliques (journalières, mensuelles ou saisonnières), elles illustrent le concept de chronobiologie dont le cycle ovarien de 28 jours chez la femme est un exemple. Les grandes fonctions physiologiques doivent également s'exprimer de manière coordonnée.

Des systèmes de régulation sont donc indispensables, ils sont assurés par l'échange de messages chimiques. La façon dont sont délivrés ces messages permet de distinguer chez les animaux deux grands types de systèmes régulateurs : le système nerveux, qui délivre son médiateur chimique au niveau des cellules cibles sous l'impact d'une impulsion électrique, et le système endocrinien ou hormonal, qui délivre son médiateur chimique dans la circulation sanguine. Ces deux systèmes travaillent en étroite association grâce à une intégration des informations. Celle-ci se réalise au niveau de centres nerveux. Les végétaux disposent également d'un système de régulation fondé sur des médiateurs chimiques assimilables à des hormones, telles les auxines, qui stimulent la croissance par multiplication et élongation des cellules végétales.

Le problème de la coordination et du contrôle des fonctions biologiques ne se pose pas que chez les organismes les plus évolués. La paramécie, protozoaire cilié, est recouverte de cils vibratiles dont le battement synchronisé permet la nage de l'animal. Quand celui-ci rencontre un obstacle, il y a inversion du battement des cils, qui provoque un recul. Cette réaction de recul est liée à l'entrée brutale de calcium dans la cellule par ouverture de canaux membranaires spécifiques. De même, des bactéries comme *Escherichia coli,* sensibles aux variations de concentration de substances nutritives ou toxiques dans leur milieu, adaptent le mouvement rotatoire de leurs flagelles moteurs à ces variations (chimiotactisme). •

Les systèmes de survie

Afin d'échapper à la capture par un prédateur, certains animaux s'amputent spontanément (autotomie). Les lézards des murailles peuvent ainsi abandonner leur queue, dont les frétillements détournent l'attention du prédateur. La queue se sectionne sous contrôle nerveux en un point particulier où les vaisseaux sanguins sont pourvus de sphincters qui se referment pour prévenir l'hémorragie. La queue est ensuite régénérée. Ce lézard (1) présente une queue triple à la suite d'une anomalie de la régénération.
Pour survivre, les plantes carnivores prélèvent sur une proie animale un élément essentiel faisant défaut dans leur milieu : l'azote. L'animal est capturé par un piège mécanique (2) ou englué par un liquide visqueux (3) dans lequel ses protéines – sources d'azote – seront digérées.
Sous le couvert dense des forêts tropicales, la lutte pour l'accès à la lumière s'illustre par la stratégie de ce figuier étrangleur (4). Sa graine germe au sommet d'un autre arbre qu'il envahit complètement de son feuillage et de ses racines aériennes jusqu'à prendre sa place (5).

Les défenses

DANS UN ENVIRONNEMENT CHANGEANT, LES ORGANISMES ET LES POPULATIONS DISPOSENT DE DIVERS SYSTÈMES DE DÉFENSE POUR RÉSISTER AUX ÉVÉNEMENTS QUI MENACENT LEUR SURVIE.

À l'échelle de l'organisme, les systèmes de défense peuvent avoir une action préventive, protectrice ou réparatrice. Les végétaux se protègent par des adaptations anatomiques (épines) ou physiologiques (production de substances toxiques). Chez les animaux, les défenses mettent en jeu des modifications anatomiques des appareils locomoteur (griffes, pinces) et digestif (dents, mâchoires). De telles armes peuvent être utilisées pour lutter contre un prédateur, mais un grand nombre d'espèces animales emploient d'autres stratégies (fuite ou camouflage). Dans tout le règne animal, le système immunitaire protège également l'organisme de l'invasion de micro-organismes infectieux ou de cellules cancéreuses. Ce système joue aussi un rôle préventif, grâce à la mémoire immunitaire, qui permet une réaction rapide et efficace quand l'agression se renouvelle. Il atteint son ultime perfectionnement chez les vertébrés par l'apparition de macromolécules spécialisées, les anticorps.

Lorsque l'organisme subit une lésion, des mécanismes réparateurs entrent en jeu. Chez les animaux, l'hémostase (interruption de l'hémorragie) est réalisée par divers processus : contraction des muscles des vaisseaux sanguins (chez de nombreux invertébrés, comme les vers, c'est le seul mécanisme mis en jeu), regroupement des cellules sanguines (mollusques) ou coagulation de protéines (poissons, certains arthropodes). Les mammifères regroupent, en les complexifiant, ces différents modes. Les multiplications cellulaires sont stimulées dans le tissu altéré (généralement un épithélium) en vue de la cicatrisation, mais le pouvoir de régénération des organes est d'autant plus faible que l'animal est évolué : les vers peuvent reconstituer une portion de leur organisme, tandis que les mammifères sont incapables de régénérer un organe dans sa totalité.

À l'échelle des populations, les défenses sont fondées sur la communication et l'organisation sociale. Ainsi, certains oiseaux sociaux, de même que des primates, poussent des cris d'alarme qui permettent d'avertir le groupe de la présence d'un prédateur. De la même manière, on a suggéré que, sous l'effet d'une agression, certains arbres pouvaient libérer dans le milieu des substances d'« alerte » (éthylène), assimilables à des phéromones. Ces substances stimuleraient les mécanismes de défense des arbres voisins.

→ **Voir aussi :** L'énergie dans la cellule, **BIOL**, p. 138-139.

3. Insectes capturés par la plante carnivore *Sarracenia purpurea.*

4. Figuier étrangleur.

5. Croissance d'un figuier étrangleur sur un palmier.

Biosynthèses et sécrétions cellulaires

LES CELLULES, GRÂCE À l'information génétique portée par l'A.D.N. de leurs chromosomes, sont capables d'élaborer leurs propres constituants. Ainsi sont réalisés leurs équipements enzymatiques et les molécules nécessaires à leur fonctionnement. De même, la fabrication de substances exportées vers d'autres cellules (enzymes, messagers chimiques) en vue d'assurer le bon fonctionnement et l'intégrité de l'organisme dépend directement du code génétique.

Les matériaux organiques que les cellules élaborent sont surtout des protéines et des lipides, mais aussi des glucides (polysaccharides souvent combinés sous forme de glycoprotéines ou de glycolipides). La synthèse des lipides, à l'exception des acides gras, se fait dans le réticulum endoplasmique lisse (R.E.L.), porteur de l'équipement enzymatique nécessaire. Les lipides participent avant tout à l'édification et au renouvellement des structures membranaires. La synthèse des protéines est effectuée par les ribosomes, organites cellulaires libres dans le cytoplasme ou fixés au réticulum endoplasmique rugueux (R.E.R.).

La structure de chaque protéine est codée par un gène porté par l'A.D.N. L'information génétique est transcrite en A.R.N. dans le noyau puis traduite en une protéine dans le cytoplasme. Toutes les cellules d'un organisme contiennent le même équipement génétique, mais tous les gènes ne sont pas simultanément actifs. Des mécanismes de régulation font que seuls les gènes correspondant aux synthèses protéiques spécifiques à chaque cellule sont exprimés. Constituants essentiels des organismes (50 % du poids sec d'une cellule), ces protéines remplissent de multiples fonctions : protéines de structure, enzymes, marqueurs cellulaires, anticorps, messagers chimiques... Il existe des milliers de protéines différentes dans un organisme (plus de 20 000 chez l'homme), chacune caractérisée par sa structure et sa configuration spatiale.

Les protéines membranaires, les enzymes cellulaires, de même que les protéines destinées à l'exportation sont synthétisées par les ribosomes fixés sur la membrane du R.E.R. et libérées dans sa lumière avant d'être transférées vers l'appareil de Golgi. Là, après maturation, elles sont triées et dirigées par un ensemble de vésicules spécifiques vers leur destination finale, interne ou externe.

Ces différentes synthèses permettent à la cellule le maintien de son intégrité par le remplacement continu de ses constituants sans cesse dégradés. Elles assurent aussi sa croissance par augmentation de ses composants structuraux, ce qui prépare en général sa reproduction par mitose en deux cellules filles identiques. Celles-ci s'engageront à leur tour dans un cycle semblable, assurant ainsi le développement et la survie de l'organisme.

Biosynthèse des protéines

LA TRANSCRIPTION EST LE TRANSFERT DE L'INFORMATION GÉNÉTIQUE DE L'A.D.N. À UN A.R.N. MESSAGER TRADUIT, PAR LA SUITE, DANS LE CYTOPLASME EN UNE PROTÉINE.

Les acides aminés représentent l'unité de base des protéines. Réunis entre eux par des liaisons peptidiques (–CO–NH–), ils forment des polypeptides, qui, unis, constituent les protéines. Il existe 20 acides aminés essentiels, codés par l'A.D.N. des cellules. La structure de base de l'A.D.N. (ou de l'A.R.N.) est une longue chaîne de nucléotides (dont il existe quatre formes). À chaque suite de trois nucléotides (triplet) correspond un acide aminé particulier. C'est donc la séquence des nucléotides sur la molécule d'A.D.N. qui détermine l'ordre d'assemblage des acides aminés lors de la synthèse d'une protéine.

Lorsque, dans le noyau, l'information portée par un gène est lue (gène exprimé), la séquence des nucléotides qui le constitue est copiée en un brin complémentaire d'A.R.N. (transcription). Après maturation dans le noyau, cet A.R.N. devient un A.R.N. messager (A.R.N.-m.) qui, passant par un pore de la membrane nucléaire, apporte l'information jusqu'à un site de synthèse cytoplasmique, un ribosome.

La transcription débute quand une enzyme, l'A.R.N.-polymérase, se lie sur l'A.D.N. à une séquence spécifique de nucléotides : le promoteur. Elle déroule la double hélice d'A.D.N., sépare les deux brins et en transcrit un en une molécule d'A.R.N. (formée d'une seule chaîne d'acides aminés) à partir des nucléotides complémentaires de ceux de l'A.D.N. La transcription s'arrête quand l'enzyme atteint une autre séquence particulière du brin d'A.D.N. : le signal de terminaison. Elle libère alors l'A.R.N. formé et l'A.D.N. reprend sa configuration primitive en double hélice. Dans la molécule d'A.R.N.-m., chaque triplet de nucléotides, ou codon, est spécifique d'un acide aminé et l'ordre d'assemblage de ceux-ci est déterminé par la séquence des codons. La traduction de l'A.R.N. messager sous forme d'une protéine fait intervenir deux autres types d'A.R.N. synthétisés de la même manière : les A.R.N. de transfert (A.R.N.-t.) et les A.R.N. ribosomaux (A.R.N.-r.).

Les A.R.N.-t. sont de courtes molécules (76 à 83 nucléotides) de structure typique, repliées en feuille de trèfle. Un A.R.N.-t. possède un site qui, activé par une enzyme (synthétase) en présence d'A.T.P., peut fixer un acide aminé à une extrémité. À l'autre extrémité se trouve une boucle avec un triplet de nucléotides, ou anticodon, complémentaire du codon porté par l'A.R.N.-m. et spécifique de l'acide aminé porté par le site de fixation. Chaque acide aminé possède sa synthétase et son A.R.N.-t. particuliers. Lors de la traduction, les A.R.N.-t. portant un acide aminé sont mis en contact, par leur anticodon, avec le codon correspondant de l'A.R.N.-m. au niveau d'un site de liaison à la surface d'un ribosome,

1. Transferts des éléments protéiques dans une cellule exocrine du pancréas.

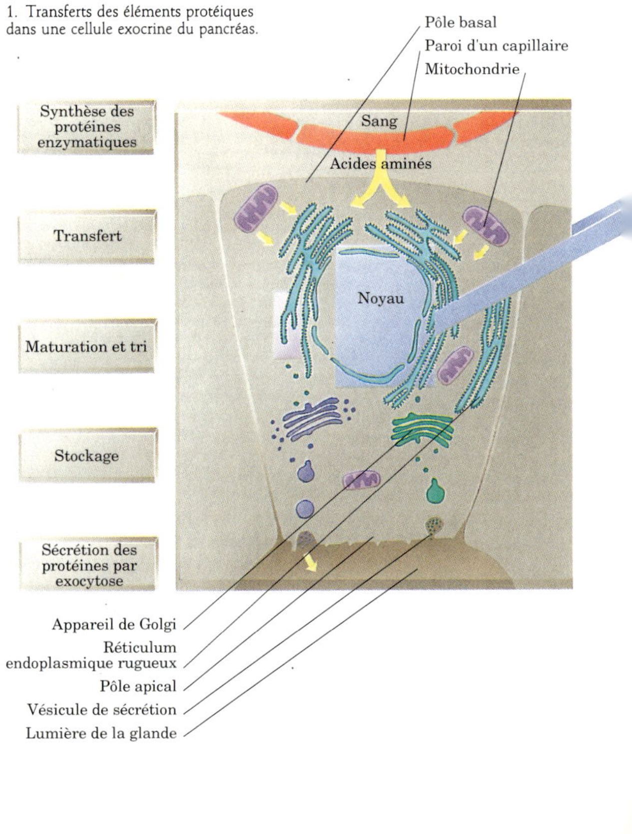

Biosynthèse des lipides

CONTENANT DES ACIDES GRAS, LES LIPIDES SONT PRATIQUEMENT TOUS SYNTHÉTISÉS DANS LA MEMBRANE DU RÉTICULUM ENDOPLASMIQUE LISSE.

Le rôle des lipides est à la fois plastique et énergétique. Les triglycérides (graisses) représentent les principales réserves énergétiques des organismes et les phospholipides forment les constituants fondamentaux des membranes.

Les triglycérides se forment dans le réticulum endoplasmique lisse (R.E.L.) par liaison de trois acides gras sur le glycérol. Ils constituent les graisses, présentes dans le cytoplasme sous forme de gouttelettes lipidiques (0,2 à 5 μm), ou stockées dans les cellules du tissu adipeux.

Les phospholipides sont synthétisés dans le R.E.L. grâce à des enzymes membranaires (transférases, phosphatases) à partir des métabolites (acides gras, glycérolphosphate...) uniquement présents dans le cytosol. Les nouvelles molécules sont généralement incorporées à la couche externe, ou « feuillet cytoplasmique » de la membrane en double couche du R.E.L. Cependant, certaines de ces molécules passeraient dans l'autre feuillet de la membrane du R.E.L. grâce à une protéine de transfert spécifique, présente uniquement sur ces lieux de synthèse. Ces nouvelles structures, après réorganisation au sein de l'appareil de Golgi, peuvent être incorporées, sous forme de vésicules, à la membrane de la plupart des organites cellulaires et à la membrane plasmique. Les mitochondries jouissent d'un statut particulier, leurs molécules lipidiques étant directement transportées de la membrane du R.E.L. aux membranes mitochondriales par des protéines de transfert spécifiques fixant une seule molécule de phospholipide. •

organite cytoplasmique formé de deux sous-unités de tailles différentes, constituées chacune de molécules d'A.R.N.-r. liées à des protéines. La traduction de l'A.R.N.-m. s'effectue alors en trois phases. Pendant la phase d'initiation, l'A.R.N.-m. s'associe à un ribosome et à un A.R.N.-t. initiateur porteur d'une méthionine (acide aminé particulier). Durant la phase d'élongation, le ribosome se déplace le long de l'A.R.N.-m. Il progresse chaque fois que, codon après codon, un A.R.N.-t. se lie à l'A.R.N.-m. par son anticodon complémentaire, permettant à l'acide aminé qu'il porte de s'unir, par liaison peptidique, à la chaîne polypeptidique en formation. Le ribosome, par ses sites de liaison avec l'A.R.N.-m. et l'A.R.N.-t., joue un rôle moteur. Il comporte une enzyme peptidyl-transférase qui participe à la création des liaisons peptidiques. Enfin, lors de la phase de terminaison, quand le ribosome arrive au niveau d'un « codon-stop » porté par l'A.R.N.-m., la chaîne polypeptidique se détache et prend sa configuration spatiale spécifique. L'A.R.N.-m. et le ribosome se séparent alors. Souvent, plusieurs ribosomes s'associent au même A.R.N.-m., formant une chaîne de ribosomes ou polysome, ce qui permet la synthèse simultanée de plusieurs copies du même polypeptide. •

Maturation et transport des protéines

LES PROTÉINES FORMÉES DANS LE RÉTICULUM ENDOPLASMIQUE ACHÈVENT LEUR MATURATION DANS L'APPAREIL DE GOLGI, QUI EN ASSURE LE TRI ET LE TRANSPORT VERS LEUR DESTINATION FINALE À L'AIDE DE VÉSICULES SPÉCIFIQUES.

Les A.R.N.-m. sont traduits sur des ribosomes libres en protéines du cytosol ou du noyau et sur des ribosomes fixés au réticulum endoplasmique rugueux (R.E.R.) en protéines membranaires, lysosomales (enzymes des lysosomes) ou sécrétées par la cellule.

Les protéines du cytosol restent sur place ou migrent par simple diffusion (petites molécules) ou encore grâce à une séquence-signal qui les dirige vers des récepteurs nucléaires ou mitochondriaux. La synthèse des autres protéines commence, dans le cytosol sur un ribosome libre, par l'élaboration d'une séquence-signal. Celle-ci permet la fixation du ribosome sur un récepteur membranaire du R.E.R. et facilite le passage du polypeptide en formation dans sa lumière, où il sera « glycosylé » (adjonction latérale d'un polysaccharide). Les glycoprotéines ainsi formées sont transférées dans l'appareil de Golgi par des vésicules qui se détachent de la membrane du réticulum et fusionnent avec les saccules golgiens de la face « cis », c'est-à-dire la face la plus proche du réticulum endoplasmique.

L'appareil de Golgi comprend trois compartiments : cis, médian et trans, formés de quelques saccules possédant un équipement enzymatique membranaire et un pH interne différents de ceux du réticulum. Les glycoprotéines transitent entre les saccules par l'intermédiaire de petites vésicules. En fonction de leur structure et de leur destination, elles sont remaniées par clivage ou par adjonction de matériaux, à la suite de glycosylations, de sulfatation ou de phosphorylation.

Le tri puis le transport des protéines semblent s'effectuer à partir de vésicules golgiennes de la face trans. Ces vésicules posséderaient dans leur membrane, du côté interne, des récepteurs des différentes protéines, et, du côté cytoplasmique, des récepteurs ayant des affinités avec des protéines déjà en place dans les sites membranaires de destination des vésicules. En fonction des protéines transportées, les vésicules fusionnent avec les lysosomes ou avec la membrane plasmique. Un troisième type évolue en grains de sécrétion où s'effectuent les dernières étapes de maturation des protéines qui seront sécrétées. •

Exemples de sécrétions

CERTAINES CELLULES SONT SPÉCIALISÉES DANS LA SYNTHÈSE ET L'EXPORTATION DE MOLÉCULES SPÉCIFIQUES, PRINCIPALEMENT DES PROTÉINES.

Les cellules sécrétrices, souvent regroupées pour former des glandes, ont une structure liée à leur fonction. Elles déversent leurs produits soit dans le milieu extérieur, soit dans des cavités de l'organisme par l'intermédiaire de canaux excréteurs (sécrétion exocrine), soit dans l'espace péricellulaire, vers le courant sanguin (sécrétion endocrine). Mais d'autres catégories cellulaires ont aussi une activité de type sécrétoire, comme les fibroblastes, les chondrocytes et les ostéoblastes (qui élaborent et libèrent les macromolécules des fibres des tissus conjonctifs), les lymphocytes B (qui fabriquent les anticorps) et les neurones (qui synthétisent les neurotransmetteurs).

La sécrétion, activité spécialisée puisque chaque substance n'est fabriquée que par un petit nombre de types cellulaires, peut être continue, la cellule déchargeant son produit au fur et à mesure de sa synthèse (fibroblastes, lymphocytes), ou intermittente, la cellule stockant le produit dans des granules particuliers et ne le déchargeant que sous l'effet d'une stimulation (glandes digestives, cellules endocrines).

Les cellules dites « acineuses » du pancréas ont une sécrétion exocrine. Les produits élaborés s'accumulent à l'apex des cellules, sous forme de grains de zymogène, avant d'être déversés, par exocytose, dans la lumière des acini en réponse à un stimulus nerveux ou hormonal émis au moment de la digestion. Les enzymes sécrétées ne sont activées que sur leur site d'action, après clivage par une protéase spécifique.

Les cellules β des îlots de Langerhans du pancréas ont une sécrétion endocrine ; elles élaborent une hormone peptidique, l'insuline. Un précurseur de l'hormone est synthétisé dans le R.E.R. puis clivé en pro-insuline et concentré dans des saccules golgiens. La pro-insuline passe ensuite dans des vésicules sécrétoires où des enzymes la fractionnent en « peptide C » et en insuline. L'hormone ainsi stockée est libérée près d'un vaisseau sanguin quand la cellule β est stimulée par une augmentation de la glycémie.

Les fibroblastes du tissu conjonctif participent à l'édification de la matrice extracellulaire qui entoure ou soutient les tissus des métazoaires. Celle-ci est constituée de protéines fibreuses, principalement de collagène, sécrétées localement par les fibroblastes et baignant dans un gel de polysaccharides hydraté. Le collagène est synthétisé sous forme d'un précurseur à plus longue chaîne polypeptidique, le procollagène, dont les extrémités sont clivées au cours de la sécrétion pour donner le collagène. Les molécules de collagène s'assemblent aussitôt en microfibrilles. •

→ **Voir aussi :** Constitution biochimique des organismes, **BIOL**, p. 18-19. La cellule eucaryote, **BIOL**, p. 28-29. L'expression de l'information génétique, **BIOL**, p. 58-59.

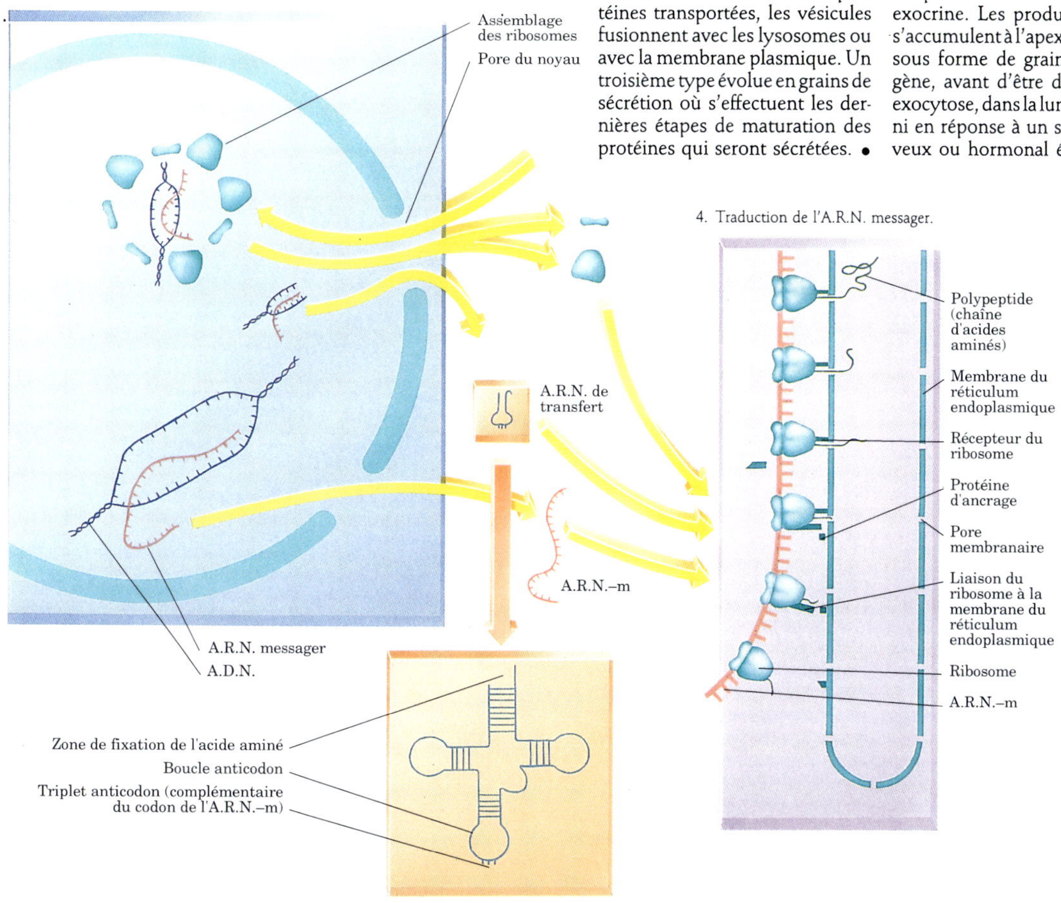

2. Transcription dans le noyau.

3. A.R.N. de transfert.

4. Traduction de l'A.R.N. messager.

Les étapes de la biosynthèse protéique

Les acides aminés prélevés au pôle basal de la cellule exocrine du pancréas (1) participent, dans le réticulum endoplasmique rugueux (R.E.R.), à la synthèse des protéines (proenzymes, précurseurs des enzymes digestives du suc pancréatique) grâce à un apport d'énergie sous forme d'A.T.P. Dans le noyau, un fragment d'A.D.N. (gène) est copié (transcrit) en un brin complémentaire d'A.R.N. messager (A.R.N.-m.). L'A.R.N.-m. pénètre dans le cytoplasme par un pore nucléaire (2). Là s'effectue sa traduction en une protéine, les A.R.N. de transfert (3) assurant la correspondance entre les acides aminés et l'A.R.N.-m. associé au ribosome. Les protéines formées sont transférées de la lumière du R.E.R. dans l'appareil de Golgi (4). Après maturation et tri, elles sont stockées dans des vésicules de sécrétion avant d'être libérées par exocytose à destination du duodénum (1).

L'énergie dans la cellule

LES MULTIPLES RÉACTIONS chimiques nécessaires à la vie sont toutes consommatrices d'énergie. Celle-ci permet aux êtres vivants de préserver leur intégrité par le maintien et l'expression de l'information contenue dans leur patrimoine génétique, d'élaborer leurs propres tissus à partir d'éléments nutritifs, de se mouvoir grâce au jeu des protéines contractiles et, pour certains, de communiquer par la création d'un influx nerveux. La maîtrise de la production, du stockage et de l'utilisation de l'énergie est donc fondamentale dans le monde vivant. Cette énergie a comme source essentielle la lumière solaire. Les organismes photosynthétiques sont capables de capter les photons et utilisent directement l'énergie lumineuse ; les animaux l'utilisent indirectement, en oxydant les molécules organiques.

Quelle que soit la forme sous laquelle elle parvient à la cellule, l'énergie est convertie en un flux d'électrons qui permet la synthèse des liaisons chimiques riches en énergie de la molécule d'*adénosine triphosphate,* ou A.T.P. Toutes les cellules, qu'elles soient bactériennes, végétales ou animales, synthétisent cette molécule, qui sert de carrefour entre la production et l'utilisation de l'énergie. C'est en effet à partir de l'énergie chimique stockée dans les liaisons phosphate de l'A.T.P. que vont pouvoir s'effectuer tous les processus vitaux, consommateurs d'énergie. Cette molécule d'A.T.P. sert aussi de véhicule à l'énergie ; elle est capable de diffuser dans toute la cellule. Sa concentration cellulaire est remarquablement constante, à tout moment sa vitesse de synthèse est ajustée aux besoins énergétiques de la cellule.

1. Le rôle central de l'A.T.P.

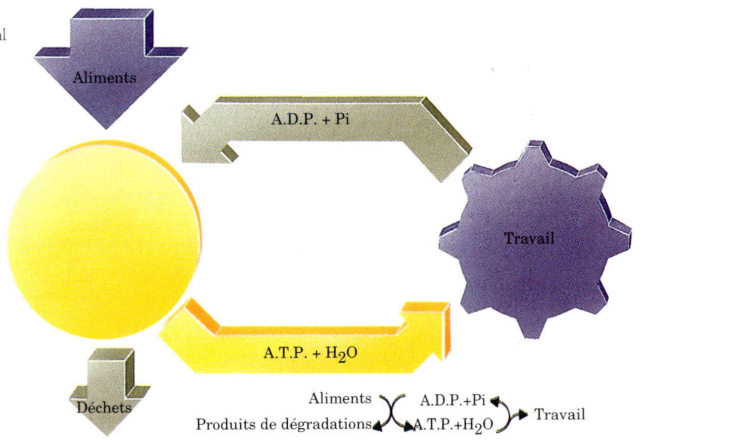

Les formes d'énergie

LES PRINCIPALES FONCTIONS CELLULAIRES METTENT EN JEU L'ÉNERGIE CINÉTIQUE DÉRIVANT DE L'ÉNERGIE POTENTIELLE STOCKÉE DANS LES LIAISONS CHIMIQUES.

L'énergie est présente dans la cellule essentiellement sous deux formes. La première, l'énergie cinétique, est celle du mouvement qui se trouve à la base de tous les processus biologiques. En effet, la contraction musculaire, la vibration des cils d'une bactérie, les battements du flagelle d'un spermatozoïde, ou le transport de molécules au travers des membranes cellulaires (tel le glucose qui alimente les cellules, ou les ions sodium et potassium qui permettent la création de l'influx nerveux) et, de façon générale, toutes les réactions chimiques reposent sur des mouvements à l'échelle atomique ou moléculaire.

Cette énergie cinétique trouve sa source dans une autre forme d'énergie : l'énergie potentielle contenue dans certaines liaisons chimiques. La rupture de ces liaisons fournit l'énergie cinétique nécessaire à l'accomplissement de tous les travaux biologiques, de la même façon qu'un rocher, au sommet d'une colline, possède une énergie potentielle qu'il peut transformer en énergie cinétique lorsqu'il roule le long de la pente. La vie de la cellule s'organise autour de la gestion de l'énergie potentielle contenue dans les liaisons entre atomes. Dans tout le règne vivant, la majeure partie de cette énergie chimique potentielle est stockée dans la molécule d'adénosine triphosphate, ou A.T.P. La transformation de l'énergie potentielle en énergie cinétique s'effectue lors de la rupture des liaisons phosphate de l'A.T.P. Cette rupture, réversible, libère l'équivalent de 30 kJ d'énergie libre par mole. •

Les sources d'énergie

POUR RÉALISER LA SYNTHÈSE D'A.T.P., LES ORGANISMES TIRENT LEUR ÉNERGIE DE LA LUMIÈRE OU DE LA DÉGRADATION DES MOLÉCULES ORGANIQUES.

Les êtres vivants photosynthétiques, cyanobactéries (algues bleues) et végétaux chlorophylliens tirent leur énergie de la lumière. La plupart des autres êtres vivants utilisent l'énergie contenue dans les molécules organiques. Quelle que soit sa source, l'énergie est stockée dans la cellule au niveau des liaisons phosphate de la molécule d'A.T.P. Parmi les molécules organiques, les glucides et les lipides sont les principaux fournisseurs d'énergie de la machinerie cellulaire. Ces deux types de molécules sont dégradés par des réactions en séries, dont les principales sont la glycolyse (dégradation du glucose) et la bêta-oxydation des acides gras, conduisant, en présence d'oxygène, au cycle de Krebs, situé au carrefour de la dégradation des glucides, des acides gras et de nombreux acides aminés.

La première partie de la glycolyse se déroule dans le cytoplasme de la cellule et ne nécessite pas la présence d'oxygène (anaérobie). Chaque molécule de glucose, principal représentant des glucides, est scindée pour former deux molécules de pyruvate. Ensuite, dans les mitochondries et en présence d'oxygène, elles sont transformées en acétyl-coenzyme A (acétyl-CoA).

Par la voie de la bêta-oxydation, les acides gras conduisent également à la formation d'acétyl-CoA. C'est cette dernière molécule qui entre dans le cycle de Krebs, au cours duquel des électrons sont cédés à des molécules transporteuses spécialisées N.A.D. (nicotinamide adénine dinucléotide) et F.A.D. (flavine adénine dinucléotide). Le principe de la photosynthèse repose également sur un transfert d'électrons qui, cette fois, ne proviennent pas

2. Adénosine triphosphate (A.T.P.).

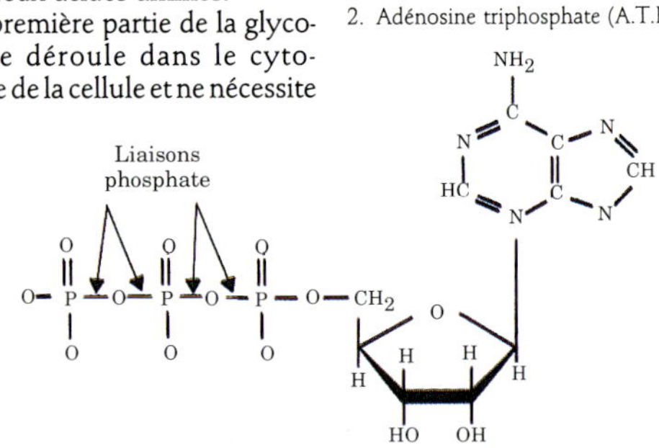

3. Utilisation de l'A.T.P. dans l'absorption intestinale du glucose.

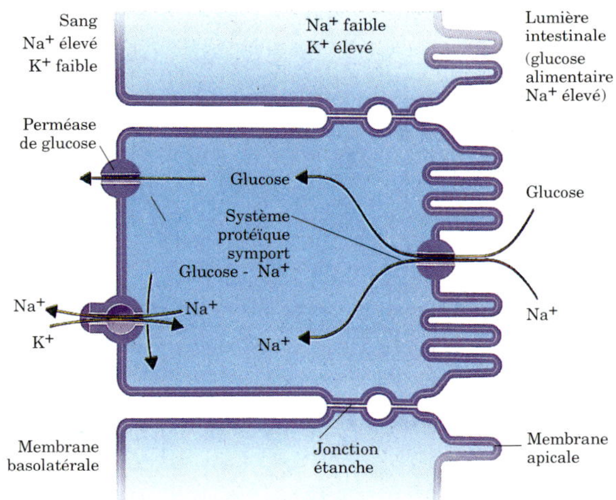

Énergie et travaux cellulaires

Dans tout le règne vivant, la molécule d'A.T.P. sert de relais entre sources et utilisations d'énergie (1). Chez les animaux, par exemple, l'énergie chimique contenue dans les aliments est stockée dans les liaisons phosphate de l'A.T.P. (2) et restituée par rupture de ces mêmes liaisons lors de l'accomplissement des travaux cellulaires, tels que l'absorption du glucose au travers des cellules intestinales (3). Le glucose présent dans l'intestin pénètre dans ces cellules grâce à une protéine qui transporte le glucose en même temps que les ions sodium (Na+) entrant dans la cellule. L'énergie nécessaire à cette double absorption est fournie par la différence de concentration (gradient) d'ions sodium entre la lumière de l'intestin et le cytoplasme. Ce gradient est maintenu par une protéine consommatrice d'A.T.P. qui rejette ces ions vers l'extérieur de la cellule. Le glucose traverse ensuite la cellule pour rejoindre le sang.

de l'acétyl-CoA, mais sont arrachés à la molécule d'eau par l'énergie lumineuse.

Dans les deux cas, l'énergie contenue dans ce flux d'électrons sert à former une liaison phosphate sur la molécule d'A.D.P. (adénosine diphosphate) pour en faire une molécule d'A.T.P. Une telle réaction s'effectue selon un processus mettant en jeu les différences de concentration d'ions de part et d'autre d'une membrane. Cette membrane est celle des chloroplastes lorsque les électrons proviennent de la molécule d'eau (photosynthèse), ou celle des mitochondries lorsque les électrons proviennent de la dégradation des molécules organiques. Chez les bactéries qui ne possèdent ni chloroplastes ni mitochondries, la synthèse de l'A.T.P. a lieu, selon le même principe, dans la membrane cellulaire. •

La restitution énergétique

L'ÉNERGIE CONTENUE DANS
LES LIAISONS PHOSPHATE DE L'A.T.P.
SERT À LA RÉALISATION DE TRAVAUX AUSSI DIVERS QUE
LA SYNTHÈSE DE L'A.D.N., LE TRANSPORT D'IONS
OU LA CONTRACTION MUSCULAIRE.

Qu'elle soit d'origine lumineuse ou organique, l'énergie captée par les êtres vivants transite d'abord dans les cellules sous forme de molécules d'A.T.P. Les protéines chargées des multiples travaux cellulaires s'associent à l'A.T.P. dont elles extraient l'énergie en rompant ses liaisons phosphate. Cette énergie est utilisée à des fins diverses selon la spécificité de la protéine en action. Chez les organismes photosynthétiques, elle est utilisée entre autres par les protéines enzymatiques qui catalysent la fabrication du glucose à partir du gaz carbonique.

Chez les animaux, l'influx nerveux, qui est un phénomène électrique, est dû au déplacement des ions sodium et potassium au travers de la membrane de cellules spécialisées : les neurones. Ces mouvements d'ions sont effectués grâce à une protéine transporteuse logée dans la membrane cellulaire et dont le fonctionnement nécessite l'énergie contenue dans les liaisons phosphate de l'A.T.P. La contraction musculaire tire également son énergie de l'A.T.P. Les cellules musculaires contiennent deux types de protéines filamenteuses (actine et myosine) disposées parallèlement et pouvant coulisser les unes sur les autres à la manière d'une crémaillère. Cette action mécanique induit le raccourcissement de la cellule musculaire (contraction) et s'effectue, elle aussi, grâce à l'énergie des liaisons phosphate de l'A.T.P.

Un exemple de mécanisme similaire est fourni par le battement des cils et des flagelles qui, disposés à la surface de certaines cellules, jouent des rôles physiologiques importants. Chez les mammifères par exemple, les cellules de la paroi du pharynx et de la trachée sont recouvertes de cils dont les battements permettent de chasser les particules inspirées. Dans l'oviducte, des cils tapissant les parois permettent le cheminement de l'ovule vers l'utérus, tandis que le spermatozoïde est propulsé à l'avant grâce à son flagelle. Comme les fibres musculaires, cils et flagelles contiennent des protéines filamenteuses pouvant coulisser les unes sur les autres grâce à l'énergie contenue dans la molécule d'A.T.P. L'effet obtenu ici n'est pas une contraction mais une flexion, car le système de crémaillère fonctionne en sens opposé de chaque côté de la section du cil ou du flagelle.

Au sein de la cellule, l'A.T.P. est donc une molécule clef dans les transferts d'énergie. Son mode d'action n'est pas toujours clairement élucidé. De façon générale, il semble que les liaisons phosphate de l'A.T.P. apportent l'énergie nécessaire à la rupture ou à la création de nouvelles liaisons chimiques en modifiant l'environnement électrique des molécules.

Le tissu adipeux brun des mammifères, dont la fonction est de produire de la chaleur, présente un exemple particulier de transformation énergétique. En effet, dans ce tissu, l'énergie issue de la dégradation des molécules organiques n'est pas stockée dans l'A.T.P. mais entièrement dissipée en chaleur. •

4. Les étapes de la dégradation des aliments dans la cellule.

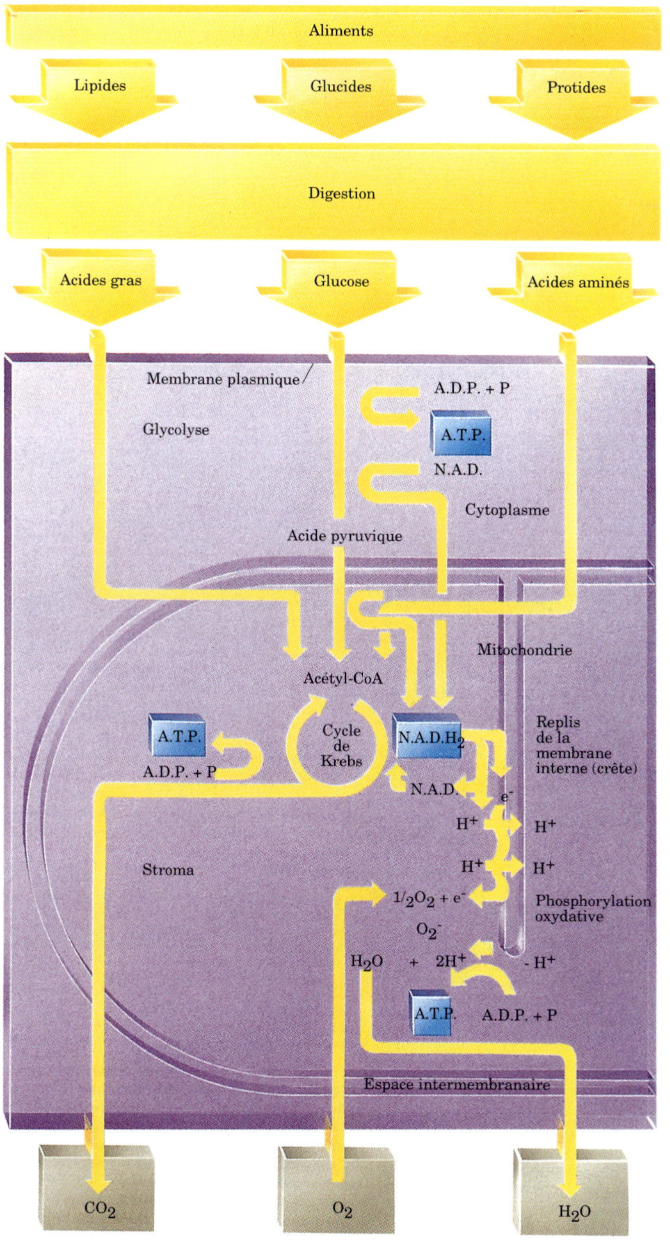

Le métabolisme cellulaire

Dans le tube digestif des animaux, les aliments ingérés sont transformés en éléments simples, directement assimilables, les nutriments (acides aminés, glucides simples tel le glucose et acides gras). Ces molécules passent dans le sang ou dans la lymphe (acides gras) puis pénètrent dans les cellules, où elles subissent des réactions de fermentation (en l'absence d'oxygène) ou de respiration (en présence d'oxygène). Dans la fermentation, l'A.T.P. n'est produite que par la glycolyse alors que dans la respiration la glycolyse se poursuit par le cycle de Krebs (4). Les molécules participant à ce cycle de réactions fournissent les électrons nécessaires à la synthèse de l'A.T.P. Le cycle de Krebs commence lorsque l'acétyl-CoA réagit avec une molécule en C_4 pour donner de l'acide citrique. Puis un transporteur (la N.A.D.), par décarboxylation oxydative, permet le départ de deux molécules de CO_2 et l'énergie résultante assure la production d'une molécule d'A.T.P. Ainsi, à partir d'une molécule de glucose, l'organisme peut produire 38 molécules d'A.T.P.

La gestion de l'énergie

LA PRODUCTION D'A.T.P.
EST À TOUT MOMENT AJUSTÉE
À SA CONSOMMATION. LES EXCÉDENTS ALIMENTAIRES
SONT MIS EN RÉSERVE EN VUE D'UNE
UTILISATION ULTÉRIEURE.

L'A.T.P. est synthétisée en fonction des besoins énergétiques de la cellule. Lorsque l'énergie contenue dans la molécule d'A.T.P. est utilisée, une liaison phosphate est rompue, donnant une molécule d'A.D.P. (adénosine diphosphate). Ainsi, lors de la contraction musculaire par exemple, la concentration d'A.T.P. diminue tandis que celle d'A.D.P. augmente. Les taux cellulaires d'A.T.P. et d'A.D.P. sont donc des indicateurs de la consommation énergétique. La cellule gère son stock d'énergie par l'intermédiaire d'enzymes sensibles à l'A.T.P. et à l'A.D.P. Les principales enzymes de la glycolyse, de la bêta-oxydation des acides gras et du cycle de Krebs possèdent à leur surface des sites destinés à recevoir l'A.D.P. et l'A.T.P. Lorsque ces dernières se logent dans les sites récepteurs, elles provoquent une modification de la structure des enzymes et leur imposent un changement d'activité. L'A.D.P. stimule de cette façon plusieurs enzymes de la voie de dégradation du glucose (glycolyse), tandis que l'A.T.P. joue, sur l'activité de ces mêmes enzymes, un rôle inhibiteur. Par répercussion, toute la chaîne des réactions se trouve ainsi stimulée ou ralentie. Dans le muscle par exemple, l'A.T.P. en excès freine l'utilisation du glucose. Celle-ci sera à nouveau activée lorsque, durant la contraction, l'A.T.P. sera transformée en A.D.P.

Grâce à ce système de rétroaction (ou *feed-back*), les cellules n'utilisent pas plus d'éléments énergétiques qu'il n'en faut pour assurer leur activité, et les excédents apportés par l'alimentation peuvent être mis en réserve en vue d'une utilisation ultérieure. Chez les animaux, le glucose est stocké sous forme de glycogène, principalement dans le foie mais également dans les cellules musculaires, alors que les acides gras sont accumulés dans les cellules graisseuses, les adipocytes. Ces réserves sont déversées dans le sang par stimulation hormonale lorsque la diminution des concentrations plasmatiques d'acides gras ou de glucose témoigne des besoins énergétiques de l'organisme.

Au lieu d'être stockés, les excédents alimentaires peuvent également être éliminés sous forme de chaleur dans un tissu spécialisé, le tissu adipeux brun. Une déficience de ce tissu dissipateur de chaleur peut donc conduire à une accumulation excessive des graisses et représenter un facteur d'obésité. À ce titre, certains cas d'obésité observés chez la souris et le rat se trouvent effectivement associés à une grande sensibilité aux abaissements de température extérieure. •

→ **Voir aussi :** Constitution biochimique des organismes, **BIOL**, p. 18-19. Les systèmes fonctionnels, **BIOL**, p. 134-135. La photosynthèse, **BIOL**, p. 142-143. La thermorégulation, **BIOL**, p. 162-163.

La nutrition des végétaux

L'ÉTUDE DE LA COMPOSITION chimique d'un végétal permet d'avoir une idée de ses besoins nutritifs. Celui-ci doit trouver dans son milieu tous les éléments à partir desquels il est constitué. Pour savoir sous quelles formes et de quelles façons ces éléments sont absorbés, on recherche la composition du milieu le plus simple sur lequel on peut cultiver un végétal donné.

Certains végétaux sont capables de se développer – c'est-à-dire de fabriquer leur propre matière organique – sur un milieu contenant uniquement de l'eau et des sels minéraux : n'ayant pas besoin d'un apport de matière organique, on dit qu'ils sont autotrophes. C'est le cas de la plupart des plantes vertes. Les plantes terrestres autotrophes puisent dans le sol les éléments dont elles ont besoin grâce à leurs racines (sauf le carbone qu'elles tirent du gaz carbonique de l'air à l'aide de leurs feuilles) ; les plantes aquatiques s'approvisionnent directement dans l'eau, en général par toute leur surface.

Les végétaux autotrophes sont les seuls êtres vivants capables de transformer de la matière minérale en matière organique. D'autres végétaux ont besoin de trouver dans leur milieu certains éléments sous forme de matière organique : on dit qu'ils sont hétérotrophes. Cette propriété peut concerner les matières carbonées (hétérotrophie pour le carbone) et/ou azotées (hétérotrophie pour l'azote). Cela concerne un petit nombre de végétaux supérieurs et surtout les champignons, capables d'utiliser la matière organique en décomposition ou celle que leur fournit directement un autre être vivant.

L'absorption racinaire

L'APPAREIL RACINAIRE, PAR SA SURFACE D'ABSORPTION IMPORTANTE ET SA CROISSANCE CONTINUE, PERMET À LA PLANTE D'UTILISER LES RESSOURCES DU SOL EN EAU ET EN SELS MINÉRAUX.

L'eau est retenue dans le sol par des forces *osmotiques* (dues à la présence de substances en solution dans l'eau du sol), des forces d'*imbibition* (dues aux argiles et à l'humus) et des forces *capillaires* (dues à la présence de fins interstices entre les particules du sol). Dans les conditions naturelles, ce sont les forces d'imbibition qui jouent le rôle principal : l'eau est plus fortement retenue dans les sols très argileux et/ou riches en matière organique. Les forces osmotiques ne sont importantes que dans les sols salés (leur eau est très fortement retenue, ce qui les rend physiologiquement secs même s'ils sont riches en eau).

La résultante de ces forces de rétention de l'eau dans le sol détermine le potentiel hydrique du sol (c'est-à-dire l'énergie avec laquelle l'eau est retenue dans le sol). Ce potentiel est d'autant plus fort que le sol est plus riche en sels, en argiles et en matières organiques. Pour un sol donné, il est d'autant plus faible que le sol est plus riche en eau. La plante dispose de forces qui lui permettent de vaincre la rétention de l'eau dans le sol. Ces forces permettent de définir un potentiel hydrique de la racine qui dépend de deux grandeurs opposées : une composante osmotique (la pression osmotique du cytoplasme tend à attirer l'eau dans la cellule) et une composante mécanique (la pression que la paroi de la cellule exerce sur le cytoplasme tend à empêcher l'eau de rentrer). L'absorption de l'eau est possible quand le potentiel hydrique de la racine est supérieur à celui de la solution du sol. Dans le cas contraire, la plante se fane. On peut définir un *point de flétrissement permanent* qui représente l'humidité minimale du sol en dessous de laquelle la plante se fane irrémédiablement. Il s'exprime en pourcentage de masse de sol ; sa valeur dépend du type de sol (potentiel hydrique du sol) et de la plante (potentiel hydrique maximal des racines). Les plantes adaptées à un milieu sec ou salé peuvent développer un très fort potentiel hydrique. Le point de flétrissement représente, pour des plantes courantes, 1 à 3 % pour un sable, 10 à 20 % pour un sol argileux, 50 % pour une tourbe. Les ions minéraux absorbés par la plante sont nombreux et variés : nitrate NO_3^-, ammonium NH_4^+, potassium K^+, sodium Na^+, chlore Cl^-, etc. Il existe pour chacun d'eux une

Composition biochimique d'un plant de blé

	éléments	*% de matière sèche*
macroéléments (env. 97 %)	oxygène	44,4
	carbone	43,6
	hydrogène	6,2
	azote	1,5
	phosphore	0,2
	potassium	0,9
	calcium	0,2
	magnésium	0,17
	soufre	0,16
oligo-éléments (env. 3 %)	fer	0,08
	aluminium	0,10
	chlore	0,14
	manganèse	0,03
	divers	2,32

(adapté de Mazliak).

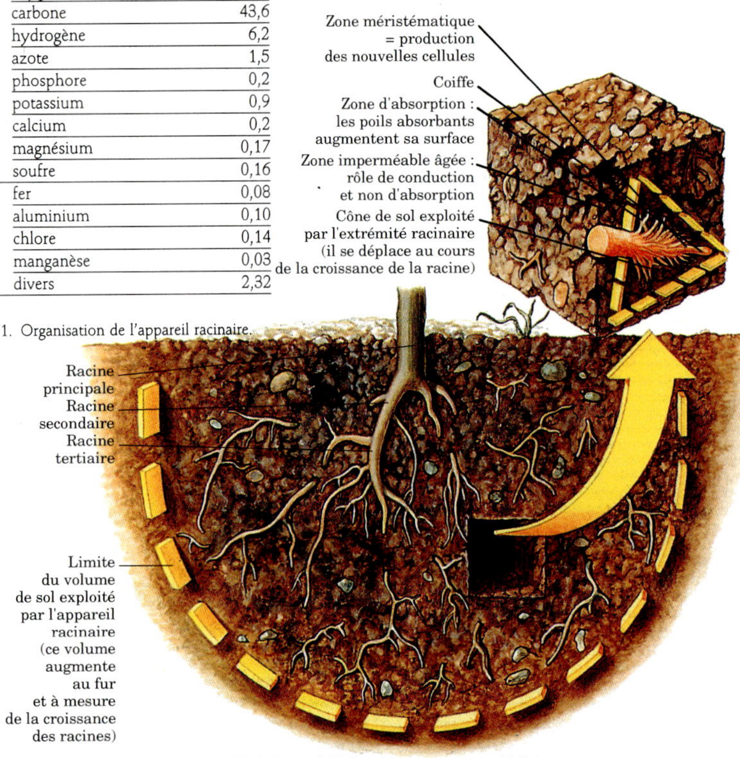

1. Organisation de l'appareil racinaire.

Racines et absorption

Le système racinaire (1) est organisé de telle façon qu'il permet une exploitation optimale du milieu. Les parties les plus jeunes absorbent l'eau et les sels minéraux : les poils absorbants, en augmentant la surface de contact entre la plante et la solution du sol, favorisent l'absorption. L'épuisement rapide du sol au contact de la zone absorbante impose une croissance continue au système racinaire. Ce mode de nutrition propre aux végétaux les contraint à une vie immobile.

Composition d'un milieu artificiel nutritif *(liquide de Coïc d'après Heller)*

sel	KNO_3	K_2HPO_4	KH_2PO_4	$NaNO_3$	NaCL	NH_4NO_3	$CaNO_3$ (4 H_2O)	$MgSO_4$ (7H_2O)
concentration (mmole/l)	3.8	0.3	0.8	0.2	0.2	2	3.1	0.75

2. Avoine et orge en culture hydroponique.

Culture sur liquide

Pour connaître les besoins nutritifs d'un végétal, la première méthode (dite analytique) consiste à en faire l'analyse chimique : le milieu doit fournir tout ce qui entre dans la composition du végétal. La deuxième (méthode synthétique) consiste à fabriquer un milieu artificiel de composition contrôlée, sur lequel le végétal se développe. Les connaissances sont aujourd'hui assez précises pour que l'on puisse réaliser des cultures dites hydroponiques, sur milieu liquide (2).

consommation optimale et un minimum en dessous duquel la plante est en état de carence. Parfois, il existe aussi un maximum au-delà duquel l'ion devient toxique – c'est souvent le cas du calcium Ca^{++}. La manière dont une cellule végétale absorbe un ion est un cas particulier de perméabilité cellulaire : elle dépend de la différence des concentrations internes et externes de cet ion et du potentiel électrique de la membrane de la cellule.

Globablement, l'absorption minérale nécessite de l'énergie. C'est pourquoi elle se fait mal dans un sol aéré où les racines ne peuvent pas respirer convenablement (c'est le cas des sols détrempés : certaines plantes des mangroves – marécages de littoraux tropicaux – ont des racines aériennes spécialisées dans l'oxygénation du système racinaire). L'absorption se fait grâce à toute la surface des parties jeunes de la racine (zone des poils absorbants et apex), alors que les parties anciennes, imperméables, ne jouent qu'un rôle de conduction.

Le sol constitue un milieu très dilué, dans lequel les ions utiles sont présents à très faible concentration : cela impose une très grande surface absorbante de l'appareil racinaire, dont une des conséquences est la vie immobile des végétaux. Le milieu s'épuise rapidement au contact des racines : la plante résout ce problème par une croissance permanente qui permet à l'appareil racinaire d'atteindre des régions du sol encore inexploitées.

L'eau et les sels minéraux circulent transversalement dans la racine, ils constituent la sève brute qui se dirige vers la tige et les feuilles sous l'effet de la *poussée racinaire* (due à l'activité métabolique de la racine) et de l'*aspiration foliaire* (due à l'évaporation d'eau dans la feuille). •

Participation d'organismes symbiotiques à la nutrition

LA SYMBIOSE AVEC UN CHAMPIGNON FACILITE LA NUTRITION DE CERTAINS VÉGÉTAUX SUPÉRIEURS. POUR D'AUTRES, L'ASSOCIATION AVEC UNE BACTÉRIE SYMBIOTIQUE PERMET L'UTILISATION DE L'AZOTE DE L'ATMOSPHÈRE.

Les racines des végétaux supérieurs sont parfois investies par des filaments mycéliens de l'appareil végétatif de champignons : cette association constitue un mycorhize. Il s'agit d'une symbiose dans laquelle le champignon reçoit des matières organiques élaborées produites par la plante et facilite l'absorption de l'eau et des sels minéraux par les racines. Ces mycorhizes concernent surtout les végétaux ligneux (arbres et arbustes). Le mycélium peut former un simple manchon autour de la racine (mycorhize ectotrophe) ou pénétrer à l'intérieur (mycorhize endotrophe). L'association peut être très stricte et obligatoire (le bolet *Boletus flavus* ne vit qu'en association avec des racines de mélèze) ou moins stricte (l'amanite tue-mouches peut s'associer avec divers conifères et avec le bouleau), voire facultative (c'est le cas du bolet *B. subtomentosus*). L'existence des mycorhizes permet de comprendre pourquoi on trouve certains champignons sous des arbres bien déterminés. Le rôle des mycorhizes est si important qu'en sylviculture on introduit souvent des spores de champignons en même temps que les graines ou les jeunes plants des arbres.

La famille des orchidées offre un exemple de mycorhize endotrophe. L'association est ici très précoce puisqu'elle est indispensable à la nutrition de l'embryon et donc à la germination de la graine. Elle permet ensuite le développement du tubercule de la base de la tige, formation nécessaire pour que la plante passe l'hiver et reprenne une vie active au printemps. La connaissance de ces particularités a été indispensable à la maîtrise de la culture des orchidées.

Les racines de plantes de la famille des fabacées (légumineuses comme les pois, le trèfle, la luzerne) abritent des bactéries du genre *rhizobium* dans des excroissances appelées nodosités. Il s'agit là encore d'une symbiose. La plante fournit à la bactérie des substances organiques élaborées (glucides) et la bactérie fournit à la plante des substances azotées (sous forme d'acides aminés ou de sels minéraux) qu'elle a fabriquées à partir de l'azote qu'elle extrait de l'atmosphère. Cette association plante-bactérie joue un rôle important dans les sols pauvres en azote où elle augmente le rendement de la plante. Étant donné l'importance agricole de beaucoup de fabacées, cette symbiose a de grandes implications puisqu'elle permet d'éviter l'apport d'engrais azotés. Certaines espèces portent leurs nodosités non pas sur les racines, mais sur les tiges (par exemple *Sesbania rostrata*, qui tient une place importante dans les pays tropicaux). D'autres plantes n'appartenant pas à la famille des fabacées présentent aussi ce type de symbiose (l'aulne par exemple). •

La nutrition des champignons

L'IMPOSSIBILITÉ, POUR LES CHAMPIGNONS, D'ÉLABORER EUX-MÊMES LEUR MATIÈRE ORGANIQUE LEUR IMPOSE DES MODES DE VIE ET DE NUTRITION PARTICULIERS.

L'originalité principale des champignons par rapport aux autres végétaux provient de leur hétérotrophie pour le carbone : ils ne peuvent pas fabriquer leur matière organique à partir d'une source minérale de carbone. Comme les animaux, ils doivent la prélever toute faite dans leur milieu de vie. Deux grands types de champignons peuvent être distingués, de ce point de vue : ceux qui utilisent de la matière organique morte, appelés saprophytes, et ceux qui la prélèvent sur un être vivant, par symbiose ou parasitisme.

Les saprophytes utilisent des matières organiques diverses, principalement des feuilles mortes et autres débris végétaux, mais aussi des excréments et des cadavres d'animaux. En écologie, on parle d'un rôle de décomposeur primaire quand le champignon utilise le déchet brut (par exemple les pleurotes, qui vivent sur le bois mort) et de décomposeur secondaire quand le déchet doit avoir subi une fermentation préalable par des micro-organismes (c'est le cas du champignon de Paris). Avec les bactéries, les champignons sont très importants dans leur rôle de décomposeurs. Ils participent à la dégradation de la cellulose et de la lignine des végétaux, ce que les animaux ne peuvent pas réaliser. L'utilisation de la matière organique se fait souvent par des réactions de fermentation, mises à profit dans les industries agroalimentaires et agropharmaceutiques : les levures qui permettent la fabrication du pain ou des boissons fermentées, les moisissures des fromages, celles qui produisent des antibiotiques sont toutes des champignons saprophytes.

La symbiose revêt des formes variées chez les champignons. Un très grand nombre d'espèces vivent en association symbiotique avec d'autres végétaux. Les lichens constituent des symbioses entre algues et champignons si étroites qu'elles constituent des organismes qu'on peut considérer comme tout à fait originaux. Plus rarement, il peut exister des symbioses entre animaux et champignons (levures dans le corps adipeux de certaines cochenilles, par exemple).

Les champignons peuvent parasiter des animaux, y compris l'homme chez qui ils produisent des maladies, les mycoses. Elles sont surtout cutanées, mais peuvent aussi être internes (pulmonaires, vaginales, buccales, etc.). Chez les végétaux, beaucoup de champignons parasites sont les agents de maladies des cultures dont les conséquences économiques sont très importantes (mildiou de la vigne, rouille des céréales, par exemple). En outre, certains sont dangereux pour l'homme. L'ergot du seigle, parasite des fleurs et grains de seigle, peut provoquer de très graves intoxications. Enfin, il faut ajouter que la distinction entre les différents modes de vie des champignons n'est pas toujours nette : un champignon parasite peut devenir saprophyte après la mort de son hôte. •

3. Nodosités sur les racines d'une fabacée.

4. Poils foliaires de drosera digérant une mouche syrphe.

L'azote, un élément vital

Certaines plantes disposent de moyens de nutrition azotée particuliers leur permettant de pousser sur des sols pauvres en azote. Les nodosités des racines de fabacées (plantes du groupe des légumineuses) contiennent des bactéries qui utilisent directement l'azote de l'atmosphère (3). Les plantes carnivores comme les droseras utilisent l'azote contenu dans les protéines de proies animales (surtout des insectes) qu'elles capturent et digèrent (4).

La photosynthèse

LA PLUPART DES VÉGÉTAUX sont autotrophes, c'est-à-dire qu'ils peuvent vivre en puisant directement dans leur milieu de la matière minérale (eau, sels minéraux, gaz carbonique) qu'ils transforment en molécules organiques nutritives grâce à la photosynthèse. Ce processus dépend d'un pigment, la chlorophylle, et utilise l'énergie solaire.

Chez les végétaux supérieurs, ce sont surtout les feuilles qui réalisent la photosynthèse (parfois aussi les tiges, notamment chez les plantes aux feuilles réduites comme les cactus). La feuille, véritable usine chimique de la plante, a une structure bien adaptée à sa fonction. Elle présente une vaste surface qui favorise le contact avec le milieu extérieur, donc les échanges gazeux nécessaires à la photosynthèse (absorption du gaz carbonique et rejet de l'oxygène). Par sa forme aplatie, aucune de ses cellules n'est très éloignée du milieu extérieur, les gaz sont facilement échangés et la lumière peut pénétrer jusqu'à chaque cellule photosynthétique. Enfin, une partie des tissus de la feuille est très lacuneuse et facilite la circulation des gaz. La croissance du végétal engendre une disposition des feuilles favorable à la photosynthèse : l'orientation vers la source lumineuse, ou phototropisme, permet d'expliquer pourquoi les plantes d'appartement par exemple tournent leurs feuilles vers les fenêtres. Les feuilles ont développé des processus divers. Leur surface souvent importante permet d'éliminer l'excès de chaleur dû au rayonnement solaire. Pour limiter la déshydratation, la face supérieure tournée vers le soleil est souvent couverte d'une sorte de vernis protecteur imperméable, la cuticule, et la face intérieure porte les stomates, cellules épidermiques spécialisées destinées aux échanges gazeux. L'ouverture des stomates est contrôlée par la plante, qui réalise ainsi un compromis entre deux nécessités : bien échanger le gaz carbonique et l'oxygène et éviter la déshydratation.

Les produits énergétiques fabriqués par la feuille à partir des substances minérales peuvent être stockés ou utilisés sur place. Cette transformation est réalisée par la photosynthèse qui a lieu grâce aux chloroplastes, organites des plantes vertes, riches en pigments photosynthétiques (chlorophylle par exemple).

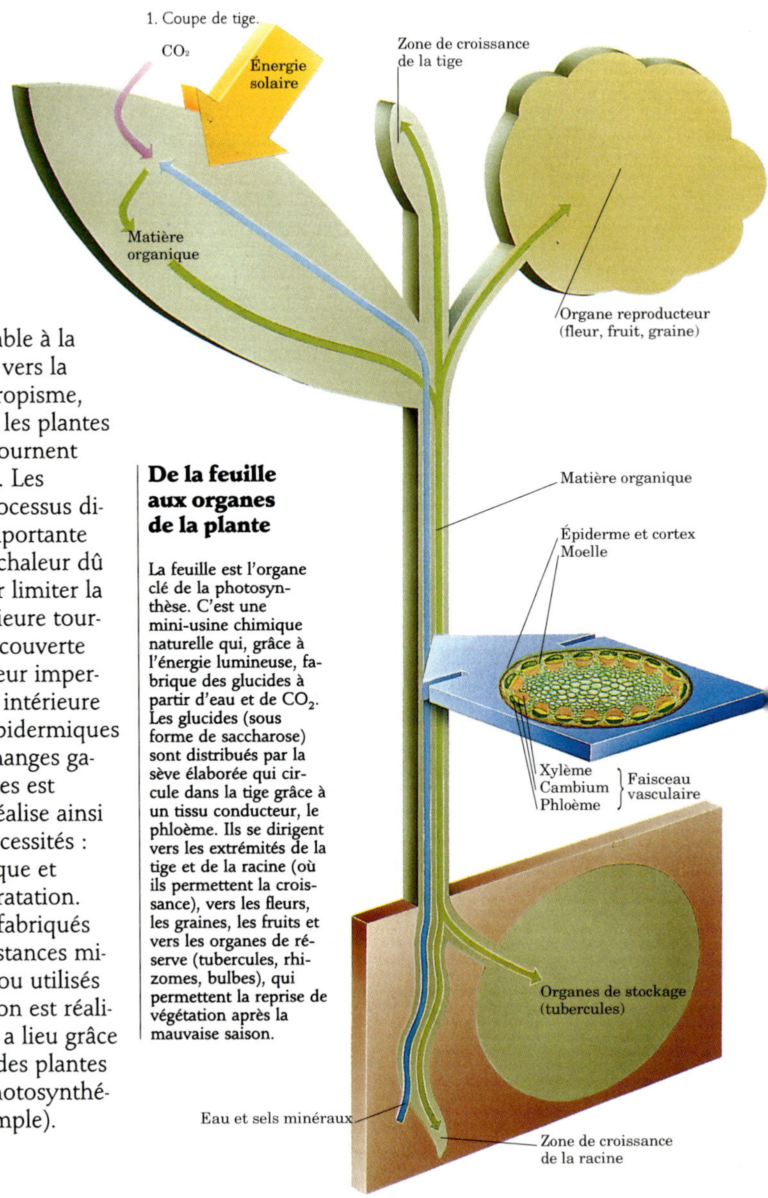

De la feuille aux organes de la plante

La feuille est l'organe clé de la photosynthèse. C'est une mini-usine chimique naturelle qui, grâce à l'énergie lumineuse, fabrique des glucides à partir d'eau et de CO_2. Les glucides (sous forme de saccharose) sont distribués par la sève élaborée qui circule dans la tige grâce à un tissu conducteur, le phloème. Ils se dirigent vers les extrémités de la tige et de la racine (où ils permettent la croissance), vers les fleurs, les graines, les fruits et vers les organes de réserve (tubercules, rhizomes, bulbes), qui permettent la reprise de végétation après la mauvaise saison.

La photosynthyèse dans la cellule

LE PROCESSUS DE PHOTOSYNTHÈSE TRANSFORME L'ÉNERGIE SOLAIRE EN ÉNERGIE CHIMIQUE. UN PIGMENT EST NÉCESSAIRE À CETTE OPÉRATION : LA CHLOROPHYLLE.

Les cellules photosynthétiques appartiennent au parenchyme des feuilles et contiennent un organite qui leur est particulier, le chloroplaste. Chez les végétaux supérieurs, ce sont des organites de quelques micromètres de diamètre, de forme lenticulaire, constitués d'une cavité, appelée stroma, entourée par une double membrane. À l'intérieur du stroma, des empilements de disques membranaires aplatis, les *thylakoïdes,* constituent les grana. Les membranes des thylakoïdes contiennent les pigments qui interviennent dans la phase lumineuse de la photosynthèse (chlorophylles *a* et *b,* caroténoïdes, xanthophylles), mais également certaines enzymes.

Le stroma contient les enzymes de la phase sombre de la photosynthèse, mais aussi une molécule d'A.D.N., faisant du chloroplaste un organite partiellement autonome sur le plan génétique. Cela constitue d'ailleurs un argument en faveur de la théorie selon laquelle le chloroplaste dériverait d'un micro-organisme symbiotique, devenu totalement dépendant de la cellule hôte.

La phase lumineuse (ou phase claire).
Les pigments sont groupés en photosystèmes (que l'on désigne par I et II), sortes d'antennes qui permettent à la feuille de s'orienter pour capter la lumière. Chaque pigment ne pouvant absorber la lumière que pour un petit nombre de longueurs d'onde, le regroupement en antennes de pigments différents permet d'utiliser une grande partie du spectre lumineux. Dans chaque photosystème, il existe un pigment actif (la chlorophylle *a*) capable de réaliser une réaction d'oxydoréduction grâce à l'énergie lumineuse. Les autres pigments ne font que transmettre à ce pigment actif l'énergie qu'ils ont eux-mêmes capturée. Dans la membrane des thylakoïdes se déroule une longue chaîne de réactions d'oxydoréduction grâce aux photosystèmes I et II (PSI et PSII). Le début de la chaîne commence par l'oxydation d'une molécule d'eau (H_2O) en oxygène (O_2). Cette oxydation libère des électrons et des protons qui permettent, en fin de chaîne, de réduire une molécule de N.A.D.P.$^+$ (nicotinamide adénine dinucléotide phosphate) en N.A.D.P.H. + H^+. Ce coenzyme permet l'action de l'A.T.P.-synthétase. Plusieurs des réactions de cette chaîne, appelée « chaîne photosynthétique », s'accompagnent d'une production de protons : ces ions H^+ s'accumulent dans l'espace interne des thylakoïdes, qui devient plus acide que le stroma. Cette accumulation de protons d'un côté de la membrane représente une forme de stockage d'énergie, que l'on pourrait comparer, toutes proportions gardées, à l'accumulation de l'eau derrière un barrage hydroélectrique.

L'A.T.P.-synthétase joue en quelque sorte un rôle comparable à celui d'une turbine de barrage : les protons tendent à repasser dans le stroma sous l'effet de la différence de concentration et ils libèrent alors de l'énergie utilisée par l'A.T.P.-synthétase (la « turbine » moléculaire) pour fabriquer de l'A.T.P., molécule dont les liaisons phosphate sont particulièrement riches en énergie.

Cette fabrication d'A.T.P. au cours de la phase claire de la photosynthèse est connue sous le nom de « photophosphorylation ». Le bilan de la phase lumineuse est la capture de l'énergie lumineuse par les pigments et sa transformation par la chlorophylle *a,* l'oxydation de l'eau sans intervention du gaz carbonique ou dioxyde de carbone (CO_2), une production d'oxygène et d'A.T.P., ainsi que la réduction d'un accepteur d'électrons, la N.A.D.P.$^+$.

La phase sombre de la photosynthèse.
Connue sous le nom de « cycle de Calvin », cette phase se déroule dans le stroma des chloroplastes et utilise les protons et l'A.T.P. produits lors de la phase claire. Elle n'est donc pas totalement indépendante de l'énergie lumineuse. Dans un premier temps, le CO_2 atmosphérique est fixé par un sucre phosphaté à 5 atomes de carbone (le ribulose diphosphate ou Ru-di-P) grâce à la Ru-di-P-carboxylase. La réaction produit deux molécules d'acide organique à trois atomes de carbone par molécule (l'acide phosphoglycérique ou A.P.G.).

Cette réaction fondamentale réalise l'incorporation du carbone minéral dans la matière organique. La Ru-di-P-carboxylase, qui permet l'incorporation de car-

Les phénomènes photosynthétiques

La lumière est capturée par deux photosystèmes (4) et transformée en énergie dans les chloroplastes (2). Ces organites sont des plastes particuliers contenant de la chlorophylle. Ils appartiennent au groupe des chromoplastes et sont constitués par des empilements de saccules, les thylakoïdes (3), dans lesquels se déroule la phase claire de la photosynthèse. Les thylakoïdes baignent dans le stroma où a lieu la phase sombre de la photosynthèse. La lumière permet le fonctionnement de la chaîne photosynthétique. La phase claire est constituée de deux phénomènes. Tout d'abord interviennent une production d'oxygène, de N.A.D.P.H. et la formation d'un gradient de protons (qui se concentrent dans l'espace intrathylakoïdal). Ensuite, la dissipation du gradient de protons à travers l'A.T.P.-synthétase enchâssée dans la membrane des thylakoïdes permet la synthèse d'A.T.P. : c'est la photophosphorylation. Dans le stroma, les enzymes nécessaires (en particulier la Ru-di-P-carboxylase) permettent le déroulement du cycle de Calvin, qui caractérise la phase sombre : le CO_2 est réduit en glucides grâce à l'A.T.P. et au N.A.D.P.H. produits par la phase lumineuse.

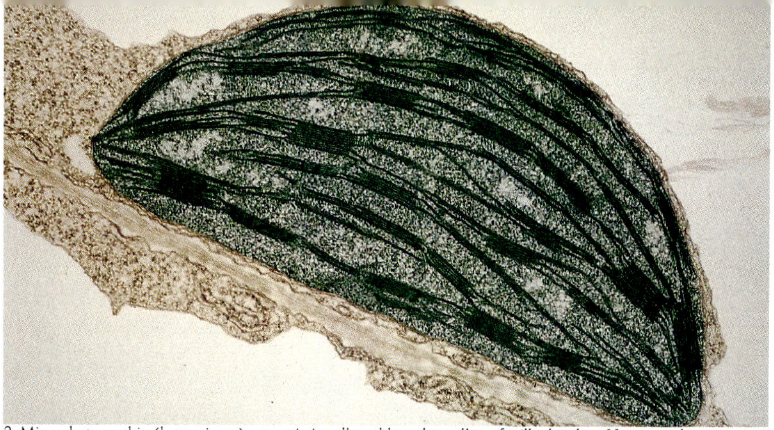

2. Microphotographie électronique à transmission d'un chloroplaste d'une feuille de tabac. Vue générale.

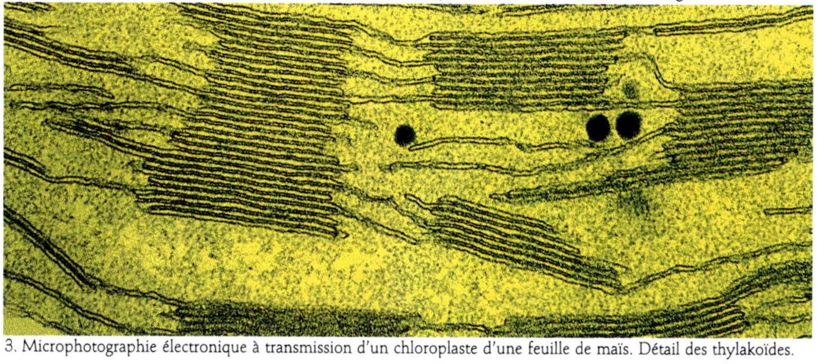

3. Microphotographie électronique à transmission d'un chloroplaste d'une feuille de maïs. Détail des thylakoïdes.

4. Schéma fonctionnel d'un chloroplaste.

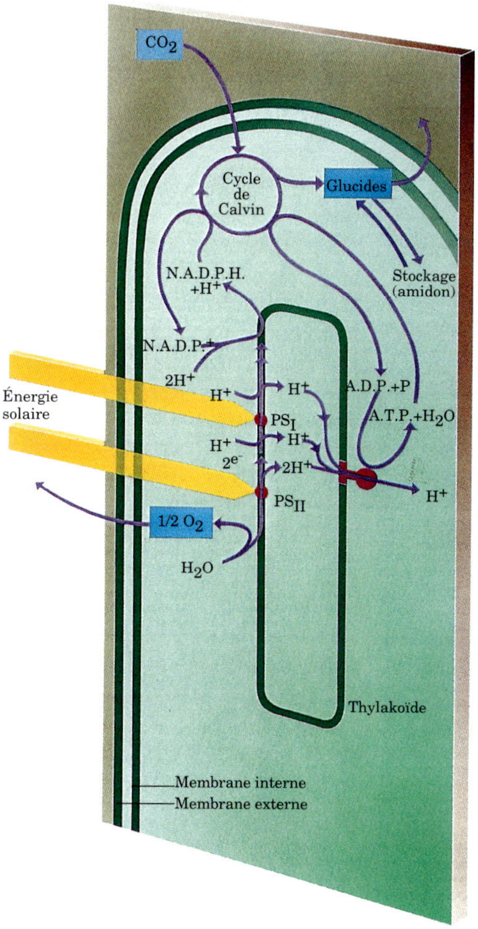

bone, est donc l'enzyme de l'autotrophie. L'A.P.G. est ensuite réduit en un sucre phosphaté à trois atomes de carbone, le phosphoglycéraldéhyde, par la réaction que l'on peut formuler :

$$\text{A.P.G.} + 2H^+ + 2e^- \rightarrow C_3\text{-}P + H_2O.$$

Les protons (H^+) et les électrons (e^-) ainsi que l'énergie nécessaire à cette réaction sont fournis lors de la phase claire. Lorsque 3 molécules de Ru-di-P fixent 3 molécules de CO_2, 6 molécules de phosphoglycéraldéhyde sont produites, 5 d'entre elles sont utilisées pour régénérer les 3 Ru-di-P, la sixième représente le gain net de matière organique par la cellule. Cette molécule de Ru-di-P peut être utilisée sur place pour fabriquer de l'amidon (forme de stockage de la matière organique dans le chloroplaste) ; elle peut être exportée dans le reste de la cellule pour alimenter les mécanismes producteurs d'énergie (glycolyse dans le cytoplasme, cycle de Krebs dans la mitochondrie) ; elle peut être utilisée pour la fabrication du saccharose. •

Adaptation aux conditions particulières

LES PLANTES TROPICALES, POUR LUTTER CONTRE LA CHALEUR, FERMENT LEURS STOMATES. L'ACCUMULATION D'OXYGÈNE MODIFIE LES RÉACTIONS MÉTABOLIQUES.

Dans le cas général, l'assimilation du gaz carbonique sous forme de matière organique aboutit, grâce à la Ru-di-P-carboxylase, dans un premier temps, à un corps à trois atomes de carbone par molécule (que l'on appelle corps en C_3).

La Ru-di-P-carboxylase, en présence d'une concentration suffisante en oxygène, catalyse l'oxydation du Ru-di-P par l'oxygène, aboutissant ainsi, au lieu d'une assimilation, à une perte de matière organique par la plante (c'est la photorespiration). La photorespiration a l'inconvénient de diminuer le rendement de la photosynthèse, en particulier quand la plante évacue mal l'oxygène qu'elle produit parce que ses stomates sont (au moins en partie) fermés, ce qui est le cas quand il fait chaud et sec. Certaines plantes, pour la plupart d'origine tropicale, ne présentent pas de photorespiration et possèdent un meilleur rendement de photosynthèse en climat chaud. Chez ces plantes, dites en C_4, comme la canne à sucre ou le maïs, le gaz carbonique est fixé en deux temps et le premier acide organique formé a 4 atomes de carbone par molécule (au lieu de 3 pour l'A.P.G. des plantes en C_3).

La majorité des cellules de ces plantes possèdent des chloroplastes dans lesquels le cycle de Calvin n'a pas lieu. Le gaz carbonique est fixé grâce à la phosphoénolpyruvate-carboxylase, qui n'est pas gênée par la présence d'oxygène et assure la fabrication du corps en C_4. L'acide ainsi produit migre dans les chloroplastes des cellules de la gaine périvasculaire (situées juste autour des tissus conducteurs de la nervure). C'est là qu'a lieu le cycle de Calvin, en l'absence d'oxygène car les chloroplastes concernés, ne contenant pas de PSII, ne réalisent pas l'oxydation de l'eau. L'étude énergétique du métabolisme des plantes en C_4 montre une dépense plus importante que chez les plantes en C_3. Mais, dans des conditions de forte chaleur, en raison de l'absence de photorespiration, le métabolisme en C_4 est plus efficace que celui en C_3. C'est pourquoi de nombreuses plantes en C_4 présentent en outre un intérêt agricole manifeste.

Les plantes grasses (crassulacées, cactus) présentent un métabolisme particulier adapté à un climat chaud et sec. Pendant la nuit, quand les facteurs de déshydratation sont réduits au minimum, les stomates sont ouverts. Le CO_2 pénètre dans la plante et y est stocké sous forme d'acides organiques en C_4. Durant la journée, les stomates sont fermés, la photosynthèse a donc lieu grâce aux réserves de CO_2 faites la nuit précédente. La quantité de matière organique fabriquée par ces plantes est très faible. Ce type de métabolisme permet aux végétaux de vivre dans des conditions défavorables. •

De la plante à la biosphère

LA PHOTOSYNTHÈSE, PAR LA TRANSFORMATION ORGANIQUE DU GAZ CARBONIQUE, ACCROÎT LA MASSE VÉGÉTALE ET CONTRIBUE À LA SURVIE DU MONDE ANIMAL.

Si l'on analyse énergétiquement le bilan d'assimilation du carbone par la plante (photosynthèse nette), il correspond à la photosynthèse brute (quantité de matière organique fabriquée par unité de temps) diminuée des pertes respiratoires (quantité de matière organique oxydée par unité de temps). La photosynthèse nette contribue au renouvellement des organes qui meurent (feuilles, fleurs, graines, fruits...), à l'accroissement de la masse du végétal et au remplacement des parties consommées par les animaux. Cette dernière fraction, perdue pour le végétal, est très importante : elle est la source de toute vie animale. À l'échelle de l'écosystème, la somme des photosynthèses nettes de tous les végétaux représente la productivité primaire nette. Celle-ci est utilisée par les animaux phytophages, d'une part, qui constituent les consommateurs primaires, et par des décomposeurs, d'autre part. Les consommateurs primaires sont des producteurs secondaires : ils fabriquent une matière organique susceptible d'être utilisée par des consommateurs secondaires, voire tertiaires (carnivores). Tous les consommateurs abandonnent également une partie de leur matière organique (cadavres, excréments...) aux décomposeurs. La production primaire des végétaux verts est donc à l'origine de toute la masse de matière vivante de l'écosystème. Elle ne représente pas simplement de la matière organique carbonée, mais constitue le vecteur d'énergie qui circule dans tout l'écosystème.

La biosphère, comme l'écosystème, fonctionne grâce à l'énergie solaire et à la matière organique d'origine photosynthétique. La chlorophylle et la Ru-di-P-carboxylase jouent donc un rôle particulièrement important dans la nature. Loin de se limiter à un rôle nourricier, les végétaux verts sont à l'origine de la matière organique, source dans le passé du charbon, du pétrole et du gaz naturel ; ils jouent un rôle indirect dans la formation des calcaires et, surtout, ils produisent l'oxygène indispensable à la respiration de l'ensemble des êtres vivants. •

→ **Voir aussi :** Biomasse et productivité, **BIOL**, p. 108-109. Biosynthèse et sécrétions cellulaires, **BIOL**, p. 136-137. L'énergie dans la cellule, **BIOL**, p. 138-139.

La locomotion

Pour répondre à la question « comment définir le règne animal ? », il est d'usage d'avancer la propriété fondamentale de locomotion. Cette règle générale a bien sûr ses exceptions : certains animaux, les balanes ou les éponges par exemple, vivent fixés.

La locomotion est l'ensemble des mouvements coordonnés qui concourent au déplacement. Elle résulte de phénomènes énergétiques (il faut vaincre l'inertie d'un corps pour le mettre en mouvement) et mécaniques (il faut un « moteur » et des structures rigides, efficaces dans la transmission de l'effort nécessaire au déplacement).

Les invertébrés, dans leur diversité, ont réalisé des moyens de locomotion très variés. Au contraire, les vertébrés déclinent tous un même thème : deux paires d'appendices locomoteurs. La façon dont les animaux se déplacent nous apparaît souvent comme un phénomène simple, ne faisant intervenir qu'un nombre restreint de mouvements de base. En fait, elle nécessite une importante coordination placée sous le contrôle du système nerveux.

Dans tout milieu, air, terre ou eau, chaque animal est étroitement adapté à l'environnement physique dans lequel il évolue. La locomotion, qui traduit en partie cette adaptation, a un impact très important sur la morphologie et l'anatomie de l'animal. Dans un monde en mouvement, chacun doit se nourrir, mais aussi pouvoir éviter de servir de nourriture à un autre. La locomotion est également pour cela un élément important d'adaptation ; ses modalités représentent autant de réponses à la pression de la sélection naturelle.

La locomotion dans le milieu aquatique

POUR LA FAUNE NAGEUSE, LA VISCOSITÉ DE L'EAU IMPOSE SA LOI : PROFILAGE ET PROPULSION RÉGISSENT LA LOCOMOTION.

Dans la *nage ramée,* les membres sont utilisés pour pousser l'eau par saccades. Certains animaux sont des rameurs de surface, comme les punaises d'eau ou les canards dont les pattes palmées montrent une excellente adaptation à ce type de locomotion. D'autres nagent immergés : les limules, les tortues marines ou les pinnipèdes (phoques). Tous ont un corps profilé et de larges appendices aplatis.

De nombreux animaux pratiquent une *nage par ondulation,* en utilisant tout leur corps pour se déplacer. Les vers ronds, les larves d'insectes, l'amphioxus, les amphibiens apodes, les serpents et certains mammifères comme les cétacés pratiquent ce type de nage. Sur ce modèle, les poissons ont développé plusieurs variantes locomotrices : la nage « anguilliforme » des anguilles où – comme chez les vers ronds – l'ensemble du corps ondule et assure la propulsion ; la nage « carangiforme » de la plupart des poissons où seul le tiers postérieur du corps est impliqué ; enfin, la nage « ostracioniforme » des poissons coffres dont seule la nageoire caudale propulse l'animal.

La *nage par réaction* est adoptée par des cnidaires comme les méduses et, surtout, par des mollusques comme les seiches et les pectens. Ce mode de locomotion consiste en l'éjection brutale d'une masse d'eau par l'animal. Certains arthropodes, les larves de libellules par exemple, nagent également selon ce modèle : la réaction est obtenue par une contraction rapide de valves anales qui expulsent l'eau contenue dans une ampoule rectale.

Il existe nombre de nages particulières : celle des unicellulaires, par battements de cils ou de flagelles, la nage des ophiures (échinodermes voisins des étoiles de mer), dont les longs bras battent l'eau en tous sens, ou encore le véritable vol aquatique des raies, dont les nageoires pectorales très développées appuient sur l'eau comme des ailes sur l'air.

Les animaux qui marchent ou qui rament sur les fonds sont dits benthiques. Leur locomotion est souvent similaire à celle de leurs homologues terrestres. Cependant, les échinodermes possèdent un système hydrostatique très particulier : des pieds terminés par des ventouses, intercalés parmi les piquants, se gonflent et se vident par variation de pression interne, permettant de la sorte à l'animal de se mouvoir. •

Physique de la locomotion

LES ANIMAUX DÉVELOPPENT DES STRATÉGIES DIFFÉRENTES À PARTIR DES MÊMES MOYENS BIOLOGIQUES POUR ADAPTER LEUR LOCOMOTION À DES CONTRAINTES PHYSIQUES QUI VARIENT SUIVANT LES MILIEUX.

Pour déplacer un objet, il faut lui appliquer une force motrice dirigée à l'opposé de celles qui tendent à l'immobiliser ou à le ralentir. Le mouvement d'un être vivant est la résultante de trois forces : son poids qui l'attire vers le bas, la réaction du milieu qui l'empêche de s'enfoncer dans le sol (animal terrestre) ou qui freine son mouvement (frottements, résistance de l'air ou de l'eau) et, enfin, la force dynamique qui produit le mouvement.

Approche biomécanique.
Les lois de la dynamique régissent la locomotion. Ainsi, lutter contre les forces de frottement diminue la résistance à l'avancement ; cela explique pourquoi les animaux aquatiques et les oiseaux en vol présentent souvent un profil arrondi et fusiforme, adéquat à la pénétration dans un fluide. Dans l'eau, la poussée d'Archimède s'oppose à l'enfoncement rapide de l'animal ; cette sustentation est d'autant plus forte que le rapport surface/volume de l'organisme est élevé. Dans l'air, la force de sustentation peut résulter d'une aspiration créée, lors du vol, par les courants aériens autour des surfaces portantes. Dans le milieu terrestre, la gravité et les frottements sont les principales forces à vaincre pour ce déplacer.

Les unités fonctionnelles de la locomotion.
Quel que soit le milieu dans lequel il se déroule, le mouvement est toujours généré par un même ensemble biologique : des protéines contractiles, des points d'appui et des bras de leviers. Le jeu des protéines contractiles, phénomène intime de la locomotion, constitue le seul moteur du mouvement des animaux unicellulaires. Les pluricellulaires intègrent la contraction protéique initiale dans le jeu de structures spécialisées – muscles, squelette et tendons – pour réaliser le mouvement. Le muscle rassemble les protéines contractiles et constitue l'unité fondamentale qui engendre la force. Son efficacité s'exprime s'il joint un point mobile à un point fixe, unité d'application des forces, constituant ainsi un bras de levier. Enfin, le coût énergétique, qui prend part à la gestion d'un mode de vie, boucle le cercle restreint des composantes de la locomotion. •

1. Forces exercées sur un corps.

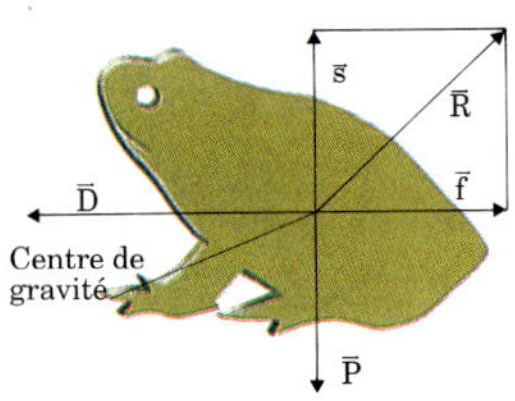

2. Levier interappui.

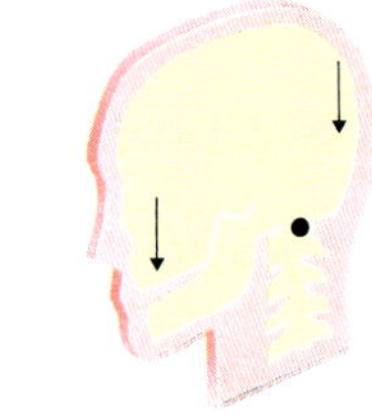

3. Levier interrésistance.

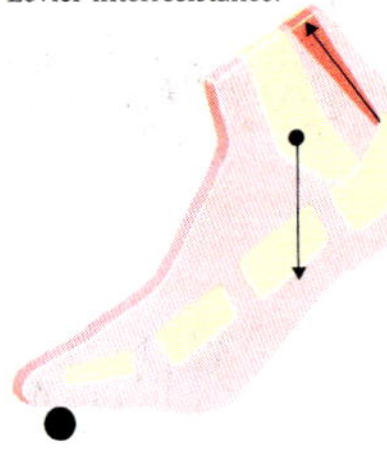

4. Levier interpuissance.

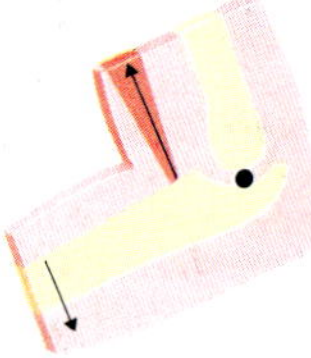

Les différentes forces

Tout animal en mouvement est soumis à trois forces (1) : son poids (P), la réaction du milieu (R) et la force dynamique (D), initiatrice du déplacement. Celui-ci est produit par la résultante de ces trois forces.

Les leviers

Selon l'Italien Giovanni Borelli (1608-1679), fondateur de la biomécanique, le squelette est un ensemble de leviers qui fonctionnent sur trois modes : les leviers interappui (2), par exemple la colonne vertébrale (la tête bascule sur un appui central) ; les leviers interrésistance (3), par exemple les pieds (l'axe de la jambe [résistance] s'intercale entre les points d'appui et d'application des forces) ; les leviers interpuissance (4), par exemple le coude (la force s'exerce au centre pour mouvoir l'avant-bras).

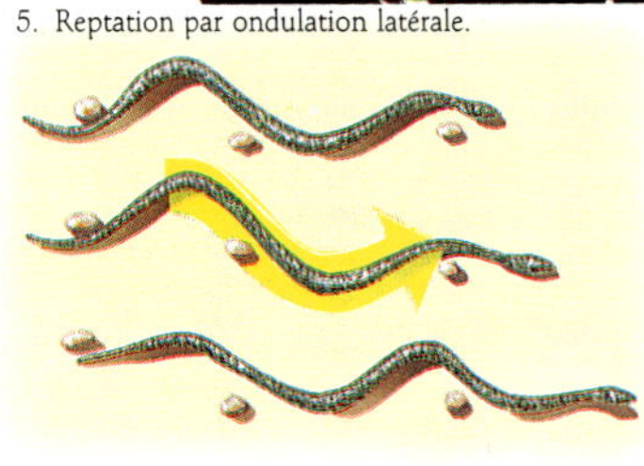

5. Reptation par ondulation latérale.

Les différents modes de reptation

La progression par ondulation latérale (5) est rapide et similaire à la nage par ondulation du corps. La reptation en « accordéon » (9) est un déplacement saccadé : le serpent ancre l'avant (ou l'arrière) de son corps puis tire (ou pousse) l'autre partie. La progression rectilinéaire (10), lente, est utilisée par les gros serpents. Le corps reste droit et progresse par des mouvements alternatifs des écailles ventrales. Le déroulement latéral (11) est un déplacement vif. Les différentes régions corporelles sont ancrées successivement et latéralement les unes par rapport aux autres, laissant des traces parallèles.

Vaincre la pesanteur

En réponse aux contraintes du milieu, les animaux ont développé des adaptations locomotrices qui, dans leur extrême variété, montrent souvent une convergence frappante. Le vol des insectes (6) et des oiseaux (7) met en évidence l'adéquation du mode locomoteur au milieu par la même structure efficace : l'aile. Par contre, grenouilles et rainettes (8) traversent l'espace aérien sous l'impulsion de leurs pattes sauteuses.

6. Envol de chrysopes *(Chrysopa).*

7. Chouette effraie *(Tyto alba).*

8. Rainette *(Hyla arborea).*

9. Reptation en accordéon.

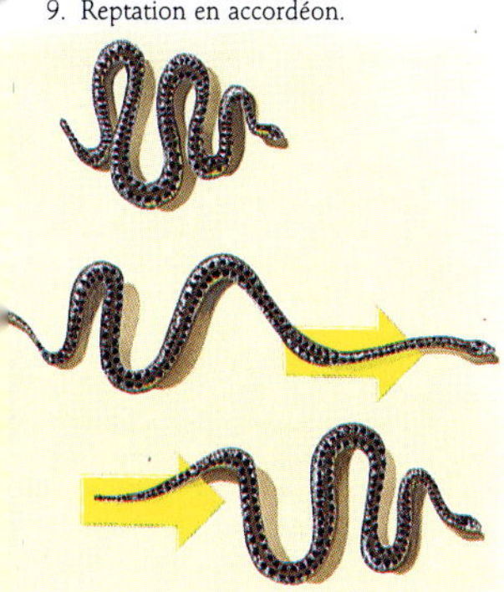

10. Reptation rectilinéaire.

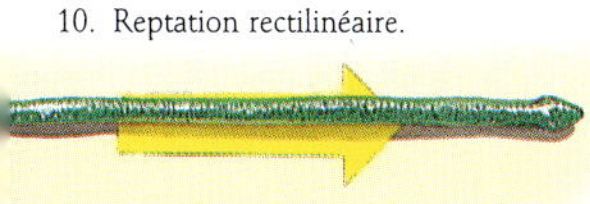

11. Déroulement latéral.

La locomotion dans le milieu terrestre

SUR TERRE, LA LOCOMOTION S'EFFECTUE SOIT PAR REPTATION DE L'ENSEMBLE DU CORPS, SOIT AU MOYEN D'APPENDICES SPÉCIALISÉS.

Pour réaliser la marche et la course, les appendices se soulèvent alternativement et retombent au sol avec un tempo et une chorégraphie qui déterminent l'allure. Plus on a de pattes, plus il est facile de conserver son équilibre. Sur ce point, les araignées, avec leur huit pattes, sont favorisées par rapport aux vertébrés. Les quadrupèdes montrent une excellente coordination des mouvements lors des allures rapides de trot ou de galop. Par contre, si la bipédie permet l'allongement de l'enjambée et rend le corps plus facile à manœuvrer, elle pose un problème de stabilité pendant la course, la vitesse devant alors compenser la perte constante d'équilibre.

Saut et arboricolisme.

Sauterelles, grenouilles ou kangourous se déplacent en détendant brusquement leurs pattes sauteuses, d'une taille démesurée par rapport aux autres membres et judicieusement repliées en Z au repos. Les tendons élastiques de leurs pattes emmagasinent l'énergie lorsque l'animal retombe au sol et la restituent au saut suivant, comme le ferait un ressort comprimé, économisant ainsi le travail musculaire.

Les branchages fournissent un milieu de vie aux espèces arboricoles, dont les qualités d'équilibre et d'agilité sont particulièrement requises. Les griffes démesurées des paresseux ou les bras gigantesques et la queue préhensile des singes atèles sont des adaptations spectaculaires à ce biotope.

Reptation et fouissage.

De nombreux animaux sont dépourvus d'appendices locomoteurs et utilisent leur surface corporelle pour se mouvoir. Le corps long, fin et musculeux offre une grande surface de contact avec le sol. Le déplacement se fait par ondulation du corps (couleuvres, vers) ou par création d'un train d'ondes qui se propagent sur la face ventrale (escargots).

Les animaux fouisseurs pénètrent dans le substrat en le compactant (reptiles amphisbènes) ou en le creusant avec leurs pattes en forme de pelles (taupes, insectes courtilières). Les lombrics ingèrent la terre puis la rejettent par l'anus. •

La locomotion dans le milieu aérien

MODE DE LOCOMOTION PRESQUE EXCLUSIF DES INSECTES ET DES OISEAUX, LE VOL SE RÉSUME À UNE LUTTE PERMANENTE CONTRE LA PESANTEUR.

Légèreté, puissance et aérodynamisme sont nécessaires au vol. Ce sont les conditions à remplir pour vaincre la gravité, se propulser et se diriger. La sustentation, qui s'oppose à la pesanteur, est réalisée par la force de portance due à la résistance de l'air. La propulsion résulte de l'action cyclique des ailes. Les modalités de vol dépendent de la morphologie. Les animaux dont l'envergure favorise la portance ont différencié un vol plané, économique mais peu précis. Le vol battu demande un effort énergétique important, mais permet, pour les petits animaux, des manœuvres rapides et agiles.

Vol parachutal et vol plané.

Le vol parachutal n'est qu'une résistance à la chute libre, réalisée par exemple par la membrane alaire que certains geckos possèdent sur leur flancs. Dès que la chute permet de parcourir une certaine distance, on parle de vol plané. Ce vol est pratiqué par la couleuvre volante *(Chrysopelea),* par les poissons volants (exocets) et par quelques rongeurs (*Petamista,* anomalures). Cependant, c'est surtout parmi les oiseaux qu'il est utilisé sur d'importantes distances. Par de rares battements d'ailes ou, mieux, en utilisant des courants d'air ascendants, les grands voiliers assurent l'impulsion et la portance, ils se déplacent à moindre coût énergétique.

Le vol battu.

Chez les oiseaux, à l'envol, les ailes battent dans un plan horizontal en décrivant un trajet hélicoïdal qui provoque l'ascension. En vol, l'aile déployée appuie sur l'air lorsqu'elle s'abat puis, lorsqu'elle se lève, l'animal la plaque le long du corps de façon à n'offrir que peu de résistance à l'air. Ce mode de vol est aussi celui de la chauve-souris. Le vol stationnaire du colibri nécessite une grande réserve de puissance. L'aile décrit un 8 dans un plan presque horizontal et pousse l'air jusqu'à équilibrer la pesanteur. Les insectes appliquent ce même principe, l'inclinaison du plan de la boucle du 8 donnant l'angle de déplacement. •

→ **Voir aussi :** Le contrôle du mouvement, **BIOL**, p. 184-185. Rhumatologie. L'appareil locomoteur, **MED**, p. 304-305.

La nutrition des animaux

LES ANIMAUX SONT TOUS hétérotrophes : ils doivent trouver dans leur milieu de vie la matière organique nécessaire à l'élaboration de leur propre substance et à la production d'énergie. La nutrition, fonction par laquelle l'animal réalise cet approvisionnement, comprend deux étapes : la prise des aliments (alimentation) et leur transformation (digestion).

Le régime alimentaire représente l'ensemble des ressources nutritives que l'animal peut utiliser. Il existe une grande variété de régimes alimentaires (carnivores, herbivores, omnivores, microphages, etc.), dont la composition exacte est influencée par le milieu et le mode de vie. Le régime permet d'apprécier la place qu'occupe une espèce dans les chaînes alimentaires de l'écosystème. À un régime alimentaire est lié un type particulier d'organes manducateurs, comme la trompe du papillon qui permet la récolte du nectar ou les dents puissantes des carnivores. Les organes sensoriels peuvent être plus ou moins développés en fonction du régime.

Une fois ingérés, les aliments doivent être digérés, c'est-à-dire transformés en petites molécules directement assimilables par les cellules de l'animal. La digestion comprend des phénomènes mécaniques (malaxage, broyage...) et chimiques (action d'acides et d'enzymes). L'étape chimique peut se dérouler dans le tube digestif (digestion extracellulaire) ou dans les cellules (digestion intracellulaire), celles-ci pouvant appartenir ou non à une glande digestive. Les modalités de la digestion sont étroitement liées au régime alimentaire et à la complexité structurale de l'animal.

Régimes alimentaires et organes associés

CE QUE MANGE UN ANIMAL DÉPEND DES DISPONIBILITÉS DU MILIEU ET DES MOYENS DONT IL DISPOSE DE REPÉRAGE ET DE CAPTURE.

Les prédateurs carnivores peuvent chasser à l'affût ; ils disposent parfois d'un système de piégeage (par exemple la toile de certaines araignées). S'ils poursuivent leur proie, ils possèdent des organes sensoriels et des moyens de locomotion développés (grands mammifères prédateurs). Souvent, des structures particulières permettent de tuer les proies (dents inoculatrices des serpents venimeux). Les proies peuvent être avalées entières (serpents) ou déchirées par des dents spécialisées, comme chez les mammifères carnivores, dont les canines sont très développées (crocs) ainsi que les prémolaires, ou dents carnassières. Les nécrophages, qui se nourrissent de cadavres, sont considérés comme des carnivores non prédateurs.

Les animaux consommant des végétaux (phytophages) n'ont pas à capturer de proies mobiles. Leurs organes spécialisés s'utilisent pour la récolte (langue de la vache) et la mastication des végétaux (grandes dents à surface broyeuse du cheval, de la vache ou de l'éléphant ; pièces buccales du criquet). La source alimentaire peut être spécifique (la chenille de *Pieris brassicae* ne se nourrit que de feuilles de chou) ou, au contraire, diversifiée. Les animaux omnivores, souvent qualifiés d'opportunistes, utilisent des aliments variés, végétaux et animaux (cas de l'homme ou du sanglier).

Pièces buccales d'insectes

La tête de ce criquet (1), dont la lèvre supérieure (labre) a été retirée, montre ses puissantes mandibules broyeuses. Cet appareil buccal permet de broyer les tissus végétaux, causant ainsi d'importants dégâts aux cultures. Chez l'abeille (2), le labium et les maxilles entourent la lèvre inférieure, transformée en langue, pour permettre la récolte du pollen, à laquelle ne participent pas les mandibules, en forme de truelles. Pour butiner, le papillon de la piéride du chou (3) déroule une longue trompe formée par les maxilles soudées qui pénètrent uniquement dans la fleur.

Détermination du régime alimentaire

Il n'est pas toujours facile de connaître avec précision le régime alimentaire d'un animal dans les conditions naturelles. Pour les plus gros animaux, l'observation directe peut suffire, mais, si l'animal est petit, craintif ou nocturne, cette méthode est d'une mise en œuvre délicate. On peut réaliser des élevages, mais il n'est pas sûr que le régime soit le même que dans les conditions naturelles. La dissection des animaux prélevés dans la nature est un bon moyen car elle permet d'étudier les contenus stomacaux où l'on peut souvent reconnaître les aliments. L'analyse des excréments (fèces) peut également livrer des restes d'aliments. Les pelotes de réjection des oiseaux rapaces contiennent les parties non digérables de leurs proies (os, poils, plumes) et permettent une détermination très précise. D'autres méthodes peuvent être utilisées, comme le marquage des substances consommables par des isotopes radioactifs ou des substances fluorescentes. Le régime alimentaire peut varier sensiblement avec l'âge, le sexe, les saisons. C'est pourquoi sa détermination qualitative et quantitative reste approximative pour beaucoup d'animaux sauvages.

1. Criquet *(Locusta sp)* broyant une tige végétale.

2. Abeille *(Apis mellifica)* montrant son appareil buccal lécheur.

3. Piéride du chou *(Pieris brassicae)* butinant une scabieuse.

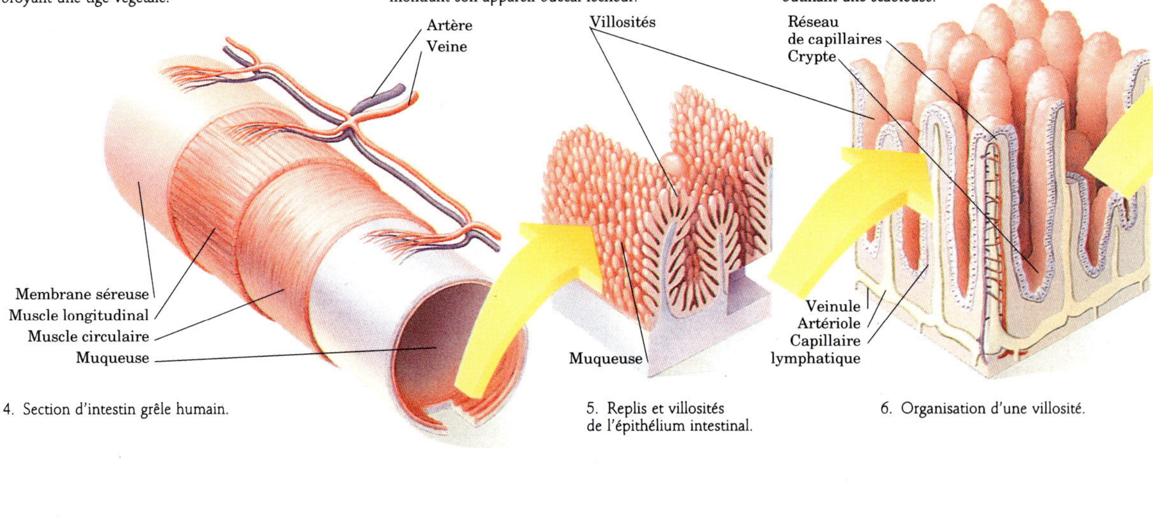

4. Section d'intestin grêle humain.

5. Replis et villosités de l'épithélium intestinal.

6. Organisation d'une villosité.

Certains milieux contiennent une nourriture abondante mais très dispersée, sous la forme d'éléments de petite taille. Cette nourriture est exploitée par les animaux microphages. La moule, par exemple, filtre l'eau de mer avec ses branchies, le lombric avale la terre et digère les matières organiques qu'elle contient (on dit qu'il est géophage).

Les parasites se nourrissent de substances nutritives puisées directement sur un être vivant. On distingue les phytoparasites des zooparasites, suivant qu'ils s'attaquent à des végétaux ou à des animaux. Ils sont dits ectoparasites s'ils ne pénètrent pas dans leur hôte, endoparasites dans le cas contraire. Parmi ces derniers, certains sont extracellulaires, on les trouve en dehors des cellules dans des organes variés (tube digestif, (sang...), les autres sont intracellulaires. Les parasites présentent une infinie variété de structures suivant l'organe parasité ou l'aliment prélevé. Leur mode de vie modifie souvent leur anatomie. •

Digestion et absorption

LA DIGESTION CONSISTE EN UNE SIMPLIFICATION DE LA STRUCTURE MOLÉCULAIRE DES ALIMENTS, QUI, TRANSFORMÉS EN NUTRIMENTS, PEUVENT ÊTRE DIRECTEMENT ABSORBÉS PAR LES CELLULES DU MILIEU INTÉRIEUR.

La structure des aliments est simplifiée par des actions mécaniques et chimiques. Dans le cas de l'espèce humaine, on peut décrire différentes étapes. La première est une phase buccale de malaxage (donc mécanique) et d'imprégnation salivaire (c'est le début de la digestion chimique par des enzymes, en particulier une amylase, qui hydrolyse l'amidon). Grâce au mucus contenu dans la salive, les aliments parcourent facilement l'œsophage et arrivent dans l'estomac où s'opère un brassage important ainsi qu'une digestion chimique des protéines, en milieu acide. Puis, au niveau du duodénum, se produit l'essentiel de la digestion chimique en milieu alcalin (basique), grâce aux enzymes sécrétées par l'intestin ou contenues dans le suc pancréatique ; la bile, sécrétée par le foie, facilite la digestion des lipides. Enfin, l'absorption se déroule dans l'intestin grêle, qui présente une grande surface de contact. Les acides aminés des protéines et les oses (glucides simples) passent dans le sang, les lipides vont pour la plupart dans la lymphe.

Les modalités de la digestion sont très variables suivant les animaux. Chez les protozoaires, la digestion, intracellulaire, a lieu dans les vacuoles digestives, grâce aux enzymes apportées par des lysosomes. Chez les invertébrés microphages, la digestion est souvent en grande partie intracellulaire (dans les cellules du tube digestif ou de glandes annexes). L'évolution est fréquemment liée, chez les invertébrés, à une augmentation de taille des aliments ; la part de la digestion extracellulaire devient alors prépondérante. Dans quelques cas particuliers, la digestion peut être extracorporelle. C'est le cas de l'étoile de mer, qui dévagine son estomac dans la coquille du lamellibranche dont elle se nourrit, et de l'araignée, qui injecte des enzymes dans sa proie pour en liquéfier les tissus.

Les aspects mécaniques de la digestion sont parmi les plus variables d'une espèce à l'autre ; ils s'appuient sur une structure adaptée du tube digestif. L'animal est souvent incapable de digérer la totalité des composants de ses aliments. C'est ainsi que seul un très petit nombre d'animaux (par exemple l'escargot) possèdent l'enzyme cellulase qui permet la digestion de la cellulose, composant essentiel des végétaux. Les termites, qui se nourrissent de bois, ne peuvent le digérer que grâce aux protozoaires symbiotiques contenus dans la partie postérieure de leur intestin. Les mammifères herbivores abritent dans leur tube digestif un ensemble de micro-organismes (bactéries et protozoaires) qui permettent la digestion de l'herbe. Chez les ruminants, cette digestion est réalisée dans la panse, puis son contenu est remastiqué (ruminé) avant de passer dans le reste du tube digestif où il est normalement digéré. Chez les herbivores non ruminants, comme le lapin, cette digestion symbiotique a lieu dans le cæcum (diverticule de l'intestin postérieur, équivalent de notre appendice, mais plus grand) ; l'animal doit alors remanger les excréments particuliers qu'il élimine quand il vide son cæcum (coprophagie) pour récupérer les résultats de la digestion opérée par les micro-organismes. L'utilisation de la cellulose, que permettent ces associations symbiotiques, produit du glucose, mais aussi des vitamines et des composés azotés utiles (grâce à des mécanismes métaboliques associés à la cellulolyse). La partie terminale du tube digestif assure, chez tous les animaux, l'élaboration des fèces à partir des résidus non digérés. Leur structure dépend de l'espèce et permet de reconnaître les animaux sauvages à ces « traces » dans le milieu. •

Flux alimentaire

Les moules (8) sont des invertébrés microphages qui filtrent l'eau de mer dans laquelle elles prélèvent le plancton et des particules alimentaires. Leurs organes sont recouverts d'une enveloppe, le manteau, entre les replis duquel est ménagée une cavité, la cavité palléale. Elle contient deux branchies couvertes de cils dont les battements créent un courant d'eau à fonction respiratoire et alimentaire. L'eau entre par la face ventrale de l'animal, Elle est filtrée par les branchies et ressort par la boutonnière postérieure. Les aliments sont triés par les cils branchiaux et conduits à la bouche.

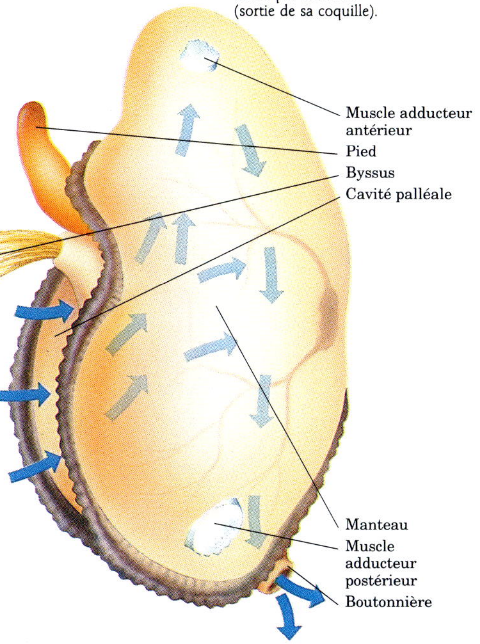

8. Trajet de l'eau de mer filtrée par la moule (sortie de sa coquille).

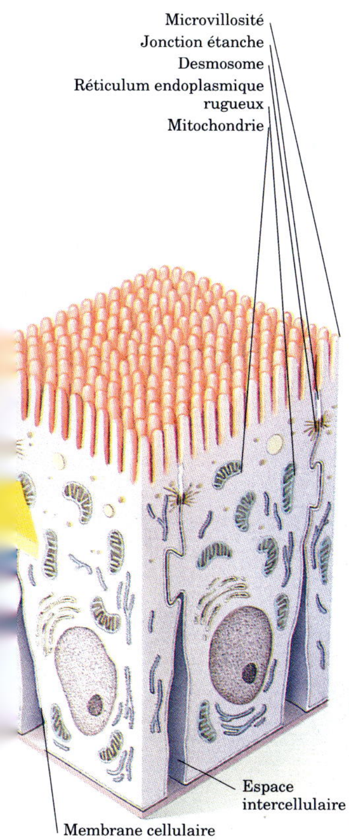

7. Cellule de l'épithélium intestinal.

L'absorption intestinale

Dans le tube digestif humain, le passage des substances nutritives dans le milieu intérieur s'opère principalement au niveau de l'intestin grêle (4). L'absorption des nutriments est facilitée par la grande surface de contact entre l'épithélium intestinal et le contenu alimentaire. L'épithélium présente des replis (5), eux-mêmes hérissés de villosités (6). Les cellules de l'épithélium (7) sont également couvertes de microvillosités, dans leur partie apicale. Ces multiples replis, au contact des aliments, augmentent considérablement la surface absorbante (estimée à 200 m² chez l'homme).

Des modes de nutrition

L'ÉTUDE DE QUELQUES EXEMPLES, PRIS CHEZ LES INVERTÉBRÉS, DONNE UNE IDÉE DE LA GRANDE DIVERSITÉ D'ORGANISATION FONCTIONNELLE.

Les insectes constituent le groupe animal le plus abondant dans la nature. Ils présentent des modes de nutrition très divers, mais leur appareil buccal est toujours construit sur le même plan. De l'avant vers l'arrière, on distingue le labre (lèvre supérieure), deux mandibules, deux maxilles (mâchoires) et un labium (lèvre inférieure). L'aspect fondamental de ces pièces buccales peut être observé chez un criquet. Mandibules et maxilles y sont puissantes et permettent de triturer les tissus végétaux résistants : ce sont des pièces buccales broyeuses. Elles sont développées chez tous les insectes qui découpent et broient leurs aliments (animaux ou végétaux) avant de les avaler (hanneton, libellule, guêpe, par exemple).

Certains insectes se nourrissent de liquides d'accès facile, qu'il suffit de lécher ou de sucer. Ainsi l'abeille possède un appareil buccal lécheur (une sorte de pinceau formé par les maxilles et le labium transformés) qui lui permet de récolter le pollen et le nectar des fleurs. Ses mandibules n'ont plus de véritable rôle nourricier. Les pièces buccales des mouches communes sont de type « suceur labial » : le labium se termine par une sorte d'éponge, qui permet de pomper les liquides nutritifs les plus divers. L'appareil buccal des papillons, dont la nourriture est difficile d'accès, est de type « suceur maxillaire » : il comprend une trompe formée par les deux maxilles accolées, formant un tuyau qui peut s'enrouler au repos ou se dérouler. Les femelles de moustiques, certaines punaises se nourrissent de sang ; les pucerons, les cochenilles, les cigales utilisent la sève des végétaux. Dans les deux cas de figure, l'animal doit accéder à un liquide nutritif difficile à atteindre : il possède un appareil buccal « piqueur », dont les différentes parties sont transformées en stylets permettant de percer les tissus de l'hôte jusqu'au sang ou jusqu'à la sève.

L'exemple de la nutrition des insectes montre comment, à partir d'un plan d'organisation donné, l'évolution peut faire apparaître des structures différentes, adaptées à divers régimes alimentaires. Chez les larves, on observe souvent une relation entre le mode de nutrition et la morphologie d'ensemble. L'asticot (larve de mouche) vit à l'intérieur de sa nourriture : il n'a ni tête, ni organes des sens, ni pattes. Les larves de certains coléoptères, carnassières et chasseuses, possèdent en revanche des pattes et des organes des sens bien développés. Les chenilles de papillons se nourrissent du végétal sur lequel elles vivent. Leurs pièces buccales sont puissantes, leurs fausses pattes munies de crochets facilitent leur déplacement sur les feuilles et les tiges des végétaux. •

→ **Voir aussi :** La nutrition des végétaux, **BIOL**, p. 140-141. La prédation, **BIOL**, p. 206-207. Le tube digestif, **MED**, p. 280-281. Foie et pancréas, **MED**, p. 282-283. Le comportement alimentaire, **MED**, p. 284-285.

Le milieu intérieur

DANS UN ORGANISME humain, la plupart des cellules n'entrent pas en contact avec le milieu extérieur, elles baignent dans un milieu liquide interne, le milieu intérieur.

La lymphe est la fraction du milieu intérieur directement au contact des cellules. Elle représente environ 10 l chez un homme de 80 kg. Le plasma sanguin est la fraction circulante du milieu intérieur (son volume est de l'ordre de 3 l). Lymphe et plasma communiquent de deux façons : dans les organes, une partie du liquide plasmatique sort des capillaires et devient alors lymphe ; des vaisseaux lymphatiques drainent le surplus de lymphe et le ramènent dans une grosse veine cave, au voisinage du cœur, où la lymphe se mélange au plasma. Le milieu intérieur comprend d'autres compartiments, moins importants et beaucoup plus localisés comme, par exemple, le liquide céphalo-rachidien, au contact du cerveau et de la moelle épinière (d'un volume de 150 ml).

Le milieu intérieur maintient autour des cellules des conditions de vie favorables (teneurs en oxygène et gaz carbonique, substances nutritives, température, pression, etc.). La stabilité du milieu intérieur, ou homéostasie, est une nécessité physiologique essentielle. Elle est assurée par le fonctionnement harmonieux des organes. Ainsi, le maintien des concentrations en oxygène et gaz carbonique est réalisé par les poumons, alors que le rein joue un rôle d'épuration.

Chez tous les vertébrés, le milieu intérieur est du même type que chez l'homme ; chez les invertébrés, son organisation et les mécanismes de son homéostasie sont extrêmement variés.

Diversité du milieu intérieur

APPARAISSANT CHEZ LES ANIMAUX PLURICELLULAIRES, LE MILIEU INTÉRIEUR SE PERFECTIONNE, EN SE FRACTIONNANT EN COMPARTIMENTS, AU COURS DE L'ÉVOLUTION.

Confrontée à un milieu variable, la cellule vivante doit maintenir son intégrité. Si on place des globules rouges en présence d'une solution diluée, ils éclatent ; au contact d'une solution très concentrée, ils se recroquevillent ; dans les deux cas, sous l'effet des contraintes osmotiques, ils perdent leur fonctionnalité. Cet exemple montre que les cellules spécialisées des animaux pluricellulaires exigent des conditions de vie stables : le milieu intérieur assure cette stabilité. Les protozoaires, animaux formés d'une seule cellule, n'ayant pas de milieu intérieur, ne peuvent vivre que dans des milieux aquatiques stables. Ils adoptent souvent des formes de résistance pour surmonter les périodes défavorables.

Les spongiaires (éponges) et les cnidaires (coraux, méduses) sont des métazoaires diblastiques, c'est-à-dire formés de deux couches de cellules, l'endoderme et l'ectoderme. Ne possédant pas de véritable milieu intérieur, ces animaux sont aussi dépendants du milieu extérieur que les protozoaires. Plus évolués, les triblastiques possèdent un troisième feuillet intermédiaire, appelé mésoderme. Chez les plus primitifs (vers plats, ténia), le mésoderme n'est creusé d'aucune cavité : le milieu intérieur baigne les cellules (la lymphe), et ne comprend aucune fraction circulante. Ce manque est compensé par la ramification importante du tube digestif et du système excréteur. Chez les vers ronds, comme l'ascaris, une cavité apparaît (le « pseudocœlome ») entre l'endoderme et le mésoderme : elle permet un brassage du milieu intérieur. Les autres métazoaires diblastiques (excepté le groupe des rotifères) sont appelés cœlomates : une cavité liquidienne, le cœlome, est creusée au sein du mésoderme. Chez les annélides, ou vers annelés, le milieu intérieur se divise en trois compartiments : la lymphe, le liquide cœlomique et le sang. Dans la suite de l'évolution, le liquide cœlomique se réduit (chez l'homme, il se limite aux liquides péricardiaque, pleural et péritonéal). Dans certains groupes (la plupart des mollusques, les insectes...), le système circulatoire devient ouvert : lymphe et sang se mélangent, formant l'hémolymphe. •

1. Schéma d'organisation d'un métazoaire diblastique (cnidaire).

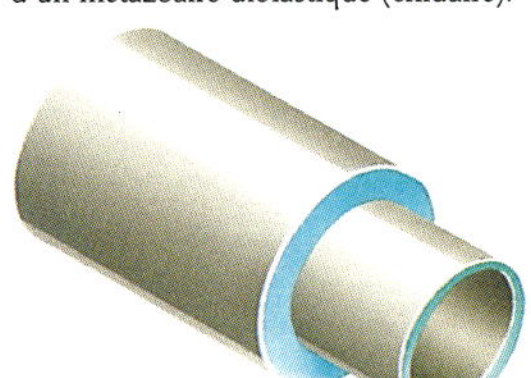

2. Métazoaire triblastique acœlomate (ver plat).

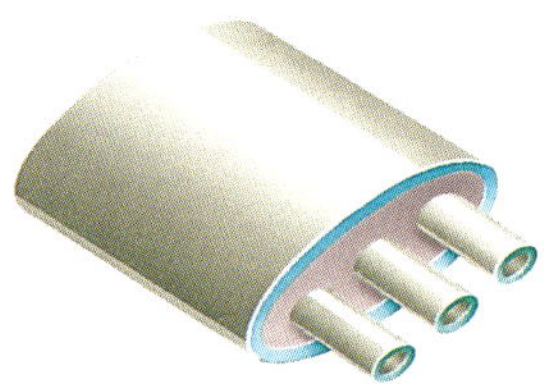

3. Métazoaire triblastique pseudocœlomate (ver rond).

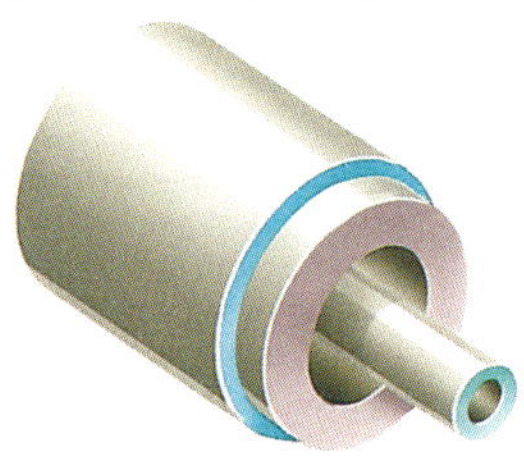

4. Métazoaire triblastique cœlomate.

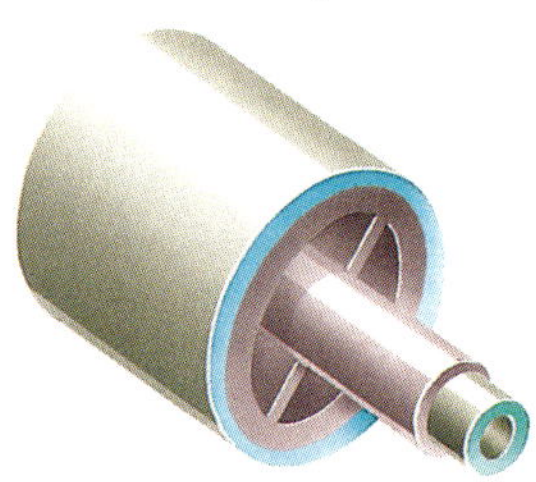

L'épuration du milieu intérieur chez les invertébrés

NÉCESSAIRE À LA STABILITÉ DU MILIEU INTÉRIEUR, L'ÉPURATION CONSISTE EN L'ÉLIMINATION DES DÉCHETS TOXIQUES PRODUITS PAR LE MÉTABOLISME.

L'élimination des déchets met en jeu les organes respiratoires pour le gaz carbonique (c'est un des aspects de la respiration) et les organes excréteurs.

Les protozoaires et les diblastiques (spongiaires, cnidaires) rejettent des déchets sous forme d'ammoniac qui diffuse au travers des membranes cellulaires vers le milieu extérieur. Chez les animaux plus évolués possédant un milieu intérieur, les cellules y rejettent leurs déchets que prélèvent les organes excréteurs.

Chez les plus primitifs des triblastiques (les vers plats), les organes excréteurs sont des protonéphridies. Il s'agit de petits tubes terminés par des cellules filtrantes munies d'un bouquet de flagelles. Leur mouvement permet la filtration de la lymphe. Les organismes plus évolués possèdent un système circulatoire ; les déchets sont déversés dans le sang d'où ils sont éliminés. Chez beaucoup d'animaux aquatiques, toutes les surfaces perméables du corps permettent l'élimination d'ammoniac. C'est le cas de l'épithélium branchial ou même du tégument chez les mollusques.

Parallèlement, il existe des organes spécialisés dans l'excrétion. Chez le néréis (annélide), les déchets sont filtrés au travers de la paroi des gros vaisseaux sanguins dorsal et ventral et s'accumulent dans la cavité cœlomique. Des organes spécialisés, les métanéphridies, puisent ce liquide cœlomi-

Évolution du milieu intérieur

Les métazoaires les plus primitifs, formés de deux feuillets de cellules, ou diblastiques (1), ne possèdent pas de véritable milieu intérieur. Chez les triblastiques acœlomates (2) apparaît un troisième feuillet, le mésoderme, mais il n'existe pas de cavité interne. Celle-ci se développe chez les pseudocœlomates (3), entre le mésoderme et le feuillet interne. Chez les cœlomates, la cavité interne, ou cœlome, se forme dans le mésoderme (4) ; elle contient une fraction du milieu intérieur, qui se répartit également dans le sang et la lymphe. Une coupe transversale de néréis (vers annélide marin) [5] montre – de part et d'autre du tube digestif – les vésicules cœlomiques, qui constituent la cavité interne. Les vaisseaux sanguins dorsal et ventral sont bien visibles. Le sang est filtré, au travers de la paroi des vaisseaux et les déchets passent dans les vésicules cœlomiques, à partir desquelles ils sont évacués par des tubes excréteurs, les métanéphridies (non visibles sur la photo).

5. Coupe transversale de néréis.

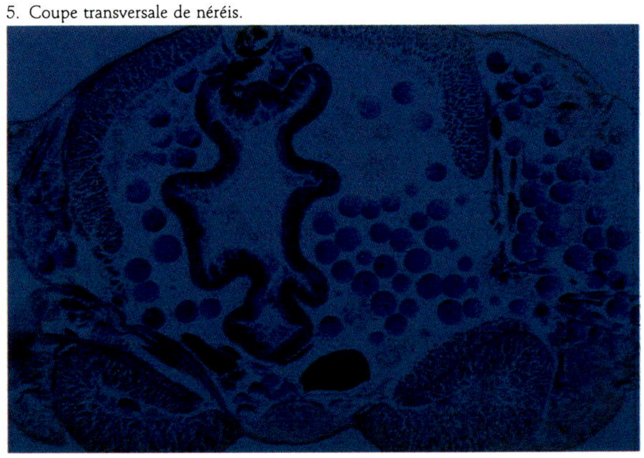

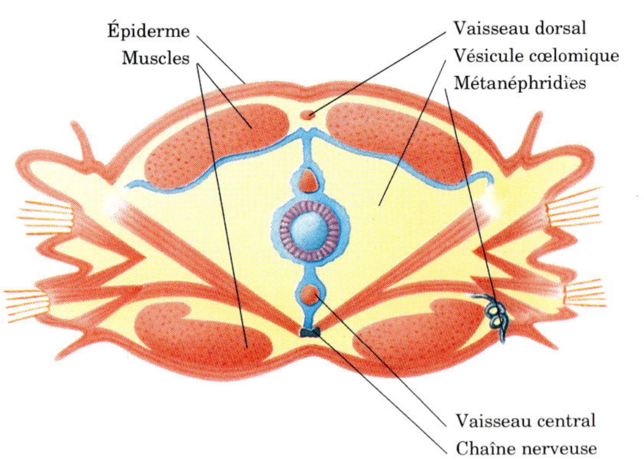

que, modifient sa composition et le déversent à l'extérieur. Ce système métanéphridien est le système de base de tous les cœlomates. Les reins des mollusques, comme les glandes vertes des crustacés, sont des métanéphridies un peu modifiées. Les déchets rejetés sont surtout de l'ammoniac en milieu aquatique et de l'urée ou de l'acide urique en milieu aérien. Les insectes possèdent des organes excréteurs très particuliers : les tubes de Malpighi. Fins comme des cheveux, ils flottent dans l'hémolymphe où ils prélèvent les déchets. Le long du trajet, ils subissent une déshydratation. L'« urine » presque sèche, contenant des cristaux d'urates, est éliminée avec les fèces. Ce dispositif permet une économie d'eau favorable à la vie en milieu aérien. Certains animaux possèdent aussi des reins d'accumulation qui stockent les déchets sans pour autant les rejeter à l'extérieur. Ce stockage peut être transitoire (lombric) ou définitif (écailles des ailes des papillons). •

Le rein des mammifères

IL PARTICIPE À L'ÉLIMINATION DES DÉCHETS AZOTÉS, AU MAINTIEN DE LA PRESSION OSMOTIQUE ET DU pH ET JOUE UN RÔLE DANS L'ÉQUILIBRE SANGUIN.

En ce qui concerne l'excrétion, le rein peut être considéré comme un ensemble d'unités équivalentes : les néphrons. Un néphron est un tube ouvert à l'une de ses extrémités, par où s'écoule l'urine. Pour comprendre le fonctionnement du rein, il faut donc d'abord comprendre le fonctionnement du néphron. Le début de ce tube constitue une petite capsule au sein de laquelle se trouve une pelote de capillaires sanguins : le glomérule de Malpighi. Sous l'effet de la pression sanguine, un liquide sort du compartiment sanguin et passe dans la lumière du néphron : c'est l'urine primitive (filtration glomérulaire), qui a la composition du plasma sanguin dépourvu de ses protéines. Lors de son parcours dans le néphron, l'urine primitive subit de très importantes modifications quantitatives et qualitatives. La plus grande partie de l'eau qui constitue l'urine primitive est systématiquement réabsorbée (en 24 heures, un homme produit environ 180 litres d'urine primitive !). Le reste est plus ou moins réabsorbé suivant les besoins de l'organisme. La réabsorption se fait essentiellement dans la première partie du néphron, puis dans l'anse de Henle et (surtout) dans le canal collecteur. Outre l'eau, toutes les substances utiles sont récupérées par le néphron et rendues au sang (par exemple le glucose). Certains déchets peuvent être sécrétés par les cellules de la paroi du néphron et concentrés dans l'urine comme l'acide hippurique. Les ions minéraux sont plus ou moins réabsorbés en fonction des besoins de l'organisme, ce qui régule la pression osmotique. Les ions H^+ sont éliminés en quantité convenable pour assurer la bonne régulation du pH.

Ces fonctions du rein sont contrôlées par des mécanismes hormonaux. Ainsi, quand l'organisme est déshydraté, l'hypothalamus sécrète une hormone, l'ADH (hormone antidiurétique), qui stimule la récupération de l'eau par le canal collecteur. Les mammifères sont les seuls vertébrés dont le rein peut produire une urine plus concentrée que leur milieu intérieur. La forme du néphron, les caractéristiques des cellules de ses différentes régions ainsi que l'organisation de la vascularisation rénale sont indispensables à un fonctionnement harmonieux de l'organisme dans son entier. Quand le rein est mal oxygéné, il fabrique une hormone, l'érythropoïétine, qui stimule la production des globules rouges par la moelle osseuse : il participe ainsi à la régulation de la teneur en oxygène du sang. Quand la pression sanguine est trop faible, il fabrique une enzyme, la rénine, qui provoque la formation dans le sang d'angiotensine déclenchant elle-même une augmentation de la pression artérielle. •

→ **Voir aussi :** Le système circulatoire, **BIOL**, p. 150-151. La respiration des animaux, **BIOL**, p. 152-153. La physiologie des régulations, **BIOL**, p. 158-159. Reins et voies urinaires, **MED**, p. 292-293.

8. Néphron de mammifère.

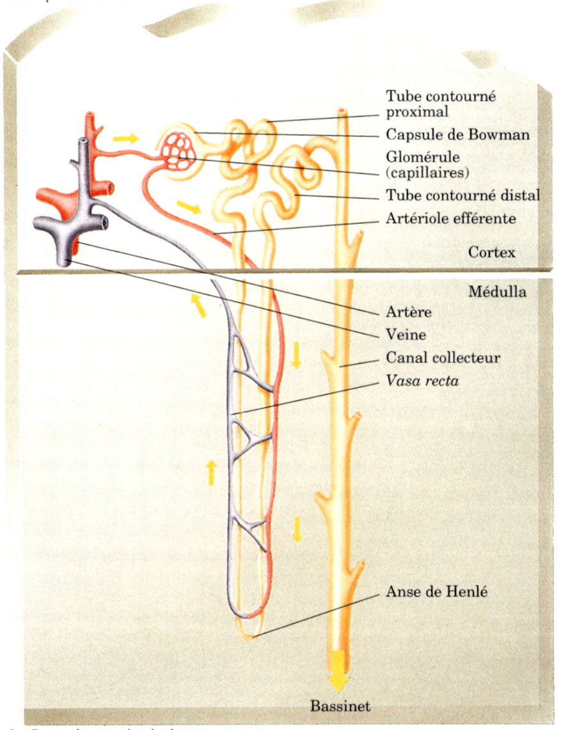

Vie en eau douce et vie en eau de mer

LA PRESSION OSMOTIQUE EST UN PARAMÈTRE ESSENTIEL DU MILIEU INTÉRIEUR. LE PROBLÈME DE SA STABILITÉ SE POSE DIFFÉREMMENT SUIVANT LE MILIEU DE VIE.

Le milieu marin et le milieu d'eau douce diffèrent principalement par leur teneur en ions en solution. Celle-ci détermine la pression osmotique. Le contact avec le milieu tend à perturber la composition des liquides internes des animaux, car les pressions osmotiques ont tendance à s'équilibrer en provoquant d'importants échanges entre le milieu intérieur et le milieu extérieur.

En eau douce, l'eau entre dans le corps de l'animal sous l'effet de la pression osmotique et les ions sortent par diffusion (au travers des épithéliums branchiaux du tégument). En eau de mer, la plupart des invertébrés ont une pression osmotique interne égale à celle du milieu extérieur. Cependant, les poissons et les mammifères marins ont une pression osmotique plus faible que celle du milieu : ils ont tendance à perdre de l'eau. De plus, des ions entrent par diffusion. Ces mouvements risquent de perturber le milieu normal de vie des cellules.

Chaque espèce possède des mécanismes physiologiques permettant de lutter contre ces perturbations. Les animaux d'eau douce ne boivent pas, rejettent une urine très diluée (élimination de l'excès d'eau) et absorbent des ions par transport actif (les poissons ont pour cela des cellules spécialisées dans leur épithélium branchial). Les poissons d'eau de mer boivent beaucoup (compensation des pertes d'eau) et éliminent les ions en excès grâce à des cellules spécialisées de leurs branchies. Les reptiles et les oiseaux marins s'en débarrassent par des glandes à sels (glandes nasales des tortues par exemple). •

Osmorégulation chez les poissons

En eau douce, l'eau tend à pénétrer dans le milieu intérieur sous l'effet de la pression osmotique et les ions tendent à sortir par diffusion. Pour maintenir le volume et la teneur en ions de son milieu intérieur (osmorégulation), le poisson d'eau douce (6) rejette une urine abondante et diluée, il ne boit pas et absorbe des ions par ses branchies. En eau de mer, le phénomène s'inverse et le poisson marin (7) boit beaucoup mais ne rejette pas d'urine, il élimine des ions par ses branchies.

6. Poisson d'eau douce. Échanges d'eau et de sels minéraux (ions).

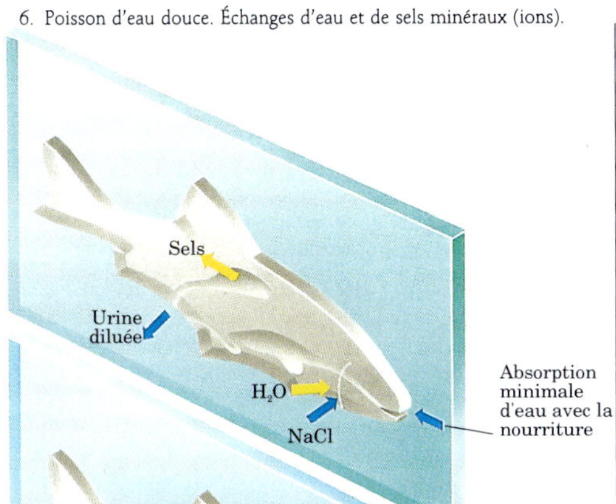

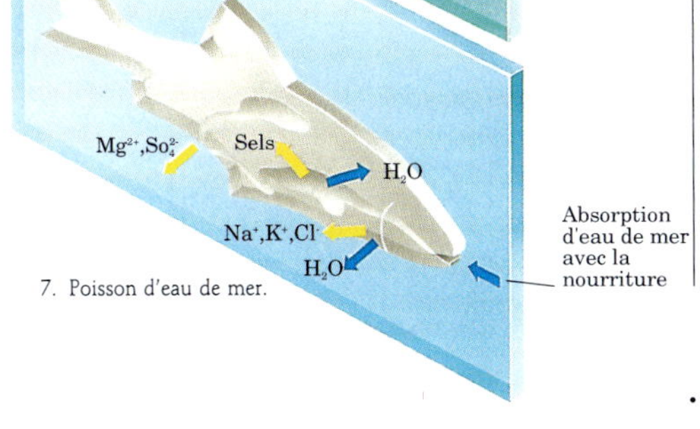

7. Poisson d'eau de mer.

Physiologie rénale

Les mammifères possèdent une paire d'organes excréteurs, les reins, dont l'unité fonctionnelle est le néphron (8). De la région proximale à la région distale, on reconnaît plusieurs parties : la capsule de Bowmann, le tube contourné et le tube droit proximal, l'anse de Henle, le tube droit et le tube contourné distal qui rejoint le tube collecteur de Bellini. Chaque rein (9) comprend un cortex qui contient tous les glomérules et une médulla, plus profonde, qui contient les anses de Henle et les canaux collecteurs. Ceux-ci se déversent dans le bassinet, d'où l'urine gagne l'uretère puis la vessie.

9. Coupe longitudinale de rein.

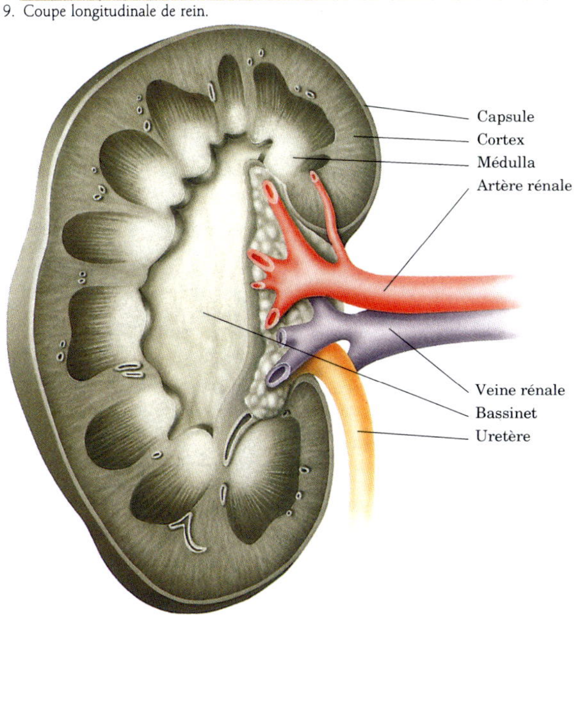

Le système circulatoire

CONTENANT LE PLASMA SANguin, fraction circulante du milieu intérieur, et les cellules du sang, le système circulatoire est un ensemble de tuyaux conducteurs, les vaisseaux, connectés à une pompe, le cœur, qui assure la circulation. Le système circulatoire est dit fermé quand il contient du sang toujours séparé de la lymphe par la paroi d'un vaisseau sanguin : c'est le cas chez les vertébrés et certains invertébrés (annélides et mollusques céphalopodes). Quand le système circulatoire est ouvert, il n'y a pas de véritable différence entre le sang et la lymphe : on parle d'hémolymphe. Après un parcours bref dans des vaisseaux sanguins issus du cœur, l'hémolymphe se répand dans les lacunes sans paroi propre présentes dans les organes ; un système de drainage ramène alors le liquide au cœur. Le type ouvert est celui de la plupart des invertébrés (insectes et mollusques gastropodes en particulier). On le considère comme primitif, car il ne permet pas un contrôle très perfectionné des mouvements du sang, ni de la nature et de la quantité des substances échangées avec la lymphe par les parois des vaisseaux. Cependant, il présente certains avantages : il permet la turgescence des organes (par exemple le gonflement du pied d'un escargot qui sort de sa coquille) et s'accommode plus facilement d'une certaine variation du volume des liquides internes de l'animal. Seul le cas des systèmes circulatoires fermés sera développé ici. Ces systèmes (du type humain) sont beaucoup mieux connus sur le plan physiologique.

Le cœur est la partie la plus active du système circulatoire : par ses contractions, il met le sang en mouvement et l'envoie dans les artères. Le système artériel est dit à haute pression : le sang s'y trouve sous une pression, produite par l'activité cardiaque, qui doit rester suffisante pour le conduire dans les fins vaisseaux capillaires où ont lieu les échanges avec les tissus. Le sang est ensuite repris par des veinules qui se réunissent en donnant des veines de diamètre croissant ; les plus grosses conduisent le sang au cœur. Le système veineux, soumis à de faibles pressions, contient l'essentiel du volume sanguin.

La circulation est dite simple quand le sang effectue un circuit qui le fait passer une seule fois au cœur : cœur/organes respiratoires/organes divers/cœur. Chez les vertébrés terrestres, la circulation est double : le sang accomplit le trajet cœur/organes respiratoires/cœur/organes divers/cœur. Cette double circulation a l'avantage de remettre le sang sous pression avant de l'envoyer vers les organes. Dans les groupes les plus évolués (mammifères, oiseaux), les deux flux sanguins sont totalement séparés. Le sang envoyé vers les organes récupère la chaleur dégagée par le cœur alors qu'il s'était refroidi dans les poumons au contact de l'air. Ce mécanisme favorise la thermorégulation.

Le sang et ses fonctions

LES MULTIPLES FONCTIONS DU SANG PEUVENT ÊTRE GROUPÉES EN DEUX THÈMES : PROTECTION DE L'ORGANISME (COAGULATION, SYSTÈME IMMUNITAIRE) ET TRANSPORT DE SUSBTANCE – ET DE CHALEUR – D'UN ORGANE À L'AUTRE.

Le sang des vertébrés est un ensemble complexe, véritable tissu liquide. Chez l'homme, il représente un volume d'environ 5 litres. Il est constitué pour 45 % de cellules et pour 55 % d'un liquide extracellulaire : le plasma.

Les cellules sanguines se répartissent en trois catégories. Les plus nombreuses sont les hématies (ou globules rouges) : environ 5 millions par mm^3 de sang. Viennent ensuite les plaquettes (ou thrombocytes) : de 100 000 à 300 000 par mm^3, puis les globules blancs (ou leucocytes) : de 5 000 à 10 000 par mm^3. La principale fonction des leucocytes concerne les défenses immunitaires. Les plaquettes, ainsi que quelques constituants solubles du plasma, assurent la coagulation. Cette fonction de préservation limite la perte de sang en cas de blessure.

Les autres fonctions du sang sont des fonctions de transport. La circulation sanguine assure le transport des gaz respiratoires. Le gaz carbonique (CO_2) est principalement transporté sous forme d'ions HCO_3^- dissous dans le plasma, mais également liés à des protéines du sang (notamment l'hémoglobine). L'oxygène est transporté fixé à l'hémoglobine des globules rouges. Les hématies sont spécialisées dans ce transport : elles contiennent une solution d'hémoglobine qu'elles protègent contre l'élimination rénale et à qui elles fournissent un environnement favorable. Les hormones sont transportées par le sang, soit directement si elles sont solubles dans l'eau (insuline par exemple), soit, plus couramment, fixées à des protéines spécialisées (c'est le cas des hormones stéroïdes, comme les hormones sexuelles). Les déchets sont déversés par les cellules dans le sang d'où ils peuvent être puisés par des cellules spécialisées, chargées de les recycler avant qu'ils ne soient conduits aux organes qui les éliminent : les cellules musculaires, par exemple, produisent des déchets azotés (composés NH_3) évacués dans le sang. Les cellules du foie les utilisent pour fabriquer l'urée, qui est éliminée par le rein avec les urines.

Le sang répartit dans le corps les nutriments issus de la digestion ou ceux qui sont libérés par les organes de stockage (foie, tissu adipeux, tissu musculaire) pendant les périodes de jeûne. La chaleur circule aussi dans l'organisme grâce au sang. Elle est prélevée dans les organes les plus producteurs de chaleur (cœur, foie, muscles au travail) et permet de maintenir la température du reste de l'organisme. Quand elle est produite en excès (à l'occasion d'un exercice violent, par exemple), elle peut être conduite vers la peau (vasodilatation périphérique) ou évacuée par évaporation de la sueur.

Le sang est donc essentiel au fonctionnement coordonné et cohérent des organes, en permettant entre eux des échanges de substances, d'informations (hormones) et de chaleur. Ces fonctions décrites chez l'être humain, se retrouvent chez les autres animaux sous une forme qui peut être moins élaborée. •

Évolution du cœur chez les vertébrés

Le cœur des poissons (1) est un tube courbé en S, cloisonné transversalement par des valvules et dont certaines parties sont contractiles. Il envoie le sang vers les branchies et de là aux organes. Sa structure est parfaitement adaptée à la vie en milieu aquatique. Le cœur des amphibiens (2) montre un début de cloisonnement longitudinal (deux oreillettes) qui permet une double circulation, en rapport avec la conquête du milieu aérien et l'apparition de la respiration pulmonaire. Chez les mammifères (3), le cloisonnement est complet (deux oreillettes, deux ventricules). On distingue un cœur gauche et un cœur droit ; les deux circulations sont totalement séparées. Les oiseaux montrent un perfectionnement comparable, réalisé par des dispositifs anatomiques légèrement différents.

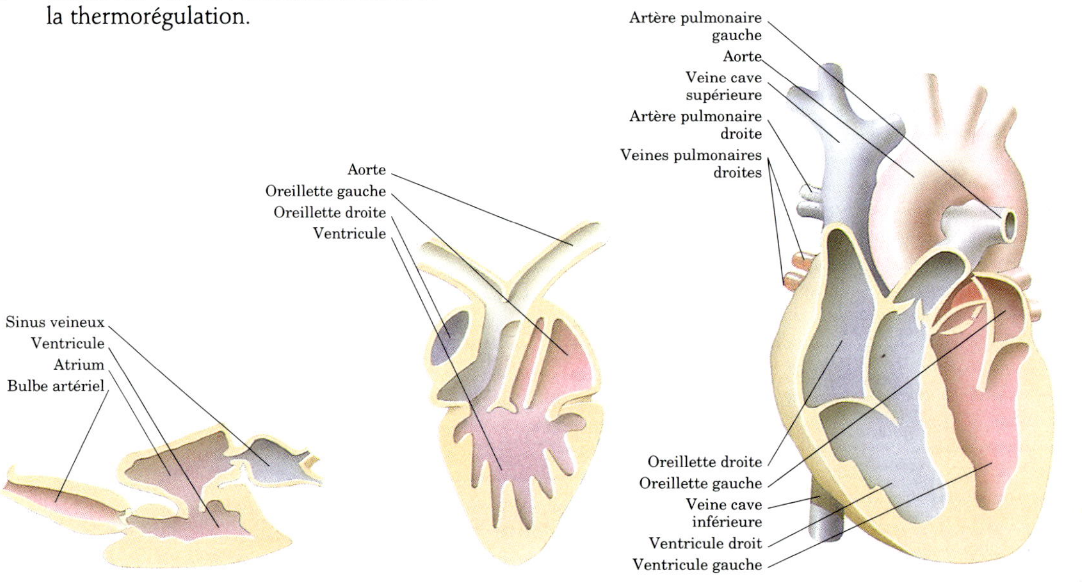

1. Cœur de poisson téléostéen. 2. Cœur de grenouille. 3. Cœur humain.

La pompe cardiaque

LE CŒUR MET LE SANG EN MOUVEMENT DANS LES VAISSEAUX, SON AUTOMATISME EST MODULÉ SUIVANT LES BESOINS DE L'ORGANISME. IL SE PERFECTIONNE AU COURS DE L'ÉVOLUTION, NOTAMMENT CHEZ LES VERTÉBRÉS.

Chez les invertébrés, le cœur est formé par une simple région contractile d'un vaisseau sanguin, souvent pourvue de valvules qui imposent un sens de circulation au sang (cœur des insectes). Dans certaines espèces, il y a plusieurs régions contractiles dans l'appareil circulatoire. Il existe notamment plusieurs paires de cœurs latéraux chez le lombric, ainsi qu'un cœur principal et deux cœurs branchiaux chez la seiche.

Le cœur des vertébrés présente une intéressante évolution depuis les poissons jusqu'aux mammifères et aux oiseaux, en rapport avec la conquête du milieu aérien, l'augmentation de l'activité de l'animal et l'apparition de la thermorégulation. Chez les poissons, le cœur est formé par un tube coudé en S où l'on distingue (dans le sens de circulation du sang) : un sinus veineux, qui reçoit le sang des veines caves ; une oreillette ; un ventricule ; un bulbe artériel, d'où partent les troncs aortiques en direction des branchies. L'acquisition de la respiration pulmonaire (liée à la conquête du milieu aérien) s'accompagne chez les amphibiens de l'apparition d'une double circulation et donc d'un cloisonnement du cœur : deux oreillettes, mais un seul ventricule. Chez les oiseaux et les mammifères, le cloisonnement est complet (il y a deux ventricules) et le muscle cardiaque devient plus puissant : cela permet une circulation efficace, indispensable à une vie active et utile à la thermorégulation (bonne récupération de la chaleur produite par le cœur lors de ses contractions).

Le cœur des mammifères est le mieux connu du point de vue physiologique. C'est une pompe foulante (qui crée par sa contraction, ou systole, une surpression qui chasse le sang) et aspirante (qui se remplit quand il se décontracte – diastole – en aspirant passivement le sang grâce à ses propriétés élastiques). Le muscle cardiaque, ou myocarde, n'est pas un muscle ordinaire, les propriétés de ses cellules le rendent non tétanisable (il ne peut pas se bloquer en position contractée). Comme de nombreux tissus, il ne peut fonctionner que s'il est bien oxygéné. Une mauvaise oxygénation localisée, due par exemple à l'obstruction d'un vaisseau coronaire qui irrigue le cœur, provoque un infarctus du myocarde.

Le cœur fonctionne de manière automatique. Certaines de ses cellules, qui ont conservé un aspect embryonnaire, constituent le tissu nodal, siège de l'automatisme concentré en zones privilégiées (nœud sinusal de Keith et Flack, nœud auriculaire d'Aschoff-Tawara et faisceau septal de His). Le cœur n'est pourtant pas indépendant du reste de l'organisme : le système nerveux, certaines hormones comme l'adrénaline peuvent, selon les besoins, moduler le rythme de ses contractions ainsi que leur puissance. Par exemple, lors d'un exercice violent, le débit cardiaque est très augmenté. Cette adaptation du système circulatoire répond aux besoins accrus des cellules en oxygène. •

4. Organisation de la circulation chez les mammifères.

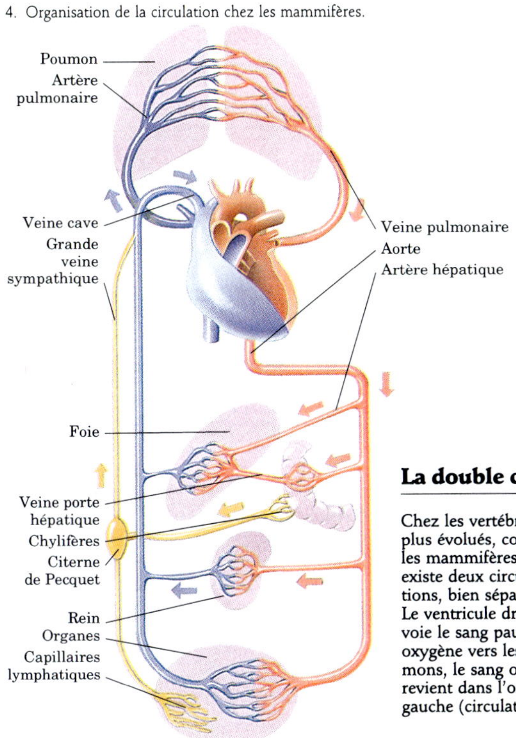

La double circulation

Chez les vertébrés les plus évolués, comme les mammifères, il existe deux circulations, bien séparées (4). Le ventricule droit envoie le sang pauvre en oxygène vers les poumons, le sang oxygéné revient dans l'oreillette gauche (circulation pulmonaire), puis le ventricule gauche propulse le sang vers les différents organes par l'aorte. Après avoir oxygéné les organes, il revient, appauvri en oxygène, vers l'oreillette droite, d'où il gagne le ventricule droit.

5. Hématies circulant dans des capillaires.

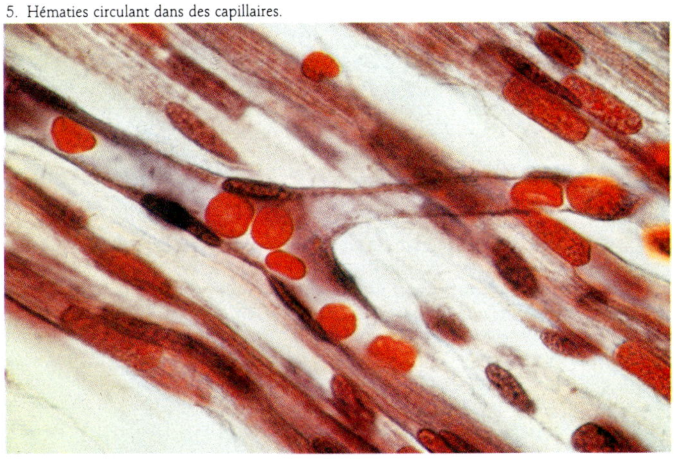

La circulation dans les capillaires

Les capillaires sanguins (5) ont un diamètre comparable à celui des globules rouges qui y circulent. Pour parcourir les capillaires les plus fins, les hématies doivent cependant se déformer.

La circulation capillaire

FINS COMME DES CHEVEUX, LES CAPILLAIRES SONT LES VAISSEAUX SANGUINS OÙ SE PRODUISENT LES ÉCHANGES ENTRE LA LYMPHE ET LE PLASMA.

Les capillaires représentent les plus fines subdivisions de l'appareil circulatoire. Ils sont le lieu d'échange de gaz respiratoires, d'eau et de substances diverses (sels minéraux, nutriments, déchets, hormones...) entre les tissus et le sang. Leur paroi très mince est seulement constituée d'une couche de cellules très aplaties (l'endothélium) et d'une lame basale. Les échanges se font facilement, soit par les petits espaces séparant les cellules, soit grâce aux processus de la perméabilité cellulaire, au travers des cellules endothéliales.

La grande ramification du système artériel favorise les échanges : les capillaires sont très nombreux et présentent donc une grande surface de contact avec les tissus malgré leur petit diamètre. Si on faisait la somme des sections des capillaires, la section totale dit « lit capillaire » serait, chez l'homme, de l'ordre de $3\ 000\ cm^2$; la différence par rapport à celle de l'aorte (environ $3\ cm^2$) produit un ralentissement important du flux sanguin : cela allonge le temps de « contact » sang/tissu. Le faible diamètre du capillaire, comparable à celui des globules rouges, lui permet de résister à la déchirure sous l'effet de la pression du sang (pour des raisons physiques expliquées par les lois de la tension superficielle).

Les échanges transcapillaires sont différents suivant l'organe concerné et dépendent des structures de l'endothélium. Dans le cerveau, des jonctions étanches entre les cellules endothéliales interdisent tout passage par les espaces extracellulaires vers le liquide céphalorachidien. C'est pourquoi les drogues sont toutes liposolubles ; elles peuvent ainsi traverser la membrane plasmique essentiellement lipidique des cellules endothéliales. À l'opposé, dans le foie, les parois des capillaires sont formées de cellules bien séparées les unes des autres, sans lame basale, permettant un passage facile du sang. De la sorte, le foie déverse dans le plasma de nombreuses protéines qu'il fabrique et participe à la destruction des vieux globules rouges. Dans le rein, les capillaires fenestrés, de structure intermédiaire, permettent la filtration du plasma et la formation de l'urine primitive. •

L'irrigation des organes

CHAQUE ORGANE EST IRRIGUÉ SUIVANT SES BESOINS ; UNE IRRIGATION VARIABLE PEUT RÉPONDRE À DES BESOINS VARIABLES.

Dans ses grandes lignes, la circulation se déroule dans tous les organes grâce aux mêmes structures et mécanismes. Cela permet de résoudre les problèmes communs à tous les organes. Dans le détail, structures et mécanismes circulatoires répondent de façon particulière aux problèmes spécifiques posés dans certains organes et/ou dans certaines situations physiologiques.

L'une des fonctions du foie consiste à assurer la constance de la glycémie (concentration plasmatique de glucose). Entre les repas, lorsque la glycémie tend à baisser, le foie libère du glucose dans le sang ; après les repas, il en prélève et le stocke sous forme de glycogène. La vascularisation du foie est adaptée à sa fonction : la veine porte y conduit le sang provenant de l'intestin (où il s'est éventuellement chargé de glucose). Le foie peut ainsi stocker le glucose en excès, avant qu'il ne se soit répandu dans l'organisme.

La circulation cutanée est organisée pour que l'organisme, suivant ses besoins, puisse activer un flux sanguin très superficiel (la peau est plus rouge) ou privilégier une circulation profonde. Ce dispositif participe à la thermorégulation. Dans le premier cas, la chaleur en excès peut être éliminée : dans le second, la chaleur est conservée.

Une vue d'ensemble des débits circulatoires dans différents territoires du corps au repos et lors d'un effort musculaire important permet d'apprécier l'ampleur des variations. Dans ces données, recueillies chez l'homme par Chapman et Mitchell, le premier chiffre indique le débit au repos, le second le débit lors d'un effort, les valeurs sont exprimées en millimètre cubes par minute : cerveau = 750/750 ; cœur = 250/750 ; muscles = 1 200/12 500 ; peau = 500/1 900 ; rein = 1 100/600 ; abdomen = 1 400/600 ; autres = 600/400. Il apparaît une distinction entre les organes impliqués dans l'activité musculaire, dont le flux sanguin augmente, et ceux qui ne participent pas à l'exercice, dont le flux sanguin tend à diminuer lors de l'effort. L'irrigation du cerveau est constante quelles que soient les circonstances. •

→ **Voir aussi :** Le milieu intérieur, **BIOL**, p. 148-149. La respiration des animaux, **BIOL**, p. 152-153. Le cœur, **MED**, p. 240-241.

La respiration des animaux

Pour produire l'énergie qui leur est nécessaire, les cellules animales et végétales ont besoin d'oxygène. Elles l'utilisent dans des réactions biochimiques qui aboutissent notamment à la formation de gaz carbonique, rejeté à l'extérieur. Cet échange gazeux constitue la respiration.

Si l'organisme est très petit, les gaz diffusent efficacement entre chaque cellule et le milieu. Mais, dès qu'il dépasse quelques millimètres de diamètre, l'animal doit disposer d'un système de transport des gaz jusqu'aux cellules : ce système est le plus souvent le sang. Les gaz diffusent à travers une surface d'échange, qui peut être simplement la surface du corps de l'animal (respiration tégumentaire), ou bien un organe spécialisé (branchie, poumon, système trachéen). Chaque type d'organe respiratoire est adapté à un milieu de vie particulier : la branchie au milieu aquatique, le poumon et les trachées au milieu aérien. Un système efficace de circulation du sang, pour assurer de bons échanges et un bon renouvellement du milieu extérieur au contact de la surface d'échange (ventilation) sont nécessaires. L'organe d'échange doit présenter une grande surface et posséder une paroi mince, toujours humide. L'oxygène étant très peu soluble dans l'eau, son transport dans le sang est effectué par un pigment transporteur (l'hémoglobine chez les vertébrés).

Les besoins respiratoires d'un animal varient suivant son activité. Des dispositifs physiologiques permettent de répondre à ces besoins, par exemple, lors d'un effort (augmentation du rythme respiratoire et du débit cardiaque).

Les poumons

LA VENTILATION DE L'AIR PERMET UNE MEILLEURE DIFFUSION À TRAVERS LA SURFACE D'ÉCHANGE DES POUMONS.

Le poumon représente une invagination du milieu extérieur dans l'animal. Cette situation le préserve de la déshydratation et facilite l'humidification de son l'épithélium qui, protégé des agressions mécaniques du milieu, peut être très mince.

La surface d'échange à l'intérieur du poumon augmente au cours de l'évolution : les poumons des amphibiens sont de simples sacs transparents dont la surface d'échange n'est pas grande (ce que compense l'existence d'une respiration cutanée complémentaire). Les poumons des vertébrés terrestres plus évolués présentent des replis, qui augmentent ainsi cette surface. Chez les mammifères, le poumon est divisé en alvéoles groupées en sacs alvéolaires ; un système très ramifié de bronches et bronchioles conduit l'air jusqu'aux lieux d'échange. Le tissu pulmonaire, de type parenchymateux, peut être comparé à une éponge, sa surface d'échange est très grande. Certains invertébrés possèdent des poumons, de structure en général très simple, où le renouvellement de l'air est assuré de manière passive (par diffusion). C'est le cas de l'escargot.

Chez les vertébrés, il existe en général un système de ventilation. La grenouille, par exemple, crée une surpression dans la cavité buccale qui chasse l'air dans le poumon (ventilation par pression positive). Chez les mammifères, une dépression créée dans le poumon par la dilatation de la cage thoracique, sous l'action des muscles intercostaux et du diaphragme, provoque l'entrée d'air (ventilation par pression négative). Chez les oiseaux, la ventilation est réalisée par des sacs aériens contractiles qui mettent l'air en mouvement dans des tubes (poumon de type tubulaire).

La vitesse de ventilation pulmonaire varie selon les besoins. Le contrôle du rythme respiratoire chez les mammifères est assuré par les centres nerveux du bulbe rachidien grâce aux informations qu'ils reçoivent sur la composition chimique du sang : le fonctionnement du poumon est réglé de façon à maintenir convenables les concentrations sanguines en oxygène et en gaz carbonique. •

Les surfaces respiratoires

CES SURFACES À TRAVERS LESQUELLES S'EFFECTUENT L'ABSORPTION D'OXYGÈNE ET LE REJET DE GAZ CARBONIQUE DOIVENT, POUR ÊTRE EFFICACES, SATISFAIRE PLUSIEURS CRITÈRES.

La respiration est un échange d'oxygène et de gaz carbonique. L'échange s'opère par diffusion de ces gaz au travers d'une paroi, l'épithélium respiratoire. Par conséquent, cette fonction biologique est soumise aux lois physico-chimiques de la diffusion. La vitesse de diffusion V d'un gaz au travers d'une paroi est donnée par la relation

$$V = \frac{K \cdot A \cdot \Delta C}{E}.$$

La vitesse de diffusion sera d'autant plus rapide que la surface d'échange (A) sera grande, la différence de concentration des gaz de chaque côté de la paroi (ΔC) importante, et l'épaisseur de l'épithélium respiratoire (E) faible. Le cœfficient K dépend de la nature de la paroi (il est plus important pour un épithélium humide) et de celle du gaz qui diffuse (il est plus important pour le gaz carbonique que pour l'oxygène).

Pour fonctionner de manière efficace, un épithélium respiratoire doit donc présenter les caractéristiques suivantes : grande surface, humidité, faible épaisseur, bonne ventilation (pour maintenir constante la différence de concentration des gaz entre le milieu extérieur et le milieu intérieur) et une irrigation sanguine convenable. Suivant que l'animal respire dans l'air ou dans l'eau, les contraintes imposées par les lois de la diffusion se présentent différemment. L'air est un milieu peu dense (qui peut donc être mis en mouvement sans dépenser beaucoup d'énergie) et riche en oxygène (il suffit d'un faible volume pour en apporter une bonne quantité) ; par contre, il est pauvre en eau, ce qui pose le problème de l'hydratation de l'épithélium respiratoire. Le milieu aquatique est plus dense (donc plus difficile à mettre en mouvement) et pauvre en oxygène (ce qui nécessite une ventilation active) ; le problème de l'hydratation de l'épithélium n'y existe évidemment pas et la forte poussée d'Archimède permet le déploiement d'organes respiratoires fragiles et souples. Chez les animaux de très petite taille (protozoaires et certains vers), les gaz diffusent directement entre le milieu et les cellules de l'animal. Dès que la taille de l'animal devient supérieure à quelques millimètres, il faut un système de transport des gaz élaboré ; le sang assure le plus souvent ce transport. L'organe d'échange peut être le tégument de l'animal (par exemple chez le lombric et chez la grenouille pour une partie des échanges). Cette solution – si elle est utilisée seule – ne permet pas une vie très active car la surface ne peut pas être mince sans se trouver fragilisée. De plus, elle n'est possible que dans les milieux aquatiques ou très humides facilitant les échanges. La branchie est un organe d'échanges représentant une expansion spécialisée du tégument bien adaptée à la respiration en milieu aquatique. Le poumon est au contraire une invagination de la surface du corps à l'intérieur de l'animal : c'est l'organe le plus fréquent en milieu aérien. Dans les branchies et les poumons, à la différence du tégument, la surface d'échange peut s'accroître de manière importante par ramification et replis. Dans le système trachéen des insectes, des tuyaux, les trachées, conduisent l'air directement de l'extérieur vers chaque cellule de l'animal. Ce système ne nécessite ni surface spécialisée d'échange ni milieu liquide de transport des gaz qui circulent pour partie par ventilation (réalisée par les mouvements du corps de l'animal), mais aussi par simple diffusion rendue possible grâce à la grande vitesse de diffusion des gaz dans l'air : cet appareil est essentiellement adapté au milieu aérien. •

Les branchies

LES BRANCHIES SONT DES EXPANSIONS RAMIFIÉES OÙ S'EFFECTUENT LES ÉCHANGES GAZEUX ENTRE L'EAU ET LE MILIEU INTÉRIEUR.

À l'inverse du poumon, la branchie représente une expansion dans l'environnement de l'animal. Cet organe se rencontre chez un grand nombre d'invertébrés (annélides, mollusques, crustacés, limules, etc.) et de vertébrés aquatiques (poissons, larves d'amphibiens).

Leurs ramifications confèrent aux branchies une grande surface d'échange, indispensable dans l'eau, milieu pauvre en oxygène, et leur épithélium très mince facilite la diffusion des gaz. Si les parties principales des branchies possèdent souvent une armature squelettique (arcs brachiaux osseux des poissons téléostéens, par exemple), les parties les plus ramifiées flottent librement dans l'eau grâce à la poussée d'Archimède. Lorsque l'animal sort de l'eau, ces fines divisions s'agglomèrent sous leur propre poids en une masse infonctionnelle interdisant la vie en milieu aérien. Leur situation externe ainsi que la finesse de leurs divisions en font des organes très fragiles. Elles sont souvent protégées des agressions mécaniques du milieu externe par un dispositif anatomique : coquille et manteau chez les mollusques (dont les branchies sont enfermées dans la cavité palléale), carapace des crustacés ou encore opercules des poissons.

Le mouvement de l'eau est réalisé par des mécanismes différents suivant les groupes zoologiques : cils couvrant les branchies de la moule, mouvement du scaphognathite (une partie spécialisée de l'un des appendices) chez l'écrevisse, mouvement du plancher buccal et des opercules chez les poissons. Parfois, cette « ventilation » est simplement assurée par le déplacement de l'animal dans l'eau : beaucoup d'espèces de requins doivent nager constamment, la bouche ouverte ; immobiles, ils s'asphyxient. Toutes les branchies possèdent un système circulatoire développé qui permet la prise en charge de l'oxygène et le transport du gaz carbonique à évacuer. Dans les systèmes les plus perfectionnés (notamment chez les poissons), la circulation sanguine est croisée par rapport à la circulation de l'eau, c'est-à-dire que les deux flux sont en sens inverse. Un tel système permet à l'animal une bien meilleure exploitation de l'oxygène dissous. •

L'adaptation au milieu

LA PHYSIOLOGIE DU SYSTÈME RESPIRATOIRE S'EST ADAPTÉE, CHEZ LES ESPÈCES ANIMALES, EN FONCTION DE LEURS MODES DE VIE ET DES CONDITIONS PARTICULIÈRES À CHAQUE MILIEU.

Chez les animaux aériens, la nécessité de maintenir humide l'épithélium respiratoire entraîne des pertes d'eau pour l'organisme, car celle-ci s'évapore en permanence. Ce phénomène est particulièrement gênant chez les animaux des déserts pour qui l'approvisionnement en eau pose problème. Le dromadaire possède des fosses nasales de structure complexe et tapissées d'un épithélium spécial qui permet une récupération de l'eau contenue dans l'air expiré. Le rat-kangourou, quant à lui, passe la journée dans son terrier : il respire alors un air saturé d'humidité. Au cours de son activité nocturne, hors de son terrier, il respire un air refroidi dont l'humidité relative est plus forte que durant la journée ; de plus, ses longues fosses nasales lui permettent de refroidir l'air expiré et de récupérer l'eau dont elles provoquent ainsi la condensation.

Bien que la respiration pulmonaire soit adaptée au milieu aérien, on la trouve aussi chez des animaux (reptiles, oiseaux, mammifères) retournés secondairement au milieu aquatique. Ils respirent l'air à la surface mais des problèmes se posent pendant les périodes de plongée. Les mammifères marins, par exemple, peuvent plonger profondément (on a trouvé une baleine coincée sous un câble transatlantique à 1 134 m de profondeur) et pendant une longue durée (le phoque de Weddell plonge pendant une heure jusqu'à 600 m de profondeur). Leur physiologie leur permet d'éviter deux dangers : celui d'une embolie liée à la formation de bulles de gaz (essentiellement de l'azote) dans le sang au moment de la remontée, et celui d'un manque d'oxygène en plongée, pouvant endommager tout particulièrement certains organes comme le cerveau. Les adaptations physiologiques se réalisent à plusieurs niveaux : les poumons sont en général vides pendant la plongée (ce qui évite les risques de dissolution de l'azote et d'embolie par formation de bulles d'azote dans le sang) ; un stockage important d'oxygène est réalisé dans le sang (grâce à un grand nombre d'hématies contenant une très forte concentration d'hémoglobine) et dans les muscles (grâce à une concentration élevée en myoglobine) ; le cœur ralentit nettement en cours de plongée et le flux sanguin est détourné vers les organes qui ne peuvent pas se passer d'oxygène : alors que le débit sanguin total diminue, il reste constant dans le cerveau, aux dépens d'organes moins sensibles au manque d'oxygène comme le foie et le pancréas. Après le retour à la surface, l'animal reconstitue ses stocks d'oxygène. Chez quelques reptiles plongeurs, l'utilisation de surfaces non spécialisées pour réaliser l'échange gazeux (la peau, l'épithélium buccal) peut permettre une certaine compensation à l'interruption de la respiration aérienne.

La vie en altitude pose aussi des problèmes d'oxygénation. Par rapport au niveau de la mer, la disponibilité en oxygène est réduite d'environ un tiers à 3 000 m, de la moitié à 5 000 m, de deux tiers à 9 000 m. Lorsque l'organisme humain se trouve en haute altitude, il réagit dans un premier temps en augmentant ses rythmes respiratoire et cardiaque. Des phénomènes physiologiques à long terme prennent le relais au bout de quelques jours. L'augmentation du nombre de globules rouges du sang augmente la capacité de transport de l'oxygène dans l'organisme, et la modification de la composition chimique de l'intérieur du globule rouge (la concentration en acide diphosphoglycérique augmente) facilite la libération de l'oxygène dans les tissus.

Au cours du développement, chez beaucoup d'animaux, des changements de modes de respiration se produisent : lors de la métamorphose, la respiration de la grenouille, de branchiale devient pulmonaire. À ce titre, rappelons qu'au moment de la naissance le nouveau-né humain commence brutalement à respirer grâce à ses poumons, alors que ses échanges gazeux étaient assurés jusque-là par le placenta maternel. •

→ **Voir aussi :** Les systèmes fonctionnels, **BIOL**, p. 134-135. Le système circulatoire, **BIOL**, p. 150-151. L'appareil respiratoire. Structure et fonction, **MÉD**, p. 288-289.

Des fonctions complémentaires

Chez les grenouilles et les crapauds adultes, la respiration pulmonaire et la respiration cutanée coexistent (1). Chacune réalise une partie des échanges respiratoires : le gaz carbonique, plus diffusible que l'oxygène, est plus facilement évacué au travers de la peau, alors que les poumons assurent l'essentiel de l'approvisionnement en oxygène. En hiver, la ventilation pulmonaire diminue (2) et la respiration, extrêmement réduite, est presque uniquement cutanée.

1. Échanges gazeux de la peau et des poumons à différentes températures chez le crapaud *Bufo americanus* (d'après Hutchison).

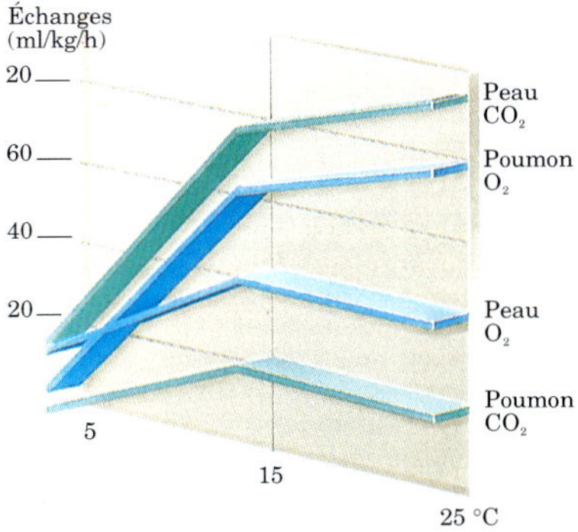

2. Variations annuelles de la prise d'oxygène par la peau et les poumons chez la grenouille *(Rana)* [d'après Dolk et Postma].

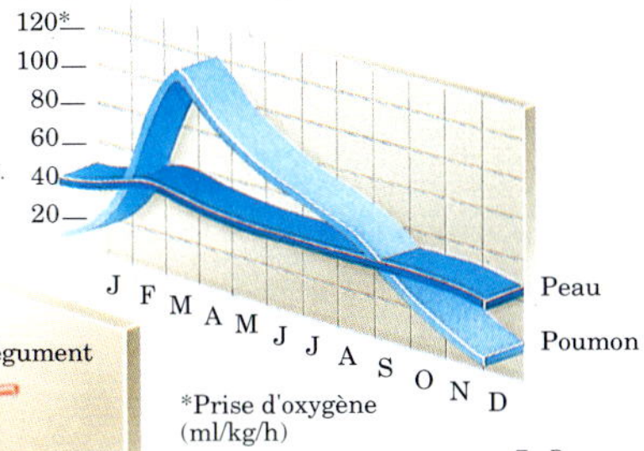

3. Respiration tégumentaire.

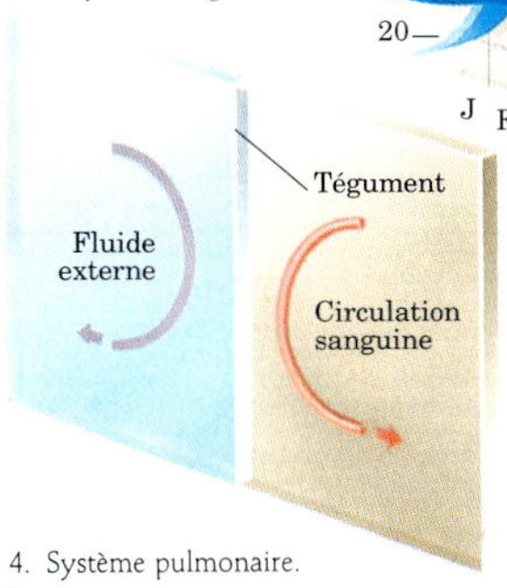

4. Système pulmonaire.

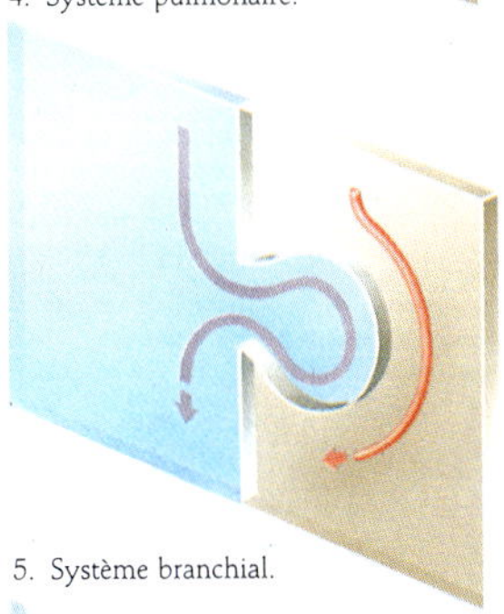

5. Système branchial.

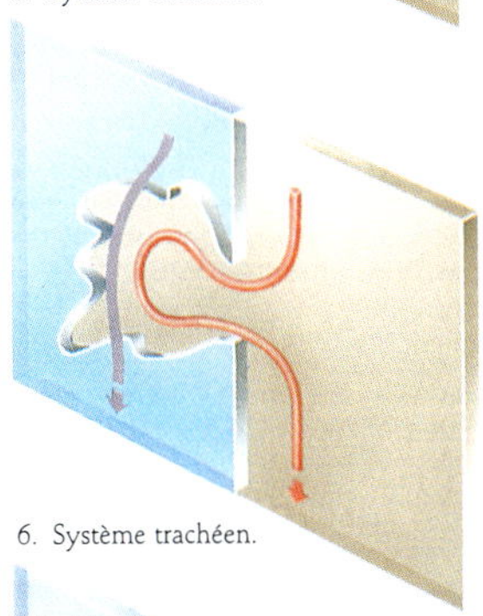

6. Système trachéen.

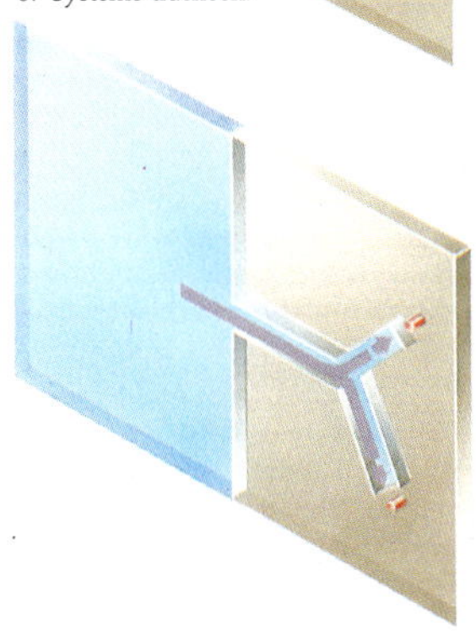

Circulation des fluides

Dans la respiration tégumentaire (3), la surface du corps de l'animal constitue la surface d'échange des gaz respiratoires. Un poumon (4) représente une invagination de la surface du corps de l'animal alors qu'une branchie (5) en est une expansion dans le milieu extérieur. Dans ces trois cas, il existe deux mouvements de fluides : celui du milieu extérieur (ventilation ou mouvement d'eau) et celui du milieu intérieur (circulation sanguine). Dans la respiration par trachées (6) des insectes, il n'existe pas de surface d'échange spécialisée, l'air est conduit directement par un système de tuyaux jusqu'au contact des cellules.

7. Poumons de grenouille.

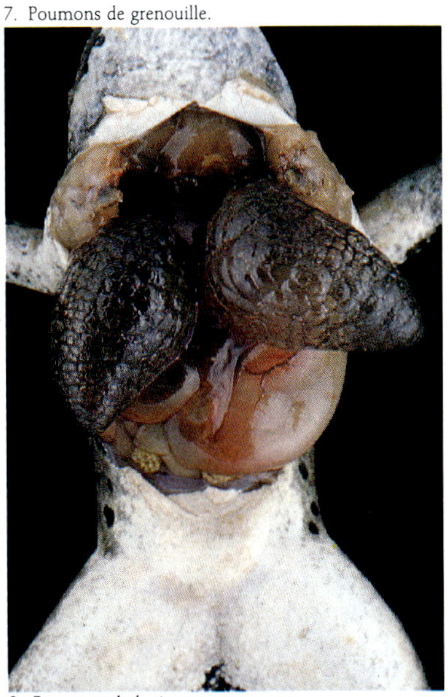

8. Poumons de lapin.

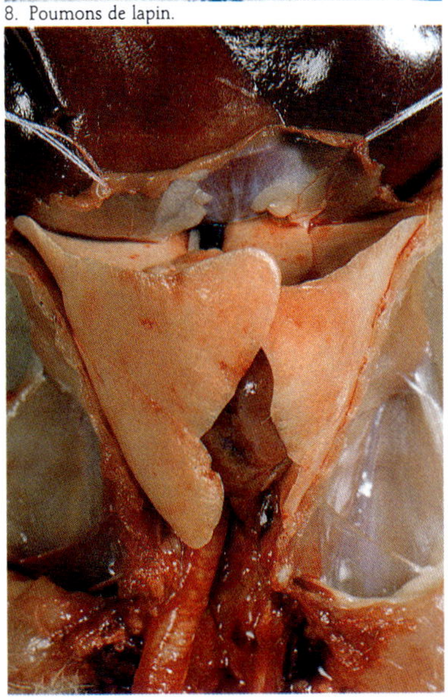

9. Parenchyme pulmonaire de mammifère.

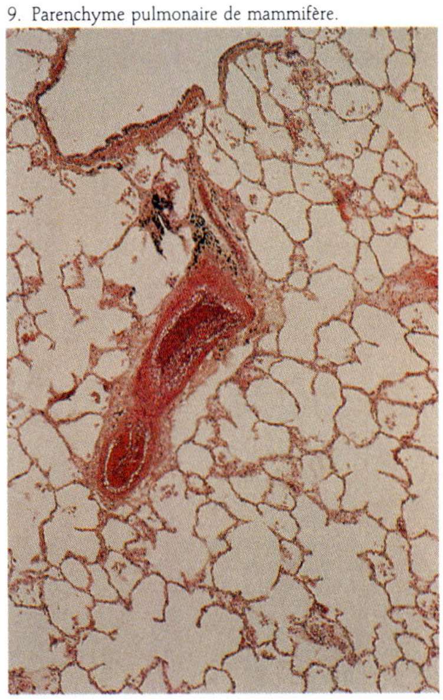

Les alvéoles pulmonaires

Si les poumons des amphibiens (7) sont de simples sacs aux parois très fines, ceux des mammifères (8) apparaissent, par contre, plus compacts. Une coupe microscopique (9) montre qu'ils sont formés de petites cavités, les alvéoles, dont les parois, riches en capillaires sanguins, sont le lieu des échanges respiratoires. Cette subdivision en alvéoles augmente grandement la surface respiratoire totale.

Le système nerveux des invertébrés

L'EXISTENCE DU SYSTÈME nerveux est liée à celle de cellules spécialisées, les neurones. Ces cellules possèdent la double propriété d'excitabilité et de conductibilité. Il leur est possible de recueillir les informations en provenance de l'environnement ou issues d'autres neurones, et de les transmettre sous une forme codée, le signal nerveux. L'analyse de ce signal est également réalisée par des neurones qui programment une réponse, par exemple un acte moteur. Ce schéma dit « sensori-moteur » se complique au cours de l'évolution animale. Dans sa forme la plus simple (réflexe), il met en œuvre un nombre limité de neurones, mais l'évolution du système nerveux se traduit par la constitution de groupements de plus en plus importants de neurones. Ces groupements constituent les centres nerveux, où se réalisent des formes élaborées d'intégration des informations.

Chez les vertébrés, ces centres se regroupent dans l'encéphale, prolongé par la moelle épinière. Les invertébrés présentent d'autres formes d'organisation nerveuse pouvant atteindre un niveau élevé de complexité. Chez eux, les étapes évolutives se caractérisent par une organisation en réseau, puis par la mise en place de cordons, enfin par la constitution de ganglions qui peuvent se regrouper en une masse nerveuse principale. La convergence d'influx d'origines diverses sur quelques cellules réunies de façon privilégiée constitue l'amorce d'un centre nerveux de traitement des données et d'élaboration des réponses, dont le fonctionnement se caractérise principalement par la comparaison, l'amplification et le filtrage des informations.

Les cnidaires

LA PRÉSENCE D'UN ENSEMBLE DE CELLULES ORGANISÉES EN RÉSEAU TRADUIT DE MANIÈRE INDISCUTABLE L'EXISTENCE D'UN SYSTÈME NERVEUX DANS CE GROUPE PRIMITIF.

La première expression d'un système nerveux organisé s'observe chez les représentants de l'embranchement des cnidaires (comprenant les hydres, les méduses et les anémones de mer). Ces animaux sont formés de deux feuillets de cellules, l'ectoderme et l'endoderme, séparés par une gelée (appelée aussi mésoglée). Les cnidaires illustrent ainsi l'état « diploblastique » (à deux feuillets) des premiers groupes de métazoaires.

Dans la mésoglée sont dispersées des cellules, au niveau desquelles on peut mettre nettement en évidence les propriétés caractéristiques des cellules nerveuses. Ces cellules s'agencent en un réseau, grâce à des contacts « axo-axonique » (c'est-à-dire des synapses d'axone à axone). Ce dispositif de circuits neuroniques primitifs permet à l'hydre d'eau douce de déformer de façon coordonnée sa cavité gastro-vasculaire, de mouvoir efficacement sa couronne de tentacules et de se déplacer sur son substrat à la façon d'un arpenteur. C'est chez les méduses que ce système nerveux est le plus perfectionné, puisqu'on y observe tout au long de l'ombrelle un véritable anneau nerveux sur lequel se propage périodiquement un influx nerveux. On constate par la même occasion que la mise en place d'un tel dispositif s'accompagne de l'apparition de récepteurs sensoriels spécifiques, comme les rhopalies (statocystes), qui traduisent la position de l'animal. •

Un cnidaire, la méduse

Cette trachyméduse (1) a la forme typique d'une cloche dont le battant constitue le manubrium (qui porte la bouche) et le corps l'ombrelle (que garnissent latéralement des tentacules, ici au nombre de quatre). Un diaphragme, ou velum, fortement musclé, réduit l'ouverture de la cavité sous-ombrellaire. Un influx nerveux intermittent parcourt l'anneau périombrellaire, provoquant la contraction des éléments musculaires du velum et de l'ombrelle. Au cours de chaque contraction, l'eau de la cavité sous-ombrellaire est chassée énergiquement ; ce phénomène a pour effet de faire progresser la méduse par petits bonds saccadés.

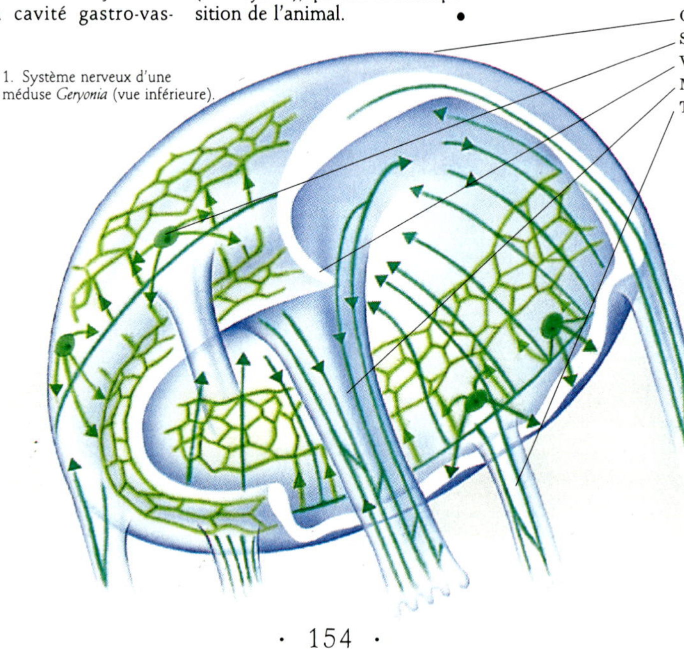

1. Système nerveux d'une méduse *Geryonia* (vue inférieure).

Vers plats et vers annelés

LE SYSTÈME NERVEUX SE DIFFÉRENCIE DE L'AVANT VERS L'ARRIÈRE CHEZ LES PLANAIRES ET SE SEGMENTE (MÉTAMÉRISATION) CHEZ LES ANNÉLIDES.

L'évolution du système nerveux est liée à celle des aptitudes locomotrices et sensorielles. Avec les formes non parasites de vers plats ou plathelminthes (comme la planaire), l'évolution du système nerveux va de pair avec l'acquisition de la mobilité. L'animal se déplace pour détecter et prendre sa nourriture, surtout s'il est prédateur. Le déplacement se fait en privilégiant une région du corps que l'animal oriente vers l'avant ; avec cette différenciation antéro-postérieure, une symétrie plane se met en place (le plan de symétrie est vertical et contient l'axe de déplacement). On comprend aisément que les organes des sens se regroupent dans cette région antérieure qui oriente le déplacement. Les neurones liés aux organes des sens deviennent alors plus nombreux : c'est ainsi que s'individualise une tête (céphalisation) qui abrite une masse nerveuse (abusivement appelée « cerveau »). Un tel processus est très net dans le cas de la planaire, chez qui il existe des ganglions « cérébraux » antérieurs, d'où partent vers l'arrière quatre paires de cordons nerveux parallèles et réunis transversalement par des éléments commissuraux. C'est à partir de ce plan structural dit orthogonal que s'organise le système nerveux de presque tous les autres invertébrés. Dans les réseaux et les cordons, les neurones sont surtout de type multipolaire (leur corps cellulaire présente plusieurs prolongements dendritiques), mais dans les ganglions « cérébraux » apparaissent des neurones unipolaires. Dans la masse ganglionnaire, on peut également reconnaître, au centre, des zones de neuropiles (c'est-à-dire des regroupements d'articulations synaptiques), puis un anneau de faisceaux de fibres axoniques, entouré par les corps cellulaires (ou péricaryons). Il y a donc à la fois concentration des neurones et répartition dans l'espace de leurs divers constituants. Les cordons nerveux ne sont pas l'équivalent de « nerfs », car on y trouve des cellules entières (les nerfs ne contiennent que des prolongements cellulaires). À ce titre, chaque cordon nerveux apparaît plutôt comme l'équivalent de la moelle épinière des vertébrés.

Tous les invertébrés plus évolués que les vers plats sont métamérisés, c'est-à-dire organisés longitudinalement de façon répétitive (segmentation) autour de paires de « sacs » d'origine embryonnaire (les sacs cœlomiques), qui se succèdent régulièrement le long du corps (du moins chez les formes les plus simples). On prend habituellement comme exemple type de cette organisation métamérique le groupe des vers annelés (ou annélides), et plus particulièrement ceux dont le corps s'orne de soies et de dispositifs locomoteurs efficaces, les polychètes errants. Leur bouche est située en position antérieure, au niveau de la tête (alors qu'elle

Les éponges ont-elles un système nerveux ?

Les spongiaires fournissent l'exemple le plus primitif d'organisation animale pluricellulaire. Les éponges sont fixées au substrat et leurs mouvements sont réduits à la contraction générale du corps et de l'orifice (oscule) de leur cavité générale (atrium).

Pour de nombreux zoologistes, les éponges ne possèdent pas de système nerveux, aucune coordination fonctionnelle n'ayant été mise en évidence dans ce groupe ; on ne leur connaît pas, non plus, d'organes sensoriels définis.

En revanche, certains chercheurs (les Français M. Pavans de Ceccaty et O. Tuzet) ont réussi à mettre en évidence, par des techniques de coloration appropriées, quelques cellules qu'ils reconnaissent comme des neurones. Organisées sous la forme d'un réseau très lâche, ces cellules seraient le support d'une activité nerveuse élémentaire.

s'ouvre ventralement chez les planaires). Un collier nerveux « œsophagien » entoure la partie antérieure du tube digestif et réunit la masse nerveuse céphalique, dorsale (on parle alors de ganglions « cérébroïdes »), aux éléments nerveux situés dans la partie ventrale du corps. Des quatre paires de cordons postérieurs présents chez la planaire, seuls les cordons ventraux persistent en prenant par ailleurs de l'importance. Une chaîne nerveuse se constitue, formée, dans chaque métamère, par la condensation des neurones en une paire de ganglions réunis transversalement par des fibres commissurales et longitudinalement par des connectifs. De ces ganglions partent des nerfs groupant des prolongements sensitifs ou moteurs : ces nerfs sont analogues à ceux des vertébrés. La mise en place de la chaîne nerveuse ventrale vaut à ces animaux le qualificatif d'hyponeuriens (par opposition aux vertébrés, qui, avec un système nerveux central entièrement dorsal, sont des épineuriens). Le groupe des annélides comporte également des formes à motricité plus fruste (comme les vers de terre ou les sangsues) ou encore des formes fixées (polychètes sédentaires) ; dans ce dernier cas, le processus de céphalisation régresse, ainsi que tout l'équipement nerveux qui s'y rattachait. •

Les arthropodes

LES REGROUPEMENTS DE GANGLIONS (CÉRÉBROÏDES) ET LE DÉVELOPPEMENT DU PROTOCÉRÉBRON MARQUENT L'ÉVOLUTION DU SYSTÈME NERVEUX ET ENDOCRINIEN DES ARTHROPODES.

On retrouve à l'origine du système nerveux des arthropodes une disposition métamérique déjà mise en place chez les annélides. La tendance à la condensation y est cependant plus marquée : les ganglions fusionnent aussi bien dans le plan transversal (réduction ou disparition des commissures) que dans le plan longitudinal (disparition de certains connectifs). La trace de la métamérie persiste cependant au niveau des nerfs segmentaires issus de chaque ganglion.

Chez un insecte comme le criquet, les ganglions cérébroïdes qu'abrite la capsule céphalique résultent en réalité de la coalescence de trois paires de ganglions, respectivement appelés protocérébron, deutocérébron et tritocérébron. Il en va de même pour la masse nerveuse sous-œsophagienne, qui correspond à la fusion de trois paires de ganglions de la chaîne ventrale. Le protocérébron semble jouer un rôle prépondérant, en particulier à la hauteur des *corpora pedunculata,* structures latérales responsables d'un certain nombre de comportements complexes (ils sont, par exemple, très développés chez les insectes sociaux). La région centrale du protocérébron apparaît comme une zone d'activité motrice, en relation avec les ganglions de la chaîne ventrale. À cet égard, on a pu mettre en évidence des faisceaux de gros axones (20 à 60 micromètres de diamètre) qui assurent une conduction particulièrement rapide des influx.

Déjà présents chez les annélides, des mécanismes neuro-endocriniens s'amplifient et se diversifient chez les arthropodes. Le protocérébron du criquet abrite deux ensembles de cellules neurosécrétrices (la *pars intercerebralis* et la *pars lateralis*). Ces neurones modifiés sécrètent des hormones qui passent dans la circulation par l'intermédiaire d'organes « neurohémaux » dont les plus importants sont les *corpora cardiaca*. Il existe également des glandes endocrines, comme les *corpora allata.* Les hormones, sécrétées par ces différentes structures, régissent les principaux aspects de la vie de l'individu, comme le métabolisme, le contrôle hydrique, la mue, la métamorphose et le comportement sexuel. •

Un ver plat, la planaire

La vue dorsale schématique (2) montre la masse nerveuse céphalique (« cerveau ») et les cordons nerveux longitudinaux, réunis transversalement par des anneaux commissuraux (disposition orthogonale). La coupe transversale précise la localisation périphérique de ces cordons. La différenciation morphologique de ce système nerveux est le reflet d'une importante différenciation fonctionnelle. Chez la planaire, l'extirpation du « cerveau » arrête les mouvements et l'animal ne peut plus se nourrir, sauf si, par hasard, son pharynx rencontre une proie. Les ganglions céphaliques ont donc acquis, chez ces animaux, le contrôle de l'activité du système nerveux périphérique. Mais si on coupe en deux une planaire conduite à une réalisation bien précise, les individus nés de la régénération de chacune des deux moitiés montrent la même facilitation à reprendre l'apprentissage : le conditionnement ne se ferait donc pas au niveau des ganglions céphaliques, mais plutôt grâce à des neurones situés au sein des cordons.

2. Système nerveux d'une planaire (vue dorsale et coupe transversale).

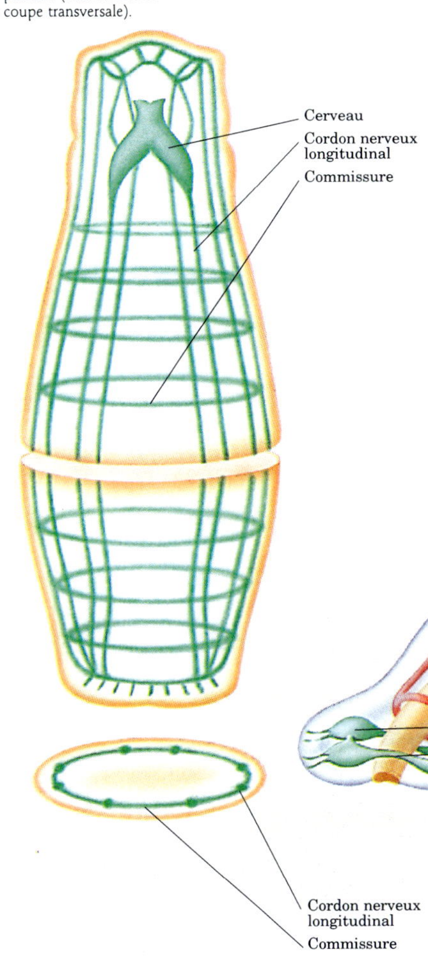

Les échinodermes : un cas particulier

La sédentarité ou la mobilité réduite s'accompagnent de la disparition de la tête (acéphalie). Les éléments nerveux se répartissent alors selon une symétrie axiale (ou rayonnée), comme chez les méduses.

On retrouve cette symétrie axiale sous une forme pentaradiée (à cinq rayons) chez les échinodermes (oursins et étoiles de mer, par exemple). Bien que ceux-ci soient proches des vertébrés, leur système nerveux est peu évolué et se présente sous la forme d'un plexus que parcourent quelques cordons plus denses. Les éléments nerveux se localisent dans le tégument (épithélioneuriens).

Les mollusques céphalopodes

LE SYSTÈME NERVEUX DES CÉPHALOPODES RIVALISE DE COMPLEXITÉ AVEC CELUI DES INSECTES SUPÉRIEURS ET PRÉSENTE D'INTÉRESSANTES CONVERGENCES AVEC LES VERTÉBRÉS.

Malgré une très grande diversité de formes, les mollusques montrent un plan d'organisation nerveuse commun. Trois paires de ganglions y jouent un rôle déterminant : les ganglions cérébroïdes, dorsaux, les ganglions pédieux, ventraux, et les ganglions pleuraux (ou palléaux), latéraux. De part et d'autre du corps de l'animal, ces trois paires de ganglions sont réunies par des connectifs qui réalisent la disposition dite « en triangle latéral ». Si les ganglions pleuraux restent indépendants l'un de l'autre (pas de commissure pleurale), ils sont reliés à des petits ganglions viscéraux postérieurs par deux connectifs qui s'unissent. Chez les lamellibranches, où l'état fixé s'accompagne d'une disparition de la région céphalique, la fusion des ganglions cérébroïdes et pleuraux ne permet plus de reconnaître le triangle latéral.

Chez les céphalopodes (poulpe, seiche, calmar), tous ces ganglions sont remarquablement volumineux, condensés vers l'avant autour de l'œsophage et protégés par une sorte de crâne cartilagineux. À ce « cerveau » sont reliés des nerfs sur lesquels s'individualisent de nombreux ganglions : les ganglions étoilés (ou en patte d'oie), intercalés sur le trajet des nerfs palléaux, comptent parmi les plus volumineux. Grâce à la haute différenciation de leurs centres nerveux (et de leurs organes sensoriels), les céphalopodes manifestent des particularités comportementales qui, chez les invertébrés, n'ont d'égales que celles des insectes supérieurs. Dans les ganglions cérébroïdes s'individualisent des centres nerveux associatifs qui forment le lobe vertical (analogue, semble-t-il, aux *corpora pedunculata* des insectes). Leur ablation n'entraîne apparemment aucune modification du comportement spontané de l'animal, mais elle entrave les possibilités d'apprentissage. Les neurophysiologistes, par ailleurs, connaissent bien les neurones géants (du calmar, par exemple), présents dans le cerveau et dans les ganglions étoilés ; ils permettent, par leur conduction rapide de l'influx (20 m/s), d'exécuter des mouvements dont la précision et la vitesse sont celles des vertébrés. Concernant l'apprentissage, le poulpe semble plus performant que la seiche : il peut apprendre, par réflexe conditionné, à distinguer des figures géométriques. Sa supériorité dans ce domaine s'explique peut-être par le fait que son cerveau contrôlerait plus étroitement les centres inférieurs. •

→ **Voir aussi :** Le système nerveux des vertébrés, **BIOL**, p. 156-157. Le neurone, **BIOL**, p. 170-171. Les réflexes, **BIOL**, p. 174-175.

3. Système nerveux d'une annélide (vue latérale).

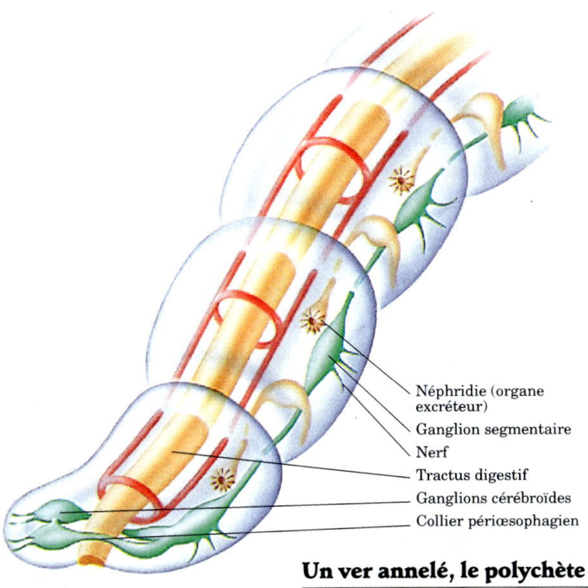

Un ver annelé, le polychète errant

Certaines annélides polychètes (à soies nombreuses) sont dites errantes : elles sont prédatrices et mobiles. Leur région céphalique abrite les ganglions cérébroïdes (3) reliés par un collier périœsophagien à la chaîne nerveuse ventrale. Lors de la locomotion, des réflexes, localisés ou mettant en jeu plusieurs segments, font agir les muscles des diverses parties du corps, de telle sorte que certains se contractent tandis que d'autres se relâchent.

Le système nerveux des vertébrés

LA CONCENTRATION DES neurones semble être l'expression de l'évolution du système nerveux. Au sein de ce système s'établissent des circuits dont le nombre, la diversité et la complexité déterminent les performances fonctionnelles de l'organisme.

Les vertébrés réalisent une structure nerveuse centrale, creuse, allongée et située dans la région dorsale du corps. Ils partagent avec les procordés (amphioxus, ascidies) ce caractère d'« épineuriens », mais chez eux la région antérieure de cet axe nerveux (ou névraxe) présente un développement privilégié, l'*encéphale,* dont les différents degrés d'évolution caractérisent les cinq grands groupes de l'embranchement des vertébrés. Des poissons aux mammifères, cet encéphale, subdivisé en cerveau, cervelet et tronc cérébral, prend une place croissante dans le crâne (encéphalisation). Chez les oiseaux et les mammifères, l'intérieur du crâne, l'endocrâne, se moule étroitement sur les contours externes de l'encéphale : les moulages de l'endocrâne donnent alors une représentation fidèle de la morphologie externe du cerveau des espèces disparues.

Primitivement lié surtout à l'olfaction, puis à la vision, l'encéphale s'enrichit progressivement d'apports nouveaux, se complique par ses connexions internes et s'impose sur le reste du système nerveux. La partie postérieure du névraxe, la *moelle épinière,* garde en revanche une organisation relativement simple. Elle est le siège d'activités élémentaires dites « réflexes ». Au cours de l'évolution des vertébrés, la moelle épinière s'enrichit d'un nombre croissant de fibres nerveuses à destination ou en provenance de l'encéphale. Par le biais de la moelle, l'encéphale reçoit en effet l'essentiel des informations de la somesthésie (sensibilité corporelle), de même qu'il exprime la plupart de ses commandes motrices.

Les fibres nerveuses, qui sont les prolongements des neurones de la moelle et de l'encéphale, forment la *substance blanche ;* les corps cellulaires des neurones, souvent groupés en « noyaux », forment la *substance grise.* À tous les niveaux subsiste une cavité centrale d'origine embryonnaire, contenant le liquide céphalorachidien, qui forme des ventricules dans l'encéphale et un canal (le canal de l'épendyme) dans la moelle épinière.

Les amphibiens : un modèle de base

UNE ORGANISATION SIMPLE, TYPIQUE DES VERTÉBRÉS, QUI SE COMPLIQUE DANS LES AUTRES CLASSES DE TÉTRAPODES.

Dans l'encéphale des amphibiens, la substance grise se localise autour de la cavité ventriculaire. L'analyse des groupements de corps cellulaires permet d'y reconnaître différentes structures fonctionnelles : le paléopallium (dorso-latéral) où se projettent les influx olfactifs, l'archipallium (dorso-médial), largement associé à la fonction olfactive, et deux autres ensembles, le septum (ventro-médial) et le striatum (ventro-latéral). Cette organisation « en manteau », fondamentalement archaïque, montre cependant ici le début du processus dit de « télencéphalisation ». Chez les amphibiens s'amorce le développement du télencéphale qui va progressivement donner à cette vésicule une prééminence sur les autres structures encéphaliques, en la faisant intervenir dans des fonctions autres que l'olfaction.

Le diencéphale regroupe, autour d'un mince ventricule, des structures dorsales (l'épithalamus ou habénula), latérales (le thalamus dorsal et le thalamus ventral) et ventrales (l'hypothalamus). Le thalamus dorsal reçoit des projections sensitives qu'il répercute sur les structures motrices que sont le striatum et le thalamus ventral. L'hypothalamus est, pour sa part, le centre supérieur de l'activité neurovégétative. Le mésencéphale montre un « toit » (ou tectum) formé des tubercules bijumeaux (ou lobes optiques) qui constituent un centre important de relais et de traitement des projections visuelles. Le tectum est aussi, chez les amphibiens, un lieu de projection et d'intégration de nombreux influx de la sensibilité générale, issus des différents niveaux de la moelle épinière. Le « plancher » du mésencéphale (ou tegmentum) abrite, pour sa part, un certain nombre de structures motrices, il en est de même pour la partie postérieure et ventrale de l'encéphale, la moelle allongée.

Enfin, le cervelet montre deux niveaux d'organisation : l'archéocervelet, que ses relations avec l'oreille interne font intervenir dans l'équilibration, et le paléocervelet, impliqué dans la proprioception (sensibilité musculaire, articulaire et osseuse) qui commence à s'affirmer chez les amphibiens. •

Le développement de l'encéphale

CHEZ L'EMBRYON DE VERTÉBRÉ, LE FUTUR TISSU NERVEUX FORME UN TUBE DONT LA PARTIE ANTÉRIEURE SE SUBDIVISE EN TROIS, PUIS CINQ VÉSICULES.

Issu du reploiement en gouttière d'une bande dorsale d'ectoderme (feuillet embryonnaire externe), le névraxe prend tout d'abord l'aspect d'un tube (tube neural), qui s'obture à ses deux extrémités. Le renflement de la région antérieure donne ensuite la vésicule encéphalique primitive, alors que le reste du tube (future moelle épinière) garde un calibre constant. La région antérieure évolue alors en mettant en place trois vésicules qui se succèdent de l'avant vers l'arrière (le prosencéphale, le mésencéphale et le rhombencéphale). L'étape suivante conduit à cinq vésicules : le télencéphale et le diencéphale (issus de la division du prosencéphale), le mésencéphale (qui ne se divise pas), le métencéphale et le myélencéphale (issus de la division du rhombencéphale). La vésicule encéphalique la plus antérieure, le télencéphale, est remarquable par des éléments pairs qui font saillie de chaque côté, les hémisphères cérébraux, creusés par les ventricules latéraux. Le diencéphale abrite un ventricule qui se prolonge dans le mésencéphale. Chez les mammifères, le ventricule mésencéphalique forme un étroit canal appelé aqueduc de Sylvius. La subdivision transversale de la vésicule rhombencéphalique n'affecte que la région dorsale, ou métencéphale ; le reste, le myélencéphale, s'organise autour d'une importante cavité, le quatrième ventricule, suivie par le canal de la moelle épinière (canal de l'épendyme). •

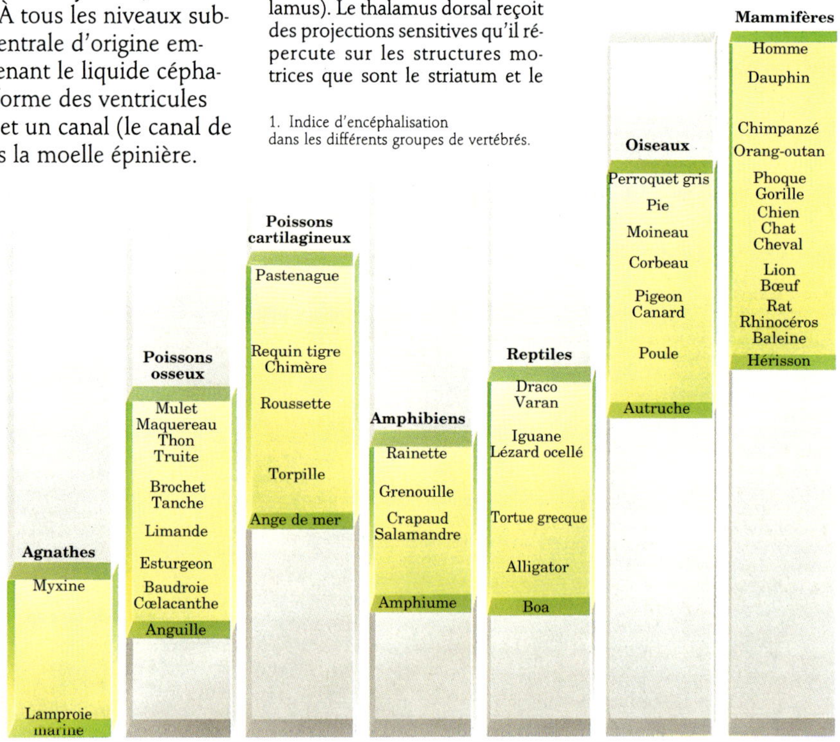

1. Indice d'encéphalisation dans les différents groupes de vertébrés.

L'encéphalisation

Le poids de l'encéphale a toujours retenu l'attention. On s'est efforcé d'y trouver un critère permettant de classer les espèces animales par référence à leur « intelligence ». Il est bien évident qu'un poids ne peut exprimer toute la complexité fonctionnelle du système nerveux, mais sa prise en considération dans des conditions bien précises autorise des comparaisons entre les grands groupes systématiques et entre les espèces. Le paramètre retenu ici (1) est l'indice d'encéphalisation, calculé à l'aide de la formule $E = k.S^{2/3}$, où E est le poids de l'encéphale et S celui de l'organisme. On prend comme référence l'indice 10 qui appartient au vertébré le moins encéphalisé (la lamproie) et on situe à l'intérieur des groupes le niveau de quelques espèces représentatives.

L'encéphale des reptiles

CHEZ LES REPTILES, LE DÉVELOPPEMENT DU TÉLENCÉPHALE S'AFFIRME ET CELUI DU CORTEX CÉRÉBRAL S'AMORCE.

L'encéphale des reptiles marque, par rapport aux amphibiens, un progrès décisif dans le sens de la télencéphalisation. L'augmentation relative du volume des hémisphères cérébraux s'accompagne, en revanche, d'une diminution de celui des tubercules bijumeaux, qui perdent un peu plus encore de l'importance qu'ils ont chez les poissons.

Les reptiles présentent une très grande diversité dans leur morphologie encéphalique en fonction des groupes observés (crocodiles, tortues, lézards et serpents) et des formes adaptatives qu'on peut y rencontrer : vie arboricole ou fouissseuse, bipédie, vol plané, etc. C'est surtout au niveau du télencéphale dorsal que les reptiles montrent des transformations, qui s'accentuent chez les mammifères. La migration des noyaux (groupements de cellules nerveuses) de la région dorsale vers une localisation en position intermédiaire (entre le ventricule et la périphérie) ou déjà franchement à la périphérie des hémisphères cérébraux conduit à un aspect et une organisation nouveaux, le cortex cérébral.

Le processus de corticalisation, encore incomplet chez les reptiles, doit être considéré comme un facteur important dans l'histoire évolutive de l'encéphale. Parallèlement à l'accroissement du volume des hémisphères cérébraux, deux structures corticales se mettent en place chez les reptiles : une médiodorsale et dorsale d'une part, l'archicortex, une dorso-latérale d'autre part, le paléocortex. Cette dernière reste une structure directement liée à l'olfaction (comme l'est le paléopallium des amphibiens). L'archicortex en revanche, tout en gardant encore une composante olfactive, est à l'origine d'une mémoire rudimentaire qui se perfectionnera avec son homologue chez les mammifères : l'hippocampe. On a cru voir dans la portion dorsale de cet archicortex reptilien une ébauche du néocortex des mammifères. Aucun résultat expérimental décisif n'est venu conforter cette hypothèse, qui repose surtout sur une identité de localisations. Certains auteurs reconnaissent d'ailleurs dans cet archicortex dorsal une structure spécifiquement reptilienne. •

L'encéphale des mammifères

LE NÉOCORTEX, AU DÉVELOPPEMENT CONSIDÉRABLE, RECOUVRE EN PARTIE L'ENCÉPHALE ET CONTRÔLE SES FONCTIONS.

Chez les mammifères, l'encéphale s'individualise par un accroissement des hémisphères cérébraux qui atteignent un volume très important. Par leur extension, ils recouvrent le diencéphale et, le plus souvent, le toit du mésencéphale (réduit à de discrets tubercules quadrijumeaux). Postérieurement, en revanche, on observe les hémisphères cérébelleux (du cervelet), dont le volume est en étroite relation avec celui des hémisphères cérébraux.

C'est à l'apparition et à l'accroissement du néocortex cérébral qu'il faut attribuer ce niveau exceptionnel de télencéphalisation. Le néocortex, structure corticale propre aux mammifères, provoque un bouleversement de l'organisation du télencéphale, comparé à celui des reptiles : il repousse l'archipallium (ou hippocampe) en position franchement médiane (chez l'homme, on le retrouve dans le tiers postérieur des hémisphères, en situation ventro-latérale) ; il donne au paléopallium (ou cortex piriforme) une localisation ventro-latérale, parfois même ventrale. Le développement du néocortex déforme également les ventricules latéraux et leur donne chez l'homme une forme « en corne de bélier ». Une puissante commissure transversale, le corps calleux, réunit les deux ensembles néocorticaux symétriques.

Fonctionnellement, le néocortex est le point de départ de voies motrices et le lieu de projection d'afférences sensitives (définissant ainsi les aires corticales). Le parcours des fibres motrices emprunte pour l'essentiel la voie dite « pyramidale », qu'on reconnaît à tous les niveaux encéphaliques (capsule interne, pédoncules cérébraux, pyramides bulbaires, puis faisceaux cortico-spinaux dans la moelle). D'autres fibres, issues du cortex mais aussi de structures sous-corticales, forment la voie dite « extrapyramidale », qui intervient dans la régulation des mouvements.

On retrouve dans le cervelet des mammifères les deux composantes déjà observées chez les amphibiens, l'archéocervelet et le paléocervelet. Il s'y adjoint un troisième élément, le néocervelet. Principalement représentée par des hémisphères cérébelleux, cette structure est en relation avec le néocortex et intervient dans la régulation de certains mouvements (mouvements balistiques). Cette relation peut expliquer pourquoi ces hémisphères cérébelleux suivent dans leur extension celle du néocortex. •

Les poissons : un cerveau à l'envers

Chez les poissons osseux, les hémisphères cérébraux (télencéphale) ne contiennent pas de cavité, ou ventricule. Ce caractère les distingue des autres vertébrés, dont les hémisphères cérébraux sont des structures grossièrement tubulaires. Cette différence est d'origine embryonnaire. Les hémisphères cérébraux des amphibiens et des autres vertébrés tétrapodes se forment par expansion et repli vers le plan de symétrie, c'est-à-dire vers l'intérieur, de la vésicule embryonnaire (prosencéphale), formant ainsi deux hémisphères creux, contenant chacun un ventricule. Chez les poissons osseux, le développement du télencéphale se déroule en quelque sorte à l'envers : l'expansion se fait vers l'extérieur (éversion), conduisant à deux hémisphères cérébraux pleins, séparés par un ventricule unique.

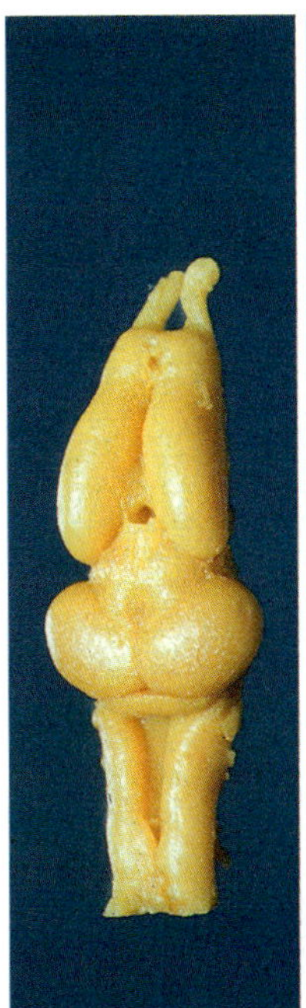

2. Encéphale de grenouille *(Rana temporaria)*, vue dorsale.

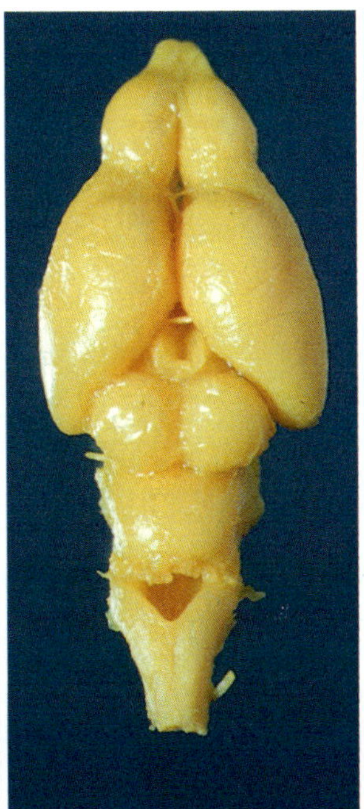

3. Encéphale de tortue *(Testudo græca)*, vue dorsale.

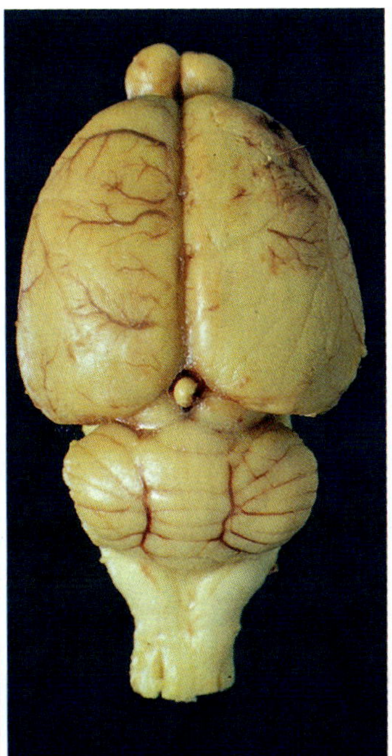

4. Encéphale de rat *(Rattus norvegicus)*, vue dorsale.

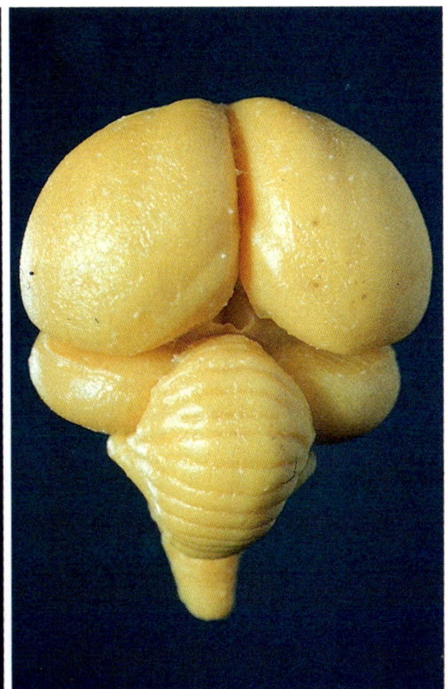

5. Encéphale de goéland *(Larus argentatus)*, vue dorsale.

Anatomie comparée de l'encéphale des vertébrés

La comparaison des encéphales de grenouille (2), de tortue (3) et de rat (4) montre, en vue dorsale, l'accroissement du volume des hémisphères cérébraux par rapport à l'ensemble de l'encéphale. Contrairement aux mammifères, la taille volumineuse des hémisphères cérébraux des oiseaux (5) n'est pas liée au développement du cortex, mais à celui de structures sous-corticales (striatum). Le volume des tubercules bijumeaux s'accorde avec l'importance de la vision chez les oiseaux, celui du cervelet s'explique par la nécessité d'évoluer dans un milieu à trois dimensions (on retrouve un développement comparable chez les poissons).

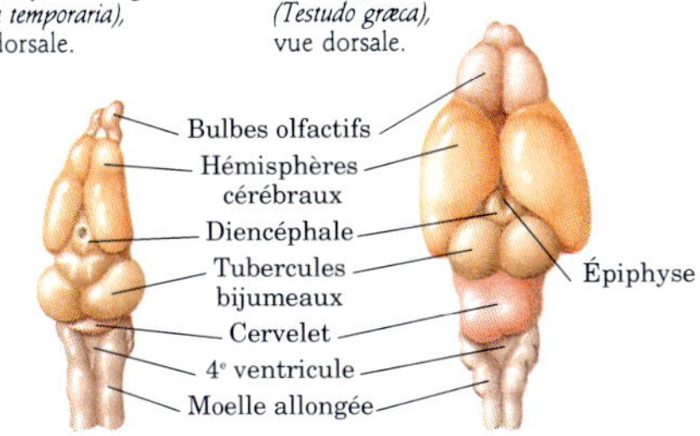

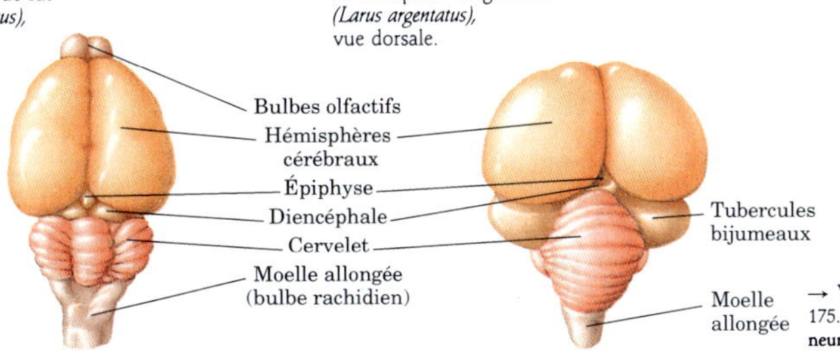

→ **Voir aussi :** Les réflexes, **BIOL**, p. 174-175. Les centres nerveux, **BIOL**, p. 176-177. La neurophysiologie, **BIOL**, p. 178-179.

La physiologie des régulations

L'ENVIRONNEMENT CONSTItue un milieu changeant nécessitant de la part des êtres vivants de continuels ajustements. Les variations de température, de composition chimique, de luminosité sont des exemples de ces modifications externes auxquelles les organismes s'adaptent par des mécanismes plus ou moins élaborés. Chez les êtres unicellulaires, les courtes distances à l'intérieur de leur micro-organisme permettent à l'information de circuler très facilement sous la forme d'une simple diffusion moléculaire. Par exemple, l'activité de nombreuses enzymes y est inhibée par le produit final de leur réaction, afin qu'aucune surproduction ne vienne perturber l'économie de la cellule.

Pour les êtres pluricellulaires, ce type de régulation moléculaire persiste à l'intérieur de chaque cellule, mais les fonctions physiologiques des différents organes doivent également être finement coordonnées afin de pouvoir travailler harmonieusement et répondre de façon cohérente aux variations externes. Deux systèmes ont évolué chez l'animal pour prendre en charge ces régulations physiologiques : le système nerveux et le système hormonal (également appelé système endocrinien). Toutes les fonctions sont assujetties au contrôle de ces deux systèmes qui, dans la plupart des cas, établissent des interrelations dont l'efficacité s'est accrue au cours de l'évolution. Il en est ainsi pour la régulation de la température. Seules les espèces les plus évoluées, oiseaux et mammifères, sont homéothermes, tandis que la thermorégulation encore rudimentaire des reptiles et des amphibiens les laisse soumis aux aléas thermiques du milieu.

Les fonctions physiologiques

CHAQUE FONCTION EST CONTRÔLÉE PAR LES SYSTÈMES DE RÉGULATION, QUI INTÈGRENT LES INFORMATIONS INTERNES ET EXTERNES À L'ORGANISME.

Toutes les fonctions physiologiques sont soumises à des régulations leur permettant d'adapter l'organisme aux variations du milieu extérieur et de travailler harmonieusement les unes avec les autres. Des informations, sous forme de signaux chimiques ou physiques, émanant du milieu extérieur et de l'organisme lui-même sont constamment captées par des récepteurs biologiques. Ces informations peuvent provoquer la modification, par voie nerveuse ou hormonale, d'une ou plusieurs fonctions. L'ensemble de ces fonctions est ainsi à la fois intégré et adaptable grâce aux systèmes de régulation.

Chez un mammifère prédateur, par exemple, la quête puis la consommation d'une proie mettent à contribution de nombreuses fonctions physiologiques interdépendantes. La proie est localisée et reconnue à partir des informations transmises au cerveau du prédateur par ses systèmes sensoriels. Le système nerveux commande les mouvements volontaires d'approche et d'attaque, mais également les sécrétions salivaires et gastriques ainsi que la libération dans le sang de l'adrénaline et de la noradrénaline par les glandes endocrines médullosurrénales. Ces deux hormones assurent une meilleure alimentation des muscles en permettant la libération des réserves énergétiques et en stimulant le muscle cardiaque et l'activité respiratoire. Au cours de l'effort de capture de la proie, l'augmentation de la pression sanguine, l'élévation de la concentration de gaz carbonique et la diminution de la concentration d'oxygène sont perçues par les barorécepteurs (récepteurs à la pression) et des chémorécepteurs (récepteurs chimiques) situés dans la paroi des vaisseaux sanguins, en particulier au niveau de la carotide. Tous ces récepteurs réagissent en stimulant par voie nerveuse l'activité respiratoire.

1. Le réflexe d'éjection du lait chez la femme.

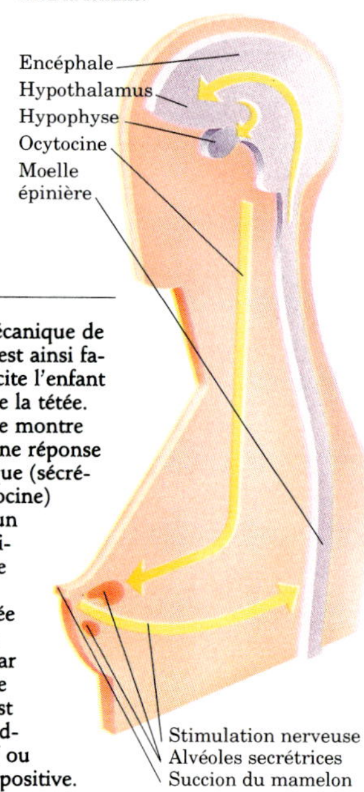

Les systèmes de régulation

LES TRANSFERTS D'INFORMATION, NÉCESSAIRES À TOUTE RÉGULATION, SONT RÉALISÉS PAR LE SYSTÈME NERVEUX, RAPIDE ET PRÉCIS, ET PAR LE SYSTÈME ENDOCRINIEN, DE DIFFUSION PLUS LARGE ET D'ACTION PLUS DURABLE.

Les systèmes nerveux et endocrinien (ou hormonal) assurent la régulation et la coordination des fonctions physiologiques des animaux. Ces deux systèmes, conçus pour recevoir et émettre des signaux, véhiculent l'information chez les animaux de façon plus ou moins élaborée.

Le système nerveux est spécialisé dans la transmission rapide de messages. Il est constitué de cellules particulières, les neurones, interconnectés entre eux par de longs prolongements cytoplasmiques. L'information circule à l'intérieur des neurones sous forme d'un courant électrique transmis d'une cellule à l'autre par l'intermédiaire d'un messager chimique (le neuromédiateur). Le message nerveux est ainsi véhiculé de proche en proche avec une très grande célérité jusqu'à l'organe cible, qui a la capacité de le recevoir et de l'interpréter.

Le système endocrinien est constitué d'un ensemble de cellules glandulaires qui libèrent des composés chimiques, les hormones, véhiculées par le sang jusqu'aux organes cibles. Ce mode de transport est plus lent que l'acheminement électrique utilisé par la voie nerveuse, mais permet une distribution de l'information beaucoup plus vaste au travers de l'organisme. De plus, les hormones sécrétées de façon permanente ou cyclique fournissent des messages plus durables pouvant contrôler des processus comme la croissance ou la fonction de reproduction.

Dans l'évolution animale, le système endocrinien apparaît plus tardivement que le système nerveux. L'existence de ce dernier est d'ailleurs douteuse chez les pluricellulaires les plus simples, les éponges. La mise en place du système endocrinien semble avoir été conditionnée par l'accroissement de la complexité et de la taille des organismes chez lesquels les messages, en raison de leur nombre et de la distance à parcourir, ne pouvaient plus être délivrés localement par voie nerveuse (la délivrance des messages à tous les organes cibles nécessitant un câblage nerveux trop important). Le sang permettant une large diffusion de l'information aurait donc commencé à servir de véhicule pour des médiateurs chimiques. Certains d'entre eux, tels que l'adrénaline ou la noradrénaline, sont utilisés à la fois par le système nerveux, en tant que neuromédiateurs, et par le système endocrinien, au niveau des glandes médullosurrénales, qui libèrent ces substances dans le sang en tant qu'hormones. Ces faits suggèrent que le système glandulaire endocrinien a pu en partie se différencier à partir de cellules d'origine nerveuse. L'existence de cellules neuroendocriniennes capables à la fois de faire circuler un message électrique et de libérer des hormones dans le sang montre le lien entre les deux systèmes de communication biologique. •

Feed-back positif

Au cours de l'allaitement (1), la succion du mamelon par l'enfant induit chez la mère une stimulation nerveuse réflexe, transmise au cerveau par l'intermédiaire de la moelle épinière. Des cellules neuro-endocriniennes de l'hypothalamus sécrètent alors une hormone, l'ocytocine, qui, véhiculée jusqu'au sein, induit la contraction des cellules myoépithéliales entourant les glandes mammaires. L'éjection du lait, peu importante sous le simple effet mécanique de la succion, est ainsi facilitée et incite l'enfant à poursuivre la tétée. Cet exemple montre comment une réponse physiologique (sécrétion d'ocytocine) peut avoir un effet amplificateur sur le signal qui l'a engendrée (succion du mamelon par l'enfant). Ce processus est celui du feed-back positif ou rétroaction positive.

2. Modèle de régulation de la glycémie.

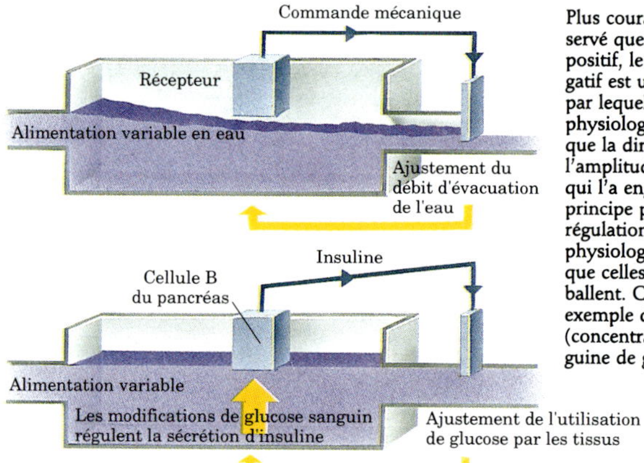

Feed-back négatif

Plus couramment observé que le feed-back positif, le feed-back négatif est un processus par lequel une réponse physiologique provoque la diminution de l'amplitude du signal qui l'a engendrée. Ce principe permet l'autorégulation des réponses physiologiques et évite que celles-ci ne s'emballent. C'est le cas par exemple de la glycémie (concentration sanguine de glucose). Un modèle hydraulique simple permet d'interpréter cette autorégulation (2). Lorsqu'elle augmente au moment des repas, la glycémie stimule les cellules du pancréas, sécrétrices d'insuline. Cette hormone, libérée dans le sang, permet le retour à une glycémie normale en favorisant l'entrée du glucose dans les cellules du foie, des muscles et du tissu graisseux.

L'ingestion de la proie capturée provoque l'ouverture du sphincter de l'estomac, stimule les contractions stomacales ainsi que le déversement du suc pancréatique et de la bile dans le duodénum. Ces deux sécrétions sont indispensables à la digestion du bol alimentaire, converti en nutriments simples qui peuvent alors traverser la muqueuse intestinale pour rejoindre le sang. L'élévation de la concentration sanguine du glucose active la sécrétion d'insuline par le pancréas, qui favorise l'utilisation des nutriments par les cellules. L'accumulation dans le rectum des déchets alimentaires non assimilés stimule, par l'intermédiaire de barorécepteurs, les contractions intestinales permettant la défécation.

L'élévation de la température causée par l'effort de capture et de digestion est enregistrée par les thermorécepteurs de l'hypothalamus (centre de régulation situé dans l'encéphale), de la peau et de la moelle épinière. Ces informations sont centralisées dans l'hypothalamus, qui les compare à une valeur consigne et déclenche une déperdition de chaleur en augmentant par voie nerveuse la circulation sanguine sous-cutanée et la sudation. La perte d'eau occasionnée par la sudation et l'activité respiratoire induit une hyperconcentration du milieu intérieur, enregistrée par des osmorécepteurs de l'hypothalamus. Ces derniers réagissent en activant par voie nerveuse le centre de la soif (localisé lui aussi dans l'hypothalamus) et en provoquant la libération de l'hormone antidiurétique, qui, véhiculée par le sang jusqu'au rein, permet d'y réduire l'excrétion de l'eau par les néphrons.

Cet enchaînement montre combien toutes les fonctions sont très étroitement corrélées et comment les conséquences physiologiques des unes peuvent servir de signal aux centres de régulation pour provoquer la modification des autres, soit par voie nerveuse, soit par voie hormonale. •

Quelques exemples de régulation

DE NOMBREUSES FONCTIONS PHYSIOLOGIQUES SONT RÉGULÉES À LA FOIS PAR LES SYSTÈMES NERVEUX ET ENDOCRINIEN. L'HYPOTHALAMUS JOUE UN RÔLE CAPITAL DANS L'INTÉGRATION DES DEUX SYSTÈMES.

Les stimuli en provenance du monde extérieur sont perçus par l'organisme grâce à ses systèmes sensoriels, puis intégrés et traités dans les centres nerveux, à partir desquels ils déclenchent des réponses nerveuses et hormonales adaptées. Les systèmes nerveux et endocrinien ne sont pas nettement séparés mais collaborent, au contraire, pour réguler l'ensemble des fonctions physiologiques.

Les glandes médullosurrénales, par exemple, libèrent dans le sang leurs deux hormones, l'adrénaline et la noradrénaline, sous l'effet d'une stimulation nerveuse déclenchée par une situation émotionnelle. Dans le pancréas, la sécrétion d'insuline est principalement régulée par la concentration sanguine de glucose, mais peut également être modulée par voie nerveuse. Les sécrétions de nombreuses glandes endocrines sont ainsi sous la dépendance plus ou moins directe du système nerveux.

Chez les vertébrés, la collaboration des deux systèmes de communication biologique est orchestrée au niveau de l'hypothalamus. Ce dernier, qui comporte des cellules neuro-endocriniennes, est situé à la base du cerveau et connecté avec les principales régions cérébrales, en particulier avec les aires sensorielles. En outre, l'hypothalamus est prolongé d'une glande protubérante, l'hypophyse, qui lui est totalement subordonnée. Lorsque les récepteurs thermiques de la peau, par exemple, enregistrent un abaissement de la température ambiante, ils réagissent en stimulant par voie nerveuse l'hypothalamus, qui déclenche par l'intermédiaire de substances médiatrices la sécrétion d'une hormone hypophysaire : la TSH (Thyroid Stimulating Hormone). Celle-ci, déversée dans le sang, stimule dans la glande thyroïde la sécrétion d'hormones dont le rôle est d'augmenter l'oxydation des nutriments dans les cellules afin de produire de la chaleur. Ces hormones thyroïdiennes ont un effet inhibiteur sur la sécrétion de TSH et modulent ainsi en retour (feed-back) les effets de la stimulation nerveuse en provenance des thermorécepteurs cutanés.

Le rôle joué par les odeurs dans la reproduction des mammifères fournit un autre exemple des interrelations neuro-endocriniennes. Des substances odorantes particulières (phéromones sexuelles) stimulent les récepteurs de la muqueuse nasale, qui produisent des signaux nerveux, véhiculés vers différentes zones du cerveau et en particulier vers l'hypothalamus. Les neurones hypothalamiques sécrètent alors des molécules qui engendrent la libération de deux hormones hypophysaires : FSH et LH. Ces dernières vont stimuler les organes génitaux afin qu'ils synthétisent leur propre hormone sexuelle (œstrogène chez la femelle et testostérone chez le mâle), dont le rôle est d'assurer la maturation des gamètes et le maintien des caractères sexuels secondaires. Chez certains rongeurs, les cycles ovariens des femelles sont ainsi véritablement régulés par l'odeur des mâles, assurant au groupe une meilleure fertilité. L'influence des stimuli olfactifs sur la reproduction humaine est moindre mais ne semble pas négligeable : des études indiquent que l'odeur de la sueur masculine régularise les menstruations de la femme et augmente la probabilité d'une ovulation au cours du cycle. Comme chez d'autres mammifères sociaux, les odeurs corporelles semblent également être à l'origine de la synchronisation des cycles menstruels dans les groupes constitués exclusivement de femmes (cela a été constaté dans des pensionnats, par exemple). •

→ **Voir aussi :** L'agression, **BIOL**, p. 160-161. La thermorégulation, **BIOL**, p. 162-163. Les centres nerveux, **BIOL**, p. 176-177. Les récepteurs sensoriels, **BIOL**, p. 180-181. La régulation hormonale du métabolisme, **MED**, p. 286-287.

3. Cellules neuro-endocriniennes de l'hypothalamus.

Les cellules neuro-endocriniennes

Ces cellules sont très répandues dans le monde animal. Chez les mammifères, elles sont rassemblées à la base du cerveau (diencéphale), dans l'hypothalamus. Leur double potentialité nerveuse et endocrinienne permet à l'hypothalamus de jouer un rôle capital dans l'intégration des deux systèmes de régulation.
Un groupement de ces cellules colorées artificiellement en jaune est visualisé par la microscopie électronique à balayage (3).

4, 5. Plie *(Pleuronectes platessa)*.

La régulation de la coloration

Certains animaux peuvent faire varier leurs couleurs en modifiant la répartition des pigments contenus dans leurs cellules cutanées. Chez la plie (ou carrelet) [4, 5], comme chez le caméléon, la luminosité réverbérée par l'environnement est perçue et stimule par voie nerveuse l'assombrissement ou l'éclaircissement de l'animal en fonction du fond sur lequel il se trouve. Ce phénomène a souvent une fonction de camouflage mais peut jouer chez le caméléon, par exemple, un rôle thermorégulateur, les couleurs sombres permettant une meilleure réception des infrarouges (chaleur). Des stimuli comportementaux, comme l'agressivité, peuvent également provoquer des modifications de coloration.

L'agression

EN BIOLOGIE, LE TERME d'agression ne recouvre pas seulement le fait d'une attaque engendrée par un agresseur, mais englobe dans son sens le plus large tout événement perturbant l'homéostasie (équilibre physiologique mais aussi psychologique) d'un individu. Une agression peut ainsi prendre la forme d'un choc thermique, d'une dénutrition, d'une situation de compétition sociale ou encore d'un trouble affectif, mais déclenche toujours chez l'organisme qui la subit un ensemble de réactions physiologiques stéréotypées que l'on regroupe couramment sous le nom de *stress.*

Le stress, qui concerne tous les animaux, a été bien étudié chez les vertébrés supérieurs, oiseaux et mammifères. Leurs réactions sont contrôlées par les systèmes nerveux et endocrinien. Deux molécules jouent un rôle fondamental : l'*adrénaline,* libérée par les terminaisons nerveuses sympathiques et les glandes médullosurrénales, et le *cortisol,* secrété par les glandes corticosurrénales. Ces deux médiateurs induisent principalement une augmentation de la tension artérielle et de la ventilation pulmonaire, une modification de la répartition du volume sanguin (tendant à favoriser les muscles au détriment des viscères) et une libération dans le sang de réserves énergétiques sous forme de glucides et de lipides. Les processus de réparation tels que la coagulation du sang et la cicatrisation d'une blessure sont alors facilités, et l'activité musculaire augmentée.

Grâce à ces mécanismes, les animaux soumis au stress voient s'accroître leurs potentialités physiques ainsi que leurs capacités d'apprentissage face aux situations nouvelles. Le stress apparaît donc nécessaire à l'adaptation et à la survie des animaux dans un environnement changeant et agressif. Cependant, ses effets physiologiques répétés peuvent à long terme avoir sur l'organisme des conséquences néfastes.

Bien que l'agression ne soit présentée ici que chez les animaux, on sait que les végétaux y font face. Certains arbres produisent des tanins rendant leurs feuilles impropres à la consommation s'ils sont attaqués par des herbivores. Ces réactions semblent être favorisées par des substances rappelant les phéromones animales.

Les différents types d'agression

LES ÊTRES VIVANTS SONT CONSTAMMENT SOUMIS AUX MODIFICATIONS PHYSIQUES, CHIMIQUES ET SOCIALES DE L'ENVIRONNEMENT.

Tout organisme vit en équilibre dans un milieu environnant instable dont les variations constituent pour lui de multiples sources d'agression. La chaleur, le froid, le bruit, la lumière, le manque d'eau, d'oxygène ou d'éléments nutritifs sont autant de perturbations physiques auxquelles se trouvent constamment confrontés les êtres vivants, des plus primitifs aux plus évolués. Des altérations biologiques plus ou moins graves telles qu'une brûlure, une blessure, une hémorragie ou une infection constituent également des agressions nécessitant la mise en œuvre de processus de réparation appropriés.

Chez les animaux, l'évolution du système nerveux est liée au développement de besoins, qui engendrent des situations de frustration, relevant du domaine de la psychologie. C'est ainsi qu'apparaissent des causes de stress psychosociaux telles que la promiscuité, la crainte de l'étranger ou la compétition pour un territoire ou pour un partenaire sexuel. Chez les espèces les plus évoluées, le développement des liens affectifs est également source d'importants troubles émotionnels auxquels s'ajoutent, chez l'homme, l'insatisfaction de besoins issus d'un système de valeurs culturelles spécifiques, comme la nécessité d'une reconnaissance individuelle. Le stress survient donc chaque fois que l'homéostasie de l'individu, qu'elle soit biologique, relationnelle ou affective, est menacée. •

Les réponses physiologiques

EN SITUATION D'AGRESSION, LES SYSTÈMES NERVEUX ET ENDOCRINIEN DÉCLENCHENT DES RÉPONSES CIRCULATOIRES, RESPIRATOIRES ET MÉTABOLIQUES ADAPTÉES À LA NATURE DE L'AGRESSION.

Les réactions physiologiques déclenchées par une agression mobilisent tous les systèmes fonctionnels de l'organisme et particulièrement le système circulatoire, la respiration, le métabolisme énergétique ainsi que le système immunitaire.

L'adrénaline, libérée localement par les terminaisons nerveuses du système sympathique (en tant que neuromédiateur) et de façon diffuse dans le sang par les glandes médullosurrénales (en tant qu'hormone), provoque une accélération du rythme cardiaque. L'élévation de la pression artérielle qui en résulte permet une meilleure irrigation des tissus. Par ailleurs, un rétrécissement du calibre (ou vasoconstriction) des vaisseaux sanguins alimentant les viscères, couplé à une vasodilatation dans le tissu musculaire, permet d'acheminer préférentiellement le sang vers les muscles. Ces modifications vasomotrices résultent de l'action simultanée de l'adrénaline et du cortisol, ce dernier étant secrété par les glandes corticosurrénales sous l'action stimulatrice d'une hormone hypophysaire : l'hormone adrénocorticotrope, ou ACTH.

Au niveau du système respiratoire, le stress entraîne une meilleure oxygénation des tissus grâce à une augmentation de la ventilation pulmonaire. Cette augmentation est due à la stimulation des muscles respiratoires et à la dilatation des bronches sous l'effet de l'adrénaline, acheminée par voie nerveuse et endocrinienne.

En situation d'agression, le métabolisme énergétique est également considérablement modifié. En effet, le cortisol et l'adrénaline, en stimulant la dégradation des stocks de glycogène (polymère de glucose) du foie et des muscles, et celle des stocks de triglycérides du tissu adipeux, provoquent une augmentation des concentrations sanguines de glucides et de lipides, constituant une source de combustibles utilisables par les tissus. Le cortisol stimule également le catabolisme protéique (dégradation des protéines) de façon à libérer les acides aminés nécessaires à la réparation des lésions en cas de blessure. L'hormone de croissance, secrétée par l'hypophyse, renforce les effets du cortisol sur le métabolisme énergétique et favorise la réparation tissulaire en stimulant l'incorporation des acides aminés pour la synthèse de protéines dans les tissus. Quant à l'hormone antidiurétique, également d'origine hypophysaire, elle permet une rétention d'eau par le rein, pour limiter les pertes hydriques en cas d'hémorragie. L'adrénaline participe également à cette prévention en favorisant la coagulation du sang, tandis que le cortisol réduit la réponse inflammatoire en inhibant la perméabilité vasculaire, la phagocytose et la production d'anticorps. Cet effet du cortisol est utilisé en médecine pour combattre l'allergie.

Enfin, l'adrénaline stimule l'activité musculaire et nerveuse, favorisant ainsi la réactivité et l'apprentissage chez les individus soumis à une agression. •

Physiologie du stress

L'agression est perçue par des récepteurs externes (présents dans les organes sensoriels) ou internes (chémorécepteurs pour les variations de composés chimiques, barorécepteurs pour les variations de pressions, etc.) qui en informent le système nerveux central par les nerfs afférents (1). Ce dernier déclenche par voie nerveuse une réponse directe, principalement au niveau du cœur, des bronches et des vaisseaux sanguins. Le système nerveux central stimule également, à partir de l'hypothalamus, l'hypophyse et les glandes médullo- et corticosurrénales. Les hormones sécrétées (adrénaline, cortisol, hormone antidiurétique et hormone de croissance) prolongent et complètent la réponse nerveuse.

1. Principales voies nerveuses et endocriniennes mises en jeu en situation d'agression (mammifères).

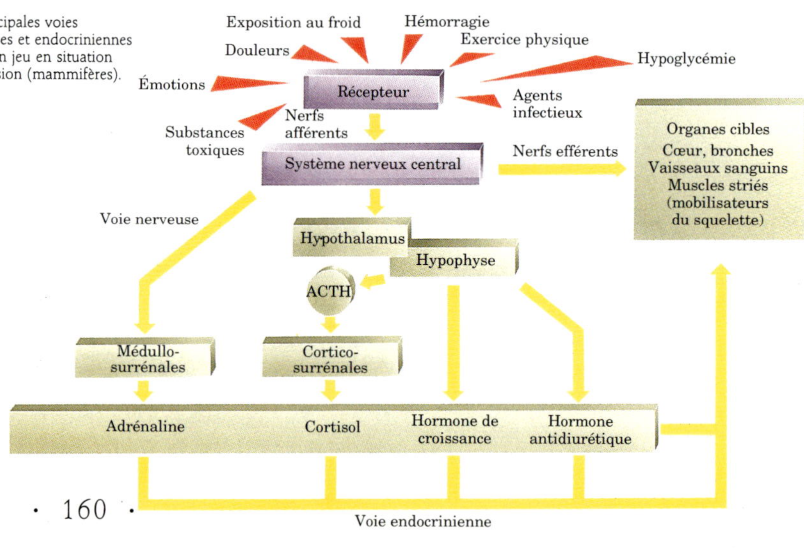

Les réponses comportementales

LE STRESS PRÉPARE L'ANIMAL À L'ACTION (FUITE OU COMBAT), FAVORISE L'ADOPTION DE COMPORTEMENTS D'INHIBITION D'UN AGRESSEUR ET STIMULE LES CAPACITÉS D'APPRENTISSAGE.

L'agression induit chez les animaux des réponses physiologiques de stress, leur permettant d'adopter des comportements réactionnels appropriés. Ces comportements sont très divers, mais les principaux relèvent schématiquement de trois options : fuir, combattre (ou menacer), inhiber l'agresseur. En outre, parce qu'il stimule les capacités d'apprentissage, le stress se caractérise comme un facteur primordial d'adaptation individuelle rapide aux variations du milieu.

La fuite et le combat sont favorisés par toutes les adaptations physiologiques qui préparent l'organisme à un effort violent : accroissement de l'activité cardiaque et pulmonaire, augmentation de l'activité nerveuse et du tonus musculaire, mise à disposition des réserves énergétiques. D'une manière générale, en situation de danger, l'animal opte préférentiellement pour la fuite, mais engage le combat lorsque celle-ci est impossible. La frustration de besoins (d'un territoire, d'un partenaire sexuel ou d'une source de nourriture) conduit à l'établissement d'une relation hiérarchique, avec soumission ou fuite du plus faible. C'est le cas des bovins, lorsqu'ils vivent en milieu restreint, des cerfs pendant la période de reproduction, ou des chiens (qui par exemple ne supportent pas l'approche d'un intrus au moment de leurs repas). Très souvent les animaux adoptent des postures de menace pouvant suffire à écarter les agresseurs. L'animal inquiété se dresse, présente ses armes, se signale par des couleurs voyantes, agressives ou par d'impressionnants attributs, sans pour autant avoir l'intention ou la possibilité d'engager le combat. Les chiens montrent les crocs en grognant, le serpent naja se redresse, les surmulots hérissent le dos et grincent des incisives en couinant. Les larges colerettes déployées de chaque côté de la tête du lézard chlamydosaure n'ont pas de fonction offensive mais permettent d'effrayer les perturbateurs.

Inhiber les motivations d'un agresseur représente aussi un moyen de répondre au danger. Les postures de soumission et les signes d'apaisement sont largement utilisés. Le loup, par exemple, lorsqu'il se sent vaincu par un congénère, lui présente son cou, ce qui met fin au combat. Chez l'otarie appelée lion de mer, les mâles calment les femelles en dispute en les saluant tour à tour, tandis que les mouettes, ou les cigognes, s'apaisent en détournant leur bec sur le côté. Quant aux chimpanzés, ils s'enlacent, s'embrassent et s'échangent des « poignées de mains » pour détendre l'atmosphère. Chez l'être humain, le sourire comme l'intonation de la voix peuvent avoir une fonction désarmante, ils permettent de réduire une tension. Presque tous les animaux se servent d'attitudes empruntées à d'autres registres comportementaux, telles qu'une invite sexuelle ou une attitude infantile, pour inciter leurs congénères à l'apaisement. Parfois, un véritable apprentissage est nécessaire pour faire face aux variations de l'environnement. Chez l'homme, l'augmentation du tonus nerveux et musculaire observée au cours du stress modéré faciliterait l'adaptabilité et la productivité. Cette « vertu » du stress est cependant pondérée par ses effets néfastes à long terme. •

2. Poissons combattants mâles *(Betta splendens)*. Les adversaires se saisissent par la bouche.

Signaux d'agressivité et de soumission

La plupart des animaux solitaires vivent dans les limites d'un territoire qu'ils défendent farouchement contre l'invasion des individus de même espèce et de même sexe. Ces congénères représentent en effet d'indésirables concurrents vis-à-vis des ressources alimentaires et des partenaires sexuels. Chez ces poissons combattants mâles (2), l'agressivité se manifeste par le déploiement de leurs grandes nageoires et un renforcement de la coloration corporelle. Lorsque l'un des protagonistes abandonne le combat, ses nageoires se replient et ses couleurs se ternissent afin de signaler sa fuite et d'apaiser l'agressivité du vainqueur (3).

3. Fin de l'agression (fuite et signaux de soumission de l'un des protagonistes).

Les conséquences d'agressions répétées

CHEZ L'HOMME MODERNE, LES RÉACTIONS PHYSIOLOGIQUES AU STRESS PEUVENT À LONG TERME ÊTRE CAUSES DE PERTURBATIONS, COMME L'HYPERTENSION ARTÉRIELLE OU L'ULCÈRE GASTRIQUE.

Les modifications physiologiques permettent de réagir rapidement aux perturbations imposées par l'environnement. Cependant, des agressions répétées et prolongées, comme c'est le cas chez l'homme confronté à la vie urbaine, ont à long terme des effets d'autant plus néfastes que le développement très poussé de la vie sociale a atténué toutes les réponses comportementales (fuite, combat...), alors que les réactions physiologiques qui les sous-tendent sont maintenues. Ainsi, le prolongement des effets hypertenseurs et hyperlipémiants (augmentant le taux de lipides sanguins) de l'adrénaline et du cortisol favorisent le développement d'une hypertension artérielle permanente et de maladies cardiovasculaires. Les sécrétions gastriques acides, stimulées par le système nerveux sympathique, peuvent conduire au développement d'ulcères gastro-intestinaux. Par ailleurs, l'effet anti-inflammatoire du cortisol diminue la résistance aux infections.

Si l'adrénaline et le cortisol sont les deux principaux acteurs des modifications physiologiques observées au cours du stress, la sécrétion d'autres hormones varie également soit par un effet direct encore mal élucidé, soit en réponse aux variations physiologiques enregistrées par l'organisme. La contribution de ces hormones aux processus pathologiques liés au stress peut être très importante. Ainsi, par exemple, l'augmentation de la sécrétion de la prolactine, la diminution de la sécrétion des hormones sexuelles hypophysaires (les gonadotropes LH et FSH) et des hormones stéroïdes sexuelles (testostérone et œstrogènes) peuvent perturber les cycles menstruels et le comportement sexuel. La sécrétion accrue de la thyroxine par la glande thyroïde au cours de stress répété participe au développement de l'hypertension artérielle, elle peut causer une fonte musculaire et provoquer une grande nervosité accompagnée d'insomnies. Une augmentation de la sécrétion du glucagon et une réduction de la sécrétion de l'insuline participent également à l'apparition de troubles métaboliques comme le diabète « sucré » (augmentation de la glycémie, le taux sanguin de glucose).

Les conséquences physiologiques néfastes des stress répétés ne se rencontrent pas uniquement chez l'homme, mais posent des problèmes chez les animaux auxquels sont imposées des conditions difficiles. Ainsi, la promiscuité en élevage intensif, au-delà des questions relatives au respect dû à l'animal, a des effets notables sur la productivité. •

→ **Voir aussi :** La physiologie des régulations, **BIOL**, p. 158-159. Les centres nerveux, **BIOL**, p. 176-177. Le comportement social, **BIOL**, p. 212-213.

La thermorégulation

CHEZ LES ÊTRES VIVANTS, la température corporelle compatible avec la vie active varie selon les espèces entre — 2 °C et + 50 °C. Au-delà de ces limites thermiques, les cellules subissent des dommages irréversibles. Dans la nature, la survie des organismes dépend donc étroitement de processus de thermorégulation leur permettant de résister à l'échauffement ou au refroidissement que leur imposent les larges variations thermiques de l'environnement terrestre.

Chez les animaux les moins évolués, cette régulation est principalement fondée sur des adaptations comportementales, telles que la ventilation chez les abeilles ou la recherche d'endroits frais ou ensoleillés chez les reptiles, et ne permet que de réduire les variations de température corporelle sans toutefois les éviter. La survie et l'activité de ces animaux *poïkilothermes* (à température variable), également qualifiés d'« animaux à sang froid », sont donc encore étroitement dépendantes de la température du milieu extérieur (d'où leur autre nom d'*ectothermes*).

Une telle contrainte a pu être levée au cours de l'évolution, grâce à la mise en place de mécanismes physiologiques de thermorégulation complexes. C'est ainsi que les êtres vivants *homéothermes,* oiseaux et mammifères, parviennent à maintenir leur température corporelle constante malgré les fluctuations thermiques externes (ce sont donc des *endothermes*). L'indépendance de ces animaux est obtenue au prix d'une dépense énergétique élevée à laquelle certaines espèces échappent périodiquement grâce au phénomène d'hibernation.

Économie de chaleur

Dans les nageoires des dauphins (1), le système circulatoire est organisé de manière à éviter que la chaleur produite par l'organisme ne soit trop largement dissipée vers l'extérieur. Les artères, qui véhiculent du sang chaud depuis les viscères jusque dans les nageoires, sont entourées de veines véhiculant du sang froid en sens inverse. Ce contact étroit permet au sang veineux d'être réchauffé par le sang artériel avant de retourner dans le corps de l'animal. Si la chaleur produite par l'organisme, lors d'un effort musculaire intense par exemple, est très importante et nécessite d'être évacuée, un gonflement des artères chasse par compression le sang veineux vers des veines plus superficielles, assurant du même coup une moins grande récupération de la chaleur artérielle et une plus grande dissipation calorifique. Ce système, présent chez de nombreuses espèces, est extrêmement perfectionné chez les animaux aquatiques pour compenser la grande conductibilité thermique de l'eau.

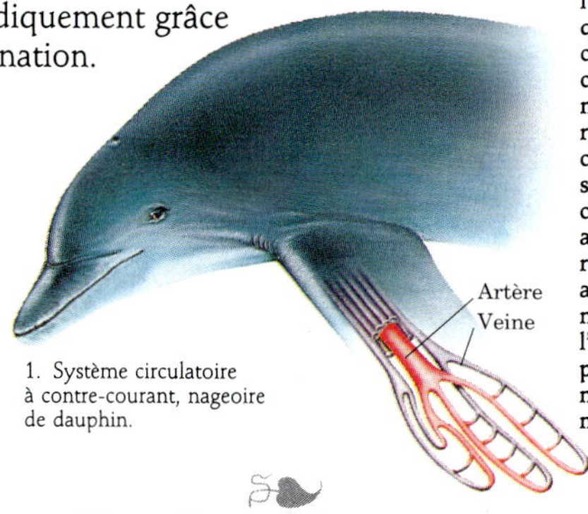

1. Système circulatoire à contre-courant, nageoire de dauphin.

Effets de la température et balance thermique

LES EFFETS NÉFASTES DU FROID ET DU CHAUD SONT TEMPÉRÉS PAR LA PRODUCTION OU, AU CONTRAIRE, PAR L'ÉVACUATION DE CHALEUR.

Les atomes et les molécules, y compris ceux qui constituent la matière biologique, sont soumis à une agitation dont l'intensité croît avec la température. Chez les êtres vivants, ce phénomène instaure une température maximale létale au-delà de laquelle l'agitation moléculaire, trop intense, détruit des liaisons de faible énergie qui servent à stabiliser les molécules biologiques telles que les protéines ou les acides nucléiques, provoquant ainsi leur dénaturation, c'est-à-dire la perte de leur structure et de leur fonction. L'agitation moléculaire thermique détruit également l'architecture des membranes lipidiques qui sont à la base de la vie cellulaire. Inversement, l'abaissement de la température d'un organisme induit la congélation des fluides qui le composent et peut lui être fatal. Entre ces deux phénomènes, la survie et l'activité des êtres vivants sont donc étroitement liées au maintien d'une température idéale, c'est-à-dire à l'instauration d'un équilibre entre échauffement et refroidissement. L'échauffement est essentiellement dû à l'ensemble des réactions biologiques, dont la plupart sont calorifiques. Quant au refroidissement, il est fondé uniquement sur des transferts de chaleur vers le milieu extérieur, s'effectuant selon trois processus. D'une part, la conduction, qui est une transmission de chaleur par contact entre deux objets, qu'ils soient solides, liquides (eau) ou gazeux (air). D'autre part, les radiations infrarouges, invisibles à l'œil, qui véhiculent de la chaleur et qui sont émises par tout objet dont la température se situe au-dessus du zéro absolu (– 273,15 °C). Enfin, l'évaporation de l'eau, qui est un processus consommateur de chaleur. Lorsque la température de l'environnement est supérieure à celle de l'organisme, la conduction et la radiation se font dans le sens inverse et participent avec l'activité biologique à l'échauffement, qui doit alors être compensé par la seule évaporation de l'eau (sudation et/ou halètement).

Réchauffement chez les homéothermes

POUR LUTTER CONTRE LE FROID, LES HOMÉOTHERMES PRODUISENT DE LA CHALEUR ET EN RÉDUISENT LES PERTES.

Dans un environnement froid, les animaux homéothermes maintiennent leur température corporelle constante en augmentant la production interne de chaleur et en réduisant le transfert de celle-ci vers le milieu extérieur. La production de chaleur dans l'organisme est due aux réactions biochimiques calorifiques qui se déroulent dans toutes les cellules. Chez les vertébrés supérieurs, les muscles jouent en ce domaine un rôle primordial en raison de leur importance quantitative ; c'est donc principalement par l'augmentation du travail musculaire que l'animal va pouvoir augmenter sa production de chaleur, soit par une activité volontaire, soit par l'intermédiaire du frisson. Ce réflexe musculaire involontaire, sous contrôle nerveux, s'effectue grâce à la présence de paires de muscles antagonistes dont l'un en se contractant provoque l'étirement puis la contraction de l'autre, instaurant ainsi un mouvement oscillatoire très calorifique. Dans les autres tissus, un accroissement de la vitesse des réactions chimiques participe également à la production de la chaleur. Cette augmentation générale de l'activité métabolique résulte de l'action conjuguée des hormones thyroïdiennes, de l'adrénaline et de la noradrénaline, ces deux dernières étant libérées soit au niveau des terminaisons du système nerveux sympathique, soit au niveau de la circulation sanguine par les glandes médullo-surrénales. L'une des principales cibles de ces hormones est le tissu adipeux brun, présent chez tous les mammifères homéothermes et surtout chez les espèces hibernantes. Ce tissu, plus développé chez le nouveau-né que chez l'adulte, est localisé entre les omoplates, le long des principales veines et artères, autour du cœur et des glandes surrénales. Sa « mission » biologique est principalement calorifique. Les cellules de ce tissu contiennent en effet de très nombreuses mitochondries dans la membrane desquelles se trouve insérée une protéine particulière, dite « protéine découplante », qui dissipe en chaleur l'énergie normalement utilisée à la production de molécules d'A.T.P., formes de stockage de l'énergie dans la cellule.

Les animaux luttent également contre le froid en diminuant leurs pertes de chaleur par l'intermédiaire de systèmes d'isolation, souvent modulables. Premier type de dispositif, le « système laine de verre » correspondant à la capture d'une couche d'air iso-

4. Abeilles (*Apis mellifica*) assurant l'aération de la ruche.

2. Manchots empereurs en groupe compact.

Échanges de chaleur

Pour éviter une élévation trop importante de leur température corporelle, les êtres vivants facilitent le transfert de leur chaleur interne vers le milieu extérieur grâce à diverses adaptations. Le lézard du désert du Namib, en Namibie (5), favorise la circulation d'air sur la face ventrale de son corps en maintenant deux de ses pattes levées. Le halètement, observé chez de nombreuses espèces et notamment chez le chien (3), permet d'évacuer la chaleur par évaporation de l'eau. Quant aux abeilles (4), elles assurent une ventilation très efficace à l'entrée de leur ruche grâce à de rapides battements d'ailes. Lorsqu'il s'agit au contraire de se réchauffer, les animaux réduisent la surface d'exposition aux vents, comme le montre le groupe compact formé par ces manchots (2), chez lesquels un roulement s'instaure entre les individus pour occuper les places périphériques les plus défavorables.

3. Couple de chiens haletant pour évacuer la chaleur.

5. Lézard de Namibie bouche ouverte et pattes soulevées.

lante au niveau du pelage. C'est le cas de la fourrure de l'ours polaire par exemple, qui, par piloérection, permet d'emprisonner une couche d'air chaud autour du corps. La couche lipidique sous-cutanée, particulièrement développée chez les mammifères marins tels que le phoque, constitue également un parfait isolant au travers duquel un réseau sanguin permet d'amener sous la peau une quantité variable de sang afin de modifier les échanges thermiques avec l'extérieur. Ces variations de circulation sanguine sont obtenues par un contrôle nerveux de la constriction et de la dilatation des vaisseaux. De tels systèmes d'isolation, très encombrants, ne peuvent être parfaitement exploités par les petits animaux, qui subissent pourtant, en raison de l'importance de leur rapport surface/volume, de très grandes déperditions de chaleur. Pour eux, seule la retraite en terriers ou l'hibernation peuvent permettre la survie lors d'un refroidissement trop sévère. •

Refroidissement chez les homéothermes

POUR ÉVACUER LE SURCROÎT DE CHALEUR CORPORELLE, LES SYSTÈMES DE DISSIPATION DE CHALEUR SONT COMPLÉTÉS PAR L'ÉVAPORATION DE L'EAU.

Chez les animaux, il existe un seuil minimal d'activité biologique appelé métabolisme basal, qui traduit l'ensemble des réactions chimiques nécessaires à la survie de l'organisme. Le métabolisme basal représente une production irréductible de chaleur à laquelle s'ajoutent essentiellement celle des efforts musculaires, ainsi que celle du milieu environnant lorsque la température de celui-ci est élevée. Si ces sources de chaleur induisent une trop forte élévation de la température corporelle, les homéothermes ont la possibilité de réduire leur activité biologique, parfois jusqu'au seuil minimal – celui du métabolisme basal –, ou bien d'évacuer de la chaleur vers le milieu extérieur grâce aux processus de conduction, de radiation et d'évaporation. Conduction et radiation sont favorisées par la dilatation des vaisseaux sanguins sous-cutanés dans les parties du corps les plus en contact avec l'air ou avec l'eau (pattes, oreilles, appareil respiratoire, nageoires, branchies) et par l'importance de la surface corporelle exposée. Cette surface peut être modifiée de façon transitoire, comme chez l'ours lorsque chute son pelage, mais représente surtout une constante morphologique acquise par les animaux vivant dans les régions chaudes du globe. C'est ainsi que les oreilles du fennec du Sahara sont beaucoup plus grandes que celles du renard d'Europe du Nord ; quant à celles des éléphants, elles représentent un bel exemple d'instrument de dissipation de la chaleur corporelle.

Si la température de l'environnement est très élevée, les processus de conduction et de radiation apportent plus de chaleur qu'ils n'en dissipent ; celle-ci ne pourra donc être évacuée que par l'évaporation de l'eau. Chez de nombreux vertébrés supérieurs, tels que l'homme, cette évaporation s'effectue au niveau des glandes sudoripares dispersées sur presque toute la surface du corps. Chez certaines espèces, comme le chien ou le mouton, ces glandes sont absentes et l'évaporation se produit essentiellement au niveau de l'appareil respiratoire, où elle est favorisée par le halètement. Ce réflexe a l'avantage de produire un courant d'air et de ne pas provoquer de perte d'électrolytes, tels que le sel (Na Cl) éliminé lors de la sudation. Cependant, le halètement nécessite un travail musculaire, lui-même calorifique, et cause une perte excessive de gaz carbonique pouvant conduire l'animal à l'alkalose (trop forte basicité du milieu intérieur). Ces inconvénients sont tempérés par l'adoption d'un souffle rapide et peu profond, de manière à substituer au travail musculaire les propriétés élastiques de la cage thoracique et de localiser la respiration dans la partie haute de l'appareil respiratoire, où l'élimination du gaz carbonique est faible.

Afin de minimiser leurs pertes hydriques, certains animaux présentent des adaptations physiologiques. C'est ainsi que la gerboise, en retournant se refroidir dans son terrier, peut au cours de chacune de ses sorties mener sous le soleil une activité débordante. Quant au dromadaire, son organisme passe d'une température de 34 °C le matin à 41 °C le soir sans mettre en jeu de mécanismes de thermorégulation. Ces variations lui permettent d'évacuer durant les nuits fraîches la chaleur emmagasinée au cours de la journée, évitant ainsi la sudation quotidienne de cinq litres d'eau que lui imposerait une parfaite homéothermie. •

L'immunité

DE NOMBREUX AGENTS infectieux menacent l'équilibre physiologique des animaux. Dans sa définition la plus large, le système immunitaire représente l'ensemble des structures et des réactions qui permettent de lutter contre ces envahisseurs. Les agents perturbateurs, ou pathogènes, sont des virus, des bactéries, des champignons, des parasites (parfois, l'envahisseur est issu de l'organisme lui-même ; c'est le cas des cellules cancéreuses).

Pour devenir dangereux, les agents doivent pénétrer dans le milieu intérieur. Des barrières les en empêchent (peau, épithélium digestif...) par divers moyens : résistance mécanique (couche kératinisée de la peau), substances chimiques (acidité du suc gastrique, substances bactéricides de la salive), présence de micro-organismes non dangereux qui « occupent la place » (microflore intestinale).

Quand un agent infectieux traverse les barrières, soit par ses propres moyens, soit à la faveur d'une lésion (même superficielle), il se trouve confronté à une première réponse non spécifique qui provoque la *réaction inflammatoire.* Celle-ci se déroule en deux étapes. La première est l'étape vasculaire : sous l'effet de réactions locales, les capillaires sanguins se dilatent (provoquant un gonflement, une rougeur et un échauffement) et des substances irritantes sont libérées (provoquant la douleur). La deuxième étape, conséquence de la première, est l'étape cellulaire : des globules blancs (macrophages et granulocytes neutrophiles), amenés par le flux sanguin, sont attirés de manière chimique, ils sortent des vaisseaux, phagocytent les micro-organismes – en les englobant dans des vacuoles spécialisées – et les digèrent.

Ces mécanismes ne sont pas spécifiques d'un agent étranger particulier. Si l'envahisseur n'est pas détruit, des mécanismes spécifiques entrent en jeu. Des globules blancs particuliers, les *lymphocytes T,* sont stimulés au contact de certaines parties de l'agent étranger (appelé *antigène*) présentées par les macrophages. Parmi les lymphocytes T, certains ont un effet facilitant sur l'ensemble des mécanismes spécifiques : il s'agit des lymphocytes T auxiliaires ; d'autres, les lymphocytes T cytotoxiques, deviennent capables, après contact avec l'antigène, de détruire l'élément indésirable (bactérie, cellule infectée par un virus ou cellule cancéreuse). La mise en jeu des lymphocytes T cytotoxiques constitue l'*immunité à médiation cellulaire.*

D'autres lymphocytes, les *lymphocytes B,* peuvent reconnaître un antigène. Certains, parmi eux, conservent l'événement en mémoire ; d'autres, s'ils sont stimulés par des T auxiliaires, se multiplient et se transforment en plasmocytes. Ces derniers sécrètent des anticorps, qui initient la destruction de l'antigène à l'origine de leur formation. La mise en jeu des anticorps caractérise l'*immunité à médiation humorale*.

La diversité des anticorps

LA GRANDE DIVERSITÉ DES ANTICORPS S'EXPLIQUE PAR CELLE DES ANTIGÈNES QUI PEUVENT ÊTRE RENCONTRÉS DANS L'ENVIRONNEMENT.

Les anticorps sont de grosses molécules protéiques, nommées immunoglobulines (Ig). Chaque individu en produit une très grande variété, car il existe une forte spécificité antigénique : un anticorps reconnaît quelques antigènes (IgM) et très souvent un seul (IgG). L'anticorps fixé à l'antigène attire les macrophages pour provoquer sa destruction.

Pour un antigène donné, il peut exister plusieurs classes d'anticorps (IgM, IgG, IgE, IgD) de structure et de fonction différentes. Nous nous intéressons aux IgG, anticorps les plus abondants, qui jouent le rôle principal dans la défense immunitaire à médiation humorale. Chaque molécule d'IgG est formée de quatre sous-unités protéiques : deux chaînes lourdes et deux légères. Chaque chaîne comprend une partie constante (formée des mêmes éléments – acides aminés – pour un même individu), où va se fixer le macrophage, et une partie variable spécifique de l'antigène contre lequel l'anticorps est programmé. Cette zone variable assure la fixation de l'antigène.

Une question fondamentale pour la compréhension du système immunitaire est de savoir comment il peut exister pour chaque individu une telle diversité d'IgG. Cette immense variété s'organise dès le début de la vie de l'organisme : l'antigène stimule la prolifération d'une lignée de cellules (sélection clonale) plutôt que l'apparition d'une nouvelle catégorie de cellules. Les IgG, comme les autres protéines, ont leur séquence d'acides aminés codée dans l'A.D.N. du noyau. On a d'abord pensé que chaque IgG correspondait, dès la cellule œuf, à un groupe de gènes. Mais cette hypothèse était peu vraisemblable : vu la grande diversité des anticorps, la place occupée par les gènes sur les chromosomes aurait été énorme.

Le mécanisme principal de diversification, maintenant bien démontré, peut s'expliquer à partir de l'exemple des deux chaînes légères des IgG. Chacune est codée par trois types de gènes : un gène « C » code pour la région constante de la chaîne ; un grand nombre (n) de gènes « V » codent pour les régions variables et quatre gènes « J » codent pour la zone de liaison. Au moment de la différenciation d'un lymphocyte B, un arrangement de l'A.D.N. amène en contact, au hasard, l'un des exemplaires de V et l'un des exemplaires de J. À partir de n gènes V et des quatre gènes J, $4n$ combinaisons sont possibles. Après transcription de l'A.D.N., l'A.R.N. messager (A.R.N.-m) est modifié : sur chaque A.R.N.-m ne subsiste que le fragment correspondant au couple VJ ainsi déterminé et celui correspondant au gène C. À partir de $n+4+1$ gènes, $4n$ chaînes légères, de compositions différentes, peuvent être produites. Un même type de mécanisme produit également un grand nombre de chaînes lourdes. Pour former une molécule d'IgG, l'association au hasard de deux chaînes lourdes et de deux chaînes légères, ainsi que d'autres mécanismes plus complexes concernant l'A.D.N. et ses modalités de recombinaison, accroissent encore cette variété. Un grand nombre de protéines proviennent ainsi d'un petit nombre de gènes. •

Les anticorps

Les immunoglobulines G (IgG) sont des anticorps formés de quatre chaînes polypeptidiques identiques deux à deux : deux chaînes lourdes et deux chaînes légères, associées par des liaisons fortes, les ponts disulfures (1). Chaque chaîne comprend une région constante et une région variable (avec des secteurs hypervariables). L'association des parties variables permet la reconnaissance spécifique d'un antigène. La région terminale constante des deux chaînes lourdes forme le site de fixation du macrophage, la région moyenne celle du complément qui permet d'activer la réaction immunitaire.
À partir de l'A.D.N. (de quelques gènes), des éliminations successives permettent d'obtenir une grande diversité d'anticorps (2).
L'A.R.N.-messager terminal ne conserve que ce qui correspond aux gènes V et J (codant pour la partie variable et la zone de liaison) et au gène C (partie constante).

1. Gamma-immuno-globuline (IgG).

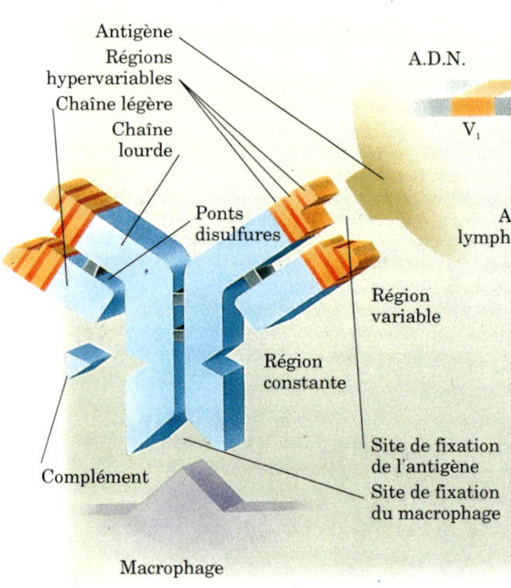

2. Étapes de la synthèse d'une IgG.

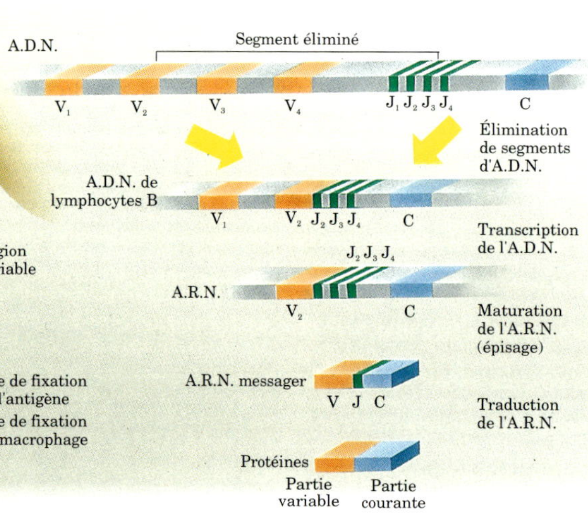

3. Les réponses à une infection bactérienne.

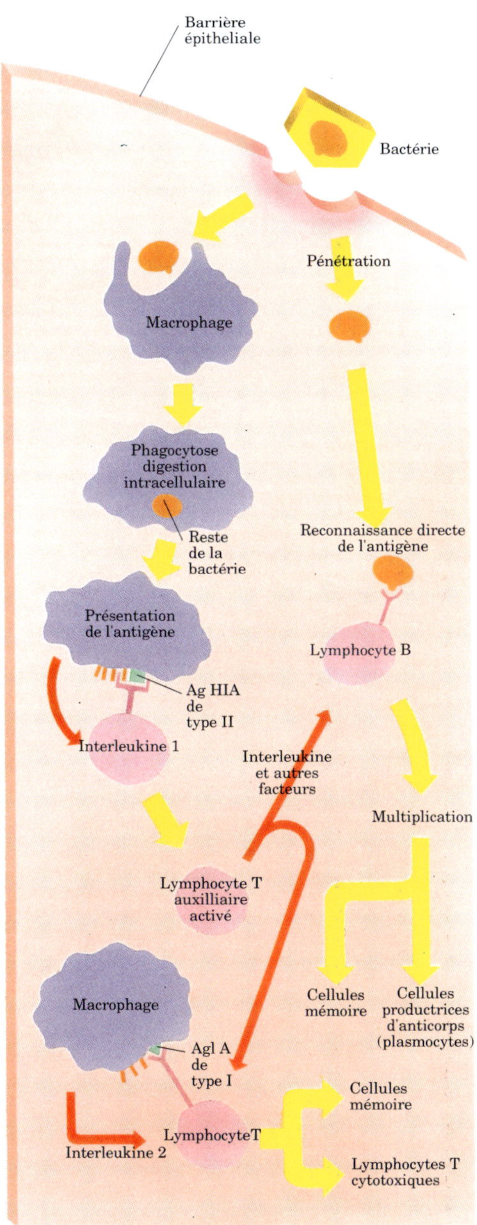

4. Macrophage phagocytant une cellule cancéreuse (microscope électronique à balayage, fausses couleurs).

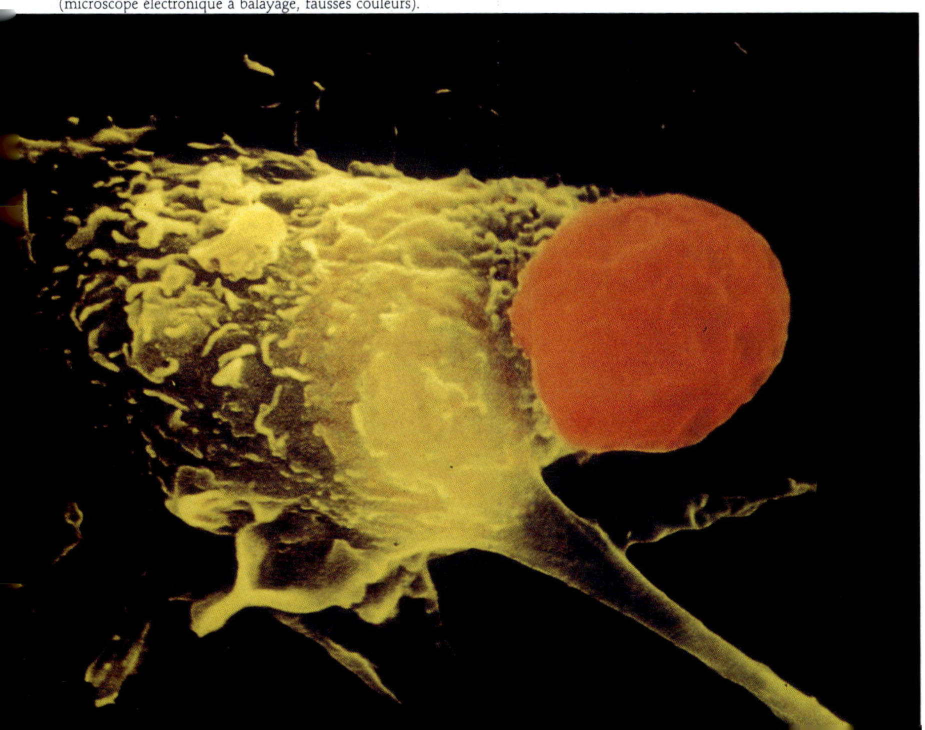

Évolution de l'immunité

TOUS LES ORGANISMES DISPOSENT DE MOYENS DE DÉFENSE CONTRE LES AGRESSIONS. SEULS LES VERTÉBRÉS, CEPENDANT, POSSÈDENT LE SYSTÈME TRÈS PERFECTIONNÉ DES ANTICORPS.

Le développement d'un système immunitaire spécifique, capable de détruire tous les types d'antigènes, ou corps étrangers, suppose la capacité de distinguer le soi (ce qui appartient à l'organisme) du non-soi (ce qui lui est étranger). Cette capacité de discrimination existe déjà chez les protozoaires, puisque certains sont capables de phagocyter, puis de détruire (ou plutôt « digérer ») les cellules étrangères. Chez les métazoaires, animaux pluricellulaires, ce mécanisme immunitaire primitif n'est que la transposition d'un mode de nutrition fréquent chez les protozoaires. Chez les éponges, la différence est, d'ailleurs, souvent difficile à faire entre nutrition et défense.

La deuxième étape dans l'évolution du système immunitaire est l'apparition de l'immunité à médiation cellulaire, mise en évidence expérimentalement par la capacité à rejeter une greffe. Ce rejet met en jeu la cytotoxicité, c'est-à-dire l'expulsion de substances toxiques, par des cellules proches des globules blancs des vertébrés. Cette réponse existe déjà dans des groupes très primitifs de métazoaires (cnidaires, annélides, et même certaines éponges). On observe souvent un rejet plus rapide d'une seconde greffe identique, traduisant l'existence d'une mémoire immunitaire analogue à celle qui est mise en jeu dans les vaccinations.

La troisième étape consiste en l'apparition d'une immunité à médiation humorale, mécanisme faisant intervenir des molécules solubles dans le milieu intérieur, dirigées contre l'agent étranger. De telles substances, dont la libération est induite par l'antigène, existent chez les annélides, les mollusques, les arthropodes, comme chez les vertébrés, qui possèdent aussi le système extrêmement diversifié et spécifique des anticorps. Les insectes, par exemple, sécrètent un ensemble de peptides antibiotiques qui bloquent le développement des bactéries. Ceux-ci ont une parenté chimique avec les interleukines des vertébrés supérieurs, qui sont des signaux de communication entre globules blancs (lymphocytes, macrophages).

Sans que des cellules particulières y soient impliquées, il existe aussi chez les végétaux une défense contre les agents pathogènes, qui passe par la production de molécules de type antibiotique, capables d'inhiber leur croissance ou de les éliminer. •

La réaction immunitaire

Chez les vertébrés, la réponse à une infection bactérienne met en œuvre toutes les défenses immunitaires. Les défenses non spécifiques font intervenir les barrières épithéliales et le mécanisme de phagocytose par les macrophages (4). Ces derniers intègrent à leur membrane les antigènes bactériens, en les associant à leur propres antigènes membranaires (CMH de type II). La présentation de ce complexe membranaire à un lymphocyte T auxiliaire ainsi que la sécrétion d'interleukine 1 par le macrophage sont à l'origine des réactions spécifiques de défense (3). Stimulé, le T auxiliaire active à son tour les lymphocytes B ainsi que les T cytotoxiques. Par la production d'interleukine et la présentation du complexe membranaire, les macrophages interviennent dans l'activation des lymphocytes T cytotoxiques. Ceux-ci se multiplient en donnant des cellules cytotoxiques actives et des « cellules mémoires », capables de réagir plus rapidement une prochaine fois. Les lymphocytes B stimulés produisent des cellules sécrétrices d'anticorps et des cellules mémoires.

Immunité et parasite Le cas du trypanosome

LE SYSTÈME IMMUNITAIRE SE HEURTE AUX STRATÉGIES COMPLEXES DES PROTOZOAIRES, PLUS PERFECTIONNÉS QUE LES BACTÉRIES OU LES VIRUS.

Les trypanosomes sont des protozoaires flagellés parasites dont le représentant le plus connu, *Trypanosoma gambiense,* est transmis à l'homme par les piqûres de la mouche tsé-tsé, provoquant la maladie du sommeil. Vivant dans le sang de son hôte, ce parasite est donc particulièrement confronté au système immunitaire, qui reste cependant incomplètement efficace.

La lutte immunitaire contre le trypanosome fait intervenir essentiellement la médiation humorale : des anticorps orientés spécifiquement contre des molécules de surface de la membrane du protozoaire sont élaborés par les lymphocytes B et libérés dans le sang. Ils se fixent sur le parasite et provoquent sa destruction en activant un complexe enzymatique présent dans le plasma, le complément, et en stimulant sa phagocytose par les macrophages. Ces derniers reconnaissent les parasites, recouverts d'anticorps.

De telles réactions tendent à éliminer le parasite. Pourtant, les populations de trypanosomes se maintiennent indéfiniment dans le sang, mais avec des variations rythmiques de leur effectif (le maximum étant atteint chaque semaine environ). La membrane du parasite est couverte d'une molécule très abondante ; la glycoprotéine variable de surface (G.V.S.). C'est contre cette molécule que sont dirigés les anticorps de l'hôte. Par un mécanisme de mutation génétique, il apparaît de temps en temps (et au hasard) dans le sang de l'hôte, un trypanosome différent, qui exprime à sa surface une nouvelle forme de G.V.S. Pendant que le système immunitaire de l'hôte détruit les cellules porteuses de l'ancienne G.V.S., ce nouveau trypanosome peut se multiplier sans être attaqué. Il est à l'origine d'un nouveau pic de population. Comme il faut un certain temps avant que le système immunitaire ne devienne capable de détruire ces nouvelles cellules, une nouvelle catégorie de parasites aura le temps d'apparaître. Ce processus porte le nom de *variation antigénique.* C'est une sorte de course entre le parasite et le système immunitaire, celui-ci ayant toujours « une longueur » de retard.

Un autre trypanosome, agent de la maladie de Chagas *(Trypanosoma cruzi)* vit même à l'intérieur des macrophages de l'hôte (c'est un parasite intracellulaire). Une telle situation apparaît paradoxale, puisque l'une des fonctions des macrophages est de détruire les cellules étrangères. Cependant, le parasite quitte les vésicules de phacocytose (à l'intérieur desquelles il devrait être digéré) pour gagner le cytoplasme des macrophages : il devient alors inaccessible pour leurs mécanismes destructeurs. •

→ **Voir aussi :** Les défenses naturelles anti-infectieuses, **MED**, p. 224-225. La recherche en immunologie, **MED**, p. 260-261.

La chronobiologie

POUR DÉCRIRE ET COMPRENdre les mécanismes biologiques, la chronobiologie s'attache à la dimension temporelle. Dans tout organisme vivant, les processus physiologiques (et psychophysiologiques chez l'animal) varient en fonction du temps de manière périodique et prévisible, déterminant la notion de rythmes biologiques, ou biorythmes (mais ce dernier terme s'attache également à des théories fondées sur les seules mesures statistiques).

Les rythmes biologiques font l'objet de travaux de plus en plus nombreux et diversifiés portant sur l'ensemble du monde vivant. La prise en compte de la dimension temporelle est venue compléter celle des dimensions anatomiques et physiologiques de l'organisme, transformant le concept d'homéostasie : d'un équilibre statique on passe à un équilibre dont les conditions varient au cours du temps. Il s'agit donc d'une biologie élargie dans le temps, qui examine les processus biologiques dans leur déroulement et leur durée, tout en situant l'individu dans son milieu environnant.

La chronobiologie permet de remplacer des modifications considérées généralement comme aléatoires par des variations prévisibles selon un rythme bien établi, assimilable, en général, à une sinusoïde passant par un minimum (nadir) et un maximun (acrophase), et dont l'amplitude est la moitié de la variation totale du rythme. La modélisation en sinusoïde (méthode du Cosinor) permet de caractériser ces paramètres fondamentaux et d'observer objectivement les anomalies éventuelles d'un rythme, reflétant un processus pathologique ou la réponse à un agent pharmacologique.

Mots clefs

Acrophase : point le plus bas de la variation périodique d'un rythme biologique.

Chronopharmacologie : étude de la variation des effets toxiques d'une substance en fonction du temps d'administration (chronotoxicité) et de l'évolution temporelle de la sensibilité des organes cibles (chronesthésie).

Chronothérapie : méthodes de soins de certaines affections utilisant les synchroniseurs des rythmes biologiques.

Horloge biologique : structure anatomique dont l'activité présente une rythmicité responsable de l'expression des rythmes biologiques.

Mélatonine : hormone du groupe des amines biogènes, sécrétée par l'épiphyse et intervenant dans le contrôle de la pigmentation de la peau, ainsi que dans celui de certains rythmes biologiques.

Nadir : point le plus élevé de la variation périodique d'un rythme biologique.

Nycthémère : période de 24 heures, comportant un jour et une nuit.

Période : intervalle de temps qui sépare deux passages successifs d'une variable par la même valeur (selon le même sens de variation).

Rythme biologique (ou biorythme) : variation périodique régulière d'une fonction physiologique.

Synchroniseur : facteur externe dont la variation rythmique coordonne les rythmes endogènes.

Historique

D'ABORD ESSENTIELLEMENT DESCRIPTIVE, L'ÉTUDE DES RYTHMES BIOLOGIQUES NE CONSTITUE UNE VÉRITABLE DISCIPLINE QUE DEPUIS LES ANNÉES 1950.

Selon la Genèse, les rythmes existent depuis l'origine des temps : Dieu créa d'abord le Ciel et la Terre, et avec eux le rythme des saisons, des marées et surtout du jour et de la nuit. Les hommes observent, respectent et souvent vénèrent les influences terrestres cosmiques, qu'elles soient réelles ou mystiques.

C'est dans la Grèce antique que les hommes commencent à évoquer l'existence de phénomènes périodiques chez les êtres vivants. Aristote décrit les rythmes biologiques de reproduction des animaux marins, tandis qu'Hippocrate signale qu'il existe des variations annuelles de la mortalité et de l'« humeur » : il note une augmentation des épisodes dépressifs au printemps et à l'automne. La médecine traditionnelle chinoise fait référence à « l'heure du foie », située à 3 heures du matin (correspondant à un réveil fréquent chez les déprimés), actuellement confirmée par les données biologiques sur l'hépatocyte (cellule du foie). Cette « heure du foie » est à rapprocher de l'expression courante « se faire de la bile » et du mot « mélancolie » (du grec *melas,* noir, et *kholê,* bile).

Au XVIIe et surtout aux XVIIIe et XIXe siècles, de nombreux savants étudient les phénomènes périodiques chez l'homme. Sanctorius (1561-1636) et plus tard Lavoisier décrivent les variations journalières du poids et J. Davy (1845) celles de la température. Mais ce sont les botanistes qui démontrent le caractère endogène (interne à l'organisme) et génétique des rythmes biologiques. Par exemple, J.-J. de Mairan (1729) et A. P. de Candolle (1832) travaillent sur les variations temporelles des plantes isolées de leur environnement.

Cependant, le plein essor de la chronobiologie et sa considération en tant que véritable discipline scientifique ne remontent qu'à la fin des années 1950, grâce aux progrès techniques réalisés sous l'impulsion de chercheurs tels F. Halberg, J. Aschoff et A. Reinberg. C'est à cette époque que le Français M. Siffre effectue les premières expériences d'isolement temporel chez l'homme, notamment dans une grotte des Alpes. Actuellement, la chronobiologie est en pleine évolution et ses applications à la médecine sont multiples. Les cycles de la vigilance, en particulier les différentes phases du sommeil, et les cycles hormonaux, en particulier les cycles ovariens, font l'objet d'études fondamentales qui orientent les applications thérapeutiques et la recherche pharmacologique. •

1. Sanctorius sur sa balance.

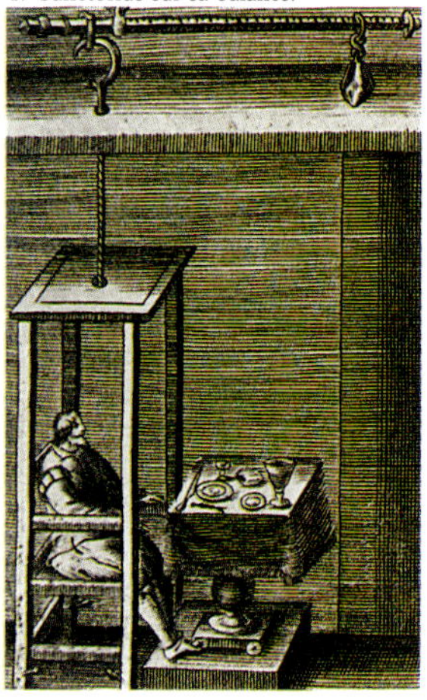

Les grands rythmes biologiques

DANS L'ORGANISME, DE NOMBREUSES FONCTIONS MONTRENT DES VARIATIONS RYTHMIQUES, SUR DES ÉCHELLES DE TEMPS TRÈS DIFFÉRENTES.

Les rythmes biologiques sont classés en fonction de leur période (durée d'un cycle complet). On distingue les rythmes *ultradiens,* dont la période est inférieure à 20 heures, les rythmes *circadiens* (journaliers), dont la période est proche de 24 heures, et les rythmes *infradiens* (mensuels, saisonniers ou annuels) dont la période est supérieure à 28 heures.

L'étude des rythmes circadiens est la plus documentée. Chaque espèce possède ses propres rythmes. Chez l'homme (d'activité diurne), la température commence à s'élever environ 2 heures avant l'heure habituelle du lever pour atteindre son maximum dans l'après-midi et décroître ensuite jusqu'à son minimum situé en milieu de nuit. Par contre, chez le rat (d'activité nocturne), le rythme de la température se trouve inversé. Il en va de même pour le rythme circadien du cortisol (hormone des glandes corticosurrénales provoquant l'augmentation du glucose sanguin), qui présente chez l'homme un taux sanguin minimal en début de nuit et un taux maximal situé à l'heure habituelle du lever. Il est possible que le pic matinal de cortisol ait une fonction de « mise en route » de l'organisme. Le cycle veille/sommeil présente une rythmicité circadienne évidente, mais les enregistrements polygraphiques de sommeil ont démontré que le sommeil est lui-même organisé par la répétition d'environ 5 cycles (ou phases) de 90 minutes, composés de différents épisodes de sommeil lent et d'un épisode de sommeil paradoxal. La différence entre le sommeil de début de nuit, riche en sommeil lent profond, et le sommeil de fin de nuit, riche en sommeil paradoxal, confirme la rythmicité circadienne de ces deux types de sommeil. La vigilance et les performances suivent aussi un rythme circadien qui passe par un minimum en début de nuit et un maximum en fin de journée. De façon plus précise, les performances relatives au rendement présentent leur maximum en soirée, tandis que les tâches impliquant des fonctions mnésiques (mémoire) et intellectuelles sont mieux effectuées le matin. Au cours du nycthémère, un rythme ultradien de la vigilance, proche de 90 minutes, se superpose au rythme circadien. De nombreux autres rythmes circadiens ont été décrits : fréquence cardiaque, taux d'hormones, activité mitotique, activité sexuelle, etc.

Dans les régions tempérées, certaines fonctions physiologiques (et leurs corrélats comportementaux) montrent un rythme saisonnier. C'est le cas de la fonction de reproduction de la plupart des animaux. L'activité des glandes génitales, sous contrôle hormonal, est liée à l'évolution de la photopériode (durées relatives du jour et de la nuit).

Chez l'homme, les rythmes biologiques présentent des différences interindividuelles importantes : l'âge, le sexe, la personnalité (intro- ou extravertie), la quantité de sommeil nécessaire (petit ou gros dormeur), le type de comportement, matinal ou vespéral (« sujet du matin » ou « sujet du soir ») influencent les rythmes circadiens, en particulier les paramètres chronobiologiques (acrophase, amplitude). •

Les rythmes : de l'organisme

L'Italien Sanctorius fut un pionnier de la chronobiologie. À l'aide de sa balance (1), il a décrit les variations mensuelles de son propre poids, synchronisées avec le rythme de la turbidité des urines. De nombreuses fonctions physiologiques montrent un rythme circadien (cyle de 24 heures), avec un pic d'activité, dont la visualisation (2) permet de dégager une structure temporelle d'ensemble.

Les propriétés fondamentales des rythmes

ENDOGÈNES, C'EST-À-DIRE D'ORIGINE INTERNE À L'ORGANISME, LES RYTHMES BIOLOGIQUES SONT RÉGULÉS ET SYNCHRONISÉS PAR DES FACTEURS DE L'ENVIRONNEMENT.

Dans les conditions normales, chaque fonction biologique d'un même organisme évolue de façon harmonieuse au cours du temps, présentant, selon un ordre logique et adéquat, des époques d'activation, de transition ou de récupération. Cette harmonie temporelle dépend du couplage de mécanismes endogènes prépondérants (horloges biologiques) et de facteurs exogènes (signaux de l'environnement) ; ce couplage caractérise la synchronisation biologique. Le caractère endogène des rythmes a été mis en évidence grâce aux expériences d'isolement temporel (ou libre cours). En l'absence de tout repère temporel, les rythmes biologiques circadiens persistent, mais leurs périodes diffèrent de 24 heures. Chaque fonction biologique exprime alors son propre rythme endogène, ce qui provoque une désynchronisation interne.

Les informations rythmées provenant de l'environnement (synchroniseurs ou « Zeitgeber ») ajustent, de façon stable et dans certaines limites, les rythmes biologiques sur 24 heures. Si l'alternance lumière/obscurité (et la variation de la durée relative de ces deux phases, ou photopériode) est le synchroniseur essentiel chez les animaux, en revanche, chez l'homme, particulièrement en milieu urbain, le plus important semble être de nature sociale et comportementale et c'est surtout le contrôle de l'alternance veille/sommeil qui joue un rôle dans la structure temporelle de l'organisme.

Le mécanisme de synchronisation de chaque rythme suit un processus plus ou moins dépendant de l'environnement. Ainsi, après un décalage horaire (vol transméridien) de plus de 5 heures, certains rythmes (veille/sommeil) se resynchronisent rapidement sur le nouvel horaire, tandis que d'autres (température, cortisol) présentent une plus grande inertie. Cette différence impliquerait l'existence de plusieurs horloges biologiques qui induiraient la rythmicité endogène de certaines fonctions biologiques et réagiraient de façon différente aux modifications de l'environnement. Les phénomènes de désynchronisation entraînent souvent des troubles psychiques et somatiques (perturbation du sommeil, diminution des défenses immunitaires, altération de l'humeur et augmentation de l'émotivité). •

Les bases fonctionnelles

CHEZ LES VERTÉBRÉS, PLUSIEURS STRUCTURES NERVEUSES ET ENDOCRINIENNES, DONT LA GLANDE ÉPIPHYSE, SONT IMPLIQUÉES DANS LE CONTRÔLE DES RYTHMES.

Dans les années 1950, Bünning, en étudiant les végétaux, introduit le concept d'« horloges biologiques ». Depuis, les expériences d'isolement temporel ont démontré que l'activité rythmique est une propriété fondamentale de la matière vivante.

Les rythmes, chez l'homme comme chez les autres vertébrés, dépendraient d'horloges biologiques situées dans le système nerveux central. À l'heure actuelle et malgré les progrès techniques, aucune structure n'a véritablement été individualisée comme horloge biologique, ce qui laisse supposer l'existence de plusieurs structures, avec une organisation complexe. Les principales régions anatomiques mises en jeu seraient la formation réticulée, programmant l'alternance veille/sommeil, le noyau suprachiasmatique situé dans l'hypothalamus, agissant comme distributeur de périodicité, le cortex préfrontal orbitaire et l'épiphyse (ou glande pinéale), considérée comme l'une des principales pièces de l'horloge biologique.

L'épiphyse sécrète une hormone appelée mélatonine, qui présente un rythme circadien, avec des valeurs élevées au cours de la nuit et des valeurs basses au cours de la journée. Le cycle de la mélatonine semble être directement placé sous le contrôle de l'alternance obscurité-clarté. La lumière naturelle (supérieure à 2 500 lux) semble inhiber la sécrétion de cette hormone. L'épiphyse est considérée comme le relais des synchroniseurs lumineux (organe photo-neuro-endocrinien) agissant sur un certain nombre de rythmes. L'épiphyse participerait en particulier à la régulation du cycle veille/sommeil et, chez les mammifères, au contrôle du comportement sexuel saisonnier.

En règle générale, un certain nombre de voies nerveuses, ainsi que le complexe neuro-endocrinien hypothalamus-hypophyse, présentent dans leur activité un caractère rythmique, engendrant un rythme endogène. L'expression de ce rythme est modulée par l'effet d'événements comportementaux (et sociaux chez les espèces sociales comme l'homme) et le jeu de signaux provenant de l'environnement. •

2. Pics d'activité (avec leurs intervalles de confiance statistique) de différentes fonctions chez l'homme.

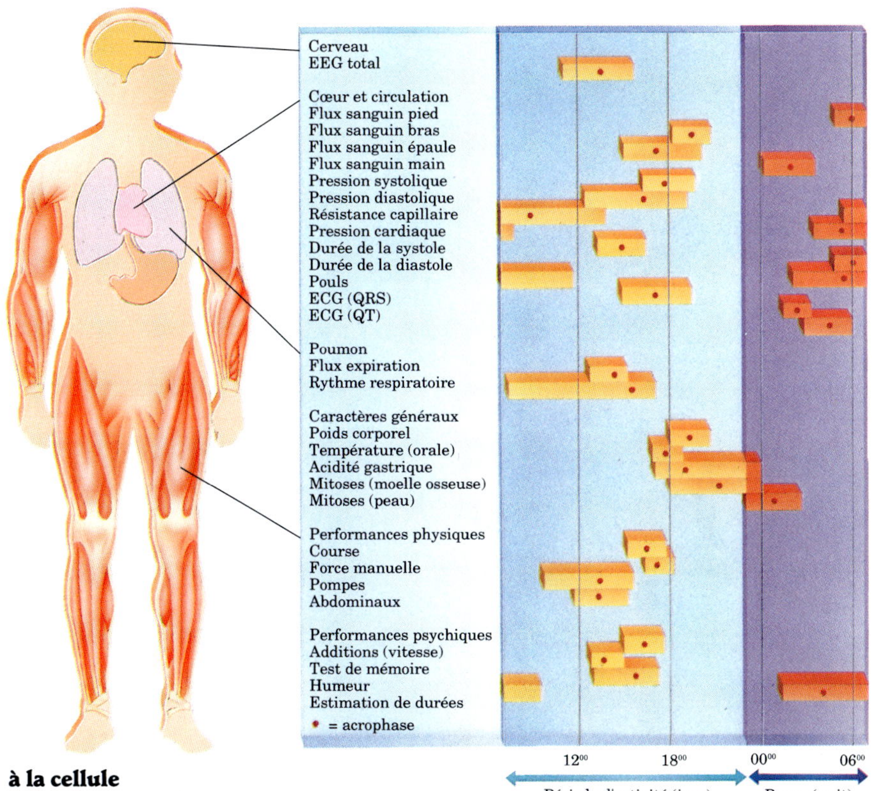

à la cellule

À l'échelle cellulaire, le métabolisme des cellules du foie varie également selon un cycle de 24 heures, synchronisé par l'alternance lumière/obscurité. Le cycle s'observe dans la forme même des cellules (3), qui contiennent une réserve maximale de glycogène à la fin de la phase d'activité, dont le niveau diminue au cours du repos. Le taux d'albumine montre une variation inverse.

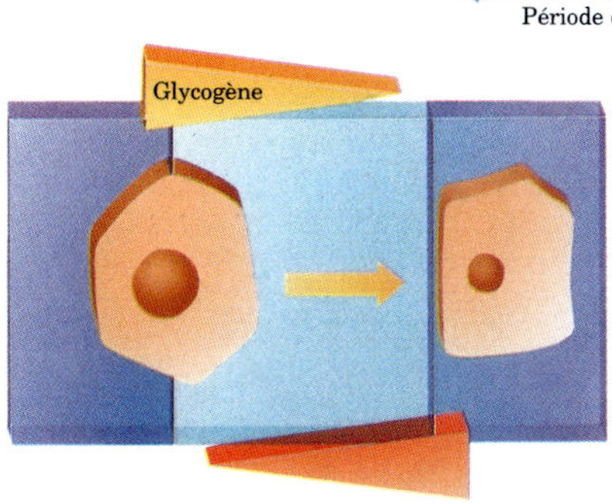

3. Cellule hépatique de rat. Variation de structure et évolution des taux de glycogène et d'albumine au cours du nycthémère (d'après Müller).

Les applications

LA CONNAISSANCE DES CORRÉLATS PHYSIOLOGIQUES ET PATHOLOGIQUES DES RYTHMES BIOLOGIQUES S'APPLIQUE À TRAVERS LA CHRONOTHÉRAPIE ET L'AMÉNAGEMENT DU TEMPS DE TRAVAIL.

Les applications de la chronobiologie sont présentes dans des domaines très différents. En agronomie, par exemple, l'allongement artificiel de la photopériode permet d'augmenter la productivité des poules pondeuses. En médecine, c'est surtout pour les troubles de l'humeur et du sommeil que les applications sont les plus importantes et les plus concrètes. Ainsi, la chronopathologie de la dépression permet de relier certaines formes de dépression à une désynchronisation des rythmes biologiques. Les chronothérapies tentent, dans les limites du possible, de « resynchroniser » les patients. Le renforcement des synchronisateurs externes et la « remise à l'heure » des horloges biologiques passent par la privation partielle ou totale du sommeil ou la photothérapie (traitement par une lumière intense, supérieure à 2 500 lux).

Les études pharmacologiques, qui mesurent la chronotoxicité (variation des effets toxiques) et la chronesthésie (variation de la sensibilité de l'organe), montrent que le moment de l'administration d'un médicament peut être un facteur important, au même titre que sa dose. Il devient possible de déterminer la période durant laquelle le médicament est plus efficace et moins toxique. Cette perspective ouvre de nouveaux horizons dans la lutte contre le cancer, en permettant d'optimiser les chimiothérapies et d'en diminuer les effets secondaires. En outre, les connaissances chronosémiologiques (détermination des périodes à risque) permettront d'élaborer un diagnostic précoce de certaines maladies, telles que les dépressions saisonnières ou les cancers du sein, et de mettre en place des thérapeutiques préventives.

Le monde du travail s'intéresse aussi à la chronobiologie, en proposant des horaires aménagés en fonction des différences interindividuelles, une rotation rapide pour les travailleurs postés et le personnel navigant aérien... La prise en compte des rythmes biologiques des enfants permettra d'adapter le temps scolaire. Une meilleure hygiène des rythmes tendra, dans tous les cas, à favoriser le bien-être. •

→ **Voir aussi :** L'hibernation, **BIOL**, p. 128-129. Le sommeil, **BIOL**, p. 186-187. L'appareil sexuel de la femme, **MED**, p. 318-319.

Relations et communication

PRÉSENTE DANS TOUTES LES régions, la vie devient foisonnante dans un grand nombre de lieux favorables. Le milieu physique se trouve alors envahi par la matière vivante, micro-organismes, végétaux et animaux. Liées à cette abondance et à cette diversité, des relations d'interdépendance s'établissent entre les espèces, formant les chaînes et les réseaux alimentaires, chaque maillon ne pouvant survivre que grâce à celui dont il tire sa nourriture.

Cependant, les relations entre espèces ne sont pas uniquement d'ordre alimentaire. D'une manière générale, elles sont associées à la réalisation des fonctions vitales, comme la nutrition, mais aussi la reproduction, le mouvement, la défense ou l'habitat. Les relations entre individus de la même espèce sont bien étudiées chez l'animal. Plus nombreuses chez les espèces grégaires, elles deviennent fondamentales chez les espèces sociales. Dans les autres espèces, les relations entre congénères se limitent souvent aux comportements liés à la reproduction.

Les relations s'établissent à partir de l'échange de signaux de communication. Ces signaux sont généralement à destination d'un récepteur particulier (partenaire sexuel qu'on cherche à attirer, prédateur qu'on cherche à éloigner, etc.). Un même signal peut avoir plusieurs significations selon le destinataire (le chant du cerf en rut est à la fois un signal territorial pour les autres mâles et un appel sexuel pour les femelles). Tout peut avoir valeur de signal de communication : la simple détection d'une proie représente un signal alimentaire pour son prédateur. Dans ce sens, « on ne peut pas ne pas communiquer ».

Sensation et signaux de communication

DANS LE MONDE VIVANT, TOUTE RELATION S'ÉTABLIT SUR LA RÉCEPTION DE SIGNAUX, QU'ILS SOIENT ÉMIS OU NON DANS UN BUT DE COMMUNICATION.

Le système sensoriel fournit à l'animal des informations sur les événements du milieu environnant ainsi que sur son propre milieu intérieur. Il existe différents types et différents niveaux de sensibilité dans le monde animal, les sens propres à chaque espèce dépendant de la nature de ses récepteurs sensoriels, eux-mêmes adaptés à l'écologie de cette espèce. Ces cellules particulières (cellules nerveuses ou en relation immédiate avec des cellules nerveuses) se différencient selon le stimulus auquel elles répondent : chimiorécepteurs (ou chémorécepteurs), mécanorécepteurs, thermorécepteurs, photorécepteurs, électrorécepteurs. En outre, certains animaux montrent une sensibilité au champ magnétique terrestre dont on n'a pas encore mis en évidence les récepteurs spécifiques.

Toute communication animale passe par l'échange de signaux et met donc en jeu les systèmes sensoriels des protagonistes. La reconnaissance des individus de la même espèce peut être fondée sur la perception d'un signal particulier. Ainsi, les mâles de différentes espèces de canards présentent sur l'aile un dessin très voyant, de forme et de couleur spécifiques, qui facilite le regroupement des individus de la même espèce lors de l'envol. Après l'éclosion des œufs de la dinde, c'est le cri des petits qui entraîne chez la mère l'expression du comportement maternel (une dinde sourde détruit sa portée). Dans les cas où il existe une véritable reconnaissance individuelle (c'est-à-dire qui concerne un individu particulier au sein de l'espèce), il y a mémorisation de signaux propres à cet individu. Chez la brebis, la reconnaissance du petit est fondée sur des signaux olfactifs et ne peut s'établir que dans les quelques heures qui suivent la naissance (si le petit est retiré à sa mère à la naissance, celle-ci ne pourra le reconnaître une fois ces quelques heures écou-

Les substances chimiques de la communication

LES PHÉROMONES, DISPERSÉES DANS LE MILIEU OU ÉCHANGÉES PAR VOIE ALIMENTAIRE, RÉGULENT UN GRAND NOMBRE DE RELATIONS.

Chez l'animal, la production et la réception de tout signal de communication mettent en jeu le système nerveux dont le fonctionnement intime se caractérise par l'échange de messagers chimiques, les neuromédiateurs. Ceux-ci, conjointement aux hormones véhiculées par voie sanguine, permettent la coordination et le contrôle de toutes les fonctions physiologiques. Si les hormones et les neuromédiateurs sont de la sorte impliqués dans la communication animale, celle-ci se trouve en partie fondée sur l'échange, entre individus, d'autres substances, les phéromones.

Ces molécules messagères (du grec *pherein,* transporter, et *hormân,* exciter) sont mises en évidence chez les plantes et les animaux. Le terme phéromone désigne, parmi les substances chimiques émises dans l'environnement, celles qui ont une fonction de communication, c'est-à-dire qui sont susceptibles de provoquer une réaction chez un organisme récepteur (attraction sociale ou sexuelle, alarme, exclusion territoriale). On limite la notion de phéromone aux communications intraspécifiques : en ce sens, les substances odorantes émises par certaines fleurs à destination des insectes pollinisateurs ne peuvent être considérées comme des phéromones. Cependant, dans le cas des coléoptères scolytes (destructeurs du bois), les phéromones de regroupement ont également un effet attractif sur leurs prédateurs. On parle dans ce cas de kairomones.

Les phéromones interviennent chez l'animal par voie olfactive ou alimentaire. Elles sont mises en jeu dans une grande variété de comportements, principalement dans la reconnaissance de l'espèce ou dans celle d'un individu particulier (espèces sociales), dans le comportement sexuel et dans le marquage du territoire. Les phéromones agissent parfois comme des substances d'alarme, émises dans un groupe par l'individu qui perçoit le danger, provoquant, par exemple, la dispersion du banc lorsqu'il s'agit de poissons (vairons). Les phéromones peuvent diffuser sur de grandes distances, l'exemple classique est celui de la femelle du ver à soie *(Bombyx mori)* dont les phéromones peuvent attirer le mâle à plusieurs kilomètres. Dans les sociétés d'insectes, la cohésion sociale est renforcée par l'échange alimentaire entre individus, ou trophallaxie : la nourriture ingérée est régurgitée, passant rapidement d'un animal à l'autre. Chez les abeilles, des phéromones émises par les individus sexués (notamment la reine) peuvent ainsi diffuser dans toute la ruche, jouant sur la physiologie des ouvrières (effet de groupe). •

1. Jeunes geais des chênes *(Garrulus glandarius).*

2. Cobra égyptien *(Naja haje).*

lées). Durant cette période sensible, la brebis peut s'attacher à un petit qui n'est pas le sien. En dehors de la période sensible, la brebis refuse d'allaiter tout autre jeune que celui auquel elle a été « sensibilisée ».

La perception de signaux émis par d'autres animaux n'intervient pas seulement lors de relations intraspécifiques (c'est-à-dire entre individus de la même espèce). Dans une relation proie-prédateur, les signaux qui servent à guider le prédateur ou à alerter la proie ne sont généralement pas émis dans un but de communication. Il en est ainsi, par exemple, des signaux visuels et olfactifs, qui jouent un grand rôle, en savane, dans les relations entre les carnivores et leurs proies herbivores. Certains serpents (pythons, serpents à sonnette) possèdent sur la face des organes en fossettes contenant des thermorécepteurs (sensibles aux rayons infrarouges) ; ils peuvent ainsi s'orienter vers une proie à sang chaud, même dans l'obscurité. D'une manière générale, les prédateurs montrent un développement privilégié de certains organes sensoriels, adapté au milieu où ils vivent et à leurs méthodes de chasse. Il arrive que les prédateurs émettent des signaux à destination de leurs proies : il s'agit alors de leurres qui permettent d'attirer les proies (imitation de signaux d'attraction sexuelle, par exemple) ou de les surprendre (camouflage). Les proies elles-mêmes utilisent des leurres naturels, chimiques, morphologiques ou comportementaux. Par ailleurs, les animaux dont la chair est vénéneuse se signalent par des couleurs vives pour que les espèces prédatrices évitent de les consommer (ces couleurs peuvent être elles-mêmes imitées par des espèces non vénéneuses, qui réalisent ainsi une stratégie de défense par mimétisme batésien).

Les relations qui s'établissent entre végétaux et animaux mettent également en jeu le système sensoriel de ces derniers. Les fleurs émettent des signaux chimiques et visuels à destination des animaux qui en assurent la pollinisation. Par exemple, on met en évidence sur les pétales de certaines fleurs pollinisées par des insectes des lignes et des taches qui convergent vers les nectaires (donc vers les étamines et le stigmate). Ces lignes pourraient servir de balisage pour les insectes volants ; elles sont d'ailleurs bien visibles en lumière ultraviolette, ce qui plaide en faveur de leur rôle et de leur spécificité, puisque les insectes sont sensibles au rayonnement ultraviolet. •

La complexité des relations dans la biocénose

ALIMENTAIRES, SEXUELLES OU LIÉES AU COMPORTEMENT SOCIAL, LES RELATIONS SE TISSENT DANS TOUTE COMMUNAUTÉ VIVANTE AU SEIN DE CHAQUE ESPÈCE ET ENTRE ESPÈCES DIFFÉRENTES.

Il existe plusieurs manières d'aborder l'étude des relations dans le monde vivant. On peut les caractériser suivant le canal de communication qu'elles privilégient : visuelles, tactiles, olfactives, auditives, etc. D'un point de vue comportemental et écologique, on peut enregistrer les signaux dans leurs différentes modalités, comparer leur efficacité à s'individualiser parmi les autres signaux qui transitent par le même canal, et interpréter le message qu'ils véhiculent sous forme codée. D'un point de vue physiologique, on étudie les organes et les fonctions de la vie de relation, c'est-à-dire ceux pour lesquels l'animal est en rapport avec son milieu extérieur, échangeant avec lui des informations. Les fonctions de relation se trouvent sous la dépendance de trois systèmes hautement intégrés les uns aux autres : le système sensoriel, le système nerveux et le système endocrinien (ou hormonal).

Les relations peuvent être également catégorisées selon leur caractère interspécifique (entre espèces différentes) ou intraspécifique (au sein de la même espèce). Dans la biocénose, il existe différents types de relations interspécifiques. Il peut s'agir d'interactions alimentaires, comme la prédation, dans laquelle un animal en tue un autre pour s'en nourrir. Les consommateurs de végétaux (qui sont parfois rangés parmi les prédateurs) sont nommés phytophages (ou herbivores). Certains se nourrissent d'animaux morts (charognards) ou de matière organique en décomposition (animaux détritivores, végétaux saprophytes). Les omnivores (ou opportunistes) varient leurs choix alimentaires en fonction des disponibilités. Deux espèces de la même biocénose dont le régime alimentaire est semblable peuvent entrer en compétition, celle-ci pouvant aller jusqu'à l'élimination d'une espèce par une autre.

Dans le parasitisme, la relation est différente, puisque le parasite se nourrit aux dépens de son hôte, sans toutefois le consommer entièrement ; de plus, ce dernier lui offre un véritable habitat (endoparasite) ou tout au moins un support (ectoparasite). Le commensal, quant à lui, profite des aliments non consommés par son hôte sans toutefois constituer une gêne pour lui. On qualifie d'inquilin l'animal qui vit accroché à ou à l'intérieur de son hôte sans nécessairement profiter de sa nourriture. Il est cependant difficile de distinguer l'inquilinisme du commensalisme d'une part et de la phorésie d'autre part (dans laquelle un animal se fait transporter par un autre). Les insectes sociaux montrent des formes particulières d'interactions avec d'autres espèces : élevage de pucerons, culture de champignons ou encore esclavagisme (fourmis). Certaines espèces animales peuvent simplement cohabiter (en partageant, par exemple, le même terrier). Lorsque l'association est bénéfique à chacun des deux partenaires, il s'agit d'une symbiose (ou mutualisme).

Les relations intraspécifiques se limitent souvent à la réalisation de la reproduction sexuée chez les espèces « solitaires » ; la compétition susceptible de s'établir entre mâles pour l'accouplement peut s'accompagner de comportements agonistiques (combats) et territoriaux (marquage et défense d'un territoire). Les relations ritualisées entre mâle et femelle sont très variées (parades, danses, offrandes, réalisation commune d'un nid, agressions, voire même consommation du mâle par la femelle chez certains insectes et arachnides). Toutefois, dans de nombreuses espèces, l'interdépendance entre les individus dépasse le cadre de la reproduction sexuée ; ceux-ci réalisent alors des groupements. Lorsque le niveau d'interdépendance est très bas, les groupements, appelés « foules », sont largement déterminés par des facteurs externes (nourriture, humidité). Le grégarisme marque un plus fort niveau d'interdépendance : au contact les uns des autres, les individus montrent des modifications physiologiques qui traduisent ce qu'on nomme l'« effet de groupe ». Au niveau le plus élevé d'interdépendance, celui des sociétés « vraies », l'existence de l'individu est liée à celle de son groupe social, où s'exprime tout un ensemble de comportements coopératifs (comme l'élevage des jeunes, la défense du groupe ou la construction et l'entretien d'un habitat spécifique). Plus apparente chez les insectes sociaux que dans les sociétés de vertébrés, la spécialisation des tâches est caractéristique. •

→ **Voir aussi :** Les centres nerveux, **BIOL**, p. 176-177. Les récepteurs sensoriels, **BIOL**, p. 180-181. La communication animale, BIOL, p. 192-193. Signaux et leurres, **BIOL**, p. 194-195. Les interactions entre espèces, **BIOL**, p. 196-197. Les sociétés animales, **BIOL**, p. 210-211. Le comportement social, **BIOL**, p. 212-213.

3. Ocelot *(Felis pardalis)*.

Les cibles des signaux de communication

Ces oisillons (1) ouvrent largement leur bec à l'adresse de membres bien particuliers de leur espèce : leurs parents. La coloration rouge de la gorge des jeunes constitue un signal qui déclenche chez les parents le comportement de nourrissage.
En revanche, l'ouverture de la gueule a une nette signification agressive chez ce cobra égyptien (2), comme chez cet ocelot (3). Ce signal d'intimidation, très répandu chez les vertébrés, s'échange souvent entre individus d'espèces différentes. Le félin accompagne cette démonstration visuelle d'un feulement. Le cobra se dresse et déploie son capuchon (dans cette position certains cobras sont capables de cracher leur venin à deux mètres de distance).
Cette colonie très dense de fourmis nomades africaines (4) doit en partie sa cohésion au balisage de la piste par des substances odorantes (phéromones). De plus, la colonie est protégée par une double haie de soldats. Ces fourmis carnivores très agressives s'attaquent à tout animal faisant obstacle à leur progression.

4. Colonie de fourmis magnans traversant une route au Bénin.

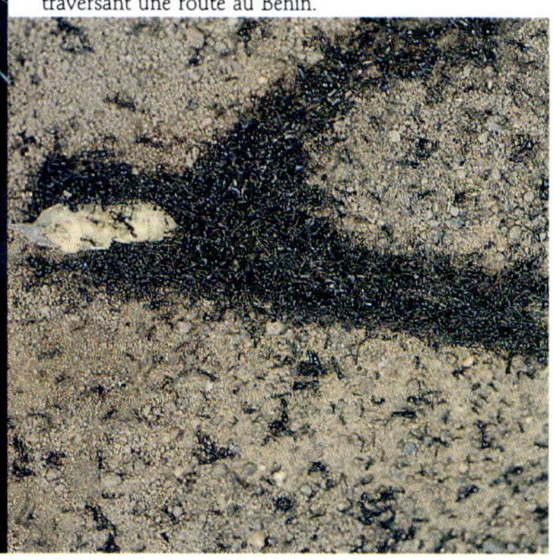

Le neurone

LE TISSU NERVEUX FORME un réseau d'une rare complexité dont l'élément de base est le neurone. Cette cellule, spécialisée dans la communication, assure non seulement le transport et le traitement des informations qui parviennent au cerveau, mais contrôle la contraction des muscles et le fonctionnement des organes.

Si on retrouve en elle toutes les caractéristiques d'une cellule, elle possède des particularités propres à sa fonction. Autour de son soma (ou corps cellulaire) s'étirent de nombreux prolongements ramifiés, les dendrites, qui permettent de recevoir les signaux, tandis qu'un long prolongement cylindrique, l'axone, les transmet aux neurones suivants. Ces signaux, les *potentiels d'action,* sont produits par des courants ioniques passant au travers de la membrane neuronale. Celle-ci joue donc un rôle de tout premier plan dans la propagation de l'influx nerveux. Elle est particulièrement riche en protéines, d'où la grande quantité des ribosomes, au niveau desquels s'effectue leur synthèse.

Bien qu'extrêmement proches les uns des autres, les neurones ne sont pas en contact direct. Le passage de l'information ne peut s'effectuer qu'au niveau de zones spécialisées, les *synapses,* par l'intermédiaire d'une substance chimique au rôle de messager, le *neuromédiateur.*

Mais, sans le concours des *cellules gliales* qui les entourent, les neurones ne pourraient pas assurer leur fonction de communication. Ces cellules, moins bien connues, jouent un rôle de soutien, de nutrition et interviennent dans la conduction de l'influx nerveux par les axones des neurones.

Morphologie et environnement du neurone

LES NEURONES SONT DES CELLULES HAUTEMENT SPÉCIALISÉES AUXQUELLES LES CELLULES GLIALES SONT INTIMEMENT ASSOCIÉES.

À l'intérieur du neurone, on retrouve tous les éléments cellulaires habituels : cytoplasme, cytosquelette, noyau et organites cytoplasmiques.

Caractères propres.
Les ribosomes, particulièrement nombreux, sont regroupés en une structure appelée corps de Nissl. Le neurone possède, sur sa membrane et dans son cytoplasme, un grand nombre de protéines très diverses qui interviennent toutes, à un niveau ou à un autre, dans la transmission ou le traitement de l'information.

Du corps du neurone s'épanouissent les dendrites, prolongements plus ou moins nombreux et ramifiés. L'axone, de forme cylindrique, toujours unique, peut se diviser en plusieurs collatérales d'un diamètre plus petit. On a pu observer, au cœur de cet axone, des courants de cytoplasme qui, selon leur sens, permettent soit de transporter vers la terminaison les protéines nécessaires au bon fonctionnement de la synapse, soit de ramener certaines molécules vers le soma.

L'axone se termine par une arborisation ; chaque extrémité porte un renflement, le *bouton synaptique,* qui forme une synapse avec la membrane d'un autre neurone. Dans les boutons se trouvent les vésicules synaptiques contenant le neuromédiateur.

Le neurone est une des rares cellules de l'organisme qui, une fois différencié, ne se divise plus. La multiplication cellulaire a lieu au cours de l'embryogenèse et, à la naissance, le stock de neurones est pratiquement définitif. Les rares divisions observées ensuite ne remplacent pas les pertes quotidiennes de neurones (de l'ordre de 10 000 chez l'homme). Ces morts neuronales sont en partie compensées par une redondance des circuits et par une certaine capacité d'adaptation, ou plasticité, des réseaux de neurones.

La glie.
Outre les neurones, le tissu nerveux est constitué de vaisseaux sanguins et de glie. Les cellules gliales, extrêmement nombreuses, ont des fonctions variées ; on les regroupe en plusieurs types.

L'astrocyte porte au neurone tous les nutriments dont il a besoin et évacue ses déchets. Il établit par ses pseudopodes d'étroits contacts avec les vaisseaux sanguins pour y puiser le glucose ou les acides aminés.

L'oligodendrocyte assure la myélinisation des neurones du système nerveux central. Dans ce processus, ses pseudopodes s'enroulent en différents points autour de l'axone pour former une succession de gaines de myéline séparées par de petits espaces appelés nœuds de Ranvier.

On trouve également les cellules de la microglie, qui sont affectées à la défense immunitaire du tissu nerveux.

Enfin, certaines cellules gliales ne sont présentes qu'à une période déterminée du développement, par exemple, durant la migration des jeunes neurones. Elles jouent alors le rôle de guide afin que ces derniers puissent trouver leur place dans l'architecture du cerveau. •

1. Neurones du cortex cérébral (microscope électronique, fausses couleurs).

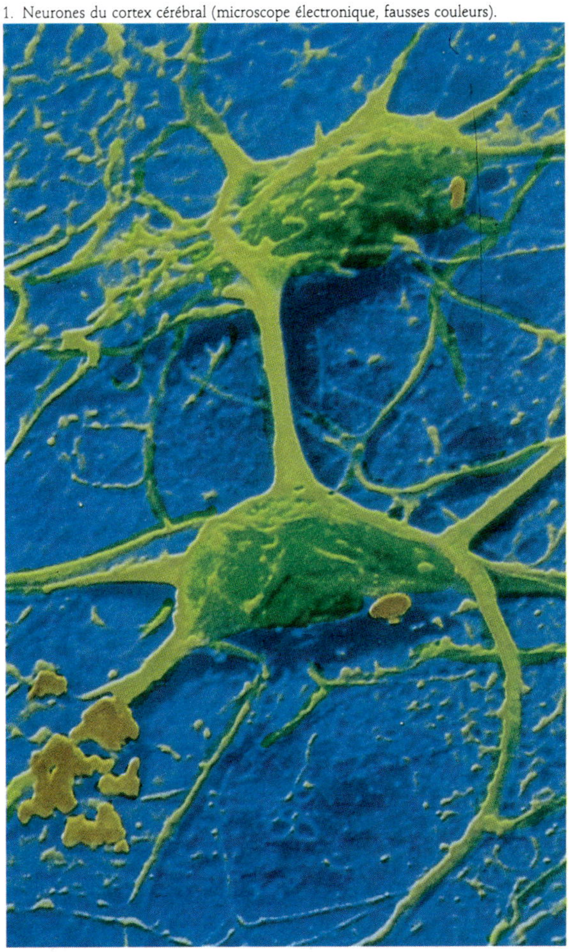

La variété des formes

Les neurones, de morphologie différente selon leur fonction, s'organisent en réseaux extrêmement denses et complexes, comme le suggère ce schéma très simplifié (6) d'un circuit neuronique du cervelet (les petites flèches figurent le sens de déplacement des potentiels d'action).

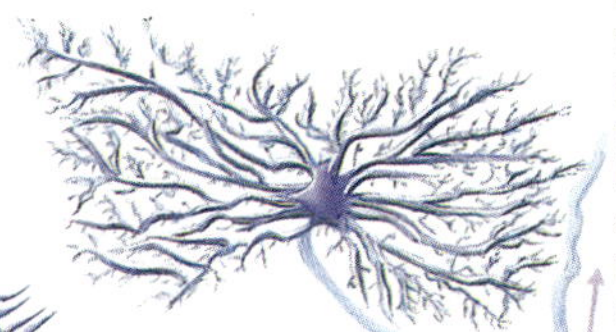

2. Neurone du tronc cérébral.

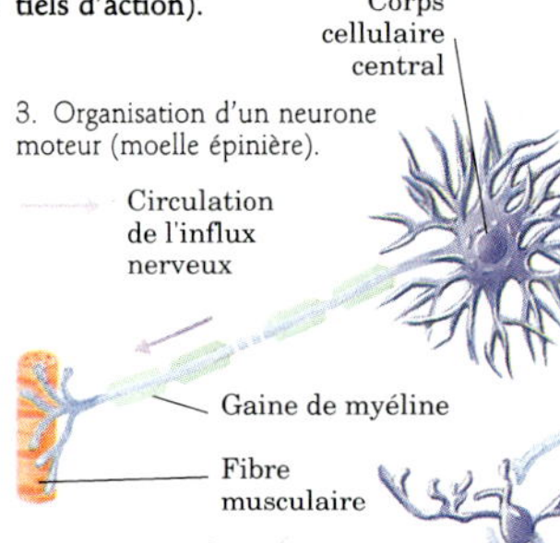

3. Organisation d'un neurone moteur (moelle épinière).

4. Cellule pyramidale (cortex cérébral).

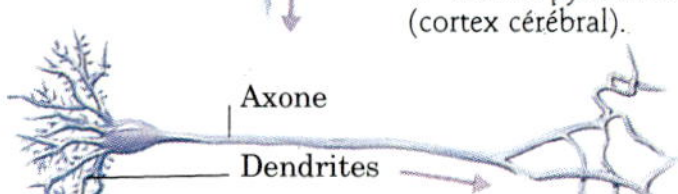

5. Cellule bipolaire (rétine).

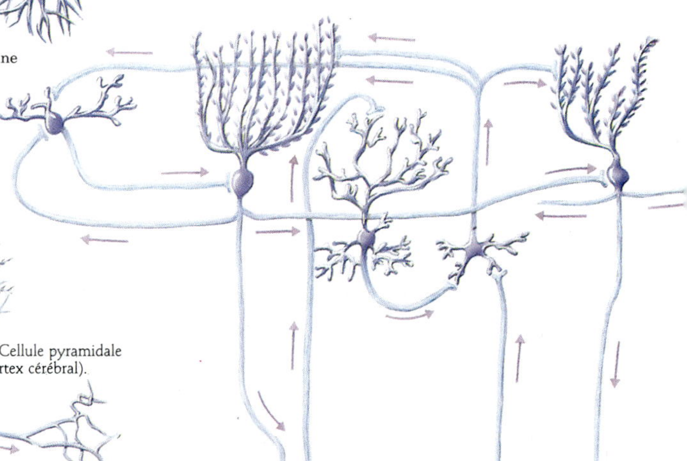

6. Réseau simplifié de neurones du cervelet.

L'influx nerveux

LE POTENTIEL D'ACTION EST LA BASE DU LANGAGE NEURONAL. C'EST UN PHÉNOMÈNE ÉLECTROCHIMIQUE QUI REPOSE SUR LES PROPRIÉTÉS DE LA MEMBRANE CELLULAIRE DU NEURONE.

Lorsqu'un neurone est au repos, il existe, comme chez toute cellule vivante, une différence de potentiel stable de 60 mV entre l'extérieur et l'intérieur de la cellule. Cette polarité, mise en évidence de part et d'autre de la membrane cytoplasmique, est appelée potentiel membranaire ou potentiel de repos. L'ion potassium est en grande partie responsable de son existence. Si l'on considère à cet instant les forces de diffusion et les forces électrostatiques auxquelles les ions sont soumis, le sodium devrait entrer massivement dans la cellule, tandis que le potassium devrait en sortir. En fait, l'imperméabilité de la membrane s'oppose à ces déplacements spontanés et les concentrations ioniques restent stables. Malgré tout, cette imperméabilité n'est que relative et les fuites doivent être compensées par l'activité d'une protéine membranaire jouant le rôle de « pompe ionique » (la pompe Na^+/K^+). Cette protéine a besoin d'énergie sous forme d'A.T.P. (adénosine triphosphate) pour rejeter les ions sodium et faire pénétrer les ions potassium dans la cellule.

Le potentiel d'action.
Il s'agit d'une brève inversion de polarité de la membrane. En moins de 3 millisecondes, le potentiel passe de – 60 mV (valeur au repos) à + 30 mV, puis revient à sa valeur initiale. C'est un phénomène extrêmement important qui peut être considéré comme l'élément de base de la communication entre neurones. Sous l'effet d'une dépolarisation, les canaux situés dans la membrane neuronale s'ouvrent et laissent passer certains ions, en particulier l'ion sodium. C'est ce passage d'atomes chargés électriquement qui donne naissance au potentiel d'action. La cinétique d'ouverture et de fermeture des canaux, mais aussi la nature des ions déterminent la morphologie et la durée de cette brutale inversion de polarité de la membrane.

Lorsqu'un potentiel d'action est produit, il existe une période, dite réfractaire, pendant laquelle aucun autre potentiel ne peut prendre naissance. Cela a pour conséquence de limiter leur fréquence le long d'un axone et donc de limiter la quantité d'information circulante.

La conduction de l'influx nerveux.
Après sa naissance, le potentiel d'action se propage le long de l'axone jusqu'à la terminaison à une vitesse variant entre 1 et 100 m/s. La conduction de l'influx nerveux est d'autant plus rapide que le diamètre de l'axone est important. Mais elle est différente selon que celui-ci est entouré d'une gaine de myéline (axone myélinisé) ou non. Lorsque l'axone n'est pas myélinisé, la dépolarisation est générée de proche en proche par les courants ioniques locaux. Le long d'un axone pourvu de manchons de myéline isolante, l'influx se propage de nœud de Ranvier en nœud de Ranvier puisque les mouvements ioniques ne peuvent avoir lieu qu'au niveau de ces interruptions de la gaine ; cette conduction, dite saltatoire, est beaucoup plus rapide. •

La transmission synaptique

Lorsque le potentiel d'action (signal électrique figuré sur le schéma) parvient à la terminaison, les canaux calcium s'ouvrent. Le calcium entre et provoque la migration des vésicules vers la membrane. Les molécules de neuromédiateur sont alors libérées et vont se fixer sur des récepteurs postsynaptiques spécifiques. Les canaux s'ouvrent et des ions entrent, provoquant une variation de potentiel membranaire du neurone postsynaptique qui pourra, à son tour, générer un potentiel d'action.

7. Synapse et libération des neuromédiateurs.

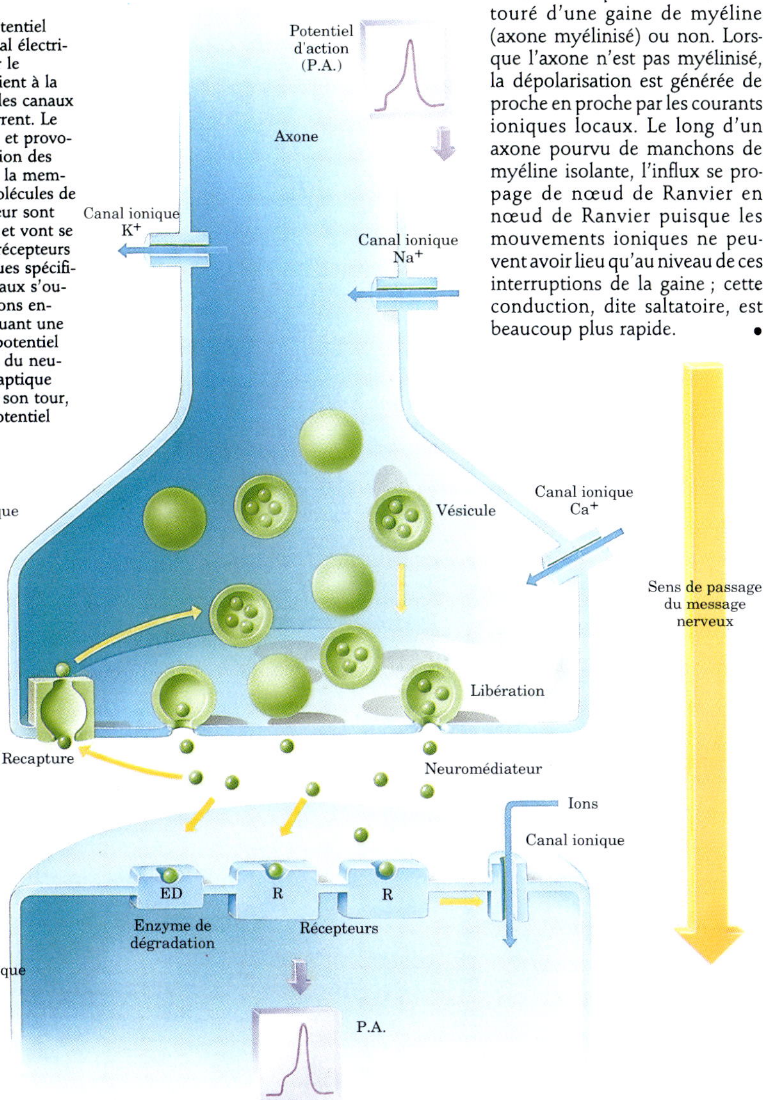

Le fonctionnement de la synapse

À TRAVERS LA SYNAPSE, L'INFORMATION SE TRANSMET GRÂCE À UN MESSAGER CHIMIQUE, LE NEUROMÉDIATEUR.

Lorsque le neuromédiateur est un peptide, sa synthèse ne peut avoir lieu qu'au niveau du corps cellulaire du neurone. En effet, celle-ci s'opère dans les ribosomes, qui se trouvent absents des terminaisons. Par contre, pour d'autres types de neuromédiateurs, comme les catécholamines, la fabrication peut être effectuée dans les vésicules de la terminaison. Ce sont alors les différentes enzymes nécessaires à la synthèse qui sont transportées par le flux axonal.

Libération du neuromédiateur.
Lorsque le potentiel d'action arrive à la terminaison de l'axone, les canaux membranaires spécifiques du calcium s'ouvrent. Le calcium entre dans la cellule et provoque, par son action sur des neurofilaments, la migration des vésicules vers la fente synaptique. Après fusion des membranes, les molécules de neuromédiateur sont libérées et se déplacent librement dans l'espace synaptique.

Genèse du potentiel d'action postsynaptique.
Certaines molécules de neuromédiateur vont alors venir se fixer temporairement sur un récepteur situé sur la membrane du neurone postsynaptique. Ce récepteur est une protéine, spécifique d'un neuromédiateur donné ; un autre médiateur, de forme différente, ne pourra pas venir s'y fixer. Il s'agit d'un mécanisme analogue à celui d'une clef dans une serrure.

Les récepteurs occupés vont provoquer l'ouverture d'autres canaux ioniques de la membrane. Selon la nature des ions qu'ils laissent pénétrer, deux types d'effets peuvent être observés : soit une dépolarisation de la membrane postsynaptique, qui favorise l'apparition d'un potentiel d'action (c'est le cas lorsque des ions sodium Na^+ entrent dans le neurone) ; soit, à l'inverse, une hyperpolarisation, qui diminue la probabilité d'apparition d'un potentiel d'action (c'est le cas lorsque des ions chlore Cl^- entrent dans le neurone).

Régulation du fonctionnement synaptique.
Lorsque le neuromédiateur est libéré dans la fente synaptique, il est progressivement détruit par des enzymes de dégradation spécifiques. Ce phénomène est extrêmement important car il permet de limiter la durée de transmission du message. En l'absence de telles enzymes, le neurone postsynaptique continuerait de recevoir une même information, depuis longtemps devenue inutile.

Dans certains cas, la membrane du bouton synaptique possède des transporteurs qui permettent de récupérer une partie des molécules de neuromédiateur. Ces dernières peuvent alors être restockées dans les vésicules pour être à nouveau libérées. Cela permet une substantielle économie d'énergie. •

Le traitement de l'information

LA FINESSE DES RÉGULATIONS NERVEUSES EST DUE AUX INNOMBRABLES CONNEXIONS QUE LES NEURONES ÉTABLISSENT ENTRE EUX.

L'architecture des circuits neuroniques est d'une très grande complexité. Par exemple, un neurone peut avoir de 1 000 à 10 000 synapses en liaison avec d'autres neurones tout en recevant lui-même autant de terminaisons de neurones. Que se passe-t-il alors quand il reçoit de nombreux messages ? À chaque instant s'opère, au niveau du soma du neurone, une sommation de toutes les variations de polarités produites par l'arrivée de chaque message. Si la dépolarisation résultante est suffisamment forte, un ou plusieurs potentiels d'action sont générés et propagés jusqu'aux neurones suivants. Dans le cas contraire, aucun influx nerveux, aucun message n'est produit par le neurone. Une telle intégration se fait à chaque instant pour chacun des 10 à 100 milliards de neurones présents dans le cerveau humain.

Dans certaines circonstances, les neurones peuvent être capables de moduler cette intégration en diminuant ou en augmentant la quantité de telle ou telle catégorie de protéines présentes sur sa membrane, ou au niveau de la synapse (enzymes de synthèse ou de dégradation, peptides neurotransmetteurs, récepteurs, canaux, transporteurs, pompes, etc.). La qualité de la transmission synaptique, c'est-à-dire la façon dont les messages sont transmis d'un neurone à l'autre, peut donc être modifiée et adaptée aux besoins (liés, par exemple, à des priorités de traitement). •

Les messagers chimiques du cerveau

APPELÉS NEUROMÉDIATEURS ou *neurotransmetteurs,* les messagers chimiques du cerveau – et de l'ensemble du système nerveux – sont des molécules, généralement de petite taille, qui assurent le transport de l'information d'un neurone à un autre à travers l'espace synaptique. Par leur taille et leur faible concentration, ces molécules essentielles sont très difficiles à détecter et à étudier. Les neurobiologistes en ont tout de même identifié plus d'une trentaine dont certaines ne sont encore que des candidates au rôle de neuromédiateur (car, pour être acceptées comme tel, elles doivent répondre à un certain nombre de critères). L'étude spécialisée des neuromédiateurs représente un domaine scientifique en pleine expansion, la *neurochimie*. Ces molécules interviennent dans toutes les fonctions nerveuses ; parmi celles-ci, les fonctions cérébrales sont en général suffisamment complexes pour mettre en jeu plusieurs neuromédiateurs. À l'inverse, un même neuromédiateur est souvent impliqué dans plusieurs fonctions cérébrales différentes. La connaissance des messagers chimiques du système nerveux, de leur synthèse, de leur dégradation et de leur mode d'action a permis de mettre au point des médicaments *psychotropes,* dont l'utilisation rigoureuse est d'un grand secours en clinique humaine.

Les neuromédiateurs ne sont pas les seules molécules endogènes (fabriquées par l'organisme) agissant sur le cerveau, car ce dernier est également influencé par des *hormones,* molécules sécrétées par les glandes endocrines et véhiculées par le sang. Les interactions hormones-neuromédiateurs sont multiples.

1. Visualisation par fluorescence d'un neuromédiateur (catécholamine) dans un neurone.

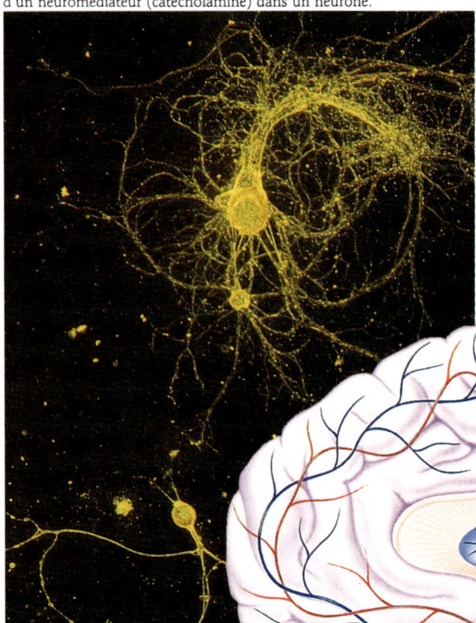

Les systèmes neurochimiques

Chaque neurone (1) ne produit en général (car il y a des exceptions) qu'un seul type de neuromédiateur, dopamine, sérotonine, acétylcholine, substance P, etc. Les neurones sont regroupés, dans des structures nerveuses anatomiquement distinctes, selon le type de neuromédiateur synthétisé (2) [système neurochimique]. Beaucoup d'autres neurones, disséminés dans tout le système nerveux (et ne figurant pas sur le schéma), produisent également ces médiateurs.

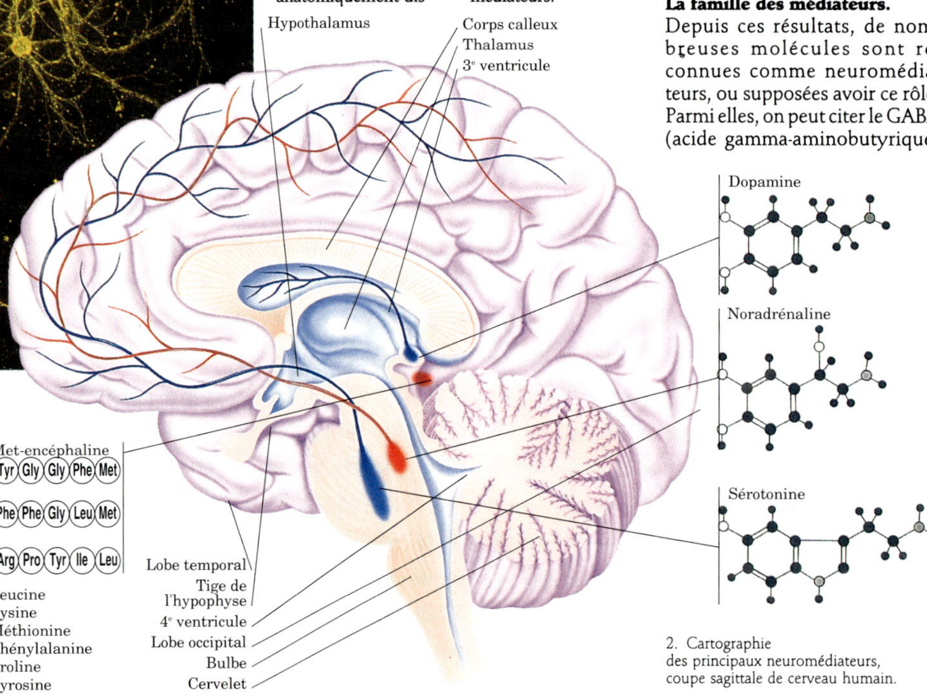

Arg Arginine
Asn Asparagine
Gln Glutamine
Glu Acide glutamique
Gly Glycine
Ile Isoleucine
Leu Leucine
Lys Lysine
Met Méthionine
Phe Phénylalanine
Pro Proline
Tyr Tyrosine

2. Cartographie des principaux neuromédiateurs, coupe sagittale de cerveau humain.

La recherche des neuromédiateurs

ON DÉCOUVRE DANS LE CERVEAU DE NOMBREUSES SUBSTANCES CHIMIQUES POUVANT JOUER UN RÔLE DE NEUROMÉDIATEUR, C'EST-À-DIRE DE MESSAGER DE L'INFLUX NERVEUX.

L'étude de la morphologie d'une synapse a montré qu'il existe un espace d'environ 50 nanomètres (millionièmes de millimètre) entre les terminaisons des neurones situés de part et d'autre de celle-ci (neurones pré- et postsynaptiques). Si la transmission de l'influx nerveux, ou potentiel d'action, était un phénomène purement électrique, celui-ci ne mettrait qu'un millionième de seconde à franchir l'espace synaptique. Or, il existe un délai, d'une demi-milliseconde environ, entre l'arrivée de l'influx nerveux à la terminaison et l'apparition d'un potentiel sur le neurone suivant. D'où la nécessité, pressentie dès le début du XXe siècle, de l'existence d'un autre mécanisme, de nature chimique.

L'un des premiers scientifiques à avoir avancé une telle hypothèse fut le Britannique T. R. Elliott, qui travaillait sur les glandes surrénales. En 1904, il écrivait déjà que « l'adrénaline pourrait être le stimulant chimique libéré chaque fois que l'influx arrive à la périphérie ». Quelques années plus tard, en 1907, un autre Britannique, J. N. Langley, introduisait la notion de récepteur. Cependant, la communauté scientifique était encore loin d'adopter ces nouvelles théories, très controversées. Pourtant, en 1934, Dale et Feldberg réalisèrent l'expérience qui consacra la théorie du neuromédiateur en démontrant qu'une molécule, l'acétylcholine, est libérée au niveau de la jonction neuromusculaire.

La famille des médiateurs. Depuis ces résultats, de nombreuses molécules sont reconnues comme neuromédiateurs, ou supposées avoir ce rôle. Parmi elles, on peut citer le GABA (acide gamma-aminobutyrique) et les amines telles que la dopamine, la noradrénaline et la sérotonine. Il en existe bien d'autres. Depuis quelques années, notamment, certains peptides (courtes chaînes d'acides aminés) sont considérés comme des neuromédiateurs, voire des neuromodulateurs, molécules dont l'action n'est pas limitée à une seule fente synaptique, mais s'étend sur un grand nombre de synapses. Parmi ces peptides, on peut citer la neurotensine, la cholécystokinine ou le VIP ; on soupçonne un rôle de neuromédiateur chez de nombreux autres peptides.

Pour qu'une substance, présente dans un neurone, puisse être officiellement reconnue comme médiateur, elle doit satisfaire à un certain nombre de critères (établis pour permettre une connaissance rigoureuse du système). Entre autres, le neurone doit contenir également les enzymes de synthèse de cette substance ; celle-ci doit être libérée à l'arrivée de l'influx nerveux, et des enzymes de dégradation doivent être présentes sur le versant postsynaptique. En définitive, il reste encore assez délicat d'affirmer avec certitude qu'une substance est réellement un neuromédiateur. Bien peu parmi tous les candidats, et malgré les fortes présomptions à leur égard, réunissent tous les critères.

Les morphines endogènes. Compte tenu des propriétés pharmacologiques de la morphine, les biochimistes ont très tôt postulé l'existence d'un récepteur cérébral spécifique de cette substance. Son identification, en 1973, a été le point de départ d'une découverte encore plus importante car il était alors clair que ce récepteur ne pouvait être destiné à la morphine elle-même, c'était nécessairement celui d'un neuromédiateur endogène.

Les scientifiques ont donc tenté de retrouver, dans des extraits de cerveaux, des composés susceptibles de reproduire les effets inhibiteurs de la morphine sur la contraction de l'intestin. Après purification successive des extraits actifs, non pas une mais deux molécules endogènes furent isolées : deux peptides de cinq acides aminés chacun, la leucine-enképhaline et la méthionine-enképhaline. Ultérieurement (1975), une autre famille de morphines endogènes, des peptides d'une longueur comprise entre 16 et 31 acides aminés, était identifiée. Ces molécules, les endorphines, se sont révélées être extrêmement efficaces contre la douleur, près de vingt fois plus que la morphine.

Neuromédiateurs et fonctions

LES MESSAGERS CHIMIQUES SE RETROUVENT DANS TOUT LE SYSTÈME NERVEUX ET INTERVIENNENT DANS TOUTES LES FACETTES DE SON FONCTIONNEMENT.

L'idée a longtemps prévalu, en neurobiologie, qu'à une fonction correspondait une structure nerveuse et, par conséquent, un seul neuromédiateur. En fait, n'importe quelle aptitude du cerveau, même la plus simple, est le fruit d'une collaboration entre plusieurs centres nerveux et implique divers neuromédiateurs.

La noradrénaline et ses fonctions.
Le rôle de la noradrénaline est très important dans ces situations dites de stress, ou d'agression dans son sens large, que sont les événements jugés critiques par l'individu (apparition d'un prédateur, danger imminent...) ou franchement nocifs (traumatisme, infection, refroidissement...). Outre la sécrétion d'adrénaline par la glande médullo-surrénale dans de telles circonstances, on observe une excitation générale du système orthosympathique, dont toutes les synapses situées au niveau des organes libèrent de la noradrénaline. Ce neuromédiateur, chimiquement très proche de l'adrénaline (famille des catécholamines), détermine tout un éventail de réactions végétatives, telles l'accélération des rythmes cardiaque et respiratoire, la piloérection ou la sudation.

La noradrénaline fait également partie des neuromédiateurs impliqués dans la régulation thermique des animaux homéothermes : dans une ambiance à température élevée, l'utilisation de la noradrénaline par le cerveau est plus importante. Libérée par des neurones de la partie antérieure de l'hypothalamus, son rôle est d'abaisser la température centrale en bloquant la production de chaleur.

Depuis quelques années, l'intervention de la noradrénaline dans les processus mnésiques ne fait plus aucun doute et on lui attribue également un rôle important dans la physiologie du sommeil paradoxal (ce double rôle corrobore l'hypothèse d'une relation entre sommeil et mémorisation). Dans certains noyaux de l'hypothalamus, où siègent les circuits de régulation de la faim, on retrouve des neurones qui libèrent la noradrénaline. Enfin, il faut signaler que cette substance contribue également à la genèse des comportements sexuels (mais la liste des fonctions dans lesquelles intervient la noradrénaline ne saurait s'arrêter là).

Les neuromédiateurs de la mémoire.
La maladie d'Alzheimer, ou démence sénile, est une affection tristement célèbre pour les déficits mnésiques qu'elle produit. Dans cette maladie, on constate une dégénérescence d'un centre nerveux, le noyau basal de Meynert, qui normalement libère de l'acétylcholine dans le cortex. Ce neuromédiateur pourrait par conséquent jouer un rôle dans la mémoire, son absence étant, au moins en partie, responsable des troubles observés.

Par ailleurs, la noradrénaline, en agissant sur les mécanismes de l'attention, permet une meilleure saisie des informations dans un apprentissage comme dans une situation de rappel des souvenirs. Le GABA et les endorphines sont également impliqués, car des substances ayant une affinité pour leurs récepteurs peuvent soit produire des amnésies soit au contraire faciliter la mémoire. •

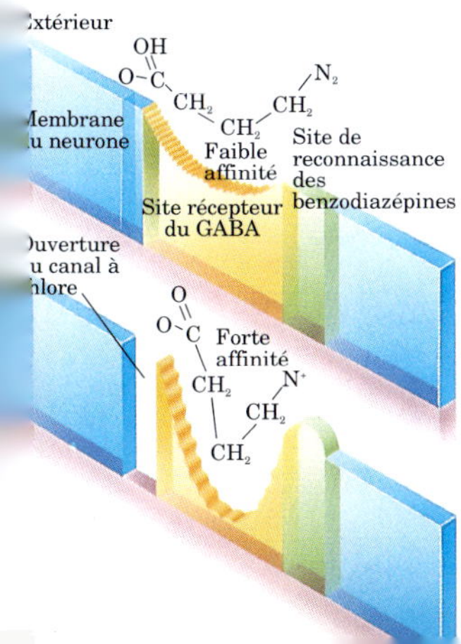

3. Mode d'action probable des benzodiazépines (d'après Ashton).

Les médicaments psychotropes

EN INTERVENANT DANS LA COMMUNICATION ENTRE NEURONES, ILS PEUVENT MODIFIER NOTRE COMPORTEMENT ET NOS ÉMOTIONS.

Les médicaments psychotropes agissent tous à un niveau ou à un autre de la transmission synaptique, que ce soit en provoquant la libération du neuromédiateur, en empêchant sa dégradation ou en prenant sa place sur les récepteurs synaptiques, du fait d'une ressemblance chimique. Dans ce dernier cas, les psychotropes peuvent mimer les effets du médiateur (molécule agoniste) ou avoir les effets inverses (molécule antagoniste). Le sens de ces effets est conditionné par la structure chimique tridimensionnelle de la molécule et sa complémentarité sur le site du récepteur du neuromédiateur.

Les antidépresseurs.
Ces médicaments ont constitué une véritable révolution dans le traitement des dépressions. Il existe deux grandes classes d'antidépresseurs : les tricycliques et les I.M.A.O. (inhibiteurs de la monoamine oxydase). Toutes ces molécules ont comme propriété commune d'augmenter le taux des monoamines (sérotonine, dopamine et noradrénaline) dans la fente synaptique. Les tricycliques inhibent la protéine transporteuse qui récupère les neuromédiateurs libérés et les I.M.A.O. empêchent leur dégradation, à l'intérieur de la cellule, par l'enzyme monoamine oxydase.

Les laboratoires ont développé, à l'intérieur de ces deux classes d'antidépresseurs, un grand nombre de molécules dont les propriétés sont légèrement différentes. Certaines, par exemple, affectent plus le système sérotoninergique (mettant en jeu la sérotonine) alors que d'autres ont une action préférentielle sur le système noradrénergique.

Les anxiolytiques.
Depuis la découverte des propriétés tranquillisantes de la chlordiazépoxide, première benzodiazépine synthétisée, en 1957, cette famille de molécules a connu un développement commercial considérable. Le succès est tel que nombre de médecins s'inquiètent même de leur consommation excessive, tout particulièrement en France.

Ces molécules, dont les avantages en clinique humaine sont indéniables, ont de multiples propriétés. Elles sont toutes, mais à des degrés divers, anxiolytiques, sédatives et myorelaxantes (relaxation musculaire). Si leurs propriétés sont relativement bien connues, leur mode d'action, quant à lui, ne peut encore être détaillé avec certitude. Toutefois, elles interagiraient avec un récepteur relativement complexe, celui du neuromédiateur GABA. Ce récepteur est constitué d'un site de fixation du GABA associé à un canal membranaire du chlore et de plusieurs autres sites accepteurs dont l'un permet la fixation des benzodiazépines. Lorsqu'une molécule de benzodiazépine vient se fixer sur son site, le récepteur change de forme et la probabilité de fixation du GABA est augmentée. De ce nouveau mode de fonctionnement du récepteur découleraient les propriétés des tranquillisants ; le neuromédiateur GABA, par son rôle inhibiteur, serait finalement la substance responsable. •

Neuromédiateurs et récepteurs

La synthèse des neuromédiateurs de la famille des catécholamines (dopamine et adrénaline) a lieu dans la terminaison des neurones (3). Ces molécules sont élaborées à partir d'une même substance, la thyrosine, qui entre dans une chaîne de réactions chimiques (catalysées par des enzymes spécifiques) dont le produit est stocké dans les vésicules avant libération dans la fente (ou espace) synaptique. L'action des neuromédiateurs est conditionnée par l'existence de récepteurs spécifiques de l'autre côté de la fente synaptique. Les propriétés anxiolytiques des benzodiazépines (4) pourraient s'expliquer par leur capacité à augmenter l'affinité des récepteurs cérébraux pour un neuromédiateur, le GABA, ayant un effet inhibiteur sur le système nerveux central.

4. Métabolisme des catécholamines dans la terminaison synaptique.

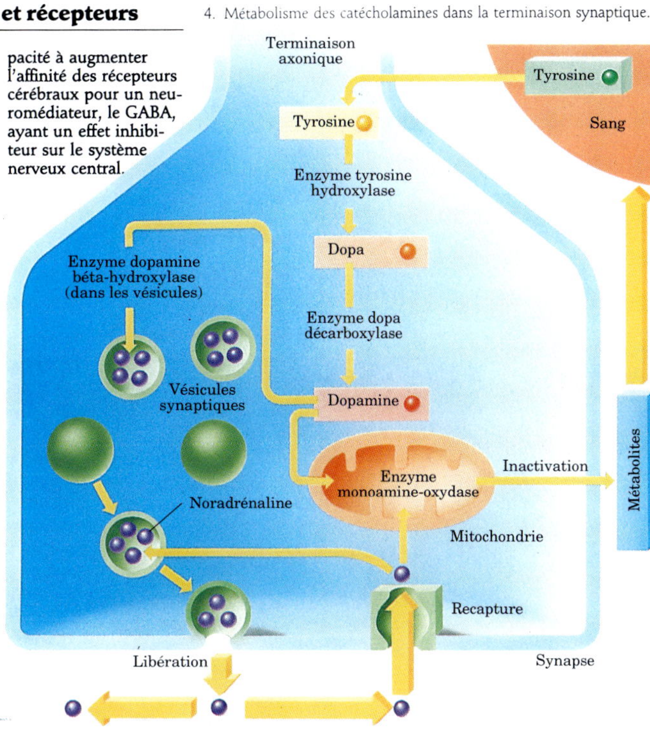

Les hormones et le cerveau

SI LE CERVEAU A UNE INFLUENCE SUR LES SÉCRÉTIONS HORMONALES, LES HORMONES ONT, EN RETOUR, DES EFFETS SUR LE FONCTIONNEMENT DU CERVEAU.

Il existe deux grands systèmes contrôlant les fonctions physiologiques : le système nerveux et le système hormonal (ou endocrinien). Le premier est connecté aux organes par les nerfs et le second transmet ses messages par l'intermédiaire de substances diffusibles, les hormones. On a longtemps cru que ces deux systèmes travaillaient indépendamment l'un de l'autre. Il en va tout autrement depuis quelques années : de très nombreuses interactions ont été décrites et ont provoqué l'essor d'un secteur particulier d'étude du système nerveux, la neuroendocrinologie.

L'hypophyse est une petite structure saillante, située à la base du cerveau (diencéphale), dont la partie antérieure, glandulaire, sécrète un certain nombre d'hormones telles que la prolactine, les hormones gonadotropes ou l'A.C.T.H. (hormone corticotrope). Toutes ces sécrétions sont contrôlées par le système nerveux et plus particulièrement par l'hypothalamus, centre nerveux situé juste au-dessus de l'hypophyse. Ce contrôle est réalisé par l'intermédiaire de « facteurs de libération », substances peptidiques produites par les neurones de l'hypothalamus.

En retour, les hormones influencent le cerveau, d'une part en agissant sur les neurones produisant leur facteur de libération (rétrocontrôle ou « feed-back »), d'autre part en contribuant à la régulation des comportements : un exemple classique est celui de la testostérone, qui, par son action sur certaines structures nerveuses, détermine chez les mâles les comportements sexuels ou les conduites agressives. •

→ **Voir aussi :** La physiologie des régulations, **BIOL**, p. 158-159. L'agression, **BIOL**, p. 160-161. Le neurone, **BIOL**, p. 170-171. Biologie et psychiatrie, **MED**, p. 366-367.

Les réflexes

L'ÉTUDE DES RÉFLEXES EST LA première étape de la compréhension des propriétés fonctionnelles du système nerveux. Un réflexe se définit comme une réaction motrice involontaire, provoquée par la stimulation d'un récepteur sensoriel. Ce type de réaction s'observe chez tous les animaux pluricellulaires possédant une organisation nerveuse, des cnidaires à l'homme.

Tout acte réflexe est initié par la stimulation appropriée d'un récepteur ou d'un organe sensoriel. L'information sensitive en provenance du récepteur est véhiculée sous forme d'influx nerveux vers un centre où elle est convertie en information motrice à destination d'un effecteur musculaire. Ainsi, le centre nerveux qui reçoit l'information sensitive a pour fonction de la « réfléchir » sous forme d'une information motrice (le mot réflexe vient du latin *reflexus* : réfléchi). Dans les cas les plus simples, le centre nerveux est matérialisé par la synapse située entre la fibre nerveuse sensitive et le neurone moteur. Cependant, la réalisation de l'acte réflexe nécessite souvent la coordination de plusieurs effecteurs. En outre, le centre impliqué échange des informations avec les autres centres nerveux qui peuvent exercer un contrôle sur son activité. La prise en compte de plusieurs paramètres dans l'élaboration d'une réponse est une propriété essentielle d'*intégration,* caractéristique du fonctionnement nerveux.

Selon leurs propriétés, on distingue fondamentalement deux types de réflexes. Les réflexes primaires sont dits « innés » (ils existent en dehors de tout apprentissage), « stéréotypés » (la même stimulation provoque toujours la même réponse) et « inéluctables » (à partir d'un certain seuil de stimulation et à condition qu'aucun contrôle ne s'exerce sur eux). Les réflexes conditionnés, en revanche, bien qu'ils utilisent les mêmes effecteurs que les réflexes primaires, sont acquis par l'apprentissage et peuvent disparaître si les conditions qui les provoquent ne sont pas entretenues.

Chez les vertébrés, la plupart des réflexes primaires ont pour centre nerveux la moelle épinière ou le tronc cérébral. Les réflexes de la moelle (réflexes médullaires) sont étudiés chez l'animal spinal, c'est-à-dire privé d'encéphale (par section ou destruction).

Un échange vital par voie réflexe

Le réflexe de succion du nouveau-né est déclenché par stimulation tactile de la région buccale et linguale. Au contact du mamelon du sein maternel, le nouveau-né se met ainsi rapidement à téter (1). La glande mammaire contient des alvéoles sécrétrices de lait, entourées de cellules myoépithéliales contractiles (2). La succion du mamelon provoque la libération de l'hormone ocytocine, également par voie réflexe. Sous l'action de l'ocytocine, les cellules myoépithéliales se contractent et le lait est éjecté dans le canal de la glande mammaire.

1. Nouveau-né au sein.

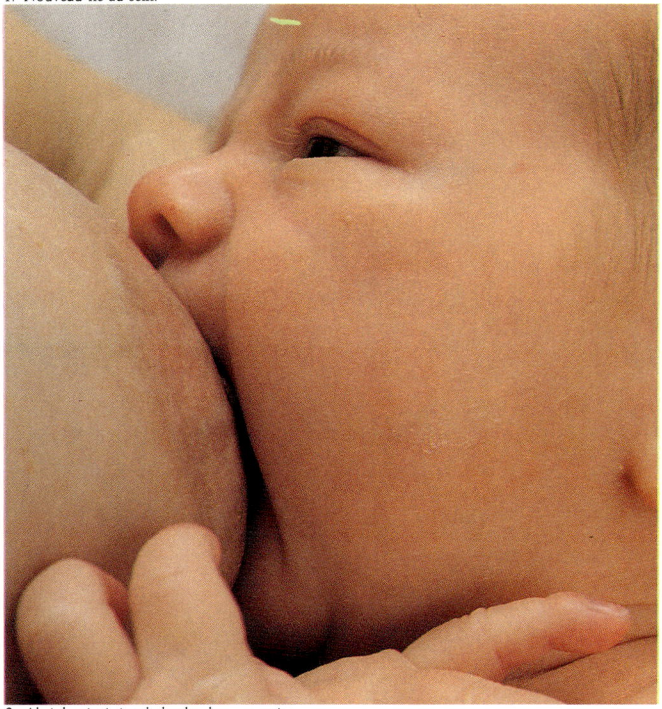

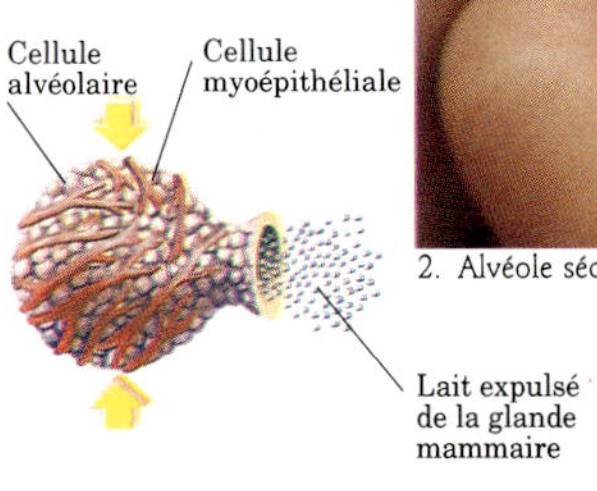

2. Alvéole sécrétrice de la glande mammaire.

Finalité et propriétés

L'ACTE RÉFLEXE EST UNE RÉACTION AUTOMATIQUE ET STÉRÉOTYPÉE, ADAPTÉE À LA SITUATION DANS LAQUELLE ELLE EST DÉCLENCHÉE.

Qu'il s'agisse de l'éloignement de la partie du corps exposée à une stimulation nocive ou de la modulation de l'activité d'un organe (augmentation de l'activité cardiaque lors de l'effort, par exemple), les réflexes assurent la protection et l'adaptation rapide de l'organisme à une situation nouvelle. L'acte réflexe peut être suivi d'une réaction volontaire, plus nuancée ou plus globale : la source nocive est détectée et évitée, l'effort est ajusté en fonction des sensations. Cependant, la réponse réflexe représente pour l'organisme une réaction primordiale, dont l'efficacité ne nécessite pas l'intervention de la volonté.

L'effort physique, par exemple, provoque une augmentation de la fréquence cardiaque, à la base de laquelle se trouvent plusieurs activités réflexes. L'une d'elles est dépendante de paramètres chimiques, enregistrés par des récepteurs (chémorécepteurs) situés dans les vaisseaux. Quand l'organisme fournit un effort soutenu, le niveau de consommation d'oxygène par les cellules augmente. En conséquence, le taux d'oxygène du sang diminue, de même que son pH, alors que le taux de gaz carbonique augmente. Ces variations stimulent les chémorécepteurs, qui, par voie réflexe, provoquent l'accélération du rythme cardiaque (tachycardie). Les centres responsables se situent dans le bulbe et la mœlle épinière. Cette tachycardie se traduit par une augmentation du débit sanguin et un approvisionnement des cellules mieux adapté à l'effort en cours.

Circuits et centres réflexes

CHEZ LES VERTÉBRÉS, LES RÉFLEXES CONCERNENT SURTOUT LES CENTRES INFÉRIEURS DE LA HIÉRARCHIE NERVEUSE, MOELLE ÉPINIÈRE ET TRONC CÉRÉBRAL.

D'une manière générale, trois éléments sont nécessaires à la réalisation d'un réflexe : un récepteur, qui traduit la stimulation en une information nerveuse sensitive, un centre nerveux, au niveau duquel l'information sensitive est convertie en une commande motrice, et un effecteur, qui reçoit la commande et réalise la réponse. À partir de ce schéma de base, la situation se complique par augmentation du nombre de récepteurs et d'effecteurs et par l'intégration d'informations locales ou en provenance d'autres centres modulant l'activité du centre considéré.

Chez les vertébrés, la moelle épinière, premier niveau d'intégration nerveuse, est responsable d'un grand nombre de réflexes (réflexes médullaires). Les réflexes sensorimoteurs de la moelle sont de deux types. Les plus simples sont les réflexes myotatiques (d'étirement), déclenchés par l'étirement d'un muscle. Ils contribuent au maintien de la station debout et interviennent lors de la marche ou de la course. En outre, ils s'intègrent à une activité médullaire plus complexe, faisant intervenir les centres nerveux supérieurs : le contrôle du tonus musculaire. Le circuit du réflexe myotatique est très simple. Dans le réflexe rotulien chez l'homme, par exemple, le récepteur est le fuseau neuromusculaire, sensible à l'étirement du muscle provoqué par la percussion de son tendon. L'information nerveuse est véhiculée par une fibre sensitive dont le corps cellulaire se situe dans le ganglion de la racine dorsale de la moelle épinière (ganglion spinal). Cette fibre fait synapse dans la corne antérieure de la moelle avec un neurone moteur (motoneurone α) qui commande la contraction du muscle. Ce circuit, dans lequel le neurone sensitif vient directement au conctact du motoneurone, est dit monosynaptique (une seule synapse).

En revanche, dans le deuxième type de réflexes médullaires, les réflexes cutanés (ou de flexion), des neurones d'association, ou interneurones, s'interposent entre le neurone sensitif et le neurone moteur. Ces circuits sont dits polysynaptiques. Le réflexe de flexion du bras lorsque la main touche une surface brûlante en est un exemple. L'information sensitive, en provenance de récepteurs cutanés, est transmise, au niveau de la corne postérieure de la moelle, à un interneurone qui s'articule sur deux motoneurones : le premier, à destination du muscle fléchisseur du bras (biceps), est activé, provoquant sa contraction, le second, à destination du muscle extenseur (triceps), est inhibé. Cette innervation réciproque facilite la flexion du bras. D'autres interneurones informent les centres nerveux supérieurs (sensation de douleur) qui, en retour, exercent un contrôle (inhibiteur ou activateur) sur les réflexes médullaires.

La moelle est également le centre de réflexes végétatifs, comme la vasomotricité locale de la peau

Caractères généraux.
Le réflexe est une réaction involontaire, automatique et stéréotypée. Le caractère involontaire se manifeste clairement dans le réflexe rotulien chez l'homme : l'extension de la jambe, en réponse à la percussion d'un tendon, n'est pas décidée par le sujet.

Pour une stimulation donnée, la réponse réflexe est toujours la même : c'est une réponse stéréotypée. De plus, elle est dite spécifique, car elle est identique chez tous les individus de la même espèce. Elle se manifeste de manière automatique et fatale (inéluctable), à condition que la stimulation ait une intensité suffisante pour la déclencher : en dessous d'un certain seuil (stimulation infraliminaire), il n'y a pas de réflexe. Cependant, nombre d'actes réflexes peuvent être modifiés par l'intervention de centres de contrôle cérébraux, en particulier chez les vertébrés supérieurs. Le caractère inéluctable des réflexes ne s'observe qu'en dehors du contrôle par les centres supérieurs. En outre, si la stimulation augmente en intensité, la réponse réflexe peut devenir plus ample, par mise en œuvre d'un plus grand nombre d'effecteurs.

En dépit de leur caractère stéréotypé, les réflexes nécessitent la plupart du temps la coordination de plusieurs effecteurs : lors de la simple flexion d'un membre, l'excitation (contraction) des muscles fléchisseurs s'accompagne de l'inhibition (relâchement) des muscles antagonistes extenseurs. Or, de nombreux réflexes, comme le réflexe d'essuyage du dos, mis en évidence chez la grenouille spinale, nécessitent la coordination précise de l'action de plusieurs couples musculaires.

Les réflexes décrits ici sont dits primaires pour les distinguer des réflexes conditionnés. Les réflexes primaires sont « précâblés » (ou innés) : ils se manifestent en dehors de tout apprentissage, à la différence des réflexes conditionnés, qui sont des réponses acquises par apprentissage. •

3. Réflexe cutané de flexion chez la grenouille spinale.

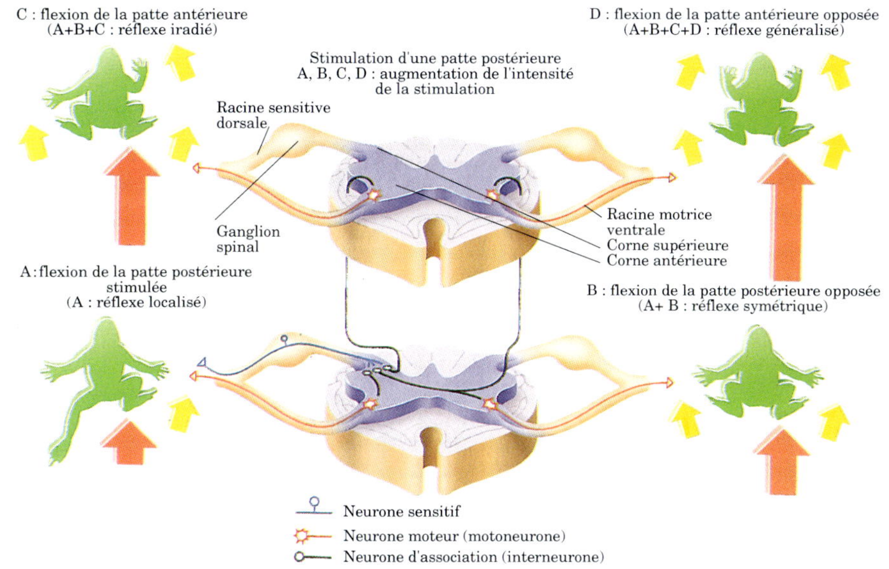

en réponse à des stimulations thermiques, ou encore les réactions faisant intervenir plusieurs segments de la moelle (réflexes plurisegmentaires), comme la miction, la défécation, l'érection, placés sous le contrôle de centres encéphaliques. Les centres du tronc cérébral sont le siège de réponses réflexes à des stimulations sensorielles, comme le réflexe pupillaire : les tubercules quadrijumeaux commandent la contraction des pupilles en réponse à une stimulation lumineuse de la rétine. L'occlusion des paupières en réponse à une irritation de la cornée ou l'aspect automatique de la mastication au contact d'un aliment sont d'autres exemples de réflexes du tronc cérébral (bulbe), liés à la vie de relation. Le tronc cérébral contrôle également les réflexes de posture et d'équilibration. La régulation réflexe de plusieurs fonctions végétatives s'effectue au niveau du tronc cérébral : activité cardiaque, automatisme respiratoire, vasomotricité (régulation de la pression artérielle). Ces régulations sont coordonnées : le réflexe de déglutition, par exemple, s'accompagne d'un blocage de la respiration.

Aux niveaux supérieurs, l'activité nerveuse s'effectue avec un tel degré d'intégration qu'il devient difficile de mettre en évidence les actes purement réflexes : le contrôle cortical prédomine. Il existe cependant des réflexes émotionnels, qui mettent en jeu des réactions viscérales (vasomotrices, sécrétoires et musculaires). Certaines de ces réponses échappent au contrôle du cortex cérébral, on les observe chez le nouveau-né (dont le cortex n'est pas encore fonctionnel) ou chez l'animal privé expérimentalement de cortex. •

Les réflexes conditionnés

RÉFLEXE OU VOLONTAIRE, LA RÉPONSE CONDITIONNÉE EST ISSUE DE L'ASSOCIATION ENTRE DES ÉVÉNEMENTS INITIALEMENT INDÉPENDANTS POUR LE SUJET.

La sécrétion de la salive est un acte réflexe dont les centres se situent dans le bulbe (tronc cérébral). Le réflexe est déclenché par une stimulation gustative ou mécanique (contact alimentaire et mastication) et présente les caractéristiques des réflexes primaires. À partir de l'étude de ce réflexe salivaire chez le chien, le physiologiste et médecin russe I. P. Pavlov présente en 1903 la notion de réflexe conditionné. La stimulation gustative, qui provoque automatiquement le réflexe, est appelée stimulation inconditionnelle. Pavlov applique cette stimulation de manière répétée à un chien, en la faisant précéder à chaque fois d'une stimulation neutre (sans effet sur la salivation), un son, par exemple, et constate que le son seul finit par provoquer le réflexe salivaire. Le son est devenu une stimulation conditionnelle et la salivation qu'il provoque représente un réflexe conditionné.

Un réflexe conditionné résulte de l'association, au niveau du cortex cérébral, entre différentes stimulations (ici gustative et auditive) ayant pour conséquence de modifier la mise en jeu, sous contrôle cortical, d'un centre réflexe (ici le bulbe). L'effet d'une stimulation se substitue à celui d'une autre stimulation. La réponse est acquise, il s'agit d'une forme d'apprentissage. On observe qu'avec des présentations répétées de la stimulation conditionnelle, non suivies de présentation inconditionnelle, la réponse s'affaiblit, puis disparaît. On dit qu'il y a extinction du conditionnement. Celui-ci doit être entretenu pour se maintenir.

L'Américain B. F. Skinner a montré, à partir d'études chez le rat, l'existence d'une autre forme de conditionnement où l'animal ne répond pas à un événement conditionnel mais provoque lui-même cet événement. Placé dans une boîte comportant un levier dont l'actionnement fait tomber une boulette de nourriture, un rat affamé explore ce milieu et finit par appuyer, par hasard, sur le levier. Recevant ainsi de la nourriture, le rat apprend vite à associer son geste à l'arrivée de nourriture et se met alors à actionner fréquemment le levier. La nourriture constitue un « renforcement » qui conduit le rat à renouveler son opération. Il s'agit d'un conditionnement opérant. Comme le conditionnement pavlovien, il se met en place par association de deux événements au départ indépendants pour l'animal. Cependant, le conditionnement opérant s'élabore rarement sur des activités purement réflexes, mais surtout sur des activités volontaires. Il s'agit de réaliser (ou d'inhiber) une action pour recevoir une récompense ou éviter une punition.

Les conditionnements représentent une grande partie des capacités d'apprentissage chez l'animal et même chez l'homme. Ils jouent sur les activités réflexes, les comportements mais aussi sur les émotions et sur la mémoire. •

4. Aplysie *(Aplysia)*.

5. Réflexe de rétraction des branchies chez l'aplysie.

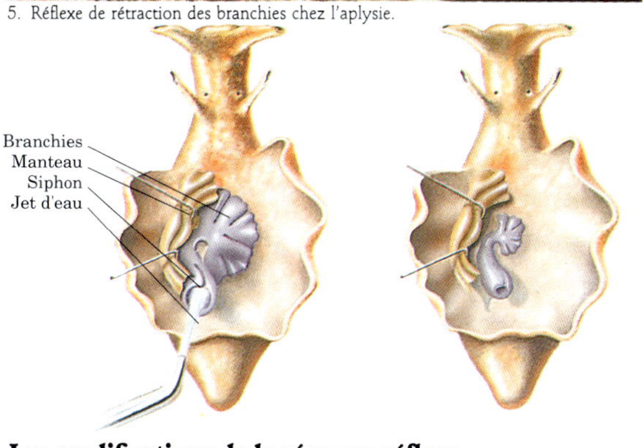

Les modifications de la réponse réflexe

La grenouille décérébrée (ou spinale) éloigne sa patte par un réflexe médullaire de flexion lorsqu'on trempe celle-ci dans une solution acide (3). À mesure que la stimulation augmente (concentrations acides de plus en plus fortes), le réflexe se généralise par l'intervention de neurones d'association transverses et verticaux, provoquant la mise en jeu progressive des autres membres.
La limace de mer ou aplysie (4) (mollusque étudié en particulier par l'Américain E. R. Kandel) rétracte ses branchies si on injecte de l'eau dans son siphon (5). On connaît bien les composants nerveux à la base de ce réflexe : il y a exactement 24 cellules sensorielles sur le siphon répondant à sa stimulation. Ces cellules font synapse sur six neurones moteurs qui provoquent la contraction des muscles rétracteurs des branchies. Des stimulations répétées du siphon entraînent une diminution progressive de la réponse. Ce phénomène d'habituation (une forme d'apprentissage élémentaire) est dû à une modification neurochimique au niveau des synapses.
Dans une autre forme d'apprentissage, la sensibilisation, une stimulation désagréable (choc mécanique ou électrique) associée à la stimulation du siphon provoque une forte augmentation de l'amplitude du réflexe.
Cette sensibilisation fait intervenir un troisième groupe de cellules nerveuses qui provoquent une augmentation de la libération des neuromédiateurs entre cellules sensorielles et cellules motrices.

→ **Voir aussi :** La physiologie des régulations, **BIOL**, p. 158-159. Les centres nerveux, **BIOL**, p. 176-177. Les récepteurs sensoriels, **BIOL**, p. 180-181. Le contrôle du mouvement, **BIOL**, p. 184-185. L'apprentissage, **BIOL**, p. 190-191.

Les centres nerveux

L'EXAMEN MACROSCOPIQUE de sections du système nerveux central d'un vertébré montre une juxtaposition de substance grise et de substance blanche. Le microscope révèle que la substance grise correspond à un rassemblement des corps cellulaires des neurones (c'est aussi un lieu où les neurones s'articulent entre eux). Dans la substance grise, des ensembles, généralement bien délimités, forment des *centres nerveux.* À leur définition anatomique correspondent également des caractéristiques fonctionnelles. La substance blanche, pour sa part, est formée de prolongements cellulaires qui réalisent une voie de transmission entre les différents centres (formant avec eux le système nerveux central) ou entre ceux-ci et le reste de l'organisme (réalisant alors le système nerveux périphérique).

Une fonction élémentaire du système nerveux consiste à commander une réponse de l'organisme (motrice, par exemple) à une stimulation sensorielle. Cette activité sensorimotrice peut être très simple, mais elle peut également prendre en compte des données autres que celles du stimulus initial et s'accompagner d'éléments de réponse qui s'ajoutent à la réponse principale. En cela, les centres nerveux jouent leur rôle fondamental de *centres d'intégration.* Il existe différents niveaux d'intégration, hiérarchisés. Les premiers ne prennent pas en compte d'autres informations que celles de la stimulation, on parle alors de réflexes. Aux niveaux supérieurs, le traitement de l'information s'intègre à d'autres opérations (analyse du contexte, rappel d'expériences antérieures, coloration émotionnelle, etc.). Dans tous les cas la réponse témoigne de l'adaptation de l'organisme.

La hiérarchie des centres nerveux a été bien étudiée chez les vertébrés. Au premier échelon interviennent des centres dits « segmentaires », car ils se succèdent de façon répétitive dans la moelle épinière et à la hauteur des nerfs crâniens. Puis viennent des centres suprasegmentaires, qui ne reflètent plus la métamérisation originelle de l'axe nerveux, comme la formation réticulée ou encore le noyau rouge. À l'échelon supérieur se placent les structures cérébrales, comme le thalamus, l'hypothalamus, le système limbique et le néocortex.

1. Moelle épinière de chat (coupe transversale).

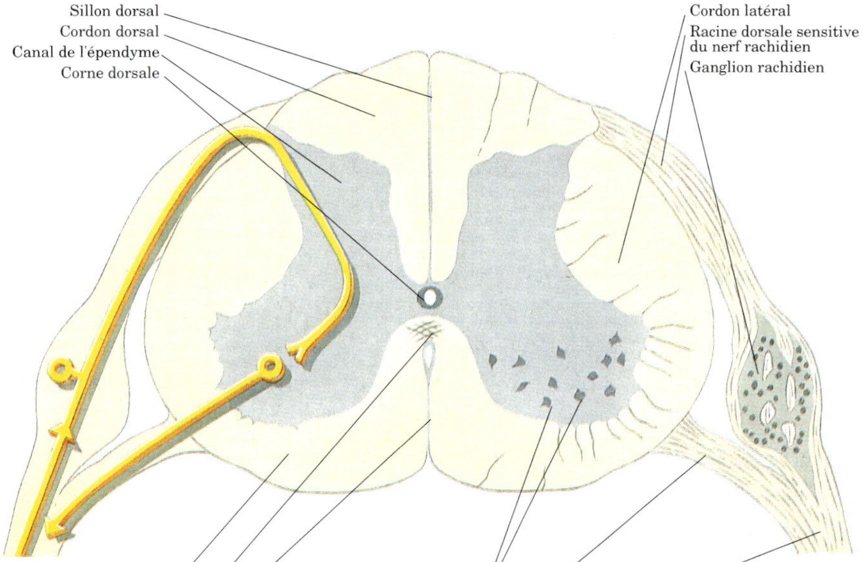

L'organisation hiérarchique

LES CENTRES NERVEUX, RESPONSABLES DES FONCTIONS VÉGÉTATIVES ET SENSORIMOTRICES, S'ORGANISENT LES UNS PAR RAPPORT AUX AUTRES SELON QUATRE NIVEAUX D'INTÉGRATION.

La hiérarchie des centres nerveux s'exprime à travers deux modes de fonctionnement fondamentaux, sensorimoteur et végétatif, eux-mêmes réunis en un seul ensemble fonctionnel.

Les fonctions sensorimotrices associent à une stimulation en provenance des récepteurs sensoriels une réponse motrice appropriée. Le premier niveau d'intégration est celui de la moelle épinière, dont les activités réflexes sont inéluctables (à partir d'un seuil) et stéréotypées. Le deuxième niveau correspond au tronc cérébral, dont les centres sont responsables de réflexes plus élaborés et qui module les réflexes médullaires. Au troisième niveau, le thalamus et les « noyaux gris » (striatum et pallidum) contrôlent la discrimination de l'intensité de certaines stimulations (tact) et l'exécution de mouvements en partie automatiques, comme la marche. Au quatrième niveau, le cortex cérébral est responsable de la perception des informations sensorielles. Il module l'activité motrice des centres inférieurs et contrôle la motricité fine (de la face, par exemple). Situé à l'extérieur de cette hiérarchie, le cervelet exerce une modulation de la force des mouvements.

Les fonctions végétatives sont les fonctions vitales élémentaires (activité des divers appareils, métabolisme), on leur associe les comportements fondamentaux (alimentation, défense, reproduction) et leurs corrélats émotionnels et affectifs. Leur contrôle s'organise également en quatre niveaux. Les deux premiers sont encore la moelle et le tronc cérébral, responsables d'activités réflexes et du contrôle d'automatismes (comme la respiration). Au troisième niveau, l'hypothalamus est un centre d'intégration des grandes fonctions végétatives et de contrôle des comportements fondamentaux, en association avec le système limbique. Au quatrième niveau, on retrouve le cortex cérébral (chez les mammifères uniquement), qui permet la maîtrise des comportements et influence de nombreux automatismes.

2. Les trois cerveaux (d'après MacLean).

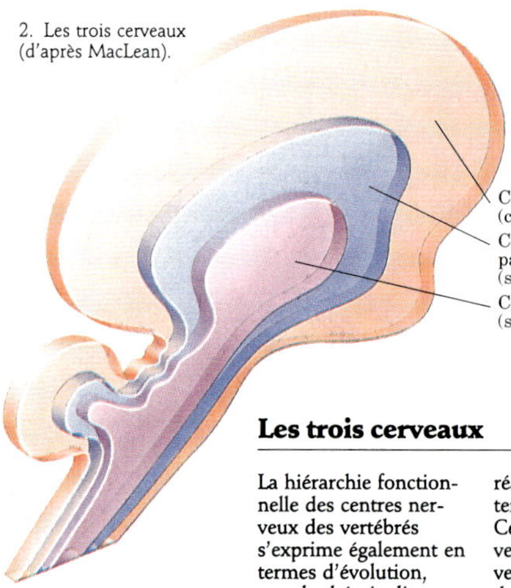

Les trois cerveaux

La hiérarchie fonctionnelle des centres nerveux des vertébrés s'exprime également en termes d'évolution, avec la théorie dite « des trois cerveaux » (2). Le cerveau reptilien (hypothalamus et striatum essentiellement) assure les fonctions vitales. Le système limbique, prédominant chez les mammifères primitifs, introduit une composante psychique dans la réalisation des comportements fondamentaux. Ce « deuxième cerveau » passe progressivement sous le contrôle du néocortex, qui se développe chez les mammifères supérieurs. Certains ont cru voir – de façon sans doute abusive – une analogie entre cette représentation et les concepts freudiens du « ça », du « moi » et du « surmoi ».

Le motoneurone de la moelle épinière

Situé dans les cornes ventrales de la moelle épinière (1), le motoneurone reçoit de multiples informations, provenant de la moelle ou des centres supérieurs, pour lesquelles il représente la voie finale commune. L'intégration de ces informations s'exprime par un éventuel influx nerveux moteur générateur d'une contraction musculaire.

La moelle épinière et le tronc cérébral

À L'ORGANISATION SEGMENTAIRE DE LA MOELLE ÉPINIÈRE S'AJOUTE CELLE DES CENTRES DU TRONC CÉRÉBRAL, QUI MODULENT ET HARMONISENT LES RÉPONSES RÉFLEXES.

Le premier niveau d'intégration nerveuse est celui de la moelle épinière. Elle abrite dans ses cornes ventrales de gros neurones multipolaires, les motoneurones. La réponse sensorimotrice s'y organise sous la forme d'un arc réflexe monosynaptique – ou polysynaptique.

Cependant, le motoneurone reçoit également des influx modulateurs d'origine « supramédullaire », qui renforcent ou, au contraire, inhibent sa réponse. Les centres modulateurs représentent le deuxième niveau d'intégration ; il s'agit de structures du tronc cérébral, comme les noyaux vestibulaires, la formation réticulée, les noyaux relais (olive, noyau rouge...) et les tubercules quadrijumeaux, auxquelles s'ajoute le paléocervelet. À leurs niveaux s'organisent les réflexes de posture, d'équilibration et de redressement. Ces réflexes, plus complexes que les réflexes médullaires, contribuent à maintenir le corps dans la position de référence propre à chaque espèce.

De nombreux réflexes viscéraux trouvent aussi leur origine dans cet axe moelle épinière-tronc cérébral : à la hauteur de la moelle épinière, par exemple, pour le réflexe de miction ; au sein de la formation réticulée pour la régulation de la pression sanguine ou de la ventilation pulmonaire. Un peu plus haut, le noyau pupillaire est le siège des réflexes de l'accommodation visuelle. •

L'hypothalamus

CENTRE D'INTÉGRATION NEUROVÉGÉTATIF, L'HYPOTHALAMUS INTERVIENT DANS LA RÉGULATION DE L'HOMÉOSTASIE ET LE CONTRÔLE DES COMPORTEMENTS FONDAMENTAUX.

L'hypothalamus occupe la partie ventrale du diencéphale et se compose classiquement, de chaque côté du troisième ventricule, de sept paires de noyaux plus ou moins bien délimités. En dessous, une tige fibreuse le raccorde à l'hypophyse, importante glande composite (nerveuse et endocrine).

Avec l'hypothalamus se réalise le niveau d'intégration le plus élevé en ce qui concerne les fonctions vitales de l'organisme. Placé en dérivation des voies ascendantes de la sensibilité générale (par le biais de la formation réticulée et du thalamus), il reçoit également des informations des centres supérieurs que sont le système limbique et le néocortex. Il abrite, enfin, un certain nombre de récepteurs spécifiques (rendant compte de la température du corps, de la pression osmotique, du taux de glucose sanguin, ou sensibles à la présence de certaines hormones) et intervient, par son activité neuroendocrine, sur les variations des principales constantes de l'organisme. Il agit alors en centre régulateur : régulation thermique, pression artérielle, équilibre hydrique et métabolisme des glucides et des lipides. Cette intervention en fait le centre de l'homéostasie (constance du milieu intérieur).

Au-delà de ces fonctions, l'hypothalamus exerce son contrôle sur les comportements dits « fondamentaux », c'est-à-dire ceux dont l'expression assure la survie de l'individu (alimentation, défense de l'organisme) et de l'espèce (recherche du partenaire sexuel et reproduction). Les liens évoqués plus haut avec le système limbique et le néocortex associent à ces comportements fondamentaux une coloration psychologique et émotionnelle, provoquant d'autres types de manifestations relevant de l'affectivité et de l'émotion, comme la peur, la colère. L'action de l'hypothalamus s'exerce à la fois par la voie nerveuse et par la voie hormonale. La voie nerveuse utilise, dans une très large mesure, le système neurovégétatif ; la voie hormonale est facilitée par l'association de l'hypothalamus avec l'hypophyse, mais aussi par les rapports qu'il entretient avec les autres glandes endocrines. •

Les centres supérieurs

LE SYSTÈME LIMBIQUE INTERVIENT DANS LES FONCTIONS RÉGULÉES PAR L'HYPOTHALAMUS. CHEZ LES MAMMIFÈRES, LE CORTEX CÉRÉBRAL (NÉOCORTEX) CONTRÔLE L'ENSEMBLE DES CENTRES NERVEUX.

On désigne souvent le système limbique par le terme de rhinencéphale (ou cerveau olfactif), ce qui introduit une confusion avec la fonction olfactive, qui n'en est que son aspect primitif (de plus, ces deux ensembles ne sont pas entièrement superposables). Certaines structures restent cependant liées à l'olfaction (comme le cortex piriforme), mais les autres ont totalement, ou en partie, perdu cette fonction, pour jouer un rôle dans la mémoire, comme l'hippocampe, ou dans le contrôle émotionnel, comme l'amygdale. Il s'y ajoute enfin des éléments du septum et des portions du cortex, principalement le cortex cingulaire, qui coiffe le corps calleux sur toute son extension. Toutes ces structures sont interconnectées, réalisant une sorte de circuit, qui s'ouvre sur l'hypothalamus, sur les centres végétatifs du thalamus et du tronc cérébral ainsi que sur certaines régions néocorticales. Ce système intervient lors des comportements (alimentaire, sexuel, d'intimidation, de fuite ou de défense) qu'il teinte d'affectivité et d'émotivité, tout en mettant parallèlement en jeu une certaine forme de mémoire. Le système limbique contrôle des réactions motrices neurovégétatives et endocriniennes, par l'intermédiaire des structures sous-jacentes (hypothalamus en particulier). L'amygdale, par exemple, joue un rôle majeur dans l'agressivité et l'agitation psychomotrice. Une destruction expérimentale des deux noyaux amygdaliens supprime toute attitude de violence. En revanche, des stimulations localisées de cette structure entraînent soit un comportement agressif, soit, à l'opposé, un état de douceur affectueuse. Ses connexions avec l'hypothalamus sont mises en évidence par les manifestations neurovégétatives qui accompagnent l'un ou l'autre de ces comportements (pression artérielle, rythme cardiaque, motilité du tube digestif, miction, défécation) ; on note également des modification du tonus musculaire ainsi que des réactions motrices.

Le cortex cérébral.
Le cortex cérébral, ou néocortex, qu'on ne rencontre que chez les mammifères (et qui présente chez l'homme son ultime degré de développement), doit être considéré comme le centre d'intégration suprême. Ses connexions primaires en font le centre de projection de tous les influx sensitifs (après un relais dans le thalamus). C'est aussi le point de départ de la motricité volontaire. À côté de ce cortex sensitif et moteur « primaire », de nombreuses régions « associatives » réalisent un traitement parallèle des informations sensorielles, en les associant à d'autres informations. D'autres régions associatives élaborent les programmes de la motricité volontaire. Certaines parties du cortex associatif sont en relation avec les activités propres à la personnalité : il s'agit, par exemple, de l'aire qui préside à la prise de conscience du schéma corporel ou des régions « préfrontales », où s'élaborent les opérations de prévision et de délibération. Les sentiments affectifs et les émotions sont également sous contrôle cortical, en relation étroite avec le système limbique, l'hypothalamus et les autres centres qui président à l'activité neurovégétative. L'intervention du cortex peut prendre la forme d'une activation ou d'une inhibition de ces centres. On a pu montrer, par exemple, qu'un projet moteur s'accompagne, avant même son exécution, d'une hyperglycémie et d'une dilatation des vaisseaux qui apportent le sang aux muscles. Tous les centres nerveux sont sous contrôle cortical, mais ce contrôle s'affirme petit à petit au cours du développement de l'individu. C'est ainsi que le déclenchement du réflexe de miction, qui correspond chez le nourrisson à un seuil de remplissage de la vessie, peut être maîtrisé chez l'adulte. Au-delà du contrôle de la vessie, tout l'apprentissage de la vie de société est lié à la maturation du cortex cérébral. •

Réaction et anticipation

Dans une situation d'agression (à la vue d'un chien, par exemple), les réactions du chat (3) sont contrôlées par le système limbique et le cortex (4) ; mais l'hypothalamus y contribue (piloérection), tout en préparant l'organisme à la fuite ou au combat (augmentation de l'irrigation et de l'approvisionnement en glucose des tissus).

3. Expression de l'agressivité du chat.

4. Réactions à une situation d'agression.

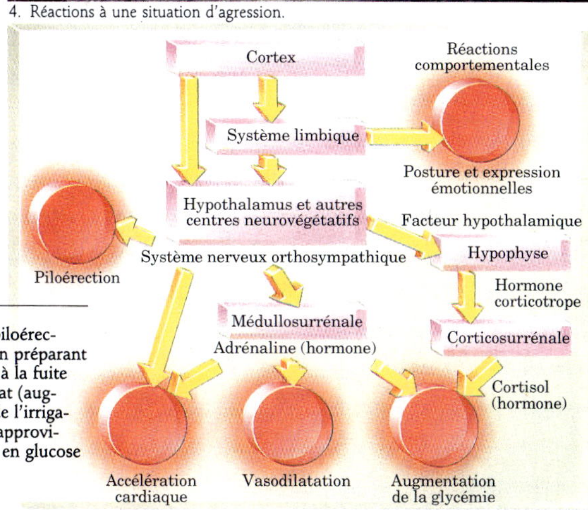

→ **Voir aussi :** La physiologie des régulations, **BIOL**, p. 158-159. Les réflexes, **BIOL**, p. 174-175. La neurophysiologie, **BIOL**, p. 178-179.

La neurophysiologie

On peut dire de la neurophysiologie qu'elle représente l'étude du fonctionnement du système nerveux. Dans ce vaste domaine se définissent différents niveaux, du neurone aux centres nerveux supérieurs.

Les propriétés spécifiques du neurone peuvent être analysées : excitation et naissance de l'influx nerveux, conduction et transmission synaptique ou neuro-musculaire. La même approche s'applique aux récepteurs sensoriels. Dans les deux cas, la connaissance des propriétés des membranes cellulaires est un objectif primordial. Dans les centres d'intégration (moelle épinière et centres encéphaliques), l'intervention combinée de groupes de neurones détermine un type de fonctionnement. C'est le cas, chez les mammifères, du néocortex et du système limbique : le premier contrôle – entre autres – des aspects comportementaux (comme la réponse motrice à une stimulation sensorielle), le second intervient dans la mémoire et l'apprentissage.

Les méthodes classiques en neurophysiologie consistent à opérer des lésions ou des stimulations sur des animaux d'expérience. La lésion (ou l'isolement) d'une structure nerveuse provoque des déficits, sa stimulation (généralement électrique, mais aussi thermique ou chimique) entraîne une réponse. Déficits et réponses renseignent sur le rôle possible de la structure étudiée. Des techniques permettent aussi de visualiser l'activité des centres (voire même d'une seule cellule au sein du système), ou d'étudier le fonctionnement nerveux au niveau moléculaire (récepteurs membranaires, neuromédiateurs, etc.).

1. Stimulation d'un corpuscule de Pacini intact.

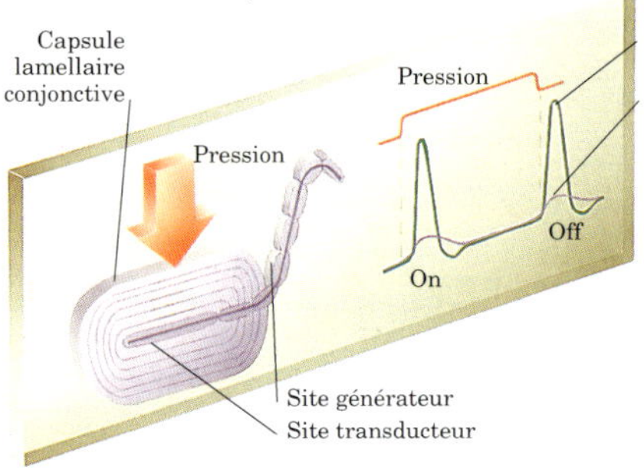

2. Stimulation après ablation de la capsule *(d'après F. H. Netter)*.

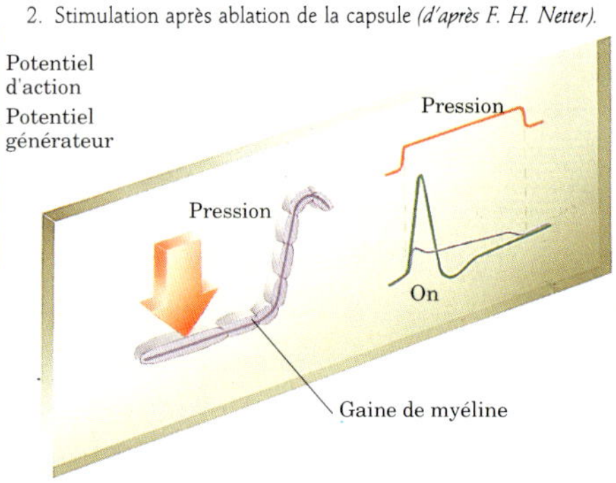

L'activité électrique

Le corpuscule de Pacini est un récepteur cutané (1) sensible à la pression. À son niveau, des potentiels générateurs et des potentiels d'action apparaissent au début *(On)* et à la fin *(Off)* de la stimulation par pression. La capsule conjonctive est nécessaire au bon fonctionnement du récepteur. En son absence (2), le potentiel générateur se prolonge pendant toute la durée de la stimulation et il n'y a pas de potentiel d'action à la fin de la stimulation (pas de réponse *Off*).
À la surface d'une aire sensorielle primaire du cortex (ici l'aire somesthésique) [3], on recueille, à l'aide d'une électrode classique (« macroélectrode »), la variation de potentiel électrique qui fait suite à une stimulation tactile d'un doigt de la main. On observe (tracé *a*) une dépolarisation. Cette macroélectrode externe peut être remplacée par une microélectrode qu'on enfonce dans l'épaisseur du cortex. Les trois tracés *(b, c, d)* correspondent à des profondeurs de 0,7 mm, 1,2 mm et 1,7 mm. Ils sont semblables entre eux mais diffèrent en revanche du tracé *a* par leur électronégativité, qui augmente avec la profondeur. L'observation de ce changement dans la réponse corticale, en fonction de la localisation de l'électrode, plaide en faveur d'une organisation fonctionnelle en colonnes dans le cortex cérébral.

3. Enregistrement électrique en surface et en profondeur du cortex *(d'après V. B. Mountcastle)*.

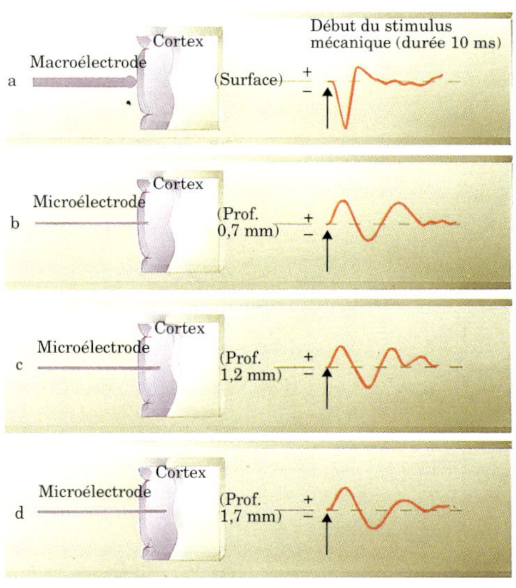

Les récepteurs sensoriels

CELLULES SPÉCIALISÉES, LES RÉCEPTEURS CONVERTISSENT DES STIMULATIONS PHYSIQUES OU CHIMIQUES EN INFORMATIONS SENSORIELLES À DESTINATION DES CENTRES NERVEUX.

Généralement, un récepteur est un neurone particulier dont une partie assure la réception d'informations non nerveuses et l'autre la conduction de ces informations, converties en signaux nerveux vers le système nerveux central. La portion réceptrice peut être un simple prolongement de la cellule (terminaisons nues de la douleur et certains récepteurs du tact) parfois entouré d'une capsule d'origine conjonctive (terminaisons des corpuscules tactiles de Pacini, terminaisons de la sensibilité à la pression ou à la température). Dans d'autres cas, la portion réceptrice est capable d'accueillir des molécules spécifiques ou d'être le siège d'une photosensibilité ; c'est le cas des cellules réceptrices olfactives et visuelles. Enfin, la réception proprement dite peut être assurée par une cellule épithéliale (donc non nerveuse), qui transmet l'information à une cellule nerveuse associée : c'est le cas de la gustation, de l'audition, de l'équilibration, de la sensibilité musculaire (fuseau neuro-musculaire).

Quelle que soit la nature de la stimulation, les mécanismes qui lui font suite sont communs à tous les récepteurs. Ceux-ci se comportent comme des transducteurs, convertissant une énergie particulière en influx nerveux. Le stimulus adéquat provoque une augmentation de la perméabilité de la membrane du récepteur aux ions sodium (site transducteur), ce qui entraîne une dépolarisation électrique de la terminaison. Sa valeur est fonction de l'intensité du stimulus. Des courants locaux propagent la dépolarisation dans la cellule réceptrice. Cette dépolarisation prend alors le nom de potentiel générateur. Au-delà d'un seuil critique, le potentiel générateur donne naissance à un potentiel d'action, qui se renouvelle avec une fréquence déterminée par l'amplitude du potentiel générateur et constitue le signal nerveux. La physiologie des récepteurs laisse encore de nombreuses zones d'imprécision : on ignore comment les molécules odoriférantes sont discriminées par les cellules olfactives, ou comment agissent certains agents tissulaires (histamine, bradykinine) sur les récepteurs de la douleur. •

Les centres de la vigilance

UN RÉSEAU DIFFUS DE NEURONES, LA FORMATION RÉTICULÉE, EST RESPONSABLE DE L'ACTIVATION DU SYSTÈME NERVEUX CENTRAL.

Le niveau de vigilance exprime l'aptitude du système nerveux à contrôler le fonctionnement actif de l'organisme : réduit, il prédispose au sommeil ; élevé, il autorise des interventions précises et efficaces. Les centres encéphaliques responsables de ce conditionnement se répartissent à l'intérieur d'un agrégat de cellules nerveuses, qui s'étend sur toute la hauteur du tronc cérébral, la formation réticulée. C'est un lieu de convergence de fibres issues de tous les systèmes sensoriels, mais aussi du néocortex et du cervelet. La formation réticulée envoie des projections vers les centres corticaux ainsi que vers la moelle épinière.

Les neurophysiologistes se sont employés à mettre en évidence les différents aspects fonctionnels de la formation réticulée (par des sections étagées du tronc cérébral ou par des stimulations) ; un progrès décisif a été réalisé grâce aux techniques d'histofluorescence qui permettent d'y visualiser en place les neuromédiateurs. La formation réticulée exerce un contrôle tonique sur la moelle épinière par le biais d'une région « facilitatrice » descendante, complétée par une région inhibitrice également descendante. De plus, elle opère un contrôle de l'activité du cortex par un système noradrénergique (circuit de neurones utilisant la noradrénaline comme neuromédiateur), responsable de l'éveil cortical, et par un système dopaminergique (utilisant la dopamine) nécessaire à l'éveil comportemental normal.

Les Américains K. W. Magoun et G. Moruzzi ont montré que la stimulation de la formation réticulée provoque une réaction d'éveil chez un singe assoupi, alors que sa destruction engendre un sommeil permanent. Le rôle d'éveil des catécholamines (dopamine et noradrénaline) trouve un antagonisme dans l'effet hypnogénique (provoquant le sommeil) d'un troisième neuromédiateur, la sérotonine, présente dans d'autres circuits de la formation réticulée. Celle-ci exerce enfin un contrôle sur la transmission des messages sensoriels : l'efficacité de certains est accrue, aux dépens d'autres messages. Lorsque la situation exige une attention soutenue, c'est le cortex lui-même qui assure ce contrôle sélectif. •

L'hippocampe

AU SEIN DU SYSTÈME LIMBIQUE, L'HIPPOCAMPE JOUE, CHEZ LES MAMMIFÈRES, UN RÔLE CLEF DANS LA MÉMOIRE ET L'APPRENTISSAGE.

L'hippocampe est l'un des éléments du système limbique (qui comprend en outre l'amygdale, l'hypothalamus and d'autres structures cérébrales). Bien individualisé anatomiquement, l'hippocampe est difficile à isoler fonctionnellement de cet ensemble, mais on peut cependant mettre l'accent sur quelques aspects pour lesquels il semble jouer un rôle déterminant : les mécanismes de mémorisation, d'apprentissage et de conditionnement. L'hippocampe est le siège d'une activité électrique où alternent des rythmes lents et amples et des rythmes rapides à faible voltage. Lorsque l'attention est sollicitée apparaît alors une activité continue faite d'ondes amples et régulières (de fréquence voisine de 5-6 cycles par seconde) et groupées par bouffées : c'est le rythme thêta, qu'on enregistre au cours de la période d'entraînement précédant un apprentissage. On retrouve de telles caractéristiques électriques pendant la phase de sommeil dit « paradoxal », confortant l'idée d'un rôle du sommeil dans la mémorisation (« consolidation de la trace mnésique »). Dans les deux cas, la formation réticulée présente une activité comparable (5-8 cycles par seconde) indiquant par là une augmentation du niveau de vigilance. D'autres expérimentations (lésions, stimulations, etc.) complètent ces observations électrophysiologiques et permettent de situer l'hippocampe dans les mécanismes de rétention des données récentes et dans leur « mise en mémoire ». •

L'apprentissage à l'échelle du neurone

Sur certains neurones de l'hippocampe (4), une stimulation unique donne naissance à un potentiel postsynaptique excitateur (PPSE) de l'ordre de 1 millivolt. Après une stimulation dite « tétanique » (640 stimulations par seconde pendant 30 secondes), l'amplitude des PPSE s'élève à 2 millivolts puis décroît et s'annule au bout de 5 à 6 minutes. On donne à ce phénomène le nom de potentiation post-tétanique : le neurone se montre plus prompt à répondre à nouveau lorsqu'il a déjà réagi. Cette particularité peut être considérée comme une forme élémentaire d'apprentissage.

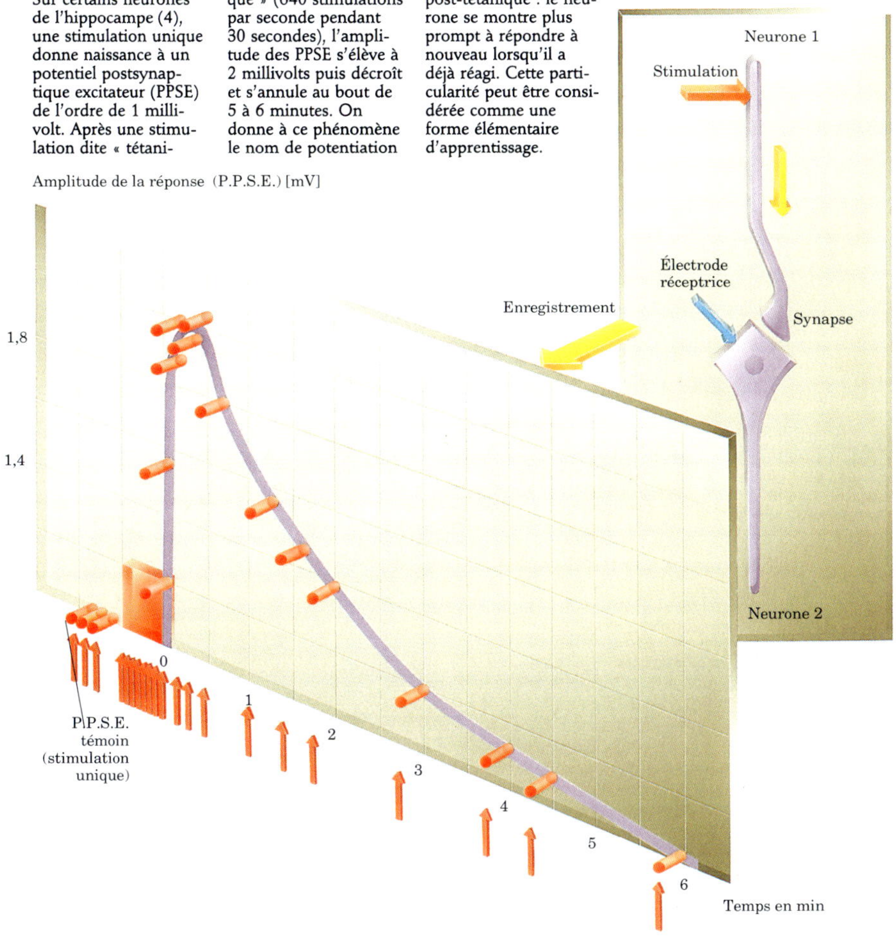

4. Potentiation post-tétanique *(d'après Schmidt et coll.)*.

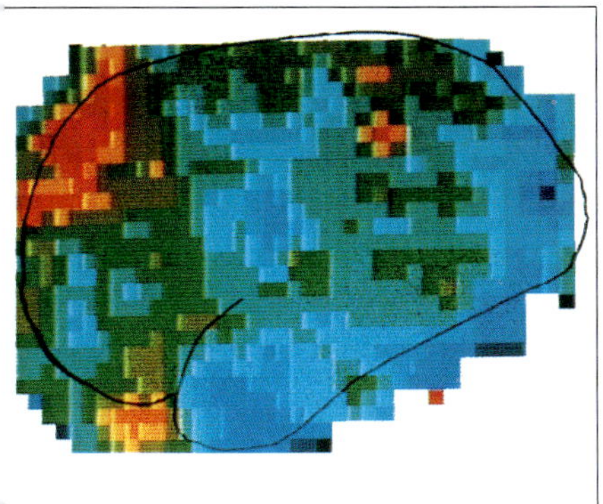

5. Débit sanguin cérébral chez l'homme au repos.

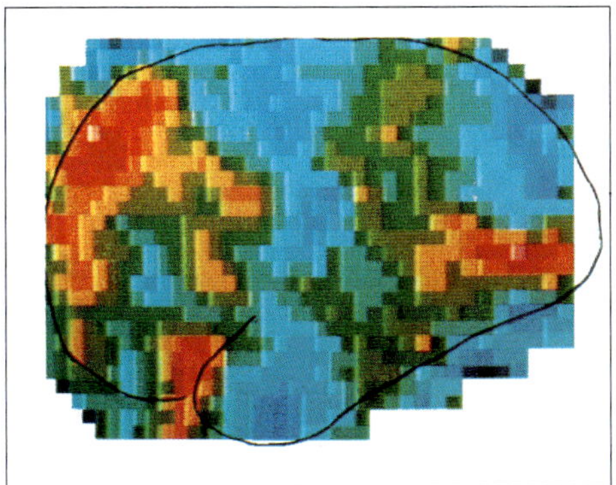

6. Débit sanguin cérébral pendant la lecture silencieuse.

Le cortex cérébral

PAR SON ORGANISATION EN AIRES SENSORIELLES, MOTRICES ET ASSOCIATIVES, LE CORTEX CÉRÉBRAL FOURNIT LE PLUS HAUT NIVEAU D'INTÉGRATION DU SYSTÈME NERVEUX CENTRAL.

Le cortex tire son nom du fait que les neurones qui le constituent regroupent leurs noyaux à la périphérie des hémisphères cérébraux, réalisant ainsi l'aspect d'une écorce de substance grise. Une telle disposition est propre aux mammifères (néocortex) ; parmi ceux-ci, le développement du cortex marque les différentes étapes de l'évolution des espèces et atteint son maximum chez l'homme.

Le tissu cortical s'organise en six couches cellulaires (avec une alternance de deux couches de « grains » et de deux couches de neurones dits pyramidaux). On le qualifie aussi d'isocortex, en l'opposant à l'allocortex plus rudimentaire (à trois couches) de l'hippocampe et au mésocortex (à quatre couches) de certaines structures du rhinencéphale. On subdivise classiquement le néocortex en lobes (frontal, temporal, pariétal et occipital) et en circonvolutions, au sein desquelles on délimite des aires corticales. Certaines de ces aires sont dites primaires : leur rapport avec les récepteurs sensoriels ou les efférents moteurs (muscles) sont simples et réduits à la succession de trois neurones (avec un relais dans le thalamus) pour la voie sensorielle, et deux neurones (avec un relais dans le tronc cérébral ou la moelle) pour la voie motrice. Les relations des autres aires corticales sont plus complexes : elles sont l'aboutissement ou le point de départ de voies largement polysynaptiques (avec de nombreux relais). Elles sont associées aux aires primaires ou connectées entre elles, et on les qualifie, d'une façon générale, d'aires associatives. De telles aires prennent une place considérable chez les primates. Par leurs connexions, elles opèrent un traitement élaboré des informations sensorielles et contrôlent la mise en place des programmes moteurs les plus complexes.

Les aires frontales et préfrontales président aux mécanismes de délibération et de prise de décision. Dans le lobe temporal, les aires de Wernicke et de Broca sont les supports du traitement et de l'expression du langage articulé. La lésion localisée d'une aire cérébrale conduit à des troubles fonctionnels tels que les aphasies (troubles du langage), les apraxies (troubles de programmation des gestes) ou les agnosies (perte du pouvoir d'identifier). L'étude de la pathologie et l'expérimentation ont permis d'obtenir une cartographie détaillée de la surface des hémisphères que l'on doit principalement à l'Allemand K. Brodmann (1909). Elle a été jugée satisfaisante pendant de longues années, mais une analyse plus approfondie conduit actuellement à en réviser le principe même. En premier lieu, les concepts d'aires motrices et sensorielles distinctes sont battus en brèche par la mise en évidence d'indiscutables superpositions. En second lieu, l'analyse par implantation de microélectrodes montre que le cortex ne peut s'exprimer fonctionnellement en terme de surface mais en volume et que son fonctionnement est le résultat d'une organisation en colonnes, orientées perpendiculairement à la surface.

Parmi les différents aspects de l'exploration de l'activité corticale, l'électrophysiologie tient une place importante. L'électroencéphalographie recueille, sous la forme d'ondes complexes, la synthèse des manifestations électriques des hémisphères. La méthode des « potentiels évoqués » consiste à recueillir au niveau d'une aire réceptrice primaire la variation de potentiel électrique cortical qui fait suite à une stimulation extérieure appropriée (donc « évoquée » par cette stimulation). Les potentiels évoqués présentent sensiblement le même aspect quel que soit l'organe des sens interrogé. Ils se compliquent et deviennent plus fluctuants si on les recherche dans les aires associatives. Par répétition des stimulations, superposition des réponses et intégration, on tente d'enregistrer l'activité de régions bien précises du cortex, en éliminant le « bruit de fond encéphalographique ». •

→ **Voir aussi :** Les centres nerveux, **BIOL**, p. 176-177. Les récepteurs sensoriels, **BIOL**, p. 180-181. Le cerveau et la neuropsychologie, **MED**, p. 370-371.

Images de l'activité corticale

L'activité de différentes régions corticales peut être mise en évidence chez le sujet humain par la mesure de l'augmentation du débit sanguin local. Les variations sont visualisées après injection d'une substance radioactive (xénon 133). La radioactivité est détectée par une batterie de 254 scintillateurs externes, et traduite sur écran sous forme de carrés affectés d'une couleur d'autant plus chaude que le débit est élevé. Le sujet au repos (5) témoigne seulement d'une activité frontale. Lors de la lecture silencieuse d'un texte (6), l'activité frontale augmente (activité intellectuelle) ainsi que celle des aires oculomotrices et de l'aire de Wernicke (compréhension des mots écrits) visibles au centre et en bas de l'image.

Les récepteurs sensoriels

Les récepteurs sensoriels constituent l'interface entre l'individu et son environnement. Ils le renseignent sur les événements extérieurs, lui procurent ses sensations et l'informent sur son état physiologique. Les différents types de récepteurs peuvent être regroupés selon la classification des cinq sens : le toucher, le goût, l'olfaction, l'audition et la vision.

Cependant, cette classification apparaît vite trop étroite face à la richesse des sensations. Par exemple, la sensibilité somesthésique regroupe toutes les sensations corporelles, dont le toucher fait partie, tout comme la sensibilité dite *proprioceptive* des muscles et des tendons et la sensibilité *intéroceptive* des viscères. Le toucher lui-même est une modalité sensorielle hétérogène et la peau contient une grande diversité de récepteurs. On y trouve, outre les différents récepteurs tactiles, les récepteurs thermiques et ceux de la douleur. Le goût et l'olfaction sont deux modalités sensorielles fondées sur le même principe : la reconnaissance de la forme des molécules. Si les quatre modalités primaires du goût (sucrée, salée, acide et amère) sont une quasi-évidence, il est difficile de définir celles de l'olfaction. Bien que les récepteurs de l'équilibre logent dans l'oreille interne, la sensibilité à l'équilibre est plus proche de la sensibilité somesthésique que de l'audition. Tous les récepteurs fournissent des informations précises et reproductibles, comme le montrent les lois de la psychophysique. Ces lois, fort simples en première approche, permettent une analyse mathématique du domaine, par essence subjectif, qu'est celui des sensations.

La sensibilité de la peau

LA PEAU RENFERME DE NOMBREUX RÉCEPTEURS, SENSIBLES À TROIS GRANDS TYPES DE STIMULATIONS : TACTILES, THERMIQUES ET DOULOUREUSES.

Présents chez tous les animaux, les récepteurs tactiles ont été étudiés surtout chez les vertébrés et, en particulier, chez l'homme. On peut décrire plusieurs récepteurs, de sensibilités différentes. L'un des plus simples, le *disque de Merkel,* est sensible à la pression et au tact. Il est composé d'une fibre nerveuse associée à une cellule spécialisée. La peau renferme des formations plus complexes, tel le *corpuscule de Meissner,* où la fibre nerveuse s'enroule en spirale autour d'une association de cellules gliales et qui répond à la pression. Le *corpuscule de Pacini,* quant à lui, est sensible aux vibrations. Sa fibre nerveuse myélinisée est enfermée dans un grand nombre de lamelles conjonctives qui conditionnent ses propriétés réceptrices.

Il existe dans la peau deux types de récepteurs thermiques : un récepteur du chaud et un récepteur du froid. Cependant, contrairement à ce que l'on pensait il y a quelques années, ils ne sont pas encore identifiés (le récepteur de Rufini n'est pas le récepteur du chaud, le corpuscule de Krause n'est pas celui du froid). Ainsi, faute de candidats suffisamment convaincants, la morphologie des récepteurs thermiques est redevenue un mystère.

Par contre, les récepteurs de la douleur (ou *nocicepteurs*), particulièrement abondants, sont mieux connus depuis quelques années : il s'agit de terminaisons nerveuses libres. Ces dernières doivent toutefois présenter une certaine variété car on distingue des nocicepteurs mécaniques, sensibles à la piqûre et à la torsion, des nocicepteurs thermiques, sensibles aux températures extrêmes, et des nocicepteurs polymodaux, qui répondent à tout ce qui peut provoquer une lésion.

La peau ne comporte pas la même densité des récepteurs sur toute sa surface. Chez l'homme, certaines régions comme le visage, les mains et tout particulièrement le bout des doigts sont très riches en récepteurs tactiles. Cela semble tout à fait logique si l'on considère que ces parties du corps ont un rôle déterminant dans l'exploration des objets et des formes. À l'inverse, le dos et les cuisses ont des densités très basses en récepteurs cutanés. •

Le domaine sensoriel

LES RÉCEPTEURS SENSORIELS TRANSMETTENT AU CERVEAU UNE INFORMATION SÉLECTIVE, TRADUISANT EN PARTIE LES MANIFESTATIONS PHYSIQUES DE L'ENVIRONNEMENT AINSI QUE L'ÉTAT PHYSIOLOGIQUE DE L'ORGANISME.

Le monde s'appréhende par ses caractéristiques physiques : rayonnement lumineux réfléchi ou émis, production de vibrations sonores, libération de molécules, etc. Le rôle du récepteur sensoriel est alors celui d'un interprète : il capte certaines de ces manifestations physiques, les traduit en influx nerveux et les transmet au cerveau.

Cependant, les récepteurs sensoriels ne constituent que des « fenêtres sélectives » sur le milieu extérieur et intérieur, ne permettant d'appréhender que quelques caractéristiques physiques. Ainsi, l'homme, contrairement à certains oiseaux migrateurs, ne possède pas de récepteurs sensibles aux champs magnétiques et aucun animal, par exemple, ne peut détecter les émissions radioactives. De plus, dans chacune des modalités sensorielles, un être vivant n'est sensible qu'à une gamme de valeurs déterminées. Ainsi, l'œil de l'homme ne voit pas les ultraviolets et son oreille n'entend pas au-delà de 20 000 hertz.

Si la nécessité d'être informé sur l'environnement extérieur est facile à concevoir, on a trop souvent tendance à négliger l'importance d'une sensibilité tournée vers le milieu intérieur. De la sorte, l'individu peut agir en fonction de son état physiologique et de ses besoins. Par exemple, les récepteurs à l'étirement *(mécanorécepteurs)* de l'estomac informent les centres nerveux sur le volume de son contenu. Les sensations produites peuvent alors influencer le comportement soit vers la recherche de nourriture soit, au contraire, vers l'arrêt de la prise alimentaire.

De nombreux récepteurs internes ne donnent pas naissance à des sensations conscientes et, pourtant, ils sont indispensables. Dans l'artère aorte, par exemple, se trouvent des récepteurs sensibles à la teneur en oxygène du sang. Lorsque la concentration baisse, les récepteurs provoquent, par voie réflexe, l'augmentation de la fréquence respiratoire. C'est un processus tout à fait vital et pourtant ces *chémorécepteurs* (récepteurs chimiques) ne sont à l'origine d'aucune sensation consciente. •

1. Récepteurs tactiles de la peau.

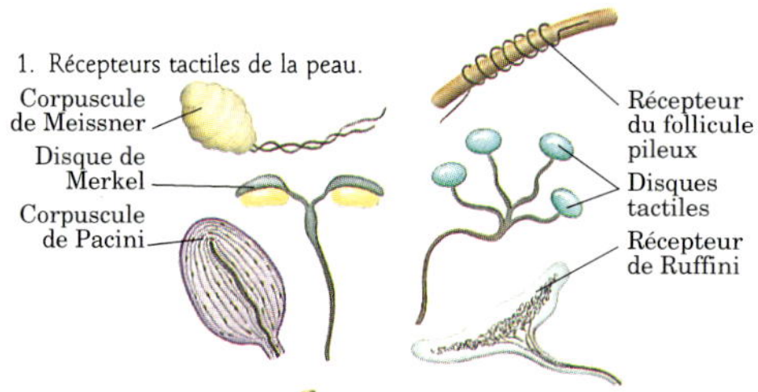

2. Peau de mammifère, zone portant des poils.

3. Peau de mammifère, zone dépourvue de poils.

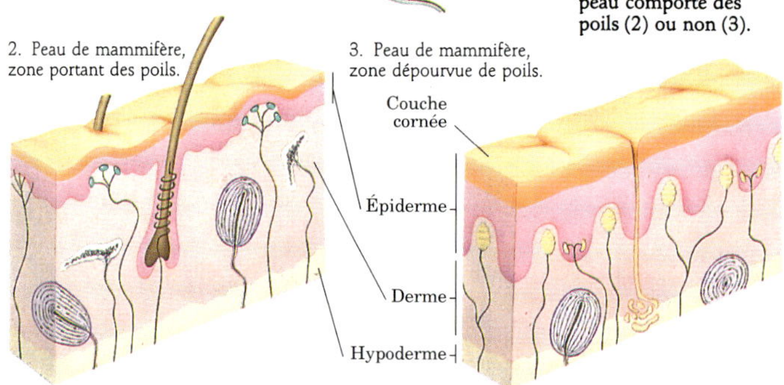

La gamme des récepteurs

Les récepteurs tactiles sont des cellules ou des groupes de cellules associés à des fibres nerveuses (1). Leur structure et leur position varient selon que la peau comporte des poils (2) ou non (3).

Différents types de récepteurs internes informent les centres nerveux sur l'état physiologique de l'organisme. Les cellules sensorielles de l'olfaction sont associées à des cellules de soutien pour former un *neuroépithélium* (4). Les bourgeons du goût (5) associent également des cellules réceptrices et des cellules de soutien. Dans l'oreille interne, les cellules ciliées « externes » de la cochlée (6) constituent les récepteurs auditifs, sensibles aux variations de pression. Les récepteurs de l'équilibration (7) se situent également dans l'oreille interne ; ils recueillent des informations liées à la position et aux mouvements de la tête.

Principaux récepteurs sensoriels internes à l'organisme

Type de récepteur	*Localisation*	*Paramètre enregistré*
Chimique (chémorécepteur)	Aorte, carotide (glomus)	Oxygénation du sang artériel
	Bulbe	Taux de gaz carbonique et pH du sang
	Appareil digestif	Contenu du tube digestif
	Foie (système porte), hypothalamus	Glycémie (glucose sanguin)
Mécanique (mécanorécepteur)	Aorte (sinus)	Pression artérielle
	Cœur	Remplissage du cœur
	Poumons	Volume pulmonaire
	Appareil digestif	Remplissage du tube digestif
	Muscles	Longueur des muscles
	Tendons	Tension musculaire
	Vessie	Remplissage de la vessie
Thermique (thermorécepteur)	Hypothalamus, appareil digestif	Température
Osmotique (osmorécepteur)	Hypothalamus, foie	Pression osmotique

4. Neuroépithélium olfactif de mammifère.

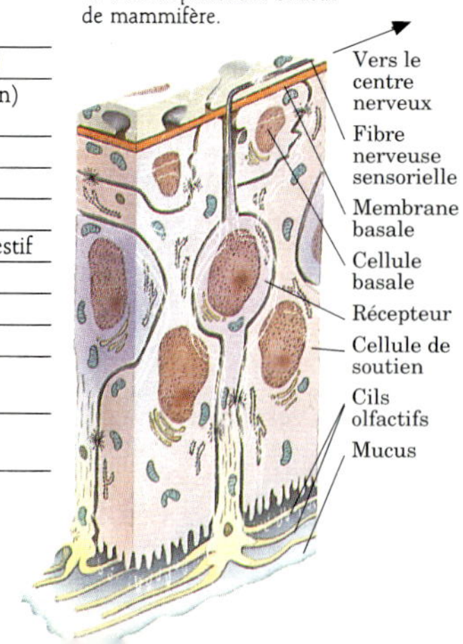

Le goût et l'olfaction

LES RÉCEPTEURS GUSTATIFS ET OLFACTIFS OFFRENT UNE GRANDE VARIÉTÉ DE SENSATIONS, FONDÉES SUR LA RECONNAISSANCE CHIMIQUE DES MOLÉCULES.

Tous les invertébrés ne semblent pas doués de sensibilité gustative. Chez les insectes, les organes gustatifs peuvent se trouver sur les pièces buccales (au niveau de la tête), mais aussi sur les tarses (extrémités distales des pattes). Chez les vertébrés, les récepteurs gustatifs sont organisés en bourgeons à l'intérieur des papilles de la langue, du pharynx ou de l'œsophage. Les bourgeons du goût des poissons peuvent être disposés en divers endroits de la surface corporelle.

On distingue quatre saveurs : le salé, le sucré, l'acide et l'amer. Les papilles sensibles à ces différentes saveurs sont situées sur les parties latérales de la langue avec une répartition géographique différente pour chacune. L'amertume est reconnue principalement dans la partie arrière, l'acide, le sucré et le salé se disposant progressivement vers l'avant. Chaque papille est constituée de cellules au centre desquelles se trouve le récepteur proprement dit.

Les mécanismes du goût ne sont pas aussi simples qu'on pourrait le croire au premier abord. D'une part, aucune substance ne stimule exclusivement une des modalités : chacune possède simplement une dominante, qui peut être différente selon la concentration (à l'image du sel de cuisine, qui paraît sucré à faible concentration). D'autre part, il semble bien qu'au sein de chaque modalité il puisse y avoir plusieurs types de récepteurs différents, reconnaissant des formes de molécule différentes (c'est le cas pour le sucré et l'amer).

Chez les vertébrés tétrapodes, l'organe olfactif est situé dans les voies aériennes supérieures. Chez l'homme, les quelque 6 millions de récepteurs olfactifs sont situés dans la muqueuse nasale, concentrés sur une surface de 6 cm². Par contre, chez les poissons, l'organe olfactif en cul-de-sac ne communique pas avec la cavité buccale et les branchies. Quant aux insectes, leurs récepteurs olfactifs sont en général portés par les antennes. L'homme est capable de reconnaître près de 10 000 odeurs, ce qui est étonnant si l'on considère la pauvreté de notre vocabulaire dans ce domaine. Il n'a cependant pas une très bonne sensibilité, comparativement à certains animaux. Son seuil de détection absolu est de 10^7 molécules par millilitre d'air, alors que 10^3 molécules sont suffisantes pour un chien par exemple.

La cellule réceptrice olfactive est un neurone particulier dont l'un des prolongements, une dendrite, est pourvu de cils olfactifs. Ces cils, portant les sites accepteurs des molécules odoriférantes, baignent dans un mucus sécrété par des cellules de soutien. De nombreux chercheurs ont tenté de déterminer les odeurs primaires de l'olfaction. Mais, si les théories se sont succédé, faisant état de 4 à 44 primaires selon les auteurs (Carl von Linné en avait trouvé 7), aucune d'elles n'a convaincu. Il y en a probablement un grand nombre, comme le suggèrent les 62 anosmies (incapacité de sentir une substance) d'origine génétique identifiées chez l'homme. Chaque molécule odoriférante activerait une combinaison de récepteurs différents, combinaison qui lui serait propre. •

5. Bourgeon du goût chez le lapin.

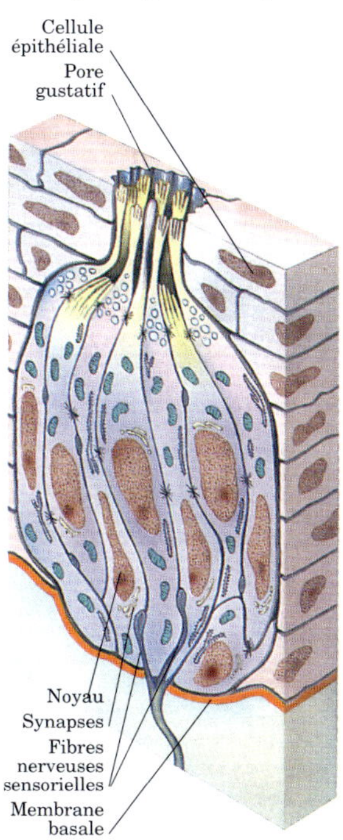

La mesure des sensations

LA MESURE DES SENSATIONS PEUT ÊTRE DÉCRITE PAR DES LOIS MATHÉMATIQUES. C'EST L'OBJET DE LA PSYCHOPHYSIQUE.

La psychophysique étudie les relations entre les caractéristiques d'une stimulation sensorielle et la sensation subjective qui en résulte. Au XIXᵉ siècle, le physiologiste allemand E. H. Weber fut l'un des pionniers de cette discipline. Il a notamment essayé de déterminer quelle loi pouvait suivre le seuil différentiel (DI), défini comme l'augmentation (ou la baisse) d'intensité d'un stimulus nécessaire pour provoquer une sensation différente. Dans ses expériences, où des sujets soulevaient des poids et devaient décrire les différences de sensation, il a trouvé que DI était proportionnel à l'intensité. Dans cette équation ($DI = k \times I$), I désigne l'intensité du stimulus et k une constante spécifique de chaque sensation. Ainsi, pour une stimulation tactile, Weber a trouvé la valeur $k = 0{,}05$, pour un stimulus thermique la valeur 0,15 et pour l'olfaction la valeur 0,25. Cette loi est vérifiée pour un très grand nombre de sensations, tout au moins pour des intensités moyennes de stimulus, car, pour des valeurs importantes ou proches du seuil absolu, DI devient plus élevé.

En se fondant sur les travaux de Weber, l'Allemand G. T. Fechner a établi une loi qui permet de prédire l'intensité de la sensation (S) en fonction de l'intensité du stimulus (I). Cette loi, où k désigne une constante spécifique de chaque sensation, est la suivante : $S = k \times \log I$. L'Américain S. S. Stevens a remis en cause la validité de cette équation et il a déterminé que, dans un certain nombre de cas, la sensation suivait plutôt une fonction puissance ($S = k \times I^n$), où n et k représentent des constantes spécifiques de chaque sensation.

En fait, selon la modalité sensorielle considérée et les types de stimulus utilisés (modulation de fréquence ou variation de l'intensité par exemple), l'intensité de la sensation peut être déterminée mathématiquement à l'aide de l'une ou l'autre des deux lois : loi de Fechner ou loi de Stevens. •

→ **Voir aussi :** La vision, **BIOL**, p. 182-183. Les problèmes d'audition, **MED**, p. 298-299. Les problèmes de vision, **MED**, p. 302-303. Molécules des saveurs et des odeurs, **CHIM**, p. 338-339.

6. Cellule ciliée externe de la cochlée.

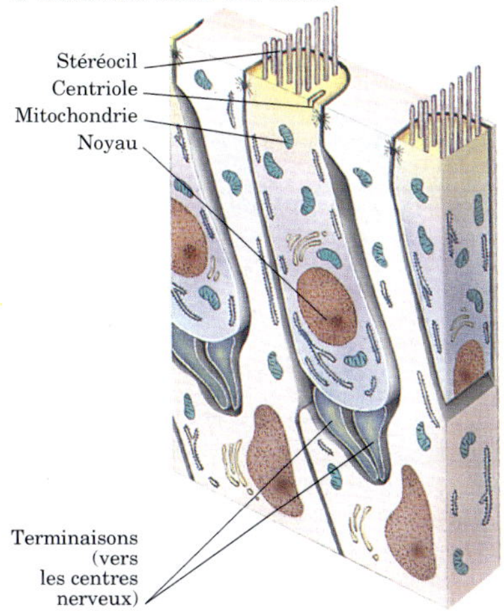

L'audition et l'équilibration

BIEN QUE FONDAMENTALEMENT DIFFÉRENTES, CES DEUX MODALITÉS SENSORIELLES ONT LEURS RÉCEPTEURS REGROUPÉS DANS UNE MÊME ZONE : L'OREILLE INTERNE.

L'oreille externe et son conduit auditif sont propres aux mammifères ; chez les autres animaux, la membrane du tympan est généralement en contact direct avec le milieu extérieur. Chez certains insectes, les vibrations sonores sont reçues par l'organe « sous-genouillé », logé dans un sinus sanguin du tibia. Les poissons possèdent, quant à eux, un organe particulier pour la réception des sons de basse fréquence : la ligne latérale.

L'oreille moyenne des vertébrés est constituée de trois petits os – le marteau, l'enclume et l'étrier – chargés de transmettre les vibrations sonores du tympan à la fenêtre ronde de la cochlée. Ces os sont pourvus de muscles susceptibles de moduler, en se contractant, la transmission des sons, notamment lorsque ceux-ci sont trop forts et risquent d'endommager l'oreille interne.

Les récepteurs auditifs. Élément de l'oreille interne, la cochlée est une sorte de tube à double rampe enroulé sur lui-même à la manière d'un véritable escargot. Sur la rampe centrale, figurée par la membrane basilaire, se trouvent les cellules ciliées, qui sont les récepteurs auditifs à proprement parler.

Lorsqu'un son arrive à la cochlée, la membrane basilaire vibre. Il existe une zone où l'amplitude de cette vibration est la plus forte et ce point est d'autant plus haut le long de la rampe que la fréquence du son est grave. Les cellules ciliées entrent alors en vibration, provoquant un mouvement des cils. Ce mouvement, sans que l'on comprenne encore très bien comment, bloque un courant d'ions potassium qui entraîne une dépolarisation de la cellule. Après une première retransmission synaptique, le message nerveux prendra naissance sous la forme d'une série de potentiels d'action.

Les récepteurs de l'équilibration. L'oreille interne contient également les organes de l'équilibration, constitués par l'utricule, le saccule et les canaux semi-circulaires. Certaines régions (les macules) de l'utricule et du saccule contiennent les cellules sensorielles de l'équilibration, dites « vestibulaires ». Une couche de substance gélatineuse et fibreuse, contenant de petits « cailloux » calciques nommés *otolithes,* repose sur la surface de ces cellules, pourvues de « microvillosités ». Selon la position de la tête, les otolithes appuient sur ces microvillosités, dont la torsion stimule les fibres nerveuses. Les ampoules, situées à la base des canaux semi-circulaires, ont une structure et une fonction proches des macules, sans toutefois posséder de petits otolithes. •

7. Cellules réceptrices de l'équilibration (oreille interne de mammifère).

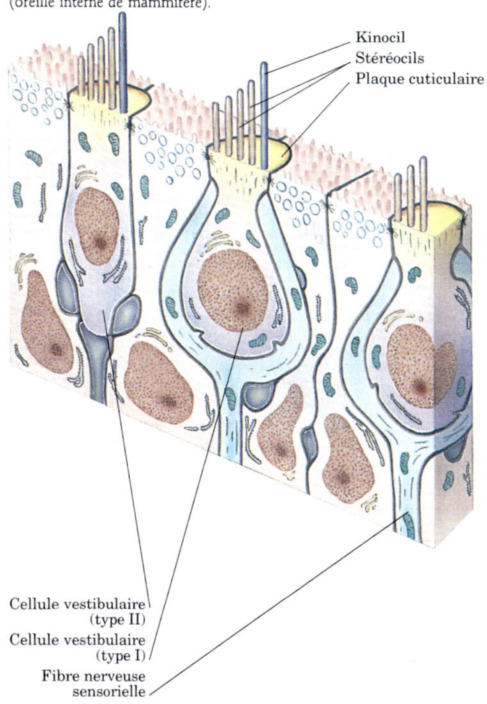

La vision

LA VISION EST LE SENS LE plus développé chez les primates et, donc, chez l'homme. C'est probablement pour cela que nombre de recherches ont été menées dans ce domaine.

Chez tous les animaux, la sensibilité à la lumière a pour origine un pigment sensible aux photons lumineux. Chez certains unicellulaires, il est stocké dans un organite du cytoplasme. Chez des animaux plus complexes, comme les vers, il est contenu dans des cellules visuelles spécialisées formant les ocelles. On le retrouve également dans les ommatidies des yeux à facettes des insectes et jusque dans les cônes et bâtonnets de la rétine de l'œil humain.

Ce pigment au rôle fondamental est généralement composé d'une protéine, l'*opsine,* et d'un dérivé de la vitamine A1, le *cis-rétinal.* Lorsque ce pigment est frappé par les photons, le rétinal subit une isomérisation stéréochimique, c'est-à-dire un changement de forme, et devient *trans-rétinal.* Cette modification est le point de départ d'une cascade de réactions physico-chimiques qui vont assurer la transformation du signal lumineux en signal biologique.

Comme la rétine contient également des cellules nerveuses, le traitement de l'information lumineuse va débuter à ce niveau. Les neurones ganglionnaires dont les axones forment le nerf optique envoient des messages relativement élaborés vers les structures centrales. Certains de ces neurones sont sensibles aux différences de couleurs, aux mouvements ou aux contrastes. L'analyse finale de l'image, et tout particulièrement son aspect stéréoscopique, est réalisée dans l'aire visuelle du cortex occipital.

Évolution de l'œil

DES UNICELLULAIRES À L'ŒIL HUMAIN, LE SYSTÈME OPTIQUE SE PERFECTIONNE, PERMETTANT UNE ANALYSE DE L'INFORMATION DE PLUS EN PLUS POINTUE.

Les protozoaires, animaux unicellulaires primitifs, présentent des tropismes : comportements d'approche ou de fuite face à un rayonnement lumineux. Dans le cytoplasme de l'euglène, qui est un être unicellulaire flagellé possédant à la fois des caractéristiques végétales et animales, une cupule contenant les pigments photosensibles permet de détecter les variations de luminosité dans l'environnement.

Chez les invertébrés inférieurs, le récepteur, ou ocelle, est un peu plus élaboré : il est formé d'une ou de plusieurs cellules visuelles différenciées. Les vers de terre, par exemple, possèdent sur tout le corps de nombreux ocelles constitués d'une cellule unique. Les vers plats, plus évolués, disposent d'ocelles composés de plusieurs cellules qui leur permettent de déterminer la direction de la source lumineuse.

Chez les mollusques, les ocelles peuvent être plus sophistiqués. La moule possède le système le plus simple, qui n'est sensible qu'aux variations de luminosité. Ce système se complique chez d'autres mollusques avec l'addition d'une lentille qui permet de recueillir une image grossière de l'environnement. Les poulpes possèdent l'œil le plus perfectionné avec une pupille et un véritable cristallin qui peut se déplacer d'avant en arrière pour le réflexe d'accommodation.

Les insectes, comme les crustacés, ont des yeux à facettes constitués de plusieurs milliers d'éléments, appelés ommatidies. Chaque ommatidie a la forme d'un cylindre creux, rempli d'une substance translucide, dont le fond est tapissé de cellules visuelles. De ce fait, seul un rayon lumineux d'une direction voisine de leur axe peut atteindre les récepteurs visuels. Chaque ommatidie ne capte donc la lumière que d'une zone déterminée de l'environnement et n'est pas équivalente à un œil complet. Si l'œil à facettes est sensible à la lumière polarisée et aux ultraviolets, il n'offre en revanche qu'une acuité visuelle modeste, cent fois, voire mille fois, moins bonne que celle de l'œil humain.

L'organisation générale de l'œil, à base de lentilles et de cellules photosensibles, est la même chez tous les vertébrés.

L'œil humain, dont la mobilité dans l'orbite est assurée par six muscles, est limité et protégé par la sclérotique, membrane conjonctive fibreuse très résistante. Vers l'avant, cette membrane fait place à la cornée, tissu conjonctif transparent. L'espace intérieur est divisé en deux cavités

1. Ocelles (sphères noires) d'un mollusque bivalve *(Chlamys opercularis)*.

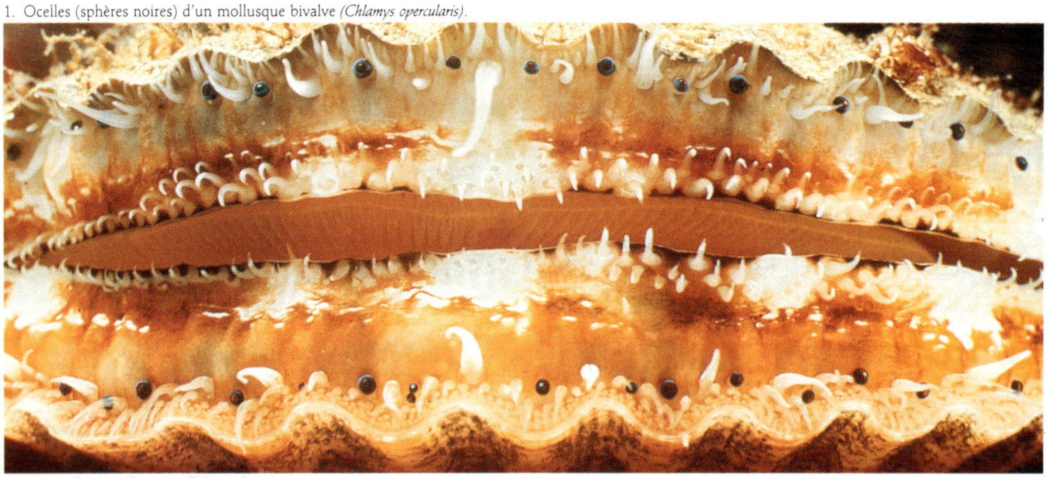

2. Yeux à facettes du taon *(Tabanus bromius)*.

Le système visuel

Si les ocelles (1) ne témoignent, en général, que d'une sensibilité aux variations de lumière, les yeux à facettes des insectes (2) autorisent, eux, la constitution d'une image réelle. L'organe visuel n'est qu'un récepteur ; encore faut-il analyser les informations qu'il transmet. Cette analyse, très fruste chez les êtres vivants les plus simples, est devenue extrêmement importante chez les primates, comme l'homme (3, 4), qui disposent d'une vision en couleurs et en relief.

3. Les voies visuelles chez l'homme.

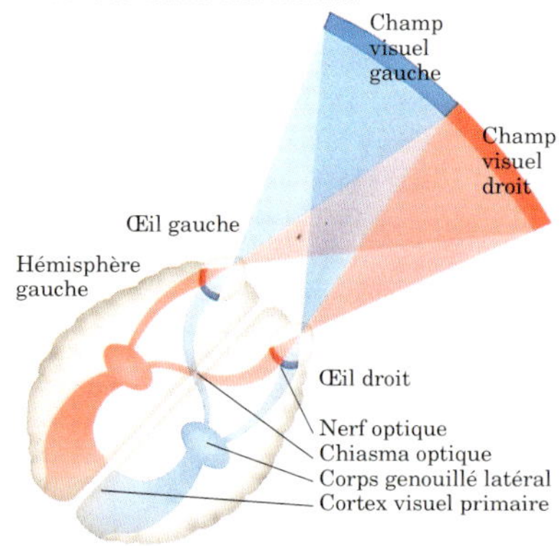

remplies de liquides transparents, l'humeur aqueuse en avant du cristallin et le corps vitré en arrière. L'iris, placé juste devant le cristallin, possède de nombreuses cellules pigmentaires qui lui donnent sa couleur. Il est pourvu de deux muscles (dilatateur et constricteur) qui permettent de régler le diamètre pupillaire en fonction de l'intensité lumineuse et pour les besoins de l'accommodation. Le cristallin est un massif épithélial transparent dont la forme peut être modifiée par les muscles ciliaires dans le réflexe d'accommodation, qui conserve une vision nette à différentes distances. Enfin, l'œil possède un tissu nerveux, la rétine, collé contre la paroi interne de la cavité postérieure. La rétine est constituée par les récepteurs visuels et différents types de neurone. •

Du signal visuel au signal nerveux

PAR UNE CASCADE DE RÉACTIONS PHYSICO-CHIMIQUES, LES PHOTONS PROVOQUENT LA GENÈSE D'UN MESSAGE NERVEUX.

La transduction du signal visuel est l'opération par laquelle l'énergie lumineuse est convertie en message nerveux. Cette opération, de nature photochimique, a lieu dans les récepteurs de la rétine : les cônes et les bâtonnets. Elle est due à un pigment photosensible contenu dans la membrane des disques des récepteurs. Celui des bâtonnets a été identifié ; il s'agit de rhodopsine, constituée par l'association d'une protéine, l'opsine, et d'un dérivé de la vitamine A1, le cis-rétinal. Pour les cônes, à l'origine de la vision des couleurs, il existe trois types de pigments différents, chacun étant sensible à une zone de longueurs d'onde particulière qui correspond soit à la couleur rouge, soit au vert, soit au bleu. Il existe par conséquent trois types de cônes.

Sous l'effet de la lumière, le rétinal change de conformation et se transforme en un isomère, le trans-rétinal. Après plusieurs étapes, il se désengage de l'opsine et celle-ci active une autre protéine, la transducine. À son tour, cette transducine active l'enzyme de dégradation de la G.M.P.C. (guanosine monophosphate cyclique), et la conséquence de cette cascade de réactions est une diminution très rapide de la concentration cellulaire de la G.M.P.C. Ce nucléotide étant nécessaire pour maintenir ouverts les canaux sodium, ceux-ci se ferment. La fermeture des canaux entraîne rapidement des perturbations électriques, qui modulent à leur tour la transmission synaptique avec le premier neurone, la cellule bipolaire. •

4. L'œil humain et le cycle de la rhodopsine.

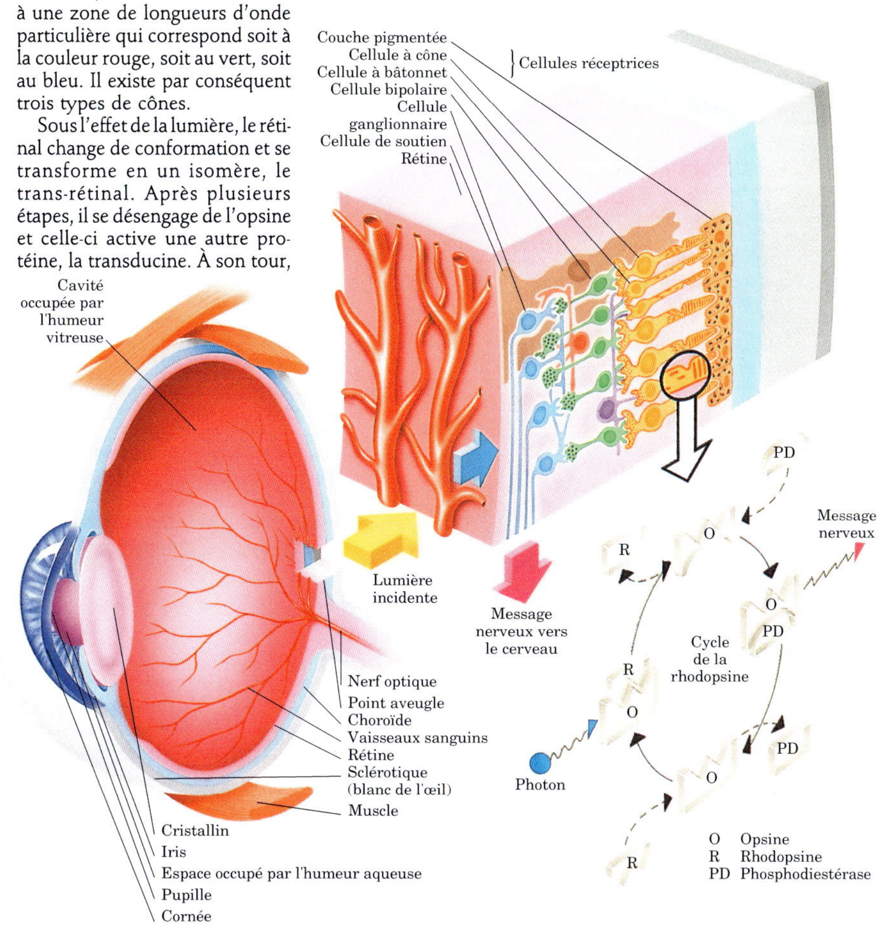

Analyse visuelle par la rétine

LA RÉTINE N'EST PAS SEULEMENT UN RÉCEPTEUR, ELLE EFFECTUE ÉGALEMENT UN PREMIER TRAITEMENT DES INFORMATIONS VISUELLES.

La rétine tapisse le fond de l'œil des vertébrés ; elle repose sur la membrane choroïde, riche en capillaires, qui la sépare de la sclérotique. La première assise cellulaire de la rétine constitue un épithélium noir contre lequel on trouve les cellules sensorielles de la rétine ; ces récepteurs sont de deux types : les bâtonnets, de forme allongée, et les cônes, de morphologie plus trapue. Alors que les cônes ne sont sensibles qu'à certaines longueurs d'onde, les bâtonnets sont sensibles à un large spectre de longueurs d'onde et peuvent fonctionner dans des conditions de faible éclairement. Ces récepteurs sont connectés entre eux par les cellules horizontales. On observe ensuite, en allant vers l'avant, deux couches de neurones, les cellules bipolaires (connectées entre elles par les cellules amacrynes) et les cellules ganglionnaires. Les axones des cellules ganglionnaires convergent en un point dit « aveugle » (car dépourvu de récepteurs) pour sortir de l'œil et former le nerf optique. Les rayons lumineux traversent ces deux couches de neurones avant d'atteindre les cellules sensorielles.

Les champs récepteurs. Il y a environ 100 millions de récepteurs dans la rétine pour un million de cellules ganglionnaires seulement. Cette différence d'effectifs entre l'entrée et la sortie témoigne d'une convergence des informations. De fait, on constate que les cellules ganglionnaires répondent à des stimulus apparaissant dans une région de l'espace, grossièrement circulaire, qui correspond à l'ensemble des récepteurs auxquels elles sont indirectement connectées. Ces champs récepteurs ont une structure complexe : les cellules ganglionnaires répondent différemment selon que le stimulus apparaît dans la zone centrale ou dans la zone périphérique de leur champ. Ainsi, les cellules ganglionnaires se révèlent très sensibles aux différences de contraste entre les zones de leurs champs récepteurs, ce qui constitue la première étape de la discrimination des formes.

Le codage de la couleur et du mouvement. Le codage de la couleur se fait à partir des connexions sélectives entre les cônes et les cellules ganglionnaires. Il existe trois variétés de cônes, sensibles soit au rouge, soit au vert, soit au bleu. Si une cellule ganglionnaire est stimulée par l'ensemble des récepteurs (les bâtonnets et les trois types de cônes), le signal transmis ne contient qu'une information sur la luminosité. Par contre, si la cellule ganglionnaire n'est connectée qu'à un ou deux types de cônes, elle peut transmettre une réelle information sur la couleur. Certaines de ces cellules, par exemple, sont excitées lorsqu'une lumière verte apparaît dans la partie périphérique de leur champ récepteur et inhibées si une lumière rouge apparaît au centre. Les cellules de ce type sont parmi les plus fréquentes, mais d'autres répondent à des combinaisons de couleurs différentes.

Bien que l'analyse du mouvement soit plutôt réalisée au niveau du cortex cérébral, il existe dans la rétine des cellules ganglionnaires sensibles au mouvement. Cette constatation vient du fait que certaines d'entre elles émettent des potentiels d'action avec une fréquence plus élevée lorsqu'un objet traverse leur champ récepteur dans une direction et un sens déterminés. •

L'analyse corticale

C'EST AU NIVEAU DU CORTEX QU'A LIEU L'ANALYSE FINALE DE L'IMAGE RÉTINIENNE.

Les axones des cellules ganglionnaires formant le nerf optique vont se projeter vers différentes structures centrales. Un petit contingent fait connexion avec certains noyaux de l'hypothalamus et tout particulièrement avec les noyaux préoptiques qui interviennent dans le contrôle des cycles physiologiques circadiens. Un autre contingent va se projeter dans les tubercules quadrijumeaux et contribue ainsi très probablement à diriger les saccades oculaires et à orienter la vision. Mais la part la plus importante de ces axones ganglionnaires aboutit aux noyaux géniculés latéraux du thalamus, unique relais avant le cortex.

Les informations visuelles parviennent au cortex visuel (aire 17 selon la topographie de K. Brodmann) dans le lobe occipital. Un croisement partiel des fibres ayant lieu dans le « chiasma optique », chaque côté du cortex traite les informations issues du champ visuel opposé : les informations visuelles de la partie droite du champ de vision sont traitées par l'hémisphère gauche, celles de la partie gauche par l'hémisphère droit. Il existe également une rétinotopie : deux zones voisines du champ visuel se projettent sur deux zones voisines du cortex, maintenant ainsi la cohérence de l'image rétinienne. Les cellules corticales, comme les cellules ganglionnaires ou les cellules du noyau géniculé, possèdent un champ récepteur ; toutefois, pour la plupart d'entre elles, ce champ n'est pas circulaire, mais de forme rectangulaire. Ces cellules, qui « répondent » (en modifiant leur activité électrique) à la stimulation de la rétine par des barres lumineuses, sont de plusieurs types. Les cellules simples se montrent très sensibles à l'orientation du stimulus, les cellules complexes sont sensibles à la fois à son orientation et à son sens de déplacement. Il existe également des cellules qui détectent les différences entre les informations apportées par les deux rétines sur une même zone du champ visuel ; ce traitement des informations binoculaires est à la base de la vision du relief. Toutes les cellules corticales s'organisent en colonnes d'environ 1 mm^2 de section, dans lesquelles tous les paramètres du signal visuel sont traités. •

Le contrôle du mouvement

LE MOUVEMENT, CHEZ LES animaux, s'exprime par des déplacements des composants mobiles du corps. Son degré de complexité reflète le niveau d'évolution du groupe considéré. Chez les invertébrés, ce sont certainement les arthropodes qui se singularisent à cet égard ; on rencontre un perfectionnement équivalent chez les vertébrés tétrapodes, particulièrement chez les mammifères. Le mouvement met en jeu la musculature dite « squelettique » (car elle mobilise le squelette).

On distingue trois catégories de mouvements : ceux qui modifient la localisation de la totalité de l'individu dans son environnement (locomotion), ceux qui favorisent une meilleure réception des informations qu'apporte le milieu (orientation) et ceux qui conduisent à une action sur les éléments de ce milieu.

La réalisation d'un mouvement, quelle que soit sa nature, fait appel à des centres nerveux spécifiques (centres moteurs). Le mouvement nécessite la sélection d'unités ou de groupes musculaires souvent selon une séquence donnée (succession), avec une intensité appropriée et pendant un temps déterminé, ce qui implique l'existence de dispositifs de modulation. Le cervelet d'une part, les corps striés et les noyaux sous-thalamiques d'autre part assurent les différents aspects de cette régulation. À la fois en relation avec le cortex moteur et les récepteurs de signaux extérieurs ou musculaires, ces centres se comportent comme des comparateurs de servomécanismes. On leur accorde aussi une fonction de générateurs d'impulsions qui déterminent les caractéristiques spatio-temporelles du mouvement.

Les mouvements rapides

INFORMÉ DU PROJET MOTEUR, LE NÉOCERVELET EN COMPARE LES CARACTÉRISTIQUES AUX INFORMATIONS QU'IL REÇOIT D'AUTRES SOURCES ET LE MODIFIE EN CONSÉQUENCE AVANT SON EXÉCUTION.

Trois niveaux d'organisation s'observent dans le cervelet. Les plus anciens d'un point de vue évolutif, l'archicervelet et le paléocervelet, participent de façon déterminante au contrôle de la posture (le paléocervelet intervient aussi dans la coordination des mouvements locomoteurs). À partir d'informations sensorielles, leur activité s'exerce sur les centres du tronc cérébral et s'exprime finalement, au niveau de la moelle épinière, sur le tonus (boucle gamma).

Troisième niveau, le néocervelet (hémisphères cérébelleux) est plus récent car son existence est liée à celle du néocortex : on ne le rencontre donc que chez les mammifères. Il règle l'exécution des mouvements intentionnels et, plus particulièrement, ceux des membres supérieurs chez les primates. De tels mouvements, par leur nature balistique (projection, en général rapide, vers un but), sont difficiles à ajuster au cours de leur réalisation mais le cervelet, par ses relations étroites avec le cortex, est informé du projet moteur. En fonction des données sensorielles et centrales qui lui parviennent par ailleurs au même moment, il modifie en retour le projet moteur avant le début de son exécution. Il exerce ainsi un contrôle anticipatif en agissant sur le cortex, mais aussi sur les motoneurones de la moelle (après un relais dans des formations du tronc cérébral). Il s'agit d'une régulation quantitative de l'amplitude (donc, de la « force » du mouvement) et de la durée des composantes balistiques (et d'une stabilisation de la posture pendant le mouvement). Les différents symptômes du syndrome cérébelleux (lésion du cervelet) illustrent les défaillances de cette régulation : démarche ébrieuse (titubante), mouvements inadaptés par leur dépassement du but (hypermétrie) ou leur retard (dyschronométrie), tremblement accompagnant la fin du geste (main qui plane). •

Le tonus

SOUS SES DIFFÉRENTES FORMES, LE TONUS EST L'EXPRESSION D'UNE CONTRACTION MUSCULAIRE FONDAMENTALE, QUI PRÉPARE ET ACCOMPAGNE L'ACTE MOTEUR.

Si le mouvement est par définition une activité temporaire, l'acte moteur se déroule sur un fond de tension permanente de la musculature, réalisant tout à la fois (et de façon en réalité peu dissociable) un *tonus de posture* (qui préside au maintien de l'attitude corporelle), un *tonus de fond* (en étroite dépendance avec le niveau de vigilance) et un *tonus d'expression* (propre au mouvement, qu'il accompagne dans ses différentes phases). Cette activité tonique trouve son origine dans le fonctionnement des fuseaux neuromusculaires, récepteurs présents dans tous les muscles striés (ou squelettiques).

Le fuseau neuromusculaire est composé de fibres musculaires particulières (dites « fusales ») autour desquelles s'enroulent des terminaisons nerveuses. L'ensemble, relié à la moelle épinière, forme un récepteur sensible à l'étirement du muscle provoquant sa contraction immédiate : c'est le réflexe myotatique. Mais la corne antérieure de la moelle épinière abrite une catégorie de neurones (fusimoteurs) capables de stimuler spécifiquement les parties distales – et contractiles – des fibres fusales et de provoquer ainsi l'étirement du fuseau indépendamment de celui du muscle. Ce dernier répond par une contraction dont l'intensité et la durée dépendent du degré d'étirement du fuseau. Les fibres responsables de cette activité forment une boucle, la *boucle gamma,* qui trouve son point de départ dans les neurones fusimoteurs. Ceux-ci font preuve d'une activité spontanée soumise à des modulations de la part de la formation réticulée et du cortex (pour le tonus de fond), des noyaux vestibulaires et du cervelet, entre autres (pour le tonus de posture), du cortex et des centres « extrapyramidaux » (pour le tonus d'expression). Le fuseau neuromusculaire et la boucle gamma permettent une régulation de l'exécution du mouvement. Leur intervention au cours de la contraction (alors que celle-ci devrait rendre le fuseau inopérant) permet d'ajuster le degré de raccourcissement du muscle à la tension recherchée. D'autres récepteurs, comme l'organe neurotendineux de Golgi, participent à cette régulation. Dans la moelle elle-même, des circuits complémentaires (innervation réciproque, boucle récurrente dite « de Renshaw ») viennent s'associer à ceux du réflexe myotatique et de la boucle gamma dans le contrôle du tonus musculaire. •

Le contrôle du tonus musculaire

Dans la moelle épinière, en connexion avec l'encéphale, les neurones de la « boucle gamma » exercent une régulation permanente du tonus. L'étirement du muscle et du fuseau neuromusculaire (2) crée, au niveau des terminaisons spiralées, une stimulation qui gagne la moelle épinière par la racine dorsale du nerf rachidien (fibres Ia). En réaction, le motoneurone « alpha » de la corne antérieure provoque la contraction réflexe du muscle étiré. La boucle gamma se greffe sur cet arc réflexe avec les neurones fusimoteurs « gamma », capables de provoquer l'étirement du fuseau indépendamment de l'état du muscle (même quand celui-ci est contracté), ce qui permet l'ajustement du tonus musculaire.

2. La boucle gamma.

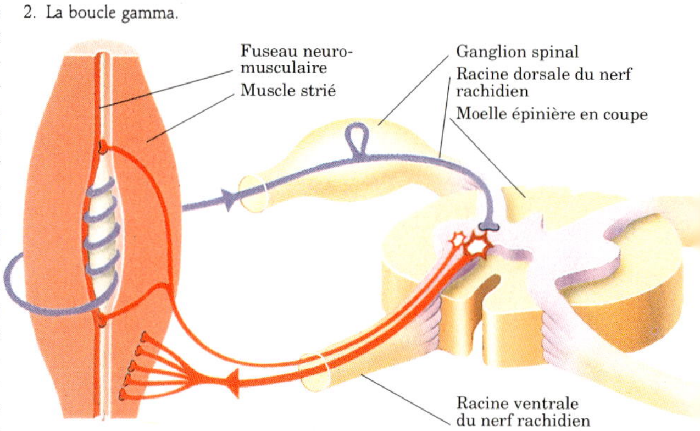

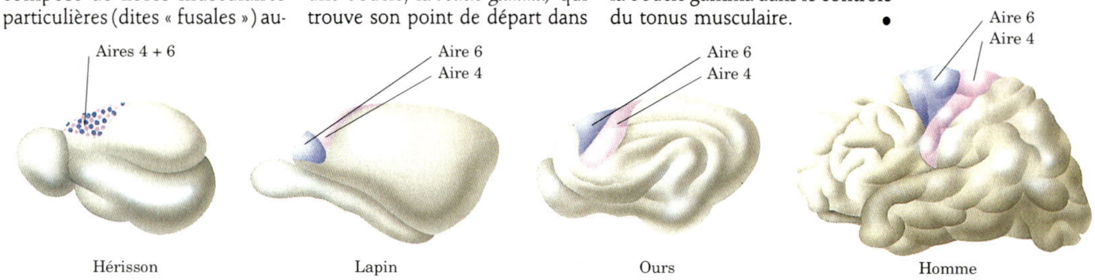

1. Aires corticales motrices.

L'évolution du cortex moteur

Les différentes espèces de mammifères montrent la même disposition et la même localisation de l'aire prémotrice (aire 6) et de l'aire motrice primaire (aire 4), responsables de l'élaboration et de l'exécution du projet de mouvement. Indissociables chez le hérisson, ces deux aires se développent chez les mammifères supérieurs, parmi lesquels l'homme montre la plus grande extension relative de l'aire prémotrice.

3. Voies pyramidale et extrapyramidale.

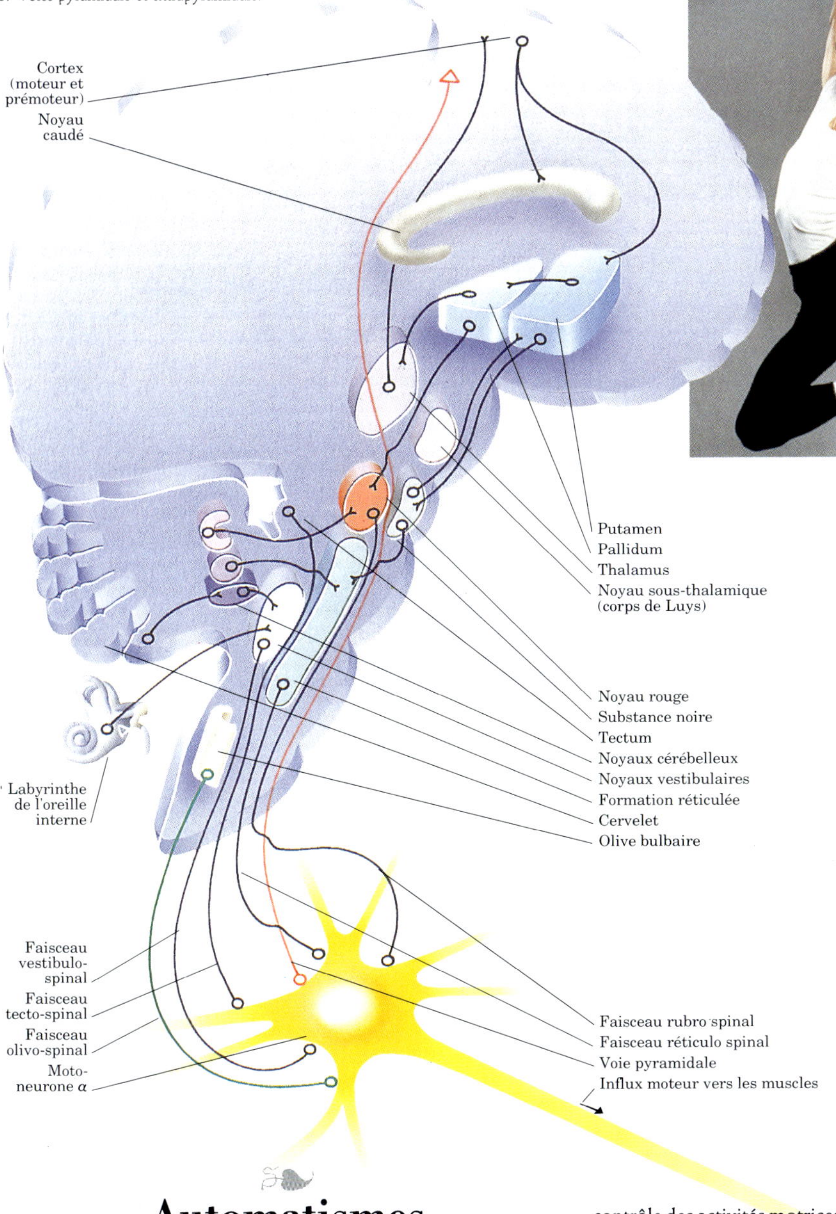

4. Danseur.

La commande motrice

Deux grandes voies (3) véhiculent l'information motrice jusqu'au motoneurone de la corne antérieure de la moelle épinière, initiateur de la contraction musculaire. La voie directe, ou pyramidale, achemine les impulsions motrices en majorité issues de l'aire motrice primaire (aire 4). Cette voie est responsable de l'exécution des mouvements fins par les parties distales du corps. La seconde voie est issue de centres répartis sur toute la hauteur de l'encéphale ainsi que de certaines zones corticales. Cette voie, dite « extrapyramidale », est à l'origine de la motricité du tronc et des parties proximales des membres. Chez les primates, cependant, on accorde à un des faisceaux qui la constitue (le faisceau « rubrospinal ») un rôle dans l'exécution des mouvements fins.

Automatismes et mouvements lents

IMPLIQUÉ DANS LA RÉALISATION DES AUTOMATISMES MOTEURS, LE STRIATUM INTERVIENT AUSSI DANS LE CONTRÔLE DES MOUVEMENTS VOLONTAIRES LENTS.

Situés au centre des hémisphères cérébraux, sous les circonvolutions du néocortex, le striatum (ou « corps striés », ou encore « noyaux de la base ») et les noyaux sous-thalamiques contribuent également à la genèse et au contrôle de certains aspects du mouvement. On y distingue deux ensembles. Le premier, dit « paléostrié », phylogénétiquement plus ancien, se compose du pallidum, du corps de Luys et de la « substance noire ». Ses relations avec les structures motrices plus caudales (postérieures), le noyau rouge et surtout la formation réticulée, en font le niveau le plus élevé dans la genèse du mouvement chez les vertébrés inférieurs. Chez les mammifères, il intervient dans les variations du tonus (de posture et d'expression) et dans l'exécution des mouvements fondamentaux, souvent qualifiés d'automatiques parce qu'ils se réalisent, au moins en partie, sans que le sujet en ait conscience. Posture figée, akinésie (répugnance au mouvement), tremblements de repos (propres à la maladie de Parkinson) ou au contraire mouvements incontrôlés révèlent des désordres de ce système paléostrié.

Le second système, dit « néostrié », se singularise par ses connexions directes avec le néocortex ; il se compose du noyau caudé et du putamen. La mise en place d'une boucle « cortico-néostriato-corticale » (avec un relais possible dans le thalamus) fait de ce dispositif le support d'un contrôle des activités motrices supérieures (en particulier de celles qui correspondent à des mouvements acquis par apprentissage).

Les deux systèmes, paléostrié et néostrié, sont interconnectés et de ce fait parfaitement interdépendants. Une relation remarquable existe (dans les deux sens) entre le système néostrié et la substance noire. Cette boucle intrinsèque met en œuvre un certain nombre de neuromédiateurs, dont la dopamine, l'acétylcholine, le GABA. Un déséquilibre dans les taux de ces différentes substances se traduit, lui aussi, par des dysfonctionnements moteurs, les chorées (chorée de Sydenham, ou danse de Saint-Guy, chorée de Huntington), qui peuvent s'accompagner de troubles psychomoteurs, voire psychiatriques. Le striatum enfin, comme le cervelet, règle l'amplitude et la durée des séquences motrices ; mais cette intervention concerne les mouvements lents (non balistiques) qui restent contrôlables tout au long de leur exécution. •

Le contrôle cortical

LE CORTEX ABRITE LES CENTRES DE COMMANDE (AIRES PRIMAIRES) ET DE PROGRAMMATION DU MOUVEMENT (AIRES ASSOCIATIVES, DONT LES AIRES PRÉMOTRICES).

Le cortex cérébral des mammifères n'est pas indispensable au mouvement : un animal « décortiqué » est capable de nombreux automatismes moteurs que l'on doit à l'intervention des structures sous-corticales. Cependant, le néocortex correspond au niveau le plus élevé de la commande motrice.

Les principaux centres moteurs corticaux se situent, sur chaque hémisphère, dans le cortex frontal (ou « précentral », car situé en avant de la scissure centrale, dite « de Rolando »). Certaines des régions impliquées répondent aux stimulations électriques en provoquant la contraction de muscles ou d'ensembles musculaires : elles forment l'aire motrice primaire située à la hauteur de la circonvolution frontale ascendante (aire 4 de Brodmann). L'expérimentation (lésions et stimulations des différentes parties de cette aire motrice) permet d'y retrouver la représentation motrice du corps avec des surfaces proportionnelles à la richesse de l'innervation motrice des différentes parties du corps. Chez l'homme, on illustre cette particularité par un petit bonhomme difforme, l'homunculus moteur, dont la face et les mains sont surdéveloppées par rapport au tronc et aux jambes. C'est sur ce « clavier moteur » que s'exercent les commandes et les contrôles corticaux.

On ne sait pas exactement dans quelle partie du cortex naît le projet moteur, sans doute à la hauteur de zones d'association polysensorielles et de mémorisation, mais les différents influx aboutissent à une aire dite « prémotrice » (aire 6 de Brodmann). Par son association avec l'aire motrice primaire, cette aire permet le déroulement séquentiel harmonieux du mouvement et le rend parfaitement approprié par un ajustement permanent. L'aire prémotrice est également en relation avec les dispositifs de contrôle que vont réaliser pour leur part le striatum et le néocervelet. C'est enfin à son niveau qu'il faut placer le dispositif d'enregistrement de séquences motrices parfois très complexes et leur passage dans le domaine de l'automatisme (acquisition de la virtuosité). •

Le contrôle thalamique

Participant à la régulation des mouvements rapides et à celle des mouvements lents, l'un des noyaux du thalamus, le noyau ventro-latéral, apparaît comme une structure essentielle de la programmation et du contrôle de la motricité. Particulièrement développé chez les primates, il ne doit pas être considéré comme un simple relais mais comme un véritable centre d'élaboration motrice. Il reçoit des informations en provenance du cervelet, du pallidum et des récepteurs de la sensibilité générale. Par son activité séquentielle, en relation avec la formation réticulée, le noyau ventro-latéral provoque, lors de l'exécution d'un geste, une contraction préalable des muscles axiaux (proches du corps), contrôlant la posture avant que ne s'activent les muscles distaux (des membres). La maladie de Parkinson retentit sur ce noyau du thalamus et donne lieu, de sa part, à des décharges rythmiques anormales vers le cortex moteur. C'est pour cette raison que ce noyau est parfois détruit par la neurochirurgie. L'opération est satisfaisante pour ce qui concerne les tremblements, mais inopérante, voire aggravante à l'égard de l'akinésie.

→ **Voir aussi :** La locomotion, **BIOL**, p. 144-145. Les réflexes, **BIOL**, p. 174-175. Les centres nerveux, **BIOL**, p. 176-177. La pathologie du système nerveux central, **MED**, p. 372-373.

Le sommeil

NOUS PASSONS PRATIQUEment un tiers de notre vie endormis et la plupart des animaux traversent également cet état particulier de vigilance. Pourtant, malgré son importance manifeste, le sommeil représente encore l'un des chapitres les plus méconnus de la neurobiologie moderne.

L'ensemble des facteurs nerveux et humoraux qui président à sa régulation n'est pas clairement établi. Nous en connaissons seulement quelques grandes lignes : certaines structures nerveuses – notamment des noyaux (groupes de neurones) du tronc cérébral, à la base du cerveau – interviennent dans sa régulation. Plusieurs neuromédiateurs (en particulier la noradrénaline, l'acétylcholine et le GABA), par un jeu d'interactions complexes, déclenchent sa venue ou modulent ses différents paramètres.

Le sommeil n'est pas homogène. Il se déroule en une succession de phases, liées les unes aux autres, mais ayant leurs propres caractéristiques. Le *sommeil lent,* qui doit son nom aux ondes cérébrales électriques de basses fréquences que l'on peut enregistrer durant ses différentes phrases, semble plutôt impliqué dans les processus de récupération et de reconstitution de l'organisme. Le *sommeil paradoxal* est nommé ainsi parce que, paradoxalement, les sujets profondément endormis présentent une activité cérébrale électrique comparable à celle de la veille. Il interviendrait, entre autres, dans la mémorisation. Ces rôles, encore hypothétiques, ne sont probablement pas les seuls et personne ne peut dresser la liste complète des fonctions du sommeil, ni même affirmer avec certitude pourquoi l'on dort.

Les états de vigilance

OUTRE L'ÉTAT DE VEILLE, L'ACTIVITÉ ÉLECTRIQUE DU CERVEAU TRADUIT DEUX ÉTATS DIFFÉRENTS DE SOMMEIL, QUI APPARAISSENT DE FAÇON CYCLIQUE.

Dans l'espèce humaine, un adulte dort en moyenne 7 à 8 heures par 24 heures. Cependant, certaines personnes (8 % de la population) se contentent de 5 heures de sommeil, alors que d'autres ont impérativement besoin de 9 ou 10 heures (13 % de la population). Ces différences sont liées en partie au patrimoine génétique de chacun mais aussi à l'activité physique et intellectuelle, au mode de vie et à l'âge.

Le sommeil n'est pas une entité homogène mais une succession de phases différentes, qui se répètent plusieurs fois (4 à 6) au cours d'une nuit de sommeil. La succession de ces cycles de sommeil peut être représentée sous forme graphique *(hypnogrammes).* La reconnaissance des phases se fait essentiellement à partir de critères *électrophysiologiques.* Pour cela, on dispose sur la tête du dormeur des électrodes reliées à un appareil enregistreur de l'activité électrique globale du cerveau, l'électroencéphalographe. Les neurones ne fonctionnent pas de la même façon au cours des différents états de vigilance – ils développent plus ou moins de potentiels d'action ; ces différences sont reflétées (à un niveau global) par le tracé électroencéphalographique.

Organisation du sommeil. Les indices électrophysiologiques permettent de définir trois grands niveaux, ou états, de vigilance : la *veille* (électroencéphalogramme rapide et de faible amplitude), le *sommeil lent* (ralentissement et augmentation des ondes électriques) et le *sommeil paradoxal* (reprise d'un rythme rapide).

Chez l'homme, il est possible de distinguer quatre stades différents dans le sommeil lent. Ils correspondent à des degrés croissants de profondeur du sommeil et de diminution du tonus musculaire. Le stade 4 est celui où il est le plus difficile de réveiller un dormeur. Toutefois, l'individu n'est pas complètement coupé du monde extérieur, une certaine capacité d'analyse et de reconnaissance est conservée au cours du sommeil, surtout si le bruit extérieur possède une signification particulière pour le sujet (comme les pleurs d'un bébé pour les parents de celui-ci).

Le sommeil paradoxal, mis en évidence en 1959 par les Américains E. Aserinsky et N. Kleitman, se caractérise par une activité électrique désynchronisée, comparable à l'activité de veille. Pendant ce stade, on observe une chute totale du tonus musculaire, entrecoupée de myoclonies (contractions musculaires brèves) et de mouvements oculaires rapides non coordonnés.

Au cours d'une nuit normale, il se produit quatre ou cinq épisodes de sommeil paradoxal, le reste étant occupé par la succession des différents stades de sommeil lent. Cela correspond à des cycles de 90 minutes environ. Les phases de sommeil paradoxal sont plus longues en fin de nuit et le début de la nuit est plus riche en sommeil profond, en particulier les stades 3 et 4. •

Le sommeil chez les animaux

IL EST DIFFICILE À METTRE EN ÉVIDENCE CHEZ LES ANIMAUX INFÉRIEURS ET SON ORGANISATION VARIE PARMI LES MAMMIFÈRES.

La reconnaissance du sommeil se fait essentiellement par l'analyse de l'activité électrique du cerveau. Or, le système nerveux et l'organisation de son activité électrique diffèrent beaucoup chez les espèces éloignées de l'homme, et les critères de définition du sommeil, établis pour l'espèce humaine, perdent leur valeur pour nombre d'animaux, en particulier les invertébrés. Il est difficile de déterminer par exemple si un insecte dort ou s'il traverse de simples phases d'inactivité à l'état de « veille ».

Le sommeil semble apparaître plus clairement chez les poissons. Encore ne s'agit-il que d'un sommeil de type lent, le sommeil paradoxal faisant son apparition avec les oiseaux, c'est-à-dire avec les homéothermes. Tous les mammifères ont un sommeil comparable au sommeil humain, à l'exception probable des échidnés (mammifères primitifs), mais aussi des dauphins, qui ne montrent pas de sommeil paradoxal. La différence entre les espèces tient surtout à l'organisation des cycles. Le phoque, lorsqu'il dort en pleine mer, représente un cas extrême : ses cycles de sommeil, interrompus par le besoin de respirer, ne dépassent pas quelques minutes. Le temps passé à dormir est également variable selon les espèces : les herbivores, proies potentielles, dorment moins que les carnivores (le chat domestique y consacre près de 50 % de son temps). Cela s'explique aisément : le sommeil est une période où l'animal est particulièrement vulnérable à ses prédateurs. •

1. Électroencéphalographie des différentes phases du sommeil.

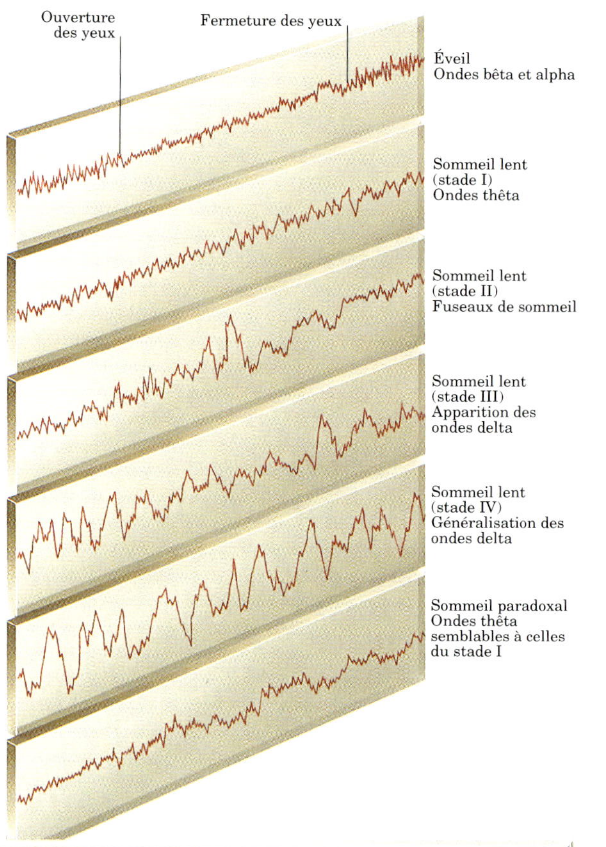

2. Hypnogramme d'une nuit de sommeil, sujet humain.

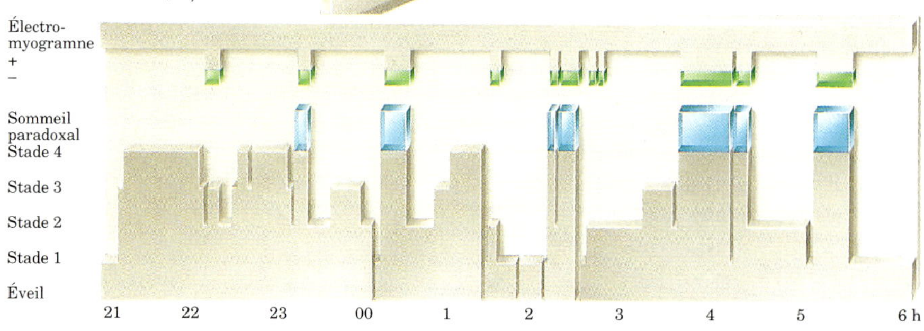

Les mécanismes du sommeil

LE MODÈLE CLASSIQUE A FAIT PLACE À UNE IMAGE PLUS COMPLEXE, METTANT EN JEU NOMBRE DE STRUCTURES CÉRÉBRALES.

Il y a quelques années, les mécanismes neurobiologiques du sommeil semblaient paradoxalement mieux connus que de nos jours. On associait volontiers chaque état de vigilance à une structure du cerveau et au neuromédiateur qu'elle produisait. Ainsi, on considérait que l'état de veille était à rapporter à un mécanisme « cholinergique » (utilisant l'acétylcholine comme neuromédiateur), lié à la *formation réticulée* (agrégat de neurones répartis le long du tronc cérébral). Le sommeil lent était associé à l'activité de voies sérotoninergiques (à sérotonine) venant du *raphé ;* enfin, on pensait que le sommeil paradoxal était mis en place sous l'action de la noradrénaline du *locus cœruleus* (cette structure, de même que le raphé, fait également partie du tronc cérébral).

Cependant, cette image était trop simpliste, le schéma est devenu régulièrement plus complexe au fil des ans. De nombreuses autres structures nerveuses semblent jouer un rôle dans la régulation des états de vigilance. Par exemple, le noyau du *faisceau solitaire* (tronc cérébral) intervient dans le sommeil par l'intermédiaire de son contrôle sur le rythme cardiaque et la pression artérielle. L'hypothalamus, centre d'intégration des comportements fondamentaux, pourrait sécréter un *facteur hypnogène* non encore identifié. Selon les travaux du Français Michel Jouvet, le système limbique, ensemble de structures situées sous le cortex cérébral, intervient dans la régulation des cycles par un jeu d'inhibition et d'activation. Le cortex lui-même, par ses connexions avec la formation réticulée, module la vigilance. Pour achever de décrire cette complexité, il suffit d'ajouter que différentes parties de la même structure cérébrale peuvent avoir des rôles différents.

Les données concernant les neuromédiateurs ont suivi une évolution parallèle. On a fait l'hypothèse d'un déclenchement cholinergique du sommeil paradoxal, le système noradrénergique étant alors limité à un rôle de modulation. Les neurones « GABAergiques » (le GABA est un neuromédiateur inhibiteur) auraient également une action sur le sommeil lent puisqu'on les trouve dans les noyaux du raphé où ils inhibent les neurones sérotoninergiques. Leur intervention est également suggérée par l'effet sédatif des *benzodiazépines,* molécules dont le site d'action est justement le complexe récepteur du GABA. Enfin, on soupçonne un certain nombre de neuromédiateurs peptidiques, tels que la neurotensine ou le VIP, de jouer également un rôle dans la régulation des cycles veille/sommeil.

Ces quelques données montrent qu'à l'évidence les différents niveaux de sommeil sont soumis à une régulation difficile à appréhender. Pour progresser dans la connaissance des mécanismes du sommeil, certains chercheurs proposent une approche indirecte, par exemple l'étude de son action sur d'autres fonctions physiologiques, comme la circulation sanguine ou la thermorégulation. •

3. Schéma théorique du cycle neurochimique du sommeil.

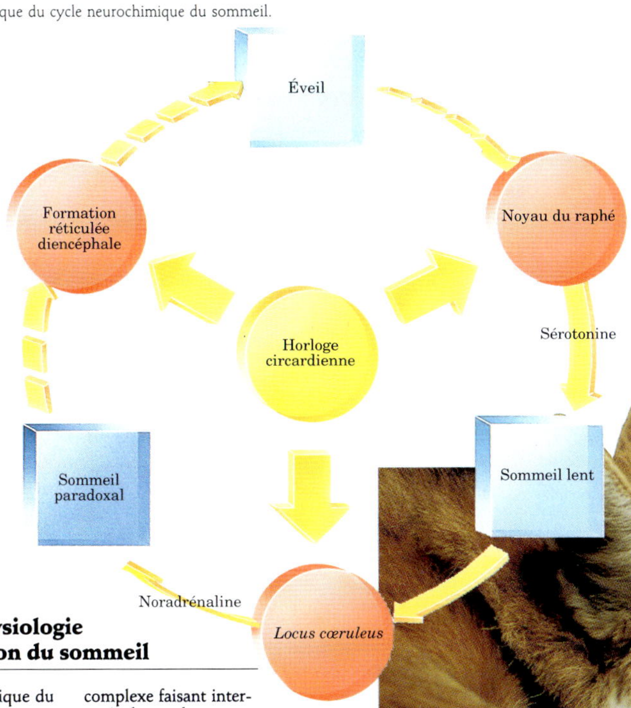

Électrophysiologie et régulation du sommeil

L'activité électrique du cerveau humain, recueillie par des électrodes posées en des points précis du crâne, varie selon les états de vigilance du sujet et permet de distinguer plusieurs phases du sommeil (1). Les différentes phases du sommeil lent et le sommeil paradoxal alternent avec une relative régularité (2). Chaque cycle, déterminé par la fin du stade paradoxal, dure environ 90 minutes. Cette alternance est le fruit d'une régulation complexe faisant intervenir de nombreuses structures cérébrales (3). Parmi les mammifères, dont le sommeil est comparable à celui de l'homme, les carnivores, comme le loup (4), n'ont pas à redouter l'attaque d'un prédateur éventuel, à la différence des herbivores comme le caribou (5). Ceci permet d'expliquer pourquoi le sommeil des carnivores est plus long – et plus riche en sommeil paradoxal – que celui des herbivores.

4. Loup *(Canis lupus).*

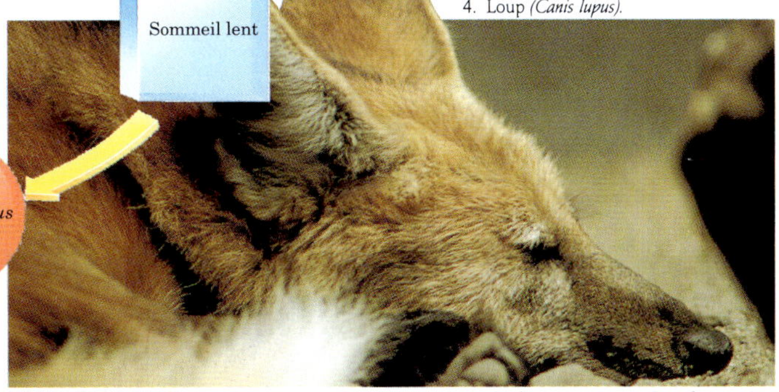

5. Caribous, ou rennes *(Rangifer tarandus).*

Les fonctions du sommeil

ON ATTRIBUE AUX DEUX ÉTATS DU SOMMEIL DES RÔLES DISTINCTS, MAIS ILS RESTENT MAL CONNUS, VOIRE LARGEMENT HYPOTHÉTIQUES.

Nous associons naturellement le sommeil au repos de l'organisme et au rêve. Pourtant, l'organisme reste actif pendant le sommeil ; quant à l'activité onirique, son étude rigoureuse s'avère très délicate.

Le sommeil lent.
Un rôle « réparateur » a souvent été évoqué pour le sommeil lent. En effet, au cours de ce sommeil, et plus particulièrement au cours des stades 3 et 4, on observe une importante sécrétion d'hormone de croissance. Cette libération est surtout notable en début de nuit et représente 75 % de la quantité d'hormone produite par 24 heures. L'hormone de croissance a pour effet de stimuler les processus anaboliques, réactions chimiques aboutissant à la synthèse de composés indispensables aux cellules. La synthèse de protéines serait un phénomène de tout premier plan.

Le sommeil lent serait également un moment privilégié pendant lequel s'effectuerait un nombre important de divisions cellulaires, phénomène en rapport avec la croissance et la restauration des tissus.

Le sommeil paradoxal.
De nombreuses théories ont été avancées pour tenter de cerner le rôle de cette phase de sommeil. Les Américains H. Ephron et P. Carrington, par exemple, ont supposé qu'il pouvait restaurer l'équilibre biochimique (homéostasie cérébrale), compromis pendant la veille. M. Jouvet a émis l'hypothèse d'une « reprogrammation génétique » du cerveau au cours du sommeil paradoxal, par la répétition – sans activité motrice – des comportements innés.

Des scientifiques, comme le Français Vincent Bloch, ont également découvert, depuis les années 1970, que ce sommeil paradoxal intervenait dans les processus de mémorisation. Dans des expériences classiques, on a constaté que des animaux de laboratoire passent plus de temps en sommeil paradoxal après une séance d'apprentissage. Inversement, une privation sélective de ce sommeil perturbe la mémorisation. Il semble toutefois que cette fonction du sommeil paradoxal ne soit mise en jeu que pour les apprentissages les plus difficiles.

Le sommeil paradoxal est décrit comme le sommeil au cours duquel surviennent les rêves. Certains psychophysiologistes ne sont pas aussi catégoriques et considèrent que les récits de rêves sont simplement plus nombreux et plus détaillés à la fin d'une phase de sommeil paradoxal qu'à la fin d'une phase de sommeil lent. Nombre des problèmes relatifs à ce sujet sont liés au fait que le rêve est un phénomène difficile à définir et qu'il n'est accessible qu'au travers d'un récit verbal sortant alors du domaine de la physiologie pour rejoindre celui de la psychanalyse. •

Sommeil et âge

Le temps passé en sommeil paradoxal par un animal nouveau-né est lié au degré de maturation de son système nerveux : le rat nouveau-né, au cerveau immature, montre beaucoup plus de sommeil paradoxal que le cobaye, dont le cerveau à la naissance est plus développé. Les bébés humains, particulièrement immatures, passent près de 50 % de leur temps de sommeil en sommeil « agité » (ou « sismique »), assimilé au sommeil paradoxal. Ce phénomène serait lié à l'intervention de ce sommeil dans les processus mnésiques, l'immaturité à la naissance étant suivie d'une longue période d'apprentissage (c'est le cas pour l'homme, mais aussi pour le rat, comparé au cobaye). Les petits d'espèces immatures à la naissance auraient besoin d'assimiler une quantité importante d'informations et cette assimilation serait facilitée par la longue durée du sommeil paradoxal à un âge précoce.

Chez l'homme, le besoin en sommeil décroît naturellement au cours de la vie, mais il n'est pas exclu qu'une diminution de l'activité chez les personnes âgées concoure à cette évolution.

→ **Voir aussi :** Le système nerveux des vertébrés, **BIOL**, p. 156-157. Les messagers chimiques du cerveau, **BIOL**, p. 172-173.

La mémoire

2. Circuits impliqués dans la mémoire (cerveau de rat).

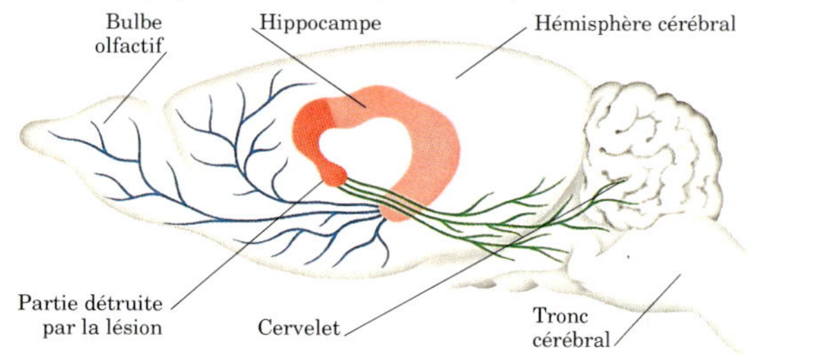

L'hippocampe

L'hippocampe (en rouge) joue un rôle important dans la mémoire de travail. Il occupe un site stratégique dans le cerveau, ayant des liaisons avec les zones du cortex cérébral impliquées dans la perception sensorielle (en bleu) et des connexions avec les parties profondes du cerveau impliquées dans la motivation et l'émotion (en vert). Sa lésion provoque une désorganisation de la mémoire de travail sans modification de la mémoire de référence.

POUR SE MAINTENIR EN VIE, pour améliorer la qualité de leur existence, l'animal comme l'être humain doivent disposer d'un moyen de conserver les informations relatives à leurs expériences antérieures. Ce moyen s'appelle la mémoire et les recherches nous indiquent qu'il en existe de multiples variétés. Doit-on étudier la mémoire d'une mélodie comme on étudie celle d'un mot de vocabulaire, ou celle de l'endroit où est caché un objet ? Les processus biologiques permettant à un vieillard de réciter une poésie apprise dans son enfance sont-ils les mêmes que ceux mis en œuvre pour composer un numéro de téléphone trois secondes après l'avoir cherché dans l'annuaire (et qu'on oublie immédiatement après) ? Peut-on assimiler l'oubli d'une course à faire à celui d'un nom ou d'un visage, et comment différencier l'oubli physiologique « naturel » des oublis liés à certaines maladies, à un accident ou à la vieillesse ?

Selon que l'on étudie les aspects psychologiques de la mémoire ou ses substrats biologiques, les méthodes ne sont pas les mêmes. Dans un cas, on peut demander à un homme de mémoriser une liste de mots pour déterminer les facteurs qui influencent leur mise en mémoire et leur restitution ; dans l'autre, on peut détruire une partie du cerveau d'un rat pour chercher à comprendre le rôle de celle-ci dans la mémoire. La mémoire immédiate apparaît différente de la mémoire « permanente », sur le plan fonctionnel comme sur le plan structurel. Peut-on également distinguer une mémoire de « travail » par rapport à une mémoire de « référence » ? Il existe aussi un problème de fond concernant la question de l'oubli. Pourquoi oublie-t-on, et que peuvent nous apprendre les phénomènes d'oubli par rapport à leurs opposés, les phénomènes de mémorisation ?

Les bases neurales de la mémoire commencent enfin à être élucidées depuis quelques années. Grâce aux progrès des techniques neurobiologiques, d'une part, et à une meilleure compréhension des diverses manifestations comportementales de la mémoire, d'autre part, nous commençons à apercevoir comment le cerveau exploite ses capacités biochimiques pour conserver les informations qui lui parviennent.

La synapse

À l'échelle de la synapse entre neurones, la formation de la trace mnésique semble être provoquée par l'arrivée du potentiel d'action dans la zone présynaptique, en association avec la libération à son contact d'un neuromédiateur facilitateur. Cela aboutit à une augmentation de la concentration de l'A.M.P.-cyclique et à une plus grande synthèse des protéines impliquées dans la fermeture des canaux à potassium (K+). Cette fermeture provoque une entrée massive de calcium (par ouverture de canaux spécifiques), ce qui entraîne la libération du neuromédiateur de la synapse concernée. Cette facilitation présynaptique (intervention d'un neuromédiateur facilitateur) représente une des bases moléculaires de la mémoire.

1. Modifications biochimiques dans la terminaison du neurone présynaptique.

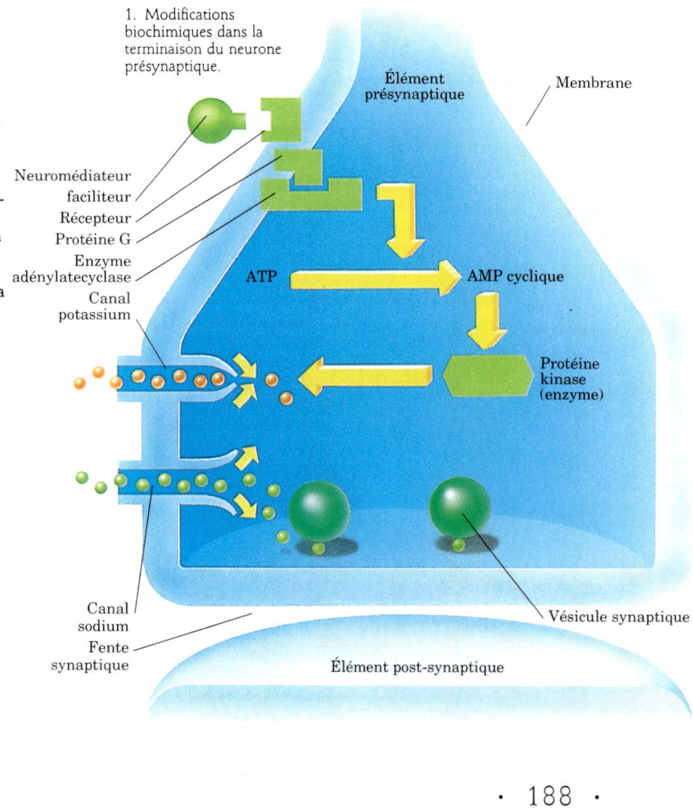

Présentation méthodologique

POUR IDENTIFIER LES TYPES DE MÉMOIRE ET LEUR LOCALISATION CÉRÉBRALE, ON RECOURT À DES TESTS SIMPLES OU À L'UTILISATION DE TECHNIQUES BIOCHIMIQUES ET À L'EXPÉRIMENTATION CHIRURGICALE.

Les diverses méthodes utilisées pour étudier la mémoire apportent des informations différentes et complémentaires concernant ce phénomène. Le psychologue allemand H. Ebbinghaus (1850-1909) a élaboré une méthode encore utilisée par les psychologues. Il présentait des listes de trigrammes (des « mots » composés d'une consonne, d'une voyelle et d'une autre consonne, dénués de sens linguistique) à ses sujets, et variait les paramètres de présentation et de rappel. Pour éviter que le sujet puisse se répéter l'information à mémoriser, on lui demande souvent d'effectuer une autre activité mentale (par exemple, compter à rebours 3 par 3) pendant l'intervalle de rappel. Cette simple technique suffit pour supprimer la possibilité de retenir trois lettres pendant un intervalle de 18 secondes. La méthode d'Ebbinghaus, avec ses variantes, est presque toujours utilisée quand on veut éviter les effets de la répétition des informations sur leur mémorisation.

Les aspects dynamiques et interactifs de la mémoire sont souvent étudiés par l'introduction d'une stimulation perturbatrice. D. W. Massaro (1970) voulait démontrer l'existence d'une mémoire auditive qu'il a appelée « échotique ». Un son pur était présenté, suivi peu après d'un deuxième son. Le sujet devait indiquer si les deux étaient identiques. Un autre bruit, d'interférence ou de masquage, était intercalé entre les deux. S'il arrivait moins de 1/4 de seconde après le premier son, la mémoire de celui-ci était perturbée.

La différence fondamentale entre mémorisation et restitution a orienté un grand nombre d'études visant à élucider les mécanismes neurobiologiques de la mémoire. Une analyse théorique de la mémoire proposée par le psychologue canadien D. O. Hebb (1949) suggère que l'expérience sensorielle est prolongée par une activité électrique dans des circuits « réverbérants » (réseaux de neurones interconnectés) qui permettent de stabiliser les changements physiologiques constituant la mémoire définitive. Des méthodes neurophysiologiques mettent en évidence cette période transitive de consolidation de la mémoire : par exemple, l'administration d'un électrochoc perturbe le fonctionnement électrique du cerveau et on peut en évaluer les effets sur la mémoire. Si elle a lieu dans les secondes qui suivent une expérience, une telle perturbation dérange la mémorisation.

D'autres études neurophysiologiques visent à localiser la partie du cerveau responsable de la mémoire. On demande à un animal porteur d'une lésion expérimentale touchant une zone précise de son cerveau d'effectuer une tâche qui exige l'utilisation de la mémoire. Si la lésion provoque une anomalie, on peut en déduire que la zone concernée est impliquée dans la mémoire. C'est en variant les tâches (et donc les formes de la mémoire mises en jeu), ainsi que la localisation des lésions, qu'il devient possible d'estimer le rôle spécifique joué par chaque structure. D'autres approches plus récentes font appel à des méthodes biochimiques (utilisation du 2-désoxyglucose, par exemple) pour explorer la modification du fonctionnement des neurones en tant que base élémentaire de la mémoire. •

3. Labyrinthe radial à 8 branches.

La mémoire spatiale

Le développement du labyrinthe radial à la fin des années 1960 par D. Olton a permis une meilleure compréhension des types de mémoire ainsi que des différentes structures cérébrales impliquées. Le labyrinthe est placé dans une pièce avec des repères visuels disposés de manière distincte. Une boulette de nourriture est placée au bout de certains bras, et le trajet de l'animal (généralement un rat) est noté, jusqu'à ce qu'il ait tout mangé. C'est la mémoire de travail qui permet d'obtenir toutes les boulettes sans retourner à un bras déjà visité. La mémoire de référence permet au rat, au travers des essais répétés, d'éviter les bras toujours vides. Des lésions du cerveau induisent des altérations du comportement du rat, permettant de déduire le rôle des structures lésées dans les divers aspects de la mémoire.

L'oubli et le rappel des informations

L'OUBLI REPRÉSENTERAIT UN PROBLÈME D'ACCÈS AUX INFORMATIONS MÉMORISÉES PLUTÔT QU'UNE PERTE DES INFORMATIONS ELLES-MÊMES.

On se préoccupe de la mémoire surtout lorsque celle-ci est défaillante. Il n'est pas toujours évident, pourtant, de savoir si la défaillance vient de la mise en mémoire (consolidation) ou plutôt de la récupération des informations enregistrées. Il faut alors déterminer si la difficulté vient d'une interférence, d'une perte des moyens d'accès à l'information, ou d'une disparition de la trace mnésique.

La consolidation d'une mémoire peut être empêchée par une interférence provenant d'expériences précédant celle à mémoriser (interférence proactive) ou lui succédant (interférence rétroactive). Dans une étude réalisée en 1940, A. W. Melton et Irwin ont présenté 5 fois à des sujets une liste de trigrammes à apprendre. Pendant les 30 minutes suivantes, une autre liste leur était également présentée. Enfin, Melton et Irwin évaluèrent la mémorisation de la première liste : l'apprentissage de la seconde liste avait interféré avec le rappel de la première. Il s'agit donc d'un cas d'interférence rétroactive.

Les phénomènes de l'oubli sont également très importants pour la théorie psychanalytique de Freud. Il fonde son analyse sur des phénomènes de répression, qui suppriment les traces d'événements gênants de la mémoire consciente. Qu'il s'agisse du cas « normal » ou pathologique, Freud suppose que de nombreux événements de la vie, émotionnellement puissants, sont exclus de la mémoire. Les processus d'association inhérents à la psychanalyse permettent à l'individu de retrouver ces mémoires réprimées, et ainsi de les confronter. Cela montre que l'oubli n'est pas un simple effacement du contenu de la mémoire, mais bien un phénomène actif. En effet, une série d'expériences effectuées chez le rat et fondées sur la théorie de Hebb a montré que l'oubli représenterait une défaillance d'accès aux informations mémorisées plutôt qu'une perte des items eux-mêmes.

L'administration d'un électrochoc quelques secondes après la présentation d'un événement à mémoriser empêche un animal de profiter de cette expérience. Pourtant, il suffit de représenter un seul élément de l'ensemble de l'expérience pour rétablir une mémoire fonctionnelle. L'événement est bien mémorisé, malgré l'électrochoc, mais celui-ci supprime le moyen d'y accéder. Représenter une partie du contexte permet la reconstitution de l'ensemble de la mémoire. Il est probable qu'une explication similaire permettrait de faire comprendre pourquoi les associations libres de la psychanalyse peuvent restituer les mémoires, puisqu'elles restaurent une partie du contexte. •

Les catégories de mémoire

QUELLE QUE SOIT L'APPROCHE UTILISÉE, TOUS LES SCIENTIFIQUES S'ACCORDENT SUR LA NÉCESSITÉ DE DISTINGUER LA MÉMOIRE À COURT TERME DE LA MÉMOIRE À LONG TERME.

Certaines informations n'ont de sens que momentanément, tandis que d'autres restent longtemps valables. Si un animal veut manger, il doit se rappeler les endroits où il a trouvé de la nourriture dans le passé (mémoire à long terme), mais il doit aussi se rappeler les lieux qu'il vient juste d'explorer (mémoire à court terme), pour éviter d'y retourner inutilement. La mémoire à court terme dure entre 5 secondes et 3 heures, et a une capacité restreinte. En revanche, on peut garder indéfiniment un grand nombre d'informations dans la mémoire à long terme.

Les psychologues distinguent souvent deux autres catégories : la mémoire épisodique et la mémoire sémantique. La première concerne les événements vécus par l'individu et la seconde plutôt la connaissance du monde. La mémoire épisodique représente des faits qui peuvent être rappelés explicitement, en liaison avec des points de repères temporels : « La personne que nous avons rencontrée lors de notre séjour à Londres. » Cette formulation évoque la personne telle qu'elle était à l'époque, en association avec les autres événements du séjour. La mémoire sémantique, quant à elle, représente un ensemble d'informations ayant une structure commune, comme des faits, des concepts ou un vocabulaire. Elle est indépendante de repères temporels. Ainsi, « Robert vient ce soir » évoque un ensemble d'associations liées aux caractéristiques de l'ami (qu'on a pu d'ailleurs rencontrer à Londres).

Les neurophysiologues sont ceux qui ont le plus de mal à catégoriser la mémoire. Chaque catégorisation proposée ne peut expliquer que certains phénomènes. Parmi les distinctions utilisées, la meilleure est celle qui sépare la mémoire de travail de la mémoire de référence (semblable à la mémoire à court et long terme). Quand on met un rat dans un labyrinthe, c'est la mémoire de travail qui lui permet de retenir les parties déjà visitées pendant l'essai en cours, tandis que la mémoire de référence est utilisée pour se rappeler, par exemple, quelles parties sont vides en permanence. Il s'avère que différentes structures du cerveau semblent être impliquées dans chaque type de mémoire. •

Bases nerveuses et pathologie

LA MÉMOIRE DÉPEND DE LA MODIFICATION PHYSIOLOGIQUE DES ÉLÉMENTS PRÉSYNAPTIQUES DANS DES RÉGIONS DU CERVEAU COMME L'HIPPOCAMPE ET LE CORTEX TEMPORAL.

Quel est le siège des mémoires dans le cerveau et comment les informations sont-elles conservées ? Deux grandes percées ont permis d'ébaucher des réponses à ces très anciennes questions. L'association de techniques améliorées et d'un nombre considérable de données expérimentales a permis enfin de mieux comprendre l'organisation anatomique de la mémoire. Dans les années 1920, le neuropsychologue américain K. S. Lashley avait essayé sans succès de localiser le site de la trace mnésique dans le cortex cérébral. Depuis les années 1960, les chercheurs ont concentré leurs efforts sur les grandes structures du cerveau antérieur, et en particulier l'hippocampe. Grâce à des techniques anatomiques, neurophysiologiques et comportementales, nous commençons à savoir quelles parties du cerveau interviennent dans chaque aspect de la fonction mnésique. Le cortex temporal inférieur semble jouer un rôle dans la mémoire immédiate, ou « sensorielle », tandis que l'hippocampe est impliqué plus précisément dans la mémoire de travail. Le cervelet, qui intervient dans le contrôle du mouvement et les réactions d'équilibration, semble jouer un rôle central dans les mémoires sensori-motrices.

D'autres progrès spectaculaires ont suivi la mise au point par le physiologiste américain E. R. Kandel d'un modèle simple de mémoire chez un invertébré, l'aplysie. Ses travaux ont montré que la mémoire repose sur une petite modification biochimique et physiologique au niveau de l'élément présynaptique. Ce résultat important confirme que la mémoire ne dépend pas de la formation de nouvelles structures, mais d'une utilisation différente de structures existantes.

Les amnésies, les dysfonctionnements pathologiques de la mémoire chez l'homme constituent une motivation pour interpréter les perturbations mnésiques dans l'espoir d'y apporter des remèdes. Ainsi, une meilleure compréhension du rôle des différents éléments des systèmes cholinergiques (qui comprennent l'hippocampe) pourrait nous permettre d'élaborer des soins plus efficaces pour les patients souffrant de la maladie d'Alzheimer. Chez ces malades, la dégénérescence progressive de certaines parties du système nerveux, et en particulier celles utilisant le neurotransmetteur acétylcholine (cholinergiques), est liée à une perte de la mémoire. •

L'apprentissage

L'ÉVOLUTION PERMET AUX espèces de s'adapter aux environnements dans lesquels elles habitent ; l'apprentissage permet aux individus d'exploiter au mieux leurs capacités comportementales, en fonction des variations de leur milieu. Le patrimoine génétique détermine chez l'animal un éventail de capacités réactionnelles qui sont ensuite affinées par les processus d'apprentissage, modifications du comportement imputables à l'expérience individuelle. Il faut exclure de cette notion les changements du comportement attribuables seulement à la croissance ou à la maturation. Cette dernière restriction pose souvent des difficultés. Par exemple, quelle est la part, dans le développement de la marche chez l'enfant, de la maturation sensori-motrice et de l'apprentissage ?

Les formes les plus élémentaires de l'apprentissage ne semblent pas obéir aux mêmes règles que les formes complexes. Ces dernières ne peuvent être comprises par adjonction d'un élément supplémentaire à une forme plus simple. En revanche, l'apprentissage simple qui consiste à éviter des situations nocives semble impliquer l'interaction de deux formes élémentaires.

On ne peut pas totalement comprendre l'apprentissage sans une prise en compte des caractéristiques biologiques de celui qui apprend. Son système nerveux et son organisation sensori-motrice lui permettent d'apprendre préférentiellement certains types de relations. L'apprentissage dépend donc de contraintes spécifique, pouvant être très rigides, qui commencent aujourd'hui à être connues.

Apprentissage et synapses

Les cellules de Purkinje, (cP) dans le cortex cérébelleux, reçoivent des afférences sur leurs dendrites qui viennent, d'une part, des fibres grimpantes (fg) provenant des noyaux profonds du cervelet et, d'autre part, des fibres parallèles (fp), qui sont les axones des cellules de Golgi (1). L'efficacité des synapses des fibres parallèles change selon leur fonctionnement, conjoint, ou non, avec celles des fibres grimpantes.

1. Apprentissage cérébelleux (d'après Ito).

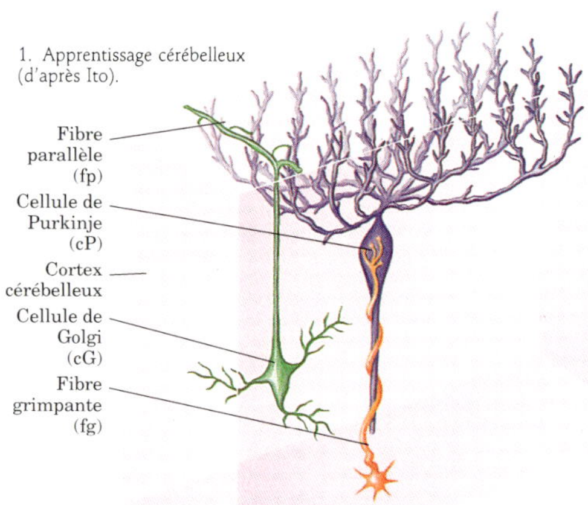

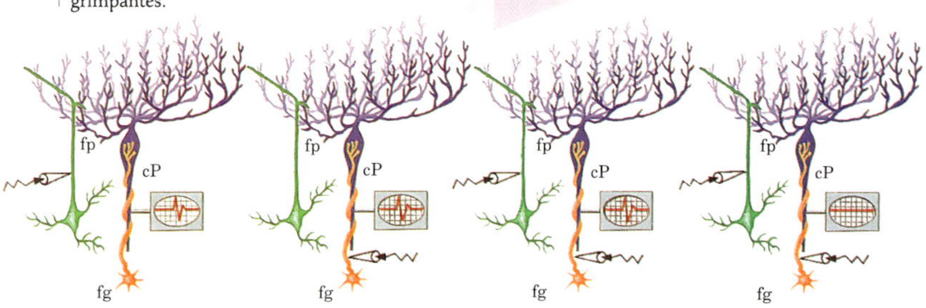

La stimulation des fibres parallèles déclenche un potentiel d'action dans la cellule de Purkinje.

Une stimulation des fibres grimpantes provoque également une réaction dans les axones des cellules de Purkinje.

Si on stimule les fibres grimpantes et les fibres parallèles plusieurs fois conjointement, le résultat est toujours une réaction dans les cellules de Purkinje, mais cette stimulation provoque un changement, correspondant à un apprentissage, dans les synapses avec les fibres parallèles.

La même stimulation des cellules de Golgi, qui, précédemment, provoquait une réaction, n'en produit plus. On appelle ce type d'apprentissage une dépression à long terme des synapses.

Catégories d'apprentissage

L'HABITUATION, LE CONDITIONNEMENT CLASSIQUE, LE CONDITIONNEMENT OPÉRANT ET L'EXTINCTION CONSTITUENT LES FORMES ÉLÉMENTAIRES D'APPRENTISSAGE.

La diminution de la probabilité ou de l'intensité d'une réaction à un stimulus lorsque celui-ci se révèle être sans intérêt particulier pour l'individu est une forme d'apprentissage appelée habituation. Par exemple, un nouveau-né humain réagit avec des pleurs quand il entend un bruit inattendu et abrupt. Cependant, si le bruit est répété, les pleurs deviennent moins fréquents, moins intenses et plus brefs. L'habituation se traduit donc par la diminution d'une réponse provoquée par un stimulus.

La notion d'apprentissage associatif fait référence à deux formes de conditionnement dans lesquelles on observe des modifications du comportement. Le physiologiste russe I. Pavlov (1849-1936) a étudié le conditionnement classique ou réflexe conditionné. Il présentait à des chiens une boulette de nourriture précédée par un stimulus sonore. Initialement, le son ne provoquait que des réactions d'orientation et les chiens ne se mettaient à saliver que lorsqu'on leur donnait la boulette. Après un certain nombre de répétitions de la présentation couplée du bruit et de la nourriture, ils salivaient dès la présentation du bruit. Pavlov expliquait ses résultats en évoquant l'idée que ses sujets avaient formé une association entre les deux stimuli et que le bruit évoquait la « pensée » de la nourriture, et donc provoquait la réaction appropriée à cette nourriture, la salivation.

Un autre modèle d'apprentissage, le conditionnement opérant, a été très étudié par les psychologues « behavioristes », surtout à la suite des travaux de l'Américain B. F. Skinner. Dans ce modèle, un événement important pour l'animal (appelé renforcement) dépend de son comportement. Par exemple, on a étudié des pigeons qui donnent des coups de bec sur des boutons ou des rats qui appuient sur des leviers pour déclencher une distribution de nourriture. On observe habituellement que ces comportements, qui sont rarement spontanés, deviennent très fréquents grâce à leurs conséquences favorables pour l'animal. Dans ce cas aussi, on postule souvent que l'apprentissage est fondé sur la formation d'associations entre les événements, mais la nature des associations formées est très discutée.

Si les conditions qui ont permis la formation d'un apprentissage cessent, les réactions conditionnées de l'animal vont disparaître. On appelle cette disparition « extinction ». L'extinction n'est ni un oubli ni un retour à l'état qui existait avant l'apprentissage. L'extinction semble être un apprentissage supplémentaire, mais inhibiteur.

L'étude systématique de ces formes d'apprentissage a permis de dégager des lois qui semblent sous-tendre l'adaptation de l'animal aux conditions précises de son environnement. •

2. Expérience d'évitement chez un rat.

3. Perception spatiale (chaton).

Le problème de l'évitement

UNE INTERPRÉTATION ASSOCIATIVE ET COGNITIVE PERMETTRAIT D'EXPLIQUER LE MAINTIEN D'UN COMPORTEMENT D'ÉVITEMENT CONDITIONNÉ ALORS MÊME QUE LE « DANGER » A DISPARU.

On peut conditionner un comportement d'évitement chez un rat placé dans une cage ayant deux compartiments reliés par une ouverture. De temps en temps, un stimulus (visuel, auditif...) est présenté, suivi au bout de quelques secondes d'un choc électrique appliqué au plancher de la cage. Si le rat change de compartiment après son déclenchement (on parle alors de « fuite »), la durée de ce choc électrique est réduite. Le choc peut même être totalement supprimé si le rat passe à l'autre compartiment pendant la présentation du stimulus qui le précède. Le rat peut ainsi éviter le choc électrique. Cette capacité est acquise vite et facilement. Il suffit de quelques dizaines d'essais pour que les rats évitent plus de 95 % des chocs. Comment peut-on expliquer ce phénomène avec les lois associationnistes d'apprentissage ? Quel est le renforcement responsable de l'acquisition et du maintien de l'apprentissage ? Beaucoup répondraient que c'est le choc électrique. Pourtant, il peut être totalement supprimé une fois la tâche apprise et le rat continuera à réagir dès la présentation du stimulus, pendant des milliers d'essais. Pourquoi conserver ce comportement alors qu'il ne présente plus d'avantage ? Une théorie associative propose que l'apprentissage d'évitement implique une interaction entre conditionnements classique et opérant (par renforcement négatif). Le rat associe le stimulus d'avertissement au choc, ce qui induit une réaction conditionnée motivée par ce qui correspond à notre notion de « peur ». Grâce à cette « bonne » réaction, non seulement l'animal évite le déclenchement du choc, mais il se « rassure ». Ce serait la réduction de la peur qui maintiendrait la réaction conditionnée d'évitement. Cette analyse « associative » n'est pourtant pas suffisante et d'autres analyses plus récentes, plus « cognitives » (s'intéressant aux processus mêmes d'acquisition de la tâche), tendent à remplacer les approches associatives. Elles perdent la simplicité et la rigueur de la première, mais semblent plus réalistes par rapport aux phénomènes complexes de l'apprentissage. •

Conditionnement et apprentissage

En utilisant des méthodes adaptées, on peut montrer que toute espèce a des capacités d'apprentissage, dont les mécanismes sont très semblables. Les performances motrices d'un rat (2) ou les pouvoirs de discrimination visuelle d'un pigeon (4) reposent sur des lois fondamentales identiques. La prudence d'un chaton face à une « falaise visuelle » (3) est, quant à elle, liée à la fois à la maturation de son cerveau et à l'expérience de son système perceptif.

4. Apprentissage par renforcement positif chez le pigeon.

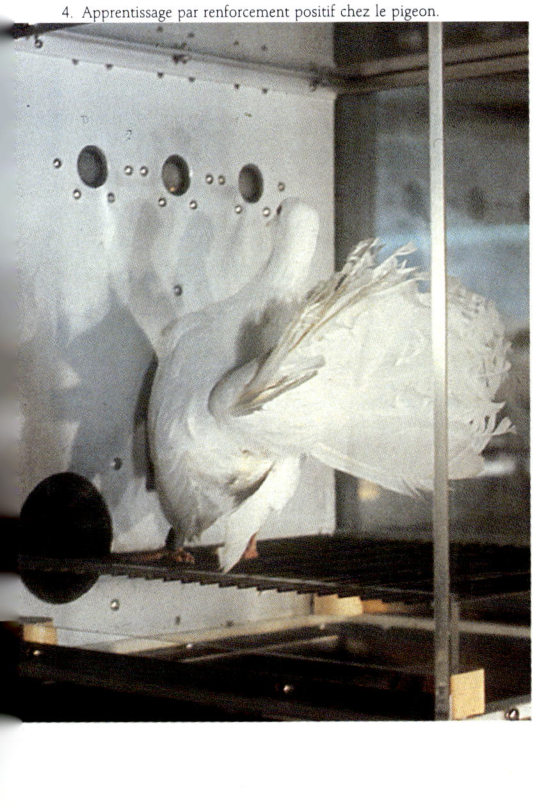

Les formes complexes d'apprentissage

LOIN DE SE LIMITER À UNE SIMPLE MÉMORISATION D'ÉVÉNEMENTS, L'APPRENTISSAGE PERMET DE DÉGAGER DES RÈGLES DONT L'APPLICATION PERMETTRA DE FAIRE FACE À UNE SITUATION NOUVELLE.

Considérer que tout apprentissage peut être analysé en termes de conditionnements élémentaires représente une simplification excessive. Ainsi, dans la tâche d'appariement, on montre d'abord un stimulus échantillon au sujet, puis deux stimuli, dont un est identique au premier. Il doit alors indiquer lequel est identique à l'échantillon. Il est impossible de réduire la tâche d'« appariement avec un échantillon » à de simples lois associatives, puisque les stimuli utilisés varient à chaque essai. La tâche ne peut donc être résolue que par rapport aux « règles de solution » et non aux caractéristiques précises des stimuli ou des réponses.

Le problème des « méta-apprentissages », que le Français J. Delacour appelle « apprendre à apprendre », est encore plus difficile. On présente une suite de couples de stimuli dans lesquels un des deux est arbitrairement associé à un renforcement (par exemple, l'animal est récompensé s'il choisit, entre deux objets, le plus petit). Chaque discrimination est présentée jusqu'à ce qu'elle soit bien apprise. Les problèmes successifs sont appris de plus en plus rapidement, jusqu'au cas limite qui ne requiert qu'une seule présentation des nouveaux stimuli pour que la performance concernant ceux-ci soit ensuite parfaite. Lors de la première présentation, le sujet ne peut pas deviner laquelle des deux options est la bonne – mais il peut ensuite utiliser la règle générale qui s'applique à cette tâche : « Si l'objet que j'ai choisi était le bon, il le restera, et il faut toujours prendre celui-là. Si, par contre, mon choix était mauvais, il faut ensuite toujours choisir l'autre. » Ainsi, si cette règle est apprise, la performance peut être parfaite à partir de la deuxième présentation de toute nouvelle discrimination. Ce test peut même être utilisé pour évaluer le niveau d'« intelligence » de différentes espèces.

D'autres types d'apprentissage complexes sont encore plus résistants à l'analyse expérimentale. C'est le cas pour l'apprentissage par « insight » (perspicacité), où le sujet trouve la bonne solution pour un problème complexe du premier coup. Par exemple, un singe est capable de comprendre qu'il peut utiliser un bâton pour attraper un fruit hors d'atteinte avec ses seuls bras. •

Les aspects biologiques

L'APPRENTISSAGE EST LIMITÉ PAR LES CONTRAINTES BIOLOGIQUES DE L'ANIMAL. AU NIVEAU CELLULAIRE, IL CORRESPOND À LA STABILISATION D'UNE SYNAPSE.

L'éthologie, qui vise à étudier le comportement de l'animal dans son contexte biologique, a amené les chercheurs à réévaluer certains concepts de l'apprentissage. Dans les années 1970, il y a eu une prise de conscience des limites de l'apprentissage animal. Un chien peut apprendre une relation entre un goût particulier et une sensation de malaise ressentie plusieurs heures après, mais il est incapable d'associer ce même goût à un choc électrique survenant immédiatement après. Ce résultat apparaît logique si on tient compte de la réalité des relations de cause à effet qui existent dans le monde. En effet, une nausée est, logiquement, due à l'ingestion d'un « poison » quelque temps auparavant, et une douleur à la mise en présence d'un stimulus néfaste dans les secondes qui précèdent. L'existence des contraintes qui favorisent l'association de certains éléments par rapport à d'autres s'explique par le grand nombre de stimuli potentiellement accessibles pour la formation d'associations. Au moment de vivre un événement important (la découverte d'une source de nourriture, une douleur), l'animal doit identifier lesquels, parmi les éléments de son environnement, peuvent servir pour que, à l'avenir, l'événement se répète ou soit évité. Certains stimuli doivent être ignorés, soit parce qu'ils sont déjà associés à d'autres événements, soit parce qu'ils ne sont pas pertinents. L'évolution a favorisé la survie des individus pouvant faire préférentiellement les associations avec les éléments qui sont naturellement liés. L'Américain R. C. Bolles a très bien montré cette prédisposition des rats à apprendre certaines choses plutôt que d'autres. Il utilisait trois types de stimuli : un chat, un chien ou un raton laveur empaillés. Chaque présentation précédait le déclenchement d'un choc électrique. Le choc pouvait être évité à condition que soit effectuée l'une des trois réponses possibles, fuite, agression ou immobilisation. Pour chaque stimulus, les rats ne se montraient capables d'apprendre qu'une des trois réponses. Par exemple, si le chien était présenté, les rats apprenaient facilement à fuir, mais étaient incapables de s'immobiliser. Cette stratégie de survie semble particulièrement adaptée, puisque les autres réponses seraient peu efficaces contre un vrai chien.

La recherche des bases neurobiologiques de l'apprentissage a permis, ces dernières années, d'établir que les changements ont lieu au niveau des synapses. Les travaux et théories du Français J.-P. Changeux concernant la stabilisation sélective des synapses permettent de comprendre que l'apprentissage consiste essentiellement en un choix parmi les nombreuses connexions possibles dans le système nerveux. Ainsi, c'est la stabilisation (renforcement) d'une synapse qui permet à l'information de transiter par un ensemble de neurones plutôt que par un autre. Les travaux sur des neurones du cortex cérébelleux des rats, comme sur ceux du ganglion abdominal d'un mollusque (l'aplysie), permettent aujourd'hui de comprendre que c'est la coactivation de deux entrées synaptiques d'un neurone qui aboutit à la stabilisation de celui qui doit subir l'apprentissage. C'est ainsi qu'on retrouve au niveau cellulaire essentiellement les mêmes phénomènes de conditionnement que ceux observés dans le comportement de l'animal. •

→ **Voir aussi :** L'adaptation à l'environnement, **BIOL**, p. 94-95. Les réflexes, **BIOL**, p. 174-175. La mémoire, **BIOL**, p. 188-189.

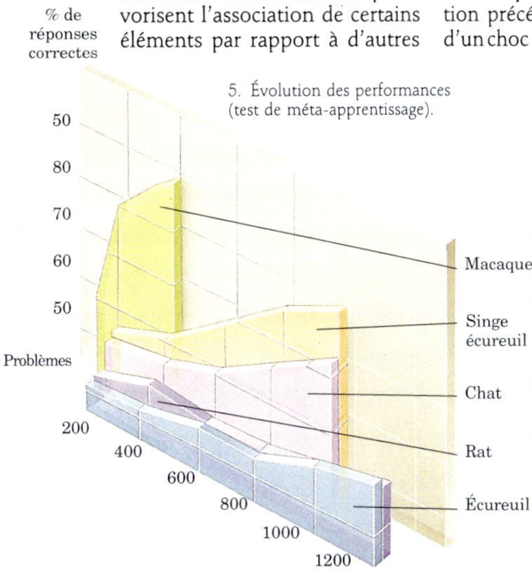

5. Évolution des performances (test de méta-apprentissage).

Apprentissage et « intelligence »

Les méta-apprentissages permettent d'évaluer les capacités de différents espèces (5). Les plus « évoluées » (homme ou singe) améliorent leur vitesse pour apprendre des tâches similaires alors que, chez le rat, les performances restent pratiquement identiques.

La communication animale

Aucune espèce animale ne mène une vie entièrement solitaire. Ne serait-ce que pour se reproduire, les animaux doivent pouvoir interagir et échanger des informations. Les interactions entre individus interviennent dans la réalisation des comportements qui sont à la base des grandes fonctions biologiques : reproduction, recherche de nourriture, défense d'un territoire, ou encore compétition avec les autres espèces.

L'observation des animaux montre une variété surprenante de moyens leur permettant de communiquer. Au sein de cette diversité, il est cependant possible de retrouver des constantes, quelles que soient les modalités de la communication. Celle-ci utilise des signaux codés transmis à travers des canaux (sonore, visuel, chimique, etc.). Pour un signal donné, le message peut avoir une signification différente selon l'animal qui le reçoit. L'étude des signaux apparaît essentielle pour la compréhension des comportements.

Sans jamais atteindre ni même approcher le degré de complexité du langage articulé humain, la communication animale peut parfois être très élaborée. Curieusement, c'est chez un insecte, l'abeille, qu'on connaît le seul cas de « langage » naturel utilisant des symboles, c'est-à-dire des conventions totalement arbitraires qui permettent à l'abeille de communiquer des informations abstraites désignant un lieu éloigné dans l'espace et dans le temps. Il est vrai que l'abeille est un insecte social et que c'est grâce à des systèmes de communication multiples et élaborés que les sociétés peuvent fonctionner.

1. Communication par le chant chez les oiseaux.

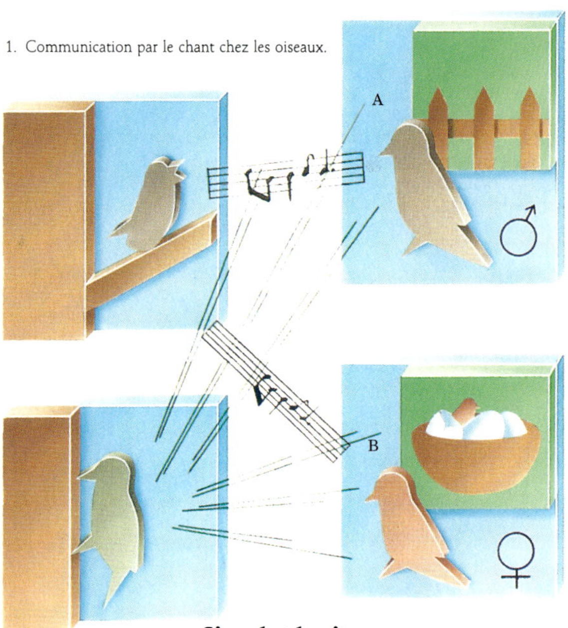

Signal et bruit

Le modèle des oiseaux chanteurs (1) présente les composantes essentielles de la communication animale. Dans un contexte particulier (saison de reproduction déterminée par l'évolution de la photopériode), l'émetteur (oiseau mâle) transmet un signal (chant) qui, perçu par une femelle de la même espèce (récepteur B), a une signification d'appel à la reproduction, alors que pour un mâle de la même espèce (récepteur A) il a une signification de défense de territoire. Les autres signaux qui transitent par le même canal (l'air ambiant) n'ont généralement pas de signification. Pour l'espèce considérée, ce ne sont pas des signaux mais du bruit, qu'il s'agisse de chants d'autres espèces ou de sons variés (martèlement du pivert, par exemple).

Les canaux de la communication

LE PLUS SOUVENT SONORE, VISUELLE OU CHIMIQUE, LA COMMUNICATION ANIMALE PEUT PARFOIS EMPRUNTER DES CANAUX INCONNUS DE L'EXPÉRIENCE SENSORIELLE HUMAINE.

La communication sonore est la plus adaptée à la transmission d'informations sur de longues distances. Le cas le plus remarquable est celui de la baleine à bosse qui, en utilisant des fréquences très basses, peut émettre des sons perceptibles par ses congénères situés à des centaines de kilomètres. Le canal sonore est aussi celui par lequel la plus grande quantité d'informations peut être véhiculée en peu de temps. La complexité des productions sonores des oiseaux chanteurs et surtout le langage articulé de l'homme en témoignent.

Le canal visuel, s'il permet des transferts d'informations très complexes, est, du fait des multiples obstacles qui peuvent interférer, utilisé en général dans des situations où l'émetteur et le récepteur sont rapprochés. On ne s'étonnera donc pas de l'importance prise par la communication visuelle dans les parades sexuelles, souvent stéréotypées, où interviennent à la fois le mouvement et les couleurs.

La communication chimique, très largement employée par les mammifères et les insectes, offre une particularité intéressante en ce qu'elle permet de transmettre des signaux de façon différée. Un éléphant qui marque le sol par des émissions d'urine, un chevreuil qui enduit une branche de sécrétions émises par des glandes appropriées informent leurs congénères de leur passage. De tels marquages peuvent véhiculer une quantité d'informations complexes, sur le sexe, le statut social ou l'état de réceptivité sexuelle de leur auteur. Par le biais de substances spécifiques, les phéromones, agissant comme des « hormones externes », la communication chimique intervient avec efficacité dans la plupart des grandes fonctions biologiques, en particulier la reproduction. À l'aide de ses antennes très développées et sensibles (une seule molécule de phéromone sexuelle peut être détectée), le mâle du bombyx du mûrier est capable de s'orienter vers une femelle située à des kilomètres.

Des canaux de communication plus rarement employés peuvent être mis en jeu. La communication tactile est primordiale chez les espèces sociales : elle favorise la cohésion lors de l'épouillage chez les primates ; chez les insectes sociaux, les contacts antennaires permettent les échanges de nourriture régurgitée lors d'un bouche-à-bouche particulier appelé trophallaxie. Certains poissons, comme la torpille, émettent constamment un champ électrique qui, par ses modulations, permet de communiquer. S'il est marginal, ce dernier exemple illustre à quel point la communication intraspécifique peut utiliser des univers sensoriels différents du nôtre. •

Les éléments de la communication

À PARTIR D'UN EXEMPLE, CELUI DES OISEAUX CHANTEURS, IL EST POSSIBLE DE DÉCRIRE UN ENSEMBLE DE CARACTÉRISTIQUES QUI SONT COMMUNES À TOUTES LES SITUATIONS DE COMMUNICATION.

Toute communication correspond à la transmission, entre un *émetteur* et un *récepteur,* d'un *signal* codé, véhiculé selon un *canal* particulier et décodé comme *message* porteur de signification par le récepteur.

Dans le cas des oiseaux chanteurs et en période de reproduction, le chant est le signal, l'émetteur qui le produit est un oiseau mâle. Ce signal acoustique est transmis par l'air – qui constitue le canal – et parvient aux oreilles d'une femelle de la même espèce : un « récepteur ». Le message est décodé par la femelle comme une invitation à l'accouplement. Pour un mâle de la même espèce qui perçoit le même signal, le message est différent : le chant revêt cette fois une signification agressive et territoriale. Ainsi, selon la nature du récepteur, la signification du message n'est pas la même. Pour qu'il y ait communication, il faut néanmoins que l'émetteur et le récepteur possèdent un certain nombre de signes et de conventions en commun. Ces signes, ici les éléments du chant, appartiennent au répertoire de l'espèce. Toutefois, au sein d'une même espèce, le chant peut présenter des caractéristiques propres à une population ; on parle, pour les chants d'oiseaux, d'accents régionaux, ou encore de dialectes.

Dans la situation décrite ici, où l'émetteur tente d'inviter une femelle à l'accouplement et défend un territoire contre d'autres mâles, il est nécessaire, pour que l'oiseau parvienne à se reproduire, que le même message soit transmis de façon répétitive pendant des journées entières. On dit alors qu'il y a redondance du signal. Les récepteurs réagissent à un signal en fonction du *contexte* dans lequel celui-ci est émis. Dans notre exemple, la saison – plus précisément, la durée relative du jour et de la nuit (photopériode) – joue un rôle primordial. C'est en effet l'augmentation de la durée des jours qui déclenche une progression de la production des hormones, mettant en place les comportements sexuel et agressif. Les signaux de communication, ainsi que les divers sons émis en permanence dans l'environnement immédiat par des espèces différentes, et transmis par le même canal, ne représentent la plupart du temps que du *bruit,* sans signification particulière pour l'oiseau. Ces signaux sont adressés à d'autres récepteurs. •

Spécificité et non-spécificité des signaux

LES SIGNAUX UTILISÉS DANS LA COMMUNICATION SONT LA PLUPART DU TEMPS PROPRES À L'ESPÈCE. NÉANMOINS, IL EXISTE DES SIGNAUX INTERSPÉCIFIQUES.

On comprend qu'un cri d'alarme soit, pour être opérationnel, bref et peu complexe. Pourtant, il peut exister, chez certaines espèces, des cris d'alarme variés correspondant à des dangers de nature différente. Ainsi, en Afrique, les singes verts signalent d'une vocalisation différente la présence d'un léopard, d'un aigle, d'un serpent ou d'un babouin (l'apparition d'un homme est assimilée à celle du babouin). De la même façon, les chiens de prairie, rongeurs constituant des colonies souterraines en Amérique du Nord, possèdent huit cris d'alarme différents, correspondant chacun à un danger spécifique. En revanche, ces signaux sonores qui déclenchent l'alarme présentent souvent des caractéristiques très proches chez des animaux très éloignés. Un son artificiel, synthétisé par ordinateur, inspiré dans son élaboration des caractéristiques communes aux cris d'alarme naturels du chevreuil, de la mouette et du corbeau, s'est avéré efficace pour déclencher la fuite chez ces trois espèces si différentes.

L'interspécificité des signaux peut parfois être utilisée à l'avantage d'une espèce qui, en quelque sorte, détourne les systèmes de communication d'une autre espèce ; on parle alors de leurre. Les fleurs de certaines orchidées, par leur ressemblance remarquable avec des insectes hyménoptères, attirent les mâles de ces derniers : c'est le cas pour l'orchidée-bourdon et l'orchidée-abeille. Certaines fleurs d'orchidées émettent, en plus, des substances odorantes proches des phéromones sexuelles produites par les hyménoptères femelles. Dans sa tentative de copulation avec une fleur mimant sa femelle, l'insecte permet la pollinisation. •

Symboles et langage

ON ENTEND CLASSIQUEMENT PAR LANGAGE LA CAPACITÉ DE COMMUNIQUER PAR DES SIGNAUX D'ORDRE SYMBOLIQUE. OR, LES TRAVAUX DES ÉTHOLOGISTES MONTRENT QU'UNE TELLE CAPACITÉ EXISTE DANS LE MONDE ANIMAL.

On a souvent considéré le langage comme ce qui distinguait le plus nettement l'homme des autres animaux. Si toutes les tentatives pour faire parler des singes se sont soldées par un échec (les possibilités vocales de ces derniers étant bien inférieures à celles du bébé humain), des recherches ont montré, dans les années 1980, que les chimpanzés et les gorilles notamment étaient capables d'une communication symbolique complexe. La guenon chimpanzé Washoe, entraînée dès son plus jeune âge à communiquer avec des chercheurs en utilisant un langage gestuel des sourds-muets (Ameslan), possède désormais un vocabulaire riche de 300 signes qu'elle utilise spontanément avec les chercheurs. Plus étonnant, depuis quelques années quatre autres chimpanzés vivent et communiquent avec Washoe en Ameslan. Des jeunes singes sont donc capables d'apprendre à manipuler des symboles, au même titre que des enfants humains. Ce qui les en différencie est que, dans le cas du chimpanzé, c'est l'expérimentateur qui initie la règle du jeu alors que le bébé humain présente une motivation nette à la communication verbale. Quoi qu'il en soit, une certaine capacité à communiquer par des symboles est présente chez nos proches parents, les singes supérieurs. Ce qui est plus surprenant, c'est qu'une telle capacité s'exprime nettement chez un insecte, l'abeille.

C'est à l'Autrichien Karl von Frisch que l'on doit de connaître le langage dansé des abeilles, découverte qui lui a valu le prix Nobel en 1973. Ce chercheur a montré qu'une abeille butineuse spécialisée dans la recherche de nouvelles sources de nourriture, lorsqu'elle revenait à la ruche, exécutait une danse particulière pour recruter ses sœurs. Cette danse est reproduite par d'autres ouvrières qui se dirigent ensuite sur l'emplacement de la source alimentaire, un arbre en fleur par exemple. Si ce dernier est situé à plus de cinquante mètres de la ruche, le parcours de la danse présente l'aspect d'un huit aplati. Lorsqu'elle décrit la barre séparant les deux demi-cercles formant le huit, l'abeille fait frétiller rapidement l'arrière de son corps. Von Frisch a montré que, sur les rayons verticaux de la ruche, l'angle formé par la direction de ce « trajet frétillant » avec la verticale donnait la direction de la source alimentaire. Cet angle correspond en effet à celui que forment deux droites : celle reliant la ruche à la source et celle passant par la ruche à l'azimut du Soleil (c'est-à-dire le point de l'horizon à la verticale du Soleil). La distance est indiquée par la vitesse à laquelle est exécutée la danse.

Contestée pendant de nombreuses années, l'existence du langage dansé des abeilles est maintenant bien établie. Elle a été confirmée de façon irréfutable avec la réalisation d'un microrobot mimant une abeille, piloté par ordinateur et capable de simuler la danse frétillante. Ce dernier, au même titre qu'une abeille recruteuse, est parvenu à diriger des ouvrières vers des sources alimentaires dont il leur a communiqué l'emplacement. •

→ **Voir aussi :** Signaux et leurres, **BIOL**, p. 194-195. Les interactions entre espèces, **BIOL**, p. 196-197.

2. Mandrill *(Mandrillus sphinx)*.

4. Danse frétillante de l'abeille.

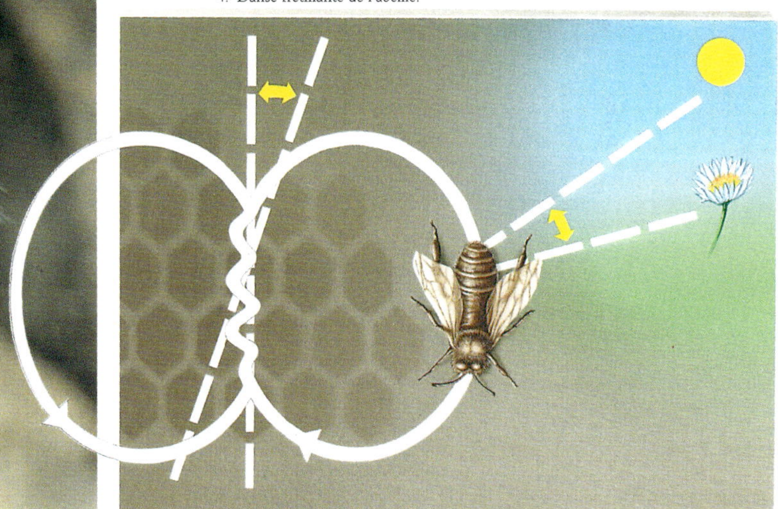

3. Posture préliminaire au jeu chez le chien (épagneul français).

De l'analogie au symbole

Ce mandrill (2), à la face fortement colorée, ouvre la gueule et présente ainsi ses canines. Le message transmis par une telle mimique faciale est une menace. Il y a, dans ce cas, une analogie très nette entre le signal et le message qu'il véhicule : si le signal n'est pas suivi, chez le destinataire, d'une réponse appropriée, une posture de soumission par exemple, la phase suivante sera l'attaque et la morsure. Dans d'autres situations de communication visuelle, le lien entre message et signal peut être moins direct. Ce chien (3) qui invite un jeune à jouer adopte une posture dans laquelle l'avant de son corps est abaissé. De cette façon, il signifie que tous les mouvements et postures agressifs qui vont suivre font partie d'un jeu : on parle dans ce cas de métacommunication. Un tel comportement est fréquent chez les carnivores comme le lion ainsi que chez les primates. En revanche, lorsqu'une abeille (4) indique à ses sœurs la localisation d'une source de nourriture par une danse frétillante, il n'y a plus aucune relation évidente entre le signal et le message. La communication est d'ordre symbolique, ce qui a amené certains chercheurs à considérer la danse des abeilles comme un véritable langage.

Signaux et leurres

SUIVANT LA REPRÉSENTATION subjective de son univers, chaque animal manifeste un ensemble d'activités comportementales en réponse aux signaux qu'il perçoit. En relation permanente avec son milieu, il s'informe, s'oriente, décide et agit selon les situations. Des informations de nature variée le renseignent non seulement sur son environnement, mais aussi sur son propre état interne.

En fonction de l'état psychologique et physiologique du sujet (par exemple son état de maturation sexuelle), suivant son expérience et en accord avec les conditions de son activité (période de reproduction par exemple), certains éléments prennent valeur de signaux, guidant le sujet et permettant l'élaboration de certains de ses comportements.
Les signaux constituent des informations privilégiées, fonctionnellement indissociables de la situation dont ils font partie et des caractéristiques subjectives de la perception et de la représentation de l'animal. Ce concept d'univers propre *(Umwelt)* a été introduit, en 1934, par l'Allemand J. von Uexküll. Il caractérise chaque espèce, mais aussi chaque individu, en fonction des événements singuliers qui constituent son histoire. Certains signaux, relatifs à des fonctions comme se nourrir, fuir, se défendre, se reproduire, présentent des valeurs adaptatives évidentes. Celles-ci permettent de comprendre que plusieurs espèces aient été amenées à utiliser et à détourner à leur profit certains signaux, les transformant en véritables leurres naturels utilisés pour faciliter la capture de proies ou, au contraire, pour éviter d'être victimes d'un prédateur.

Étude expérimentale

EN SITUATION EXPÉRIMENTALE, CERTAINS ÉLÉMENTS, APPELÉS STIMULI-SIGNAUX, SUFFISENT POUR SUSCITER UNE RÉPONSE APPROPRIÉE ET COMPARABLE À CELLE OBSERVÉE DANS UNE SITUATION NATURELLE.

L'environnement naturel est une source permanente de stimulations variées. Le milieu expérimental (cage, pièce de laboratoire, etc.), beaucoup plus pauvre, apparaît toutefois très utile lorsqu'on cherche à savoir quelles sont, parmi les stimulations possibles, celles qui, dans des conditions rigoureusement contrôlées, peuvent déclencher une réponse comportementale.

Les stimuli-signaux.
D'un point de vue méthodologique, une telle approche consiste à soumettre un animal à une série de leurres expérimentaux combinant les différentes caractéristiques ou éléments d'un modèle naturel : sa forme, sa taille, sa couleur, son contraste. L'efficacité de ces caractéristiques présentées tour à tour ou en combinaison et suivant différentes modalités est ensuite testée.

Ainsi, David Lack, en 1939, a pu montrer que, chez un rouge-gorge adulte, la présentation sur son territoire d'un leurre figuré par un plastron rouge monté sur un fil de fer suffit à provoquer une violente attaque vis-à-vis du modèle. La couleur rouge apparaît alors comme un stimulus-signal du comportement d'attaque du rouge-gorge. De la même façon, les épinoches mâles établissent lors de la saison de reproduction un territoire individuel à l'intérieur duquel elles construisent un nid, attirent les femelles matures et chassent les mâles intrus. En utilisant des leurres colorés N. Tinbergen a montré que la posture « tête en bas » ainsi que la couleur rouge du ventre qui caractérisent les mâles agissent comme stimuli-signaux et ont pour conséquence de provoquer l'attaque d'un mâle résident.

Les stimuli supranormaux.
Il arrive que la recherche expérimentale des stimuli-signaux conduise à découvrir des leurres dont le pouvoir évocateur est supérieur à celui du modèle naturel. Si l'on présente à un oiseau huîtrier-pie en train de couver un œuf deux ou trois fois plus volumineux que le sien (toutes autres conditions maintenues : forme, couleur, taches, contraste), il est préféré au détriment de l'œuf naturel. Pour s'alimenter, les poussins de goéland frappent l'extrémité du bec de leurs parents afin que ceux-ci régurgitent une partie de leur repas. Le bec des parents est jaune et présente à la base de la mandibule une tache rouge. Or, on constate qu'une simple baguette rouge munie de trois bandes blanches à son extrémité suscite un plus grand nombre de réponses de la part des jeunes goélands qu'un modèle conforme au bec des parents. De tels leurres, au pouvoir évocateur supérieur au modèle naturel, sont appelés des stimuli supranormaux. •

Développement de la reconnaissance

L'ÉTUDE DU DÉVELOPPEMENT DES RÉPONSES D'UN ANIMAL À DES SIGNAUX CONTRIBUE À PRÉCISER LEURS CARACTÉRISTIQUES ET À FORMULER DE NOUVEAUX CONCEPTS EN ÉTHOLOGIE.

Pour les jeunes goélands, la reconnaissance de la tête de leurs parents (au bec jaune marqué d'une tache rouge) constitue un fait fondamental. Analysant leurs caractéristiques, deux éthologistes, Perdeck et Tinbergen, montrèrent – à l'aide de modèles présentés à des poussins – qu'un bec entièrement rouge suscite plus de comportements de quémande qu'un bec de toute autre couleur. De la même façon, une tache rouge disposée à l'extrémité d'un bec jaune est plus efficace qu'une tache noire, bleue, blanche ou jaune. Les contrastes les plus marqués entre le bec et la tache sont les plus stimulants. Enfin, des modèles munis d'une tache rouge placée en haut de la tête reçoivent plus de réponses que des modèles avec une même tache placée à l'extrémité du bec. Perdeck et Tinbergen interprétèrent ce dernier résultat comme révélateur, chez les jeunes goélands, d'une image de la tête des parents déjà formée à la naissance.

Plus tard, un autre éthologiste, l'Américain J. Hailman, donna un éclairage nouveau : en premier lieu, il montra que des poussins de trois jours avaient un niveau de précision supérieur à celui de poussins éclos depuis quelques heures. Par la suite, il apporta une démonstration élégante sur l'effet de la maturation physiologique du système visuel des poussins et de leur expérience acquise au

2. Sésie vespiforme *(Sesia vespiformis)*.

1. Salamandre tachetée *(Salamandra salamandra)*.

contact des parents. L'Américain T. C. Schneirla s'intéressa, de son côté, à l'aspect dynamique : lorsque les parents retournent au nid, ils pointent leur bec à la verticale et dodelinent de la tête, donnant ainsi une certaine vitesse de mouvement à la tache rouge. Suivant leur position, les taches des modèles de Perdeck et Tinbergen présentent une vitesse de déplacement différente, rapide pour une tache placée sur le bec, plus lente pour celle placée sur la tête. Schneirla se demanda alors si les poussins possédaient réellement cette image innée de la tête de leurs parents.

J. Hailman apporta une solution simple à ce problème. Conjointement aux deux modèles précédents, il en ajouta un troisième comportant aussi une tache rouge sur la tête, allongea d'une longueur suffisante la baguette de présentation, donnant ainsi à la tache de ce modèle une vitesse de déplacement identique à celle d'une tache placée à l'extrémité du bec. Hailman confirma les doutes de Schneirla : les jeunes poussins répondent aussi intensément à ces deux derniers modèles. Ainsi, les caractéristiques dynamiques de la tache rouge représentent un stimulus-signal important. Les jeunes goélands ne possèdent donc pas, dès leur éclosion, une image préformée de la tête des goélands adultes. •

Signaux naturels et mimétisme

CERTAINES ESPÈCES SIMULENT DES INFORMATIONS POUR MIEUX SE PROTÉGER, CHASSER OU AUGMENTER LEURS CHANCES DE SE REPRODUIRE.

Le *mimétisme* se rencontre chez l'animal et le végétal. Il regroupe toutes les formes d'imitation morphologique et comportementale pour ce qui est des animaux. Si par mimétisme un animal tente de se dissimuler, on parle alors de *camouflage.* Dans ce cas, le procédé consiste à « signaler son absence ». L'animal se confond par exemple avec le substrat sur lequel il repose. Un tel phénomène est appelé *homochromie.* Il peut être durable et se produire de façon saisonnière. On l'observe par exemple dans les régions arctiques (renard, lagopède, lièvre américain). Pour d'autres espèces, l'homochromie se rencontre au cours des premiers stades de développement, lorsque la vulnérabilité des animaux est importante. Ainsi, les poussins de pluvier présentent après leur éclosion une coloration de plumage qui leur permet de se confondre avec le sol. D'autres formes d'homochromie sont transitoires. Les caméléons et les seiches ont le pouvoir de modifier selon les circonstances la coloration de leur corps. Dans certaines espèces sociales, il s'agit d'un véritable moyen de communication par lequel les animaux signalent leurs motivations (agressives, sexuelles ou territoriales).

Si le camouflage permet à un animal d'échapper à l'attention d'un prédateur, d'autres formes de mimétisme consistent non pas à se dissimuler mais à exposer ou à émettre certains signaux. Ce type de mimétisme se rencontre chez des espèces chassées, des prédateurs, des espèces parasites ainsi que des végétaux dont la reproduction est assurée par des insectes pollinisateurs. Le cas le plus classique est celui du *mimétisme batésien.* Une espèce inoffensive imite dans ce cas une espèce nocive, possédant un goût désagréable, sécrétant ou renfermant des substances toxiques, ou encore armée d'un aiguillon. Pour ces raisons, l'espèce nocive est évitée par les prédateurs ayant fait l'expérience d'un conditionnement nocif. L'espèce « imitatrice » trouve un avantage évident à ressembler à un tel modèle. Ainsi, l'extrémité postérieure de la chenille du sphinx présente les allures d'une tête de serpent, dissuadant de nombreux prédateurs de s'approcher. Une variante de ce type de mimétisme est l'*automimétisme.* Au sein d'une même espèce, certains individus sont nocifs, d'autres ne le sont pas et aucun indice extérieur ne permet de les différencier. Tout prédateur expérimenté au contact d'un individu nocif évite alors toute la population. À titre d'exemple, certaines chenilles d'un papillon monarque américain se nourrissent sur des plantes toxiques, d'autres sur des plantes non toxiques, mais toutes sont évitées par les prédateurs. Plus proches du mimétisme comportemental, certaines espèces de lucioles capturent pour s'en nourrir les mâles d'autres espèces en imitant les signaux lumineux des femelles que ceux-ci convoitent.

Le mimétisme touche aussi de nombreuses formes parasites. Les poussins des « veuves » *(Viduinea)* exhibent au fond de leur gosier des signaux comparables à ceux des jeunes de l'espèce dans le nid de laquelle ils ont été placés, bénéficiant alors des mêmes soins de la part de leurs parents adoptifs. Suivant ce principe, quelques insectes (appelés myrmécophiles) acquièrent ou synthétisent des composés chimiques leur permettant de tromper les défenses des sociétés d'insectes (fourmis ou termites) et de prospérer en leur sein comme des parasites.

Autre forme de mimétisme, l'*imitation comportementale* se rencontre notamment dans le domaine des stratégies reproductrices. Chez la mouche scorpion, les mâles courtisent les femelles en leur offrant une proie qu'ils ont au préalable capturée. Certains mâles évitent de chasser. Ils miment alors le comportement des femelles afin de subtiliser les proies à des mâles ainsi dupés. Ils les offrent ensuite aux femelles, à moins qu'ils ne soient à leur tour victime de la même supercherie... Chez les salamandres, certains mâles peuvent mimer le comportement d'une femelle, amenant ainsi leurs rivaux à tenter vainement une fécondation et abandonner leurs spermatozoïdes (contenus dans un spermatophore). Ils attirent par la suite les femelles à l'écart... •

→ **Voir aussi :** La communication animale, **BIOL**, p. 192-193. L'éthologie, **BIOL**, p. 208-209.

4. Masque de calao. Nigeria.

3. Papillon de la famille des attacidés.

Signaux pour avertir, signaux pour cacher

Pour échapper à un prédateur, la fuite est loin d'être la seule stratégie. Cette salamandre tachetée (1) signale, par des couleurs très voyantes, que sa chair est empoisonnée ; les prédateurs éviteront de la capturer. Les mêmes signaux d'avertissement (couleur jaune et noire) sont partagés par beaucoup d'animaux venimeux ou toxiques ; c'est notamment le cas de plusieurs genres de guêpes. Cette homologie de signaux est appelée mimétisme de Müller.
Ce papillon inoffensif (2) utilise une stratégie d'imitation appelée mimétisme batésien : il se protège efficacement en imitant une guêpe, par sa morphologie et sa couleur. Passer inaperçu représente un autre moyen de ne pas être chassé par un prédateur : dans la forêt équatoriale, ce papillon (3) se confond très bien avec une feuille morte.
L'homme, comme d'autres prédateurs, utilise des leurres pour approcher ses proies : les Haoussa du Nigeria (4) portent, pendant la chasse, une coiffe imitant la tête d'un calao d'Abyssinie, oiseau qui n'effraie pas les autres espèces du gibier.

Les interactions entre espèces

LES INNOMBRABLES ESPÈCES animales et végétales (ainsi que les bactéries et les virus) qui composent le monde vivant sont unies par de multiples interactions. Elles entretiennent également de nombreux rapports avec le milieu abiotique : sol, air, eau. L'équilibre qui s'établit est le fondement de l'écologie. Depuis l'apparition de l'espèce humaine – dont l'impact n'a de tout temps cessé de croître –, cet équilibre naturel a été grandement perturbé, parfois même détruit.

Une forêt, un lac, une prairie ou, tout simplement, un arbre nous donnent l'image des divers types d'interactions entre espèces vivantes. Certaines sont d'ordre écologique, comme la prédation, si importante pour l'équilibre de la nature, et la compétition, qui peut opposer les prédateurs entre eux.

D'autres interactions se révèlent plutôt d'ordre physiologique et éthologique. Difficiles à classer d'une façon rigide, elles sont réparties traditionnellement sous les termes de commensalisme, symbiose et parasitisme. Cependant, il en est bien d'autres ; la variété des interactions est immense et les particularismes souvent stupéfiants.

De nos jours, l'homme agit le plus souvent en prédateur, mais il entretient également, bien sûr, avec nombre d'espèces et très fréquemment contre son gré, des relations qui relèvent des trois catégories mentionnées plus haut. Ainsi, le rat, le ténia et les bactéries du tube digestif ne sont-ils pas, en effet, respectivement un commensal, un parasite et des symbiotes de l'homme illustrant ces différents types de relations ?

Prédation et compétition

LES ESPÈCES PRÉDATRICES JOUENT UN RÔLE RÉGULATEUR DANS LA NATURE. QUAND ELLES ONT LE MÊME RÉGIME ALIMENTAIRE, ELLES SE TROUVENT EN COMPÉTITION ÉCOLOGIQUE.

La prédation consiste, pour un animal, à en tuer un autre pour s'en nourrir. Elle constitue l'un des éléments fondamentaux de l'équilibre d'une biocénose. L'espèce pourchassée par un prédateur pouvant elle-même se nourrir de proies vivantes, il se constitue ainsi une chaîne alimentaire, qui commence avec les végétaux pour finir, en bout de chaîne, avec les « superprédateurs ».

Deux prédateurs peuvent chasser les mêmes proies. De même, deux herbivores peuvent manger les mêmes plantes. Il apparaît alors des compétitions entre espèces aux régimes alimentaires semblables ou voisins, mais, aussi, entre individus de la même espèce, lorsque l'effectif des populations devient trop important. La perche et le brochet sont deux compétiteurs, même si le second peut capturer des proies plus grosses. Il en est de même pour le lion, la panthère et le guépard, ou encore, si l'on considère les herbivores, pour le cerf et le chevreuil, par exemple.

On dit que deux espèces ont la même niche écologique quand leurs exigences vitales (en matière d'habitat, d'alimentation, entre autres) sont semblables ou comparables. Au sein d'une niche écologique donnée, la compétition peut opposer, au moins partiellement, des animaux fort variés. Par exemple, guêpes et abeilles sont la proie du philanthe (un autre hyménoptère), aussi bien que de la bondrée ou du guêpier (qui sont des oiseaux). Les lombrics constituent des proies pour quelque deux cents espèces de prédateurs, du merle au blaireau, de la taupe à la mouette rieuse, en passant par le carabe doré et les musaraignes. La compétition entre prédateurs peut se traduire par des affrontements violents. Ainsi, certains carnivores (d'espèces différentes et parfois de la même espèce) se battent jusqu'à s'entre-tuer.

La compétition, au sens de concurrence vitale, s'observe à tous les degrés dans la nature, qu'il s'agisse d'animaux ou de végétaux. Ainsi, les arbres, là encore, d'une même espèce ou d'espèces différentes « lutteront » pour accéder à la lumière. En principe, ce type de concurrence aboutit à un point d'équilibre, le climax.

Par son action démesurée et souvent irréfléchie sur les écosystèmes, l'homme bouleverse l'équilibre naturel. L'introduction de prédateurs allochtones (étrangers au milieu) a souvent été aussi catastrophique pour les proies autochtones, incapables de se défendre (c'est le cas, par exemple, des insectivores géants des Antilles, pratiquement exterminés par les mangoustes introduites par l'homme). Sans aller jusqu'à devenir proies de l'envahisseur, les espèces endémiques (propres à une région donnée) peuvent se trouver en situation de compétition avec lui, à leur désavantage. Ainsi, par exemple, l'importation du dingo (un carnivore) en Australie a entraîné la disparition totale du thylacine, ou loup de Tasmanie (un marsupial).

Supports et outils

NOMBRE D'ESPÈCES SE DÉVELOPPENT SUR UN SUPPORT VIVANT, OU SE FONT TRANSPORTER PAR LEUR HÔTE. CERTAINS ANIMAUX EN UTILISENT D'AUTRES COMME OUTILS.

La vorticelle est un protozoaire muni d'un filament qui s'enroule en spirale : grâce à ce dernier, cet être unicellulaire se fixe sur un insecte aquatique et se fait véhiculer par lui. Un tel transport, d'un organisme par un autre, se nomme la *phorésie :* ce phénomène doit être bien distingué du parasitisme externe, car l'animal « transporteur » n'est en rien lésé par le « transporté ». Le rémora offre un autre exemple de phorésie. Ce poisson marin long de 50 centimètres se colle aux poissons plus gros, ou aux tortues de mer (voire aux bateaux) par la ventouse qu'il porte sur la tête. Cette ventouse est constituée de lamelles, qui s'inclinent à la façon de celles d'une persienne.

Les plantes dites *épiphytes* prennent pour support des végétaux plus grands, des arbres, généralement. Elles ne leur nuisent pas, contrairement à certaines espèces qui, comme le gui, sont véritablement parasites, ou comme les lianes, ainsi que le figuier étrangleur, qui peuvent véritablement étouffer leur support. Les plantes épiphytes sont nombreuses dans les forêts tropicales. Ainsi, germant à partir de spores ou de graines apportées par le vent ou les oiseaux, des orchidées, des fougères, des broméliacées, etc., poussent sur les branches des arbres. Des plantes moins évoluées, comme les lichens et les mousses, se trouvent souvent dans cette situation.

Une association originale s'observe lorsqu'un animal en utilise un autre comme outil. Certains crabes brandissent dans leurs pinces des actinies *(anémones de mer).* Étant venimeuses, elles représentent pour les crabes un moyen de dissuasion, empêchant – malgré elles – des ennemis éventuels d'approcher et d'attaquer.

Les fourmis fileuses *(œcophylles)* des régions tropicales de l'Ancien Monde emploient, en guise d'outils vivants, leurs propres larves. Elles rapprochent les bords de deux feuilles, puis s'emparent de leurs larves, qui servent de « navettes ».

1. Truite, cincle plongeur et desman des Pyrénées *(Galemys pyrenaicus).*

2. Crabe des moules *(Pinnotheres pisum).*

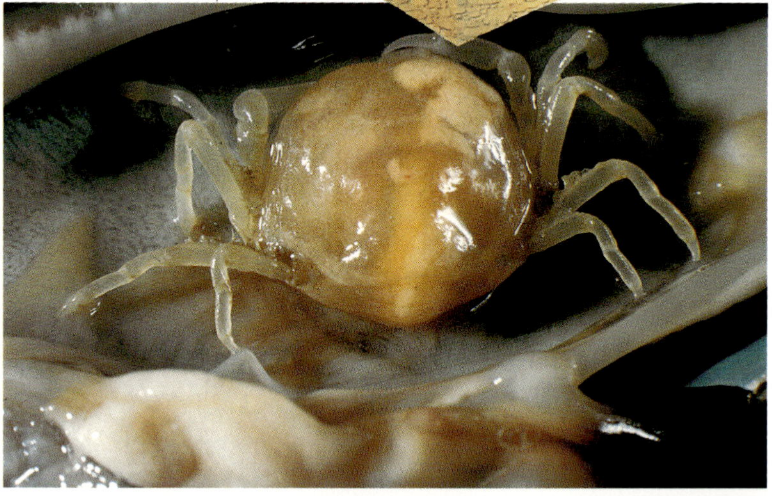

3. Fougère épiphyte *(Platycerium).*

Cohabitation et commensalisme

DES ESPÈCES ANIMALES TRÈS DIFFÉRENTES PEUVENT COHABITER ; DANS LE COMMENSALISME, L'ASSOCIATION NE PROFITE QU'À UNE SEULE DES DEUX ESPÈCES.

Il n'est pas rare que renards et blaireaux vivent dans les mêmes terriers, creusés par l'une ou l'autre espèce. Plus surprenant encore, des cas de cohabitation souterraine entre blaireaux et mulots ont été signalés. Dans le terrier de l'oryctérope, le meilleur fouisseur parmi les mammifères africains, s'installent de nombreux animaux, en particulier des phacochères. Le sphénodon, ou tuatéra, reptile de Nouvelle-Zélande, unique représentant de l'ordre des rhynchocéphales, vit dans les mêmes terriers que des puffins (oiseaux marins). De petits coléoptères (5 à 7 mm) du genre *catops* habitent les terriers des marmottes, des taupes, des lapins, voire les nids d'oiseaux. Ils s'y nourrissent de matières organiques en décomposition.

Le commensalisme est une forme particulière de cohabitation, dans laquelle l'animal profite des restes des repas de son hôte, sans toutefois lui porter préjudice. Les fourmilières hébergent, outre leurs hôtes normaux, divers occupants. Certains sont pourchassés par les fourmis, qui ne tolèrent pas leur présence. D'autres, des cloportes ou des grillons, par exemple, sont acceptées par elles, bien que celles-ci ne profitent pas de leur voisinage. C'est là un cas bien connu de commensalisme.

Dans les régions tropicales, un grand nombre d'oiseaux (perroquets, martins-pêcheurs, rolliers, etc.) installent leurs nids dans des fourmilières ou des nids de guêpes. Une telle cohabitation semblerait, à première vue, risquée. En fait, ces oiseaux profitent de la protection que fournit, contre les prédateurs, la présence de ces insectes agressifs.

Des moineaux nichent fréquemment dans l'entassement de branchettes dont sont faits les nids des cigognes ou les aires de rapaces. Ils y sont en parfaite sécurité, ces grands oiseaux (surtout s'il s'agit d'aigles) éloignant les prédateurs éventuels. De plus, les rapaces ne chassent pas près de leurs propres aires.

Les exemples ne manquent pas non plus dans le monde marin. Le célèbre poisson-pilote *(naucrates),* qui mesure 25 centimètres, ne guide pas les requins, comme le veut la tradition, mais les accompagne pour profiter de la nourriture que ceux-ci recherchent (notamment les déchets rejetés par les bateaux).

Il n'est pas rare de découvrir, à l'intérieur d'une moule, un pinnothère, ce très petit crabe qui profite à la fois de l'abri que constitue la coquille du mollusque et de la nourriture que capture celui-ci. Un petit poisson de 13 centimètres, l'aurin ou fierasfer, a l'habitude de loger à l'intérieur d'une holothurie, où il trouve protection et nourriture. Pour sa part, l'échinoderme ne tire aucun avantage de cette présence ; il rejette même parfois le poisson.

L'espèce humaine a aussi ses commensaux. Un grand nombre d'espèces animales habitent à l'intérieur de ses demeures : rongeurs, insectes, araignées, etc. D'autres se sont installées sur ses bâtiments ou ses monuments. Ce sont surtout des oiseaux, rupestres à l'origine (pigeons, hirondelles, martinets, etc.).

Le rouge-gorge qui accompagne le jardinier en train de bêcher considère, sans doute, un peu celui-ci comme un « moyen » susceptible de lui procurer la nourriture qu'il recherche. Un tel phénomène a pris, à notre époque, une ampleur considérable. Par ses pollutions, ses déchets, ses activités diverses, l'homme nourrit involontairement une foule d'animaux, que l'on considère comme ses « satellites » : rats, souris, moineaux, corvidés, goélands, etc. L'exemple du goéland argenté, qui s'est répandu le long des côtes et des fleuves, est représentatif.

Les principaux types de relations et d'interactions entre espèces

Type de relation	*exemples*
Prédation	coccinelle/puceron
	épervier/moineau
	dionée (plante carnivore)/mouche
Consommation	geai/glands
	doryphore/pomme de terre
Déprédation	criquet migrateur/cultures tropicales
Compétition	lion/panthère
	brochet/perche
Phorésie	rémora/requin
Support	orchidées épiphytes/arbre tropical
Outils	crabes/actinies
Cohabitation	blaireau/mulot
Commensalisme	fourmis/cloportes
	moule/pinnothère
	surmulot/homme
Symbiose	ratel/indicateur
	orchidée/bourdon
	algue/champignon (lichen)
Parasitisme	aspergillus/pigeon
	tique/chien
	ténia/homme
Esclavagisme	fourmis esclavagistes/autres fourmis
Élevage	fourmis/pucerons
	homme/mouton
Culture	termites/champignons
	homme/blé

Du voisinage à la prédation

Des espèces très différentes peuvent, en raison de leurs exigences écologiques, se trouver liées au même milieu sans toutefois interagir de manière notable. C'est le cas, dans les ruisseaux ou les torrents aux eaux vives (1), de la truite et du cincle plongeur (curieux passereau capable de marcher sur l'eau), auxquels s'ajoute, dans les Pyrénées, le desman. Ce petit crabe bien connu, ou pinnothère, vivant à l'intérieur des moules (2), offre un bon exemple de commensalisme.
Les fougères épiphytes (3) présentent deux sortes de feuilles : les unes sont arrondies et plaquées contre le tronc de l'arbre ; les autres ont la forme de lanières. Ces dernières constituent les feuilles reproductrices. De telles fougères vivent sur les arbres des forêts tropicales.
La myxine (4) est-elle un parasite ou un prédateur ? Cet agnathe, proche parent des lamproies, s'attaque à des poissons déjà blessés ou pris dans des filets. Elle entame leur chair grâce à sa langue dentée et parvient ainsi à creuser un trou dans la chair tendre du poisson, qu'elle dévorera presque entièrement, n'en laissant que la peau et les os. La myxine, qui mesure une soixantaine de centimètres, a les yeux atrophiés ; elle habite notamment l'Atlantique nord.

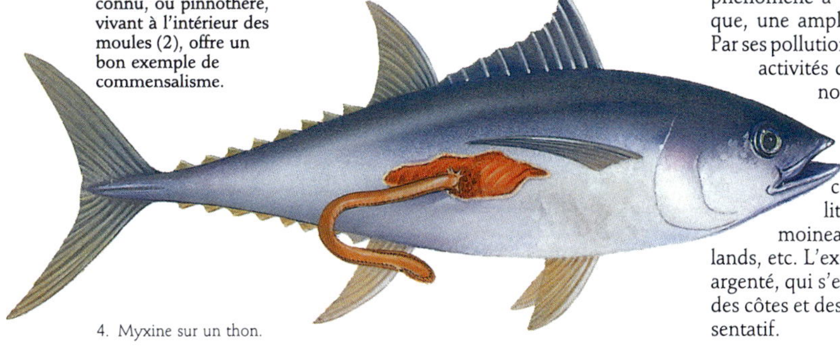

4. Myxine sur un thon.

Les communautés végétales

DANS LES CONDITIONS naturelles, les êtres vivants entretiennent d'étroites relations avec le milieu. Ils forment de vastes communautés très complexes où cohabitent des populations de micro-organismes, d'animaux et de végétaux. Ces ensembles constituent des biocénoses. Celles-ci sont généralement difficiles à étudier en raison de la grande diversité des populations (un inventaire complet exige de nombreux spécialistes), de la mobilité des animaux (échantillonnage parfois difficile) et des variations de la composition des communautés dans le temps et l'espace.

Les communautés végétales sont souvent mieux connues que les communautés animales et se déterminent par deux types de critères : physionomique et taxinomique. Le premier définit des aires portant des couvertures végétales d'aspect uniforme, sans tenir compte des différentes espèces et de la saison. Il s'agit de *formations végétales,* comme la pelouse alpine. Le second critère se fonde sur la classification systématique des espèces composant les communautés végétales. L'étude de ces associations est la *phytosociologie.* Une troisième approche peut être réalisée en utilisant des informations sur la nature physico-chimique du milieu.

Les limites entre communautés différentes sont souvent floues lorsque celles-ci sont très proches ; l'outil taxinomique est alors essentiel. Cependant, sous l'influence de l'homme notamment, ces limites peuvent être très nettes, comme entre une forêt et une culture, ou entre une surface ayant été soumise au feu et une surface intacte. Une des bases d'étude des communautés végétales est le *relevé floristique,* liste exhaustive des espèces végétales d'une surface donnée. La zone de contact entre deux biocénoses adjacentes s'appelle un écotome. Dans les conditions naturelles, les effets de lisière sont très importants. Il arrive aussi que deux communautés voisines se mélangent l'une à l'autre selon un gradient (d'altitude, d'humidité, ou autre).

Sur une surface homogène en plantes vasculaires, il peut se trouver plusieurs communautés végétales de rang inférieur (mousses, algues, champignons) dépendantes de l'une d'entre elles. Un tel assemblage de végétaux pionniers représente ce que l'on appelle la *phytocénose*.

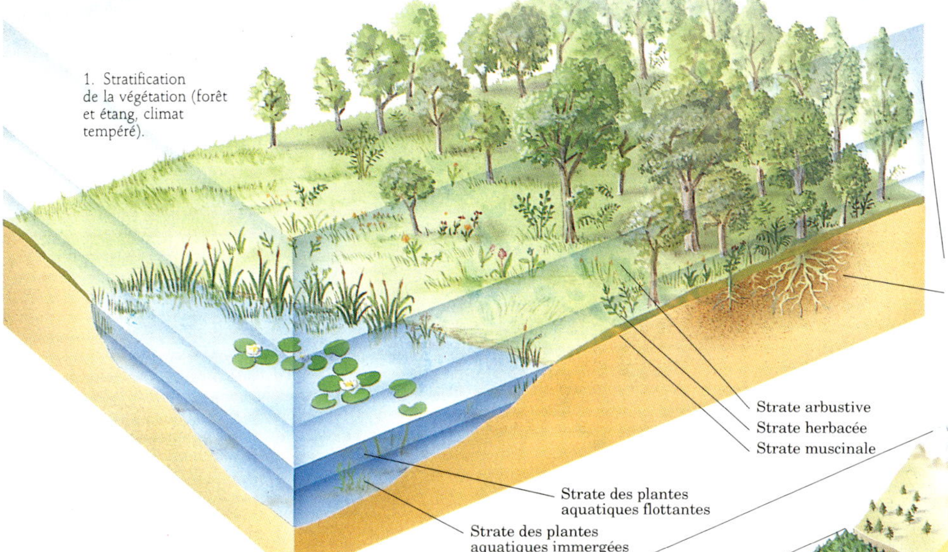

1. Stratification de la végétation (forêt et étang, climat tempéré).

La stratification

Dans la forêt, on distingue 4 strates (1), de hauteur décroissante : la strate arborée, composée d'arbres (phanérophytes arborescents) ; la strate arbustive ; la strate herbacée (chaméphytes) et la strate muscinale (mousses et cryptophytes). L'étang présente également une stratification de la végétation : plantes hydrophiles hautes et basses (milieu humide), plantes flottantes et immergées (milieu aquatique).

Flore et végétation

LA FLORE DÉSIGNE À LA FOIS LA COMPOSITION DE LA VÉGÉTATION D'UNE RÉGION ET L'OUVRAGE QUI DÉCRIT LES ESPÈCES VÉGÉTALES PRÉSENTES.

Pour étudier les communautés végétales, il est indispensable de pouvoir connaître les différentes espèces présentes dans une région géographique donnée. La composition de la végétation est une conséquence de différents facteurs historiques, comme les contraintes paléogéographiques et les processus évolutifs. Au cours des temps géologiques, les plantes les mieux adaptées ont prédominé et supplanté les autres. La classification de ces plantes permet de préciser les formations végétales existantes à un endroit donné (composition floristique) et conduit à la mise en évidence de groupes écologiques définis (par exemple une forêt à hêtres ou hêtraie, à chêne ou chênaie, etc.).

Suivant leur origine, on distingue divers types de plantes : les *indigènes* ou spontanées, qui sont originaires de la région (à l'échelle du temps géologique), les plantes *naturalisées,* qui se sont intégrées à la flore locale après une introduction parfois accidentelle dans la région, et les plantes *adventices,* introduites par l'homme et ne se naturalisant pas toujours très bien. Par ailleurs, ces plantes peuvent avoir une répartition géographique vaste, ou, au contraire, limitée à la région d'étude (plantes endémiques). Dans leur ensemble, elles forment la flore, selon des critères taxinomiques, et le paysage (prairie, forêt, lande, etc.), selon, cette fois, des critères physionomiques.

La caractérisation du paysage est une première approche, qui donne l'allure générale de la structure de la communauté végétale. Celle-ci est indépendante de la connaissance taxinomique. Différents types de végétaux se distinguent dans le paysage.

Les *phanérophytes* (végétaux visibles), où les bourgeons sont à plus de 50 cm du sol : arbres (chêne, hêtre...), arbustes et arbrisseaux (saule, houx), lianes (lierre, clématite).

Les *chaméphytes* (végétaux nains), où les bourgeons sont à moins de 50 cm du sol (pissenlit, trèfle, ortie).

Les *cryptophytes* (plantes cachées), chez qui, l'hiver, aucun organe végétatif n'est visible (bulbe du narcisse, rhizome du muguet par exemple).

Les *thérophytes* (plantes de la belle saison), qui, l'hiver, subsistent sous forme de graines.

Les types végétaux se répartissent selon le climat, la nature du sol et les précipitations. Ainsi s'établit le *spectre biologique,* selon les proportions des différents types. Il permet d'évaluer la stratification verticale de la végétation.

Variable selon la saison, la stratification verticale de la végétation comprend trois niveaux, ou strates : *arborescente, arbustive* ou *herbacée.* D'autres strates (cryptogamique [lichens, champignons, mousses] et épiphytique) sont souvent difficiles à quantifier.

La structure horizontale de la végétation est fonction de la surface relative occupée par chaque strate. Si le degré de recouvrement des strates est faible, la végétation est dite ouverte (sol aride), s'il est élevé, la végétation est dite fermée (prairie). Dans chaque strate, les plantes sont réparties suivant un coefficient de sociabilité, placé après celui d'abondance-dominance. •

L'étagement

L'étagement de la végétation en montagne est fonction de l'altitude et de la pluviosité (2). Les conifères (pins, sapins, séquoias) succèdent progressivement aux feuillus (chênes). Le chaparral est une communauté végétale typique de la Californie et du Mexique, à base d'arbustes xérophiles à feuilles persistantes.

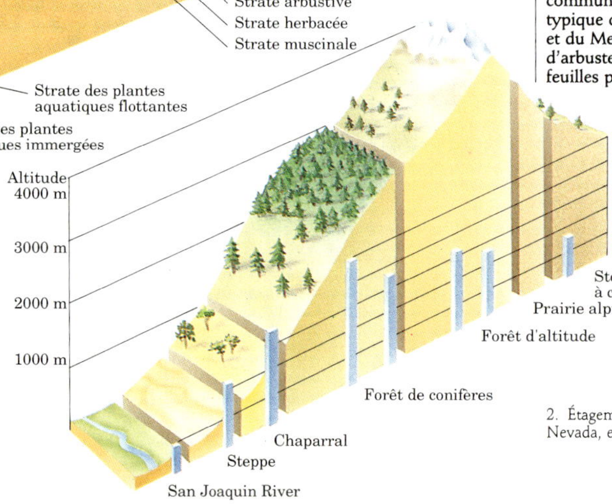

2. Étagement de la végétation de la Sierra Nevada, en Californie (d'après Dajoz).

Communautés

Une communauté végétale rassemble des espèces ayant entre elles une affinité plus ou moins grande, mais caractérisées par une tendance à se rassembler dans des conditions de milieu bien déterminées. Sur des plans d'eau douce (3), les nymphéas, plantes aquatiques vivaces, à rhizome gros et charnu, à feuille flottante et fleur solitaire, voisinent avec les joncs *(juncus),* plantes des milieux humides. En altitude, sur roche calcaire très dénudée (4), les associations de feuillus et de conifères s'installent sur les pentes, et le sumac des corroyeurs ou vinaigrier *(Rhus coriaria),* spontané dans les régions méditerranéennes, colonise tout type de terrain aride.

Les contraintes écologiques

LES FACTEURS CLIMATIQUES, ÉDAPHIQUES (LIÉS AU SOL) ET BIOTIQUES DÉTERMINENT LA STRUCTURE DES COMMUNAUTÉS VÉGÉTALES.

De nombreux facteurs externes déterminent la végétation d'une région. Ainsi, le *sol*, par sa nature (sable, calcaire, argile...) et ses propriétés physiques (perméabilité, porosité, imperméabilité...), son origine (alluvions ou roche mère), son épaisseur, présente autant de paramètres (facteurs édaphiques) qui déterminent la répartition du couvert végétal. Les plantes bien adaptées sont silicicoles (aimant la silice), calcicoles (aimant le calcaire) ou globalement tolérantes. Le *climat* joue un grand rôle dans la répartition des végétaux : l'olivier, très sensible au gel, a une aire de répartition méditerranéenne. Les monocotylédones, comme le palmier ou le bananier, n'atteignent réellement leur pleine croissance que dans les régions chaudes. Les variations climatiques locales (microclimats) sont également très importantes. L'alimentation en eau et l'alternance chaleur-lumière sont autant de facteurs qui conditionnent de manière drastique la répartition des végétaux.

Les facteurs biotiques, liés aux êtres vivants, interviennent aussi dans la formation des communautés végétales. Les interactions entre les organismes vivants sont très nombreuses. En conditions de vie normale (humidité, température, lumière), les plantes agissent les unes sur les autres. C'est au niveau racinaire que l'influence est importante. Il y a concurrence alimentaire, ou emprisonnement par rejet de substances toxiques ou au contraire associations symbiotiques, en particulier entre champignons et plantes supérieures (endomycorhizes des orchidées).

Les micro-organismes, les invertébrés vivant dans les litières du sol (bactéries, acariens, collemboles, etc.) ont une influence non négligeable sur la répartition végétale. Enfin, les animaux, et l'homme lui-même, jouent un rôle important, puisqu'ils peuvent modifier considérablement les équilibres naturels.

Les plantes « répondent » aux exigences du milieu par des adaptations anatomiques et fonctionnelles. Par exemple, dans les régions où l'hiver est parfois rude, les zones de croissance des végétaux (méristème apical) sont protégées par un épais bourgeon pendant la mauvaise saison. Dans les pays chauds, où l'humidité est aléatoire, les plantes accumulent l'eau dans leur tissu comme c'est le cas pour les plantes grasses. De même, dans ces régions, pour lutter contre l'évaporation, les plantes n'ouvrent leurs stomates que très peu le jour, réduisant en même temps l'entrée du gaz carbonique pour la photosynthèse. D'autres plantes, vivant sur des sols très pauvres en matières azotées, se sont spécialisées, par exemple, dans la capture des insectes (cas du drosera).

La structure de la végétation est déterminée par ces différents facteurs, mais tous n'ont pas la même valeur. Certains sont importants à l'échelle du globe, tandis que les autres sont déterminants au plan régional ou même local. Les facteurs climatiques sont, de loin, les plus importants et le globe terrestre peut être divisé en grandes formations végétales, réparties en bandes parallèles à l'équateur, qui correspondent aux grandes divisions climatiques. À partir de l'équateur, on trouve les forêts denses tropicales où la pluviosité est forte, les savanes, les steppes, les déserts, les forêts à feuilles caduques, puis à feuilles persistantes et enfin la toundra. En outre, la végétation s'étend en altitude : les forêts caducifoliées d'abord, puis les résineux et les pelouses.

Pour cartographier les formations végétales, le critère utilisé est celui des étages de végétation, interprété par les séries de végétation. Caractérisée par une couleur particulière, la série est l'unité cartographique de végétation. Ces cartes sont utilisées par les agronomes, les forestiers et les paysagistes ; elles traduisent très bien les conditions écologiques des lieux. Les facteurs biotiques et abiotiques sont aussi très importants à l'échelle régionale ou locale. En tenant compte des processus évolutifs de la flore, des données paléogéographiques, il est possible de cartographier avec précision des types de groupements ou d'associations végétales présents sur place.

La phytosociologie étudie ces divers types de groupements. Les analyses statistiques des relevés floristiques mettent en évidence les espèces significatives par leur degré de présence. Ces relevés sont faits sur des surfaces standards (100 m² dans des stations aux conditions écologiques homogènes). Même si l'échantillonnage est parfois délicat, l'analyse peut atteindre ainsi une grande finesse. Par exemple, une chênaie peut correspondre à une dizaine d'associations différentes. La stabilité floristique traduit un équilibre précis entre tous les facteurs externes et internes, chaque espèce devant alors intégrer tous ces facteurs pour être adaptée, au risque de disparaître. Il existe de véritables écoles de phytosociologie (celle de Zurich-Montpellier, par exemple). •

3. Étang forestier, climat tempéré.

L'évolution des communautés

LES COMMUNAUTÉS VÉGÉTALES NE SONT PAS DES ENSEMBLES FIGÉS, AUX CARACTÈRES DÉFINITIVEMENT ACQUIS.

Il est assez facile d'observer la transformation progressive d'un terrain après défrichage. Lors d'une coupe à blanc d'une parcelle boisée, l'année suivante les broussailles se réinstallent, puis les arbustes recolonisent l'espace, la litière du sol s'enrichit, les cryptogames se développent ; avec le temps, la forêt se reconstitue petit à petit.

Les communautés sont en évolution constante, et cette transformation s'accompagne de modifications dans le monde animal. Ainsi se mettent en évidence des séries dynamiques progressives ou régressives de la végétation. Le Suisse Brown-Blanquet et le Français Jenny ont étudié un modèle de ce type dans l'étage alpin, décrivant la succession des associations végétales ainsi que l'évolution de la végétation et du sol. Après la formation d'un éboulis calcaire, celui-ci est rapidement ensemencé par les graines de différentes espèces de la flore montagnarde du massif où il se trouve, mais seules les plantes supportant ce milieu difficile s'installeront, développant un système racinaire important et un système aérien solide capable de résister aux fréquentes chutes de pierres. Ultérieurement, à partir de ces espèces pionnières, naissent de nouvelles associations qui contribueront au colmatage des éboulis et permettront l'installation d'autres espèces. Les précipitations sont faibles à l'étage alpin, ce qui favorise la mise en place d'un nouveau sol s'enrichissant petit à petit en matières organiques. La flore, le sol et la faune évolueront en même temps. •

→ **Voir aussi :** Biomasse et productivité, **BIOL**, p. 108-109. Les écosystèmes terrestres, **BIOL**, p. 120-121. La forêt tropicale, **BIOL**, p. 122-123. Les interactions entre espèces, **BIOL**, p. 196-197.

4. Végétation montagnarde à bouleaux, sumacs et conifères (Queyras, France).

Le parasitisme

L'ASSOCIATION ENTRE espèces vivantes présente des formes variées. À l'inverse des espèces commensales et symbiotiques, les parasites se développent aux dépens de leur hôte. Le terme de parasitisme est parfois improprement employé car, si les espèces parasites présentent un caractère nuisible, elles ne mènent pas une vie libre et sont, au moins à un stade de leur développement, liées à la surface (ectoparasite) ou à l'intérieur (endoparasite) d'un ou de plusieurs hôtes. Ce trait les oppose aux prédateurs, qui mènent une vie libre et tuent leur proie.

Ainsi, il est erroné de classer comme parasites des cultures des insectes se nourrissant des plantes en question. De même, les rats et les mouches ne sont pas des animaux parasites de l'homme et le terme de commensaux leur est beaucoup plus approprié. Mais, dans la nature, la distinction n'est pas toujours aussi nette. Certains insectes à métamorphose complète, qui se développent en parasites d'autres insectes, sont en effet à la fois parasites et prédateurs. Au début, ils respectent les organes vitaux de leur hôte ; puis ils se comportent en véritables prédateurs en le mangeant.

Les parasites présentent de nombreux aspects remarquables dans leur morphologie comme dans leur biologie. Il s'agit de transformations qui leur permettent de mieux s'adapter au mode de vie de leur hôte. Par ailleurs, ils suivent souvent des cycles complexes avec des stades larvaires successifs et des passages d'un hôte à un autre. Au cours de ces cycles, certains parasites infestent l'homme ou les animaux domestiques et provoquent de redoutables maladies.

Adaptations et dégradations des parasites

LES MULTIPLES TRANSFORMATIONS ANATOMIQUES PROPRES AU MODE DE VIE PARASITE SONT TRÈS SOUVENT SPECTACULAIRES.

Les parasites présentent de nombreuses adaptations à leur mode de vie particulier. Certains organes, comme ceux de la locomotion ou des sens, tendent à s'atrophier. Le tube digestif disparaît parfois, l'animal absorbant ses aliments par osmose au travers de sa peau, comme le ténia. Lorsque le tube digestif subsiste, sa partie antérieure s'adapte souvent à la succion (sangsues). Les organes respiratoires disparaissent et le système circulatoire est réduit au minimum.

Inversement, on observe le développement des organes de reproduction et de fixation. Les ventouses, souvent circulaires ou fendues, sont parfois installées au milieu de la bouche. Il existe aussi des crochets, qui garnissent la trompe de vers parasites, les acanthocéphales (c'est le cas du ténia). Les pinces, les ancres et les substances coagulantes permettent, dans d'autres groupes, la fixation. Le rostre assure aux tiques une prise très solide sur l'animal. De tels dispositifs de fixation sont parfois de véritables coaptations qui impliquent l'agencement harmonieux de deux parties d'organes. Ainsi, les antennes de certains copépodes se soudent pour former un anneau dans lequel passera un filament branchial du poisson qu'ils parasitent. Certains parasites comme les chiques (puces des régions tropicales) et les sarcoptes (agents de la gale sarcoptique) creusent même un logement dans la peau.

Parfois, la morphologie des parasites est si modifiée et dégradée que ceux-ci deviennent difficiles à identifier et seule l'étude des larves permet de les classer dans un groupe systématique. Ils peuvent présenter un aspect de sac informe comme la sacculine femelle, parasite du crabe, dont seule la larve, qui a une allure de crustacé cirripède, permet de rattacher l'adulte à ce groupe. De même, les entoconchas, constitués d'une trompe et d'un appareil génital, parasites des holothuries, ont pu être classés parmi les mollusques gastropodes, grâce à leurs larves véligères, caractéristiques de ce groupe. •

Les différents types de parasites

GÉNÉRALEMENT DE PETITE TAILLE, LES PARASITES SONT RARES CHEZ LES ANIMAUX ET LES VÉGÉTAUX DITS « SUPÉRIEURS ». ILS VIVENT À L'EXTÉRIEUR OU À L'INTÉRIEUR DE LEUR HÔTE.

Le mode de vie parasite est obligatoire chez les virus. Quant aux bactéries, elles présentent de nombreuses formes parasites, bénignes ou pathogènes (provoquant alors des infections). Cependant, on réserve souvent le terme de parasite pour qualifier les organismes eucaryotes, animaux et végétaux, qui, au lieu de mener une vie libre, accomplissent leur cycle vital en association avec un hôte et aux dépens de celui-ci. Parmi les végétaux, des champignons (mildiou, rouille du blé, charbon des céréales) et quelques rares végétaux supérieurs (gui, cuscute, orobanche) sont parasites. Chez les animaux, les parasites sont très nombreux parmi les protozoaires, les plathelminthes, les némathelminthes et les arthropodes. Ils sont au contraire exceptionnels dans d'autres embranchements comme celui des vertébrés. Chez ces derniers, un des seuls cas de parasitisme est intraspécifique et observé dans une espèce de poisson marin *(Ceratias)* où le mâle minuscule vit en parasite sur son énorme femelle.

La phase parasite peut avoir lieu à divers stades du développement (œuf, larve, larve enkystée, larve migrante ou adulte) dont la morphologie et la biologie souvent différentes exercent des effets nuisibles spécifiques. Ainsi, les larves microscopiques d'ascaris (parasites de vertébrés) provoquent, en migrant à travers le corps de leur hôte, des lésions du poumon (toux), de l'œil (trouble de la vision) ou du foie (lésions hépatiques), alors que les adultes, beaucoup plus grands, fixés dans le tube digestif, sont responsables de troubles gastro-intestinaux.

On peut classer les parasites selon leurs rapports avec l'hôte. Les vers (ténias, ascaris, strongles...), les protozoaires (trypanosome, plasmodium, amibes...), les bactéries (chlamydiae) et les virus sont les principaux parasites internes (endoparasites). Les parasites externes (ectoparasites), visibles ou microscopiques, se rencontrent surtout chez les insectes (puces, poux), les acariens (tiques, agents des gales), les crustacés et les dermatophytes (teignes). •

La biologie des parasites

LES PARASITES VIVENT, TOUR À TOUR, SOUS DIFFÉRENTES FORMES (ŒUFS, LARVES, ADULTES) DANS LE MILIEU EXTÉRIEUR, PUIS CHEZ LEURS HÔTES.

Les parasites se caractérisent par un cycle biologique au cours duquel alternent le passage dans le milieu extérieur et les infestations de un ou plusieurs hôtes. Avant de parvenir à leur hôte définitif, celui chez qui le parasite va pouvoir accomplir la phase ultime de son cycle, certains parasites passent par plusieurs hôtes, dits intermédiaires. Les parasites présentent une spécificité plus ou moins grande par rapport à leurs hôtes. Lorsqu'un parasite ne peut vivre que sur une seule espèce, on parle de spécificité stricte. La spécificité relative est plus fréquente. Le parasite présente alors un hôte d'élection, mais peut vivre aux dépens d'espèces différentes.

La biologie des formes parasitaires est orientée par leur capacité à envahir leurs hôtes et à se lier à ces derniers d'une façon bien précise, causant des dommages plus ou moins importants. Dans l'organisme de son hôte ou à sa surface, le parasite choisit un point d'élection très variable : épiderme, poils, dermes, muqueuses, sang, muscles, poumons, intestins, voies biliaires, où il se fixe parfois à l'aide d'organes spéciaux (ventouses, crochets...). Ainsi localisé, le parasite peut, selon son stade de développement, se nourrir de différents substrats biologiques : débris cutanés, sang, liquide intestinal, bile.

Les organismes parasites adultes présentent souvent des organes reproducteurs très développés qui assurent une reproduction intensive (douves, ténias, ascaris, coccidies...). La plupart du temps, les organismes parasites envahissent les espèces hôtes grâce à des formes de résistance : formes encapsulées ou spores pour les bactéries, kystes pour les protozoaires, larves pour les autres animaux. Ainsi, les coccidies (protozoaires) infestent leurs hôtes sous la forme d'« ookystes sporulés », dotés d'une paroi très résistante au froid, à la chaleur et à de nombreux agents chimiques. Ces formes de résistance possèdent des caractéristiques biologiques et anatomiques spécifiques. Par exemple, les larves des douves (ou cercaires) du genre *Plagiorchis* sont dotées d'un stylet perforateur doublé d'un appareil glandulaire, grâce auxquels elles perforent les téguments d'un arthropode à l'intérieur duquel elles s'installent. Les larves des ankylostomes pénètrent chez l'homme en transperçant la peau de la même manière.

La répartition géographique d'un parasite se trouve presque toujours calquée sur celle de son ou de ses hôtes. Le bothriocéphale, par exemple, parasite de certains poissons, est surtout rencontré dans les régions lacustres où ces derniers sont abondants. D'une manière générale, les zones marécageuses, où abondent invertébrés, poissons et amphibiens, sont propices à la pullulation de nombreux parasites, qui y trouvent une multitude d'hôtes intermédiaires et définitifs. L'appartenance à la même unité systématique n'implique pas d'avoir les mêmes hôtes. Ainsi, des trématodes d'espèces proches se rencontrent chez des animaux très différents, mais habitant les mêmes lieux.

Le parasitisme n'est pas toujours obligatoire et certains champignons peuvent se développer indépendamment de leur hôte (comme l'agent du mildiou de la pomme de terre) ou sans leur nuire. De même, le champignon *Candida albicans*, généralement saprophyte, peut vivre en parasite chez l'homme. Il induit alors la maladie dite « du muguet ». •

Le rôle nocif ou pathogène des parasites

L'ACTION DU PARASITE SUR L'HÔTE EST TRÈS VARIABLE. ELLE PEUT, DANS DES CAS EXTRÊMES, PROVOQUER LA MORT.

Les parasitoses, c'est-à-dire les maladies déterminées par la présence d'un parasite chez un hôte, illustrent les effets nocifs majeurs des parasites. Toutefois, certains parasites exercent des effets nocifs discrets (diminution de la production laitière des vaches par exemple). Le paludisme, la maladie du sommeil, le bouton d'Orient, l'éléphantiasis, la bilharziose, le tournis du mouton, la trichinose du porc, les strongyloses équine et bovine ou les babésioses sont des parasitoses très répandues. Mais, en marge des affections dont ils sont la cause directe, les parasites – surtout externes – peuvent être les vecteurs de maladies bactériennes ou virales graves. La puce, ectoparasite des mammifères, est le vecteur de la peste, le pou véhicule le typhus, la tique, la babésiose. L'organisme réagit parfois vigoureusement à la présence d'un parasite, et déclenche alors des réactions allergiques aux conséquences sérieuses (choc, paralysie...).

Si le parasite n'a pas d'action pathogène, il se nourrit aux dépens de l'hôte et exerce une action spoliatrice importante. Les vers hématophages, par exemple, sont susceptibles de provoquer de fortes anémies. Certains parasites sont aussi capables de sécréter des poisons ou des toxines et peuvent avoir une action humorale, le sang de leur hôte se trouvant altéré par la présence d'anticorps spécifiques. Chez les vertébrés, on considère l'action comme traumatique lorsque le parasite perfore la peau, la paroi intestinale ou la vessie de son hôte. L'action morphogène se traduit par des altérations du métabolisme, par une hypertrophie cellulaire, des tumeurs bénignes ou malignes, des galles.

Appelées aussi cécidies, les galles sont des excroissances qui apparaissent sur des plantes piquées par un insecte ou attaquées par des acariens ou des champignons. Il s'agit, en quelque sorte, d'une réaction de la plante. Le responsable le plus fréquent est un minuscule hyménoptère, le cynips. Les galles ont souvent l'aspect de petites boules, notamment sur le chêne. L'action traumatique des parasites peut aussi conduire à des perturbations insolites très éloignées de la simple spoliation. Un exemple en est donné par la castration parasitaire provoquée par la sacculine qui transforme un crabe mâle en un spécimen intersexué. •

La résistance des parasites

Les parasites présentent souvent au cours de leurs cycles des formes de résistance. Celles-ci posent de nombreuses difficultés thérapeutiques chez l'homme. C'est grâce à cette résistance qu'un parasite réussit parfois à survivre longtemps dans un milieu hostile (dessiccation, chaleur, froid), ce qui garantit la propagation de l'espèce. Ainsi, quand les conditions deviennent défavorables (expulsion dans les fèces, par exemple), les amibes intestinales s'entourent d'une membrane épaisse. Elles deviennent sphériques, tandis que leur noyau se divise à deux reprises. L'amibe s'est alors transformée en kyste très résistant qui attendra pour se développer des conditions plus favorables (ingestion par un nouvel hôte). De la même manière, les douves qui investissent des hôtes intermédiaires ont des larves qui s'enkystent à l'intérieur d'un hôte, sur les plantes aquatiques, ou encore au bord de l'eau.

Vivre aux dépens des autres

Certains parasites ont une morphologie si modifiée, si dégradée qu'ils sont difficiles à classer. Le portunion (1), parasite du crabe, a pu être rattaché au groupe des crustacés isopodes (comme les cloportes) uniquement par l'étude morphologique de sa larve. Les tiques (2) sont moins modifiées par le parasitisme. Ces acariens, parasites externes, se fixent sur la peau de leur hôte, dont ils sucent le sang.
La survie des parasites animaux est généralement tributaire de celle de leur hôte. Ce champignon parasite (3), en revanche, poursuit son cycle vital, en développant ses organes reproducteurs, sur le cadavre de son hôte.

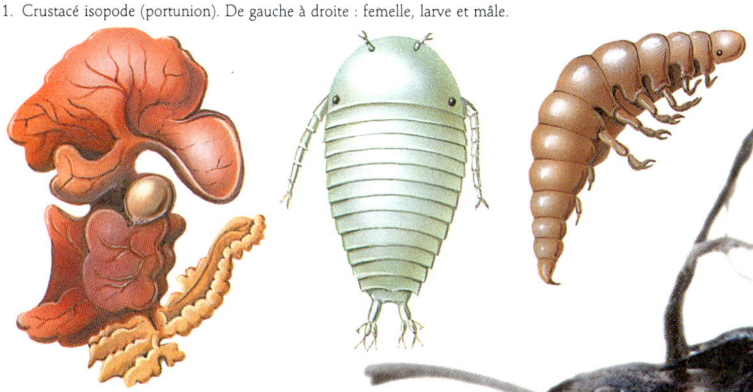

1. Crustacé isopode (portunion). De gauche à droite : femelle, larve et mâle.

3. Fourmi parasitée par un champignon.

2. Ixode (tique), tête et pièces buccales.

→ **Voir aussi :** Les interactions entre espèces, **BIOL,** p. 196-197. Les cycles parasitaires, **BIOL,** p. 202-203. La symbiose, **BIOL,** p. 204-205.

Les cycles parasitaires

LE CYCLE VITAL D'UN PARAsite se caractérise souvent par une succession de phases dont certaines sont des passages obligatoires tandis que d'autres restent facultatives. De plus, entre l'œuf et l'adulte, il peut exister plusieurs stades larvaires. Le cycle d'un parasite met également en jeu un ou plusieurs hôtes qui sont souvent des animaux très dissemblables. Le passage d'un hôte à un autre s'opère de façons variées. Par exemple, un hôte peut s'infester en avalant directement les œufs du parasite ou encore un animal qui héberge déjà le parasite. Les larves infestantes peuvent aussi pénétrer dans l'hôte grâce à un stylet perforateur.

D'une façon générale, on distingue les hôtes intermédiaires de l'hôte définitif, dans lequel a lieu la reproduction du parasite. Le parasite n'est pas obligatoirement inféodé à un organe particulier et l'on observe parfois des migrations à l'intérieur de l'hôte définitif, le parasite effectuant un long périple d'un organe à un autre. Chez les animaux parasites, les stratégies de développement sont nombreuses et les phénomènes curieux ne manquent pas dans ce domaine. Par exemple, les œufs de nématodes parasites de musaraignes sont libérés quand le cadavre de leur hôte se décompose. Le cycle de la trichine (un ver parasite), quant à lui, est favorisé par le cannibalisme des rats, qui s'infestent en se mangeant l'un l'autre. Sur le plan de la santé humaine, signalons que l'homme s'infeste souvent en mangeant du poisson (hébergeant généralement le bothriocéphale) ou de la viande parasitée (ténia) comme le bœuf ou le porc, qui sont alors qualifiés de ladres.

Les parasites et leurs hôtes

	Parasites	*Hôte(s) intermédiaire(s)*		*Hôte définitif*
Protozoaires	Trypanosome *(Trypanosoma gambiense)*	Mouche tsé-tsé *(Glossina palpalis)*		Homme
	Plasmodium *(Plasmodium falciparum)*	Moustique *(Anopheles sp.)*		Homme
	Amibes *(Entamœba histolytica)*			Homme
	Coccidies *(Eimeria perforans)*			Lapin
Plathelminthes	Grande douve du foie *(Fasciola hepatica)*	Limnée *(Limnaea truncatula)*		Mouton
	Petite douve du foie *(Dicrocœlium dendriticum)*	Escargot	Fourmi	Mouton
	Bilharzie *(Schistosoma haematobium)*	Mollusque pulmoné *(Bullinus sp.)*		Homme
	Ténia *(Tænia saginata)*	Bovin		Homme
	Bothriocéphale *(Diphyllobothrium latum)*	Crustacé *(Cyclops sp.)*	Poisson Brochet = hôte d'attente (parfois)	Homme
Némathelminthes	Syngame *(Syngamus trachea)*	Lombric (hôte facultatif)		Oiseau (gallinacé)
	Filaire équatoriale *(Loa loa)*	Taon *(Chrysops sp.)*		Homme
	Ascaris *(Toxocara canis)*			Chien
	(Trichuris muris)			Rongeurs
	(Parascaris equorum)			Cheval
	Strongle *(Dioctophyme renale)*		Poisson	Chien Loutre...
	(Strongyloides stercoralis)			Homme
	(Metastronylus elongatus)		Lombric	Porc
	Oxyures *(Oxyuris equi)*			Cheval
	(Enterobius vermicularis)			Homme

Généralement de petite taille, les parasites possèdent un cycle de développement qui fait intervenir des espèces hôtes, intermédiaires et définitifs, aux dépens desquelles ils se nourrissent et prolifèrent. Leur reproduction est effectuée dans un hôte que l'on qualifie de définitif, les autres étant appelés intermédiaires. La majorité des espèces parasites appartiennent au grand groupe des vers (plathelminthes, némathelminthes...), mais certains, extrêmement dangereux pour les humains, sont des êtres unicellulaires (protozoaires).

Petite douve et parasitisme

On reconnaît, dans le cycle vital de la petite douve du foie (2), trois hôtes successifs : le mouton, l'escargot et la fourmi. Les différents stades du cycle sont représentés par l'œuf, la cercaire et les cercaires enkystées. Sur la douve adulte (1) sont notamment indiqués l'ovaire, le testicule, le cul-de-sac intestinal et la ventouse buccale, qui permet la fixation du parasite dans le corps de l'hôte.

1. Douve adulte.

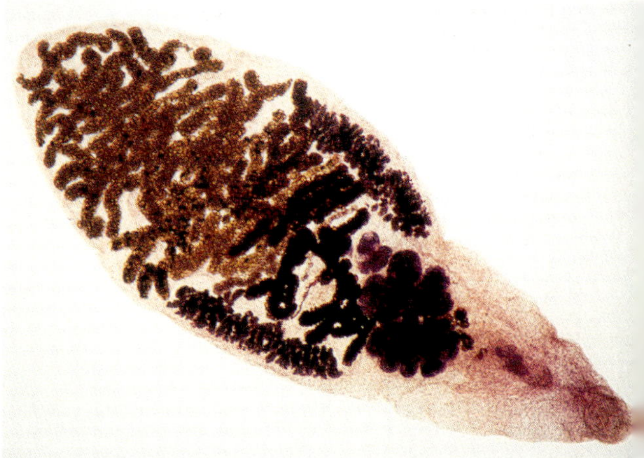

Les éléments d'un cycle parasitaire

LES PARASITES PASSENT PAR DES HÔTES SUCCESSIFS, APPELÉS HÔTES INTERMÉDIAIRES, ET SE REPRODUISENT DANS UN HÔTE DÉFINITIF. AU COURS DE LEUR CYCLE, ILS TRAVERSENT PLUSIEURS ÉTATS LARVAIRES.

La grande *(Fasciola hepatica)* et la petite douve du foie *(Dicrocœlium dendriticum)* sont des plathelminthes (vers plats) de la classe des trématodes longs de 12 à 30 millimètres, qui possèdent des cycles parasitaires typiques.

La grande douve habite les canaux biliaires du mouton. Ses œufs, très nombreux, sont rejetés avec les excréments de cet animal. S'ils parviennent dans une mare, ils donnent naissance à une larve ciliée, ou miracidium. Cette larve minuscule doit trouver une limnée, sorte d'escargot d'eau, et atteindre son poumon. Elle y devient un sporocyste, à aspect de sac, où se développent des larves appelées rédies. Ces larves, déjà plus complexes (elles possèdent des organes digestifs), gagnent le foie de la limnée et s'y transforment en sporocystes de deuxième génération. À l'intérieur de ceux-ci apparaissent des larves d'un nouveau type dotées d'une queue et appelées cercaires. Celles-ci quittent la limnée, nagent quelque temps et rejoignent une plante aquatique : elles perdent alors leur queue, devenant des métacercaires, et s'enkystent. Pour poursuivre le cycle, il faut que la plante soit broutée par un mouton qui avalera ainsi la métacercaire. Dans le mouton, elle gagne les canaux biliaires et y devient une douve adulte. L'hiver, le cycle de la grande douve se complique car il présente plusieurs générations de rédies. Cette multiplication supplémentaire semble une « parade » à la mauvaise saison.

Le cycle de la petite douve du foie est remarquable par la variété des hôtes infestés : ils appartiennent en effet à trois embranchements différents. L'adulte habite les voies biliaires d'un mammifère herbivore, en général un mouton. Celui-ci rejette par l'anus les œufs de la douve, lesquels doivent être ingérés par un escargot. Après des stades larvaires assez semblables à ceux de la grande douve, les sporocystes de deuxième génération produisent des cercaires qui vont gagner la cavité pulmonaire de l'escargot et s'y enkyster, tout en gardant leur queue. Le mollusque rejettera des kystes englués de mucus par son orifice respiratoire. Ceux-ci se collent alors à des plantes, où des fourmis les mangent. Dans le tube digestif de ces insectes, les cercaires sortent de leur kyste pour traverser la paroi intestinale. Parvenues dans la cavité sanguine de la fourmi, elles s'enkystent à nouveau, tout en se transformant en métacercaires. Souvent, l'une des cercaires pénètre dans le ganglion nerveux sous-œsophagien de la fourmi. Celle-ci voit son comportement perturbé et demeure alors agrippée aux herbes par ses mandibules. Elle est alors plus facilement avalée par l'hôte définitif : le mouton.

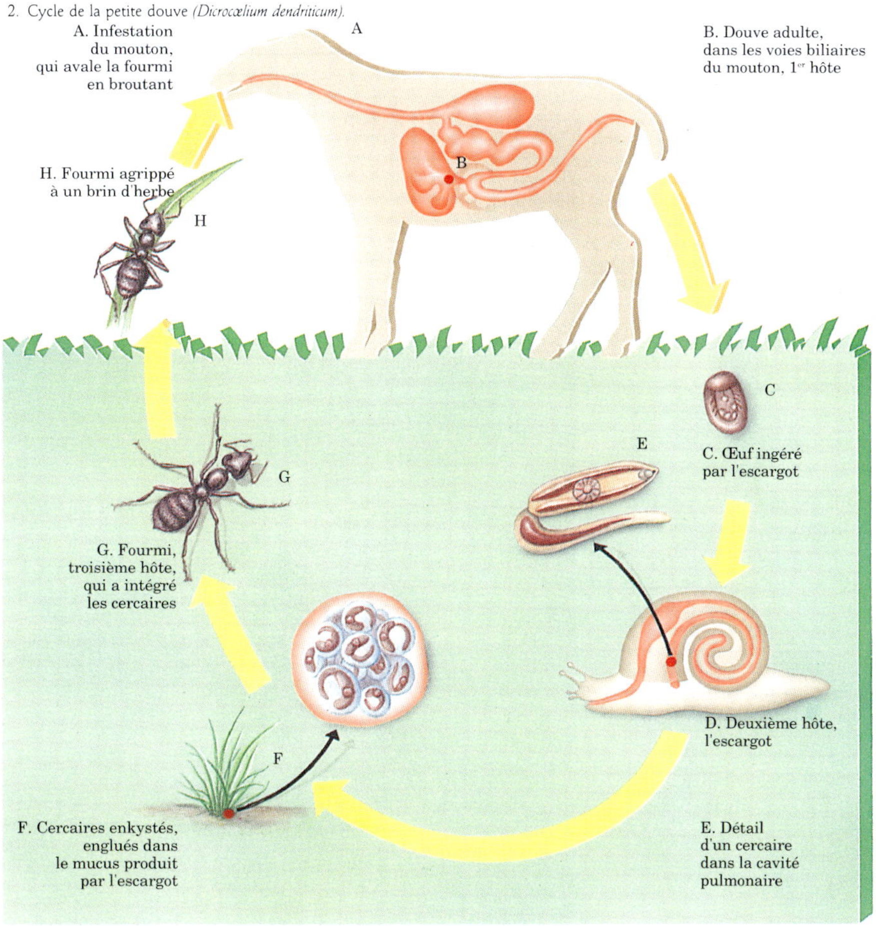

2. Cycle de la petite douve *(Dicrocœlium dendriticum).*

La dissémination des parasites

L'ACCOMPLISSEMENT D'UN CYCLE PARASITAIRE REQUIERT LA RÉALISATION D'UN GRAND NOMBRE DE CONDITIONS. AUSSI LES PARASITES POSSÈDENT-ILS UNE TRÈS GRANDE FÉCONDITÉ ET OFFRENT-ILS DES EXEMPLES DE STRATÉGIES ADAPTATIVES EXTRAORDINAIRES.

Pour boucler son cycle, un parasite a besoin de beaucoup de « chance » : il faut, par exemple, que l'hôte dans lequel il se trouve soit mangé par un animal dans lequel il pourra poursuivre son développement. Cela est loin d'être une généralité, aussi, pour compenser ce côté aléatoire, les parasites sont-ils souvent extrêmement féconds.

Si l'on prend l'exemple de la grande douve du foie, on constate que son cycle comporte cinq conditions restrictives successives. Il faut d'abord que les œufs atteignent une étendue d'eau. Le miracidium doit ensuite gagner la chambre pulmonaire d'une limnée. En troisième lieu, les cercaires ont à trouver une plante aquatique. Il faut ensuite qu'un mouton avale les kystes contenant les métacercaires en même temps que la plante. Enfin, une fois parvenues dans l'intestin de celui-ci, les métacercaires ne doivent pas être digérées.

On comprend donc qu'à chaque étape du cycle les risques de mortalité parasitaire sont énormes. Aussi, les parasites « compensent » de tels risques par la stratégie des grands nombres. Une grande douve pond, chaque année, jusqu'à cent millions d'œufs. Ensuite interviennent les processus de multiplication des larves. Un miracidium peut donner des milliers de rédies, qui produisent chacune 20 cercaires. Théoriquement, un seul œuf pourrait donc être à l'origine de dizaine de milliers de cercaires. On a donc une idée du nombre de larves qu'est susceptible de donner une seule douve et, dans les conditions artificielles de la captivité, des chiffres effectivement stupéfiants ont pu être observés. Ainsi, dans un gastropode détenu en aquarium, ce sont cinq millions de cercaires qui ont été « produites » en cinq ans. Deux ans plus tard, 1 600 cercaires apparaissent encore chaque jour chez le même mollusque. Chez les nématodes, les chiffres ne sont pas moins impressionnants : une femelle d'ascaris est capable de pondre quelque 20 millions d'œufs, à un rythme de 2 000 œufs par jour.

La stratégie mise au point par certains parasites pour atteindre l'hôte suivant est parfois extraordinaire. C'est le cas pour un trématode du genre *Leucochloridium.* Son hôte intermédiaire est un gastropode terrestre, la succinée. Celle-ci avale les œufs de *Leucochloridium.* Dans le corps du mollusque, le sporocyste se ramifie, et certains de ces diverticules pénètrent dans les « cornes » de la succinée. Or, ces diverticules présentent des anneaux de pigments verts et rouges, de sorte que les tentacules du gastropode prennent l'allure d'une chenille de papillon aux vives couleurs. Croyant avoir affaire à une vraie chenille, un oiseau avalera la succinée. Ce faisant, il s'infestera. Le parasite dont l'oiseau est l'hôte définitif aura bouclé son cycle grâce à cet extraordinaire et raffiné stratagème. •

Larves et formes de résistance

LES PARASITES INTERNES SONT REMARQUABLES PAR LE NOMBRE ET LA VARIÉTÉ DE LEURS ÉTATS LARVAIRES SUCCESSIFS. À CES MÉTAMORPHOSES S'AJOUTENT LES PHASES D'ENKYSTEMENT, EXTRÊMEMENT FAVORABLES À LA SURVIE DE L'ESPÈCE PARASITE.

Les cycles de nombreux parasites impliquent des stades larvaires successifs très différents. Ainsi, chez les douves, le miracidium est une larve ciliée et nageuse, très mobile, qui évoque un peu un infusoire et dont le déplacement est facilité dans le milieu aquatique. Le miracidium perd ses cils quand il atteint les tissus du gastropode dans lequel il a pénétré. Il se transforme alors en un sporocyste, de forme allongée, où se forment des rédies, dotées d'une bouche, d'un pharynx et d'un tube digestif en cul-de-sac leur permettant de se nourrir. Puis, au cours du cycle, les larves continuent à s'adapter. Ainsi, à l'intérieur de la rédie prennent naissance les cercaires, dont le caractère le plus frappant est une queue, organe locomoteur qui leur permet de nager pour coloniser d'autres organes. La cercaire possède également des ventouses. Celle de la bouche est fréquemment munie d'un stylet dur, grâce auquel elle pourra traverser les téguments du nouvel hôte intermédiaire. De plus, la cercaire présente de très nombreuses cellules glandulaires qui lui permettent de sécréter la paroi du kyste, caractéristique de la métacercaire. Cette dernière est une larve infestante, généralement enkystée, aux organes sexuels bien ébauchés : elle évoque déjà beaucoup plus la douve adulte qui se caractérise d'abord par une bouche entourée d'une ventouse et qui débouche dans un pharynx prolongé par un œsophage, lui-même suivi par un intestin dépourvu d'anus. Une autre ventouse, située sur la face ventrale de la douve, sert à la fixation de celle-ci.

Avec les métamorphoses, l'enkystement est une autre phase importante des cycles des parasites. Il leur permet d'« attendre » des circonstances favorables pour reprendre leur développement, par exemple dans un milieu naturel différent. Les kystes de parasites, comme ceux des coccidies, résistent à de nombreux désinfectants et à la chaleur jusqu'à 100 °C. •

3. Cycle de la bilharzie.

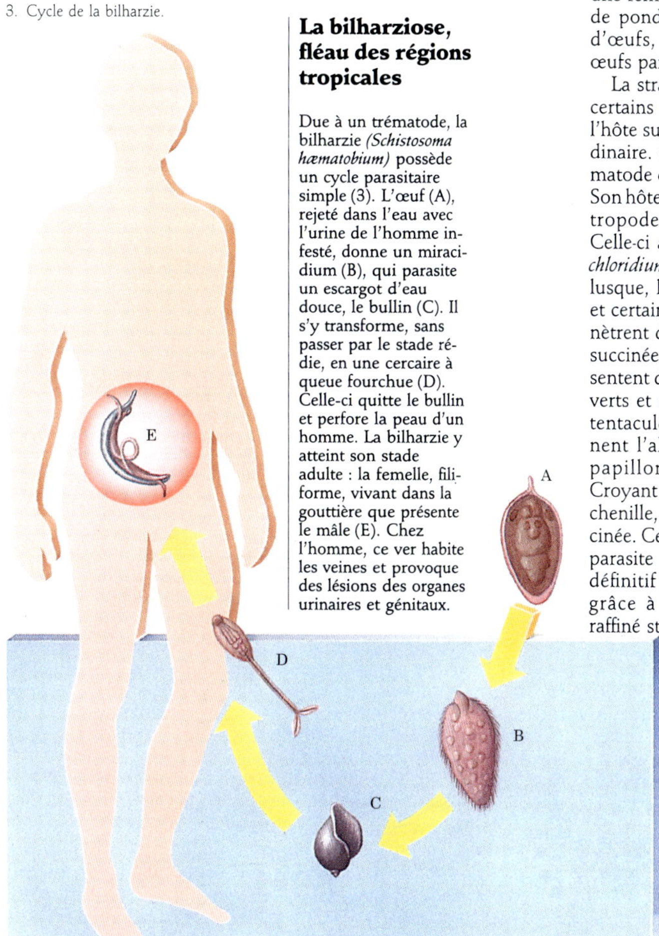

La bilharziose, fléau des régions tropicales

Due à un trématode, la bilharzie *(Schistosoma hæmatobium)* possède un cycle parasitaire simple (3). L'œuf (A), rejeté dans l'eau avec l'urine de l'homme infesté, donne un miracidium (B), qui parasite un escargot d'eau douce, le bullin (C). Il s'y transforme, sans passer par le stade rédie, en une cercaire à queue fourchue (D). Celle-ci quitte le bullin et perfore la peau d'un homme. La bilharzie y atteint son stade adulte : la femelle, filiforme, vivant dans la gouttière que présente le mâle (E). Chez l'homme, ce ver habite les veines et provoque des lésions des organes urinaires et génitaux.

La symbiose

Alors que le commensalisme résulte de l'association de deux êtres vivants dont l'un se nourrit des déchets de l'autre sans lui nuire, la symbiose, ou mutualisme, caractérise une union profitable à l'un comme à l'autre des deux partenaires.

Les êtres symbiotiques sont des animaux, des végétaux ou des bactéries qui réalisent souvent des associations entre règnes (animal-végétal ou animal-bactérie, par exemple). Contrairement au parasitisme, la symbiose n'entraîne généralement pas d'adaptations morphologiques, même si, dans certains cas, l'un des deux partenaires (protozoaires, bactéries, algues) vit sur, voire même dans, l'autre partenaire. Bien que la symbiose soit le mode de vie préférentiel de certaines espèces, dans de nombreux cas elle ne présente pas un caractère obligatoire car les individus peuvent vivre indépendamment les uns des autres : on emploie alors le terme de coopération.

Les associations symbiotiques sont extrêmement variables, elles peuvent permettre d'éviter la prédation (protection d'un individu qui s'abrite dans son hôte) et favoriser la nutrition (présence de bactéries qui digèrent certains composants, la cellulose par exemple) ou la reproduction (pollinisation des plantes par des insectes). Les associations symbiotiques jouent donc souvent un rôle écologique important. C'est le cas des végétaux dont l'association avec des bactéries fixatrices d'azote atmosphérique permet la colonisation des sols pauvres. Des formes complexes de mutualisme entre les plantes et les insectes pollinisateurs sont le résultat d'une longue évolution commune que certains qualifient de coévolution. Toutefois, ce terme de coévolution ne s'applique, pour certains scientifiques comme le Français Y. Calton, qu'au cas des espèces qui sont étroitement liées, comme les « couples » insecte-parasite, hôte-virus ou bien encore plante-parasite. Certains auteurs considèrent, par ailleurs, la domestication comme une forme de symbiose entre l'animal et l'homme. Le premier, par son travail ou par les produits qu'il fournit, est utile au second, qui, en échange, lui assure gîte et nourriture. Cette conception, qui est loin d'être acceptée par tout le monde, est, bien sûr, une vue extrême de la symbiose.

1. Poisson-clown *(Amphiprion sp.)* dans une anémone de mer.

La symbiose entre les animaux

SOUVENT RÉUNIS POUR UNE NÉCESSITÉ FONDAMENTALE, LA NOURRITURE, LES ANIMAUX SYMBIOTIQUES RÉALISENT DES ÉCHANGES QUI PEUVENT ATTEINDRE UN TRÈS HAUT NIVEAU DE COMPLEXITÉ.

Certains exemples de symbioses animales sont évidents. Ainsi, les pique-bœufs, parents des étourneaux, que l'on observe sur les buffles ou sur les éléphants, sont des oiseaux qui se nourrissent des parasites de ces mammifères. L'un fournit la nourriture à l'autre, qui le débarrasse de ses hôtes gênants. Le même type d'association se retrouve avec le petit héron garde-bœufs, qui, associé aux grands mammifères, les débarrasse des insectes qui les dérangent.

Le mutualisme nourriture-prévention est le mode de vie de la perdrix huppée de Bornéo, le roul-roul, qui vit en compagnie d'un sanglier. Elle mange les déchets qui tombent de sa gueule ou les prend même sur ses lèvres. Le porcin, qui a mauvaise vue, est alerté en cas de danger par les cris du gallinacé. L'échange de nourriture est un type de symbiose extrêmement répandu. Dans les fourmilières, par exemple, vivent diverses espèces hôtes, entre autres des coléoptères du groupe des staphylins. Les fourmis les nourrissent, mais, en même temps, s'enivrent littéralement de leurs sécrétions. Ces staphylins ressemblent étonnamment aux fourmis ; dans ce cas, la symbiose se double donc de mimétisme.

Les termites.
L'association qui unit les termites à des protozoaires de la classe des rhizoflagelles est obligatoire. Les protozoaires vivent dans le rectum des termites, digèrent le bois ingéré par ces derniers et assurent sa transformation en nutriment comme le glucose. Les termites privés de leurs hôtes ne pourraient donc survivre. Les flagellés profitent à la fois de l'abri, de la nourriture et de l'environnement pauvre en oxygène qu'ils trouvent dans leur intestin. Les flagellés sont rejetés par le termite quand celui-ci est sollicité par un congénère, et ce dernier absorbe alors la fiente qui les contient. Les protozoaires trouvent ainsi un nouvel hôte dans le tube digestif duquel ils reprendront leur existence symbiotique.

Coopération pour la nourriture.
Dans la savane africaine, une symbiose très élaborée unit une sorte de blaireau, le ratel, et un oiseau apparenté aux pics, l'indicateur. Le ratel est amateur de miel, l'indicateur est friand de cire et de larves d'abeilles. Ce dernier, plus mobile, découvre les nids d'abeilles sauvages et indique (d'où son nom) au ratel l'emplacement exact du nid. Le blaireau ne voit pas l'oiseau et le contact entre les deux animaux est uniquement acoustique. Arrivé au but, le ratel éventre le nid de ses fortes griffes et se régale de miel. L'indicateur peut alors avoir accès aux larves ou à la cire. •

2. Ratel *(Mellivora capensis)* et indicateur *(Indicator sp.)*.

Une union profitable

Hôte des mers tropicales, le petit poisson-clown, ou amphiprion, se tient constamment parmi les tentacules d'une actinie (1). En dévorant une partie des proies de l'anémone de mer et en s'abritant dans les tentacules urticants, l'amphiprion est parfaitement protégé. À son tour, il fournit les aliments à l'anémone, nettoie les tentacules des déchets qui les souillent et se rend utile en renouvelant et en aérant l'eau par ses va-et-vient continuels. D'après certains auteurs, cette symbiose est rendue possible grâce au mucus produit par l'amphiprion, capable d'inhiber le pouvoir urticant des tentacules. Les symbioses sont parfois plus complexes, telle celle du ratel et de

La symbiose entre les végétaux

SOUVENT DÉTERMINÉES PAR UN APPORT NUTRITIF COMPLÉMENTAIRE, LES SYMBIOSES VÉGÉTALES SONT COURANTES, LA PLUS CÉLÈBRE EST LE LICHEN, CONSTITUÉ PAR L'ASSOCIATION D'UNE ALGUE ET D'UN CHAMPIGNON.

Souvent discrètes, les symbioses entre végétaux ont une grande importance du point de vue écologique.

Les lichens.
Ils offrent le meilleur exemple de symbiose entre végétaux. Constitués par l'association d'une algue et d'un champignon, leurs aspects sont très différents. Les cellules chlorophylliennes de l'algue se distinguent aisément des filaments incolores du champignon. Certains lichens montrent une sorte de stratification, les cellules chlorophylliennes ne s'observant que dans la couche intermédiaire du thalle du lichen ; dans d'autres, les cellules de l'algue se répartissent de façon homogène. Dans la symbiose lichénique, l'algue assure, grâce à sa chlorophylle, la nutrition, tandis que le champignon lui fournit non seulement l'abri mais aussi des sels minéraux et de l'eau.

Les autres symbioses mycéliennes.
Associés aux racines de diverses plantes, les champignons forment des symbioses particulières appelées mycorhizes. Si les plantes concernées sont des arbres (hêtre ou bouleau par exemple), on parle de mycorhizes ectotrophes, car le champignon forme un manchon autour des radicelles. La truffe qui vit en symbiose avec les racines de chêne en est un bon exemple. Si le champignon vit à l'intérieur même des tissus de la plante hôte, on parle de mycorhizes endotrophes. Dans les deux cas, la plante semble bénéficier d'un apport d'azote de la part du champignon. Les racines de l'orchidée forment également une symbiose avec un champignon, sans lequel, pour beaucoup d'espèces, la germination ne peut se produire. Cette symbiose présente des stades variés, elle peut être intermittente ou continue.

La pomme de terre cultivée ne présente aucune symbiose avec des champignons, alors que celle-ci existe chez les espèces parentes sauvages. On peut penser que la transplantation de la pomme de terre et sa culture dans des sols riches lui ont permis de se « libérer » d'une telle association.

Un cas particulier, les bactéries.
Ni animal ni végétal, les bactéries forment un règne à part. Elles interviennent de façon prépondérante dans les symbioses avec les végétaux en permettant notamment la fixation de l'azote par le sol. Si les fleurs jaunes des genêts et des ajoncs donnent aux landes une note colorée, c'est grâce à la symbiose qui unit une bactérie *(Rhizobium leguminosarum)* et les racines de ces légumineuses. La bactérie provoque des nodosités sur les racines de la plante qui permettent à cette dernière de s'enrichir en azote et de croître. •

l'indicateur (2), dont la coopération permet à l'un comme à l'autre de trouver leur nourriture respective. Cette association étroite est également rencontrée entre animaux et végétaux, comme ici, où ce champignon de Côte-d'Ivoire (3), poussant sur du bois, dégage la cellulose et permet de cette façon aux termites de manger le bois prédigéré par le champignon. La symbiose assure ainsi la nourriture aux uns et le support à l'autre.

3. Champignon *(Termitomyces sp.)* poussant sur une termitière.

La symbiose entre animaux et végétaux

GÉNÉRALEMENT ÉLABORÉE POUR ASSURER LA NOURRITURE DE L'UN ET LA REPRODUCTION DE L'AUTRE, LA SYMBIOSE ENTRE ANIMAUX ET VÉGÉTAUX PERMET ÉGALEMENT DES ÉCHANGES DE SUBSTANCES CHIMIQUES.

Les grives et les fauvettes consomment les baies du gui dont elles évacuent, avec leurs déjections, les graines, qui tombent sur les branches et s'y collent, donnant ainsi de nouvelles touffes de gui. Les oiseaux assurent donc la dissémination des graines des fruits dont ils se nourrissent. De la même manière, en Amazonie, une minuscule chauve-souris répand chaque jour, en volant, des milliers de graines qui germeront pour donner de nouvelles plantes. Ce type de symbiose nourriture-dissémination se retrouve chez des oiseaux comme le colibri, mais surtout chez des insectes qui constituent des agents actifs de la pollinisation des fleurs. Ainsi, une abeille ou un papillon, en venant chercher du nectar, peuvent heurter les étamines de la fleur et repartir avec quelques grains de pollen, qui seront plus tard mis en contact de la même manière avec le pistil d'une autre fleur. Chez certaines plantes, des leurres attirent les insectes pour assurer leur pollinisation. L'arum possède ainsi une inflorescence qui empêche momentanément les moucherons du genre *Psychoda* de repartir pour qu'ils puissent obligatoirement, durant leur captivité, déposer le pollen qu'ils transportent et se charger de celui de la plante qui les a retenus. De même, chez les orchidées du genre *Ophrys,* la fleur ressemble à un bourdon et son odeur est semblable à celle de l'insecte. Aussi, un mâle prenant la fleur pour une femelle de son espèce, tente de s'accoupler avec elle et récolte ainsi son pollen. Ce type de symbiose montre que la longueur des fleurs entomophiles ou ornithophiles est souvent adaptée à celle de la trompe de l'insecte ou du bec de l'oiseau qui les fertilisent. Ainsi, à Madagascar, l'évolutionniste britannique Ch. Darwin, ayant remarqué une orchidée à la fleur longue de 30 centimètres, supposa l'existence d'un papillon à la trompe de même longueur. Une sous-espèce de sphinx *(Xanthopan morgani)* correspondant à sa description fut découverte bien plus tard et appelée, en hommage à Darwin, *praedicta.*

Les symbioses entre animaux et végétaux ne font pas forcément intervenir les processus de reproduction. Des invertébrés aquatiques (éponges, hydres, actinies, planaires, mollusques, par exemple) abritent souvent des algues unicellulaires (zooxanthelles, zoochlorelles). Ces associations ne sont pas forcément obligatoires mais prennent souvent l'aspect d'une véritable symbiose. L'algue se trouve protégée et utilise le gaz carbonique produit par l'hôte pour en faire de l'amidon dont l'animal se nourrit également. Ce dernier profite aussi de l'oxygène dégagé par l'algue.

Comme les végétaux, certains animaux entretiennent des relations symbiotiques avec des bactéries. Les pogonophores du genre *Riftia* des sources hydrothermales sous-marines ont un aspect de longs vers et vivent dans des tubes qu'ils ont sécrétés. Ils possèdent un organe particulier, le trophosome, qui abrite des milliards de bactéries, celles-ci oxydant les sulfures et leur fournissant la matière organique dont ils se nourrissent. Un tel exemple n'est pas un cas isolé. •

→ **Voir aussi :** Les interactions entre espèces, **BIOL**, p. 196-197. Le parasitisme, **BIOL**, p. 200-201. Les cycles parasitaires, **BIOL**, p. 202-203.

La prédation

TOUT ÊTRE VIVANT QUI, pour se nourrir, en attaque un autre peut être qualifié de prédateur. Cette acception très large du terme prédateur (du latin *praeda,* proie) recouvre aussi bien certains champignons carnivores (*Trichothecium cystosporium,* qui capture des vers nématodes) que l'orque ou le lion, considérés comme des superprédateurs car ils se nourrissent de prédateurs plus petits. Ainsi, si le terme de prédateur évoque tout de suite les carnivores comme le loup, les rapaces comme les aigles ou des poissons comme les requins, il ne faut pas oublier qu'un très grand nombre d'espèces méritent aussi cette appellation. L'hirondelle, la grenouille, la coccinelle ou l'amibe (qui se nourrit de bactéries) peuvent tout aussi bien être qualifiées de prédateurs. Il faut distinguer les prédateurs des déprédateurs. Ce dernier terme s'applique exclusivement aux animaux capables de provoquer des ravages (le criquet pèlerin, *Locusta migratoria,* par exemple).

Beaucoup d'animaux vivent exclusivement de la capture de certaines proies, appartenant à un type ou à une catégorie d'espèces bien précise. Par exemple, l'aigle pêcheur est spécialisé dans la capture des poissons, de même que le circaète chasse presque uniquement les serpents. D'autres prédateurs ont des tendances omnivores, comme l'ours brun et le renard. À cet égard, il convient de ne pas donner trop de sens, d'un point de vue alimentaire, aux termes de la systématique comme « insectivores » ou « carnivores ». Chez les mammifères, par exemple, les insectivores mangent bien d'autres proies que les insectes. De même, le panda géant, qui observe un régime strictement végétarien dans ses conditions de vie sauvage, est classé parmi les carnivores.

D'un point de vue écologique, les consommateurs primaires se nourrissent des organismes producteurs, autrement dit des végétaux, car ceux-ci « produisent » la matière vivante à partir de la matière minérale. Les prédateurs sont des consommateurs secondaires, qui mangent les consommateurs primaires. Ainsi se trouve constituée une chaîne alimentaire qui est le siège de transferts d'énergie permettant de mesurer l'efficacité écologique d'un écosystème. Si l'on évalue la biomasse des différentes catégories d'êtres vivants qui peuplent un milieu naturel, et que l'on connaisse les relations de prédation, on peut établir une pyramide alimentaire dont la base serait les producteurs et le sommet les superprédateurs. Capturer une proie n'est pas toujours une tâche facile pour le prédateur et les stratégies de prédation sont variées (pièges, chasse à l'affût, chasse active...).

D'une manière générale, le nombre des prédateurs est limité par le nombre des proies et, si la prédation est très importante sur le plan qualitatif, elle demeure le plus souvent, d'un point de vue quantitatif, un phénomène marginal.

Régime alimentaire et techniques de prédation

Alors que certains animaux sont extrêmement spécialisés dans leur régime alimentaire, le blaireau est un prédateur à spectre large. C'est un carnivore à tendance omnivore (3). Le régime alimentaire est lié aux différentes techniques de chasse des prédateurs. Le boa émeraude d'Amérique du Sud (2), de mœurs arboricoles, pratique la chasse à l'affût ; son régime alimentaire est composé de rongeurs, de lézards, d'oiseaux et même de singes. L'épeire fasciée (1) ne choisit pas sa proie, les toiles qu'elle tisse fonctionnent comme de redoutables pièges à insectes. Contrairement à l'épeire, la chasse active de l'aigle (4) lui permet de sélectionner ses proies et de restreindre son spectre de prédation à quelques espèces particulières.

1. Épeire fasciée *(Argiope bruennichi)*

Le rôle écologique des prédateurs

LES PRÉDATEURS, EN LIMITANT LA PULLULATION DE LEUR PROIE ET EN ÉLIMINANT LES ANIMAUX AFFAIBLIS, INTERVIENNENT DANS L'ÉQUILIBRE QUANTITATIF ET QUALITATIF DU MILIEU.

Traditionnellement, surtout en Occident, les prédateurs sont considérés comme des « tueurs » capables de nuire à l'homme ou aux animaux domestiques. Qu'il s'agisse des mammifères carnivores, des rapaces, des serpents ou encore des requins, ils sont souvent massacrés et persécutés (fusils, pièges, poisons, gaz...). Une telle attitude est dictée à la fois par des motivations subjectives et passionnelles et par des intérêts à court terme. Les rapaces et les petits carnivores sont accusés (comme jadis le loup) de s'emparer des animaux domestiques ou de s'attaquer au gibier (le plus souvent d'élevage) que les chasseurs se réservent le droit de chasser. De même, l'ours des Pyrénées a été accusé de s'attaquer aux troupeaux. Aujourd'hui, leur rôle dans l'équilibre des populations des différentes espèces est mieux connu et beaucoup d'entre eux sont désormais légalement protégés.

Le développement de l'écologie a changé l'angle sous lequel sont considérés les prédateurs. Dans la nature, il n'y a ni « utiles », ni « nuisibles », ni « bons », ni « mauvais ». Chaque individu joue un rôle précis qui contribue à maintenir l'équilibre naturel. Contrairement à une croyance tenace, il est impossible à un prédateur de pulluler car son abondance est limitée automatiquement par celle de ses proies. Ainsi, un nombre important de belettes dans une plaine n'est pas consécutif à une pullulation de ce prédateur mais résulte de leur concentration en un lieu où les attire une augmentation anormale du nombre de campagnols, qui sont leurs proies favorites. Il est donc vain de vouloir envisager la « limitation » ou la « régulation » directe de la population d'une espèce de prédateurs.

Le cycle d'abondance de prédateurs spécialisés suit de près celui de leurs proies, mais avec un certain retard. Le schéma classique du prédateur limitant quantitativement ses proies ne reflète donc pas tout à fait la réalité (même si

La spécialisation alimentaire des prédateurs

LES PRÉDATEURS PEUVENT ÊTRE SPÉCIALISÉS DANS LA CAPTURE DE CERTAINES ESPÈCES, MAIS BEAUCOUP SONT OPPORTUNISTES DANS LEURS CHOIX ALIMENTAIRES.

Parmi les hyménoptères, le pompile s'attaque aux araignées et le philanthe aux abeilles. Ainsi, de nombreux prédateurs chassent préférentiellement une certaine espèce ou, plus largement, une catégorie d'espèces. On dit qu'ils sont spécialisés.

La spécialisation alimentaire est commune chez les rapaces. Le balbuzard, ou aigle pêcheur, capture exclusivement des poissons, le circaète chasse uniquement les serpents, tandis que la bondrée apivore recherche surtout les hyménoptères. Chez les carnivores, la martre capture les écureuils dans les branches, et la belette, favorisée par sa petite taille et sa sveltesse, pourchasse les campagnols jusque dans leurs galeries souterraines les plus étroites. La spécialisation repose, entre autres, sur des facteurs d'adaptation anatomiques et physiologiques, la connaissance des habitudes et du parcours des proies ainsi que l'adoption d'un mode de chasse particulier. Elle garantit une plus grande efficacité dans la capture, mais limite considérablement le champ d'action du prédateur. Si l'on considère l'ensemble des prédateurs, on constate qu'une très grande spécialisation est plutôt rare. La plupart des animaux consomment des proies très variées. Le loup par exemple peut, dans des cas extrêmes, se nourrir d'escargot ou de cerf. On peut établir, pour chaque espèce, un « spectre de prédation » donnant, en pourcentage, la proportion des proies capturées. Pour une espèce donnée, ce spectre de prédation varie souvent de manière importante suivant la région et l'époque de l'année.

Certains prédateurs ne mangent pas uniquement des proies vivantes. Le loup ne dédaigne pas les charognes ; le renard apprécie les ordures. Par ailleurs, bien des carnivores présentent de nettes tendances omnivores ou végétariennes, comme la fouine, qui recherche les fruits et les baies constituant à certaines époques jusqu'à 60 % de sa nourriture. Cette proportion atteint 80 % pour l'ours brun ! De tels prédateurs sont dits généralistes ou opportunistes par opposition à ceux qui sont spécialisés. Ils représentent le cas le plus fréquent. •

et sa proie, un orthoptère.

2. Boa émeraude *(Corallus caninus)* étouffant un opossum.

son action aboutit à une certaine limitation) et la nourriture disponible pour une espèce donnée limite plus sa pullulation que la prédation à laquelle elle est soumise.

S'il demeure quantitativement marginal, le rôle des prédateurs est très important sur le plan qualitatif et leur action sanitaire et sélective est primordiale. Dans beaucoup de cas, ils capturent des proies faciles et éliminent ainsi les individus malades ou affaiblis. Malgré ce rôle sanitaire, le félin qui chasse à l'affût peut capturer un animal sain ; de même, l'insecte qui heurte une toile d'araignée est le plus souvent en vol actif et ne montre aucun signe d'affaiblissement.

La sélection naturelle due à la prédation n'est donc pas le facteur principal de l'évolution des êtres vivants, mais elle peut contribuer à éliminer les mutations défavorables qui conduisent à des animaux moins résistants que leurs parents.

Si les écologistes et les biologistes ont reconnu depuis longtemps la place indispensable des prédateurs dans les équilibres, il n'en va pas toujours de même « sur le terrain », où les thèses irrationnelles sur la prétendue malfaisance de ces espèces sont encore solidement ancrées. •

3. Spectre de prédation du blaireau *(Meles meles).*

Une application, la lutte biologique

LA LUTTE BIOLOGIQUE UTILISE CONTRE UN ANIMAL SON PRÉDATEUR NATUREL. ELLE EST EMPLOYÉE SURTOUT CONTRE DES INSECTES.

Une des premières applications de la prédation dans la lutte biologique contre les parasites fut l'importation de la coccinelle *Novius cardinalis* pour faire face à l'invasion d'une cochenille australienne *(Icerya purchasi)* en Europe. La coccinelle est, en Australie, le prédateur naturel de la cochenille. L'introduction de ce prédateur en Europe a enrayé les ravages dus à ce parasite. Ce premier succès a permis à la lutte biologique, qui utilise contre un déprédateur son prédateur naturel, de prendre son essor. Employée contre des insectes, elle peut remplacer avantageusement les insecticides ou se combiner avec eux, dans le cadre d'une lutte intégrée. Ainsi, les coccinelles sont « mobilisées » contre les pucerons et les cochenilles. Elles sont élevées dans des « insectariums » puis lâchées en masse dans les zones infestées de ravageurs. En Mauritanie, de grands succès ont été obtenus contre la cochenille du palmier-dattier. Outre les coccinelles, on utilise les fourmis, les guêpes et d'autres hyménoptères comme les trichogrammes, de taille minuscule, qui sont élevés par centaines de millions pour être lâchés dans les vergers où ils parasitent le ver de la pomme et protègent les récoltes de ce fruit. L'emploi de poissons contre les larves d'anophèles, d'acariens contre d'autres acariens ou d'escargots contre d'autres escargots, tels les achatines, permet d'autres types de lutte biologique très efficace. Bien entendu, cette lutte doit s'entourer de toutes les garanties scientifiques voulues, pour ne pas aboutir à des résultats plus néfastes que ceux contre lesquels on entend lutter. Ainsi, l'introduction volontaire de la mangouste aux Antilles, pour lutter biologiquement contre un serpent venimeux, s'est traduite en fait par l'extermination involontaire d'une partie de la faune de ces îles. •

La prédation dans le sol

Souvent méconnue, la faune du sol est pourtant très dense, qu'il s'agisse de vers annélides comme le lombric, de nématodes ou encore de protozoaires. S'il est visible que les lombrics servent de proies à de nombreux animaux hors du sol, il existe aussi dans le sol une prédation microscopique qui contribue à conserver l'équilibre des populations et à maintenir un sol sain. Ainsi, selon les travaux des Français M. Pussard et J. Rouelle, l'amibe *Acanthamoeba castellani* (protozoaire) consomme des bactéries aérogènes de l'espèce klebsiella. Or, la densité des bactéries ne diminue pas quand les amibes sont présentes. L'équilibre intime existant entre ces deux populations permet d'expliquer cette stabilité. Les amibes, à un moment de leur cycle de développement (enkystement), cessent de phagocyter les bactéries, qui utilisent alors pour croître les déchets rejetés par les amibes. Par conséquent, des prédateurs de bactéries fournissent la nourriture à leur propre proie, maintenant ainsi leur population constante.

→ **Voir aussi :** Les écosystèmes, **BIOL**, p. 106-107. La dynamique des populations, **BIOL**, p. 110-111. Les interactions entre espèces, **BIOL**, p. 196-197. La protection des plantes, **AGRI**, p. 420-421.

4. Aigle *Haliæetus vocifer* et sa proie, un poisson.

L'éthologie

À LA CROISÉE DES CHEMINS de la psychologie et de la biologie, l'éthologie est la science des comportements des animaux et de l'homme, dont elle étudie le développement, le déterminisme, le rôle et l'évolution. Évoluant au gré des contextes sociaux et culturels, l'histoire de l'éthologie est ponctuée par l'émergence de courants d'idées fondamentales (théorie de l'évolution), de disciplines voisines (neurophysiologie), de contradictions ou de débats (querelle « inné-acquis »), de synthèses (rapprochement de la physiologie animale et humaine et de l'éthologie).

Déjà Aristote (384-322 av. J.-C.), dans son approche du comportement et de la psychologie des animaux, établit des rapprochements entre ceux-ci et l'homme. Au XVIIe siècle, Descartes offre une vision mécaniste des comportements, même les plus élaborés. Le XVIIIe siècle marque dans le domaine des sciences naturelles l'élaboration d'un énorme travail de description et de classification, en particulier avec l'œuvre des Français Buffon et Réaumur. Les notes sur le comportement des animaux complètent leurs descriptions. Le Français Charles Leroy (1723-1789) est le premier à prôner l'attribution à chaque espèce d'un répertoire de tous ses actes et la réalisation d'analyses expérimentales. Pour Charles Darwin, les comportements sont héréditaires, à travers eux les espèces luttent entre elles et donnent prise à la sélection. En Angleterre, Darwin et George Romanes vont alors structurer les fondements des deux disciplines que seront plus tard l'éthologie et la psychologie comparative.

Au cours de la première moitié du XXe siècle, les rapides généralisations des psychologues sur l'apprentissage et des premiers éthologistes sur la « rigidité » des comportements tels qu'ils les observaient ont plongé les deux parties dans un farouche débat, aujourd'hui caduc, sur le déterminisme inné ou acquis des comportements. Actuellement, l'éthologie fonde son approche sur les interactions entre la génétique (inné) et l'environnement (acquis) dans le déterminisme des comportements plutôt que sur leur opposition. Ces interactions se caractérisent par des « contraintes sur l'apprentissage », particulièrement au cours du développement.

1. Goéland argenté *(Larus argentanus)*. Quémande de nourriture par un jeune.

Le développement de l'éthologie

HÉRITIÈRE D'UNE LONGUE TRADITION D'OBSERVATION DU COMPORTEMENT ANIMAL, L'ÉTHOLOGIE SE DÉFINIT DANS LES ANNÉES 1930 EN RÉACTION AUX ÉTUDES DE LABORATOIRE.

Au début du XXe siècle, avec C. Lloyd Morgan en Grande-Bretagne et E. L. Thorndike aux États-Unis naissent certains principes et méthodes de la psychologie animale comparative. Les travaux conduisent à la formulation de théories de la connaissance (dites « cognitives »), de lois sur l'apprentissage, sur l'oubli... Des études vont se concentrer sur les réponses simples d'un organisme face à des stimulations dont les paramètres sont contrôlés, selon un schéma de type stimulus-réponse.

C'est dans ce contexte qu'en 1913 J. B. Watson fonde aux États-Unis le *béhaviorisme,* où les processus psychologiques ne sont appréhendés qu'à partir de la réponse du sujet. Les formes et les propriétés de l'apprentissage se diversifient (apprentissage « opérant » et « latent », discrimination, généralisation...). En outre, depuis Darwin, les naturalistes ont aussi considéré les comportements comme des facteurs d'évolution. Leur description met l'accent sur l'aspect stéréotypé des conduites. Celles-ci permettent de caractériser une espèce et prennent valeur de critères de classification.

Dans les années 1930 vont naître les fondements de l'éthologie moderne. À cette période resteront désormais associés les noms des zoologistes Konrad Lorenz, Karl von Frisch et Nikolaas Tinbergen, couronnés tous trois par le prix Nobel en 1973. Cette éthologie s'oppose à la « psychologie du rat blanc » du béhaviorisme de Watson. Elle juge les conditions d'étude en laboratoire trop artificielles et en vient à relativiser l'importance des processus d'apprentissage, rendant plus radical le concept d'instinct, c'est-à-dire de processus innés. L'acte instinctif

2. Konrad Lorenz chez lui, à Grünau, en Autriche.

3. Effet de différents modèles du bec de l'adulte sur le comportement de quémande du jeune goéland argenté.

L'étude du comportement

Konrad Lorenz (2) a largement contribué à rendre populaires les connaissances sur le comportement animal. Il s'illustra notamment par ses travaux sur l'empreinte chez les oies cendrées : dès leur éclosion, les jeunes se dirigent vers le premier objet mobile qu'ils perçoivent (normalement leur mère). Élevés par un être humain, ils s'attachent à celui-ci. La méthode des leurres stimula un nombre important de travaux en éthologie. Dans son principe, elle vise à déterminer les signaux principaux donnant lieu à une réponse comportementale chez un animal. Les goélands argentés adultes alimentent leurs jeunes en régurgitant la nourriture lorsque ces derniers viennent frapper la tache rouge située à l'extrémité de leur bec (1). L'utilisation de leurres montre que, dès leur naissance, les goélands donnent préférentiellement des coups de bec à des modèles

est alors spécifique, stéréotypé et héréditaire. Pourtant, dès 1935, N. R. F. Maier et T. C. Schneirla publient aux États-Unis les *Principes de psychologie animale,* qui préparent la synthèse entre la psychologie et l'éthologie objectiviste. Ils considèrent les comportements sous l'angle des effets conjugués de la maturation et de l'expérience, stimulant les travaux sur le développement.

Le progrès des techniques expérimentales, le développement de la neurophysiologie, de l'endocrinologie, de la génétique ont permis de développer une approche pluridisciplinaire du comportement. Les travaux de l'école objectiviste reçoivent un nouvel éclairage (travaux des Américains J. Hailman en 1967 et G. Gottlieb en 1971) où les potentialités d'apprentissage et l'hérédité phylogénétique de l'individu trouvent un plus grand équilibre. Citons dans ce sens la contribution d'éthologistes comme G. Baerends, R. Hinde, A. Manning, P. Bateson. À l'occasion de rencontres récentes avec d'autres disciplines, de nouvelles spécialités ont été créées, comme la neuroéthologie, l'écoéthologie ou l'éthologie humaine. •

Les champs de réflexion

QUATRE QUESTIONS, FORMULÉES PAR TINBERGEN, ORIENTENT LA RÉFLEXION EN ÉTHOLOGIE : QUELLES SONT LES CAUSES IMMÉDIATES DU COMPORTEMENT, SES FONCTIONS, SON DÉVELOPPEMENT ET SON ÉVOLUTION ?

Analyser les causes immédiates du comportement consiste à définir les influences externes et internes (et leurs interactions) qui conduisent un animal à exprimer un comportement donné. Les facteurs externes recouvrent les différents signaux auxquels l'animal répond mais aussi l'ensemble du contexte social et écologique. Les facteurs internes définissent l'état physiologique et l'état psychologique (motivation, attention, expérience antérieure) du sujet. L'expression du comportement dépend, bien sûr, également des compétences sensorielles et motrices propres à l'espèce et à l'individu lui-même. Par conséquent, la recherche des causes immédiates de chaque comportement recouvre dans une large mesure les travaux réalisés en physiologie et en psychophysiologie animales.

L'étude des fonctions des comportements a pour but d'évaluer leurs contributions à la survie et à la reproduction de l'individu et de l'espèce. Il est possible de distinguer des fonctions à court terme et à long terme. Les liens d'attachement qui unissent des jeunes à leur mère satisfont chez les premiers des besoins de protection et de croissance (fonctions à court terme). C'est à partir de ces mêmes liens que les jeunes pourront, une fois adultes, reconnaître les partenaires sexuels de leur espèce (fonction à long terme). Dans le contexte naturel des espèces, l'étude des fonctions des comportements rejoint les problématiques de l'écologie.

L'étude du développement (ou ontogenèse) des comportements considère à la fois la maturation (croissance, différenciation des tissus et contribution de tous les stades de développement antérieurs), l'expérience (ensemble des stimulations internes et externes et traces laissées par le fonctionnement antérieur des organes) et leurs interactions. L'expérience facilite le développement des structures, et par là même des fonctions d'un organisme. Ici l'éthologie s'inscrit dans le cadre d'une biologie du développement prenant en compte les apports de l'embryologie, de la génétique et de la psychologie du développement.

Il n'existe pas de fossiles de comportements. C'est pourquoi, afin d'en reconstituer l'histoire, les éthologistes comparent les comportements des espèces actuelles en fonction de leur éloignement évolutif (phylogenèse). Dans ce domaine, l'éthologie rejoint la systématique, la biologie comparée et la génétique des populations. Cependant, les phénomènes de convergence évolutive, qui déterminent l'apparition de caractères *analogues* chez deux espèces indépendamment de leurs relations de parenté, sont fréquents dans le domaine des comportements et parfois difficiles à distinguer des comportements *homologues,* c'est-à-dire dérivant d'un comportement présent chez une espèce ancestrale commune aux deux espèces étudiées. Stables et spécifiques, les comportements de communication entre individus de la même espèce ont tout particulièrement fait l'objet d'études phylogénétiques. Van Hoof a montré, en 1972, que les rires et sourires humains dérivent de deux expressions faciales distinctes, qui se retrouvent chez des primates non humains. •

4. Séquence de comportements de capture d'une proie. Fourmi ouvrière *(Smithistruma emarginata).* [D'après A. Dejean.]

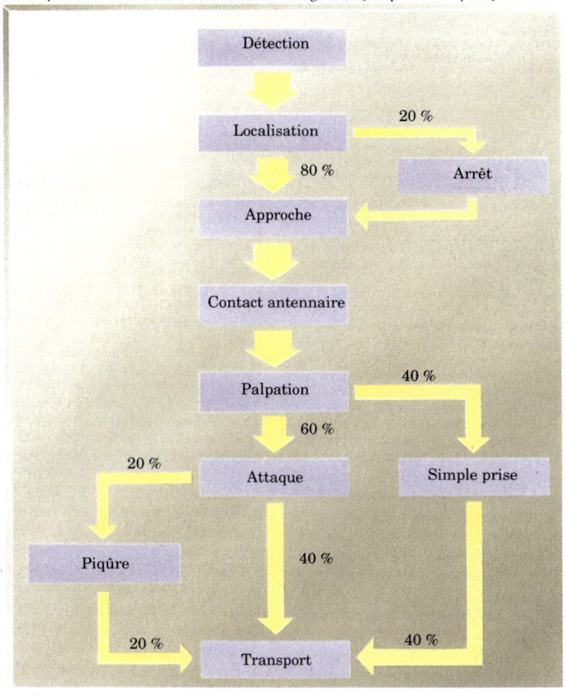

5. Attaque et piqûre de la proie (un colembole, *Folsomia candida*).

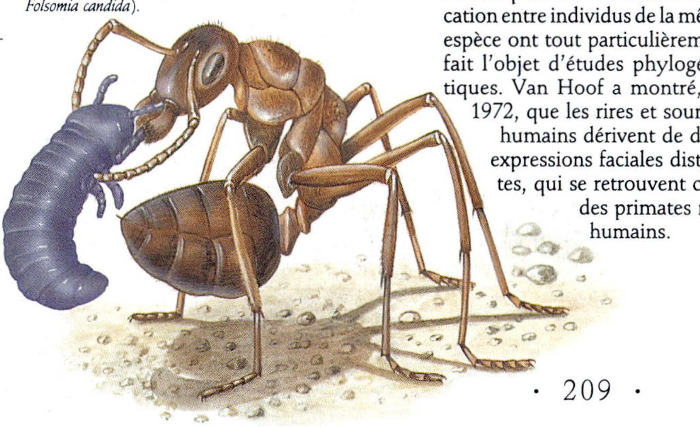

de becs entièrement rouges (3). Une autre méthode d'étude, fondée sur l'observation des comportements, comme la capture d'une proie chez cette fourmi (5), consiste à décomposer l'activité en comportements élémentaires, organisés en séquences (4) et pouvant être quantifiés.

Les méthodes

LES ÉTHOLOGISTES PEUVENT DÉCOMPOSER LES COMPORTEMENTS EN ÉLÉMENTS PLUS SIMPLES, QUANTIFIABLES ET POUVANT ÊTRE SUIVIS AU COURS DU TEMPS.

Le fondement de toute démarche en éthologie réside dans l'observation, la description et la quantification des comportements. Cette démarche relève de l'approche scientifique qui vise à tester un ensemble d'hypothèses à partir de l'analyse des résultats obtenus au laboratoire ou sur le terrain. Le préalable à toute étude éthologique est la détermination d'un répertoire comportemental, c'est-à-dire un ensemble d'unités de comportements propres à l'espèce, permettant de décrire de façon exhaustive la continuité de l'activité motrice d'un individu sous la forme d'une séquence de comportements élémentaires : l'*éthogramme.* Les unités de comportement, qui sont généralement désignées par des verbes d'action (par exemple, menacer), reflètent dans leurs détails le niveau d'analyse choisi. « Menacer » peut être décomposé en « se dresser », « fixer du regard », « découvrir les dents », etc. Chaque comportement peut être caractérisé par le nombre d'occurrences (par unité de temps), la durée, la latence d'apparition (à partir d'un moment précis) et l'intensité (amplitude d'un mouvement, ou degré d'agressivité dans une mimique faciale).

La fréquence de transition entre comportements permet d'apprécier leur degré de liaison et de causalité, dans le cas d'un éthogramme individuel ou d'interactions entre partenaires. L'enregistrement des comportements peut être réalisé par suivi d'un sujet au cours d'une période définie (focalisation) ou par retranscription instantanée de l'activité de chaque individu (balayage). D'un point de vue temporel, les comportements peuvent être enregistrés en continu, ou au cours d'intervalles de temps réguliers.

Les études à long terme, ou encore les études sur l'organisation sociale des groupes, nécessitent une identification de chaque individu. Certaines espèces présentent des caractéristiques individuelles distinctives (robes des zèbres, nageoires dorsales des dauphins...). Dans d'autres cas, l'éthologiste procède au marquage de chaque animal (baguage, coloration, etc.). •

L'éthologie humaine

L'ÉTHOLOGIE HUMAINE JETTE UN REGARD RÉSOLUMENT « NATURALISTE » SUR NOS COMPORTEMENTS, ENRICHISSANT LE DISCOURS DES SPÉCIALISTES DES SCIENCES HUMAINES.

La réunion de la psychologie et de l'éthologie a permis depuis plusieurs années un renouveau de la connaissance de nos propres comportements, en assimilant les méthodes issues de l'éthologie animale. L'éthologie humaine explore nombre de situations quotidiennes : environnement maternel du bébé, milieu familial de l'enfant, crèche ou école, monde du travail, lieux de transport ou de détente de l'adulte. Les problématiques restent les mêmes : causalité, fonction, développement et évolution. Ce dernier point a conduit les objectivistes à rechercher chez l'homme des universaux transculturels (comportements propres à l'espèce humaine et communs à toutes les cultures).

La fécondité du modèle éthologique a été manifeste dans les travaux du psychanalyste américain J. Bowlby (1969) sur le développement de l'attachement chez l'enfant et les interactions avec sa mère (regards, contacts, paroles, odeurs). Prenant pour référence les travaux de l'Américain H. Harlow (1958) sur les singes rhésus, une telle approche a permis d'expliquer en partie des troubles infantiles dus à une carence en soins maternels ou à la séparation. Depuis les années 1970, l'essor des recherches sur les activités de jeunes enfants et leurs relations en situation de jeu ou de compétition représente un exemple extrêmement stimulant des projets de l'éthologie humaine (en particulier les travaux de l'Américain N. G. Burlton Jones et du Français H. Montagner).

Le monde du travail fournit aussi des situations propices à une éthologie de la vie quotidienne (dynamique des relations verbales et gestuelles au sein d'un groupe, comportements en travail posté). Enfin, la démarche éthologique permet d'aborder certains troubles de la personnalité et même certaines affections psychiatriques graves, comme Tinbergen l'a fait sur des enfants autistes en situation sociale. Une telle démarche peut compléter à propos le travail du clinicien psychiatre ou psychanalyste. •

→ **Voir aussi :** L'apprentissage, **BIOL,** p. 190-191. Signaux et leurres, **BIOL,** p. 194-195. Le comportement social, **BIOL,** p. 212-213.

Les sociétés animales

À L'INTÉRIEUR DE LA BIOCÉNOSE, qui représente l'ensemble des êtres vivants d'un écosystème, les animaux peuvent constituer diverses formes de regroupements. Les plus simples sont appelés *foules ;* il s'agit de rassemblements temporaires d'animaux pouvant appartenir à des espèces différentes, comme des insectes nocturnes attirés par une lumière ou des vertébrés réunis autour d'un point d'eau. Pour des animaux de même espèce, les activités communautaires liées au phénomène de foule peuvent correspondre à des étapes sur la voie de la socialisation. Cependant, il ne s'agit jamais là de comportements véritablement sociaux. Il en est de même pour les *rassemblements migratoires* ou *reproducteurs* (pucerons, papillons, criquets migrateurs, poissons, oiseaux), dans lesquels l'effet de groupe entraîne pourtant des modifications physiologiques et la mise en place de mécanismes de coordination entre les individus. Les poissons, par exemple, forment de grands regroupements qui, par la multiplication des organes sensoriels, découvrent plus facilement la nourriture et l'ennemi, car il suffit qu'un seul individu les perçoive pour que tout le banc participe à l'action grâce aux mécanismes de la communication. Ces rassemblements, caractéristiques des espèces grégaires, ne présentent aucun des critères essentiels de la vie en société.

La notion de *société animale* implique plus qu'un simple rassemblement temporaire. Elle s'applique à un groupe d'individus appartenant à la même espèce, organisés de manière coopérative et entre lesquels existent des relations d'interattraction et d'interdépendance. La vie sociale, à son niveau le plus rudimentaire, est très souvent assimilée à la formation d'associations entre individus : mâle et femelle au cours des parades sexuelles ou mère et jeunes dans les relations parentales. Si la structuration autour de la cellule familiale, qui est à l'origine de ces associations, se trouve bien être une des bases de l'organisation des sociétés, celle-ci dépasse les nécessités de la reproduction. Les critères fondamentaux concernant l'organisation des groupements sont l'échange de stimulations spécifiques, la coordination des activités, la coopération entre les individus et le partage des tâches.

Le fonctionnement des sociétés

DE LA DIVERSITÉ DES RELATIONS ENTRE INDIVIDUS NAISSENT, AU SEIN DES GROUPES SOCIAUX, DES PROCESSUS COLLECTIFS ORGANISÉS CONSTITUANT LES FONDEMENTS DE LA VIE EN SOCIÉTÉ.

La recherche de nourriture, la reproduction et la défense sont les trois nécessités vitales qui déterminent le comportement de tous les animaux, qu'il s'agisse d'espèces solitaires ou sociales. Dans le cas des animaux sociaux, la différence réside dans le fait que les comportements liés à ces trois grands besoins impliquent la présence et souvent la participation des congénères.

La vie sociale canalise et organise le tumulte de la vie communautaire. Les nombreuses formes qu'elle peut revêtir sont autant le reflet de la diversité des espèces qui vivent socialement que des stratégies reproductrices, alimentaires et défensives que celles-ci développent. Des multiples relations entre individus qui tissent l'ensemble du réseau social émergent certaines propriétés très générales qui représentent les caractéristiques fonctionnelles de toute vie sociale.

C'est en premier lieu à travers la communication entre les individus, les échanges de signaux et d'informations que se structure la « vie à plusieurs ». À partir de ces échanges se créent et se dénouent des liens privilégiés. Temporaires ou durables, ils unissent les individus et constituent l'ossature de la vie en société. À l'intérieur des groupes sociaux, on peut alors voir émerger la diversité et la spécialisation, diversité des individus, des liens et des fonctions, spécialisation des rôles et des tâches. La diversité tient aux différences entre les individus, aux variations au cours du temps des situations auxquelles le système social est confronté. La spécialisation apparaît clairement dans les sociétés d'insectes qui abritent gardiens, fourrageurs, soigneurs, etc. On sait aujourd'hui cependant que chaque « spécialiste », prêt à contribuer, possède une certaine souplesse permettant les dualités régulatrices, « homéostatiques » de la société. Ces régulations mettent en jeu la flexibilité, la coordination et la coopération. On retrouve ces éléments plus ou moins fortement dans les chasses collectives de carnivores comme les lionnes, les lycaons et les loups, ou simplement (également chez les lycaons) dans la contribution des membres du groupe à l'élevage des jeunes.

La cohésion du groupe social est garantie par l'importante dépendance de l'individu à l'égard de ce groupe. La cohésion s'impose également de l'extérieur, dans la menace d'un danger par les autres sociétés limitrophes et concurrentes, ou simplement par les prédateurs. C'est dans ces situations que les membres d'une société se reconnaissent, se retrouvent et coopèrent. •

1. Technique de chasse des lionnes.

2. Éléphants d'Afrique en déplacement.

3. Soldats et ouvriers. Termites *Macrotermes muelleri*.

Les sociétés d'insectes

COMME DE VÉRITABLES « SUPERORGANISMES », LES SOCIÉTÉS D'INSECTES DÉVELOPPENT LEURS PROPRES FONCTIONS DE COMMUNICATION INTERNE, DE NUTRITION, DE REPRODUCTION ET DE RÉGULATION.

Parmi les arthropodes, si certaines espèces d'araignées témoignent d'une forme d'organisation sociale (coopération entre individus pour la construction des toiles, pour la capture des grosses proies et même le nourrissage des jeunes), les exemples de sociétés véritables sont seulement connus dans la classe des insectes.

Termites, fourmis, bourdons, certaines espèces d'abeilles et de guêpes ont ainsi le statut d'insectes « eusociaux ». Ils se distinguent des autres insectes (solitaires et « présociaux ») par le fait qu'ils présentent simultanément les trois critères essentiels, reconnus comme étant à la base de la formation des sociétés les plus évoluées. Premièrement, la coopération de tous les membres de la société pour élever le couvain (œufs, larves, cocons) et les jeunes. Deuxièmement, le chevauchement d'au moins deux générations capables de contribuer ensemble aux travaux de la société, les derniers-nés aidant ainsi leurs parents pendant au moins une partie de leur vie. Troisièmement, l'existence d'une diversité sur le plan reproducteur, avec des individus (mâles et femelles) qui possèdent un appareil génital bien développé et fonctionnel, et des individus plus ou moins stériles assurant tous les besoins de la société. Ces derniers peuvent présenter entre eux des différences morphologiques (polymorphisme) à l'origine d'une division du travail (polyéthisme). Outre ces trois critères, on retrouve chez tous les insectes sociaux l'existence de système de communication, intervenant dans les mécanismes de fermeture des sociétés (reconnaissance et défense), qui peuvent se mettre en place dès la sortie du cocon (émergence) et même précocement dès le stade larvaire.

Dans le groupe des insectes, ce type d'organisation sociale est apparu 12 fois indépendamment au cours de l'évolution, dont 11 fois chez les seuls hyménoptères. Suivant le modèle théorique développé par l'Américain D. Hamilton, le déterminisme du sexe, fondé sur le nombre de chromosomes (haplodiploïdie), constituerait pour les hyménoptères sociaux un facteur ayant favorisé l'apparition de comportements altruistes. Ce modèle est à la base de la théorie sociobiologique. •

4. Rats-taupes *Heterocephalus glaber*. Individus non reproducteurs.

L'organisation sociale

Chez les insectes sociaux, l'organisation de la société est fondée sur un partage des tâches très marqué, qui, dans certains cas, s'accompagne d'une différence morphologique entre individus, comme pour ces termites (3). En apparence moins structurées, les sociétés vertébrées révèlent néanmoins un certain niveau d'organisation. Ainsi, lors des déplacements de troupes d'éléphants, les adultes de grande taille encadrent les autres membres, et plus particulièrement les jeunes (2). De même, les lionnes sont connues pour coordonner leur comportement au cours des chasses (1). Cas exceptionnel, l'organisation des sociétés de rats-taupes (4) rappelle curieusement celle des insectes sociaux.

Les sociétés de vertébrés

APPAREMMENT MOINS STRICTES ET MOINS ORGANISÉES QUE CELLES DES INSECTES, ELLES RÉVÈLENT LEUR COMPLEXITÉ PAR LA DIVERSITÉ DES INTERACTIONS ENTRE LES INDIVIDUS.

Chez les insectes sociaux, la reine ou le couple royal représente, par analogie, l'« appareil sexuel » de la « société-organisme ». Chez les vertébrés, en revanche, tout individu adulte est un représentant reproducteur potentiel de la société. De plus, les structures sociales des insectes sont fermées aux étrangers, alors que celles des vertébrés se caractérisent par leur ouverture, rendant possibles les échanges (les membres exclus d'un groupe peuvent, par exemple, s'intégrer dans un nouveau groupe).

La plupart des espèces d'oiseaux sont monogames. La forme sociale la plus avancée concerne, chez les oiseaux, la reproduction coopérative ou communautaire. Elle désigne la particularité pour des individus d'élever des jeunes qui ne constituent pas leur progéniture. Chez les pics des chênes, les unités de reproduction contiennent plusieurs femelles et mâles reproducteurs. Les auxiliaires non reproducteurs s'associant à l'élevage des petits représentent généralement des jeunes issus des couvées précédentes. Peu de mammifères sont monogames (loups, gibbons et certains rongeurs, comme les castors). Dans ce cas, l'unité sociale est de type familial.

La reproduction polygame conduit à différentes structures sociales. Un mâle peut s'associer à plusieurs femelles pendant leur période de réceptivité et constituer ainsi un harem temporaire comme chez les cerfs et les éléphants. Chez ces derniers, des unités « femelle-progéniture » se regroupent pour constituer des structures matriarcales. Chez d'autres espèces, les liens entre un mâle et un groupe de femelles peuvent se maintenir au-delà de la période de réceptivité de ces dernières. Ici, la constitution d'un harem permanent, comme chez les babouins sacrés, s'accompagne de la formation de groupes de mâles célibataires. Lorsqu'un mâle s'empare d'un harem, il peut être suivi par un ou deux mâles subordonnés. On parle alors de harem de statut. D'autres groupes, dit multimâles, comprennent plusieurs mâles et plusieurs femelles. Ce schéma se retrouve chez certains babouins et chez les macaques.

Si, de par son statut, le mâle dominant de chaque unité sociale a priorité sur toute activité sexuelle, en pratique cela s'avère rarement le cas. Quelles que soient les structures sociales, les liens entre partenaires jouent un rôle fondamental dans l'organisation des groupes. De plus, les transferts d'individus d'un harem ou d'une troupe à l'autre sont souvent fréquents. •

Un cas original, les rats-taupes

CES RONGEURS AFRICAINS MONTRENT UNE ORGANISATION SOCIALE UNIQUE CHEZ LES VERTÉBRÉS, DU TYPE DE CELLE DES INSECTES SOCIAUX.

Le rat-taupe glabre, *Heterocephalus glaber* des zones arides d'Afrique de l'Est, vit dans un important réseau de galeries souterraines abritant des colonies de 60 à 80 individus en moyenne. Une seule femelle est sexuellement active et fécondée par un ou deux mâles. Le reste de la colonie rassemble des individus mâles et femelles non reproducteurs, plus petits, qui effectuent des tâches collectives : créer et entretenir des galeries, rechercher de la nourriture, alimenter les jeunes, donner l'alarme et défendre les entrées.

On retrouve chez le rat-taupe quelques caractéristiques de l'« eusocialité », définie chez les insectes. Tout d'abord, le monopole de la reproduction par une seule femelle. Les autres femelles montrent un développement inachevé de leurs organes sexuels, vraisemblablement dû à la combinaison d'influences inhibitrices physiologiques (phéromones) et comportementales. On retrouve également, dans une certaine mesure, une division des tâches, accompagnée de différences morphologiques (polymorphisme). Chez les individus non reproducteurs, ceux de petite taille par exemple, plus actifs, s'occupent essentiellement de l'entretien des galeries et de l'approvisionnement. Pour ces raisons, le rat-taupe offre un exemple d'organisation sociale tout à fait insolite pour un vertébré. •

→ **Voir aussi :** Relations et communications, **BIOL**, p. 168-169. Le comportement social, **BIOL**, p. 212-213.

Le comportement social

L'APPROCHE DE L'ORGANISATION sociale d'une espèce animale repose à la fois sur l'analyse de sa structure d'ensemble et sur celle des composantes élémentaires que représentent les différentes interactions sociales entre congénères.

Les relations entre individus constituent des activités spécifiques, propres à déterminer une certaine cohésion, une organisation et une dynamique des structures sociales. Le terme de *comportement social* désigne les relations qu'entretiennent les membres d'une même espèce et qui influencent réciproquement le comportement de chacun en fonction de son âge, de son sexe et éventuellement de son rang hiérarchique. Il n'est pas toujours aisé de ranger de façon catégorique les comportements dans une classe exclusivement sociale ou non. Ainsi, chez de nombreuses espèces, le contexte social et les relations établies entre partenaires revêtent bien souvent une importance particulière au cours d'activités pouvant être a priori classées comme non sociales, telles que les activités alimentaires.

Les liens sexuels sont souvent perçus comme les racines fondamentales de toute organisation. Sans en discuter toute l'importance, il faut citer d'autres activités sociales qui leur sont plus ou moins directement liées : les soins apportés aux jeunes, les comportements agonistiques (agressivité et combats), les actes de coopération et de compétition. De façon générale, les comportements sociaux reposent chez toutes les espèces animales sur deux principes fondamentaux : l'attraction et la communication entre congénères.

L'évolution des structures sociales

CHEZ LES PRIMATES, LES RAPPORTS SOCIAUX PERMETTENT AUX STRUCTURES À BASE FAMILIALE DE SE MAINTENIR ET DE SE REPRODUIRE TOUT EN MINIMISANT LES RISQUES DE CONSANGUINITÉ.

Dans les rapports sociaux qui régissent l'organisation des groupes de vertébrés, les liens de parenté ont un rôle primordial. La famille est en effet, la plupart du temps, le noyau de toute structure sociale. Pour éviter la consanguinité, il est nécessaire qu'à un moment donné les groupes s'ouvrent pour accueillir des individus non apparentés. D'où l'existence, chez de nombreuses espèces (oiseaux, rongeurs et, plus particulièrement, primates), de mécanismes permettant de rechercher le partenaire sexuel en dehors du groupe familial.

Chez les primates, les rapports sociaux reposent sur des structures très variables selon l'espèce considérée et définies par leur *unité sociale de base.* L'unité sociale de base la plus simple est celle dite « de type P » (pour paire), que l'on rencontre par exemple chez les gibbons. Chez eux, cette unité est formée par un couple d'adultes et leurs jeunes des deux sexes. Les nouvelles unités sont fondées par des sub-adultes (proches de la maturité sexuelle) rejetés par leurs parents, le père repoussant ses fils, la mère ses filles. Par conséquent, les relations d'« inceste » parent-enfant sont en grande partie évitées.

Pour les espèces de structure sociale plus complexe, l'unité sociale de base est de type T (pour troupe). Le type T regroupe un grand nombre de cas de figure. Par exemple, chez les langurs (ou entelles, singes d'Asie tropicale), l'unité est constituée d'un mâle unique, de son harem de femelles et de leurs jeunes : la troupe est alors dite « uni-mâle ». Parvenues à maturité, les jeunes femelles, contrairement aux jeunes mâles, ne sont pas rejetées. Le risque d'inceste père-fille est donc a priori élevé. Or, on a constaté que, dans les groupes de langurs, un mâle restait généralement dominant pendant 2 à 4 ans, soit une durée inférieure à celle nécessaire à la maturation sexuelle de ses filles. Chez cette espèce, en effet, le mâle est fréquemment évincé par un rival plus jeune venant de l'extérieur. Chez les babouins hamadryas, l'unité sociale de base est encore plus complexe : elle est constituée d'une grande troupe regroupant plusieurs structures en harem uni-mâles (telles que celles décrites chez les langurs). On parle dans ce cas de troupe multi-mâle. Chez les hamadryas, les femelles laissent rapidement leurs jeunes s'éloigner du groupe uni-mâle dont elles font partie. Le mâle de chaque groupe manifeste régulièrement un comportement de « herding », consistant à rattraper et à mordre les femelles adultes qui s'éloignent du centre de son groupe. Or, il n'agit pas de même si les femelles sont juvéniles. Celles-ci se trouvent donc le plus souvent en périphérie du groupe et peuvent être « kidnappées » par d'autres mâles de la troupe. Là encore les rapports père-fille sont évités. •

Hiérarchie et territoire

LES RELATIONS DE DOMINANCE ENTRE INDIVIDUS ET CELLES QUI SONT LIÉES À LA DÉFENSE D'UN TERRITOIRE REPRÉSENTENT DEUX COMPOSANTES SOUVENT ESSENTIELLES DE L'ORGANISATION SOCIALE ET APPARAISSENT SOUS DES FORMES TRÈS DIVERSES.

Placées en un même lieu, des poules domestiques jusqu'alors étrangères échangent des coups de bec. Très vite, le groupe s'organise suivant une hiérarchie dite « linéaire ». L'individu « alpha » en occupe le sommet et domine tous les autres membres. L'individu « bêta » (second dans la hiérarchie) domine à son tour l'ensemble du groupe, excepté l'individu alpha – et ainsi de suite jusqu'à l'individu « oméga », subordonné à tous les autres. Toutes les structures hiérarchiques n'offrent pas un caractère aussi linéaire. On assiste souvent chez les animaux à des relations triangulaires : un individu A domine un individu B, lui-même dominant un sujet C, qui en retour domine l'individu A.

La dominance.
Généralement, le statut de dominant donne à un animal priorité à l'accouplement, aux ressources alimentaires, à un certain espace, etc. L'accès à un statut hiérarchique fait souvent intervenir l'agressivité des participants mais ne peut être confondu avec elle. D'autres facteurs rendent parfois plus complexes les relations hiérarchiques entre individus. On observe par exemple chez les macaques des coalitions entre congénères de rang proche, leur permettant de supplanter un animal hiérarchiquement supérieur qu'ils n'auraient pu dominer individuellement. De la même façon, un individu subordonné peut supplanter un congénère s'il parvient à susciter l'aide d'un tiers hiérarchiquement supérieur à celui-ci. Chez les macaques du Japon en particulier, les jeunes bénéficient du soutien de leur mère dans le règlement des conflits. Le rang des jeunes est étroitement lié à celui de leur mère. Contrairement à la plupart des autres jeunes mâles, ceux élevés par des mères de haut rang ne sont, plus tard, pratiquement jamais repoussés à la périphérie du groupe. Pourtant, cette exclusion, en amenant les jeunes mâles de rang inférieur à quitter le groupe et à tenter de s'intégrer dans un nouveau, ajoute un élément dynamique aux structures sociales.

Chez certaines espèces, un seul mâle (alpha) dirige et contrôle les déplacements de l'ensemble du groupe social. Ce rôle de leader s'observe fréquemment chez les mâles dominants des troupes de gorilles. Parfois, quelques individus peuvent être à l'initiative des mouvements du groupe, qui cependant ne se développent que si le mâle alpha se décide à y participer. Le statut de leader caractérise généralement un animal adulte assez âgé et possédant une certaine expérience, sans qu'il soit pour autant toujours le dominant (au sens hiérarchique) du groupe. Son rôle peut s'avérer déterminant lorsque les ressources sont rares et dispersées.

Territoire et domaine vital.
Le territoire représente aussi un élément important de l'organisation sociale d'une espèce. Toute zone défendue par un animal, un couple ou un groupe constitue un territoire. Il peut être un lieu de reproduction, d'activités alimentaires ou encore comporter un site de repos. Ses frontières sont l'objet d'inspections et de marquages fréquents. Le territoire doit être distingué du domaine vital, qui est l'espace à l'intérieur duquel se déplace l'animal ou le groupe au cours de ses activités quotidiennes. Cette zone n'est pas défendue. Deux domaines vitaux peuvent se recouvrir en partie, voire totalement. •

L'espace social : contacts et évitements

Les rapports de hiérarchie peuvent, au sein d'une même espèce, présenter des organisations différentes comme c'est le cas ici chez les poules domestiques (1), où les coups de bec, signes de dominance, se distribuent selon trois modalités possibles. Toutefois, l'organisation sociale ne repose pas uniquement sur des contacts agressifs. L'épouillage pratiqué par ces macaques (3) est un exemple d'échange favorisant la cohésion sociale. Les rapports sociaux sont illustrés par le respect des relations spatiales, depuis la distance interindividuelle, comme chez ces hirondelles (2), jusqu'au territoire (4), lieu exclusif de reproduction ou d'alimentation. À la différence du domaine vital, qui est l'espace de vie du groupe et sur lequel peuvent se trouver plusieurs congénères, le territoire est l'objet de marquages fréquents et d'une défense constante.

1. Trois ordres possibles de dominance chez la poule domestique (d'après Wilson et coll.).

La socialisation de l'individu

AU COURS DE SA CROISSANCE, PAR LES LIENS QUI L'UNISSENT À SES PARENTS ET LES RENCONTRES AVEC D'AUTRES CONGÉNÈRES, LE JEUNE ANIMAL DÉCOUVRE LES RÈGLES DE SA VIE SOCIALE.

Chez beaucoup d'espèces, la mère représente pour l'individu le premier partenaire qu'il rencontre. Les jeunes d'espèces nidifuges (qui « quittent le nid », comme certains oiseaux et les ongulés) sont, très tôt après leur naissance, mobiles et aptes à suivre leur mère. En revanche, chez les espèces nidicoles (qui « restent au nid », comme certains rongeurs, les carnivores et les primates), les jeunes sont totalement dépendants de leurs parents. Les besoins primaires (alimentation, soins, chaleur, protection) que satisfait une mère vis-à-vis de ses nouveau-nés sont aussi l'occasion pour ces derniers d'établir des liens privilégiés avec elle et d'acquérir les premiers éléments de leur vie sociale. Les jeunes nidifuges (poussins et canards par exemple) suivent le premier objet mobile auquel ils sont confrontés, leur mère en l'occurrence. Parallèlement, ils apprennent à éviter tout autre objet étranger. Ce type d'attachement, ou empreinte filiale, se réalise peu de temps après la naissance, au cours d'une brève période sensible.

Particulièrement bien étudiées chez les oiseaux, les relations mère-jeune ont sur les comportements sociaux adultes des effets fondamentaux. Elles déterminent notamment chez certaines espèces le choix du partenaire sexuel par l'individu devenu adulte (empreinte sexuelle). Ainsi, c'est à partir des caractéristiques de la mère, apprises au cours de son développement, que le jeune choisira plus tard un partenaire différent de sa mère mais de même espèce. Malgré leur autonomie moins précoce que celle des nidifuges, les jeunes nidicoles acquièrent petit à petit un certain contrôle dans les relations avec leur mère. Celle-ci joue un rôle fondamental dans le développement des comportements sociaux de sa progéniture, comme le montrent certains travaux sur les primates : élevés en l'absence de leur mère, de jeunes macaques expriment plus tard d'importants troubles de leurs comportements sexuel et maternel ainsi qu'une forte agressivité.

Les jeunes sont aussi amenés à interagir avec des congénères adultes autres que leurs parents directs, ou encore avec des compagnons de leur âge. Le jeu social entre jeunes est largement répandu chez les mammifères (ongulés, carnivores, primates). Bien que l'on ne connaisse pas toutes ses fonctions, le jeu semble développer à la fois les potentialités physiques et les compétences sociales : les activités ludiques comprennent nombre de mouvements et de postures du répertoire agonistique (agressif) et sexuel de l'espèce, ce qui permet de leur attribuer un lien fonctionnel avec les relations sociales chez l'adulte. •

2. Hirondelles *(Hirundo rustica)*.

3. Épouillage pratiqué par des macaques *(Macaca mulatta)* en Inde.

L'agressivité

LA DÉFENSE D'UN TERRITOIRE OU D'UN STATUT HIÉRARCHIQUE ENTRAÎNE ENTRE CONGÉNÈRES DES INTERACTIONS AGRESSIVES RÉGULÉES PAR DES MÉCANISMES INHIBITEURS, CE QUI ÉVITE LES COMBATS MORTELS.

Pour se procurer les ressources nécessaires à leur survie, à leur reproduction et à l'élevage de leurs jeunes, les animaux d'une même espèce sont parfois amenés à se battre entre eux. Les enjeux des combats sont multiples : sources d'alimentation, abris, points d'eau, aires de reproduction ou bien partenaires sexuels. La plupart du temps, cependant, les conflits ne se déclarent pas réellement mais se règlent par un ensemble de conventions. Chez certains babouins, par exemple, les deux mâles qui se font face échangent d'abord des menaces vocales et faciales. L'intensité de ces échanges augmente jusqu'à ce que l'un des protagonistes cède. Dans le cas contraire, ces derniers en viennent au combat, qui se solde par de violentes morsures mais cesse lorsque l'un des adversaires abandonne. Chez ces primates, les épaules et le cou sont protégés par un pelage très épais, ce qui réduit les risques de blessure mortelle par atteinte d'organes vitaux. On retrouve ce type de protection chez les phoques, les éléphants de mer et les hippopotames, autant d'animaux pourvus d'armes naturelles potentiellement mortelles pour leur adversaire.

Selon l'Autrichien K. Lorenz, l'agression, en assurant l'espacement des individus et en sélectionnant les plus forts pour la reproduction, aurait un rôle très important dans la survie d'une espèce. Toujours selon Lorenz, l'évolution de la vie sociale aurait cependant nécessité l'apparition de mécanismes inhibiteurs de l'agressivité, cela afin d'éviter que les membres d'un même groupe ne s'entretuent. L'inhibition de l'agressivité est fondée sur la communication entre les protagonistes (signaux d'intimidation provoquant la fuite d'un adversaire comme dans l'exemple des babouins, mais aussi signaux de soumission ou d'apaisement). Pour Lorenz, plus une espèce est dangereuse, plus ces mécanismes sont importants. C'est à partir de ce raisonnement qu'il émet l'hypothèse que, chez l'espèce humaine, dépourvue d'armes naturelles dangereuses, de tels mécanismes d'inhibition de l'agressivité sont insuffisants. Les conséquences d'ordre moral qu'il en tire sont toutefois contestées et généralement considérées comme simplistes. •

→ **Voir aussi :** L'agression, **BIOL**, p. 160-161. La communication animale, **BIOL**, p. 192-193. Les sociétés animales, **BIOL**, p. 210-211.

4. Territoire et domaine vital.

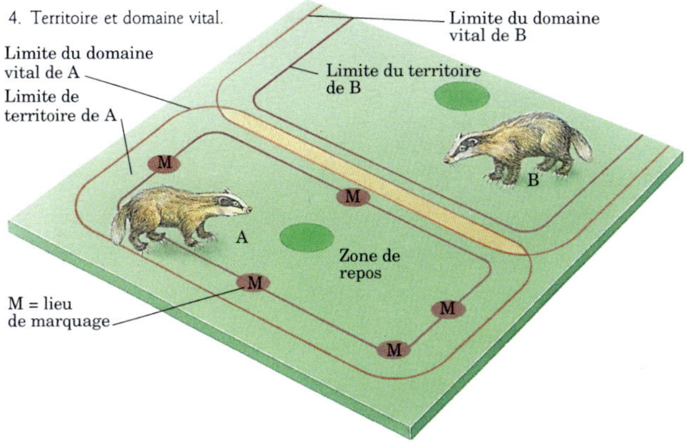

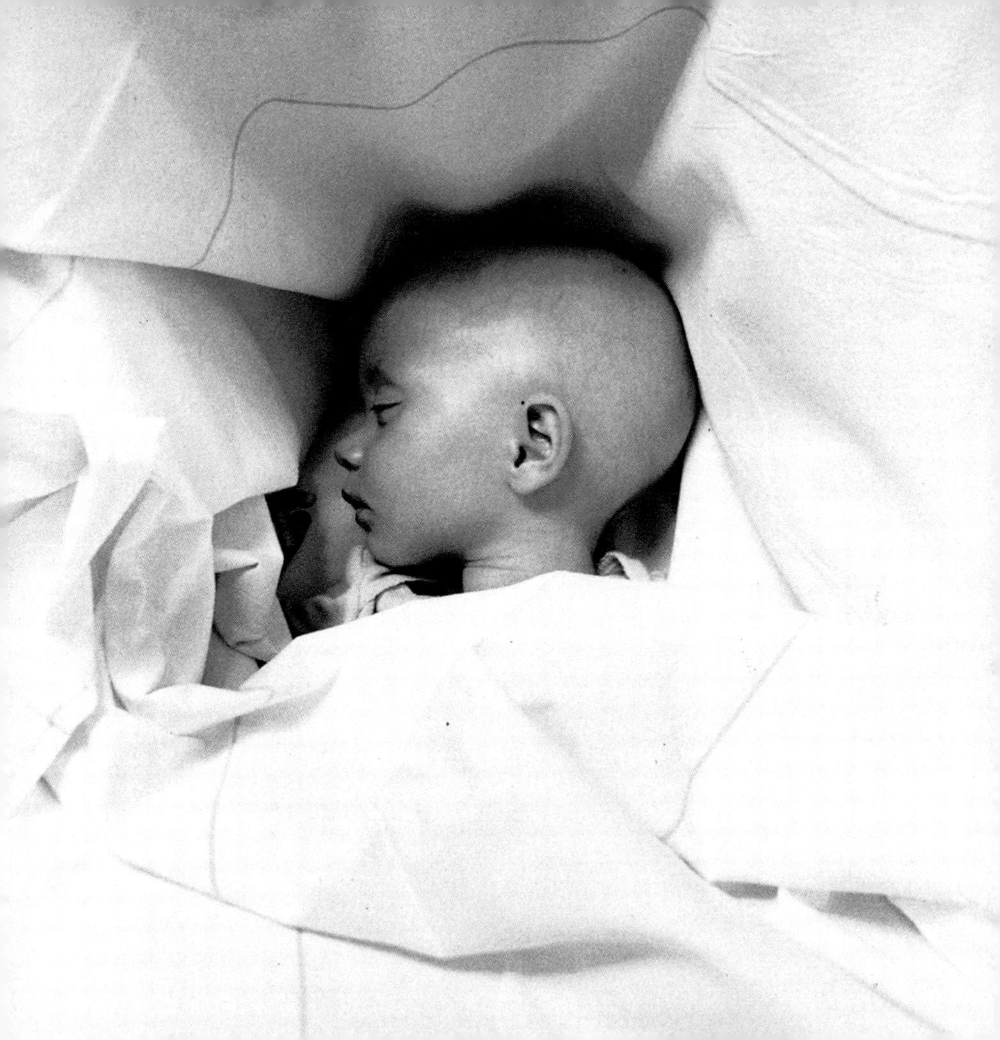

Médecine

La santé
Situation mondiale

POUR AVOIR UNE VUE objective de l'état de la santé dans le monde, on doit se référer à des informations portant sur l'organisation, dans les divers pays, de la distribution des soins et des mesures sociales, et sur les résultats obtenus. Selon les indicateurs de santé retenus par l'Organisation mondiale de la santé (O.M.S.), l'état de la santé est loin d'être uniforme. On peut diviser le monde en deux grands espaces extrêmes : l'espace Nord, ou pays industrialisés, et l'espace Sud, ou pays non industrialisés. L'état de santé y est fortement corrélé avec la richesse des nations, représentée par le P.N.B. par habitant, et avec le niveau de développement scientifique et technique. En outre, le climat, tempéré frais pour le Nord, chaud et humide pour le Sud, apporte un élément de diversité dans la pathologie.

Les préoccupations majeures de chacun de ces espaces sont différentes. Pour le Nord, il s'agit de maintenir une espérance de vie supérieure à 70 ans, en maîtrisant des dépenses de santé qui croissent d'année en année, et de faire face à des maladies de l'âge avancé, dites « de civilisation », rançon de la réussite médicale et du bien-vivre. Il faut en outre éviter les maladies induites par les activités intenses (pollutions, accidents de la route, etc.) ou par le stress, et poursuivre l'effort scientifique et technique (greffes d'organes, médecine génétique...). Pour le Sud, les objectifs prioritaires sont l'assainissement des sites de vie (lutte contre les conditions de développement des parasites pathogènes) et les équipements de salubrité (logements, adduction d'eau, assainissement). Il faut aussi accéder à de bonnes conditions d'hygiène, en particulier alimentaire, et mettre en place un système efficace de distribution des soins préventifs et curatifs qui puisse élever les espérances de vie au-dessus de 50 ou 60 ans.

Le contraste entre ces situations ne doit pas occulter les problèmes que Nord et Sud ont en commun. On sait que la prospérité économique du Nord est très attractive pour les habitants du Sud et provoque des migrations. Ce mouvement migratoire Sud-Nord s'accompagne d'un mouvement touristique contraire Nord-Sud, accéléré par les facilités de circulation. Autrefois, le Nord a « exporté » la rougeole et la varicelle, mortelles pour le Sud, et « importé » la syphilis. Il exporte aujourd'hui des modes de vie facilitant la transmission des maladies vers les villes du Sud et importe des maladies tropicales. Certaines maladies ne seront éradiquées dans le Nord que quand elles seront maîtrisées dans le Sud.

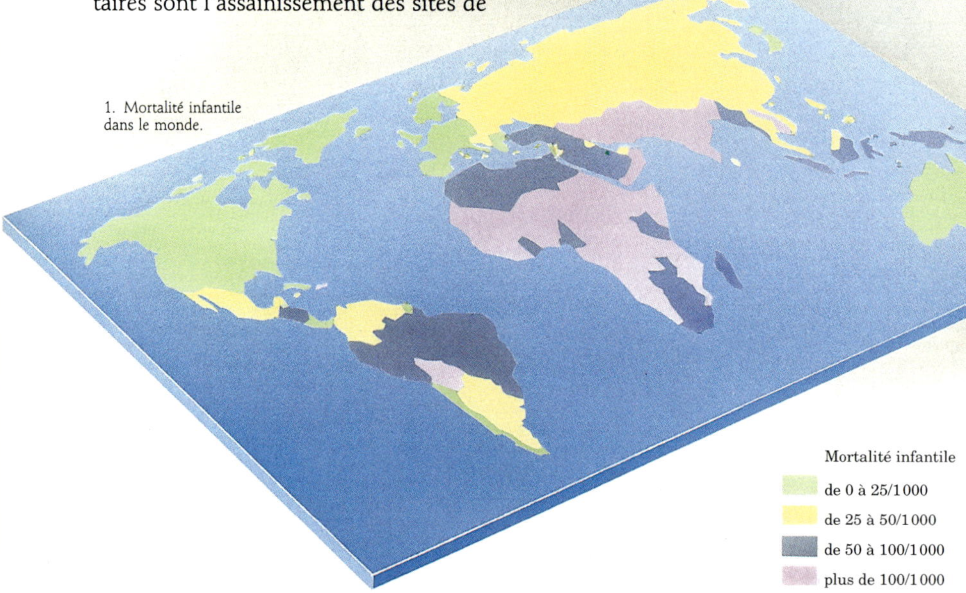

1. Mortalité infantile dans le monde.

Les grands espaces Nord-Sud

LES DIVERSITÉS DE CLIMAT ET DE CIVILISATION DÉTERMINENT LA DISPARITÉ DES CONDITIONS DE SANTÉ ENTRE LES PAYS DÉVELOPPÉS ET LES AUTRES.

Les pays développés ont en commun les caractères suivants : prospérité économique, haut niveau scientifique et technique, liberté accordée à l'initiative des hommes. Cet ensemble de facteurs a conduit à un état de santé qui s'exprime dans les résultats suivants, à titre d'exemple : espérance de vie à la naissance supérieure à 75 ans, mortalité infantile inférieure à 10 ‰, contrôle des épidémies par l'hygiène et la vaccination, disparition des maladies carentielles, mais, par contre, apparition d'une pathologie due aux excès alimentaires et aux toxicomanies diverses (alcool, tabac, héroïne). Un relâchement de l'attention prophylactique peut cependant provoquer une régression dangereuse de la santé ; rien ne doit être considéré comme acquis définitivement.

Les pays en voie de développement ont des indices de santé bien différents : espérance de vie n'atteignant que de 35 à 50 ans, mortalité infantile de 50 à 100 ‰ avec, souvent, des accroissements dramatiques de ces indices. Dans les pays les moins avancés, l'espérance de vie n'atteint pas 35 ans, alors que la mortalité infantile est de 250 pour 1 000 naissances. La chaleur et l'état écologique « naturel » ont une bonne part de responsabilité dans cet état, et créent des pathologies particulières. Les parasitoses sont très nombreuses : paludisme, bilharzioses, filarioses, onchocercoses, etc. Elles ne peuvent régresser tant l'insalubrité des territoires constitue des sites privilégiés pour les parasites adultes ou larvaires. Les maladies infectieuses infantiles prennent souvent un caractère dramatique, compliquant des carences alimentaires, vitaminiques ou protidiques. Les solutions sont difficiles à trouver : assainissement, hygiène, vaccination, prévention sont les objectifs majeurs. Il faut espérer que ces efforts se poursuivront sans s'effondrer lorsque l'assistance (de l'OM.S. mais également des organisations non gouvernementales, comme Médecins du Monde) s'allégera.

Les solutions viables sont celles qui proposent des systèmes de soins adaptés à la structure sociale particulière de chaque pays, à son niveau culturel et à ses ressources économiques permanentes. En effet, l'efficacité des modèles occidentaux nécessite une parfaite continuité culturelle entre les décideurs et les aides-soignants, au travers des médecins, des agronomes, des administrateurs, etc. Or ce n'est malheureusement pas le cas dans beaucoup de ces pays sans classe moyenne, intermédiaire qui pourrait assurer la continuité de l'action. •

L'expérience de Tokombéré

Au nord du Cameroun existe une population de 60 000 habitants disséminée, les Kirdi. En 1959 est créé l'hôpital de Tokombéré, dont on constate l'échec quelques années plus tard. En 1976 est alors conçu un projet fondé sur deux principes : avancer au rythme des populations locales, intégrer la santé à la vie sociale et culturelle. À cette fin, chaque communauté villageoise est rendue responsable de sa santé et doit prendre ses propres initiatives. Un personnel médical est formé pour accompagner cette action. Les villageois créent des comités de santé et choisissent parmi eux des responsables qui se forment au centre de promotion de la santé. Les centres assurent deux fonctions principales : soins, avec un hôpital de 130 lits ; formation, animation, échanges et réflexions. Aujourd'hui, les résultats de l'expérience sont encourageants : certaines maladies infectieuses (rougeole, coqueluche, tétanos...) sont en recul. Les cas de malnutrition sont en régression, l'alphabétisation et l'éducation contribuant au progrès social et sanitaire.

Santé, économie et climat

L'indice de santé d'un pays est fortement corrélé avec le revenu moyen par habitant, la géographie et le climat, qui interviennent directement sur les données sociales et économiques. Ainsi, l'espérance de vie est moindre pour les habitants des pays sous-développés des régions chaudes. Loin d'être exhaustive (manque de données, ou données erronées pour certains pays), la carte de la mortalité infantile (c'est-à-dire au cours de la première année) montre clairement cet état de fait (1). Par contre, dans les pays industrialisés, les progrès de la médecine moderne, largement appliquée, font constamment diminuer les taux de mortalité. C'est le Japon, avec un taux de 5 ‰, qui possède la mortalité infantile la plus faible ; il est suivi de la Suisse (6 ‰) et de la France (7 ‰).

Ni Nord ni Sud : des pays émergent

CERTAINES RÉGIONS DU MONDE ONT VU LA SANTÉ DE LEUR POPULATION PROGRESSER PAR L'APPLICATION DE MODÈLES ASSEZ DIFFÉRENTS DES MODÈLES OCCIDENTAUX.

L'Asie extrême-orientale montre quelques exemples d'émergence économique et sociale traduite par des performances visibles dans l'état de santé. Le modèle de développement de la santé adopté est le modèle occidental. Taiwan, par exemple, offre un revenu par habitant de 5 000 dollars et une espérance de vie de 73 ans. La Corée du Sud voit le P.I.B. par habitant passer de 260 dollars en 1970 à 2 748 en 1987 et l'espérance de vie de 59 à 68 ans.

La Chine continentale, par contre, isolée par choix politique et par le fait de ses dimensions, a élaboré une solution originale qui a porté ses fruits. Elle tient compte des particularités sociologiques du pays. Les caractéristiques principales sont : l'existence d'une organisation propre aux zones urbaines et d'une organisation propre aux zones rurales ; la coexistence d'une médecine traditionnelle et d'une médecine moderne, et la présence d'acteurs médicaux de qualifications différentes selon les fonctions. En zone urbaine, autour d'un hôpital général, des moyens médicaux modernes se concentrent : centres de santé de rues, de quartiers ou d'usines. Les zones rurales, où se situe la majorité de la population, illustrent peut-être mieux encore la politique de santé définie en 1960 au congrès national. L'objectif prioritaire en est la prévention, car l'état de santé est alors celui d'un pays du Sud : épidémies infectieuses, parasitoses, sous-alimentation, etc. Un effort de vaccination et de prévention est soutenu par une éducation de masse portant sur l'hygiène, le contrôle des naissances, les soins courants. Les « médecins aux pieds nus », formés en quelques mois, ont une fonction concrète de prévention et d'instruction des populations en collaboration avec les sages-femmes, les herboristes, les acupuncteurs et les guérisseurs. Le centre de gravité de la prévention est la commune, où se préparent les médicaments phytothérapeutiques traditionnels. Les communes ont des dispensaires qui reçoivent l'appui d'hôpitaux et de médecins de région pour les soins et la formation. Dans ces communes, on applique une médecine moderne qui s'attaque surtout aux maladies infectieuses et épidémiques. Cependant, la médecine traditionnelle (phytothérapie et acupuncture) reste complémentaire. Le niveau de formation des acteurs médicaux est de six mois pour les « médecins aux pieds nus », de trois ans pour le premier rang de qualification médicale. Cette formation répond aux besoins initiaux du pays (l'espérance de vie est passée de 32 ans en 1950 à 69 ans en 1982), mais ne saurait suffire pour le développement du progrès médical et la qualification médicale doit s'ajuster sur celle des pays du Nord. Progressivement, l'éducation médicale, les soins et l'évaluation des actions sont calqués sur les modèles occidentaux. •

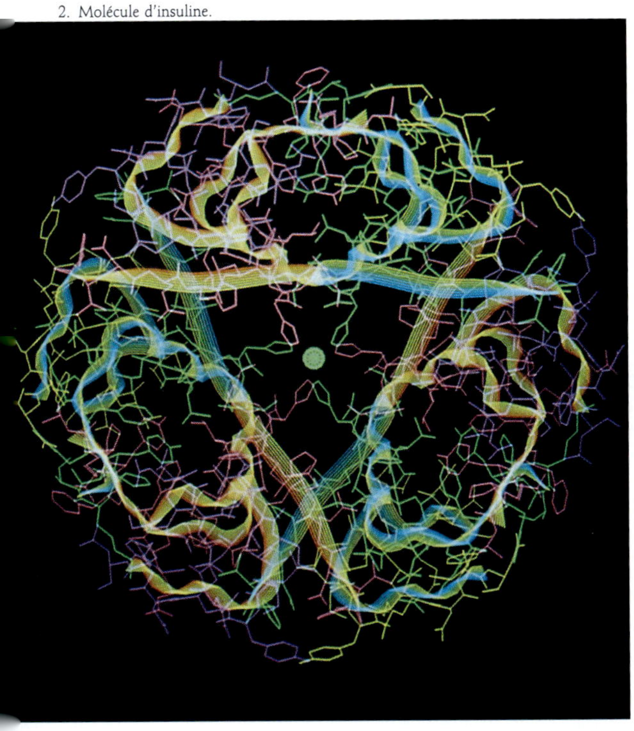

2. Molécule d'insuline.

Les indicateurs de santé de l'O.N.U.

Pour se faire une opinion sur l'état de santé d'une population afin de donner des conseils ou d'orienter ses aides, l'Organisation des Nations unies (O.N.U.) recueille des informations à partir de nombreux indices que l'on qualifie d'indicateurs et dont on peut donner une liste exhaustive : politique nationale de santé, structures de participation des populations, part du P.N.B. affectée à la santé, modes de distribution des soins, répartition des ressources, réception d'aides extérieures, salubrité et vaccinations, état nutritionnel, taux de mortalité infantile, espérance de vie, taux d'alphabétisation, P.N.B. par habitant et nombre de médecins. Cependant, la fiabilité de ces informations ne peut être garantie que pour les pays organisés. De plus, certains indicateurs sont des indicateurs de moyens et, par là même, relativement douteux. Enfin, le nombre de médecins ne saurait être garant de leur qualité.

Les problèmes communs

MALGRÉ LES CONTRASTES ENTRE LES PAYS DU NORD ET CEUX DU SUD, UNE ÉVOLUTION INDÉPENDANTE DE L'UN ET DE L'AUTRE N'EST PAS ENVISAGEABLE.

Sans revenir sur les transferts de pathologie de la grande époque de l'expansion européenne, l'existence actuelle d'épidémies grippales à dimension mondiale, le cheminement épidémique du sida, entre autres, montrent que la santé dans le monde, quelles que soient les particularités locales, doit s'examiner de façon globale.

Deux facteurs viennent renforcer cette nécessité : l'interdépendance économique et la facilité des échanges Nord-Sud. En effet, le Nord dépend du Sud pour des matières premières et le Sud dépend du Nord pour des technologies de production, certains produits élaborés et des besoins de financement. La plupart des produits de prévention ou de traitements sanitaires sont exportés du Nord vers le Sud.

De même, la dépendance du Sud pour la formation de personnels nombreux techniquement qualifiés (médecins, ingénieurs, etc.) est importante. Au-delà de l'interdépendance, la facilité de transport intervient grandement dans l'évolution de la santé mondiale. En effet, les conditions démographiques spéciales (les pays les plus pauvres et les plus malsains développent le plus vite leur population...) contribuent à accroître la migration occasionnelle à vocation définitive du Sud vers le Nord. Par ces migrations, certaines maladies infectieuses et parasitaires deviennent des problèmes communs.

Si le développement économique, corrélé avec la démographie, permet d'assurer un état de santé satisfaisant, les moyens de progression économique et de contrôle démographique sont lents à mettre en œuvre. Et, si l'un des problèmes est résolu sans que l'autre le soit, une situation absurde et dangereuse pour les pays en évolution et pour le reste du monde est créée. Si les politiques locales peuvent être définies, une politique de santé mondiale incluse dans une politique économique paraît indispensable. On ne peut aujourd'hui traiter avec désinvolture la mise en garde de T. R. Malthus concernant l'adéquation entre la densité de la population et les ressources nécessaires à sa vie au regard des prévisions démographiques. •

Les perspectives

SI L'ÉVOLUTION DU SUD DOIT PASSER PAR LES VOIES QUI ONT ÉTÉ CELLES DU NORD, UNE ADAPTATION SEMBLE NÉCESSAIRE.

Les solutions sont multiples, l'effort des recherches étiologiques et thérapeutiques est fondamental. L'organisation sociale du développement économique et de l'éducation est indispensable pour la mise en place de soins efficaces. Cependant, les plans de l'O.M.S. ne peuvent suffire et il est nécessaire de stimuler les moyens locaux de pays libres et souverains. L'éradication, au Nord, de la variole, du tétanos, voire de la tuberculose, ne s'est faite que par le contrôle que permettaient l'école ou le service militaire. Dans la période actuelle on s'efforce de trouver, pour le développement de l'économie et de la santé des pays en développement, des règles d'action plus efficaces que celles qui ont succédé au reflux de l'autorité des pays évolués colonisateurs.

Les pays développés les plus riches, passionnés par la performance scientifique et technique, auront peut-être, devant la nécessité des choix d'investissements, à infléchir leur effort de recherche vers l'écologie, l'étiologie des maladies et leur prévention plutôt que vers les recherches prothésiques (greffes d'organes, dialyses rénales) ou les traitements complexes de maladies plurifactorielles. Ces recherches conduisent cependant à des résultats ayant une valeur fondamentale (biologie des phénomènes de rejet par exemple) et la constance du progrès médical et l'efficacité de la méthode expérimentale restent des éléments d'optimisme pour la solution des problèmes du Nord et du Sud. Ces réussites entraînent toutefois des bouleversements de la démographie ainsi qu'une inflation de la demande de bien-être des populations mieux portantes et plus âgées, et des transformations culturelles profondes. •

→ **Voir aussi :** Pays riches et pays pauvres, **GEO. REG.** p. 16-17. Fécondité, mortalité, structure par âges, **DEMOGR**, p. 214-215. La pauvreté dans le monde, **ECO**, p. 376-377.

3. Acupuncture en Chine.

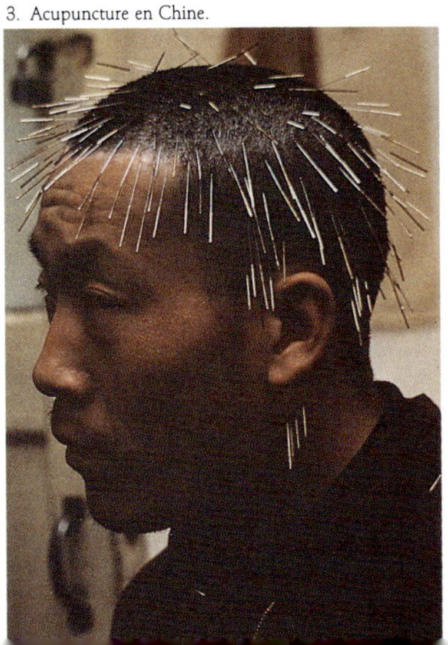

Évolution du savoir

Thérapeutique traditionnelle, l'acupuncture (3) est parfois efficace alors que ses fondements théoriques demeurent encore incertains. À l'inverse, l'effort d'analyse de l'infiniment petit permet de définir la configuration d'une molécule protéique (2) et, par là, d'en prévoir l'action thérapeutique.

La santé
Les pays occidentaux

On entend par pays occidentaux ceux qui ont adopté un mode d'organisation politique, économique et scientifique fondé sur la démocratie, l'économie de marché et une grande valeur accordée aux sciences et aux techniques. Leur P.N.B. par habitant et par an est de plus de 5 000 dollars et la redistribution de la richesse nationale est contrôlée par des assemblées démocratiquement élues. L'absence d'un de ces critères fait exclure de cet ensemble des pays à fort P.N.B. (supérieur à 8 000 dollars) comme ceux de la péninsule arabique, alors qu'en font partie le Japon et l'Australie. Dans ce monde « occidental », la santé présente de très grandes similitudes par ses résultats (espérance de vie), par ses structures de distribution de soins, par le développement de la recherche fondamentale et appliquée. L'effort financier fait dans le domaine de la santé y est du même ordre pour les différents pays, de 7 à 8 % du P.N.B. annuellement.

Bien que la coopération scientifique entre ces pays soit totale par des échanges d'informations ou de personnes, il existe aussi une très vive concurrence : le prix Nobel de médecine en est un exemple. Cette concurrence s'exerce aussi dans la maîtrise sociale de la maladie : prévention (hygiène, vaccinations, dépistage), distribution des soins, couverture sociale des frais médicaux. Les différences les plus marquées apparaissent dans l'organisation de la distribution des soins et de leur couverture sociale. Si le médecin exerce partout le même métier selon le même « algorithme » intellectuel et opérationnel, il le fait dans des structures différentes selon les options politiques des pays. La médecine est libérale aux États-Unis, a un statut mixte en France. En Grande-Bretagne, la médecine est étatisée, mais la recherche et la production pharmaceutique ne le sont pas nécessairement. En Suède, tout est étatisé. La quasi-identité des résultats et des pratiques de santé dans les pays occidentaux n'est due ni au hasard ni à des accords formels : elle est le fruit d'une histoire commune de la médecine née autour de la Méditerranée et ayant donné des greffes migratoires ou culturelles réussies (États-Unis, Canada, Australie, Japon, etc.). Outre des résultats remarquables déjà acquis dans le traitement des affections dues à des agressions externes (parasites, maladies infectieuses), d'autres voies de progrès s'annoncent prometteuses pour l'avenir. L'intérêt se porte aujourd'hui sur l'imperfection originelle de l'organisme (maladies métaboliques, maladies auto-immunes, maladies dégénératives). On accède déjà à l'intervention contrôlée sur les gènes somatiques responsables de certaines imperfections. Cet effort scientifique commun aux pays occidentaux conduit à élaborer une philosophie sanitaire et morale commune. Si les citoyens sont multiples et différents, l'espèce humaine a une communauté de destin.

1. Appareillage stéréotaxique utilisé en microchirurgie du cerveau.

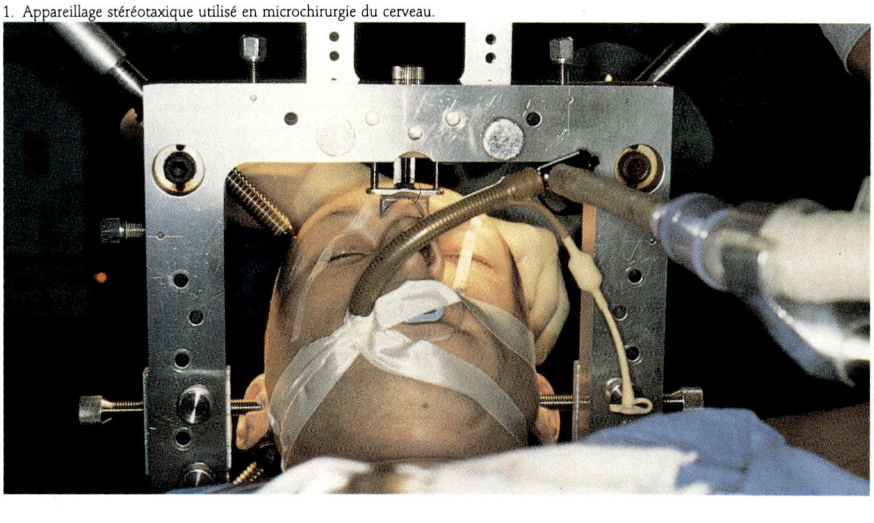

Les grandes batailles

LA PROGRESSION DES DISCIPLINES FONDAMENTALES, DE L'ANATOMIE À LA THÉRAPEUTIQUE ACTUELLE, A PARFOIS REVÊTU L'ASPECT DE BATAILLES POUR LA CONNAISSANCE.

L'histoire de la médecine est sans discontinuité mais a donné des bifurcations, des vitesses d'évolution irrégulières, des stagnations ou des régressions souvent conflictuelles. L'acquisition de connaissances en anatomie des membres a été assez facile (Hippocrate nous a laissé des modalités de traitement des fractures et des luxations des membres toujours actuelles). Son étude s'est poursuivie difficilement durant le Moyen Âge du fait d'obstacles divers. Le christianisme a eu à l'égard de la recherche anatomique une position ambiguë du fait de sa conception du corps (véhicule de l'âme) et de l'espérance en une résurrection. L'islam, messager brillant de la culture grecque, « ne se résigna jamais à la dissection du corps humain ». L'autorité de Galien (v. 131-v. 201), médecin des gladiateurs à Pergame (Asie Mineure) puis exerçant à Rome, régna sans partage jusqu'à la Renaissance. Médecin de l'empereur Marc Aurèle, il rédigea une œuvre médicale importante, qui, par le biais de l'autorité ecclésiale, prévalut sur toute autre constatation anatomique. L'inexistence de moyens de conservation des cadavres a aussi longtemps interdit des études minutieuses. Aujourd'hui, la connaissance de l'anatomie macroscopique est maîtrisée et se prolonge dans l'anatomie microscopique des tissus et des cellules.

La compréhension de l'anatomie interne et de la physiologie a été aussi une bataille. Pour les viscères, Descartes (1596-1650) expliquait encore la circulation sanguine par le jeu de la dilatation des liquides chauffés. Harvey (1578-1657), en étudiant l'anatomie, comprit le rôle moteur du cœur, fondant l'esprit et la pratique expérimentaux et créant des méthodes propres à l'interrogation du réel. La spécificité des méthodes de la physiologie se confirma ensuite chez Claude Bernard avec l'ensemble de ses travaux et son *Introduction à la médecine expérimentale.*

La bataille de l'étiologie est demeurée longtemps incertaine : l'origine des espèces vivantes, malgré la continuité dans l'évolution entrevue par Buffon et affirmée par Darwin, laissait encore croire au XIXe siècle à la génération spontanée des petits organismes. Louis Pasteur (1822-1895) en démontra l'inexistence, découvrant ainsi les agents microbiens, causes des maladies infectieuses. Non content d'en révéler leurs causes, Pasteur s'attache aussi à leur prévention par les vaccinations, dont la première avait été découverte par Jenner en 1796. L'essor de la thérapeutique prend son ampleur quand Fleming, en 1928, découvre la pénicilline, qui n'entrera dans la pratique médicale que durant la Seconde Guerre mondiale. •

2. Soins en bulle stérile.

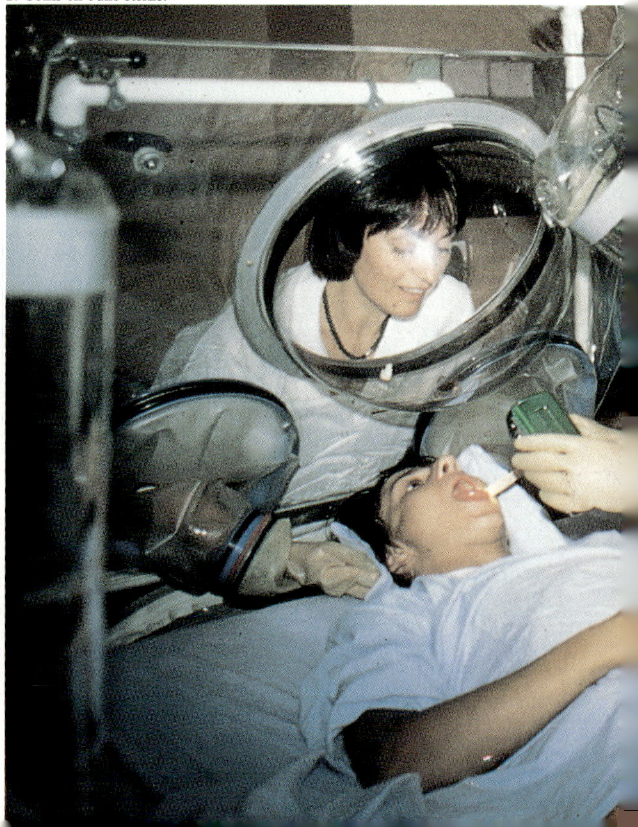

Variations structurelles

LES PAYS OCCIDENTAUX ONT CONNU UNE ÉVOLUTION SPECTACULAIRE DU NIVEAU DE SANTÉ EN DÉPIT D'UNE DIVERSITÉ DANS LES SYSTÈMES DE SOINS.

Une très grande similitude caractérise l'état de la santé dans les pays occidentaux : mortalité infantile inférieure à 10 ‰ dans les pays les plus riches et espérance de vie supérieure à 75 ans, techniques et équipements de diagnostic et de soins, qualité de formation des agents médicaux (médecins et infirmières), programmes des études. Les références à une déontologie médicale, constamment réaffirmées, s'expriment dans la tradition, dans les dispositions du code international issues des procès de Nuremberg (1947), à travers les comités d'éthique internationaux et nationaux.

Les différences apparaissent surtout dans la structure de distribution des soins et le mode de financement des dépenses de santé. Aux États-Unis, ceux-ci reflètent la liberté et le pragmatisme du pays : il n'existe pas d'assurance maladie obligatoire, l'employeur proposant une gamme variée de couverture sociale dans laquelle l'employé choisit. Les assurances ont une vocation soit commerciale, soit non lucrative (certaines sont nées des syndicats ou d'associations diverses). Les prix des soins se discutent entre assurances et médecins. Les hôpitaux appartiennent en majorité à des organismes privés à but non lucratif. La liberté du choix du praticien est le principe de base de même que la liberté d'installation du médecin. Cependant, l'intervention de l'État fédéral se manifeste depuis 1965 par la création du « MEDICARE », institution d'assurance pour les personnes âgées (65 ans), du « MEDICAID », programme d'assistance aux catégories sociales défavorisées, et, en 1972, par les contrôles de qualité des soins fournis aux patients qu'assure la *Professional Standard Review Organization* (PSRO). D'inspiration orientale, les *Health Maintenance Organizations* (HMO) pratiquent un paiement forfaitaire des soins. Dans le Royaume-Uni, la santé est régie, depuis 1948, par le *National Health Service.* La structuration géographique sanitaire découpe la Grande-Bretagne en 90 zones de 650 000 habitants, divisées en districts de 250 000 personnes. La planification sanitaire se fait au niveau de chaque zone. Les médecins et soignants sont salariés de l'État. Les patients peuvent choisir au départ leur médecin et s'inscrire sur sa liste. Dès lors, le médecin généraliste est la seule voie d'accès aux consultations de spécialistes et aux hospitalisations. La médecine est gratuite pour le patient. Cette situation a provoqué l'émigration de nombreux médecins et des attentes d'accès aux soins pour les patients. En Suède, une grande importance est accordée aux centres hospitaliers, dont la majorité sont propriétés des conseils généraux des départements, véritables pivots de distribution des soins. Le choix du médecin est libre, la rémunération des soins est faite par les pouvoirs publics avec un « ticket modérateur » payé par le patient. Une médecine libérale, minoritaire, persiste dans les grandes villes ; la possibilité est donnée aux médecins salariés d'exercer une activité libérale de 12 heures par semaine. En Allemagne, les soins sont gratuits pour le malade. Les dépenses sont couvertes par des caisses d'assurances (1 500) indépendantes, contrôlées ou gérées paritairement par les employeurs et les assurés. La France, la Belgique, l'Espagne ont un système public de financement et de distribution des soins, qui agit en coopération et en concurrence avec un système libéral de soins et de prévention. •

Les progrès de santé

LES PROGRÈS DE SANTÉ PEUVENT ÊTRE MESURÉS CHEZ L'INDIVIDU ET LES COLLECTIVITÉS ET REVÊTENT DEUX ASPECTS, QUANTITATIF ET QUALITATIF.

Les progrès quantitatifs, c'est-à-dire la diminution des taux de décès, des maladies, des séquelles, découlent surtout de l'organisation générale du système de santé. Les découvertes et les mises au point thérapeutiques (prévention des maladies contagieuses, détection précoce, études épidémiologiques, consensus sur les traitements les plus efficaces) participent à l'amélioration. Le réseau médical, la précocité des soins d'urgence par les S.A.M.U., la formation continue des médecins, etc., complètent cette action. Par ailleurs, ce progrès se fonde sur les acquis des sciences de l'organisation et de la technologie (des moyens de communication et informatiques notamment).

Les progrès qualitatifs, liés aux avancées sur l'étiologie et la thérapeutique, reposent sur la motivation et la valeur de la recherche. Le moteur fondamental en est la passion des chercheurs pour faire reculer l'inconnu. Dans le déroulement de ce progrès, on peut décerner deux grandes phases : la première, née avec les travaux de Louis Pasteur, se caractérise par un combat avec « l'ennemi extérieur » (maladies bactériennes et parasitaires). Les résultats ont été remarquables tant dans l'identification des agents pathogènes (maîtrise de la tuberculose, du paludisme) que dans la prévention et la thérapeutique (vaccinations, antibiotiques et mesures d'hygiène sanitaire, assainissement des sites parasitaires). Cette action se poursuit mais une autre ambition s'est fait jour. La seconde phase est née des progrès de la chimie biologique, de la biologie cellulaire et de la génétique. Elle a pour objectif de s'attaquer à « l'ennemi intérieur », c'est-à-dire aux imperfections originelles ou acquises de l'organisme (par exemple, anémies, affections rhumatismales, diabète juvénile, mongolisme, ou même certains cancers). L'origine héréditaire de ces affections est attestée par des études de pathologie familiale. Pour certaines, on commence à localiser précisément, sur un ou plusieurs gènes, des séquences responsables. Dans une variété particulière de maladies, dites auto-immunes, les mécanismes transforment une réaction de défense normale de l'organisme en réaction agressive pour ce même organisme. Des voies thérapeutiques prometteuses sont ouvertes. On annonce une intervention sur les gènes, véritable « chirurgie génétique ». La réussite de cette médecine dépend beaucoup des approches pluridisciplinaires convergentes de la recherche au plan théorique. En même temps, au plan pratique, apparaissent indispensables la coopération et la concurrence des organismes de recherche, tels les laboratoires universitaires, les instituts et les laboratoires de recherche de l'industrie pharmaceutique. Tout aussi importants se révèlent les choix philosophiques : quelle société humaine ? et moraux : jusqu'où aller ? •

→ **Voir aussi :** Médecine et société, **SOCIO**, p. 472-473. **L'épidémiologie, MED**, p. 248-249. **La protection sociale, MED**, p. 404-405.

3. Cœur artificiel.

Nouvelles technologies du soin

L'utilisation de nouveaux matériaux tolérés par le corps humain a ouvert de nouvelles perspectives, tel le cœur artificiel (3). Des techniques précises et complexes permettent d'obtenir des succès thérapeutiques dans des maladies jusqu'alors incurables. L'appareillage stéréotaxique (1) assure une précision inégalée dans l'accès chirurgical au cerveau. Les bulles stériles (2) permettent la survie de personnes atteintes de défaillance du système immunitaire, qui les laisse sans défense à l'égard des infections.

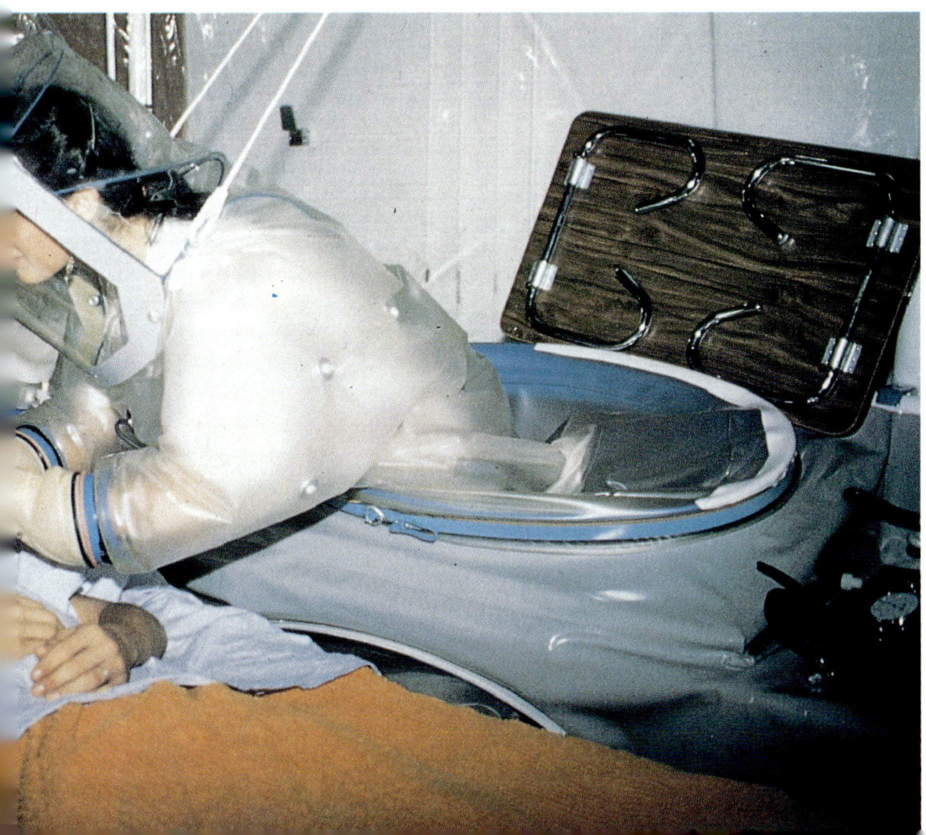

Les industries pharmaceutiques

La part du chiffre d'affaires consacrée à la recherche pharmaceutique était, en 1986, de 15,5 % en Allemagne fédérale, 14,7 % aux États-Unis, 12,5 % en France et 10,5 % au Japon. En France, l'industrie pharmaceutique vient au troisième rang, après la construction aéronautique et le matériel électronique. Les autres industries ont des investissements inférieurs à 6 % du chiffre d'affaires. Les effectifs affectés à la recherche et au développement sont de l'ordre de 15 % des effectifs totaux.

Les emplois dans ce secteur exigent un haut niveau de connaissances. En 1987, ils se répartissaient en 18,2 % pour les cadres, 17,6 % pour les techniciens, 19,3 % pour les agents de maîtrise, visiteurs médicaux et V.R.P. et 45 % pour les ouvriers et employés. (Source : Industries pharmaceutiques 1989 et ministère de la Santé.)

Les grands problèmes de santé publique

CET « ÉTAT COMPLET DE bien-être physique, mental et social » qu'est la santé selon l'O.M.S. ne peut être obtenu que par la volonté politique des États qui fournissent à l'individu, au besoin par voie de réglementation, des moyens d'être acteur de sa propre santé. Les actions de santé publique supposent qu'on précise les buts et les moyens adaptés à la situation sanitaire d'un pays, à ses conditions économiques, sociales et culturelles.

On oppose généralement pays sous-développés, où prédominent mortalités infantile et juvénile, malnutrition, maladies infectieuses et parasitaires, et pays industrialisés, où les principales causes de décès sont les maladies dégénératives et de surcharge, le cancer et les maladies cardio-vasculaires. En fait, ce schéma ne prend pas en compte les méfaits universels de la drogue, du tabac et de l'alcool, les maladies professionnelles et les accidents du travail, les morts violentes par accident de la circulation ou de la vie domestique, les suicides, les détresses psychologiques liées à l'adolescence, au chômage, à la pauvreté ou aux nouveaux modes de vie.

Les organismes de santé publique nationaux ou internationaux déterminent les moyens de garantir à tous le droit à la santé. Ils font admettre ces moyens par les États et en contrôlent l'application.

Dans une première phase, l'Organisation mondiale de la santé a impulsé la mise en place d'un réseau d'hôpitaux, de centres de soins et de formation des professionnels de la santé. Elle a ensuite, depuis la conférence d'Alma-Ata en 1978, mis l'accent sur le caractère prioritaire de la prévention et de l'éducation sanitaire. Actuellement, elle insiste sur la nécessité d'éviter les comportements antisociaux et d'inciter chaque citoyen à être responsable du maintien de sa santé. Ainsi, à la lutte contre la maladie sont associées une meilleure hygiène de vie, la recherche d'un meilleur environnement, une action éducative pour la santé. La diminution des mortalités infantile et juvénile, l'allongement de la durée de vie, le contrôle et l'éradication de certaines maladies (variole) sont les résultats les plus tangibles de la politique de santé publique mise en œuvre depuis la Seconde Guerre mondiale.

Organismes internationaux

nom	*date de création*	*siège*	*objectif*
O.M.S. Organisation mondiale de la santé	22 juillet 1946 A fait suite à l'Office international d'hygiène (Paris 1907) et à l'Organisation d'hygiène de la Société des Nations (1923)	Genève	Amener tous les peuples au niveau de santé le plus élevé possible
FAO Organisation pour l'alimentation et l'agriculture	16 octobre 1945	Rome	Améliorer le développement agricole. Apporter une assistance technique aux pays en voie de développement. Améliorer le revenu et le niveau de vie des populations rurales
Unicef Fonds des Nations unies pour l'enfance	11 décembre 1946	New York	Aider et protéger les enfants et promouvoir leur développement. Intervient dans plus de 12 pays en voie de développement en faveur de 1,3 milliard d'enfants de 0 à 5 ans

Organismes français

nom	*date de création*	*siège*	*objectif*
I.N.S.E.R.M. Institut national de la santé et de la recherche médicale	juillet 1964 Fait suite à l'Institut national d'hygiène (1941)	Paris	Mettre les sciences biologiques et médicales au service de la communauté
C.N.R.S. Centre national de la recherche scientifique	octobre 1939	Paris	Consacre un quart de son activité à la recherche biomédicale

Reconnaissance des problèmes

AUX ACTIONS DE SOINS DOIVENT ÊTRE ASSOCIÉES LES ACTIONS DE DÉPISTAGE ET DE PRÉVENTION AINSI QUE LA PROMOTION DE NOUVEAUX COMPORTEMENTS.

L'établissement du bilan sanitaire d'une population est le préalable nécessaire à toutes les actions de soins et de prévention. Les enquêtes embrassent les conditions climatiques, écologiques, démographiques, culturelles et économiques dans une région donnée. Par ailleurs, avant de choisir les priorités d'action et les modalités d'évaluation de leurs effets, on recense les possibilités des structures de soins. Dans les pays industrialisés, les objectifs de santé de l'O.M.S. sont le plus souvent déjà dépassés. Pour les pays en voie de développement, ils sont fixés de la façon suivante : alphabétisation de plus de 70 % de la population, eau potable à domicile ou à moins de 15 minutes de marche, disponibilité de 100 médicaments essentiels. Un personnel qualifié pour les grossesses, les accouchements et les soins aux enfants jusqu'à un an doit aussi permettre d'assurer les vaccinations contre la diphtérie, le tétanos, la coqueluche, la rougeole, la poliomyélite, la tuberculose. Dans ces conditions, on peut espérer une durée de vie supérieure à 60 ans et une mortalité infantile inférieure à 10 ‰.

Aux actions de soins doivent être associés les efforts de dépistage et de prévention. Le *dépistage* permet de reconnaître une maladie avant la survenue de signes ou de symptômes, ce qui assure une action thérapeutique efficace avant les possibles complications. Le cancer, l'hypertension artérielle en sont les exemples les plus connus. Les *actions de prévention* interviennent en amont : ici, la réduction de consommation de tabac ou d'alcool diminue le risque de cancer du poumon ou de cirrhose du foie, la lutte contre la vitesse réduit les accidents de la circulation ; ailleurs, la lutte contre la sous-alimentation et les carences est prioritaire, avec les actions éducatives.

À la bonne santé physique doit être associée la recherche du bien-être moral pour une vie sociale de qualité, économiquement productive. La salubrité de l'habitat et des conditions de travail (afin d'éviter les accidents et les maladies professionnelles), une meilleure nutrition, la prévention des accidents domestiques sont autant d'objectifs que les organismes de santé publique définissent et cherchent à atteindre. •

1. Vaccination individuelle contre la variole (Paris, 1907).

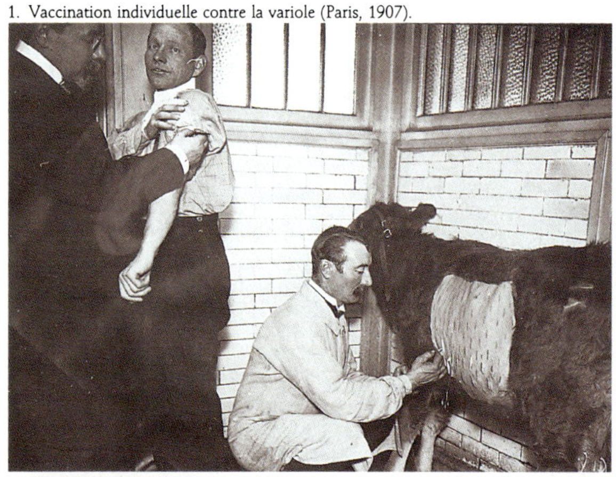

2. Vaccination de masse par pistolet injecteur.

Les moyens d'action

LA SANTÉ PUBLIQUE, ŒUVRE DE SOLIDARITÉ, CONCERNE LA COMMUNAUTÉ ET CHACUN DOIT POUVOIR BÉNÉFICIER DES EFFORTS FAITS POUR LA GÉNÉRALISATION ET L'ACCESSIBILITÉ DE SOINS EFFICACES.

Les médecins et les professionnels de santé dispensent les soins, et la première mission d'un État est d'assurer leur formation en nombre suffisant. Ils participent aux activités de prévention primaire, individuelle et collective, qui réduisent l'incidence des maladies ; ils coopèrent aussi avec les autres techniciens de santé : épidémiologistes, toxicologues, économistes... La réglementation permet d'imposer et de faire appliquer des mesures d'intérêt général. C'est à elle que l'on doit les progrès de l'hygiène publique, l'efficacité des vaccinations rendues obligatoires, l'organisation de la protection maternelle et infantile et de la médecine du travail. Elle est complétée par une information, des mesures incitatives, des injonctions ou des propositions venant d'organismes nationaux ou internationaux. L'individualisme ou l'indifférence des populations doivent être surmontés par des campagnes d'information ou de dépistage nationales ou régionales, qui bénéficient du soutien des médias. La réceptivité aux problèmes de santé est le résultat d'une éducation entreprise dès l'école, où l'enfant doit prendre conscience que sa santé dépend en partie de sa propre volonté.

Agir suppose des moyens financiers qui conditionnent les choix et les résultats. Les pays industrialisés, qui consacrent plus de 10 % de leur P.N.B. à la santé, ont peine à gérer un budget que ne suffisent plus à financer les cotisations et l'impôt. Face à l'accroissement des besoins et au vieillissement de la population, il faut désormais choisir les actions les plus utiles. De nombreux pays en voie de développement, au contraire, sont loin de consacrer à la santé les 5 % du P.N.B. qui représentent un seuil minimal de dépenses. L'efficacité impose que les moyens soient justement répartis entre les régions et les individus, et qu'ils soient adaptés aux situations locales. L'établissement d'un plan d'action doit être approprié à la situation de chaque région et prendre en compte l'ensemble des besoins. L'aide internationale, enfin, est tout aussi utile lorsqu'elle offre de nouvelles technologies médicales que lorsqu'elle construit une route qui désenclave un village ou un dispensaire. L'épandage de D.D.T. est parfois plus efficace contre le paludisme que la construction d'hôpitaux.

Les habitudes culturelles, sociales, familiales et religieuses doivent être prises en compte dans la stratégie de santé, mais le respect des coutumes ne dispense pas d'un changement progressif de mentalités ou même de détecter et éliminer les pratiques nocives pour la santé. •

3. Le sport à l'école, éducation pour la santé.

Deux exemples contradictoires

LA VARIOLE EST LA PREMIÈRE MALADIE INFECTIEUSE ÉRADIQUÉE. L'ALCOOLISME ÉTEND SES RAVAGES AUX PAYS SOUS-DÉVELOPPÉS. LES MOYENS D'ACTION DIFFÈRENT SELON LES SITUATIONS.

La variole était une maladie infectieuse, caractérisée par une éruption vésiculaire et pustuleuse due à un poxvirus. Le Somalien Ali Maow Maalin, guéri de la variole en 1977, est le dernier malade recensé. Responsable d'autant de morts que la peste (plus de 60 millions de victimes), la variole a fait l'objet de la première vaccination par Jenner en 1796, ce qui a fait d'emblée chuter la mortalité de 10 % à 1 %. La fabrication industrielle du vaccin a permis en 1950 d'entreprendre un programme mondial de vaccination massive dont le caractère obligatoire a contribué au succès après 30 ans de lutte. L'éradication complète a été proclamée en 1980.

La santé pour tous en Europe en l'an 2000

Les objectif de l'O.M.S. pour l'an 2000 en Europe sont très précis : réduire les disparités sanitaires d'au moins 25 % ; réduire les taux de mortalité infantile à moins de 20 pour 1 000 naissances et de mortalité maternelle à moins de 15 pour 100 000 naissances vivantes ; réduire la mortalité cardio-vasculaire avant 65 ans d'au moins 15 %, la mortalité par cancer dans les mêmes proportions et la mortalité par accident de 25 % ; enrayer la progression du suicide en inversant la tendance actuelle croissante ; éliminer sept maladies infectieuses (rougeole, poliomyélite, tétanos du nouveau-né, rubéole congénitale, diphtérie, syphilis congénitale, paludisme) ; augmenter de 10 % au moins la durée de vie moyenne, qui devrait atteindre 75 ans.

Ces objectifs nécessitent la lutte contre les pollutions, la salubrité de l'habitat et des lieux de travail et la distribution des ressources selon les besoins.

L'alcool, consommé avec modération, est compatible avec une bonne santé. Il est aussi le toxique le plus consommé dans le monde, 3e cause de mortalité en France, impliqué dans 30 % des accidents de la route. L'alcoolisme menace 3 000 000 de buveurs excessifs non seulement dans leur santé, mais aussi dans leur vie familiale et professionnelle. Il n'existe pas de médicament spécifique contre les méfaits de l'alcoolisme. Les mesures coercitives, la prohibition ont toujours échoué. Pourtant, il existe des mesures efficaces, qui ont pu être appliquées dans certains pays. La santé publique est à la charnière entre les mesures d'incitation et les réglementations contraignantes, qui doivent être associées pour être efficaces. La consommation d'alcool a diminué en France de 25 à 19 litres par an et par habitant en 10 ans. Ces résultats, même modestes, montrent qu'une action éducative efficace est possible. Elle nécessite la définition des objectifs et la persévérance dans la mise en œuvre des moyens. •

Résultats

TOUTE ACTION DE SANTÉ NÉCESSITE, APRÈS LE CHOIX DES PRIORITÉS, LA PERSÉVÉRANCE DURANT DES ANNÉES. IL FAUT AUSSI ÉVALUER SON EFFICACITÉ.

L'évaluation des stratégies de santé publique utilise des indices répertoriés dans l'annuaire de statistiques sanitaires mondiales annuelles de l'O.M.S. Par négligence ou manque de moyens, les indices de mortalité et de morbidité (nombre de personnes touchées par telle ou telle maladie) ne sont pas fiables dans tous les pays. Cependant, les informations statistiques vont en s'améliorant et permettent d'étudier les tendances évolutives de ces indices. La mortalité infantile, indice le plus important, est considérée comme l'indicateur de l'état sanitaire et du niveau social et économique d'un pays. Les taux de mortalité avant 1 an et avant 5 ans varient du simple au double quand on passe des pays industrialisés aux pays à revenu intermédiaire, mais il existe encore le même rapport entre ces derniers et les pays les moins avancés. Pourtant, l'évolution de ces indices mesure les progrès réalisés depuis 1950, et les projections jusqu'en 2025, qui montrent une différence moindre mais persistante, ne tiennent pas compte des efforts en matière de soins de santé primaires déjà entrepris dans ces pays.

Que 50 millions d'individus meurent chaque année dans le monde paraît un chiffre normal au regard de la population. Mais 15 millions de décès concernent des enfants âgés de moins de 5 ans, qui meurent de maladies infectieuses (la plupart évitables par les vaccinations), parasitaires, ou de diarrhées aiguës (graves chez les enfants dénutris). La tuberculose, peu fréquente dans l'hémisphère Nord, concerne encore 1,6 milliard d'individus porteurs du bacille. La mortalité par maladies cardio-vasculaires a diminué de moitié depuis 30 ans aux États-Unis. Elle concerne 2,4 millions d'individus, essentiellement dans les pays riches avec, ici aussi, des valeurs variant du simple au double selon les pays. Les taux de mortalité sont corrélés avec les habitudes tabagiques ou nutritionnelles, l'obésité ou la sédentarité.

Les progrès en matière de santé sont considérables et les efforts s'orientent maintenant vers le maintien d'une qualité de vie pour les personnes âgées. L'étude du sida apparaît exemplaire dans l'histoire de la santé publique pour la rapidité avec laquelle la stratégie de lutte a été élaborée. Le recueil des données épidémiologiques, l'aide à la recherche fondamentale et industrielle, la réglementation concernant le dépistage, la création d'unités hospitalières spécifiques ont été organisés très rapidement après la découverte de la maladie. L'objectif de l'O.M.S. « la santé pour tous d'ici l'an 2000 » implique une répartition équitable des ressources de santé. Il ne sera atteint que si les « soins de santé primaires » – jugés à Alma-Ata en 1978 comme les plus aptes à conduire vers ce but – sont pleinement mis en œuvre. Cependant, tout résultat peut être compromis par l'évolution souvent imprévisible des maladies existantes ou par l'apparition de nouvelles maladies. •

→ **Voir aussi :** L'épidémiologie, **MED**, p. 248-249. De la prévention au mieux-être, **MED**, p. 394-395.

Santé de l'individu. Santé de la communauté

Les découvertes médicales profitent d'abord à l'individu avant d'être diffusées à l'ensemble de la communauté. Les premières vaccinations, comme celle de la variole (1), étaient préparées dose par dose. L'industrialisation, la création de chaînes de froid permettent les vaccinations en série grâce à des pistolets injecteurs (2). Les campagnes de soins ou de vaccinations faites sur les lieux de vie sont l'occasion d'apprendre à la population de nouvelles règles d'hygiène et de former le personnel de santé. *Mens sana in corpore sano,* un esprit sain dans un corps sain : l'éducation aux sports entreprise dès l'école (3) est un élément de la santé publique. Le sport est un moyen de lutter contre la sédentarité et de prévenir de nombreuses maladies. Il est aussi un moyen thérapeutique de rééducation.

Sida et infections opportunistes

COMME TOUTES LES CARACtéristiques microbiennes, la virulence des germes peut évoluer. Cette évolution dépend des caractères propres du germe et de la qualité des défenses immunitaires de l'individu. Elle dépend aussi des moyens de lutte contre l'infection. Ceux-ci peuvent avoir des conséquences différentes : dans le meilleur des cas ils aboutissent à l'éradication de la maladie, dans le pire ils peuvent susciter des variétés plus résistantes du germe ou même l'émergence de micro-organismes très rares ou non rencontrés jusque-là. Certaines infections, inconnues au début des années 1980, ont pris une place essentielle dans les préoccupations des professionnels de la santé. En ce sens, ces maladies sont actuelles, comme l'ont été la tuberculose dans les années 1920 ou la poliomyélite dans les années 1950. C'est le cas aujourd'hui du sida. Elles ont plusieurs points communs : leur caractère universel, leur évolution sous forme d'épidémie mondiale, leurs conséquences dévastatrices, dues aux moyens limités que la médecine a à leur opposer, et l'anxiété, voire l'angoisse qu'elles génèrent dans la population générale. Le sida possède toutes ces caractéristiques par excellence, d'autant qu'il a réactivé dans son sillage une série d'infections que l'on croyait éteintes ou en voie d'extinction.

La communauté scientifique internationale s'est attelée à la tâche de juguler le sida. Il est probable que le moyen le plus efficace sera un vaccin qui devrait être mis au point avant 2000, mais dès maintenant des thérapeutiques font preuve d'efficacité dans la prévention ou la cure des infections opportunistes.

1. Enfant roumain atteint de sida.

Le sida, ennemi public numéro 1

AU 31 MAI 1990, L'ORGANISATION MONDIALE DE LA SANTÉ A ENREGISTRÉ OFFICIELLEMENT 263 000 CAS DE SIDA DANS LE MONDE.

En 1981, à New York, San Francisco et Los Angeles, une maladie infectieuse fait des ravages parmi des hommes jeunes et presque tous homosexuels. Une nouvelle maladie est née, le syndrome immunodéficitaire acquis *(sida,* en angl. *aids).* Bientôt, on s'aperçoit que la maladie est universelle et atteint des groupes d'individus bien définis. Le virus de l'immunodéficience humaine a été isolé en 1983 par une équipe française de l'Institut Pasteur de Paris, puis en 1984 aux États-Unis. En 1986, un virus analogue est découvert en Afrique de l'Ouest, appelé V.I.H.2. Le V.I.H. (en angl. HIV) a une affinité pour les lymphocytes T4, sous-groupe de lymphocytes dont le rôle est capital dans l'immunité cellulaire. De ce fait, les individus infectés par le V.I.H. deviennent ultérieurement la proie de nombreux germes. L'introduction du V.I.H. dans l'organisme humain suscite la production d'anticorps mis en évidence par des tests de laboratoire : on dit que l'individu est séropositif. Une deuxième étape est l'apparition chez certains de ces sujets, plus ou moins longtemps après l'inoculation du V.I.H., de maladies qui témoignent de la destruction de leurs défenses immunitaires : c'est la phase du sida proprement dit.

Dès le début de la maladie, des groupes à risques ont été reconnus, en Amérique et en Europe de l'Ouest. Le sida touche, pour 65 %, des homosexuels de sexe masculin, les toxicomanes par injections intraveineuses pour 30 %, les malades ayant été transfusés, et tout particulièrement les hémophiles, pour 2 %. Les enfants nés de mère séropositive sont infectés dans plus de 60 à 70 % des cas. Ainsi, en Occident, la maladie est masculine de façon prépondérante, le virus infectant la population hétérosexuelle dans une proportion de 15 %. Il semble que l'inoculation soit bien la conséquence de contacts intimes répétés mettant en contact le sang du receveur et les humeurs infectées d'un donneur. En revanche, on n'a jamais démontré que le virus puisse être inoculé lors de contacts conviviaux tels que le serrement des mains, la prise en commun de repas, etc. Il est donc raisonnable de dissiper la hantise du sida là où il ne peut exister.

La distribution de la maladie est mondiale. Au 31 mai 1990, le nombre de cas de sida communiqués officiellement à l'O.M.S. par les divers gouvernements des pays concernés est de 263 051 ; mais l'O.M.S. estime à 600 000 le nombre des sidéens et à un chiffre entre 6 et 8 millions celui des séropositifs. D'ici à la fin du siècle, les responsables de l'O.M.S. estiment que le nombre de séropositifs dans le monde atteindra 15 à 20 millions, dont 80 à 90 % seront dans les pays en voie de développement.

Schématiquement, deux conditions sont requises pour évoquer le sida : 1° l'infection par le V.I.H., 2° l'apparition d'une maladie (infection opportuniste et/ou maladie cancéreuse) témoignant d'une altération des défenses immunitaires. La liste de ces maladies a été proposée par le Center for Disease Control (CDC) d'Atlanta (États-Unis). Cette définition méconnaît la phase allant de l'inoculation du V.I.H. à l'apparition du sida, appelée improprement *pré-sida,* puisque la fréquence de passage au sida varie entre 10 et 20 %. Elle fragmente ainsi artificiellement une maladie dont l'histoire naturelle et l'évolution encore mal comprises comportent vraisemblablement une continuité. Mais son défaut principal est l'absence d'échelle prédictive de gravité. Or, pour une maladie à l'expression clinique extraordinairement variable, il est important que les médecins aient un outil d'évaluation pronostique. Il leur permettrait d'établir avec une certaine fiabilité une planification des traitements et des dépenses et de communiquer avec les malades et leurs familles. Le programme mondial de luttre contre le sida de l'O.M.S. a élaboré une classification pronostique qui comporte quatre catégories hiérarchisées : stade 1, infection asymptomatique ; stade 2, maladie bénigne ; stade 3, maladie modérée ; stade 4, maladie sévère. Elle a le mérite d'incorporer toutes les phases, depuis l'inoculation du V.I.H. jusqu'à l'entrée dans le sida avec son pronostic fatal.

2. Le préservatif est-il la seule ressource préventive ?

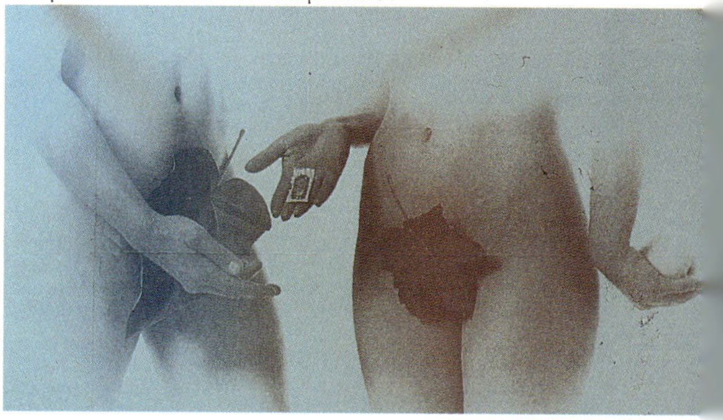

Les infections opportunistes du sida

L'IMMUNITÉ CELLULAIRE EST L'OUTIL DE DÉFENSE NATUREL. CHEZ LES MALADES ATTEINTS DE SIDA, ELLE EST DÉTRUITE : ILS NE PEUVENT PLUS LUTTER CONTRE LES GERMES OPPORTUNISTES.

Le saprophytisme, coexistence pacifique entre un individu et des microbes qui n'ont aucun pouvoir pathogène, peut évoluer vers l'infection lorsque cet équilibre écologique est rompu. Lorsque des microbes ne deviennent infectants qu'à l'occasion de déficits immunitaires, on dit qu'ils deviennent opportunistes. C'est le cas de nombre des infections qui affectent les sidéens.

Le poumon est l'organe le plus fréquemment infecté au cours du sida (40 % des malades) et le *Pneumocystis carinii* est le plus souvent en cause. Cette infection réagit favorablement à deux médicaments : l'association sulfaméthoxazole-triméthoprime et la pentamidine, mais ceux-ci sont souvent mal tolérés. La pneumocystose et sa récidive sont tellement fréquentes au cours du sida qu'il est de règle de proposer aux malades un traitement préventif au long cours par la pentamidine administrée en aérosols. D'autres germes infectent le poumon du sidéen : le *cytomégalovirus* (CMV), le *Mycobacterium aviaire* (germe exceptionnellement pathogène dans la population générale) ainsi que la tuberculose.

On estime que le système nerveux est atteint de façon plus ou moins apparente dans près de 70 % des cas de sida. La toxoplasmose du cerveau est particulièrement fréquente, se traduisant par de la fièvre, des maux de tête, parfois des paralysies ou même un coma. Le scanner est un bon examen pour son diagnostic. Cette maladie répond bien au traitement antiparasitaire. La cryptococcose neuroméningée, autrefois rarissime, est la seconde infection en fréquence du cerveau des sidéens et doit être recherchée au moindre doute. Son traitement est souvent mal toléré, il est long et parvient rarement à éradiquer l'infection. De même, la tuberculose du cerveau ou des méninges est loin d'être exceptionnelle dans le sida. L'encéphalite du sida consiste en une atrophie progressive du cerveau et se traduit par un tableau de sénilité précoce. Plusieurs virus peuvent être responsables d'une telle encéphalite, en particulier le CMV, le virus de l'herpès, et même le V.I.H., qui a une grande affinité pour les cellules cérébrales. La choriorétinite est très particulière au sida et consiste en une infection de la rétine qui peut aboutir à la cécité. Son traitement est difficile car, non dénué de toxicité, il est agressif et peut être suivi de récidives.

La candidose buccale est tellement fréquente qu'elle fait pratiquement partie du tableau du sida. Elle peut se compliquer de candidose de l'œsophage, sévère, occasionnant des brûlures lors du passage du bol alimentaire. Le malade évite, de ce fait, de s'alimenter, ce qui accentue l'amaigrissement habituel dans cette maladie. La diarrhée est également classique, relevant de multiples germes, en particulier d'un parasite appelé *cryptosporidium* dont le caractère pathogène pour l'homme a été reconnu pour la première fois dans le sida. Les ulcérations rectales dues au virus de l'herpès sont très douloureuses et fréquentes. Souvent, les infections sont disséminées dans plusieurs organes, notamment le poumon. Si la tuberculose était en voie d'extinction tant les antibiotiques qu'on lui opposait étaient efficaces, l'avènement du sida a réactualisé cette maladie : en pleine recrudescence, elle est volontiers étendue à plusieurs organes chez le même individu et peut procéder par épidémie chez les malades atteints de sida ; enfin, les cas où les antibiotiques sont devenus inefficaces s'accumulent. De même, le *cytomégalovirus* peut, de façon caractéristique, infecter le poumon, le cerveau, la rétine, le tube digestif. •

Les problèmes thérapeutiques du sida

LE TRAITEMENT DES INFECTIONS OPPORTUNISTES NE PEUT ÊTRE QUE TRANSITOIRE. LE TRAITEMENT CURATIF DU SIDA PASSE PAR LA NEUTRALISATION DU V.I.H. ET LE RÉTABLISSEMENT DE L'IMMUNITÉ CELLULAIRE.

Pour de nombreuses infections bactériennes ou parasitaires opportunistes, il existe des médicaments réputés efficaces. Le médicament doit être considéré comme un renfort permettant au système immunitaire, momentanément débordé, de « regrouper ses troupes ». Ce système est justement profondément altéré dans le sida et les antibiotiques y sont, à la longue, voués à l'échec. Les infections opportunistes résistent ou récidivent et finissent par être fatales au malade.

Les traitements des infections opportunistes virales sont souvent longs et mal tolérés. De plus, à leur arrêt, l'infection récidive fréquemment. Quant au traitement de l'infection par le V.I.H. lui-même, il n'est pas connu. Deux stratégies sont possibles. Presque tous les antiviraux qui ont été testés à ce jour inhibent la croissance du virus en laboratoire mais ne le détruisent pas. Ils ont tous une toxicité plus ou moins marquée pour l'homme. C'est l'azidothymidine, ou AZT, qui semble le plus actif. Le développement d'antiviraux plus efficaces et moins toxiques reste indispensable. Mais toutes les tentatives pour « renforcer » l'immunité défaillante du malade se sont jusqu'à présent soldées par des échecs. Pour qu'un vaccin puisse protéger de l'infection par le V.I.H., il est nécessaire que l'antigène viral principal puisse être identifié. Or, la capacité à muter rapidement et l'absence d'homologie entre divers isolats de virus sont deux des nombreuses difficultés qui font obstacle à une telle entreprise.

En attendant la découverte d'un traitement curatif, il est indispensable que l'accent soit mis sur les mesures préventives. Il est conseillé aux personnes infectées de changer leurs habitudes sexuelles, notamment par la réduction du nombre des partenaires et l'utilisation de préservatifs. Les mêmes mesures sont bien entendu à suggérer aux personnes non infectées. Dans les banques de sang, depuis quelques années, en France, tous les produits sont systématiquement testés pour le V.I.H.1 et le V.I.H.2.

Les malades du sida restent, en l'absence de traitement efficace, en danger de mort. De plus, il n'y a aucun moyen de prédire ce que deviendront les individus séropositifs, encore plus nombreux. L'anxiété, voire la peur engendrée par ces inconnues, la frustration née des échecs thérapeutiques se traduisent pour les malades par d'importantes répercussions psychologiques. Il est de la responsabilité de la communauté scientifique et des pouvoirs publics que l'information livrée au public, sans être abusivement rassurante, soit objective, simple et directe. Ainsi évitera-t-on l'intolérance antihomosexuelle et antisida observée dans certaines villes américaines et la peur irrationnelle qui pourraient imprégner les actes de la vie quotidienne. Sur le plan économique, le surcroît de dépenses occasionné par les seuls soins délivrés aux malades du sida se chiffre annuellement en milliards de francs (en 1990).

Pour le futur, il est important d'établir quelles sont les implications de la séropositivité isolée V.I.H., d'évaluer avec précision la nature du défaut immunitaire et de mettre au point des thérapeutiques. •

→ **Voir aussi :** Les virus. Aux frontières du vivant, **BIOL**, p. 60-61. Les défenses naturelles anti-infectieuses, **MED**, p. 224-225. Le traitement des maladies infectieuses, **MED**, p. 226-227. Les infections courantes, **MED**, p. 228-229. La recherche en immunologie, **MED**, p. 260-261.

3. Aspect en microscopie électronique du virus de l'immunodéficience humaine (V.I.H.1).

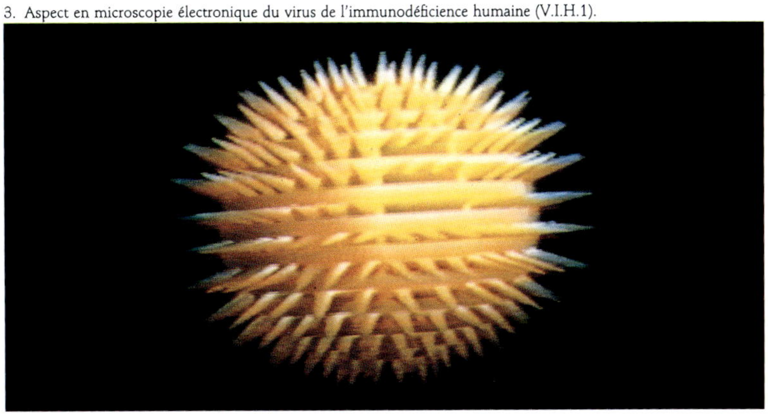

Arrêter la progression de l'épidémie

Le visage de cet enfant (1) emprisonné, victime innocente du virus dont sa mère était porteuse, exprime l'inquiétude devant la diffusion de l'épidémie. Alors que l'aspect du virus de l'immunodéficience humaine V.I.H. (3) et sa structure sont précisés, on connaît l'évolution du taux des anticorps et des lymphocytes (4), la durée de la phase où les individus sont séropositifs sans signe clinique et les raisons de la défaillance des lymphocytes et des anticorps. La diffusion mondiale de l'épidémie donne la mesure de l'effort de recherche, d'accueil et de thérapeutique à poursuivre. L'usage de préservatifs (2) est actuellement le moyen physique proposé pour lutter contre la diffusion de l'épidémie.

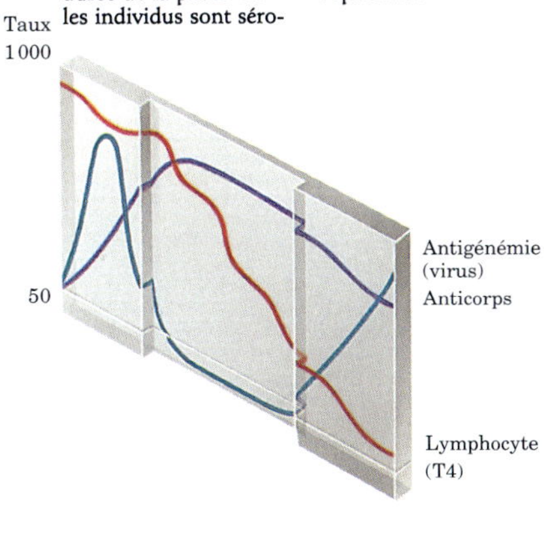

4. Modalités réactionnelles de l'organisme infecté (nombre de lymphocytes, taux d'anticorps, taux sanguin du virus).

Cas de sida recensés par l'O.M.S. au 1er juin 1990

Amérique		**Afrique**		**Europe**		**Asie**	
États-Unis	132 436	Ouganda	12 444	France	9 718	Japon	189
Canada	3 735	Zaïre	11 732	Italie	6 068	Israël	109
Brésil	10 510	Malawi	7 160	Espagne	5 295	Inde	44
Mexique	4 268	Tanzanie	6 251	R.F.A.	4 749	Thaïlande	37
Haïti	2 331	Kenya	6 004	Royaume-Uni	3 157	Liban	31
Rép. Dominicaine	1 262	Côte-d'Ivoire	3 647	Suisse	1 255	Philippines	28
Venezuela	646	Burundi	2 784	Pays-Bas	1 243	Qatar	23
Colombie	643	Zambie	2 709	Belgique	651	Hongkong	22
Argentine	605	Zimbabwe	2 357	Danemark	589	Iran	9
Bahamas	437	Rwanda	2 285	Autriche	428	Chine	3
Pérou	324	Congo	1 940	Portugal	418		
Guyane	191	Ghana	1 240	Suède	406	**Océanie**	
Guadeloupe	182	Centrafrique	662	Yougoslavie	120	Australie	1 824
		Burkina	555	Roumanie	74	Nouvelle-Zélande	160
		Afrique du Sud	418	Hongrie	36		
		Éthiopie	356	Pologne	36		
		Sénégal	307	U.R.S.S.	26		
		Angola	104	Tchécoslovaquie	23		
		Tunisie	50	R.D.A.	19		
		Maroc	45	Chypre	15		
		Égypte	16	Bulgarie	7		
		Algérie	13				

Les défenses naturelles anti-infectieuses

L'HOMME VIT DANS UN ENVIronnement où il est perpétuellement exposé à de très nombreux germes. Mais l'organisme humain est capable de se protéger contre la virulence des microbes. L'agression par un micro-organisme peut être repoussée par la barrière de la peau et des muqueuses et il ne se passe rien. Si par contre le microbe réussit à franchir cette barrière et pénètre dans l'organisme, il suscite une cascade d'événements à visée défensive. L'expression clinique de la maladie, fièvre, fatigue, étendue des tissus infectés et détruits, traduit l'importance de ces réactions. Les mécanismes alors mis en jeu sont d'une complexité croissante. Tout d'abord, une réaction immédiate commune à toutes les agressions associe, pour la destruction de l'agresseur, les cellules phagocytaires, des facteurs humoraux, l'inflammation et la fièvre. Puis, de manière retardée, une réponse plus élaborée destinée à assurer une protection spécifique et durable envers l'agent infectieux se met en place. Cette réponse est assurée par des cellules immunocompétentes, les lymphocytes B et T, et par des protéines particulières, les anticorps. Elle constitue l'immunité spécifique. Ce système conserve en mémoire le « souvenir » des infections antérieures. Il permet à l'organisme, en cas de nouveau contact avec le même agent infectieux, de court-circuiter les défenses non spécifiques, atténuant ainsi, voire supprimant les manifestations de la maladie. Enfin, les infections peuvent être combattues par des médicaments, antibiotiques, antiviraux ou antiparasitaires, dont le rôle est de contenir et de freiner la croissance du germe en attendant que le système immunitaire puisse s'organiser efficacement.

À l'inverse, quand l'immunité spécifique vient à « trop bien réagir », elle présente un inconvénient pour l'individu. Théoriquement dévolue à la reconnaissance et à la lutte contre toute substance étrangère, elle peut être déclenchée, parfois brutalement, par des substances non dangereuses pour l'organisme. C'est le cas de l'asthme, maladie allergique des bronches, ou de réactions à certains médicaments. Au maximum, ces réactions peuvent réaliser un choc anaphylactique, toujours grave, parfois mortel.

Dates clefs

1796 E. Jenner, médecin britannique, découvre le vaccin de la variole. La première vaccination a lieu le 14 mai 1796.

1847 Le médecin hongrois I. F. Semmelweis conclut à la nature contagieuse des infections obstétricales. Le lavage des mains à l'eau et au savon fait baisser le taux de ces infections de 11 % à moins de 1 %.

1878 L. Pasteur, chimiste et biologiste français, fait une communication sur la théorie des germes établissant la responsabilité de germes dans certaines maladies.

1892 Le médecin britannique P. Manson postule que les moustiques véhiculent l'agent responsable du paludisme, théorie confirmée à partir de 1895 par R. Ross.

1906 P. Ehrlich, médecin allemand, découvre qu'un médicament (l'arsénobenzène) détruit le tréponème, agent de la syphilis. Il ouvre ainsi l'ère antimicrobienne.

1928 A. Fleming, médecin britannique, découvre que certaines moisissures inhibent la multiplication des streptocoques. L'ère des pénicillines a commencé.

1978 L'Organisation mondiale de la santé (O.M.S.) déclare officiellement la variole éradiquée de la surface de la Terre.

1981 À New York, San Francisco et Los Angeles, un mal étrange atteint des hommes jeunes homosexuels. Une nouvelle maladie est née : le sida.

La peau et les muqueuses

LA BARRIÈRE ANATOMIQUE CUTANÉO-MUQUEUSE OPPOSE UNE RÉSISTANCE PHYSIQUE, CHIMIQUE ET BIOLOGIQUE AUX DIFFÉRENTS MICRO-ORGANISMES AGRESSEURS.

La peau constitue un revêtement imperméable à la plupart des micro-organismes : la pénétration d'un germe nécessite une effraction cutanée, piqûre d'insecte, plaie... Elle se renouvelle en permanence, ce qui permet aux couches superficielles de l'épiderme, qui « desquament », d'emporter avec elles certains germes microbiens.

Les muqueuses tapissent les organes creux. Elles opposent une barrière plus facilement franchissable que la peau. Les bactéries continuellement inhalées par les voies respiratoires sont en partie piégées dans le nez ou le pharynx. Les autres parviennent aux bronches. L'arbre respiratoire est tapissé par un épithélium dont les cellules sont munies de cils vibratiles qui font avancer la couche de mucus qui les recouvre à la vitesse de 5 à 20 mm/min. Ainsi, les particules engluées dans le mucus remontent pour être éliminées. La toux permet d'accélérer cette expulsion. Seules les particules de moins de 10 micromètres atteignent les alvéoles. Le tube digestif se défend contre les germes déglutis par un renouvellement rapide et continu de son épithélium. D'autres organes sont continuellement « lavés » : les voies urinaires et la vessie par les urines, l'œil par les larmes qui s'écoulent dans les voies aériennes supérieures du larynx.

L'acidité locale représente une barrière chimique qui lutte efficacement contre la multiplication des germes. Cette acidité se retrouve sur la peau, dans l'estomac ou dans les urines... Les glandes sébacées produisent du sébum, riche en acides gras, qui peut détruire certains germes. La plupart des sécrétions (larmes, salive, mucus respiratoire, intestinal...) possèdent des cellules phagocytaires qui produisent des enzymes toxiques vis-à-vis de nombreux micro-organismes. Par exemple, le lysozyme, produit par les polynucléaires et les macrophages, est capable de fragmenter la paroi des bactéries. Avant de pénétrer à travers une muqueuse, les germes s'accrochent à ses cellules. Aussi, certaines protéines (immunoglobulines A) et la fibronectine empêchent cette fixation.

Dès la naissance, la peau et le tube digestif sont colonisés par des germes peu agressifs qui réalisent une barrière biologique et participent à la lutte anticancéreuse en s'opposant à la multiplication de germes pathogènes. •

1. Traversée (diapédèse) de la paroi capillaire par une cellule de défense antimicrobienne.

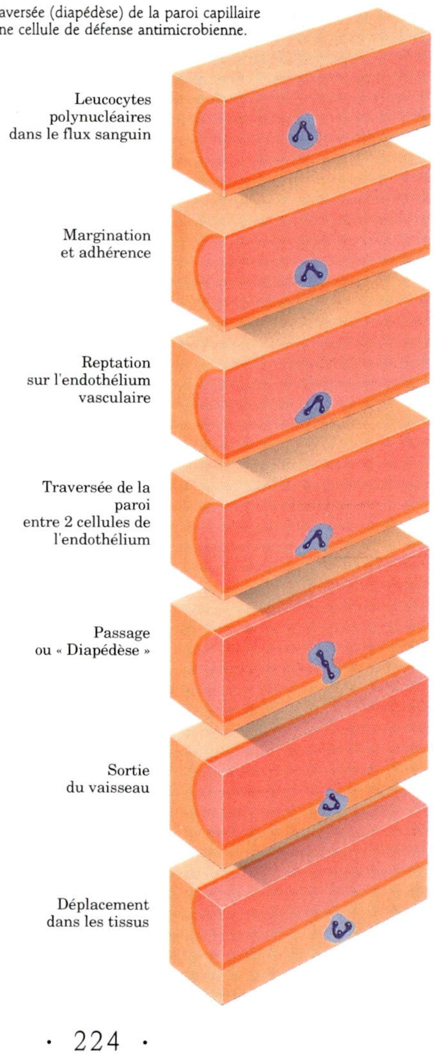

2. Prolongement protoplasmique d'immobilisation d'un micro-organisme.

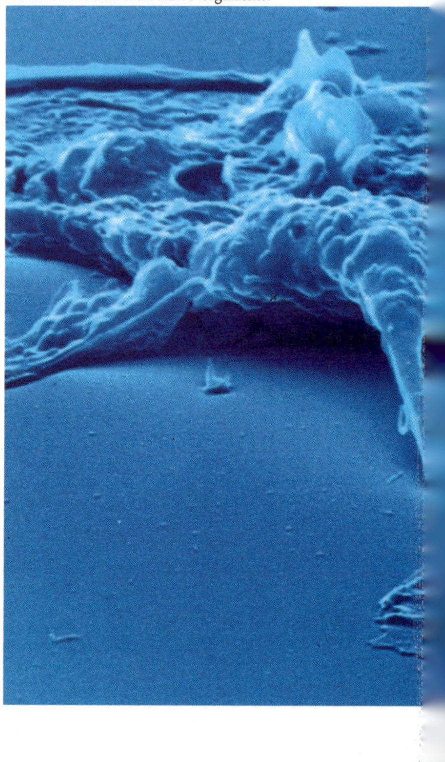

Les défenses cellulaires et humorales

SI LA BARRIÈRE CUTANÉO-MUQUEUSE EST PERCÉE, LA DÉFENSE EST ASSURÉE PAR DEUX TYPES DE MÉCANISMES.

L'arrivée dans un tissu d'un micro-organisme provoque un afflux de cellules pourvues d'un équipement enzymatique qui leur permet de « digérer » les germes. Ces cellules sont dites phagocytaires. Les premières à arriver sont les polynucléaires neutrophiles. Constituant la première ligne de défense cellulaire, ceux-ci empruntent le courant sanguin pour traverser la paroi capillaire vers le foyer infectieux : c'est la diapédèse. Une fois en présence du germe, deux situations sont possibles. Si le germe est peu « virulent », le polynucléaire peut l'absorber tout seul ; s'il est protégé par une capsule qui gêne la phagocytose, c'est la présence d'autres facteurs, appelés opsonines, qui permet au polynucléaire de l'ingérer. Après la destruction des germes, les polynucléaires meurent ; leurs cadavres forment le pus. Les macrophages arrivent plus lentement au site infectieux et possèdent un important potentiel destructeur vis-à-vis des différents micro-organismes. La rate et les ganglions, riches en cellules compétentes, se comportent comme des filtres, ils retiennent les bactéries pour les détruire tant qu'elles ne sont pas trop nombreuses ou virulentes.

L'inflammation, réponse tissulaire à toute agression physique, chimique ou infectieuse, se caractérise par une dilatation et une perméabilité accrue des petits vaisseaux sanguins qui expliquent la constatation classique : rougeur, chaleur. Elle favorise la diapédèse et donc l'afflux de cellules phagocytaires, également d'humeurs, d'où le gonflement que l'on appelle œdème. Cet œdème tissulaire permet de disperser les micro-organismes et de diluer les substances toxiques. Secondairement, on assiste à un remaniement de l'architecture tissulaire avec constitution d'une barrière de fibrine et, parfois, d'une coque d'abcès opposée à la diffusion des germes. Les facteurs humoraux constituent un système immédiat et puissant, commun à toute infection. Il est représenté par des protéines solubles sériques, telles que le « complément », la fibronectine et les cytokines. Le système du complément accélère la fragmentation des microbes. Les cytokines ont des fonctions de messager. Elles attirent les cellules au site infectieux ou sont des facteurs de croissance et de multiplication des cellules phagocytaires. Deux cytokines ont été étudiées en particulier. L'interféron a une activité antivirale propre qui diminue la multiplication du virus et induit un état de résistance antivirale des cellules non encore infectées. Le TNF (Tumor Necrosis Factor) amplifie la réaction inflammatoire. Dans les défenses non spécifiques de l'organisme, il ne faut pas négliger le rôle de la fièvre, qui contribue à freiner le développement de certains virus.

L'immunité spécifique peut être naturelle (présente à la naissance et durable), acquise après une maladie ou transférée de façon artificielle par le médecin (vaccins). Une même cellule souche est à l'origine, d'une part, des lymphocytes B, qui vont se transformer en plasmocytes et sécréter des anticorps (immunité humorale), d'autre part, des lymphocytes T, responsables de l'immunité cellulaire. L'*immunité humorale* fait intervenir des anticorps libérés dans la circulation sanguine. Un anticorps est une immunoglobuline qui reconnaît l'antigène contre lequel il est dirigé. Le couple antigène-anticorps fonctionne comme une clef et sa serrure, chaque anticorps ne pouvant se lier qu'à son propre antigène. L'immunité humorale a un rôle essentiel dans la lutte contre les germes à développement extracellulaire, c'est-à-dire la majorité des bactéries. Dans l'immunité antivirale, les anticorps spécifiques de l'enveloppe virale peuvent neutraliser le virus et augmenter sa phagocytose. Quand les virus ont pénétré dans les cellules, ils deviennent inaccessibles aux anticorps. L'immunité à médiation cellulaire représente alors le mode de défense privilégié contre les germes à développement intracellulaire, c'est-à-dire tous les virus et quelques bactéries. Les lymphocytes T ne savent pas reconnaître les antigènes bactériens. Il faut que l'antigène leur soit présenté par une cellule dite « accessoire » : c'est la coopération cellulaire. Le macrophage, cellule accessoire la plus fréquente, coopère avec les lymphocytes B dans la réaction immunitaire. •

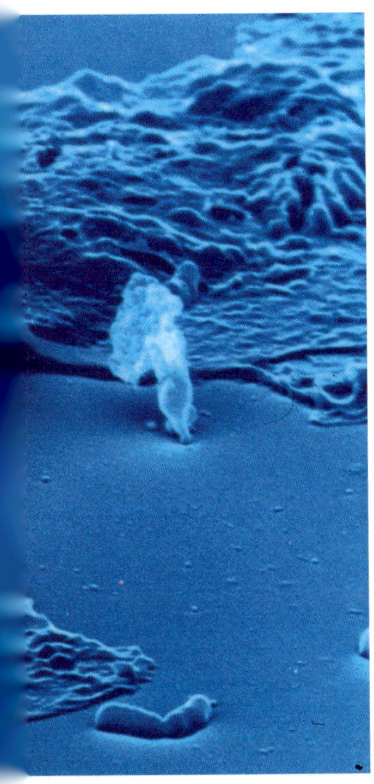

Diapédèse et phagocytose

Les défenses cellulaires de l'organisme mettent en jeu les polynucléaires pour la phagocytose et les cellules macrophages. Les lymphocytes assurent l'immunité cellulaire, la reconnaissance des agresseurs et leur destruction. La microscopie permet de saisir les phases de la diapédèse (1) où le polynucléaire sanguin sort du capillaire vers le foyer infectieux. Le prolongement du cytoplasme (2) englobe le micro-organisme infectant. Il est ensuite capté puis digéré dans une vacuole (3) de la cellule, qui neutralise ainsi l'agresseur.

3. Capture d'un micro-organisme par un polynucléaire.

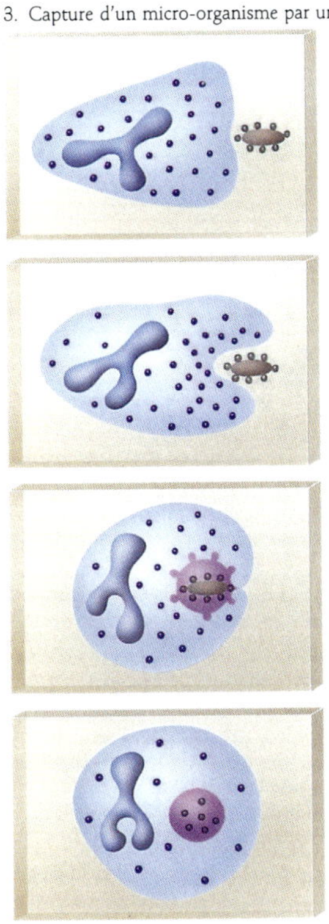

Types d'agents infectieux et parasitaires

Agents infectieux		*Maladies*
Bactéries	Streptocoques	Angine
	Clostridium tetani	Tétanos
	Pneumocoque	Pneumonie
Virus	Myxovirus influenzæ	Grippe
	Herpès virus de la varicelle et du zona	Varicelle et zona
	Paramyxovirus	Rougeole
Champignons	Candida albicans	Candidose
	Aspergillus fumigatus	Aspergillose
	Cryptococcus neoformans	Cryptococcose
Parasites	Plasmodium (vivax, falciparum)	Paludisme
	Pneumocystis carinii	Pneumocytose
	Toxoplasma gondii	Toxoplasmose
Vers	Oxyure	Oxyurose
	Tænia saginata	Ver solitaire
	Strongyloides stercoralis	Anguillulose

Les défaillances du système de défense

L'IMPORTANCE DES MÉCANISMES DE DÉFENSE CONTRE L'INFECTION EST ATTESTÉE PAR LA GRAVITÉ DES MALADIES DUES À LEUR CARENCE OU À LEUR DYSFONCTIONNEMENT.

La peau et les muqueuses ont des systèmes de protection qui limitent l'entrée des organismes pathogènes. L'importance du rôle de la barrière cutanée est évidente chez les grands brûlés, qui deviennent particulièrement sensibles aux différentes infections. À un moindre degré, toute plaie, morsure ou piqûre d'insecte est une porte ouverte aux germes. L'originalité de la muqueuse respiratoire réside dans son « tapis mucociliaire » qui lui permet d'expulser les bactéries. Au cours d'une maladie rare, le syndrome de Kartagener, l'absence de cils sur la muqueuse respiratoire diminue considérablement l'épuration. De même, tous les facteurs qui abrasent la muqueuse respiratoire, comme le tabac, accroissent aussi le risque de pneumopathies. La flore saprophyte interdit normalement l'accès aux pathogènes et sa destruction peut favoriser le développement d'infections à *Candida.* La barrière cutanéo-muqueuse peut être altérée par des obstacles sur les voies urinaires qui favorisent le développement d'infections en raison de la stase urinaire qu'ils provoquent fréquemment.

Les défenses non spécifiques ou spécifiques peuvent également être altérées. Ainsi, la granulomatose septique familiale est une maladie où l'équipement enzymatique des polynucléaires est défectueux, ce qui les rend inefficaces. Le déficit peut également être quantitatif : leucopénie (nombre de polynucléaires inférieur à la normale) ou agranulocytose (absence complète de polynucléaires), et expose à des infections bactériennes d'une gravité particulière. Les traitements par les cortisoniques à fortes doses favorisent les infections bactériennes, virales, fongiques et parasitaires, en diminuant la réaction inflammatoire et en altérant l'immunité cellulaire. Le sida (syndrome d'immunodéficience acquise) est responsable d'un déficit de l'immunité cellulaire. Le virus a une grande affinité pour les lymphocytes T4, qu'il détruit. Dans ces conditions, certains micro-organismes peu nuisibles pour les sujets à immunité intacte prolifèrent et deviennent pathogènes. Il s'agit principalement de parasites *(Pneumocytsis carinii),* mycobactéries, champignons *(Cryptococcus),* virus (cytomégalovirus). Il existe également des déficits de l'immunité humorale congénitaux (agammaglobulinémie) ou acquis (hémopathies) qui conduisent à des infections bactériennes sévères du fait du défaut de production d'anticorps.

La lutte antimicrobienne débute avec les mesures préventives : hygiène, vaccinations. Les antibiotiques ont une activité antibactérienne certaine, alors que les antiviraux n'en sont qu'au début de leur développement. Néanmoins, ces médicaments aident l'organisme à guérir de l'infection, en diminuant notablement le nombre de germes. La meilleure compréhension des mécanismes de défense a ouvert la voie à des thérapeutiques : transfusion de globules blancs en cas d'agranulocytose, mais également d'interféron produit grâce au génie génétique qui en permet l'utilisation. •

→ **Voir aussi :** Les virus Aux frontières du vivant, **BIOL,** p. 60-61. L'immunité, **BIOL,** p. 164-165. Sida et infections opportunistes, **MED,** p. 222-223. Le traitement des maladies infectieuses, **MED,** p. 226-227. La recherche en immunologie, **MED,** p. 260-261.

Le traitement des maladies infectieuses

La découverte des bactéries par Pasteur et Koch date du XIXe siècle, et celle des virus, du début du XXe siècle. Pourtant, les maladies infectieuses restent de nos jours un des principaux secteurs de la pathologie : septicémies, infections broncho-pulmonaires ou urinaires, maladies éruptives de l'enfance, mais aussi tuberculose et maladies sexuellement transmissibles. Une maladie infectieuse résulte d'un conflit entre un agent pathogène (une bactérie, un parasite ou un virus) et l'organisme, qui met en jeu ses moyens de défense. Si ces moyens sont insuffisants pour juguler l'infection, le recours à des traitements capables de détruire le germe responsable sans être nuisibles à leur hôte devient nécessaire. L'arsenal thérapeutique est très large et de nouveaux antibiotiques arrivent tous les jours, permettant au médecin d'adapter le traitement à l'état de son patient et de vaincre les résistances des germes.

C'est au XIXe siècle également que Semmelweiss met en évidence l'importance de l'hygiène : une femme sur cinq meurt alors de fièvre puerpérale, car les médecins passent directement de la salle d'autopsie à celle d'accouchement sans se laver les mains. La désinfection et la destruction des insectes, qui peuvent véhiculer des germes, sont indispensables pour rompre la chaîne de transmission de certaines infections. Mais la prévention s'impose aussi au niveau individuel, par la vaccination et l'amélioration des conditions de vie (alimentation, habitat). Ces dernières modifications, bien que moins spectaculaires que les découvertes médicales, expliquent pour une grande partie les progrès observés dans les pays occidentaux.

Les différents traitements

LES TRAITEMENTS DES MALADIES INFECTIEUSES FONT APPEL À DES MÉDICAMENTS DE CLASSES BIEN DISTINCTES : ANTIBIOTIQUES, SULFAMIDES, ANTIVIRAUX, ANTIPARASITAIRES, ANTISEPTIQUES.

Le choix du médicament doit se faire selon l'efficacité et la spécificité souhaitées, tout en tenant compte des risques de toxicité et d'effets indésirables.

Les antibiotiques se subdivisent en plusieurs familles.

Les pénicillines et les céphalosporines sont très utilisées. Certaines molécules ont un spectre d'action étroit (actives sur peu de germes), d'autres ont un spectre large et peuvent être utilisées dans de nombreuses maladies : infection urinaire, diphtérie, pneumonie, angine, méningite... De nombreux germes se sont adaptés à ces antibiotiques en fabriquant des enzymes qui les rendent inactifs. Les effets indésirables sont surtout allergiques : des malades ont pu se sensibiliser au cours de traitements antérieurs, ou encore par l'alimentation (de nombreux produits d'origine bovine contiennent des traces de pénicilline, médicament très utilisé en médecine vétérinaire).

Le chloramphénicol est l'antibiotique de choix dans la typhoïde, mais il est aussi actif dans certaines méningites. L'effet indésirable le plus grave est une atteinte des cellules sanguines.

Les tétracyclines sont des antibiotiques à large spectre d'action, utilisés dans les infections broncho-pulmonaires ou génitales, les sinusites, l'acné, la brucellose, le choléra... Leurs effets indésirables sont digestifs, cutanés (réaction après exposition au soleil), dentaires (coloration jaune des dents chez l'enfant), rénaux (pour les tétracyclines les plus anciennes), vestibulaires (vertiges).

Les aminosides et les polymyxines ont un large spectre mais sont le plus souvent réservés à des infections graves ou à germes résistants aux autres antibiotiques. Ils sont toxiques vis-à-vis de l'oreille (surdité, vertiges) et du rein (insuffisance rénale).

Les macrolides sont actifs dans les angines, les bronchites et sont souvent utilisés chez les sujets allergiques aux pénicillines. Entraînant des effets digestifs (nausées, vomissements), certains d'entre eux peuvent potentialiser la toxicité de médicaments antiépileptiques ou de la théophylline (utilisée dans l'asthme) en retardant leur dégradation par l'organisme.

Les quinolones, longtemps réservées aux infections urinaires, ont vu, avec la découverte de nouvelles molécules, leurs indications s'élargir. Elles peuvent entraîner des effets cutanés (réaction après exposition solaire), neurologiques (confusion, convulsions, surtout chez l'enfant), des douleurs musculaires et articulaires, des atteintes des cellules sanguines (plaquettes en particulier). Tous ces antibiotiques agissent en inhibant la synthèse des protéines bactériennes.

Les sulfamides ont été les premiers anti-infectieux utilisés, mais de nombreux germes leur sont devenus résistants. Ils restent employés en association avec le triméthoprime, dans les infections urinaires, bronchiques, les surinfections au cours du sida, ou seuls, dans des maladies digestives chroniques (maladie de Crohn, rectocolite hémorragique). Leurs effets indésirables peuvent être hématologiques (destruction des cellules sanguines) et cutanés (atteinte grave avec décollement en bulles de la peau).

Les antituberculeux sont des antibiotiques utilisés en association pour éviter l'apparition de résistance du bacille de Koch. Trois (ou quatre) antibiotiques sont prescrits pendant 2 mois, puis deux pendant 9 mois (ou 6 mois) dans la plupart des cas. Leur toxicité peut concerner le foie, l'œil, le système nerveux.

Les conditions du traitement

EN FONCTION DU MALADE, DU GERME, DE SA LOCALISATION, LE TRAITEMENT ANTI-INFECTIEUX EST À MODULER.

Un traitement antibactérien doit détruire le maximum de germes, sans nuire au malade. Le mécanisme d'action des anti-infectieux est varié et les germes sont plus sensibles à un produit qu'à un autre. Un prélèvement au foyer de l'infection permet d'isoler le germe et de tester sa sensibilité grâce à une batterie d'antibiotiques (antibiogramme). Pratiquement, les difficultés d'accès au site de l'infection, le délai nécessaire à l'isolement de la souche (48 h) et les erreurs dues à sa contamination par des germes non pathogènes font réserver cette technique à des infections graves ou pouvant récidiver, et d'accès facile : liquide céphalo-rachidien pour les méningites, sang pour les septicémies, urine pour les infections urinaires.

La connaissance des germes le plus souvent en cause selon le type d'infection et de leur sensibilité aux antibiotiques suffit en principe. L'antibiotique doit parvenir à bonne concentration au voisinage du germe : la pénétration de l'organe touché par l'infection dépend des propriétés du médicament. Ainsi, les aminosides ne sont pas absorbés au niveau du tube digestif et doivent être administrés par voie intramusculaire ou sous-cutanée ; les tétracyclines, les macrolides et le chloramphénicol diffusent beaucoup mieux dans les tissus que les pénicillines et les céphalosporines. L'élimination des médicaments se fait par deux voies principales, urinaire et biliaire, et, pour traiter une infection de la vésicule, on choisira des antibiotiques bien éliminés dans la bile, comme les macrolides et les ampicillines.

Le médecin choisit une voie d'administration appropriée au siège de l'infection mais aussi à l'urgence du traitement (par exemple, utilisation de la voie intraveineuse). Il détermine la dose et le rythme des prises pour avoir des concentrations efficaces. La prescription du traitement, dose et durée, doit être scrupuleusement suivie. Les risques d'incidents peuvent provenir du germe, du patient et de l'antibiotique.

Le staphylocoque et les entérobactéries deviennent facilement résistants aux antibiotiques. L'apparition de ces résistances est favorisée par les prescriptions de trop courte durée et par l'utilisation abusive des antibiotiques (élevage, industrie alimentaire...). Le germe transmet à sa descendance la faculté de résister. Parfois, cette résistance se transmet à d'autres classes de germes, ce qui est redoutable. Quelques malades tolèrent mal certains produits par suite d'une allergie (pénicillines...) ou parce qu'ils ont une insuffisance rénale (aminosides...). Pendant la grossesse, le choix d'un antibiotique non nocif pour l'embryon ou le fœtus est impératif. Enfin, tous les antibiotiques peuvent donner – heureusement très rarement – des effets indésirables variés. Il est important de les dépister très vite et d'éviter par la suite d'administrer le médicament responsable à ceux qui l'ont mal toléré.

Les situations où il faut sans hésitation prescrire un antibiotique sont bien codifiées. Il en est où un délai d'observation et des explorations complémentaires sont nécessaires (par exemple, en cas de fièvre isolée). Dans d'autres situations (par exemple, la grippe), les antibiotiques n'ont pas d'indications. Comme toujours, la prescription de ces médicaments repose sur un diagnostic précis de la maladie et une évaluation correcte des facteurs de risque présentés par le malade. La surveillance doit évaluer l'efficacité et la bonne tolérance du traitement ; elle doit aussi dépister les éventuelles complications ou rechutes de la maladie initiale. •

Calendrier des vaccinations en France

3 mois	Diphtérie, tétanos, coqueluche, polio : 1re injection.
4 mois	Diphtérie, tétanos, coqueluche, polio : 2e injection.
5 mois	Diphtérie, tétanos, coqueluche, polio : 3e injection.
12 à 15 mois	Rougeole, oreillons, rubéole.
15 à 18 mois	Diphtérie, tétanos, coqueluche, polio : 1er rappel.
5 à 6 ans	Diphtérie, tétanos, polio : 2e rappel. Rougeole, oreillons, rubéole pour les non vaccinés.
Avant 6 ans	B.C.G. obligatoire pour la vie en collectivité.
11-13 ans	Diphtérie, tétanos, polio : 3e rappel. Oreillons pour les garçons non vaccinés et n'ayant pas eu la maladie. Rubéole pour toutes les filles (même si elles ont déjà été vaccinées).
16-21 ans	Diphtérie–tétanos–polio ou tétanos–polio : 4e rappel. Rubéole pour les filles non vaccinées.
21 à 60 ans	Tétanos, polio : tous les 10 ans. Grippe, pneumococcie, hépatite virale B chez les personnes à risque.
> 60 ans	Tétanos, grippe. Pneumococcie chez les personnes à risque.

En France, seules les vaccinations contre la diphtérie, le tétanos, la poliomyélite et le B.C.G. sont obligatoires pour l'ensemble de la population.

Les antiviraux sont utilisés dans la prévention de la grippe, dans le traitement des infections à virus herpétique et dans celui du sida ou de ses complications.

Les antiparasitaires sont généralement assez spécifiques du parasite à traiter : qu'il s'agisse des ténias, des ascaris, giardias et oxyures, de la gale et des poux, pour les parasites les plus courants en région tempérée ; de l'amibiase et du paludisme, pour les maladies tropicales. Les antifongiques sont utilisés pour des maladies dues à des champignons (mycoses cutanées, génitales, digestives ou généralisées). Ils sont employés par voie locale ou générale, cette dernière voie étant utilisée dans les affections graves.

Les antiseptiques sont utilisés pour la désinfection de la peau et celle des instruments et des locaux hospitaliers. •

Les traitements préventifs

LES SÉRUMS FOURNISSENT LES ANTICORPS CAPABLES DE NEUTRALISER L'AGENT INFECTIEUX. LES VACCINS INDUISENT LA FABRICATION D'ANTICORPS PAR L'ORGANISME, D'OÙ UN CERTAIN DÉLAI D'ACTION.

Immunoglobulines et sérums sont utilisés dans la prévention de certaines maladies infectieuses chez des sujets à risque (entourage d'un malade, sujet non vacciné contre le tétanos et présentant une plaie, sujet ayant un déficit immunitaire). Il s'agit d'une immunisation passive ; les immunoglobulines sont des anticorps directement disponibles : elles forment avec l'antigène bactérien ou viral un complexe qui neutralise l'antigène. Les immunoglobulines sont préparées à partir de plasmas, très riches en anticorps, de convalescents ou de sujets hyperimmunisés. Pour éliminer tout risque de transmission virale, elles sont préparées par fractionnement. Elles peuvent être standards (polyvalentes) ou spécifiques (pour la prévention d'une seule maladie). Elles peuvent également être utilisées en traitement curatif pour atténuer les signes de la maladie (tétanos par exemple). Les sérums sont préparés à partir de plasmas non de sujets humains mais de chevaux hyperimmunisés : ils sont surtout utilisés pour prévenir le tétanos et la rage.

Les vaccins constituent une immunisation active : l'injection d'antigène entraîne une réaction du système immunitaire qui produit des anticorps. La vaccination assure une protection durable, généralement de plusieurs années. Des injections de rappel permettent de stimuler à nouveau le système immunitaire pour maintenir une quantité suffisante d'anticorps. Il existe deux groupes de vaccins : les vaccins bactériens et les vaccins viraux. Parmi les vaccins bactériens, il existe des vaccins vivants atténués (B.C.G.), des vaccins tués (coqueluche, typhoïde), des anatoxines (diphtérie, tétanos), des polysaccharides (méningite, pneumonie). De même, parmi les vaccins viraux, on distingue des vaccins vivants atténués (poliomyélite–vaccin buccal, rubéole, rougeole, oreillons, fièvre jaune), des vaccins inactivés (grippe, poliomyélite–injectable, rage, hépatite B). Certains vaccins peuvent être associés entre eux : diphtérie-tétanos-polio-coqueluche ou rougeole-oreillons-rubéole sont devenues des associations classiques. La tolérance des vaccins est généralement bonne : des réactions locales au point d'injection ou de la fièvre peuvent survenir, mais les complications graves sont exceptionnelles, très largement inférieures aux risques dus aux maladies. Lorsque l'homme est le seul « réservoir » de l'agent pathogène, une bonne couverture vaccinale des populations (fort pourcentage de sujets vaccinés) peut permettre la disparition de la maladie. C'est le cas de la variole, éradiquée dans le monde en 1978. La vaccination est donc une méthode efficace à la fois au plan individuel et au plan collectif. •

Les grands médicaments anti-infectieux

Familles d'antibiotiques	*mise sur le marché*	*nom international*	*indications*	*effets indésirables*
pénicillines	1947	pénicilline G	Infections broncho-pulmonaires ou généralisées	Urticaire, choc, convulsions
	1958	pénicilline V	Angines, impétigo, prophylaxie du rhumatisme articulaire aigu	Fièvre, urticaire, choc, troubles digestifs et hématologiques
	1965	ampicilline	Infections respiratoires, urinaires, génitales, méningées, septicémies	Fièvre, urticaire, choc, troubles digestifs et hématologiques
céphalosporines	1965 : 1re gén.	céfalotine	Infections sévères, septicémies, méningites	Allergies, troubles digestifs, accidents hématologiques, atteintes hépatiques et rénales
	1978 : 2e gén.	céfamandole		
	1980 : 3e gén.	céfotaxime		
tétracyclines	1956	oxytétracycline	Infections respiratoires, génito-urinaires	Troubles digestifs, allergies, coups de soleil. Contre-indiquées avant 8 ans et pendant la grossesse.
	1968	doxycycline	Brucelloses, rickettsioses, acné	
aminosides	1968	gentamicine	Infections sévères, rénales, uro-génitales, articulaires, septicémies	Insuffisance rénale, surdité Allergie
macrolides	1952	érythromycine	Infections courantes respiratoires hautes et broncho-pulmonaires	Interactions : théophylline, etc. Troubles digestifs, hépatiques
phénicoles	1950	chloramphénicol	Fièvre typhoïde, méningites	Accidents hématologiques Réactions toxiques du nouveau-né
sulfamides	1949	sulfamethizol	Infections urinaires	Atteintes cutanées graves Accidents hématologiques Troubles digestifs, rénaux, hépatiques, neurologiques
quinolones	1965	acide nalidixique	Infections urinaires	Troubles neurologiques et digestifs, coups de soleil, allergies
antituberculeux	1952	isoniazide	Tuberculose	Allergies, troubles digestifs, hépatiques et neurologiques
	1968	rifampicine	Tuberculose, lèpre	Troubles digestifs et hépatiques Interactions : inactivation des contraceptifs oraux et des anticoagulants
antibactériens	1959	métronidazole	Amibiases, trichomonases, infections à germes résistants	Allergies, troubles digestifs Interactions : alcool
antifongiques	1956	nystatine	Candidoses cutanées, muqueuses et digestives	Troubles digestifs
	1975	flucytosine	Mycoses sévères en milieu hospitalier	Troubles hématologiques et hépatiques. Allergies
antipaludéens	1947	chloroquine	Prophylaxie du paludisme	Troubles oculaires et neuro-musculaires
	1922	quinine	Traitement curatif du paludisme	Troubles de l'audition, allergies cutanées
antilépreux	1958	dapsone	Lèpre	Allergies, troubles digestifs, hématologiques et neurologiques

1. Antibiogramme.

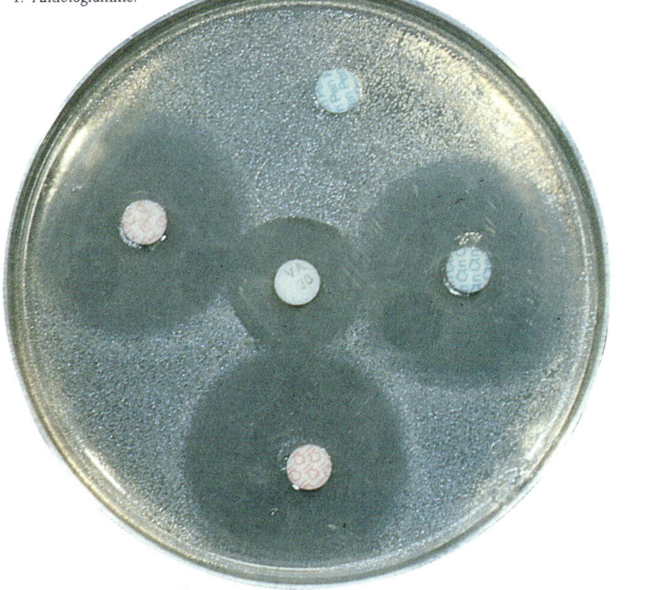

2. Taux d'anticorps dans le sang.

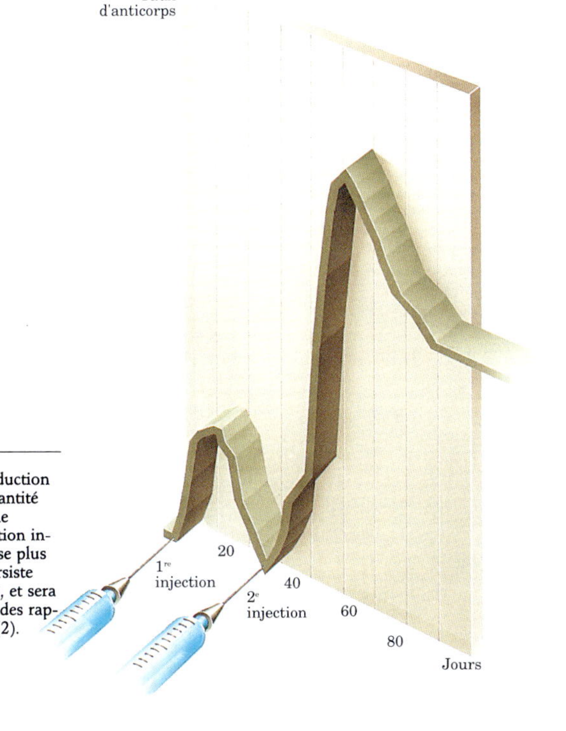

Antibiotiques et vaccins

L'antibiogramme mesure *in vitro* l'activité de différents antibiotiques sur un germe. On peut distinguer à l'œil nu les zones où certains antibiotiques, disposés sur des pastilles, ont empêché la croissance bactérienne à leur contact (1). Plus cette zone est étendue, plus le médicament est actif sur le germe. Mais le choix final du traitement devra faire intervenir bien d'autres facteurs (âge, contre-indications, siège de l'infection...).
Les vaccins, par contre, constituent un traitement préventif des maladies infectieuses (virales essentiellement). Ils font intervenir le système immunitaire de l'organisme : le sujet vacciné va fabriquer des anticorps qui lui permettront de se défendre contre la maladie pendant une longue durée. La première injection de vaccin (l'antigène) entraîne la production d'une faible quantité d'anticorps. Une deuxième injection induit une réponse plus intense, qui persiste plus longtemps, et sera maintenue par des rappels ultérieurs (2).

Les infections courantes

BACTÉRIES, VIRUS, PARAsites ou champignons inférieurs font partie intégrante de notre écosystème. Les infections résultent de l'agression d'un organisme humain ou animal par ces micro-organismes. Autant dire que non seulement elles sont inévitables mais encore qu'elles évoluent. Cette évolution est le résultat d'un équilibre entre les progrès thérapeutiques et les mécanismes de défense dont se sont dotés ces micro-organismes au fil du temps. Ainsi la fréquence ou la gravité de certaines infections sont-elles susceptibles de s'atténuer, ou au contraire d'augmenter ; certains microbes jusque-là rares ou inconnus peuvent donc émerger et donner lieu à des infections plus fréquentes et graves. Mais une chose est sûre : chaque fois que la sauvegarde de l'espèce humaine a été menacée par une infection, cette dernière a été violemment combattue par les hommes. De ce fait, la peste ou la variole ont été éradiquées alors que d'autres infections, beaucoup moins dangereuses pour l'espèce humaine, sont uniquement traitées dans la mesure où elles peuvent être source de menace ou d'inconfort pour un individu ou un groupe d'individus. Ces infections, très fréquentes, généralement bénignes, s'éteignant spontanément, constituent l'immense majorité des infections communautaires. Elles sont reconnues par leurs signes cliniques et confirmées par la mise en culture, sur milieux appropriés, du sang (hémoculture) ou des sécrétions. Cela est facile et codifié pour les bactéries, plus délicat pour les virus. Néanmoins, chez certains malades affaiblis par l'alcoolisme ou présentant des défaillances de l'immunité, ces infections peuvent constituer une menace vitale malgré la puissance des traitements disponibles actuellement.

Depuis que la nature microbienne des maladies infectieuses a été reconnue, deux découvertes ont eu un rôle capital dans leur prévention : les anti-infectieux et les vaccinations. Celles-ci, d'abord appliquées aux infections bactériennes, sont mises en œuvre pour les virus. Les parasitoses ne comportent pas encore de vaccination. En 1906 un arsenical, le Salvaisan, en 1935 le premier sulfamide, en 1941 la pénicilline marquent les premiers jalons des conquêtes thérapeutiques de la pharmacologie.

1. Mode de transmission des maladies.

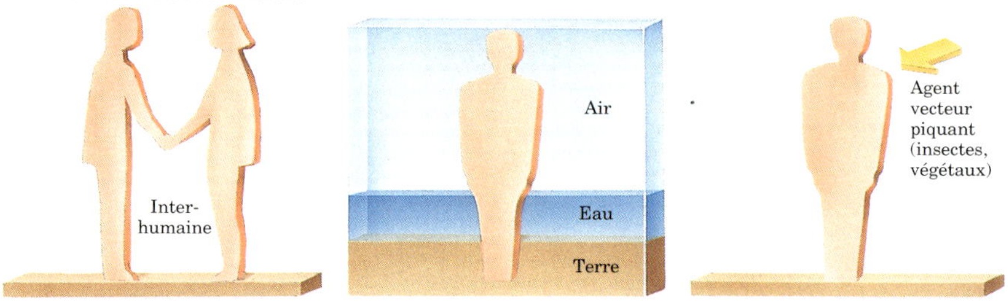

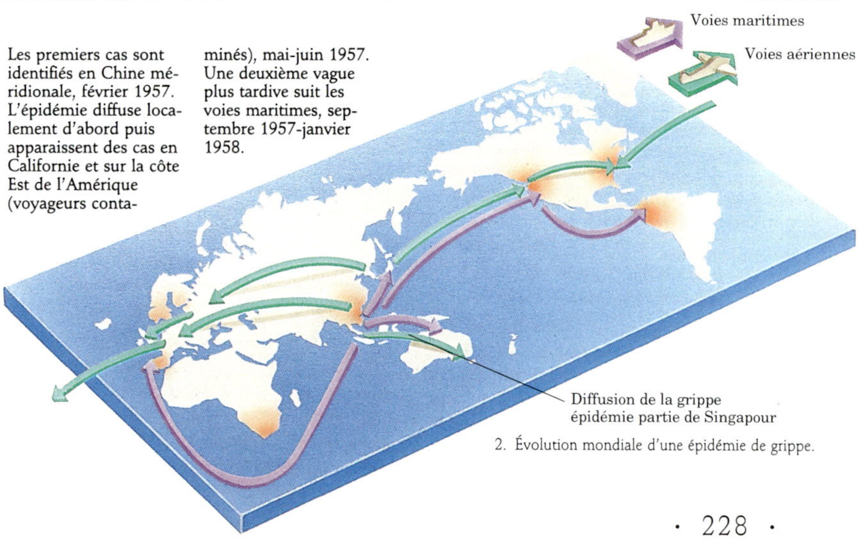

2. Évolution mondiale d'une épidémie de grippe.

Les infections communautaires

LA MAJORITÉ DES INFECTIONS COMMUNAUTAIRES, HABITUELLEMENT BÉNIGNES, SONT DUES À DES VIRUS. LE RHUME ET LA GRIPPE CONSTITUENT LES PLUS FRÉQUENTES.

Les diverses infections des voies aériennes supérieures constituent la cause essentielle de la surconsommation d'antibiotiques et de l'absentéisme scolaire et professionnel.

La rhinite, ou rhume, est d'origine virale, de distribution mondiale et de transmission interhumaine en période froide. Elle s'exprime par un écoulement et une obstruction nasale. Elle dure généralement une semaine. Le repos et des analgésiques suffisent pour son traitement. Il n'existe pas de vaccin contre le rhume.

L'angine, ou pharyngite, est une inflammation virale aiguë des amygdales. Mais, entre 5 et 15 ans, l'angine est due aux streptocoques du groupe A. Ces angines à streptocoque A se compliquaient naguère d'atteinte rénale, de rhumatisme articulaire aigu ou de lésions cardiaques, qui ne se voient plus guère grâce aux antibiotiques.

Les sinusites, généralement bactériennes, se traduisent par de la fièvre, un écoulement purulent et des douleurs sous-orbitaires, frontales, ou un gonflement des paupières. Les antibiotiques sont nécessaires dans les sinusites frontales et l'ethmoïdite (atteinte du sinus ethmoïdal).

L'otite aiguë est l'infection des cavités de l'oreille, d'origine bactérienne mais également virale. À 7 ans, près de 85 % des enfants auront fait une otite avec surdité transitoire et fièvre.

3. Trompe de moustique perforant la peau.

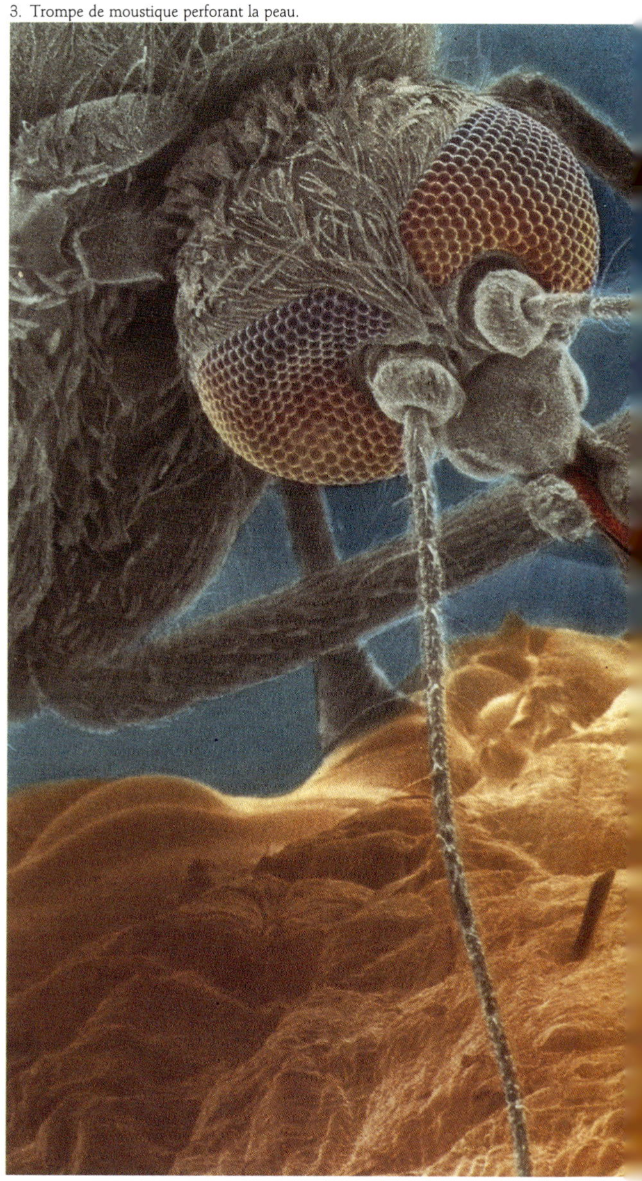

La grippe, due à un virus dont il existe trois types, A, B, C, sévit en hiver, évoluant par épidémies de 5 à 6 semaines pouvant atteindre 10 à 20 % d'une population donnée. Sa transmission est interhumaine. Le vaccin, préparé en laboratoire pour l'année en cours, ne reconnaît et donc ne neutralise pas le virus de l'année suivante « métamorphosé ». Après une incubation de 2 à 3 jours, la grippe débute par de la fièvre et des frissons, des courbatures, une grande fatigue, accompagnée de maux de tête. Pour atténuer les variantes graves de la grippe, la vaccination est préconisée chez les vieillards, chez les individus atteints d'une maladie chronique et pour le personnel hospitalier.

La pneumonie, infection du parenchyme pulmonaire, surtout après la cinquantaine, est favorisée par l'alcoolisme, la bronchite chronique et les déficits immunitaires. La pneumonie est affirmée quand, sur la radiographie pulmonaire, on peut voir une image anormale, et l'identité du germe est déduite de l'aspect radiographique, de l'état clinique du malade et de son âge. En ville, la conduite du diagnostic est donc probabiliste. Chez le nouveau-né, un germe appelé *chlamydia* est la cause la plus importante de pneumonie. Chez le petit enfant, ce sont surtout des virus. Chez le jeune enfant, la pneumonie, rare, est due à un staphylocoque, un virus ou à une bactérie appelée *Mycoplasma pneumoniæ*. À l'âge adulte, c'est encore le mycoplasme qui est le plus fréquent. À partir de la cinquantaine, le pneumocoque est responsable dans 60 à 70 % des cas. Les antibiotiques sont ainsi choisis par le médecin en fonction de ces hypothèses.

Les gastro-entérites infectieuses, dues à de nombreux agents bactériens, viraux ou parasitaires, sont généralement bénignes et passagères. Les symptômes en sont nausées, vomissements, crampes et douleurs abdominales et parfois des diarrhées.

L'appendice est une petite expansion, en cul-de-sac, du tube digestif, à la jonction entre l'intestin grêle et le gros intestin. Son inflammation (appendicite), fréquente, se manifeste par une douleur aiguë de la fosse iliaque droite, un embarras digestif et une fièvre modérée. L'intervention pour retirer l'appendice doit être pratiquée sans délai car l'appendicite, maladie bénigne, peut se compliquer d'une perforation dans le péritoine et d'une péritonite très grave.

L'hépatite virale relève de trois familles de virus appelés A, B et C. L'hépatite a la même traduction dans les trois cas : ictère (ou jaunisse), perte de l'appétit, nausées, fatigue, douleurs de la région hépatique et perturbation des tests hépatiques. Le virus A se transmet presque exclusivement par les selles et n'a jamais de conséquence chronique. Le virus B se transmet par voie sanguine et peut laisser des lésions chroniques du foie, parfois graves. La vaccination doit être proposée à tous les individus exposés à ce risque : malades hémodialysés, professionnels (médecins, infirmiers, laborantins) en contact avec les produits sanguins. Quant au virus C, récemment identifié, les travaux sont en cours pour en préciser les modes de contamination et confirmer la réputation qu'il a d'être responsable d'hépatites bénignes observées épisodiquement en France. •

Les infections à l'hôpital

LE MILIEU HOSPITALIER FAVORISE LA PROLIFÉRATION DE GERMES VIRULENTS RESPONSABLES D'INFECTIONS PLUS SÉVÈRES QUE DANS LE MILIEU COMMUNAUTAIRE ET QUI OCCASIONNENT UN SURCROÎT DE DÉPENSES.

La réalité des infections hospitalières, ou nosocomiales (du grec *nosos*, maladie, et *komeîn*, prendre soin de), et la nécessité de leur prévention sont reconnues depuis une quinzaine d'années. Elles sont contractées à l'hôpital par des malades admis pour une autre pathologie, les microbes étant introduits par les malades, le personnel ou les visiteurs. Le germe acquiert sa virulence soit par mutations et passages successifs d'un individu à l'autre, soit du fait de l'affaiblissement de l'individu qui l'héberge. La contamination est facilitée par les cathéters de perfusion (accès direct au sang), les sondes urinaires ou d'intubation, la trachéotomie, les plaies accidentelles ou consécutives à une intervention chirurgicale, les brûlures, etc. À l'hôpital, dans les unités de soins intensifs, on estime que 4 à 9 % des malades admis sont atteints durant leur séjour d'une infection supplémentaire. Les plus fréquentes sont, par ordre décroissant, les infections des voies urinaires, des plaies chirurgicales et des poumons. On estime que l'infection nosocomiale est responsable de 1 à 2,5 % des décès observés à l'hôpital. Prolongeant l'hospitalisation de quatre jours en moyenne, elles augmentent considérablement les coûts hospitaliers. Cela justifie des mesures d'hygiène contraignantes en milieu hospitalier : lavage des mains, port de vêtements stériles, sas de décontamination, précautions d'asepsie lors des soins pour éviter l'infection des personnels soignants, surveillance spéciale des prélèvements. La pathologie infectieuse était représentée par 25 à 30 % des hospitalisations dans les services de médecine avant l'ère des antibiotiques ; cette fréquence s'est abaissée à moins de 5 %, mais elle s'élève à nouveau. En effet, les germes développent souvent une résistance contre les antibiotiques qui leur sont opposés. Cette propension légitime la recherche d'antibiotiques nouveaux car les raisons des modifications de la virulence des flores microbiennes demeurent encore inconnues. •

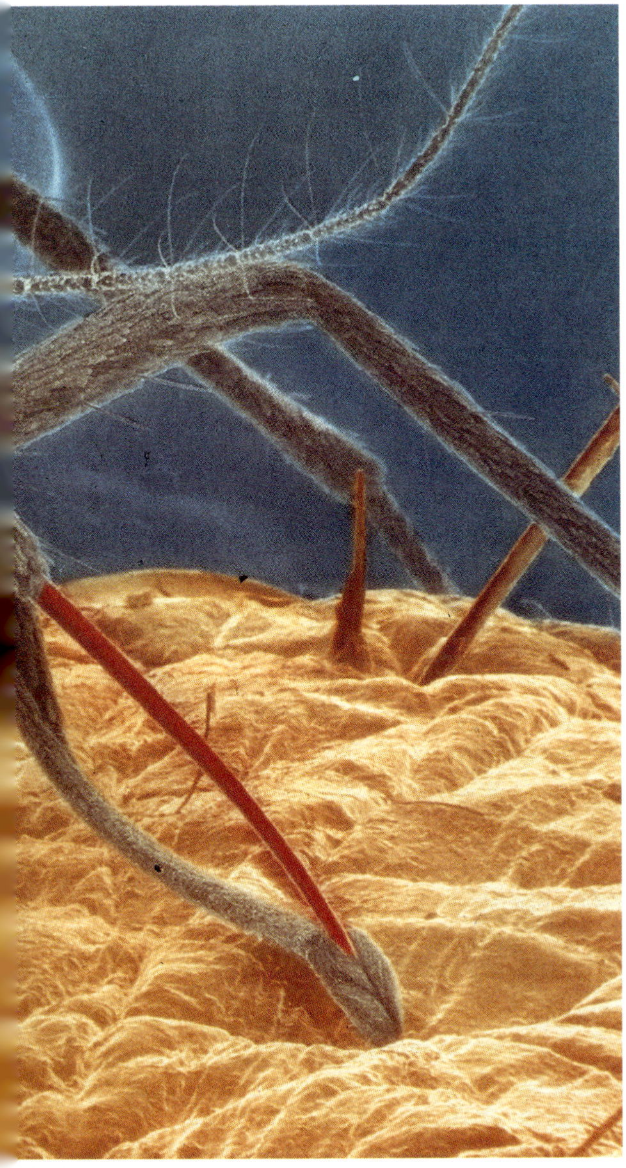

Les moyens de lutte

L'HYGIÈNE GÉNÉRALE ET LES VACCINATIONS PEUVENT ÉVITER LA DISSÉMINATION ET ATTÉNUER LA SÉVÉRITÉ DES INFECTIONS.

Les pouvoirs publics ont défini des mesures permettant d'éviter la dissémination des maladies infectieuses. Il existe en France, par exemple, une liste de maladies que le médecin traitant a l'obligation de déclarer. Cette liste a été constituée par une série de décrets dont le plus récent concerne le sida. Bien entendu, cette déclaration ne serait rien si elle ne s'accompagnait de mesures évitant la contamination des individus par isolement du malade. Les conditions et les délais d'isolement ont été fixés pour chaque maladie contagieuse par des arrêtés conjoints des ministères de l'Éducation nationale et de la Santé publique en mars 1970. Dans certains cas, des mesures de désinfection sont suggérées, allant du lavage simple des mains à l'élimination régulière des souillures (urines, selles, linges sales, draps, etc.) et à l'isolement en chambre individuelle.

La vaccination est spécifique d'une maladie et cherche à conférer une immunité qui rende l'organisme réfractaire à l'agent responsable. C'est une méthode préventive. La vaccination utilise trois grands principes : les vaccins « tués » ou inactifs (coqueluche, grippe), les vaccins vivants atténués (poliomyélite par voie orale, rougeole, B.C.G.), les anatoxines où seul le fragment toxique du germe (toxine) est utilisé après atténuation de sa toxicité (tétanos, diphtérie). Les vaccinations sont pratiquées selon un calendrier tenant compte de l'âge du sujet, de l'aptitude à réagir au vaccin et des périodes de la vie d'un individu auxquelles il devient ou demeure vulnérable aux maladies. Les vaccins peuvent être définitivement ou temporairement interdits chez certains patients, selon leur état de santé.

Les antibiotiques sont des substances, produites par des micro-organismes ou par synthèse chimique, capables de tuer ou d'inhiber la multiplication de certains micro-organismes vivants. Depuis la découverte de la pénicilline, des progrès considérables ont été réalisés dans ce domaine. Leur efficacité n'est cependant jamais ni définitive ni totale. Les bactéries sont en évolution d'autant plus rapide qu'elles sont mises en présence d'un antibiotique, évolution qui va bien souvent dans le sens de la résistance à l'antibiotique. C'est cette sélection de résistances qui fait toute la gravité des infections nosocomiales. La lutte contre les virus, insensibles aux antibiotiques, reste problématique et les médicaments antiviraux en sont à leur phase de développement. •

Prévenir la dissémination des infections

Les infections sont transmises à l'homme par contact interhumain, par voie aérienne ou cutanée à partir de contaminants aériens ou telluriques (1). L'inoculation se fait aussi par un hôte intermédiaire tels les animaux (insectes par exemple) ou les piqûres par épines végétales. On a saisi par macrophotographie l'instant où la trompe du moustique perfore la peau (3). La rapidité avec laquelle une infection virulente, ici la grippe (2), se répand dans le monde est en rapport avec la facilité de transmission interhumaine du virus. Les mesures d'hygiène alimentaire, les vaccinations et les anti-infectieux permettent de prévenir la dissémination ou de traiter les infections déclarées.

Les maladies tropicales

Le qualificatif de tropicale s'applique à toute maladie propre aux pays chauds, quelle qu'en soit l'origine. Nombre d'affections héréditaires, nutritionnelles ou tumorales répondent à cette définition. Néanmoins, la spécificité de la pathologie exotique tient surtout à une extrême fréquence de maladies infectieuses rares ou inconnues sous les climats tempérés.

Parmi ces infections, les parasitoses dominent, rencontrant là toutes les conditions nécessaires à leur développement : climat chaud et humide, hygiène insuffisante, bas niveau socio-économique. Il en est ainsi, par exemple, des helminthiases, maladies dues à des vers, ou du paludisme. Pour les mêmes raisons, certaines maladies virales (rage) ou bactériennes (tétanos, lèpre), rares ou ayant même disparu dans les pays développés, sévissent encore en zone tropicale, mais de façon différente en Asie, en Afrique ou en Amérique.

Les moyens de lutte contre ces maladies sont nombreux et variés : programmes d'assainissement, campagnes d'éducation, vaccination... Malheureusement, hormis l'éradication de la variole, peu de succès sont constatés en ce domaine. Il est vrai qu'il s'agit d'actions de longue haleine difficiles à mener dans des pays économiquement faibles, théâtres de conflits et de déplacements fréquents de populations.

Le tableau qui vient d'être ébauché ne doit cependant pas impressionner celui qui se prépare à un voyage en pays tropical. Des vaccinations à jour, une prophylaxie du paludisme, le respect sur place de règles simples d'hygiène, suffisent à écarter tout risque important.

1. Cycle évolutif des *Leishmania*, agents du kala-azar.

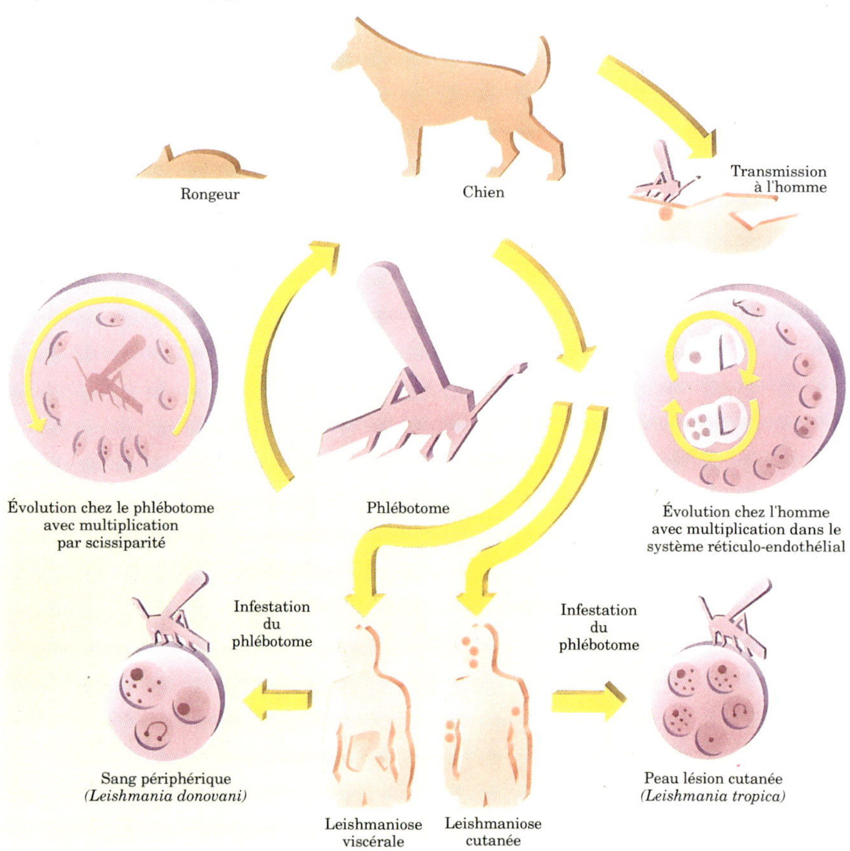

Paludisme et autres parasitoses

EXEMPLE CARACTÉRISTIQUE DES ENDÉMIES, LE PALUDISME MENACE ÉGALEMENT LE VOYAGEUR ISOLÉ.

Les parasites sont des organismes qui, pendant tout ou partie de leur existence, se nourrissent aux dépens d'autres êtres vivants que l'on appelle hôtes. En pathologie humaine, ils appartiennent à deux groupes : les protozoaires unicellulaires, et les helminthes, vers pluricellulaires.

Pour se perpétuer, tout parasite accomplit au cours de sa vie un cycle évolutif, simple ou complexe suivant les cas, avec un ou plusieurs hôtes. Celui qui accueille les parasites adultes accomplissant leur fonction de reproduction est appelé hôte « définitif », les autres « intermédiaires ». Les bilharzies, vers parasites hébergés à l'état adulte dans les veines intra-abdominales de l'homme, pondent dans les selles ou les urines des œufs qui libèrent des larves. Ces dernières poursuivent leur évolution dans des mollusques d'eau douce, avant d'être à nouveau relâchées sous une forme leur permettant de traverser la peau de l'homme, qui s'infeste en se baignant.

Le paludisme ou malaria est dû à des protozoaires appelés plasmodium et décrits en 1880 par le Français A. Laveran. L'hôte intermédiaire assurant la transmission activement par piqûre est un moustique, l'anophèle ; lui-même s'infecte en ingérant le sang de sujets déjà parasités. Largement répandu dans le monde, le paludisme est responsable, en Afrique, d'un nombre de décès annuels supérieur à un million et représente un risque pour le voyageur dans les zones d'endémie. L'incubation, après la piqûre infestante, est de 12 à 20 jours, puis apparaît une fièvre continue associée à des maux de tête, des courbatures, des nausées, des vomissements, parfois de la diarrhée. Il faut confirmer le diagnostic par

2. Marché tropical et contamination des aliments.

3. Nécessité de mise en œuvre de l'hygiène des eaux.

un examen de sang à la recherche de globules rouges parasités, et traiter immédiatement. Lorsque l'espèce infectante est *Plasmodium falciparum,* des signes de gravité peuvent survenir : troubles de conscience, ictère, insuffisance rénale, anémie sévère. L'accès pernicieux, même traité, est parfois fatal. L'extension de résistances à la chloroquine, longtemps base du traitement contre *P. falciparum,* est préoccupante et, dans certaines zones aujourd'hui, d'autres antipaludéens, méfloquine ou halofantrine, doivent être utilisés.

Les protozoaires flagellés du genre *Leishmania* déterminent des affections parasitaires viscérales (kala-azar) ou cutanées (boutons d'Orient). D'autres flagellés, les trypanosomes, sont responsables de la maladie du sommeil *(Trypanosoma gambiense)* ou de certaines cardiopathies *(T. cruzi).* Enfin, certaines amibes *(Entamœba histolytica)* sont responsables de graves troubles intestinaux.

La lutte antiparasitaire associe les mesures d'hygiène (assainissement de l'environnement, éradication des agents vecteurs et des parasites) et les traitements préventifs ou curatifs. •

Les helminthiases

L'INGESTION D'ŒUFS, LA PÉNÉTRATION DE LARVES À TRAVERS LA PEAU OU L'INOCULATION PAR UN ARTHROPODE TRANSMETTENT DES HELMINTHIASES.

Les œufs ou les larves des vers helminthes sont éliminés avec les selles et leur dissémination est d'autant plus grande que le niveau sanitaire est bas. L'ascaris, vers nématode, infeste l'homme qui consomme des aliments contaminés. Les ascaris adultes provoquent dans l'intestin des troubles digestifs : perte d'appétit, douleurs abdominales, vomissements, diarrhée, et parfois des signes allergiques telle une urticaire. Mais une infestation massive peut conduire à des complications beaucoup plus graves, occlusion intestinale par exemple.

Largement présentes dans l'ensemble des Tropiques, l'ankylostomiase et l'anguillulose ont un même mode de survenue : la pénétration de larves de nématodes à travers la peau. La marche pieds nus et les baignades sont principalement en cause. Les manifestations initiales sont cutanées, prurigineuses, éventuellement pulmonaires (toux) puis digestives. Chez l'autochtone des zones d'endémie, elles s'intègrent dans un polyparasitisme, aggravent les malnutritions et provoquent des anémies sévères.

Les bilharzies ou schistosomes atteignent plus de 300 millions d'individus dans le monde. La bilharziose urinaire, limitée à l'Afrique, atteint surtout les uretères et la vessie. Les autres types, que l'on rencontre en Afrique, en Amérique du Sud, aux Antilles et en Extrême-Orient, déterminent des atteintes intestinales et surtout hépatiques comparables aux cirrhoses alcooliques.

Les douves parasitent un mollusque aquatique, et l'homme s'infeste en mangeant des aliments contaminés (poissons). Les maladies qui en résultent, appelées distomatoses, sont, suivant les espèces, cosmopolites ou tropicales, hépatiques, intestinales ou pulmonaires.

Les filarioses forment un groupe hétérogène. Les filaires dites « de Bancroft » et « de Malaisie », transmises par des moustiques, bloquent la circulation lymphatique et provoquent des œdèmes. La loase de la forêt équatoriale africaine est transmise par un taon. Les symptômes sont un prurit et des signes locaux en rapport avec le passage du ver sous la peau ou la conjonctive. L'onchocercose est beaucoup plus largement répartie dans toute l'Afrique intertropicale, avec également des foyers en Amérique centrale et du Sud ; son vecteur est une petite mouche vivant près des cours d'eau, son grand risque est la cécité définitive.

La dracunculose, qui sévit en Afrique noire au bord de l'équateur, au Moyen-Orient et dans le sous-continent indien, est due à la filaire de Médine *(Dracunculus Medinensis).* L'homme s'infeste en buvant de l'eau contenant de petits crustacés, hôtes intermédiaires ; les vers adultes migrent préférentiellement dans les membres inférieurs où ils entraînent des complications locales. •

Maladies bactériennes, viroses et mycoses

BACTÉRIES, VIRUS ET CHAMPIGNONS SONT RESPONSABLES DE NOMBREUSES PATHOLOGIES. ILS RENCONTRENT SOUS LES TROPIQUES TOUTES LES CONDITIONS PROPRES À LEUR ÉPANOUISSEMENT.

Il faut souligner la fréquence et la gravité des infections bactériennes. Tétanos et tuberculose sévissent dans les pays pauvres, conséquence des faibles moyens de prévention et de traitement. D'autres maladies au nom tristement célèbre – lèpre, peste et choléra – ont depuis longtemps disparu d'Europe mais persistent ailleurs à des degrés divers. La lèpre, due au bacille de Hansen, touche encore plus de 10 millions de personnes. Sa transmission est inter-humaine, mais sa contagiosité est faible. Elle provoque des lésions cutanées et nerveuses. La peste se maintient chez l'animal dans de nombreuses régions du monde, mais les cas humains sont aujourd'hui rares. Le choléra, par contre, réduit à un foyer en Inde, s'est brutalement étendu, envahissant le Moyen-Orient, l'Afrique et l'Amérique du Sud. Les malades eux-mêmes, l'eau et les aliments souillés par leurs excreta sont les sources de la contamination, qui est donc grandement dépendante du niveau d'hygiène. Parmi les maladies bactériennes importantes en pays tropical, les salmonelloses et les shigelloses sont responsables de diarrhées fébriles parfois sévères, surtout chez les enfants et les sujets malnutris. La typhoïde est due aux salmonelles et notamment à *Salmonella typhi.* Elle entraîne une fièvre élevée, un pouls lent et une torpeur extrême.

Les viroses tropicales sont maintenant dominées par le sida. La fièvre jaune et la dengue, transmises par des moustiques, méritent cependant une mention. La première, prévenue par la vaccination, se maintient dans l'Afrique et l'Amérique intertropicales grâce aux moustiques ædes qui hébergent le virus appelé amaril (de l'espagnol *amarillo,* jaune). La maladie se traduit par une fièvre élevée, des douleurs diffuses, puis des troubles digestifs, un ictère, une atteinte rénale et des hémorragies. L'évolution est fatale dans la moitié des cas. La dengue est beaucoup plus bénigne. Elle débute par une fièvre élevée qui, après une rémission au 3-4e jour, réapparaît et s'accompagne alors souvent d'une éruption cutanée. La guérison est spontanée. Le risque de rage, autre virose, est plus important dans le tiers-monde où les animaux, chiens ou autres, ne sont pas vaccinés. Certaines mycoses exotiques, dues à des champignons, sont cutanées : les mycétomes succèdent à une plaie ou à une excoriation cutanée. Des tuméfactions laissant échapper des grains noirs et blancs s'ouvrent à la surface de la peau. D'autres mycoses atteignent les organes profonds, comme l'histoplasmose, qui sévit essentiellement en Amérique. C'est une infection surtout pulmonaire ressemblant à la tuberculose. Son traitement est difficile. •

Cycles évolutifs des parasites et contamination

Les parasites, protozoaires et helminthes, accomplissent leurs cycles de reproduction souvent chez divers hôtes, comme le montre le cycle évolutif (1) des *Leishmania donovani,* responsables du kala-azar humain. Leurs modes de dissémination sont très variés. L'amibiase, autre protozoose de grande diffusion, est transmise par les eaux sans hôte intermédiaire, la maladie du sommeil ou trypanosomiase l'est par un moustique. La contamination des aliments, malgré la beauté riante des marchés tropicaux (2), se fait par les insectes ou les mains sales. Ainsi, l'hygiène des eaux (3) est fondamentale dans l'élaboration des programmes d'éradication des maladies parasitaires.

Mesures prophylactiques pour les voyageurs

LES RÈGLES À SUIVRE AVANT, PENDANT ET APRÈS LE SÉJOUR SONT SIMPLES, MAIS RESTENT INDISPENSABLES.

Les *vaccinations* doivent être entreprises suffisamment tôt avant le départ (deux à trois mois) et inscrites sur un carnet international de vaccinations délivré par les compagnies de transport ou les centres de vaccination. Le vaccin anti-amaril est imposé par la plupart des pays africains et américains intertropicaux. Il ne peut être effectué que par un centre agréé. Le vaccin anticholérique, d'efficacité médiocre, est cependant exigé par certains États. La mise à jour des vaccinations antipoliomyélitique et antitétanique et, avant un séjour en Afrique noire ou en Extrême-Orient, la vaccination contre l'hépatite B sont vivement recommandées.

La chimioprophylaxie du paludisme, du fait des problèmes posés par les résistances médicamenteuses, doit être prescrite par des médecins au fait de l'évolution de la situation. Suivant les cas seront utilisées soit la chloroquine, seule ou associée à un autre antipaludéen, soit la méfloquine. De toute façon, elle débutera le jour du départ (ou une semaine avant pour la méfloquine) et devra être poursuivie six semaines après le retour.

Certains conseils d'hygiène rudimentaire permettent également d'éviter de contracter des maladies. Il faut si possible s'abstenir de consommer une eau de pureté incertaine ou des aliments non cuits, des fruits non épluchés. Cependant, cette règle, difficile à observer à la lettre, ne permet pas forcément d'éviter la survenue d'une diarrhée dite d'acclimatation, encore appelée « tourista », en début de séjour. Les autres mesures utiles contre le risque infectieux sont le port de vêtements légers, amples mais couvrants, de chaussures fermées, l'utilisation d'insectifuges et de moustiquaires, les baignades uniquement en piscine contrôlée.

La plupart des maladies tropicales bénéficient de traitements spécifiques et efficaces. La précocité de l'identification de la maladie est le meilleur garant de la guérison. Des centres de médecine tropicale sont particulièrement utiles pour mettre en œuvre les thérapeutiques adaptées. Les programmes d'éradication des maladies endémiques reposent sur l'étude de la maladie, l'existence d'un médicament actif et d'administration généralisée. Ces programmes sont élaborés et mis en œuvre par les organisations internationales et les gouvernements locaux. •

→ **Voir aussi :** La santé. Situation mondiale, **MED**, p. 216-217. Sida et infections opportunistes, **MED**, p. 222-223.

Le cancer Mythe et réalité

Fléau des temps modernes, le cancer passe pour une maladie qui frappe, de façon inattendue, injuste et incompréhensible, des individus en pleine santé, de préférence jeunes, qu'elle va inévitablement tuer au terme d'une période prolongée et pleine de souffrances. La réalité est très différente de ce mythe : les cancers sont des maladies très diverses ; leur fréquence augmente avec l'âge, et leur survenue est d'autant plus fréquente chez les personnes âgées longtemps exposées à des facteurs de risque, pour la plupart identifiés ; leur guérison est possible environ une fois sur deux, tous cancers confondus ; quelle que soit l'issue (guérison ou décès), la période de maladie est rarement longue : elle se fait d'un seul tenant ou avec une phase initiale courte puis, des mois ou des années plus tard, une ou plusieurs rechutes ; un cancer peut entraîner des douleurs mais leur traitement s'est beaucoup amélioré, les douleurs incontrôlables et prolongées étant devenues exceptionnelles.

Ces données traduisent de substantiels progrès. Parfois spectaculaires, plus souvent modestes mais répétés, ils concernent les connaissances fondamentales de la dégénérescence maligne. Ils aident à un abord plus complet et plus simple de chaque malade pour lui offrir un traitement personnalisé. Ils intéressent les moyens de traitement. Enfin, après le traitement, la réadaptation des malades les aide largement à « vivre comme avant ». Tous ces progrès ont justifié la création récente de la spécialité médicale de cancérologie avec deux branches principales, l'oncologie médicale et la radiothérapie.

Le rôle du temps

SAUF EXCEPTION, LA DÉGÉNÉRESCENCE CANCÉREUSE N'EST PAS SUBITE, MAIS PRÉCÉDÉE PENDANT DES ANNÉES DE MODIFICATIONS QUE L'ON A LE TEMPS DE RECONNAÎTRE ET DE CORRIGER.

Cette cascade d'événements explique qu'il faille en général des dizaines d'années pour faire apparaître un cancer. Ce temps nécessaire est illustré par l'incidence des cancers selon l'âge. La moitié des cancers sont reconnus après 65 ans. Le vieillissement de la population est la principale cause de l'augmentation de la responsabilité des cancers dans les causes de décès.

Cet âge peut être avancé par la précocité d'une exposition (une personne qui commence à fumer à 15 ans raccourcit sa vie de 8 ans en moyenne alors que, si elle a commencé à fumer à 25 ans, elle la raccourcit de 4 ans seulement) ou par son intensité (un grand fumeur a bien plus de risques de faire plus tôt un cancer lié au tabagisme qu'un petit fumeur).

Au cours des années, voire des décennies, les conditions d'existence d'un individu peuvent varier. Le fumeur peut s'arrêter de fumer et récupérer à ce moment-là, après quelques années de sevrage, les mêmes risques, très faibles, de faire un cancer respiratoire qu'un non-fumeur. Comme celles d'un individu, les conditions de vie d'une population peuvent aussi s'améliorer. Cela a entraîné une diminution considérable, dans les pays industrialisés, des cancers du col utérin (par amélioration de l'hygiène génitale, notamment grâce à l'eau courante) et des cancers de l'estomac (par amélioration de l'alimentation, mieux conservée grâce aux réfrigérateurs). Inversement, on a observé une augmentation encore plus considérable des cancers du poumon à la suite d'une augmentation du même ordre de la consommation de tabac et, à un moindre degré, de certaines tumeurs cutanées favorisées par des expositions solaires excessives.

Ces délais permettent de reconnaître, lors d'un bilan de santé par exemple, des anomalies prédisposant à un cancer. Ces états précancéreux permettent de sensibiliser un individu à des pratiques potentiellement dangereuses comme le tabagisme, de lui recommander des mesures, par exemple d'hygiène génitale, propres à faire régresser les anomalies observées. •

La diversité des cancers

ELLE DÉPEND DU SIÈGE ANATOMIQUE DE LA TUMEUR, DE LA CELLULE QUI A INITIALEMENT DÉGÉNÉRÉ, DU DEGRÉ DE MALIGNITÉ, DES PROPRIÉTÉS BIOLOGIQUES QUI ACCOMPAGNENT LA DÉGÉNÉRESCENCE.

Les cancers ne sont pas distribués en proportion de l'importance des différents tissus de l'organisme. Ils touchent principalement des épithéliums, tissus de revêtement que l'on trouve sur la peau et les muqueuses, l'arbre respiratoire, le tube digestif, les organes génitaux externes. D'autres épithéliums tapissent des glandes à sécrétion externe, comme la glande mammaire, ou à sécrétion interne, comme la thyroïde, ou encore à sécrétion mixte, comme la prostate et le pancréas : les cancers correspondants semblent soumis à des influences hormonales plus difficiles à identifier.

Les cancers des tissus musculaires et osseux (qui représentent pourtant la plus grande part de la masse d'un corps humain) sont rares. Les cancers de l'enfant représentent 1 % de toutes les tumeurs malignes et ressemblent pour la plupart à des tissus embryonnaires.

Cette diversité traduit la variété des facteurs responsables, dits « cancérogènes » : facteurs physiques comme les rayons ultraviolets B du Soleil ou (rarement) radioactifs ; facteurs chimiques comme les goudrons, entre autres ceux contenus dans la fumée de tabac, certains colorants industriels ou certains composants alimentaires ; facteurs hormonaux influençant le développement d'un tissu ; agents viraux qui peuvent s'incorporer directement dans l'A.D.N. du noyau des cellules et perturber leur programmation génétique.

Dans tous les cas, les cellules cancéreuses naissent à partir de cellules normales, dont elles gardent, du moins au début de l'évolution, les principales propriétés. Cependant, les cellules cancéreuses perdent certaines capacités, notamment celle de répondre normalement aux différents messages régulateurs des divisions cellulaires, émanant du voisinage ou de l'ensemble de l'organisme. Elles échappent ainsi aux influences destinées à contrôler leur multiplication et le volume d'ensemble du tissu pour empêcher notamment son développement excessif, lequel caractérise les tumeurs cancéreuses. •

La naissance et l'origine d'un cancer

L'APPARITION D'UNE CELLULE CANCÉREUSE TIENT À LA CONJONCTION DE MULTIPLES FACTEURS.

Le cancer, dégénérescence néoplasique, survient presque toujours au terme d'une évolution de plusieurs années ou dizaines d'années pendant lesquelles le tissu normal a été soumis à des influences toxiques. Des modifications apparaissent peu à peu, d'abord indétectables, fragilisant les cellules et créant de nouvelles conditions de déséquilibre.

La cancérisation apparaît ainsi comme la conséquence de plusieurs événements qui doivent s'associer ou se succéder dans un ordre qui n'est pas aléatoire. Intervient tout d'abord, dans certains cas, la fragilité constitutive d'un organisme, d'un tissu, d'une cellule, qui se trouvent, pour des raisons encore mal connues (et exceptionnellement détectables chez un individu), vulnérables vis-à-vis d'une agression extérieure ; interviennent ensuite des facteurs extérieurs toxiques, plus souvent multiples qu'uniques, créant des conditions d'environnement défavorables à l'équilibre du tissu soumis à leur influence ; puis on peut observer l'apparition des modifications intracellulaires, entraînant une fragilité croissante des cellules considérées. Une modification plus décisive que les précédentes aboutit à une cellule potentiellement cancéreuse (phénomène d'initiation). À partir de ce stade, des circonstances favorables à la multiplication de cette cellule vont initier tout d'abord une excroissance non envahissante (phénomène de promotion), puis la poursuite du développement de cette population cellulaire (clonale, c'est-à-dire descendant d'une seule cellule), qui envahit alors les tissus adjacents : le cancer invasif est alors constitué. L'évolution peut se poursuivre par le détachement, à partir de ce foyer initial, de cellules qui ont acquis de nouvelles propriétés et qui sont capables de migrer et de fonder à distance des foyers métastatiques. L'équilibre organique ou psychologique de l'individu n'a pas un rôle prouvé (en dépit de nombreuses enquêtes qui l'ont exploré), sauf indirect : il en est ainsi, par exemple, d'un état de stress, dans la mesure où il conduit une personne à fumer. •

Cancéreux célèbres

L'auteur du *Pavillon des cancéreux* et prix Nobel de littérature, A. Soljenitsyne, est la preuve que l'on peut guérir d'un cancer, que le traitement nécessaire peut laisser des traces discrètes et préserver la possibilité d'engendrer. Beaucoup d'autres personnalités connues ont été également guéries d'un cancer : François Mauriac (qu'une association d'anciens malades a pris pour éponyme), le gardien de but Joël Bats, les présidents des États-Unis S. G. Cleveland (à la fin du XIXe siècle), L. B. Johnson et plus récemment R. Reagan. Par contre, Sigmund Freud est mort après 14 ans d'évolution d'un cancer de la bouche entretenu par une consommation persistante de cigares.

1. Aleksandr Soljenitsyne.

Les causes des cancers

Les principaux facteurs favorisant les cancers sont extérieurs à l'individu, rayons solaires, fumée de tabac, aliments, infection virale ou génitale, et ils dépendent de conduites personnelles (4). Le tabagisme passif et certaines expositions professionnelles peuvent avoir une influence. Le terrain, notamment des facteurs génétiques (3), joue sans doute un rôle, du moins dans certains cas, plus discret et beaucoup plus difficile à modifier. Presque toujours, les cancers apparaissent comme le produit d'influences multiples et prolongées qui finissent par entraîner des mutations stables. Celles-ci correspondent à un dérèglement des gènes contrôlant les reproductions cellulaires : certains gènes qui stimulent normalement les divisions cellulaires peuvent se trouver activés ; d'autres, qui les freinent normalement, peuvent se trouver réprimés.

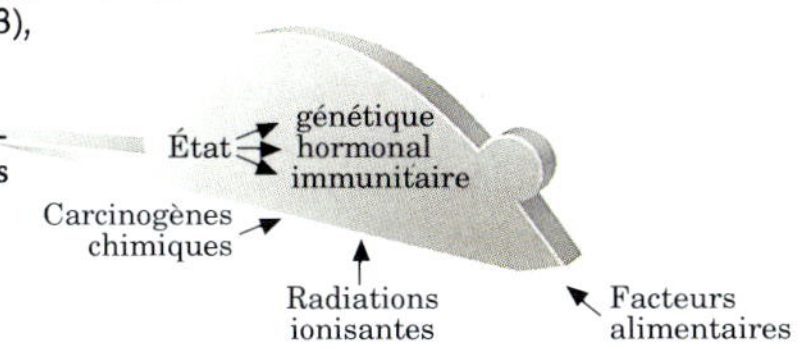

2. Principaux facteurs cancérogènes chez l'animal.

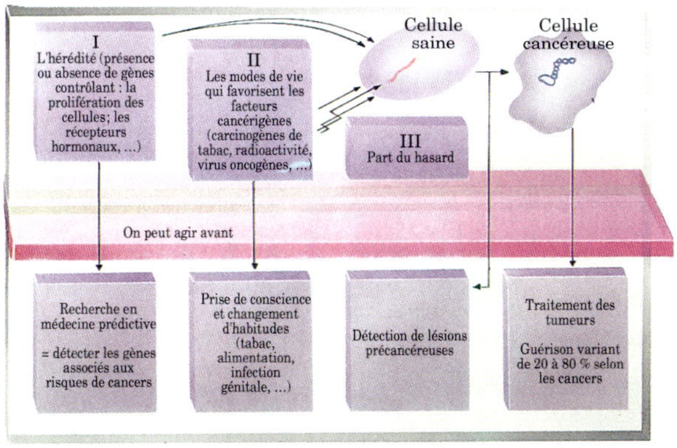

3. Les trois conditions entraînant le développement d'un cancer.

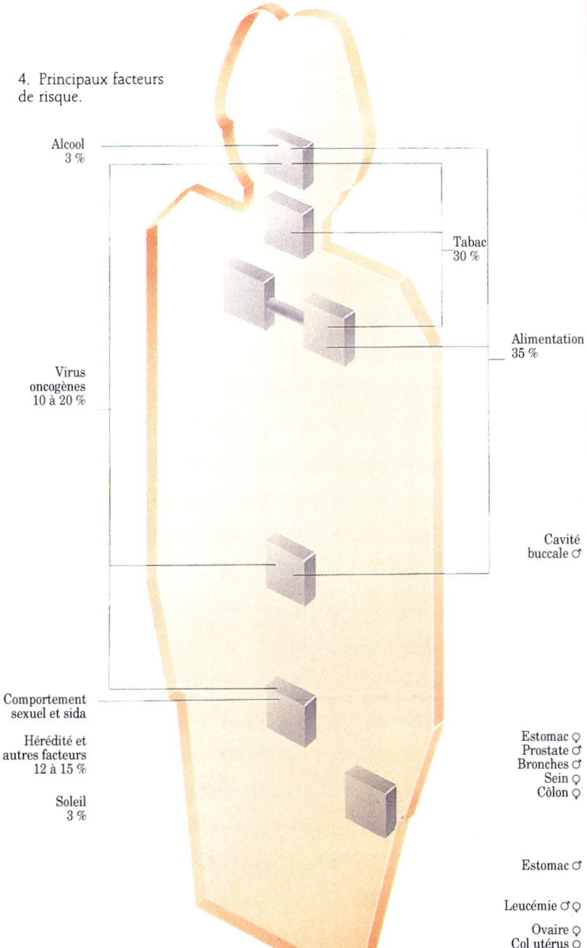

4. Principaux facteurs de risque.

La guérison est possible

LES CANCERS NE SONT PAS DES MALADIES CHRONIQUES INCURABLES MAIS DES ÉTATS AIGUS, QUI PEUVENT, CERTES, ENTRAÎNER RAPIDEMENT LA MORT MAIS, PLUS SOUVENT, GUÉRIR.

La guérison tient aujourd'hui principalement à l'ablation ou à la destruction des cellules malignes par des traitements locaux (chirurgie, radiothérapie) ou généraux (chimiothérapie). Elle tiendra sans doute à l'avenir à des méthodes plus subtiles visant à rétablir par des moyens immunologiques ou biologiques le contrôle d'une prolifération cellulaire déréglée (c'est ce que fait déjà partiellement l'hormonothérapie).

Les chances de guérison d'un malade dépendent aujourd'hui de plusieurs facteurs.

Le principal est l'âge du malade, qui a d'autant moins de chances de guérir qu'il est âgé.

Le sexe intervient également : d'un point de vue purement statistique, les hommes ont moins de chances de guérir que les femmes, mais cela tient à la distribution inégale des cancers favorisés par le tabagisme : en moyenne, une femme atteinte d'un cancer a deux chances sur trois d'être vivante cinq ans plus tard, un homme a seulement une chance sur trois.

Le type du cancer a bien entendu une grande importance : certaines tumeurs, comme celles favorisées par le tabac, ont des chances de guérison particulièrement faibles (en raison de leur gravité propre et de leur apparition dans un organisme globalement altéré par cette intoxication) ; d'autres cancers comme ceux de la peau ou des testicules peuvent être guéris dans la grande majorité des cas.

Il convient de prendre également en compte l'extension du cancer, qui dépend largement de la précocité du diagnostic, c'est-à-dire de la célérité avec laquelle le patient va voir un médecin après l'apparition des premiers symptômes ; un cancer localisé guérit plus souvent et avec un traitement moins important qu'un cancer généralisé.

Enfin intervient la sensibilité du cancer aux traitements : tous les cancers ne réagissent pas de la même façon aux radiations ionisantes ou à la chimiothérapie ; selon les cas, ils sont dits plus ou moins radiosensibles ou chimiosensibles.

Quand le malade ne peut être guéri, l'évolution vers la mort doit être accompagnée, si possible par les proches parents et amis et par les soignants, dans des conditions dignes et paisibles que la médecine peut aujourd'hui assurer dans presque tous les cas. •

→ **Voir aussi :** Les différents cancers, **MED**, p. 234-235. Lutter contre les cancers, **MED**, p. 236-237.

5. Répartition des cancers en France selon la localisation et le sexe.

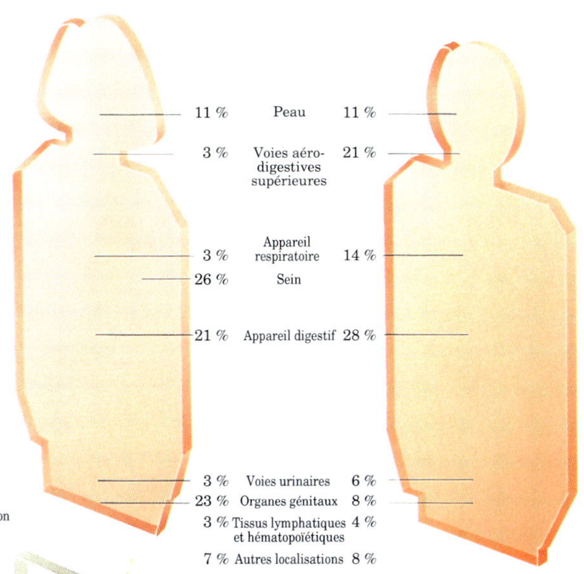

Répartition des cancers selon le sexe

Les fréquences relatives des principaux cancers selon leur localisation anatomique sont sensiblement différentes en fonction du sexe (5). Dans le cas de l'appareil respiratoire, la différence provient du tabagisme, plus important chez les hommes.

6. Mortalité en France par cancer (1955-1989).

7. Survenue des cancers en fonction de l'âge et du sexe.

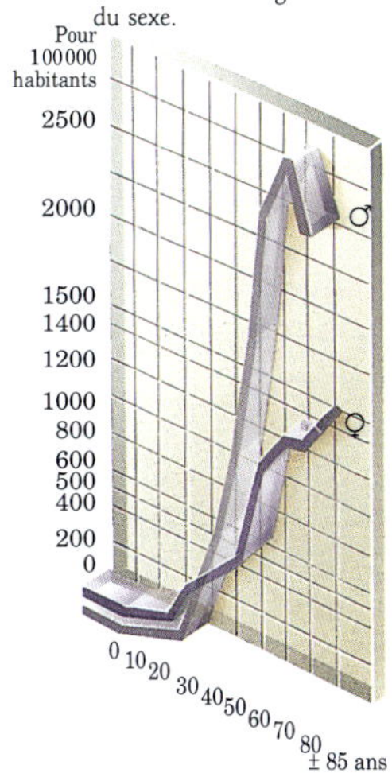

Fréquence des cancers selon l'âge

L'importance d'une exposition prolongée à un ou à plusieurs facteur(s) cancérogène(s) est reflétée par l'incidence des cancers, qui, pour presque tous, augmente avec le vieillissement (7). Les cancers de l'enfant sont exceptionnels. Chez l'adulte jeune, les cancers les moins rares intéressent les cellules du sang ou sont, chez l'homme, développés à partir des cellules germinales des testicules. Chez la femme, les cancers les plus fréquents autour de la cinquantaine sont ceux du sein et du col utérin. Dans les deux sexes, ce sont les cancers digestifs, du gros intestin (côlon) et de l'estomac, qui deviennent les plus fréquents avec l'âge. La moitié des cancers sont observés après 65 ans, dans une tranche d'âge qui correspond seulement à un huitième de la population ; les trois quarts d'entre eux dans un quart de la population (6).

Les différents cancers

UN CANCER EST DÉFINI comme une population cellulaire issue d'une même cellule transformée, un *clone,* qui prolifère excessivement en échappant à l'homéostasie (ensemble des phénomènes de régulation assurant l'équilibre d'un organisme) pour se développer spontanément jusqu'à entraîner la mort de l'organisme. Ces caractères recouvrent une grande diversité, observée parmi les cancers comme parmi les maladies infectieuses ou cardio-vasculaires. Il existe en effet de nombreux mécanismes régulateurs de l'homéostasie tissulaire et les caractères d'un cancer dépendent du mécanisme intéressé, de la cellule déréglée, des causes initiales de ce dérèglement. Ces paramètres confèrent aux cellules, dites « néoplasiques », qui forment la tumeur, des propriétés évolutives très variables : certains cancers connaissent une progression très lente qui s'étend spontanément sur des années, voire une dizaine d'années, d'autres ont un développement très rapide susceptible d'entraîner le décès en quelques semaines, voire en quelques jours. Cette évolution traduit, selon les cas, une malignité faible, moyenne ou extrêmement grande.

Le stade évolutif auquel est reconnue la tumeur est un autre facteur important. Il traduit le temps écoulé depuis le début microscopique du cancer, que l'on n'a pratiquement aucun moyen de reconnaître à ce stade, jusqu'à sa découverte par un examen systématique de dépistage ou, plus souvent, en raison de symptômes ressentis par le malade. Il retentit aussi sur les possibilités de guérison après traitement et conduit à en adapter les modalités.

1. Divers types d'évolution tumorale.

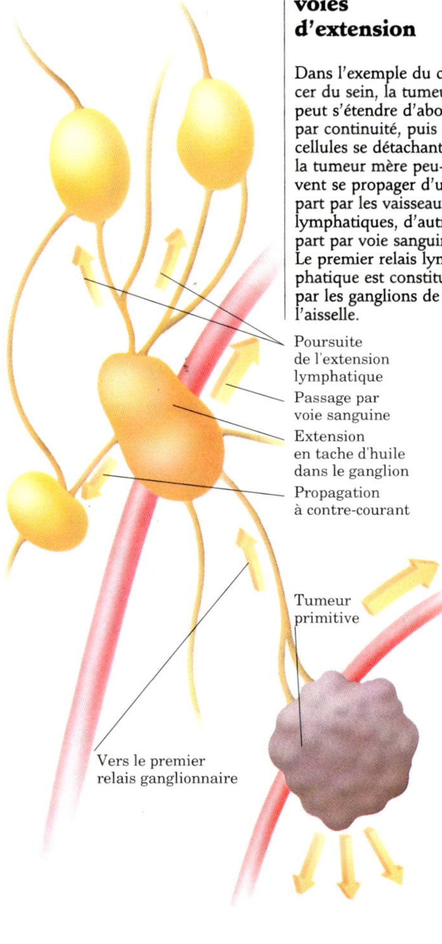

Les principales voies d'extension

Dans l'exemple du cancer du sein, la tumeur peut s'étendre d'abord par continuité, puis des cellules se détachant de la tumeur mère peuvent se propager d'une part par les vaisseaux lymphatiques, d'autre part par voie sanguine. Le premier relais lymphatique est constitué par les ganglions de l'aisselle.

Les chances de guérison

Pour les atteintes d'un cancer du col utérin, les chances de guérison (2) sont nettement plus élevées pour les tumeurs les plus limitées (T1) et diminuent progressivement jusqu'aux tumeurs les plus étendues (T4).

L'influence du sexe

La surmortalité observée chez les hommes (3) dépend des cancers les plus fréquents dans le sexe masculin, en particulier le cancer du poumon lié au tabac et dont l'évolution est particulièrement sévère.

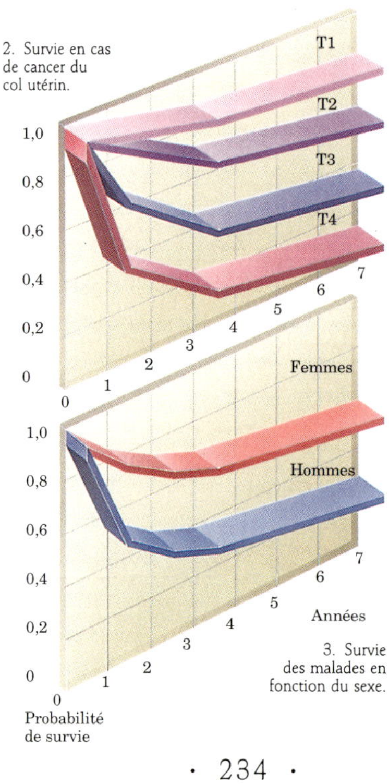

2. Survie en cas de cancer du col utérin.

3. Survie des malades en fonction du sexe.

La variété des origines

SELON LE FACTEUR CANCÉROGÈNE PRÉPONDÉRANT, SELON LE TYPE DE CELLULE ATTEINT, SELON LE MÉCANISME CELLULAIRE QUI EST DÉRÉGLÉ, DIVERS PHÉNOMÈNES PEUVENT ABOUTIR À UNE PROLIFÉRATION ANARCHIQUE.

Divers facteurs, dits « cancérogènes », sont susceptibles d'induire une ou des mutations : modifications de l'AD.N., support du code génétique, dans le noyau cellulaire, qui va s'accompagner d'une perturbation des messages régulateurs échangés, dans les deux sens, entre la cellule considérée et l'organisme. On connaît maintenant des dizaines de gènes qui contrôlent la reproduction cellulaire (oncogènes). Selon celui qui se trouve atteint et selon le type d'atteinte (destruction, répression, multiplication, activation), la cellule se met à proliférer excessivement (néoplasie). Les causes de cette prolifération sont variées : il peut s'agir soit de la présence d'un message stimulateur interne très accru et débordant les messages frénateurs externes, soit de la perte d'un récepteur (à la surface de la membrane cellulaire, à l'intérieur de la cellule) qui, normalement, permet à la cellule de recevoir un messager chimique externe et de lui « obéir », soit du dérèglement d'un autre maillon de transmission du message au sein de la cellule.

Chaque type cellulaire exprime normalement une petite partie de l'information contenue dans le génome. Par exemple, une cellule du pancréas sécrète de l'insuline et non pas de la kératine, celle-ci étant sécrétée par certaines cellules de l'épiderme produisant des poils ; pourtant, l'information codant ces deux protéines est présente dans toutes les cellules. Ce fonctionnement variable explique qu'il y a dans chaque cellule des structures plus ou moins actives et qui sont donc plus ou moins vulnérables aux influences extérieures.

Il peut aussi exister une prédisposition génétique, c'est-à-dire une fragilité individuelle, favorisant le dérèglement d'un contrôle physiologique, par exemple dans certains cas de cancers du sein ou de cancers du côlon. Toutefois, la principale prédisposition dérive du vieillissement, qui affaiblit les mécanismes correcteurs des erreurs qui peuvent se produire lors d'une division cellulaire, favorisant ainsi la survenue de mutations. Le dérèglement qui déclenche une reproduction excessive peut s'accompagner d'autres dérèglements accessoires. Par exemple, des cellules des glandes mammaires ou des cellules prostatiques peuvent perdre les récepteurs hormonaux qu'elles possèdent normalement. Certains de ces dérèglements donnent aux cellules cancéreuses des propriétés biologiques inhabituelles et susceptibles d'entraîner des désordres supplémentaires, que l'on appelle paranéoplasiques. •

4. Métastases pulmonaires : aspect « lâcher de ballons ».

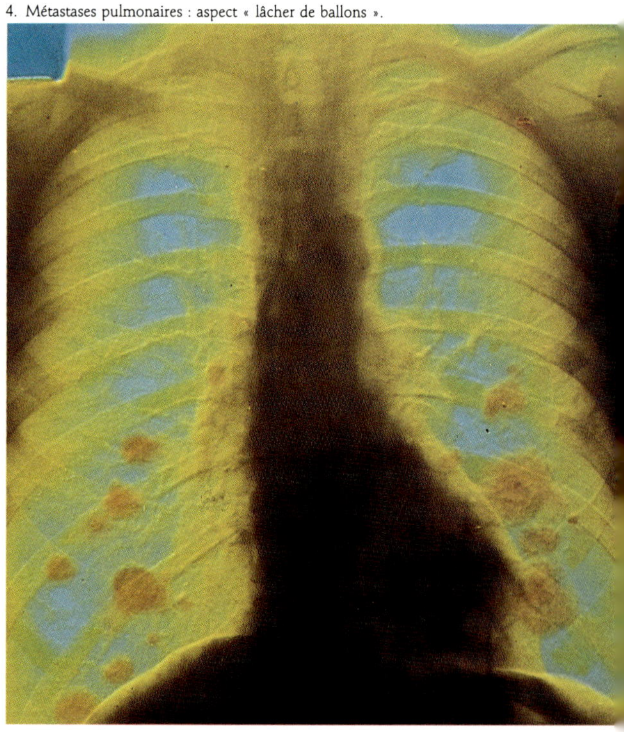

La variété des organes atteints

LE TYPE DE CELLULE DÉGÉNÉRÉE DÉPEND HABITUELLEMENT DE L'ORGANE ATTEINT. CETTE LOCALISATION ANATOMIQUE CONDITIONNE AUSSI LA PRÉCOCITÉ DU DIAGNOSTIC, LES POSSIBILITÉS THÉRAPEUTIQUES ET LA PROPAGATION TUMORALE.

On reconnaît l'organe anatomique où siège la tumeur primitive de façon plus évidente que la cellule transformée à l'origine. Il y a souvent une liaison entre un organe et un type cellulaire, mais pas toujours : un cancer du sein est en général un adénocarcinome, c'est-à-dire une tumeur dont l'origine siège dans une cellule glandulaire spécifique du sein (susceptible de sécréter le lait), mais ce peut être un sarcome développé à partir de cellules conjonctives ou lymphoïdes, qui sont aussi présentes dans un sein, jouant un rôle de soutien comme dans d'autres organes.

La localisation anatomique primitive d'un cancer détermine surtout les conditions du diagnostic, en particulier sa précocité. Une ulcération sur la lèvre ou la pointe de la langue sera plus tôt perçue qu'une autre sur le gros intestin. Une petite boule dans le sein ou au cou est également plus tôt vue ou palpée qu'une tumeur siégeant dans l'abdomen. De même, un cancer cutané est reconnu plus tôt s'il siège sur le ventre que sur le dos. Une tumeur localisée près d'un organe sensible et qui le comprime, entraînant par exemple des douleurs au contact d'un nerf, s'exprime plus précocement qu'une autre se développant dans un espace libre comme l'est la cavité abdominale.

Cette localisation conditionne aussi la propagation aux organes de voisinage puis dans l'ensemble de l'organisme. Une tumeur osseuse de la cheville ou même de l'extrémité inférieure du fémur s'étend plus tardivement qu'une tumeur vertébrale ou des os du bassin jusqu'à des structures « intouchables » qui limiteront les possibilités du traitement. La chirurgie, comme la radiothérapie, ont des contraintes techniques et doivent tenir compte des organes de voisinage, dont certains, essentiels à la vie, ne peuvent être ni enlevés ni trop irradiés sauf à faire courir au patient des risques inacceptables. •

Les métastases, localisations secondaires

Les métastases les plus fréquentes s'observent dans les poumons (4), le foie (6), les os (5) à un moindre degré le cerveau et la peau. Selon les cas, ces organes sont explorés par des rayons X (radiographie pulmonaire simple ou scanner), par des ultrasons, par la résonance magnétique ou par des isotopes radioactifs qui se fixent préférentiellement sur les cellules cancéreuses ou dans leur voisinage.

La variété des extensions

LA POSSIBILITÉ, POUR UN CANCER INITIALEMENT LOCALISÉ, DE DIFFUSER DANS L'ORGANISME TRADUIT SA GRAVITÉ.

Le temps écoulé depuis la transformation de la première cellule néoplasique ainsi que la vitesse de croissance tumorale déterminent le stade d'évolution auquel est reconnu le cancer. Il arrive qu'il soit révélé par une extension métastatique à distance quand la tumeur primitive est profonde ou qu'elle s'est peu développée. Dans chaque cas, le diagnostic une fois établi, il faut préciser cette extension tumorale pour en déduire le traitement souhaitable. C'est l'objet du bilan préthérapeutique, destiné à évaluer des caractères qui conduiront à mieux adapter le traitement à chaque cas particulier.

Les moyens d'évaluation disponibles sont nombreux et il faut généralement faire un choix parmi les examens les moins pénibles, qui apportent le plus de renseignements et qui comportent le plus de conséquences pratiques. L'examen clinique, comprenant interrogatoire et examen physique, est le plus simple à réaliser et apporte souvent le plus d'informations. Il est complété par l'imagerie médicale, qui utilise rayons X, ultrasons, isotopes radioactifs ou résonance magnétique, et par l'endoscopie, qui permet d'observer, avec des fibres optiques souples, l'intérieur d'organes creux ou de cavités naturelles et d'y pratiquer éventuellement des prélèvements. Enfin, on fait appel à des tests biologiques, qui sont de plus en plus diversifiés : certains reflètent une sécrétion tumorale (marqueurs), d'autres un retentissement indirect des cellules cancéreuses (taux de calcium par exemple), d'autres enfin une réaction de l'organisme (inflammation).

Ces investigations permettent de cerner la localisation tumorale principale, son volume, ses rapports avec les tissus voisins, une éventuelle extension à distance, ganglionnaire régionale ou diffuse dans l'organisme. Elles contribuent à évaluer la vitesse de croissance tumorale, le retentissement de la tumeur sur l'organisme et parfois une perturbation particulière, fonctionnelle ou métabolique. Ces éléments tumoraux doivent être insérés dans le contexte organique et psychologique du malade, informé selon ses besoins et ses possibilités. La localisation anatomique conditionne l'extension du cancer, qui peut être limitée naturellement par une « barrière » lymphatique ou, dans la circulation sanguine, filtrée dans le parenchyme pulmonaire ou le foie (par le système veineux porte, qui draine la plus grande partie du tube digestif, de l'estomac au rectum). •

La variété des évolutions

L'ÉVOLUTION SPONTANÉE PEUT ÊTRE PLUS OU MOINS INFLUENCÉE PAR LES TRAITEMENTS EXISTANTS, QUI CHERCHENT À MINIMISER LES EFFETS TOXIQUES POUR LE MALADE.

Les cancers sont des maladies malignes qui, par définition, mettent en jeu la vie du malade. Cette gravité appelle des traitements qui ont nécessairement une activité et des inconvénients à la mesure de la menace que fait peser la maladie. C'est dire la nécessité d'évaluer précisément cette menace pour lui opposer une riposte thérapeutique proportionnée. C'est dire aussi l'illusion de certaines pratiques présentées comme parfaitement supportées et dont, en général, l'efficacité n'a pu être objectivement démontrée.

En l'absence de traitement, la date de la mort du malade dépend de la date d'apparition du cancer, de sa vitesse de croissance, de son retentissement sur des fonctions vitales de l'organisme, éventuellement de l'apparition d'une complication. L'évolution prévisible permet donc de lui adapter un traitement, ou plus exactement, un ensemble de mesures thérapeutiques propres à combattre ou à éviter ses conséquences.

Cependant, les moyens de traitement actuels ne sont pas parfaits. Ils ne sont pas toujours efficaces pour des tumeurs que l'on qualifie de résistantes aux rayons ou aux médicaments. Ou bien ils sont excessivement toxiques et ne peuvent être supportés par des malades âgés ou qui, plus généralement, présentent une fragilité générale ou particulière.

Le pronostic d'un cancer, prévision et probabilité plus que certitude, est donc capital à établir par le bilan préthérapeutique. Chaque cancer a une malignité qui peut être précisée par son type cellulaire, sa vitesse évolutive, son extension visible ou probable, certains caractères plus rares. On peut aussi déterminer une influence probable des divers traitements disponibles.

Ce bilan global conduit à une décision suivant une politique du risque calculé : en effet, tout traitement actif comporte inévitablement une certaine toxicité en regard de son efficacité. Une fois déterminé, le traitement jugé le plus adapté sera commencé, soigneusement surveillé pour être au fur et à mesure affiné en fonction des réactions observées, différentes selon les individus ; il pourra ainsi être, selon les cas, allongé ou raccourci, renforcé ou allégé, voire modifié. •

5. Scanner : mise en évidence de métastases hépatiques.

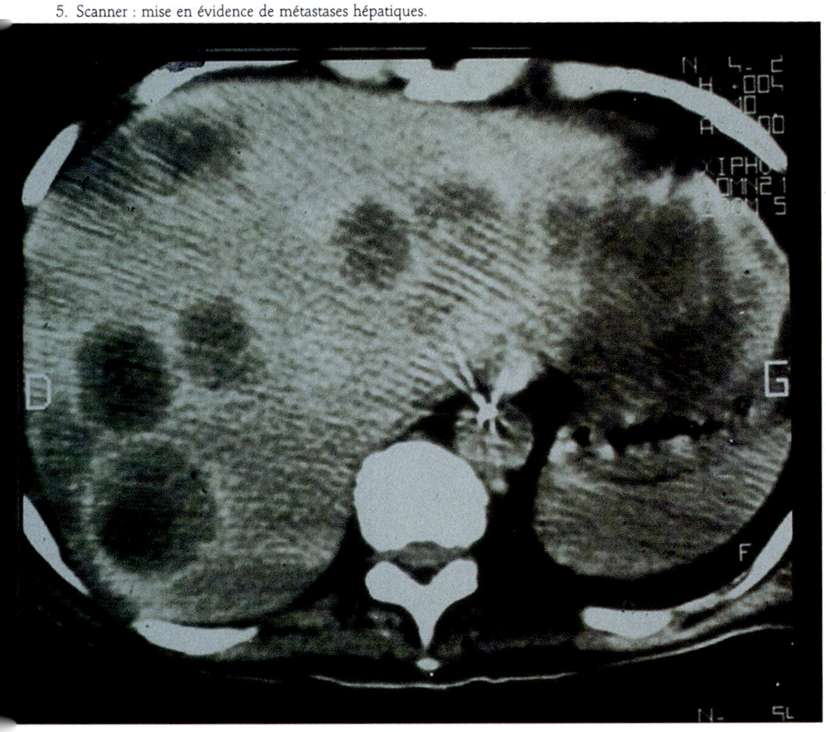

6. Scintigraphie osseuse.

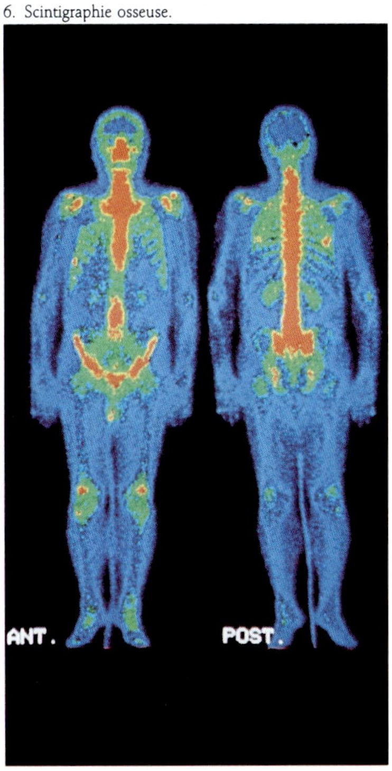

Lutter contre les cancers

LE CONTRÔLE DES CANCERS est difficile car il est entravé par le vieillissement de la population, qui est le principal facteur de leur accroissement. Si les décès par cancers disparaissaient, l'espérance de vie moyenne ne serait allongée que de deux ans environ. Il est heureusement possible de ralentir les processus du vieillissement par une hygiène générale immédiatement favorable à la santé présente et à venir. Cet objectif positif et direct est plus motivant que d'éviter un lointain cancer.

Chercher à reconnaître l'existence d'une tumeur le plus tôt possible passe par une sensibilisation accrue du public, des malades potentiels, qui devraient consulter un médecin dès l'apparition d'un premier symptôme au lieu de le négliger ou, pire, de l'occulter. Des mesures de dépistage systématiques cherchent à découvrir, chez des sujets supposés bien portants, de petits cancers autrement inapparents ou, mieux encore, des états précancéreux qu'un traitement pourra faire régresser en empêchant leur dégénérescence maligne. Quand la tumeur est reconnue, les traitements anticancéreux visent principalement à détruire les cellules cancéreuses. Des associations sont souvent utiles pour combattre sous plusieurs angles les divers composants tumoraux.

Un malade cancéreux traité ne doit être considéré ni comme un pestiféré ni comme un coupable. La réadaptation s'attache à le réinsérer dans son milieu conjugal, familial, social, professionnel, à le « revalider » dans ses capacités physiques et psychologiques, à le réintégrer complètement dans des conditions d'existence normales.

Le traitement des cancers

La chirurgie (4), méthode la plus ancienne, est devenue plus simple et moins mutilante. La radiothérapie (1) met en œuvre des radiations ionisantes émises par des appareils externes comme les bombes au cobalt ou les accélérateurs de particules ou par des substances radioactives implantées au sein ou au contact de la tumeur (curiethérapie). La chimiothérapie (3) emploie de nombreux médicaments dont la principale action consiste à entraver les reproductions cellulaires excessives. L'immunothérapie (interféron, interleukines, greffes de moelle, cellules tueuses...) vise à renforcer des mécanismes immunitaires dirigés contre les cellules cancéreuses.
Se développent également des modificateurs biologiques (rétinoïdes, anticorps monoclonaux, facteurs de croissance...) visant à corriger le dérèglement des cellules transformées.

Code européen contre le cancer

Certains cancers peuvent être évités.
Ne fumez pas. Fumeurs, arrêtez le plus vite possible et n'enfumez pas les autres.
Modérez votre consommation de boissons alcoolisées : bières, vins ou alcools.
Évitez les expositions excessives au soleil.
Respectez les directives de santé et sécurité, en particulier dans les activités professionnelles lors de la production, la manipulation ou l'usage de tout produit pouvant causer un cancer.
Votre santé bénéficiera des deux commandements suivants, qui peuvent aussi limiter les risques de certains cancers :
Consommez fréquemment des fruits et des légumes frais et des aliments riches en fibres.
Évitez l'excès de poids et limitez la consommation d'aliments riches en matières grasses.

Un plus grand nombre de cancers seront guéris s'ils sont détectés plus tôt.
Consultez un médecin si un grain de beauté change de forme, si une grosseur apparaît, ou en cas de saignement anormal.
Consultez un médecin en cas de troubles persistants tels que toux, enrouement, trouble du transit intestinal, perte inexpliquée de poids.
Pour les femmes :
Faites pratiquer régulièrement un frottis vaginal.
Surveillez vos seins régulièrement et si possible, après l'âge de 50 ans, faites effectuer des mammographies à intervalles réguliers.

La prévention primaire

LE PLUPART DES MESURES DE PRÉVENTION DES CANCERS SONT DU RESSORT DES INDIVIDUS ET COÏNCIDENT AVEC UNE HYGIÈNE GÉNÉRALE DE QUALITÉ.

Beaucoup de facteurs connus comme étant à l'origine des cancers peuvent être maîtrisés par une intervention personnelle à la portée de chaque individu. C'est le vieillissement *physiologique* (non nécessairement calqué sur l'âge du sujet) qui favorise les cancers. Le soleil, qui flétrit prématurément la peau et peut provoquer des cancers cutanés, le tabac, qui vieillit prématurément l'ensemble de l'organisme et y induit de nombreux cancers, en témoignent clairement. Le plus fréquent des cancers dans le sexe masculin, celui du poumon, et surtout le plus meurtrier, qui tue 20 000 Français chaque année (presque deux fois plus que les accidents de la route ou que les suicides), disparaîtrait complètement avec l'arrêt du tabagisme, comme il est apparu avec lui et comme il commence à apparaître chez les femmes, qui ont commencé à fumer il y a 20 ou 30 ans. Les cancers de la peau, également fréquents mais, pour la plupart, beaucoup moins graves, dépendent d'expositions solaires excessives, surtout chez les blonds ou roux dont la pigmentation naturelle protège mal des rayons ultraviolets B du soleil, les plus nocifs.

Les cancers digestifs sont les plus fréquents dans les deux sexes ; les facteurs alimentaires à leur origine sont complexes et il n'y a pas de recette simple pour les éviter ; leur prévention passe par une bonne hygiène alimentaire. Celle-ci se définit par une alimentation variée et équilibrée de bonne qualité, bien conservée (les produits conservateurs que l'on utilise aujourd'hui ont, à l'inverse des conservations traditionnelles faisant appel à la salaison et à la fumaison, une indiscutable influence bénéfique malgré leur réputation contraire). L'alimentation gagnerait à être moins riche en matières grasses, en sucre, en alcool, plus riche en boissons non alcoolisées et en fibres végétales qu'elle ne l'est en moyenne dans des pays comme la France. Inversement, aucune des mesures recommandées pour une bonne hygiène alimentaire ne favorise l'apparition des cancers.

Une bonne hygiène génitale, en évitant la survenue répétée d'infections, permettrait de réduire l'apparition des cancers du col utérin, qui est aussi limitée par la réduction du nombre de grossesses. La contraception hormonale n'a pas d'effet direct sur l'apparition des cancers. Son influence sur le développement des cancers du sein semble nulle ou très discrète. Elle diminue les cancers du col utérin en réduisant les grossesses (mais pourrait les augmenter selon la sexualité, en l'absence de surveillance gynécologique régulière) ainsi que ceux de l'ovaire et du corps utérin.

Les cancers professionnels, rares, ont une grande importance dans certaines professions, qui sont soumises à une surveillance sans faille dès que leurs risques ont été suspectés ou reconnus. La pollution ne semble pas avoir de rôle propre individualisable. Elle peut toutefois accroître les risques de cancers chez les fumeurs. Le rôle des virus est surtout important en zones intertropicales. Des campagnes de vaccination sont en cours notamment contre le virus de l'hépatite pour éviter cette infection, qui peut être sévère par elle-même ou par son évolution vers une cirrhose post-hépatique puis par la dégénérescence de la cirrhose en cancer primitif du foie, fréquent dans ces régions. D'autres virus ont une importance plus réduite. Celui du sida favorise indirectement l'apparition de cancers, dont la prévention rejoint donc celle du sida. •

Le dépistage

POUR SÉDUISANT QU'EN SOIT LE PRINCIPE, LE DÉPISTAGE N'EST PAS UNE PANACÉE PEUT-ÊTRE PARCE QU'IL SUBSTITUE UNE MÉDECINE DE MASSE À UNE MÉDECINE INDIVIDUELLE.

On ne peut soumettre une population de personnes en bonne santé apparente à un dépistage que s'il a assez de chances d'être bénéfique à un nombre suffisant d'individus sans trop nuire à l'ensemble des autres. Cela implique que le cancer dépisté ne soit pas trop rare, que sa découverte à un stade très précoce améliore substantiellement son pronostic par rapport à sa découverte dans les conditions habituelles. En outre, les tests de dépistage doivent être acceptables pour un grand nombre d'individus, suffisamment fiables et pas trop onéreux pour la société.

Le dépistage des cancers du col de l'utérus a fait la preuve de son utilité en permettant l'identification de petits cancers et, surtout, la détection d'états précancéreux, beaucoup plus nombreux. Les femmes jeunes sont actuellement suffisamment sensibilisées à leur santé et à leur vie génitale pour accepter, à intervalles réguliers, un test simple, le frottis vaginal, qui permet d'apprécier l'état de leur col utérin plus complètement que le simple examen clinique. Une anomalie conduit à proposer des mesures destinées à rétablir un état normal : le col utérin ne peut plus alors se canceriser. Depuis plusieurs décennies, dans les pays occidentaux, on a vu ainsi baisser l'incidence de ces cancers. Ils pourraient théoriquement complètement disparaître si toutes les femmes acceptaient les mesures de dépistage, à un rythme raisonnable, à l'âge où elles sont le plus exposées.

Le dépistage des cancers du rectum et du côlon, les plus fréquents dans les deux sexes, relève du même principe. La recherche dans les selles d'une hémorragie discrète, éventuellement complétée par un examen endoscopique plus approfondi du gros intestin, permet de découvrir des polypes bénins, de procéder à leur ablation et d'éviter leur dégénérescence maligne. Ces tests sont cependant moins simples que le frottis vaginal, la filiation polype-cancer est moins assurée que dans le cas précédent et l'évaluation globale de ce dépistage n'a pas encore prouvé sa justification à l'échelon d'une population.

Le dépistage des cancers du sein décèle principalement de pe-

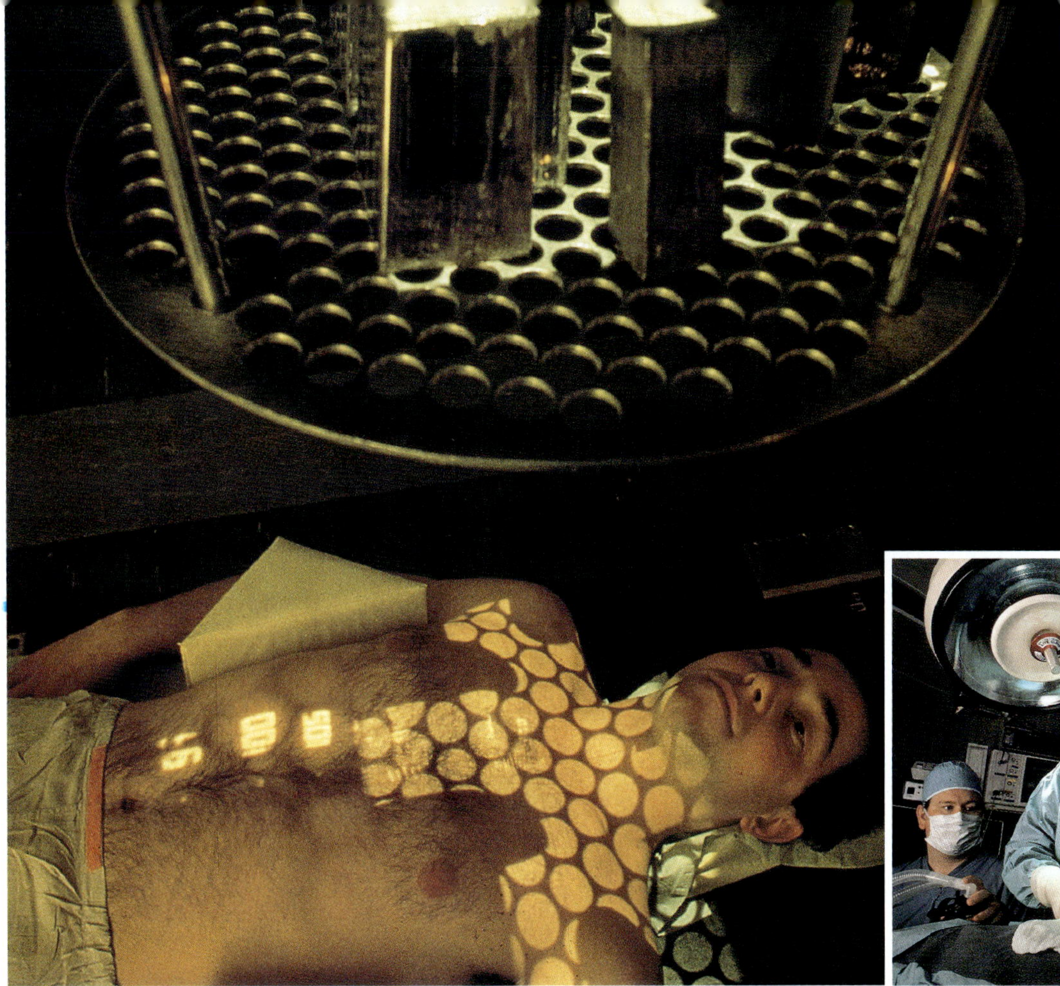

1. Patient sous radiothérapie.

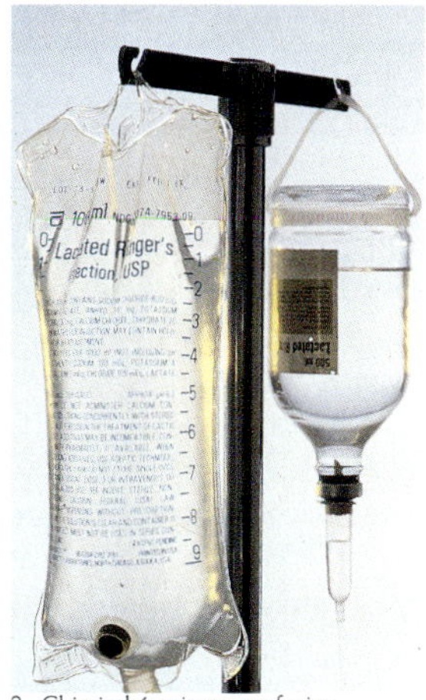

3. Chimiothérapie par perfusion.

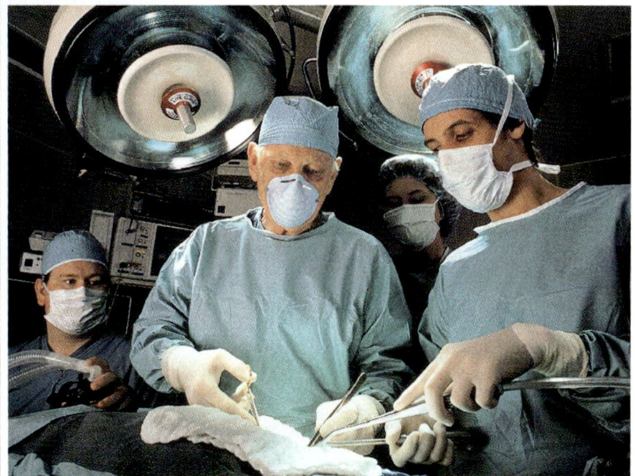

4. Intervention chirurgicale.

tits cancers du sein par autoexamen, examen médical, mammographie. Leur reconnaissance permet de les traiter sans mutilation mammaire et réduit la mortalité par ce cancer des femmes dépistées, du moins après 50 ans. Le coût de ce dépistage, les possibilités de l'étendre à des femmes plus jeunes ou d'en accroître le rendement sont en cours d'étude.

Le dépistage a été envisagé et étudié pour d'autres cancers sans déboucher jusqu'à présent sur des recommandations d'intérêt indiscutable. L'examen digital du rectum par un médecin (toucher rectal) est un geste simple, justifié lors de tout examen médical pour le dépistage de cancers du rectum dans les deux sexes et de la prostate chez l'homme. Le principal obstacle au dépistage reste une participation trop réduite de la population exposée, qu'il faut mieux informer et motiver. •

2. Pratique d'une mammographie.

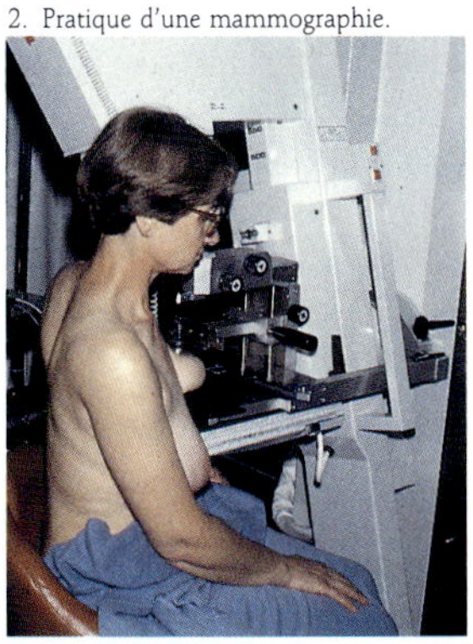

La guérison et la réadaptation

POUR BEAUCOUP DE CANCERS DONT LES CHANCES DE GUÉRIR SONT ÉLEVÉES, LA GUÉRISON NE SUFFIT PLUS. IL FAUT QU'ELLE SE FASSE AUSSI AVEC LE MINIMUM D'INCONVÉNIENTS ET DE SÉQUELLES.

Les chances de guérison, pour beaucoup de malades, dépassent 50 % et, pour certains, elles peuvent avoisiner 100 %. Des résultats aussi bons s'obtiennent en particulier chez les malades les plus jeunes, présentant certaines tumeurs particulièrement sensibles aux traitements et encore localisées au moment du diagnostic. Ces résultats ne doivent pas être obtenus à n'importe quel prix. La recherche d'une utopique sécurité absolue entraînerait beaucoup de désagréments et de séquelles superflus. Il faut au contraire et d'emblée éviter le plus possible de désinsérer le malade, organiser son traitement avec un minimum d'hospitalisation en pensant à la réinsertion qui suivra la fin du traitement.

Affirmer la guérison définitive d'un cancer est difficile. C'est de plus irréaliste car, même en l'absence d'une récidive du cancer traité, le malade reste exposé à un autre cancer (favorisé par le même facteur cancérogène, comme par exemple le tabac, ou par son âge) ou à d'autres maladies qui, de toute manière, entraîneront le décès un jour, d'autant plus proche que le malade est plus âgé. Quand le traitement a fait disparaître toutes les manifestations tumorales (on dit qu'il y a rémission complète), les risques de rechute sont minoritaires et l'avenir peut être envisagé favorablement sans que l'antécédent cancéreux pèse trop. Pour certains cancers d'évolution rapide, principalement chez les sujets jeunes, une récidive de la maladie se manifeste tôt, dans les quelques mois ou les deux années suivant le traitement, ou pas du tout. Aussi est-il effectivement possible d'affirmer la guérison individuellement, après un certain délai, avec une quasi-certitude.

Pour entraîner le minimum de perturbations dans la vie habituelle, sans compromettre pour autant la qualité du traitement et les chances de guérison, il faut tenir compte de l'âge du malade (enfant en croissance ou, à l'opposé, personne très âgée), de son sexe (vie génitale à préserver chez la femme), de sa situation familiale (couple ? enfants ?), géographique, sociale et professionnelle (en activité ou retraité). Ainsi, l'ensemble des traitements anticancéreux évolue vers des méthodes mieux supportées, compatibles avec un statut ambulatoire, plus courtes et laissant moins de traces. Les interventions chirurgicales sont plus limitées, moins mutilantes et laissent des cicatrices plus discrètes ou des infirmités plus tolérables, notamment grâce aux possibilités de reconstruction et d'appareillage. De même, la radiothérapie distribue, sur des volumes plus limités, des doses mieux réparties et qui entraînent moins de cicatrices fibreuses ou de troubles de croissance chez le jeune. Enfin, la chimiothérapie est plus souvent limitée à quelques mois de traitement et fait appel à des médicaments dont l'usage comporte moins de risques à long terme. L'association de ces différents types de traitement contribue à renforcer l'action antitumorale en réduisant le retentissement défavorable sur l'organisme. L'information des malades est importante. Elle renforce leur motivation et améliore leur coopération pour franchir une épreuve inévitablement pénible mais dont le poids peut être allégé par une bonne relation entre le malade, les soignants et ses proches.

Après le traitement, bien des mesures peuvent réduire les conséquences de la maladie : hygiène générale, notamment alimentaire, kinésithérapie, interventions esthétiques (reconstruction mammaire), apprentissage de soins personnels pour limiter le retentissement d'une petite infirmité. Il faut aussi considérer la reprise d'activités personnelles, sexuelles, domestiques, professionnelles de façon progressive avec des indications pratiques aussi détaillées que nécessaires pour aider la personne malade et ses proches à surmonter activement d'inévitables difficultés. Des associations d'anciens malades (qui sont passés par la même épreuve et l'ont surmontée) apportent une aide bénévole très appréciable – complémentaire de celle des divers soignants – ainsi qu'un témoignage très encourageant. Dans les cas les plus favorables (malade jeune, actif et bien entouré, tumeur limitée, soins de qualité), l'épreuve de la maladie peut se terminer de façon positive, par une « nouvelle naissance » selon l'expression de nombreux malades, qui ont découvert une nouvelle façon d'envisager leur existence après avoir senti leur vie menacée et qui ont établi une nouvelle hiérarchie des valeurs personnelles. •

→ **Voir aussi :** La pathologie gynécologique, **MED**, p. 320-321.

Le sang normal et le sang pathologique

LE SANG EST UN TISSU liquide, composé d'éléments figurés (globules rouges, blancs et plaquettes) et chimiques très variés. Irriguant tout l'organisme, il sert de vecteur aux fonctions vitales de respiration et d'élimination. Il transmet toutes sortes de messages chimiques qui contribuent à maintenir l'*homéostasie.* Son analyse fine reflète l'ensemble des caractères, des fonctions ou des maladies d'un individu.

Les cellules circulantes sont de trois types principaux. Les globules rouges, ou hématies, structures cellulaires mortes (sans noyau) mais à longue survie (plus de cent jours), portent l'hémoglobine et, par son intermédiaire, l'oxygène vital. Les globules blancs sont de plusieurs types : granulocytes (dont le cytoplasme contient des granules d'enzymes), monocytes et lymphocytes ; ils contribuent à défendre l'organisme contre les agents extérieurs. Les plaquettes sont des petits fragments de cellules géantes éclatées (les mégacaryocytes) qui ont pour fonction principale d'assurer l'*hémostase.* Toutes ces cellules sont fabriquées dans les organes dits *hématopoïétiques :* moelle osseuse et tissus lymphoïdes (ganglions, thymus, amygdales, rate).

Ces cellules baignent dans un milieu liquide circulant, le plasma. Outre les facteurs de coagulation, le plasma véhicule d'innombrables métabolites nécessaires à l'alimentation des tissus, des déchets qui seront éliminés par les reins (dans l'urine), le foie (avec la bile), l'intestin, des électrolytes, des hormones, des enzymes... Le mot « sérum » s'applique à ce qui reste du sang après coagulation et mise à part du caillot.

Les anémies

L'ANÉMIE EST LA PLUS FRÉQUENTE DES PERTURBATIONS DU SANG. ON EN DISTINGUE DE NOMBREUSES SORTES SELON LEUR GRAVITÉ, LEUR CAUSE ET SELON LE TRAITEMENT NÉCESSAIRE POUR LES CORRIGER.

Les anémies sont définies par une diminution des hématies ou plus exactement de l'hémoglobine – car les hématies peuvent être plus ou moins chargées en hémoglobine et plus ou moins aptes à véhiculer l'oxygène vital.

Certaines découlent d'un défaut de fabrication : la moelle osseuse peut produire un nombre insuffisant d'hématies parce qu'elle est victime d'influences toxiques, de réactions immunologiques, d'un envahissement par des cellules cancéreuses ou pour d'autres raisons inconnues. Il arrive également que les hématies soient insuffisamment chargées en hémoglobine, le plus souvent faute de fer, qui en est un constituant essentiel. Le manque de fer peut avoir pour origine des carences alimentaires ou des pertes de sang excessives et non compensées (hémorragies discrètes mais chroniques, grossesse). Dans certaines maladies héréditaires, c'est l'hémoglobine qui est déficiente, malformée et incapable de transporter une quantité suffisante d'oxygène. Pour assurer une liaison normale avec l'oxygène, la grosse molécule d'hémoglobine doit en effet présenter un ensemble de propriétés biochimiques qui peuvent être compromises par diverses anomalies. La persistance de certaines de ces hémoglobinopathies à grande échelle en régions intertropicales tient en partie à un avantage qu'elles donnent à ceux qui les portent : elles les protègent contre le paludisme.

D'autres anémies tiennent à une perte excessive ou prématurée de globules rouges. La cause la plus évidente est représentée par les hémorragies. Lorsqu'une hémorragie est brutale et abondante, à la suite d'une blessure grave, elle entraîne une anémie aiguë qui peut provoquer la mort si elle s'accentue et n'est pas corrigée. D'autres hémorragies sont discrètes, voire inapparentes et chroniques mais finissent par devenir sévères. La destruction des globules rouges peut succéder à une hémolyse en rapport avec des substances toxiques d'origine chimique (produit industriel ou domestique, médicament), microbienne ou auto-immune.

L'anémie est heureusement une des anomalies sanguines les plus faciles à traiter. Sa correction par l'intermédiaire de transfusions est bien codifiée. Celles-ci sont conditionnées par les groupes sanguins, qui doivent être compatibles entre donneurs et receveurs (les deux principaux systèmes sont les systèmes ABO et Rhésus). On emploie principalement des concentrés d'hématies, qui augmentent l'efficacité d'une transfusion en réduisant ses risques. Parmi ceux-ci, la possibilité de transmission de maladies infectieuses conduit à des vérifications et à des contrôles renforcés même en France, où le don de sang est bénévole et n'émane pas, comme dans d'autres pays, de sujets marginaux qui cherchent à en retirer quelque bénéfice. Les transfusions n'ont qu'un effet temporaire, elles ne sont souvent pas suffisantes et elles peuvent être contre-indiquées. Selon les cas, le traitement d'une anémie est celui de son origine : apport de fer ou de vitamines, suppression de la cause des hémorragies, traitement du processus destructeur qui fait disparaître prématurément les hématies (la rate peut y jouer un rôle prépondérant). À l'avenir, les maladies héréditaires responsables d'hémoglobinopathies pourront peut-être bénéficier de manipulations génétiques (greffes de gènes normaux). •

L'hémostase

C'EST L'ENSEMBLE DES PROCESSUS QUI PRÉVIENNENT UN SAIGNEMENT SPONTANÉ OU ARRÊTENT UNE HÉMORRAGIE

Trois éléments principaux interviennent pour éviter un saignement. Tout d'abord la paroi vasculaire : elle assure une barrière anatomique dont les cellules réagissent en se contractant et en sécrétant des facteurs chimiques en cas de rupture accidentelle. Ensuite les plaquettes sanguines : les facteurs de coagulation qu'elles contiennent sont libérés après leur adhésion à la plaie vasculaire ; leur agrégation aux berges de cette plaie est d'abord réversible puis irréversible. Enfin interviennent les facteurs sériques (propres au sérum sanguin) de la coagulation. Ils sont plus d'une dizaine à participer à une chaîne de réactions biochimiques complexes, en liaison avec les autres facteurs de l'hémostase, pour aboutir à la transformation du fibrinogène (protéine présente dans le plasma) en fribrine, dont les molécules, assemblées en réseau, constituent la trame d'un caillot qui obture la plaie vasculaire béante. Le caillot ainsi formé se dissout ultérieurement, selon des réactions également complexes, lors du processus de cicatrisation.

Il existe des anomalies inapparentes de l'hémostase, qu'il faut donc rechercher par des tests appropriés lorsqu'on envisage par exemple une intervention chirurgicale qui risquerait autrement de les révéler par des saignements incontrôlables dans des conditions dramatiques. Des troubles de l'hémostase peuvent être à l'origine d'hémorragies spontanées, d'hématomes sous-cutanés ou intra-articulaires à la suite d'un coup même minime ou d'hémorragie incoercible à la suite d'une modeste blessure. Ils peuvent être héréditaires (comme dans l'hémophilie, résultant du manque d'un facteur important de la coagulation) ou acquis (au cours de nombreuses maladies). D'autres sont dus à un défaut de la paroi vasculaire, fragilisée notamment par le vieillissement, à un déficit qualitatif ou quantitatif des plaquettes ou à une insuffisance des facteurs de coagulation. La détermination de l'origine de l'hémorragie est nécessaire pour la traiter de façon adapt e par apport de facteurs sériques ou de plaquettes (venant de dons de sang) ou par des médicaments interférant avec les mécanismes de la coagulation.

Il existe inversement des maladies où la coagulation est excessive, ce qui entraîne la formation de caillots à l'intérieur de la lumière des vaisseaux, provoquant phlébites, embolies ou infarctus. Les organes les plus sensibles sont les poumons et surtout le cœur et le cerveau. Ces accidents peuvent être liés à un défaut de la circulation sanguine (lors d'un alitement prolongé par exemple), à une anomalie de la paroi vasculaire ou à un désordre des facteurs de coagulation. De nombreux médicaments comme l'héparine ou les antivitamines K contribuent à prévenir ou à corriger de tels troubles. •

1. Hématies.

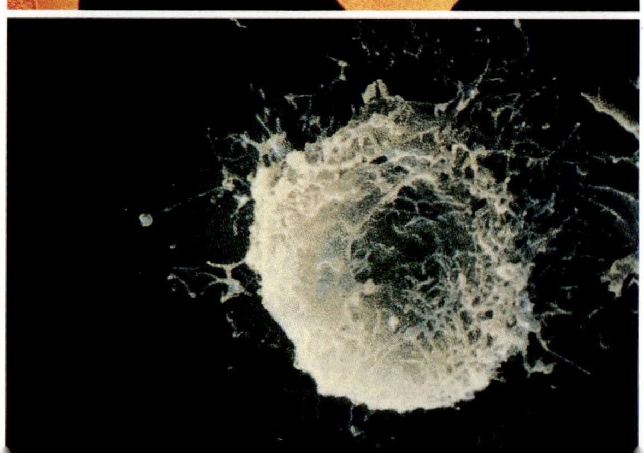

2. Leucocytes.

L'immunité

L'IMMUNITÉ REGROUPE LES MOYENS DE DÉFENSE DONT DISPOSE L'ORGANISME POUR LUTTER CONTRE DES AGENTS EXTÉRIEURS OU PARFOIS INTERNES.

Encore plus que l'hémostase, l'immunité fait intervenir des mécanismes complexes mettant en jeu des cellules du sang (monocytes-macrophages et lymphocytes B ou T), qui agissent entre elles, et des facteurs solubles agissant sur place ou à distance. Les perturbations sont le plus souvent déficitaires (diminution des défenses immunitaires) mais parfois excédentaires : on observe des maladies, dites « auto-immunes », au cours desquelles l'immunité est dirigée contre les composants normaux de l'organisme, notamment contre certaines substances responsables des groupes tissulaires qui contribuent à identifier chaque individu. La réaction auto-immune, le plus souvent médiée par un anticorps auto-immun, peut être dirigée contre un organe (thyroïdite auto-immune), contre un type cellulaire (par exemple anémie auto-immune) ou contre une substance fondamentale des tissus comme dans la polyarthrite rhumatoïde. Elle est parfois déclenchée par l'action d'un virus ou d'un médicament ayant des structures en commun avec des composants normaux de l'organisme. Elle peut être due aussi à une prolifération excessive de cellules du système immunitaire, normalement peu nombreuses et dont l'augmentation dépasse les capacités homéostatiques. Ces perturbations peuvent être aiguës, réversibles à la fin d'une infection ou au retrait d'un médicament responsable. D'autres sont chroniques, dues à un dérèglement persistant d'une famille cellulaire qui prolifère et sécrète une quantité excessive d'anticorps, mais sans aller jusqu'au développement d'une tumeur. Elles s'observent plus volontiers chez la femme et les sujets âgés.

Le traitement de ces maladies auto-immunes est complexe, faisant appel à des médicaments immunodépresseurs. Ceux-ci exposent à des complications, en particulier infectieuses, faute de pouvoir atteindre spécifiquement les cellules responsables sans toucher aux autres cellules de l'immunité. Mais on dispose de substances de plus en plus spécifiques, mieux utilisées en fonction du type de cellules que l'on veut atteindre. •

Les cancers

COMME LES AUTRES CELLULES DE L'ORGANISME, CELLES DU SANG PEUVENT ÊTRE AFFECTÉES PAR UN PROCESSUS CANCÉREUX.

Les cancers des cellules sanguines représentent moins de 10 % de l'ensemble des cancers, mais presque la moitié de ceux de l'enfant. En raison de leur grande diversité, chaque forme correspond à des maladies assez rares. Dans l'ensemble, leur incidence augmente avec l'âge. Les cellules spontanément séparées les unes des autres ont pu être étudiées de façon très fine, ce qui a contribué à de remarquables progrès thérapeutiques et à des avancées fondamentales intéressant l'ensemble des cancers.

On distingue des leucémies et des lymphomes. Les leucémies atteignent principalement la moelle osseuse et intéressent beaucoup plus souvent les globules blancs (granulocytes ou lymphocytes) que les hématies ou les plaquettes. Elles se révèlent souvent par de l'anémie, une fatigue générale, parfois de la fièvre, des douleurs osseuses. Elles sont caractérisées par la présence dans le sang de cellules malignes, qui témoignent de la généralisation constante et que l'on peut facilement reconnaître après une simple prise de sang. Bien que n'ayant pas ce dernier caractère, le myélome, qui intéresse des cellules produisant des anticorps, les plasmocytes, s'en rapproche ; il entraîne des destructions osseuses caractéristiques.

Les lymphomes se développent principalement dans les organes lymphoïdes (ganglions lymphatiques, rate, amygdales), mais, en raison de l'ubiquité des lymphocytes dans l'organisme, ils peuvent intéresser n'importe quel organe. Les lymphosarcomes, qui prédominent chez les personnes âgées, sont un peu plus fréquents que la maladie de Hodgkin, qui frappe surtout l'adulte jeune et dans laquelle il y a, à côté de la prolifération cancéreuse, une forte réaction cellulaire inflammatoire. Ils restent souvent localisés au début de leur évolution et sont alors plus faciles à guérir qu'à un stade avancé.

L'évolution de ces maladies est lente (formes chroniques) ou rapide (formes aiguës, les seules présentes chez l'enfant). Dans ce dernier cas, la guérison est plus facile à obtenir mais, en son absence, la survie est plus courte. Les hémopathies malignes sont particulièrement sensibles aux traitements, chimiothérapie comme radiothérapie. En raison de leur présentation habituelle, la chirurgie a peu de place. La radiothérapie a l'intérêt de stériliser des tumeurs localisées. La chimiothérapie représente un traitement général. L'association des deux permet de réduire la toxicité générale et d'augmenter l'efficacité. Ces hémopathies malignes bénéficient du développement des médicaments modificateurs de la réponse biologique. Des traitements par interférons, interleukines, anticorps monoclonaux, etc., ont montré une efficacité appréciable mais qui est encore l'objet de recherches. Ce sont des maladies qui ont largement suscité des tentatives faisant appel à des greffes de moelle osseuse à partir d'un donneur compatible ou de la propre moelle du malade traitée de façon appropriée pour en éliminer les cellules malignes. La guérison est fréquente dans la maladie de Hodgkin ou la leucémie lymphoïde de l'enfant. Il faut s'efforcer de l'obtenir avec un traitement qui, sans compromettre les chances de guérison, entraîne le minimum de désagréments pour le malade et laisse le moins de séquelles possible. •

→ **Voir aussi :** L'immunité, **BIOL**, p. 164-165. Les défenses naturelles anti-infectieuses, **MED**, p. 224-225. L'utilisation médicale du sang, **MED**, p. 382-383.

3. Caillot.

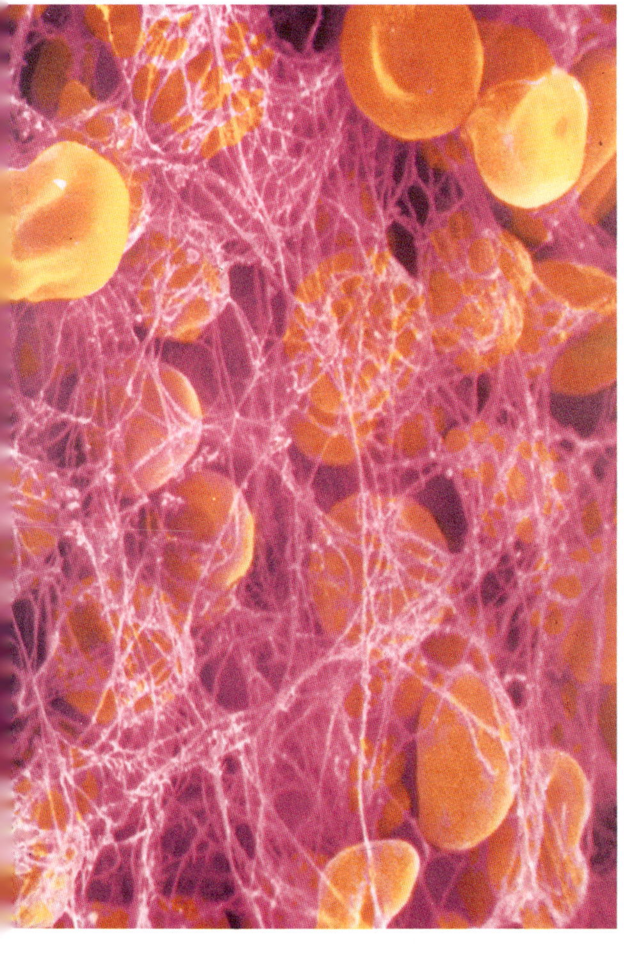

Hématies, leucocytes et plaquettes

Le sang représente un tissu particulier dont les éléments sont dissociés les uns des autres, ce qui en facilite l'observation ainsi que l'analyse biochimique et immunologique. Les globules rouges, ou hématies (1), sont les cellules sanguines les plus abondantes (4,5 à 5 millions par mm³). Les leucocytes (2) sont beaucoup moins nombreux. L'étude des interactions complexes entre populations cellulaires montre en particulier l'existence d'influences entre les différents types de cellules.
La microscopie électronique à balayage révèle particulièrement bien le réseau de fibrine qui emprisonne les hématies et adhère aux parois vasculaires (3). Ce réseau, favorisé par des facteurs vasculaires et plaquettaires, obture momentanément la brèche de la paroi du vaisseau. Il se dissoudra normalement au fur et à mesure de la cicatrisation de la paroi.

4. Leucémie aiguë myéloblastique (prélèvement de moelle).

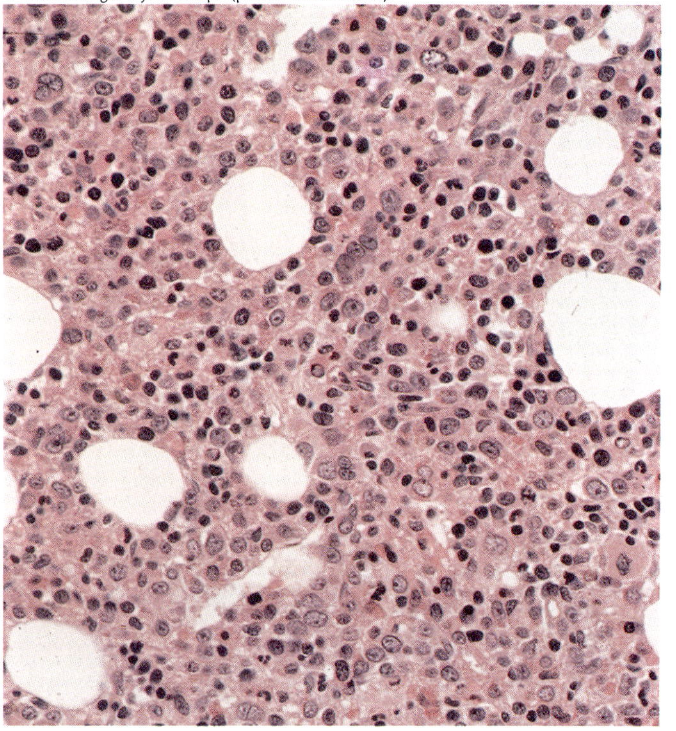

Différents types de leucémie

L'aspect des cellules malignes proliférant au cours des leucémies permet d'en distinguer différents types. La quantité et la morphologie des cellules peuvent être observées soit dans le sang soit par un prélèvement de moelle osseuse réalisé au niveau du sternum ou de l'os iliaque. Certaines présentent un aspect de cellules jeunes caractéristiques de leucémies aiguës, d'autres ont un aspect de cellules différenciées au cours des leucémies chroniques.

Le cœur

PRÈS DE CENT MILLE FOIS par jour, le cœur accueille du sang qui provient des veines. La pression dans les veines et dans les oreillettes (cavités d'accueil) est voisine de zéro. Pour que le sang circule dans les artères et atteigne les organes, une nouvelle impulsion doit lui être donnée. Les ventricules (cavités d'éjection) sont des muscles creux qui alternent deux activités, la relaxation, qui permet l'arrivée du sang par aspiration, et la contraction, qui assure son éjection. Lors d'un cycle cardiaque, 80 millilitres de sang entrent dans le cœur et sont éjectés dans les artères avec une force suffisante pour pouvoir atteindre les territoires les plus reculés de l'organisme. Huit mille litres de sang passent ainsi dans le cœur chaque jour.

Pour que le cœur, cette pompe aspirante et foulante, fonctionne correctement, il lui faut une énergie permanente ; il faut, de plus, que le trajet du sang soit balisé par un système de portes unidirectionnelles ; il faut, enfin, que le rythme cardiaque soit autogénéré, entretenu et adapté. La fourniture de l'énergie au muscle cardiaque est assurée par le sang qui circule dans les artères coronaires. Ce sang doit être riche en oxygène et en sucres, nécessaires au fonctionnement des cellules cardiaques, qui transforment ces éléments en énergie. L'approvisionnement du cœur en énergie est constamment adapté aux besoins et peut être multiplié par quatre ou cinq en quelques instants.

Le système des portes unidirectionnelles permet de diriger le sang à l'intérieur des cavités cardiaques. Le sang s'écoule de façon continue à travers les systèmes veineux jusque dans les oreillettes. Son entrée et sa sortie des ventricules sont des événements distincts et deux systèmes de valves permettent de les séparer. Lorsque le ventricule s'emplit, les valves d'admission (droite et gauche) sont ouvertes et les valves d'éjection sont fermées : lors de l'éjection, les valves ont la configuration inverse. Pendant leur ouverture, les valves ne doivent opposer aucune résistance à l'écoulement du sang ; pendant leur fermeture, elles doivent être parfaitement étanches.

Le rythme cardiaque est lié à un minuscule amas de cellules situées dans l'oreillette droite, produisant un signal électrique (l'influx) que des faisceaux microscopiques propagent au muscle cardiaque. L'ensemble repose sur une propriété de ces cellules (l'automatisme) douées d'activité spontanée et rythmique. Les perturbations de l'influx provoquent les troubles du rythme cardiaque que montre l'électrocardiographie.

1. Prothèse de valve aortique mise en place.

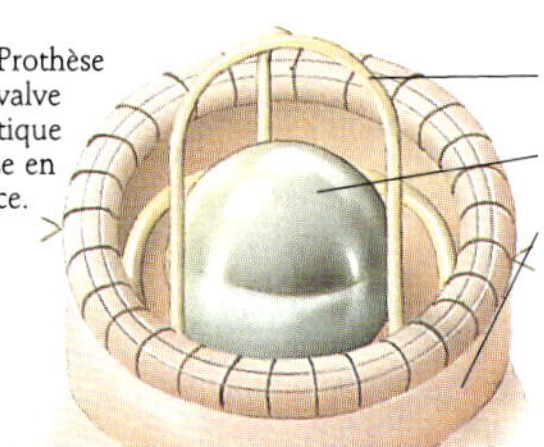

Schéma général de la circulation sanguine

Le sang revient des organes pauvres en oxygène et riches en gaz carbonique. Il arrive par les veines (qui conduisent le sang des organes vers le cœur) jusqu'à l'oreillette droite, passe dans le ventricule droit lors de l'ouverture de la valve tricuspide ; puis il est éjecté à travers la valve pulmonaire dans l'artère pulmonaire qui, comme toutes les artères, conduit le sang du cœur vers les organes. Dans les poumons, il perd son gaz carbonique et s'enrichit en oxygène. Par les veines pulmonaires, le sang oxygéné gagne l'oreillette gauche, traverse la valve mitrale pour emplir le ventricule gauche. Il est ensuite éjecté vers l'aorte sous forte pression, afin de pouvoir atteindre les artères les plus périphériques. La valve aortique, extrêmement sollicitée, est, dans certaines pathologies, remplacée chirurgicalement (1). Il existe donc deux circulations : la circulation pulmonaire et la circulation aortique (2). Dans la circulation pulmonaire, les veines contiennent du sang hématosé (riche en oxygène), dans la circulation aortique, elles conduisent du sang réduit (riche en gaz carbonique). Le débit de l'aorte se fragmente dans les différentes artères. Une partie va irriguer le muscle cardiaque par les artères coronaires ; une autre partie irrigue les artères du cerveau et des membres supérieurs ; le reste apporte le sang aux organes de l'abdomen et aux membres inférieurs.

Fourniture et utilisation de l'énergie

LE CŒUR HUMAIN DÉVELOPPE UN TRAVAIL MÉCANIQUE PENDANT EN MOYENNE 80 ANS SANS SE REPOSER UNE SEULE SECONDE.

À chaque battement du cœur, des petits filaments s'attachent les uns aux autres à l'intérieur de chaque cellule musculaire, provoquant un raccourcissement qui permet la contraction et l'éjection du sang ; puis les filaments se détachent et le relâchement permet l'accueil du sang provenant des oreillettes. L'éjection comme le relâchement consomment de l'énergie. À chaque point d'attache formé, pour que le raccourcissement se produise, il faut une molécule d'adénosine triphosphate (A.T.P.) et une molécule d'oxygène.

Le muscle cardiaque prélève l'oxygène dans le sang, qui le perfuse par les artères coronaires. Quand ce sang quitte le muscle cardiaque, il est presque totale-

2. Schéma général de la circulation sanguine.

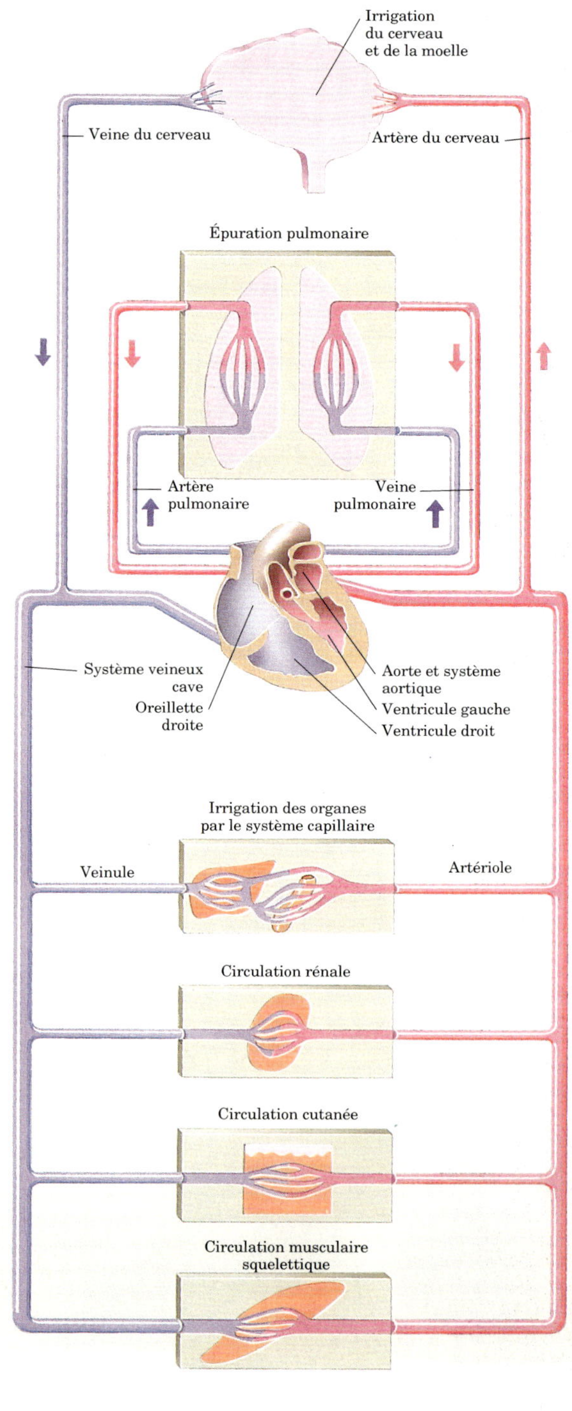

ment dépourvu d'oxygène ; aucun autre muscle de l'organisme, même chez les athlètes, n'est capable d'utiliser aussi parfaitement l'oxygène. En effet, le muscle cardiaque possède plus que tout autre de nombreuses mitochondries particulièrement riches en enzymes capables de transformer les sucres et les graisses en énergie. Cette fourniture d'énergie est, par ailleurs, en permanence adaptée aux besoins. Que le rythme cardiaque s'accélère, que la pression artérielle monte, et le débit de sang dans les artères coronaires augmente instantanément. Cet ajustement est assuré par des capteurs biochimiques qui gèrent l'ouverture des vaisseaux coronaires en fonction de celui-ci. Cette régulation très précise est indispensable à la vie. Si l'apport d'énergie est inférieur aux besoins, le muscle cardiaque souffre. Cette souffrance (ischémie) peut se traduire par des douleurs dans la poitrine, « l'angine de poitrine », ou, si elle dure, par un infarctus du myocarde. C'est aussi l'ischémie du muscle cardiaque qui est à l'origine de nombreuses morts subites des sujets de plus de 40 ans. Le phénomène qui entrave cette fourniture d'énergie est habituellement un rétrécissement de l'artère ou son occlusion complète ; ces deux phénomènes sont dus à l'athérosclérose. •

Maladies des valves cardiaques

AYANT POUR FONCTION D'AIGUILLER LE SANG, LES VALVES CARDIAQUES NE DOIVENT, OUVERTES, OPPOSER AUCUNE RÉSISTANCE À L'ÉCOULEMENT SANGUIN ET DOIVENT, FERMÉES, ÊTRE PARFAITEMENT ÉTANCHES.

Les valves du cœur gauche sont plus sujettes aux maladies que celles du cœur droit. La valve mitrale est celle qui sépare l'oreillette du ventricule gauche ; elle est ouverte quand le ventricule se remplit et fermée lorsque le ventricule éjecte le sang vers l'artère aorte. La valve aortique est celle qui sépare le ventricule gauche de l'aorte ; elle est ouverte pendant l'éjection et fermée pendant le remplissage. Les valves peuvent être rétrécies et s'opposer au passage du sang, elles peuvent également laisser le sang refluer (on dit qu'elles fuient). Par exemple, si la valve aortique est rétrécie, le ventricule gauche devra « pousser » plus fort pour faire sortir le sang ; le muscle cardiaque va grossir, comme tout muscle qui travaille beaucoup ; mais, si le rétrécissement est très serré, l'effort du cœur ne suffira plus et le malade risque de mourir brutalement. Si la valve mitrale fuit, du sang, qui était entré dans le ventricule gauche, retourne vers l'oreillette lorsque le ventricule se contracte. Ce va-et-vient est inutile et force le cœur à plus de travail, ce qui est dangereux.

Pour diminuer les risques consécutifs aux maladies des valves, les chirurgiens ont mis au point les techniques de chirurgie valvulaire. Le principe est soit de réparer la valve malade, soit, le plus souvent, de la remplacer par des valves artificielles. Cette chirurgie, introduite au début des années 1960, a maintenant une telle sécurité qu'elle peut être pratiquée sur des sujets très âgés.

Au cours des dernières années est apparue la possibilité de dilater les valves mitrales rétrécies sans opérer les malades. Un ballon est introduit jusqu'à la valve malade à l'extrémité d'une sonde dont la progression est repérée par la radiologie ; une fois en place, il est gonflé, ce qui peut suffire à guérir le malade. Ces progrès ont été possibles grâce à la recherche thérapeutique, à la formation de personnels qualifiés – et à l'élaboration de biotechnologies. •

Les troubles du rythme cardiaque

TROIS MILLIARDS DE FOIS DANS UNE VIE, LE CŒUR BAT. UN AMAS CELLULAIRE SITUÉ DANS L'OREILLETTE DROITE, LE NŒUD SINUSAL, ENVOIE RYTHMIQUEMENT UN INFLUX À L'ENSEMBLE DU CŒUR QUI SE CONTRACTE.

Les oreillettes sont activées et se contractent les premières, les ventricules sont activés et se contractent ensuite, lorsqu'ils sont remplis. Les battements cardiaques sont plus ou moins rapides en fonction des besoins de l'organisme ; le nœud sinusal, tenant compte de ceux-ci, dicte au cœur le rythme qu'il doit prendre. Tout désordre dans cet agencement perturbe les temps consacrés au remplissage des ventricules ou à l'éjection du sang. Le plus banal des désordres est l'extrasystole ; cette sorte de raté du cœur survient 5 à 10 fois par jour ; le nœud sinusal est précédé dans son action par un autre centre automatique et la contraction vient plus tôt et est plus faible que prévu ; mais, dès la contraction suivante, le nœud sinusal compense le sang perdu par une contraction plus violente. Beaucoup de gens ressentent ce raté comme une impression de vide ou de coup dans la poitrine. Si le cœur est normal, les extrasystoles n'ont aucune gravité malgré l'angoisse qu'elles provoquent.

Parfois, le nœud sinusal fonctionne bien, mais l'influx n'est plus conduit à l'ensemble du cœur. Dans ce cas apparaît un autre foyer automatique beaucoup moins rapide. Le cœur devient trop lent et peut même s'arrêter pendant quelques secondes, ce qui provoque chez le malade des syncopes simulant la mort ; le risque de cette maladie du sujet âgé est la mort subite. Depuis quelques années, on prévient ces accidents en mettant sous la peau une petite pile alimentant une électrode, qu'on implante directement sur le myocarde ou qu'on introduit dans une veine et qu'on pousse jusqu'à l'intérieur du ventricule droit. Dès que le cœur devient trop lent, la pile s'active et l'électrode le stimule normalement. L'analyse informatisée des enregistrements continus du rythme cardiaque permet de préciser l'indication de la pose des stimulateurs. Ceux-ci, appelés aussi *pacemakers,* permettent à plusieurs dizaines de milliers de sujets âgés de continuer à mener une vie normale malgré un système de transport de l'influx cardiaque déficient. La pile, enveloppée dans une coque plastique ne provoquant aucune incompatibilité tissulaire, est incorporée dans l'abdomen ou dans la paroi thoracique. •

L'homme à l'effort

LA VIE EST FAITE DE PHASES DE REPOS ET DE PHASES D'EFFORTS PLUS OU MOINS INTENSES, AUXQUELLES CORRESPOND UNE RÉGULATION, PAR DES SYSTÈMES NEUROLOGIQUES ET HUMORAUX, DU DÉBIT CARDIAQUE.

Brutalement, des territoires qui se contentaient d'un débit sanguin modeste ont besoin d'un débit sanguin élevé pour assurer l'oxygénation suffisante des muscles en activité. Dans ce cas, il faut que la quantité de sang sortant du cœur augmente instantanément et que le sang puisse être dirigé vers les territoires qui en ont besoin. Le cœur est régulé par une étroite collaboration entre le système nerveux et le système hormonal. Le nerf pneumogastrique que possède une action inhibitrice commandée par un neurotransmetteur, l'acétylcholine. La noradrénaline, neuromédiateur du système orthosympathique cardiaque, provoque une accélération des battements. L'acétylcholine, la noradrénaline et l'adrénaline interviennent également en tant qu'hormones et contribuent grandement à la régulation du fonctionnement cardiocirculatoire. Dès le début de l'effort, ces hormones font que le cœur s'accélère, se remplit plus vite et se vide plus rapidement. Elles amènent les artères des territoires qui ne sont pas concernés par l'effort à rétrécir, afin que le sang ait tendance à aller vers les territoires actifs. Au niveau des muscles actifs, au contraire, elles produisent une dilatation des artères, augmentant le flot de sang, et donc d'oxygène et de sucres nécessaires à l'effort.

L'homme entraîné se distingue de celui qui ne l'est pas par les traits suivants : son cœur battant plus lentement au repos, il a plus de réserve d'accélération ; ses muscles étant plus avides d'oxygène, il exploite mieux l'oxygène qui passe ; sa capacité respiratoire étant plus importante, il fournit plus d'oxygène et élimine plus de gaz carbonique pendant l'effort. Le principal bénéfice de l'entraînement tient à ce que, pour les efforts moyens de la vie courante, le sujet entraîné sollicite moins son cœur et ses poumons que le sujet non entraîné. Cela a des conséquences importantes en thérapeutique ; quand un malade voit, pour une raison quelconque, le plus souvent après un infarctus du myocarde, ses capacités cardiaques diminuées, on lui conseille de s'entraîner afin qu'il compense l'infériorité de son muscle cardiaque par une supériorité des muscles de ses jambes et de ses cuisses. Le réentraînement à l'effort des individus cardiaques est ainsi un des grands progrès thérapeutiques de ces dernières années. •

→ **Voir aussi :** Le système circulatoire, **BIOL,** p. 150-151. La tension artérielle, **MED,** p. 242-243.

Forme et rythme

L'électrocardiographie précise les rythmes. L'onde P des oreillettes puis le complexe ventriculaire précèdent la relaxation (a). La tachycardie ventriculaire (b) impose un traitement urgent. La dissociation auriculo-ventriculaire nécessite la pose de pace maker (c). L'échographie montre l'insuffisance d'occlusion de la valve aortique avec reflux du sang qui augmente le travail d'éjection du ventricule gauche.

3. Électrocardiogrammes.

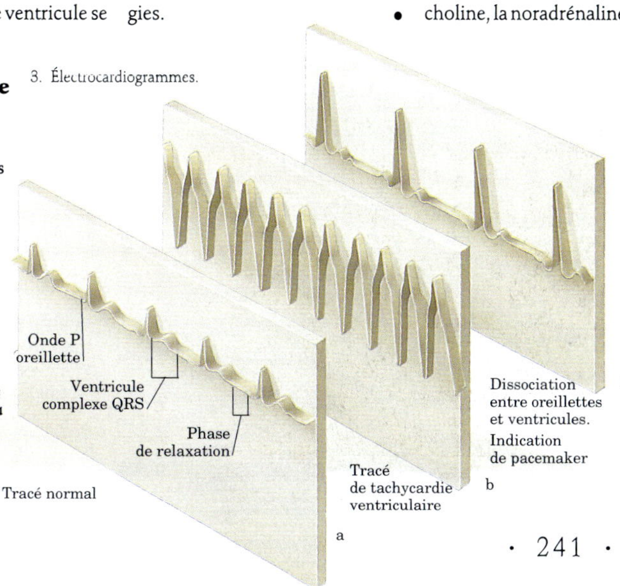

4. Échographie cardiaque.

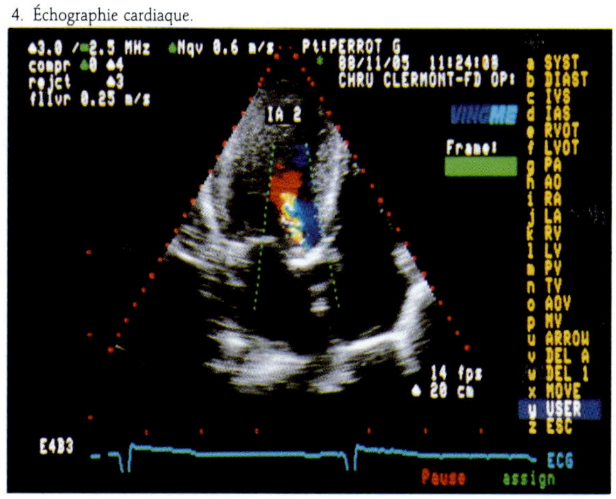

La tension artérielle

LE VENTRICULE GAUCHE DU cœur éjecte avec force le sang dans l'aorte. À ce flux, les vaisseaux artériels opposent une certaine résistance. Le sang circule donc sous forte pression dans les artères et, si l'une d'entre elles vient à se rompre, il jaillit abondamment, en jets saccadés. Les parois des artères subissent cette pression, qui tend à les déformer, mais elles y résistent grâce aux propriétés du tissu qui les compose : à la pression artérielle elles opposent une tension. On confond d'ailleurs souvent pression artérielle et tension artérielle ; ce que mesure le médecin est la pression artérielle, et non la tension des artères.

La pression artérielle est maximale juste au moment où le ventricule se contracte (systole), puis elle baisse à mesure que le sang s'écoule vers la périphérie. Aussi la mesure de cette pression donne-t-elle deux chiffres, qu'on exprime en centimètres de mercure (cmHg). Le chiffre supérieur dépend de la puissance de la contraction du ventricule et de la plus ou moins grande souplesse des grosses artères qui doivent absorber le choc. Le chiffre inférieur est lié à la vitesse avec laquelle le sang s'écoule à la périphérie ; il dépend de l'état des petites artères, les artérioles. La pression artérielle est finement réglée et de nombreux mécanismes l'empêchent de s'écarter, pour chaque individu, de sa valeur normale. Cet ajustement est assuré par des amas de cellules situés dans l'aorte et les carotides qui enregistrent la pression artérielle (barorécepteurs) et participent à la régulation de l'activité cardiaque. Un autre système (rénine-angiotensine), situé dans les reins, règle la pression artérielle. Si celle-ci baisse durablement, le rein sécrète une enzyme, la rénine, qui active la fabrication d'angiotensine hépatique dont l'effet vasoconstricteur permet une élévation de la pression artérielle.

Dans les pays développés, la pression artérielle s'élève parfois à partir de la cinquantaine. Si cette élévation est excessive, on parle d'hypertension artérielle. On sait traiter cette maladie, mais il s'agit d'un traitement à vie. Cependant, un certain nombre d'hypertendus développent une maladie grave, l'insuffisance cardiaque, qui peut parfois rendre nécessaire une greffe du cœur.

Pourquoi l'hypertension ?

À LA FOIS GÉNÉTIQUE ET LIÉE AU MODE DE VIE, L'HYPERTENSION ARTÉRIELLE EST, DANS LES PAYS DÉVELOPPÉS, ÉTROITEMENT LIÉE À LA CONSOMMATION DE SEL.

Dans certaines populations du nord du Brésil, l'hypertension artérielle est absente des pathologies locales. Or, ces peuplades ont une consommation de sel extrêmement réduite (moins de 100 mg par jour), alors qu'en France, où l'hypertension est une pathologie courante, la consommation quotidienne est de 2 à 3 g. Il faut noter cependant que certaines familles ne connaissent pas l'hypertension artérielle alors que dans d'autres pratiquement tous les individus sont hypertendus.

On a constaté que, plus la pression artérielle est élevée, plus grand est le risque de mourir d'une hémorragie cérébrale, d'un infarctus du myocarde ou d'une insuffisance rénale. Parallèlement, on a démontré que le traitement des patients hypertendus diminue les risques. Une simple mesure de tension permet le diagnostic de la maladie et justifie un traitement. L'Organisation mondiale de la santé a établi que, jusqu'à 14/9 cmHg, la pression artérielle d'un adulte est considérée comme normale. Entre 14/9 et 16/10 cmHg, il faut surveiller celui-ci et lui donner des conseils d'hygiène de vie ; au-delà de 16/10 cmHg, il faut traiter par des médicaments. On estime, selon cette optique, que 2 à 3 millions de personnes en France sont hypertendues.

Certaines personnes deviennent hypertendues certes parce qu'elles mangent du sel (il est, en pratique, impossible de supprimer le sel de notre environnement), mais surtout parce que tous leurs systèmes de régulation de la pression artérielle se sont peu à peu altérés (la pression artérielle augmentant avec l'âge). Le système réflexe permet, normalement, après stimulation des barorécepteurs aortiques, d'envoyer, par l'intermédiaire des nerfs de Hering et de Cyon, un influx nerveux vers le centre vasomoteur situé dans le plancher du 4e ventricule de l'encéphale. Ce centre moteur stimule ou inhibe le système sympathique qui permet d'ajuster la pression par vasoconstriction ou vasodilatation du système artériolaire. Après un certain âge, le système baroréflexe ne réagit plus devant une pression artérielle élevée. De même, le système rénine s'active parfois trop facilement et, chez les sujets atteints de ce trouble, les cellules des parois artérielles absorbent trop de sel et deviennent trop rigides. On espère, à l'avenir, déceler parmi les enfants des hypertendus ceux qui présentent cette fixation excessive du sel pour lutter très tôt contre une hypertension artérielle permanente ou en prévenir la survenue. •

Réguler sa pression artérielle, une question de vie ou de mort

Trois grands systèmes régulent la pression artérielle : le système baroréflexe, le système rénine, le système natriurétique auriculaire. Toute modification de la pression artérielle est enregistrée par les cellules sensibles à la pression, les barorécepteurs. Ceux-ci transmettent l'information aux centres vitaux situés à la base du cerveau, qui stimulent ou inhibent le système sympathique. Ce dernier permet de ralentir le cœur, d'ouvrir les vaisseaux en cas d'hypertension ou, au contraire, d'accélérer le cœur et de fermer les vaisseaux en cas de chute de la pression artérielle. Le système rénine est situé dans le rein ; si la pression baisse, la rénine est libérée et fait sécréter de l'angiotensine ; celle-ci produit la fermeture des vaisseaux et provoque la fabrication d'aldostérone, qui augmente la concentration sodique (rétention de sel). Le système natriurétique auriculaire possède une action opposée ; dès que le niveau de remplissage s'élève (si on a mangé trop de sel), le facteur natriurétique est activé : il ouvre les vaisseaux et fait perdre du sel dans les urines. Ainsi, à tout instant, la pression artérielle, la quantité de sel et le volume sanguin de l'organisme sont régulés.

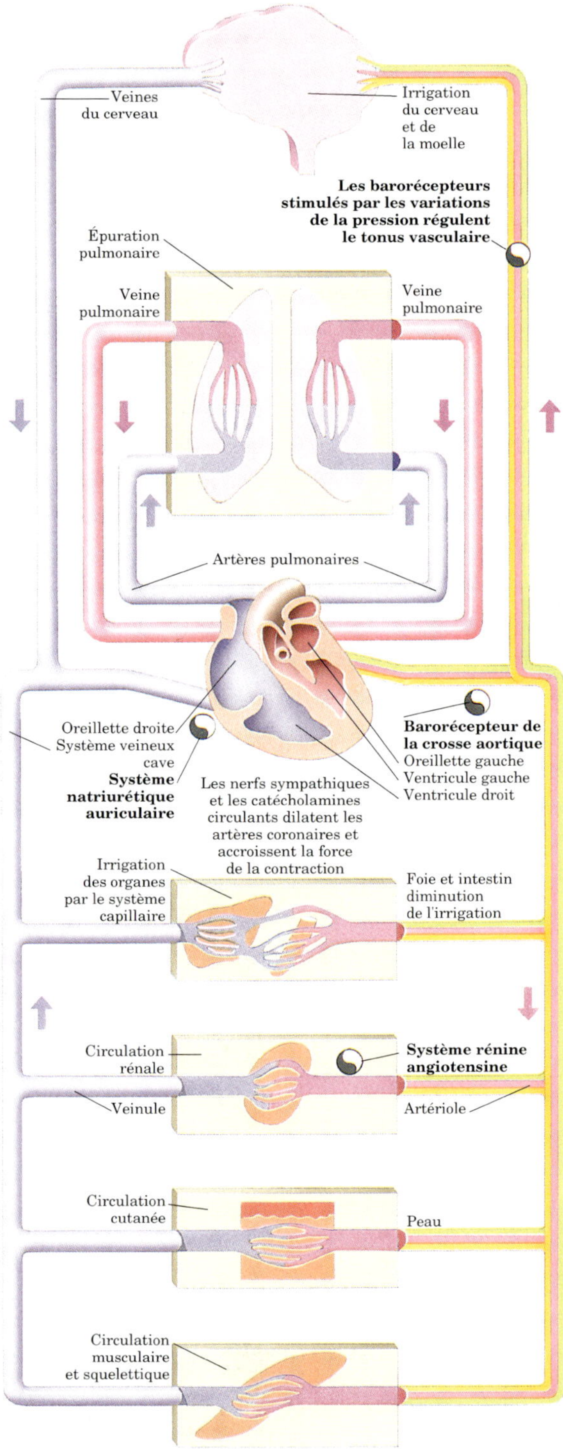

1. Double circulation pulmonaire et périphérique.

Conséquence de l'hypertension

PAR SON ASSOCIATION À L'ATHÉROSCLÉROSE, L'HYPERTENSION ARTÉRIELLE CONSTITUE UN DANGER POUR LE CŒUR, LE CERVEAU, LES REINS ET LES ARTÈRES.

Le cerveau est le seul organe conçu avec des artères petites, mal protégées et soumises entièrement à la pression existant dans les grosses artères. C'est aussi le seul organe, avec le muscle cardiaque et les muscles respiratoires, qui doit être irrigué partout et sans aucune interruption. Si la pression artérielle est élevée, et surtout si elle a des poussées brutales, les petites artères du cerveau se dilatent et peuvent se rompre, provoquant ainsi des hémorragies cérébrales. Le malade tombe alors dans le coma, rien ne peut le réveiller, sa respiration devient irrégulière et il meurt en deux ou trois jours. Parfois, l'accident provoque une paralysie de tout un côté, c'est l'hémiplégie.

Au niveau du rein, les petites artères disposent de protections ; elles se ferment pour résister à l'hypertension artérielle ; mais, à la longue, les petites unités de filtration (les néphrons) reçoivent de moins en moins de sang et une insuffisance rénale peut apparaître. On a alors recours au rein artificiel pour éviter l'évolution fatale de cette néphro-angio-sclérose.

Les artères sont également touchées par l'hypertension artérielle, qui accélère la formation de plaques athéroscléreuses. Les complications sont le rétrécissement ou l'occlusion des artères. Le ventricule cardiaque est obligé de « pousser » plus fort à chaque battement ; de ce fait, le cœur se « muscle » et devient gros. Pendant longtemps, ce gros cœur peut fonctionner normalement, mais, un jour, sa masse devient trop importante et les artères coronaires n'arrivent plus à le nourrir correctement, surtout si elles sont atteintes par l'athérosclérose. Le cœur ne peut plus faire son travail : c'est l'insuffisance cardiaque.

L'hypertension artérielle peut aussi détruire les vaisseaux oculaires rétiniens et conduire à la cécité. Ces complications ont été heureusement considérablement raréfiées par le traitement de l'hypertension artérielle. La fréquence des hémorragies cérébrales a diminué des deux tiers depuis les années 1960. On sait que le fait de traiter l'hypertension artérielle prolonge la vie et, surtout, prolonge la vie sans handicap. Cela constitue, avec les vaccinations, une grande acquisition de la médecine, qui s'oriente maintenant vers la prévention de l'hypertension et de l'athérosclérose. •

2. Circulation extracorporelle avec passage par un oxygénateur.

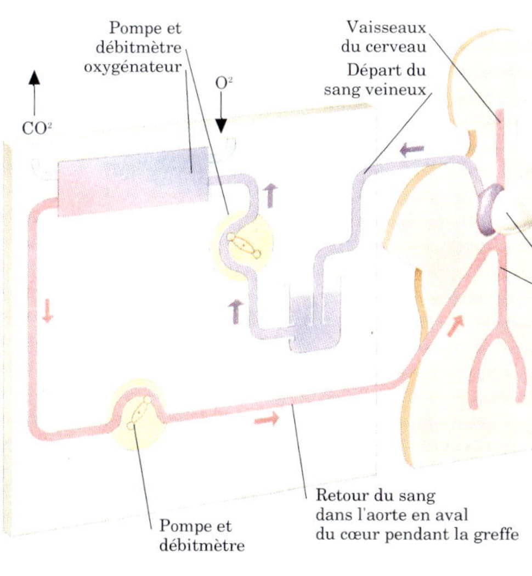

Circulation extracorporelle et greffe cardiaque

La circulation extracorporelle est l'invention qui a permis la chirurgie cardiaque (2). Le sang est prélevé dans la veine cave, il passe dans l'oxygénateur puis est réinjecté dans l'aorte. Ainsi, le cœur peut être arrêté quelques heures. La greffe cardiaque est une opération techniquement facile : le vieux cœur est enlevé en laissant un bout des deux oreillettes (3), le nouveau cœur est cousu au niveau des deux oreillettes, des artères aorte et pulmonaire et des veines.

Traitement de l'hypertension

LE CHANGEMENT DE MODE DE VIE, COMPLÉTÉ SI BESOIN PAR LA PRISE DE MÉDICAMENTS, CONSTITUE LE PREMIER TRAITEMENT DE L'HYPERTENSION ARTÉRIELLE.

Les hypertendus doivent retrouver un poids normal, manger peu de sel et faire de l'exercice. S'ils fument, ils doivent cesser et, si leur taux de cholestérol (cholestérolémie) est élevé, ils doivent adapter leur régime de façon à le faire baisser. Il est important de concevoir le traitement de l'hypertension artérielle comme un élément de lutte contre les maladies artérielles en général, et il serait particulièrement absurde de s'acharner à faire baisser la tension en laissant le patient fumer un grand nombre de cigarettes. L'autre aspect important du traitement de l'hypertension artérielle est qu'il s'adresse le plus souvent à des sujets qui ne se sentent pas malades. Il doit donc être expliqué le mieux possible, en précisant bien les objectifs poursuivis et le fait que, à la moindre intolérance au traitement, celui-ci sera arrêté et le médicament remplacé par un autre mieux supporté. Lorsque, malgré un respect suivi des mesures d'hygiène de vie, la pression artérielle reste trop élevée, des médicaments sont nécessaires. Les plus fréquemment employés appartiennent à quatre grandes catégories : les diurétiques, les bêtabloquants, les antagonistes du calcium et les inhibiteurs de l'enzyme de conversion de l'angiotensine.

Les diurétiques sont les médicaments dont on a le mieux démontré l'efficacité quel que soit l'âge de l'hypertendu. Employés depuis plus de trente ans, ils font perdre de l'eau et du sel et permettent aux parois artérielles de retrouver une certaine souplesse ; ils font ainsi baisser la pression artérielle ; le même effet peut être obtenu en supprimant totalement le sel de l'alimentation, mais ces régimes sont mal supportés en pratique. Les bêtabloquants ralentissent le cœur et limitent l'action du système rénine ; ce sont également de bons produits pour lutter contre les maladies ischémiques du myocarde. Ils sont donc utilisés pour les patients qui ont à la fois une hypertension artérielle et une maladie des coronaires. Les antagonistes du calcium dilatent les vaisseaux et abaissent ainsi la pression artérielle. Enfin, les inhibiteurs de l'enzyme de conversion de l'angiotensine entravent l'action du système rénine et empêchent la production de l'angiotensine. En pratique, on cherche quel est le type de médicament le mieux toléré par le patient ; en cas de besoin, on ajoute au traitement un produit d'une autre famille. Les hypertensions qui résistent à ces différentes thérapeutiques sont rares. À condition d'être exigeant sur le dépistage et la rigueur du traitement, l'hypertension artérielle devrait être aujourd'hui un problème maîtrisé. •

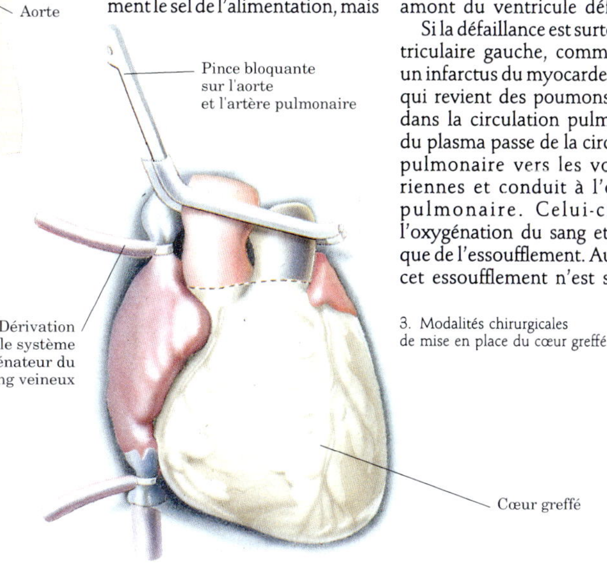

3. Modalités chirurgicales de mise en place du cœur greffé.

L'insuffisance cardiaque et la greffe

LE CŒUR EST INSUFFISANT QUAND IL NE PEUT PLUS ASSURER UN DÉBIT DE SANG PROPRE À COUVRIR LES BESOINS DE L'ORGANISME EN OXYGÈNE ET EN SUBSTRATS ÉNERGÉTIQUES.

Les causes des insuffisances cardiaques sont variées. Les maladies des valves cardiaques et l'hypertension artérielle accroissent le travail du cœur et, à terme, peuvent conduire à l'insuffisance cardiaque. Les infarctus du myocarde peuvent détruire une partie si importante du muscle cardiaque que le cœur fonctionnel restant est insuffisant ; enfin, des maladies du muscle cardiaque peuvent détruire petit à petit ou brutalement ce muscle, amenant des sujets jeunes à l'insuffisance cardiaque. Lorsque le cœur est insuffisant, il se dilate et son rythme s'accélère. Cela lui permet, parfois pendant longtemps, de maintenir un débit de sang normal au repos. Mais, lorsque le sujet fait un effort, dans la mesure où le débit sanguin ne permet pas l'oxygénation suffisante des organes sollicités, il se sent bloqué dans son effort ; de plus, le sang stagne en amont du ventricule défaillant.

Si la défaillance est surtout ventriculaire gauche, comme après un infarctus du myocarde, le sang qui revient des poumons stagne dans la circulation pulmonaire, du plasma passe de la circulation pulmonaire vers les voies aériennes et conduit à l'œdème pulmonaire. Celui-ci gêne l'oxygénation du sang et provoque de l'essoufflement. Au début, cet essoufflement n'est sensible qu'à l'effort ; mais, lorsque la maladie est sévère, un essoufflement permanent peut oppresser le malade, l'empêchant de dormir, et, souvent, provoquer la mort par asphyxie.

Lorsque la défaillance est surtout ventriculaire droite, les œdèmes sont situés au niveau des chevilles, des jambes, du foie. Ces œdèmes dans le territoire de la veine cave inférieure sont moins dangereux, mais très gênants.

On peut réduire longtemps les symptômes de l'insuffisance cardiaque en traitant le mieux possible sa cause et, surtout, en interdisant la consommation de sel et en prescrivant des diurétiques. Lorsque la maladie s'aggrave, il faut augmenter les doses diurétiques, ajouter des médicaments qui renforcent la contraction du cœur, ou qui font baisser la pression artérielle de façon que le cœur ait le moins de travail possible.

Si tout indique que le malade a moins d'un an à vivre, s'il a moins de 60 ans et si le reste de son organisme est sain, on peut lui proposer une greffe cardiaque. Il faut pour cela disposer du cœur d'un sujet jeune qui vient de mourir et dont les battements cardiaques sont artificiellement maintenus jusqu'au prélèvement. Deux à trois cents greffes cardiaques chaque année sont pratiquées en France. L'intervention est accompagnée de la prévention médicamenteuse du rejet du greffon. Sept à huit fois sur dix, les malades à qui l'on greffe un cœur survivent plus de deux ans, au prix d'une surveillance et d'un traitement lourds. Après deux ans, la vie des greffés cardiaques devient normale. •

→ **Voir aussi :** Le cœur, **MED**, p. 240-241.
Les thromboses vasculaires, **MED**, p. 244-245.

Les thromboses vasculaires

LES ARTÈRES ET LES VEINES peuvent se boucher. La maladie qui résulte de l'obstruction des veines est d'abord une gêne à la circulation. Le segment de membre drainé par la veine occluse gonfle, devient chaud et douloureux, c'est la phlébite. Les mécanismes qui conduisent à l'occlusion d'une veine sont différents de ceux qui entraînent l'occlusion d'une artère. C'est le ralentissement de la circulation qui provoque l'apparition d'un gros caillot. De sorte que les occlusions veineuses, les phlébites, surviennent essentiellement chez les sujets alités et immobilisés pour une raison quelconque. Le grand risque des phlébites est que le caillot responsable se détache et provoque une embolie pulmonaire, toujours sévère.

La maladie qui résulte de l'obstruction des artères est la destruction du territoire irrigué par ce vaisseau : c'est l'infarctus du myocarde lorsqu'une coronaire se bouche, c'est la paralysie lorsqu'une artère du cerveau est obstruée. Parfois, l'occlusion artérielle est compensée par d'autres artères, il peut en résulter une souffrance des organes irrigués par ces artères. C'est l'angine de poitrine, l'artérite des membres inférieurs ou des artères du cerveau.

Au niveau des artères, l'occlusion, la thrombose se produisent s'il existe une lésion préalable de la paroi des artères, provoquant une rétention des lipides circulants. Cette lésion est extraordinairement fréquente et tous les adultes de plus de 30 ans chez l'homme et de plus de 40 ans chez la femme ont dans leurs artères ces petites élevures blanc-jaune caractéristiques de l'athérosclérose. Ces plaques d'athérosclérose ne seraient pas dangereuses si elles ne s'érodaient. Lors de la rupture d'une plaque, les phénomènes de la coagulation peuvent être activés et une occlusion de l'artère peut se produire inopinément.

L'athérosclérose atteint surtout les hommes et peut être héréditaire. Cependant, un excès de cholestérol, le tabac, l'hypertension artérielle, une alimentation trop riche en graisses saturées favorisent son apparition. Des prescriptions et des médications appropriées diminuent le risque d'occlusion des artères. Toutefois, on peut déboucher ou court-circuiter une artère occluse par dilatation ou par pontage.

Phlébites et embolies pulmonaires

RÉSULTANT DE L'OCCLUSION DES VEINES PAR UN CAILLOT, LES PHLÉBITES SONT DES MALADIES QU'ON NOMME AUSSI THROMBOSES VEINEUSES. ELLES RISQUENT D'ENTRAÎNER UNE EMBOLIE PULMONAIRE.

Le sang circule dans les veines sous basse pression ; sa remontée des veines des membres inférieurs vers le cœur ne se fait correctement que si les muscles des jambes sont en mouvement. L'immobilisation d'une ou des deux jambes en cas de fracture ou de paralysie entraîne souvent un ralentissement de la circulation veineuse. Un caillot peut alors se former, bouchant la veine. Le segment de membre drainé par cette veine devient gonflé, chaud et douloureux. Cette maladie est dangereuse du fait du risque d'embolie pulmonaire et de la destruction veineuse qu'elle peut provoquer longtemps après.

L'embolie pulmonaire est due à la migration du caillot formé dans les veines des jambes vers la veine cave, le cœur droit puis l'artère pulmonaire, où il se bloque d'autant plus près du cœur qu'il est plus gros. La partie du poumon irriguée par cette artère pulmonaire ne fonctionne plus, entraînant une diminution brutale de la fourniture d'oxygène à l'organisme. Le malade ressent une douleur vive dans un des côtés du thorax et il est essoufflé. Si le caillot se bloque à l'entrée de l'artère pulmonaire, le malade meurt brusquement.

Les phlébites peuvent laisser des séquelles sous la forme d'un gonflement permanent d'un segment de membre accompagné, parfois, de varices ou d'ulcères des jambes. Tout cela peut, heureusement, être combattu, en évitant d'immobiliser les jambes ou, si elles sont paralysées, en les mobilisant mais surtout en donnant aux patients des médicaments anticoagulants qui empêchent la formation des caillots. L'utilisation de ces produits chez les malades susceptibles de phlébite fait pratiquement disparaître ce risque. Si la phlébite est constituée, l'utilisation d'anticoagulants et la mise en place de filtres veineux évitent en général les embolies pulmonaires, fréquentes et dramatiques autrefois. •

De l'athérosclérose à la complication thrombotique

À l'état normal, l'intérieur d'une artère est lisse ; la paroi est formée d'une couche de cellules appelée endothélium, dont la fonction est d'empêcher les éléments contenus dans le sang de pénétrer dans la paroi ; les cellules musculaires lisses ont pour fonction de maintenir la forme de l'artère (1). La lésion d'athérosclérose boursoufle la paroi de l'artère. Elle est formée d'un centre qui ressemble à de la bouillie. Cette plaque d'athérome (du grec *athêra,* bouillie) est constituée de graisses et de débris de cellules mortes d'une indigestion de cholestérol ; autour de ce centre existent des fibres très rigides : la sclérose (2). Cette lésion n'est pas dangereuse tant qu'elle est couverte d'un endothélium ; mais, si elle s'ulcère, les éléments du sang, et les plaquettes, s'y déposent, faisant grossir la plaque, qui pourra finir par occlure l'artère (3).

1. Paroi artérielle normale.

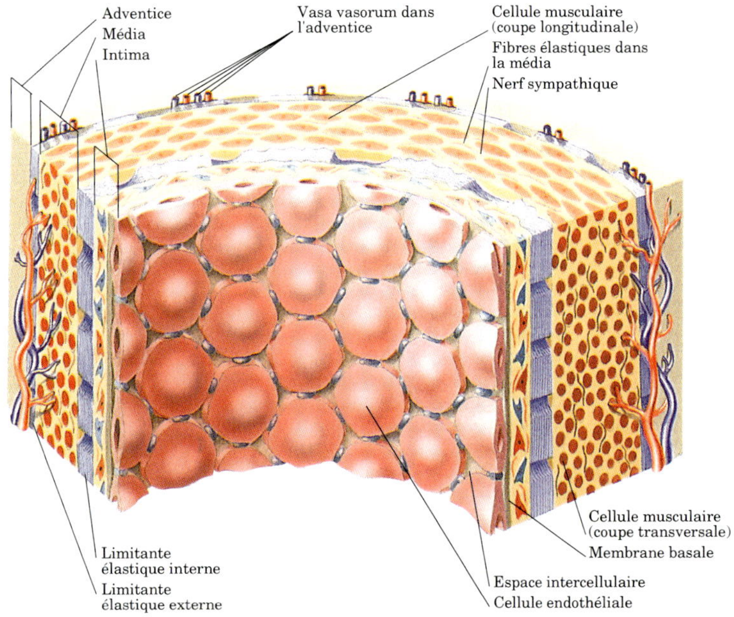

2. Début de l'atteinte athéromateuse.

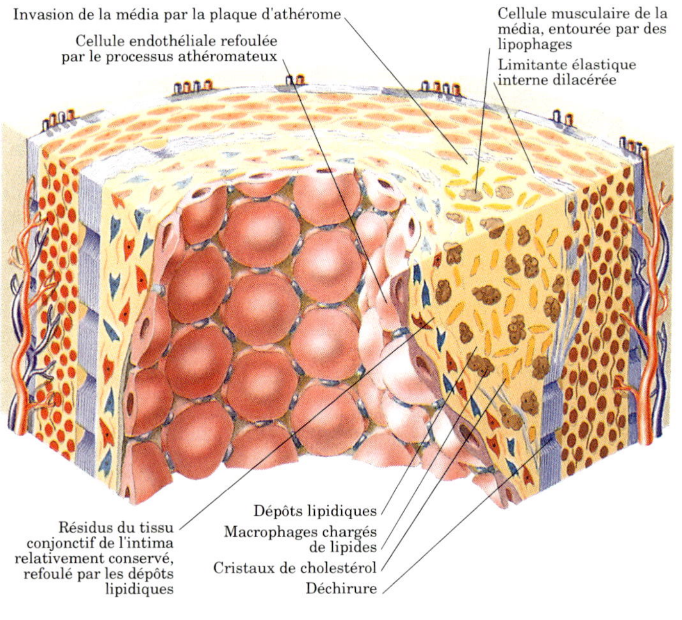

Les artérites

LES ARTÈRES DU CORPS LES PLUS ATTEINTES PAR L'ATHÉROSCLÉROSE SONT LES ARTÈRES QUI IRRIGUENT LES MEMBRES INFÉRIEURS, ENTRAÎNANT L'ARTÉRIOPATHIE CHRONIQUE OBLITÉRANTE DES MEMBRES INFÉRIEURS OU ARTÉRITE.

La conséquence principale des artérites est l'arrivée du sang sous faible pression dans les jambes. Cela n'a habituellement pas de conséquence en dehors des efforts. Mais, lorsque le malade veut faire un effort, la demande supplémentaire de sang ne peut être satisfaite et le malade ressent une douleur vive dans un mollet. La douleur l'empêche absolument de poursuivre son effort et disparaît lorsque l'effort est arrêté. Cette maladie, longtemps simplement gênante, peut devenir dramatique si l'alimentation en sang diminue en dessous d'un certain niveau. Dans ce cas, la jambe devient froide en permanence, puis insensible et peut se gangrener ; il faut alors amputer.

La particularité de l'artérite est sa sensibilité aux méfaits du tabac. 99 % des malades atteints d'artérite sont des grands fumeurs. Le fait d'arrêter de fumer permet d'améliorer les symptômes de ces patients et il est exceptionnel qu'un artéritique qui cesse le tabac évolue vers la gangrène et l'amputation. Sur des artères malades, chaque cigarette est dangereuse et c'est l'arrêt total qui est vital. Les malades atteints d'artérite ont souvent un infarctus du myocarde ou du cerveau, également dit « ramollissement cérébral », et réalisant les classiques « attaques » avec perte de connaissance et paralysie. Outre l'arrêt du tabac, la marche, les médicaments antiplaquettaires, les dilatations et les pontages ont beaucoup fait pour améliorer l'état de ces patients.

Les artérites inflammatoires dues au typhus et à la typhoïde sont devenues exceptionnelles. Des maladies rares atteignent les artères céphaliques ou les artères de la périphérie, réalisant les périartérites noueuses et les artérites temporales, dont les causes restent encore inconnues. •

L'infarctus du myocarde et l'angine de poitrine

LES ARTÈRES CORONAIRES, QUI NOURRISSENT LE MUSCLE CARDIAQUE, SONT, À PARTIR DE L'ÂGE DE 30 ANS CHEZ L'HOMME ET DE 40 ANS CHEZ LA FEMME, LE SIÈGE DE PLAQUES D'ATHÉROSCLÉROSE.

Les plaques d'athérosclérose, en particulier dans les 6 premiers centimètres des trois principales artères coronaires, peuvent se compliquer et devenir une gêne à l'écoulement du sang ou même l'empêcher totalement. L'angine de poitrine est liée à une inadéquation entre les besoins en oxygène du muscle cardiaque et les possibilités d'apport d'oxygène par les artères coronaires. Un rétrécissement athéromateux en est généralement l'origine. Les patients ressentent, le plus souvent au cours d'un effort, une douleur violente au milieu de la poitrine, irradiant dans les mâchoires, les épaules et les bras ; cette douleur oblige à interrompre l'effort, elle disparaît au bout d'une minute. Il est alors urgent de pratiquer un électrocardiogramme d'effort, qui permet généralement de savoir si la douleur est ou n'est pas due à une maladie des coronaires. Si l'électrocardiogramme d'effort est positif pour un faible niveau d'effort, il faut pratiquer une radiographie des artères coronaires : la coronarographie ; cet examen permet de choisir l'indication thérapeutique.

Le traitement comporte trois types de prescriptions : on empêche l'athérosclérose de progresser ou de se compliquer en interdisant le tabac, en faisant baisser le cholestérol et en prescrivant de l'aspirine, ou d'autres médications appropriées ; on diminue les besoins du myocarde en oxygène en donnant des médicaments qui ralentissent le cœur, et l'on est amené parfois à augmenter le débit du sang vers le muscle cardiaque en pratiquant pontages ou dilatations.

L'infarctus du myocarde est dû à l'occlusion complète et soudaine d'une artère coronaire. Dans les six heures qui suivent, une masse plus ou moins grande du muscle cardiaque est détruite. La douleur que ressent le patient est la même que dans l'angine de poitrine, mais intense et plus durable. Il faut alors appeler d'urgence un médecin, car il existe un risque de mort subite et l'administration rapide d'un produit capable de dissoudre le caillot peut sauver une partie du muscle cardiaque. Après un infarctus du myocarde, l'examen d'orientation est l'électrocardiogramme d'effort et l'attitude est la même que lors des crises aiguës d'angine de poitrine. •

3. Formation d'un thrombus.

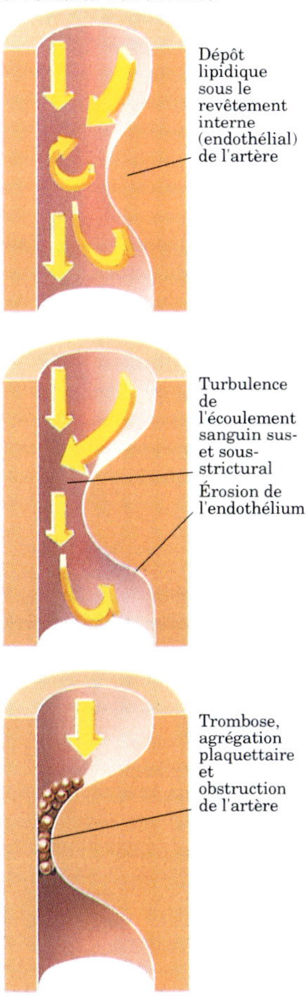

4. Principe de la dilatation.

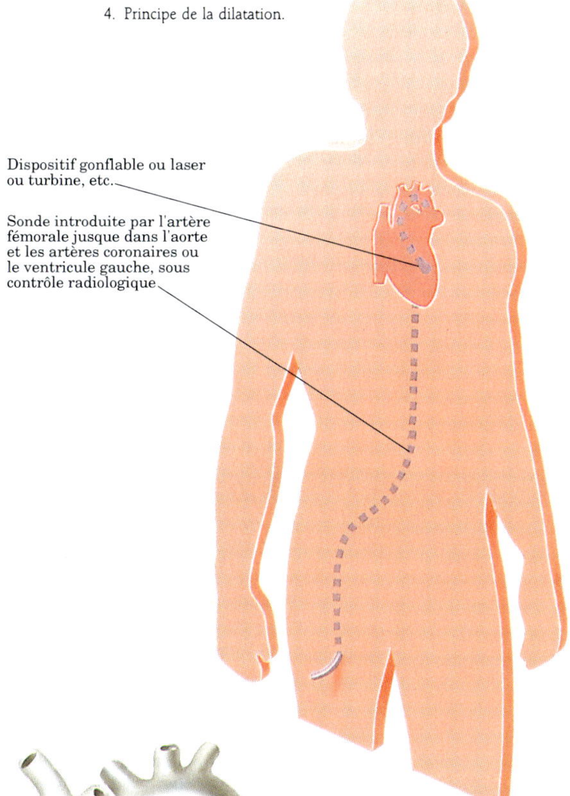

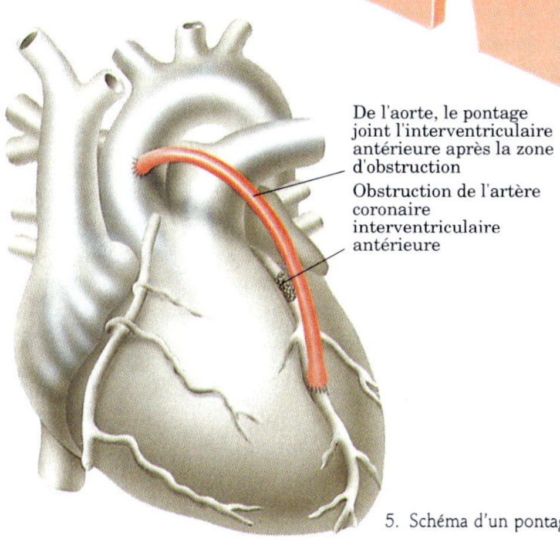

5. Schéma d'un pontage.

Les pontages et les dilatations

LES OCCLUSIONS ET LES RÉTRÉCISSEMENTS ARTÉRIELS SONT MIS EN ÉVIDENCE PAR LA RADIOGRAPHIE ET L'ÉCHOGRAPHIE. LE DIAGNOSTIC ORIENTE VERS DES INTERVENTIONS SIMPLES, LES DILATATIONS, OU PLUS IMPORTANTES, LES PONTAGES.

Les rétrécissements ou les occlusions artériels sont les causes de symptômes extrêmement invalidants : angine de poitrine, artérite des membres inférieurs, attaques cérébrales. Pour soulager ces symptômes, les chirurgiens établissent des courts-circuits, les pontages, qui ramènent du sang en aval de l'obstacle. Plus récemment ont été élaborés des moyens de dilater ces obstructions. Les techniques les plus spectaculaires concernent les artères coronaires. Le pontage aorto-coronaire est une opération simple, mais risquée. Une fois l'obstacle dangereux repéré, on recherche sur la radiographie des coronaires un segment sur lequel on puisse implanter chirurgicalement un nouveau vaisseau. A thorax ouvert, le cœur est arrêté durant 30 à 60 minutes après qu'on a mis en place un circuit d'oxygénation extracorporel. Une fois la zone saine de l'artère repérée, on y pratique une fente et on y coud un vaisseau d'un calibre adapté. Puis le nouveau vaisseau est implanté sur la face antérieure de l'aorte, de sorte que, dès la circulation remise en route, le sang passe par le nouveau vaisseau et arrive en aval de l'obstacle. Le plus souvent, deux, trois ou quatre pontages sont ainsi réalisés. Les vaisseaux utilisés sont soit des veines de la cuisse, soit des artères du thorax non indispensables. Le principal inconvénient de ces opérations est que les vaisseaux se détériorent au bout de dix à quinze ans et qu'il est parfois nécessaire de réopérer.

Les dilatations coronaires sont plus récentes, plus séduisantes, mais probablement moins efficaces. Une sonde (un tuyau) de tout petit calibre est introduite dans l'artère du pli de l'aine et remontée jusqu'à l'origine des artères coronaires ; elle est poussée ensuite jusqu'à l'endroit rétréci ; un ballon non gonflé est passé avec cette première sonde, à l'endroit rétréci ; il est alors gonflé très fort, écrasant ainsi la plaque d'athérosclérose qui rétrécit l'artère. L'inconvénient de cette technique est que le rétrécissement se reforme en 6 mois une fois sur trois. Toutes les sténoses ne sont pas accessibles à ces techniques et d'autres moyens sont en cours d'expérimentation : fraises, turbines, lasers ou ressorts permettant de rouvrir les artères. Il est trop tôt pour dire si ces progrès relégueront les techniques chirurgicales parmi les souvenirs. Actuellement, le pontage reste irremplaçable. Les dilatations valvulaires abordent, elles, par d'autres voies, les valves cardiaques (mitrale, aortique), pour en améliorer la fonction. •

→ **Voir aussi :** Le cœur, **MED**, p. 240-241. La tension artérielle, **MED**, p. 242-243.

La démarche médicale

LES OBJECTIFS DE LA MÉDECINE sont multiples : guérison et prévention des maladies, atténuation des souffrances, étude des causes des maladies, recherches pharmacologiques et thérapeutiques. La méthode de soins consiste à définir les signes, à identifier la maladie, puis à la traiter. Le médecin se trouve à la jonction entre un savoir médical lentement codifié mais mouvant et la singularité de la question concrète posée par chaque patient au cours de l'échange médecin-malade, qui requiert un respect réciproque. Allant du simple conseil à l'intervention, les activités de soins, partie intégrante de la démarche médicale, sont diverses. Ainsi, les conseils individuels et collectifs d'hygiène et de prévention des maladies au cours de la vie ont fait la preuve de l'efficacité de la médecine moderne, et cela autant que lors des accidents ou des maladies (aiguës, récidivantes, ou invalidantes). De même l'espérance de vie est passée en France de 45 ans en 1909 à plus de 75 en 1989 et, au terme, l'accompagnement des mourants fait toujours partie intégrante des soins. La connaissance du corps, des échanges entre l'homme et le milieu physique et social, des troubles de la reproduction, de la nutrition, de la motricité, de la pensée établit les fondements des sciences mères (anatomie, physiologie, sémiologie, pharmacologie) de la médecine, qui prend ainsi en charge la constante recherche que nécessite la réparation des corps et le soutien psychologique, constituant une part majeure des sciences humaines. La médecine mesure donc sa puissance et ses limites face à l'aléatoire et à la fragilité de l'homme.

1. Patient, maladie, traitement et prévention.

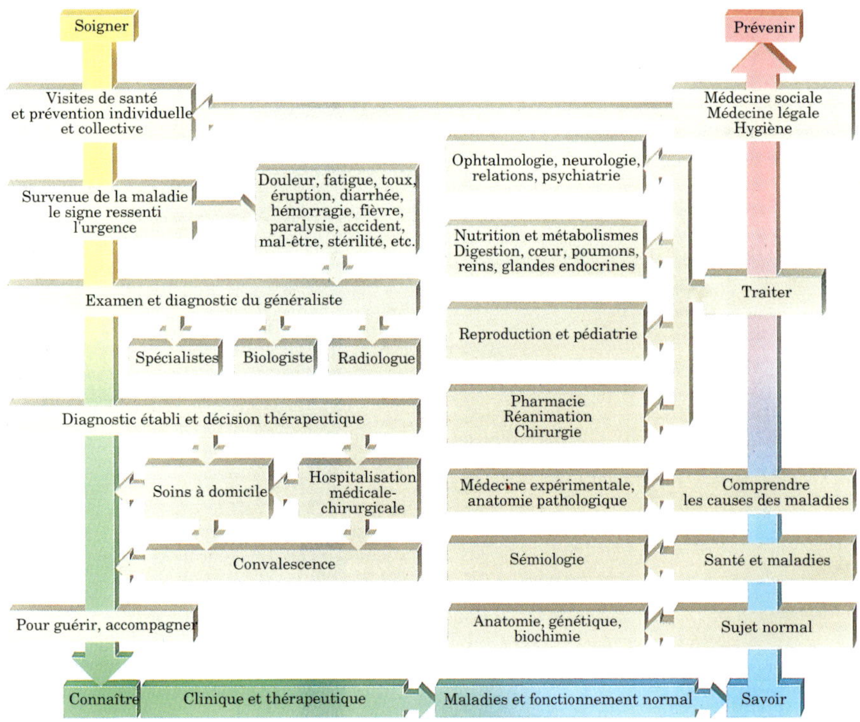

Pour prévenir ou guérir, connaître les maladies

Chaque acte médical concret et singulier impose un discernement sémiologique et un choix de décision : hospitaliser ou non, entreprendre une thérapeutique ou s'entourer d'examens complémentaires, prévoir les séquelles. La solution de chaque problème accroît l'expérience du médecin et s'inscrit dans les flux du savoir médical. Les systèmes de référence ainsi constitués permettent de codifier l'expérience, d'évaluer les méthodes de diagnostic et de soin et d'adapter les investigations et les thérapeutiques aux nouvelles demandes entraînées par les évolutions imprévues des pathologies polymorphes.

Connaître les maladies

L'AVIDITÉ DE CONNAISSANCES EN CE QUI CONCERNE LA COMPOSITION, LE FONCTIONNEMENT ET LES MOYENS DE RÉPARATION DU CORPS DE L'HOMME EST MANIFESTE DANS TOUTES LES CIVILISATIONS.

La mort, les blessures et les maladies sont autant d'énigmes que l'homme tente de déchiffrer. Les concepts qui ont sous-tendu la médecine de la Chine, de l'Inde ou de l'Amérique tenaient grand compte de la dépendance de l'homme à l'égard des forces mystérieuses de l'Univers. Mais, simultanément, la chirurgie des blessures, les conseils d'hygiène et la pharmacopée constituaient un savoir fondé sur l'objectivité de l'expérience.

La chirurgie moderne a bénéficié des travaux des anatomistes de la Renaissance. Ainsi, le chirurgien français A. Paré a appris en Italie, avec les armées de François Ier, le repérage et la ligature des artères, jusqu'alors cautérisées par la chaleur du fer porté au rouge. De même, l'élucidation par le médecin anglais W. Harvey, en 1628, de la circulation entre cœur et poumons a constitué un acquis important. Elle demeure le fondement des interventions actuelles de chirurgie cardiaque à cœur ouvert. Les succès de la chirurgie réparatrice sont fondés sur la connaissance de l'anatomie, de la physiologie et de l'anesthésiologie, découverte autour de 1850. Les difformités, les maladies de la peau et les maladies pestilentielles ont été décrites de longue date, mais leurs causes restèrent longtemps inconnues. La sémiologie des poumons décrite par Laennec ne date que de 1820. Les descriptions de la typhoïde, de la diphtérie, de l'asthme sont le fait des cliniciens du XIXe siècle. L'importance du cerveau et des nerfs dans le mouvement, les sensations, le langage et la pensée n'est reconnue qu'après 1850 et les maladies mentales, séparées de la médecine à partir de 1780 du fait de leur retentissement social, ne bénéficient de l'association à la psychothérapie des thérapeutiques médicamenteuses que depuis les années 1950. La confrontation entre les fondements sémiologiques et les lésions définit la méthode anatomo-clinique, qui a établi une meilleure intelligibilité des maladies et préparé les voies des thérapeutiques somatiques actives qui s'épa-

Soigner les malades

LE DIAGNOSTIC MÉDICAL, COMPLÉTÉ PAR DES EXAMENS BIOLOGIQUES, PEUT AUJOURD'HUI ÊTRE GUIDÉ PAR L'INFORMATIQUE. MAIS SEULE LA RELATION PATIENT-MÉDECIN PERMET D'APPRÉCIER LES COMPOSANTES PSYCHOLOGIQUES D'UNE PATHOLOGIE.

La prévention constitue une part actuellement importante des activités de soin. Ainsi, la connaissance de la variole a conditionné son éradication par la vaccination, les conseils diététiques permettent de diminuer les risques de maladies de la nutrition et une surveillance régulière (grossesse, croissance, médecine du travail, examens systématiques) assure la détection et le traitement précoce des maladies. Certaines de ces mesures font partie de l'éducation et de l'amélioration de l'hygiène. D'autres sont conditionnées par la consultation régulière du médecin, qui permet de préciser les investigations nécessaires (examens biologiques, frottis vaginaux, mammographies). Ces soins ont une pleine action pour la prévention des infections, des intoxications et des maladies professionnelles. Leur efficacité a été considérable dans la détection précoce des cancers de la femme, par exemple. Elle est moindre dans les domaines de la nutrition et des conflits psychologiques et sociaux, qui mettent en jeu de multiples causes et sont intimement liés à la personnalité du patient. Il faut garder à l'esprit que prévenir ne signifie nullement protéger de façon complète de toute maladie ou de tout accident. Malgré la modification des types de pathologies observées, les maladies restent fréquentes et variées selon les âges et les climats. En dépit de son essor, la médecine est loin d'englober la totalité des causes et des mécanismes de la maladie. Cependant, chacune de ses nouvelles acquisitions fait naître à l'horizon une augmentation de la demande de bien-être difficile à satisfaire.

La pratique des soins est polymorphe. Des consultations permettent souvent de traiter les malades sans les hospitaliser, ce qui représente en France environ 1 million d'actes médicaux quotidiens. Mais l'hospitalisation est parfois nécessaire. Dans tous ces cas, la démarche médicale méthodique est fondée sur l'identification de la maladie. Ce temps du diagnostic établit l'analyse des signes ressentis par le malade, l'examen clinique et l'interpréta-

nouiront pleinement au cours du deuxième tiers du XXᵉ siècle.

La connaissance des maladies est ainsi fondée sur l'étude des structures et des fonctions du corps. Les structures sont analysées par l'examen clinique du patient (inspection, palpation, auscultation) et les méthodes d'imagerie médicale comme la radiographie, dont le principe fut découvert par Röntgen en 1895, le scanner, la résonance magnétique ou l'échographie. Les endoscopies apportent la vision directe des lésions et offrent des possibilités de prélèvement. L'examen microscopique précise l'architecture du tissu et la morphologie des cellules, qui définissent avec précision les causes traumatiques, dégénératives, inflammatoires, néoplasiques ou vasculaires des lésions. Les fonctions du corps au repos et en situation de performance sont analysées par des moyens biochimiques, biophysiques, hématologiques et immunologiques et peuvent être suivies de surveillance grâce aux données informatisées.

Les causes des maladies peuvent être d'ordre génétique, traumatique, infectieux, toxique, dégénératif, ou encore d'origine psychologique et sociologique. Ainsi, un certain nombre de désordres n'ont pas de cause élémentaire et relèvent de multiples facteurs. Si la thérapeutique est parfois limitée à la sédation des symptômes, telle la douleur, l'effort de recherche a assuré la conquête de techniques de réanimation par l'apport de substances nécessaires (vitamines, hormones) et la suppléance (assistance respiratoire, épuration rénale). On peut également neutraliser des toxiques, arrêter la croissance des agents infectieux. De plus, la chirurgie assure la réparation des traumatismes, l'exérèse des tumeurs et permet les greffes. La psychothérapie et les médicaments psychotropes permettent un contrôle, certes incomplet mais souvent très utile, des désordres mentaux.

Cet ensemble cohérent de connaissances est le fondement de la médecine moderne, admis de façon universelle. Cependant, il ne résume pas la totalité des questions que pose le maintien de la santé. La part personnelle que comporte chaque maladie justifie les diverses tentatives allant dans le sens d'une médecine moins parcellisée, prenant en compte la personnalité du malade et sa souffrance. Enfin, les objectifs de la médecine se déplacent. À la notion du maintien à tout prix de la vie s'ajoute celle de la qualité de la vie qui donne de nouvelles orientations aux problèmes de choix diagnostique et thérapeutique et fait surgir des questions éthiques inédites. •

tion de ces données. Cela permet, en règle générale, d'apprécier l'importance du risque immédiat (traumatisme, hémorragie, convulsions, perte de connaissance, défaillance cardio-vasculaire ou respiratoire aiguë) et de prendre les mesures salvatrices d'urgence.

En fonction des signes cliniques découverts par l'examen, et que l'on peut comparer aux ensembles pathologiques répertoriés, le diagnostic est complété par des examens biologiques ou morphologiques choisis parmi le très grand nombre de techniques possibles. À cette étape peut intervenir l'aide informatisée au diagnostic, qui indique les possibilités en réponse aux questions posées à l'ordinateur. Les choix sont guidés par la recherche de la sécurité, la minimisation de la douleur et du coût des investigations. Ainsi, l'hémogramme indique l'état du sang, la ponction d'un ganglion, d'une articulation ou de la plèvre permet la découverte de pus, de bactéries ou de lésions caractéristiques. La radiologie précise la morphologie des organes, la fibroscopie gastrique permet de reconnaître l'ulcère ou le cancer de l'estomac.

Habituellement, le diagnostic établi avec certitude donne à la thérapeutique une grande précision. Il faut alors prévoir les menaces évolutives, la durée du traitement, les risques de séquelles et mettre en jeu les mesures de protection sociales. Dans certains cas, la guérison complète, prévisible, est obtenue. Dans d'autres, l'accident ou la maladie laisse des séquelles plus ou moins sévères : troubles moteur, mental, nutritionnel..., ou nécessite un traitement de long cours (hypertension, diabète...), ou encore un appareillage (pacemaker, prothèse). Quand la maladie réduit l'autonomie physique ou mentale, le recours continu à une tierce personne ou l'hospitalisation de longue durée s'imposent. Enfin, il existe parfois un écart entre l'image de précision de la médecine moderne et la persistance des troubles qui n'entrent pas dans les schémas habituels.

Dans toutes ces circonstances, le patient vit la singulière découverte de la fragilité de son corps et de son autonomie selon sa structure psychologique et ses particularités. Médecin et système de soins doivent répondre à ses demandes avec mesure et douceur et accompagner le patient vers la guérison, ou l'assister dans la prise en charge de son destin. La coopération du malade et de son entourage familial et professionnel est fondamentale pour la qualité de la réhabilitation. La santé, autrefois question individuelle, prend ainsi des dimensions techniques, sociales et culturelles nouvelles tout au long de la vie des hommes. •

Interprétation des types de maladies

LA DIVERSITÉ DES SITUATIONS PATHOLOGIQUES MET EN JEU LA COMPOSITION DU CORPS, SES RÉGULATIONS, LES AGENTS D'AGRESSION ET LES MODALITÉS DE RÉACTIONS PHYSIQUES ET PSYCHOLOGIQUES PROPRES À CHAQUE INDIVIDU.

Il existe trois grands schémas fondamentaux permettant de classer les pathologies. Le premier, décrit par Pasteur, est fondé sur la notion d'agression de l'organisme par un agent extérieur (microbien, ou toxique), provoquant des lésions d'un organe ou d'un système. La neutralisation de l'agent d'agression, l'élimination du microbe ou du toxique permet alors d'obtenir la guérison de la maladie. L'hygiène et l'immunologie (avec les vaccins notamment) donnent les moyens d'en limiter la survenue. Mais on reconnaît la nécessité de prendre en considération des paramètres comme la résistance et la constitution du sujet qui est agressé par l'agent extérieur.

Dans un second schéma, la maladie correspond au dérèglement du fonctionnement d'un système. Le diabète, par exemple, identifié vers 1670 par l'Anglais Thomas Willis découvrant la saveur sucrée des urines de diabétiques, n'est mis en relation avec le pancréas qu'autour de 1890. L'insuline, qui fait défaut et permet le traitement, est découverte en 1921. Les greffes de cellules productrices d'insuline sont actuellement en cours d'étude. À ce schéma de dérèglement répondent un grand nombre de maladies somatiques corrigées ou compensées par les médications de suppléances (hormones, vitamines) ou les organes artificiels (prothèse de hanche, sein artificiel, pacemaker, par exemple).

Un troisième aspect de la maladie est celui d'un désordre où l'agent d'agression est mal déterminé. Le fonctionnement viscéral et l'aspect émotionnel et psychologique de la maladie étant interactifs, la maladie se présente alors comme un ensemble plus global, étroitement personnel, non reproductible, par exemple céphalée, spasmophilie, angoisse, dont le traitement est complexe.

Dans d'autres cas, c'est la problématique de l'existence (problèmes affectifs, chômage...) qui est en jeu, sans qu'un système viscéral soit en cause. L'action conjointe des médecins et des services sociaux apporte un appui utile. •

→ **Voir aussi :** Exploration et diagnostic cliniques, **MED**, p. 250-251. Exploration et diagnostic biologiques, **MED**, p. 252-253. La médecine dans la société, **MED**, p. 376-377.

2. Arborescence des hypothèses à partir d'un signe clef, l'ictère.

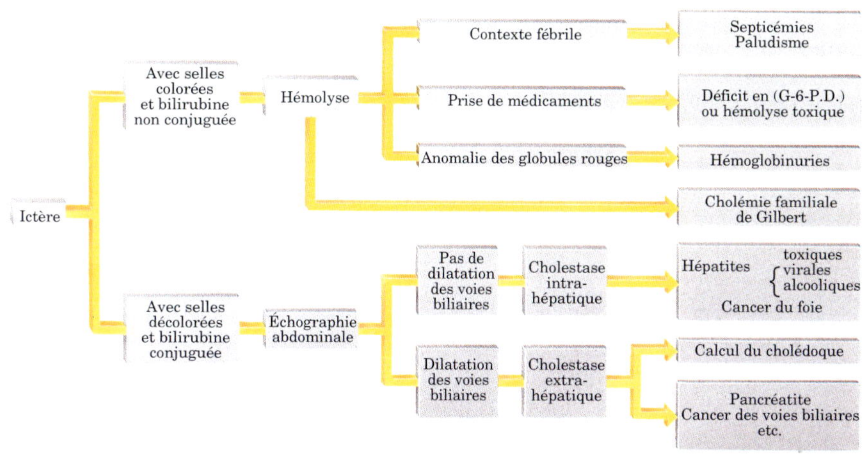

Voir, parler, élaborer un diagnostic

Le simple regard identifie la coloration jaune de la peau du malade ictérique. La palpation découvre un ganglion tuméfié du cou. À partir de ce symtpôme principal, les possibilités du diagnostic sont confirmées par étapes successives, cliniques, biologiques ou instrumentales. La précision du diagnostic est la condition d'un traitement efficace. Fondé sur l'appréciation de la singularité du patient, il garde toujours une part d'aléatoire.

3. Possibilités de diagnostic à partir d'une adénopathie.

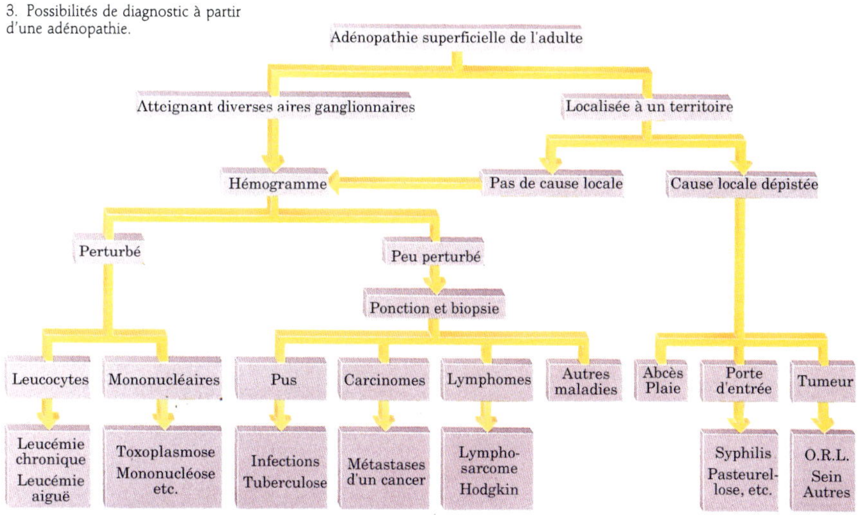

L'épidémiologie

La science qui permet d'étudier la fréquence des maladies dans divers groupes de population, d'en suivre l'évolution et de faire des hypothèses sur les causes des maladies (étiologie) et la prévention de celles-ci est l'épidémiologie. Contrairement au clinicien, l'épidémiologiste s'intéresse donc de façon prioritaire aux communautés et aux groupes humains plus qu'à l'individu en tant que tel.

L'objectif des épidémiologistes a d'abord été l'étude des épidémies dues à des infections transmissibles qui constituaient autrefois le problème majeur de la pathologie. L'identification à partir de Pasteur des agents responsables, l'élaboration de vaccins et de médicaments efficaces ont permis de faire disparaître progressivement les maladies infectieuses épidémiques dans les pays développés (du moins jusqu'à l'apparition du sida), alors que le paludisme, le choléra, les parasitoses sont encore les facteurs principaux de mortalité dans les régions intertropicales d'Afrique et d'Amérique du Sud. D'autres maladies, cancers, maladies cardio-vasculaires, respiratoires, rhumatismales, rénales, retiennent l'attention sous les climats tempérés. La méthode épidémiologique est utilisée pour l'étude de ces maladies non transmissibles. L'épidémiologie *descriptive* vise à évaluer la fréquence de la maladie. L'épidémiologie *analytique,* évaluant la fréquence dans divers groupes de population, tente de mettre en évidence des facteurs de risque. L'épidémiologie *expérimentale* ou *d'intervention* a pour but l'évaluation des méthodes de diagnostic, de traitement, de prévention et de la fiabilité des facteurs pronostiques.

Méthodes en épidémiologie

LES MÉTHODES VARIENT SELON LES OBJECTIFS : DESCRIPTION, RECHERCHE DES CAUSES OU ÉVALUATION DES ACTIONS.

L'épidémiologie descriptive étudie la fréquence des phénomènes morbides dans une population donnée ou dans un échantillon représentatif de cette population, à partir de sources diverses telles que les statistiques de mortalité, les informations émanant d'organismes de soins, des registres existant pour certaines maladies rares, des statistiques de maladies à déclaration obligatoire, d'accidents du travail ou de maladies professionnelles, etc. Les études transversales – « photographie » d'une situation à un moment donné – permettent d'étudier la prévalence du phénomène morbide considéré (nombre de cas au moment de l'enquête), les études longitudinales, l'incidence d'une maladie (nombre de cas nouveaux apparus pendant une période donnée). L'épidémiologie descriptive permet ainsi de cerner l'ampleur des problèmes et leur évolution dans le temps mais elle n'autorise aucune conclusion quant aux causes des phénomènes étudiés.

L'épidémiologie analytique a pour but d'explorer les relations entre l'exposition d'un groupe humain à un facteur de risque donné (lié à l'environnement, au mode de vie ou à la profession exercée) et l'état de santé des individus. Deux types d'études visent à atteindre cet objectif, les études de cohorte et les études cas-témoins. Les études de cohorte permettent de comparer la morbidité ou la mortalité d'un groupe de sujets exposés à un facteur de risque particulier à celle observée dans un groupe témoin non exposé. Pour garantir les conditions de comparabilité, les sujets témoins doivent présenter des caractéristiques de sexe, d'âge, de catégorie socioprofessionnelle et de lieu d'habitation proches de celles des sujets exposés. Les études cas-témoins consistent à rechercher les facteurs de risque supposés qui diffèrent entre individus malades et non malades. On compare, par exemple, le tabagisme de malades victimes d'infarctus du myocarde et celui de sujets témoins indemnes de cette affection, de même âge, de même sexe et de même catégorie socioprofessionnelle. Les résultats des enquêtes étiologiques doivent toujours être interprétés avec précaution en re-

1. Répartition mondiale du paludisme, de la bilharziose et de la fièvre jaune.

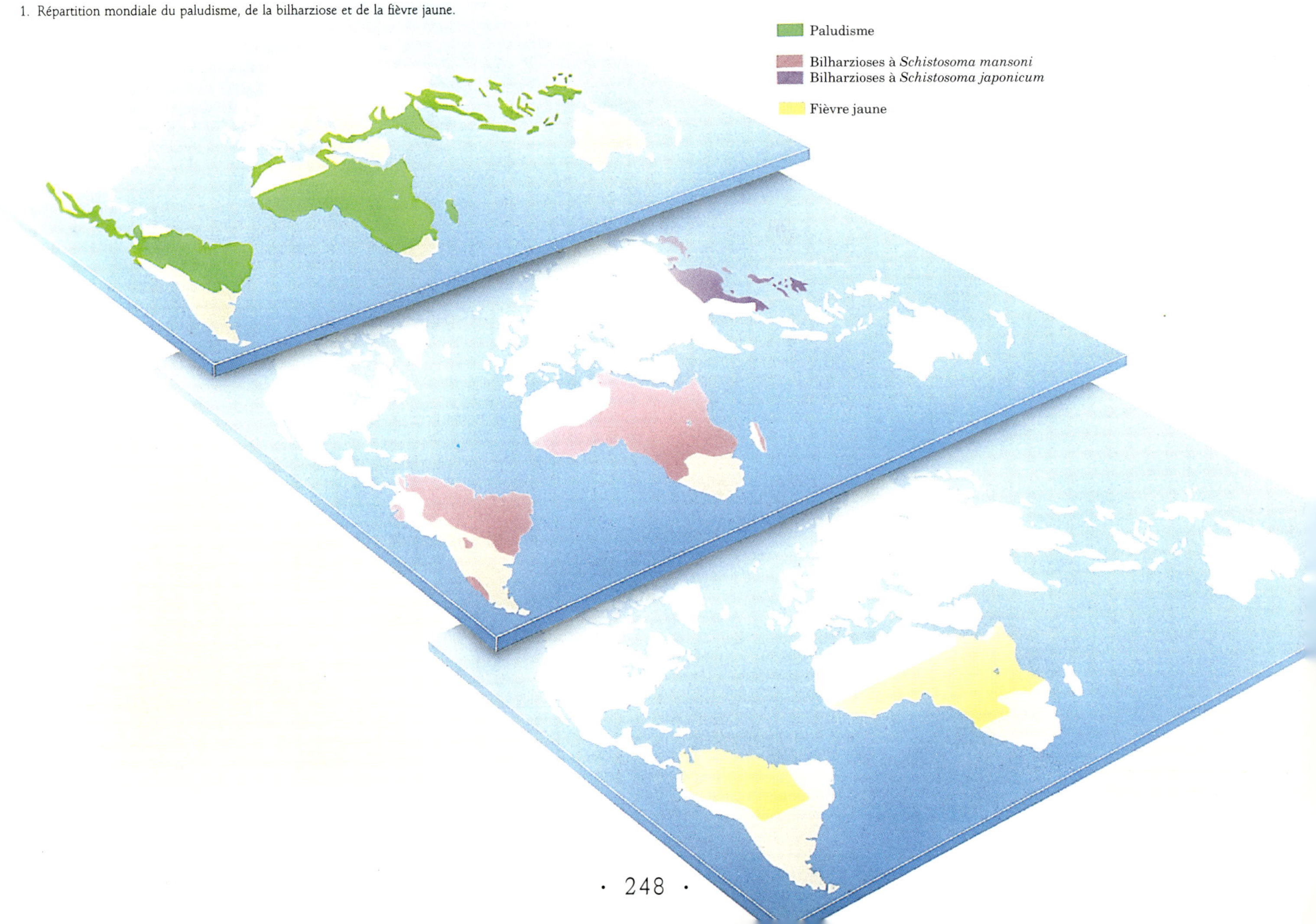

cherchant d'éventuels biais, affectant la réalisation de l'enquête ou de son analyse. Seule la confrontation de données épidémiologiques convergentes et de données expérimentales permet d'affirmer l'existence d'un lien de causalité entre un facteur de risque et un phénomène morbide.

L'orientation expérimentale de l'épidémiologie a surtout été appliquée à l'évaluation de nouveaux médicaments, sous la dénomination d'essais thérapeutiques contrôlés. L'épidémiologie expérimentale a néanmoins de nombreuses autres applications potentielles : évaluation des mesures de prévention en hygiène alimentaire ou industrielle ; vérification du rôle étiologique d'un facteur mis en évidence par une enquête analytique ; valeur prédictive d'un examen biologique ou d'un symptôme au cours d'une maladie donnée ; évaluation des filières de diagnostic et d'efficacité des traitements ; étude du coût, de la durée et de la qualité des soins. •

Pratique de l'épidémiologie

TROIS EXEMPLES MONTRENT LES APPLICATIONS DE L'ÉPIDÉMIOLOGIE À UNE MALADIE TUMORALE, UN FAIT PSYCHOLOGIQUE ET UNE MALADIE INFECTIEUSE.

En 1935, le rôle de l'amiante dans la survenue d'un cancer broncho-pulmonaire est évoqué pour la première fois, à propos d'un tisseur d'amiante fortement exposé. Il faut attendre 1955 et la première étude de cohorte réalisée par un épidémiologiste britannique, R. Doll, pour confirmer que l'amiante constitue un facteur de risque du cancer broncho-pulmonaire. Cette étude montre en effet un excès très significatif de mortalité par cancer broncho-pulmonaire dans une population de travailleurs de l'amiante, par rapport à une population témoin non exposée. De nombreuses études épidémiologiques ont depuis confirmé ces résultats, dans toutes les branches d'activité productrices ou utilisatrices d'amiante. De plus, l'association entre exposition à l'amiante et cancer broncho-pulmonaire est parfaitement cohérente dans le temps (dans les populations étudiées le risque relatif de cancer n'augmente significativement que quelques années après le début de l'exposition, conformément aux connaissances acquises sur les mécanismes de cancérogenèse). L'existence d'une relation dose-effet a pu être clairement établie, ce qui constitue un élément déterminant de la démonstration d'une relation causale entre amiante et cancer broncho-pulmonaire. Ces données épidémiologiques sont à l'origine d'une réglementation permettant, sous certaines conditions, l'indemnisation, au titre des maladies professionnelles, des travailleurs de l'amiante victimes de cancer broncho-pulmonaire, et visant à réduire au minimum la pollution par l'amiante des locaux d'habitation et de travail.

L'épidémiologie descriptive du suicide en France repose essentiellement sur les statistiques de mortalité de l'I.N.S.E.R.M., qui montrent que les décès par suicide ont considérablement augmenté depuis les années 1970. Le taux de décès annuel par suicide atteint 21 pour 100 000 habitants contre 15 en 1970. La pendaison est le mode de suicide « réussi » le plus fréquent, avant l'intoxication médicamenteuse et les armes à feu. L'ingestion de médicaments est en revanche à l'origine de 90 % des tentatives de suicide. Les études épidémiologiques analytiques ont permis de dégager des facteurs de risque. Les principaux sont : *le sexe* (3 fois plus d'hommes que de femmes se suicident bien que les tentatives soient 2 fois plus nombreuses chez ces dernières) ; *l'âge* (il existe une répartition bimodale du suicide avec un pic de fréquence entre 15 et 24 ans et un autre chez les sujets de plus de 65 ans) ; *le niveau socio-économique,* inversement corrélé à la fréquence du suicide (les décès les plus nombreux sont observés chez les ouvriers agricoles alors que les professions libérales et les cadres supérieurs sont relativement épargnés) ; *l'insertion familiale* (par rapport aux personnes mariées, le suicide est 2,3 fois plus fréquent chez les célibataires, 2,9 fois chez les divorcés, 3,6 fois chez les veufs) ; l'existence de *troubles psychiatriques,* psychoses, névroses ou états dépressifs ; *l'alcoolisme* enfin, facteur fréquent et important de récidive.

Les légionelloses sont des pneumonies provoquées par un bacille identifié à la suite d'une épidémie d'infections respiratoires graves, survenue en 1976 chez des anciens combattants de l'American Legion, réunis en congrès dans un hôtel de Philadelphie. Les enquêtes épidémiologiques pratiquées à cette occasion permirent, en un délai très court, d'établir une forte corrélation entre le temps passé dans le hall de l'hôtel et le risque de contracter la maladie. La responsabilité d'un micro-organisme présent dans l'air ambiant du hall fut donc évoquée. Quelques semaines plus tard, l'agent causal, une bactérie *Gram négatif,* fut identifié et dénommé *Legionella pneumophila.* De nombreux cas de pneumonie purent rétrospectivement être imputés à cet agent pathogène, dont la présence a été mise en évidence dans de nombreux systèmes de climatisation. •

La démarche épidémiologique

L'épidémiologie permet de déterminer les caractéristiques, l'extension des pathologies mondiales et régionales, et leur évolution au fil des années. Les zones dites endémiques sont celles où sévit une maladie de façon continue (1). Ces dénombrements permettent d'organiser la prévention ou l'éradication de la maladie lorsque des traitements efficaces sont disponibles. L'examen des causes de mortalité donne l'indication des efforts à faire (2, 4). L'incidence de la tuberculose (3), fléau social autrefois, s'est certes abaissée avec les mesures d'hygiène, mais l'on constate que c'est avec la mise en œuvre de la vaccination par le B.C.G. à partir des années 1930 et l'utilisation de la streptomycine et de l'isoniazide à partir de 1947 et 1951 que l'extension de la tuberculose est maîtrisée en France. L'efficacité apporte ici une confirmation de la validité de la démarche médicale.

3. Évolution de la tuberculose.

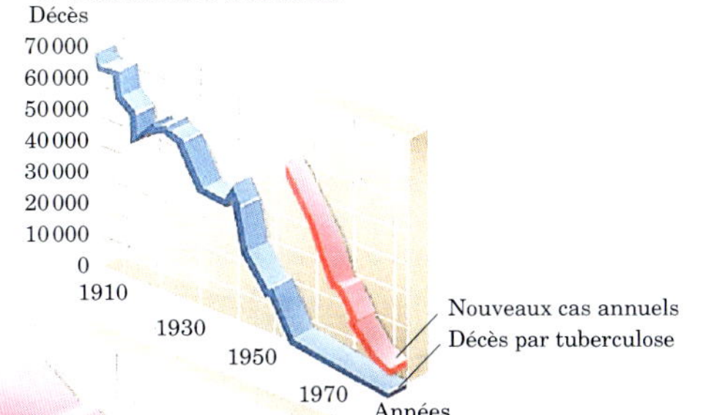

2. Causes médicales de décès en France, en 1987.

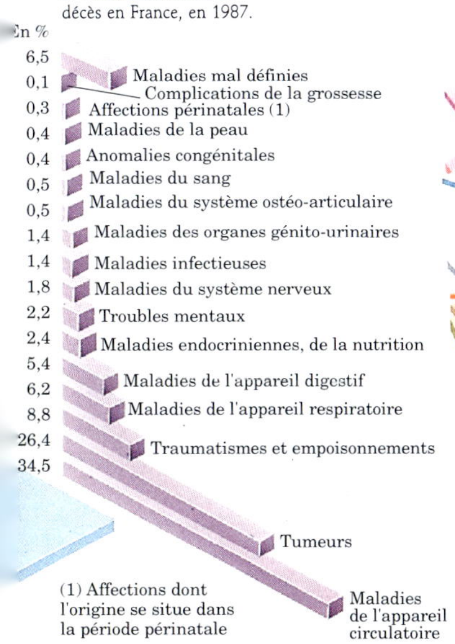

(1) Affections dont l'origine se situe dans la période périnatale

4. Évolution de la mortalité infantile en France, entre 1956 et 1986.

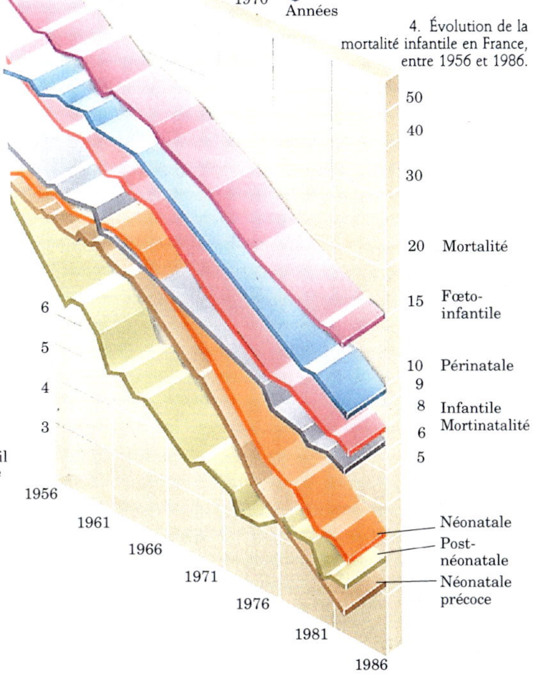

Épidémiologie de l'athérosclérose

L'ATHÉROSCLÉROSE EST LA PRINCIPALE CAUSE DE DÉCÈS DES ADULTES DANS LES PAYS INDUSTRIALISÉS, CE QUI JUSTIFIE L'INTÉRÊT PORTÉ PAR LES ÉPIDÉMIOLOGISTES À CETTE MALADIE.

L'athérosclérose, caractérisée par l'accumulation de lipides dans la tunique interne des vaisseaux (athérome), atteint surtout les artères de grand et moyen calibre (aorte, artères coronaires, artères cérébrales, artères des membres inférieurs), dont elle peut provoquer l'obstruction. L'analyse du résultat des études consacrées à l'athérosclérose permet d'illustrer l'intérêt majeur de l'épidémiologie dans la connaissance des maladies et de leurs facteurs de risque, mais aussi des limites de cette science ; les premières enquêtes épidémiologiques débutèrent à la fin des années 1940 aux États-Unis, la plus célèbre étant celle de *Framingham,* du nom d'une petite localité du Massachusetts. D'autres études analogues – études prospectives portant sur un grand nombre d'individus suivis pendant des années selon un protocole rigoureusement défini – ont été par la suite réalisées dans plusieurs pays, dont la France. Elles ont permis d'identifier de très nombreux facteurs de risque. En 1988, J. Stokes recensait en effet, après analyse de plus de 800 publications, 246 facteurs de risque potentiels. En fait, sur la base de critères stricts – corrélation statistique forte et retrouvée dans toutes les études, cohérence dans le temps, indépendance des autres facteurs de risque –, seulement 7 facteurs paraissent indiscutables. Il s'agit de *l'âge,* du sexe *masculin,* de *l'hypertension artérielle,* du taux de *cholestérol* plasmatique, de l'importance de la consommation de *cigarettes,* du *diabète* et d'une *alimentation* riche en cholestérol et en graisses saturées.

La mise en évidence d'une corrélation entre l'existence d'un ou plusieurs de ces facteurs et la survenue d'une complication de l'athérosclérose ne suffit cependant pas à établir un lien de cause à effet. Grâce à l'épidémiologie, nous savons désormais quels sont les sujets menacés d'angine de poitrine, d'infarctus du myocarde ou d'accident vasculaire cérébral ischémique, mais beaucoup d'inconnues subsistent encore. •

→ **Voir aussi :** La santé Situation mondiale, **MED,** p. 216-217. Les grands problèmes de santé publique, **MED,** p. 220-221.

Exploration et diagnostic cliniques

DANS LES DISCIPLINES orientées vers le soin et la prévention des maladies, comme la médecine, la chirurgie ou l'obstétrique, le médecin répond à une demande du malade qui souffre. De la douleur à son traitement par des étapes successives méthodiques, l'acte médical vise à résoudre l'énigme posée par la situation qui gêne le malade. La première étape est l'analyse de la plainte du patient, qui peut être simple ou complexe. La seconde est le recueil méthodique d'informations sur le corps du patient et sur les circonstances psychologiques et sociales d'apparition de la maladie. Patient et médecin peuvent alors regrouper les informations en les organisant pour établir un diagnostic. L'éventail des probabilités et confrontations est progressivement resserré vers l'identification de la maladie. Cet examen clinique établit parfois le diagnostic et suffit pour déterminer un traitement. Dans les autres cas, il permet de sélectionner les examens biologiques ou radiologiques qui font progresser dans la définition de la maladie et de son traitement. Une fracture est en général aisément reconnue, par contre ses raisons peuvent être multiples (traumatisme violent mais aussi fragilité osseuse congénitale ou acquise) et il est nécessaire de situer la fracture selon l'âge, le sexe, l'état du malade avant d'envisager l'anesthésie ou l'intervention. À l'inverse, une fatigue persistante, une fièvre subite peuvent poser de difficiles problèmes. La démarche du diagnostic va ainsi de l'évidence de la plainte au choix d'une action thérapeutique et à l'évocation des possibilités évolutives. Récemment ont été constituées des banques de données informatisées qui peuvent apporter une aide au diagnostic. Deux difficultés persistent cependant : l'analyse des plaintes et des signes de la maladie doit être correcte et complète pour poser à l'ordinateur la question précise ; l'adoption des solutions proposées nécessite un choix adapté à la personnalité du malade. À la technique médicale s'ajoute ainsi une part, peu susceptible d'être réduite, d'impondérables liés à la singularité de chaque homme et de chaque cas. Cela rend ardu le choix de la décision thérapeutique, qui induit des conséquences parfois irréversibles.

La plainte du malade

L'ÉCOUTE ET L'ANALYSE DU RÉCIT DES MALADES ONT PERMIS D'ÉTABLIR DES CORRÉLATIONS ENTRE LE TROUBLE RESSENTI ET L'ANOMALIE DES FONCTIONS ET DES ORGANES. CELA CONSTITUE UNE SÉMIOLOGIE.

Les circonstances de la rencontre entre patient et médecin sont diverses. Tantôt il s'agit, pour un sujet sans doléance particulière, d'examens systématiques imposés par la société. Ainsi la femme enceinte, l'enfant, l'écolier, le militaire, les travailleurs sont-ils régulièrement examinés dans le cadre d'une surveillance codifiée qui a pour but la détection précoce des maladies et la prévention. Tantôt l'accident ou la maladie aiguë commandent le recours immédiat au soin. Douleurs, fractures, traumatismes, état de choc, coma, fièvre ou hémorragie créent une situation dramatique qui impose de façon urgente l'action médicale. Enfin, la plainte du malade peut s'exprimer sur un mode moins aigu. L'analyse du récit se présente alors comme le décryptage de la douleur, de l'entrave apportée à la respiration, à la marche ou à l'équilibre, au fonctionnement digestif, urinaire, génital, ou encore à la gêne psychologique. Le but de la sémiologie est d'attribuer à chaque signe ou groupement de signes (dénommé syndrome) un organe ou un système défini. Par exemple, l'essoufflement démasque un trouble de l'oxygénation du sang, qui peut être lié au cœur, aux poumons, au sang ou à l'inquiétude. C'est l'association à d'autres signes (âge du malade, profession, durée évolutive) qui permet de constituer une orientation vers le diagnostic ; celui-ci est complété par l'analyse de l'aspect du malade (pâleur, inquiétude, langage, mimique), du degré de maturité intellectuelle et affective. Il faut parfois tenir compte de la demande de l'entourage familial ou professionnel (enfants, malades privés de communication, vieillards dépendants). La plainte du malade doit être replacée dans un contexte que le médecin, par l'interrogatoire, s'efforce de faire préciser : antécédents médicaux familiaux et personnels (lumbago, colique néphrétique, ulcère de l'estomac, hypertension...), sans oublier l'absorption de médicaments, qui peut expliquer parfois les doléances du patient (hémorragie au cours de traitements anticoagulants, fatigue avec perte de potassium, après prise de laxatifs, éruption après antibiothérapie...).

L'étape du dialogue médecin-malade permet d'ébaucher le diagnostic. Parfois, on suspecte une anomalie psychiatrique ; la prudence impose néanmoins l'examen du corps du patient ; cet examen codifié peut révéler une maladie somatique et il constitue dans tous les cas un guide pour la confirmation de la sémiologie. •

L'examen clinique

L'ANALYSE DE LA PLAINTE DU MALADE SE POURSUIT PAR LA RECHERCHE MÉTHODIQUE ET MINUTIEUSE D'ANOMALIES PHYSIQUES DU CORPS, DÉCOUVERTES PAR LE REGARD, LA PALPATION, L'OUÏE.

La simple inspection peut donner des renseignements précieux. Le médecin observe la morphologie générale, la stature, les éruptions cutanées, la pilosité, le teint, les difformités du tronc ou des membres. L'aspect du patient, sa marche, sa raideur, son agitation, l'aspect de son visage et de sa mimique, la facilité de l'expression orale ou écrite apportent de précieuses informations.

L'examen des divers organes doit être systématique. En 1761, l'Autrichien J. L. Auenbrugger applique à l'examen du thorax la percussion digitale, analogue à celle que les vignerons utilisent pour apprécier le niveau de remplissage des tonneaux. En 1816, Laennec, avec le stéthoscope, découvre l'auscultation pulmonaire. À partir de cette époque, l'étude du corps par inspection-percussion, palpation, auscultation du tronc et de l'abdomen, de la paroi, des fosses lombaires, des viscères établit la sémiologie des maladies. On n'omet pas l'examen des aires ganglionnaires lymphatiques des aisselles, du cou, des aines. Le toucher rectal apprécie l'état de la prostate et du rectum chez l'homme, le toucher vaginal l'état des organes génitaux féminins. Par l'examen des membres, des pouls artériels périphériques, de la tension artérielle, on vérifie l'état des vaisseaux sanguins et lymphatiques et de la circulation artérielle et veineuse. L'examen des os et des articulations, de la motricité, de la sensibilité et des réflexes précise l'état des organes effecteurs du mouvement et du système nerveux de commande. Les rhumatismes, les myopathies et les paralysies sont ainsi distingués les uns des autres. L'examen de la tête, des yeux, de la cavité buccale, de la denture, des oreilles viendra compléter ces données.

Au terme de l'examen général, trois éventualités apparaissent. D'emblée, le diagnostic peut être affirmé avec une très forte probabilité (angine, éruption, entorse, rechute d'une maladie connue...). Il est alors inutile de procéder à des examens biologiques ou radiologiques, et l'on peut indiquer des prévisions sur l'évolution des troubles. Autrement, l'interrogatoire et l'examen permettent de suggérer l'atteinte élective d'un organe (foie, cœur) ou d'un système (appareil respiratoire, nerveux). On met ainsi en évidence le symptôme majeur qui oriente l'analyse de la situation (œdèmes, masse ganglionnaire, paralysie d'un membre, anémie). Dès lors, on pourra choisir les examens morphologiques ou fonctionnels les plus utiles pour identifier la maladie, la traiter et en prévoir l'évolution. Enfin, il peut s'agir de maladies sans support anatomique évident, comme des affections comportant une part émotionnelle importante, des troubles fonctionnels intermittents n'ayant pas encore modifié la structure des viscères, ou encore de syndrome psychiatrique. Souvent, des troubles de ce type marquent, ou présagent parfois, des évolutions surprenantes, voire sévères ; aussi une observation attentive et réitérée est-elle nécessaire avant que soient affirmées ces possibilités de diagnostic. •

1. *Médecin prenant le pouls d'un malade*, 1345, G. de Pavie.

Vers le diagnostic

LE DIAGNOSTIC EST LA SÉRIE DE RÉFLEXIONS ET D'ACTES PAR LESQUELS LE MÉDECIN INTERPRÈTE LA PLAINTE DU MALADE ET LES RÉSULTATS D'EXAMENS POUR LES RATTACHER À UNE MALADIE DÉFINIE.

Cette démarche est parfois achevée avec l'examen clinique et la maladie est alors identifiée. Mais, dans bien des cas, une série d'examens est nécessaire pour affirmer le diagnostic. Les moyens actuels, biologiques, radiologiques et anatomiques, ont permis de réduire la marge d'erreur et d'incertitude qui marquait la médecine jusqu'à ces dernières années en ce qui concerne les maladies somatiques. Cependant, les examens peuvent nécessiter du temps et imposent parfois des délais dans l'attente de la certitude du diagnostic. L'anatomie pathologique apporte bien souvent une confirmation sans faille au cours des tumeurs, infections, maladies vasculaires ou dégénératives. Elle précise les lésions mais reste très limitée en cas de maladie métabolique ou mentale.

En théorie, au fil des examens complémentaires, le champ des hypothèses diagnostiques se réduit jusqu'à ce qu'il n'en reste plus qu'une possible. On précise ainsi la maladie lésionnelle, fonctionnelle ou psychologique, ses lésions et ses causes. La maladie étant reconnue, il devient possible de formuler un pronostic et de proposer un traitement. En pratique, pour différentes raisons, ce jugement n'est pas aussi tranché. Dans bien des cas, l'urgence du traitement amène à choisir l'action la plus efficace dans un climat d'incertitude. L'inquiétude peut être aggravée par la précarité de l'état du malade. Cela impose au médecin l'information des familles qui parfois tolèrent mal la discordance entre l'image médiatique de puissance de la médecine et la relative imprécision du diagnostic ou du pronostic dans un cas concret. Enfin, le médecin est souvent confronté à des pathologies multiples (hypertension, arthrose, insuffisance cardiaque...) dont les diagnostics s'entrecroisent. Il faut alors traiter simultanément divers troubles et le diagnostic se poursuit par l'étude des possibilités évolutives.

D'autre part, chez les personnes âgées et les nourrissons fragiles, on évite d'engager des examens complémentaires, nombreux et agressifs, moins bien supportés.

Chez les patients très âgés diminués mentalement, il est parfois préférable de privilégier le confort et la qualité des soins (soulagement de la douleur, attention de l'équipe soignante) au détriment de la précision du diagnostic. On traite alors les symptômes gênants sans viser à la guérison de la maladie. •

Reconnaître les causes et prévoir

LE DIAGNOSTIC DE LA MALADIE ÉTANT POSÉ, LE MÉDECIN MET EN ŒUVRE UN TRAITEMENT ESSENTIELLEMENT FONCTION DE LA CAUSE DES SYMPTÔMES OBSERVÉS.

Dans une première éventualité, la maladie et ses causes sont connues, mais les possibilités thérapeutiques diffèrent. Au cours d'une infection du poumon par une bactérie, la neutralisation de la prolifération bactérienne par des antibiotiques guérit la maladie. Un traitement est donc susceptible d'agir sur cette cause. À l'inverse, au cours d'une hémiplégie (paralysie d'une moitié du corps) par accident vasculaire cérébral, si le scanner met en évidence la destruction localisée du cerveau, l'irréversibilité des lésions rend tout traitement de la cause illusoire. La rééducation apporte un appui majeur.

La maladie peut avoir été identifiée mais son origine rester inconnue. Ainsi, le mécanisme de survenue du diabète juvénile n'est pas élucidé. On traite la maladie en équilibrant au mieux la glycémie par des injections d'insuline afin de prévenir les complications du diabète (risque de coma, cécité), alors que le traitement de la cause reste inaccessible.

Plus rarement enfin, on ne peut coordonner les symptômes constatés en une maladie définie. Le traitement est dit alors symptomatique : soulagement de la douleur, correction des désordres biologiques, etc.

Ces différents exemples illustrent les difficultés du choix thérapeutique et de la prévision, dénommée « pronostic » en mémoire des augures qui accompagnaient les avis des médecins. De nombreux facteurs interviennent dans ce pronostic. Certains sont liés au malade, à son âge, à son état physique et psychologique. D'autres sont propres à la maladie. La précocité du diagnostic et des premières mesures thérapeutiques est un élément essentiel du pronostic. La multiplicité de ces paramètres rend assez difficile la formulation d'un pronostic, réclamé souvent avec insistance par le patient et sa famille. Il est aléatoire de prédire les modalités et les délais évolutifs d'une maladie chez un malade déterminé. Ainsi la maladie met-elle en évidence la fragilité du corps et l'incertitude des destins. •

→ **Voir aussi :** La démarche médicale, **MED**, p. 246-247. Exploration et diagnostic biologiques, **MED**, p. 252-253. La recherche clinique, **MED**, p. 256-257.

2. *Le Médecin des pauvres,* J. Leonard.

4. Médecin auscultant le cœur d'un enfant.

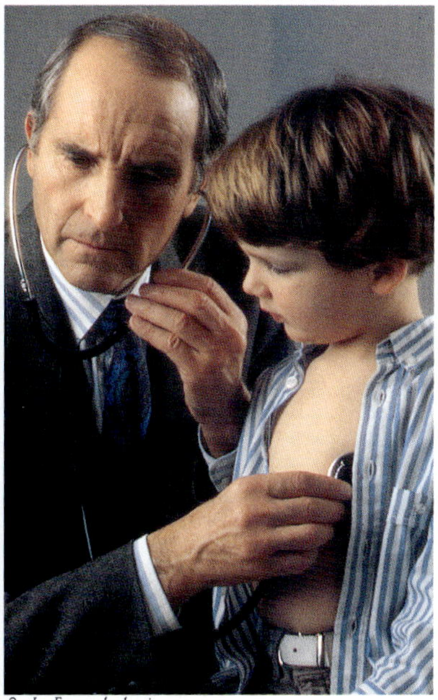

3. *La Femme hydropique,* Gérard Dou.

Sémiologie, clef du diagnostic

Autrefois, le praticien ne disposait pas des nombreux examens complémentaires disponibles de nos jours. Écouter (4), observer (3), palper (1) étaient les seules armes des Anciens qui excellaient dans cette discipline. La précision des investigations actuelles permet d'élaborer des conditions de certitude du diagnostic. Cependant, la médecine a toujours été un art clinique (2) et, aujourd'hui encore, l'examen clinique reste la clef du diagnostic ou de la sélection des examens qui peuvent être nécessaires. Par référence à l'ensemble médical, on peut alors définir un traitement et augurer du pronostic.

Exploration et diagnostic biologiques

DANS UN CERTAIN NOMBRE de maladies, le médecin peut poser un diagnostic précis à partir des signes cliniques (exanthème caractéristique de la rougeole, fractures, sciatiques, angine de poitrine...). Dans d'autres cas, le diagnostic nécessite l'isolement et l'identification de l'agent infectieux causal (infection urinaire, septicémie, méningite). Ainsi, les analyses médicales sont essentielles pour le diagnostic d'une maladie et sont demandées par le médecin en fonction de l'orientation clinique. Elles ont aussi un grand rôle pour prévenir la survenue de complications dans certaines maladies : diagnostic précoce d'un diabète, découverte d'une hypercholestérolémie ou d'une hyperuricémie. Permettant le diagnostic de la maladie, elles en autorisent du même coup le traitement.

Les analyses médicales comportent des examens simples de débrouillage et des examens plus spécifiques. Parfois, l'examen clinique découvre une lésion qu'il faut prélever, ponctionner ou biopsier. Le rôle des différents laboratoires (biochimie, bactériologie, anatomopathologie) est essentiel pour l'examen des prélèvements. Récemment, de nouveaux éléments d'ordre économique sont intervenus : le coût des différentes explorations est maintenant évalué. Parallèlement, des conférences de consensus tentent de codifier l'attitude diagnostique et d'établir une hiérarchie parmi les différents examens complémentaires possibles, cela pour permettre au malade de bénéficier de l'examen le plus performant et le plus adapté à la pathologie qu'il présente avec le moins de danger, de douleur, et de dépense.

1. Séparateur et analyseur de cellules.

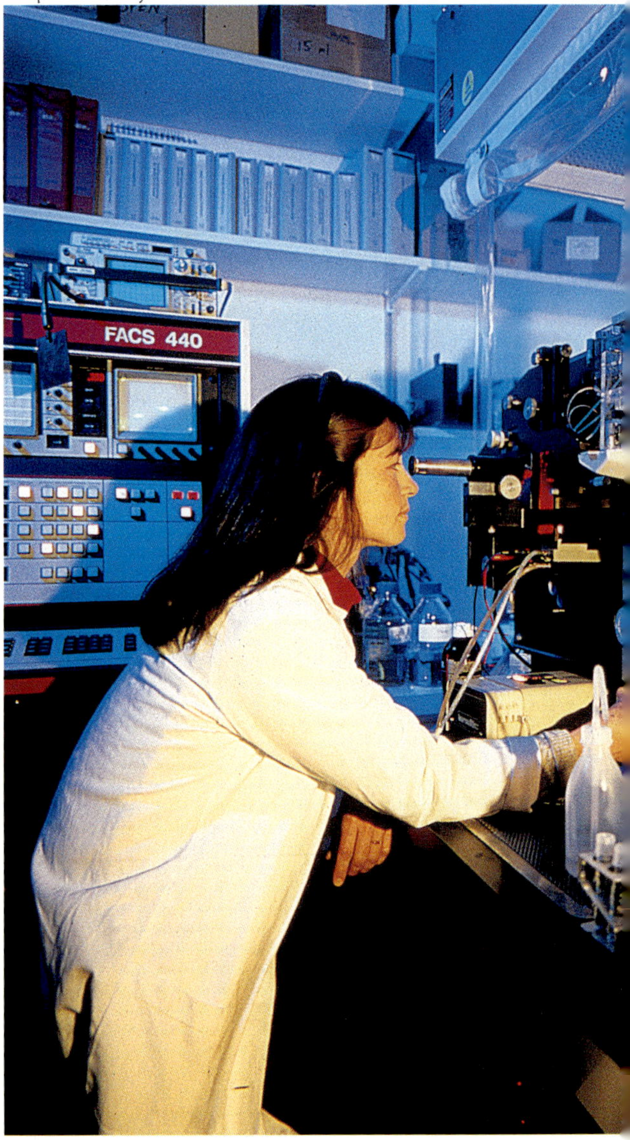

Examens biologiques

LES ANALYSES MÉDICALES PERMETTENT DE DÉCELER DES ANOMALIES QUE LE MÉDECIN RATTACHE ENSUITE À UNE PATHOLOGIE PRÉCISE. INVERSEMENT, CERTAINES MALADIES S'ACCOMPAGNENT DE PERTURBATIONS SPÉCIFIQUES QUI EN AUTORISENT LE DIAGNOSTIC.

Parmi les principaux examens biologiques, on retrouve l'examen du sang, des urines et des selles. L'examen du sang fait par les laboratoires d'hématologie comporte généralement la numération globulaire et l'estimation du nombre de plaquettes par mm^3. De plus, la formule sanguine précise la proportion des différents types de globules blancs. Les principales valeurs normales de l'hémogramme sont les suivantes : hématies, 4,5-5 $\times 10^6/mm^3$; plaquettes, 150-400 $\times 10^3/mm^3$; leucocytes, 4-10 $\times 10^3/mm^3$. Les techniques biochimiques modernes permettent également de préciser la teneur en ions des différents liquides circulants de l'organisme. Ainsi l'ionogramme plasmatique autorise-t-il l'étude de la concentration en électrolytes du plasma qui est maintenue constante dans d'étroites limites par le rein. Le sodium, cation prédominant, est le facteur essentiel de l'osmolarité extracellulaire (son taux normal est voisin de 142 mmol/l). Le pH du sang, c'est-à-dire l'évaluation de sa concentration en ions H^+, est de 7,38. Si tous les mécanismes de régulation fonctionnent correctement, sa variation est quasi nulle. L'examen du sang permet donc le dosage d'un certain nombre de substances dont la variation pathologique oriente le médecin vers une pathologie précise (hyperglycémie et diabète, créatininémie augmentée et insuffisance rénale, bilirubinémie augmentée et ictère...). Les taux ordinairement observés chez des patients sains pour les principaux constituants sanguins sont : glucose, 4-6 mmol/l, soit 0,9-1,1 g/l ; urée, 3-6 mmol/l ; créatinine, 0,4-1 mmol/l ; cholestérol, 3,9-6,7 mmol/l ; bilirubine, moins de 0,17 mmol/l.

Le recueil et l'examen des urines permettent de découvrir diverses anomalies pathologiques (infection urinaire, troubles hydroélectrolytiques, diabète...). Pour poser un diagnostic, il est souvent important de connaître l'élimination urinaire par 24 heures d'un électrolyte plutôt que sa concentration dans un échantillon prélevé dans la miction. Les valeurs normales sont pour le calcium 2,5-7,5 mmol/24 h et pour le phosphate 15-30 mmol/24 h.

Le diagnostic biologique des principales maladies est fondé sur des examens spécifiques associant les techniques hématologiques, biochimiques, bactériologiques et cytologiques. Ainsi, le diabète sucré de l'adulte comporte une hyperglycémie (parfois associée à la glycosurie) qui permet d'affirmer le diagnostic. De même, l'hyperlipidémie est une augmentation anormale du taux des graisses dans le sang. On distingue les hypercholestérolémies, les hypertriglycéridémies et les hyperlipidémies mixtes.

La concentration du plasma en électrolytes est une constante biologique essentielle. Les ionogrammes sanguins et urinaires permettent la découverte d'anomalies ioniques qui peuvent traduire un trouble de l'hydratation, un déficit ionique, ou révéler une maladie digestive ou rénale (hyperaldostéronisme). La goutte comporte des signes cliniques particuliers et une augmentation de l'uricémie, qui est le taux d'acide urique dans le sang circulant. Les troubles phosphocalciques sont dominés par l'hypercalcémie due à une augmentation de la lyse de l'os (tumeurs osseuses, myélome, hyperparathyroïdie, maladie de Paget) ou à une augmentation de l'absorption intestinale. Les troubles de la fonction rénale sont mis en évidence par l'étude du sang (créatinine, ionogramme) comme des urines (ionogramme, protides). L'insuffisance rénale correspond à la défaillance des fonctions rénales. Les troubles de la coagulation correspondent à des maladies de l'hémostase. L'étude des plaquettes et des facteurs plasmatiques de la coagulation identifie le trouble en cause. Les maladies hématologiques sont diagnostiquées par l'étude du sang et de la moelle osseuse, qui permet de savoir la lignée atteinte : rouge, blanche ou plaquettaire. Le diagnostic biologique des maladies de l'appareil digestif repose sur l'exploration fonctionnelle du foie et du pancréas, l'examen des selles et des examens biologiques étudiant l'absorption et la digestion. L'étude des maladies endocriniennes repose sur des examens qui explorent les conséquences de ces maladies (glycémie, ionogramme). Les dosages hormonaux eux-mêmes, dans le sang ou dans les urines, donnent l'évaluation des taux d'hormones sécrétées (thyroïdienne, surrénalienne, pancréatique, parathyroïdienne...). Enfin, le diagnostic des maladies tumorales est facilité par la recherche de marqueurs tumoraux, relativement spécifiques de l'organe atteint (prostate, ovaire, pancréas, foie...), qui circulent dans le sang. •

Explorer les secrets du corps

L'examen clinique méthodique détermine le choix des examens qui précisent le diagnostic ou guident le traitement. Dans le laboratoire (1) doté d'instruments, de techniques étalonnées bénéficiant en grande partie de l'automatisation et de l'informatique sont étudiés les prélèvements de sang, d'urine, de liquides ou de sécrétions. La ponction lombaire (2) permet l'examen du liquide céphalo-rachidien (3), nécessaire au cours des maladies du névraxe et des méninges. L'étalement et la coloration du sang et des prélèvements (4) permettent la reconnaissance des éléments anormaux et l'identification des causes de la maladie.

2. Ponction lombaire, recueil du liquide céphalo-rachidien.

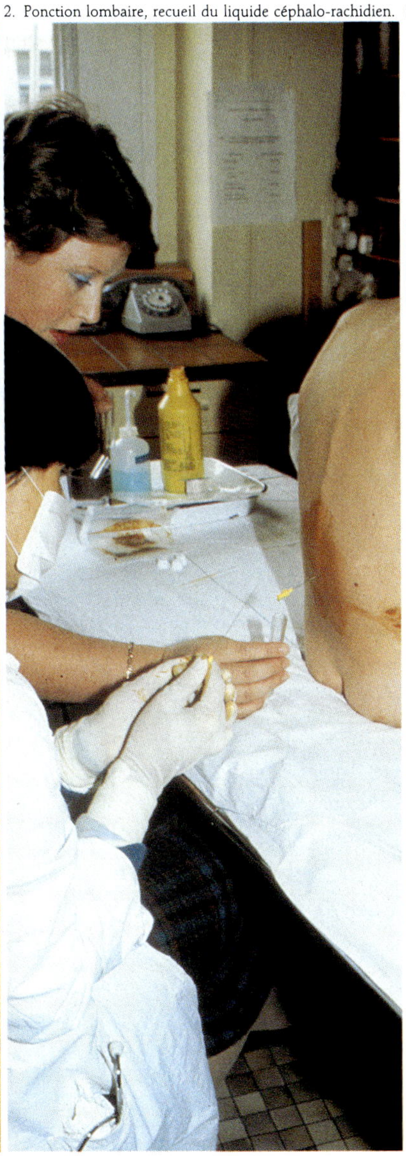

3. Méningocoques et cellules dans le liquide céphalo-rachidien.

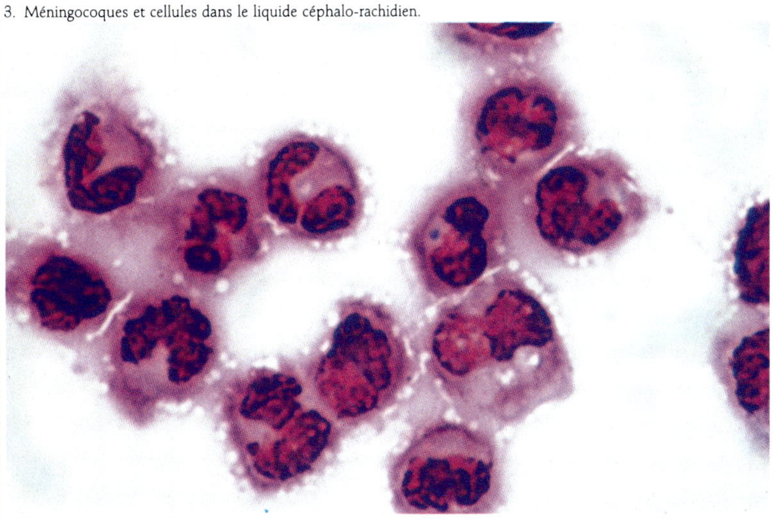

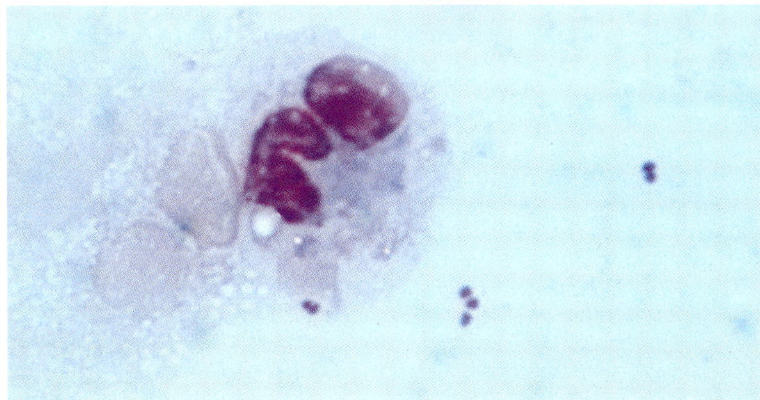

4. Liquide céphalo-rachidien : amas cellulaire.

Examens bactériologiques et virologiques

EN PATHOLOGIE INFECTIEUSE, EN FONCTION DES SIGNES CLINIQUES RECUEILLIS PAR L'EXAMEN, LE MÉDECIN DEMANDE CERTAINS EXAMENS SPÉCIFIQUES QUI LUI PERMETTRONT D'AFFIRMER LE DIAGNOSTIC ET DE COMMENCER AINSI UN TRAITEMENT ADAPTÉ.

Le prélèvement représente un excellent moyen thérapeutique (évacuation du pus) ou diagnostique dans les infections. Le prélèvement de gorge a pour but de rechercher des germes pathogènes dont l'examen peut être fait directement au microscope ou après culture sur des milieux nutritifs. De même, l'examen de l'expectoration permet la recherche de germes pyogènes (qui font suppurer) ou de bacilles tuberculeux. L'hémoculture permet la mise en évidence de germes dans le sang et ainsi le diagnostic de septicémie. L'examen des selles a pour objet d'identifier un parasite, ses œufs, ses larves (examen parasitologique des selles) ou une bactérie pathogène (coproculture). L'examen cytobactériologique des urines affirme l'infection urinaire en identifiant le germe responsable.

Dans le diagnostic des maladies infectieuses, ces examens sont fondamentaux pour le choix du traitement. Les prélèvements bactériologiques doivent être ensemencés et cultivés sur différents milieux en fonction de l'étiologie envisagée (milieu de Löwenstein pour le bacille tuberculeux par exemple). Dans certaines infections, les germes isolés sont inoculés à l'animal. La mise en évidence de l'agent causal grâce au prélèvement bactériologique permet d'affirmer le diagnostic et de réaliser un antibiogramme qui identifie *in vitro* l'action des antibiotiques sur une souche bactérienne. L'effet de l'association de deux antibiotiques (synergie ou simple addition) peut être ainsi déterminé. Les tests sérologiques (rubéole, toxoplasmose, hépatite, syphilis, typhoïde...) mettent en évidence l'existence, dans le sérum d'un sujet, d'anticorps réagissant avec un antigène. Cela signifie que le sujet a été en contact avec cet antigène. Pour affirmer un contact récent (et donc une maladie évolutive), il faut que le taux des anticorps soit élevé, ou augmente significativement à 15 jours d'intervalle (le premier prélèvement étant fait au tout début de la maladie), sinon on conclut à un contact ancien. Ainsi, la sérologie V.I.H. permet aujourd'hui d'affirmer que le sujet est porteur du virus du sida s'il est séropositif (si son plasma contient des anticorps). •

Ponctions et prélèvements

QUAND UN MALADE PRÉSENTE UN ÉPANCHEMENT, LE MÉDECIN FAIT UN PRÉLÈVEMENT POUR EXAMINER LE LIQUIDE QUI S'ÉCOULE. SINON, IL PRATIQUE UNE BIOPSIE POUR IDENTIFICATION HISTOLOGIQUE DES LÉSIONS.

La ponction pleurale consiste à introduire une aiguille dans la cavité pleurale à travers un espace intercostal. L'étude du liquide oriente le diagnostic. La ponction a aussi un intérêt thérapeutique quand l'épanchement est très abondant et mal toléré (polypnée, tachycardie). La ponction d'ascite (présence de liquide dans le péritoine) définit le type de cet épanchement. Les ponctions articulaires consistent à introduire une aiguille dans une cavité articulaire pour prélever du liquide ou pour injecter un médicament. La ponction lombaire recueille le liquide céphalo-rachidien. Enfin, la ponction sternale (ou myélogramme) identifie une maladie hématologique ou une infection médullaire (tuberculose...).

Les biopsies permettent l'examen histologique d'un fragment d'organe et une identification précise de la nature des lésions. Différentes ponctions-biopsies sont réalisées sous anesthésie locale : hépatique, rénale, synoviale (au niveau d'une articulation), médullaire. Certaines biopsies sont essentielles au diagnostic : peau (tumeurs cutanées, hématodermies, maladies de surcharge, dermatoses bulleuses), ganglion, endomètre, biopsie musculaire ou nerveuse, testiculaire... Les prélèvements des ponctions et les biopsies sont confiés aux laboratoires de biochimie, de bactériologie et d'anatomopathologie. Cela permet de déterminer la nature de l'épanchement, de rechercher certains métabolites (amylase, acide hyaluronique...) ou des cristaux (pyrophosphate de calcium ou acide urique), d'identifier des cellules tumorales, de découvrir des bactéries (germes pathogènes ou bacilles tuberculeux). Enfin, l'étude histologique identifie une tumeur ou une dysplasie. Ces examens anatomopathologiques affirment l'identité inflammatoire, infectieuse, tumorale, vasculaire ou dégénérative des maladies avec sécurité et fiabilité. •

→ **Voir aussi :** Le sang normal et le sang pathologique, **MED**, p. 238-239. Exploration et diagnostic cliniques, **MED**, p. 250-251. Qu'est-ce que la norme, **MED**, p. 384-385.

L'imagerie médicale

PENDANT DE NOMBREUX siècles, la connaissance du corps a été limitée aux seules constatations anatomiques. Galien, en son temps (IIe siècle), avait déjà bien développé cette connaissance par la pratique des autopsies. La transmission du savoir se faisait alors du maître à l'élève et, plus tard, par l'intermédiaire des planches d'anatomie. Depuis environ un siècle, grâce à Röntgen, qui découvrit en 1895 le rayonnement X, voir l'intérieur du corps humain vivant est devenu une réalité. Depuis les années 1960, de nombreux progrès ont été réalisés grâce à l'emploi de techniques nouvelles. On peut, schématiquement, individualiser celles qui utilisent les rayons X (radiographies conventionnelles, tomodensitométrie), les rayons gamma (scintigraphie), les ultrasons (échographie), les champs magnétiques (imagerie par résonance magnétique nucléaire) et les fibres optiques.

Par ailleurs, ces techniques n'auraient pu se développer aussi rapidement sans l'aide apportée par le traitement informatique des données. Ainsi, la visualisation en trois dimensions de certaines structures anatomiques nécessite une puissante unité de calcul informatique couplée à l'examen de base.

L'évolution actuelle est nettement marquée par le développement des examens non invasifs (sans pénétration à l'intérieur du corps), comme l'échographie (ultrasons) et la résonance magnétique nucléaire. Enfin, la précision du diagnostic dépend de l'expérience du praticien qui doit, en outre, confronter son diagnostic avec les données cliniques, biologiques, et psychologiques.

Imagerie du dehors et du dedans

Alors que le corps de l'écorché révèle pour l'étudiant la musculature (4), seule la résonance magnétique a permis de traverser l'obstacle que constitue le squelette crânien et de mettre en évidence la structure fine de l'encéphale (1).

1. Coupe sagittale médiane de l'encéphale (I.R.M.).

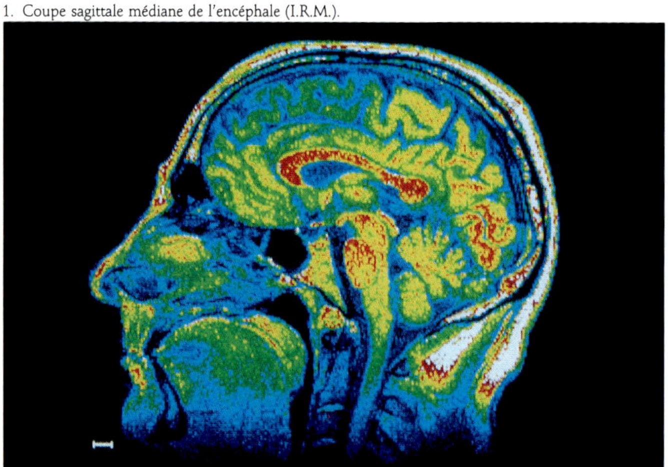

2. Nodule non fixant inférieur droit de la glande thyroïde visible sur scintigraphie à l'iode 131.

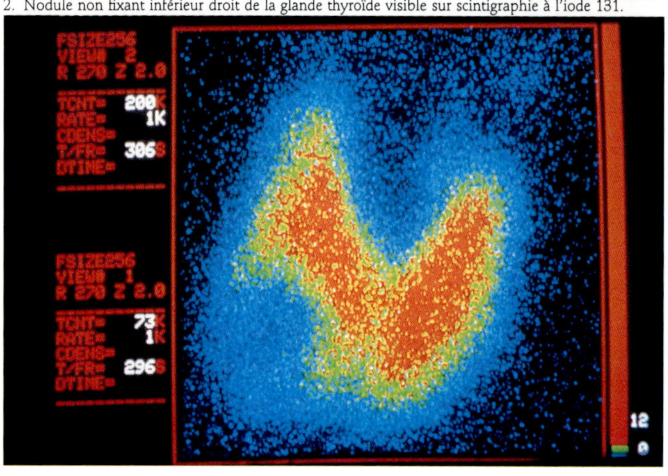

Voir les tissus mous et explorer les fonctions

L'image de fixation d'isotopes (2), ici l'iode 131, obtenue par la caméra à scintillation renseigne sur la morphologie et la fonction de la glande thyroïde.

La partie visible du corps humain

LES PLANCHES D'ANATOMIE D'ANTAN ONT PROGRESSIVEMENT ÉTÉ REMPLACÉES PAR DES BANQUES D'IMAGES OÙ LA PHOTOGRAPHIE TIENT UNE LARGE PLACE.

La photographie traditionnelle du corps entier est complétée par la macrophotographie, qui révèle davantage de détails d'une lésion donnée et permet de conserver l'aspect du schéma corporel à un moment bien défini dans le temps. La photographie présente donc un intérêt évolutif et comparatif pour le technicien et trouve naturellement place dans l'enseignement de nombreuses disciplines. Ainsi, des vidéodisques interactifs, sur lesquels se constituent des banques d'images et de données, permettent à l'étudiant (grâce à un système de questions-réponses) d'acquérir et de contrôler ses connaissances et de progresser dans une discipline donnée.

La photographie trouve des applications dans de nombreuses disciplines : en dermatologie, elle constitue un critère objectif de guérison des lésions cutanées ; en gastro-entérologie, la prise de clichés au cours de l'endoscopie de l'estomac est habituelle ; en endocrinologie, elle permet de suivre l'évolution des syndromes dysmorphiques. Les techniques vidéo sont particulièrement adaptées à l'analyse de la marche, des tremblements, des mouvements anormaux et ont un grand intérêt en neurologie et en ergonomie. Ainsi, l'enregistrement du langage, de la mimique et des comportements est particulièrement utile pour l'étude des maladies psychiatriques. Il constitue, surtout dans ce domaine où les flux émotionnels et rationnels sont particulièrement rapides, une mémoire irremplaçable.

L'éclairage de la peau avec une lumière de Wood (ultraviolets) peut mettre en évidence certaines lésions. La fluorescence verte est utilisée pour certaines mycoses (pityriasis versicolor) et la fluorescence rouge pour l'érythrasma. Les pellicules sensibles à l'infrarouge donnent des images des flux thermiques de la partie superficielle du corps. De même, la thermographie consiste à étendre sur la peau de la région à étudier une solution de cristaux liquides qui change de couleur selon la température. Ce procédé peut révéler une inflammation. •

Conjugaison des rayons X et de l'informatique

Le scanner fournit des données numérisées, leur traitement informatique permet la construction d'images dans le plan transversal, sagittal ou frontal, leur combinaison et leur coloration donne des images tridimensionnelles (3) plus faciles à interpréter avec précision.

3. Reconstruction tridimensionnelle et coloration sélective de l'appareil urinaire sur le fond du squelette (scanner).

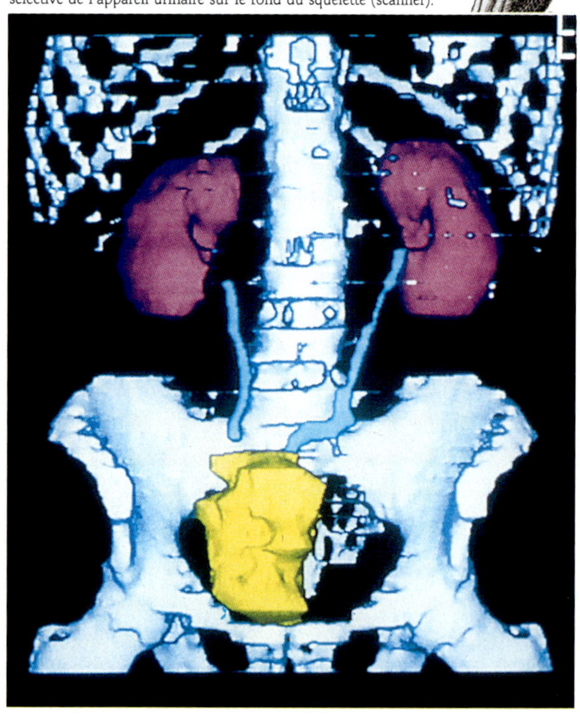

Pénétrer à l'intérieur du corps humain

LE SOUCI CONSTANT DES NOUVEAUX EXAMENS EST CELUI DU COMPROMIS ENTRE LA CONNAISSANCE DES STRUCTURES ANATOMIQUES ET LE CONFORT DU PATIENT.

Les principales techniques d'imagerie sont bien tolérées et efficaces. La radiologie est la plus ancienne des méthodes d'imagerie, fondée sur les différences de densité et donc d'opacités au sein d'un tissu ou de différents organes soumis à un faisceau de rayons X. Cette technique, complétée par l'injection de produit de contraste, permet de visualiser l'intérieur du réseau vasculaire (artériographie), du tube digestif ou des voies urinaires (urographie).

L'échographie repose sur la propagation et la réflexion d'un faisceau d'ultrasons dans les tissus. De manière très simple, par « l'effet Doppler », on étudie la vitesse des flux et principalement le sens du sang. L'échographie, qui visualise une structure ou un organe en deux dimensions, est une méthode sans danger ne nécessitant pas d'effraction du corps. Elle se développe de plus en plus actuellement et s'impose bien souvent comme examen de base dans de nombreuses disciplines. Cette méthode a toutefois ses limites. En effet, le faisceau d'ultrasons qui se réfléchit en totalité sur le squelette ne permet pas d'explorer les poumons ni le crâne de l'adulte.

L'endoscopie explore les organes creux des voies urinaires, digestives et respiratoires, grâce à l'utilisation de fibres optiques qui donnent clarté et souplesse aux instruments. Le praticien observe directement l'état des muqueuses et peut pratiquer des prélèvements lorsqu'il existe un doute sur la malignité d'une lésion. Il peut également, avec l'endoscope, faire l'exérèse de lésion limitée (polype), évitant ainsi un acte chirurgical important.

La scintigraphie visualise la concentration et la distribution, au sein d'un organe, d'un isotope radioactif et permet d'en apprécier le fonctionnement.

La tomodensitométrie, ou scanographie (scanner, en langage courant), est née de l'association de l'informatique et de la radiologie conventionnelle. Elle donne des images plus précises que la radiologie et a une importance majeure pour l'étude du cerveau et de la moelle. Les nouveaux appareils analysent les données dans les trois plans de l'espace, fournissant des images avec relief.

L'imagerie par résonance magnétique nucléaire est fondée sur les propriétés magnétiques de la matière et l'analyse des signaux de résonance des mouvements des ions hydrogène dans un champ magnétique. L'appareil visualise les structures anatomiques, notamment du système nerveux, avec une très grande précision, et peut mettre en évidence une lésion là où le scanner n'avait rien révélé.

Tous ces examens complémentaires n'apportent pas les mêmes types de renseignements, les uns étant plus adaptés à l'étude de certains organes, les autres à l'étude de certaines pathologies. Si la radiographie du thorax reste l'examen habituel de dépistage pour le cœur et les poumons, l'échographie cardiaque visualise et mesure les cavités et les valves cardiaques ainsi que le péricarde. La radiographie des artères nourricières du cœur (coronarographie) au cours de l'angine de poitrine peut mettre en évidence des plaques d'athérome obstruant la lumière artérielle. L'étude des vaisseaux préfère le Doppler couplé à l'échographie, qui révèle la présence de caillots, un rétrécissement artériel, un reflux veineux, etc.

La pathologie du squelette et des articulations (fracture, luxation, arthrose...) relève de la radiographie, mais peut toutefois nécessiter l'injection d'un isotope ou d'un produit de contraste (arthrographie) ; par ailleurs, l'examen endoscopique des cavités articulaires (arthroscopie) présente un intérêt diagnostique et thérapeutique, puisqu'il permet de voir les lésions et d'enlever d'éventuels corps étrangers dans l'articulation. L'examen du cerveau et de la moelle épinière repose sur deux techniques : le scanner et l'imagerie par résonance magnétique nucléaire (I.R.M.), qui dépistent les tumeurs, l'abcès intracrânien, les compressions médullaires, les malformations et les maladies dégénératives. En ce qui concerne la sphère digestive, l'exploration des organes creux est faite par l'endoscopie (gastroscopie, colonoscopie). Le foie et les voies biliaires sont étudiés principalement par l'échographie (visualisation de calculs dans la vésicule, dilatation des voies biliaires) et le scanner abdominal. Pour les voies urinaires, l'échographie montre les reins, les calculs et les dilatations des uretères. L'urographie et le scanner abdominal sont choisis selon les nécessités. L'échographie, sans danger pour la mère et le fœtus, est devenue irremplaçable dans la surveillance de la grossesse. Elle permet de suivre la croissance du fœtus et de détecter d'éventuelles malformations. •

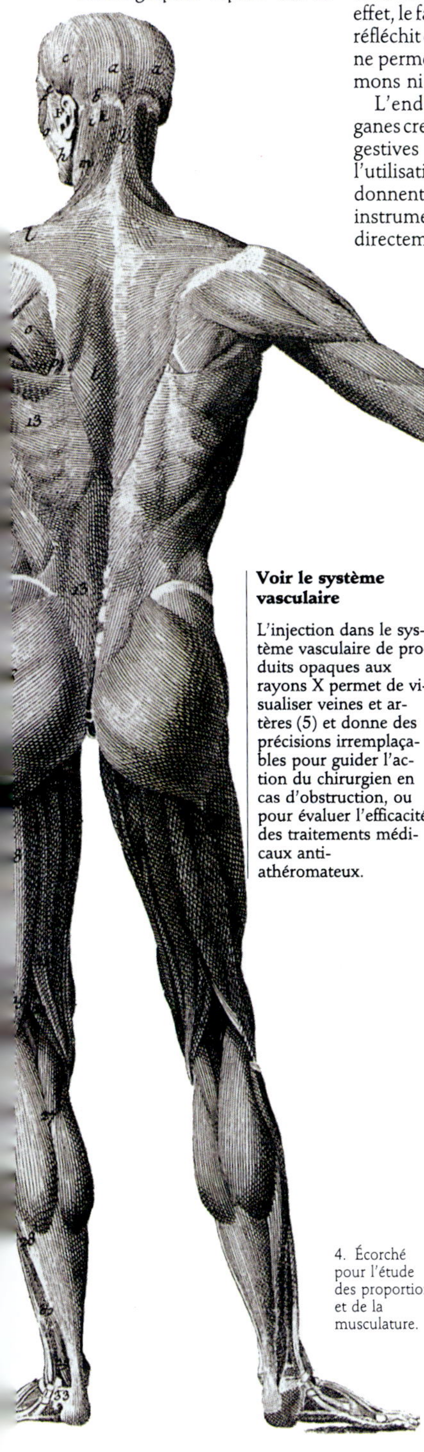

4. Écorché pour l'étude des proportions et de la musculature.

Voir le système vasculaire

L'injection dans le système vasculaire de produits opaques aux rayons X permet de visualiser veines et artères (5) et donne des précisions irremplaçables pour guider l'action du chirurgien en cas d'obstruction, ou pour évaluer l'efficacité des traitements médicaux anti-athéromateux.

5. Artériographie par opacification de la crosse de l'aorte et des artères à destinée cervicale.

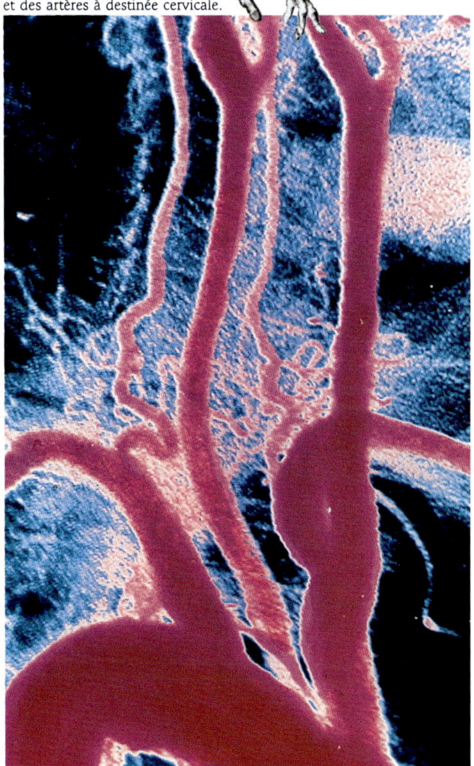

Voir et comprendre l'infiniment petit

DANS LA QUÊTE D'UNE MEILLEURE ANALYSE DU CORPS HUMAIN, IL S'EST AVÉRÉ NÉCESSAIRE DE VISUALISER DES ENTITÉS DE PLUS EN PLUS PETITES.

Deux types d'appareillage ont permis cette connaissance de l'infiniment petit : le microscope optique et le microscope électronique.

Le microscope optique est l'appareil de base qui équipe pratiquement tous les laboratoires, tant en ville qu'à l'hôpital. Il permet l'analyse précise des cellules et grossit jusqu'à 2 500 fois les images des composants du sang, de l'urine, des sécrétions et des bactéries. Les tissus de l'organisme sont étudiés par les techniques de l'anatomie pathologique sur des échantillons prélevés sur le patient (frottis vaginaux, biopsies diverses, prélèvement chirurgical). Le prélèvement est fragmenté en un grand nombre de coupes très fines, qui sont colorées par des produits sélectifs puis examinées. L'architecture du tissu, sa vascularisation, l'état des cellules qui le composent donnent l'identité infectieuse, tumorale, dégénérative ou traumatique des lésions.

En microscopie électronique, le faisceau lumineux utilisé dans le classique microscope optique est remplacé par un faisceau d'électrons. L'échelle de grandeur du grossissement du microscope électronique à transmission atteint et dépasse dix mille fois la taille réelle et accède à l'échelle macromoléculaire. Le microscope électronique à balayage explore point par point un objet et reconstitue l'image par balayage sur un oscilloscope cathodique ; ce système offre des images de haute définition d'éléments infiniment petits (grossissement supérieur à 100 000 fois) et, de surcroît, les représente dans l'espace en trois dimensions. À l'inverse du microscope optique, le microscope électronique ne peut donner des images qu'en noir et blanc. Il s'agit d'appareils très coûteux, qui sont surtout employés dans la recherche et peu en diagnostic.

En pratique courante, seul le microscope optique trouve sa place dans le diagnostic histologique (analyse fine des cellules) des lésions. Il permet, par exemple, de classer précisément l'état des cellules des frottis vaginaux : cellules normales, cellules à potentiels malins, cellules malignes. Il est encore indispensable dans l'analyse des pièces opératoires, pour distinguer une tumeur bénigne d'une tumeur maligne, par exemple. La microscopie électronique représente un outil précieux dans la recherche médicale. On a pu photographier des organismes très petits, comme les virus, certains phénomènes de la vie des cellules, par exemple l'absorption d'un corps étranger, et des éléments encore plus petits, telle la double hélice d'A.D.N. Ces observations sont souvent à l'origine d'un traitement curatif pour certaines pathologies. •

→ **Voir aussi :** L'étude du vivant, **BIOL**, p. 16-17. L'imagerie scientifique, **PHYS**, p. 214-215.

La recherche clinique

LES HOMMES, EN PARTIculier les médecins, cherchent à connaître la cause des maladies, à déterminer le meilleur traitement, à comprendre comment une cause produit un effet. La recherche clinique a pour particularité d'avoir l'homme comme sujet d'expérience. Elle suppose d'abord que soit défini un cadre éthique, c'est-à-dire des lois et des règles qui empêchent toute recherche inutile ou toute recherche avec laquelle le sujet serait en désaccord. L'information du patient et son accord sont donc nécessaires et régis par la loi.

La recherche des causes des maladies est un travail considérable. Depuis que Pasteur au XIXe siècle a montré que les bactéries sont les causes externes de certaines maladies, des milliers de bactéries, de virus, de parasites ont été identifiés. Quand on a découvert l'agent d'une maladie, on a l'impression d'être sur le point de guérir cette maladie, ce qui est parfois loin d'être le cas. Dans la période actuelle, la recherche se concentre sur les causes contenues dans le patrimoine héréditaire. Là encore, lorsque le gène responsable d'une maladie est identifié, on croit trop vite que la guérison est proche. En fait, à plusieurs reprises, la guérison d'une maladie a précédé la connaissance de sa cause précise et de son épidémiologie.

La recherche des mécanismes des maladies peut être comparée à un puzzle. En 1894, le microbiologiste français A. Yersin a découvert dans un village tonkinois comment le bacille de la peste passe de la mouche à l'homme. Dans les années 1980, De Wood a montré comment la thrombose coronaire provoque l'infarctus du myocarde. L'un avait un mauvais microscope, l'autre une superbe salle de coronarographie, mais l'un comme l'autre ont apporté une pièce essentielle à un édifice délicat. Certaines recherches ne deviennent possibles que quand le matériel ou les progrès technologiques le permettent. Le médecin américain A. Cournand a reçu le prix Nobel en 1956 pour avoir pratiqué sur lui-même les premiers cathétérismes cardiaques. Aujourd'hui, dilater une coronaire est devenu chose courante ; cette victoire de la médecine n'a été rendue possible que par les progrès dans l'industrie des matières plastiques qui ont permis la réalisation de ballons fins et résistants, aux grandes capacités dilatatrices. De même, l'industrie des céramiques produit aujourd'hui des prothèses (hanche, par exemple) extrêmement résistantes et bien acceptées par l'organisme.

La recherche la plus évidente pour le public est la recherche thérapeutique. Essayer un nouveau médicament chez l'homme exige de grandes précautions, surtout si la maladie traitée a une évolution mal connue ou si un traitement efficace existe déjà. Il faut des essais rigoureux pour établir avec certitude l'efficacité d'une nouvelle thérapeutique.

La recherche des causes

ÉTAPE DE LA RECHERCHE MÉDICALE, LA DÉCOUVERTE DE LA CAUSE EST SOUVENT UN PRÉALABLE À CELLE DU TRAITEMENT. MAIS, EN PATHOLOGIE, LES CAUSES SONT SOUVENT MULTIPLES ET MÊLÉES.

L'exemple le plus démonstratif est celui des maladies infectieuses pour lesquelles on a d'abord découvert les causes bactériennes puis, des années après, trouvé des antibiotiques permettant de détruire ces agents et de guérir la maladie, ou mis au point des vaccins permettant de la prévenir. Mais, même à l'époque où régnait en maître cette analyse pastorienne (à une maladie correspond une cause), la notion de terrain n'était pas pour autant négligée. Ainsi, on a su très vite que la promiscuité, les conditions d'hygiène précaires, la dénutrition, l'alcoolisme favorisaient la survenue des maladies infectieuses.

Aujourd'hui, quand on recherche la cause d'une maladie comme le cancer ou l'infarctus du myocarde, on envisage toujours deux types de possibilité : une ou plusieurs causes et des facteurs favorisants. Cette approche permet de définir ce qu'on appelle des causes directes et des facteurs de risque. Si la cause est inconnue ou inaccessible à la thérapeutique, l'action sur les facteurs de risque peut diminuer la fréquence ou la gravité de la maladie. À titre d'exemple, l'hypertension artérielle est vraisemblablement d'origine génétique mais on ne sait pas aujourd'hui modifier les gènes d'un individu. En revanche, si on identifie dans une famille des enfants ayant un fort risque de devenir hypertendus, on peut leur conseiller d'éviter une surcharge pondérale, de manger peu salé et de ne pas fumer afin de diminuer le risque de complications de l'hypertension artérielle.

La recherche des causes externes des maladies fait donc peu à peu la place à la recherche des causes internes pour pouvoir déterminer quels individus sont soumis au risque important d'une maladie définie.

Des progrès considérables sont faits dans la connaissance de la génétique des maladies, et peut-être saura-t-on un jour éclairer chacun sur son avenir à partir de son génome. Mais à quoi cela servira-t-il de prétendre connaître le jour et l'heure de l'issue commune ? La tentation serait grande alors de modifier le déroulement ainsi programmé. S'il s'agit, par exemple, de transformer la vie d'enfants handicapés, on peut craindre que les manipulations génétiques fournissent la tentation de modifier le destin : une nouvelle réflexion éthique sera dès lors nécessaire. •

Éthique et recherche

AUSSI DÉSIREUX QUE SOIENT LES MÉDECINS DE FAIRE PROGRESSER LA CONNAISSANCE EN UTILISANT LA MÉTHODE EXPÉRIMENTALE, ILS NE PEUVENT LE FAIRE QU'EN RESPECTANT LA PERSONNE HUMAINE.

L'identification du bacille de la tuberculose, la découverte des premiers antituberculeux et leur administration à l'homme ont permis de vaincre cette terrible maladie. Cependant, cette victoire a été payée par un nombre important de surdités provoquées par la streptomycine ; cela illustre le délicat problème du bénéfice et du risque, mais ne remet pas en cause la nécessité de la recherche. Cependant, à côté des recherches nécessaires, il en est d'abusives ; sans remonter aux atrocités nazies, qui sortent du cadre d'une véritable recherche médicale, il est facile de trouver dans la littérature médicale des exemples d'abus.

L'abus le plus courant consiste à entreprendre une recherche qui n'aboutira pas. Aussi l'élaboration du protocole de recherche est-elle le moment le plus important ; la description très précise des moyens engagés, des événements recherchés, des méthodes d'analyse et du contrôle de qualité qui sera mis en place devrait être un préalable absolu avant tout début de réalisation. Des comités devraient exister jugeant de la capacité de l'équipe et de la pertinence du protocole.

Un autre abus plus subtil est de pratiquer une recherche sur l'homme sans le lui dire. Cela est parfois justifié quand, dans l'extrême urgence, on recourt à une thérapeutique « de la dernière chance ». Mais, dans la mesure du possible, il est du devoir du médecin d'informer le patient. Cette exigence est d'abord morale car le malade qui accepte cette « recherche » peut ne pas en tirer parti lui-même. Mais, si les résultats sont favorables, des malades après lui en bénéficieront. Elle est ensuite pragmatique : un malade informé du déroulement de la recherche coopérera à celle-ci. Actuellement, la loi impose que cette information débouche sur un consentement éclairé signé par le patient et un témoin. Cependant, il faut également centrer l'effort sur la vérification des conditions dans lesquelles se déroulera la recherche : étude des médicaments, expérimentation préalable chez l'animal des produits et des procédés chirurgicaux. Il n'y a pas de bonne éthique sans une bonne technique. •

La recherche des mécanismes

LES MODÈLES PHYSIOPATHOLOGIQUES PERMETTENT, APRÈS AVOIR DÉTERMINÉ LA CAUSE D'UNE MALADIE, D'EN DÉCOUVRIR LES MÉCANISMES.

L'élaboration d'un modèle physiopathologique, expliquant tous les phénomènes observés lors d'une pathologie, est nécessaire pour élucider les mécanismes régissant la maladie. Cette recherche, souvent délicate, nécessite le plus souvent le recours aux études chez l'animal qui constituent un préalable à la recherche thérapeutique proprement humaine.

L'exemple de l'infarctus du myocarde est éclairant. On sait en effet qu'il est provoqué par une occlusion d'une artère coronaire. Il est également établi que les malades atteints d'un infarctus du myocarde meurent plus vite que la moyenne de leurs contemporains. Mais quel est le lien entre ces deux constatations ? On démontre par la simple observation clinique que l'occlusion coronaire provoque une destruction d'une partie du muscle cardiaque, qu'à ce niveau une dilatation voire une rupture du cœur peut se produire, et qu'à la jonction entre la zone malade et la zone saine des anomalies très graves du rythme cardiaque peuvent naître. Dès lors, une question se trouve posée : la réouverture de la coronaire peut-elle modifier le cours des choses ? Est-elle dangereuse ou utile ? Dans la mesure où il est difficile pour des raisons d'éthique de déterminer sur l'homme si une action est dangereuse ou utile, on recourt à l'animal. On pratique des ligatures coronaires pendant des durées variables. C'est ainsi qu'on a appris que plus l'occlusion dure, plus la zone détruite est grande. Il faut alors vérifier ce point chez l'homme et savoir si la réouverture coronaire à la phase aiguë de l'infarctus du myocarde est possible et si elle peut sauver une partie du muscle cardiaque et par là même des vies humaines. Une autre question est de savoir comment l'arrêt de la perfusion du myocarde provoque des troubles du rythme cardiaque mortels. Ce point est important pour trouver la parade adaptée. Il faut, pour l'étudier, disposer d'un modèle animal présentant un cœur assez gros pour qu'on puisse y fixer de très nombreuses électrodes donnant des informations sur la genèse de l'activité électrique. Le porc répond bien à cette définition : grâce à lui on a appris qu'il est essentiel de rétablir le flux sanguin et de donner des médicaments bloquant l'influence de l'adrénaline (neurotransmetteur agissant aussi en tant qu'hormone) sur le myocarde et les artères.

Les mêmes méthodes sont appliquées à l'évaluation des mécanismes des ulcères de l'estomac, des arthrites, des inflammations, des cancers, des maladies mentales, etc. Leur compréhension permet d'orienter les recherches et d'obtenir la guérison d'un nombre croissant de maladies. •

1. Mise au point d'une articulation artificielle.

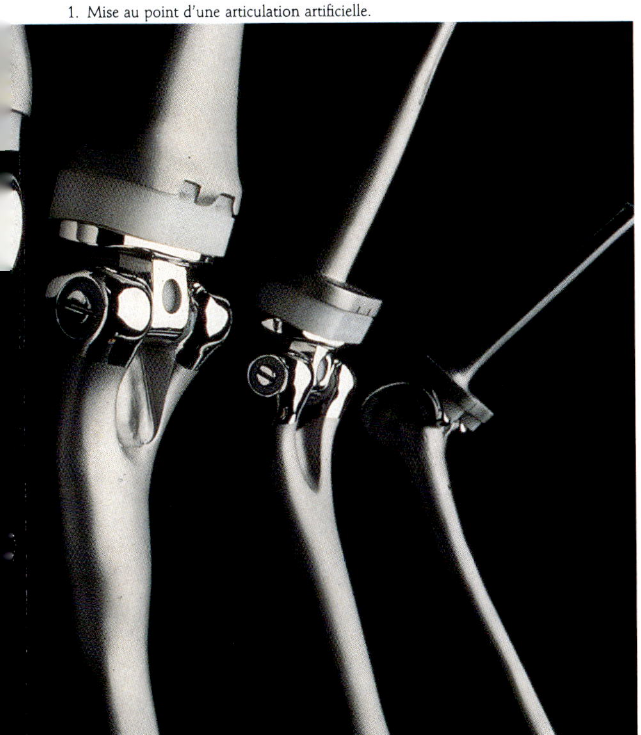

2. Prothèse de doigt. Professeur Merle, technopole de Nancy.

La recherche thérapeutique

LA DÉCOUVERTE D'UN NOUVEAU MÉDICAMENT OU D'UNE NOUVELLE TECHNIQUE CHIRURGICALE, QUI POUR ÊTRE UTILE DOIT ÊTRE ÉVALUÉE RAPIDEMENT, EST UN GRAND ESPOIR POUR LES MALADES ET POUR LES MÉDECINS.

Lorsqu'un nouveau produit est découvert, il faut déterminer son action dans l'organisme humain et la façon de l'administrer (par la bouche, sous la langue, en pommade, en piqûre ou en perfusion ; le nombre de fois par jour). D'autre part, il faut également évaluer quels types de malades sont le plus susceptibles d'en retirer un bénéfice et quels sont les risques de cette thérapeutique. Quelquefois, le produit représente un tel progrès que le bénéfice est évident. Mais, le plus souvent, le progrès demeure modeste et il est nécessaire de comparer soigneusement le nouveau traitement potentiel à un ancien ou à l'absence de traitement.

La grande difficulté de l'évaluation tient à la subjectivité de l'observation et de l'observé. Si le médecin croit au médicament testé, il communiquera sa confiance au malade et tous deux noteront des effets meilleurs que ce qu'ils sont en réalité ; l'inverse est aussi possible. Si, comparant le traitement à l'absence de traitement, on en informe le patient, celui-ci, du fait de se savoir non traité, se sentira plus mal qu'en réalité. Pour pallier cette difficulté, on a imaginé l'utilisation du placebo, composé neutre, ressemblant au produit testé. Un tirage au sort (dont le résultat n'est connu ni du médecin ni du malade) permet de décider quel patient recevra le produit étudié ou le placebo. On admet qu'ainsi toute subjectivité est supprimée et que les différences observées ne peuvent résulter que de l'action du composé actif dans l'un des deux groupes. Cette procédure, dite de « double insu », qui surprend souvent les malades, est indispensable pour déterminer le bénéfice et le risque. Grâce à elle, des produits a priori intéressants se sont révélés plus toxiques qu'utiles.

Tout retard dans ce processus de vérification conduit à utiliser le produit dans des indications mal précisées ou à ne pas utiliser, par crainte, un produit utile mais mal évalué. Cette évaluation est sanctionnée par des commissions ministérielles qui, *in fine*, donnent ou non l'autorisation de commercialisation. Entre la fourniture par les chimistes d'une nouvelle molécule et la première administration à l'homme, il s'écoule cinq années pour vérifier l'absence de toxicité grossière. Entre la première administration à l'homme et la commercialisation, il s'écoule encore au moins cinq années. Ainsi chaque commercialisation nouvelle coûte-t-elle cher. Cependant, la recherche thérapeutique concerne tout un chacun ; c'est la raison pour laquelle les médecins demandent souvent aux patients d'y participer en donnant leur consentement à l'essai d'un nouveau médicament. •

3. Prothèse myoélectrique de membre chez un très jeune enfant.

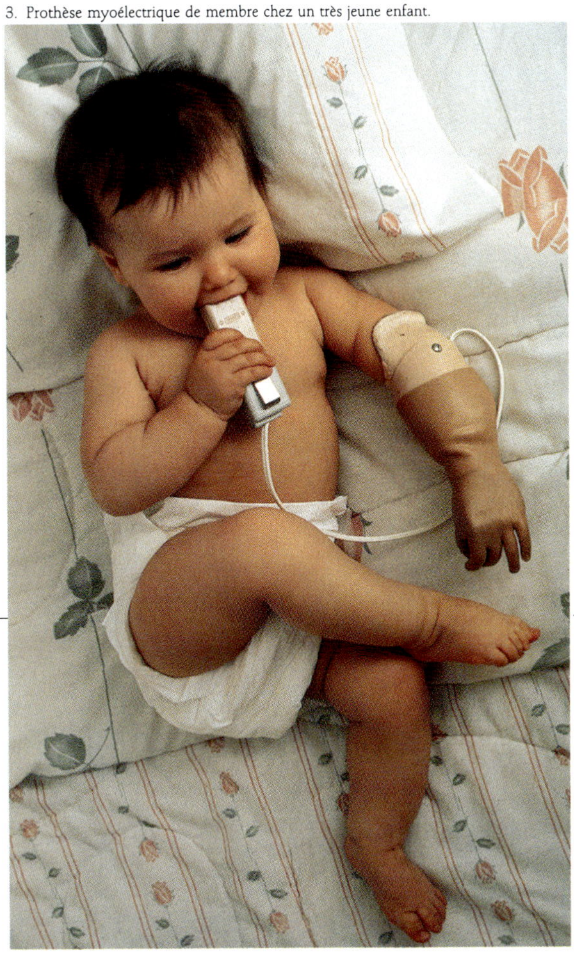

→ **Voir aussi :** La recherche en génétique, **MED**, p. 258-259. La recherche en immunologie, **MED**, p. 260-261. Les progrès de la chirurgie, **MED**, p. 264-265.

Innovation thérapeutique

L'amélioration de l'état des malades et la prévention des maladies sont fondées sur l'étude des causes et la compréhension des mécanismes. L'expérimentation chez l'animal est fondamentale avant qu'une technique chirurgicale, un appareillage ou un médicament soient employés chez l'homme. Les conditions, définies par la loi, dans lesquelles l'homme malade ou sain peut être le sujet de recherches assurent sa protection. La découverte de nouveaux matériaux permet la suppléance de l'articulation (1) dont le fonctionnement, avant tout essai *in vivo*, peut être testé par simulation informatique (2). De même, le remplacement du membre assurant une fonction particulière comme la préhension (3) est aujourd'hui possible.

La recherche en génétique

LA NAISSANCE DE LA BIOLOGIE moléculaire dans les années 1950 et l'essor des technologies modernes d'analyse ont révolutionné la recherche en génétique. En effet, la quantité et la complexité du matériel génétique contenu dans chaque cellule sont d'autant plus grandes que l'organisme considéré est évolué, ce qui multiplie la difficulté de l'analyse. De plus, les gènes ne constituent qu'une faible partie du génome, car il existe une grande quantité d'acide désoxyribonucléique (A.D.N.) non codant (qui n'intervient pas dans la fabrication de molécules). Le développement de méthodes permettant de repérer les séquences codantes et d'augmenter le nombre d'exemplaires d'un gène donné fournit ainsi à l'expérimentateur une quantité suffisante de matériel pour la recherche. Le génie génétique, ou technique de recombinaison génétique *in vitro,* permet, grâce à des enzymes, de fusionner des molécules d'A.D.N. d'origine différente puis d'intégrer ces molécules dans des bactéries pour propager et amplifier la séquence de départ. On peut ainsi obtenir non seulement de nombreuses copies d'un gène, mais aussi faire produire *in vitro* la protéine codée par ce gène, pour des applications thérapeutiques, comme l'hormone de croissance ou l'insuline. D'autres prouesses sont désormais réalisées, comme le séquençage (identification des acides nucléiques sur une partie de chromosome), la synthèse de chromosomes « artificiels », la mise au point de sondes génétiques pour repérer les gènes défectueux ou encore le transfert de gènes. La recherche en génétique s'oriente vers la cartographie du génome humain.

L'analyse des acides nucléiques

LES TECHNIQUES MODERNES ONT RÉVOLUTIONNÉ L'ANALYSE DES FRAGMENTS D'A.D.N., EN PERMETTANT DE LES DÉCOUPER, DE LES AMPLIFIER ET DE LES IDENTIFIER.

L'utilisation des enzymes de restriction est assez récente. Grâce à elles, l'opérateur peut découper un fragment d'A.D.N. en des endroits précis selon l'enzyme utilisée, et obtenir des segments définis, de longueur constante pour un même fragment initial découpé par la même enzyme. Elles reconnaissent une séquence spécifique de quelques paires de bases et la coupent en un point déterminé entre deux bases. Le découpage de fragments d'A.D.N. en des points précis est un préalable à l'insertion de segments connus devant être clonés. Cette opération d'insertion est grandement facilitée lorsque l'on connaît les séquences des extrémités laissées libres par la coupure et que l'on peut guider le segment à introduire en utilisant des vecteurs possédant des extrémités complémentaires de celles du brin receveur.

La technique d'amplification par PCR *(polymerase chain reaction)* a été décrite en 1985 aux États-Unis par R. K. Saïki. Elle permet de réaliser de nombreuses copies d'une séquence donnée d'A.D.N. (amplification), en utilisant deux amorces (quelques nucléotides) synthétiques complémentaires des extrémités de l'A.D.N. et une polymérase (enzyme qui recopie l'A.D.N.) thermophile capable de résister aux températures nécessaires à la séparation des brins d'A.D.N. Après plusieurs cycles successifs d'allongement (ajout de nucléotides) des amorces par l'A.D.N. polymérase, on obtient un grand nombre de copies de la séquence de départ, ce qui permet ensuite de travailler sur une quantité suffisante de matériel. Cette technique peut également être appliquée à l'A.R.N., avec une étape préliminaire de recopiage en A.D.N. complémentaire grâce à une enzyme spécifique, la transcriptase inverse. La PCR est utilisée pour vérifier une anomalie de l'A.D.N. d'une région connue d'un gène (recherche d'une mutation par exemple), pour la détection de séquences virales, et peut être appliquée à la médecine légale ou à la paléontologie.

Les techniques de *blotting* permettent de visualiser des fragments d'acides nucléiques après digestion enzymatique, électrophorèse et transfert sur des membranes dont la manipulation est beaucoup plus facile que celle des gels. On parle de *southern blot* pour l'A.D.N., de *northern blot* pour l'A.R.N., le terme *western blot* étant réservé aux protéines.

Les sondes génétiques sont des fragments d'acide nucléique, complémentaires des séquences que l'on cherche à identifier et que l'on peut repérer, car elles sont rendues fluorescentes ou radioactives, grâce à l'incorporation d'éléments marqués au cours de leur synthèse. •

L'interféron

L'interféron (IFN) est une protéine synthétisée par la grande majorité des cellules somatiques qui est douée d'un effet antiviral et d'un effet antitumoral. On en distingue trois catégories : IFNα, produit par les leucocytes, IFNβ, produit par les autres types de cellules somatiques, et IFNγ, produit par les lymphocytes T. L'interféron étant spécifique d'une espèce donnée, son utilisation en thérapeutique implique de pouvoir l'obtenir à partir de cellules humaines. Au départ, il a été produit à une échelle semi-industrielle à partir de globules blancs ou de culture de fibroblastes fœtaux. Désormais, l'IFN (IFNα) est produit par génie génétique à partir d'une souche de bactéries *(Escherichia coli)* dont le patrimoine génétique a été modifié par recombinaison (introduction du fragment d'A.D.N. humain codant pour l'IFNα). La culture est menée en présence de tétracycline, un antibiotique puissant, à laquelle la bactérie a été rendue résistante. En production industrielle, les cultures s'effectuent dans des fermenteurs d'une contenance de 35 000 litres et le produit est purifié plusieurs fois.

Les chromosomes artificiels

LES PROGRÈS DE LA TECHNIQUE PERMETTENT AUJOURD'HUI DE FABRIQUER DES CHROMOSOMES À PARTIR D'A.D.N. D'ORIGINES DIVERSES, ET DE SUIVRE LEUR DEVENIR APRÈS INTRODUCTION DANS UNE CELLULE.

La construction de chromosomes à partir de leurs constituants élémentaires, provenant ou non de la même origine, permet l'étude de différents aspects du devenir du chromosome lors de la division cellulaire. L'idée des chercheurs était de fabriquer des chromosomes artificiels, en supprimant certains éléments fonctionnels afin d'observer le comportement chromosomique en leur absence et de déterminer ainsi le rôle des éléments manquants. La plupart des études ont été réalisées chez la levure (manipulation aisée, ressemblance avec les cellules des organismes supérieurs).

Les chromosomes artificiels, lorsqu'ils sont correctement construits, se répliquent et se répartissent normalement entre les deux cellules filles si on les introduit dans une cellule mère. La construction de chromosomes qui ne se répartissent pas permet une approche nouvelle des phé-

1. Mise en évidence de l'A.D.N. de la bactérie *Escherichia coli.*

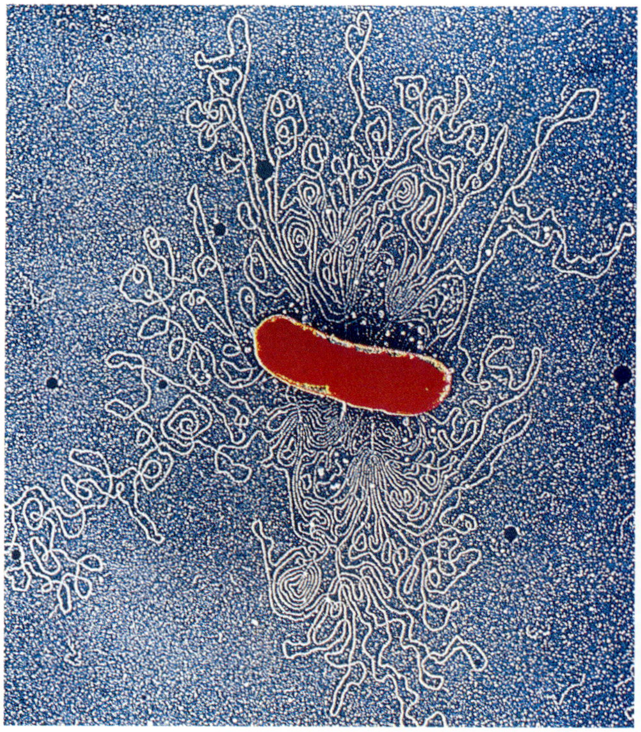

2. Séquençage d'A.D.N. sur gel de polyacrylamide.

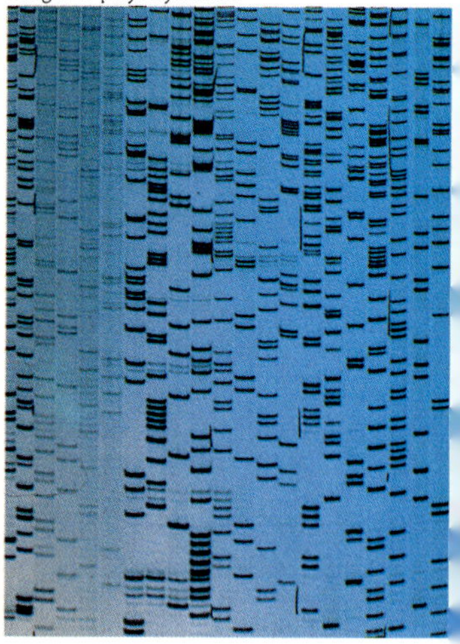

nomènes de transmission chromosomique. Par exemple, ce système a été utilisé pour étudier le mécanisme d'apparition d'erreurs de ségrégation, qui sont de deux types : soit une des cellules filles contient une copie du chromosome et l'autre aucune, soit les deux copies du chromosome se retrouvent dans une des cellules filles et aucune dans l'autre. La détection et la distinction entre ces deux types d'erreurs est possible grâce à une construction qui comprend l'introduction dans le chromosome artificiel d'un gène bloquant la synthèse d'un pigment rouge fabriqué par certaines souches de levures. Une cellule n'héritant pas du chromosome conservera sa couleur rouge, une cellule possédant une copie apparaîtra rose et une cellule contenant les deux copies sera blanche. Ce moyen permet de quantifier la fréquence des erreurs de ségrégation en cultivant des colonies de levures possédant des chromosomes « trafiqués ». Cela peut constituer un modèle pour l'étude des mécanismes génétiques des anomalies de ségrégation (trisomie 21).

Les chromosomes artificiels sont des outils précieux pour le génie génétique, car ils présentent plusieurs avantages par rapport aux systèmes antérieurs. L'introduction de gènes humains dans des cellules de levure devient moins difficile par le biais de l'intégration préalable de ces gènes à des chromosomes artificiels. Ce système permet donc de propager de l'A.D.N. d'origine étrangère, comme avec la bactérie *Escherichia coli,* mais avec des capacités de clonage supérieures (introduction et clonage de plus grandes quantités de matériel génétique). •

Le diagnostic prénatal

SOUS LE TERME GÉNÉRAL DE DIAGNOSTIC PRÉNATAL, ON REGROUPE PLUSIEURS TYPES DE DIAGNOSTICS : L'AMNIOCENTÈSE, L'ANALYSE DE VILLOSITÉS CHORIALES ET LE DIAGNOSTIC PRÉIMPLANTATOIRE.

Le diagnostic classique est pratiqué au stade fœtal, sur un prélèvement de liquide amniotique (amniocentèse) ou de villosités choriales. Ce dernier est relativement précoce, puisqu'il est habituellement réalisé entre 9 et 12 semaines après l'absence de règles (aménorrhée). L'amniocentèse est plus tardive : entre 16 et 18 semaines d'aménorrhée, mais elle est possible avant 15 semaines. Ces deux prélèvements se pratiquent aujourd'hui sous guidage échographique.

L'émergence des techniques de fécondation *in vitro* (F.I.V.) autorise un diagnostic beaucoup plus précoce : le diagnostic préimplantatoire est effectué sur un embryon issu de F.I.V. avant son transfert dans l'utérus. Cette méthode consiste à prélever une seule cellule sur un embryon à un stade indifférencié (2 à 16 cellules) pour servir de matériel à tester, l'œuf étant maintenu en culture le temps de l'analyse si la méthode de diagnostic est rapide (moins de 24 heures), ou congelé si l'analyse est plus longue.

Le diagnostic anténatal est en principe réservé aux couples à risque (présence de maladies héréditaires dans la famille, enfants déjà atteints, existence d'anomalies dans la formule chromosomique d'un des parents) ; cependant, il est systématique dans le cas des femmes de plus de 38 ans. L'amniocentèse permet la culture cellulaire et l'établissement de la formule chromosomique (caryotype) de l'enfant. Dans certains cas, l'étude de l'A.D.N. peut être réalisée avec ou sans étape d'amplification par PCR. Elle est applicable par exemple aux risques d'hémoglobinopathies, de mucoviscidose, d'hémophilies A et B, de myopathie de Duchenne ou de maladie de Lesh-Nyan. Le dosage d'enzymes dans le liquide amniotique permet le diagnostic de certaines anomalies digestives (enzymes intestinales) et métaboliques (enzymes lysosomiales). Le prélèvement de villosités choriales apporte des renseignements analogues (caryotype, étude de l'A.D.N., études enzymatiques), mais plus précoces.

Les résultats préliminaires du diagnostic préimplantatoire concernent surtout le sexage des embryons, par utilisation de sondes repérant des séquences répétées du chromosome Y, d'anticorps monoclonaux anti-Y, ou par la mesure d'activités enzymatiques liées au chromosome X. La détection des anomalies génétiques est plus délicate, a fortiori à partir d'une seule cellule. De plus, on estime à 7 % le nombre d'embryons mosaïques (possédant plusieurs génotypes) à ce stade, ce qui complique singulièrement l'étude. Outre les aspects techniques évoqués, le diagnostic préimplantatoire pose également un certain nombre de problèmes d'ordre éthique, comme le passage obligatoire par la F.I.V., avec la tentation d'y recourir sans indication sérieuse, et les risques psychosociaux et génétiques liés à une dérive eugénique. •

Empreintes génétiques et médecine légale

LES EMPREINTES GÉNÉTIQUES PERMETTENT D'INNOCENTER OU DE CONFONDRE UN SUSPECT, OU D'ÉTABLIR UNE PATERNITÉ AVEC LE MAXIMUM DE CERTITUDES.

Le patrimoine génétique de chaque individu présente des particularités qui lui sont propres ; cela est dû à l'existence de nombreuses régions d'A.D.N. non codant, redondantes, siège d'un grand polymorphisme et dont l'étude par les moyens désormais classiques de la biologie moléculaire permet de caractériser les individus. La technique employée est celle du *southern blot* qui, après digestion et électrophorèse de l'A.D.N., permet le dépistage des séquences répétées au moyen d'une ou de plusieurs sondes marquées, réalisant des séries de bandes caractéristiques d'un individu. À l'exception des jumeaux vrais (issus du même œuf), chaque individu peut être distingué sans équivoque par ses empreintes génétiques. Celles-ci sont réalisables à partir de très peu de matériel biologique (goutte de sang, de sperme, ongle, cheveu...). Cette technique permet une analyse plus fine et plus discriminative que celle fondée sur les techniques d'identification utilisées jusqu'à présent (protéines sanguines et tissulaires). Elle a d'ailleurs été déjà pratiquée dans de nombreux procès, en particulier au Royaume-Uni.

Le marché des tests d'empreintes génétiques commence à se dessiner. La demande émane de magistrats, de médecins, de services de police, de particuliers ; les applications des empreintes génétiques sont nombreuses, comme en filiation, pour exclure ou certifier avec une faible marge d'erreur une paternité, notamment en cas de contestation des droits successoraux d'un enfant naturel. Elles permettent aussi d'établir un lien de parenté entre individus proches génétiquement, toujours dans le cadre de conflits de succession. Également utilisées en médecine légale, elles innocentent un accusé, ou confirment le plus sûrement possible une accusation, par comparaison des empreintes obtenues à partir du matériel biologique du coupable. De même, dans les affaires de viols, elles permettent de confondre le ou les auteurs sans équivoque. Les empreintes génétiques représentent un nouvel outil précieux, mais également un risque pour la liberté individuelle lié au progrès dans la connaissance du génome humain. •

→ **Voir aussi :** Gènes et chromosomes, **BIOL**, p. 54-55. L'A.D.N., **BIOL**, p. 56-57. Le génie génétique, **BIOL**, p. 62-63. Les maladies génétiques, **MED**, p. 330-331.

3. Amplification d'A.D.N. par la *polymerase chain reaction* (PCR).

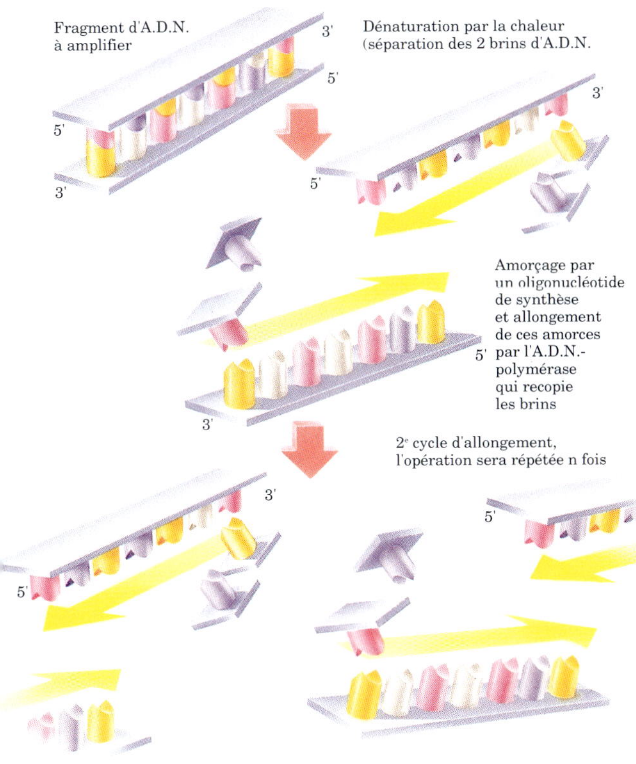

Manipulations génétiques

L'acide désoxyribonucléique (A.D.N.) contenu dans le noyau des cellules est le support du patrimoine génétique des individus. Il se présente sous la forme d'un long ruban pelotonné chez *Escherichia coli* (1). Les techniques issues de la biologie moléculaire permettent de découper l'A.D.N. en fragments, de les faire migrer et de les révéler par marquage (2). Si la quantité d'A.D.N. de départ est insuffisante pour l'analyse, il est possible d'amplifier une séquence donnée par la PCR *(polymerase chain reaction)* [3]. Le génie génétique permet de modifier certaines caractéristiques animales en injectant des gènes dans l'embryon à un stade très précoce (4). Ainsi, chez la souris, l'injection et l'intégration du gène de l'hormone de croissance du rat donnent naissance à des souris géantes.

4. Injection d'A.D.N. dans un œuf de souris.

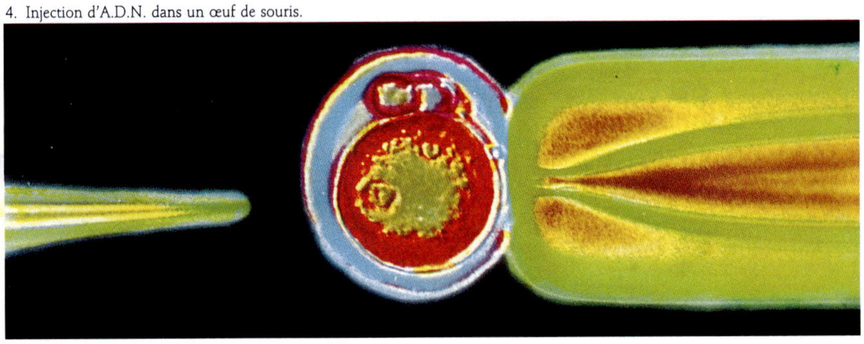

La recherche en immunologie

L'ÉTUDE DES PROCESSUS PAR lesquels l'organisme réagit contre les substances qu'il considère comme étrangères s'est surtout développée au cours de la seconde moitié du XXe siècle. La période expérimentale débute à la fin du XIXe siècle avec les travaux du Français Louis Pasteur, dont le collaborateur Émile Roux introduit en France la sérothérapie dans le traitement de la diphtérie.

La mise en évidence de l'aspect humoral de l'immunité par le Belge Jules Bordet permet une compréhension plus précoce des phénomènes immunitaires. La mise au point du vaccin contre la tuberculose (B.C.G.) et la découverte des anatoxines marquent les années 1920. Dans la seconde moitié du XXe siècle, on assiste à des découvertes dans tous les domaines de l'immunologie : la mise au point de méthodes d'analyse adaptées, le perfectionnement des vaccins, l'élaboration de théories fondamentales telles que la tolérance immunitaire ou la sélection clonale, l'élucidation de la nature et de la structure des anticorps, et la compréhension des mécanismes généraux de la réaction immunitaire.

Aujourd'hui, en vue de lutter contre les maladies, la recherche en immunologie vise à la compréhension et à la manipulation des défenses immunitaires, particulièrement chez l'homme. Mais, plus on progresse dans les connaissances, plus on perçoit la complexité des mécanismes, qu'il s'agisse de la reconnaissance de ce qui est étranger (discrimination entre le « soi » et le « non-soi ») ou de la spécialisation et de la diversité des cellules constituant le système immunitaire.

Antigène-anticorps

L'ANTIGÈNE EST UNE SUBSTANCE PARTICULIÈRE CAPABLE DE PROVOQUER LA FORMATION D'ANTICORPS OU IMMUNOGLOBULINE, SPÉCIFIQUE DE L'ANTIGÈNE ET CAPABLE DE LE « RECONNAÎTRE ».

Un antigène peut être défini comme toute espèce moléculaire d'origine naturelle, artificielle ou synthétique, qui, introduite dans le milieu intérieur d'un organisme (ou éventuellement présente dans cet organisme), peut stimuler le système immunitaire pour y susciter une réaction, puis réagir spécifiquement avec les produits de la réaction (anticorps). Le concept d'antigène s'inscrit dans le cadre d'une reconnaissance de signaux.

La région de l'antigène qui va être spécifiquement reconnue est appelée un épitope antigénique. Les antigènes peuvent appartenir à plusieurs groupes chimiques, la plupart sont des protéines, mais il existe aussi des lipides (à partir d'un certain poids moléculaire) et des acides nucléiques. Ces substances sont alors qualifiées d'immunogènes, c'est-à-dire capables d'engendrer une réaction immunitaire. On distingue les antigènes naturels, les antigènes artificiels, obtenus par couplage de molécules, et les antigènes de synthèse, représentés par des polymères d'acides aminés. Ce dernier type de molécule, en particulier la poly-L-lysine, a été très utilisé expérimentalement pour stimuler le système immunitaire d'animaux de laboratoire. Ces expériences sont à l'origine, par exemple, de la description dans le complexe majeur d'histocompatibilité (C.M.H.) d'un groupe de gènes gouvernant la réponse immunitaire : les gènes Ir. Une autre approche consiste à définir les antigènes en fonction de leur origine et de celle du receveur. Un antigène issu d'une espèce autre que celle du receveur est un xénoantigène ; un autoantigène a pour donneur et receveur la même personne (cas des maladies auto-immunes) ; enfin, si le donneur et le receveur sont de la même espèce et de la même lignée (jumeaux vrais), on parle d'isoantigène.

Les spécificités antigéniques. En 1956, le Français Jacques Oudin montre qu'il est possible d'immuniser des lapins contre des protéines sanguines provenant d'autres lapins. Il distingue alors deux sortes de spécificités antigé-

Dates clefs

- **1885** Première administration à l'homme du vaccin contre la rage par L. Pasteur.
- **1949-1950** Description du phénomène de tolérance immunitaire par les Britanniques P. B. Medawar et F. Macfarlane Burnet.
- **1953** Théorie de l'existence des autoanticorps du Français P. Grabar.
- **1954** Le Français P. Lépine met au point un vaccin contre la poliomyélite.
- **1955** Théorie du réseau et de la sélection clonale (Burnet et Jerne).
- **1958** Élucidation de la structure des anticorps par le Britannique R. Porter et l'Américain G. M. Edelman.
- **1975** L'Allemand G. Köhler et le Britannique C. Milstein mettent au point des anticorps monoclonaux.
- **1984** Description de la structure du récepteur T.
- **1987** Le Japonais Tonegawa Susumu reçoit le prix Nobel pour ses travaux sur la diversité des anticorps.

1. Principe de fabrication des anticorps monoclonaux.

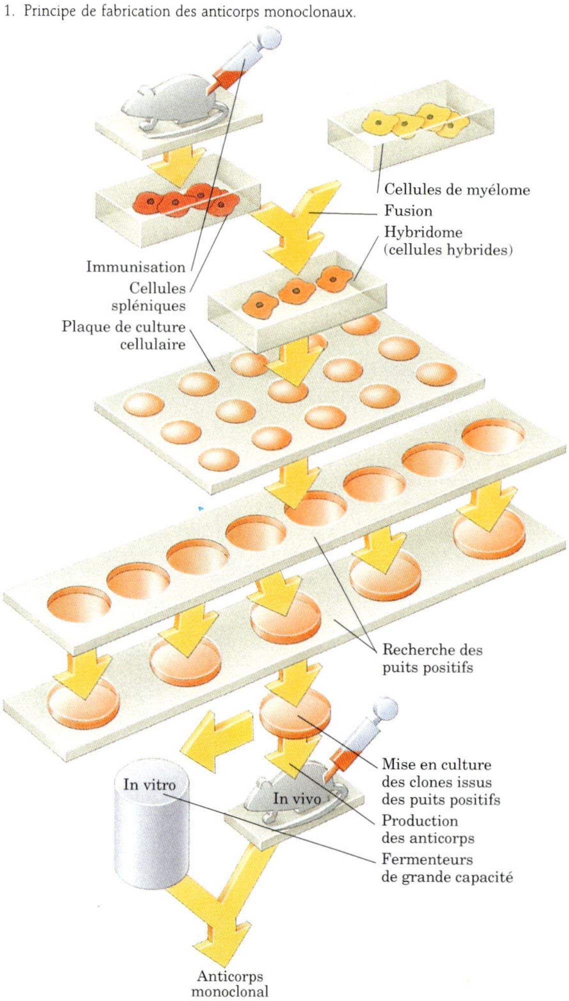

2. Structure générale d'une immunoglobuline gamma reconstituée par ordinateur.

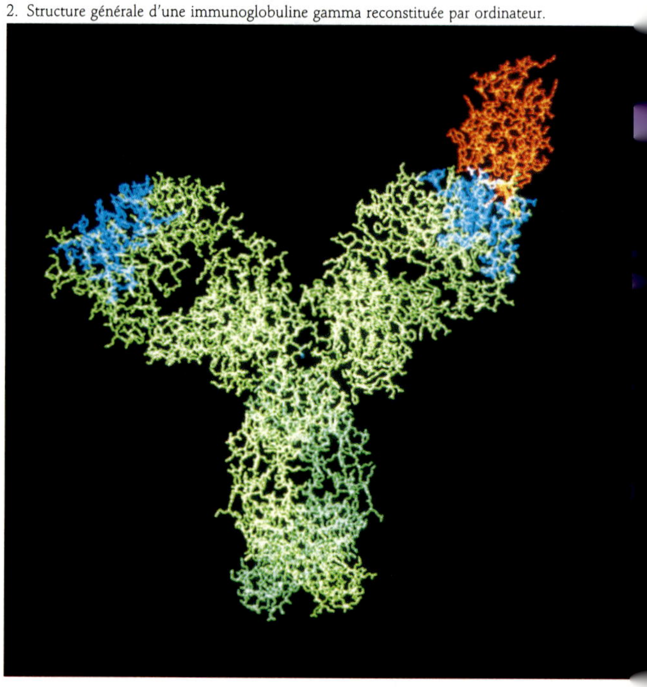

Les anticorps monoclonaux

Dus aux expériences de Köhler et Milstein, les anticorps monoclonaux proviennent de cellules hybrides, les hybridomes, réalisées par fusion à l'aide d'un agent chimique (polyéthylglycol par exemple) entre une cellule d'un myélome et une cellule de la rate (1). Les hybridomes ainsi obtenus ont conservé les propriétés des deux types cellulaires (multiplication et production d'anticorps). Les anticorps produits sont des gammaglobulines dont la reconstitution par ordinateur (2) permet d'observer le site de fixation (bleu), la partie non spécifique de l'anticorps (vert) et l'antigène associé (rouge). Ces anticorps sont extrêmement spécifiques et permettent de marquer des régions bien précises d'une même cellule (3, 4).

niques des protéines : l'isotypie et l'allotypie. Quand une protéine possède les mêmes propriétés antigéniques quels que soient les individus d'une même espèce animale, on dit qu'elle est isotypique. L'allotypie est la propriété pour une protéine de posséder des spécificités antigéniques différentes chez des individus appartenant à la même espèce. Les spécificités allotypiques sont transmises héréditairement et codées par des gènes indépendants.

L'idiotypie intéresse les anticorps. C'est la propriété de posséder des spécificités antigéniques différentes pour des anticorps dirigés contre un même antigène. Expérimentalement, l'idiotypie s'exprime lorsqu'on immunise plusieurs lapins contre un même antigène X. Chaque lapin produit alors des anticorps anti-X et, si l'on injecte ces anticorps à un des lapins, il produit des anticorps dirigés contre les anti-X des autres lapins mais pas contre les siens. Au sein d'une même espèce, les anticorps spécifiques d'un antigène possèdent donc des structures différentes suivant les individus. L'idiotypie et les expériences de suppression ou d'exaltation de la réponse immunitaire sont des notions extrêmement importantes pour les essais d'élaboration de vaccins (en stimulant avec un anti-idiotype à la place de l'antigène, par exemple). •

Les anticorps monoclonaux

DIRIGÉS CONTRE UN ANTIGÈNE PRÉCIS, LES ANTICORPS MONOCLONAUX SONT ISSUS DE CELLULES « ARTIFICIELLES », LES HYBRIDOMES.

Les lymphocytes producteurs d'anticorps ont théoriquement perdu la capacité de se multiplier. Mais, dans certaines tumeurs (myélome), ils conservent les deux capacités (production, multiplication). En pratiquant une fusion de ces deux types cellulaires, on obtient un hybridome qui possède la capacité de synthèse d'un anticorps spécifique dirigé contre un antigène donné (caractéristique du lymphocyte) et peut être cultivé indéfiniment (caractère d'immortalité du myélome). Les anticorps produits par un hybridome sont tous les mêmes, puisqu'ils dérivent d'un clone unique, ce sont des anticorps monoclonaux. Ils constituent des outils très fins pour le diagnostic biologique car ils permettent d'identifier un déterminant antigénique extrêmement précis dans un mélange complexe en évitant les réactions croisées avec d'autres antigènes. Ils sont, par exemple, à l'origine de la reconnaissance des sous-populations lymphocytaires, et permettent d'identifier directement des micro-organismes dont la culture est délicate (virus respiratoire syncytial) ou de différencier des types d'un même virus (herpès virus de type 1 ou 2). La mise en évidence de nouveaux marqueurs tumoraux a permis la fabrication d'anticorps monoclonaux utilisés dans le diagnostic anatomopathologique du cancer. Leur emploi direct a été pressenti pour tenter de détruire sélectivement les cellules tumorales en attachant à ces anticorps des substances capables de tuer les cellules cancéreuses. Mais on ne peut coupler à l'anticorps que très peu de drogue anticancéreuse sous peine de le dénaturer et de lui faire perdre sa spécificité. La voie d'avenir serait la production d'anticorps monoclonaux d'origine humaine, afin d'éviter, lors des traitements, les réactions de rejet. Mais la production d'anticorps chez l'homme à des fins médicales pose des problèmes d'éthique évidents. Aussi les travaux s'orientent-ils vers la fabrication de molécules chimériques, dont la partie « humaine » serait obtenue par synthèse et couplée à un fragment produit chez la souris pour la reconnaissance du site antigénique, limitant ainsi l'apport d'origine étrangère. •

Coopération cellulaire et médiateurs

LES RÉPONSES IMMUNITAIRES SONT LA RÉSULTANTE D'INTERACTIONS ENTRE PLUSIEURS TYPES DE CELLULES QUI COMMUNIQUENT ENTRE ELLES PAR L'INTERMÉDIAIRE DE FACTEURS SOLUBLES.

L'initiation et le déroulement de la réponse immunitaire, aboutissant au rejet ou à la destruction spécifique de tout élément étranger, exigent une étroite coopération cellulaire. Une molécule étrangère doit être captée puis transformée par une cellule particulière, le macrophage, qui la présentera au lymphocyte T sous forme de fragments antigéniques associés aux molécules du complexe majeur d'histocompatibilité (C.M.H.) : le lymphocyte T reconnaîtra l'association antigène + C.M.H. Cette étape est suivie, parmi d'autres événements, du choix d'un lymphocyte B qui synthétisera les anticorps spécifiques de l'antigène. L'amplification (prolifération cellulaire) de cette réaction est assurée par des facteurs non spécifiques de croissance et de différenciation lymphocytaires, les cytokines. Ces dernières ont suscité un grand intérêt en recherche fondamentale et appliquée, car elles représentent de puissants agents pharmacologiques capables de modifier, induire ou supprimer les fonctions de nombreux types cellulaires. En plus de leur rôle essentiel au cours de la réponse immune, les cytokines interviennent dans le contrôle de l'hématopoïèse et participent aux réactions inflammatoires, aux phénomènes de résorption osseuse, de fibroses et de chimiotactisme. Parmi ces molécules, on trouve les interférons, les interleukines, des facteurs de croissance hématopoïétique (G-CSF) et les facteurs nécrosants de tumeurs (TNF). L'obtention en quantités importantes de cytokines a permis de tester leur effet *in vivo* et d'utiliser cliniquement certaines d'entre elles. Les résultats concernant l'utilisation thérapeutique de facteurs de croissance sont prometteurs (par exemple dans le traitement de malades infectés par le HIV) et la tolérance semble bonne, mais on ignore encore les effets à long terme de ces substances. •

3. Marqueur spécifique de la partie intermédiaire des spermatozoïdes (immunofluorescence).

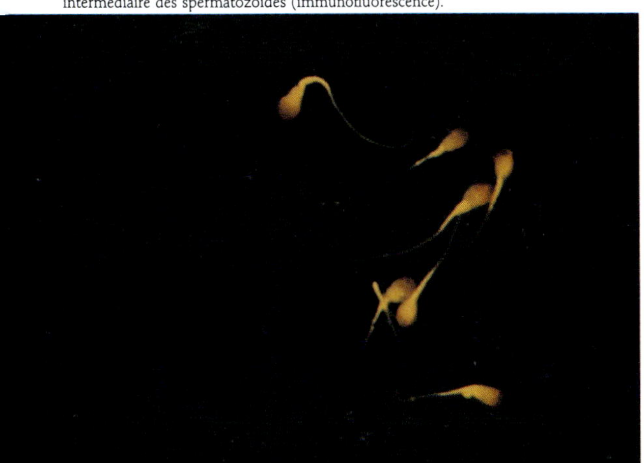

4. Marqueur spécifique de l'acrosome des spermatozoïdes (immunofluorescence).

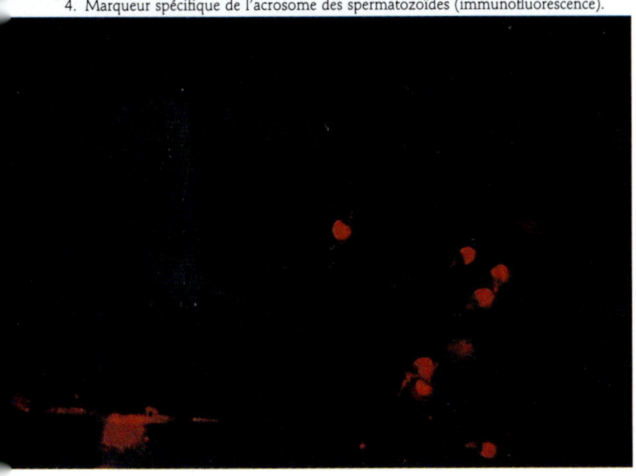

Les nouveaux vaccins

La vaccination, dont la période expérimentale débute avec Pasteur, consiste à injecter dans l'organisme un antigène (dont on a supprimé le pouvoir pathogène) pour activer la production d'anticorps spécifiques en prévision d'une agression. Les progrès de la biologie moléculaire permettent d'obtenir des quantités importantes d'antigènes purifiés après isolement et clonage du gène de l'antigène vaccinant. Ainsi, le virus responsable de l'hépatite B, au lieu de provenir du sang des porteurs, est obtenu par génie génétique (ce qui évite, lors de la vaccination, la contamination par d'autres virus qui pourraient être présents dans le plasma du donneur). On envisage également de produire des vaccins artificiels ou synthétiques, à l'aide non plus d'un antigène entier mais d'un peptide, c'est-à-dire d'une petite chaîne d'acides aminés, correspondant à la partie reconnue par l'anticorps (épitope). Beaucoup d'antigènes viraux sont concernés, car les épitopes sont connus, mais ces vaccins ne sont pas toujours très immunogènes : ils induisent difficilement la production d'anticorps. Une autre voie prometteuse serait la vaccination « sans antigène » à l'aide d'anticorps anti-idiotypes.

Dérèglements immunitaires

LA RÉPONSE IMMUNITAIRE EST SUJETTE À DE NOMBREUX DYSFONCTIONNEMENTS À L'ORIGINE DES MALADIES AUTO-IMMUNES OU DE L'ALLERGIE.

Les dérèglements immunitaires peuvent s'exprimer aussi bien par une anomalie (auto-immunité, syndromes immunoprolifératifs) que par une exaltation (hypersensibilité) ou une déficience (déficits immunitaires) de la réponse immunitaire.

L'*auto-immunité* correspond à une réaction inappropriée du système immunitaire contre les propres constituants de l'organisme. L'apparition d'autoanticorps dans certaines pathologies (polyarthrite rhumatoïde par exemple) est étudiée sur des modèles animaux, puisque certains peuvent présenter des maladies auto-immunes spontanées. Ces modèles ont contribué à élucider le rôle des cellules T dans la pathogénie de la maladie.

Les *syndromes immunoprolifératifs* sont nombreux et représentent des maladies malignes du tissu lymphoïde. Ils peuvent toucher les cellules B (leucémie lymphoïde chronique B, myélome multiple, maladie de Waldenström) ou T (leucémie lymphoïde chronique T).

Les *manifestations allergiques* sont des affections courantes (asthme, urticaire, rhume des foins) dues à la production d'immunoglobulines de type E. Si elles sont en général bien tolérées, il existe des formes graves de réactions d'hypersensibilité pouvant entraîner la mort sous la forme du choc anaphylactique (à la suite de piqûres d'insectes comme les guêpes, ou de la prise de certains médicaments).

Les *complexes immuns*, produits normaux de la réaction immunitaire, peuvent entraîner des lésions inflammatoires dans de nombreux organes, en particulier le rein, sous forme de glomérulonéphrites, et la peau.

Les *déficits immunitaires* sont de deux types : primitifs ou acquis. Ces derniers surviennent à la suite d'un événement déclenchant, comme une infection virale (SIDA), une maladie métabolique (insuffisance rénale chronique) ou un traitement médicamenteux (chimiothérapie anticancéreuse). Les déficits primitifs sont en général congénitaux et touchent les lignées lymphocytaires ou les cellules phagocytaires. •

→ **Voir aussi :** Le génie génétique, **BIOL**, p. 62-63. L'immunité, **BIOL**, p. 164-165. Les défenses naturelles anti-infectieuses, **MED**, p. 224-225.

L'anesthésie

SI, POUR SOULAGER OU SUPprimer la douleur physique, les Sumériens (dès 4 000 ans avant notre ère), puis plus tard Hippocrate ont utilisé les propriétés narcotiques et analgésiques de l'opium, l'anesthésie répond pour sa part à un objectif plus précis : rendre un patient insensible à la douleur provoquée par un acte médical, chirurgical ou obstétrical. Mise en pratique au XIXe siècle, l'anesthésie s'est élevée, au cours de la seconde moitié du XXe siècle, au rang d'une science, l'anesthésiologie. En un siècle, elle a acquis sa complexité actuelle et sa pratique est passée des mains de techniciens, opérant sous la responsabilité du chirurgien, à celles de médecins spécialistes. Le rôle de ceux-ci dépasse aujourd'hui la période opératoire et s'étend largement avant et après l'acte chirurgical, puisque leur mission est aussi de maintenir et, si nécessaire, de rétablir l'équilibre physiologique du patient. La pratique de cette spécialité exige de l'anesthésiste-réanimateur des connaissances qui permettent de reculer de plus en plus les limites de temps ou d'accessibilité que connaît la chirurgie. La simple, mais dangereuse, inhalation de gaz, associée à un certain degré d'asphyxie (comme dans l'anesthésie délivrée par l'appareil d'Ombredanne), est remplacée aujourd'hui par l'action plus complexe mais plus sûre de drogues introduites simultanément ou successivement par voie circulatoire, voie respiratoire ou voie nerveuse. Associée à une surveillance très stricte des différents paramètres de l'organisme, l'anesthésie peut aujourd'hui s'adapter au terrain du malade et à tous les types de chirurgie avec une très grande sécurité.

Dates clefs

1772 Découverte du protoxyde d'azote, premier gaz anesthésique (Joseph Priestley, Grande-Bretagne).

1818 Anesthésie par inhalation de vapeurs d'éther (Michael Faraday, Grande-Bretagne).

1844 Anesthésie par inhalation de protoxyde d'azote (Horace Wells, États-Unis).

1846 Première anesthésie générale par inhalation de vapeurs d'éther sulfurique (William Thomas Green Morton, États-Unis).

1847 Utilisation du chloroforme lors de l'accouchement (James Young Simpson, Grande-Bretagne). [Le chloroforme obtient ses lettres de noblesse en permettant à la reine Victoria d'accoucher sans douleur. Cette anesthésie s'appellera désormais « anesthésie à la Reine ».]

1864 Utilisation de la morphine en tant que prémédication avant la chloroformisation (Claude Bernard, France).

1884 Emploi en ophtalmologie, par l'Autrichien Karl Koller, des propriétés anesthésiques de contact de la cocaïne.

1898 Rachianesthésie par injection de cocaïne au contact de la moelle épinière (A. Bier, Allemagne).

1932-1934 Anesthésie générale par injection veineuse de barbituriques.

1942 Emploi du curare en anesthésiologie (drogue connue dès le XVIe siècle, dont Claude Bernard avait étudié les effets myorelaxants).

1950 L'association de drogues à faible dose (anesthésie potentialisée) augmente l'effet anesthésique.

1959 Les Belges Mundeleer et De Castro utilisent les neuroleptiques comme potentialisateurs d'anesthésie.

1948-1990 Les techniques associées (inhalation trachéale, ventilation artificielle, monitorage pré- et post-opératoire, progrès de la suppléance sanguine et de la réanimation) contribuent à affiner les techniques anesthésiques.

Principes des anesthésies

Les voies d'accès de l'anesthésie sont la voie générale par la veine (A), par les poumons et la respiration (B). Les anesthésies locorégionales se font par le contact sur la peau (C), l'infiltration locale d'anesthésiques dérivés de la cocaïne (D), l'infiltration du nerf (E), l'infiltration d'un plexus nerveux à la racine d'un membre (F), ou par injection rachidienne dans les espaces méningés (G), ou encore par injection péridurale au pourtour du cul-de-sac des méninges et en dehors d'elles (H).

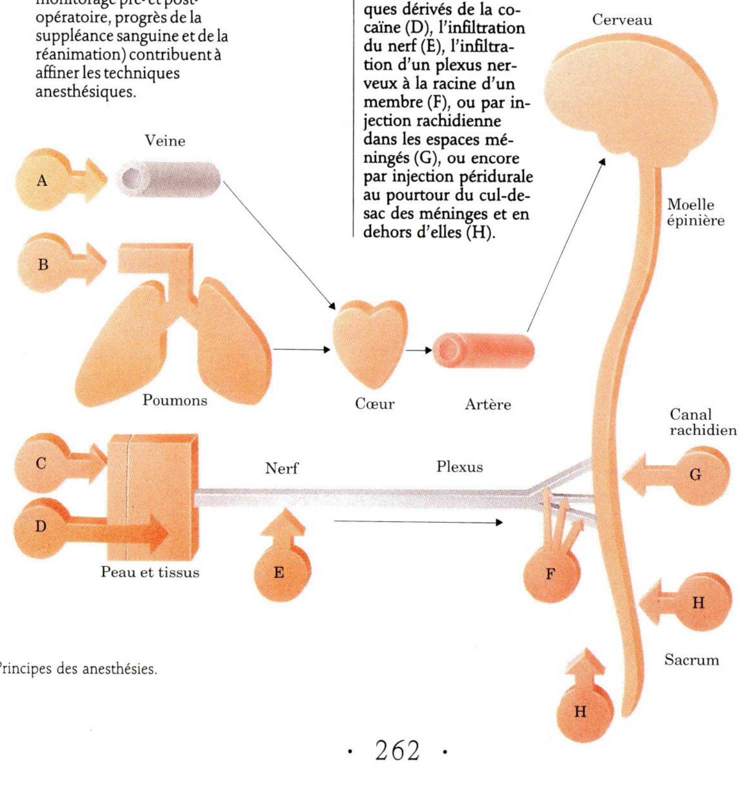

1. Principes des anesthésies.

L'anesthésie générale

LA PERTE DE CONSCIENCE PROVIENT DE L'INTRODUCTION DE DROGUES PAR VOIE RESPIRATOIRE, PAR VOIE CIRCULATOIRE OU PAR CONTACT DIRECT AVEC LE TISSU NERVEUX.

L'anesthésie générale consiste à induire, au moyen d'un sommeil provoqué chez un patient, une insensibilité à l'agression chirurgicale.

Elle vise trois buts principaux : assurer l'amnésie et le sommeil (par la narcose) ; permettre le relâchement musculaire (par la curarisation) ; insensibiliser le sujet à la douleur (par l'analgésie).

L'anesthésie est indissociable des périodes qui précèdent et suivent l'opération. Elle protège le malade par la prémédication adaptée, le rend amnésique et insensible à la douleur, lui conserve ou lui restitue son intégrité physiologique malgré la sévérité de l'agression chirurgicale.

L'anesthésie associe des drogues narcotiques, analgésiques, et du curare, administrés par les voies circulatoires et respiratoires à doses adaptées.

Inhalation d'un mélange gazeux oxygéné. Elle permet d'introduire dans le sang des produits narcotiques ou analgésiques. J. Priestley découvre le protoxyde d'azote en 1772 et H. Davy, dès 1798, se rend compte que ce gaz non seulement provoque le rire mais possède « la propriété d'apaiser la douleur physique ». Le mélange protoxyde d'azote/oxygène permet de véhiculer des produits volatils utilisés le plus souvent pour entretenir une anesthésie dont l'induction a été obtenue par voie circulatoire. Des narcotiques et des analgésiques sont employés comme complément.

Injection dans la circulation par voie veineuse. Les *barbituriques* sont connus à partir de la découverte du Véronal en 1903. En 1935, le premier anesthésique d'action rapide par voie veineuse, le thiopental, est introduit en clinique. Il produit essentiellement une action dépressive sur le cerveau, entraînant la narcose. L'utilisation des barbituriques est en constante diminution au profit de produits de structure chimique différente. Les *neuroleptiques* sont utilisés afin de diminuer la toxicité de l'anesthésie générale et de neutraliser les conséquences de l'agression. La chlorpromazine a été, en 1952, la première molécule neuroleptique utilisée. Les *benzodiazépines* ont une toxicité réduite. Leur effet est sédatif, anxiolytique, hypnoptique et myorésolutif (relâchement des muscles). Elles potentialisent les autres anesthésiques généraux. Les *morphiniques,* par leur effet analgésique, remplacent la morphine, produit naturel dérivé de l'opium, dont l'emploi était déjà préconisé par Claude Bernard en 1864. Les *curares,* qui sont connus depuis le XVIe siècle, procurent la résolution (relâchement) musculaire. Ils sont indispensables à l'anesthésie générale actuelle. •

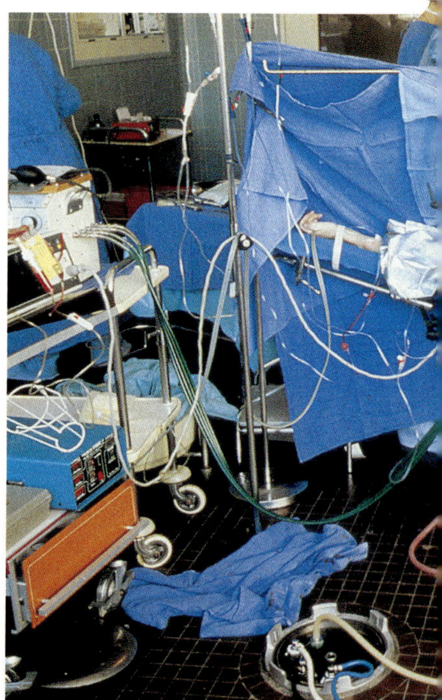

2. Salle d'opération moderne et appareils d'anesthésie

Les anesthésies locales ou régionales

SELON L'ÉLÉMENT NERVEUX TOUCHÉ — NERF PÉRIPHÉRIQUE OU TRONC SENSITIF —, ET DONC L'IMPORTANCE DU TERRITOIRE RENDU INSENSIBLE, L'ANESTHÉSIE EST LOCALE OU RÉGIONALE.

Les anesthésiques locaux bloquent la conduction de l'influx nerveux lorsqu'ils sont placés au contact de la fibre du nerf. Ils procurent une analgésie (insensibilité à la douleur) à la fois spécifique et transitoire.

La première substance utilisée a été la *cocaïne,* extraite de la feuille de coca, aujourd'hui remplacée par de nombreux produits de synthèse (procaïne, tétracaïne, mépracaïne, lidocaïne ou encore étidocaïne). C'est la nature du produit, sa diffusion variable selon le lieu et la technique d'injection, selon la muqueuse sur laquelle il est appliqué, ainsi que sa concentration, qui déterminent l'activité anesthésique locale et son action sur le système nerveux.

On peut anesthésier les nerfs périphériques superficiels (c'est l'anesthésie locale), les troncs nerveux et les plexus (c'est l'anesthésie régionale).

La *rachianesthésie* bloque les nerfs rachidiens dans l'espace sous-arachnoïdien du canal médullaire. Utilisée comme méthode analgésique lors des accouchements, car elle ne représente aucun danger pour l'enfant, l'*anesthésie péridurale* consiste à bloquer la conduction des nerfs rachidiens dans l'espace situé entre le canal rachidien ostéoligamentaire et la dure-mère, qui constitue l'enveloppe externe de la moelle épinière. •

L'application

L'ÂGE DU PATIENT, SON TERRAIN PATHOLOGIQUE, LE TYPE DE CHIRURGIE ENVISAGÉE ET L'ORGANE CONCERNÉ DÉTERMINENT LES DOSES À UTILISER ET LES TECHNIQUES À ASSOCIER.

Pour conserver l'intégrité physiologique du patient, il est indispensable que l'anesthésiste dispose de matériel de surveillance et de systèmes d'assistance aux organes naturels.

Les techniques associées.
La respiration peut être assistée ou contrôlée par des appareils mécaniques de ventilation artificielle. L'accès direct des gaz aux alvéoles pulmonaires est assuré par une intubation trachéale.

La circulation cardio-vasculaire est surveillée en permanence par électrocardioscope. Le tensiomètre permet de surveiller la pression artérielle, l'analyseur enregistre les variations du taux de gaz carbonique et d'oxygène dans le sang. L'hémodynamique est préservée grâce à des moyens tels que la perfusion intraveineuse de liquides cristalloïdes, de gélatines succédanés du plasma sanguin.

À ces techniques instrumentales s'ajoutent les injections médicamenteuses spécifiques à l'état du patient et au caractère de l'acte chirurgical. La circulation extracorporelle (C.E.C.) se substitue aux fonctions du cœur lorsque l'acte chirurgical exige la mise à l'écart temporaire de celui-ci.

Les principales applications.
L'anesthésie des enfants est une spécialité : nouveau-nés, nourrissons, petits et grands enfants exigent des précautions particulières pour maintenir les échanges respiratoires parfaits, l'équilibre hydroélectrolytique et métabolique et une température normale.

L'anesthésie générale de la femme enceinte présente aussi des particularités dues aux modifications physiologiques créées par la grossesse et les conséquences sur le fœtus et le nouveau-né. On lui préfère aujourd'hui l'anesthésie locorégionale par voie péridurale ou rachidienne.

En chirurgie cardiaque, l'anesthésie exige la mise en place d'un équipement de contrôle strict et continu des paramètres hémodynamiques (circulation sanguine), ventilatoires, biologiques et tissulaires. La respiration artificielle est obligatoire. Certaines interventions exigent l'exclusion du cœur, qui réclame des méthodes de substitution par circulation extracorporelle (C.E.C.).

La neurochirurgie, la chirurgie de la face et du cou nécessitent une surveillance rigoureuse de la respiration à cause de la proximité des voies aériennes supérieures. La chirurgie abdominale demande un relâchement musculaire important. On utilise, seules ou associées, l'anesthésie régionale, voire rachidienne, et l'anesthésie générale intraveineuse ou par inhalation. La chirurgie orthopédique fait appel à des techniques locorégionales ou générales, qui varient selon les lésions et les circonstances, par exemple l'anesthésie d'urgence en traumatologie.

L'anesthésie générale, rapide et résolutive, des patients ambulatoires, grâce aux anesthésiques actuels peu toxiques et de courte durée d'action, est pratiquée pour des raisons économiques ou psychologiques. Lorsque l'acte chirurgical le permet, on lui préfère l'anesthésie locale ou locorégionale, qui préserve la conscience et procure une certaine analgésie après l'opération. •

3. Machine à anesthésie de Dubois (1910).

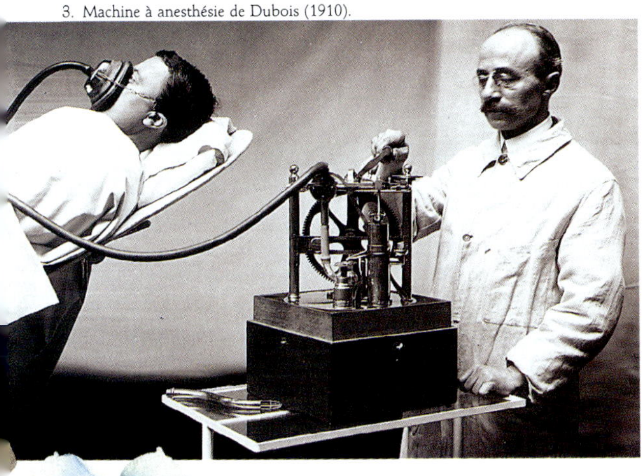

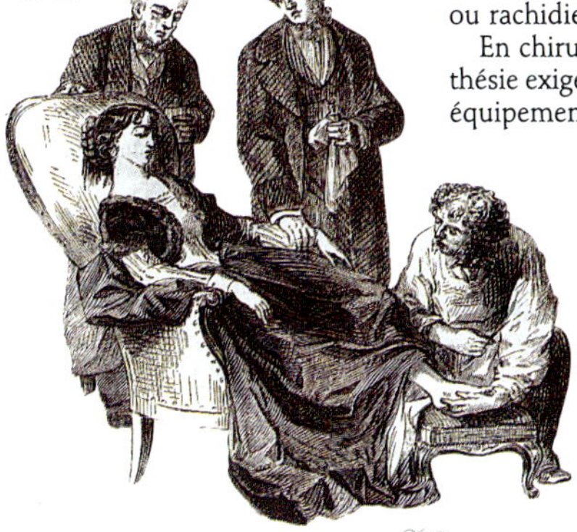

4. Essai dramatiquement terminé d'anesthésie par le chloroforme à la fin du XIXe siècle.

Rigueur et sécurité

La machine anesthésique de Dubois (3) illustre la simplicité de l'anesthésie au chloroforme, mais aussi les dangers dus à la toxicité du produit et à l'absence d'oxygénation. La salle d'opération moderne (2) comporte des appareillages de surveillance continue, qui, avec la surveillance par l'anesthésiologiste, évitent les drames (4) et assurent durant l'opération la sécurité des anesthésies.

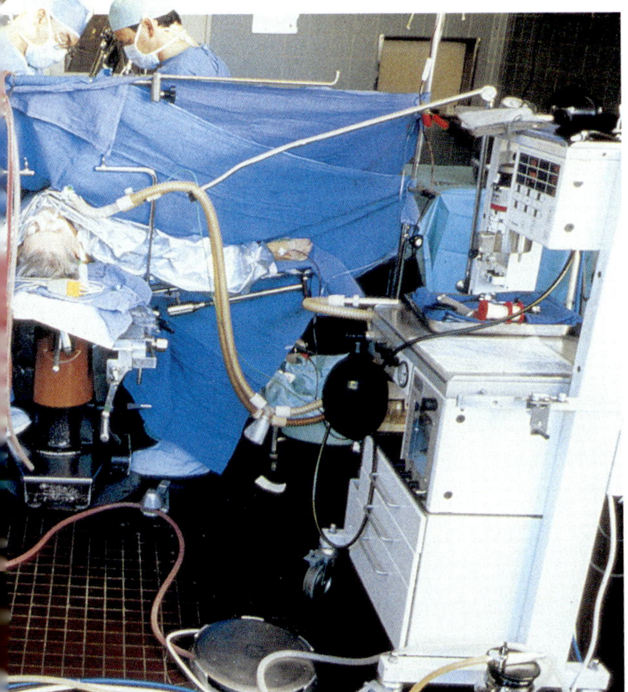

et de surveillance continue.

La sécurité anesthésique

L'ANESTHÉSIE COMPORTE DES RISQUES. ELLE DOIT TOUJOURS ÊTRE PRATIQUÉE PAR UN MÉDECIN ANESTHÉSISTE QUALIFIÉ.

L'examen clinique et biologique pratiqué avant l'opération, le type de chirurgie et les circonstances conditionnent le genre d'anesthésie retenu. Le malade doit être préalablement préparé par un traitement médicamenteux, mais aussi psychologique, spécifique. L'anesthésie, assimilable à une suite continue d'actes diagnostiques et thérapeutiques, nécessite la surveillance de la ventilation et de l'oxygénation du malade, ainsi que celle du cœur et de la circulation, par des appareils de monitorage. Ceux-ci doivent être contrôlés avant toute utilisation. L'intubation trachéale est préparée, ainsi que l'instrumentation nécessaire au cathétérisme veineux en vue de l'injection des solutés et des drogues. Les électrodes du cardioscope doivent être branchées avant toute injection et le tracé électrique ainsi que la pression artérielle contrôlés. D'autres appareils de surveillance (température, curarisation, gaz anesthésiques, pression intravasculaire) et d'électrocardiographie sont utilisés.

De même, la période qui suit l'anesthésie demande une surveillance rigoureuse. En effet, le réveil clinique du malade survient bien avant que les drogues aient été totalement inactivées et éliminées et, en dehors des méthodes d'anesthésie ambulatoires, il est suivi d'une somnolence plus ou moins longue, pendant laquelle l'opéré est « réveillable mais non réveillé ». Moment délicat, le réveil doit se faire en salle de réveil, comportant le même appareillage et monitorage que la salle d'opération. Une infirmière spécialisée, sous la responsabilité du médecin anesthésiste-réanimateur, assure la surveillance du réveil. Après examen clinique portant sur l'état de conscience, la respiration, la circulation, la température centrale, le contenu gastrique, et surtout sur la zone opérée et les drainages éventuels, le médecin décide du moment où le malade peut retourner dans sa chambre. Cette surveillance est conditionnée par la gravité des différents types d'interventions qui ont été pratiquées.

Certains médecins ont même établi un score de réveil qui comprend conscience, activité motrice, coloration, respiration, circulation. Il peut être indispensable, après certaines opérations graves, de garder le malade sous monitorage pendant plusieurs heures, voire plusieurs jours. Celui-ci est alors transporté en salle de réanimation sous surveillance clinique, biologique et électronique continue. •

Les progrès de la chirurgie

GRÂCE À L'UTILISATION DE nouvelles technologies et aux divers acquis de la recherche clinique, les progrès chirurgicaux de la fin du XXe siècle ont été fulgurants. La microchirurgie, par exemple, permet de rattacher ou de reconstruire ce qui a été séparé du corps par accident.

Les techniques non invasives ont bénéficié des progrès de l'endoscopie, c'est-à-dire de la capacité de visualiser les organes et les structures en y introduisant un tube creux muni de matériel optique et d'instruments permettant de couper, coaguler et aspirer. Il faut également souligner l'apparition des nouvelles techniques d'imagerie médicale et de biomatériaux plus performants.

Les cicatrices sont maintenant minimes et l'inconfort après l'opération réduit au minimum. Toutefois, il est exclu que les actes opératoires deviennent robotisés car les situations, souvent surprenantes et rarement reproductibles, obligent le chirurgien à s'adapter spécifiquement à chaque cas.

Par le développement de la chirurgie de transplantation, tous les organes internes deviennent plus ou moins « remplaçables » et le corps sain constitue une banque d'organes pour ceux qui survivent, posant de graves problèmes moraux et imposant un contrôle éthique de la part d'instances dont l'autorité ne doit pas être mise en doute. Seuls le cerveau et les cellules de la moelle nerveuse, l'œil, la peau et les muqueuses résistent à cette évolution, car leur potentiel de survie ou d'acceptation immunitaire par l'hôte présentent des problèmes actuellement insurmontables. Cela explique l'impossibilité de transplanter en bloc les membres d'un sujet donneur à un individu mutilé.

Faut-il pour l'avenir étendre les recherches sur les greffes entre individus (homogreffes) ou bien s'orienter vers la mise au point de prothèses. Peut-on prélever sur les patients en coma dépassé ou morts les organes qui manquent aux vivants ? Ou ne vaut-il pas mieux imaginer des organes totalement artificiels issus de la technologie ? Pour certains types d'organes, les prothèses ont fait la preuve de leur fiabilité. En revanche, pour ce qui est des organes pleins ou des glandes, le recours aux homogreffes représente très probablement l'avenir.

La chirurgie digestive

L'UTILISATION DE L'ENDOSCOPIE ET UNE MEILLEURE CONNAISSANCE DE L'ORIGINE ET DE LA PROPAGATION DES LÉSIONS ONT PERMIS DES PROGRÈS.

La chirurgie générale reste aujourd'hui divisée en chirurgie « molle » et chirurgie « dure ». On oppose ainsi la chirurgie des organes digestifs à la spécialité orthopédique et traumatologique qui traite des pathologies ostéo-articulaires. Les progrès en chirurgie digestive sont liés à la meilleure connaissance des processus d'apparition et de propagation des lésions. Qu'il s'agisse de lésions tumorales (notamment cancéreuses), de malformations ou de vieillissement des organes (liés notamment à l'atteinte des vaisseaux qui nourrissent les organes digestifs), les procédés chirurgicaux ont connu un renouvellement total en dix ans.

Parmi ces progrès, trois nouvelles directions méritent d'être soulignées : l'endoscopie, les greffes et la chirurgie des glandes.

Les applications de l'endoscopie permettent de regarder à l'intérieur des organes en passant soit par les voies naturelles, soit au travers de la paroi abdominale. Il devient ainsi possible d'explorer le tube digestif dans sa quasi-totalité. En outre, grâce à ce contrôle visuel, on peut traiter les lésions tumorales bénignes, situées à l'intérieur du tractus digestif, par exérèse (ablation), coagulation au laser ou à l'aide d'instruments très longs manipulés de l'extérieur. Ces progrès remarquables permettent de retirer la vésicule biliaire ou d'ouvrir le canal cholédoque avec des résultats satisfaisants au prix d'un inconfort minimal pour le patient et d'une cicatrice réduite au minimum.

Les greffes d'organe, notamment de foie, représentent un acquis fondamental, qui permet la survie de patients (autrefois condamnés) atteints de lésions tumorales, infectieuses (hépatite fulminante) ou congénitales. On peut aujourd'hui espérer, dans presque 80 % des cas, la survie du receveur d'un organe aussi complexe que le foie. Il s'agit certes d'une opération délicate, faisant appel à une très grande habileté chirurgicale ; mais l'amélioration de résultats est surtout liée au développement des techniques d'immunosuppression, véritable traitement antirejet, et notamment à l'emploi de la ciclosporine, médicament mis au point dans les années 1980 pour lutter contre les défenses immunitaires de l'organisme receveur.

Actuellement, les opérations des glandes thyroïde, parathyroïdes et du pancréas sont des interventions sûres. La chirurgie de l'œsophage, autrefois grevée d'un grand taux de mortalité, offre également des chances de survie très acceptables. Un des progrès essentiels a été la technique de nutrition intestinale continue ou parentérale (nutrition par voie intraveineuse). Il est ainsi posssible, par gavage, d'apporter au patient une ration calorique (donc énergétique) très importante qui lui assure une meilleure défense contre les infections. •

1. Amputation du pouce.

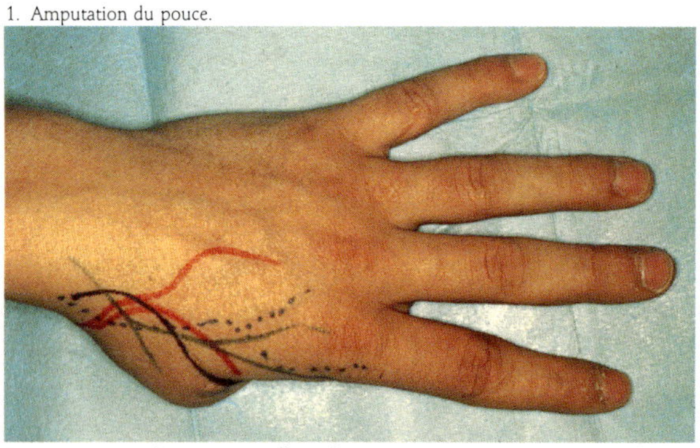

2. Deuxième orteil prêt à être greffé sur la main.

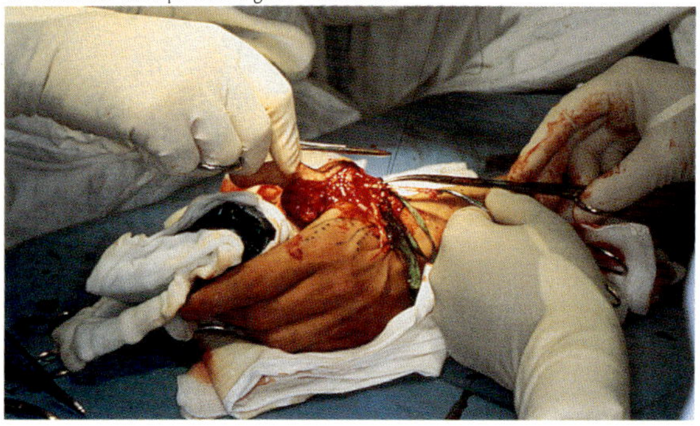

3. Vaisseaux et nerfs mis en évidence avant le raccordement.

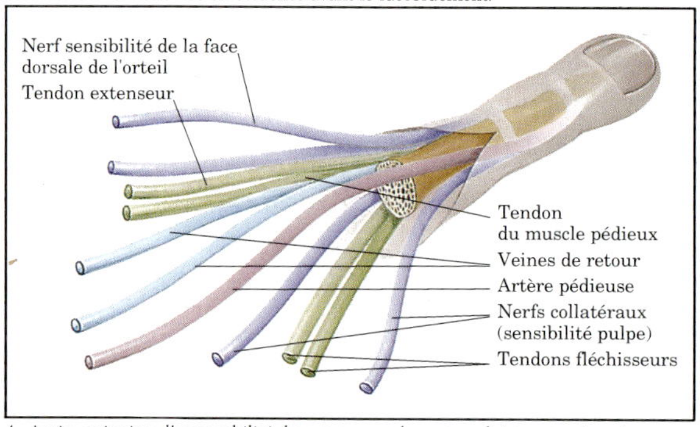

4. Après opération, l'opposabilité du pouce avec les autres doigts est préservée.

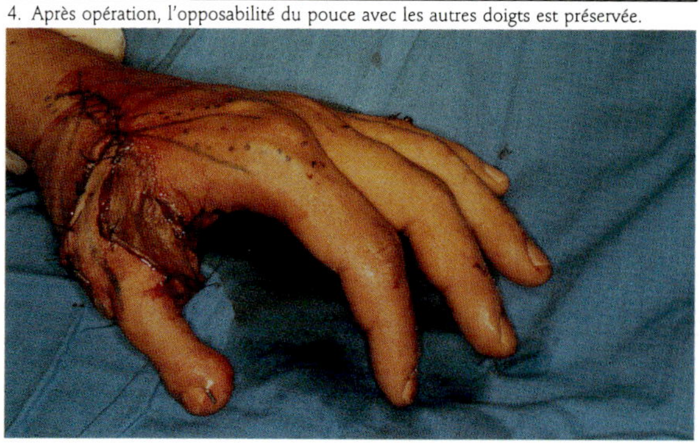

5. Chirurgien opérant à l'aide d'un endoscope.

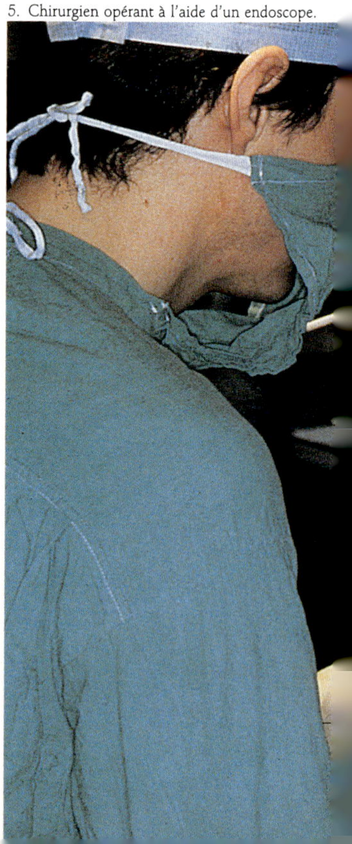

L'orthopédie et la traumatologie

L'ARTHROSCOPIE, QUI PERMET DE RÉPARER DES ARTICULATIONS SANS PROVOQUER D'IMMOBILISATION, ET LES BIOMATÉRIAUX, UTILISÉS DANS LES PROTHÈSES, SONT À LA BASE D'AVANCÉES SPECTACULAIRES DANS CE DOMAINE.

Il est d'usage de distinguer la chirurgie de guerre, avec ses impératifs spéciaux, et la chirurgie de pratique civile, qui est actuellement la plus fréquemment rencontrée en Europe.

L'usure des organes liée au vieillissement (l'espérance de vie s'est allongée), les maladies rhumatismales qui détruisent les os et surtout les articulations, certaines tumeurs qui relèvent maintenant d'une reconstruction et non plus d'une amputation ont modifié la pathologie. Le traitement des fractures a considérablement évolué : les matériels d'ostéosynthèse (c'est-à-dire les moyens de fixation de l'os) font appel à des céramiques et à des alliages spécifiques, qui représentent un progrès spectaculaire des années 1980. Ainsi, il existe un très grand nombre de prothèses qui permettent de remplacer les articulations : qu'il s'agisse de la hanche (prothèse totale de hanche), du genou, de l'épaule, du poignet ou du coude, on parvient aujourd'hui à redonner les capacités de mouvement à une articulation qui les avait perdues par lésion du cartilage.

Alors qu'autrefois l'objectif primordial, sinon unique, était la solidité (au prix, parfois, d'une certaine raideur), le but de l'orthopédie moderne est de rendre possibles la marche, l'usage du membre supérieur et, surtout, de maintenir fonctionnelles les différentes articulations.

Dans la chirurgie des fractures, en pratique de guerre mais surtout en pratique civile, on admet actuellement que toutes les opérations doivent être faites en urgence. Les ostéosynthèses se font essentiellement par voie interne, utilisant des plaques, des vis, des clous spéciaux qui permettent au patient non seulement de subir une réduction de sa fracture (c'est-à-dire la remise bout à bout des fragments), mais également de rendre cette fracture suffisamment solide pour permettre un appui immédiat ou rapide.

Le Russe Ilizarov a démontré, grâce à une meilleure connaissance des mécanismes de vascularisation de l'os, la possibilité d'allongement des membres ou de correction de certaines de leurs déformations. L'intervention permet de corriger les inégalités de longueur, notamment chez les enfants. Des interventions du genou et de l'épaule réalisées à l'aide de l'arthroscopie permettent de traiter des altérations cartilagineuses débutantes sans provoquer d'immobilisation ou de cicatrices préjudiciables. Les sportifs ont bénéficié grandement de ces procédés efficaces et précis qui, de plus, réduisent d'une manière considérable le temps d'hospitalisation. •

Les autres spécialités

LE DÉVELOPPEMENT DE TECHNIQUES TELLES QUE LA DILATATION ARTÉRIELLE OU LA STÉRÉOTAXIE A MODIFIÉ L'IMAGE DE LA CHIRURGIE DANS TOUS LES DOMAINES.

La chirurgie vasculaire, née au début du xxe siècle, a connu des progrès spectaculaires, liés essentiellement au traitement de l'athérome, vieillissement des vaisseaux qui s'obstruent progressivement par épaississement de certaines tuniques vasculaires et par accumulation de lipides (cholestérol). On peut aujourd'hui procéder, sous anesthésie péridurale, à des dilatations vasculaires par voie percutanée à l'aide d'une sonde spéciale agissant sous contrôle radiologique. Les plaques athéromateuses sont ainsi repoussées contre les parois de l'artère, permettant au sang de circuler librement. Il s'agit véritablement d'une radiologie d'intervention nécessitant seulement quelques heures d'hospitalisation.

Les progrès sont également liés à la possibilité d'explorer l'arbre vasculaire à l'aide d'injections de produits opaques aux rayons X, peu nocifs, et que l'on peut suivre sur un écran où l'on visualise les anomalies recherchées. Grâce au rayonnement laser, guidé par endoscope (intervention endovasculaire), on sait détruire certaines plaques d'athéromes, ce qui évite de remplacer les vaisseaux.

Enfin, dans les cas où l'arbre artériologique est très atteint (anévrysme), on fait appel à des prothèses vasculaires faites de matériaux synthétiques, tels le *Goretex* (polytétrafluoroéthylène). Ces avancées techniques et une meilleure compréhension de l'apparition des troubles (varices, par exemple) ont considérablement fait progresser la chirurgie vasculaire. La pontage coronarien, par exemple, est devenu courant ; il permet d'apporter au cœur un approvisionnement sanguin de secours en cas d'obstruction des artères nourricières. Actuellement, les chirurgiens font porter leurs efforts sur des vaisseaux de plus en plus petits.

La neurochirurgie est aussi un domaine en pleine évolution. Les techniques de stéréotaxie permettent, grâce à un cadre placé sur le crâne, de travailler au demi-millimètre près pour coaguler ou réfrigérer certaines zones du cerveau qui sont hyperactives (maladie de Parkinson). L'apport de la microchirurgie vasculaire permet d'aborder les malformations intracrâniennes des vaisseaux fragiles par une exploration particulièrement minutieuse de l'arbre vasculaire cérébral. Dans certains cas, on peut même, sans ouvrir la boîte crânienne, pratiquer, par voie endovasculaire, le bouchage de certaines malformations vasculaires (embolisation). Dans la chirurgie de l'athérome cérébral, les pontages entre l'artère temporale superficielle et les vaisseaux intracrâniens restent discutés dans leurs résultats mais permettent, dans un certain nombre de cas, de revasculariser les vaisseaux cérébraux qui ne reçoivent plus suffisamment de sang du fait d'une « thrombose » carotidienne.

Des techniques très récentes, fondées sur l'utilisation du bistouri à ultrasons et du laser, permettent de mieux traiter certaines tumeurs autrefois inaccessibles tant au niveau du cerveau qu'à celui de la moelle épinière.

La chirurgie réparatrice vise à réparer les pertes de substance des membres par l'utilisation de lambeaux libres, prélevés ailleurs sur le corps. La microchirurgie permet, après rebranchement des artères, des veines et des nerfs de tout petit calibre, de reconstituer un membre sévèrement endommagé. La chirurgie cranio-faciale, a pour but de remodeler le crâne et la face en ouvrant la boîte crânienne tout en ménageant le cerveau. On peut ainsi modifier l'apparence du squelette facial ainsi que les maxillaires supérieur et inférieur. Ces opérations sont de plus en plus pratiquées chez les enfants atteints de malformations cranio-faciales complexes qui ne s'accompagnent pas de retards psychomoteurs importants. Enfin, il faut mentionner l'importance de la reconstruction partielle ou totale des seins, après ablation de tumeurs cancéreuses. Ces techniques ont fait la preuve de leur innocuité vis-à-vis d'une reviviscence du cancer et permettent d'atténuer les troubles psychologiques liés à ces opérations mutilantes. •

6. Salle de chirurgie.

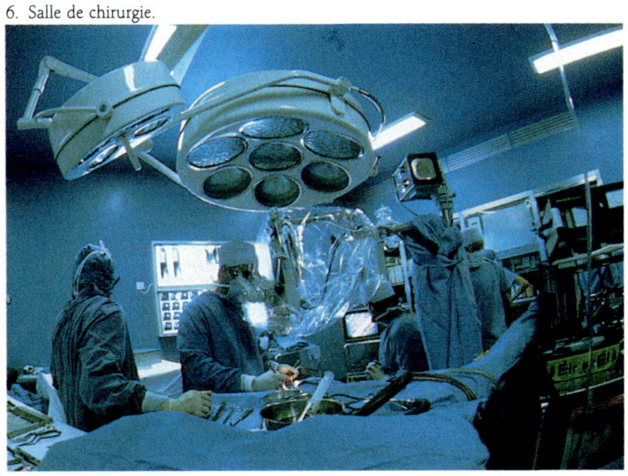

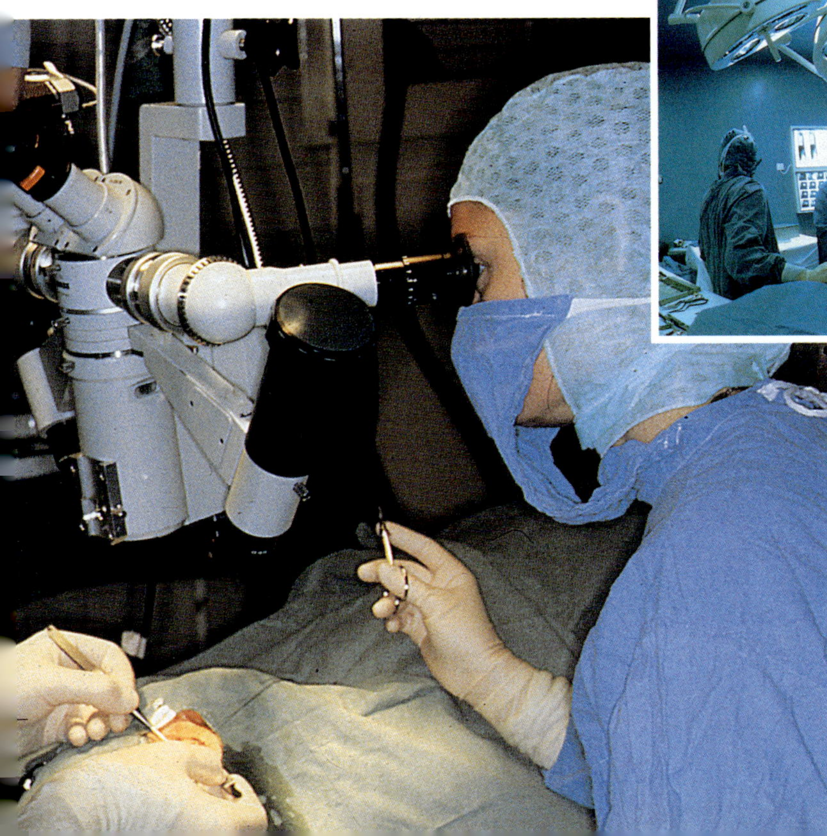

La chirurgie infantile

Des possibilités chirurgicales nouvelles se développent actuellement grâce au diagnostic prénatal. Alors que les tentatives d'intervention *in utero* restent exceptionnelles, les progrès essentiels ont été accomplis en matière de chirurgie néonatale, c'est-à-dire pour traiter les malformations apparues dès la naissance. Ainsi, les atrésies de l'œsophage et des voies biliaires sont passibles de traitements efficaces. Le diagnostic de ces malformations doit être fait avec beaucoup de soin, ce qui explique l'importance du rôle des pédiatres qui se trouvent dans les services d'accouchement. Avec un diagnostic porté au stade fœtal, notamment par l'utilisation de l'échographie, on peut envisager une intervention sur l'embryon alors qu'il est encore enfermé dans l'utérus maternel. Cela paraît particulièrement intéressant dans les traitements des hernies diaphragmatiques et peut-être dans le traitement de certaines malformations crâniennes.

Autogreffe et microchirurgie

Des accidents du travail ou ménagers ont parfois pour conséquence l'amputation totale ou partielle d'une région d'un membre (1). Les progrès de la chirurgie, l'utilisation de moyens d'observation perfectionnés comme l'endoscopie (5) et l'environnement opératoire approprié (6) permettent actuellement de réaliser des autogreffes qui atteignent 80 % de réussite lorsque la section du membre est nette. Les amputations du membre antérieur sont particulièrement invalidantes et, si la partie sectionnée ne peut être récupérée, on utilise souvent un orteil (2) pour remplacer le doigt manquant. Les vaisseaux, les nerfs et les os correctement réajustés (3) offrent ainsi une mobilité qui permet au patient de recouvrer les gestes essentiels de la vie (4).

→ **Voir aussi :** L'imagerie médicale, **MED**, p. 254-255. L'anesthésie, **MED**, p. 262-263. Chirurgie esthétique et plastique, **MED**, p. 266-267.

La chirurgie esthétique et plastique

L'ETHNOLOGIE ET L'ANTHROpologie montrent clairement que l'homme a toujours modelé ou déformé son corps, qu'il s'agisse de scarification, de tatouage ou encore de mutilation dentaire ou crânienne. La chirurgie esthétique, pour sa part, peut être définie comme une modification corporelle volontaire, mais elle peut aussi correspondre à une autoplastie d'un corps ayant subi une modification. La réalité et la demande sans cesse croissante de chirurgie esthétique concernent toutes les couches de la population et ne sont pas, comme on a tendance à le croire, l'exclusivité des classes privilégiées. Cette spécialité chirurgicale, par l'importance de la demande, par sa nature et par tout ce qui la sous-tend, est devenue une discipline bien autonome où les données psychologiques sont souvent déterminantes. Si tout le monde peut être concerné par une demande en chirurgie esthétique, l'âge, la profession et le sexe jouent un rôle déterminant. En fonction de l'âge, on observe deux maximums de demande. À la sortie de l'adolescence, entre 19 et 25 ans, le patient réclame souvent une nouvelle forme (oreilles, nez, menton, seins...). Entre 40 et 60 ans, à l'entrée de la vieillesse, puis dans la vieillesse, il veut retrouver ce qu'il a perdu. Les opérations visent alors à restaurer et non à créer une forme nouvelle, elles correspondent à des interventions sur le visage, tel le lifting. Toutes les professions qui conduisent à un contact étroit avec le public (vendeurs, commerçants, enseignants, comédiens...) réclament très fréquemment un acte de chirurgie esthétique. Durant les années 1980, la demande féminine était la plus fréquente, mais une évolution est en cours et la demande masculine est en progression constante. Ainsi, la rhinoplastie (modification de la forme du nez), intervention commune aux deux sexes, concerne les hommes pour environ 25 %.

Une opération peut aussi avoir pour but la réparation d'un organe ou d'une partie d'organe atteints sans leur faire subir de mutilations supplémentaires : on parle alors de chirurgie plastique. Celle-ci s'adresse à des personnes ayant subi un traumatisme ou bien atteintes d'affections délabrant leur aspect physique. Cette notion d'altération du visage ou du corps par un mécanisme extérieur (accident de circulation, brûlure) ou par une maladie (tumeur cutanée, malformation) permet de distinguer la chirurgie plastique de la chirurgie esthétique. Les chirurgiens, quelle que soit leur spécialité, sont confrontés de façon quotidienne aux problèmes de la chirurgie plastique et de reconstruction, discipline qui a surtout pris son essor après la Première Guerre mondiale avec la nécessité de traiter les trop célèbres « gueules cassées ». Depuis, la chirurgie plastique n'a cessé de se développer grâce aux techniques modernes comme la culture de peau et la microchirurgie.

Les possibilités de la chirurgie esthétique

LES PROGRÈS DE LA MÉDECINE, DE L'ANESTHÉSIE ET L'ÉVOLUTION DES TECHNIQUES CHIRURGICALES ONT ÉLARGI LES POSSIBILITÉS DE LA CHIRURGIE ESTHÉTIQUE.

L'essor de la chirurgie esthétique tient à plusieurs facteurs mais aussi à des progrès techniques comme la qualité de l'anesthésie et la moindre importance des suites opératoires grâce aux antibiotiques et aux anti-inflammatoires. La fiabilité des techniques chirurgicales permet notamment la réalisation d'implants, la liposuccion et une approche nouvelle dans le traitement chirurgical du vieillissement du visage et du cou.

Les implants, d'abord siliconés puis de natures diverses (polyuréthanne, propylène-éthylène fluoré, corail), ont offert de nouvelles possibilités pour remodeler le corps humain au niveau des seins (prothèses mammaires) ou de la face (implants de propylène-éthylène fluoré dans les lèvres ou de corail dans le squelette craniofacial).

La liposuccion, aspiration à l'aide d'une fine canule des surcharges adipeuses des tissus, est un acte technique efficace dont les possibilités sont multiples. Par un geste simple avec une cicatrice minime pratiquement invisible, on

1. Femme girafe de Thaïlande.

L'apparence physique

La définition de la beauté est souvent conditionnée par l'éducation, le milieu, l'appartenance à une ethnie particulière (1). Mais, quelles que soient les raisons invoquées, la beauté parfaite n'existe pas car ses critères sont fluctuants. Cependant, dans les sociétés développées, après avoir évalué le bien-fondé d'une demande, il est courant de corriger un aspect jugé peu flatteur (rides, ptôse cutanée...). Ainsi, le lifting consiste à faire retrouver au visage d'une personne les formes de sa jeunesse évanouie. Par des incisions latérales et frontales (2), la peau est séparée des muscles sous-jacents puis replacée correctement (3).

2. Lifting, phase de décollage.

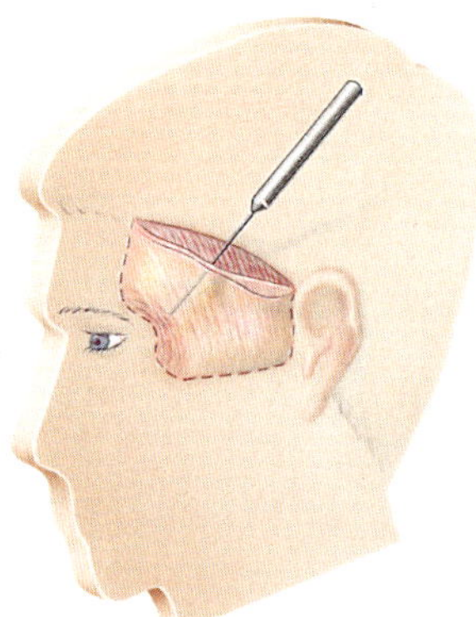

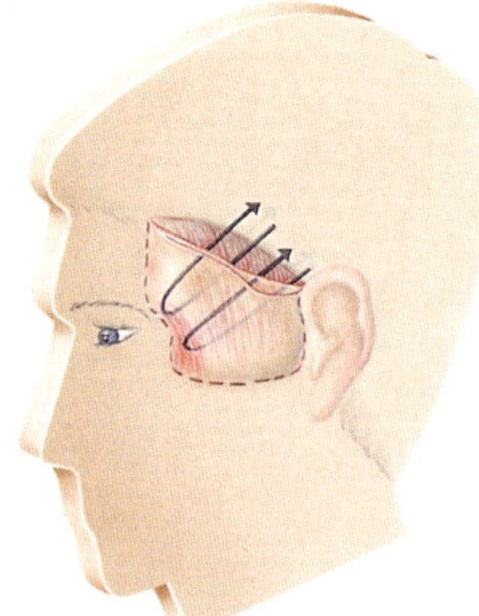

3. Lifting, phase de tirage.

Pourquoi se fait-on opérer ?

LA CHIRURGIE ESTHÉTIQUE CONNAÎT, DE NOS JOURS, UNE DEMANDE SANS CESSE CROISSANTE. L'ANALYSE DE CETTE DEMANDE PERMET DE COMPRENDRE SON IMPORTANCE.

Le sujet demandeur se fait opérer en période de crise, à un moment où il est confronté à un conflit (avec lui-même ou par rapport aux autres), où il se remet en question globalement, y compris dans son apparence physique. Celle-ci peut être liée à la vie du corps. Certaines étapes de l'évolution corporelle s'accompagnent, en effet, de changements suscitant incertitude, angoisse et anxiété. Ce sont notamment l'adolescence, période où les préoccupations corporelles sont mises au premier rang, les maternités, qui transforment souvent le corps féminin dans un sens non désiré, la ménopause et le vieillissement et, enfin, l'arrivée d'un accident qui laisse des traces cicatricielles mal acceptées. Dans d'autres cas, il peut s'agir d'une crise provoquée par un événement marquant dans une histoire singulière et dont l'effet est déstabilisant : divorce, décès, choix d'un emploi, chômage. Tout se passe comme si, en maîtrisant son corps par le biais de l'intervention chirurgicale, le sujet tentait de maîtriser sa détresse, son angoisse, son sentiment de manque.

La crise traversée par le sujet peut être également d'ordre psychopathologique et prendre la forme de certains troubles, comme la perception abusivement déformée d'une partie de son corps (dysmorphophobie). Ce symptôme parfois passager peut aussi être évocateur de psychoses ou de névroses. Cela montre l'importance de la consultation en chirurgie esthétique. C'est la dimension psychologique de la demande qui donne à cette spécialité sa spécificité. En effet, la relation patient-chirurgien diffère complètement de celle établie dans les autres spécialités chirurgicales. En chirurgie esthétique, le patient vient avec son diagnostic : nez trop long, seins tombants, ventre lourd, visage ridé, etc. Le rôle du chirurgien n'est plus, comme dans les autres spécialités, d'établir un diagnostic dont dépendra l'indication opératoire. Il est de comprendre le sens de la demande apparente et cachée du patient ; d'écouter et de faire parler le patient, c'est-à-dire d'expliquer ce que le chirurgien va faire, les limites de son action mais aussi les complications possibles et le risque d'échec. Cet entretien et la nature de la relation patient-chirurgien sont fondamentaux dans la qualité du résultat. La chirurgie esthétique est en effet la seule spécialité où, malgré un résultat technique parfait, un patient peut être insatisfait. C'est dire que, dans cette approche, la collaboration avec des psychologues est souvent nécessaire. •

peut resculpter le corps humain. Par cette technique, on a remis en valeur les greffes de tissu graisseux décriées, voire même condamnées. Le filling, ou injection de tissu graisseux autogène, en est l'exemple le plus vivant.

Le vieillissement n'est pas uniquement cutané, il affecte aussi les tissus graisseux, les muscles et leurs attaches ainsi que les os. Alors qu'il y a quelques années le traitement chirurgical du vieillissement de la face et du cou, pour corriger le relâchement des muscles (ptôse) et les rides, consistait à tirer sur la peau, on sait aujourd'hui que les techniques fondamentales doivent agir sur la graisse, sur les muscles et les aponévroses ou encore sur l'os, ce qui permet de travailler sans traumatiser la peau.

Les cicatrices apparentes diminuent la qualité du résultat final. Biologiquement, rien ne permet de préciser l'évolution d'une cicatrice. Actuellement, on s'est donc attaché, d'une part, à réduire la longueur des cicatrices et, d'autre part, à les rendre aussi peu visibles que possible. C'est dans la chirurgie du ventre et des seins que cette « rançon cicatricielle » était la plus lourde. La suture bloquée, ou *Round Block,* est un progrès important. Dans la chirurgie esthétique du sein, on peut, parfois, réduire la cicatrice à la zone périaréolaire. Mais, dans tous les cas, l'utilisation de la suture bloquée permet de limiter les autres cicatrices. Dans la chirurgie esthétique de l'abdomen, la suture bloquée périombilicale permet, d'une part, de réduire la longueur de la cicatrice sus-pubienne et, d'autre part, de limiter les décollements sous-cutanés, sources de complications. Plusieurs facteurs contribuent maintenant à rendre la cicatrice aussi peu visible que possible. Ainsi, la qualité de la suture et l'utilisation de la colle de fibrine, conjuguées à l'usage de la pressothérapie (traitement par compression) postopératoire, permettent, dans un très grand nombre de cas, d'obtenir une cicatrice de bonne qualité. •

La chirurgie plastique de la peau

LES PROGRÈS DES TECHNIQUES D'EXCISION, DE GREFFE ET LES CULTURES DE PEAU ONT PERMIS UNE NETTE AMÉLIORATION DANS LE TRAITEMENT DES BRÛLURES ET DES TUMEURS CUTANÉES.

Lorsque les brûlures sont étendues et profondes, elles sont traitées en centre spécialisé où collaborent chirurgiens plasticiens et réanimateurs.

L'extension d'une brûlure se mesure en pourcentage de surface corporelle. Différentes tables facilitent l'appréciation de ce pourcentage, la plus simple étant « la règle des 9 » de Wallace. Généralement, on considère comme grave toute brûlure supérieure à 15 % de la surface corporelle chez l'adulte et à 10 % chez l'enfant. L'appréciation de sa profondeur est fondée sur l'interrogatoire, l'aspect clinique, l'évolution, les circonstances de l'accident, le mécanisme de production de la brûlure et la durée d'action de l'agent constituant un guide important.

La classification des brûlures se fait selon trois degrés. Le premier correspond à une rougeur diffuse douloureuse s'apparentant à un coup de soleil. Le deuxième degré est caractérisé par une douleur vive et atroce et par une peau à l'aspect rosé et présentant des vésicules. Si la cicatrisation spontanée ne survient pas dans les 21 jours, la brûlure nécessite des greffes cutanées. Enfin, au troisième degré, il y a brûlure complète de la peau et des structures sous-jacentes, les vaisseaux thrombosés n'assurent plus la circulation et le blessé ne perçoit pas la douleur.

Le transfert en centre spécialisé s'impose en cas de brûlure grave, c'est-à-dire étendue et profonde (2ᵉ ou 3ᵉ degré). Le réanimateur prévient alors la survenue d'un choc cardio-vasculaire et le risque d'infections, le chirurgien excise les tissus nécrosés et pratique rapidement des greffes. Les greffes avec peau prélevée sur le malade même (autogreffes) sont la solution idéale. Néanmoins, pour les très grands brûlés n'ayant plus du tout de peau saine, on est amené à pratiquer des greffes de peau humaine congelée (homogreffes) ou de peau de porc. Systématiquement rejetées au bout d'une dizaine de jours, ces greffes ont toutefois l'énorme avantage d'effectuer une couverture temporaire et de favoriser la cicatrisation. L'espoir pour ces grands brûlés réside dans le développement de peaux artificielles, synthétiques (associant silicone et collagène) ou naturelles (c'est-à-dire résultant de culture de cellules).

Il existe une grande variété de tumeurs cutanées. Certaines sont bénignes, entraînant une gêne esthétique (verrue séborrhéique), mais elles risquent parfois de dégénérer (nævus polychrome) ; d'autres sont malignes. Dans ce dernier cas, la malignité peut être locale, sans envahissement à distance (épithélioma basocellulaire), ou donner lieu à des métastases présentant un risque vital (épithélioma spinocellulaire et mélanome). Le rôle du chirurgien plasticien est alors double : il doit non seulement retirer la tumeur en totalité afin d'éviter la dissémination de la lésion et la récidive, parfois mortelle, mais également rendre la séquelle chirurgicale la plus minime possible en pratiquant une reconstruction à l'aide de lambeaux locaux de texture cutanée identique. •

4. Hypotrophie mammaire chez une femme de 19 ans avant l'opération.

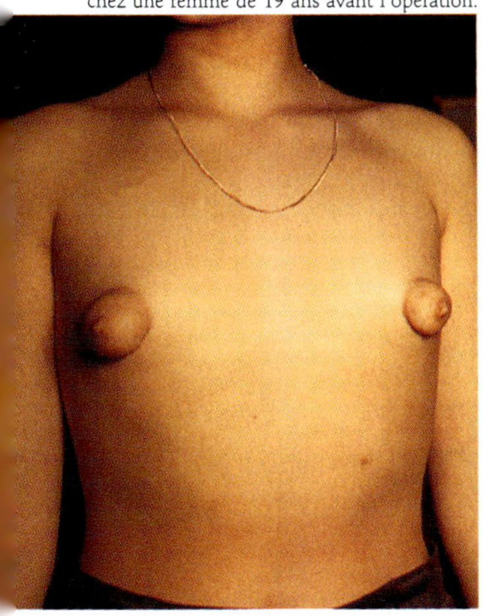

Réparer les seins

Les canons esthétiques font que les femmes atteintes de ptôse (relâchement), d'hypertrophie ou d'hypotrophie mammaire (4) demandent souvent une modification de la forme de leurs seins. Cette opération est délicate car elle s'effectue dans une région où la cicatrisation, difficile, demande que soient bien pesés les avantages et les inconvénients de l'intervention. L'hypotrophie mammaire (seins trop petits) peut être congénitale ou résulter d'une diminution de volume à la suite d'une grossesse ou d'un régime amaigrissant par exemple. La réparation demande presque toujours l'inclusion d'une prothèse, qui, mise en place correctement à l'aplomb de l'aréole, évite l'écrasement du sein par la suture. On recourt généralement aux silicones, dont les résultats esthétiques et chirurgicaux sont très satisfaisants (6). Mais, même avec ces substances très pures, on peut observer des réactions de l'organisme face à ce corps étranger (formation d'une coque fibreuse dure par exemple). Lors de l'opération, la prothèse peut être mise en place par voie axillaire (incision sous l'aisselle), par voie sous-mammaire ou encore par voie périaréolaire (5).

6. Après la pose de prothèse.

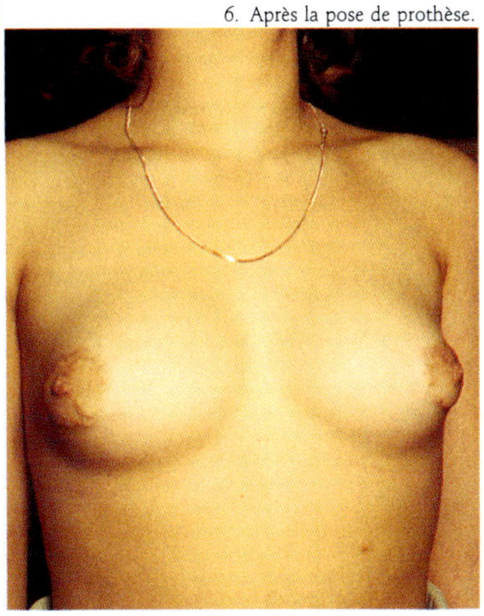

5. Mise en place d'une prothèse mammaire.

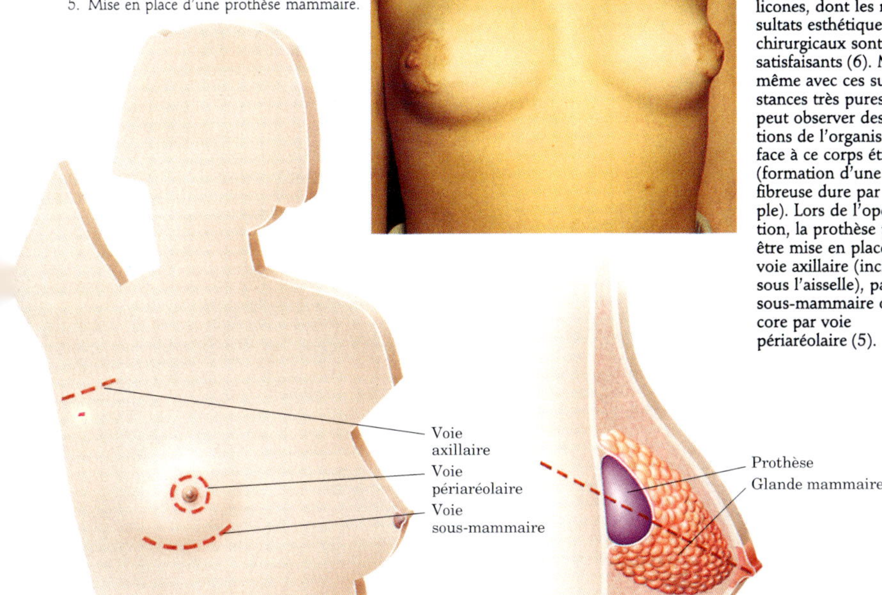

La chirurgie maxillo-faciale

LES DÉFORMATIONS DE LA FACE PEUVENT AUJOURD'HUI ÊTRE RÉDUITES, VOIRE ÉLIMINÉES, PAR UNE CHIRURGIE APPROPRIÉE DES OS OU DES PARTIES MOLLES, PEAU ET MUSCLES.

On distingue deux types de pathologies maxillo-faciales : les malformations congénitales (présentes dès la naissance) et les malformations acquises après un accident de travail ou de la circulation, ou encore après ablation d'un cancer. Cette chirurgie particulière fait appel à la collaboration d'autres spécialistes, en particulier ophtalmologistes et neurochirurgiens.

L'échographie a rendu possible le dépistage des malformations congénitales, ce qui a permis à certaines équipes chirurgicales de pratiquer des interventions *in utero* et de corriger la malformation à un stade où le pouvoir de cicatrisation du fœtus est très grand. Les malformations congénitales de la face et du maxillaire sont nombreuses et de gravité variable. Toutes les zones du visage peuvent être intéressées et l'association à d'autres malformations de l'organisme n'est pas rare. Au niveau de la face, le défaut de soudure des bourgeons faciaux provoque l'apparition d'une fente labio-palatine, ou bec-de-lièvre. Le plus souvent, cette difformité se présente sous la forme d'une simple fissure de la lèvre supérieure, mais, parfois, elle intéresse aussi le maxillaire supérieur, touchant le bord alvéolaire et la voûte palatine. Cette fente peut être uni- ou bilatérale, simple ou complexe. Les craniosténoses sont dues à la soudure prématurée d'une ou de plusieurs sutures, provoquant une importante déformation crânienne. Dans ce type d'intervention, le chirurgien maxillo-facial doit collaborer étroitement avec le neurochirurgien.

Le nombre important des malformations maxillo-faciales acquises est lié essentiellement aux accidents de la circulation. Il faut souligner que le port obligatoire de la ceinture de sécurité en a néanmoins stabilisé la fréquence. Les lésions cranio-faciales sont souvent associées à d'autres lésions, entrant alors dans le cadre d'un polytraumatisme. Le malade pourra être examiné au stade de l'urgence ou au stade des séquelles. •

→ **Voir aussi :** L'anesthésie, **MED,** p. 262-263. Les progrès de la chirurgie, **MED,** p. 264-265.

Les médicaments
La recherche

LA DÉCOUVERTE DES propriétés thérapeutiques des plantes – premiers médicaments utilisés – fut le résultat de démarches empiriques. Certains de ces médicaments sont toujours utilisés aujourd'hui : par exemple, la colchicine, médicament de la crise de goutte, est le principal alcaloïde du colchique, plante déjà utilisée par les médecins de la Grèce antique. Mais c'est essentiellement depuis un siècle que la recherche de nouvelles substances a connu un essor considérable, avec notamment la synthèse de l'aspirine à la fin du XIXe siècle et la découverte des premiers antibiotiques dans les années 1940. En quelques décennies, les bases de la thérapeutique moderne ont été mises en place et la recherche sur les médicaments a évolué vers une démarche plus scientifique. Les progrès dans tous les domaines (chimie, physiologie, pathologie, pharmacologie, mais aussi statistique) ont entraîné une standardisation des méthodes d'étude et permis une démarche rigoureuse. La mise au point de nouveaux médicaments est longue : entre la synthèse d'une molécule et le moment où elle est commercialisée comme médicament, il se passe de nombreuses années (une quinzaine en moyenne) pendant lesquelles de multiples études sont faites pour connaître son efficacité, son mécanisme d'action, son devenir dans l'organisme, sa tolérance, d'abord chez l'animal puis chez l'homme. Parmi les très nombreuses molécules synthétisées, seules quelques-unes deviendront des médicaments : celles dont l'efficacité et la tolérance auront été estimées satisfaisantes par les autorités sanitaires.

L'essor de la chimie

LES SUBSTANCES MÉDICAMENTEUSES SONT L'ABOUTISSEMENT D'UN LONG TRAVAIL DE RECHERCHE.

Jusqu'au XIXe siècle, les médicaments minéraux, végétaux et animaux étaient utilisés « en nature » ou sous forme d'extraits à la composition variable. Les progrès de la chimie ont permis d'extraire les principes actifs des végétaux : alcaloïdes comme la morphine, la colchicine, la quinine ; hétérosides de la digitale. Mais la révolution est venue des développements simultanés de l'esprit scientifique et des techniques de synthèse de la chimie organique.

Le péril infectieux, première cause de mortalité et de morbidité (fréquence des malades dans une population donnée), était la préoccupation majeure du monde médical. Pasteur et Koch avaient déjà montré le rôle des germes dans les infections quand Paul Ehrlich, un médecin allemand, eut l'idée de chercher des agents chimiques spécifiques, capables de détruire les bactéries responsables des infections sans être nocifs pour l'homme. Parti du poison traditionnel – l'arsenic –, il le modifia patiemment pour arriver en 1907 au dérivé « 606 », le *salvarsan,* dont une seule injection guérit un lapin syphilitique. Le biologiste allemand G. Domagk publia en 1935 ses travaux sur l'efficacité du Prontosil ou sulfachrysoïdine. La même année, une équipe de l'Institut Pasteur de Paris montra que l'activité antibactérienne de ce produit était liée au sulfamide. Des programmes de recherche ont été entrepris dans le monde entier, et plus de 5 000 sulfamides furent synthétisés et étudiés systématiquement en quelques années. La pénicilline, découverte en 1927-1929 par Fleming, devint disponible à grande échelle à partir de 1945. La streptomycine, le chloramphénicol puis des centaines d'autres substances antibactériennes ont été isolées des végétaux inférieurs.

Hasard et observation clinique. Le hasard a bien sûr une grande part dans l'histoire du médicament. Le Largactil, antiallergique synthétisé en 1952 par Rhône-Poulenc, était très sédatif. Essayé à l'hôpital psychiatrique Sainte-Anne de Paris, il fut le premier médicament capable de calmer, sans les endormir, des malades jusque-là condamnés à la camisole de force. Ce produit, très efficace sur

Mise sur le marché en France de quelques grands médicaments

1945	Héparine, anticoagulant.
1949	Streptomycine, antituberculeux.
1950	Xylocaïne (lidocaïne), anesthésique local.
1952	Largactil (chlorpromazine), neuroleptique.
1953	Phénylbutazone, anti-inflammatoire.
1954	Hydrocortisone, corticoïde.
1956	Glucidoral (carbutamide), antidiabétique oral.
1959	Tofranil, antidépresseur. Diurilix (chlorothiazide), diurétique.
1960	Flagyl (métronidazole), anti-infectieux.
1961	Librium (chlordiazépoxide), tranquillisant. Doliprane (paracétamol), antalgique.
1964	Tégrétol (carbamazépine), antiépileptique. Aldomet (méthyldopa), antihypertenseur.
1965	Kéflin (céfalotine), antibiotique. Lipavlon (clofibrate), traitement du cholestérol.
1967	Dépakine (valproate de sodium), antiépileptique. Avlocardyl (propanolol), traitement de l'infarctus.
1968	Gentalline (gentamicine), antibiotique. Stédiril (norgestrel et éthinylestradiol), contraceptif oral.
1970	Larodopa (Lévodopa), médicament de la maladie de Parkinson.
1974	Téralithe (carbonate de lithium), stabilisant de l'humeur. Salbutamol, antiasthmatique.
1977	Tagamet (cimétidine), antiulcéreux.
1982	Lopril (captopril), antihypertenseur.
1983	Sandimmun (ciclosporine), prévention du rejet de greffes. Zovirax (aciclovir), antiviral.
1987	Rétrovir (zidovudine), traitement du sida.
1988	Myfégine (mifépristone), inducteur d'avortement.

1. Schéma d'étude d'un médicament en phase III.

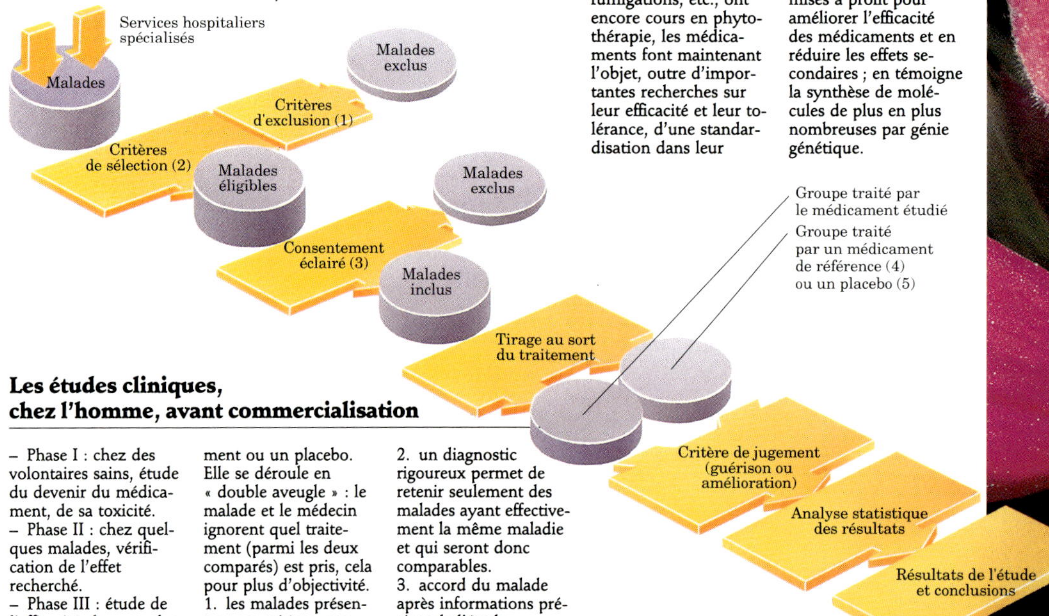

Les études cliniques, chez l'homme, avant commercialisation

– Phase I : chez des volontaires sains, étude du devenir du médicament, de sa toxicité.
– Phase II : chez quelques malades, vérification de l'effet recherché.
– Phase III : étude de l'efficacité chez un plus grand nombre de malades (1 000 en général) par comparaison avec un autre médicament ou un placebo. Elle se déroule en « double aveugle » : le malade et le médecin ignorent quel traitement (parmi les deux comparés) est pris, cela pour plus d'objectivité.

1. les malades présentant ces critères, par exemple telle maladie associée, tel traitement en cours, seront d'emblée exclus.
2. un diagnostic rigoureux permet de retenir seulement des malades ayant effectivement la même maladie et qui seront donc comparables.
3. accord du malade après informations précises de l'étude.
4. médicament d'efficacité reconnue.
5. substance inerte sans activité.

L'industrialisation de la fabrication des médicaments

La digitale ainsi que le pavot et nombre d'autres plantes ont longtemps été les principales sources des substances utilisées à visée thérapeutique. Si les infusions, décoctions, fumigations, etc., ont encore cours en phytothérapie, les médicaments font maintenant l'objet, outre d'importantes recherches sur leur efficacité et leur tolérance, d'une standardisation dans leur composition et leur présentation, et ce grâce aux très importants progrès réalisés dans l'industrie chimique. Les découvertes dans le domaine de la biologie sont elles aussi mises à profit pour améliorer l'efficacité des médicaments et en réduire les effets secondaires ; en témoigne la synthèse de molécules de plus en plus nombreuses par génie génétique.

les psychoses, était sans action sur les dépressions. Un produit de structure voisine, l'imipramine, s'avéra dépourvu des propriétés des neuroleptiques... mais très actif dans les dépressions. Un antituberculeux, l'iproniazide, améliorait l'humeur dépressive de ces patients, et changea donc rapidement d'indication. Faut-il parler du hasard ou de l'esprit scientifique des médecins ? Leurs observations ont souvent porté sur des effets bénéfiques, comme l'action favorable d'un médicament de la grippe sur la maladie de Parkinson, ou d'un antihypertenseur sur la migraine. Même les effets secondaires des médicaments permettent d'enrichir la pharmacopée : les antidiabétiques oraux furent ainsi découverts à la suite d'hypoglycémies mortelles induites par les sulfamides anti-infectieux. Le hasard garde sa place, mais la découverte de nouveaux médicaments est orientée par l'analyse de leurs mécanismes d'action et les recherches en physiopathologie. Par ailleurs, en modifiant la structure des molécules existantes, on peut augmenter leur efficacité ou améliorer leur tolérance. Tout cela nécessite un travail considérable : on admet que, sur 10 000 molécules synthétisées qui subissent les batteries de tests, 10 seront administrées à l'homme, et une seule commercialisée. •

Les modèles expérimentaux

LA RECHERCHE DES PROPRIÉTÉS D'UNE NOUVELLE MOLÉCULE PASSE PAR L'EXPÉRIMENTATION ANIMALE ET LES TESTS EN CULTURE DE TISSUS OU D'ORGANES.

On n'utilise une nouvelle molécule chez l'homme qu'après avoir recueilli une somme de connaissances sur l'activité et la toxicité du médicament. De très nombreux modèles expérimentaux sont utilisés : des cellules en culture, des tissus ou des organes isolés maintenus artificiellement en survie, des animaux sains ou malades (soit présentant spontanément une maladie, soit chez qui la maladie est reproduite artificiellement). Pour déterminer à quelle classe de médicament pourrait appartenir une molécule, on la soumet à plusieurs tests (batterie de tests) : à l'issue de ceux-ci, la nature principale de l'effet produit sera déterminée (par exemple, antihypertenseur ou tranquillisant). D'autres études expérimentales sont ensuite menées pour affiner la connaissance du médicament : essai d'explication du mécanisme d'action, études de la toxicité aiguë, subaiguë et chronique, études de mutagenèse (capacité à induire des modifications génétiques), de cancérogenèse (capacité à induire des tumeurs cancéreuses), études de tératogenèse (capacité à induire des malformations ou une toxicité chez le fœtus et le nouveau-né allaité), étude du devenir du médicament dans l'organisme (durée de vie, nature des produits intermédiaires formés, passage et stockage éventuel dans certains tissus, mode d'élimination, etc.).

Bien qu'apportant un ensemble d'éléments majeurs, les modèles expérimentaux ne peuvent pas répondre à toutes les questions et il n'est pas toujours facile d'extrapoler de l'animal à l'homme : un tissu isolé ne réagit pas obligatoirement de la même façon qu'un organisme entier, certaines affections sont difficilement reproductibles chez l'animal (la dépression par exemple). Le devenir du médicament n'est pas toujours identique chez l'animal (à l'intérieur d'une même espèce, chaque souche ou race peut réagir différemment au médicament) et chez l'homme, chez qui il peut avoir une efficacité ou une toxicité différentes. D'autres études seront donc nécessaires chez l'homme (ce sont les essais cliniques). •

L'éthique

POUR GARANTIR LE RESPECT DE LA DIGNITÉ HUMAINE À TOUS LES STADES DE LA RECHERCHE, TOUS LES PROTOCOLES SONT SOUMIS À UN COMITÉ D'ÉTHIQUE.

Le but d'un traitement est de soulager un malade ou de guérir, prévenir ou diagnostiquer une maladie. Le médecin est donc tenu d'administrer le meilleur des traitements disponibles, et cela implique un « devoir d'essai ». Les expérimentations animales sont indispensables pour éliminer les produits trop toxiques et sélectionner les futurs médicaments. Mais toute souffrance non nécessaire doit être évitée aux animaux et leur bien-être protégé.

Au terme de l'expérimentation chez l'animal débute l'étude clinique chez l'homme, qui se déroule en trois phases.

En phase I, des essais sont pratiqués sur des personnes saines à qui le médicament n'apporte aucun bénéfice thérapeutique. Il s'agit donc d'une pure expérimentation qui transforme le sujet en objet, simple moyen au service de finalités qui ne le concernent pas directement. Des règles sont nécessaires pour que la dignité de la personne humaine soit respectée. Ces essais s'adressent à des volontaires, informés de tous les risques (mineurs à ce stade de la recherche) et qui donnent leur consentement libre et éclairé.

Au cours des phases II et III sont traités des malades qui pourraient bénéficier de l'effet thérapeutique, mais on ne peut encore leur garantir l'efficacité du médicament. La méthodologie nécessite un essai comparatif : le consentement des patients est indispensable, car ils ne savent pas lequel des deux médicaments comparés ils reçoivent. Ils doivent être avertis qu'ils peuvent quitter l'essai à tout moment.

Tous les protocoles d'essais de médicament doivent être soumis à un comité d'éthique, dont le rôle est de s'assurer que le rapport bénéfice/risque est acceptable, que toutes les conditions sont réunies pour que l'essai soit de bonne qualité scientifique et que les patients soient bien informés. En outre, entre leur découverte et leur mise sur le marché, certains médicaments peuvent poser des problèmes éthiques, comme la pilule abortive. •

Les médicaments du futur

Certaines formes d'administration des médicaments, ainsi que de nouveaux modes de synthèse, offrent des perspectives d'avenir prometteuses. Ainsi des mini-pompes osmotiques ou des implants à structure polymérique, qui libèrent le médicament dans l'organisme à une vitesse constante et contrôlée. Elles permettent une couverture thérapeutique plus longue et diminuent le risque d'effets toxiques. Très utiles pour les traitements chroniques, elles sont indispensables pour administrer les hormones, détruites par les enzymes digestives. La synthèse par génie génétique est un acquis de premier plan. Les cellules humaines fabriquent les hormones à partir d'un code génétique. Le fragment d'A.D.N. responsable peut être isolé puis intégré au génome d'une bactérie : le colibacille peut ainsi synthétiser de l'insuline humaine ou de l'hormone de croissance. Certaines hormones auparavant extraites de l'animal (insuline de porc, calcitonine de saumon, etc.) sont un peu différentes des hormones humaines, d'où la production d'anticorps pour les neutraliser. De plus, la synthèse par génie génétique des seuls antigènes des virus responsables de l'induction d'anticorps neutralisants permet aujourd'hui d'améliorer les vaccins et d'en développer de nouveaux (sida et paludisme font l'objet de recherches très importantes).

2. Digitale pourpre.

3. L'industrialisation de la fabrication des médicaments.

Les médicaments
Efficacité et tolérance

MÊME S'ILS NE SONT PAS les seuls en cause, les médicaments ont largement contribué à allonger l'espérance de vie. Mais, pour bon nombre de maladies chroniques, le médicament doit être pris indéfiniment : par exemple, le traitement de l'hypertension artérielle ne vise pas à guérir une maladie, mais à prévenir ses complications (accident vasculaire cérébral, infarctus du myocarde). Parallèlement, les études faites et les données recueillies (épidémiologie) ont permis de mettre en évidence les facteurs de risque des maladies et la nécessité de la prévention, puis de mesurer l'efficacité des traitements sur l'état de santé d'une population ainsi que la tolérance à ceux-ci. Ce n'est qu'après une longue période de commercialisation, dans les conditions quotidiennes d'emploi, que l'on connaît vraiment un médicament : son efficacité, la tolérance à son égard et ses effets à long terme. De grandes affaires tristement célèbres ont justifié la mise en place de contrôles, d'études et de surveillance des médicaments avant comme après commercialisation. Autour des années 1960, la Thalidomide, prescrite chez la femme enceinte en tant qu'hypnotique, a été responsable de la naissance de plus de 10 000 enfants malformés dans le monde. Un dérivé hormonal, le diéthystilbœstrol, était utilisé, il y a plusieurs années, en cas de menace d'avortement précoce ; or, certaines filles de femmes ainsi traitées ont présenté un cancer du vagin au moment de la puberté. Dans ce dernier cas, il était difficile de mettre en évidence le lien entre la cause (le médicament) et l'effet (le cancer), observé bien plus tard.

La tolérance

LE DÉPISTAGE PRÉCOCE DES EFFETS INDÉSIRABLES D'UN MÉDICAMENT PERMET D'ÉVALUER LE RAPPORT BÉNÉFICE/RISQUE D'UN TRAITEMENT.

La pharmacovigilance a pour but essentiel d'assurer la plus grande sécurité possible du médicament à travers la détection et l'étude des effets secondaires et indésirables, l'information des médecins et la prévention. Cette dernière est assurée par des mesures restrictives telles que des précautions d'emploi (par exemple en fonction de l'âge du malade, de ses autres problèmes de santé, etc.), des limitations d'indications (médicament réservé, par exemple, à des maladies graves) ou des contre-indications (chez l'enfant, par exemple). Les mesures de pharmacovigilance peuvent aller jusqu'au retrait du marché d'un médicament, si la tolérance est trop mauvaise par rapport à l'effet escompté de ce produit.

Le champ d'étude de la pharmacovigilance est ainsi particulièrement vaste.

Effets secondaires des médicaments : la détection en est assez aisée, car ils sont dus à une propriété du médicament et surviennent donc chez presque tous les malades traités ; par exemple, le ralentissement observé du rythme cardiaque avec les bêtabloquants (médicaments utilisés pour traiter l'angine de poitrine ou l'hypertension artérielle).

Effets indésirables : leur détection est beaucoup plus difficile, car ils ne surviennent que rarement, de façon imprévisible et dans les conditions normales d'emploi du médicament. Certains effets indésirables peuvent être extrêmement graves, parfois mortels. Une atteinte du foie (hé-

1. Organisation de la pharmacovigilance en France.

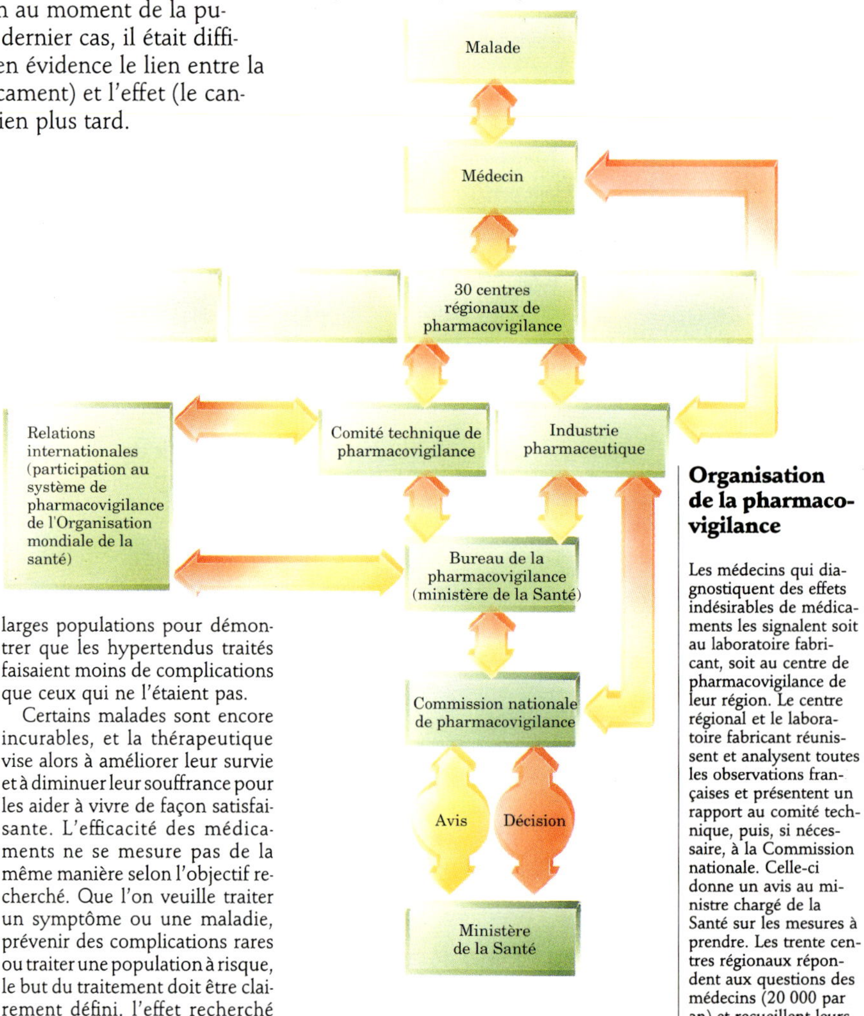

Organisation de la pharmacovigilance

Les médecins qui diagnostiquent des effets indésirables de médicaments les signalent soit au laboratoire fabricant, soit au centre de pharmacovigilance de leur région. Le centre régional et le laboratoire fabricant réunissent et analysent toutes les observations françaises et présentent un rapport au comité technique, puis, si nécessaire, à la Commission nationale. Celle-ci donne un avis au ministre chargé de la Santé sur les mesures à prendre. Les trente centres régionaux répondent aux questions des médecins (20 000 par an) et recueillent leurs observations (10 000 par an). Dans les autres pays, il n'existe généralement qu'un organisme national pour recueillir les déclarations spontanées.

L'efficacité

LA VARIÉTÉ DE SYMPTÔMES ET D'ÉVOLUTIONS DES MALADIES IMPLIQUE UNE ÉVALUATION RIGOUREUSE DES MÉDICAMENTS SUR L'INDIVIDU ET LA POPULATION.

Mesurer l'efficacité d'un traitement nécessite d'abord de bien définir son objectif, puis d'évaluer si le but a été atteint : traiter un symptôme gênant, supprimer la cause d'une maladie, éviter la survenue de complications, rares mais graves, ou diminuer un « facteur de risque » favorisant certaines pathologies.

Lorsqu'un enfant est fiévreux, un thermomètre permet d'objectiver le symptôme, puis de mesurer l'effet de l'antipyrétique (aspirine ou paracétamol). Si la fièvre est en rapport avec une pneumonie bactérienne, un antibiotique efficace contre le germe responsable est indispensable pour traiter la cause de la maladie. L'efficacité du traitement sera démontrée par la disparition de la toux, de la fièvre et pourrait être vérifiée sur une radiographie des poumons. Cependant, si l'antibiotique administré n'a pas d'effet sur le germe pathogène, il peut s'ensuivre une aggravation de l'état du malade. L'isolement du germe à partir d'un prélèvement permet d'étudier sa sensibilité à différents antibiotiques (antibiogramme) et de choisir le plus efficace. Concernant les possibilités de complications, les angines streptococciques sont généralement bénignes, mais peuvent provoquer un rhumatisme articulaire aigu aux conséquences cardiaques invalidantes, ou une atteinte rénale très grave. Or, un traitement par la pénicilline prévient la survenue de ces complications. La preuve de son efficacité ne peut être faite au niveau individuel, puisque ces complications sont rares.

Elle a été apportée par le constat épidémiologique de la diminution, puis de la quasi-disparition de ces complications graves après plusieurs années de traitement systématique des angines par la pénicilline.

Une hypertension artérielle, une augmentation du taux sanguin de cholestérol ou le fait d'être fumeur favorisent la survenue d'accidents vasculaires cérébraux (les « attaques ») ou coronariens (les « infarctus »). La grande majorité des personnes victimes de tels accidents présente un ou plusieurs de ces « facteurs de risque ». Comme très peu de personnes hypertendues ont un accident, et seulement au bout de nombreuses années, il a fallu suivre pendant plus de 20 ans de larges populations pour démontrer que les hypertendus traités faisaient moins de complications que ceux qui ne l'étaient pas.

Certains malades sont encore incurables, et la thérapeutique vise alors à améliorer leur survie et à diminuer leur souffrance pour les aider à vivre de façon satisfaisante. L'efficacité des médicaments ne se mesure pas de la même manière selon l'objectif recherché. Que l'on veuille traiter un symptôme ou une maladie, prévenir des complications rares ou traiter une population à risque, le but du traitement doit être clairement défini, l'effet recherché mesurable et l'efficacité de l'intervention soigneusement évaluée au niveau qui convient, individu ou population. C'est à ce prix que les médicaments peuvent faire la preuve de leur utilité. •

Les pâtes alimentaires

LES TECHNOLOGIES LES PLUS ÉVOLUÉES (PRESSES CONTINUES, FABRICATION SOUS VIDE, SÉCHAGE AUTOMATISÉ) SONT UTILISÉES POUR PRÉPARER DES PRODUITS TRADITIONNELS.

Connues en Chine depuis des millénaires, découvertes et ramenées en Europe par Marco Polo à la fin du XIIIe siècle, les pâtes alimentaires sont la grande spécialité culinaire des Italiens. Ceux-ci distinguent un très grand nombre de types de pâtes : les pâtes rondes, comme les spaghetti, qui peuvent être très fines, tels les vermicelles ; les pâtes plates, ou nouilles, étroites comme les *fettucine,* moyennes comme les *tagliatelle* ou larges comme les lasagnes ; les pâtes tubulaires de type macaroni, très courtes comme les *sedani,* ou grosses et striées comme les *rigatoni ;* et enfin, les pâtes farcies comme les ravioli et les cannelloni.

La préparation des pâtes, ou pastification, s'effectue à partir de farine de blé dur, de fécule, d'œufs et, éventuellement, d'autres ingrédients comme le beurre, des aromates, des colorants. La première étape de la pastification est un mélange des ingrédients avec de l'eau chaude, suivi d'un pétrissage qui va donner à la pâte ses qualités viscoélastiques, caractéristiques des céréales, et comparables à celles du pain.

La pâte est ensuite introduite dans un cylindre de bronze où elle subit une forte pression car elle ne peut s'échapper que des orifices calibrés. Cette extrusion donne leur forme aux pâtes, qui sont ensuite découpées avant de subir une opération délicate de séchage. Elles sont enfin mises en paquets.

Dans trois pays riverains de la Méditerranée, l'Italie, la Grèce et la France, la législation impose la fabrication industrielle des pâtes alimentaires à partir de blé dur exclusivement, alors que dans les pays nordiques, comme la R.F.A., l'emploi de blé tendre est autorisé. Dans le grand marché européen, à partir de 1993, il est vraisemblable que les pâtes alimentaires pourront être fabriquées avec du blé tendre, moins coûteux. On s'orientera sans doute vers deux catégories de pâtes : une meilleure qualité, plus chère, au blé dur, pour amateurs éclairés, une qualité plus courante, fabriquée avec du blé tendre, pour grand public.

Après avoir subi une stagnation et même une régression, la consommation de pâtes a connu, en France, une nouvelle croissance, liée d'abord à une réhabilitation des produits céréaliers ; les pâtes sont recommandées aux sportifs de haut niveau. Les industriels ont su profiter de ce retournement du marché pour offrir quantité de nouveaux produits : plats cuisinés à base de pâtes, pâtes « fraîches » en rayons frais ou surgelés, pâtes farcies aux épinards, pâtes à la tomate, etc.

En France, de nombreux produits en provenance d'Italie prennent une part croissante du marché, qui représente 6,7 kg par Français et par an, l'Italien consommant, lui, près de 25 kg de pâtes par an en moyenne. •

Les techniques de cuisson

La cuisson étant l'opération principale de préparation et de stabilisation des produits céréaliers, le four est toujours l'élément essentiel de l'atelier de production. Le traditionnel feu de bois a été remplacé par des méthodes modernes de chauffage pour lesquelles tous les types d'énergie rivalisent : fioul, gaz ou électricité. L'utilisation des rayons infrarouges tend à se répandre en complément d'une cuisson classique sur des produits emballés qui peuvent être conservés sur une période de deux mois.

2. Biscuits de type quatre-quarts, pasteurisés, sortant du four.

La révolution de la cuisson-extrusion

LA RECHERCHE DE NOUVEAUX PRODUITS À TEXTURE CRAQUANTE A DÉBOUCHÉ SUR L'INVENTION DU CUISEUR-EXTRUDEUR, QUI CONNAÎT UN GRAND SUCCÈS.

De tous les appareils introduits récemment dans l'industrie alimentaire, le cuiseur-extrudeur, originaire de l'industrie des plastiques, est sans doute celui qui a apporté le plus de changement, à la fois par ses caractéristiques techniques et par les produits qu'il permet de fabriquer.

S'il en existe de différentes dimensions, le cuiseur-extrudeur est en général constitué par un cylindre métallique de quatre à cinq mètres de long dans lequel tournent une ou plusieurs vis. Il comporte un système d'approvisionnement à une extrémité, dans lequel sont déversés en continu la farine ou les amidons qui sont soumis à la fois à une très forte pression (plusieurs dizaines de bars) et à un chauffage intense (250 °C). Un système d'injection d'eau, situé à la sortie de l'appareil et fonctionnant en phase de décompression, entraîne une structure expansée qui est la caractéristique originale des produits ainsi fabriqués. Suivant les formes données à la filière de sortie, on obtient, par exemple, des « snacks » ou amuse-gueules à base de céréales, des tartines croustillantes légères, des pains plats croustillants, ou encore des céréales pour le petit déjeuner.

En faisant varier les conditions de pression et de température, en ajoutant des ingrédients ou des arômes divers, la gamme de produits extrudés peut être extrêmement large. Appareil de format moyen dont le prix d'achat et le coût de fonctionnement ne sont pas excessifs, le cuiseur-extrudeur connaît un grand succès, à la mesure des produits croustillants qu'il permet de préparer et qui ont, pour les consommateurs, le double avantage d'être légers, car aérés, et de satisfaire le penchant pour le grignotage.

Le procédé de cuisson-extrusion se développe dans un grand nombre de directions. Il peut, par exemple, se substituer à des procédés de chauffage à la vapeur pour fabriquer des caséinates à partir de la caséine du lait ou pour produire des amidons modifiés : amidon prégélatiné, fluidisé, réticulé, oxydé, dextrines, etc. De même, une nouvelle application industrielle permet, pour le traitement de la graisse animale, de remplacer les procédés de fonte à sec en cuiseur par une production économique, à sec et en continu, de graisses répondant aux meilleures normes de qualité. D'autres domaines d'application se développent, comme celui des farines instantanées pour enfants, celui des soupes instantanées, etc.

Pour l'agroalimentaire, les produits obtenus par cuisson-extrusion, dans lesquels l'air occupe un volume important, posent des problèmes d'emballage et de stockage, largement compensés par l'intérêt de vendre, en volume, beaucoup d'air.

Une des qualités de la cuisson-extrusion est son caractère peu polluant, une autre est la capacité élevée de production de l'appareil : on obtient aujourd'hui des rendements de 9 à 10 tonnes par heure. Enfin, le cuiseur-extrudeur présente un grand intérêt pour les pays en voie de développement, qui commencent à installer des usines de traitement des grains. Pour toutes ces raisons, la cuisson-extrusion est une technique d'avenir. •

Les pains dans le monde

Il existe une extrême variété de pains, que l'on peut diviser en deux catégories : les pains, ou galettes, non levés et les pains levés. Le pain des origines, encore préparé dans de nombreux pays, est une simple galette de pâte non levée, préparée à partir de blé ou de maïs, cuite autrefois sur des pierres chaudes et aujourd'hui encore, en Turquie ou en Iran, sur des tôles de fer chauffées au feu. Les chapâti indiens sont également des espèces de crêpes azymes, de même que les tortillas, base de l'alimentation du paysan mexicain, préparées à la main ou industriellement à partir d'une pâte de grains de maïs moulus et pilés. Le pain azyme est très mince et léger, non levé et peu cuit. Parmi les pains levés, la gamme est particulièrement étendue, notamment en Europe, qu'il s'agisse des formes, des ingrédients de base, des arômes ajoutés. Les pains nattés, présents en Russie et dans beaucoup de pays nordiques, sont formés d'une tresse qui symbolise l'éternité.

L'Allemagne dispose de pains de toutes sortes, dont des pains de maïs ou des pains de seigle souvent prétranchés et présentés sous emballage hermétique, comme le célèbre pumpernickel, pain noir de Westphalie composé de pure farine de seigle, d'huile, d'eau et de sel. Beaucoup de spécialités européennes ont connu un grand succès aux États-Unis, comme les pittas du Moyen-Orient, les pizzas italiennes ou les bagels originaires d'Autriche, préparés, selon la tradition juive, à partir de farine, de sucre, de beurre, de blanc d'œuf et de lait.

3. Intérieur d'un four à pain.

Les corps gras

LES LIPIDES, AUTRE NOM des corps gras, représentent, avec les glucides et les protéines, les trois grandes catégories nutritionnelles. Parmi les corps gras, on distingue les huiles, en général d'origines végétales, qui sont liquides à température ordinaire alors que les graisses sont solides.

D'une grande richesse nutritionnelle, en calories et en vitamines, les matières grasses sont agréables à consommer en raison de leur onctuosité et des arômes qu'elles exhalent. Les végétaux fournisseurs d'huile, les oléagineux, appartiennent à de très nombreuses familles botaniques. C'est à partir de leurs graines ou de leurs fruits, riches en réserves lipidiques, que l'huile est obtenue ; on peut citer l'arachide, le sésame, le soja, le colza, le tournesol, le palmier à huile, l'olivier, etc.

À partir de ces graines et de ces fruits, la fabrication des huiles comprend deux grandes étapes : la trituration et le raffinage. L'industrie des corps gras, particulièrement puissante et inventive, a créé, depuis un siècle, un produit nouveau, substitut du beurre, la margarine, dont la composition et les qualités se transforment régulièrement pour mieux répondre aux attentes du marché. Aujourd'hui, se développent des corps gras « allégés » d'origine animale, dérivés du beurre, ou d'origine végétale de type margarine allégée.

Parallèlement à leur utilisation en alimentation humaine, les corps gras jouent un rôle croissant dans diverses autres industries, comme celle de l'alimentation du bétail (tourteaux), dans l'industrie des peintures et vernis, en savonnerie, en parfumerie, etc.

Fabrication des huiles végétales

LES HUILES ALIMENTAIRES SONT OBTENUES PAR COMBINAISON D'UNE PRESSION MÉCANIQUE, D'UNE EXTRACTION PAR SOLVANT CHIMIQUE ET D'UN RAFFINAGE QUI STABILISE LE PRODUIT.

Les familles et espèces botaniques susceptibles de fournir de l'huile sont très nombreuses. Parmi les palmiers, le cocotier donne l'huile de coprah ou l'huile de coco, le palmier à huile fournit l'huile de palme à partir de la pulpe du fruit, alors que l'amande donne l'huile de palmiste. Parmi les légumineuses, le soja est, de loin, la plante la plus exploitée, tandis que l'arachide perd en importance. L'olivier (oléacée) reste cultivé en Méditerranée. Le colza (crucifère), le tournesol et le carthame (composée), le coton (malvacée), le lin (linacée), le ricin (euphorbiacée) sont d'autres plantes qui fournissent des graines dont l'industrie extrait des huiles alimentaires ou destinées à l'industrie.

La fabrication des huiles comprend deux étapes principales. La première est l'extraction, à l'origine simplement mécanique, réalisée par broyage et pression, mais maintenant obtenue de manière continue en combinant des méthodes mécaniques avec un traitement chimique par un solvant, en général de l'hexane. Les huiles brutes ainsi extraites sont chargées d'impuretés et nécessitent un raffinage, deuxième étape de la fabrication. Celui-ci comprend l'élimination des gommes et mucilages, la neutralisation alcaline des acides gras libres, la décoloration par des filtres et une désodorisation par la vapeur (250 °C), sous vide (pression de l'ordre du millimètre de mercure). Grâce au raffinage, on obtient un produit pur et stable, l'huile dite « alimentaire », qui peut être stockée ou immédiatement conditionnée. Certaines huiles, comme celles de tournesol, d'olive ou de germe de maïs, supportant mal l'exposition à la lumière, sont conditionnées en bouteilles plastiques opaques. Celles qui supportent la lumière (colza, arachide) sont mises dans des bouteilles transparentes. Certaines huiles ne proviennent pas de ces traitements industriels complexes, mais d'une simple extraction par pression à froid. C'est le cas, par exemple, d'huiles d'olive, de tournesol, de noix, etc.

En dehors des huiles destinées à la consommation alimentaire directe, les industriels fournissent des quantités importantes de corps gras « modifiés » destinés à des usages particuliers que demandent d'autres branches agroalimentaires, telles que la biscuiterie, la chocolaterie, les plats cuisinés, les produits laitiers à tartiner. Les besoins de ces industries sont extrêmement précis, à la fois quant à la texture et, maintenant, à la composition nutritionnelle de ces ingrédients. Les industriels des corps gras sont donc confrontés à une double diversité : celle des matières premières et celle des produits qu'ils doivent fabriquer. Cela impose une grande flexibilité technologique. Ces opérations demandent des équipements et des investissements considérables : l'huilerie est une industrie lourde.

La margarine

FABRIQUÉE À PARTIE D'HUILES VÉGÉTALES HYDROGÉNÉES, LA MARGARINE EST LA GRANDE CONCURRENTE DU BEURRE.

Inventée en France par le pharmacien Mège-Mouriès, pour pallier la pénurie de beurre, brevetée en 1869, la margarine a connu un grand succès aux Pays-Bas et en Grande-Bretagne, où le procédé était exploité par deux sociétés indépendantes qui ont fusionné en 1929, donnant naissance à la firme Unilever, premier groupe agroalimentaire mondial. Ainsi baptisée en raison de son aspect initial nacré (gr. *margaron,* perle), la margarine est aujourd'hui un produit de grande consommation.

La fabrication de la margarine repose sur une série d'opérations chimiques, à partir d'huiles végétales, permettant d'obtenir une pâte constituée par l'émulsion d'une phase grasse (82 %) contenant de l'eau ou du lait, de la lécithine, des arômes, des colorants, etc. Les huiles riches en acides gras insaturés, comme les huiles de colza, de soja ou de tournesol, sont fluides à température ambiante, alors que les huiles riches en acides gras saturés, comme les huiles de coprah, de palme et de palmiste, sont plutôt solides à température ambiante. Ces dernières huiles sont dites concrètes. Plusieurs opérations sont nécessaires pour passer d'huiles végétales liquides à température ordinaire à une pâte solide : par l'hydrogénation, inventée par Sabatier et Senderens et qui consiste à fixer de l'hydrogène sur les doubles liaisons des acides gras insaturés, ou par l'interestérification, qui est un chauffage en présence de catalyseur, on peut modifier la constitution chimique et en conséquence le point de fusion.

Pour fabriquer de la margarine, on dispose aujourd'hui de procédés industriels continus (Votator) où sont réalisées à la fois les opérations d'émulsification, de refroidissement, de malaxage, puis de conditionnement.

Grâce à une gamme étendue de techniques, les fabricants de mar-

1. Huile d'olive obtenue par pression à froid.

Diversité des huiles alimentaires

Par ses qualités gustatives, par son rôle estimé préventif contre les accidents cardiaques l'huile d'olive (1 à 4), en particulier l'huile vierge obtenue par pression à froid, est un produit de haute valeur biologique dont la consommation reste cependant limitée aux pays et régions bordant la Méditerranée. Les huiles préparées à partir de produits tropicaux comme l'arachide, le coprah, le palmiste ou la palme représentent encore aujourd'hui en France une part notable des tonnages consommés à la fois par les ménages et par les autres industries alimentaires. Cependant, la production d'oléagineux, tournesol et colza a augmenté d'une manière spectaculaire depuis dix ans. Aussi, près de 70 % du marché des huiles consommées en France proviennent du tournesol, plante dont les rendements ont été fortement améliorés grâce aux progrès de la génétique.

garine peuvent utiliser les matières grasses les moins chères sur les marchés internationaux, en général des huiles végétales, et peuvent les transformer en une grande variété de types de margarine. Les additifs jouent un rôle très important pour apporter des qualités appréciées du public comme la couleur et l'arôme. C'est le cas, par exemple, du diacétyle, pour imiter le goût et l'arôme du beurre. Les industriels se préoccupent aussi d'améliorer les qualités nutritionnelles des margarines, notamment par adjonction de vitamines, par diminution du taux de matières grasses et augmentation de la proportion des acides gras polyinsaturés.

Pour toutes ces raisons, la consommation de la margarine augmente. En France, celle-ci est aujourd'hui d'environ 3 kg par habitant et par an, contre 8 kg pour le beurre. En Allemagne, les deux consommations s'équilibrent à 6 kg, tandis qu'en Grande-Bretagne la consommation de beurre est de 4 kg et celle de margarine de 6 kg. Le Damenark, avec 12 kg par habitant et par an, et les Pays-Bas, avec 11 kg, sont les premiers pays consommateurs. •

2. Stockage des olives en Espagne.

3. Cuves permettant des mélanges.

Qualités nutritionnelles des lipides

PAR LES ACIDES GRAS ET LES VITAMINES QU'ILS APPORTENT, LES LIPIDES SONT INDISPENSABLES À NOTRE ALIMENTATION.

Les lipides, qui constituent les corps gras, sont des nutriments particulièrement riches, notamment en ce qui concerne l'énergie, puisqu'un gramme de lipide fournit 38 kJ ou 9 kcal, soit deux fois plus qu'un gramme de glucide ou de protéine. L'excellente qualité alimentaire des lipides tient aussi à la présence dans leur composition d'une trentaine d'acides gras qui sont saturés, mono-insaturés ou polyinsaturés. Parmi les acides gras, polyinsaturés (P), certains, nommés « acides gras essentiels », ne peuvent être synthétisés par l'organisme humain et doivent donc être obligatoirement apportés par l'alimentation. C'est le cas de l'acide linoléique, très présent dans les végétaux et dont nos besoins quotidiens sont de 15 à 20 g, et de l'acide linolénique, indispensable pour l'élaboration et le fonctionnement des membranes cellulaires et le développement des cellules nerveuses. Le troisième acide gras essentiel est l'acide arachidonique, précurseur des prostaglandines, qui se rencontre dans les graisses animales comme le lait, le jaune d'œuf.

Les lipides jouent également un rôle indispensable dans l'absorption des vitamines qu'ils contiennent en dissolution : la vitamine A, ou rétinol, ou encore axérophtol, qui permet une bonne vision et se trouve dans les produits laitiers, dans le beurre en particulier ; la vitamine D, ou cholécalciférol, dotée d'une action antirachitique, qui est présente en abondance dans l'huile de foie de morue ; la vitamine E, ou tocophérol, favorable à la fécondité, qui se trouve dans les germes de céréales et les graines ; la vitamine K, enfin, dernière des vitamines liposolubles, qui intervient dans le processus de coagulation du sang et qui se trouve dans le foie et dans les graines.

À côté de ces qualités d'ordre nutritionnel, les lipides apportent à nos aliments des qualités organoleptiques exceptionnelles. Celles-ci sont liées d'abord à leur onctuosité, que l'on apprécie dans les crèmes, les assaisonnements, les sauces ; elles sont liées aussi aux arômes qui sont le plus souvent fixés sur les lipides, comme c'est le cas pour les fromages, pour les produits de charcuterie, ou même, pour les parties graisseuses des viandes (le « persillé »), qui en tirent leur saveur.

Pour ces raisons nutritionnelles et organoleptiques, les lipides sont très appréciés, trop, même, car leur consommation moyenne est généralement excessive dans les pays industrialisés. Ils représentent 42 % de l'apport énergétique en France, alors qu'ils ne devraient pas dépasser 30 à 35 % de la ration. Par ailleurs, un meilleur équilibre devrait être assuré entre les acides gras, dont nous consommons trop d'acides gras saturés (S) et pas assez d'acides gras polyinsaturés (P). Le rapport P/S de la ration moyenne est seulement de 0,35, alors qu'il devrait atteindre 0,70. Pour favoriser le retour à de meilleurs équilibres nutritionnels, les industriels offrent maintenant des produits allégés à teneur lipidique réduite. •

Unilever

Avec un chiffre d'affaires, en 1989, de 186 milliards de francs, Unilever est, de loin, la première entreprise agroalimentaire de la C.E.E. devant Bat Industries (Grande-Bretagne, 148 milliards), Ferruzzi (Italie, 114 milliards), Hanson (Grande-Bretagne, 78 milliards), Grand Metropolitan (Grande-Bretagne, 47 milliards), Allied Lyons (Grande-Bretagne, 47 milliards), B.S.N. (France, 42 milliards).

De statut néerlandais, Unilever, né en 1930 de la fusion de la société hollandaise Margarine Unie et de la société britannique Lever Brothers, représente un effectif total de 291 000 salariés répartis en 500 sociétés établies dans 75 pays.

Les activités d'Unilever portent essentiellement sur les matières grasses d'origine végétale (huile et margarine, marque Astra-Calvé), mais Unilever développe aussi des activités dans les détergents, les produits de toilette, la chimie fine et d'autres secteurs de l'agroalimentaire (produits laitiers).

4. Mise en bouteille automatique de l'huile.

Caractéristiques ménagères des corps gras

	cru ou assaisonnement	*friture*	*régime*	*cuisson pâtisserie*	*remarques*
Beurre	+	–	–	+	Ne supporte pas la cuisson prolongée (dégagement d'acroléine)
Huile d'arachide	+	+	–	+	Fusion à 180 °C, stable à la chaleur, pourcentage modéré en acide linoléique
Huile de colza	+	–	–	+	Peu coûteuse
Huile de maïs	+	–	+	–	Huile de régime
Huile de noix	+	–	–	–	Fragile à la chaleur
Huile d'olive	+	+	+	+	Fusion à 210 °C. Stimulant de l'évacuation vésiculaire
Huile de soja	+	–	+	–	Problème de conservation, notamment d'oxydation
Huile de tournesol	+	–	+	–	Bonne conservation, mais fragile à la chaleur
Margarine	+	+	–	+	Supporte la cuisson

L'huile d'arachide peut servir à douze bains de friture. Au contraire, l'huile de colza ne supporte pas les fortes chaleurs. L'huile de soja convient à tous les assaisonnements. L'huile de tournesol sert aux assaisonnements et aux fritures douces. L'huile de noix, au goût caractéristique, sert aux assaisonnements. L'huile d'olive, riche et digeste, peut être employée à tous les usages ; elle supporte d'être chauffée jusqu'à 200 °C.

Autres usages des corps gras

LES HUILES SONT UTILISÉES PAR LES INDUSTRIELS DES PEINTURES, DE LA PARFUMERIE, DE LA PHARMACIE, LES TOURTEAUX, POUR L'ALIMENTATION DU BÉTAIL.

La lampe à huile, bien avant l'Antiquité, éclairait déjà les hommes de la préhistoire, qui travaillaient à sa lumière pour décorer les parois des grottes. De nos jours, en dehors des industries alimentaires, bien d'autres industries demandent des huiles et des graisses, et les débouchés s'accroissent : par exemple, pour fabriquer des peintures et vernis, auxquels les huiles, en particulier l'huile de lin, apportent leurs qualités siccatives.

Les industries de la parfumerie et des cosmétiques, qui diversifient leurs produits et leurs marchés, sont des acheteurs importants d'huile de coco, notamment pour fabriquer les savons courants auxquels cette huile apporte ses qualités de dureté, de stabilité et d'aptitude à la mousse. De même, en parfumerie, le beurre de cacao et le beurre de karité entrent dans la composition de crèmes solaires, de rouges à lèvres, etc.

La pharmacie utilise également les corps gras pour un très grand nombre de médicaments. Certaines huiles ou graisses interviennent seulement comme support pour donner de l'onctuosité à des crèmes ou des potions. D'autres corps gras ont un rôle plus médical, comme l'huile de karité, qui est cicatrisante, ou l'huile de lin, qui est purgative.

Parmi les plantes oléagineuses dont les usages sont croissants, il faut citer le ricin. L'huile qu'elle fournit a une grande diversité d'utilisations industrielles, traditionnellement pour les peintures et vernis, mais aussi pour la fabrication de plastiques comme le Nylon 11 ou le Rilsan, celui-ci ayant un très grand nombre de débouchés. L'huile de ricin intervient également dans la fabrication d'élastomères et de mousse de polyuréthanne.

Mis à part les usages que l'on fait des corps gras dans ces industries, il existe une utilisation des sous-produits de la fabrication des huiles qui concourt de manière indirecte à l'alimentation humaine. Il s'agit de l'emploi des tourteaux dans l'alimentation animale. Ceux-ci, constitués par les résidus des graines et des fruits oléagineux après extraction de l'huile, sont riches en protéines et sont employés à ce titre. Ils ont une teneur variable en protides suivant les graines dont ils proviennent. Le tourteau de soja est le plus riche et, de ce fait, le plus utilisé. La consommation de tourteaux a connu une croissance régulière en raison de l'intensification de l'élevage. Les besoins en sont devenus tellement importants que, pour l'industrie de trituration du soja, par exemple, le tourteau est devenu le principal produit, l'huile étant maintenant considérée comme sous-produit ou comme coproduit. •

→ **Voir aussi :** Les oléagineux et les protéagineux, **AGRI**, p. 436-437. Le traitement des produits laitiers, **ALIM**, p. 494-495.

Le traitement des produits laitiers

BIEN QUE TOUS LES MAMMIfères produisent du lait et que les laits d'ânesse, de brebis, de bufflesse, de chamelle, de chèvre, de jument ou de renne soient utilisés ici ou là, le lait de vache est de très loin le premier lait de consommation. À l'échelle mondiale, il est la source d'une activité industrielle considérable.

Le lait est une matière première d'une très grande richesse biochimique et nutritionnelle. Plusieurs centaines de produits sont fabriqués à partir du lait par une industrie dont le souci principal est d'abord d'ordre hygiénique, car le lait, en raison même de sa richesse, est un milieu dans lequel les micro-organismes se développent très rapidement. Toutes les techniques mises en œuvre par l'industrie laitière visent à obtenir des produits de haute qualité : il s'agit avant tout de s'assurer d'une collecte satisfaisante pour une chaîne du froid qui commence dans les fermes, équipées aujourd'hui de citernes, ou « tanks », en acier inoxydable de 6 000 litres ou plus, permettant de stocker, à la température de 4 °C, le produit des 2, 4 ou 6 traites quotidiennes. Les camions réfrigérés, souvent des semi-remorques d'une capacité de 25 000 litres, passent dans les fermes tous les deux ou trois jours, avant de vider leurs citernes dans les cuves de stockage des laiteries.

Le premier traitement que subit le lait est un chauffage, pasteurisation ou stérilisation, permettant une stabilisation de l'état microbiologique. Après quoi sont obtenus les divers types de laits de consommation, le beurre, les fromages, les yaourts et produits frais, les crèmes glacées et les desserts lactés.

Beurre et produits allégés

OBTENU PRIMITIVEMENT PAR BARATTAGE DE LA CRÈME, LE BEURRE EST AUJOURD'HUI UN PRODUIT FABRIQUÉ INDUSTRIELLEMENT DANS DES BUTYRATEURS.

Si le lait est une émulsion de globules de matière grasse dans de l'eau, à l'inverse le beurre est une émulsion aqueuse (15 à 16 %) dans 82 à 84 % de lipides, l'extrait sec non gras représentant environ 2 % du poids total. Les caractéristiques organoleptiques du beurre sont assez variables. Sa couleur jaune, par exemple, dépend de la richesse en carotène des fourrages, le beurre d'été étant plus coloré que le beurre d'hiver. Des colorants naturels comme le carotène ou le rocou peuvent être introduits en cours de fabrication. De même le goût caractéristique du beurre, dit de noisette, est lié à la présence d'un composé aromatique, le diacétyle. Parmi les autres additifs autorisés en beurrerie, il faut citer l'acide ascorbique, ou vitamine C, comme antioxydant ; des produits désacidifiants comme la chaux ou la magnésie et enfin le sel, le beurre demi-sel contenant 2 à 5 % de sel et le beurre salé de 5 à 10 %. Le beurre contient d'autres constituants naturels : la vitamine A et le carotène qui apportent un argument nutritionnel important pour la publicité en faveur du beurre ; au contraire, le taux de cholestérol (250 mg pour 100 grammes) est souvent dénoncé par les nutritionnistes, ainsi que la richesse calorique de 750 Kcal pour 100 g.

La fabrication du beurre est une opération physique relativement simple à partir de la crème, donc de la matière grasse du lait. Il faut en moyenne 22 à 25 litres de lait pour obtenir 1 kg de beurre. Les beurreries modernes sont équipées de butyrateurs ou barattes continues en acier inoxydable dans lesquelles le baratage a lieu par friction à 500 tours par seconde et qui atteignent des rendements de 10 à 12 tonnes/heure. Dans ces installations entièrement automatisées, la crème est stockée en amont dans des tanks réfrigérés en inox et, à l'autre extrémité, le beurre est empaqueté, les paquets sont encartonnés, les cartons sont palettisés.

Il existe en France encore 1 500 beurreries, 80 d'entre elles situées dans l'Ouest : Bretagne, Pays de Loire, Normandie, Charentes produisant 95 % du beurre français. Malgré de bons crus ayant une appellation d'origine

Les laits de consommation

LE TRAITEMENT THERMIQUE DU LAIT POUR LE CONSERVER À L'ÉTAT LIQUIDE, POUR LE CONCENTRER, POUR LE SÉCHER À L'ÉTAT DE POUDRE, CONDUIT À DES PRODUITS VARIÉS.

L'industrie laitière collecte le lait cru réfrigéré qui, dès son arrivée à l'usine, subit un premier traitement de standardisation de la matière grasse. À partir des laits de compositions différentes fournis par les éleveurs, l'usine élabore trois catégories de lait : du lait écrémé à 0 % de matières grasses, du lait demi-écrémé à 15,5 g de matières grasses par litre et du lait entier à 36 g de matières grasses par litre. Le lait subit ensuite un traitement par la chaleur : soit une pasteurisation-chauffage autour de 80 °C pendant 15 à 30 secondes, soit une stérilisation, aujourd'hui pratiquée majoritairement sous forme U.H.T. (Ultra Haute Température) par laquelle le lait est soumis à une température de 140 °C pendant 2 à 3 secondes dans un stérilisateur à serpentin. Il doit être ensuite conditionné d'une manière stérile, dans une bouteille operculée ou, le plus souvent, dans un emballage appelé « brique », constitué de plusieurs couches successives : polyéthylène, carton et aluminium. Des machines dites « de suremballage » permettent de regrouper les briques par *packs* de 6 dans un film plastique. Ces packs sont placés sur des palettes qui sont enveloppées dans un autre film plastique, puis passées dans un four de rétraction. À partir de ce moment le stockage peut se faire à l'air ambiant, le produit étant stérile et son conditionnement étanche. Cette commodité de conservation est à la base du succès prodigieux du lait U.H.T., en général demi-écrémé.

L'industrie laitière est née au XIXe siècle de procédés de transformation du lait, en poudre ou condensé, à des fins de conservation. Toutefois, pendant longtemps, le lait de consommation courante est resté un produit « frais ». Même pasteurisé, il nécessitait d'être conservé au froid. Depuis une vingtaine d'années, la technique de la société norvégienne Tetrapack pour la stérilisation et le conditionnement stérile permet d'avoir un lait de consommation qui se conserve trois mois à température ordinaire ; c'est pourquoi le lait ne fait plus partie du rayon frais dans les magasins d'alimentation. Dans les foyers, il est stocké à l'air libre et n'entre au frigidaire que lorsque la brique est entamée. Cette nouvelle disponibilité a sans aucun doute contribué à augmenter la consommation de lait : un litre supplémentaire par an en moyenne en France. Pourtant, la consommation en France n'est que de 64 litres par habitant et par an, alors que celle des Américains atteint 108 litres et celle des Norvégiens 202 litres.

Deux phénomènes ont marqué au cours des dix dernières années la consommation de lait en France : le premier a été la prééminence (75 %) du lait U.H.T. sur les autres catégories de lait, alors que, pour l'ensemble de l'Europe, la situation est inversée en faveur du lait pasteurisé. Corrélativement, on a assisté, dans l'industrie, à une diminution importante du nombre des entreprises produisant du lait de consommation : on ne compte plus que 190 usines, alors qu'il y en avait le double vingt ans auparavant. La concentration industrielle se poursuit, les vingt premières laiteries produisant la moitié du lait de consommation.

Outre les laits liquides, le consommateur trouve à sa disposition du lait en poudre, obtenu par dessication de lait préalablement concentré. La poudre de lait peut être conservée deux à trois ans si elle est emballée sous vide, ce qui facilite son transport et son stockage. Elle sert à reconstituer des laits liquides par des technologies appropriées dans les pays en voie de développement. La poudre de lait sert non seulement à l'alimentation humaine, mais aussi à la fabrication de laits de remplacement pour les jeunes animaux d'élevage.

Enfin, les laits concentrés se présentent sous deux formes : le lait concentré ordinaire, stérilisé et mis en boîtes métalliques après lui avoir fait perdre par chauffage 50 à 65 % de son eau, et le lait concentré sucré, qui est obtenu par chauffage du lait mélangé à un sirop de sucre. •

1. Observation et mesures microbiologiques.

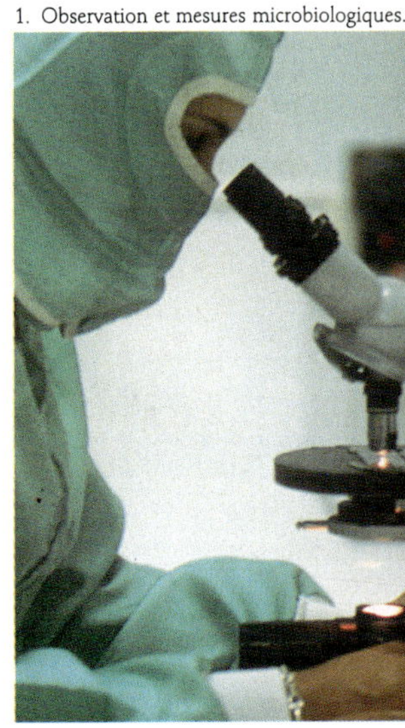

Qualités nutritionnelles des produits laitiers (en g pour 100 g)

	eau	*glucides*	*lipides*	*protides*	*calcium*	*calories*
Lait entier	87,5	4,6	4	3,5	0,125	70
Lait demi-écrémé	90,3	4,8	1,5	3	0,120	45
Crème fraîche épaisse	64	2,5	31	2,3	0,078	300
Beurre	16	0,9	82	0,7	0,015	740

Le lactose est, quantitativement et biologiquement, le glucide le plus important. Il est présent dans le lait de pratiquement tous les mammifères. La composition chimique des lipides est complexe : la matière grasse du lait de vache contient 98 % de triglycérides, 1 % de phospholipides et 1 % de lipides insaponifiables. La caséine est la protéine du lait la plus importante pour la fabrication des fromages et des laits fermentés. Le lait contient une grande variété de sels minéraux, sous forme de sels non ionisés ou faiblement ionisés, le calcium et le phosphore étant les plus notables sur le plan alimentaire. Le lait est enfin une source importante de vitamines (A, B, C, D, E). Le yaourt a une composition comparable à celle du lait, mais il est plus facile à digérer car le lactose y est transformé en acide lactique. Les yaourts enrichis en fruits contiennent plus de sucre. Le beurre est une bonne source de vitamine A.

(Charentes, Échiré, Deux-Sèvres), l'image du beurre est restée assez neutre auprès des consommateurs qui se sont montrés sensibles aux offensives des margariniers et à la diversité des margarines, tandis que les industriels laitiers ont longtemps adopté une attitude défensive sur le front du naturel et du traditionnel. En témoigne leur réticence à fabriquer des beurres allégés, expression d'ailleurs illégale puisque le nom autorisé pour ces produits est « pâte à tartiner à teneur en lipides réduite » (P.T.L.R.). En France, la société Saint-Hubert à Nancy a été la première à lancer un produit de ce type, baptisé Saint-Hubert 41, contenant 41 % de matières grasses, soit deux fois moins que le beurre ordinaire. Ce nouveau produit, sous licence suédoise, a rencontré un grand succès qui a incité la plupart des groupes laitiers à commercialiser des produits allégés de ce genre. De cette façon, le beurre a retrouvé une nouvelle vigueur sur le marché. •

Yaourts et produits frais

LES YAOURTS ET LES PRODUITS FRAIS, PRODUITS PAR DES CHAÎNES INDUSTRIELLES AUTOMATISÉES, SONT ACHEMINÉS VERS LES POINTS DE VENTE GRÂCE À UN GRAND EFFORT LOGISTIQUE DE RAPIDITÉ ET DE SÉCURITÉ.

La famille des produits laitiers frais, qui absorbe 13 % de la collecte du lait, connaît une croissance exceptionnelle et régulière sur ses trois principaux segments : les yaourts, les fromages frais, les desserts lactés. Si les principes de fabrication sont relativement simples – tous ces produits étaient autrefois élaborés dans les familles –, les problèmes posés au niveau industriel sont extrêmement délicats. Il s'agit surtout pour les yaourts de maîtriser l'action des micro-organismes ou ferments favorables, le *Streptoccocus thermophilus* et le *Lactobacillus bulgaricus,* et d'éviter le développement d'autres micro-organismes contaminants. Pour cela, les usines, aujourd'hui entièrement automatisées, sont équipées pour une circulation des produits dans des récipients en acier inoxydable entièrement clos, les nettoyages s'effectuant, avec désinfection, selon le système dit « en place » automatique et contrôlé. Pour les yaourts, le lait, préalablement pasteurisé, est stocké dans des cuves de fermentation. Avant le conditionnement, on procède à l'adjonction éventuelle de sucre, d'arômes de fruits divers, et même de morceaux de fruits, puis le remplissage a lieu d'une manière aseptique ; enfin, un opercule métallique est déposé sur le dessus de chaque pot et fixé par thermosoudage.

Les produits laitiers frais ont une durée de vie limitée à 24 jours à dater de leur fabrication. Ils doivent toujours être maintenus au froid positif (température entre 0 et 6 °C), depuis l'usine, au cours des transports, dans les magasins et dans les foyers.

Le grand intérêt nutritionnel du yaourt est de contenir des ferments vivants. Ce n'est pas le cas lorsque les produits analogues, qui ne méritent pas le nom de yaourt, sont des laits fermentés ayant subi une pasteurisation et qui se conservent donc plus facilement et plus longtemps.

L'industrie du yaourt, qui met quotidiennement sur le marché 20 millions de pots, est une spécialité française reconnue à la fois pour sa technologie et pour son aptitude à organiser les relations amont et aval des usines. Dans de nombreux pays du monde, les industries laitières françaises ont installé des usines ou ont passé des accords de franchise pour aider à l'implantation d'usines de yaourts. En France même, le marché des yaourts a entraîné la croissance des ventes des produits voisins comme les fromages frais (fromages n'ayant subi ni affinage ni traitement thermique) du type petit-suisse, ou comme les desserts lactés. Le petit-suisse est un fromage à pâte fraîche fabriqué à partir de lait de vache enrichi de crème, présenté en petit cylindre de 30 g. Le fromage à la pie est un fromage souvent aromatisé de fines herbes. Mais la grande innovation des dernières années est représentée par les laits fermentés au « bifidus » *(Bifidobacterium bifidum* et *B. longum)* lancés en France par la firme Saint-Hubert de Nancy sur un brevet japonais. Aujourd'hui toutes les grandes entreprises laitières ont un produit de ce type dont le succès est lié à la fois à son onctuosité originale et à ses qualités nutritionnelles, ces bactéries ayant la réputation de protéger contre les infections intestinales et de faciliter la digestion. •

2. Mesures physico-chimiques.

3. Contrôle de qualité des produits frais.

Le triomphe du laboratoire

Le lait n'est pas un liquide stérile. Quelles que soient les précautions prises pour le recueillir, il reste toujours peuplé d'une flore bactérienne plus ou moins abondante. C'est pourquoi le traitement du lait ainsi que la fabrication des produits laitiers sont accompagnés d'opérations pour garantir une parfaite qualité hygiénique et alimentaire.
La microflore du lait, obligatoirement exempte de germes pathogènes, doit être aussi réduite que possible. La détection des germes se fait en laboratoire selon des techniques appliquées en médecine (1). Les mesures physico-chimiques (2) nécessitent parfois un appareillage relevant de la haute technologie. Un sévère contrôle sur les chaînes industrielles est nécessaire pour relever les moindres vices de fabrication (3).

Nestlé

Né d'une petite société fabriquant du lait condensé fondée à Cham, en Suisse, par Henri Nestlé en 1866, le groupe Nestlé est devenu une des plus grandes multinationales du secteur alimentaire tout en conservant à la fois sa nationalité d'origine – le siège social étant installé en bordure du lac Léman à Vevey (Suisse) – et sa principale activité dans le domaine laitier. Cependant, le groupe Nestlé a considérablement diversifié son domaine de production et se situe dans les premiers rangs mondiaux pour le chocolat, pour le café, en particulier pour les poudres instantanées atomisées et lyophilisées, pour les crèmes glacées et produits surgelés. Il s'est tourné plus récemment vers la cosmétique et la pharmacie.

Avec un chiffre d'affaires en France de 21,5 milliards et un effectif de 21 000 salariés, Nestlé France est au deuxième rang de l'agroalimentaire derrière B.S.N., qui réalise un chiffre d'affaires de 42,1 milliards avec un effectif de 41 000 salariés. Dans le monde, Nestlé est la seconde entreprise agroalimentaire derrière Unilever. Avec près de 400 usines et un effectif de 200 000 salariés, Nestlé réalise un chiffre d'affaires de 166,8 milliards de francs.

Crèmes glacées et desserts lactés

L'INDUSTRIE AGROALIMENTAIRE A SU DONNER AUX CRÈMES GLACÉES ET AUX DESSERTS LACTÉS UN EXTRAORDINAIRE DÉVELOPPEMENT AU COURS DES DERNIÈRES ANNÉES.

Les glaces ou crèmes glacées sont fabriquées par congélation d'un mélange pasteurisé de lait, de crème et de sucre (saccharose) parfumé à l'aide de fruits, de jus de fruits ou d'un arôme. D'autres ingrédients interviennent également, tels les stabilisants : gélatine alimentaire, blanc d'œuf, agar-agar, caroube. Les glaces dites « aux œufs » doivent contenir au moins 10 % de jaunes d'œufs. La fabrication de glaces demande une grande attention hygiénique, de même que leur distribution, qui implique une continuité rigoureuse de la chaîne du froid. Bien que la production industrielle domine très largement, il existe encore des fabrications artisanales de crèmes glacées. En revanche, les desserts lactés ont été mis au point et mis sur le marché par de grandes sociétés industrielles.

Les desserts lactés sont apparus sur les rayons « ultrafrais » à côté des yaourts et ont joué sur les mêmes critères d'attraction : le naturel, la diététique, les goûts diversifiés, en y ajoutant pour les crèmes desserts un caractère festif, comme pour les mousses ou les « liégeois ». Les desserts lactés sont préparés d'abord avec du lait, du sucre, des arômes et toute une gamme d'ingrédients en général naturels qui contribuent à leur texture onctueuse comme les alginates, sels de l'acide alginique préparés à partir d'algues de la famille des laminaires, ou les carraghénates préparés à partir de lichens et qui possèdent également des propriétés gélifiantes.

Le rayon crèmerie, c'est-à-dire l'ensemble des produits laitiers frais dans les magasins, est considéré par les grandes surfaces comme le « linéaire » vedette, le plus attractif pour la clientèle. La rotation de ces produits est rapide : 2 jours en moyenne contre 15 pour l'ensemble de l'alimentaire. Aussi la rentabilité est-elle trois fois plus élevée en supermarché et dix fois plus en hypermarché que celle de l'épicerie sèche.

Pour répondre à une demande qu'ils savent périodiquement réactiver avec des produits nouveaux, aujourd'hui par exemple avec les « allégés », les industriels investissent en recherche-développement d'abord, mais aussi en équipements pour la production de produits laitiers frais. C'est ainsi que la société B.S.N. a installé en Isère, à Saint-Just-Chaleyssin, l'usine la plus grande, conçue pour 100 000 tonnes par an, et la plus perfectionnée du monde. Il s'agit d'une usine « ultrapropre » avec des équipements entièrement automatisés, de l'air filtré, voire stérilisé, au-dessus des chaînes de fabrication et de conditionnement. Par ce type d'usine, l'industrie laitière se rapproche de l'industrie pharmaceutique. •

→ **Voir aussi :** Les bovins laitiers, **AGRI**, p. 456-457, Ovins et caprins, **AGRI**, p. 460-461, Les fromages, **AGRI**, p. 496-497.

Les fromages

L'ÉLABORATION ET LA consommation des fromages remonte très haut dans l'histoire de la gastronomie, la plupart des fromages ayant été inventés et développés par les moines défricheurs du Moyen Âge. Actuellement, la fabrication des fromages est une activité industrielle fournissant un marché très soutenu qui donne lieu à des échanges internationaux d'ampleur croissante.

La fabrication industrielle des fromages reprend les méthodes pratiquées autrefois à la ferme ou dans les ateliers artisanaux. Chaque type de fromage est obtenu par une série d'opérations délicates mises au point par des générations de producteurs. La première opération est la coagulation, ou caillage du lait, qui donne un gel de caséine, lequel est soumis dans une deuxième phase à une déshydratation partielle ou égouttage. La troisième et dernière opération est le salage, suivi enfin par l'affinage qui donne au produit fini ses qualités d'arômes, de saveur et de texture.

L'industrie fromagère dispose d'une technologie très développée, en France notamment, renforcée par des procédés récemment mis au point, comme l'ultrafiltration.

À côté de la production industrielle subsiste une production artisanale fermière donnant lieu à une vente directe aux consommateurs.

Parmi la grande diversité des fromages, certains ont acquis une réputation internationale, comme le roquefort ou le camembert, le cheddar, d'origine britannique, qui est le fromage le plus commercialisé dans le monde, le gouda hollandais ou le gorgonzola italien.

1. Berger et son troupeau de brebis sur le mont Lozère.

2. Contrôle sanitaire du lait.

La fabrication des fromages

LE FROMAGE EST UN PRODUIT, FERMENTÉ OU NON, OBTENU PAR ÉGOUTTAGE APRÈS COAGULATION DU LAIT OU DE LA CRÈME.

Traditionnellement, la première transformation du lait pour fabriquer du fromage est le caillage, coagulation obtenue sous l'action de la présure, extrait provenant de la caillette des jeunes bovins, ou sous l'action d'acide lactique. Au cours du caillage, il se forme un gel compact, ou caillé, constitué par les micelles de caséine du lait qui emprisonnent le sérum liquide.

La seconde étape, après le caillage, est l'égouttage au cours duquel la phase liquide, ou lactosérum, est éliminée. Autrefois naturel et spontané, l'égouttage est accéléré dans l'industrie par différentes méthodes : découpage du caillé en morceaux, pression de la masse ou, éventuellement, cuisson pour les fromages de type pâte cuite. Le lactosérum, liquide légèrement opalescent, constitué surtout d'eau, contient les substances dissoutes du lait : lactose, sel, protéines solubles. Séché par atomisation, le lactosérum devient une poudre utilisée pour l'alimentation du bétail et aussi pour un grand nombre de produits en alimentation humaine, comme les crèmes glacées, les pâtisseries et viennoiseries, etc. Pendant ou après l'égouttage, le caillé est placé dans un moule qui donne sa forme définitive au fromage.

La troisième opération est le salage du caillé, suivi ensuite de l'affinage. Toutefois, pour les fromages à pâte molle, par exemple du type camembert, il existe, avant l'affinage, une phase longue d'une douzaine de jours environ, pendant laquelle les caillés moulés sont placés dans un hâloir, ou séchoir, à 15 °C et à un degré hygrométrique de 80 à 85 %. Pendant cette période apparaît, en surface, la fleur de *Penicillium candidum*. L'ultime étape est l'affinage, maturation déterminante pour la qualité terminale du fromage. L'affinage a lieu dans des locaux à température appropriée (10 ou 18 °C) et à un degré hygrométrique élevé (85 à 95 %). Pendant l'affinage, qui dure de 3 semaines à 3 mois, le fromage perd encore de l'eau, forme sa croûte et dans sa masse se produisent des transformations microbiennes ou enzymatiques qui améliorent son arôme, sa saveur, sa texture. •

Les techniques de pointe

AVEC L'ULTRAFILTRATION ET L'OSMOSE INVERSE, L'INDUSTRIE LAITIÈRE DISPOSE DE TECHNIQUES NOUVELLES QUI PEUVENT RÉVOLUTIONNER L'ÉCONOMIE DU SECTEUR.

L'industrie fromagère s'est longtemps contentée de transposer à l'échelle industrielle des techniques et des recettes utilisées par des générations d'artisans. Cependant, depuis une dizaine d'années, l'utilisation des membranes semi-perméables, mises au point dans l'industrie nucléaire, a largement pénétré l'industrie laitière, qu'il s'agisse d'osmose inverse, d'ultrafiltration et, peut-être demain, de microfiltration qui permet une épuration bactérienne du lait à température ordinaire, dénommée, dans l'industrie des fromages, « sanitisation froide ».

L'osmose inverse, qui permet de retenir des molécules de petite masse (quelques dizaines de daltons) avec une pression élevée, jusqu'à 80 bars, est utilisée pour la concentration du lait destiné à la fabrication de crèmes glacées et de yaourts. Elle est également employée pour le traitement du lactosérum. De son côté, l'ultrafiltration, qui permet de retenir de plus grosses molécules (un millier de daltons) avec une pression basse, de l'ordre de 10 bars, est utilisée en industrie laitière pour concentrer le lait destiné à la fabrication des fromages. La concentration aboutit à une élimination de la moitié de l'eau pour les fromages frais et des quatre cinquièmes pour le camembert. On obtient ainsi un « préfromage » dont les teneurs en protéines et en matières grasses permettent d'obtenir un fromage final de meilleure qualité. Ce procédé, appliqué aujourd'hui pour les fromages à pâte molle, sera appliqué prochainement aux fromages à pâte pressée. Si ces techniques sont un jour appliquées à la ferme, elles provoqueront un progrès considérable dans l'économie laitière : au lieu de ramasser du lait, on recueillerait un concentrat au cinquième, l'eau étant éliminée. •

Qualités nutritionnelles des fromages

	protéines g/100 g	*lipides g/100 g*	*calcium mg/100 g*	*kcal pour 100 g*
fromage frais	10	0 à 9	100 à 160	50 à 150
pâtes molles camembert, brie	20	20 à 28	150 à 380	260 à 350
pâtes pressées non cuites cantal, reblochon, saint-nectaire	24 à 27	24 à 29	657 à 865	326 à 384
pâtes pressées cuites comté, emmental	27 à 29	28 à 30	900 à 1 100	390 à 400
pâtes persillées bleus, roquefort	20	27 à 32	722 à 870	414

4. Affinage dans les caves de Roquefort, ou fleurines.

3. Égouttage des caillés moulés.

La saga du roquefort

Préparé exclusivement à partir de lait de brebis élevées dans l'Aveyron et dans les départements voisins, le roquefort, fromage le plus prestigieux, est préparé par un ensemencement en *Penicillium roqueforti* qui développe les veines bleues caractéristiques. Il est ensuite affiné pendant trois mois dans les caves naturelles, ou fleurines, du village de Roquefort, près de Millau dans l'Aveyron. Dans ces caves, la température est maintenue naturellement à 7 °C et l'humidité est également régulée par les fissures et les vents qui circulent dans la masse calcaire rocheuse. Parti de ce village, le roquefort est exporté dans de très nombreux pays du monde.

Les grands fromages français

SECOND PRODUCTEUR APRÈS LES ÉTATS-UNIS, LA FRANCE VIENT EN TÊTE POUR LA VARIÉTÉ ET LA QUALITÉ DE SES FROMAGES.

La France est le pays des fromages. Dans chaque région il existe plusieurs variétés différentes par la taille, la composition, le goût et l'arôme. Les recettes de ces spécialités ont été élaborées au cours des temps en fonction de facteurs écologiques ou économiques précis : par exemple, on constate que dans les régions montagneuses éloignées des lieux de consommation la taille des fromages comme leur aptitude à la conservation sont grandes, alors que dans les régions proches des villes, les fromages sont plus petits et souvent de courte durée de vie.

Les fromages sont classés selon le mode de fabrication et l'état du produit fini. En dehors des fromages frais, on distingue ainsi 9 classes de fromages.

1 – Fromages de lait de vache, fermentés, à pâte molle et croûte fleurie, à caillé non malaxé, à égouttage spontané et à moisissures externes *(Penicillium caseicolum)*. Le type de cette catégorie est le camembert, qui est le fromage le plus consommé en France avec, cependant, seulement 17 % du tonnage total, ce qui souligne la grande variété des spécialités. Le camembert de Normandie est toujours fabriqué au lait cru, alors que le camembert ordinaire est fabriqué à partir de lait pasteurisé. Dans cette même classe de fromage, il faut signaler les bries, le carré de l'Est, le coulommiers, le chaource et le neufchâtel, qui bénéficient de la précieuse appellation d'origine.

2 – Fromages de lait de vache, fermentés, à pâte molle, à croûte lavée, à caillé non malaxé, à égouttage accéléré et à surface lavée au cours de l'affinage : livarot, maroilles, munster, pont-l'évêque, langres, époisses, mont-d'or, etc.

3 – Fromages de lait de vache, fermentés, à pâte persillée, à égouttage accéléré par découpage et brassage, dont la pâte contient des marbrures vertes provenant d'un champignon, le *Penicillium glaucum* : les « bleus » de Bresse, d'Auvergne, des Causses, de Gex, la fourme d'Ambert et celle de Montbrison.

4 – Fromage de lait de vache, fermentés, à pâte pressée non cuite, pâte demi-dure, caillé présure, à égouttage accéléré par découpage, brassage et pressage : cantal, laguiole, reblochon, saint-nectaire, salers, saint-paulin, tomme de Savoie, etc.

5 – Fromages de lait de vache, fermentés, à pâte cuite, pâte dure, caillé présure, à égouttage accéléré par découpage, brassage, cuisson et pressage : beaufort, comté, emmental français, etc.

6 – Fromages de chèvre, fabriqués exclusivement avec du lait de chèvre, à pâte molle et à croûte fleurie : crottin de Chavignol, pouligny-saint-pierre, selles-sur-cher, picodon, chabichou, valençay, pelardon, cabecou, sainte-maure, ruffec, etc. La diversité des fromages de chèvre s'accroît régulièrement.

7 – Fromages de brebis, exclusivement au lait de brebis, fermentés, à pâte persillée, dont le type est le roquefort. Celui-ci monopolise pratiquement la production de lait de brebis en France (130 millions de litres). Il est un exemple extraordinaire de qualité artisanale transposée à l'échelle industrielle et appréciée dans le monde entier.

8 – Fromages de laits mélangés, fabriqués avec du lait de vache mélangé à du lait de chèvre ou à du lait de brebis.

9 – Fromages fondus, fabriqués par cuisson ou fonte d'autres fromages, comme la crème de gruyère, les pâtes à tartiner de diverses marques. •

Les fromages du monde

LES FROMAGES FABRIQUÉS PAR L'INDUSTRIE ET LES PLUS LARGEMENT COMMERCIALISÉS DANS LE MONDE SONT SURTOUT DE TYPE ANGLO-SAXON, MAIS IL EXISTE UNE GRANDE VARIÉTÉ DE FROMAGES ARTISANAUX DE GRANDE SAVEUR.

Toutes les populations qui élèvent des animaux laitiers consomment en général une partie du lait sous forme liquide et transforment l'autre en fromages de divers types qui assurent une conservation et une concentration des qualités nutritionnelles du lait. Les variétés de fromages artisanaux sont innombrables. Seul un pays, et non des moindres, le sous-continent indien, n'a pas de tradition fromagère au sens où nous l'entendons. Pourtant, avec plus de 240 millions de bovins dont 75 millions de vaches ou bufflesses laitières, l'Inde est le plus grand pays d'élevage du monde. On sait le caractère sacré de ces animaux et le refus de consommer leur viande. Par contre, le lait, le yaourt, le beurre clarifié (ou « ghee ») représentent les trois grandes formes de consommation des produits lactés. La grande surprise est de constater qu'il n'existe pas de fromage dans l'ensemble du continent. Un des arguments avancés pour expliquer l'absence de tradition fromagère est le refus d'utiliser la présure animale par des végétariens ; mais il existe en Inde bien des plantes dont la sève pourrait servir de caille-lait. En réalité, il existe une fabrication artisanale considérable d'un lait condensé par ébullition auquel on ajoute du sucre et qui aboutit à des confiseries solides qui se conservent longtemps et peuvent être assimilées à une espèce de fromage sucré. Sans doute la très vieille tradition de culture de la canne à sucre en Inde est-elle à l'origine de ce type de produit et l'existence de ces « confiseries-fromages » a empêché la fabrication de fromages salés tels qu'ils existent dans le reste du monde.

Les grands fromages de fabrication industrielle commercialisés dans le monde sont d'origine anglo-saxonne. En tête par les tonnages, vient le cheddar, originaire du comté de Somerset en Grande-Bretagne mais fabriqué dans le monde entier, particulièrement sur le continent nord-américain. Le cheddar est un fromage à pâte pressée, non cuite, non colorée, contenant environ 45 % de matières grasses, présenté sous forme d'un cylindre de 35 à 40 cm de diamètre, d'une hauteur égale. Son poids est d'environ 30 kg. Voisin du cheddar, le cheshire a une pâte colorée en rouge, sa variété française étant le chester.

Les fromages hollandais sont également exportés, ou imités dans beaucoup de pays. Le gouda vient en tête. Originaire de la province de Zuidholland, il est fabriqué à partir de lait pasteurisé. Sa pâte pressée est mi-dure, sa croûte paraffinée est teintée de jaune. Il contient 30 à 40 % de matières grasses et se présente sous forme de petites meules de 26 à 30 cm de diamètre, 8 cm de hauteur et pesant de 3 à 5 kg. Le gouda demi-étuvé à croûte paraffinée, teintée de rouge, se conserve plus longtemps ; d'autres fromages hollandais sont également exportés comme l'edam, appelé aussi *tête de Maure* pour sa forme de tête ronde (la mimolette est un fromage analogue fabriqué en France), le leyde, etc.

L'Italie dispose d'une riche gamme avec, pour l'exportation, le parmesan, fabriqué en Lombardie, dont la maturation peut durer jusqu'à 3 ans et la conservation 20 ans. Le gorgonzola, originaire du milanais, est un fromage à pâte finement persillée. La mozzarella, à l'origine préparée avec du lait de bufflesse, connaît des succédanés au lait de vache, voire pour certaines pizzas, au lait de soja… •

Le traitement des viandes

LA VIANDE EST UN PRODUIT coûteux et difficile à conserver à l'état frais, dont la consommation en grande quantité est un phénomène récent, lié au développement industriel et à l'augmentation des revenus.

Pendant très longtemps la viande a donc été un produit alimentaire rare, consommé sous deux formes : d'une part à l'état frais, très vite après l'abattage des animaux, surtout par les classes privilégiées et/ou lors de périodes et d'événements festifs (des méthodes de découpe artisanale des carcasses en sont issues, visant à tirer le meilleur profit de l'animal) ; d'autre part, après transformation et conservation, généralement à la ferme. Le porc est l'animal qui s'est le mieux prêté à ces techniques, diversifiées en fonction des régions d'élevage et des habitudes alimentaires ; des méthodes de fabrication charcutière très nombreuses ont été ainsi mises au point.

À partir du XIXe siècle, l'accroissement de la demande solvable dans les pays industriels, l'invention de techniques de conservation (froid, appertisation) ont permis l'extension de la consommation de viande, la création de grands abattoirs et le développement du commerce international, principalement à partir des pays excédentaires de l'hémisphère Sud, comme l'Australie et l'Argentine.

Après la Seconde Guerre mondiale, et surtout depuis les années 1960, le traitement de la viande s'est diversifié, standardisé et industrialisé, en même temps que la consommation s'accroissait rapidement. Ce processus a été rendu possible par l'apparition d'animaux d'élevage obtenus dans des conditions standards à bas coûts de production (volailles, porcs) et par l'industrialisation des techniques d'abattage, de traitement, de découpe, de conservation ; la charcuterie est devenue industrielle tout en s'efforçant toujours de conserver les acquis des techniques artisanales.

Dans la période récente, de nouveaux produits et de nouvelles formes de présentation des viandes sont apparus, qui augmentent encore la diversité des opérations industrielles et la complexité du traitement (par exemple protéines végétales incorporées à la viande ; steak haché surgelé ; portions individuelles ; cuisson sous vide ; produits « traiteur » ; produits ionisés).

L'abattage des animaux

D'ÉTABLISSEMENT DE PETITE TAILLE INSTALLÉ EN BORDURE D'UNE AGGLOMÉRATION, L'ABATTOIR EST DEVENU UNE GRANDE USINE IMPLANTÉE PRÈS DES LIEUX DE PRODUCTION, OÙ S'APPLIQUENT DES RÈGLES SANITAIRES DE PLUS EN PLUS STRICTES.

Tant que l'on ne disposait pas de techniques frigorifiques, l'abattage des animaux devait être suivi de la consommation rapide des morceaux de viande : les vieilles vaches laitières, les bœufs de labour et les chevaux réformés étaient conduits à l'abattoir, situé en ville, pour permettre rapidement la vente des carcasses au boucher, puis des morceaux découpés à la clientèle. En revanche, les éleveurs abattaient à la ferme les animaux de petit format et tiraient partie de la totalité des pièces et organes. C'est pour le porc que les techniques de transformation, élaborées au fil des générations, ont été les plus diverses, aboutissant à trois grandes séries de produits, aujourd'hui préparés soit par le secteur artisanal (un tiers des tonnages) soit par voie industrielle : les salaisons, les produits de charcuterie et les produits secs.

Les grands abattoirs industriels, implantés en zone rurale, représentent un maillon essentiel dans l'industrialisation du traitement de la viande.

La première fonction de l'abattoir est la réception des animaux : transportés par camion, ils sont placés en stabulation, ce qui assure un volant d'approvisionnement pour l'usine et tranquillise les bêtes soumises au stress du transport. Introduits dans la chaîne d'abattage, après avoir été lavés à grande eau, les animaux sont étourdis, soit par une décharge électrique, soit par un anesthésique chimique (le plus souvent le gaz carbonique, pour le porc), soit encore par un choc mécanique : massue ou pistolet. L'opération suivante est la saignée, par ouverture de la carotide et de la veine jugulaire, qui permet l'éjection du sang en quelques minutes et entraîne la mort de l'animal. Puis vient la dépouille, consistant à retirer la peau qui, après un travail de tannerie, deviendra un cuir. L'animal est alors éviscéré : une fente de la paroi abdominale permet d'enlever l'estomac, l'intestin, le foie, le cœur et les poumons, qui donnent lieu à des examens vétérinaires. On procède enfin à l'émoussage des carcasses, c'est-à-dire à l'élimination des parties grasses superficielles. Traditionnellement, à partir de ce moment, la carcasse est prête à subir un « ressuyage » (c'est-à-dire une mise à température à 37 °C pendant quatre ou cinq heures pour favoriser l'attendrissement), suivie d'une phase dite de maturation, d'une semaine environ, à 0 °C.

Une nouvelle technique industrielle, pratiquée en Nouvelle-Zélande dès 1972, est aujourd'hui répandue dans les pays développés : la stimulation électrique des carcasses, qui fait tomber rapidement le pH des muscles et empêche les réactions enzymatiques de la rigidité cadavérique. •

1. Consommation de viande dans divers pays.

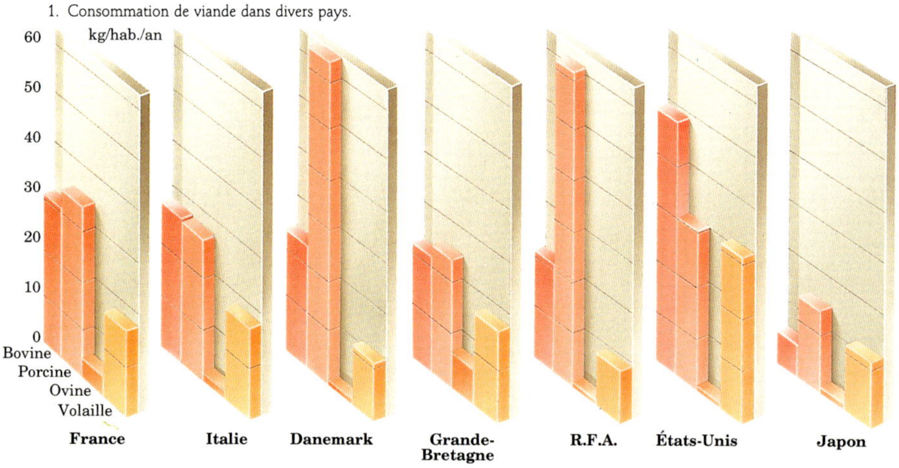

Composition nutritionnelle des viandes *(pour 100 g de matière fraîche)*

Viandes	*kcal*	*Eau*	*Protéines*	*Lipides*
Bœuf (viande grasse)	380	49	15,5	35
Bœuf (viande maigre)	195	66,5	20	12
Mouton (viande grasse)	345	53	15	31
Mouton (viande maigre)	210	66	18	31
Porc (viande grasse)	330	55	15	29,5
Porc (viande maigre)	260	61	17	21
Poulet	200	67	19,5	12
Lapin	160	20	21	8

Il faut noter, surtout pour le bœuf, les grandes variations entre les viandes grasses et les maigres. Le phénomène est de même nature, mais moins marqué, pour le mouton. Les viandes de poulet et de lapin sont pauvres en graisses et de faible teneur calorique.

2. Emballage de steaks hachés surgelés.

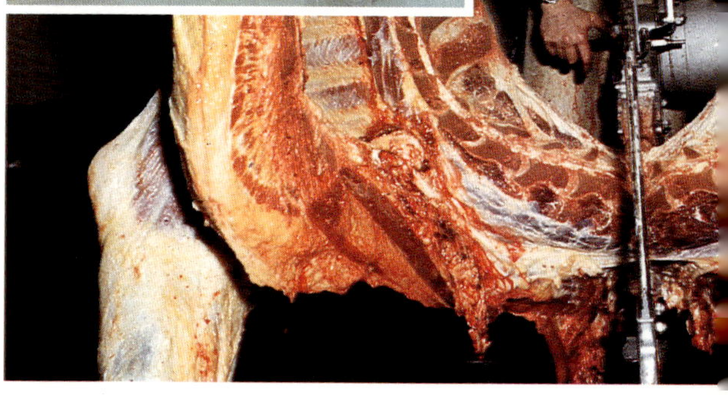

La charcuterie industrielle

LES TECHNOLOGIES MODERNES S'EFFORCENT DE MAINTENIR LA DIVERSITÉ DES PRODUITS TRADITIONNELS.

Les animaux de petit format, en premier lieu les volailles, ont été plus facilement traités par des méthodes industrielles que les animaux de gros format, en particulier les vaches laitières de réforme dont la variabilité de conformation est un obstacle important. Pour les porcs, la sélection génétique s'est efforcée de donner aux éleveurs des races ayant une bonne conformation, peu de graisse sous-cutanée et des muscles réguliers, permettant un traitement industriel de l'abattage et de la découpe. Pour la préparation des grandes spécialités charcutières, les progrès industriels au cours des dernières années se sont traduits par une accélération des procédés et une amélioration générale de l'hygiène. Pour le jambon, qui constitue le grand produit de salaison et demande, par voie artisanale, près de 40 jours d'immersion en cuve, suivie du désossage, on procède en usine à un désossage immédiat et à une injection de saumure sous pression par un tapis multi-aiguilles. Ce système récent a été précédé d'une autre technique, dite de pompage à l'artère, par laquelle l'injection de saumure se faisait dans le réseau circulatoire. Pour améliorer l'aptitude au tranchage, qualité essentielle du jambon cuit, on ajoute à la saumure des sels de polyphosphates naturels (adénosine triphosphate) qui permettent à la viande de conserver son suc au cours de la cuisson. Enfin, nouveau progrès : l'emballage des tranches sous vide entre deux films plastiques soudés avant la cuisson. De cette manière il n'existe plus de risque de contamination du produit, qui peut se conserver au froid positif (0 à 3 °C) pendant plusieurs mois sans perdre de poids ni être contaminé par des microbes, les films étant totalement imperméables. Toutes ces opérations permettent de gagner plus de trois semaines dans la préparation du jambon. Des gains de productivité et d'hygiène analogues sont obtenus dans la fabrication des produits de charcuterie comme les saucisses, par exemple pour la saucisse de Strasbourg, pour laquelle on prépare maintenant les pâtes sous vide à l'aide de broyeurs colloïdaux, la « mêlée » obtenue étant dosée par ordinateur et les transferts s'effectuant en continu par une phase fluide. Ce processus se poursuit par enrobage d'une pellicule de collagène qui est comestible et remplace le boyau. •

3. Fendage d'une carcasse de bœuf.

Les produits frais de la boucherie

LA DÉCOUPE DES CARCASSES ABOUTIT À DES MORCEAUX INDIVIDUALISÉS, AUX DESTINATIONS DIFFÉRENTES SELON LEURS CARACTÉRISTIQUES.

La découpe qui, autrefois, s'effectuait exclusivement chez le boucher ou le charcutier, se pratique aujourd'hui soit dans l'abattoir même, soit dans des ateliers annexés, par exemple, à un supermarché. Le désossage à chaud, facilité par la stimulation électrique, permet de séparer les carcasses soit en pièces de gros (demi-carcasses, quartiers avant et arrière), soit en morceaux de détail dont le nombre est de l'ordre d'une cinquantaine pour les bovins, d'une vingtaine pour le porc. La viande sortant de ces ateliers est pour moitié emballée sous vide dans un film plastique. En France, l'essentiel de ces morceaux est maintenant destiné aux grandes surfaces, les deux tiers en tonnage, alors que le tiers restant est destiné aux commerçants de détail traditionnels et à la restauration collective.

Qu'ils soient achetés chez le boucher ou en grande surface, les morceaux les plus appréciés des consommateurs pour la viande de bœuf sont les rôtis et grillades dits de première catégorie, correspondant à la partie postérieure de l'animal : le rumsteak (muscles fessiers), le filet (muscles psoas), le faux-filet, dans lesquels sont taillés les tournedos et les chateaubriands. Parmi les rôtis et grillades de deuxième catégorie : la côte de bœuf, partie de côte attachée à une demi-vertèbre dorsale, avec les muscles qui la garnissent (désossée, la côte de bœuf fournit l'entrecôte). On distingue aussi la hampe et l'onglet, muscles proches du diaphragme, l'aiguillette, proche du rumsteak, la bavette d'aloyau, le filet mignon, la macreuse, l'araignée et le paleron. Parmi les morceaux de troisième catégorie, destinés à être bouillis ou braisés, on trouve surtout des muscles correspondant aux quartiers avant : le jumeau, le jarret, le gîte de devant, les jambes, le collier, la poitrine, le flanchet. Pour la viande de veau, les principaux morceaux à rôtir correspondent aussi aux parties arrière : le cuisseau, ou cul de veau, qui fournit la noix, la sous-noix, la noix pâtissière et le quasi. D'autres morceaux sont destinés à la grillade, comme la longe et le carré, provenant de la région dorsale, tandis que le collier, provenant de la région cervicale, ou le jarret sont plutôt préparés en sauce ou bouillis. Quant à l'épaule, souvent présentée entière, elle peut être rôtie, braisée ou sautée. Pour la viande de mouton, les parties les plus recherchées correspondent toujours aux muscles de l'arrière avec d'abord le gigot, composé des muscles qui entourent le tibia et le fémur, la selle, région ilio-sacrée ou hanche, le filet, région lombaire, le carré, région dorsale.

Pour tous les morceaux de viande, la découpe, qui est effectuée différemment selon les traditions et les cultures, correspond à une hiérarchie liée aux demandes habituelles des consommateurs, qui se fonde sur des appréciations gustatives et des facilités de préparation. Mais il faut souligner que les qualités nutritionnelles ou hygiéniques sont les mêmes pour tous les morceaux pour un animal donné. •

6. Découpe du porc.

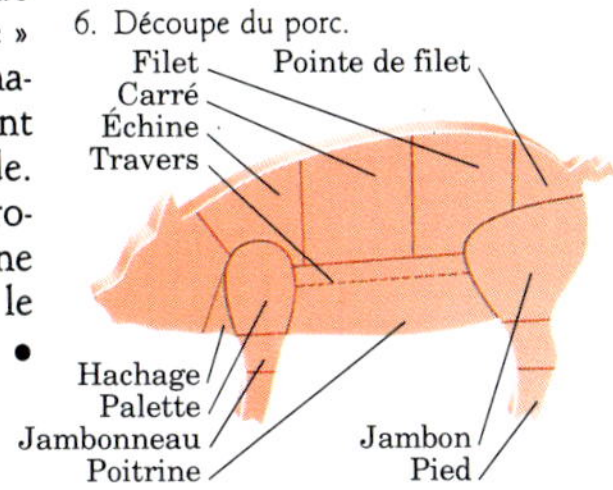

Cuisson lente

Cuisson rapide

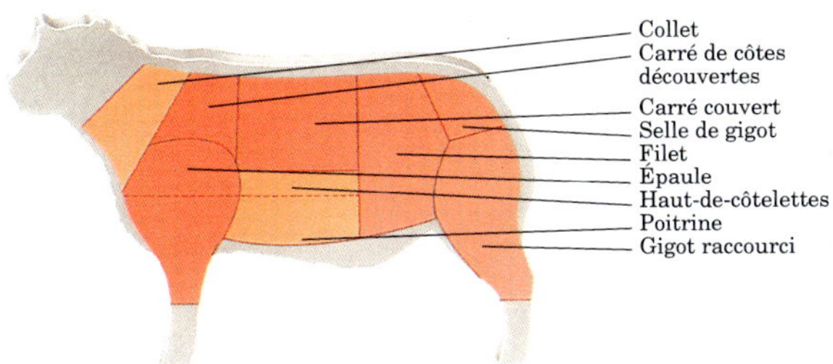

4. Découpe du mouton.

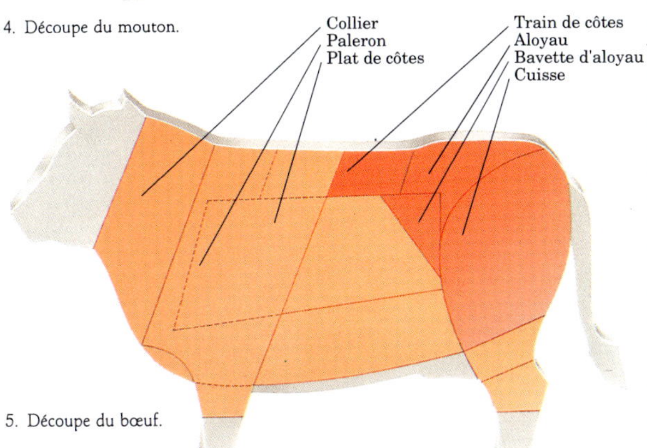

5. Découpe du bœuf.

Les produits nouveaux

L'INDUSTRIE CRÉE DES PRODUITS QUI N'ONT PLUS RIEN À VOIR AVEC LES MORCEAUX ACHETÉS AUTREFOIS CHEZ LE BOUCHER.

La croissance régulière de la demande de viande, la constitution de grands groupes industriels disposant de services de recherche-développement ont entraîné, depuis une dizaine d'années, la multiplication de nouveaux produits carnés apportant surtout aux consommateurs une meilleure commodité d'utilisation. C'est le cas, par exemple, des morceaux de volaille prédécoupés ou des rôtis de dinde qui ont développé le marché de cette volaille autrefois réservée aux fêtes de Noël. Le hachage de la viande a été un service d'abord rendu artisanalement par les bouchers pour pouvoir braiser ou griller des morceaux sans leur faire subir, comme auparavant, une longue cuisson mijotée attendrissant les fibres musculaires. Comme la clientèle réclamait toujours les morceaux arrière permettant de faire des steaks, un poids important de viande était vendu à bas prix. Les industriels de la viande ont récupéré la pratique du hachage en la combinant avec la technique de surgélation pour créer le steak haché surgelé qui a connu le succès, surtout dans la restauration collective.

Les industriels se sont aussi engagés dans l'amélioration nutritionnelle par diminution des protéines animales liées à des graisses et par incorporation de protéines végétales ou de protéines de poisson. Ces préparations, caloriquement allégées, sont vendues sous marque commerciale à des prix qui concurrencent ceux de la véritable viande. Toutefois, cette imitation de viande à base de protéines végétales texturées n'a pas rencontré en France le succès espéré.

La dernière gamme des produits nouveaux combine à la fois une grande commodité d'utilisation, un équilibre nutritionnel et des qualités gastronomiques : il s'agit des plats cuisinés en portion individuelle qui remplacent la classique boîte de cassoulet. •

L'industrialisation du traitement des viandes

Le traitement industriel est d'autant plus poussé que les animaux sont petits. Pour les volailles, les chaînes sont entièrement automatisées ; pour les porcs, elles le sont presque totalement, tandis que, pour les bovins, la découpe demande encore une intervention manuelle. Malgré les scies et couteaux électriques, l'ouvrier découpeur doit déployer force physique et habileté. Tout au long de la chaîne industrielle, des conditions hygiéniques rigoureuses doivent être respectées, tout particulièrement dans les ateliers fabriquant des steaks hachés surgelés pour lesquels les normes microbiologiques sont très sévères.

Sucre et confiseries

COMME TOUS LES GLUCIDES, dont il est le prototype, le sucre, ou saccharose, est un aliment riche en énergie puisqu'il fournit 16 kJ (4 kcal) par gramme. La production et la consommation de sucre augmentent dans les pays en développement. En revanche, dans les pays où l'alimentation est satisfaisante, voire pléthorique, la consommation de sucre, stabilisée, est relayée par celle d'édulcorants, car le goût du sucré est universellement répandu. Les physiologistes ont démontré que, dès les premières tétées, le bébé apprécie le goût sucré du lait maternel, alors que pour tous les autres goûts un apprentissage plus ou moins long est nécessaire.

Aliment d'énergie, aliment de plaisir, le sucre dit « de bouche » se présente sous de très nombreuses formes, la plus fréquente étant le sucre blanc, cristallisé, en morceaux ou en poudre (sucre semoule). Le sucre intervient dans la préparation d'un très grand nombre de produits, comme les confitures, pour lesquelles il joue aussi un rôle de véritable conservateur, les confiseries, le chocolat, les pâtisseries, les crèmes glacées, les desserts lactés et un grand nombre de boissons plates ou gazeuses.

Très grosse consommatrice d'énergie, demandant de lourds investissements, l'industrie sucrière est approvisionnée à égalité par la canne à sucre dans les pays tropicaux et par la betterave sucrière dans les pays tempérés. Les tentatives pour utiliser d'autres plantes sacchariféres comme l'érable canadien, le palmier à sucre ou le sorgho sont restées marginales. En revanche, les produits édulcorants, naturels ou artificiels, occupent des parts croissantes du marché.

La fabrication du sucre

LE SUCRE EST OBTENU PAR UNE SUCCESSION D'OPÉRATIONS OÙ DOMINENT DES TRAITEMENTS PHYSIQUES : BROYAGE DES PLANTES, EXTRACTION DANS L'EAU CHAUDE, ÉVAPORATION ET CRISTALLISATION.

À partir de canne ou de betterave, la fabrication de sucre comprend des étapes tout à fait comparables. Historiquement, les progrès technologiques ont été parallèles dans les deux types d'usines, qui ont été développés pour traiter les deux plantes saccharifères. Le premier problème à résoudre est celui de l'approvisionnement : la bonne marche de l'usine demande un apport régulier de matière première. Des efforts sont poursuivis pour étaler les récoltes et pour amener les végétaux au meilleur état de richesse en sucre au moment du traitement industriel. La seconde étape est le broyage des cannes ou des betteraves, réduites en cossettes. Après quoi on procède à l'extraction, qui est une diffusion du sucre dans l'eau chaude. Les jus sucrés ainsi obtenus sont alors épurés, c'est-à-dire débarrassés des matières diverses non sucrées qu'ils contiennent. Les jus épurés sont ensuite concentrés par chauffage et passent de 15 % à 70 % de sucre dans des évaporateurs dits « à multiple effet » : la vapeur produite par l'ébullition du jus est utilisée pour chauffer un autre appareil à une pression inférieure. Les jus concentrés passent enfin à la cristallisation, ou « cuite », opération la plus importante, qui demandait autrefois une grande technicité et qui est aujourd'hui réalisée de manière continue avec une régulation gérée par ordinateur. Pour ne pas surdimensionner l'atelier de cristallisation, qui est la partie la plus coûteuse de l'usine, les sucreries s'équipent, depuis peu, de réservoirs métalliques pour stocker le sirop pendant la campagne betteravière, d'octobre à décembre, et le traiter plus tard, à une époque où le reste de l'usine ne fonctionne pas.

Après cristallisation, le sucre est prêt à être stocké soit en vrac dans des silos, pour le sucre que l'on destine aux usages industriels, soit après conditionnement en paquets.

Un sous-produit, la mélasse, sirop visqueux riche en sucre, est utilisé pour l'alimentation animale ou envoyé en distillerie. Les sucreries de canne, compte tenu de leur environnement économique, récupèrent en général moins bien les mélasses que ne le font les sucreries de betteraves.

La fabrication du sucre demande, au cours des différentes étapes, une grande quantité d'énergie, qu'il s'agisse de la concentration des jus sucrés ou de la cristallisation. Sur le plan énergétique, les cannes présentent un avantage considérable, car les résidus ligneux du roseau, les bagasses, sont combustibles et fournissent la totalité de l'énergie nécessaire pour faire tourner la sucrerie. Les sucreries de betteraves n'ont pas cette possibilité d'être autosuffisantes sur le plan énergétique. Le coût de l'énergie consommée (fioul) y est très important : une usine produisant quotidiennement 10 000 tonnes de sucre – il y en a une dizaine de cette taille en France – consomme 240 tonnes de fioul par jour, soit une quantité équivalente à l'apport de 10 camions citernes. •

La sucrerie : une industrie lourde

Une sucrerie représente un investissement considérable et ne fonctionne cependant que trois mois par an, voire seulement 70 jours – les trois derniers mois de l'année, sous nos climats – qui représentent la campagne sucrière. Les procédés les plus modernes sont mis en œuvre pour obtenir, pendant cette courte période, les meilleurs rendements en sucre avec le minimum de main-d'œuvre. Afin d'obtenir une automation aussi poussée que possible, les flux de matière et d'énergie sont traités sous forme liquide dans des enceintes et tuyaux métalliques, en particulier grâce au procédé de recompression de vapeurs, qui permet la réalisation d'économies intéressantes au cours de l'évaporation.

Sucre de bouche, confiseries et confitures

LA CONSOMMATION DE SUCRE DE BOUCHE STAGNE, ALORS QUE CELLE DU SUCRE CONTENU DANS LES CONFISERIES ET DANS LES PRODUITS ALIMENTAIRES SE DIVERSIFIE ET AUGMENTE.

Le sucre dit « de bouche », consommé en l'état, est présenté par les industriels sous des aspects très divers, le plus courant étant, en France, le *sucre blanc en morceaux,* inventé en 1854 par Eugène François, épicier à Paris. Cette forme de sucre est une spécialité française qui se présente sous deux calibres principaux : le calibre 3, où chaque morceau pèse 7 grammes, le calibre 4, où chaque morceau pèse 5 grammes. On distingue également le *sucre semoule,* ou sucre en poudre cristallisé, dont les grains ont une dimension de 0,4 mm. Quant au *sucre glace,* ses cristaux sont réduits en une poudre impalpable et il contient 2 à 3 % d'amidon pour éviter la prise en bloc. Le *sucre candi,* blanc ou brun, est constitué de gros cristaux obtenus par évaporation lente d'un sirop. La *vergeoise* est un sucre à consistance moelleuse provenant d'un sirop de raffinerie de betterave ou de canne, utilisé pour préparer la tarte au sucre et pour fourrer crêpes et gaufres dans le nord de la France et en Belgique. La *cassonade* est un sucre cristallisé brut extrait du jus de canne à sucre, ce qui lui donne une couleur brune et une saveur qui rappelle celle du rhum. Il existe également du sucre pour confiture : sucre additionné de pectine naturelle de fruits (0,4 à 1 %) et d'acide citrique (0,6 à 0,9 %), ainsi que du sirop de sucre de canne, présenté dans des bouteilles de même forme que pour le rhum, convenant à la fois à la préparation des punchs et à celle des desserts.

Malgré les efforts des sucriers pour offrir aux consommateurs de nouveaux produits, la consommation de sucre de bouche est plutôt stagnante. Par contre, l'utilisation de sucre par les industries alimentaires a connu un développement considérable, en particulier pour les boissons rafraîchissantes (cola, bitter, jus divers, sodas), pour les crèmes glacées et desserts lactés, pour la pâtisserie industrielle, la panification fine, la biscotterie, la biscuiterie, la viennoiserie. Les tonnages de sucre consommés dans ces produits dépassent aujourd'hui ceux que contiennent les confiseries. La fabrication de celles-ci suppose des opérations diverses qui ont, en général, en commun la cuisson du sucre, toujours délicate à réaliser. Dans l'industrie, les bonbons sont obtenus aujourd'hui par des machines continues où plus aucune main-d'œuvre n'intervient. En revanche, certaines spécialités régionales sont encore fabriquées à la main de manière artisanale.

Les confitures sont des préparations à base de fruits, de sucre, de glucose, ajouté pour éviter la cristallisation, d'arômes divers, de colorants, d'acides et de pectine, utilisée pour ses propriétés gélifiantes. Dans les confitures, comme dans les fruits confits, le sucre joue un rôle organoleptique et de conservateur.

La consommation de sucre en France, sous ses trois formes – sucre de bouche, confiserie, sucre « caché » dans de nombreux produits alimentaires – est de 37 kg par habitant et par an. •

1. Intérieur d'une raffinerie de sucre.

Le chocolat

PRODUIT À PARTIR DE FÈVES DE CACAO, LE CHOCOLAT, QUI SE PRÉSENTE SOUS DES FORMES DIVERSES, EST ÉNERGÉTIQUE ET RICHE EN SELS MINÉRAUX.

L'opération principale de préparation du chocolat, à partir du cacao, est le conchage, travail de malaxage de liqueur ou de beurre de cacao ou, éventuellement, de poudre de cacao, avec divers ingrédients : sucre, lait ou crème, lécithines végétales (le plus souvent de soja) comme émulsifiant, arômes (par exemple la vanille) et, quelquefois, d'autres produits, comme des fruits secs (raisins, noisettes, amandes, etc.). Le conchage s'opère à température moyennne (45 °C) ou élevée (90 °C), dans une conche (broyeur-malaxeur pouvant atteindre 10 tonnes). L'opération dure 24 heures et son bon déroulement joue sur la qualité finale du chocolat, notamment sa texture et ses arômes.

Après le conchage, on pratique une seconde opération, le tempérage, qui est une lente diminution de température pour conserver au produit final sa stabilité, sa brillance et, surtout, éviter l'apparition de petits cristaux ou particules, car la qualité principale du chocolat est de fondre dans la bouche sans que les papilles perçoivent une impression de solide. Il faut pour cela que les sucres et les fragments de cellules de cacao aient une dimension inférieure à 20 ou 25 micromètres (millièmes de millimètre). Une fois terminé le tempérage, le chocolat est préparé et on peut procéder aux opérations de moulage, sur des machines automatiques et continues. Les tablettes moulées sont refroidies aux environs de 5 °C avant d'être emballées. Pour les grands types de chocolat, on distingue : le *chocolat de couverture,* ou *de base,* qui est préparé sous forme de pains de plusieurs kilos destinés aux artisans chocolatiers ; le *chocolat de ménage,* ou *chocolat à cuire,* présenté en tablettes ou en bloc et composé, pour 100 g, de 60 g environ de sucre, 35 g de pâte de cacao et quelques pour cent de sels minéraux ; le *chocolat fondant,* contenant moins de sucre (50 g environ pour 100 g) et davantage de pâte, ce qui augmente l'onctuosité ; le *chocolat au lait,* composé d'une moitié de sucre pour un quart de pâte et beurre de cacao et un quart de lait sec.

En dehors de ces formes de chocolat présentées en tablettes, en plaques ou en barres, il existe des confiseries, dont le prototype est la bouchée, et des produits fourrés, barres enrobées de chocolat, qui ont connu un grand développement. Le chocolat est utilisé aussi en confiserie, pâtisserie, et pour les desserts lactés.

Compte tenu de sa composition moyenne en sucre (65 %) et de sa richesse en lipides (22 %), la valeur énergétique du chocolat est élevée : de l'ordre de 500 kcal pour 100 g. Sa richesse en sels minéraux, en particulier en calcium, en fer et en magnésium, doit être soulignée, ainsi que la présence d'un alcaloïde à effet excitant, la théobromine. •

Les édulcorants

LONGTEMPS CONSIDÉRÉS COMME DES MÉDICAMENTS, LES ÉDULCORANTS, TIRÉS DE PRODUITS NATURELS OU CHIMIQUES, SONT AUJOURD'HUI UTILISÉS POUR APPORTER DANS DES BOISSONS OU DES PRODUITS ALLÉGÉS UN GOÛT SUCRÉ, SANS FOURNIR DE CALORIES.

Inné ou acquis dès la première enfance avec le lactose du lait maternel, le goût du sucré est universel. Avant la découverte du sucre de canne et du sucre de betterave, ce goût était satisfait par différents produits comme les fruits ou le miel. Avec la production industrielle de sucre, la consommation a connu, dans tous les pays développés, une croissance régulière, atteignant, par exemple, aux États-Unis, 54 kg par personne et par an, ce qui dépasse de très loin les besoins. Les nutritionnistes américains se sont inquiétés de cet excès de consommation, le mettant en corrélation avec l'obésité et les accidents cardio-vasculaires. C'est pourquoi des recherches ont été conduites pour mettre au point des édulcorants, c'est-à-dire des produits susceptibles d'apporter un goût de sucre sans apporter les calories nutritives du saccharose. Le premier groupe d'édulcorants mis au point relève de produits naturels. Le plus important est l'isoglucose, fabriqué à partir de maïs par un procédé enzymatique. Les sirops qu'on en obtient ont contribué pour beaucoup à l'essor des boissons gazeuses. Ils représentent, à l'échelle du globe, 10 % de la production mondiale de saccharose, mais, sur le territoire américain, près de 60 % de la consommation de produits sucrés.

L'autre grande direction de recherche porte sur des produits chimiques dont le plus ancien est la saccharine, proche des sulfamides, à très grand pouvoir sucrant (300 à 500 fois le pouvoir du saccharose). Découverts et mis sur le marché depuis 1879, la saccharine et les saccharinates ont connu un grand succès, surtout pour les régimes sans sucre. Malgré son bas prix, la saccharine, dont le goût est métallique, est de moins en moins utilisée. En revanche, de nouvelles molécules de synthèse, baptisées « édulcorants intenses », sont autorisées depuis plusieurs années aux États-Unis par la très rigoureuse FDA (Food and Drug Administration). Deux de ces édulcorants intenses viennent d'être autorisés en France : l'aspartame, dipeptide constitué d'acide aspartique et de phénylalanine, fabriqué par voie enzymatique selon un procédé japonais, et l'acésulfame, commercialisé sous le nom de Sunnet. Le pouvoir sucrant de ces deux édulcorants est de l'ordre de 150 à 200 fois celui du saccharose. Les autorisations récentes octroyées pour ces édulcorants ont permis la fabrication de produits allégés, dits « light », en particulier dans la gamme des boissons gazeuses (cola, limonade, bitter, jus de fruits, etc.), l'objectif étant d'arriver à fournir moins d'une calorie par verre. Ainsi, après la guerre des sucres, c'est-à-dire de la betterave contre la canne, on voit se dessiner une nouvelle compétition entre les édulcorants naturels d'origine végétale et les édulcorants synthétiques d'origine chimique. •

→ **Voir aussi :** Les plantes sucrières, **AGRI**, p. 438-439.

Les autres sucres

La bataille internationale pour découvrir et mettre sur le marché des produits chimiques de synthèse, commencée en 1879 avec la saccharine et les saccharinates, s'est intensifiée avec l'arrivée d'édulcorants de synthèse. Cependant, les recherches et les utilisations de sucres naturels dérivés du maïs ou d'autres plantes se multiplient, qu'il s'agisse du glucose, produit industriel dont le pouvoir sucrant n'est que 70 % de celui du saccharose, ou de l'isoglucose ou glucose isomérisé, à haute teneur en fructose. Obtenu à partir d'amidon de maïs ou de blé, ce dernier présente l'énorme avantage d'être obtenu sous forme liquide, ce qui facilite beaucoup son transport et son utilisation par l'industrie des produits alimentaires.

Parmi les autres sucres naturels à faible pouvoir calorique, on peut citer les polyols comme le xylitol, le sorbitol, le mannitol, le palatinit, etc., ou les sucres « gauches », qui ont l'avantage de ne pas être métabolisés et, donc, de ne pas apporter de calories.

3. Chaîne de fabrication de chocolats à Hershey (États-Unis).

2. Sucre de bouche.

La conservation des aliments

LA CONSERVERIE EST UNE des plus anciennes industries de l'alimentation, dont la première technique a été mise au point par le Français Nicolas Appert au début du XIXe siècle. Les progrès ultérieurs, souvent liés aux conflits militaires et aux expéditions lointaines, ont porté à la fois sur la technologie, dont l'élément principal est la stérilisation, ou appertisation, consistant à traiter le produit à 110 °C ou au-delà ; sur les matériaux, avec les classiques verre et fer-blanc et, plus récemment, l'aluminium, permettant une ouverture facile ; sur les produits, objets d'une diversification et d'une amélioration régulière des qualités gustatives.

La recherche dans le domaine de l'emballage métallique a permis à la boîte de métal, qui symbolise la conserve, de maintenir sa prééminence pour le moment, mais la question se pose pour l'avenir de la coexistence de nouveaux matériaux plastiques, souples ou rigides, et de l'emballage métallique.

La destruction de la flore microbienne, obtenue par la chaleur et nécessaire à la conservation, peut être réalisée par d'autres méthodes, par exemple par des produits chimiques aseptisants, voire par l'introduction de micro-organismes non pathogènes qui font disparaître les microbes pathogènes. Ces méthodes relèvent pour l'instant de l'expérimentation. En revanche, l'ionisation, traitement des denrées par des radiations ionisantes (cobalt 60 ou rayons gamma) est une technique utilisée d'une manière régulière et croissante dans le domaine médico-chirurgical pour traiter des instruments, du sérum, du sang, des produits biologiques sensibles.

La fabrication des conserves

LA STÉRILISATION PAR CHAUFFAGE ET LA MISE EN RÉCIPIENT HERMÉTIQUE, INVENTION DU FRANÇAIS NICOLAS APPERT, EST UNE TECHNIQUE UNIVERSELLE QUI S'APPLIQUE À DE TRÈS NOMBREUX PRODUITS.

À partir du moment où un produit alimentaire, débarrassé de ses micro-organismes, est placé dans un récipient hermétique, il se conserve d'une manière prolongée, pendant plusieurs années. C'est Nicolas Appert qui a découvert puis vulgarisé cette technique et l'a appliquée à une grande variété de produits qu'il enfermait, à l'époque, dans des bocaux ou dans des bouteilles de verre. Son premier ouvrage, *l'Art de conserver pendant plusieurs années toutes les substances animales et végétales,* qui date de 1810, a été suivi d'un très grand nombre d'éditions et de traductions à l'étranger. Ce n'est qu'à la fin du XIXe siècle que la découverte des microbes par Pasteur justifia a posteriori la méthode de stérilisation proposée par Appert et appliquée tout au long du XIXe siècle à la fois par les familles, par un artisanat très actif et par une industrie naissante.

Aujourd'hui, l'industrie de la conserve est universelle et donne lieu à une recherche active autour de la valeur stérilisatrice des procédés de conservation. En effet, le chauffage à 100 °C minimum doit être maintenu un temps plus ou moins long en fonction de l'emballage et de la qualité du produit à traiter. La tendance, depuis plusieurs années, est d'augmenter la température de traitement jusqu'à 120 °C et même 130 °C, ce qui permet, à valeur stérilisatrice constante, de diminuer la durée de passage dans l'autoclave. Cette accélération du processus industriel s'accompagne d'une nette amélioration des qualités organoleptiques des produits.

Les matériaux de base pour l'emballage des conserves ont d'abord été le verre, puis le fer-blanc. Ces matériaux, malgré leur évolution vers l'allégement, n'ont pas résisté à l'apparition de l'aluminium, diffusé en France dans les années 1960. Outre l'avantage de sa légèreté, l'aluminium permet, par un système d'anneau ou par d'autres procédés analogues, une ouverture facile des boîtes. L'aluminium est ainsi devenu, pour les boissons sans alcool et pour la bière, un emballage privilégié. L'évolution technique se poursuit et, dans certains pays étrangers, on voit apparaître des conserves dans des récipients à base de matières plastiques ou métallo-plastiques.

Toutes ces innovations ont permis de grands progrès dans la conduite des ateliers de stérilisation. Souvent les rendements, qui étaient de quelques milliers de boîtes à l'heure, ont été multipliés par dix grâce à l'introduction d'autoclaves fonctionnant en continu, gérés par ordinateurs.

Toutes ces améliorations technologiques pourraient conduire à des usines de plus en plus grandes, mais les industriels se heurtent à de sérieux problèmes d'approvisionnement. En France, les conserveurs de poissons ne peuvent se contenter de la pêche locale et doivent importer des quantités importantes, à Boulogne-sur-Mer en particulier. Pour les conserveurs de fruits et légumes, les délais de transport jouent beaucoup sur la qualité des produits, qui commencent à se dégrader quelques heures après la récolte. Ce problème est d'autant plus aigu que les produits végétaux arrivent en général à maturité et sont cueillis au cours de périodes très limitées dans le temps. Par exemple, une conserverie de tomates ne travaille que quelques mois par an, ce qui rend les amortissements difficiles.

Les nouveaux emballages plastiques

LA BOÎTE MÉTALLIQUE MAINTIENT ET MÊME AUGMENTE UN PEU SON MARCHÉ, MAIS ELLE EST CONFRONTÉE À L'EXPLOSION DES EMBALLAGES EN NOUVELLES MATIÈRES PLASTIQUES.

Bien que la boîte métallique demeure aujourd'hui l'emballage privilégié pour la conserve de longue durée, on voit s'étendre la gamme des matières plastiques. Rigides ou souples, opaques ou transparents, lamifiés ou co-extrudés, ces matériaux adoptent des formes multiples : barquettes, pots, bouteilles, films d'operculage ou de suremballage.

Parmi les matières plastiques, on peut distinguer celles qui sont rigides et servent de structure, comme les polyéthylènes haute ou basse densité (appellations abrégées PE hd, PE bd), le polystyrène (PS), le poly(chlorure de vinyle) [PVC], le poly(téréphtalate d'éthylène-glycol) [PET], le polycarbonate (PC)... Les autres matières plastiques utilisées pour leur qualité de « haute barrière » pour les gaz sont : le poly(chlorure de vinylidène) [PVDC], les polyamides (PA), le polyacrylonitrile (PAN). De plus en plus, les emballages alimentaires juxtaposent des films de structure et des films de « haute barrière ».

L'utilisation de ces différents matériaux s'accompagne obligatoirement d'un traitement approprié des produits qui n'est plus forcément la stérilisation, encore qu'il existe, surtout aux États-Unis et maintenant en France, de véritables conserves sous barquette stérilisée en PET. Les matières plastiques permettent une gamme de conditionnement et de méthodes de conservation bien plus large que la boîte métallique. Ainsi le conditionnement sous atmosphère modifiée, utilisé pour des légumes, notamment la gamme des salades, qui conservent plusieurs semaines leur fraîcheur. Cette méthode est complétée, dans certains pays comme le Japon, par l'utilisation de *deoxyders* ou « mangeurs d'oxygène », qui sont des substances introduites à l'intérieur de l'emballage et destinées à inhiber ou à neutraliser les éventuels dégagements d'oxygène.

En dehors de leur fonction de base, qui est de protéger les aliments pendant un temps aussi long que possible, les nouveaux matériaux plastiques apportent une commodité d'emploi souvent plus grande que la boîte de métal : la légèreté au cours du transport, les facilités d'ouverture, la possibilité de réchauffage direct et même de consommation dans des barquettes-assiettes. La véritable révolution dans ce domaine est apparue avec le four à micro-ondes, dont le taux de pénétration en France est encore faible par rapport aux États-Unis ou à l'Allemagne. Dans ces pays, les plats cuisinés en emballage plastique ont largement détrôné la conserve et même la barquette en aluminium.

Dernier avantage qu'apportent les matériaux plastiques par rapport au métal, outre le réchauffage au four à micro-ondes : l'attractivité des formes et des couleurs. Le design industriel, qui a obtenu des résultats importants dans le secteur de la parfumerie et de la cosmétologie, trouve dans l'agroalimentaire un champ d'action illimité.

Nicolas Appert

Né à Châlons-sur-Marne le 17 novembre 1749, Nicolas Appert a inventé la conservation des aliments par la chaleur 50 ans avant les travaux de Pasteur. Après avoir exercé les fonctions d'aubergiste et de cuisinier dans sa ville natale, Nicolas Appert, successivement officier de bouche à Paris, confiseur rue des Lombards, officier municipal à Ivry-sur-Seine, s'installe définitivement en 1804 à Massy, où il demeurera jusqu'à sa mort en 1841. Vers 1780, il formule l'hypothèse que le chauffage en vase clos pourrait arrêter la fermentation. L'ayant vérifiée par l'expérience, il peut, à partir de 1790, la développer commercialement. À la demande du Directoire, désireux d'avoir des aliments conservés pour les armées et la marine, il divulgue sa méthode : placer les produits dans des récipients – à l'époque bouteilles ou bocaux de verre –, assurer une fermeture hermétique, et chauffer dans un bain-marie d'eau bouillante. Son ouvrage *l'Art de conserver pendant plusieurs années toutes les substances animales et végétales,* paru en 1810, connaîtra un grand nombre d'éditions et provoquera, en France, en Allemagne, en Grande-Bretagne, la naissance de la conserverie familiale, artisanale, voire industrielle.

La qualité des produits conservés

LA MULTIPLICATION DES MÉTHODES DE CONSERVATION, QUI DEVRAIT ÊTRE UNE GARANTIE DE BONNE HYGIÈNE DES PRODUITS POUR LE CONSOMMATEUR, PRÉSENTE DES RISQUES.

La bonne qualité hygiénique des produits est toujours la priorité des industriels. Pour les conserves traditionnelles en boîte métallique, on peut estimer que les centaines de millions de boîtes consommées chaque année dans un pays comme la France sont la meilleure preuve de leur innocuité. Il n'empêche que des erreurs, des accidents sont toujours possibles. Les plus graves sont produits par une bactérie : le *Clostridium botulinum,* qui sécrète une toxine s'attaquant aux centres nerveux et pouvant provoquer la mort. Chaque année, en France, dix à vingt cas de décès botuliques sont signalés, mais il s'agit le plus souvent de conserves mal stérilisées, préparées dans des familles. Par contre, les accidents d'origine microbienne liés à des produits de courte durée de conservation deviennent de plus en plus fréquents, car la multiplicité des techniques (cuisson sous vide, emballages plastiques, atmosphère contrôlée) a entraîné la création de petits ateliers artisanaux qui n'ont pas toujours la maîtrise technologique, les appareils et les équipes de contrôle dont disposent les grandes entreprises. Par ailleurs, ces nouveaux produits mis sur le marché, en particulier ceux qui sont qualifiés de « frais », correspondent à des délais d'utilisation, à des dates limites de consommation (D.L.C.), à des températures de conservation qui sont très variables d'un produit à l'autre, si bien que les commerçants et surtout les consommateurs ont du mal à respecter les conditions sanitaires imposées. Beaucoup d'hygiénistes s'inquiètent de voir se multiplier les formes nouvelles de conservation sans que l'éducation des artisans, des commerçants et du public ait été sérieusement améliorée.

De nombreux produits nouveaux sont en cause : les légumes crus réfrigérés emballés sous vide, qui constituent la « 4ᵉ gamme » ; les viandes cuites, éventuellement accompagnées de légumes, conservées sous plastiques, qui constituent la « 5ᵉ gamme » et qui, réfrigérées, peuvent se conserver 21 et même 42 jours si elles ont subi une pasteurisation. Le risque existe de voir se développer, avec la croissance considérable de ces produits, des toxi-infections alimentaires dont le nombre de cas annuel aujourd'hui en France est de l'ordre de 3 000 à 4 000 avec, pour chacun de ces accidents, un coefficient multiplicateur de 25 à 100, car ils surviennent souvent en cuisine et restauration collectives. Généralement, les germes responsables sont des staphylocoques ou des entérobactéries de type salmonelles, shigella ou *Escherichia coli* (coliformes), qui provoquent des troubles digestifs plus ou moins sévères. Il en est de même des listeria et campylobacters.

Le paradoxe des nouvelles techniques de conservation est de prolonger la durée de vie de produits frais dans des conditions qui préservent mieux les qualités initiales des produits, mais qui présentent finalement plus de risques pour le consommateur que les classiques conserves. •

1. Mise en bocaux manuelle de foie gras.

La conserve : de l'artisanat à la haute technologie

Les autoclaves sont traditionnellement réglés, en température et en durée, selon des barèmes de stérilisation établis de manière empirique en fonction de la dimension et du contenu des boîtes. Les nouveaux stérilisateurs, gérés par ordinateur, permettent une optimisation des procédés qui se traduit par de nombreux avantages : une accélération de la production, une meilleure fiabilité, des économies d'énergie, d'eau et de vapeur, et même une amélioration des qualités organoleptiques des conserves. À côté de ce secteur industriel performant subsiste un secteur artisanal de haute qualité gastronomique, par exemple pour la mise en conserve des foies gras.

L'ionisation

TRAITEMENT DES PRODUITS PAR DES RAYONS GAMMA OU X, L'IONISATION, DONT L'INNOCUITÉ EST DÉMONTRÉE, EST EN TRAIN DE CONNAÎTRE UN DÉVELOPPEMENT CONSIDÉRABLE.

L'ionisation, ou irradiation, est une technique directement issue de l'industrie nucléaire, qui consiste à traiter une denrée par des rayons gamma ou X fournis par une source de cobalt 14 ou de césium 17. Il peut aussi s'agir d'un faisceau d'électrons produit par un accélérateur de taille modeste. Les énergies utilisées sont relativement basses, de l'ordre de 4 à 10 mégaélectronvolts. Cette technique ancienne, dont les premiers essais remontent à l'entre-deux-guerres, a été autorisée depuis 1948 en France, pour inhiber le pouvoir germinatif des pommes de terre, puis, en 1977, pour l'ail, l'oignon et les épices d'importation. Les qualités inhibitrices des rayons jouent sur les enzymes mais aussi sur les micro-organismes. Assimilable à une véritable pasteurisation, avec l'avantage considérable de ne pas soumettre l'ensemble du produit à l'action de la chaleur, qui modifie le goût, la texture et les arômes, l'ionisation est, à cet égard, une technique douce qui conserve aux denrées traitées leur qualité originelle. Elle permet ainsi d'allonger la durée de conservation des aliments, d'utiliser des ingrédients sensibles pour lesquels les techniques habituelles ne permettent pas d'obtenir une sécurité satisfaisante, de diminuer l'emploi de certains additifs chimiques. C'est pourquoi la gamme des autorisations accordées s'étend régulièrement, depuis les portions de volailles séparées mécaniquement jusqu'aux fraises, en passant par les cuisses de grenouilles, les légumes secs, les flocons de céréales et les farines de riz. D'autres produits sont susceptibles d'être traités, comme les crevettes congelées, les poissons frais, les fruits rouges, etc. L'innocuité du traitement a été démontrée depuis des années par des recherches conduites dans tous les pays développés, mais les réticences auprès de certains groupes de consommateurs sont plutôt d'origine psychologique.

Deux éléments laissent penser que l'ionisation connaîtra une croissance considérable, en France, au cours des prochaines années : le premier est lié aux importations de plus en plus fréquentes de produits ayant subi ce traitement en provenance de pays étrangers comme Israël, et surtout des pays voisins européens comme la Hollande et la Belgique, qui sont suréquipés en ionisateurs. Par ailleurs, six centres industriels sont déjà en fonctionnement en région parisienne, à Pouzauges (en Vendée), en région lyonnaise et en Provence.

Une dizaine d'autres projets sont à l'étude ou en construction. Ces ionisateurs, aujourd'hui, fonctionnent surtout pour traiter du sang, du matériel et des produits destinés à la médecine, mais ils élargissent leurs objectifs au secteur agroalimentaire. Il est vraisemblable que l'ionisation, combinée en particulier avec de nouveaux emballages plastiques sous vide, apportera dans les prochaines années une véritable révolution dans l'économie alimentaire. On peut même se demander si la chaîne du froid sera encore utile lorsqu'on disposera de produits rendus stériles par ionisation et placés dans des conditionnements hermétiques. •

2. Autoclave stérilisateur industriel.

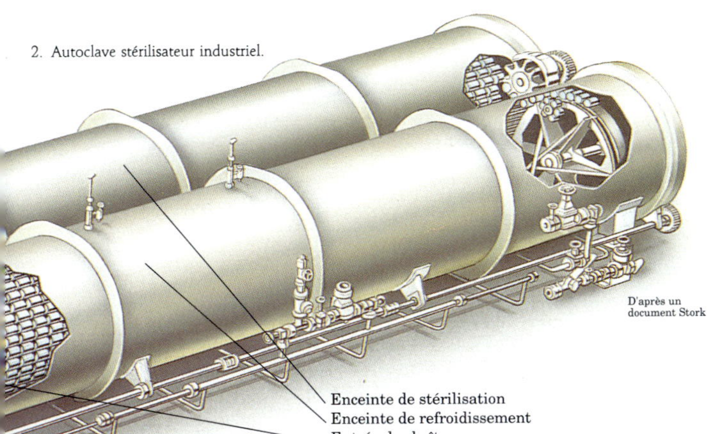

Les différentes formes de conservation

Procédés		*Principaux produits*	*Conditions de conservation (après conditionnement)*	*Durée de conservation (ordre de grandeur)*
Procédés physiques	Cuisson	biscuits	à l'abri de l'humidité	6 à 12 mois
	Pasteurisation	bière	température ordinaire	4 à 8 mois
	Appertisation*	conserves	température ordinaire	plusieurs années
	Congélation	viandes	chaîne du froid – 18°	12 à 18 mois
	Surgélation	plats cuisinés	chaîne du froid – 18°	9 à 20 mois
	Lyophilisation	café	température ordinaire	1 à 2 ans
	Séchage	fruits	température ordinaire	6 à 12 mois
	Ionisation	portions de viandes	chaîne du froid – 18°	12 à 18 mois
Procédés chimiques	Salaison	charcuterie	à l'abri de l'humidité basse température	3 à 6 mois
	Fumage	poissons	température basse	12 à 18 mois
	Additifs**	vin	température basse constante	plusieurs années
Procédé biologique	Fermentation	fromage (et aussi vin, bière, pain, saucisson)	à l'abri de l'humidité basse température	3 à 6 semaines

* = *stérilisation* ** *ex sulfitage.*

Aliments surgelés et plats préparés

L'APPARITION DES PRODUITS surgelés et des plats cuisinés ainsi que leur développement régulier sont liés à l'évolution des modes de vie. En effet, si les conserves traditionnelles sont associées à l'essor de la restauration collective dans les casernes, les écoles, les hôpitaux et les cantines, les surgelés et les plats cuisinés correspondent à une nouvelle demande liée au développement du travail féminin, à la diminution de la taille des ménages (25 % des Français vivent seuls), à la valorisation du temps libre. Les consommateurs souhaitent aujourd'hui des produits faciles à préparer, irréprochables sur le plan de l'hygiène, agréables à déguster et d'une richesse nutritionnelle limitée, dernier aspect qui explique le succès des produits allégés.

Pour obtenir ces produits nouveaux, présentés souvent sous forme de portions individuelles, diverses techniques sont utilisées. La cuisson peut être traditionnelle ou réalisée sous vide. L'emballage, qui utilise une grande variété de matériaux, peut éventuellement servir au réchauffage et à la consommation. Pour le transport, on distingue la liaison froide et la liaison chaude entre les usines ou cuisines industrielles et les lieux de consommation.

Toutes ces techniques, les nouvelles cuissons ou la surgélation ont pour objectif de conserver aux produits leurs qualités organoleptiques les plus subtiles : arôme, couleur, texture. Des résultats analogues sont maintenant obtenus pour les salades, les légumes « prêts à l'emploi » dont la fraîcheur constitue une qualité indispensable vis-à-vis de l'attente du consommateur.

Surgélation et plats surgelés

LES PLATS SURGELÉS SONT DES PRODUITS INTERMÉDIAIRES ENTRE LES CONSERVES APPERTISÉES DE LONGUE CONSERVATION ET LES PLATS CUISINÉS FRAIS.

La surgélation est une technique de conservation par le froid qui s'apparente à la congélation puisqu'elles aboutissent l'une et l'autre à la même température à cœur de –18 °C. Mais la surgélation permet d'atteindre cet état par un traitement très rapide qui provoque une microcristallisation des parties humides du produit et maintient les tissus intacts. Par la surgélation, les qualités organoleptiques et nutritionnelles sont mieux stabilisées que par toute autre méthode. Plusieurs techniques sont utilisées pour obtenir un abaissement très rapide de température. La plus simple, par contact, se pratique dans des armoires où les aliments, le plus souvent déjà emballés, sont placés dans des moules sur des rayonnages à plaques réfrigérées. La surgélation en armoire est une méthode artisanale qui a l'inconvénient de demander une main-d'œuvre abondante. Cependant, l'avantage du système est de fournir des produits d'excellente qualité pour un investissement unitaire relativement bas. La surgélation par convection se pratique dans un tunnel où le produit est soumis à un courant d'air froid qui peut atteindre –50 °C. L'intérêt de cette méthode est de permettre un traitement en continu qui peut être accéléré grâce à la technique du lit fluidisé pour les produits découpés en petits morceaux : pois, fraises, crevettes, carottes pour les macédoines, etc. La surgélation par immersion, enfin, permet d'atteindre de très basses températures, car le transfert de chaleur est intense quand un solide, l'aliment à traiter, baigne dans un liquide, en l'occurrence l'azote à –50 °C. Une grande quantité de produits sont traités par surgélation : légumes, fruits, poissons, viandes, crustacés, crèmes glacées, etc.

Les plats cuisinés sont apparus en France dans les années 1970, avec un conditionnement assez rudimentaire dont l'objectif était surtout de protéger mécaniquement l'aliment. Depuis lors, les plats cuisinés surgelés n'ont cessé de s'améliorer sur tous les plans : variété des recettes, pour lesquelles les chefs les plus prestigieux ont été consultés ; allègement nutritionnel, avec la création de plats « basses calories » ; commodité, avec le nouveau conditionnement en sachet souple dit *boil in bag*, qui permet un réchauffage au bain-marie en 15 minutes ou, dans un four à micro-ondes, en 5 minutes. Les derniers en date de ces plats cuisinés ne subissent, chez l'industriel, qu'une cuisson légère, voire pas de cuisson du tout, avant mise sous vide et surgélation. Ainsi la cuisson a lieu lors du réchauffage par le consommateur, ce qui améliore le goût et la texture du plat. Le grand obstacle que rencontrent les plats surgelés pour leur développement vient de l'obligation de maintenir la température de –18 °C et si possible au-dessous, tout au long de la vie et des transports.

La production des plats surgelés en France représente chaque année environ 120 000 tonnes dont 80 % sont destinés à la consommation des ménages. Le taux de croissance de ce secteur est d'environ 25 % par an. •

Les plats cuisinés frais

LES PLATS CUISINÉS FRAIS SUBISSENT UNE PRÉPARATION TRADITIONNELLE AVANT D'ÊTRE CONDITIONNÉS SOUS VIDE ET PASTEURISÉS.

Pour les surgelés, malgré leur croissance régulière, la France est encore en retard par rapport aux autres pays développés. Pour les plats cuisinés frais, en revanche, elle fait figure de précurseur avec le développement extraordinaire de nouveaux produits. Le plat cuisiné frais est une préparation conditionnée dont la consommation est différée par une réfrigération à température positive entre 0 °C et + 3 °C. Traditionnellement, le plat cuisiné frais est préparé dans deux types d'entreprise : les traiteurs, artisans-charcutiers pour la plupart, et les cuisines collectives, qui approvisionnent des restaurants par liaison froide. Depuis quelques années on le voit apparaître dans les linéaires des libres-services. Il s'agit de plats préparés selon les méthodes traditionnelles, conditionnés sous vide, emballés en sachet souple ou en barquette rigide, et pasteurisés.

Si l'emballage de la plupart de ces produits est réalisé sous vide, leur cuisson ne l'est pas encore, car ce mode de préparation n'autorise que des durées de conservation limitées (de 6 à 21 jours) alors que l'objectif est d'atteindre 42 jours. Les problèmes de qualité hygiénique sont évidemment d'une extrême importance pour ces produits qui doivent être de grande qualité au départ de l'usine. Pour un industriel de l'agroalimentaire, la mise en route d'une chaîne de fabrication demande des investissements nouveaux et impose des choix délicats devant la multiplicité des technologies utilisables et le grand nombre d'emballages disponibles, chaque matériau étant plus approprié à un type donné de produit.

Le marché des plats cuisinés a représenté en France, en 1988, environ 1 000 tonnes pour la restauration collective et 6 000 pour la consommation des ménages. Son taux d'expansion est considérable (40 % par an). Le marché de la restauration, très porteur, demande des portions haut de gamme, bien équilibrées sur le plan nutritionnel et éventuellement à basses calories (moins de 300 calories). Pour répondre à cette forte demande, on voit se créer des entreprises regroupant des artisans ou des restaurateurs, quelquefois de grande réputation, qui deviennent industriels. Les sociétés agroalimentaires comme Fleury-Michon, Olida, Panzani, William Saurin, entre autres, ont créé leurs gammes de plats cuisinés, destinées à la fois au grand public, par l'intermédiaire des grandes surfaces, mais surtout aux restaurateurs. Ainsi voit-on la cuisine quitter le restaurant pour l'usine. Les industriels proposent maintenant à la clientèle variée de la restauration collective ou individuelle des plats tout préparés ou des produits semi-élaborés, prêts à cuisiner, qui laissent cependant au chef un certain degré de créativité pour l'accompagnement et pour la préparation. •

Les produits frais

Produits		*Période limite de consommation*	*Température de conservation*
Viandes	découpées	5 jours	inférieure à + 3 °C
	hachées sur le lieu de vente	jour même	inférieure à + 3 °C
	hachées en atelier	2 jours	inférieure à + 3 °C
Plats cuisinés	conservés par la chaleur	jour même	supérieure à + 65 °C
	conservés par le froid	6 jours	inférieure à + 3 °C
Produits laitiers	lait cru	dans les deux heures suivant la fin de la traite (si conditionné : 3 jours)	inférieure à + 4 °C
	lait frais pasteurisé	7 jours	inférieure à + 6 °C
Œufs	frais	date de vente " recommandée "	inférieure à + 8 °C
	extra frais	7 jours	inférieure à + 8 °C
Fruits et légumes	4e gamme	10 jours	inférieure à + 4 °C
Pain et pâtisserie		jour même	

Consommation de produits surgelés dans divers pays

L'industrie de la surgélation des aliments s'est beaucoup développée dans les pays où les consommateurs disposent d'un haut pouvoir d'achat et où le taux d'activité de la population est élevé. C'est pourquoi les États-Unis arrivent de loin en tête pour la consommation par habitant ; viennent ensuite les pays de l'Europe septentrionale puis ceux de l'Europe méditerranéenne.

1.

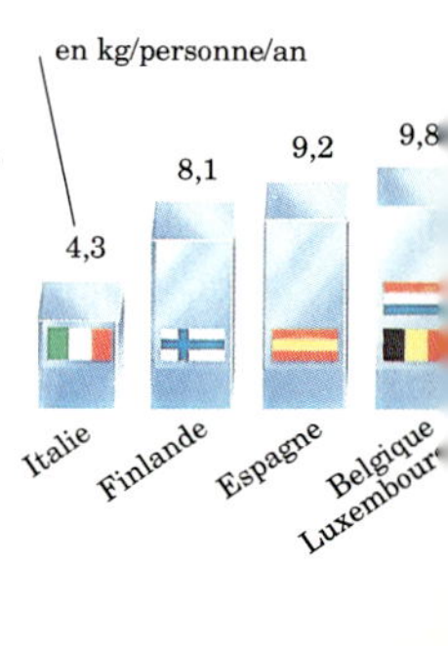

Nouvelles méthodes de cuisson

LES PLATS CUISINÉS PRÉPARÉS PAR LES INDUSTRIES ALIMENTAIRES BÉNÉFICIENT DE LA CUISSON SOUS VIDE À L'USINE ET DE LA CUISSON PAR MICRO-ONDES CHEZ LES RESTAURATEURS ET CHEZ LE CONSOMMATEUR.

Deux nouvelles techniques de cuisson, sous vide et par micro-ondes, connaissent un développement parallèle car, bien qu'indépendantes l'une de l'autre, elles sont de fait complémentaires : le four à micro-ondes permet de réchauffer rapidement, à domicile ou au restaurant, des plats sous vide cuisinés en usine.

La cuisson sous vide est une technique récente, mise au point au début des années 1980 par un artisan traiteur français, Georges Pralus, aidé par la firme américaine Grace, fabriquant des matières plastiques. Depuis lors, on a vu se multiplier la création d'ateliers artisanaux ou industriels équipés pour réaliser des « suprêmes de volailles aux girolles, des fricassées de poulet au curry, des navarins d'agneaux, des paellas, des osso-buco, des poissons en filet », etc. Ces entreprises sont conseillées par d'excellents chefs cuisiniers et exigent en général de leurs fournisseurs des matières premières de grande qualité, qui sont stockées le moins longtemps possible. La mise sous vide, première étape de la fabrication, se pratique sur des portions de 200 à 300 g environ. Dans une seconde étape, les barquettes sont introduites dans une cuve de cuisson où elles subissent aussi une pasteurisation avant d'être refroidies, stockées en chambre froide à 0 °C, puis livrées par camion frigorifique. Chez le consommateur et surtout chez le restaurateur, il suffit de quelques minutes pour réchauffer cette portion au four à micro-ondes.

Si les premières applications des micro-ondes datent de la Seconde Guerre mondiale, c'est au cours des années 1980 que les fours à micro-ondes se sont répandus, d'abord aux États-Unis, où 65 % des foyers en disposent maintenant. Au Japon, le taux d'équipement des ménages est de 50 % et il est de 30 % en Grande-Bretagne. La France, les Pays-Bas et l'Allemagne sont beaucoup moins équipés : 11 % des ménages disposent de tels fours dans ces trois pays. Mais la croissance des ventes est aujourd'hui très forte et dépasse 40 % par an en France. Ainsi le four à micro-ondes se répand rapidement dans les foyers des pays développés : au total il se vend plus de 20 millions d'appareils chaque année dans le monde.

Dans le spectre des ondes électromagnétiques, les micro-ondes se situent entre 300 MHz et 300 000 MHz, soit des longueurs d'onde comprises entre 1 mm et 1 m. En pratique, la fréquence utilisée est 2 450 MHz, soit 12,2 cm de longueur d'onde. L'action de chauffage n'a pas lieu par conduction comme dans les fours classiques, mais par absorption au cœur des aliments, en particulier par les parties humides. La cuisson par micro-ondes s'effectue, en quelque sorte, de l'intérieur du produit vers l'extérieur, soit l'inverse des méthodes traditionnelles par lesquelles l'extérieur est rôti, et le cœur moins cuit. De là résultent bien des difficultés pour cuire selon les recettes habituelles. En revanche, dès qu'il s'agit de réchauffage, le micro-ondes se révèle extrêmement rapide, donc commode. D'où le grand succès qu'il remporte. De plus en plus, la cuisine se fera à l'usine et les plats cuisinés seront réchauffés au restaurant ou à domicile. •

2. Fabrication d'œufs durs en barre.

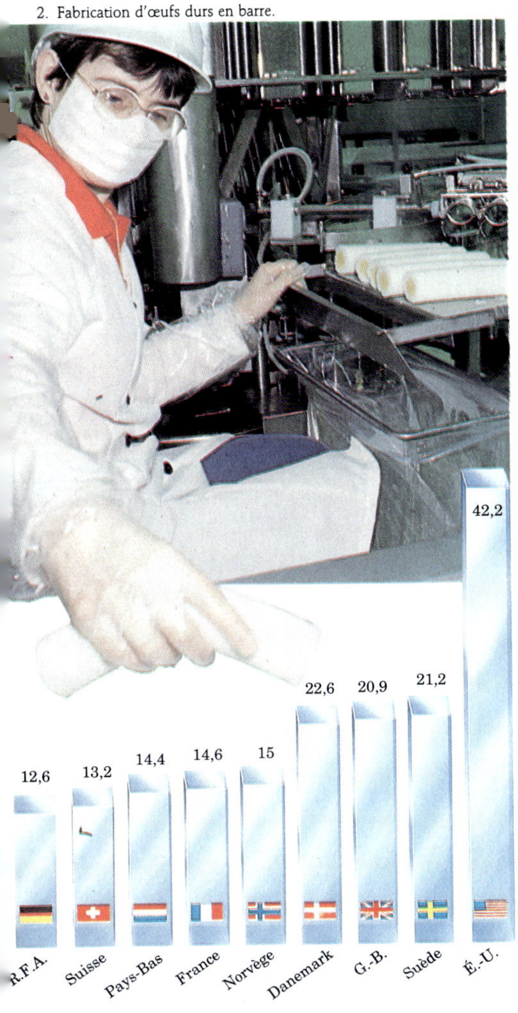

Goût et commodité

Les nouvelles technologies sont utilisées pour mettre à la disposition des consommateurs des plats préparés ayant les qualités des produits frais, en premier lieu la saveur, mais aussi la forme, la couleur, particulièrement appréciées pour les légumes et les fruits. Si l'œuf en barre ne présente guère d'intérêt pour une mère de famille, il est au contraire très commode pour le responsable de cantine ou de restaurant collectif. Les facilités apportées par ces nouveaux plats préparés sont incontestables, cependant la plus grande vigilance doit être maintenue sur le plan hygiénique tout au long de la chaîne, depuis la préparation jusqu'à la consommation. La fabrication de ces produits en usine est entourée, pour ces raisons, de toutes les précautions nécessaires à la garantie d'une excellente qualité et à l'absence totale de germes nocifs.

Quatrième et cinquième gammes Le prêt à l'emploi

LES LÉGUMES PRÉSENTÉS SOUS BARQUETTES PLASTIQUES CONSTITUENT LA QUATRIÈME GAMME DE L'INDUSTRIE ALIMENTAIRE, LA CINQUIÈME ÉTANT COMPOSÉE DES MÊMES PRODUITS STÉRILISÉES OU PASTEURISÉS.

De tous les produits alimentaires, les fruits et légumes représentent, avec les poissons, la catégorie qui subit le moins de transformations industrielles. Cependant, si les fruits sont consommés en l'état, les légumes sont souvent soumis à une cuisson ou à une préparation en sauce avant d'être consommés. Les industriels ont donc pensé qu'ils pouvaient créer, après les légumes appertisés, après les réfrigérés et les surgelés, une nouvelle gamme (la 4e) de légumes frais, présentés sous film plastique et conservés à température positive entre 0 °C et 3 °C. Les salades, lavées, coupées, représentent un des succès les plus marquants de ce type de produit. Cependant, malgré une forte croissance, les ventes ne représentent encore, pour cette quatrième gamme, en France, que 50 000 tonnes par an alors que les surgelés atteignent 200 000 tonnes et les légumes appertisés un million de tonnes. Une des difficultés rencontrées par les industriels tient d'abord à la qualité des légumes, dont les variétés n'ont pas été sélectionnées pour ce type de conservation. L'autre grande difficulté provient, en aval de la fabrication, des éventuelles ruptures de la chaîne du froid au cours des transports et, surtout, dans la distribution, les grandes surfaces comme les magasins de proximité n'étant pas toujours équipés pour la vente de légumes réfrigérés. Certains hygiénistes mettent en garde contre les accidents microbiologiques, comme ceux liés au *Pseudomonas marginalis*, germe fréquent dans les salades. Aussi voit-on se développer de nouveaux types de produits végétaux ayant subi une stérilisation à plus de 100 °C et donc stockables à température ambiante : c'est la « 5e gamme ». On trouve ainsi sur le marché des betteraves, des carottes, des pommes de terre prêtes à l'emploi, conditionnées en film plastique sous vide et ne nécessitant pas de chaîne du froid pour leur conservation chez le consommateur.

On voit également apparaître, à côté de ces légumes stérilisés, des légumes frais pasteurisés ayant subi un traitement à température moins élevée, de 85 °C à cœur, suivi d'un refroidissement rapide à 0 °C. Il s'agit de produits comme les endives, les oignons ou les poireaux, qui ne supportent pas la stérilisation. Il s'agit aussi de préparations où sont présentes à la fois des viandes et leur accompagnement de légumes. Pour ces plats préparés, le maintien à une température de 0 °C, après traitement, est un impératif hygiénique absolu. Il est donc essentiel d'avoir une chaîne du froid qui soit adaptée à cette nécessité, ce qui impose de nouveaux meubles ménagers avec un troisième compartiment à 0 °C s'ajoutant au réfrigérateur ordinaire, à 4 °C ou 5 °C, et au congélateur à −18 °C. Par ces techniques de conservation et par l'application de l'ionisation, combinée avec de nouveaux matériaux plastiques et une atmosphère conditionnée, on pourra, dans l'avenir, conserver aux fruits et aux légumes leur fraîcheur. •

→ **Voir aussi :** L'industrie du froid, **TECHN**, p. 402-403.

3. Mise en barquette de plats cuisinés.

4. Plat cuisiné en bout de chaîne de fabrication.

Bière, cidre et boissons non alcoolisées

LES BESOINS QUOTIDIENS en eau s'élèvent en moyenne, pour chaque personne adulte, à 2 ou 3 litres ; ils sont couverts, aujourd'hui, par tiers à peu près équivalents, sous trois formes : l'eau du robinet, l'eau des aliments et l'eau des boissons commercialisées. Bien que la qualité de l'eau du robinet soit en général bonne en France, la consommation des eaux minérales est passée, depuis vingt ans, d'un milliard à 3,5 milliards de litres par an. La France détient ainsi un triple record : premier producteur, premier consommateur, premier exportateur au monde.

À côté des eaux minérales, les boissons sans alcool, souvent produites et commercialisées par les mêmes firmes et appelées par les professionnels *soft drinks,* sont avant tout des boissons sucrées : tonic, colas, boissons aux fruits, jus de fruits. La préparation de ces produits ne pose en général guère de problèmes techniques, car il s'agit surtout d'activités d'embouteillage et de distribution. En revanche, la brasserie comme la malterie utilisent des techniques complexes. Quant au cidre, il représente aujourd'hui une part faible du marché, les difficultés d'approvisionnement en pommes expliquant dans une large mesure son déclin.

Dans les pays industrialisés, on constate que la consommation de la boisson dominante (vin en France, bière en Belgique, par exemple) tend à se stabiliser, voire à régresser, tandis que celle des boissons les moins bues (bière en Italie, cola en France, vin aux États-Unis) tend au contraire à augmenter, ce qui entraîne finalement une certaine uniformisation internationale.

Le cidre

BOISSON TIRÉE DE VARIÉTÉS DE POMMES SPÉCIFIQUES, LE CIDRE, MALGRÉ DES EFFORTS RÉPÉTÉS, N'EST PAS DEVENU UNE GRANDE BOISSON INDUSTRIALISÉE.

Le cidre est une boisson provenant exclusivement de la fermentation du jus de pommes fraîches. L'approvisionnement des ateliers de fabrication est, en France, dans une situation paradoxale : les variétés anciennes de pommes à cidre fournissent des produits très divers à des dates de maturité très irrégulières, alors que les industriels de la cidrerie récupèrent des pommes de table écartées du marché pour diverses raisons. Des efforts ont été entrepris pour recenser et améliorer les variétés de pommes à cidre en favorisant la richesse en tanins, le potentiel aromatique et un bon rapport sucre/acidité, mais on ne dispose pas encore de grands vergers de pommiers à cidre susceptibles d'approvisionner régulièrement les cidreries.

La première étape de fabrication du cidre est le broyage des fruits, conduisant à une pulpe qui subit ensuite une extraction par pressurage. On obtient ainsi un jus pressé qui est additionné d'une enzyme, la pectinase, permettant une clarification du jus. On peut également obtenir un jus clair par des méthodes de filtration sur membrane. Après pasteurisation, les jus peuvent être conditionnés dans un récipient final : bouteille, boîte métallique, « brique » multicouche, et destinés à la consommation comme boissons non alcoolisées. S'ils sont destinés à la cidrerie, les jus sont stockés, si nécessaire, avant d'être soumis à la fermentation pendant une à deux semaines à température ordinaire, pour devenir du cidre. En plus de cette fermentation alcoolique principale, le cidre subit aussi une fermentation malolactique.

Parmi les produits mis sur le marché, il faut distinguer le cidre « pur jus », qui est obtenu sans addition d'eau, et le cidre « doux », qui est soumis à une édulcoration en cours de fabrication. La bouteille champenoise, d'une contenance de 75 cl, se développe régulièrement, au détriment de la bouteille d'un litre traditionnelle. Si le « quart-cidre » en petite bouteille n'a pas trouvé son marché, on voit se développer la boîte, la bouteille plastique de 1,5 l et, surtout, de nouveaux produits, comme le cidre pétillant aromatisé aux fruits rouges (cassis, fraise, framboise, mûre, raisin...). •

Composition des boissons en calories par litre

Vin	700
Bière forte	450
Bière légère	350
Jus d'orange (frais)	450
Cidre	400
Sodas (Coca-Cola)	320
Sodas allégés (Orangina « light »)	50
Coca-Cola « light »	3
Eaux minérales	0

La bière

PRÉPARÉE AUTREFOIS DANS DES ATELIERS ARTISANAUX OU FAMILIAUX, COMME ELLE L'EST ENCORE LARGEMENT EN ALLEMAGNE, LA BIÈRE EST DEVENUE DANS LA PLUPART DES PAYS UNE INDUSTRIE AUX TRÈS LOURDS INVESTISSEMENTS.

La bière est une boisson très ancienne, fabriquée dans un grand nombre de pays par fermentation d'un extrait aqueux de céréales germées. Les Allemands, et particulièrement les Bavarois, qui sont attachés à la bière comme les Français le sont au vin, ont une définition et une législation très restrictives : la bière ne peut provenir que d'orge germée. En France, on admet 15 à 20 % de céréales autres que l'orge. Aux États-Unis et dans certains autres pays, on introduit des fractions encore plus importantes de maïs. Et, en Afrique, des bières locales peuvent être fabriquées à partir de grains de mil ou de sorgho.

La première étape industrielle de traitement des orges a lieu en malterie : après un trempage qui les humidifie, les grains commencent à germer. On arrête alors cette germination par un chauffage intense, ou touraillage, qui stabilise le malt que l'on peut stocker et expédier vers les brasseries.

La bière est préparée en mélangeant du malt, du houblon et de l'eau, dont la qualité joue beaucoup sur le produit final. Les proportions moyennes sont de 150 à 700 g de houblon, qui apporte l'amertume, et de 25 à 50 kg de malt pour un hectolitre d'eau. Après le concassage du malt, on procède à l'opération clé, qui donne son nom à cette industrie, le brassage. Celui-ci est une extraction, dans de l'eau chaude, de l'amidon contenu dans le malt. On obtient, après filtration, un moût limpide qui contient des sucres fermentescibles, du maltose, des matières azotées et des sels minéraux. La fermentation est, après le brassage, l'opération la plus importante : elle consiste à transformer les sucres du moût en alcool sous l'action de levures spécifiques : *Saccharomyces cerevisae* pour la fermentation basse, *S. carlbergensis* pour la fermentation haute.

La température de fermentation est fixée entre 8 et 11 °C environ. Il s'agit d'une fermentation dite basse, qui se pratique à peu près dans le monde entier, sauf en Grande-Bretagne, qui fabrique en majorité ses bières par fermentation haute entre 15 et 25 °C. La conduite de la fermentation joue un rôle déterminant pour la flaveur de la bière, qui dépend de la présence d'alcools, d'aldéhydes, d'esters, etc. Les cuves de fermentation ont un volume sans cesse croissant : 4 000 à 6 000 hectolitres en moyenne, certains tanks géants atteignant 15 000 hectolitres. Des recherches se poursuivent activement pour réaliser la fermentation en continu, mais jusqu'ici les réalisations industrielles sont plutôt considérées comme des échecs. Après la fermentation, la bière est mise en cuve de garde, où elle se clarifie, affine son goût et se sature en gaz carbonique. En fin de garde, on procède aux dernières opérations de filtration, puis de soutirage en fût ou en bouteilles. La filtration de la bière a pour but de la rendre brillante en éliminant les levures en suspension et le trouble formé lors de la garde. La pasteurisation se pratique en bout de chaîne, à 60 °C, avant l'étiquetage des bouteilles.

En France, la brasserie a connu une concentration considérable : il y avait près de 500 brasseries après la Seconde Guerre mondiale, il en demeure dix fois moins aujourd'hui, et l'essentiel de la production est contrôlé par un seul groupe, B.S.N., qui détient toutes les grandes marques. •

1. Publicité pour la bière Killian's.

2. Publicité pour Coca-Cola.

Les jus de fruits

LES PRODUITS PRÉSENTÉS EN EMBALLAGE STÉRILE CONNAISSENT LE SUCCÈS, MAIS LA RICHESSE DES JUS DE FRUITS EN CALORIES CONSTITUE UN HANDICAP FACE À DES BOISSONS MOINS NATURELLES.

Un jus de fruit est un produit naturel provenant de la pression de fruits sains et mûrs. Les principaux jus sont obtenus, en France, à partir de raisins, de pommes, de tomates, et, ailleurs, à partir d'oranges, d'ananas, de pamplemousses. Pour certaines espèces fruitières, la simple pression conduit à des produits très pulpeux (abricots, pêches, poires), ou trop acides (cassis, groseilles, framboises) pour être consommés directement. Il est alors permis d'ajouter de l'eau et du sucre : on obtient ainsi un produit baptisé « nectar de fruit », qui ne peut plus prendre la dénomination de « jus de fruit ».

Le premier problème que doivent résoudre les industriels producteurs de jus de fruits est celui de l'approvisionnement. Il est souvent difficile, en effet, d'obtenir des quantités satisfaisantes de fruits de qualité pour cette transformation. Des efforts sont poursuivis, par exemple pour la tomate, pour mettre en culture des variétés ayant une matière sèche plus importante afin de réduire les coûts énergétiques lors de la concentration. La tomate est sans doute le fruit qui a donné lieu au plus grand nombre de travaux pour aboutir à des variétés industrielles adaptées (dès 1970, l'université de Davis, en Californie, obtenait des variétés propres à la récolte mécanique). Pour beaucoup de jus de fruits, la France reste tributaire d'importations, non plus de fruits, mais de jus industriels, concentrés ou surgelés, qui, pour les agrumes par exemple, proviennent d'Israël, des États-Unis ou du Brésil.

Malgré tous les efforts faits pour relancer le marché des jus de fruits, les ventes n'ont pas progressé notablement pour les jus en boîtes et en bouteilles classiques. Par contre, les jus de fruits présentés dans des briques comme le lait U.H.T. et, d'ailleurs, emballés comme lui d'une manière stérile, ont connu un grand succès commercial. L'une des raisons en est l'excellente conservation du goût provenant des fruits d'origine. La grande inconnue pour l'avenir des jus de fruits demeure leur place dans le domaine des produits allégés (ou *light*) : les jus de fruits ont une grande richesse nutritionnelle en sels minéraux et surtout en vitamines, mais aussi en calories, ce qui peut paradoxalement constituer un handicap par rapport à des boissons ayant un goût analogue et apportant moins d'énergie. •

Consommation de boissons en litres/hab./an (1987)

Bière	
R.F.A.	144,2
Belgique	121
Grande-Bretagne	110,5
États-Unis	90,1
Espagne	64,5
Japon	43,16
France	38,9
Mexique	36,4
Argentine	18,57
U.R.S.S.	18,2

Jus de fruits (nectars)	
États-Unis	32
R.F.A.	31
Suisse	29
C.E.E.	14
France	4,3
Grèce	3
Portugal	1

Boissons rafraîchissantes sans alcool	
États-Unis	166
R.F.A.	70
Norvège	70
Grande-Bretagne	58
C.E.E.	49
Portugal	23
France	21

Eaux minérales	
France	78
R.F.A.	65,50
Belgique	63,40
Autriche	62,00
Italie	53,50
Suisse	53,00
C.E.E.	45,00
Espagne	28,00
Finlande	7,60
Grande-Bretagne	1,50

Les sodas

LES SODAS, BOISSONS SANS ALCOOL, CONNAISSENT UNE CROISSANCE RÉGULIÈRE ACCENTUÉE PAR L'APPARITION DES PRODUITS « LIGHT » OÙ LE SUCRE EST REMPLACÉ PAR UN ÉDULCORANT ET DONT L'APPORT ÉNERGÉTIQUE EST FAIBLE.

Les sodas et autres boissons rafraîchissantes sans alcool (*soft drinks*, selon l'expression anglo-saxonne) contiennent avant tout de l'eau, dont la qualité est très importante. Sa composition minérale doit être régulière, elle ne doit pas être « dure », c'est-à-dire riche en calcium et en magnésium, car ces ions provoquent des précipitations avec les fruits acides. Aussi la plupart des usines disposent-elles d'un atelier de traitement des eaux qui procède successivement à une déminéralisation par osmose inverse, puis à une reminéralisation contrôlée. Toutes les boissons de cette catégorie contiennent également des extraits végétaux ou des concentrés, les espèces les plus fréquentes étant, par ordre décroissant, l'orange, le pamplemousse, la pomme, le raisin et l'ananas. Interviennent aussi comme matières premières le sucre et des additifs divers : colorants, antioxydants, le plus souvent acide ascorbique, arômes, acide citrique, etc. Enfin, pour les boissons pétillantes, on introduit également du gaz carbonique, à l'aide d'un carbonateur ou saturateur. Pour l'ensemble de la fabrication, qui se résume à des mélanges et au conditionnement en bouteilles, les problèmes d'hygiène sont importants, en particulier pour des boissons comme les jus de fruits, où l'on pratique soit une mise en bouteille directement après la « flash-pasteurisation » (traitement thermique ultrarapide), soit un remplissage aseptique d'un liquide stérile dans un emballage stérile.

Sur le marché des boissons non alcoolisées, particulièrement dynamique, la consommation en France n'est pas aussi importante que dans les autres pays européens. Sur l'ensemble de ces boissons, qui représentent plus d'un milliard et demi de litres, les deux tiers sont gazeux et un tiers est plat. Parmi les boissons gazeuses viennent en tête les colas, en croissance, tandis que les limonades baissent, puis les boissons aux fruits, les sodas, les tonics et les bitters. Parmi les boissons non gazéifiées, l'essentiel est constitué par les jus de fruits.

Le décret de mars 1988 autorisant en France les édulcorants intenses a provoqué une véritable explosion de boissons sans alcool qualifiées de « light » et l'on s'attend à une croissance importante pour beaucoup de spécialités motivée par des préoccupations liées à la santé. •

Les eaux minérales

CONSOMMÉES À L'ORIGINE POUR LEUR VALEUR THÉRAPEUTIQUE, LES EAUX MINÉRALES, PLATES OU GAZEUSES, SONT DES PRODUITS DE GRANDE CONSOMMATION.

Pour avoir droit au qualificatif de « minérales » les eaux naturelles doivent, en principe, être douées de propriétés thérapeutiques. En réalité, aujourd'hui, en France comme ailleurs en Europe, on considère qu'une eau minérale est définie par trois critères : origine naturelle souterraine, pureté bactériologique, teneur en sels minéraux et oligo-éléments. La présence de certains sels peut avoir un rôle thérapeutique intéressant, mais, en fait, les eaux minérales sont devenues des eaux de boisson courante, conditionnées par une puissante industrie.

Comme pour le pétrole, bien que les profondeurs d'exploitations ne soient que de quelques centaines de mètres, toutes les méthodes de recherche géologique sont mises en œuvre pour découvrir des sources souterraines ou des nappes : le carottage, les ondes sismiques, les mesures électriques de résistivité, la reconnaissance aérienne par satellite. Lorsqu'une nappe est reconnue comme exploitable, on procède au captage, qui est généralement facilité par des pompes immergées entièrement en acier inoxydable, comme les tuyaux d'évacuation, de manière à préserver la pureté bactériologique de l'eau extraite. Les zones qui entourent les sources sont habituellement déclarées « d'intérêt public », pour préserver un périmètre de protection. À son arrivée dans les réservoirs de l'usine, l'eau est soigneusement contrôlée comme elle le sera à la sortie, les analyses portant tout spécialement sur la qualité bactériologique.

L'usine est avant tout un atelier de conditionnement. Autrefois placée dans des bonbonnes en grès, l'eau a été mise en bouteilles de verre au début du siècle. Les premières bouteilles d'un litre pesaient, vides, près d'un kilo. Aujourd'hui les verriers fournissent des bouteilles pesant seulement 450 g. Malgré ces progrès, les matières plastiques ont détrôné presque complètement le verre : 90 % des eaux minérales plates sont, en France, embouteillées dans du poly(chlorure de vinyle) [PVC], alors qu'à l'étranger le plastique le plus employé est le poly(téréphtalate d'éthylène-glycol) [PET]. Une bouteille de PVC d'un litre et demi pèse moins de 50 g, ce qui donne une grande commodité d'emploi, alliée à une transparence appréciable pour ce genre de produit, et à une forme « design ». Les eaux faiblement gazeuses, contenant, par exemple, 2,5 g de CO_2 par litre, peuvent aussi être conditionnées en bouteilles en plastique. Les machines d'embouteillage ont également été perfectionnées à la fois vers une hygiène totale du produit et vers une accélération des cadences, qui atteignent 50 000 bouteilles à l'heure. En dehors de leurs qualités comme fabricants de produits industriels, les entreprises françaises d'eau minérale ont su faire preuve d'extraordinaires qualités de marketing. La consommation en France même a été multipliée par dix depuis la fin de la Seconde Guerre mondiale, atteignant 56 litres par personne et par an. À l'étranger, les sociétés françaises ont su se développer d'abord par des exportations, comme Perrier aux États-Unis, puis par des implantations industrielles en rachetant ou créant des sources locales. •

3. Publicité pour l'eau Perrier aux États-Unis.

La publicité pour la bière et les boissons non alcoolisées

Coca-Cola, la plus ancienne boisson industrielle du monde, commercialisée dès 1887 par le pharmacien Pemberton à Atlanta (Géorgie), maintient grâce à d'incessantes campagnes publicitaires son image de jeunesse, de force, de plaisir, son objectif étant de garder, voire de développer sa prééminence sur tous les marchés. Toutes les autres boissons industrielles tentent aussi de conquérir des positions internationales. Ainsi le groupe français Pernod-Ricard, avec la marque Orangina, boisson aux fruits. Les marques de bière, bénéficiant souvent dans leur pays d'origine d'une excellente notoriété, ont plus de difficultés à s'implanter à l'étranger. Les campagnes promotionnelles pour les boissons industrielles utilisent tous les types de médias et représentent les premiers budgets des agences de publicité dans le monde entier.

Le vin

LES CONDITIONS CLIMATIQUES dans lesquelles se déroulent la maturation des raisins et la vendange, l'extension, aujourd'hui, de la récolte mécanique jouent un rôle important dans la qualité finale des vins. Les grappes sont traitées dès leur arrivée à la cave par des opérations mécaniques permettant d'obtenir le jus sucré, ou moût, qui sera soumis à l'opération biologique fondamentale de la fermentation, suivie de la maturation ou vieillissement. Pratiquées depuis des millénaires et régulièrement améliorées par des observations empiriques, les techniques de vinification ont conduit, pour certains crus, à des qualités de vin internationalement reconnues, qu'il s'agisse de bordeaux, de bourgogne, ou du plus recherché d'entre tous, le champagne.

Depuis les travaux de Pasteur portant sur le rôle des levures – ou saccharomyces – dans la fermentation, les progrès scientifiques n'ont cessé d'enrichir la science du vin : l'œnologie. Grâce aux méthodes d'analyse chromatographique, on connaît aujourd'hui quelque trois cents corps chimiques entrant dans la composition du vin en dehors de l'eau qui représente 800 à 900 g par litre. L'alcool, l'autre constituant majeur, compte pour 45 à 160 g par litre. On distingue des polyalcools, dont le glycérol (4 à 20 g/l), des sucres, des substances azotées, dont une vingtaine d'acides aminés, une vingtaine d'aldéhydes qui jouent un rôle essentiel dans le bouquet, des acides organiques, des composés phénoliques, des substances minérales, des traces de vitamines, etc. Tous ces composants font du vin un produit original et inimitable.

Les grands pays viti-vinicoles en 1987

Pays	*Productions (milliers hl)*	*Surfaces (milliers ha)*	*Principaux vignobles*	
Italie	76 000	1 600	Piémont (asti spumante) Vénétie (valpolicella) Émilie, Toscane (lambrusco, chianti) Sicile (marsala) Latium (frascati)	Avec la plus grande production et la seconde surface au monde, le vignoble italien, remontant à la plus haute antiquité, est d'une extrême variété.
France	69 500	917	Champagne Bordeaux Bourgogne Beaujolais Alsace Languedoc-Roussillon Vallée du Rhône-Provence Val de Loire	Si la régression du vignoble de vins de table s'accélère en France, les vins de qualité « appellations d'origine contrôlée » (A.O.C.) se développent, en particulier à l'exportation.
Espagne	39 000	1 700	Vallée de l'Èbre (rioja) Andalousie (xérès) La Mancha (valdepeñas)	Après une phase de production de masse, l'Espagne s'oriente davantage vers des vins de qualité.
Portugal	11 000	280	Douro : porto Vinho verde Dão	Pays de vieille tradition viticole, le Portugal dispose toujours d'un joyau, le porto, avec le vintage millésimé, vin jeune, et le late bottled vintage, élevé longtemps sous bois.
R.F.A.	9 000	90	Moselle : Ruwer, Sarre, Nahe Bade Rheingau	L'Allemagne a mis en valeur, à l'exportation, ses meilleurs vins provenant de cépages traditionnels : riesling, gewurstraminer, pinot blanc.
U.R.S.S.	23 000	1 400	Crimée Géorgie (mousseux)	Le vignoble de l'U.R.S.S., le long des bords de la mer Noire, se développe à partir de cépages du type cabernet, saperavi ou tokay.
États-Unis	18 000	350	Napa Valley Sonoma Santa Clara Modesto	La Californie devient depuis vingt ans une grande région viticole à partir de techniques et de cépages européens comme le chardonay, le barbera, le cabernet sauvignon.
Argentine	26 000	360	Aconcagua Maipu	Avec une forte tradition de production et de consommation de vin, l'Argentine s'enorgueillit de quelques grands vignobles.
Afrique du Sud	7 000	200	Région du Cap	L'Afrique du Sud est un pays de viticulture relativement récente mais faisant appel aux techniques les plus scientifiques pour obtenir une excellente qualité.

Les étapes de la fabrication du vin

LA FERMENTATION ALCOOLIQUE CONSTITUE L'ÉTAPE PRINCIPALE DE LA FABRICATION DES VINS.

La vendange commence, pour un vignoble donné, quand le degré mustimétrique, c'est-à-dire la teneur en sucre du jus de raisin, n'augmente plus. Lorsque les grappes arrivent sur les lieux de vinification, elles sont déversées dans un conquet, ou bassin de réception, avant d'être foulées. Le foulage, effectué autrefois à pieds nus, l'est aujourd'hui par des foulopompes à cylindres. Il a pour but de déchirer la pellicule des grains, de dégager la pulpe et de mélanger les levures qui se trouvent naturellement sur la surface des grains. On procède ensuite au pressurage qui consiste à séparer le moût des diverses matières solides : peau, rafles, pépins, etc. Le pressurage doit être progressif, afin de ne pas extraire des produits contenus dans les rafles et qui risqueraient de donner trop d'astringence au vin. De ce point de vue, le développement des pressoirs pneumatiques, très important au cours des dernières années, a été un progrès. Diverses techniques sont utilisées à ce stade pour améliorer le moût en fonction de ses qualités ou de ses éventuels défauts, et en fonction des conditions extérieures : on peut sulfiter, c'est-à-dire introduire de l'acide sulfureux, lorsque la vendange est gagnée par la pourriture ou altérée ; on peut aussi, selon des conditions législatives précises, chaptaliser, c'est-à-dire apporter du sucre pour augmenter la richesse alcoolique du vin. En moyenne, 2 kilos de sucre par hectolitre de moût permettent de gagner 1° d'alcool. De même, on peut procéder à une désacidification en apportant du carbonate de chaux. C'est à ce stade que l'on introduit, si besoin est, des levures sélectionnées, fournies par un laboratoire ou un pied de cuve provenant d'une autre cuve déjà en fermentation.

Commence alors l'étape fondamentale de transformation du sucre en alcool, avec dégagement souvent tumultueux de gaz carbonique. Les phénomènes biochimiques qui ont lieu au cours de la fermentation sont extrêmement complexes mais commencent à être connus et maîtrisés. L'objectif principal est d'orienter les diverses transformations vers la meilleure répartition possible des arômes qui constituent la richesse finale du vin. Des mesures, de plus en plus nombreuses, sont effectuées pour veiller au bon déroulement de la fermentation, une des plus simples, mais aussi des plus importantes, étant de s'assurer de la maîtrise de la température du moût, qui a tendance à augmenter et qui, au-delà de 30 °C, peut provoquer de graves défauts organoleptiques. Après la fermentation alcoolique se déroule une seconde fermentation, dite malolactique, au cours de laquelle, sous l'influence de bactéries, l'acide malique se transforme en acide lactique et en gaz carbonique, qui se dégage. Cette fermentation malolactique diminue l'acidité totale du vin et produit son « assouplissement ».

À partir du moment où les fermentations sont terminées, le vin nouveau est prêt. Il doit être alors l'objet d'une conservation particulièrement soigneuse. •

Les vins : tradition et modernité

Un immense effort a été réalisé au cours des dernières années pour améliorer la qualité des vins et faire passer des produits considérés autrefois comme de qualité moyenne dans la catégorie bénéficiant de l'appellation d'origine contrôlée. Pour les crus les plus prestigieux, les méthodes traditionnelles sont maintenues, comme le vieillissement en fût de chêne pour les grands vins de Bourgogne. La dégustation par des jurys de spécialistes demeure toujours la méthode habituelle et décisive pour mesurer la qualité d'un vin.

1. Dégustation d'un Lafite-Rothschild (Médoc-Pauillac).

Les caves et leurs équipements

PRIVÉES OU COOPÉRATIVES, AUTREFOIS CONÇUES ET ÉQUIPÉES POUR LA MISE EN ŒUVRE DES MÉTHODES EMPIRIQUES, LES CAVES DOIVENT S'ADAPTER AUX PROGRÈS DE L'ÉLEVAGE ET DE LA CONSERVATION DES VINS.

Si, à l'origine, pour conserver une température fraîche constante les caves viticoles étaient en partie en sous-sol, depuis le début du siècle, ce sont, dans la grande majorité des cas, des bâtiments construits en surface. Le principal équipement d'une cave est constitué de cuves, initialement en béton et qui ont été améliorées récemment par des revêtements intérieurs en résines époxydiques et par la substitution de la robinetterie en acier inoxydable à la robinetterie en bronze. Les cuves modernes sont en acier émaillé, en acier inoxydable ou en résine polyester. Ces cuves sont équipées de systèmes d'échangeurs thermiques qui permettent un contrôle régulier, souvent automatisé, de la température. Par exemple, pour un vin rouge de garde, catégorie de vin qui s'améliore en vieillissant, la phase de maturation se déroule entre 25 et 30 °C, avec une première phase de 12 heures à 24 heures à 35 °C, suivie d'un refroidissement à 20-25 °C pour assurer la fin de la fermentation alcoolique et ensuite à 18 °C pour la fermentation malolactique.

En dehors des équipements de vinification, les caves disposent de volumes de stockage importants pour la conservation des vins et leur mise en bouteille. Parfois, les locaux où ils se trouvent, les celliers, sont séparés de la cave : on les nomme chais dans le Bordelais, magasins dans les Charentes et en Bourgogne.

Contrairement aux vins primeurs consommés aussi vite que possible après leur élaboration, les vins de garde, blancs ou rouges, sont mis en bouteilles au bout de plusieurs mois ou de plusieurs années, pendant lesquels il subissent une maturation. Cet élevage peut se pratiquer dans des containers inertes, d'acier inoxydable par exemple, ou dans des récipients de bois, foudres et fûts. Parmi les espèces d'arbres utilisées, le chêne fournit le bois noble de la tonnellerie, grâce à deux variétés : le chêne pédonculé *(Quercus pedonculata)* et le chêne rouvre *(Q. robur)*. L'apport du fût de chêne neuf est un élément reconnu de l'arôme des grands vins de Bourgogne et des grandes eaux-de-vie. L'acacia et le châtaignier, autres espèces employées, donnent une trop grande amertume tannique aux vins. •

2. Cuviers en Inox dans une cave du Beaujolais.

Caractéristiques des vins

LA MATURATION DU VIN AU COURS DU VIEILLISSEMENT ET LES TRAITEMENTS QUI L'ACCOMPAGNENT CONTRIBUENT À AMÉLIORER LA COULEUR, OU ROBE, LES ARÔMES ET LE GOÛT.

Pour le dégustateur, amateur ou professionnel, la qualité d'un vin s'apprécie selon trois caractères : la couleur, l'arôme et le goût. Pour évaluer chacun de ces caractères, des méthodes scientifiques sont également pratiquées mais la grande difficulté réside toujours dans l'association entre une mesure d'ordre physique ou chimique et l'impression subjective ressentie par le dégustateur. De tous les produits alimentaires, le vin est celui qui offre la plus vaste gamme de qualités, liées à l'histoire du vignoble, aux conditions climatiques de l'année, aux techniques de vinification, à la conservation. Pour traduire la large palette qui en résulte, les œnologues ont créé un langage qui permet d'évoquer avec précision les impressions ressenties au cours de la dégustation.

Pour ce qui concerne la couleur, ou robe, qui doit être franche, brillante, elle peut être qualifiée de faible, légère, bleuâtre, terne, louche par opposition à franche, vive, brillante, riche, intense, foncée, forte, tirant éventuellement sur le violet. On a mis au point des appareils, les colorimètres, qui permettent de donner des mesures précises décrivant une couleur selon un système tridimensionnel.

L'examen olfactif est beaucoup plus difficile car, si le nez de certaines personnes est un récepteur extrêmement sensible, davantage que n'importe quel appareil de mesure chimique, la correspondance entre une description donnée par un sujet et une mesure par un olfactomètre relève encore de la recherche. L'arôme, ou bouquet, est en relation directe avec les cépages d'origine et l'on décèle aisément les cabernet, malvoisie, riesling, traminer ou muscat. Mais les constituants biochimiques, fonction de la vinification et de la maturation du vin, comme les esters à odeurs de fruits, les aldéhydes à odeurs de fleurs, les amines à odeur animale, jouent un grand rôle dans la formation du bouquet.

Comme pour l'arôme, la saveur demande une appréciation et une mémorisation pour rattacher l'examen gustatif à un élément analytique précis : la teneur en alcool joue sur une impression allant de faible à chaude, tandis que le goût sucré croissant ira du sec au doux en passant par le souple, le moelleux ou le liquoreux. L'aspect acide est qualifié de maigre, frais ou vert, tandis que les matières tanniques donneront un goût ferme, mordant, âpre, amer ou astringent.

Les vins qui sont de bonne qualité subissent au cours du vieillissement un affinage naturel. Pour les grands vins rouges, la conservation en fûts de bois durant la première année diminue l'astringence, fixe la couleur et atténue l'acidité. Lorsqu'ils sont en bouteille, en revanche, les vins rouges tendent à s'assouplir et, surtout, leur bouquet se développe au bout d'un certain nombre d'années suivant les crus. Les grands vins blancs, de leur côté, ne gagnent pas, d'une manière générale, à être mis en fûts de bois alors que leur bouquet s'améliore souvent en bouteille.

Les techniques de vieillissement artificiel des vins correspondent en fait à une oxydation obtenue par divers prodécés : agitation à l'air, oxygénation, voire chauffage, traitement au froid ou aux ultrasons, etc. Malgré leur intérêt, ces méthodes restent toujours limitées à quelques vins de seconde catégorie. •

La champagnisation

LA FABRICATION DES VINS MOUSSEUX N'EST PAS UN PRIVILÈGE DE LA CHAMPAGNE, MAIS LES CONDITIONS ÉCOLOGIQUES ET LES TECHNIQUES PROPRES À LA RÉGION FONT DU CHAMPAGNE UN PRODUIT RECHERCHÉ DANS LE MONDE ENTIER.

À quoi tient le miracle, chaque année renouvelé, de l'excellence du vin mousseux de Champagne ? À la fois à des conditions géographiques uniques au monde et à des techniques sans cesse améliorées. L'appellation d'origine « champagne » est réservée à des vins préparés à partir de raisins cueillis dans une aire précise, correspondant à la zone de culture de la vigne actuellement la plus au nord, en France, et s'étendant sur le département de la Marne – avec la Montagne de Reims ou côte des Noirs, grande et petite, la vallée de la Marne (Ay, Épernay), la côte des Blancs (Cramant, Avize) – ainsi que sur une partie des départements de l'Aube, de l'Aisne et quelques communes limitrophes de Seine-et-Marne et de Haute-Marne. Les sols calcaires de cette zone sont plantés de cépages nobles : le pinot chardonnay qui donne un raisin blanc et le pinot noir. Les raisins blancs et les raisins noirs participent à l'élaboration d'un vin déterminé dans des proportions subtiles qui concourent à la qualité finale. Pour obtenir du vin blanc avec des raisins noirs, il est nécessaire de presser rapidement les grappes pour bien séparer rafles et peaux du jus.

Certaines récoltes sont vinifiées dans des caves particulières chez des « récoltants-manipulants », qui sont en petit nombre. Le plus souvent, la vendange est livrée à des « négociants-manipulants » qui effectuent le pressurage dans des locaux nommés vendangeoirs et qui livrent ensuite le moût aux grandes maisons de champagne.

L'invention de la champagnisation est attribuée au bénédictin dom Pierre Pérignon (1639-1715). La vinification a lieu dans des conditions analogues à celles d'autres vins, mais la fermentation qualifiée de première est suivie d'une seconde fermentation qui a lieu au printemps et se déroule non plus en cuve mais en bouteille. Diverses opérations sont réalisées sur le vin nouveau, dont la plus importante est le coupage, qui constitue l'art du négociant et lui permet d'obtenir un vin assez comparable d'une année sur l'autre. Des filtrations ou des collages sont nécessaires pour éliminer les suspensions, par exemple grâce au tanisage, qui consiste à ajouter du tanin pour précipiter les matières colloïdales.

Au moment où arrive le printemps, le vin est transvasé des fûts vers les bouteilles. Cette opération a lieu dans les très longues caves creusées dans la craie blanche des coteaux (crétacé supérieur). C'est alors que se déroule la phase la plus caractéristique de la champagnisation : on ajoute dans chaque bouteille une liqueur dite de triage, composée de sucre dissous dans du vin vieux, qui va provoquer en quelques jours ou en quelques semaines, suivant la température, la prise de mousse. Les bouteilles, placées sur « pointe », c'est-à-dire inclinées vers le bas dans des pupitres, subissent régulièrement un remuage qui concentre la lie contre le bouchon. Celle-ci est éliminée par dégorgeage, en enlevant le bouchon. On ajoute enfin une liqueur dite d'expédition dont le dosage correspond aux qualités désirées : sec, demi-sec, demi-doux, doux. Le champagne est élaboré. De nombreux vins mousseux sont fabriqués dans le monde, selon des méthodes qui s'inspirent du champagne, mais sans jamais arriver à l'égaler. •

→ **Voir aussi :** La vigne, AGRI, p. 444-445. Viticulture et industrie vinicole, GEO. ECO, p. 234-235.

La distillerie et les alcools

LA DISTILLATION SE PRATIQUAIT déjà dans l'Antiquité, en Orient, pour préparer des parfums. Au cours du Moyen Âge, les vertus médicales de l'alcool (*aqua vitis :* eau de vin, *aqua vitae :* eau de vie) ont été reconnues. Mais c'est au cours du XIXe siècle que la fabrication d'alcool s'est développée sur une large échelle, en France, à partir du vin. Les aléas de la production vinicole, en particulier la crise du phylloxera dans le dernier quart du siècle, et la demande croissante d'alcool par l'industrie provoquèrent l'utilisation de nouvelles matières premières : depuis lors, la betterave supplante la vigne comme plante alcooligène. Dans les conditions économiques actuelles, l'alcool de synthèse, fabriqué par voie chimique, joue un rôle marginal, de même que l'alcool fabriqué à partir de grains, de mélasses ou de pommes de terre, ces types d'alcool étant l'apanage de plusieurs pays d'Europe comme l'Allemagne, la Belgique ou la Hollande.

Les utilisations de l'alcool, en particulier l'alcool surfin, c'est-à-dire extrêmement pur, se multiplient dans toutes les branches de l'industrie. Son grand débouché potentiel est l'utilisation comme carburant pour les automobiles. L'alcool peut être utilisé directement mais il faut pour cela des moteurs spéciaux.

L'alcool carburant ayant un avenir incertain, ce sont les eaux-de-vie de bouche, en particulier les trois grandes à appellation contrôlée françaises (le cognac, l'armagnac et le calvados du pays d'Auge), le whisky et le bourbon des Anglo-Saxons, la vodka de l'Europe centrale et de l'Est, qui constituent les piliers de l'économie des alcools.

La distillation

LA DISTILLATION, QUI CONSISTE À TRAITER UNE SUBSTANCE PAR LA CHALEUR POUR EN RÉCUPÉRER LA FRACTION VOLATILE, PERMET DE PRÉPARER LES GRANDS ALCOOLS DE BOUCHE : COGNAC, ARMAGNAC, WHISKIES.

La distillation est un procédé qui permet de séparer les différents constituants d'un mélange liquide en le portant à ébullition. Dans ces conditions, la phase vapeur a une composition différente du liquide bouillant. Il suffit donc de recueillir la vapeur et de la refroidir pour obtenir un condensat, ou distillat. Cette opération élémentaire était pratiquée dans l'Antiquité par les Égyptiens, qui utilisaient une cornue, ou cucurbite, et un vase de condensation des vapeurs, ou ambix, dont le nom s'est transformé en « alambic » : appareil de distillation. Tout au long du Moyen Âge, les apothicaires préparaient des médicaments à base d'alcool qu'ils obtenaient par distillation dans leurs laboratoires. La préparation de boissons par distillation de vin ou de moût de céréales a pris une importance considérable au XIXe siècle dans les campagnes françaises. Des agriculteurs disposaient d'alambics ou donnaient leurs produits à traiter à des artisans dont certains étaient installés à demeure alors que d'autres, ambulants, transportaient leur alambic de ferme en ferme. Ces agriculteurs, les bouilleurs de cru, ont bénéficié du privilège de faire distiller 10 litres d'alcool pur en franchise de tous droits pour leur usage personnel. Une loi de 1960 a rendu ce privilège non transmissible, ce qui a pour conséquence son extinction.

À la fin du XIXe siècle, la distillation industrielle a commencé à se développer, toujours pour préparer des boissons alcoolisées. Toutefois, les industries pétrolières allaient, au début du XXe siècle, prendre leur essor et pratiquer sur une grande échelle la distillation du pétrole brut par le raffinage. Dans les premières installations de raffinage, les pétroliers ont tiré parti des connaissances accumulées par les distillateurs d'alcool, mais très vite les quantités de pétrole à traiter et les investissements mis en jeu ont conduit à une recherche technologique spécifique. La plus grande avancée technologique a été l'introduction de la distillation continue.

Les grands alcools de bouche

alcool	*origine végétale*	*pays d'origine*	*degré alcoolique*	*consommation*
aquavit	céréales pomme de terre	Danemark Norvège	42°	très courant
armagnac	vigne	France (Gers)	40°	digestif
arak	riz, lait de coco vesou (jus de canne)	Inde	40°	nature ou en mélange
bourbon (whisky)	céréales, maïs	États-Unis	40°	nature ou allongé d'eau
brandy	vigne	Grande-Bretagne	40°	courant, en mélange
calvados	cidre	France	40°	digestif
cognac	vigne	France (Charente)	70°	digestif
gin	céréales et baies de genièvre	Grande-Bretagne	45°	avec glace, tonic et citron
kirsch	cerises	France	45°	digestif
marc (eau-de-vie)	raisin	France	40°	digestif
ouzo	raisin, anis	Grèce	45°	nature ou allongé d'eau
pastis	raisin, betterave, anis	France	45°	apéritif allongé d'eau
rhum (ou tafia)	canne à sucre	Antilles	40°	nature ou en punch
saké	riz	Japon	17°	chaud au cours du repas
tequila	agave	Mexique	38°	nature avec grains et sel
vodka	blé, maïs, pomme de terre	U.R.S.S. Pologne	46° et plus	avant, pendant, après les repas
whisky	orge	Grande-Bretagne Écosse Irlande	40°	nature ou allongé d'eau

Étymologie alcoolique

Alcool : mot d'origine arabe *(al-kuḥl)* comprenant l'article *al* et le nom *kohol* ou *khôl,* représentant une poudre si fine (éventuellement utilisée comme fard) qu'elle est considérée comme l'esprit de la matière. La distillation exprime ainsi le *kohol,* l'esprit du vin.

Alambic : terme d'origine arabe signifiant « l'appareil », le mot arabe proviendrait lui-même du mot grec *ambix,* vase à distiller.

Alchimie : mot dérivant de l'arabe *al-kīmiyā',* provenant lui-même d'un terme grec exprimant soit le mélange de sucs, soit l'action de fondre le minerai.

Eau-de-vie : *aqua vitis,* eau de vigne, serait l'origine étymologique de ce produit, nommé également eau ardente au XIIIe siècle. Médicament considéré à l'époque comme très efficace, l'eau de vigne, *aqua vitis,* serait devenue l'eau de vie, *aqua vitae.*

Rhum : emprunt de l'anglais *rum,* dérivé de « rumbullion », signifiant grand tumulte et qui identifiait à la Barbade, vers 1650, lorsque se développa l'économie de plantation des cannes, la liqueur et les remous sociaux qu'elle entraîna.

Vodka : mot russe composé de *voda* (eau) et du diminutif *ka,* qui signifie donc « petite eau ».

Whisky : mot d'origine irlandaise : *usquebaugh* ou *uisge beatha* dont l'étymologie gaélique se dédouble en *uisge,* eau, et *beatha,* vie.

1. Alambics en cuivre pour la préparation de whisky.

Distillation et vieillissement

La distillation, ici dans les alambics en cuivre pour préparer du whisky à partir d'un moût d'orges sélectionnées, est une opération délicate mais rapide ; au contraire, le vieillissement, ici en fûts de chêne du Limousin dans les chais Hennessy à Cognac, dure plusieurs années. Les cognacs sont toujours vendus vieux : une étoile = 5 ans, deux étoiles = 10 ans, trois étoiles = de 10 à 15 ans, VSOP (Very Superior Old Product) = 30 ans et plus.

Dans la distillation continue, aujourd'hui généralisée dans l'industrie, un dispositif connu sous le nom de colonnes à distiller est alimenté régulièrement, tandis que sont recueillies en tête de l'appareil le distillat et en fond le résidu. Dans chaque point de la colonne, la concentration, la pression, la température sont en principe fixes, des appareils de mesure reliés à des ordinateurs contrôlant le caractère stationnaire du régime. Pour le raffinage du pétrole, le grand nombre de constituants a entraîné des améliorations multiples, dans des tours comportant des étages où se réalisent successivement des vaporisations et des condensations suivant la volatilité des distillats.

L'industrie de la distillation, la distillerie, qui traite les produits d'origine agricole, essentiellement des betteraves, des mélasses et des vins, a connu en France des périodes très prospères et aujourd'hui encore les entreprises, petites ou moyennes, qui élaborent des eaux-de-vie peuvent envisager un avenir favorable en suivant l'exemple de celles qui élaborent, avec le souci de la qualité la meilleure, les grands produits que sont le cognac ou l'armagnac. Les débouchés industriels de l'alcool sont encore importants, en particulier lorsqu'il s'agit d'alcool rectifié, c'est-à-dire pur, et d'excellente qualité. •

L'alcool industriel

PRÉPARÉ À PARTIR DE DÉRIVÉS DU PÉTROLE, L'ALCOOL INDUSTRIEL EST UN PRODUIT PEU COÛTEUX UTILISÉ DANS DE NOMBREUSES INDUSTRIES POUR SES QUALITÉS DE SOLVANT AGISSANT SUR LES COMPOSÉS LIPOSOLUBLES.

Pour les chimistes, l'alcool de vin, dont le nom scientifique est l'éthanol, n'est qu'un produit particulier, le prototype de la famille des alcools, dérivés d'un hydrocarbure par substitution, sur un atome de carbone saturé, d'un hydrogène (H) par un hydroxyle (OH). La formule générale des alcools étant du type R–OH, l'alcool éthylique ou éthanol s'écrit : $CH_3–CH_2OH$, tandis que l'alcool de bois ou méthanol s'écrit : CH_3OH.

Les alcools sont préparés par synthèse industrielle à partir de dérivés du pétrole obtenus par craquage. Pour l'éthanol, c'est à partir de l'éthylène que l'on prépare l'alcool de synthèse par simple hydratation : $C_2H_4 + H_2O \rightarrow C_2H_5OH$. Des usines fabriquant de l'alcool de synthèse ont été construites après la Seconde Guerre mondiale aux États-Unis, aux Pays-Bas et en Grande-Bretagne. La France ayant traditionnellement une production régulière et excédentaire d'alcool de fermentation issu de produits agricoles n'a construit sa première usine d'alcool de synthèse qu'en 1968 sur le site de Lillebonne (Seine-Maritime) bénéficiant de la proximité des raffineries de pétrole. Qu'il soit d'origine synthétique ou d'origine fermentaire, l'éthanol est un produit industriel de première importance. La grande qualité de l'alcool est d'être un solvant qui agit sur une vaste gamme de produits, en particulier les composés liposolubles. Par ailleurs, son prix de revient, quelle que soit son origine, est relativement bas. Il est donc utilisé dans un grand nombre d'industries et en premier lieu dans la parfumerie, où il sert d'excipient en raison de ses qualités de solvant et aussi de son absence d'odeur propre.

Les propriétés solvantes de l'alcool sont également utilisées dans l'industrie chimique et surtout dans l'industrie pharmaceutique, où il intervient dans de nombreuses préparations : les alcoolats sont des médicaments obtenus par distillation de l'alcool sur une substance douée de propriétés thérapeutiques ; les alcoolatures stabilisées sont obtenues en plongeant les plantes fraîches dans de l'alcool bouillant, ce qui préserve les composants thérapeutiques des végétaux. Sur le plan médical, l'alcool, à 90° ou à 60°, est utilisé pour ses propriétés désinfectantes en usage externe sur la peau et les plaies. Ce sont les propriétés antiseptiques de l'alcool qui sont utilisées aussi dans la pratique du mutage, c'est-à-dire l'adjonction de 15 % d'alcool rectifié dans des moûts en fermentation. Le mutage à l'alcool permet de conserver de grandes quantités de moûts, commercialisées sous le nom de mistelles, elles-mêmes servant à la fabrication de vins de liqueur (vermouth, madère, malaga). Dernière utilisation de l'alcool en quantités importantes : la fabrication de vinaigre. En principe, celui-ci est préparé par fermentation acétique du vin, mais le vinaigre de vin est aujourd'hui un produit rare et la plupart des vinaigres sont fabriqués à partir d'alcools mélangés à de l'eau. •

L'alcool carburant

CERTAINS PAYS COMME LES ÉTATS-UNIS, LE BRÉSIL ET LA SUÈDE ONT ADOPTÉ UNE POLITIQUE D'UTILISATION DE L'ALCOOL COMME CARBURANT, MAIS SON COÛT DE FABRICATION EST ENCORE TROP ÉLEVÉ POUR SA GÉNÉRALISATION.

Si les chocs pétroliers et les excédents agricoles communautaires ont mis à l'ordre du jour l'utilisation de l'alcool agricole comme carburant, il s'agit en réalité d'une possibilité ancienne puisque, déjà au cours de la Seconde Guerre mondiale, l'alcool de topinambour avait servi de succédané de l'essence. Sur le plan technique, l'adjonction de petites quantités d'alcool (de 2 à 15 %) à de l'essence donne un carburant satisfaisant qui peut même éviter l'adjonction de plomb tétraéthyle dont on sait le rôle nocif de polluant atmosphérique. À ces doses, l'alcool n'impose pas de modifications importantes des moteurs à combustion. C'est au niveau économique que surgissent les principales difficultés : l'alcool de blé ou l'alcool de betterave revient, aujourd'hui, trois fois trop cher pour intéresser le raffineur. En fait, il faut 1,6 calorie-pétrole pour élaborer 1 calorie-alcool. Même si des améliorations technologiques interviennent tout au long de la filière de production de l'alcool agricole, l'écart entre le prix de revient et le prix auquel il faut arriver à la vente au public risque d'être encore considérable et seule l'intervention des pouvoirs publics, en l'occurrence communautaires, pourra donner sa chance à l'alcool carburant en Europe. Des circonstances politiques ou économiques d'ordre international, telles que l'épuisement des ressources pétrolières, des conflits et des difficultés d'acheminement du pétrole, une hausse excessive du dollar, pourraient cependant justifier une politique de sécurité à partir d'un biocarburant national ou européen. Certains pays ont déjà une expérience industrielle : la Suède, par exemple, incorpore depuis plusieurs années de l'alcool de blé à l'essence. Les États-Unis, pourtant grands producteurs de pétrole, ont mis en place une production notable d'alcool carburant avec comme objectif de résorber des surplus céréaliers. L'autre grande expérience industrielle vient du Brésil, qui a lancé, au début des années 1980, son plan Proalcool, à base de canne à sucre principalement. Une part importante du carburant total (de 20 à 25 %) est d'origine biologique. Cette initiative brésilienne, qui a entraîné de gros investissements industriels pour créer des moteurs de voitures, de camions, d'autobus fonctionnant à l'alcool, relève cependant davantage du volontarisme politique que d'un souci économique.

Pour la France comme pour l'Europe, l'utilisation de biocarburants demeure hypothétique. Pour résoudre les problèmes de surplus agricoles, la Politique agricole commune (P.A.C.) favorise les exportations en les soutenant financièrement, elle pratique aussi le gel des terres, mais n'a pas envisagé jusqu'ici des aides à la production de matières premières du type biocarburant. Si, dans l'état actuel des techniques, la situation paraît défavorable à l'alcool carburant, il n'est pas impossible que des progrès biotechnologiques rendent un jour cette production rentable. •

2. Vieillissement du kirsch...

3. Vieillissement du cognac dans des fûts de chêne.

La recherche agronomique

LA RECHERCHE AGRONOMIQUE ne s'est réellement développée qu'à partir du XIXe siècle. Sa vocation initiale était l'accroissement de la production agricole. Il s'agissait avant tout d'améliorer les différentes étapes allant « de la fourche à la fourchette ». Depuis peu, elle cherche aussi à gagner dans toutes les étapes allant « de la semence au nutriment ». Elle parvient à faire face à cette double exigence en utilisant les techniques de la biologie moderne et en recourant à des techniques de plus en plus fines.

On pourrait penser, en voyant se durcir la compétition internationale pour l'écoulement de surplus agricoles croissants, que la recherche agronomique a perdu son utilité. Conclusion hâtive, car l'autosuffisance alimentaire des pays moins développés est loin d'être acquise. De plus, les exigences de sécurité sanitaire et de diversité organoleptique s'accroissent de façon tout à fait légitime. Des progrès remarquables ont été réalisés depuis les années 1950 pour améliorer l'agriculture des pays en voie de développement, mais il reste beaucoup à découvrir pour maîtriser totalement la production en grande masse, malgré les progrès réalisés dans l'orientation et le contrôle des processus productifs. Quant à la saveur des aliments, les voies nouvelles pour remédier à l'uniformité commencent juste à être explorées. Il faut également s'occuper de la production, de la transformation et des échanges de produits alimentaires, ainsi que des atteintes à l'environnement récemment engendrées par la production agricole intensive et la concentration des déchets industriels.

Historique

SI LA RECHERCHE AGRONOMIQUE EMPIRIQUE RÉSULTE D'UN EFFORT TRÈS ANCIEN, SON ESSOR NE DATE QUE D'UN SIÈCLE, ET LES POSSIBILITÉS OFFERTES PAR LA BIOLOGIE MODERNE LA RENDENT DE PLUS EN PLUS PERFORMANTE.

Fournir davantage de produits, de qualité croissante, dans les domaines de l'alimentation, du textile végétal et animal, de l'énergie et de la construction, en utilisant les ressources naturelles renouvelables, mobilise l'intelligence humaine depuis les temps les plus reculés de la préhistoire. Les premiers progrès datent de l'expansion progressive de l'agriculture à partir du VIIIe millénaire av. J.-C. Ensuite vint la maîtrise des animaux de trait : bœuf, puis cheval après l'invention du collier. Des instruments plus efficaces pour le travail du sol (araire puis charrue) et la récolte (faucille puis faux), des combinaisons de cultures associant aux céréales des plantes fourragères et des plantes à racines améliorèrent la productivité, mais de façon extrêmement lente. C'est ainsi qu'en France, par exemple, les rendements des cultures étaient encore très faibles au début du siècle dernier, témoignant d'une agriculture restée très peu productive. On récoltait à peine plus de dix quintaux de blé par hectare, contre plus de cinquante aujourd'hui.

Depuis le milieu du XIXe siècle, l'application des découvertes de la mécanique (machinisme, moteur), de la chimie, puis de la biologie a bouleversé le rythme d'évolution de la productivité du travail. Le chimiste allemand J. von Liebig fut ainsi à l'origine de la fumure minérale. Le microbiologiste français L. Pasteur permit d'éliminer des maladies du ver à soie et du mouton et d'améliorer les antiques techniques de fermentation alcoolique. Le botaniste autrichien G. Mendel exprima les premières lois de l'hérédité des caractères, posant ainsi les bases de la génétique. Durant le deuxième tiers du XXe siècle se sont affinées les connaissances sur la physiologie et la pathologie animales et végétales.

Autour de ces sciences se sont peu à peu bâtis des organismes de recherche au sein desquels les biotechnologies, utilisant les découvertes des sciences du vivant, promettent de nouveaux développements. •

Dates clefs

V. 8000 av. J.-C. Passage d'une cueillette raisonnée à une agriculture organisée.

270 av. J.-C. Apparition, dans l'Empire romain, de l'araire à avant-train, roues et deux mancherons.

1810 Nicolas Appert met au point la conservation des aliments par la chaleur en milieu clos.

À partir de 1820 Généralisation de la faux, apparition des premières machines agricoles.

1840 Mise au point par Justus von Liebig de l'utilisation de l'acide sulfurique pour solubiliser les phosphates, premiers engrais.

1856-1866 Expériences réalisées par Gregor Mendel sur l'hybridation des plantes ; découverte des premières lois de l'hérédité.

1859 Ferdinand Carré prend un brevet pour le premier réfrigérateur qui sera industrialisé.

1866-1881 Recherches par Louis Pasteur sur les fermentations (vin, bière), la pébrine (ver à soie), le charbon (mouton).

1883 Vassili Vassilievitch Dokoutchaïev établit les bases de la pédologie ou science du sol.

1907-1908 Recherches de George Harisson Shull et Edward East sur la sélection du maïs par hybrides de lignées pures.

1920-1935 Aux États-Unis, la recherche fédérale adopte cette méthode de sélection du maïs et met au point des hybrides commerciaux.

1939 Mise au point par Roger Gautheret de la culture indéfinie de tissus végétaux, à l'origine de la multiplication végétative *in vitro*.

1971 Jacques Testart réalise le premier transfert d'embryons de bovins sans recours à césarienne.

Champ d'activité

PLANTE ET ANIMAL SONT LES OBJETS PRIVILÉGIÉS DES TRAVAUX DES CHERCHEURS, MAIS LES MODES DE TRANSFORMATION DES PRODUITS FOURNIS PAR L'AGRICULTURE, NOTAMMENT BIOLOGIQUES, SONT DE PLUS EN PLUS PRIS EN CONSIDÉRATION.

Les végétaux supérieurs constituent la base de l'alimentation humaine et animale. Il est donc naturel de s'intéresser d'abord aux relations de la plante avec son environnement. Pour cela, agronomes et bioclimatologues repèrent les goulets d'étranglement extrinsèques au développement des plantes cultivées (sol, eau, lumière) et proposent des moyens de les élargir ou de les éliminer.

La génétique mendélienne et ses sœurs, la génétique quantitative et la génétique des populations, à la base des énormes progrès réalisés depuis le début du XXe siècle, sont encore riches de potentialités. Elles commencent à être concurrencées, mais aussi renforcées, par les apports de la biologie cellulaire et moléculaire. C'est ainsi que les transferts de gènes peuvent, par exemple, introduire plus rapidement que les méthodes traditionnelles des facteurs de résistance à certains agresseurs. Des cultures de protoplastes engendrant une stérilité mâle permettront d'accélérer les processus d'hybridation chez certains végétaux. Des techniques comme le polymorphisme de longueur des fragments de restriction (RFLP) ou les réactions en chaîne de polymérisation (PCR) aideront à caractériser plus finement des variétés végétales ou des races animales.

Au soufre et aux sulfates employés avant 1940, la chimie organique a substitué des molécules bien plus actives contre les ravageurs des plantes cultivées : bactéries, champignons, nématodes. En médecine vétérinaire, les antibiotiques ont fait preuve d'une réelle efficacité. Mais, à l'usage, plusieurs produits se sont révélés nuisibles par leur rémanence dans le sol ou par leur concentration croissante le long de la chaîne trophique. Des moyens de plus en plus importants sont donc consacrés à la lutte intégrée contre les ennemis des cultures, qui combine moyens biologiques et chimiques. La pression pour la protection de l'environnement appelle cette méthode à s'étendre à condition d'en maîtriser les coûts de production. De même, la mise au point de tests immunoenzymatiques, d'anticorps polyclonaux ou monoclonaux et de vaccins vivants vise à renforcer le potentiel d'intervention des vétérinaires.

La physiologie appuie les travaux précédents : multiplication végétative *in vitro* de végétaux, transferts d'embryons de mammifères favorisant une multiplication rapide des nouveaux caractères recherchés, avec l'espoir d'aller encore plus vite grâce à la reconnaissance du sexe des embryons ou à leur multiplication par voie végétative.

L'étude de la transformation industrielle des produits agricoles aboutit aussi à des techniques nouvelles : cuisson-extrusion, techniques séparatives, capteurs conduisent petit à petit à une automatisation totale de nombreux processus. Ces travaux sont conduits en collaboration entre technologues et biologistes, par exemple pour sélectionner les meilleurs blés panifiables, ou encore avec des nutritionnistes comme dans le cas des colzas exempts d'acide érucique, qui est un agent de maladies cardio-vasculaires. De leur côté, la biochimie et l'immunologie ouvrent la perspective d'un pilotage de plus en plus fin des fabrications faisant intervenir des micro-organismes. Les applications possibles concernent des domaines aussi divers que la panification, les boissons alcoolisées, la fromagerie ou les conserves de viande et de poisson. On peut aussi penser qu'une connaissance plus précise des écosystèmes artificiels issus des techniques de transformation permette un jour de reconstituer par la voie industrielle la diversité des produits « de terroir » dont, en particulier en France, on déplore depuis quelques décennies le recul. Les chercheurs comptent, par ailleurs, beaucoup sur les possibilités de la biologie cellulaire et moléculaire pour mieux comprendre le mécanisme des échanges au niveau de la cellule. Il y a là un enjeu considérable pour le perfectionnement de la nutrition humaine et de la sécurité alimentaire, déjà bien améliorée depuis la généralisation des techniques pastoriennes.

Enfin, du fait que des contraintes particulières, issues du milieu naturel et des marchés, imposent une structure spécifique aux unités de production agricoles, dans presque tous les pays des recherches en économie et sociologie rurales viennent compléter le dispositif général de la recherche agronomique. •

1. Collection de variétés de céréales.

4. Attaque de rouille noire sur le blé vue au microscope optique.

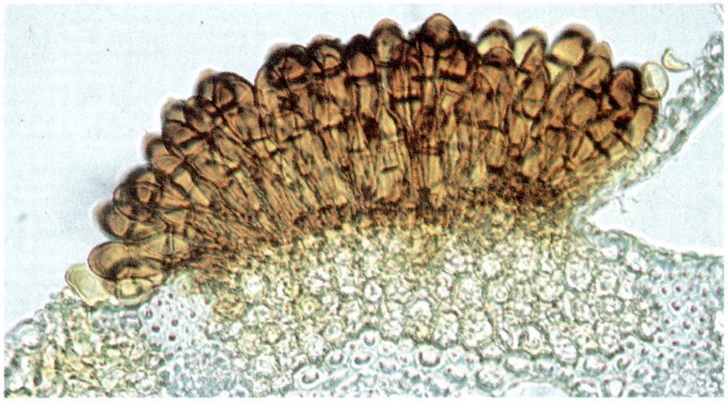

Organisation et précision dans la recherche

Les expérimentations *in vivo,* notamment au champ, nécessitent beaucoup de précautions pour éliminer l'influence de facteurs écologiques susceptibles de masquer l'effet du facteur étudié. De plus, les matériels biologiques nouveaux doivent être certifiés, répertoriés et conservés. Cela a engendré l'existence d'organismes officiels spécialisés et l'entretien de collections comme dans le cas des céréales (1) où toutes les variétés inscrites au catalogue officiel français sont réunies.
Par ailleurs, les progrès des sciences biologiques elles-mêmes, tout comme le progrès dans l'instrumentation, donnent à la recherche agronomique des moyens d'investigation de plus en plus puissants. C'est le cas des instruments de grossissement facilitant les manipulations et les observations (2) et l'examen des microorganismes qui attaquent les plantes : le microscope optique, pour analyser, par exemple, la pénétration d'une rouille (champignon) dans l'épiderme d'une feuille (4) ; le microscope électronique pour observer la progression d'un mycélium autour d'un grain d'amidon de pomme de terre (3).
À ces moyens optiques s'ajoutent des auxiliaires radioactifs, fluorescents, enzymatiques pour des tests de plus en plus précis.

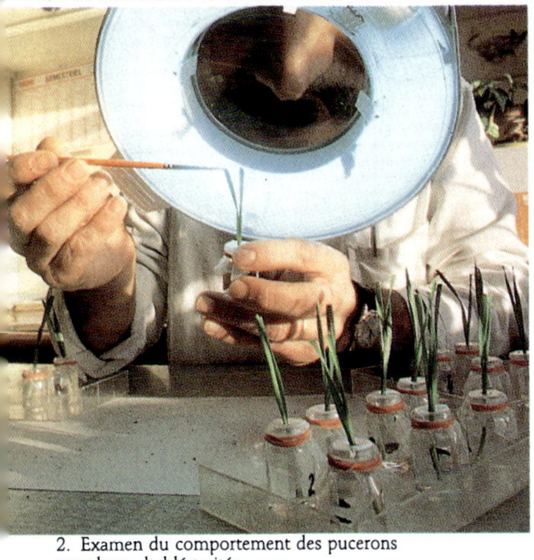

2. Examen du comportement des pucerons sur plants de blé traités.

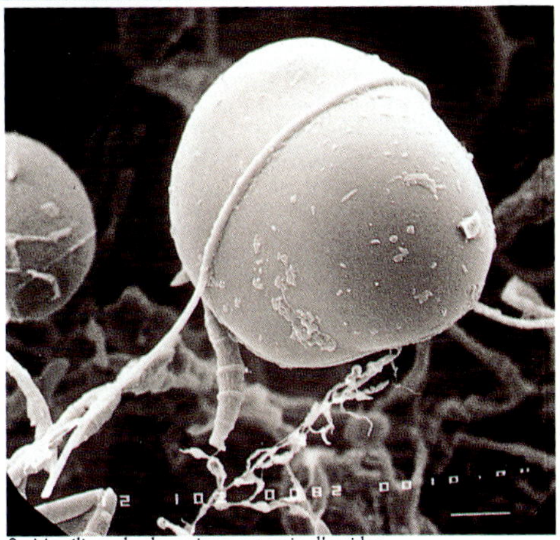

3. Mycélium de champignon et grain d'amidon de pomme de terre vus au microscope électronique.

Organisation

LA CENTRALISATION DANS UN ORGANISME À VOCATION NATIONALE, COMME EN FRANCE, OU, AILLEURS, LE RECOURS DÉCENTRALISÉ À DES UNIVERSITÉS VISENT TOUJOURS À COUVRIR LA TOTALITÉ DES BESOINS DE RECHERCHE.

Le caractère vital de l'alimentation et les faibles moyens financiers des agriculteurs ont conduit à peu près tous les États à faire de la recherche agronomique un service public. Cependant, dans la décennie 1980, des firmes privées de plus en plus nombreuses ont développé des recherches dans ce domaine, en s'appuyant notamment sur les progrès de la biologie moléculaire.

Le plus souvent, ce sont les universités qui se sont vu confier les recherches du fait de l'orientation vers l'agronomie de certains de leurs laboratoires. Mais la Grande-Bretagne, les Pays-Bas, la France et la plupart de leurs anciennes colonies ont préféré créer un ou plusieurs instituts spécialisés (Institut national de la recherche agronomique, pour la France). Dans tous les cas, des terres ont été mises à la disposition des universités (système des *land grants* aux États-Unis) ou des instituts pour permettre des expérimentations dans des conditions proches de celles de la production agricole.

À côté de ces structures nationales, et vu la faiblesse des moyens financiers des pays en développement, les organisations internationales ont créé des centres de recherche concernant notamment les principales cultures vivrières de ces pays : le CIMMYT (Centro Internacional del Mejoramiento del Maíz y Trigo [Mexico]) pour le maïs et le blé, l'IRRI (International Rice Research Institute [Philippines]) pour le riz, le CIP (Centro Internacional de la Papa [Lima]) pour la pomme de terre. Les résultats obtenus par les chercheurs de ces centres, dont l'un, l'Américain N. E. Borlaug, reçut le prix Nobel de la paix (1970) pour ses travaux sur les blés à paille courte, ont largement contribué à éloigner le spectre de la famine perpétuelle dans les pays du sud de l'Asie, malgré quelques bouleversements dans les rapports sociaux, en particulier entre les gros propriétaires terriens et leurs métayers.

Enfin, plusieurs grands groupes industriels multinationaux, notamment chimiques ou pharmaceutiques, se sont récemment tournés vers la sélection végétale. Outre la diversification de leurs activités traditionnelles, cette nouvelle orientation pourrait leur permettre de conserver, voire d'étendre, leurs marchés antérieurs. C'est le cas, par exemple, dans le domaine phytosanitaire d'une firme qui s'est efforcée de créer des variétés résistantes à ses propres herbicides. •

Recherche agronomique et société

LES SUCCÈS DE LA RECHERCHE AGRONOMIQUE PEUVENT ENGENDRER DES DYSFONCTIONNEMENTS DANS CERTAINS SYSTÈMES AGRAIRES ET, DE PLUS, ILS CREUSENT L'ÉCART ENTRE PAYS NANTIS ET PAYS PAUVRES.

La recherche agronomique renforce l'artificialisation de la production et coûte de plus en plus cher. L'expansion et la diversification des besoins alimentaires, dues notamment à la croissance démographique, expliquent en grande partie cette situation. Mais l'artificialisation est de plus en plus dommageable à l'environnement. Dans l'immédiat, il faut souligner la perte de diversité génétique, la présence de résidus de substances toxiques dans les nappes phréatiques (nitrates, pesticides) ou la pollution des cours d'eau par les effluents d'industries agroalimentaires. À plus long terme, il faut craindre la surexploitation des forêts intertropicales au regard du très banal besoin en énergie de cuisson, ou les prélèvements excessifs d'eau (mer d'Aral) ou de bois (Sahel) favorisant l'extension des déserts.

Quant au renchérissement de la recherche, il pèse lourdement sur les pays moins avancés qui, précisément, sont ceux qui ont le plus besoin de progresser. Pour la plupart d'entre eux, des handicaps climatiques entravent toute augmentation de productivité des sols (latérisation par exemple), ce qui engendre non seulement la sous-alimentation et la malnutrition, mais encore les déséquilibres financiers résultant du déficit de la balance commerciale agricole. Ces pays doivent, en outre, être très prudents lors des transferts de matériel biologique et de technologie, pour éviter des effets pervers comme ceux qui ont frappé certains pays méditerranéens où les céréales à haut rendement se sont révélées très sensibles à certaines maladies, après que nombre de variétés traditionnelles eurent plus ou moins disparu.

La résolution de ces problèmes sera un des défis majeurs des prochaines décennies. Il faudra réussir à concevoir des systèmes de gestion des ressources à la fois hautement productifs et protecteurs. Des potentialités existent au sein de la recherche agronomique : la compréhension fine de la fixation biologique de l'azote atmosphérique ou de l'action des mycorhizes peut, à terme, éviter certains excès d'engrais minéraux ; biologies cellulaire et moléculaire pourraient permettre d'étendre les résistances naturelles des plantes et des animaux utiles à leurs agresseurs. Mais ces nouveaux procédés ne se répandront qu'une fois maîtrisés leur propre impact sur l'environnement et, surtout, leurs coûts de production. •

L'alimentation du futur

SI L'ON ADOPTE L'AN 2000 comme date symbole d'un futur à moyen terme, on peut estimer que les produits qui nous seront proposés ne seront pas fondamentalement différents de ceux que nous connaissons aujourd'hui. Beaucoup de vergers, jeunes aujourd'hui, nous donneront les mêmes fruits. Cependant, ces fruits seront vendus plus frais et moins réfrigérés, grâce à des emballages sous atmosphère contrôlée qui envelopperont la récolte sur-le-champ. Ils contiendront moins de résidus chimiques, même sur leur peau, et toutes ces qualités seront obtenues et garanties par une marque, d'appellation d'origine ou commerciale.

Nous retrouverons donc ces produits, de nos jours banalisés, sous une forme améliorée mais sans modification de nature. À l'autre extrémité de la gamme, pour des produits de luxe, nous rencontrerons aussi des boissons, des confiseries, des plats cuisinés, des entremets dont les qualités quasi immuables font la réputation. En ce qui concerne les produits intermédiaires, ceux qui font notre alimentation quotidienne, nous assistons à des modifications qui porteront d'abord sur leur composition chimique. Des transformations industrielles permettront d'éliminer des substances : graisses, sucres, alcool, cholestérol, etc., reconnues comme nocives en fonction des progrès de la science de la nutrition, la nutritique. La gamme des produits allégés, déjà naissante, se généralisera, accompagnée éventuellement d'apports complémentaires : on diminue le taux de graisse du beurre et on rajoute la vitamine A qu'il contient à l'état naturel. La santé sera une préoccupation dominante de l'alimentation du futur. Mais cette recherche s'accompagnera aussi d'une recherche des plaisirs gustatifs. On élaborera et on traitera les produits pour améliorer leurs qualités : l'art de la dégustation, si ce n'est la gourmandise, sera enseigné dans les écoles. Dans les pays développés, la nourriture sera plus saine, plus diversifiée, plus agréable, pour des prix relatifs toujours plus bas. Mais qu'en sera-t-il pour le tiers-monde ? Le fossé entre ceux qui mangent de mieux en mieux et ceux qui meurent de faim sera-t-il comblé ? Malheureusement, les tendances actuelles n'encouragent pas à l'optimisme.

Alimentation et plaisir

PLUS ENCORE QUE POUR NOUS NOURRIR, NOUS MANGERONS ET NOUS BOIRONS POUR NOUS FAIRE PLAISIR DES PRODUITS PRÉPARÉS PAR L'INDUSTRIE.

La notion de plaisir est devenue fondamentale pour les industriels qui étudient scientifiquement, avec des laboratoires d'analyses sensorielles et des panels de dégustateurs, les qualités des produits qu'ils envisagent de mettre sur le marché. Tous les sens participent à l'appréciation d'un aliment, même l'oreille pour les boissons qui pétillent ou les biscuits qui craquent. L'œil, sollicité avant même l'achat par les images publicitaires, attiré par les emballages, joue un grand rôle dans les jugements portés sur les aliments : l'aspect d'un plat cuisiné, la couleur des ingrédients entraînent l'acceptation ou le refus. Une mémoire inconsciente joue un grand rôle dans ces appréciations : lorsque les écologistes ont mené campagne contre les colorants, des bonbons ou des boissons parfumés à la menthe mais incolores ont été mis sur le marché : ils n'ont rencontré aucun succès car le consommateur souhaite retrouver la couleur verte traditionnelle. Par rapport au goût, ce mélange de sensations olfactives et gustatives que l'on nomme « flaveur », les difficultés sont nombreuses pour mesurer, sur un produit donné, les grandeurs correspondant à ces qualités. Le nez d'un dégustateur, tout particulièrement celui des professionnels du vin, est plus sensible que n'importe quel appareil de mesure physico-chimique pour détecter des arômes subtils. La sensibilité des individus est très variable et les jugements portés sur un produit le sont également. Toutes les études menées récemment, et elles sont très nombreuses, conduisent à traiter le goût alimentaire comme une véritable culture avec ses variations individuelles extrêmes, ses héritages d'une génération à l'autre, ses très anciennes traditions et ses énormes différences d'un pays à l'autre, d'une région à l'autre, ses ancrages historiques.

1. Récolte d'algues alimentaires.

2. Tri d'algues

3. « Laitue de mer », prête pour la commercialisation.

Alimentation et santé

LES ALIMENTS PRÉPARÉS PAR L'INDUSTRIE, DE PLUS EN PLUS ANALYSÉS ET CONTRÔLÉS, PERMETTRONT DE RÉPONDRE AVEC PRÉCISION À NOS BESOINS ET DE MIEUX PRÉSERVER NOTRE SANTÉ.

Plus les aliments sont préparés en masse, plus les soins apportés à leurs qualités hygiéniques et toxicologiques sont nécessaires et importants. Les microbes : staphylocoques, salmonelles, shigella, listeria, campylobacters, encore quelquefois sources d'intoxication, seront systématiquement éliminés, de même que les contaminants chimiques, les résidus de pollution, les mycotoxines, les nitrosamines. On n'obtiendra pas pour autant une sécurité absolue : les erreurs ou accidents ne peuvent être toujours évités et surtout des mutations de micro-organismes risquent de conduire à des formes résistantes aux traitements habituels. La vigilance sera améliorée et les accidents alimentaires seront exceptionnels.

Quant aux maladies provoquées par une alimentation déséquilibrée ou excessive, dont l'alcoolisme est le prototype, et aux comportements alimentaires catastrophiques, ils relèveront surtout de la psychopathologie. Dans les domaines médical et nutritionnel, la grande révélation des dernières années porte sur les relations entre l'alimentation quotidienne dans une société déterminée et les grandes maladies comme l'infarctus, les cancers, les maladies dégénératives. Les industriels de l'agroalimentaire ont vite compris l'énorme intérêt que représentaient les aliments dits « de santé », c'est pourquoi on a vu l'explosion des aliments allégés : moins de corps gras, moins de sel, moins de sucre, moins d'additifs, si possible sans réduire les qualités organoleptiques des aliments. Tous les secteurs de l'alimentation : boissons, produits laitiers, biscuits, plats cuisinés, sont concernés et le seront encore davantage dans l'avenir.

Parallèlement à cet effort, en quelque sorte négatif, pour éliminer des nutriments défavorables se développera une recherche positive pour introduire dans les aliments des molécules favorables à certaines fonctions, dont le modèle ancien serait la vitamine, mais qui porteront sur de nouveaux produits comme les fibres pour prévenir le cancer du côlon en favorisant le transit intestinal, comme les antioxydants ou les probiotiques qui sont des micro-organismes vivants, le plus souvent des bactéries utilisées pour améliorer la qualité de la flore intestinale. Les probiotiques du type bifidus et acidophilus, commercialisés depuis peu dans des produits proches du yaourt, sont censés augmenter les défenses immunitaires.

Ainsi s'amorce une évolution qui vraisemblablement marquera la nourriture du futur : en plus de ses autres fonctions, l'aliment sera considéré comme un moyen thérapeutique préventif. Si les médecins, en particulier en France, n'ont pas toujours une attitude positive à cet égard, les consommateurs, en particulier aux États-Unis, sont de plus en plus sensibles à ces arguments, d'une manière d'ailleurs souvent excessive. Pourtant, toutes les découvertes de la jeune science de la nutrition vont dans le même sens : les relations entre nos aliments et notre santé sont très fortes. •

Chacun recherche le plaisir selon des produits, des rythmes et des modes différents. Les industriels en tirent de plus en plus de conséquences pratiques, en introduisant par exemple des arômes : cette adjonction est une des méthodes qui se développera pour enrichir des aliments neutres et leur donner une flaveur agréable. Comme cette tendance s'oppose au goût du naturel, les industriels s'efforceront de trouver des arômes nouveaux existant dans certaines plantes ou préparés par voie naturelle, par exemple par fermentation de micro-organismes. C'est là une des voies les plus prometteuses de la biotechnologie alimentaire de demain, à travers les nombreuses applications qu'il est possible de prévoir dès aujourd'hui.

Parmi les goûts très forts, en particulier en France, il faut souligner celui du produit « frais », voire ultrafrais, que nous manifestons en acceptant d'acheter chaque jour notre pain, mais qui existe aussi pour les produits laitiers, les légumes, les fruits ou les plats cuisinés. La gestion de l'« ultrafrais » demande une logistique particulièrement performante pour éviter les pertes de produits alimentaires et les conflits qui en résultent entre industriels, transporteurs et distributeurs, par exemple pour les steaks hachés surgelés qui doivent être consommés dans les 48 heures suivant le départ de l'usine. Les industriels savent que les consommateurs acceptent de payer cher des produits nouveaux qui leur apportent de nouveaux plaisirs. •

Le goût et son apprentissage

Longtemps considéré comme individuel et quelque peu insaisissable, le goût est aujourd'hui l'objet de nombreuses recherches dans des laboratoires d'analyses sensorielles, outils indispensables pour porter des appréciations sur les produits nouveaux. Un œnologue réputé, Jacques Puisals, a fondé à Tours un Institut du goût destiné à former le palais et le nez des jeunes lycéens et lycéennes. Au cours de sessions de quelques jours, ces jeunes gens sont initiés à l'art de la dégustation, ils sont surtout sensibilisés au vocabulaire permettant d'apprécier différents aliments. L'Institut du goût veut maintenir, voire développer dans la population française cette qualité d'appréciation des mets, fondement de la gastronomie française : le goût juste.

Le tiers-monde

LE DÉVELOPPEMENT DE L'AGRICULTURE RESTE PRÉOCCUPANT DANS LA PLUPART DES PAYS DU TIERS-MONDE.

Les enquêtes de consommation alimentaire sont parmi les plus difficiles à conduire, dans tous les types de population. Il n'empêche que les experts de la FAO (Food and Agriculture Organization), organisation des Nations unies dont le siège est à Rome, et ceux de l'O.M.S. (Organisation mondiale de la santé), dont le siège est à Genève, établissent des bilans dans tous les pays du monde et dénoncent à la fois les insuffisances caloriques et les déséquilibres dans les régimes alimentaires, l'insuffisance protéique étant la plus répandue. Chez beaucoup de populations du tiers-monde, la nourriture est assurée pour l'essentiel par une céréale : maïs au Mexique, riz dans de nombreux pays d'Asie, sorgho ou millet dans certains pays d'Afrique. Ainsi, au Bangladesh ou au Laos, 85 % des calories absorbées proviennent du riz. Le pourcentage de la ration alimentaire couvert par les céréales est un chiffre représentatif du degré de sous-développement.

Aujourd'hui, sur cinq milliards d'individus qui peuplent la Terre, un milliard sont mal nourris : 500 millions d'Asiatiques, 160 millions d'Africains, 200 millions d'Américains du Sud. Cette malnutrition chronique favorise toutes sortes de maladies, spécialement chez les enfants, raccourcit l'espérance de vie et empêche l'épanouissement des individus. Reconnue par toutes les instances internationales comme le premier fléau à combattre, la faim dans le monde aura-t-elle disparu dans la dernière décennie du XXe siècle ? D'ici à l'an 2000, la population du globe continuera de croître pour atteindre 6 milliards. On peut espérer que, pendant cette période, le nombre d'individus victimes de malnutrition se stabilisera ou régressera légèrement.

L'espoir vient d'abord de la production alimentaire globale, qui s'améliore. Un premier renversement historique a eu lieu au cours des années 1970, avec la « révolution verte », c'est-à-dire avec l'introduction de nouvelles variétés de céréales, en particulier de blé, et l'utilisation d'engrais. Cette diffusion de nouveaux moyens de production a eu des résultats spectaculaires en Asie puisque l'Inde, traditionnellement déficitaire, est devenue depuis lors autosuffisante et même exportatrice de blé.

Certains pensent que la biotechnologie va provoquer, à moyen terme, une seconde révolution verte en fournissant de nouvelles variétés, voire de nouvelles espèces adaptées aux conditions du tiers-monde : plantes et animaux plus productifs et surtout plus résistants aux parasites. Mais il reste des problèmes plus terre à terre à résoudre comme celui du contrôle de ravageurs divers : insectes, champignons, rats et oiseaux, qui consomment de 15 à 20 % des récoltes.

Les progrès de la biotechnologie et de l'agronomie devront s'accompagner de décisions politiques concernant la répartition des terres, l'organisation des marchés, la distribution des denrées. Dans certains pays, des choix difficiles devront être effectués entre des cultures d'exportation apportant des devises et des cultures vivrières indispensables aux populations locales. Des points noirs préoccupent : l'Afrique subsahélienne, qui est victime de conditions naturelles catastrophiques, et les mégapoles du tiers-monde, les immenses villes refuges de Mexico, Le Caire, Calcutta ou Lagos, pour lesquelles les ressources alimentaires continueront à être insuffisantes. •

Diversité et commodité

SUR DES MARCHÉS QUI DEVIENNENT INTERNATIONAUX, LES PRODUITS NOUVEAUX VEULENT SORTIR DE L'UNIFORMITÉ ET SE DONNER UN NOM ET UNE IMAGE DE MARQUE.

Les magasins de grande surface, qui distribuent aujourd'hui les trois quarts des produits alimentaires, présentent sur tous leurs rayons ou linéaires des gammes de plus en plus diversifiées. L'innovation est la règle permanente imposée aux entreprises agroalimentaires pour augmenter, ou même seulement pour maintenir, leur part de marché. Ces innovations portent sur la formulation même du produit, sa nature ou sa composition, avec des tendances fortes vers des produits allégés, des produits naturels, des produits exotiques.

La grande échéance européenne de 1993 incite les industriels de l'agroalimentaire à concevoir des produits qui pourront trouver des acheteurs dans plusieurs et si possible dans tous les pays de la Communauté. Il en résulte des études de marché à partir d'enquêtes auprès de 20 000 personnes qui détectent sur l'ensemble de l'Europe 16 types de consommateurs.

À l'échelle de la France, le CREDOC (Centre de recherche pour l'étude et l'observation des conditions de vie) distingue sept types de consommateurs : le célibataire campeur, l'urbain moderne, le rural domestique, le familial, le bien-installé, le traditionnel âgé et l'isolé. Ces deux dernières catégories recouvrent en général des personnes du troisième âge pour lesquelles on prévoit une croissance numérique importante, qui va conduire les industriels de l'alimentation à créer des « papy-foods ».

Parmi les qualités principales recherchées pour « européaniser » le secteur alimentaire, les spécialistes mettent en avant le caractère commode du produit pour l'utilisateur : la « praticité ». La création de ce nouveau terme par l'industrie agroalimentaire montre l'importance qu'ils attachent à cette qualité. La praticité est en liaison directe avec la taille, la forme, la matière de l'emballage. La diversification s'effectue souvent à la fois vers des petits formats, pour les célibataires par exemple, et vers de plus grandes tailles comme les bouteilles familiales de 2 litres pour les jus de fruit. Les emballages en matière plastique offrent des perspectives illimitées. Ainsi, pour la charcuterie présentée en tranches emballées sous vide, ils connaissent déjà un grand succès. Cependant, les produits sont souvent écrasés, difficiles à séparer et d'une durée de conservation limitée (de 24 à 40 jours). En passant à des barquettes rigides plus esthétiques, permettant aussi l'emballage sous vide ou sous atmosphère, d'une plus longue durée de vie, les ventes sont souvent augmentées. De la même manière, les mini-beurriers en matière plastique à couverture en aluminium soudé ont connu un très grand succès commercial auprès des collectivités à clientèle de luxe.

L'emballage devient donc un élément essentiel de l'innovation alimentaire. Il est non seulement un support d'information sur le produit mais un véritable média. Ainsi, en Suède, il est utilisé pour apporter aux enfants des conseils d'hygiène. •

4. Algue dite « laitue de mer ».

Demain des algues

Si les Japonais sont de grands consommateurs d'algues, les Français, malgré les richesses que recèlent leurs côtes, n'ont guère exploité cette ressource alimentaire. Pourtant, les algues présentent de grandes qualités nutritionnelles et des possibilités gastronomiques non négligeables. Le Centre d'études et de valorisation des algues (C.E.V.A.), installé sur la presqu'île de Pen-Lan à Pleubian en Bretagne, est un centre technique qui a pour mission d'étudier les espèces d'algues et leurs possibilités d'exploitation en bassins circulaires ou en canaux. Les travaux qui sont menés à Pleubian semblent prometteurs : ils sont susceptibles d'amener sur nos tables des centaines de nouveaux légumes riches en iode.

L'INDEX DE CE VOLUME PERMET DE retrouver une information à partir d'un mot ou d'un nom (désignant une chose, une idée, un événement, un personnage, etc.).
Supposons que nous cherchions des renseignements sur les céréales. À son entrée classée alphabétiquement dans l'index, nous trouvons :
céréale MED *403 ;* AGRI **432-433,** *433 ;* ALIM **488-489,** 515.
Qu'est-ce que cela signifie ?
Les séquences MED *403* / AGRI **432-433,** *433* / ALIM **488-489,** 515 désignent les trois parties du volume où l'on trouvera des renseignements sur les céréales. MED, AGRI, ALIM sont en effet les abréviations (les mnémoniques) des noms des domaines de l'ouvrage. MED est l'abréviation de **Médecine** ; AGRI celle de **Agriculture** et ALIM celle de **Industries agroalimentaires.** La liste des mnémoniques figure dans **Théma, mode d'emploi**, en tête de ce volume.
Les nombres *403,* **432-433,** *433,* etc., sont les numéros des pages dans lesquelles on trouve les renseignements. Lorsqu'ils figurent en caractères normaux, ils signifient que le nom se trouve dans le texte courant. Lorsqu'ils sont en *italique,* ils signifient soit que les céréales font elles-mêmes l'objet d'une illustration, soit que des renseignements à leur sujet sont localisés dans la légende d'une illustration. Enfin, lorsque deux numéros sont en **caractères gras** et réunis par un tiret, ils indiquent qu'une double-page entière est consacrée à ce sujet.
Les références sont classées dans l'ordre croissant des pages.

INDEX

B

C

E

F

I

M

N

S

CRÉDITS PHOTOGRAPHIQUES

Toute photographie publiée dans cet ouvrage est accompagnée, dans la page où elle est reproduite, d'un chiffre qui précède l'identification lui correspondant.
Dans la table récapitulative ci-dessous, pour un numéro de page donné, ce chiffre d'identification est repris et suivi du nom du photographe et/ou de l'organisme (agence photographique, musée, entreprise, etc.) ayant fourni le document, et éventuellement d'un nom de lieu de conservation des œuvres reproduites.

page 8 : 1, Bevilacqua – C.E.D.R.I. 2, 3, 4, Nuridsany Cl. et Perennou M.

10 : 1, Doug P. – Planet Earth Pictures. 2, Bernard G. – NHPA. 3, Walsh J. - SPL – Cosmos. 4, Dunlap D. et Bustamante C. - chemistry – University of New Mexico.

12 : 1, Explorer. 2, Sochurek H. – Cosmos. 3, Viard – Jerrican. 4, CNRS.

14 : 9, Arthus Bertrand – Jacana.

16 : 1, Baron JP. 2, Grave Eric - SPL – Cosmos. 3, 4, Secchi-Leçaque - Roussel-Uclaf – C.N.R.I.

22 : 4, Stammers - SPL – Cosmos. 5, C.N.R.I.

28 : 2, Roussel-Uclaf – C.N.R.I. 3, Laboratoire de biologie cellulaire – Bré M.H. - Orsay. 4, C.N.R.I. 5, Secchi - Lecaque - Roussel-Uclaf – C.N.R.I.

32 : 1, 2, 3, C.N.R.I. 4, Sauer – Nature.

34 : 2, Seitre – Pitch.

36 : 1, Morel G. – Jacana. 2, Varin - Visage – Jacana. 3, Cordier – Jacana. 4, Janeu – Jacana.

38 : 1, Castanet J. 2, Chemin – Pitch. 4, Le Toquin A.

40 : 1, Carré – Jacana. 3, Varin-Visage – Jacana.

42 : 1, 3, Nuridsany Cl. et Perennou M. 4, Hayon. 5, Nuridsany Cl. et Perennou M.

44 : 1, Nuridsany Cl. et Perennou M. 2, Dr Burgess J. - SPL – Cosmos. 3, Schart D. - SPL – Cosmos. 4, Ross C. – Jacana. 5, Hayon – Pitch.

46 : 2, Gohier – Nature. 3, Azema – Pitch. **48** : 2, Gamma. 3, Gaillarde R. – Gamma.

page 52 : 6, Rajkamal – Jacana. 7, Trouillet – Jacana. 8, Rebouleau B. – Jacana.

54 : 1, Nuridsany Cl. et Perennou M.

56 : 1, Lauros-Giraudon. 2, Explorer. 3, Coll. Viollet.

58 : 1, Dale D. - Photo Researchers – Explorer. 2, CGM – CNRS.

60 : 4, 5, C.N.R.I.

62 : 2, Weiss – Jerrican. 3, Roussel - Uclaf – C.N.R.I. 4, Institut Pasteur.

64 : 2, Revy JC. 4, Garieu ML. – CNRS. 5, Lewin - SPL – Cosmos. 6, 7, Chaumeton H. – Nature.

66 : 2, Crumeyrolle – Pitch. 3, C.N.R.I. 4, Reichel – CNRS.

68 : 1, Winner – Jacana. 2, Nardin – Jacana. 4, Laboute – Jacana. 6, Larousse Coll.

70 : 1, Bauret JF. – Rapho. 3, Six J. et A. 4, Heuclin – Pitch. 5, Scott – Pitch.

72 : 2, Leroy - SPL – Cosmos. 5, Dr Burgess J - SPL – Cosmos.

74 : 2, Arthus-Bertrand – Jacana.

76 : 2, Bricoux – Pitch. 3, C.N.R.I. 4, Schrempp – Pitch.

80 : 2, Colas – Jacana. 3, Tercafs – Jacana. 4, Heuclin – Pitch. 5, Summ – Jacana.

82 : 4, Gennet – Pitch. 5, Varin – Jacana. 6, Viard M. – Jacana.

84 : 1, Tuttle M. – Jacana. 2, Fogden - O.S.F. – Fovéa. 3, Dr Burgess J - SPL – Cosmos. 4, Nuridsany Cl. et Perennou M.

86 : 3, 4, Nuridsany Cl. et Perennou M. 5, Hayon – Pitch. 6, Cavignaux R. – Bios. 7, Nardin Cl. – Jacana.

88 : 1, Claye M. – Jacana. 2, De Klemm – Jacana. 3, Six J. et A. 4, 5, Nuridsany Cl. et Perennou M.

90 : 2, Lacoste – Jacana. 3, Bellieud – Pitch. 4, Tutile – Jacana.

94 : 1, Lanceau – Nature. 2, Chaumeton-Lanceau – Nature. 3, Varin – Jacana. 4, Ress K. 5, Viard M. 6, Seigneury Conseil.

96 : 4, Brun – Jacana. 5, Lemoigne – Jacana.

98 : 2, Boureau E. 3, Rouchy JM. – Mission France Australe du museum national histoire naturelle.

page 102 : 2, Larousse Coll.

104 : 5, Haas E. – Magnum. 6, Patou M. 7, Taieb M. – CNRS.

106 : 4, Renaudeau – Hoa-Qui. 5, Seitre R. – Bios. 6, Costes A. – Bios. 7, Champroux – Jacana. 8, Carré – Jacana.

110 : 2, Knut H. – Pitch. 3, Becker – Pitch.

114 : 3, Langrand – Bios. 4, Ardea – Bios.

116 : 1, Pasieka – Nature. 2, 3, 4, 5, Carré – Jacana.

118 : 2, Chaumeton H. – Nature. 3, Lemoigne JL. – Jacana. 4, Carré – Jacana.

124 : 1, Chaumeton H. – Jacana. 2, Ifremer. 3, Chaumeton H. – Jacana. 4, Bassot JM. – Jacana.

126 : 1, Labat JM. – Jacana. 2, Nuridsany Cl. et Perennou M. 3, Varin J.PH. – Jacana. 4, Champroux – Jacana.

128 : 2, 3, Garguil Ph.

130 : 1, Johnson P. – NHPA. 2, Gohier F. – Jacana. 3, Champroux JP. – Jacana. 4, Ferrero JP. – Jacana.

132 : 1, Gilabert JB Pictures – Cosmos. 2, Cassard Ph. – Hoa-Qui. 3, Ivleva Victoria - Impact photos – Cosmos.

134 : 1, Nardin C. – Jacana. 2, Nuridsany Cl. et Perennou M. 3, Shaw J. – Bruce Coleman. 4, Tomalin N. – Bruce Coleman.

140 : 2, Sebart – Jerrican. 3, Labat JM. – Jacana. 4, Nuridsany Cl. et Perennou M.

142 : 2, Dr Burgess J. - SPL – Cosmos. 3, Dr Kenneth - Miller R. - SPL – Cosmos.

144 : 5, Dalton S. – NHPA. 6, Axel – Jacana. 7, Dalton S. – NHPA.

146 : 1, 2, 3, Six J. et A. **148** : 5, Nublat.

page 150 : 5, Nilsson L.

152 : 7, 8, Labat J.M. – Jacana. 9, C.N.R.I.

156 : 2, 3, 4, 5, Starosta P.

158 : 3, Phototake – C.N.R.I. 4, Chaumeton – Jacana. 5, Noailles – Jacana.

160 : 2, 3, Six J. et A.

162 : 2, Thomas Th. – Bios. 3, Lacz - Lemoin – ZEFA. 4, Winner – Jacana. 5, Devoz A. - Ecotrop – CNRS.

164 : 4, Phototake – C.N.R.I.

166 : 1, D.R.

168 : 1, Schremp – Pitch. 2, Heuclin – Pitch. 3, Sauvanet – Pitch. 4, Cordier – Jacana.

170 : 1, Secchi-Lecaque - Roussel-Uclaf – C.N.R.I.

172 : 1, Tsiaras A. – Cosmos.

174 : 2, Henstrat – Petit Format. 4, H. Chaumeton – Nature.

176 : 3, Mere – Jacana.

178 : 5, 6, C.N.R.I.

182 : 1, Chaumeton H. – Nature. 2, Six J. et A.

184 : 4, Perazio P. – Kipa.

186 : 4, Coll. Larousse. 5, Cresto J.M. – Pitch.

190 : 2, Plailly Ph. 3, Martin R. - Woodfin Camp et Associates – Cosmos. 4, Palais de la Découverte.

192 : 2, Visage A. – Jacana. 3, Varin – Cogis.

194 : 1, 2, 3, Six J. et A. 4, Renaudeau – Hoa-Qui.

196 : 2, Varin – Pitch. 3, Oberlé – Pitch.

198 : 3, Pilloud – Jacana. 4, Slezec A.M.

page 200 : 2, Revy JC. 3, Ross – Jacana.

202 : 2, Gauthier C. – Jacana.

204 : 1, Dragesco Kerneis – Jacana. 3, Champroux – Jacana.

206 : 1, Danegger – Jacana. 2, Sauvanet – Jacana. 4, Degre – Jacana.

208 : 1, Le Toquin – Jacana. 2, Sipa Press.

210 : 2, Varin – Cogis. 3, Six J. et A. 4, Curl D. Oxford Scientific Films – Fovéa.

212 : 2, Varin – Cogis. 3, Soltan F. – C.E.D.R.I.

214 : 1, Courtinat JL. – Rapho.

216 : 2, Revy J.C. – C.N.R.I. 3, Koch P. – Rapho.

218 : 1, C.N.R.I. 2, Barromes – Gamma. 3, Goldsmith – Gamma.

220 : 1, Coll. Viollet. 2, A.A.A. Photo. 3, Fédération française de cardiologie.

222 : 1, AFP. 2, Reflex – R.E.A. 3, Desplanches – Jerrican.

224 : 2, Nilsson L. – Boehringer Ingelhetm.

226 : 1, C.N.R.I. **228** : 3, Nilsson L.

230 : 2, Wassman B. – Rapho. 3, Manaud J.-L. – Odyssey.

232 : 1, Benson – Gamma.

234 : 4, C.N.R.I. 5, Dr Buthiau – C.N.R.I. 6, Elscint – C.N.R.I.

236 : 1, Dohrn M. - SPL – Cosmos. 2, Bories P. – C.N.R.I. 3, C.N.R.I. 4, Thatcher Ch. – Fotogram Stone.

238 : 1, Brain T. Photo Library – Cosmos. 2, 3, 4, C.N.R.I.

240 : 4, Bories P. – C.N.R.I.

page 250 : 1, Lauros-Giraudon, Musée de Chantilly - Condé. 2, Lauros-Giraudon, Musée des Beaux Arts - Valencienne. 3, Dagli Orti G., Musée du Louvre - Paris. 4, Gyssels H. – Diaf.

252 : 1, Revy JC. – C.N.R.I. 2, Bories P. – C.N.R.I. 3, 4, C.N.R.I.

254 : 1, Bories P. – C.N.R.I. 2, 3, Elscint – C.N.R.I. 4, Vigne J. 5, C.N.R.I.

256 : 1, Godfrey M. Archives Pictures – Rapho. 2, Pohier – R.E.A. 3, Holbrooke A. – Rapho.

258 : 1, C.N.R.I. 2, Depardieu – Inserm. 4, C.N.R.I.

260 : 2, Institut Pasteur. 3, 4, Tesavik J.

262 : 2, Maizieu F. – C.N.R.I. 3, 4, Coll. Viollet.

264 : 1, Bigen A. – C.N.R.I. 2, 4, C.N.R.I. 5, Bingen – C.N.R.I. 6, C.N.R.I.

266 : 1, De Wilde – Hoa-Qui. 4, 6, Dr Faivre.

268 : 2, Hervy JP. – Jacana. 3, Jerrican.

270 : 2, Langeland JP – Diaf. 3, Cornfield J. West Light – Cosmos.

272 : 1, Coll. Viollet. 2, Rafal S. 3, Clément D. – Presse Sports. 4, D.R. 5, Coll. Viollet.

274 : 1, Gohier F. – Jacana. 2, Ross K. – Jacana. 3, Lacoste L. – Jacana. 4, Dejardin Y. – Rapho.

276 : 2, Boulat P. – Cosmos. 3, Duruel B. – Explorer.

278 : 1, Boulat P. – Cosmos. 2, Coll. Viollet.

280 : 2, 3, 4, Larousse Coll.

282 : 2, 3, 4, C.N.R.I.

284 : 1, Hislop D. – World Press Network Ltd. 4, Lauros-Giraudon, Musée Condé - Chantilly.

286 : 1, 2, Remy JM.

288 : 3, C.N.R.I.

290 : 2, C.N.R.I. 3, 4, D.R.

292 : 3, Pol A. – C.N.R.I.

294 : 1, C.N.R.I. 2, Pol A. – C.N.R.I.

296 : 1, Dr Ferlaud – C.N.R.I. 2, C.N.R.I. 4, Dr Fredy – Seigneury Conseil.

298 : 5, Dr Lacher – C.N.R.I. 6, C.N.R.I.

page 300 : 1, 2, 3, 4, Dr Dezard.

302 : 1, Revy JC. – C.N.R.I. 2, Revy JC – C.N.R.I. 3, Dr Dezard.

304 : 4, Revy JC. – C.N.R.I.

306 : 2, C.N.R.I. 3, Vandystadt.

310 : 3, 4, 5, 6, Dr Djian B.

312 : 2, Dr Djian B. 3, Zara B. – Seigneury. 4, 5, 6, Dr Djian B.

314 : 1, Plassart M. – Artephot, Coll Part. 2, D.D.B. 3, Cabanou J. – Diaf.

316 : 2, Secchi-Lecraque - Roussel-Uclaf – C.N.R.I.

318 : 2, D.R.

320 : 2, 3, 4, C.N.R.I.

322 : 3, Farlane Mc R. – Griggs S. Agency.

324 : 1, Michaud R. – Rapho.

326 : 1, 2, 3, C.N.R.I.

330 : 1, 2, 5, Depardieu – Inserm.

332 : 1, Depardieu – Inserm. 2, Kane - BSNY – Rapho. 3, Guillevin – Inserm. 4, C.N.R.I. 5, Coll. Viollet.

334 : 1, C.N.R.I. 2, Petit Format/ Guigoz.

336 : 4, Bie Y. – Petit Format.

338 : 2, Sieveking A. – Petit Format. 3, D.R.

340 : 1, Stevenson J. - SPL – Cosmos. 2, Blitz J. - West Light – Cosmos. 3, Steinlein JM. – Petit Format. 4, Savin D. – Petit Format.

342 : 2, Courtinat JL – Rapho. 3, 4, D.R.

346 : 1, Gaillard – Jerrican.

348 : 1, Vink J. – Vu. 2, Pratt Priès – Diaf.

page 350 : 1, B.N.- Paris. 3, D.R.

352 : 3, Lebot A. – Explorer. 4, Berli R. – Rapho.

356 : 1, Weisbecker – Explorer. 2, Gamma. 3, Coll. Viollet.

358 : 1, Chaumat A. – Petit Format. 3, Guerault C.

362 : 1, Coll. Viollet. 2, Gaillarde – Gamma. 3, Flemming - coll part. 4, Capa R. – Magnum.

364 : 1, 2, Centre d'étude de l'expression.

368 : 1, Dagli Orti G., Coll Thyssen. 2, Coll. Virel.

372 : 2, 3, D.R. 4, Ferrare – R.E.A. 5, Sittler – R.E.A.

376 : 2, 3, 4, Coll. Viollet, 5, Gamma.

378 : 1, C.N.R.I. 2, Salgado S. – Magnum. 3, Koudelka J. – Magnum.

380 : 1, D.R. 2, Edimedia, B.N.-Paris. 3, D.R. 4, Desplanches – Jerrican.

384 : 3, 4, Vandystadt.

386 : 1, Nathan Benn – Cosmos. 2, Morvan Y. 3, Gueroult C. 4, Roberts - BSNY – Rapho.

388 : 1, Reininger A. – Cosmos. 2, Benn N. – Cosmos.

390 : 1, Frantz A. – Ciric. 2, Gauvry M. – Ciric.

392 : 1, Gontier Ph. – Jerrican. 3, Guignard – Jerrican. 4, Saussier G. – Gamma.

394 : 1, Coll. Viollet. 2, Roettger J. – Cosmos. 3, 4, Coll. Viollet.

396 : 1, C.N.R.I. 2, Courtinat – Rapho. 3, Malzieu – C.N.R.I.

398 : 1, Coll. Viollet. 2, Gerster – Rapho. 3, Coll. Viollet.

page 400 : 1, Carisch R. – Cosmos. 2, 3, Vioujard Ch. – Gamma. 4, Reglain F. – Gamma.

402 : 1, Delamare E. – INRA.

404 : 1, Vimenet – Vu.

406 : 1, Tixador R. – Top. 2, Guillard J. – Scope.

408 : 1, Rocher – Jerrican. 2, Maitre P. – Odyssey. 3, Pickerell J. – Rapho.

410 : 2, Ivaldi – Jerrican.

412 : 5, Machet JM. – INRA.

414 : 1, 2, 5, Gerster G. – Rapho.

416 : 1, Valls Ch. – Jerrican. 2, Bordes P. 3, Hank Morgan - Ph Researchers – Explorer.

418 : 3, 4, Ivaldi – Jerrican.

420 : 1, Starosta P. 2, D.R. 3, Starosta P. 4, D.R.

422 : 1, D.R. 2, Ferrero JP. – Jacana. 3, Lénars Ch. 4, Le Diascorn – Rapho.

424 : 1, 2, Sopexa. 3, Daudier JP. – Jerrican.

426 : 1, Labat – Cogis. 2, Guenet F. – Odyssey. 3, Don Rutledge - Black Star – Rapho.

428 : 1, D.R. 2, De Wilde – Hoa-Qui. 3, C.F.D.T.(compagnie fse pour le développ. des fibres textiles). 4, Rau – Agro-Technic.

430 : 1, D.R. 3, Ivaldi – Jerrican.

432 : 2, Venière – Agri-Photo. 3, Naud – A.A.A. Photo. 4, Austen D. – Cosmos.

434 : 3, Cheuva P. – Explorer. 5, Dannic Ph. – Diaf.

436 : 2, Drachoussof – A.A.A. Photo. 3, Carrara A. – Jacana. 4, Errath – Jacana.

438 : 1, Renaudeau – Hoa-Qui. 5, Beghin Say.

440 : 1, Darque G. – Jerrican. 2, 3, Roy Ph. – Explorer.

442 : 1, Regnard JL. 2, Six J. et A. 3, INRA. 4, Viard - Le Toquin – Jerrican.

444 : 1, 2, 3, Roy Ph. – Explorer. 4, Thomas P. – Explorer.

446 : 1, Vaisse Ch. – Hoa-Qui. 2, Boutin G. – Hoa-Qui. 3, Pavard Cl. – Hoa-Qui.

448 : 1, Marenthier – Hoa-Qui. 2, Adrien – Jerrican.

page 450 : 1, Yamashita M. – Rapho. 2, Lemaître P. 3, Viard M. – Odyssey.

452 : 1, Lamontagne JC. – Diaf. 2, Hoa-Qui. 3, Jacquet – A.A.A. Photo. 4, Guillard J. – Scope.

454 : 1, Lorne P. – Explorer. 2, Berenguier – Jerrican.

456 : 4, Sopexa. 5, Guillard J. – Scope.

458 : 4, Gerster G. – Rapho. 5, Sopexa. 6, Menzel P. – Cosmos.

460 : 1, Rocher – Jerrican. 2, Sierpinski J. – Scope. 3, Marchand – A.A.A. Photo. 5, Champroux JP. – Jacana.

462 : 1, Grüyaert H. – Magnum. 2, Setboun M. – Rapho. 3, Bonnemaire J.

464 : 2, 3, L'Aviculteur. 4, Cordier S. – Jacana.

466 : 1, Huot D. – Jacana. 2, Meyer C. - Black Star – Rapho. 3, Dugasse F. – Rapho.

468 : 1, Dechatillon – Rapho. 2, Trevor J. – Vandystadt. 3, Roux M. – INRA.

470 : 1, Deshayes R. – Rapho. 2, Silvester H. – Rapho. 3, Valli E. – Ana. 4, Michaud – Rapho.

472 : 1, Mariojouls. 2, Ifremer. 3, Gérard.

474 : 1, 2, Lucas S. – Sea and See. 3, Gripe – Jerrican.

476 : 1, Boutin G. – Explorer. 2, Cordier S. – Explorer. 3, Trippett – Sipa Press. 4, Le Toquin A. – Explorer.

478 : 1, A.R.M.E.F. 4, Focel A.

480 : 1, Cordier S. – Jacana. 2, Varin J Ph. – Jacana. 3, Roux M. – INRA.

482 : 2, Alfa-Laval. 3, Vénière – Agri-Photo. 4, Teira Pak. Société.

484 : 1, Labbat – Jerrican. 2, Olida. 3, Guillard J. – Scope.

486 : 1, Moët et Chandon. 2, Guillard M. – Scope. 3, 4, Picard E. - Le Moulon – Université d'Orsay.

490 : 1, 2, Biscuiterie Coathalem. 3, Berenguier – Jerrican.

492 : 1, Viard – Jerrican. 2, Nietocover – R.E.A. 3, D.R. 4, Guillard J. – Scope.

494 : 1, 2, 3, Sodiaal.

496 : 1, Faure D. – Scope. 2, 3, Jalain F. – Explorer. 4, Sudre JD. – Scope.

498 : 2, Daudier – Jerrican. 3, Druart Ch. – Rapho.

page 500 : 1, Berenguier – Jerrican. 2, Guy P. – Scope. 3, Pick Ch. – Rapho.

502 : 1, Roy Ph. – Explorer.

504 : 2, Vigneron – R.E.A. 3, 4, Gayard – R.E.A.

506 : 1, Le Bot A. – Diaf. 2, Decoux – R.E.A. 3, Lazare – R.E.A.

508 : 1, Sudres JD. – Scope. 2, Barde JL. – Scope.

510 : 1, Wallet - Daudier – Jerrican. 2, Barde JL. – Scope. 3, Guillard M. – Scope.

512 : 1, 2, Le Toquin - Viard – Jerrican. 3, Tivoli B. - Lemarchand G. – INRA. 4, Boudoux P. – INRA.

514 : 1, 2, 3, 4, Le Coz M. – Explorer

ILLUSTRATEURS

Animex, pages 62, 170, 354.
Base Line, p. 18, 38, 222, 232, 262, 308, 454.
Laurent **Blondel** (DPA), p. 52, 139, 164, 186, 210, 230, 246, 290, 292, 294, 322, 342, 358, 372, 464.
Isaïe **Correïa**, p. 22, 24, 26, 34, 60, 70, 166, 224, 234, 284.
Béatrice **Couderc**, p. 72, 80.
Fabrice **Dadoun**, p. 28, 42, 76, 172, 182, 188, 278, 302.
Stéphane **Desvergnes**, p. 138, 436.
Duchesse, p. 53, 128, 156, 268.
Michel **Gilles**, p. 374.
Graffito, p. 158, 198, 216, 228, 460.
Philippe **Guinot**, p. 64, 118, 160, 178, 270, 326, 388, 400, 404, 464.
Héliadore, p. 46, 50, 51, 196, 204, 366.
Denis **Horvath**, p. 146, 180, 296.
Michel **Loppé**, p. 316, 318, 320, 324.
Gilbert **Macé**, p. 100, 112, 157, 176, 260, 286, 382, 384, 472.
Claudine **Maerten**, p. 68, 116, 126, 264.
Emmanuel **Mercier**, p. 20, 82, 92, 336, 410, 412.
Patrick **Morin**, p. 74, 86, 102, 114, 140, 208, 432.
Bruno **Pautigny**, p. 109.
Claude **Poppé**, p. 122, 134, 446.
François **Poulain**, p. 104, 174, 184, 244.
Dominique **Roussel**, p. 200, 276, 338.
Tom **Sam You**, p. 90, 98, 110, 136, 148, 152, 162, 192, 206, 226, 274, 304, 306, 312, 340, 344, 350, 352, 414, 416, 430, 434, 438, 478, 488, 498, 504.
Léonie **Schlosser**, p. 18, 48, 51, 66, 78, 142, 190, 202, 248, 266, 328, 346, 376, 392, 456.
Patrick **Taëron**, p. 14, 30, 40, 120, 150, 240, 242, 280, 282, 298, 310, 418, 420, 458, 468, 480, 502.
Jacques **Toutain**, p. 54, 56, 58, 62, 96, 106, 108, 154, 258, 288, 330, 370.

Les Hommes et leur Histoire

CE VOLUME PRÉSENTE L'HISTOIRE des civilisations depuis l'Antiquité, les différentes manières dont les hommes ont conçu leur organisation en sociétés régies par des institutions et des systèmes politiques, mais aussi les multiples modes d'interprétations et de représentations de leur destin, à travers les mythologies, les religions, les philosophies qui composent l'histoire culturelle de l'humanité. Un premier grand domaine, **Histoire**, propose un panorama complet des grands moments de cette évolution. De la préhistoire jusqu'à la période actuelle, dans un déroulement essentiellement chronologique, sont présentés les grandes civilisations et les régimes politiques qui se sont succédé dans les différentes parties du monde, les acteurs des changements et des révolutions qui ont marqué la marche de l'humanité jusqu'aux évolutions les plus récentes. Un certain nombre de thèmes sont spécialement réservés aux conditions matérielles, techniques, aux mentalités ou encore aux relations entre États, qui expliquent de façon plus approfondie la réalité historique. Sans négliger l'aspect événementiel, dont rendent compte de nombreuses chronologies relatives à chaque sujet, on a privilégié la présentation des différents facteurs qui expliquent les évolutions, les montées en puissance comme les déclins. Des cartes permettent de situer et de repérer les faits essentiels et de mémoriser les éléments pertinents et fondamentaux sur chaque sujet.

Le deuxième domaine, **Systèmes politiques**, présente sur un canevas chronologique, les différents types d'organisation politique que l'homme a mis en place pour régler sa vie en collectivité, des royautés antiques jusqu'aux diverses variantes de démocratie que connaît le monde aujourd'hui, sans oublier les organisations internationales, gouvernementales ou non.

Le troisième domaine, **Histoire des idées**, dans un déroulement également chronologique, passe en revue les grandes questions et les grandes interrogations qui ont marqué les différentes périodes de l'histoire de l'humanité. Évitant le strict exposé de philosophie, on a préféré montrer comment et pourquoi à chaque moment, et en fonction des circonstances religieuses, politiques, sociales, économiques, historiques, scientifiques et techniques du temps, apparaissent les idées qui orientent l'action des individus et des sociétés.

Le quatrième domaine, **Religions**, expose les fondements essentiels des religions disparues ou actuelles. Il présente surtout la façon dont ces religions sont vécues aujourd'hui et montre comment elles évoluent dans un monde où la science et la technique ont entraîné la laïcisation des mœurs et de la morale. Il aide à comprendre que le sentiment religieux est encore une force partout dans le monde et analyse l'apparition ou le retour de formes radicales de religiosité qui inquiètent parfois par leurs aspects d'intolérance. •

SOMMAIRE

SYSTÈMES POLITIQUES

HISTOIRE DES IDÉES

RELIGIONS

Le Monde Aujourd'hui

CE VOLUME PRÉSENTE UN PANORAMA complet du monde contemporain, de ses divers aspects géographiques, démographiques, économiques, etc. L'objectif est de donner les éléments permettant de situer les forces fondamentales qui sont en présence et de comprendre les rapports qu'elles entretiennent. Le monde actuel est le plus souvent divisé en grands ensembles au sein desquels règnent des conditions assez voisines et se posent des problèmes communs. Les grands équilibres, les échanges ou les rapports de domination, constamment remis en cause par les évolutions historiques, démographiques, techniques ou économiques, font l'objet d'exposés clairs et précis.

Le domaine **Géographie régionale** fait un tour complet de la planète, en procédant par comparaison entre pays d'importance similaire ou par regroupement de pays d'une même région et de caractéristiques voisines. Cela permet de donner une vue à la fois globale et locale et de faire apparaître les situations d'aujourd'hui et les grandes tendances de demain. De nombreux graphiques, cartes et tableaux présentent les données fondamentales sous une forme claire et immédiate d'accès. Un atlas de 34 pages vient compléter cette présentation.

Le domaine **Démographie** expose les faits, les chiffres, les tendances concernant les grands problèmes de la population mondiale : accroissement et fécondité inégaux, migrations, etc. Dans le domaine **Géographie économique** sont présentés les grandes productions agricoles et industrielles, les ressources minières et énergétiques, les échanges de biens, les moyens et les courants de communication, etc.

Le domaine **Économie** considère les grandes mutations engendrées par la crise des années 1970-1990 : essor de technologies nouvelles, mutations du monde du travail et de l'entreprise, réorganisation des mécanismes monétaires et financiers, nouveaux modes d'intervention de l'État... Y est évalué aussi le poids relatif qui revient, dans une économie en voie de mondialisation, aux acteurs économiques, envisagés par grandes zones géographiques.

Le domaine **Géostratégie** présente les doctrines stratégiques des grandes puissances, met en situation les forces sur le terrain et décrit les systèmes d'armes dont celles-ci sont dotées.

Le domaine **Ethnies, peuples et États** donne les cas les plus notoires d'un phénomène aujourd'hui fondamental : l'éveil des nationalités et les aspirations des minorités.

Dans le domaine **Société,** on a choisi de décrire les phénomènes de société qui caractérisent le plus le monde d'aujourd'hui : travail, loisirs, communication, environnement, etc.

Enfin, le domaine **Langues** fait le tour des grandes langues du monde et expose leur situation présente en tant qu'elles constituent des forces et des enjeux dans les rivalités culturelles et économiques. •

SOMMAIRE

ÉCONOMIE

GÉOSTRATÉGIE

ETHNIES, PEUPLES ET ÉTATS

SOCIÉTÉ

LANGUES

patite aiguë, cirrhose) ou du sang (diminution importante des globules rouges, blancs ou des plaquettes) est grave, mais rarissime. La relation entre l'atteinte et le médicament n'est pas toujours facile à établir : le tableau clinique est souvent identique à celui d'une maladie (par exemple virale), le malade reçoit parfois plusieurs médicaments, ou l'effet peut survenir très tardivement (par exemple, une insuffisance rénale chronique après des années de traitement par des antalgiques à forte dose).

Effets tératogènes : des malformations congénitales peuvent apparaître chez des enfants nés de mères traitées par certains médicaments pendant la grossesse, en particulier au cours des deux premiers mois.

Interactions : soit entre deux médicaments (risque d'hémorragie chez un malade sous anticoagulant oral lors de la prise d'aspirine, inactivation d'une contraception orale par certains traitements antiépileptiques), soit entre le médicament et l'alcool ou les aliments.

Pharmacogénétique : certains sujets, porteurs d'anomalies génétiques, ne peuvent pas dégrader ou inactiver normalement certains médicaments (en raison d'un déficit en enzymes), ce qui provoque un effet toxique.

La pharmacovigilance n'est efficace que par une coopération de tous : le malade (qui signale à son médecin les effets qu'il présente), le médecin (qui signale à la pharmacovigilance les effets rencontrés), le laboratoire fabriquant le médicament, les autorités sanitaires de chaque pays et, au niveau international, l'Organisation mondiale de la santé. •

2. Armoire à pharmacie familiale.

La pharmacodépendance et le détournement

LA DÉPENDANCE À CERTAINS MÉDICAMENTS FAIT PARTIE DES RISQUES. DES RÈGLES STRICTES DE PRESCRIPTION ET DE DÉLIVRANCE SONT DONC INDISPENSABLES.

Certains médicaments peuvent entraîner une toxicomanie : la dépendance se développe chez un malade qui poursuit de façon injustifiée un traitement dont il ne peut plus se passer, le détournement est réalisé par un « toxicomane » qui utilise des médicaments pour remplacer des drogues illégales. La pharmacodépendance se caractérise à différents niveaux : par une dépendance psychique (le sujet ne peut pas se passer du médicament et fera tout pour en obtenir), une dépendance physique (qui se manifeste par un « syndrome de sevrage » à l'arrêt brutal du médicament), une tolérance de l'organisme (diminution de l'effet du médicament au cours du temps, ce qui amène le sujet à augmenter les doses pour retrouver l'effet initial). Certains médicaments impliqués sont bien connus, comme la morphine et ses dérivés au fort potentiel toxicomanogène. L'héroïne, qui appartient à ce groupe, est utilisée aussi en thérapeutique dans certains pays. Des dérivés de la morphine à action plus modérée tels que la codéine (antitussif et antalgique) sont largement détournés de leur usage par les toxicomanes. L'amphétamine et ses dérivés utilisés comme anorexigènes (« coupe-faim ») sont des substances stimulantes ; mais ils peuvent entraîner des effets psychiques graves (dépression, délire). Les barbituriques, particulièrement les plus puissants d'entre eux utilisés en anesthésie, sont également détournés par les toxicomanes. D'autres médicaments qui ont un pouvoir toxicomanogène moindre découvert plus récemment n'en posent pas moins un problème de santé publique, car ils sont largement consommés. Parmi eux, on peut citer les tranquillisants et les hypnotiques du groupe des benzodiazépines, certains médicaments stimulants du système nerveux central ou utilisés dans le traitement de la maladie de Parkinson (les « anticholinergiques »). La prévention de la pharmacodépendance passe par une réglementation : ces médicaments sont soumis à des règles strictes de prescription et de délivrance. Elle passe aussi par une bonne relation médecin-malade : ce dernier ne doit pas poursuivre un traitement au-delà de la durée prescrite et, en cas de dépendance établie à un médicament, le médecin est le plus à même de l'aider à abandonner sa « toxicomanie ».

Le dopage dans le milieu sportif, de plus en plus répandu, est un aspect particulier du détournement des médicaments. Utilisés pour obtenir une amélioration des performances physiques, des médicaments très divers sont employés : des dérivés de la testostérone ou hormone masculine (ces médicaments sont des anabolisants et permettent notamment de « faire du muscle »), des stimulants parfois proches de l'amphétamine, des corticoïdes. L'utilisation de ces médicaments par des sportifs est dangereuse : virilisation des femmes, fragilisation du squelette, arrêt de croissance chez les jeunes (anabolisants, corticoïdes), mort subite (stimulants qui empêchent de ressentir la fatigue)... La pratique de plus en plus répandue du dopage a entraîné une réglementation de l'utilisation des médicaments chez les sportifs, dont le contrôle passe par la recherche de substances dopantes dans les urines. •

3. Les personnes âgées, de gros consommateurs.

4. Dépenses pour le même panier de 125 médicaments (en francs) [*d'après la revue Test Achat, Belgique, 1989*].

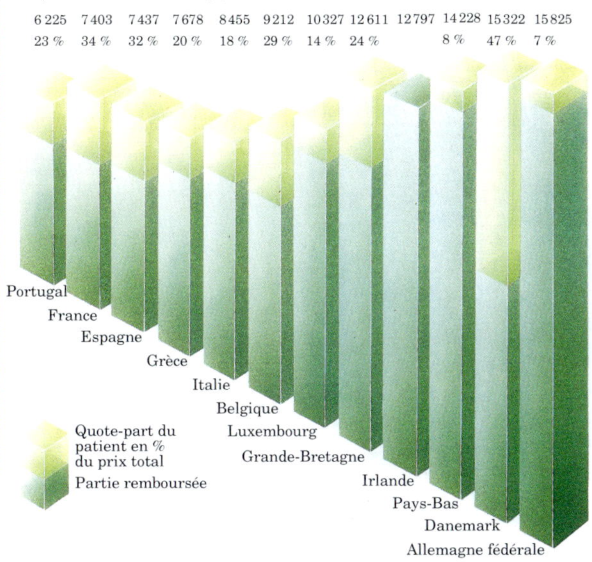

Le rapport bénéfice/risque

DIFFICILE À ÉTABLIR, C'EST UN FACTEUR À PRENDRE EN COMPTE LORS DE CHAQUE PRESCRIPTION DE MÉDICAMENTS.

Pour comparer bénéfices et risques, il est nécessaire de les mesurer avec la même unité et sur la même population. En suivant pendant plusieurs années les personnes qui prennent régulièrement un médicament, on peut compter les guérisons et évaluer les complications évitées (les bénéfices), ainsi que le nombre d'effets secondaires ou indésirables observés, avec leur gravité et leurs conséquences à long terme (les risques). Le nombre de personnes suivies doit être très important, car les effets indésirables graves sont très rares ; de telles études sont donc peu fréquentes, longues à mener, difficiles à analyser, et fort coûteuses.

Une première évaluation globale du rapport bénéfice/risque est effectuée lors de la mise sur le marché du médicament : à partir des données des essais cliniques, une commission du ministère de la Santé fixe les indications, les contre-indications et les précautions d'emploi de ce médicament. Elles seront réévaluées périodiquement et ce en fonction des résultats de nouveaux essais thérapeutiques et des enquêtes de pharmacovigilance.

Avant chaque prescription, le médecin évalue si le traitement est bien indiqué et si le patient ne présente pas de contre-indications à ce médicament, ou de facteurs qui pourraient soit l'empêcher d'agir, soit favoriser une mauvaise tolérance. Cette appréciation est comparative : que se passerait-il en l'absence de traitement ou avec un autre médicament ?

Après la prescription, le médecin vérifie que l'effet attendu a bien été atteint (efficacité), et que des effets inattendus et indésirables ne sont pas survenus (tolérance). Le médecin peut ainsi traiter efficacement son patient. Il participe en permanence à l'évaluation du rapport bénéfice/risque des médicaments par la notification de ses observations à la pharmacovigilance. •

La consommation

Les *dépenses de pharmacie* représentent 18,4 % de la consommation médicale totale. Depuis 1970, la consommation par personne a augmenté à tous les âges, mais beaucoup plus après 70 ans (3). Elle a doublé pour les traitements des affections cardio-vasculaires et gynécologiques, et pour les anti-inflammatoires. Elle a progressé de 50 % pour les analgésiques et les tranquillisants. En moyenne, chaque Français dépense 1 400 F de médicaments par an. Le *prix des médicaments* varie beaucoup d'un pays de la C.E.E. à l'autre : ils sont en moyenne 2,4 fois plus chers en Allemagne fédérale qu'au Portugal. La quote-part payée par le patient peut représenter de 7 à 47 % du prix. Les *habitudes de prescription* varient aussi : en France, pratiquement tous les patients sortent de chez le médecin avec une ordonnance, contre un sur deux environ aux Pays-Bas.

Les médecines douces

L'ENGOUEMENT POUR LES médecines dénommées « alternatives », « différentes », « douces », « nouvelles », voire « parallèles »... exprime plusieurs tendances. Tout d'abord, la quête du dialogue et de l'écoute, le combat pour une humanisation des rapports médecin-malade, mais aussi l'attrait pour une approche plus globale, le refus d'une thérapie trop lourde et d'un pouvoir médical morcelant le corps en pièces détachées ; enfin, cette démarche illustre la recherche d'une autonomie et d'une maîtrise de soi avec la possibilité d'intervenir activement sur sa propre histoire. Les tenants de la médecine officielle opposent principalement à ces arguments l'absence de preuves d'efficacité, le discours pseudoscientifique, le défi à la raison, le refus des protocoles d'évaluation.

Vouloir réunir toutes les médecines alternatives sous la même bannière relève plus d'un souci didactique que d'une réalité ou d'une exigence scientifique, tant sont parfois grandes leurs disparités. Les principales peuvent se prévaloir d'une existence historique et d'une expérience millénaire (l'acupuncture, les médecines manuelles, la phytothérapie) ou seulement séculaire (l'homéopathie) ; certaines sont tout à fait contemporaines (la mésothérapie, l'oligothérapie, la sophrologie). L'homéopathie (35 % des patients), l'acupuncture (20 %), la phytothérapie (10 %), les médecines manuelles (3 %) se détachent par leur fréquence d'utilisation.

Toutes ces alternatives thérapeutiques sont des médecines de « terrain » destinées à prévenir et à juguler la maladie en profondeur. La querelle sur l'origine des maladies a longtemps divisé le corps médical. Au XIXe siècle, Pasteur, en montrant que des agents infectieux extérieurs à l'organisme étaient responsables de la maladie, s'opposait à Claude Bernard, persuadé que les germes n'apportaient qu'une partie de la réponse, le terrain étant précisément le facteur prépondérant. Les traitements classiques sont prescrits pour éliminer l'agent agresseur ou suppléer à une fonction. Les traitements alternatifs ont pour objectif de stimuler les systèmes de défense naturels et ainsi de permettre au malade de guérir par lui-même, sans les incidents des thérapeutiques classiques.

La phytothérapie

DEPUIS QUELQUES DÉCENNIES, LA PHYTOTHÉRAPIE CONNAÎT UN REGAIN D'INTÉRÊT, PROBABLEMENT EN RÉACTION À UNE MÉDECINE « OFFICIELLE » PERÇUE COMME AGRESSIVE.

La phytothérapie, ou médecine par les plantes, est une des méthodes curatives les plus anciennes. Elle a constitué pendant des siècles le moyen de lutte privilégié contre les maladies.

Les Chinois l'avaient largement intégrée dans leur médecine traditionnelle, associée à l'acupuncture et à la diététique. On sait par des papyrus que les Égyptiens connaissaient les vertus antalgiques du pavot (dont on continue à extraire la morphine) et qu'ils distribuaient de l'ail pour ses propriétés tonifiantes aux ouvriers travaillant à la construction des pyramides. Hippocrate, chez les Grecs, répertoria les vertus médicinales de plus de 300 plantes. Les Borgia, à Rome, s'illustrèrent par leur maniement parfait de certaines propriétés pharmacologiques de la ciguë... La potion magique des Gaulois contenait du gui, des feuilles de saule, de la verveine ; elle possédait vraisemblablement des vertus thérapeutiques indiscutables, puisque le saule contient en bonne quantité les précurseurs de l'aspirine. Les Indiens d'Amérique avaient l'habitude de poser sur les blessures des mousses choisies dans la forêt ; ils leur attribuaient une action anti-infectieuse ; on sait maintenant qu'elles contenaient des antibiotiques. La fin du Moyen Âge voit l'essor de l'alchimie et un intérêt accru pour les substances chimiques, mais les plantes restent la base de la prescription médicale.

La découverte au XXe siècle des antibiotiques, anti-inflammatoires, corticoïdes, neuroleptiques, tranquillisants... marque une révolution considérable dans l'histoire de la médecine et même de l'humanité ; mais l'usage trop intensif de ces molécules de synthèse extraordinaires, aux effets indésirables nombreux et parfois dangereux, a fait se tourner beaucoup de patients vers des traitements moins « agressifs » : c'est une des raisons du succès des médecines douces.

Bien manipulées par des praticiens expérimentés, les plantes donnent des résultats remarquables avec peu d'inconvénients : la plupart des affections courantes y répondent favorablement, certaines mieux que d'autres tels les infections rhinopharyngées, les troubles neurovégétatifs, les problèmes veineux, les désordres liés à la ménopause, les affections rhumatismales. La phytothérapie peut utiliser la plante entière, ou un ou plusieurs de ses constituants ; le conditionnement, variable, est parfois imposé par la forme galénique. Les plantes-médicaments ont succédé aux tisanes, les gélules ont remplacé les infusions.

Médecine vieille comme le monde, bien sûr, la phytothérapie a encore, de toute évidence, un bel avenir devant elle, les plantes n'ayant pas, bien loin de là, encore livré tous leurs secrets. •

La mésothérapie

Mise au point il y a 35 ans, cette méthode consiste, au moyen d'aiguilles très fines, à injecter, par voie intradermique ou sous-cutanée, dans la zone que l'on souhaite traiter, de faibles quantités de médicaments : « peu, rarement, au bon endroit », selon son inventeur, le Dr Pistor. Il est parfois fait appel à un multi-injecteur ou à des appareils électroniques pour réduire la douleur liée à la piqûre. La mésothérapie semble particulièrement performante dans le traitement des affections de l'appareil locomoteur et en traumatologie sportive, dans les troubles circulatoires, les problèmes infectieux et allergiques, alors qu'elle a longtemps été, et à tort, simplement synonyme de traitement de la cellulite. Les seuls incidents observés sont les hématomes superficiels. Cette thérapeutique, qui recourt à de faibles doses de substances médicamenteuses, se situe donc à mi-chemin de la médecine classique et des médecines douces.

Quelques autres méthodes

Aromathérapie : branche de la phytothérapie, elle recourt aux essences des plantes aromatiques ; elle est surtout efficace sur les problèmes infectieux grâce à ses actions antiseptique et bactéricide.

Auriculothérapie : dérivée de l'acupuncture, elle consiste à stimuler, au moyen d'aiguilles, certains points situés sur le pavillon de l'oreille, selon une disposition rappelant un fœtus, tête en bas.

Biothérapie : relativement récente, elle utilise, dilués selon la méthode homéopathique, des bourgeons végétaux frais, des tissus embryonnaires en voie de croissance, des minéraux et des roches dynamisées ou des extraits glandulaires et tissulaires.

Iridologie : méthode de diagnostic fondée sur l'examen de l'iris : elle aurait, en précisant le terrain du malade, un rôle préventif essentiel.

Magnétothérapie : elle utilise, à des fins thérapeutiques, de petits aimants posés sur la peau. Elle paraît intéressante dans le traitement de la douleur.

Méthode Mézières : technique de rééducation, décrite par F. Mézières, consistant en un travail d'élongation des chaînes musculaires et de maintien des postures.

Naturothérapie : ce vocable regroupe un ensemble de méthodes naturelles visant à maintenir ou à rétablir la santé ; elle est fondée principalement sur l'hygiène de vie, le jeûne, la nutrition ; elle est pratiquée le plus souvent par des non-médecins.

Neuralthérapie : elle consiste à rechercher puis à traiter un foyer irritatif, local ou à distance, responsable de l'entretien d'une pathologie. La neutralisation est réalisée habituellement par une injection locale, sur cette zone suspecte, qui est souvent une cicatrice.

L'utilisation des plantes

À la fin du XIXe siècle, la plante résume pratiquement la pharmacopée, puisque les médicaments tels que nous les connaissons actuellement n'existent pas. Le pharmacien est encore l'apothicaire qui prépare lui-même dans son officine les émulsions, élixirs, liniments, macérations, onguents et autres topiques, ou propose aux malades des mélanges savamment dosés pour la préparation des décoctions, infusions et tisanes dont la présentation peut paraître aujourd'hui anachronique, mais qui restent fort prisées.

1. *Les Vertus des eaux et des herbes.* Gravure allemande.

Les médecines manuelles

DIVERSES DANS LEURS APPELLATIONS, LES MÉDECINES MANUELLES PRATIQUÉES PAR DES THÉRAPEUTES COMPÉTENTS N'EXPOSENT PAS À DES RISQUES PARTICULIERS.

La manipulation vertébrale ou articulaire est une mobilisation passive forcée, consistant en un mouvement rapide, mais contrôlé, à la limite des possibilités dynamiques. Elle s'accompagne habituellement d'un craquement, qui ne traduit en aucun cas le replacement vertébral, comme l'imaginent souvent les malades, mais l'éclatement de micro-bulles gazeuses au sein du liquide articulaire. L'idée d'opposer au mouvement responsable de l'apparition d'une douleur la manœuvre qui aurait l'action inverse de « remise en place » est très ancienne ; elle se confond avec l'histoire de la médecine. Si les Égyptiens ne parlent pas encore de manipulations, ils connaissent déjà de nombreuses techniques orthopédiques. Les écrits d'Hippocrate, par contre, constituent pendant des siècles le fondement de toute thérapeutique manuelle. Les progrès sont modestes durant la période gallo-romaine et au Moyen Âge ; les médecines manuelles restent l'apanage des rebouteux.

La variété des termes habituellement employés pour les définir témoigne de la grande diversité d'approche des thérapeutes.

L'ostéopathie.
La presque totalité des techniques manipulatives actuelles en est issue. À la fois système de pensée médicale et méthode thérapeutique, l'ostéopathie est décrite en 1874 par un médecin chirurgien américain, Andrew Taylor Still. Pour les ostéopathes, la maladie crée un blocage du mouvement entre les organes, normalement mobiles. La correction de la « lésion ostéopathique » permet de rétablir les circulations vasculaire et lymphathique ainsi qu'une bonne mobilité articulaire. L'examen cherche à mettre en évidence les diminutions de mobilité et les tensions musculaires, les manœuvres ostéopathiques visent à les lever.

L'ostéopathie est reconnue officiellement aux États-Unis depuis 1945. Jusqu'à ces dernières années, en France, les ostéopathes étaient en majorité des kinésithérapeutes ayant suivi une formation à l'étranger ; cela change puisque l'ostéopathie est enseignée depuis 1982 aux médecins, en particulier à la faculté de médecine de Bobigny.

La chiropractie.
Cette pratique fut décrite en 1894 par un magnétiseur nord-américain, David Palmer. Il s'imagina avoir percé le secret des maladies, toutes occasionnées selon lui par une subluxation vertébrale, en guérissant par manipulations une surdité puis des troubles cardio-vasculaires. Pratiquée presque exclusivement par des non-médecins, les chiropracteurs, elle a réussi, malgré les réserves dont elle a toujours fait l'objet, à être reconnue en 1973 aux États-Unis comme une profession bien individualisée représentée par plus de 20 000 praticiens. En France, cette technique n'en regroupe que quelques centaines.

La vertébrothérapie.
L'année 1948 marque le début de l'utilisation des méthodes manipulatives par les médecins. Plusieurs praticiens français partent étudier l'ostéopathie en Grande-Bretagne et aux États-Unis. Le Dr Maigne est l'un de ceux-là ; il va créer la vertébrothérapie, en ne conservant de l'ostéopathie que certaines manœuvres et l'approche mécaniste. Sa démarche se veut scientifique, s'appuyant sur l'anatomie et la neurologie. L'examen, bien codifié, tente d'objectiver le dérangement intervertébral mineur, invisible sur les radiographies, responsable de la douleur dans le territoire correspondant. La manipulation s'adresse aux affections bénignes d'origine mécanique, principalement les cervicalgies, dorsalgies ou sciatalgies. On peut supposer, d'après les nombreux travaux de biomécanique, qu'elle agit par une action mécanique locale (dégrippage) et par un réflexe d'étirement musculaire agissant sur les mécanorécepteurs du système musculo-ligamentaire.

Les manipulations ont souvent été critiquées pour leur danger : la probabilité d'un accident sérieux est insignifiante par rapport au million de manipulations réalisées chaque jour dans le monde. Une manipulation exécutée par un praticien entraîné constitue une thérapeutique particulièrement sûre. •

2. Méditation sur les ghats à Benarès.

3. Jeannie Longo se concentrant avant une épreuve cycliste.

4. Manipulation vertébrale du rachis cervical.

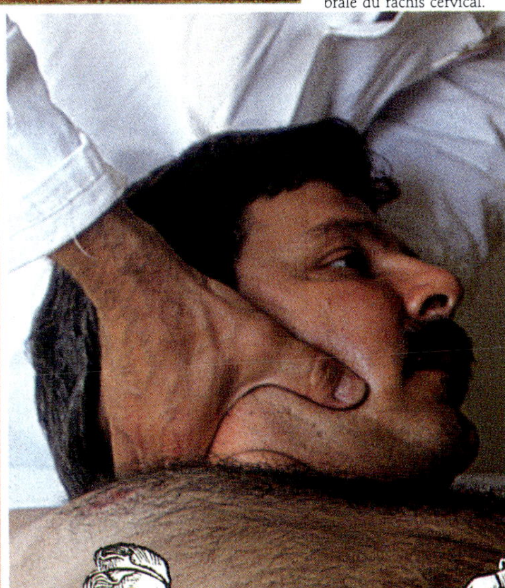

L'oligothérapie

RELATIVEMENT RÉCENTE, CETTE MÉTHODE VISE À RÉÉQUILIBRER LES ÉCHANGES TISSULAIRES DANS L'ORGANISME. ELLE CONNAÎT DEPUIS QUELQUES ANNÉES UN IMPORTANT DÉVELOPPEMENT.

Le Dr Ménétrier crée, en 1939, l'oligothérapie, méthode reposant sur la prescription d'oligo-éléments (du grec *oligos,* peu). Ces substances minérales inertes, indispensables à la vie, interviennent dans de nombreuses réactions chimiques. Elles favorisent les échanges tissulaires et dynamisent les réactions de défense ; notre santé dépend de leur présence mais également de leur équilibre : leur accumulation ou leur diminution perturbent le fonctionnement de l'organisme et permettent à la maladie de s'installer.

Les principaux éléments minéraux utilisés sont au nombre de 22 et jouent des rôles variés : l'aluminium (régulateur cérébral) ; l'argent (peut-être anti-infectieux) ; le bismuth (actif sur la sphère O.R.L.) ; le calcium (rôle fondamental sur le squelette) ; le chrome (régulateur des troubles du métabolisme du sucre) ; le cobalt (constituant de la vitamine B12, sa carence produit anémie et troubles nerveux) ; le cuivre (anti-infectieux majeur) ; le fer (constituant de l'hémoglobine transporteur de l'oxygène) ; le fluor (actif sur l'os et, bien sûr, la prévention des caries) ; l'iode (régulateur thyroïdien) ; le lithium (sédatif nerveux) ; le magnésium (élément le plus connu pour son action neuro-sédative) ; le manganèse (actif sur l'allergie) ; le nickel (régulateur endocrinien) ; l'or (stimulant des réactions de défense) ; le phosphore (rôle sur le cerveau, la mémoire, mais également interaction avec le calcium) ; le potassium (actif sur la contraction musculaire) ; le sélénium (action protectrice intéressante sur la prévention du vieillissement) ; le silicium (rôle minéralisant) ; le sodium (indispensable au métabolisme cellulaire) ; le soufre (intéressant pour les troubles allergiques et rhumatismaux) ; le zinc (action de rééquilibre endocrinien).

Certains des éléments ne sont pas utilisés en thérapeutique mais connus seulement pour leur toxicité : l'arsenic, le mercure... D'autres, comme l'iode, le potassium, le sodium..., ont une importance fondamentale. Les apports se font habituellement par l'alimentation, qui doit être variée et de qualité : lorsque existe une carence, ces oligo-éléments peuvent être administrés sous forme de médicaments. Prescrits isolément ou en association, ils ont un rôle préventif et curatif. •

→ **Voir aussi :** L'homéopathie, **MED**, p. 274-275. L'acupuncture, **MED**, p. 276-277.

Médecines alternatives et pratiques traditionnelles

Les thérapeutiques douces ou alternatives, qui trouvent actuellement de plus en plus d'adeptes, s'appuient le plus souvent sur des bases théoriques ou des pratiques fort anciennes.
Les manipulations vertébrales (4) ont longtemps consisté en des manœuvres directes, souvent sous traction, visant à réduire des subluxations. Elles étaient autrefois réalisées, tout comme les réductions de fracture (5), par les barbiers-chirurgiens et les rebouteux. Les techniques de concentration mentale (3), comme la sophrologie, très utilisée actuellement par les sportifs de haut niveau, ne sont pas étrangères à des pratiques plus anciennes, telle la méditation (2). La sophrologie se veut la science *(logos)* de l'esprit sensé *(sôs).* Elle repose sur la suggestion, regroupe les techniques mentales susceptibles de modifier et d'influencer positivement le comportement, afin d'aider à construire et à maintenir l'équilibre de la personnalité. Elle permet, après une phase d'apprentissage empruntée au *training autogène* de Schultz et à la *relaxation progressive* de Jacobson, d'amener le corps à la détente, en toutes circonstances.

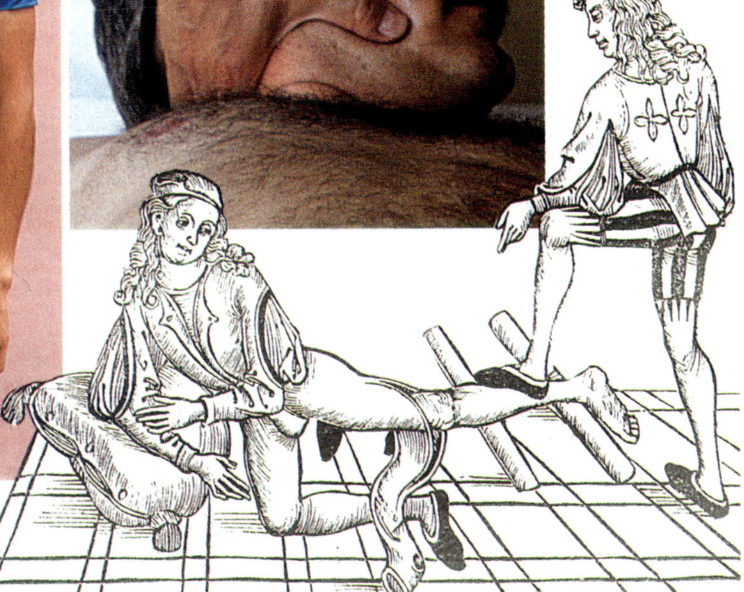

5. Réduction d'une fracture au XVe s. Gravure allemande.

L'homéopathie

HAHNEMANN, CRÉATEUR DE l'homéopathie, est un savant de grand mérite. Si l'homéopathie est une chimère ou un système sans valeur propre, elle tombera d'elle-même. Si elle est au contraire un progrès, elle se répandra malgré toutes nos mesures de préservation et l'Académie doit le souhaiter avant tout autre, elle qui a la mission de faire avancer la science et d'encourager les découvertes. » Ces propos sont tenus en 1835 par Guizot, ministre de Louis-Philippe, devant les académiciens qui lui avaient demandé l'interdiction de l'homéopathie.

Cette méthode, fondée sur l'expérimentation chez l'homme sain, consiste à prescrire une substance capable de produire des troubles identiques à ceux du malade, après l'avoir diluée et *dynamisée* (c'est-à-dire agitée dans le but d'accroître ses effets thérapeutiques) ; elle crée une « semblable (en gr. *homoios*) souffrance *(pathos)* » ou homéopathie. Si la méthode est décrite pour la première fois en 1796, le terme définitif n'apparaît qu'en 1807. Un exemple permet d'illustrer cette définition du médicament homéopathique : une piqûre d'abeille déclenche habituellement un œdème rosé, brûlant, amélioré par l'application d'eau froide ; un coup de soleil entraîne, en moins intense, des réactions voisines ; la piqûre d'insecte et le coup de soleil sont traités par le même médicament, *Apis mellifica,* qui est une préparation homéopathique d'abeille.

En dépit des jugements péjoratifs d'une grande majorité du corps médical, l'homéopathie s'est développée, imposée par un nombre croissant de patients satisfaits des résultats cliniques.

Les causes de contestation

EN DÉPIT DE LA VOGUE DONT ELLE JOUIT AUPRÈS DES MALADES, L'HOMÉOPATHIE A TOUJOURS SUSCITÉ DE VIVES RÉACTIONS DE DÉFIANCE.

Plusieurs raisons à cette hostilité peuvent être avancées. Tout d'abord, l'homéopathie a été décrite et s'est développée en dehors de la voie universitaire et des autorités médicales officielles. Par ailleurs, elle s'appuie sur la loi de similitude, qui n'est pas universelle : la médecine classique lui préfère la loi des contraires (tout en acceptant les vaccinations et les désensibilisations). Elle ne nécessite pas de diagnostic précis puisque le médicament est choisi pour un ensemble de symptômes et non pour une maladie donnée. La pathogénésie, inventaire des signes généraux, fonctionnels, locaux, physiques, psychiques, que certaines substances seraient susceptibles de déclencher chez l'homme sain, est elle-même discutée. L'importance donnée à certains petits signes pour prescrire le bon médicament ne fait pas l'unanimité. Les cadres réactionnels, ou diathèses, ne sont étayés par aucune confirmation ; ils sont issus d'une conception « miasmatique » des maladies, surannée. Bien que parus en 1828 dans le *Traité des maladies chroniques* de Hahnemann, ils servent toujours pour classer le malade et choisir le remède. Enfin, l'homéopathie dilue parfois tellement le médicament qu'il ne semble plus subsister aucune trace du principe actif initial. Les doses infinitésimales restent la pierre d'achoppement de cette thérapeutique, comme le montre la polémique autour des travaux du Français J. Benveniste en 1988. On peut penser que le médicament homéopathique qui agit par analogie de structure avec le système biologique récepteur, comme un ensemble serrure-clef. Mais les preuves scientifiquement établies de son efficacité en clinique humaine manquent encore. •

1. Cuivre natif.

Naissance et développement de l'homéopathie

BIEN AVANT CLAUDE BERNARD, HAHNEMANN A UTILISÉ LA MÉTHODE EXPÉRIMENTALE. MALGRÉ DE MULTIPLES ATTAQUES, L'HOMÉOPATHIE S'EST IMPOSÉE ET EN FRANCE, ACTUELLEMENT, UNE PERSONNE SUR TROIS Y RECOURT.

L'homéopathie est décrite au XVIIIe siècle par Samuel Hahnemann (1755-1843), médecin allemand, né en Saxe. Ses études terminées, il s'installe comme praticien. Déçu par les résultats médiocres qu'il obtient auprès de ses malades, il renonce progressivement à exercer et fait des traductions pour gagner modestement sa vie. Travaillant sur les écrits du maître de la médecine écossaise, William Cullen, il découvre la description des propriétés du quinquina, médicament récemment introduit dans la pharmacopée pour lutter contre la « fièvre des marais » – le paludisme –, qui sévissait alors en Europe. Hahnemann décide courageusement d'en expérimenter l'action sur lui-même, pourtant en bonne santé ; il absorbe, plusieurs jours de suite, de fortes doses de l'écorce et ressent bientôt les symptômes de l'« accès palustre », habituellement traité par cette substance. Il comprend que le quinquina est capable de produire chez l'homme sain des symptômes identiques à ceux qu'il fait disparaître chez le malade. Il ne fait que réactualiser l'antique principe de similitude, décrit par Hippocrate, mais rejeté par Galien et la faculté : les semblables guérissent les semblables.

Hahnemann reprend ses consultations tout en poursuivant ses expériences : il constate alors la nécessité de diluer les médicaments, pour éviter certaines réactions toxiques, et obtenir le déclenchement d'une « petite maladie », stimulant sans danger les réactions de défense, permettant à l'organisme de s'immuniser et de lutter beaucoup plus efficacement contre la maladie ; la découverte de Jenner contre la variole ne procède pas d'une autre démarche... En outre, il se rend compte qu'une agitation vigoureuse (ou succussion) transforme l'efficacité de la substance ainsi traitée en la dynamisant ; cette succussion continue d'ailleurs à être appliquée par les laboratoires homéopathiques modernes. Pendant 47 ans, entouré d'une dizaine de disciples, le fondateur de l'homéopathie poursuit son œuvre expérimentale. Au total, il étudie 114 substances, consignées dans six versions successivement de *l'Organon de l'art de guérir.* Cet ouvrage, véritable bible des homéopathes, est traduit en 16 langues et distribué dans le monde entier.

L'opposition des médecins. Hahnemann ne peut se consacrer tranquillement à sa recherche et à ses malades. Il doit en permanence se défendre contre les nombreuses attaques, fort virulentes, dont sa méthode est l'objet ; il le fait d'ailleurs avec beaucoup de vigueur et d'intransigeance. Une jeune femme, Mélanie d'Hervilly, atteinte d'une tuberculose pulmonaire, force la porte de son cabinet de consultation ; il la guérit. Elle le fait venir à Paris et l'épouse, alors qu'il a près de 80 ans. L'entourage de Mélanie incite Hahnemann à reprendre l'exercice médical, ce qu'il fait très brillamment et il connaît la notoriété avant de mourir.

La démarche d'Hahnemann relève d'une critique radicale des méthodes médicales de l'époque. L'obscurantisme règne, les moyens thérapeutiques sont dérisoires, fondés essentiellement sur quelques substances choisies empiriquement : les purgatifs et autres vomitifs pour « chasser les mauvaises humeurs » et les saignées. Dix-sept ans avant la naissance de Claude Bernard, Hahnemann décide d'étudier d'abord les effets d'un médicament avant de le prescrire, ce qui est une intuition géniale en cette fin de XVIIIe siècle. Il choisit ensuite la loi de similitude, s'opposant à l'ensemble du corps médical, qui opte pour la loi des contraires. Il dilue les remèdes au-delà du raisonnable. Enfin, il propose une conception de la maladie et de la thérapeutique totalement nouvelle, veillant à ce que les épisodes morbides soient appréciés dans leurs alternances, leurs déroulements, leurs transformations et ne soient pas limités au dysfonctionnement d'organe. Ce faisant, il délaisse la recherche des causes, que commence à reconnaître la physiopathologie, considérant que le médicament ne doit pas correspondre à un diagnostic de maladie, mais seulement aux symptômes spécifiques présentés par le malade. On peut facilement imaginer les difficultés rencontrées par Hahnemann et l'acharnement mis à les combattre, d'autant qu'il s'aliène également les apothicaires en préparant et délivrant lui-même ses médicaments aux patients.

L'acquisition d'un statut. L'homéopathie se développe néanmoins en marge de l'enseignement officiel. Son expansion initiale est conditionnée par la marche des armées autrichiennes et les succès qui sont obtenus dans le traitement des épidémies de choléra ; le prosélytisme des disciples fait le reste.

L'école française, stimulée par le court séjour de Hahnemann à Paris, prolonge ses travaux ; elle classe les expérimentations, les confronte avec la clinique, propose un code logique d'utilisation et tente de préciser la place de l'homéopathie parmi les autres thérapeutiques. La reconnaissance officielle et légale du médicament homéopathique est obtenue par son inscription dans la 8e édition de la Pharmacopée française en 1965 et son remboursement par la Sécurité sociale. Le nombre des médecins homéopathes est en progression (autour de 10 000) pour une demande stable des patients (1 Français sur 3). L'homéopathie n'a été ni dévalorisée ni ébranlée par les découvertes scientifiques modernes ; elle cherche actuellement à faire la double preuve de l'activité des hautes dilutions et de son efficacité, qui est indiscutable en clinique humaine. •

Le médicament homéopathique

LE MÉDICAMENT HOMÉOPATHIQUE, REMBOURSÉ PAR LA SÉCURITÉ SOCIALE, EST PRÉPARÉ SELON DES NORMES TRÈS PRÉCISES.

La définition officielle du médicament à usage homéopathique est donnée par la 8ᵉ édition de la Pharmacopée française (1965) : « Les préparations homéopathiques sont des médicaments obtenus par la méthode dite *hahnemannienne* des dilutions successives. »

Le médicament homéopathique est fabriqué à partir des trois « règnes » : animal, minéral, végétal. La législation actuelle reconnaît et rembourse 1 165 substances souches. L'extraction des principes actifs, ou macération, se fait généralement dans l'alcool et fournit la teinture mère, base de la préparation du médicament ; les produits non solubles sont d'abord broyés et triturés dans du lactose, puis dilués. La teinture mère est utilisée pure ou diluée ; elle peut l'être au 1/10 (décimale hahnemannienne ou DH), au 1/100 (centésimale hahnemannienne ou CH), à l'aide d'eau distillée et d'alcool éthylique. Le produit final est désigné par le nom latin de la substance, suivi d'un chiffre, indiquant le nombre de dilutions successives réalisées : 3X ou 3D signifie que la teinture mère a subi trois dilutions au 1/10 ; 3CH suppose trois dilutions au 1/100.

La dernière dilution enfin est incorporée à un excipient neutre pour aboutir, après imprégnation sur des sphères de saccharose (85 %) et de lactose (15 %), aux granules et aux globules, présentations spécifiques du médicament homéopathique. Le tube de granules contient environ 75 petites sphères de 50 milligrammes et la dose-globule 200 minisphères de 5 milligrammes. Le mode d'administration est la voie perlinguale. Les granules sont déposés sous la langue, à distance du moment des repas ou d'une collation ; ils se sucent comme des bonbons. L'interdiction de toucher les granules avec les doigts, d'absorber café, épices, menthe, tabac, etc., relève plus de la tradition que d'une réalité intangible. Le médicament homéopathique peut également se préparer, en fonction des convenances personnelles, sous les formes galéniques traditionnelles telles qu'ampoules injectables, gouttes, ovules, pommades, suppositoires, triturations.

L'action des médicaments homéopathiques n'est pas liée à la quantité absorbée, comme on pourrait le croire, mais à la réaction de l'organisme sollicité : il est donc erroné d'imaginer que 10 granules sont deux fois plus efficaces que 5, qu'une 5 CH a une action plus importante qu'une 7CH. L'échelle des dilutions s'étend, en France, de la teinture mère à la 30ᵉ CH ; leur choix se fait en fonction des pathologies et des habitudes du prescripteur.

Les dilutions les plus courantes sont : les teintures mères, 3X, 6X, 5CH, 7CH, 15CH, 30CH. Au-delà de la 12ᵉ CH, il ne subsiste plus, d'après les lois de la physique, pas la moindre trace de la substance initiale, alors qu'une efficacité clinique semble cependant persister. Les médicaments homéopathiques, du fait de leur extrême dilution, ne sont ni toxiques ni allergisants. •

La consultation homéopathique

L'HOMÉOPATHIE EST UNE MÉDECINE DE L'HOMME GLOBAL : ELLE PREND SURTOUT EN COMPTE LES RÉACTIONS STRICTEMENT INDIVIDUELLES.

Deux enfants atteints de la même affection présentent des signes communs : éruption, fièvre, rhinite, toux... mais parfois des symptômes d'accompagnement différents : l'un est très fébrile, rouge, agité, tandis que l'autre a peu de fièvre, est pâle, très abattu. Ces comportements opposables, qui traduisent des modes réactionnels différents, ne sont pas traités par les mêmes médicaments homéopathiques : *Belladona* est indiqué dans le premier cas, *Ferrum phosphoricum* dans le deuxième.

La consultation homéopathique a deux objectifs : l'un, classique, pour aboutir au diagnostic ; l'autre, plus spécifique, en quête du médicament répertorié dans la matière médicale et correspondant le plus parfaitement possible aux symptômes réactionnels présentés. Cette recherche conditionne la durée et le déroulement de l'interrogatoire du patient, les questions parfois insolites que l'homéopathe est amené à poser. Les signes d'accompagnement, habituellement délaissés par la médecine classique, revêtent ici une importance particulière pour le choix du traitement.

Le domaine d'action de l'homéopathie est plus étendu qu'on ne l'imagine, couvrant la plupart des maladies courantes, aiguës ou chroniques, fonctionnelles ou parfois lésionnelles, et ce du nourrisson à la personne âgée. L'homéopathie s'adresse principalement à l'ensemble des affections psychosomatiques, aux manifestations allergiques, à la pathologie infectieuse de l'enfant et de l'adulte, à certaines douleurs. S'appuyant sur les possibilités de défense de l'organisme, elle nécessite seulement, pour être pleinement efficace, des capacités de réaction encore intactes. •

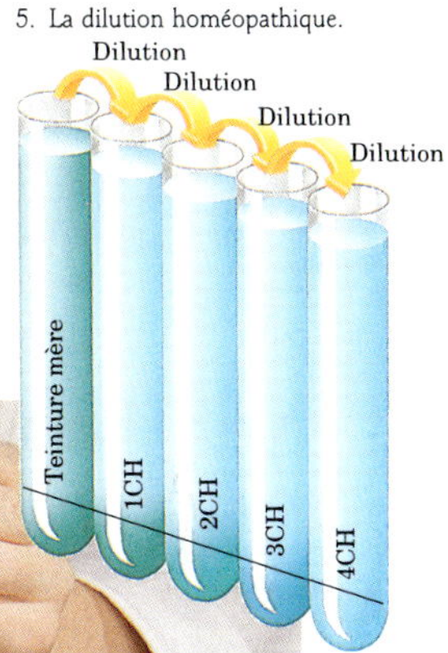

5. La dilution homéopathique.

2. *Sepia officinalis* (seiche).

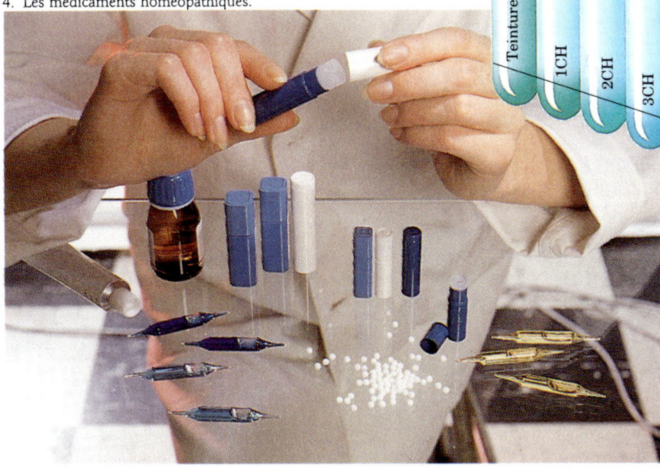

4. Les médicaments homéopathiques.

3. Belladone.

La préparation homéopathique

Le médicament homéopathique se prépare à partir de principes actifs d'origine minérale (1), animale (2) ou végétale (3). Les souches animales et végétales, les plus nombreuses, sont préparées à partir de macérations alcooliques de l'animal (ou de ses sécrétions) et de la plante entière. Les substances minérales ou organiques insolubles demandent une trituration préalable avant d'être solubilisées vers la 3ᵉ CH.
Le médicament définitif s'obtient après une série de dilutions et d'agitations puissantes qui constituent le processus de *dynamisation*. La solution obtenue peut alors être injectée dans des bocaux contenant des petites sphères (granules ou globules composés de saccharose et de lactose) ; c'est le processus d'imprégnation.
Les deux formes spécifiques de l'homéopathie sont le tube de granules, réservé aux prises quotidiennes répétées, et la dose-globule, pour les prises uniques, espacées. Le médicament homéopathique peut toutefois être préparé et présenté en ampoules, gouttes, pommades... (4). Les souches sont diluées à l'aide d'eau distillée et d'alcool. On mélange dans le premier flacon une partie du principe actif et 99 parties du solvant pour obtenir la 1ʳᵉ CH. On prélève une partie de cette solution, qu'on mélange à 99 parties de solvant pour obtenir la 2ᵉ CH, et ainsi de suite (5) jusqu'à la dilution désirée. Des secousses de dynamisation sont indispensables entre chacune de ces opérations successives. Le nombre, qui suit le nom du médicament en latin, indique la hauteur de la dilution.

L'acupuncture

Le médecin dans la Chine ancienne est attaché à une famille, et rémunéré tant que celle-ci reste en bonne santé. Il s'appuie sur l'examen clinique, palpe les pouls, inspecte les téguments, les urines, les selles pour orienter ses soins ; il prodigue également des conseils sur l'alimentation et l'hygiène, ordonne les traitements, souvent à base de plantes, procède à des massages et à des soins particuliers consistant en la pose d'aiguilles sur certains points du revêtement cutané pour prévenir ou guérir les maladies.

L'acupuncture est cette méthode thérapeutique extrême-orientale, aussi élaborée qu'elle paraît simple d'application. Elle réalise un système à la fois philosophique et médical, né de l'observation attentive et minutieuse de la nature, transcrit dans un langage imagé, difficile à appréhender pour un esprit occidental. Plusieurs fois millénaire, elle a été pendant longtemps rejetée, jugée comme une pratique ésotérique et exotique ; elle connaît pourtant un développement universel depuis un quart de siècle.

On peut actuellement avancer deux hypothèses sur son mécanisme d'action : l'implantation des aiguilles dans la peau déclenche d'une part une compétition entre les fibres nerveuses du tact et les fibres douloureuses ; d'autre part, elle provoque la libération au sein du système nerveux central des endorphines (contraction de l'expression « morphines endogènes ») impliquées dans le contrôle du phénomène douloureux. L'acupuncture, pratique empirique fort ancienne, peut ainsi s'appuyer sur les travaux scientifiques les plus récents de neurophysiologie.

Naissance et développement

C'EST EN CHINE QUE L'ACUPUNCTURE S'EST ÉPANOUIE. INTRODUITE AU XVIIe SIÈCLE EN EUROPE, ELLE NE S'Y EST VRAIMENT IMPLANTÉE QUE DEPUIS QUELQUES DÉCENNIES.

L'âge de pierre marque probablement la naissance de l'acupuncture : les pointes de silex sont utilisées non seulement comme armes et outils, mais aussi comme instruments médicaux. Un ouvrage remontant à plusieurs siècles avant notre ère contient l'essentiel de l'esprit et de la pratique de cette méthode. L'os, le bambou puis les métaux remplacent successivement les aiguilles de silex. Au cours de la longue période de développement de l'acupuncture apparaissent les planches, les trajets des méridiens avec l'emplacement et le nom des points, les règles d'utilisation. Sous la dynastie des Tang (618-907), une section d'acupuncture comportant des cours obligatoires est créée dans le cadre du collège impérial de médecine. L'époque des Ming (du XIVe au XVIIe s. apr. J.-C.) marque l'apogée du rayonnement considérable de la Chine dans tout l'Extrême-Orient.

Louis XIV délègue des émissaires qui rapportent de nombreux documents sur la civilisation et la médecine chinoises. Les rapports privilégiés de l'Italie avec l'Empire du Milieu sont à l'origine de l'introduction de l'acupuncture en Europe. Contraction de deux mots latins : *acus* (aiguille) et *punctura* (piqûre), le terme apparaît au XVIIe siècle, donné par des missionnaires de la Compagnie de Jésus. Cette courte flambée d'intérêt est suivie d'une longue éclipse jusqu'au XIXe siècle, où quelques grands noms, Laennec, Bretonneau, L.-J. Berlioz (le père du musicien), lui prêtent quelque attention. Cependant, l'acupuncture voit, partout dans le monde, sa diffusion freinée par les progrès de la médecine occidentale. Elle est même interdite en Chine par le gouvernement de Nankin en 1929, puis réhabilitée au moment de la révolution culturelle, du fait du retour aux valeurs traditionnelles souhaité par le président Mao Zedong.

Depuis la Chine, elle acquiert une dimension réellement universelle en 1958, lorsqu'elle y est substituée pour la première fois à l'anesthésie générale lors d'une amygdalectomie.

Le développement de l'acupuncture en France à partir de 1934 est l'œuvre de G. Soulié de Morant, sinologue passionné qui fut longtemps consul à Yunnanfu (auj. Kunming) et qui traduisit les principaux traités de médecine chinoise. Elle est enseignée officiellement depuis 1983 dans plusieurs facultés de médecine. Discipline en plein essor, elle est pratiquée actuellement par plus de 10 000 médecins. •

La symbolique du tao

L'acupuncture, médecine énergétique, obéit à l'alternance de deux polarités antagonistes et complémentaires, le yin et le yang (1), l'une dirigée vers l'intérieur, l'autre vers l'extérieur, toutes deux en équilibre. Leur relativité est symbolisée par un point yin dans le yang et vice versa, car rien n'est totalement yin ou yang ; le jour (yang) est déjà le commencement de la nuit (yin), comme la naissance (yang) est aussi le début de la mort (yin).

1. Le symbole du tao.

L'acupuncture traditionnelle

INDISSOCIABLE DE LA PENSÉE TAOÏSTE, L'ACUPUNCTURE TRADITIONNELLE VISE À RÉTABLIR L'ÉQUILIBRE DES ÉCHANGES D'ÉNERGIE ENTRE DEUX POLARITÉS : LE YIN ET LE YANG.

L'acupuncture est une branche de la médecine traditionnelle chinoise. Elle est elle-même issue de la pensée taoïste, édictée à une époque ancienne où la science et la philosophie étaient intimement liées. Le *tao* ou *dao* (la voie) symbolise le principe unique et essentiel des êtres et des choses ainsi que les lois les reliant à l'Univers et au Cosmos. L'observation rigoureuse et attentive de la nature, l'analyse nuancée des faits, le symbolisme des éléments naturels bâtissent une conception non pas dualiste, mais cyclique des événements terrestres : chaque être est la combinaison d'une énergie unique, fondamentale, présente sous deux polarités opposées, complémentaires et en proportions variables : le yin et le yang.

Une vision globale de l'Univers. La première manifestation perceptible pour l'homme est l'alternance, dans une succession harmonieuse, du jour, yang, et de la nuit, yin, de l'été, yang, et de l'hiver, yin : le yang est en haut, c'est le ciel, l'extérieur, le mouvement, le soleil, la chaleur, l'élément masculin... le yin est en bas, c'est la terre, l'intérieur, le repli sur soi, la lune, le froid, l'élément féminin...

Toute la structure du corps humain est faite d'oppositions yin-yang : par exemple, le dos est yang par rapport à l'abdomen, qui est yin, la gauche est yang par rapport à la droite, qui est yin..., mais des échanges énergétiques s'opèrent entre ces deux polarités.

Les mécanismes physiologiques, inspiration-expiration, contraction-décontraction, systole-diastole, etc., peuvent facilement être interprétés en fonction de cette bipolarité, yin, yang. L'acupuncteur, pour choisir son traitement, tente de préciser les caractères yin ou yang d'un symptôme. Une douleur yin est sourde, calmée par le mouvement ou la chaleur, aggravée par le froid. Par opposition, une douleur yang est aiguë, aggravée par le mouvement ou la chaleur, calmée par le froid... Un symptôme yin est amélioré par l'« apport de yang » et vice versa. Le yin et le yang, dualité indissociable, se manifestent dans l'espace et le temps au travers de cinq éléments interactifs, observables dans la nature : le bois, le feu, la terre, le métal et l'eau. À chacun de ces éléments correspondent un climat, une saison, une couleur, un sentiment, un organe, une fonction physiologique, qu'il faudra stimuler ou apaiser.

Ces cinq éléments représentent des polarisations particulières de l'énergie et s'organisent de manière logique dans des processus d'engendrement et de destruction : l'interprétation imagée des processus de création et de naissance indique que le bois produit le feu en brûlant au printemps, le feu produit la terre par ses cendres en été, la terre produit le métal en engendrant les minerais à la fin de l'été, le métal produit l'eau par sa fusion à l'automne, l'eau produit le bois en permettant aux arbres de pousser l'hiver. Le cycle de destruction s'appuie également sur des images : l'eau éteint le feu, le feu détruit le métal, le métal détruit le bois, le bois couvre la terre, la terre absorbe l'eau. Cette symbolique est néanmoins corroborée par les conceptions physiopathologiques actuelles : le foie malade met en danger la rate, la rate met en danger le rein, le rein met en danger le cœur, le cœur met en danger le poumon, et en retour le poumon menace le foie. L'intervention sur le malade tient compte de l'heure, du mois, de la saison, notions redécouvertes par la chronobiologie.

Les cinq saveurs illustrent bien l'intérêt de cette conception médicale symbolique : l'amer – agissant sur le cœur – tonifie ; l'aigre – agissant sur le foie – active la digestion et condense l'énergie ; le salé – agissant sur le rein – adoucit et favorise l'émission d'urine ; le doux – agissant sur la rate – retarde la digestion ; enfin, le piquant – agissant sur le poumon – possède une action révulsive.

Favoriser la circulation harmonieuse de l'énergie. Par la patiente observation des symptômes, les Chinois ont pu établir les trajets de l'énergie : les *méridiens*. Au nombre de 59 (dont 12 principaux, couplés 2 par 2), ils forment un grand réseau énergétique qui rythme toute l'activité du corps humain. Si l'énergie du sujet est en quantité suffisante et circule de façon harmonieuse, il est en bonne santé ; si la circulation est perturbée, il devient plus sensible, ou est déjà malade. Les règles de l'acupuncture indiquent qu'on peut modifier la répartition de l'énergie au moyen de la pose d'aiguilles ou de bâtonnets d'armoise *(moxas)*, appliqués en des points situés sur ces méridiens. Les théories traditionnelles restent encore pour de nombreux acupuncteurs la base du raisonnement énergétique : elles n'ont toutefois pas reçu de confirmation expérimentale, l'existence des points et des méridiens étant même discutée par certains. Toutefois, cela ne remet pas en cause l'efficacité indiscutable de l'acupuncture. •

Les indications

L'ACUPUNCTURE TROUVE SA PRINCIPALE INDICATION DANS LE TRAITEMENT DE LA DOULEUR. EN OUTRE, ELLE INTERVIENT EFFICACEMENT DANS LA RÉGULATION DE TROUBLES FONCTIONNELS OU D'ORIGINE ALLERGIQUE.

Les premières utilisations de l'acupuncture en remplacement d'anesthésie générale ont eu un impact considérable dans le monde, prouvant de façon indiscutable son efficacité sur la douleur. De nombreux scientifiques ont tenté d'en comprendre le mécanisme et d'en reproduire les effets, mais les essais d'exportation ont tous confirmé qu'il s'agit d'une méthode difficile, soumise à trop d'aléas et donc réservée à quelques cas exceptionnels. En France, aucun centre ne l'utilise de façon courante comme une alternative à l'anesthésie.

Cependant, l'acupuncture reconnaît quatre cibles d'activité privilégiées. Elle est très efficace sur la douleur, tout particulièrement en rhumatologie ; quand elle n'apporte pas la guérison complète et définitive, elle offre le soulagement dans les cas de névralgies, lombalgies, lumbagos, sciatiques, torticolis, mais aussi de claquage, élongations, entorses et tendinites. Elle peut également calmer les poussées aiguës des maladies chroniques. Elle rend, associée aux moxas, de grands services dans les premiers stades de la maladie de Dupuytren (rétraction de l'aponévrose des paumes). En dehors de la rhumatologie, d'autres douleurs peuvent bénéficier de son action : les céphalées et migraines, les cystalgies sans infection urinaire, les sinusites, le zona, etc.

Le second grand pôle d'activité de l'acupuncture est représenté par les troubles fonctionnels, qu'ils soient neurovégétatifs (anxiété, asthénie, dépression nerveuse, insomnie, spasmophilie...), digestifs (anorexie, boulimie, brûlures gastriques, constipation, diarrhée, dyspepsie...), ou gynécologiques (anomalies du cycle menstruel, bouffées de chaleur, problèmes circulatoires, syndrome prémenstruel...).

L'allergie constitue le troisième grand groupe d'indications. Les résultats obtenus sont satisfaisants sur les affections cutanées (de l'eczéma au psoriasis), l'asthme, la rhinite spasmodique, le rhume des foins...

Enfin, pour certains, l'acupuncture est synonyme de cure anti-tabac : elle donne effectivement de bons résultats chez les patients bien motivés.

Si l'acupuncture ne soigne pas toutes les maladies, son approche à caractère global permet néanmoins de la proposer à la plupart des malades ; de plus, elle peut être utilisée seule ou associée avec d'autres méthodes et thérapeutiques médicamenteuses. •

3. Statuette chinoise en bois verni.

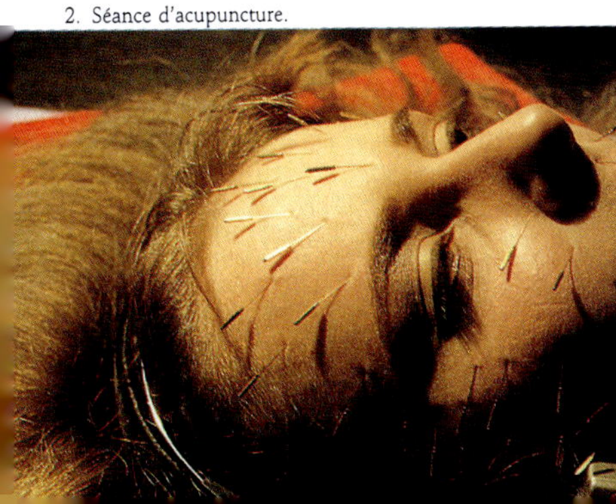

2. Séance d'acupuncture.

La consultation

L'ÉVALUATION DU « TERRAIN », PAR L'INTERROGATOIRE ET L'EXAMEN CLINIQUE, PERMET L'INDIVIDUALISATION DU TRAITEMENT, QUI S'OPÈRE PAR LA POSE DE PLUSIEURS AIGUILLES.

La consultation a, bien entendu, beaucoup changé depuis la lointaine époque où le médecin de la cour impériale ne pouvait examiner la patiente, cachée derrière un rideau. La prise des pouls, qui résumait alors l'examen, a conservé pour certains son importance. Toutefois, pour la majorité des praticiens, la consultation a intégré les progrès de la médecine occidentale, tout en conservant les particularités d'une approche énergétique.

L'interrogatoire s'enquiert des circonstances d'apparition des troubles, des conditions de vie du patient, de sa personnalité (placide, coléreux...), de ses habitudes alimentaires (désirs, aversions) ; il tente de préciser l'influence des cycles horaires, des saisons, sur la survenue ou l'aggravation des symptômes. L'examen vise également à mettre en évidence des dérèglements énergétiques, révélés par la présence de points douloureux, spontanés ou provoqués sur le corps, et par l'examen *des pouls.* La médecine classique connaît l'existence du pouls radial, qui permet de mesurer la fréquence cardiaque. L'acupuncture reconnaît six pouls sur chaque poignet. Ces pouls correspondent en profondeur aux organes, en surface aux viscères ; ils permettent de préciser leur état énergétique. Le médecin évalue la vitalité ou la déficience du « terrain ».

Le malade est généralement allongé sur le dos ou sur le ventre, il reste parfois assis. La pose des aiguilles, moment tant redouté de ceux qui ne connaissent pas l'acupuncture, est peu douloureuse sur la majeure partie du corps, légèrement désagréable au niveau des extrémités. Les aiguilles d'acier, d'argent ou d'or sont fines, très acérées ; d'un geste rapide, on en pique une quinzaine à chaque séance, à quelques millimètres de profondeur dans la peau. Elles sont laissées en place une dizaine de minutes, parfois mobilisées par un mouvement de rotation qui stimule leur action. Une séance longue a une action sédative, une séance courte est tonifiante. Le rythme des séances est habituellement hebdomadaire en début de traitement ; il peut être plus intensif dans le cas d'une sciatique, par exemple. Cinq ou six séances sont en règle générale nécessaires pour obtenir une amélioration ou la guérison. Les effets indésirables de l'acupuncture sont quasi inexistants. Tout au plus peut-on observer parfois une aggravation transitoire des symptômes ou une fatigue passagère. •

4. Planche d'auriculothérapie.

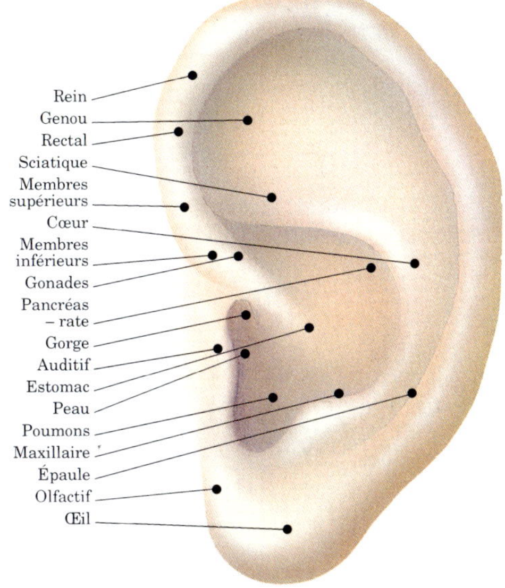

Une illustration actualisée

L'acupuncture permet, au moyen d'aiguilles piquées au niveau du revêtement cutané (2), de rester en bonne santé ou d'obtenir la guérison d'une maladie. Elle agit en rétablissant l'équilibre de flux énergétiques considérés comme perturbés.
Parmi les statuettes d'acupuncture (3), celles de bronze, d'une valeur inestimable, font partie du patrimoine culturel de la Chine ; elles constituent d'ailleurs des monnaies d'échange lors de la signature des traités de paix. Elles symbolisent l'acupuncture et furent pour une large part à l'origine de sa diffusion et de son essor, réalisant la symbiose entre une tradition ancestrale et les connaissances les plus récentes, entre deux mondes et deux cultures.
L'*auriculothérapie,* technique voisine et dérivée de l'acupuncture, consiste en la puncture de points précis du pavillon de l'oreille, sur la base d'une correspondance avec des organes et des fonctions physiologiques, selon l'image d'un fœtus tête en bas (4). Elle est intéressante pour traiter les douleurs et les troubles neurovégétatifs, aider les patients qui souhaitent arrêter de fumer ou suivre un régime.
Elle s'appuierait sur un mécanisme purement réflexe.

Appareils et fonctions

Les efforts pour comprendre le corps humain ont donné lieu à plusieurs attitudes analytiques. L'attitude finaliste consiste à comparer l'homme aux moyens dont il se dote pour arriver à ses fins. Ainsi, le corps y est assimilé à une machine, c'est-à-dire à un assemblage de pièces de complexité croissante qui ont chacune une destination précise, fonction de préhension (main) ou fonction de déplacement (jambes), par exemple. Cette attitude est intéressante pour tenter de reproduire ces fonctions ou d'y substituer un organe artificiel (jambe artificielle). Elle aboutit à la fragmentation du corps en une série d'appareils, de systèmes dont on étudie les composants, les organes, le fonctionnement et les régulations. Cela permet la suppléance médicamenteuse ou l'appareillage ; mais cette attitude est insuffisante pour aborder le pourquoi de chaque fonction. Parallèlement est apparue la nécessité de structurer, comme l'architecte, les éléments constitutifs et d'aller de l'élémentaire au tout. De la cellule (unité) on passe à l'ensemble de cellules identiques (tissu), à l'assemblage de différents tissus (organe) et enfin à leur organisation anatomique. Cette vision structurale, à son tour, ne suffit pas à mettre en évidence les phénomènes dynamiques non « visibles » que sont les mécanismes du fonctionnement cellulaire. La physiologie se fixe ce but. Elle rejoint l'abord médical du corps humain, qui explore le rapport des différents organes entre eux et essaie de définir de quelle originale façon chaque partie est indispensable au tout.

Ce type de recherche selon les modalités de l'approche systémique n'est possible que grâce aux capacités de communication et de raisonnement qui mettent l'homme à part dans le règne animal. Il découvre et comprend ainsi les limites entre son corps et le monde extérieur, les appareils qui assurent la nutrition, les systèmes neuropsychologiques et les fonctions de reproduction.

Une autre façon d'aborder la connaissance de l'homme consiste à étudier sa relation avec son environnement et ses capacités d'abstraction. Ainsi, la découverte du langage et du monde intérieur, l'art et la philosophie sont aussi des instruments de la connaissance.

L'homme et le milieu extérieur

SYSTÈME ÉNERGÉTIQUE EN SITUATION D'ÉCHANGES PERMANENTS, L'HOMME, COMME TOUS LES ÊTRES VIVANTS, RÉALISE DES ADAPTATIONS CONSTANTES FACE À SON ENVIRONNEMENT.

La peau, enveloppe du corps humain, est le premier système d'échange avec le milieu extérieur constitué par l'air, l'eau, les solides, les conditions thermiques et les radiations. Elle est formée d'une structure épaisse et élastique, dont les cellules se renouvellent en permanence. Ces cellules fabriquent la kératine, qui constitue aussi les poils et les ongles. Relativement imperméable à l'eau, moins aux graisses, pourvue de pores sudoripares, elle assure une protection contre les agressions gazeuses, liquides, thermiques et infectieuses. Son innervation permet à l'homme d'évaluer les conditions physiques de l'environnement.

Les voies aériennes, tapissées d'une fine muqueuse, permettent la ventilation. La circulation d'air dans l'appareil respiratoire assure, par la membrane alvéolaire pulmonaire perméable, les échanges gazeux (captation de l'oxygène de l'air et élimination du gaz carbonique par le sang).

L'appareil locomoteur donne à l'homme une autonomie de déplacement par le jeu des articulations où les leviers de la charpente squelettique sont mus par les muscles. La pesanteur est indispensable à la solidité des os.

L'homme se nourrit, il est un consommateur d'énergie et d'eau qu'il prélève dans le milieu. Au repos complet, le corps d'un adulte requiert environ 2 000 kcal/24 h, ces besoins pouvant être multipliés par deux ou plus en cas d'activité intense et selon la température extérieure. Dans l'appareil digestif, protéines, graisses et glucides apportés par les aliments sont dégradés en éléments directement absorbables, grâce aux enzymes du tube digestif et de ses glandes annexes. Les déchets métaboliques résultant de cette dégradation sont éliminés dans le milieu extérieur par sudation, défécation ou encore par la voie urinaire.

Le milieu extérieur est riche en bactéries et en virus, micro-organismes nocifs. Les systèmes de défense contre l'infection protègent l'intégrité de l'individu. Les moyens de lutte sont physiques (barrière cutanée et respiratoire) et biologique (immunité). L'homme est doté d'une immunité naturelle à l'égard de certains micro-organismes ou particules. Mais il dispose surtout de possibilités adaptatives et d'une mémoire immunitaire qui assurent une défense par le jeu des cellules spécialisées du système immunitaire que sont les lymphocytes et celui des anticorps spécifiques circulant dans le sang. •

L'homme et son propre milieu

L'ÉQUILIBRE ÉNERGÉTIQUE D'UN INDIVIDU EST ASSURÉ PAR LE MÉTABOLISME CELLULAIRE, LES TRANSPORTS DE SUBSTANCES PAR LES FLUIDES CIRCULANTS ET LES SYSTÈMES DE RÉGULATION DES ÉCHANGES AVEC L'ENVIRONNEMENT.

Le métabolisme cellulaire (ensemble des réactions de dégradation et de synthèse) est assuré par l'énergie fournie par les produits de la digestion, constitués d'acides aminés, de lipides, de glucides et d'eau. Les glucides simples (glucose, fructose) entrent dans le cycle de la phosphorylation oxydative. Leur dégradation permet la production d'adénosine triphosphate (A.T.P.), molécule hautement énergétique. Les acides aminés constituent les molécules protéiques. Ils sont fournis par l'alimentation ou peuvent être directement synthétisés par les cellules du foie. Les lipides sont composés d'un alcool (glycérol) et d'acides gras saturés ou insaturés. Leur catabolisme fournit une grande quantité d'A.T.P. De plus, ils interviennent dans la synthèse de certaines hormones comme celle des hormones sexuelles, qui se fait à partir du cholestérol.

D'une manière générale, le métabolisme cellulaire nécessite l'intervention d'enzymes dont certaines vitamines, d'origine alimentaire, sont les parties actives (vitamines B, C, B12, A, E, K). Les hormones assurent également la régulation de ces métabolismes. Les déchets du catabolisme cellulaire (dégradation) sont des molécules dont l'accumulation serait toxique : gaz carbonique, ions hydrogène, urée, acide urique. Il faut donc les éliminer. Cela se fait par les urines pour les produits solubles dans l'eau, par les poumons pour les gaz solubles et par les selles. L'énergie récupérée, grâce aux enzymes, à partir des produits de la digestion est indispensable pour assurer les synthèses organiques. Ainsi, la synthèse des protéines occupe, avec celle des lipides, une place prépondérante, car elles entrent dans la composition des membranes et des chromosomes.

Le sang est un fluide contenant le plasma et les cellules. Son volume de 4 à 5 litres représente environ 75 ml/kg du poids du corps. Plus de la moitié (55 %) est constituée par le plasma. Les cellules sanguines proviennent de la moelle osseuse. On distingue les globules blancs (leucocytes), qui interviennent dans la lutte contre l'infection, et les globules rouges (hématies) contenant l'hémoglobine, qui assurent le transport de l'oxygène. La membrane de ces derniers porte les antigènes, qui servent à définir les groupes sanguins. Les plaquettes, comme les globules, sont des éléments figurés du sang. Elles sont formées de débris membranaires et jouent un rôle indispensable dans les mécanismes de coagulation. Le plasma est riche en protéines solubles telle l'albumine, qui représente 35 g/l et assure la pression osmotique évitant les pertes d'eau hors du réseau artériel, capillaire et veineux. Le fibrinogène peut se polymériser en fibrine, insoluble, sous l'influence de facteurs plaquettaires et plasmatiques ; il intervient dans la coagulation du sang. Les autres protéines servent majoritairement à la solubilité du cholestérol et des autres lipides (lipoprotéines). Enfin, des anticorps circulent dans le plasma, qui assure aussi le transport des hormones.

Le système endocrinien assure la sécrétion d'hormones, substances transportées dans le sang et dont la cible d'action est un organe différent de celui qui les a produites. Leurs fonctions extrêmement diversifiées assurent la coordination et la régulation des organes. La glande thyroïde sécrète la tétra-iodothyronine (ou thyroxine), qui maintient un niveau métabolique optimal. L'insuline, hormone hypoglycémiante sécrétée par le pancréas, augmente le stockage du glucose, des acides gras et des acides aminés. Le glucagon, hormone hyperglycémiante sécrétée aussi par le pancréas, mobilise le glucose sanguin. Les glandes surrénales produisent les glucocorticoïdes, actifs sur le métabolisme des glucides et des protéines, l'aldostérone, active sur le métabolisme du sodium, et des hormones sexuelles mineures. Les catécholamines (adrénaline et noradrénaline) proviennent de la partie médullaire de la surrénale. Leur action s'exerce sur les parois vasculaires, mais aussi sur le métabolisme des glucides. Les glandes sexuelles appartiennent également au système endocrinien. Les testicules produisent chez l'homme la testostérone, hormone responsable de la virilité et de l'apparition des caractères sexuels secondaires (morphologie, pilosité, voix). Les ovaires sécrètent chez la femme l'œstradiol et la progestérone, hormones du cycle menstruel et des caractères sexuels secondaires (pilosité, seins). Enfin, l'hypophyse, appendue au cerveau, contrôle la sécrétion d'autres glandes endocrines et sécrète en outre l'hormone antidiurétique, active sur le tubule rénal. Ses fonctions sont régies par l'hypothalamus, lui-même en relation avec le reste du cerveau et le monde extérieur. •

L'homme, ensemble neuropsychologique

LE SYSTÈME NERVEUX, AVEC LES HORMONES, COORDONNE L'ORGANISME ET SON ADAPTATION À L'ENVIRONNEMENT. IL EST NÉCESSAIRE AUX PERCEPTIONS, À LA MOTRICITÉ, À LA COMMUNICATION ET AUX COMPORTEMENTS.

La perception du milieu extérieur, qui assure la vie de relation, est assurée par les cinq sens. Le tact et la sensibilité profonde permettent au corps de se situer dans l'espace et d'éprouver les sensations ; les voies nerveuses correspondantes cheminent dans la moelle épinière avant d'aboutir au cortex cérébral. La vision est assurée par des capteurs neurologiques (récepteurs) formant la rétine, dont les prolongements constituent le nerf optique, qui conduit l'information aux lobes occipitaux du cerveau. L'audition résulte d'un phénomène mécanique ayant son origine dans l'oreille, les vibrations du tympan étant converties en signaux nerveux par les cellules de l'organe de Corti. Les voies auditives aboutissent au cortex cérébral. Enfin, les récepteurs du goût, sur la langue, et ceux de l'odorat, dans le nez, travaillent conjointement. La perte de l'odorat entraîne la perte d'une grande partie du goût.

Le contrôle du mouvement et de la posture assure à l'homme son autonomie. L'activité volontaire est localisée dans le cerveau. Depuis le cortex frontal, les fibres efférentes motrices du système pyramidal cheminent dans la moelle et sont croisées par rapport à la ligne médiane : ainsi, l'hémisphère droit commande la partie gauche du corps, et inversement. Le système extrapyramidal est une voie indirecte qui maintient le tonus musculaire et une certaine rigidité du système musculo-squelettique. La moelle épinière comporte des circuits réflexes qui, dans une certaine mesure, peuvent être modulés par le cerveau. Enfin, le cervelet intervient de manière inconsciente dans la coordination du mouvement.

Le contrôle des fonctions viscérales se fait de façon automatique et non consciente. Les centres responsables sont répartis dans le tronc cérébral et dans l'hypothalamus. C'est ainsi que sont ajustés le rythme cardiaque, le rythme respiratoire, les sécrétions endocrines de l'hypophyse, le niveau de vigilance, la sensation de faim, de soif, de satiété, la température et la pression artérielle.

Le système limbique représente les différentes zones anatomiques du cerveau qui interviennent dans les émotions, les comportements sexuels et l'agressivité. Les fonctions supérieures, comme les capacités d'apprentissage, la mémoire, le langage, le jugement, l'imagination, les sentiments, la volonté, s'intègrent dans les centres du comportement émotionnel et de la conscience. Le cortex des hémisphères cérébraux est nécessaire pour leur manifestation. •

1. Soins dentaires au laser.

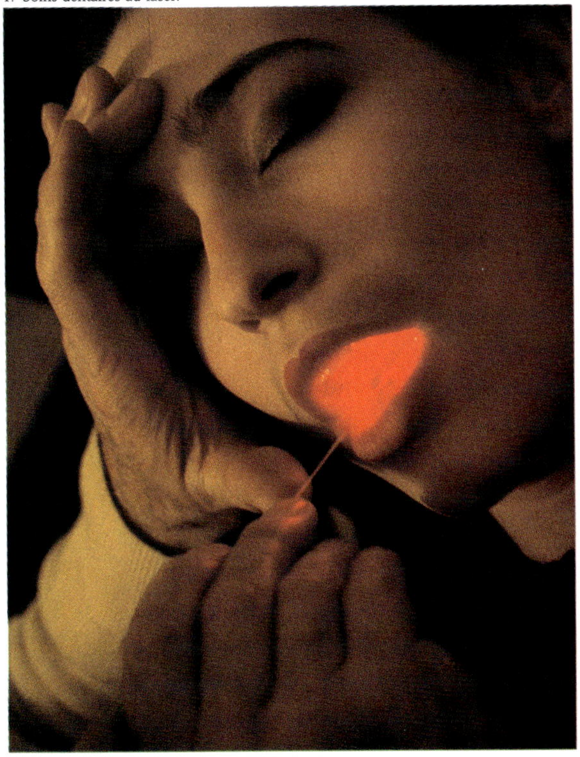

L'appareil masticateur

La fonction de nutrition comporte des aspects mécaniques dont la mastication est l'une des étapes. La santé de l'appareil masticateur bénéficie des progrès de la chirurgie dentaire (ou odontostomatologie), qui a pour but la prévention et le traitement des maladies des dents et de la bouche, et de l'orthodontie, qui corrige les anomalies de l'appareil masticateur. Une hygiène régulière des dents prévient la formation de la « plaque dentaire », association de bactéries et de substances organiques qui favorisent l'inflammation (gingivite) et l'infection (pyorrhée) des gencives et des alvéoles où sont implantées les dents. Les caries dentaires érodent l'émail protecteur de la dent. Elles entraînent l'inflammation de sa pulpe et parfois des abcès des alvéoles dentaires. La reconstruction et les prothèses dentaires bénéficient des acquisitions de l'anesthésie locale et des nouveaux biomatériaux. L'acte du chirurgien dentiste peut comporter l'obturation après curage de la carie, la pose d'une couronne de protection ou le remplacement d'une dent manquante. Lorsque l'appareil dentaire est sévèrement atteint, on peut mettre en place un dentier partiel ou complet. L'odontostomatologie représente près de 10 % des dépenses de consommation médicale.

Les appareils de reproduction

POSSIBLE APRÈS LA PUBERTÉ, LA REPRODUCTION HUMAINE SE FAIT SELON UN MODE SEXUÉ. LES GAMÈTES MÂLES, OU SPERMATOZOÏDES, SONT PRODUITS PAR LE TESTICULE, LES GAMÈTES FEMELLES PAR L'OVAIRE, SOUS FORME D'UN OVULE PAR CYCLE MENSTRUEL.

Chaque gamète porte 23 chromosomes alors que l'embryon est doté de 46 chromosomes. Ainsi, la fusion des deux gamètes rétablit la diploïdie. Une paire de chromosomes (les hétérosomes) détermine le sexe (XY pour l'homme, XX pour la femme). Ces chromosomes, comme les autosomes, sont porteurs du patrimoine génétique de l'individu. Les milliards de combinaisons chromosomiques possibles expliquent la probabilité quasi nulle (aux vrais jumeaux près) que deux individus issus de parents différents soient identiques. Dans la plupart des sociétés, les pratiques morales et religieuses imposent à un individu de ne procréer qu'avec une personne étrangère à sa famille d'origine. Cette règle d'exogamie évite l'apparition de tares héréditaires d'origine génétique par consanguinité. La morale rejoint ici la nécessité.

L'embryon humain est porté par la femme jusqu'à la naissance de l'enfant, pendant environ 36 semaines. Sa nutrition est assurée par le placenta, implanté dans la paroi de l'utérus maternel, qui limite et régule les échanges entre le fœtus et la mère. Les sécrétions hormonales de l'ovaire nécessaires à la grossesse sont contrôlées par les hormones hypophysaires. L'accouchement coïncide avec la chute brutale du taux des hormones dans le sang maternel. L'enfant humain n'est pas autonome à la naissance, le corps maternel fournit le lait pour le nourrir. La montée laiteuse chez la mère a lieu dans les heures qui suivent l'accouchement, sous l'influence d'une hormone hypophysaire, la prolactine. La relation parents-enfants se poursuit jusqu'à l'autonomie de ce nouvel homme.

→ **Voir aussi :** Le tube digestif, **MED**, p. 280-281. L'appareil respiratoire Structure et fonction, **MED**, p. 288-289. Reins et voies urinaires, **MED**, p. 292-293. Rhumatologie L'appareil locomoteur, **MED**, p. 304-305. L'appareil sexuel de l'homme, **MED**, p. 316-317. L'appareil sexuel de la femme, **MED**, p. 318-319.

2. La main *(d'après C. Van Loo, Encyclopédie de Diderot)*.

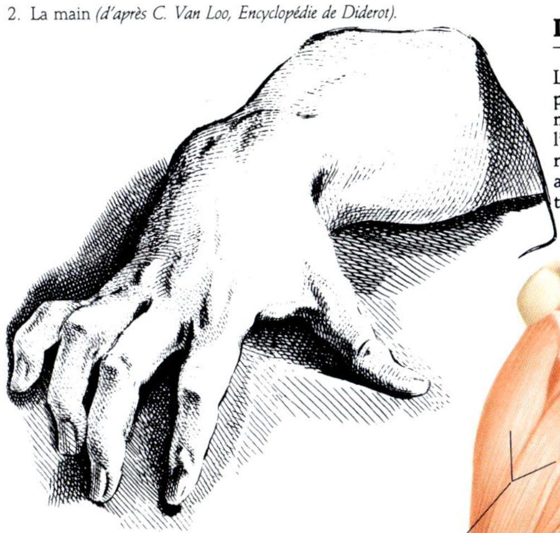

La fonction de préhension

Les organes interactifs permettent la relation nutritionnelle de l'homme avec l'environnement et assurent la gestion interne du corps. Le cerveau gouverne la main (1), organe de la préhension, par laquelle sont fabriqués les outils grâce à la précision de dispositifs (3) que découvre l'anatomiste.

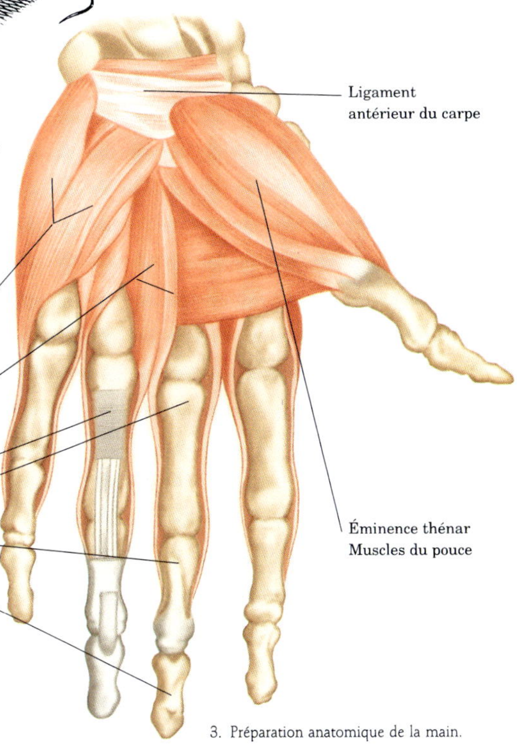

3. Préparation anatomique de la main.

Le tube digestif

INDISPENSABLE À LA VIE, LE tube digestif assure plusieurs fonctions comme la propulsion des aliments ingérés tout le long des différents organes qui le composent, la digestion et l'absorption des nutriments, l'élaboration, le stockage et l'évacuation des déchets sous forme de selles. Son atteinte entraîne des symptômes peu spécifiques et variables (diarrhée, constipation, douleurs, vomissements, hémorragie, amaigrissement) qui révèlent des maladies générales pouvant altérer son fonctionnement, ou des lésions localisées (ulcères, cancers, polypes) dont le diagnostic est rendu aisé grâce au développement des moyens modernes, dominés par l'endoscopie (diagnostic et thérapeutique). Les cancers digestifs sont fréquents et de découverte encore trop souvent tardive. L'amélioration de leur pronostic nécessite le diagnostic des lésions précancéreuses (polypes, ulcères gastriques), leur traitement et leur surveillance, avec une meilleure connaissance des facteurs de risque des cancers et des agents susceptibles de favoriser leur développement (par exemple le tabac et l'alcool pour le cancer de l'œsophage).

Une grande partie des troubles gastroentérologiques est d'origine fonctionnelle, c'est-à-dire sans que soit mise en évidence une lésion organique pouvant l'expliquer. Ils sont liés au contexte psychique et à des anomalies des neuromédiateurs. Leur diagnostic n'est évoqué qu'en l'absence de lésions macroscopiques lors de l'exploration systématique du tube digestif. Ils sont difficiles à traiter et imposent une surveillance périodique pour le dépistage et la prévention d'éventuelles complications.

Mots clefs

Hernie hiatale : poche intrathoracique formée par l'ascension de la partie supérieure de l'estomac au travers du diaphragme.

Diverticule : hernie de muqueuse au travers de la paroi digestive. Il peut siéger en tout point du tube digestif mais prédomine sur le côlon.

Polype : élévation tissulaire faisant saillie dans la lumière digestive, pouvant dans certains cas évoluer vers un cancer. Il est plus fréquent sur le côlon.

Hémorroïdes : dilatations veineuses de la muqueuse anale pouvant grossir, saigner ou devenir douloureuses. Leur traitement est médical ou chirurgical.

Appendicite : inflammation très fréquente de l'appendice iléo-cæcal, situé sur le cæcum, traité par son ablation chirurgicale (appendicectomie).

Occlusion : arrêt du cours des matières et des gaz par obstruction du tube digestif par une lésion organique (tumeur, compression, striction par une bride) ou par un trouble de la motricité (occlusion fonctionnelle) de causes multiples (interventions, infection, trouble biologique).

Péritonite : inflammation diffuse ou localisée du péritoine, tissus recouvrant les organes intra-abdominaux, par perforation digestive ou infection intra-abdominale, de traitement toujours médical et très souvent chirurgical.

Rectorragie ou *melena :* saignement digestif dont il faut retrouver l'origine. Il peut être visible et colorer les selles en rouge (rectorragie) ou en noir après digestion du sang (melena) ; il peut également être occulte et se révéler par une anémie ou après recherche dans les selles.

1. Schéma de l'anatomie du tube digestif.

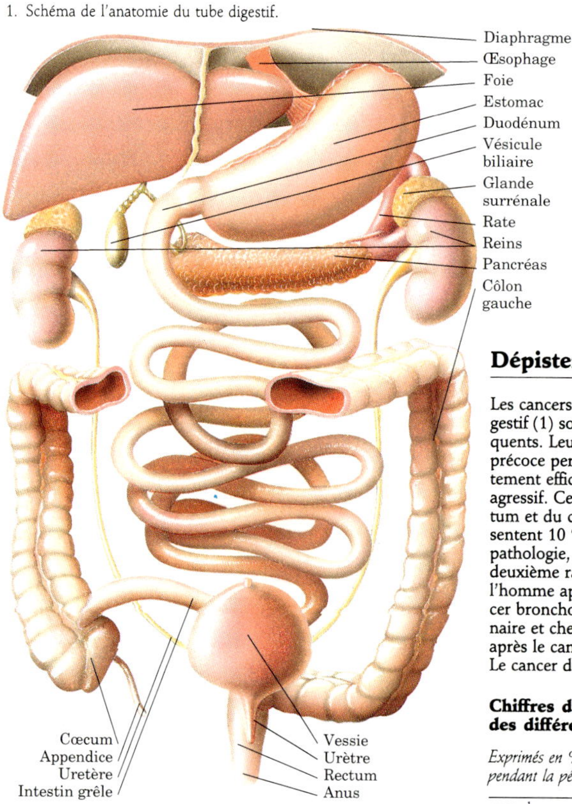

Une triple fonction

LE TUBE DIGESTIF ASSURE LA PROPULSION DES ALIMENTS INGÉRÉS, LEUR DIGESTION, EN ABSORBANT L'EAU ET LES NUTRIMENTS, ET L'ÉVACUATION DES DÉCHETS SOUS FORME DE SELLES.

La propulsion des aliments est assurée par la motricité spontanée du tube digestif due aux deux couches, circulaire et longitudinale, des fibres musculaires lisses de sa paroi, rythmée et propagée de la bouche à l'anus. Tous ces mouvements, contrôlés par les plexus du système nerveux intrinsèque situés dans la paroi, évacuent les débris cellulaires et alimentaires en limitant la pullulation microbienne. La réponse aux repas diffère selon les organes. La déglutition fait naître une onde de contraction au niveau de la partie haute de l'œsophage qui propulse la bouchée jusqu'à l'estomac ; alors que la partie supérieure de l'estomac se relâche, la partie basse (antre gastrique) est le siège de contractions péristaltiques qui évacuent les particules alimentaires dans le duodénum. L'intestin grêle se contracte, ce qui réalise un contact optimal entre le chyme (aliments et sécrétions digestives) et la muqueuse intestinale. De trois à six heures après le repas réapparaissent les ondes de contraction sur le tube digestif. Le côlon, par des contractions circulaires propagées sur de courtes distances, retient le bol fécal et augmente son contact avec la muqueuse. Plusieurs fois par jour les repas déclenchent des contractions violentes de longs segments coliques aboutissant à la lente progression des selles vers le rectum.

La digestion réduit les aliments, molécules complexes, en leurs constituants simples directement assimilables : les nutriments. Elle débute dans l'estomac sous l'action de l'amylase salivaire, de l'acidité et de la pepsine, enzyme présente dans le suc gastrique. Elle se poursuit dans le duodénum et le jéjunum grâce aux enzymes du suc pancréatique (amylase, lipase, trypsine), aux sels biliaires et aux enzymes présentes à la surface des cellules du revêtement intestinal (entérocytes). Les glucides, acides aminés et acides gras résultant de cette digestion chimique traversent la muqueuse intestinale et rejoignent le sang veineux porte (glucides et acides aminés) ou les vaisseaux lymphatiques sous forme de chylomicrons (lipides).

Le tube digestif est un organe important pour la régulation du métabolisme de l'eau et des électrolytes. Chaque jour, 9 litres d'eau passent par l'intestin grêle : en moyenne 2 litres proviennent de l'alimentation, le reste des sécrétions digestives (salive, sucs gastrique et pancréatique, bile, liquide intestinal), 98 % de l'eau est réabsorbée par le duodénum, l'intestin grêle et le côlon qui n'évacue que 200 grammes d'eau par jour dans les selles. Un défaut de réabsorption de l'eau et des électrolytes entraîne une diarrhée avec déshydratation. •

Dépister tôt les cancers

Les cancers du tube digestif (1) sont fréquents. Leur dépistage précoce permet un traitement efficace et peu agressif. Ceux du rectum et du côlon représentent 10 % de cette pathologie, arrivant au deuxième rang chez l'homme après le cancer broncho-pulmonaire et chez la femme après le cancer du sein. Le cancer de l'estomac a vu sa fréquence diminuer de 30 % en 25 ans sans explication nette : le rôle des modifications d'habitudes alimentaires a été évoqué. L'effet favorisant majeur de l'intoxication alcoolo-tabagique sur le cancer de l'œsophage explique la forte prédominance masculine des patients atteints (15 à 25 hommes sont atteints pour 1 femme).

Chiffres de fréquence des différents cancers digestifs

Exprimés en % des cancers digestifs décelés pendant la période de référence :

œsophage :	9 %
estomac :	18 %
intestin grêle :	1 %
côlon :	24 %
rectum :	25 %
glandes annexes (foie, vésicule, pancréas) :	23 %

Selles normales et pathologiques

Les selles, déchets de la digestion et de l'absorption des aliments, sont formées dans le côlon où leur digestion est complétée par les bactéries, avant leur évacuation par le rectum lors des efforts de contraction. Leur poids normal est de 150 à 200 grammes par jour, dont 80 % d'eau. La diarrhée est définie par l'émission de plus de 300 grammes par jour de selles enrichies en eau (diarrhée hydrique) ou en lipides et en azote lors des malabsorptions. La constipation est l'émission avec retard de selles dures de moins de 150 grammes par jour. Les causes de ces troubles du transit sont multiples : infections, changement de régime alimentaire, déshydratation, médicaments. Lorsqu'on ne découvre aucune lésion macroscopique, ces troubles sont dénommés fonctionnels et restent mal expliqués. On invoque le contexte psychique du patient et l'étroite relation entre le tube digestif, son fonctionnement, les neuromédiateurs et le système nerveux.

Pathologies de l'œsophage

LES LÉSIONS BÉNIGNES OU MALIGNES DOMINENT LES PATHOLOGIES DE L'ŒSOPHAGE, DONT LA FONCTION DE PROPULSION PEUT ÉGALEMENT ÊTRE ALTÉRÉE PAR DES TROUBLES DE LA MOTRICITÉ.

Propulsant les aliments déglutis de la bouche à l'estomac au travers de son sphincter inférieur, l'œsophage, qui est contracté en permanence, fait obstacle au reflux du contenu gastrique. Ce reflux peut survenir au cours de circonstances particulières (position couchée, penchée en avant, toux) et correspond au retour dans l'œsophage du liquide gastrique, très acide et riche en enzymes, entraînant des douleurs thoraciques ou des brûlures ascendantes derrière le sternum. Il est secondaire à un relâchement du sphincter inférieur de l'œsophage et peut s'associer à une hernie hiatale. Le plus souvent bénin, le reflux peut entraîner des infections oto-rhino-laryngologiques, pulmonaires, ou des lésions œsophagiennes plus sévères (œsophagite, ulcères œsophagiens, hémorragies, sténoses) dont le diagnostic est établi au moyen de l'endoscopie.

Le cancer de l'œsophage reste fréquent (4 % des cancers masculins en France), touchant surtout les hommes âgés de plus de 50 ans intoxiqués par l'alcool et le tabac. Son traitement repose sur l'ablation chirurgicale de la tumeur, aidée de la chimiothérapie ou de la radiothérapie.

L'œsophage peut également être atteint de troubles de sa motricité, primitifs (achalasie) ou secondaires à une lésion des fibres musculaires (myasthénie), des plexus nerveux intrinsèques (maladie de Chagas) ou des systèmes neurologique et hormonal. •

Pathologies de l'estomac

LA MUQUEUSE DE L'ESTOMAC ET DU DUODÉNUM EST LE SIÈGE DE LA LÉSION LA PLUS FRÉQUENTE EN GASTRO-ENTÉROLOGIE, L'ULCÈRE GASTRO-DUODÉNAL, DONT LE DIAGNOSTIC ET LE TRAITEMENT ONT BÉNÉFICIÉ DES PROGRÈS TECHNOLOGIQUES RÉCENTS.

Normalement résistante à l'acidité et aux enzymes du suc gastrique, la muqueuse tapissant l'estomac et le duodénum est sensible à l'augmentation des agressions par des toxiques (tabac, alcool, médicaments anti-inflammatoires) ou à la diminution de ses mécanismes de défense (stress), qui entraînent l'apparition de lésions superficielles (ulcérations) ou profondes (ulcères), localisées ou diffuses (gastrites aiguës ou chroniques).

Les ulcères réalisent des cratères dans l'épaisseur de la paroi digestive et sont localisés quatre fois plus souvent au niveau du duodénum qu'à l'estomac. Ils se révèlent généralement par des douleurs épigastriques évocatrices car rythmées et apparaissant 2 à 4 heures après les repas. Ces douleurs sont calmées par l'ingestion d'aliments ou de pansements gastriques. Les ulcères peuvent être découverts à l'occasion de complications : hémorragie digestive due à l'érosion d'un vaisseau par le cratère ulcéreux, perforation de l'ulcère ayant creusé toute l'épaisseur de la paroi digestive ou encore sténose (rétrécissement) de l'estomac ou du duodénum par l'œdème ou la fibrose cicatricielle périulcéreuse. Le diagnostic est fait par la fibroscopie œso-gastro-duodénale, qui montre l'ulcère, l'existence éventuelle de complications et permet la biopsie indispensable devant tout ulcère gastrique. En effet, si les ulcères duodénaux sont, sauf exception, toujours bénins, les ulcères gastriques peuvent parfois se transformer en cancer (ressemblant, au début, à un ulcère bénin). Le traitement des ulcères gastro-duodénaux est médicamenteux, la chirurgie étant indiquée pour traiter les récidives ulcéreuses fréquentes ou les complications qui demeurent inaccessibles au traitement médical.

Les gastrites sont des inflammations diffuses ou localisées, aiguës ou chroniques de la muqueuse gastrique. Les gastrites aiguës sont le plus souvent d'origine toxique (alcool, médicaments gastro-toxiques), liées à un stress important (coma, intervention chirurgicale), plus rarement dues à une infection ou à une allergie. Les gastrites chroniques, souvent latentes, peuvent évoluer vers l'atrophie de la muqueuse gastrique. La plus fréquente est localisée à la région antrale (limite duodénum-estomac). La gastrite localisée au fundus est d'origine immunologique et l'atrophie fundique aboutit à la suppression de la sécrétion acide gastrique, de la pepsine et du facteur intrinsèque, indispensable à l'absorption de la vitamine B12.

Les cancers de l'estomac sont, dans 90 % des cas, développés à partir de la muqueuse gastrique. Leur fréquence a diminué mais représente encore 20 % des cancers du tube digestif. Il existe des lésions prédisposantes comme la gastrite chronique atrophique, les rares polypes gastriques adénovilleux ou l'ulcère gastrique, dont la surveillance endoscopique et biopsique permet de dépister la cancérisation à un stade précoce. Le plus souvent, le cancer gastrique est découvert à l'occasion de douleurs abdominales, une perte d'appétit, un amaigrissement ou une anémie. L'endoscopie gastrique révèle une lésion bourgeonnante, irrégulière, fragile et hémorragique. La biopsie permet d'établir la malignité. Le traitement est actuellement chirurgical, avec ablation de la plus grande partie ou de la totalité de l'estomac suivie de cures répétées de chimiothérapie. •

Pathologie intestinale : les polypes

LE CÔLON EST LE SIÈGE DES LÉSIONS LES PLUS FRÉQUENTES DU TUBE DIGESTIF : LES POLYPES, DE DIAGNOSTIC ET DE TRAITEMENT ENDOSCOPIQUES, DONT L'ABLATION PERMET DE PRÉVENIR L'APPARITION DE CANCER.

Malgré la complexité de ses structures, fonctions et régulations, l'intestin grêle est plus rarement atteint que les autres segments du tube digestif. Il peut être le siège de polypes, de cancers d'origine muqueuse (adénocarcinome) ou lymphoïde (lymphome), ou encore présenter des défauts dans la digestion ou l'absorption des aliments (malabsorptions). Les plus fréquents sont l'intolérance au lactose, rarement symptomatique, et la maladie cœliaque due à une atrophie totale des villosités intestinales par intolérance au gluten contenu dans les céréales (blé, orge, seigle), nécessitant son éviction de l'alimentation.

Le côlon est la localisation la plus fréquente des polypes digestifs, dont certains ne font pas courir de risques de dégénérescence maligne, comme les polypes hyperplasiques, les polypes inflammatoires associés aux colites inflammatoires, ou les polypes juvéniles retrouvés chez l'enfant. Par contre, les polypes néoplasiques ou adénomateux sont caractérisés par leur risque de transformation maligne, d'autant plus élevé qu'ils sont de grande taille, de structure particulière (villeuse) ou comportant déjà des cellules atypiques (dysplasie). Ils se retrouvent en tout point du côlon, avec une prédominance sur le côlon sigmoïde et le rectum, chez un adulte sur dix, mais plus fréquemment après 65 ans ou en cas d'antécédents familiaux de polype ou de cancer colique. Ces polypes sont découverts à l'occasion d'exploration de diarrhée, de constipation ou de douleurs abdominales par une radiographie du côlon (lavement baryté) ou une coloscopie. Même asymptomatique, tout polype découvert doit être enlevé, le plus souvent par voie endoscopique, pour étude anatomique afin de préciser son type, le risque de dégénérescence et de prévoir une surveillance. Le risque de récidive des polypes coliques adénomateux est élevé (20 % après 5 ans ; 50 % après 15 ans). Leur ablation permet de prévenir l'apparition du cancer colique, la filiation polype-cancer étant aujourd'hui démontrée. La présence de multiples polypes sur le côlon définit la polypose. Certaines polyposes sont familiales, avec présence de polypes de l'estomac, du duodénum et de l'intestin grêle, et possèdent un haut risque de cancérisation.

Les cancers du côlon et du rectum sont les cancers digestifs les plus fréquents, touchant 25 000 patients par an en France. Leur incidence s'accroît avec l'âge. Ils sont dus, dans la majorité des cas, à la transformation maligne d'un polype adénomateux passé inaperçu. Parfois découverts lors de l'étude systématique d'un polype enlevé endoscopiquement, ils sont encore révélés tardivement par l'émission de sang dans les selles, une anémie, un amaigrissement, des douleurs abdominales ou l'obstruction du côlon. Le diagnostic se fait par radiographie du côlon ou par la coloscopie qui permet d'effectuer des prélèvements prouvant le diagnostic. Le traitement du cancer colo-rectal est principalement chirurgical, la chimiothérapie et la radiothérapie aidant ou palliant la résection de la tumeur dans les cas évolués et retardant sa progression. •

→ **Voir aussi :** La nutrition des animaux, **BIOL**, p. 146-147. Le comportement alimentaire, **MED**, p. 284-285.

Polypectomie endoscopique

2. Exérèse d'un polype du côlon par endoscopie.

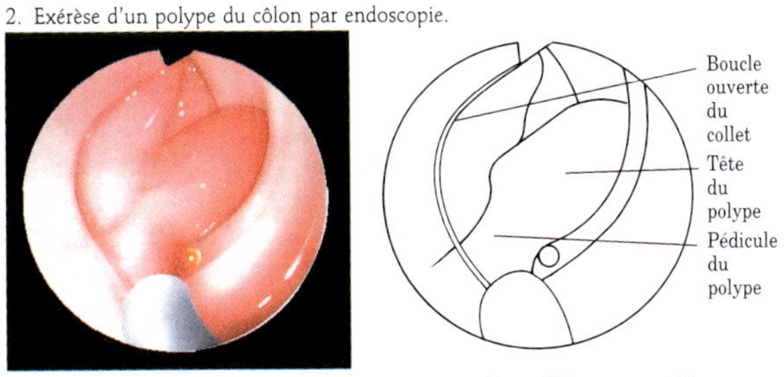

Le polype vu en endoscopie (2) va être entouré d'une anse métallique passée par l'endoscope, sous contrôle visuel, puis serré au niveau de son pied d'implantation sur la paroi. L'anse est reliée au matériel de section électrique.

3. Section du polype.

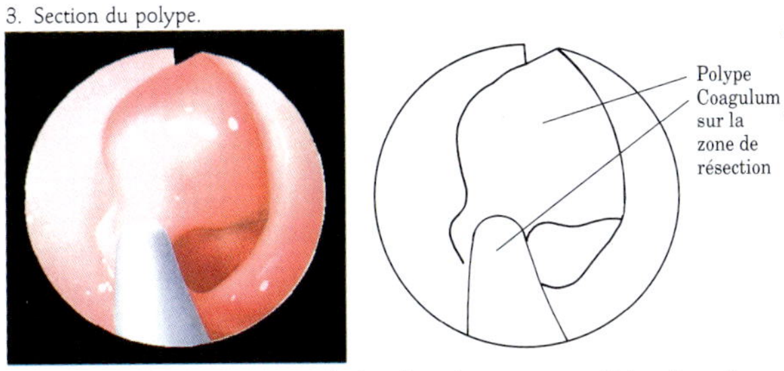

Le pied du polype est coupé par passage de courant électrique effectuant en même temps la section et la coagulation des vaisseaux sectionnés (3). L'anse est maintenue à distance de la paroi colique voisine pour éviter sa lésion. Le polype, séparé de son pied d'implantation, est récupéré pour étude systématique.

4. Extraction du polype pour l'étude histologique.

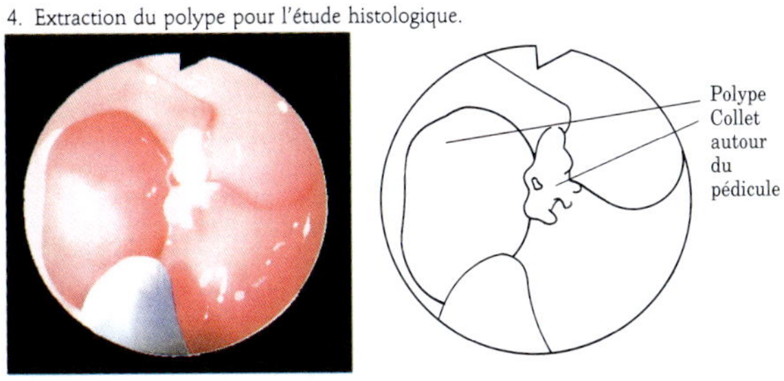

La vérification de l'aspect de la tranche de section du pied (4) montre l'absence d'hémorragie et l'ablation complète du polype.

Foie et pancréas

ORGANES INTRA-ABDOMINAUX, le foie, la vésicule et les voies biliaires sont situés en dérivation du tube digestif. Le foie sécrète la bile, qui intervient dans la digestion des lipides et permet l'épuration des produits toxiques. Il élabore à partir des nutriments absorbés par le tube digestif et apportés par le système porte (sang veineux aboutissant au foie) l'essentiel des protéines de l'organisme et des composants énergétiques nécessaires aux besoins des tissus. Cet organe assure également la régulation du métabolisme des sucres sous le contrôle hormonal direct de l'insuline et du glucagon sécrétés par le pancréas. Ce dernier, qui possède une double fonction endocrine et exocrine, régit le métabolisme glucidique (sécrétions endocrines) et assure la digestion des glucides, des protides et des lipides (sécrétions exocrines).

À l'inverse des pathologies aiguës, qui évoluent le plus souvent rapidement et sans séquelles, les lésions chroniques du foie ou du pancréas aboutissent à la formation de fibroses cicatricielles définitives responsables de graves troubles fonctionnels. La cirrhose qui en résulte au niveau hépatique et la pancréatite chronique sont des pathologies graves et en grande majorité dues à la prise prolongée et régulière d'alcool.

Le rôle de la vésicule biliaire (fonctions de recueil, de concentration et d'évacuation au moment des repas de la bile d'origine hépatique) peut sembler annexe car son ablation chirurgicale est généralement bien supportée. Elle est néanmoins le siège de formation des calculs biliaires, qui, parfois, nécessitent des actes chirurgicaux.

Les fonctions du foie

ORGANE D'ÉPURATION ET DE NOMBREUSES SYNTHÈSES, LE FOIE PAR SA SITUATION ET SA STRUCTURE REPRÉSENTE LE LABORATOIRE CENTRAL DE L'ORGANISME.

Situé sous le diaphragme et l'auvent costal droit, le foie pèse environ 1 500 grammes. Il est formé de deux lobes, droit et gauche, accolés et richement vascularisés par la veine porte, qui conduit le sang provenant du tube digestif, riche en glucides, lipides et acides aminés, et par l'artère hépatique, dont le sang, riche en oxygène, est indispensable aux réactions enzymatiques. Le sang traité par le foie rejoint la grande circulation veineuse par les veines sus-hépatiques. L'unité fonctionnelle du foie est le lobule, structure microscopique formée de fines travées de cellules constituées d'hépatocytes, qui occupent 80 % du volume du foie, avec une face au contact du sang et une autre au contact des canaux biliaires. Cette organisation structurale est parfaitement adaptée au métabolisme des aliments, à l'épuration des corps étrangers et à la sécrétion biliaire du fait de la double vascularisation veineuse et artérielle et de la totale séparation des circulations biliaires et sanguines intrasinusiennes.

Le foie joue un rôle majeur dans le métabolisme de la plupart des composants de l'organisme. Sa fonction principale est de maintenir stables les taux de glucides et de lipides, sources d'énergie pour les autres tissus, et de protéines dans le plasma, malgré le caractère variable et discontinu de leur apport par les repas. Il assure la synthèse des protéines plasmatiques (albumine, facteurs de la coagulation, fibrinogène, protéines de l'inflammation), dont le taux varie en fonction de la nutrition, des pertes ou de leur utilisation. Son fonctionnement est sous contrôle de multiples hormones (insuline, glucagon, corticostéroïdes) et neuromédiateurs, qui permettent une adaptation des apports de substrats et d'énergie aux organes périphériques dont les variations en besoins métaboliques sont importantes (stress, infections, jeûne prolongé). De plus, le foie extrait du sang des composés endogènes (ammoniac par exemple) ou exogène (alcool, médicaments) toxiques ou non. Il les transforme en produits habituellement solubles, faciles à éliminer et souvent moins toxiques. Enfin, le foie est un élément important des défenses immunitaires. Il est riche en cellules de Kupffer, dérivées des macrophages, qui ont un rôle important dans la destruction des bactéries, la fabrication des anticorps par les lymphocytes et la capture des corps étrangers.

La bile, sécrétée par les hépatocytes, est un mélange d'acides biliaires (taurocholate et glycocholate), de cholestérol, de pigments biliaires (bilirubine, biliverdine), d'eau et d'électrolytes. Elle est élaborée de façon continue par le foie et atteint un volume de 500 à 800 ml par jour. Déversés dans l'intestin, les sels biliaires favorisent l'action de la lipase pancréatique et sont nécessaires à l'absorption normale des graisses. •

1. Schéma des voies biliaires et du pancréas.

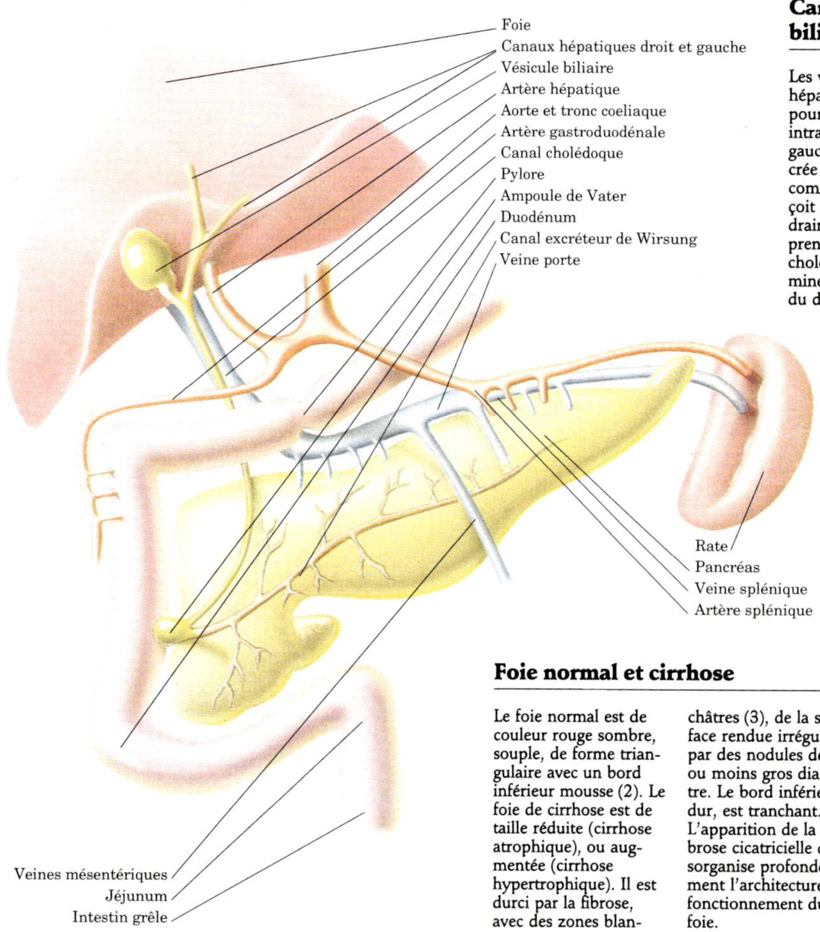

Canaux excréteurs, biliaire et pancréatique

Les voies biliaires intrahépatiques confluent pour former les canaux intrahépatiques droit et gauche dont l'union crée le canal hépatique commun. Celui-ci reçoit le canal cystique, drainant la vésicule, et prend le nom de canal cholédoque. Il se termine à la face interne du deuxième duodénum, au niveau de l'ampoule de Vater (1), fermée par le sphincter d'Oddi, qui reçoit également le canal pancréatique principal (canal de Wirsung), formé des canaux collecteurs pancréatiques. Ces organes sont en étroite relation avec l'artère hépatique et la veine porte.

Foie normal et cirrhose

Le foie normal est de couleur rouge sombre, souple, de forme triangulaire avec un bord inférieur mousse (2). Le foie de cirrhose est de taille réduite (cirrhose atrophique), ou augmentée (cirrhose hypertrophique). Il est durci par la fibrose, avec des zones blanchâtres (3), de la surface rendue irrégulière par des nodules de plus ou moins gros diamètre. Le bord inférieur, dur, est tranchant. L'apparition de la fibrose cicatricielle désorganise profondément l'architecture et le fonctionnement du foie.

2. Aspect macroscopique du foie normal.

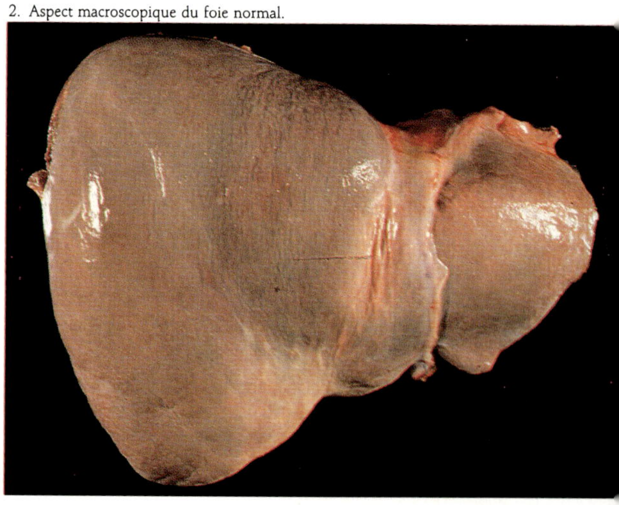

La pathologie hépatique

LES MALADIES DU FOIE SONT FRÉQUENTES ET ENTRAÎNENT DES MODIFICATIONS ANATOMIQUES ET FONCTIONNELLES. EN FRANCE, LEUR ORIGINE PRINCIPALE EST L'ALCOOL.

Contrairement à une idée répandue, l'atteinte hépatique n'entraîne pas de troubles digestifs majeurs (la « crise de foie » n'est pas due à une lésion hépatique) mais des signes cliniques et biologiques. Ainsi, la nécrose des cellules du foie entraîne nausées, sensibilité de la région hépatique, fatigue et élévation des taux sériques des enzymes hépatiques. La cholestase ou rétention biliaire est due à l'obstruction des voies biliaires ou à l'arrêt de la production de bile au cours des hépatites virales, par exemple. Parfois asymptomatique, elle entraîne le plus souvent un ictère, coloration jaune des téguments, des conjonctives et des muqueuses.

L'insuffisance hépatique est l'ensemble des manifestations secondaires à la diminution ou à l'arrêt des fonctions de synthèse, d'épuration et d'évacuation biliaire des hépatocytes. L'hypertension portale est secondaire au blocage de la circulation porte (veines sus-hépatiques, foie, tronc de la veine porte) et entraîne une augmentation du volume de la rate (splénomégalie) et des dérivations veineuses qui se compliquent d'hémorragies digestives. L'ascite, épanchement liquidien intra-abdominal, accompagne souvent l'insuffisance et l'hypertension portales systémiques.

Les hépatites comprennent les maladies inflammatoires du foie, qui diffèrent par leur origine (virale, toxique, immunologique) et leur évolution (aiguë, fulminante et mortelle, chronique et cirrhogène). Elles entraînent fatigue, nausées avec ou sans ictère, et élévation des taux sériques de transaminases. Transmise par voie digestive, l'hépatite due au virus A est fréquente et souvent bénigne. Elle se manifeste par l'apparition d'anticorps sériques. Les hépatites B, C et D sont transmises par voie sanguine (transfusions, piqûre par objet souillé par du sang infecté) ou par relations sexuelles, et peuvent évoluer vers la cirrhose. D'autres virus peuvent être parfois responsables d'hépatites (virus Epstein-Barr, cytomégalovirus, herpès-zona virus, virus tropicaux). Les hépatites toxiques sont plus rares. En France, le produit toxique le plus fréquent est l'alcool. Il entraîne une surcharge en graisse des hépatocytes (stéatose). La cirrhose est la conséquence de lésion prolongée des hépatocytes quelle qu'en soit la cause (hépatite chronique, hépatites alcooliques répétées). La destruction des hépatocytes aboutit à la formation d'une fibrose avec nodules de tailles variables. En France, l'alcool est responsable de 3 % de la mortalité globale à l'occasion de complications : ascite, insuffisance hépatocellulaire, hypertension portale.

Le cancer primitif du foie se développe à partir des hépatocytes et complique souvent les hépatopathies chroniques. Son pronostic est mauvais, car la cirrhose sur laquelle il survient (90 % des cas) limite les possibilités thérapeutiques. Plus rarement, il provient des cellules biliaires ou des vaisseaux intrahépatiques (angiosarcome). Le cancer secondaire est le développement de métastases hépatiques à partir d'un cancer primitif, digestif, bronchique ou mammaire. Celles-ci peuvent être traitées par résection chirurgicale ou chimiothérapie. •

4. Opacification des voies biliaires par fibroscope souple et injection rétrograde.

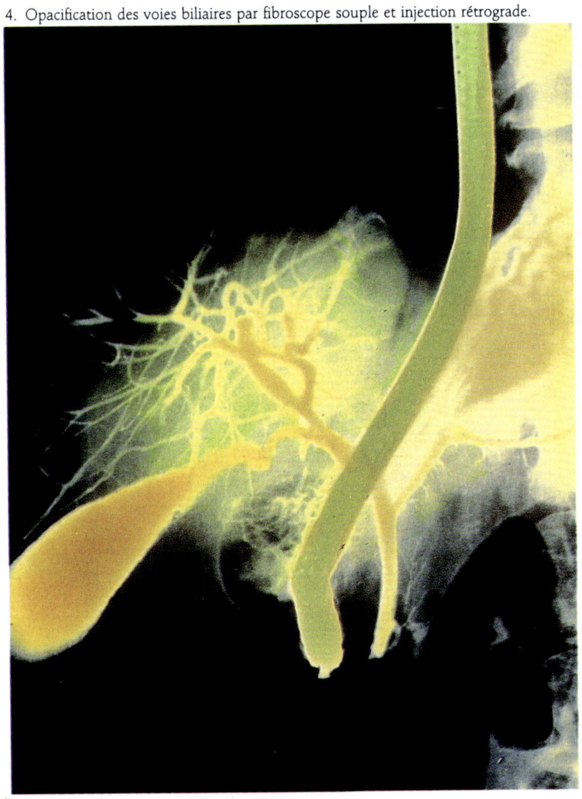

3. Aspect macroscopique de cirrhose du foie.

Endoscopie et radiologie

Depuis les années 1970, on étudie les voies biliaires et pancréatiques par la cholangio-pancréatographie rétrograde endoscopique. On introduit dans le canal cholédoque ou pancréatique une sonde, qui permet l'injection de produit rendant les canaux opaques aux rayons X (4). De la même façon peuvent être effectuées l'ablation de calculs situés dans le canal cholédoque, la section du sphincter d'Oddi ou la pose de prothèse dans les canaux biliaires.

Vésicule et voies biliaires

CONSTITUANT UNE RÉSERVE DE BILE D'ORIGINE HÉPATIQUE, LA VÉSICULE DÉVERSE SON CONTENU DANS LE DUODÉNUM AU COURS DES REPAS ET FAVORISE AINSI LA DIGESTION DES LIPIDES.

La bile sécrétée par les hépatocytes est drainée par les voies biliaires. La plus grande partie de la bile reflue passivement de la voie biliaire principale (canal hépatique commun et cholédoque) dans la vésicule, pour y être stockée et concentrée. Elle est évacuée lors des repas par le canal cystique, qui rejoint le cholédoque et débouche dans le duodénum au niveau du sphincter d'Oddi. Les acides biliaires (taurocholate et glycocholate de sodium) émulsionnent les lipides et favorisent l'action de la lipase pancréatique. La commande de la libération est nerveuse et humorale.

La lithiase est définie comme la présence de calculs, habituellement formés dans la vésicule mais pouvant migrer dans les voies biliaires principales ou intrahépatiques. Elle est favorisée par l'âge, l'obésité, le régime hypercalorique et quelques médicaments (hypocholestérolémiants, œstrogènes) et atteint surtout les femmes. Les calculs vésiculaires sont pour 80 % asymptomatiques et découverts au cours d'explorations digestives. Ils peuvent entraîner des douleurs abdominales déclenchées par les repas (colique hépatique), une infection de la vésicule (cholécystite) ou une obstruction de la voie biliaire principale par migration d'un calcul d'origine vésiculaire avec infection de la bile. Le pronostic est alors sévère (angiocholite). Le diagnostic des calculs et de leurs complications a bénéficié de l'échographie abdominale et du cathétérisme rétrograde des voies biliaires par voie endoscopique.

Les calculs vésiculaires favorisent l'apparition du rare cancer de la vésicule, qui infiltre le plus souvent la totalité de la vésicule et les organes voisins et reste de pronostic médiocre. Les voies biliaires peuvent également être le siège de cancer, plus rare en Occident qu'en Orient, où le rôle favorisant des parasitoses biliaires a été évoqué. Son pronostic dépend des possibilités d'ablation et de reconstruction chirurgicale. L'obstruction biliaire qu'il entraîne peut être levée par la mise en place d'une prothèse endobiliaire par voie endoscopique gastro-duodénale ou transhépatique lors de l'intervention chirurgicale. •

Le pancréas

CETTE GLANDE A DEUX FONCTIONS, HORMONALE ET DIGESTIVE, QUI PEUVENT ÊTRE PERTURBÉES PAR DES LÉSIONS OÙ L'ALCOOL JOUE UN RÔLE MAJEUR.

Possédant une double structure et une double fonction, le pancréas est qualifié de glande endocrine et exocrine.

Certaines cellules sont regroupées en îlots (îlots de Langerhans) dispersés dans toute la glande. Par leurs sécrétions hormonales (insuline, glucagon), elles assurent la fonction endocrine du pancréas. La non-sécrétion d'insuline ou la sécrétion normale d'une insuline inefficace déterminent les diabètes insulinodépendants, généralement congénitaux. D'autres cellules glandulaires sont groupées en lobules et fabriquent des enzymes nécessaires à la digestion des protéines, des lipides et des glucides. Déversée dans les canaux pancréatiques, la sécrétion pancréatique exocrine atteint 1 à 4 litres par jour.

Les maladies pancréatiques qui touchent la structure exocrine sont dues à une issue de suc pancréatique hors des canaux excréteurs avec autodigestion de la glande et apparition d'œdème et de nécrose (pancréatite aiguë). Ces pathologies sont liées à l'alcoolisme, à un traumatisme ou à des troubles métaboliques (hyperlipémie, hypercalcémie). Le pronostic est en général grave.

La pancréatite chronique est une destruction irréversible du parenchyme exocrine, remplacé par du tissu sclérosé déformant les canaux pancréatiques, sténosés ou dilatés et remplis de calculs protéiques souvent calcifiés. L'origine principale est, en France, l'alcoolisme. La pancréatite chronique évolue par poussées aiguës douloureuses. Elle se complique tardivement d'une insuffisance pancréatique exocrine avec malabsorption prédominant sur les lipides, et d'une insuffisance endocrine responsable d'un diabète. Son traitement repose sur le sevrage alcoolique, la sédation des poussées douloureuses et la prise d'extraits pancréatiques au cours des repas.

Le cancer du pancréas se développe le plus souvent à partir des structures glandulaires exocrines. Responsables de 4 % des décès par cancer en France, il est découvert le plus souvent tardivement, lors d'explorations de douleurs abdominales, d'amaigrissement ou de métastases hépatiques. •

→ **Voir aussi :** Le comportement alimentaire, **MED**, p. 284-285.

Le comportement alimentaire

LE COMPORTEMENT ALIMENTAIRE, lié à la fonction physiologique de nutrition, assure la survie de l'ensemble des espèces animales. Comme les autres comportements, il obéit à un ensemble de mécanismes déterminants fort complexes. Pour étudier ceux-ci et leur participation à la régulation du bilan énergétique, on part des observations sur l'animal, et on admet généralement que, chez l'homme, les bases neurobiologiques sont proches. Cependant, chez ce dernier, les aspects socioculturels, éducationnels et psychologiques s'ajoutent et influent sur les mécanismes fondamentaux. Ceux-ci interagissent entre eux au travers de différents réseaux neurologiques.

Le système « faim-satiété » est à la base de la séquence temporelle des prises d'aliment. Le niveau du glucose disponible pour l'utilisation cellulaire constitue le signal qui déclenche la prise alimentaire. Il est en relation avec la variation du taux du glucose sanguin. Ce signal, interne, est associé à des stimulations positives exogènes produites par l'aliment (aspect, odeur, etc.). La réponse motrice d'ingestion (repas) est la résultante de l'action synergique de ces signaux internes et externes. La mobilisation des réserves lipidiques, source d'énergie cellulaire pendant la phase de non-consommation (la nuit chez l'homme), est un autre signal.

La satiété provoque l'arrêt du repas, et détermine ainsi son volume. Conjointement, l'effet gastro-intestinal de l'aliment et la sécrétion réflexe de l'insuline jouent aussi un rôle inhibiteur sur la prise alimentaire quotidienne.

La sensation de bien-être qu'apporte l'aliment résulte d'une réponse apprise, car elle apparaît avant même que le processus d'absorption intestinale des nutriments ait commencé.

L'ajustement conditionné détermine les niveaux de consommation par l'intermédiaire de la sensation de plaisir procuré par l'aliment, c'est-à-dire la palatabilité. Celle-ci est spécifique de chaque aliment. Elle est ajustée et adaptée à la densité énergétique ainsi qu'aux propriétés nutritionnelles du produit ingéré. La séquence d'événements comportementaux est temporellement corrélée aux événements métaboliques par les systèmes régulateurs neurohormonaux.

Les repas et les quantités consommées

LES QUANTITÉS INGÉRÉES AU COURS DES REPAS DÉPENDENT À LA FOIS DE FACTEURS MÉTABOLIQUES INTERNES ET DES STIMULATIONS SENSORIELLES.

Comme l'homme, l'animal prend des repas, c'est-à-dire qu'il ingère dans un temps défini une certaine quantité de nourriture, qui lui fournit du plaisir et l'énergie nécessaire à ses besoins vitaux. Ces épisodes alimentaires sont entrecoupés d'intervalles plus ou moins longs de non-consommation.

Le rythme des repas ainsi que les quantités absorbées ne sont pas aléatoires. Leur fréquence et leur répartition au cours du cycle biologique de 24 h (nycthémère), avec une période diurne et une période nocturne, sont caractéristiques de l'espèce considérée. Le rat, animal de prédilection des études expérimentales de nutrition, est actif et consomme durant la période nocturne de son cycle, alors que l'homme, à l'inverse, s'alimente durant la période diurne (par corollaire, le rat dort le jour, l'homme, la nuit).

La séquence alimentaire – 3 ou 4 repas principaux pour l'homme, de nombreux repas de nuit pour le rat – met en jeu des mécanismes complexes. Elle est liée à des signaux « internes » de faim et à des stimulations « externes » qui déclenchent le comportement d'ingestion. Chez l'homme, l'environnement socioculturel, cognitif, agit sur le rythme fondamental et influence quelque peu la sensation subjective de faim. Chez l'animal et l'homme, une baisse de la glycémie (taux de glucose libre dans le sang) de l'ordre de 6,5 % est observée environ 5 minutes avant le début de tout repas spontané. Ce signal de « faim physiologique », perçu par les centres nerveux de la région hypothalamique, déclenche la recherche et la consommation rythmée des aliments.

La quantité de nutriments ingérée pendant un repas est corrélée à l'intervalle de temps qui suit jusqu'au repas suivant et non à celui qui le précède ; il y a anticipation sur les besoins futurs. Le volume consommé avant la fin du repas (rassasiement) dépend des caractéristiques sensorielles, ou qualités organoleptiques, de l'aliment, c'est-à-dire de son goût, de son odeur, de son aspect et de sa texture. La valeur hédonique (de plaisir) spécifique de l'aliment (encore désignée sous le terme de *palatabilité*) se mesure par l'intensité de la stimulation des récepteurs buccaux ; elle détermine la quantité consommée. La sécrétion réflexe d'insuline au contact de l'aliment reflète également cette palatabilité.

L'association des qualités sensorielles de l'aliment et des effets métaboliques après son ingestion permet au cours des repas successifs l'apprentissage de cette palatabilité et de son rapport avec les qualités nutritionnelles ; cet ensemble constitue le signal de « fin de manger », qui intervient avant même que les nutriments aient été totalement assimilés. Ce rassasiement « conditionné » existe chez l'animal et l'homme. Ce dernier apprend « combien » il doit consommer pour couvrir quantitativement et qualitativement ses futurs besoins.

Les qualités nutritionnelles de l'aliment ne sont pas détectées directement. Elles ne sont prises

1. Souris génétiquement obèse.

2. Différence de prise de poids selon le rythme alimentaire.

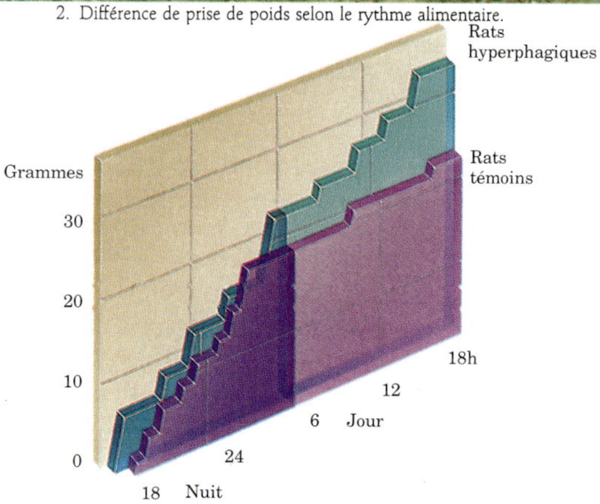

3. Schéma de régulation des ingestions et absorptions.

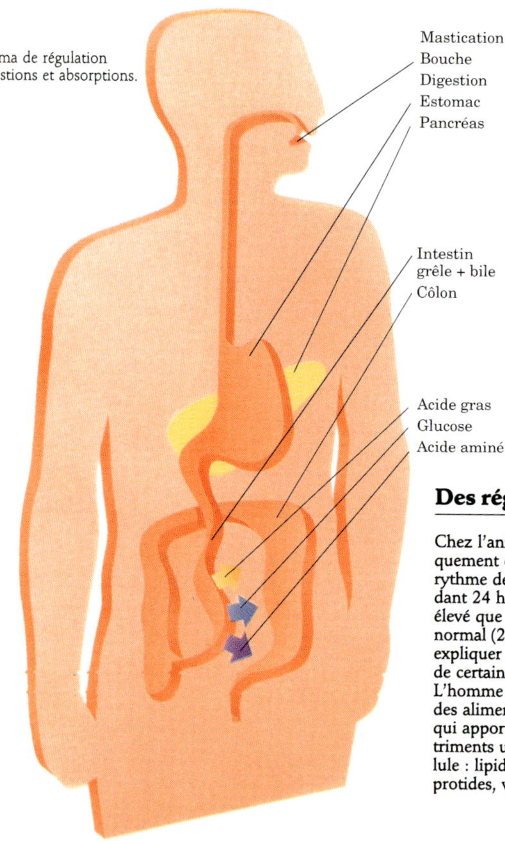

Des régulations complexes

Chez l'animal génétiquement obèse (1), le rythme des repas pendant 24 heures est plus élevé que chez l'animal normal (2). Cela peut expliquer l'apparition de certaines obésités. L'homme consomme des aliments très variés qui apportent des nutriments utiles à la cellule : lipides, glucides, protides, vitamines et sels minéraux. Depuis l'ingestion et la mastication jusqu'à la digestion intestinale, ultime étape de la dégradation des aliments (3), des signaux nerveux et métaboliques sont transmis aux centres supérieurs, qui envoient en retour des ordres effecteurs ou inhibiteurs de la motilité et de la sécrétion digestive.

en compte qu'après que les récepteurs chimiques de l'intestin ont signalé les effets, bénéfiques ou non, de la digestion (soulagement du déficit énergétique ou d'une carence, apparition de malaises...). L'homme mange non seulement des « calories », mais aussi des sources de protéines, de glucides, de lipides, de vitamines et de minéraux. Il manifeste des appétits particuliers, sélectionnant parmi les aliments offerts ceux qui sont en rapport avec le besoin spécifique de tel ou tel nutriment. La stabilité de l'apport protéique au cours de la vie, de l'ordre de 12 à 15 % de la ration énergétique quotidienne, en est la démonstration. Ce mécanisme n'est pas observé pour les autres nutriments. Les appétits spécifiques pour les vitamines ou pour les aliments qui les contiennent sont, en fait, des préférences gustatives apprises, dont les mécanismes nerveux sont difficiles à préciser. En outre, les usages sociaux et les climats influencent beaucoup les comportements. •

Bilan d'énergie et maintien du poids

LE BILAN ÉNERGÉTIQUE EST ÉQUILIBRÉ LORSQUE LES APPORTS PAR LES ALIMENTS COUVRENT LES DÉPENSES DE L'ORGANISME ADULTE.

Le maintien d'un poids corporel stable (c'est-à-dire l'absence de variation des réserves adipeuses) résulte d'une balance énergétique équilibrée. Les apports d'énergie (entrées sous forme de nutriments qui composent les aliments) sont alors égaux aux dépenses énergétiques (sorties) dans un environnement neutre. Les deux termes de cette équation doivent varier dans le même sens sous peine d'amaigrissement ou de prise de poids. La quantité d'énergie apportée par l'alimentation dépend de plusieurs facteurs, intensité de la sensation de faim, qualités sensorielles de l'aliment, disponibilité alimentaire...

La dépense énergétique totale d'un organisme comprend trois parties. La première, affectée au métabolisme basal, représente la part la plus élevée. Elle correspond à l'énergie consommée pour assurer le maintien de l'organisme (oxydation cellulaire minimale). Cette valeur se mesure au repos, dans une ambiance de neutralité thermique. Elle s'exprime en kcal par m² de surface corporelle et par heure (kcal/m²/h). Pour un homme de 70 kg, elle représente environ 1 600 à 1 800 kcal par jour et tend à diminuer avec l'âge. La seconde est liée à la thermorégulation qui intervient après la prise alimentaire, lors de l'exposition au froid ou l'ingestion d'agents thermogéniques (café, tabac). La thermogenèse postprandiale (après les repas) reflète le coût énergétique de la digestion, du métabolisme et du stockage des nutriments. Cette thermogenèse obligatoire est, pour un repas équilibré, de 10 à 12 % de l'énergie ingérée. La troisième partie, liée à l'activité physique, est très variable selon les individus. Elle varie de 15 à 20 % des dépenses totales. Cette valeur a beaucoup diminué ces dernières décennies, compte tenu de la diminution des tâches physiques.

Une proportion non négligeable d'adultes conserve un poids stable durant toute leur existence, ce qui suppose un système de régulation très précis du bilan énergétique. Un excès quotidien de 4 g de sucre seulement, pendant 25 ans, peut entraîner, s'il n'est pas corrigé, un gain de poids de 30 kg ! La correction s'exerce sur des périodes de temps allant de la semaine à plusieurs mois. Les mécanismes régulateurs du bilan ne sont pas totalement élucidés. Selon les écoles, on considère qu'ils s'effectuent par l'ajustement des dépenses aux entrées, ou par celui des entrées aux dépenses, ou encore par une régulation simultanée des deux termes du bilan.

Par ailleurs, un mécanisme endogène intervient pour maintenir le niveau des réserves (essentiellement adipeuses) au cours du cycle nycthéméral, ce qui équilibre ainsi le bilan. Le jour chez l'homme (la nuit chez le rat), les réserves adipeuses sont augmentées par un processus de lipogenèse (stockage des graisses), facilité par une sécrétion élevée d'insuline. La nuit pour l'homme (le jour chez le rat), la prise alimentaire est réduite. Il y a utilisation des réserves ; c'est la phase de lipolyse (utilisation des graisses comme substrat énergétique), la sécrétion d'insuline est très faible.

Un équilibre s'établit entre ces deux phases, aboutissant à un bilan énergétique nul et à un niveau de réserves inchangé. Les mécanismes comportementaux et métaboliques sont sous l'étroite dépendance des centres nerveux de la région hypothalamique. •

4. Le *Déjeuner d'huîtres,* de J. F. De Troy. (Détail.)

Partager le pain

« Les animaux se repaissent, l'homme mange, l'homme d'esprit seul sait manger », écrit Brillat-Savarin. Le repas doit faire de la nutrition l'occasion d'une rencontre conviviale (4). La préparation des aliments compose des palettes variées de goût, de saveurs, d'odeurs, de textures. La digestion réduit ces diversités aux éléments nécessaires au fonctionnement de l'organisme. Aux apports caloriques correspondent les dépenses énergétiques nécessaires à la vie.

Utilisation des aliments

nutriments apportés par l'alimentation	*formes de réserves*	*formes de transport*	*lieux d'utilisation*	*répartition de la dépense énergétique*
Glucides	Glycogène dans le foie et les muscles	Glucose	Système nerveux central Muscles	Activité physique 20-30 % Thermo-régulation 10-15 %
Lipides	Triglycérides dans le tissu adipeux	Acide gras libre	Muscles	
Protides	Structures membranaires Muscles	Acide aminé	Synthèse protéique cellulaire	Métabolisme basal ou de repos 65-70 %

Diversité des comportements

LES SÉQUENCES COMPORTEMENTALES ALIMENTAIRES VARIENT, D'UNE PART, SELON LES INDIVIDUS, D'AUTRE PART, SELON LA DISPONIBILITÉ DE L'OFFRE ALIMENTAIRE.

Le modèle animal dans son contexte expérimental peut être considéré comme idéal. Le rat garde son poids stable en consommant régulièrement son aliment familier au cours des repas. Cependant, soumis à un régime « cafétéria », semblable à celui de l'homme, il grossit et devient obèse. La disparition des difficultés liées à l'assouvissement des besoins physiologiques primaires, jointe à l'évolution des modes de vie (urbanisation, travail féminin), a provoqué chez l'homme de nouvelles attitudes alimentaires. L'offre permanente de consommation alimentaire dans les sociétés occidentales pléthoriques tend à ôter à l'acte alimentaire sa valeur symbolique et fait perdre à l'homme quelque peu sa sagesse nutritionnelle naturelle. Il consomme souvent avant même de percevoir une sensation de faim « physiologique ». La séquence des trois repas quotidiens est rythmée par les contraintes de l'environnement plus que par les mécanismes physiologiques.

Par ailleurs, l'envie de manger dépend beaucoup de la sensibilité individuelle. Certains individus sont plus réceptifs aux composantes sensorielles de l'aliment. Cela d'autant plus que celui-ci est plus « palatable », meilleur au goût. Cette réponse comportementale semble corrélée à des variations de sécrétions d'insuline (phase réflexe céphalique). L'importance de ces différences individuelles s'avère capitale, notamment dans l'élaboration de recommandations alimentaires. L'étude des préférences alimentaires indique, par exemple, chez les femmes boulimiques l'existence de perturbations de ces perceptions vis-à-vis d'aliments essentiellement sucrés. La consommation alimentaire est, chez elles, anarchique, faite d'une alternance de phases d'intense consommation et de phases d'abstinence marquées d'autodépréciation. Ce syndrome, qui trouve probablement son origine dans des facteurs sociaux et biologiques, modifie profondément les attitudes alimentaires. Il peut entraîner, à terme, des désordres nutritionnels d'une certaine gravité.

Dans la gamme des attitudes alimentaires, le grignotage demeure le comportement le plus observé. Il concerne surtout les adolescents. La disponibilité permanente des aliments par l'intermédiaire des circuits de distribution et de restauration est l'un des éléments incitateurs.

Le déséquilibre nutritionnel (apport en calcium, en protéines) peut entraîner des perturbations physiologiques importantes. Il semble que, chez certains individus à prédisposition génétique « favorable », ces modifications soient irréversibles. •

→ **Voir aussi :** La nutrition des animaux, **BIOL**, p. 146-147. L'équilibre alimentaire, **MED**, p. 402-403.

La régulation hormonale du métabolisme

LA NOTION DE FLUX DANS la régulation du métabolisme (ensemble des transformations produisant les énergies du corps) est née avec les travaux du savant français Claude Bernard en 1860. Les hormones (du grec *hormân,* exciter) sont des substances chimiques, produites et déversées dans le sang par les glandes endocrines (à sécrétion interne), qui agissent à distance en quantité infinitésimale sur les récepteurs spécifiques des cellules. Les sécrétions hormonales sont souvent régulées par d'autres mécanismes hormonaux, eux-mêmes dépendant d'une régulation nerveuse. Ainsi, le cerveau et la région hypothalamique régulent l'hypophyse. Les hormones hypophysaires stimulent les glandes (thyroïde, surrénales, ovaires et testicules) dont les hormones agissent sur les récepteurs des tissus.

Les *hormones polypeptidiques* comprennent les hormones hypothalamiques et hypophysaires, l'insuline et le glucagon d'origine pancréatique, la parathormone sécrétée par les parathyroïdes et la thyrocalcitonine sécrétée par les cellules C de la thyroïde. Les *hormones stéroïdes* sont composées des hormones cortisoniques sécrétées par les corticosurrénales, des œstrogènes et de la progestérone d'origine ovarienne et des androgènes d'origine testiculaire et surrénalienne. Les *dérivées d'amines* regroupent la triiodothyronine (T3) et la thyroxine (T4) issues de la thyroïde ainsi que les hormones médullo-surrénaliennes. D'autres substances agissent selon plusieurs modes, dont un est semblable à celui des hormones : neurotransmetteurs, prostaglandines, gastrine, ostéocalcine.

Glossaire international et action des hormones hypothalamiques et hypophysaires

sigle	*signification*	*origine*	*action*
TRH	Thyrotropin Releasing Hormone	hypothalamus	stimule l'hypophyse (TSH)
CRF	Corticotropin Releasing Hormone	hypothalamus	stimule l'hypophyse (ACTH)
GHRH	Growth Hormone Releasing Hormone	hypothalamus	stimule l'hypophyse (GH)
SRIF	Somatotropin Release Inhibition Factor (ou Somatostatine)	hypothalamus	inhibe l'hypophyse (GH)
LHRH (GnRH)	Luteotropin Hormone Releasing Hormone	hypothalamus	stimule l'hypophyse (FSH et LH)
PIF	Prolactin Inhibiting Factor	hypothalamus	inhibe l'hypophyse (PRL)
TSH	Thyroid Stimulating Hormone	hypophyse	stimule la thyroïde
ACTH	Adrenal Corticotropin Hormone	hypophyse	stimule les corticosurrénales
GH (STH)	Growth Hormone (ou hormone de croissance)	hypophyse	stimule les somatomédines
FSH	Follicle Stimulating Hormone	hypophyse	stimule les ovaires et les testicules
LH	Luteinizing Hormone	hypophyse	stimule les gonades
MSH	Melanocyte Stimulating Hormone	hypophyse	stimule les mélanocytes cutanés
PRL	Prolactin	hypophyse	provoque la lactation
ADH	Antidiuretic Hormone	hypothalamus et posthypophyse	retient l'eau au niveau des tubules rénaux

Axes endocriniens hypothalamo-hypophyso-périphériques

Interaction avec l'environnement par le système nerveux

hormones hypothalamiques ↓	TRH + ↓	CRF + ↓	GRH + S.R.I.F. −	GnRH	PIF + − ↓ ↓
hormones hypophysaires ↓	TSH	ACTH	GH (ou STH)	FSH et LH	PRL
glandes cibles ↓	thyroïde ↓	cortico-surrénales ↓	foie ↓	ovaires et testicules ↙ ↘	sein ↓
et hormones périphériques ↓	T3 T4	cortisol aldostérone androgènes	somatomédines	œstrogènes progestérone / testostérone	
lieu de l'action périphérique	toutes les cellules du corps	toutes les cellules du corps	toutes les cellules des os	organes génitaux, reproducteurs et caractères sexuels secondaires	

Interaction et rétrocontrôle avec le flux métabolique

+ = *facteur stimulant*
− = *facteur inhibant*

Les mécanismes de régulation des hormones

LA SÉCRÉTION DES HORMONES EST DIRECTEMENT RÉGULÉE PAR LA CONCENTRATION DES SUBSTANCES SANGUINES OU PAR DES INTERRELATIONS AVEC LES GLANDES ENDOCRINES ET LE SYSTÈME NEUROVÉGÉTATIF.

Les hormones sont transportées dans le sang sous deux formes : complexées ou libres. Pour une très grande part, l'hormone est liée à une protéine plasmatique dite « protéine vectrice » (par exemple, la globuline TBG pour les hormones thyroïdiennes). Ce complexe représente une forme de réserve de l'hormone, libérée en fonction des besoins. Pour une faible part, l'hormone est libre dans le plasma : c'est la forme active, intéressante à doser, car c'est elle qui agit sur la « cellule cible ».

Les hormones ont deux types d'action sur la cellule cible. Dans le premier, l'hormone se lie à un récepteur hormonal membranaire, établissant avec lui une liaison spécifique comparable à un système clef-serrure, qui déclenche les réactions intracellulaires de consommation d'oxygène ou de synthèse de peptides. Dans le second, l'hormone traverse la membrane directement et, grâce à un récepteur cytoplasmique, atteint le noyau, où elle active les protéines-kinases (enzymes responsables de synthèses).

On distingue, enfin, deux modes de régulations : les unes comportent une série de relais de stimulation et d'inhibition dont l'origine est hypothalamique et hypophysaire, les autres sont des régulations autonomes. Dans le premier cas, la régulation se fait selon un système de rétrocontrôle dit négatif. Le taux des hormones circulantes régule la libération des hormones hypothalamiques (*releasing factor* ou RF) qui induisent leur propre sécrétion. Ainsi, l'hormone hypothalamique thyréolibérine ou TRH active la thyréostimuline hypophysaire ou TSH, qui induit les sécrétions thyroïdiennes (T3 et T4). Si celles-ci sont peu sécrétées, la baisse de leur taux plasmatique provoque une élévation des hormones hypothalamiques et hypophysaires, qui activent la sécrétion et inversement.

Dans le cas des régulations autonomes, la sécrétion hormonale est adaptée au taux d'une substance plasmatique, sans aucune intervention de l'hypophyse ou du système nerveux central. Ainsi, l'insuline est sécrétée par les cellules bêta des îlots de Langerhans lors d'une augmentation de glycémie ; la parathormone dépend, elle, du taux de calcium sanguin au niveau des parathyroïdes (quand la calcémie baisse, la parathormone augmente, et réciproquement). Enfin, la sécrétion d'aldostérone est régulée par la natrémie. Ainsi, les sécrétions d'hormone sont elles-mêmes régulées par le névraxe et le système hypothalamique ou le métabolite circulant. •

1. Exophtalmie bilatérale : protrusion des globes oculaires et rétraction palpébrale.

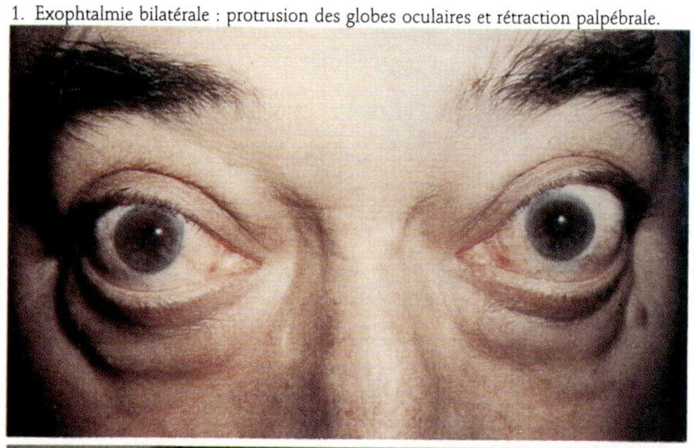

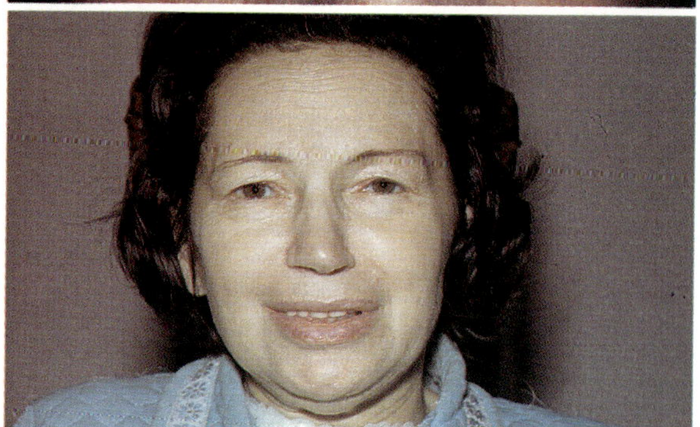

2. Visage œdémateux, bouffi, caractéristique d'une hypothyroïdie.

Pathologie de la région hypothalamo-hypophysaire

L'HYPOPHYSE, À LA BASE DE L'ENCÉPHALE, EST LOGÉE DANS LA SELLE TURCIQUE ET POSSÈDE D'ÉTROITES RELATIONS AVEC L'HYPOTHALAMUS. L'ATTEINTE D'UNE DE CES STRUCTURES PERTURBE GRAVEMENT LA RÉGULATION HORMONALE.

L'hypothalamus, région ventrale du diencéphale, sécrète, à des doses de l'ordre du nano- ou du picogramme, des substances qui stimulent ou inhibent les sécrétions hypophysaires. Ainsi, la TRH, découverte par R. Guillemin en 1986, stimule la thyroïde via l'hypophyse. D'une manière générale, toute atteinte de la région hypothalamique se traduit par des troubles métaboliques importants affectant la soif, la faim et la thermorégulation.

L'hypophyse est composée de deux régions : la posthypophyse et l'antéhypophyse. La posthypophyse sécrète l'ocytocine (hormone stimulant certaines fibres musculaires) et l'hormone antidiurétique (ADH), qui favorise la réabsorption d'eau au niveau des tubules rénaux. Ainsi, une hyposécrétion d'ADH entraîne une urine abondante (polyurie), qui a pour conséquence une soif inextinguible (polydipsie). Ce dysfonctionnement, qui peut conduire le malade à absorber 8 à 10 litres d'eau par 24 heures, est qualifié de diabète insipide (par analogie avec l'abondance des urines chez les diabétiques vrais). Un excès d'ADH, au contraire, provoque une rétention d'eau qui induit une dilution du sodium sanguin (hyponatrémie par dilution).

L'antéhypophyse sécrète des hormones appelées stimulines. Leur hyposécrétion peut être due à de multiples facteurs (traumatique, tumoral, vasculaire ou immunologique) ; elle est responsable d'anémie, d'hypogonadisme, d'insuffisance thyroïdienne ou surrénale, par exemple. Les hypersécrétions de l'antéhypophyse sont fréquentes, elles sont dues à une tumeur ou peuvent résulter d'un dérèglement hypothalamique. L'hypersécrétion de corticostimuline (ACTH) aboutit à un surdéveloppement (hyperplasie) bilatéral des glandes surrénales et à une hypersécrétion de cortisol (maladie de Cushing). Chez l'adulte, une tumeur (adénome) hypophysaire peut provoquer une hypersécrétion d'hormone de croissance (GH) et stimuler la croissance en épaisseur des os plats et des parties molles (acromégalie). De même, l'abondance de prolactine peut être responsable d'un arrêt des règles (aménorrhée) et d'une sécrétion lactée (galactorrhée) en dehors de toute période de grossesse. Enfin, toute tumeur de l'hypophyse ou de la région (craniopharyngiome, méningiome, adénome, gliome du chiasma optique) peut retentir sur les sécrétions hormonales et sur les fibres optiques voisines, entraînant des troubles de la vision. On recherchera systématiquement la présence de la tumeur par des explorations biologiques, mais surtout par un examen de la selle turcique au moyen de radiographies, d'examen tomodensitométrique ou d'imagerie par résonance magnétique nucléaire. Le traitement, difficile, de ces tumeurs associe la chirurgie, les irradiations et les médications. •

3. Schéma de la région hypothalamique et hypophysaire.

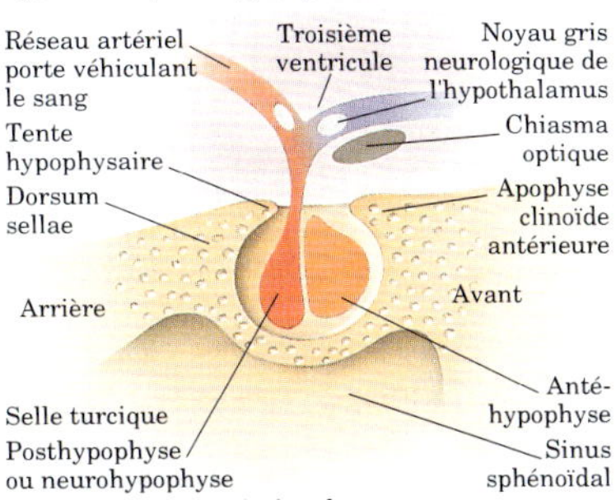

Pathologie de la thyroïde, des corticosurrénales et des gonades

MARQUÉE PAR UN GOITRE VISIBLE, LA PATHOLOGIE THYROÏDIENNE EST FRÉQUENTE. LA MESURE DE L'HORMONÉMIE ET DES MÉTABOLISMES PERMET DE RECONNAÎTRE UNE HYPOTHYROÏDIE OU UNE HYPERTHYROÏDIE.

L'insuffisance de sécrétion des hormones thyroïdiennes (T4) réalise l'hypothyroïdie primaire ou myxœdème, qui provoque un ralentissement métabolique général. Le malade souffre de frilosité, d'hypothermie et de constipation accompagnées d'une baisse des activités physiques, intellectuelles et sexuelles. On observe également une infiltration cutanéo-muqueuse (gonflement) de la face et des extrémités des membres, une grosse langue, une voix rauque et une baisse de l'audition. De plus, chez l'enfant, l'hypothyroïdie retentit sur la croissance (nanisme dysharmonieux) et sur le développement du système neuropsychique (crétinisme). Les dosages sanguins (T4 abaissée, TSH élevée) permettent d'affirmer l'existence d'une hypothyroïdie.

L'hyperthyroïdie est due le plus souvent à une maladie auto-immune, la maladie de Basedow. Le malade présente un goitre diffus et une augmentation générale de tout le métabolisme qui se traduit par une accélération du rythme cardiaque (tachycardie), un amaigrissement et des yeux exorbités (exophtalmie). L'évolution se fait vers des complications essentiellement cardio-vasculaires (insuffisance cardiaque et/ou troubles du rythme cardiaque). Certains goitres sont dus à des anomalies de l'hormogenèse ou encore à des tumeurs (adénome, cancer).

L'atteinte corticosurrénalienne est à l'origine de diverses maladies. L'insuffisance surrénale (maladie d'Addison) est due à une hyposécrétion en cortisol et en aldostérone dont l'origine est tuberculeuse ou auto-immune. L'hypersécrétion des hormones corticosurrénales (ou hypercorticisme) peut provenir d'une tumeur de la glande surrénale. On distingue l'hyperaldostéronisme primaire ou syndrome de Conn (responsable d'hypertension artérielle) et l'hypercorticisme métabolique ou syndrome de Cushing, avec obésité facio-tronculaire, hypertension artérielle et diabète sucré. Ce dernier syndrome, hormis la tumeur surrénale, peut avoir pour origine une hyperproduction de cortisol stimulée par une tumeur hypophysaire.

L'atteinte gonadique réalise des situations variées, congénitales ou acquises. Les états d'hyposécrétion ovarienne posent le plus grand nombre de problèmes. Ainsi, l'hypogonadisme avec insuffisance en hormones féminines œstrogènes va du retard pubertaire aux aménorrhées, certaines aberrations chromosomiques (syndrome de Turner) pouvant entraîner une agénésie ovarienne (non-formation des ovaires). De même, chez l'homme, l'insuffisance testiculaire avec impuissance et stérilité peut être due à des maladies acquises (oreillons, ectopie) ou congénitales comme l'anorchidie (absence de testicules) ou le syndrome de Klinefelter (aberration chromosomique entraînant une stérilité totale et définitive). •

4. Régulations et dysrégulations au cours de maladies thyroïdiennes.

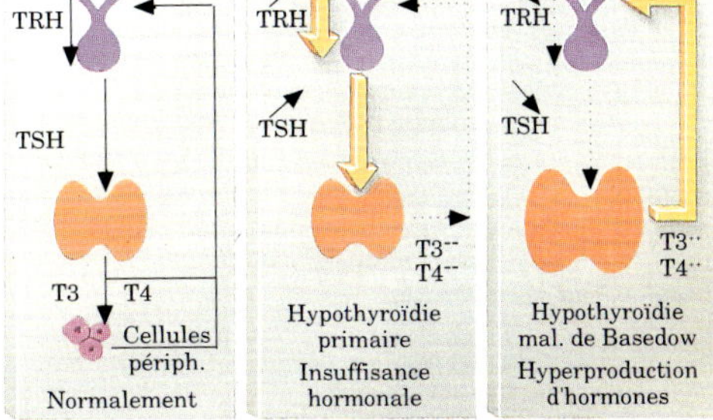

Essor méthodologique

L'endocrinologie est allée de la description de morphologies particulières, comme l'exophtalmie (1) ou le faciès des hypothyroïdies (2), à l'explication de la corrélation entre l'anomalie et le fonctionnement d'une glande. La reproduction expérimentale de la maladie, par suppression de cette même glande chez l'animal, ou administration d'extraits glandulaires, a constitué une deuxième étape.
Aujourd'hui, on a répertorié toutes les hormones sécrétées par le complexe hypothalamo-hypophysaire et identifié leur action dans l'organisme (voir tableaux). Le rôle dominant de l'hypophyse (3) a été découvert par Pierre Marie décrivant en 1885 « une hypertrophie singulière des extrémités associée à un hyperéosinophilisme hypophysaire ». Les interactions de cette glande, notamment avec la thyroïde (4), sont indispensables au fonctionnement vital de chaque individu. Le dosage par radio-immunologie des hormones circulantes, des facteurs de sécrétion et des neuromédiateurs, la qualité de l'imagerie permettent de mieux comprendre la physiologie et de mieux traiter les maladies.

Pathologie des parathyroïdes, des médullo-surrénales et du pancréas

ALORS QUE L'ATTEINTE DES PARATHYROÏDES ET DES MÉDULLO-SURRÉNALES EST EXCEPTIONNELLE, CELLE DU PANCRÉAS ENDOCRINE EST TRÈS FRÉQUENTE, ELLE EST À L'ORIGINE DE CERTAINS DIABÈTES.

L'atteinte parathyroïdienne peut comporter une hyposécrétion en parathormone s'accompagnant d'une baisse du calcium sanguin et urinaire, responsable de manifestations variées, étiquetées crises de tétanie (fourmillements divers). Dans l'hyperparathyroïdie, l'hypersécrétion est souvent liée à une tumeur et l'hypercalcémie s'accompagne d'hypercalciurie avec syndrome polyuropolydipsique (forte soif et urines abondantes). Les syndromes s'accompagnent souvent de lithiase urinaire (calculs rénaux) ou salivaire, de fractures ou de lacunes osseuses témoignant d'une décalcification importante.

L'atteinte médullo-surrénalienne peut se traduire par des tumeurs très rares appelées phéochromocytomes, responsables de la sécrétion de catécholamines (adrénaline, noradrénaline) entraînant une hypertension artérielle. Leur traitement est l'exérèse chirurgicale.

Le pancréas sécrète deux hormones, l'une (insuline) fait baisser le taux de glucose sanguin (hypoglycémiante), l'autre (glucagon) est hyperglycémiante. L'atteinte du pancréas peut entraîner une hypersécrétion en insuline, parfois révélatrice d'adénome. Elle provoque une hypoglycémie qui entraîne des manifestations variées, car les cellules cérébrales souffrent très vite du manque de sucre : malaises avec fatigue, état confusionnel, tremblements, crises convulsives. À cette hypoglycémie s'ajoute souvent une riposte adrénalinique par la surrénale : sueurs, crampes, faim, pâleur par vasoconstriction et céphalées. L'hyposécrétion d'insuline réalise le diabète sucré insulinodépendant caractérisé par une hyperglycémie à jeun supérieure à 1,30 g/l. Un traitement bien conduit permet de stabiliser la glycémie et empêche habituellement la survenue du coma acidocétosique. Mais les atteintes vasculaires font toute la gravité du diabète sucré : atteinte des gros troncs artériels par athérosclérose ou, surtout, atteinte capillaire (microangiopathie), notamment au niveau de la rétine et du glomérule rénal. Trois sortes de thérapeutiques sont préconisées : les sulfamides hypoglycémiants, qui stimulent les cellules productrices d'insuline, les biguanides, qui favorisent le passage du glucose dans les cellules, et l'insulinothérapie par voie sous-cutanée, en une, deux ou trois injections quotidiennes régulièrement poursuivies. •

→ **Voir aussi :** Physiologie des régulations, **BIOL**, p. 158-159. L'appareil sexuel de l'homme, **MED**, p. 316-317. L'appareil sexuel de la femme, **MED**, p. 318-319.

L'appareil respiratoire Structure et fonction

LES VOIES AÉRIENNES VÉHIculant l'air et le système vasculaire de la petite circulation constituent l'appareil respiratoire. Les voies aériennes comprennent les cavités nasales et buccales et le larynx, auxquels fait suite la trachée, qui se divise en bronches principales, puis en bronchioles terminées par les alvéoles pulmonaires. Le système vasculaire amène par les artères pulmonaires le flux sanguin du ventricule droit jusqu'aux capillaires alvéolaires, les veines pulmonaires le ramènent, épuré du gaz carbonique et enrichi en oxygène, à l'oreillette gauche.

Le poumon du nourrisson et du jeune enfant est particulièrement fragile puisqu'il s'agit d'un organe en pleine croissance jusqu'à l'âge de 8 ans. Ce poumon est sensible à la pollution et au tabagisme des parents. Sa croissance peut être localement stoppée par une infection. C'est souvent le cas lors des infections virales ou coquelucheuses, qui peuvent laisser des séquelles, dilatations bronchiques appelées « bronchectasies ». Chez les adultes, les poumons sont aussi le siège d'infections (pneumonies, broncho-pneumonies) parmi lesquelles la tuberculose avait une part majeure ; elle est devenue rare dans les pays développés depuis la vaccination par le B.C.G. D'autres pathologies comme les cancers ou les embolies pulmonaires peuvent être observées. Les maladies des plèvres réalisent des pleurésies d'origine infectieuse ou tumorale. Les plaies thoraciques et la rupture de bulles d'emphysème entraînent la constitution de pneumothorax (épanchement de gaz dans la cavité pleurale).

Le fonctionnement pulmonaire est vérifié par l'exploration fonctionnelle : mesure des volumes et des débits inspirés et expirés des gaz du sang artériel. En 1897, un endoscope était utilisé pour la première fois par le médecin allemand G. Killian pour enlever un os de porc dans la bronche principale droite d'un homme. La bronchoscopie, qui date des années 1920, utilise un tube rigide avec une ampoule électrique à l'extrémité distale. Plus tard, durant les années 1960, le fibroscope souple imaginé par le Japonais Ikeda Shigeto a permis une importante avancée en pneumologie, notamment pour la détection des cancers du poumon.

Arbre bronchique et poumon

LE RÔLE FONDAMENTAL DE L'APPAREIL RESPIRATOIRE EST DE PERMETTRE AU SANG DE S'ENRICHIR EN OXYGÈNE ET DE S'APPAUVRIR EN GAZ CARBONIQUE.

Les cellules des tissus de l'organisme consomment de l'oxygène, qu'elles puisent dans le sang hématosé (sang riche en oxygène), et produisent du gaz carbonique toxique, qu'elles libèrent dans le sang réduit (sang pauvre en oxygène). L'artère pulmonaire véhicule, du cœur au poumon, le sang chargé en gaz carbonique. Ce gaz est éliminé grâce aux échanges qui se font au travers de la fine paroi des millions d'alvéoles pulmonaires dont la surface totale considérable est d'environ 70 m². Puis le sang rechargé en oxygène et débarrassé de son gaz carbonique est conduit vers le cœur par la veine pulmonaire. Là, il est distribué dans tout l'organisme par la circulation artérielle afin d'apporter l'oxygène nécessaire au bon fonctionnement des organes.

Avant d'atteindre les alvéoles, l'air inspiré, riche en oxygène, doit circuler dans l'arbre aérien (bouche ou fosses nasales, pharynx, larynx, trachée, bronches et bronchioles). Durant tout ce trajet, aucun échange gazeux ne se produit. L'air expiré, riche en gaz carbonique, suit le chemin inverse vers l'atmosphère.

Le sens du mouvement de l'air dans les voies aériennes dépend de la pression régnant dans la cage thoracique, où est enfermée la plus grande partie de l'appareil respiratoire. L'inspiration est une phase active où la contraction du diaphragme permet une augmentation du volume de la cage thoracique et crée, dans les voies respiratoires, une pression inférieure à la pression atmosphérique ; l'air est alors aspiré dans l'arbre aérien. L'expiration, lorsqu'elle est calme, est un phénomène passif au cours duquel le poumon reprend sa position initiale. La pression devient supérieure et l'air est rejeté vers l'extérieur. Ces différences de pression sont régies, sous contrôle nerveux, par les muscles respiratoires (diaphragme, intercostaux, abdominaux, scalènes) insérés sur le thorax et qui se contractent et se relâchent de 15 à 20 fois par minute chez l'adulte normal. •

L'oxygène, source de vie

COMPOSANT NATUREL ESSENTIEL DE L'AIR, L'OXYGÈNE EST INDISPENSABLE À LA VIE. CHAQUE JOUR, 8 À 10 M³ D'AIR CIRCULENT DANS NOTRE APPAREIL RESPIRATOIRE, LE RÉSEAU VASCULAIRE ET LES TISSUS.

Le terme d'oxygène a été introduit pour la première fois par Lavoisier en 1783. La première application thérapeutique de ce gaz est attribuée au chirurgien francais F. Chaussier, qui, en 1860, propose un traitement des nouveau-nés cyanosés.

L'air que nous respirons est composé d'un mélange d'azote (78 %) et d'oxygène (21 %), les autres gaz (argon notamment) étant présents à doses infimes. Seul l'oxygène inhalé est utile au bon fonctionnement de notre organisme et certaines maladies, aiguës ou chroniques, touchant le système respiratoire peuvent avoir de graves conséquences. Si le poumon devient incapable d'assurer une oxygénation correcte du sang artériel, on parle d'hypoxémie ; s'il est incapable de prévenir une rétention de gaz carbonique (CO_2), on parle d'hypercapnie.

Une hypoxémie importante se manifeste par une cyanose, des signes de souffrance cardiaque telle une tachycardie (accélération du rythme cardiaque) et des effets sur le système nerveux (altération des facultés intellectuelles). Ces différents signes justifient la mesure de la pression partielle d'oxygène dans le sang artériel pour établir un diagnostic. De nombreuses causes peuvent être responsables d'une hypoxémie. Ainsi, il existe parfois une inégalité du rapport ventilation-perfusion (la ventilation dans les alvéoles et le débit sanguin des capillaires pulmonaires sont mal adaptés l'un à l'autre). C'est le mécanisme le plus fréquent ; il s'observe dans les broncho-pneumopathies chroniques obstructives (bronchites chroniques, emphysème, asthme grave) ou les embolies pulmonaires. En cas d'hypoventilation, le volume de gaz inspiré qui arrive aux alvéoles est réduit. Cela peut provenir d'une dépression du centre respiratoire par certains médicaments (barbituriques, morphine...) ou de maladies affectant les muscles respiratoires (poliomyélite, myasthénie...). Lors des anomalies de diffusion, l'oxygène ne franchit que partiellement la barrière tissulaire qui sépare les alvéoles des globules rouges. Cela s'observe au cours de la sarcoïdose ou de diverses fibroses. Enfin, en cas d'anévrysme intrapulmonaire, de cardiopathie congénitale ou de pneumonie, une dérivation des vaisseaux sanguins (appelée *shunt*) peut conduire du sang veineux directe-

1. Histogenèse du système respiratoire (d'après A. Hislop et L. Reid).

Croissance de l'appareil respiratoire

De la période prénatale jusqu'à l'âge de 7 ans, le poumon s'accroît : 24 millions d'alvéoles sont présentes à la naissance et ce nombre passe à 300 millions vers 8 ans, pour atteindre 400 à 600 millions chez l'adulte. La taille des alvéoles augmente beaucoup, de 3 ans jusqu'à la puberté (1). Après la naissance, les bronches et les bronchioles terminales augmentent en longueur et surtout en calibre. Quant à la ventilation collatérale (d'alvéole en alvéole), elle apparaît assez tardivement, entre 2 et 8 ans, ce qui explique la vulnérabilité de certains territoires comme le lobe moyen chez l'enfant et l'adulte.

ment vers le sang artériel sans qu'il soit passé dans les zones ventilées. Le sang artériel est alors pauvre en oxygène.

Lorsque la cause de l'hypoxémie ne peut être traitée, certains patients deviennent victimes d'une insuffisance respiratoire grave qui les confine dans un fauteuil. Elle se complique d'infections itératives aiguës avec anoxie qui retentissent sur les cavités droites du cœur. L'administration d'oxygène leur apporte un bénéfice considérable : près de 15 000 personnes, en France, sont ainsi appareillées à domicile. L'oxygène est disponible dans des bouteilles (gaz comprimé à forte pression), dans des cuves (oxygène liquide à basse température). D'autres équipements plus économiques (concentrateurs) permettent d'extraire l'oxygène de l'air ambiant à l'aide d'un filtre moléculaire. Un faible débit d'oxygène donné plus de 15 heures par jour, durant plusieurs mois, améliore le confort et le pronostic vital. •

Rythmes et fonctions

LES MUSCLES RESPIRATOIRES SE CONTRACTENT 24 HEURES SUR 24 DURANT TOUTE LA VIE, ILS CONSTITUENT UNE POMPE AUSSI VITALE QUE LA POMPE CARDIAQUE, RÉGULÉE PAR DES DISPOSITIFS NEUROLOGIQUES ET HUMORAUX.

Le rythme respiratoire est commandé par les groupes de neurones des centres respiratoires situés dans le tronc cérébral. Ces centres sont capables d'adapter la ventilation aux différentes situations de la vie durant le nycthémère (succession du jour et de la nuit). Le principal stimulus des centres respiratoires est d'ordre chimique. Il s'agit des pressions partielles d'oxygène et de gaz carbonique dans le sang.

Lorsque les besoins énergétiques de l'organisme augmentent, par exemple au cours de l'exercice musculaire, les centres respiratoires coordonnent une contraction plus fréquente et plus intense des muscles inspiratoires. La ventilation est ainsi augmentée et permet un accroissement des apports en oxygène et de l'élimination du gaz carbonique produit en excès. Les centres respiratoires sont également soumis à un contrôle du cortex cérébral (hyperventilation liée à l'angoisse, coordination de la respiration et du chant ou de la parole) et leur activité est coordonnée avec celle d'autres centres nerveux (déglutition par exemple).

Le sommeil influence la ventilation, qui diminue lors des phases de sommeil profond. Il s'agit alors de périodes de grande vulnérabilité pour les patients ayant une maladie respiratoire chronique importante. Certains sujets, parmi les ronfleurs sévères, arrêtent de respirer (apnée) périodiquement pendant leur sommeil (syndrome d'apnée du sommeil). Les conséquences de ces apnées peuvent être graves et entraîner des hypoxémies avec troubles du rythme cardiaque, hypertension artérielle et troubles vasculaires cérébraux accompagnés de crises convulsives et d'une asthénie diurne considérable. •

La dyspnée

CORRESPONDANT À UNE DIFFICULTÉ OU À UNE GÊNE À LA RESPIRATION DONT L'ORIGINE PEUT ÊTRE SOMATIQUE OU PSYCHIQUE, LA DYSPNÉE PEUT S'ACCOMPAGNER D'UNE AUGMENTATION OU D'UNE DIMINUTION DU RYTHME RESPIRATOIRE.

La sensation d'inconfort respiratoire peut varier d'un individu à l'autre alors même que l'altération de la fonction respiratoire est identique. Elle peut également, chez un même individu, être modulée par les circonstances. Cependant, la dyspnée est un symptôme normal lorsqu'elle survient pour un effort maximal, c'est le cas de l'activité sportive, en particulier chez les alpinistes, qui sont confrontés simultanément à une importante dépense musculaire et à une baisse de la concentration en oxygène de l'air dès qu'ils dépassent 3 000 mètres d'altitude. La dyspnée justifie, par contre, une analyse médicale lorsqu'elle se manifeste pour des efforts moins intenses. La recherche de sa cause est, parfois, source de grandes difficultés pour le médecin. En effet, elle sert de signal d'alarme lors d'une pathologie aiguë facilement identifiable et réversible (crise d'asthme) ou d'un accident menaçant le pronostic vital (pneumothorax, embolie pulmonaire...). D'autres fois, elle n'est que l'un des symptômes d'une affection chronique, d'autant plus délicate à identifier que plusieurs organes sont en même temps déficients (le cœur et le poumon, par exemple). De plus, beaucoup de patients l'attribuent, par erreur, à leur âge avancé et ne vont pas consulter.

Les causes usuelles de dyspnée sont représentées par les maladies de l'appareil respiratoire (diminution du calibre des voies aériennes dans l'asthme et la bronchite chronique, destruction des alvéoles et de leurs capillaires dans l'emphysème, épaississement du parenchyme pulmonaire de la fibrose ou amputation de la capacité ventilatoire consécutive à une intervention chirurgicale...) et les maladies cardiaques (mauvais fonctionnement des valves, altération de la contractilité du muscle dans les cardiomyopathies, séquelles d'un infarctus du myocarde...). Les examens complémentaires les plus utiles permettant de poser le diagnostic sont la radiographie thoracique, l'exploration fonctionnelle respiratoire, la numération des globules rouges, la mesure des gaz dans le sang artériel et l'échographie cardiaque.

La dyspnée peut être quantifiée de deux manières. Dans un premier temps, on demande au patient de situer sur une échelle limitée par deux bornes (« je ne suis pas essoufflé » et « je n'ai jamais été aussi essoufflé ») la gêne qu'il ressent. Ensuite, il est aussi possible de déterminer l'intensité de l'exercice qui fait apparaître la dyspnée (tests d'exercices cardiorespiratoires) et d'en suivre l'atténuation par diverses thérapeutiques et la kinésithérapie.

Une enquête pneumologique négative oriente vers des causes neurovégétatives comme la névrose d'anxiété et le syndrome d'hyperventilation (souvent confondus en France avec la spasmophilie) qui concernent des sujets de moins de 40 ans, des femmes le plus souvent. Le tracé de la ventilation de base est alors très irrégulier, avec de nombreux soupirs pénibles et incoercibles. La gymnastique respiratoire, les médications sédatives apportent un secours thérapeutique. Parfois, ces anomalies sont corrigées par la relaxation, l'autocontrôle du malade et un abord psychiatrique. •

→ **Voir aussi :** La respiration des animaux, **BIOL**, p. 152-153. L'appareil respiratoire Pathologie, **MED**, p. 290-291.

Anatomie du poumon

Chacun des deux poumons (2) est recouvert par la plèvre viscérale qui, en s'invaginant entre les lobes, constitue les scissures. Le poumon droit est divisé en trois lobes et le poumon gauche en deux ; chacun des lobes est lui-même divisé en segments qui constituent les plus petites unités recevant une ventilation et une vascularisation autonomes.

2. Dessin de l'appareil respiratoire.

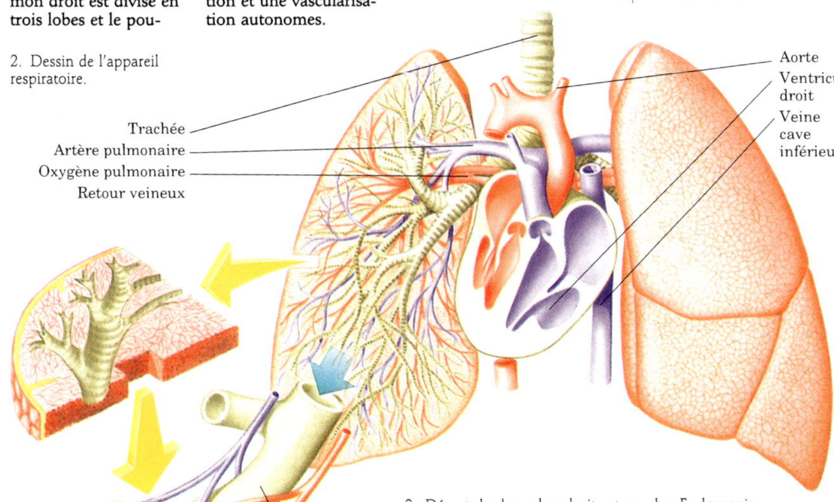
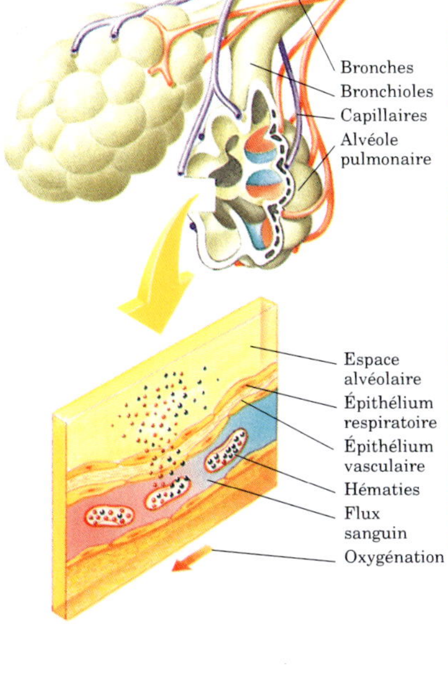

3. Départ des bronches droite et gauche. Endoscopie.

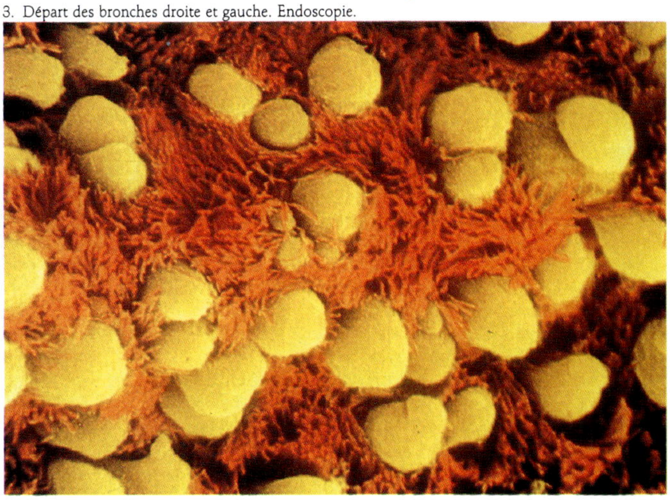

L'épithélium respiratoire

Les voies aériennes sont limitées par un épithélium respiratoire (3) associant différentes cellules (ciliées, caliciformes...) qui assurent une barrière de perméabilité entre la lumière et les tissus bronchiques, ainsi que la production d'un film de mucus entraîné par le mouvement ciliaire. Le mucus provient des glandes sous-muqueuses et des cellules caliciformes : près de 20 cm³ de sécrétions sont inconsciemment éliminées tous les jours. Ces sécrétions remontent jusqu'au pharynx par l'action des cellules ciliées qui comportent chacune environ 200 cils battant à une fréquence de 10 cycles par seconde, et sont évacuées au dehors ou vers l'estomac.

L'appareil respiratoire

Pathologie

LES CIVILISATIONS INDO-européennes ont toujours localisé dans le souffle (*pneuma,* en grec) à la fois la source de la vie et l'esprit ou l'âme. Les énergies les plus subtiles étaient symbolisées par la respiration, c'est pourquoi nous mourons depuis des millénaires en « rendant notre dernier souffle ».

Les grandes maladies archétypes, la tuberculose au XIXe siècle, le cancer puis le sida au XXe, atteignent préférentiellement le poumon. La pneumologie est née au XIXe siècle avec les découvertes du Français Laennec, qui a su rendre perceptibles et audibles par le stéthoscope les anomalies du tissu pulmonaire. Cette méthode anatomoclinique a permis de corréler les lésions avec les signes cliniques, et de séparer les maladies du poumon et celles des plèvres qui les enveloppent. Au début du XXe siècle, la radiographie a rendu visibles les signes de la maladie que les explorations modernes, scanner, imagerie par résonance magnétique (I.R.M.) et fibroscopie bronchique ont précisés. La maladie peut être dépistée avant que n'apparaissent des symptômes observables par le patient.

Toute difficulté respiratoire est dramatique pour le malade, et la prise en charge de ces malades chroniques tient compte de cette angoisse. Depuis les premiers poumons d'acier en 1930, les respirateurs des années 1950 ont relayé la mécanique ventilatoire défaillante et l'oxygénothérapie supplée aujourd'hui le défaut d'oxygénation. Mais une prothèse du poumon efficace n'existe pas encore. Aussi les greffes pulmonaires soulèvent-elles un grand espoir.

L'asthme

LE MÉDECIN GREC HIPPOCRATE A, LE PREMIER, UTILISÉ LE TERME D'ASTHME POUR DÉCRIRE UN ÉPISODE BREF DE GÊNE RESPIRATOIRE. DEPUIS CETTE DESCRIPTION, LE MÉCANISME DE L'ASTHME A ÉTÉ BIEN PRÉCISÉ.

Symbole des relations biochimiques, physiologiques, immunologiques et cliniques qui coexistent dans une maladie pulmonaire, l'asthme est devenu un modèle. Le terme d'asthme est maintenant réservé à l'ensemble des désordres de l'appareil respiratoire qui provoquent des épisodes de dyspnée (gêne respiratoire) volontiers nocturnes, avec sibilances (sifflements à l'expiration et parfois à l'inspiration, dus à l'augmentation de la résistance à l'écoulement de l'air dans les voies respiratoires). Ces épisodes dyspnéiques disparaissent de manière spontanée ou sous l'influence de la thérapeutique. Il faut éviter de confondre l'asthme avec l'œdème pulmonaire, jadis appelé asthme cardiaque, et distinguer les manifestations de l'asthme chronique avec celles peu réversibles de la bronchite chronique. Cependant, certaines manifestations pathologiques sont reconnues comme des équivalents de l'asthme (toux spasmodiques, bronchiolites itératives, eczéma, œdème de Quincke, urticaire).

L'asthme est d'origine allergique chez neuf enfants sur dix. Ces enfants se plaignent autant de rhinite que d'asthme. Les allergènes sont multiples (acariens de la poussière de maison, pollens, poils d'animaux domestiques). Lorsqu'elle est possible, l'éviction de ces allergènes supprime la maladie. D'une manière générale, la fonction ventilatoire se normalise lors de la puberté, mais l'asthme peut réapparaître vers 30 ans ou plus en fonction des pollutions atmosphériques, professionnelles et domestiques. Chez la majorité des adultes, l'asthme est dû à des anomalies du système de défense des voies aériennes contre de nombreuses agressions non spécifiques (fumées, produits chimiques, changements climatiques, variations hormonales, stress, intolérance à l'aspirine...). Celles-ci provoquent un état d'hyperréactivité et une instabilité du diamètre de la lumière bronchique : l'asthme revêt alors volontiers une évolution chronique.

On insiste actuellement sur le caractère génétique de l'asthme. Il est établi, par exemple, que, si les deux parents ont des manifestations allergiques, ils auront six chances sur dix d'avoir des enfants allergiques. Mais cela ne saurait expliquer l'augmentation de la fréquence de l'asthme dont les raisons restent encore inconnues. Aujourd'hui, la mortalité due à l'asthme est faible mais devrait être nulle si le diagnostic était porté à temps et si la thérapeutique était bien suivie par le malade. Depuis les années 1950, cinq familles de médicaments sont actifs sur la maladie : les antiallergiques, les bêta-adrénergiques, les corticoïdes, les théophyllines et les atropiniques. L'administration par inhalation, principalement pour les corticoïdes, présente le meilleur rapport efficacité/tolérance. L'industrie offre divers dispositifs qui assurent une bonne pénétration du médicament dans les bronches (aérosol-doseurs, chambres d'inhalation et bientôt générateurs de poudre). De même, les molécules de longue durée d'action autorisent souvent de restreindre le traitement à deux prises quotidiennes. Ce traitement de l'asthme associe les antibiotiques, les désensibilisations en cas d'allergie démontrée, les anti-inflammatoires et antiallergiques. En 1985, la thérapeutique s'est orientée vers la normalisation de la fonction ventilatoire suivie de la diminution du nombre des médicaments et du nombre de prises quotidiennes. •

Le poumon malade de l'environnement

CHEZ LE SUJET NORMAL, LA RESPIRATION MOBILISE ENVIRON CINQ LITRES D'AIR PAR MINUTE. AINSI, TROIS CENTS LITRES PAR HEURE PASSENT PAR LES VOIES AÉRIENNES SUPÉRIEURES ET PARTICIPENT AUX ÉCHANGES GAZEUX.

L'air, outre les gaz qui participent à l'oxygénation, contient de nombreux éléments étrangers, « aérocontaminants » (particules minérales ou organiques en aérosols). Le poumon est capable d'épurer une certaine quantité de ces particules : les plus grosses, dont le diamètre est supérieur à 10 μm (millionièmes de mètre), se déposent au niveau du nez où elles sont arrêtées par les poils. Les particules moyennes (de 5 à 0,5 μm) se déposent sur la muqueuse trachéobronchique. Grâce au mouvement permanent des cils bronchiques, qui mobilisent une sorte de tapis muqueux, ces particules sont ramenées au carrefour aéropharyngé et rejetées par la toux ou la déglutition. Enfin, les plus petites particules (inférieures à 3 μm) pénètrent dans les alvéoles, où elles sont phagocytées par les macrophages alvéolaires et éliminées avec eux. Ces mécanismes de défense sont vite débordés dans l'environnement des villes où la concentration de ces particules a augmenté dangereusement (passant de 0,5 mg par m^2 d'air à la campagne à 100 mg en milieu urbain).

La plupart des particules comme celles du tabac et des goudrons sont irritantes pour la muqueuse bronchique. Cette dernière perd alors ses cils et s'enrichit en glandes bronchiques sécrétant davantage de mucosités qui stagnent et s'infectent. La paroi bronchique s'altère, ce qui entraîne un syndrome d'obstruction bronchique. Enfin, les parois des alvéoles pulmonaires se rompent, constituant des bulles qui provoquent une dilatation excessive et permanente des alvéoles (emphysème). Certaines particules sont allergisantes et provo-

1. Résultat informatisé de l'enregistrement polyhypnographique au cours d'apnée du sommeil.

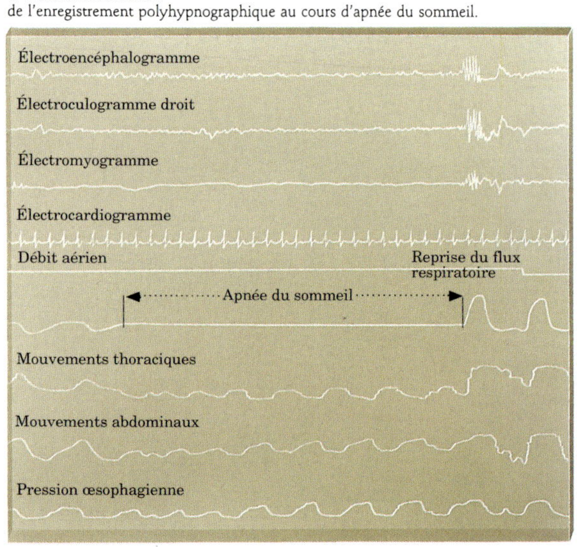

Les apnées du sommeil

Le syndrome des apnées du sommeil, anomalie de la respiration durant le sommeil, concerne plus de 1 % de la population. Le malade est souvent un homme de la cinquantaine, corpulent, qui fait des pauses respiratoires nocturnes, fréquentes et parfois longues, au milieu de ses ronflements, accompagnées de cyanose et de changements du rythme cardiaque qui l'exposent à des risques vasculaires, cardiaques et cérébraux. L'enregistrement nocturne de la respiration, du sommeil, du rythme cardiaque et de l'électroencéphalogramme (1) et du myogramme qui permet d'identifier ces troubles est la polyhypnographie.

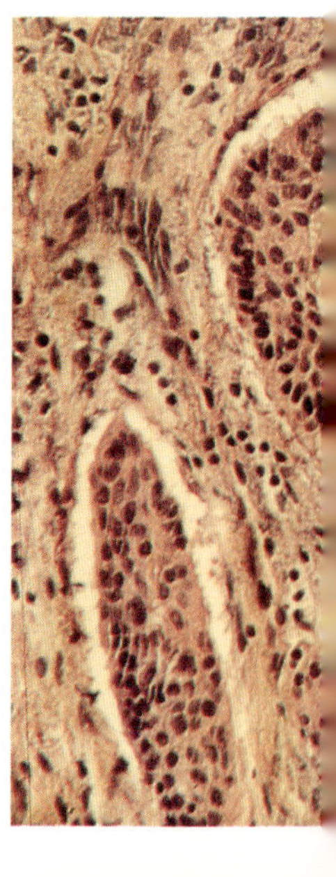

quent des bronchospasmes, un asthme pouvant s'installer et persister même si l'organisme n'est plus en contact avec l'aérocontaminant. Les goudrons ont de plus une action carcinogène propre et potentialisent les autres substances carcinogènes.

Au niveau alvéolaire, une fois ingérées par le macrophage, les particules organiques peuvent entraîner une réaction immunitaire mobilisant les lymphocytes circulants. Ils colonisent le poumon, entraînant une alvéolite lymphocytaire allergique, puis une fibrose. De nombreux aérocontaminants, comme les particules de silice, d'amiante, peuvent également entraîner une fibrose par eux-mêmes. Ils se déposent dans les membranes pulmonaires où ils sont détruits par des cellules spécialisées : les macrophages. Ceux-ci deviennent des cellules géantes et s'entourent de polynucléaires, de lymphocytes et de fibroblastes. La membrane alvéolocapillaire s'épaissit alors et perd sa perméabilité. L'oxygène ne peut plus diffuser de l'alvéole vers le capillaire. Les aspects des agressions du poumon par l'environnement sont ainsi multiples tant par les mécanismes : irritants, allergiques, fibrogènes, que par les sites d'action : bronche, alvéoles, membrane ; la résultante est la perte de la fonction d'oxygénation du poumon. •

Tabagisme et cancer du poumon

La part des cancers dans la mortalité globale ne cesse d'augmenter ; le cancer broncho-pulmonaire est le plus meurtrier : environ 30 000 morts en 1989, dont 9 cas sur 10 sont dus au tabac. Le risque de cancer induit par le tabac apparaît pour une consommation globale de cigarettes supérieure à 200 000 et persiste au moins 8 ans après le sevrage. La fibroscopie bronchique localise la tumeur évoquée par les signes cliniques et radiologiques, et permet des prélèvements (biopsies, brossage, cytologie des sécrétions) analysés par l'anatomo-pathologiste (3).

2. Opacité lobaire supérieure gauche révélatrice d'un cancer bronchique.

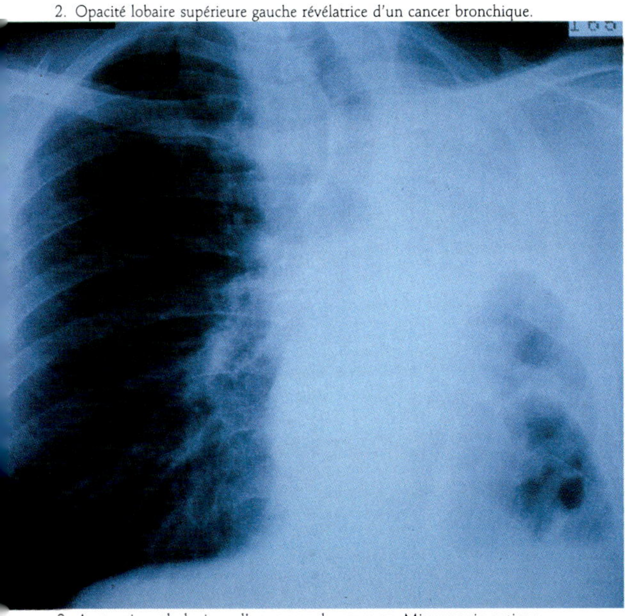

3. Anatomie pathologique d'un cancer du poumon. Microscopie optique.

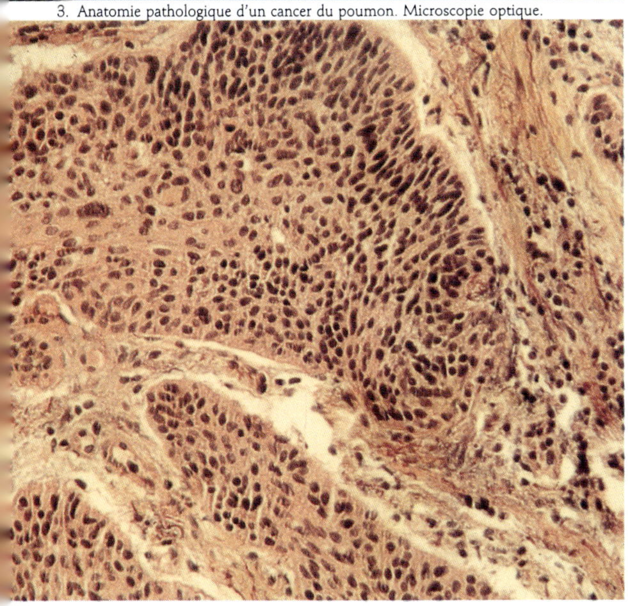

Le poumon miroir des maladies

BRANCHÉS SUR LA PETITE CIRCULATION, LES POUMONS SONT LES SEULS ORGANES TRAVERSÉS PAR TOUT LE DÉBIT SANGUIN DE L'ORGANISME AU COURS DU CYCLE RESPIRATOIRE.

Les artères pulmonaires, issues du ventricule droit, transportent le sang vers la membrane alvéolocapillaire où il est oxygéné, puis les veines pulmonaires reconduisent le sang dans l'oreillette gauche d'où il est propulsé par le ventricule gauche dans l'aorte puis vers tout l'organisme. En cas de défaillance cardiaque, le cœur n'assume plus bien son rôle de pompe et n'arrive pas à éjecter le sang vers l'aorte. Le débit cardiaque chute et le volume sanguin stagne en amont du ventricule gauche, donc dans le poumon. Cela est l'une des causes de l'œdème pulmonaire et des épanchements pleuraux.

Le poumon joue un rôle de filtre puisque tout le débit sanguin transite par lui. Cela le rend particulièrement vulnérable. Ainsi, les cellules tumorales issues d'un cancer d'une quelconque origine transitent dans le poumon, ce qui explique la grande fréquence des métastases pulmonaires dans les cancers généralisés. De même, le flux sanguin favorise les embolies (oblitération d'un vaisseau par un corps en migration), le plus souvent migration de caillot. À partir des veines périphériques, les caillots, après être passés dans l'oreillette droite, vont se trouver bloqués dans les artères pulmonaires et engendrer des infarctus pulmonaires (zone de poumon privée de vascularisation et se rétractant) qui se traduisent par une gêne respiratoire, des douleurs et des crachements de sang. Enfin, tous les micro-organismes transitent également par le poumon et, dans les maladies infectieuses générales, quel que soit le point de départ de l'infection, les micro-organismes pathogènes peuvent s'arrêter dans le poumon et donner des métastases septiques sous forme d'abcès pulmonaires ou de pneumonies.

Les germes, comme les mycobactéries responsables de la tuberculose ou les parasites responsables de la pneumocystose pulmonaire des malades porteurs d'une immunodéficience acquise, pénètrent dans le poumon par voie aérienne. Ils essaiment ensuite secondairement dans tout l'organisme. Dans la maladie du sida en particulier, les diverses infections pulmonaires représentent un des facteurs pronostiques importants.

La richesse de vascularisation fait du poumon un organe cible préférentiel des maladies générales et immunologiques comme les maladies du collagène (lupus, dermatomyosites, vascularites). Ainsi, au cours de la maladie rhumatoïde, qui touche surtout les femmes et peut léser les mains et toutes les articulations, l'atteinte pulmonaire est assez fréquente. Il peut s'agir d'une atteinte bronchiolaire, favorisée par les médicaments nécessaires pour soigner la maladie, mais aussi d'épanchements pleuraux qui peuvent régresser spontanément, ou encore de nodules pulmonaires qui disparaissent spontanément ou sous corticothérapie. Ces atteintes évoluent comme la maladie rhumatismale par poussées successives, leur mécanisme est complexe, faisant intervenir des réactions immunologiques dont sont témoins de nombreux marqueurs sanguins : facteur rhumatoïde et complexes immuns circulants. Le traitement de ces complications respiratoires est celui de leurs causes. •

→ **Voir aussi :** L'appareil respiratoire Structure et fonction, **MED**, p. 288-289.

Embolie pulmonaire

Les embolies pulmonaires sont fréquentes et graves (parfois entraînant la mort subite). Elles correspondent à la migration dans le système artériel pulmonaire d'un embol (caillot sanguin de nature fibrino-cruorique dans l'immense majorité des cas, issu d'une veine thrombosée des membres inférieurs ou du petit bassin) qui se bloque lorsque le calibre du vaisseau n'en permet pas le passage. L'angiographie pulmonaire (4), examen de référence, permet d'établir le traitement d'urgence nécessaire.

4. Angiographie montrant l'obstruction vasculaire.

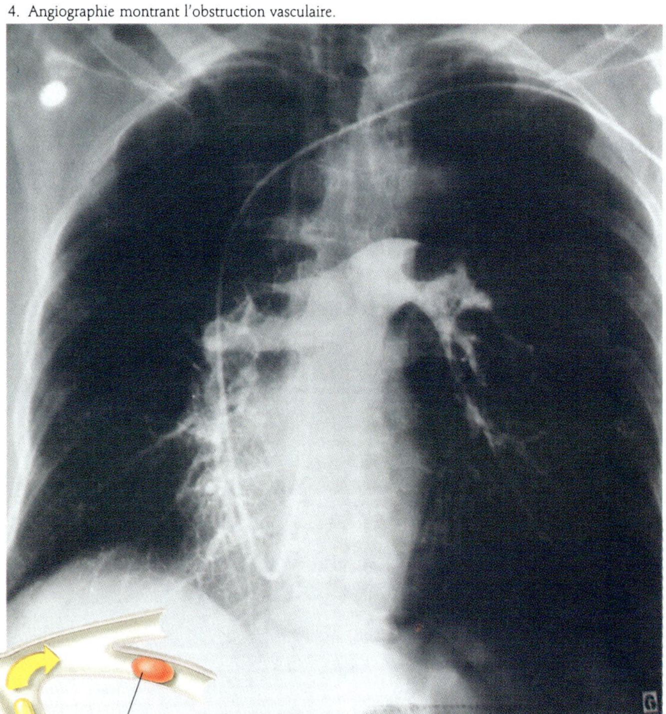

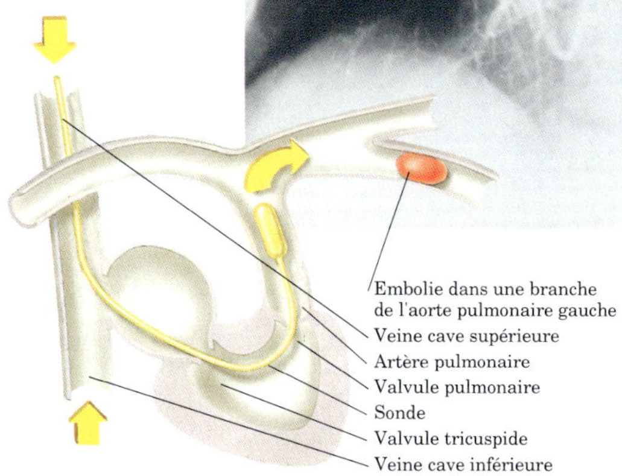

5. Obstruction de l'artère pulmonaire lobaire gauche par une embolie.

Reins et voies urinaires

LES REINS HUMAINS SONT deux organes situés dans la région lombaire symétriquement de part et d'autre de la colonne vertébrale (ou rachis). En avant de cette région se place l'abdomen. En arrière se trouvent les muscles lombaires et le rachis, formant un ensemble qui assure une bonne protection contre les traumatismes.

Organes pairs, pesant environ chacun 150 g chez l'homme adulte, les reins sont branchés en dérivation sur la circulation générale par un réseau artériel naissant de l'aorte et par un réseau veineux se jetant dans la veine cave inférieure. Le débit sanguin rénal représente environ 20 % du débit cardiaque. La coupe anatomique du rein permet de définir deux zones. La zone périphérique corticale, qui représente près de 70 % du poids des reins, est le siège des unités fonctionnelles excrétrices du rein, les néphrons. Ceux-ci sont au nombre d'environ un million par rein. La zone centrale, constituée par les pyramides rénales, contient les tubes collecteurs de l'urine. Sur ces pyramides s'insèrent les cavités excrétrices du rein, les calices, soutenus par la tige calicielle. Les tiges calicielles convergent au bassinet qui se vide dans l'urètre. Chaque rein possède trois groupes caliciels, un bassinet et un uretère. Le rein a pour fonction l'excrétion de l'eau et des produits solubles du métabolisme. Il réalise une épuration des déchets du fonctionnement cellulaire et des médicaments : l'homme ne peut vivre sans rein. Les reins ont une fonction endocrine : ils sécrètent des substances qui, transportées par le sang, ont une action hormonale sur d'autres organes.

Le néphron

LE NÉPHRON CONSTITUE L'UNITÉ ANATOMIQUE ET FONCTIONNELLE DU REIN EXCRÉTEUR. IL COMPORTE UN GLOMÉRULE ET UN TUBULE.

Le glomérule comprend un pôle vasculaire, le floculus, et un pôle excréteur, la capsule de Bowman. Le floculus est constitué par un bouquet capillaire issu de l'artériole afférente (celle qui arrive) et drainé par l'artériole efférente (celle qui sort). Le pôle urinaire est drainé par le tubule. Seul le cortex rénal contient des glomérules. Le tubule proximal se poursuit par une partie grêle, descendante, qui plonge dans la zone médullaire. Le tubule distal est de calibre plus important et se jette dans le canal collecteur, à nouveau en zone corticale. Le canal collecteur, s'unissant à d'autres, se termine au sommet d'une pyramide. Le diamètre du glomérule est d'environ 200 μm. La longueur totale du néphron est variable (entre 20 et 45 mm). La filtration glomérulaire est la première étape de la formation de l'urine. La pression de filtration entre les capillaires et la capsule de Bowman étant positive, l'urine primitive est un ultrafiltrat plasmatique dépourvu de grosses molécules protéiques. Le débit de filtration glomérulaire est de 180 litres par 24 heures. La plus grande partie de cette urine primitive est réabsorbée, puisque le débit urinaire moyen d'un adulte est d'environ un litre par 24 heures. Ce débit de filtration dépend des conditions circulatoires à l'intérieur du rein. Si la pression artérielle chute, le débit ne varie pas, dans certaines limites. Le contrôle du débit se fait par les sphincters artériolaires situés sur l'artériole efférente du glomérule. Il existe également des mécanismes de redistribution circulatoire en faveur de la zone corticale des reins en cas de chute importante de la pression artérielle.

L'excrétion de l'eau et du sodium comporte deux mécanismes : filtration et réabsorption. L'urine primitive contient un grand nombre de produits solubles. Le sodium ionisé (Na^+) est présent en concentration élevée (140 mmol/l). Les différents mouvements de l'eau et du sodium pendant la traversée tubulaire de l'urine primitive conduisent à diluer ou à concentrer ce produit selon les adaptations physiologiques nécessaires. Par exemple, en cas d'apports d'eau importants, le rein en élimine plus, ce qui conserve au plasma sanguin un volume et une composition constants. Dans le tubule proximal se fait la réabsorption active du Na^+. La composition de l'urine n'est pas modifiée à ce niveau, seul varie son volume, l'eau étant absorbée avec le sodium. La quantité de sodium qui est reprise est importante, si bien que plus de 50 % de l'eau ultrafiltrée est réabsorbée. Au niveau du tubule distal et du canal collecteur, relativement imperméables à l'eau, le sodium est réabsorbé activement ; il en résulte une dilution de l'urine. Des hormones interviennent et modifient ces mécanismes. L'aldostérone, d'origine surrénalienne, augmente la réabsorption du sodium. L'hormone antidiurétique, d'origine hypophysaire, agit sur le tube collecteur pour le rendre perméable à l'eau et permettre une concentration de l'urine. Un facteur natriurétique, d'origine cardiaque, favorise l'excrétion du sodium.

L'équilibre acido-basique est en partie régi par le rein. Le métabolisme cellulaire de l'organisme est un gros producteur d'ions H^+ dont l'accumulation dans le sang entraînerait une baisse du pH dommageable pour l'organisme. Le rein, avec le poumon, est l'organe essentiel de la régulation du pH sanguin, par son rôle sur les échanges ioniques entre les ions H^+, les ions bicarbonate (HCO_3^-) et les ions ammonium (NH_4^+) des systèmes tampons assurant l'homéostasie du milieu intérieur défini par Cl. Bernard. •

1. Silhouette des voies urinaires chez l'homme et la femme.

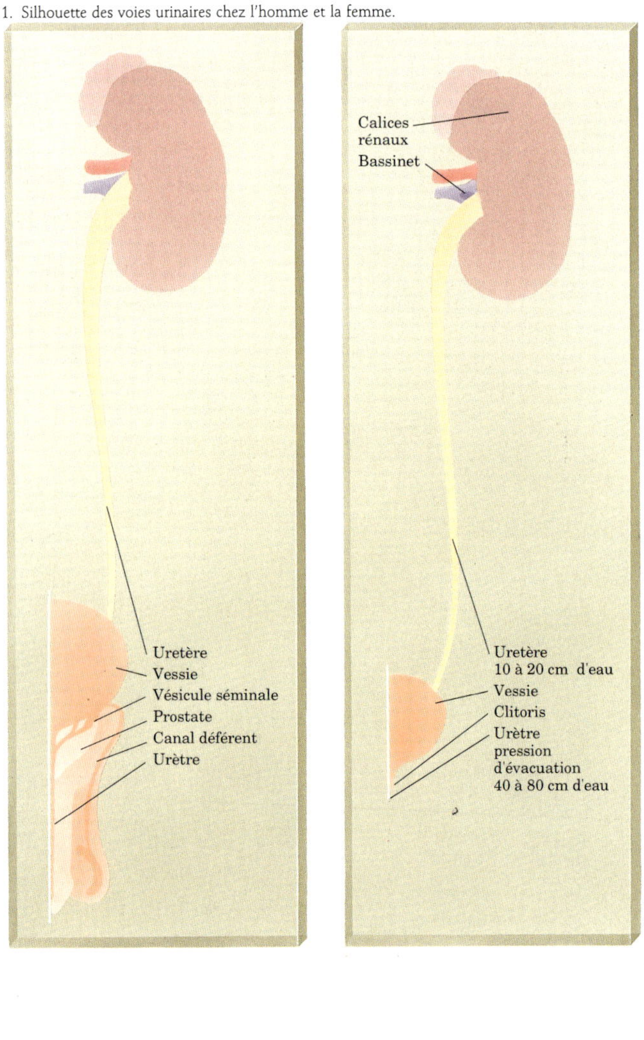

L'appareil urinaire

L'appareil urinaire haut est identique chez l'homme et la femme. Chez la femme, la vessie se vide par un urètre court dans le vestibule vaginal. Chez l'homme, l'urètre est d'abord manchonné par la prostate, puis devient un canal commun aux voies urinaires et aux voies de la reproduction recevant les canaux éjaculateurs à l'origine du pénis.

2. Schéma du néphron.

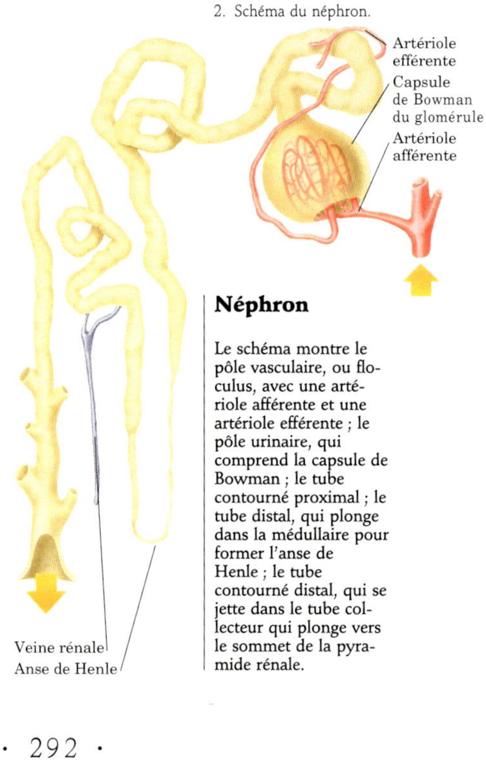

Néphron

Le schéma montre le pôle vasculaire, ou floculus, avec une artériole afférente et une artériole efférente ; le pôle urinaire, qui comprend la capsule de Bowman ; le tube contourné proximal ; le tube distal, qui plonge dans la médullaire pour former l'anse de Henle ; le tube contourné distal, qui se jette dans le tube collecteur qui plonge vers le sommet de la pyramide rénale.

Le rein, glande endocrine

LA FONCTION ENDOCRINE DU REIN RECOUVRE TROIS GRANDS SYSTÈMES : LA RÉGULATION DE LA PRESSION ARTÉRIELLE SYSTÉMIQUE, L'ACTION SUR LE MÉTABOLISME PHOSPHOCALCIQUE ET, ENFIN, LA FONCTION HÉMATOLOGIQUE DU REIN.

Le système rénine-angiotensine agit sur la pression artérielle. La rénine est une hormone sécrétée par l'appareil juxtaglomérulaire. La rénine circulante agit sur l'angiotensinogène fabriqué par le foie pour former l'angiotensine I. L'angiotensine I est transformée en angiotensine II par l'enzyme de conversion. Seule l'angiotensine II a une activité sur les vaisseaux, élevant la pression artérielle. D'autre part, l'angiotensine II favorise la libération de l'aldostérone par la glande surrénale, et donc augmente la réabsorption du sodium au niveau du tubule rénal. Le contrôle de la sécrétion de la rénine dépend de facteurs tels que le niveau de sodium sanguin, la pression artérielle et ainsi que de l'action du système nerveux adrénergique.

Le métabolisme phosphocalcique est régulé par l'excrétion rénale. Le rein a un rôle d'excrétion et d'absorption des ions phosphate et calcium dans les urines selon le niveau de ces ions dans le sang. Il est également actif sur le métabolisme de la vitamine D. Cette vitamine arrive au rein par voie sanguine, sous une forme inactive. Pour devenir active sur l'ossification, elle doit subir une transformation moléculaire qui a lieu au niveau du rein.

Le rein participe aussi à la régulation de la production des globules rouges. Il sécrète l'érythropoïétine, hormone qui accélère la maturation des globules rouges. Au cours des insuffisances rénales chroniques, ces fonctions hormonales du rein sont altérées. Cela entraîne des anémies, des carences et des déminéralisations squelettiques. L'étude des néphropathies congénitales a été spécialement utile pour l'analyse de la physiologie et le traitement des complications de l'insuffisance rénale. Au cours d'une épuration par rein artificiel, les fonctions endocrines du rein doivent être évaluées par la surveillance constante des phénomènes cardio-vasculaires et métaboliques. •

Les voies urinaires

L'URINE DÉFINITIVE EXCRÉTÉE PAR LES PYRAMIDES RÉNALES EST ENSUITE CONDUITE JUSQU'À LA VESSIE, D'OÙ ELLE EST ÉVACUÉE AU-DEHORS.

Les uretères, qui font suite au calice et au bassinet, vont de la région lombaire à la vessie dans le petit bassin. Ils sont situés symétriquement par rapport au rachis lombaire et comprennent trois zones de contraction qui assurent la progression active de l'urine. Ils se jettent dans la vessie de part et d'autre de la ligne médiane. La vessie est un muscle creux, réservoir volumineux situé dans le petit bassin, pouvant contenir entre 300 et 400 ml d'urine. La pression d'injection de l'urine des uretères dans la vessie est de 40 cm d'eau, la pression d'éjection hors de la vessie par l'urètre s'élève à plus de 100 cm d'eau. Les voies urinaires ont en commun une structure histologique faite d'un épithélium pluristratifié, imperméable à l'eau. Depuis le calice jusqu'à la vessie, ces voies sont enveloppées de structures musculaires lisses. Cette musculature permet à l'urine de progresser du calice rénal à la vessie. La vessie se vide à l'extérieur par l'urètre. Chez la femme, l'urètre est court et débouche au carrefour urétro-vaginal, un peu en dessous du clitoris. Chez l'homme, l'urètre est plus long, du fait de son trajet au travers de la prostate, puis dans le pénis avant de déboucher à son extrémité par le méat urétral. L'urètre pénien est un canal mixte qui regroupe la voie urinaire basse et les canaux spermatiques.

La prostate, glande génitale masculine, enveloppe l'urètre initial dès sa sortie vésicale. Les cordons spermatiques et les vésicules séminales débouchent dans l'urètre, dans une zone dite *veru montanum* où se passe l'éjaculation.

Le contrôle neurologique de la miction (action d'uriner) est assuré par les nerfs issus du cône terminal de la moelle. Le système moteur intrinsèque comprend des plexus ganglionnaires situés dans les couches musculaires des uretères et de la vessie. L'innervation extrinsèque provient du système nerveux sympathique. Les centres sont situés dans la moelle et dans les chaînes sympathiques sacrées. Ils régissent le tonus du muscle vésical dont la tension déclenche la miction. Le contrôle volontaire de la miction s'exerce par la contraction d'un sphincter musculaire de l'urètre. •

3. Artériographie de l'aorte abdominale et vascularisation par l'artère rénale des deux reins.

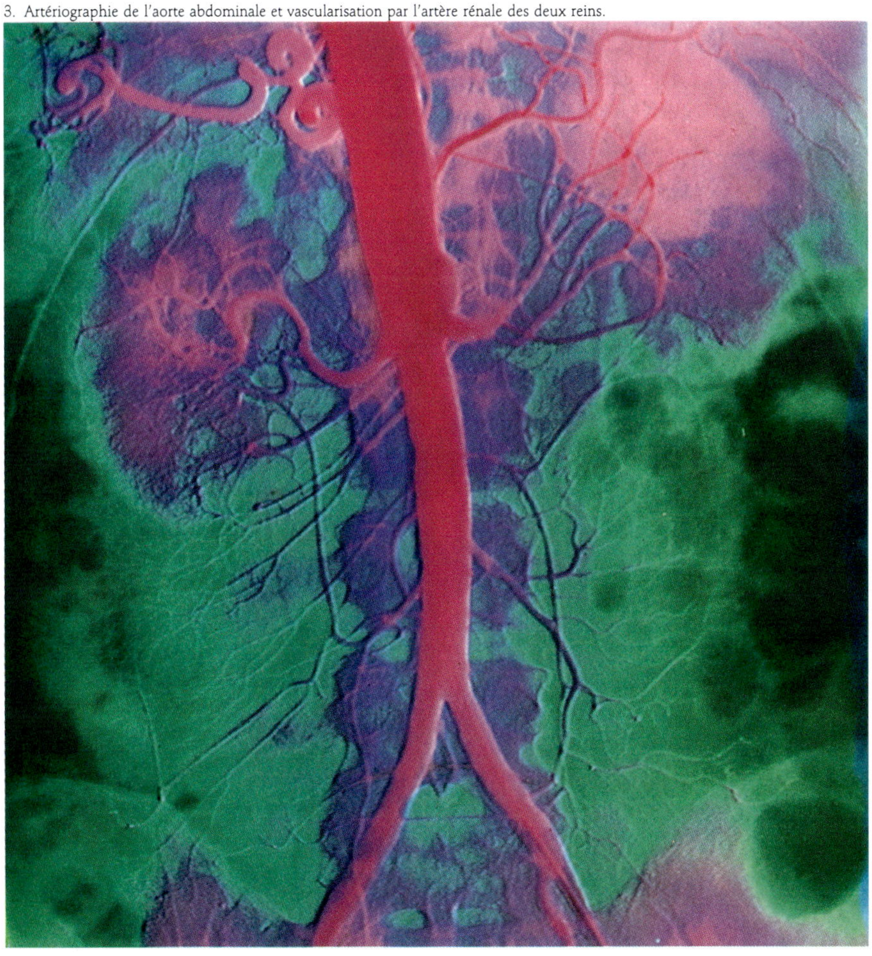

Les méthodes d'exploration

LES MÉTHODES D'EXPLORATION MORPHOLOGIQUE PERMETTENT D'OBTENIR DES IMAGES RADIOLOGIQUES DES DIFFÉRENTS ORGANES URINAIRES OU RÉALISENT UNE EXPLORATION VISUELLE DIRECTE PAR LES MÉTHODES D'ENDOSCOPIE.

L'imagerie médicale a recours à des examens par ultrasons ou par rayons X. L'échographie est un examen facile, sans risque, permettant l'exploration des reins et des voies urinaires intrarénales ainsi que de la vessie. L'exploration de la prostate se fait par le toucher rectal, mais seule l'échographie permet d'explorer cet organe de façon complète.

La radiologie fait appel à plusieurs méthodes. Le *cliché radiologique simple* de l'abdomen permet de discerner le contour rénal. Il est surtout intéressant pour mettre en évidence des anomalies radio-opaques, comme certains calculs ou calcifications rénales ou vésicales. L'*urographie* par voie veineuse consiste à injecter un produit iodé par voie intraveineuse. Ce produit, concentré et excrété par le rein, dessine ainsi les voies urinaires. La miction en fin d'examen permet d'opacifier l'urètre chez l'homme. C'est un des examens les plus pratiqués mais il ne donne pas d'excellentes images des anomalies situées dans le rein. La *tomodensitométrie* permet de réaliser des « coupes » des reins avec ou sans produit de contraste. C'est un excellent examen pour explorer les tumeurs rénales. La *résonance magnétique nucléaire* présente le même intérêt. L'*artériographie* consiste à opacifier les artères du rein en y injectant directement un produit de contraste. Plus dangereux que les précédents, cet examen permet de radiographier les artères pour rechercher une maladie artérielle rénale, puis les reins et enfin les veines rénales. Dans l'*exploration isotopique,* on introduit dans l'organisme un produit radioactif qui se fixe sur les reins ; ceux-ci émettent alors des rayonnements qu'une caméra transforme en image. Cette technique n'est plus guère employée aujourd'hui.

L'endoscopie consiste à introduire dans les voies urinaires un matériel permettant la retransmission d'une image optique. La *cystoscopie* (vision de la vessie) est un examen simple, surtout chez la femme, en raison de la faible longueur de l'urètre. Cette technique permet, en plus, certains gestes thérapeutiques sur la vessie, ou sur la prostate chez l'homme. L'étude anatomique du malade se fait sur des biopsies du rein, de la prostate, de la vessie, recueillies par ponction à l'aide d'une aiguille guidée par les repères anatomiques sous contrôle échographique. Elle permet de préciser le type des lésions et le diagnostic de la maladie. •

Radiographie des vaisseaux des reins

L'aorte est opacifiée par injection de produit iodé opaque aux rayons X devant le rachis lombaire. Elle donne naissance à deux artères rénales, droite et gauche. Les deux reins commencent à être opacifiés. Plus bas, l'aorte se divise en deux artères iliaques qui se dirigent vers les membres.

→ **Voir aussi :** Le milieu intérieur, **BIOL**, p. 148-149. Les maladies de l'appareil urinaire, **MED**, p. 294-295.

Les maladies de l'appareil urinaire

LES MALADIES DE L'APPAREIL urinaire sont relativement fréquentes chez l'enfant et l'adulte. Elles ont d'abord constitué le domaine chirurgical de l'*urologie,* qui traite les malformations, les tumeurs ou les lithiases des reins, des uretères, de la vessie, de la prostate et de l'appareil génital masculin. La néphrologie, quant à elle, est l'étude des maladies diffuses des reins, néphrites et insuffisances rénales. Au début du XXe siècle, les lésions du rein et l'albuminurie caractéristique sont décrites par l'Allemand F. Volhard et le Français F. Widal, ainsi que les rapports entre le rein et l'hypertension. Progressivement, on a mis en évidence les gradients de pression et la façon dont le rein contribue à la régulation du milieu intérieur. En effet, le flux sanguin rencontre dans le rein des surfaces où filtrent sélectivement les produits du métabolisme, les déchets solubles s'évacuant dans les urines vers l'extérieur. L'imagerie médicale a permis la définition des anomalies morphologiques des voies urinaires et leur étude anatomique. On a utilisé à partir des années 1890 les premiers endoscopes pour l'étude de l'intérieur de la vessie.

Le risque de toute maladie rénale est l'insuffisance rénale. À partir des années 1950, l'épuration du sang par le rein artificiel a permis de traiter l'insuffisance rénale aiguë qui menaçait en quelques jours la vie du malade. À partir de 1957, l'application de cette technique aux malades atteints d'insuffisance rénale chronique a assuré leur survie. La greffe de rein, coordonnée par Euro Transplant, constitue une solution pour 10 000 malades chaque année en Europe.

Connaissance des formes et fonctions rénales

La radiologie est actuellement très efficace pour l'étude des fonctions (2) [débit artériel et opacification précoce des reins] et de la morphologie des voies excrétrices (1), comme le montre le cliché de rein en fer à cheval. L'effort technologique a porté sur les matériaux biologiques (membrane, pompes, instruments et techniques de mesures) qui réalisent de remarquables reproductions des systèmes du corps humain. Analyse physiologique, modélisation ont permis la mise en œuvre de thérapeutiques salvatrices dans des cas autrefois fréquemment mortels.

1. Malformation rénale sans anomalie du fonctionnement (rein en fer à cheval).

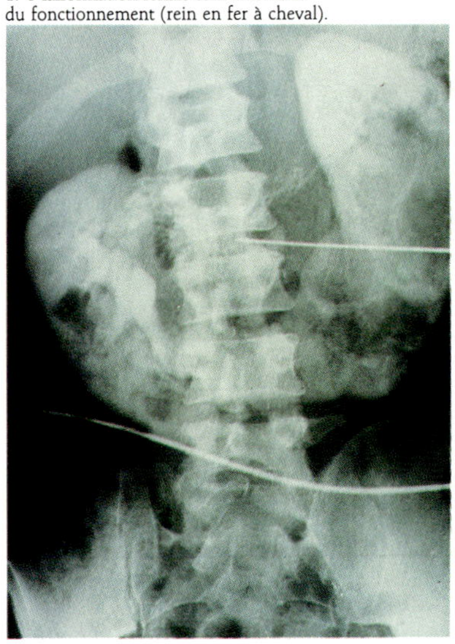

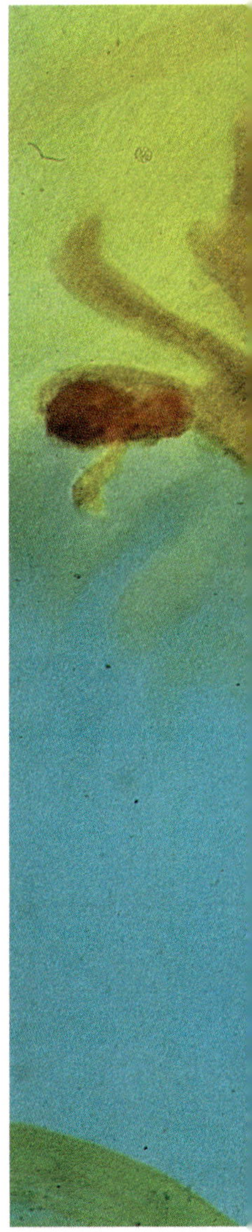

Les moyens d'investigation

LES INVESTIGATIONS BIOLOGIQUES CONSISTENT À EXPLORER LE TROUBLE DU FONCTIONNEMENT RÉNAL, LES CONSÉQUENCES SUR LA FONCTION D'ÉPURATION DU REIN, ET À TROUVER LA CAUSE DE CE TROUBLE.

Normalement, il n'y a que très peu de protéines dans les urines. On admet comme normal un chiffre inférieur à 0,40 g par litre et par 24 heures. Il peut arriver, chez l'adolescent ou le jeune enfant, qu'une protéinurie supérieure à ces chiffres apparaisse en position debout sans être pathologique. Un taux de protéines supérieur à 1 g/24 h est le plus souvent pathologique et traduit une maladie glomérulaire. Dans certains cas (syndromes néphrotiques), la protéinurie peut être massive, plusieurs dizaines de grammes par 24 heures. L'*hématurie* se définit par la présence de globules rouges dans les urines. Elle peut être évidente. Plus souvent, elle est microscopique. On mesure le débit urinaire d'hématies par minute. Il doit être inférieur à 2 000 hématies/minute. L'analyse du culot urinaire permet la recherche de leucocytes (pus) et d'organismes microbiens ou parasitaires. La culture bactériologique des urines permet d'isoler les germes responsables d'une infection urinaire. Enfin, la mesure de la quantité d'urine émise par 24 heures permet de définir les oligo-anuries (cas d'une diurèse inférieure à 500 ml/24 h) ou les polyuries (cas d'une diurèse supérieure à 3 litres/24 h).

Au cours d'une maladie rénale, il est fondamental d'avoir un index permettant de mesurer la capacité d'épuration rénale. Le meilleur index, outre le dosage de l'urée, est le dosage de la créatinine conjointement dans le sang et dans les urines. Ce dosage permet de définir la clairance de la créatinine, qui représente le volume de sang totalement épuré de ce produit par unité de temps. Le chiffre normal est de 1 à 1,7 ml/s. En cas d'insuffisance rénale, ce chiffre s'abaisse.

La biopsie rénale est effectuée grâce à une aiguille particulière qui permet d'effectuer un « forage » rénal au prix d'un risque mineur si les reins ont été préalablement repérés anatomiquement par échographie. Cet examen peut se faire sous simple anesthésie locale. Le prélèvement permet l'étude de la morphologie du tissu rénal après coloration par différents marqueurs.

Les maladies néphrologiques

ON LES DÉFINIT PAR LE TYPE ANATOMIQUE DE L'ATTEINTE RÉNALE. LES LÉSIONS PRÉDOMINENT SUR CERTAINES PARTIES DES NÉPHRONS ET RÉALISENT LES GLOMÉRULONÉPHRITES, LES TUBULONÉPHRITES, LES NÉPHRITES INTERSTITIELLES, LES ATTEINTES VASCULAIRES RÉNALES.

Les *glomérulonéphrites* aiguës, atteintes inflammatoires des glomérules, se caractérisent par une protéinurie, une hématurie et parfois une hypertension artérielle. Elles sont secondaires à une infection à streptocoque (angine, scarlatine). D'autres infections (typhoïde, pneumococcies, staphylococcies) peuvent en être responsables. Les antibiotiques ont une action préventive remarquable et ont amené la disparition de cette maladie grave de l'enfant par la prévention des angines. Les glomérulonéphrites subaiguës et chroniques ont une évolution prolongée et comportent souvent une insuffisance rénale. Certaines aboutissent à l'insuffisance rénale chronique. La biopsie rénale permet un diagnostic précis. Les causes de ces maladies ne sont pas toutes connues. Elles peuvent avoir pour origine certaines maladies générales (lupus érythémateux, périartérite noueuse, syndrome de Goodpasture, purpura rhumatoïde, amylose, diabète, syndrome de Moschcowitz). L'atteinte rénale de la grossesse, qui est de ce type et entraîne souvent des complications fœtales, survient souvent à la première grossesse, au cours du dernier trimestre. Parfois, il s'agit d'infections, d'intoxications ou de dégénérescence.

Les *tubulonéphrites* aiguës donnent lieu le plus souvent à une insuffisance rénale aiguë, avec anurie ou diurèse conservée. Leur traitement requiert parfois le recours à l'épuration extrarénale temporaire. Leurs causes sont avant tout infectieuses ou toxiques : intoxication volontaire, accidentelle ou professionnelle aux sels de mercure, au tétrachlorure de carbone, aux sels de chrome, au chlorate, à l'éthylène glycol (antigel). L'atteinte est souvent réversible. Les causes médicamenteuses sont fréquentes (sulfamides, glafénine, produits de contraste, sels d'or, antibiotiques...). Les tubulonéphrites chroniques, plus rares, peuvent être dues à une anomalie métabolique héréditaire telle que le diabète rénal, la cystinose, les aminoaciduries, entraînant des troubles de la croissance et des lithiases.

Pyélonéphrites et *néphrites interstitielles.* Les pyélonéphrites aiguës frappent surtout les femmes et sont d'origine infectieuse. Souvent, l'infection primitive est vésicale (cystite) ou génitale. Ainsi est réalisé un deuxième type de néphropathie au cours des grossesses. On a évoqué la possibilité d'une atteinte rénale ascendante quand il existe une malformation ou une lithiase urinaire. Le traitement antibiotique est efficace mais la répétition des accidents peut entraîner la suppuration du rein ou sa destruction insidieuse. Le dépistage des malformations urinaires et leur traitement dès l'enfance ont permis d'obtenir la raréfaction de ces maladies. D'autres néphropathies interstitielles sont d'origine toxique ou encore immunologique.

Les maladies vasculaires, athérome, hypertension, figurent parmi les causes fréquentes d'insuffisance rénale par ischémie et sclérose progressive, mais les lésions chroniques du rein atteint de *néphro-angiosclérose* s'accompagnent d'hypertension et de sclérose artérielle.

2. Urographie normale montrant les cavités calicielles, les bassinets et le début des uretères.

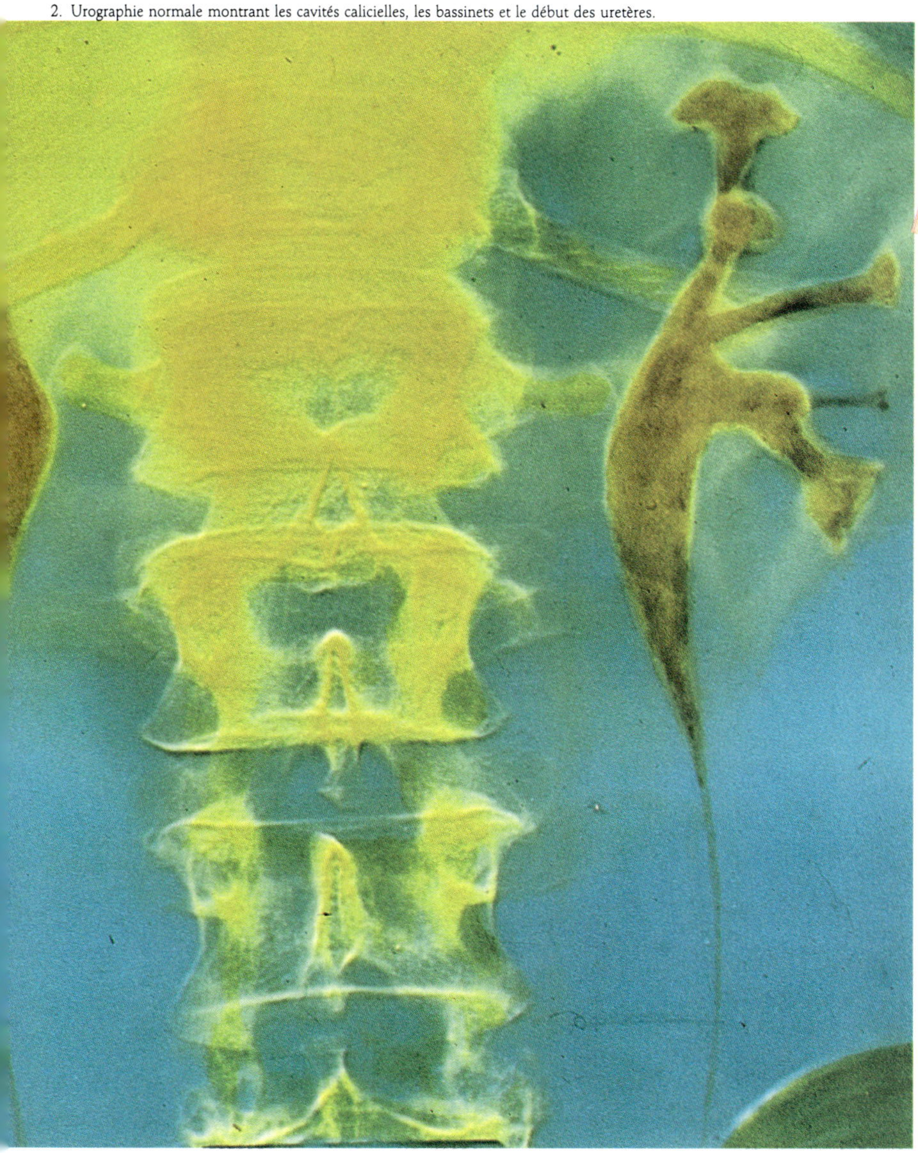

3. Schéma de l'épuration extracorporelle.

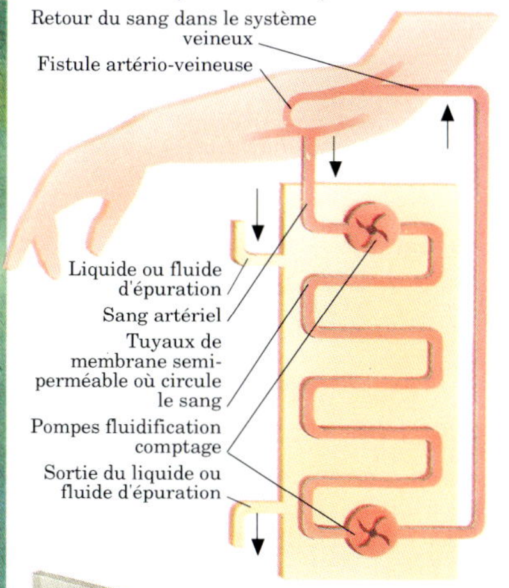

Le rein artificiel

La dialyse extrarénale consiste à faire circuler le sang du malade dans un appareil situé hors du corps, où il rencontre, au travers d'une membrane spécialement élaborée, un milieu hydrique de composition définie. L'évacuation des déchets organiques et le rétablissement de l'équilibre hydroélectrique s'effectuent en fonction de la composition du milieu de dialyse. 2 500 reins artificiels sont en fonctionnement quotidien en France et desservent plus de 8 000 malades.

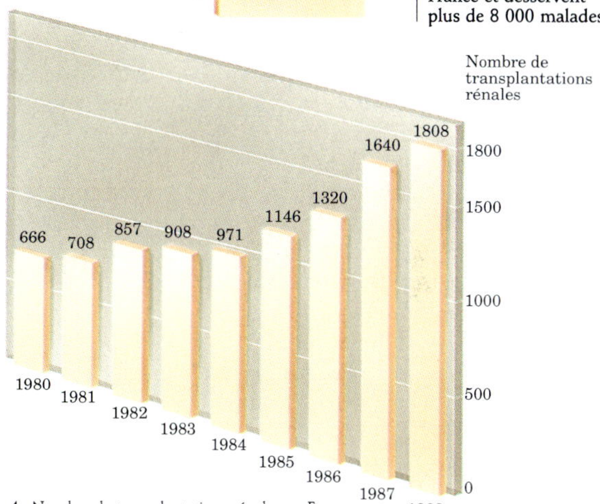

4. Nombre de transplantations rénales en France.

Les maladies urologiques

LA GRAVELLE OU LITHIASE, LES COLIQUES NÉPHRÉTIQUES SONT CONNUES DEPUIS L'ANTIQUITÉ. L'UROLOGIE A ÉTÉ L'UNE DES PREMIÈRES DISCIPLINES CHIRURGICALES.

Les *infections* et *parasitoses* urinaires peuvent atteindre les cavités excrétrices et les parenchymes du système urinaire ; on les traite par un antibiotique adapté. Les infections peuvent toucher la vessie, les reins, la prostate, le testicule. La tuberculose atteint également les reins et les voies urinaires. La bilharziose est une parasitose endémique en Afrique tropicale ; les œufs du parasite traversent la paroi vésicale et causent hématuries et infections urinaires. Les maladies neurologiques perturbant le sphincter vésical sont aussi facteurs d'infections urinaires.

Les *lithiases* rénales sont fréquentes. Les calculs vont du grain de sable jusqu'au calcul moulant la totalité des cavités excrétrices du rein. Des maladies métaboliques occasionnent des lithiases calciques, oxaliques, uriques (dans la goutte et les hyperuricémies), cystiniques. Le diagnostic repose sur la mise en évidence de la lithiase sur les clichés radiologiques. Les calculs migrent et leur déplacement est à l'origine de coliques néphrétiques. Le calcul peut être expulsé lors de la miction. Il peut réaliser une obstruction de l'urètre et une dilatation des cavités rénales. Le traitement consiste à enlever le calcul obstructif. Quand les calculs sont gros et situés dans le bassinet, leur fragmentation par ultrasons (lithotriptie) permet leur élimination par les voies urinaires.

L'adénome de la prostate, hypertrophie bénigne de la glande, fréquente après 60 ans, est traitée soit par ablation soit par résection endoscopique passant par l'urètre. Les *cancers* des voies urinaires sont fréquents chez l'adulte. Le cancer du rein a un bon pronostic chez le petit enfant après chirurgie et radiothérapie. Le cancer de la vessie est fréquent chez l'homme adulte, surtout le fumeur. Le cancer de la prostate atteint l'homme après 50 ans, son traitement repose sur les produits hormonaux, la chirurgie et les irradiations.

Les *malformations* de l'appareil urinaire ne sont pas rares. Leur dépistage par l'échographie chez le fœtus permet des interventions chirurgicales dès la naissance. On peut constater des malformations relativement bénignes, rein unique congénital, reins surnuméraires ou dédoublés, reins soudés (rein en fer à cheval). La maladie polykystique rénale bilatérale est une cause d'insuffisance rénale progressive. Les uretères peuvent être doubles ou bifides. Les troubles du fonctionnement pyélo-urétéral entraînent des hydronéphroses. Les traumatismes sont à l'origine de la rupture des reins et de thromboses des vaisseaux rénaux. •

Les traitements substitutifs

LA SUPPLÉANCE DES FONCTIONS RÉNALES DÉFAILLANTES N'A COMMENCÉ QU'AVEC LA SECONDE MOITIÉ DU XXe SIÈCLE.

La diminution ou l'interruption du fonctionnement rénal entraîne l'accumulation dans le sang de déchets azotés (dont l'urée et la créatinine sont les témoins), la rupture des équilibres de l'eau, des électrolyses du sang et des milieux intérieurs, et des troubles vasculaires. Ces insuffisances sont liées à des anomalies du flux sanguin rénal (insuffisance cardiaque, par exemple), à des maladies du tissu rénal (les néphrites) ou à des obstacles situés sur les voies excrétrices de l'urine. Dans les insuffisances cardiaques, l'abaissement du flux sanguin rénal amène la diminution de la filtration glomérulaire et celle du volume des urines. Les tonicardiaques et les diurétiques permettent d'améliorer le flux sanguin, la levée chirurgicale des obstacles restaure l'excrétion. Longtemps, les néphrites aiguës ou chroniques n'ont connu que les traitements palliatifs. Les régimes, les cures de diurèse retardaient l'élévation de l'urée, mais l'évolution fatale survenait, souvent chez des adultes jeunes, en quelques années.

Un premier pas a été franchi avec le remplacement du sang du malade par du sang frais au cours des insuffisances rénales aiguës. En 1947, l'utilisation du péritoine comme surface de filtration se substituant aux membranes glomérulaires rénales a donné lieu à la dialyse péritonéale. La connaissance de la physiologie du néphron a permis sa modélisation. L'élaboration d'un appareillage fondé sur le principe du passage du sang pollué dans un système d'épuration dénommé rein artificiel a été appliquée à la suppléance pendant la phase aiguë des anuries. À partir de 1957, le rein artificiel a été utilisé dans le traitement des insuffisances rénales chroniques (2 500 appareils fonctionnent en France). Les deux ou trois séances d'épuration hebdomadaires durent de 2 à 4 heures. Elles permettent la survie de ces malades autrefois condamnés à court terme. Dans certains cas, les greffes du rein sont salvatrices (1 800 à 2 000 malades par an en France). Le rejet des greffes faites à partir de donneurs compatibles ou de rein prélevé sur un cadavre est maintenant mieux contrôlé. •

→ **Voir aussi :** Le milieu intérieur, **BIOL,** p. 148-149. **Reins et voies urinaires, MED,** p. 292-293.

L'oto-rhino-laryngologie

L'OTO-RHINO-LARYNGOLOGIE ou O.R.L. est la discipline médicale et chirurgicale qui a pour but l'étude de la physiologie, de la pathologie et du traitement des affections d'une région anatomique précise allant de la base du crâne à l'orifice supérieur du thorax excepté l'œil et les dents. La région cervicale comprend le pharynx et le larynx, recouverts en avant par la glande thyroïde. Latéralement cheminent les gros vaisseaux du cou : veine jugulaire et artère carotide. Les principales affections de la région cervicale sont les infections et les cancers. La région faciale comprend des cavités creusées au sein du massif facial osseux : la cavité buccale, les fosses nasales et les cavités des sinus de la face. Les glandes salivaires sont annexées à la cavité buccale : glande parotide et glande sous-maxillaire. Les principales affections de la région faciale sont les infections. Les fosses nasales et les sinus de la face, le rhino-pharynx ou cavum, l'oropharynx et le larynx, la trachée cervicale constituent les voies aériennes supérieures. La cavité buccale, l'oropharynx et l'hypopharynx, l'œsophage cervical constituent les voies digestives supérieures. La séparation progressive entre les voies aériennes et digestives supérieures est le carrefour aérodigestif.

L'oreille est développée dans un os de la base du crâne : le rocher. L'organe de l'équilibre siège également dans le rocher. Enfin, le nerf facial sort du crâne en traversant le rocher. Les principales affections du rocher sont, par conséquent, les surdités, les vertiges, les bourdonnements et les paralysies faciales, dont les origines sont multiples.

Vues endoscopiques du larynx

Le larynx appartient aux voies aériennes supérieures (3). Le larynx est ici en fermeture (1) : les cordes vocales sont accolées l'une à l'autre. Le larynx est en position de fermeture lors de la phonation, permettant une modulation du flux aérien provenant des poumons. En arrière du larynx, l'hypopharynx appartient aux voies digestives supérieures.
Le larynx est ici (2) ouvert. Les deux cordes vocales sont écartées l'une de l'autre, laissant passer le flux aérien provenant des fosses nasales (4). Le larynx se trouve dans cette position lors de l'inspiration. Au-dessous des cordes vocales, il est possible de deviner les premiers anneaux de la trachée.

1. Laryngoscopie : fermeture des cordes vocales.

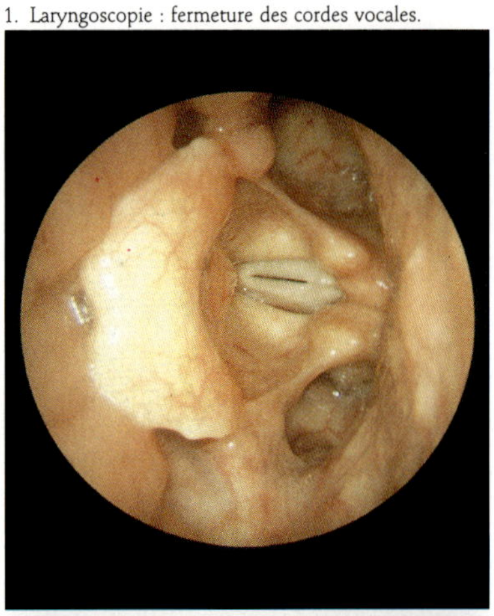

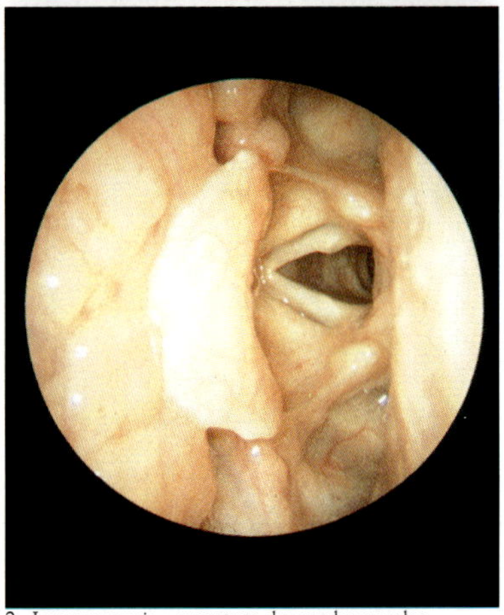

2. Laryngoscopie : ouverture des cordes vocales.

Les infections en O.R.L.

LES RHINO-PHARYNGITES, LES OTITES, LES SINUSITES MANIFESTENT LE CONFLIT ENTRE L'AGENT AGRESSEUR MICROBIEN ET LES DÉFENSES DE L'ORGANISME. ELLES SONT LA PORTE D'ENTRÉE DES INFECTIONS BACTÉRIENNES ET VIRALES DE L'ENFANT ET DE L'ADULTE.

Les infections des fosses nasales sont les rhinites. La dénomination courante des rhinites aiguës est « rhume de cerveau » ou « coryza ». Ces rhinites sont le plus souvent d'origine virale et ne peuvent donc bénéficier d'aucun traitement spécifique. Les rhinites chroniques sont le plus souvent d'origine allergique. Leur survenue à la saison pollinique doit faire rechercher une allergie aux pollens. Leur survenue tout au long de l'année doit orienter vers une allergie à la poussière de maison ou aux poils d'animaux. Certaines rhinites peuvent évoluer vers la polypose naso-sinusienne, qui consiste en l'apparition de polypes dans les fosses nasales entraînant une obstruction nasale souvent invalidante.

Les infections des cavités sinusiennes sont les sinusites. Elles peuvent affecter un ou plusieurs des sinus de la face et être soit unilatérales, soit bilatérales. L'origine des sinusites est nasale ou dentaire. L'origine nasale s'explique par la propagation de l'infection nasale aux sinus. L'infection est souvent bilatérale et affecte plusieurs sinus. L'origine dentaire s'explique par la proximité des apex dentaires du sinus maxillaire. Un foyer infectieux dentaire peut ainsi entraîner une sinusite. Dans ce cas, le traitement de la sinusite doit associer le soin de la dent pathologique.

Les infections du pharynx sont les pharyngites. Chez le jeune enfant, cette infection s'associe souvent à une rhinite faisant parler de rhino-pharyngite. Parmi les pharyngites, les angines sont des infections des amygdales. Les angines se manifestent par une dysphagie et un état fébrile. Elles sont souvent d'origine virale mais parfois bactériennes. La complication majeure des angines est le rhumatisme articulaire aigu. Leur traitement repose sur des antibiotiques. Les pharyngites chroniques se voient surtout chez l'adulte. Elles sont fréquemment secondaires à une consommation excessive d'alcool ou de tabac. Elles se manifestent par des douleurs lors de la déglutition, une gêne dans le « fond de la gorge ». Ces pharyngites chroniques font le lit des cancers du pharynx.

Les infections du larynx sont les laryngites. Elles peuvent être aiguës et sont d'origine virale. Elles se manifestent par une dysphonie et parfois, en particulier chez l'enfant, par une difficulté respiratoire (dyspnée). Certaines laryngites aiguës sont graves car l'obstruction du larynx entraîne une dyspnée, qui se manifeste surtout à l'inspiration. Ce sont de véritables urgences médicales, dont le traitement repose sur des injections de corticoïdes. Les laryngites chroniques sont l'apanage de l'adulte et sont dues à un tabagisme excessif. Elles se manifestent par une dysphonie traînante et font le lit du cancer du larynx et du pharynx.

Les infections de l'oreille sont les otites. Elles peuvent être aiguës. Elles se manifestent alors, surtout chez l'enfant, par une douleur d'oreille et un état fébrile. Leur traitement repose sur les antibiotiques et, en cas de forte douleur, sur une paracentèse. Les otites peuvent aussi être chroniques. Elles se manifestent le plus souvent par un écoulement sans douleur. Parmi ces otites chroniques, il faut distinguer l'otite chronique cholestéatomateuse, qui est le développement d'un kyste épidermique dans l'oreille moyenne. Leur traitement repose sur l'association de médicaments et de la chirurgie. Malgré cela, une surdité définitive séquellaire rend les résultats aléatoires.

Mots clefs

Agueusie. Perte du goût.
Amygdale. Structure de défense immunitaire située sur les voies aériennes et digestives supérieures dans l'oropharynx. Leur ablation est l'amygdalectomie.
Anosmie. Perte de l'odorat.
Aryténoïdite. Infection aiguë des cartilages mobiles du larynx qui tendent les cordes vocales. Cette infection, de nature œdémateuse, peut devenir grave par l'obstacle qu'elle constitue à la respiration.
Asialie. Absence de sécrétion salivaire.
Barotraumatisme. Lésion provoquée par les variations brutales ou intenses de la pression dans l'oreille moyenne, lors de plongée par exemple.
Bec-de-lièvre. Malformation congénitale de la lèvre supérieure pouvant atteindre la narine. Elle résulte du défaut de soudure des deux bourgeons faciaux de l'embryon et elle est curable chirurgicalement après la naissance.
Dysphagie. Difficulté de déglutition. Une dysphagie peut être d'origine buccale, pharyngée ou œsophagienne.
Dysphonie. Trouble de la voix. Une dysphonie peut être due à une pathologie laryngée ou neurologique.
Épistaxis. Saignement provenant des fosses nasales.
Sphénoïdite. Infection du sinus osseux de l'os sphénoïde.
Végétations adénoïdes. Structure de défense immunitaire située sur les voies aériennes supérieures dans le rhinopharynx, en arrière des fosses nasales.

La rhino-pharyngite : maladie d'adaptation

Les classiques rhino-pharyngites du nourrisson et du jeune enfant doivent être considérées comme une « maladie » d'adaptation de l'enfant au monde microbien extérieur. Ces rhino-pharyngites affectent le plus souvent l'enfant avant 3 ans, surtout lors de l'intégration en crèche ou à l'école. Elles sont essentiellement d'origine virale. Cette pathologie peut se compliquer d'infections de voisinage, en particulier d'otite moyenne aiguë, de laryngite, de bronchite. Leur traitement doit être symptomatique : lutte contre la fièvre, lavage des fosses nasales au sérum physiologique. Les antibiotiques sont à proscrire en l'absence de complication. Le problème essentiel se pose devant des rhino-pharyngites répétées, parfois compliquées d'otite ou de bronchite, amenant à retirer souvent l'enfant de la crèche et posant aux parents de véritables problèmes sociaux. Il sera utile de rechercher des facteurs favorisants de ces rhino-pharyngites répétées : carences en fer, déficit immunitaire temporaire, allergie. Leur traitement, souvent délicat, associe les anti-infectieux, par voie générale ou locale, les désensibilisations et les vaccinations, les cures thermales.

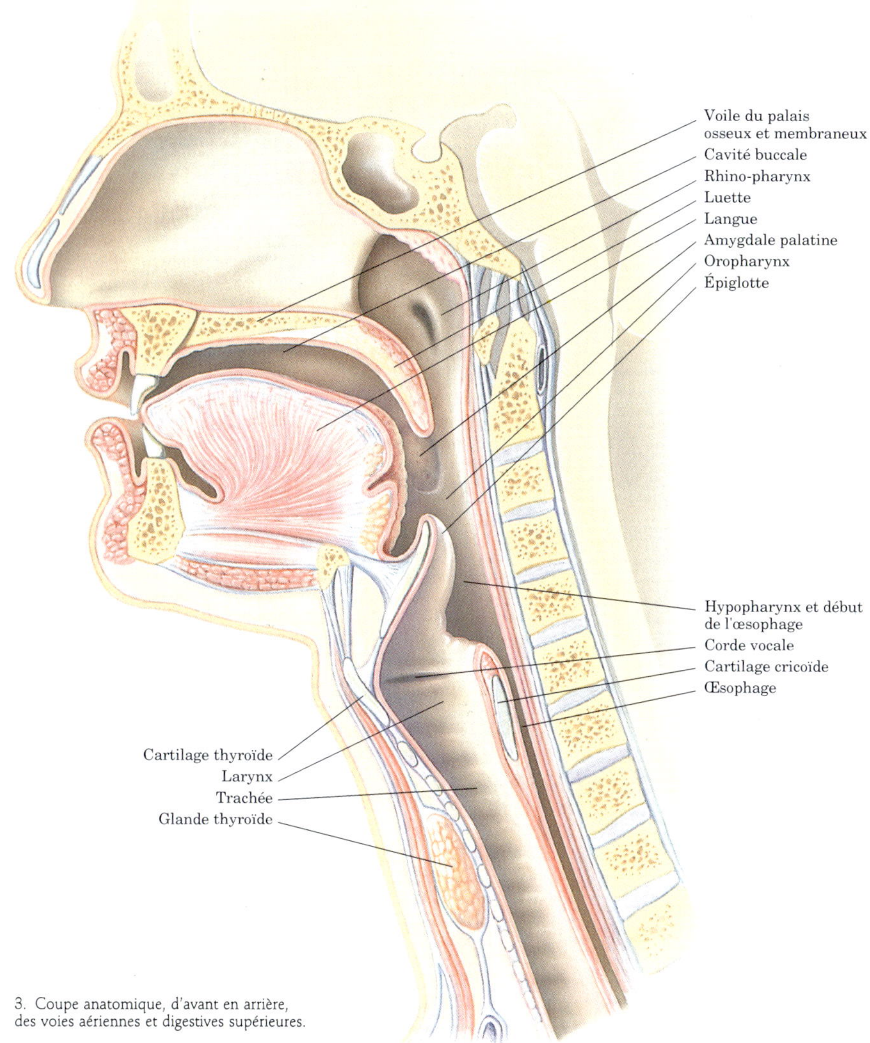

3. Coupe anatomique, d'avant en arrière, des voies aériennes et digestives supérieures.

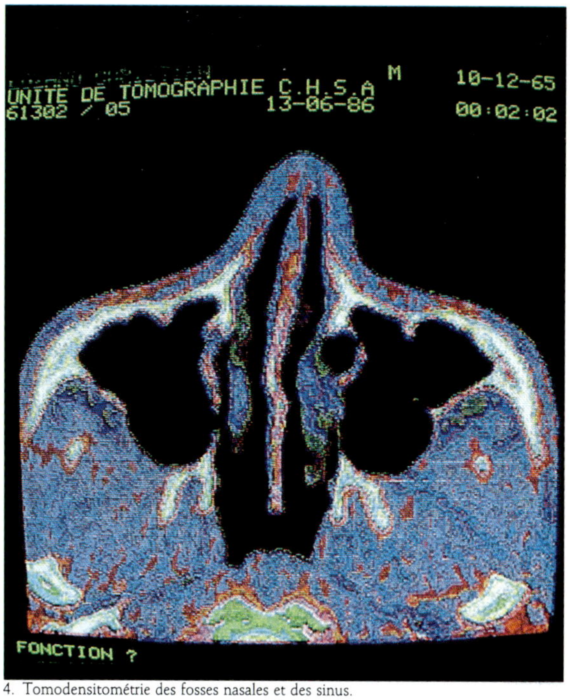

4. Tomodensitométrie des fosses nasales et des sinus.

Les tumeurs en O.R.L.

LE RÔLE NOCIF DU TABAC EST DÉMONTRÉ COMME CAUSE FAVORISANTE MAJEURE DES CANCERS DU LARYNX ET DU PHARYNX. LES TUMEURS DÉVELOPPÉES SUR LE TERRITOIRE DE L'OTO-RHINO-LARYNGOLOGISTE PEUVENT ÊTRE BÉNIGNES OU MALIGNES.

Les tumeurs bénignes peuvent être d'origine congénitale. Ce sont les tumeurs et kystes embryonnaires du cou. Elles apparaissent souvent pendant l'enfance. Il est indispensable d'en pratiquer l'exérèse (ablation) chirurgicale, car elles peuvent être le siège de surinfections. Les glandes salivaires peuvent être le siège de tumeurs bénignes. C'est surtout le cas de la parotide. Ces tumeurs se manifestent par l'apparition d'une tuméfaction située en avant ou au-dessous de l'oreille. Leur exérèse est indispensable : il s'agit d'une parotidectomie. La glande thyroïde peut également être le siège de tumeurs bénignes ou malignes, adénomes ou cancers. Des examens sont alors indispensables pour définir les indications de traitement.

Les tumeurs malignes ou cancers sont fréquents en oto-rhino-laryngologie. Ces tumeurs malignes sont fortement liées à un abus d'alcool ou de tabac. Quelques chiffres permettent de mieux comprendre l'importance de ces abus. Le pourcentage de patients non-fumeurs en cancérologie O.R.L. est de 2 %. La durée moyenne de l'intoxication tabagique chez les patients ayant un cancer O.R.L. est de 20 ans. La consommation moyenne de tabac lors de l'apparition du cancer est de 3 000 paquets de cigarettes environ. Les cancers O.R.L. arrivent en tête du classement des cancers en fonction de la consommation d'alcool. Cette consommation chronique est de plus de 80 grammes d'alcool par jour pour 70 % des patients ayant un cancer O.R.L. Ainsi, le risque d'avoir un cancer O.R.L. a été estimé à 1 pour 1 000 sujets chez un non-buveur et non-fumeur, à 1 pour 100 sujets lorsque le patient fume 20 cigarettes et boit l'équivalent d'un litre de vin par jour, à 1 pour 25 sujets lorsque la consommation de tabac est de 40 cigarettes et celle d'alcool de 4 litres de vin par jour. Ainsi, le traitement des cancers O.R.L. est avant tout un traitement préventif : la non-consommation d'alcool et de tabac.

Les cancers O.R.L. ont pour siège le larynx ou le pharynx. Ceux du larynx peuvent se manifester par une dysphonie ; ceux du pharynx par une dysphagie, une otalgie, une gêne pharyngée. Dans les deux cas, le risque de dissémination vers les chaînes ganglionnaires du cou peut amener à découvrir ces lésions après l'apparition d'un ganglion cervical dur. Le traitement de ces cancers associe la chimiothérapie, la chirurgie et la radiothérapie. La chimiothérapie est réalisée au moyen de perfusions intraveineuses par cures de quelques jours. La chirurgie traite à la fois les aires ganglionnaires et la tumeur primitive. Les gestes chirurgicaux sont plus ou moins larges en fonction de l'extension tumorale. La radiothérapie est réalisée par courtes séances quotidiennes sur une durée de 5 à 8 semaines. Les résultats du traitement dépendent de l'extension tumorale initiale : plus le cancer est traité précocement, plus le résultat final est satisfaisant.

Enfin, de rares formes de tumeurs malignes peuvent se développer dans les cavités sinusiennes de la face. Ces formes ont la particularité d'être associées à une exposition prolongée à certains bois, en particularité certains bois exotiques. Le tannin du bois serait responsable de la cancérisation. Ces cancers se voient chez les travailleurs du bois après un long exercice de leur profession. Ils sont reconnus comme maladies professionnelles. •

Les sens en O.R.L.

LE TERRITOIRE DE L'OTO-RHINO-LARYNGOLOGISTE EST RICHE EN SYSTÈMES SENSORIELS : AUDITION, ÉQUILIBRE, GUSTATION, OLFACTION.

Être en équilibre, c'est maintenir son corps en position correcte dans l'espace. Cette position est contrôlée par trois systèmes : le système visuel, le système proprioceptif et le système vestibulaire. Le système visuel permet d'adapter la position du corps à l'image que l'on perçoit du monde extérieur. Le système proprioceptif, ensemble de récepteurs situés dans les muscles et les articulations, renseigne en permanence le système nerveux central sur la position des divers segments corporels les uns par rapport aux autres. Le système vestibulaire, situé dans l'os rocher de la base du crâne, à proximité de l'oreille interne, renseigne le corps sur les mouvements de la tête dans l'espace. Les données provenant de ces trois systèmes doivent être cohérentes et concordantes. Une dissociation entre ces diverses informations entraîne une sensation de vertige, c'est-à-dire une sensation erronée de déplacement de l'espace par rapport au corps ou du corps par rapport à l'espace. L'origine des vertiges est variée. Parmi les affections du système vestibulaire, l'origine peut être traumatique (fracture du crâne), toxique, infectieuse (otite aiguë ou chronique, infection virale), vasculaire. Une forme particulière de maladie du système vestibulaire est la maladie de Ménière. Cette maladie associe un grand vertige rotatoire, des acouphènes (bourdonnements, sifflements) et une surdité survenant par crises. Les causes de cette maladie fréquente sont encore inconnues. Les troubles de l'audition font l'objet d'un développement séparé.

Les troubles de l'olfaction sont le plus souvent découverts lorsqu'une perte complète de l'olfaction (anosmie) apparaît. Les anosmies sont le plus souvent d'origine virale, plus du tiers sont secondaires à une infection grippale. Dans certains cas, l'anosmie est due à une fracture de la base du crâne entraînant une section des fibres nerveuses véhiculant les informations olfactives. Enfin, ces troubles peuvent être dus à une obstruction nasale, empêchant les molécules de parvenir aux cellules de l'odorat situées à la partie la plus haute de la muqueuse des fosses nasales.

La pathologie du goût est complexe. En effet, plusieurs nerfs sont mis en jeu dans la perception du goût, rendant peu fréquents les cas de déficit gustatif. Par contre, beaucoup de patients consultant pour un trouble de la gustation présentent également une anosmie. Celle-ci est en fait responsable de la perte de la richesse de la sensation gustative, liée à la perception des odeurs alimentaires. Parmi les causes de la perte du goût figurent le diabète, certains médicaments, des maladies neurologiques et certaines pathologies hormonales, qui altèrent ou détruisent la réception ou la transmission nerveuse. •

→ **Voir aussi :** Les récepteurs sensoriels, **BIOL**, p. 180-181. Les problèmes d'audition, **MED**, p. 298-299.

Les problèmes d'audition

LE SYSTÈME AUDITIF comprend deux parties : le système auditif périphérique et le système nerveux central. Le système auditif périphérique, ou oreille, est divisé en trois segments. L'oreille externe est formée par le conduit auditif externe et le pavillon. L'oreille moyenne comprend la caisse du tympan, dans laquelle sont situés les osselets (enclume, marteau et étrier) qui transmettent les vibrations du tympan à l'oreille interne. L'oreille interne, ou cochlée, est la structure nerveuse qui traduit l'information acoustique en information nerveuse. Le système auditif central est complexe. Le nerf auditif assure le transfert de l'information de l'oreille interne aux noyaux cochléaires situés dans le tronc cérébral. Puis, par des voies multiples, cette information est véhiculée jusqu'au cortex temporal auditif.

Les problèmes d'audition peuvent affecter chacune de ces structures. L'examen clinique, associé à des explorations fonctionnelles et radiographiques, permet de situer le siège de l'atteinte et d'en déterminer l'origine. On oppose deux types de surdités. Les surdités de transmission sont dues à une pathologie de l'oreille externe ou de l'oreille moyenne. La transmission des sons de l'air ambiant à l'oreille interne est atténuée. Cette atteinte est le plus souvent curable médicalement ou chirurgicalement. Les surdités de perception sont dues à une atteinte neuro-sensorielle siégeant dans l'oreille interne ou sur les voies auditives centrales (traumatismes, excès de bruit, intoxications, infections, tumeurs). Cette atteinte est le plus souvent définitive et peut être en partie atténuée par une prothèse auditive.

Les maladies de l'oreille interne

LES SURDITÉS DE PERCEPTION SONT DUES À DES LÉSIONS DES CELLULES QUI TRANSFORMENT LE STIMULUS SONORE EN INFORMATION NERVEUSE.

Certaines de ces surdités de perception ont la particularité d'avoir un début brutal : ce sont les surdités brusques. Elles représentent de véritables urgences neuro-sensorielles. Leur origine est encore inconnue, bien qu'une infection virale ou une souffrance vasculaire de l'oreille interne aient été envisagées. Cette surdité brusque se manifeste par une baisse brutale, allant de quelques minutes à quelques heures, de l'acuité auditive. Il convient alors de mettre en route rapidement un traitement nécessitant le plus souvent une hospitalisation. Leur récupération peut être totale ou incomplète.

Les surdités par atteinte de l'oreille interne peuvent être dues à un traumatisme du rocher. Ce traumatisme peut entrer dans le cadre d'une fracture du crâne. On le suspectera devant une hémorragie par l'oreille, une surdité ou un grand vertige. Ce traumatisme peut être secondaire à une hyperpression (accident de plongée sous-marine, dépressurisation rapide en avion). Dans quelques cas, le traumatisme peut être d'origine chirurgicale, car tout geste chirurgical sur l'oreille comporte un risque de traumatisme de l'oreille interne. Enfin, les traumatismes les plus fréquents sont des traumatismes acoustiques. Leur nombre augmente actuellement, en particulier à cause de l'emploi de baladeurs avec casque auditif qui émettent des intensités sonores élevées et prolongées.

Les surdités de perception peuvent être dues à des infections : ce sont les labyrinthites. Ces labyrinthites peuvent se rencontrer lors d'une infection de l'oreille moyenne (otite aiguë, otite chronique). Ailleurs, elles sont d'origine virale : oreillons, rougeole, grippe... Certains médicaments peuvent engendrer des surdités par lésion des cellules de l'oreille interne. Le plus connu est l'aspirine, qui peut déclencher l'apparition d'acouphènes ou d'une surdité lors d'une ingestion importante. Les antibiotiques de la classe des aminosides ont une toxicité reconnue pour l'oreille in-

Mots clefs

Otite : infection de l'oreille. L'otite peut être une otite externe (infection du conduit auditif) ou une otite moyenne (infection de la caisse du tympan).

Otorrhée : écoulement clair ou purulent venant de l'oreille.

Acouphènes : perception anormale de bruit dans l'oreille.

Mastoïdite : infection de la mastoïde située en arrière de l'oreille.

Cophose : absence de perception des sons.

Presbyacousie : vieillissement de l'oreille.

Paracentèse : ouverture chirurgicale du tympan.

Pavillon de l'oreille : lame fibro-cartilagineuse entourant le conduit auditif, constituée de replis (conque, hélix, anthélix, tragus, antitragus) et terminée en bas par le lobule de l'oreille (lui-même dépourvu de cartilage). La projection sur le pavillon de l'image corporelle est le fondement de l'auriculothérapie.

Trompe d'Eustache : conduit fibro-cartilagineux et osseux qui fait communiquer l'oreille moyenne avec la partie haute du rhino-pharynx, ce qui atténue les variations brutales de pression dans l'oreille moyenne.

Les maladies de l'oreille moyenne

LES MALADIES DE L'OREILLE MOYENNE ENGENDRENT DES SURDITÉS DE TRANSMISSION, CAR ELLES LÈSENT L'APPAREIL DE TRANSMISSION DES SONS DE L'AIR AMBIANT À L'OREILLE INTERNE.

Parmi les maladies non inflammatoires de l'oreille moyenne, la plus connue est l'otospongiose. Cette maladie, dont l'origine est encore inconnue, est une affection héréditaire à transmission autosomique dominante. Elle se traduit par une fixation lentement progressive de l'étrier, qui ne transmet plus les sons à l'oreille interne. Le signe majeur est une surdité qui se manifeste après la puberté et s'aggrave, chez les femmes, après chaque grossesse. Des acouphènes (bourdonnements, sifflements) sont parfois associés. L'audiogramme tonal et l'audiogramme vocal confirment la surdité de transmission et quantifient celle-ci. Lorsque la surdité devient invalidante, le traitement chirurgical, réalisé sous microscope, consiste à remplacer l'étrier immobilisé par une prothèse. Citons pour mémoire les traumatismes de l'oreille amenant à une surdité de transmission. Parmi ces traumatismes, les plus fréquents sont actuellement dus aux Cotons-Tiges. Ils entraînent des perforations du tympan et parfois des dislocations de la chaîne des osselets. Ces perforations tympaniques peuvent se fermer spontanément en quelques semaines mais, en cas de persistance de la perforation, un acte chirurgical est nécessaire. Dans quelques cas, ces traumatismes peuvent être dus à une fracture du crâne ou à un traumatisme par hyperpression locale (gifle).

Les maladies inflammatoires de l'oreille moyenne sont les otites. Elles peuvent être aiguës ou chroniques. L'otite aiguë est une infection de la caisse du tympan. Elle est particulièrement fréquente chez l'enfant. Elle apparaît dans les suites d'une rhino-pharyngite et se manifeste par un état fébrile et une douleur d'oreille. Son traitement repose sur des antibiotiques et, lorsque l'otite est très douloureuse, sur une paracentèse (ouverture chirurgicale du tympan). Les otites aiguës récidivantes, survenant lors des périodes hivernales, plusieurs fois durant la saison froide, entraînent un absentéisme important de l'enfant (crèche, école). Il convient alors de rechercher les facteurs favorisant ces otites à répétition : carence en fer, tabagisme passif, allergie alimentaire, hypertrophie des végétations. Leur traitement repose sur la correction des facteurs favorisants, en particulier sur l'ablation des végétations et, parfois, la pose d'aérateur transtympanique. Parmi les complications des otites aiguës, la plus connue est la mastoïdite. La mastoïdite se présente comme une otite aiguë qui ne guérit pas sous les traitements antibiotiques habituels. Souvent, l'enfant est fatigué et il est courant de constater l'absence de prise de poids amenant à une cassure de la courbe pondérale. Il convient alors de pratiquer une paracentèse après l'arrêt des antibiotiques, afin d'isoler le germe responsable et de le traiter spécifiquement. Une forme particulière d'otite est l'otite séreuse. Elle est due à la présence dans la caisse du tympan d'un liquide séreux non purulent. Elle se manifeste par une surdité ou des otites aiguës récidivantes. L'évolution est le plus souvent spontanément favorable. En cas de complication, le traitement repose sur l'ablation des végétations et la pose d'aérateur transtympanique.

L'otite chronique est une inflammation prolongée de la caisse du tympan. Il en existe deux types : l'otite chronique cholestéatomateuse, qui correspond à la présence dans l'oreille moyenne de kystes épidermiques, et l'otite chronique non cholestéatomateuse, qui se traduit par une inflammation sans kyste épidermique. Dans les deux cas, les deux maîtres symptômes sont une surdité et un écoulement (otorrhée) qui peut être fluctuant. L'audiogramme tonal et l'audiogramme vocal confirment l'existence d'une surdité de transmission et quantifient celle-ci. Le traitement des otites chroniques non cholestéatomateuses est essentiellement médical (assécher l'oreille qui coule), puis, souvent, chirurgical, afin de rétablir une audition normale (fermeture d'une perforation tympanique, chirurgie de la chaîne des osselets). Enfin, les séquelles de cette pathologie chronique de la caisse du tympan peuvent apparaître sous forme de perforations tympaniques résiduelles, de lésions de la chaîne des osselets. Ces séquelles, ainsi que les otites chroniques cholestéatomateuses, peuvent être traitées chirurgicalement par des interventions de reconstitution : ce sont les tympanoplasties. On procède à la réparation du tympan par suture ou greffe. On reconstitue la chaîne des osselets par mobilisation ou prothèse, mise en place de matériel plastique, afin de faire recouvrer l'audition, cela avec d'excellents résultats lorsque l'indication opératoire est correctement établie.

terne. Une surveillance étroite de l'audition lors de leur prescription ne permet pas toujours d'éviter l'apparition de la surdité.

L'otospongiose, maladie touchant le dernier des osselets (l'étrier), peut également évoluer vers une altération des propriétés de l'oreille interne. Enfin, la surdité de perception la plus fréquente est la presbyacousie. La presbyacousie est le vieillissement de l'oreille interne. Il commence vers l'âge de 40 ans mais ne devient gênant qu'à partir de 60-65 ans. L'importance de ce vieillissement varie considérablement d'un sujet à l'autre. Il se manifeste par une altération progressive de la perception des sons aigus puis des sons graves.

Le traitement des surdités de perception repose sur l'éviction des facteurs pouvant créer une telle pathologie : bruit, infections de l'oreille moyenne, traumatismes crâniens, toxiques..., mais surtout, une fois le déficit installé, sur la prothèse auditive. La prothèse auditive est un amplificateur. Il en existe de nombreux modèles. Certaines prothèses se portent en contour d'oreille. D'autres sont plus miniaturisées et peuvent être logées dans le pavillon de l'oreille. Enfin, certaines ont une miniaturisation poussée permettant de les placer uniquement dans le conduit auditif externe. Ces dernières n'entraînent, par conséquent, aucune disgrâce esthétique. Plus la surdité est importante, plus la prothèse doit amplifier et plus la miniaturisation est limitée. Ainsi, les surdités importantes ne pourront que difficilement bénéficier des prothèses intra-auriculaires. La prescription d'une prothèse auditive doit se faire sur la demande du patient qui est gêné dans sa vie quotidienne par la surdité. Le patient doit pouvoir juger du gain auditif que lui apporte cette prothèse avant de l'acheter. Le plus souvent, des essais thérapeutiques sont réalisés en accord avec les audioprothésistes. La prescription d'une prothèse est sous la responsabilité d'un médecin. •

Dépister la surdité de l'enfant

L'incidence des surdités du nourrisson est estimée de 1/1 000 à 1/1 200 de la population générale. Elle est plus élevée (1/60) chez les enfants nés avec des risques auditifs : antécédents familiaux de surdité, infections fœto-maternelles, prise de médicaments ototoxiques, malformations de la tête et du cou, souffrance néonatale sévère. Il convient donc de dépister systématiquement une surdité chez ces seuls enfants à risque, le dépistage de masse d'une surdité chez tout nouveau-né n'ayant aucun intérêt médical. Ce dépistage des enfants à risque est fondé sur la recherche des réponses du nourrisson à divers bruits et des épreuves spécialisées : potentiels évoqués auditifs, oto-émissions acoustiques. Le diagnostic d'une surdité du nourrisson permettra de limiter la privation de parole qui en résulte chez l'enfant.

Maladies du nerf auditif et des voies auditives

LES MALADIES DU NERF AUDITIF ET DES VOIES NEUROLOGIQUES DE L'AUDITION, MOINS FRÉQUENTES QUE LES MALADIES DE L'OREILLE MOYENNE OU DE L'OREILLE INTERNE, SONT SOUVENT MARQUÉES PAR LEUR GRAVITÉ.

La maladie la plus fréquente du nerf auditif est une tumeur bénigne : le neurinome du nerf auditif. Cette tumeur se développe dans le crâne, refoulant progressivement les structures nerveuses, en particulier le tronc cérébral. Son diagnostic doit se poser devant toute surdité de perception asymétrique. Il repose sur un faisceau d'arguments : potentiels évoqués auditifs, examen de l'équilibre et, surtout, examens radiographiques (dont l'examen en résonance magnétique nucléaire). Le traitement est chirurgical. Les séquelles du traitement sont des surdités de perception importantes et des paralysies faciales parfois régressives.

Les maladies des voies auditives peuvent engendrer des manifestations cliniques parfois surprenantes, posant des difficultés diagnostiques. Les signes cliniques varient considérablement selon le siège de l'atteinte. Ces lésions peuvent atteindre le tronc cérébral, les voies sous-corticales ou le cortex auditif. Leur origine peut être très variée : problèmes vasculaires, tumeurs, comas, sclérose en plaques... Le diagnostic repose sur des tests d'audiométrie conventionnelle, l'étude des potentiels évoqués auditifs et, surtout, les examens radiographiques : examen tomodensitométrique ou résonance magnétique nucléaire cérébrale.

On appelle agnosie auditive un trouble qui associe une transmission normale des sons et l'absence de compréhension des mots ou des phrases, plus ou moins associées à des troubles du langage. Cela est en rapport avec des lésions (vasculaires, tumorales, infectieuses ou traumatiques) du cortex cérébral des régions temporales et pariétales. Parfois, cette agnosie porte sur la reconnaissance des airs de musique. Elle ne doit pas être confondue avec une surdité ou une démence. •

→ **Voir aussi :** Les récepteurs sensoriels, **BIOL**, p. 180-181. L'oto-rhino-laryngologie, **MED**, p. 296-297.

1. Audiogramme normal.

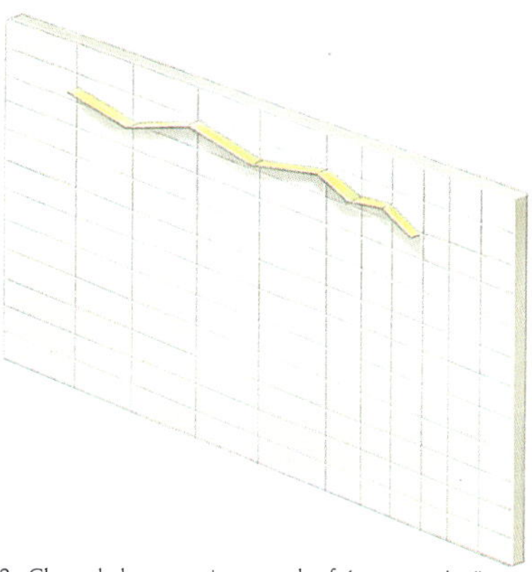

2. Chute de la perception pour les fréquences aiguës à partir de 1 024 Hz en cas de surdité aiguë.

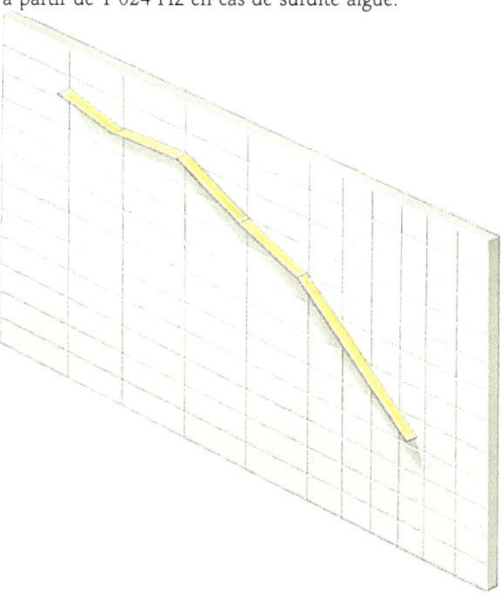

3. Diversité des tracés des potentiels évoqués auditifs.

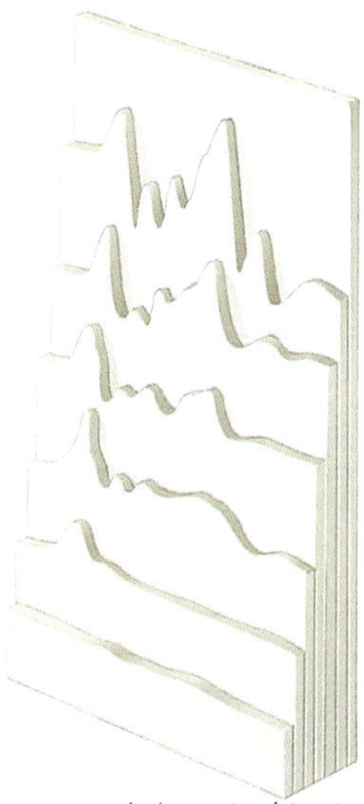

4. Anatomie schématique de l'oreille.

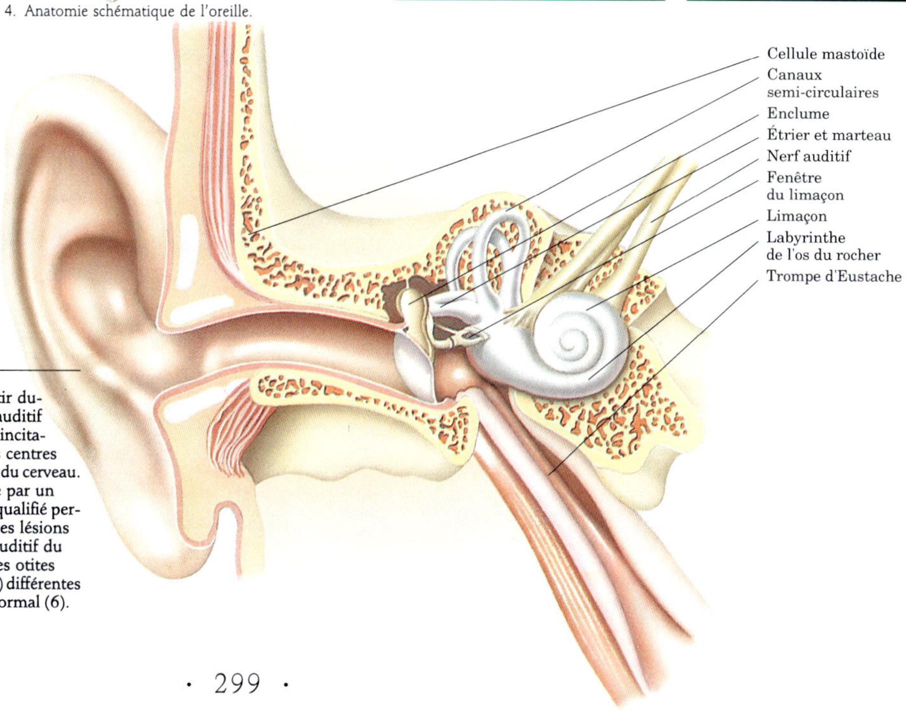

5. Otite moyenne aiguë.

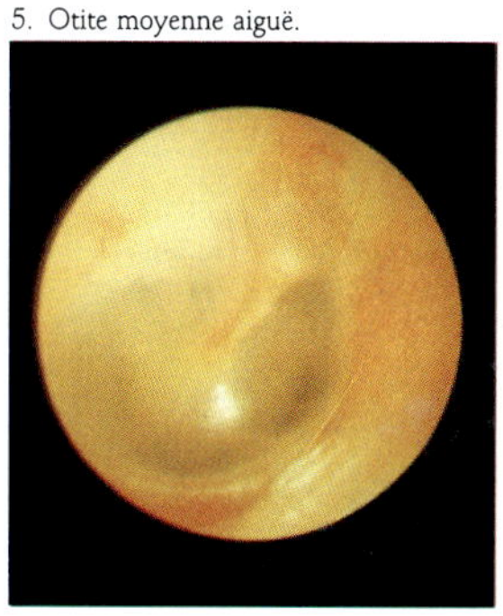

6. Tympan normal.

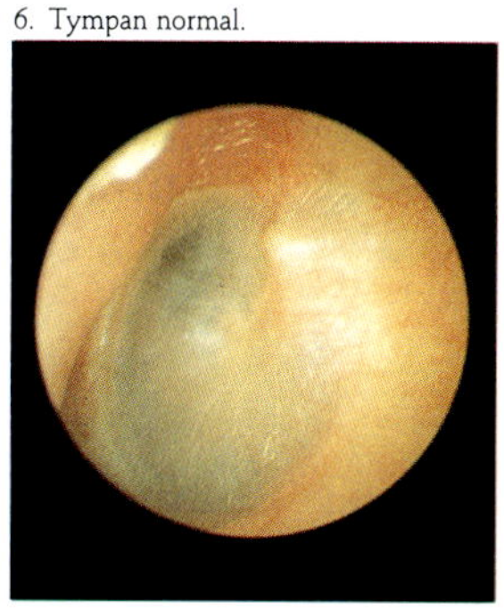

Préciser les fonctions et la morphologie

Les tracés d'audiogramme sont réalisés par l'étude des différences entre la transmission par voie aérienne et celle par voie osseuse des sons de fréquence croissant entre 60 et 16 000 Hz. Le tracé (1) est normal. Le tracé (2) montre la chute de perception pour les fréquences aiguës. Les diagrammes de potentiels évoqués (3) sont caractéristiques des divers niveaux des lésions cérébrales qui perturbent l'audition. L'anatomie de l'oreille (4) permet de reconnaître les segments externe, moyen et interne du système auditif à partir duquel le nerf auditif transmet les incitations vers les centres d'intégration du cerveau. L'endoscopie par un observateur qualifié permet de voir les lésions du conduit auditif du tympan et des otites moyennes (5) différentes de l'aspect normal (6).

La pathologie de l'œil

TOUTES LES TUNIQUES ET éléments constitutifs de l'œil peuvent être atteints par des pathologies où d'autres organes sont en cause. C'est pourquoi la collaboration de l'ophtalmologiste avec le médecin généraliste ou les autres spécialistes est permanente. Ainsi, l'examen du fond d'œil est indispensable pour apprécier le retentissement vasculaire d'une hypertension artérielle. Les seuls vaisseaux visibles directement explorables du corps humain sont en effet représentés par l'artère et les veines centrales de la rétine avec leurs branches. De même, l'hématologiste, le pédiatre surveillent les troubles de la coagulation sanguine par la recherche d'une hémorragie au fond d'œil. Sa découverte peut dicter un traitement spécifique tel que la transfusion de plaquettes ou de facteurs de la coagulation. Le neurologue a besoin d'un examen électrophysiologique (potentiel évoqué visuel) pour diagnostiquer et surveiller la redoutable sclérose en plaques.

À l'inverse, l'ophtalmologiste peut diriger son patient vers le médecin traitant ou un autre spécialiste, car la survenue d'une affection générale se révèle parfois par une pathologie oculaire : l'*uvéite,* inflammation oculaire interne, peut traduire une cause locorégionale, abcès dentaire, sinusite, ou générale, en particulier rhumatismale (dans l'arthrite rhumatismale), infectieuse avec la toxoplasmose. L'œdème de la papille du nerf optique conduit à rechercher une tumeur cérébrale ou la localisation secondaire d'un autre cancer. L'atrophie optique avec papille blanchâtre témoigne de la neuropathie alcoolique, affection dégénérative irréversible. Cette névrite (inflammation) ne se voit que pour un seul organe (l'œil) mais diffuse dans tout le système nerveux. Les dérèglements hormonaux peuvent également s'accompagner de signes oculaires : l'hyperfonctionnement de la thyroïde (maladie de Basedow) s'accompagne d'une protrusion (avancée) oculaire avec difficulté à la fermeture des paupières, signe cardinal de cette maladie. La pathologie oculaire est donc loin de ne concerner que l'ophtalmologiste et constitue un véritable trait d'union avec toutes les autres spécialités médicales, dont les soins visent à préserver les organes de ce sens si précieux qu'est la vue.

1. Mesure du tonus oculaire au cours du glaucome.

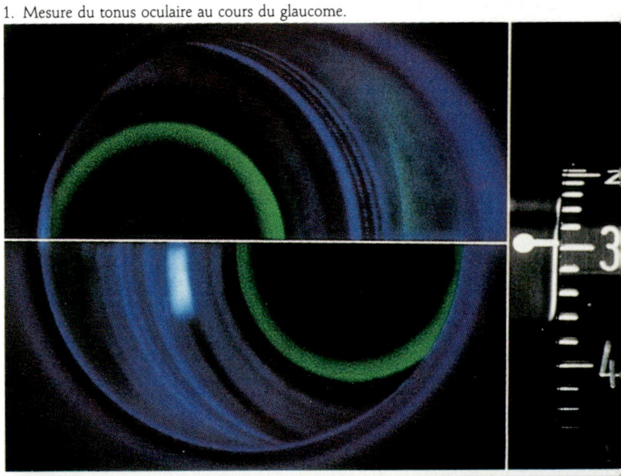

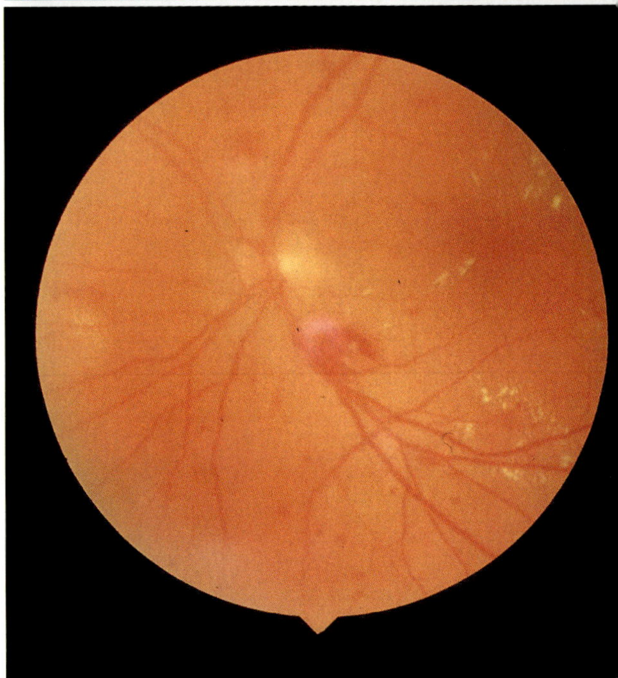

2. Aspect du fond d'œil de rétinopathie diabétique avec hémorragies.

Paupières et conjonctive

LES PAUPIÈRES ASSURENT L'OCCLUSION DE L'ORBITE ET LA PROTECTION DU GLOBE OCULAIRE. LA CONJONCTIVE REVÊT LE GLOBE OCULAIRE. L'ENSEMBLE PEUT ÊTRE INFECTÉ.

Dans la paupière se trouvent un certain nombre de glandes qui assurent la sécrétion lacrymale. L'obturation du canal de drainage de la glande détermine la formation d'un kyste inflammatoire. Dans le chalazion, la paupière est d'abord rouge, douloureuse et gonflée, puis la formation du kyste s'individualise. Le traitement anti-inflammatoire et antibiotique local permet le plus souvent la guérison, sinon on recourt à la chirurgie avec ablation du kyste sous anesthésie locale. Mais les récidives sont fréquentes. L'orgelet se développe à la base d'un cil, le staphylocoque en est la cause principale, l'antibiothérapie locale continue entraîne la cessation des troubles en quelques jours.

L'entropion correspond à la bascule interne du bord libre de la paupière ; il se rencontre chez le sujet âgé ou après cicatrice trachomateuse. Les cils peuvent alors frotter sur l'œil et la cornée, et être responsables de kératites chroniques graves. L'entropion entraîne le relâchement des tissus chez le sujet âgé, le mauvais écoulement des larmes (larmoiement) et l'irritation conjonctivale, qui nécessitent un traitement plastique chirurgical.

La conjonctivite aiguë est une inflammation aiguë de la conjonctive, dont les causes sont le plus souvent infectieuses (virus, bactérie), allergiques ou traumatiques, entraînant picotements, larmoiement, rougeur oculaire, sensation de sable et sécrétions. La contagiosité est surtout fréquente en cas d'origine virale et peut s'accompagner de rhinite, rhino-pharyngite, laryngite. L'acuité visuelle reste en général normale. Le traitement antibiotique local évite la surinfection bactérienne. Tous les nouveau-nés reçoivent à la naissance une instillation de nitrate d'argent ou de posiclyne pour éviter la redoutable conjonctivite gonococcique. La conjonctivite chronique correspond à une succession de conjonctivites aiguës qui se répètent dans l'année avec, parfois, un caractère saisonnier. Le traitement doit s'appliquer au phénomène irritatif, puis à celui de la conjonctive.

L'hémorragie sous-conjonctivale est une collection sanguine entre le globe oculaire et la conjonctive, inquiétante par sa brutalité d'apparition sans cause apparente. Il s'agit de la rupture d'un petit vaisseau conjonctival fragilisé ou, plus rarement, d'un trouble de la coagulation ou d'une hypertension artérielle. Le traitement protecteur vasculaire permet la résorption en trois semaines à un mois sans laisser de séquelle. •

Rétine et nerf optique

LA RÉTINE FORME LE TISSU NEUROSENSORIEL OCULAIRE. LE NERF OPTIQUE RELIE LA RÉTINE AU LOBE OCCIPITAL SITUÉ À LA PARTIE POSTÉRIEURE DU CERVEAU.

Le tissu rétinien est composé par la superposition d'une dizaine de couches cellulaires. Il se subdivise en une portion interne neurosensorielle et un tissu de soutien nutritif externe appelé épithélium pigmentaire. Sa vascularisation est assurée par les vaisseaux centraux à sa partie profonde et par la choroïde à la partie externe. Les fibres issues des cellules ganglionnaires convergent à la papille pour former le nerf optique, qui contient environ 500 000 fibres rétiniennes.

Les lésions rétiniennes sont surtout le décollement de rétine et la dégénérescence maculaire du sujet âgé. La chirurgie du décollement de rétine consiste à réappliquer l'une sur l'autre les deux portions décollées, grâce à un tamponnement interne (gaz, huile de silicones) ou externe (Silastic). La présence d'une hémorragie conduit à retirer le gel intraoculaire, ou humeur vitrée. Le nerf optique situé à l'arrière de l'œil assure la transmission de l'influx nerveux après stimulation lumineuse des cellules rétiniennes. La papille ou tête du nerf, bien vue au fond d'œil, est dépourvue de photorécepteurs et se projette comme une tache aveugle sur le champ visuel. Son passage dans l'orbite se fait au travers d'un orifice osseux étroit : il peut être sectionné lors d'un traumatisme.

Les névrites optiques sont d'origine toxique (alcool) ou infectieuse (virales) ; le symptôme commun à ces différents troubles est la baisse d'acuité visuelle en l'absence de troubles de réfraction et de neuronopathie. •

3. Diversité des paralysies des muscles oculomoteurs.

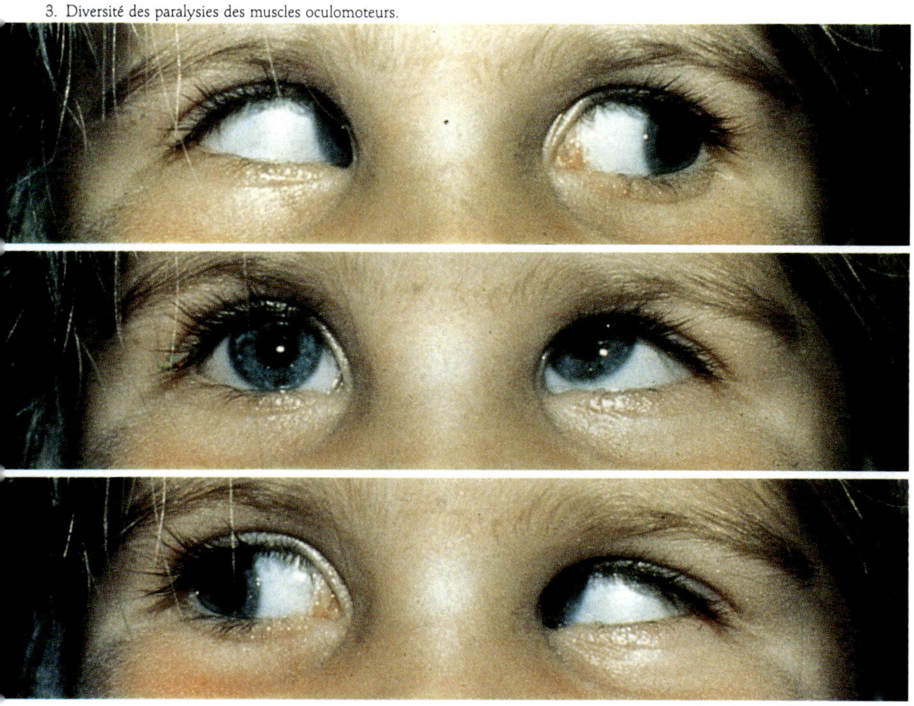

Coordination des mouvements oculaires

Les troubles de la vision binoculaire sont fréquents. Six muscles permettent au regard de se déplacer : quatre muscles droits, interne (regard « en dedans »), externe (« en dehors »), supérieur (« en haut »), inférieur (« en bas »), et deux obliques, petit oblique (en haut et en dedans) et grand oblique (en bas et en dedans). L'hétérophorie correspond au cas où les yeux, fixant un objet, perdent leur parallélisme, entraînant une vision instable, avec céphalées, douleurs oculaires, et parfois vertige et diplopie. On traite ces troubles par la rééducation musculaire effectuée par l'orthoptiste associée au port de verres prismatiques, avec des résultats satisfaisants.

Troubles oculomoteurs

LES YEUX SE MEUVENT HARMONIEUSEMENT GRÂCE À LA COORDINATION DE LEUR MUSCULATURE. LA STRABOLOGIE EN ÉTUDIE LES ANOMALIES.

Le strabisme est défini comme l'absence de parallélisme ou la déviation d'un œil par rapport à l'autre. Il peut être convergent (un œil dévie en dedans), divergent (un œil dévie en dehors), vertical (vers le haut ou le bas). Pour 700 000 naissances, 100 000 nourrissons sont atteints d'un handicap visuel ; pour 75 %, il s'agit d'un trouble de la réfraction (myopie, hypermétropie, astigmatisme) ; pour 25 % d'un strabisme. Quand les axes des deux yeux ne sont plus parallèles, le cerveau donne la préférence à l'un d'eux, dit prédominant, l'autre étant neutralisé. Le risque majeur est le non-développement de la vision de l'œil neutralisé, irréversible si le traitement n'est pas effectué avant l'âge de cinq ans. On parle alors d'amblyopie (baisse d'acuité visuelle non corrigible).

Le traitement est effectué par l'ophtalmologiste en collaboration avec l'orthoptiste, qui assure la rééducation des mouvements oculaires. Le port de verres peut corriger un vice de réfraction détecté par la skiascopie, pénaliser l'œil dominant et provoquer la sollicitation de l'œil neutralisé, en utilisant le port de caches ou de prismes. L'intervention peut raccourcir ou détendre un muscle pour rétablir le parallélisme.

Les paralysies oculomotrices traduisent l'atteinte d'un muscle oculaire. Elles se signalent par une vision double, ou diplopie. L'origine peut être traumatique, vasculaire, infectieuse, tumorale ou toxique. Le nystagmus définit des secousses rythmiques orientées du globe oculaire. Il est congénital ou acquis (lésion du système nerveux). Son traitement est délicat. •

Traumatisme

L'œil est exposé aux agressions externes et tout traumatisme nécessite un examen de l'acuité visuelle, du fond d'œil et de la motilité oculaire. La ceinture de sécurité a nettement diminué le nombre des traumatismes dus aux accidents de circulation. Les plaies graves, souvent évidentes, avec douleurs, perte du tonus oculaire et issue de vitré, constituent des urgences chirurgicales à cause de la fragilité de l'œil face aux infections et de la survenue d'hémorragie nécessitant un nettoyage chirurgical. La rapidité de la mise en route du traitement est déterminante. On doit rechercher un décollement de rétine, qui peut survenir même lors de contusion à globe oculaire fermé. La plupart des traumatismes sont curables, et se rencontrent souvent dans les accidents professionnels ou ménagers. Les brûlures thermiques ou chimiques nécessitent un lavage immédiat ; les brûlures causées par les acides sont d'emblée maximales, celles provenant de produits alcalins continuent d'évoluer pendant plusieurs jours. Les corps étrangers provoquent une irritation plus ou moins grave de la cornée et des paupières, parfois une lésion (dans ce cas, on peut être amené à ôter le corps étranger sous anesthésie). La rapidité de traitement est essentielle, afin d'éviter l'évolution vers l'abcès.

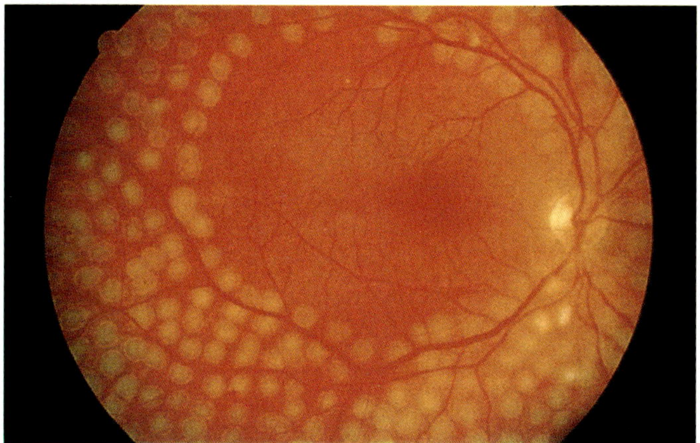

4. Résultat de photocoagulation de la rétine par laser à argon.

Une nouvelle thérapeutique, le laser

En ophtalmologie, les lasers servent pour la photocoagulation, la photodisruption ou section, la photoablation. Les lasers permettent de coaguler la rétine ; ils servent à prévenir le décollement de rétine et l'évolution de la rétinopathie diabétique. Les nouveaux lasers permettent d'atteindre avec précision la couche rétinienne, qui absorbe la longueur d'onde choisie.

Cataracte et glaucome

LA CATARACTE EST LA CAUSE D'ENVIRON LA MOITIÉ DES CÉCITÉS DANS LE MONDE, SOIT 35 MILLIONS D'AVEUGLES. LE GLAUCOME CONCERNE 1 % DE LA POPULATION APRÈS 40 ANS.

La cataracte a des origines diverses. Il est habituel de parler de cataracte congénitale, traumatique ou sénile. La cataracte sénile est, de loin, le cas le plus fréquent. Environ 140 000 patients par an en France sont opérés de cette affection. Les symptômes sont surtout une baisse d'acuité visuelle plus importante pour la vision au loin que pour la vision de près. L'opacification du cristallin provoque un changement de densité optique qui peut provoquer une myopisation. Compensant la presbytie, elle permet, transitoirement, la lecture sans lunettes. L'éblouissement (photophobie) est souvent noté.

Unilatérale, la cataracte peut longtemps passer inaperçue et n'être découverte qu'au cours d'une consultation. La décision opératoire est prise en fonction de l'âge du patient et du handicap visuel ; la tendance actuelle est d'effectuer une anesthésie locale, aisée et bien tolérée par l'organisme. La mise en place d'un implant oculaire, véritable cristallin artificiel, nécessite des calculs de puissance très précis en fonction de la longueur de l'œil mesurée grâce à l'échographie. Les complications sont rares. Le microscope opératoire est indispensable dans tous les cas ; les fils de suture ont 15/100 de mm de diamètre. On peut, avec l'aide des ultrasons, retirer le cristallin par une petite incision (phakoémulsification). Cette méthode a été inventée en 1965 par l'Américain Ch. Kellman qui utilisa les ultrasons et non le laser, sans intérêt pour l'extraction ; ce procédé, encore controversé, permet une hospitalisation très courte (chirurgie ambulatoire). Le laser YAG est, par contre, utilisé pour sectionner la membrane sans ouverture de la cavité oculaire. L'origine de la cataracte reste, de nos jours, inconnue ; il semble cependant que l'exposition au soleil la favorise, et qu'elle soit fréquente dans les régions intertropicales.

Le glaucome est une affection fréquente qui touche plus de 300 000 personnes en France. Sous ce vocable sont regroupées plus d'une vingtaine d'affections, dont la plus fréquente est le glaucome chronique. L'œil est une cavité close dans laquelle règne un certain niveau de pression, normalement compris entre 10 et 20 mm de mercure. L'élévation de cette pression intra-oculaire (P.I.O.) entraîne une souffrance du nerf optique au niveau de son arrivée dans l'œil (papille ou tête du nerf). Cette pression est, en fait, régie par la sécrétion et la résorption d'un liquide intra-oculaire, appelé humeur aqueuse, produit, derrière l'iris, par les corps ciliaires, éliminé à travers un filtre situé en avant du rideau irien, appelé trabéculum. Quand la résorption est entravée, la pression intra-oculaire augmente pour ramener l'évacuation à un niveau équivalent à la production. Le glaucome aigu réalise une hypertonie aiguë douloureuse qui nécessite un traitement urgent. Le glaucome, plus fréquemment, s'installe de façon progressive et entraîne des amputations du champ visuel (scotomes) qui s'étendent et une baisse de la vision sans manifestation douloureuse. L'examen du fond d'œil peut montrer une excavation du nerf optique. Celui du champ visuel précise le degré de l'atteinte des fibres rétiniennes. Le traitement fait appel aux collyres hypotonisants (bêtabloquants, adrénergiques, myotiques). Le laser est utilisé mais, souvent, il faut recourir à la chirurgie, qui permet la réalisation d'une « soupape » par trabéculectomie entre les cavités du globe oculaire, diminuant la P.I.O. •

Les problèmes de vision

L'APPAREIL VISUEL DE l'homme est un système optique d'une grande précision. Il permet normalement de distinguer deux éléments sous un angle d'une minute, l'acuité visuelle est alors de 10/10. La vision est encore évaluée pour la lecture grâce à une planche où les caractères sont écrits de plus en plus petit. Cette échelle, mise au point par le Français H. Parinaud, s'échelonne de P 20 à P 2 (P 2 correspondant à la meilleure acuité visuelle). La vision se développe pendant les premières années de la vie ; ainsi, l'acuité visuelle du nourrisson se situe aux alentours de 1/10 puis arrive à 5/10 vers l'âge de deux ans pour atteindre 10/10 entre cinq et sept ans. Les stimuli principaux responsables du développement sont représentés essentiellement par la vision de près. L'acuité visuelle de l'enfant s'évalue par des tests spécifiques dès le plus jeune âge, car c'est dans cette période que la correction d'un trouble visuel est la plus efficace.

Les principaux problèmes de vision sont liés à des troubles de la réfraction touchant plus de 27 millions de Français. Dans la myopie, qui atteint environ 10 millions de personnes, les rayons lumineux convergent en avant de la rétine, la longueur de l'œil étant trop grande. Les premiers symptômes apparaissent souvent à l'adolescence, avec une baisse d'acuité visuelle de loin et une conservation de l'acuité visuelle de près. Les fortes myopies s'accompagnent d'altérations très invalidantes de la rétine. À l'inverse, dans l'hypermétropie, qui touche environ 5 millions de personnes, les rayons lumineux convergent en arrière de la rétine, la longueur de l'œil étant trop petite. Les premiers symptômes se révèlent par une baisse d'acuité visuelle de près, avec une vision de loin conservée. Quand le trouble est très important, l'acuité visuelle de loin peut également être touchée. L'astigmatisme atteint environ 5 millions de personnes. La surface de l'œil présentant un défaut de courbure dans un axe, les lignes apparaissent déformées. La presbytie survient chez environ 8 millions de personnes. L'accommodation du cristallin permettant de voir net de près et de loin diminue avec l'âge, et oblige à une compensation pour la lecture de près à partir de 45 ans, sauf en cas de petite myopie.

Les troubles de la vision

ILS REGROUPENT DES TROUBLES OCULAIRES OU LIÉS À UNE MALADIE GÉNÉRALE ET VONT DE LA VISION ANORMALE DES COULEURS AUX DÉGÉNÉRESCENCES RÉTINIENNES DU SUJET ÂGÉ.

Le daltonien confond en général deux couleurs, le plus souvent le vert et le rouge. L'affection est transmise par les femmes, chez lesquelles elle reste inapparente, mais s'exprime chez le sujet masculin (affection récessive liée au sexe). Dans un schéma génétique standard, un sujet daltonien a une mère porteuse de la tare (sans trouble) tandis que le grand-père maternel est atteint. En fait, c'est le chromosome X qui est touché. Parmi les affections acquises, la vision de mouches ou de particules noires est très fréquente ; elle est liée le plus souvent à l'apparition de filaments protéiques dans le globe oculaire. La sensation de trouble visuel lors du travail sur écran est en relation avec une sollicitation trop importante de l'accommodation et de la convergence, les hypermétropes y sont particulièrement exposés. Plus rare est l'apparition d'une amputation du champ visuel ; brutale, elle évoque un problème vasculaire ou un décollement de la rétine ; progressive, elle traduit un processus glaucomateux uni- ou bilatéral évolutif.

La rétine est composée de deux types de cellules photoréceptrices, les cônes, qui assurent la vision fine diurne centrale, les bâtonnets, responsables de la vision nocturne. L'atteinte des bâtonnets telle qu'on peut la rencontrer dans la rétinite pigmentaire est à l'origine de la très basse vision nocturne, c'est l'héméralopie. À l'inverse, une lésion touchant les cônes entraîne une mauvaise vision diurne, on parle de nyctalopie. La déformation des lignes droites, qui apparaissent discontinues, brisées, est la métamorphopsie. Toute atteinte du centre de la rétine peut donner un tel symptôme, mais c'est surtout le décollement de rétine (5 000 cas par an en France) et la dégénérescence liée à l'âge qui en sont responsables. Cette dernière est un véritable fléau qui touche environ 25 % de la population ayant dépassé 75 ans.

Le diabète est cause de 5 000 cas de cécités par an en France, le plus souvent, après une longue évolution et surtout en l'absence d'un traitement suivi. L'hémorragie intraoculaire est souvent à l'origine de cette baisse brutale de la vision qui peut également être due à un traumatisme ou à un trouble de la coagulation.

Certains troubles visuels sont d'explication difficile, mais les examens électrophysiologiques et un bon examen clinique permettent d'en retrouver la cause dans plus de 95 % des cas. Les simulateurs ne sont pas rares, vite reconnus, et l'hystérie, quant à elle, est un piège redoutable.

La plupart des troubles visuels ont bénéficié d'une politique de santé publique qui permet la prévention (conseil génétique) et un dépistage et un traitement précoces. On peut citer, en particulier, la médecine scolaire, qui permet le dépistage des troubles visuels dès l'âge de 2-3 ans, et la médecine du travail.

En fait, plus de un Français sur deux est concerné par un trouble de la vision. La cécité complète atteint environ 50 000 personnes. Des organismes d'entraide (prêt de livres en braille, de cassettes) et des associations amicales bénévoles facilitent l'intégration de ces handicapés. •

Les modes d'exploration

SI LA LECTURE RESTE LE TEST PRINCIPAL, LA TECHNOLOGIE RÉCENTE PERMET UNE ÉTUDE AFFINÉE DES DIFFÉRENTS SEGMENTS ANATOMIQUES ET FONCTIONNELS DE L'ŒIL.

L'acuité visuelle subjective se mesure chez l'adulte lettré avec des tests comportant différentes lettres de l'alphabet écrites selon une dimension décroissante, 10/10 correspondant à la possibilité pour l'œil de distinguer deux points distincts de 1,5 mm environ à 5 mètres. Il n'est pas rare, chez le sujet jeune, de dépasser ces normes et de trouver une acuité visuelle supérieure à 12/10, voire 15/10. Chez le sujet illettré, on utilise une échelle similaire avec des « E », il suffit alors de demander dans quel sens sont orientées les barres. Chez l'enfant, les tests spécifiques sont représentés par des images de différentes tailles. Plus récente, l'estimation de la vision des contrastes permet de dépister des altérations précoces de la rétine, élément neurologique de l'appareil oculaire que l'on peut comparer à la pellicule d'un appareil photographique. La vision des couleurs s'explore avec les tests d'Ishihara et de Farnsworth, qui permettent d'attester l'authenticité d'une atteinte de la rétine ou du nerf optique ainsi que d'en préciser le siège.

La vision binoculaire est indispensable pour apprécier le relief : son étude est effectuée grâce à des lunettes spéciales (un verre rouge, un verre vert) permettant de voir en relief des dessins (test de Wirt). L'examen de l'œil s'effectue chez l'ophtalmologiste grâce à un appareil (lampe à fente) grossissant de 6 à 40 fois. Il permet de distinguer cornée, iris, pupille, conjonctive. Sur cette lampe à fente est monté un dispositif amovible (tonomètre) servant à contrôler la pression intraoculaire encore appelée tension de l'œil. Sa valeur normale se situe entre 10 et 20 mm de mercure. L'élévation de la pression est capitale à dépister par un examen systématique, car elle est souvent indolore et entraîne une altération des fibres visuelles avec baisse de la vision (glaucome). L'examen du champ visuel évalue le bon fonctionnement de ces fibres. Le sujet regarde un point fixe dans une coupole où des lumières d'intensité variable sont allumées. Cet examen a été nettement amélioré par le traitement informatique des réponses. Il permet de dépister et de suivre le malade glaucomateux. L'ophtalmoscope permet, au travers de la pupille dilatée et des milieux transparents de l'œil, l'examen de la rétine, des vaisseaux rétiniens et du nerf optique, réalisant ainsi un fond d'œil. Cet examen sert à rechercher une hémorragie, une atrophie du nerf optique, un œdème ou une tumeur.

L'examen morphologique de la cavité orbitaire a grandement bénéficié de l'échographie et du scanner. L'échographie n'entraîne aucun traumatisme et permet d'examiner tout le contenu oculaire, paupières fermées. Elle est très utile pour localiser un ou plusieurs corps étrangers intraoculaires (plombs de chasse, par exemple) ; sa précision actuelle est de l'ordre du dixième de millimètre. Le scanner est plus employé pour dépister des lésions situées en arrière du globe (tumeur, malformation vasculaire). L'angiographie consiste à injecter dans une veine de l'avant-bras un produit de contrôle (fluorescéine) et permet de suivre son cheminement dans les vaisseaux rétiniens et le réseau capillaire.

L'évaluation de l'amétropie (myopie, hypermétropie, astigmatisme) s'effectue subjectivement par l'essai successif de verres pour obtenir la meilleure acuité. La mesure s'effectue grâce à la skiascopie, qui étudie le déplacement d'un faisceau lumineux et sa réflexion sur la rétine. Les réfractomètres permettent de mesurer en quelques secondes l'amétropie et la topographie cornéenne (kératométrie). •

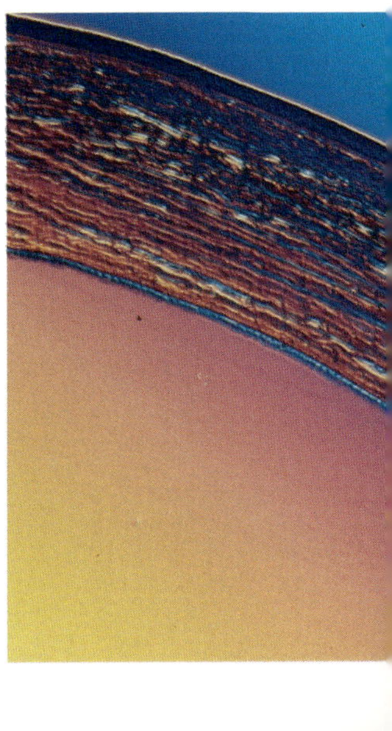

Les traitements

ILS CONNAISSENT UN ESSOR CONSIDÉRABLE GRÂCE AUX PROGRÈS TECHNIQUES (MICROSCOPE OPÉRATOIRE, LASER), AUX MATÉRIAUX ET AUX MÉDICAMENTS.

Le traitement des vices de réfraction, myopie, astigmatisme, hypermétropie, fait appel en premier lieu aux lunettes. L'ophtalmologiste calcule la meilleure adéquation entre correction optimale et confort visuel. L'opticien a en charge la fabrication des verres, leur centrage et le conseil de la monture. Les lunettes sont parfois mal acceptées. La correction optique peut alors bénéficier de lentilles oculaires, c'est la contactologie (1 200 000 personnes en France). L'Association française de normalisation (pour un alignement sur les autres pays de la C.E.E.) recommande de parler de « lentilles rigides » et de « lentilles souples hydrophiles ». Les lentilles de contact, déjà imaginées par Léonard de Vinci, ont plus de 100 ans, puisqu'elles furent utilisées au cours des années 1880 par le Français E. Kalt, l'Allemand A. Müller et le Suisse A. E. Fick. Les lentilles souples nécessitent une quantité de larmes suffisante (test de Schirmer) ; elles ont l'avantage d'un grand confort immédiat et d'une bonne facilité d'adaptation, mais obligent à un entretien rigoureux pour éviter toute infection. Plus solides sont les lentilles rigides et, si leur adaptation est plus délicate, elles ont une meilleure tolérance oculaire et nécessitent un entretien moins contraignant. La dernière génération de lentilles convient pour corriger la presbytie en permettant une vision de loin en périphérie de la lentille et une vision de près centrale (lentilles bifocales).

Dans certaines indications précises, la correction optique peut avoir une solution chirurgicale. Ainsi, certains myopes ne supportant pas les lentilles peuvent bénéficier de la kératotomie radiaire : on effectue huit incisions en « rayon de roue » autour du centre optique. Cette chirurgie délicate connaît de nombreuses variantes qui permettent de corriger aussi les hypermétropes et les astigmates. L'éthique médicale guide le choix du chirurgien qui doit refuser l'opération s'il existe une faible motivation ou un risque trop grand. Actuellement, le traitement avec le laser excimer, qui doit permettre de faire les incisions sans bistouri, est à l'étude. Aucune chirurgie de l'œil se ne conçoit sans le microscope opératoire, car la précision des lames de bistouri est de l'ordre de 5 micromètres.

Les implants intraoculaires sont en polyméthacrylate de méthyle ou PMMA ; ils sont utilisés principalement au cours du traitement de la cataracte et évitent au nouvel opéré le port de lunettes avec des verres très épais. Leur découverte est due au Britannique sir Harold Ridley, en 1949, qui avait constaté la remarquable tolérance intraoculaire des fragments de cockpit d'avion en PMMA chez les pilotes anglais ; il conçut alors une petite lentille de ce même matériau et la positionna sur le chemin des faisceaux lumineux dans l'axe optique... Le laser sert également à effectuer une photocoagulation de la rétine (composée par la juxtaposition de nombreux feuillets) ; chez le grand myope, dont l'œil est trop long, la rétine étirée peut se déchirer, entraînant un décollement de rétine. Un mode de prévention consiste à coller les différentes couches des tuniques du globe oculaire par des impacts de laser à l'argon. Des médicaments, en particulier dans le domaine du glaucome (bêtabloquants), sont apparus en 1976 (Timolol) ; ils permettent de mieux contrôler la pression intraoculaire et de retarder l'heure de l'intervention chirurgicale. •

Une structure précieuse, la cornée

La cornée est une sorte de hublot à la partie antérieure de l'œil, de 500 à 800 micromètres d'épaisseur, dont l'architecture et la physiologie permettent de maintenir la transparence. En modifiant son rayon de courbure par des incisions radiaires, il est possible de traiter certaines myopies (kératotomie radiaire). Le collagène est l'essentiel du stroma (90 %) ; sa nutrition se fait par imbibition et l'absence de vascularisation autorise en général le bon succès des greffes de cornée auxquelles on recourt avec des indications précises.

1. Vue sagittale du segment antérieur de l'œil.

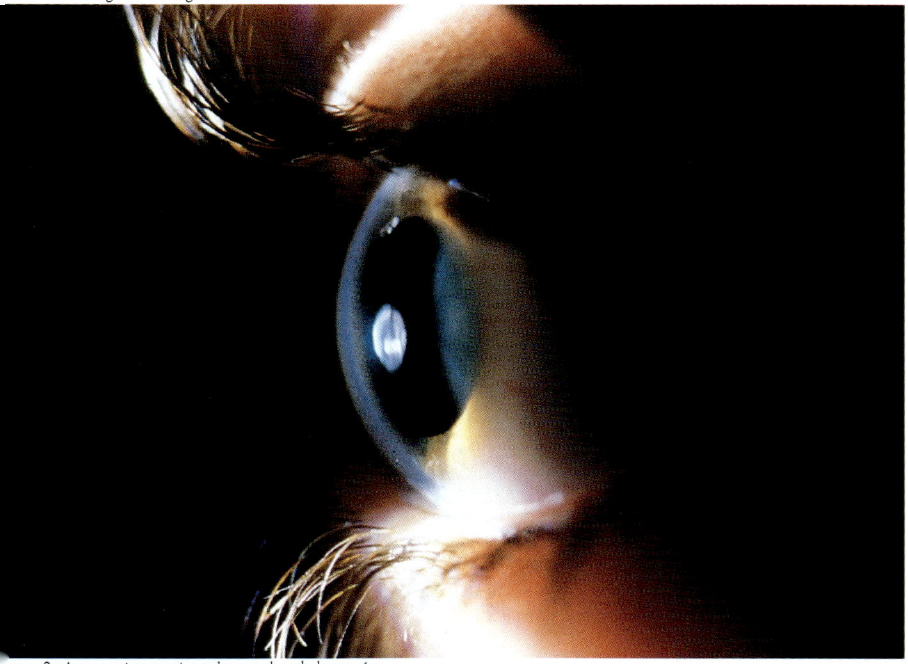

3. Résultat d'incisions radiaires de la cornée pour myopie.

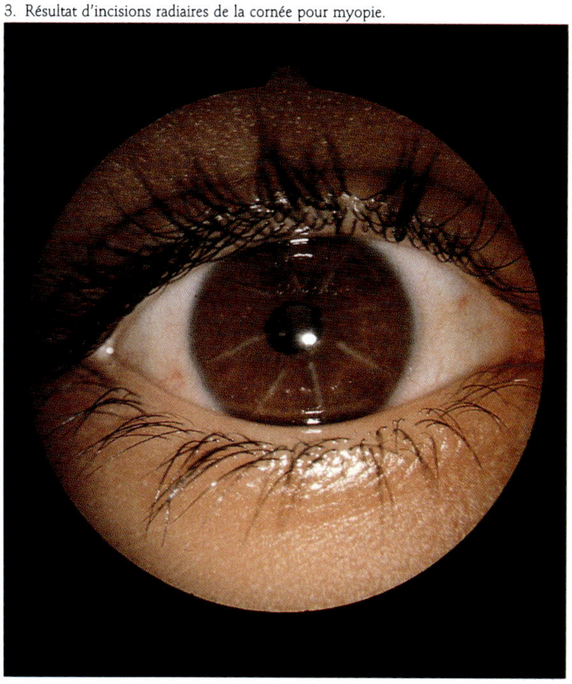

2. Aspect microscopique des couches de la cornée.

4. Hypermétropie.

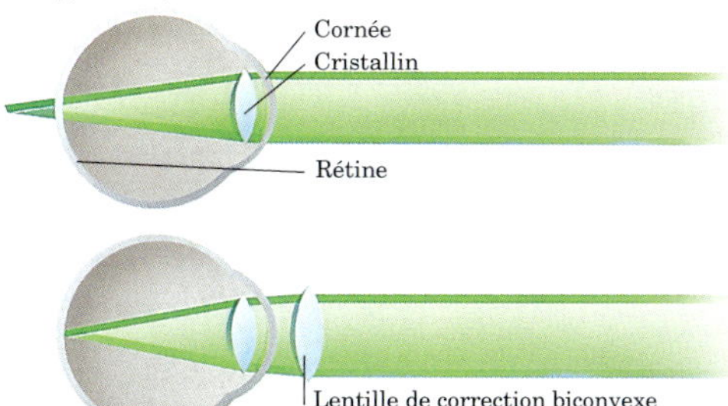

5. Myopie.

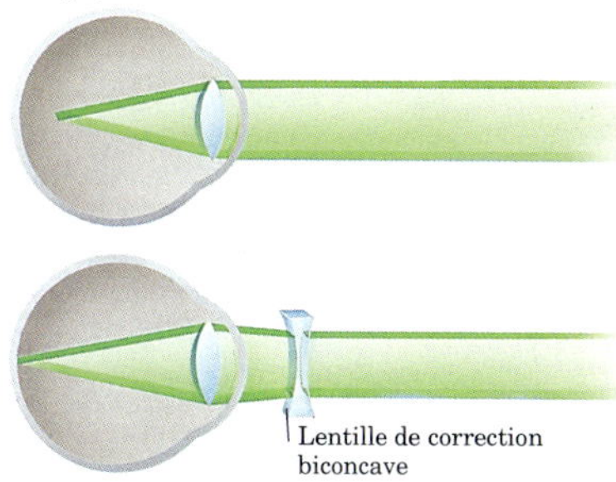

6. Presbytie.

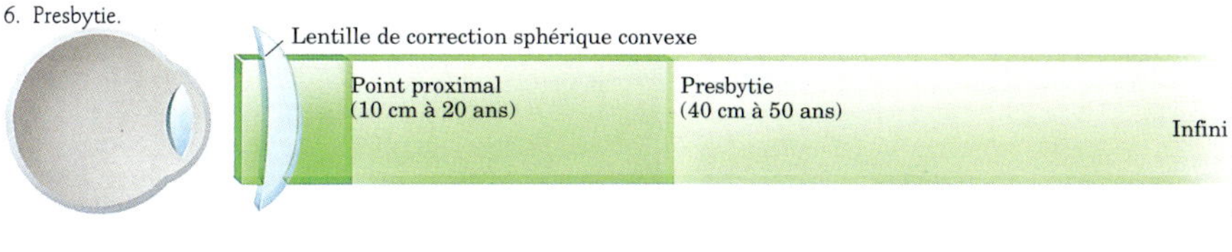

Anomalies de la réfraction

Dans l'œil normal, les milieux traversés par la lumière sont tels que l'image des objets situés entre 5 m et l'infini se forme sur la rétine sans accomodation par le cristallin. Chez l'hypermétrope (4), l'image se forme en arrière de la rétine et la correction est faite par des verres convexes. La myopie (5) définit le trouble inverse. La perte d'accomodation qui entrave la vision de près du presbyte (6) est corrigée par des verres sphériques convexes.

Rhumatologie
L'appareil locomoteur

LE MOT RHUMATISME VIENT de la racine grecque *rheûma* qui désigne la fluxion, l'écoulement d'humeur ; cette racine se retrouve dans *rhume,* par exemple.

Le premier rhumatisme décrit par Hippocrate, puis au XVIIe siècle par l'Anglais Sydenham, a été la goutte caractérisée par des fluxions articulaires douloureuses. De nombreux personnages de l'histoire ont eu la goutte ; il en est ainsi de Rubens, Michel-Ange, Henri IV, Louis XIII, Louis XIV, Diderot, Luther et Montaigne. Jusqu'au XIXe siècle on avait tendance à assimiler toutes les douleurs articulaires à la goutte. Puis le terme rhumatisme a englobé toutes les maladies de l'appareil locomoteur, c'est-à-dire celles affectant les os, les articulations et les tissus périarticulaires et même les racines nerveuses. La rhumatologie est la spécialité médicale qui traite ces affections. Aujourd'hui, son champ d'étude est vaste puisqu'il comprend toutes les affections de l'appareil locomoteur ayant une tonalité douloureuse dominante.

La douleur est le résultat d'une stimulation de récepteurs spécifiques, les nocirécepteurs, présents dans tout l'organisme. Cette stimulation peut avoir deux origines : une origine mécanique (distension, élongation ou compression des nocirécepteurs) et une origine chimique lors d'une inflammation (par l'intermédiaire des médiateurs de l'inflammation). Il faut donc distinguer les douleurs d'horaire mécanique, c'est-à-dire périodiques, aggravées par les mouvements et calmées par le repos (douleurs de l'arthrose), et les douleurs de rythme inflammatoire liées à l'évolution de l'inflammation, réveillant la nuit et s'accompagnant d'un enraidissement matinal (douleurs de l'arthrite).

Pour comprendre ces affections, il est nécessaire de connaître l'anatomie de l'appareil locomoteur – squelette, articulations et structures périarticulaires.

D'immenses progrès ont été réalisés dans le diagnostic des affections rhumatologiques, grâce à l'apparition de nouvelles méthodes d'investigation comme le scanner (tomodensitométrie) et l'imagerie par résonance magnétique (I.R.M.). Parallèlement, les grandes thérapeutiques rhumatologiques (les traitements généraux et les gestes locaux) ont vu leur efficacité s'accroître considérablement.

L'appareil locomoteur

CHARPENTE DU CORPS HUMAIN, L'APPAREIL LOCOMOTEUR EST CONSTITUÉ D'OS MOBILES LES UNS PAR RAPPORT AUX AUTRES, PAR LE JEU DES ARTICULATIONS ET DES MUSCLES.

Le squelette compte environ 200 os distincts, parmi lesquels : 12 paires de côtes, 33 vertèbres, et 128 os pour les membres. Il faut distinguer les os longs (fémur), les os plats (omoplate) et les os courts (vertèbres).

L'os long comprend une partie moyenne, la diaphyse, formée de tissu osseux compact, entourée du périoste et creusée d'une partie axiale contenant la moelle osseuse (moelle jaune), et deux épiphyses formées de tissu osseux spongieux et de moelle rouge. L'os plat comporte une mince couche de tissu spongieux entre deux couches de tissu compact. Dans les os courts, le tissu spongieux est plus abondant. Les cavités de ces os contiennent de la moelle osseuse.

Le tissu osseux est une charpente rigide qui comprend des cellules et une trame protéique riche en fibres de collagène. Les cellules osseuses sont de deux types : les *ostéoblastes* qui fabriquent la trame protéique et permettent sa minéralisation (la trame protéique en se recouvrant de calcium et de phosphore confère à l'os sa rigidité) ; les *ostéoclastes* qui assurent la déminéralisation (sécrétion de substances capables de dissoudre les sels minéraux) et la dégradation de la trame protéique, dans le but de permettre le renouvellement permanent du tissu osseux.

À l'état normal, il existe un équilibre constant entre la destruction liée aux ostéoclastes et la formation osseuse liée aux ostéoblastes ; cet équilibre est maintenu grâce à deux hormones : la parathormone et la calcitonine. La vitamine D accélère la minéralisation de la trame protéique à faible dose et stimule la destruction osseuse à forte dose.

Moyens d'union entre deux ou plusieurs pièces osseuses, les articulations permettent les mouvements. Les surfaces articulaires, recouvertes de cartilage, sont maintenues au contact l'une de l'autre par la capsule articulaire tapissée en dedans par la membrane synoviale et renforcée en dehors par les ligaments. La synoviale sécrète et résorbe le liquide articulaire qui lubrifie les surfaces articulaires et nourrit le cartilage. Le cartilage est formé de cellules, les chondrocytes, et d'une trame protéique constituée de fibres collagènes et élastiques.

Autour de l'appareil ostéoarticulaire se situent les éléments périarticulaires et tout particulièrement les muscles, moteurs du mouvement. Formés de fibres musculaires, elles-mêmes entourées de tissu conjonctif, les muscles sont très résistants et élastiques. Ils s'insèrent sur l'os grâce aux tendons, séparés du tissu osseux par les bourses séreuses. •

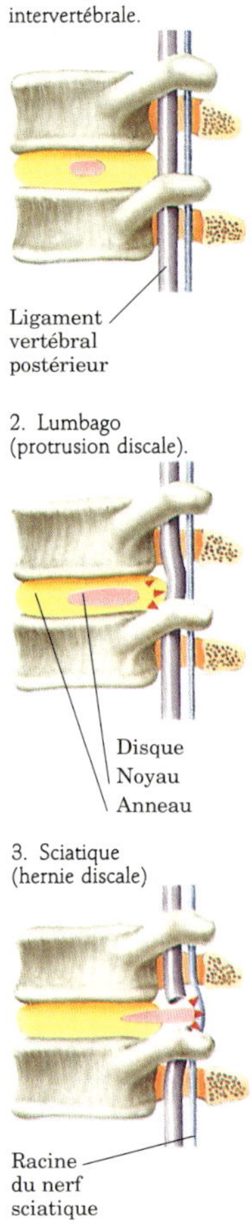

1. Articulation intervertébrale.
2. Lumbago (protrusion discale).
3. Sciatique (hernie discale)

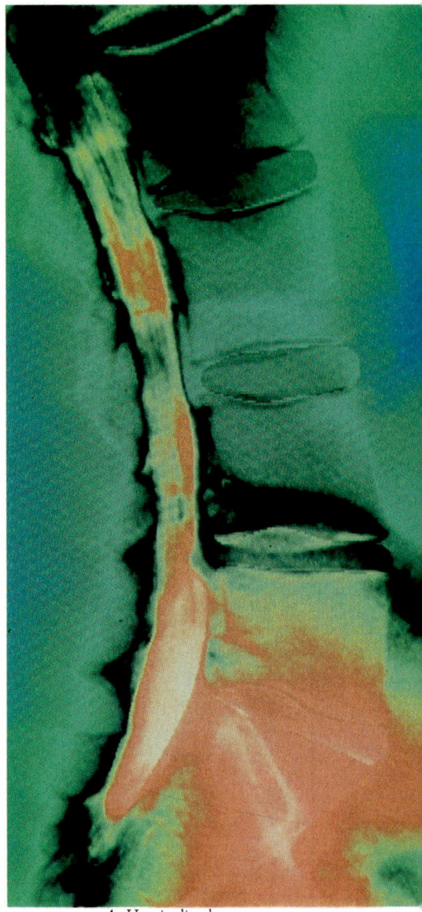
4. Hernie discale.

Maladies de la colonne vertébrale

FORMÉE DE L'ASSEMBLAGE D'UN GRAND NOMBRE D'ÉLÉMENTS, LA COLONNE VERTÉBRALE EST LA CIBLE D'AFFECTIONS AIGUËS OU CHRONIQUES D'ORIGINES DIVERSES.

La colonne vertébrale, ou rachis, est constituée d'un « empilement » de vertèbres séparées par un amortisseur : le disque intervertébral. Celui-ci est constitué d'un noyau pulpeux central et d'un anneau fibreux périphérique. Le rachis comporte également des muscles, des ligaments et des structures nerveuses.

La pathologie des vertèbres. Parmi les diverses douleurs des vertèbres, on distingue : les lombalgies ou douleurs des vertèbres lombaires (fam. : « mal aux reins ») ; les cervicalgies ou douleurs des vertèbres cervicales ; les dorsalgies ou douleurs des vertèbres dorsales. Toutes ces douleurs évoluent sur un mode aigu ou chronique et sont le plus souvent liées à une « détérioration » du disque intervertébral (discarthrose).

Certaines malformations des vertèbres sont fréquentes. La *scoliose* (dos en *S*) est caractérisée par une déviation latérale de la colonne par rotation des vertèbres. Elle est bien visible debout et s'accentue lorsque l'on se penche en avant. La *cyphose* (dos rond) est due à l'exagération de la courbure du dos. Chez l'adolescent, on parle de maladie de Scheuermann (épiphysite de croissance), source de dorsalgie lors de la croissance. La *cyphoscoliose* est l'association des deux anomalies précédentes. La *lordose* (cambrure exagérée du bas du dos) est une convexité antérieure de la colonne vertébrale.

La pathologie du disque intervertébral. Le *lumbago* aigu, ou « tour de reins », est une douleur du bas du dos avec blocage brutal après un effort de soulèvement. La vertèbre n'est pas « déplacée », c'est l'anneau discal qui bombe vers l'arrière et refoule le ligament vertébral postérieur (protrusion discale). Le repos, les médicaments antalgiques, anti-inflammatoires et décontracturants permettent la guérison en quelques jours dans la très grande majorité des cas. Parmi les anti-inflammatoires, il faut bien distinguer les anti-inflammatoires non stéroïdiens (seuls utilisés ici) et les anti-inflammatoires stéroïdiens dérivés de la cortisone. Le premier anti-inflammatoire non stéroïdien a

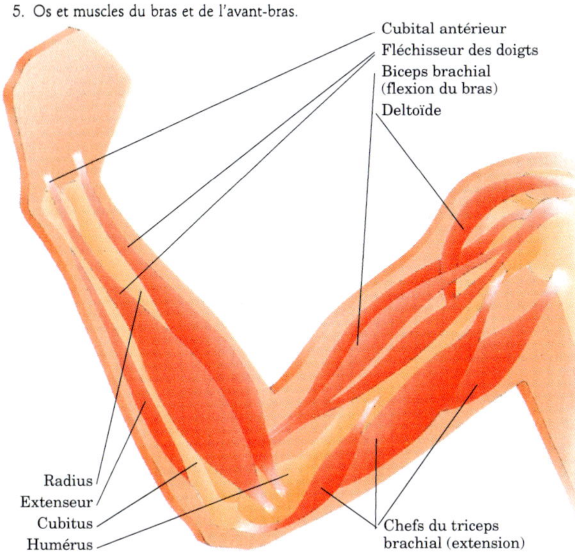

5. Os et muscles du bras et de l'avant-bras.

Traumatologie

LES LÉSIONS PLUS OU MOINS SENSIBLES CONSÉCUTIVES À DES TRAUMATISMES PEUVENT COMPORTER DES RISQUES GRAVES À LONG TERME.

À la suite d'un traumatisme minime ou important (fréquent chez les sportifs), des lésions osseuses, ligamentaires et/ou méniscales peuvent survenir. Il importe de classer ces lésions afin de proposer le traitement le plus adapté pour éviter les séquelles douloureuses.

Les *fissures osseuses* sont des petites « fentes » qui se forment dans le tissu osseux. Les *fractures osseuses* sont caractérisées par une rupture franche entre les fragments osseux. Une fracture ouverte représente une complication car elle entraîne un risque d'infection de l'os et des parties molles.

Les *entorses,* ou foulures, sont liées à une élongation avec ou sans arrachement des ligaments (entorse de la cheville) ; il n'y a pas de déplacement osseux. Elles peuvent être bénignes (élongation du ligament avec ou sans déchirure partielle) ou graves (déchirure complète des ligaments). Le risque à long terme de ces dernières est l'instabilité articulaire résiduelle. On parle de *luxation* lorsque l'os est déboîté de son articulation à la suite d'un traumatisme. La luxation congénitale de la hanche est dépistée dès la naissance. La luxation de l'épaule, très fréquente chez le jeune sportif, nécessite une réduction rapide.

Les *lésions méniscales* du genou sont souvent secondaires à un traumatisme ou à un mouvement forcé du genou. Le signe clinique majeur est le blocage articulaire avec parfois un épanchement du liquide articulaire du genou. La radiographie après injection d'un produit radio-opaque dans l'articulation ainsi que l'arthroscopie, par exploration visuelle de la cavité articulaire sous anesthésie, permettent de confirmer le diagnostic et de traiter les lésions. •

La pathologie discale

Les affections les plus fréquentes de la région lombaire sont d'origine mécanique. Les disques qui se trouvent entre les vertèbres sont constitués d'un noyau pulpeux entouré de lamelles fibrocartilagineuses (1). Lors d'un mouvement brusque, une fissure peut se produire dans la partie postérieure du disque, entraînant le refoulement du ligament vertébral : il s'agit du lumbago ou « tour de reins » (2) ; lorsque le noyau, qui a déchiré le ligament, vient comprimer la racine du nerf sciatique, il se produit une lombosciatique par hernie discale (3). L'exploration de ces troubles a fait des progrès considérables grâce aux nouvelles techniques d'imagerie médicale : scanner (4) et imagerie par résonance magnétique nucléaire.

été l'acide acétylsalicylique *(Aspirine).* Il en existe trois autres classes : les indoliques, comme l'indométacine *(Indocid),* les dérivés arylcarboxyliques, comme le diclofénac *(Voltarène),* l'étodolac *(Lodine),* le kétoprofène *(Profénid),* le naproxène sodique *(Apranax)* et les dérivés oxicams : piroxicam *(Feldène)* et ténoxicam *(Tilcotil).* Ces médicaments ont une place de choix dans le traitement du lumbago.

La *sciatique,* ou lombosciatique ou névralgie sciatique, est une pathologie douloureuse de la racine du nerf sciatique (en provenance de la colonne vertébrale, au niveau de la 5e vertèbre lombaire ou de la 1re vertèbre sacrée). La douleur part du bas du dos, irradie dans la fesse et dans le membre inférieur parfois jusqu'au pied. Elle est le plus souvent liée à une hernie discale : le noyau du disque intervertébral, véritable petite « bille » gélatineuse, glisse vers l'arrière et se coince contre la racine du nerf sciatique, créant ainsi ce qu'on appelle un « conflit discoradiculaire ». Le diagnostic, clair dès l'examen clinique, peut être confirmé par un scanner lombaire ou une I.R.M. (imagerie par résonance magnétique) qui montrent le siège exact et la taille de la hernie. Le repos, associé aux anti-inflammatoires, permet la guérison de la plupart des sciatiques. Si ce traitement médical ne suffit pas, les infiltrations (injections de substances anti-inflammatoires dans la colonne vertébrale) sont très efficaces. En cas d'échec, la concertation de spécialistes (rhumatologue, radiologue, chirurgien) peut orienter la décision thérapeutique. Plusieurs gestes locaux sont actuellement proposés. La *nucléolyse* chimique, ou chimionucléolyse, consiste en une injection intradiscale d'une substance chimique, la papaïne, qui a pour but de dissoudre le noyau et lève ainsi le conflit discoradiculaire. La *nucléorthèse* repose sur le même principe, mais la substance est un dérivé de la cortisone. La *nucléotomie percutanée* consiste en une aspiration-extraction du noyau discal à travers une petite brèche cutanée. Si ces techniques ne peuvent être proposées, il convient de recourir à une intervention chirurgicale (chirurgie discale classique ou microchirurgie). Pour éviter les rechutes, il faut ménager au maximum la colonne vertébrale, par une rééducation spécialisée, l'« économie lombaire », enseignée par le rééducateur à distance de la période de crise douloureuse.

Outre le lumbago et la lombosciatique, il existe d'autres pathologies de la colonne vertébrale parmi lesquelles il faut citer les tumeurs osseuses ou nerveuses, les infections ostéo-discales (spondylodiscite tuberculeuse ou mal de Pott) et les infections virales des racines (zona). •

6. Le squelette et les différents types d'articulations.

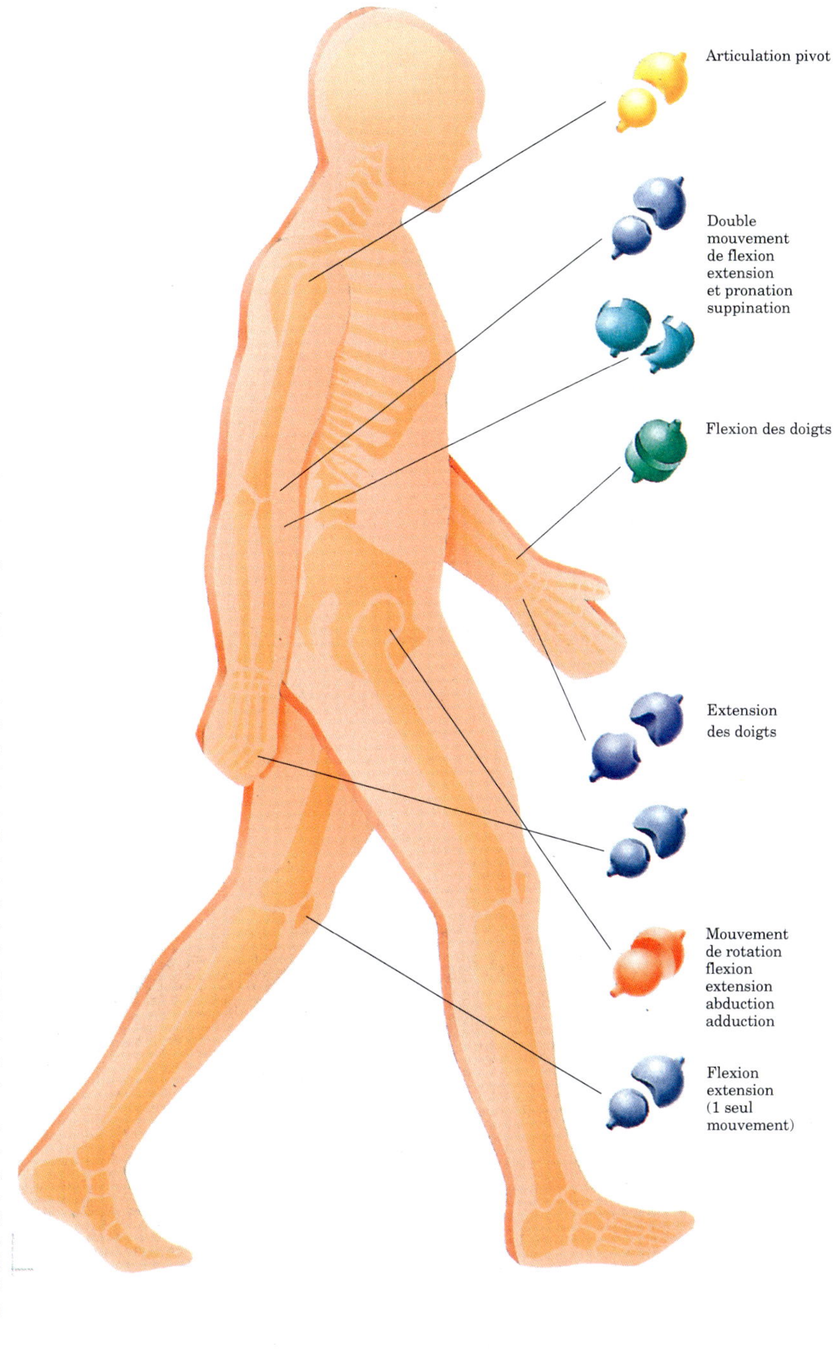

Rhumatologie

Os et articulations

L'INFLAMMATION REPRÉSENTE une modalité naturelle de défense de l'organisme à des agressions tissulaires, d'origine étrangère et de nature variée. Le stimulus peut être de nature mécanique (traumatismes), physique (microcristaux), chimique (produits irritants divers), infectieux (germes microbiens, virus, parasites) ou immune (complexes antigènes-anticorps). Dans tous les cas, elle se traduit par l'association variable de quatre signes : la douleur, la rougeur, la chaleur, la tuméfaction, auxquels s'ajoute parfois la fièvre.

Le processus inflammatoire évolue selon la nature de l'agresseur, l'importance, la localisation et la durée de l'agression, mais aussi selon le terrain génétique sur lequel elle survient. On peut distinguer l'inflammation aiguë, qui aboutit le plus souvent à la guérison, et l'inflammation chronique, qui se poursuit de façon prolongée.

Ces maladies inflammatoires perturbent gravement l'intégrité des os (elles sont, par exemple, à l'origine de l'algoneurodystrophie). Loin d'être limitées aux os, elles atteignent également les articulations (arthrites) et les tissus périarticulaires (tendinites). Cependant, les réactions inflammatoires ne sont pas les seules responsables des troubles rhumatologiques. D'autres affections non inflammatoires touchent les os (ostéonécroses), les articulations (arthroses) et les tissus périarticulaires.

Les traitements de ces affections peuvent être divers : emploi de médicaments luttant contre la douleur ; gestes locaux (infiltrations et synoviorthèses) et chirurgie. Il faut parfois recourir aux prothèses.

1. Les maladies des os et des articulations.

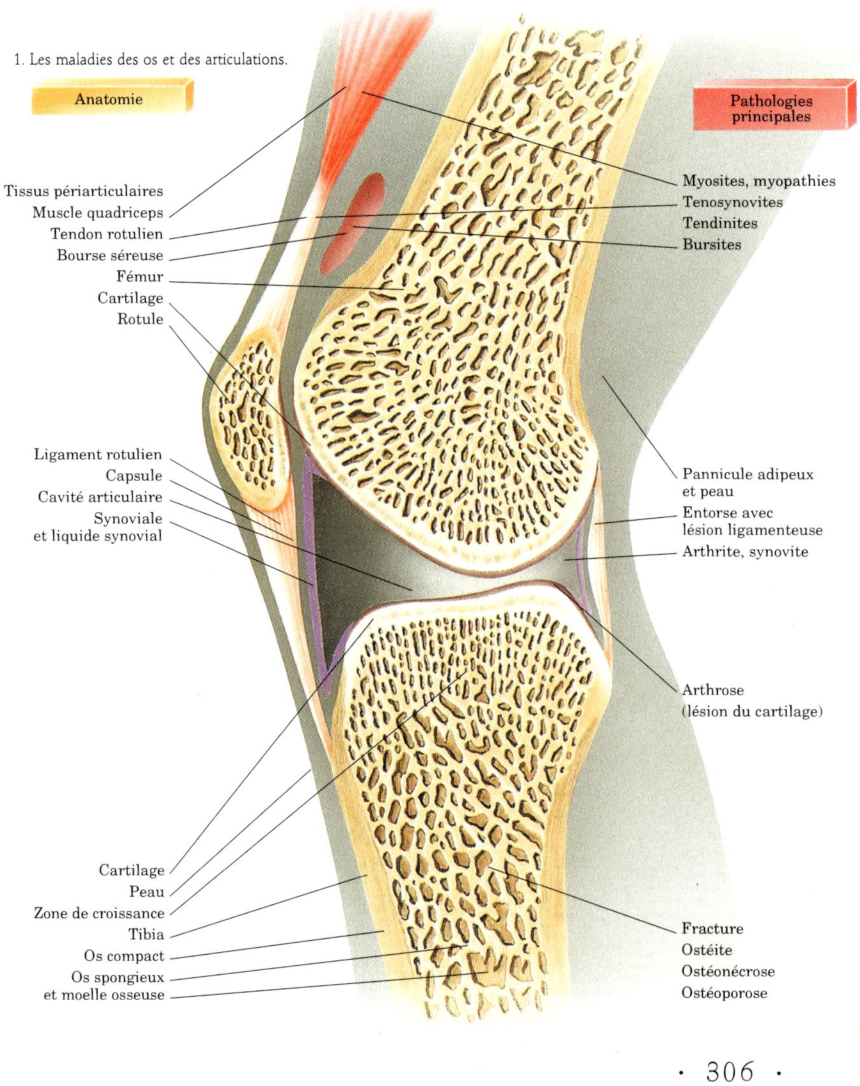

Pathologie des os

ON RETROUVE DANS LA PATHOLOGIE OSSEUSE TOUTES LES AFFECTIONS QUI TOUCHENT LES AUTRES TISSUS, QU'ELLES SOIENT D'ORIGINE INFECTIEUSE, MÉTABOLIQUE OU TUMORALE.

On distingue les maladies qui touchent une grande partie du squelette osseux, qualifiées de maladies osseuses diffuses, et celles qui restent localisées.

Les maladies osseuses diffuses. Les plus fréquentes sont dues à des déminéralisations ; c'est le cas de l'ostéoporose et de l'ostéomalacie. L'ostéoporose est une maladie bien connue. Il s'agit d'une raréfaction osseuse qui aboutit à un os « poreux », c'est-à-dire moins dense et moins résistant, la trame protéique étant de mauvaise qualité. Cette pathologie est liée à un trouble métabolique qui entraîne un amenuisement des lamelles osseuses, responsable de l'augmentation de la fragilité de l'os. Il existe deux formes d'ostéoporose. L'une se manifeste après 70 ans, elle est responsable de fractures du col du fémur. L'autre peut s'observer chez la femme après la ménopause. Cette seconde forme, responsable de fractures vertébrales quasi spontanées, résulte du déficit brutal en œstrogènes (qui stimulaient la fonction ostéoblastique). Si toutes les femmes ne sont pas susceptibles de développer une ostéoporose après la ménopause, celles qui associent des facteurs de risque comme l'inactivité ou bien un traitement par les corticoïdes, par exemple, devront être dépistées, afin de bénéficier d'un traitement préventif.

L'ostéomalacie est une maladie de l'adulte analogue au rachitisme de l'enfant et de l'adolescent. Elle se caractérise non par un amenuisement des lamelles osseuses, mais par un défaut de leur calcification. Ainsi, l'os n'est pas « poreux », mais devient mou, ce qui explique les déformations et les fissures osseuses. L'ostéomalacie est liée à une carence en vitamine D.

Les maladies osseuses localisées. Ces maladies provoquent généralement une lyse localisée du tissu osseux mais peuvent également, comme la maladie de Paget (ostéopathie dystrophique), entraîner une augmentation du volume osseux.

Les ostéites sont d'origine infectieuse (ostéite tuberculeuse ou ostéomyélite staphylococcique) ou résultent d'une attaque chimique. Elles provoquent une affection inflammatoire du tissu osseux. Les ostéonécroses résultent de la mort d'une partie de l'os par défaut de vascularisation. Des tumeurs liées à une production anormale de cellules bénignes (ostéome ostéoïde) ou malignes (ostéosarcome) peuvent se développer dans l'os. La maladie de Paget est liée à un remaniement qui épaissit l'os et entraîne des déformations (tibia en lame de sabre). Elle est assez fréquente chez les personnes âgées. L'algoneurodystrophie est caractérisée par une décalcification osseuse régionale « mouchetée », souvent très douloureuse avec des signes inflammatoires locaux. Cette atteinte a cependant une évolution clinique toujours favorable. •

2. Prothèse de hanche (pièce cotyloïdienne et fémorale).

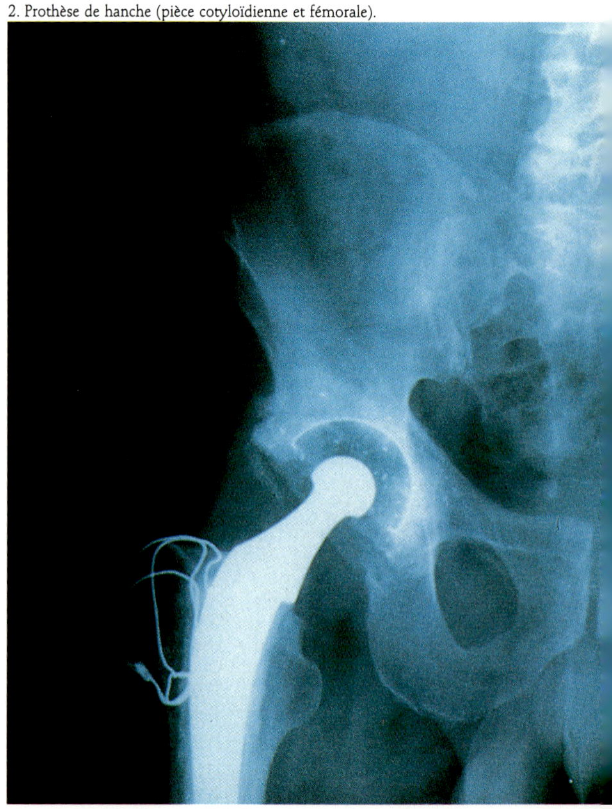

Pathologies articulaires

IL EXISTE DEUX TYPES DE MALADIES ARTICULAIRES ; LES ARTHROSES, LIÉES À DES PHÉNOMÈNES DÉGÉNÉRATIFS OU « USURE » DU CARTILAGE, ET LES ARTHRITES, LIÉES À UNE INFLAMMATION DE LA SYNOVIALE.

Le suffixe *-ose* désigne les affections chroniques. Les arthroses sont des maladies chroniques du cartilage articulaire localisées ou diffuses (polyarthrose). La coxarthrose est l'arthrose de la hanche, la gonarthrose est celle du genou.

L'arthrose est à l'origine de douleurs mécaniques, augmentant en fin de journée et diminuant au repos. Secondairement, l'arthrose s'accompagne de poussées inflammatoires. Les poussées aiguës congestives d'arthrose se manifestent par des épanchements liquidiens de l'articulation atteinte. La détérioration progressive du cartilage entraîne des fissures, des érosions et des ulcérations, puis une mise à nu de l'os sous-cartilagineux. Lorsque le cartilage est totalement abrasé, l'os se détériore à son tour.

Il existe des arthroses secondaires à un traumatisme ou à un vice architectural de l'articulation (maladie luxante de la hanche, par exemple). Le seul traitement de ces arthroses est préventif et vise à corriger assez tôt la malfaçon articulaire par la chirurgie. Mais bien souvent l'arthrose est primitive et la cause de l'usure du cartilage est encore mal connue. Le traitement de ces arthroses dites « primitives » est d'abord médical avec ménagement de l'articulation (repos, utilisation d'une canne, lutte contre l'obésité), emploi des antalgiques et des anti-inflammatoires pour soulager la douleur et rééducation. Si l'arthrose est très douloureuse, il faut recourir aux prothèses articulaires.

Le suffixe *-ite* désigne les processus d'« inflammation » (douleur, rougeur, chaleur, gonflement). Il ne faut pas confondre arthrite et artérite (inflammation de l'artère). L'arthrite définit une maladie de la synoviale (tissu mince tapissant la cavité articulaire). L'inflammation s'étend secondairement au cartilage, à l'os et aux tissus périarticulaires. La présence de microbes dans l'articulation détermine les arthrites infectieuses (tuberculose, infection due à un spirochète : arthrite de Lyme). Elles guérissent avec les antibiotiques. La présence de microcristaux dans l'articulation induit les arthrites microcristallines. Dans la goutte, il s'agit d'acide urique, dans le rhumatisme à hydroxyapatite et dans la chondrocalcinose, il s'agit de cristaux de calcium. Si la cause de l'inflammation synoviale est inconnue, on parle d'arthrites dites « rhumatismales ». Ainsi, la polyarthrite rhumatoïde (ancienne polyarthrite chronique évolutive) est caractérisée par une inflammation diffuse du tissu conjonctif (articulations et organes comme le poumon, le cœur ou la peau). Elle peut dans certains cas devenir très invalidante du fait des déformations qui en résultent. La spondylarthrite ankylosante (ou pelvispondylite rhumatismale) est localisée à la colonne vertébrale (*spondulos :* vertèbre) et au bassin (pelvis) avec une évolution possible vers l'ankylose, si la rééducation commence trop tard. Cette maladie survient plus fréquemment chez les personnes possédant le gène d'histocompatibilité HLA B27. Ces deux types de rhumatismes inflammatoires sont accompagnés de douleurs susceptibles de provoquer un réveil nocturne et entraînant une raideur matinale. Ils sont caractérisés par une inflammation diffuse du tissu conjonctif.

Il existe deux grands types de traitements des arthrites non infectieuses : les traitements généraux et les gestes locaux. Les traitements généraux comprennent les médicaments luttant contre la douleur : antalgiques et anti-inflammatoires, parmi lesquels il faut bien opposer les anti-inflammatoires non stéroïdiens, les plus utilisés, et les stéroïdiens, dérivés de la cortisone. Les médicaments agissant de façon plus spécifique sur la maladie sont représentés par les traitements dits de « fond » (les sels d'or pour la polyarthrite rhumatoïde, par exemple).

Les gestes locaux comprennent les infiltrations et les synoviorthèses (injections strictement intra-articulaires, sous contrôle radiologique, de produits destinés à détruire les cellules inflammatoires synoviales). Ces techniques protègent le cartilage et l'os contre un envahissement local de proche en proche par la synoviale bourgeonnante. Lorsque les articulations sont déformées et détruites, seule la chirurgie peut restaurer la fonction articulaire grâce aux prothèses qui remplacent partiellement ou totalement l'articulation détruite. •

3. Exemple de mouvement articulaire chez un sportif.

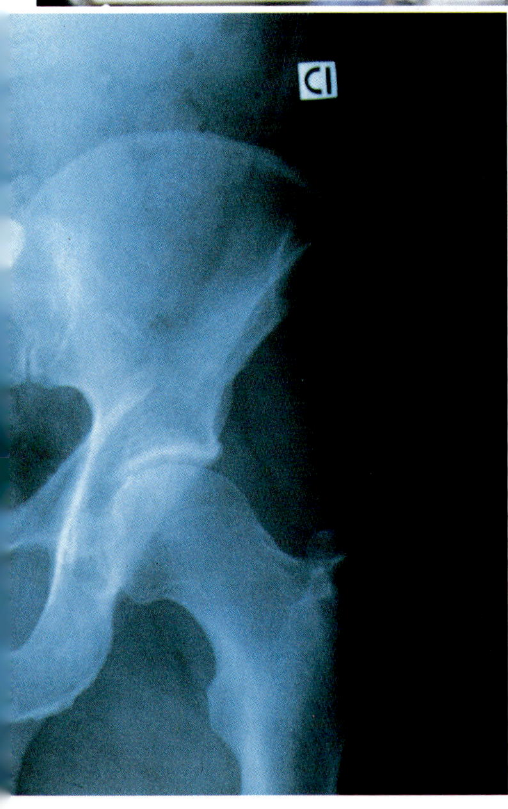

Os et articulations, un système sensible

Une coupe schématique montre l'anatomie d'une articulation (1) et met en évidence les deux extrémités osseuses (ou épiphyses) recouvertes de cartilage articulaire. La cavité articulaire est délimitée par la capsule, elle-même tapissée en dedans par la membrane synoviale et renforcée en dehors par les ligaments. La cavité articulaire est remplie par le liquide synovial. Autour de l'articulation se trouvent les tendons, séparés de l'os par les bourses séreuses. Les muscles sont « ancrés » sur l'os par les tendons. Les maladies des muscles sont les myopathies (myosites, polymyosites). Les maladies des tendons ou tendinopathies (tendinites, ténosynovites) touchent surtout les sportifs (3) soumis au surmenage. Les maladies des bourses séreuses sont les bursites, celles des ligaments, les entorses. Les maladies des articulations sont les arthroses, dont les formes graves peuvent conduire à la pose de prothèse (2), et les arthrites. Enfin, les maladies de l'os constituent les ostéopathies congénitales ou acquises (fracture, ostéite, ostéoporose, ostéomalacie).

Pathologie des tissus périarticulaires

CES MALADIES CONCERNENT LES TENDONS QUI AMARRENT LES MUSCLES SUR L'OS, LEUR GAINE SYNOVIALE, LES BOURSES SÉREUSES, LES MUSCLES ET LEURS APONÉVROSES.

Les tendinites ou périarthrites sont des maladies périarticulaires à ne pas confondre avec les polyarthrites (maladies articulaires qui touchent plusieurs articulations). Au départ, à la suite d'un surmenage (le plus souvent sportif) ou d'un traumatisme, il y a microrupture du tendon. Il s'ensuit, secondairement, une réaction inflammatoire tendineuse et péritendineuse et parfois une rupture du tendon. Les plus fréquentes sont la tendinite de l'épaule (périarthrite scapulo-humérale), du coude et du tendon d'Achille. Le principal traitement est la mise au repos du tendon (avec arrêt du geste sportif responsable) et l'application locale d'anti-inflammatoires, qui donne de bons résultats. Parfois, il faut recourir à la chirurgie en cas de rupture. Les bursites sont liées à l'inflammation des bourses séreuses profondes (petites poches liquidiennes qui servent au glissement des tendons). On parle d'hygroma pour les bourses séreuses superficielles.

Les douleurs des muscles, ou myalgies, se traduisent souvent par des courbatures et des raideurs. L'origine de ces maux est mécanique (contracture, étirement, élongation, claquage, contusion, hématome) ou liée à des maladies génétiques du muscle (myopathie de Duchenne). Lorsqu'elles sont localisées, les myalgies peuvent être traitées par les analgésiques locaux ou généraux et les massages. À l'opposé, les myosites sont des maladies inflammatoires ou suppurées du muscle, localisées (myalgies infectieuses lors d'une grippe) ou diffuses (polymyosites ou dermatopolymyosites). •

Les principaux facteurs de risque d'ostéoporose

Certaines caractéristiques héréditaires (petite femme, mince, blonde aux yeux bleus, de race blanche ou asiatique, dont le squelette est frêle et qui a des antécédents familiaux) ou les variations hormonales (chute d'œstrogènes) apparaissant après une ménopause précoce ou après une ovariectomie totale sont des causes importantes d'ostéoporose. Mais certains facteurs externes dépendant du mode de vie (sédentarité, immobilisation prolongée), de la consommation de produits toxiques (tabac, alcool et certains médicaments comme les corticoïdes au long cours, l'héparine prolongée, les antiépileptiques) ou des habitudes alimentaires (carence en calcium associée à la malnutrition ou au régime amaigrissant) augmentent considérablement les risques d'ostéoporose et de fractures des vertèbres ou des os des membres.

→ **Voir aussi :** Rhumatologie L'appareil locomoteur, **MED**, p. 304-305.

Dermatologie
Les fonctions de la peau

TISSU DE REVÊTEMENT QUI enrobe le corps et le protège du milieu environnant, la peau est un véritable organe ; elle possède des fonctions essentielles permettant le maintien physiologique de l'équilibre intérieur ; son intégrité est nécessaire à la vie.

La peau assure avant tout le rôle de barrière contre les agents extérieurs, qu'ils soient mécaniques, physiques, chimiques ou bactériologiques. La fonction sensorielle du toucher contribue largement à cette protection en permettant une approche concrète du monde extérieur, grâce à la perception du chaud, du froid, de la texture et de la forme des objets touchés. La peau contrôle le passage des susbtances chimiques issues du milieu extérieur par ses propriétés de perméabilité et d'imperméabilité sélective : sa perméabilité a permis d'utiliser la voie dite *percutanée* à des fins thérapeutiques ; sa quasi-imperméabilité vis-à-vis de l'eau (dans les deux sens, exception faite de la sueur) lui permet de contribuer à l'état d'hydratation de l'organisme. L'élimination de calories par évaporation de la sueur, en cas de chaleur excessive, s'intègre dans la fonction primordiale de thermorégulation et s'associe à des réflexes vasomoteurs.

Les radiations solaires, particulièrement les ultraviolets, ont deux grands effets néfastes sur la peau en cas d'exposition abusive accumulée au cours de la vie : la cancérogénèse et le vieillissement accéléré. Les individus les mieux protégés sont ceux dont la pigmentation naturelle de base (et non celle acquise par bronzage) est la plus forte.

Les phanères correspondent aux poils, aux cheveux et aux ongles.

1. Structure de la peau.

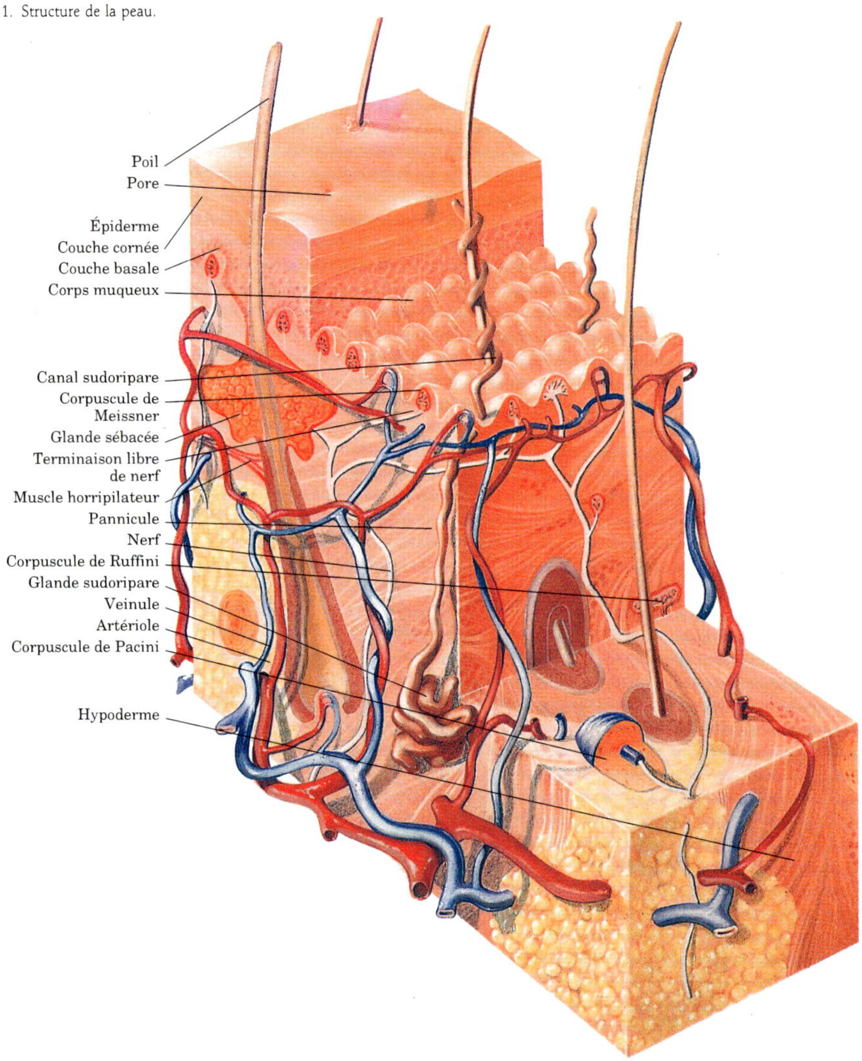

Principales fonctions

LA PEAU ASSURE LE PREMIER CONTACT DE L'INDIVIDU AVEC LE MONDE EXTÉRIEUR, D'OÙ SON RÔLE DE PROTECTION ET DE RELATION.

La peau joue avant tout le rôle de barrière de protection mécanique et biologique qui isole les tissus profonds du milieu extérieur. Cette fonction de « rempart » est assurée grâce à ses différentes couches. Tout à la superficie, un film cutané miacqueux, mi-graisseux (composé de sueur, sébum, cellules cornées desquamées...) intervient contre les excès d'humidification et de dessication et contribue à maintenir l'acidité de surface (pH entre 4,2 et 5,6) dont l'action anti-microbienne est capitale. Puis la couche cornée, partie la plus externe de l'épiderme, est constituée d'un empilement de cellules mortes riches en kératine, une protéine fibreuse. Correspondant à la dernière étape de maturation des cellules de l'épiderme (kératinocytes), la couche cornée assume la première ligne compacte de défense contre les agressions. Au-dessous de l'épiderme, le derme, très vascularisé, assure la tonicité et l'élasticité de la peau par l'existence de fibres protéiques de collagène et d'élastine. Enfin, la couche profonde, l'hypoderme, par son caractère lâche, permet l'amortissement des chocs et le glissement de la peau sur les tissus profonds (osseux ou musculaires).

Les effets des variations de la température extérieure sont modulés grâce au mécanisme de thermorégulation destiné à maintenir la température interne constante. La peau répond à des incitations thermiques détectées par ses corpuscules thermosensibles puis transmises au cerveau, pour mettre en route deux sortes de mécanismes : le premier joue sur la sécrétion de sueur, le second sur le calibre des vaisseaux sanguins de la peau (vasomotricité). En cas de chaleur excessive, l'évaporation de la sueur fait baisser rapidement la température du corps. De plus, la vasodilatation dermique permet le relargage de la chaleur du sang vers l'extérieur. Au contraire, en cas d'exposition au froid, la vasoconstriction restreint au maximum les échanges dermiques avec l'extérieur.

Par sa situation frontière, la peau constitue une zone d'échanges sélectifs entre l'organisme et le milieu extérieur. Ces échanges sont cependant extrêmement limités en raison de la barrière constituée par la couche cornée. L'élimination de l'eau est assurée par sudation et perspiration (évaporation directe, sans sudation), soit 500 g par jour, c'est-à-dire légèrement plus que la vapeur d'eau expulsée par les poumons. À l'opposé, l'élimination de gaz carbonique est infime, de même que l'absorption d'oxygène ; il n'y a donc pas de véritable respiration cutanée. L'absorption transcutanée physiologique est très réduite.

La synthèse de vitamine D, facteur antirachitique majeur, est réalisée par l'épiderme sous l'influence des rayons ultraviolets, à partir d'un dérivé du cholestérol (la provitamine D) répandu dans le film cutané de surface. La peau a également une fonction très importante dans les mécanismes immuno-allergiques grâce à l'existence d'une cellule particulière, la cellule de Langerhans, qui, par sa mobilité entre l'épiderme, le derme et les vaisseaux lymphatiques, véhicule les informations immunologiques reçues. •

2. Pénétration cutanée des rayons lumineux (d'après Ippen).

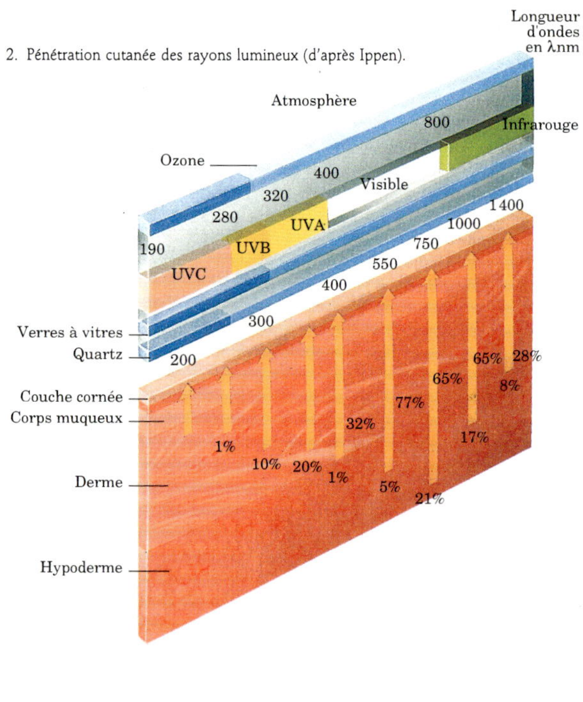

Les effets néfastes du soleil

LE SOLEIL EXERCE SUR LA PEAU UNE AGRESSION DONT LES CONSÉQUENCES SE MANIFESTENT À COURT ET À LONG TERME.

Schématiquement deux types d'ultraviolets parviennent sur terre : les U.V.B. et les U.V.A. Les U.V.B., de plus faible longueur d'onde (donc plus énergétiques), sont présents en plus grande quantité lorsque le soleil est au zénith (entre 11 et 14 heures, heure solaire) et dans les régions en altitude ; ils ne traversent pas le verre ; ils sont, à court terme, responsables du coup de soleil ou érythème (mais aussi du bronzage) et, à long terme, de l'effet cancérigène. Les U.V.A., de plus grande longueur d'onde, sont obliques et se rencontrent en basse altitude ; ils traversent le verre et sont responsables, à court terme, d'un bronzage précoce et éphémère et surtout, à long terme, du vieillissement cutané.

L'adaptation de la peau à l'agression du rayonnement solaire se fait par deux mécanismes l'hyperkératose et la pigmentation. L'hyperkératose correspond à l'augmentation de l'épaisseur de l'épiderme, au profit de la couche cornée. Après 3 semaines d'exposition progressive au soleil, cette augmentation multiplie environ par 4 le temps d'exposition nécessaire à l'apparition du coup de soleil. La pigmentation correspond à l'activation de cellules spécialisées situées à la base de l'épiderme, les mélanocytes, qui fabriquent un pigment, la mélanine, stocké sous forme de particules, transférées par la suite à tous les kératinocytes de la couche basale. Ce processus de mélanogénèse multiplie par 10 le temps nécessaire à l'apparition du coup de soleil, après 2 à 3 semaines d'exposition. Ainsi ces deux mécanismes, qui multiplient par 40 le temps critique, expliquent l'absence d'érythème après des expositions très prolongées au bout de trois semaines d'un séjour ensoleillé. Le coup de soleil correspond à l'altération des cellules de l'épiderme qui libèrent des substances vasodilatatrices. Dans les cas graves, il peut s'agir de véritables brûlures. La sensibilité au rayonnement solaire est variable suivant la pigmentation naturelle de la peau ou phototype : extrême pour les phototypes roux (dont la mélanine est peu protectrice), elle est encore très grande chez les blonds, moins importante chez les bruns et quasi nulle chez les Noirs.

L'adaptation à court terme au rayonnement solaire n'empêche cependant pas les effets cumulatifs à long terme, d'où l'utilisation conseillée de filtres et d'écrans solaires. Les ultraviolets agissent en effet en altérant les acides nucléiques, constituants essentiels des noyaux cellulaires, qui progressivement perdent leur pouvoir de réparation. Des altérations surviennent, entraînant une sénescence précoce de la peau, sénescence qui peut favoriser l'apparition de cancers cutanés. Selon l'importance de la pigmentation naturelle de base, l'individu est plus ou moins protégé contre ces méfaits : la pigmentation acquise au cours du bronzage ne semble avoir qu'une finalité protectrice à court terme ; à long terme l'effet photo-protecteur n'est redevable qu'à la pigmentation naturelle de base. Cette notion actuelle est capitale car elle permet de mettre en évidence le leurre que représente une pigmentation intense, acquise par bronzage, pour une photo-protection à long terme. •

3. Rôles protecteurs des différentes couches de la peau.

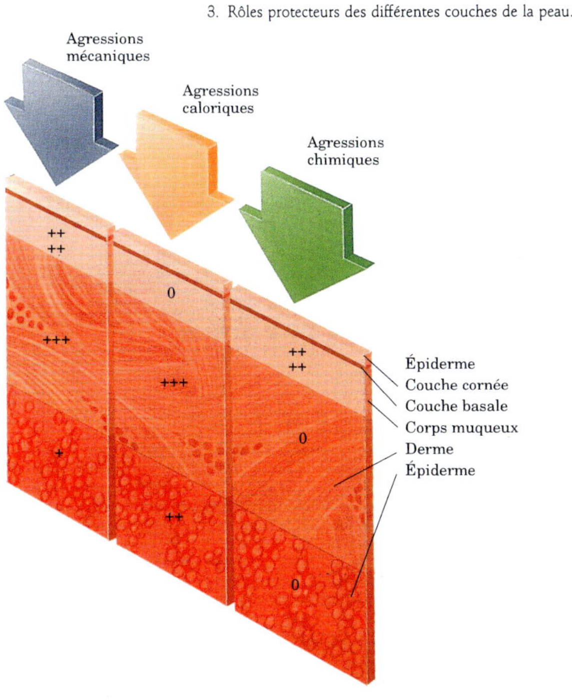

Le vieillissement cutané

LES TRAVAUX SCIENTIFIQUES DE CES DERNIÈRES ANNÉES ONT PERMIS DE MIEUX COMPRENDRE LE VIEILLISSEMENT CUTANÉ ET DE DÉTERMINER LES DIVERS MOYENS DE LE RALENTIR.

Le vieillissement de la peau est la résultante de deux composantes : le vieillissement intrinsèque lié à l'écoulement inexorable du temps et déterminé essentiellement par des facteurs génétiques, et le vieillissement extrinsèque, lié à des facteurs d'accélération facultatifs. Si le mode de vie (stress, insomnie, surmenage, tabagisme, excès de boisson alcoolisée, exposition au froid et à la chaleur sèche...) joue un rôle certain, le principal accélérateur du vieillissement cutané est le soleil, dont les rayons ultraviolets (U.V.A. surtout) agissent par effet cumulatif sur le derme et l'épiderme. Dans l'épiderme, les cellules se renouvellent moins vite, les glandes sébacées et sudoripares fonctionnent moins bien et la qualité du film hydrolipidoprotidique de surface est altérée : l'épiderme s'amincit et s'aplatit à la jonction dermo-épidermique, tandis que la couche cornée est plus épaisse mais moins stable ; la peau devient sèche voire rêche. Le derme, tissu de soutien et de nutrition de la peau, subit des détériorations : la microcirculation capillaire est moins efficace, le réseau de fibres collagène s'altère, du fait d'un moins bon fonctionnement des fibroblastes, les fibres élastiques s'ébrèchent, les déchets toxiques (radicaux libres) sont mal épurés ; la peau devient plus fine, moins souple, moins élastique, moins tonique ; elle se ride et se relâche progressivement.

Les rides sont la conséquence d'une atrophie localisée linéaire de la peau touchant à la fois le derme et l'hypoderme (en proportion variable selon la localisation). Les rides d'expression sont la conséquence de la traction répétitive des muscles peauciers du visage soumis à nos mimiques ; les autres rides sont la conséquence naturelle du relâchement des tissus. Les fines ridules qui parcheminent la peau sont le résultat d'expositions solaires cumulatives exagérées.

Les altérations spécifiques du vieillissement photo-induit sont nombreuses : peau parcheminée, tâches brunâtres du visage et du dos des mains, couperose (dilatation permanente des vaisseaux du visage), kératose (excroissance cornée) ; certaines d'entre elles sont précancéreuses. La lutte contre le vieillissement met en œuvre des moyens préventifs essentiellement hygiéniques-diététiques, cosmétologiques (écrans solaires, crèmes hydratantes), dermatologiques (cure de vitamine A acide) et correctifs, soit dermo-esthétiques (peeling, dermabrasion, laserabrasion, stimulation électrique, injection de graisse ou de collagène, mise en place de fils, résorbables ou non dans les rides, remaillage au fil d'or dans les rides du cou du visage) ou encore chirurgicaux (lifting, blépharoplastie). •

Un organe protecteur

Les trois couches de la peau (1), épiderme, derme et hypoderme, ont chacune leur spécificité. L'épiderme, et notamment sa couche cornée superficielle, a pour fonction essentielle la protection contre toutes les agressions externes (3). Le derme est un tissu de soutien et de nutrition par sa riche vascularisation. Enfin, l'hypoderme peut contribuer à limiter, par sa richesse en matières grasses, les échanges thermiques. La protection vis-à-vis des rayons utlraviolets est assurée par l'épiderme et la moitié supérieure du derme (2). Le vieillissement de la peau peut être notablement accéléré par l'accumulation, au fil des ans, des expositions au rayonnement solaire. Contrairement à ce que bien des personnes pensent, le bronzage ne protège pas des effets nocifs, à long terme, du soleil, en particulier l'apparition de cancers. D'où la nécessité de réduire autant que faire se peut le nombre et la durée des expositions et d'utiliser systématiquement des produits de protection.

Les phanères

LES CHEVEUX, LES POILS ET LES ONGLES, OU PHANÈRES, SONT CONSTITUÉS D'UNE SEULE ET MÊME PROTÉINE : LA KÉRATINE, MAIS LEUR MODE DE CROISSANCE EST TRÈS DIFFÉRENT.

Chaque cheveu et chaque poil croît suivant un cycle évolutif subdivisé en trois phases : une phase de croissance ou anagène, d'une durée variable de 2 à 4 ans, et qui concerne en permanence 95 % des cheveux ; une phase d'involution ou catagène, de 3 à 5 semaines (pour 1 % des cheveux) ; une phase de repos ou télogène, de 2 à 4 mois (pour 4 % des cheveux) au cours de laquelle le cheveu en place meurt, remplacé par un nouveau petit cheveu au sein du même follicule. Chez l'adulte, la croissance des cheveux (variable avec l'âge, le sexe, la saison) est de 0,35 mm par jour en moyenne. Au cours d'une vie, chaque follicule voit évoluer 20 à 25 cycles de croissance.

Chez certains sujets de sexe masculin, l'accélération des cycles au niveau de certaines zones (fronto-temporales, sommet du crâne, occipitale) aboutit à la calvitie, d'origine hormonale et génétique, d'où son appellation d'alopécie (chute des cheveux), androgénogénétique ou androgénétique. L'action hormonale déterminante revient aux androgènes (hormones mâles) qui, paradoxalement, font pousser les poils d'origine sexuelle (barbe, pilosité du tronc et du pubis...) et tomber les cheveux de la partie centrale du crâne, sans doute du fait d'un emballement enzymatique des cellules réceptrices de cette zone. Les progrès thérapeutiques de ces dernières années sont liées à la mise au point d'un médicament, dont l'application quotidienne a un effet bénéfique dans la majeure partie des cas, mais aussi aux innovations chirurgicales. Les résultats esthétiques des interventions sont excellents. Ils consistent en la transposition d'une zone de cuir chevelu riche en cheveux (située sur la couronne dite « hippocratique »), et qui gardera ses propriétés chevelues, à la place de la zone centrale glabre. Les modalités du traitement sont variées et peuvent être associées : nombreuses greffes (de 300 à 500), lambeaux de transposition, réduction de tonsure, expansion de la zone chevelue par la mise en place provisoire d'un ballonnet sous-cutané... Le résultat final sera le recouvrement de la zone centrale glabre, partiellement réséquée.

L'ongle est une lame dure avec une partie visible (limbe) et une partie cachée (racine) qui s'enfonce sous un repli profond de l'épiderme dans un manchon, la matrice, qui réalise sa synthèse. La coloration rosée du lit de l'ongle vu par transparence est le témoin de la bonne oxygénation des tissus (repère capital en anesthésie-réanimation). La surface de l'ongle peut être ponctuée de petites stries longitudinales ou de taches blanches sans signification pathologique. La croissance continue de l'ongle est de 0,5 à 1,2 mm par semaine. •

→ **Voir aussi :** Les récepteurs sensoriels, **BIOL**, p. 180-181. Dermatologie, **MED**, p. 310 à 313.

Dermatologie

Les dermatoses

LA PATHOLOGIE CUTANÉE peut être la conséquence de divers phénomènes : agression externe (physique, chimique ou microbiologique), agression interne par un mécanisme toxique, métabolique ou immunoallergique, ou encore dermatose autonome souvent chronique dont l'expression s'effectue au cours d'une poussée parfois sous-tendue par un contexte psychologique particulier. Les réactions cutanées pourront varier selon la stimulation et le mécanisme en cause.

L'œil du clinicien doit rapidement le conduire sur la voie du diagnostic par une analyse rigoureuse des lésions. La description de la lésion élémentaire obéit à un vocabulaire très précis. Ainsi, selon l'épaisseur de la lésion, on distingue schématiquement la macule (lésion plane délimitée), la papule (lésion circonscrite, légèrement surélevée), le nodule (lésion saillante et/ou profonde, dure, palpable), l'atrophie (diminution d'épaisseur globale). Selon la qualité du relief, on distingue également parmi les lésions contenant une sérosité liquidienne : la vésicule (petite élevure contenant une sérosité transparente), la bulle (grosse lésion liquidienne), la pustule (contenant du pus), la phlyctène (large décollement bulleux). On distingue enfin plusieurs types de lésions cornées : les squames (fines lamelles blanches fragiles disposées en couches), la kératose (épaississement de la couche cornée), la verrucosité (lésion en relief irrégulière, grisâtre), la végétation (excroissances papillaires accolées). On peut aussi rencontrer des lésions croûteuses faites de sang coagulé et des pertes de substances : érosion (superficielle), ulcération (profonde), fissure ou nécrose (de caractère linéaire). Selon la couleur, on distingue les dyschromies : brunes (hyperchromie), claires (hypo- ou achromie) ; l'érythème (rougeur congestive s'effaçant à la vitropression), le purpura (rougeur pourpre ne disparaissant pas à la vitropression et liée à une extravasation du sang des vaisseaux du derme).

La certitude du diagnostic peut imposer le recours à la biopsie, geste facile et anodin, afin d'aider le clinicien par l'analyse au microscope. Seul un diagnostic précis peut permettre de choisir le traitement le plus adapté.

Les dermatoses infectieuses

AU NIVEAU DE LA PEAU OU DES MUQUEUSES, LES LÉSIONS INFECTIEUSES SONT DUES À DES BACTÉRIES, DES VIRUS ET DES CHAMPIGNONS.

Les bactéries, les virus et les champignons donnent lieu à des réactions cutanées d'aspect plus ou moins typique. Au niveau génital, la contagiosité microbienne explique l'appartenance de ces pathologies au groupe des maladies sexuellement transmissibles, ou M.S.T.

Parmi les bactéries, le staphylocoque entraîne surtout des inflammations suppuratives des follicules pileux (folliculite, furoncle, anthrax). Le streptocoque est à l'origine de vastes placards d'inflammation dermique et hypodermique (dermohypodermite) soit aiguë (érysipèle) soit subaiguë et chronique. L'antibiothérapie locale ou générale guérit sans difficulté ces dermatoses bactériennes.

Les mycobactéries sont à l'origine de lésions chroniques très spécifiques à l'examen clinique et surtout à l'analyse au microscope ; il s'agit du bacille tuberculeux, responsable de la tuberculose cutanée, et du bacille de Hansen, responsable des lésions de lèpre. La tuberculose est traitée par une antibiothérapie prolongée (12 à 18 mois) et spécifique. La lèpre a une thérapeutique variable selon sa forme clinique (tuberculoïde ou lépromateuse).

Si de nombreux virus sont responsables de maladies éruptives (varicelle, rougeole, rubéole, vaccine, variole), d'autres peuvent n'avoir qu'une action cutanée limitée sans manifestation générale. Ils sont à l'origine de diverses lésions caractéristiques comme les verrues de divers types, le *molluscum contagiosum* ou le papillome. Le virus de l'herpès, à l'origine de lésions vésiculeuses groupées en nappe, se distingue par sa propriété de récurrence : la lésion guérit, tandis que le virus se dissimule en suivant le trajet des fibres nerveuses ; il peut se manifester au cours d'une nouvelle poussée, sous l'influence de divers stimuli (fièvre, soleil, menstruation...). Certains patients peuvent être très gênés par la fréquence de ces manifestations itératives. Les traitements de ces viroses cutanées sont variables : vaccination contre certaines maladies éruptives (rougeole, rubéole, variole, vaccine) ; traitement local des lésions verruqueuses (azote liquide) ; traitement antiviral spécifique pour l'herpès (aciclovir).

Les champignons pathogènes provoquent des lésions cutanées variables qui peuvent siéger dans les plis cutanés inguinaux ou interdigitaux plantaires (levure type *Candida albicans*), dans les cheveux (épidermophytes ou teignes) ou sur la peau (dermatophytes). La plus banale des

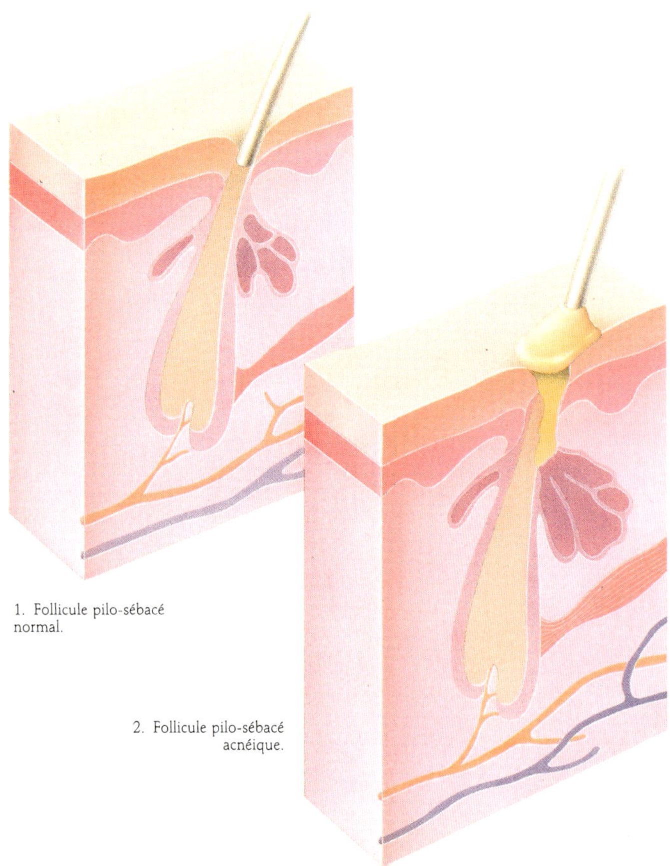

1. Follicule pilo-sébacé normal.

2. Follicule pilo-sébacé acnéique.

3. Acné avant traitement.

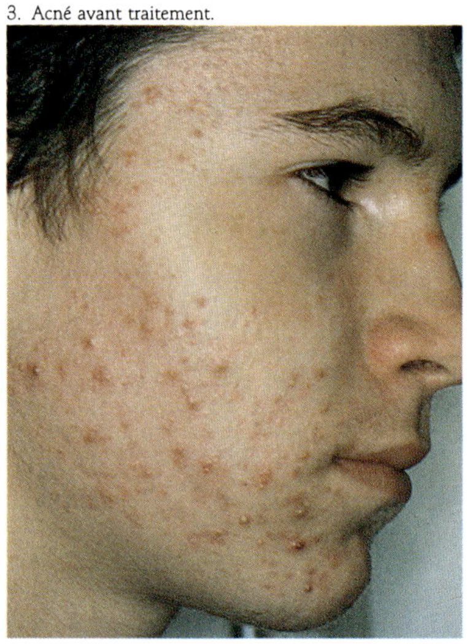

4. Acné après traitement.

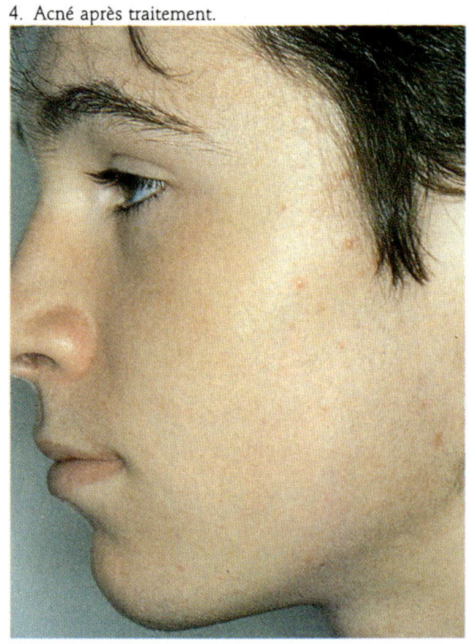

Causes et traitements des dermatoses

La comparaison d'un follicule pilo-sébacé normal (1) et d'un follicule pilo-sébacé chez une personne acnéique (2) permet de comprendre les mécanismes de cette affection, qui touche surtout les sujets jeunes. On note en effet une hypertrophie des glandes sébacées responsable de l'hyperséborrhée et de l'obstruction superficielle du canal d'excrétion (hyperkératose folliculaire), d'où une rétention de sébum. Ces deux facteurs favorisent la prolifération microbienne, qui est à l'origine de lésions inflammatoires. Actuellement, l'acné se traite très bien quelle que soit son importance (3, 4). Les lésions du psoriasis, quant à elles, sont la conséquence d'une augmentation de la rapidité de renouvellement de l'épiderme et de la migration superficielle de cellules inflammatoires dermiques. Chez un patient présentant de

mycoses cutanées est le pityriasis versicolor (dû à *Microsporum furfur*), fréquent en été, et qui est à l'origine de taches blanches achromiques ou chamois au niveau du thorax et du cou. Les antimycosiques, utilisés généralement localement, plus rarement par voie générale (griséofulvine, kétoconazole), viennent à bout de ces infections.

Les maladies sexuellement transmissibles, souvent responsables de dermatoses, font intervenir des germes variés comme les bactéries (gonocoque, streptocoque, tréponème de la syphilis, chlamydiae, mycoplasme), les virus (papillomavirus des condylomes acuminés) ou les champignons *(Candida albicans).* Toutes sont curables à condition de traiter le ou la partenaire de façon simultanée. Les bactéries cèdent aux antibiotiques, les champignons aux antifongiques et l'herpès à l'aciclovir ; les condylomes sont pour leur part détruits par un traitement local (azote liquide, laser), mais une surveillance régulière s'impose en raison de leur récidive fréquente.

Le danger de ces infections est essentiellement lié au caractère inapparent de certaines d'entre elles et donc au risque de dissémination par des porteurs apparemment sains. Ainsi en est-il du sida transmis par voies sanguine et sexuelle. •

Les dermatoses allergiques

L'ALLERGIE CORRESPOND À L'ÉTAT D'UN INDIVIDU QUI, SENSIBILISÉ À UNE SUBSTANCE, Y RÉAGIT ULTÉRIEUREMENT DE FAÇON EXAGÉRÉE.

Qu'il s'agisse d'urticaire, de toxidermies, de photosensibilisation ou d'eczéma (de contact ou constitutionnel), l'allergie (du grec *allos*, autre, et *ergon,* action) présente une grande diversité d'expression.

L'urticaire correspond à des lésions surélevées rouges et œdémateuses, prurigineuses, de taille variable (du petit point au large placard géographique), en général mobiles et se modifiant d'un jour à l'autre. Il peut survenir brutalement de façon aiguë, s'accompagnant parfois d'une détresse respiratoire par l'œdème des muqueuses pharyngo-laryngées (œdème de Quincke) ; il peut aussi évoluer sur un mode chronique. Les causes de l'urticaire ne sont pas toujours retrouvées. Elles peuvent être alimentaires (poissons, crustacés, fraises...), médicamenteuses (pénicilline...), infectieuses (hépatite virale, parasitose), physiques (urticaire au froid), ou accidentelles (piqûres d'insectes, d'araignées...).

L'eczéma de contact traduit une réaction immunoallergique à un antigène formé par la combinaison à une protéine cutanée d'un groupe chimique simple dénommé haptène (nickel, chrome, formol, caoutchouc, cobalt...). Il se manifeste à l'endroit de la zone de contact (bracelet-montre, bague, boucle d'oreille, rouge à lèvre...) par une lésion rouge, vésiculeuse, sèche ou suintante, très prurigineuse. Son diagnostic étiologique repose sur une enquête méthodique et la positivité des tests épicutanés (réalisation d'eczéma expérimental).

Le diagnostic des allergies médicamenteuses ou toxidermies exige une enquête très rigoureuse, s'appuyant sur les données que peuvent fournir les centres de pharmacovigilance. Les réactions cutanées sont très variables : le plus souvent bénignes (telles que l'éruption consécutive à l'ingestion d'amoxicilline), elles peuvent être très graves, comme le syndrome de Lyell (décollement généralisé de tout le tégument imposant en centre spécialisé des soins de réanimation similaires à ceux des grands brûlés). Si tous les médicaments peuvent être théoriquement responsables de ces réactions individuelles, certains sont plus fréquemment retrouvés (pénicillines, aspirine, sulfamides, barbituriques, tétracyclines, dérivés iodés ou bromés...).

La photosensibilisation correspond à une réaction anormale de la peau à la lumière qui est capable de transformer en allergène une substance située au niveau du tégument (photoallergie). Les rayons solaires responsables se situeraient dans le spectre des U.V.A. Les substances photosensibilisatrices sont soit de nature exogène, comme des parfums (essence de bergamote), des plantes (dermite des prés), des fleurs (primevères), des crèmes médicamenteuses (sulfamides, phénothiazine, antiseptiques), soit de nature endogène (médicaments pris par voie générale tels que sulfamides, psoralène, tétracycline, antiseptiques urinaires...).

La dermatite atopique ou eczéma constitutionnel correspond à l'expression cutanée de l'état dénommé atopie qui réunit la sensibilisation à de nombreux allergènes (poussières, moisissures, poils d'animaux, acariens...) et la potentialité, chez un individu ou sa famille, d'autres manifestations allergiques (asthme, rhume des foins, rhinite chronique, eczéma). La dermatite atopique apparaît dès le plus jeune âge (eczéma du nourrisson) et se prolonge en règle générale dans l'enfance, localisée aux plis (coudes, genoux) et au visage, dans un contexte de peau sèche. Le plus souvent elle cesse à l'âge de la puberté ; mais elle peut, dans les cas les plus sévères, durer toute la vie, évoluant par poussées, souvent rythmées par des facteurs psychosomatiques et climatiques. Elle est très largement améliorée par un traitement par dermocorticoïdes. •

Les dermatoses autonomes

IL S'AGIT DES AFFECTIONS QUI, EN RÈGLE GÉNÉRALE, NE SE MANIFESTENT QU'AU NIVEAU DE LA PEAU ET DONT LES PLUS FRÉQUENTES SONT L'ACNÉ, LE PSORIASIS, LA PELADE ET LE VITILIGO.

5. Psoriasis avant traitement.

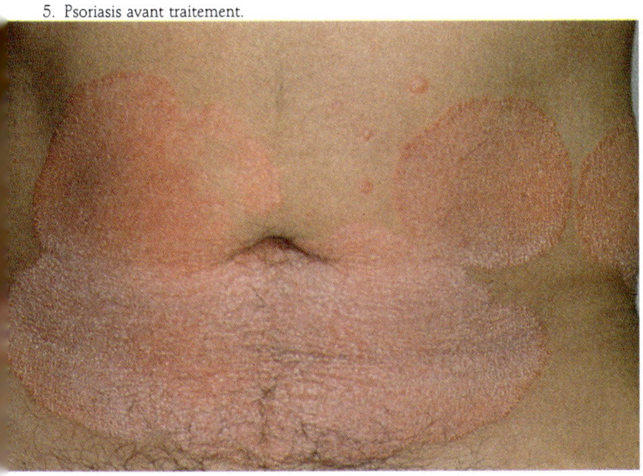

6. Psoriasis après traitement.

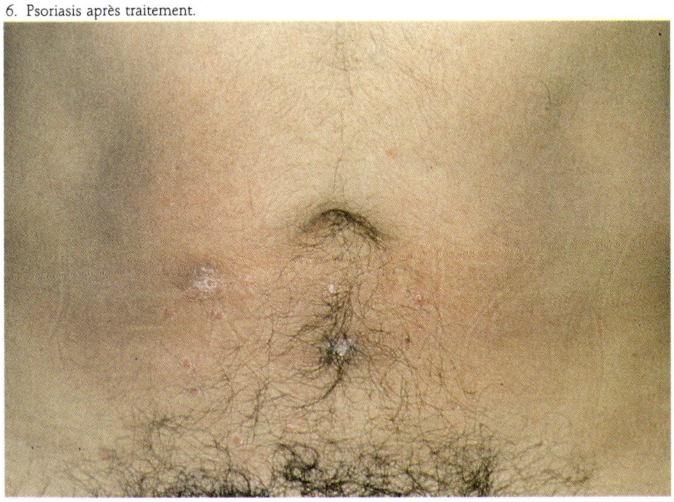

larges plaques érythémato-squameuses (5), un traitement par puvathérapie peut considérablement améliorer la situation (6). La puvathérapie consiste en des expositions aux rayons ultraviolets A (en cabine ou lors d'exposition solaire) après prise d'un photosensibilisant (psoralène).

L'acné est essentiellement une infection de l'adolescence à déterminisme en partie génétique. Elle traduit trois phénomènes diversement associés au sein du follicule pilo-sébacé. Tout d'abord une hypersécrétion de sébum liée à une sensibilité exagérée des glandes sébacées aux androgènes, ensuite une obstruction du canal d'excrétion pilo-sébacé à l'origine d'une rétention de sébum, enfin une inflammation microbienne principalement liée à une bactérie, le *Propione bacterium acnes* (qui possède en outre une enzyme lipase), qui rend le sébum plus irritant pour la peau. Situées sur le visage, la poitrine et le dos, les lésions d'acné sont très polymorphes et diversement associées : comédons ou « points noirs », microkystes ou « points blancs », lésions inflammatoires rouges et sensibles parfois surmontées de lésions purulentes, nodule profond froid ou inflammatoire dans des cas plus sévères, enfin cicatrices souvent provoquées par les manœuvres maladroites des patients. Son évolution est chronique, marquée de poussées déclenchées par le stress, le soleil, les périodes prémenstruelles. Les traitements actuels sont très efficaces, soit localement (vitamine A acide, peroxyde de benzoyle, érythromycine, clindamycine...), soit par voie générale (cyclines, zinc...). Toutes les acnés peuvent être traitées avec succès à l'heure actuelle.

Le psoriasis est une maladie fréquente (2 à 3 % de la population), à déterminisme génétique incontestable. Les lésions cutanées traduisent une augmentation de la rapidité de renouvellement de l'épiderme. Son évolution est chronique, émaillée de poussées entrecoupées de rémissions plus ou moins longues. Les facteurs déclenchants de ces poussées sont multiples : stress psychologique ou physique, infections, grossesse ou médicaments (bêta-bloquants, lithium...). Les lésions cutanées sont constituées par des placards rouges (érythémateux) recouverts de lamelles blanches, sèches et pluristratifiées (squameuses). Elles se localisent essentiellement au cuir chevelu, coudes, genoux, bas du dos et peuvent s'étendre à tout le tégument (érythrodermie psoriasique). Les traitements actuels sont très efficaces. Ils sont soit locaux (goudron, corticoïdes, dithranol) soit généraux (puvathérapie [absorption de psoralène puis exposition aux U.V.A.], rétinoïdes, cures thermales). Le psoriasis peut également posséder une localisation extracutanée : il s'agit du rhumatisme psoriasique.

La pelade correspond à une chute de cheveux localisée ou plus rarement généralisée. Sa cause reste inconnue. Les plaques sont à limites nettes, souvent bordées de cheveux cassés. Si l'évolution est souvent spontanément favorable en quelques mois (surtout chez l'enfant), elle peut être plus hasardeuse dans les cas sévères de l'adulte, imposant le recours à des thérapeutiques locales (minoxidil, corticoïdes, agents irritants, puvathérapie localisée). La pelade doit être différenciée d'autres affections décalvantes telles que les teignes ou les traumatismes (trichotillomanie ou arrachage maniaque des cheveux par le sujet).

Le vitiligo se manifeste par une dépigmentation localisée de la peau due à une perte de la capacité des cellules pigmentaires (mélanocytes) à synthétiser la mélanine. Son origine reste encore inconnue et son évolution est très variable. Le traitement par puvathérapie est long (6 mois à plusieurs années) et ne se justifie donc que dans les cas sévères. •

→ **Voir aussi :** Les infections courantes, **MED**, p. 228-229. Dermatologie Les tumeurs, **MED**, p. 312-313.

Dermatologie

Les tumeurs

LA PROLIFÉRATION excessive et autonome d'une des lignées cellulaires constitutives d'un tissu, au sein même de ce tissu, définit une tumeur. Les tumeurs bénignes se caractérisent par leur développement lent et le respect des structures tissulaires adjacentes. Les tumeurs malignes ou cancers, au contraire, possèdent en général un développement rapide, envahissent et détruisent les tissus environnants et ont une tendance à essaimer à distance pour donner des localisations secondaires (métastases).

Comme tout tissu de revêtement, la peau comporte un épithélium, l'épiderme et un tissu conjonctif, le derme. Chacune de ces lignées cellulaires constitutives peut être sujette à un développement tumoral. Les plus fréquentes des tumeurs cutanées sont les nævi ou grains de beauté (qui sont en fait des dysplasies cutanées), les angiomes, certaines tumeurs bénignes (lipomes, fibromes, verrues séborrhéiques, kératoses). Les tumeurs malignes épidermiques (épithéliomas baso- et spinocellulaires) touchent les personnes d'un certain âge et sont plus fréquentes chez les sujets à peau claire longtemps exposés au soleil au cours de leur vie. Quant au mélanome malin, il s'agit de la tumeur cutanée la plus grave, s'il n'est pas retiré chirurgicalement à un stade initial de développement. Il peut apparaître spontanément et simuler un grain de beauté d'allure « bizarre » par ses contours irréguliers et ses couleurs hétérogènes, ou être secondaire à la dégénérescence d'un nævus préexistant. Les expositions violentes et fréquentes au soleil dès l'enfance sont incriminées.

Les angiomes

LÉSIONS BÉNIGNES CONSTITUÉES PAR UNE PROLIFÉRATION DE VAISSEAUX, LES ANGIOMES NE PRÉSENTENT PAS DE RISQUE DE DÉGÉNÉRESCENCE.

Les angiomes sont des hyperplasies des vaisseaux du derme ou de l'hypoderme représentées par des taches ou des excroissances cutanées de couleur rouge ou bleue. Ils sont très fréquents (un enfant sur 10), apparaissent dès la naissance et ne comportent jamais de risque de dégénérescence maligne. Les traitements au laser ont permis de transformer leur caractère inesthétique, très préjudiciable aux patients. Il en existe plusieurs variétés.

L'angiome tubéreux dermique, ou angiome fraise, est très superficiel, saillant, rouge vif, parfois de taille importante. Très évolutif au cours des 4 premiers mois de la vie, sa régression est spontanée au cours de la deuxième enfance. Cette évolution favorable est liée au caractère « immature » des capillaires néoformés. L'angiome hypodermique, lui, forme une masse sous-cutanée molle et dépressible de couleur normale ou bleutée. D'évolution lente au cours des 8 premiers mois, il ne régresse qu'incomplètement et reste stable sans tendance à l'extension ou à la régression en raison du caractère mature des vaisseaux. Il peut alors être traité médicalement (cryothérapie, injection sclérosante), ou bien chirurgicalement. Très souvent les angiomes sont mixtes, associant les deux types précédents.

Les angiomes plans (taches de vin) situés sur le visage ou le tronc persistent durant toute la vie sans tendance à la régression. Ils constituent une grave infirmité esthétique au niveau du visage. Les traitements au laser (argon ou rubis) ont transformé leur pronostic grâce aux excellents résultats obtenus ; ils demandent néanmoins de nombreuses séances, réparties sur plusieurs mois, voire années, selon leur taille. Les angiomes plans médians de la racine du nez, du front, de la nuque ou des paupières supérieures sont bien différents. Très fréquents, ils s'effacent spontanément avant l'âge de 1 an (sauf à la nuque, mais ils restent masqués par les cheveux).

D'autres types d'angiomes peuvent être graves soit par leur étendue et leurs poussées évolutives (angiome volumineux de l'hémiface, en règle générale immature, qui ne régresse que de façon incomplète), soit par leur association à des malformations vasculaires profondes (angiodysplasie ostéohypertrophique des membres, angiomatose encéphalotrigéminée), soit parce qu'ils s'intègrent dans un tableau de troubles métaboliques généraux (angiokératome diffus de Fabry). Par contre, d'autres angiomes tardifs sont très banals, tels les taches rubis et les angiomes stellaires. Ces derniers peuvent également être rencontrés au cours de la grossesse ou de la prise de la pilule et, parfois, dans le cadre de certaines pathologies. •

2. Angiome tubéreux.

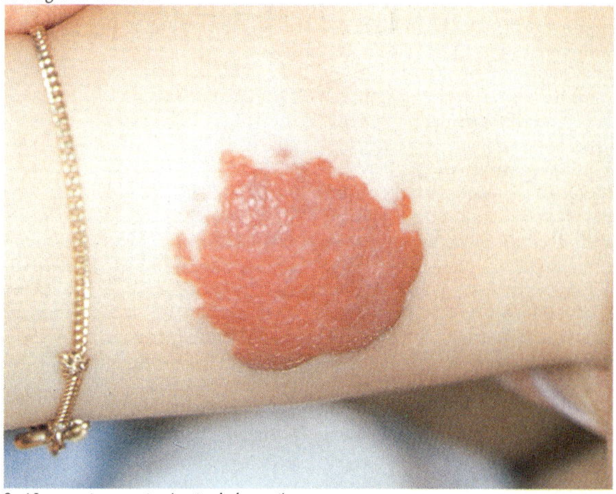

3. Nævus pigmentaire (grain de beauté).

4. Mélanome malin.

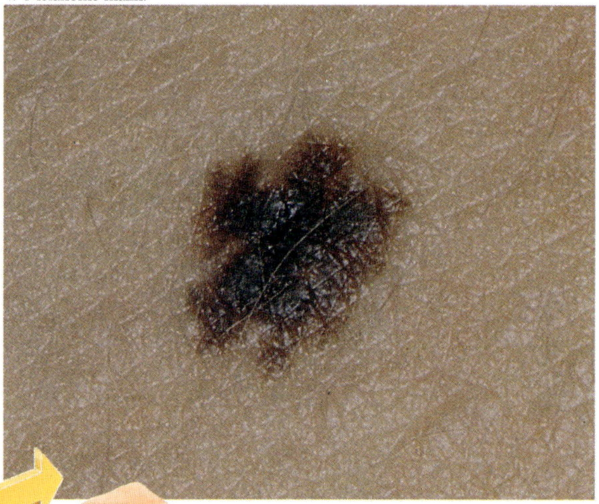

1. Évolution invasive d'un mélanome malin.

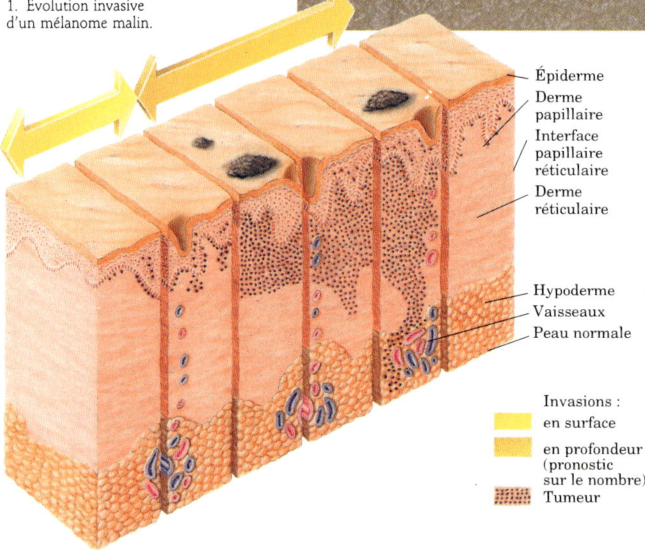

Formes et apparences

Les tumeurs cutanées sont très diverses dans leur aspect, leur cause et leur pronostic. Un angiome tubéreux (« angiome-fraise ») au niveau de l'avant-bras d'un nourrisson de 3 mois (2) régresse le plus souvent sans intervention. Le nævus pigmentaire (3), très fréquent, est également bénin. Par contre, une lésion de couleur variée, aux contours irréguliers (4) est un mélanome malin dont le pronostic est redoutable en l'absence d'exé-

Les nævi

FORMATION CUTANÉE APPARAISSANT SOIT DÈS LA NAISSANCE, SOIT DANS L'ENFANCE, LES NÆVI SONT SUSCEPTIBLES D'EXTENSION AU LONG DE LA VIE.

Il existe deux groupes de nævi cutanés : celui des nævi pigmentaires et celui des nævi simples. Les premiers sont caractérisés par le regroupement de cellules pigmentaires : les mélanocytes. On reconnaît essentiellement les lentigos (grains de beauté), les nævi tubéreux et les nævi bleus. L'exceptionnelle mais possible dégénérescence de ce type de nævus en mélanome justifie l'éventuelle indication d'exérèse. Les nævi simples sont plus difficilement différenciables des autres tumeurs bénignes et certains médecins y incluent les angiomes.

Le lentigo (tache plane, arrondie, noire ou brun clair) existe en plus ou moins grand nombre chez tout individu ; il est formé d'une simple augmentation du nombre des mélanocytes et ne présente aucun danger de dégénérescence maligne. Les nævi du sujet jeune ont une organisation en général jonctionnelle dermo-épidermique ; progressivement, les thèques (groupements) de mélanocytes descendent dans le derme, si bien que les nævi de l'adulte sont en général dermiques ou mixtes. L'aspect clinique permet seulement de suspecter la nature du nævus : la corrélation anatomo-clinique n'est en effet pas absolue. Les nævi jonctionnels correspondent souvent à des lésions planes ou légèrement surélevées. Leur coloration varie du brun clair au noir homogène ou parsemé de petits grains plus foncés. Arrondies ou ovalaires, leurs limites sont nettes et régulières mais peuvent également s'estomper en un halo de coloration plus claire. Les nævi intradermiques sont, par contre, volontiers bombés et lisses, de coloration brun clair ou brune, parfois centrés par un poil ; certains sont facilement désignés sous le terme de « verrues molles » ou nævi tubéreux. D'autres nævi en relief ont des surfaces verruqueuses, framboisiformes : ce sont souvent des nævi composés ou dermiques purs. Les nævi géants présents à la naissance sont exceptionnels.

Événement exceptionnel, la transformation maligne d'un nævus ne concerne que les nævi jonctionnels et composés. Les nævi intradermiques d'aspect framboise, ou verrue molle, et les nævi pileux ne dégénèrent pas : ainsi, contrairement à une notion classique, ce sont les nævi plans qui sont suspects de dégénérescence. Un examen médical s'impose rapidement devant toute modification des caractéristiques habituelles d'un grain de beauté connu : élargissement, irrégularité des bords ou de la surface, irrégularité de la pigmentation, rougeur, démangeaison, saignement. Il faut néanmoins savoir que, le plus souvent, les modifications d'un nævus témoignent d'une complication bénigne telle une folliculite sous-nævique correspondant à une inflammation du follicule pileux. Par contre, bien que la notion classique du risque de dégénérescence des nævi traumatisés n'ait pas été confirmée par les études épidémiologiques, l'attitude habituelle reste l'exérèse devant tout nævus traumatisé ou soumis à des irritations, notamment au niveau des zones de frottement.

Les patients atteints de nombreux nævi (notamment en cas de forme familiale) doivent être particulièrement surveillés ; les risques de dégénérescence augmentent avec le nombre de nævi et la taille de ceux-ci (surtout au-dessus de 5 mm). Les expositions solaires intenses et trop fréquentes sont encore plus fortement déconseillées chez ces personnes. L'exérèse des nævi nævocellulaires s'effectue chirurgicalement, en passant à 3 mm au large de la lésion afin de l'enlever en totalité. Seuls les nævi intradermiques comme les « verrues molles » peuvent être enlevés partiellement, en particulier par la technique du « shaving » (rasage du dôme), pour obtenir un résultat esthétique parfait. •

Le mélanome malin

TUMEUR MALIGNE DES MÉLANOCYTES, LE MÉLANOME MALIN EST DE PLUS EN PLUS FRÉQUENT. POURTANT, UN TRAITEMENT PRÉCOCE EN AMÉLIORE NOTABLEMENT LE PRONOSTIC.

La forme la plus fréquente des mélanomes malins est le mélanome superficiel extensif, qui nécessite un grand effort de dépistage en raison de sa guérison possible à son début. Il évolue en effet en deux phases : une phase d'extension superficielle ou « phase horizontale », relativement longue (2 à 5 ans), puis une phase d'envahissement en profondeur ou « phase verticale ». L'exérèse au stade superficiel assure la guérison définitive dans l'immense majorité des cas. Le pronostic est plus réservé dès que la tumeur dépasse un certain niveau d'envahissement dans le derme.

Cliniquement, le mélanome se traduit par une tache pigmentée à contours irréguliers, de couleur hétérogène associant diverses nuances (noir, marron, rose, rouge et bleu). Le mélanome malin peut survenir soit d'emblée, soit sur un nævus préexistant. L'apparition d'un « grain de beauté bizarre », ou la modification d'un nævus préexistant, doit entraîner rapidement une consultation médicale, et toute suspicion fondée doit faire pratiquer l'exérèse totale d'une lésion pigmentée. Les formes de localisation particulière, comme sous un ongle, sur la paume de la main, sur la plante des pieds (mélanome acral), ou encore les formes achromiques (où les nuances de couleurs n'existent pas) sont moins décelables et imposent un examen particulièrement attentif.

La deuxième phase d'extension verticale se traduit par une infiltration en profondeur et l'apparition d'un petit nodule en superficie. Son diagnostic est cliniquement évident. Le pronostic est alors fonction de l'extension locale et à distance (métastase), mais, le plus souvent, il reste très péjoratif à ce stade. D'où le caractère impératif d'un diagnostic précoce.

Les facteurs de risque de voir survenir un mélanome malin sont l'exposition solaire brutale avec coups de soleil chez les sujets roux ou blonds possédant de nombreux nævi de taille supérieure à 5 mm et/ou ayant une famille atteinte de nævi multiples. Le traitement du mélanome est avant tout l'exérèse chirurgicale élargie. •

5. Kératose sénile.

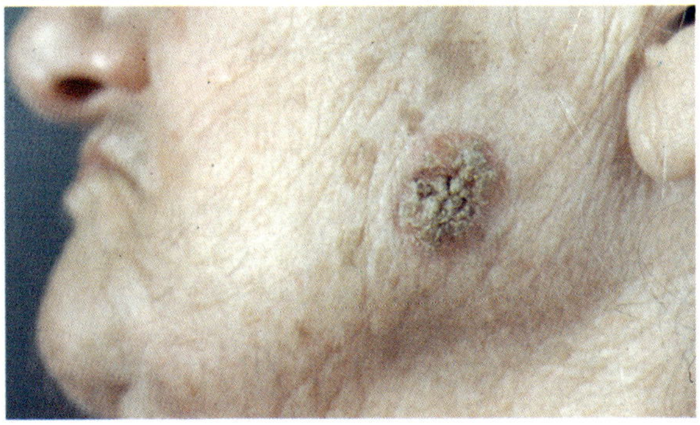

Les cancers non mélaniques

EXTRÊMEMENT FRÉQUENTS, LES CANCERS DE LA PEAU SONT À REDOUTER CHEZ LES SUJETS AYANT DÉPASSÉ LA QUARANTAINE.

Les cancers de la peau s'observent surtout sur les régions exposées à la lumière, particulièrement au niveau du visage. L'accumulation importante au cours de la vie des ultraviolets du soleil (surtout les U.V.B.) est, en effet, le principal facteur de la carcinogenèse. Les sujets les plus fragiles sont ceux dont la peau est naturellement claire, particulièrement les roux, ce qui explique le maximum de fréquence dans la population australienne, dont les sujets sont d'origine irlandaise et vivent dans des conditions d'ensoleillement très importantes et inadaptées à leur peau. Les cancers sont souvent précédés de lésions prémalignes, comme les kératoses du visage, des mains ou du crâne (chez les personnes chauves), qui correspondent à des zones cornées rugueuses, roses ou jaunâtres. Ainsi, la leucoplasie des lèvres, qui se manifeste par des plaques blanc nacré, les cicatrices de brûlures, les radiodermites chroniques ou la dyskératose de Bowen, qui correspond déjà à un cancer localisé à l'épiderme se traduisant par une plaque surélevée et squamo-croûteuse, peuvent avoir une évolution maligne. Deux types de cancers cutanés s'opposent, en raison de leur structure histologique et de leur pronostic : les cancers basocellulaires et spinocellulaires.

Les cancers ou épithéliomas basocellulaires ont une évolution lente et une stricte malignité locale, sans atteinte des ganglions ni localisation à distance. Leur pronostic est donc très favorable s'ils sont enlevés ou détruits en totalité avant qu'une extension contiguë ne les transforme en tumeur évoluée ulcéreuse et mutilante. Leur aspect est souvent banal pendant plusieurs années. Il s'agit de petites élevures translucides (perles), de plaques atrophocicatricielles squamo-croûteuses bordées par des petits grains perlés, d'ulcérations superficielles persistantes, ou d'un petit nodule pigmenté perlé.

Les cancers ou épithéliomas spinocellulaires sont susceptibles d'envahir les ganglions et de donner des métastases, surtout s'ils sont localisés aux muqueuses (lèvres, langue, organes génitaux). Ce cancer se traduit par une tumeur bourgeonnante, ulcérée, saignant facilement et souvent séparée de la peau saine par un bourrelet induré. Le diagnostic des cancers épidermiques est assuré par la biopsie. Leur traitement dépend plus du siège et de l'étendue de la lésion que du typage histologique. L'exérèse chirurgicale classique est l'alternative la plus pratiquée et la plus souhaitable. Lorsqu'elle est impossible, on peut avoir recours aux procédés physiques (laser, cryothérapie, radiothérapie). •

→ **Voir aussi :** Les différents cancers, **MED**, p. 234-235. Lutter contre les cancers, **MED**, p. 236-237. Dermatologie Les dermatoses, **MED**, p. 310-311.

des tumeurs cutanées

rèse précoce. L'évolution de cette tumeur se fait en deux temps (1) : extension en surface (à ce stade l'exérèse assure la guérison), puis invasion en profondeur (plus l'invasion est profonde plus le pronostic est sombre). Il existe d'autres lésions malignes, comme la kératose dite « sénile » (5), qui peut avoir une transformation cancéreuse, et l'épithélioma basocellulaire (6) pigmenté présentant un contour « perlé » qu'il importe de traiter tôt.

6. Épithélioma basocellulaire.

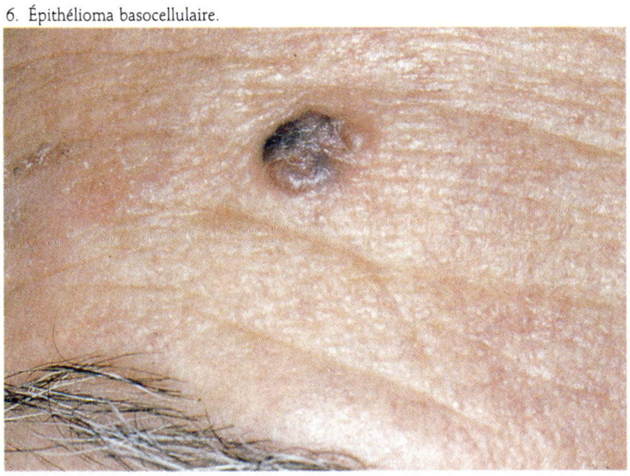

Sexualité et société

LES MÉCANISMES IMPLIQUÉS dans la différenciation sexuelle et la reproduction, ainsi que les éléments relatifs au désir ou aux conduites sexuelles, sont communément désignés par le terme de *sexualité.*

L'homme se singularise par son répertoire de comportements sexuels et par la diversité de ses structures sociales, fruit des interactions entre les sexes. Aujourd'hui, un certain éclatement des tabous sociaux – avec la révolution de la pilule contraceptive dans les années soixante – a créé une vision moderne de la sexualité, dissociable désormais de la reproduction.

Deux autres phénomènes fondamentaux modifient la sexualité en cette fin du XXe siècle : l'apparition des méthodes de procréation médicalement assistée (P.M.A.), réponse aux problèmes d'infertilité conjugale, et l'extension des maladies sexuellement transmissibles (M.S.T.), parfois mortelles comme le sida, parfois handicapantes et responsables de stérilité, dont la prévention passe par une profonde modification des comportements sexuels.

L'une des manifestations les plus étonnantes et les plus complexes de la sexualité humaine est cette irrésistible aspiration que l'on nomme désir sexuel, expression d'une attirance qui découle du fonctionnement des sens et d'influences culturelles et sociales.

La sexualité, comme le souligne le généticien français André Langaney, définit donc les notions biologiques essentielles d'individu, de mort et d'espèce ; elle constitue la source historique de tout système de communication sociale dans les espèces vivantes.

Sexualité et cultures

CHAQUE SOCIÉTÉ À TRAVERS SES FILIATIONS TRANSMET SON HISTOIRE. CELLE-CI FONDE LES RAPPORTS DE PARENTÉ SUR LE PRINCIPE DE LA PROHIBITION DE L'INCESTE.

Généalogies et filiations permettent aux espèces vivantes de durer, bien au-delà de l'éphémère survie des individus qui les constituent à un moment donné, et aux sociétés humaines de livrer à leurs descendants tout l'acquis d'une histoire qu'ils n'ont pas vécue. C'est la sexualité qui enchaîne les maillons de ces généalogies, qui est sous-jacente à l'évolution de la société et de l'identité de l'espèce. C'est elle qui transmet et qui brasse les patrimoines génétiques.

Aujourd'hui, on sait de mieux en mieux comment se détermine le sexe d'un individu, par l'interaction, selon les cas, de mécanismes génétiques, environnementaux, physiologiques et parfois sociaux et psychologiques. En ce qui concerne la sexualité des sociétés humaines, la prohibition de l'inceste, comme l'a montré l'anthropologue M. Godelier, est une règle commune. L'humanité n'a inventé ni la société ni la famille, mais, en contrôlant la sexualité, elle les a érigées en institutions. La sexualité devient ainsi un instrument qui permet à la société de se reproduire et de continuer à fonctionner.

On définit les rapports de parenté par les rapports sociaux qui naissent de l'application de règles et de principes fixant avec qui et comment un individu peut se marier et à qui appartiennent les enfants nés de cette union. Les rapports de parenté impliquent donc le contrôle social de la sexualité et de l'appropriation des enfants. Ils déterminent l'identité des individus à la naissance à partir de leurs liens de filiation (patrilinéaire, matrilinéaire, etc.). Un système de parenté, né de la sexualité, détermine l'existence de groupes sociaux, lignages, clans, etc., partageant la même identité sociale. La société est donc non seulement faite d'individus, mais de rapports qui en sont l'armature, qui doivent être reproduits pour qu'elle se perpétue. La société humaine est née, selon l'anthropologue français C. Lévi-Strauss, d'un contrat entre les individus, fondé sur un renoncement, celui de l'inceste. Le tabou de l'inceste impose donc l'exogamie, c'est-à-dire le choix du conjoint en dehors du groupe auquel il appartient.

L'apparition du langage articulé – langage abstrait au service d'une pensée symbolique –, située par les paléontologues vers 200 000 ou 300 000 ans avant notre ère, a certainement contribué à l'évolution de la sexualité. Celle-ci a connu diverses phases, notamment au début du XXe siècle avec le mouvement féministe et la limitation des naissances. Avec la « loi scélérate » de 1920, visant à réprimer la provocation à l'avortement et la propagande anticonceptionnelle, l'ombre s'étendit de nouveau sur tout ce qui avait trait à la sexualité, mais non à la pornographie, florissante. Jusqu'en 1960 – le répressif régime de Vichy allant jusqu'à des condamnations à mort pour crime d'avortement –, partisans et adversaires de la libéralisation de la sexualité s'affrontent. Les centres de planning familial commencent à accueillir les femmes et, en 1967, est votée la loi sur la contraception proposée par le député Neuwirth, bien que des parlementaires de tendances diverses aient dénoncé la « flambée d'érotisme » qui, selon eux, allait désormais menacer le pays... La même année meurt le docteur G.G. Pincus, promoteur de la pilule contraceptive. Celle-ci allait entraîner la mutation légale de la vie sexuelle de ses contemporains, tendant à concilier l'épanouissement physique et les exigences de la vie sociale. •

Sexualité et monde moderne

APRÈS LA CONTRACEPTION ET LA LOI SUR L'AVORTEMENT, LES NOUVELLES TECHNIQUES DE PROCRÉATION ONT MODIFIÉ LA SEXUALITÉ EN LA DISSOCIANT DE LA FÉCONDITÉ.

Si la sexualité est désormais possible sans sa conséquence reproductive inéluctable, les techniques de fécondation artificielle ont à leur tour ouvert de nouveaux horizons, ceux de la reproduction sans sexualité obligatoire. Déjà, au XIXe siècle, l'insémination intraconjugale, destinée à pallier certaines formes de stérilité masculine telles que l'impuissance, avait donné lieu à de vifs débats. On s'interrogeait déjà sur les conséquences morales et médicales d'un tel acte, qualifié d'« injection de paternité » par A. Dumas fils. Trois questions, toujours d'actualité, étaient au cœur du débat : l'intrusion de l'ordre médical dans l'intimité et la sexualité du couple ; le problème moral de la fécondation sans amour physique ; l'hypothèque sur le devenir des enfants conçus par ces techniques. Les procréations médicalement assistées de la seconde moitié du XXe siècle s'adressent avant tout aux couples présentant une stérilité conjugale, ou une stérilité de l'un des deux membres. L'exploration de ces infertilités peut modifier les rapports entre conjoints par l'exposé de la pathologie des organes de l'un ou l'autre, voire bouleverser les fondements de la sexualité en les médicalisant. Les nouvelles techniques sont essentiellement représentées par l'insémination artificielle avec sperme du conjoint, ou issu d'un autre donneur, ou par la fécondation *in*

1. *Nu allongé,* par M. Kisling.

2. Publicité pour garnitures périodiques.

vitro, qui implique le recueil séparé des gamètes de l'homme et de la femme puis leur mise en présence pour fécondation au laboratoire, le ou les embryons obtenus étant replacés ultérieurement dans l'utérus de la femme. Toute forme classique de sexualité est bien absente de ces techniques même si l'enfant représente le fruit de la demande, donc du désir, des futurs parents. On peut également citer les possibilités de don de sperme ou d'ovocyte, qui introduisent d'autres partenaires dans la relation à deux.

Chaque société humaine a défini ses codes, ses structures de parenté et donc de sexualité. Monogamie ou polygamie, tabous sexuels, début des rapports sexuels avant le mariage ou lors du mariage, etc. Nombreux sont les interdits sexuels qui règlent la vie de chaque communauté, chez les femmes en période menstruelle, en période d'allaitement, à la ménopause. Les concepts de sexualité et de fécondité sont alors très étroitement liés. •

Sexualité et fécondité dans l'Occident chrétien

SI LA SEXUALITÉ FÉMININE A LONGTEMPS ÉTÉ RÉPRIMÉE ET CONTRÔLÉE, SA LIBERTÉ NOUVELLEMENT ACQUISE AU XXe SIÈCLE EST AUJOURD'HUI FREINÉE PAR LA RECRUDESCENCE DES MALADIES SEXUELLEMENT TRANSMISSIBLES.

« La femme doit être sous la garde de ses parents pendant sa jeunesse, sous la garde de son mari pendant son âge mûr, sous la garde de ses fils pendant sa vieillesse, et jamais indépendante. » Cette sentence d'Aristophane (v. 445-v. 386 av. J.-C.) témoigne de la situation de la femme en Occident. On évoque dans les manuels médicaux la « trop grande lubricité des femmes », pour laquelle de nombreux remèdes sont proposés, dont la clitoridectomie. L'autre remède, plus classique, est le mariage, décrit par le docteur Surbled comme « un état de renoncement et de sacrifice ». La virginité est le capital le plus précieux d'une jeune fille. L'acte sexuel n'a pour fin légitime que la grossesse. « On peut même avancer que les femmes les plus ardentes et les plus libidineuses sont moins fécondes que celles qui ont de la répugnance pour le coït » écrit le père Robert Debreyne.

La femme se résigne souvent à la fatalité qui ne fait d'elle qu'une génitrice. Mais les « fraudes » existent, tel le *coïtus interruptus.* Le préservatif masculin en baudruche fait son apparition en Europe à la fin du XVIIIe siècle après avoir été imaginé dès la Renaissance par le gynécologue Gabriel Fallope. Faussement attribuée à un médecin anglais nommé Condom, la « redingote anglaise » est utilisée en France par les libertins à la veille de la Révolution malgré une condamnation de la faculté de médecine. Après 1870, ce sont encore les « capotes », ou « rubans de sûreté », ou « gants d'amour », en boyau de mouton qui dominent le marché. À cette époque, l'observation des périodes du cycle (décrite dès 1850 bien avant Ogino) est une méthode contraceptive déjà utilisée alors que les préservations internes, pessaires en caoutchouc et éponges, restent autant de moyens peu sûrs (en dehors de la chasteté conjugale) pour éviter, au XIXe siècle, la fécondation.

L'avortement, depuis un édit d'Henri II daté de 1556, fut toujours considéré en France comme un crime majeur. Cependant, à la fin du XIXe siècle, la pratique en était monnaie courante et les « faiseurs d'anges », praticiens diplômés ou sages-femmes, utilisant tringles à rideaux, aiguilles à tricoter ou plumes d'oies, pouvaient exercer longtemps avant d'être dénoncés. Ainsi, après de longues années de pratique, « l'avorteuse des Batignolles » fut condamnée en 1891 et « l'ogresse de la rue Tiquetonne », en 1906, arrêtée sous l'inculpation de quelque 1 500 avortements.

Si, jusqu'à la fin des années 1940, qui marque l'avènement des antibiotiques, syphilis et gonococcies dominaient le paysage des maladies sexuelles, les maladies sexuellement transmissibles (M.S.T.) de la fin du XXe siècle ont des particularités cliniques, démographiques, sociologiques et biologiques capitales en ce qu'elles induisent de modifications de comportement. Certaines, comme les infections génitales à chlamydiae, souvent asymptomatiques, peuvent entraîner une stérilité féminine par le mécanisme d'obturation des trompes ; d'autres, comme les infections par papillomavirus, ont un rôle suspecté dans la genèse du cancer de l'utérus ; enfin, le sida, dont on sait qu'il ne s'attaque pas qu'aux populations homosexuelles ou marginales comme on le pensait à ses débuts, est mortel. La prise en charge d'une M.S.T., c'est-à-dire la suppression du risque, pose un problème particulier. La prévention consiste à prôner des rapports sexuels avec un partenaire exclusif non infecté ou à préconiser un comportement sexuel diminuant les risques de contamination. Ainsi est revenu dans l'arsenal prophylactique le préservatif masculin, qui avait été quelque peu délaissé pour son rôle contraceptif. •

→ **Voir aussi :** La vie sexuelle, **MED,** p. 322-323. Contraception et limitation des naissances, **MED,** p. 324-325. Les maladies sexuellement transmissibles, **MED,** p. 326-327.

3. Femmes africaines, Sénégal oriental.

Femmes et conceptions de la féminité

Les femmes en général pendant leur menstruation étaient traditionnellement exclues du groupe social, menaçant les autres de souillure. Les rousses en particulier sont censées être attirantes (1) et à la fois repoussantes car on leur attribue toutes les caractéristiques des femmes menstruantes (odeur particulière...). L'apparition de protections périodiques modernes (2) contribue à renverser ces anciens tabous. Cependant, dans certains groupes ethniques, la tradition perpétue l'exclusion de la féminité et la condition nécessaire pour atteindre l'épanouissement passe par l'excision à l'adolescence (3).

L'appareil sexuel de l'homme

LES ORGANES SEXUELS REMplissent deux rôles, la reproduction et la relation sexuelle. On peut considérer ces fonctions comme une forme de communication à plusieurs facettes, l'accomplissement de l'acte sexuel constituant alors l'étape finale de plusieurs types de dialogues et d'échanges à caractère biologique et neuropsychique.

L'appareil génital masculin assure la formation, la maturation et l'émission des différents constituants du sperme.

L'aventure des spermatozoïdes commence tôt dans la vie de l'homme. La détermination du sexe génétique a lieu au moment de la fécondation. La formation d'un embryon mâle résulte de la fusion d'un ovule porteur d'un chromosome X avec un spermatozoïde porteur du chromosome Y. Dès le début de la vie fœtale, les cellules sexuelles primitives s'individualisent, migrent dans les crêtes génitales, qui se différencient en testicules sous l'influence du chromosome Y et se multiplient en gardant le même état jusqu'à la puberté. La production de spermatozoïdes, ou spermatogenèse, par méiose, s'établit alors sous contrôle hypothalamo-hypophysaire.

L'hypophyse, située à la base du cerveau, assure de nombreuses fonctions endocriniennes. Elle est sous la dépendance de l'hypothalamus.

L'hypophyse agit par l'intermédiaire de deux hormones, appelées gonadotrophines, l'hormone folliculo-stimulante (FSH), agissant sur la spermatogenèse, et l'hormone lutéinisante (LH), exerçant son effet sur la production d'hormones masculines, ou androgènes. Mais le maintien d'une production régulière de spermatozoïdes nécessite une modulation de l'action locale de ces hormones par des médiateurs testiculaires. Ainsi, à partir de la puberté, des signaux sanguins et cellulaires se coordonnent pour assurer l'élaboration continue de spermatozoïdes. Puis le flot régulier de cellules nouvellement formées « dialogue » avec la paroi de l'épididyme, organe en forme de tube serré contre le testicule et chargé de les conduire vers les voies génitales externes. Cette interaction produit des spermatozoïdes mobiles et féconds. Le sperme, « vecteur potentiel » d'un nouvel être, est émis par le pénis. Une autre forme de communication s'établit alors dans l'acte sexuel.

Le développement

IL COMPORTE TROIS ÉTAPES : LA DÉTERMINATION DU SEXE GÉNÉTIQUE, LA DIFFÉRENCIATION DES TESTICULES ET CELLE DES VOIES GÉNITALES.

Les cellules sexuelles apparaissent chez l'embryon, dès le 21e jour, près de la paroi de la vésicule ombilicale. Vers la 6e semaine, elles migrent et gagnent les crêtes génitales lombaires pour former les cordons sexuels. Sur le bord des crêtes cheminent les canaux de Wolff et de Müller. La gonade (glande génitale) mâle, encore indifférenciée, évolue en testicule, à la 7e semaine, sous le contrôle du chromosome Y (apporté par le spermatozoïde au moment de la fécondation), qui détermine le sexe masculin. Les cordons sexuels se transforment en tubes séminifères contenant les cellules de Sertoli et les cellules sexuelles. Entre les tubes séminifères se différencient les cellules de Leydig, productrices d'hormones androgènes.

La différenciation masculine dans le sens mâle des voies génitales commence à la 7e semaine par le développement des canaux de Wolff ; les canaux de Müller régressent à la 11e semaine. Des tubules rénaux primitifs forment les cônes efférents, qui s'ouvrent dans les canaux de Wolff transformés en épididyme et canaux déférents. Près de leur abouchement dans le futur urètre, les déférents se renflent et bourgeonnent en vésicules séminales dans leur partie supérieure et se différencient en canaux éjaculateurs en dessous de ce renflement. Vers le 3e mois, l'urètre se différencie dans le tissu érectile du pénis. Un bourgeonnement de l'urètre primitif forme la prostate, individualisée à 4 mois. Les testicules migrent de l'abdomen dans les bourses entre le 3e et le 8e mois.

Les fonctions du testicule

LA VIE COMMUNAUTAIRE DES CELLULES TESTICULAIRES S'ORGANISE À LA PUBERTÉ POUR ASSURER LA PRODUCTION DE SPERMATOZOÏDES ET D'HORMONES SEXUELLES.

Un des premiers signes du déclenchement de la puberté est constitué par la transformation des cellules sexuelles primordiales en milliers de spermatogonies souches qui tapissent la paroi des tubes séminifères. Les cellules de Sertoli entourent les cellules sexuelles à toutes les étapes de leur différenciation.

Chaque spermatogonie souche se divise, laissant sur place une autre spermatogonie souche qui pourra se diviser de nouveau. La spermatogonie fille va migrer entre les cellules de Sertoli et se diviser pour donner trente-deux spermatocytes, en 5 mitoses consécutives. C'est en commun et de manière synchrone que les spermatocytes subissent la méiose, qui dure environ 2 semaines et qui est un phénomène primordial dans la transmission des caractères héréditaires. Les chromosomes deviennent visibles, s'apparient par paires homologues, échangent du matériel génétique, se condensent puis se séparent ; la cellule initiale se clive en deux cellules filles, les spermatocytes II, qui reçoivent chacune un chromosome de chaque paire (cellules haploïdes). Avec la séparation des deux jeux de chromosomes, la méiose proprement dite est terminée, chaque spermatocyte II se divisant en deux spermatides. Ces cellules rondes se transforment en spermatozoïdes au cours d'une période qui dure environ 3 semaines (spermiogenèse). Le spermatozoïde est une cellule spécialisée composée de trois parties : la tête, contenant le noyau, la pièce intermédiaire, qui contient les mitochondries, et le flagelle, qui permet la mobilité. La différenciation des spermatogonies en spermatozoïdes dure au total 74 jours et connaît un certain nombre d'« erreurs » (anomalies de formes, ou encore du nombre de chromosomes).

La paroi des tubes séminifères est constituée de cellules péritubulaires. Les cellules de Leydig, les cellules de la paroi des vaisseaux sanguins et lymphatiques ainsi que des terminaisons nerveuses occupent l'espace entre les tubes. Toutes ces cellules jouent un rôle dynamique dans la « coordination » des fonctions testi-

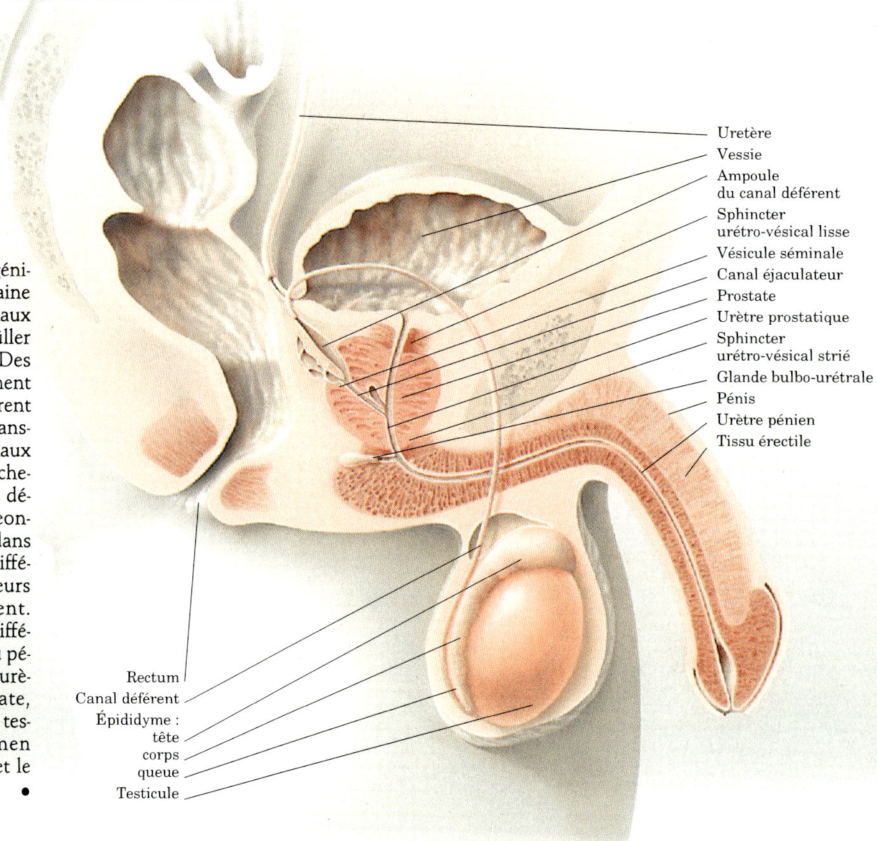

1. L'appareil génital.

culaires et sont contrôlées par des régulations hormonales. Les hormones produites par l'hypophyse sont libérées dans le sang et agissent respectivement sur les cellules de Sertoli et de Leydig, où elles stimulent la synthèse d'hormones inhibitrices et d'androgènes. Ces hormones agissent à leur tour sur l'hypophyse et l'hypothalamus, provoquant une action d'inhibition ou une stimulation de la spermatogenèse. On sait maintenant que leur action est insuffisante et que des mécanismes d'interaction entre les différentes cellules du testicule sont nécessaires au maintien d'une spermatogenèse normale. Des messages régulateurs transmis d'une cellule à l'autre modulent l'action des hormones hypophysaires et des androgènes en fonction des besoins locaux. Les cellules de Sertoli contrôlent le regroupement des cellules sexuelles en deux compartiments selon leurs niveaux de différenciation et leurs besoins métaboliques. Le compartiment basal contient les cellules diploïdes (avant la méiose), le compartiment central comprenant les cellules haploïdes. Le passage des cellules sexuelles d'un compartiment à l'autre dépend des hormones androgènes.

Sous l'action de la FSH, la cellule de Sertoli sécrète une protéine de transport, l'*Androgen Binding Protein,* qui stimule la spermatogenèse et l'activité de l'épididyme. L'inhibine synthétisée par les cellules de Sertoli contrôle l'hypophyse, mais aussi la division des cellules de l'épithélium séminifère et la production d'hormones stéroïdes. Les cellules de Sertoli et de Leydig sont capables de sécréter des « facteurs de croissance » et d'agir directement l'une sur l'autre ou par l'intermédiaire des cellules péritubulaires. L'étude des mécanismes de régulation de ces médiateurs n'en est qu'à ses tout débuts. Leur compréhension permettra de découvrir les thérapeutiques capables de corriger certains troubles de la fertilité masculine. •

La maturation des spermatozoïdes

L'ACQUISITION DE LA MOBILITÉ ET DU POUVOIR FÉCONDANT DES SPERMATOZOÏDES RÉSULTE D'UN DIALOGUE CELLULAIRE AVEC LA PAROI DE L'ÉPIDIDYME.

Après leur fabrication au niveau des tubes séminifères, les spermatozoïdes sont transportés puis stockés dans la queue de l'épididyme, où ils établissent des relations avec le milieu environnant et deviennent mobiles et fécondants. L'épididyme est un canal pelotonné contre le testicule dans lequel on distingue trois zones : tête, corps, queue. La lumière est bordée d'un épithélium qui sécrète du fluide. Les cellules épithéliales sont capables, selon les niveaux, de capter des composés du fluide, de concentrer dans la lumière du tube des substances apportées par le sang et de sécréter divers composés (essentiellement des protéines). Cette activité est régulée par les androgènes et agit sur la maturation des spermatozoïdes par l'intermédiaire du fluide. Réciproquement, les spermatozoïdes présents dans la lumière influencent l'activité de l'épithélium. Un « dialogue » entre le spermatozoïde et la paroi épididymaire s'établit et induit des modifications métaboliques et cellulaires. La respiration du spermatozoïde augmente. Des mouvements de protéines et de phospholipides modifient la « fluidité » membranaire, créant des domaines spécifiques impliqués, lors de la fécondation, dans les interactions entre spermatozoïde et ovule. La plupart des structures membranaires externes du spermatozoïde testiculaire sont masquées ou éliminées dès le début du transit dans l'épididyme. Puis de nouvelles protéines sont sécrétées et fixées par la membrane en s'intégrant dans la couche de lipides ou en protégeant certains sites pour former le revêtement définitif des spermatozoïdes. Chez l'homme, ces modifications s'effectuent rapidement puisque des spermatozoïdes prélevés au niveau de la tête de l'épididyme sont déjà fécondants. Les spermatozoïdes prélevés dans le testicule sont immobiles alors que, prélevés dans la queue de l'épididyme, ils nagent en ligne droite. Les modifications de mobilité sont contrôlées par l'adénosine monophosphate cyclique (A.M.P.c.), dont le taux intracellulaire augmente pendant le transit dans l'épididyme. La mobilité des spermatozoïdes est réprimée pendant leur stockage. C'est seulement après l'éjaculation que les spermatozoïdes expriment normalement leur mobilité dans le plasma séminal. •

2. Coupe transversale de tube séminifère (microscope électronique à balayage).

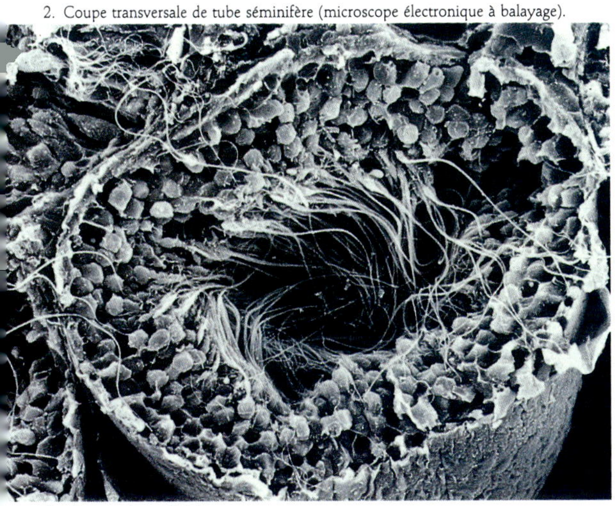

3. Organisation cellulaire d'un tube séminifère.

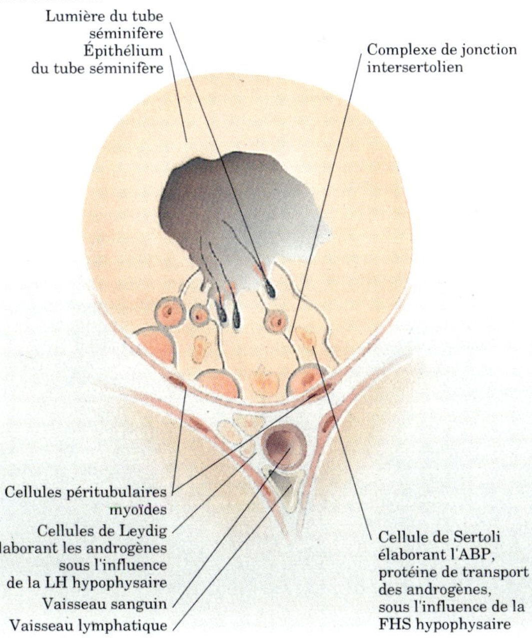

Le testicule

Dans le testicule (1), des signaux sanguins et cellulaires contrôlent l'élaboration continue des spermatozoïdes (3). Leur formation s'effectue à l'intérieur des tubes séminifères (2), entourés par une gaine de cellules péritubulaires et séparés par le tissu interstitiel qui comprend les cellules de Leydig, les vaisseaux sanguins et lymphatiques. Dans les tubes séminifères, les cellules de Sertoli entourent les cellules sexuelles aux divers stades de leur différenciation (spermatogonies, spermatocytes, spermatides, spermatozoïdes). Le testicule (4) est divisé en loges contenant des tubes séminifères qui se jettent dans les tubes droits. Ces derniers confluent vers le rete testis, qui rejoint les cônes efférents. Les cônes efférents s'ouvrent dans le canal épididymaire à plusieurs niveaux.

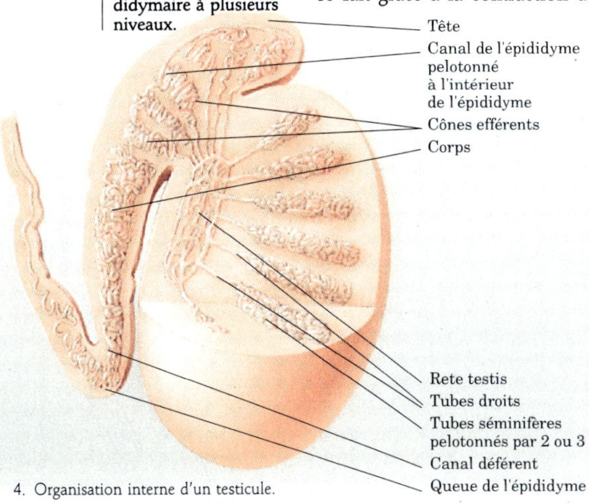

4. Organisation interne d'un testicule.

La rencontre avec l'autre sexe

UNE CONFLUENCE SUBTILE D'ÉMOTIONS, DE SENTIMENTS ET DE SENSATIONS CARACTÉRISE CETTE FORME DE COMMUNICATION QUI POUSSE L'UN VERS L'AUTRE L'HOMME ET LA FEMME.

C'est l'instinct et l'émotion amoureuse qui poussent l'un vers l'autre l'homme et la femme. Leurs sens ne sont pas seuls en cause mais aussi leurs idées, leur culture, leurs sentiments et leur imagination. Le désir se traduit chez l'homme par un phénomène bien apparent, l'érection. Le rapport sexuel se déroule en quatre phases : phase d'excitation, phase en plateau qui va de la pénétration du pénis à l'orgasme, l'orgasme et la phase de détente avec retour à l'état normal. L'éjaculation coïncide chez l'homme avec l'orgasme, le sperme est alors expulsé du pénis par le méat urinaire. L'éjaculation se fait grâce à la contraction de muscles bulbo-, ischiocaverneux et pelviens, provoquant l'expulsion rythmique du sperme. Le début de l'éjaculation est constitué par les sécrétions de l'épididyme et de la prostate, et la fin par celles des vésicules séminales, qui constituent l'essentiel du volume. Cette chronologie résulte d'une mécanique complexe. La paroi de la queue de l'épididyme se contracte et propulse les spermatozoïdes dans le canal déférent. L'urètre, transformé en chambre de pression par la fermeture de deux sphincters urétro-vésicaux, accueille le fluide épididymaire, qui stimule la sécrétion de la prostate. Les vésicules séminales sont stimulées dans un deuxième temps, après ouverture du sphincter strié. Le sperme coagule après émission, immobilisant les spermatozoïdes. La sécrétion prostatique, riche en enzymes, induit la liquéfaction du sperme. Ce processus de coagulation-liquéfaction évite la dispersion des spermatozoïdes dans le vagin, permet leur libération progressive au niveau du mucus cervical. Le plasma séminal est un milieu transitoire qui protège les spermatozoïdes contre les variations brutales de l'environnement constitué par les voies féminines (sécrétions vaginales acides). •

→ **Voir aussi :** Les gamètes, **BIOL**, p. 72-73. L'appareil sexuel de la femme, **MED**, p. 318-319. La vie sexuelle, **MED**, p. 322-323.

L'appareil sexuel de la femme

LE DÉVELOPPEMENT DE l'appareil génital, la reproduction et la conduite sexuelle dépendent d'un facteur majeur, l'« horloge biologique ». La gestion d'une réserve de cellules sexuelles constituée dès la naissance et la rythmicité des menstruations caractérisent cette chronobiologie. Un équilibre hormonal en résulte, qui influence non seulement les fonctions de l'appareil génital de la femme, mais aussi l'équilibre physique et psychique de tout son être.

De la puberté à la ménopause, quelques centaines d'ovules (cellules sexuelles matures, ou gamètes femelles) contenus dans les ovaires seront libérés pendant une trentaine d'années. À la puberté, le fonctionnement de l'appareil génital de la femme devient cyclique avec transformation d'un phénomène continu – la croissance d'un follicule contenant un ovocyte (cellule sexuelle immature) – en un phénomène alternatif, l'ovulation, c'est-à-dire l'expulsion d'un ovule dans les voies génitales, qui survient environ tous les 28 jours.

Cette évolution cyclique est liée aux deux fonctions de l'ovaire : production d'hormones féminines et libération de l'ovule, ou ovulation. Un micro-environnement hormonal de chaque follicule ovarien gouverne soit sa dégénérescence, soit sa maturation jusqu'à l'ovulation. En cas de fécondation de l'ovule par un spermatozoïde, les hormones féminines agissent essentiellement sur l'utérus pour accueillir un embryon qui va s'implanter. En l'absence de fécondation, ces hormones ont pour mission de régénérer la muqueuse utérine, ou endomètre, et d'assurer une imprégnation tissulaire hormonale équilibrée.

L'ovaire et ses fonctions

LA GLANDE SEXUELLE FÉMININE EST VÉRITABLEMENT FONCTIONNELLE DE LA PUBERTÉ À LA MÉNOPAUSE.

La puberté se manifeste chez la jeune fille par l'apparition des premières menstruations, ou règles, entre 10 et 16 ans chez les Européennes. La croissance d'un follicule (folliculogenèse) jusqu'au stade ovulatoire est alors possible et cela jusqu'à l'arrêt définitif du fonctionnement ovarien, qui se situe vers 50 ans, quand la réserve de follicules est épuisée.

La maturation du follicule. Le follicule destiné à ovuler a commencé sa croissance environ 3 mois auparavant, il a formé son antrum (cavité remplie de liquide) 2 mois plus tôt. Il appartient à un groupe de follicules synchronisés par la FSH (hormone hypophysaire folliculo-stimulante). Le premier jour du cycle est le premier jour des règles. Juste après les règles, en début de phase folliculaire, un de ces follicules a atteint un diamètre d'environ 8 mm. Ce follicule est « dominant », il inhibe le développement de tous les autres follicules en croissance, qui dégénèrent (atrésie). Une zone s'individualise autour de l'ovocyte, la zone pellucide. À la périphérie du follicule, la thèque interne vascularisée produit les précurseurs des hormones féminines. Les cellules folliculeuses s'organisent en couronne autour de la zone pellucide et en *granulosa* à l'intérieur du follicule. Le follicule cavitaire (ou tertiaire) se transforme en follicule préovulatoire de De Graaf, qui fait saillie à la surface de l'ovaire.

Les productions hormonales. La normalité d'un cycle, qui dure environ 28 jours, peut être visualisée sur une courbe ménothermique. La courbe s'élève de 0,5 °C aux alentours du 14e jour. Le nadir (point le plus bas de la courbe) est proche du moment de l'ovulation. La fluctuation dans le sang des hormones féminines produites par l'ovaire (œstradiol et progestérone) permet de définir 3 phases au cours du cycle : la

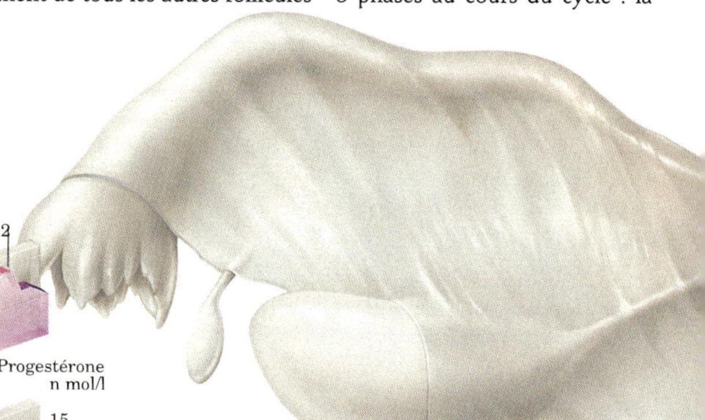

Développement et anatomie

LA FEMME ÉLABORE SA RÉSERVE DE CELLULES SEXUELLES AVANT LA NAISSANCE. L'ABSENCE DU CHROMOSOME « Y » DÉTERMINE LA FÉMINISATION.

Au début du développement, les gonades et les voies génitales revêtent le même aspect dans les deux sexes. En l'absence de chromosome Y, la gonade au stade indifférencié évolue en ovaire. Deux chromosomes X sont cependant indispensables à la survie des cellules sexuelles. À partir de la huitième semaine, la première poussée de cordons sexuels de la période indifférenciée se trouve fragmentée par une seconde poussée de cellules non sexuelles dites somatiques issues des crêtes génitales. Du deuxième au huitième mois de développement, les cellules sexuelles primordiales se multiplient par mitoses, se transforment en ovogonies et s'entourent d'une couche de cellules aplaties, formant les follicules primordiaux. Le nombre d'ovogonies atteint son maximum au huitième mois. Dès lors, la réserve de cellules sexuelles va décroître jusqu'à la ménopause. Toutes les ovogonies connaissent un début de méiose et l'arrêtent à un stade précis, la fin de la prophase de la première division réductionnelle ; les cellules sont alors des ovocytes. La méiose est interrompue dans l'ovaire et ne s'achèvera, pour une fraction des ovocytes, que plusieurs années plus tard dans un follicule mûr.

Vers la huitième semaine, les deux canaux de Müller fusionnent dans leur partie inférieure et forment l'utérus, le col utérin et le vagin. La partie supérieure des canaux de Müller se transforme en trompes de Fallope et l'orifice supérieur ouvert dans la cavité abdominale devient le pavillon de la trompe. Les deux canaux de Wolff régressent totalement. En se développant, l'utérus modifie la position des trompes, qui deviennent horizontales. Les ovaires se mettent en place en arrière des trompes, maintenus par quatre ligaments qui contribuent à la mobilité dans l'espace de l'ensemble constitué par l'ovaire et le pavillon. Les organes génitaux externes se développent parallèlement à la formation du vagin. À la place du pénis masculin se forme le clitoris et l'orifice génital externe est bordé par les petites et grandes lèvres. Les voies urinaires et génitales sont séparées puisque s'ouvre en avant l'urètre et en arrière le vagin, partiellement oblitéré par une membrane, l'hymen. •

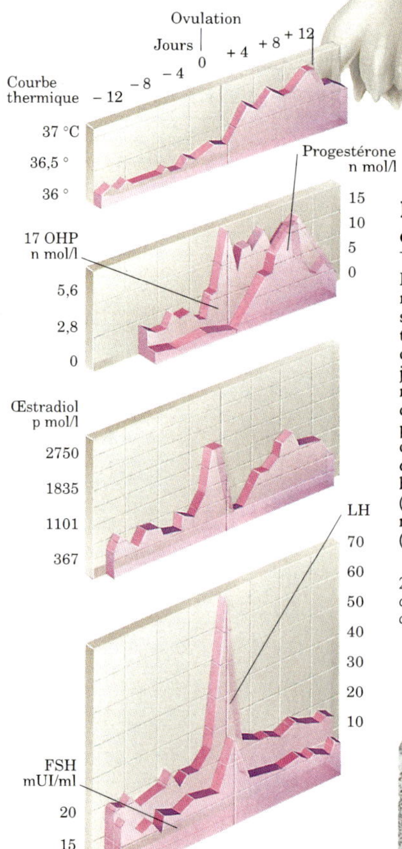

1. Courbe thermique et hormones plasmatiques au cours du cycle menstruel normal.

Fonctionnement cyclique de l'appareil sexuel

La normalité d'un cycle menstruel peut être visualisée sur une courbe thermique qui commence le premier jour des règles (1). Le moment le plus proche de l'ovulation est le point le plus bas de la courbe. Les variations des taux sanguins des hormones ovariennes (œstradiol, progestérone) et hypophysaires (FSH, LH) définissent les trois phases d'un cycle : croissance folliculaire, ovulation et phase lutéale. Les coupes histologiques de l'endomètre, la muqueuse de l'utérus, montrent quatre phases de son cycle (2) : réparation, prolifération, sécrétion active et desquamation. L'organisation anatomique de l'appareil génital féminin (3) autorise un balayage de la surface de l'ovaire par les franges du pavillon. Celui-ci capte l'ovule expulsé de l'ovaire au terme de la croissance folliculaire (4).

2. Modifications de l'endomètre au cours du cycle.

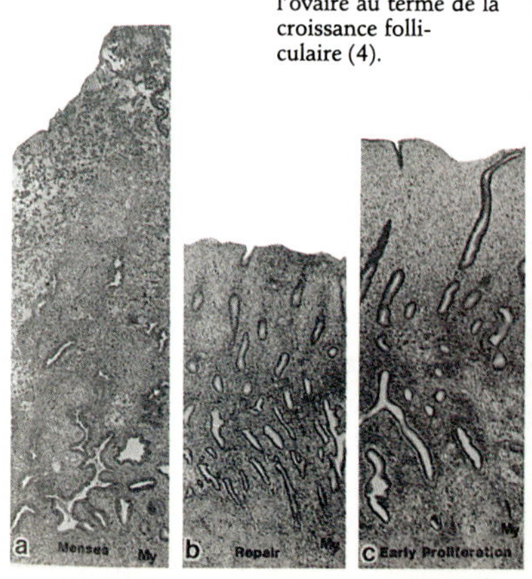

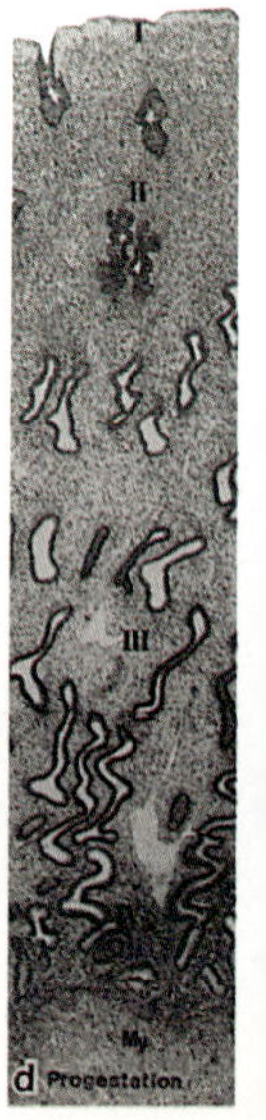

croissance folliculaire, l'ovulation et la phase lutéale. La granulosa transforme en œstradiol les molécules androgènes produites par la thèque interne. L'hormone hypophysaire lutéotrope (LH) contrôle la synthèse de progestérone par la granulosa et d'androgènes par la thèque interne. La concentration d'œstradiol dans le sang atteint son maximum 24 heures avant l'ovulation et provient du follicule dominant. La rupture du follicule ovulatoire survient 36 heures après le début du pic (accroissement important) de LH. Un pic de folliculo-stimuline (FSH), moins accentué, lui est associé. C'est la décharge de ces deux hormones qui déclenche dans le follicule préovulatoire la maturation finale de l'ovocyte et la rupture du follicule.

L'ovocyte reprend sa méiose 24 heures après le début du pic LH et la première division s'achève avec l'expulsion du premier globule polaire, cellule qui dégénère rapidement. Les chromosomes s'organisent sur le deuxième fuseau méiotique, c'est la métaphase II. L'ovocyte est diploïde (2*n* chromosomes), apte à devenir haploïde (*n* chromosomes) par émission du deuxième globule polaire, si la fécondation a lieu. Les cellules périovocytaires se dissocient et l'ovocyte est libéré dans l'antrum. La paroi du follicule s'amincit, par augmentation de volume du follicule et action enzymatique. L'apex du follicule est fragilisé, l'épithélium ovarien se dissocie et l'ovaire se contracte. Un ovocyte mûr et fécondable (ovule), entouré de cellules folliculeuses, est expulsé et capté par le pavillon de la trompe. Après l'ovulation le taux d'œstradiol chute et celui de la progestérone augmente. Pour l'ovaire, la phase dite lutéale commence, un « corps jaune » se forme résultant des fragments folliculaires restés dans l'ovaire après l'ovulation. Le corps jaune s'organise, les cellules de la thèque interne pénètrent dans la granulosa avec les vaisseaux sanguins, se transforment en petites cellules lutéales ; les cellules de la granulosa s'hypertrophient et forment les grandes cellules lutéales. Sous contrôle de la LH, ces cellules produisent les hormones féminines de la phase lutéale et notamment la progestérone. En l'absence de fécondation, le corps jaune régresse (lutéolyse), la muqueuse utérine saigne. Le corps jaune dégénère. ●

Les modifications cycliques

DIFFÉRENTS ORGANES SE TRANSFORMENT AU COURS DU CYCLE MENSTRUEL, CE SONT DES CIBLES POUR LES HORMONES FÉMININES.

L'utérus subit des modifications cycliques. Sa paroi musculaire (myomètre) ménage une cavité réduite, revêtue d'une muqueuse, l'endomètre. À la puberté, l'endomètre s'épaissit, se fragmente, s'élimine partiellement et se reconstitue selon un cycle « endométrial ». Aux 3e et 4e jours du cycle, la partie de l'endomètre fonctionnelle au cycle précédent vient d'être éliminée, seule persiste une couche résiduelle au contact du myomètre. À partir de quelques cellules glandulaires de la couche basale, un nouvel épithélium superficiel se forme. De nombreuses petites glandes bourgeonnent, se développent en longs tubes droits et contribuent à tripler l'épaisseur de la muqueuse, au cours d'une phase de prolifération (du 5e au 14e jour). L'œstradiol et la progestérone sécrétés par le corps jaune induisent ensuite la spiralisation des glandes (15e-20e jour). Dans la phase suivante, elles deviennent très longues et contournées, et sécrètent activement du glycogène, du 20e au 28e jour. La muqueuse est alors prête à accueillir un ovule fécondé. En l'absence de fécondation, l'endomètre desquame (1er et 2e jour). La chute de progestérone provoque la régression du corps jaune et entraîne une vasoconstriction des artères profondes et la muqueuse superficielle n'est plus vascularisée, elle se nécrose, se désintègre en fragments tandis que des hémorragies dispersées apparaissent. Débris tissulaires et sang s'écoulent dans le vagin pendant plusieurs jours (règles). Après la ménopause, la muqueuse privée d'hormones ovariennes involue.

Les fonctions du col de l'utérus et de son endomètre sont doubles. Ils assurent la défense du tractus génital féminin contre les bactéries, mais aussi l'accueil, uniquement en période ovulatoire, des spermatozoïdes déposés dans le vagin. Autre cible des hormones sexuelles, le vagin s'insère sur le col de l'utérus. La paroi vaginale est musculaire, elle est recouverte d'une muqueuse qui se renouvelle. On y observe une phase proliférative (soumise à l'œstradiol) et une phase de desquamation (soumise à la progestérone). Une transsudation lubrifie le vagin au cours des rapports sexuels.

Les trompes de Fallope conduisent l'ovule à la rencontre des spermatozoïdes et assurent la survie des deux types de cellules sexuelles. Au moment de la rupture du follicule ovulatoire, l'ovule est accueilli par le pavillon et migre dans la trompe. L'insémination vaginale permet l'inondation rapide des trompes via le mucus cervical (5 minutes après l'éjaculation). La mobilité propre des spermatozoïdes dans le liquide tubaire (en période ovulatoire) associée à un mécanisme d'aspiration dans la trompe permet aux spermatozoïdes d'atteindre l'ampoule tubaire, lieu de rencontre avec l'ovule.

Les seins se développent à la puberté (essentiellement les tissus conjonctif et graisseux). Ils se modifient pendant la phase folliculaire du cycle, l'œstradiol produit un œdème (infiltration de lymphe) du tissu conjonctif. En période prémenstruelle, le flux sanguin mammaire augmente, de même que le volume du sein. Ces phénomènes régressent en période postmenstruelle. ●

3. Appareil génital féminin.

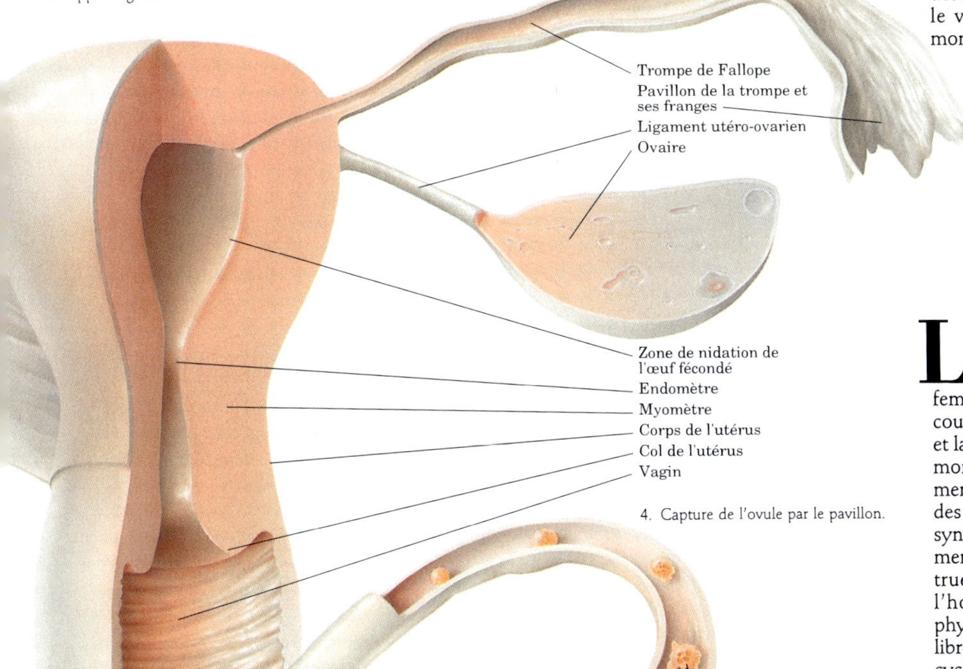

4. Capture de l'ovule par le pavillon.

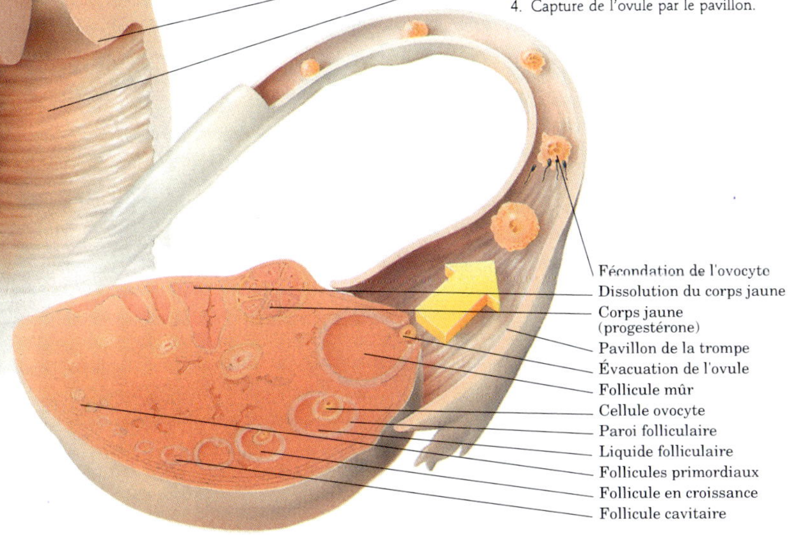

L'équilibre hormonal et sexuel

CES DEUX ÉQUILIBRES, COMPLÉMENTAIRES, APPARAISSENT CEPENDANT ASSEZ INDÉPENDANTS, VOIRE COMPLÈTEMENT DISSOCIÉS.

Le fonctionnement cyclique de l'appareil génital de la femme est dominé par le jeu d'un couple d'hormones, l'œstradiol et la progestérone. Ces deux hormones ont des actions complémentaires et modulent la réponse des organes cibles. Une parfaite synchronisation de tous les éléments de cette mécanique menstruelle et un réglage précis de l'horloge hypothalamo-hypophysaire sont nécessaires à l'équilibre hormonal de la femme. Le cycle menstruel est d'une grande fragilité et les causes de dérèglement sont multiples, physiologiques ou pathologiques, voire psychogènes. Des observations faites chez la femme montrent que de fortes émotions peuvent modifier le cycle et même l'arrêter. Sur une durée globale de 500 cycles menstruels que les femmes occidentales présentent au cours de leur vie génitale, seulement 300 en moyenne sont de « bonne qualité ».

La relation entre équilibre hormonal et sexuel est bien difficile à établir chez la femme. Chez l'homme, la présence d'un taux sanguin d'androgènes (testostérone) est nécessaire pour qu'il y ait désir et rapport sexuel. Chez la femme, en revanche, les relations entre hormones et comportement sexuel sont beaucoup moins évidentes. Certaines enquêtes indiquent que l'intérêt sexuel de la femme atteint son point culminant juste avant ou après la menstruation. L'étude des variations de sécrétion des deux hormones ovariennes ne permet guère d'expliquer les variations du désir sexuel. On sait seulement qu'une certaine quantité d'œstradiol est nécessaire à la lubrification normale du vagin. Paradoxalement, c'est le taux d'androgènes (hormones masculines, sécrétées par la surrénale et l'ovaire) qui est corrélé à la fréquence de l'activité sexuelle féminine. Mais toutes ces études se heurtent à la difficulté des mesures objectives. ●

→ **Voir aussi :** Les gamètes, **BIOL**, p. 72-73. L'appareil sexuel de l'homme, **MED**, p. 316-317. La pathologie gynécologique, **MED**, p. 320-321. La vie sexuelle, **MED**, p. 322-323.

La pathologie gynécologique

LA PRATIQUE GYNÉCOLOGIque quotidienne a dernièrement bénéficié des progrès techniques dans plusieurs domaines.

Sur le plan biologique, les dosages hormonaux sont devenus plus rapides, plus performants et moins onéreux. Ils permettent de diagnostiquer une grossesse avant même le retard des règles et d'en suivre l'évolution, ce qui est très utile en cas de grossesse extra-utérine. L'exploration d'anomalies de la fonction hypothalamo-hypophysaire, la prise en charge d'une ménopause débutante en sont également simplifiées. La contraception, de son côté, a bénéficié de la synthèse de pilules très faiblement dosées, aux effets secondaires négligeables. Par ailleurs, pour le traitement des carences hormonales, on dispose d'hormones naturelles qui ne présentent pas les inconvénients métaboliques des hormones de synthèse. Enfin, l'induction de l'ovulation est mieux maîtrisée, ce qui rend plus performantes les techniques de procréation médicale.

Sur un plan technique, l'échographie et la cœlioscopie ont révolutionné la prise en charge de multiples affections. La première permet l'examen, sans traumatisme ni douleur, des organes du petit bassin. Elle sert aussi à guider divers gestes tels que les ponctions de kystes de l'ovaire. Quant à la cœlioscopie, outre qu'elle permet des diagnostics sûrs (sous anesthésie générale), elle offre une possibilité d'intervention chirurgicale à l'aide d'instruments extrêmement fins introduits après incision sus-pubienne et ombilicale. Les campagnes de dépistage devraient conduire à une diminution de la mortalité par cancer génital.

La pathologie non cancéreuse

ASSOCIÉE À LA PATHOLOGIE TUMORALE BÉNIGNE, LA PATHOLOGIE INFECTIEUSE REPRÉSENTE UNE PART IMPORTANTE DES AFFECTIONS GYNÉCOLOGIQUES COURANTES.

Résultant d'une infection ou consécutives à une tumeur bénigne, les pathologies gynécologiques sont souvent invalidantes, allant jusqu'à provoquer une stérilité irréversible.

Les pathologies infectieuses.

Le bouleversement considérable des habitudes sexuelles autorisé par la contraception orale a largement contribué au développement des maladies infectieuses sexuellement transmissibles, telles que l'infection bactérienne par le mycoplasme ou par le chlamydia, et favorisé la résurgence de la gonococcie.

Malgré la commercialisation d'antibiotiques efficaces, les lésions provoquées par ces germes sont parfois irréversibles, laissant des douleurs résiduelles et pouvant provoquer une stérilité définitive par lésions graves des trompes utérines. L'inflammation d'une trompe, ou salpingite, se manifeste par des pertes sales, de la fièvre et des douleurs pelviennes. Elle peut être confirmée par une cœlioscopie. Son traitement fait appel à plusieurs antibiotiques associés à des anti-inflammatoires. Malgré une guérison clinique, les dégâts au niveau des trompes peuvent être tels que même la chirurgie est impuissante. La fécondation *in vitro* trouve là sa meilleure indication pour remédier à la stérilité.

Face à ces pathologies infectieuses aux conséquences diverses, la modification du comportement sexuel et un usage plus large des préservatifs devraient apporter un moyen de lutte efficace.

La grossesse extra-utérine.

Il s'agit de la nidation de l'œuf en dehors de l'utérus. Elle reste responsable d'une certaine mortalité par hémorragie lors de la rupture d'une trompe. En effet, la grossesse peut se développer sur l'ovaire, dans la cavité abdominale, mais le plus souvent l'ovule fécondé s'arrête dans la trompe. La cause est généralement infectieuse, par séquelles de salpingite, ou due à la présence d'un stérilet. Le traitement peut se faire par cœlioscopie, avec mini-incision de la trompe et aspiration de l'œuf, mais une chirurgie plus classique peut s'avérer nécessaire.

La pathologie ovarienne.

Divers kystes peuvent se développer au niveau ovarien. Certains sont pratiquement physiologiques et correspondent au corps jaune, séquelle d'une ovulation. D'autres, permanents ou à contenu anormal (tels les kystes dermoïdes qui contiennent des reliquats embryonnaires : poils, cartilages ou dents), doivent impérativement être retirés car le risque de torsion de l'ovaire avec nécrose est élevé. Là encore, l'échographie puis la cœlioscopie participent au diagnostic et au traitement.

La pathologie utérine.

L'utérus peut présenter différentes anomalies souvent révélées par des saignements anormaux. La muqueuse qui le tapisse peut proliférer de manière anarchique, en général à la suite d'un dérèglement hormonal. Il se produit des saignements abondants pendant ou en dehors des règles, imposant un traitement médicamenteux éventuellement complété par un curetage. Le muscle utérin peut également être porteur de tumeurs bénignes (fibromes) parfois ignorées par la patiente mais pouvant entraîner des douleurs et des saignements. L'endométriose se traduit par la migration de muqueuse utérine sur les organes avoisinants, ovaires, trompes, péritoine. Ce tissu saigne durant les règles, entraînant des douleurs intenses et souvent une stérilité. Dans ces anomalies, le traitement est principalement chirurgical. •

La pathologie cancéreuse

MALGRÉ UNE MEILLEURE POLITIQUE DE DÉPISTAGE ET D'INDÉNIABLES PROGRÈS TECHNIQUES, LA MORTALITÉ DEMEURE IMPORTANTE.

Une femme sur onze en Europe occidentale développera un jour un cancer du sein. Le traitement des cancers, pour être efficace, doit être pratiqué précocement. Seule une surveillance médicale régulière associée à une meilleure hygiène de vie permettra de réduire le nombre de décès dus à ce type de cancer.

Le cancer du sein.

L'âge moyen de survenue est de 50 ans et plusieurs facteurs prédisposants ont pu être déterminés. Ils sont d'ordre socio-économique, métabolique, héréditaire ou simplement liés à la vie génitale... Le bilan clinique ou mammographique est complété par une biopsie qui confirmera ou infirmera le caractère malin de la tumeur. Le traitement est presque toujours chirurgical, comportant l'ablation de la tumeur et des ganglions de l'aisselle. Si la tumeur est volumineuse, il faudra pratiquer une mammectomie, ablation complète de la glande permettant une réparation ultérieure par la chirurgie plastique.

Le cancer du col de l'utérus.

Le dépistage systématique de ce cancer, en favorisant son diagnostic précoce, a réduit le taux de mortalité qui lui était imputable. Le diagnostic est rarement clinique car la lésion ne se manifeste qu'à un stade avancé. Il est en général porté sur un frottis de dépistage et confirmé par une biopsie. Le traitement comporte une curiethérapie première par le vagin, suivie d'une ablation de l'utérus et des annexes ainsi que des tissus avoisinants. Une radiothérapie externe peut être proposée en complément. Certains facteurs comme le tabac ou le virus papillomateux ont été reconnus comme favorisant directement l'apparition de ce type de cancers.

Le cancer de l'endomètre.

Ce type de cancer atteint surtout la femme ménopausée. Son pronostic est meilleur que celui du cancer du col. Le principal facteur de risque est un déséquilibre hormonal avec une hyperœstrogénie. Le diagnostic est aisé devant des saignements survenant après la ménopause, dont l'origine cancéreuse est confirmée par un curetage. Ce cancer se traite par la radiothérapie et par la chirurgie.

Le cancer de l'ovaire.

Il peut se développer chez une femme jeune. Le diagnostic en est difficile par manque de symptômes clairs. L'échographie est insuffisante et la cœlioscopie difficilement praticable de manière répétée. De même, le traitement, qui associe une chirurgie première à une chimiothérapie lourde, reste encore décevant. •

1. Appareil génital féminin.

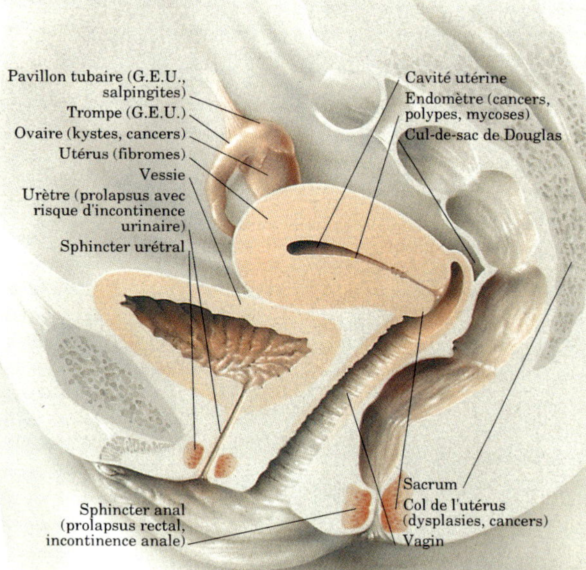

Les techniques d'exploration de l'appareil sexuel

L'appareil génital féminin est interne (1) et sa simple observation par palpation clinique ou par échographie peut être complétée par des techniques plus sophistiquées. La cœlioscopie (2) consiste à introduire par l'ombilic un tube optique relié à une lumière blanche qui permet l'exploration interne de l'appareil génital (3) ainsi que des prélèvements bactériologiques et des interventions chirurgicales. L'hystérosalpingographie permet de visualiser l'intérieur de l'utérus et des trompes (4) après injection par les voies naturelles d'un produit opaque aux rayons X. Les déformations dues à des cancers ou à des fibromes sont alors clairement révélées.

Les troubles de la ménopause

LA MÉNOPAUSE CORRESPOND CHEZ LA FEMME À LA FIN DE LA PÉRIODE DE FÉCONDITÉ ET SE CARACTÉRISE PAR UNE MODIFICATION DU CYCLE HORMONAL QUI RETENTIT SUR L'ENSEMBLE DES ACTIVITÉS VITALES.

L'âge de survenue de la ménopause est variable, influencé par l'hérédité, la race, le climat, le tabac et les grossesses. Il est en moyenne de 50 ans.

La périménopause débute avec les premières irrégularités menstruelles et peut durer de plusieurs mois à quelques années, jusqu'à ce que les ovaires ne répondent plus aux stimulations hormonales de l'hypothalamus et de l'hypophyse. Les premiers symptômes correspondent à un état de fatigue associé à des troubles du caractère et à une prise de poids. Les bouffées de chaleur sont inconstantes, parfois très invalidantes. Certains méfaits peuvent se produire à long terme et de manière insidieuse : l'appareil génital s'atrophie, surtout la vulve qui se rétrécit et se dépigmente, devenant plus fragile aux infections. La gêne qui s'ensuit rend les rapports sexuels difficiles et douloureux (dyspareunie), aggravant la baisse de la libido rencontrée à cet âge. La perte d'élasticité des tissus, après la ménopause, explique en partie la plus grande fréquence des descentes d'organes, ou prolapsus. Cependant, le risque principal se situe sur le plan osseux. En effet, la carence en œstrogènes entraîne une diminution de l'absorption du calcium associée à une plus grande résorption. Des traumatismes minimes sont alors responsables de fractures, principalement du col du fémur. Enfin, la carence hormonale modifie également le taux de graisses dans le sang, accroissant le risque d'athérosclérose.

Le traitement substitutif de la ménopause est donc souhaitable pour toute femme ne présentant pas de contre-indication (cancer du sein ou de l'utérus, phlébite, diabète, hypertension artérielle). Il consiste en l'administration séquentielle d'hormones naturelles, par l'intermédiaire de crèmes, de comprimés ou, plus récemment, de « patchs », sortes de pansements contenant une dose d'hormones génitales à libération progressive.

L'activité physique, en augmentant la quantité de calcium qui se fixe sur les os, intervient pour une part importante du traitement, qui sera complété par une alimentation riche en calcium et par l'adjonction de vitamine D, indispensable à son absorption par l'intestin. •

2. Cœlioscopie.

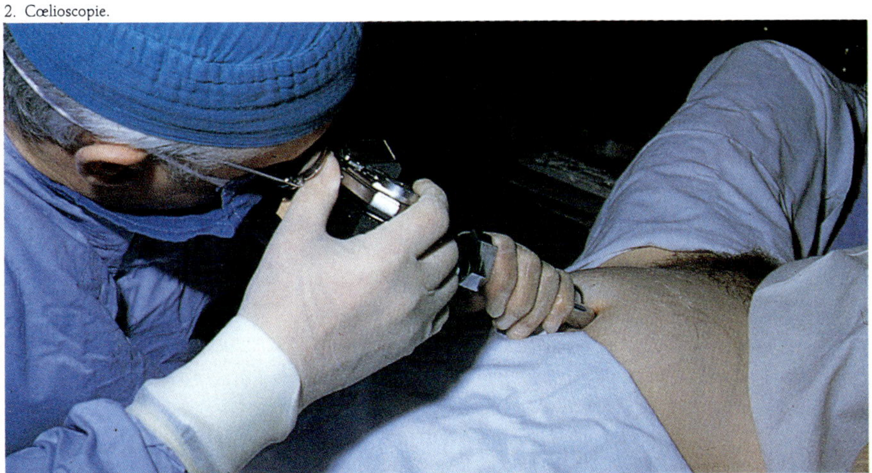

3. Vue panoramique des organes génitaux.

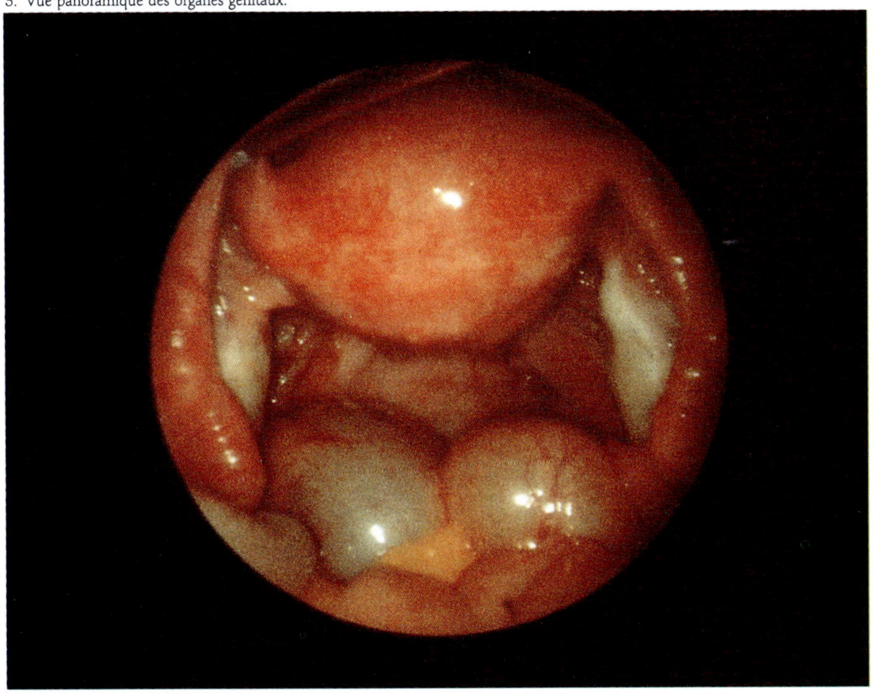

Prolapsus et incontinence urinaire

LE PROLAPSUS CORRESPOND À LA DESCENTE DES ORGANES PELVIENS. IL PEUT ÊTRE ISOLÉ OU S'ACCOMPAGNER D'UNE INCONTINENCE URINAIRE.

La distension des ligaments suspenseurs de l'appareil génital entraîne la descente de la vessie (cystocèle), de l'utérus (hystéroptôse) ou du rectum (rectocèle). Il s'ensuit une gêne fonctionnelle due à la « boule » que la patiente perçoit entre ses jambes, ainsi qu'une gêne lors des rapports. L'incontinence urinaire d'effort, due à la descente du sphincter de la vessie, qui échappe au contrôle des pressions abdominales, peut être de gravité variable : discrète, ne se manifestant que lors d'efforts intenses, ou permanente, obligeant la femme à utiliser des garnitures.

Il existe certes des facteurs de risque constitutionnels, mais le traumatisme obstétrical semble à l'heure actuelle être le principal responsable. Ainsi, le passage de la tête d'un fœtus, surtout si celui-ci est de poids important, entraîne des dégâts parfois irréparables sur un périnée très distendu. L'obésité ainsi que la constipation sont des facteurs aggravants qui peuvent se surajouter.

L'examen urodynamique, en enregistrant les pressions dans la vessie et dans l'urètre, permet d'apprécier quantitativement le dysfonctionnement du sphincter et de dépister les anomalies qui ne relèvent pas de la chirurgie (lésions neurologiques, par exemple). Il met aussi en évidence les infections urinaires fréquemment associées et leur retentissement sur les fonctions rénales.

Le traitement du prolapsus est purement chirurgical. Il impose souvent de pratiquer une hystérectomie (ablation de l'utérus) et de fixer les parois vaginales, en passant par les voies naturelles ou par une ouverture chirurgicale de l'abdomen (laparotomie). Le traitement de l'incontinence fait appel, dans un premier temps, à la rééducation associée à des stimulations électriques. Ces séances de rééducation permettent souvent une amélioration notable et renforcent les tissus en vue d'un geste chirurgical.

La prévention est difficile. Elle consiste en la limitation du poids de naissance des fœtus, la pratique d'une épisiotomie (incision du périnée) précoce dont l'efficacité n'a pas été prouvée, mais surtout en une prescription systématique de séances de rééducation dans la période suivant directement l'accouchement. •

→ **Voir aussi :** Les différents cancers, **MED**, p. 234-235. L'appareil sexuel de la femme, **MED**, p. 318-319. Les maladies sexuellement transmissibles, **MED**, p. 326-327.

4. Hystérographie révélant une tumeur de l'endomètre.

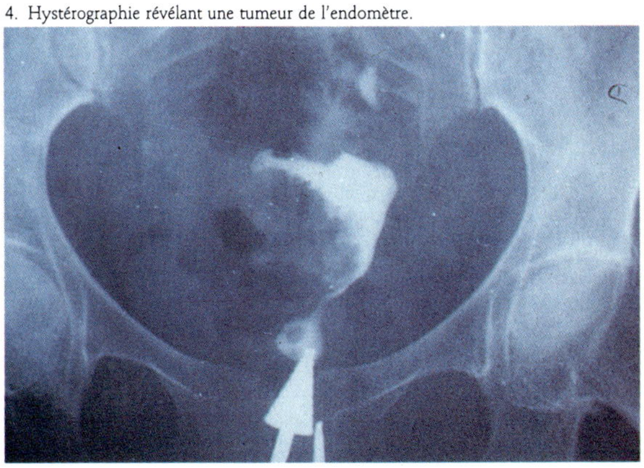

Les dysplasies cervicales

Il s'agit de lésions du col de l'utérus susceptibles d'une évolution maligne. Les lésions prémalignes sont, le plus souvent, dues à des virus particuliers, les *Human Papilloma Virus* ou HPV. Il existe trois degrés de gravité des dysplasies : légères, moyennes ou sévères. Le stade suivant de l'évolution correspond au cancer micro-invasif du col.

Le caractère anormal d'un frottis cervico-vaginal (étude de cellules prélevées en grattant le col de l'utérus) fait suspecter la dysplasie ; la confirmation est donnée par la colposcopie, examen du col à travers une loupe, qui permet aussi des prélèvements de fragments du col (biopsies). C'est l'analyse de ces fragments qui donnera le diagnostic de gravité de la dysplasie. Dans les cas de dysplasies sévères, une destruction s'impose par des médicaments antiviraux ou par le laser, la chirurgie permettant une ablation partielle du col (conisation).

La vie sexuelle

LA SEXUALITÉ EST IMPORtante pour notre équilibre et notre bien-être, tant au niveau du couple que de l'individu. Elle se développe très tôt et son évolution progressive est influencée par de nombreux facteurs tels que l'éducation, l'environnement et la famille. Les phases du cycle sexuel, que l'on retrouve lors de l'acte, sont mises en place à l'adolescence. Elles correspondent à l'excitation, au plateau, à l'orgasme et à la période réfractaire, chacune d'entre elles s'accompagnant de modifications physiologiques précises.

L'acte sexuel reste, avant tout, l'acte de procréation. Cependant, le plaisir unique qu'il procure a modifié, au cours du temps, sa signification, surtout depuis l'apparition de moyens de contraception efficaces. Autrefois, le plaisir était rarement associé aux rapports sexuels, aujourd'hui il devient également un but.

La fonction sexuelle est soumise au vieillissement. La ménopause, chez la femme, et l'andropause, chez l'homme, amènent des modifications de la physiologie sexuelle alors que le désir est habituellement préservé ; le couple âgé devra s'adapter à cette nouvelle situation.

Le déroulement de l'acte sexuel et ses caractéristiques physiologiques sont désormais bien connus. Il existe une chronologie particulière, différente dans les deux sexes, d'événements qui aboutissent à l'orgasme. Cependant, la façon d'y parvenir et l'objet même du désir sexuel peuvent varier suivant les individus et chez un même individu selon l'âge. Ainsi, l'homosexualité et le lesbianisme constituent une forme de sexualité différente. L'identité sexuelle résultant d'une harmonie subtile entre le sexe biologique et le sexe psychologique détermine notre comportement sexuel.

Lorsque la déviation de l'instinct sexuel s'établit vers un objet unique et obligatoire pour procurer le plaisir orgasmique, on parle de perversions (fétichisme, masochisme, exhibitionnisme...). Dans certaines circonstances apparaissent des perturbations de la vie sexuelle. Invalidantes pour le couple et pour l'individu, elles sont souvent d'origine psychique mais parfois aussi organique. L'exploration clinique et physiologique et le traitement de ces désordres sont du ressort de médecins spécialisés et de psychothérapeutes.

La sexualité de l'enfant et de l'adolescent

LE DÉVELOPPEMENT TRÈS PRÉCOCE ET PROGRESSIF DE LA FONCTION SEXUELLE, INFLUENCÉ PAR DE NOUVEAUX FACTEURS, DÉTERMINE LE COMPORTEMENT SEXUEL DU FUTUR ADULTE.

Dès les premiers stades du développement infantile, un certain nombre de pulsions instinctives sont sources d'excitation corporelle, capables de procurer du plaisir et d'initier les réflexes sexuels qui fonctionnent chez le nourrisson et sans doute avant la naissance. Cette sexualité partielle évoluera en s'organisant jusqu'à la constitution de la sexualité mature de l'adulte. Cette notion est d'autant plus importante qu'il existe une relation étroite entre les situations vécues lors des différents stades évolutifs et la sexualité de l'adulte.

La psychanalyse décrit plusieurs stades du développement sexuel. Au stade oral (0 à 1 an), la succion est capable d'apporter un plaisir autonome indépendamment d'une nécessité vitale. Le nourrisson répond parfois par des signes d'excitation comme l'érection ou la lubrification vaginale. Entre 2 et 3 ans, à l'acquisition du contrôle des sphincters et de la marche, l'objet de la pulsion devient le contenu intestinal et son évacuation ou sa rétention (stade anal). Ultérieurement, vers 3 à 4 ans, la sphère génitale devient zone érogène ; l'enfant prend conscience de l'existence des parties génitales, sources de plaisir. L'éveil de cette sexualité est l'occasion de jeux sexuels et parfois d'une attitude exhibitionniste. On assiste ensuite à un sommeil relatif des conduites pulsionnelles (phase de latence entre 6 et 12 ans), lesquelles sont détournées vers des réalisations intellectuelles, bien que certaines activités érotiques persistent, notamment la masturbation.

À l'adolescence, phase d'éclosion pubertaire, les modifications morphologiques sont considérables. Le jeune adulte apprend à canaliser ses sensations sexuelles alors que ses fantasmes et ses rêves deviennent plus fréquents et précis, s'accompagnant souvent de masturbation. C'est à cette période que le choix de l'objet sexuel se réalise et que la sexualité peut être assumée par l'adolescent poursuivant sa maturation. •

Le cycle de réponse sexuelle

Le cycle de réponse sexuelle correspond aux modifications physiologiques apparaissant lors de l'excitation sexuelle et comprend quatre phases (excitation, plateau, orgasme et résolution) que l'on retrouve chez l'homme (1) et chez la femme (2). Ces différentes phases, étroitement liées, varient suivant les sexes en fréquence et en durée, d'une personne à l'autre et selon les moments. Deux périodes peuvent être identifiées. La première met en jeu des modifications vasculaires qui amènent l'homme à l'érection et la femme à la lubrification vaginale. La deuxième met en jeu des modifications musculaires amenant à l'orgasme.

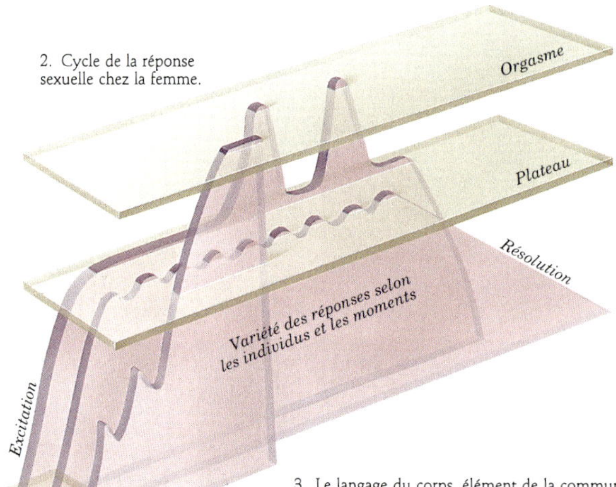

2. Cycle de la réponse sexuelle chez la femme.

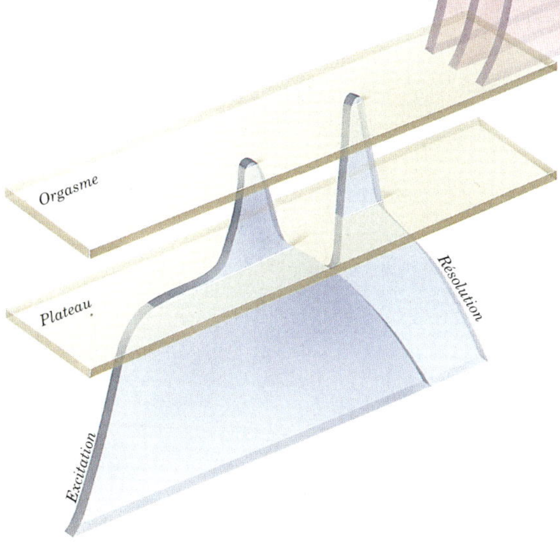

1. Cycle de la réponse sexuelle chez l'homme.

3. Le langage du corps, élément de la communication sexuelle.

La sexualité du couple

BIEN QUE L'HOMME ET LA FEMME POSSÈDENT UN CYCLE SEXUEL DIFFÉRENT, L'ABOUTISSEMENT RESTE IDENTIQUE ET CORRESPOND À L'ORGASME.

Le plaisir et l'excitation sexuels sont initiés, ressentis et intégrés de façon très variable selon les individus. Cette variabilité dépend de facteurs biologiques, culturels et environnementaux. Cependant, les différentes réactions de l'organisme lors de l'excitation sexuelle sont identiques quelle que soit l'origine de la stimulation et on peut décrire une véritable physiologie sexuelle où s'individualisent des cycles qui permettent à l'homme et à la femme d'arriver à un rapport sexuel qualifié de normal.

Le premier signe accompagnant l'excitation sexuelle est rapide chez l'homme et se manifeste par une érection de la verge ; chez la femme, on observe une transsudation vaginale (lubrification) accompagnée d'une érection des petites lèvres, des mamelons et du clitoris. Cette période d'excitation plus ou moins longue permet la pénétration. Elle est suivie d'une phase dite de plateau où il existe une nette augmentation de la tension sexuelle, qui s'intensifie pour aboutir à l'orgasme, si la stimulation sexuelle efficace est poursuivie suffisamment longtemps. À ce stade, le corps libère brutalement toute la tension sexuelle accumulée, sous la forme d'un pic d'excitation ou jouissance, qui correspond le plus souvent, chez l'homme, à l'éjaculation. Chez la femme, il se traduit par des contractions musculaires rythmées et simultanées de l'utérus, du vagin et du périnée. L'orgasme est ressenti de façon très variable d'une personne à l'autre, et chez une même personne selon les circonstances. Mais il correspond toujours à une période d'intense sensation physique et psychologique. Les réactions sexuelles qui suivent immédiatement l'orgasme, ou période de résolution, sont très différentes selon le sexe. Chez l'homme, l'érection disparaît progressivement ; il entre dans une phase réfractaire pendant laquelle un autre orgasme est physiologiquement impossible, alors que la femme peut avoir plusieurs orgasmes successifs.

Cela ne doit pas faire oublier que la sexualité se construit autour d'un couple où la complicité, le désir d'échange corporel et la tendresse sont autant d'éléments favorisant la communication et l'épanouissement sexuel. La sexualité est donc loin de se limiter à un cycle fixe et structuré. À une époque où le sexe, grâce à l'avènement d'une contraception fiable, est devenu plus récréatif et relationnel que procréateur, la satisfaction est considérée comme un paramètre essentiel. •

La sexualité du troisième âge

MALGRÉ LES MYTHES CULTURELS, IL N'Y A RIEN DANS LE VIEILLISSEMENT BIOLOGIQUE QUI SUPPRIME AUTOMATIQUEMENT LE DÉSIR SEXUEL ET LE PLAISIR, LA SEXUALITÉ SE MODIFIE SANS DISPARAÎTRE.

Les besoins d'excitation et de plaisir ne disparaissent pas pendant la vieillesse. Cependant, un certain nombre de modifications physiologiques et psychologiques apparaissent autour de la cinquantaine. Elles se traduisent chez la femme par la survenue de la ménopause, qui aboutit à l'arrêt des règles et de la fonction reproductrice. Il n'y a pas d'arrêt de fonction cyclique chez l'homme, qui conserve la possibilité de procréer. Il peut néanmoins exister une « phase critique » appelée andropause, liée à la baisse de testostérone, qui se manifeste par une série de troubles tels que la diminution du désir sexuel, l'anxio-dépression et la fatigabilité.

Au cours de la vieillesse, l'ensemble des modifications sexuelles n'apparaît pas brutalement ni de la même manière chez tous les êtres. Chez l'homme, on observe généralement une érection plus longue à obtenir, une moins bonne rigidité de la verge, une réduction de la quantité de sperme et une augmentation de l'intervalle entre deux éjaculations. Chez la femme, outre une diminution de l'élasticité et de la lubrification vaginales, on observe une altération de la qualité de l'orgasme et de la tension musculaire pendant la phase plateau. L'ensemble de ces modifications demande de la part du couple âgé une certaine adaptation.

Si l'on constate une baisse de l'activité sexuelle au cours de la vieillesse, la sexualité est vivace jusqu'à une période tardive, sauf si des problèmes de santé, l'isolement ou des options culturelles gênent sa poursuite. •

Sexualités différentes et perversions

UNE DÉVIATION DU DÉSIR, SANS PERTURBATION DU CYCLE, EST À L'ORIGINE, CHEZ CERTAINS INDIVIDUS, DE MODIFICATIONS DU COMPORTEMENT SEXUEL.

Il est très difficile de décrire en terme de sexualité une normalité, d'autant que celle-ci diffère selon son aspect sociologique, biologique, psychologique ou statistique. De plus, le caractère anormal ou normal d'un comportement varie avec le temps et d'une culture à l'autre. La vie sexuelle est néanmoins soumise à des « variations » individuelles assimilables à des différences, plus ou moins acceptées par la société et les normes qu'elle se donne. Ces différences n'intéressent pas la physiologie sexuelle (qui est respectée) mais concernent la façon de parvenir à la jouissance ou l'objet de l'excitation et de la satisfaction sexuelles.

L'homosexualité masculine et l'homosexualité féminine constituent les pratiques sexuelles différentes les plus courantes. Elles peuvent être absolues ou temporaires, occasionnelles en cas de bisexualité ou encore circonstancielles. Les réactions physiologiques des homosexuels, hommes et femmes, sont semblables à celles des hétérosexuels. À l'intérieur du couple masculin, les partenaires ont, selon les circonstances, un rôle passif ou actif. Les relations fugitives et les changements de partenaires sont fréquents et exposent aux risques de maladies sexuellement transmissibles. Dans les couples lesbiens, la relation est en général plus stable, plus affective et les changements de partenaires moins fréquents.

Les autres formes de sexualité différente, ou paraphilies, sont plus rares. Dans ce cadre, le plaisir et la satisfaction sexuels sont provoqués par une expérience inhabituelle qui devient le but principal, souvent unique et répétitif du comportement sexuel. Le paraphile est alors dépendant de ce mode exclusif d'excitation sexuelle. Ces comportements sont relativement rares et se caractérisent tous par une déviation de l'objet sexuel, capable de procurer une excitation et du plaisir. Le sadique éprouve une excitation en infligeant une douleur intentionnelle et répétée à une autre personne. Au contraire, le masochiste est excité par la douleur ou l'humiliation qu'il subit. L'exhibitionniste éprouve du plaisir sexuel en exhibant ses organes génitaux qu'il masturbe parfois. Le voyeur atteint la satisfaction sexuelle en regardant les autres faire l'amour ou se déshabiller. Le fétichiste voit susciter son excitation par un objet inanimé, par une partie du corps qui n'est pas sexuelle en soi (vêtement, cheveux...). Il existe d'autres paraphilies comme la pédophilie (amour avec des enfants), la zoophilie (amour avec des animaux), la nécrophilie, la coprophilie... Toutes ces déviations restent marginales et ne concernent qu'une frange très réduite de la population. •

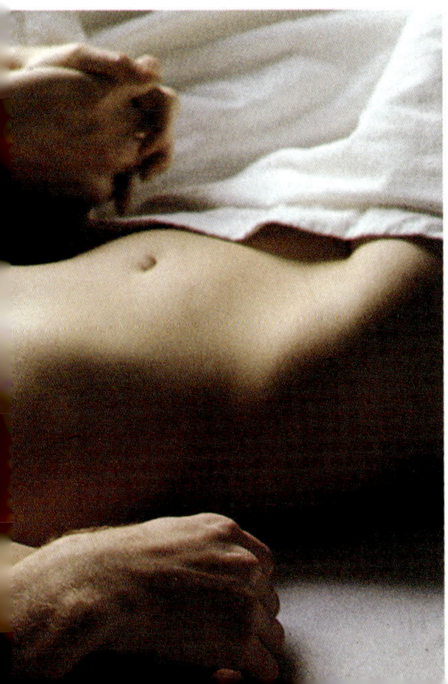

La communication sexuelle

La sexualité se construit au moment où les partenaires communiquent avec leur corps. Le langage du corps forme, avec la parole et les autres sens, les bases de la communication sexuelle. Ce langage, qui est différent pour chacun, permet un échange où chaque individu exprime ses désirs en fonction de facteurs personnels et environnementaux.

Les perturbations de la vie sexuelle

UNE ALTÉRATION DU CYCLE SEXUEL PEUT PERTURBER L'HARMONIE DU COUPLE. UN TRAITEMENT MÉDICAL OU PSYCHOLOGIQUE PERMET SOUVENT DE RÉSOUDRE CE PROBLÈME.

La fonction sexuelle, comme les autres fonctions de l'organisme, est sujette à des dysfonctionnements qui peuvent devenir des sources d'angoisse, de frustration, perturbant considérablement l'individu et l'harmonie du couple. Les causes, souvent intriquées, sont essentiellement liées à des facteurs psychologiques mais parfois elles peuvent être dues à une maladie organique.

D'une manière générale, le cycle sexuel peut être perturbé dans sa chronologie, ne permettant pas un rapport normal, ou bien un des partenaires peut présenter un trouble du désir (libido) bien que la réponse sexuelle soit généralement conservée.

Chez l'homme, le trouble de l'érection, ou impuissance, constitue la plainte la plus fréquente. Il consiste en une impossibilité d'obtenir ou de maintenir une érection suffisamment rigide pour permettre le coït. Ce blocage peut survenir à tout âge de la vie. Qu'il soit primitif ou secondaire, constant ou épisodique, il est systématiquement accompagné d'un retentissement psychologique qui se traduit par la peur de l'échec et un sentiment de culpabilité. Les troubles éjaculatoires constituent le deuxième type de dysfonctionnement sexuel masculin. L'éjaculation peut être prématurée, trop rapide pour permettre une satisfaction mutuelle (éjaculation précoce), faible ou asthénique, retardée, voire absente.

Chez la femme, l'intervention de facteurs socioculturels encore importants détermine une moindre fréquence « des plaintes » sexuelles. Les dysfonctionnements sont cependant une réalité. Il peut s'agir de vaginisme, où le spasme involontaire des muscles vaginaux empêche la pénétration. Les dysorgasmies sont caractérisées par des difficultés à atteindre l'orgasme soit en quantité, soit en qualité. Enfin, la présence d'un coït douloureux, ou dyspareunie, est un obstacle majeur à toute satisfaction sexuelle.

L'ensemble de ces manifestations, dans les deux sexes, nécessite une prise en charge particulière par une équipe médicale spécialisée, souvent multidisciplinaire. Mais le pronostic de ces dysfonctionnements, malgré les techniques actuelles de traitement, qu'elles soient pharmacologiques et/ou psychologiques, reste toujours délicat. •

→ **Voir aussi :** Sexualité et société, **MED**, p. 314-315. L'appareil sexuel de l'homme, **MED**, p. 316-317. L'appareil sexuel de la femme, **MED**, p. 318-319.

Contraception et limitation des naissances

JUSQU'AU XXe SIÈCLE, LES méthodes contraceptives reposaient surtout sur le retrait avant l'éjaculation et l'utilisation de préservatifs masculins et féminins. Par la suite, l'évolution de la technologie et des connaissances scientifiques a permis la mise au point de procédés nouveaux comme les spermicides et les hormones inhibant le déroulement normal du cycle ovulaire (« pilule »). Actuellement, il est aussi possible d'agir après le stade de la fécondation, en empêchant le jeune embryon de s'implanter dans la cavité utérine (« stérilet », « pilule du lendemain ») ou, plus tardivement, en provoquant son expulsion grâce à des moyens soit chimiques comme la pilule abortive (mifépristone ou RU 486), soit mécaniques comme l'aspiration de l'embryon dans l'utérus. Toutes ces méthodes n'offrent pas la même fiabilité ni le même confort d'utilisation, et comportent éventuellement des effets indésirables plus ou moins marqués. L'efficacité d'une méthode ne dépend pas seulement de son degré de perfection technique, mais aussi de l'adaptabilité du procédé et de la motivation du couple qui l'utilise.

D'autres voies sont explorées afin de tenter d'élargir l'éventail des moyens disponibles : la contraception masculine à l'aide d'hormones ou d'antimétabolites est compliquée par l'absence de cycle dans la formation des spermatozoïdes (spermatogenèse). De plus, l'administration d'inhibiteurs des hormones sexuelles chez l'homme entraîne une baisse de libido et une impuissance si la carence ainsi provoquée n'est pas compensée. Chez la femme, l'inhibition de l'hormone LHRH par spray nasal ou implants hormonaux sous-cutanés peut empêcher l'ovulation. Des anneaux vaginaux diffusant des progestatifs, seuls ou en association avec des œstrogènes, ont été testés afin d'atrophier la muqueuse utérine (endomètre), mais au risque d'entraîner des irrégularités dans le cycle. La pilule abortive pourrait être utilisée pour la contraception de fin de cycle. Enfin, des essais de vaccin contraceptif (contraception par induction d'anticorps contre l'hormone chorionique nécessaire au développement de l'embryon) ont été réalisés, mais la protection est de durée variable et les effets secondaires demeurent inconnus.

La contraception orale

LA « PILULE », MISE AU POINT EN 1956 PAR J. ROCKET ET G. PINCUS ET COMMERCIALISÉE EN FRANCE DEPUIS 1967, SE PRÉSENTE MAINTENANT SOUS FORME DE TRÈS NOMBREUSES PRÉPARATIONS.

La méthode combinée, administration conjointe de deux types d'hormones, œstrogènes et progestatifs, entraîne l'inhibition de l'ovulation (ponte ovocytaire). Cette association assure l'inhibition de la sécrétion des hormones hypophysaires, agit sur la muqueuse utérine qui devient impropre à la nidation, et modifie la glaire cervicale du col de l'utérus dans laquelle les spermatozoïdes ne peuvent plus pénétrer. À raison d'un comprimé par jour, 21 jours par cycle (du 5e au 25e jour), cette méthode est d'une efficacité absolue sauf en cas d'oubli. Les doses d'œstrogène (éthynylœstradiol) varient de 0,03 mg/24 h (minipilule), 0,03 puis 0,04 (pilule à palier), 0,05 (pilule classique) à 0,1 (pilule fortement dosée).

La méthode séquentielle repose sur l'inhibition de l'ovulation assurée par le composé œstrogénique : les 15 premiers comprimés ne contiennent que des œstrogènes, puis des progestatifs leur sont associés pendant 6 jours. Cette méthode n'est pas efficace à 100 % car la glaire cervicale n'est pas ou peu modifiée et l'endomètre reste développé.

La prise de progestatifs seuls constitue une méthode contraceptive efficace, bien qu'encore peu utilisée. Ces composés sont prescrits soit du 10e au 25e jour du cycle, à des doses relativement élevées, soit de façon ininterrompue à des doses plus faibles.

Les effets secondaires attribués à la pilule restent mal connus. L'accroissement des risques cardio-vasculaires est le plus grave (hypertension, thromboses, accidents vasculaires cérébraux et infarctus du myocarde), mais ces complications ne touchent qu'une petite proportion des utilisatrices. Les autres effets indésirables éventuels sont une prise de poids, des nausées, une pigmentation cutanée, une stimulation de la pilosité, la survenue d'infections vaginales (mycoses à *Candida albicans* surtout). Enfin, la responsabilité des œstroprogestatifs a été évoquée dans certaines tumeurs, en particulier le cancer du sein ou du col de l'utérus, mais reste très controversée. •

Méthodes « naturelles » et locales

CES MÉTHODES CONTRACEPTIVES, LES PLUS ANCIENNES, ÉVITENT TOUTE MÉDICALISATION ET NE PRÉSENTENT PAS DE CONTRE-INDICATION ; LEUR SIMPLICITÉ EST TOUTEFOIS PONDÉRÉE PAR UNE EFFICACITÉ MOINDRE QUE CELLE DE LA PILULE OU DU STÉRILET.

La technique du retrait (coït interrompu) est certainement la plus ancienne, puisqu'on la trouve citée dans l'Ancien Testament. Réservée longtemps au libertinage pour éviter une grossesse hors mariage, elle a été mise en pratique dans la vie conjugale au début du XIXe siècle en Europe. Elle exige une certaine maîtrise de la part de l'homme pour prévoir le moment de l'éjaculation, et le taux d'échec, voisin de 20 %, est surtout dû à un retrait trop tardif où à des rapports successifs alors que du sperme reste dans l'urètre. Par ailleurs, la pratique d'un acte sexuel « tronqué » n'est pas sans conséquences psychologiques, particulièrement chez la femme.

L'abstinence périodique (méthode Ogino-Knaus, 1920) est fondée sur l'évaluation de la période féconde. Plus récente, la prise régulière de la température rectale au réveil permet de détecter la montée thermique accompagnant l'ovulation. Cette pratique est incertaine, de nombreuses femmes ayant des cycles irréguliers et des perturbations extérieures pouvant influencer le jour de l'ovulation. De plus, les spermatozoïdes restent fécondants plusieurs jours après le coït.

Le préservatif masculin, ou condom, est adapté aux rapports occasionnels. Il est très efficace et protège des maladies sexuellement transmissibles (M.S.T.). Grâce à ces propriétés, l'usage du préservatif devrait être réhabilité et encouragé. Les causes d'échecs sont dues à une mauvaise utilisation (mise en place trop tardive), rarement à une rupture du latex. Le préservatif féminin (diaphragme vaginal), recouvert d'un spermicide sur sa face interne, s'applique sur le col de l'utérus. Il ne convient pas à la morphologie de tous les cols et fait perdre beaucoup de spontanéité à l'acte sexuel. Les agents chimiques, disponibles sous plusieurs formes galéniques (ovules, crèmes, gels ou tablettes), provoquent l'éclatement des spermatozoïdes avant qu'ils n'arrivent dans la glaire cervicale. Ils protègent partiellement contre les M.S.T. Leur mise en place est facile, relativement discrète et leur temps d'action suffisamment long pour que leur utilisation ne perturbe pas le couple outre mesure. La contraception locale constitue une bonne méthode chez les adolescentes qui ont des rapports peu fréquents. •

1. Femme indienne observant un stérilet.

Les dispositifs intra-utérins

L'EFFICACITÉ DU STÉRILET REPOSERAIT SUR UNE RÉACTION INFLAMMATOIRE EMPÊCHANT LA NIDATION DE L'ŒUF FÉCONDÉ OU SUR UNE AUGMENTATION DU PÉRISTALTISME DE LA TROMPE PROVOQUANT SON ARRIVÉE PRÉMATURÉE.

Utilisé actuellement à travers le monde par soixante millions de femmes (dont plus des deux tiers en Chine populaire), le stérilet existe sous sa forme moderne depuis à peu près trente ans. Son principe est néanmoins connu de façon empirique depuis longtemps, puisque les caravaniers plaçaient une pierre dans l'utérus de leurs chamelles pour éviter qu'elles ne deviennent gravides pendant la traversée du désert. Son mécanisme d'action reposerait sur une réaction inflammatoire empêchant la nidation de l'œuf fécondé ou sur des effets au niveau de la trompe. Son efficacité est reconnue, et on rapporte un taux de grossesse sous stérilet de 0,5 à 5 % sur deux ans. La plupart des stérilets au cuivre sont efficaces pendant au moins 5 ans. Le stérilet doit être mis en place par un médecin, qui effectuera un suivi régulier. Il existe des contre-indications absolues à la pose d'un stérilet : grossesse, infection génitale récente ou évolutive, antécédents d'endométrites ou de salpingites répétées, hémorragies génitales inexpliquées, suspicion de cancer génital, fibrome ou polype utérin à développement intracavitaire. Les contre-indications relatives sont plus souples : femmes de moins de 25 ans n'ayant jamais eu de grossesse, dysménorrhées, métrorragies, fibrome ou malformation utérine, affection médicale rendant une infection particulièrement risquée (valvulopathie, traitement corticoïde ou immunosuppresseur).

Les inconvénients des dispositifs intra-utérins (D.I.U.) sont donc réels. Ainsi, le risque infectieux est multiplié globalement par deux par rapport aux femmes n'utilisant pas de contraception, surtout pendant le premier mois suivant la pose. 4 à 15 % des utilisatrices constatent l'augmentation du volume des règles pendant la première année et la survenue ou l'aggravation des douleurs menstruelles. Enfin, le troisième inconvénient majeur est le risque d'expulsion (près de 8 % la première année, surtout les 3 premiers mois et particulièrement chez les nullipares).

Lorsqu'une grossesse survient chez une femme porteuse de stérilet, c'est une grossesse à risque. En l'absence d'extraction, 50 % des grossesses se terminent en avortement spontané, et les femmes qui restent enceintes ont un risque accru d'accouchement prématuré et d'hypotrophie fœtale ; de plus, le risque d'infection serait 26 fois plus élevé que chez les femmes non porteuses de stérilet. Le retrait du dispositif est préconisé dès qu'une grossesse est constatée. La candidate idéale à la pose d'un stérilet serait donc une femme vivant en couple stable (limitation des risques infectieux) et ayant eu des enfants (limitation des risques d'expulsion). •

Les méthodes contraceptives

En France, plus de 40 % des femmes de moins de 35 ans ont recours à la pilule comme moyen contraceptif (v. tableau). Après 35 ans, elles préfèrent le stérilet, mais le pourcentage global des utilisatrices du stérilet (tous âges confondus) reste nettement inférieur à celui des utilisatrices de la pilule. Les premières poses de stérilet remontent aux années 1920 et 1930 en Allemagne et au Japon. Abandonnée à cause des risques infectieux, leur utilisation s'est généralisée ensuite dans les années 1960-1970, à la suite de la découverte de nouveaux matériaux et des progrès de la thérapie anti-infectieuse (1). Le stérilet (2) est mis en place par un médecin, à n'importe quel moment du cycle. Cependant, il est habituel de préférer les derniers jours des règles, car le col est plus souple, le risque d'une grossesse est infime et le saignement engendré par la pose sera mieux vécu par la femme.

2. Le point d'impact des différents moyens de contraception.

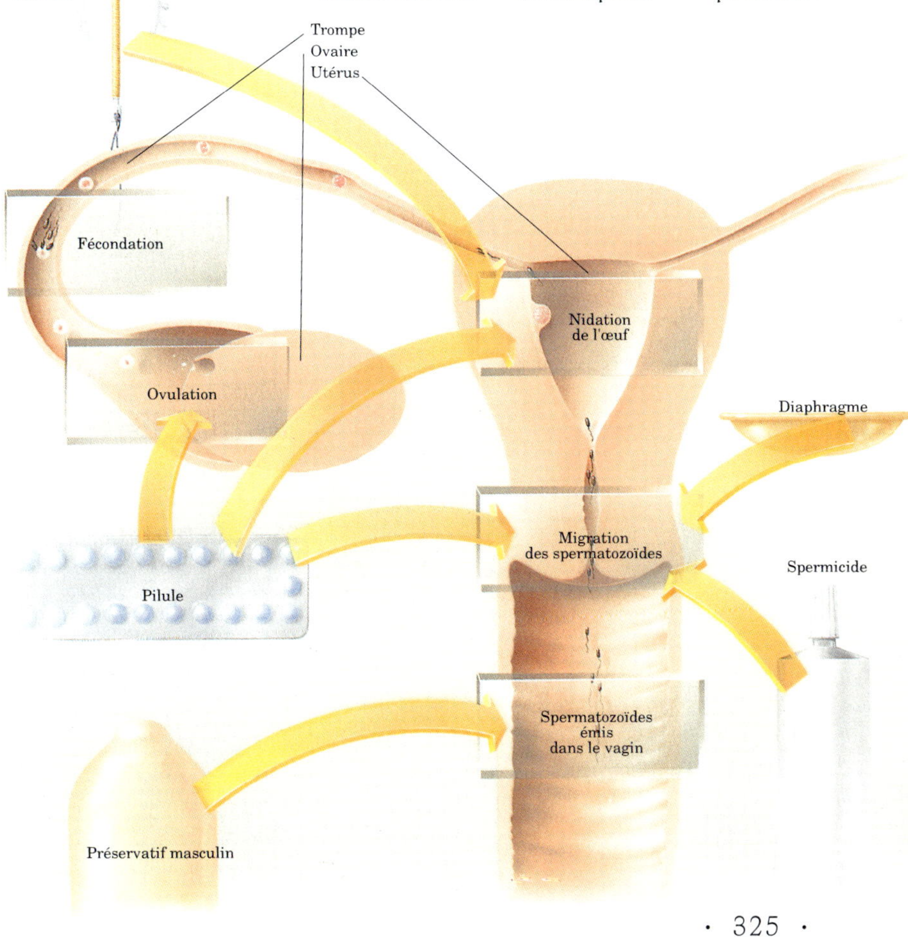

Interruption volontaire de grossesse

L'I.V.G. N'EST PAS UNE MÉTHODE CONTRACEPTIVE, MAIS CORRESPOND À L'ULTIME DÉMARCHE D'UNE FEMME DÉSIREUSE DE SE DÉLIVRER D'UNE GROSSESSE NON DÉSIRÉE.

La loi de 1920 considérait l'avortement comme un délit correctionnel en France, où il était pratiqué clandestinement. La loi du 17 janvier 1975 (définitivement adoptée le 31 décembre 1979), ou « loi Veil », a dépénalisé l'avortement en le médicalisant et en le réglementant. Toute femme française peut maintenant recourir librement à une interruption volontaire de grossesse (I.V.G.), sauf les mineures, qui ont besoin d'une autorisation parentale. L'I.V.G. est pratiquée avant la fin de la 10e semaine de grossesse (12 semaines d'aménorrhée), par un médecin, après les deux entretiens prévus par la loi. Au-delà de 10 semaines de grossesse, l'interruption doit être motivée par une raison thérapeutique. Les actes médicaux sont remboursés par la Sécurité sociale (loi Roudy de décembre 1982, appliquée depuis février 1983). Plusieurs techniques sont disponibles, en fonction du terme : l'aspiration à la seringue (méthode Karman) jusqu'à 4 semaines de grossesse, puis l'aspiration sous vide, avec dilatation préalable du col de l'utérus, de 5 à 10 semaines de grossesse. Ces aspirations sont réalisées sous anesthésie locale ou générale, soit dans une clinique privée, soit dans un hôpital. Au-delà de 10 semaines (avortement thérapeutique), le curetage est possible, mais, après la 16e semaine, il faudra recourir à une microcésarienne (hystérotomie).

L'avortement peut aussi s'effectuer de manière médicamenteuse grâce à la mifépristone (RU 486), qui va empêcher l'implantation de l'œuf fécondé. Cette molécule est un 19-nor-stéroïde synthétique, actif par voie orale, qui se lie aux récepteurs de la progestérone et agit comme antagoniste des effets de celle-ci sur l'utérus. La mifépristone est disponible en France depuis fin 1988 dans les centres hospitaliers agréés, où elle est utilisée lorsque la grossesse ne dépasse pas un mois (42 jours d'absence de règles ou aménorrhée). Le protocole comprend une injection intramusculaire d'un analogue de prostaglandines, 48 heures après l'ingestion du RU 486, afin de provoquer des contractions aboutissant à l'expulsion de l'œuf. L'efficacité de ce procédé avoisine 100 % (60 à 85 % des femmes avortent complètement avec la mifépristone seule). Un an après sa mise à disposition, 25 000 femmes y ont eu recours, avec 96 % de succès. L'avantage de l'avortement chimique réside dans sa simplicité et permet d'éviter d'éventuelles complications dues à un curetage (risques traumatiques et infectieux en particulier). Mais c'est un procédé douloureux, car pratiqué sans analgésique, et qui impose le recours à une interruption volontaire de grossesse classique en cas d'échec. •

La stérilisation

La stérilisation consiste en une intervention chirurgicale visant à empêcher les gamètes de progresser dans les voies génitales. Elle s'adresse aussi bien à la femme avec la ligature des trompes qu'à l'homme avec la vasectomie (ligature des canaux déférents). Elle est théoriquement définitive, bien qu'une chirurgie réparatrice permette parfois d'y remédier. En France, vasectomie et ligature des trompes ne sont pas légales. En revanche, aux États-Unis, cette pratique est très répandue puisque des études réalisées en 1982 indiquent que la stérilisation chirurgicale touchait plus de 25 % des Américaines de 15 à 44 ans et 40 % des couples. Des campagnes de stérilisation en masse ont été menées dans certains pays en voie de développement dans le but de diminuer la natalité.

Méthodes contraceptives utilisées en France en fonction de l'âge des femmes *(en pourcentage)*

Ensemble des femmes interrogées	*Total*	*< 25 ans*	*25-35 ans*	*> 35 ans*
Pilule	33	43	41	19
Stérilet	14	2	17	21
Préservatif	3	4	1	4
Spermicide	2	1	3	3
Abstinence	2	2	1	2
Retrait	2	1	1	4
Autre	3	1	1	6
Aucune méthode	34	43	25	33
Non précisé	7	3	10	8

Source : S.O.F.R.E.S., avril 1989.

Les maladies sexuellement transmissibles

DE TYPE INFECTIEUX, LES maladies sexuellement transmissibles (M.S.T.) sont contractées lors des rapports sexuels, que ce mode de transmission soit prépondérant (syphilis, sida) ou occasionnel (hépatite virale).

Les M.S.T. ont probablement toujours existé mais ont été mieux individualisées depuis l'urbanisation des sociétés et la promiscuité sexuelle qu'elle favorise. Pourtant, elles restent encore mal connues et, à l'exception de la syphilis, ont même prêté à sourire jusqu'au début des années 1980. Cette méconnaissance par le patient et par le médecin, réticents à parler de maladies « honteuses », favorise l'insuffisance de leur traitement et leur dissémination. Paradoxalement, cette attitude prévalait encore récemment, malgré la « révolution sexuelle » des années 1970, qui avait favorisé la recrudescence des M.S.T. sans accroître parallèlement la vigilance à leur égard.

L'apparition du sida, une des maladies humaines les plus graves dont la très forte dissémination mondiale est à juste titre soulignée, a changé cette attitude. D'autant que, hormis la réactualisation que le sida a conférée aux M.S.T., ces dernières connaissent une forte recrudescence.

Une modification des comportements est nécessaire si l'on veut améliorer les modalités de lutte contre ces affections. Il incombe aux patients d'exposer clairement les symptômes de leur maladie. Une M.S.T. implique un ou des partenaires qui doivent être également traités. Le médecin doit donc apporter le tact et la discrétion nécessaires à leur identification. Il est de la responsabilité des pouvoirs publics de conduire des campagnes de prévention « intelligentes », claires, incitant notamment à l'utilisation de préservatifs et à la mise en place de consultations spécialisées, gratuites et anonymes. Les M.S.T. peuvent s'envisager en fonction des motifs qui amènent les malades à consulter. Ainsi peut-on voir des maladies responsables d'érosions ou d'ulcérations génitales, au premier rang desquelles la syphilis. Il peut aussi s'agir de brûlures de l'urètre, ou urétrites, ou de végétations vénériennes. Pour la plupart des M.S.T., des traitements efficaces doivent être entrepris le plus précocement possible. Cela assure la guérison et évite la dissémination.

La syphilis

AU XVIe SIÈCLE, SOUS LE NOM DE GRANDE VÉROLE, ELLE A RAVAGÉ L'EUROPE ET L'ASIE. ELLE RESTE FRÉQUENTE ET CONNAÎT UNE RECRUDESCENCE CERTAINE.

L'agent causal de la syphilis est une bactérie *(Treponema pallidum)*. Sa transmission est presque exclusivement sexuelle. Non traitée, la syphilis évolue en trois phases successives séparées par des intervalles de temps de latence.

La syphilis primaire.
C'est la phase du chancre d'inoculation, qui, dans 95 % des cas, siège aux organes génitaux. Il s'agit d'une érosion superficielle, unique, circonscrite, indolore, reposant sur une base indurée. Chez l'homme, le chancre peut siéger sur le prépuce ou le fourreau de la verge ; chez la femme, sur la vulve, plus rarement sur le vagin mais fréquemment sur le col de l'utérus où il peut rester méconnu. Une adénopathie de l'aine accompagne le chancre génital, qui disparaît en un mois.

La syphilis secondaire.
Elle s'étend du 2e mois à la 3e ou 4e année de la maladie. Peu gênante pour le malade, elle est dangereuse car très contagieuse. Les éruptions cutanées la caractérisent : roséole sans démangeaison sur le tronc, suivie des syphilides ou infiltrations cutanées, rouge sombre, prédominant aux paumes des mains, plantes des pieds et à la région anale.

La syphilis tertiaire.
10 à 25 ans plus tard, les patients non traités peuvent développer des lésions et des manifestations caractéristiques de cette phase. On note ainsi des foyers localisés de destruction des petits vaisseaux de l'organisme (la « gomme » syphilitique), une méningite chronique, des douleurs fulgurantes accompagnées de dysfonctionnement anal et mictionnel, et parfois une paralysie générale avec dégradation des fonctions intellectuelles et son cortège de troubles psychiatriques dont le délire mégalomaniaque.

La découverte du tréponème sur les lésions de syphilis primaire et secondaire affirme le diagnostic. D'autres tests permettent de suivre l'évolution sous traitement : ce sont le test dit de Nelson (test de référence), le FTA-test (Fluorescent Treponema Antibodies) et la TPHA (Treponema Pallidum Hemagglutination). Dans la syphilis primaire, FTA et TPHA se positivent entre le 10e et le 20e jour, le test de Nelson à la fin de cette phase. À partir de cette date, tous les tests sont positifs. Un traitement précoce et bien conduit peut les rendre tous négatifs.

Le tréponème est extrêmement sensible à la pénicilline G, sous toutes ses formes, qui est donc la thérapeutique utilisée, sauf en cas d'allergie. Le traitement peut être conduit selon deux modalités : courte, quand on craint de ne pas revoir le malade, ou longue, préférée en France. •

Les urétrites

BRÛLURES MICTIONNELLES ET ÉCOULEMENT URÉTRAL PURULENT SONT LES MOTIFS PRINCIPAUX DE CONSULTATION D'HOMMES JEUNES EN MILIEU SPÉCIALISÉ.

Les urétrites se caractérisent par une inflammation du conduit urinaire, l'urètre.

Les urétrites gonococciques.
Autrefois les plus fréquentes, elles sont dues à un gonocoque *(Neisseria gonorrhoeæ)* et appelées gonorrhée ou blennorragie. En nette recrudescence, elles se manifestent deux à cinq jours après le rapport sexuel en provoquant chez un homme rougeur du méat, brûlures à la miction (d'où le nom populaire de « chaude-pisse ») et suintement.

Le prélèvement met en évidence le germe, le traitement est rapidement efficace. À défaut, les complications peuvent aller de la prostatite aux rétrécissements urétraux, qui sont rares. Chez la femme, l'infection est d'autant plus contagieuse qu'elle est insidieuse et souvent méconnue. Cela souligne encore l'importance du traitement des partenaires d'hommes consultant pour blennorragie. Plusieurs antibiotiques sont efficaces avec rapidité.

Les urétrites non gonococciques.
Ce sont les plus fréquentes des urétrites sexuellement transmissibles. Leur diagnostic est évoqué devant toute urétrite dont le prélèvement bactériologique n'a pas retrouvé de gonocoque. Chez l'homme, elles sont responsables surtout d'urétrites traînantes, chez la femme, d'urétrites associées à l'infection d'autres organes génitaux tels que la vulve et le vagin, le col de l'utérus et les trompes. Leur diagnostic requiert des techniques de prélèvement sophistiquées : curetage urétral, biopsie et culture sur milieux spéciaux. Les microbes responsables sont d'abord les *Chlamydiæ trachomatis* et le mycoplasme. Leur traitement fait appel à l'érythromycine ou aux cyclines pendant au moins deux semaines et doit être associé à des mesures d'hygiène. Le *Trichomonas vaginalis,* comme certains virus, peut parfois être en cause dans des urétrites de l'homme et de la femme. La cure du trichomonas repose sur la prise orale de métronidazole assistée, chez la femme, d'un traitement local. Le *Candida albicans* est remarquable chez la femme par les démangeaisons vulvaires qu'il provoque. Il doit être traité par le miconazole. •

Les autres maladies

PLUSIEURS GERMES PEUVENT ÊTRE PRÉSENTS AU COURS D'UNE MALADIE SEXUELLEMENT TRANSMISSIBLE. CELA SOULIGNE LA NÉCESSITÉ DE TOUJOURS LES RECHERCHER.

Les lésions vésiculeuses et ulcératives des organes génitaux sont un autre mode d'expression des M.S.T. De nombreux germes peuvent en être responsables, isolément ou en association avec l'urétrite.

L'herpès génital en tout premier lieu, aussi bien chez l'homme que chez la femme, est le germe des premiers rapports. Il provoque une érosion punctiforme très douloureuse du gland chez l'homme, une vulvo-vaginite aiguë, fébrile et douloureuse chez la femme. Son traitement est souvent décevant. Il consiste en 3 ou 4 comprimés d'aciclovir pendant 5 à 10 jours.

La maladie de Nicolas-Favre est la forme vésiculo-ulcérative de l'infection par *Chlamydiæ trachomatis.* Les ulcérations, ou les vésicules, sont résolutives en quelques jours. Elles sont suivies, 15 à 20 jours plus tard, d'adénopathies de l'aine, indolores, qui peuvent s'abcéder et se fistuliser à l'extérieur. Le traitement est le même que celui de l'urétrite.

Le chancre mou (par opposition au chancre induré de la syphilis) est dû au bacille de Ducrey. Il est plus rare en France que dans les régions tropicales et touche surtout l'homme. Le diagnostic est évoqué devant un chancre du prépuce, du fourreau ou du gland, profond, douloureux, à bords surélevés et à base molle dont le fond est enduit de pus. Dans 50 % des cas, on retrouve des adénopathies de l'aine, très douloureuses et qui peuvent se fistuliser en l'absence de traitement. La découverte du bacille dans ces lésions affirme le diagnostic. On préconise un traitement associatif de sulfaméthoxazole et de triméthoprime.

Les végétations vénériennes, ou « crêtes de coq », sont d'origine virale, siégeant surtout dans les zones macérées génito-anales. Leur traitement associe l'électrocoagulation, la podophylline en applications ou le traitement par le froid.

Certaines infections principalement digestives, dont le mode de transmission essentiel n'est pas sexuel, se voient fréquemment dans certains groupes à risques du fait probablement de rapports anaux. C'est le cas de l'hépatite virale A et B, de la cryptosporidiose ou de l'amibiase. •

1. Roséole syphilitique du visage.

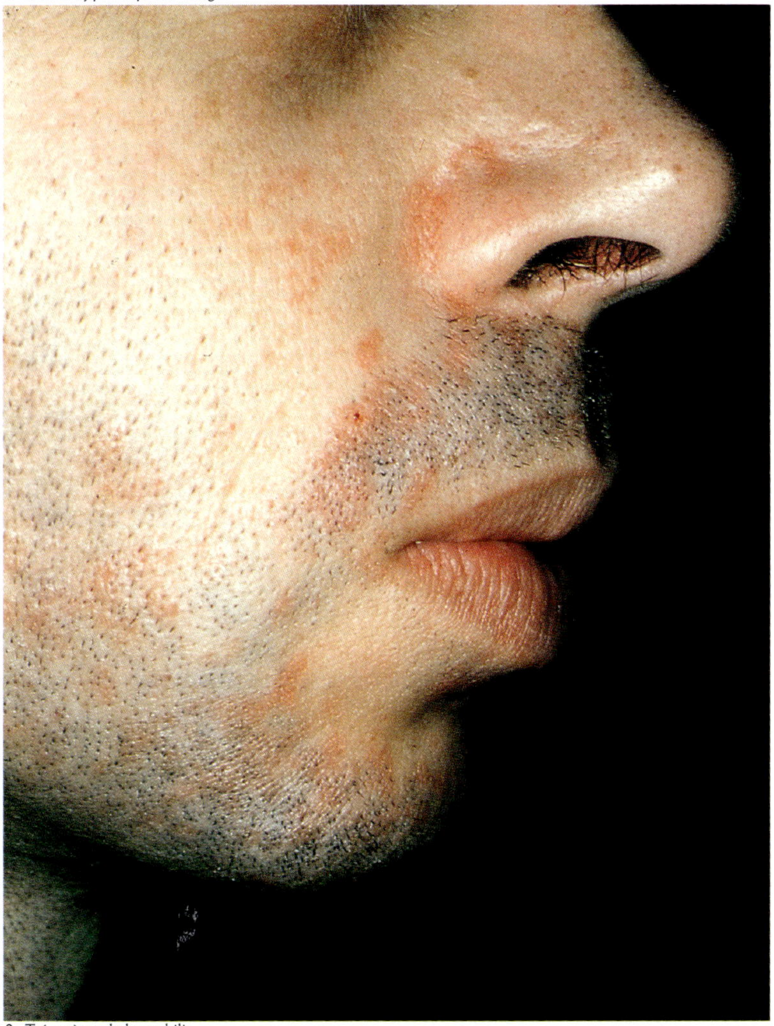

2. Tréponème de la syphilis.

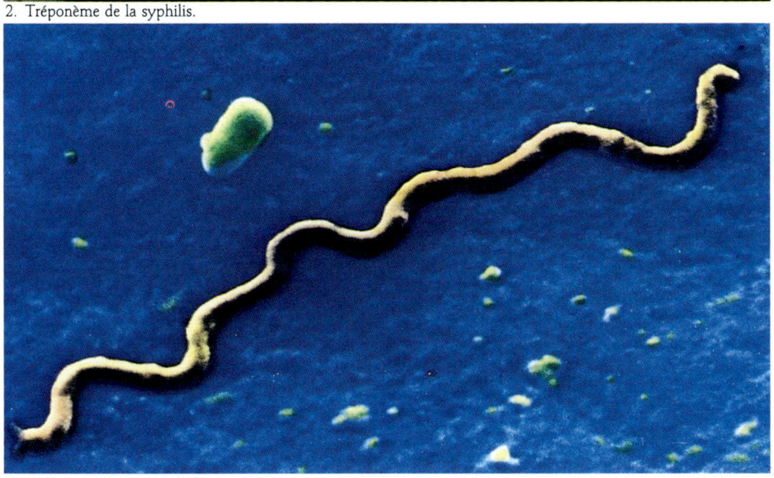

L'infection à virus de l'immunodéficience humaine

LE SIDA, COMPLICATION DE L'INFECTION, REPRÉSENTE UN DANGER MORTEL. LES HABITUDES SEXUELLES EN ONT ÉTÉ OU EN SERONT PROFONDÉMENT MODIFIÉES.

Bien que les rapports sexuels n'en soient pas le mode de transmission exclusif, le sida est indéniablement une M.S.T.

L'inoculation sexuelle du V.I.H. Dans le groupe des personnes atteintes du sida, la majorité des patients est constituée d'homosexuels de sexe masculin, dont beaucoup font état de plusieurs dizaines de partenaires par an. Certaines pratiques sexuelles et tout particulièrement la sodomie favoriseraient l'inoculation du virus d'un individu à l'autre. En Afrique centrale, où la maladie fait des ravages, en particulier en Ouganda et au Zaïre, les hommes et les femmes sont également touchés. Cela laisse penser que, à côté des habitudes sexuelles, des facteurs géographiques et sociologiques peuvent expliquer l'épidémiologie. Il reste le problème de la contamination des hétérosexuels exclusifs, dont le taux varierait en Occident de 5 à 7 %.

Le V.I.H. (virus de l'immunodéficience humaine) appartient au groupe des rétrovirus, famille de virus dont le matériel génétique est constitué d'A.R.N. Il en existe trois sous-familles, dont les lentivirus auxquels appartient le V.I.H., qui est le premier lentivirus humain connu. On pense que la maladie a pris son origine en Afrique centrale, à la suite d'une mutation d'un virus simien vers les années 1970. Les conséquences de l'inoculation du V.I.H. sont polymorphes. Elles peuvent être asymptomatiques : ainsi, la plupart des individus dits séropositifs sont indemnes de toute anomalie clinique ou biologique. Ces porteurs dits « sains » sont d'autant plus dangereux qu'ils s'ignorent, et peuvent ainsi contaminer d'autres individus. Mais l'inoculation du virus peut être aussi suivie d'une fatigue inexpliquée, avec ou sans fièvre traînante, parfois d'une méningite virale ou de l'apparition de ganglions sur tout le corps. C'est à cette occasion ou malheureusement bien plus tard, lorsque le sujet est entré dans le sida, que le test sérologique est demandé et confirme l'infection par le V.I.H. Il faut savoir que, par la loi, le médecin est tenu de le faire savoir au malade et d'obtenir son accord avant de pratiquer ce test. Il n'y a pas de traitement curatif connu. La prévention est donc essentielle. Ses règles sont celles de la prévention des maladies sexuelles : hygiène soigneuse, choix judicieux du (des) partenaire(s), utilisation de préservatifs ou abstinence. •

3. Chancre syphilitique de la verge.

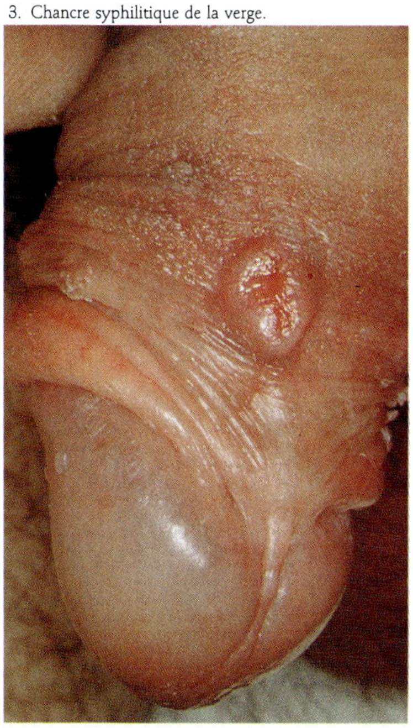

→ **Voir aussi :** Sida et infections opportunistes, **MED**, p. 222-223. Les maladies de l'appareil urinaire, **MED**, p. 294-295. Sexualité et société, **MED**, p. 314-315. L'appareil sexuel de l'homme, **MED**, p. 316-317. L'appareil sexuel de la femme, **MED**, p. 318-319. La vie sexuelle, **MED**, p. 322-323.

De la syphilis au sida

La lutte contre les maladies vénériennes (dont le nom rappelle les charmes de Vénus et leurs dangers) est devenue efficace avec les arsenicaux, actifs sur la syphilis, découverts par le médecin P. Ehrlich vers 1906. Les sulfamides et les antibiotiques ont été utilisés à partir de 1940 et l'on a pu alors espérer la disparition des maladies telles que le chancre de la verge (3), les roséoles syphilitiques (1) dont le tréponème pâle (2) est l'agent engendrant des réactions sérologiques particulières (4). Mais elles ont repris alors même que la libération sexuelle était prônée dans les années 1970. Des virus et des mycoses qui étaient rarissimes ou peu fréquents autrefois sont devenus responsables de M.S.T. gênantes et résistantes. Depuis 1981, l'apparition du sida, nouvelle rançon de la sexualité dans de nombreux cas, coïncide avec la facilité des voyages, la promiscuité sexuelle et de probables mutations de virus. Cela renouvelle les anciennes craintes devant cette maladie menaçante devenue rapidement universelle. Aussi, le changement constant des objectifs de la médecine confirme la nécessité de maintenir vigilance préventive et recherche de nouvelles thérapeutiques efficaces et bien tolérées.

4. Évolution des réactions sérologiques de la syphilis.

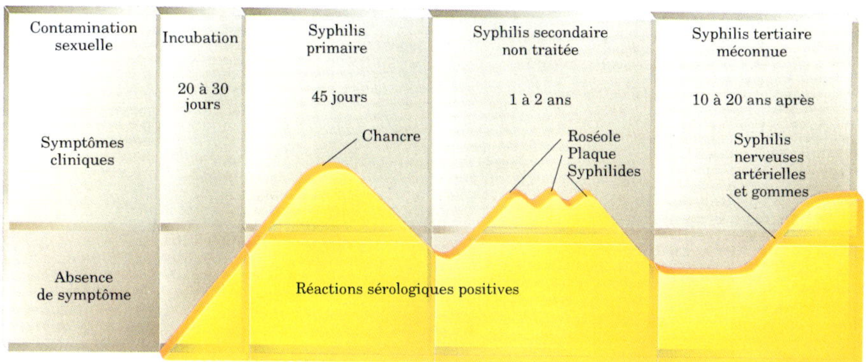

La stérilité

LA CAPACITÉ DE PROCRÉATION est variable selon les espèces animales, et les performances de l'espèce humaine sont loin d'égaler en ce domaine celles de la plupart des animaux. En effet, on estime que la grossesse ne survient chez la femme qu'avec une probabilité de 15 à 30 % pour chaque cycle menstruel, pour un couple ayant des rapports réguliers non protégés plusieurs fois par semaine. Cela revient à dire que le délai nécessaire pour concevoir est en moyenne de 3 à 4 mois lorsqu'une grossesse est recherchée.

La stérilité est définie *stricto sensu* par l'incapacité de procréer, c'est-à-dire l'infécondité. On la distingue de l'hypofertilité, qui se caractérise par un délai de procréation plus long que la moyenne statistique. Pour les démographes et les natalistes français, l'infécondité représente un fléau à combattre par tous les moyens dont dispose la médecine, et les traitements sont intégralement pris en charge par la Sécurité sociale. En pratique, on parle assez souvent de stérilité lorsque la grossesse souhaitée ne peut être obtenue après 18 mois de vie conjugale normale, problème retrouvé chez environ 10 % des couples. Selon les cas, la responsabilité d'un seul ou des deux partenaires est engagée.

On peut distinguer deux grands types de stérilité : les stérilités dites *sécrétoires* (résultant de l'incapacité de produire des gamètes) et les stérilités dites *excrétoires* (la capacité de production des gamètes n'est pas altérée, mais une rencontre fécondante ne peut avoir lieu). Ces deux types peuvent être associés dans un couple.

On peut aussi distinguer les stérilités primaires, où il y a incapacité de procréer depuis le début de la vie sexuelle, des stérilités secondaires (ou acquises), faisant suite à une ou plusieurs fécondations antérieures. L'entretien et les examens du couple consultant permettent la plupart du temps d'étiqueter la stérilité et d'en préciser les causes. Cependant, dans un petit pourcentage de stérilités (5 %), aucune cause ne peut être mise en évidence : on parle alors de stérilité conjugale de cause inconnue (idiopathique). Selon l'origine de la stérilité, le principe thérapeutique mis en œuvre sera différent, et tiendra compte des antécédents médicaux du couple concerné.

Le couple stérile

PRÉALABLE INDISPENSABLE À L'ÉTABLISSEMENT DU DIAGNOSTIC ET À LA MISE EN PLACE D'UNE STRATÉGIE THÉRAPEUTIQUE, L'EXAMEN CLINIQUE ACCOMPAGNÉ D'UN ENTRETIEN INTÉRESSE LES DEUX MEMBRES D'UN COUPLE CONSULTANT POUR INFERTILITÉ.

Couplé à l'examen clinique, l'interrogatoire permet d'éliminer les causes évidentes de stérilité comme les malformations visibles ou l'insuffisance d'information sexuelle. Il renseigne sur le caractère primaire ou secondaire de la stérilité, sur son ancienneté et sur les antécédents chirurgicaux et médicaux du couple (en particulier la chirurgie abdominale et les infections génitales). Les examens complémentaires apporteront des précisions indispensables à l'établissement du diagnostic. Ils sont au nombre de cinq.

Le *test post-coïtal de Huhner* consiste dans la recherche et le décompte des spermatozoïdes vivants au niveau du col, 8 à 16 heures après un rapport sexuel, en phase préovulatoire (période où le col doit être ouvert et la glaire abondante, transparente et pauvre en leucocytes). Si ce test est positif, l'exploration du partenaire féminin passe au premier plan, et, inversement, si le test est négatif (insuffisamment de spermatozoïdes vivants) malgré une glaire normale, il oriente vers une cause masculine.

Chez le partenaire féminin, on construit la *courbe de température,* par prise de la température rectale matinale. Si le cycle est normal, elle dessine classiquement un plateau hyperthermique en phase progestative, constituant une indication de l'existence d'un corps jaune et donc de la survenue d'une ovulation.

Chez l'homme, les *examens du sperme* (spermogramme, spermocytogramme) renseignent sur le nombre, la motilité et l'aspect morphologique des spermatozoïdes, ainsi que sur la présence éventuelle d'éléments anormaux. Ils doivent être réalisés après une période d'abstinence de trois jours. Il faut noter que leur variabilité est importante chez un même sujet, et que la qualité du sperme est influencée par des événements extérieurs divers, tels que la fatigue, les maladies fébriles ou l'exposition à des sources thermiques ou toxiques.

Si rien d'anormal n'est mis en évidence par les trois premiers examens, les *examens de l'appareil génital féminin* (hystérographie, hystérosalpingographie) permettent de visualiser la morphologie de l'utérus et la perméabilité des trompes. Ils sont réalisés en dehors de toute infection génitale évolutive, de préférence entre le 8ᵉ et le 12ᵉ jour du cycle menstruel.

Enfin, les *dosages d'hormones ovariennes* (œstradiol, progestérone) effectués entre le 5ᵉ et le 9ᵉ jour du plateau hyperthermique confirment la fonctionnalité du corps jaune. Les *dosages d'hormones hypophysaires* (FSH, LH, prolactine) peuvent détecter des anomalies de la fonction reproductrice. •

Les causes féminines

LA PLUPART DES STÉRILITÉS FÉMININES SONT DUES À DES INFECTIONS AYANT AFFECTÉ LES TROMPES, À DES TROUBLES DE L'OVULATION OU ENCORE À DES INSUFFISANCES DE LA GLAIRE CERVICALE DE L'UTÉRUS.

Lorsque la rencontre des gamètes dans les voies féminines ne peut avoir lieu, on parle de *stérilités excrétoires.* Statistiquement plus fréquentes chez la femme que chez l'homme, elles peuvent être dues à une malformation congénitale intéressant les trompes ou l'utérus, mais sont le plus souvent acquises à la suite d'une infection des voies génitales. L'infection, généralement muette, provoque un obstacle mécanique qui s'oppose à la migration des gamètes. La trompe est l'organe cible de l'infection, et le risque de stérilité après salpingite aiguë (inflammation d'une trompe) est estimé entre 30 et 50 %. Les germes en cause sont représentés par les *Chlamydiæ,* les mycoplasmes et les germes anaérobies. La chirurgie abdominopelvienne, en particulier l'ablation de l'appendice, comporte un risque de stérilité consécutive aux adhérences qui pourraient se former à la suite de l'opération. Des obstacles ou malformations peuvent exister hors des trompes : au niveau vaginal (cas de persistance d'un hymen), cervical pour les sténoses, ou utérin (cloisonnement, polypes muqueux, fibromes, hyperplasie endométriale).

Caractérisées par un défaut de production d'ovules, les *stérilités sécrétoires* ont plusieurs causes possibles, en particulier une anomalie génétique entraînant un non-fonctionnement ovarien, ou une destruction précoce (pendant la vie intra-utérine) des ovaires, ou un syndrome de ménopause précoce. Les cas les plus fréquents restent malgré tout l'anovulation, primitive ou secondaire, respectivement d'origine ovarienne ou hypothalamo-hypophysaire. Les anomalies de l'ovulation sont de bon pronostic, puisque 50 à 70 % d'entre elles peuvent être corrigées par une thérapeutique adaptée. L'investigation comporte des dosages hormonaux (LH, FSH, prolactine, stéroïdes sexuels), l'établissement de la courbe thermique (prise de la température rectale tous les matins à la même heure) et l'étude de la glaire cervicale, afin de différencier l'anovu-

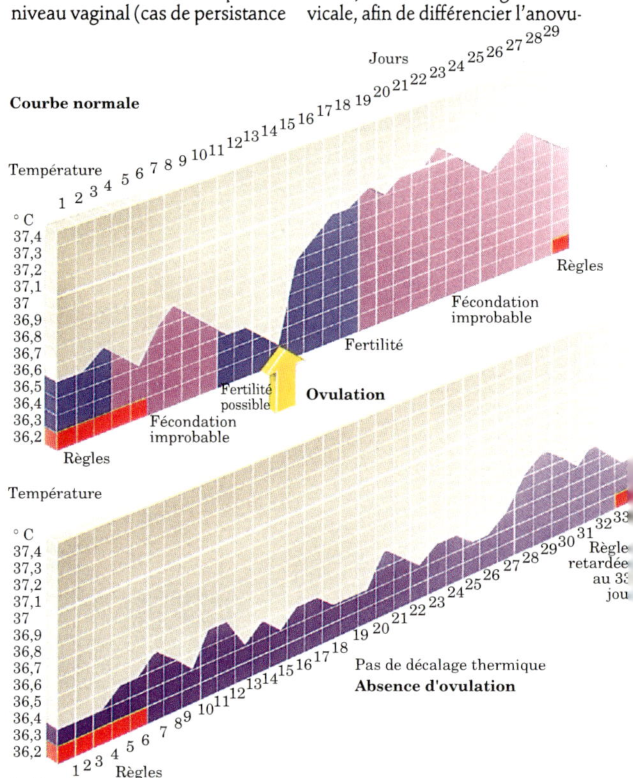

1. Courbes de température (d'après Buhler et Papiernik).

L'infécondité

L'investigation d'une anomalie de la fécondité fait appel à des examens chez les deux partenaires. Parmi eux, la prise de la température rectale de la femme permet d'établir des courbes de température (1) : le plateau

lation de la dysovulation et de tenter de préciser l'origine du trouble.

Parmi les autres causes féminines de stérilité, les *insuffisances de la glaire cervicale,* dont le diagnostic est fait sur le test de Huhner, représentent jusqu'à 10 % des stérilités. L'insuffisance qualitative s'exprime par une glaire inapte à l'accueil des spermatozoïdes, en raison soit d'une modification de ses propriétés physico-chimiques, soit d'une incompatibilité glaire/spermatozoïdes de cause inconnue, dans laquelle on recherchera la présence éventuelle d'anticorps antispermatozoïdes. L'insuffisance quantitative peut être d'origine endocrinienne (insuffisance œstrogénique en phase folliculaire) ou secondaire à une destruction partielle des glandes du col.

Enfin, 30 à 50 % des femmes présentant une *endométriose,* affection gynécologique caractérisée par l'extension anormale de la muqueuse utérine, souffrent de stérilité. •

Les causes masculines

L'ANALYSE DU SPERME APPORTE DE PRÉCIEUX RENSEIGNEMENTS QUANT À LA FERTILITÉ, MAIS, EN PRÉSENCE DE SPERMATOZOÏDES NORMAUX, LA STÉRILITÉ MASCULINE PEUT AUSSI ÊTRE DUE À DES PROBLÈMES IMMUNOLOGIQUES OU À UN DÉFAUT D'ÉJACULATION.

Le *spermogramme* permet d'apprécier le volume de l'éjaculat, le nombre de spermatozoïdes émis, leur mobilité, et le *spermocytogramme* de distinguer les formes anormales. Selon les normes de l'O.M.S. (1980), un sperme de bonne qualité doit contenir plus de 20 millions de spermatozoïdes par millilitre avec plus de 40 % de formes mobiles et moins de 60 % de formes anormales. Il est très difficile de déterminer un seuil de valeurs limites, car, dès qu'il existe une production, même faible, de spermatozoïdes normaux, les chances de fécondation ne sont jamais nulles. Une absence de spermatozoïdes (azoospermie) peut être due à une insuffisance de la spermatogenèse, à un obstacle au niveau du tractus génital ou à un défaut d'éjaculation. Elle peut également être consécutive à un traitement par chimiothérapie. Lorsque les spermatozoïdes sont présents, ils peuvent se trouver en nombre insuffisant (oligospermie), ou peu mobiles, comme « fatigués » (asthénospermie), ou anormaux (tératospermie).

Le spermatozoïde étant une cellule à caractère antigénique, certains processus pathologiques peuvent être à l'origine de la rupture de l'état de tolérance immunitaire vis-à-vis de cette cellule perçue alors comme étrangère, avec apparition d'anticorps entraînant l'agglutination et la perte de mobilité des spermatozoïdes (3 à 15 % des couples infertiles). Si l'orifice urétrovésical n'est pas fermé au moment de l'éjaculation, le sperme est émis vers la vessie (éjaculation rétrograde). L'anéjaculation (absence d'éjaculation) est rare, souvent due à un traitement par certains médicaments, à des lésions neurologiques ou à un trouble psychologique. •

Les traitements

SELON L'ORIGINE DE LA STÉRILITÉ, UN TRAITEMENT PEUT ÊTRE ENTREPRIS, VISANT À RESTAURER LA FERTILITÉ DU COUPLE OU À COURT-CIRCUITER L'ÉTAPE OÙ SE SITUE LE TROUBLE.

En fonction de l'origine du trouble, le traitement d'une stérilité peut s'exercer selon le mode curatif ou palliatif.

Dans le premier cas, la thérapeutique restaure les fonctions déficientes et le couple peut ensuite procréer de façon naturelle et sans intervention extérieure. Les stérilités relevant d'anomalies de l'ovulation peuvent souvent être levées par un traitement hormonal adapté, permettant d'obtenir une ovulation de bonne qualité. Les conditions préalables sont la présence d'ovocytes dans les ovaires, d'un utérus et de trompes normales, ainsi que la fertilité du partenaire. Le choix du traitement dépend de la cause de la stérilité. La cible de la stimulation sera l'hypothalamus, qui induit la libération de la LH hypophysaire, l'hypophyse (pour réguler le système LH-FSH) ou les ovaires (en recréant l'environnement hormonal indispensable à la croissance des follicules et au déclenchement de l'ovulation). Certaines pathologies tubaires, comme un défaut de perméabilité, peuvent être corrigées par une chirurgie réparatrice (25 à 30 % de succès en moyenne), laquelle peut s'appliquer aussi aux cloisonnements de l'utérus.

Mode de traitement palliatif, la *fécondation in vitro et transfert d'embryon (fivete)* a été mise au point afin de permettre aux femmes souffrant d'une obstruction ou d'une absence de trompes d'avoir un enfant. Elle consiste à recueillir les gamètes de chacun des partenaires pour réaliser la fécondation hors du corps maternel, en général après stimulation hormonale des ovaires de la femme afin d'obtenir plusieurs ovocytes simultanément. Les étapes de la fécondation et des premières divisions de l'œuf se déroulent donc *in vitro,* dans un milieu de culture approprié, et les différents stades sont suivis grâce à l'observation sous microscope. Deux jours après la fécondation, un ou plusieurs embryons sont transférés dans l'utérus de la femme. La fivete évite l'implication des trompes dans la fonction procréatrice. Son efficacité est de l'ordre de 10 à 12 accouchements pour 100 cycles de traitement. Lorsque plusieurs embryons se sont développés *in vitro,* il est possible d'en congeler certains afin de les conserver en vue d'un transfert ultérieur : ce transfert peut être réalisé au décours d'un cycle naturel, évitant alors la stimulation ovarienne et l'intervention pour le recueil d'ovocytes. Plusieurs techniques dérivées de la fivete sont disponibles. L'enjeu est de proposer la thérapeutique la mieux adaptée à l'infertilité de chaque couple (efficacité, coût, retentissement physique et psychique).

Les *inséminations artificielles* peuvent être réalisées avec le sperme du conjoint (I.A.C.) ou d'un donneur (I.A.D.). L'I.A.C. est indiquée surtout dans les cas d'infertilité masculine par insuffisance du nombre des spermatozoïdes ou de défauts de la glaire cervicale. L'I.A.C. est de plus en plus pratiquée par dépôt des spermatozoïdes directement dans l'utérus (insémination intra-utérine). L'I.A.D. est une alternative lorsque l'homme souffre d'une stérilité incurable ou d'une anomalie génétique transmissible. Quand la femme présente le même type de pathologie, elle peut recourir à un don d'ovocyte(s). L'échec répété des I.A.C. conduit souvent à la fivete. De même, la répétition d'un certain nombre d'I.A.D. infructueuses peut amener à prescrire le recours à la fécondation *in vitro* avec le sperme d'un donneur (FIV-D). •

→ **Voir aussi :** L'appareil sexuel de l'homme, **MED**, p. 316-317. L'appareil sexuel de la femme, **MED**, p. 318-319. La vie sexuelle, **MED**, p. 322-323. Les maladies sexuellement transmissibles, **MED**, p. 326-327.

2. Propositions thérapeutiques contre la stérilité.

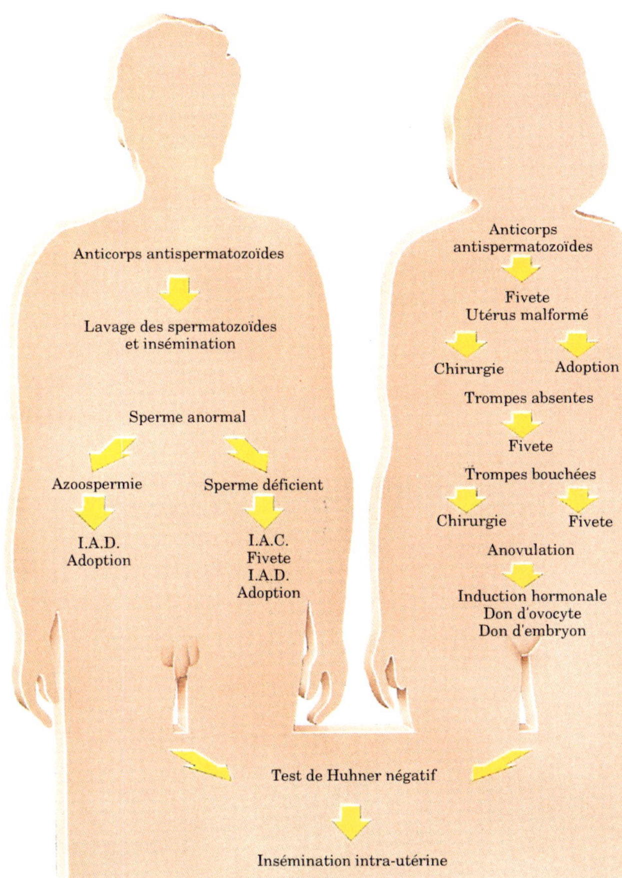

thermique en phase progestative constitue une bonne indication de l'existence d'un corps jaune et donc de la survenue d'une ovulation. En cas d'absence d'ovulation, la courbe est souvent aplatie, et le décrochement hyperthermique absent. Pour la plupart des inféconditės, il existe un traitement adapté. Les propositions thérapeutiques montrées ici (2) sont nécessairement schématiques. La plus récente est la fécondation *in vitro* et transfert d'embryon (fivete) [3], initialement proposée à des femmes souffrant d'une pathologie tubaire (obstruction ou absence de trompes). La fonction tubaire est court-circuitée, puisque la fécondation se produit en éprouvette.

3. Fivete (fécondation *in vitro* et transfert d'embryon).

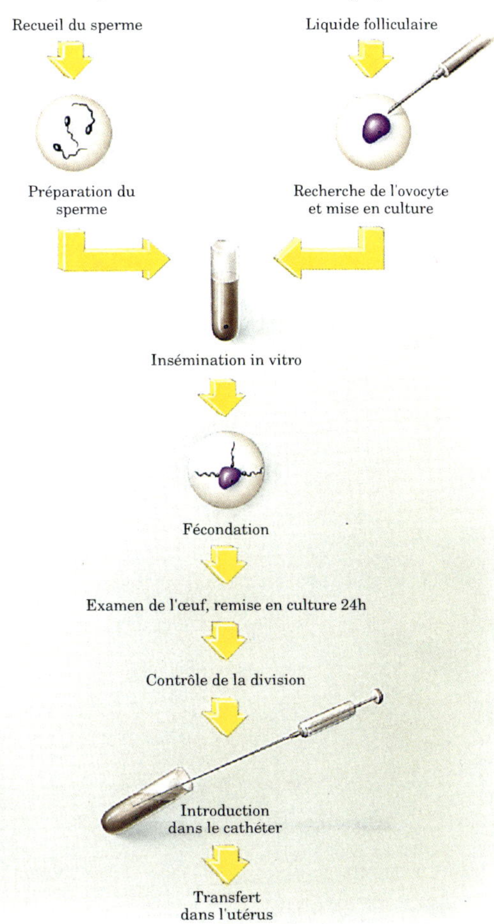

Les maladies génétiques

LES MALADIES GÉNÉTIQUES peuvent être ou non héréditaires, en ce sens qu'elles sont ou non transmises par les parents à leur descendance. Celles qui sont dues à la présence d'un ou plusieurs gène(s) défectueux dans le patrimoine génétique d'un individu, appelées maladies *géniques,* sont transmissibles au sein des familles. C'est le cas de la plupart, comme la myopathie de Duchenne, la mucoviscidose, le syndrome de Lesch-Nyhan. Les maladies monogéniques, qui ne dépendent que d'un seul gène, suivent les lois classiques de l'hérédité. Pour un certain nombre d'entre elles, la pathologie a pu être reliée au gène responsable, et les progrès de la recherche en génétique laissent espérer que l'on arrivera à localiser de plus en plus précisément l'endroit où se situe l'anomalie dans le génome.

En revanche, les maladies dites chromosomiques, dues à une anomalie du nombre de chromosomes, quand il s'agit d'erreurs dans le processus de formation des cellules sexuelles, ne sont pas héréditaires puisque les parents d'un enfant concerné ne sont pas porteurs de l'anomalie et peuvent avoir d'autres enfants indemnes. C'est le cas de la trisomie 21, du syndrome de Klinefelter, du syndrome de Turner. Les maladies génétiques représentent des affections courantes dans l'espèce humaine, de par leur diversité plus que par le nombre de cas observés pour chacune d'entre elles. Si l'on considère leur ensemble, en y ajoutant les malformations congénitales, dues à des erreurs dans le déroulement du programme génétique du développement, la proportion des enfants touchés peut atteindre 5 % des naissances.

Les maladies héréditaires autosomiques

LIÉES AUX CHROMOSOMES NON SEXUELS, LES MALADIES HÉRÉDITAIRES AUTOSOMIQUES CONCERNENT AUSSI BIEN LE GARÇON QUE LA FILLE.

Lorsque le gène responsable d'une maladie est porté par l'une des 22 paires de chromosomes identiques dans les deux sexes (les autosomes), la maladie est dite autosomique. Pour qu'il y ait maladie, il faut que le gène s'exprime : il peut le faire soit à l'état unique, c'est-à-dire en étant porté par un seul des chromosomes d'une paire (hétérozygote), et il est alors dominant, soit à l'état double, c'est-à-dire porté par les deux chromosomes de la paire (homozygote), auquel cas il est récessif. En théorie, les maladies dominantes sont transmises à la descendance lorsqu'un parent au moins est lui-même atteint. Toutefois, le gène peut avoir une expressivité variable et la maladie plusieurs niveaux de gravité, voire ne pas se manifester, ce qui complique l'étude lorsque le seul critère pris en compte est l'apparition de la maladie. Des formes frustes de maladies récessives, par ailleurs sévères à l'état homozygote, peuvent s'exprimer à l'état hétérozygote comme si elles étaient dominantes, ainsi la thalassémie mineure, la drépanocytose latente. Les maladies récessives sont transmises à la descendance (enfant homozygote pour le gène considéré) lorsque les deux parents possèdent chacun au moins un exemplaire du gène en cause.

La *mucoviscidose* fait partie des maladies héréditaires autosomiques et récessives. Son importance est considérable aussi bien par sa gravité que sa fréquence puisqu'elle concerne environ 1 enfant sur 2 000 en France, et qu'elle entraîne des troubles permanents et incurables, touchant surtout les poumons et le pancréas. Les troubles pulmonaires sont dus à la production d'un mucus épais entraînant des difficultés respiratoires, et les troubles digestifs à une insuffisance pancréatique, d'où l'autre dénomination de fibrose kystique du pancréas. La détection néonatale de la maladie est fondée sur un test très simple, visant à déterminer la concentration en ions chlorure de la sueur du nourrisson, qui est anormalement élevée si l'enfant

Mots clefs

Amniocentèse : prélèvement de liquide amniotique au cours de la grossesse pour établir le caryotype du fœtus.

Burkitt (lymphome de) : tumeur des ganglions lymphatiques, associée au virus d'Epstein-Barr.

Caryotype : photographie des chromosomes classés par paires.

Lesch-Nyhan (syndrome de) : maladie génique (déficience enzymatique) entraînant une production excessive d'acide urique responsable d'encéphalopathie et d'arriération mentale.

Mutation : changement dans la séquence des nucléotides de l'A.D.N.

Myasthénie : maladie de l'adulte, caractérisée par une grande fatigabilité musculaire, par blocage de la transmission de l'influx nerveux aux muscles.

Nucléotide : composant élémentaire des acides nucléiques (A.D.N. et A.R.N.) formé d'une molécule de sucre (pentose), d'un groupement phosphate et d'une base azotée. (La séquence des bases détermine le code génétique.)

Sonde : séquence d'A.D.N. ou d'A.R.N. marquée (par fluorescence, par exemple) complémentaire de la séquence à rechercher dans le génome d'un individu.

Système HLA (Human Leukocyte Antigen) : système de compatibilité tissulaire, impliqué dans le rejet de greffes.

Thalassémie : maladie génique qui provoque une anomalie du sang, par la présence, en proportion variable, d'une hémoglobine de type fœtal.

1. Caryotype normal féminin (XX).

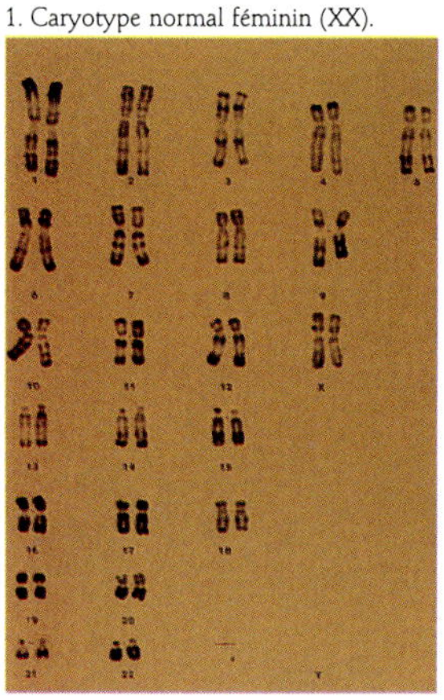

2. Caryotype normal masculin (XY).

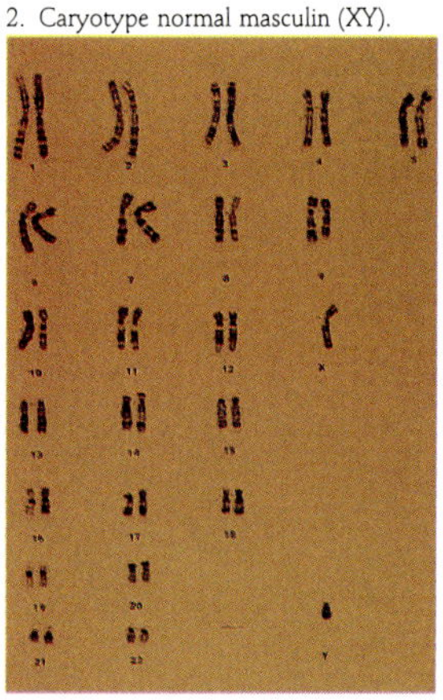

3. Maladies génétiques et affections congénitales.

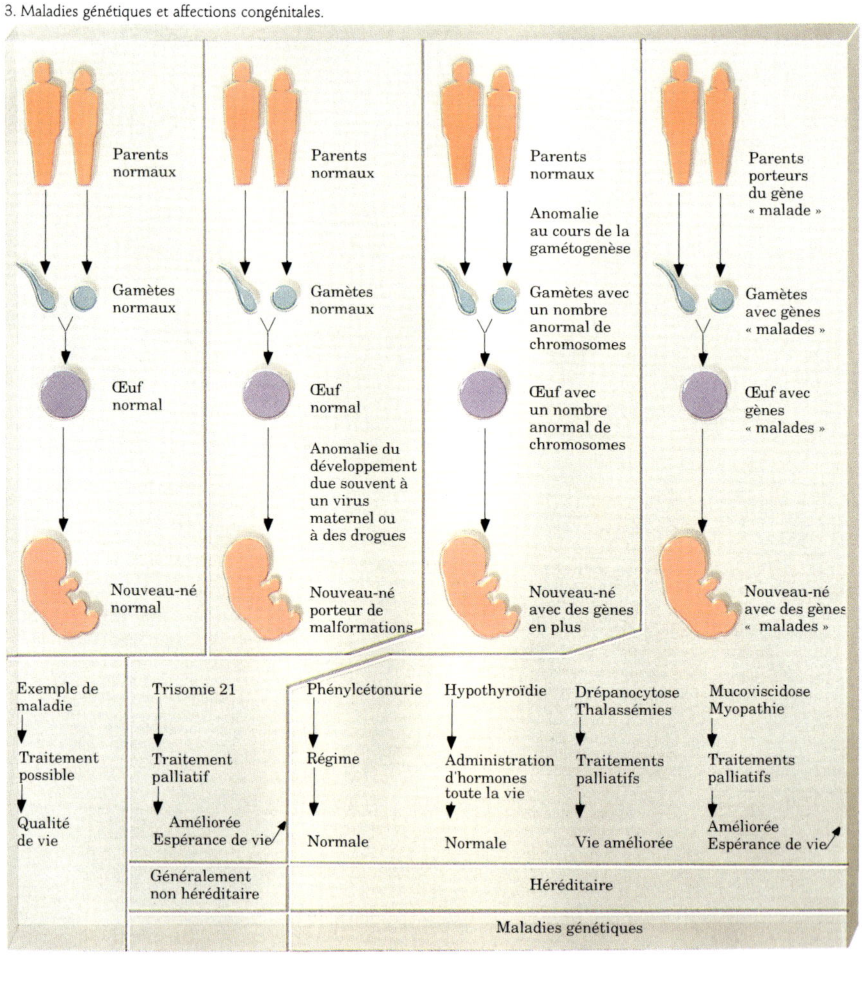

est atteint. L'épopée de la recherche sur la mucoviscidose illustre parfaitement la puissance des dernières acquisitions techniques en génétique, car toutes les tentatives classiques de localisation précise du gène responsable et d'identification de la protéine étaient restées vaines jusqu'en 1989. Le gène en cause (gène CF) est aujourd'hui localisé avec précision sur le bras long du chromosome 7, et sa taille estimée à 250 kilobases (soit 25 000 nucléotides), ce qui en fait un très grand gène. Son analyse chez de nombreux malades a permis de repérer la mutation principale responsable du dysfonctionnement de la protéine impliquée. Il s'agit d'une délétion (ou perte) de trois bases particulières, retrouvée chez 68 % des malades, les autres malades présentant vraisemblablement des mutations différentes, encore inconnues. Ces résultats permettent désormais, grâce à l'emploi de sondes génétiques, de recourir à un diagnostic prénatal donnant une certitude dans près de la moitié des cas, et de dépister le gène morbide chez les deux tiers des individus sains porteurs d'un seul gène muté. En ce qui concerne la thérapeutique, la découverte du gène responsable de la maladie ne constitue pas une assurance de traitement ultérieur, mais ouvre des perspectives nouvelles de prévision et de prévention. •

4. Exemples de remaniements chromosomiques équilibrés.

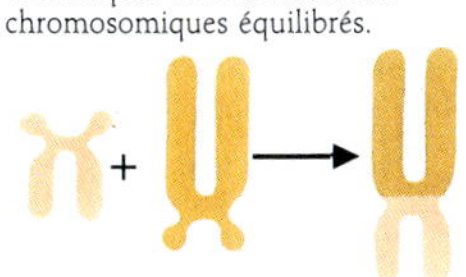

Fusion de chromosomes : entre 2 chromosomes à 1 bras, donnant 1 chromosome à 2 bras.

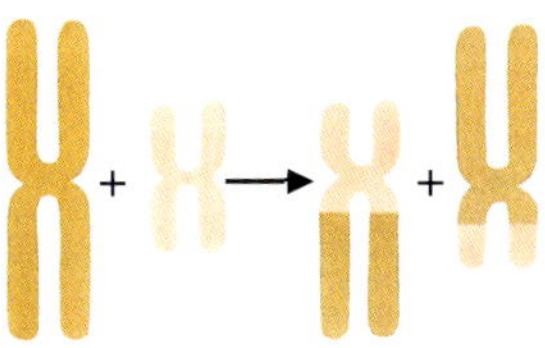

Translocation : échange de segments de 2 chromosomes différents, sans perte de matériel génétique.

Les facteurs responsables

Dans l'espèce humaine, le patrimoine génétique est contenu dans 46 chromosomes, répartis en 22 paires d'autosomes (numérotés de 1 à 22 du plus grand au plus petit) et deux chromosomes « sexuels » : X et X chez la femme (1), X et Y chez l'homme (2). Les maladies génétiques (3) peuvent être divisées en maladies chromosomiques (nombre de chromosomes différent de 46, ou remaniements de chromosomes) et en maladies géniques (anomalies touchant un ou plusieurs gènes). Les remaniements chromosomiques peuvent être équilibrés (4), en ce sens que la totalité du matériel génétique est présente, ou déséquilibrés si une partie de chromosome a été perdue. Dans certaines maladies, comme le lymphome de Burkitt (5), des remaniements caractéristiques apparaissent seulement dans une lignée cellulaire particulière, et sont à l'origine de troubles de la régulation des cellules touchées.

Maladies héréditaires liées au sexe

DANS CERTAINES MALADIES RÉCESSIVES, LES ENFANTS ATTEINTS SONT PRESQUE TOUS DES GARÇONS CAR LE GÈNE DÉFECTUEUX SE SITUE SUR LE CHROMOSOME X.

La myopathie de Duchenne, ou dystrophie musculaire de Duchenne (notée D.M.D.), est une maladie dégénérative de la fibre musculaire. Elle est héréditaire, récessive, et touche principalement des garçons (1 sur 3 500). Les signes d'alarme sont l'apparition de troubles de la marche vers 3 ans, puis la maladie évolue vers une atrophie musculaire progressive. Les enfants touchés sont dès lors condamnés à l'impotence et à une insuffisance respiratoire, et la mort survient généralement avant 20 ans. Il existe une forme atténuée de la maladie, 10 fois moins fréquente que la forme complète, dénommée myopathie de Becker (BMD).

Ce tableau dramatique est dû à la mutation d'un gène situé sur le chromosome X, support de la transmission de la myopathie des mères à leurs fils. Les mères « conductrices » possèdent donc un exemplaire du gène muté sur l'un de leurs chromosomes X et un exemplaire du gène normal sur l'autre chromosome X. Si elles transmettent le chromosome X porteur de l'anomalie à un fils, ce dernier sera atteint par la maladie (comme pour l'hémophilie). La mutation concerne le gène commandant la synthèse d'une protéine, la dystrophine, qui ne peut plus être synthétisée chez les myopathes. La D.M.D. peut exceptionnellement toucher les filles, à cause d'une translocation « X-autosome » (échange de fragments entre un chromosome X et un autre chromosome) où le point de cassure sur le chromosome X est situé au niveau du locus D.M.D., avec inactivation préférentielle du chromosome X intact.

Le gène de la D.M.D. a été localisé précisément sur le bras court du chromosome X et a surtout été isolé et séquencé (en 1986 par une équipe américaine), et les chercheurs ont pu repérer son A.R.N. messager et la protéine pour laquelle il code. Le gène de la D.M.D. est le plus grand de tous les gènes connus, puisqu'il représente environ 2 000 kilobases (soit 1 000 fois plus que le gène de la β-globine). Ce gigantisme pose des problèmes particuliers, comme d'en compliquer l'analyse en raison de la variété du siège des lésions, ou d'interdire le clonage (reproduction identique) du gène entier. Malgré ces difficultés, les connaissances acquises au cours des dernières années font espérer, à défaut d'une nouvelle stratégie thérapeutique, l'élargissement des possibilités de diagnostic grâce à l'emploi de sondes génétiques de plus en plus spécifiques. La tendance s'oriente aujourd'hui vers l'emploi de ces sondes pour un diagnostic prénatal précoce, fondé sur la détection du gène déficient chez le jeune embryon au sein des familles à risque. •

5. Lymphome de Burkitt : 3 translocations caractéristiques.

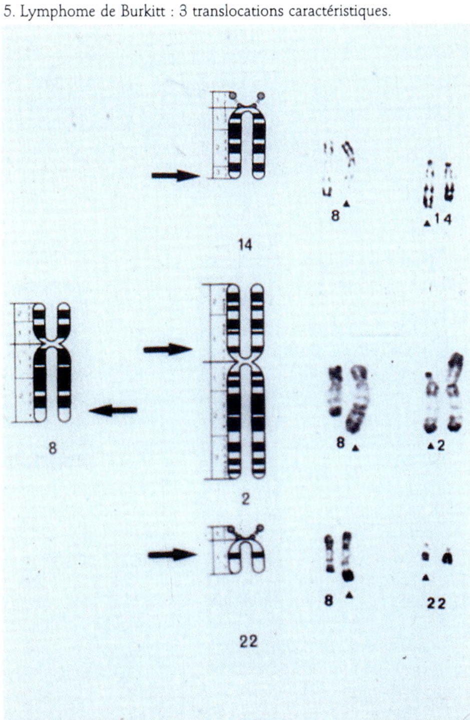

Marqueurs de susceptibilité à des maladies

UNE MALADIE PEUT ÊTRE LE RÉSULTAT DE L'ACTION CONJOINTE DE FACTEURS GÉNÉTIQUES ET DE FACTEURS DU MILIEU.

Pour une maladie dont la composante héréditaire est connue, le facteur génétique sera déterminant. Cependant, il existe un certain nombre de maladies que l'on peut associer à un marqueur génétique, de façon plus ou moins évidente, et sans nécessairement établir une relation de cause à effet. Les associations les plus étudiées sont celles entre les antigènes du système de compatibilité tissulaire HLA et certaines maladies. Ainsi, les chercheurs ont noté une fréquence significativement plus élevée de l'antigène B27 chez les sujets atteints de spondylarthrite ankylosante, de polyarthrite psoriasique, par rapport aux groupes témoins. Une relation a été aussi établie entre la présence d'antigène B8 et/ou DR3 et des maladies comme la myasthénie, le lupus érythémateux disséminé, le diabète juvénile insulinodépendant, les maladies de Basedow, d'Addison... Il faut noter que l'interprétation de ces associations n'est sûrement pas univoque. Même dans les cas les plus nets (B27 et spondylarthrite ankylosante), la majorité des sujets portant l'antigène en question n'ont pas la maladie : les phénomènes associés à la présence d'antigènes HLA ne sont pas les seuls facteurs étiologiques en cause. On peut d'ailleurs remettre en question la notion même de susceptibilité, en se demandant si le gène associé à la maladie est lui-même le gène de susceptibilité ou simplement un gène marqueur, associé préférentiellement au véritable gène de susceptibilité. Un tout autre problème est celui posé par l'apparition de chromosomes anormaux au cours d'une maladie, et coïncidant avec le début de celle-ci. C'est le cas pour un cancer, la leucémie myéloïde chronique, qui s'accompagne toujours de la présence d'un chromosome anormal : le chromosome de Philadelphie, correspondant à une translocation entre les chromosomes 22 et 9 le plus souvent. Dans ce cas, c'est la dérégulation d'un gène, provoquée par la translocation, qui est à l'origine du processus tumoral. •

Moyens d'étude

LE CARYOTYPE SERT À DIAGNOSTIQUER LES ANOMALIES CHROMOSOMIQUES ; DES MÉTHODES BIOCHIMIQUES SONT UTILISÉES POUR LES MALADIES GÉNIQUES.

Le diagnostic d'une maladie génétique dépend du type de l'anomalie. Les anomalies chromosomiques seront mises en évidence par l'établissement du caryotype, qui consiste à prélever des cellules en voie de division, à les traiter *in vitro* afin de bloquer la division et d'obtenir des chromosomes sur une lame. Après des colorations spécifiques, les chromosomes sont photographiés au microscope, puis découpés sur les photos pour être classés par paires d'autosomes (22 paires) et de chromosomes sexuels (1 paire). Le caryotype permet de déceler les anomalies du nombre et certaines anomalies de structure comme des translocations. Il peut être établi un diagnostic prénatal chez des couples à risque (ayant des enfants atteints, ou dont l'un des membres est atteint d'une anomalie chromosomique équilibrée chez lui mais pouvant se transmettre sous forme déséquilibrée à sa descendance) par prélèvement de villosités choriales ou par amniocentèse, ou systématiquement chez des femmes enceintes âgées de plus de 38 ans en ce qui concerne la recherche d'une trisomie 21.

Le diagnostic d'une maladie génique passe par une méthodologie spécifique et implique que l'on sache quelle anomalie on recherche. Deux approches sont possibles : l'analyse de l'expression de l'anomalie du gène ou l'analyse du gène lui-même. Dans la plupart des cas, c'est la première qui est utilisée, indirectement, par l'étude d'une expression biochimique de la maladie (par exemple le dosage des enzymes intestinales pour la mucoviscidose), ou directement par l'étude de la protéine codée par le gène (les facteurs de la coagulation pour l'hémophilie, l'hémoglobine pour les hémoglobinopathies). L'analyse du gène lui-même est beaucoup plus récente, car elle fait appel à des techniques très fines et spécialisées. Le diagnostic d'une mutation est presque toujours indirect et repose sur l'identification de la portion du chromosome portant le gène muté grâce à l'utilisation de sondes moléculaires. •

→ **Voir aussi :** Gènes et chromosomes, **BIOL**, p. 54-55. La génétique des populations, **BIOL**, p. 64-65. La recherche en génétique, **MED**, p. 258-259. Les anomalies congénitales, **MED**, p. 332-333.

Les anomalies congénitales

LA VIE ET LA SANTÉ DE l'enfant sont de mieux en mieux protégées. L'évolution du pourcentage de mortalité infantile au cours du xxe siècle est à cet égard significative des progrès accomplis, puisqu'il est passé d'environ 12 % dans les années 1920 à moins de 2 % aujourd'hui. Alors que le nouveau-né et l'enfant connaissent une sécurité croissante, l'embryon et le fœtus restent exposés à des dangers au sein même de l'organisme maternel, certains liés, paradoxalement, au progrès thérapeutique et à l'utilisation de substances médicamenteuses de plus en plus puissantes, d'autres dangers étant consécutifs à l'emploi de nouveaux solvants industriels ou de détergents.

On qualifie de congénitale toute anomalie constitutionnelle ou toute malformation présente chez le fœtus. On distingue deux types de malformations : les malformations majeures, incompatibles avec la vie (létales) ou entraînant des handicaps plus ou moins lourds chez l'enfant, et les malformations mineures, sans conséquences graves. Toutes ces anomalies ne se décèlent pas forcément à la naissance : 2 à 3 % des nouveau-nés présentent des malformations congénitales immédiatement décelables, tandis qu'une proportion presque aussi élevée de troubles constitutionnels n'est révélée que plusieurs mois, voire plusieurs années plus tard. La fréquence globale des malformations majeures se situe entre 3 et 5 % des naissances, et les décès qui leur sont dus, variables selon les pays, représentent en France environ 10 % de la mortalité infantile (soit moins de 2 décès pour 1 000 naissances). Ces cas de mortalité sont observés pour la plupart au cours de la première année de vie (80 % des cas, dont la moitié le premier mois).

Les causes de malformations congénitales sont multiples et se répartissent globalement en trois groupes d'importance comparable : mutations génétiques, aberrations chromosomiques et affections de l'embryon ou embryopathies (avant le deuxième mois) et du fœtus ou fœtopathies (du deuxième mois à la naissance). Les mutations génétiques (qui ne seront pas développées ici) touchent la structure moléculaire de l'A.D.N. et sont responsables de maladies héréditaires, comme l'hémophilie. Les aberrations chromosomiques se produisent lors de la formation des gamètes ou lors de la fécondation, elles peuvent porter sur le nombre et sur la structure des chromosomes. En principe, elles ne sont pas héréditaires, l'individu atteint ne pouvant pas se reproduire.

Les embryopathies et les fœtopathies concernent les affections de l'enfant pendant la grossesse. Elles ont des origines diverses, en particulier l'absorption par la mère de médicaments (thalidomide, par exemple) ou autres substances toxiques, l'irradiation par rayonnements ionisants (rayons X surtout) et certaines infections virales (comme la rubéole).

Anomalies d'origine infectieuse

PENDANT LA GROSSESSE, CERTAINES INFECTIONS VIRALES (RUBÉOLE, CYTOMÉGALOVIRUS) ET PARASITAIRES (TOXOPLASMOSE), CONTRACTÉES PAR LA MÈRE, PEUVENT ÊTRE À L'ORIGINE DE MALFORMATIONS GRAVES CHEZ L'ENFANT.

Dès 1941, un ophtalmologiste australien établissait le lien entre la survenue d'une cataracte congénitale chez un enfant et une rubéole maternelle durant la grossesse. Deux catégories de symptômes sont observables chez le nourrisson : des malformations correspondant à un trouble de l'organogenèse (embryopathie) et des signes d'infection des organes déjà formés (fœtopathie). Les malformations touchent le cœur, les yeux (cataracte), les oreilles (surdité). Le risque de malformation est estimé à 85 % entre 5 et 8 semaines de grossesse, 52 % entre 9 et 12 semaines, 16 % entre 13 et 20 semaines, et à 0 % au-delà. La rubéole congénitale relève d'une primo-infection chez la mère, donc d'une virémie (présence de virus dans le sang) accompagnée ou non d'éruption, d'une infection du placenta et d'une virémie chez l'enfant. Les conséquences vont de la mort *in utero* de l'enfant à la naissance d'un enfant malformé ou sain. Quand une femme enceinte subit une réinfection, son enfant ne risque rien car il n'y a pas de virémie. La prévention consiste en un dépistage des jeunes filles séronégatives avant une grossesse et leur vaccination.

L'infection à cytomégalovirus (CMV) est très répandue, puisqu'on estime qu'un nouveau-né sur cent est atteint d'une infection congénitale à ce virus. Seulement 5 % d'entre eux présentent des signes typiques, et l'évolution est imprévisible (30 % des enfants atteints décèdent immédiatement ou dans les mois qui suivent la naissance). Les survivants présentent des séquelles plus ou moins importantes (retard mental, troubles de l'audition, de la vision, atteintes de l'émail dentaire). Il n'existe pas de prophylaxie, mais on peut détecter une infection chez la mère par les signes cliniques (syndrome mononucléosique et asthénie) et surtout par la recherche des anticorps spécifiques signant une infection active (IgM anti-CMV).

La toxoplasmose congénitale est un risque grave, mais rare. La contamination à un stade tardif de grossesse (au-delà du 6e mois) peut entraîner chez l'enfant un ictère néonatal gravissime, d'évolution souvent fatale. Si la contamination a lieu entre le 3e et le 5e mois, on peut observer une encéphalomyélite évolutive chez l'enfant. L'infection maternelle dans les 3 premiers mois de grossesse réalise le tableau classique de toxoplasmose congénitale : hydrocéphalie, crises convulsives, retard psychomoteur et lésions oculaires. Cependant, et quel que soit le stade de la grossesse auquel l'infection a été contractée par la mère, l'enfant peut aussi ne pas être atteint. •

1. Caryotype d'un sujet atteint de trisomie 21 (47, XX).

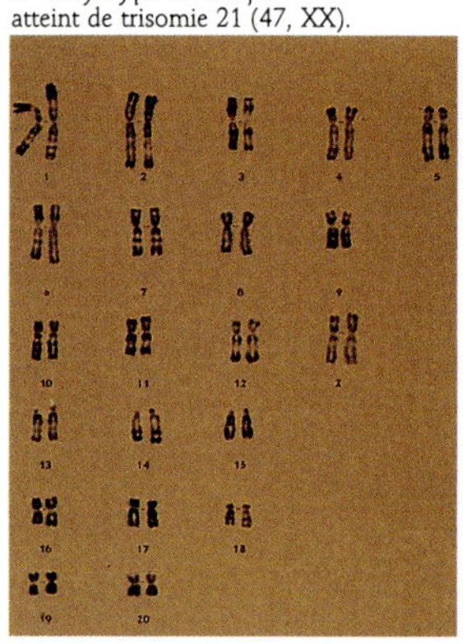

Anomalies acquises à la fécondation

DES ERREURS DE DIVISION DES CELLULES SEXUELLES PRODUISENT DES GAMÈTES QUI CONTIENNENT DES CHROMOSOMES ANORMAUX OU SURNUMÉRAIRES.

La trisomie 21 (syndrome de Down, ou « mongolisme ») est définie par la présence d'un chromosome 21 surnuméraire. Sa fréquence globale est de l'ordre de 1 cas pour 650 naissances et augmente considérablement avec l'âge de la mère, puisqu'elle passe de 1/2 000 pour les moins de 30 ans à 1/30 au-delà de 44 ans. Dans 95 % des cas, le chromosome 21 surnuméraire se trouve à l'état libre (non joint à un autre chromosome), sa présence est donc la conséquence d'une erreur de disjonction des deux chromosomes homologues lors de la formation des cellules sexuelles. Dans de rares cas (moins de 3 %), ce syndrome est dû à une translocation équilibrée chez l'un des parents.

La trisomie 21 est caractérisée par une petite taille, une face arrondie et aplatie, une nuque épaisse et plate. Les yeux sont bridés et écartés, le nez petit et retroussé. Les trisomiques 21 sont des individus fragiles (dépassant rarement l'âge de 35 ans), sujets aux infections, et, dans un tiers des cas, le syndrome s'accompagne de malformations congénitales. Les autres trisomies compatibles avec la survie à la naissance sont associées à des malformations caractéristiques. Par exemple, la trisomie 18 provoque une dysmorphie de la face, des pieds bots et des malformations cardiaques graves.

L'aberration de nombre peut aussi porter sur les chromosomes sexuels : dans le syndrome de Turner (5 cas sur 1 000), le cas le plus fréquent est l'absence d'un chromosome X chez une fille (caryotype 45, X0). Ce syndrome s'exprime par un nanisme, un impubérisme avec atrophie ovarienne et stérilité, ainsi que des malformations somatiques. La trisomie X (12 cas sur 1 000) est quant à elle liée à un syndrome clinique très variable puisque sa découverte est souvent une surprise ; cependant, elle peut être accompagnée d'encéphalopathie grave. Le syndrome de Klinefelter (15 cas sur 1 000) touche les garçons, avec la présence d'un chromosome X supplémentaire (caryotype 47, XXY en général), une atrophie testiculaire avec stérilité et développement anormal des seins (gynécomastie). •

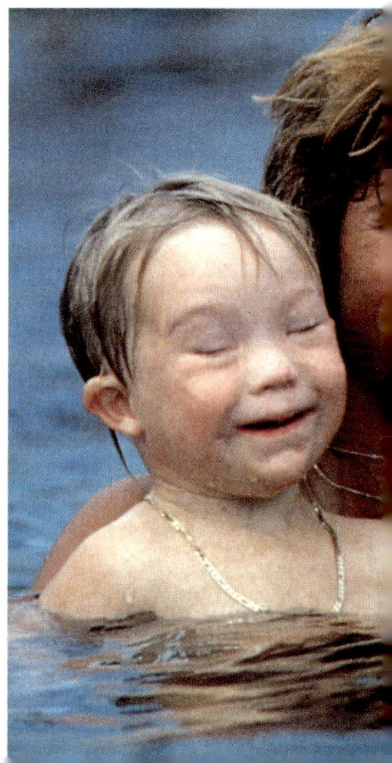

Anomalies dues à l'environnement

CES MALFORMATIONS SONT ASSEZ MAL CONNUES, EN RAISON DE LA DIFFICULTÉ D'ÉTABLIR UNE RELATION DE CAUSE À EFFET ENTRE UN ÉVÉNEMENT EXTÉRIEUR ET LA SURVENUE D'ANOMALIES.

L'utilisation de la bombe atomique au Japon (6 et 9 août 1945) ou, plus près de nous, la catastrophe de Tchernobyl (26 avril 1986) sont des illustrations dramatiques de la façon dont l'environnement peut devenir hostile à la vie.

Les radiations peuvent provoquer plusieurs types d'effets biologiques : la mort cellulaire, un effet cancérigène, un effet mutagène et un effet tératogène.

Il faut savoir que, à dose égale de rayonnement absorbé, la radiosensibilité est différente en fonction des organes et des tissus. Les cellules les plus sensibles sont celles en voie de division, et ce d'autant plus que la croissance est rapide. Ainsi, la lignée sanguine est particulièrement sensible aux radiations radioactives et l'agranulocytose (déficit en leucocytes polynucléaires entraînant une sensibilité aux infections) en est une conséquence fréquente. Au niveau cellulaire, le patrimoine génétique (A.D.N.) est le plus affecté par les rayonnements.

On dispose encore de très peu d'informations quant aux retombées tératogènes des irradiations causées par la catastrophe de Tchernobyl sur l'homme. En revanche, il a été décrit une nette augmentation des difformités chez les animaux domestiques et les végétaux vivant à l'intérieur des zones contaminées. Ces monstruosités étant très polymorphes, on ne peut guère parler de difformité caractéristique de l'irradiation, mais plutôt d'un dérèglement dans la formation des organismes aboutissant à des formes anormales.

En ce qui concerne les rayons X, aux doses utilisées pour les radiographies, il a été décrit un effet tératogène pouvant entraîner des microcéphalies avec encéphalopathies graves. L'irradiation de la femme enceinte est donc contre-indiquée, particulièrement pendant les premières semaines de grossesse ; en revanche, l'échographie qui utilise les ultrasons peut être pratiquée sans risque. •

Anomalies dues à des médicaments

LA FEMME ENCEINTE CONSOMME DES MÉDICAMENTS AVEC OU SANS PRESCRIPTION MÉDICALE. CETTE MÉDICATION POURRAIT ÊTRE RESPONSABLE DE 2 À 3 % DES MALFORMATIONS CONGÉNITALES.

Malgré la sensibilisation de l'opinion, liée notamment au souvenir des enfants atteints de malformations causées par la thalidomide, il est illusoire d'espérer que la consommation des médicaments devienne nulle pendant la grossesse. D'une part, la grossesse n'est souvent connue qu'après une période de quelques semaines et, d'autre part, l'absence de traitement médical peut être nuisible pour la mère (donc pour l'enfant). Les effets nocifs dépendent essentiellement du stade de la grossesse.

Pendant la période pré-implantatoire, qui se déroule la première semaine, l'œuf se trouve à l'état libre dans l'utérus. S'il est exposé à une substance toxique, il peut subir une destruction partielle de ses cellules qui peut être sans conséquence si les cellules perdues, et encore indifférenciées, sont remplacées par de nouvelles divisions ; cependant, si l'atteinte de l'œuf est trop importante, il sera expulsé.

La période d'organogenèse (période embryonnaire jusqu'à deux mois) est la phase où le risque tératogène est maximal. L'embryon est extrêmement vulnérable car les organes sont en cours de différenciation, et la moindre perturbation risque d'engendrer un trouble définitif. Il faut noter cependant qu'aucune substance n'est tératogène chez tous les sujets, cette variation de sensibilité étant due à des facteurs génétiques et à des facteurs maternels. Par exemple, pour la thalidomide (tranquillisant interdit depuis 1961, responsable chez l'enfant d'un arrêt de développement des bras et des jambes, réalisant un ensemble de malformations dénommé phocomélie), il a été rapporté des malformations chez 25 à 30 % des enfants des femmes qui l'avaient absorbée à la même période critique.

La dernière période (période fœtale) voit l'achèvement de la maturation du fœtus et du développement des organes. À l'exception des organes génitaux, dont la différenciation va se poursuivre jusqu'au 4e mois, les risques de malformations sévères sont à peu près écartés, mais les risques toxiques demeurent. La toxicité des médicaments est difficile à prévoir pour le fœtus humain. •

→ **Voir aussi :** L'embryologie animale, **BIOL**, p. 78-79. Les maladies génétiques, **MED**, p. 330-331.

Les causes des malformations

Il est parfois difficile de déterminer le facteur responsable des anomalies du développement qui conduisent à des malformations congénitales, comme ces « pinces de homard », accompagnées de malformations des pieds (5). Cependant, on connaît bien les causes de certaines affections, en particulier les aberrations chromosomiques. Celles-ci, lorsqu'elles sont compatibles avec la vie, sont responsables d'un ensemble de troubles caractéristiques. La trisomie 21 due à un chromosome 21 surnuméraire, visible sur le caryotype ci-contre (1), fait partie des syndromes les mieux connus et les plus répandus. Les enfants atteints sont fragiles ; cependant, une éducation spécialisée peut se révéler efficace et mener à une meilleure adaptation (2). L'espérance de vie dépend de l'importance de leurs troubles. Certaines malformations sont dues à l'existence d'une monosomie (manque d'un chromosome), comme le syndrome de Turner, où le nanisme s'accompagne de malformations (3). Le sujet atteint est féminin ; le chromosome manquant est l'un des deux chromosomes X (4).

2. Jeu avec un enfant porteur d'une trisomie 21 (« Dolphin child research program »).

3. Syndrome de Turner. Radiographie de la main.

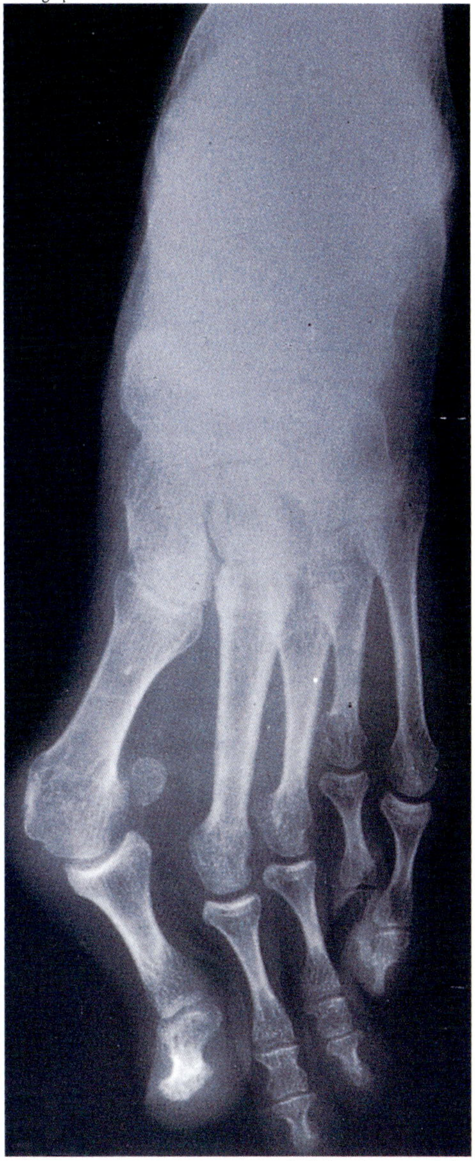

4. Caryotype d'un sujet atteint du syndrome de Turner (45, X0).

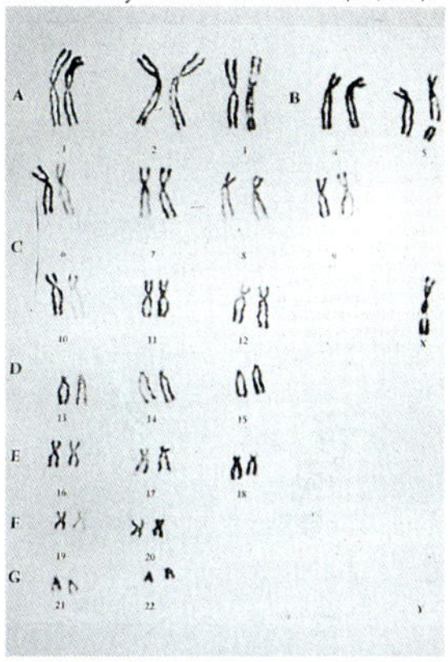

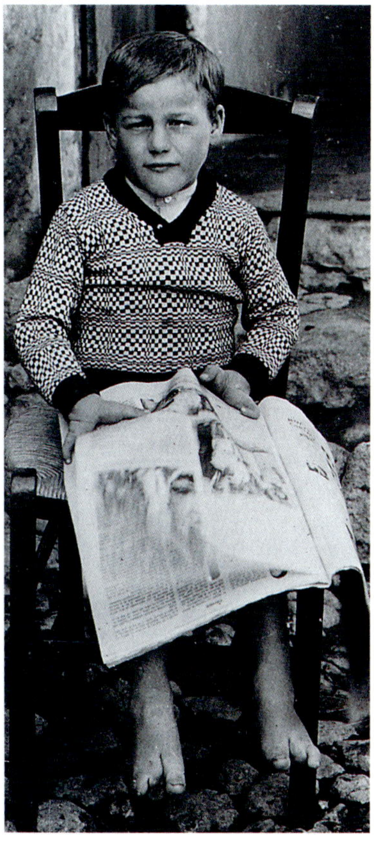

5. Enfant n'ayant que 2 doigts à chaque main (« pinces de homard ») et 3 doigts à chaque pied.

La grossesse

Le remarquable essor des techniques d'exploration du fœtus *in utero* a profondément modifié la notion de surveillance de la grossesse : purement clinique au début de ce siècle, elle fait aujourd'hui appel, de façon routinière, à la biologie, à l'endoscopie, à l'échographie, au doppler. Les techniques biologiques sont nombreuses : cytogénétique, biochimie, biologie moléculaire. L'examen du fœtus peut être réalisé grâce à l'échographie, qui permet de visualiser d'éventuelles malformations. D'autres techniques sont utilisées de manière plus exceptionnelle, comme la ponction, guidée par échographie, de sang ou d'organes fœtaux et, demain sans doute, la chirurgie fœtale.

Le but de cet arsenal technologique est l'abaissement de la morbidité (taux d'affections) et de mortalité fœtale et maternelle. Bien que, à titre d'exemple, la mortalité périnatale pour l'ensemble de la C.E.E. ait été en 1980 inférieure de 40 % à ce qu'elle était en 1960, un grand pas reste à faire afin que les différentes nations puissent aligner leurs chiffres sur ceux de la Suède et du Danemark. Il restera, cependant, un taux incompressible de complications dues à des accidents encore imprévisibles.

L'excès de médicalisation de la grossesse semble autoriser les parents à rêver, voire exiger l'enfant parfait ; d'ailleurs, les limites du diagnostic et des thérapeutiques anténatales sont sans cesse repoussées. Cette exigence n'est pas sans poser de douloureux problèmes à l'équipe de soins, car la réduction de la morbidité et de la mortalité impose l'établissement de critères de sélection ainsi que le recours à des avortements thérapeutiques.

Les nouvelles modalités de surveillance de la grossesse entraînent une importante augmentation des dépenses de santé, mais semblent largement compensées, en particulier par la réduction du nombre des naissances d'enfants handicapés, qui représentent de véritables catastrophes sur le plan humain, tout en entraînant un investissement financier considérable. L'intérêt de la collectivité passe donc par la prévention, c'est-à-dire le suivi médical des femmes enceintes associé à une amélioration des conditions de vie de celles-ci durant leur grossesse.

Surveillance de la grossesse au premier trimestre

LA PREMIÈRE CONSULTATION PERMET DE MIEUX CERNER LES PARTICULARITÉS DE CHAQUE GROSSESSE, POUR EN DÉFINIR LES MODALITÉS DE SURVEILLANCE.

Pour l'obstétricien, il est indispensable de s'assurer de la bonne évolution de la grossesse, au moyen de dosages hormonaux, ainsi que d'une échographie précoce. En effet, les nouvelles techniques d'échographie, utilisant la voie intravaginale (où la sonde est directement introduite dans le vagin, évitant aux ultrasons le passage à travers la paroi abdominale), permettent de visualiser un œuf intra-utérin dès la cinquième semaine d'aménorrhée (absence de règles). Les fausses couches précoces (qui passent souvent inaperçues) et les grossesses extra-utérines sont ainsi diagnostiquées. L'interrogatoire clinique apporte des renseignements permettant d'ébaucher le pronostic de la grossesse.

L'âge de la femme au moment de la conception est primordial, car le pourcentage d'anomalies chromosomiques lui est directement corrélé. Certaines anomalies sont responsables de malformations multiples et mortelles, d'autres, telle la trisomie 21, la plus fréquente, sont compatibles avec une survie parfois prolongée. Le dépistage précoce de ces anomalies fait partie de la surveillance habituelle de la grossesse. L'âge minimum du dépistage a été fixé à 38 ans en France, 35 en Grande-Bretagne. Ce dépistage n'est pas obligatoire et les parents qui ne souhaitent en aucun cas recourir à l'avortement thérapeutique ne relèvent pas du diagnostic anténatal. Cependant, même si toutes les femmes de plus de 38 ans étaient soumises au dépistage, seules 23 % des trisomie 21 seraient dépistées. Une voie de recherche s'oriente actuellement vers des critères plus sélectifs que l'âge, tels les dosages hormonaux, en particulier l'hormone gonadotrophine chorionique (HCG).

Il est nécessaire de connaître les antécédents à la grossesse. Ceux-ci peuvent être médicaux (cardiopathie, hypertension artérielle, diabète), chirurgicaux (stérilité opérée, ablation de fibromes) ou obstétricaux (interruption volontaire de grossesse, fausses couches spontanées, grossesse pathologique, césarienne). Les conditions de travail et de vie doivent être connues afin d'écarter les menaces d'accouchement prématuré. Un examen clinique permet enfin de rechercher une éventuelle pathologie au cours de la grossesse. Les analyses renseigneront sur l'état de l'immunité vis-à-vis de la rubéole, de la toxoplasmose, de la syphilis et du sida. Au terme de cette consultation, le pronostic de grossesse est largement ébauché. •

Surveillance de la grossesse au cours du deuxième trimestre

IL CONVIENT DE S'ASSURER D'UNE CROISSANCE HARMONIEUSE DU FŒTUS, DE CONTRÔLER LES RISQUES DE PRÉMATURITÉ, DE DÉTECTER ET TRAITER LES PRINCIPALES COMPLICATIONS.

Si le rythme idéal de surveillance est mensuel, certains éléments (antécédents, mode de vie, malformation utérine, grossesse multiple) permettent de prévoir la menace d'accouchement prématuré ; seuls les examens mensuels en feront le diagnostic, devant l'apparition de contractions utérines fréquentes et douloureuses associées à une modification du col. Le traitement de première intention sera évidemment le repos associé à des médicaments permettant de bloquer les contractions et si besoin à un cerclage du col de l'utérus.

Les grossesses multiples (présence de plusieurs fœtus) sont actuellement en recrudescence depuis l'avènement des techniques de procréation médicalement assistée. Ces grossesses doivent être considérées comme des grossesses à haut risque sur le plan de la prématurité.

Le risque de malformations du fœtus dans la population générale est de 4 à 7 %, dont environ 1,8 % de malformations congénitales graves, responsables de 20 % des morts *in utero*.

Une échographie morphologique est prescrite dans le courant du cinquième mois, car c'est à ce terme que l'on visualise au mieux les différents organes et que les diagnostics sont portés avec le plus de certitudes : malformations digestives, cardiaques, rénales, neurologiques, du squelette, de la face, etc. Certaines de ces malformations sont létales et débouchent sur un avortement thérapeutique dont la réalisation à ce terme est bien codifiée. D'autres ont vu leur pronostic amélioré par la prise en charge rapide du nouveau-né, d'où l'intérêt de programmer l'accouchement près d'un centre de réanimation et de chirurgie néonatales.

L'hypotrophie, ou retard de croissance du fœtus, nécessite un bilan soigneux de son étiologie (malformation grave, fœtopathie alcoolique ou infectieuse : cytomégalovirus, toxoplasmose, anomalie du fonctionnement placentaire) malheureusement rarement mise en évidence. Le traitement fait essentiellement appel au repos en décubitus (position couchée) latéral gauche afin d'améliorer l'oxygénation placentaire, avec une surveillance échographique tous les 15 jours.

L'hypertension artérielle de la mère peut compliquer une grossesse normale à n'importe quel terme, entraînant une hypotrophie du fœtus et un risque de toxémie (intoxication). La prise de la tension, la surveillance des œdèmes et de l'albumine dans les urines font donc partie du suivi habituel de toute grossesse.

La maladie « Rhésus » concerne les fœtus des femmes de groupe sanguin Rhésus négatif, dont le mari est Rhésus positif, et qui se sont immunisées à l'occasion d'une première grossesse mal surveillée. Dans ce cas, elles

Les techniques de diagnostic d'anomalies chromosomiques

	Terme (semaines d'aménorrhée)	*Inconvénients et accidents*	*Avantages*
Amniocentèse	15-17	Résultats tardifs (4 mois et demi) La culture de cellules au 3e trimestre est difficile 0,5 % de fausses couches	Technique facile Aisément reproductible Peu de complications
Ponction de trophoblaste	10-12	Impraticable après 2 mois et demi Nécessite un opérateur entraîné De 1,5 à 2 % de fausses couches	Réponse précoce, donc avortement facile si nécessaire
Ponction de sang fœtal	À partir de 20	Impose une équipe performante Risque d'hémorragie par la piqûre du cordon	Utile au 3e trimestre Diagnostic rapide (en 3 jours) Le sang donne de multiples renseignements

La prématurité et les malformations représentent une part importante des pathologies périnatales. Les progrès du diagnostic (voir tableau) laissent espérer une réduction régulière du taux des malformations découvertes inopinément à la naissance. En revanche, l'accent doit être mis sur la prévention de la prématurité : aménagement des horaires de travail ou même repos complet, aides ménagères, prise en charge des enfants plus grands, surveillance à domicile. De même, les accidents survenant pendant la grossesse doivent faire l'objet d'un dépistage soigneux afin d'être rapidement traités.
Quant aux accidents pouvant survenir pendant l'accouchement, seule la maîtrise des techniques obstétricales permettra de les maintenir à un taux minimal mais jamais nul.

synthétisent des anticorps qui détruisent les globules rouges du fœtus si ce dernier est Rhésus positif. L'anémie qui en résulte est source de souffrance fœtale chronique imposant une transfusion du fœtus *in utero*.

Certaines maladies infectieuses, telle la listériose, peuvent être traitées au moyen d'antibiotiques afin d'éviter une infection du fœtus ou un accouchement prématuré. D'autres, tels la toxoplasmose, la rubéole, le cytomégalovirus, peuvent avoir de lourdes séquelles. Quant au sida, il est transmis au fœtus dans 30 % des cas.

Le diabète gestationnel, développé à l'occasion de la grossesse, sera suspecté en cas de présence de sucre dans les urines ou de découverte d'un gros bébé. Il faudra équilibrer le diabète, car ces nouveau-nés sont sujets à l'hypoglycémie et à des troubles de la ventilation. Certaines de ces pathologies peuvent bénéficier d'une prise en charge rapide dans un centre adapté. •

Échographie et fœtoscopie

L'échographie est devenue le prolongement direct de l'examen clinique. En début de grossesse, elle permet de s'assurer de la bonne évolution de cette dernière, de la dater avec précision et de diagnostiquer précocement les grossesses multiples.
À quatre mois, l'échographie permet le diagnostic des principales malformations. À sept mois, elle met en évidence les troubles de la croissance du fœtus, sa présentation, la quantité de liquide amniotique, la localisation du placenta. L'échographie d'un fœtus de 12 semaines (1) montre parfaitement la tête, les membres inférieurs et le placenta. Cette image est superposable à la photo de fœtoscopie (2), technique de visualisation directe du fœtus qui fait appel à des moyens endoscopiques et dont les indications sont exceptionnelles.

1. Échographie d'un fœtus de 12 semaines.

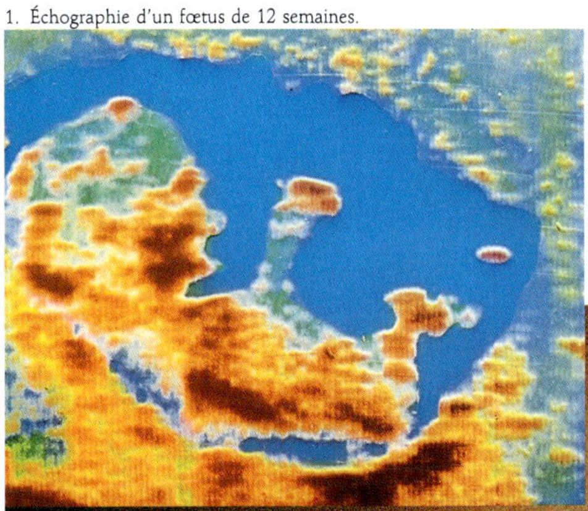

2. Fœtus de 11 semaines.

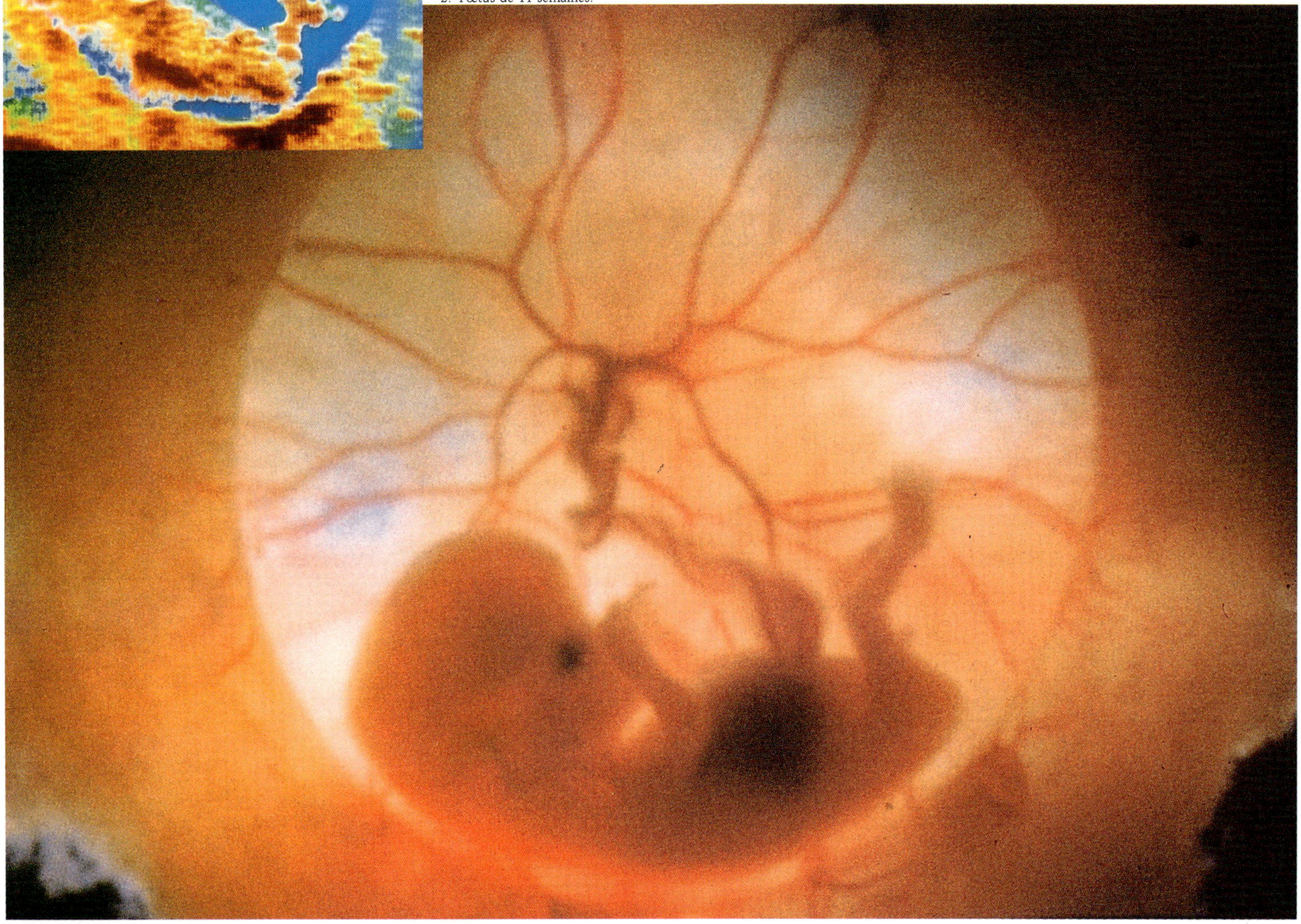

Surveillance de la grossesse au cours du troisième trimestre

OUTRE LE DÉPISTAGE DE CERTAINES COMPLICATIONS GRAVES, LE BUT PRINCIPAL DU SUIVI DE FIN DE GROSSESSE EST DE PLANIFIER ET DE PRÉPARER L'ACCOUCHEMENT.

Au cours des derniers mois, certaines complications graves doivent être dépistées.

L'hypotrophie sévère, si elle persiste, impose une extraction afin d'offrir à l'enfant de meilleures conditions de survie.

La toxémie du fœtus, ou toxémie gravidique, qui associe hypertension, albuminurie et œdèmes, peut également imposer l'extraction car son pronostic est parfois sombre pour la mère et le fœtus.

La rupture prématurée des membranes comprend un risque infectieux majeur pour le fœtus dès lors que la cavité amniotique stérile est en contact avec le vagin. Le déclenchement de l'accouchement devra être décidé à la moindre suspicion d'infection.

Un placenta praevia, c'est-à-dire inséré en position basse, sur le col de l'utérus, peut être responsable de saignements graves nécessitant parfois une césarienne.

Toutefois, le but principal de la surveillance de fin de grossesse est de planifier et de préparer l'accouchement. Si la femme souhaite une analgésie péridurale (anesthésie de la partie inférieure du corps par l'injection d'un anesthésique local dans l'espace péridural), un bilan sanguin sera prescrit afin d'éliminer les risques d'hémorragie consécutifs à un défaut de coagulation du sang.

La prévention de la « dystocie » (impossibilité pour le bébé de passer à travers le bassin maternel) se fera dès le huitième mois de grossesse. Ainsi, la découverte d'un fœtus en présentation du siège autorise, en dehors de certaines contre-indications, une tentative de version par manœuvres externes, afin de replacer la tête fœtale au niveau du bassin. En cas d'échec, une radio mesurant les différents diamètres utiles du bassin permettra de diagnostiquer un rétrécissement de ce dernier imposant une césarienne. De même, en cas de diabète ou de gros bébé, l'accouchement sera programmé vers huit mois et demi afin d'éviter les complications mécaniques. Si l'utérus est porteur d'une cicatrice, il faudra également s'assurer de la bonne perméabilité du bassin avant d'autoriser l'accouchement par voie basse.

Surveillance du dépassement de terme. Grâce à l'échographie précoce, le terme de la grossesse peut être prévu avec une précision de quelques jours, et tout accouchement ne survenant pas avant la date limite devra être provoqué, car le fœtus devient ensuite plus fragile.

Les nouvelles méthodes de déclenchement du travail associées à l'anesthésie péridurale permettent à l'heure actuelle de programmer l'accouchement à une date convenant à la femme mais aussi à l'obstétricien. Des consultations à un rythme plus rapproché donneront alors à ce dernier des renseignements précis sur la maturité du col de l'utérus dont dépend le succès d'un déclenchement de l'accouchement.

Les dernières consultations permettent aussi de préparer le « post-partum » : choix et modalités pratiques d'alimentation du nouveau-né. On pourra évoquer la rééducation des muscles du périnée, la contraception et la sexualité du couple autour de l'accouchement. •

→ **Voir aussi :** L'embryologie animale, **BIOL**, p. 78-79. Les maladies génétiques, **MED**, p. 330-331. Les anomalies congénitales, **MED**, p. 332-333.

L'accouchement

L'ATTENTE D'UN ENFANT, surtout lorsqu'il s'agit de la première grossesse, représente pour un couple neuf mois de surprises, d'émotions, mais aussi d'incertitudes. Nombre de questions se posent qui concernent l'enfant, sa morphologie, son intégrité physique, sa ressemblance avec ses parents, ses particularités. Une grande part d'incertitude concerne également le déroulement de l'accouchement et son vécu par la mère. Malgré une préparation intense à l'accouchement (lectures, cours, films), l'angoisse que génère ce moment ne peut être effacée.

Certes, la vie familiale de la future mère, ses relations avec sa propre mère et les récits que cette dernière a faits de ses grossesses et de ses accouchements conditionnent fortement son imagination sans pour autant répondre à ses questions concernant la douleur, son seuil de tolérance et les moyens de la soulager, ainsi que le déroulement précis de la phase d'expulsion.

Les salles d'accouchement ressemblent plus à l'heure actuelle à des salles d'opération, avec un matériel sophistiqué de surveillance électronique et tout l'arsenal de réanimation de l'anesthésie. Certaines femmes se sentent sécurisées par le personnel et par l'équipement perfectionné qu'elles trouvent en salle de naissance, alors que d'autres souhaitent un minimum d'intervention extérieure, et c'est à la sage-femme ou à l'accoucheur de trouver le ton juste de la prise en charge technique et affective toujours indispensable. L'avenir est à une surveillance plus légère du travail, avec des moyens plus mobiles et maniables, et la possibilité d'accouchement à domicile.

L'expulsion

LE FŒTUS S'ENGAGE DANS LE BASSIN, TRAVERSE LA FILIÈRE GÉNITALE ET SE DÉGAGE PROGRESSIVEMENT. L'EXPULSION DEMANDE LA PARTICIPATION DE LA MÈRE.

Après s'être raccourci (ou « effacé »), le col de l'utérus s'ouvre, la femme est alors à « dilatation complète » et peut être installée en position gynécologique, jambes sur les étriers, afin de pouvoir pousser de manière efficace. Grâce aux contractions utérines et aux efforts fournis, le fœtus progresse régulièrement dans la filière génitale jusqu'à ce que le sommet de sa tête apparaisse largement à travers l'anneau vaginal, dilatant le périnée. Il peut alors être saisi au niveau du menton à travers le périnée par la main gauche de l'accoucheur, tandis que la main droite, exerçant une contre-pression, empêche la tête de sortir brutalement en créant de graves lésions. L'épisiotomie consiste en une section chirurgicale des muscles releveurs de l'anus afin d'agrandir l'anneau vaginal. Ce geste peut être utile si le périnée est trop tonique et risque d'être déchiré, si le fœtus est fragile, prématuré, ou s'il doit naître rapidement du fait d'une souffrance fœtale.

Lorsque la tête est dégagée, le reste du corps suit facilement. Le cordon ombilical est alors sectionné. Le bébé peut rester un moment au calme sur le ventre de sa mère, mais il peut avoir besoin de soins urgents et être emmené rapidement en crèche.

Environ 20 minutes plus tard, le placenta, sous l'effet des contractions, se décolle de l'utérus et est expulsé dans le vagin. Il arrive que le placenta ne se décolle pas spontanément ou que l'accouchement soit immédiatement suivi par une importante hémorragie imposant l'ablation du placenta sous anesthésie.

Par la suite, la femme devra rester sous surveillance et l'épisiotomie, si elle a été pratiquée, sera recousue, en profitant d'une éventuelle péridurale.

Les conditions de l'accouchement sont parfois différentes avec une présentation dite « dystocique » : si la tête ne se présente pas dans le bon axe, l'accoucheur peut, en passant par les voies naturelles, la remettre dans la bonne position. Il peut également s'aider pour cela d'un forceps, instrument métallique en forme de couvert à salade qui permet d'attraper la tête du fœtus afin de l'orienter et de l'attirer dans le bassin.

Pratiques culturelles

L'ACTE D'ENFANTER NE CORRESPOND À AUCUN SAVOIR PARTICULIER, MAIS SES MODALITÉS RESTENT TRIBUTAIRES DU MILIEU CULTUREL.

Le terme d'accoucheur n'apparaît que tardivement dans l'histoire. En France, sous l'impulsion de Louis XIV, l'accoucheur se substitue progressivement à la matrone. On peut voir comme une conséquence logique à cette irruption de l'homme auprès de l'accouchée l'évolution vers la position horizontale de la femme durant le travail, associée, selon certains, à une soumission face au pouvoir médical. La position au cours de l'accouchement correspond d'ailleurs à un débat ancien et qui reste d'actualité. Dans les sociétés préindustrielles, la position verticale était majoritaire, la femme étant soutenue par son mari ou ses proches sans aucune participation de l'accoucheur. Les positions horizontales appartiennent à l'obstétrique moderne mais ne sont pas historiquement les plus répandues.

Actuellement, il est possible d'exercer un certain contrôle sur l'accouchement, par exemple en provoquant ou retardant les contractions utérines. Certaines ethnies ont adopté depuis longtemps une conception dirigiste du travail, telle la stimulation du mamelon pour entraîner des contractions, chez les Lepcha d'Asie, ou le déclenchement d'un orgasme, dans le même but, chez les Siriono de Bolivie.

Des accoucheurs, séduits par le livre de Frédérick Leboyer *Pour une naissance sans violence,* ont souhaité concrétiser ses idées en entourant différemment la femme pendant le travail, en ne l'entravant pas par une surveillance électronique continue. Cela lui permet de rechercher la position la moins douloureuse possible. L'expulsion est également autorisée dans n'importe quelle position puisque, de leur point de vue, la position horizontale ne procure de confort qu'à l'accoucheur. Une attention extrême a également été accordée aux premiers instants du nouveau-né, dénonçant l'accueil classique par une fessée, les sons et les lumières trop agressifs, la section prématurée du cordon ombilical. Les salles de naissance avaient besoin de ce souffle d'humanité, qui fait une part importante aux sentiments et privilégie le premier contact entre la mère et l'enfant dans un univers moins traumatisant. La présence du père a également modifié l'atmosphère de la salle de travail. •

Déroulement du travail et analgésie

LE TRAVAIL QUI PRÉCÈDE L'EXPULSION CORRESPOND À DES CONTRACTIONS DE L'UTÉRUS, SPONTANÉES OU PROVOQUÉES, DONT ON PEUT ATTÉNUER LA DOULEUR.

Le travail comporte plusieurs phases : la préparation, où les contractions de l'utérus sont irrégulières et relativement peu intenses, la dilatation du col et la descente du fœtus dans le bassin maternel. Les mécanismes qui déclenchent le travail sont encore mal connus dans l'espèce humaine. Les prostaglandines, molécules sécrétées par les membranes qui entourent le fœtus (amnios et chorion), induisent des contractions utérines. Une hormone hypophysaire d'origine maternelle, l'ocytocine, renforce les contractions.

Durant ce processus, le fœtus doit s'adapter à diverses agressions : contractions utérines qui peuvent interrompre brièvement le passage du sang dans le placenta, forces mécaniques appliquées sur le cordon, modifications de la composition du sang maternel. De son côté, la mère doit fournir des efforts respiratoires et musculaires. Elle doit également combattre les variations de sa tension artérielle dues à la position couchée et à une éventuelle péridurale.

Au début du travail, le monitorage électronique permet l'enregistrement des contractions utérines et du rythme cardiaque du fœtus afin de dépister toute indication de souffrance fœtale. Outre la prise régulière de la tension artérielle et l'observation du liquide amniotique, un toucher vaginal doit être réalisé toutes les heures afin de vérifier la dilatation du col et la progression de la tête du bébé.

La rupture de la poche des eaux (qui contient le fœtus et le liquide amniotique) peut survenir spontanément en début de travail ou être réalisée en salle de naissance. Les contractions deviennent alors plus douloureuses.

Différentes analgésies peuvent être utilisées pendant le travail : la morphine entraîne des effets secondaires importants ; l'anesthésie locale n'est efficace que pendant la phase d'expulsion ; le protoxyde d'azote, gaz délivré par le masque à oxygène, peut aider à passer un cap difficile ; l'anesthésie générale est réservée à des indications particulières. Quant à la péridurale, elle impose de passer un cathéter très fin dans l'espace péridural que l'on aborde entre la 3e et la 4e vertèbre lombaire afin de ne pas léser la moelle épinière, qui s'arrête plus haut. Le cathéter est laissé en place, ce qui permet de réinjecter du produit toutes les heures.

La péridurale diminue discrètement l'intensité et la fréquence des contractions, mais elle n'a aucun effet sur le fœtus, contrairement à l'anesthésie générale ; elle assouplit le col et permet de pratiquer un forceps chez une femme vigilante qui vit pleinement son accouchement. Elle ne peut être pratiquée en cas de troubles de la coagulation du sang, d'infection dans la zone de piqûre ou de maladie neurologique grave. Sa principale complication est la survenue de céphalées si l'aiguille a traversé l'espace péridural. La douleur de l'accouchement sera mieux maîtrisée par une femme bien préparée, que ce soit par des cours « classiques », des cours en piscine, du yoga, de la sophrologie ou de l'acupuncture.

Lorsque le travail ne se produit pas spontanément, il est nécessaire de le déclencher à l'aide d'une perfusion de médicaments, dits *ocytociques* (par analogie avec l'ocytocine, hormone hypophysaire), provoquant des contractions identiques aux contractions spontanées. Parfois,

Le siège est également une présentation dystocique, car la tête, qui est la partie la plus volumineuse, passe en dernier et peut être retenue au-dessus d'un bassin rétréci. L'expulsion peut se dérouler sans intervention, mais l'obstétricien est parfois amené à pratiquer des manœuvres délicates pour faciliter la sortie harmonieuse du fœtus. L'accouchement par le siège est responsable d'une mortalité périnatale trois fois plus élevée que la présentation céphalique, par anoxie fœtale (compression du cordon) ou par traumatisme obstétrical (lésion du plexus nerveux du bras, hémorragie cérébro-méningée, fractures...). Il ne faut donc pas hésiter en cas de doute à pratiquer une césarienne.

Les césariennes ont des indications mutiples : gros bébé, souffrance fœtale en début de travail, certains sièges, certaines grossesses multiples, un placenta qui recouvre l'orifice interne du col, une cicatrice utérine, une toxémie gravidique (albuminurie et hypertension maternelles) pour ne citer que les principales. La technique en est bien codifiée : elle peut se pratiquer sous anesthésie générale ou sous péridurale, l'incision sera horizontale, au niveau des poils pubiens. Le taux des césariennes dans les pays industrialisés tend à se stabiliser aux alentours de 10 %. •

cette technique peut être proposée pour le confort de la patiente qui souhaite accoucher à une date précise, mais elle peut également être impérative du fait d'une pathologie : hypertension, infection de l'« œuf » (fœtus et enveloppes), maladie rhésus, diabète. •

Complications fœtales et maternelles

BIEN QUE D'ÉNORMES PROGRÈS AIENT ÉTÉ RÉALISÉS, DES ACCIDENTS PERSISTENT, MÊME DANS LES PAYS INDUSTRIALISÉS.

Les accidents de la grossesse et de l'accouchement sont souvent évitables, dus à des soins insuffisants, mais certains sont encore inexpliqués et non prévisibles.

En ce qui concerne le fœtus, les principales complications sont consécutives aux accouchements prématurés, qui représentent 5 % des naissances mais sont responsables de deux tiers des morts périnatales. Les séquelles, parfois très lourdes, sont difficiles à chiffrer. Les hypotrophies concernent 10 % des naissances, mais sont responsables de complications moindres.

Les autres pathologies fœtales sont : l'infection contractée en fin de grossesse ou au cours du travail ; la maladie des membranes hyalines, due à un retard de résorption du liquide dans les poumons, avec risque de détresse respiratoire ; les lésions hémorragiques intracérébrales, qui peuvent compliquer un accouchement très prématuré ou dans des conditions techniques difficiles. Il est certain qu'une appréciation soigneuse du risque obstétrical devrait permettre d'améliorer les chiffres ; mais, pour ne citer qu'un exemple, il ne semble pas à l'heure actuelle possible de supprimer définitivement les risques de prématurité.

Sur le plan maternel, l'amélioration est due au développement de l'asepsie, notamment chirurgicale, à l'apparition des antibiotiques, des ocytociques (qui permettent de mieux diriger le travail) et des anticoagulants.

Néanmoins, il arrive encore qu'une femme meure en couches. Les causes de cette mortalité sont multiples. L'hémorragie, parfois massive, peut s'avérer rebelle à une réanimation bien conduite et l'hypertension artérielle se complique d'éclampsie (convulsions et coma) ; l'embolie pulmonaire peut compliquer toute phlébite. L'embolie amniotique (passage de liquide amniotique et de squames fœtaux dans la circulation maternelle, en général au cours du travail) entraîne un état de choc gravissime, souvent rapidement fatal. L'infection puerpérale (infection d'origine génitale contractée au cours de l'accouchement), autrefois redoutable, est actuellement mieux maîtrisée. Une rupture utérine peut provoquer une hémorragie interne ; une césarienne peut se compliquer d'hémorragie, d'infection ; enfin, il faut tenir compte des éventuelles complications de l'anesthésie.

Certains de ces problèmes sont prévisibles et curables. Cependant, d'autres, telle l'embolie amniotique, continueront à faire de la grossesse et de l'accouchement un épisode de la vie génitale féminine malheureusement incomplètement dénué de risque vital. •

→ **Voir aussi :** La grossesse, **MED**, p. 334-335. La naissance, **MED**, p. 338-339.

1.

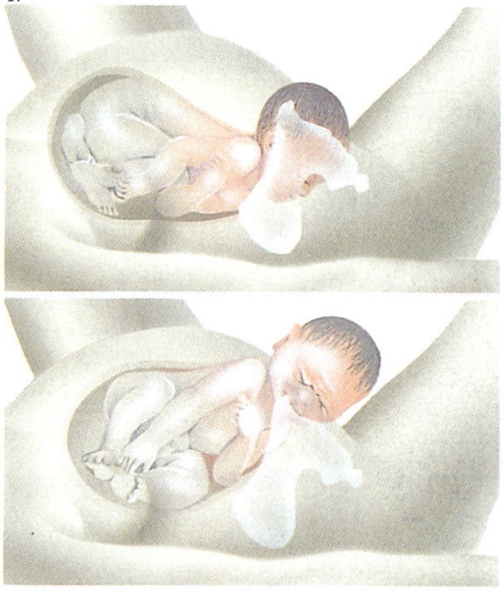

Accouchement normal

Le dégagement de la tête, aidé par une pression à la hauteur de l'anus, doit se faire très lentement afin de distendre progressivement le périnée sans le déchirer.

2.

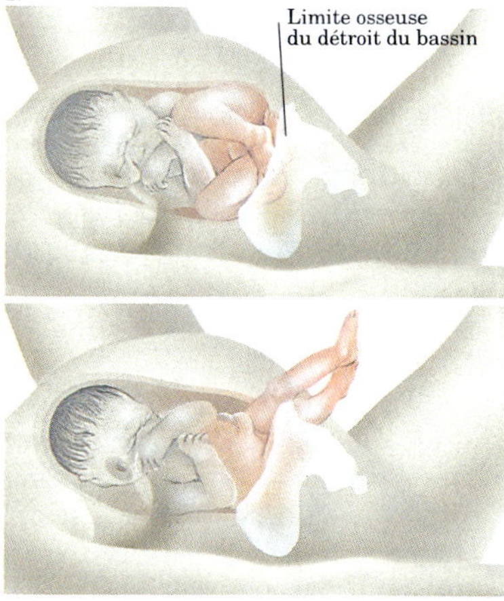

Présentation par le siège

Différentes manœuvres permettent à l'obstétricien de faire face aux difficultés. Par exemple, l'introduction d'un doigt dans la bouche du bébé permet de fléchir la tête afin qu'elle se présente par son plus petit diamètre.

3.

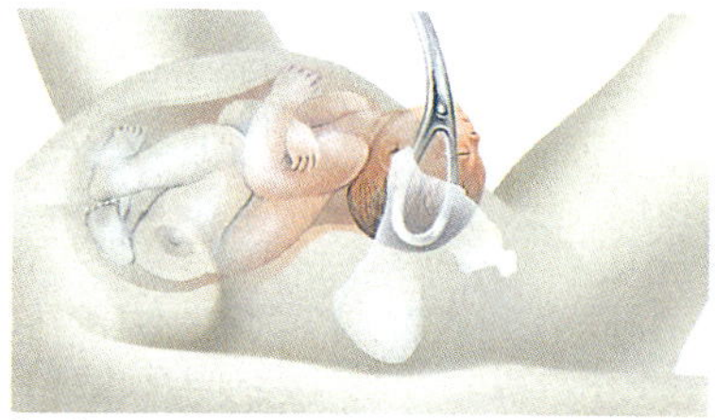

Les forceps

Le recours aux forceps, lorsque la femme épuisée ne peut plus pousser, lors d'une urgence pour cause de souffrance fœtale ou lorsqu'un « gros bébé » a du mal à « passer », nécessite douceur et rigueur pour éviter toute lésion pouvant affecter le crâne fœtal ou l'appareil génital de la mère.

Le nouveau-né

L'enfant qui vient de naître est déposé par la sage-femme sur le ventre de sa mère, mais le cordon n'a pas encore été coupé. Souvent, le père, nouveau venu en salle de naissance, demande à le faire. Déculpabilisé (en particulier par la péridurale, qui supprime les douleurs de l'accouchement), il peut soutenir sa femme, l'aider à pousser et surtout accueillir avec elle le nouveau-né. Ces situations nouvelles ont profondément modifié l'atmosphère de la salle de travail.

4. Premiers instants hors de l'organisme maternel.

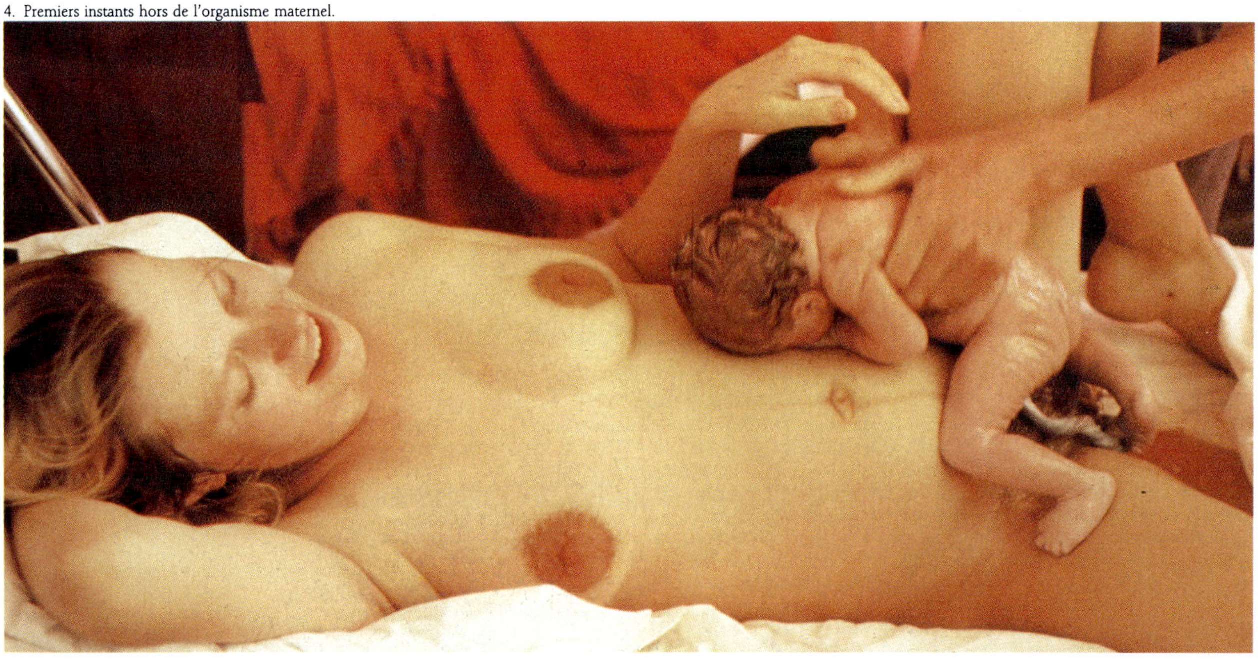

La naissance

DANS LA GRÈCE ANTIQUE, la femme enceinte devait observer des images de héros réputés pour leur force physique, afin que son nouveau-né leur ressemble. Nous savons à l'heure actuelle qu'il est (encore ?) illusoire de tenter de modifier notre descendance. À ce titre, les régimes en vue d'obtenir un sexe déterminé n'ont pas fait preuve de leur efficacité. Il existe en revanche des moyens d'appréhender le fœtus bien avant la naissance : l'échographie nous renseigne sur son poids, son sexe, dépiste une éventuelle malformation ; l'examen des chromosomes est possible dès la huitième semaine de gestation ; on peut en outre déterminer s'il est anémique, porteur de déficits enzymatiques, si son cœur sera capable de supporter le stress de la naissance.

Alors que, dans certaines régions d'Afrique, la mortalité néonatale est tellement élevée que le nouveau-né ne reçoit de prénom qu'après un certain temps de vie, le fœtus *in utero,* sous nos latitudes, est très vite investi d'une vie autonome, a parfois déjà un prénom et un comportement rêvé que lui prêtent ses parents, sûrs de sa survie. À la naissance, le nouveau-né « réel » est obligatoirement comparé à l'enfant imaginaire et cette confrontation peut s'avérer décevante, voire source de difficultés entre la mère et son enfant.

Nombre de nouveau-nés qui étaient condamnés il y a 20 ou 30 ans à périr sont actuellement « sauvés » par les nombreux progrès techniques. Aujourd'hui, tous doivent vivre ou survivre, parfois au prix de lourdes séquelles que nous maîtrisons mal encore.

La contraception, les nouveaux traitements de la stérilité permettent de planifier les grossesses. La maîtrise du déroulement du travail autorise la programmation des naissances dans un univers de sécurité maximale où l'imprévu est d'autant plus mal accepté que sa place s'est considérablement réduite. Parallèlement à cette éclosion de technologies nouvelles, l'accent est mis sur l'importance de la prise en charge affective du couple, de l'accueil du nouveau-né dans la douceur, l'obscurité, voire dans un milieu aquatique. Dans le même temps que s'humanisaient les salles de travail, elles s'ouvraient au père, grand absent jusqu'alors.

L'accueil du nouveau-né

EN DEHORS DES GRANDS PRÉMATURÉS, CHEZ LESQUELS IL FAUT SUPPLÉER RAPIDEMENT AUX FONCTIONS VENTILATOIRES DÉFAILLANTES, L'ACCUEIL DU NOUVEAU-NÉ À TERME SANS SOUFFRANCE FŒTALE SE FAIT DANS LA PLUS GRANDE DOUCEUR.

Après avoir posé le bébé sur le ventre de sa mère, la sage-femme procède aux premiers soins et au premier examen. La désobstruction du larynx peut s'avérer nécessaire afin de libérer la gorge des glaires et du liquide qui s'y trouveraient. Le score d'Apgar est mesuré 1 minute et 10 minutes après l'expulsion : il concerne la fréquence cardiaque, les mouvements respiratoires, le tonus musculaire, la réactivité et la coloration, tous cotés de 0 à 2. Une note globale de 9 ou 10 signifie que le nouveau-né va parfaitement bien. On procède ensuite aux mensurations (taille, poids, périmètre crânien) et à la mise en place des bracelets d'identification portant le nom et le prénom pour éviter toute erreur. La désinfection oculaire par instillation avec un collyre antibiotique ainsi que l'injection de vitamine K pour prévenir la maladie hémorragique sont également systématiques. L'enfant est alors habillé et ramené à la mère qui pourra, si elle le souhaite, commencer l'allaitement. La succion est d'emblée efficace, favorise la montée laiteuse et permet un merveilleux échange mère-enfant.

Des manœuvres de réanimation peuvent s'avérer nécessaires en cas de souffrance fœtale, de détresse respiratoire, voire d'état de mort apparente (Apgar inférieur à 3 et fréquence cardiaque très lente). Les gestes doivent être parfaitement coordonnés et efficaces, le succès de la réanimation dépendant fortement de la rapidité et de la cohésion de l'équipe : ventilation au masque, intubation, injection de drogues tonicardiaques et lutte contre l'hypothermie. Si l'état du nouveau-né reste précaire ou s'il s'agit d'un grand prématuré, il devra être transféré dans un service de réanimation néonatale.

Quand l'enfant se porte bien, l'examen clinique complet peut être différé et sera réalisé par le pédiatre. Il comporte la recherche de malformations externes, l'examen des organes génitaux externes et du rachis (ainsi que la recherche d'une luxation congénitale de la hanche), l'examen neurologique, qui met en évidence l'hypertonie normale du nouveau-né. Il se poursuit par la recherche des automatismes primaires, tels que le « grasping » ou agrippement des doigts, le réflexe de Moro (réaction complexe mettant en jeu la tête et les bras lorsque le nouveau-né est attiré puis relâché) ou la marche automati-

Le nouveau-né

LE BÉBÉ PASSE EN QUELQUES INSTANTS D'UN MILIEU PROTÉGÉ, OÙ SES ORGANES VITAUX FOURNISSENT UN EFFORT MINIMAL, À UN MILIEU OÙ SON CŒUR, SES POUMONS ET LES AUTRES ORGANES DEVRONT TRAVAILLER SEULS.

Le placenta, organe provisoire situé en dehors de l'embryon, a, pendant neuf mois, assuré les échanges gazeux, gardant les poumons au repos. Il a également transmis les nutriments à la place du système digestif tout en jouant un rôle excréteur. Bien que le rein synthétise de l'urine dès le quatrième mois, il ne joue aucun rôle dans le maintien de l'équilibre ionique du fœtus. Le placenta, excellent échangeur de chaleur, est aussi indispensable à l'équilibre thermique du fœtus. Enfin, la circulation fœtale, par le biais de communications (shunts) entre les circulations droite et gauche, permet au cœur de ne fonctionner qu'à 50 % de ses capacités tout en privilégiant sa vascularisation et celle du cerveau.

À la naissance, l'adaptation se fait en respectant une certaine hiérarchie.

– Priorité est donnée à la respiration. La naissance par les voies naturelles permet, grâce à la compression du thorax dans la filière génitale, d'éliminer une grande partie du liquide amniotique contenu dans les poumons, provoquant l'entrée d'une première goulée d'air. Les mouvements respiratoires, par un mécanisme encore mal élucidé, se déclenchent dans les 20 premières secondes de vie.

– La suppression de la circulation placentaire et la fermeture des shunts permet le passage progressif à une circulation de type adulte avec un cœur fonctionnant au maximum de ses capacités.

– La régulation thermique reste difficile à assurer pour un nouveau-né et il faudra lutter de manière efficace contre le refroidissement en le réchauffant et en l'habillant.

– Enfin, le système neurologique, encore relativement immature à la naissance, est néanmoins prêt à permettre une progression rapide du développement de la perception du milieu extérieur ainsi que l'acquisition de réactions motrices complexes. •

La circulation fœtale

Elle présente trois caractéristiques : les deux ventricules sont fonctionnels en parallèle, les circulations droite et gauche communiquent par deux shunts : le trou de Botal et le canal artériel, le placenta permet un circuit extracorporel. Après la naissance, la suppression du placenta et l'aération pulmonaire vont entraîner la fermeture des shunts. Les ventricules sont alors mis en série : l'ensemble de la masse sanguine transite par le ventricule droit pour traverser les poumons et revient au ventricule gauche avant d'être relancée dans la circulation générale. Chaque ventricule assure donc désormais 100 % du débit sanguin. Les vaisseaux du fœtus sont très sensibles aux hormones circulantes.

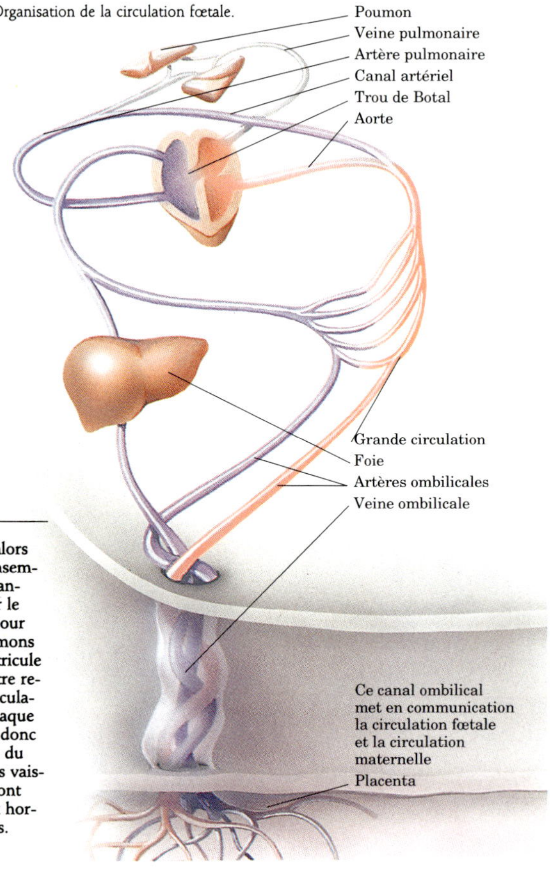

1. Organisation de la circulation fœtale.

que. En cas de pathologie familiale connue, on pourra rechercher précocement une cécité, une myopie congénitale sévère ou une surdité.

Au 5ᵉ jour après la naissance, une prise de sang systématique est pratiquée pour dépister deux maladies congénitales rares mais dont le traitement est bien codifié. Il s'agit de la phénylcétonurie, due à l'absence d'une enzyme et traitée par un régime alimentaire approprié, ainsi que de l'hypothyroïdie, traitée par l'apport d'hormones thyroïdiennes. Un traitement précoce permet d'éviter les séquelles neurologiques lourdes, inhérentes à ces deux affections. Le comportement relationnel du nouveau-né, son rythme d'éveil et de sommeil ainsi que les réponses aux stimuli extérieurs sont également appréciés par des tests simples. •

Le premier examen

Le premier examen du nouveau-né permet d'apprécier son degré de maturation neurologique et morphologique, de confirmer son âge gestationnel. Un bon examen clinique est souvent suffisant mais on peut être amené à pratiquer un bilan plus complet : prélèvements bactériologiques, numération sanguine, radiographie. Certaines des pathologies citées dans le tableau ci-dessous, telles les occlusions, sont de véritables urgences chirurgicales, d'autres nécessitent des soins médicaux intenses. Quand elle est possible, l'hospitalisation du nourrisson à proximité de la mère permet de ne pas trop perturber leur relation précoce, mais le retour à la maison sans l'enfant reste un moment très difficile qui impose à l'équipe médicale d'entourer chaleureusement les parents.

3. Réflexe d'agrippement.

L'alimentation du nouveau-né

L'ALIMENTATION LA PLUS ADAPTÉE POUR LE NOUVEAU-NÉ EST CELLE QUI PROCURE DU PLAISIR À LA MÈRE SANS LUI IMPOSER TROP DE CONTRAINTES.

Les seins ont subi, durant toute la grossesse, d'importantes modifications hormonales afin de préparer la lactation, c'est-à-dire la sécrétion de lait par les glandes mammaires. L'éjection du lait est favorisée par les tétées précoces grâce aux réflexes de fouissement et de succion, présents dès la naissance, qui permettent de trouver le sein et de téter. Par la suite, la lactation sera entretenue automatiquement, la synthèse du lait étant fonction de la fréquence des tétées. Les premières tétées ne contiennent que du colostrum, précurseur du lait, mais dont la composition est adaptée au système digestif encore immature du nouveau-né. Ce liquide est riche en immunoglobulines ou anticorps, transmettant ainsi des défenses immunitaires de la mère à l'enfant. Le lait maternel est l'aliment le plus adapté des premiers jours de vie. De plus, sa composition et son goût varient en fonction de l'alimentation de la mère sans créer d'allergie.

L'allaitement est sujet à des phénomènes de mode qui tantôt en font un impératif absolu, tantôt quelque chose de profondément astreignant. Il peut être source de complications au niveau des seins (crevasses, abcès), qu'il faudra prévenir par une bonne hygiène. À l'heure actuelle, les laits artificiels, dit maternisés, se rapprochent énormément de la composition du lait maternel et sont, de ce fait, parfaitement adaptés. On se gardera donc d'imposer un mode d'alimentation, voire de le valoriser, créant chez la femme qui ne souhaite pas allaiter une véritable culpabilité. Un biberon, malgré l'absence de contact charnel, peut être pour le couple mère-enfant une source d'échanges aussi intenses qu'une tétée. •

2. Marche automatique du nouveau-né.

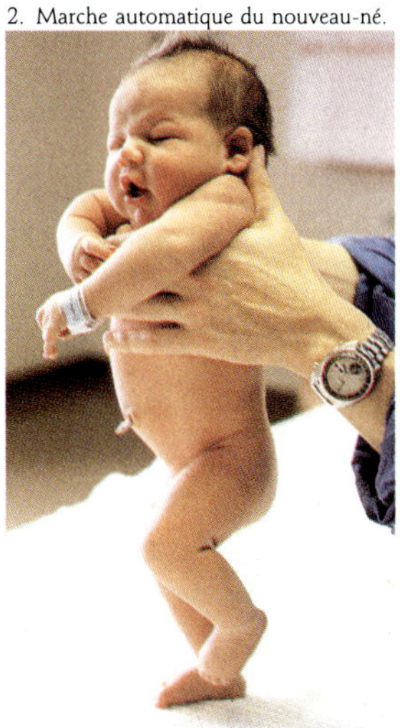

La mère

LA NAISSANCE REPRÉSENTE POUR LA MÈRE UNE ÉPREUVE NON SEULEMENT PHYSIQUE, MAIS AUSSI PSYCHOLOGIQUE.

Le passage du statut de femme enceinte, avec les avantages que cela comporte, à celui de mère ne se fait pas sans heurts. Le « ventre vide », la sollicitude qui se reporte entièrement sur le nouveau-né, lequel a des exigences souvent harassantes et dont les réactions difficiles à interpréter sont source d'angoisse, fournissent à la jeune mère autant de bonnes raisons pour paniquer et déprimer. Cette phase, le plus souvent passagère, est surnommée fort joliment le *baby-blues* par les Anglo-Saxons. Elle peut être évidente, avec pleurs, tristesse, difficultés majeures à s'occuper du bébé, ou masquée par un excès de soins et d'angoisses. L'équipe médicale doit y être très attentive. Certaines femmes ont tant de mal à maîtriser leurs nouvelles émotions qu'il en résulte une dépression grave appelée *psychose puerpérale.* Il y a alors un risque vital pour le nouveau-né car la mère peut céder à des impulsions de mort en le tuant. La connaissance de ces états pathologiques, la possibilité qu'ont les femmes d'en parler peuvent permettre de repérer rapidement les femmes à risque et de les aider.

Sur un plan plus médical, les soins concernent surtout l'épisiotomie (section chirurgicale lors de l'accouchement de muscles de l'anus) et la césarienne, avec les complications postopératoires : troubles du transit, infections, phlébites. Les seins feront l'objet d'une attention particulière en cas d'allaitement afin d'éviter crevasses et engorgement, sources d'abcès. Les femmes qui ne souhaitent pas allaiter doivent avoir une prescription médicamenteuse afin de bloquer la montée laiteuse.

Le *post-partum* est une bonne période pour envisager une contraception, en insistant sur le fait que l'allaitement n'est pas une contraception. Parfois, du fait de l'éclatement des structures familiales, les jeunes mères n'ont jamais eu l'occasion de s'occuper d'un nouveau-né, et les puéricultrices doivent les préparer à leur nouveau rôle.

Bien souvent, il faudra aborder le problème des diverses séquelles dues à la grossesse et à l'accouchement : esthétiques (en préconisant un régime et une activité physique) et fonctionnelles, comme les lésions du sphincter, de l'urètre, dont la rééducation doit être prescrite à toutes les accouchées afin de limiter le risque d'incontinence urinaire du *post-partum.* •

→ **Voir aussi :** La grossesse, **MED** p. 334-335. L'accouchement, **MED**, p. 336-337.

Pathologie néonatale des premiers jours

syndromes	*causes*	*mécanismes*
Détresse respiratoire	maladie des membranes hyalines	par insuffisance de sécrétion du surfactant qui maintient les alvéoles pulmonaires perméables
	inhalation méconiale	la souffrance fœtale aiguë entraîne l'émission de méconium *in utero,* qui peut être inhalé lors de l'expulsion
	infections pulmonaires	
	pneumothorax	
	hernie diaphragmatique	
	atrésie des choanes	
Ictères	physiologique	par immaturité du foie
	pathologique	par maladie métabolique ou maladie rhésus
Troubles digestifs	perte de poids ou stagnation	normale les premiers jours, elle impose un bilan infectieux si elle persiste
	diarrhée	souvent d'origine virale
	régurgitations et reflux	éliminer en premier une sténose du pylore ou une hernie hiatale
	coliques	banales, elles sont pour certains pédiatres d'origine psychologique
Occlusions	malformations congénitales	atrésies intestinales
	ileus méconial	par accumulation de méconium épais dans l'intestin grêle
	entérocolite ulcéronécrosante	diarrhée sanglante d'origine infectieuse
	péritonites	en général par perforation du tube digestif
Syndromes hémorragiques	par diminution de synthèse des facteurs de l'hémostase	entraînant des hémorragies digestives, cutanées, cérébrales
Maladies métaboliques	hypoglycémies	de mauvais pronostic, si prolongées
	hypocalcémie	risque de convulsions, d'arrêt cardio-respiratoire
Déshydratation		due à une gastro-entérite, une maladie rénale, un diabète
Pathologies diverses	infections	la localisation la plus grave est méningée
	convulsions	d'étiologies diverses
	cardiopathies	en général déjà diagnostiquées à l'échographie morphologique

De la naissance à deux ans

1. Nouveau-né.

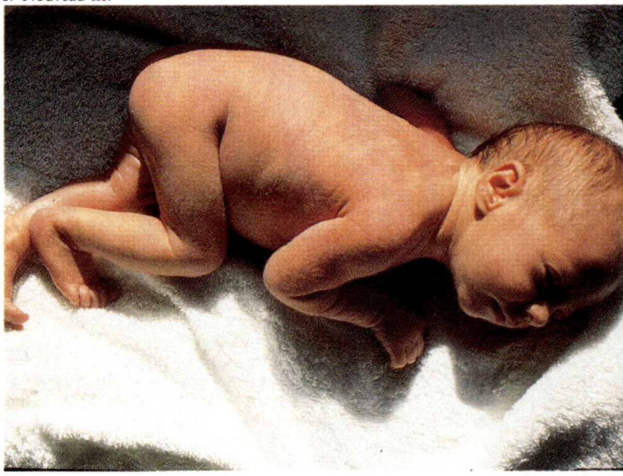

APPELÉ NOUVEAU-NÉ DE LA naissance jusqu'à 28 jours, puis nourrisson jusqu'à l'âge de deux ans, le jeune enfant est en évolution constante.

Pour suivre la croissance, des examens extrêmement simples, utilisant une toise, une balance et un mètre souple, permettent d'établir des courbes. À la naissance, un enfant né à terme mesure environ 50 cm et pèse en moyenne 3 kg (2 500 à 3 500 g), son périmètre crânien est en moyenne de 35 cm et le périmètre thoracique de 33 cm. Pendant la première année, la prise de poids et la croissance en taille sont rapides : 2 cm et 500 g par mois en moyenne. Il pèse 8 kg vers 8 mois et 9 à 10 kg à un an, mesure 75 cm, et son périmètre crânien est de 45 à 47 cm.

L'augmentation du volume du crâne est en moyenne de un centimètre par mois durant la première année. Les premières dents à apparaître sont les incisives médianes inférieures : à un an, l'enfant a en moyenne 8 dents. Au cours de la deuxième année, la croissance pondérale et staturale est moitié moins rapide qu'au cours de la première année (1 cm et 200 g par mois) ; le périmètre crânien n'augmente que de 2 à 4 cm. La première dentition se poursuit par les prémolaires puis les canines ; un enfant de deux ans a environ 16 dents.

Au cours de cette deuxième année, les proportions du corps de l'enfant varient : il est moins potelé depuis l'apparition de la marche et les jambes augmentent proportionnellement plus en taille que le tronc et la tête. La maturation de l'enfant peut être appréciée aussi par l'âge osseux, mais cela uniquement en cas d'anomalies de la croissance.

Le développement moteur

DE LA NAISSANCE À 1 AN, L'HYPOTONIE DE L'AXE DU CORPS ET L'HYPERTONIE DES MEMBRES CÈDENT POUR PERMETTRE L'ACQUISITION DE LA MOTRICITÉ VOLONTAIRE ; DE 1 À 2 ANS, LES GESTES SE PERFECTIONNENT GRÂCE À UNE MEILLEURE COORDINATION DES MOUVEMENTS.

L'enfant, à la naissance, est couché les bras fléchis, les poings serrés de chaque côté de la tête. Les jambes sont aussi à demi fléchies et légèrement tournées en dehors. Cette position est due à une hypertonie (augmentation du tonus musculaire) des muscles raccourcisseurs des membres par rapport aux muscles extenseurs. L'axe du corps, par contre, est hypotonique : le nourrisson ne tient pas sa tête, ne tient pas assis. Il ne peut effectuer des mouvements volontaires, car il est gêné par des mouvements parasites « stéréotypés » qui augmentent quand on essaie de le verticaliser à cause de l'hypotonie du cou. Ces mouvements diminuent, voire disparaissent, si on maintient son cou de manière douce vers l'axe du corps.

Le nouveau-né présente des réflexes particuliers dits « réflexes archaïques », qui disparaissent avec la maturation du système nerveux : le réflexe de redressement apparaît quand l'enfant est tenu vertical, la plante des pieds reposant sur le sol ; si on lui imprime un léger mouvement de propulsion apparaît le réflexe de marche automatique. Le réflexe de succion est déclenché par l'excitation des lèvres ; le « grasping » (agrippement), réflexe des mains, permet d'asseoir doucement l'enfant, qui agrippe les doigts de l'adulte placés dans la paume de ses mains. Quand la position de la tête par rapport au tronc change brusquement, les bras s'écartent ou se rapprochent, c'est le réflexe de Moro. Tous ces réflexes archaïques disparaissent normalement vers l'âge de 2-3 mois.

Le développement moteur va permettre le passage progressif de la position couchée à la position debout, puis à la marche. À 3 mois, le bébé tient la tête en position verticale et la bouge volontairement ; couché à plat ventre, il relève sa tête et se tient sur les coudes et les avant-bras. Les mains sont le plus souvent ouvertes, elles se joignent sur la ligne médiane ; mis debout, il a les jambes qui fléchissent. À 4 mois, à plat ventre il relève la tête en hyperextension et s'appuie sur les mains. À cet âge, il tombe en avant quand il est mis assis, en arrondissant son dos dans la région lombaire. À 6 mois, il tient assis, avec les mains de part et d'autre de ses cuisses. Il a encore le dos rond et il est capable de rouler de côté. Il rampe par mouvements alternés des membres. À 9 mois, il passe seul de la position couchée à la position assise. À cet âge, tenu par les mains, il se redresse sur ses jambes en avant de l'axe des jambes. Il rampe sur le ventre avec agilité.

À 10 mois, le bébé se tient debout avec appui et la lordose lombaire (courbure normale) apparaît. Il marche à 4 pattes. À 11 mois, il marche tenu par 2 mains, ou le long des meubles. À 12 mois, il passe seul de la position assise à la position verticale et reste debout sans appui. Il marche seul vers 14-16 mois (quelquefois plus tôt, avant 1 an, parfois plus tard) ; après 18 mois, tous les enfants normaux marchent seuls. À la fin de sa 2e année, l'enfant court, monte un escalier marche par marche, le descend avec aide, monte seul sur une chaise et peut faire du tricycle, mais ne pédale pas encore. Ce développement de la motricité va de pair avec l'éveil sensoriel et affectif. L'harmonie de la croissance est le reflet de la bonne santé. •

Le développement sensoriel

LES DIFFÉRENTS STADES DU DÉVELOPPEMENT SENSORIEL VONT PERMETTRE PETIT À PETIT À L'ENFANT DE COMMUNIQUER AVEC LE MONDE EXTÉRIEUR.

Le développement sensoriel se fait de façon privilégiée avec la relation mère-enfant ; il va conditionner l'affectivité et l'intelligence futures de l'enfant.

Déjà, dans la vie intra-utérine, le fœtus perçoit des sons. À la naissance, le bébé entend et est capable de sursauter aux bruits ; il identifie les sons, surtout les sons de basse fréquence, il est capable de percevoir la « musicalité », l'intonation de la voix. Vers 10 jours, il a un réflexe d'orientation aux bruits avec une attention qui inhibe les mouvements stéréotypés habituels à cet âge. Très vite, il va répondre aux bruits par des mimiques : grimaces, pleurs, sourires. À 3 mois apparaît une réponse préférentielle à la voix maternelle, avec ébauche de mouvement de la tête. Il tourne la tête vers un bruit latéral entre 3 et 6 mois ; un peu plus tard, il saura localiser exactement le son dans toutes les directions.

À la naissance, le nouveau-né ouvre spontanément les paupières, de façon très brève ; si on éclaire sa pupille, elle se contracte et le bébé rejette la tête en arrière. Les mouvements oculaires sont incoordonnés, les yeux divergent pendant le sommeil et, quand on tourne la tête de l'enfant, on observe le phénomène des « yeux de poupée » (basculement des globes oculaires). Vers 3 semaines, l'enfant commence à fixer les objets et à cligner des yeux quand un objet s'approche de lui. À 1 mois, la motilité des globes oculaires atteint 50° dans le sens horizontal et 20° seulement vers le bas. À 3 mois, la vision est suffisante pour que l'enfant distingue de loin une personne et de près un objet mobile coloré de plus de 5 cm. Il peut fixer le regard horizontalement sur 130° et verticalement sur 60°. La coordination des mouvements des deux yeux est acquise. Cette acquisition de la poursuite oculaire s'est faite parallèlement à l'acquisition des mouvements volontaires de la tête permettant une synergie de la tête et des yeux. Les mouvements oculaires vont ensuite se coordonner avec les mouvements de la main. Le bébé fixe sa main vers 3-4 mois, ses pieds à 5-6 mois. Son acuité visuelle continue à s'améliorer : à 6 mois, il voit de près un objet de 8 mm, à 9 mois un objet de 5 mm et à 1 an un objet de 4 mm. L'acuité visuelle à 3-4 ans atteint 8 à 9/10 avec une bonne vision binoculaire. Parallèlement à cette maturation de l'acuité, la vision des couleurs se perfectionne. D'abord sensible aux rouges et aux oranges puis aux jaunes, l'enfant va progressivement intégrer les différentes couleurs.

L'olfaction est développée très tôt et le nourrisson intègre vite l'odeur de sa mère. Le goût, également précoce, se fait petit à petit et à 4-6 mois, le bébé perçoit les différents goûts et manifeste donc ses préférences et ses rejets. La succion, qui permet la nutrition, est aussi source de plaisir, même quand elle n'est pas accompagnée de la prise d'aliments. L'enfant prend en effet plaisir à l'excitation des lèvres et de la cavité buccale : il suce son pouce, il réclame sa tétine, plaisir oral normal à cet âge qui persistera plus longtemps à l'endormissement, ou en cas d'anxiété ou de carence affective. Les contacts corporels sont une forme privilégiée de communication pour le tout jeune enfant. Peu à peu, il intègre les changements d'attitude qui suscitent une réponse de ses parents. La manière de le tenir quand il tête, les mouvements plus doux de la mère sont autant de messages perçus par l'enfant qui vont jouer sur sa personnalité. La présence du père a aussi une influence qui est actuellement en cours d'étude. •

2. Nourrisson de 6 mois.

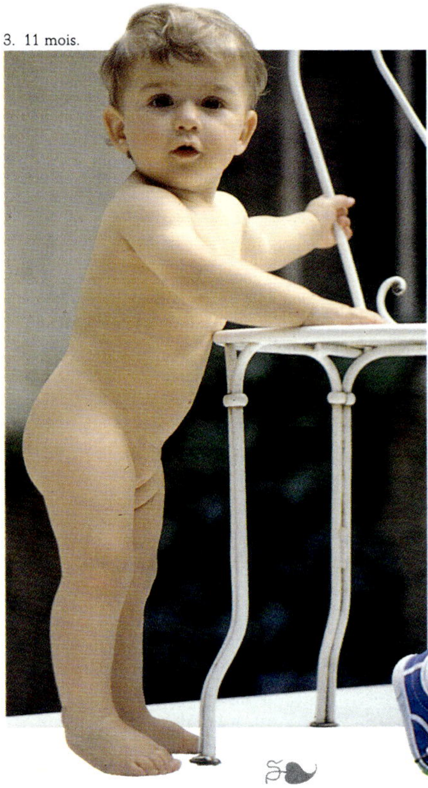

3. 11 mois.

4. 2 ans.

Un remarquable programme de développement

Le nouveau-né est couché bras et jambes fléchis, poings serrés, la tête tournée sur un des côtés et les fesses surélevées (1). Progressivement, l'enfant va passer de cette position, avec prédominance des muscles fléchisseurs, à la position assise (2). À 8 mois, il peut jouer dans cette position. À 10-11 mois, il peut se tenir debout avec appui, mais penché en avant (3). Il marche seul entre 12 et 18 mois et à 2 ans il est autonome : il marche bien (4), court, saute sur place et frappe un ballon avec le pied.

La main

Grâce à la maturation de son système nerveux, l'enfant va progressivement commander les mouvements de ses mains. Vers 4 mois, il saisit l'objet qui vient au contact de sa main et le prend entre les deux derniers doigts et la paume de la main. Vers 5 mois, il tend la main en direction de l'objet qu'il veut attraper et, à 6 mois, il le saisit de façon volontaire. Il peut, à cet âge, ramasser un objet par un mouvement de râteau. Vers 7 ou 8 mois, le nourrisson peut prendre l'objet entre le pouce étendu et le bord latéral de la main. Le relâchement volontaire de la main apparaît aussi à cet âge, il passe un objet d'une main à l'autre. Puis, très rapidement, il prend l'objet entre l'extrémité du pouce et le bord latéral de l'index. Vers 12 mois, la préhension fine, avec individualisation de la pince pouce-index, caractéristique de l'espèce humaine, est réalisée.

5. Courbe de taille de 0 à 3 ans (d'après M. Sempé).

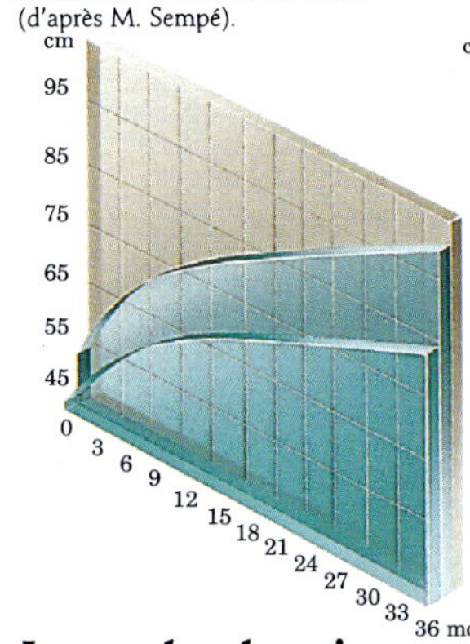

6. Périmètre crânien de 0 à 3 ans (d'après M. Sempé et G. Pédron).

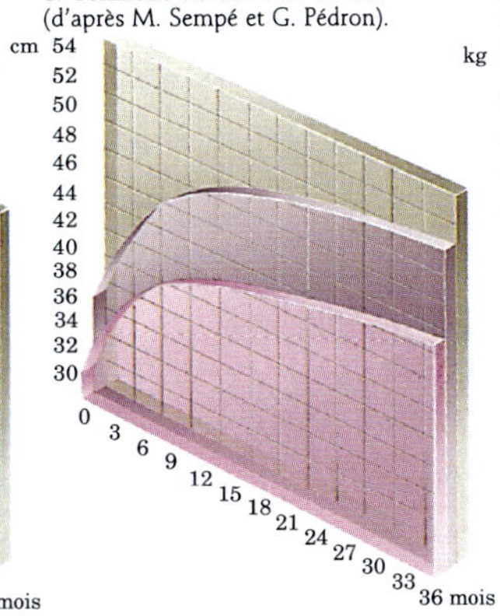

7. Courbe de poids de 0 à 3 ans (d'après M. Sempé).

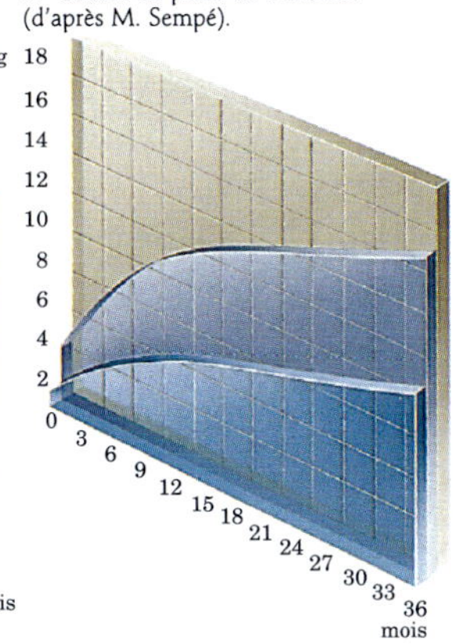

Les courbes de croissance

Pour apprécier la croissance d'un enfant, on utilise des courbes, qui sont comparées à des normes établies sur des données statistiques. Ainsi peuvent être chiffrés l'avance ou le retard par rapport à la normale. Les courbes les plus utilisées en France pour le poids (7), la taille (5) et le périmètre crânien (6) sont les courbes de Sempé, exprimées en déviation standard (D.S.) : les limites de variation de la normale sont comprises entre – 2 D.S. et + 2 D.S. C'est l'espace compris entre ces deux courbes qui correspond donc à la moyenne du poids, de la taille et du périmètre crânien pour un âge donné.

Le développement psycho-affectif

LA MÈRE POSE LES FONDEMENTS DE LA VIE MENTALE ET AFFECTIVE DE SON ENFANT EN LUI FOURNISSANT LES RÉPONSES ESSENTIELLES ET EN RÉALISANT UN MÉLANGE ÉQUILIBRÉ DE « GRATIFICATIONS » ET DE « FRUSTRATIONS ».

Dès la naissance, et surtout à partir de 1 mois, les pleurs ont valeur de communication. À 2 mois, l'enfant émet des sons de tonalités différentes : il vocalise (areuh). À 3 mois, il rit aux éclats. À 6 mois, il gazouille, il s'écoute et prend conscience de sa propre voix. Vers 8-9 mois, il réagit à de nombreux mots familiers et il émet des sons syllabiques. Vers 10 mois, il comprend les incitations et les défenses et il dit ses premiers mots. Son vocabulaire s'enrichit progressivement et, vers 2 ans, il commence vraiment à parler, c'est-à-dire à faire de courtes phrases utilisant le verbe ; à cet âge, il se nomme par son prénom.

L'enfant, au cours de ses deux premières années, va faire la découverte de son corps. À 3 mois, il passe lentement sa main devant ses yeux, puis son pied. Devant un miroir, il sourit à son image à 4 mois et essaie de la toucher à 6 mois ; au cours de sa deuxième année, il réalise qu'il voit sa propre image et se reconnaît sur une photographie. Cette connaissance de son corps va lui permettre, parallèlement à sa maturation neurologique, l'acquisition de la propreté. Celle-ci nécessite des relations affectives normales avec son entourage. D'une façon générale, la propreté de jour est acquise en même temps que ou peu après la marche (18 mois), alors que la propreté pendant le sommeil apparaît à un âge variable, entre 2 et 4 ans.

Le sommeil du nouveau-né se régularise spontanément à 1 ou 2 mois et à 3 mois il existe déjà un rythme veille/sommeil qui restera le même pendant les 2 premières années : sommeil profond, nuit de 12 heures et sieste de 2 heures environ. L'endormissement est difficile à partir de 9 mois, car il symbolise pour l'enfant l'isolement, le noir, et la séparation du jour et de la présence rassurante de sa mère. Il commence à rêver entre 1 an et 2 ans et peut alors se réveiller en pleurs.

La découverte du monde extérieur est dominée par les relations de l'enfant avec la mère. Dès le premier mois, il est réceptif à sa voix et à sa présence. Entre 6 et 8 mois, il fait la discrimination du visage de sa mère et de son père. À cet âge, il commence à avoir peur de « l'étranger » ; tout ce qui est nouveau le rend anxieux, il pleure au départ de sa mère : il faut éviter de le mettre en crèche à ce moment-là. Parallèlement, l'enfant découvre les objets et le jeu. À 5-6 mois, il reconnaît son jouet préféré et tend la main vers lui. Vers 9 mois, il sait trouver son jouet si on le lui cache momentanément (jeu de cache-cache). Il porte tous les jouets à sa bouche, pour mieux les explorer. Entre 1 et 2 ans, il se passionne pour les jeux qui utilisent ses capacités motrices et les répète sans se lasser ; il préfère jouer seul et, quand il est en collectivité, il n'est pas rare qu'il soit « agressif » avec les autres enfants et qu'il les morde. À 18 mois, il utilise une cuillère et un verre. À 2 ans, il joue à des jeux d'imitation (poupées, ours, dînette, voiture, garage, etc.), car il a acquis la notion de symbole et la traduit par ses gestes et par quelques mots. Il sait tourner les pages d'un livre, reproduire un trait sur du papier, faire des tours de cubes. Il découvre l'espace, car il domine bien la marche et la course et, en même temps, il devient autonome, explore tout ce qui l'entoure et s'oppose déjà à ses parents et à son entourage ; le *non* précède le *oui*. •

→ **Voir aussi :** La croissance, **BIOL**, p. 38-39. Les réflexes, **BIOL**, p. 174-175. Nouveau-né et nourrisson La pathologie, **MED**, p. 342-343.

Nouveau-né et nourrisson La pathologie

UN ENFANT DONT L'EXAMEN clinique est normal à la naissance et qui est né après une grossesse normale est cependant obligé de s'adapter à la vie « extra-utérine ». Il existe des nouveau-nés dits « à risque », soit parce qu'ils sont nés prématurément, soit parce qu'ils sont hypotrophiques (enfants dont les mesures de taille et de poids sont inférieures à la norme), soit encore parce qu'ils sont postmatures (nés après le terme de 42 semaines).

Les enfants nés d'une mère malade sont exposés à la fois aux effets de la maladie maternelle et à ceux des médicaments utilisés pour la traiter. C'est ainsi que l'enfant né d'une mère diabétique, trop gros, risque une hypoglycémie grave. L'enfant né d'une mère épileptique, hypertendue, ou ayant des problèmes thyroïdiens doit être particulièrement surveillé : syndrome de sevrage, surveillance cardio-respiratoire, hyperthyroïdie. Quand l'enfant est né d'une mère fumeuse, droguée, alcoolique ou atteinte du sida, les conditions maternelles peuvent retentir à la fois sur l'état physique à la naissance, sur la maladie affectant l'enfant et sur sa prise en charge psychologique et affective.

L'examen systématique du nouveau-né permet d'évaluer le *score d'Apgar,* par cotation des bruits du cœur, de la respiration, du tonus musculaire, des réactions aux stimulations et de la coloration de l'enfant. Un score inférieur à 7 (normal à 10) traduit une mauvaise adaptation à la vie extra-utérine ; l'enfant doit alors bénéficier, dès la salle de travail, des mesures de réanimation nécessaires pour éviter l'anoxie (défaut d'oxygénation) néonatale.

La prématurité

SELON SON DEGRÉ, LA PRÉMATURITÉ S'ACCOMPAGNE DE RISQUES POUVANT NÉCESSITER UNE ASSISTANCE MÉDICALE IMPORTANTE.

Un prématuré est un enfant né avant 37 semaines (8 mois ou 259 jours) d'aménorrhée maternelle (ou absence de règles traduisant la grossesse). En France, actuellement, la fréquence de la prématurité est de 5 à 6 % des naissances. Les « grands » prématurés sont les enfants nés avant 32 semaines d'aménorrhée. Les limites de la viabilité ont été abaissées grâce aux techniques de réanimation, mais les risques de séquelles sont d'autant plus grands que le terme est rapproché. Actuellement, une chance de survie est possible pour des enfants nés à 26 ou 27 semaines et pesant 700 à 800 g, mais cela au prix d'une réanimation prolongée et avec le risque de séquelles neurologiques ultérieures très graves.

Quand on ne peut apprécier exactement la date des dernières règles, on établit un score de maturité. En effet, la maturité fonctionnelle de l'enfant est plus importante encore que l'âge de la grossesse. L'immaturité pulmonaire est responsable d'une détresse respiratoire (par maladie des membranes hyalines). L'immaturité des centres nerveux nécessite une ventilation artificielle par intubation et la nutrition par gavage. Sont aussi à craindre l'hypothermie, l'hypoglycémie, le manque de calcium, les infections par immaturité des systèmes de défense, les hémorragies intracrâniennes, les défauts d'irrigation des zones du cerveau les moins vascularisées, les difficultés de nutrition. Une prise en charge dès la salle de travail par des équipes spécialisées diminue les risques de séquelles ultérieures invalidantes. •

Pathologie du nouveau-né

LES MALFORMATIONS CONGÉNITALES, LES DÉTRESSES RESPIRATOIRES ET LES INFECTIONS SONT SYSTÉMATIQUEMENT PRÉVENUES OU TRAITÉES. CELA A ENTRAÎNÉ LA DIMINUTION DE LA MORTALITÉ NÉONATALE.

Les malformations congénitales et les maladies génétiques représentent une part considérable de la pathologie du nouveau-né. Leur diagnostic doit être fait le plus tôt possible pour mettre en jeu un traitement souvent urgent. Le traitement chirurgical, par exemple, se justifie lors de l'atrésie de l'œsophage, des malformations ano-rectales et de la paroi abdominale, et parfois dès les premiers jours également pour les malformations cardiaques et vasculaires. On réalise un traitement orthopédique pour les pieds bots et les luxations de hanche congénitaux.

Le dépistage est systématique pour certaines maladies métaboliques (phénylcétonurie par le test de Guthrie, hypothyroïdie par le dosage de TSH ou thyréostimuline) et un traitement diététique est prescrit pour des intolérances alimentaires (fructose, lactose).

Le caractère accidentel ou génétique de la malformation doit être précisé le plus tôt possible pour conseiller les parents dans la perspective de naissances ultérieures. Le traumatisme obstétrical peut être responsable d'hématome, de fractures des membres, de paralysie obstétricale du plexus brachial, ou plus gravement de lésion hémorragique anoxique ou œdémateuse du système nerveux (souffrance fœtale aiguë).

Les maladies du nouveau-né les plus fréquentes et les plus graves sont les détresses respiratoires, les infections et les ictères. La détresse respiratoire du nouveau-né est d'autant plus fréquente que l'enfant est plus prématuré. La maladie des membranes hyalines, due à un déficit en substance de protection des poumons, le surfactant, s'aggrave pendant 72 heures avant de régresser. Comme l'inhalation de liquide amniotique, les infections pulmonaires et les autres détresses respiratoires malformatives, elle nécessite la prise en charge dans un service spécialisé en assistance respiratoire et en oxygénothérapie contrôlée.

L'infection néonatale peut être secondaire à une contamination (durant la grossesse ou l'accouchement) ou postnatale. Des bactéries comme les streptocoques B, les *Listeria,* les *Chlamydia,* les bacilles Gram négatif sont souvent responsables d'infections : septicémie, méningite, infection ostéoarticulaire, articulaire, pulmonaire, etc. Une infection de l'ombilic, un panaris doivent faire craindre une infection généralisée à staphylocoque. Le nouveau-né est très sensible aux infections virales : herpès, cytomégalovirus, virus respiratoire syncytial.

Les ictères (ou jaunisses) de la première semaine de vie peuvent être des ictères par hémolyse, par incompatibilité du système rhésus ou A.B.O., des ictères par hépatite, enfin des ictères par immaturité ou par trouble de l'élimination des pigments biliaires par la cellule hépatique. L'hyperbilirubinémie (taux sanguin élevé de bilirubine, pigment de la bile), qui caractérise l'ictère, peut entraîner une encéphalopathie. La photothérapie peut permettre d'éviter l'exsanguinotransfusion (transfusion massive), qui est cependant indispensable chaque fois que l'hyperbilirubinémie est précoce et d'évolution rapide menaçante pour le cerveau. •

1. Courbe de poids au cours d'une déshydratation

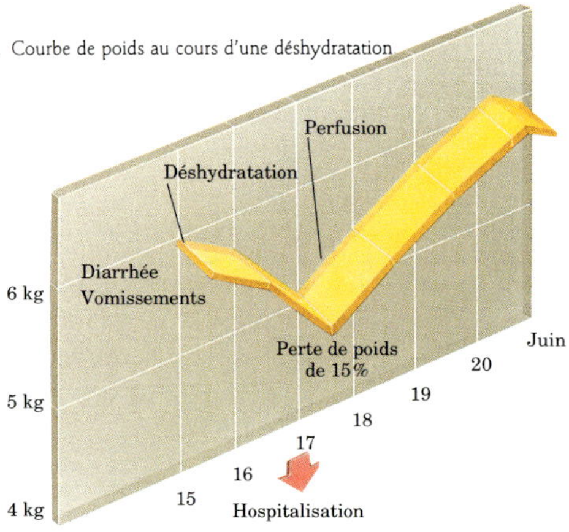

Urgences et hospitalisation

L'hospitalisation du nourrisson est nécessaire quand il s'agit d'affections graves (2) ou pour mettre en place un plâtre et effectuer une surveillance après traumatisme (3). Parmi les urgences médicales (non liées à un accident) nécessitant une hospitalisation, la déshydratation (1) constitue une menace pour la vie et peut laisser des séquelles très lourdes. Une perte de poids qui dépasse 10 % est toujours sérieuse et réclame l'hospitalisation et la mise sous perfusion. Quand la perte de poids dépasse 15 % apparaissent des troubles de la conscience, une défaillance circulatoire, cardiaque, une hyperthermie et une anurie. Il faut d'urgence mettre en place une perfusion veineuse pour rétablir le volume sanguin et l'équilibre intérieur. La gravité de l'infection « purpura fulminans » (4) en fait une des premières urgences médicales. On la reconnaît chez un enfant ayant une forte fièvre (ou au contraire une chute brutale de la température) par l'apparition d'un purpura, c'est-à-dire de taches rouge violacé à extension très rapide, ne disparaissant pas quand on étire la peau, ayant même parfois un aspect nécrotique. Si un médecin ne peut être joint rapidement, il faut hospitaliser l'enfant immédiatement, car la rapidité du traitement antibiotique joue un rôle déterminant sur la survie de l'enfant.

Pathologie du nourrisson

LES SIGNES D'ALERTE DES MALADIES DU NOURRISSON DOIVENT ÊTRE CONNUS. LEUR APPARITION NÉCESSITE LE RECOURS RAPIDE AU MÉDECIN POUR METTRE EN ŒUVRE LES TRAITEMENTS NÉCESSAIRES.

La *fièvre* est un symptôme fréquent chez l'enfant. Quand elle est récente et brutale, il faut apprécier la tolérance : un enfant qui tolère mal sa fièvre est pâle, avec une petite cyanose (coloration bleuâtre) autour des lèvres, somnolent, avec des marbrures au niveau des genoux et des extrémités froides. La fièvre peut être source de complications : convulsions, déshydratation, avec soif et langue sèche, et parfois, en cas de gastro-entérite associée, yeux creux, peau prenant le pli, dépression de la fontanelle. Lorsqu'un enfant de moins de 2 ans et demi a une température supérieure à 40,5 °C, il court un risque vital, ou celui de séquelles neurologiques, en raison de l'anoxie créée par l'excès de consommation cellulaire. Dans ce cas, une défaillance circulatoire est presque toujours associée. Il faut donc agir très vite : déshabiller l'enfant, lui faire des enveloppements frais, lui donner des antipyrétiques, des anticonvulsivants et le faire hospitaliser d'urgence. De toute façon, la cause de la fièvre doit être recherchée, souvent elle n'est pas évidente d'emblée.

Les *vomissements,* comme la fièvre, sont fréquents chez le nourrisson ; en climat fébrile, ils font évoquer une gastro-entérite aiguë, une otite, une infection urinaire, mais aussi une origine neurologique : méningite, hypertension intracrânienne, ou une affection chirurgicale (invagination, hernie étranglée, appendicite). Quand les vomissements sont répétés en climat non fébrile, il faut rechercher une erreur diététique, une intolérance alimentaire, ou une maladie métabolique, ou encore une sténose du pylore ou d'autres malformations digestives. Les vomissements peuvent être isolés ou associés à une diarrhée aiguë, souvent d'origine infectieuse, due à des bactéries (*Escherichia coli, Salmonella, Campylobacter,* etc.) ou à des virus (rotavirus, coronavirus, entérovirus, etc.), très contagieux, responsables d'épidémie. L'association de fièvre et de vomissements est responsable de déshydratation aiguë.

Le nourrisson perd progressivement l'immunité qui lui a été transmise par sa mère et il peut donc faire des infections graves jusqu'au moment où ses propres défenses seront suffisantes. Les infections respiratoires saisonnières (bronchiolites) sont les plus fréquentes et les plus graves.

Les *crises convulsives* (non nécessairement révélatrices d'une épilepsie) sont assez fréquentes (3 à 8 % des enfants font une ou plusieurs crises convulsives avant l'âge de 5 ans, les deux tiers en période fébrile). L'épilepsie du nourrisson est plus rare, elle peut être limitée à une hypertonie ou entraîner des convulsions, s'accompagner d'apnée, ou même être unilatérale. Une forme particulièrement grave réalise la maladie des « spasmes en flexion ». Ces convulsions en général impressionnantes ne comportent toutefois pas de pronostic sévère pour l'avenir des enfants qui en ont été atteints. •

Malaise et mort subite

La mort subite est la première cause de décès entre le premier et le deuxième mois de vie dans les pays développés (1 à 3 pour 1 000 naissances vivantes). Ce décès soudain d'un jeune enfant demeure inexpliqué malgré les examens réalisés. Le risque est plus grand chez l'enfant prématuré ou ayant été hospitalisé dans un service de néonatalogie, en période hivernale, pour les enfants qui ont entre 2 et 4 mois. En réalité, beaucoup de ces morts brutales sont dues à une maladie infectieuse survenue à un âge où l'enfant a un mauvais contrôle de ses fonctions végétatives. On a aussi incriminé une anomalie du contrôle respiratoire pendant le sommeil, une anomalie du rythme cardiaque, un reflux œsophagien ou encore une anomalie neurologique ou métabolique.

Par ailleurs, certains nourrissons présentent des malaises graves inopinés : l'enfant est en apnée, cyanosé (bleu) ou pâle, hypotonique ; des gestes rapides de réanimation font céder le malaise. Un bilan complet est alors nécessaire qui permettra un traitement médical approprié. Quand cela est justifié, un monitorage électronique à domicile permet l'alerte et un traitement urgent.

Prévenir les accidents et les maladies

LA MORTALITÉ INFANTILE EST DOMINÉE PAR LES ANOMALIES CONGÉNITALES ET LES AFFECTIONS PÉRINATALES, ELLE EST ACTUELLEMENT INFÉRIEURE À 9 POUR 1 000 NAISSANCES MAIS LES RISQUES D'ACCIDENT SONT NOMBREUX.

La « mort subite » est devenue la cause la plus fréquente de mortalité entre 1 mois et 1 an. Entre 1 et 4 ans, en revanche, les accidents sont responsables de plus de 40 % des décès. La pathologie accidentelle représente environ 5 % des hospitalisations avant l'âge de 1 an et 20 % entre 1 et 4 ans. Même chez les tout-petits, les garçons sont plus souvent hospitalisés pour accident que les filles (135 garçons pour 100 filles de 0 à 1 an, 144 garçons pour 100 filles de 1 à 4 ans).

Les intoxications accidentelles surviennent surtout entre 1 et 3 ans, elles sont dues le plus souvent aux médicaments, aux produits ménagers, puis aux produits agricoles et industriels. Chez l'enfant de moins de 1 an, il s'agit surtout d'accidents thérapeutiques par erreur de prescription, de dilution ou d'administration d'un médicament. Beaucoup de ces intoxications ne relèvent heureusement que de gestes simples ou d'une hospitalisation courte. Une évolution mortelle peut survenir avec des médicaments de prescription très courante, comme la théophylline, l'aspirine, le paracétamol. Des erreurs thérapeutiques peuvent être faites par la famille elle-même. Il faut également se méfier de la prescription de collyres, des intoxications par l'eau (lavements, lavages gastriques).

Les traumatismes atteignent surtout le crâne, en raison du poids plus important de la tête à cet âge. Ces traumatismes surviennent surtout à la maison. L'enfant piéton et l'enfant passager d'un véhicule quand il est mal installé (dans les bras, à l'avant, dans un couffin, dans un siège mal fixé) sont souvent victimes d'accidents d'automobile. Les noyades en baignoire ou en piscine domestique surviennent surtout entre 6 mois et 2 ans (enfant laissé seul dans le bain ou même tombant dans une très grande hauteur d'eau). Il faut savoir qu'un enfant de moins de 2 ans qui tombe à plat ventre dans 10 cm d'eau est incapable de se relever seul.

Si la mortalité par accidents domine à partir de l'âge de 1 an, c'est que la mortalité par maladies infectieuses a diminué grâce aux traitements antibiotiques des infections sévères (méningite, septicémie, etc.) et grâce aux vaccinations. Actuellement, on pratique dès l'âge de 3 mois la vaccination antidiphtérie, tétanos, coqueluche et poliomyélite. Le B.C.G. est administré dès 1 mois, s'il y a un risque de tuberculose, et de toute façon avant 6 ans. On recommande la vaccination contre rougeole-oreillons-rubéole entre 1 an et 15 mois. L'allaitement maternel quand il est possible, puis une nutrition adaptée à l'âge, la prévention du rachitisme par la vitamine D, du scorbut par la vitamine C, et la prescription éventuelle d'un supplément de fer et de fluor participent pour une large part à la prévention des maladies infantiles. •

→ **Voir aussi :** La naissance, **MED**, p. 338-339.

2. Enfant cancéreux en soins à l'Institut Curie (Paris).

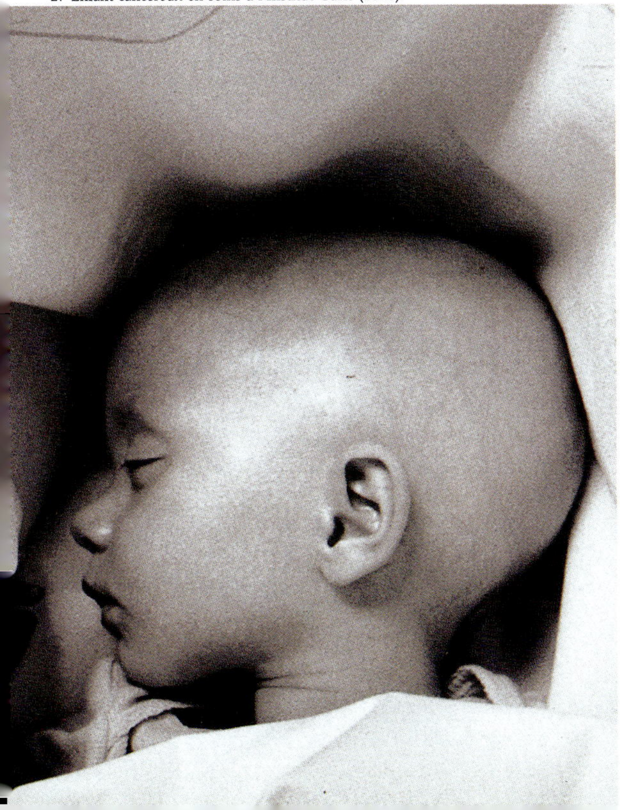

3. Enfant en contention plâtrée, après traumatisme.

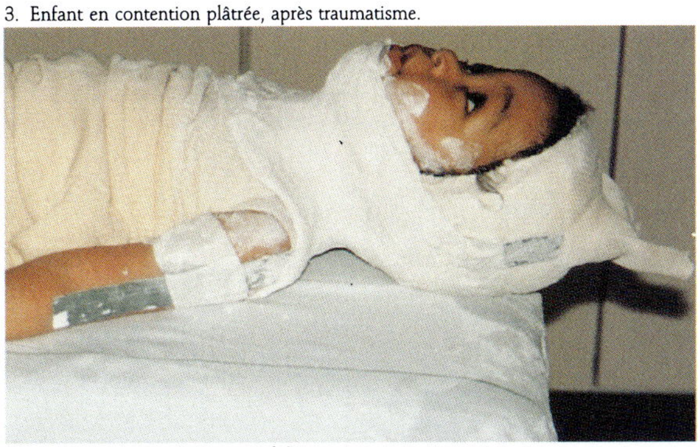

4. Lésions cutanées du purpura fulminans nécrotique.

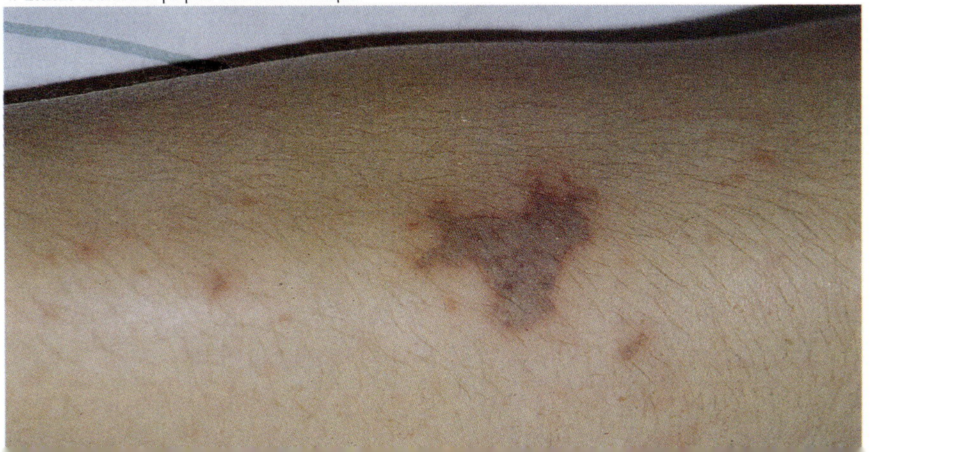

L'enfant Le développement

DE L'ÂGE DE DEUX ANS À LA puberté, le développement de l'enfant s'exprime par l'essor de la croissance en taille et en poids, par l'évolution de la coordination motrice ainsi que par la poursuite de l'éveil affectif et psychologique.

Des courbes (abaques) de la croissance physique ont été élaborées à partir de l'étude de lots homogènes d'enfants. Le poids, la taille et le périmètre crânien, aisément mesurables, font partie de l'examen systématique. L'excès ou le ralentissement de la croissance peuvent être ainsi dépistés. À trois ans, la taille moyenne est de 95 cm et le poids de 15 kg. Après quatre ans et jusqu'à l'âge du début pubertaire, la taille augmente de 4 à 5 cm par an, tandis que le gain pondéral annuel est de 2 à 3 kg. Les dents « de lait » (première dentition) commencent à tomber par les incisives vers cinq-six ans, et la première molaire apparaît vers six ans. La deuxième molaire (dent de douze ans) précède de beaucoup l'apparition de la troisième molaire (dent de sagesse). La croissance peut être aussi évaluée par l'âge osseux (radiographies de la main gauche et du coude).

On suit également l'évolution du langage, l'enrichissement du vocabulaire et l'élaboration de l'expression des sentiments et des désirs. Les capacités d'apprentissage, la qualité de la mémoire, les possibilités imaginatives et la créativité se développent en subissant l'influence de l'environnement. L'affection dont l'enfant est entouré dans le milieu familial, les attentions dont il est l'objet lors de sa scolarisation jouent sur l'expression des compétences et sur l'affirmation de la personnalité.

Le développement moteur

ENTRE DEUX ET SIX ANS, LES MOUVEMENTS USUELS DEVIENNENT FACILES GRÂCE À LA RÉPÉTITION DES GESTES ET AU DÉVELOPPEMENT DU SYSTÈME NERVEUX. LE CERVELET FACILITE L'ACQUISITION DE L'ACTIVITÉ INTENTIONNELLE.

De deux à cinq ans, l'enfant est hypotonique (tonus musculaire faible) : ses pieds sont souvent affaissés en charge et ses jambes déviées en dehors par rapport aux cuisses *(genu valgum)*. Il se tient le ventre en avant, avec une lordose lombaire (trop forte convexité antérieure de la colonne lombaire). Cette hypotonie entraîne des chutes fréquentes.

Les mouvements sont encore gênés par une difficulté de relâchement musculaire volontaire et rapide et, surtout, par des syncinésies (contractions involontaires d'un groupe de muscles à l'occasion des mouvements volontaires d'un autre groupe musculaire). Les syncinésies qui obligent l'enfant à faire des mouvements symétriques des deux mains ou des deux bras disparaissent à l'âge où se développe l'aptitude à écrire. Plus tard, les syncinésies ne se feront plus de manière symétrique, mais uniquement de manière unilatérale (mouvement du pied dans la chaussure quand il se sert de la main et vice versa).

Parallèlement à l'acquisition et à la maîtrise du langage se développe la dominance latérale, qui s'établit habituellement vers l'âge de trois ou quatre ans. La majorité des enfants ont une prédominance du côté droit. Parmi ceux qui montrent une préférence pour le côté gauche, certains resteront gauchers, d'autres se servent beaucoup de leur main gauche vers l'âge de trois-quatre ans, mais leur latéralisation se stabilise à droite pour les activités manuelles à partir de cinq-six ans ; ils peuvent toutefois rester latéralisés à gauche pour le pied ou pour l'œil (dominance oculaire). Vers cinq-six ans, l'enfant est capable de distinguer sa main droite de sa main gauche, mais n'est capable de le faire sur une autre personne qu'un peu plus tard. À partir de six ans, la motricité continue à se préciser ; les syncinésies disparaissent vers l'âge de neuf ans, permettant à l'enfant l'acquisition du sport et de gestes asymétriques (tennis, crawl, menuiserie, etc.).

Les relations avec les parents

LE DÉVELOPPEMENT PSYCHOLOGIQUE ET AFFECTIF DE L'ENFANT ET SA PERSONNALITÉ S'ÉLABORENT PROGRESSIVEMENT GRÂCE À SES RELATIONS PRIVILÉGIÉES AVEC SA MÈRE ET SON PÈRE.

À deux ans, la figure maternelle garde encore la première place. De la qualité de la relation affective mère-enfant à cet âge dépend l'épanouissement de la personnalité à l'âge adulte. La mère apprend sa langue à l'enfant (en accord avec l'expression « langue maternelle »), c'est elle qui lui montre ce qui lui fait plaisir et ce qui lui déplaît, c'est elle qui va susciter son imagination et son intelligence. À cet âge, le rôle du père est aussi fondamental car celui-ci représente la sécurité, l'autorité et l'épanouissement dans des activités physiques variées et plus « aventureuses ». L'affection des parents est essentielle, mais elle doit s'accompagner d'une autorité qui permette à l'enfant de sentir ses limites. L'autorité parentale devrait être éclairée, juste, sélective, calme et sans appel. L'autorité du père ne devrait pas être contestée par la mère et vice versa. Cette autorité doit s'exercer dans le respect de l'enfant car chaque enfant a ses goûts, ses besoins, son rythme de vie et de croissance. Le respect de l'enfant passe par l'apprentissage du respect des autres.

Dans les premières années, les parents suivent les étapes de la sexualité de leur enfant. Ces étapes sont indispensables. Dans les deux premières années de sa vie, le « plaisir » de l'enfant est dominé par les sensations orales et par les contacts cutanés ; à partir de deux ans, les pulsions sexuelles sont centrées sur la zone anale (excitation lors de l'évacuation rectale), et cela au moment où s'installe la discipline sphinctérienne dans le but de plaire à sa mère. Vers 3 ans, la zone génitale devient la zone érogène et l'enfant éprouve du plaisir à manipuler ses organes génitaux, à les montrer, à regarder ceux des autres et à poser des questions très précises sur la sexualité. Il est indispensable à ce stade que les parents répondent de façon précise à ses questions et qu'il n'y ait pas d'interdits ni de culpabilisation devant la répétition de ces gestes. L'interdiction de cette masturbation entraîne une angoisse qui vient renforcer l'angoisse de « castration » qui caractérise cette période. Chez le petit garçon, cette manipulation ne doit pas être confondue avec un besoin impérieux de faire « pipi ». C'est à cette période que le complexe d'Œdipe apparaît : l'enfant est attiré par le parent du sexe opposé et considère le parent du même sexe comme un rival puis, petit à petit, en raison des interdits auxquels il se heurte normalement, il va s'identifier au parent du même sexe et vouloir l'imiter en tout. Cela lui permet de sortir de la période du complexe d'Œdipe ; il entre alors dans une phase d'équilibre affectif en fonction de l'harmonie familiale, qui va durer jusqu'aux prémices de la puberté.

Suivre la croissance

La croissance en taille et en poids est différente selon qu'il s'agit d'un garçon ou d'une fille (1). Pour suivre la croissance d'un enfant, l'établissement de ces courbes est important ; en effet, elles permettent de voir si l'enfant « chemine » toujours le long de la même courbe ou si, au contraire, il y a un changement de « canal » (ralentissement ou accélération anormale de la croissance). Quand trois points mesurés à un an d'intervalle sont sur la même courbe, on peut prévoir quelle sera la taille de l'enfant à la fin de la croissance avec une relativement bonne approximation.

1. Courbes de croissance de garçons et de filles de 0 à 18 ans (d'après Sempé et Pédron, Tanner et Whitehouse).

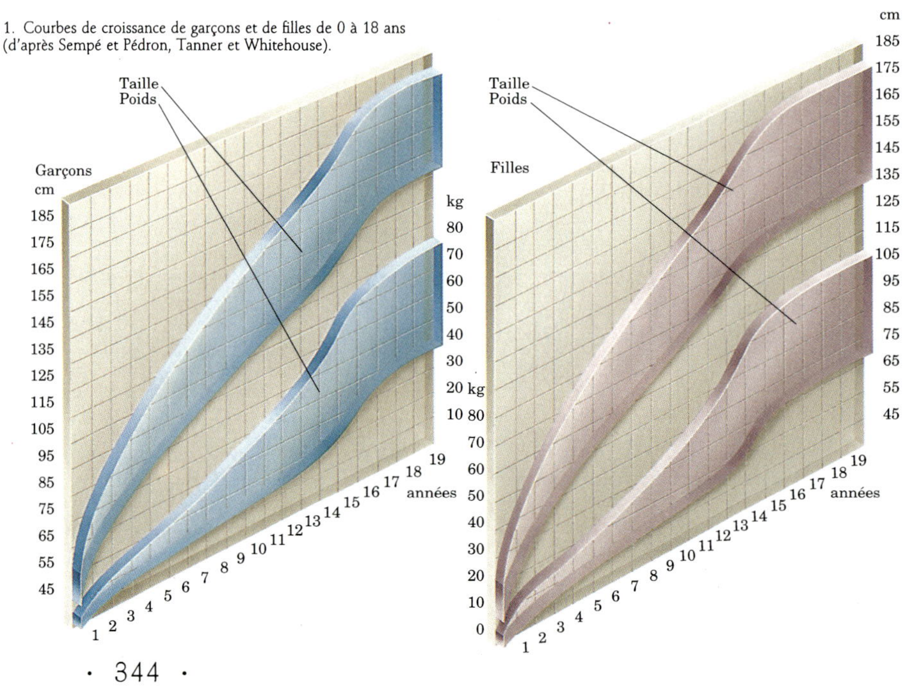

Les relations avec le monde extérieur

L'ENFANT A BESOIN DE COHÉRENCE ET DE STABILITÉ. LA FAMILLE, L'ÉCOLE ET LES LOISIRS STRUCTURENT SON CADRE DE VIE, OÙ LIBERTÉ ET AUTORITÉ DOIVENT S'ÉQUILIBRER.

Le rôle éducatif des parents est essentiel et ils se trouvent souvent confrontés à des situations qui les angoissent, car ils craignent de ne pas faire suffisamment pour l'épanouissement de leur enfant. Vers l'âge de trois à cinq ans, l'enfant intègre la notion de vie et de mort, c'est pour lui une source de crainte. L'anxiété peut s'exprimer en particulier le soir, au moment de l'endormissement, l'enfant ayant du mal à différencier la mort du sommeil. Il ne veut plus, alors, s'endormir ou, s'il se réveille la nuit, il veut aller dans le lit de ses parents. Pour calmer son anxiété, on peut lui laisser une lumière pour la nuit, ou encore lui lire le soir au coucher une histoire qu'il aime. En revanche, il n'est pas recommandé de laisser l'enfant dormir dans le lit de ses parents et, s'il y vient spontanément, il est important que ce soit le père qui le ramène dans son propre lit avec tendresse et fermeté.

Les relations avec les frères et les sœurs sont variables. L'aîné de la famille se sent souvent dépossédé de ses prérogatives d'enfant unique à la naissance du petit frère ou de la petite sœur ; habituellement, l'enfant du sexe opposé est mieux accueilli. Pour que l'aîné ne soit pas « jaloux », il importe de le responsabiliser, de lui donner de l'importance par des activités nouvelles. L'aîné et le dernier d'une famille ont souvent des « privilèges » qui échappent à l'enfant intermédiaire : il importe de donner à celui-ci une place bien à lui pour éviter un état dépressif latent. Les rivalités entre frères et sœurs sont inévitables, elles sont bénéfiques, car elles permettent l'apprentissage des différences et de l'équilibre nécessaire entre protéger et être protégé.

L'entrée à l'école maternelle marque la première séparation de l'enfant et de sa famille, le premier stade de sa socialisation. L'enfant est soumis à l'autorité d'un adulte autre que ses parents, dans une collectivité d'enfants de son âge. L'école maternelle élargit son horizon, il peut projeter ses sentiments dans des jeux, des dessins, des activités, des histoires. Il y fait aussi l'apprentissage des notions de nombre, d'espace et de temps, de ressemblance et de différence. Vers six ans, il est capable de comprendre les abstractions et les symboles. Au cours préparatoire, il peut assimiler les lettres et les chiffres, mais, entrer à la grande école, c'est aussi quitter le domaine du jeu permanent pour celui des contraintes et de l'attention. Le rêve et le jeu sont pourtant encore longtemps nécessaires à l'équilibre de l'enfant et des moments de son emploi du temps doivent leur être réservés. Sa semaine ne doit pas être un véritable parcours du combattant où toutes les activités se succèdent sans interruption.

À quatre ans, l'enfant aime les histoires, les chansons. Il sait imaginer des situations et les intégrer dans son jeu, il pose d'interminables questions. À partir de sept à huit ans, il commence à s'intéresser aux jeux collectifs, à faire partie d'un groupe, à lier amitié, il aime les jeux d'équipe, les compétitions, tout en gardant une prédilection pour certaines activités plus calmes : modèles réduits, circuits, trains, poupées et leur maison, réalisations manuelles. •

Les compétences

LES PERFORMANCES SONT VARIABLES D'UN ENFANT À L'AUTRE, POUR LE MÊME ÂGE, CHACUN ÉVOLUE À SON RYTHME SELON SES POSSIBILITÉS ET SES MOTIVATIONS.

Selon les normes statistiques, à deux ans et demi, l'enfant est capable de monter les escaliers en alternant, mais il continue à descendre marche par marche. Vers quatre ans, ou plus tard s'il est craintif, il peut alterner dans les escaliers à la montée comme à la descente. À trois ans et demi, il peut commencer à rester debout sur un seul pied quand il est immobile ; il saute à pieds joints vers l'âge de quatre ans, puis à cloche-pied vers l'âge de cinq ans. À trois ans, il peut commencer à pédaler sur un tricycle. Au même âge, il sait se servir d'un crayon et commence à imiter trait et cercle, il mange seul mais aime encore qu'on l'aide à manger lorsqu'il est fatigué.

Les capacités d'habillage évoluent sur plusieurs années : à trois ans, il sait se déshabiller seul, mais il s'habille encore mal et, s'il sait mettre ses chaussures, il ne sait pas les lacer. À cinq ans, il sait s'habiller seul mais c'est seulement entre six et sept ans qu'il devient capable de faire le nœud des lacets de ses chaussures. À trois ans, l'enfant sait dire son nom et son prénom, utilise le je, connaît les couleurs. Il sait avoir une activité autonome, il est entêté et coléreux. À quatre ans, il est capable d'utiliser des adjectifs et des mots de liaison ; il reconnaît facilement des objets et des lettres ; il sait dessiner un carré.

Des échelles ont été proposées pour explorer le développement d'un enfant en référence au développement d'un « enfant moyen » : il existe des échelles préscolaires, simples, comme celles de Brunet-Lézine, ou des échelles plus élaborées, comme celles de Wechsler (ou WISC). On peut comparer des échelles verbales et de performance. Jusqu'à sept ans environ, l'enfant reste très égocentrique, il ne peut se mettre à la place d'un autre. Sept ans est un âge capital dans la maturation de l'enfant, c'est l'âge dit « de raison », c'est-à-dire où il devient capable d'utiliser une expérience antérieure pour adapter son comportement. Avant cet âge, son expérience relevait de réflexes conditionnés, c'est-à-dire d'une expérience acquise par la répétition des situations. À neuf ans, l'enfant est capable de s'adapter rapidement à une situation nouvelle. Il a acquis la maîtrise complète de son corps par la disparition des syncinésies (coordinations involontaires de mouvements). L'enfant est avide d'apprendre, de jouer et de tenir son rôle dans sa famille. Il découvre autonomie et responsabilité. •

→ **Voir aussi :** L'enfant La pathologie, **MED**, p. 346-347. La psychologie, **MED**, p. 358-359. L'intelligence Trois approches théoriques, **IDÉES**, p. 424-425. La nouvelle image de l'enfant, **IDÉES**, p. 438-439.

Le dessin, témoin du développement

Entre 18 mois et trois ans, l'enfant, quand il dessine, réalise un dessin anguleux fait de traits superposés, « les gribouillis » (2) ; sans signification pour l'adulte, ils sont pleins de sens pour l'enfant, qui aime les faire admirer. Vers trois ans et demi-quatre ans apparaît la première figure humaine : c'est le *bonhomme têtard* (3), grosse tête reliée aux jambes, où les yeux, les oreilles et les cheveux sont très souvent représentés. Le dessin s'enrichit et, vers cinq à six ans, il devient « naïf » et « réaliste » ; l'enfant dessine l'objet ou les personnes avec tous les détails qu'il connaît sans se soucier de la perspective ni des proportions (4). Ultérieurement, au moment où l'enfant devient capable d'écrire et de lire, le dessin se rationalise et il perd sa spontanéité, mais gagne en cohérence et signification.

2. Premier graphisme.

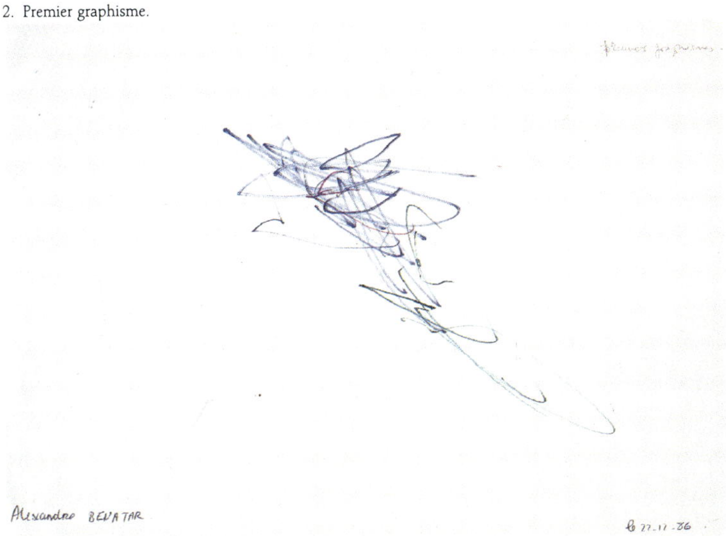

3. Le *bonhomme têtard* (4 ans et demi).

4. Dessin d'une petite fille de six ans.

L'enfant

La pathologie

Chez les enfants, les pathologies peuvent être accidentelles. Elles sont responsables de la majorité des décès pour les enfants de moins de 10 ans. En ce qui concerne les pathologies non traumatiques, elles sont représentées majoritairement par les infections, les affections neurologiques ou psychopathologiques et les troubles de la croissance. Parmi les pathologies infectieuses, celles liées au système respiratoire sont très importantes. Ainsi, les enfants jusqu'à 6-7 ans sont particulièrement sujets aux infections virales. Certains sont malades presque toute l'année, et l'on doit alors rechercher un facteur prédisposant (allergies, déficits immunitaires, mucoviscidose). L'isolement de l'enfant est illusoire et le traitement est uniquement symptomatique, car les virus ne sont pas sensibles aux antibiotiques. Par contre, ceux-ci évitent les surinfections bactériennes et le passage à la chronicité : ce sont eux qui ont fait presque disparaître les mastoïdites, se réduire le nombre des otites et des sinusites.

La répétition des infections stimule les défenses de l'organisme, ce qui, associé à la maturation du système immunitaire, explique la disparition de ces infections respiratoires récidivantes après 6 ou 7 ans. Parmi les infections des voies respiratoires, deux restent très graves et demandent un traitement urgent : il s'agit des laryngites et des épiglottites. Dans les deux cas apparaît brusquement une gêne respiratoire avec une toux rauque et un « tirage » creusant l'espace au-dessus du sternum. L'enfant est agité, angoissé, pâle. En cas d'épiglottite, il existe, en plus, une température élevée et une impossibilité d'avaler la salive ; l'enfant ne veut pas être couché, et il faut surtout éviter de l'allonger, ce qui pourrait lui être fatal.

La pneumonie se présente souvent de manière inquiétante : début brutal, maux de tête, frissons, délire, point de côté, vomissements ; le traitement antibiotique adapté amène la disparition des symptômes en 24 heures. Par contre, les pneumopathies dites « atypiques » se traduisent plutôt par une fièvre persistante avec toux, opacités radiologiques irrégulières, manque d'appétit, amaigrissement. Dans ce cas, le traitement doit parfois être maintenu durant plusieurs semaines.

Neurologie et psychopathologie

LES AFFECTIONS NEUROPSYCHOLOGIQUES MAJEURES DU GRAND ENFANT SONT LES CRISES ÉPILEPTIQUES, MÉNINGITES ET TUMEURS CÉRÉBRALES, AVEC LES ANOMALIES DU DÉVELOPPEMENT AFFECTIF ET INTELLECTUEL.

Les difficultés d'adaptation chez les enfants atteints de troubles neurologiques entraînent très souvent des difficultés scolaires et des troubles du caractère. D'une manière générale, chez le grand enfant, les crises convulsives occasionnelles sont rares, et la survenue d'une crise épileptique doit faire craindre l'installation d'une épilepsie. Cependant, plus de la moitié des épilepsies de l'enfant sont bénignes et guérissent avant l'âge de 12 ans. À l'inverse, certaines épilepsies sont sévères, soit parce qu'elles sont difficiles à traiter, soit parce qu'elles s'accompagnent de détérioration intellectuelle, soit encore parce qu'elles sont révélatrices d'une lésion cérébrale.

Les tumeurs cérébrales de l'enfant sont souvent difficiles à reconnaître en raison de la discrétion des symptômes initiaux. Elles entraînent la plupart du temps un blocage dans la circulation du liquide céphalo-rachidien créant une hydrocéphalie et une hypertension intracrânienne. Les symptômes en sont des vomissements, des maux de tête, des troubles de l'humeur, des douleurs abdominales et des troubles de l'équilibre. Les tumeurs de l'enfant sont très souvent des tumeurs bénignes dont la guérison est définitive si la tumeur a pu être enlevée en entier. Chez le jeune enfant peuvent survenir des méningites purulentes dues à des bactéries (méningocoque, pneumocoque, haemophilus) mais avec une fréquence et une gravité moindres que chez les nourrissons. Par contre, les méningites lymphocytaires et les encéphalites sont plus fréquentes chez le grand enfant. C'est également à cet âge que peuvent se révéler certaines maladies congénitales ou héréditaires du système nerveux ou des muscles (hémiplégie, paraplégie, amyotrophie spinale, myopathie).

Entre 6 et 12 ans, l'enfant vit en harmonie avec lui-même et avec son entourage : c'est la période active, où il sait qu'il est un enfant et ne pense pas encore à l'âge adulte. Pourtant, en raison de carence affective, éducative, ou au contraire d'exigence trop importante, surtout pour la scolarité, l'enfant peut rester à un stade archaïque (oral, anal, génital ou œdipien), ou encore faire mille bêtises pour capter l'attention de son entourage. Ainsi, l'inadaptation par incapacité de s'intéresser au travail scolaire peut également provenir d'attitudes erronées des parents. L'anorexie est relativement rare à cet âge et, la plupart du temps, est régressive si l'on tient compte des variations normales de l'appétit et que l'on ne force pas l'enfant. Elle ne devient importante que si la mère est « identifiée à la nourriture ».

Les troubles de l'élimination peuvent être d'origines somatiques ou psychologiques. Ainsi, devant une énurésie (retard du contrôle de l'émission des urines) chez un enfant de plus de 4 ans, il faut d'abord penser à des problèmes neurologiques, urologiques, aux polyuries et à l'épilepsie avant d'envisager une cause psychologique. Si l'émission de matière fécale (encoprésie) persiste au-delà de 3 ans, il faut là aussi d'abord rechercher une cause organique.

De même, le retard de la parole, du langage, les difficultés à l'écriture, à la lecture et au calcul doivent toujours donner lieu à un bilan neurologique, orthophonique et psychologique. Enfin, des troubles ou un déséquilibre psychique de l'enfant peuvent le conduire à fuir son entourage. Dans la majorité des cas, cela se traduit par une fugue, qui est le fait d'enfants anxieux, seuls au milieu de nombreux adultes. Dans d'autres cas rares, les psychoses infantiles (autisme) se caractérisent par l'isolement, l'immobilité, les gestes stéréotypés et le mutisme, de pronostic parfois dramatique. •

Pathologies accidentelles

LES PATHOLOGIES ACCIDENTELLES REPRÉSENTENT LA PREMIÈRE CAUSE DE MORTALITÉ ET DE MORBIDITÉ DES ENFANTS DE MOINS DE 15 ANS.

La fréquence des accidents est toujours plus élevée chez les garçons que chez les filles, surtout après 10 ans. La majorité des accidents de l'enfant se répartit en deux grandes catégories : pathologies traumatiques et noyades d'une part, effets nocifs des médicaments ou de substances diverses d'autre part. Ainsi, en France, près de 50 000 appels par an arrivent aux centres antipoison pour intoxications (1 à 3 ans : 50 % ; 3 à 5 ans : 25 % ; 5 à 15 ans : 25 %). Le plus souvent, l'intoxication est médicamenteuse, puis viennent, par ordre décroissant, les produits ménagers et les cosmétiques, les produits agricoles et industriels, les plantes, les jouets, les morsures ou piqûres d'animaux, enfin, l'alcool. Les intoxications bénignes sont heureusement les plus fréquentes, cependant une évolution mortelle est à déplorer dans 0,04 % des cas. Parmi les médicaments le plus souvent en cause à cet âge figurent les « tranquillisants », du fait de leur prescription très répandue. Parmi les produits ménagers, les plus dangereux sont les déboucheurs, les détartrants et les antigels, les solvants et les lessives pour lave-vaisselle ; parmi les produits agricoles, les désherbants.

Les pathologies accidentelles représentent la 5e cause de recours au médecin de ville, le recours à un service d'urgence hospitalière correspondant à plus de 75 cas pour 100 000 habitants ; les garçons représentent plus de 60 % des cas. Les accidents traumatiques surviennent surtout entre 10 et 15 ans. Ils surviennent au domicile dans la majorité des cas ; les accidents de voie publique concernent de façon à peu près équivalente l'enfant à pied, sur deux-roues ou passager d'un véhicule. Les accidents au cours des activités scolaires ne sont en cause que dans 10 % des cas et au cours des activités sportives, dans 6,5 %. De plus, le nombre d'accidents varie en fonction des saisons ; ils augmentent au printemps avec un pic de fréquence en juin. Les traumatismes crâniens sont les cas les plus fréquents qui se présentent aux urgences d'un hôpital, puis viennent les plaies, les contusions et les fractures. Plus rares mais plus graves sont les brûlures cutanées et les traumatismes du rachis. Les corps étrangers sont aussi une cause fréquente d'accident des voies respiratoires, où ils peuvent être graves (cacahuètes souvent mortelles), des oreilles, des yeux, du tube digestif.

Les noyades sont plus fréquentes pendant la période allant de juin à septembre. Les noyades en piscine concernent surtout les enfants entre 5 et 10 ans et de façon prépondérante ceux ayant des antécédents neurologiques (crises convulsives, par exemple). Les noyades domestiques surviennent souvent chez les enfants de 2 à 5 ans dans les piscines de jardins. Les noyades en eau douce (rivière, canal, étang, lac) sont souvent le fait d'enfants de 2 à 4 ans échappant à la surveillance et faisant une chute accidentelle. Les noyades en eau salée touchent des enfants plus âgés (6 à 12 ans). Dans tous les cas, la survie de l'enfant est fonction des gestes de réanimation : bouche-à-bouche, massages cardiaques entrepris par l'entourage dès la sortie de l'eau.

Pour prévenir les accidents, la France a mis en place un réseau de toxicovigilance chargé de recenser les accidents, d'identifier les groupes à risques et d'élaborer les mesures préventives adaptées : retrait des jouets dangereux, bouchage de sécurité, mise de certains médicaments en conditionnement unitaire. •

Limiter les risques d'accidents

La prévention des accidents de l'enfant doit tenir compte des caractères physiques et psychomoteurs de celui-ci (petite taille, tête proportionnellement plus lourde, maladresse physiologique, champ visuel étroit, mauvaise localisation des sons, attrait pour l'interdit). Avant 3 ans, il faut être très vigilant en réduisant les risques par le choix judicieux de la place des objets dangereux (1), l'installation de cache-prise, etc. Après 3 ans, l'éducation aux risques est un facteur essentiel, avec surveillance accrue en cas de changements brusques de la vie courante (séjour à la campagne ou à la ville inhabituel). De même, l'aménagement de la vie urbaine est aussi important pour limiter les accidents de l'enfant piéton ou circulant à deux-roues. Cependant, malgré ces précautions, on déplore encore un nombre important d'hospitalisations d'enfants dues aux accidents ménagers ou aux traumatismes (2).

1. Attention : danger !

Pathologie osseuse et de la croissance

L'ENFANCE, PÉRIODE DE CROISSANCE, EST AUSSI UNE PHASE DE MATURATION OSSEUSE. LES AFFECTIONS QUI ATTEIGNENT L'OS ET LE CARTILAGE SONT TRÈS FRÉQUENTES À CET ÂGE.

Les douleurs et les troubles de la marche à l'âge adulte peuvent être évités par la détection précoce des anomalies squelettiques. Chez un enfant de 4 à 9 ans et plus fréquemment chez le garçon que chez la fille, une boiterie, une douleur, souvent d'ailleurs décrite au genou, peuvent être le premier signe d'une ostéochondrite de hanche (nécrose localisée à la tête de l'os). Plus le diagnostic est précoce, plus la guérison sera complète après une évolution qui dure de 6 mois à 2 ans, lors de laquelle il faut mettre la hanche en bonne position et éviter l'appui. À 10-12 ans apparaît l'ostéochondrite de la tubérosité antérieure du tibia, avec douleurs et chaleur locale : dans ce cas, la mise au repos n'est pas indispensable et l'évolution est toujours favorable.

Une douleur de la hanche avec fièvre survenant entre 2 et 12 ans fait évoquer plutôt un « rhume de hanche » qu'une arthrite purulente, qui est plus fréquente en dessous de 2 ans. Par contre, une douleur au niveau du genou ou de la cheville en période fébrile met en cause une ostéomyélite (infection microbienne de l'os), ce qui entraîne aussitôt immobilisation plâtrée et traitement prolongé par antibiotique.

En cours de croissance, il est indispensable de surveiller l'apparition des déviations de la colonne vertébrale telles les scolioses, les cyphoses ou encore les lordoses exagérées. Une prise en charge précoce par rééducation motrice permet souvent d'éviter les corsets et les plâtres ; elle devra toujours être précédée d'un examen complet de l'enfant, avec mesure des membres inférieurs pour dépister un éventuel déséquilibre du bassin ou une maladie neurologique ou musculaire sous-jacente. Une scoliose apparue chez l'enfant jeune s'aggrave toujours en période pubertaire et nécessite souvent vers 13 ans une intervention chirurgicale.

L'analyse de la courbe de croissance peut dépister un retard de croissance. Si la vitesse de croissance est normale, il s'agit d'un simple retard de croissance : la taille, la maturation osseuse et le développement psycho-affectif sont en retard sur l'intelligence, qui, elle, suit l'âge réel ; la taille définitive sera normale. Dans la petite taille constitutionnelle, en revanche, la maturation osseuse et le développement psycho-affectif sont en rapport avec l'âge réel. Les retards de croissance avec ralentissement de la vitesse de croissance sont liés habituellement à un déficit en hormones de croissance ; un bilan complet, avec scanner cérébral, sera alors fait avant la mise en œuvre d'un traitement par l'hormone somatotrope hypophysaire. •

La santé des enfants déplacés

LA FRÉQUENCE ET LA DURÉE D'HOSPITALISATION DES ENFANTS ÉTRANGERS SONT NETTEMENT PLUS ÉLEVÉES QUE CELLES DES ENFANTS NÉS EN MÉTROPOLE.

Les pathologies caractéristiques des pays d'origine des personnes immigrées sont relativement rares en dehors des anémies comme la thalassémie (persistance d'une hémoglobine de type fœtal) chez les enfants originaires d'Afrique du Nord, de Grèce et du Portugal et, surtout, la drépanocytose (globules rouges en forme de faucille) chez les enfants en provenance d'Afrique noire. Les enfants venant du pourtour du bassin méditerranéen et d'Afrique peuvent également avoir une anomalie enzymatique (déficit en glucose-6-phosphate-déshydrogénase), qui entraîne une destruction des globules rouges lors de la prise de certains médicaments ou de certains aliments (fève, par exemple). Quand les enfants viennent d'arriver en France, ils peuvent être porteurs d'une parasitose (bilharziose, amibiase et paludisme essentiellement, dont certaines souches résistent aux thérapeutiques habituelles).

La pathologie infectieuse est la principale cause d'hospitalisation. Ainsi, les bronchites, les pneumopathies et l'ensemble des infections virales sont plus fréquentes que chez les enfants du pays d'accueil. Le risque de tuberculose est très élevé pour les enfants venant d'Afrique noire (20 à 30 fois plus qu'un enfant français), il est quatre à six fois plus élevé pour les enfants venant du Maghreb. De même, les brûlures et les intoxications accidentelles surviennent avec une particulière fréquence chez les enfants déplacés ; elles relèvent plus de produits ménagers que de médicaments. En dehors des diarrhées dites « de retour », qui se rencontrent chez les enfants de travailleurs migrants au retour de congés dans le pays d'origine, les gastro-entérites aiguës avec déshydratation ne sont pas plus fréquentes chez les étrangers que chez les Français. Il existe un taux élevé de rachitisme chez les enfants de migrants, les plus exposés étant les Asiatiques, les Maghrébins et surtout les enfants récemment arrivés d'Afrique tropicale.

Les malformations congénitales et les infections malignes paraissent une cause d'hospitalisation moins fréquente chez les enfants immigrés que chez les enfants français. La pathologie neurologique représente un cas particulier. En effet, les séquelles de poliomyélite, les handicaps sensoriels, l'encéphalopathie et l'infirmité motrice cérébrale constituent souvent le motif de l'émigration familiale et ne peuvent donc être considérés comme une pathologie survenue lors du séjour en France. Mais, pour une même pathologie, les enfants étrangers sont souvent hospitalisés plus longtemps que les enfants français, que ce soit pour les infections des voies respiratoires, la pathologie néonatale ou les infections intestinales. •

→ **Voir aussi :** Nouveau-né et nourrisson La pathologie, **MED**, p. 342-343.

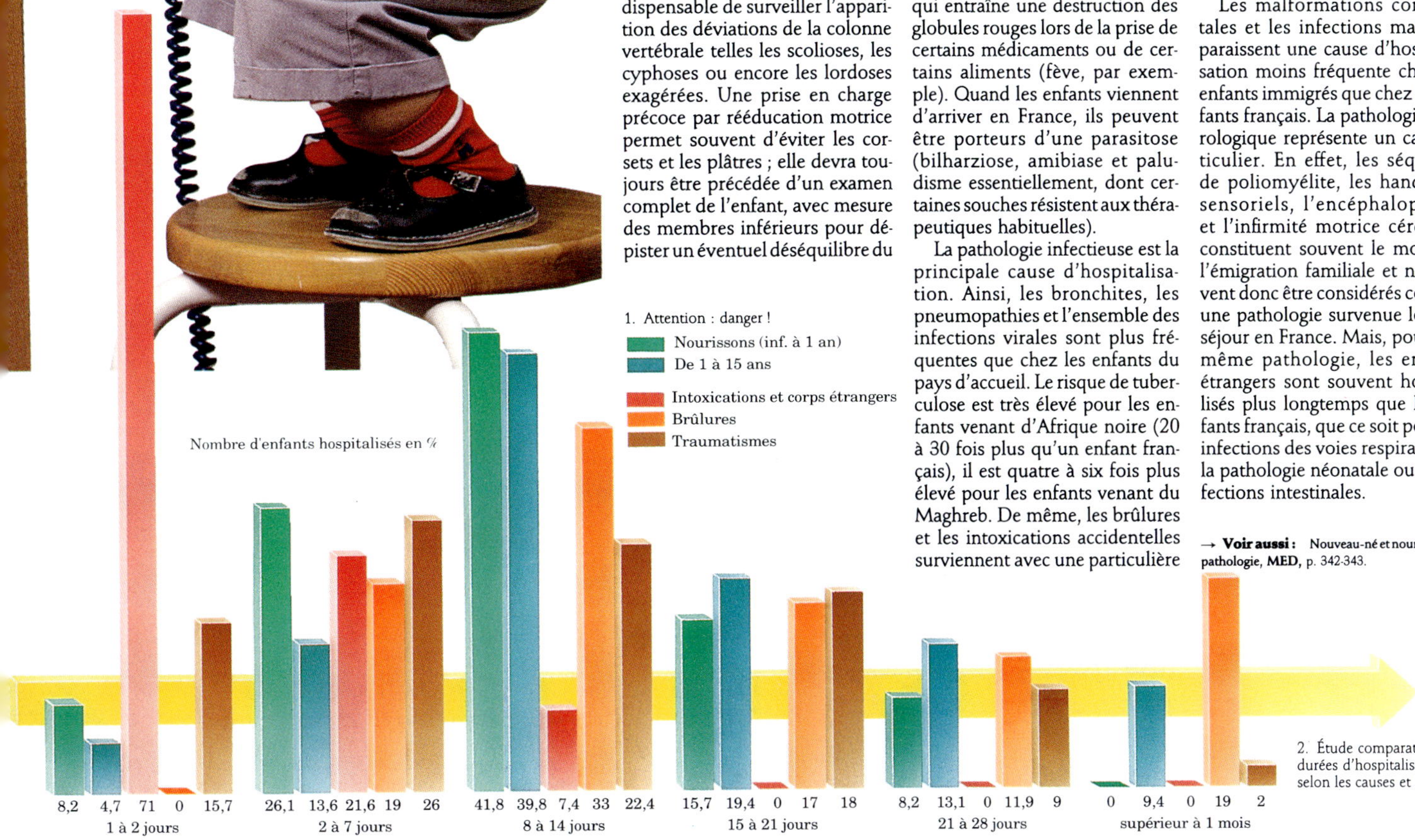

2. Étude comparative des durées d'hospitalisation selon les causes et les âges.

L'adolescence

PÉRIODE DE PASSAGE QUI sépare l'enfance de l'âge adulte, l'adolescence est un âge où tout est remis en question, à l'occasion du bouleversement de la puberté.

Cette période de la vie où se fait la maturation sexuelle est caractérisée par la croissance et l'arrivée à maturité des gonades (ovaires ou testicules), la transformation des organes génitaux externes et l'apparition des caractères sexuels secondaires. La puberté est sous la dépendance des hormones gonadotropes hypophysaires (T.S.H., L.H., I.C.S.H.) dont la sécrétion est liée à la maturation de l'hypothalamus ; il existe aussi une maturation préalable des glandes corticosurrénales. Parallèlement existe une croissance en taille et une accélération de la maturation osseuse avec début de fusion des cartilages de conjugaison.

En même temps que cette transformation du corps, l'esprit, les sentiments, les comportements se modifient. La maturité sexuelle n'est pas forcément liée à la « maturation » affective. Période des extrêmes, souffrance, joie, fuite, agressivité, il s'agit toujours d'une période difficile à vivre tant pour les parents que pour les enfants. Actuellement, les relations sont modifiées par l'influence croissante des médias, un certain développement de l'individualisme et la faiblesse des points de repères (qu'il s'agisse d'idéal ou de « code moral ») pour des adolescents hésitant souvent entre le besoin de fusion dans un groupe social et le désir d'originalité.

Cette période de mutation demande pour tous des solutions adaptées où la tolérance, la communication et l'humour sont indispensables.

La personnalité de l'adolescent

POUR CERTAINS ADOLESCENTS, LES MANIFESTATIONS PUBERTAIRES SE DÉROULENT SANS ENCOMBRE, MAIS D'AUTRES SONT PROFONDÉMENT PERTURBÉS ET VIVENT DE VÉRITABLES CRISES.

Les adolescents aiment être autonomes, ils ont besoin d'indépendance et la maison devient souvent un lieu de conflits et d'affrontements. Les parents perdent leur « caractère idéal », ce qui culpabilise l'adolescent, qui a l'impression de ne plus être aimé, et cette culpabilité peut le rendre plus agressif.

Pourtant, comme les enfants, les adolescents semblent avoir besoin d'une autorité intelligente d'adultes que l'on respecte et d'une affection crédible. L'adolescent se sent « mal dans sa peau », il n'a pas encore intégré sa transformation physique. De plus, cette transformation ne répond pas nécessairement à l'image idéale de lui-même qu'il s'était fixée. Pour attirer l'attention, certains provoquent par les vêtements, la coiffure, le maquillage. L'adolescence est aussi l'âge des premières expériences sexuelles, souvent différentes chez les filles et les garçons. Les garçons cherchent une expérience avec un corps qu'ils ne maîtrisent pas encore ; les filles, elles, ont envie de plaire et leur première expérience est souvent motivée par leur crainte de ne pas être attirantes (parfois elle répond au désir de ne plus être vierge). Ces premières expériences amènent rarement au plaisir chez la fille. Pour le garçon, cela semble plus facile, l'éjaculation étant accompagnée d'orgasme. Il leur est difficile de parler du plaisir qu'ils se donnent l'un à l'autre, ils ont souvent honte de leurs pulsions, et, se réfugiant dans l'imaginaire, ils se coupent des autres. Leurs pulsions sexuelles les conduisent à la masturbation. Parler de sexualité à leurs parents est difficile, voire impossible et même d'ailleurs troublant pour l'adolescent.

Si l'adolescent ne parle pas de sa sexualité dans sa famille, la crainte du sida entraîne de nombreux parents à expliquer à leurs enfants l'usage des préservatifs avant de leur avoir parlé des relations avec l'autre et d'amour.

La puberté

CET ENSEMBLE DE MANIFESTATIONS PHYSIOLOGIQUES ET MORPHOLOGIQUES MARQUE L'ENTRÉE DANS L'ADOLESCENCE ET CONDUIT À LA MATURITÉ SEXUELLE.

La puberté normale débute, chez la petite fille, entre 9 et 12 ans ; la poussée de croissance, sous l'effet des hormones sexuelles, est un peu décalée (de 9 ans et demi à 14 ans et demi). L'évolution de la puberté s'apprécie par le développement des seins, de la pilosité pubienne et axillaire, puis par les modifications des petites et des grandes lèvres. Juste avant l'apparition des règles, la muqueuse vaginale devient mate et rosée, des cellules acidophiles apparaissent sur les frottis, l'utérus augmente de volume. Les premières règles apparaissent entre 10 et 16 ans (âge moyen 12 ans et demi), deux ans environ après les premiers signes pubertaires ; elles correspondent à un âge osseux de 13 ans environ.

Chez le garçon, la puberté commence entre 10 et 14 ans à un stade de maturation osseuse de 13 ans. La poussée de croissance s'échelonne entre 11 ans et 17 ans. L'évolution de la puberté s'apprécie par le volume testiculaire, la longueur de la verge, la pigmentation des bourses, la pilosité pubienne puis axillaire. La mue de la voix, l'apparition d'acné et des poils du visage sont contemporaines des premières éjaculations. Une gynécomastie (développement du sein) uni- ou bilatérale transitoire peut se voir en phase pubertaire chez le garçon sans présenter de caractère pathologique ; elle disparaît à la fin de la phase pubertaire et ne demande aucun traitement.

Les pubertés pathologiques se définissent par une avance ou un retard exagéré de la puberté. Les avances pubertaires (avant 8 ans chez la fille et 10 ans chez le garçon) nécessitent un bilan complet, car elles peuvent être dues à une tumeur cérébrale ou à d'autres maladies du système nerveux. Dans beaucoup de cas, on ne retrouve aucune cause : la taille définitive est réduite, la fertilité potentielle possible, mais les problèmes psychologiques parfois graves. Quand il s'agit d'un état de puberté précoce sans augmentation des gonadotrophines, il peut être lié à une maladie (hyperplasie ou tumeur) des surrénales, des testicules ou de l'ovaire. Les retards pubertaires (absence de signes pubertaires après 15 ans chez la fille et 17 ans chez le garçon) sont le plus souvent des retards simples de la puberté, avec retard de l'âge osseux et retard de croissance associés. Plus rarement, il s'agit d'hypogonadisme, soit par lésion des gonades d'origine chromosomique, soit par atteinte du système hypothalamo-hypophysaire. Le syndrome de Turner est une agénésie ovarienne avec aménorrhée, aspect féminin infantile et caryotype du type 45,XO. La maladie de Klinefelter associe une atrophie testiculaire, une gynécomastie avec aspect longiligne et un caryotype 47,XXY. Le contraste entre un aspect féminin et l'absence de pilosité, de règles et d'utérus caractérise le trouble des récepteurs d'androgènes du testicule féminisant. •

La bande

Au sein du groupe, on se sent fort, on se sent aimé, on se sent pareil aux autres. La bande représente un milieu favorable à la communication, surtout lorsque celle-ci est difficile avec les adultes, et un moyen d'entrer en contact avec l'autre sexe (1) et d'affirmer sa personnalité.

1. La chaleur du groupe.

L'adolescence est parfois le moment de la découverte d'une véritable relation amoureuse. Elle est alors vécue avec générosité et avec force mais aussi avec passion et désir de possession, souvent sans accepter la différence ni respecter la personnalité de l'autre. Pendant toute la période de l'adolescence, l'amitié est un grand facteur d'équilibre. Puisque l'on ne peut se confier à ses parents, l'amitié redonne confiance dans les moments difficiles. Par ailleurs, les adolescents recherchent le groupe, la bande, les copains ; ils cherchent à être pareils aux autres, à s'identifier à un groupe ; ils redoutent les différences. C'est ensemble qu'ils partagent leurs activités, car le groupe leur donne confiance et sécurité. En effet, l'incertitude sur leur avenir les rend anxieux face aux obstacles de toute sorte (scolaires, économiques, psychologiques), à leur désir de réussite sociale.

Si l'adolescence a ses difficultés, c'est aussi le moment privilégié où s'élabore la personnalité. La dynamique des pulsions, du besoin de se connaître et de séduire rencontre les nécessités sociales et la rationalité. Les émotions artistiques, les performances sportives, la découverte de la nature, la générosité et l'engagement au côté des défavorisés entremêlent l'inné et les acquis culturels et psychologiques. •

Risques et conflits

SELON FRANÇOISE DOLTO, « À L'ADOLESCENCE ON SE REMET AU MONDE SOI-MÊME ». CETTE NOUVELLE NAISSANCE QU'IL FAUT FAIRE PAR SOI-MÊME EST DIFFICILE ET SOURCE D'ANGOISSE.

L'angoisse des parents pour l'avenir de leur enfant et leurs difficultés à reconnaître en lui l'être qu'ils avaient rêvé accentuent l'angoisse de l'adolescent lui-même. L'adolescent, qui ne se reconnaît pas lui-même et qui n'est pas reconnu par ceux qui l'aiment, est fragile et prêt à suivre son groupe, un adulte qui l'entraîne ou ses pulsions incontrôlées. Comme il attache une grande importance aux transformations de son corps, il tombe facilement dans des excès. L'anorexie mentale survient surtout chez les jeunes filles (et surtout chez celles d'intelligence brillante). Elles deviennent incapables de manger pour des raisons psychologiques complexes : peur de grossir, peur de leur sexualité, peur de leur vie de femme, etc. À l'opposé, la boulimie, besoin irrésistible de manger à tout moment sans même avoir faim, pour faire céder l'angoisse, s'associe, en alternance, à des phases d'anorexie. Ces comportements perturbent la famille, qui n'en saisit pas les raisons, s'effraie de leurs conséquences et multiplie les attentions et les injonctions, ce qui ne fait qu'aggraver les troubles.

Comme pour les autres déviations de la conduite de l'adolescent, il faut comprendre l'appel qui est ainsi lancé à travers ces comportements. Comme il ne se sent pas en accord avec « son moi intérieur », comme il a souvent des difficultés scolaires, ou qu'il croit en avoir, car il ne réussit pas aussi bien qu'il le voudrait, l'adolescent vit un état dépressif latent encore augmenté par les fatigues de sa poussée de croissance et de sa transformation pubertaire. Lorsqu'il en est conscient, cet état l'oppresse, l'attriste, et empêche tout dialogue.

Le suicide peut paraître une issue, « c'est pour lui une grande envie de vivre une autre vie » (F. Dolto). Le suicide peut être aussi un acte de violence contre lui-même, contre son entourage, parfois une réponse aux violences subies, en particulier aux violences sexuelles dont il n'a pas osé parler et auxquelles il ne sait comment se soustraire. La tentation est grande, à cet âge également, d'échapper à l'ennui et à l'absence de confiance dans l'avenir par l'usage d'une « drogue », qu'il s'agisse du tabac, de l'alcool ou des médicaments, mais aussi du haschisch ou des drogues dures (héroïne, cocaïne, crack). Toute drogue dont on devient dépendant tend à faire perdre le contrôle de soi et « déshumanise ». Pour beaucoup, il s'agit d'un retour en arrière, d'une protection (« un véritable retour au sein maternel »). L'usage d'une drogue est favorisé par le manque de relation vraie avec les parents, par l'absence de dialogue, par la dépendance excessive à l'égard des copains, par l'absence de réussite scolaire ou les difficultés d'insertion professionnelle. La consommation de cigarettes commence de plus en plus tôt et près de 5 % des jeunes de moins de 15 ans fument déjà de manière régulière. Les filles fument de plus en plus, alors que la consommation est stable chez les garçons. L'alcoolisme des jeunes est souvent épisodique, responsable alors d'accidents de la route, de violence brutale ou de délits sexuels. L'usage de la drogue « commence dès l'école primaire » ou les premières classes du secondaire (colle, trichloréthylène, ou même parfois haschisch). L'usage des drogues dures peut entraîner la mort par surdosage et elle entraîne dans tous les cas une dépendance qui peut conduire l'adolescent à la délinquance. •

La délinquance de l'adolescent

L'ADOLESCENT PEUT S'ÉLOIGNER DE LA SOCIÉTÉ, S'OPPOSER À ELLE AVANT DE TROUVER LES CHEMINS DE SON ÉPANOUISSEMENT.

La prolongation des études, la dépendance économique à l'égard des parents, le retard d'initiation aux conduites professionnelles et sociales ont établi un déséquilibre entre la maturation physique et de la personnalité d'une part et les besoins affectifs d'autre part. Un délinquant est quelqu'un qui n'arrive pas à vivre selon les préceptes de la morale et des lois. Certains adolescents n'arrivent pas à s'empêcher de voler ; le vol représente en effet la majorité des infractions de l'adolescent. Le vol isolé, le chapardage accidentel n'a pas valeur habituelle de délinquance, mais il peut faire rentrer l'adolescent dans un engrenage s'il n'est pas l'occasion d'un dialogue vrai avec l'adulte qui sait en comprendre la signification : expression d'un malaise personnel ou occasion de sortir des interdits. Pour d'autres, le vol est le moyen d'avoir de l'argent pour sortir, pour être à la mode.

Les copains, la bande ou le groupe peuvent entraîner l'adolescent, car alors il se sent fort et croit même parfois faire un « acte de bravoure ». D'un autre côté, la société étale les tentations des biens de consommation. Le vol peut conduire à la violence qui est toujours, dans ces cas, un signe d'impuissance et de peur. Le vol peut entraîner à rançonner les petits à la sortie de l'école, à s'attaquer aux personnes seules. La violence sexuelle peut aussi être le fait des groupes (viols collectifs). L'évolution des mœurs participe aussi à l'augmentation de la prostitution des mineurs, qu'elle soit homo- ou hétérosexuelle. Il en résulte une destruction de la personnalité pour toute la vie, et il est très difficile à l'adolescent entré dans ce cycle de s'y soustraire, car souvent il n'ose pas en parler et ne trouve d'ailleurs pas l'adulte de confiance dont il aurait besoin.

La fugue est le témoignage le plus fréquent de l'inadaptation de l'adolescent à son milieu. Elle satisfait son besoin de liberté et traduit l'état impulsif et l'absence de saisie des réalités propre à cet âge. Comme le vol, elle peut être l'occasion d'un dialogue et d'une prise de conscience nécessaires. •

→ **Voir aussi :** Les drogues légales Alcool et tabac, **MED**, p. 352-353. Les drogues illégales, **MED**, p. 354-355. La nouvelle image de l'enfant, **IDÉES**, p. 438-439.

2. Seul à la recherche de la voie.

L'isolement

Hors du monde protégé de l'enfance, la période de l'adolescence est souvent celle des difficultés d'intégration sociale. On veut vivre des passions, donner, aimer, réussir, mais on se heurte à des contraintes. L'usage répandu du Walkman (2) traduit ce besoin d'isolement.

Le corps et l'esprit

On peut considérer le cri de la naissance comme le premier témoignage de la dynamique qui unit le corps et l'esprit. Quant à la mort, elle fait du corps le cadavre inerte, insensible, muet, abandonné, semble-t-il, par ce qui l'animait.

Le terme *esprit* désigne, d'une part, l'énergie des « souffles » (*pneuma* des Grecs, *qi* des Chinois, *ruah'* des Hébreux) qui donnent au corps sa vie et sa force. D'autre part, il représente l'activité mentale, qui constitue la conscience et la pensée de l'homme vivant.

Longtemps souffle et pensée ont été localisés dans des organes non nerveux (le foie de Prométhée, le cœur pour Aristote) avant que soit attestée la nécessité du système nerveux pour leur manifestation. La séparation du corps et de l'esprit a pris force à la fin du XVIIIe siècle.

D'un côté la psychiatrie, la psychologie et la psychanalyse ont pris pour objet d'étude les maladies mentales et les manifestations normales de l'activité psychique, alors que les autres disciplines médicales étudiaient le corps et son fonctionnement normal et pathologique. Or cette séparation s'est avérée trop schématique et a été amendée : des lésions du système nerveux entraînent parfois des troubles psychologiques, toute émotion a des effets physiologiques et retentit sur le fonctionnement des viscères.

Depuis les années 1950, la pharmacologie a fait les preuves de son efficacité dans les maladies mentales. La distinction corps-esprit reste pratique et nécessaire. L'exercice de la médecine, par le traitement et l'accompagnement de l'homme qui souffre, requiert une prise en compte globale.

Pulsions et émotions

PULSION ET ÉMOTION TÉMOIGNENT DE LA FORCE DES RÉACTIONS DITES INSTINCTIVES, QUASI AUTOMATIQUES CHEZ L'HOMME SOUMIS AUX EXCITATIONS DE L'ENVIRONNEMENT.

On a tendance à regrouper sous le terme pratique mais peu scientifique d'*instinct* un ensemble d'attitudes qui sous-tendent chez l'animal les comportements fondamentaux (quête alimentaire, défense, reproduction...) et dont la trace persiste chez l'homme. Dans cette optique, la pulsion, comme S. Freud l'a suggéré, est une tendance instinctive, inconsciente, qui oriente les comportements : faim, soif, sexualité. Les pulsions sont partiellement contrôlées par le milieu social et l'éducation. Le neurophysiologiste P. D. MacLean a proposé un schéma fonctionnel des structures cérébrales en trois systèmes, qui explicite le contrôle de ces pulsions. Le premier système, dit « reptilien », réunit les formations réticulées des noyaux profonds hémisphériques et fonde les comportements de défense et survie. Le second, « paléomammalien », est le support des pulsions et des émotions : désir, plaisir, faim, sexualité, et se développe dans les structures des faces hémisphériques internes dénommées système limbique (ou rhinencéphale) connectées au dispositif neuro-endocrinien de l'hypothalamus et de l'hypophyse. Ce contrôle des émotions se manifeste chez certains épileptiques qui ressentent des émotions d'une extrême violence lorsque la décharge atteint le système limbique. On a constaté que la carence en zinc (qui serait présent dans les régions limbiques) chez l'enfant dénutri engendre une pulsion alimentaire. Le Russe I. Pavlov a démontré que le conditionnement permettait de déclencher des crises d'angoisse chez le chien. Le troisième système, particulier aux mammifères supérieurs, a son plein développement dans le cortex cérébral de l'homme, dévolu à la connaissance et à l'intégration des informations venant des structures mammalienne et reptilienne sous-jacentes.

Ainsi, les émotions sont sous le contrôle de circuits neuronaux (et de leurs neuromédiateurs) que la psychopharmacologie tente de maîtriser. Agréables, elles suscitent le désir, l'intérêt, la recherche ; désagréables, elles engendrent la peur, la colère, le dégoût, la fuite. Elles s'accompagnent de modifications du rythme cardiaque, de sueurs, d'angoisse ou d'euphorie. L'absence d'émotion (anémotivité) est parfois le fait des états schizophréniques. L'hyperémotivité se marque par des réactions exagérées. Les crises d'angoisse itérative, liées à des mécanismes cérébraux et à des circonstances psychologiques et sociales, bénéficient à la fois des psychothérapies comportementale ou analytique et des médicaments psychotropes. •

La vigilance

LA VARIATION LA PLUS ÉVIDENTE DE LA VIGILANCE EST L'ALTERNANCE VEILLE-SOMMEIL. LA PERTE TOTALE DE VIGILANCE, L'EXTINCTION DE LA MOTRICITÉ, DE LA SENSIBILITÉ ET DE LA CONSCIENCE CARACTÉRISENT LE COMA PROFOND.

Le degré d'éveil, appréciable cliniquement et par l'électroencéphalogramme, est régulé par la formation réticulée, réseau diffus de neurones du tronc cérébral. Le *sommeil,* interruption du flux de conscience éveillée, réalise une rupture avec le monde extérieur. Son organisation comprend chaque nuit 4 à 6 cycles de sommeil profond avec ralentissement des ondes électroencéphalographiques et de la fréquence cardiaque. Ces phases sont séparées par des périodes brèves à ondes électroencéphalographiques rapides, dites de sommeil paradoxal, plus liées à la survenue des rêves.

Certains troubles psychiatriques retentissent sur les variations de vigilance. Dans la psychose maniaco-dépressive, au cours des accès de manie, le malade perd le sommeil, entreprend mille choses à la fois, parle sans arrêt avec rapidité comme si le système de vigilance était brusquement déréglé. En revanche, certaines substances qui inhibent l'activation de la formation réticulée entraînent indifférence et hypersomnie. Les somnifères, les anesthésiques agissent aussi sur la formation réticulée. Les intoxications professionnelles, accidentelles, médicamenteuses peuvent entraîner des troubles allant de la somnolence au coma profond. Des troubles de l'hydratation, le diabète sont parfois la cause de comas liés au retentissement sur le métabolisme du système d'éveil.

L'état de coma correspond à une perte de communication avec l'extérieur et comporte des degrés allant de l'obnubilation à l'absence complète de mobilité et de sensibilité, avec troubles des fonctions végétatives, cardiaques, respiratoires et vasomotrices ; ce tableau clinique correspond au coma profond. Après un traumatisme crânien, le coma peut être dû à des hématomes comprimant le cerveau. Le coma peut compliquer les infections, aggraver l'évolution des tumeurs cérébrales. Après les crises d'épilepsie, la somnolence réalise un coma spontanément régressif. On a pu définir, à partir de l'observation des signes, des scores de profondeur du coma utiles pour la thérapeutique, le pronostic et la surveillance de l'évolution. •

1. Homme zodiacal. Représentation médiévale de l'alliance entre les parties du corps et les figures astrologiques.

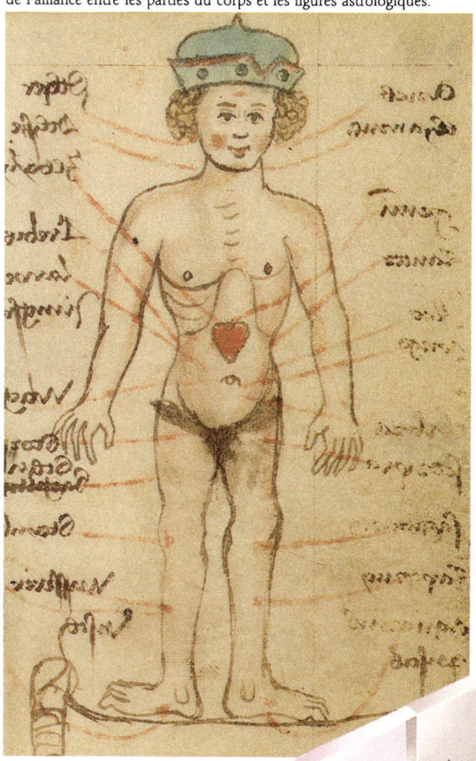

2. Schéma des diverses parties du cerveau.

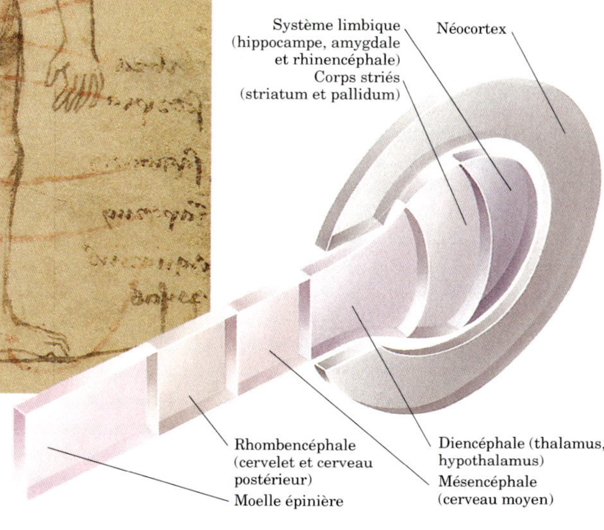

La conscience

CHAQUE HOMME POSSÈDE UN CONCEPT INTÉRIEUR DE SON EXISTENCE, DE SON RAISONNEMENT, DE SON LANGAGE ET DE SES ACTES, AINSI QUE DU MONDE EXTÉRIEUR, QUI CONSTITUE LE FLUX ÉVOLUTIF DE SA CONSCIENCE.

On reconnaît une forme de sensibilité aux végétaux, des possibilités étendues de communication aux animaux. Chez l'homme, comme chez les autres animaux, l'action et la communication nécessitent l'intégrité des structures nerveuses. L'organisation du cerveau humain régit le fonctionnement viscéral et les relations avec l'environnement, la régulation des pulsions et des comportements et la vigilance. La conscience réfléchie n'est ni la vigilance, ni l'émotion, mais peut se définir comme l'organisation cohérente de la mémoire, des connaissances et du langage, en vue d'une activité. Cette conscience réfléchie réunit ainsi les capacités d'imagination, de mémoire, de logique et de raisonnement, et participe aux sentiments et aux désirs. Elle organise la décision, structure la volonté et le libre arbitre. C'est par elle que l'homme forge ses outils et son œuvre, communique avec ses semblables, crée ses mythes et ses arts, adhère à des systèmes sociaux et religieux. Le fonctionnement du système nerveux permet le recueil de l'information et sa restitution, ainsi que l'apprentissage. Les structures cérébrales sont indispensables à la manifestation de la conscience.

Cependant, chez les patients dont le tronc cérébral et la vigilance sont altérés, l'absence de langage (gestuel, écrit ou oral) et d'actions ne permet pas de préjuger du niveau de la conscience au cours de ces états végétatifs persistants. En revanche, l'altération du flux de pensée rationnelle (par atrophie ou souffrance des hémisphères cérébraux) réalise des dissolutions de conscience avec perte du raisonnement, du langage ou de l'action, qui engendrent aphasie, apraxie et agnosie. Les états de confusion mentale, d'hallucination, de délire altèrent les flux de conscience. Une certaine forme d'inattention traduisant une altération « physiologique » ou « normale » de la conscience est manifeste dans les automatismes des actes usuels de la vie, comme dans la nonchalance et la rêverie. À l'inverse, la concentration d'esprit est difficile à définir. Au cours du labeur, elle ouvre parfois la voie de l'intuition ou de l'inspiration. L'extrême attention focalise et affine l'intensité des perceptions et des associations d'idées, du langage et de l'action. Avec Freud, l'inconscient (le *Ça* de Groddeck), vaste ensemble informulé de pulsions, phantasmes et souvenirs, refoulé par les instances et interdits moraux (le *surmoi*), constitue le soubassement des motivations et comportements (l'expression du *moi*). La mise au jour des souvenirs refoulés interprétés selon les schémas analytiques permet la guérison de névroses. L'expression *conscience morale* désigne les sentiments de bien et de mal présents en l'homme et en ses cultures. •

3. Coupe sagittale de l'encéphale obtenue par imagerie par résonance magnétique.

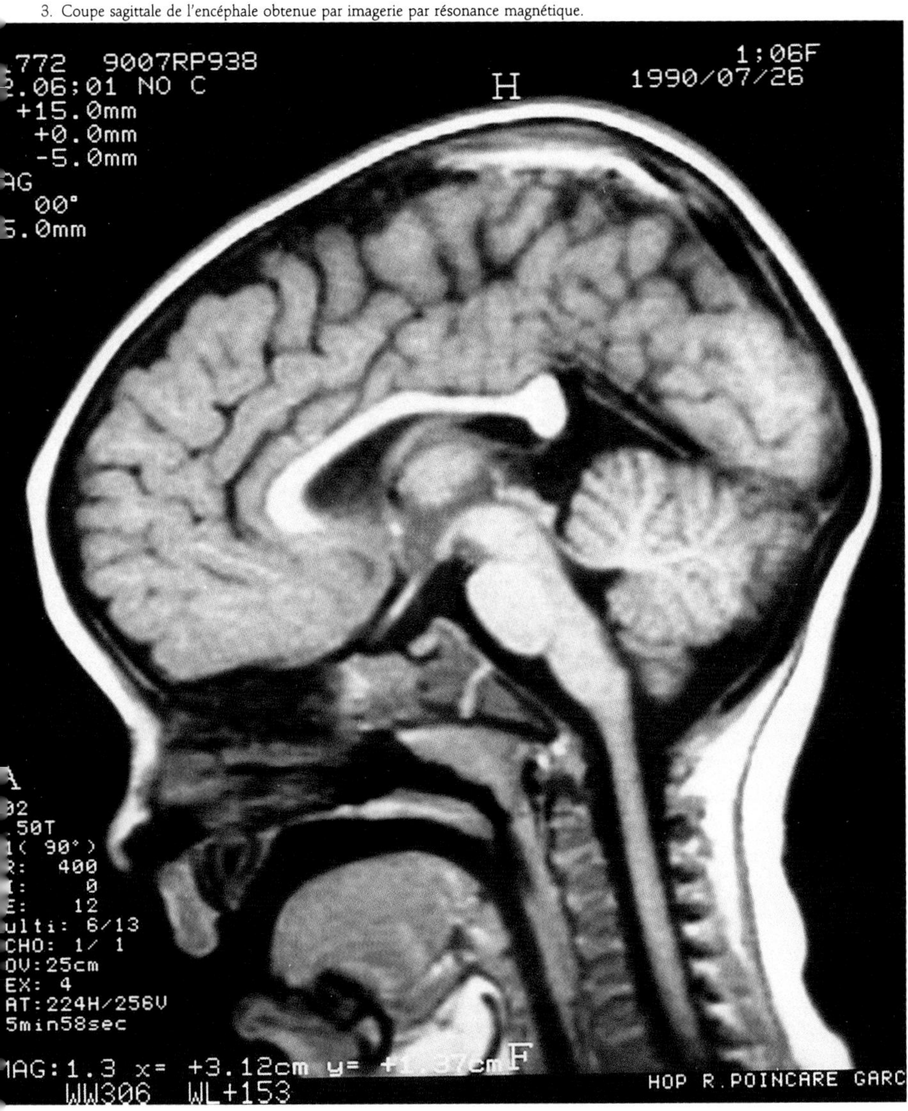

Dualité et complexité

Le corps et l'esprit, à la fois dépendants et autonomes, sont régis par le fonctionnement du système nerveux, qui assure les régulations des fonctions vitales et la mise en relation avec l'environnement matériel et vivant. Par une approche mystique et philosophique traditionnelle, l'interface entre le soi de chacun et le monde extérieur a été interprétée comme le reflet de l'Univers et du zodiaque sur le microcosme du corps humain (1). Par la démarche médicale anatomoclinique développée depuis le XIXe siècle, l'observation et l'expérimentation ont permis de hiérarchiser les fonctions nerveuses et de leur attribuer des lieux électifs dans l'architecture cérébrale (2). On distingue successivement du rhombencéphale aux hémisphères cérébraux : les fonctions végétatives ; la vigilance ; les instincts, émotions et pulsions ; la conscience réfléchie, le langage et l'affectivité. Les images obtenues grâce aux techniques de visualisation (3) et les modélisations informatiques apportent à cette complexité dynamique une nouvelle intelligibilité.

Les rapports du corps et de l'esprit

LA SÉPARATION DIALECTIQUE DU CORPS ET DE L'ESPRIT, DU CERVEAU ET DE LA PENSÉE, RESTE L'OBJET D'UN DÉBAT OÙ LA SCIENCE N'A PU LEVER TOUTES LES INCERTITUDES.

On constate au cours de la vie la solidarité du fonctionnement des structures corporelles et de l'évolution mentale. Le génome de l'embryon est déjà porteur des virtualités somatiques et mentales de l'individu futur. Des événements physiques peuvent à tout moment retentir sur l'activité psychique. Par exemple, l'anoxie néonatale, qui altère gravement le système nerveux, limite ou détruit les possibilités de vigilance, de mouvement et de langage du nourrisson. La maladie du cerveau peut détruire la mobilité, altérer le langage ou provoquer des démences. L'édification du corps et l'apprentissage psychomoteur, affectif et rationnel progressent parallèlement au cours de la croissance. La synergie cerveau-pensée est évidente dans la construction du *moi,* la découverte du monde intérieur et celle de l'environnement. Les émotions, les désirs, la parole, les plaisirs, les actions nécessitent l'intégrité de structures définies du cerveau, mais la mise en œuvre de ces structures est constamment contrôlée par les structures avoisinantes. La moindre des perceptions ou l'acte le plus minime sont la résultante d'intégrations nerveuses souvent multiples. L'expérimentation a montré que le fonctionnement des neurones comporte des lois physiques ou chimiques communes aux diverses espèces animales et précise les réseaux nerveux nécessaires aux sensations et aux mouvements. Mais, dans le cerveau humain, d'une part, le nombre gigantesque des neurones assure des possibilités immenses d'interconnexions, d'autre part, la diversité des neurones et de l'architecture du cortex cérébral rend délicates les assimilations au cerveau des autres mammifères. La vigilance, l'émotion, l'humeur sont accessibles à l'analyse (modélisation) et aux soins (pharmacologie). Par contre, désir, mémoire, imagination, volonté ne peuvent pas être reliés à des systèmes univoques élémentaires. Aristote situait dans le cœur le siège des passions alors qu'Alcméon (VIe s. av. J.-C.) proclamait la prééminence du cerveau. Descartes donnait à la glande pinéale le rôle d'insertion de la pensée dans le corps.

Au XXe siècle, des neurologues comme J. H. Jackson et H. Ey élaborent des modèles de hiérarchisation fonctionnelle du système nerveux, alors que des penseurs et philosophes comme H. Bergson, M. Heidegger, P. Valéry, P. Ricœur s'interrogent sur les singularités du corps et de l'identité spirituelle. De nos jours, les affrontements face à la dualité corps-esprit se poursuivent. Pour certains, l'esprit est le produit de l'organisation corporelle et les progrès des neurosciences réduiront les zones d'inconnu. Pour d'autres, l'esprit « déborde » les circuits nerveux. Il est inaccessible aux méthodes actuelles d'étude, de la même manière que l'analyse des cordes d'un violon ne peut rendre compte de la beauté du son qu'il émet. Dans la poésie chinoise, les esprits du Ciel et ceux de la Terre s'unissent en couples divers dans les corps. La science occidentale a certes établi que le cerveau est le support nécessaire de la pensée. On ne peut que reconnaître une certaine ignorance sur la nature de l'esprit, poursuivre l'effort de recherche et accepter la part de l'aléatoire dans son élaboration. •

→ **Voir aussi :** Le système nerveux des vertébrés, **BIOL**, p. 156-157. Le sommeil, **BIOL**, p. 186-187. La psychosomatique, **MED**, p. 362-363. Le cerveau et la neuropsychologie, **MED**, p. 370-371.

Les drogues légales Alcool et tabac

L'USAGE DE CERTAINS PRODUITS, non parce qu'ils sont indispensables à la vie comme l'eau et les aliments, mais pour en ressentir les effets le plus souvent psychiques, est de tous les temps et de toutes les cultures. Manger, boire, mâcher, priser, fumer, voire s'injecter des substances variées, a été diversement jugé, encouragé, admis ou banni selon les époques et les sociétés. Absolument rejeté par l'islam, le vin est au centre du rituel chrétien. Sévèrement réprimé en Occident, l'usage des opiacés est largement toléré dans certains pays d'Orient.

Cette diversité d'attitudes tient à ce que les substances ainsi utilisées n'ont pas que des propriétés nocives, qui les auraient fait simplement rejeter. Tout dépend de la dose et des susceptibilités individuelles. La morphine est un merveilleux analgésique. À faible dose, l'alcool stimule et améliore les performances, lève l'angoisse et facilite les rapports sociaux. À forte dose, il fait souvent du buveur un objet de scandale et un être dangereux. Le tabac a été longtemps vanté pour faciliter le travail intellectuel et donner de l'esprit, et ce n'est qu'à partir de l'avènement des ordinateurs qu'on a pu mener les enquêtes épidémiologiques nécessaires pour démontrer les dangers considérables qu'il fait courir à long terme. Nombre de personnes sont incapables de contrôler l'usage de ces substances. Or leur consommation immodérée et prolongée peut aboutir à une déchéance physique ou sociale, voire aux deux.

L'usage n'épargne pas non plus ceux qui édictent les lois et, lorsqu'il est très répandu, interdire devient difficile. Aussi a-t-on voulu trouver des propriétés particulières aux substances d'abus, qui auraient permis de qualifier de « drogues » celles dont l'usage ne serait pas également admis, et de justifier en contrepartie une tolérance à l'égard des autres. On a ainsi longtemps exigé, pour qualifier une substance de « drogue », qu'elle entraîne assuétude, accoutumance, tolérance et syndrome de sevrage. *L'assuétude* est l'attachement du sujet à un usage régulier ; l'*accoutumance,* la nécessité d'augmenter les doses pour obtenir l'effet désiré ; la *tolérance,* la possibilité de s'administrer sans conséquences nocives immédiates des doses qui entraîneraient des troubles graves lors d'une première utilisation. Le *syndrome de sevrage* consiste en malaises lors de l'arrêt brutal de la prise du produit. Cette définition convenait aux opiacés, alors que l'alcool et le tabac, substances légales, semblaient ainsi lui échapper. Malheureusement, si le syndrome de sevrage de tabac est mineur, le delirium tremens a été isolé des délires alcooliques aigus et rattaché à sa véritable cause, le sevrage d'alcool. Enfin, la loi elle-même ne suffit pas à définir une « drogue », puisqu'elle tolère l'usage médical des opiacés, mais limite celui de l'alcool au volant et du tabac en certains lieux.

Nicotine et goudrons

La machine à fumer (1) aspire d'une cigarette allumée des bouffées de 35 ml en deux secondes toutes les minutes jusqu'à une longueur de mégot de 23 mm. La fumée obtenue traverse un filtre qui retient les particules de diamètre supérieur à 0,3 micromètre. Le condensat ainsi recueilli contient la nicotine et les goudrons, qui sont dosés. Les taux figurant sur l'emballage des cigarettes représentent donc le rendement de celles-ci lorsqu'elles sont fumées dans ces conditions et non pas la quantité qu'elles contiennent (une cigarette contient entre 14 et 18 mg de nicotine). Pour obtenir des cigarettes plus légères, on pratique sur les filtres des microperforations (2). L'air pénètre par ces perforations, ce qui réduit d'autant la quantité réelle de fumée aspirée par la machine. Pour compenser cette insuffisance de rendement, le fumeur fait des bouffées plus importantes, bouche avec les doigts ou les lèvres les perforations du filtre, inhale plus profondément et fume plus de cigarettes. Il parvient ainsi à obtenir une quantité de nicotine et de goudrons sensiblement équivalente à ce qu'il obtenait de cigarettes normales, ce qui rend quelque peu illusoire la protection qu'il peut attendre de ces cigarettes dites « légères ».

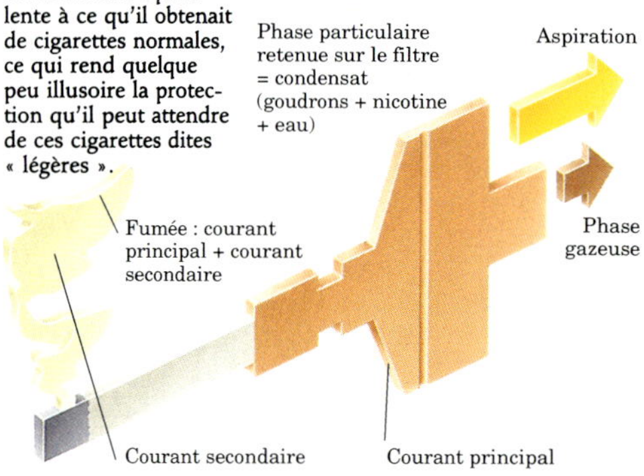

1. Schéma de machine à fumer.

2. Filtre à microperforations.

La notion de dépendance

PARLER DE DÉPENDANCE, C'EST METTRE L'ACCENT SUR LE LIEN QUI ATTACHE UNE PERSONNE À LA SUBSTANCE DONT ELLE ABUSE PLUTÔT QU'À LA NATURE MÊME DE CETTE SUBSTANCE.

Le terme de « drogue » définit des substances qui seraient porteuses de vertus attractives maléfiques, mais le phénomène que l'on cherche à décrire fait plutôt appel au comportement de l'utilisateur. Toxicomanie, terme surtout utilisé en France, évoque certes une « manie », c'est-à-dire une habitude bizarre et tyrannique, mais aussi l'usage d'un produit toxique. Or il faut remarquer que la toxicité n'est pas ce que recherche le toxicomane. Elle est, de plus, très variable selon les produits, et n'est pas corrélée à l'intensité de l'attachement du sujet. Cet attachement irraisonné, ce lien qui relie le sujet et la substance, est finalement la seule caractéristique commune aux « drogues ». Ce terme tend donc à s'effacer derrière celui de « substance d'abus », et l'Organisation mondiale de la santé a adopté, pour décrire cet attachement, le terme de « dépendance ». La dépendance est définie comme « un état, psychique et parfois physique, résultant de l'interaction entre un organisme vivant et une substance, caractérisé par des réponses comportementales et autres qui comprennent toujours une compulsion à prendre la substance de façon continue ou périodique pour en ressentir les effets psychiques et, parfois, éviter l'inconfort de son absence (sevrage). La tolérance peut ou non être présente ». Le seul élément constant de cette définition est la *compulsion,* impossibilité de ne pas accomplir un acte, contre toute raison, et malgré des efforts de volonté. Tolérance, syndrome de

3. Au café P.M.U.

Dépendance et sevrage

L'alcool touche les hommes et les femmes dans tous les milieux sociaux et à tous les âges. Seuls (3) ou à l'intérieur d'un groupe convivial (4), certains sujets y découvrent le médicament idéal qui les aide à résoudre leurs difficultés et développent ainsi une dépendance. À noter que le pourcentage de sujets qui demeurent abstinents après avoir arrêté de fumer, de boire ou d'utiliser de l'héroïne est étonnamment comparable (5), ce qui suggère que ce lien de dépendance est de même nature dans tous les cas, que sa force est similaire et relativement indépendante de la nature de la substance utilisée.

sevrage sont considérés comme accessoires et inconstants et constituent les phénomènes dits de « dépendance physique ». La dépendance est ainsi définie comme une interaction entre l'organisme et la substance. La notion de drogue, dure ou douce, devient donc vide de sens, l'important étant la force de l'interaction. Pour un sujet dépendant, peu importe la substance en cause. À cet égard, il est des plus instructif, tant pour les médecins que pour les utilisateurs de ces « drogues », de savoir que les succès des tentatives d'abstinence sont tout à fait comparables pour des produits aussi différents que l'héroïne, l'alcool et le tabac. •

Les mécanismes des dépendances

DES PRESSIONS SOCIALES INITIENT LA CONSOMMATION MAIS DES EFFETS PHARMACOLOGIQUES TRANSFORMENT EN DÉPENDANCE CE QUI N'AURAIT ÉTÉ QUE TRANSITOIRE PHÉNOMÈNE DE MODE.

Les premières cigarettes, les premiers verres d'alcool ne sont pas fumées ou bus par besoin, mais sous des influences sociales, poussant à se conformer aux standards du groupe auquel on désire s'intégrer. Les substances illégales attirent donc par prédilection les sujets ayant besoin de transgressions.

Les facteurs psychosociologiques. L'alcool et le tabac constituent dans nos sociétés un véritable rituel initiatique de passage à l'état adulte. Leur usage répond au besoin de se conformer au modèle social prévalant et procure de ce fait un sentiment de convivialité. La préférence pour une substance particulière est déterminée par les effets que le sujet en attend. À ce titre, les effets immédiats de l'alcool : euphorie, sentiment de libération d'interdits, sont plus apparents que ceux du tabac, surtout ressenti comme épreuve par les novices, qui ne font pas spontanément état d'un plaisir à fumer. Avec l'usage, prendre la substance d'abus s'associe de plus en plus à tous les événements de la vie courante. Habitudes, rituels collectifs ou personnels renforcent la dépendance, s'opposent aux tentatives d'y échapper, et constituent de réels facteurs de rechute.

Les facteurs pharmacologiques. On ne devient pas dépendant de n'importe quelle substance. Certaines réagissent avec le fonctionnement du cerveau d'une façon encore très mal connue. Le schéma général est le suivant : lorsque l'organisme manque d'une certaine substance (eau, aliment), un sentiment de besoin impérieux apparaît, qui contraint le sujet à la rechercher, même si la raison voudrait parfois qu'il s'en abstienne. Un plaisir récompense ce comportement, qui rassasie le sujet, et l'état de satiété dure jusqu'au besoin suivant. Ainsi, certaines substances pourraient peut-être se faire « prendre en charge » par ces mécanismes de régulation automatique, ce qui expliquerait le sentiment très pénible de manque que ressentent les sujets dépendants, qui n'est soulagé que par la prise de la substance d'abus, contre toute raison et malgré la volonté souvent affirmée de ne pas le faire. Cependant, n'importe qui ne devient pas dépendant. Cela peut tenir à l'influence de l'éducation et de l'environnement, mais peut-être aussi à des facteurs génétiques encore mal connus. En particulier, les enzymes qui dégradent l'alcool dans l'organisme (alcool-déshydrogénases) peuvent être différentes selon les individus. Ainsi, la grande fréquence d'une alcool-déshydrogénase rapide dans la population japonaise a été tenue comme responsable de la faible prévalence de l'alcoolisme dans ce pays. •

4. Fête de la bière à Munich.

Les risques

UN DÉCÈS SUR CINQ EN FRANCE EST DÛ À L'ALCOOL ET AU TABAC, MAIS LA CONNAISSANCE DE CES DANGERS NE SUFFIT PAS À FAIRE ABANDONNER LEUR USAGE.

À des doses qui peuvent paraître faibles selon des critères culturels, et avant l'ivresse manifeste, l'alcool perturbe déjà le fonctionnement du système nerveux, donnant un sentiment de facilité, mais aussi des troubles du jugement. La corrélation avec l'alcoolémie (taux sanguin d'alcool) n'est pas très fidèle, mais des troubles lors d'épreuves psychométriques apparaissent déjà pour des alcoolémies autour de 0,5 g par litre ; l'alcoolémie compatible avec la conduite automobile a été limitée en France à 0,8 g/l.

Risques liés à l'alcool. L'alcoolisme chronique touche plus fortement le système nerveux : polynévrite des membres inférieurs, atrophie cérébrale chez les grands alcooliques, avec troubles de mémoire, et, fréquemment, des crises d'épilepsie. L'hépatite alcoolique et la cirrhose du foie sont les autres complications importantes. Les conséquences sociales de l'alcoolisme sont dramatiques : accidents, absentéisme, négligences au travail causent souvent la perte de l'emploi. L'ivresse, les violences, les dépenses inconsidérées provoquent des ruptures familiales. L'alcool lui-même est l'agent responsable de ces troubles, mais c'est aussi un excellent solvant et les boissons alcoolisées peuvent contenir de nombreuses autres substances toxiques.

Risques liés au tabac. Cinquante-quatre mille décès annuels, telle est la limite basse de l'estimation des décès liés au tabagisme en France (en 1987). Il s'agit pour une grande part de cancers, surtout bronchiques, d'infarctus du myocarde, d'artérites et d'insuffisances respiratoires consécutives à des bronchites chroniques. Bien que la nicotine soit un poison extrêmement violent, elle n'est vraisemblablement pas responsable des complications du tabagisme. Elle participe sans doute aux complications vasculaires en association avec l'oxyde de carbone. Les cancers seraient plutôt à attribuer à des nitrosamines, tandis que de nombreuses substances irritantes, dont le formol et l'acroléine, favorisent les bronchites chroniques.

L'association alcool-tabac est redoutable, car elle accroît la fréquence des cancers de la bouche et de la gorge. •

5. Évolution du pourcentage d'abstinents après le sevrage (d'après Hunt et coll.).

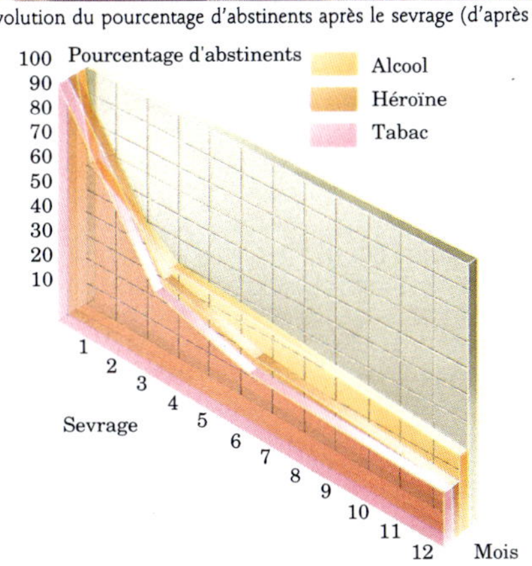

Les difficultés du sevrage

ON NE ROMPT PAS UN LIEN DE DÉPENDANCE PAR UN ACTE DE VOLONTÉ, MAIS À LA SUITE D'UNE LONGUE MATURATION PSYCHOLOGIQUE SOUVENT ÉMAILLÉE DE TENTATIVES DE SEVRAGE AVORTÉES.

La dépendance étant un comportement irrationnel et involontaire, s'arrêter de boire ou de fumer n'est pas, contrairement à une opinion répandue, le fruit d'un grand effort de volonté, mais plutôt celui d'une lente maturation intérieure alimentée par l'intensité du désir d'échapper à ce qui est ressenti comme un esclavage. Lorsque ce désir est devenu suffisant, souvent après des tentatives désespérées et infructueuses de réduction de la consommation à un niveau représentant un risque qui serait acceptable, le sujet tente de se sevrer. Si l'arrêt du tabac n'est au maximum suivi que d'un peu d'irritabilité et d'une prise de poids souvent transitoire, l'arrêt brutal de l'alcool, surtout s'il est la conséquence d'un accident ou d'une maladie, peut provoquer une dangereuse manifestation aiguë de sevrage, le delirium tremens, épisode délirant avec fièvre, agitation, tremblements et hallucinations. Le succès n'est que rarement obtenu à la première tentative mais, comme dans un processus d'*apprentissage,* ceux qui finissent par réussir leur sevrage ont souvent accumulé de nombreux échecs dont ils ont tiré profit. Pour lutter contre les mécanismes automatiques de la dépendance, il faut tenter d'installer en soi de nouveaux automatismes, en apprenant, par répétition, à vivre sans tabac ou sans alcool toutes les situations auxquelles était associée leur consommation.

Seule cette transformation profonde de l'attitude du sujet à l'égard de sa toxicomanie peut aboutir à une abstinence stable. C'est sans doute la raison pour laquelle les thérapeutiques aversives, qui visent à déclencher une simple répulsion à l'égard de la substance d'abus, ne sont guère efficaces à long terme. Les meilleurs succès envers l'alcoolisme sont obtenus par un soutien psychothérapeutique et la participation à des groupes de discussion animés par d'anciens buveurs, souvent au sein d'associations. La plupart de ceux qui arrêtent de fumer le font seuls, ou avec l'aide de l'acupuncture, d'un médicament contenant de la nicotine associé ou non à un soutien psychothérapique. Les campagnes d'information sanitaire agissent probablement en suscitant une réflexion intérieure propre à accélérer le processus de maturation psychologique indispensable à la réussite du sevrage. •

→ **Voir aussi :** Les drogues illégales, **MED**, p. 354-355. Drogues et cultures, **MED**, p. 356-357.

Les drogues illégales

LA LÉGISLATION INTERNATIONALE a changé plusieurs fois la terminologie pour décrire le phénomène de la drogue. « Stupéfiants », « toxiques », « drogues », le vocabulaire a du mal à cerner son objet. Une des définitions proposées parle d'« une substance naturelle ou synthétique à effet psychotrope, inscrite sur une liste annexée à une convention internationale et soumise à une réglementation ». Le laconisme de cette description vient du fait que, outre les drogues dites « illégales », des dizaines de produits pharmaceutiques sont utilisés à des fins toxicomaniaques.

La toxicomanie n'est plus un phénomène marginal. Elle concerne désormais, dans le monde occidental, plusieurs millions de jeunes qui font usage de produits illicites et plusieurs millions d'usagers quotidiens de psychotropes prescrits en toute légalité par les professionnels de la santé. Une approche objective de la toxicomanie implique que soit abandonné tout manichéisme, toute opposition tranchée entre ce qui est « normal » et ce qui ne l'est pas. L'usage de toxiques, occasionnel ou quotidien, légal ou illégal, renvoie à l'attitude de l'homme à l'égard de son corps et dépend du système culturel et social dans lequel il s'inscrit. C'est pourquoi la législation concernant l'usage de drogues illégales est en perpétuel remaniement.

L'Organisation mondiale de la santé définit la toxicomanie comme un « état d'intoxication produit par l'usage répété d'une drogue naturelle ou synthétique » à effet psychotrope, qui se manifeste par un besoin incontrôlé de répétition prenant racine dans la pharmacodépendance. Une substance psychotrope est une substance dont l'action s'exerce sur le psychisme. Les effets des substances psychotropes sont spécifiques de la substance mais dépendent aussi de la constitution du sujet, du mode d'administration et des circonstances de la prise. Outre leurs effets psychotropes, ces substances peuvent provoquer des effets secondaires physiologiques, psychologiques, psychiatriques, relationnels et sociaux. L'arrêt de la prise régulière du produit entraîne une période de « sevrage » avec des symptômes physiques qui témoignent de la pharmacodépendance.

Drogues illicites

HÉROÏNE, COCAÏNE ET CANNABIS SONT DES DROGUES ILLÉGALES EN FRANCE, QUI DEVIENNENT, DANS LE MONDE OCCIDENTAL, UN VÉRITABLE FLÉAU SOCIAL.

Les opiacés proviennent du pavot dont est extrait l'opium. L'opium contient 25 % d'alcaloïdes, dont la morphine (20 %) et la codéine (5 %). L'héroïne est un produit de synthèse obtenu à partir de la morphine. Les dérivés de la codéine utilisés en pharmacie comme antitussifs sont consommés par les toxicomanes à des doses extrathérapeutiques.

Opium, morphine et dérivés.
Peu utilisé en France, sinon sous forme de préparation pharmaceutique (élixir parégorique, laudanum), l'opium est surtout consommé en Orient, où il est fumé. Les poudres de morphine et d'héroïne blanche et brune sont exceptionnellement vendues pures. De nombreux coupages avec du lactose ramènent le taux de principe actif à 10 ou 20 % alors que d'autres substances psychotropes sont introduites dans la poudre vendue : barbituriques, amphétamines, caféine, strychnine. L'héroïne est injectée par voie intraveineuse ou inhalée. Rapidement, en quelques semaines, la tolérance, c'est-à-dire l'habituation de l'organisme au produit, amène le sujet à augmenter les doses pour obtenir les mêmes effets. L'état de besoin ainsi créé nécessite la poursuite de la consommation pour éviter les souffrances du manque. Les effets psychologiques du produit diffèrent selon les individus. La diminution de la libido, l'aménorrhée sont les conséquences de l'altération de l'état général et de l'action sur les centres hormonaux.

La cocaïne.
La dextrococaïne est l'alcaloïde de la résine parfumée des feuilles d'*Erythroxylum coca.* La cocaïne est une poudre cristalline blanche insoluble dans l'eau alors que son sel de chlorhydrate est hydrosoluble. Elle peut être absorbée par voie intraveineuse, mais le plus souvent elle est inhalée. La sédation rapide des effets entraîne le sujet à répéter de façon rapprochée les prises. La cocaïne possède trois effets essentiels : anesthésie locale, stimulation du système nerveux central, vasoconstriction avec hypertension, tachycardie et mydriase (dilatation de la pupille). Son action centrale est responsable d'une euphorie et d'une stimulation psychomotrice. À des doses plus élevées, elle crée l'ivresse cocaïnique avec excitation, hallucinations, stéréotypies gestuelles. Au cours de l'intoxication chronique à la cocaïne, l'individu atteint présente des symptômes paranoïdes sur le plan somatique et psychique. Il n'y a pas de dépendance physique, mais la dépendance psychologique explique le tableau clinique du sevrage.

Les hallucinogènes.
Leur utilisation transitoire, discontinue et périodique les distingue des autres substances impliquées de façon plus chronique dans la pharmacodépendance. Le L.S.D. 25 est le plus utilisé des hallucinogènes, suivi par le P.C.P. ou

Psychotropes détournés de leur usage médical

L'ABUS QUANTITATIF OU L'USAGE THÉRAPEUTIQUE PROLONGÉ DÉFINISSENT SOUVENT LA FRONTIÈRE ENTRE L'USAGE LICITE OU ILLICITE DE CES SUBSTANCES.

Tous les psychotropes s'intègrent dans le cadre des polytoxicomanies. Pris de façon alternative à l'héroïne, ils sont utilisés pour supporter la souffrance du manque. Consommés comme automédication, ils visent à apaiser les tensions internes, le sujet s'attachant aux substances qui lui procureront la plus grande détente à l'égard de ses propres conflits. Psychostimulants pour les personnes dépressives, hypnotiques et tranquillisants pour les personnes anxieuses, ces molécules potentialisées par l'alcool sont consommées de façon massive, mélangées les unes aux autres et souvent dérivées de leur usage médical. Prescrites par les professionnels de la santé, elles deviendront les « pilules du bonheur » pour les sujets anxieux, insomniaques ou tristes. Elles sont toutes, à des degrés divers, anxiolytiques, hypnotiques et myorelaxantes ; elles posent les problèmes des règles de prescription médicale et de leurs transgressions.

Hypnotiques.
Les barbituriques sont des corps dérivés de l'urée et de l'acide malonique. Leur administration se fait par voie buccale ou parentérale et réalise l'ivresse barbiturique, effet paradoxal d'excitation avec altération des fonctions mentales. Des complications physiques surviennent d'autant plus rapidement que les barbituriques sont associés à d'autres drogues. Si l'intoxication est importante, le sevrage comporte un risque en l'absence de traitement. Des convulsions épileptiques peuvent apparaître et mettre en jeu la vie du sujet.

Certaines complications sont liées à des doses massives (décès par dépression des centres respiratoires), d'autres surviennent après un certain temps d'intoxication chronique, surtout lors des polytoxicomanies.

Tranquillisants.
Les tranquillisants (ou thymoleptiques) les plus consommés par les toxicomanes font partie du groupe des benzodiazépines (Valium, Tranxène, Rohypnol) et sont souvent associés à d'autres produits d'intoxication (alcool, cocaïne). Les doses sont absorbées à des quantités démesurées par rapport aux quantités thérapeutiques et les effets sont d'ordre sédatif, anxiolytique et myorelaxant.

Une dépendance psychique peut être secondaire à l'état de sédation procuré par la prise de tranquillisants. La dépendance physique est discutée. Cependant, le sevrage chez des toxicomanes consommant souvent de fortes doses de benzodiazépines entraîne des signes évoquant l'état de manque barbiturique ou alcoolique : tremblements, nausées, tachycardie, anxiété, insomnie.

Psychostimulants.
La réglementation de la prescription des amphétamines a amené les toxicomanes à les remplacer par les anorexiques (destinés à faire disparaître ou diminuer la faim) et les antidépresseurs psychostimulants. Comme pour les médicaments sédatifs, les doses sont démultipliées et l'absorption se fait oralement ou par injection intraveineuse. Les effets se manifestent par une excitation psychique accompagnée de troubles de la parole (logorrhée), d'euphorie et d'une hyperactivité contribuant à entretenir chez le sujet un sentiment de facilitation intellectuelle. Puis l'angoisse, l'insomnie et l'anorexie apparaissent, laissant l'individu épuisé et déprimé. La dépendance et la tolérance sont rapides et exposent à des troubles physiques et psychiques graves.

Les solvants organiques

De la colle au vernis à ongles, ces produits s'utilisent à des fins d'altération des états de conscience parmi les jeunes socialement marginalisés. Une fois inhalées, les vapeurs des solvants se mélangent à l'air alvéolaire des poumons et passent directement dans le sang. La première phase se traduit par une euphorie, une excitation suivie d'hallucinations visuelles ou auditives. Puis s'installe la phase analgésique. Le sujet devient confus, désorienté. La troisième étape se caractérise par une somnolence et des mouvements saccadés des globes oculaires, puis apparaît un état comateux accompagné de crises épileptiformes. Dans un contexte de vide culturel, les adolescents marginalisés trouvent dans ces substances des psychotropes peu coûteux. Avec la crise économique qui affecte la plupart des pays, le nombre des usagers de solvants risque de s'accroître.

poussière d'ange. Le L.S.D. est la substance la plus dépersonnalisante et le P.C.P. est responsable de graves troubles du comportement. Les effets psychiques sont dominés par des productions psychosensorielles comme l'état de rêve éveillé (expérience psychédélique). La tolérance est précoce et rapide, survenant dès les premières consommations.

Les personnes utilisant plusieurs drogues (polytoxicomanes) par voie intraveineuse abandonnent rapidement les hallucinogènes, qui continuent à être utilisés occasionnellement par les usagers du cannabis.

Le cannabis.
Chanvre indien, haschisch, marijuana, shit représentent les diverses préparations fabriquées à partir d'une plante annuelle à feuilles palmées appelée cannabis. La résine est extraite de la plante et mélangée à du tabac pour être inhalée. La teneur en principe actif est variable (10 % dans les feuilles, 40 % dans la résine). En France, la prise occasionnelle de cannabis est l'utilisation la plus répandue. Elle est isolée ou intégrée à une polytoxicomanie avérée. Les effets du cannabis sont différents selon la teneur en principe actif, la personnalité des usagers et les conditions de la prise. Les études sur la tolérance sont controversées et rien de formel n'est établi. Il n'existe pas de dépendance physique, mais la nocivité du cannabis provient de son usage immodéré chez des sujets aux personnalités mal structurées. Il peut alors devenir la cause d'une dépendance psychique. •

Les toxicomanes

UTILISATEUR DE DROGUES DURES OU DOUCES, LE TOXICOMANE PRÉSENTE UNE PERSONNALITÉ AUSSI DIFFICILE À CERNER QUE L'EST LA TOXICOMANIE À DÉFINIR.

La conduite toxicomaniaque correspond à l'existence d'un processus, symptôme de perturbations psychologiques diverses. On fait référence actuellement à deux comportements cliniquement distincts, l'usage occasionnel et l'abus chronique. Le premier n'apparaît pas pathologique chez l'adulte mais peut, chez l'adolescent, témoigner des difficultés existentielles propres à cet âge. L'abus chronique correspond à un désir particulier, répétitif, envahissant, qui reflète un trouble psychopathologique plus évolué et plus profond. C'est la répétition, la chronicité de l'abus qui signent la toxicomanie. Pour le toxicomane avéré, la drogue constitue une fin en soi, avec les conséquences individuelles et sociales que cela implique.

Le rajeunissement de la population confrontée au phénomène de la « drogue » ressort des enquêtes épidémiologiques. Douze ans à quatorze ans sont des âges à « risque » pour la toxicomanie. C'est aussi le temps des transformations physiologiques de la puberté, des bouleversements libidinaux de l'adolescence. Bien que les avatars de cette période soient propices à la rencontre avec les drogues, la réalité jusqu'à présent est souvent moins dramatique. Aux premières cigarettes, aux premières ivresses, s'adjoignent d'autres expériences : joints de haschisch, inhalations de solvants, absorption de médicaments. L'adolescent usager occasionnel n'est pas un toxicomane, mais un jeune plus ou moins anxieux et culpabilisé, à la recherche de son identité corporelle et psychologique. Prévoir alors les possibilités d'évolution vers une toxicomanie chronique serait de l'ordre de la fiction.

L'usage chronique ne concerne qu'un petit nombre d'individus. Polytoxicomanes pour la plupart, ils utilisent préférentiellement une, voire deux substances au premier rang desquelles se rangent les opiacés et les barbituriques. Quel que soit le toxique utilisé, le toxicomane transgresse les indications, les posologies et les modalités d'utilisation. La vie du toxicomane se place, au fur et à mesure de l'intoxication, sous le signe de la répétition et du passage à l'acte. •

→ **Voir aussi :** Les drogues légales. Alcool et tabac, **MED**, p. 352-353. Drogues et cultures, **MED**, p. 356-357.

Principales zones de production

La plupart des cultures illicites (opium, coca, cannabis) qui fournissent les matières premières utilisées pour produire de la drogue sont situées dans les pays du tiers-monde. L'extension actuelle de ces cultures renvoie aux difficultés économiques croissantes qu'ils connaissent : effondrement du prix des matières premières, progression du chômage, gonflement de la dette extérieure. Trois zones géographiques se partagent l'essentiel de toute la production d'opiacés et de cocaïne : le Moyen-Orient, la région du croissant d'or (Afghanistan, Pakistan, Iran), mais aussi l'Inde et le Népal, la zone du Triangle d'or (Birmanie, Laos, Thaïlande). L'Amérique latine, quant à elle, fournit la quasi-totalité de la cocaïne, cultivée au Pérou, en Bolivie, en Colombie, en Équateur.

1. Les pays producteurs.

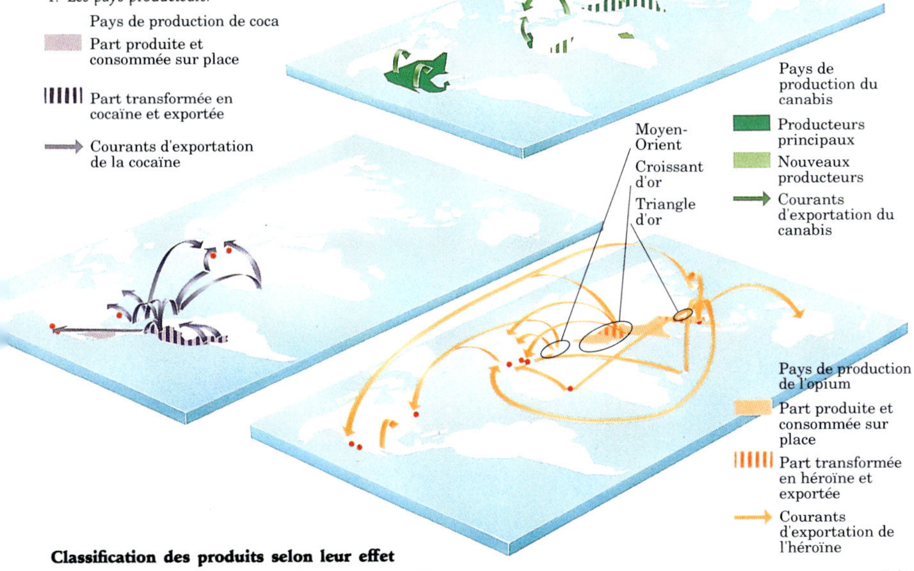

Classification des produits selon leur effet

		Prise	*Effets*	*Dépendance*	*Tolérance*
Opiacés	Opium	se fume	analgésique	psychique : très importante	augmentation des doses jusqu'à saturation ; overdose, coma par dépression des centres respiratoires ; décès si les soins ne sont pas très rapides
	Morphine Héroïne Palfium	injection	plaisir intense qui diminue au fur et à mesure des prises	physique : aboutit au syndrome de manque (déshydratation, nausées, insomnie)	
Alcaloïdes	Cocaïne Crack	sniff ou injection	« flash » très rapide, descente avec angoisse importante, euphorie, stimulation psychomotrice, anesthésie	pas de dépendance physique ; dépendance psychique importante	la dépendance psychique explique le tableau de sevrage
Cannabis	Haschisch	se fume sous forme de joint	effet sédatif ou euphorisant mélange sensoriel désinhibiteur	pas de dépendance physique	pas d'escalade, élimination très lente du produit
Barbituriques	Malonylurée	suppositoires injection comprimés	sédation, recherche d'ivresse chez les utilisateurs chroniques, composante de plaisir peu importante	dépendance physique ; syndrome de manque ; dépendance psychique nécessitant un arrêt progressif	accoutumance très rapide augmentation des doses
Solvants	colle éther essence thérébentine gazoline	sniff inhalation	excitation, somnolence, ressemble aux effets de l'alcool ; fatigue, insomnie ; à long terme, hémorragies pulmonaires, cérébrales, rénales ; paralysie des centres respiratoires	forte dépendance physique très forte dépendance psychologique	la tolérance existe mais le syndrome de sevrage est inconnu

La législation des stupéfiants

La création de l'espace européen en 1992, l'extension du sida, les ravages de la toxicomanie parmi les jeunes vont modifier la législation mondiale concernant les stupéfiants. Deux conventions sont actuellement en vigueur : la convention unique sur les stupéfiants et la convention sur les psychotropes. La convention unique de 1961 est ratifiée par 115 États et s'applique à 108 plantes et substances. Elle institue pour tous les stupéfiants un régime d'économie dirigée qui s'applique de la production à la consommation en passant par le commerce et la distribution. Le protocole de Genève de 1972 lui donne un sens plus rigoureux, mais le refus d'un grand nombre de pays à consentir au contrôle des cultures limite considérablement son efficacité. La convention de Vienne de 1971, ratifiée par 76 États, s'applique à 65 substances d'origine synthétique. Outre les contraintes administratives relatives au commerce, on y trouve les articles concernant la répression du trafic.

La législation européenne

Répression de l'usage	
Totale	France Irlande Luxembourg Portugal
Dans certains cas	Belgique : répression de l'usage collectif seulement Royaume-Uni : répression de l'usage de l'opium seulement
Usage non réprimé	R.F.A. Danemark Espagne Italie Pays-Bas
Législation sur la possession en vue de l'usage	
Possession assimilée au trafic	Luxembourg Belgique (selon appréciation du juge) Danemark (selon appréciation du juge) France (selon appréciation du juge) Irlande (selon appréciation du juge)
Incrimination spécifique pour possession	Grèce : traitement indulgent la première fois
Faibles quantités non punissables	Italie R.F.A. Espagne
Distinction selon les produits	Royaume-Uni Pays-Bas
Articulation des soins et de la répression	
Pas d'obligation de soins	Espagne
Obligation de soins	Belgique Italie Portugal
Formule alternative : obligation de soins ou répression	France Luxembourg Pays-Bas
Formule alternative ou cumulative (soins et répression)	Danemark Grèce
Incitation sans contrainte	R.F.A. Irlande Royaume-Uni

Drogues et cultures

AUJOURD'HUI, LES SUBstances psychotropes s'intègrent dans la vie individuelle et sociale par une relation complexe placée sous le double sceau de l'ambiguïté et du paradoxe. On a ainsi pu parler à propos du phénomène de la drogue d'un fait social total. « La drogue recèle des paradoxes propres par le fait qu'elle se trouve associée tout à la fois au bon et au mauvais, à l'interdit et au prescrit, à la liberté et à la dépendance, au religieux et au profane, à la vie et à la mort, à l'acte gratuit et à l'exploitation économique [...]. Elle est à la charnière de l'individuel et du social, du physique et du mental. C'est un "opérateur" exceptionnellement efficace, permettant un jeu social et un jeu intellectuel d'une grande ampleur, et c'est certainement là une des raisons de son développement quasi universel » (M. Perrin, 1981). L'histoire des civilisations, des « cultures », nous apprend que les drogues furent tout d'abord au centre de rites et d'usages sacrés qui participaient à la permanence de la cohésion sociale. Au fil des temps, à des périodes qui virent la disqualification des mythes en usage, les drogues apparurent comme pouvant, au contraire, entraîner leurs usagers dans des pratiques bousculant l'équilibre préexistant, s'attirant par là le rejet du groupe.

Le caractère contagieux, l'aspect épidémique des toxicomanies en tant que phénomène social furent évoqués dans les sociétés occidentales à partir de 1880. De la même manière que l'usage de la drogue intervient fréquemment lors de la crise d'adolescence, qui correspond autant à une crise chez l'adolescent lui-même qu'à celle du milieu familial, les toxicomanies affectent un tissu social donné à un moment particulier de son histoire, de manière concomitante d'un déséquilibre profond de ses valeurs, de son système économique ou politique, de sa morale ou de ses lois. On peut alors se demander si l'origine de l'évolution actuelle en phénomène de société traumatisant ne se trouve pas dans une crise de notre civilisation. Celle-ci produirait des messages trop inconstants ou trop contradictoires, mal reçus par une population jeune qui ne peut y puiser des modèles d'identification, ce manque pouvant renforcer une défaillance des supports familiaux.

1. Utilisation du qat (drogue extraite de la plante *Catha edulis*) en offrande à Kriṣṇa (Népal).

Drogues et créativité

L'usage ponctuel de drogue peut initier ou développer la créativité artistique. Pour exemple, ces repères littéraires :

- **1821** Th. De Quincey, *les Confessions d'un Anglais mangeur d'opium (traduction de A. de Musset, 1828).*
- **1846** Th. Gautier, *le Club des Hachichins.*
- **1860** Ch. Baudelaire, *les Paradis artificiels.*
- **1869** Lautréamont, *les Chants de Maldoror.*
- **1891** J.-L. Dubut de Laforest, *Morphine.*
- **1925** A. Artaud, *le Pèse-Nerfs.*
- **1943** A. Artaud, *le Rite du peyotl chez les Tarahumaras.*
- **1929** J. Cocteau, *Opium.*
- **1931** P. Drieu La Rochelle, *le Feu follet.*
- **1953** W. Burroughs, *Junkie.*
- **1959** W. Burroughs, *le Festin nu.*
- **1954** A. Huxley, *les Portes de la perception.*
- **1957** H. Michaux, *l'Infini turbulent.*
- **1961** H. Michaux, *Connaissance par les gouffres.*
- **1958** J. Kerouac, *les Clochards célestes.*
- **1968** T. Leary, *The Politics of Ecstasy.* T. Wolfe, *Acid Test.*
- **1972** C. Castaneda, *l'Herbe du diable et la petite fumée.*

Psychotropes et spiritualité

LES DROGUES ONT TOUJOURS ÉTÉ LIÉES À LA VIE DES PEUPLES, MAIS LES MODES ET LES MOTIFS DE LEUR CONSOMMATION ONT VARIÉ SUIVANT LES PÉRIODES ET LES LIEUX.

Historiquement, les substances psychotropes étaient sous le contrôle d'un fragment de la population hiérarchiquement élevé, et leur usage particulier limité à un territoire microcosmique, dans un cadre institutionnalisé accepté par l'ensemble du groupe. Il en était ainsi dans les premières civilisations pour lesquelles on peut parler de « culture ». Celle-ci se développant à la faveur de la sédentarisation, il s'agit de sociétés où l'organisation socio-économique était en grande partie marquée par une relation particulière aux plantes, non seulement celles cultivées à des fins nourricières, mais aussi aux plantes psychotropes.

Les plantes psychoactives étaient alors associées à des pratiques dites « chamaniques » ; elles participaient aux conduites humaines à dimension spirituelle : religions, rituels initiatiques, magie, communication avec les esprits ou l'au-delà, médecine du corps ou de l'âme. Elles s'intégraient à tous les événements rythmant la vie sociale et affective de la collectivité : fêtes, cérémonies, chasse, guerre, sacrifices... Elles étaient associées aux représentations symboliques et à l'accomplissement réel de la procréation, et à ceux de la plupart des « drames humains ». Le mythe grec de Déméter (Cérès pour les Romains) en est une illustration. Déméter, déesse des Moissons, avait pour attributs symboliques le blé et le pavot, dont on extrait l'opium. Cette plante lui avait été donnée par Zeus, son frère, pour l'aider à calmer la souffrance que lui causait l'enlèvement de sa fille.

Les plantes psychoactives avaient pour fonction d'unifier le champ social en permettant des croyances, en « domestiquant la mort ». Il en est ainsi de l'usage du haschisch par les brahmanes indiens, de la consommation de peyotl au Mexique, de psilocybine ou de yagé en Amérique du Sud, d'amanite « tue-mouches » en Sibérie ou en Scandinavie ; ailleurs, de celui du datura, de la belladone, de la coca, du bétel, du qat ou du pavot ; ou, plus récemment, de l'usage que fit du L.S.D. une partie de la génération occidentale des années 1960 dans le cadre de la contre-culture hippie. On retrouve là une utilisation cadrée des drogues, très différente de l'usage qu'en font les sujets dits « toxicomanes », qui, dans une dépendance ou une conduite répétitive, dans une addiction (ou « contrainte par corps »), échouent à accéder à la dimension symbolique de l'existence, et restent dans une conduite autothérapeutique qui bascule trop souvent dans la mort.

En Occident, c'est vers la fin du XIXe siècle que la consommation individuelle de drogue, en tant que recherche personnelle de plaisir et d'évasion artificielle, a conduit les utilisateurs à un isolement social en rupture avec les pratiques traditionnelles. Auparavant, le consommateur participait à la constitution d'un imaginaire commun par la recherche ritualisée d'un sens sacré ou se plaçait en situation de dépendance vis-à-vis d'une instance savante, le guérisseur, qui contrôlait l'usage de ces psychotropes. En revanche, chez nos contemporains, l'action de ces produits est proche de celle décrite par l'anthropologue français Claude Lévi-Strauss dans le cadre traditionnel, c'est-à-dire celle d'amplificateur d'un discours latent que chaque culture tient en réserve, dont les drogues permettent ou facilitent l'élaboration. D'un point de vue social, ce discours latent peut être soit négatif (par exemple l'individualisme), soit positif (la communion sociale). De plus, la toxicomanie provoque généralement l'éclosion de troubles psychopathologiques divers. •

2. Culture du pavot sous surveillance militaire dans le Triangle d'or (Birmanie).

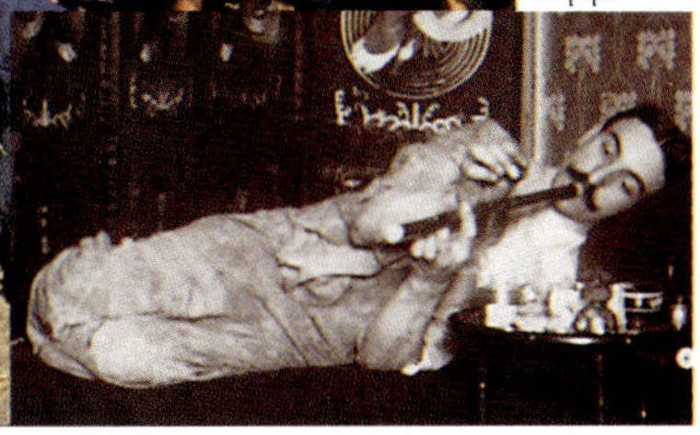

3. Fumeur d'opium préparant sa pipe.

Les modes de consommation

L'usage traditionnel des drogues comme facteur de cohésion sociale, en particulier dans le domaine religieux (1), ou la consommation individuelle du toxicomane (3), qui favorise au contraire l'isolement au sein de la communauté, n'ont pas les mêmes conséquences sociales et médicales, ni politiques et économiques.
Les nouveaux modes de consommation individuelle s'étendent avec l'internationalisation des échanges et transforment les moyens de production traditionnels, qui s'adaptent à un marché de dimension mondiale (2).

Aspects législatifs, économiques et sociaux

LE TRAFIC ILLICITE DES STUPÉFIANTS REPRÉSENTE LE DEUXIÈME MARCHÉ MONDIAL APRÈS CELUI DU PÉTROLE. LES DROGUES SONT AUSSI L'ENJEU DE CONFLITS SOCIAUX ET DE GUERRES.

Au cours des siècles, on a beaucoup légiféré sur la drogue. Dans la plupart des cas historiquement repérables, ce sont des « lois d'exception » qui en réglementent l'usage, répriment le trafic et prévoient éventuellement des modalités de soins pour l'usager toxicomane. Par exemple, la loi française du 31 décembre 1970, loi pénale incluse dans le Code de santé publique, accorde, parmi ses particularités d'exception, une primauté inhabituelle au droit international : elle modifie les règles de police usuelles en matière d'enquête (augmentation du délai de garde à vue, perquisition nocturne) et établit un « sanctuaire » juridique pour des personnes légalement punissables, les usagers qui acceptent de se soigner se trouvant, de ce fait, à l'abri des poursuites judiciaires. Par ailleurs, elle autorise le juge à statuer sur l'opportunité et les modalités d'un soin médical, dessaisissant dans une certaine mesure le médecin de sa liberté d'exercice, dans un cadre extérieur à la loi de 1838 qui régit l'internement psychiatrique. Au nom de la santé, elle justifie la limitation du droit de chacun à user librement de son corps. Mais il en est de même pour d'autres conduites « addictives » (suicide, jeu pathologique, anorexie mentale, recherche du risque...).

On fait remonter au XVe siècle le début de la consommation du tabac en Europe. Des lois particulières contre son usage furent édictées en Russie et en Turquie dès le XVIIe siècle, le tsar condamnant à l'exécution quiconque était porteur de tabac et le sultan ottoman, Murad IV, prévoyant la même mesure pour les fumeurs. La consommation d'alcool, en revanche, était tout à fait licite. En Angleterre, on pouvait même, en 1717, obtenir dans le Middlesex une licence de distribution d'alcool à la seule condition de reconnaître la suprématie du roi sur l'Église et de lui jurer obéissance. La première mesure prohibitionniste anglaise, le *Gin Act* de 1736, fut prise en réaction contre l'alcoolisme, accusé de pervertir les classes pauvres ; la taxation des ventes de gin fut source d'un profit considérable pour l'État. Aux États-Unis, l'histoire de la prohibition commence avec les premières ligues de tempérance en 1789 et se poursuit avec la création d'un « parti de la prohibition » en 1869. Celle-ci fut effective de 1920 à 1933, mais l'alcool restait disponible sur ordonnance médicale, ce qui provoqua un enrichissement considérable des médecins, tandis que le trafic clandestin contribuait à la structuration du grand banditisme américain. Le coût social, en termes de santé publique, fut l'augmentation paradoxale des maladies alcooliques (en raison de la toxicité des produits de remplacement de l'alcool industriel).

Le débat actuel sur la prohibition ou la dépénalisation en matière d'usage de stupéfiants et la proposition qui est faite d'un « commerce passif » des drogues sous monopole d'État sont en rapport avec la volonté de réduire le trafic illicite des stupéfiants, qui représente le second marché mondial après celui du pétrole, avec un volume de transactions estimé à 3 milliards de milliards de francs. Sur le plan international, la législation s'oriente depuis la fin des années 1980 vers des mesures à l'encontre du blanchiment de l'argent de la drogue, par la levée du secret bancaire, par exemple.

À côté de ces aspects législatif et économique, il est important de souligner que les drogues ont souvent constitué l'enjeu de conflits sociaux et qu'elles peuvent être le « nerf » de guerres ou de révolutions.

En Inde, un conflit a opposé les brahmanes, usagers traditionnels de marijuana, aux membres de la classe de second rang que sont les kṣatriya consommateurs d'alcool depuis l'arrivée des tribus aryennes venues du Nord en 1500 av. J.-C. Les kṣatriya méprisent l'usage de la marijuana, mais se sont mis à consommer de l'opium quand les réformes politiques menées dans les années 1940 ont aboli leur rôle guerrier traditionnel.

De même, en Asie, entre 1839 et 1860, Européens et Chinois se sont affrontés dans les « guerres de l'opium ». Les Chinois s'étaient révoltés à la suite d'intoxications provoquées par l'opium indien que les Britanniques importaient massivement, sur des bases commerciales qui se révélèrent défavorables à la Chine. Ces guerres, qui eurent pour conséquence d'ouvrir la Chine à la pénétration européenne et à la christianisation, devaient aboutir à l'extension de la toxicomanie. La reconversion de l'économie, après la défaite chinoise, fit de la Chine, au début du XXe siècle, le premier producteur mondial d'opium.

L'utilisation régulière de morphine ou d'amphétamines pour « stimuler les soldats » lors des derniers grands conflits coloniaux ou mondiaux ; l'importance que prend la récolte du chanvre au Liban pour établir des trêves dans un conflit armé, financièrement étayé par le commerce du haschisch ; la véritable guerre qui se mène contre les trafiquants colombiens de cocaïne... autant de preuves que ces enjeux sont toujours d'une grande actualité. •

Psychotropes et médecine occidentale

MORPHINE, HÉROÏNE, COCAÏNE ONT D'ABORD ÉTÉ UTILISÉES POUR LEURS EFFETS CONTRE LA DOULEUR AVANT DE DEVENIR DES DROGUES ILLÉGALES.

Paracelse introduit le *laudanum,* ou teinture d'opium, dans la pratique médicale aux alentours de 1520. C'est à T. Sydenham, neurologue anglais, qu'on doit l'extension de l'usage des opiacés comme antalgiques puissants. La morphine est synthétisée vers 1805, et, très rapidement, elle sera présentée comme un remède efficace pour traiter les opiomanes. La morphinomanie se développe alors avec l'invention de la seringue au milieu du XIXe siècle. Lorsqu'en 1898 est découverte l'héroïne, elle prendra progressivement la place de la morphine comme antalgique et pour aider les morphinomanes, avant d'être interdite et de devenir le « poison social d'actualité ». Vinrent ensuite les morphinomimétiques (dextromoramide ou palfium, péthidine ou dolosal), puis la méthadone.

Le haschisch, quant à lui, est au centre des conceptions théoriques de la psychiatrie par la place qu'il occupa dans l'œuvre du philosophe et médecin français J. Moreau de Tours (1845), dont s'inspira par la suite H. Ey et « l'école organodynamique », courant important de la psychiatrie française. En établissant une relation entre le « fait primordial » de la folie (l'hallucination) et une substance chimique, Moreau de Tours devenait également l'ancêtre de ce qui allait devenir, avec la découverte des substances psychoactives endogènes (les neuromédiateurs), le courant actuel de la psychopharmacologie.

La cocaïne imprégna les débuts de l'œuvre de Freud. Accusé publiquement de prosélytisme par certains de ses confrères viennois, et culpabilisé par le décès d'un de ses amis, le docteur von Fleisch, intoxiqué sur ses conseils pour tenter de rompre une dépendance à la morphine, il continua malgré tout à en absorber régulièrement jusqu'en 1895 pour traiter ses propres épisodes de neurasthénie. Lorsqu'il débuta ses travaux sur l'interprétation des rêves, dont le célèbre rêve « de l'injection faite à Irma », il cessa de s'intoxiquer pour s'investir dans la création de la psychanalyse, qui annonçait la primauté du travail sur l'inconscient par la parole, signant dans le même temps l'échec du « compromis toxique ». Le diéthylamide de l'acide lysergique (L.S.D. 25) fut également utilisé dans la cure des maladies mentales par la technique de l'« oniro-analyse ». Les barbituriques « rapides » (pentobarbital et sécobarbital) et les amphétamines appartinrent également à la pharmacopée avant de devenir des drogues illégales. Qu'en sera-t-il des benzodiazépines, tranquillisants et somnifères efficaces, abondamment prescrits à l'heure actuelle, ainsi que des codéinés antitussifs ? •

→ **Voir aussi :** Les drogues légales Alcool et tabac, **MED,** p. 352-353. Les drogues illégales, **MED,** p. 354-355.

Le pharmakon

Développée à partir du mot grec ***pharmakon,*** qui désigne à la fois le remède et la cause du mal, cette notion peut s'appliquer au problème de la drogue, en tant que phénomène individuel et social. Les caractères du pharmakon sont précisés dans le récit du mythe de Theuth, inclus dans le *Phèdre* de Platon. Pour le philosophe français Jacques Derrida, le propre du pharmakon consiste en une « certaine inconsistance, une certaine impropriété ; cette non-identité à soi lui permettra toujours d'être contre soi retourné ». Le pharmakon recèle en lui-même son propre contraire : poison et médicament, toxique effrayant ou délice désirable. Le pharmakon désigne également « celui qui sert de remède », le sorcier, le guérisseur, mais aussi l'empoisonneur.
Par extension, le terme reçut la signification de « bouc émissaire », cet élément (individu ou groupe minoritaire, religieux ou social) jugé seul responsable des maux de l'ensemble de la communauté et par conséquent sacrifié ou chassé pour le salut de tous. Cette identité est bien souvent portée par le toxicomane. De bienfaiteur, le pharmakon se transforme en expiateur de la communauté.

La psychologie

L'HOMME ÉPROUVE LE besoin de réfléchir sur ce qui l'entoure afin d'en appréhender l'organisation et de pouvoir en contrôler les variables multiples. Tandis que les Chinois usent de la magie et font brûler des écailles de tortues pour tenter de prévoir un phénomène, les premiers caractères de l'écriture naissent en Mésopotamie, où des bibliothèques entières se constituent sur l'observation systématique de faits renouvelés. L'idée de science apparaît donc bien avant notre ère et c'est, d'ailleurs, le philosophe grec Platon qui remarque déjà l'importance des différences interindividuelles au point de demander que l'autorité de la cité en tienne compte dans l'élaboration de ses décisions. Il faut, néanmoins, attendre la seconde moitié du XIXe siècle pour que la science de l'âme ou psychologie (du grec *psukhê,* âme, et *logos,* science), devenant étude du fait psychique, se libère de ses attaches tant philosophiques et religieuses que physiologiques. Dès lors, la discipline naissante développe une pensée exigeante puisqu'elle ne veut proposer, comme règle explicative de l'activité mentale, que ce qui peut se démontrer selon les caractéristiques scientifiques. L'observation de l'homme dans son milieu et la mise à l'épreuve d'hypothèses permettent alors d'appréhender certaines lois qui régissent les comportements généraux. Les problèmes affluent au rythme des recherches. L'objet d'étude ne se limite plus à l'homme mais s'étend aussi bien à l'animal qu'à l'individu, dont les différences dépendent des variables multiples. Les méthodes de travail s'affinent, se diversifient et se combinent.

La psychologie génétique et la psychologie de l'enfant

DÈS LE XVIIe SIÈCLE, LA THÉORIE PÉDAGOGIQUE ET PAR LA SUITE LA PHILOSOPHIE ÉVOLUTIONNISTE S'OPPOSENT AU RATIONALISME CLASSIQUE, COURANT DE PENSÉE POUR LEQUEL LES FACULTÉS INNÉES SONT LE PROPRE DE L'HOMME.

Cherchant à apprécier le développement individuel susceptible d'expliquer les ressemblances ou les divergences entre les processus évolutifs de populations déterminées, la psychologie génétique voit le jour. Bien sûr, il s'agit de ne pas confondre la psychologie de l'enfant, qui étudie le sujet jeune pour lui-même, et la psychologie génétique, qui tente de comprendre la formation des fonctions psychiques. Il semble pourtant indéniable que la psychologie de l'enfant devienne l'instrument privilégié quant à l'approche rigoureuse des problèmes généraux.

Dietrich Tiedemann, le précurseur allemand, publie en 1787 les observations régulières qu'il réalisa sur son fils. C'est à partir de l'observation objective et prolongée de leurs propres enfants que les premiers psychologues parviennent à déterminer l'ordre dans lequel s'effectuent les différentes acquisitions. Avec H. Taine, A. Binet ou W. Stern, les études se multiplient et des résultats comparables peuvent être soumis à l'analyse statistique. Les méthodes transversales ou longitudinales permettent de catégoriser les observations faites sur des échantillons d'enfants du même âge, ou d'établir des courbes individuelles à partir de l'examen répété des mêmes sujets au cours de leur croissance. Par rapport aux moyennes calculées, il devient ainsi facile de repérer les caractéristiques de certaines populations et de favoriser l'éducation de jeunes en difficulté. Le Français H. Wallon (1879-1962) et le Suisse J. Piaget (1896-1980) contribuent amplement à la reconnaissance d'une conception épigénétique (caractères acquis). Mais, si le médecin français fait appel à la notion de maturation nerveuse et de matérialisme dialectique, le maître de l'école genevoise décrit une élaboration progressive de l'être mue par la nécessité d'un équilibre interne entre des structures élémentaires. •

La psychologie expérimentale

PAR LA DÉFINITION DES FACTEURS QUI INFLUENT SUR TOUT PHÉNOMÈNE PHYSIQUE, ÉCONOMIQUE OU SOCIAL, LA PSYCHOLOGIE EXPÉRIMENTALE ENVISAGE L'APPRÉHENSION DES DIFFÉRENCES INDIVIDUELLES.

Prenant pour objet l'étude des conduites animales ou humaines qui dépendent de variables personnelles et situationnelles, la psychologie expérimentale se caractérise par l'application à la psychologie générale d'une méthode expérimentale telle que la conçoit Claude Bernard. Selon cette méthode, l'observation fortuite, systématique ou organisée permet ainsi d'émettre une hypothèse sur les relations susceptibles d'exister entre les faits observés et l'expérimentation, de reproduire ces relations dans le but de chercher à donner valeur de vérité à l'hypothèse de travail. Par exemple, l'observation d'un chien salivant lors de la préparation de ses repas conduit Pavlov, en 1903, à découvrir les réflexes conditionnés. Il fait précéder chaque présentation de viande d'un signal sonore et met en évidence que ce stimulus conditionnel a également pour effet, par la suite, de déclencher une réaction inconditionnée de salivation alors même que la viande n'est plus présentée.

Les préoccupations métaphysiques, les acquisitions physiques et physiologiques incitent, dès 1860, l'Allemand G. T. Fechner à publier *Elemente der Psychophysik,* ouvrage par lequel il démontre la relation existant entre l'intensité d'une excitation et celle d'une sensation. De même, le physiologiste allemand H. von Helmholtz développe, par la suite, une analyse psychophysiologique des perceptions visuelles et auditives. Mais c'est W. Wundt (1832-1920) qui devient incontestablement le premier psychologue expérimental, consacrant sa vie à l'étude des sensations, des perceptions, de l'attention, de l'affectivité et des mesures de temps réactionnels. À la méthode trop subjective de l'introspection, il préfère l'analyse comparative à partir de protocoles rigoureusement établis et c'est à ses élèves, les Américains L. Witmer et G. S. Hall et le Britannique C. Spearman, que l'on doit l'ouverture de nombreuses écoles (clinique, fonctionnaliste, statistique...) de psychologie expérimentale.

Le Britannique F. Galton et le psychologue allemand H. Ebbinghaus abordent très tôt l'étude des facultés supérieures (mémoire, personnalité, nature des images mentales...) mais le Français A. Binet (1857-1911) s'impose par la densité de ses travaux sur l'intelligence et l'orientation qu'il prend d'expérimenter dans les établissements scolaires plutôt qu'en laboratoire. Peu après sa mort, la Gestalttheorie, ou psychologie de la forme, se développe avec l'Allemand M. Wertheimer et ses disciples, qui ne conçoivent plus le fait observé comme une somme d'éléments, mais comme une unité capable de transformation. Autre courant s'opposant à l'emploi de l'introspection, le béhaviorisme, ou psychologie du comportement, naît, en 1913, des travaux sur l'apprentissage par le rat de parcours dans des labyrinthes. À la suite de Pavlov et de l'Américain E. L. Thorndike, le psychologue J. B. Watson (1878-1958) ouvre la voie des recherches non plus sur la conscience mais sur l'activité des êtres vivants. Les innombrables découvertes technico-mathématiques et physiologiques permettent, dès lors, de renouveler l'approche des thèmes classiques (motricité, vigilance, émotion...) et de progresser dans tous les domaines (développement de la pensée, traitement de l'information...). •

1. Test de Piaget avec volumes et liquides.

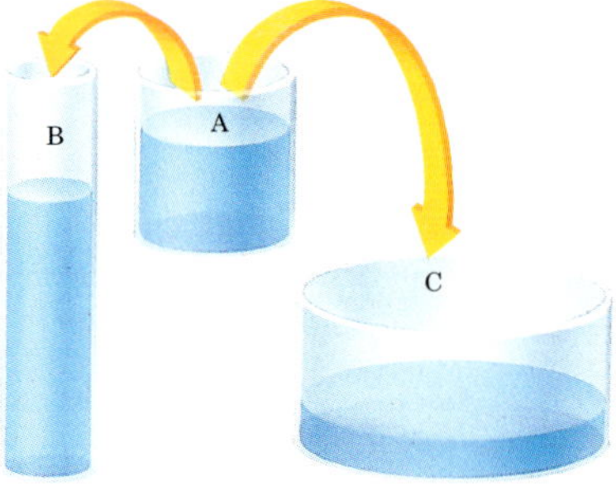

Le contenu de A est transvasé en B ou en C. Vers 4-6 ans, l'enfant considère qu'il y a plus de liquide en B qu'en C et ce n'est qu'à 7-8 ans qu'il tient compte de la conservation du liquide de A pour juger les contenus de B et C identiques malgré les hauteurs différentes.

2. Stades du développement psychologique.

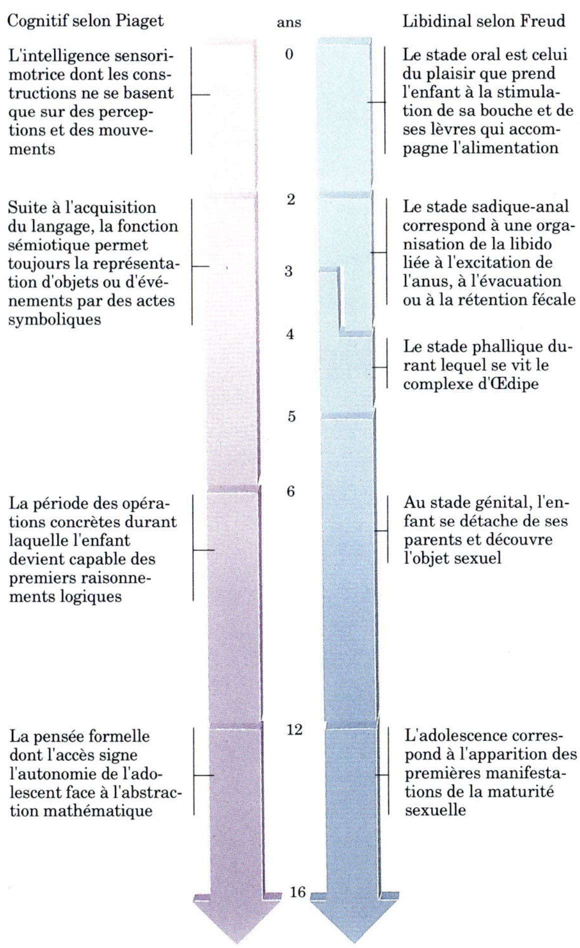

La psychologie sociale

TOUT INDIVIDU EST EN PERPÉTUEL ÉCHANGE AVEC SON MILIEU, DONT L'INFLUENCE SUR LA PERSONNALITÉ PEUT ÊTRE CONSIDÉRABLE.

Différente de la sociologie, qui rapporte les comportements individuels aux seules déterminations sociales, la psychologie sociale se définit sans doute comme l'étude des variances de personnalités soumises à l'influence du milieu. Il faut attendre 1925 pour découvrir les premiers travaux auxquels semblent se rattacher les recherches actuelles dont le champ d'application s'étend de la résolution des problèmes collectifs (acculturation, opinion publique, mode...) à l'histoire des civilisations et au monde de l'industrie (amélioration des conditions de travail, des relations humaines...).

En psychologie sociale, trois écueils restent à éviter dans l'appréhension de la problématique. Celui d'étudier séparément l'individu et le groupe social, comme le fait le psychologue allemand W. Wundt en déterminant des lois psychologiques valables pour tout homme ou en compilant des données historiques pour cerner une psychologie des peuples. Un autre écueil consiste à expliquer la personne par son milieu, comme le font le Français É. Durkheim en 1898 et nombre d'anthropologues convaincus quant à l'approche de certains indigènes, ou consiste, inversement, à expliquer la société par l'individu qui répond à son instinct de vie (G. de Tarde et W. McDougall à la fin du siècle dernier, ou le Britannique H. J. Eysenck à partir de 1944).

Les efforts de réflexion sur les interactions multiples aboutissent d'abord à des systèmes généraux préconisant une réorganisation sociale, mais les méthodes d'observation et d'expérimentation (entretiens, tests sociométriques, analyses de contenu...), qui ne sont d'ailleurs pas spécifiques à la discipline, facilitent l'approche de concepts beaucoup mieux définis. De même, le recours à certaines notions (attitude, forme, structure...) tirées des différentes branches de la psychologie (physiologique, gestaltiste, mathématique...), de l'art dramatique ou de la théorie de l'information permet de fixer les modèles à partir desquels la psychologie sociale acquiert son actuelle valeur scientifique quant à la connaissance des phénomènes de masse. C'est ainsi, par exemple, que le psychosociologue américain K. Lewin en vient à définir la valeur de la dynamique des groupes. •

La psychologie clinique

LA PRÉVENTION ET LE TRAITEMENT DES DIFFICULTÉS D'ORDRE PSYCHOLOGIQUE OU DES TROUBLES MENTAUX SURVENANT CHEZ DES INDIVIDUS PARTICULIERS RELÈVENT DE LA PSYCHOLOGIE CLINIQUE.

L'Américain L. Witmer décrit en 1896 la psychologie clinique sur la base d'un travail qu'il entreprend en institution pour « la réhabilitation des retardés et des anormaux ». Sa méthode consiste, pour prévenir ou traiter les anomalies mentales d'individus particuliers, à utiliser les résultats obtenus à l'examen de sujets nombreux, scrupuleusement étudiés l'un après l'autre, jusqu'à ce que l'observation de leurs aptitudes et de leurs déficiences conduise à certaines classifications (névrose, personnalité perverse, psychose...). La méthode statistique contribue d'ailleurs à retrouver, peu à peu, l'ensemble des symptômes caractérisant une maladie mentale.

Dès le début du XXe siècle s'impose la nécessité d'apprendre à connaître les conditions de vie d'un sujet grâce à des techniques d'exploration plus ou moins objectives (psychométrie, interrogatoire peu dirigé, test projectif...). La psychologie clinique devient, avec l'Américain W. Healy, une psychologie dynamique et s'étend à la méthode qu'utilise tout psychologue quand il tente de comprendre comment aider concrètement un individu particulier éprouvant certaines difficultés. À partir de 1945 pourtant, les problèmes des enfants ordinaires suscitent la seule intervention du psychologue scolaire ou du conseiller d'orientation scolaire et professionnelle. La psychologie clinique se limite alors à la seule prise en charge des malades mentaux et peut s'assimiler à la psychopathologie dont elle semble issue.

Le Français Théodule Ribot (1839-1916) étudie le premier les facultés supérieures de sujets pathologiques et découvre la primauté de la vie affective, qui peut s'extérioser différemment à la suite d'un arrêt du développement ou de la dissolution des acquisitions. Pierre Janet, l'un de ses élèves, dégage le fait que le trouble structural d'une maladie importe davantage que les symptômes particuliers à chaque cas. La névrose, par exemple, proviendrait d'une insuffisance de l'énergie mentale et toute conduite, d'une tension psychologique plus ou moins élevée.

Le célèbre neuropathologiste français J. M. Charcot (1825-1893), de la Salpêtrière, qui cherche à identifier les signes organiques dans l'état d'hypnose, influence nombre de psychologues. En effet, Freud (1856-1939) part des travaux de J. Breuer et de Charcot sur les manifestations hystériques apparues à la suite de traumatismes psychologiques oubliés pour affirmer que la sexualité peut jouer un rôle important dans la survenue d'une maladie mentale. Dès 1897, il développe alors une nouvelle méthode, la psychanalyse, qui consiste à considérer les conduites d'un sujet à partir de l'investigation de son inconscient dynamique ou, selon le psychiatre suisse C. G. Jung (1875-1961), de l'inconscient collectif auquel il reste soumis. Aujourd'hui, la psychopathologie ne saurait s'envisager sans une approche anatomoclinique qui, par la pratique d'examens tels que l'électroencéphalogramme ou la tomographie, susceptible de révéler toute lésion organique, peut mettre en parallèle l'analyse cérébrale et la maladie mentale. •

→ **Voir aussi :** Les tests mentaux, **MED**, p. 360-361. La psychosomatique, **MED**, p. 362-363. Les troubles psychiatriques, **MED**, p. 364-365. L'inconscient : découverte ou invention, **IDÉES**, p. 412-413. L'intelligence. Trois approches théoriques, **IDÉES**, p. 424-425.

Enfants et psychologie

Chaque pays, mais surtout chaque université, multiplie actuellement ses travaux de psychologie génétique en fonction de préoccupations variées. Se poursuivent ainsi les recherches de Piaget qui, aux tests, préférait les entretiens dirigés. À l'enfant, par exemple, de raisonner sur la notion de conservation des liquides (1) lors du transvasement d'un verre dans un autre plus large ou plus étroit et de devenir capable, à l'âge de sept ou huit ans seulement, de ne plus considérer l'état mais la transformation réversible de l'invariant. La discipline ne se limite pourtant pas à l'étude de la maturation cognitive ou libidinale (2) de l'enfant. Celle de son comportement individuel (3) ou social mise à l'épreuve de l'expérimentation peut se prolonger vers la connaissance de l'adolescent, du malade ou du nourrisson dont les capacités de perception, de communication et d'apprentissage sont désormais dévoilées.

3. Enfant de 2-3 ans à la découverte du monde.

Les tests mentaux

Vers 1880, la méthode des tests mentaux se dégage peu à peu de la psychologie différentielle et s'impose rapidement dans le domaine de la psychologie appliquée. C'est en 1890 que le psychologue américain James Cattell (1860-1944) crée le mot « test » pour désigner cette situation très exactement définie à partir de laquelle il évalue les différences individuelles existant entre des étudiants d'université.

Jusqu'à la Première Guerre mondiale, la méthode semble se limiter aux échelles d'intelligence et d'aptitudes appliquées à l'éducation ou à l'orientation professionnelle. Mais, en 1917, les États-Unis doivent recruter une nouvelle armée. Pour en sélectionner les cadres, les tests mentaux sont utilisés et dès lors, en de nombreux pays, suscitent un véritable enthousiasme dans les milieux les plus divers (pédagogique, social, juridique...). Cependant, le parti communiste de l'U.R.S.S. interdit, en 1936, l'usage de la méthode jugée pseudo-scientifique et antimarxiste. Les épreuves de personnalité ou de tempérament se développent alors progressivement. La recherche des différences individuelles peut en effet consister à comparer des profils psychologiques, après avoir caractérisé les sujets par l'évaluation synthétique de leurs supériorités et de leurs infériorités dans tous les domaines.

Au risque d'une vulgarisation accrue, qu'entretiennent souvent les médias auprès d'un public mal informé, la méthode des tests jouit toujours d'une considération générale. En médecine, elle acquiert une réelle valeur depuis qu'elle sait contribuer à une meilleure connaissance des maladies mentales.

L'intelligence et l'analyse factorielle

D'ABORD RELIÉE À DES FACTEURS PHYSIQUES, L'INTELLIGENCE S'ESTIME GRÂCE À DES QUESTIONNAIRES, SOUVENT ANALYSÉS PAR UNE MÉTHODE STATISTIQUE.

Dès l'aube du XIXe siècle, nombreuses sont les thèses qui laissent entendre que l'aptitude intellectuelle est en relation étroite avec l'importance de la masse cérébrale. Tandis que le Français Pierre Flourens considère le cerveau comme un organe unitaire, l'Allemand Franz Joseph Gall fait correspondre les facultés d'un individu à la forme de son crâne. Le criminologue italien Cesare Lombroso (1835-1909), quant à lui, est le premier à rechercher les causes de la criminalité dans la personnalité physique du sujet ; mais c'est au Français Paul Broca que l'on doit de découvrir, en 1861, l'une des structures de l'encéphale responsables du langage. Alors se précise la localisation des centres cérébraux dont la destruction provoque une dissolution des fonctions supérieures correspondantes.

L'amélioration des connaissances neurophysiologiques et les recherches du psychologue suisse Jean Piaget permettent de définir un modèle de structuration de l'intelligence (en différents stades) résultant de combinaisons successives, depuis l'organisation sensori-motrice jusqu'au stade de la pensée formelle. Toute déficience intervenant au cours de cette maturation va d'ailleurs caractériser l'idiotie (définie comme l'insuffisance la plus grave), la débilité (ou déficience intellectuelle) et l'intelligence médiocre, qui frappent un quart de la population.

En France, Alfred Binet introduit à ce propos la notion *d'âge mental,* qui consiste à coter l'intelligence par référence à l'âge chronologique des sujets capables de réussir une épreuve donnée. L'inconvénient de cette méthode reste qu'elle ne peut s'appliquer qu'aux tests pour enfants. Aussi le psychologue allemand William Stern propose-t-il d'établir le quotient intellectuel (ou Q.I.) en calculant le produit par 100 du rapport de l'âge mental sur l'âge chronologique. De la même façon mais pour les enfants très jeunes, le quotient de développement (ou Q.D.) se mesure à partir de l'âge psychomoteur. Générale-

Définition du test mental

IL S'AGIT D'UNE SITUATION STANDARDISÉE, DANS LAQUELLE PEUVENT ÊTRE PLACÉS, SIMULTANÉMENT OU SUCCESSIVEMENT, TOUS LES INDIVIDUS À DIFFÉRENCIER.

Le test mental permet de décrire sous forme numérique les comportements. Au sein d'une population précise (élèves, militaires, etc.), les notes obtenues, lors de la passation des épreuves, se distribuent selon la loi statistique de Gauss. À partir d'une distribution caractérisée par une courbe en forme de cloche, une division en quartiles, déciles ou centiles permet d'ordonner un nombre précis de classes où s'inscrivent les sujets en fonction de leur performance.

Pour certains tests (les échelles projectives, en particulier), le problème se pose de concevoir une catégorisation significative des réponses et, par-delà, des individus. Outre donc la nécessité de chercher à améliorer les conditions de l'examen (multiplication des épreuves, correction rigoureuse, vérification de l'homogénéité des résultats...), il y a celle de repérer les trois qualités qui restent toujours caractéristiques d'un bon test : sa validité, sa fidélité et sa finesse discriminative.

La *validité* d'un test sera considérée comme bonne s'il apprécie effectivement la grandeur qu'il doit mesurer. Sa *fidélité,* couramment plus élevée dans une épreuve d'aptitudes que dans une épreuve de personnalité, est la qualité qui fait qu'un sujet passant deux fois de suite un même test ou deux tests analogues obtient sensiblement la même note.

Enfin, concernant la *finesse discriminative,* une épreuve donnée s'avérera d'autant plus sensible qu'elle mesurera un champ restreint de comportements et permettra d'en repérer les différentes valeurs.

L'échelle d'intelligence pour adultes de Wechsler-Bellevue

Tests verbaux	*Tests de performance*
Test d'information : répondre à des questions portant sur des faits de connaissance générale	Test de classement d'images : ordonner les images pour reconstituer une histoire
Test de compréhension : répondre avec bon sens à des questions rappelant des situations de la vie quotidienne	Test de complètement d'images : désigner ce qui manque dans un dessin incomplet
Test de mémoire immédiate des chiffres : répéter des suites	Test des cubes de Kohs : reproduire des mosaïques à l'aide de cubes dont chaque face est peinte d'une couleur différente
Test d'arithmétique : résoudre mentalement de petits problèmes	Test de construction d'objets : faire un puzzle
Test de similitudes : trouver l'élément commun à deux mots	Test du code : transformer une série de chiffres en une série de signes indiqués dans le code
Test (facultatif) de vocabulaire	

Des tests adaptés à l'adulte et à l'enfant

Les différents items proposés dans le Wechsler-Bellevue (voir tableau) contribuent véritablement à mesurer l'intelligence de l'adulte puisqu'ils cherchent à en évaluer tous les aspects : discrimination, jugement, déduction... Selon les résultats obtenus, il est ainsi facile de connaître les possibilités réelles du sujet, de le conforter dans ses choix ou de l'aider à prendre une orientation. De même, le simple test du bonhomme de Goodenough, dans lequel l'enfant doit dessiner sans modèle un bonhomme, est un excellent révélateur de difficultés, des plus bénignes aux plus graves. Chez un enfant sévèrement athétosique (troubles du contrôle du mouvement), la maladresse du trait n'altère pas l'élaboration du dessin foisonnant de détails (1), tandis que l'hémiplégique, d'apparence beaucoup moins handicapé, surprend par la pauvreté de son expression et surtout par son apraxie constructive (2).

1. Test du bonhomme de Goodenough. Dessin d'un enfant athétosique, âgé de 11 ans.

ment constant pour un sujet, le Q.I. moyen est fixé arbitrairement à 100.

Cependant, il reste encore à se demander si l'intelligence relève d'une aptitude globale ou de l'association de plusieurs facteurs. C'est en étudiant le niveau de corrélation entre des tests légèrement différents et en cherchant à mesurer les diverses aptitudes mentales que l'on peut essayer de répondre. Cette méthode de statistique mathématique, conçue par le Britannique C. E. Spearman, est *l'analyse factorielle*.

Les disciples de Spearman préconisent l'existence d'un seul facteur, dit facteur *g*, qui semble correspondre à la notion générale de l'intelligence, tandis que ceux de l'Américain L. L. Thurstone suggèrent la complémentarité d'aptitudes mentales primaires (raisonnement, langage, orientation spatiale...) tout de même liées par un facteur d'ensemble. Également applicable aux tests de personnalité, l'analyse factorielle présente l'avantage de réduire le grand nombre de variables corrélées en quelques catégories et, ce faisant, de repérer judicieusement les tests sur la base des facteurs qu'ils mesurent. Elle permet ainsi de dégager le facteur *g* commun aux diverses épreuves et les facteurs de groupe spécifiques à certains tests seulement (perception visuelle, numération, mémoire...). •

Intelligence, aptitudes et connaissances

L'UNE DES GRANDES UTILISATIONS DU TEST MENTAL RESTE, SANS AUCUN DOUTE, DEPUIS SES PREMIÈRES APPARITIONS, L'APPRÉCIATION DE L'INTELLIGENCE.

Dérivés des techniques expérimentales de W. Wundt et de F. Galton, les premiers tests n'apprécient que les processus élémentaires (sensation, perception, temps de réaction...). La corrélation entre les résultats obtenus et ceux d'une réussite universitaire reste difficile à établir. Binet montre, en 1896, que la meilleure façon de différencier les individus nécessite l'appréhension de leurs facultés supérieures (mémoire, nature des images mentales, vigilance...).

Tandis que s'ouvrent en effet, à l'aube du XXe siècle, les classes de perfectionnement au sein de l'Instruction publique, les psychologues envisagent l'appréciation de l'intelligence comme fournissant le meilleur critère pour distinguer objectivement de leurs camarades les enfants arriérés et susceptibles de nécessiter un enseignement spécialement adapté à leurs capacités.

Dès 1905, en France, A. Binet et T. Simon proposent ainsi leur échelle de cinquante-quatre items retenus comme épreuves incontestables de développement. Ces questions courtes, variées et proches de situations courantes permettent d'évaluer l'âge mental des enfants de quatre à douze ans. En 1937, la version américaine de Terman-Merrill offre l'avantage de pouvoir s'appliquer de deux ans à l'âge adulte, de gagner en sensibilité grâce à l'augmentation du nombre de problèmes et d'aboutir au calcul d'un Q.I. Il semble qu'il faille rapprocher de ces échelles de type Binet-Simon les tests pour enfants d'âge préscolaire. Ainsi, celui de l'Américain Arnold Gesell, qui va de quatre à soixante semaines et dont existe l'excellente adaptation de O. Brunet et I. Lézine sur la population française, facilite la recherche exclusive d'un Q.D.

Les trois épreuves de l'Américain David Wechsler, mises au point en 1939 pour les petits, les enfants d'âge scolaire et les adultes, se fondent sur un principe différent. Elles proposent une série de dix à douze items communs pour tous les âges. Selon le degré de réussite, une note brute est donnée pour chaque test et pondérée en fonction de l'âge chronologique ; la somme de ces notes conduit à la mesure d'un Q.I. Notons que D. Wechsler introduit l'intéressante distinction entre un quotient verbal et un quotient de performance établi sur des épreuves non verbales (supposées plus indépendantes des facteurs socio-culturels que les épreuves de vocabulaire). Parmi tous ces tests, nécessitant de la part du sujet examiné l'appréhension d'une certaine technique manipulatoire, il en existe d'autres, comme le « bonhomme de Goodenough », qui se fonde sur l'enrichissement progressif du dessin de l'enfant en fonction de son développement intellectuel, ou comme l'échelle de Grace Arthur, qui associe plusieurs problèmes (mosaïques à reproduire, formes à encastrer dans les découpes correspondantes, labyrinthes à parcourir...).

Outre ces épreuves d'intelligence pure, celles des aptitudes scolaires ou professionnelles tentent de prédire quelle sera la réussite d'un sujet dans une tâche déterminée. Si utiles soient-elles en orientation, elles ne sauraient être confondues avec les tests de connaissances qui servent d'abord, par la qualité de l'étalonnage et l'objectivité des cotations, à la sélection de candidats. C'est à A. Binet et M. Vaney que l'on doit la première batterie de connaissances, mais, depuis 1910, les échelles se multiplient considérablement. •

2. *Item.* Dessin d'un enfant hémiplégique, âgé de 7 ans.

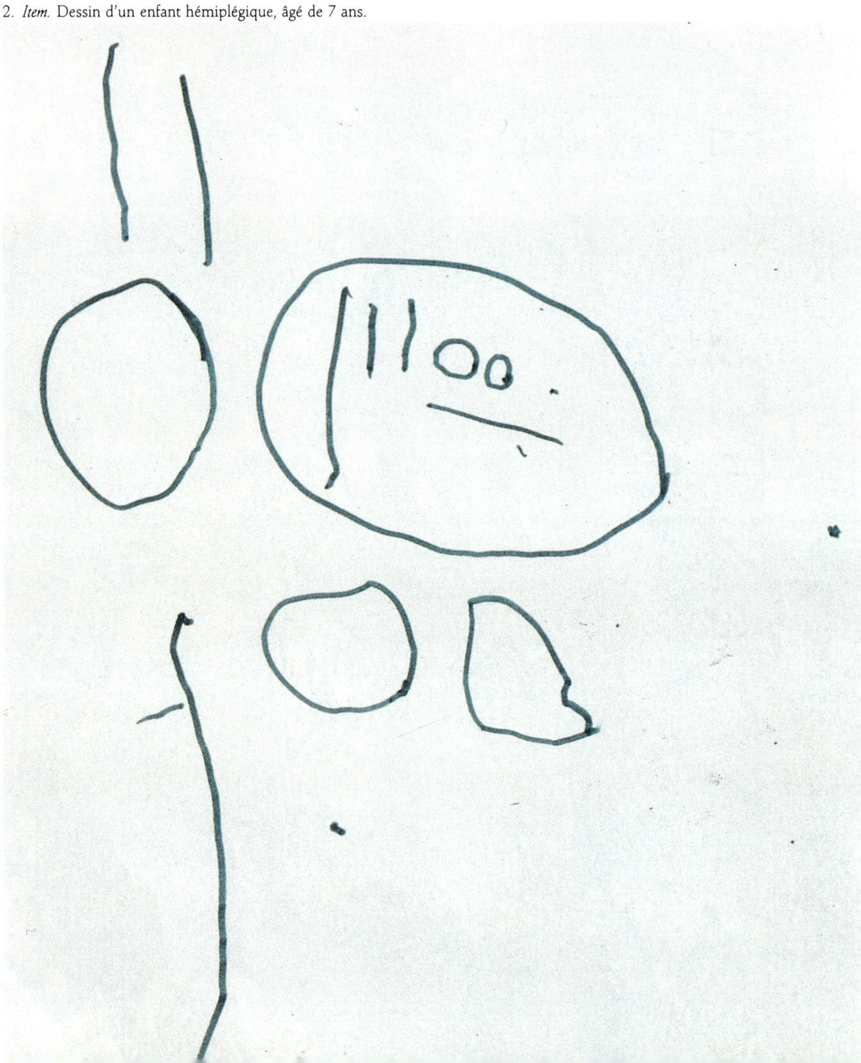

Les tests de personnalité

LES TESTS DE PERSONNALITÉ MESURENT SOUVENT PLUSIEURS FACTEURS À LA FOIS MAIS SANS GRANDE PRÉCISION.

La fidélité des tests de personnalité est faible et leur validité assez subjective. Leur classification ne semble pouvoir se fonder que sur le principe de leur construction. Les *questionnaires* et les *tests objectifs* sont donc à distinguer des *techniques projectives* dont l'application, à partir de 1930, s'étend, en réaction à la tradition psychométrique qui cherche à chiffrer les fonctions mentales.

Par écrit, les questionnaires de personnalité, d'adaptation dans différents secteurs (familial, professionnel, émotionnel...), d'attitudes ou d'intérêts vis-à-vis de problèmes variés (affectif, social, religieux...) soumettent au sujet une série de questions portant sur ses opinions, ses goûts, ses comportements... Il doit y répondre par oui ou non, à moins qu'il n'ait à choisir entre plusieurs propositions. Des artifices, comme la multiplication des items ou l'échelle de mensonge qui rend compte de la tendance du sujet à vouloir se présenter sous un trop bon jour, permettent de corriger les résultats et de valider les épreuves selon la méthode statistique. Ainsi, les questionnaires de personnalité qui se réfèrent au système psychologique classique (échelle de Bernreuter, test d'ascendance-soumission de G.W. Allport, questionnaire de masculinité-féminité de Terman-Miles) ou dérivé de la nosologie psychiatrique (MMPI ou Inventaire de personnalité multiphasique du Minnesota, questionnaire de Humm-Wadsworth...) consistent à rechercher les traits d'un sujet pour en dessiner le profil tendancieux.

Les tests objectifs de sens éthique ou de personnalité, quant à eux, ne présentent encore qu'un intérêt de recherche. Par exemple, les épreuves de persévération que valide l'analyse factorielle ou la batterie de Hartshorne-May, qui comprend à la fois des items d'honnêteté et de coopération, tentent d'évaluer certaines qualités précises, tandis que le test du labyrinthe en miroir permet de discriminer les sujets stables de ceux que démobilise une situation particulière.

Enfin, les techniques projectives nécessitent l'acceptation des postulats psychanalytiques et, de ce fait, rendent très délicate l'appréciation de résultats toujours singuliers. Elles consistent essentiellement à explorer les aspects non cognitifs de la personnalité en confrontant l'individu à des situations aussi ambiguës que possible. Il doit ainsi répondre à toute sorte de consignes (dessiner une maison, organiser à partir d'un matériel défini le village d'Artus, associer un mot à un autre...) ou expliquer ce qu'un stimulus faiblement structuré (taches d'encre de Rorschach, images équivoques du TAT [Thematic Apperception Test] de Morgan-Murray, syllabes de Skinner...) évoque pour lui. Comme dans le « CAP » de A. Bellak (dérivé du TAT), où l'enfant est invité à raconter la mise en scène d'animaux, le sujet est supposé s'identifier au personnage principal de l'histoire et projeter sur lui ses besoins face aux contraintes extérieures. De même quand il dessine l'« arbre de Koch », il est censé représenter inconsciemment son corps. Au psychologue alors de se risquer, non sans d'infinies précautions d'ailleurs, à interpréter la production symbolique et à définir le contenu profond de la personnalité d'un individu. •

→ **Voir aussi :** La psychologie, **MED**, p. 358-359. L'intelligence. Trois approches théoriques, **IDÉES**, p. 424-425.

La psychosomatique

NÉE D'UNE DÉMARCHE conduite par des médecins et des psychanalystes, la psychosomatique actualise l'antique idée hippocratique d'unité fondamentale de l'être humain et propose, face à la fragmentation de la médecine contemporaine, une approche globale de l'homme malade. Il s'agit d'une discipline en soi, dont la spécificité réside dans l'intégration de principes évolutionnistes et des connaissances psychanalytiques.

C'est en 1818 qu'apparaît, sous la plume d'un psychiatre allemand, J. Ch. Heinroth, le terme « psycho-somatique », dans une publication concernant les insomnies, le trait d'union connotant la dualité encore incontournable du corps et de l'esprit. Ce terme sera repris un siècle plus tard par F. Alexander, fondateur en 1930 de l'école de médecine psycho-somatique de Chicago, pour qualifier une conception de la pathologie générale incluant les facteurs psychiques dans le déterminisme ou le développement des maladies organiques, ou somatiques. Le trait d'union disparaît en 1943 lorsqu'un psychiatre britannique, J. L. Halliday, attribue l'adjectif à des maladies particulières, comme l'asthme et l'eczéma. Enfin, le terme s'emploie comme substantif au début des années 1960 avec la fondation de l'école de psychosomatique de Paris par un groupe de psychanalystes parisiens (Ch. David, M. Fain, P. Marty, M. de M'Uzan).

La psychosomatique contemporaine est inspirée par la clinique psychanalytique. Elle ne se centre pas sur la maladie mais sur les aspects psychologiques qui ont favorisé son éclosion.

La personnalité psychosomatique

LA NOTION DE « PERSONNALITÉ PSYCHOSOMATIQUE », CARACTÉRISANT UNE CERTAINE PAUVRETÉ PSYCHIQUE, LAISSE LA PLACE À CELLE D'« ÉTAT OPÉRATOIRE ».

Ce n'est pas le souci de repérer un conflit névrotique à l'origine d'une affection somatique qui va caractériser la démarche des psychosomaticiens de l'école de Paris, mais le souci d'apprécier par une approche psychanalytique la qualité du fonctionnement mental des patients, les défauts de structuration des topiques (le « moi », le « ça » et le « surmoi »), l'efficacité des mécanismes de défense, l'importance et la souplesse des investissements libidinaux, affectifs, intellectuels et sublimatoires. À la suite de nombreuses investigations, ils décrivent un fonctionnement mental qui serait caractérisé par une pauvreté de la vie fantasmatique et onirique, une pensée opératoire pragmatique tendue vers les réalisations efficaces, un mode relationnel apparemment désaffecté avec prévalence des mécanismes projectifs. Le symptôme somatique serait la forme régressive prise par une énergie ne pouvant se libérer par d'autres voies de décharge plus évoluées, expressives, mentales et relationnelles. Les sujets présentant ce mode de fonctionnement psychique seraient plus que d'autres exposés à la somatisation.

Néanmoins, l'hypothèse d'une personnalité psychosomatique, démentie par la clinique, fut abandonnée. Toutes les personnalités peuvent être sujettes aux atteintes organiques graves. Des intellectuels et des artistes, chez lesquels la richesse de l'activité mentale n'est pas en doute, présentent pourtant des maladies dont l'évolution est rapidement mortelle. L'expérience psychothérapique de malades somatiques a montré qu'un état particulier précédait l'éclosion d'une maladie : l'« état opératoire », accompagné d'une dépression sans objet, la « dépression essentielle » selon les travaux du Français P. Marty (1963). Ces signes traduisent, chez le patient, une baisse du tonus vital. Une investigation révèle qu'ils font suite à des événements traumatiques. La sensibilité au traumatisme dépend de plusieurs facteurs, dont l'organisation mentale, mais aussi l'histoire du sujet.

Premières observations cliniques

DES SITUATIONS CONFLICTUELLES PEUVENT PROVOQUER DES MODIFICATIONS VISCÉRALES QUI, SE PROLONGEANT, ENTRAÎNENT DES TROUBLES LÉSIONNELS.

Au ve siècle avant notre ère, Hippocrate remarque que les maladies du cœur sont plus fréquentes chez les hommes ayant de lourdes responsabilités dans la cité. Platon et Aristote conçoivent la maladie comme une atteinte de l'âme autant que du corps et estiment vain de traiter l'un sans l'autre. Cicéron admet que la bile engendre la colère et se demande si celle-ci n'a pas en retour une action sur la bile. Après le déclin de l'Antiquité gréco-romaine et le développement du dogmatisme médiéval, il faut attendre la Renaissance pour que l'intérêt des médecins se porte de nouveau sur le psychisme (les passions) des malades. À la fin du XVIIIe siècle, G. Cabanis, médecin et philosophe français, soulève l'hypothèse d'une activité psychique automatique, distincte de la volonté, agissant sur la vie organique. Par ailleurs, les médecins qui pratiquaient l'hypnose connaissaient ces phénomènes sans pouvoir les expliquer.

En travaillant sur l'hystérie, S. Freud, neurologue et biologiste de formation, découvre la réalité dynamique de l'inconscient et invente la psychanalyse, méthode d'investigation et de traitement qui va permettre une nouvelle approche de l'homme sain ou malade. Freud s'est volontairement écarté de la symptomatologie organique et semble bien être l'instigateur de la psychosomatique. Outre la valeur symbolique qu'il attribue aux symptômes, il explique ceux-ci comme résultant de la « conversion d'une énergie psychique en innervation somatique ». À la même époque, il établit une distinction entre les symptômes hystériques et les troubles fonctionnels qui n'ont pas de sens et ne sont que des manifestations somatiques d'angoisses diffuses non mentalisées. Au début du XXe siècle, quelques-uns des premiers psychanalystes (P. Federn et R. Allendy) avaient signalé des cas de guérisons inattendues de troubles somatiques chez des patients traités pour névroses (asthme, eczéma rebelle). Après la Première Guerre mondiale, les médecins confrontés à d'importants troubles somatiques, tels que l'hypertension artérielle ou l'ulcère gastro-duodénal, font appel à la psychiatrie. C'est aux États-Unis que sont menées les premières recherches systématiques par F. Alexander et son équipe. À partir de la notion de « névrose d'organe » (F. Dunbar), Alexander aboutit à celle de « constellation psychodynamique ». La maladie serait due à un certain nombre de facteurs, dont des réactions émotionnelles génératrices d'angoisse et d'agressivité. Les attitudes affectives qui en résultent provoquent une tension chronique qui devient pathogène, créant un « cercle vicieux psychosomatique ».

Après la Seconde Guerre mondiale, à la suite des observations par les psychiatres d'alternance entre troubles psychiques et troubles somatiques chez des malades mentaux, comme si la guérison des uns avait entraîné une décompensation des autres, s'impose l'idée que les troubles somatiques pourraient avoir un rapport avec la personnalité.

2. *Femme à la cravate noire* (1917), de Modigliani.

1. Modigliani.

Le développement organique et psychique

LE DÉVELOPPEMENT DE LA PERSONNALITÉ EST MARQUÉ PAR LE CONFLIT ENTRE « FORCES » DE VIE ET DE MORT ET DÉPEND DES FONCTIONS ORGANIQUES ET PSYCHIQUES.

L'enfant humain naît en quelque sorte prématuré, compte tenu de son état d'immaturité (et tout particulièrement celle du système nerveux central). Les découvertes récentes montrent l'importance des expériences précoces sur la vie ultérieure du sujet. Au début du développement, toutes les relations de l'enfant avec son environnement passent par un dialogue corporel. L'approche clinique des troubles fonctionnels du petit enfant témoigne d'une dynamique conflictuelle marquée par une surcharge d'excitations non maîtrisables. La pathologie somatique sévère renvoie, elle, au manque, à la frustration, aux carences et déprivations préjudiciables à un développement de qualité suffisante. Dans des conditions normales, les fonctions organiques et psychiques s'affermissent et s'autonomisent tout au long d'une évolution qui s'effectue par paliers d'organisation, sous la prédominance des activités mentales et dans un échange permanent avec le personnage maternel.

Les fonctions organiques sont toutes engagées dans la construction de la personnalité, depuis les plus tangibles, correspondant à la satisfaction des besoins primaires, jusqu'aux plus impalpables de la vie affective. Par exemple, comme le soulignent les psychanalystes français P. Marty et M. Fain, le besoin de nourriture fait que toutes les parties du corps engagées dans la fonction alimentaire vont intervenir sur un autre plan, celui du désir d'être nourri, qui aboutit au désir de l'objet dispensateur de soins avec toute la séquence des éprouvés viscéraux, sensoriels et musculaires. Cette séquence, vécue d'abord au niveau corporel, se traduit au niveau mental par de nouvelles compétences expressives et relationnelles. L'apparition de la fonction symbolique permet à l'enfant d'articuler ce qu'il ressent dans son corps avec les mots du langage et de lui conférer un sens.

Le démarrage individuel est ordinairement caractérisé par une affirmation remarquable de « forces » de vie (« pulsions » ou « instincts » de vie selon les auteurs). Cependant, le monde vivant est également objet de destructions (« pulsions » ou « instincts » de mort). Les relations entre ces deux catégories de forces sont permanentes. La préséance de l'une sur l'autre est temporelle. Les manifestations passagères des forces de mort vont marquer le développement de l'enfant de manière caractéristique, par des points de fixation ou de régression qui constituent pour toute la vie un système de repli et de défense tout à fait personnel, lié à l'histoire du sujet.

La découverte par Freud d'une partie inconsciente de notre activité psychique l'amène à décrire un premier modèle, ou première *topique,* où il distingue trois modes de fonctionnement : inconscient, conscient et préconscient. C'est au niveau du préconscient que se forment les représentations de mots, base de l'activité fantasmatique, qui intervient dans l'équilibre général. Cette première topique permet l'élaboration mentale des angoisses et des mouvements de violence archaïques coûteux pour l'organisme en développement. Une deuxième topique se constitue au cours de l'autogenèse : ça, moi, surmoi. Elle donne une assise structurelle à l'organisation mentale et intervient de cette façon dans l'économie psychosomatique. •

Les moyens de défense

S'il semble admis que les sublimations artistiques peuvent contribuer au maintien de l'équilibre du sujet, leur valeur dépend alors de la structure mentale. Deux artistes au génie incontesté vivent la bohème à Paris ; la précocité de leurs dons a été soutenue dès l'enfance ; tous deux ont été gravement malades au sortir de l'adolescence. Modigliani (1, 2) le solitaire, « à l'âme déchirée et fragile », recourt à l'alcool et à la drogue pour calmer des angoisses irrépressibles : une organisation névrotique mal assurée, au fonctionnement irrégulier, avec des mécanismes de défense mentaux insuffisants ; il meurt à 36 ans de tuberculose. Picasso (3, 4) « le sage, le fou » : une organisation névrotique stable où la mentalisation débordante a offert aux énergies pulsionnelles des voies de décharge intellectuelles et relationnelles, meurt à 92 ans sans avoir cessé de travailler.

3. *La Femme qui pleure* (1937), de Picasso.

Le point actuel

OUTRE L'APPROCHE PHYSIOLOGIQUE, LA DYNAMIQUE DES LIENS ENTRE CORPS ET ESPRIT S'APPRÉHENDE AUSSI PAR LA VOIE PSYCHANALYTIQUE.

Comment, pourquoi un fonctionnement corporel harmonieux, à un moment donné, subit une rupture de son équilibre biologique et présente des manifestations pathologiques ? La psychosomatique tente d'apporter une réponse à ces questions par deux voies d'étude, l'une, physiologique, s'intéressant aux processus en termes de régulations métaboliques (nerveuses et hormonales), l'autre, psychopathologique, inspirée par la psychanalyse, qui cherche à comprendre le dynamisme des liens qui unissent les activités du corps et de l'esprit.

Le courant physiologique. Ce courant est initié par les travaux du Français Claude Bernard sur la constance du milieu intérieur, faisant de la maladie une déviation d'un processus physiologique normal. Cette idée prendra tout son sens en psychosomatique. Le physiologiste russe Ivan Pavlov met en évidence l'existence de réflexes conditionnés, dont les mécanismes sont corticaux. Ses continuateurs découvrent que le conditionnement met également en jeu des structures sous-corticales. Des liaisons s'établissent à des niveaux fonctionnels de complexité différents. Plus tard, l'Américain W. B. Cannon démontre que les effets des émotions retentissent à tous les niveaux de l'organisme par l'intermédiaire des voies nerveuses. Ses travaux, complétés par ceux de H. Selye sur le syndrome général d'adaptation et la théorie du stress, déboucheront sur la notion de maladies de l'adaptation.

L'épidémiologie utilise la notion de « complexe pathogène » pour définir un ensemble de facteurs dont la fréquence d'apparition dans des contextes de perturbation du milieu social précède souvent l'éclosion de maladies. G. Engel désigne par les termes de « giving up – given up complex » cet état de désarroi. L'individu, incapable de faire face, se sent seul et s'abandonne. Engel émet l'hypothèse que la défaillance des mécanismes de défense mentaux a pour conséquence une hyperactivation des défenses biologiques, réalisant une situation de « stress ».

Les courants d'inspiration psychanalytique. Certains partent de l'hypothèse qu'il existe chez tous les individus un noyau conversionnel, par lequel les conflits internes sont convertis en manifestations externes, telles que l'hystérie. Des éléments névrotiques (dont l'origine est envisagée à un stade avancé de l'enfance, compatible avec l'élaboration symbolique) coexistent avec des éléments plus archaïques, donc moins mentalisés. Il existerait même différents niveaux de symbolisation, avec des possibilités de passage de l'un à l'autre. L'école de psychosomatique de Paris offre un corpus théorique cohérent dont l'originalité réside dans une conception de l'intégration hiérarchisée de toutes les fonctions qui participent à la vie d'un sujet. Sa référence permanente au point de vue « économique » de la théorie psychanalytique, selon lequel il existerait des relations dynamiques entre les trois instances du psychisme (moi, ça, surmoi), implique l'étude des *pulsions* depuis leur origine biologique, à travers les cheminements de leurs destins, jusqu'aux plus sublimés de leurs aboutissements, jusque dans leurs manifestations mentales (psychotiques, névrotiques, perverses) ou somatiques. •

→ **Voir aussi :** L'agression, **BIOL**, p. 160-161. Le corps et l'esprit, **MED**, p. 350-351. Les troubles psychiatriques, **MED**, p. 364-365. Les psychothérapies, **MED**, p. 368-369.

4. Picasso.

Les troubles psychiatriques

LA PSYCHIATRIE, SCIENCE médicale qui traite de la « maladie mentale », est née vers 1800 à partir des asiles conçus par les « aliénistes », dont le Français Philippe Pinel, pour protéger les malades mentaux.

Le XIXe siècle sera la grande époque de la nosographie psychiatrique, dominée par l'hypothèse d'une origine organique des troubles. Au début du XXe siècle, Sigmund Freud, par ses découvertes fondamentales sur l'inconscient, ouvre la voie à une nouvelle possibilité de compréhension de la maladie mentale qui va influencer la psychiatrie et ses pratiques.

Dans le champ de la pathologie mentale, les psychoses aiguës se caractérisent par une déstructuration de la conscience, comme dans la psychose maniaco-dépressive ou dans la bouffée délirante. À ce trouble s'ajoute une altération de la personnalité dans les psychoses chroniques, dont la schizophrénie et la paranoïa constituent les deux pôles. Quant aux névroses, maladies mineures, elles se caractérisent par des conflits psychiques internes qui altèrent peu le rapport à la réalité et élaborent des symptômes en réaction à l'angoisse, comme l'hystérie ou la névrose obsessionnelle. D'autres troubles, tels l'alcoolisme, la toxicomanie et la psychopathie entrent dans le champ psychiatrique ; de même que les démences séniles. Selon les pays et les civilisations, les mêmes maladies peuvent s'exprimer sur un mode différent ; l'ethnopsychiatrie s'attache à mettre en évidence les rapports entre la culture et la maladie mentale, afin de proposer les thérapeutiques les plus adaptées.

Le diagnostic en psychiatrie est essentiellement fondé sur l'observation et l'écoute du patient, s'appuyant parfois sur des tests mentaux d'efficience ou de personnalité. Une multitude de théories sur l'origine des troubles ouvrent de très nombreuses voies de recherche – génétiques, statistiques, neurochimiques, ou fondées sur l'observation des échanges verbaux ou gestuels et posturaux et sur des processus analytiques.

L'Association américaine de psychiatrie a établi une classification des troubles par symptômes, le DSM III, dont le but est d'unifier les diverses voies de recherche et de traitement à partir d'un langage mondial commun.

Les psychoses

TROUBLES DE L'HUMEUR (PSYCHOSE MANIACO-DÉPRESSIVE), FAUSSETÉ DU JUGEMENT (PARANOÏA) OU DÉSAGRÉGATION DE LA PERSONNALITÉ (SCHIZOPHRÉNIE) SONT À L'ORIGINE DE TROUBLES ET DE CONDUITES DÉLIRANTES.

La *bouffée délirante* est caractérisée par l'apparition soudaine d'un délire très riche, à thèmes multiples, accompagné d'automatisme mental, c'est-à-dire d'hallucinations, et d'une perte d'intimité de la pensée ; le sujet vit son délire, et son humeur en suit les fluctuations. La bouffée délirante est dans la plupart des cas ponctuelle.

La *psychose maniaco-dépressive* s'exprime par des perturbations de l'humeur. Des phases de dépression profonde (mélancolie), où le risque majeur est le suicide, alternent avec des phases d'excitation (manie), où le sujet se sent vivre « à cent à l'heure », et des intervalles de « normalité ». L'amplitude des accès est réduite par un traitement au lithium permettant le maintien d'une bonne adaptation sociale.

Les *délires chroniques* se définissent par rapport à un délire persistant et sont peu réactifs au traitement neuroleptique.

Les *délires paranoïaques* surviennent sur une personnalité particulière, marquée par l'orgueil, la méfiance, la rigidité et la fausseté du jugement. L'élaboration du délire est lente, elle part d'un doute, d'une suspicion ou d'une révélation. La dangerosité pour autrui justifie la procédure judiciaire du placement d'office. Entrent dans le cadre de la psychose paranoïaque les délires passionnels avec érotomanie (illusion délirante d'être aimé), le délire de jalousie (fondé sur une conviction d'infidélité) et les délires de revendication (réparation d'un préjudice). Le « délire de relation des sensitifs » survient sur une personnalité timide scrupuleuse, où la susceptibilité est exacerbée ; dans le délire d'interprétation, le moindre événement prend un sens malveillant.

Les *psychoses hallucinatoires chroniques* (toutes les hallucinations auditives ou olfactives) sont à l'origine d'un délire, le plus souvent persécutoire.

Dans les *paraphrénies* (qui constituent une catégorie particulière de délires chroniques), l'imagination est à l'origine d'un délire très riche mais l'adaptation sociale est longtemps conservée.

La *schizophrénie,* appelée autrefois démence précoce, a une évolution qui peut maintenant se stabiliser sous traitement neuroleptique. Elle est constituée d'un trouble capital, le syndrome dissociatif, c'est-à-dire la désagrégation, marquée par l'étrangeté de la personnalité du patient. Ce processus affecte la pensée (le raisonnement devient incohérent) et le langage (qui devient complètement hermétique) ; le discours est infiltré de formulations abstraites et froides (rationalisme morbide). L'affectivité est contradictoire. Les troubles moteurs sont nombreux et réalisent, dans leur forme la plus grave, le syndrome catatonique, avec maintien des attitudes, raideur, refus, impulsions motrices. Le syndrome dissociatif s'accompagne d'un délire inorganisé à thèmes multiples, avec automatisme mental et hallucinations, non spécifique mais marqué par l'autisme (extrême repli sur soi) et par la dissociation. •

Névroses et troubles névrotiques

DU TRAIT DE CARACTÈRE AUX SYMPTÔMES ÉLABORÉS CONTRE L'ANGOISSE, CES TROUBLES DEVIENNENT PATHOLOGIQUES LORSQU'ILS CAUSENT UNE SOUFFRANCE QUI ENTRAVE LA VIE SOCIALE.

La *névrose d'angoisse,* décrite par Freud comme l'existence d'un fond permanent d'anxiété sur lequel se greffent des crises paroxystiques, est actuellement considérée sous un double aspect : d'une part, la crise de panique, qui se traduit par une sensation de malaise intense et de nombreux symptômes somatiques (troubles du rythme cardiaque, gêne respiratoire, tremblement notamment) ; d'autre part, l'anxiété généralisée, qui se manifeste par une angoisse flottante et une anticipation pessimiste, mais avec des troubles somatiques d'intensité modérée.

Les *phobies* (névroses phobiques) se caractérisent par un comportement permanent d'évitement dû à des peurs irrationnelles concernant un objet, une activité ou une situation, dont le caractère illogique est parfaitement reconnu du sujet. Il existe des phobies de l'espace (le terme d'agoraphobie recouvre actuellement la peur des places publiques, de la foule, mais aussi de tout espace vide et des lieux fermés), des phobies sociales (éviter certaines situations, comme parler en public ou rencontrer une personne du sexe opposé), des phobies simples (animal, objet, bruit, sang...).

La *névrose hystérique* se caractérise par une intense demande affective qui place le sujet en état de dépendance vis-à-vis de l'entourage. Il existe une hypersensibilité aux agressions et aux gratifications, une hyperréactivité aux événements. La vie imaginaire est intense, les troubles de la mémoire très fréquents. La tendance à la rêverie peut provoquer des états seconds. Des conversions somatiques peuvent être aiguës (grandes crises épileptiformes, d'agitation, d'inhibition) ou durables (paralysies des organes de relation, contractures, troubles de la parole).

L'obsession est une idée qui s'impose à l'esprit de façon répétée et incoercible. Dans la *névrose obsessionnelle,* trois formes sont décrites : les obsessions idéatives ou intellectuelles, qui s'expriment par des ruminations mentales de forme fréquemment interrogative, occupant sans cesse le champ de la pensée, les obsessions phobiques, où la pensée de l'objet ou de la situation suffit à entraîner l'angoisse, et les phobies d'impulsions. Ces dernières sont les plus typiques : le sujet craint de réaliser un acte absurde ou répréhensible, mais se sent obligé de le commettre ; le passage à l'acte est exceptionnel. Pour lutter contre l'obsession s'organisent des rituels (lavage, habillement, vérification compulsive, arithmomanie [rituel fondé sur les nombres]), qui deviennent eux-mêmes sources d'angoisse.

La *dépression névrotique* s'exprime par la douleur morale, l'inhibition et l'angoisse. La tristesse, les sentiments de dévalorisation, d'inutilité, de solitude se rapportent à des événements réels. La conscience du caractère pathologique des troubles est constante et se trouve accentuée par la nostalgie de l'état antérieur. L'inhibition se traduit par la fatigue, l'impression de vide et de lassitude, la diminution de l'activité. Les somatisations sont fréquentes.

Les thérapeutiques utilisées pour traiter les troubles névrotiques sont abondantes : chimiothérapie (anxiolytiques, antidépresseurs), relaxation, psychothérapies comportementales ou psychanalytiques. •

1. Dessin de patient, hôpital Sainte-Anne (Paris) : dépersonnalisation.

Autres troubles

EN DEHORS DES PSYCHOSES ET DES NÉVROSES, LA PSYCHIATRIE GÈRE TOUT UN ENSEMBLE DE TROUBLES LIÉS AUX CONDUITES ALIMENTAIRES, COMPORTEMENTALES ET SOCIALES, À LA SÉNILITÉ OU À DES AFFECTIONS ORGANIQUES.

L'anorexie mentale est un trouble du comportement alimentaire qui survient le plus souvent chez la jeune fille, caractérisé par la diminution ou la perte d'appétit, un amaigrissement important et une aménorrhée. L'hospitalisation s'impose devant les états où la vie est en jeu. La psychothérapie est parfois difficile à instaurer.

Les conduites alcooliques et toxicomaniaques ont des conséquences, sociales et médicales, sévères. Sevrage, centres de postcure, groupes d'anciens buveurs, cures de dégoût (pour les alcooliques) sont proposés à côté du traitement des complications physiques.

Le déséquilibre psychique, ou psychopathie, concerne les sujets dont la personnalité est caractérisée par l'instabilité, l'impulsivité et l'inadaptation sociale. Le passage à l'acte, par intolérance à la frustration, est habituel.

Les états démentiels définissent un déficit acquis et global de toutes les fonctions, intellectuelles et physiques, dont l'évolution est irréversible. Leur nombre s'accroît, du fait du vieillissement général des populations occidentales.

Parmi les troubles relevant de la psychiatrie, on classe aussi les épilepsies et de nombreuses pathologies d'origine organique, les arriérations mentales et les troubles liés à la grossesse et à l'accouchement. •

Les psychoses infantiles

Il s'agit de troubles affectifs très graves, où coexistent une anxiété intense, illogique, et des altérations importantes du contact avec le monde réel ; elles rappellent approximativement la schizophrénie chez l'adulte.

Les psychoses précoces, avant six ans, sont caractérisées par l'autisme, avec un repli sur soi et des troubles graves de la communication et du langage. Il existe des habitudes motrices répétitives, stéréotypées. Les psychoses de la période de latence, qui débutent entre six et douze ans, comportent des troubles du comportement avec agitation et agressivité, ou bien inhibition et mutisme ; l'efficience scolaire s'effondre. Les psychoses de l'adolescence sont assez analogues à la schizophrénie de l'adulte, bien que de pronostic plus sombre. On peut citer également la prépsychose, caractérisée par une inhibition anxieuse majeure, et les dysharmonies évolutives, où les différentes fonctions de l'intelligence sont développées de façon irrégulière.

Les traitements font appel à la chimiothérapie et à la psychothérapie, souvent par l'intermédiaire du jeu.

2. Peinture de patient, hôpital Sainte-Anne (Paris) : angoisse de morcellement.

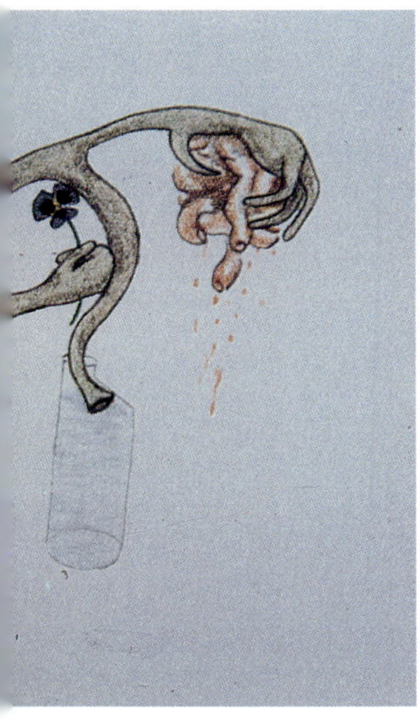

Évolution de la psychiatrie

TOUJOURS DÉPENDANTE DES NORMES ET DES TOLÉRANCES SOCIALES, LA PSYCHIATRIE A INTÉGRÉ À LA FOIS LA PSYCHANALYSE ET LA GÉNÉTIQUE.

La psychiatrie s'est constituée petit à petit. En effet, la médecine a dû s'affranchir de la notion de maladie des organes et des fonctions avant de considérer la pathologie mentale comme altérant l'homme dans son psychisme, dans son caractère d'humain.

La médecine gréco-latine et arabe, puis les théologiens du Moyen Âge avaient reconnu l'origine « naturelle » des maladies mentales. Par la suite, la « démonologie » considéra les malades comme des sorcières et des possédés. Ce n'est qu'au cours des XVIe et XVIIe siècles que la médecine mentale fut reconnue comme telle.

La psychiatrie est née en France avec la Révolution. Les chaînes des aliénés furent brisées, mais ceux-ci furent placés dans des asiles, devenus ainsi l'élément fondamental du programme thérapeutique. Les médecins de cette époque s'attachaient à décrire les signes cliniques édifiant les grandes classifications psychiatriques à partir de cas singuliers. Ils ont ainsi regroupé les troubles en syndromes (ensemble de signes cliniques dont l'évolution est reproductible). Ils cherchaient à l'origine de la maladie une lésion anatomique précise, à l'exemple de la paralysie générale décrite par le Français Antoine Bayle.

Les découvertes de Freud, à la fin du XIXe siècle, sont à l'origine des diverses voies psychothérapeutiques actuelles.

Dans les années 1970, à partir des théories de la communication, fut mis en évidence le rôle parfois pathogène de la famille et, à l'extrême, de la société, avec l'apparition du mouvement « antipsychiatrique ». La maladie mentale représenterait le prix à payer pour que l'entourage demeure sain.

Ce courant est à l'origine du développement de l'idée du « secteur » et de son application en France. Le secteur est un ensemble démographique et géographique confié à une équipe chargée de la totalité des besoins psychiatriques : prévention, cure et postcure. L'équipe dispose de lits hospitaliers et d'un centre médico-psychologique. L'orientation actuelle va vers la création de structures de soins plus légères que les unités hospitalières, et situées dans la cité.

Si la majorité des hospitalisations se font en « service libre » avec l'accord du patient, la loi du 30 juin 1838 sur l'internement, réactualisée par celle du 27 juin 1990, garantit l'assistance au patient, mais aussi la protection de la société. Un dispositif, appelé loi « sécurité-libertés », garantit également contre les internements abusifs : l'autorité judiciaire peut ordonner la sortie.

Très récemment, la biologie a permis de nouvelles approches des troubles psychiatriques.

La psychanalyse.
Une triple définition de la psychanalyse a été donnée par Freud en 1922. Il s'agit « d'un procédé pour l'investigation de processus mentaux à peu près inaccessibles autrement ; d'une méthode fondée sur cette investigation pour le traitement de désordres névrotiques ; ainsi que d'une série de conceptions psychologiques acquises par ce moyen et qui s'accroissent ensemble pour former progressivement une nouvelle discipline scientifique ».

Le procédé est toujours d'actualité (parole, libre association) ; la méthode (cadre, interprétations) n'a pas varié ; de nouvelles et très nombreuses techniques de psychothérapie, individuelles, familiales, de groupe, s'y ajoutent sans cesse. Grâce au Français Jacques Lacan, la méthode a été adaptée et étendue au traitement de patients psychotiques. L'étude de Freud sur le président Schreber reste cependant toujours l'exemple type de la psychose. •

L'expression graphique des troubles

Située au centre des états délirants aigus, la dépersonnalisation est le sentiment de transformation de soi. Elle s'accompagne souvent du sentiment de transformation de l'ambiance, la déréalisation, et est vécue dans un climat d'anxiété. Ce dessin (1) traduit bien ce sentiment : le corps entier figure une pieuvre aux extrémités pseudo-humaines et à la face prolongée par une trompe. Entretenue par une analyse introspective incessante conduisant à une décomposition contemplative de soi-même, la dépersonnalisation schizophrénique peut s'accompagner d'une angoisse de morcellement, traduite sur cette peinture (2) par un visage à la fois inexpressif et angoissé, sans oreilles, reposant sur un tronc sans bras.

→ **Voir aussi :** Les drogues légales, **MED**, p. 352-353. Les drogues illégales, **MED**, p. 354-355. Biologie et psychiatrie, **MED**, p. 366-367. Les psychothérapies, **MED**, p. 368-369.

Biologie et psychiatrie

AVANT 1952, LA PSYCHIATRIE était tout, sauf biologique. Aujourd'hui, on peut dire qu'elle commence à bénéficier des apports de la biologie. L'apparition des neuroleptiques (1952) puis des antidépresseurs et des tranquillisants et l'emploi du lithium (1970) sont autant d'étapes qui viennent s'ajouter aux acquis antérieurs (Freud en particulier). Lorsque l'état d'un patient s'aggrave au cours d'une cure psychanalytique, il n'est plus rare de voir le psychanalyste demander l'aide des médicaments psychotropes. Bien qu'un même patient présenté à dix psychiatres ne se voie plus attribuer dix troubles différents, il n'y a toujours pas de marqueur biologique vrai des troubles psychiatriques. Nombre de personnes ayant des difficultés psychiatriques transitoires ont bénéficié des apports de la biologie et n'hésitent plus à en parler. En revanche, les patients ayant des troubles de type schizophrénique sont encore pour la plupart qualifiés de malades « chroniques ». Ils sont souvent, en particulier aux États-Unis, au nom du droit de chacun à disposer de sa liberté, négligés, abandonnés, sans domicile fixe. Désormais, le fonctionnement du cerveau devient un axe prioritaire de recherche en psychiatrie. La biologie permettra certainement de mieux connaître les mécanismes physiopathologiques responsables de certains troubles psychiatriques et de limiter les handicaps causés par ces troubles. Grâce à la biologie, la notion de « folie » associée à des sentiments de peur et de honte sera remplacée par le concept de troubles de fonctionnement du cerveau qui méritent respect et empathie.

Troubles psychiatriques et neuromédiateurs

QUELQUES TROUBLES PSYCHIATRIQUES SONT EXPLIQUÉS PAR DES « MODÈLES » COMPORTANT UN EXCÈS OU UN DÉFICIT D'UN NEUROMÉDIATEUR.

On suppose que chaque trouble psychiatrique est associé à une diminution ou à une augmentation d'un ou de plusieurs neuromédiateurs qui sont des substances qui permettent la transmission des influx entre les cellules nerveuses. Les neuromédiateurs qui contribuent au fonctionnement du système nerveux central sont entre autres l'acétylcholine (Ach), la dopamine (DA), la sérotonine (5HT), la noradrénaline (NA), les inhibiteurs (GABA), les acides aminés excitateurs (glutamate) et les endorphines. La liste de ces substances s'allonge avec les années au fur et à mesure des découvertes. On cherche, chez les patients atteints de troubles psychiatriques, une modification de l'un des neuromédiateurs connus, mais les anomalies concernent peut-être des neuromédiateurs encore inconnus.

En dépit de nombreuses études (dosage dans le sang, les urines, le liquide céphalo-rachidien), on n'a pas trouvé de marqueur biologique vrai pour les troubles psychiatriques. L'apparition de nouvelles méthodes d'exploration non invasives (caméra à positons, par exemple) permettra peut-être de mieux connaître les dysfonctions biochimiques associées aux troubles psychiatriques. Quand une modification biochimique est observée dans un groupe de sujets ayant un trouble psychiatrique, elle est le plus souvent due non pas au trouble, mais aux facteurs associés à ce trouble, la prise de médicaments étant le biais le plus fréquent. Cela souligne l'intérêt des études effectuées chez des sujets vierges de tout traitement, mais ces recherches sont difficiles et soulèvent des questions éthiques. C'est l'une des raisons qui freinent le développement des connaissances en psychiatrie. Cependant, certains troubles psychiatriques ont déjà pu être associés à des modifications du taux ou de la transmission de neurotransmetteurs. Ainsi, l'anxiété correspondrait à une diminution de la transmission du GABA et à une augmentation des transmissions de noradrénaline (NA) et de sérotonine (5HT), la dépression à une diminution de NA, 5HT et dopamine (DA) ; enfin, chez les schizophrènes, il y aurait une augmentation de la transmission de dopamine dans les formes productives (hallucinations, idées délirantes, agitation) et une diminution de cette même transmission dans les formes déficitaires (retrait, isolement). •

Psychiatrie et modèles animaux

LA DIFFICULTÉ POUR COMPRENDRE LA MALADIE MENTALE RÉSIDE EN PARTIE DANS L'INADÉQUATION DU MODÈLE ANIMAL EN PSYCHIATRIE.

L'étude des troubles du comportement chez l'animal présente deux intérêts pour une meilleure connaissance de la pathologie humaine ; d'une part, il existe des animaux présentant spontanément des troubles du comportement. On peut alors doser chez eux des paramètres biologiques pour rechercher des dysfonctions biochimiques associées à ces troubles. D'autre part, on peut administrer à des animaux « sains » les drogues dont on connaît l'action chez l'homme et rechercher si cela entraîne des modifications du comportement dans des situations choisies par l'expérimentateur. Il en est ainsi dans le test des quatre plaques, où une souris est placée dans une boîte dont le plancher métallique est constitué de quatre plaques séparées par un fossé. Le comportement spontané de la souris est de sauter de plaque en plaque. Dans l'expérience, à chaque passage elle reçoit un choc électrique dans les pattes. Après en moyenne cinq passages punis, la souris cesse son comportement d'exploration et s'immobilise. Sous l'action d'une molécule qui a un effet tranquillisant (anxiolytique) chez l'homme, la souris continue à aller de plaque en plaque comme si elle ne recevait pas de chocs. On parle d'un effet anticonflit (conflit entre le plaisir de continuer son parcours et le désagrément des chocs). La plupart des molécules ayant un effet anticonflit chez l'animal ont un effet anxiolytique chez l'homme. Il existe également des modèles animaux de désespoir mis en évidence par le test de la nage forcée. En revanche, il n'y a pas à ce jour de modèle animal, spontané ou provoqué par l'environnement, ayant un point commun avec les troubles schizophréniques observés chez l'homme. Tous les modèles improprement appelés psychose chez l'animal sont induits par des drogues qui produisent des états psychotiques aigus chez l'homme, et les molécules dont on découvre une efficacité sur ces modèles sont évidemment des drogues antagonistes des produits injectés. L'existence de modèles animaux de conflits et de désespoir explique en partie la découverte rapide de nouveaux anxiolytiques et de nouveaux antidépresseurs. Mais la quasi-impossibilité d'obtenir un modèle animal de psychose permet de comprendre la difficulté de trouver une alternative aux traitements neuroleptiques qui suppriment et atténuent les délires.

Le progrès des connaissances en psychiatrie passe par la protection et l'encouragement des équipes qui étudient les troubles du comportement animal. Aussi, pour limiter les actions de commandos sauvages qui peuvent réduire à néant plusieurs années de recherche, ou pour éviter des abus, la mise en place de comités d'éthique a commencé dans les pays anglo-saxons. •

1.

Les psychotropes : étapes de fabrication

Dix ans ! C'est la durée qui s'écoule en moyenne entre la synthèse d'une molécule dans un tube à essai et son utilisation commerciale pour soigner un trouble psychiatrique. Dans un premier temps, appelé préclinique, on vérifie l'absence d'effets toxiques, cancérigènes ou tératogènes chez de nombreuses espèces ainsi que l'activité sur les modèles animaux disponibles (en connaissant leur limite en ce qui concerne la psychiatrie). Si la molécule peut être utilisée sans danger et qu'il y ait bon espoir d'obtenir une efficacité thérapeutique chez l'homme, une deuxième batterie de tests commence. La phase 1, chez le volontaire sain, a pour but de vérifier la tolérance (pas d'effets secondaires). La phase 2 concerne quelques personnes ayant des troubles psychiatriques et a pour but de chercher si le produit a des effets bénéfiques. La phase 3, effectuée chez de nombreux malades, est comparative (évaluation de l'efficacité par rapport à un produit de référence). Elle a pour but de transformer en certitude l'impression d'efficacité donnée par la phase 2. Si cette preuve est obtenue, l'autorisation de mise sur le marché est délivrée et le médicament est disponible en pharmacie pour tous les malades. C'est la phase 4, où prend place la pharmacovigilance, d'une durée illimitée, un effet indésirable imprévu pouvant mettre un terme à la vie du produit à tout moment.

Mécanismes d'action des médicaments

LES MÉCANISMES D'ACTION DES MÉDICAMENTS RESTENT POUR L'INSTANT INCONNUS, AUSSI PARLONS-NOUS DE « MÉCANISMES SUPPOSÉS D'ACTION ».

Les molécules utilisées aujourd'hui pour leur action psychotrope sont le fruit de découvertes empiriques faites entre 1950 et 1960, « les dix années qui ont changé la folie ». Ces médicaments agiraient sur un ou plusieurs des niveaux qui permettent la transmission nerveuse (fente synaptique, neurone présynaptique, neurone postsynaptique) en diminuant ou en augmentant la transmission d'un neuromédiateur physiologique. Les psychotropes peuvent diminuer ou augmenter une activité enzymatique, ils peuvent donc agir soit sur la synthèse, soit sur le catabolisme des neuromédiateurs. Dans la fente synaptique, ils peuvent occuper des sites de fixation (récepteurs) pré- ou postsynaptiques pour mimer (agonistes) ou empêcher (antagonistes) les effets des neuromédiateurs, ou encore provoquer des effets opposés (agonistes inverses). Les psychotropes peuvent également empêcher la recapture du neuromédiateur et augmenter ainsi sa concentration dans la fente synaptique. Un psychotrope idéal serait un produit spécifique, interférant avec un seul neuromédiateur, dans une seule structure cérébrale. Les études *in vitro* de liaison des psychotropes avec les récepteurs *(binding)* montrent que la plupart des psychotropes se fixent non pas sur un, mais sur plusieurs sites dans plusieurs structures cérébrales. De manière arbitraire, on distingue trois catégories de psychotropes.

Les anxiolytiques.
Ce sont les médicaments qui exercent une action tranquillisante sur l'anxiété en diminuant la transmission de NA et de 5HT, mais surtout en augmentant la transmission du GABA. La fixation des anxiolytiques sur un récepteur complexe qui fixe également le GABA permet l'ouverture du canal au chlore, hyperpolarise la cellule et la rend moins excitable. Ils produisent leurs effets immédiatement (quelques heures) et entraînent une dépendance. Ce groupe comprend les barbituriques, les benzodiazépines et autres molécules assimilées.

Les antidépresseurs.
Ils augmentent les fonctions NA, 5HT et DA en inhibant leur destruction et leur recapture et en provoquant un effet agoniste sur les récepteurs postsynaptiques. Ils produisent leurs effets de manière retardée (de 8 à 15 jours) et n'entraînent pas de dépendance. Ce groupe comprend les inhibiteurs de la mono-amine-oxydase (I.M.A.O.), les non-tricycliques – non-I.M.A.O. et les tricycliques imipraminiques. Cette dernière catégorie de produits mériterait d'être renommée car, outre une action antidépressive, ils présentent toute une série d'autres effets (anxiolytique retardé, antiattaque de panique, antiobsessionnel, antalgique).

Les neuroleptiques.
À fortes doses, ils diminuent la transmission dopaminergique (blocage des récepteurs postsynaptiques). L'effet antiproductif (antiagitation, antihallucination, antidélires) est obtenu en quelques jours. À faibles doses, ils augmentent la transmission dopaminergique en bloquant la recapture du neurotransmetteur par les récepteurs présynaptiques. L'effet antidéficitaire (antirepli, anti-isolement) de ces faibles doses est obtenu en plus de quatre semaines. On classe les neuroleptiques en trois familles chimiques : les phénothiazines, les butyrophénones et les benzamides. Leur site d'action thérapeutique serait la voie dopaminergique méso-cortico-limbique mais les neuroleptiques se fixent dans d'autres structures et peuvent entraîner des effets secondaires ; ainsi, le blocage de la voie dopaminergique nigrostriée est responsable de troubles de la motricité extrapyramidale (crises dystoniques, syndrome parkinsonien parfois dénommé « camisole chimique », dyskinésies tardives). Le blocage de la voie dopaminergique hypothalamo-hypophysaire provoque parfois des troubles endocriniens (prise de poids, aménorrhée, galactorrhée). Ces effets peuvent expliquer la réticence des patients à poursuivre un traitement neuroleptique au long cours qui est pourtant nécessaire pour diminuer le risque de rechutes.

Le lithium.
Il est capable de limiter les oscillations de l'humeur entre les deux pôles de son exaltation (euphorie maniaque) et de sa dépression (tristesse mélancolique). Il est utilisé sous forme ionique (Li+) et viendrait prendre la place des ions Na+, K+, Mg++ et Ca++ sans pour autant en assurer la fonction. Il augmente la transmission de sérotonine et inhibe le métabolisme de certains phospholipides membranaires ayant une fonction de second messager, les phospho-inositols. •

Mécanismes supposés d'action des psychotropes

Neuromédiateurs concernés	*Dopamine (DA)*	*Sérotonine (5HT)*	*Noradrénaline (NA)*	*GABA*
Psychotropes				
Antidépresseurs	⊕	⊕	⊕	
Anxiolytiques		⊖	⊖	⊕
Neuroleptiques	⊖ / ⊕*	⊖	⊖	
Lithium		⊕		
Exemples d'action sur la synapse 	Blocage des récepteurs postsynaptiques. Blocage de la libération présynaptique	Inhibition de la recapture du neuromédiateur	Stimulation des récepteurs postsynaptiques	Inhibition du catabolisme du neuromédiateur
Symptômes des pôles négatifs	– Déficit de la pensée – Retrait social	Inhibition comportementale	Ralentissement moteur	
(Neuromédiateur)	(diminué)	(augmenté)	(diminué)	
Exemple de traitement (et action supposée)	pimozide à faible dose (blocage présynaptique)	benzodiazépine	viloxazine	
Symptômes des pôles positifs	Délire hallucinations	Impulsivité	Agitation motrice	Tension neuromusculaire
(Neuromédiateur)	(augmenté)	(diminué)	(augmenté)	(diminué)
Exemple de traitement (et action supposée)	halopéridol à forte dose (blocage postsynaptique)	fluoxétine (inhibition de la recapture)	clonidine (inhibition présynaptique)	valpromide (inhibition du catabolisme)

⊕ = *augmentation*
⊖ = *diminution*
* = *actions opposées selon le type ou la dose de neuroleptique*

Génétique et environnement

LES TROUBLES PSYCHIATRIQUES NE SONT PAS UNIQUEMENT DUS À L'ENVIRONNEMENT OU À L'HÉRÉDITÉ MAIS RÉSULTENT DES INTERACTIONS ENTRE CES DEUX GROUPES DE VARIABLES.

Pendant longtemps, deux idéologies se sont affrontées : la théorie génétique, selon laquelle les troubles psychiatriques résulteraient uniquement de l'expression de gènes spécifiques comme pour certaines maladies non psychiatriques (myopathies, mucoviscidose, etc.), et la théorie environnementale ou antipsychiatrie, selon laquelle les troubles résulteraient uniquement de l'environnement, qualifié de pathogène. Plus les années passent et plus chacune de ces deux théories extrémistes est infirmée par les données observées (recherches sur les jumeaux et sur l'adoption, par exemple). L'idée prévalente actuellement est la suivante : ni totalement héréditaires, ni totalement dus à l'environnement, les troubles psychiatriques résulteraient d'interactions complexes et inconnues entre des facteurs génétiques (gènes de susceptibilité et peut-être gènes de protection) et des variables liées au milieu (favorables et défavorables). Cette théorie est porteuse d'espoir. D'une part, le facteur génétique implique l'existence d'un excès ou d'un déficit d'un ou de plusieurs neuromédiateurs, donc la possibilité d'une amélioration du trouble par l'administration d'une molécule qui diminuerait ou qui augmenterait la fonction altérée. Il y a donc bien une place pour la chimiothérapie. D'autre part, l'existence de facteurs liés à l'environnement implique la possibilité qu'une transformation de celui-ci pourrait agir sur le trouble (sociothérapie, activités, animation). De même, la psychothérapie modifierait l'opinion et les comportements du sujet à l'égard des facteurs d'environnement passés et présents. Selon ce schéma, les aides chimiothérapiques, psychothérapiques et environnementales, loin d'être incompatibles, pourraient se potentialiser. •

→ **Voir aussi :** Les messagers chimiques du cerveau, **BIOL**, p. 172-173. Les troubles psychiatriques, **MED**, p. 364-365. Le cerveau et la neuropsychologie, **MED**, p. 370-371. La pathologie du système nerveux central, **MED**, p. 372-373.

Les psychothérapies

LES DIFFÉRENTES PSYCHO-thérapies se proposent d'agir, par l'intermédiaire du psychisme du thérapeute, sur la personnalité du sujet dans ses aspects conscients et inconscients. L'hypnose, la suggestion et la persuasion sont des exemples d'un tel mode directif de la cure. Cependant, dans son aspect aujourd'hui le plus spécifique, la psychothérapie a pour but le traitement de certains états psychiques perturbés au moyen de l'expression verbale, du surgissement d'idées, de souvenirs ou d'images mentales. Elle ramène ainsi à la conscience du sujet des faits oubliés, permettant de ressusciter des espoirs éteints, des projets perdus. Cette quête, quand elle réussit, entraîne la disparition des symptômes.

Dans cette seconde modalité, moins ou non directive, la nomenclature internationale désigne par le vocable « psychothérapie » l'ensemble des grandes écoles initiales de la psychologie dite « des profondeurs » : la psychanalyse (Freud), la psychologie individuelle comparée (Adler), la psychologie analytique (Jung). En France, l'usage désigne souvent par « psychanalyse » la technique de Freud et par « psychothérapies » les pratiques d'Alfred Adler, de Carl Gustav Jung et les diverses thérapies utilisant les images oniriques à l'état de veille, ainsi que d'autres techniques, de relaxation et de groupe notamment.

Une notion des plus importantes, commune aux écoles de Freud, Adler et Jung, est le transfert. Les conflits affectifs infantiles et les désirs refoulés, origines de la névrose, trouvent une de leurs expressions dans les rêves nocturnes. Ils apparaissent ainsi dans le champ de la conscience, mais traduits en symboles. Dans la cure psychanalytique, ils s'actualisent dans la relation entre soignant et soigné. Le patient éprouve à l'égard de son thérapeute des sentiments divers, soit tendres, soit hostiles, soit tendres et hostiles. L'analyse des rêves du sommeil, conjointement à celle de la relation psychanalytique, conduit à la prise de conscience résolutoire des conflits jusqu'ici oubliés.

Si de nombreuses techniques psychothérapiques s'inspirent plus ou moins de la psychanalyse, elles n'accordent pas toutes la même importance à l'analyse du transfert. Elles ne sont pas pour autant « une moindre psychanalyse », mais « posent en retour le problème de la fonction thérapeutique de la psychanalyse elle-même » (P. Fédida).

La psychothérapie ne saurait être confondue avec la psychiatrie. Mais elle représente une partie de son arsenal thérapeutique. L'ensemble des diverses psychothérapies a profondément modifié les théories et les pratiques de la psychiatrie. Outre son rôle préventif et thérapeutique, la psychothérapie constitue également une voie de formation de chercheurs en toutes spécialités et de toute personne à la recherche de ses possibilités créatrices.

Les techniques de groupe

NÉES AU DÉBUT DU SIÈCLE, LES PSYCHOTHÉRAPIES DE GROUPE S'APPUIENT SUR L'IDÉE QUE LES PERTURBATIONS DE L'INDIVIDU SONT SOLIDAIRES DES CONFLITS DE SA FAMILLE ET DE SA SOCIÉTÉ.

Sous l'influence de la psychanalyse, les psychothérapies de groupe sont nées au début du XXe siècle. Elles se développent vers les années 1920 aux États-Unis et à Vienne, où le psychologue Jacob Levy Moreno, fils d'émigrés juifs, élabore une des pratiques les plus connues, qu'il nomme *psychodrame*. Dans le psychodrame, le thérapeute utilise un effet de miroir et chacun peut adopter l'identité d'un autre par le jeu du double. Chaque participant assume une fonction qui lui donne un rôle, puis échange brusquement ce rôle avec un autre. Cette inversion des rôles permet au sujet de prendre conscience de son propre fonctionnement et de celui d'autrui.

De très nombreuses techniques ont, depuis, vu le jour, parfois sous l'influence plus ou moins avouée de l'Autrichien Wilhelm Reich, avec, entre autres, les disciples K. Lewin (Training group), A. Lowen (bioénergétique), le Britannique C. Rogers (groupe de rencontre), les Français M. Sapir (groupe d'information sensibilisée) et O. Dorkel-Drecq (décentration). Leur dénominateur commun est d'utiliser les relations particulières qui s'établissent au sein des groupes comme facteur de guérison ou de changement. De la théorie de la communication devait naître avec G. Bateson la thérapie interactionnelle ou familiale de l'école de Palo Alto (États-Unis, 1961). Chaque symptôme est alors considéré comme l'expression d'un dysfonctionnement du groupe familial qui entraîne une souffrance collective. La thérapie familiale vise ainsi à transformer une communication pathologique en une communication saine, en utilisant les membres de la famille comme objets et agents de la cure. Un ou deux thérapeutes peuvent travailler avec le groupe familial. Cependant, aucune technique de groupe ne saurait être confondue avec une psychanalyse ou une psychothérapie individuelle, dont la thérapie de groupe représente souvent l'introduction efficace ou le complément nécessaire. •

1. *Rêve causé par le vol d'une abeille autour d'une pomme-grenade une seconde avant l'éveil,* S. Dalí, 1944.

Psychothérapies ancestrales

LA CONNAISSANCE ETHNOLOGIQUE DE LA MAGIE PRIMITIVE ÉCLAIRE LES AMBIVALENCES DE NOS PROFONDEURS.

Des thérapies primitives sont encore pratiquées par des guérisseurs africains et des chamans asiatiques. Le psychothérapeute y retrouve aujourd'hui les échos d'une pensée magico-religieuse sous-jacente à la pensée de nos premières années et de nos rêves d'adulte.

L'Américain H. F. Ellenberger démontre que nos pratiques contemporaines possèdent leurs racines dans les processus de purification, les aveux du péché, etc. Extraire un « corps étranger », ramener au corps l'âme enlevée par des esprits ou des sorciers nécessitent de mordre, faire saigner ou fouetter le sujet possédé, ou encore de pratiquer des rites de transfert de l'esprit dans le corps d'un animal, ou bien d'utiliser l'exorcisme (pratique encore reconnue par l'Église romaine).

C'est dans un tel esprit que se développe la pratique de l'Allemand F. Mesmer (1734-1815), fondée sur le magnétisme. Un baquet est rempli d'eau, de verre pilé et de limaille métallique. Des barres de fer en sortent, que les malades appliquent sur la partie du corps supposée être affectée. Dans l'ambiance d'une musique de piano la crise surgit, se traduisant par un état convulsif, accompagné de rires spasmodiques, parfois de délires. Après quelques séances, certains malades se déclarent guéris. C'est à Nancy que l'hypnose intéresse Freud et l'incite à adopter la distinction d'un inconscient et d'un conscient, clairement formulée par un grand ami de Goethe, l'Allemand C. G. Carus (1789-1869), psychophysiologiste et philosophe de la nature. Intégrant cet apport et la notion majeure d'ambivalence du psychiatre suisse E. Bleuler, l'œuvre de Freud, réagissant contre l'hypnose, marque dans l'histoire des psychothérapies, jusqu'ici inductrices, l'avènement d'une psychothérapie scientifique et non systématiquement directive. •

Enfants et psychothérapies

INCITER L'ENFANT À PLUS DE SPONTANÉITÉ, L'AMENER À COMMUNIQUER AVEC SON RÉÉDUCATEUR EST LE PREMIER OBJECTIF DE CE QUE WINNICOTT A NOMMÉ « LA CONSULTATION THÉRAPEUTIQUE ».

Les thérapies d'enfants, selon le pédiatre britannique D. W. Winnicott, posent l'important problème de savoir si elles garderont leur efficacité quand l'enfant se retrouvera dans une famille anormale ou dans une situation sociale anormale. Le Français J. de Ajuriaguerra souligne aussi le fait que, contrairement au psychiatre ou au thérapeute d'adultes, le pédopsychiatre se préoccupe moins de l'état présent de l'enfant que de ses capacités potentielles pour l'avenir. Il précise encore qu'un transfert existe bien chez l'enfant, mais que ce transfert ne peut être assimilé à la névrose de transfert psychanalytique. Quoi qu'il en soit, il ne peut y avoir attitude passive d'un rééducateur, mais participation dans une atmosphère de chaleur et de soutien. C'est dans cette optique que diverses thérapies trouvent leurs indications, comme la psychothérapie individuelle de l'enfant pouvant être complétée par une thérapie familiale ou, en institution, par des groupes de parents ou d'enfants. Dans des cas plus spécifiques, il peut y avoir rééducation orthophonique pour troubles du langage, ou pédagogique pour difficultés scolaires. Des techniques par conditionnement peuvent être prescrites aux enfants psychotiques ou déficients mentaux.

L'échange avec l'enfant est favorisé par association libre d'images oniriques (Anna Freud, 1925), par le jeu, le dessin, la peinture (Melanie Klein, 1932 ; Françoise Minkowska, 1949), par la musique ou encore les marionnettes. Cependant, le thérapeute doit inciter l'enfant à exprimer non seulement tout ce qui se passe dans son corps, mais également dans sa tête. Il pourra de cette façon l'amener à donner un sens à son symptôme. •

Pratiques des psychothérapies

LA PRISE DE CONSCIENCE OBJECTIVE DE NOS PENSÉES ET DE NOS COMPORTEMENTS N'EXCLUT PAS LA FONCTION PSYCHOSOMATIQUE DE L'IMAGINAIRE AFFECTIF.

Freud utilise le mot *transfert* pour définir un déplacement d'énergies psychiques affectives, sexuelles ou non, sur des objets réels ou imaginaires. Dans la cure psychanalytique, ce mécanisme apparaît dans la relation entre l'analyste et l'analysé et permet l'actualisation de vécus infantiles chez ce dernier. En 1909, le Hongrois S. Ferenczi le définit clairement : « Les transferts sont des rééditions, des reproductions de tendances et de fantasmes que la progression de l'analyse réveille et doit ramener à la conscience, et qui se caractérisent par la substitution de la personne du thérapeute à des personnes autrefois importantes. » Le transfert est donc une réalisation symbolique. « En fin de compte, écrit Freud, c'est dans la sphère du transfert que tout doit être résolu. » La cure consiste dès lors à remplacer la névrose du patient par une « névrose de transfert » sur la personne du thérapeute. La résolution de celle-ci a pour conséquence la disparition de la névrose originelle.

Social et collectif.
Avant sa rencontre avec Freud en 1902, l'Autrichien Alfred Adler disait que l'homme n'est pas seulement un produit isolé mais aussi, pour une part, un produit social. D'où l'intérêt de souligner le conflit entre la position sociale réelle et les aspirations du sujet. Adler développe alors ses théories sur ce qu'il nomme le complexe d'infériorité.

Pour sa part, le psychiatre suisse Carl Gustav Jung, réagissant contre la philosophie de Freud, qu'il estime être trop exclusivement orientée vers le passé, crée la notion d'individuation, qui caractérise la réalisation de soi-même, de ce qu'on pourrait être. Quant à la libido, Freud la définit comme l'énergie des pulsions sexuelles. Jung en étend la signification à celle d'une tension existant entre différents couples de forces opposées et d'origine non exclusivement sexuelle. Son rapprochement des images et des comportements de schizophrènes avec ceux de peuplades archaïques, lesquels ne peuvent être réduits à la résurgence d'expériences oubliées, le conduit à parler non seulement d'un inconscient individuel mais aussi d'un inconscient collectif et à avancer la notion d'archétype. Celui-ci est une sorte de disponibilité, de propension à reproduire toujours à nouveau les mêmes représentations mythiques ou des images analogues. Ainsi l'archétype serait le pouvoir organisateur commun à la représentation et au comportement. Il est à la fois image et émotion. L'efficacité de la cure est due à la méthode d'amplification, qui consiste à mettre les éléments des rêves de l'individu en rapport avec leurs analogues collectifs : mythiques, historiques, rituels ou poétiques.

Efficacité du symbole.
Au cours du développement des psychothérapies, l'analyse des rêves de sommeil a été privilégiée, mais l'utilisation thérapeutique des rêves à l'état de veille a poursuivi aussi son chemin. Ainsi, Anna Freud utilisait l'imagination visuelle de l'enfant. Quant aux névroses narcissiques, rebelles à la psychanalyse, Pierce Clark découvrait, en 1925, qu'on peut les traiter sans passer par le transfert en leur permettant une expression directe et libératoire sur le plan de l'imaginaire.

On groupe aujourd'hui sous le nom d'*onirothérapies* des techniques où le sujet, allongé dans la pénombre, paupières closes, est mis en condition de détente psychique et sensorielle. Il voit alors surgir, sur induction ou spontanément, selon la technique, des images mentales oniriques, qu'il verbalise. C'est, en France, le « Rêve éveillé dirigé » de Robert Desoille et « l'onirothérapie d'intégration » de l'école de « l'Arbre vert » (1931) ; en Suisse « la Méthode » de Marc Guillerey (1942), en Allemagne la technique de H. Leuner (1955) ; en Italie la « Technica Immaginativa del Profondo » de Leopoldo Rigo (1962). Ces méthodes reconnaissent l'existence du transfert dans toute relation thérapeutique, mais certains soulignent le fait qu'il est minimisé sur la personne symbolique du thérapeute en s'opérant principalement sur des images symboliques de l'onirisme de veille. •

Surréalisme et onirothérapie

Aux portes de la nuit, démons et merveilles nous attendent (2). Le surréalisme est à l'écoute du rêve nocturne, il s'intéresse à la psychanalyse de même qu'au nouvel espace-temps de la relativité. Et, quand se lèvent le soleil et l'abeille, le pesant éléphant plane ; un couple de félins est verbe rugissant de l'ancestral poisson. La beauté nue s'éveille, image du monde originel (1). L'onirothérapie d'intégration développe ce langage affectif de l'imaginaire créateur. Elle utilise les concepts de la psychanalyse et met en évidence la commune genèse de l'image quadridimensionnelle du corps et des notions d'espace et de temps.

2. Collage de Jacques Prévert, *Démons et merveilles,* 1973.

→ **Voir aussi :** La psychosomatique, **MED**, p. 362-363. Les troubles psychiatriques, **MED**, p. 364-365. L'inconscient Découverte ou invention ?, **IDÉES**, p. 412-413. Le freudisme Avatars et dissidences, **IDÉES**, p. 414 415.

Le cerveau et la neuropsychologie

PAR SES NERFS PÉRIPHÉRIQUES, le système nerveux central reçoit les informations venues du milieu extérieur et de l'organisme lui-même. Il est composé de l'encéphale (cerveau, cervelet et tronc cérébral) et de la moelle épinière. Les deux hémisphères cérébraux (reliés par des commissures dont la plus importante est le corps calleux) constituent à proprement parler le cerveau. Ils se continuent de haut en bas par les pédoncules cérébraux, la protubérance annulaire (ou pont de Varole) et le bulbe, prolongés par la moelle épinière dans le canal médullaire de la colonne vertébrale. En arrière du tronc cérébral et relié à lui se trouve le cervelet. Le système nerveux central est connecté aux muscles, aux glandes et aux organes des sens par les nerfs périphériques. Il est entouré d'enveloppes, les méninges, entre lesquelles circule le liquide céphalo-rachidien.

Le nombre de cellules nerveuses ou neurones qui composent le tissu nerveux est estimé à cent milliards. Les contacts entre neurones se font au niveau des synapses. Un neurone peut recevoir ainsi des informations de plusieurs centaines ou milliers d'autres neurones. Ces ensembles multisynaptiques ont pour fonction de conduire les informations venues de l'extérieur ou de l'intérieur du corps et de traiter ces informations pour adapter l'individu à la situation. Les centres nerveux, en fonction de la situation, des expériences mémorisées, de la motivation du moment, déterminent les incitations motrices vers la périphérie et les organes effecteurs (muscles, par exemple).

La neuropsychologie étudie les structures cérébrales impliquées dans le langage, la perception des objets et de l'espace, ou le contrôle des émotions. La démarche consiste à rechercher la fonction d'une structure du cerveau à travers les troubles causés par sa lésion. En effet, depuis le XIXe siècle, l'étude de patients porteurs de lésions cérébrales a fait associer des régions définies du cerveau à certaines fonctions précises. L'étude des différences fonctionnelles entre les deux hémisphères cérébraux a substitué à l'idée initiale de dominance cérébrale (de l'hémisphère gauche) celle de complémentarité de fonction entre les deux hémisphères. On compare le cerveau à un ordinateur dont chaque composant serait chargé d'une partie de la vie de relation. Cette comparaison ne s'applique que partiellement à des fonctions telles que le langage, la motricité. Quant aux structures responsables de la mémoire, des émotions, de la motivation, elles font encore l'objet de conjectures concernant leur localisation précise et leur fonctionnement. En effet, toute lésion cérébrale semble avoir des répercussions sur plusieurs fonctions. De plus, les régions du cerveau apparaissent à la fois sélectivement actives et étroitement solidaires dans la constitution de chaque personnalité.

Le mouvement

VERS LE MILIEU DU XIXe SIÈCLE, ON A MIS EN ÉVIDENCE DEUX AIRES SYMÉTRIQUES SUR LE CORTEX CÉRÉBRAL, D'OÙ PARTENT LES VOIES DE LA MOTRICITÉ VOLONTAIRE.

Dans le cortex cérébral, les aires motrices primaires (dénommées frontales ascendantes droite et gauche) sont situées de façon symétrique sur chaque hémisphère, en avant d'un repli de la surface du cerveau appelé sillon de Rolando. Les axones des neurones de ces aires traversent le cerveau, le tronc cérébral et font synapse (se connectent) dans la moelle épinière avec les neurones des nerfs moteurs, qui se dirigent vers les muscles. L'ensemble de ces axones forme la voie pyramidale. Ces fibres nerveuses motrices croisent la ligne médiane à la partie basse du tronc cérébral ; un influx né dans l'hémisphère droit se rend vers les fibres motrices des muscles du côté gauche du corps. Sur chaque aire motrice, on trouve, de bas en haut, les neurones commandant la motricité de la bouche, puis de la face, de la main, du bras, du tronc, et, enfin, à la partie la plus haute et interne, du membre inférieur. Quand un sujet se prépare à réaliser un acte moteur, le système nerveux établit de façon automatique un programme permettant aux différents muscles impliqués dans cet acte de se contracter les uns après les autres de façon harmonieuse. De nombreuses structures du cortex (en particulier les aires voisines de l'aire motrice primaire) et des régions profondes du cerveau et du cervelet harmonisent et complètent l'incitation volontaire. Il peut y avoir impossibilité de programmer une action, indépendamment de toute paralysie motrice ou déficience intellectuelle. Ce trouble, que l'on nomme *apraxie,* provient de lésions de régions corticales qui influencent l'aire motrice primaire.

À tout instant et pendant le mouvement, les organes des sens informent le système nerveux de la position du corps dans l'espace, de l'équilibration et des éventuelles perturbations rencontrées ; ces informations permettent l'ajustement permanent du programme moteur. On attribue l'harmonisation des mouvements volontaires à la mise en jeu, à l'entretien ou à la facilitation de circuits nerveux privilégiés dont le cerveau garde mémoire. La maturation de ce système et spécialement du cervelet durant l'enfance se traduit par l'apprentissage des mouvements. •

Sensations et gnosies

UNE INFORMATION SENSORIELLE NE DEVIENT CONSCIEMMENT RESSENTIE QUE SI LE MESSAGE VENU DE LA PÉRIPHÉRIE PARVIENT AUX NEURONES DU CORTEX CÉRÉBRAL.

S'il est possible de mesurer l'intensité d'un stimulus, la sensation demeure un phénomène intérieur difficilement quantifiable. La technique des potentiels évoqués (ondes électroencéphalographiques provoquées par des événements extérieurs) permet de suivre le cheminement de l'information et d'étudier les étapes, qui vont de la stimulation venue du milieu à l'analyse et à la reconnaissance que définissent les notions de sensation et de perception. Le stimulus est converti, dans le récepteur sensoriel, en un message nerveux qui chemine par un nerf périphérique vers la moelle, le tronc cérébral, puis est relayé vers le cortex. À ce niveau se fait, en fonction de l'expérience, de la mémoire, de l'attention ou des informations venues d'autres récepteurs sensoriels, l'interprétation du message qui peut alors devenir conscient.

Les deux aires *sensitives* (ou somesthésiques) primaires sont situées en arrière des aires motrices et du sillon de Rolando, dans les régions pariétales ascendantes droite et gauche. En sens inverse de la motricité, les informations venues de la moitié droite du corps seront reçues par l'aire sensitive gauche et réciproquement. L'organisation de cette aire est comparable à celle de l'aire motrice : les messages issus du membre supérieur et de la face vont à la partie basse, ceux venus du membre inférieur vers le haut.

Les aires *visuelles* primaires sont situées dans le cortex occipital de chaque hémisphère autour de la scissure dite calcarine. Les informations visuelles reçues par chaque œil sont transmises par les nerfs optiques vers le cerveau, de telle façon que ce qui est vu du côté droit (champ visuel droit) soit transmis aux neurones du cortex visuel gauche et, inversement, que tout ce qui est vu du côté gauche (champ visuel gauche) soit reçu du côté droit. À partir de l'aire visuelle primaire, l'information est transmise aux aires associatives et c'est principalement au niveau des deux lobes temporaux qu'elle est interprétée et intégrée dans les flux de pensée consciente.

Les aires *auditives,* situées sur chaque hémisphère au niveau du cortex du lobe temporal, reçoivent toutes deux des informations sonores venant des deux oreilles, ayant fait relais dans les noyaux protubérantiels des nerfs auditifs. Les informations auditives sont intégrées, par les voies d'association, à d'autres informations, perçues simultanément ou mémorisées. L'oreille interne comporte, en outre, un organe informant le système nerveux de l'équilibration.

Les nerfs de l'*olfaction* et du *goût* transmettent leurs informations vers une région corticale située à la base des deux lobes frontaux par les structures dites rhinencéphaliques, très développées chez le chat, le chien, mais réduites chez l'homme.

Les aires sensorielles primaires et secondaires reçoivent ainsi une information « brute », transmise aux aires d'association où se déroule la reconnaissance (ou gnosie) des éléments perçus, par regroupement des informations sensorielles et confrontation aux expériences antérieures, ce qui permet l'utilisation de ces informations. Certaines lésions cérébrales entraînent des troubles de la reconnaissance, ou agnosies, sans perturber les sensations élémentaires. Dans l'agnosie visuelle, le patient peut, par exemple, définir la forme, la couleur, mais est incapable d'identifier l'objet qui lui est présenté. La prosopagnosie est une forme particulière d'agnosie visuelle qui affecte la reconnaissance des visages : ceux-ci sont bien perçus, mais le patient ne peut reconnaître leur identité propre, même s'ils lui sont familiers. Dans certaines lésions pariétales, on constate une méconnaissance de la moitié du corps (asomatognosie) et, parfois, de l'espace droit ou gauche. •

La localisation

Les aires primaires sensorielles du cortex cérébral reçoivent les informations en provenance des organes des sens, l'aire primaire motrice contrôle les actes moteurs. Du fait du croisement des voies sensitives et motrices, les

Fonctions spécialisées du cerveau

LE CERVEAU EST FORMÉ DE DEUX HÉMISPHÈRES DE MORPHOLOGIE SEMBLABLE, MAIS LEURS FONCTIONS NE SONT PAS ÉQUIVALENTES. DES CIRCUITS ASSOCIATIFS COMMISSURAUX CONDITIONNENT LA COMPLÉMENTARITÉ DES DEUX HÉMISPHÈRES.

Pour la motricité ou la sensibilité, il existe une certaine symétrie des voies de conduction et des centres nerveux concernés. En fait, cette symétrie s'accompagne d'une prédominance fonctionnelle de l'une des deux voies. Ainsi, les individus droitiers utilisent préférentiellement la main droite (commandée par l'hémisphère gauche). C'est l'inverse chez les gauchers.

Vers 1860, Paul Broca remarque que, chez le droitier, la lésion d'une zone située sur le côté du lobe frontal gauche peut entraîner une difficulté de langage ou *aphasie*: le sujet atteint ne parvient plus à articuler les mots, alors qu'il comprend correctement le langage oral ou écrit. Cette région est proche de la zone frontale ascendante commandant les muscles de la langue et du larynx. Il constate, en outre, qu'une lésion de la même région de l'autre hémisphère n'entraîne pas de trouble comparable. Le neuropsychiatre allemand C. Wernicke, en 1874, identifie une autre zone de la partie postérieure du lobe temporal gauche chez le droitier, dont la lésion entraîne un autre type de trouble du langage. Le sujet devient incapable de comprendre le langage parlé ou écrit et, s'il s'exprime, les mots choisis sont inappropriés et le langage est incompréhensible. Ainsi, à deux variétés d'aphasie correspondent des lésions différentes du cerveau gauche. Cela traduit la spécialisation fonctionnelle des diverses aires, mais également celle de l'hémisphère gauche dans le contrôle du langage chez le droitier. En cas de destruction cérébrale localisée, la fonction est altérée et les suppléances sont difficiles à établir. La rééducation, parfois efficace, reste souvent bloquée. De même, un sujet droitier porteur de lésions pariétales gauches devient *apraxique,* c'est-à-dire incapable d'imiter ou de réaliser des gestes élaborés et coordonnés.

Chaque hémisphère semble ainsi contrôler de manière préférentielle certaines fonctions. L'étude de cette spécialisation cérébrale représente un domaine important de la neuropsychologie. Pour simplifier, on peut considérer que l'hémisphère gauche, chez le droitier, serait dominant pour le langage, le raisonnement logique, le calcul et le contrôle des mouvements complexes. L'hémisphère droit, quant à lui, serait plus spécialisé dans la perception de l'espace, le contrôle des émotions ainsi que la reconnaissance des visages.

À la fin du XIXe siècle, un débat opposait les « localisationnistes », qui pensaient qu'à chaque zone du cortex était associée une fonction spécifique, et les « non-localisationnistes », qui considéraient au contraire que les fonctions spécialisées étaient représentées sur l'ensemble du cortex cérébral. Depuis cette époque, la neuropsychologie clinique et l'expérimentation n'ont cessé de plaider en faveur de la localisation des fonctions spécialisées. Cependant, la complexité de ces fonctions (comme le langage ou la perception de l'espace) ainsi que la difficulté d'approche des circuits nerveux qui les sous-tendent contribuent à rendre extrêmement difficile leur étude. •

→ **Voir aussi :** Les centres nerveux, **BIOL**, p. 176-177. La neurophysiologie, **BIOL**, p. 178-179. Les récepteurs sensoriels, **BIOL**, p. 180-181. Le contrôle du mouvement, **BIOL**, p. 184-185.

2. Morphologie externe d'un hémisphère cérébral.

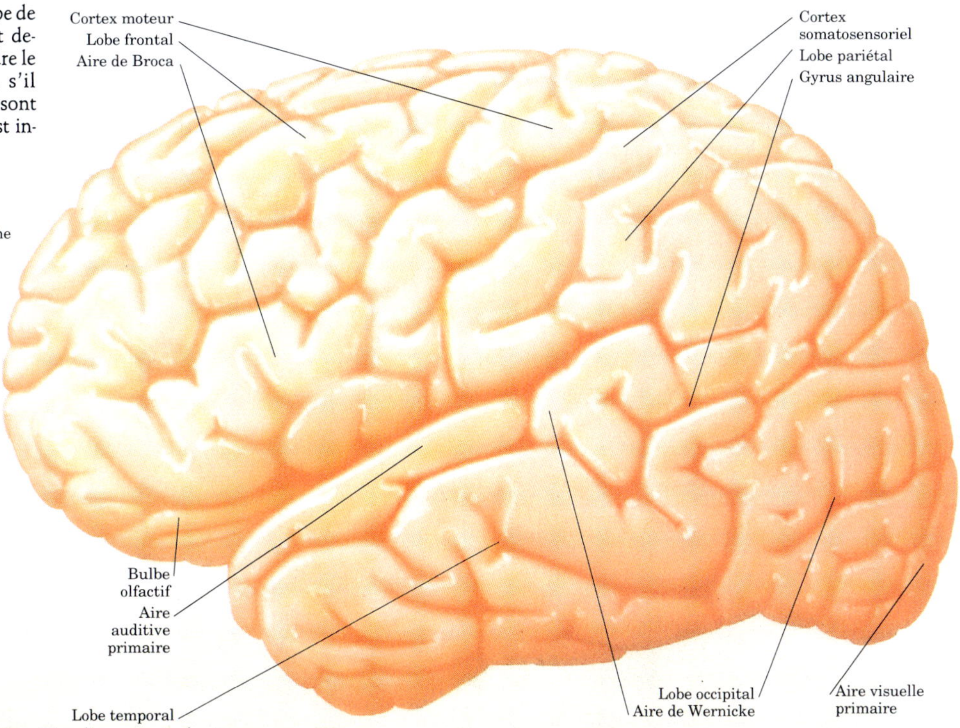

1. Croisement des voies sensitives et motrices.

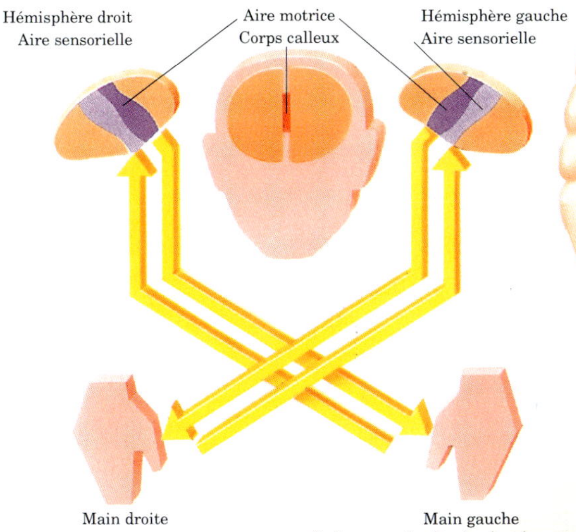

3. Structures impliquées dans la prononciation d'un mot entendu.

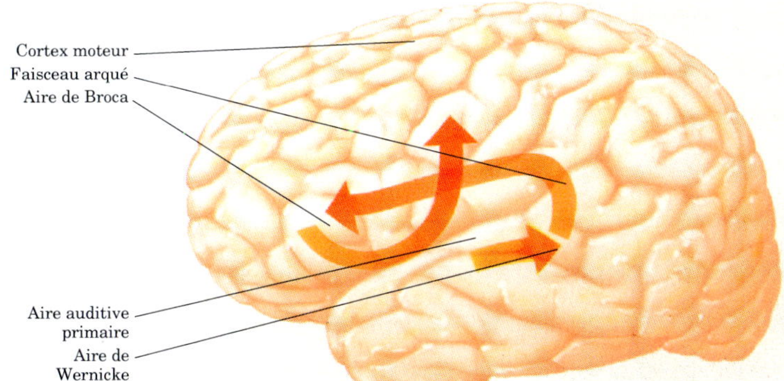

4. Prononciation d'un mot écrit.

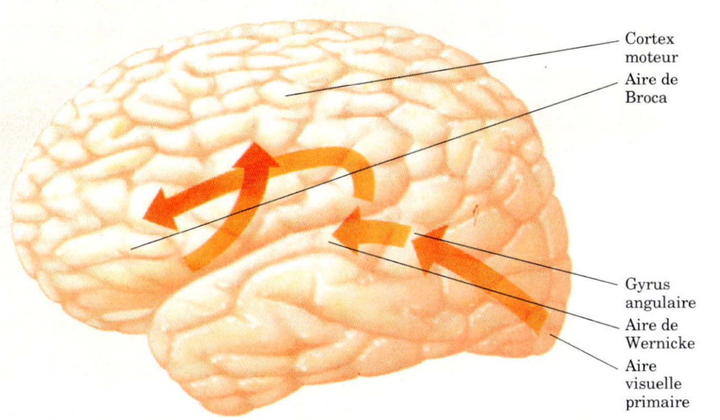

des fonctions cérébrales

mouvements et la sensibilité de chaque main sont contrôlés par l'hémisphère opposé (1). Dans le cortex cérébral, à côté des aires primaires (2) s'effectue un traitement plus poussé des informations par les aires associatives, où s'élaborent les opérations de la pensée, dites « cognitives ». Pour des fonctions comme le langage, il est encore impossible de déterminer l'organisation des structures qui interviennent, ni même d'en dresser la liste exhaustive. On peut toutefois visualiser les aires corticales mises en jeu dans des opérations simples, par exemple lorsqu'un mot entendu (3) ou écrit (4) est prononcé par le sujet.

La pathologie du système nerveux central

LE CERVEAU ET LA MOELLE épinière sont des structures extrêmement fragiles enfermées dans une enceinte ligamentaire fibreuse et osseuse inextensible : le crâne entourant le cerveau, les vertèbres entourant la moelle. Toute anomalie de cette enceinte, tout processus conduisant à un envahissement de l'espace dans le système nerveux central (tumeur, hématome, abcès, œdème) comprime sur l'os les structures nerveuses qui l'entourent et détermine des troubles graves. D'autres maladies ne provoquent pas de compression mais détruisent le tissu nerveux, attaquant les neurones ou les cellules gliales qui les soutiennent. Ainsi, le système nerveux central, lésé par des traumatismes, des intoxications, des infections, des saignements ou des troubles vasculaires, perd alors une partie de ses fonctionnalités car les neurones détruits par une lésion ne sont pas remplacés, tout au plus certains des neurones restants assument en partie la suppléance de ceux qui sont détruits. Enfin, certaines maladies, congénitales ou non, peuvent avoir une origine génétique.

L'examen d'un patient souffrant d'une maladie neurologique est rendu complexe par les liens unissant la vie psychologique, le langage, le mouvement et le fonctionnement cérébral. La participation du malade n'est pas toujours possible. Cependant, il est le seul à pouvoir donner une information, par exemple sur les douleurs qu'il ressent, et, si de nombreux problèmes psychologiques peuvent avoir une traduction somatique, certaines maladies du système nerveux central se traduisent par des troubles psychiques, ce qui complique l'interprétation des informations. Seule la rigueur de l'examen permet de définir le lieu des lésions nerveuses, d'en préciser le caractère évolutif, d'en définir les causes en s'aidant d'examen de la morphologie et des fonctions nerveuses.

Les tests neuropsychologiques permettent une évaluation de la rationalité (mémoire, langage, fonctions symboliques) et de l'affectivité. L'électroencéphalogramme donne une représentation de l'activité électrique de millions de neurones ; de nouvelles techniques cartographiques permettent d'exprimer cette activité sous forme d'images. L'étude des potentiels évoqués permet de mesurer le temps mis par un influx sensoriel pour parvenir au cerveau et de repérer le siège des troubles de conduction de cet influx. L'étude du liquide céphalo-rachidien, la biopsie nerveuse, les examens toxicologiques et métaboliques permettent parfois de préciser les causes des troubles. Aujourd'hui, les explorations utilisant des produits de contraste (radiolipiodol, myélographie gazeuse, angiographie) n'ont plus que des indications limitées. En effet, la tomodensitométrie et l'imagerie par résonance magnétique permettent d'obtenir des images précises de l'anatomie et des anomalies du système nerveux.

Paralysie

LES PERTES DE MOBILITÉ DUES À DES LÉSIONS CÉRÉBRALES OU MÉDULLAIRES PEUVENT CONCERNER LA MOITIÉ DROITE OU GAUCHE DU CORPS (HÉMIPLÉGIE), LES DEUX MEMBRES INFÉRIEURS (PARAPLÉGIE) OU LE TRONC ET LES QUATRE MEMBRES (TÉTRAPLÉGIE).

Les hémiplégies sont liées à des lésions des faisceaux moteurs issus des cellules pyramidales. Les fibres composant ces faisceaux sont croisées au niveau du bulbe, donc toute atteinte haute de la voie pyramidale se traduit par une paralysie des muscles du côté opposé ou controlatéral. Le plus souvent, ces lésions ne touchent pas uniquement les fibres motrices et il existe d'autres déficits ; trouble sensitif du côté paralysé, anomalie du champ visuel de ce même côté et, si la lésion intéresse l'hémisphère gauche chez un droitier, un trouble du langage parlé et écrit (aphasie). On observe également des contractures et des spasmes en flexion et en extension, liés aux réflexes de la moelle libérée du contrôle des structures nerveuses sus-jacentes. L'hémiplégie peut parfois régresser sans séquelle. Elle peut apparaître brutalement, consécutivement à un arrêt de l'irrigation cérébrale (ischémie). Les accidents ischémiques d'insuffisance d'apport artériel sont dus soit à une embolie, caillot formé à distance, transporté par le flux artériel et bloqué dans l'artère cérébrale, soit à des lésions de la paroi des artères qui provoquent l'insuffisance circulatoire. De nombreuses maladies telles que l'hypercholestérolémie, l'hypertension artérielle, un diabète mal surveillé ou le tabagisme favorisent les maladies cérébro-vasculaires. L'hémiplégie due aux tumeurs cérébrales apparaît progressivement. Les tumeurs compriment les voies motrices. Elles peuvent être extracérébrales, et se développer à partir des méninges, de l'os, ou intracérébrales, ayant pour origine les cellules gliales. Leur gravité dépend de leur nature bénigne ou cancéreuse mais aussi de leur siège car dans certaines zones la chirurgie n'est pas possible.

Les paraplégies et tétraplégies sont dues à l'atteinte de la moelle épinière. Si la lésion se situe à hauteur du dos, la paralysie atteint les muscles des membres inférieurs et du tronc. Si elle se situe au niveau du cou, la paralysie touche en plus les muscles des bras et de

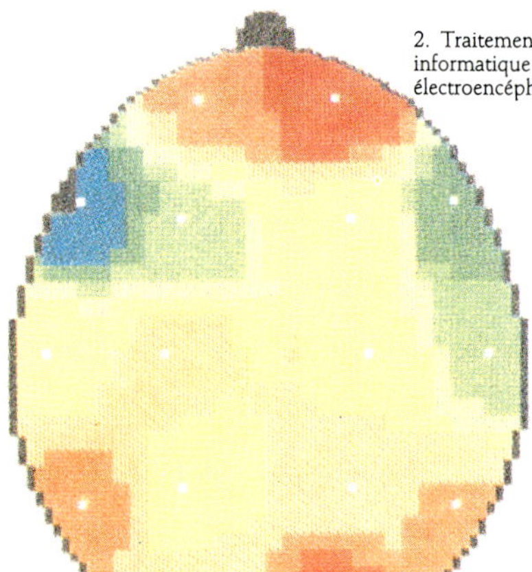

2. Traitement informatique d'un électroencéphalogramme.

3. Hémisphère gauche et zone de la motricité.

1. Électroencéphalogramme pendant une crise d'épilepsie localisée temporale gauche.

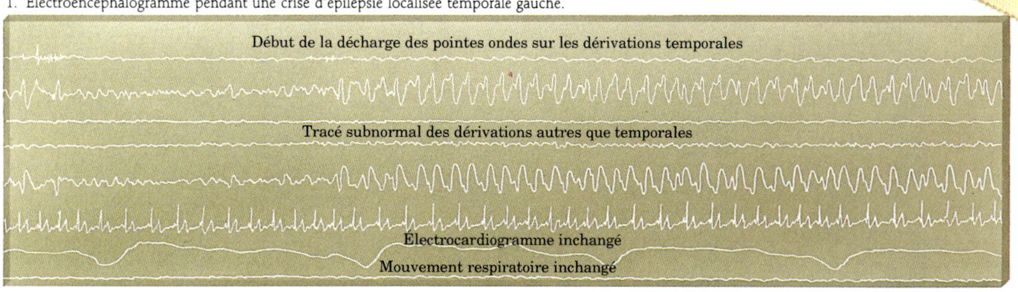

Explorer le cerveau

L'électroencéphalogramme, découvert par le neuropsychiatre allemand Hans Berger en 1926, enregistre les courants d'action sur le scalp crânien (1). Il est très utile au cours des épilepsies car le traitement informatique des données ainsi recueillies donne des précisions (2) sur le transfert des dépolarisations. Ces cartographies montrent la plus grande activité de l'hémisphère gauche au cours de la parole chez ce patient droitier (3). La tomodensitométrie et l'imagerie par résonance magnétique (4) précisent remarquablement les altérations de forme et de structure du cerveau. Mais l'infinie multiplicité des connexions interneuronales et des circuits, le caractère irremplaçable de chaque partie de l'encéphale (5) rendent difficile la localisation de chaque fonction et font saisir la difficulté de suppléance qui nécessite la confrontation entre signes cliniques et morphologiques.

la respiration. Mais la moelle contient aussi les voies sensitives et la paralysie s'accompagne souvent de troubles sensitifs de la partie basse du corps, de troubles sphinctériens et génitaux. Les lésions de la moelle sont liées à des fractures des vertèbres lors d'accidents, à des tumeurs, à des infarctus médullaires, à des infections (les myélites) et autrefois à la syphilis. Le traitement chirurgical permet de consolider les fractures et de lever la compression. Mais réparer la moelle elle-même demeure encore impossible. La rééducation permet la reprise de la marche avec des appareillages compensant les muscles déficitaires et utilise les réflexes médullaires pour faire fonctionner la vessie. Parfois, l'obligation de recourir au fauteuil roulant, à l'aide constante d'une tierce personne et à l'assistance de l'informatique témoigne de l'irréductibilité de la situation. La réinsertion de ces patients dépend de leur autonomie et nécessite la solidarité. •

Épilepsie

LONGTEMPS IMPUTÉE À LA FOLIE, LA CRISE D'ÉPILEPSIE EST LA TRADUCTION D'UNE HYPERACTIVITÉ PAROXYSTIQUE ET SYNCHRONE D'UN NOMBRE PLUS OU MOINS IMPORTANT DE NEURONES DU CORTEX CÉRÉBRAL.

Dans sa forme grave, l'épilepsie peut être généralisée, mais, si une partie du cortex seulement est intéressée, une crise partielle est réalisée. Enfin, une crise peut débuter à un endroit et secondairement se généraliser. La difficulté majeure pour les patients atteints d'épilepsie tient au fait qu'entre les crises ils sont normaux, que la crise peut survenir n'importe quand, et qu'ils ne la sentent souvent pas venir. Lors d'une crise généralisée, le patient perd connaissance, pousse un cri et chute violemment, son corps se raidit puis est parcouru de violentes secousses musculaires avant qu'il ne sombre dans un coma calme durant de quelques minutes à plusieurs heures. Au réveil, le patient ne se souvient de rien. Les signes observés durant les crises partielles (crises Bravais-jacksoniennes) sont beaucoup plus variés car ils dépendent de la zone du cortex où les neurones fonctionnent anormalement. Si la région motrice est intéressée, le patient voit brutalement son bras se raidir, avoir des secousses et une paralysie momentanée. Certaines crises comportent des manifestations sensitives, visuelles, auditives ou psychiques. Le patient peut aussi accomplir des actes plus ou moins complexes dont il n'aura aucun souvenir. Chez l'enfant, le petit mal est une épilepsie qui réalise des absences, suspension brève de conscience, ou des secousses synchrones localisées. Souvent, l'épilepsie généralisée et le petit mal restent d'origine inconnue. La connaissance des épilepsies a bénéficié de l'électroencéphalographie. Les épilepsies révèlent parfois des tumeurs ou cicatrices cérébrales. Des médicaments préviennent les crises, mais dans certains cas on doit recourir à la chirurgie. •

Infections et inflammations

TOUCHANT LE NÉVRAXE, LES ENVELOPPES OU LES MÉNINGES, LES INFECTIONS ET LES INFLAMMATIONS COMPORTENT DES MENACES POUR LA VIE ET LES FONCTIONS NERVEUSES.

Les méningites, inflammation des méninges touchant surtout l'enfant, se traduisent par un état infectieux et des signes méningés : maux de tête, vomissements, raideur du rachis. La ponction lombaire permet de recueillir le liquide céphalo-rachidien, d'identifier l'agent infectieux et de traiter le malade. Le pronostic des méningites bactériennes est excellent, pourvu qu'un traitement adapté soit entrepris très tôt car le retard thérapeutique ou la sévérité de certaines infections sont susceptibles d'entraîner la mort de façon rapide en quelques jours ou heures.

Les encéphalites, infections du tissu nerveux, souvent virales, sont rares et généralement graves. Le malade, fiévreux, devient somnolent, comateux, présente des déficits neurologiques variables (hémiplégie, trouble visuel ou auditif), des crises d'épilepsie et des signes méningés. L'électroencéphalogramme et le scanner montrent des anomalies cérébrales disséminées et la ponction lombaire prouve l'origine infectieuse. Les traitements actuels permettent parfois de guérir ce type d'encéphalite. Toutefois, leur guérison comporte fréquemment des séquelles invalidantes. Les encéphalites subaiguës, mortelles en quelques mois, sont heureusement exceptionnelles.

La sclérose en plaques est une maladie inflammatoire évoluant par poussées successives. Touchant la myéline des fibres du système nerveux central, son origine n'est pas encore élucidée (facteurs génétiques, infectieux, immunologiques). Toutes les régions du système nerveux peuvent être touchées, chaque poussée se traduit par des déficits neurologiques plus ou moins régressifs avec les traitements. Certains patients font de nombreuses poussées et deviennent en quelques années de grands handicapés. D'autres, présentant des poussées, rares, régressives, ont une vie longtemps normale. Abcès et phlébites du cerveau, syphilis, mycoses et parasitoses associent des signes infectieux et neurologiques imposant des traitements urgents. •

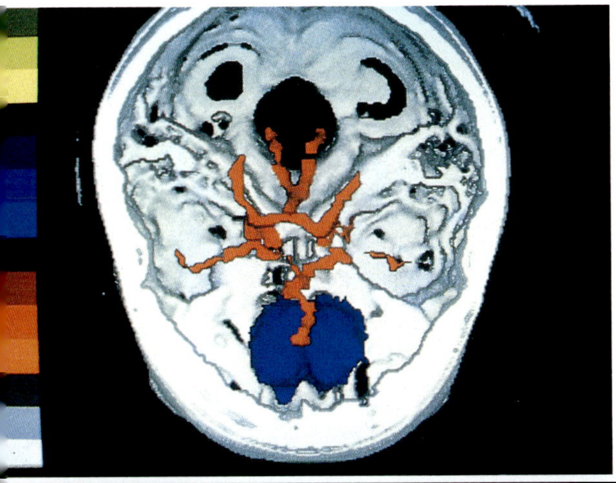

4. Cliché de scanner de la base du crâne. Reconstruction tridimensionnelle. Méningiome et réseau vasculaire.

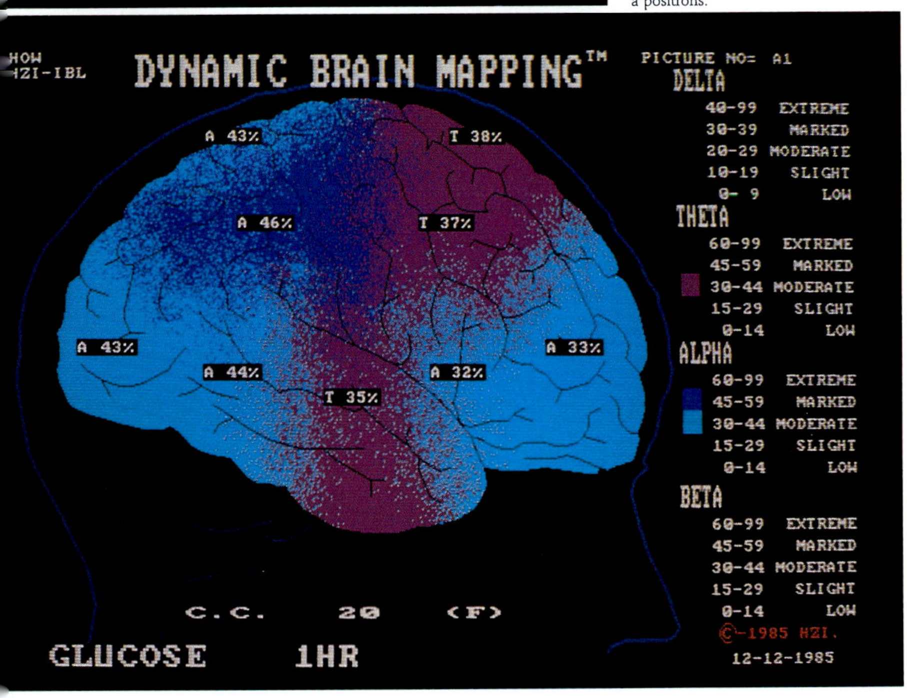

5. Face latérale de l'hémisphère cérébral droit vue par tomographie à positrons.

Les maladies dégénératives

LA RARÉFACTION PROGRESSIVE ANORMALE DE NEURONES OU DE LEUR SÉCRÉTION DE NEUROTRANSMETTEURS EST UNE DONNÉE COMMUNE AUX MALADIES DÉGÉNÉRATIVES NEUROLOGIQUES.

Les causes de la disparition neuronale au cours des dégénérescences du névraxe sont mal connues. Elles touchent surtout les sujets âgés.

La maladie de Parkinson, la mieux connue, est liée à la disparition de neurones situés dans des formations de substances grises (noyaux gris et locus niger du tronc cérébral). Ces neurones synthétisent un neurotransmetteur : la dopamine. Leurs axones rejoignent des structures profondes des hémisphères, les corps striés, qui participent à l'élaboration et à la réalisation des mouvements. La perte de modulation de l'activité de ces structures entraîne un tremblement, une rigidité avec hypertonie des membres et une akinésie (pauvreté et ralentissement des activités motrices). Ces troubles sont améliorés considérablement par des médicaments suppléant la dopamine dans les corps striés. La découverte de ces médiateurs biochimiques a fait évoluer les idées en neurologie. En effet, le raisonnement autrefois fondé sur l'anatomie et l'analyse de circuit neuronal prend aujourd'hui en compte les sécrétions de neurotransmetteurs dans le système nerveux.

La démence d'Alzheimer est liée aussi à la disparition de neurones, entraînant une atrophie cérébrale. Elle débute par des troubles de mémoire et des fonctions intellectuelles (langage, calcul, affectivité et très tardivement motricité). En quelques années, le sujet atteint devient dépendant et ne peut plus vivre seul. Il n'existe pas de traitement actuel efficace. Des recherches donnent des espoirs pour dépister la cause de la maladie, la prévenir, bloquer son évolution.

Il existe d'autres maladies dégénératives dont l'origine génétique (chorée héréditaire de Huntington) ou inconnue, comme la sclérose latérale amyotrophique qui entraîne la mort en quelques mois, n'autorise aucune prévention et dont le traitement reste difficile. La répétition des accidents vasculaires amène également des pertes de neurones réalisant des états d'involution cérébrale. •

→ **Voir aussi :** Les centres nerveux, **BIOL**, p. 176-177. Le contrôle du mouvement, **BIOL**, p. 184-185.

La pathologie du système nerveux périphérique

CONSTITUÉ PAR LES NERFS qui relient l'encéphale et la moelle aux organes des sens, au squelette, aux muscles et aux viscères, le système nerveux périphérique transmet ainsi sensation et incitation motrice.

Les nerfs moteurs transmettent les incitations motrices émises par le cortex cérébral. Leurs fibres sont les axones des neurones situés dans le tronc cérébral et la moelle, où ils font synapse avec les fibres des neurones du cortex frontal ascendant. Ces axones, sortant par les racines antérieures de la moelle, se terminent sur la plaque motrice des fibres musculaires dont ils déclenchent la contraction. Les nerfs sensitifs transmettent les incitations de l'extérieur, recueillies par des récepteurs sensibles aux stimulations physiques ou chimiques (pression, chaleur, acidité), vers la racine postérieure de la moelle puis, après relais, vers les régions du cortex pariétal. Les nerfs du système végétatif contrôlent la motricité et les sécrétions des viscères. On distingue le système adrénergique ou sympathique et le système cholinergique ou parasympathique. Les fibres du système nerveux périphérique sont entourées d'une gaine de myéline constituée de lipoprotéines, qui joue un rôle nutritif et permet une conduction rapide de l'influx nerveux. Les fibres se regroupent dans une membrane conjonctive assurant la résistance du nerf à la pression et à l'étirement.

Les nerfs, constitués de fibres nerveuses, peuvent être soit seulement moteurs ou sensitifs, soit mixtes (sensitifs et moteurs). Les première et deuxième paires de nerfs crâniens, olfactifs et ophtalmiques, gagnent le cerveau directement. Les dix autres paires de nerfs crâniens émergent du tronc cérébral et sont destinées aux organes sensoriels et aux muscles de la face et de la tête. À partir de la moelle, chaque nerf rachidien est constitué d'une racine antérieure motrice et d'une racine postérieure sensitive. Il existe autant de paires de nerfs cervicaux, dorsaux, lombaires et sacrés que de vertèbres. En cas de troubles, l'électromyogramme, qui étudie l'activité électrique des muscles, et l'électroneurogramme, qui mesure la vitesse de conduction des nerfs, précisent s'il s'agit d'une lésion des muscles, du neurone ou de la plaque motrice.

Grands syndromes neurologiques périphériques

LES NEUROPATHIES RÉALISENT DES ATTEINTES INVALIDANTES QUI PEUVENT PARFOIS ÊTRE ÉVITÉES PAR VACCINATION ; ELLES BÉNÉFICIENT NÉANMOINS D'UN BON PRONOSTIC GRÂCE AUX TECHNIQUES D'ASSISTANCE ET DE RÉÉDUCATION.

Les mononeuropathies (atteintes d'un seul nerf) ou névralgies réalisent une diminution ou une perte de motricité avec douleurs accompagnées ou non d'anesthésie dans un territoire limité à la région innervée par une racine ou par un nerf. Les causes les plus fréquentes des névralgies cervico-brachiales et des sciatiques sont des entorses vertébrales ou compressions par hernie d'un disque intervertébral. Mais les névralgies peuvent être d'origine virale. Ainsi, le virus du zona lèse électivement les cellules sensitives de la racine postérieure et donne une éruption et une anesthésie dans son territoire. La névralgie faciale est liée à la lésion du nerf trijumeau.

Les polyneuropathies (atteintes de plusieurs nerfs) ou multinévrites sont en rapport avec des processus toxiques, métaboliques, infectieux ou immuno-allergiques, touchant la gaine de myéline, les fibres ou les corps des neu-

2. Distribution métamérique de la motricité et de la sensibilité.

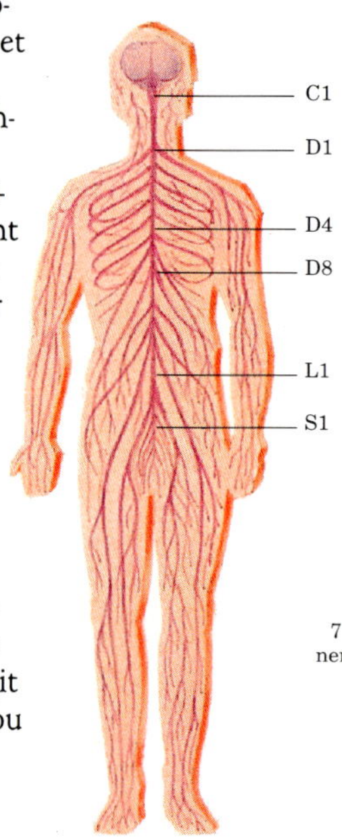

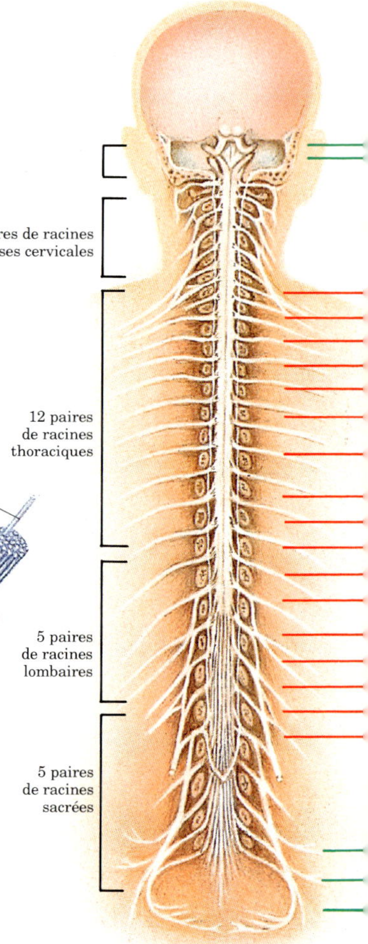

Traumatismes des nerfs

LES NERFS PEUVENT ÊTRE LÉSÉS LORS DE TRAUMATISMES PAR BLESSURE DIRECTE, PAR ÉTIREMENT OU COMPRESSION LORS DE FRACTURES, LUXATION OU HÉMATOME.

L'interruption de la conduction nerveuse lors d'une lésion entraîne une paralysie et une perte de sensibilité de la région innervée ainsi que des troubles végétatifs (rougeur, sueurs, œdèmes...). Ces traumatismes peuvent porter sur les nerfs du bras (radial, circonflexe, médian, cubital) ou sur les nerfs intercostaux. La névralgie sciatique est due le plus souvent à une compression dans le canal médullaire par une hernie du disque intervertébral. Le nerf peut être totalement sectionné, la partie la plus proche de la moelle (là où sont placés les corps cellulaires) survit, alors que les fibres nerveuses situées en aval de la section dégénèrent. Il n'existe pratiquement pas d'espoir de récupération spontanée. Si les fibres nerveuses seules sont interrompues alors que la gaine conjonctive qui les entoure est préservée, une repousse « guidée » par la gaine conjonctive permet une certaine récupération. Parfois, le traumatisme entraîne l'interruption momentanée de la transmission sans lésion apparente des fibres nerveuses ; la récupération est alors, en règle générale, complète.

Comme la repousse nerveuse et, donc, la récupération sont conditionnées par l'intégrité de la gaine conjonctive du nerf, le traitement chirurgical peut lever les obstacles à la repousse par suture, sous microscope, de la gaine conjonctive du nerf pour guider la reconstitution nerveuse. Parfois, certains nerfs sont lésés par compression modérée au cours de microtraumatismes répétés. Les lésions du nerf médian à la main peuvent être traitées par l'ouverture du ligament fermant le canal carpien. Les troubles nerveux apparaissent progressivement, débutant par des fourmillements, une atrophie des muscles dépendant de ce nerf. Si le traitement lève la compression, la récupération est excellente, sinon elle est aléatoire. •

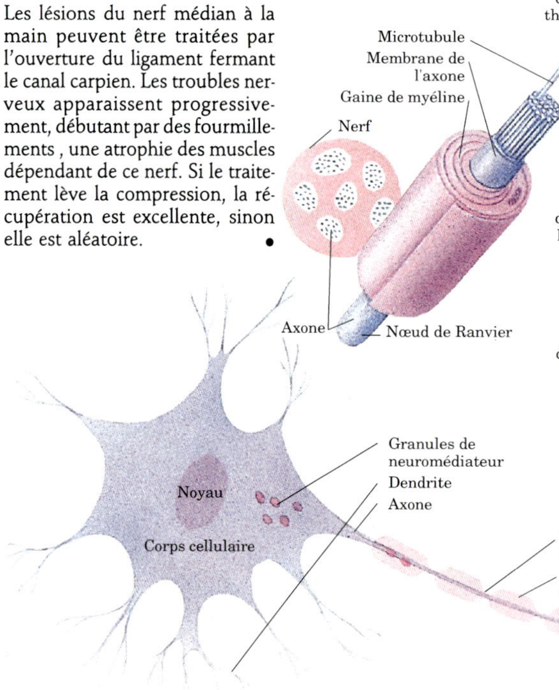

1. Neurone. Dendrites. Corps cellulaire et fibre axonale avec gaine de myéline.

rones. Les polyradiculonévrites aiguës surviennent quelques jours après une infection virale et sont liées aux réactions immunologiques. Elles débutent par une faiblesse, une lourdeur des membres gênant la marche, une maladresse des deux mains. Ces troubles moteurs sont accompagnés souvent de troubles sensitifs, fourmillements, picotements, déficit de la sensibilité. Ces signes sont globalement symétriques et s'aggravent en quelques jours ou quelques semaines, pouvant aboutir à une paralysie totale accompagnée de troubles végétatifs (instabilité de la tension, de la fréquence cardiaque...). La vie est en danger s'il existe une atteinte des muscles respiratoires ou des muscles de la déglutition entraînant les aliments vers les voies respiratoires. L'électromyogramme et la ponction lombaire (présence d'albumine dans le liquide céphalorachidien) confirment l'atteinte élective de la gaine de myéline. Grâce à la réanimation, le cap difficile de la paralysie respiratoire peut être franchi et les troubles régressent plus ou moins totalement avec la rééducation. Les polyradiculonévrites chroniques sont rares, comparables aux formes aiguës, mais la récupération est plus aléatoire.

La poliomyélite, que la vaccination a fait globalement disparaître, est caractérisée par une atteinte des cornes antérieures de la moelle épinière. Elle entraîne une paralysie avec amyotrophie ne comportant pas de trouble de la sensibilité. L'atteinte, d'autant plus grave qu'elle est étendue et touche un sujet jeune, est souvent invalidante, car le traitement curatif est limité à l'assistance respiratoire, à la prévention des déformations et à la rééducation.

Les polynévrites sont habituellement liées à une intoxication ou à une carence en vitamines du groupe B. Débutant souvent au niveau des pieds ou des mains par des crampes et des douleurs, elles évoluent vers une diminution progressive de la sensibilité. Plus tard apparaissent des troubles moteurs prédominant aux extrémités des membres et remontant vers les racines. Si le traitement est entrepris précocement et, surtout, si l'intoxication cesse totalement, une récupération est possible. De très nombreux toxiques peuvent déclencher une polynévrite. Ainsi l'alcool est la principale cause, en France, de polynévrite par mécanisme toxique direct et, consécutivement, par carence alimentaire. Les métaux, le plomb, l'arsenic, les solvants industriels et certains médicaments sont également en cause. En général, ces produits sont aussi toxiques pour d'autres organes et la polynévrite s'inscrit souvent dans un contexte d'atteinte multiple.

La diphtérie, devenue rare depuis la vaccination, les brucelloses, la lèpre, un certain nombre d'affections générales telles que le diabète, le lupus érythémateux, des maladies artériolaires, certains cancers profonds, le sida et des irradiations sont susceptibles d'entraîner des atteintes diffuses ou localisées des nerfs. •

3. Organisation du système nerveux végétatif.

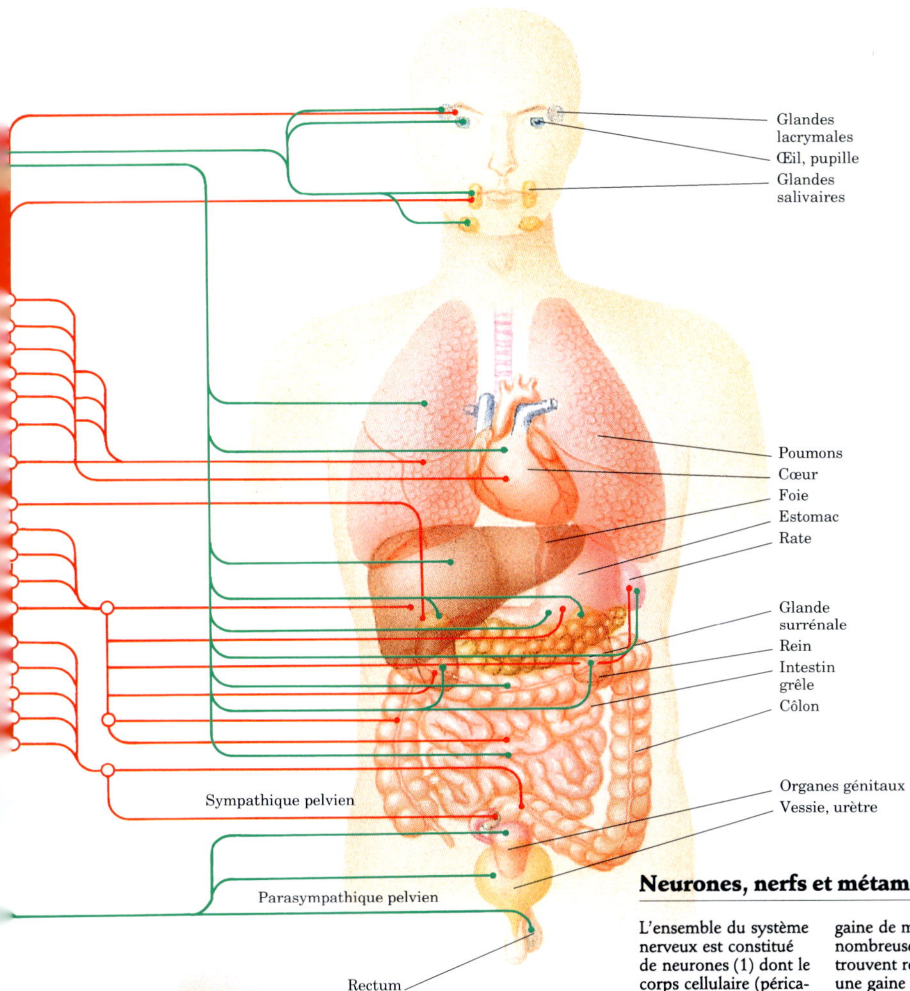

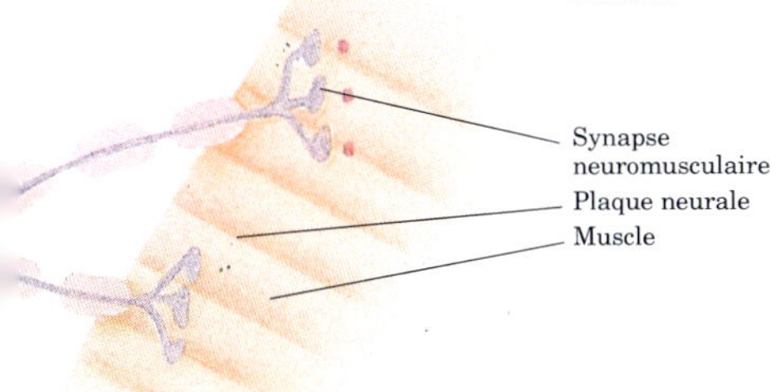

Système nerveux végétatif

APPELÉ AUSSI SYSTÈME NERVEUX AUTONOME, LE SYSTÈME NERVEUX VÉGÉTATIF CONTRÔLE LE MAINTIEN ET LA RÉGULATION DES GRANDES FONCTIONS VITALES.

Tous les viscères reçoivent une innervation végétative double, sympathique et parasympathique. Les nerfs sympathiques, dits aussi adrénergiques (car le neurotransmetteur intervenant est l'adrénaline), ont une origine médullaire. Un premier neurone a son corps cellulaire dans la moelle épinière, son axone gagne un relais dénommé ganglion sympathique, situé le plus souvent le long de la colonne vertébrale. Il y fait synapse avec un second neurone dont l'axone se joint au nerf moteur ou sensitif et l'accompagne jusqu'au viscère auquel il est destiné. Les nerfs parasympathiques, dits aussi cholinergiques (car le neurotransmetteur intervenant est l'acétylcholine), naissent du tronc cérébral et de la partie terminale de la moelle épinière. La synapse avec le second neurone se fait dans un relais situé dans la paroi même de l'organe innervé.

Les neurones des systèmes sympathique et parasympathique sont sous la dépendance de centres régulateurs échelonnés dans la moelle, le tronc cérébral et les parties centrales profondes du cerveau. Ces centres organisateurs sont tenus informés de toutes les modifications par des voies sensorielles venant de chaque organe. Les nerfs sensoriels, centraux, sympathiques et parasympathiques agissent de façon réflexe autorégulée sans que la conscience intervienne. Par exemple, l'effort entraîne des besoins accrus d'oxygène, ce qui provoque une accélération du cœur et un ajustement des débits circulatoires (assurant une meilleure oxygénation des tissus).

La mise en jeu du système sympathique, également dénommé ergotrope (du grec *ergon,* travail), stimule la mise en alerte, entraîne l'accélération du cœur, la contraction des artères, l'érection des poils, l'augmentation de la transpiration, le ralentissement du tube digestif, la contraction des sphincters vésicaux et anaux et la dilatation des pupilles des yeux. Ces effets peuvent être reproduits expérimentalement par l'injection d'adrénaline, dont on connaît les effets B_1 de stimulation du débit cardiaque. Les effets B_2 réalisent une action thérapeutique remarquable au cours des crises d'asthme, en cas de menace et lors des accouchements prématurés, où leur action sur les muscles bronchiques et utérins est particulièrement bénéfique.

La mise en jeu du parasympathique, dit également « trophotrope » (du grec *trophê,* nourriture), à l'inverse, entraîne le ralentissement du cœur, une dilatation des artères et du lit capillaire, une augmentation de l'activité du tube digestif, une inhibition des sphincters et une contraction des pupilles. Le neuromédiateur ici en cause est l'acétylcholine. Les deux systèmes adrénergique et cholinergique sont en jeu en permanence et participent aux régulations du fonctionnement somatique, viscéral et métabolique.

Le système neurovégétatif est impliqué dans la plupart des maladies des nerfs. Inversement, les maladies ne touchant que ce système sont très rares et c'est souvent par leurs manifestations vasculaires qu'elles sont décelables. Ainsi les résections du sympathique périartériel provoquent-elles une vasodilatation et les anomalies des centres régulateurs vasomoteurs bulbaires entraînent une hypotension orthostatique (vertiges particuliers qui se produisent lorsque l'on est debout). Quand le système végétatif est lésé, on observe, chez les paraplégiques, des accès hypertensifs et une cyanose cutanée compliquée d'œdèmes, d'anérection et d'une inhibition de la motricité intestinale. On peut citer enfin le syndrome de Claude Bernard-Horner, dû à des lésions du sympathique cervical, qui se manifeste par une énophtalmie (enfoncement du globe oculaire dans l'orbite) et un myosis (rétrécissement de la pupille). En fait, l'intrication et l'antagonisme des deux systèmes, ergotrope et trophotrope, rendent difficile l'analyse des faits pathologiques. •

→ **Voir aussi :** Le système nerveux des vertébrés, **BIOL**, p. 156-157. Les messagers chimiques du cerveau, **BIOL**, p. 172-173. Les réflexes, **BIOL**, p. 174-175. La pathologie du système nerveux central, **MED**, p. 372-373.

Neurones, nerfs et métamérie

L'ensemble du système nerveux est constitué de neurones (1) dont le corps cellulaire (péricaryon) contient un noyau et des produits de sécrétions. Chaque péricaryon se prolonge par de multiples dendrites et un seul axone, fibre nerveuse qui peut être enclose dans une gaine de myéline. Si de nombreuses fibres se trouvent réunies dans une gaine conjonctive, elles constituent alors un nerf. À chaque segment du corps correspond un centre nerveux. Le reflet de cette segmentation (métamérie) est nettement visible pour les nerfs rachidiens sensitifs et moteurs issus de la moelle en regard de chaque vertèbre. Ces nerfs innervent des surfaces cutanées et des muscles déterminés. Lors d'un accident ou d'une maladie, la topographie des pertes de la sensibilité et des paralysies permet de déduire le niveau des lésions (2). Ce système périphérique est complété par le système neurovégétatif, constitué parallèlement au névraxe, qui assure la régulation des sensations, de la motricité et des sécrétions des divers viscères, en même temps que l'adaptation de la vasomotricité (3).

La médecine dans la société

De la naissance à la mort, au moment de la douleur ou dans le malheur, la médecine accompagne l'homme. Autrefois, mages et médiateurs censés connaître les secrets de la vie ou du destin conjuraient, comme le font encore de nos jours les chamans, les influences maléfiques. Puis, en Chine, en Égypte, en Inde, dans l'aire méditerranéenne, autour de Babylone comme au Pérou, les médecins ont appris à observer les faits et à établir une pharmacopée, découvrant les gestes de la chirurgie réparatrice, élaborant des préceptes utiles à la santé. Cette conduite les a mis en rapport et parfois en opposition avec les mythologies, les philosophies et les religions qui s'interrogent sur l'origine de l'Univers et de la vie, sur l'alliance du corps et de l'esprit ou, même, sur les causes de la maladie.

La coopération entre la médecine et les autres sciences et techniques est étroite. Ainsi, le remarquable essor de la physiologie, de la bactériologie et des sciences cliniques au XIXe siècle, l'irruption des thérapeutiques au XXe siècle, les progrès de la chirurgie et des techniques de suppléance au cours des cinquante dernières années sont dus en grande partie au développement des techniques industrielles. Ces avancées médicales et les progrès qu'elles ont entraînés pour la santé, l'allongement de la vie et la baisse de la mortalité infantile créent à leur tour de nouvelles demandes de santé et de bien-être. Par là, les questions démographiques, économiques et sociologiques se trouvent posées dans de nouveaux termes où entrent en jeu la qualité de la vie et le coût des traitements et des recherches.

L'obligation de soins introduit les médecins dans l'intimité des individus, exigeant de leur part discrétion et disponibilité ; la lutte contre la maladie touche donc à la morale et au droit. La société demande aux médecins de suivre un ensemble de règles déontologiques et de répondre de leurs actes. Au service des individus, par l'utilisation de techniques et par la mise en œuvre de solidarité, la médecine prend une part active dans l'évolution des sociétés, part d'autant plus importante que s'accroissent les besoins individuels, eux-mêmes amplifiés par l'évolution démographique et les possibilités économiques.

Médecine et autres sciences

LA MÉDECINE ÉLABORE UNE CONNAISSANCE SCIENTIFIQUE DE L'HOMME FONDÉE SUR UNE APPROCHE MULTIDISCIPLINAIRE, MAIS RESTE CONFRONTÉE À L'ALÉATOIRE DE CHAQUE DESTIN INDIVIDUEL.

Le temps où la médecine usait des pratiques de la divination et de l'astrologie est loin. Aujourd'hui, elle procède, pour dénombrer et étudier les composantes du corps, selon la même logique que les autres sciences. La méthode expérimentale de C. Bernard, qui préconise l'analyse des faits, l'élaboration d'une hypothèse puis sa vérification, est toujours employée. Cependant, le nombre des interactions dans le corps humain est immense et fait parfois intervenir des notions psychologiques difficilement quantifiables, voire des liens peu prévisibles. Ainsi, à la différence de la plupart des systèmes matériels, la singularité de chaque individu rend, en médecine, la généralisation parfois imprécise et demande l'intégration d'un grand nombre de facteurs.

Usant de la physique, de la biochimie aidée par l'informatique, l'approche pluridisciplinaire permet des mesures, des pesées ou la modélisation (des flux sanguins aériens ou digestifs, par exemple), les données recueillies allant de la morphologie générale à l'étude de la structure microscopique. Une fois analysés, certains viscères et systèmes peuvent être remplacés par des organes artificiels (reins artificiels, stimulateurs, prothèses) et par des greffons.

De la physique, la médecine obtient de nombreux instruments diagnostiques (scanner, I.R.M...) et thérapeutiques (laser, micro-instruments). À la chimie elle doit l'essentiel de sa thérapeutique médicamenteuse ; à la biochimie, elle est redevable d'une compréhension plus poussée de la physiologie, de la pathologie et d'étonnants progrès dans la biologie moléculaire (génétique, mode d'action des virus) et dans le traitement (création de vaccins spécifiques, biotechnologies).

Inversement, l'apport de la médecine aux autres sciences est important car, prenant en compte les besoins concrets de santé, elle oriente la recherche dans un sens pratique vers la découverte de moyens de diagnostic et de traitement. En outre, par les disciplines de base qui la fondent – anatomie, physiologie, génétique humaine –, elle est à l'origine des concepts de croissance, de différenciation, d'homéostasie et d'évolution, qui n'existent pas dans les sciences de la matière. Avec la physiologie du système nerveux, elle ouvre des voies à la recherche informatique (intelligence artificielle). Elle entretient des relations d'échange avec les sciences psychologiques et sociales par le biais de la psychosomatique et de la psychiatrie. À côté des troubles d'origine organique, les psychologues autrichiens S. Freud, A. Adler et le Suisse C. G. Jung ont donné de nouvelles interprétations psychologiques des manifestations névrotiques et des troubles des comportements individuels et sociaux. •

Médecine et philosophie

L'ÉVOLUTION DE LA MÉDECINE EST INSÉPARABLE DES CONCEPTIONS IDÉOLOGIQUES, RELIGIEUSES ET PHILOSOPHIQUES QUI SE MANIFESTENT DANS LES SOCIÉTÉS LARGEMENT INFORMÉES PAR LES MÉDIAS.

Deux mille cinq cents ans avant l'ère chrétienne, en Chine, sous l'empereur légendaire Huangdi, les canons de la médecine reposent sur l'idée que l'espèce humaine se trouve entre le Ciel et la Terre et que l'Univers imprègne chaque homme de ses fluides, faisant de lui un microcosme où se retrouvent les cinq éléments : bois, feu, métal, eau, terre. Dans les civilisations de l'Inde, de Sumer et de l'Égypte, rites religieux et magie sont associés à la médecine.

En Grèce, où les pratiques médicales sont d'abord liées au culte d'Asclépios, Hippocrate est le premier, au siècle de Périclès (Ve siècle av. J.-C.), à instaurer des méthodes d'observation des faits pathologiques. Plus tard, le christianisme, devenu religion de l'Empire romain, adopte les théories humorales du médecin grec C. Galien. Il les maintient avec obstination durant tout le Moyen Âge, pendant lequel la maladie est perçue comme la manifestation d'une possession démoniaque ou de la colère divine, tandis que les réalisations hospitalières témoignent de la primauté du contenu caritatif de la culture chrétienne.

L'esprit de découverte qui anime la Renaissance fait naître la connaissance anatomique et expérimentale. Au siècle des Lumières, alors que commencent les premières observations microscopiques, la peste de Marseille, en 1720, révèle les carences thérapeutiques. Au XIXe siècle, les médecins français Claude Bernard, Louis Pasteur, René Laennec et Paul Broca créent la médecine expérimentale somatique, alors que s'affirme le courant positiviste du philosophe Auguste Comte, qui célèbre le nouvel âge scientifique. Son influence et celle de l'Allemand F. Hegel, qui identifie l'être et la pensée dans un principe unique, le concept, se font sentir jusqu'en 1935 dans le cercle de Vienne, dont la mission était de construire un savoir organisé à partir des découvertes de la science.

Actuellement, les sciences médicales révèlent leurs difficultés à embrasser l'aléatoire des phénomènes de la vie humaine. Les progrès techniques médicaux diffusés par les médias sont l'objet d'options politiques. Les philosophies tentent de vérifier la cohérence du discours que les médecins peuvent parfois tenir sur l'être, sa création ou son destin dans l'Univers. Les théologiens placent les technologies médicales et les options philosophiques sous l'éclairage de la foi dont ils témoignent. •

Vie et mort d'un produit

Cette courbe en S décrit concrètement les différentes phases de la vie d'un produit industriel. Le rendement (production) est représenté en fonction d'une donnée (monnaie, unité de travail...) portée en abscisse. La phase A correspond, par exemple, à la recherche médicale, qui ne saurait être interrompue entre A et B pour des raisons de coûts estimés de façon comptable et non économique. Les parties B et C représentent la phase de maturité du produit accepté par le marché (accélération puis rendement stable). D indique la saturation progressive de ce marché, qui aboutit en E à l'amorce possible d'une obsolescence du produit et à sa disparition, quels que soient les efforts pour le maintenir. X indique un moment possible de recherche et de création d'un nouveau produit ou d'une nouvelle technologie. Tous les produits utilisés à des fins médicales (médicaments, machines...) ont une évolution calquée sur cette courbe et sont traités en termes économiques.

1. Phases de la vie d'un produit industriel.

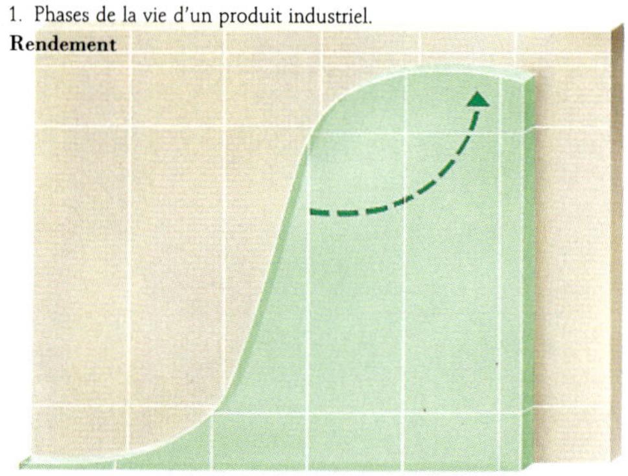

D'après P. Samuelson et R. Foster

Médecine et économie

PAR LE JEU DES SOLIDARITÉS QU'ELLE A MISES EN ŒUVRE, LA MÉDECINE A PRIS UNE PLACE IMPORTANTE DANS LES ÉCONOMIES DES PAYS INDUSTRIALISÉS ET DU TIERS-MONDE.

L'économie a pour objet les conditions de production, la répartition et les échanges des biens et services. La médecine, qui concerne les soins et la santé des populations, comporte des aspects économiques. En France, le financement de la santé, provenant en majeure partie de la Sécurité sociale, est collectif, et l'équilibre financier dépend donc des contraintes générales de l'économie nationale. La consommation médicale représentait 8 % du produit intérieur brut en 1988. Elle se répartit en soins hospitaliers (48 %), soins ambulatoires (30 %), médicaments (19 %) et divers (3 %). Actuellement, du point de vue de la consommation, la part des dépenses de santé s'accroît dans le budget des ménages. En tant qu'activité productive, la santé fait naître des industries et des services, fournissant des emplois et entrant dans les cycles d'échanges économiques difficiles à évaluer. Aux dépenses de santé proprement dites doivent être ajoutées les dépenses de solidarité qui englobent les pensions (accidents du travail, retraites...), les dépenses de gestion et de recherche. Il est donc difficile d'établir un bilan global des coûts et des bénéfices engendrés par la santé. De même, comment évaluer précisément le prix d'une intervention, d'un geste thérapeutique d'urgence qui sauve la vie d'un homme, ou encore les sommes dépensées pour la santé d'un individu de sa naissance à son entrée dans le monde du travail ? Les parts respectives de l'État et des assurances privées permettent d'assurer une certaine sécurité mais n'étanchent pas la soif de santé.

La médecine intervient aussi d'une autre façon dans l'économie, en créant un certain bien-être et, dans les sociétés évoluées, en faisant croître exponentiellement la demande de soins complémentaires. L'augmentation des coûts de la santé fait partie de l'évolution des sociétés en développement, mais elle impose que chaque citoyen en prenne conscience et agisse de façon responsable. Par ailleurs, le poids économique de la santé n'est pas le même selon les pays. Si pour les uns il correspond à peine à la satisfaction des besoins élémentaires, pour d'autres, il intègre des soins de simple confort. À cet égard, l'harmonisation des dépenses de santé entre les pays d'une région définie est une ambition politique qui permettrait à chacun de bénéficier de protection sociale en respectant les droits de l'homme. •

3. Sir Alexander Fleming à l'Unesco, 1954.

4. Vaccination du berger Jupille contre la rage dans le laboratoire de Pasteur, 1885.

2. Hippocrate de Cos d'après une monnaie antique.

« Nouveaux pouvoirs, nouveaux devoirs »

Cette citation du médecin français J. Bernard traduit bien l'évolution des rapports entre médecine et société, aujourd'hui devenue indissociable des problèmes économiques. Alors que le Grec Hippocrate (2), en codifiant l'observation des phénomènes médicaux, fut l'un des premiers à donner sa véritable identité à la médecine autrefois associée aux mythes et à la magie, les grandes découvertes comme la vaccination contre la rage (4) ou l'effet antibiotique de la pénicilline par le Britannique A. Fleming (3) ont contribué à une plus grande maîtrise de leur destin par les hommes, avec néanmoins des effets que les médecins ne contrôlent qu'imparfaitement (5).

Médecine et morale

LE PROGRÈS DES SCIENCES ET DES TECHNIQUES MÉDICALES ET L'ÉVOLUTION DES RAPPORTS DE L'HOMME ET DE LA SOCIÉTÉ RENOUVELLENT CONSTAMMENT LE DÉBAT DÉONTOLOGIQUE.

Les premiers débats concernant les règles de l'exercice médical sont évoqués dans les textes d'Hippocrate : honnêteté de la pratique, discrétion du médecin. La problématique s'est compliquée à mesure qu'aux philosophies antiques se substituaient des conceptions religieuses et que les sciences prenaient leur essor. Pour progresser, la médecine devait violer les tabous concernant le corps humain, et c'est dans le monde chrétien que l'investigation anatomique a été le plus facilement tolérée à partir du XIe siècle.

Les problèmes éthiques actuels confirment la difficulté à appliquer l'aphorisme de Rabelais : « Science sans conscience n'est que ruine de l'âme ». Autrefois, la mort se définissait sans ambiguïté par l'arrêt du cœur. Aujourd'hui, les techniques de réanimation suppléent la défaillance cardiaque et respiratoire et ont conduit à considérer l'absence d'activité du cerveau comme le critère de la mort. De nombreuses questions surgissent du fait de l'acquisition de nouvelles techniques relatives à l'accompagnement des mourants, à la génétique ou à la procréation. Par exemple, une seule cellule vivante de l'organisme représente-t-elle l'être et, en ce cas, quel est le statut des cultures de tissus humains ? Des cellules germinales (spermatozoïdes et ovules) peuvent-elles être conservées pour des fécondations ultérieures ? L'embryon qui se développe chez une femme est-il une personne, et la mère est-elle libre d'en disposer ? En intervenant sur un gène somatique, on peut traiter une maladie, mais, si les progrès techniques le permettent, peut-on produire des séries d'êtres humains identiques ? D'autre part, à quel stade du coma un corps humain peut-il servir à l'expérimentation ? Quelle limite doit-on fixer à la douleur si elle ne peut être soulagée et comment préserver la liberté de choix des individus malades ?

Chaque avancée de la science crée de nouveaux problèmes, toujours plus complexes, ouvrant de nouveaux champs à la réflexion et à la pratique. Mais l'éthique ne saurait être établie par le seul corps médical. La création de comités d'éthique constitue un pas vers une compréhension pluridisciplinaire des divers cas qui se présentent dans des domaines spécifiques. Ces groupes prennent en considération les techniques, les aspects juridiques et les tendances de pensée actuelles, qu'elles soient philosophiques ou religieuses. Sans eux-mêmes légiférer, ils apportent aux législateurs des dossiers instruits dans tous leurs aspects et dans leurs conséquences éventuelles. Ces recommandations éthiques ont vocation d'universalité. Cet effort de recherche morale pluridisciplinaire est fondé sur le respect des droits de l'homme, dans leur conception occidentale, auxquels s'ajoutent maintenant ceux de l'espèce humaine. •

→ **Voir aussi :** Droit de médecine, **MED**, p. 398-399. Médecine et médias, **MED**, p. 400-401.

5. Naissance plurigémellaire de la famille Perisse.

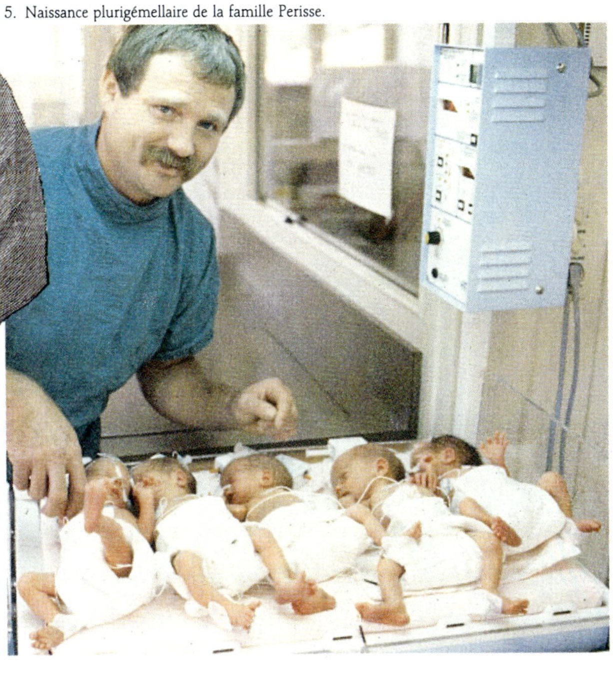

La mort

LA DÉFINITION DE LA MORT habituellement trouvée dans le dictionnaire, « cessation définitive de la vie », montre notre ignorance d'un état qui ne peut être relaté par celui qui l'a vécu, et le caractère irréversible de cet état indicible. Toutes les définitions de la mort font référence à la vie, elles reposent sur une situation passée et connue, la vie, et là s'arrête notre connaissance de ce qui se présente comme une brisure de l'être. Sur un plan médical, la définition de la mort n'a cessé d'évoluer en raison d'une meilleure connaissance des phénomènes biologiques. Autrefois, la mort était synonyme d'arrêt cardio-respiratoire. Un miroir placé devant la bouche du défunt ne devait pas se couvrir de buée et une plaie d'un vaisseau provoquée par un bistouri ne devait pas saigner. Le développement des méthodes modernes de réanimation, qui assurent la continuité des fonctions vitales, a amené la notion de mort cérébrale. En effet, il est possible de maintenir en vie un patient dont le cerveau a été détruit, à l'aide d'un respirateur artificiel et de perfusions, ce qui définit l'état de mort cérébrale. Médecins, théologiens et législateurs s'accordent à l'heure actuelle pour dire que la mort de l'homme coïncide avec celle de son cerveau. Les signes neurologiques cliniques de mort cérébrale sont confirmés par la constatation du caractère plat de trois électroencéphalogrammes faits à intervalles de plusieurs heures. Si aucune activité électrique des cellules cérébrales n'est mise en évidence alors même que le cœur bat sans anomalie, on parle de mort. En France, une circulaire ministérielle du 24 avril 1968 définit précisément cet état. Il est fondamental de distinguer la mort cérébrale de situations différentes, qu'il s'agisse de comas aigus réversibles, secondaires à une intoxication ou correspondant à une anesthésie profonde, par exemple, ou des états végétatifs persistants ou comas de longue durée (plusieurs semaines ou mois) où l'activité électrique du cerveau bien qu'altérée n'est pas nulle. Cette distinction revêt un caractère essentiel lorsque l'on souhaite prélever un organe en vue d'une transplantation, le prélèvement ne devant être effectué que sur un sujet dont on a dûment constaté l'état de mort cérébrale.

Le temps et la mort

LA MORT SEMBLE ÊTRE L'INSTANT IRRÉVERSIBLE QUI ABSORBE LE PASSÉ ET ANÉANTIT LE FUTUR, ELLE NE PEUT SE RÉDUIRE À L'INTERRUPTION DU TEMPS BIOLOGIQUE.

À l'approche de la mort, le temps intervient dans une triple dimension : le temps universel, comme milieu homogène et complémentaire de l'espace, existe bien avant la naissance de l'homme et perdure après sa disparition. Les données psychologiques du temps « existentiel » compriment ou dilatent le temps universel : ainsi, chez le mourant, les derniers jours et les dernières heures paraissent effroyablement courtes ou, à l'inverse, interminables lorsque la douleur physique devient insupportable. Il donne à l'angoisse sa véritable dimension. Enfin, le temps intime de la vie de chacun brûle dans la vie quotidienne et nous fait remettre à demain la pensée même de la mort.

L'angoisse de la mort fait que l'homme éprouve une grande difficulté à se la représenter. Elle apparaît comme incertitude et indétermination de l'avenir. L'angoisse est inhérente à cette incertitude ainsi qu'à la peur de mourir. Lorsque le psychisme et la maturité du malade le permettent et que le médecin annonce la mort prochaine, le patient passe successivement par différents stades : le refus, parfois la révolte, la dépression, l'acceptation, et la résignation. À l'hôpital, le rôle des équipes soignantes est d'accueillir, de rassurer, de soulager la souffrance physique et morale des malades, pour qu'ils se sentent moins abandonnés et isolés.

La mort reste mystérieuse. Personne n'a pu faire « l'expérience » de cet événement ontologique. Toutes les hypothèses restent permises, de la néantisation de l'être à la séparation de l'âme et du corps enseignée par certaines religions. Platon, dans le *Phédon,* fait parler ainsi Socrate : « Lorsque la mort approche de l'homme, ce qu'il y a de mortel en lui meurt, à ce qu'il paraît, mais ce qu'il y a d'immortel se retire sain et sauf et incorruptible et cède la place à la mort. »

L'autre vit la mort du proche comme un deuil. Le deuil est un travail psychologique dont le déroulement comporte une phase de choc puis une phase dépressive suivie d'une phase de récupération et d'adaptation de durée variable pour celui qui subit la perte de l'être aimé. La société occidentale a imposé une sorte de contrôle de soi à l'endeuillé et il est souvent de bon ton de ne pas laisser paraître ses émotions. L'entourage (famille et soignants) doit cependant aider la personne endeuillée à exprimer sa peine et à continuer à vivre. Dans les sociétés moins urbanisées, la douleur de la perte est exprimée de façon plus libre par une participation collective des proches. •

Le médecin face à la mort

CONFRONTÉ QUOTIDIENNEMENT À LA MORT, LORSQUE TOUTES LES POSSIBILITÉS THÉRAPEUTIQUES SONT ÉPUISÉES, LE MÉDECIN CONSACRE SON ÉNERGIE À RASSURER ET SOULAGER LE PATIENT ET SA FAMILLE.

Si certaines maladies autrefois mortelles, comme la peste ou le choléra, sont aujourd'hui maîtrisées ou ont même disparu (variole), d'autres, très graves, ont vu le jour. C'est le cas du sida, qui touche avant tout les communautés d'homosexuels et de toxicomanes, et dont on ne peut encore, en 1990, que retarder l'évolution mortelle. Pour beaucoup de patients, le cancer est encore synonyme d'angoisse et de mort prochaine, alors que de grands progrès thérapeutiques ont contribué à guérir ces malades ou à faire reculer le moment fatal. Actuellement, des méthodes statistiques sont appliquées pour apprécier les résultats et le taux de guérison obtenus avec de nouveaux protocoles thérapeutiques. Ainsi, on peut affirmer que tel cancer, naguère toujours mortel, est actuellement guérissable dans, par exemple, 80 % des cas. Le médecin peut donc informer son patient sur la gravité et le pronostic de la maladie diagnostiquée.

L'euthanasie est une action visant à entraîner délibérément la mort d'un malade qui a décidé d'en finir avec la vie. Dans un texte publié en 1987, l'Académie nationale de médecine regrette l'ambiguïté des enquêtes d'opinion sur l'euthanasie, qui confondent sous ce terme le fait de procurer délibérément la mort et ce que doit être l'asssitance médicale à la vie des agonisants. Elle rappelle la mission du médecin : soulagement de l'anxiété, de la douleur et des tourments physiques des mourants, mais refuse d'admettre que des dispositions légales puissent réglementer les conditions de suppression volontaire de la vie. Le Comité permanent des médecins de la Communauté européenne a fait en 1987 une déclaration qui va dans le même sens.

La fréquence du suicide varie considérablement d'un pays à l'autre. En Europe, le taux le plus élevé se situe au Danemark avec un chiffre de 27,8 pour 100 000 habitants et le plus faible en Grèce avec 4,2 pour 100 000. La France figure dans le peloton de tête avec un taux de 22,7 soit environ 12 000 morts par an. Les causes et les modalités du suicide sont multiples : tous les intermédiaires existent entre les suicides compliquant une pathologie psychiatrique (schizophrénie, attaque de panique), ceux qui surviennent à l'issue d'un épisode de désespoir profond (suicide des romantiques) et le suicide délibéré et conçu comme un acte de liberté des stoïciens (Caton, Sénèque). Le rôle du médecin est de savoir déchiffrer, dans les entretiens avec le malade, les expressions qui traduisent une réelle volonté de mourir. Cette volonté n'a rien de comparable avec la tentative de suicide du sujet jeune, secondaire parfois à une déception sentimentale, qu'il faut interpréter comme un appel à l'entourage.

L'avortement est la destruction du fœtus dans le ventre de sa mère. Il faut distinguer l'avortement décidé par le corps médical, parce que le fœtus présente des malformations graves ou parce que la vie même de la mère est en danger, de l'avortement banalisé, qui, à l'extrême, pallie l'absence de contraception. Les positions sur l'avortement sont souvent passionnelles et il convient de prendre de nombreux éléments en compte avant de formuler un jugement. On ne peut rester insensible ni à la détresse d'une mère face à une grossesse non désirée (avec le risque de rejet de l'enfant si la grossesse est menée à terme), ni aux drames de la grossesse survenant après un viol. Mais on ne peut négliger ni les potentialités du fœtus, hébergé par sa mère, qui ne peut exprimer son désir, ni l'évidence que la vie de chaque être humain est un bien précieux. Le rôle primordial du médecin est de la protéger ou de l'adoucir. •

Coma et mort cérébrale

La profondeur et la sévérité du coma se marquent par l'abolition des réflexes, l'inertie, l'insensibilité, l'inconscience. Certains comas profonds dus à des intoxications sont susceptibles de régresser par un traitement adapté, sans laisser de séquelles. Cela a rendu nécessaire une définition médicale et légale des états de mort cérébrale, au cours desquels toute chance de guérison est abolie. Le constat de cette mort cérébrale est établi par deux médecins sur l'état clinique, l'abolition de toute respiration spontanée sous oxygène puis après débranchement de l'appareil de ventilation artificielle, et l'abolition de tout signal électroencéphalographique à plusieurs heures d'intervalle. Lorsque cet état est constaté, l'accord de la famille peut être sollicité pour prélèvement d'organe en vue de leur greffe salvatrice pour les malades récepteurs.

Les principaux courants de pensée

EN OCCIDENT, LE VÉCU DE LA MORT DIFFÈRE SELON L'ADHÉSION À UNE RELIGION MONOTHÉISTE : CHRISTIANISME, ISLAMISME, JUDAÏSME, OU LA NÉGATION DE DIEU QUI CARACTÉRISE L'ATHÉISME.

La fleur, le papillon, l'arbre ou l'éléphant meurent et rejoignent la terre qui les a portés. L'homme sait qu'il subira la mort et qu'il sera seul à vivre son agonie. Dans la vie de chaque jour, cette limite est oubliée dans l'action. Chaque culture comporte des mythes et des concepts plus ou moins exprimés sur l'origine de l'Univers, de la nature, de la vie, du destin de l'homme et de sa mort.

Pour l'hindouiste, la mort est une étape qui marque le passage par des réincarnations successives. Le corps et l'âme indissociés se dissolvent et réapparaissent sous une autre forme jusqu'à une ultime et indémontrable perfection de l'être.

Des Grecs est héritée la séparation radicale de l'âme et du corps. Ce dernier est périssable et rejoint la terre. L'âme des héros est célébrée dans les mémoires et leur confère une sorte d'immortalité qui demeure l'apanage des dieux. Chez Platon, la mort fait passer l'âme de la prison du corps au monde de l'idée. L'effort d'ascèse pour parvenir au suprême détachement est le propre des stoïciens : énergie et corps sont pour eux inséparables. Le sage stoïcien a appris à connaître l'harmonie entre corps, énergie et nature. Il sait « supporter et s'abstenir » écrit Épictète. Son suicide, librement consenti, acte héroïque, vainc les contraintes insupportables. La mort est librement choisie. Ce dualisme hérité des Grecs a imprégné la culture occidentale. Pour le matérialisme marxiste, la fin de l'individu ne supprime pas la vie de la société et, en tant que membre de la société, son souvenir se perpétue dans les mémoires. Pour les spiritualistes, la mort sépare le corps, inerte et muet, de l'âme, immortelle par essence. Cette croyance en l'immortalité de l'âme est à la fois conséquence et fondement de la Foi. Job sait qu'il est venu dans le monde nu et qu'il en partira pour le Schéol. La sourate 56 du Coran définit la mort comme « celle qui est inéluctable ». Une fin heureuse est destinée à ceux qui craignent Dieu, vivant avec sagesse.

Le monisme s'oppose au dualisme, il est défini par la liaison intime de l'esprit et du corps qui ne forme qu'un. Elle fait de l'homme une totalité existentielle que la mort brise. Pour les chrétiens, l'homme est mortel. Ils ont foi dans les apôtres, témoins de la résurrection du Christ. Cela est le garant de leur espérance humaine, affrontée à l'inconnu et au silence. La retour à la nature pour les tenants d'une sorte de panthéisme universaliste, le souvenir des morts dans la mémoire des vivants pour les matérialistes marxistes et les existentialistes, l'espoir de résurrection à la fin des temps ou de fusion avec la divinité, réalisent autant d'options diverses face à la réalité incontournable et tragique de la mort, voie finale commune. •

→ **Voir aussi :** La vie, **BIOL**, p. 10-11. Droit et médecine, **MED**, p. 398-399.

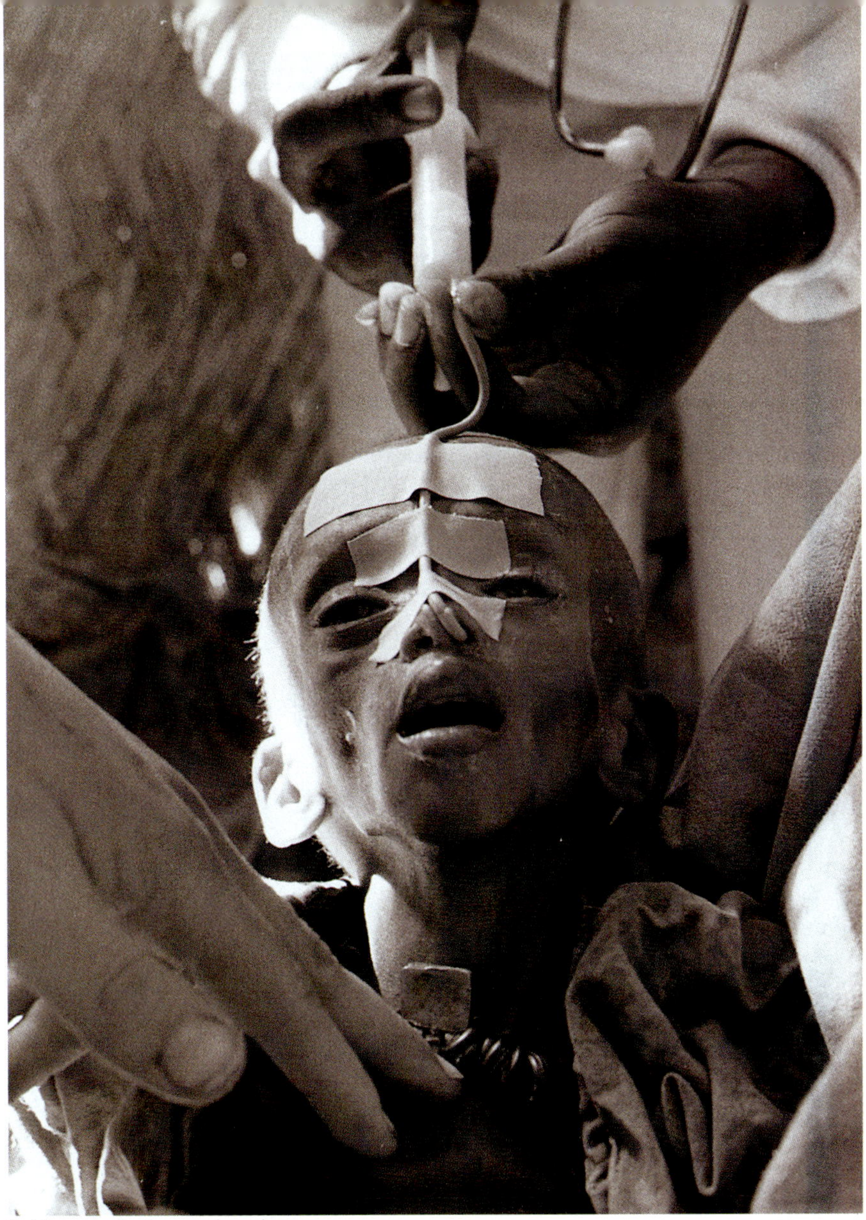

2. Alimentation forcée par sonde nasale.

Lutter pour la vie. Accepter la mort

Quotidiennement, dans les unités de réanimation (1), les techniques modernes permettent dans des cas autrefois sans espoir de reconquérir, après l'orage de la maladie, une vie normale. Malgré ces progrès, la mort de cet enfant (2) victime de la famine au Soudan n'est pas évitée par l'alimentation artificielle. Lorsque la mort survient, le visage du mort (3) aimé de ces deux femmes est le témoin de leur calme désespoir.

1. Malade en réanimation, ventilé artificiellement et perfusé.

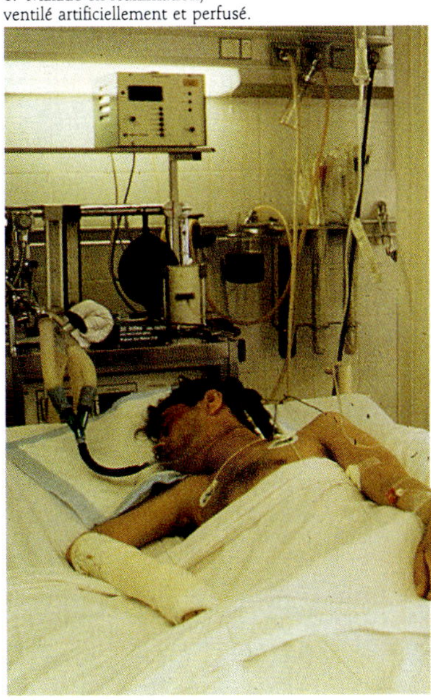

3. Présentation du portrait d'un défunt par deux femmes en Slovaquie.

Les urgences

L'URGENCE EST LA SITUATION d'un être humain qui nécessite des secours immédiats. Souvent synonyme de gravité et de menace pour la vie, elle est liée à la notion de secours. Il peut s'agir d'une urgence pour un individu ou pour une collectivité en péril.

Le traumatisme, l'hémorragie, la convulsion ont toujours fait partie de la vie des hommes, et ce n'est qu'avec le développement des possibilités thérapeutiques que la nécessité d'une intervention médicale rapide s'est imposée. L'évolution des techniques, l'information des populations, la mise en œuvre des systèmes de protection sociale ont permis la création de systèmes de soins immédiats pour éloigner un risque de mort imminente ou apaiser une souffrance, si bien que, dans une certaine mesure, l'exigence de résultat outrepasse parfois les possibilités médicales. Réanimer, calmer la douleur, rétablir un équilibre biologique perturbé par le traumatisme ou la maladie exigent aujourd'hui des techniques précises, mises en jeu le plus précocement possible.

Le chirurgien des armées napoléoniennes Dominique Larrey a le mérite d'avoir institutionnalisé le secours d'urgence. La médicalisation des secours s'est organisée en France au début des années 1970, avec la création des Services d'aide médicale d'urgence (S.A.M.U.), basés dans les centres hospitaliers de chaque région avec un même numéro national de téléphone. Elle apporte sur place les premiers soins et assure l'accompagnement des malades et blessés jusqu'aux structures hospitalières d'urgence.

Les urgences collectives

LES CATASTROPHES NATURELLES OU PROVOQUÉES PAR L'HOMME ATTEIGNENT UNE POPULATION DE FAÇON VIOLENTE ET RÉCLAMENT SUBITEMENT DE PUISSANTS SECOURS.

Des séismes, des éruptions volcaniques, des inondations, des incendies, des accidents aériens ou maritimes, des intoxications ou des irradiations collectives (Tchernobyl), ainsi que des actes de guerre ou de terrorisme peuvent se produire à tout instant en différents points de la planète.

Ces événements ont des caractères communs. Leur survenue est inopinée, elle implique donc la permanence de systèmes de détection précoce et d'alerte. Pour que les soins aux victimes ne souffrent d'aucun retard, la préparation des secours impose des plans particuliers pour chaque cas. Le nombre imprévisible des victimes et le degré variable de gravité nécessitent une très bonne organisation des médecins et des centres hospitaliers. Le traitement des blessés en cas de catastrophe implique que soient déterminés des moyens de sauvegarde et de coordination à l'échelon local, régional ou national. Ces mesures sont établies, en France, sous le nom de *plans d'ORganisation des SECours* (ORSEC), qui ont prévu la régionalisation des secours à l'initiative de René Coirier. Les plans départementaux dépendent du préfet, qui déclenche le plan ORSEC, en assure la direction et y met fin dès que les moyens exceptionnels ne sont plus indispensables. Il dispose pour cela d'un poste de commandement fixe opérationnel, assure les liaisons et la coordination des travaux et des transports, les actions de police et d'information, enfin l'organisation des soins médicaux et de l'entraide. Sur le terrain, un état-major, constitué par les chefs des services ORSEC, les directeurs des S.A.M.U. et les directeurs des services d'incendie et de secours, demande et répartit les renforts nécessaires. Les secours médicaux s'étendent du relevage des blessés et des premiers soins par le S.A.M.U., véritable hôpital hors des murs qui organise leur accueil, jusqu'à leur arrivée dans les établissements hospitaliers. •

2. Chevalier blessé et secouru. Illustration du Roman de Jaufré. XIVe s.

Les plans ORSEC départementaux

Ce sont des *plans spécifiques* par rapport aux risques et aux dangers courus par la population et l'environnement et mobilisateurs de moyens spéciaux.

Plan SATER : sauvetage aéroterrestre.
Plan SAMAR : sauvetage en mer.
Plan ORSECTOX : matières dangereuses inflammables, explosives, toxiques.
Plan ORSECRAD : risques nucléaires.
Plan ORSEC inondation.
Plan ORSEC barrage.
Plan ORSEC incendie de forêts.
Plan POLMAR : pollution marine.
Plan ORSEC pollution : lacs, rivières.
Plan ORSEC transmission : rétablissement des communications.
Plan ORSEC électro-secours : alimentation électrique.
Plan ORSEC hébergement.

Typologie des urgences

Urgences courantes		*Symptomatologie et état de la victime*	
	douleurs aiguës convulsions hyperthermie déshydratation fractures menaces d'accouchement	lésions évidentes	hémorragie extériorisée polytraumatismes fracture ouverte de membres brûlures profondes et étendues
Urgences extrêmes			
neurologiques	coma traumatisme grave de la face et du crâne agitation	victime inconsciente	pas de réponse aux questions pas de réaction aux pincements impossibilité d'ouvrir les yeux ou de tirer la langue
cardio-circulatoires	arrêt cardiaque œdème aigu du poumon infarctus du myocarde hémorragie	détresse circulatoire	pâleur et sueurs soif pouls faible ou pas perceptible douleur dans la poitrine
respiratoires	strangulation noyade asphyxie asthme grave œdème de Quincke	détresse respiratoire	apnée ou respiration rapide, irrégulière, bruyante coloration bleue de la peau

Dates clefs

1792 Dominique Larrey crée « les ambulances volantes » de la République française.
1859 Le Suisse Henri Dunant fonde la Croix-Rouge.
1914-1918 Création des hôpitaux militaires de campagne.
1928 Fondation des œuvres hospitalières de Malte.
1939 Création des Services de protection civile.
1952 Institution du plan ORSEC.
1965 Premiers Services mobiles d'urgence et de réanimation (S.M.U.R.).
1972 Naissance des Services d'aide médicale d'urgence (S.A.M.U.).
1984 « La médicalisation des secours est devenue une nécessité incontournable » (rapport Steg au Conseil économique et social).
1986 Loi du 6 janvier sur l'aide médicale urgente en France.
1987 Loi du 22 juillet sur l'organisation de la sécurité civile.
1990 Création de l'Institut européen de télémédecine au Conseil de l'Europe.

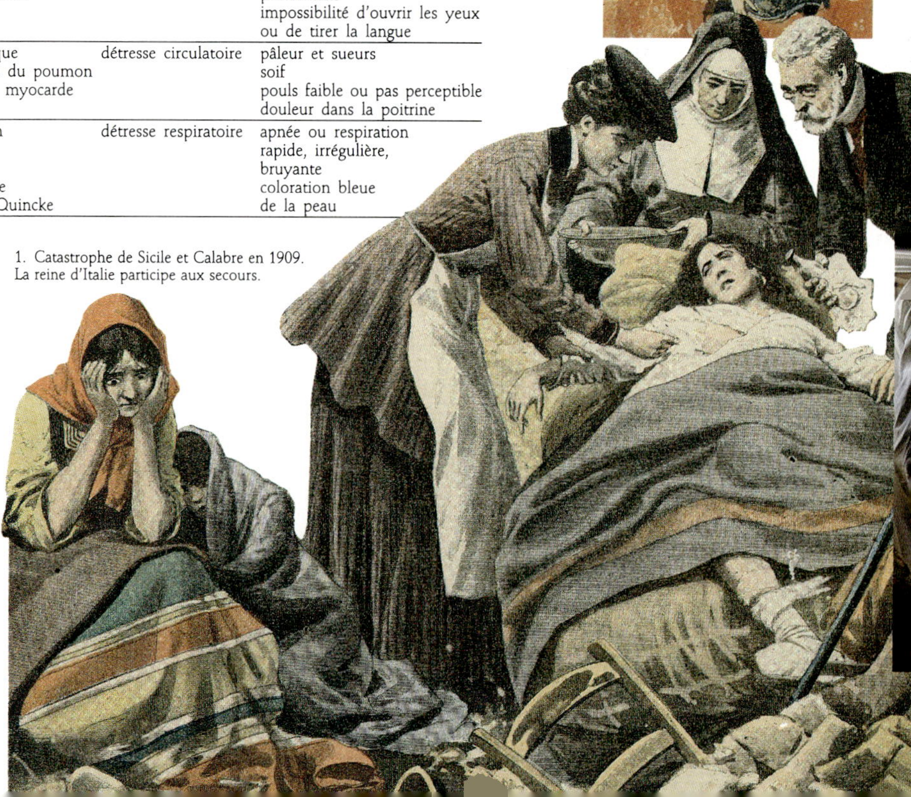

1. Catastrophe de Sicile et Calabre en 1909. La reine d'Italie participe aux secours.

L'urgence individuelle

QU'ELLE SOIT MÉDICALE OU PSYCHOLOGIQUE, LA DÉTRESSE INDIVIDUELLE NÉCESSITE UNE INTERVENTION RAPIDE ET ADAPTÉE.

Le besoin de secours urgent se manifeste dans des situations graves sur le plan médical, mais peut aussi être lié à l'inquiétude, à l'anxiété du malade ou de son entourage, ce qui n'est pas toujours synonyme de menace vitale. L'éthique médicale a toujours fait obligation au médecin de répondre à tout appel, mais, aujourd'hui, l'obligation juridique de porter secours rend impérative la réponse à la demande de tout patient, quel que soit le diagnostic médical évoqué.

La nécessité d'une évacuation rapide vers l'hôpital caractérise les situations d'urgence individuelle. Les détresses sont traitées grâce aux méthodes de réanimation d'urgence, aux appareils de surveillance ou de substitution des fonctions vitales. La rapidité d'intervention et la compétence des sauveteurs sont les facteurs déterminants du succès thérapeutique. Nombre d'urgences sont, en quelque sorte, devenues plus urgentes maintenant qu'on a les moyens de les traiter. Les urgences individuelles exigent une écoute attentive et une réponse rapide et adaptée. Les Services d'aide médicale d'urgence (S.A.M.U.) en France sont des centres départementaux de réception et de régulation des appels aux secours médicaux. Le S.A.M.U., doté d'un numéro de téléphone national, coordonne les moyens médicaux. Il a un rôle dans la formation des secouristes, l'élaboration des protocoles de traitement d'urgence et l'éducation sanitaire. Le médecin généraliste participe à l'organisation de l'aide médicale urgente en assurant la permanence des soins pour les urgences courantes. Dans les états de détresse, les S.A.M.U. départementaux assurent la réanimation sur les lieux de l'urgence par les Services mobiles d'urgence et de réanimation (S.M.U.R.) et la sécurité du transport du patient. Les services d'urgence hospitaliers permettent l'accueil des blessés et malades, et leur traitement. Cependant, la puissance limitée de ces moyens ne permet pas d'apporter une parade parfaite et totale à tous les risques, et les morts accidentelles restent fréquentes. •

Le secourisme

DES MESURES SIMPLES ET EFFICACES PERMETTENT D'ASSURER LA PROTECTION DES FONCTIONS ESSENTIELLES DES VICTIMES ET D'ALERTER LES SECOURS ORGANISÉS.

Les principes fondamentaux du secourisme devraient être connus de tous, car ils permettent de sauver des vies.

Protéger consiste à éviter, en cas d'urgence sur la voie publique, de provoquer d'autres accidents, en faisant baliser les voies d'accès ; à ouvrir les fenêtres en cas d'asphyxie ; à couper le courant électrique en cas d'électrocution. On peut aussi arroser un brûlé, ou une brûlure, avec de l'eau à la température ambiante, mais ne pas faire boire, ni déplacer inutilement une victime. S'il y a risque d'écrasement sur la chaussée, on s'efforcera de déplacer la victime en la tirant par les pieds dans l'axe tête-cou-tronc.

Alerter les services de secours compétents est impératif. Le Service d'aide médicale d'urgence (S.A.M.U.) – en cas de détresse, de grande urgence médicale ou chirurgicale – et les pompiers – en cas d'incendie, d'accident de la route, d'explosion, d'asphyxie, de noyade, et dans les cas nécessitant la protection de l'environnement – assurent en permanence la possibilité de soins urgents. Les services de police interviennent en cas de besoin de protection des personnes et des biens. Lors de l'appel, il faut rester calme et donner avec précision le nom, l'adresse et le téléphone du patient ou le lieu de l'accident, et décrire fidèlement l'état apparent de la victime.

Secourir efficacement comporte des règles simples qui définissent l'ABC de la survie.

Il convient d'*allonger* sur le côté la victime inconsciente mais qui respire, car, laissée sur le dos, elle risque de s'étouffer. C'est la mise en position latérale de sécurité, effectuée avec douceur.

Pour la pratique du *bouche-à-bouche*, si la victime ne respire pas, l'urgence est une question de secondes. Le sauveteur doit dégager les voies aériennes supérieures en enlevant de la bouche tout corps étranger. On bascule prudemment la tête en arrière en plaçant sa propre bouche autour de celle de la victime avec, s'il y a lieu, un isolant (mouchoir, embout) et en pinçant les narines. Il faut souffler fort : la poitrine de la victime se soulève, puis retirer la bouche, relâcher les narines : la poitrine s'abaisse. On répète ces insufflations environ 15 fois par minute pour un adulte. On continuera la manœuvre jusqu'à l'arrivée des secours médicaux.

La *compression* d'une plaie qui saigne suffit souvent à arrêter le saignement. On appuie directement sur la plaie en maintenant la pression jusqu'à l'arrivée de secours. En cas d'arrachement ou de section de la peau ou d'un membre, il faut faire un pansement compressif sur la partie sectionnée. On doit recueillir les fragments dans un sac en plastique et placer celui-ci dans un autre sac contenant de la glace, et ne jamais mettre les fragments en contact direct avec la glace.

Un secours plus élaboré est parfois possible. Si le pansement compressif ne suffit pas à arrêter l'hémorragie, on effectue une compression manuelle sur le trajet artériel principal en amont. La respiration assistée par insufflation est le fait d'un personnel entraîné. Le massage cardiaque externe est parfois nécessaire. L'arrêt du cœur signifie, à très court terme (de l'ordre de la minute), la mort du sujet. Il est indispensable de rétablir cette fonction par le massage cardiaque externe en même temps qu'est pratiqué le bouche-à-bouche ou la respiration assistée. Le malade étant couché sur un plan dur, des pressions sont effectuées au niveau de la moitié inférieure du sternum, rapidement, pour le déprimer de 3 à 4 cm, de façon alternée suivant un rythme de 60 pressions par minute. Le relâchement de la pression s'accompagne de la réexpansion du thorax.

En France, l'enseignement du secourisme est délivré par des associations : la Croix-Rouge française, les associations de protection civile, les œuvres hospitalières de Malte, les associations d'entreprise, etc. Un brevet national de secourisme (B.N.S.) est sanctionné par un examen organisé par le préfet du département. Tout adulte intéressé peut l'acquérir, mais l'évolution du traitement des urgences est telle que le secourisme de base doit être enseigné au plus grand nombre et débuter à l'école. Une attestation de formation aux premiers secours (A.F.P.S.) est délivrée ; le secourisme plus élaboré donne droit à un brevet national de premiers secours (B.N.P.S.). •

3. Ambulance automobile suédoise (1913).

4. Intérieur d'une ambulance de premier secours en 1990.

La télémédecine

L'AIDE MÉDICALE URGENTE ET SA RÉGULATION ONT ENGENDRÉ UN NOUVEAU MODE D'EXERCICE MÉDICAL, UTILISANT LES MOYENS MODERNES DE TRANSMISSION DE L'INFORMATION.

La télémédecine s'exerce hors du schéma du colloque singulier, relation médecin-malade habituelle et comportant un interrogatoire et un examen physique du patient. La rencontre est remplacée par un « colloque » transmis par le téléphone, la radio, ou par des personnes intermédiaires.

Le terme de télémédecine désigne un ensemble d'actes médicaux où le consentement du malade s'efface devant l'urgence et l'efficacité, et où, à distance, sans auscultation ou examen du patient, des décisions sont prises. Ces actes comportent diverses étapes : la première est la réception d'une demande d'assistance urgente de la part d'un patient ou de son entourage et l'évaluation par téléphone du degré de gravité de la situation. La deuxième consiste à engager, de loin, sans présence effective du médecin au chevet du malade ou du blessé, des moyens de réponse adaptés à la situation décrite et, parfois, à traiter cette urgence sur les lieux mêmes de la demande. La troisième est souvent la préparation du transport et de l'accueil du patient avec assistance médicale dans un centre de soins. Cet ensemble d'actes requiert la conduite d'un interrogatoire précis et la prise de décisions éclairées. Un même numéro de téléphone dans toutes les régions françaises ouvre l'accès au système des S.A.M.U. Un interlocuteur médical entraîné exerce son discernement en fonction des besoins exprimés par le malade et son entourage. Cette organisation de secours téléphoniques s'étend progressivement à l'ensemble du territoire français. •

→ **Voir aussi :** Les grands problèmes de la santé publique, **MED,** p. 220-221. Les systèmes de santé, **MED,** p. 396-397.

Secourir : une obligation de solidarité

De tout temps, le blessé est secouru par ses proches, comme le chevalier du Roman de Jaufré (2). En cas de catastrophe, chacun se doit d'apporter son aide aux traumatisés (1). La motorisation permet le transport rapide dans les lieux où des soins seront établis (3). La puissance des moyens actuels favorise la mise en œuvre, sur le lieu même de l'accident, de secours efficaces qui augmentent les chances de survie : cette ambulance (4) contient un matériel d'oxygénothérapie et de sécurité respiratoire, un matelas coquille (protégeant les fractures), un appareil de monitorage cardio-vasculaire et un système de perfusion veineuse continue.

L'utilisation médicale du sang

LE SANG A DEPUIS TOUJOURS symbolisé la vie. Une grande partie de la chirurgie moderne n'aurait jamais été réalisable sans l'apport aux malades et blessés de ce précieux auxiliaire. Le sang est un tissu fluide, en perpétuel mouvement, circulant dans le système vasculaire (artères, capillaires et veines). Il est constamment renouvelé dans ses éléments, mais garde à l'état normal une composition stable. Son rôle est identique chez tous les individus : il assure le maintien de l'équilibre biologique et la défense de l'organisme. Pourtant, du fait de l'extrême complexité des groupes sanguins, qui sont transmis de façon héréditaire et obéissent aux lois de la génétique, chaque individu est unique, aucun sang n'est identique à un autre (sauf dans les cas de jumeaux vrais).

La transfusion ne s'effectue plus à l'aide de sang total : le sang prélevé est fractionné afin d'en obtenir une meilleure utilisation, par une thérapeutique plus adaptée à chaque malade. L'idéal serait de disposer de substances permettant de ne plus transfuser. C'est le cas, par exemple, avec l'érythropoïétine, qui permet d'épargner des transfusions sanguines chez des malades en insuffisance rénale et sous dialyse. Elle pourrait aussi être utilisée pour traiter certaines anémies. Une autre voie, dans le développement de laquelle les centres de transfusion sanguine jouent un rôle important, est représentée par les différentes techniques de transfusion autologue (le patient peut recevoir son propre sang). Dans le même temps se développent les prélèvements et les traitements sélectifs de certaines cellules, qui sont ensuite réinjectées aux patients.

Les groupes sanguins

PARMI LES NOMBREUX GROUPES, LES SYSTÈMES ABO ET RHÉSUS SONT SURTOUT PRIS EN COMPTE LORS DES TRANSFUSIONS.

Les groupes correspondent à des caractères héréditaires ; ils sont donc transmis des parents aux enfants. Ils ont pour supports des substances appelées antigènes, propres à un individu ou à un groupe d'individus dont elles caractérisent les cellules et les tissus. Injectées dans un organisme dont elles ne sont pas un constituant normal, ces substances antigéniques provoquent une réaction immunitaire. Les antigènes sanguins sont situés sur la membrane des globules rouges, mais aussi des globules blancs et des plaquettes. Les groupes sanguins sont établis en systèmes : ainsi les groupes A, B et O constituent-ils le système ABO. Dans le sérum se trouvent les anticorps (ou agglutinines), protéines dirigées chez chaque individu contre les antigènes qu'il ne possède pas.

Le système ABO, le plus anciennement connu, est toujours resté, sur le plan de la transfusion, le plus important et celui en fonction duquel la compatibilité entre les différents groupes doit toujours être impérativement respectée. Le facteur Rhésus (ou D) définit un groupe également important pour la transfusion. En 1940, les Américains K. Landsteiner et A. S. Wiener injectèrent à des lapins du sang d'un singe *Macacus rhésus.* Le sérum obtenu chez le lapin contenait un anticorps « anti-Rhésus », provoquant l'agglutination des globules rouges du singe. Cet anticorps provoque une agglutination chez 85 % des individus de race blanche. Ces personnes sont dites Rhésus positif (Rh+) ; les 15 % restants, dont les globules ne s'agglutinent pas, sont dites Rhésus négatif (Rh⁻). L'anticorps anti-Rhésus n'existe pas à l'état naturel chez le sujet Rh⁻, mais peut apparaître après une transfusion de sang Rh+, ou à la suite d'une grossesse chez une femme dont le fœtus est Rh+. (Le passage d'anticorps anti-Rhésus dans le sang fœtal provoque, lors d'une grossesse ultérieure, la maladie hémolytique du nouveau-né, qui doit être prévenue ou soignée au moyen d'une exsanguinotransfusion.)

Les groupes A, B, O et AB se retrouvent dans toutes les races, seules leurs fréquences relatives varient. Le gène O est le plus fréquent dans toutes les populations ; en Europe, le gène A se rencontre plus souvent que le gène B ; le pourcentage de B diminue d'est en ouest. On observe de même des variations importantes pour le facteur Rhésus : il n'existe pratiquement pas de personne Rh⁻ en Asie, mais 15 % des Français le sont, avec un record de 28 % dans la population basque.

De nombreux autres antigènes, déterminant des systèmes de groupes, sont présents sur les globules rouges, les globules blancs et les plaquettes. Les protéines du plasma sont également le support de très nombreux antigènes. Certains de ces groupes ont, lors des transfusions, une grande importance, comme le système Kell (dans la population, 9 personnes sur 10 sont Kell négatif). On peut également citer les systèmes Duffy, Kidd, Lutheran, MNSs, P et Lewis, entre autres. •

Dates clefs

1628 Découverte de la circulation sanguine par le médecin anglais William Harvey.

1658 Le naturaliste hollandais Jan Swammerdan observe les globules du sang de grenouille, découverte confirmée en 1674 chez l'homme par le Hollandais A. Van Leeuwenhoek : « Le sang est composé de très petits globules rouges en suspension dans un liquide clair. » Il découvre en 1690 la circulation capillaire.

1668 La pratique de la transfusion de sang d'animal à l'homme est interdite par le Parlement français.

1900 Le médecin américain d'origine autrichienne Karl Landsteiner, ayant observé que certains mélanges de sang agglutinaient et d'autres pas, découvre les groupes sanguins A, B et O.

1902 A. von Decastello et A. Sturli découvrent le groupe AB.

1914-1918 Au cours de la guerre s'effectuent des transfusions héroïques de bras en bras.

1939-1945 Le prélèvement de sang dans des flacons contenant de l'anticoagulant permet le développement des techniques transfusionnelles.

1940 Découverte du facteur Rhésus par les Américains K. Landsteiner et A. S. Wiener.

1958 Découverte du système HLA, système de groupes des globules blancs et des tissus, par le médecin français Jean Dausset, qui ouvre ainsi l'ère des greffes et des transplantations d'organes.

La composition du sang

La masse sanguine, proportionnelle à la taille et au poids de chacun, est, en moyenne, de 5 litres. Elle est composée de plasma liquide et d'« éléments figurés » : les cellules sanguines et les plaquettes (1). La proportion d'éléments figurés ou hématocrites est une constante biologique.

1. Composition du sang.

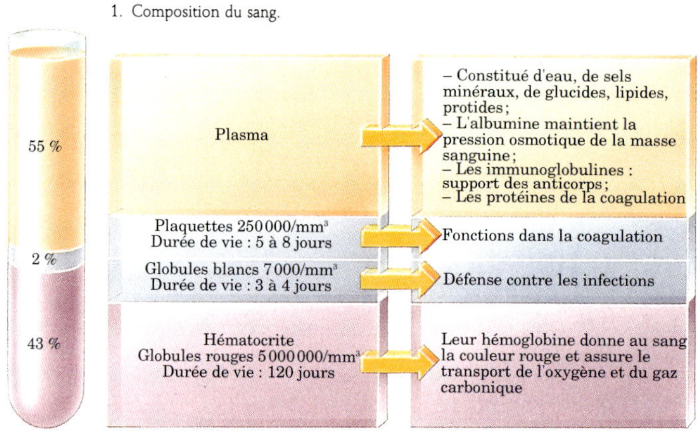

Les groupes sanguins

L'existence de plusieurs systèmes de groupes sanguins impose des règles strictes lors des transfusions, afin d'éviter des accidents d'incompatibilité (2). Une personne de groupe O ne peut recevoir que des globules rouges O ; en revanche, ceux-ci peuvent être injectés à des sujets A, B ou AB. Une personne de groupe A ne peut recevoir que des globules A ou O, une personne de groupe B que des globules B ou O. Une personne de groupe AB peut recevoir des globules rouges AB, A, B ou O.

2. Compatibilité entre groupes du système ABO.

Groupes	Antigène sur le globule rouge	Anticorps dans le sérum	Pourcentages en France	Rhésus positif	Rhésus négatif
A	A	Anti B	44,10 % dont	36,96 %	7,14 %
B	B	Anti A	9,55 % dont	8,00 %	1,55 %
O	O ni A, ni B	Anti A + anti B	42,48 % dont	35,60 %	6,88 %
AB	A et B	O ni anti A, ni anti B	3,87 % dont	3,25 %	0,62 %

La transfusion

LA TRANSFUSION DE SANG TOTAL, DE PLUS EN PLUS RARE, EST REMPLACÉE PAR CELLE D'UNE OU DE PLUSIEURS FRACTIONS SANGUINES INDISPENSABLES À UN MALADE DONNÉ.

En France, le don de sang, acte de solidarité humaine, est volontaire, anonyme et non rémunéré ; environ 4 millions de dons sont recueillis chaque année, cela par l'intermédiaire de centres agréés par le ministère de la Santé et régis par la loi du 21 juillet 1952. Lors du prélèvement, le sang est recueilli dans des poches en matière plastique à l'aide de matériel stérile à usage unique. Il ne peut donc exister de risque de contamination du donneur. Le prélèvement s'effectue de plus en plus à l'aide de machines sélectionnant une fraction seulement du sang : plasma lors d'une plasmaphérèse, plaquettes ou globules blancs lors d'une cytaphérèse. Une forme particulière de transfusion, l'exsanguinotransfusion, effectuée chez le nouveau-né ou chez l'adulte, consiste à renouveler le sang de la valeur d'une ou de plusieurs fois la masse sanguine, afin d'éliminer soit des anticorps soit des cellules anormales ou des parasites. La transfusion vise de plus en plus à apporter au malade uniquement le composant nécessaire à son traitement et lui faisant défaut. Cette transfusion sélective permet une meilleure utilisation des dons, une meilleure adaptation de la thérapeutique, d'où une plus grande efficacité et une réduction des éventuels incidents et accidents. Les perspectives d'avenir sont de plusieurs ordres. La biotechnologie permet de produire des anticorps dirigés contre les groupes sanguins ; ces anticorps sont maintenant utilisés comme réactifs de laboratoire. Cette technique va, dans l'avenir, s'étendre aux anticorps thérapeutiques (immunoglobulines). De même des protéines, telles certains facteurs de la coagulation et l'albumine, vont être produites par « génie génétique ». L'inactivation virale utilisée actuellement pour tous les facteurs stables (albumine, facteurs antihémophiliques...) est au point ; les recherches se poursuivent sur l'inactivation des virus dans les produits labiles : les concentrés globulaires, par exemple. Dans l'avenir, les centres de transfusion vont avoir à jouer un rôle important dans le prélèvement et les traitements sélectifs de certaines cellules sanguines. Ces cellules pourront être ensuite réinjectées au patient ; ces techniques se développent dans les domaines de la cancérologie et de l'hématologie. Quant aux substituts de globules rouges ayant la fonction de transporter de l'oxygène, ils sont à l'étude mais non utilisables encore car bien trop toxiques pour le transfusé. Leur emploi paraît lointain. •

3. **Le don du sang.**

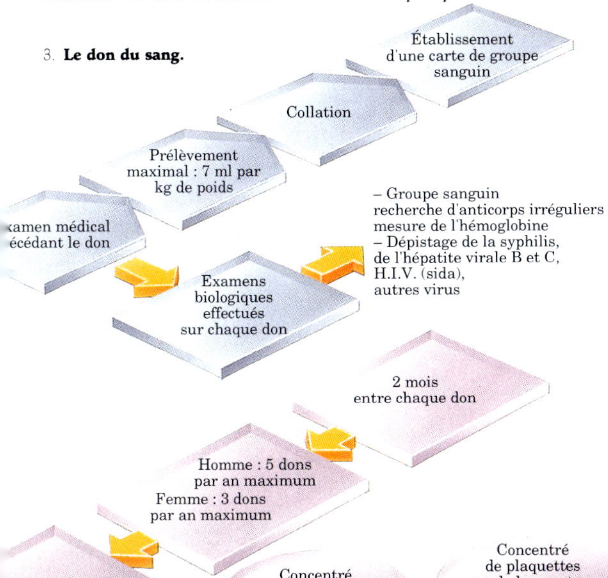

Les complications de la transfusion

LES TESTS DISPONIBLES ET LA RIGUEUR DE LEUR UTILISATION RENDENT EXCEPTIONNELS LES ACCIDENTS LIÉS À LA TRANSFUSION.

Les complications peuvent survenir pendant ou après une transfusion. Toute transfusion doit être compatible : il faut éviter d'apporter un antigène contre lequel le receveur possède déjà un anticorps. Avant toute transfusion, une analyse du sérum du receveur est obligatoire, sauf en cas d'extrême urgence. Elle permet le dépistage des anticorps pouvant être dangereux ; la transfusion de sang sélectionné dans le système du ou des groupes compatibles peut alors être effectuée. L'incompatibilité peut se manifester par une hémolyse aiguë des globules rouges (accident grave car un grand nombre de globules rouges sont détruits), ou par des signes cliniques beaucoup moins intenses et retardés par rapport à la transfusion. Ces accidents peuvent être le fait d'une erreur dans le système ABO ou de la présence dans le sérum d'une agglutinine irrégulière. On peut aussi observer une réaction de frissons et une poussée thermique, phénomènes liés à l'action d'anticorps dirigés contre les leucocytes et les plaquettes. Les réactions allergiques possibles vont de l'urticaire banale, réaction le plus fréquemment observée, à l'œdème de Quincke (tuméfaction cutanée) ou au rare choc anaphylactique.

L'accident par contamination bactérienne du sang reste exceptionnel. Le risque de transmission virale ou parasitaire nécessite des mesures préventives systématiques chez le donneur de sang, par l'examen biologique, mais aussi par l'entretien médical précédant le don. Il faut cependant savoir que tout individu est porteur de virus : les uns sont relativement inoffensifs, les autres peuvent être dangereux, surtout pour des malades dont les défenses immunitaires sont affaiblies. L'hépatite virale peut se traduire cliniquement par une coloration jaune de la peau (ictère), des troubles digestifs, une grande fatigue. Parfois mortelle, elle est le plus souvent moyennement grave, voire inapparente. L'hépatite A est exceptionnellement, si ce n'est jamais, impliquée dans les hépatites post-transfusionnelles ; l'hépatite B est la plus redoutable, mais la recherche du virus est obligatoire chez les donneurs. L'hépatite non-A non-B représentait 90 % des hépatites post-transfusionnelles. Outre l'éviction des donneurs dont le taux de transaminases est élevé ou porteurs d'anticorps anti HBc (marqueur du virus de l'hépatite B), la recherche de marqueurs de l'hépatite C représente un progrès considérable dans la prévention des hépatites post-transfusionnelles.

Les virus du sida, le V.I.H. 1 et le V.I.H. 2, sont ceux qui inquiètent le plus les receveurs potentiels. Le dépistage des anticorps anti-V.I.H., obligatoire en France depuis le 23 juillet 1985, a permis d'éliminer la presque totalité des contaminations transfusionnelles ; des tests complémentaires sont actuellement à l'étude. Les anticorps anti-H.T.L.V. 1 et ceux dirigés contre le cytomégalovirus peuvent également être recherchés. Quant à la syphilis, son agent responsable, le tréponème, est détruit à la température de conservation du sang (4 °C) ; de plus, les examens effectués lors des dons de sang éliminent les personnes qui sont atteintes de cette affection. Enfin, la multiplication des voyages expose à un plus grand risque de contamination par le plasmodium, responsable du paludisme. Le parasite est transmissible par transfusion et la recherche de ce risque de contamination est effectuée chez les donneurs ayant voyagé en zone infestée. •

4. **Le devenir du sang donné.**

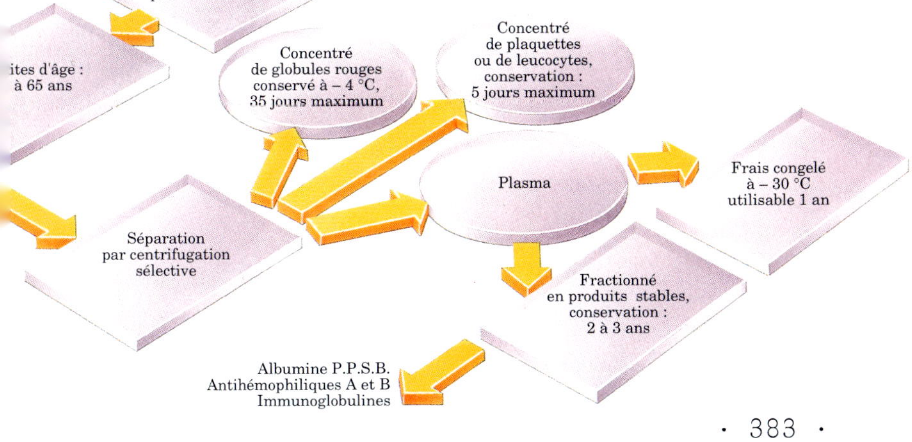

L'autotransfusion

EN RECEVANT SON PROPRE SANG, LE MALADE ÉVITE TOUT ACCIDENT D'INCOMPATIBILITÉ OU DE TRANSMISSION VIRALE.

Les techniques permettant de transfuser à un opéré son propre sang se sont développées au cours des années 1980. Il peut s'agir de dons antérieurement programmés : deux, trois, voire quatre ou cinq prélèvements de sang sont effectués avant l'intervention chirurgicale, en fonction des pertes sanguines probables. Le sang, conservé dans des poches personnalisées au centre de transfusion, est réinjecté au cours de l'opération. Cette méthode, de toute évidence, ne peut s'appliquer à l'urgence. Elle est surtout utilisée en chirurgie cardiaque, en chirurgie orthopédique et en chirurgie réparatrice ; elle se développe en gynécologie et en obstétrique (dans les cas de grossesse à très haut risque pour lesquels une intervention chirurgicale est probable). Les prélèvements, de 300 ml à chaque fois, ont lieu à une semaine d'intervalle ; leur nombre est limité à 5 du fait de la non-conservation du sang au-delà de 35 jours. Cette technique nécessite une collaboration étroite entre chirurgiens, anesthésistes et médecins du centre de transfusion. Les patients doivent être en bon état clinique et biologique. Un traitement par le fer et l'acide folique est prescrit avant et, si besoin, après l'intervention chirurgicale, afin de permettre une récupération rapide du taux d'hémoglobine.

Afin d'éviter une transfusion, on peut aussi pratiquer une hémodilution « normovolémique ». Le prélèvement s'effectue juste avant l'intervention, dans le bloc opératoire. Des solutions de grosses molécules sont perfusées en remplacement du sang prélevé, de façon à obtenir une masse circulante suffisante avec un taux d'hématocrites abaissé (proportion de cellules et plaquettes de l'ordre de 15 % au lieu de 45 %). À la fin de l'intervention, le sang prélevé est restitué.

Par ailleurs, au cours d'une intervention chirurgicale, après aspiration et recueil du sang perdu par le patient, les globules rouges, lavés, peuvent être retransfusés au malade. Il s'agit d'une technique intéressante en chirurgie cardiaque, en traumatologie très hémorragique, mais contre-indiquée en chirurgie digestive (du fait du risque infectieux de cette chirurgie). Elle est particulièrement lourde à gérer par l'équipe soignante. Quant à l'autotransfusion de concentrés globulaires congelés pendant plusieurs années, elle ne peut être envisagée que dans des cas tout à fait particuliers : personnes appartenant à un groupe extrêmement rare et ne pouvant donc recevoir aucun autre sang que le leur, mais également celles dont on sait qu'elles devront subir de nombreuses interventions chirurgicales nécessitant de multiples transfusions (ainsi des enfants et adolescents traités dans les services d'orthopédie et de chirurgie reconstructrice). •

→ **Voir aussi :** L'immunité, **BIOL**, p. 164-165. Le sang normal et le sang pathologique, **MED**, p. 238-239.

Qu'est-ce que la norme ?

SUIS-JE NORMAL ? LA GLYCÉMIE, la radiographie sont-elles normales ? Ces questions sont souvent posées au médecin. Celui-ci doit confirmer la normalité par rapport aux états pathologiques dont il a la connaissance.

Les normes (du latin *norma,* équerre) sont de plusieurs types. Les normes *physiques* établissent les formes, compositions, techniques de production d'objets fabriqués en série. Les normes *sociologiques* sont établies, pour un individu ou un groupe donné, à partir de règles de comportement et de valeurs des groupes sociaux étudiés à un moment précis. L'individu ou le groupe est conforme ou déviant par rapport à ces normes, elles-mêmes variables selon les époques, influencées aussi par leur diffusion dans les populations. En *médecine,* les normes prennent tantôt la fixité précise de celles des objets, tantôt la plasticité des normes sociologiques. En un sens, l'observation des maladies permet de définir les conditions du fonctionnement habituel : la santé est le « silence des organes ». Dans un autre sens, l'anatomiste, le biologiste isolent un élément fonctionnel du corps, observent sa morphologie, sa composition et en modélisent le fonctionnement pour suppléer les défaillances et vont de l'expérimentation à la pathologie.

Les normes multiples que connaît la médecine constituent des réseaux complexes et mouvants : les unes sont fondées sur l'analyse de la dyade santé-maladie, les autres sur l'étude de la limite entre le vivant et l'inerte. Un constant effort pour isoler et *mesurer des faits* a permis de constituer un lexique des grandeurs observées chez l'homme normal, leur valeur moyenne et l'écart-type (indiquant la dispersion par rapport à la moyenne). Des commissions définissent les unités de mesure et les limites acceptables. Ces méthodes apportent à l'imagerie et aux analyses médicales actuelles précision et fiabilité. L'interprétation des résultats est toujours confrontée aux données cliniques et épidémiologiques. En effet, une part de constatations est précise, mesurable, une autre est imprécise, plurifactorielle. Cette dernière reflète la spécificité de chaque individu, mais aussi le mouvement constant des composants de son corps entre sa naissance et sa mort.

Normes et morphologie

XAVIER THÉVENOT A PROPOSÉ TROIS NIVEAUX DE NORMES SOCIALES – GÉNÉRAL, PARTICULIER ET SINGULIER –, CE QUI EST APPLICABLE À LA MORPHOLOGIE HUMAINE.

L'anatomie de l'espèce humaine semble fixe et codifiée. L'homme est fait d'une tête, d'un tronc, de 4 membres ; 206 os constituent son squelette. L'anthropologie, et particulièrement les travaux du Français P. Broca, a établi les normes de taille, de poids, de formes, d'empreintes digitales... Il s'agit de *normes générales* concernant la morphologie extérieure, les organes, les tissus et cellules. Pourtant l'homme diffère de la femme, les longilignes de la haute vallée du Nil sont bien distincts des robustes lutteurs de sumo japonais ou des Pygmées. On a défini des normes et des écarts statistiques, valables selon les ethnies, les conditions nutritionnelles et écologiques. Des abaques permettent de suivre la croissance des garçons et des filles, de préciser l'âge de la puberté, de repérer les sujets qui s'écartent de la courbe type. Cela définit des *normes particulières* et des modifications des courbes au fil du temps (la taille moyenne des conscrits français de 20 ans est plus élevée d'une dizaine de cm en 1989 qu'en 1889). Il est ainsi nécessaire de vérifier périodiquement les normes semblant établies et de les ajuster aux constatations du moment.

Biologie et médecine déterminent enfin le *caractère singulier* de chaque individu : le génome, les groupes sanguins, la physionomie, les modalités réactionnelles font de chaque individu un sujet original. Au sein de chaque groupe régi par les normes générales et particulières, chaque sujet est en même temps pourvu de sa propre singularité, évidente pour la morphologie externe mais également inscrite dans les variations de chaque squelette et de chaque cerveau. Mis à part le cas de gémellité (et l'éventuel clonage...), aucun individu n'est identique génétiquement à un autre.

Les normes morphologiques établies permettent l'utilisation de l'imagerie (radiologie, endoscopie, histologie, etc.) du corps et de l'analyse biologique pour le dépistage, l'identification des maladies, leur prévention. Elles sont adaptées à la fixité permanente des formes et à leur évolution qui les rend mouvantes au cours des âges de chaque homme et dans l'espèce humaine. •

Normes et chiffres

Un contraste existe entre l'image de précision que donnent les tableaux des valeurs biologiques usuelles, hématologiques, biochimiques et la variabilité de ces valeurs (au cours du nycthémère, lors de l'effort chez le sujet sain, ou dans des conditions pathologiques). Il n'y a en réalité pas de fixité mais variation dans les flux.

Les nomogrammes (1, 2), dont Maurice d'Ocagne (1862-1938) fut l'inventeur, sont utilisés pour adapter les valeurs brutes aux conditions spécifiques de chaque sujet. La même notion de différence se retrouve dans l'image du jockey (3) et du basketteur (4) dont les morphologies sont si contrastées qu'elles montrent l'ampleur des diversités à l'intérieur des normes morphologiques.

1. Volumes respiratoires en fonction de la taille et de l'âge.

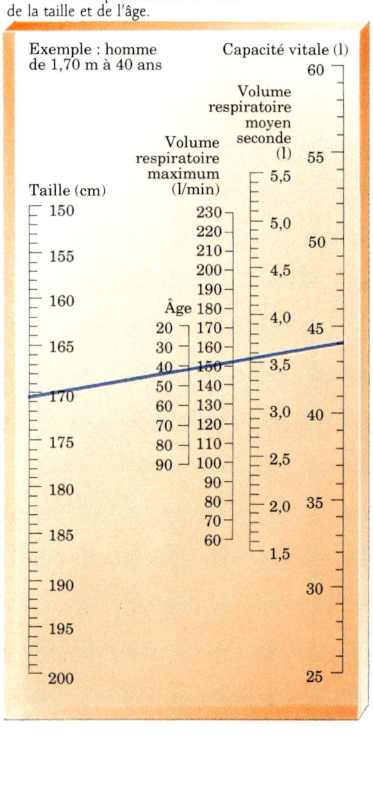

2. Équilibre acido-basique (diagramme de Siggaard-Andersen), utile en thérapeutique.

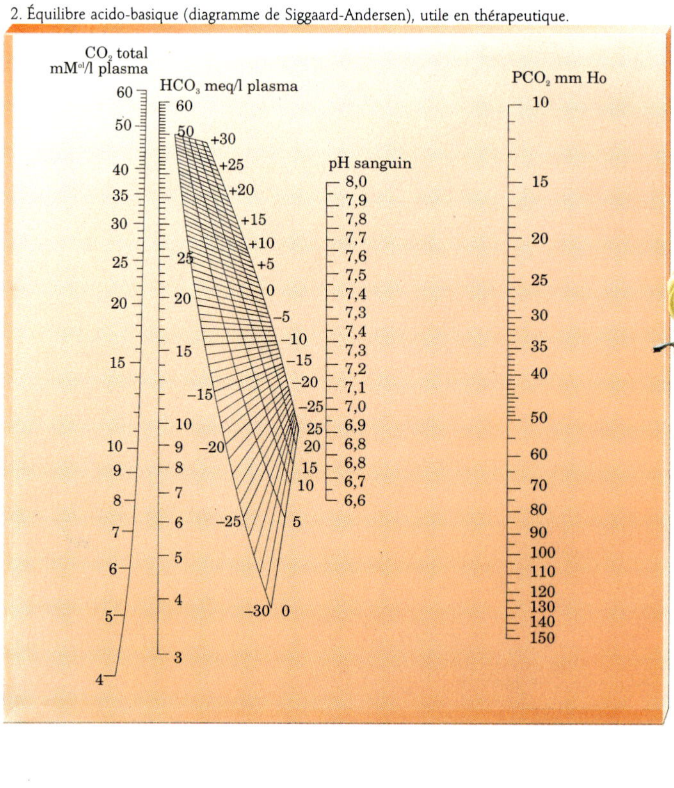

3. Jockey (champ de courses de Newmarket).

Norme et fonction

LES RÉGULATIONS DU CORPS PERMETTENT L'ADAPTATION AU MILIEU, LA CROISSANCE ET LE RENOUVELLEMENT DES TISSUS, LA PENSÉE ET L'ACTION, LA REPRODUCTION.

La mesure des caractéristiques *biologiques* de l'urine, des selles, du sang, des liquides et des tissus de l'organisme, l'observation des constantes de fonctionnement des organes et des systèmes (respiration, digestion, etc.) ont permis d'établir des données numériques à partir de lots d'individus, étudiés dans des conditions d'homogénéité qui assurent la validité des comparaisons. Ces mesures variées sont en nombre considérable.

Les examens *chimiques* et *physiques* du sang tels que le taux de glucose permettent de définir, à partir des valeurs normales, l'excès qui caractérise le diabète ou l'hypoglycémie. Les sons recevables par l'homme ont des fréquences allant de 200 à 10 000 Hz. La température normale oscille entre 36,8 °C et 37,2 °C. L'interprétation de ces mesures est parfois simple, parfois complexe et nécessite des confrontations avec les autres signes cliniques dans chaque cas individuel. L'anomalie du cholestérol ou de la calcémie relève ici d'un excès d'apport, là d'une maladie congénitale. Lorsqu'il s'agit de mettre en œuvre un traitement curatif, il est nécessaire de déterminer à partir de quel chiffre sanguin on devra l'entreprendre et quelles sont les normes nécessaires pour apprécier son action à court et moyen terme. La mise en jeu d'actions préventives portant sur un nombre important de sujets impose une très grande minutie dans les critères de mesure, la définition des objectifs et l'évaluation des résultats.

Les *normes bactériologiques* associent deux difficultés : identification du germe, qui a ses normes propres de résistance, et effets réciproques du germe et du patient. Les *normes immunologiques,* tels les groupes sanguins, sont très strictement définies. Dans ces divers domaines, l'évolution des techniques rend l'interprétation facile ou complexe. Les différentes épreuves qui étudient les *performances* des fonctions soumettent le sujet à des conditions particulières d'effort, d'oxygénation et doivent être effectuées avec une grande prudence.

La *chronobiologie* étudie les variations des facteurs biologiques au cours du cycle jour/nuit, de celui des saisons, et a ouvert de nouvelles possibilités thérapeutiques. Les enregistrements continus des cardiogrammes, myogrammes, encéphalogrammes, les transits des isotopes, les mesures de débit sanguin, urinaire, respiratoire, biliaire donnent des mesures de flux et d'échanges et nécessitent tous une interprétation. Ainsi sont nées de nouvelles normes adaptées aux flux des équilibres du corps. Elles ont révélé la diversité chez un même individu des modalités réactionnelles à l'émotion, au stress. L'étude des sujets en milieu confiné, en apesanteur, a permis l'ajustement des normes selon les conditions particulières du milieu. •

4. Joueur de basket-ball (États-Unis).

Dosages sanguins habituels

Substance dosée	*Valeurs habituelles par litre*
acide pyruvique	45 à 70·10⁻⁶ mole
acide urique	235 à 360·10⁻⁶ mole
cholestérol total	4,6 à 7·10⁻³ mole
triglycérides	0,6 à 1,7·10⁻³ mole
bilirubine totale	3,4 à 20·10⁻⁶ mole
glucose	0,8 à 1,1 g
urée	3 à 7·10⁻³ mole
sodium	136 à 144·10⁻³ mole
chlore	97 à 106·10⁻³ mole
calcium	2,4 à 2,6·10⁻³ mole
fer sérique	13 à 24·10⁻⁶ mole
magnésium	
plasmatique	0,66 à 1·10⁻³ mole
érythrocytaire	2 à 2,5·10⁻³ mole
carotène	1,8 à 5,6·10⁻⁶ mole
cortisol	280 à 550·10⁻⁹ mole
créatinine	53 à 120·10⁻⁶ mole
fibrinogène	2,5 à 4,5 g
insuline	⩽ 173·10⁻¹² mole
lipides totaux	4 à 8 g
phosphore	0,8 à 1,3·10⁻³ mole
potassium	3,8 à 4,8·10⁻³ mole
protéines totales	60 à 75 g
albumine	50 à 60 %
α_1-globulines	3 à 4 %
α_2-globulines	6 à 10 %
β-globulines	9 à 15 %
γ-globulines	12 à 20 %
immuno-globulines E	1 à 14·10⁻³ g
hormone de croissance	⩽ 230·10⁻¹² mole
thyroxine	42 à 115·10⁻⁹ mole
vitamine A	1 à 2,6·10⁻⁶ mole
vitamine B 12	150 à 740·10⁻¹² mole
vitamine C	20 à 100·10⁻⁶ mole
vitamine E	8,6 à 9,8·10⁻⁶ mole

Norme et psychologie

ON APPRÉCIE DES NIVEAUX DE BASE, ON NE MESURE QUE TRÈS MAL LES PERFORMANCES. LES PHÉNOMÈNES AFFECTIFS SONT SPÉCIALEMENT MOUVANTS ET PERSONNELS.

Le « simple d'esprit » suscitait autrefois la moquerie ou la pitié par son insuffisance de compréhension du langage ou par l'inadaptation de son comportement aux réalités quotidiennes de la vie. Les crises des épileptiques inspiraient la crainte. Les manifestations de violence de ceux qu'on croyait possédés du démon motivaient leur enfermement. La normalité du langage et des comportements humains était définie pour une société et un temps donnés par opposition avec ces types caricaturaux de pathologie.

À partir de 1920, des psychologues, dont l'Américain Arnold Gesell et le Suisse Jean Piaget, ont étudié les activités et les jeux des nourrissons et des enfants. Ils ont défini les étapes du *développement psychomoteur,* en fonction de l'âge, les modalités de l'éveil, de la découverte du corps, de l'apprentissage, etc. Les normes des enfants ont pu ainsi être établies. Ces normes ont une fiabilité satisfaisante avec certaines corrections adaptées aux conditions sociologiques des diverses régions du monde. On a procédé de même pour l'étude du *langage* et de l'*apprentissage* de la mémoire, de l'intelligence, par la définition d'épreuves et leur comparaison statistique sur des lots homogènes d'individus. Certaines épreuves sont franchies avec succès par 100 % d'individus, d'autres le sont par 2,5 %. Les conventions de l'O.M.S. utilisent le quotient intellectuel (Q.I.), dont la moyenne est 100 et l'écart-type 15. L'arriéré profond ne dépasse pas 20. Le niveau limite permettant la vie sociale est situé entre 70 et 80. Les maladies congénitales ou acquises du langage, de la mémoire, de l'efficience intellectuelle, du cerveau, de l'attention peuvent être appréciées en fonction de normes comparables.

La même démarche fondée sur l'étude statistique est difficilement applicable à la *sensibilité,* à la *vie pulsionnelle et affective.* En effet, chaque individu a des modalités de réaction variables : la joie, les appétits, la peur, la colère, la sexualité sont difficilement mesurables. Les systèmes de référence sont doubles : des *conventions* définissent les niveaux de tolérance des conduites individuelles et des conduites idéales selon les lois du groupe. La *souffrance personnelle* ressentie constitue une référence, sans comparaison stricte possible, propre à chaque sujet, variable au cours de sa propre vie.

Le médecin, devant les questions que posent les troubles de l'affectivité, du comportement et de la personnalité, établit le diagnostic. C'est-à-dire qu'il utilise les normes fournies par les connaissances neuropsychologiques, les usages sociaux en les tempérant par la notion d'incertitude qui existe pour chaque destin. Il apprécie la souffrance du patient dans sa singularité et propose les mesures thérapeutiques adéquates. L'examen critique des données cliniques, des tests de personnalité, d'enregistrements magnétoscopiques des entretiens, de l'évolution permet de limiter les erreurs que comporterait une application trop rigide des normes. On tient aussi compte des incertitudes liées à l'interprétation du soignant et à la part aléatoire de chaque personnalité. •

Normes habituelles en hématologie

hématocrite	♂ : 0,38 à 0,52 %
	♀ : 0,32 à 0,47 %
hémoglobine	♂ : 8,00 à 11,10 · 10⁻³ mole/l
	♀ : 7,40 à 9,90 · 10⁻³ mole/l
érythrocytes (globules rouges)	♂ : 4,20 à 5,70 · 10¹²/l
	♀ : 4,00 à 5,50 · 10¹²/l
réticulocytes	20 à 80 · 10⁹/l
thrombocytes (plaquettes)	150 à 400 · 10⁹/l
leucocytes (globules blancs)	4,0 à 10,0 · 10⁹/l
polynucléaires neutrophiles	52 à 68 %
polynucléaires éosinophiles	1 à 3 %
polynucléaires basophiles	⩽ 1 %
lymphocytes	25 à 30 %
monocytes	3 à 8 %
temps de saignement	⩽ 300 s méthode de Duke
temps de Quick et prothrombine	1 l à 17 s (selon le réactif) soit 0,80 à 1,10 de la valeur du sujet témoin normal
fibrinogène	3 à 4 g/l
groupes sanguins	Système A.B.O : A-B-AB-O Systèmes Rhésus : Rh positif ou négatif
groupes leucocytaires	Système Hela

→ **Voir aussi :** Exploration et diagnostic biologiques, **MED.** p. 252-253. De la naissance à deux ans, **MED,** p. 340-341. Les tests mentaux, **MED.** p. 360-361.

Le handicap

TERME VENU DES CHAMPS de courses anglo-saxons, le handicap représente une difficulté supplémentaire que l'on impose au concurrent trop fort. Par extension, il signifie ce désavantage personnel, social et économique qui infériorise les personnes frappées d'une déficience ou d'une incapacité.

Mais, si familière qu'elle apparaisse, la notion de handicap génère une ambiguïté évidente. Au fil des siècles, en effet, l'anomalie tant du corps que de l'esprit ne cesse d'interroger les peuples y découvrant cette précarité de l'être humain qui les empêche d'accéder à l'édification d'une norme irréprochable toujours recherchée, consciemment ou non. Les attitudes sociales qui rattachent plus volontiers le handicap au mal de l'ordre créé qu'à l'harmonie d'une normalité diversifiée, et dont les plus élémentaires revendiquent le rejet, ne semblent pas vraiment marquer les étapes d'une progression culturelle. Elles s'imbriquent plutôt les unes aux autres pour soulager et permettre que se dessine le regard de chacun comme celui des civilisations d'hier et d'aujourd'hui.

Par un effort d'extrême volonté né du principe même de la charité, les sociétés modernes tentent de ne plus considérer l'anomalie en objet d'intervention mais de satisfaire les besoins d'une personne aux droits reconnus. Il est vrai qu'elles échouent parfois, lorsque réapparaît la terrible logique de l'eugénisme ou de l'euthanasie. Pourtant, le développement de la réadaptation conduit à la découverte d'une normalité par-delà la différence, et le concept d'intégration finit par dominer celui de réclusion ou de simple médicalisation.

L'anomalie et le handicap

TROP VITE ASSIMILÉ À L'INADAPTATION, LE HANDICAP CONCERNE PLUS D'UN INDIVIDU SUR DIX.

Un handicapé est un sujet dont l'intégrité physique ou mentale est passagèrement ou définitivement diminuée, soit congénitalement, soit sous l'effet de l'âge, d'une maladie ou d'un accident, en sorte que son autonomie, son aptitude à fréquenter l'école ou à occuper un emploi s'en trouvent compromises. Cette définition de l'Organisation mondiale de la santé a le mérite de nommer les difficultés propres à la personne atteinte d'une déficience. Encore faut-il préciser qu'un handicapé est un sujet à repérer parce que ses performances ne s'accordent pas aux exigences de son milieu d'évolution. Pour ce faire et lui permettre d'accéder à un processus de normalisation, la médecine dispose de programmes d'évaluation fiables. Elle se refuse alors d'appréhender le handicap en tant que seul concept socialement contrôlé et s'attache à le répertorier selon les caractéristiques du trouble dont il résulte.

Il convient de considérer, d'abord, les handicaps physiques qui sont une limitation ou un dysfonctionnement de la motricité généralement dû à une malformation, une amputation, une paralysie ou une incapacité de contrôle. D'origine cérébrale (athétose, syndrome de Little...), médullaire (poliomyélite, spina bifida...), musculaire (myasthénie, myopathie...) ou ostéo-articulaire (phocomélie, polyarthrite rhumatoïde...), ils touchent en France, par exemple, près de 2 500 000 personnes, qui doivent apprendre à apprivoiser ou redécouvrir ce corps qui leur échappe. Viennent ensuite les handicaps de l'ouïe ou de la vue, qui, de par le monde, défavorisent environ 70 millions de personnes. Les pertes apparues après l'acquisition de repères sont toujours à distinguer des atteintes congénitales ou très précoces qui nécessitent une pédagogie spéciale quant à la mise en place d'une suppléance sensorielle. Enfin, les handicaps mentaux et psychoaffectifs se caractérisent par les difficultés importantes que rencontre environ une personne sur cent pour répondre de façon adaptée aux situations de la vie courante. Les résultats obtenus aux tests d'efficience intellectuelle permettent habituellement de chiffrer les capacités d'un sujet à évoluer. Mais le problème souvent majeur reste celui de repérer, afin d'en programmer le traitement qui s'impose, la débilité endogène pour cause organique et la débilité exogène consécutive à des carences relationnelles.

À ces trois catégories, il est souhaitable d'en ajouter d'autres. Celle des maladies chroniques (épilepsie, nanisme...), des difficultés psychomotrices (maladresse, dyslexie...) ou des inadaptations socioculturelles qui, insuffisamment prises en considération, peuvent évoluer jusqu'au handicap, dont elles s'avèrent être d'importants facteurs de risque. Mais aussi celle du multihandicap (plurihandicap, surhandicap ou polyhandicap), qui, présentant l'association de plusieurs dominantes graves, affecte en fait près d'un infirme sur deux, aux besoins de prise en charge très spécifique. •

Les évaluations et la prévention du handicap

DEPUIS PRESQUE DEUX SIÈCLES, L'OBSERVATION CLINIQUE ET L'INVESTIGATION MÉDICALE ŒUVRENT À PROMOUVOIR L'ÉVALUATION DES DÉFICIENCES.

L'analyse de l'étiologie des déficiences, parfois difficile à spécifier dans le temps, de leur diagnostic, de leur topographie (selon la sévérité de l'atteinte dominant sur certains segments corporels) et de leur progression à court comme à long terme permet d'apprendre non seulement à gérer le handicap, c'est-à-dire à intervenir systématiquement pour l'enrayer, l'améliorer ou le stabiliser autant que faire se peut, mais aussi à le prévenir.

Il est juste, en effet, de chercher à soulager toute personne d'une infirmité éventuelle, latente ou déclarée, en évitant son apparition ou son aggravation. La prévention existe à l'unique condition que s'organise, sur la base de mesures médicales et socio-économiques rigoureuses (éducation sanitaire, surveillance prénatale, vaccinations obligatoires...), une lutte acharnée contre les causes d'infirmités. Et ce qu'elle intervienne auprès d'individus présumés sains reconnus « à risque » ou auprès de ceux pour qui l'évolution d'une pathologie manifeste s'avère à maîtriser. On comprend ici pourquoi une action ne se qualifie plus de préventive lorsque la suppression d'un handicap implique d'abord celle du sujet qui s'en trouve atteint.

À l'échelle mondiale, l'état de misère dans lequel s'enlisent les pays en développement et ses conséquences désastreuses (faim, manque d'hygiène, épidémies...) génèrent nombre de déficiences graves. 80 % des aveugles, par exemple, habitent le tiers-monde, où se côtoient également en quantité des personnes frappées d'arriération mentale ou de malformations consécutives aux carences protéiniques et vitaminiques. Ici, la prévention ne saurait s'envisager sans la lutte massive

1. Prise en charge d'un enfant sourd.

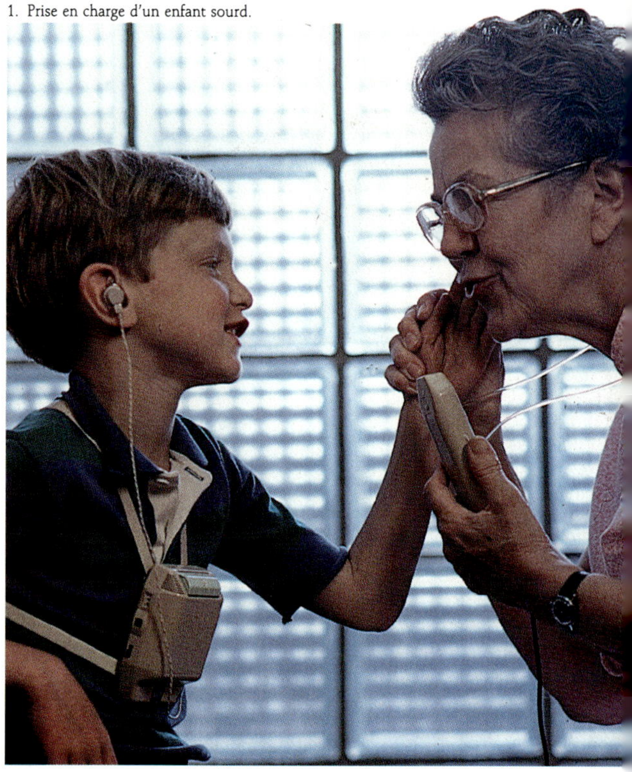

Dignité et intégration sociale

« Le handicapé a essentiellement droit au respect de sa dignité humaine. » Ainsi débute le troisième article de la déclaration que fit, le 9 décembre 1975, l'Organisation des Nations unies en faveur des personnes handicapées. Tout sujet dit « handicapé » a, comme quiconque en effet, des droits fondamentaux, civiques et politiques, dont seule la reconnaissance peut lui permettre de vivre pleinement. Il est vrai que les instances étatiques multiplient leurs efforts mais nous montrons-nous toujours prêts à oublier nos préjugés pour aider l'enfant ou l'adulte à s'épanouir en développant les activités dont il reste capable ? Ces activités, à la base de l'intégration sociale, passent par la communication (1), le travail (2), mais aussi le jeu (3) et la découverte de l'environnement (4).

contre la pauvreté et, si louable soit-elle, l'organisation actuelle des opérations humanitaires (campagnes nutritionnelles, création de dispensaires, planification des naissances...) ne suffit pas à satisfaire les énormes besoins.

Les régions industrialisées ne cessent, de leur côté, de veiller à l'amélioration des conditions de vie de leurs populations. La protection maternelle et infantile, la technicité médicale, la Sécurité sociale ou l'information de l'opinion passant par le dialogue patient-médecin mais utilisant également les grands moyens de communication de masse, lors par exemple de campagnes nationales, contribuent à la systématisation d'une prévention des affections d'origines diverses (aberration chromosomique, prématurité, accidents domestiques...). Pourtant, les familles culturellement et économiquement défavorisées demeurent les proies faciles de menaces redoutables (alcool, malnutrition, pollution) qui les marginalisent encore davantage. •

L'histoire du handicap liée à celle du sujet

L'APPARITION DU HANDICAP MARQUE LE DÉBUT D'UNE HISTOIRE SPÉCIFIQUE POUR LE SUJET DONT DÉPENDENT EN PARTIE LES CHANCES D'ÉVOLUTION.

La révélation précoce d'un handicap ne s'impose pas directement à l'enfant mais à ses proches, qui parviennent plus ou moins facilement à surmonter leur souffrance et les divers sentiments induits (culpabilité, honte, angoisse...). Que ce soit alors par des réactions de rejet ou de surprotection qui ne sont pas sans compromettre l'équilibre des autres membres de la famille, l'enfant est uniquement reconnu différent et, donc, incapable de progresser. Il risque de développer une personnalité amère, agressive et revendicatrice, à moins qu'il ne témoigne d'un comportement de frustration, d'égoïsme et de jalousie susceptibles d'évoluer vers la maladie mentale. En revanche, s'il bénéficie de parents « forts », conscients des répercussions du handicap sur son développement et prêts à l'accompagner, il peut accéder à une autonomie véritable.

Une apparition plus tardive du handicap dans l'existence pose le problème de l'âge du sujet, de sa personnalité, de ses facultés de réaction et de l'attitude de son entourage. Que le handicap se manifeste de façon brutale ou progressive, le patient doit entreprendre un travail de deuil pour non pas nier la réalité de son état ou se replier sur lui-même, mais découvrir un nouvel art de vivre. Créer de nouvelles relations socio-affectives exige des choix parfois très douloureux. •

2. Paysan du Sri Lanka porteur d'une jambe artificielle (activité de l'organisation *Handicap international*).

3. Petite tétraplégique jouant à l'école.

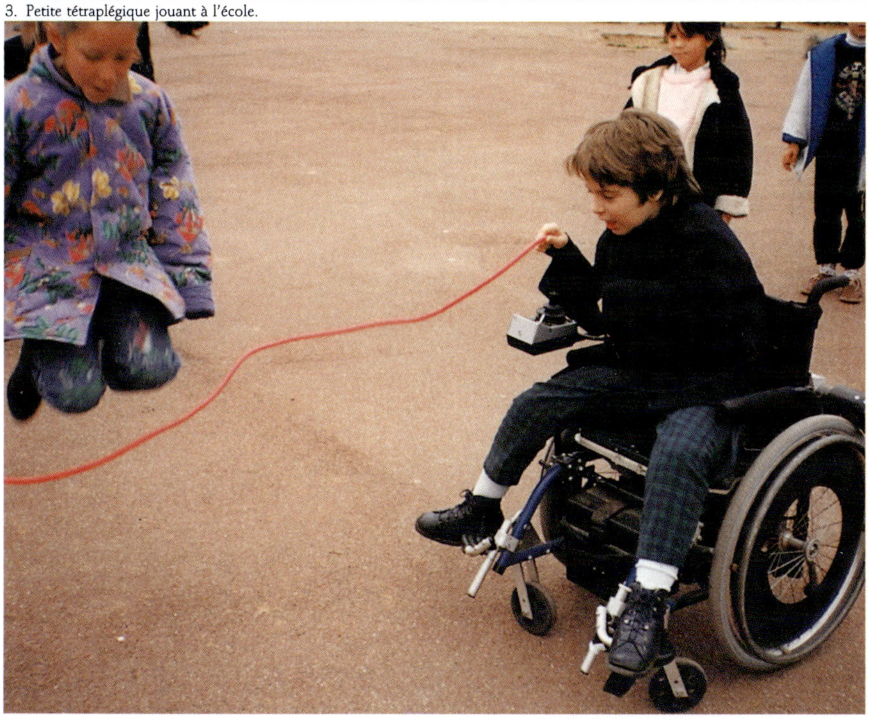

La prise en charge du handicap

LA PRISE EN CHARGE MÉDICO-TECHNIQUE D'UN HANDICAP QUEL QU'IL SOIT NE SAURAIT SE CONCEVOIR SANS L'APPRÉHENSION GLOBALE DE CELUI QUI LE PORTE.

Sujet à part entière, le handicapé a des devoirs (participer selon ses talents à la vie collective, ne pas imaginer que tout lui est dû en compensation de ses difficultés...), mais encore faut-il que lui soient reconnus ses droits en conséquence de ses besoins ordinaires (tendresse, valorisation...) ou spécifiques (traitement de ses troubles, assistance légale...).

Dans certaines ethnies africaines où se perpétuent les traditions de l'accueil, la responsabilité du groupe assure l'intégration naturelle de l'infirme parmi les siens. L'évolution des mentalités dans nos sociétés permet aujourd'hui que les personnes handicapées, longtemps exclues des populations occidentales, bénéficient enfin d'un ensemble d'excellentes prestations (techniques chirurgicales, prothèses ou orthèses élaborées, accompagnement des familles...) et, donc, d'un statut social, que souligne le pictogramme international du fauteuil roulant fleurissant en nombre d'endroits stratégiques (brochures d'information, places de stationnement réservées, parcours accessibles...).

Pourtant, le symbole du fauteuil roulant prouve de lui-même la primauté des services proposés à une catégorie bien définie d'individus alors que la notion de handicap s'applique à tous ceux qu'affecte une déficience. Les mesures d'intervention que nécessite leur état ne correspondent pas toujours aux vrais besoins (repères identifiables, langage non verbal...). Les mesures aidant à leur intégration peuvent se heurter à bien des réticences se traduisant par exemple par l'hostilité des regards, par des refus d'embauche. Les difficultés d'ordre intellectuel ou relationnel rencontrées continuent de poser le problème d'une angoissante méconnaissance des capacités de chacun à s'épanouir malgré ses limites en milieu ordinaire.

Des enfants atteints de trisomie 21, par exemple, reçoivent une éducation multidimensionnelle (thérapeutique, scolaire, alimentaire, sportive et artistique...) jusqu'à devenir des hommes ou des femmes capables de ressentir du bonheur et de développer une autonomie.

Il est ainsi primordial que les personnes dites « handicapées » apprennent ou réapprennent à maîtriser leur corps et leurs comportements pour se révéler au travers d'activités choisies (sport, métier, non-travail...). Avec exigence, parents et professionnels doivent les aider à bénéficier des ressources que fournissent les structures ordinaires ou spéciales, tandis que l'environnement propose en leur faveur certains aménagements qui ne sont d'ailleurs pas sans améliorer le confort de la population générale. •

→ **Voir aussi :** Qu'est-ce que la norme ? **MED**, p. 384-385.

4. Aveugles en randonnée.

Le vieillissement

La gérontologie

SCIENCE DU VIEILLISSEMENT sous toutes ses formes, biologique, psychologique, sociologique et médicale, la gérontologie englobe la gériatrie, discipline médicale spécifique aux personnes âgées. La gériatrie bénéficie donc aujourd'hui des apports de l'ensemble de la gérontologie.

Depuis Aristote et Galien, de nombreuses théories du vieillissement ont vu le jour. Actuellement, le vieillissement de la cellule est expliqué par deux théories qui se complètent plutôt qu'elles ne s'opposent. La théorie de la programmation génétique s'est bâtie à partir des travaux de l'Américain L. Hayflick. Selon cette théorie, on pourrait définir pour chaque espèce une durée de vie maximale ; celle-ci serait de 115 à 120 ans chez l'homme. Seule une manipulation génétique serait alors en mesure de la prolonger. Les théories stochastiques et métaboliques font, quant à elles, intervenir des mécanismes biochimiques, comme l'accumulation de radicaux libres, groupements chimiques ionisés fortement toxiques.

La possibilité d'action préventive contre le vieillissement résiderait, en vertu du deuxième groupe de théories, dans la régulation du métabolisme, la lutte contre l'activité des radicaux libres et la protection contre les agressions de l'environnement. Cependant, aucune preuve n'a pu être apportée de l'efficacité de ces méthodes chez l'homme, malgré certains succès chez les animaux (une réduction de l'alimentation chez le rat augmente sa longévité). L'abondance des élixirs aux propriétés rajeunissantes doit nous rendre suspicieux face aux solutions miracles. Il existe, par ailleurs, des interactions entre le vieillissement et le contexte social. De même, les capacités d'adaptation au vieillissement sont variables selon les individus. Ces constatations ont été à l'origine d'une théorie du vieillissement faisant intervenir non seulement les maladies somatiques, mais aussi le stress psychosocial.

L'augmentation de l'espérance de vie est une des données fondamentales du développement récent des sociétés (en France, celle-ci a crû d'une cinquantaine d'années en 200 ans pour atteindre 81 ans chez la femme et environ 72 ans chez l'homme). Le phénomène dénommé « rectangularisation de la courbe de survie » traduit une concentration de la mortalité à un âge élevé et donc une lutte efficace contre les maladies de l'âge adulte. Il a pour corrélat le vieillissement de la société, mais aussi des modifications des rapports sociaux, comme l'augmentation des charges sociales pour les actifs, l'isolement et la solitude des personnes âgées, les familles comprenant plusieurs générations et l'apparition d'un « pouvoir gris » défendant le groupe des personnes âgées. Les mentalités évoluent, avec un désir de plus en plus affirmé de prendre en main sa propre vieillesse afin de la vivre le mieux possible.

Le vieillissement cellulaire

LA SÉNESCENCE EST UN PHÉNOMÈNE UNIVERSEL TOUCHANT L'ENSEMBLE DES ÊTRES VIVANTS, MAIS CHAQUE ESPÈCE POURRAIT POSSÉDER UN PROGRAMME PARTICULIER DE VIEILLISSEMENT.

La recherche d'une théorie globale du vieillissement passe par une étude du vieillissement cellulaire. Chez les vertébrés, et en particulier chez les mammifères, coexistent des cellules capables de se diviser tout au long de la vie et d'autres ne possédant pas cette faculté dans des conditions normales après la fin de la croissance. Dans le cas de cellules ne se divisant pas, comme certaines cellules nerveuses, on note lors du vieillissement une accumulation de certains pigments (lipofuscine). Les autres cellules possèdent, selon L. Hayflick, une capacité limitée de division. En culture, cette capacité dépend de l'âge de l'individu (animal ou homme) sur lequel a été prélevée la cellule, mais également de son espèce.

La transplantation du noyau d'une cellule jeune à une cellule vieille redonne à celle-ci ses capacités initiales de division (mitose). L'information sur la longévité de l'espèce ferait donc partie du patrimoine génétique contenu dans le noyau cellulaire.

Le vieillissement de la cellule n'est pas uniquement dû à une perte de ces capacités mitotiques, mais se traduit aussi par une augmentation de la viscosité de sa membrane et par une diminution de la densité des récepteurs. Cela explique en partie la baisse de la sensibilité aux stimuli hormonaux et aux neuromédiateurs. De plus, lors du vieillissement, le pontage entre les protéines de soutien collagéniques confère à la cellule une certaine rigidité. Plusieurs théories ont essayé d'expli-

1. Grand-mère pratiquant le tir.

Espérance de vie et vieillissement dans le monde

Aujourd'hui, les progrès de la médecine et le changement des mentalités permettent de prendre en charge sa propre vieillesse afin de la vivre le mieux possible ; l'augmentation de l'espérance de vie est constante et le vieillissement de la population (3), qui touche l'ensemble des pays développés mais aussi, depuis quelques années, les pays en voie de développement, en est une manifestation flagrante. Les sociétés se sont adaptées à cette nouvelle démographie en organisant des loisirs, qu'ils soient actifs (1) ou plus passifs (2), pour les personnes âgées.

2. Salle de lecture.

quer le vieillissement. Pour la théorie stochastique, le matériel génétique et les capacités de réparation des cellules sont altérés au cours du vieillissement sous l'effet du métabolisme et de l'environnement (rayons X, substances toxiques). L'accumulation de radicaux libres, liée au métabolisme oxydatif, est particulièrement impliquée dans les altérations de la membrane, mais toucherait aussi l'ensemble des structures cellulaires. Des facteurs de croissance contrôlant la prolifération des cellules pourraient agir également sur les processus du vieillissement.

Une autre théorie génétique suggère que la durée de vie des cellules est génétiquement programmée. En faveur de cette théorie, on peut citer l'exemple de la progérie, maladie génétique entraînant un vieillissement prématuré aboutissant parfois à donner à un enfant un aspect de vieillard. De plus, des manipulations génétiques sur le chromosome 1 de la mouche drosophile ont montré récemment qu'il était possible d'augmenter significativement la durée de vie maximale de cet insecte, ouvrant une nouvelle voie de recherche sur le vieillissement.

Il est probable que les deux mécanismes (acquis et génétique) ne s'excluent pas mais possèdent chacun un rôle dans les conditions de la sénescence. •

La recherche de l'eau de jouvence

ÉLIXIRS, RÉGIMES, PRODUITS MIRACLES : L'HOMME CHERCHE À RETARDER L'HORLOGE BIOLOGIQUE DU VIEILLISSEMENT.

Depuis Galien et Hippocrate, on a proposé un certain nombre de mesures d'hygiène destinées à prévenir les maux de la vieillesse. L'Anglais F. Bacon (1561-1626) conseillait, par exemple, l'exercice et une nourriture sucrée non acide. La théorie « macrobiotik » de la fin du XVIIIe siècle était fondée sur des règles diététiques à observer dès la petite enfance. Au XXe siècle, l'Américain R. L. Walford a également proposé un régime de restriction calorique.

Outre leur caractère séduisant, des données scientifiques sur l'animal permettent d'étayer ces hypothèses. Ainsi, la durée de vie maximale des poissons est allongée grâce à l'abaissement de la température de l'eau et à la diminution de l'apport alimentaire. De même, les rats nourris *ad libitum* ont une durée de vie réduite par rapport à des rats soumis à un régime de restriction calorique. D'autre part, des chercheurs ont testé des substances capables de bloquer l'activité des radicaux libres (extraits de ginkgo, par exemple), qui semblent ralentir les processus de dégénérescence.

La recherche de l'élixir de longue vie est une vieille tradition. Au XVe et au XVIe siècle, Arnaud de Villeneuve et Gabriele de Zerbis proposaient encore des mélanges à base de vipère. L'alchimiste Paracelse concoctait un élixir magique, « la quanta essentia », tandis qu'au XVIIe siècle on allait même jusqu'à conseiller l'haleine de jeunes filles. Dans cette tradition, le physiologiste français Édouard Brown-Séquard, se fondant sur la théorie de l'involution endocrine à l'origine du vieillissement, prescrivait vers 1850 des injections d'extraits glandulaires d'origine animale. Plus tard, un certain nombre de substances miracles, « procaïne », « extraits de fœtus », collagène, A.D.N., « sérum de Bogomoletz », ont parfois eu un certain succès commercial sans qu'aucune preuve clinique ait pu être avancée quant à leur efficacité réelle, la distinction entre travaux scientifiques et pur charlatanisme étant souvent difficile. •

3. Courbe de vieillissement dans le monde.

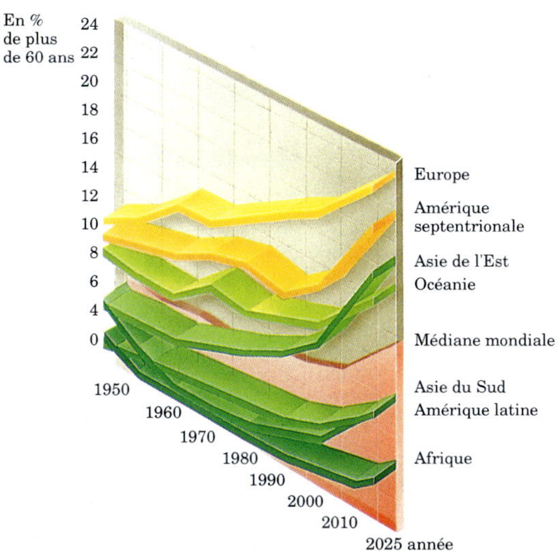

Approche psychosociale du vieillissement

LE VIEILLISSEMENT DE L'INDIVIDU S'INSCRIT DANS SON PROPRE VÉCU, MAIS AUSSI DANS SES RELATIONS SOCIALES.

Les modifications psychologiques lors de la sénescence sont relativement difficiles à cerner du fait des grandes différences existant entre individus. Cependant, il existe communément une altération du fonctionnement de la mémoire avec persistance des acquis anciens. Les affects sont aussi modifiés, ce qui se traduit par une tendance dépressive et anxieuse avec aggravation des névroses préexistantes. Dans l'ensemble, les personnes âgées sont également moins extraverties que les sujets jeunes. En revanche, la stabilité émotionnelle ne semble pas être profondément modifiée. Il n'est donc pas étonnant que la dépression, bien souvent révélée par des plaintes psychosomatiques, soit plus fréquente chez le sujet âgé (10 à 30 % des plus de 65 ans, suivant les études épidémiologiques).

Le rôle du stress dans le vieillissement a été mis en question. Dans les sociétés développées, la retraite a été proposée comme stress social aggravant le vieillissement. Il semble cependant que certaines personnes ayant préparé leur retraite en soient plutôt bénéficiaires sur le plan de leur santé. Les travailleurs manuels paraissent mieux réagir à court terme, alors que les employés et les cadres sont plus affectés dans les mois qui suivent la mise à la retraite, mais s'adaptent mieux à long terme. Le rôle de la catégorie sociale dans l'espérance de vie est bien connu. En effet, l'espérance de vie des instituteurs à 65 ans est de 15,1 ans, contre 11 ans pour les manœuvres, les femmes d'instituteurs ayant à 65 ans une espérance de vie de 19,2 ans contre 15,7 pour celles de manœuvres. L'isolement et la solitude représentent un autre facteur de stress mis en évidence par un taux de suicide plus important dans ces situations. Le veuvage est un facteur de risque de maladie psychique et physique ; ainsi, le taux de mortalité est multiplié par 2 dans l'année qui suit le décès du conjoint. Enfin, le passage en maison de retraite, s'il n'est pas souhaité par la personne âgée, augmente le risque de morbidité et de mortalité dans les 6 mois qui suivent l'entrée.

À partir de ces observations, certains ont pu bâtir une théorie psychosociale du vieillissement de l'individu, qui se traduit notamment par une diminution de la réponse hormonale, cardio-vasculaire et immunologique au stress. •

Le vieillissement des sociétés développées

DANS LES PAYS INDUSTRIALISÉS, L'AUGMENTATION DU NOMBRE ET DE LA PROPORTION DES PERSONNES ÂGÉES EST UNE DES DONNÉES FONDAMENTALES DE LA POLITIQUE SOCIALE DU DÉBUT DU TROISIÈME MILLÉNAIRE.

On estime que la population des plus de 65 ans passera, dans les pays industrialisés, de 14 % dans les années 1990 à 22 % en 2040. L'I.N.S.E.E. prévoit en France pour cette date 15 millions de personnes de plus de 65 ans, soit 26 % de la population. L'accroissement du nombre des plus de 80 ans est le phénomène capital et le plus lourd de conséquences. Ce nombre passera de 800 000 (soit déjà 1,5 % de la population) en 1990 à 2,5 millions (soit 4,4 % de la population) en 2040. Les centenaires français étaient 200 en 1950, 3 000 en 1990 et seront 6 000 en l'an 2000. Ces estimations tiennent compte du taux de mortalité actuel et doivent donc être revues à la hausse, en cas de nouvelle baisse de la mortalité. Ces modifications démographiques majeures sont dues à l'augmentation de l'espérance de vie à la naissance, mais surtout à l'âge adulte, et à la stagnation ou à la baisse de la fécondité dans les pays industrialisés et notamment européens.

Les charges de financement des dépenses sociales vont conséquemment s'accroître. Ainsi, l'O.C.D.E. prévoit, d'ici à 2040, une augmentation de 10 à 60 % des charges sociales pesant sur les actifs, soit 20 % en France. L'évolution des dépenses médicales est imprévisible, du fait de l'accès généralisé aux soins de l'ensemble de la population. Les coûts dus à la dépendance vont s'élever puisque, après 85 ans, 40 % des personnes ont des difficultés à sortir de chez elles et 16 % sont pratiquement grabataires. En 1990, le coût minimal estimé pour prendre en charge une personne grabataire dépasse largement 10 000 F par mois en institution et 20 000 F à domicile.

Ces coûts étant bien supérieurs aux retraites, on s'interroge sur leur financement, assuré actuellement en partie par les collectivités locales, la Sécurité sociale et les caisses de retraite. Certains, prédisant un désengagement du financement public, proposent des assurances prenant en compte le risque de dépendance. Ces nouvelles attitudes résultent aussi de la prise de conscience du changement dans la structure socio-familiale qui se traduit par un nombre croissant de personnes seules du fait des modifications de la famille et de l'écart entre la mortalité de l'homme et de la femme (9 ans en France). Le changement est également représenté par la famille multigénérationnelle comprenant une personne âgée de 90 à 100 ans, un enfant âgé de 70 à 80 ans et un petit-enfant entre 50 et 60 ans sur lequel repose l'aide aux personnes âgées.

Le vieillissement de la population entraîne dans certains pays la création d'un pouvoir des personnes âgées (« grey power ») défendant leurs droits. La multiplication des publications, des loisirs et des voyages destinés aux retraités dénote une modification positive des mentalités. Aussi le vieillissement des sociétés industrialisées se traduit-il par des phénomènes contradictoires, qui sont l'approche optimiste de la vieillesse et la montée du poids de la dépendance. •

Évolution de l'espérance de vie

	À la naissance		*À 60 ans*	
	homme	*femme*	*homme*	*femme*
1789	27,5	28,1		
1852	41	42,7	13,7	14,2
1913	48,5	42,7	13,3	15
1938	55,9	61,6	13,9	16,5
1956	65	71,2	15,2	18,5
1975	69	77,1	16,5	21,3
1988	72,3	80,6	18,2	24

→ **Voir aussi :** Le vieillissement. La gériatrie, **MED,** p. 390-391.

Le vieillissement

La gériatrie

L'OBJET DE LA GÉRIATRIE EST la pathologie du sujet âgé. Cette discipline médicale ne s'est individualisée que tardivement, bien que certains précurseurs tels que le Français J. M. Charcot et l'Américain Masher en aient dessiné les prémices dès la fin du XIXe et le début du XXe siècle.

Pourtant, la pathologie du sujet âgé demande une approche particulière dont l'une des difficultés réside dans la distinction entre le normal et le pathologique, compte tenu de l'extrême variabilité dans la décroissance, avec l'âge, des principales fonctions. Par ailleurs, les patients présentent souvent des affections multiples simultanées (polypathologie), source d'autant de traitements (polymédication) à l'origine d'accidents iatrogènes (dus aux médicaments) fréquents et graves. Ces difficultés thérapeutiques sont amplifiées par les modifications, avec l'âge, de la réponse à la pharmacologie.

L'objectif de la gériatrie n'est pas seulement d'apporter des années à la vie, mais aussi de la vie aux années, en augmentant l'espérance de vie sans incapacité. Actuellement, on sait que le traitement de l'hypertension artérielle du sujet âgé diminue le risque des accidents vasculaires cérébraux et que le traitement de la ménopause réduit le risque de fractures. De plus, on possède les moyens de guérir un grand nombre d'incontinents quel que soit leur âge, alors que cette affection urinaire mineure obscurcit souvent la vie des personnes âgées. Malheureusement, les démences séniles, en particulier la démence de type Alzheimer, restent au-dessus des capacités thérapeutiques actuelles malgré les progrès récents.

Le vieillissement cérébral pathologique est l'un des grands enjeux de la recherche du XXIe siècle, car son traitement diminuera les contraintes qui pèsent sur le système sanitaire et social. À l'heure actuelle, l'ensemble de ces affections entraîne des besoins importants en termes d'hospitalisation et d'hébergement. Malgré les efforts faits en faveur du maintien à domicile, il existe un déficit en lits pour patients âgés dépendants. Pour y remédier, il faudra une meilleure organisation du système de soins, un développement des alternatives à l'hospitalisation et une meilleure formation des intervenants auprès des personnes âgées.

La polypathologie et ses conséquences

LE PATIENT ÂGÉ PRÉSENTE GÉNÉRALEMENT LA PARTICULARITÉ D'ÊTRE ATTEINT SIMULTANÉMENT DE PLUSIEURS AFFECTIONS, CE QUE L'ON APPELLE LA POLYPATHOLOGIE.

La particularité du patient âgé réside dans la coexistence chez un même individu de plusieurs pathologies. En effet, il est habituel de noter une dizaine d'affections concomitantes chez certains patients de plus de 80 ans, avec en moyenne 4 à 5 affections par personne. La fréquence de la polypathologie augmente avec l'âge. Parmi les pathologies le plus fréquemment rencontrées, on peut citer les affections cardio-vasculaires, les arythmies cardiaques, l'artérite, les maladies cérébro-vasculaires, les affections ostéo-articulaires dont l'arthrose, l'ostéoporose, les affections digestives (colopathies, cancers digestifs) et pulmonaires, les maladies psychiatriques dont la dépression, l'anxiété, la démence, et enfin les maladies métaboliques (diabète, affections de la thyroïde, hypercholestérolémie). Cette liste non exhaustive montre la difficulté de l'approche diagnostique du patient âgé, d'autant plus que certaines affections se présentent de façon trompeuse, et que la limite entre le normal et le pathologique est parfois difficile à cerner, compte tenu de ce qui est lié au vieillissement normal par rapport aux maladies surajoutées.

À cette polypathologie répond souvent une ordonnance comportant un nombre considérable de médicaments, ou polymédication. Ainsi, la plupart des études épidémiologiques retrouvent une prescription de 5 ou 6 médicaments en moyenne par patient de plus de 65 ans. Cette polymédication a souvent un effet iatrogène. Elle peut provoquer par exemple des troubles dus à l'interaction entre les différents médicaments. Parfois, la pénétration du médicament, sa diffusion dans l'organisme et son élimination, en particulier par voie rénale, sont perturbées chez le sujet âgé. Ainsi, pour une même dose que chez un sujet jeune, on observe souvent un taux de médicament dans le sang du sujet âgé plus élevé ; cette augmentation constitue une source de complication iatrogène. D'autre part, les troubles de la vue et ceux de la mémoire peuvent gêner considérablement le suivi correct des prescriptions. À cet égard, l'ordonnance doit être rédigée d'une manière claire et précise et ne comporter que les thérapeutiques utiles. Pour améliorer les conditions du traitement, il est nécessaire de tester les médicaments le plus fréquemment utilisés chez le sujet âgé dans le cadre d'essais thérapeutiques comportant des patients âgés. Ces essais thérapeutiques posent des problèmes éthiques dont il faut tenir compte et doivent être conduits avec beaucoup de rigueur, mais ils constituent un apport irremplaçable à l'efficacité de la prise en charge des malades âgés. •

Évolution normale des fonctions avec l'âge

Organes et tissus	*Évolution avec l'âge*
cœur	Débit cardiaque : baisse de 30 % entre 30 et 80 ans. Adaptation à l'effort : baisse de 50 % de la consommation d'oxygène entre 25 et 80 ans.
poumons	Capacité vitale pulmonaire : baisse de 50 % entre 30 et 80 ans. Capacité respiratoire maximale : baisse de 80 % entre 30 et 80 ans.
reins	Capacité de filtration rénale : baisse de 50 % entre 40 et 80 ans.
foie	Pas de modification importante.
os	Densité osseuse cervicale : chez la femme, baisse de 50 % entre la ménopause et 80 ans ; chez l'homme, baisse de 10 % entre 50 et 80 ans.
encéphale	Capacité verbale : amélioration jusqu'à 70 ans. Mémoire d'une liste de mots : baisse dès l'âge de 25 ans.
sang	Augmentation de la cholestérolémie de 0,1 g/l jusqu'à 70 ans. Pas de modification importante de la glycémie.

Ces données regroupent plusieurs travaux épidémiologiques qui donnent un ordre de grandeur de l'évolution moyenne de certains paramètres biologiques. Les études épidémiologiques indiquent parfois des données discordantes suivant qu'elles n'incluent que des sujets sains ou l'ensemble de la population, mais, ici, on voit bien que le vieillissement s'accompagne d'une stagnation, dans le meilleur des cas, ou d'une baisse importante de la majorité des fonctions vitales. Seules les capacités verbales du sujet semblent échapper à cette règle, puisqu'elles s'améliorent jusqu'à 70 ans.

La prévention

UNE DES AVANCÉES SCIENTIFIQUES DE LA GÉRIATRIE RÉSIDE DANS LA CONNAISSANCE DE L'EFFICACITÉ DES ACTIONS DE PRÉVENTION.

Dans trois domaines au moins, on a pu démontrer l'utilité des mesures de prévention : la vaccination antigrippale, le traitement de l'hypertension artérielle et celui de l'ostéoporose postménopausique.

La vaccination antigrippale est en cours de généralisation chez les plus de 70 ans en France. De nombreux essais thérapeutiques ont montré, aussi bien dans les institutions que dans la population à domicile, que cette vaccination diminuait la fréquence de la grippe, qui représente une des grandes causes de mortalité chez le sujet âgé, dont les défenses immunitaires sont diminuées. On ne peut donc que souligner l'intérêt de cette vaccination bénéfique et sans danger.

L'hypertension artérielle est l'un des principaux facteurs de risque de maladie cardiaque et cérébro-vasculaire. On sait que le traitement chez des patients ayant une hypertension (dont la pression minimale dans les artères est supérieure à 9,5 cm de mercure) permet de diminuer les accidents cardiaques et vasculaires cérébraux. Ce traitement (opération, régime et/ou médicament), surveillé régulièrement, est parfaitement supporté par les patients même très âgés.

L'ostéoporose touche particulièrement la femme après la ménopause, favorisant la fracture du col du fémur et les tassements de vertèbres. On a démontré que le traitement par œstrogènes et progestérone après la ménopause évitait un grand nombre de fractures dues à la déminéralisation du squelette. Par ailleurs, on observe des effets bénéfiques sur la sphère génitale et sur l'humeur des femmes traitées, qui doivent être strictement surveillées sur le plan gynécologique et vasculaire. On a proposé d'autres traitements préventifs de l'ostéoporose, comme la prise de calcium et de calcitonine.

Des traitements préventifs par la vitamine A, pour le vieillissement cutané, et par entraînement mnésique, pour le déclin des fonctions cérébrales, sont en cours d'évaluation. Ces mesures de prévention devraient permettre une réelle amélioration des conditions du vieillissement. •

La lutte contre les handicaps

LE VIEILLISSEMENT S'ACCOMPAGNE D'UNE SÉRIE DE DÉFICIENCES, SOURCES D'INCAPACITÉS QUI CONSTITUENT UN HANDICAP RETENTISSANT SUR LA VIE QUOTIDIENNE.

L'un des objectifs de la gériatrie est d'entreprendre les actes thérapeutiques ou d'instaurer les aides propres à améliorer la vie des patients âgés.

L'incontinence urinaire touche 5 % des plus de 65 ans. Son origine peut être le vieillissement des sphincters, une augmentation de la réactivité de la vessie, un prolapsus ou une tumeur génitale, une infection urinaire ou encore une maladie neurologique.

L'arthrose est une maladie du vieillissement des cartilages qui touche toutes les articulations. Si l'on ne connaît pas de traitement spécifique de cette maladie, le remplacement de l'articulation de la hanche aboutit à de très bons résultats fonctionnels quel que soit l'âge du patient.

La perte de l'audition pour les hautes fréquences est considérée comme une évolution normale avec l'âge, mais une gêne auditive nette est signalée par 40 % des personnes à 75 ans, 60 % à 80 ans. Dans ce cas, un examen par un oto-rhino-laryngologiste doit être fait et l'appareillage préconisé doit être placé rapidement car, avec l'âge, des difficultés d'adaptation peuvent survenir.

Le vieillissement de l'œil est un phénomène débutant dès l'âge de 20 ans et se traduisant par une augmentation de densité du cristallin (cataracte). La maladie la plus fréquente, la cataracte sénile, atteint 18 % des personnes entre 65 et 75 ans, 50 % entre 75 et 85 ans. La cataracte a bénéficié des progrès de l'ophtalmologie et la pose d'implants est une intervention efficace et bien tolérée. •

Le vieillissement cérébral

LE VIEILLISSEMENT CÉRÉBRAL, NORMAL OU PATHOLOGIQUE, EST UN DES ENJEUX DE LA RECHERCHE MÉDICALE CLINIQUE ET BIOLOGIQUE POUR LE SIÈCLE À VENIR.

À l'heure actuelle, l'étude du vieillissement cérébral constitue un axe prioritaire de la recherche médicale. On commence seulement à mieux connaître l'évolution des capacités intellectuelles en cas de vieillissement cérébral normal. On sait que la mémoire des faits récents, nécessaire pour le stockage de l'information, est altérée précocement. La mémoire des faits anciens est, en revanche, relativement bien conservée.

L'altération de la mémoire épisodique, celle qui permet l'enregistrement des données, s'oppose à la relative constance de la mémoire sémantique ou mémoire du langage. Ainsi, les facultés de raisonnement ne se dégradent que très tardivement ainsi que le vocabulaire, alors que les capacités d'organisation spatiale ou psychomotrices le font précocement, dès l'âge adulte. Les possibilités d'apprentissage persistent à tout âge, bien que le gain obtenu pour un même effort soit moins important. Ainsi, on peut améliorer le fonctionnement de la mémoire grâce à un entraînement adéquat. La perte de mémoire (« oubli bénin de la sénescence ») est extrêmement fréquente chez la plupart des personnes âgées et n'évolue en aucune manière vers la démence sénile.

Les démences séniles touchent 3 à 5 % des plus de 65 ans, soit 300 000 personnes en France actuellement. Le diagnostic de démence est difficile et ne se fait que devant une évolution des troubles de la mémoire, souvent associés à des troubles de la compréhension, de la parole, du jugement, et accompagnés de délires ou de modifications de l'humeur. Les causes impliquées sont multiples, car beaucoup d'affections neurologiques peuvent entraîner une détérioration des fonctions intellectuelles, mais les plus fréquentes sont une atteinte vasculaire ou dégénérative du neurone (« démence sénile de type Alzheimer »). L'origine de cette dernière maladie est inconnue, mais, à la suite d'importants travaux en cours, des hypothèses virales, génétiques et toxiques ont été avancées. On sait aussi que les taux de certains neurotransmetteurs tels que l'acétylcholine sont diminués dans cette maladie. On ne connaît actuellement aucun traitement spécifique pour la plupart des démences, mais il est très probable que les décennies à venir verront apparaître des moyens thérapeutiques nouveaux. •

1. Hospice de Toulouse, 1982.

Les structures sanitaires et sociales

LES CONTRAINTES ÉCONOMIQUES, LE BLOCAGE DU SYSTÈME HOSPITALIER ET L'INSUFFISANCE DES STRUCTURES D'HÉBERGEMENT ACCROISSENT LES DIFFICULTÉS LIÉES À L'AUGMENTATION DU NOMBRE DE PERSONNES ÂGÉES.

L'image du vieillard a longtemps été associée à l'hôpital et à l'hospice, mais, depuis les années 1960 (commission Laroque), l'objectif de la politique de la vieillesse en France est le maintien à domicile. Ainsi, un grand nombre de services de soutien se sont développés : aide ménagère intervenant actuellement en France chez 500 000 personnes âgées, soins permettant le nursing à domicile, port de repas, téléalarme. La création de structures d'animation (clubs, universités du 3e âge) contribue d'une certaine façon à rompre l'isolement. Cependant, le système hospitalier a subi le choc du vieillissement, et on assiste actuellement à l'éclosion de structures originales et novatrices comme l'hôpital de jour, l'hospitalisation à domicile, les antennes gérontologiques des services d'urgence ou les unités gérontologiques d'évaluation clinique. De même, les services sociaux testent des solutions nouvelles : placement en famille d'accueil, appartement thérapeutique, placement temporaire.

Les services hospitaliers de médecine aiguë voient 30 à 60 % de leurs lits occupés de façon inadéquate par des personnes âgées de plus de 65 ans. De même, les services de moyen séjour, qui assurent la réhabilitation des personnes âgées, sont bloqués par l'insuffisance de places de long séjour ou de maisons de retraite pour personnes dépendantes. Pour pallier ce déficit, depuis quelques années, des maisons de retraite privées médicalisées se développent. D'autre part, des efforts importants ont été faits en vue d'améliorer les soins aux personnes âgées grâce à une formation gérontologique de l'ensemble du personnel et à la mise en place d'activités d'animation.

Actuellement, on estime que, sur les 650 000 personnes qui sont à l'hôpital ou en institution sociale ou médico-sociale, 90 000 sont en service aigu des hôpitaux, 30 000 en hôpitaux psychiatriques, 100 000 en moyen et long séjour hospitalier, 200 000 en maisons de retraite publiques, 150 000 en maisons de retraite privées et 150 000 en foyers-logements. En France, 1 % des personnes entre 60 et 65 ans se trouvent dans ces institutions, alors que 12 % des hommes et 20 % des femmes de plus de 85 ans en font partie. On peut donc prévoir pour les années à venir une forte pression sur l'ensemble des institutions sociales et sanitaires. •

→ **Voir aussi :** Le vieillissement. La gérontologie, **MED.** p. 388-389.

2. Maison de retraite à Paris.

Une amélioration des conditions de vie

Depuis l'époque où l'hospice était le lieu d'hébergement des incurables, des indigents et des vieillards, on a pu assister à une amélioration constante des soins. Les maisons de retraite (2) et les unités long séjour (1) destinées à prendre en charge les personnes dépendantes offrent de plus en plus de prestations : animation, rééducation, ergothérapie, orthophonie, aide psychologique, sorties, activités artistiques, diététiques. Un matériel adapté, tel que fauteuil roulant, lève-malade, lits à hauteur réglable, constitue un apport à la qualité de la vie. Cette évolution de la gériatrie modifie l'image et la pratique des institutions et des personnels spécialisés dans la prise en charge et les soins des personnes très âgées.

Environnement et santé

On peut définir l'environnement comme l'ensemble des éléments objectifs (qualité de l'air, de l'eau, niveaux sonores...) et subjectifs (beauté d'un paysage, qualité d'un site...) qui constituent le cadre de vie d'un individu, ou encore comme l'ensemble des relations entre les êtres, la nature et les objets. La santé, selon la définition de l'O.M.S., est un état complet de bien-être physique, mental et social. Elle exige donc la satisfaction des besoins fondamentaux de l'homme (nutritionnels, affectifs, éducatifs, sociaux, sanitaires...), mais aussi une adaptation de l'homme à son environnement, en perpétuelle évolution.

De plus en plus, les pays industrialisés se trouvent confrontés aux nombreuses pollutions et nuisances nées de leurs activités : pollution de l'air, de l'eau, accumulation de déchets toxiques, bruit des machines et des engins de transport, pollution et accidents domestiques, accidents du travail et maladies professionnelles. Rançon du progrès technique, prix payé pour l'amélioration du niveau de vie, la dégradation de l'environnement est un phénomène planétaire, dont se préoccupent désormais, mais avec retard, les gouvernements des pays industrialisés ; les répercussions de la pollution sur la santé physique des individus sont manifestes, encore qu'incomplètement évaluées, notamment les effets à long terme d'expositions chroniques à des agents mutagènes et cancérogènes. Les répercussions de la dégradation de l'environnement sur les composantes mentale et sociale de la santé sont plus difficiles à objectiver mais certainement considérables.

Environnement naturel

L'UNE DES PRINCIPALES PRÉOCCUPATIONS EN MATIÈRE D'ENVIRONNEMENT EST LA POLLUTION DE L'ATMOSPHÈRE, DES EAUX ET DES SOLS.

À la fin du XXe siècle, la pollution aérienne est à l'origine de trois phénomènes inquiétants à l'échelle planétaire. Le premier est l'*effet de serre,* lié à l'accumulation de polluants dans les basses couches de l'atmosphère, qui entraîne un risque de réchauffement de la planète par absorption moléculaire du rayonnement infrarouge réémis par la Terre. Le second phénomène est lié à la *destruction du bouclier d'ozone* de la stratosphère par les chlorofluorocarbones (Fréons ou C.F.C.), exposant l'humanité aux effets délétères des rayonnements ultraviolets. Le troisième problème majeur est celui des *pluies acides,* responsables de la dégradation des forêts (il s'agit en fait d'une pollution très complexe encore imparfaitement élucidée).

En milieu urbain, les principaux polluants sont les oxydes de soufre dégagés par les combustibles industriels, et les oxydes d'azote provenant pour les deux tiers des gaz d'échappement des automobiles. Le poumon est la cible privilégiée de ces polluants. Il est ainsi démontré qu'il existe une corrélation entre la pollution par le dioxyde de soufre (SO_2) et les maladies respiratoires chroniques. De nombreuses études ont également permis d'établir un lien entre la survenue de crises d'asthme et l'existence de pics temporaires de pollution.

Les problèmes de santé liés à l'*eau* sont davantage dus à un usage récréatif (noyades) qu'à des intoxications liées à la consommation d'eaux polluées. Les contaminations microbiologiques sont devenues exceptionnelles. En revanche, les problèmes de contamination chimique n'ont pas tous été résolus, en particulier ceux qui résultent de la pollution de l'eau par les engrais azotés et les pesticides. Les nitrates des engrais azotés sont responsables de la pollution de certaines nappes phréatiques. Or, la présence de nitrates en quantité importante dans l'eau de boisson peut être à l'origine d'accidents aigus du nourrisson, connus sous le terme de méthémoglobinémie (défaut d'oxygénation du sang). On sait également que les nitrates sont transformés dans l'organisme en composés – les nitrosamines – dont l'expérimentation a révélé les propriétés cancérogènes pour le tube digestif. Il n'existe cependant pas de confirmation épidémiologique de ce risque.

Les accidents de *pollution alimentaire* sont presque toujours en rapport avec des contaminations microbiologiques. Les principaux agents pathogènes en cause sont des bactéries : les salmonelles, responsables en 1987 de 1 925 intoxications alimentaires aiguës et de 4 décès, et le *clostridium perfringens,* responsable la même année de 1 361 cas non mortels. Ces accidents relèvent d'un manque d'hygiène et d'erreurs grossières de préparation ou de conservation des aliments.

Environ 20 millions de tonnes de *déchets dangereux* sont élaborés chaque année par l'industrie française. L'attention du grand public est périodiquement attirée par les médias sur les dangers liés à des dépôts « sauvages » de déchets toxiques. Il s'agit heureusement de cas isolés et les accidents dus au transport ou à la manipulation de déchets sont rares.

Le *bruit* est unanimement dénoncé comme une des principales nuisances en milieu urbain. De nombreuses réglementations visent à diminuer les sources de nuisance sonore, mais de grands progrès restent à faire.

Ces pollutions sont inégalement constatées selon les régions du globe. Certaines sont localisées, d'autres, par leur extension, justifient les tentatives internationales de sauvegarde du biotope. ●

1. Échafaudage au Japon.

2. Évolution des maladies professionnelles reconnues entre 1976 et 1986 en France.

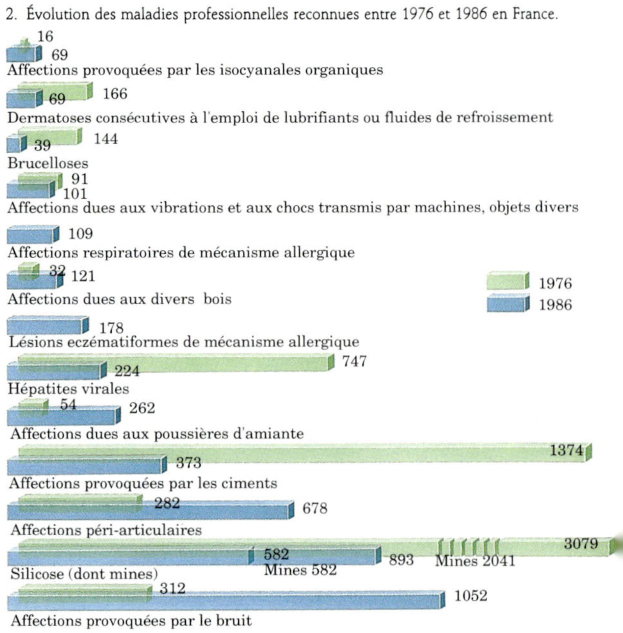

Environnement domestique

LES HABITANTS DES PAYS DÉVELOPPÉS PASSENT PLUS DE 50 % DE LEUR TEMPS DANS LEUR LOGEMENT. L'INTÉRÊT CROISSANT PORTÉ À CET ENVIRONNEMENT EST DONC JUSTIFIÉ.

Parmi les *pollutions domestiques,* le tabagisme est de très loin la plus fréquente et la plus redoutable. Il n'est pas nécessaire d'insister sur les risques encourus par les fumeurs. Il importe en revanche de souligner les dangers du tabagisme passif. Chez l'enfant, de nombreuses études épidémiologiques ont permis d'établir que le tabagisme passif favorise la survenue d'infections bronchiques et pulmonaires, qu'il augmente la fréquence de la toux chronique et qu'il est responsable d'une dégradation des capacités ventilatoires. Chez l'adulte, il entraîne une augmentation du risque de cancer pulmonaire. Son rôle dans l'induction de maladies cardio-vasculaires est moins bien établi. De nombreuses autres sources de pollution domestique ont été recensées. Les plus importantes sont les produits de combustion (oxydes d'azote, oxyde de carbone à l'origine d'intoxications aiguës parfois mortelles), les matériaux d'isolation et de construction (amiante, formaldéhyde relargué par les cloisons en mousse urée-formol), les composés organiques volatils (solvants, peintures, produits de nettoyage, colles...). Les agents biologiques sont responsables à la fois de manifestations infectieuses et allergiques. La maladie des légionnaires est une infection pulmonaire causée par une bactérie, *Legionella pneumophila,* souvent présente dans les circuits de distribution d'eau des immeubles et dans les systèmes de traitement d'air. Les asthmes dus à l'inhalation d'allergènes présents dans l'environnement domestique sont nombreux. Les agents responsables des plus fréquents sont les acariens de la poussière de maison ainsi que les squames et déjections d'animaux familiers (chats, hamsters, lapins nains, etc.).

Les *accidents domestiques* représentent 72 % des accidents nécessitant des soins, et sont responsables d'environ 20 000 décès chaque année dans un pays comme la France. Les jeunes enfants et les sujets âgés de plus de 65 ans en sont les victimes les plus fréquentes. Les chutes sont à l'origine de la majorité de ces accidents, loin devant les brûlures, les coupures et les chocs. Les intoxications ne représentent que 3 % des accidents domestiques mais elles sont la cause des accidents les plus graves. L'ingestion, l'inhalation de médicaments et de produits ménagers en sont les plus grands pourvoyeurs. •

3. Exemple d'agression sonore : décollage d'avion à proximité de zones urbaines.

4. Boîtes de Petri contenant un gel nutritif et ensemencement de détection microbienne.

Les risques dans l'environnement

Les accidents traumatiques demeurent nombreux dans les industries du bâtiment (1). L'évolution en dix ans du nombre des maladies imputées à la profession doit être interprétée (2). L'augmentation des surdités traduit l'assouplissement des critères d'imputabilité. La diminution de la silicose est en rapport avec celle du nombre des mineurs et avec l'amélioration de la prévention. La longue latence des maladies dues à l'amiante fait que leur nombre augmente encore malgré son remplacement par d'autres matériaux. L'efficacité de la vaccination contre l'hépatite B est ici manifeste. L'agression sonore autour des aéroports a diminué avec la limitation des horaires d'utilisation et l'amélioration des réacteurs (3). La mise en culture des aliments permet de dépister les pollutions microbiennes (4). Des contrôles biologiques systématiques ont été institués dans les entreprises d'alimentation et de restauration collective en France.

Environnement professionnel

LES STATISTIQUES D'ACCIDENTS DU TRAVAIL ET DE MALADIES PROFESSIONNELLES CONSTITUENT UN INDICATEUR DES RISQUES.

Les *accidents du travail* sont définis comme résultant de l'action soudaine et violente d'une cause extérieure. Leur nombre a considérablement diminué au cours des dernières décennies, sous l'effet conjugué de l'amélioration de la réglementation, de l'effort de prévention conduit par les entreprises et de l'évolution du marché de l'emploi, caractérisée par une augmentation sensible de l'emploi tertiaire, quasiment dénué de risque, au détriment de l'emploi industriel. C'est ainsi que, de 1955 à 1986, le nombre d'accidents avec arrêt de travail par million d'heures travaillées (taux de fréquence) est passé en France de 53 à 29, soit une chute de 45 %. En 10 ans, de 1977 à 1987, le nombre d'accidents mortels a été pratiquement divisé par deux (environ un millier par an actuellement). Les accidents du travail sont observés de façon très inégale dans les grandes branches d'activité. Leur taux de fréquence, en 1987, était de 67 dans le bâtiment et les travaux publics, de 45 dans l'industrie du bois et de 30 dans la métallurgie. Les progrès enregistrés ne sont toutefois pas définitifs. Sous l'effet de la reprise économique et du développement de certaines formes d'emplois précaires (travailleurs intérimaires en particulier), on observe en effet depuis deux ans une tendance à l'augmentation du nombre des accidents graves.

Contrairement aux accidents du travail, les *maladies professionnelles* résultent habituellement d'une action lente, répétée, diluée dans le temps, d'un agent pathogène. Elles débutent souvent de manière insidieuse et progressive. Le nombre et la nature des maladies professionnelles indemnisées ont considérablement évolué au fil des années. Certaines maladies (saturnisme, benzolisme, sulfocarbonisme...) sont devenues très rares, en raison des précautions prises, de modifications des techniques de production ou de l'utilisation de produits de substitution moins toxiques. D'autres voient leur incidence croître (affections allergiques professionnelles). Globalement, la tendance est à la diminution, mais l'indicateur représenté par le nombre de maladies professionnelles indemnisées est très imparfait. Pour être reconnue comme « professionnelle », une maladie, telle la silicose qui frappait les mineurs, doit en effet figurer dans un des tableaux prévus par la loi (90 maladies sont répertoriées au 13 septembre 1989) et satisfaire aux critères médicaux et d'exposition qui y sont indiqués. Il s'agit donc d'une réglementation restrictive qui ne donne qu'un reflet infidèle de la fréquence des maladies professionnelles. La sous-estimation du nombre des cancers professionnels est en particulier très importante. •

Pollutions accidentelles

DEUX EXEMPLES RÉCENTS DE POLLUTION ACCIDENTELLE ONT FRAPPÉ LES IMAGINATIONS : BHOPĀL (POLLUTION CHIMIQUE) ET TCHERNOBYL (POLLUTION RADIOACTIVE).

La catastrophe de Bhopāl (Inde) est la conséquence d'une intoxication collective par l'*isocyanate de méthyle,* produit hautement toxique, très volatil, utilisé pour la fabrication de pesticides. Dans la nuit du 2 au 3 décembre 1984, une fuite massive d'isocyanate de méthyle se produit dans une usine de fabrication de pesticides à Bhopāl. En quelques heures, 40 tonnes de ce produit se répandent dans la ville, 10 à 20 000 personnes vivant à proximité de l'usine sont intoxiquées, dont 3 000 doivent être hospitalisées. Environ 2 000 décès sont enregistrés dans les suites de l'accident, liés à des œdèmes pulmonaires irréversibles. Beaucoup d'intoxiqués gardent des séquelles respiratoires.

Le 26 avril 1986, le réacteur numéro quatre de la centrale nucléaire de Tchernobyl (Ukraine) explose. Une trentaine de morts et une centaine d'irradiés graves sont dénombrés parmi les ouvriers et les membres des équipes d'intervention appelés pour lutter contre l'incendie du réacteur. En l'absence d'enceinte de confinement, des tonnes de produits radioactifs sont répandues dans l'atmosphère, nécessitant l'évacuation en plusieurs vagues de 130 000 personnes du voisinage. Poussé par les vents, le nuage radioactif survole une grande partie de l'Europe où les retombées de radioéléments sur le sol, l'eau et les végétaux entraînent des réactions de panique injustifiées compte tenu de la faible élévation du niveau de radioactivité mesuré hors d'U.R.S.S. Sur place, les populations d'Ukraine et de Biélorussie, plusieurs années après l'accident, n'en finissent pas de supporter les terribles conséquences de cette catastrophe.

Au cours de ces deux accidents, par-delà les différences politiques, une solidarité internationale s'est manifestée avec efficacité et de façon coordonnée. •

→ **Voir aussi :** Agriculture et environnement, **AGRI**, p. 480-481. Environnement et pollution, **SOCIÉTÉ**, p. 456-457, Chimie et pollution, **CHIM**, p. 346-347, La pollution industrielle, **TECHN**, p. 414-415.

De la prévention au mieux-être

L'HOMME CHERCHE À SURVIVRE et à se reproduire, mais également à vivre mieux. Par d'innombrables pratiques, il lutte contre la maladie et ses effets, contre le vieillissement et les accidents. La société veut garder la communauté humaine en bonne santé ; pour cela, elle doit produire, domestiquer la nature et la rendre utilisable ; elle assure son renouvellement et prévoit même des moyens de défense pour assurer son intégrité.

Aujourd'hui, dans les pays développés, la durée moyenne de vie s'allonge et les performances physiques des individus s'élèvent. La santé de toutes les catégories de la population s'améliore, mais inégalement, creusant de plus en plus l'écart entre les favorisés et ceux qui ne le sont pas. Malgré le sida qui inquiète, nous croyons encore pouvoir oublier les grands risques infectieux, les famines et les risques politiques qui jettent les populations affolées sur les routes de l'inconnu. Corrélativement, on assiste à l'émergence de nouvelles aspirations qui en d'autres temps seraient apparues comme accessoires.

Le modèle médical de la prévention impérative, appliqué avec succès aux maladies infectieuses, a permis de diminuer la mortalité, et l'on pourrait dire que notre société va mieux si l'on se contentait d'utiliser les critères des hygiénistes d'antan. Mais la France est le pays qui, par habitant, consomme le plus de médicaments psychotropes. Le « mal-être » et son cortège de symptômes invalident la définition médicalisée de ces pathologies qui échappent à l'emprise d'une prévention classique.

De plus, dès lors que la part de l'individuel est plus grande, se trouver des motivations pour la santé, s'imposer un effort prolongé pour se sentir bien procèdent d'une autre approche civique et philosophique que l'on peut difficilement quantifier. La société de consommation promeut l'idée qu'il vaut mieux acheter des services plutôt que se fatiguer. Elle guette tous les besoins, tous les manques, pour proposer des solutions dispensant de l'effort personnel. Or, la prévention ne peut se réduire à la passivité du patient consommateur, elle exige aussi la vertu plus obscure de la discipline individuelle et collective.

1. Famille modeste d'avant-guerre.

La prévention médicalisée

DOMAINE DES PERSONNELS DE SANTÉ, LES « BLOUSES BLANCHES », CE MODÈLE DE PRÉVENTION EST CELUI DE LA LUTTE CONTRE LES MALADIES INFECTIEUSES CURABLES.

L'objectif de la prévention médicalisée, dite aussi prévention secondaire, est de traiter le plus précocement possible une affection alors que la personne ou la population ignore encore qu'elle est touchée. Dans le cas d'une maladie infectieuse, après traitement, soit le patient soigné cesse d'être contagieux, soit la logique de l'ordre public va l'exclure plus ou moins de la communauté afin d'assurer la protection des autres. L'intérêt du groupe social prime celui de la personne. Pour dépister la maladie, il faut examiner systématiquement la population risquant cette infection alors que les sujets ne sont pas spontanément demandeurs d'investigations ou de soins. Cette forme de dépistage s'applique également à des maladies non infectieuses ; à ce titre, le dépistage se révèle très efficace dans la lutte contre le cancer.

Les personnels médicaux ne révèlent les affections que si elles existent déjà, ils peuvent alors en étudier les causes. Quand celles-ci sont imputables aux conditions de vie, ils n'ont ni de mandat explicite, ni les moyens d'intervention pour agir sur le milieu ou sur l'organisation de la cité. Cela constitue la vocation de la prévention primaire.

Actuellement, une notion d'éthique de la prévention devrait côtoyer celle des soins. En effet, dans le cas d'une maladie pour laquelle il n'existe pas de traitement connu, est-il admissible que l'on impose un dépistage qui conduirait seulement à un fichage et peut-être à l'inutile exclusion sociale, professionnelle ou même scolaire des sujets malades ? •

Agir sur les conditions de vie

LA PRÉVENTION PRIMAIRE CHERCHE À MAINTENIR LA BONNE SANTÉ PHYSIQUE, MENTALE ET SOCIALE D'UNE POPULATION EN LUTTANT CONTRE LES FACTEURS DE RISQUE LIÉS AUX CONDITIONS DE VIE.

La généralisation des vaccinations a été déterminante dans la lutte contre les maladies infectieuses. Mais, depuis longtemps, les observateurs avaient identifié les circonstances qui facilitent ou ralentissent l'épidémie. Aidés parfois par la force publique, ils isolaient les contagieux et imposaient la quarantaine aux bateaux et aux voyageurs en provenance de régions infectées.

La prévention primaire peut se situer à bien d'autres niveaux que le simple isolement des malades ou le traitement préventif. On connaît depuis longtemps l'importance des facteurs sociaux sur la santé et donc l'existence d'inégalités sociales face aux maladies. En effet, les familles riches résistent mieux aux grandes épidémies que les familles pauvres. Aujourd'hui, dans tous les pays du monde, la mortalité infantile, le vieillissement physique et mental, l'espérance de vie sont étroitement liés au niveau socio-culturel. C'est donc également l'amélioration des conditions de vie, la répartition plus égalitaire des ressources et l'amélioration des relations entre les personnes et les groupes qui font avancer la santé et le bien-être des populations.

Les actions de la prévention primaire sont propres à chaque situation et nombreuses sont celles qui dépendent du domaine de la santé : installation d'eau potable, amélioration et diversification des aliments, vaccinations, résorption des logis insalubres et de la grande promiscuité, réglementation et amélioration des conditions de travail, instauration d'un système généralisé de protection et d'aide sociale, garanties de ressources pour les personnes âgées et pour les plus pauvres, éducation pour la santé, interdiction à la vente ou à la publicité de tel produit, etc. Toutefois, les agents de la prévention primaire ne sont pas seulement les professionnels de la santé, et de nombreux acteurs de la vie sociale doivent se mobiliser pour l'élévation du niveau d'instruction ou la limitation de vitesse par exemple. En effet, les actes sanitaires ne suffisent plus et la prévention primaire met en jeu les conditions de vie dans la cité. Elle pose des problèmes dont les solutions ne sont pas seulement des gestes techniques mais aussi des actes communautaires. Les actions générales de prévention améliorent plus la santé globale d'une population que la médecine de pointe, réservée à un nombre restreint de personnes. •

3. Dans un amphithéâtre d'anatomie, l'équipe hospitalière.

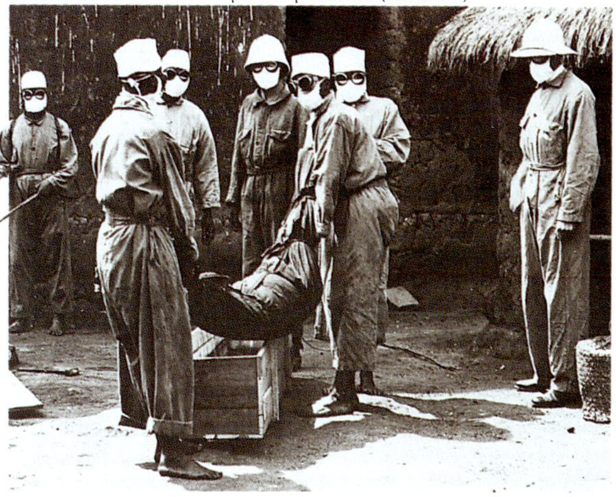

4. Équipe du service de la peste procédant à l'enlèvement d'un cadavre de pestiféré pulmonaire (Tananarive).

2. Lutte sportive de gymnastes du troisième âge.

Devoir collectif, liberté de l'individu

LE DROIT DE SE DONNER LA MORT DANS LA DIGNITÉ OU D'INTERROMPRE UNE GROSSESSE DÉBUTANTE CONSTITUENT DES RUPTURES ÉPISTÉMOLOGIQUES ET ÉTHIQUES DANS L'HISTOIRE JUDÉO-CHRÉTIENNE.

Dans les sociétés conduites par les croyances religieuses, la vie sur terre est une étape précédant un avenir qu'il faut envisager et préparer. Les devoirs et obligations, dont les règles pour la santé ne sont qu'une des facettes, trouvent dans ces croyances une puissante justification, et les douleurs, les deuils, le vieillissement, la maladie ou l'interdiction d'avorter ont un sens explicite. Dans la société traditionnelle, c'est la communauté des proches qui est le garant de chacun, d'où l'importance de respecter les autres mais également de se respecter soi-même.

Dans les sociétés qui précèdent l'arrivée des progrès sanitaires, la nécessité de santé publique est très fortement ressentie. La protection de la communauté et l'intérêt général sont considérés comme des impératifs prioritaires par rapport à ceux que peut ressentir le patient exclu et rejeté pour le bien de tous. Ainsi, le lépreux, par un double jugement civil et religieux, sera privé de ses biens et rejeté de la communauté des vivants. Les malades concernés se plient à ce devoir de santé, car ils sont convaincus de cette nécessité d'ordre et de sacrifice. Les professionnels de la santé participent sans protestations apparentes à ce système autoritaire qui ne doute pas de sa légitimité et du bien-fondé de sa mission.

Actuellement, dans les pays développés, l'idée que la personne privée se fait de sa place et de son rôle dans le monde n'est plus du tout la même, et la légitimité du devoir de santé vient de l'autorité scientifique et laïque. La revendication d'autonomie a été une longue lutte et la société est organisée pour que les personnes puissent vivre de façon autonome. Le projet personnel est érigé comme finalité principale et souvent suffisante. Par une sorte de paradoxe et de morale civique, c'est en s'occupant le mieux possible de soi que l'on devient un « bon citoyen ». Seuls les messages concernant la protection de l'environnement insistent sur le destin collectif et sur les devoirs vis-à-vis des autres, aujourd'hui et pour demain. •

Évolution, du bien-être au mieux-être

L'idée que nous avons de la prévention reste encore très marquée par le souvenir des grandes épidémies de maladies infectieuses (4). Le succès des « blouses blanches » (3) dans cette lutte a imposé le modèle médical visant à assainir le milieu, à protéger la population et à enseigner les règles de l'hygiène (1), contribuant ainsi à établir la notion de bien-être. Dans les sociétés développées, la notion de mieux-être traduit de nouvelles aspirations, sans cesse mouvantes, fondées sur la réalisation de l'individu ici et maintenant (2). Dès lors, la prévention déborde du cadre médical et ne peut se réduire à la passivité du patient consommateur, elle exige aussi des notions communautaires.

Le mieux-être, une dynamique insaisissable

UTOPIE PRIVÉE OU SOCIALE DES POPULATIONS NANTIES, LE MIEUX-ÊTRE REPRÉSENTE UNE IDÉOLOGIE QUI CORRESPOND À UNE ASPIRATION PLUS QU'À UN ÉTAT.

Le bien-être est une notion extrêmement subjective. Chaque individu le négocie et l'appréhende à sa manière, selon son niveau de connaissance et avec ses croyances. Malgré cela, la notion de bien-être est relativement statique et immobile. Le « mieux-être » en revanche est un complément logique, une sorte de dynamique permanente. Le concept et les pratiques de « promotion » de la santé sont supposés répondre à cette aspiration en s'ouvrant vers des définitions plus modernes de la bonne santé, qui impliquent que chacun se réalise au mieux de ce qu'il est, individu ou groupe.

Pour certains, le mieux-être correspond à une amélioration des conditions de la vie matérielle, à la défense des droits des gens face au système, mais également à la construction de réseaux relationnels, de projets sociaux, de clubs ou d'activités où les personnes ont l'impression d'être acteur, d'exister, d'être utiles. Paradoxalement, la notion de bien-être implique souvent, dans nos sociétés, le plaisir de boire, de manger, de rouler vite, de multiplier les partenaires sexuels ou de consommer des drogues. Le discours préventif, quant à lui, qualifie ces agissements de conduites à risques.

Chez les personnes qui ne sont pas malades, mais qui rencontrent des difficultés diverses dans leur vie (personnes âgées, jeunes travailleurs, chômeurs), on voit se constituer des demandes et des revendications sur les problèmes de « mal-être ». Les professionnels de la santé mentale les reçoivent, de plus en plus nombreuses ; mais la demande est à la limite de leurs compétences, car le « mal-être » ne signifie pas forcément pathologie mentale. Un objectif de bien-être est essentiellement précaire car, une fois atteint, un autre problème sous-jacent se révèle qui devient une nouvelle demande, une nouvelle source de mal-être. Comme la langue d'Ésope, la quête du mieux-être peut être la meilleure des choses comme la pire, aboutissant soit à un égoïsme excessif menacé par les autres, soit à une dynamique sociale qui englobe le bien-être privé, mais aussi celui des autres hommes. •

Les maladies infectieuses

Dans les pays en voie de développement, la situation au regard des grandes maladies infectieuses et parasitaires reste préoccupante. On estime à 15 à 20 millions le chiffre mondial des malades de la tuberculose, à environ 10 millions les nouveaux cas et à plus de 3 millions les décès annuels. D'après l'O.M.S., en Afrique, 100 à 150 millions de cas de paludisme entraînent environ un million de décès chaque année. Enfin, environ 250 millions de sujets sont le réservoir du virus de l'hépatite B dans le monde.

Si la grippe, entre 1918 et 1920, a ravagé l'Europe et causé plus de 15 millions de morts dans le monde, en France, entre décembre 1969 et janvier 1970, elle fut responsable de quelque 18 000 décès dont 80 % de personnes âgées de plus de 65 ans.

→ **Voir aussi :** La santé Situation mondiale, **MED**, p. 216-217. La santé Les pays occidentaux, **MED**, p. 218-219. Les grands problèmes de santé publique, **MED**, p. 220-221. Environnement et santé, **MED**, p. 392-393. Les systèmes de santé, **MED**, p. 396-397.

Les systèmes de santé

L'EXPRESSION « SYSTÈME DE santé » désigne l'ensemble des activités de prévention des maladies, soins des malades, gestion et prévision des besoins de santé, demandés par une population et effectués par des professionnels et des organisations sanitaires. La notion initiale de soin et de prévention s'est élargie vers l'étude de l'hygiène, des conditions sociologiques (économie, éducation, écologie, etc.) qui permettent la mise en œuvre de techniques médicales modernes. Les moyens principaux étaient autrefois centrés sur l'hôpital, lieu de technologie, jusqu'à la conférence d'Alma-Ata, en 1978, qui a orienté l'action des services de santé prioritairement vers les soins de santé primaire (prévention et éducation).

Les systèmes de santé ont pour but l'évaluation de l'état d'une population, l'analyse des besoins prioritaires, l'élaboration d'une action coordonnée, capable d'éradiquer une maladie, de prévenir les événements pathologiques, de préserver les conditions écologiques, de promouvoir une bonne santé, ce qui revient ici à tenter de prolonger la vie, là à en améliorer la qualité. En effet, une grande diversité existe, aussi bien d'une région du globe à une autre qu'à l'intérieur d'un même groupe local. Étroitement dépendants des conditions politiques et économiques, les systèmes de santé ont pour objectif l'accession de tous aux soins et à la prévention, mais aussi l'éducation, avec la participation des individus à leur propre développement. Ils font appel à la solidarité internationale. À l'échelle mondiale, leur efficacité dépend de l'interaction entre les différentes populations humaines.

Recherche et enseignement

L'ESSOR DES CONNAISSANCES MÉDICALES ET DES TECHNIQUES DE SOIN A ÉTÉ CONSIDÉRABLE DEPUIS 50 ANS.

L'université assure, pour les pays de la Communauté européenne, un enseignement médical réparti en trois cycles d'une durée totale de 8 ans. Au cours des deux premières années sont étudiées l'anatomie, la biochimie, la physiologie. Durant les quatre années suivantes, la nutrition, le métabolisme, les fonctions de relation et de reproduction sont envisagés de façon théorique et confirmés par l'apprentissage à l'hôpital des méthodes de diagnostic et de traitement. Les deux dernières années conduisent à des fonctions de responsabilité thérapeutique (internat) et à l'élaboration de la thèse de doctorat.

Dans un pays de 56 millions d'habitants comme la France, il existe 34 facultés de médecine et centres hospitalo-universitaires (ainsi que des facultés d'odontostomatologie ou « dentaires »). Le nombre d'étudiants admis oscille autour de 4 500 par an. La formation de spécialistes requiert 2 à 4 années supplémentaires. La régulation des flux d'étudiants impose chaque année des choix difficiles. Après les études, la formation continue, gérée par des associations de praticiens et d'universitaires, fait partie des obligations déontologiques du médecin. Elle s'effectue de façon libre par la lecture d'ouvrages et revues, des réunions, des congrès.

Les études de pharmacie, d'une durée de 6 ans, proposent trois options : industrie, officine, recherche et biologie. Les quatre années des études d'infirmiers sont sanctionnées par un diplôme d'État. Les rééducateurs et assistantes sociales ont également des qualifications particulières.

Les organismes de recherche médicale sont divers. L'I.N.S.E.R.M. (Institut national de la santé et de la recherche médicale), relié au C.N.R.S. (Centre national de la recherche scientifique), réunit 235 unités de recherche en 1987, représentant 1 800 chercheurs et 2 500 techniciens. L'Institut Pasteur, les centres anticancéreux, les entreprises de chimie et de pharmacie ont une part importante dans l'élaboration de nouveaux procédés de diag-

Les professionnels de la santé en France

Médecins	158 000 (dont 80 000 généralistes)
Stomatologistes	37 000
Pharmaciens (officines)	25 000
Sages-femmes	10 600
Infirmiers d'État	250 000
Infirmiers psychiatriques	62 000
Rééducateurs	57 000
Éducateurs et assistantes sociales	110 000
Assistantes maternelles et travailleurs familiaux	220 000
Personnels administratifs (estimation)	300 000

Sources : SESI et Conseil national de l'ordre des médecins.

Système hospitalier en France (1988)

	Nombre de lits	*Hôpitaux publics (en %)*	*Hôpitaux privés (participation au service public)*	*Hôpitaux privés (en %)*
Hospitalisation de court séjour	305 200	64	8	28
Moyen séjour	97 100	44	20	36
Long séjour	59 200	94	2	4
Maladies mentales et toxicomanies	107 400	72	13	15
Total	**568 900**	**65**	**10**	**25**

Équipements lourds en France (1988)

	Nombre total	*Hôpitaux publics*	*Hôpitaux privés (participation au service public)*	*Hôpitaux privés*
Postes d'hémodialyse	2 474	1 443	1 031	
Scanners	328	213	21	94
Postes d'I.R.M.	50	36	1	13

Sources : SESI (Service d'étude et de saisie informatique) du ministère de la Solidarité, de la Santé et de la Protection sociale.

La distribution des soins

LE CHEMINEMENT DES MALADES QUI RELÈVENT DE SOINS ET CELUI DES SUJETS BIEN PORTANTS QUI BÉNÉFICIENT DE LA PRÉVENTION S'ENTRECROISENT AU TRAVERS DES DISPOSITIFS DE PROTECTION SOCIALE.

Le médecin généraliste est le pivot du système des soins et de la prévention. Il constitue le premier recours de la population avec les infirmières, assistantes sociales, rééducateurs, pharmaciens. Il établit le diagnostic des maladies individuelles ou collectives d'où découlent traitement et prévention. Il décide l'hospitalisation, le recours aux avis du biologiste, du radiologiste ou du médecin spécialiste. Il établit la durée nécessaire pour le soin et la mise en œuvre de la protection sociale. Enfin, il exerce des actions de recherche clinique et épidémiologique, d'éducation des populations et de surveillance des accidents thérapeutiques ou des nuisances. Cette médecine générale répond à une conception globale de la santé : soins adaptés à la singularité de chaque personne, continuité de la responsabilité des soins confiés à des équipes de travail, implantations locales et disponibilité.

Les hôpitaux publics et privés ont une fonction de soins, de recherche méthodologique et thérapeutique, d'enseignement et d'apprentissage médical, infirmier et social. Ils ont conservé leur fonction d'hébergement. Les hôpitaux de court séjour, pourvus d'équipements techniques importants, ont une fonction de soin et de recherche pour les malades aigus (chirurgie, soins d'urgence et réanimation, obstétrique...). Les centres de moyen séjour ont pour fonction l'aide à la convalescence et la réinsertion professionnelle. Les établissements de long séjour sont dévolus aux malades atteints de handicaps moteurs sensoriels ou mentaux entraînant une dépendance à l'égard de l'entourage que le milieu familial ne peut assurer. Des structures spéciales, dispensaires, consultations, S.A.M.U., transfusion, etc., assurent des tâches particulières médicales et sociales.

Ces divers ensembles, généralistes, hôpitaux et structures médico-sociales, sont organisés selon des modalités socio-économiques différentes suivant les pays. Dans les États socialistes, les patients ne peuvent sortir de filières de soin déterminées, le financement des soins et la rétribution des soignants sont assurés par une branche des finances de l'État. Ces systèmes ont entraîné une mainmise étatique sur les individus, une dilution des responsabilités, une bureaucratie tatillonne et paperassière. À la longue, l'insatisfaction a amené, dans les pays socialistes non totalitaires, des assouplissements. Le système était en effet mal adapté à la diversité mouvante des maladies et à la singularité des besoins de chaque malade. Avec les principes du libéralisme économique, le malade a le choix de ses médecins et soignants, il assure et gère luimême le paiement des actes et le financement des soins de sa santé. Mais l'augmentation du coût des soins, les perfectionnements techniques, l'allongement de la durée de la vie ont entraîné la constitution d'assurances, gérées par l'État, par des mutualités ou par des financiers, et la mise en place d'un système de contrôle et de prévention des risques économiques de la santé.

Dans les pays en voie de développement, les actions de santé sont à la charge d'organisations nationales et internationales qui évaluent l'état de chaque région et exercent des actions préventives et éducatives en faveur d'une meilleure santé. L'évaluation de la mortalité et de l'hygiène précède la définition des actions de santé qui doivent être précises, soutenues et prolongées. •

nostic, de médicaments et de traitements. Les hôpitaux et les universités disposent de possibilités de recherche clinique. Ces structures sont en relation souple et s'articulent entre elles avec les organismes européens et internationaux. Génétique, neurobiologie, immunologie, cancers et maladies vasculaires, santé publique sont les objectifs majeurs de ces travaux. Des initiatives publiques ou privées (Ligue contre le cancer, associations d'étude pour les myopathies, la sclérose en plaques, etc.) s'efforcent de compléter l'adaptation des moyens de recherche à l'évolution de la pathologie et d'apporter des aides aux malades et à leurs familles. •

Administration de la santé

LA COMPLEXITÉ DES PHÉNOMÈNES TECHNIQUES ET SOCIAUX LIÉS À LA SANTÉ PROVIENT DU CARACTÈRE SINGULIER DE CHAQUE INDIVIDU ET DE LA GESTION COMMUNAUTAIRE DES SOINS ET DE LA PRÉVENTION.

L'évolution incessante des besoins de santé nécessite des informations précises et répétées pour saisir les modifications de la pathologie, identifier les besoins dans une population définie, choisir des priorités, mettre en œuvre des actions de santé, évaluer leurs effets au fil du temps. En France, l'École nationale de la santé publique forme des organisateurs de la santé pour les directions des hôpitaux et les directions départementales et régionales d'actions sanitaires et sociales (D.D.A.S.S., D.R.A.S.S.). Les bureaux d'aide sociale, les collectivités locales et régionales, les hôpitaux publics et privés, les inspections de la santé sont coordonnés par le ministère de la Solidarité nationale.

Ainsi, depuis 1950, l'implantation d'un réseau de centres hospitaliers couvrant le territoire national avec répartition des équipements (de diagnostic ou de thérapeutique) a été organisée de façon prioritaire. On comptait en France, en 1989, 400 postes d'angiographie numérisée, 350 scanners, 220 caméras à scintillation, 50 postes d'imagerie par résonance magnétique (I.R.M.), 2 500 appareils d'hémodialyse. La mise en œuvre de ces équipements a été autorisée après enquête par le ministère de la Santé, qui contrôle également les implantations d'hôpitaux publics et privés ou les modifications d'affectation des lits. L'extrême centralisation a pour but d'éviter les doubles emplois et de répartir de façon homogène sur le territoire national les moyens d'assurer à chacun un accès libre au soin. Le ministère de la Santé, avec les avis de l'Académie de médecine et des organismes professionnels, régit également la gestion des personnels de santé, la surveillance de l'hygiène publique, l'éducation sanitaire, la lutte contre les fléaux sociaux, ainsi que le contrôle de la pharmacie et des médicaments. Là comme ailleurs, l'informatique apporte son appui dans la prévision et l'évaluation de la promotion de la santé, qui doivent tenir compte de notions économiques impératives et des possibilités techniques. •

1. Chambre de soins intensifs (contrôle de respiration, rythme cardiaque, diurèse, oxygénation, etc.).

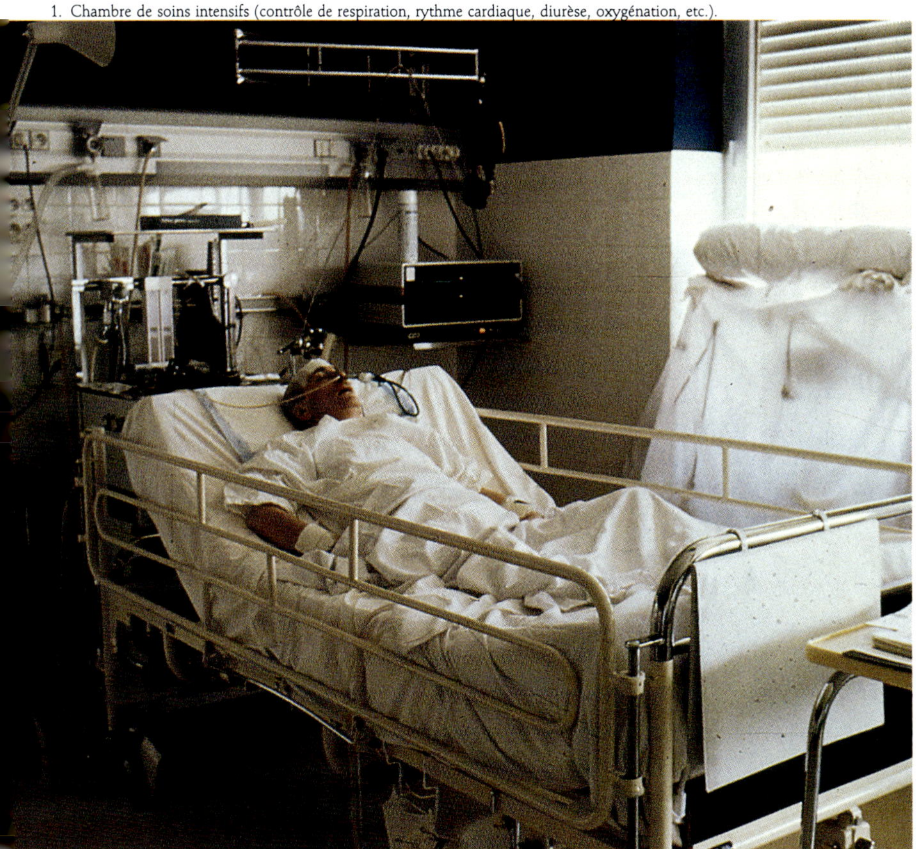

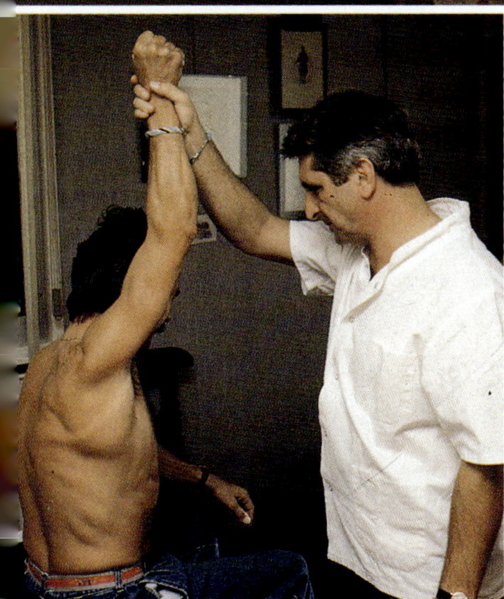

2. Rééducation en maison de moyen séjour (kinésithérapeute).

3. Enseignement au lit du malade et apprentissage du soin à l'hôpital.

Les moyens de la solidarité

LE DYNAMISME POLITIQUE, ÉCONOMIQUE ET TECHNIQUE, L'ENSEIGNEMENT PROFESSIONNEL, LA PARTICIPATION DES POPULATIONS, AINSI QU'UNE SAINE GESTION, CONDITIONNENT LE MAINTIEN DES EFFORTS VERS UNE BONNE SANTÉ.

Chaque jour, en France, environ 1 million d'actes médicaux, infirmiers et stomatologiques ont lieu, 30 000 malades sont admis en milieu hospitalier pour des maladies ou accidents. Le nombre total d'individus ressentant une gêne dans la vie quotidienne est évalué à 5 200 000 personnes, dont 3 200 000 de plus de 60 ans, alors que le nombre de handicaps sévères est estimé à 1 500 000 environ.

La consommation médicale s'élève en France en 1988 à 8 300 francs par an et par personne. Les dépenses d'hospitalisation représentent 50 % de ce chiffre, les soins ambulatoires (c'est-à-dire sans hospitalisation) environ 26 %, les biens médicaux 20 %, et 4 % sont dévolus à la médecine préventive et aux transports des patients.

La solidarité nationale regroupe les diverses branches de Sécurité sociale (Caisse nationale d'assurance maladie, assurance vieillesse, prestations familiales, accidents du travail). Des régimes particuliers à certaines professions (agriculteurs et travailleurs indépendants, par exemple) sont joints au régime général des travailleurs salariés. Des mutuelles garantissent leurs adhérents. La presque totalité de la population française est protégée par ces dispositifs, auxquels s'ajoutent les dispositifs d'assurances privées. Le financement est constitué par des cotisations versées par les adhérents (individus et entreprises). L'U.R.S.S.A.F. (Union pour le recouvrement des cotisations de Sécurité sociale et d'Allocations familiales) en assure la gestion sous la tutelle de l'État. Les dépenses sont en constante expansion. Aux périodes de croissance ont succédé des phases de limitation des dépenses ; des études de rentabilité, d'évaluation, la création de cercles de qualité ont été mises en œuvre pour répondre au difficile défi de limiter la progression des dépenses tout en maintenant la qualité des soins. •

→ **Voir aussi :** La protection sociale, **MED**, p. 404-405. Médecine et société, **SOCIO**, p. 472-473.

Des investissements considérables

Une éthique commune fonde l'action des personnels de la santé : respecter les droits de chaque homme dans sa personne et son corps, assurer la liberté d'accès pour tous aux soins avec la compétence et la discrétion nécessaires. Les systèmes de santé ont pour but d'accueillir les urgences (1) et d'accompagner la convalescence et la rééducation (2), de promouvoir la recherche de techniques efficaces et sûres d'investigation et de prévention, de diagnostiquer et de traiter, de former et de maintenir la continuité de la formation des professionnels. Cela a nécessité la mise en œuvre de moyens considérables, industriels et techniques, pour l'équipement, mais aussi pour la formation des personnels de santé (3). Ces investissements doivent rester à la mesure de l'évolution des besoins de santé.

Droit et médecine

La diversité des législations dans le monde est telle que les rapports du droit et de la médecine seront ici envisagés seulement en ce qui concerne la France. Alors que les techniques médicales modernes ont un caractère universel, la relation médecin-malade est singulière. Le médecin ne répare pas des machines appartenant à un autre, il agit sur le propre corps du patient. Le médecin est amené à connaître des informations relevant de l'intimité de la personne. L'acte médical s'inscrit dans le temps irréversible de la vie d'un homme menacé de mort ou d'invalidité et suspendu au conflit entre les aléas du destin et l'action du soin. Le médecin et le soignant sont ainsi concrètement confrontés au caractère unique de chaque malade qui leur confie le soin de son corps.

Les premières écoles de médecine avaient déjà des codes – assez similaires – de conduite professionnelle, déontologie fondée sur les caractères magiques et mystérieux des connaissances médicales révélées à des membres initiés seulement. Le médecin devait posséder une compétence et s'engager à ne pas révéler les secrets qui lui étaient confiés par le malade, à l'égard duquel il devait rester disponible. Ainsi, la médecine associait l'obligation de connaître les techniques de soin à des règles de sagesse et de prudence face aux incertitudes que fait peser la maladie. Dans le monde moderne, les règles ont été codifiées en accord avec des principes généraux : obligation de porter secours aux personnes en péril, information du malade sur sa santé et respect de la volonté et de la vie de chaque homme.

Le contrat de soins Le consentement

LA NATURE CONTRACTUELLE DES RELATIONS ENTRE UN MÉDECIN ET SON MALADE A ÉTÉ DÉFINIE PAR LA COUR DE CASSATION DANS UNE SUITE D'ARRÊTS.

L'objet du contrat médical de soins entre malade et praticien est clair : soigner un malade ou un blessé dans le but de le guérir ou, en tout cas, améliorer son état, soulager sa souffrance. Traditionnellement, le contrat médical implique une obligation de moyen et non de résultat. Le médecin ne s'engage pas à obtenir tel résultat, mais s'engage à donner des soins consciencieux et conformes aux données actuelles de la science. Ce contrat entre le médecin et son patient une fois conclu par consentement mutuel, le praticien établit un diagnostic et conseille un traitement. Ce dernier peut nécessiter des gestes ou des interventions chirurgicales présentant certains risques. En concluant le contrat avec son médecin, le malade s'en remet-il entièrement à lui pour la conduite du traitement jusqu'à son terme ? La confiance aveugle et absolue du malade en son médecin n'est pas retenue par la jurisprudence. Le médecin doit expliquer au patient son état et le traitement choisi : il n'y a pas de secret entre le médecin et le patient. Les explications du médecin sont indispensables pour que le patient puisse donner un consentement libre et éclairé. Il existe trois exceptions à la règle du consentement au contrat : les malades inconscients, les patients mineurs et incapables majeurs et l'obligation de porter secours à une personne en péril, l'urgence ne permettant pas toujours d'obtenir le consentement. Dans ce cas, il est conseillé d'informer la famille ou les tuteurs du malade, mais cela n'est pas toujours possible.

Le domaine du contrat médical s'est progressivement élargi : améliorer certaines possibilités de l'homme non malade, améliorer les performances sportives ou les

2. Temple de Kom-Ombo (vallée du Nil),

Déontologie et responsabilité des médecins

COMME TOUT CITOYEN, LE MÉDECIN EST SOUMIS À LA LOI QUI OBLIGE CHACUN À PORTER SECOURS À UNE PERSONNE EN PÉRIL ET INTERDIT D'ATTENTER À LA VIE.

Le médecin se trouve devant des situations d'accident ou de maladie dont il tente de limiter les conséquences. Sa responsabilité, engagée à l'occasion de chacun de ses actes, est de l'ordre du contrat de soin. En réponse à la demande du malade, le médecin entreprend une action curative ou préventive. Il a le devoir d'informer le malade et n'agit qu'avec le consentement de ce dernier. À l'évidence, ces actions comportent des risques pour la vie, les fonctions, l'esthétique du patient. Ces obligations sont précisées dans le Code de déontologie médicale révisé par le Conseil national de l'ordre des médecins et le Conseil d'État (décret du 18 juin 1979). À côté des obligations du médecin à l'égard des patients, notamment celle de porter secours en entretenant sa compétence, figurent les principes du libre choix du médecin par le malade, de la liberté de prescription, de la notion de modération et d'entente en matière d'honoraires. Le Code de la santé publique, quant à lui, définit les règles d'hygiène et du fonctionnement des services publics. En outre, lors de la soutenance de thèse, le médecin prononce, en France, le serment d'Hippocrate (Ve siècle av. J.-C.), comparable au serment d'Asaph (VIIe s. apr. J.-C.), à la prière de Maimonide au XIIe siècle, aux serments du médecin israélien et du médecin soviétique.

Ces textes ont en commun d'énumérer les devoirs du médecin et les engagements moraux qu'il prend : donner ses soins et tenir à jour ses connaissances professionnelles, ne pas prendre en compte les différences de race, de fortune, de religion, préserver le secret des faits qu'il peut connaître, ne pas favoriser le crime, soulager la douleur. Ainsi, le médecin garde l'obligation de donner au malade les meilleures chances pour lutter contre la maladie. La jurisprudence reconnaît que l'obligation de résultat dans les soins n'est pas soutenable, sauf cas très particuliers. Le mouvement de mise en cause de la responsabilité des médecins, qui a toujours existé, a pris une certaine ampleur aux États-Unis du fait des succès techniques de la médecine moderne et de la montée de nouvelles exigences des patients. Il faut cependant rappeler que les résultats de la médecine sont souvent imparfaits, inconstants et qu'au terme de la vie la maladie et la mort sont inévitables. De ce fait, les fautes professionnelles avérées, dues à l'incompétence ou à la négligence, devraient entraîner enquêtes, procès et sanctions éventuelles. Cette notion de responsabilité stimule en permanence la vigilance du médecin et donne aux malades et à leur famille un droit de regard sur la qualité des soins. •

Exercice illégal de la médecine

Selon le Code de la santé publique (L. 372) et le Code pénal exerce illégalement la médecine toute personne qui, sans remplir les conditions imposées par la loi, prend part de façon répétée et habituelle au traitement des maladies ou des affections chirurgicales. L'infraction est pénale.

En France, sont passibles d'inculpation les rebouteux, guérisseurs, magnétiseurs, médiums, radiesthésistes, qui sont assez nombreux. Leurs procès sont toujours délicats tant les témoignages de guérison ou de modification de la maladie sont complexes à interpréter.

1. Stèle d'Hammourabi (XVIIIe s. av. J.-C.), dont les articles 215 à 227 sont consacrés aux rapports du médecin et du malade.

qualités esthétiques, maîtriser la reproduction sont autant d'objets nouveaux du contrat médical. En permanence, des cas spéciaux apparaissent du fait des progrès techniques. Les acquisitions dans les domaines de la reproduction humaine, une meilleure connaissance des questions d'identité sexuelle, des conditions de prélèvements et de greffes d'organes, les nécessités de la recherche biomédicale et de l'accompagnement des mourants ont ainsi soulevé des questions éthiques et juridiques nouvelles, qui n'étaient pas prévisibles au point de vue moral ou social. La législation dans ces domaines est en évolution, mais une très grande circonspection est nécessaire. Le médecin est pris entre la généralité de la loi et l'urgence, les exigences particulières des malades et la singularité des cas. Le praticien doit alors s'entourer d'avis et trouver la voie la plus efficace et la moins dangereuse. Les réflexions des Comités d'éthique, du Conseil d'État (*De l'éthique au droit,* 1988) permettent de progresser par le bon usage de la pluridisciplinarité dans l'élaboration continue du code de conduite selon les nouvelles biotechnologies. •

Le secret médical

LE SECRET MÉDICAL EST UN ÉLÉMENT CLÉ DANS LA RELATION MÉDECIN-MALADE ET FAIT PARTIE DES FONDEMENTS TRADITIONNELS DE LA MÉDECINE.

Le secret professionnel est absolu, sauf dérogation légale. Le secret est inscrit dans le Code pénal (art. 378, alinéa 1). Il découle aussi du contrat de soins entre le médecin et le malade. Le secret médical a été instauré, dès les débuts de la médecine, pour défendre les intérêts du malade. Ce n'est nullement un privilège des médecins, mais un *droit des malades.* Inévitablement, le médecin est informé des conditions particulières de chaque malade et il ne peut y avoir confiance du malade en son médecin sans confidentialité. Il est bon de rappeler qu'il n'y a pas de secret entre le médecin et son malade. L'information du malade est d'ailleurs une obligation légale du médecin. Elle doit être simple, intelligible et loyale.

Les relations avec l'entourage du malade posent souvent des problèmes. Que peut-on révéler à un parent inquiet ou à un ami du patient ? En principe, cette communication doit être fondée sur l'accord donné par le malade mais, parfois, la gravité d'un état ou le pronostic fatal doit être annoncé au malade et à sa famille. La règle du secret médical s'impose aussi vis-à-vis de l'employeur, des assurances. Elle ne peut être transgressée qu'avec le consentement de l'intéressé. Il existe des dérogations au secret défini par la loi : déclarations de naissance, de décès, certificats d'internement, déclarations d'accidents du travail ou de maladie professionnelle ou contagieuse... De même, le médecin a l'obligation, s'il en a connaissance, de déclarer sévices et mauvais traitements d'enfants. Par contre, en France, la dénonciation des maladies vénériennes, du sida, des toxicomanies a été repoussée et cela protège chacun des malades atteints. Une importante dérogation, celle du secret partagé entre médecins, atténue les difficultés qu'une trop grande rigidité entraînerait pour le patient. •

La médecine légale

INITIALEMENT LIMITÉE À L'ÉTUDE DES CRIMES, DES DÉLITS ET DES INTOXICATIONS, LA MÉDECINE LÉGALE SE RÉDUISAIT À L'EXPERTISE JUDICIAIRE. ELLE S'EST ÉTENDUE À D'AUTRES DOMAINES.

En France, la médecine légale est une activité particulière du médecin, issue des lois et décrets. Le législateur autorise le pouvoir judiciaire à requérir un médecin pour donner des renseignements à la justice (en pratique, il s'agit de constater et d'étudier des faits criminels ou délictueux, d'apprécier des dommages causés à un individu par une violence accidentelle ou criminelle). Le *médecin expert* désigné est tenu de fournir des renseignements d'ordre médical en réponse aux questions posées par l'autorité qui l'a requis. Il est délié du secret professionnel vis-à-vis de cette autorité. Chaque année est dressée la liste nationale des experts désignés en matière civile et pénale.

La médecine légale permet l'identification d'un individu grâce aux techniques de *l'anthropométrie criminelle.* Les mesures portent sur le corps et s'accompagnent d'une description précise de l'individu (visage, cicatrices...). La dactyloscopie (relevé des empreintes digitales) est d'un grand intérêt. L'examen minutieux du squelette permet de déterminer l'âge et le sexe (bassin). Les dents, les poils, les ongles sont examinés. L'expertise des taches de sang et l'identification du sperme, les empreintes génétiques, donnent également d'importants renseignements. L'autopsie médicolégale est réalisée pour répondre à des questions figurant sur la mission d'expertise : cause de la mort, recherche de signes de violence... Cet examen est pratiqué à la demande des autorités judiciaires. Ses conclusions constituent le rapport nécessaire à l'exercice de la justice.

À côté du domaine judiciaire, d'autres instances utilisent les mécanismes de l'expertise médicale (Sécurité sociale, assurances, lutte contre l'alcoolisme, aide médicale gratuite, pensions, constatations d'accidents ou de maladies professionnelles). Le rôle du médecin est de décrire les faits. Les conclusions sont établies par les autorités de tutelle. •

→ **Voir aussi :** Médecine et société, **SOCIO**, p. 472-473. La médecine dans la société, **MED**, p. 376-377.

fondé au XVe s. av. J.-C. Instruments chirurgicaux.

3. Stèle funéraire d'un médecin, représenté soignant un enfant. Rome (IIe s. apr. J.-C.).

Permanence de la déontologie

On trouve trace de préoccupations d'ordre déontologique dès les plus lointaines origines de la médecine : à Babylone (1), en Égypte (2), en Grèce, à Rome (3). En France, le « serment d'Hippocrate », que prêtent les médecins avant de s'engager dans l'exercice de leur profession – une forme remaniée de celui qu'avait conçu le médecin grec du Ve s. av. J.-C. –, et le Code de déontologie précisent les devoirs du médecin. Il doit respecter la volonté du malade et le soigner quelles que soient sa nationalité, sa religion. Il est tenu au secret professionnel, au devoir de formation professionnelle continue. Il lui est interdit de délibérément provoquer la mort. Il a l'obligation de soulager la souffrance.

Médecine et médias

LORSQU'ON S'INTERROGE sur les rapports entre la médecine et les médias, il apparaît qu'ils sont sous-tendus par la présence d'un troisième acteur, « le grand public », et sa soif de consommation : consommation effrénée d'information et consommation massive de soins, laquelle s'apparente d'ailleurs à une véritable spirale mettant à mal les systèmes de protection sociale. Pour analyser ces deux phénomènes majeurs de nos sociétés, on peut emprunter deux pistes. La première est celle des interrelations entre deux univers, deux pouvoirs bien plus dépendants l'un de l'autre qu'on ne l'imagine souvent, qui s'observent, se redoutent et s'attribuent tous les vices et toutes les vertus. Dans la seconde piste, on s'attache à étudier comment l'exposition de plus en plus accrue aux médias peut être compatible avec la santé entendue comme « un état de bien-être physique, psychologique et social » (définition de l'O.M.S.).

Les relations entre le pouvoir médical et celui des médias seront ici appréhendées à travers trois de leurs aspects : l'état de la presse médicale en France ; l'analyse de la couverture médiatique du sida, révélateur des dysfonctionnements, mais aussi des ressources potentielles extraordinaires de la relation médecine-médias ; l'intérêt, mais aussi les possibles effets pervers, du recours à la télévision, dans le cadre des appels à la générosité publique au profit d'associations à visée médicale ou scientifique.

Quant à une éventuelle influence négative du médium télévision sur la santé, la question se pose surtout pour les enfants, grands consommateurs de ce mode de communication.

Médecine-médias : le sida comme révélateur

POUR LA PREMIÈRE FOIS DANS L'HISTOIRE, L'ENSEMBLE DE LA PLANÈTE VIT EN TEMPS RÉEL L'ÉVOLUTION D'UNE GRANDE ÉPIDÉMIE ET DES MOYENS MIS EN ŒUVRE POUR LA COMBATTRE.

En une dizaine d'années, le sida est devenu une priorité de santé publique mondiale, mais aussi un sujet de prédilection des médias (au point qu'il a pu être rebaptisé par certains : Syndrome Inventé pour Développer l'Audience). Le sida joue sans nul doute un rôle de puissant révélateur social, dans un large éventail de domaines. Celui des rapports entre la médecine et les médias n'échappe pas à ce constat.

L'impact médiatique du sida est révélateur de la soif d'information du grand public en matière de santé ; même si le fait que la transmission de cette maladie grave soit liée aux liquides vitaux (sang et sécrétions sexuelles) a donné une résonance particulière au sujet.

Le cas du sida révèle également la modification de la relation médecin-malade induite par la médiatisation de l'information médicale. Les patients sont en effet pour une large part devenus aujourd'hui des « consommateurs avertis » et les praticiens qui ne font pas l'effort d'un suivi permanent de l'information sur la maladie se trouvent parfois fort démunis face à des patients surinformés, mais le plus souvent victimes de faux espoirs.

De plus, le sida révèle la place essentielle que les médias peuvent tenir dans une démarche de prévention, en sachant toutefois qu'on ne peut leur assigner une mission de santé publique, mais qu'ils doivent prendre conscience du rôle éminent qu'ils peuvent jouer... positivement ou négativement. Toutefois, il est apparu une nouvelle fois, à l'occasion du sida, que, si la diffusion de messages de prévention par l'intermédiaire des médias grand public paraît nécessaire, elle ne saurait être suffisante : elle doit toujours être accompagnée d'une campagne d'information de proximité bien menée et inscrite dans la durée.

Enfin, le sida est un révélateur de la fascination d'une partie non

1, 2, 3. Magazines.

1.

4. Opération Téléthon.

La presse médicale en France

LA PRESSE MÉDICALE, BIEN DÉVELOPPÉE GRÂCE À LA PUBLICITÉ PHARMACEUTIQUE, SEMBLE POURTANT CONNAÎTRE DES DIFFICULTÉS ÉCONOMIQUES.

L'information concernant la santé connaît un essor considérable depuis plusieurs années. Dans les journaux ou revues d'information générale, et plus particulièrement dans la presse dite « féminine », la place prise par les chroniques traitant de sujets liés à la santé est sans cesse croissante, illustrant bien la soif du public en la matière. À côté, pour informer les professionnels, de multiples publications existent en France. Elles peuvent être regroupées en quatre grandes catégories. Les journaux d'information, poids lourds du secteur, sont principalement destinés à fournir un regard large et rapide sur l'actualité médicale, la vie professionnelle et donnent souvent les informations générales. Les revues de formation postuniversitaire, nationales mais aussi régionales, destinées à être conservées comme référence par leurs utilisateurs, constituent le pôle majeur de la formation continue des médecins en France. Les revues scientifiques spécialisées, véritables forum d'information de haut niveau, de diffusion restreinte, sont principalement destinées aux spécialistes. Les autres publications, enfin, rassemblent les revues aux aspects pratiques non strictement médicaux (gestion, défense professionnelle, information syndicale...).

La presse médicale française compte environ 250 titres, pour un tirage d'environ 150 millions d'exemplaires par an, s'adressant pour moitié aux spécialistes, pour moitié aux généralistes et aux autres professions de santé ; ce qui en fait l'une des plus importantes au monde. Par comparaison, il n'existe qu'une demi-douzaine de titres en Grande-Bretagne pour les généralistes, aucun n'étant quotidien. Cela tient pour une large part à une disposition législative datant des années 1970, dite loi Veil, qui avait pour but d'orienter vers la presse la publicité pharmaceutique, autrefois concentrée sur le mailing : la presse réservée au corps médical est ainsi aujourd'hui la seule à pouvoir présenter des publicités pour des produits remboursables. L'objectif majeur consistait à soutenir le rôle de la presse dans la formation continue des médecins français en lui assurant des revenus confortables, le marché publicitaire étant évalué à environ 400 millions de francs en valeur réelle, après avoir intégré les négociations des centrales d'achats d'espace publicitaire. Cependant, on a surtout assisté depuis les années 1980 au développement d'une presse se rapprochant du mailing du fait de sa très courte périodicité et d'une très large diffusion, gratuite ou quasi gratuite, mais le plus souvent déguisée (les abonnés payants ne représentant parfois que 10 à 20 % des abonnements déclarés).

Bien qu'abondante, la presse médicale française connaît des difficultés non négligeables. Son tirage global (environ 150 millions d'exemplaires par an) est en régression depuis quelques années et l'équilibre économique du secteur apparaît précaire pour trois raisons majeures : la part des investissements publicitaires des laboratoires pharmaceutiques diminue au profit du développement de la visite médicale et surtout des opérations de relations publiques (congrès, voyages, etc.) ; les nouveaux médias audiovisuels et télématiques prennent une place croissante dans l'information et la formation continue ; le développement du recours à l'automédication et aux traitements non prescrits conduira probablement à une réorientation des budgets publicitaires des laboratoires vers la presse grand public. Autre difficulté, l'indépendance de la rédaction des revues vis-à-vis notamment des laboratoires pharmaceutiques paraît de plus en plus ténue. Enfin, la crédibilité et l'audience à l'échelle internationale des revues françaises sont menacées, en raison du monopole de l'anglais comme langue scientifique. Cela conduit la plupart des chercheurs et des praticiens francophones à publier directement en langue anglaise dans des revues anglo-saxonnes, accentuant ainsi la perte d'audience des publications en langue française. Cette véritable « spirale infernale » a abouti à la décision, controversée, de l'Institut Pasteur de publier sa revue simultanément en anglais et en français. •

L'information du public

Montrant des témoignages poignants, et le plus souvent pleins de force vitale, d'enfants handicapés, animé par certaines des personnalités médiatiques les plus populaires, occupant l'espace télévisuel pendant plus d'une journée jalonnée d'exploits en tous genres et appelant à la mobilisation active de toute la population, le Téléthon (4) connaît chaque année un succès médiatique remarquable et toujours grandissant... dont certains contestent parfois l'aspect spectaculaire. Autre exemple de mobilisation médiatique, depuis le début des années 1980, l'information sur le sida (1, 2, 3) s'est considérablement amplifiée, alternant le meilleur et le pire... Entre la logique du sensationnel et le souci de participer à l'effort de prévention, le cœur et la raison des médias balancent.

négligeable de la communauté médicale scientifique à l'égard des médias, qui peut s'avérer porteuse d'effets pervers. En effet, certains membres de cette communauté, cherchant parfois à contourner le processus habituel de reconnaissance par leurs pairs, viseraient directement, semble-t-il, à acquérir une crédibilité et une notoriété auprès du public, par l'intermédiaire des médias. Cette quête, par certains scientifiques, d'une légitimité « externe », qui vient parfois conforter, mais également, dans quelques cas, se substituer au long processus de légitimation « interne », conduit à considérer que la responsabilité de certains « dérapages » médiatiques à propos du sida est sans nul doute partagée. Toutefois, il se pourrait que le sida ait aussi joué, comme souvent ailleurs, un rôle d'accélérateur en ce qui concerne la maturation des rapports entre les professionnels de la santé et les médias. En effet, certains éléments semblaient montrer, à l'aube des années 1990, que le temps des relations plus sereines était enfin arrivé : médias et médecins sauront-ils demain travailler ensemble ? •

Télévision et « charité-business »

PLUS DE 250 MILLIONS DE FRANCS RECUEILLIS EN 1989 POUR LA TROISIÈME ÉDITION DU TÉLÉTHON. CETTE OPÉRATION, PORTEUSE DE FORMIDABLES ESPOIRS, FAIT D'UNE ASSOCIATION PRIVÉE L'UN DES ACTEURS LES PLUS PUISSANTS DE LA SCÈNE MÉDICO-SCIENTIFIQUE FRANÇAISE.

Inspirée par une expérience américaine déjà ancienne, la télévision publique française, plus précisément Antenne 2, s'est engagée, en 1987, dans une démarche à la fois généreuse et audacieuse consistant à faire connaître aux Français – pour solliciter leur soutien financier – la douloureuse réalité des enfants atteints de maladies musculaires, et notamment de myopathies. Auparavant, ce terme n'était utilisé que par les médecins et les scientifiques, ou par les familles confrontées à ces maladies. Il est aujourd'hui entré dans le langage courant grâce aux désormais célèbres Téléthons (« marathons de télévision »).

Ces émissions, qui atteignent des records d'audience, ont permis à un très large public d'adhérer à un vaste élan de solidarité envers ces enfants, permettant sans doute à notre corps social d'adopter, du moins partiellement, un autre regard sur les personnes vivant avec un handicap. Cet élan de solidarité à l'échelle nationale se traduit chaque année par la concrétisation en espèces des « promesses » de dons faites au cours de l'émission... pour un montant considérable, qui avait approché les 200 millions de francs la première année, avant de les atteindre, puis de les dépasser très largement en 1989 (263 millions de francs).

Remarquable succès médiatique, la collecte de fonds réalisée par l'Association française des myopathes (A.F.M.) a permis d'améliorer les conditions de vie et de prise en charge de nombreux enfants atteints par la maladie, mais aussi d'aider plusieurs équipes de recherche travaillant dans ce domaine et sur des sujets adjacents, venant en cela pallier des carences vécues comme insupportables par les familles touchées. Ainsi la détermination, par une équipe française de l'I.N.S.E.R.M., de la localisation, au sein des chromosomes, du gène responsable d'une maladie grave et non exceptionnelle, l'amyotrophie spinale, doit-elle beaucoup à l'aide de l'A.F.M.

Toutefois, il n'en demeure pas moins une interrogation quant au principe même de manifestations telles que le Téléthon. En effet, grâce aux sommes collectées à l'occasion de ces émissions, l'A.F.M. est devenue l'une des plus importantes structures de financement de la recherche dans le domaine de la santé en France. Pourtant, son champ d'action ne s'inscrit pas nécessairement dans les objectifs principaux de santé publique ni dans les axes prioritaires de recherche qui leur sont attachés.

Une association spécifique et quelques professionnels des médias se trouvent ainsi placés – pour partie, bien sûr – en position d'arbitre dans le choix des axes privilégiés de la recherche française. Certains s'interrogent, non sans raison semble-t-il, sur les effets pervers potentiels d'une telle situation. Car s'il ne saurait être question de mettre en doute l'utilité de ce type de manifestation, celle-ci ne s'exerce qu'au profit d'une certaine catégorie de malades, sans prendre en compte, du fait de leur nature même, les impératifs de santé publique.

Si l'on allait au bout de cette logique, qu'adviendrait-il de la recherche sur des maladies par exemple plus fréquentes, aussi sévères... mais moins « médiatiques » ? Verra-t-on dans l'avenir se développer une compétition effrénée et ravageuse pour la quête des fonds privés, dressant ainsi – qui sait ? – des malades contre des malades, des médecins contre d'autres médecins. La question, bien que posée ici sous forme de scénario catastrophe, demeure d'actualité. •

2.

3.

La télévision et la santé des enfants

AU COURS D'UNE ANNÉE, UN ENFANT PASSE, EN MOYENNE, PLUS DE TEMPS DEVANT LA TÉLÉVISION QU'À L'ÉCOLE. CE QUI N'EST PAS SANS EFFET SUR SA SANTÉ.

Lors du XIXe Congrès international de pédiatrie, en 1989, à Paris, le professeur Pierre Royer, figure éminente de la communauté médicale internationale et président du Centre international de l'enfance, consacrait l'une des trois grandes conférences données en séance plénière à l'influence de la télévision sur les enfants, et plus précisément sur leur santé. Cette conférence, considérée par beaucoup comme un événement, consacrait l'intérêt nouveau porté par la communauté scientifique et médicale à ce sujet... à partir du constat que, dans la plupart des pays industrialisés, un enfant passe aujourd'hui plus de temps devant la télévision qu'à l'école ; la tendance étant la même dans les pays en voie de développement.

Si aucune étude ne permet d'établir de façon évidente l'influence de la télévision sur les comportements des enfants, un certain nombre de travaux constituent aujourd'hui autant d'indicateurs plus ou moins convergents. Ces effets sont principalement d'ordre physique : sur le sommeil, sur la forme physique, sur le comportement alimentaire ; d'ordre psychologique, notamment lors du visionnage d'images violentes et agressives ; mais aussi d'ordre culturel. Toutefois, la plupart des spécialistes considèrent que le média audiovisuel n'est qu'un outil, certes très puissant, mais dont les effets dépendent de la nature et de la qualité des programmes et surtout de la capacité qui est donnée aux enfants de pouvoir faire de la télévision une lecture active et critique. •

→ **Voir aussi :** La médecine dans la société, **MED**, p. 376-377.

5. Consommation télévisuelle.

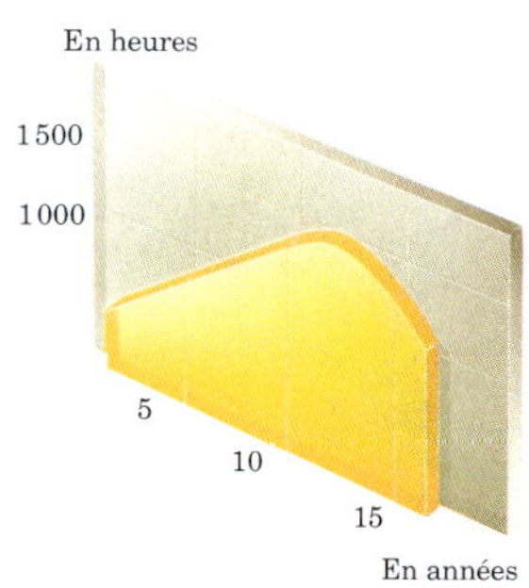

Consommation télévisuelle et emploi du temps

La consommation télévisuelle des enfants (5) débute souvent très tôt, et s'élève progressivement pour atteindre environ 1 000 heures par an entre 4 et 8 ans et 1 400 heures entre 8 et 15 ans. Elle diminue à partir de 15 ans. En moyenne, au cours d'une année, un enfant français passe plus de temps devant la télévision qu'en classe.

L'équilibre alimentaire

CHAQUE JOUR, AU COURS des repas, nous consommons des aliments qui nous sont offerts par un marché agroalimentaire de plus en plus industrialisé et en croissance régulière. Ces aliments, en plus du plaisir gustatif qu'ils procurent, apportent les éléments énergétiques nécessaires au fonctionnement de l'organisme. La digestion décompose les aliments en molécules directement assimilables par les cellules : les *nutriments* (glucides simples comme le glucose, lipides simples comme les acides gras, acides aminés des protéines, vitamines et sels minéraux).

L'équilibre alimentaire se traduit par un choix qualitatif et quantitatif d'aliments traditionnels indispensables et complémentaires. Il combine les notions de variété et de qualité nutritionnelle des aliments. L'aspect énergétique, tout aussi important, résulte de l'adéquation entre les « entrées » (ingestions) et les « sorties » (dépenses).

La mise en application des règles de l'équilibre alimentaire implique la connaissance de trois types d'informations. Tout d'abord les *besoins physiologiques :* ils varient avec l'âge, le sexe, l'activité physique ; des valeurs ont été établies pour les groupes de population. Ensuite, la *classification* des aliments selon leur composition en nutriments spécifiques ; cinq groupes ont été définis. Enfin, la notion d'*équivalence* ou de *substitution* des aliments entre eux.

« Un peu de tout, de tout un peu » peut être la maxime première de cette alimentation variée et équilibrée. L'équilibre alimentaire est une vraie valeur diététique à insérer dans un contexte plus global d'éthique de vie.

Les catégories d'aliments

CINQ GROUPES D'ALIMENTS SONT DÉFINIS.
CHACUN PEUT ÊTRE CONSIDÉRÉ COMME LA SOURCE PRINCIPALE DES NUTRIMENTS INDISPENSABLES.

Chaque aliment peut être considéré comme une source spécifique de divers nutriments, énergétiques ou non. Ainsi, l'ensemble des aliments a été classé en cinq groupes. Les groupes d'aliments 1 et 2 apportent les éléments bâtisseurs de l'organisme : les protéines, le calcium dans les produits laitiers. Le groupe 3 fournit les vitamines, les fibres et les sels minéraux. Les groupes 4 et 5 sont des aliments fournisseurs d'énergie.

Groupe 1 :
lait et produits laitiers.
Ce groupe est caractérisé par sa richesse en protéines et en calcium, il contient également des vitamines du groupe B, et de la vitamine A lorsque la matière grasse du lait est conservée. L'apport de calcium, particulièrement bien assimilé par l'organisme, couvre 60 à 80 % des besoins (par exemple : un quart de litre de lait apporte environ 300 mg, soit un tiers des apports conseillés de la journée d'un adolescent). Les protéines des produits laitiers (en moyenne 3 g/100 ml) sont de haute valeur biologique ; elles contiennent en proportion équilibrée des acides aminés indispensables aux synthèses de ses propres protéines par l'organisme. Les protéines sont présentes dans tous les produits, qu'ils soient entiers ou écrémés. Les procédés thermiques de conservation (U.H.T. – ultra-haute température –, pasteurisation et lyophilisation) ne les altèrent pas.

Groupe 2 :
viandes, poissons, œufs.
Ces aliments constituent une autre source importante de protéines, d'excellente qualité (par exemple, le foie de veau en apporte 20 g/100 g). Ils fournissent du fer en quantité intéressante (foie de bœuf : 5 mg/100 g), bien absorbé par l'organisme. Ils sont également de bonnes sources de vitamines du groupe B : B1, B2, PP, B12 et, pour certains, de vitamine A (jaunes d'œuf, poissons gras). L'apport en matière grasse est très variable (de 1 à 20 %) et dépend du produit. Les poissons dits « maigres » en apportent 5 % en moyenne, tout comme certaines viandes.

Groupe 3 :
légumes verts et fruits.
Les légumes et les fruits sont très

Besoins et apports nutritionnels

L'ALIMENTATION DOIT APPORTER LES ÉLÉMENTS NÉCESSAIRES À LA COUVERTURE DES DÉPENSES ÉNERGÉTIQUES.

Les besoins de base de l'organisme ont pu être évalués de manière précise par des études physiologiques. Ces besoins correspondent aux dépenses nécessaires à l'entretien de la vie chez l'individu au repos (travail des organes, des muscles...), au maintien de la température du corps, au renouvellement des tissus, à la croissance chez l'enfant, à la grossesse et à l'allaitement.

Les valeurs indiquées pour la couverture de ces besoins suffisent à maintenir dans un état de santé satisfaisant la plus grande majorité des personnes (97,5 % d'une population). Une définition des A.N.C. (apports nutritionnels conseillés) a été donnée par le Français H. Dupin : « Les apports conseillés sont des valeurs choisies par un groupe d'experts qui tiennent compte non seulement des données scientifiques concernant les besoins nutritionnels, mais aussi des motivations et habitudes alimentaires des personnes concernées dans la mesure où ces habitudes ne sont pas nuisibles à la santé. » Ces A.N.C. représentent des valeurs moyennes pour des groupes d'individus de sexes masculin et féminin, d'âges différents, dans divers états physiologiques. Ils peuvent servir de « repères » à un conseil nutritionnel ainsi qu'à l'établissement de menus dans la restauration collective.

Chacun doit ajuster le besoin d'énergie moyen en fonction de sa nature et de son niveau d'activité physique. Il est couvert par trois sources principales de nutriments : les protéines, les glucides et les lipides. L'énergie est exprimée en kilocalories (kcal) ou en kilojoules (kJ), sachant que 1 kcal = 4,18 kJ. La participation à l'apport d'énergie se fait de la manière suivante : 1 g de glucides fournit 4 kcal (17 kJ) ; 1 g de lipides, 9 kcal (38 kJ) ; 1 g de protéines, 4 kcal (17 kJ). L'alcool a aussi un rôle énergétique, 1 g d'alcool pur libère 7 kcal (30 kJ).

Dans un mode d'alimentation de type occidental, la contribution de chaque catégorie de nutriments peut être envisagée ainsi : les *protéines* constituent 12 à 15 % de la ration énergétique, soit 60 à 90 g par jour. Les protéines peuvent être d'origine animale ou végétale, dans un rapport de 1/2. Ce pourcentage est resté globalement stable dans l'évolution de l'homme et des civilisations, il se retrouve dans le comportement alimentaire spontané dans les pays industrialisés. Les *lipides* apportent 30 à 35 % de l'énergie. Ils se répartissent de manière égale en trois classes : acides gras saturés, mono-insaturés et polyinsaturés. En France, la consommation de lipides est jugée supérieure à ces recommandations.

La part des *glucides* correspond à 50-55 % des besoins. Ils se classent en glucides simples (dont le glucose et le saccharose [le « sucre du café »]) et en glucides complexes (les amidons des céréales, les fibres alimentaires). La consommation en France favorise trop les sucres simples au détriment des complexes.

Des A.N.C. ont été établis pour les nutriments non énergétiques. Les *vitamines* sont soit liposolubles, soit hydrosolubles ; elles interviennent dans les cycles métaboliques tout comme les principaux minéraux (le fer dans l'hémoglobine, le calcium dans la formation de l'os). Dans nos pays, les besoins sont normalement couverts par une alimentation conventionnelle, bien qu'il puisse apparaître des déficiences lors de comportements alimentaires particuliers. •

Les aliments

Le système de production et de distribution alimentaire des pays développés offre au consommateur un large choix d'aliments (1) et, par conséquent, la possibilité d'établir un régime équilibré. La prise de trois repas journaliers et la pratique d'une alimentation variée, compte tenu des équivalences entre aliments, permettent de respecter les conseils nutritionnels (tableau).

Apports nutritionnels conseillés (A.N.C.). Rations journalières

		adolescentes	*adolescents*	*femmes*	*hommes*
		13-19 ans		*adultes*	
Apports énergétiques	(kilocalories)	2 400	3 000	2 000	2 700
Apports en protéines	(g)	72	90	60	81
Apports en minéraux	Calcium (mg)	1 000	1 000	800	800
	Magnésium (mg)	350	350	350	350
	Fer (mg)	15	18	18	10
	Iode (mg)	0,14	0,14	0,10	0,12
Vitamines liposolubles	A (μg)(1)	800	1 000	800	1 000
	D (μg)	10	10	10	10
	E (mg)(2)	15	15	15	15
Vitamines hydrosolubles	C (mg)	80	80	80	80
	B1 thiamine (mg)	1,3	1,5	1,3	1,5
	B2 riboflavine (mg)	1,5	1,8	1,5	1,8
	PP niacine (mg)(3)	15	18	15	18
	B6 pyridoxine (mg)	2,0	2,2	2,0	2,2
	acide folique (μg)	400	400	400	400
	B12 (μg)	3	3	3	3

(1) La vitamine A s'évalue en équivalent-rétinol (E.R.) [1 E.R. = 6μg de β-carotène].
(2) La vitamine E s'évalue en unité internationale (U.I.) [1 U.I. = 1 mg de α-tocophérol].
(3) La vitamine PP s'évalue en équivalent-niacine (E.N.) [1 E.N. = 1 mg de niacine].

(sources : H. Dupin et CNERMA)

riches en eau (75 à 95 % de leur poids). Leur apport en glucides est très variable. Ils contiennent en quantité appréciable de la vitamine C, de la provitamine A ou carotène (carottes, melon), de l'acide folique dans les légumes à feuilles (épinard, laitue), des « fibres » (cellulose) et des minéraux.

Groupe 4 : pain, céréales, pommes de terre, légumes secs. Ce groupe comprend des aliments très variés, mais tous riches en amidon (glucide polymère du glucose), ils sont énergétiques. Céréales et légumes secs apportent aussi des protéines, dont la qualité biologique est moins élevée que celle des protéines animales. Ils contiennent des sels minéraux (fer), des vitamines du groupe B (B1) et des fibres (son du blé et d'autres céréales).

Groupe 5 : matières grasses. La teneur en lipides varie selon les corps gras (crème : 30 % ; beurre et margarine : 82 % ; huile : 100 %). Ces matières grasses sont source de vitamines liposolubles, notamment de vitamine A, de vitamine E et d'acides gras essentiels.

Les boissons ne constituent pas en soi un groupe individualisé. L'eau est la seule boisson indispensable. Elle n'apporte pas de calorie. Les autres boissons peuvent contenir de l'alcool ou des glucides en quantité variable selon leur composition. •

Équilibre et variété

L'ÉQUILIBRE ALIMENTAIRE RÉSULTE D'UNE COMBINAISON DES GROUPES D'ALIMENTS, EN APPLIQUANT LES RÈGLES D'ÉQUIVALENCE ET DE VARIÉTÉ.

La combinaison des cinq groupes d'aliments apporte à l'organisme les nutriments essentiels, qui lui assurent un fonctionnement optimal.

L'équilibre alimentaire se réalise par application de règles simples de substitution des aliments entre eux. Cette substitution se fait aisément grâce aux nombreux aliments disponibles sur le marché. Elle s'appuie sur la notion d'équivalence, qui est fondamentale : les nutriments indispensables peuvent être puisés indifféremment dans diverses catégories de produits. Cela assure une variété alimentaire, qui évite la monotonie, dommageable tant sur le plan sensoriel que nutritionnel. Ainsi, l'apport de 300 mg de calcium (environ un tiers des besoins journaliers d'un adolescent) peut être couvert par la consommation d'un quart de litre de lait (entier ou écrémé) ou de deux pots de yaourt de 125 g chacun, ou encore de 300 g de fromage blanc frais quelle que soit sa teneur en matières grasses.

Les aliments des groupes 1 et 2 sont substituables entre eux et au sein d'un même groupe dans leur apport en protéines. Les équivalences en protéines dans ces groupes s'écrivent ainsi : une quantité de 100 g de viande équivaut à 100 g de poisson, ou à 100 g de foie, ou à 2 œufs moyens, à une douzaine et demie d'huîtres, à un demi-litre de lait ou à 60 g de gruyère. Cette équivalence en protéines ne doit pas faire oublier les autres constituants de la denrée. Il faut aussi considérer leurs teneurs en matières grasses, qui peuvent varier de 1 à 20 % et plus. Celles-ci ont une incidence sur l'apport énergétique et la digestibilité des aliments. Ainsi, le blanc de poulet et le foie en contiennent en moyenne moins de 5 %, soit une valeur calorique de l'ordre de 110 kcal/100 g. Par contre, le thon à l'huile, le saucisson sec contiennent environ 20 % de matières grasses, pour une valeur calorique de plus de 250 kcal/100 g.

Le groupe céréales, féculents et légumes secs est la source spécifique de glucides dont la valeur nutritionnelle dépend de la composition intrinsèque, même si la valeur calorique est identique. On trouve pratiquement autant d'amidon et de calories dans 90 g de pain, 50 g de farine ou de semoule, 250 g de pommes de terre, 60 g de pâtes (crues), 60 g de riz (cru) ou 60 g de légumes secs (avant cuisson) [100 g de pain apportent environ 260 kcal].

La règle d'équivalence s'applique pour les apports en vitamines et en sels minéraux. Ainsi, 20 à 30 % des apports nutritionnels conseillés en vitamine A (250 µg) sont fournis par 30 g de beurre ou 35 g de carottes crues ou 1/2 l de lait entier. Ces équivalences doivent tenir compte de la teneur calorique globale. Cet équilibre s'inscrit dans un programme alimentaire sur le long terme, par l'éducation et la participation des consommateurs. •

Pratique de l'alimentation

LA MISE EN ŒUVRE DES PRINCIPES D'ÉQUILIBRE ET DE VARIÉTÉ PERMET UNE MEILLEURE HYGIÈNE DE VIE ET DE SANTÉ.

Les habitudes alimentaires dans les pays développés sont de consommer trois repas principaux au cours du nycthémère. Un goûter (en fin d'après-midi) est conseillé aux enfants. Cependant, l'évolution des modes de vie entraîne des mutations de ces « standards ». De nouvelles conduites alimentaires se sont développées (grignotage, boulimie...) dont les effets peuvent s'avérer néfastes sur l'organisme. En effet, une prise régulière de nourriture, souvent hyperglucidique, n'autorise aucun repos stomacal. L'observation de règles diététiques intégrant les principes d'équilibre alimentaire et de variété devient nécessaire face à ces modifications. Ainsi, il est souhaitable pour tout individu de répartir les besoins sur les trois repas.

Le petit déjeuner devrait être le repas le plus substantiel. Or, c'est souvent le plus négligé. Des éléments sont prioritaires pour remédier à la longue période de jeûne de la nuit : des produits laitiers sous diverses formes pour leur richesse en protéines et en calcium, mais aussi du pain (ou des céréales), source d'énergie glucidique, pour faire face aux besoins de la matinée ; il peut être complété selon les goûts par du miel et/ou du beurre. La consommation de fruits est à ajuster à celle de la journée, pour éventuellement la compléter.

De plus, la pratique d'une alimentation variée, équilibrée et savoureuse est une action sur le long terme que le discours des médias occulte parfois, pour offrir la solution facile du régime « idéal ». •

→ **Voir aussi :** Le comportement alimentaire, **MED**, p. 284-285. Les corps gras, **ALIM**, p. 492-493. Le traitement des viandes, **ALIM**, p. 498-499. Sucres et confiseries, **ALIM**, p. 500-501.

1. Les groupes d'aliments.

Boissons

Bien que certains aliments en soient très riches, l'eau est principalement consommée sous forme de boissons. Selon leur nature, celles-ci apportent également des glucides et de l'alcool.

Lait et produits laitiers

Aliment complet, le lait contient principalement des protéines (plus concentrées dans les fromages) et des glucides, mais aussi des lipides (crème). Il contient également des vitamines et du calcium, mais est déficitaire en vitamine C et fer.

Matières grasses

D'origine animale ou végétale, leur richesse en lipides rend ces aliments très énergétiques.

Viandes, poissons, œufs

Ces aliments fournissent principalement des protéines. Ils sont généralement riches en vitamines (du groupe B), en fer et en phosphore.

Légumes et fruits

Ces aliments sont riches en sels minéraux et en vitamines A et C. Leur cellulose (fibres) facilite le transit intestinal.

Céréales et légumes secs

Riches en glucides et en fibres, ces aliments fournissent également des protéines végétales.

La protection sociale

LA NOTION DE PROTECTION sociale est liée à celle de sécurité. Elle s'est progressivement imposée dans les pays développés à partir de la fin du XIXe siècle, au fur et à mesure que le travail, plus particulièrement le travail salarié, prenait de l'importance. Elle consiste à offrir une sécurité à celui qui ne peut assurer sa subsistance grâce aux fruits de son travail, temporairement ou définitivement.

La protection sociale concerne donc non seulement les situations où le lien avec le travail est provisoirement rompu (maladie, accident, maternité, chômage), mais également les situations où ce lien ne peut exister ou n'existe plus (handicaps et vieillesse). On peut rattacher à ce cadre la politique sociale à l'égard de la famille, puisque existent en son sein des personnes n'ayant pas de lien direct avec le travail (enfants, conjoint « inactif »).

Deux grands systèmes de protection sociale dominent dans le monde. Le système public, où tout s'articule autour du rôle de l'État, et le système « pluraliste », où coexistent un secteur privé et un secteur public dont la place et le rôle peuvent varier dans de larges proportions. Dans un pays du groupe « pluraliste » comme la France, c'est à partir de 1945 que la protection sociale a pris la forme que nous lui connaissons aujourd'hui, c'est-à-dire la Sécurité sociale. Bien que pivot du système, la Sécurité sociale n'en est, toutefois, pas le seul élément constitutif, puisqu'elle cohabite notamment avec un puissant mouvement mutualiste. Ce système de protection sociale français est considéré, souvent à juste titre, comme un des meilleurs du monde. Cela ne le met toutefois pas à l'abri des tempêtes, économiques notamment, et ne doit pas masquer de terribles lacunes. Relayant le constat dressé depuis déjà de nombreuses années par certains, telle l'association « ATD Quart-Monde », plusieurs organisations non gouvernementales de grande audience – Médecins du monde, Médecins sans frontières, etc. – ont contribué, dans le milieu des années 1980, à montrer que l'accès aux soins et la protection sociale n'étaient pas offerts à tous... et à mettre les pouvoirs publics en demeure de proposer des réponses à cette situation.

Montant des prestations sociales par risque en millions de francs

		1983	*1984*	*1985*	*1986*	*1987*	*1988*
Santé		253 849	279 379	306 526	333 836	345 573	367 428
	Maladie	161 684	180 369	200 820	219 600	225 286	243 163
	Invalidité, infirmité	65 596	70 973	76 325	84 242	89 754	92 780
	Accidents du travail, maladies professionnelles	26 569	28 037	29 479	29 994	30 533	31 485
Vieillesse-survie		474 344	523 435	576 663	609 210	634 617	677 955
	Cessation anticipée d'activités	44 763	48 485	55 448	51 446	45 986	43 460
	Vieillesse	324 803	380 976	419 785	450 135	477 314	516 237
	Survie	86 778	93 974	101 430	107 629	111 317	118 258
Maternité-famille		137 726	148 079	156 626	165 362	171 010	178 433
	Maternité	15 146	16 314	16 416	15 798	17 672	18 113
	Famille	122 580	131 765	140 210	149 564	153 338	160 320
Emploi		59 630	68 526	74 426	85 324	90 763	99 418
	Inadaptation professionnelle	7 599	7 666	11 060	15 363	14 700	16 325
	Chômage	52 031	60 860	63 366	69 961	76 063	83 093
Divers		2 985	3 191	3 164	3 381	3 455	3 792
Total des prestations sociales		**937 496**	**1 032 283**	**1 127 417**	**1 207 372**	**1 255 429**	**1 338 371**

Source : Ministère de la Solidarité, de la Santé et de la Protection sociale.

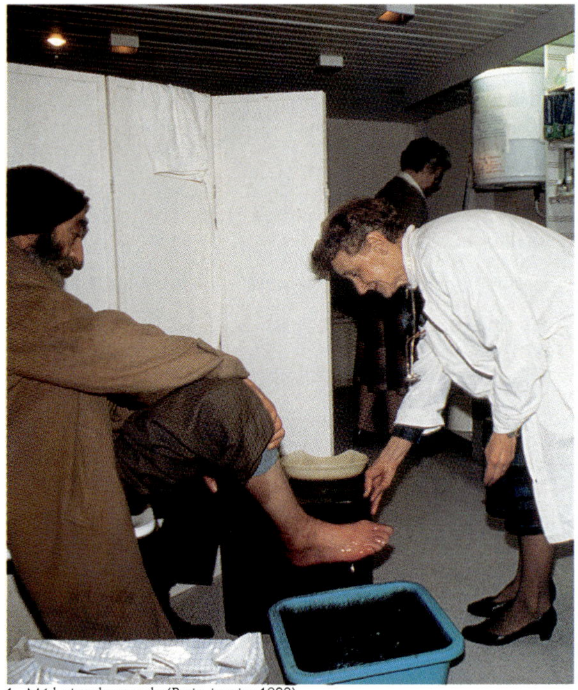

1. Médecins du monde (Paris, janvier 1988).

Les systèmes de santé dans le monde

EN DEHORS DE LA SITUATION SPÉCIFIQUE DES PAYS DU TIERS-MONDE, DEUX MODÈLES DOMINENT : LE SYSTÈME « PLURALISTE » ET LE SYSTÈME NATIONALISÉ.

Si le cas britannique sert à illustrer classiquement les systèmes de santé nationalisés conçus autour de la notion de « service public », dans le but de permettre l'accession de tous aux soins médicaux, il n'en est pas le seul représentant puisque l'on peut y inclure les systèmes scandinaves, ceux des pays de l'Est et même celui de l'Italie.

Au Royaume-Uni, l'accès aux soins est gratuit. Chaque personne est inscrite sur la liste d'un médecin généraliste, rémunéré par le *National Health Service*. Il est le seul habilité à décider d'une hospitalisation ou de la consultation d'un spécialiste. Les Britanniques demeurent attachés à ce système, même s'il n'en méconnaissent pas les inconvénients, liés notamment aux délais d'attente. Le système, en revanche, a l'avantage de permettre la régulation efficace des dépenses de santé.

Les pays scandinaves ont également une médecine privée presque inexistante et c'est l'hôpital qui constitue ici la clef de voûte du système, dont il faut souligner les efforts en matière de prévention, le situant en tête en termes de performances sanitaires. En Italie, depuis 1978, existe, en théorie, un système proche du modèle britannique, mais celui-ci, en crise financière, ne couvre que très partiellement le territoire et se trouve en réalité doublé par un système de médecine privée qui possède les équipements les plus modernes et le personnel le mieux rémunéré. Dans les pays de l'Est, le modèle dominant est celui de l'Union soviétique, où la médecine est une médecine d'État, au sein de laquelle un nombre élevé de médecins exercent selon une répartition géographique et démographique stricte.

Le système pluraliste, inspiré de l'idéologie libérale, s'appuie sur deux secteurs concurrentiels : l'un, public, qui concerne principalement l'hospitalisation, et l'autre, privé, qui assure surtout les soins ambulatoires mais touche aussi à l'hospitalisation. L'accès aux soins n'y est pas gratuit mais repose sur un mécanisme d'assurance maladie obligatoire et/ou volontaire. La France, l'Espagne, la Belgique et surtout les États-Unis possèdent un tel système, avec toutefois des différences notables concernant la part respective prise par chaque système et l'ampleur de la couverture du mécanisme d'assurance. Aux États-Unis, présentés parfois comme un exemple type de système pluraliste, mais qui en apparaissent plutôt comme l'extrême le plus « libéral », la place prépondérante est tenue par la médecine et les mécanismes d'assurance privés. On y observe des dépenses de santé élevées (10 % du P.I.B.) contrastant avec des indicateurs sanitaires (mortalité infantile par exemple) parmi les plus mauvais des pays industrialisés. •

Le système de santé français

DANS UN SYSTÈME DE TYPE « PLURALISTE » COEXISTENT UN SECTEUR PUBLIC ET UN SECTEUR PRIVÉ, DONT LE FINANCEMENT S'APPUIE SUR DEUX PILIERS MAJEURS : LA SÉCURITÉ SOCIALE ET LE RÉSEAU MUTUALISTE.

L'organisation de la protection sociale est avant tout le fruit de l'histoire, notamment depuis le milieu du XIXe siècle, ce qui explique sa relative complexité. Plusieurs acteurs participent à cet ensemble : l'État, les employeurs et les employés, tantôt en commun, tantôt séparément, des entreprises collectives ou privées, des associations caritatives, etc. Ces acteurs interviennent selon deux grandes modalités : le principe de solidarité et le système d'assurance (qui peut être obligatoire ou volontaire). L'ensemble de ces paramètres permet de définir cinq grands cadres.

Le premier est celui des *régimes d'assurances sociales.* Deux missions essentielles leur sont dévolues : la protection contre le chômage et la Sécurité sociale. Obligatoires, ils sont financés, essentiellement dans le cadre du travail, conjointement par les employeurs et les employés, sous forme de cotisations. La Sécurité sociale française se compose de trois grands régimes : celui des travailleurs salariés, dit régime général (qui constitue la part la plus importante de la protection sociale, environ 40 %) ; le régime agricole ; et, enfin, le régime des travailleurs non salariés non agricoles. Ces régimes coexistent avec quelques régimes spéciaux (S.N.C.F. par exemple). La Sécurité sociale intervient dans trois grands domaines : l'assurance maladie (qui couvre la maladie en général, l'invalidité, l'infirmité et les accidents du travail), l'assurance vieillesse et les allocations familiales (qui couvrent également le « risque » de la maternité). À titre d'exemple, le fonctionnement de l'assurance-maladie est le suivant : l'assurance obligatoire, que représentent les cotisations versées par les assurés et les employeurs, est gérée par les caisses d'assurance maladie. Celles-ci sont organisées en trois échelons : les caisses primaires, qui se situent au niveau du département, les caisses régionales et, enfin, la Caisse nationale d'assurance maladie (la C.N.A.M.). Il s'agit d'institutions de droit privé soumises à la tutelle de l'État.

Le deuxième est celui des *sociétés mutualistes,* qui participent au système d'assurance volontaire. Il s'agit d'associations de droit privé, à but non lucratif, entrant dans le cadre de la loi de 1901. Elles sont les héritières d'une longue tradition – remontant au Moyen Âge – d'organisations généralement corporatives ayant pour but de faire prendre en charge les risques sociaux par la collectivité. Elles sont régies par un code de la mutualité datant de 1955. Son article premier les qualifie de : « regroupements qui, au moyen des cotisations de leurs membres, se proposent de mener, dans l'intérêt de ceux-ci ou de leurs familles, une action de prévoyance, de solidarité ou d'entraide visant notamment la prévention des risques sociaux et la réparation de leurs conséquences, l'encouragement de la maternité et la protection de l'enfance et de la famille et, enfin, le développement moral, intellectuel et physique de leurs membres ». Très puissantes, elles affirment rassembler un Français sur deux, soit plus de 25 millions d'adhérents. Elles sont regroupées dans plusieurs fédérations, dont la plus importante, la Mutuelle française, rassemblait plus de 6 000 mutuelles à la fin des années 1980. La participation des sociétés mutualistes aux prestations de protection sociale s'est élevée, en 1988, à plus de 30 milliards de francs.

Le troisième grand cadre est celui des *régimes d'interventions sociales des pouvoirs publics* (État et collectivités locales). Il regroupe l'aide sociale, prise en charge essentiellement par les collectivités locales (qui concerne des populations particulièrement défavorisées), le régime des anciens combattants et les autres régimes d'intervention sociale (aide publique aux chômeurs, aide au logement, etc.).

Le quatrième grand cadre regroupe les *régimes d'employeurs.* Ils sont mis en place par ces derniers sans que la loi les y oblige (suppléments familiaux de traitement, par exemple).

Le cinquième grand cadre correspond aux *interventions sociales des organismes privés à but non lucratif* tels que la Croix-Rouge, par exemple. •

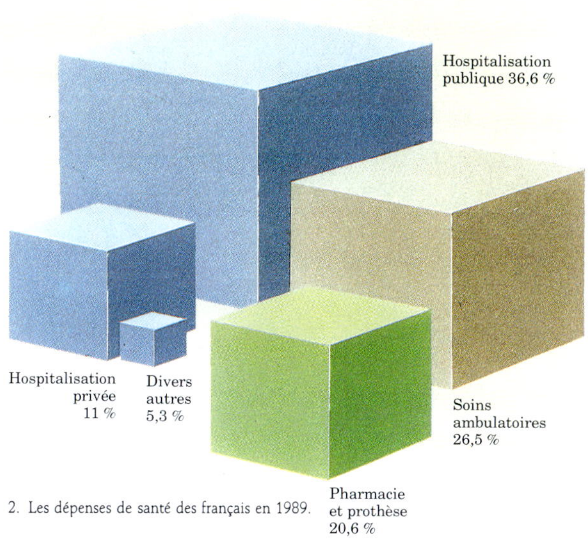

2. Les dépenses de santé des français en 1989.

Les dépenses de santé et la protection sociale des Français

Sous forme d'hospitalisation, de soins ambulatoires ou de soins médicaux divers, chaque Français a dépensé près de 9 000 F en 1989 pour sa santé, ce qui représente une progression de 8 à 10 % par an (2). En 1988, le total des prestations sociales versées a atteint plus de 1 300 milliards de francs, soit une somme supérieure au budget de l'État (v. tableau). La progression considérable de ces chiffres ne doit pas faire oublier les exclus du système, de plus en plus nombreux en raison de la crise économique, qui sont pris en charge, en partie, par les organisations humanitaires (1).

La protection à l'épreuve de la crise

LES ANNÉES 1980 ONT CONNU UNE PROFONDE CONTESTATION DU MODÈLE DE L'« ÉTAT-PROVIDENCE » DANS DE NOMBREUX PAYS OÙ LA CRISE ÉCONOMIQUE A PROVOQUÉ DE VÉRITABLES ONDES DE CHOC AU SEIN DES SYSTÈMES DE PROTECTION SOCIALE.

La crise économique qui a débuté avec le premier choc pétrolier de 1973-1974 a eu des répercussions importantes sur les systèmes de protection sociale, même dans les pays qui n'en possèdent qu'une ébauche. Une remarquable étude du Centre national d'études supérieures de sécurité sociale (C.N.E.S.S.S.) pour le compte du Bureau international du travail, dirigée par le Français J.-P. Dumont, permet d'esquisser les contours de ces effets de la crise sur la protection sociale.

Ralentissement de la croissance économique, inflation, accroissement du chômage, endettement des administrations publiques, problèmes démographiques (baisse de la natalité, vieillissement des populations dans les pays « riches », poussée démographique dans les pays « pauvres ») constituent autant de coups de boutoir pour l'équilibre des comptes sociaux. La réaction des pouvoirs publics dans les pays touchés par la crise n'a pas été uniforme, mais un certain nombre de tendances communes ont émergé autour d'un « cycle en trois temps » : renforcement des politiques sociales en vue de répondre à la crise par une politique de relance par la demande ; mesures de rigueur devant l'échec de la démarche précédente ; austérité, pour tenter une cure radicale.

Toutefois, au bout de dix ans (1974-1984), le bilan paraissait contrasté puisque, selon l'enquête du C.N.E.S.S.S., si, dans certains pays, la croissance sociale avait régressé (R.F.A., Suède, Brésil...) ou connu un infléchissement (Argentine, Hongrie...), dans d'autres, elle s'était accélérée (Algérie, France...). Parmi les grands aménagements observés, on peut noter principalement le blocage des prestations, des baisses parfois notables des allocations familiales, l'avancement de l'âge de la retraite, ainsi qu'une participation accrue des salariés aux dépenses de santé, par exemple par l'adoption ou l'élargissement du ticket modérateur.

Au total, on peut considérer qu'un frein a été mis au développement des politiques sociales qui avait été relativement continu, particulièrement depuis les années 1950. Cependant, bien que remis en question, le système de Sécurité sociale n'apparaît pas condamné, d'autant plus qu'il a largement contribué à atténuer les effets de la crise. •

Les exclus du système

LES LIMITES D'UNE PROTECTION SOCIALE POUR TOUS SONT MISES EN ÉVIDENCE PAR L'EXISTENCE DE CERTAINES CATÉGORIES DE LA POPULATION PARTICULIÈREMENT VULNÉRABLES.

Au milieu des années 1980, les Français ont découvert ceux que la presse a rapidement qualifiés de « nouveaux pauvres ». Si le qualificatif faisait surtout partie de la rhétorique de journalistes, une réalité, toutefois, frappait les esprits : des individus auxquels chacun pouvait s'identifier aisément venaient rejoindre dans les rues les habituels clochards, moins culpabilisants. La France découvrait que la crise économique avait multiplié le nombre des gens qui passent au travers des mailles, pourtant serrées, de son système de protection sociale.

Ce sont avant tout les chômeurs en fin de droits (dont la période de chômage dépasse la durée maximale ouvrant droit à indemnisation) qui constituent les gros bataillons de ces exclus du système, dont une estimation chiffrée s'avère extrêmement difficile à réaliser. Cependant, on y trouve aussi des personnes méconnaissant leurs droits sociaux ou d'autres tellement marginalisées qu'elles s'excluent en quelque sorte d'elles-mêmes, tant l'accès aux structures sanitaires et sociales leur paraît complexe, voire défavorable. Une enquête réalisée par une équipe de télévision en 1988 a montré de manière retentissante comment on pouvait être refusé dans un grand hôpital parisien en l'absence de document prouvant son affiliation au système de Sécurité sociale. Ce reportage a été tourné à l'initiative de l'une des nombreuses organisations non gouvernementales qui ont entrepris de dénoncer et de pallier partiellement les carences du système social.

Les organisations tournées traditionnellement vers l'assistance d'urgence aux pays en développement, telles que Médecins sans frontières ou Médecins du monde, ont entrepris, elles aussi, d'agir auprès des exclus du système en développant des structures qui ont très vite fait le constat d'une situation réellement préoccupante. Cette prise de conscience devait pousser les pouvoirs publics à prendre, en ce domaine, des initiatives comme le revenu minimum d'insertion, à l'échelon national, ou la carte-santé, à Paris. •

→ **Voir aussi :** De la prévention au mieux-être, **MED,** p. 394-395. Les systèmes de santé, **MED,** p. 396-397.

Agriculture et Agroalimentaire

Le développement de l'agriculture

L'ARCHÉOLOGIE NOUS apprend que l'agriculture est apparue au néolithique (10000 av. J.-C.) dans trois ou quatre foyers originels (Moyen-Orient, Chine, Amérique centrale, et peut-être Afrique occidentale), à partir desquels elle se serait diffusée, imposant sa supériorité productive aux peuples de chasseurs-collecteurs, et artificialisant au profit de l'espèce humaine les différents écosystèmes rencontrés.

Les hommes n'ont depuis lors cessé d'accroître l'efficacité de leur agriculture, en perfectionnant leurs outils, leurs techniques, et en améliorant l'organisation sociale de leur production.

Lorsque, bénéficiant de conditions productives particulièrement favorables, les agriculteurs ont pu produire régulièrement plus qu'il n'était nécessaire à leur stricte subsistance, certains d'entre eux ont pu se consacrer à des activités non directement liées à la survie immédiate, comme l'artisanat et le commerce, activités qui ont ensuite contribué au progrès productif de l'agriculture à la fois en améliorant les instruments de travail et en élargissant la demande de produits agricoles.

Devant s'adapter à des conditions naturelles et socio-politiques différentes, l'agriculture a très inégalement développé son efficacité productive dans le monde. Ces différences, encore assez faibles au début du XXe siècle, n'ont cessé de s'accroître quand les agricultures les moins avancées ont été confrontées au marché mondial, subissant brusquement le choc de la concurrence internationale. Il en est résulté des sociétés agraires diverses utilisant des techniques plus ou moins perfectionnées.

L'agriculture en milieu forestier

LA MOBILISATION D'UNE PARTIE DE L'IMMENSE FERTILITÉ DE LA FORÊT SUPPOSE LE DÉFRICHEMENT PÉRIODIQUE DES PARCELLES CULTIVÉES.

Dans son extension à partir des foyers originels, l'agriculture a dû, en particulier, s'implanter dans les vastes massifs forestiers couvrant les continents. Quelle que soit leur densité, les forêts se caractérisent par la richesse de leur sol en matière organique non décomposée, peu propice à l'enracinement des végétaux cultivés, ainsi que par la faible pénétration de la lumière du jour sous le couvert forestier. Pour cultiver, il faut donc préparer le sol à accueillir la semence et supprimer au moins partiellement la strate arborée.

Dans les zones très humides, à végétation trop luxuriante pour être entamée par la hache, et où l'importance des précipitations rend impossible l'usage du feu (forêt amazonienne, forêt intertropicale indonésienne, forêt équatoriale africaine), les hommes se contentent de tracer le lit de semence dans l'humus à l'aide d'un bâton fouisseur.

Lorsqu'ils le peuvent, les cultivateurs organisent un système tournant de culture temporaire après défriche-brûlis : les arbres abattus (et non dessouchés) sont incendiés, leurs cendres constituant une fertilisation minérale très élaborée, qu'on rassemble en buttes plantées de tubercules ou de racines, puis de légumineuses ou de légumes, ensuite abandonnées au recrû forestier. Chaque année, une nouvelle parcelle est défrichée en vue de la culture, autour d'un village fixe habité par un lignage. Il y a essaimage d'une partie d'un lignage lorsque le terroir cultivable devient insuffisant pour nourrir les villageois.

Une telle agriculture, qui, encore aujourd'hui, se pratique à l'aide de simples outils à main, sans recours à la traction animale ni au moteur, permet de mobiliser au profit de l'homme une partie de la biomasse forestière, sans menacer le couvert forestier si la durée du recrû est suffisante (une quarantaine d'années) pour assurer sa reconstitution. Il n'en est plus de même quand l'accroissement de la pression démographique pousse à des défrichements trop fréquents. •

L'apparition de l'agriculture

LES PREMIERS PAS VERS L'ARTIFICIALISATION SYSTÉMATIQUE DU MILIEU PAR L'AGRICULTURE ONT MARQUÉ UN ÉNORME PROGRÈS POUR LE DÉVELOPPEMENT DE L'ESPÈCE HUMAINE.

L'apparition de l'agriculture au néolithique semble correspondre à une crise des systèmes de chasse-cueillette en quelques points du globe caractérisés par des écosystèmes ouverts, à climat plutôt aride et qui deviendront les premiers foyers agricoles.

Devenus trop nombreux pour se satisfaire des ressources spontanées du milieu dans lequel ils vivent, les hommes domestiquent et sélectionnent les espèces sauvages. Leur alimentation repose alors sur les céréales et les légumineuses, complémentées par les produits de la chasse, de la pêche, et sans doute d'un proto-élevage. On voit apparaître les premières poteries pour la cuisson (et donc la conservation) des aliments, des faucilles de pierre pour la récolte des céréales, ainsi que des mortiers à grains. Ce bouleversement du rapport de l'homme à la nature s'accompagne de transformations radicales de son mode de vie : contrairement au chasseur-collecteur, l'agriculteur se caractérise par sa sédentarité, la qualité de l'habitat qu'il construit, ainsi que par la transmission lignagère de son patrimoine.

Il a fallu plusieurs milliers d'années à l'agriculture pour s'étendre au monde entier, en adaptant ses outils et ses techniques aux différents écosystèmes rencontrés, mais la révolution néolithique a marqué le début d'un développement sans précédent de l'espèce humaine sur la Terre. •

2. Incendie forestier préparant une mise en culture sur brûlis au Zaïre.

Les différences de productivité du travail agricole

Aujourd'hui encore coexistent dans le monde les pratiques agricoles manuelles (1) les plus simples et la mécanisation motorisée la plus élaborée (3). Si, en l'absence d'outils suffisamment performants, le feu (2) reste un moyen efficace de défrichement, on comprend que les systèmes de production associant le brûlis à la culture manuelle s'avèrent fort peu compétitifs à l'échelle mondiale. Ces énormes différences de productivité du travail entre agricultures se traduisent par des écarts non moins importants du revenu du travail des agriculteurs.

1. Binage du mil au Mali.

La maîtrise de l'eau

LES EFFORTS CONSACRÉS PAR L'HOMME AU DRAINAGE ET À L'IRRIGATION ONT PERMIS D'ACCROÎTRE LA SURFACE CULTIVÉE ET LES QUANTITÉS D'ALIMENTS PRODUITES.

Dans de nombreux écosystèmes, l'artificialisation du milieu au profit de l'homme doit passer par la maîtrise de l'eau. Tout le monde connaît les polders des Pays-Bas, régions entières conquises sur la mer par drainage en vue de la culture ; nombreux sont également les anciens marais ou bas-fonds cultivés après assèchement. Au contraire, dans le cas d'une insuffisance de précipitations, ou en présence de sols trop drainants, les agriculteurs doivent avoir recours à des eaux non pluviales : fleuves, rivières ou nappes souterraines alimentées par un bassin versant.

L'ancienne agriculture de la vallée du Nil constitue un bon exemple de cultures de décrue : après la crue, les cultivateurs se contentaient d'enfouir les semences dans les alluvions, par un passage croisé d'araire, puis de sarcler afin d'éliminer le plus grand nombre possible de plantes concurrentes des végétaux cultivés.

Dans les pays de mousson existe un système d'exploitation des bas-fonds alluviaux inondés pendant la moitié de l'année ; les agriculteurs protègent pendant cette période les terres ensemencées contre les excès d'eau en installant des drains, des canaux d'irrigation et des diguettes. Dans le cas de la riziculture irriguée pratiquée sur le continent asiatique, les champs sont souvent aménagés par d'importants travaux de terrassement, rendus nécessaires dans les régions accidentées.

L'eau peut également provenir du détournement d'un fleuve, ou bien d'une nappe souterraine, où elle est puisée par la force humaine, animale ou mécanique, comme pour l'agriculture d'oasis. Elle est alors souvent stockée dans un bassin de retenue alimentant un réseau de canaux d'irrigation allant jusqu'à chaque parcelle.

Il est fréquent que l'irrigation coexiste avec des cultures sèches. Dans tous les cas, la mise en place du réseau d'irrigation, son entretien, ainsi que la gestion de l'eau, nécessitent une organisation sociale dépassant le producteur individuel, qu'elle soit communautaire en cas de faible différenciation sociale, ou étatique lorsque le surplus agricole est assez important pour alimenter une classe improductive. Au cours de l'histoire de l'agriculture, ce dernier cas semble avoir été le plus fréquent, car l'agriculture irriguée est souvent très productive. Le développement de l'ancienne Égypte, par exemple, est indissociable de l'essor agricole fondé sur l'irrigation par les eaux du Nil. Il n'est pas rare qu'en zone intertropicale et moyennant une fertilisation suffisante, l'irrigation permette une culture continue, sur la même parcelle, avec deux, voire même trois récoltes annuelles. •

L'association de la culture et de l'élevage

LA COMBINAISON DES FONCTIONS DE L'ÉLEVAGE AVEC LA CULTURE A PERMIS DE CONCENTRER LA FERTILITÉ SUR LES PARCELLES CULTIVÉES.

Après la destruction d'une grande partie de leurs forêts climatiques par le feu nécessaire au système de défriche-brûlis, l'Europe et les régions méditerranéennes ont dû faire face à une forte diminution de la fertilité des sols. Sur les terres les plus pauvres, au relief accusé, les hommes ont alors implanté une culture arborée (oliviers, vignes, caroubiers, chataîgniers, etc.) puisant en profondeur les éléments minéraux nécessaires à sa nutrition, et s'opposant, par sa pérennité, à l'érosion des sols.

Dans les zones cultivables sont apparues des céréales auxquelles, après la récolte, on laisse succéder une longue période inculte, avant le retour de la culture des grains. À cette culture se trouve de plus en plus étroitement associé un élevage, d'abord pastoral, qui participe au défrichement des terres en pâturant les terres incultes et restitue au sol cultivé, par ses déjections, les éléments fertilisants puisés dans ces espaces en jachère ou en friche. Un parcage du bétail dans les champs, la nuit, systématise parfois cette pratique.

Les animaux peuvent également être bâtés ou tirer de légers instruments de travail du sol, mais la terre reste encore retournée manuellement à la houe. Il faut attendre le Moyen Âge et l'apparition du joug pour que les animaux puissent être attelés à des chariots ou à des charrettes autorisant des transports plus lourds : les agriculteurs apportent alors à leur cheptel, enfermé dans l'étable, de l'herbe préalablement fauchée (la faux remplace alors la faucille pour la récolte des fourrages) et épandent sur leurs terres le fumier produit à partir de la litière. La culture attelée se généralise au sud avec l'araire et, au nord, avec la charrue qui rend possible le travail des terres plus lourdes.

La durée de la friche herbeuse est progressivement réduite à une année, durant laquelle la terre est labourée à plusieurs reprises pour enfouir la matière organique et lutter contre les concurrents des végétaux cultivés : c'est la jachère, qui est suivie de deux années de céréales au nord (assolement triennal) et d'une seule au sud (assolement biennal).

Un tel mode d'exploitation du milieu repose sur l'organisation collective, le plus souvent villageoise, de l'assolement des terres et du passage du bétail sur les pâtures. Il suppose une possession continue, individualisée de la terre avec redistribution périodique. Son apparition coïncide avec la fin de l'esclavage et l'émergence d'une paysannerie libre. •

3. Moisson par batterie de moissonneuses-batteuses en Amérique du Nord.

L'agriculture « industrielle »

L'AUGMENTATION DE LA PRODUCTIVITÉ DES AGRICULTEURS DES PAYS DÉVELOPPÉS S'EST ACCOMPAGNÉE D'UNE DÉPENDANCE ACCRUE DE L'AGRICULTURE VIS-À-VIS DE L'INDUSTRIE.

Depuis la Seconde Guerre mondiale, l'agriculture des pays développés se caractérise par une culture du sol sans discontinuité d'une année à l'autre, par la motorisation et l'emploi d'intrants industriels (engrais, pesticides, aliments du bétail, carburant pour engins motorisés, etc.) destinés à accroître la productivité du travail agricole. Cette situation résulte d'une évolution amorcée au XIXe siècle, caractérisée par une dépendance de plus en plus forte de l'agriculture vis-à-vis de l'industrie.

Tout a commencé avec la culture des fourrages sur les terres jusqu'ici en jachère. En autorisant un fort accroissement de la taille des troupeaux et donc de la quantité de fumier disponible, ce progrès agricole s'est accompagné de l'augmentation simultanée de la surface cultivée et des rendements. Dégageant un surplus croissant par travailleur, l'agriculture a pu fournir en main-d'œuvre et en matières premières une industrie en pleine expansion. C'est le début de l'exode rural. Les exploitants ne produisent plus simplement pour leur propre subsistance, mais bien plutôt pour la vente. L'extension du réseau ferré accentue cette tendance en élargissant à l'échelle nationale des marchés jusqu'alors locaux.

Désormais soumis à la concurrence, les agriculteurs tentent de spécialiser leurs exploitations dans les productions leur procurant quelque avantage comparatif, et ceux qui le peuvent font appel aux nouveaux moyens de production que leur propose l'industrie. Ce sont, d'une part, les engrais, dont les apports compensent les exportations d'éléments de la fertilité des sols liées à la vente des produits agricoles. D'autre part, il s'agit de la mécanisation avec traction animale, puis de la motorisation, qui lèvent les contraintes de récolte et de travail du sol, enfin, des produits phytosanitaires, si efficaces dans la lutte contre les concurrents des végétaux cultivés. Mais il ne faut pas oublier les semences adaptées aux nouvelles conditions de production, non plus que l'alimentation du bétail. Une telle évolution marque souvent une rupture avec l'ancienne complémentarité entre l'agriculture et l'élevage : ces deux activités sont maintenant de plus en plus séparées dans des exploitations spécialisées.

Tous les agriculteurs n'ont pu mener à bien une telle transformation ; nombreux sont ceux qui, disposant de ressources financières insuffisantes, ont dû abandonner une exploitation trop petite ou trop peu productive, pour se tourner vers d'autres activités professionnelles.

Avec l'internationalisation des échanges, et donc la mise en concurrence des agricultures nationales, ce phénomène s'est étendu au monde entier, accentuant les difficultés des exploitants les moins productifs, auxquels des économies locales peu industrialisées ne proposent que rarement des emplois de remplacement. Depuis une trentaine d'années se produit un creusement des inégalités de développement agricole dans le monde, ce que les programmes d'aide internationale ne parviennent pas à retourner. C'est pourquoi coexistent des pays largement excédentaires et d'autres sans cesse menacés par la famine. •

→ **Voir aussi :** La domestication des animaux, **AGRI**, p. 422-423. L'apparition de l'agriculture, **HIST**, p. 18-19. L'agriculture, **GEO.ECO**, p. 226-227.

La plante et le sol

On a longtemps pensé que la plante, qui semble naître du sol, en tirait sa substance. On sait désormais que la production de biomasse est avant tout le résultat de la photosynthèse qui permet à la plante, grâce à la fixation du gaz carbonique et de l'énergie lumineuse, de fabriquer sa matière sèche. Cette fixation nécessite toutefois un transfert d'eau et l'assimilation d'éléments minéraux, substances qu'elle puise dans le sol. Celui-ci intervient donc dans le processus de la production végétale à travers ses fonctions de stockage et de transfert de l'eau et des éléments minéraux dissous. Son influence sur la production reste néanmoins subordonnée à celle du climat, puisque celui-ci détermine les besoins de la plante en fixant le niveau de l'activité photosynthétique.

S'il est important, pour analyser les relations entre le sol et la plante, de considérer l'eau et les éléments minéraux qui entrent directement dans la composition des tissus végétaux – et à ce titre constituent des facteurs de la croissance –, il faut également tenir compte des conditions de la croissance, c'est-à-dire des propriétés du milieu qui permettent l'utilisation de ces facteurs par les cultures. Parmi ces propriétés figure l'état structural du sol, qui intervient sur l'alimentation hydrique et minérale à travers ses effets sur la croissance et le fonctionnement des racines.

L'agriculteur améliore ces facteurs et conditions par les techniques culturales, la fertilisation, les traitements phytosanitaires et le travail du sol ainsi que par des aménagements du milieu comme le drainage et l'irrigation.

1. Schéma des échanges entre le sol et la plante.

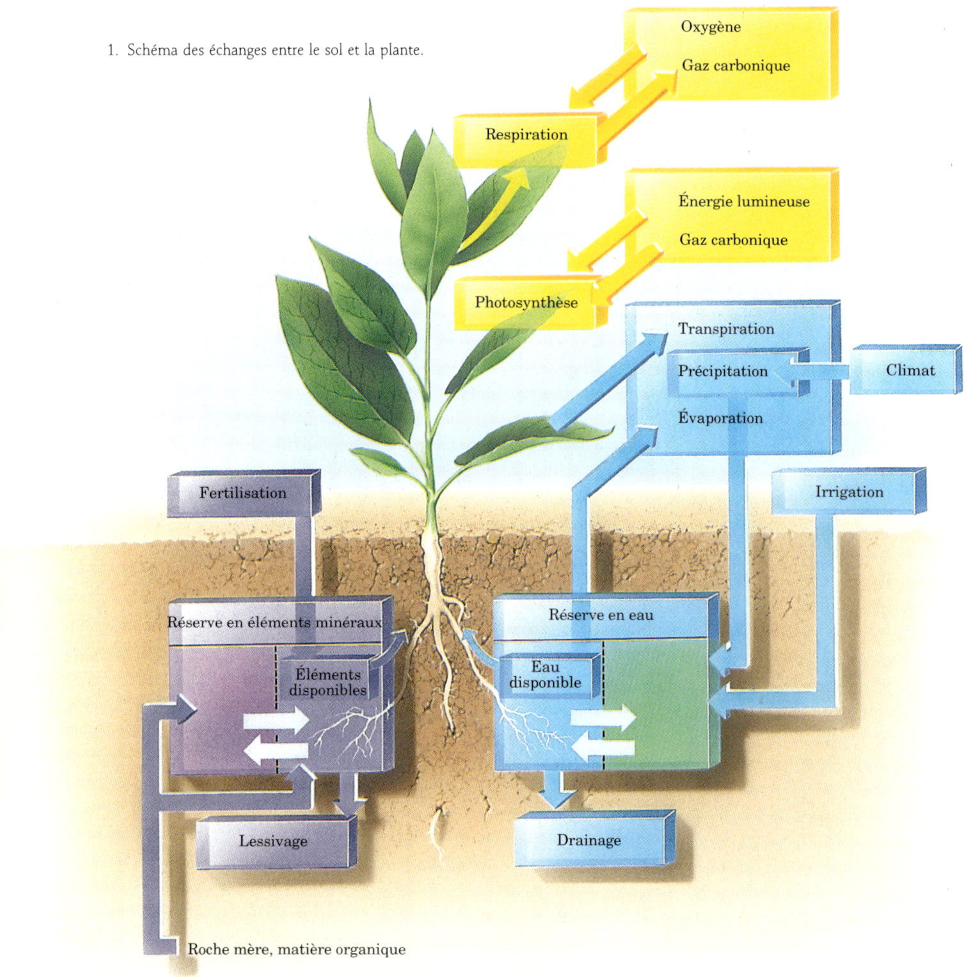

L'eau et le sol

LES QUANTITÉS D'EAU CONTENUES DANS LE SOL ET MOBILISABLES PAR LES RACINES DES PLANTES SONT DÉTERMINÉES PAR LA NATURE DU SOL, LE CLIMAT, LA SAISON ET LA PLANTE ELLE-MÊME.

L'eau est disposée sur les particules du sol où elle forme une pellicule très fine, le film d'eau. Les molécules d'eau, attirées par ces particules, sont soumises à différents types de forces de liaison : osmotiques (actions des ions), d'imbibition (par les charges négatives des colloïdes qui attirent les pôles positifs des molécules d'eau), de tension superficielle (à l'origine de phénomènes capillaires). Les racines doivent par conséquent, pour extraire l'eau, vaincre ces forces qui déterminent une pression de rétention augmentant quand la quantité d'eau diminue.

On distingue trois états caractéristiques de l'eau dans le sol. On considère que l'eau est non retenue lorsque les forces de rétention sont inférieures à la force de gravitation ; cette eau libre s'élimine sous l'effet de son propre poids lorsqu'il existe une possibilité d'écoulement : c'est le ressuyage, dont le drainage a pour effet d'augmenter la vitesse. Deuxième état : l'eau est faiblement retenue lorsque l'humidité décroît et que les forces de rétention deviennent supérieures à la gravité. Enfin, lorsque le sol atteint un certain niveau de sécheresse, les forces de rétention deviennent supérieures à celles que la racine peut mettre en œuvre pour extraire l'eau. Celle-ci est alors fortement retenue et devient inutilisable par les plantes.

À ces différents états de l'eau correspondent des seuils d'humidité remarquables (caractérisant chaque type de sol) : *l'humidité à la capacité au champ,* qui marque l'arrêt du ressuyage, et *l'humidité au point de flétrissement permanent,* en deçà de laquelle les plantes ne peuvent plus extraire d'eau.

L'état hydrique du sol connaît des variations saisonnières : durant l'été il se dessèche, restituant aux cultures l'eau accumulée pendant l'automne et l'hiver. Pour caractériser la capacité du réservoir que constitue la couche explorée par les racines, on évalue la quantité d'eau qui est consommée par les cultures lorsque le sol passe de *l'humidité à la capacité au champ* (quand le réservoir est à son maximum) à *l'humidité au point de flétrissement permanent* (lorsque le réservoir est à son minimum), sur un volume de terre déterminé par la profondeur d'enracinement. La réserve en eau du sol dépend donc de la culture que l'on considère : elle sera plus importante pour un maïs dont l'enracinement est profond que pour une prairie dont les racines ne dépassent pas une trentaine de centimètres de profondeur. En outre, un état structural dégradé de la couche labourée, qui limite la profondeur d'enracinement, diminue la réserve en eau du sol utilisable par les plantes.

Les transferts d'eau dans le sol dépendent également de l'état hydrique : lorsque, entre deux endroits du profil cultural, il existe une différence d'humidité, l'eau circule du plus humide vers le moins humide. Lorsque le sol est à une humidité supérieure à *l'humidité à la capacité au champ* (on dit alors qu'il est saturé), il y a ressuyage ; lorsque le sol est à une humidité inférieure, il absorbe l'eau, qui s'infiltre lentement (lors d'une faible pluie ou d'un arrosage par exemple). L'état structural joue alors un rôle important sur la vitesse d'infiltration. Pour des humidités plus faibles, l'eau se déplace dans toutes les directions, c'est la diffusion capillaire. Un cas particulier est celui de l'ascension capillaire lorsque existe une nappe d'eau libre en profondeur qui réalimente progressivement la couche explorée par les racines. On est alors amené à réévaluer la réserve en eau. •

Les relations sol-plante

La plante puise dans le sol l'eau et les éléments minéraux dont elle a besoin pour sa croissance grâce à son système racinaire et à la circulation d'eau et d'éléments dissous, rendue possible par la transpiration au niveau des feuilles, qui entretient ce flux tant que l'eau est disponible dans le sol. Parallèlement, les feuilles sont le siège de la synthèse chlorophyllienne, qui utilise l'eau et le gaz carbonique pour fabriquer des sucres qui sont ensuite métabolisés dans les différentes parties du végétal.
Le sol joue le rôle d'un réservoir d'eau et d'éléments minéraux, dont la capacité dépend à la fois des quantités présentes et des conditions de fonctionnement des racines.
Les techniques culturales transforment le milieu pour le rendre apte à remplir ses fonctions vis-à-vis de la plante : la fertilisation et l'irrigation jouent sur la quantité de facteurs disponibles, le travail du sol permet la création de conditions favorables à la germination des graines, à la naissance des plantes ainsi qu'au fonctionnement des racines.

Le travail du sol

LE TRAVAIL DU SOL A DE MULTIPLES FONCTIONS : PRÉPARER LE SEMIS, FAVORISER LE DÉVELOPPEMENT DES RACINES, LUTTER CONTRE LES MAUVAISES HERBES, PERMETTRE LA FERTILISATION.

Le travail du sol regroupe l'ensemble des interventions réalisées en vue de créer des conditions favorables à la germination et à la levée des plantes ainsi qu'à la croissance et au fonctionnement des racines. Par les méthodes de l'agriculture moderne, les innovations dans le travail du sol s'accompagnent de l'accroissement de la productivité du travail, de la simplification des assolements et de l'augmentation de la puissance de traction. Il est maintenant possible de travailler le sol quelles que soient les conditions d'humidité et de texture, en un temps très court.

Le travail du sol a pour objectifs : la création et le maintien d'un état structural du sol favorable au développement des plantes ; l'enfouissement des résidus de la culture précédente ainsi que des engrais ou des amendements ; la destruction de la végétation adventice et des repousses de la culture précédente ; l'amélioration des conditions de circulation et de stockage de l'eau, de l'air et de la chaleur.

Un bon état structural du sol se caractérise par une importante porosité de la couche explorée par les racines, pour une circulation active de l'eau et de l'air. L'enfouissement des résidus végétaux est nécessaire pour qu'ils puissent se décomposer dans la couche du sol travaillée, ce qui permet de restituer une partie des éléments minéraux prélevés lors de la campagne agricole précédente et d'éliminer certains parasites. Le labour, moyen de réaliser cette opération, permet de répartir de façon homogène les engrais apportés après la récolte, notamment le potassium et le phosphore, peu mobiles dans le sol.

Le travail du sol était autrefois le seul moyen de lutter contre les adventices. De nos jours, il existe une vaste gamme de produits désherbants convenant à presque toutes les situations, mais la destruction mécanique des mauvaises herbes reste un moyen économique et respectueux de l'environnement. Le binage entre les rangs de plantes détruit les adventices en cours de végétation, le labour diminue le stock de graines de mauvaises herbes et le déchaumage (travail superficiel du sol précédant le labour) permet de les faire lever puis de les détruire par enfouissement.

Le profil cultural (coupe verticale d'un sol) comporte trois couches ou horizons dont les fonctions sont bien distinctes par rapport au fonctionnement de la plante : le lit de semence ; une couche comprise entre ce dernier et le fond de labour ; la partie du sol non affectée par le labour, mais explorée par les racines. Le lit de semence doit, en facilitant le travail du semoir, permettre un placement précis de la graine : trop en surface, elle risque de souffrir de manque d'eau ou d'être détruite par les ravageurs ; placée trop en profondeur, la plantule ne pourra atteindre la surface avant que les réserves de la semence ne soient épuisées. Il faut également que les conditions soient favorables à la germination par des transferts d'eau, d'air et de chaleur entre la graine et le sol. Pour réaliser ce lit de semence, il existe toute une gamme d'outils de travail superficiel, qui diffèrent par les actions qu'ils ont sur le sol : fendillement (chisel, cultivateur), sectionnement (outils rotatifs, herses alternatives), chocs des mottes entre elles ou contre l'outil lui-même (vibroculteur), écrasement (rouleau).

L'horizon sous-jacent doit permettre la présence de nombreuses racines et de bonnes conditions de fonctionnement de la plante, car c'est dans cette partie du profil que celle-ci prélève l'essentiel des éléments minéraux dont elle a besoin. La charrue est l'outil le mieux adapté à la création de cet horizon. Elle découpe une bande de terre de largeur et de profondeur variables puis la retourne en l'appliquant contre la bande précédente. Lors de l'opération, la bande de terre est fragmentée de façon plus ou moins intense suivant son état d'humidité, la vitesse d'exécution du labour et les réglages de la charrue.

Enfin, le sous-sol – l'horizon non labouré – joue un rôle important dans l'alimentation hydrique des cultures à enracinement profond. Il faut donc éviter qu'au contact des deux horizons, au niveau du fond de labour, ne se crée un obstacle à l'enracinement et à la circulation de l'eau, dit semelle de labour. Si cette semelle se forme, on peut la briser au moyen d'une sous-soleuse, outil de travail profond qu'on utilise lorsque le sol est sec. •

Pollution par les engrais

Dans l'agriculture intensive, en raison des quantités d'engrais utilisées, le sol ne peut plus jouer un rôle épurateur comme cela était le cas autrefois, quand les produits épandus étaient progressivement dégradés par les micro-organismes qu'il contient.

Une première pollution est celle des eaux souterraines. Elle peut être chimique : il s'agit alors surtout de contamination par les nitrates, ou liée à des agents pathogènes véhiculés par les effluents d'élevage (fumier, lisier). Les principes de la lutte contre la pollution par les nitrates d'origine agricole sont de limiter leur lessivage pendant l'hiver en couvrant le sol par une culture et de mieux étudier et calculer la fertilisation et l'irrigation afin d'éviter tout excès.

Les eaux de ruissellement sont aussi polluées par les nitrates et, surtout, par le phosphore fixé aux particules de terre qu'elles charrient. Ces éléments nutritifs provoquent le développement intense d'algues qui consomment l'oxygène des eaux de moyenne profondeur ; dans un second temps, la masse de matière organique produite sédimente et, en se décomposant, provoque la désoxygénation des eaux profondes, créant des conditions réductrices qui entraînent leur acidification. Ce phénomène, l'eutrophisation, constitue une gêne considérable pour toute vie aquatique, végétale ou animale.

L'attention portée au semis

Le semis est une opération qui engage l'avenir de la culture (ici une céréale de printemps). La réussite de l'opération passe par un bon réglage du semoir (profondeur de semis, vitesse d'avancement), mais aussi une préparation correcte du lit de semence par l'émiettement du sol, afin que l'outil travaille dans de bonnes conditions de placement de la graine. Ainsi, chaque opération culturale doit être raisonnée en fonction des précédentes (ici le travail du sol) et des objectifs que se fixe l'agriculteur pour la conduite de sa culture à partir des connaissances qu'il a sur les aptitudes culturales des sols qu'il travaille.

2. Semis de printemps en Champagne.

Les aptitudes culturales des sols

LA NOTION D'APTITUDE CULTURALE TIENT COMPTE DE LA NATURE DES SOLS MAIS AUSSI DE TOUS LES MOYENS QU'ON A DE LA TRANSFORMER.

Compte tenu des progrès réalisés dans la connaissance des sols et de la fertilisation ainsi que dans l'efficacité des machines agricoles, la notion de fertilité n'est plus maintenant abordée indépendamment des techniques de culture. Ainsi, des sols réputés très peu fertiles ont atteint des niveaux de production très élevés. C'est le cas de la Champagne crayeuse, autrefois « Champagne pouilleuse », maintenant devenue l'une des grandes régions céréalières de France après redressement, entre autres, du niveau des réserves phosphoriques de ses sols. De même, une teneur importante en argile était considérée comme un désavantage quand les moyens de traction étaient limités. C'est aujourd'hui un atout, car la mécanisation permet un travail sans difficulté et la teneur en argile entraîne une meilleure capacité de rétention de l'eau et des éléments minéraux.

Plutôt que de fertilité, il est donc préférable de parler d'*aptitude culturale,* qui correspond à un jugement global porté sur plusieurs éléments. Tout d'abord sur le niveau des potentialités du milieu pour différentes cultures. Il correspond au niveau de rendement que l'on est en droit d'espérer pour ces cultures lorsque tous les facteurs et conditions de la production sont à l'optimum. Ce niveau évolue au fur et à mesure que progressent les techniques et la génétique des plantes. Ensuite, sur les coûts que représentent l'extériorisation de ces potentialités, c'est-à-dire les moyens à mettre en œuvre pour que les facteurs et conditions de la croissance des végétaux soient aussi proches que possible de l'optimum. Enfin, sur les risques que peut comporter la mise en place d'un système de culture donné. Ces risques sont d'ordre climatique (gel, sécheresse) ou technique lorsque l'on évalue les probabilités d'échec de telle ou telle opération culturale (traitement, travail du sol, etc.).

Pour apprécier les aptitudes culturales des sols d'une région, il faut déterminer un certain nombre de caractéristiques que l'on peut classer en deux groupes. Le premier rassemble les facteurs climatiques et liés au sol, qui ne sont que partiellement modifiables, ou en tout cas à un coût élevé. Il s'agit de la composition granulométrique du sol, qui détermine son comportement vis-à-vis des actions de l'eau ou des outils (résistance à la fragmentation, sensibilité au compactage). De même, les propriétés hydrodynamiques jouent un rôle dans le maintien de conditions favorables au fonctionnement des racines ou dans la praticabilité du travail. Les caractéristiques du climat à prendre en compte sont la pluviométrie, l'ensoleillement, la température et l'évapotranspiration. Les facteurs du deuxième groupe sont ceux qui sont plus facilement et rapidement modifiables : les réserves minérales, l'état calcique, par exemple, en font partie.

Il existe des instruments et des techniques qui aident à une appréciation à différentes échelles : la carte des sols permet d'analyser la répartition de types de sols dans l'espace décrits à l'aide de caractéristiques permanentes ; les méthodes de détection à distance, telles que les photographies aériennes ou les images obtenues par satellites, donnent des informations sur des caractéristiques du milieu qui dépendent de la date d'observation. •

→ **Voir aussi :** La fertilisation et les engrais, **AGRI,** p. 412-413. Améliorations du milieu naturel, **AGRI,** p. 414-415.

La fertilisation et les engrais

LA PLANTE UTILISE POUR SA croissance des éléments nutritifs qu'elle capte par ses feuilles, pour le carbone (photosynthèse), et essentiellement par ses racines pour les autres éléments. La fertilisation recouvre l'ensemble des techniques dont l'emploi assure ou améliore l'alimentation minérale des plantes. Le milieu dans lequel se trouvent les racines est généralement le sol, qui reste l'intermédiaire obligatoire entre la plante et l'agriculteur pour la grande majorité des productions végétales. Les éléments que la plante doit puiser dans le sol – notamment l'azote, le phosphore et le potassium – préexistent dans des combinaisons chimiques dont seules quelques-unes sont utilisables par les racines. Ces formes minérales absorbables sont, fréquemment, en quantité insuffisante pour faire face aux besoins des plantes tout au long du cycle cultural. Le recours aux engrais industriels, qui se sont substitués progressivement aux déchets de l'agriculture et des industries locales, fournisseurs initiaux de matières fertilisantes, a contribué à l'amélioration considérable des rendements. En réponse à l'augmentation du coût de la fertilisation, aux exigences de qualité de la part des transformateurs de produits agricoles et des consommateurs et, plus récemment, à la prise de conscience des risques de pollution (notamment par les nitrates), les doses d'engrais sont de mieux en mieux ajustées aux caractéristiques des sols, du climat et des plantes. Cette meilleure adéquation entre l'offre du sol et les besoins des cultures résulte des progrès dans les techniques d'analyse et dans une maîtrise plus grande de l'épandage de produits fertilisants.

Consommation et production d'engrais

Les pays qui utilisent le plus d'engrais sont ceux qui ont le plus de surface agricole pour nourrir les plus fortes populations du globe (Chine, U.R.S.S., Inde). Ces statistiques ramenées à la surface agricole utile conduiraient à un classement différent. Les principales firmes ayant une branche d'activité consacrée aux engrais sont surtout européennes. Les flux de commercialisation sont complexes, par exemple plus de la moitié des engrais azotés utilisés en France est importée.

Consommation annuelle d'engrais dans quelques pays
(en milliers de tonnes fertilisantes d'azote [N], d'acide phosphorique [P_2O_5] et de potasse [K_2O] entre 1978 et 1988 selon les pays)

	N	*P_2O_5*	*K_2O*
Chine	16 769	4 543	1 239
U.R.S.S.	11 787	8 564	7 052
États-Unis	9 503	3 730	4 484
Inde	5 630	1 803	879
France	2 604	1 460	1 935
R.F.A.	1 602	679	864
Pologne	1 335	837	1 105

Source : Syndicat national des industries de l'engrais.

L'emploi des matières fertilisantes

La consommation d'engrais, en France, a pratiquement triplé entre 1950 et 1970. L'augmentation brutale des prix, après la crise pétrolière de 1974, s'est répercutée sur les ventes de 1975. Actuellement, on assiste à une quasi-stagnation des consommations de potasse (1), à une forte diminution pour l'acide phosphorique (2), à une très forte augmentation pour l'azote (3).

Les grandes firmes productrices d'engrais

	chiffre d'affaires (millions d'écus)
NORSK HYDRO (Norvège)	2 632
BASF (R.F.A.)	1 438
ICI (Grande-Bretagne)	1 254
KEMIRA (Japon)	1 000
ORKEM (France)	924
DSM (Pays-Bas)	673

Source : Syndicat national des industries de l'engrais (1990).

1. Consommation de potasse en France.

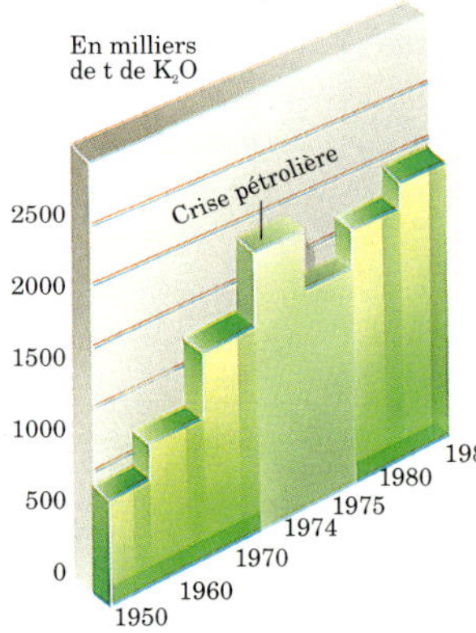

2. Consommation d'acide phosphorique en France.

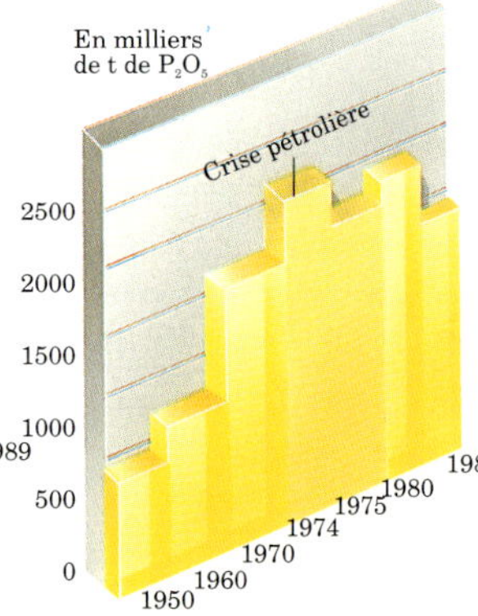

3. Consommation d'azote en France.

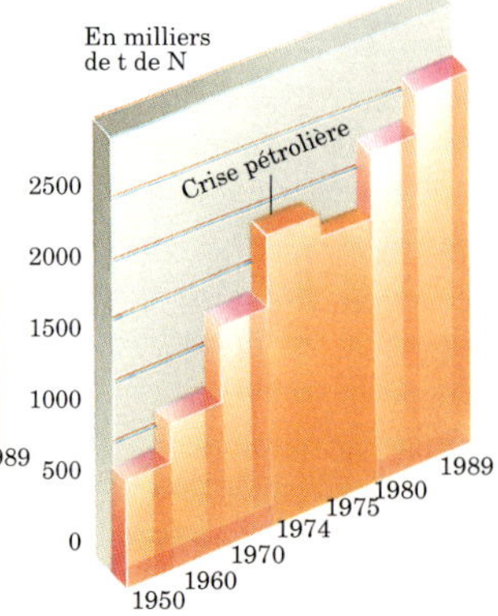

Histoire des matières fertilisantes

EN UN PEU PLUS D'UN SIÈCLE, LES MATIÈRES FERTILISANTES SONT PASSÉES DE L'ÉTAT NATUREL À UNE TRÈS GRANDE SOPHISTICATION INDUSTRIELLE.

L'agriculteur a cherché, de tout temps, à améliorer la richesse chimique de ses terres. Mais, en Europe, ce sont les travaux de Lavoisier, en France au XVIIIe siècle, puis de Liebig, en Allemagne au XIXe siècle, sur la nutrition minérale des plantes qui ont incité l'industrie à fournir à l'agriculture de l'azote, du phosphore et du potassium sous forme de produits divers. Au milieu du XIXe siècle arrivent les premiers bateaux de déjections animales (guano du Pérou) et de nitrates du Chili. Les industries fournissent à une agriculture à la recherche d'engrais plus solubles des superphosphates obtenus par traitement d'ossements à l'acide, puis de phosphates naturels. Le chlorure de potassium est extrait des mines allemandes et alsaciennes. Les fonderies vendent un sous-produit de la fabrication de l'acier (scories Thomas), toujours utilisé de nos jours. Aujourd'hui encore, des industries livrent localement leurs déchets pour qu'ils soient recyclés dans l'agriculture : boues urbaines de stations d'épuration, composts urbains, eaux boueuses de lavage des usines agroalimentaires. La plupart de ces déchets sont triés, traités et conditionnés pour faciliter leur épandage et, surtout, en limiter les nuisances pour l'environnement.

Le milieu du XXe siècle a été marqué par un très grand essor de l'industrie et du commerce des matières fertilisantes. La mondia-

Les besoins des plantes

LES BESOINS DE LA PLANTE EN AZOTE, PHOSPHORE, POTASSIUM POUR FABRIQUER UNE CERTAINE QUANTITÉ DE MATIÈRE VÉGÉTALE VARIENT BEAUCOUP AU COURS DU CYCLE DE PRODUCTION.

Les éléments nutritifs dont une plante a besoin pour assurer tout son cycle de végétation sont nombreux et connus. Vis-à-vis de la fertilisation, il est raisonnable de ne considérer que ceux dont la disponibilité, dans la majeure partie des sols cultivés, pose généralement des problèmes. On considère ainsi les besoins en azote, en phosphore, en potassium et en magnésium et, pour certaines cultures, les besoins en soufre et en oligo-éléments (bore, zinc, cuivre et molybdène). Pour chacun de ces éléments, on considère les besoins globaux de la plante pour fabriquer une quantité donnée de produits par unité de surface (rendement). Ces besoins globaux dépendent de l'espèce cultivée (voire de la variété), du stade, dans le cycle, auquel la plante est récoltée et du niveau de rendement espéré. Ils ne sont pas indépendants de la composition souhaitée par les transformateurs de produits agricoles. Des tableaux de valeurs moyennes ont été établis pour les principales cultures, en faisant la distinction entre les besoins des parties qui sortent du champ lors de la récolte (grains, tubercules...) et ceux du reste de la plante.

Les études sur l'absorption par les plantes des éléments nutritifs au cours du temps montrent qu'il existe une répartition très variable des besoins durant la vie de la plante : à une phase d'absorption faible succède généralement une phase d'accroissement très rapide de l'absorption, puis une phase de diminution ou d'arrêt en fin de cycle. L'intérêt de ces études est de fournir des indications sur les besoins de la culture pendant les principales phases de la vie de la plante et sur les besoins maximaux journaliers durant la période de forte absorption. Le niveau de ces besoins est directement lié au fonctionnement général de l'ensemble des plantes cultivées dans un champ déterminé. Pour une même espèce, ils peuvent être très différents d'une parcelle à l'autre selon que, dans l'une, elle fonctionne au maximum de ses possibilités et que, dans l'autre, existent des facteurs qui limitent la croissance. •

lisation de l'économie a entraîné une réorganisation complète des circuits de fabrication et de commercialisation des engrais, dominés par quelques grosses entreprises multinationales. Un des aspects de cette concentration du négoce est la mise à la disposition des agriculteurs d'une très large gamme de produits différents par leur forme (solide, liquide, gazeuse...), par la nature et la concentration en éléments fertilisants, et par leur conditionnement. À côté des engrais minéraux azotés, phosphatés, potassiques ou mixtes (engrais composés) existent actuellement des produits qui se veulent de plus en plus spécifiques d'une situation culturale donnée : engrais additionnés d'insecticides, d'herbicides, d'oligoéléments, engrais organominéraux contenant une fraction de l'élément azote sous forme organique... Dans les principaux pays consommateurs d'engrais existe une législation des matières fertilisantes pour régir les rapports entre vendeurs et acheteurs. Les réglementations sur la nomenclature, l'étiquetage normalisé avec indication des teneurs minimales ont le mérite d'offrir une certaine garantie aux acheteurs. •

L'offre du sol en éléments fertilisants

UNE INTENSE ACTIVITÉ DE TRANSFERTS D'ÉLÉMENTS CHIMIQUES ENTRE LES COMPOSANTS DU SOL PERMET À LA PLANTE DE S'ALIMENTER GRÂCE À SES RACINES.

Les substances utiles aux plantes sont réparties entre les phases solide, liquide et gazeuse du sol. La majeure partie d'entre elles est engagée dans des combinaisons moléculaires sous forme de particules solides d'origine tellurique (feldspaths, micas, argiles, carbonates), végétale (résidus végétaux, humus) et anthropique (amendements, engrais). La phase liquide retenue dans les pores du sol (« solution du sol ») contient les éléments nutritifs sous forme d'ions. C'est sous cette forme que ces éléments sont majoritairement absorbés par les racines des plantes. Enfin, la phase gazeuse contient, notamment, de l'azote moléculaire qui, par l'intermédiaire de bactéries fixatrices d'azote (rhizobiums) vivant en symbiose avec certaines espèces végétales (légumineuses), devient une source d'alimentation azotée.

De nombreux types de transferts d'éléments nutritifs existent entre les différentes phases du sol et au sein d'une même phase. Deux sont particulièrement importants pour l'alimentation des plantes. L'un concerne les échanges d'ions entre la solution du sol et certaines particules solides (argile, humus, hydroxydes métalliques) qui présentent des propriétés électriques susceptibles d'attirer à leur surface les ions libres de la solution. Ce mécanisme permet de stocker les ions excédentaires quand la solution s'enrichit (apport d'engrais solubles) et de les rendre à la solution quand elle s'appauvrit (absorption racinaire). Les ions phosphore, potassium, magnésium et certains oligo-éléments sont très concernés par ce processus. Le deuxième type de transfert d'éléments se fait entre les ions en solution et les constituants organiques du sol : la microfaune du sol dégrade la matière organique et libère les éléments nutritifs qu'elle contient sous forme minérale, qui passent finalement dans la solution du sol. Inversement, des ions de la solution du sol satisfont les besoins alimentaires des micro-organismes qui les synthétisent en molécules organiques. Le bilan de ces deux transformations inverses (minéralisation des substances organiques, réorganisation des substances minérales) est fonction de la richesse en composés organiques et des conditions physiques du sol (humidité, température, aération). Il est donc, en grande partie, sous la dépendance du climat et des techniques de l'agriculteur. L'azote et le soufre sont principalement concernés par ce mode de transformation.

Les agronomes ont mis au point des tests chimiques et biologiques pour estimer la quantité d'éléments nutritifs sous forme minérale susceptible de participer à l'alimentation des plantes (offre potentielle du sol). Seule la fraction de cette offre en contact avec des racines fonctionnelles est réellement en mesure d'alimenter les plantes. Il existe des possibilités pour les éléments nutritifs de migrer dans le sol (circulation de la solution dans le sol, diffusion d'éléments nutritifs des sites riches vers les sites appauvris par l'absorption racinaire). Cette mobilité dépend de l'humidité du sol, du type de sol et de la nature de l'élément considéré : l'ion nitrate, à l'opposé des ions phosphore, potassium, etc., n'est pas retenu dans le sol et peut être véhiculé très loin par l'eau du sol pour aller au contact des racines et y être absorbé, ou être entraîné hors de la zone racinaire (lessivage). Inversement, les racines vont également au contact des éléments nutritifs par colonisation racinaire du volume du sol. L'efficacité de la prospection du sol par les racines est liée à l'espèce végétale, au type de sol et à son état physique, celui-ci résultant des actions climatiques et de l'application des instruments aratoires. •

Les bases de la fertilisation

À PARTIR D'ANALYSES DE TERRE ET DE LA CONNAISSANCE DES BESOINS DES CULTURES, LA FUMURE EST CALCULÉE AUTOMATIQUEMENT EN TENANT COMPTE D'OBJECTIFS DE RENDEMENT, DE COÛTS ET DE MOINDRE POLLUTION.

Le conseil technique aux agriculteurs, en matière de fertilisation, repose sur l'idée qu'il est possible de réaliser un ajustement permanent entre les besoins d'une culture en éléments nutritifs et les quantités de ces éléments disponibles dans le sol sous une forme utilisable par les racines. Pour parvenir à cet ajustement, les agronomes réalisent des bilans d'éléments entre offre du sol et besoin de la culture. Le principe du calcul par bilan repose sur une appréciation, grâce à une analyse de terre, de l'offre potentielle du sol en chaque élément nutritif, puis sur une confrontation de ce niveau actuel à celui estimé souhaitable pour l'alimentation optimale de la culture dans des conditions pédoclimatiques et culturales données, et enfin sur le calcul des doses à apporter. Il faut distinguer les éléments assimilables (phosphore, potassium, magnésium...) et les éléments, comme l'azote, très mobiles sous leur forme assimilable dans le sol. Pour le premier groupe d'éléments, la fumure est calculée sur plusieurs années, en général sur une séquence donnée de cultures. Pour l'utilisation d'engrais, on vise à obtenir (ou à maintenir) une concentration suffisante en éléments nutritifs dans le sol pour faire face, à chaque instant, aux besoins des plantes les plus exigeantes de la succession de cultures. Pour le deuxième groupe d'éléments, essentiellement les nitrates, l'irrégularité de leur fourniture dans le sol, leur entraînement dans les couches profondes sous l'action des pluies conduisent à ajuster chaque année par des apports d'engrais azotés l'offre réelle du sol aux besoins de la plante à des étapes précises de son cycle.

L'existence d'une technologie fiable dans des laboratoires d'analyses de terre, la généralisation de références techniques nécessaires à l'interprétation de ces analyses représentent un grand progrès dans la prescription des fumures. L'automatisation de tous les calculs nécessaires permet de proposer aux agriculteurs des programmes de fertilisation qui représentent actuellement un bon compromis entre leurs objectifs de rendement et de qualité, la limitation des dépenses en fertilisants, les contraintes d'organisation de leur exploitation et enfin la nécessaire prise en compte du danger de pollution des eaux. Sur ce dernier point se cristallisent aujourd'hui les rapports entre la préservation de l'environnement et une agriculture intensive faisant de plus en plus appel aux engrais. Bien que poussés par des nécessités économiques, les agriculteurs n'en sont pas moins conscients des conséquences de l'usage massif des fertilisants. •

4. Exploration racinaire du sol par le blé.

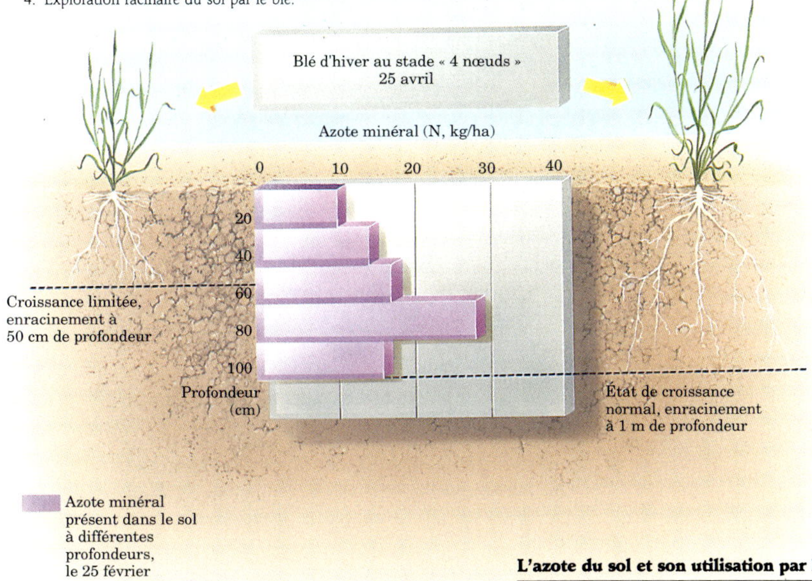

L'azote du sol et son utilisation par le blé

Les résultats du laboratoire d'analyse de terre fournissent la quantité et la répartition de l'azote minéral dans le profil de sol à la sortie de l'hiver : sur 80 kg d'azote minéral, plus de la moitié se trouve au-delà de 60 cm. Si la végétation du blé est normale, ses racines devraient être en mesure d'utiliser cet azote pour son alimentation azotée (4). Dans le cas contraire, cet azote nitrique inutilisé devient potentiellement polluant.

5. Fertilisation azotée de la betterave sucrière : parcelles expérimentales.

La fertilisation de la betterave sucrière

Les besoins des variétés modernes de betterave à sucre ne peuvent être, en général, assurés par la seule fourniture du sol. L'absence de fertilisation azotée au printemps se traduit par une limitation de la croissance (5). Un apport complémentaire de matière fertilisante est indispensable pour obtenir une croissance normale. La difficulté est d'éviter l'excédent d'engrais azoté, préjudiciable à la richesse en sucre, à la pureté des jus sucrés et facteur de pollution des nappes.

Améliorations du milieu naturel

Au cours de l'histoire agraire, l'abandon de l'agriculture itinérante et l'augmentation de la population ont entraîné un besoin croissant de terres de culture et nécessité la mise en valeur de milieux soumis à des contraintes naturelles et donc peu favorables à la production végétale, ce qui a obligé les paysans à des aménagements pour rendre possible l'agriculture.

Un premier type de contraintes impliquant ces aménagements est lié aux propriétés du sol lui-même lorsque ses caractéristiques physico-chimiques nuisent au bon fonctionnement des plantes. C'est le cas lorsque l'on constate un excès de salinité, d'acidité ou une teneur trop faible en matières organiques. Dans ce cas, la correction nécessite un apport, souvent en grande quantité, d'amendement calcaire, magnésien ou organique.

Un second type de contraintes met en jeu le sol et le climat. Les risques d'érosion et d'excès d'eau en font partie ; les aménagements à mettre en œuvre (terrasses, drainage) sont ici beaucoup plus coûteux.

Enfin, le manque d'eau, lié au seul climat, concerne les agricultures les plus diverses, dans les régions arides, où l'enjeu de la maîtrise de l'eau est la possibilité même de cultiver, mais aussi dans les zones tempérées, où l'irrigation permet l'accroissement et la régularisation des rendements.

Ces différents types d'aménagements ont tous un point commun : ils représentent un investissement important. Une fois réalisés, ils doivent donc être accompagnés d'une modification des techniques et, parfois, du choix des productions permettant de les rentabiliser.

1. Labour selon les courbes de niveau aux États-Unis.

Érosion, protection du sol et irrigation

L'érosion peut parfois avoir une action violente contre les sols nus (3). Le ruissellement entraîne les éléments fins : c'est l'érosion en nappe. Plus bas, l'eau se rassemble en rigoles qui, à leur tour, s'unissent et forment des torrents : c'est l'érosion en ravins. Les torrents remontent progressivement à leur tête, entraînant tout le sol jusqu'à la roche mère.
La protection contre les agents de l'érosion, l'eau et le vent, est donc une nécessité sur les terres en pente. Le labour en suivant les courbes de niveau est une pratique antiérosive courante qui peut prendre des allures spectaculaires (1). La construction de terrasses a été beaucoup employée partout où la terre est rare et la main-d'œuvre nombreuse (2).
Si l'eau est quelquefois trop abondante, elle est aussi souvent insuffisante : il faut alors irriguer. Des méthodes remarquables pour discipliner et canaliser les eaux sauvages ont été mises au point depuis longtemps sous le climat méditerranéen (4) : les eaux de ruissellement sont captées par l'impluvium, puis sont réparties en terrasses d'écoulement, lesquelles fournissent l'eau aux terrasses à rétention totale où elle s'infiltrera. L'entretien et le fonctionnement de tels systèmes demandent une main-d'œuvre abondante, car il faut, pendant l'orage, suivre l'écoulement des eaux et réparer fréquemment les ouvrages. Les méthodes modernes d'irrigation mettent en œuvre des équipements de nature bien différente, visant à augmenter la productivité du travail (5).

Les amendements

LES APPORTS DE CALCIUM ET DE MATIÈRES ORGANIQUES SONT DÉTERMINANTS POUR LA FERTILITÉ DES SOLS.

L'acidité des sols non calcaires est un phénomène inéluctable, plus ou moins accentué par la fertilisation. Pour corriger ce phénomène, on doit apporter du calcium ou du magnésium. Ces éléments ont une action neutralisante et jouent un rôle important sur les propriétés physiques du sol et sur son activité biologique. Les amendements correctifs sont soit des roches contenant du carbonate de calcium (amendements calcaires), soit de la chaux ou de la magnésie (amendements cuits). On utilise également des sous-produits industriels.

La rapidité d'action des amendements calcaires dépend de leur solubilité dans de l'eau saturée de gaz carbonique, gaz qui les attaque dans le sol, ce qui libère des ions calcium et magnésium. Cette réaction est d'autant plus importante que le matériau est tendre et finement broyé.

Les matières organiques présentes dans les sols cultivés (ils en renferment de 1 à 5 % de leur poids sec, ce qui représente de 40 à 200 t à l'hectare) sont, d'une part, les matières organiques libres, principalement constituées par les résidus de récolte et les racines ; d'autre part, les matières organiques liées ou stables, associées aux constituants minéraux du sol.

Les matières organiques agissent d'abord sur la capacité nutritive du sol, soit directement : les micro-organismes dégradent les matières organiques et libèrent des éléments minéraux, c'est la minéralisation ; soit indirectement, sur la capacité des sols à stocker puis à restituer aux plantes les éléments minéraux dont elles ont besoin. Ensuite, il existe une action sur les propriétés physiques du sol, concernant la rétention en eau (sols sableux) et la stabilité structurale. Enfin, les matières organiques sont une source de nutriments indispensables aux micro-organismes du sol.

Il est difficile de déterminer un seuil minimal de teneur en matières organiques, mais il faut surveiller l'évolution du stock organique du sol. Pour cela, on évalue l'écart entre les apports (résidus de récolte, apports de fumier) et les pertes (par minéralisation). Lorsque le sol s'appauvrit, il faut apporter des amendements organiques. •

L'irrigation

LA COMPENSATION D'UNE PLUVIOMÉTRIE INSUFFISANTE PAR L'IRRIGATION PASSE PAR DES TECHNIQUES TRÈS DIVERSES QUI DÉPENDENT DU DEGRÉ DE DÉVELOPPEMENT DE L'AGRICULTURE.

Le choix d'une technique d'irrigation et le calcul des quantités à apporter dépendent des caractéristiques du climat, de la plante et du sol. Le climat détermine le besoin en eau des cultures, qui s'exprime par la quantité de liquide évaporé par le sol et transpiré par la culture, l'évapotranspiration. Lorsque la pluviométrie est inférieure à l'évapotranspiration d'une quantité supérieure à la réserve en eau du sol en début de végétation, l'irrigation peut être envisagée pour combler ce déficit.

L'eau peut avoir des origines diverses : eau de surface, provenant de ruissellements, utilisée peu de temps après la pluie ou dérivée des cours d'eau, stockée dans des barrages ; eau souterraine, pompée ou provenant de sources, de puits artésiens. Les qualités de l'eau concernent sa température, l'optimum se situant aux alentours de 25 °C, les sels qu'elle contient et tout particulièrement le chlorure de sodium (sel marin) ; au-dessous de 0,5 g/l, l'eau est bonne dans tous les cas, au-dessus de 5 g/l, elle ne peut convenir qu'à des cultures très résistantes, le dattier par exemple.

L'irrigation par épandage des crues ou de l'eau de pluie est la forme la plus ancienne. Lorsque les crues sont abondantes et régulières, on aménage de grands bassins (couvrant plusieurs centaines d'hectares en Égypte) qui facilitent la répartition de l'eau. Lorsqu'elles sont sporadiques, il est nécessaire de dresser des barrages de dérivation permettant de contrôler le flux d'eau.

L'irrigation par déversement, utilisée pour arroser les prairies, consiste à amener l'eau captée en amont des cours d'eau dans des rigoles qui suivent les courbes de niveau et dont l'un des bords, situé côté aval du terrain, est moins élevé que l'autre de façon à obtenir un écoulement régulier tout le long de la rigole, l'eau débordant par-dessus la berge dont le niveau est le plus bas.

L'irrigation par submersion permet de recouvrir des planches de culture légèrement en pente d'une fine lame d'eau dont on récupère en aval de la parcelle la partie qui ne s'est pas infiltrée. Ce système peut être amélioré en dressant des billons entre les planches qui sont ainsi humectées par infiltration latérale de l'eau. Cette technique économise l'eau et a l'avantage de maintenir la surface du sol sèche, ce qui n'interrompt pas les autres travaux agricoles comme le désherbage, les apports d'engrais ou les traitements phytosanitaires.

L'irrigation par aspersion ne s'est développée qu'à partir du moment où les progrès technologiques permirent de disposer de conduites d'eau légères et de systèmes perfectionnés de jets rotatifs. Cette méthode, d'une grande souplesse d'utilisation, nécessite un débit et surtout une pression donnés dans un ensemble de canalisations amenant l'eau à des dispositifs d'aspersion qui peuvent être installés de manière fixe sur la parcelle ou demeurer mobiles. Dans le premier cas, les conduites sont enterrées et amènent l'eau à des tourniquets, répartis régulièrement de façon à assurer une couverture complète du champ. On peut également utiliser un système pivotant autour d'un point d'eau central (« canon à eau »).

En culture sous serre ou en verger, on utilise de plus en plus une irrigation localisée au pied des plantations, qui amène l'eau à un débit très faible (système dit du « goutte-à-goutte ») et l'économise. •

2. Succession de terrasses en Chine.

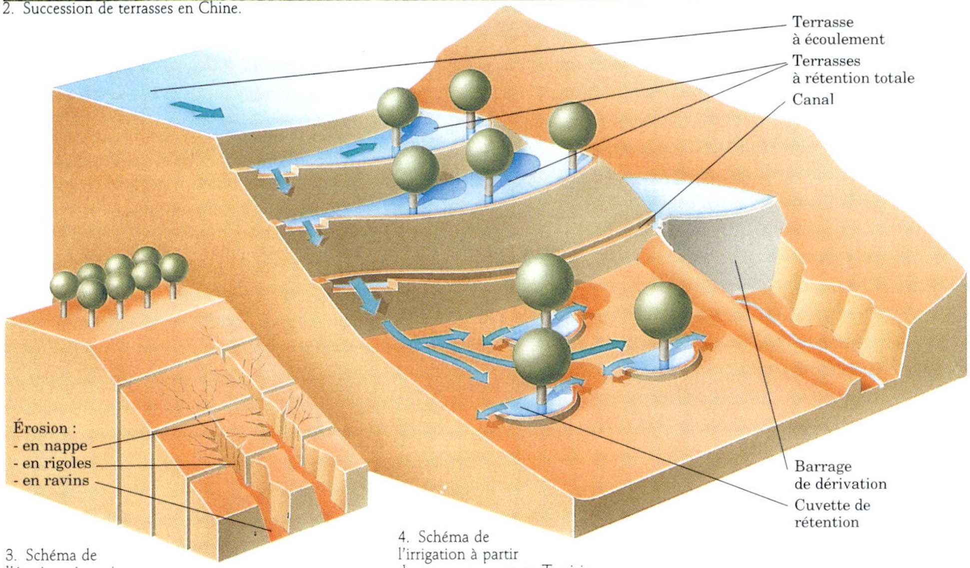

3. Schéma de l'érosion régressive.

4. Schéma de l'irrigation à partir des eaux sauvages en Tunisie.

5. Irrigation par aspersion aux États-Unis.

La lutte contre les excès d'eau et la salure

L'EXCÈS D'EAU EST COMBATTU PAR LA MISE EN PLACE DE RÉSEAUX DE DRAINAGE, OPÉRATION LARGEMENT MÉCANISÉE.

L'humidité excessive du sol crée des conditions asphyxiantes défavorables à la croissance et au fonctionnement des racines, d'autant plus que les sols sont également froids et que s'y développent des champignons parasites. Par ailleurs, elle peut gêner les travaux agricoles aux périodes optimales.

La maîtrise de l'excès d'eau, l'un des enjeux majeurs de la production agricole, résulte de techniques qui n'ont guère évolué. On distingue habituellement, d'une part, l'assainissement, qui réunit tous les moyens mis en œuvre pour assumer le transport des eaux excédentaires, regroupées naturellement ou à la suite du drainage ; d'autre part, le drainage, ensemble des opérations nécessaires à l'évacuation rapide, en tous points d'une parcelle, des eaux saturant la couche travaillée ou stagnant à sa surface.

Un réseau d'assainissement comprend des fossés et canaux (à ciel ouvert ou enterrés) qui captent les eaux de ruissellement ou, par infiltration, celles de la nappe d'eau souterraine. S'y ajoutent des digues lorsqu'il est nécessaire de se protéger contre les submersions d'eau venant de la mer ou d'une rivière proche.

Autrefois, un drainage s'effectuait en mettant en place un réseau de fossés ouverts, recueillant l'eau et l'amenant à des collecteurs. Mais ce type d'aménagement nécessite une emprise foncière trop importante pour l'agriculture moderne, et on lui préfère le drainage par tuyaux enterrés. Cette technique consiste à placer dans le sol un réseau de canalisations (les drains) qui se jettent dans des collecteurs reliés au réseau d'assainissement. Les drains et collecteurs, autrefois en poterie, sont désormais fabriqués en polychlorure de vinyle (PVC) et sont posés par des machines spécialisées.

Dans les pays à hiver très froid (U.R.S.S., Canada), on préfère le polychlorure d'éthylène, car les risques de gel profond compromettraient la pérennité des tuyaux de PVC. Dans les sols très peu perméables, cet aménagement s'accompagne d'un sous-solage, réalisé en sol sec à l'aide d'un engin tractant un outil à dents travaillant en profondeur. Parfois, le drainage est réalisé à l'aide de puits. C'est le cas, par exemple, lorsque l'excès d'eau a pour origine une nappe captive dont le toit est peu profond et qui peut être facilement rabattue par la pose d'un tuyau reliant à l'émissaire le puits, foré au travers du toit de l'émissaire.

L'excès de sel, particulièrement de chlorure de sodium, pose deux problèmes : un effet de toxicité directe sur les plantes et une diminution de l'aptitude des sols salés à résister à l'action dégradante des pluies. La salure concerne des terres d'origine marine ou lagunaire (Camargue, marais atlantiques, prés salés) et peut être la conséquence d'inondations accidentelles par la mer ou d'irrigations apportant régulièrement de petites quantités de sel qui finissent par s'accumuler. Pour traiter ce problème, il est nécessaire avant tout de disposer d'un réseau de drainage efficace afin que l'eau en excès puisse s'évacuer en entraînant le sel. On épand également du gypse dont l'ion calcium s'échange dans le sol avec le sodium qui passe en solution et est entraîné par l'eau de pluie. Certaines cultures tolèrent les sols salés ; c'est le cas du riz cultivé dans des parcelles sur lesquelles on maintient une lame d'eau qui empêche la remontée du sel dans la couche labourée. •

La lutte contre l'érosion

LA LUTTE CONTRE L'ÉROSION MOBILISE DES MOYENS DIVERS : MAINTIEN DU COUVERT VÉGÉTAL, CONSTRUCTION DE TERRASSES, LABOUR SELON LES COURBES DE NIVEAU.

La destruction de la végétation naturelle liée à la mise en culture s'accompagne, sur les sols en pente, de phénomènes d'érosion, les constituants du sol étant entraînés par l'eau et le vent. Les zones les plus menacées sont celles de climats contrastés et agressifs où les pluies violentes succèdent à des périodes de sécheresse : climat méditerranéen avec pluies hivernales, climat intertropical aux pluies d'été. Mais, si l'érosion est proportionnelle à l'intensité des pluies, le phénomène dépend également de la topographie (pente et longueur de celle-ci) et de facteurs pédologiques comme la sensibilité du sol vis-à-vis des actions de l'eau et du vent, ou sa perméabilité, qui conditionne les possibilités de ruissellement.

Ainsi, quel que soit le climat, la culture sur les pentes des montagnes, indispensable dans les pays aux reliefs accentués, nécessite des précautions spéciales. En climat tempéré, on observe des phénomènes d'érosion sur certains sols limoneux, particulièrement fragiles du fait de leur faible résistance aux actions dégradantes de l'eau. L'érosion concerne donc une grande part des surfaces cultivées dans le monde.

On peut protéger le sol de l'action directe des pluies par une couverture végétale appropriée (reboisement en montagne, enherbement des terrains en pente). Ce type de protection est également possible grâce à certaines techniques de travail du sol : en ne labourant pas, les débris végétaux restent en surface et font écran aux pluies.

Pour éviter le ruissellement, on travaille le sol suivant les courbes de niveau, en bandes alternées. On évite ainsi que le microrelief créé par les outils ne soit dans le sens de la pente, ce qui favoriserait par trop le ravinement. Il est possible également d'agir directement sur la pente en édifiant des terrasses, en la coupant par des lignes de plantation, des banquettes ou des levées de terre.

Enfin, les actions que l'on peut mener sur le sol lui-même consistent à améliorer ou à maintenir sa stabilité structurale grâce au chaulage et à des apports organiques ou à conserver sa perméabilité en s'efforçant de limiter les tassements. •

Les serres

LA DEMANDE DE LÉGUMES, de fruits et de plantes ornementales est devenue considérable, étalée tout au long de l'année pour certains produits comme la tomate ou très concentrée pour d'autres comme le chrysanthème à la Toussaint. Ce marché est approvisionné de deux manières : soit grâce à des cultures de plein air ou sous abris légers, donc très dépendantes du climat naturel ; soit à partir de la culture en serres, ou serriculture, qui permet des productions à « contre-saison » dont le coût élevé est compensé par un prix de vente avantageux.

Au cours des dernières années, la serriculture s'est considérablement développée, notamment grâce aux progrès réalisés dans la maîtrise des conditions de la production en milieu contrôlé. Le contrôle du substrat, tout d'abord, qui vise l'approvisionnement de la plante en eau et en sels minéraux et qui demande un milieu physique adéquat et sans germes pathogènes, explique la mise au point de substrats artificiels et de solutions nutritives. La maîtrise du milieu aérien, à l'origine même de la serriculture, concerne la température, la lumière, l'humidité de l'air et sa teneur en dioxyde de carbone, l'état sanitaire des plantes. Elle nécessite d'isoler un espace et d'associer à l'enveloppe séparatrice des équipements complémentaires de climatisation. Selon le type d'abri, le milieu est plus ou moins bien maîtrisé. C'est pourquoi tous les intermédiaires existent, une telle gamme de serres se justifiant par la recherche de la rentabilité dans des conditions très variables de climat, de marché, de culture, de coût de l'énergie et de la main-d'œuvre.

1. Pépinière sous grande serre à haut degré de contrôle.

2. Plants de tomates sur substrat individualisé.

3. Culture de laitues.

La modification du milieu

OUTIL COMPLEXE, LA SERRE PERMET D'ISOLER LES CULTURES DU MILIEU NATUREL ET D'AGIR DE FAÇON COORDONNÉE, DE PLUS EN PLUS PAR ORDINATEUR, SUR LES FACTEURS DE PRODUCTION.

Local de culture assez grand pour être accessible aux travailleurs, la serre est caractérisée essentiellement par sa couverture, qui doit assurer l'isolement de l'atmosphère et laisser pénétrer le rayonnement actif pour la plante (de 400 à 760 nm, assimilable au visible). Réalisée en matériau rigide ou souple, cette couverture est soutenue par une armature capable de résister aux charges dont les plus fortes sont dues à la neige et au vent.

Les équipements de climatisation varient considérablement selon les types de serres qui doivent tous, même les plus simples, permettre irrigation et aération. Les serres ayant été initialement conçues pour les régions à saison froide marquée, l'installation d'un chauffage permanent constitue un moyen d'indépendance essentiel vis-à-vis du climat naturel. La climatisation en saison très chaude n'est, en revanche, pas satisfaisante car, actuellement, la lutte contre les températures excessives est difficile et coûteuse. En ajoutant l'éclairage artificiel, l'apport de « gaz carbonique », les substrats artificiels et les solutions nutritives, c'est tout le milieu physico-chimique qui peut ainsi être modifié, mais on ne peut maîtriser celui-ci que grâce au pilotage des moyens mis en œuvre : c'est le rôle de la régulation et, de plus en plus souvent, des ordinateurs climatiques.

La régulation est l'ensemble des opérations et, par extension, des appareillages utilisés pour maintenir automatiquement, en dépit des perturbations, un facteur entre des limites données, plus ou moins étroites. Le principe consiste à comparer le niveau réel du facteur, par exemple la température, au niveau souhaité (consigne) ; l'existence d'un écart entre ces deux niveaux déclenche l'envoi d'un signal correcteur à l'organe qui permet de modifier le facteur, par exemple une vanne de chauffage. L'optimisation de la production requiert une action coordonnée sur l'ensemble des facteurs, le niveau de chacun d'eux devant être choisi en fonction de celui des autres et spécialement du facteur limitant qui peut lui-même être modifié.

Nouveau moyen de régulation, l'ordinateur de serre permet de prendre en compte simultanément les indications de divers détecteurs (température, lumière, etc.) et d'envoyer des ordres coordonnés aux différents organes de réglage en suivant un programme qui tient compte des caractéristiques de la serre, des équipements de climatisation, du climat réel et surtout de la nature de l'espèce soumise à la culture. •

Des équipements sophistiqués

Les équipements pour le chauffage, l'aération, l'arrosage, les traitements phytosanitaires, sanitaires, l'éclairage permettent de maîtriser la croissance des jeunes plantes, très sensibles aux facteurs du milieu (1). De plus en plus, chaque plant est traité individuellement. Dans le cas des tomates (2), chaque pied développe ses racines dans un sac de substrat isolé du sol, alimenté spécifiquement en eau et en sels minéraux, chauffé par des gaines latérales à eau tiède. Les apports d'éléments nutritifs peuvent se faire par des gouttières le long desquelles sont situés les plants (3).

4. Superficies de serres en France.

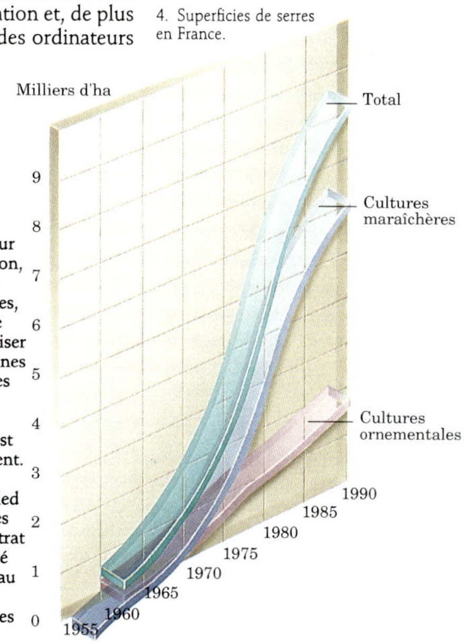

Évolution des superficies de serres en France

L'expansion des serres commence vers 1960 avec l'apparition de serres « bon marché » pour les cultures maraîchères : serres-verre de grande surface, tunnels recouverts de film plastique. Le grand essor ultérieur correspond à l'accroissement de la production, surtout maraîchère, dans les régions méridionales, au climat de type méditerranéen.

L'eau et les éléments minéraux

L'ALIMENTATION ARTIFICIELLE, OBTENUE PAR L'EAU D'IRRIGATION, EST OBLIGATOIRE ET DE PLUS EN PLUS PRÉCISE.

Sous serre, les plantes ne reçoivent pas les précipitations naturelles, d'où la nécessité des irrigations. Pour maîtriser les apports d'eau aux cultures, les actions portent un peu sur les effets climatiques (écrans d'ombrage, humidité de l'air), mais surtout sur le substrat et son approvisionnement en eau. La culture « en sol » fait progressivement place à la culture « hors sol », dans laquelle chaque plante, ou petit groupe de plantes, dispose d'un substrat individualisé, adapté en nature et en volume à ses besoins et alimenté par le dispositif d'irrigation. Celui-ci dessert les unités de substrat soit individuellement par-dessus (irrigation localisée), soit collectivement par leur base (capillarité), à partir d'eau délivrée en permanence ou périodiquement. Le substrat doit permettre la circulation facile de l'eau ainsi que la présence d'air pour la respiration des racines. La réserve hydrique unitaire étant très petite, l'irrigation doit être très précise : doses très faibles mais très fréquentes (plusieurs fois par jour), voire apports en continu pendant les heures chaudes.

Les éléments minéraux étant véhiculés par l'eau, l'association irrigation-fertilisation s'impose. Les moyens d'action portent sur le substrat et sur la solution nutritive qui lui est fournie. La qualité essentielle du substrat est l'inertie chimique : capacité d'échange nulle ou faible, absence d'élément actif ou phytotoxique. Aucun matériau simple ne réunissant ces qualités, on utilise fréquemment des mélanges, tels ceux à base de tourbe blonde qui sont, avec la laine de roche, les substrats les plus utilisés.

La solution nutritive doit contenir tous les éléments minéraux nécessaires à la plante, variables avec celle-ci et avec son stade de développement. La composition de cette solution doit donc être adaptable, à chaque moment, aux exigences propres que présente la plante cultivée. Tenant compte de la composition initiale de l'eau d'irrigation, qui contient des engrais ou des sels entièrement solubles, son pH est maintenu entre 5,5 et 6 pour éviter les précipitations, sources de carences sévères. La salinité de la solution est fréquemment contrôlée pour éviter carence ou toxicité. •

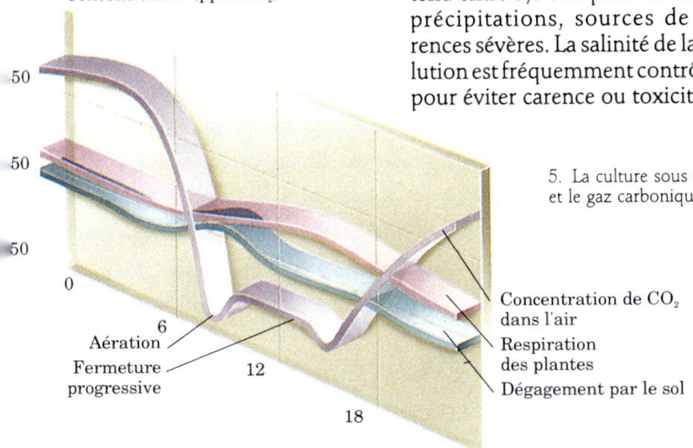

5. La culture sous serre et le gaz carbonique.

Variation de la concentration en CO_2 dans une serre

Avec le lever du soleil, les stomates s'ouvrent et le gaz carbonique de l'air pénètre dans les cellules chlorophylliennes. L'air de la serre s'appauvrit rapidement et le maintien d'une photosynthèse active suppose de laisser entrer l'air extérieur pour profiter de la concentration en CO_2 de l'atmosphère libre, ou de faire des apports spécifiques pour obtenir une teneur encore supérieure.

La température

LA TEMPÉRATURE JOUE UN RÔLE PRIMORDIAL DANS LE CONTRÔLE DE LA PRODUCTION ET L'EXCÈS COMME L'INSUFFISANCE DE CHALEUR DOIVENT ÊTRE MAÎTRISÉS À TOUT MOMENT DE FAÇON RIGOUREUSE.

L'effet de serre résulte du comportement différent de la paroi à l'égard du rayonnement solaire, qu'elle transmet bien, et à l'égard du rayonnement émis par les corps terrestres, qu'elle absorbe. De jour, les objets sous serre absorbent le rayonnement solaire, s'échauffent et émettent un rayonnement infrarouge long qui est absorbé par la paroi. Celle-ci s'échauffe jusqu'à émettre, par les deux faces, une énergie totale égale à celle absorbée. Les objets sous serre reçoivent ainsi plus d'énergie que s'ils étaient placés à l'extérieur et s'échauffent plus. De nuit, le rayonnement infrarouge long subsiste seul et les objets abrités perdent deux fois moins d'énergie qu'en plein air et restent ainsi plus chauds. L'échauffement est accentué si l'air réchauffé ne peut être remplacé par de l'air extérieur. Il croît donc avec l'étanchéité de l'abri.

L'effet de serre est généralement favorable en période froide, mais peut être très néfaste en été. C'est pourquoi la maîtrise de la température vise non seulement l'insuffisance de chaleur mais aussi son excès.

Dans le premier cas, les moyens utilisés consistent à réduire les déperditions par un matériau de couverture absorbant ou réfléchissant le rayonnement infrarouge long, par le doublage des parois, par le déploiement nocturne d'écrans « thermiques », par la réduction des fuites et par des apports artificiels, c'est-à-dire par chauffage. Celui-ci est réalisé par air chaud ou par eau très chaude (jusqu'à 90 °C) circulant dans des tuyaux éloignés des plantes ou, et de plus en plus, par eau tiède, de 30 à 50 °C, dans des canalisations de grande surface disposées dans ou sur le sol ou dans la végétation (chauffage localisé). Les produits pétroliers (fioul surtout) sont de loin les combustibles les plus utilisés du fait de leur pouvoir calorifique élevé, de leur facilité d'emploi, de leur coût réduit. Les énergies de remplacement (solaire, géothermie, rejets industriels) sont marginales car difficiles à mettre en œuvre.

La lutte contre les températures excessives consiste à réduire les apports solaires par des écrans d'ombrage et surtout à accroître les déperditions par échange des airs intérieur et extérieur. On réalise pour cela une ventilation naturelle, par ouverture, ou forcée, par ventilateurs. Son efficacité est bien meilleure avec une vaporisation d'eau. •

La lumière et le dioxyde de carbone

EN SERRE, LES APPORTS DE LUMIÈRE ET DE CO_2 NE SONT PAS INDISPENSABLES MAIS SE JUSTIFIENT S'ILS PROCURENT UN GRAND AVANTAGE ÉCONOMIQUE.

Les progrès dans la maîtrise de l'alimentation hydrique et minérale des cultures sous serre ainsi que dans le contrôle de la température ont fait ressortir le rôle prépondérant de l'éclairement naturel comme facteur limitant de ce type de culture. Aussi est-il apparu intéressant, pour la photosynthèse, de gêner le moins possible la pénétration de la lumière dans les serres et d'apporter un éclairement artificiel d'appoint. Par ailleurs, les modalités d'action de la lumière sur la morphogenèse et sur la floraison (par le phénomène du photopériodisme) sont désormais suffisamment bien connues pour permettre la mise sur le marché de nombreuses plantes fleuries à une date préfixée.

L'éclairement spontané est favorisé par des matériaux de couverture très translucides, des ossatures réduites, des formes et orientations particulières des serres. L'éclairage artificiel doit être conçu en fonction de l'objectif poursuivi, qui peut être la photosynthèse ou la morphogenèse. Pour une photosynthèse active, le flux énergétique, entre 400 et 700 nm, doit être très élevé, d'où l'utilisation de lampes émettant essentiellement dans cette plage : lampes à vapeur de sodium ou tubes fluorescents. La puissance électrique demandée au réseau étant importante, cet usage est limité aux phases particulièrement sensibles de certaines cultures. La photomorphogenèse et particulièrement le photopériodisme sont conditionnés, sous des flux très faibles, par les radiations rouges (de 600 à 730 nm) et d'autres, spécifiques à l'espèce et à la phase de développement. Aussi emploie-t-on des lampes à spectre continu et large, comme les lampes à incandescence. L'interaction entre photosynthèse et morphogenèse nécessite, en cas d'éclairage totalement artificiel, l'association de lampes des deux types précédents.

Le contrôle du dioxyde de carbone (CO_2) dans les serres constitue une autre technique de la serriculture. Alors que la concentration de CO_2 dans l'atmosphère libre est assez constante (350 vpm [volume par million]), la teneur spontanée en serre varie fortement : elle s'accroît la nuit (respiration seule) et diminue le jour avec la photosynthèse, d'autant plus que cette dernière est plus active et que la serre est plus étanche. Elle peut s'abaisser jusqu'à 100 vpm et arrêter l'assimilation, d'où l'intérêt des apports artificiels. L'enrichissement vise à obtenir une teneur comprise entre 600 et 1 500 vpm. Il est réalisé soit par combustion directe dans la serre de gaz exempt de soufre (gaz naturel, propane), soit par récupération du CO_2 des fumées des chaudières, soit par injection de gaz industriel livré en bouteilles et distribué, comme le précédent, par un réseau de canalisations.

L'éclairage artificiel et l'enrichissement en CO_2 sont souvent associés. Ils ne sont actuellement justifiés que lorsqu'ils apportent un avantage économique important au serriculteur, tel que la précocité ou la qualité. •

→ **Voir aussi :** La photosynthèse, **BIOL**, p. 142-143. La plante et le sol, **AGRI**, p. 410-411. La fertilisation et les engrais, **AGRI**, p. 412-413.

6. Moyens d'action sur le milieu.

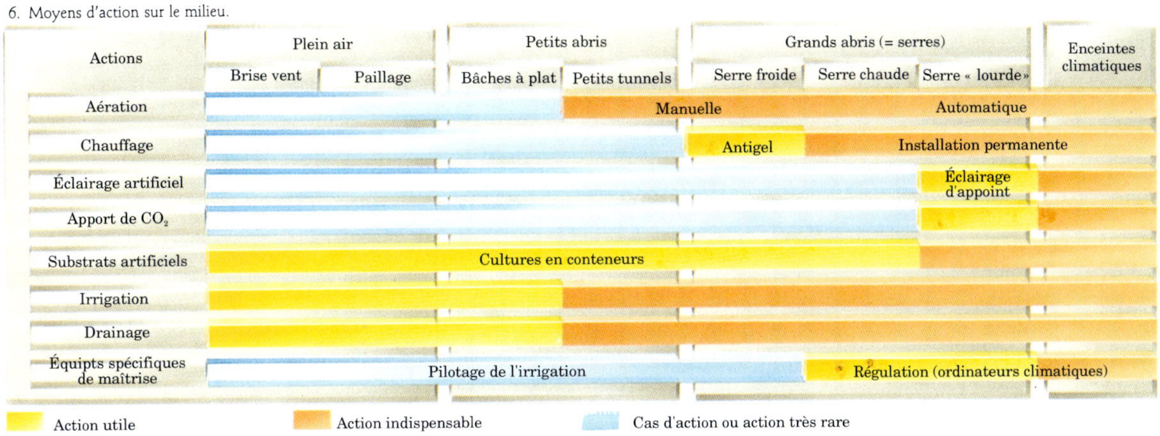

L'amélioration des plantes

LES VARIÉTÉS D'ESPÈCES cultivées sont un moyen de production très efficace et peu coûteux de l'agriculture. Les semences d'une variété apportent à la culture l'information génétique correspondant à des propriétés définies par l'expérimentation : les éléments de l'adaptation de la variété au milieu de culture, de sa productivité, de sa résistance aux agressions de types biotiques et abiotiques, de son adaptation aux besoins des utilisateurs. Rien ne remplace cette expérimentation, qui doit s'étendre sur plusieurs années et sur de nombreux lieux pour pouvoir prédire avec sécurité la supériorité de la variété.

La production régulière de variétés nouvelles constitue un apport décisif au progrès continu constaté sur la productivité végétale. Les variétés contribuent pour moitié au gain réalisé. L'autre moitié provient de l'amélioration des différentes techniques culturales.

La méthodologie utilisée par les sélectionneurs de plantes se fonde sur la génétique classique. Elle est en évolution constante grâce au progrès des connaissances théoriques et aux résultats des expériences pratiques.

Développer et gérer la variabilité génétique, l'évaluer, trier, fixer sont les principales phases de la sélection. C'est l'organisation de ces phases qui a fait l'objet, depuis 40 ans, de perfectionnements considérables. Ils sont moins connus mais aussi importants que les biotechnologies, qui viennent maintenant apporter quelques outils souvent utiles aux sélectionneurs pourvu qu'ils soient employés à bon escient. Dans ce domaine, les biotechnologies ne constituent en aucune manière une révolution.

La sélection récurrente

UNE NOUVELLE STRATÉGIE NÉE DES PROGRÈS RÉCENTS DE LA GÉNÉTIQUE CLASSIQUE ASSURE UN PROGRÈS VARIÉTAL CONTINU.

Les progrès récents de la génétique quantitative, qui étudie la transmission héréditaire des caractères qui se mesurent, comme le rendement, et ne sont pas analysables par les techniques mendéliennes, ainsi que les avancées de la génétique des populations, qui étudie l'influence des relations de parenté entre les plantes qu'on croise sur la variabilité observée dans la descendance de leur croisement, conduisent à une révolution radicale des stratégies de sélection. Au lieu de poursuivre la fixation en même temps qu'on sélectionne, comme avec la sélection généalogique, on travaille désormais sur des populations maintenues par intercroisement systématique. En y décelant des phénotypes supérieurs, on espère qu'ils sont en corrélation avec des génotypes également supérieurs. Il est fait l'hypothèse que la supériorité de ces génotypes vient de ce qu'ils contiennent une fréquence plus élevée d'allèles favorables des gènes dont l'action a un effet sur le caractère pour lequel on sélectionne, mais que ces gènes ne sont pas les mêmes dans tous les génotypes ainsi retenus. Si cela est vrai, l'intercroisement de ces derniers fournira, grâce à la recombinaison méiotique, des descendants chez lesquels la fréquence des allèles favorables sera encore plus grande, ce qui se traduira par un progrès génétique. Les expériences accumulées depuis 50 ans confirment ces hypothèses.

Pratiquement, on se donne une population, on y décèle les meilleurs phénotypes, et on intercroise ceux-ci pour obtenir une nouvelle population, point de départ du cycle suivant. C'est ce qu'on appelle une sélection récurrente. À chaque cycle, on peut utiliser une méthode de fixation – autofécondation, haplo-diploïdisation, clonage – pour extraire de la population des lignées destinées à fournir des variétés. •

1. Schéma représentant les mécanismes de la sélection récurrente (dû à André Gallais).

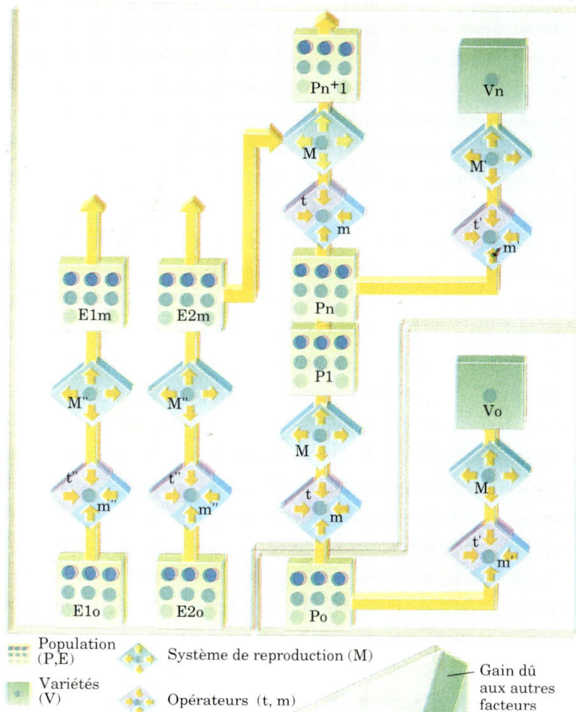

Gestion de la variabilité génétique

LA VARIABILITÉ GÉNÉTIQUE CONSTITUE LE FONDEMENT DE L'AMÉLIORATION DES PLANTES.

Au début, la sélection trouvait la variabilité génétique dans les populations hétérogènes cultivées. L'application de principes simples issus de la génétique mendélienne a permis, par exemple, aux pionniers que furent les Suédois de tirer des lignées performantes de populations d'avoine, d'orge ou de blé.

Une fois cette source épuisée, les sélectionneurs utilisèrent le croisement de deux lignées pour obtenir la variabilité nécessaire dans la descendance du croisement. La méthode de tri restait la même : au fil des générations successives obtenues par autofécondation, on retenait les meilleures plantes. Comme G. Mendel l'avait montré et W. L. Johannsen confirmé, l'autofécondation conduit à la fixation de lignées homozygotes : les descendants ressemblent de plus en plus au parent. Si le choix des meilleures plantes est efficace, et si on suit à chaque génération la filiation de chaque famille, cette « sélection généalogique » conduit à créer des variétés supérieures aux parents utilisés.

Pour les espèces autogames, qui se reproduisent normalement par autofécondation (blé, orge, avoine, haricot, pois, etc.), cette technique conduit à des lignées directement utilisables comme variétés. Chez les espèces allogames, comme le maïs, dont le système de reproduction naturel est la fécondation croisée, l'autofécondation s'accompagne d'une baisse considérable de la vigueur des lignées obtenues et le croisement de plantes génétiquement différentes d'une augmentation notable de vigueur, ou hétérosis : les variétés seront des hybrides, dont les semences sont obtenues chaque année en croisant de nouveau les mêmes lignées. Cela assure la stabilité des performances. On se fonde sur l'idée que, chez ces espèces, toute plante dans une population est un hybride ; comme la population est hétérogène, l'une des plantes est supérieure à toutes les autres : la sélection vise alors à obtenir deux lignées dont le croisement reproduira sinon cette plante, du moins un génotype voisin et très performant. On notera que cela montre qu'il y a toujours des hybrides qui sont supérieurs à la population. La sélection de populations à elle seule ne peut donc pas apporter le gain génétique maximal. •

De la sélection des plantes à l'agriculture

La sélection récurrente (1) passe d'une population P*n* à la population P(*n* + 1) en soumettant des familles obtenues par un système de reproduction *m* à une batterie de tests, puis en recombinant les génotypes retenus à la suite de ces tests par l'intercroisement au hasard (M). À chaque cycle, l'application d'opérateurs T' et M' peut permettre de créer des variétés (V*n*). Les populations E (d'appui) permettent d'amener la variabilité génétique de types exotiques à un niveau agronomique acceptable avant de l'injecter dans le système.
Dans la pratique, la sélection passe par des actions telles que la mise en place de champs d'essais : l'expérimentation au champ (3 et 4) sur plusieurs années est un élément irremplaçable et incompressible de la création de variétés, elle conditionne la crédibilité de la prédiction des performances.
L'agriculture a bénéficié de manière spectaculaire de la sélection de nouvelles variétés (2).

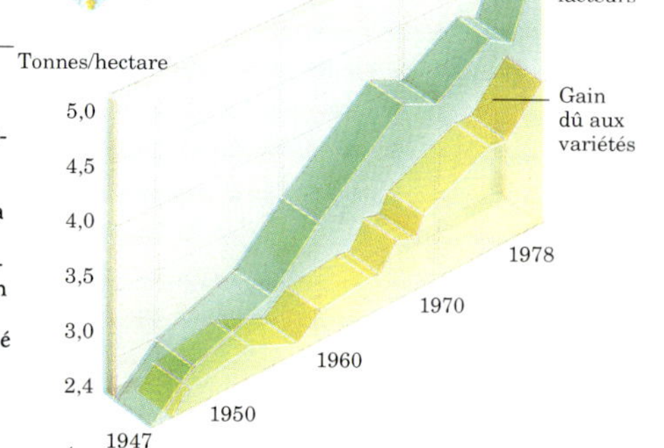

2. Évolution du rendement du blé tendre au Royaume-Uni (1945-1978).

Fixation du génome

CONDITION GÉNÉTIQUE DE LA STABILITÉ DES VARIÉTÉS, LA FIXATION DU GÉNOME EST NÉCESSAIRE À LA REPRODUCTIBILITÉ DE LEURS PERFORMANCES.

L'évaluation des génotypes en cours de sélection par l'expérimentation permet de prédire les performances de la variété chez l'agriculteur. La stabilité génétique de la variété est donc cruciale. Biologiquement, cette stabilité peut s'obtenir par trois systèmes différents de reproduction à l'identique. Le clonage utilise la division cellulaire somatique, ou mitose, qui reproduit le génome de la cellule mère sans changement, dans le bouturage, le greffage, l'emploi des bulbes ou des tubercules ou la micropropagation *in vitro* (rosier). L'autofécondation conduit asymptotiquement à l'homozygotie. Une fois celle-ci obtenue, elle reproduit la lignée à l'identique. Un outil puissant de fixation a été apporté par les diverses biotechnologies, qui obtiennent des plantes homozygotes à partir de plantes haploïdes issues de gamètes cultivés *in vitro*, puis de la duplication de leur génome (par action de la colchicine), et dont la plus connue est la culture d'anthères. Leur utilisation ne se borne pas à ce rôle : une série d'haploïdes doublés (HDs) obtenue à partir d'un hybride constitue un échantillon de sa population de gamètes, qui permet de faire des études répétées sur la transmission héréditaire d'un nombre quelconque de propriétés. Par ailleurs, on s'est aperçu que l'homogénéité remarquable des lignées HDs augmente considérablement l'efficacité de la sélection, en permettant une bien meilleure évaluation des génotypes, en particulier au service de la sélection récurrente. •

3. Récolte de parcelles d'essais au champ.

4. Notation des génotypes en cours de sélection.

Croisements interspécifiques et marqueurs moléculaires

LES CROISEMENTS QUI SONT RÉALISÉS ENTRE ESPÈCES CULTIVÉES ET SAUVAGES CONSTITUENT UNE SOURCE DE VARIABILITÉ GÉNÉTIQUE NOUVELLE, ET UN MOYEN DE LA CANALISER.

Il arrive que les propriétés que l'on veut introduire dans une variété n'existent pas dans les types de l'espèce, mais soient représentées chez des espèces voisines, souvent sauvages. Le croisement entre ces espèces et l'espèce cultivée permet souvent d'introduire les facteurs génétiques sauvages responsables de la propriété (résistance à une maladie, élément de la valeur d'utilisation, etc.). On introduit souvent en même temps des propriétés indésirables, et la sélection doit s'en débarrasser, par exemple en recroisant l'hybride obtenu avec des types cultivés. Plusieurs biotechnologies peuvent intervenir à cette fin : la culture *in vitro*, pour le sauvetage des embryons hybrides, qui avortent souvent ; en cours de sélection, l'utilisation de marqueurs moléculaires, en particulier du RFLP, pour choisir avec plus d'efficacité dans les descendances de rétrocroisement les plantes qui ont conservé de façon minimale des chromosomes de la plante sauvage autour de la région qui contient les facteurs génétiques de la propriété recherchée. Le génie génétique pourra théoriquement réaliser le transfert de gènes pour ces propriétés, pourvu qu'ils existent et qu'on sache les repérer. Cela n'est réalisé, pour l'instant, que pour un nombre très restreint de cas particuliers. Malgré les espoirs placés dans le repérage des facteurs responsables des propriétés « quantitatives », comme le rendement, il se peut que le génie génétique reste impuissant à leur égard.

Le polymorphisme de longueur des fragments de restriction repère des différences dans la composition de la chaîne d'A.D.N. par la différence de longueur des fragments de cette chaîne qui y sont découpés par les enzymes de restriction : celles-ci ne coupent pas la chaîne si la séquence de bases (4 à 8 nucléotides) qu'elles reconnaissent n'est pas exacte. Une modification d'une seule base décide de la coupure ou non : si elle est hétérozygote, les fragments produits à partir des deux chromosomes d'une plante seront de longueurs différentes, ce qui se détecte par électrophorèse. On peut obtenir théoriquement autant de marqueurs que l'on veut pour une espèce. S'il est plus facile, au cours des générations de sélection, de suivre le destin d'un de ces marqueurs que la propriété recherchée qui lui est génétiquement liée, cela peut permettre une sélection plus rapide, en évitant par exemple de soumettre les plantes à un test, coûteux et risqué, de résistance à une maladie.

Bien que les spécialistes insistent surtout sur ce type d'applications immédiatement rentables, il est probable que ce n'est pas là le domaine d'avenir des marqueurs moléculaires. Ceux-ci seront plus utiles pour analyser les événements survenus au cours des expériences de sélection récurrente, ce qui permettra ensuite d'organiser de manière plus efficace ce type de sélection.

L'amélioration des plantes peut donc se concevoir de deux points de vue : appliquer avec persévérance des recettes éprouvées ou essayer d'améliorer ces recettes de manière continue. •

La production de semences de variétés améliorées

LA DIFFUSION AUPRÈS DES AGRICULTEURS DES PROGRÈS DUS À L'AMÉLIORATION DES PLANTES NÉCESSITE UNE TECHNOLOGIE COMPLEXE ET RIGOUREUSE.

Il est nécessaire de bien distinguer entre semences et variétés. En France, une variété ne peut atteindre le marché que si elle a été « inscrite au catalogue des espèces et variétés dont les semences peuvent être commercialisées », après une expérimentation rigoureuse réalisée par un organisme indépendant, le GEVES, pour le compte du Comité technique permanent de la sélection (C.T.P.S.), qui prononce l'inscription seulement si les résultats des essais montrent une supériorité définie sur les variétés déjà inscrites.

Les semences sont le véhicule des propriétés de la variété établies par l'expérimentation. La fixation génétique garantit la stabilité du matériel, indispensable pour que cette fourniture soit fidèle et que les performances de la culture reflètent bien, compte tenu du milieu, ce que l'obtenteur de la variété pense pouvoir promettre à l'agriculteur. Mais l'instabilité génétique n'est pas la seule forme d'erreur : les mélanges, les fécondations croisées accidentelles peuvent s'y ajouter. Par ailleurs, la capacité des semences à fournir de nouvelles plantes (pouvoir et énergie germinatifs, protection contre les agressions) contribue aussi de manière non négligeable à la réussite de la culture. La production des semences est une activité très rigoureusement codifiée par la loi, contrôlée par le Groupement national interprofessionnel des semences (G.N.I.S.) et le Service officiel de contrôle (S.O.C.). Le produit proposé à l'agriculteur est une semence certifiée, qui répond à des normes de pureté et de qualité intrinsèque. Pour la même variété, la qualité des semences peut faire varier de 15 % le rendement : les agriculteurs ont intérêt à renouveler souvent leurs semences. C'est indispensable pour les espèces allogames où l'utilisation du grain produit comme semence se traduit par une baisse de productivité considérable d'origine génétique, cela l'est aussi pour les espèces autogames comme le blé. •

La protection des plantes

LES ENNEMIS DES CULTURES se répartissent en trois grands groupes : les mauvaises herbes, les ravageurs et les micro-organismes responsables de maladies. Ils perturbent la croissance, endommagent ou détruisent les végétaux. Tous les secteurs du monde végétal sont affectés : cultures à finalité alimentaire, industrielle ou esthétique, forêts, prairies, milieux naturels. À l'échelle mondiale, les pertes dues aux ennemis des cultures représentent actuellement 20 à 40 % des productions végétales avant récolte, et 10 à 20 % des denrées stockées, 40 % de ces pertes étant attribuées aux insectes et 60 % aux maladies et aux mauvaises herbes. Ainsi, 340 millions de tonnes de riz, 200 millions de tonnes de maïs, 140 millions de tonnes de blé disparaissent chaque année. Dans les pays où sévit la malnutrition, les méfaits des ennemis des cultures, dont les pullulations sont souvent favorisées par les conditions climatiques, aggravent la pénurie alimentaire. Dans les pays à agriculture intensive, où rendements élevés et qualité des produits sont des objectifs prioritaires, la lutte contre les ennemis est, au même titre que les autres techniques, facteur de rentabilité. En l'absence de traitement contre les mauvaises herbes de la betterave, contre la pyrale du maïs et la rouille du blé, les rendements peuvent chuter respectivement de 50, 40, 30 %. Mais l'intensification est en elle-même génératrice de risques dus à la diversification et à l'accroissement des populations d'ennemis. Elle provoque aussi des retombées inattendues sur l'environnement, liées à la généralisation de la lutte chimique.

Les ennemis des cultures

Animaux	Nématodes	Vers microscopiques (0,2 à 2 mm) vivant dans le sol ; s'attaquent aux racines.
	Limaces	Râpent les végétaux, laissent une trace de mucus.
	Myriapodes	Petits « mille-pattes » (0,5 à 1,5 cm) ; s'attaquent aux graines en germination et aux plantules.
	Acariens	Minuscules arthropodes piqueurs (0,1 à 1 mm), pourvus de 8 pattes ; détruisent les cellules du végétal en les vidant une par une.
	Insectes	Arthropodes munis de 6 pattes au stade adulte ; très grand nombre d'espèces nuisibles ; les dégâts sont très divers.
	Oiseaux	Corbeaux, pigeons, etc.
	Mammifères	Campagnol, mulot, taupe, etc.
Micro-organismes	Champignons	Organismes constitués de filaments mycéliens se développant en surface et au sein des tissus végétaux ; se multiplient et se disséminent en produisant des spores.
	Bactéries	Organismes unicellulaires dont la taille est de l'ordre du micromètre ; pénètrent dans les tissus végétaux par des ouvertures naturelles ou par des blessures et sont en général disséminées par les organes végétaux contaminés.
	Virus	Nucléoprotéines qui utilisent la machinerie cellulaire de synthèse des protéines au profit de leur développement.
Plantes	Prêles et angiospermes	Plantes autres que l'espèce cultivée entrant en compétition pour la lumière, l'eau ou les éléments nutritifs.

Diversité des agressions

Les plantes sont soumises aux attaques les plus variées. Lorsque le feuillage est consommé par des chenilles (1), il se produit une réduction de la surface assimilatrice et une dévalorisation du produit. Certaines plantes sont épuisées par les piqûres des pucerons (3), qui sont susceptibles de transmettre de nombreux virus. L'agression peut venir de mauvaises herbes, envahissantes et fortement concurrentielles, comme le liseron (2), doué de remarquables capacités de régénération et qui fait partie des quinze principales mauvaises herbes mondiales. Les champignons microscopiques provoquent des dégâts considérables : 10 à 25 % de la récolte par la septoriose lorsqu'elle se développe sur la feuille supérieure (4).

1. Chenille de la piéride du chou.

2. Blé envahi par le liseron des champs.

3. Puceron vert du rosier.

4. Nécroses de septoriose sur feuilles et épis de blé.

Les dégâts

LA GRAVITÉ DES DÉGÂTS DÉPEND DE L'ÉTAT ET DE L'ÂGE DE LA PLANTE, DE L'ORGANE ATTAQUÉ, DU TYPE D'AGRESSION ET DE LA POPULATION D'ENNEMIS.

Les dégâts provoqués par les ennemis des cultures sont très variés. Ils dépendent en particulier des modalités des agressions. La nuisibilité des mauvaises herbes est due à la redoutable compétition qu'elles exercent vis-à-vis de l'eau, des sels minéraux, de la lumière, de l'air. Leur présence gêne gravement la croissance des plantes cultivées. Les dégâts causés par les ravageurs sont liés à leur mode de nutrition. Les insectes défoliateurs et xylophages, par exemple, détruisent les tissus végétaux en les consommant, les acariens et les pucerons vident les cellules par aspiration de leur contenu. Les nématodes, champignons, bactéries, virus sont, pour la plupart, des parasites internes qui détournent à leur profit les éléments nutritifs de la plante. Ces ennemis engendrent, selon les cas, des perturbations localisées ou généralisées : altération de couleur, de forme, nécrose, pourriture, tumeur, flétrissement, etc. La destruction des tissus, la perturbation des fonctions vitales affectent la croissance, la quantité et la qualité du produit récolté, les aspects esthétiques. Les jeunes plants, très vulnérables, sont souvent anéantis. Une seule lésion, telle une section de racine ou une pourriture de collet, peut être létale. Pour de nombreux parasites et ravageurs responsables d'altérations localisées, le dégât final, lié au nombre et à la répartition des lésions, peut aller de l'affaiblissement à la mort de la plante. D'autres ennemis ne manifestent leurs effets qu'à échéance différée, ainsi la pourriture du cœur des espèces forestières ne se décèle souvent qu'à l'abattage, et certaines maladies à virus des arbres fruitiers ne se révèlent que par une fructification défectueuse.

Ces divers types de dégâts ne sont économiquement préoccupants que s'ils atteignent une certaine importance. Celle-ci varie pour une espèce donnée, en particulier, avec le niveau de population de l'ennemi, le type de culture, les moyens de lutte possibles. À long terme, la multiplicité et la répétition des dégâts dus aux ennemis sont susceptibles de porter atteinte aux objectifs commerciaux ou sociaux des plantations : possibilité de continuer certaines cultures sur une même parcelle pendant longtemps, longévité des vergers, efficacité des brise-vent, effet esthétique et protecteur des plantations urbaines, rôle anti-érosion des massifs forestiers. L'emploi de semences ou de plantes contaminées peut avoir des effets néfastes immédiats ou différés. L'introduction de ravageurs ou de micro-organismes nouveaux peut être à l'origine de foyers de dissémination susceptibles d'empêcher la culture de toute espèce sensible.

5. Évolution des parts respectives des produits phytosanitaires vendus en France (campagnes 1967/68 et 1988/89).

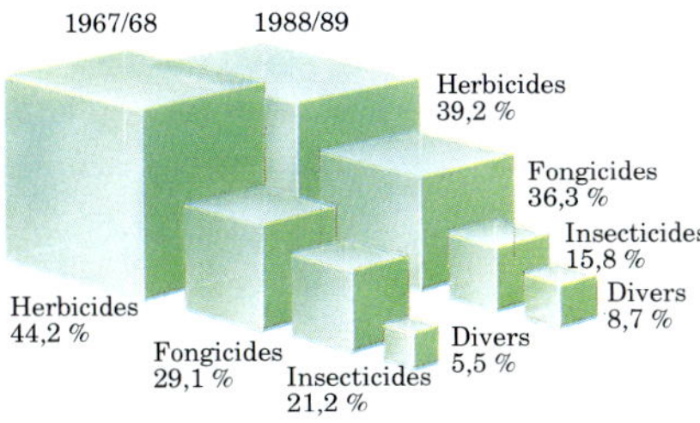

6. Croissance des ventes de produits phytosanitaires en France (1967/68 à 1988/89, francs courants).

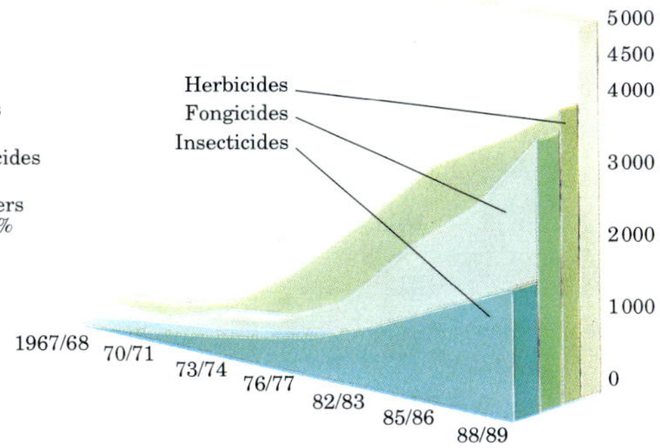

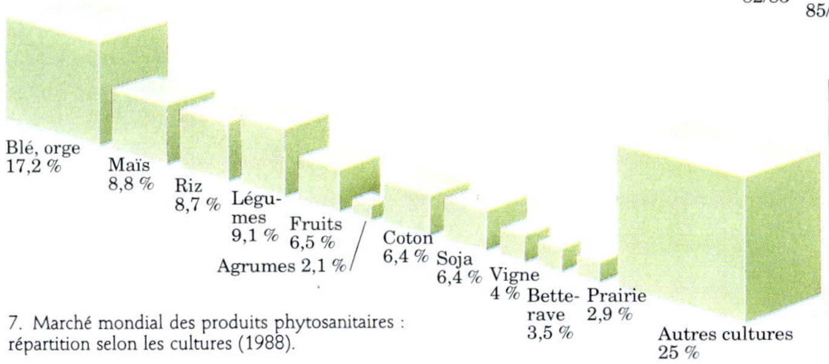

7. Marché mondial des produits phytosanitaires : répartition selon les cultures (1988).

Bien connaître les ennemis

UNE CONNAISSANCE APPROFONDIE DE LA BIOLOGIE DES ENNEMIS DES PLANTES EST INDISPENSABLE POUR DÉFINIR DE BONNES STRATÉGIES DE LUTTE.

Lorsque l'on est confronté à un problème phytosanitaire, il est important de pouvoir identifier l'espèce responsable, afin d'exploiter ses caractéristiques biologiques pour élaborer une stratégie de lutte efficace. La connaissance de son cycle de développement permet de déterminer avec précision les stades où elle est vulnérable, et de choisir les moyens de lutte les mieux adaptés. Ainsi, la lutte contre le carpocapse du pommier vise le court stade de déplacement des premières larves, qui précède le forage des galeries dans le fruit. Les adventices annuelles, qui se multiplient par graines, sont éliminées, après leur levée, par le travail du sol ou par l'usage d'herbicides actifs sur les parties aériennes. Par contre, le travail du sol favorise l'extension des plantes vivaces, en assurant la fragmentation et la dispersion de leurs organes de conservation souterrains. Pour les détruire, il faut utiliser un herbicide systémique, véhiculé par la sève jusqu'aux parties souterraines.

La connaissance des modalités de conservation peut favoriser le choix des mesures efficaces sur les formes de repos. Ainsi, le broyage et l'enfouissement des tiges de maïs provoquent une forte mortalité chez les chenilles de pyrale qui passent l'hiver sur ces tiges. Le traitement chimique des semences contre les maladies fongiques, pratique quasi généralisée aujourd'hui, évite bien des problèmes sanitaires en culture.

L'étude des conditions de dispersion et d'infestation permet de décider du caractère préventif ou curatif de la lutte. La connaissance précise de la date de contamination des feuilles de pommier par les spores du champignon responsable de la tavelure est à la base d'une telle décision. La dissémination de divers virus transmis par les pucerons, comme celui de la jaunisse nanifiante de l'orge, peut être enrayée en détruisant les insectes dès leur arrivée dans le champ.

L'étude des populations de ravageurs, de la succession des générations d'agents de maladies peut permettre de prévoir l'importance du développement de ces ennemis, d'apprécier le risque et la nécessité de lutter contre eux. Le principe de la lutte contre les mildious, maladies cryptogamiques à évolution rapide en conditions favorables, est d'éviter la formation des premiers foyers et de prévenir les invasions successives. Le nombre et les époques de traitement, qui conditionnent (avec le choix du fongicide) le succès de la lutte chimique, sont déterminés d'après l'évolution du champignon.

Une bonne protection sanitaire des cultures nécessite de larges connaissances. Les producteurs sont aidés dans cette tâche par des organismes publics (en France, l'Institut national de la recherche agronomique, le Service de la protection des végétaux) ou professionnels et par la presse spécialisée. •

Un marché en expansion

L'utilisation croissante des produits fournis par l'industrie chimique est une caractéristique essentielle de l'évolution de l'agriculture au cours des 40 dernières années. Ce phénomène a évidemment touché avant tout les pays industrialisés : en France, par exemple, la progression des ventes de produits phytosanitaires a été très importante.
Classés selon les ennemis qu'ils combattent, les pesticides n'ont pas suivi la même courbe : les fongicides ont progressé plus vite que les insecticides et les herbicides. À l'échelle mondiale, les cultures qui reçoivent la part la plus grande de l'ensemble des produits de traitement sont les céréales.

La lutte chimique

MOYENS PRIVILÉGIÉS DE LUTTE EN AGRICULTURE INTENSIVE, LES PRODUITS FOURNIS PAR L'INDUSTRIE CHIMIQUE FONT L'OBJET D'UN MARCHÉ MONDIAL TRÈS IMPORTANT.

La phytopharmacie, née en France au XIXe siècle (la bouillie bordelaise a plus de 100 ans), doit son essor à la chimie de synthèse, dans les années 1940. Un produit phytosanitaire est fabriqué à partir d'une formulation chimique comprenant une ou plusieurs substances toxiques pour les organismes nuisibles et d'adjuvants, support des qualités techniques de la spécialité. Les insecticides sont destinés à combattre les insectes, les fongicides les champignons, les herbicides les mauvaises herbes, les acaricides les acariens, les nématicides les nématodes, les rodonticides les rongeurs. Dans les années 1930, une dizaine de substances étaient utilisées, aujourd'hui l'industrie en propose plus de 300. Elles agissent en bloquant certaines fonctions vitales des ennemis, soit par effet de contact, soit après pénétration dans la plante nuisible ou agressée.

La vente et l'utilisation des produits phytosanitaires sont strictement réglementées afin de garantir leur efficacité, leur sélectivité, leur innocuité pour l'homme et l'environnement. En France, toute spécialité fait l'objet d'une demande d'homologation et d'autorisation de vente du ministère de l'Agriculture. La conception de tels produits est longue et coûteuse : un produit proposé à la vente nécessite l'étude et le tri parmi 10 000 molécules, 8 ans de travaux, 300 à 350 millions de francs d'investissement. De ce fait, la production est concentrée au sein de l'industrie : 10 firmes assurent 75 % du marché.

Le marché mondial des produits phytosanitaires était en 1988 de 170 milliards de francs, 44 % revenant aux herbicides, 31 % aux insecticides, 19 % aux fongicides, 6 % aux autres produits. La forte consommation en produits phytosanitaires va de pair avec l'intensification des cultures. Les 10 premiers pays utilisateurs sont des pays développés qui représentent 80 % du marché mondial. La rapide extension de la lutte chimique après 1950 a été un facteur déterminant de l'augmentation des rendements. C'est encore le moyen de lutte le plus répandu, qui, bien géré, participe à l'expression du potentiel de production des plantes et à la régularité des quantités produites. Par contre, l'utilisation inconsidérée des produits chimiques peut engendrer des effets secondaires indésirables : résidus dans les végétaux consommables, pollution de la biosphère par concentration dans les chaînes alimentaires, sélection d'organismes résistants et baisse de l'efficacité des traitements.

Prévenir et résoudre ces problèmes, définir d'autres stratégies de lutte en intégrant tous les moyens aptes à réduire la pression des ennemis des cultures nécessitent l'implication de tous les intervenants concernés : législateur, producteur industriel, prescripteur, utilisateur. •

Les autres méthodes

DE NOMBREUSES AUTRES TECHNIQUES QUE L'EMPLOI DE PRODUITS CHIMIQUES PEUVENT ÊTRE UTILISÉES POUR MAINTENIR UN BON ÉTAT SANITAIRE DES PLANTES.

À côté des traitements chimiques, de nombreux moyens d'ordre législatif, génétique, biologique, physique, cultural, hygiénique permettent de combattre les ennemis. Une convention signée en 1951 entre 80 pays (on en compte environ 130 actuellement) rend obligatoire le contrôle de l'état sanitaire des cultures et des produits végétaux échangés aux frontières. En France, c'est l'une des missions du Service de la protection des végétaux.

La lutte génétique consiste à sélectionner des variétés résistantes. Simple, peu coûteuse, non polluante, elle a résolu, au moins temporairement, de nombreux problèmes. Ses limites d'utilisation dépendent de la découverte de gènes de résistance, de la valeur commerciale des variétés améliorées et du risque d'adaptation du parasite aux nouvelles variétés. La lutte biologique utilise les antagonistes des ennemis des cultures : prédateurs, parasitoïdes, germes entomopathogènes. Les stratégies visent soit à protéger les auxiliaires naturels, soit à en introduire à partir d'élevages. Contre la pyrale du maïs, on réalise des lâchers de micro-hyménoptères, les trichogrammes, qui parasitent ses œufs. Contre la processionnaire du pin, on traite par l'épandage de préparations à base de *Bacillus thuringiensis,* bactérie parasite des chenilles.

Les moyens physiques tirent parti de l'effet de la chaleur. La thermothérapie à l'eau ou à l'air chaud permet d'éliminer divers parasites des semences et certains virus des végétaux. L'assainissement du sol peut être obtenu par traitement à la vapeur d'eau ou par solarisation (action du soleil à travers un film plastique étendu sur le sol). La régulation du climat des serres permet de lutter contre certaines maladies (mildiou de la tomate) ou certains ravageurs (acariens, thrips). Mais cette méthode est coûteuse.

Vis-à-vis des virus transmis par les organes végétatifs, la lutte directe est impossible. La sélection sanitaire, par le jeu de diverses techniques (thermothérapie, culture de méristème, prophylaxie rigoureuse, tests de contrôle), permet d'obtenir des plants indemnes et d'établir la culture dans de bonnes conditions sanitaires. Elle est appliquée avec succès sur de nombreux végétaux (pommes de terre, arbres fruitiers, plantes ornementales). Afin de pallier les effets fâcheux d'une lutte chimique exclusive, il est souhaitable d'associer plusieurs méthodes complémentaires. Cette pratique, appelée lutte intégrée, entraîne une réduction notable des traitements chimiques. •

La domestication des animaux

La domestication a établi entre l'homme et certaines espèces animales des relations nouvelles, inconnues à l'état sauvage et qui se sont développées progressivement, sans que l'on repère de discontinuité. Cependant, l'intensité de ces relations s'est brusquement accrue au néolithique sous diverses influences, dont l'augmentation de la population humaine.

Le nombre des espèces dont la domestication a été réussie est faible par rapport à l'ensemble des espèces sauvages.

Les ancêtres sauvages de nos animaux domestiques ne sont pas tous connus avec certitude. De plus, si l'aire de répartition géographique d'une espèce domestique est très vaste, on peut envisager l'existence de plusieurs ancêtres.

L'homme a profondément transformé les animaux afin qu'ils satisfassent ses besoins matériels, esthétiques, ludiques ou affectifs. Sous les influences généralement conjuguées de l'isolement géographique, des mutations et de la sélection naturelle puis artificielle, les éleveurs ont créé, dans toutes les espèces, des races mixtes ou étroitement spécialisées.

L'élevage des animaux a eu d'importantes conséquences sur l'évolution des sociétés humaines. Il a accru leur indépendance vis-à-vis du milieu naturel, mais a créé des liens de dépendance réciproque entre l'homme et ses animaux : les paysages ont été modelés en fonction de leur présence et de leurs besoins, des lois et règlements ont été nécessaires pour préciser leur rôle dans l'économie et, plus récemment, leurs droits dans nos sociétés. Les relations que l'homme a nouées avec les animaux par la domestication ont évolué dans le temps.

Les ancêtres sauvages

GRÂCE AUX ARCHÉOLOGUES ET AUX GÉNÉTICIENS, NOS CONNAISSANCES SUR L'ORIGINE DES ANIMAUX DOMESTIQUES S'AMÉLIORENT.

Le mouflon proche-oriental *(Ovis aries orientalis)* est considéré comme l'ancêtre principal des moutons. Le mouflon d'Afghanistan, ou urial, et, peut-être, d'autres mouflons ont probablement participé, par croisement, à la création de certaines races ovines. Dès 5000 av. J.-C., les moutons sont bien différents des mouflons originels et plusieurs races existent dès les premières civilisations de la Mésopotamie et de l'Égypte ancienne.

La chèvre sauvage ægagre *(Capra hircus ægagrus)* est l'ancêtre principal de la majorité des chèvres, domestiquées probablement avant le mouton. Ces deux espèces souvent élevées ensemble ont migré du Proche-Orient vers l'Europe occidentale par la terre et, plus précocement, par la voie maritime.

Le bœuf sauvage *(Bos primigenius)* ou aurochs est l'ancêtre des bovins domestiques. Il a vécu dans les forêts d'Europe simultanément avec le bison, qui, lui, n'a jamais été domestiqué. On chassait encore l'aurochs dans la forêt des Ardennes au VIe siècle de notre ère. On a retrouvé, datant de la même époque que l'aurochs, des restes osseux d'un bœuf à courtes cornes. Selon la plupart des auteurs, il aurait évolué à partir des types à longues cornes.

Nos porcs domestiques dérivent du sanglier *(Sus scrofa)*. Celui-ci avait au néolithique une très vaste répartition géographique en Europe et en Asie. Des porcs ont été domestiqués simultanément en diverses régions, et plusieurs fois au cours de l'histoire. Au Moyen Âge, les porcs étaient grands et encore voisins du sanglier. Ils avaient supplanté une race plus petite, commune jusqu'à l'époque romaine.

Les chevaux domestiques actuels descendent des chevaux sauvages (tarpan, cheval de Prjevalski) ayant survécu jusqu'à une période récente dans l'est de l'Europe et en Asie.

Le chien est le plus vieil animal domestique. On considère généralement que le loup est son ancêtre unique. Mais on pense aussi que le chacal et le petit loup indien sont, dans quelques régions, des ancêtres possibles du chien. Il a pu exister plusieurs foyers de domestication. •

De l'état sauvage à l'état domestique

LA DOMESTICATION, QUI S'EST BRUSQUEMENT ACCÉLÉRÉE À L'ÉPOQUE NÉOLITHIQUE, CONCERNE UN PETIT NOMBRE D'ESPÈCES ET S'EFFECTUE SUR DES ANIMAUX RÉPONDANT À DES CARACTÉRISTIQUES PRÉCISES.

À l'état sauvage, les animaux se comportent et se reproduisent librement dans leur milieu naturel. À l'état domestique, l'homme contrôle leur environnement, leur alimentation, leur reproduction. Le passage entre ces deux états a été longtemps considéré comme une rupture rapide et profonde. On pense généralement aujourd'hui qu'il a été progressif, étalé dans le temps et s'est réalisé selon des modalités variables. Par exemple, des populations de chasseurs ont probablement suivi des troupeaux sauvages dans leurs déplacements, abattant de préférence les mâles. Des animaux captifs ont pu s'habituer à vivre plus ou moins librement dans certaines tribus.

Si on ne repère pas de discontinuité dans la familiarisation des relations entre l'homme et les animaux, on constate au néolithique une nette accentuation du contrôle humain sur certaines espèces animales. Le nombre des restes osseux d'animaux de chasse retrouvés dans les sites archéologiques de cette époque diminue au profit de ceux des animaux d'élevage. La proportion des ossements de jeunes et de mâles s'accroît, on constate dès ce moment des transformations affectant le squelette, en particulier des cornes et de la queue des ovins, modifications considérées comme des marques de domestication et qui peuvent être attribuées à des civilisations déterminées.

Certains spécialistes ont lié cette évolution à l'accroissement de la population humaine, la réduction de la surface des terrains de chasse disponibles l'obligeant, pour se nourrir, à développer l'élevage des animaux et la culture des plantes. D'autres font remarquer que la sédentarisation a parfois précédé l'agriculture et l'élevage et pensent que la domestication serait, parmi d'autres, une conséquence d'un phénomène sociologique. Les espèces domestiquées sont relativement peu nombreuses au regard de celles restées sauvages. En Europe on trouve : le bœuf, le mouton, la chèvre, le porc, le cheval, l'âne, le chien, le chat, le lapin, la poule, l'oie, le canard, le dindon, le pigeon, la pintade, le cygne. Et, avec quelques réserves sur leur état domestique : le furet, l'abeille, le ver à soie ; hors d'Europe tempérée : le renne, le zébu, le gayal, le banteng, le yak, le buffle, le lama, l'alpaga, le chameau, le dromadaire, le cobaye. Les élevages d'animaux gibiers relèvent plutôt de l'apprivoisement. L'Égypte ancienne avait tenté la domestication d'antilopes et de gazelles, du chacal, de la hyène, du guépard, et l'Europe médiévale, de la genette.

Les conditions requises pour la domestication sont très étroites. On s'aperçoit que les espèces domestiquées possèdent en commun un certain nombre de caractères favorables. Elles vivent en groupes sociaux où les mâles sont dominants sur les femelles ; celles-ci acceptent de nourrir d'autres jeunes que les leurs ; les jeunes ont un développement précoce et une large capacité d'apprentissage. Ces espèces ont une faible distance de fuite, sont peu perturbées par les activités humaines et s'adaptent à des conditions d'environnement et d'alimentation variées ; la plupart sont herbivores. Enfin, il est probable que les individus s'adaptant mal à la vie domestique ont été, à chaque génération, écartés de la reproduction. •

1. Grotte de Lascaux : aurochs.

La transformation des animaux

AMORCÉE AU NÉOLITHIQUE, L'ADAPTATION DES ANIMAUX AUX BESOINS DES HOMMES SE POURSUIT DE NOS JOURS.

En contrôlant l'environnement, l'alimentation et la reproduction des animaux, l'homme a profondément transformé les espèces originelles et les a fractionnées en groupes d'individus, possédant en commun des caractères héréditaires. Selon leur degré d'homogénéité, on considère ces groupes comme des populations régionales ou des races. Au sein d'une même espèce, celles-ci peuvent être très différentes, tels le minuscule pékinois et l'énorme saint-bernard.

Plusieurs facteurs de différenciation ont joué séparément ou en conjuguant leurs effets. L'isolement géographique et la sélection naturelle ont conduit certaines populations à s'adapter par l'élimination des sujets supportant mal le milieu où l'homme les contraignait à vivre. On a abouti ainsi à des races dites *rustiques,* supportant des conditions de vie difficiles, et à des races qualifiées d'*exigeantes,* c'est-à-dire moins capables que les autres de résister à l'adversité des conditions naturelles.

Les mutations.
Dans la nature, la fréquence des mutations est à peu près constante. Leur nombre s'est donc accru proportionnellement aux effectifs des animaux domestiques, qui ont rapidement dépassé ceux de leurs ancêtres sauvages. Certaines de ces mutations, économiquement intéressantes, ont été conservées par les éleveurs, telle la couleur blanche de la laine du mouton. Lorsqu'elles étaient indifférentes, comme les taches colorées du pelage de nombreuses races bovines, on n'a pas cherché à les éliminer.

La sélection artificielle.
L'homme a toujours cherché à faire se reproduire, de préférence, les sujets répondant le mieux à ses besoins matériels, religieux, ludiques ou esthétiques. Par cette sélection millénaire, il a obtenu la création de types très variés d'animaux au sein d'une même race, comme des chevaux de trait et des chevaux de course, des bovins de boucherie et des bovins laitiers. La spécialisation des fonctions et des aptitudes a entraîné un accroissement de la variation phénotypique des espèces domestiques tant en ce qui concerne leurs aptitudes physiologiques que leur morphologie. Par contre, elle a conduit à un appauvrissement du stock génétique et a réduit la variabilité génétique des populations animales. •

La figuration de l'animal domestique et de ses ancêtres

Le *Bos primigenius* figuré sur les parois de la grotte de Lascaux (1) n'a été domestiqué que vers – 6000 en Orient. Les Sumériens élevaient des moutons à cornes enroulées et à laine grossière, ainsi que des chèvres. On trouve ces animaux représentés sur l'étendard d'Our (3). L'Égypte ancienne possédait plusieurs races de mouton ; le temple de Karnak nous en montre des exemplaires, comme un bélier à cornes en forme d'ammonite, attribut du dieu Amon (4). De son berceau moyen-oriental d'origine, le mouton s'est disséminé et de nombreuses races spécialisées ont été sélectionnées, comme le célèbre mérinos, originaire d'Espagne, qui donne la laine australienne (2).

2. Australie : mouton mérinos.

3. Étendard d'Our : moutons et chèvres.

4. Temple de Karnak : tête de bélier.

La domestication et la société

ORGANISATION SOCIALE, AMÉNAGEMENT DE L'ESPACE NATUREL, LÉGISLATION, MENTALITÉS ONT ÉTÉ INFLUENCÉS PAR LA DOMESTICATION.

Par la domestication, les sociétés humaines ont accru leur indépendance vis-à-vis du milieu naturel, augmenté leurs ressources alimentaires, amélioré la régularité de leur approvisionnement et libéré du temps pour transformer leur vie matérielle et intellectuelle.

Ainsi, les populations humaines ont pu s'accroître et s'organiser socialement en groupes plus importants que les petites unités tribales d'origine. Au départ, l'homme a utilisé uniquement les animaux morts, pour sa nourriture et pour fabriquer des objets à partir des peaux, des os, des tendons. Puis il a imaginé de les employer vivants, pour en obtenir du lait et, surtout, de la force motrice, grâce à laquelle ont augmenté ses capacités de travail. Il a bénéficié de nouvelles possibilités de transport facilitant les échanges, le commerce, mais aussi les guerres et les invasions.

Dans les premiers temps de la domestication, les animaux étaient peu nombreux, ils vivaient dans leurs biotopes d'origine et avaient une influence négligeable sur les équilibres naturels. Leur multiplication a contraint les sociétés à réserver certains espaces à leur usage permanent ou saisonnier, à aménager et modeler les paysages en conséquence, à rechercher et souvent imposer une harmonie entre productions végétales et animales.

Les États ont été amenés à légiférer sur les rapports entre hommes et animaux domestiques, et à orienter leur élevage dans le sens qu'ils souhaitaient. Par la sélection qui en a découlé, la variabilité génétique des espèces domestiques a été réduite, aussi a-t-on mis en place des mesures de sauvegarde de races en voie de disparition pour préserver les gènes à l'origine d'aptitudes pouvant devenir nécessaires dans l'avenir.

L'animal domestique a toujours un propriétaire (particulier ou collectif), qui peut le vendre ou le donner et qui est responsable des dégâts qu'il occasionne. D'où des conflits et la nécessité d'une législation pour les prévenir ou les sanctionner.

Pendant des siècles, seuls ont été considérés les droits de l'homme sur ses animaux, mais la transformation des mentalités conduit les sociétés modernes à reconnaître les droits de l'animal : des lois le protègent contre les mauvais traitements, les souffrances inutiles et des utilisations abusives. La place des animaux de compagnie et de loisir dans la société grandit, la notion de familiarisation se modifie et s'élargit. La domestication ne peut pas être considérée comme un phénomène historique terminé. •

→ **Voir aussi :** L'apparition de l'agriculture, **HIST**, p. 18-19. Les caractères héréditaires, **BIOL**, p. 52-53. L'amélioration des races domestiques, **AGRI**, p. 424-425.

L'amélioration des races domestiques

De tout temps, les éleveurs se sont efforcés d'améliorer leur cheptel, c'est-à-dire de le faire évoluer dans le sens d'objectifs définis à l'avance. Fondée initialement sur des méthodes empiriques, cette amélioration, dite amélioration génétique des animaux domestiques, s'est développée au lendemain de la Seconde Guerre mondiale, sur des bases théoriques relatives à l'hérédité des caractères. Elle consiste à tirer parti de la variabilité qui se manifeste au sein d'une même espèce entre races (choix des races ou des croisements) ou entre individus (sélection). Elle met en œuvre des outils spécifiques de collecte, de transfert et de traitement de l'information zootechnique. L'efficacité des programmes résulte, d'une part, du choix raisonné des animaux reproducteurs sur la base de ce qu'ils sont susceptibles de transmettre à leur descendance, et, d'autre part, de l'utilisation judicieuse des reproducteurs sélectionnés. Ainsi, l'organisation de l'alimentation des animaux domestiques, mise en place par les éleveurs eux-mêmes avec le concours de l'État, permet d'appliquer des méthodes complexes, génératrices depuis deux à trois décennies de progrès génétiques importants dans la plupart des espèces et des productions. Les développements récents de certaines disciplines scientifiques permettent d'envisager l'utilisation de nouveaux outils, qui pourront accroître l'efficacité des programmes d'amélioration génétique. Le maintien de cette efficacité et la réponse à de nouveaux besoins de l'élevage et de la consommation imposent une saine gestion des ressources génétiques.

La variabilité au sein des espèces

LA VARIABILITÉ MORPHOLOGIQUE, PHYSIOLOGIQUE OU BIOLOGIQUE, CARACTÉRISTIQUE ESSENTIELLE DES POPULATIONS ANIMALES DOMESTIQUES, S'OBSERVE À DIFFÉRENTS ÉCHELONS AU SEIN DE CES POPULATIONS.

La variété des conditions de milieu et des objectifs de production a, depuis fort longtemps, induit une diversité des types d'animaux au sein d'une même espèce domestique. Par exemple, on élève des moutons essentiellement en vue d'une production de laine dans l'hémisphère Sud, de viande en Europe du Nord et de lait en Europe méditerranéenne. Or, la recherche d'une production donnée correspond à des aptitudes spécifiques. Les animaux domestiques se répartissent ainsi au sein de types, qui correspondent à leur orientation majeure de production et à leurs principales aptitudes et qui se distinguent par des caractéristiques anatomiques et physiologiques. On parle alors d'une variabilité entre types.

À l'intérieur d'un même type, on peut distinguer des ensembles d'animaux présentant entre eux des caractères communs, transmissibles d'une génération à l'autre. On parle alors de race. Les caractères qui distinguent les races entre elles sont des caractères extérieurs (couleur de la robe ou du plumage, cornage, etc.), physiologiques (intensité moyenne d'une production) ou biologiques (groupes sanguins, protéines du lait, etc.). Historiquement, l'isolement géographique et la nécessité d'une adaptation au milieu naturel ont été favorables à la différenciation de très nombreuses races, façonnées par leurs conditions d'élevage et par leurs éleveurs. On parle alors de variabilité entre races. Bien que restant importante, la diversité des races s'est récemment réduite dans les pays industrialisés. Certaines races ont disparu, d'autres déclinent et quelques-unes seulement tendent à s'imposer car elles sont bien adaptées aux conditions actuelles de production, qui se sont standardisées, et à la demande du marché.

Malgré la permanence de traits communs entre animaux d'une même race, il existe au sein de chaque race une plus ou moins grande variabilité entre individus. Cette variabilité concerne aussi bien les caractères morphologiques que les caractères physiologiques ou biologiques.

L'importante variabilité qui existe à différents échelons au sein d'une espèce animale domestique peut être mise à profit par l'homme afin d'orienter ses systèmes de production ou de choisir les animaux les mieux adaptés à ses besoins et aux conditions d'élevage. Si les différences observées ont des causes héréditaires, alors il est possible de faire évoluer génétiquement des populations d'animaux dans le sens du maintien ou de l'amélioration de certains caractères précis. •

Production laitière et amélioration génétique

L'amélioration génétique des bovins laitiers, en France, en 1990, se traduit par les chiffres suivants :

70 000 éleveurs faisant contrôler mensuellement la production laitière de leurs vaches ;

2 500 000 vaches contrôlées, soit 45 % du cheptel laitier ;

900 taureaux détenus par des coopératives d'insémination artificielle et soumis à l'épreuve de la descendance ;

63 000 000 de doses de semence congelée ;

4 000 000 d'inséminations artificielles réalisées en ferme ;

2 200 inséminateurs

130 000 000 de données numériques, traitées quatre fois par an.

Depuis 1970, le progrès génétique annuel moyen, selon les races, est :

de 50 à 100 kg de lait/vache/lactation ;

de 1,5 à 3 kg de matière protéique/vache/lactation, soit, pour ces deux caractères,

de + 20 à + 40 % d'augmentation de la moyenne en 20 ans.

À l'échelle mondiale, concernant la seule race frisonne, on dénombre :

20 000 000 de vaches inséminées artificiellement ;

3 600 taureaux d'insémination mis à l'épreuve annuellement.

1. Vache de race charolaise, spécialisée pour la production de viande.

2. Vache de race frisonne, spécialisée pour la production de lait.

Spécialisation et amélioration des races

Du fait de leur haut degré de spécialisation et de leur haut niveau de performance, les races charolaise (1) et frisonne (2) représentent aujourd'hui des prototypes mondiaux de bovins pour la production de viande et de lait, respectivement. Dans le long processus d'amélioration génétique qui leur a été appliqué, l'insémination artificielle (3) a joué un grand rôle dans la période récente. Particulièrement développée chez les bovins et les ovins laitiers, celle-ci permet, dans ces espèces, une planification des épreuves de descendance en ferme, un choix précis des reproducteurs mâles, la réalisation d'accouplements raisonnés entre mâles et femelles d'élite, ainsi que la diffusion massive des gènes des mâles améliorateurs. Dans d'autres espèces, comme les volailles, elle permet une gestion raisonnée des troupeaux de sélection et des plans de croisement.

Le rôle des gènes

L'INFLUENCE DES GÈNES SUR LES CARACTÉRISTIQUES D'UN ANIMAL S'OBSERVE DIRECTEMENT OU S'INTERPRÈTE DANS LE CADRE D'UN MODÈLE STATISTIQUE.

À partir d'observations sur un grand nombre d'animaux, il est possible de distinguer deux grandes catégories de caractères selon leur déterminisme génétique. Un premier groupe rassemble des caractères peu soumis à l'action du milieu et gouvernés par un faible nombre de gènes ayant chacun une action importante et, de ce fait, visible. Parmi ces caractères, que l'on appelle mendéliens, on peut citer la coloration du pelage ou du plumage, ou certaines anomalies de nanisme ou d'hypertrophie musculaire. À l'opposé se situent les caractères dits quantitatifs. Ils sont gouvernés par des gènes ayant chacun un effet petit, si bien qu'on est incapable d'en déceler l'action, ou même d'en connaître le nombre. Ces caractères sont plus ou moins fortement influencés par le milieu. La plupart des caractères d'intérêt économique en élevage sont, compte tenu de nos moyens actuels d'investigation, supposés régis selon un déterminisme quantitatif faisant intervenir un grand nombre de gènes. Certains caractères obéissent à une hérédité mixte combinant l'action d'un gène bien individualisé, à effet majeur, et d'autres gènes en nombre indéterminé ; c'est le cas du taux de muscle dans la carcasse des porcs ou de la prolificité chez les ovins. L'amélioration des caractères mendéliens est en général simple, dans la mesure où l'on peut déterminer la nature des gènes portés par les individus. L'amélioration des caractères quantitatifs repose, quant à elle, sur une formalisation mathématique.

Une mesure faite sur un animal, par exemple la quantité de lait produite par une vache au cours d'une lactation (on parle de performance), s'interprète en termes statistiques comme la somme de l'effet de son génotype et de l'effet du milieu dans lequel il se trouve. L'effet du génotype comprend la valeur génétique de l'animal, qui est liée aux effets moyens des gènes considérés indépendamment les uns des autres, et qui est transmissible, en moyenne par moitié, d'un parent à son descendant. À cela s'ajoutent les effets d'interaction entre les gènes, qui dépendent majoritairement de la nature des couples de gènes formés par l'union des gamètes de deux parents.

En retenant que, lorsqu'on choisit un reproducteur, on s'intéresse à sa descendance potentielle, deux voies d'amélioration génétique sont à distinguer : la sélection au sein d'une seule race, qui vise à maximiser la valeur génétique des individus ; le croisement, ou accouplement d'animaux de races différentes, qui se propose de maximiser les effets d'interaction entre gènes et de profiter de la complémentarité des caractéristiques des deux races. Ces deux voies ne sont pas antagonistes, mais se complètent. •

3. Insémination artificielle : recueil de sperme.

La pratique et les étapes

LA MISE EN ŒUVRE D'UN PROGRAMME D'AMÉLIORATION GÉNÉTIQUE PASSE PAR PLUSIEURS ÉTAPES ET NÉCESSITE DES MOYENS IMPORTANTS.

Bien que les bases de l'amélioration rationnelle n'aient été mises au point qu'au cours de ce siècle, les éleveurs avaient depuis fort longtemps entrepris d'améliorer leurs animaux. Ils se sont progressivement organisés pour se doter des outils nécessaires à la mise en place de programmes dont le véritable essor date des années 1950, à la faveur notamment du développement de l'insémination artificielle et de l'accroissement des moyens de calcul automatique.

La définition des objectifs et le contrôle des performances. La première étape d'un programme d'amélioration génétique consiste à définir les objectifs que l'on souhaite atteindre. Cette étape est délicate puisque les résultats ne se manifestent qu'après plusieurs années. Il faut donc faire des paris sur l'avenir. La notion même d'animal amélioré est relative : elle dépend étroitement des conditions d'élevage, du contexte socio-économique et de la place où l'on se situe dans la filière de production. Ainsi, certaines races porcines chinoises, très prolifiques, peuvent représenter une amélioration pour des éleveurs spécialisés dans la production de jeunes cochons, dont le revenu est fortement conditionné par le nombre de porcelets sevrés par truie ; par contre, du fait de leur excès de gras, elles ne peuvent convenir telles quelles aux éleveurs spécialisés dans l'engraissement, qui seraient pénalisés dans le paiement de leurs porcs engraissés, pas plus qu'elles ne peuvent satisfaire les charcutiers ni les consommateurs.

La deuxième étape consiste à contrôler les performances des animaux candidats à la sélection. Cela suppose que ceux-ci aient été dûment identifiés. Une exploitation optimale des résultats des contrôles nécessite que la filiation des animaux soit également établie. Les résultats, obtenus selon un protocole précis, sont ensuite transmis à un lieu de traitement de l'information zootechnique. En France, un réseau informatique permet d'acheminer depuis les régions jusqu'à un site national de calcul, pour traitement, toutes les données d'état civil et de performances collectées dans les exploitations agricoles.

Le choix et l'utilisation des reproducteurs. Ce traitement permet d'abord d'évaluer et de choisir les reproducteurs grâce à l'estimation de leur valeur génétique pour les caractères auxquels on s'intéresse. Des méthodes statistiques permettent de faire la part entre les effets génétiques et ceux du milieu, et de combiner pour chaque candidat ses propres performances et celles d'animaux apparentés. Grâce à ces valeurs génétiques, un critère de sélection est défini pour classer les candidats et choisir les meilleurs. L'efficacité de cette étape se mesure en termes de progrès génétique annuel, qui est d'autant plus élevé que l'évaluation des reproducteurs est précise, que la proportion d'individus retenus est faible et que l'intervalle entre deux générations est court.

Ensuite, en race pure, le progrès génétique est diffusé hors de la population contrôlée et recyclé à l'intérieur grâce aux individus sélectionnés. On peut aussi réaliser des croisements entre animaux provenant de deux races différentes, mode d'utilisation des reproducteurs essentiellement pratiqué lorsque l'on cherche à associer des caractères en opposition ou lorsque l'on cherche à bénéficier du phénomène d'hétérosis lié aux interactions entre les gènes. •

Les perspectives

LES MÉTHODES ET L'ORGANISATION DE L'AMÉLIORATION GÉNÉTIQUE SONT APPELÉES À UNE ÉVOLUTION PROCHAINE, DÉJÀ ENTAMÉE DANS CERTAINES ESPÈCES.

Les méthodes utilisées pour l'amélioration des animaux domestiques sont en évolution permanente. Par exemple, de nouvelles méthodes sont mises en œuvre pour détecter des gènes ayant un effet majeur sur certains caractères ou pouvant servir de marqueurs facilement repérables, constituant ainsi des aides à la sélection. De même, on cherche dans certains cas à agir directement sur les individus et non plus seulement sur les populations. Chez les poissons, en particulier les salmonidés, on pratique en routine des manipulations des gamètes afin d'obtenir des individus triploïdes, pour leur stérilité, ou même tétraploïdes.

Nouveaux outils. Un des résultats fondamentaux de la génétique moléculaire est la connaissance de plus en plus fine du génome. Les deux espèces animales les mieux connues sont l'homme et la souris, mais de nombreux programmes de recherche sont maintenant entrepris sur les animaux domestiques. Des techniques d'analyse du polymorphisme de l'A.D.N. sont dès aujourd'hui employées en vue de la détermination du génotype de certains reproducteurs en un locus précis. Ces techniques serviront à vérifier la filiation de certains candidats à la sélection.

Une des applications les plus spectaculaires de la génétique moléculaire est la possibilité d'introduire des copies d'un gène bien identifié dans le noyau d'une cellule. Ce transfert de gènes, appliqué à des cellules embryonnaires, permet de modifier directement le génome des animaux. Une fois maîtrisé chez les animaux d'élevage, il est probable qu'il trouvera dans le futur des applications pour des gènes dont on connaîtra bien l'action et dont on maîtrisera parfaitement l'expression.

Nous assistons actuellement à une diversification des outils mis à la disposition des sélectionneurs, qui va aller en s'amplifiant. C'est dire que si, à ses débuts, l'amélioration génétique a été l'œuvre exclusive des éleveurs, elle a depuis bien évolué. L'aval de la production prenant un poids économique de plus en plus important, les organismes de sélection se trouvent de plus en plus associés aux transformateurs et même aux distributeurs des produits. L'irruption des biotechnologies dans ce secteur provoquera certainement à l'avenir d'autres évolutions, allant, comme c'est le cas aujourd'hui pour les volailles, dans le sens de la constitution de grands groupes économiques reliant le monde agricole aux autres secteurs de l'économie.

Gérer la variabilité. Une exploitation irraisonnée de la variabilité génétique pourrait avoir des conséquences nuisibles en provoquant la régression de certaines races et en réduisant la variabilité au sein des races fortement sélectionnées. La préoccupation du maintien de la variabilité est apparue en vue d'autoriser une réponse à la sélection sur un terme plus ou moins long ou une réorientation rapide des objectifs. Concrètement, cela s'est traduit par la mise en place de programmes de sauvegarde des races menacées. Demain, cette préoccupation se portera sans doute sur les grandes races sélectionnées, avec, d'une part, l'optimisation des méthodes en fonction non plus du seul progrès immédiat, mais du progrès cumulé à terme, et, d'autre part, la prise en compte des configurations génétiques originales. Il faut apprendre à ne plus exploiter de façon minière nos ressources génétiques, mais à les gérer. •

→ **Voir aussi :** Reproduction et variation, **BIOL**, p. 48-49. La variation. L'individu et l'espèce, **BIOL**, p. 50-51.

La médecine vétérinaire

LA MÉDECINE VÉTÉRINAIRE actuelle concerne la santé de tous les animaux domestiques. À l'origine, seules les espèces utiles à l'homme, comme les chevaux, les bovins et, plus largement, les animaux de production, bénéficiaient des soins prodigués par les vétérinaires. À cette mission classique de suivi sanitaire des animaux de production s'est ajoutée dans les années 1960 la prise en charge des soins aux animaux de compagnie : chiens, chats, etc. Cette tendance s'est amplifiée. Aujourd'hui, la médecine vétérinaire des animaux de compagnie ne se limite plus aux vaccinations et à l'usage de quelques médicaments courants. Elle se spécialise en suivant de près les progrès techniques de la médecine humaine.

Quotidiennement, les vétérinaires combattent les maladies infectieuses et les maladies parasitaires. En ce qui concerne les animaux de production, la fièvre aphteuse, les pestes équine, bovine et porcine, la myxomatose, la maladie d'Aujeszky, la rage, les babésioses, les infestations parasitaires (strongles, ascaris, teignes, gales) ont pu être contrôlées ou éradiquées grâce à la vaccination et à l'usage des médicaments modernes. Le dépistage et l'élimination des sujets atteints ont permis de faire reculer la brucellose et la tuberculose. Actuellement, des programmes de lutte sont en cours concernant la leucose bovine. En France, les vétérinaires mettent en œuvre des barrières sanitaires pour éviter que les germes de maladies qui sévissent dans les pays frontaliers ne franchissent les frontières, comme l'encéphalopathie spongiforme bovine (maladie des vaches folles), qui a durement touché le Royaume-Uni.

Pour les animaux de compagnie, on assiste à la même tendance au recul des maladies infectieuses et parasitaires : maladie de Carré, hépatite contagieuse, rage, leptospirose, babésiose, parvovirose, typhus, coryza, leucoses félines, vers du tube digestif, teignes, gales. Par contre, les vétérinaires notent une augmentation des pathologies de civilisation : obésité, dermatoses, cancers.

Par ailleurs, ce sont les vétérinaires qui assurent les missions d'inspection de l'hygiène et de la salubrité des denrées d'origine animale, des lieux de restauration et des industries agroalimentaires.

Les grandes maladies parasitaires

LES PARASITES, RESPONSABLES D'AFFECTIONS SOURNOISES TOUT COMME DE MALADIES AIGUËS, SONT COMBATTUS PAR LA PRÉVENTION ET LES TRAITEMENTS STRATÉGIQUES.

Les parasites jouent un rôle direct ou indirect dans l'apparition de nombreuses pathologies. La lutte antiparasitaire est déterminante dans l'efficacité économique des productions animales. Ainsi, le contrôle de la coccidiose est fondamental pour la réussite économique de nombreux élevages de volailles. De même, si le développement des strongyloses digestives et respiratoires des bovins ou des gales des ovins n'est pas enrayé dans les troupeaux, l'économie de ceux-ci est fortement compromise.

Les entomoses et les acarioses sont des maladies dues à des larves d'insectes ou à des acariens. Parmi ces derniers, on retrouve les agents des gales : sarcoptique, chorioptique, psoroptique, démodécique. Les gales affectent selon différentes modalités presque toutes les espèces : bovins, ovins, porcins, équins, petits animaux. Elles se caractérisent par des démangeaisons et des lésions cutanées. Le traitement fait appel à des acaricides appliqués localement ou à des molécules comme l'ivermectine, qui paralysent les acariens. Les myases, comme l'hypodermose bovine (varron) ou l'œstrose ovine, résultent de la migration de larves de mouche *(Hypoderma, Œstrus ovis)* dans l'organisme. Là aussi, il existe des traitements curatifs et préventifs faisant intervenir des molécules comme les organophosphorés, l'ivermectine et le closantel. Il faut noter le rôle de vecteur de maladies joué par certains parasites externes comme les tiques, les acariens et les insectes piqueurs, qui transmettent respectivement les babésioses, le ténia, la myxomatose, la dirofilariose et bien d'autres affections encore.

Chiens, chats, bovins, équins peuvent aussi être affectés par des mycoses. Les teignes sont les plus fréquentes. Les antifongiques en usage local ou par voie générale permettent leur contrôle. Plus difficile est la lutte contre les coccidioses, maladies parasitaires dues à des protozoaires, qui s'expriment souvent chez les volailles et les lapins. Parmi les coccidioses, la toxoplasmose, due à un protozoaire *(Toxoplasma gondii),* qui affecte le chat et d'autres espèces animales sous forme de kystes, mérite une attention toute particulière puisqu'elle menace la femme enceinte. La contamination se fait beaucoup plus souvent par l'intermédiaire de viandes mal cuites que par le contact avec des fèces de chat. L'usage des anticoccidiens en prévention est réglementé pour limiter les résidus dans les denrées d'origine animale et ainsi protéger la santé humaine.

Les babésioses (ou piroplasmoses) sont des protozooses sanguines dues à la présence, dans les hématies, de protozoaires spécifiques appartenant au genre *Babe-*

Les grandes maladies infectieuses

ANIMAUX DE PRODUCTION ET DE COMPAGNIE ONT VU LEUR ÉTAT SANITAIRE CONSIDÉRABLEMENT AMÉLIORÉ GRÂCE AUX VACCINATIONS ET À L'EMPLOI DE MÉDICAMENTS ANTI-INFECTIEUX.

Virus et bactéries sont à l'origine de nombreuses maladies infectieuses des animaux. Certaines font courir à l'ensemble d'une population un risque d'épizootie ou d'enzootie. Elles sont répertoriées comme maladies légalement réputées contagieuses (M.L.R.C.) et, comme telles, doivent faire l'objet d'une déclaration obligatoire aux autorités sanitaires (mairie, Direction départementale des services vétérinaires). Dans cette catégorie, on rencontre des maladies transmissibles à l'homme, comme la rage, appelées *zoonoses*. D'autres affections, comme les mammites bovine et ovine (inflammation de la mamelle), les diarrhées néonatales ou les pneumopathies (infections pulmonaires), ont des répercussions sur l'état général du cheptel et sur les productions animales (lait, viande). Elles sont considérées comme de véritables fléaux économiques.

Les maladies virales sont les plus répandues et les plus redoutées. Seules des mesures de prophylaxie sanitaire (quarantaine, restriction des déplacements d'animaux et des regroupements, contrôles aux frontières...) couplées à la vaccination, quand celle-ci est disponible, permettent de les contrôler. La rage concerne un grand nombre d'espèces : bovins, ovins, chiens, chats... Elle est due au virus rabique, qui est propagé dans certains pays d'Europe par les renards ou d'autres carnivores sauvages. Il n'existe pas de traitement efficace lorsque les symptômes apparaissent : la mortalité avoisine alors 100 %. Par contre, il existe un vaccin qui permet de prévenir la maladie ou de protéger les sujets susceptibles d'avoir été contaminés. Dans la plupart des pays européens, une législation stipule les modalités de la vaccination et les différentes précautions à prendre en cas de risque de contamination (morsure, griffure, contact cutané). Généralement, l'animal suspect, même vacciné, doit être mis sous surveillance vétérinaire.

La fièvre aphteuse, due à un picornavirus dont on dénombre 7 sérotypes différents, se caractérise par une grande contagiosité. L'affection touche les bovins mais aussi les ovins et les porcins. La prophylaxie repose sur la vaccination en zone menacée et sur de strictes mesures de contrôles frontaliers dans les pays indemnes. D'autres maladies infectieuses constituent des menaces toujours réelles : la brucellose (due à des bactéries du genre *Brucella*), qui fait l'objet d'une prophylaxie sanitaire (dépistage et élimination des animaux infectés), la maladie d'Aujeszky (due à un herpès virus), qui touche les élevages porcins et les carnivores domestiques et pour laquelle il existe un vaccin, la morve des équins (due à *Pseudomonas pseudomallei*), traitable par des antibiotiques, le tétanos (dû à *Clostridium tetani*), qui affecte surtout les chevaux, enfin la tuberculose, pour laquelle l'élimination des sujets réagissant à la tuberculination reste la seule solution pour des raisons de protection de la santé humaine.

En ce qui concerne les animaux de compagnie, il existe des vaccins permettant de protéger les chiens et les chats contre de nombreuses maladies infectieuses.

Enfin, il faut rappeler que sur un territoire national donné de nouvelles menaces apparaissent périodiquement : peste équine, peste bovine africaine, peste porcine, encéphalopathie spongiforme des bovins, maladie hémorragique du lapin...

1. Passage d'un scanner (centre de radiothérapi

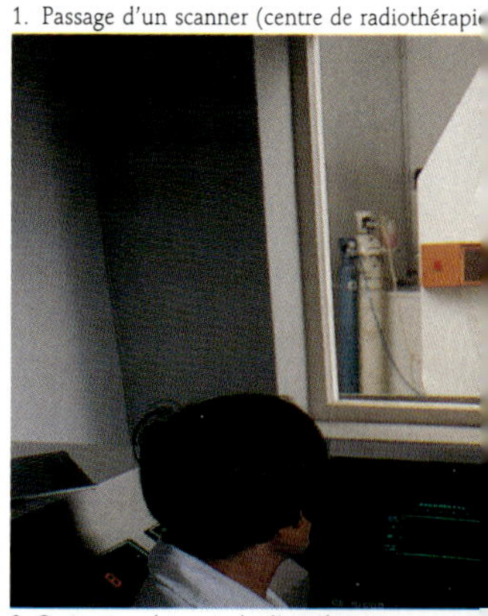

2 Opération chirurgicale d'un chat.

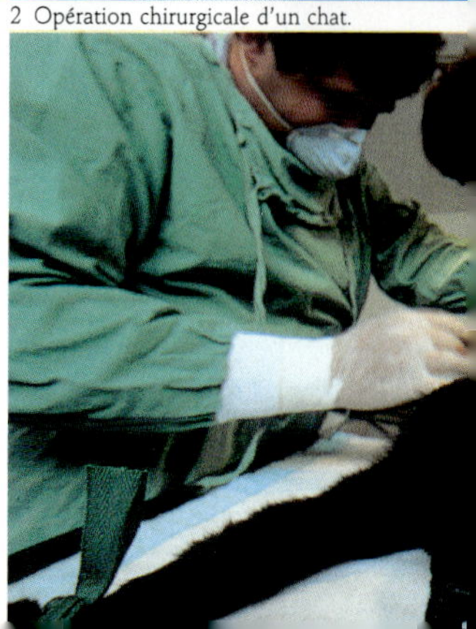

sia et transmis obligatoirement par les piqûres de tiques. Elles affectent surtout les bovins, les équins, les chiens et les petits ruminants. Le traitement fait appel à des médicaments spécifiques. Une prévention partielle est permise par l'administration de médicaments et la lutte contre les tiques. Chez le chien, il existe même un vaccin.

Les helminthoses occupent une place importante dans le parasitisme de tous les animaux : strongles des voies respiratoires et digestives, petite douve *(Dicrocœlium lanceolatum)*, grande douve *(Fasciola hepatica)*, ascaris, oxyures, cestodes (ténias, trichures)... La lutte repose sur l'utilisation d'anthelminthiques (vermifuges) comme les sels de pipérazine, les dérivés de l'imidazole, pyrantel et morantel, etc., en prévention et en traitement. À noter la mise sur le marché de molécules ou de formes galéniques dont le spectre d'activité est large et l'action de plus en plus longue. •

La profession vétérinaire

LES VÉTÉRINAIRES, RÉPARTIS DANS L'ADMINISTRATION, L'ENSEIGNEMENT, L'ACTIVITÉ LIBÉRALE, L'INDUSTRIE ET LA RECHERCHE, PARTICIPENT À L'AMÉLIORATION DE LA SANTÉ ANIMALE ET À LA PROTECTION DE LA SANTÉ HUMAINE.

Trois missions essentielles sont confiées aux quelque 9 500 vétérinaires français recensés en 1989 : suivi sanitaire des animaux de production, soins des animaux de compagnie et protection de la santé publique. Ces missions s'exercent au sein de différentes structures. L'Administration, tout d'abord, c'est-à-dire le ministère de l'Agriculture, emploie 573 vétérinaires fonctionnaires dans ses différentes directions et sous-directions. Dans chaque département, on trouve une Direction départementale des services vétérinaires (D.D.S.V.) au sein de laquelle travaillent des vétérinaires inspecteurs. Ceux-ci sont chargés d'assurer : l'organisation de la police sanitaire aux frontières, la surveillance et la protection sanitaires du cheptel, la prophylaxie des maladies, le contrôle des produits et des médicaments vétérinaires, l'inspection sanitaire et le contrôle des denrées animales et d'origine animale ; la surveillance des abattoirs, des frigorifiques et des industries agroalimentaires en ce qui concerne le respect des normes sanitaires ; enfin, le contrôle des laboratoires de radiodétection, de diagnostic et de recherche qui relèvent de la compétence de la direction des services vétérinaires. En outre, ils contribuent à la mise en œuvre d'actions visant à l'amélioration des productions animales.

De grands laboratoires nationaux, I.N.R.A. (Institut national de la recherche agronomique), Laboratoire national de pathologie bovine, etc., emploient quelque 200 vétérinaires pour la recherche. L'enseignement vétérinaire dépend aussi du ministère de l'Agriculture. Environ 400 étudiants sont formés annuellement dans quatre écoles nationales vétérinaires situées à Lyon (la première école française, fondée par C. Bourgelat en 1761), Maisons-Alfort, Toulouse et Nantes. Environ 250 vétérinaires assurent l'enseignement. Le recrutement des élèves se fait par concours national après une préparation spécifique dispensée après le baccalauréat dans certains lycées. Au terme de quatre années d'études, suivies de la soutenance d'une thèse de doctorat, les étudiants reçoivent un diplôme de docteur vétérinaire. Ils peuvent alors exercer dans le secteur libéral, dans l'Administration ou dans l'industrie. Pour suivre certaines carrières, une spécialisation ou un troisième cycle sont de plus en plus souvent nécessaires.

L'exercice libéral concerne la très grande majorité des vétérinaires, soit 8 268 en 1989. Il s'accompagne obligatoirement d'une inscription à l'Ordre des vétérinaires, dont la responsabilité est de faire respecter l'éthique et les bonnes règles professionnelles. Les vétérinaires libéraux exercent soit en clientèle urbaine, sur des animaux de compagnie (environ 50 %), soit en clientèle rurale, sur des animaux de production (environ 5 %), soit en clientèle mixte (environ 45 %). Ce sont eux qui assurent l'essentiel des prophylaxies (vaccinations) concernant les grandes maladies infectieuses et parasitaires. Seuls 600 vétérinaires (1989) exercent une activité salariée dans le secteur privé et coopératif.

Des structures supranationales comme l'O.I.E. (Office international des épizooties) coordonnent les efforts sanitaires internationaux pour faire reculer les grandes maladies. •

Les maladies tropicales

Des maladies fréquentes sous les tropiques, peste bovine, peste porcine africaine, peste équine, fièvre aphteuse, menacent les pays de la zone tempérée à travers les échanges internationaux. Les cheptels des pays en voie de développement connaissent d'importantes pathologies parasitaires : trypanosomiase, helminthose, protozooses. Ils sont aussi ravagés par des maladies infectieuses comme la brucellose, la tuberculose et d'autres affections, souvent éradiquées dans les régions plus développées. Heureusement, le cheptel des régions tropicales développe des défenses immunitaires qui lui permettent de résister à de nombreuses maladies qui seraient mortelles sous un climat tempéré. Par exemple, certaines races de zébus résistent au trypanosome. En France, l'I.E.M.V.T. (Institut d'élevage et de médecine vétérinaire des pays tropicaux), fondé en 1921, est le plus ancien des établissements européens spécialisés en médecine vétérinaire et zootechnie tropicale.

3. Opération d'un cheval dans un hôpital spécialisé aux États-Unis.

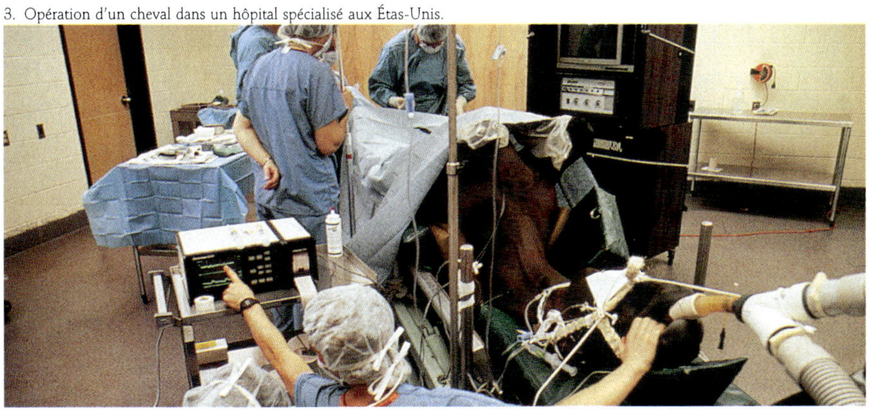

scanner de Maisons-Alfort).

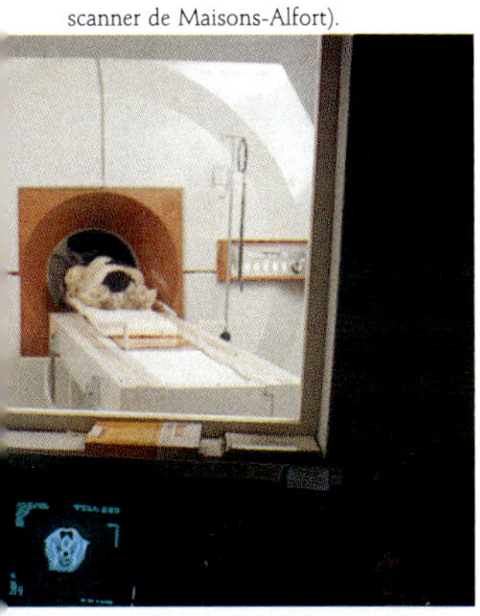

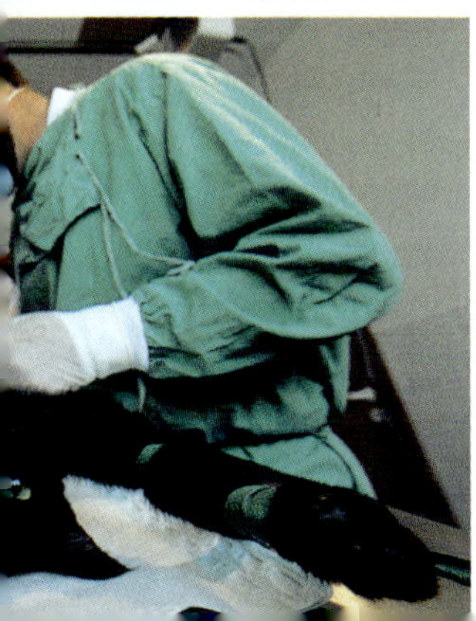

Les progrès de la chirurgie

La spécialisation et la technicité de la médecine vétérinaire des animaux de compagnie suivent de près les progrès de la médecine humaine. Ainsi, la radiothérapie et le scanner (1) sont désormais disponibles, en France, dans un centre spécialisé.
La chirurgie des animaux de compagnie (2) a fait des progrès remarquables grâce à l'asepsie et à l'emploi d'anesthésiques souples et de plus en plus sûrs.
Les interventions en médecine équine (3) requièrent un matériel lourd et une haute spécialisation en rapport avec la valeur importante des chevaux de course ou des reproducteurs équins.

Nombre de vétérinaires (1989)

Pays	*Population (millions d'habitants)*	*Nombre de vétérinaires*
Espagne	40	10 036
France	56	6 330
Grande-Bretagne	57	8 691
Italie	57	13 000
R.F.A.	61	11 707

Extrait de la liste des maladies légalement réputées contagieuses

Rage	toutes espèces
Peste bovine	toutes espèces de ruminants
Péripneumonie contagieuse	espèce bovine
Tuberculose	espèce bovine
Clavelée	espèce ovine
Brucellose	espèce ovine lorsque l'existence de la maladie est confirmée par la mise en évidence de l'agent microbien en laboratoire ; espèce caprine ; espèce bovine, lorsqu'elle entraîne l'avortement
Gales	espèces bovine, ovine et caprine et équidés
Fièvre aphteuse	espèces bovine, ovine, caprine et porcine
Morve et dourine	équidés
Fièvre charbonneuse	toutes espèces de mammifères
Rouget, peste classique, Peste africaine, Salmonellose	espèce porcine
Loque, acariose et nosémose	abeilles
Anémie infectieuse	équidés, lorsque la maladie est confirmée en laboratoire
Psittacose	toutes espèces d'oiseaux
Tularémie	toutes espèces de rongeurs domestiques et sauvages
Peste aviaire	toutes espèces d'oiseaux
Myxomatose infectieuse	rongeurs
Paralysie contagieuse (maladie de Teschen)	espèce porcine
Fièvre catarrhale (langue bleue)	espèces bovine, ovine et caprine
Ornithose	oiseaux de toutes espèces
Peste équine	équidés
Maladie vésiculeuse	suidés
Méningo-encéphalomyélites virales	équidés
Maladie d'Aujeszky	espèce porcine, lorsque la maladie est confirmée par la mise en évidence de l'agent viral
Varroase	abeilles
Leucose enzootique sous sa forme tumorale	espèce bovine
Septicémie hémorragique virale Névrose hématopoïétique infectieuse	salmonidés

Lorsque le vétérinaire constate ou soupçonne, dans l'exercice de ses fonctions, un cas de maladie légalement réputée contagieuse, il provoque l'isolement et la séquestration immédiate de l'animal suspecté. Il déclare ensuite le cas à la mairie ou, dans Paris, au commissariat de police du quartier. Le maire informe dans les 24 heures le préfet du département dont dépend la direction des services vétérinaires. Le préfet prend alors, si nécessaire, un arrêté d'infection qui déclenche les mesures prescrites par la loi.

L'emploi des outils et des machines en agriculture

LES AGRICULTURES RICHES des pays développés ne doivent faire oublier ni la persistance ni l'importance de la culture manuelle dans le monde. La hache, la machette, le plantoir et la houe constituent un système d'outillage parfaitement adapté, par exemple, à la culture sur brûlis pratiquée par des millions de personnes dans le tiers-monde. Aussi n'est-il pas possible d'implanter brutalement la mécanisation dans les pays en voie de développement. C'est ainsi que, si les machines adaptées à la traction animale apportent un gain de productivité du travail et une réduction de la peine des paysans, elles doivent s'insérer dans des systèmes agraires plus intensifs que les systèmes manuels, dans lesquels les hauts rendements et la fertilité des sols doivent être maintenus grâce à l'apport de déjections animales et à la culture de légumineuses fourragères. Quant à la motorisation, elle n'est possible que si les techniques culturales de maintien de la fertilité et de la protection des plantes cultivées sont bien maîtrisées et si les contraintes socio-économiques (financement, formation des utilisateurs et des réparateurs...) sont levées.

L'histoire montre que ces niveaux successifs d'outillage et d'équipement agricoles ont demandé beaucoup de temps pour s'établir en Europe occidentale et sur le pourtour méditerranéen. Ainsi, l'agriculture manuelle sur brûlis avec retour sur la même parcelle tous les demi-siècles a duré plusieurs millénaires. C'est un système semblable qui perdure en Afrique centrale à la fin du XXe siècle. Plus tard, le développement de l'élevage et la maîtrise des animaux de trait ont introduit d'autres systèmes, avec l'araire, le traîneau à dépiquer puis avec la charrue, la faucille et la faux plus récemment. Ces systèmes étaient céréaliers, avec jachère cultivée et élevages associés. Rien ne changea profondément jusqu'au XIXe siècle, qui vit le développement de machines très perfectionnées pour la traction animale. Il est remarquable que la motorisation et le machinisme ne se sont généralisés en fait, dans un pays industriel comme la France, qu'après la Seconde Guerre mondiale, les techniques culturales permettant des rotations de cultures continues à haut rendement grâce aux progrès de la fertilisation et à l'apport des herbicides et pesticides.

1. Le kayendou, bêche de la Casamance.

2. Buffles travaillant dans une rizière à Bali.

Les outils de l'agriculture manuelle

UNE MAJORITÉ D'AGRICULTEURS DANS LE MONDE N'UTILISENT ENCORE QUE DES OUTILS MANUELS, PARFAITEMENT ADAPTÉS À LEURS SYSTÈMES DE PRODUCTION.

Les trois quarts des paysans du monde travaillent encore la terre à la main avec, parfois, l'aide partielle d'animaux de trait. Leurs outils sont la hache, la machette, le plantoir et la houe. Ils permettent, dans de bonnes conditions, la culture sur brûlis, encore pratiquée par des millions d'agriculteurs en Afrique centrale et en Asie du Sud-Est. Le système est efficace, stable, ne dégrade pas le milieu grâce à des rotations très longues, c'est-à-dire avec des durées importantes de repos de la terre. Mais que survienne une forte poussée démographique ou un transfert technologique brutal et le retour des cultures sur la même parcelle s'accélère, les rendements baissent, l'érosion menace, les disponibilités alimentaires diminuent, la malnutrition s'installe : le système agraire s'autodétruit.

Plusieurs raisons expliquent la lenteur de l'évolution de l'équipement des agriculteurs dans certaines régions du globe : les conditions climatiques, l'environnement (forêts tropicales), les structures sociales, l'habitat, la démographie, la pauvreté du paysannat, etc. À cela, il faut évidemment ajouter la caractéristique globale de leurs économies : un sous-développement généralisé. Il faut noter cependant la remarquable adaptation des instruments traditionnels aux conditions locales. Par exemple, pour le travail aratoire en Afrique de l'Ouest, la *daba* du Sénégal, houe à manche droit, est polyvalente, le *kobi*, issu de la *daba*, est spécifique des rizières, l'*iler* sert à préparer les semis d'arachides tandis que le *kayendou* est une véritable bêche que l'on trouve dans les rizières pluviales de Casamance.

La bêche désigne un outil lancé ou posé, à pénétration verticale ou horizontale, dont la typologie a été finement étudiée par les ethnologues. Des analyses semblables ont été entreprises, région par région et technique par technique, pour l'ensemble de l'outillage depuis les outils aratoires jusqu'aux outils d'entretien des cultures, en passant par les équipements de dépiquage. On est parfois stupéfait par le degré de perfectionnement des outillages : parfaitement adaptés aux conditions écologiques locales, ils respectent le milieu et la culture des paysans. Les recherches ethnologiques et technologiques sur ce sujet sont d'ailleurs loin d'être achevées et il est possible que la compréhension de ces systèmes d'outillage aboutisse à de meilleurs conseils de la part des responsables du développement. •

Traction animale et agriculture manuelle

LA DIFFUSION DES ANIMAUX DE TRAIT ET DES MACHINES DANS LES AGRICULTURES MANUELLES SE HEURTE À DE MULTIPLES DIFFICULTÉS.

Dans les pays en développement, il est des zones (Chine, Inde, Afrique du Nord...) dans lesquelles la traction animale correspond à un système agraire analogue à celui du Moyen Âge dans l'Ouest européen. Il est évident que la productivité du travail agricole y est meilleure que dans les agricultures manuelles. Pourquoi donc ne pas transposer ce système dans les pays d'agriculture majoritairement réalisée à la main, alors que sont employés dans le monde 400 millions d'animaux de trait, d'espèces très diverses, avec une remarquable adaptation aux conditions écologiques et aux structures agraires ? En fait, de nombreux obstacles s'y opposent et expliquent bien des échecs. C'est le cas en Afrique occidentale et, surtout, centrale, où l'introduction de la traction animale se heurte à de multiples difficultés liées au climat, à l'environnement, à la santé animale, à la concurrence entre cultures vivrières et fourragères, au rejet de l'élevage par les paysans, etc. Les exemples d'implantation réussie de la culture attelée sont souvent liés à l'installation de nouvelles cultures de rente (arachide au Sénégal, coton en Côte-d'Ivoire) avec un fort encadrement technique étranger.

Par ailleurs, une mécanisation harmonieuse grâce à la traction animale implique une gamme de machines qui convienne aux terres et au climat locaux et qui soit acceptée par des utilisateurs

La mécanisation intermédiaire

L'INTRODUCTION DE MOTOCULTEURS ET DE PETITS TRACTEURS DANS LES AGRICULTURES PEU DÉVELOPPÉES N'A EU QU'UN SUCCÈS LIMITÉ.

La diffusion de la traction animale et de l'outillage qu'elle nécessite est un bon exemple de transfert technologique difficile, bien que réfléchi et réalisé à partir de solutions ayant fait leurs preuves ailleurs et en d'autres temps. On sait maintenant que les programmes de développement doivent s'appuyer sur de longues études préalables, multidisciplinaires, agroécologiques et socio-économiques, et que le contrôle des effets à long terme des transferts (fertilité des sols, risques d'érosion accélérée) doit accompagner des recherches agronomiques ponctuelles. Dans ces démarches, nécessairement réalisées avec la participation d'agents locaux, les transferts technologiques sont voués à l'échec ou à des programmes artificiels et éphémères (financement de prestige, actions de sociétés de type « compagnies sucrières »), complètement déconnectés de la réalité de l'agriculture du pays concerné. La « mécanisation intermédiaire », préconisée entre 1970 et 1980, en est un bon exemple. Il s'agissait de trouver un mode de développement entre la traction animale et la motorisation lourde à l'occidentale. L'exemple historique du Japon d'abord, puis de la Chine et de la Corée (très partiellement), a montré que le motoculteur, appareil à moteur, à un seul essieu et à conducteur-suiveur, pouvait constituer une étape intéressante dans le développement de la culture motorisée en rizière irriguée. Transférée en Afrique ou en zone andine, cette idée s'est avérée beaucoup plus problématique que prévu : les rizières pluviales africaines ne s'y prêtaient pas, le riz n'était pas la culture dominante. Les paysannats concernés ont refusé le motoculteur. Plus tard, un tracteur tropical à 4 roues, léger et simplifié, a été proposé sur certains marchés. Après quelques maladies technologiques de jeunesse, son impact a été réel, surtout dans certaines zones cotonnières ivoiriennes, avec encadrement efficace et compétent d'une compagnie internationale spécialisée dans le coton. Ailleurs, sans culture de rente associée, les tentatives de motorisation, même simplifiée, ne se sont pas implantées dans les communautés paysannes. Seuls les entrepreneurs de travaux à structure coopérative ou privée ont actuellement quelques équipements motorisés, mais en faisant appel, alors, aux tracteurs agricoles conventionnels des pays industrialisés et non pas aux tracteurs tropicaux simplifiés. En 1990, il faut noter qu'on ne parle plus de « mécanisation intermédiaire » mais de « technologies appropriées », ce qui rend bien compte de l'évolution des mentalités des agents de développement auprès des paysans. •

3. Tracteur léger en Côte-d'Ivoire.

Outils, machines et productivité du travail

Les formes des outils de l'agriculture manuelle sont parfaitement adaptées aux conditions locales et aux habitudes gestuelles des paysans. C'est le cas du kayendou, bêche poussée à pénétration presque horizontale, utilisée dans les rizières pluviales du sud de la Casamance pour préparer le sol et enfouir les mauvaises herbes (1). Dans les rizières inondées du Sud-Est asiatique, l'emploi de buffles conduit à une productivité du travail bien supérieure à celle du travail manuel (2). La « mécanisation intermédiaire », mode de développement situé entre la traction animale et la motorisation lourde, a rencontré un certain succès dans les zones cotonnières de Côte-d'Ivoire (3).

suffisamment formés pour entretenir ce matériel. À cela s'ajoutent les problèmes posés par l'exiguïté des exploitations (1 à 2 ha) et par la complexité des systèmes sociaux.

Dans les zones qui se sont révélées « favorables » à la traction animale, comme le Sine-Saloum du Sénégal occidental, les machines qui se sont répandues depuis 35 ans sont la houe, le semoir, la charrette, beaucoup plus rarement la charrue monosoc et, plus spécifiquement, la souleveuse d'arachides. Les « châssis polyvalents », techniquement bien conçus, se sont heurtés, pour leur diffusion, à des handicaps économiques (investissements trop lourds) et culturaux (travaux à réaliser simultanément). Enfin, il faut admettre que l'adaptation des machines aux conditions pédoclimatiques locales est loin d'être résolue : la transposition des technologies très efficaces du XIXe siècle européen est rarement une solution pertinente pour les paysans d'Asie, d'Afrique ou d'Amérique centrale. •

La motorisation

PHÉNOMÈNE TRÈS RÉCENT AU REGARD DE L'HISTOIRE AGRAIRE, LA MOTORISATION EST DEVENUE TRÈS COÛTEUSE POUR LES AGRICULTEURS.

Dans les pays industrialisés, la culture attelée a pratiquement disparu au lendemain de la Seconde Guerre mondiale. En France, en 1945, on comptait à peine 35 000 tracteurs en service sur 2,3 millions d'exploitations. Le XIXe siècle avait vu proliférer les machines très perfectionnées à traction animale : charrues et cultivateurs métalliques, récolteuses de céréales, manèges de battage, etc., mais la révolution industrielle a mis plus d'un siècle à atteindre la culture : les machines à vapeur ne sont descendues au champ que de façon folklorique (treuils, locomobiles...), sauf pour actionner les batteuses rotatives à poste fixe. Plus tard, les engins à moteur à essence et à roues pleines métalliques ont timidement investi quelques grosses exploitations céréalières, mais on continuait, bien après la Première Guerre mondiale, à labourer avec des attelages de chevaux ou des paires de bœufs, à semer à la main, à fertiliser à la fourche à fumier, à récolter à la javeleuse ou à la lieuse, voire encore manuellement, à la faux. Néanmoins, l'exode rural poussait à l'emploi des machines, rendu nécessaire et efficace non seulement par le manque de main-d'œuvre, mais aussi par les progrès de la culture intensive, par l'emploi des engrais chimiques et des pesticides. Après la Seconde Guerre mondiale, ce fut l'explosion de la motorisation, habilement initiée en Europe par le plan Marshall. Les matériels se dégagèrent de leur gangue initiale, dominée par l'adaptation à la traction animale, et devinrent des machines conçues pour le tracteur agricole, véritable « centrale mobile d'énergie ». Il a fallu ensuite quinze ou vingt ans pour atteindre un équilibre entre ces systèmes d'outillage motorisés et les systèmes de production. Actuellement, les charges de motorisation et de mécanisation sont devenues très lourdes, voire insupportables dans beaucoup de systèmes de production, provoquant l'endettement des agriculteurs. La mécanisation et la motorisation sont à un nouveau tournant. Deux voies semblent se dégager sur le plan technologique : d'une part, on assiste à un développement des automatismes, de la robotique, du confort et de la sécurité pour les agricultures les plus intensives, avec des surfaces d'exploitation de plus en plus importantes pour un nombre encore plus réduit d'agriculteurs à temps plein ; d'autre part, une technologie plus simple, moins chère, demeurerait pour les agricultures les plus extensives, les exploitants devenant aussi des « gardiens du paysage », protecteurs de l'environnement rural.

Que peut-on en déduire pour l'équipement des pays en développement ? Une très grande prudence, la nécessité de sérieuses études d'impact avant tout transfert, la recherche d'équilibres stables entre les systèmes d'outillage et les systèmes de production. En effet, les paysans, les chercheurs, les agents de développement ont parfois la fâcheuse tendance de confondre accès à la « modernité » et adéquation des systèmes agraires traditionnels à la machine. L'évolution de ces derniers est un problème plus complexe que celui de la seule introduction des tracteurs et des machines, qui n'est finalement qu'un moyen parmi d'autres au service du développement agricole. •

→ **Voir aussi :** Les machines de l'agriculture développée, **AGRI**, p. 430-431. Le cheval, **AGRI**, p. 468-469.

4. Équipement combiné mis en œuvre par un seul tracteur.

La motorisation lourde

Un tracteur à quatre roues motrices de plus de 120 ch peut entraîner un équipement combiné permettant de faire, en un seul passage, trois opérations culturales : épandage d'herbicide, travail du sol et préparation du lit de semence, semis en ligne (4). La productivité du travail est maximale, la dégradation du sol par des passages multiples est évitée.

Les machines de l'agriculture développée

DANS LES PAYS RICHES, LA motorisation de l'agriculture, ébauchée avec l'invention de la machine à vapeur puis du moteur à explosion, a réellement commencé au cours du premier tiers du XXe siècle, mais c'est seulement après la Seconde Guerre mondiale que le moteur a gagné progressivement toutes les campagnes. De nos jours, les opérations culturales sont faites avec des tracteurs de plus en plus puissants, tirant ou poussant des outils de plus en plus larges à des vitesses de plus en plus grandes. La recherche d'une plus grande productivité du travail est la cause principale de cette évolution, mais ce n'est pas la seule : interviennent aussi la qualité des produits cultivés, le maintien de la fertilité des sols, l'amélioration des conditions de travail.

Les opérations de récolte sont mécanisées avec des machines automotrices. La moissonneuse-batteuse est devenue par excellence la machine polyvalente de récolte des graines. La machine à vendanger s'est répandue récemment auprès des viticulteurs français.

Toutes ces machines nécessitent la présence d'un homme au moins, mais elles font de plus en plus appel à des automatismes très performants grâce à l'électronique. Demain, le robot libérera complètement l'homme de la conduite et des réglages : le robot cueilleur de fruits est déjà là, le robot de traite est presque au point en 1990.

En définitive, les innovations mécaniques dans les agricultures développées sont liées à bien d'autres éléments que la seule recherche d'une productivité élevée du travail : besoins sociaux, besoins de confort, recherche de qualité.

La motorisation agricole

L'ÉQUIPEMENT EN TRACTEURS DES EXPLOITATIONS AGRICOLES FRANÇAISES, GÉNÉRALISÉ DANS LES ANNÉES 1960-1970, EST DOMINÉ PAR QUELQUES FIRMES MULTINATIONALES.

Le nombre de tracteurs par exploitation ou par hectare cultivé caractérise le niveau de motorisation agricole d'un pays. Avec plus de 1 tracteur par exploitation agricole, la France apparaît comme bien équipée par rapport aux autres pays industrialisés. Même si ce ratio global a le défaut de gommer les différences spécifiques aux régions et aux exploitations, il est utile pour montrer comment s'est installée la motorisation, parallèlement à l'exode rural. En 1940, l'agriculture française n'était pratiquement pas motorisée : 35 000 tracteurs pour 2 200 000 fermes ! Vingt ans après, on comptait 10 % d'exploitations en moins et environ 1 tracteur pour 3 exploitations. En 1970, la motorisation de la plupart des unités de production était accomplie : 0,8 tracteur par exploitation en moyenne. Au début des années 1980, le parc de tracteurs était égal au nombre d'exploitations, lui-même divisé par deux par rapport à l'avant-guerre. Dans le même temps, la puissance moyenne du tracteur vendu dans l'année avait été multipliée par 3, ce qui caractérise un changement notable dans les techniques de production, une meilleure maîtrise du travail agricole et un gain de temps dans la réalisation des tâches.

En 1990, le marché français est saturé : il se vend à peine 40 000 tracteurs neufs par an et environ trois fois plus de tracteurs d'occasion. L'unique constructeur français (Renault Agriculture) tient le premier rang et quelques firmes multinationales se partagent le reste de ce marché (Fiat, Massey-Ferguson, Case-International Harvester, John Deere, Ford, Fahr). À l'inverse de cette concentration, que l'on retrouve sur les gros matériels de récolte, plus de 500 petits et moyens constructeurs se partagent le marché d'un ensemble très diversifié de machines agricoles.

Il existe environ 18 à 20 millions de tracteurs agricoles dans le monde, dont près de la moitié en Europe et plus d'un tiers en Amérique du Nord. La fabrication mondiale est de l'ordre de un million d'unités par an. •

Parts de marché en France des grands fabricants de tracteurs à roues

marques	*pays*	*% des immatriculations en 1989*
Renault	France	15,5
Case-International Harvester	États-Unis	14,9
Fiatagri	Italie	13,9
Massey-Ferguson et Landini	États-Unis	13,5
John Deere	États-Unis	10,6
Ford	Grande-Bretagne et États-Unis	6,8
Deutz-Fahr	R.F.A.	5,1
Fendt	R.F.A.	3,8
Same	Italie	3,5
Zetor	Tchécoslovaquie	2,2
Autres		10,2
Nombre total d'immatriculations		39 707

Mécanisation et travail du sol

POUR OBTENIR UN SOL PERMETTANT UNE BONNE MISE EN PLACE DES GRAINES, PLUSIEURS MACHINES SONT NÉCESSAIRES.

Le tracteur agricole est par nature un engin polyvalent sur lequel se fixent une multitude de machines. Le terme de *tracteur* est issu du temps où toutes les machines étaient tirées par des animaux de trait. Désormais, l'engin tire, pousse, actionne des mécanismes, mécaniquement ou hydrauliquement. Dans tous les cas, l'énergie initiale provient d'un moteur thermique dont les fabricants ne cessent d'augmenter la puissance, compte tenu principalement des efforts et des vitesses exigés par le travail du sol.

Ces tracteurs lourds possèdent quatre roues motrices qui s'accrochent au sol afin de tirer les outils : c'est ce que l'on nomme l'*adhérence.* Quand l'adhérence est médiocre (sol glissant ou charge verticale trop faible), les roues motrices glissent anormalement par rapport au sol et le rendement diminue. Mais une charge verticale importante sur les roues motrices ne peut être supportée que par des pneumatiques suffisamment gonflés, d'où des risques de tassement du sol qui peuvent être graves si ce dernier est humide ; or, la levée, la croissance, l'alimentation minérale des plantes risquent de pâtir d'un sol trop fortement compacté, surtout lorsque les conditions climatiques sont défavorables. On voit donc qu'il existe des difficultés pour concilier l'efficacité mécanique et la non-dégradation des sols.

Le travail du sol a pour objectif d'obtenir un état du sol favorable au développement de la plante cultivée, compte tenu d'un état initial conditionné par la composition de celui-ci et par son humidité, et alors qu'entre deux interventions des machines le sol évolue naturellement sous l'action du climat, surtout s'il contient suffisamment d'argile.

Les opérations de travail du sol se succèdent habituellement de la façon suivante : on procède d'abord à un déchaumage sur la culture précédente grâce à des appareils à disques, c'est-à-dire à un labour superficiel ; on pratique ensuite un retournement du sol à l'aide d'une charrue à socs et à versoirs ; enfin, on réalise une ou plusieurs reprises du sol labouré, à l'aide d'instruments traînés munis de dents vibrantes et de rouleaux. Le résultat final est un « lit de semence » sur lequel le semoir vient déposer les graines.

Le même résultat peut être obtenu avec un nombre moindre de passages des machines. C'est ainsi que l'assemblage de plusieurs instruments derrière le tracteur peut suffire pour préparer le lit de semence et pour semer en un seul passage. Il en résulte deux avantages : rapidité de travail et moindre tassement du sol par les roues. Dans certaines conditions, en contrôlant chimiquement les mauvaises herbes, on peut même se passer du labour. •

1. Pulvérisateur.

2. Évolution du parc des tracteurs en France (1945-1989).

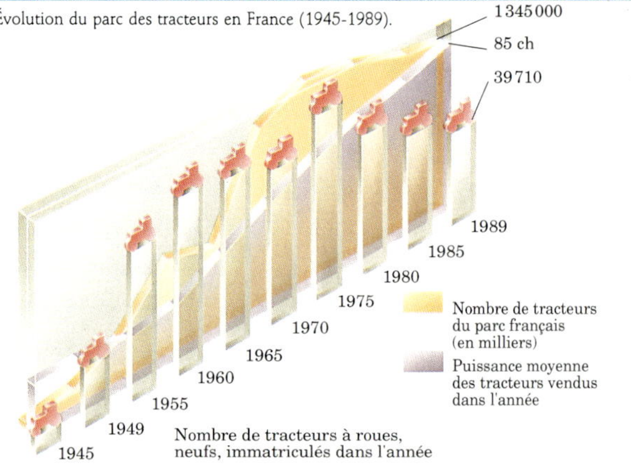

Protection des cultures et fertilisation

LES PULVÉRISATEURS EMPLOYÉS POUR LES TRAITEMENTS CHIMIQUES DES CULTURES ET POUR LA FERTILISATION ONT PRIS BEAUCOUP D'IMPORTANCE.

L'agriculture productiviste ne peut se passer des traitements chimiques, qui s'appliquent grâce à des pulvérisateurs, appareils souvent imposants, généralement tirés ou portés par des tracteurs. L'efficacité biologique du traitement dépend du produit chimique, du milieu (climat, stades d'évolution des plantes et des parasites), de la localisation du produit. En outre, la nature chimique du produit demande des précautions rigoureuses pour la protection de l'environnement (autres cultures, flore et faune utiles, eaux superficielles et souterraines) et pour la protection de l'agriculteur et du consommateur.

L'appareil de traitement, ou pulvérisateur, produit des gouttes de petite taille (optimum : 250 micromètres de diamètre) qui doivent être localisées au mieux pour que le produit soit efficace. La quantité de liquide épandue doit être aussi faible que possible (150 l/ha), de même que, dans quelques cas particuliers, la dose de produit actif dans le liquide.

Le principe de fonctionnement des pulvérisateurs consiste à mettre sous pression le liquide et à le pulvériser par passage au travers d'un orifice calibré de faible diamètre (buse). L'appareil comporte une cuve, une pompe, un circuit avec une régulation et des buses régulièrement espacées sur une rampe. Les appareils courants sont portés par le tracteur pour les plus petits, traînés ou automoteurs pour les plus gros.

Les formes d'engrais chimiques et organiques apportés aux plantes sont très variées. La forme liquide nécessite l'emploi de pulvérisateurs analogues à ceux qui servent pour la protection des végétaux. Les engrais solides, qui se présentent sous forme de granulés, sont apportés au sol grâce à des épandeurs dispersant le produit par force centrifuge au moyen de plateaux rotatifs ou par transferts pneumatiques vers des déflecteurs.

Les éléments fertilisants doivent être disponibles à proximité des racines, ce qui détermine le mode et l'époque de l'enfouissement : léger grattage pour les engrais azotés, qui sont assez facilement absorbés par le sol, enfouissement profond pour les engrais phosphatés et potassiques. Cet enfouissement est rarement fait par l'épandeur lui-même, mais le plus souvent par des instruments qui permettent de travailler le sol. •

Les récoltes

LA MÉCANISATION DES RÉCOLTES S'EST DÉVELOPPÉE PROGRESSIVEMENT, EN COMMENÇANT PAR LES CÉRÉALES DÈS LE XIXe SIÈCLE POUR ARRIVER JUSQU'AU RAISIN, MAINTENANT VENDANGÉ PAR DES MACHINES EFFICACES.

La récolte est l'activité agricole qui couronne le cycle de production, celle qui permet de recueillir les fruits du travail de toute la saison. Il est donc essentiel de la réussir ; c'est pourquoi sa mécanisation ne peut être réalisée que si elle garantit la préservation de la production, en quantité et en qualité. Pour la moisson des céréales, produits peu fragiles, la mécanisation s'est développée dans les pays industriels dès le XIXe siècle, avec la traction animale. De même pour certaines opérations relatives aux fourrages. L'essor du tracteur a permis la récolte mécanique des racines et des tubercules. Beaucoup plus tardivement, les légumes, les fruits secs ont été récoltés par des machines. Mais tous les produits fragiles comme les fruits rouges, les tomates, les asperges et surtout la vigne n'ont trouvé de solution mécanique pour leur récolte qu'à partir du dernier quart du XXe siècle.

Trois constatations simples ressortent de cette conquête progressive de la machine : d'abord, plus le produit est fragile, plus la récolte mécanique apparaît tardivement dans l'histoire ; ensuite, plus la valeur marchande du produit est grande, plus la récolte manuelle se perpétue ; enfin, plus la main-d'œuvre est rare et coûteuse et plus vite se développent les machines de récolte.

La moissonneuse-batteuse est le symbole de la récolte mécanisée dans les pays industriels. Elle permet d'aller vite et de recueillir du grain « marchand », la paille étant considérée comme un sous-produit. Elle est capable de faire face aux contraintes d'une récolte réussie. Il faut, en effet, que le grain soit mûr et sec (sinon il chauffe lorsqu'on le met en tas), et que soit mis à profit le nombre très limité d'heures favorables pour la récolte (120 heures environ pour le blé en région parisienne).

La moissonneuse-batteuse comporte quatre zones principales de fonctionnement : la coupe et l'alimentation, avec une barre de coupe, une vis sans fin et un convoyeur pour transporter les tiges et leurs épis ; le battage, avec un batteur rotatif et une grille enveloppante (contre-batteur) pour séparer le grain de la paille ; la récupération du grain entraîné par la paille grâce à des secoueurs ; le nettoyage du grain, avec des grilles oscillantes parcourues par un courant d'air.

La machine à vendanger, ou vendangeuse, est la dernière-née des grandes machines de récolte. Il a été difficile de la mettre au point car le raisin est un produit fragile. Le système performant du secouage latéral s'est diffusé à partir de 1975. Des secoueurs horizontaux (fléaux) agissent par vibrations et entraînent le décrochement des grains ou des grappes. Un plancher mobile constitué d'écailles imbriquées ou de paniers montés en noria assure une étanchéité parfaite de la machine. Les feuilles qui se détachent lors de l'opération sont en grande partie éliminées avant le remplissage de la benne où s'accumule le raisin. Les contraintes principales concernent la protection des ceps, l'intégrité des baies, l'absence de jus à la récolte. Tous ces problèmes sont désormais bien résolus, et la vendangeuse, automotrice et enjambeuse, se multiplie en France, même dans les vignobles de crus. Il n'en est pas de même en Italie, en Grèce, en Espagne, pays où il existe encore une nombreuse main-d'œuvre. •

3. Semoir.

Automatismes et robotisation

TANDIS QUE LES MACHINES AGRICOLES SONT DÉJÀ DOTÉES D'AUTOMATISMES COMPLEXES QUI FACILITENT LEUR EMPLOI, LE STADE DES PROTOTYPES EST À PEINE DÉPASSÉ EN CE QUI CONCERNE LA ROBOTISATION.

Des automatismes divers équipent depuis longtemps les machines agricoles. Ils consistent à capter une modification par rapport à une position de réglage choisie par le conducteur de la machine pour agir en sens inverse, de façon à rester au voisinage de ce réglage. Le régulateur de vitesse d'un moteur fonctionne selon ce principe. Sur un tracteur, le meilleur exemple concerne l'hydraulique de commande des réglages des outils de travail du sol. C'est ce qu'on appelle le « contrôle d'effort », système automatique utilisant ou non l'intermédiaire de circuits électroniques. On choisit un effort de contrôle qui correspond à un type de travail dans un sol donné, on enregistre les variations rencontrées par des capteurs placés sur les barres inférieures d'attelage de la charrue au tracteur, puis on commande les électrovannes qui dirigent l'huile vers les vérins de relevage jusqu'à ce que l'effort préréglé soit à nouveau obtenu. La profondeur de labour est ainsi indépendante du relief et reste constante si la consistance du sol varie peu.

La régulation de débit d'un appareil distributeur, par exemple un épandeur d'engrais, proportionnellement à la vitesse d'avancement est un autre exemple agricole d'automatisme. On parvient aussi à supprimer complètement une tâche fastidieuse, comme le guidage d'une planteuse mécanique sur la ligne de plants, ou même à conduire la machine automatiquement (autoguidage).

Lorsque les « manipulateurs automatiques à plusieurs fonctions » sont reprogrammables, on peut commencer à parler de « robots », surtout si ces programmes s'adaptent d'eux-mêmes aux modifications aléatoires de l'environnement : en agriculture, on peut déjà citer les robots de ficelage, les robots de cueillette des fruits, le robot d'élagage, le robot d'irrigation. Mais le stade des prototypes est à peine dépassé en 1990. Néanmoins, les progrès de la mécanisation agricole dans les pays développés se fera de plus en plus grâce aux automatismes et à la robotisation. •

→ **Voir aussi :** L'emploi des outils et des machines en agriculture, **AGRI**, p. 428-429.

L'équipement des exploitations et les fabricants de machines

Les parcs de tracteurs et de machines qui constituent l'équipement des exploitations agricoles sont étudiés, en France, par les services statistiques du ministère de l'Agriculture à partir des recensements généraux et des analyses des syndicats professionnels. Seules les ventes annuelles de tracteurs et de moissonneuses-batteuses sont connues avec précision. Les autres données (parcs en service) sont estimées. Les dix marques de tracteurs les plus vendus font 90 % du chiffre d'affaires total représenté par les tracteurs immatriculés dans l'année. Elles appartiennent à des multinationales qui se cantonnent le plus souvent sur les gros équipements (tracteurs, machines de récolte). Par contre, les matériels de travail du sol, d'épandage d'engrais et de pesticide (1), de semis (3) sont plutôt distribués en France par de petites ou moyennes entreprises, productrices ou importatrices. Après avoir très fortement augmenté depuis 1945, le parc français de tracteurs a atteint son maximum au milieu des années 1970 avant de diminuer légèrement pendant les années 1980. S'il y a moins de tracteurs maintenant, leur puissance moyenne n'a, par contre, pas cessé de croître pendant la période.

Les céréales

Les espèces céréalières ont une origine botanique proche : elles appartiennent en majorité à la famille des graminées, le sarrasin faisant seul partie d'une autre famille, celle des polygonacées. Elles sont cultivées par l'homme depuis les origines de l'agriculture. Par la sélection empirique à laquelle les agriculteurs les ont soumises, les différentes espèces de céréales ont donné lieu à un très grand nombre de variétés adaptées aux milieux et aux besoins des communautés paysannes.

Les espèces céréalières constituent, dans leurs différents foyers culturels d'origine, la base de l'alimentation humaine, sous des formes assez similaires, notamment du fait de la composition voisine de leurs grains, ce qui a conduit à l'obtention de produits proches : galettes, pains, crêpes, etc. De plus, grâce à leurs pailles, les céréales ont concouru depuis toujours à la nourriture du bétail.

Le groupe des céréales s'est enrichi au cours de l'histoire européenne, au gré des contacts avec les civilisations méditerranéennes (blé, avoine, seigle), précolombiennes (maïs), asiatiques et africaines (riz, orge, sarrasin, millet, sorgho). S'y sont adjoints aussi les mélanges d'espèces (méteil, champart, etc.) et les créations du génie génétique, comme le triticale, qui est un hybride récent de blé et de seigle.

Ces espèces tiennent une place essentielle dans les agricultures développées, sous toutes les latitudes, mais aussi dans tous les pays en voie de développement. Cette situation les met au centre des efforts d'amélioration de productivité que poursuivent les agronomes concernant les espèces végétales cultivées.

Les principales espèces

CINQ CÉRÉALES : BLÉ, RIZ, MAÏS, SORGHO, ORGE, TOUTES DES GRAMINÉES, ASSURENT LA MOITIÉ DE LA RATION ALIMENTAIRE MONDIALE.

Sur les 300 000 plantes supérieures existant aujourd'hui, seules quinze d'entre elles apportent les trois quarts des calories nécessaires à l'alimentation humaine. Parmi ces quinze plantes, on compte cinq céréales : blé, riz, maïs, sorgho et orge. Si les autres céréales sont dites secondaires à l'échelle mondiale, elles peuvent être primordiales pour certains peuples. Dans un pays comme le Mali, le millet représente 53 % de la ration alimentaire.

Des espèces aux caractéristiques botaniques proches.
Les céréales de la famille des graminées ont de nombreux traits communs. Les feuilles n'ont pas de pétiole mais sont composées d'une gaine qui enserre la tige et d'un limbe long, à nervures parallèles, plus ou moins étroit (blé, orge, avoine : 15-20 × 2 cm ; maïs : 35-50 × 15 cm). Elles sont disposées alternativement d'un côté et de l'autre de la plante, à chaque nœud de la tige. Ces plantes (excepté le maïs) produisent des tiges secondaires appelées talles, qui s'insèrent toutes à la base de la tige. Cette disposition donne aux plantes jeunes l'aspect de touffes. Le système racinaire des céréales est disposé en faisceau, très développé pour le sorgho. Pour le maïs, il est complété par des racines d'ancrage, en partie aériennes.

Les fleurs, sauf pour le maïs, sont bisexuées : elles portent étamines et ovules. Peu colorées, elles sont petites et regroupées en grappes appelées épillets. Ces épillets sont disposés selon deux modes principaux : l'épi ou la panicule. Le grain, de section arrondie ou ovale, est de poids variable (10 mg [mil], 25 mg [riz, orge, seigle], 45 mg [blé, orge, avoine], 260 mg [maïs]). Sa composition biochimique est dominée par l'amidon (de 50 à 75 %), les protéines comptant pour 10 % et les matières grasses pour 5 %. Il est très pauvre en vitamine D.

Le sarrasin, seule céréale de la famille des polygonacées, diffère des espèces précédentes par des feuilles en forme de cœur, larges et munies d'un pétiole. Les fleurs, en grappes de couleur blanc rosé, donnent à maturité des grains noirs à section triangulaire.

Un cycle annuel.
Les céréales se développent en trois périodes. Pendant la période végétative, la plante germe et produit tiges et feuilles. Au début de la période reproductrice, ces organes se développent, puis la fécondation a lieu. Enfin, au cours de la dernière phase, la période de maturité, les grains acquièrent du volume et du poids puis mûrissent en durcissant par perte d'eau. Ce cycle, qui dépend des conditions de température et de la longueur des jours, dure entre 50 jours (riz hâtif) et 300 jours (blé d'hiver).

Les systèmes de culture

LES EXIGENCES AGROCLIMATIQUES DES CÉRÉALES, ASSEZ VARIABLES, LEUR ASSURENT UNE PLACE PRÉPONDÉRANTE DANS LA PLUPART DES ÉCOSYSTÈMES.

On trouve des céréales à peu près partout dans le monde, car l'homme a réussi à adapter une ou plusieurs espèces à chacune des grandes zones climatiques de la planète, depuis l'avoine des pays scandinaves jusqu'au riz des pays des moussons.

Blé et orge, céréales de zones tempérées fraîches.
Le blé, l'orge (soit 30 % et 10 % des céréales produites dans le monde), l'avoine, le seigle, le sarrasin sont des espèces de zones tempérées, cultivées en plein champ et en milieu sec. Elles peuvent germer dès 0 °C dans la plupart des sols, les trois dernières étant réputées pour leur aptitude à croître dans les sols acides. Elles sont assez résistantes à la sécheresse (sauf l'avoine), excepté lors de la maturation du grain.

Ces espèces se trouvent partout en dehors des tropiques, l'hémisphère Nord produisant 90 % du total mondial de blé et d'orge. Les autres cultures tendent à décroître. L'avoine, autrefois très utilisée dans l'alimentation des chevaux, a perdu de son importance avec le développement de la mécanisation de l'agriculture. Le seigle et le sarrasin régressent, car leurs rendements sont assez faibles et leur utilisation industrielle complexe. Les principales zones de production de ces céréales de zones tempérées sont l'U.R.S.S. (de l'Ukraine aux limites de la Mongolie), le nord-est de la Chine, les pays de la Communauté économique européenne, l'Amérique du Nord (du Canada au nord du Texas) et l'Argentine. Les rendements de ces cultures céréalières varient de 15 à 100 quintaux à l'hectare.

Maïs, céréale en pleine extension.
Le maïs (25 % des céréales mondiales) est plus sensible au froid, puisqu'il ne germe qu'à partir de 10 °C. On le trouve donc à des latitudes moins élevées que les précédentes espèces. Les États-Unis (45 % de la production mondiale) sont encore la zone principale de culture de cette céréale originaire du Mexique ; 15 % de la production se trouvent en Chine, 11 % en Amérique latine, 7 % en Afrique et 6 % dans la C.E.E.

Dans les zones tempérées, le maïs est souvent irrigué, habituellement par aspersion. Fréquemment cultivé en monoculture dans le « Corn Belt » américain ou dans le sud de l'Europe, c'est dans ces zones qu'il produit les meilleurs rendements (70 à 75 q/ha de moyenne).

En Afrique, le maïs reste confiné aux zones tropicales assez humides pour que l'irrigation ne soit pas indispensable. Dans les systèmes vivriers, il est associé au manioc et au taro.

En Amérique du Sud, on estime que 60% du maïs sont cultivés en association avec une ou plusieurs autres cultures (sorgho, pomme de terre et pois) sur la même parcelle.

Sorgho, mil et millet, céréales de zones chaudes et sèches.
Le sorgho, le mil et le millet sont les céréales adaptées aux zones tropicales semi-arides marquées par une saison des pluies courte à précipitations faibles et irrégulières. Elles représentent 6 % de la production mondiale de céréales. Ces espèces, qui ne germent qu'à partir de 12 °C, disposent d'un système racinaire profond leur assurant une bonne résistance à la sécheresse ; 45 % de la production mondiale de mil et de sorgho sont obtenus en Asie et plus particulièrement en Inde.

Le riz, céréale de l'Asie.
Le riz, production prédominante

La progression des rendements du blé

En Amérique du Nord, le blé donne aujourd'hui entre 20 et 30 quintaux à l'hectare dans des successions culturales intégrant souvent une jachère après deux années de culture de cette céréale. En Europe de l'Ouest, la culture est plus intensive. En France, les rendements augmentent, en moyenne, depuis l'après-guerre, de plus d'un quintal par hectare et par an. Cette progression n'est que de 0,35 aux États-Unis et de 0,25 en Union soviétique.

1. Courbes des rendements en blé.

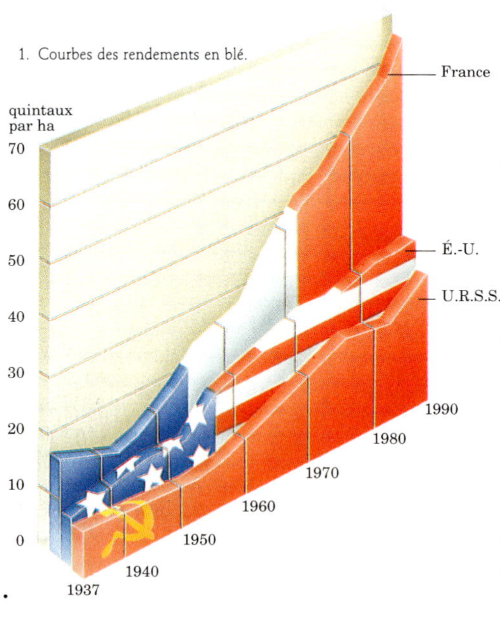

2. Panicules de sorgho.

des pays asiatiques (75 % de la production mondiale), s'est aussi étendu en Afrique de l'Ouest et en Amérique latine. Graminée à tallage abondant, le riz ne germe qu'à partir de 13 °C.

Dans la riziculture avec submersion, il faut être près d'un fleuve ou en situation de bas-fond, là où les eaux de pluies se concentrent. Le sol est aplani et la rizière endiguée pour retenir l'eau entre des levées de terre. Ce système, dominant en Asie, est d'introduction récente en Afrique, où il n'occupe que 5 % des aires rizicoles. On peut y assurer 2, voire 3 récoltes par an. Les rendements dépendent de la quantité de travail investie dans l'implantation et dans le désherbage de la culture. Ils fluctuent, pour un cycle, de 20 q/ha (Sénégal) à 80 q/ha (Java).

La riziculture pluviale, sans irrigation, s'établit sur des plateaux, des collines en sols bien drainés. Elle exige des pluies régulières et assez abondantes. En Afrique et en Amérique du Sud, le système le plus répandu est la riziculture itinérante manuelle sur défriche de forêt ou de brousse. Les rendements atteignent 10 q/ha. Dans les grandes exploitations d'Amérique du Sud, on trouve des systèmes très mécanisés où le riz est quelquefois associé aux plantations de caféiers et d'agrumes. •

Amélioration des techniques culturales

LA SÉLECTION VARIÉTALE, LA FERTILISATION AZOTÉE ET LA LUTTE PHYTOSANITAIRE SONT LES PRINCIPAUX FACTEURS DE L'AMÉLIORATION DES RENDEMENTS CÉRÉALIERS.

Le rôle essentiel des céréales dans les régimes alimentaires mondiaux les a placées au centre des préoccupations en matière d'amélioration de productivité des espèces végétales.

L'amélioration des variétés, instrument de la « révolution verte ».

Dans les années 1960, les agriculteurs des pays nouvellement indépendants ont cherché à augmenter leur production agricole, aiguillonnés par des menaces de famine, par la croissance démographique et soucieux d'indépendance alimentaire. Pour cela, ils ont pu, principalement, utiliser des nouvelles semences plus productives. D'abord grâce à l'hybridation, qui consiste à croiser par voie artificielle deux lignées de plantes pour produire des variétés aux rendements très supérieurs à ceux des parents d'origine, et qui est très utilisée pour la culture du maïs. Par ailleurs, des variétés de blé et de riz à haut rendement, sélectionnées au Japon, aux États-Unis et en Europe, ont été transférées vers les pays en développement, où elles sont multipliées et distribuées. Elles se sont substituées en partie aux variétés locales et ont ainsi permis une incontestable amélioration des disponibilités alimentaires.

Cependant, la croissance démographique dans ces pays s'est poursuivie à un rythme aussi rapide que celui de l'agriculture. Par ailleurs, l'amélioration globale cache des disparités entre pays et des variations selon les années. En effet, l'extension de la culture de variétés à haut rendement potentiel révèle d'autres facteurs limitants de la production. Ces variétés ne peuvent atteindre leur plein rendement qu'en étant bien alimentées en eau et en éléments minéraux et protégées des mauvaises herbes et des maladies. Or ces conditions ne sont pas souvent réunies dans les agricultures des pays concernés. Il manque fréquemment l'énergie pour pomper l'eau (en zone subsahélienne par exemple) et les devises pour acquérir les produits nécessaires à l'entretien des cultures.

Aujourd'hui, la révolution verte stagne et nombre de pays n'ont pas encore atteint l'indépendance alimentaire. C'est pourquoi la sélection génétique s'oriente vers des variétés plus résistantes dans les conditions locales de production, tandis qu'une amélioration des systèmes de culture traditionnels moins coûteux est amorcée.

L'intensification par l'augmentation des fertilisants et le recours aux fongicides.

En Europe, avec un modèle d'agriculture intensive mécanisée, la succession des techniques appliquées aux céréales est en moyenne la suivante : après le travail du sol, on pratique la désinfection de celui-ci (seulement dans le cas du maïs, contre la pyrale), puis on procède à la fertilisation phosphopotassique (en tête de rotation), au semis en ligne (en automne pour le blé d'hiver et l'escourgeon, au printemps pour le blé ou l'orge de printemps et pour le maïs) ; ensuite viennent le désherbage, la fertilisation azotée, les apports de fongicides et d'insecticides ; enfin arrive le moment de la récolte.

Au cours des trente dernières années, la pratique de la fertilisation azotée s'est beaucoup étendue. La consommation d'engrais azotés a triplé en 20 ans et elle représente la moitié de l'apport extérieur d'énergie consommée par les céréales. Les méthodes ont changé : d'un seul apport en début de culture, les agriculteurs sont passés à un fractionnement en deux, voire trois apports aux moments des plus grands besoins de la plante. Par ailleurs, la lutte contre les mauvaises herbes et les maladies s'est améliorée (le poids des produits de traitement dans les coûts de production du blé a doublé depuis les années 1970). Elle consiste en des traitements chimiques systématiques qui favorisent l'obtention de rendements élevés. Aujourd'hui, on améliore les traitements par des combinaisons de produits aux spectres d'actions précis afin d'amoindrir les coûts, d'empêcher le développement de résistances aux produits chez certains vecteurs de maladies et de réduire les atteintes à l'environnement. •

→ **Voir aussi :** La transformation des céréales et des féculents, **ALIM**, p. 488-489. Le blé, **GEO. ECO**, p. 230-231. Le riz, **GEO. ECO**, p. 232-233.

5. Épi de maïs.

Les céréales, présentes partout

Les céréales sont bien adaptées à différentes agricultures. Aisément mécanisables, elles ont permis des gains de productivité à l'hectare et une forte réduction de la main-d'œuvre dans les pays industrialisés, où des machines imposantes sont employées. Dans les agricultures des pays en voie de développement, la culture exige encore des interventions manuelles souvent pénibles et réalisées par les femmes (3). La variation des apports d'eau est un aléa climatique auquel sont bien adaptés le mil et le sorgho (2, 3) et contre lequel on peut lutter par l'irrigation (4).

3. Récolte du mil en Afrique.

4. Système d'irrigation automatique aux États-Unis.

La morphologie des céréales

Les céréales de la famille des graminées présentent deux formes d'inflorescence : l'épi (blé [6], orge, seigle) ou la panicule (avoine [7], riz, sorgho). Le maïs a deux types d'épillets, en panicule pour les fleurs mâles, en haut de la tige, et en épi pour les fleurs femelles, dans le premier tiers de la tige (5).
Le sarrasin (8) est une polygonacée à tiges ramifiées un peu rouges. Les fleurs sont regroupées en grappes de cymes (les pédoncules des fleurs partent du même point). Cette plante, probablement arrivée en Europe occidentale au Moyen Âge, en provenance de la Russie, est aussi appelée « blé noir ».

8. Sarrasin.

6. Épis de blé tendre et de blé dur.

7. Panicule d'avoine.

Les plantes riches en fécule

LES PLANTES RICHES EN fécule jouent un grand rôle dans l'alimentation humaine et animale, au même titre que les céréales. Les plus importantes sont la pomme de terre, dont l'aire de culture est extrêmement étendue, et, parmi les plantes tropicales, le manioc et l'igname.

La culture de la pomme de terre couvre environ 18 millions d'hectares et produit à peu près 270 millions de tonnes de tubercules riches en amidon (15 à 25 % selon les variétés). On la trouve partout dans le monde, sauf dans les basses plaines tropicales et équatoriales (à cause des températures élevées qui perturbent sa tubérisation) et dans les régions circumpolaires. Les tubercules sont principalement utilisés pour l'alimentation humaine, soit en l'état après cuisson, soit après une préparation industrielle (chips, purées déshydratées, frites surgelées, etc.), mais ils servent aussi pour l'alimentation animale et la production industrielle de fécule.

Le manioc est cultivé sur une superficie de 11 millions d'hectares pour une production voisine de 105 millions de tonnes. C'est une plante vivrière des régions tropicales et équatoriales dont les racines, qui contiennent 22 à 23 % de fécule, sont consommées, après cuisson et réduction en cossettes, sous forme de farine, semoule, tapioca ou de produits élaborés (pâtes, biscuits). Le manioc est très recherché comme produit de substitution des céréales pour l'alimentation des bovins et des porcs. L'igname, elle aussi plante des régions tropicales et dont la production est de 19,5 millions de tonnes, est cultivée pour ses tubercules très riches en fécule (55 à 65 %).

Universalité et diversité de la pomme de terre

VENUE D'AMÉRIQUE DU SUD, LA POMME DE TERRE, LONGTEMPS SOUS-UTILISÉE, A CONNU PLUS TARD EXPANSION ET DIVERSIFICATION.

Au XVIe siècle, les jésuites rapportent d'Amérique du Sud en Europe cet étonnant tubercule qu'est la pomme de terre, dont tout l'intérêt pour l'alimentation humaine n'apparaîtra que bien plus tard. Il faudra en effet attendre les famines du début des années 1770 pour voir sa culture se développer. C'est Antoine Augustin Parmentier, lauréat d'un concours de l'Académie de Besançon sur « l'étude des substances alimentaires qui pourraient atténuer les calamités d'une disette », qui en assure définitivement la promotion. Actuellement présente dans tous les pays où le climat le permet, elle est parmi les plantes cultivées dont le domaine est le plus étendu et constitue un élément majeur de la nourriture de l'humanité.

Au début du XXe siècle, en France, elle était cultivée sur plus de 1,5 million d'hectares. Aujourd'hui, elle n'occupe plus qu'environ 150 000 hectares. De nombreux facteurs expliquent cette considérable diminution : moindre consommation humaine, quasi totale disparition de la consommation animale, réduction des pertes en cours de conservation, augmentation constante des rendements, ce qui explique pourquoi le niveau de la production, 6,3 millions de tonnes en 1988, a beaucoup moins régressé que les surfaces cultivées.

Selon la destination de la récolte, on distingue plusieurs catégories de pommes de terre. Tôt en saison (avril-juillet) arrive tout d'abord sur les marchés la pomme de terre primeur, ou « nouvelle », récoltée avant maturité, produite dans les régions où les hivers sont relativement doux et où les terres, souvent légères, se réchauffent rapidement (variétés ostara, sirtema, apollo). Vient ensuite la pomme de terre de conservation, récoltée à maturité, produite en toutes régions, mais dont la grande majorité, en France, est fournie par le Nord-Pas-de-Calais et la Picardie, où sont implantées les usines de transformation (chips, flocons, frites surgelées [variétés bintje, roseval, belle de Fontenay]). Plus tard se récolte la pomme de terre d'arrière-saison, encore appelée « grenadine » ou bissextile, cultivée dans les pays méditerranéens et qui permet l'approvisionnement du marché en tubercules frais durant l'hiver (variétés Ker Pondy, Institut de Beauvais). Autre catégorie de pomme de terre, celle destinée à la féculerie, en expansion depuis plusieurs années : de 600 000 tonnes en France au début des années 1980, sa production est passée à plus de 1 150 000 tonnes en 1988. Enfin, les pommes de terre de semence sont cultivées dans les régions qui bénéficient de conditions écologiques favorables au maintien d'un bon état sanitaire.

L'U.R.S.S., avec 63 millions de tonnes, est de loin le plus important pays producteur de pommes de terre au monde, suivie à bonne distance par la Pologne (34 millions) et la Chine (29 millions). Les douze pays de la C.E.E. ne dépassent pas, ensemble, 40 millions de tonnes. •

Composition nutritionnelle moyenne du tubercule de pomme de terre et de la racine de manioc
(pour 100 g).

	Tubercule de pomme de terre	*Racine fraîche de manioc*
Eau	77,5	61,0
Glucides (amidon essentiellement)	19,4	33,6
Protéines	2,0	1,2
Lipides	0,1	0,4
Sels minéraux	1,0	1,2

La culture de la pomme de terre

LES POMMES DE TERRE, DONT LA CULTURE EST MÉCANISÉE, SONT OBTENUES À PARTIR DE PLANTS SPÉCIALEMENT CULTIVÉS ET CONSERVÉS POUR ÉVITER L'ATTEINTE DES VIRUS.

La pomme de terre appartient à la famille des solanacées, comme la tomate, les piments, le tabac. Elle peut se reproduire par voie sexuée, mais ses graines ne sont actuellement utilisées que pour la création de variétés nouvelles par hybridation. C'est donc par multiplication végétative qu'elle se renouvelle d'année en année à partir de ses tubercules, renflements de l'extrémité de ses tiges souterraines, encore appelées stolons. Toutefois, la contamination des plantes par les maladies à virus est si fréquente qu'il est pratiquement impossible d'utiliser comme semence les tubercules de la récolte précédente, sauf si des précautions spéciales de culture sont respectées afin d'empêcher la présence des virus. D'où l'existence d'une activité agricole spécifique destinée à produire des plants de pomme de terre (tubercules de semence).

Récoltés en automne, ces tubercules doivent être conservés pendant 7 à 9 mois avant d'être plantés. Durant cette période, ils subissent une évolution physiologique analogue à un vieillissement, d'autant plus rapide que la température est élevée. Pour ralentir ce phénomène, il est indispensable de conserver les plants à basse température (+ 4 °C). Quelque temps avant la plantation, ils sont mis en prégermination de manière à permettre aux bourgeons de croître et de donner naissance à des germes dans des conditions de milieu plus favorables que celles du sol à la même époque. Les dates de plantation s'échelonnent de janvier-mars (culture de primeur) à juillet-septembre (culture d'arrière-saison).

Les plants sont placés manuellement ou mécaniquement en terre tous les 30 à 40 cm, dans des sillons distants de 70 à 75 cm. Ensuite, ils sont recouverts d'une butte de 10 à 15 cm pour éviter le verdissement des tubercules fils, témoignage de la formation de solanine, alcaloïde toxique qui est présent dans la peau, et pour faciliter l'arrachage. Entre la plantation et la récolte, la culture de la pomme de terre doit faire l'objet de certains soins : destruction des mauvaises herbes, alimentation régulière en eau, protection contre les maladies (mildiou essentiellement) et les ravageurs (doryphores). La végétation est arrêtée par destruction des fanes afin d'obtenir la qualité culinaire et technologique souhaitée. Exception faite pour les primeurs, l'époque de récolte est étroitement liée à la date de défanage ou de maturité du feuillage : les tubercules doivent rester en terre deux à trois semaines après la sénescence pour que durcisse leur épiderme, ce qui augmente leur résistance au transport et limite le développement des pourritures en cours de conservation. L'arrachage mécanique consiste à soulever un certain volume de terre et à en extraire les pommes de terre par criblage. •

1. Les grands pays producteurs de pomme de terre (1988, millions de t) [source FAO].

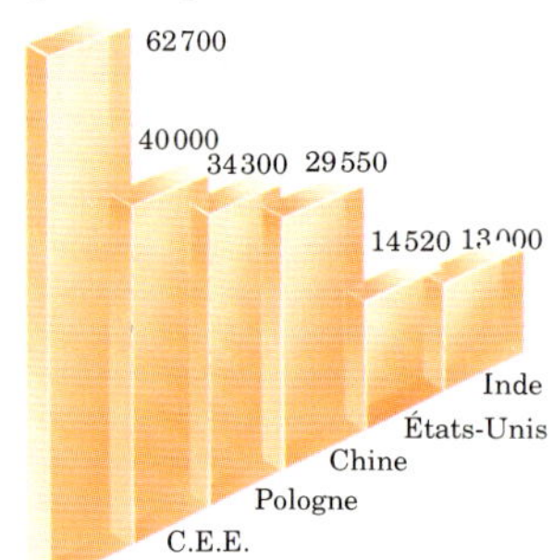

2. Consommation moyenne de pommes de terre par habitant dans les pays de la C.E.E. (campagne 1987-1988, kg) [source Eurostat].

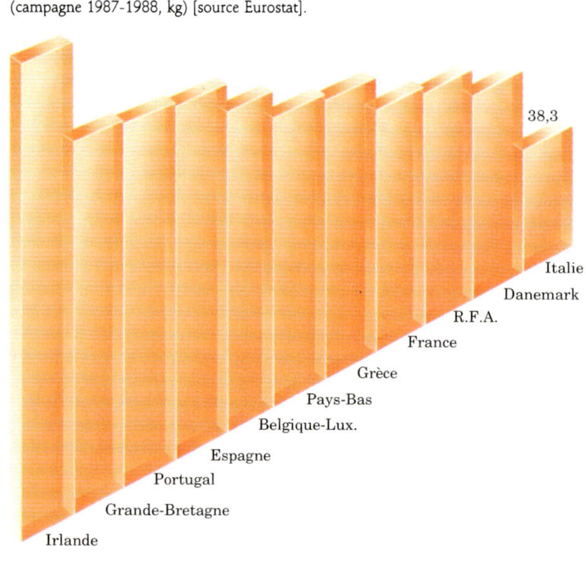

Utilisation de la pomme de terre

L'UTILISATION INDUSTRIELLE DE LA POMME DE TERRE EST ANCIENNE, COMME LA FÉCULERIE, MAIS A PRIS UN NOUVEL ESSOR AVEC LA DIVERSIFICATION DES PRÉPARATIONS AGROALIMENTAIRES.

Organismes vivants, les tubercules de pomme de terre respirent et transpirent : pour être stockés dans de bonnes conditions de conservation, ils doivent être aérés au moyen de ventilateurs à grand débit dans des bâtiments isothermes. La température adéquate varie selon l'utilisation des tubercules : 6 à 8 °C pour ceux que l'on destine à la commercialisation en l'état, ou à la transformation en flocons, 8 à 10 °C pour ceux voués à l'industrie des chips ou des frites.

La transformation industrielle de la pomme de terre pour l'alimentation humaine a concerné principalement, à l'origine, la déshydratation pour l'obtention de flocons permettant la préparation ultérieure de purées. Par la suite, l'activité industrielle s'est diversifiée et a augmenté en volume, tant pour les flocons que pour les chips. Vers 1980, la production des frites surgelées a pris un essor remarquable en France, tandis que les industriels s'efforçaient aussi de fournir des préparations de plus en plus élaborées. Les variétés de pommes de terre doivent être adaptées aux produits terminaux de l'industrie : teneur élevée en matière sèche (20 à 25 %) pour les produits à frire et déshydratés ; teneur plus faible (18 à 19 %), calibre de 40 à 55 mm, chair ferme et bonne qualité gustative pour des produits comme les « pommes vapeur ».

Une partie des pommes de terre est traitée dans les féculeries, où est extraite la fécule, substance blanche, farineuse, composée essentiellement d'amidon, et que l'on obtient aussi d'autres végétaux comme le manioc et l'igname. Dans ces usines, les tubercules sont lavés, épierrés et broyés, l'extraction par l'eau conduisant à la *fécule verte* qui est ensuite épurée, essorée et séchée. Une tonne de pommes de terre fournit environ 150 kg de fécule. Ce produit est utilisé par l'industrie alimentaire : dans la biscuiterie-pâtisserie, l'amidon de pomme de terre est apprécié pour la bonne tenue qu'il apporte aux produits. Il est aussi introduit dans la charcuterie, dans les sauces, les plats préparés et les produits diététiques.

Enfin, parmi les utilisations de la pomme de terre, il faut signaler la possibilité d'en tirer de l'alcool carburant (bioéthanol) et rappeler que dans certains pays elle fournit un alcool de bouche : schnaps en Allemagne, certaines variétés de vodka en U.R.S.S. •

3. Récolte de pommes de terre au Pérou.

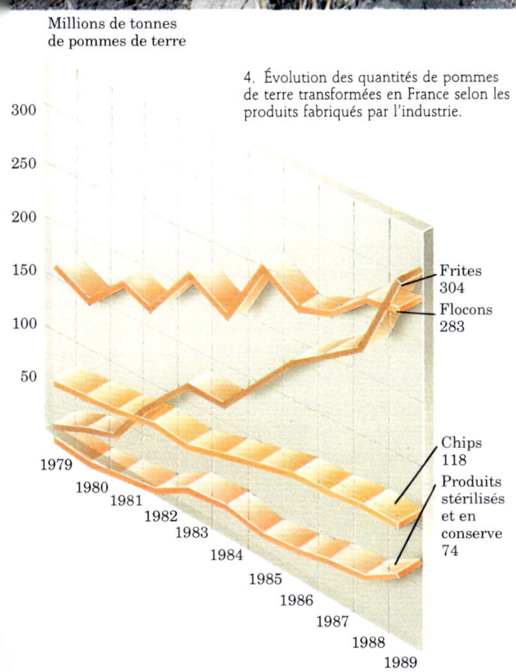

4. Évolution des quantités de pommes de terre transformées en France selon les produits fabriqués par l'industrie.

Tradition et universalité

Les Incas cultivaient, au Pérou, avant la conquête espagnole, des pommes de terre qu'ils conservaient sous forme d'une sorte de fécule, le chuño ; les tubercules étaient exposés au gel pendant la nuit, immergés dans un ruisseau pendant un mois, congelés à nouveau, enfin exposés au soleil pour déshydratation, avant d'être épluchés et piétinés. Sur les hauts plateaux des Andes, leurs descendants cultivent encore, à la main, des pommes de terre dont leurs ancêtres faisaient le chuño (3). En Afrique, les marchés sont des lieux d'échange traditionnels très actifs de l'igname, aliment apprécié autant dans les villages que dans les villes (5). En Europe, la pomme de terre est largement consommée ; dans la C.E.E., on observe cependant des écarts importants entre les pays membres : les Irlandais en mangent trois fois plus que les Italiens (2). L'universalité de l'emploi alimentaire des tubercules et des racines des plantes riches en fécule ne se dément pas.

Les plantes tropicales

GRÂCE À DE MULTIPLES PRÉPARATIONS TRADITIONNELLES, LES PLANTES RICHES EN FÉCULE DE LA ZONE INTERTROPICALE APPORTENT UNE CONTRIBUTION ALIMENTAIRE ESSENTIELLE.

Dans les régions tropicales, plusieurs plantes riches en fécule ont des fonctions alimentaires primordiales. Le manioc est la plus importante d'entre elles. Cultivée pour ses racines tubéreuses, cette plante *(Manihot utilissima)* est caractéristique de la zone tropicale humide, mais sa grande faculté d'adaptation, tant pour le climat que pour le sol, fait qu'on la rencontre aussi en zone tropicale sèche. Le manioc devient un arbrisseau de 2 à 4 mètres dont les racines, qui se conservent longtemps en bon état dans le sol, sont consommables comme légumes frais 10 à 12 mois après la plantation en zone équatoriale, et utilisables pour la féculerie après 18 à 24 mois. La racine de manioc peut être soumise à des préparations diverses. Lavé et décortiqué, le « manioc vert » donne, par découpage, des cossettes que l'on fait sécher et qui peuvent ensuite être broyées pour donner une semoule (*farinha,* au Brésil). Au Togo, les femmes préparent le *gari,* pulpe de manioc fermentée et cuite ; au Zaïre, elles obtiennent le *foufou,* semoule résultant d'un rouissage suivi d'un malaxage et d'un séchage. En dehors des usages alimentaires traditionnels, la racine de manioc reçoit un traitement industriel qui conduit à une fécule appréciée, le tapioca.

L'igname (genre *Dioscorea*), cultivée pour ses tubercules riches en amidon, est une plante herbacée à tige volubile. En dialecte guinéen, son nom signifie « manger » : c'est l'aliment par excellence des peuples agriculteurs des régions tropicales africaines. Les variétés cultivées ont des exigences écologiques strictes : pluviométrie annuelle supérieure à 1 500 mm, température moyenne de 23 à 25 °C, sols riches en potasse, volume important de terre meuble.

La patate douce *(Ipomœa batatas)* est une plante vivace mais annuelle en culture. Elle est cultivée sous des climats variés : équatoriaux, tropicaux et tempérés à été chaud. Les tubercules, riches en amidon (60 à 80 % de la matière sèche), peuvent être préparés de très nombreuses façons : bouillis, frits, cuits sous la cendre. Le taro, dont les espèces appartiennent à deux genres *(Colocasia antiquorum* et *Xanthosoma sagittifolium),* est une plante de zone équatoriale humide, rhizomateuse à tubercules. Les tubercules, qui s'utilisent comme la pomme de terre, sont de conservation délicate.

Les grands pays de la zone intertropicale sont les principaux producteurs de ces tubercules et racines alimentaires : pour le manioc, le Brésil, la Thaïlande, le Zaïre, l'Indonésie et le Nigeria arrivent en tête ; pour l'igname, le Nigeria produit à lui seul les trois quarts de la production mondiale ; enfin, la patate douce est l'apanage de la Chine (80 % de la production mondiale). •

→ **Voir aussi :** La transformation des céréales et des féculents, **ALIM**, p. 488-489.

5. Ignames au marché de Grand-Bassam, en Côte-d'Ivoire.

Les oléagineux et les protéagineux

LES PLANTES OLÉAGINEUSES et protéagineuses constituent deux ensembles d'espèces qui tirent leur nom de l'utilisation que fait l'homme de leurs propriétés nutritionnelles. D'une part, les espèces oléagineuses – appelées aussi plus simplement « oléagineux » – riches en lipides, que l'on consomme sous forme d'huiles végétales ; d'autre part, les espèces protéagineuses – ou protéagineux –, plantes aux graines riches en protides nécessaires à l'alimentation de l'homme et des animaux. Le regroupement des oléagineux et des protéagineux dans l'étude des plantes cultivées tient à deux particularités : ils occupent des places très similaires dans l'agriculture des pays développés et, par ailleurs, certaines espèces sont à la fois oléagineuses et protéagineuses.

Les oléagineux avaient déjà un poids économique manifeste dans les civilisations antiques, l'huile d'olive ayant été une denrée commercialisée depuis des temps très anciens. Les protéagineux ont été, quant à eux, pendant longtemps exclusivement utilisés comme sources de protéines sur les lieux mêmes où ils étaient cultivés, cette absence d'intégration dans les circuits d'échange masquant leur réelle importance alimentaire, culturelle et économique. Depuis quelques décennies, les modifications des techniques d'alimentation animale dans les pays à fort développement économique, en accordant une place accrue aux graines de protéagineux et à leurs dérivés, ont entraîné des transferts importants de ces produits depuis les pays producteurs vers les pays utilisateurs, accroissant ainsi leur poids économique.

Les oléagineux et les protéagineux appartiennent à des familles botaniques très diverses (composées, crucifères, malvacées, palmacées, papilionacées...). La disparité des espèces, alliée à celle de leur utilisation et de leur répartition géographique sur la planète, fait des protéagineux et des oléagineux des plantes dont les techniques de production présentent une variété bien supérieure à celle d'autres groupes d'espèces, comme les céréales par exemple. Cette diversité concerne tant le mode de production (maraîchère, de plein champ, de plantation) que les techniques de culture employées ou encore la place occupée dans les successions culturales.

1. Rendements des oléagineux et protéagineux dans le monde (quintaux de grains/ha).

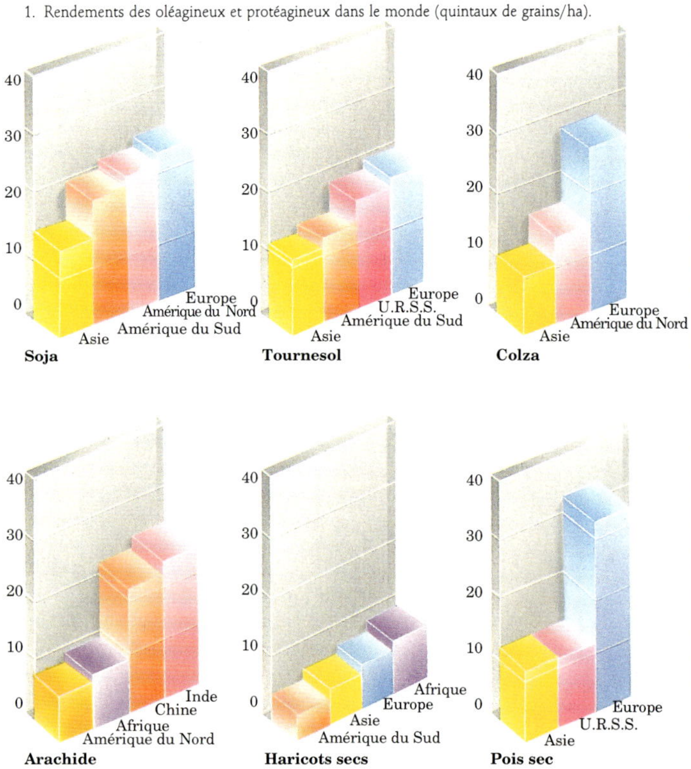

Les rendements et la production d'huiles

Une grande variabilité caractérise les rendements des oléagineux et des protéagineux, tant selon les espèces que selon les régions. Elle traduit l'influence combinée des climats et des techniques de production. Les rendements et les surfaces cultivées en oléagineux sont suffisamment connus pour établir un classement des espèces, selon leur part dans la production mondiale d'huiles végétales : le soja domine, suivi du palmier, puis viennent le tournesol, le colza, le cotonnier et le cocotier, précédant des espèces produisant de moindres tonnages. Un classement analogue est impossible pour les protéagineux, en raison de l'importance, pour certaines espèces, de la consommation sans commercialisation.

Les principales espèces cultivées

DANS CHACUN DES GROUPES, LES ESPÈCES SE DIFFÉRENCIENT PAR DES PARTICULARITÉS BOTANIQUES, MORPHOLOGIQUES ET ÉCOLOGIQUES.

Les oléagineux et protéagineux, cultivés aussi bien dans les zones tempérées que dans la zone intertropicale, sont soit des plantes annuelles, soit des plantes pérennes. Ils sont principalement exploités pour leurs fruits ou leurs graines.

Les oléagineux.
Pour la majorité des espèces oléagineuses, l'utilisation des organes récoltés sur la plante est double : on en extrait de l'huile, principalement pour l'alimentation humaine, puis le produit dérivé, appelé tourteau, est utilisé en alimentation animale et pour d'autres emplois industriels. Lorsque le tourteau est particulièrement riche en protéines, les plantes sont simultanément oléagineuses et protéagineuses et sont qualifiées d'« oléo-protéagineuses ».

Les principales espèces oléagineuses alimentaires (outre le soja et l'arachide étudiés ci-dessous) sont le palmier, le tournesol, le colza et l'olivier. Les espèces qui fournissent une huile à usage industriel, comme le lin ou le carthame, ont perdu de leur importance. Le palmier *(Elaeis guineensis)* est un arbre cultivé dans la zone tropicale humide, principalement en Malaisie, en Indonésie, en Océanie et en Afrique. Son aire de culture est peu extensible en latitude et en altitude en raison d'exigences en température élevées, et d'une faible résistance au manque d'eau. Les fruits du palmier, rassemblés en régimes, donnent lieu à l'extraction de deux huiles : l'huile de palme issue de la pulpe des fruits et l'huile de palmiste extraite, en moindre quantité, des graines. Le tournesol *(Helianthus annuus)* est principalement cultivé en U.R.S.S., en Europe, en Argentine et en Chine. Ses besoins thermiques et hydriques, élevés pour une plante de région tempérée, en font une culture à localisation méridionale en Europe. L'huile est extraite des graines rassemblées en grand nombre dans le cœur de chaque fleur, le capitule. Le colza *(Brassica napsus oleifera)* est cultivé principalement en Chine, en Inde, au Canada et en Europe. Les variétés européennes nécessitent des températures froides en hiver pour obtenir un déroulement normal du cycle de végétation, ce qui circonscrit leur culture à des régions septentrionales. Plante à port herbacé et à ramifications nombreuses, le colza produit des fruits appelés *siliques* contenant chacun une douzaine de petites graines dont on extrait l'huile.

L'olivier *(Olea europea sativa)* est un arbre au feuillage persistant, qui exige une grande luminosité et des hivers doux. Caractéristique de l'agriculture du bassin méditerranéen, il fournit l'huile d'olive, obtenue par pressage des fruits parvenus à complète maturité. Les olives de consommation sont soit cueillies un peu avant maturité et traitées pour être rendues moins amères (olives vertes), soit cueillies bien mûres (olives noires).

Les protéagineux.
Les principales espèces de protéagineux sont les suivantes : le soja *(Glycine max)*, cultivé surtout aux États-Unis, au Brésil et en Chine, et l'arachide *(Arachis hypogea)*, cultivée en Inde, en Chine, en Afrique et aux États-Unis, également utilisés pour la production d'huile ; le poids chiche *(Cicer arietinum)*, la lentille *(Lens culinaris)* et le haricot *(Phaseolus vulgaris)*, destinés à l'alimentation de l'homme. Le pois *(Pisum sativum)*, le lupin *(Lupinus spp.)* et la fève *(Vicia faba)*, autrefois largement consommés par l'homme, sont maintenant surtout destinés aux animaux. D'autres espèces moins répandues, comme *Cajanus cajan*, *Psophocarpus tetragonobulus* et *Vigna spp.*, sont essentiellement vouées à une consommation locale dans les régions tropicales. L'espèce *Vigna* est le soja vert que l'on emploie sous forme de pousses germées dans la cuisine asiatique. L'appartenance de ces protéagineux à la même famille botanique (les papilionacées) est la source de similitudes morphologiques et physiologiques : le port est généralement herbacé ; les fruits sont des gousses contenant de deux à dix-sept graines ; la nutrition azotée peut emprunter la voie de la fixation de l'azote atmosphérique, grâce à une symbiose avec des bactéries telluriques du genre *rhizobium*. •

Aspect et culture

Plantes arborées, arbustives ou herbacées, annuelles ou pérennes, plantes de climat tempéré, tropical ou équatorial, utilisation des fruits ou des graines, production manuelle, maraîchère ou en plantation, ou production mécanisée et intensive : rien de plus divers, tant dans l'aspect que dans le mode de production, que les espèces du groupe des oléagineux et protéagineux. Ce sont des cultures précieuses par leur richesse nutritionnelle, valorisée dans des économies vivrières.

Les techniques de production

LES TECHNIQUES DE CULTURE S'ADAPTENT À LA DIVERSITÉ DES PLANTES COMME AUX CARACTÉRISTIQUES DU MILIEU.

Quatre des principales espèces oléagineuses donnent lieu à une exploitation en plein champ (soja, tournesol, colza, arachide). Soja, tournesol et colza présentent des similitudes de culture en région tempérée : ce sont des « têtes de rotation » dans des successions céréalières, menées de manière intensive et entièrement mécanisées, avec parfois recours à l'irrigation. Comme pour les céréales, aux interventions techniques classiques en constante évolution (travail du sol, semis, fertilisation, protection des cultures) s'ajoutent de nouvelles techniques comme l'utilisation de régulateurs de croissance. Les objectifs de rendements élevés, mais également de qualité des graines, soustendent ces évolutions, ainsi que les programmes de recherche pour l'amélioration variétale.

Malgré les similitudes entre espèces protéagineuses, une réelle diversité existe dans la façon de les cultiver. En zone tropicale ou subhumide, les techniques maraîchères concernent surtout les espèces *Vigna, Cajanus* et *Psophocarpus.* Parallèlement, il existe une culture de plein champ, manuelle ou mécanisée, monospécifique, c'est-à-dire qui ne concerne qu'une seule espèce (cas du pois chiche en Inde), ou en culture associée (cas du haricot associé au maïs au Mexique). En zone tempérée ou semi-aride, la culture des protéagineux est essentiellement de plein champ, monospécifique et se pratique en rotation avec d'autres cultures.

Sauf pour quelques espèces et variétés à fort développement végétatif, pérennes et maraîchères, l'ensemble des cultures de protéagineux peut être mécanisé. Dès lors, ce sont essentiellement les disponibilités financières et en main-d'œuvre qui influent sur le type d'exploitation (manuelle, mécanisée, motorisée) et sur le nombre et la forme des interventions techniques. La fertilisation des cultures de protéagineux est particulière, puisque la fixation de l'azote atmosphérique, couvrant jusqu'à 70 % des besoins de la plante, permet dans la plupart des cas de se passer d'apports massifs d'engrais azotés.

Les programmes d'amélioration génétique des protéagineux visent, en utilisant la richesse génétique de ces espèces, à augmenter et stabiliser les rendements. Ils tendent également à améliorer la qualité des protéines produites en accroissant leur teneur en acides aminés soufrés.

Les cultures de palmiers et de cocotiers sont des plantations à production échelonnée tout au long de l'année et sont productives seulement après un délai de quatre à six ans. Elles présentent des possibilités limitées de mécanisation : seuls l'entretien phytosanitaire et la fertilisation peuvent être mécanisés. Les opérations de germination, de plantation et, surtout, de récolte restent manuelles. L'amélioration génétique progresse plus lentement que pour les cultures annuelles, mais les rendements en huile (de 1 à 2 tonnes par hectare pour le cocotier et de 3 à 6 tonnes pour le palmier) en font des cultures oléagineuses qui prennent une place croissante dans la production mondiale et dans les échanges internationaux.

L'olivier, arbre de longue durée de vie, supporte bien la sécheresse, mais les températures inférieures à –10 °C lui sont fatales. Les façons culturales sont mécanisables, mais la récolte des olives reste encore le plus souvent manuelle. Les méthodes mécaniques de récolte, grâce à des appareils qui font vibrer le tronc, ne sont en effet applicables que si les arbres ont été formés et taillés de manière appropriée. Or, ce n'est généralement pas le cas des anciennes plantations. Les rendements de l'olivier, assez variables d'une année à l'autre et très inférieurs à ceux des palmiers, sont de l'ordre de 200 kg d'huile par hectare, pour une plantation de 300 arbres à l'hectare, non irriguée. Pour toutes ces raisons, l'olivier à huile est en régression alors que les nouvelles plantations sont destinées à la production d'olives de table. •

3. Capitule de tournesol en pleine floraison (France).

2. Palmier à huile (Malaisie).

Intérêts et risques agronomiques

LA CULTURE DES OLÉAGINEUX ET DES PROTÉAGINEUX EST PRÉCIEUSE MAIS DOIT ÊTRE RAISONNÉE.

Les oléagineux et les protéagineux disposent d'atouts sur le plan agronomique. En premier lieu, la fixation symbiotique de l'azote par les protéagineux est utilisée pour économiser l'engrais : elle en limite les dépenses pour la culture de protéagineux elle-même, et pour les autres plantes exploitées en même temps ou après cette culture. Plus généralement, les oléagineux et protéagineux introduits en agriculture intensive (soja, colza, tournesol, pois, fève, lupin) le sont soit pour remplacer une tête de rotation dont l'intérêt local décroît, soit afin d'interrompre des successions céréalières. Ils présentent alors dans une exploitation agricole les intérêts suivants : économies d'engrais (protéagineux surtout), ruptures dans les cycles de développement des parasites et des adventices des céréales, amélioration possible de la structure du sol grâce à leurs racines. Ces avantages sont également valorisés dans des systèmes de culture plus traditionnels (maraîchage, associations de culture), toutefois, dans ce cas, la présence de ces espèces reste tout d'abord justifiée par leur intérêt nutritionnel.

Mais les cultures de protéagineux et d'oléagineux présentent également, au même titre que les autres espèces, des risques agronomiques que l'on ne saurait négliger. C'est dans la lutte contre les ennemis des cultures que ces risques sont le plus sensibles. Pour les espèces plantées pour de longues durées (de l'ordre de plusieurs décennies) comme le palmier et le cocotier, la permanence des plantes cultivées dans un environnement climatique peu variable au cours d'une année facilite le développement récurrent de maladies et d'arthropodes nuisibles.

Dans le cas de successions de plantes annuelles, le retour trop fréquent de la culture sur une même parcelle entraîne une prolifération de parasites. C'est là l'origine de rythmes de retour lents de ces cultures sur une même parcelle : de quatre à sept ans d'intervalle entre deux passages de la même espèce pour la majorité des oléagineux et protéagineux en Europe. En outre, l'extension importante d'une espèce dans une région donnée peut provoquer l'essor de nouvelles maladies, comme les maladies à bactéries ou à virus contre lesquelles la lutte demeure difficile.

Enfin, l'introduction de ces espèces se heurte parfois à des exigences antagonistes : la culture du soja en France, par exemple, nécessite une inoculation par le *Rhizobium japonicum,* mais cette inoculation par les méthodes actuelles d'enrobage des graines est difficilement compatible avec une lutte efficace contre des maladies fongiques spécifiques, véhiculées par les semences. •

4. Gousses de soja à maturité (France).

Les échanges internationaux d'oléagineux

Les produits oléagineux exportés sont d'abord le soja (première place pour les graines et seconde pour les huiles), des États-Unis, du Brésil et de l'Argentine à destination surtout de l'Europe et du Japon, et l'huile de palme, de Malaisie et d'Indonésie à destination de l'Europe et de l'Inde. Viennent, assez loin derrière, les huiles de tournesol, coprah et colza. Mais il faut noter que 80 % des graines et 65 % des huiles produites à l'échelle mondiale sont utilisées dans leur pays d'origine.

Le soja occupe également une place dominante sur le marché des matières riches en protéines destinées à l'industrie des aliments du bétail : son tourteau est la denrée la plus échangée dans ce domaine (des États-Unis, du Brésil et d'Argentine vers l'Europe), les autres protéagineux utilisés en alimentation animale et humaine étant surtout consommés dans leur région de production.

5. Récolte du niebé (sorte de haricot) en Afrique.

Les plantes sucrières

SI LA CANNE ET LA BETterave se partagent à peu près à égalité la production de sucre dans le monde d'aujourd'hui, cet équilibre n'est pas ancien : la culture de la betterave sucrière date d'un siècle et demi alors que la canne à sucre est cultivée en Inde et en Chine du Sud depuis des millénaires.

Ni les Grecs, ni les Latins, ni le monde occidental jusqu'au Moyen Âge ne connurent vraiment le sucre, seuls le miel, des fruits séchés apportant un goût sucré. Cependant, la culture de la canne s'est progressivement étendue vers les régions chaudes de l'Occident. La légende attribue à Alexandre le Grand, de retour de l'Indus, les premières boutures de canne acclimatées en Palestine. Les croisés découvrirent avec intérêt cette poudre blanche cristallisée, le saccharose, alors appelée sel indien, considéré comme un médicament précieux. La culture de la canne s'étend vers les îles grecques, Malte, la Sicile et l'Andalousie. La République de Venise s'assure, au XVe siècle, un monopole du sucre en Méditerranée et construit, sur son territoire, des raffineries, tandis que les Portugais implantent la canne à Madère et les Espagnols aux Antilles. La culture de la canne et le commerce international du sucre à destination de l'Europe prennent alors une importance décisive. La colonisation, l'esclavage et la traite des Noirs vers les plantations des Amériques vont favoriser leur développement. Au début du XIXe siècle, le Blocus continental sera à l'origine de l'expansion de la betterave sucrière en Europe, où, aujourd'hui, elle est limitée par la politique agricole de la C.E.E.

La canne à sucre

GRAMINÉE TROPICALE, LA CANNE À SUCRE EST UN GRAND ROSEAU DONT LES TIGES DE 2 À 5 M DE HAUT SONT COUPÉES CHAQUE ANNÉE PENDANT QUATRE ANS.

La canne à sucre est une des grandes plantes cultivées dans le monde. Elle réclame des sols si possible riches, par exemple d'origine volcanique ou alluvionnaires, et un climat chaud et humide, de l'ordre de 2,5 m d'eau par an. À partir de l'espèce initiale *(Saccharum officinarum),* des variétés hybrides ont été mises au point par croisement avec d'autres espèces du même genre, *S. robustum, S. spontaneum* et *S. barberi,* l'objectif étant d'obtenir pour une région donnée un hybride ayant un rendement en sucre maximal à l'hectare. Si le rendement en poids est l'objectif final, toute une série d'objectifs intermédiaires sont éventuellement retenus : aptitude à l'irrigation, à la fumure, à la repousse d'une année sur l'autre, à la mécanisation de la récolte.

La préparation du sol demande beaucoup de soins, en particulier quand il s'agit d'implanter la culture après un abattage de forêt qui nécessite un dessouchage et des labours profonds. Pour la plantation proprement dite, on procède par bouturage, les boutures de 20 à 30 cm étant installées au fond d'un sillon, soit à la main, soit mécaniquement. Après levée et tallage, les nouvelles tiges se développent, croissent et fleurissent, donnant des inflorescences soyeuses en plumeau. C'est alors que commence la phase de maturation et de récolte, que l'on essaye d'étaler sur 4 à 6 mois pour approvisionner l'usine de traitement d'une manière régulière. La canne vierge mûrit en 12 ou 18 mois. Après sa récolte, les rejets de souche peuvent donner plusieurs récoltes de repousses, chaque année suivante pendant 3 à 4 ans. Effectuée manuellement ou mécaniquement, la récolte consiste à couper les tiges au ras du sol et à les débarrasser de leur bouquet foliaire ou « bout blanc », avant de les transporter à la sucrerie. Le grand problème de la culture de la canne est celui des maladies – bactéries (gommose, leaf-scald ou échaudement), virus (mosaïque), champignons (mildiou, fusariose) –, ou des parasites comme les termites, les borers ou les rats. Les maladies, souvent endémiques et plus ou moins stabilisées dans une région donnée, peuvent entraîner de véritables catastrophes

La rivalité canne/betterave

L'APPARITION DU SUCRE DE BETTERAVE, CONSÉQUENCE DU BLOCUS CONTINENTAL ET DES GUERRES DE NAPOLÉON, A ENTRAÎNÉ UNE RIVALITÉ PERMANENTE ENTRE LES DEUX PLANTES SUCRIÈRES.

Bien que géographiquement séparées, et de ce fait complémentaires, la canne à sucre et la betterave sont, en fait, en concurrence. Si le premier pain de sucre fabriqué en France à partir de betterave par Benjamin Delessert est présenté, en 1812, à Napoléon, le véritable développement de la culture de betterave n'aura lieu qu'une cinquantaine d'années plus tard, après l'abolition de l'esclavage demandée par Victor Schoelcher et obtenue en 1848. Pendant tout le XIXe siècle, les partisans du sucre de canne mènent le combat contre le sucre de betterave qualifié « d'indigène » et auquel on prête des défauts de toute nature : caractère moins sucrant, goût amer, transmission de diverses maladies, etc. En réalité, les administrateurs des grands ports, les commerçants importateurs, les raffineurs veulent s'opposer à l'implantation de la culture de la betterave. Dans cette lutte, ils sont appuyés par les Anglais, désireux de maintenir un commerce maritime international qu'ils contrôlent en grande partie.

Mais les recherches se poursuivent pour améliorer les conditions de production de sucre de betterave : la richesse de la racine atteint 10 %, les rendements au champ s'améliorent et les usines augmentent à la fois leur performance et la qualité du sucre mis sur le marché. En 1850, 120 000 tonnes de sucre de betterave sont commercialisées, ce qui correspond à une consommation moyenne de 3,2 kg par Français et par an, et représente environ 10 % de la consommation moyenne actuelle.

Aujourd'hui, la rivalité canne-betterave se manifeste toujours à l'échelle des marchés internationaux. Par contre, en France et en Europe, la puissance politique des betteraviers et leur poids économique sont solidement établis. En fait, le problème n'est plus pour les producteurs de saccharose de se concurrencer entre eux mais bien de faire face tant à la fois à la surproduction mondiale et à la double concurrence des édulcorants chimiques et des sucres issus de céréales. •

1. Récolte manuelle de la canne à sucre.

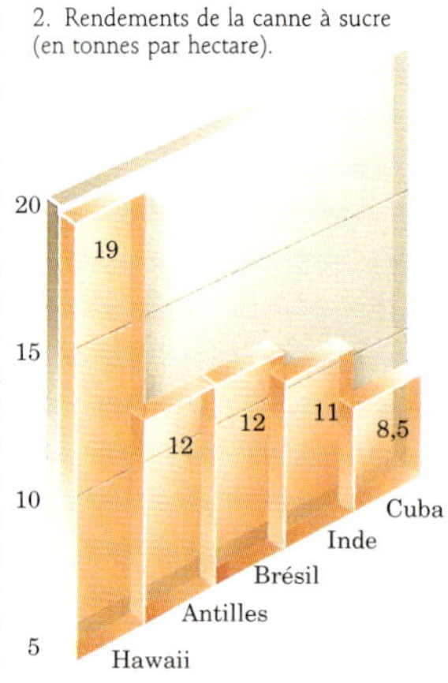

2. Rendements de la canne à sucre (en tonnes par hectare).

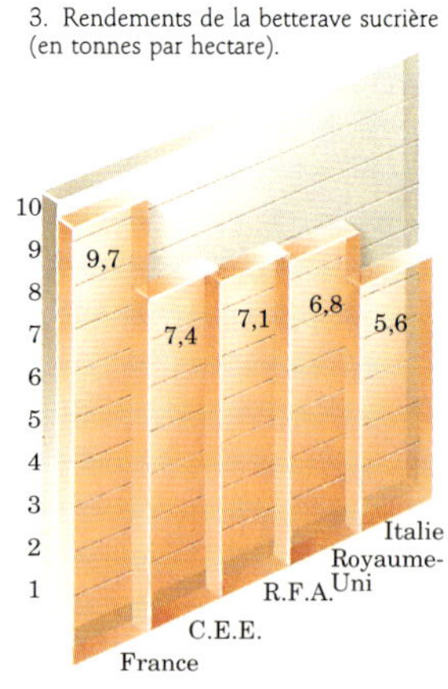

3. Rendements de la betterave sucrière (en tonnes par hectare).

En % de la production mondiale

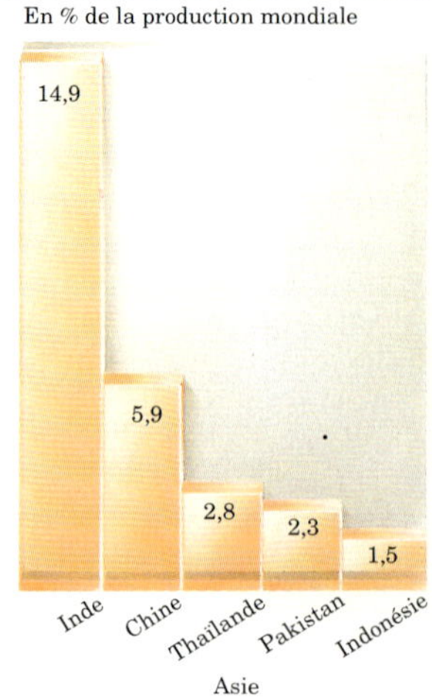

si elles apparaissent dans d'autres régions. Aussi, des stations de quarantaine sont établies et des variétés résistantes recherchées dans les grands centres qui existent à la Barbade (Antilles britanniques), en Louisiane, en Inde (Coimbatore), à Hawaii, en Afrique du Sud (Natal), à Java et en Australie. Les rendements de canne sont extrêmement variables d'une région à l'autre. Mais on estime qu'en culture sèche le minimum économique est de 65 t/ha (soit 9 à 10 t de sucre), alors qu'il est du double en culture irriguée (la canne contient de 13 à 18 % de saccharose).

La culture de la canne à sucre s'étend maintenant en Afrique (Cameroun, Côte-d'Ivoire, Centrafrique et Madagascar). Elle s'est aussi développée au Brésil et aux États-Unis (Floride et Texas). •

La betterave sucrière

LA BETTERAVE EST LA PLANTE SUCRIÈRE DES RICHES PLAINES DE L'EUROPE ATLANTIQUE ET CONTINENTALE.

Cultivée en alternance avec le blé, pour lequel elle constitue un excellent précédent, la betterave, plante de la famille des chénopodiacées *(Beta vulgaris L.)*, demande une bonne préparation du sol avec un labour d'hiver permettant un ameublissement en profondeur, et des façons superficielles pour préparer finement le lit de semences. Autrefois, après les semis, on devait arracher les plantules en surnombre, opération appelée démariage, qui demandait une main-d'œuvre abondante. Aujourd'hui, l'utilisation de semences monogermes et de semoirs de précision permet une mécanisation du semis ; de même, le désherbage n'est plus manuel mais chimique. La croissance de la betterave (et de sa racine) s'effectue au printemps et durant l'été, où ses besoins en lumière sont très importants. Un bon mois de septembre ensoleillé est favorable à la teneur en sucre, selon l'adage : « C'est septembre qui fait la betterave. » Fin septembre-début octobre commencent les récoltes avec des machines qui combinent les opérations d'arrachage, de décolletage, d'effeuillage et de chargement sur des camions de livraison à destination de la sucrerie. Les rendements obtenus sont de l'ordre de 80 t de racines par hectare, soit 8 t de sucre, le rendement en saccharose pouvant atteindre 20 %.

Traditionnellement, les principales régions betteravières sont au nord de la France : Nord-Pas-de-Calais, Picardie. Depuis la Seconde Guerre mondiale, la culture de betterave a connu un développement qui s'est traduit surtout par de nouvelles cultures et de nouvelles sucreries, implantées en Champagne : les départements ayant aujourd'hui la plus forte production sont l'Aisne et la Marne. Après une phase de croissance à la fois des surfaces, des rendements et de la consommation de sucre, un ralentissement s'est produit autour des années 1970 et les surfaces consacrées à la betterave ont depuis lors régressé, mais les rendements ont continué à augmenter, si bien que la production de sucre demeure relativement stable.

Dans la C.E.E., une politique de quotas a été établie pour éviter une surproduction généralisée. Cette politique betteravière et sucrière a été l'un des premiers acquis de la Communauté européenne : le groupe de pression des betteraviers a été aussi actif à Paris qu'à Bruxelles et son rôle n'a pas été négligeable dans la construction de l'Europe agricole. Dans la C.E.E. à 12, la France représente 22 % des superficies betteravières, un peu plus que la République fédérale d'Allemagne.

Les efforts poursuivis pour conquérir des marchés extérieurs ont été appuyés par la C.E.E. et 40 % de la production française de sucre, nature ou sous forme de produits sucrés, sont exportés vers les pays tiers. Cependant, la situation de surproduction mondiale crée de médiocres perspectives pour le marché du sucre ; aussi les betteraviers se tournent-ils vers d'autres débouchés industriels. C'est ainsi que la part des betteraves destinées à la fabrication d'alcool représente 5 % de la production et que l'alcool carburant permet certains espoirs. •

Une phase essentielle : la récolte

La betterave et la canne, récoltées annuellement, présentent des différences botaniques considérables et sont cultivées dans des conditions très variées. Les rendements en sucre à l'hectare sont à l'avantage de la canne (2, 3). Pour la récolte betteravière, qui se déroule sous nos climats à l'automne, la mécanisation est généralisée (4). On utilise des engins qui creusent le sol pour extraire la racine gorgée de sucre. Les betteraves, souvent souillées de terre, sont transportées vers les sucreries où elles doivent être traitées dans les meilleurs délais. Pour la canne à sucre, dont seule la partie aérienne est récoltée, la coupe est encore manuelle dans les régions où la main-d'œuvre est bon marché (1). Dans un pays comme Cuba, la « Zaffra », récolte manuelle collective, représente un événement économique et social de première grandeur. Plus encore que la betterave, la canne à sucre doit être rapidement traitée une fois récoltée. Dans beaucoup de pays, la récolte de la canne à sucre est maintenant mécanisée grâce à de puissantes récolteuses-tronçonneuses.

4. Récolte mécanisée de la betterave sucrière.

5. Les principales zones de production (en % de la production mondiale).

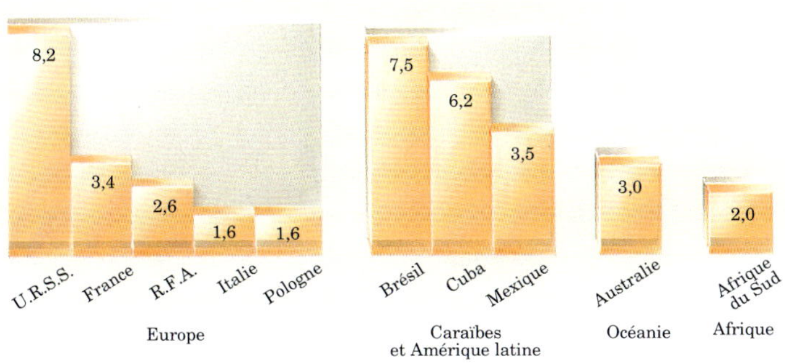

La production de sucre

L'Inde est le premier producteur mondial de sucre, suivie par le Brésil et Cuba, deux pays dont la production remonte à la période coloniale. En Europe, la France et la R.F.A. arrivent en tête, grâce à l'extension importante de la culture de betterave sucrière. L'U.R.S.S. est également un important pays producteur. Le marché mondial du sucre est soumis à des crises périodiques de surproduction.

Autres plantes saccharifères

LA SÈVE DE CERTAINS ARBRES, COMME L'ÉRABLE DES RÉGIONS FROIDES ET LE PALMIER À SUCRE ASIATIQUE, EST RICHE EN SACCHAROSE. LES CÉRÉALES PERMETTENT D'OBTENIR DU SIROP DE FRUCTOSE.

Parmi les plantes contenant du sucre, qui sont d'ailleurs très nombreuses, bien peu sont exploitées à l'échelle industrielle ou même artisanale. La sève de l'érable *(Acer saccharum)*, arbre nord-américain et plus encore canadien, contient 4 % de sucre et fournit, après chauffage et brassage, un sirop à 60 % de saccharose ayant l'aspect d'un miel sombre et un arôme spécifique. La production du sirop d'érable, malgré son succès commercial, représente des tonnages limités. Parmi les arbres, les palmiers ont également une sève riche en sucre et particulièrement le borassus en zone tropicale (Inde, Afrique). De même, le fruit d'une césalpiniacée, le caroubier, abondant dans les régions méditerranéennes, contient de 20 à 25 % de sucre.

Des plantes voisines de la canne à sucre ont été, à certaines époques, exploitées, tel le sorgho (*Sorghum vulgare,* famille des andropogonées) qui a l'avantage d'exiger moins de chaleur que la canne ; mais, dans les zones tempérées chaudes, des variétés de betteraves adaptées donnent de meilleurs rendements. Si le couple canne/betterave semble n'avoir guère de concurrent potentiel pour produire du saccharose, il en va tout autrement de la fabrication de sirop de fructose, à partir de diverses céréales, comme le maïs aux États-Unis ou le blé en France, qui ont l'avantage de fournir industriellement des produits à bonne valeur sucrante, à moindre coût et surtout à l'état liquide, ce qui est un avantage industriel considérable, en particulier pour l'industrie des boissons. En outre, les résidus industriels des céréales traitées pour l'obtention de fructose trouvent une utilisation comme aliment pour les animaux domestiques. Tel est le cas notamment du résidu du maïs *(corn gluten feed)*, devenu une matière première importante de l'industrie fabriquant des aliments composés pour le bétail.

Sur le plan nutritionnel, ces produits fournissent un peu moins de calories que le saccharose, avantage supplémentaire à l'ère des produits allégés. Toutefois, l'objectif de l'allègement nutritionnel est encore mieux atteint avec des produits végétaux qui fournissent un goût sucré sans apporter la moindre calorie. Les prospections botaniques et les recherches biochimiques pour découvrir des plantes ou des produits végétaux édulcorants ont été très importantes au cours des dernières années. De fait, une voie nouvelle est ouverte avec le sylitol, le mannitol qui ont l'intéressante propriété d'être non cariogènes. •

→ **Voir aussi :** Sucre et confiseries, ALIM, p. 500-501.

Les légumes

LES LÉGUMES, QUI ONT partout une grande importance dans l'alimentation humaine, sont cultivés sous toutes les latitudes, dans les agricultures développées comme dans celles qui n'emploient que des moyens rudimentaires. Ils occupent même une place appréciable en dehors de l'agriculture, dans les jardins familiaux des citadins ou des ruraux non agriculteurs.

Les plantes considérées comme des légumes sont très nombreuses et très diverses, tant par leurs caractéristiques botaniques que par leur morphologie et par les parties qu'on en consomme.

Cette diversité est sans doute due à l'extrême dispersion des berceaux d'origine et aux fortes transformations qu'ont subies, au cours des âges, sous l'action de la sélection opérée par l'homme, les formes botaniques originelles de la gamme remarquable de légumes dont nous disposons maintenant.

Les méthodes de production et les lieux de culture sont également divers. Les légumes étant des denrées périssables, les premiers foyers de culture destinés à alimenter les populations urbaines se trouvaient à proximité des villes afin de pouvoir acheminer rapidement ces productions aux points de vente. C'est pourquoi ces ceintures maraîchères, dont beaucoup ont maintenant disparu, ont fait partie jusqu'à un passé récent du paysage périurbain. Avec le développement du transport routier en camion réfrigéré et même du transport aérien, les cultures légumières ont pu s'éloigner des villes pour s'étendre dans les régions où le milieu naturel leur est plus favorable, en particulier celles de climat méditerranéen et certaines zones intertropicales, où les conditions de culture permettent d'obtenir des produits tôt en saison, les primeurs.

Les légumes se consomment essentiellement frais ou sous une forme qui préserve tout ou partie des qualités du produit frais (conserve, surgelé). Les maraîchers ont toujours essayé d'élargir autant que possible les périodes de récolte. C'est la raison pour laquelle, là où une longue saison froide limite la période de culture, des méthodes ont été mises au point visant à artificialiser le milieu. Ces méthodes s'appliquent à la culture sous serre, qui permet d'obtenir des légumes à contre-saison.

Qu'est-ce qu'un légume ?

LE MOT LÉGUME DÉSIGNE LA PARTIE CONSOMMÉE DES PLANTES ET LES PLANTES ELLES-MÊMES, D'UNE GRANDE DIVERSITÉ MORPHOLOGIQUE.

L'évolution du contenu du mot légume peut être perçue à travers l'étymologie. Légume, attesté dès 1530, est dérivé du latin *legumen,* qui désigne le fruit (cosse) des légumineuses dont les graines sèches ont longtemps constitué, avec les céréales *(frumenta),* la base de l'alimentation humaine. Ultérieurement, le terme a inclus le sens du mot latin *(h)olus,* désignant des espèces dont les feuilles étaient consommées, généralement après cueillette dans les friches. La définition du mot légume pourrait être la suivante : « Nom générique des plantes dont certaines parties entrent dans l'alimentation sans avoir subi de transformation industrielle majeure, mais après avoir été éventuellement soumises à un procédé de conservation ou d'élaboration culinaire avant la vente au détail. »

Sous cette définition, beaucoup de taxons et toutes les parties d'un végétal peuvent être légume. Environ 1 350 espèces de phanérogames forment l'essentiel, mais les autres groupes revêtent une certaine importance locale : pour les gymnospermes, cycas à sagou en Malaisie ; pour les phycophytes, *Ulva, Laminaria, Rhodymenia, Porphyra ;* pour les cyanophytes, plusieurs *Nostoc.* Ils ne sont généralement pas cultivés. Si la plupart des mycophytes (champignons) sont encore des produits de cueillette, leur domestication a beaucoup progressé grâce aux travaux des chercheurs. Une même espèce peut fournir plusieurs produits. Ainsi en est-il de plantes tropicales comme *Sechium edule,* originaire d'Amérique centrale, qui fournit des fruits agréables, proches de la courgette, commençant à être appréciés sur le marché français, des jeunes pousses formant d'excellentes brèdes et jusqu'à une dizaine de tubercules. Autre exemple : les feuilles, fleurs et jeunes capsules de *Moringa pterygosperma* (en anglais *horseradish tree*), arbuste de quelques mètres, sont couramment consommées aux Indes, les jeunes pousses sont fourragères, les racines condimentaires.

Généralement, on consomme une seule partie d'une plante considérée comme légume : le fruit (tomate, poivron, melon, aubergine, courgette, haricot), l'inflorescence (artichaut, chou-fleur, brocoli), la graine (pois, fève), la tige (asperge, poireau, cœur de palmier, pousse de bambou), le tubercule (topinambour, crosne, igname), la racine (betterave rouge, navet, carotte, rave, céleri-rave, radis, salsifis), le bulbe (oignon, fenouil), les feuilles (épinard, oseille, laitue, choux) ou le pétiole (cardon, bette, céleri-branche). On distingue les légumes frais, consommés, crus ou cuits, rapidement après la récolte ou après surgélation, les légumes en conserve et les légumes secs, qui sont des graines de légumineuses (lentilles, haricots, pois chiches), consommés cuits. •

Production des principaux légumes dans le monde (en millions de tonnes)

Espèces	*Total*	*Asie*	*Amériques*	*Afrique*	*C.E.E. (12)*	*dont France*
Tomate	59,5	15,0	15,5	6,0	12,2	0,8
Chou	38,8	16,5	2,5	0,7	1,8	–
Pastèque	28,0	16,0	4,0	2,0	1,9	–
Oignon	25,0	12,0	4,0	2,0	2,9	0,2
Carotte	13,0	3,5	2,0	0,4	2,3	0,5
Concombre	12,3	7,0	1,0	0,3	1,1	0,1
Melon	8,8	4,0	1,5	0,7	1,6	0,3
Piment	8,8	4,0	1,0	1,3	1,3	–
Courge	6,0	1,0	1,0	1,0	0,6	–
Aubergine	5,5	4,5	0,1	0,4	0,5	–
Laitue	3,0	–	–	–	1,9	0,3
Chou-fleur	4,3	1,7	0,3	0,1	2,0	0,5

Diversité des espèces et dispersion géographique de la production

La production mondiale totale de légumes est de l'ordre de 415 millions de tonnes sur 32 millions d'hectares. La répartition géographique est largement tributaire du climat, du nombre de consommateurs et de leurs habitudes alimentaires. Ainsi s'expliquent la domination de l'Asie pour l'aubergine et la pastèque, l'universalité de la tomate, la localisation du chou-fleur, Italie et France assurant plus de 50 % de la production de la C.E.E., celle de l'artichaut, presque confiné en Méditerranée. En conséquence, l'Espagne, l'Italie et la France dominent la plupart des productions de la C.E.E. Cependant, les Pays-Bas sont toujours bien placés pour certaines productions (1er producteur de concombre) grâce à leur technicité et à leur organisation commerciale.

1. Récolte manuelle de concombres en serre.

2. Récolte mécanique de tomates.

De la plante sauvage au légume cultivé

L'ÉVOLUTION DES PLANTES QUI ONT DONNÉ LES LÉGUMES, DEPUIS L'ÉTAT SAUVAGE JUSQU'AUX ESPÈCES ET VARIÉTÉS CULTIVÉES, BIEN QUE SOUMISE AUX PROCESSUS HABITUELS, A ABOUTI À DES TRANSFORMATIONS RADICALES.

Dans le processus d'évolution, on observe une action combinée du choix des plantes que l'on reproduit et du milieu. D'un côté, le choix qui est fait d'individus répondant le mieux aux besoins du moment accentue les ruptures dans l'évolution. D'un autre, les transformations imposées par l'homme au milieu introduisent un crible de sélection à mailles variables. Il se produit une interaction entre le choix des individus et ces transformations, qui optimise les deux actions. Cette interaction marque spécialement les espèces à multiplication végétative, dominantes sous les tropiques humides. Un même processus peut provoquer la diversification. Ainsi, l'épaississement de chacun des organes d'une rosette primitive – l'ensemble des feuilles disposées en cercle à l'extrémité basse d'une tige – a abouti à au moins sept légumes, du chou-rave au brocoli.

Toutes les aires de différenciation ont fourni des progéniteurs, plantes qui ont donné les individus à l'origine de nos légumes actuels, mais celles d'Amérique sont particulièrement riches. Il y a eu très tôt des échanges qui ont permis de véhiculer la descendance de ces plantes, d'abord dans l'Ancien Monde, puis entre celui-ci et l'Amérique à partir du XVIe siècle. Des centres géographiques secondaires ont joué aussi un très grand rôle dans la sélection et la fixation des légumes. C'est le cas, par exemple, du melon *Cucumis melo L.* Probablement originaire du Kalahari, il était ramassé primitivement en raison de l'attraction pour son fruit riche en eau et en dépit d'éventuelles cucurbitacines toxiques, éliminées ultérieurement par sélection. Puis, sans doute assez tôt, se sont différenciés, au Moyen-Orient, le melon d'hiver et surtout le groupe des melons Cantaloup, à l'origine du Cantaloup charentais qui a supplanté les autres variétés. De là, une migration vers l'Asie centrale s'est accompagnée de l'apparition de nombreux taxons infraspécifiques dont l'un est devenu adventice sur place et un autre est passé en Afrique du Nord par le Moyen-Orient pour donner le fakouss, utilisé comme concombre. En Extrême-Orient, deux types se sont différenciés : l'un est à fruits petits conservés en saumure, l'autre est une plante qui fournit des baies très grosses et à chair fade.

Le nombre d'espèces et de variétés de plantes légumières disponibles a culminé à la fin du XIXe siècle. Ainsi, des cinq ou six variétés d'oignon recensées par Pline (Ier siècle), on passe à neuf au XVIIIe siècle, à soixante-quatorze à la fin du XIXe et seulement quarante-deux au Catalogue officiel français de 1989. •

Production et consommation

LA CULTURE DES LÉGUMES EST DIVERSE, EXIGE UNE GRANDE TECHNICITÉ, ENTRAÎNE DES COÛTS TRÈS ÉLEVÉS ET PROVOQUE DE FORTES CONCURRENCES INTERRÉGIONALES.

Les légumes ne représentent en volume que 5 % de la production végétale dans un pays comme la France, mais leur valeur dépasse 15 %, l'importance relative de chaque espèce variant significativement dans l'espace et dans le temps. Les échanges extérieurs représentent 10 à 15 % de la production. D'abord produit autour de l'habitation et limité à des échanges de proximité, le légume a migré en périphérie des agglomérations. Puis, avec l'augmentation de la rapidité des transports et les possibilités offertes par les camions frigorifiques, il s'est éparpillé dans les zones les plus favorables.

Les cultures de plein champ occupent, en France, 230 000 hectares de terres agricoles peu aménagées. Elles sont assez peu intensives, puisqu'elles ne donnent lieu, en général, qu'à une seule culture par an sur la même surface. Elles sont assez mécanisées. En dix ans, le nombre d'exploitations cultivant des légumes a diminué de moitié et la surface moyenne par exploitation a doublé. Les surfaces occupées par les légumes de conserve, généralement en assolement dans l'exploitation et sous contrat avec des industries, sont de beaucoup les plus importantes.

Les zones maraîchères traditionnelles ont toujours été choisies pour leur climat, leur sol et pour leur situation vis-à-vis du marché. Elles ont été aménagées de longue date par nivellement, amendements massifs, irrigation et protection contre le vent. En conséquence, les cultures – d'ailleurs pas toujours les mêmes – reviennent deux à trois fois sur la même terre au cours d'une année, ce qui est la marque de l'intensification.

Une partie des cultures maraîchères se réalise sous abris et prend le nom de « cultures protégées », dont on compte, en France, 26 000 hectares. Les types d'abris diffèrent essentiellement par les possibilités de régulation thermique. La lumière étant le facteur le plus limitant, surtout en hiver, les zones méditerranéennes sont favorisées. Mais la proximité des marchés, l'organisation commerciale, les niveaux techniques des horticulteurs rapportés aux coûts d'exploitation, tout cela complique la situation, si bien que, par exemple, les serristes méditerranéens français sont concurrencés par des producteurs septentrionaux, comme les Néerlandais.

Pendant longtemps, les légumes ont été la base de l'alimentation, notamment dans les familles pauvres. Les espèces les plus nourrissantes ont donc d'abord été recherchées : tubercules, pour leurs glucides, graines de légumineuses, pour leurs protéines, surtout. De nos jours, les quantités consommées sont liées au revenu, aux ressources locales et aux traditions agricoles et culturelles : environ 20 kg par habitant et par an pour l'Amérique latine, 120 pour le bassin méditerranéen, 80 seulement pour les pays de civilisations anglaise et germanique. Depuis une vingtaine d'années, l'influence culturelle paraît plus déterminante que celle du revenu, du moins dans les pays développés. Dans ces derniers, la consommation de légumes frais a baissé en même temps que la cuisine se simplifiait et que les préparations industrielles se multipliaient. De plus, pendant la même période, la structure de la distribution s'est profondément modifiée, la part des grandes surfaces ayant dépassé 50 % du marché. Les nouvelles formes de distribution ont une grande influence sur le comportement d'une clientèle acceptant par ailleurs le changement et contribuant donc largement à orienter la consommation. •

Perspectives

LE POUVOIR DES GRANDES SURFACES ET LES PROGRÈS DE LA BIOTECHNOLOGIE VONT OBLIGER LES PRODUCTEURS DE LÉGUMES À DE GROS EFFORTS D'ADAPTATION.

Dans l'avenir, les grandes surfaces vont encore accentuer leur domination sur la chaîne production-conditionnement-commercialisation, notamment en poussant à la diversification du produit. Les agriculteurs ne pourront que tenter d'adapter au mieux les deux systèmes de production traditionnels, qui divergent de plus en plus : d'une part, la culture de plein air, très mécanisée, visant au moindre coût pour la meilleure qualité et, pour ce faire, obligée de rechercher les zones favorables ; d'autre part, la production abritée, d'un très haut niveau technique, nécessitant des investissements lourds et impliquant non seulement l'optimisation toujours plus grande de tous les facteurs, mais aussi des déplacements géographiques des productions et des changements drastiques des espèces et des variétés cultivées.

Les améliorations génétiques de la structure de la plante, notamment par le biais des biotechnologies, favorisant son adaptation culturale, et celles de la qualité du produit, améliorant les conditions de la commercialisation, devraient être importantes. Toutefois, l'incertitude qui pèse sur la rentabilité des investissements de recherche et la diminution de la durée de vie des variétés sont un lourd handicap, notamment pour les espèces de faible diffusion dont les performances sont insuffisantes dans nos conditions économiques. Cela nécessitera l'application de méthodes de recherche plus rapides et plus sophistiquées. Il faudra optimiser ce progrès génétique par la qualité des semences et des plants ainsi que par les techniques culturales en recherchant des synergies et des économies d'échelle.

Devant ces perspectives, les structures économiques et la formation des hommes posent de nombreux problèmes. Par exemple, l'organisation néerlandaise, très souple et très pragmatique, intégrant parfaitement recherche, technique et commerce, pourra-t-elle être toujours aussi évolutive qu'elle l'a été ? La formation des maraîchers, encore insuffisante dans beaucoup de pays, pourra-t-elle être améliorée, en dépit de leur faible rémunération, très inférieure à celles d'autres secteurs d'activité ? •

3. Manutention de tomates.

La récolte, phase cruciale et délicate

Les légumes étant des produits périssables qui se détériorent facilement, la récolte demande beaucoup d'attention. Son coût peut être très élevé pour les légumes-fruits (jusqu'à 20 % du total de main-d'œuvre pour la tomate de serre). Une mécanisation poussée est possible pour les espèces destinées à la conserve, en dépit de pertes importantes (jusqu'à 25 %), mais elle demeure impraticable pour les fruits à maturité échelonnée vendus en frais. Dans ce dernier cas surtout, elle doit être réalisée au bon stade. Ainsi, la récolte au stade rouge permet la meilleure qualité possible de la tomate, mais accélère son ramollissement. Un bon conditionnement et la chaîne du froid sont indispensables au maintien de la qualité.

Les arbres fruitiers

L'ARBORICULTURE FRUITIÈRE commerciale moderne est née à la fin des années 1940 (États-Unis, puis Europe occidentale) à la faveur du développement des transports, qui ont rapidement limité l'importance des marchés locaux et fait éclater la structure traditionnelle des ceintures vertes périurbaines. Les plantations massives des années 1960 sont liées au développement de bassins de production situés en conditions plus favorables (climat, irrigation), garantes de rendements importants et réguliers. Des exploitations fruitières s'y sont spécialisées, accroissant progressivement leur superficie.
L'essor des productions, surtout à partir de 1955, a rendu nécessaire la construction de stations fruitières dotées de chambres froides permettant un stockage de longue durée et une meilleure régulation de la mise en marché (pommes, poires). Dès lors, les fruits ont échappé à la stricte saisonnalité et fait l'objet d'échanges internationaux, y compris à contre-saison. La période pendant laquelle un fruit donné est disponible s'en trouve allongée de beaucoup.

L'abondance et la standardisation caractérisent aujourd'hui le marché des fruits frais, dont la consommation n'a plus progressé dans les pays développés depuis 1970. Parmi les facteurs de cette stabilisation, on peut invoquer la lassitude du public face à des produits banalisés (pommes, oranges), la recherche de l'exotisme, la modification des comportements alimentaires (restauration rapide ou collective) surtout favorable aux desserts de substitution. Paradoxalement, les fruits frais bénéficient aujourd'hui d'une image favorable, du fait de leurs qualités diététiques et de naturel. Dans le contexte de cette saturation des marchés, les prix des fruits frais n'ont cessé de diminuer en valeur relative, ce qui contraint les arboriculteurs à une maîtrise accrue des coûts de production (intensification de la conduite des vergers), à une recherche de la valorisation qualitative, et éventuellement à la diversification. Parallèlement, l'organisation économique des producteurs tente d'assurer une gestion optimale des marchés : prévisions d'intervention des organismes de régulation, promotion de l'exportation, publicité générique auprès des jeunes consommateurs, etc.

La transformation prend une part croissante dans l'économie fruitière, qu'elle fournisse des jus, des produits appertisés ou surgelés. La filière qui l'alimente tend à diverger, aux plans technique et économique, de la filière du fruit frais. L'une comme l'autre sont néanmoins soumises à des adaptations et évolutions simultanées : évolution vers une complémentarité des bassins de production, meilleur respect de l'environnement, connaissance approfondie de la biologie du végétal, prise en compte de l'impact du terroir et des techniques culturales sur la qualité des produits face aux exigences des consommateurs.

Production et commerce des principaux fruits dans le monde
en millions de tonnes (source FAO)

fruits	*production (moyenne 1986-1988)*	*principaux pays producteurs*	*échanges (moyenne 1985-1987)*
Bananes (1)	65,5	Brésil, Inde, Philippines	7,3
Agrumes (2)	64,6	Brésil, États-Unis, pays méditerranéens	7,1
Pommes (3)	40,1	U.R.S.S., États-Unis, Chine, France	3,5
Noix de coco	37,7	Indonésie, Philippines, Inde	0,1
Mangues	15,0	Inde, Mexique, Pakistan	–
Ananas (4)	10,3	Philippines, Thaïlande, Brésil	1,5
Poires	9,6	Chine, Italie, États-Unis, U.R.S.S.	0,7
Raisins (5)	8,5	Italie, U.R.S.S., Espagne	1,5
Pêches	8,0	Italie, États-Unis, Chine, Espagne	0,6
Prunes	6,4	U.R.S.S., Roumanie, Yougoslavie	–

(1) dont 35 % de bananes-plantains, à cuire (Afrique)
(2) dont 69 % d'oranges, 13 % de mandarines, 10 % de citrons et de limes, 7 % de pomelos
(3) pommes à cidre y compris
(4) échanges en équivalent frais (mais produits en boîte majoritaires)
(5) raisins frais de table

Les fruits tropicaux sont dominants, tant en production qu'en ce qui concerne les échanges. Pour les agrumes, comme pour les fruits de zone tempérée, on notera la place importante qui revient aux pays méditerranéens : Italie, Espagne, Grèce, France méridionale, Afrique du Nord, Israël.

1. Chantier de taille d'un verger.

2. Abeille butinant du pollen de pommier.

Caractéristiques du matériel végétal

LES PLANTS SONT OBTENUS PAR LE GREFFAGE MAIS LA MICROPROPAGATION EST DESTINÉE À SE DÉVELOPPER.

Sauf en de rares exceptions (pêchers de vigne), les variétés fruitières cultivées, dont la sélection remonte pour certaines au XVIe siècle, n'ont pu être maintenues dans l'espace et le temps que par multiplication végétative. Si certaines espèces sont de bouturage ou de marcottage aisé (arbustes à petits fruits), la plupart y sont rebelles et doivent donc être greffées. Les porte-greffes sont issus soit de semis (types à descendance homogène), soit de bouture ou de marcotte, soit encore de culture *in vitro*. Le greffage est réalisé en été par écussonnage. Après un an d'élevage du bourgeon greffé, le plant fruitier (ou scion) peut être commercialisé.

Les porte-greffes sont devenus au fil du temps des auxiliaires culturaux très précieux pour l'arboriculteur. Ils modulent la vigueur, le port et la fertilité des variétés, tout en améliorant souvent les caractéristiques des fruits : calibre, coloration, teneur en sucres ou en jus. La généralisation des porte-greffes nanifiants, liée à l'accroissement des densités de plantation, en est un bon exemple. Les porte-greffes permettent également une meilleure adaptation des variétés au contexte cultural : sol trop calcaire ou trop humide, présence de parasites telluriques nuisibles à la culture.

La certification des plants fruitiers garantit à l'arboriculteur la conformité de la variété et du porte-greffe par rapport aux clones jugés les plus performants, et l'absence de toute maladie de dégénérescence (virus ou mycoplasme), dont la présence pourrait compromettre la rentabilité même de la plantation (baisse de la vigueur des arbres, des rendements et de la qualité des fruits). Elle est désormais de règle dans le cadre du commerce international de plants fruitiers.

La culture des variétés fruitières sans porte-greffe, issues de micropropagation, s'appliquera sans doute aux vergers industriels implantés en situation favorable. Elle pourrait impliquer le recours à l'inoculation des plants par des champignons symbiotiques (mycorhization), qui améliorent la nutrition des arbres et protègent le système racinaire. •

3. Capteur micrométrique de dilatation du fruit sur un nectarinier.

Le cycle de la production fruitière

Pendant le repos végétatif, en hiver, les arbres sont taillés (1). Grâce à l'utilisation de sécateurs hydrauliques et d'une passerelle placée le long de la haie fruitière, la productivité du travail a beaucoup augmenté. Les abeilles mellifiques, au printemps, véhiculent le pollen et favorisent la fécondation (2). Pour contrôler la croissance du fruit, il existe maintenant des appareils destinés au « diagnostic de soif » (3), qui aident à planifier l'irrigation. Les fruits offerts sur le marché ne représentent qu'une infime partie des espèces fruitières qu'ont multipliées la diversité génétique et la sélection (4).

4. Collection de variétés de pommes.

L'intensification des vergers

L'ÉVOLUTION DE LA MORPHOLOGIE DE L'ARBRE, L'AUGMENTATION DE LA DENSITÉ DE PLANTATION, LA MÉCANISATION ONT PERMIS D'INTENSIFIER L'ARBORICULTURE FRUITIÈRE.

Les premiers vergers industriels ont été constitués d'arbres à grand développement (4 à 5 m de hauteur), plantés au carré et menés en taille longue. Dans ce modèle extensif, les densités de plantation sont assez faibles (de 200 à 500 pieds/ha) et les investissements modérés. Si l'entrée en production du verger est lente, la longévité des arbres est élevée (30 ans ou plus).

Dans les années 1960, la rationalisation du travail a incité les arboriculteurs à planter selon des plans rectangulaires plus denses (800 à 1 200 arbres/ha) et selon un concept de haie fruitière. Dans ces vergers intensifs, la mécanisation des traitements et de la taille est largement facilitée. Les arbres, qui sont faiblement structurés, reposent sur un palissage constitué de piquets et de fils de fer. Leur mise à fruits est rapide, mais leur durée de vie abrégée.

Depuis 1970, les plantations à débouchés industriels ont évolué vers un modèle intensif où la structure des arbres est conçue pour la mécanisation intégrale. Les formes très simplifiées sont du type gobelet à branches érigées (cas de la récolte par secouage), mais de nouvelles conceptions émergent : vergers en plans verticaux ou obliques, destinés à une récolte plus soignée soit par impact des branches de charpente, soit encore fruit par fruit par robot-cueilleur.

Pour les marchés de fruits frais, on installe plutôt des vergers très intensifs, voire à haute densité (1 500 à 4 000 arbres/ha), où les arbres sont formés en cône, et structurés par un petit axe vertical. Leur faible hauteur facilite l'exécution des travaux depuis le sol (verger « piéton »). Le nombre élevé de sujets à l'hectare, s'il accroît le coût de la plantation et limite sa durée de vie (10 à 15 ans), permet très rapidement des rendements optimaux. On aboutit ainsi au concept de verger à cycle court, caractérisé par une rotation rapide des capitaux.

La prise en compte des données biologiques conduit par ailleurs à une meilleure perception de la lumière dans le verger, qui est un facteur essentiel de la qualité des fruits. •

La qualité des fruits

UNE GRANDE TECHNICITÉ DES ARBORICULTEURS EST NÉCESSAIRE POUR L'OBTENTION DE FRUITS DE HAUTE VALEUR COMMERCIALE ET GUSTATIVE.

La qualité gustative des fruits est rarement prise en compte dans le commerce, où les prix sont surtout fonction de l'aspect : calibre, coloration, absence de défauts superficiels. De plus en plus, l'absence de résidus (pesticides, produits divers) sera considérée. Si la qualité, dans ses différentes composantes, dépend pour une part des facteurs structuraux du verger — contexte pédo-climatique, variété, porte-greffe, conduite des arbres —, elle résulte aussi des techniques de culture.

Par la taille d'entretien, l'arboriculteur procède au choix des meilleures branches fruitières. Il réduit le nombre des boutons floraux et sélectionne de jeunes rameaux de renouvellement.

L'éclaircissage des jeunes fruits (chimique dans le cas du pommier) joue un rôle complémentaire à la taille en permettant l'ajustement précis du nombre de fruits. Au prix d'un léger sacrifice de rendement, ceux-ci sont alors plus gros, plus sucrés, plus précoces, et l'alternance de production est maîtrisée.

La pollinisation des vergers requiert, pour la plupart des espèces, la présence de variétés pollinisatrices et d'abeilles qui assurent la fécondation. Si la nature du pollen n'a pas d'effet direct sur les fruits, l'intensité de pollinisation leur est très favorable. Pour les fruits à pépins par exemple, la qualité gustative et la présentation sont liées au nombre de graines formées.

La nutrition des arbres fruitiers, dans les vergers très intensifs, gagne à être localisée sur le rang de plantation (ferti-irrigation). Les apports d'eau dépendent du suivi de tensiomètres mesurant la succion du sol ou de l'évolution micrométrique du volume des organes en croissance. La teneur des fruits en éléments minéraux est importante pour la qualité et l'aptitude à la conservation. Elle est modulée par les fertilisations foliaires.

Les soins apportés à la récolte manuelle sont essentiels. La date de maturité conditionne l'évolution gustative des fruits et leur aptitude à l'entreposage. La conservation frigorifique, qui vise à préserver la fraîcheur des produits, est optimisée par l'utilisation des atmosphères contrôlées. •

Diversification et création variétales

LA SÉLECTION FRUITIÈRE, QUI VISE LE PROGRÈS GÉNÉTIQUE, DOIT AUSSI ANTICIPER SUR L'ÉVOLUTION DU MARCHÉ.

La création des variétés fruitières a toujours suscité un grand intérêt, comme l'atteste l'activité des horticulteurs et des pomologues du nord de l'Europe au XIXe siècle. Si cette fonction relève aujourd'hui des stations de recherche et des pépinières privées les plus importantes, c'est que la sélection fruitière nécessite la mise en œuvre de moyens lourds pour un résultat parfois aléatoire. Les programmes ont une durée de l'ordre de 15 à 20 ans, impliquant, dans un premier temps, l'observation de descendances nombreuses, puis l'expérimentation des présélections dans les différents bassins de production, pour confirmer les aptitudes des nouveautés.

Tout programme nécessite la définition d'objectifs valables à long terme : rendements importants et réguliers (donc adaptation climatique), économies de main-d'œuvre (temps de taille et d'éclaircissage réduits, récolte groupée ou mécanisable), qualités gustatives et commerciales des fruits, résistances aux parasites et aux maladies (puceron cendré, tavelure et oïdium du pommier par exemple). Les innovations sont protégées par les certificats d'obtention végétale (équivalents des brevets) et les dénominations commerciales par le dépôt de marques, tandis que l'octroi de licences de multiplication permet aux obtenteurs de percevoir des royalties.

La sélection créatrice met en œuvre deux stratégies complémentaires : l'hybridation (intra- ou interspécifique) et la mutagenèse provoquée (irradiation de bourgeons aux rayons gamma). Les biotechnologies auront des retombées pratiques croissantes : culture d'embryons, parthénogenèse induite, transformation génétique. La préservation des nouveautés les plus intéressantes, comme celle des variétés locales ou anciennes menacées, se traduit par la mise en place de conservatoires.

Pour les principales espèces, les exigences du commerce des fruits ont restreint la gamme des variétés à quelques types de grande diffusion, limitant ainsi l'innovation pourtant souhaitable. Paradoxalement, la diversification est très présente dans l'arboriculture, soit par l'introduction de mutants (coloration, date de maturité), soit par le rajeunissement de certains standards (nectarines dans la gamme pêches, cépages apyrènes [sans pépins] pour les raisins), soit enfin par l'apparition de fruits exotiques (kiwis, nashis) hors de leur zone d'origine. •

La vigne

LA CULTURE DE LA VIGNE remonte à plus de 5 000 ans. Développée, à partir du Moyen-Orient, en Égypte puis en Grèce et dans l'Empire romain, elle n'atteignit la Gaule que peu avant le début de l'ère chrétienne. Mais les raisins des vignes sauvages, qui ont été les précurseurs des cépages actuels, étaient déjà utilisés par des populations préhistoriques européennes et asiatiques.

Les variétés de vignes à fruits appartiennent en quasi-totalité à une seule espèce botanique : *Vitis vinifera.* Leur diversité, aussi bien du point de vue de leurs caractères morphologiques que de leurs aptitudes culturales, est énorme et leur répartition géographique, naturelle ou due aux hommes, est principalement fonction du climat.

Jusque vers 1850, la vigne n'était que rarement attaquée par des parasites. C'est depuis l'invasion du phylloxéra que la défense des vignobles contre toute une série d'ennemis et de maladies est devenue une des préoccupations majeures des viticulteurs. Durant la même période, les techniques de la viticulture ont considérablement évolué, notamment grâce à la mécanisation. Tous ces progrès ont facilité l'augmentation des rendements par hectare.

À l'image de ce qui s'est déjà passé maintes fois, la viticulture connaît actuellement une crise de surproduction de vin, notamment en Europe. Celle-ci est due à une forte diminution de la consommation des vins de table courants. L'attrait grandissant des consommateurs pour les vins de qualité d'origine contrôlée améliore les perspectives d'avenir de la culture de la vigne.

Les techniques de la viticulture

APRÈS LA PLANTATION MINUTIEUSE DE LA VIGNE, LES OPÉRATIONS ANNUELLES SONT UNE TAILLE MÉTICULEUSE, LA LUTTE CONTRE LES MAUVAISES HERBES ET LA VENDANGE, QUI BÉNÉFICIE MAINTENANT DE LA MÉCANISATION.

La mise en place d'une parcelle de vigne, dont la durée de vie est de 30 à 40 années, exige le choix d'un bon matériel végétal. Il faut recourir à des plants certifiés pour leur valeur culturale et pour l'absence de virus nuisibles. Il importe aussi de choisir avec soin un porte-greffe bien adapté au cépage, au sol et au climat. Le greffage est une nécessité depuis l'invasion, à partir de 1865, des vignobles européens par un puceron originaire d'Amérique, le phylloxéra. Les larves de ce dernier détruisent les racines des variétés de *Vitis vinifera,* provoquant leur mort en quelques années. Le recours au greffage sur des espèces de vignes américaines résistantes aux larves du puceron sauva la viticulture européenne.

La plantation d'une vigne est précédée d'une préparation du sol : labours, fumure, parfois drainage et désinfection. Il faut également choisir l'écartement des souches et des rangs. Traditionnellement, les vignobles sont plantés à des densités variant de 4 500 à 10 000 souches par hectare. Sous la poussée de la mécanisation, la tendance est à l'élargissement des interlignes. Au cours des premières années, le viticulteur, par la taille, donne aux souches leur aspect définitif, dont la grande diversité résulte des longueurs différentes données au tronc et aux bras. À partir de la troisième année est pratiquée la taille de fructification qui ne maintient sur le cep qu'un nombre de bourgeons fructifères compatible avec la vigueur des plantes et la production souhaitée. Une taille courte qui ne laisse subsister que des bases de sarments avec deux ou trois bourgeons (yeux) permet de se passer de palissage sur fil de fer, ce qui n'est pas le cas avec des tailles longues caractérisées par des branches à fruits de huit ou quinze yeux. Tout au long de la végétation, les vignes palissées nécessitent diverses opérations : épamprage, relevage et attache de la végétation, écimage, ces deux derniers travaux étant souvent exé-

Les cépages

LES CARACTÉRISTIQUES DES VARIÉTÉS DE VIGNE, OU CÉPAGES, QUI APPARTIENNENT TOUTES À UNE SEULE ESPÈCE, DÉTERMINENT LARGEMENT LES QUALITÉS DES PRODUITS DE LA VITICULTURE.

Les cépages, autrement dit les variétés de vigne, sont en nombre élevé : autour de 5 000. Mais, actuellement, seules quelques centaines sont encore cultivées à une échelle importante. Dans leur très grande majorité, ils appartiennent à une seule espèce, *Vitis vinifera,* de la famille des vitacées. Du point de vue phylogénique, ce sont les descendants de *Vitis vinifera sylvestris* dont les innombrables variétés, appelées lambrusques, peuplaient sous forme de lianes grimpantes de nombreux sites forestiers d'Europe et d'Asie. Les raisins de ces vignes sauvages étaient d'ailleurs cueillis et consommés par les populations préhistoriques. Avec le passage du stade de la cueillette au début de la culture de la vigne, il y a plus de 5 000 ans au Moyen-Orient, mais peu avant l'ère chrétienne en Gaule, on commença à multiplier, par voie de bouturage, les types les plus avantageux, qui ont fini par donner les cépages actuels.

Sous l'effet de mutations somatiques, ces derniers ont continué à se diversifier, de sorte qu'actuellement bon nombre de cépages sont constitués d'ensembles d'individus plus ou moins hétérogènes. De ce fait, on recherche systématiquement, à l'intérieur des variétés de vigne, des plants particulièrement bien adaptés aux exigences qualitatives : en effet, il ne faut pas oublier que la qualité des produits de la vigne est en premier lieu conditionnée par les cépages dont ils sont issus. Différents par leurs aptitudes à fournir tel ou tel produit, les cépages se différencient aussi morphologiquement, mais parfois assez peu, ce qui rend leur identification malaisée.

Parmi les cépages servant à élaborer des vins de très haute qualité et répandus dans différents pays, on peut citer le cabernet-sauvignon, la syrah, le pinot noir pour les vins rouges, le chardonnay et le riesling pour les vins blancs. Mais de nombreux autres donnent des vins de haut niveau dans des aires plus restreintes. Des variétés sont bien adaptées pour l'élaboration d'eaux-de-vie, comme l'ugni blanc pour le cognac. Il existe enfin des cépages spécifiques pour les raisins de table et les raisins secs. •

Le climat et le sol

LA VIGNE N'A PAS DE GRANDS BESOINS EN EAU MAIS DOIT BÉNÉFICIER D'UNE TEMPÉRATURE MOYENNE ASSEZ ÉLEVÉE ENTRE AVRIL ET SEPTEMBRE, TANDIS QUE LES CARACTÉRISTIQUES DU VIN SONT INFLUENCÉES PAR LA NATURE DU SOL.

Le milieu naturel d'un vignoble est composé du climat et du sol. Les facteurs climatiques de base sont au nombre de trois : la lumière, la température et l'eau. Dans la grande majorité des régions viticoles du monde, le rayonnement lumineux est suffisant pour les besoins d'une photosynthèse normale. Il en est tout autrement pour la température. Les besoins spécifiques des cépages en chaleur sont en effet l'élément le plus important de leur répartition géographique. L'élément déterminant en matière viticole n'est pas la température moyenne annuelle d'un lieu mais la température moyenne de la période d'avril à fin septembre. Pour atteindre une maturité satisfaisante, il faut environ 17 °C pour les cépages précoces, 19 °C pour les variétés tardives. La vigne craint aussi les froids de l'hiver inférieurs à – 20 °C, les localisations exposées aux gelées de printemps et le mauvais temps durant la période de floraison. Pour ce qui concerne l'eau, il convient de souligner que la vigne n'a pas de besoins considérables. Dans les régions tempérées, l'irrigation n'est que rarement nécessaire. De très bons terrains viticoles sont d'ailleurs souvent caractérisés par un déficit hydrique.

Le sol est un milieu complexe où la structure physique, la composition chimique, l'eau et la température jouent les rôles majeurs. Pour ce qui concerne les éléments nutritifs, la vigne est une des plantes cultivées les moins exigeantes et elle est propre à la mise en valeur de terres relativement pauvres. Bien plus, les excès de fumure, conduisant à des rendements exagérés, sont défavorables à la qualité de la vendange. Le sol joue un rôle important en ce qui concerne la hiérarchie qualitative ou la spécificité organoleptique des vins. Dans tel type de sol, tel cépage donnera un produit meilleur ou moins bon que dans un autre, ou simplement différent. La délimitation des appellations d'origine contrôlée repose en partie sur ce principe. La capacité des sols à réguler l'alimentation en eau de la vigne à des niveaux bas est souvent le facteur de qualité organoleptique des vins les plus réputés. •

Les produits de la vigne dans le monde

	Surface totale du vignoble (en milliers d'ha)	*Production de raisins (en milliers de t)*				*Production de vin (en milliers d'hl)*
		de cuve (raisin frais)	*de table (raisin frais)*	*secs (raisin séché)*	*total*	
Europe	6 306	30 181	3 961	162	34 304	208 737
Amérique	899	9 884	1 500	178	11 562	49 076
Afrique	393	1 727	597	36	2 360	10 205
Asie	1 319	6 092	1 707	552	8 351	1 889
Océanie	72	732	43	75	850	4 510
Monde	8 989	48 617	7 808	1 003	57 428	274 417

Source : Office international de la vigne et du vin (O.I.V.), 1988.

cutés mécaniquement.

L'entretien du sol est une nécessité due avant tout à l'effet dépressif des mauvaises herbes sur la croissance de la vigne. Le viticulteur a la possibilité de mettre en œuvre différents moyens : mécanique, en procédant par des labours et des binages ; chimique, avec l'utilisation de plus en plus répandue de désherbants fournis par l'industrie ; biologique, en installant un enherbement plus ou moins permanent.

L'évolution technique la plus retentissante des dernières décennies, en France, est l'arrivée et l'extension rapide des machines à vendanger, dont le travail est de plus en plus soigné et qui concerne plus ou moins toutes les régions viticoles, sauf la Champagne et le Beaujolais, où la législation impose la vendange en grains entiers, et le Sauternais, qui exige la récolte manuelle. Dans les vignobles où les parcelles sont très petites et le relief accidenté, son utilisation est cependant limitée, voire impossible. •

La protection du vignoble

DES MALADIES CRYPTOGAMIQUES, DES INSECTES, DES ACARIENS, DES VIRUS ATTAQUENT LA VIGNE, CE QUI OBLIGE LE VITICULTEUR À PROCÉDER À DE NOMBREUX TRAITEMENTS.

La vigne, assaillie par de nombreux parasites, nécessite tout un arsenal de produits phytosanitaires pour sa protection. Parmi une dizaine de maladies cryptogamiques, quatre sont particulièrement graves. Le mildiou, dont le mycélium s'introduit dans les organes verts, et l'oïdium, qui se développe à la surface des organes, sont maîtrisables mais nécessitent un nombre parfois élevé d'interventions. L'excoriose attaque la base des sarments, dont il détruit les bourgeons, et son traitement est aléatoire. La pourriture grise *(Botrytis)* est actuellement le champignon le plus dangereux. Il peut détruire rapidement une grande partie des grappes et résiste bien souvent à la lutte chimique.

Les parasites animaux les plus redoutés sont, d'une part, les vers de la grappe, chenilles de deux lépidoptères qui s'attaquent aussi bien aux boutons floraux qu'aux grappes, et, d'autre part, toute une série de minuscules acariens (« araignées » rouges et jaunes) dont les dégâts sur les feuilles perturbent la maturation.

La vigne peut aussi être gravement affectée par des virus. Le seul moyen de s'en prémunir réside dans l'utilisation des plants certifiés exempts de viroses dangereuses. Une maladie plus récente, la flavescence dorée, due à un mycoplasme transmis par une cicadelle et qui provoque le jaunissement et l'enroulement du feuillage, présente une extension inquiétante. •

Les produits de la vigne

LA VIGNE FOURNIT UNE LARGE GAMME DE PRODUITS, DEPUIS DES VINS DE NATURE ET DE QUALITÉ TRÈS DIFFÉRENTES, JUSQU'AUX EAUX-DE-VIE, RAISINS DE TABLE ET RAISINS SECS.

Sous ses multiples formes (blanc, rouge, rosé, sec, doux, effervescent, léger, corsé, capiteux), le produit de loin le plus important tiré de la vigne est le vin. Une extraordinaire diversité le caractérise, surtout dans un vieux pays viticole comme la France. Les différences de qualité, notion qu'il est difficile de définir d'une manière unique mais qui est une réalité sanctionnée par le marché, ont conduit à des classifications qui permettent d'identifier, de répertorier et de protéger l'infinité de produits issus des terrains viticoles. La France offre l'exemple d'un secteur viti-vinicole très diversifié qui s'est donné des règles de fonctionnement établissant une rigoureuse hiérarchie entre les vins. Ceux reconnus comme étant de meilleure qualité reçoivent une « appellation d'origine contrôlée » (A.O.C.) définie par une délimitation parcellaire, par un encépagement, par des méthodes de culture et de vinification, par le contenu analytique des vins. Les vignes d'A.O.C. occupent 37 % du vignoble français. À l'intérieur même de la catégorie des vins d'A.O.C. existent des différences extrêmes et certains d'entre eux apparaissent comme de véritables raretés aux prix faramineux, tel le romanée-conti, grand cru rouge de Bourgogne, cultivé sur moins de 2 hectares. Les « vins délimités de qualité supérieure » (V.D.Q.S.), produits dans des régions au potentiel qualitatif moins important que celui des A.O.C., représentent une production équivalant à 10-15 % de ces derniers. A.O.C. et V.D.Q.S. constituent ensemble la catégorie des « vins de qualité produits dans des régions déterminées » (V.D.Q.P.R.D.), selon la définition européenne. Cette catégorie occupe 45 % du vignoble français tandis que 55 % sont consacrés aux « vins de table », dont une part croissante de « vins de pays ».

À côté du vin de terroir ou d'appellation, d'autres boissons, peu ou pas alcoolisées, sont tirées du raisin. Pour conquérir des clientèles peu accoutumées au vin ont été imaginées des préparations à base de vin, mais assez peu alcoolisées, additionnées de produits naturels aromatisés par des fruits. Ces produits, connus sous le nom de *wine-coolers,* sont surtout destinés au marché nord-américain. Il existe aussi des vins sans alcool et des pétillants de raisin à très faible teneur alcoolique. Enfin, parmi les jus de fruits, il faut rappeler l'existence du jus de raisin.

Une partie du vignoble dans le monde est consacrée au raisin de table, dont les grands pays producteurs sont la Turquie, l'Italie, les États-Unis (Californie), le Chili, l'Espagne. Chaque variété utilisée pour cette viticulture spécifique donne au raisin une saveur caractéristique, souvent facile à reconnaître, comme celle du chasselas, du muscat de Hambourg, de l'Italia, du dattier de Beyrouth.

La conservation du raisin sous forme de raisins secs est une grande tradition dans les pays de la Méditerranée orientale, Grèce et Turquie, mais la Californie, l'Australie, l'Afrique du Sud arrivent en tête parmi les principaux pays producteurs. Le raisin sec est un produit qui mériterait une consommation beaucoup plus élevée en raison de sa valeur nutritive et hygiénique.

Il faut noter enfin qu'une excellente huile de table peut être obtenue des pépins de raisins et qu'une petite proportion de vin est transformée en vinaigre. •

→ **Voir aussi :** Le vin, **ALIM**, p. 508-509. Viticulture et industrie vinicole, **GEO.ECO**, p. 234-235.

1. Taille manuelle de la vigne.

2. Traitement de la vigne.

3. Épamprage mécanique sur les ceps.

4. Machine à vendanger.

La succession des travaux viticoles

Pour la formation des souches, puis pour la régularisation de la récolte, la taille est une opération indispensable qui se déroule pendant la période de repos végétatif (1). De nombreux parasites animaux et végétaux s'attaquent à la vigne dès que les pousses de l'année se développent. Des appareils de traitement souvent imposants (2) doivent intervenir fréquemment au cours d'une même campagne pour détruire les ennemis du vignoble. La mécanisation de toute une série d'opérations permet des gains de temps de travail considérables, par exemple, 28 heures par hectare pour l'épamprage (3). C'est pourquoi l'usage de la machine à vendanger se développe rapidement (4). Elle se compose d'un châssis enjambeur, d'un dispositif assurant le décrochage des grains de raisin, d'un système de réception et de transfert de la vendange vers des bacs de stockage, enfin d'un dispositif pour éliminer, par aspiration, les feuilles et morceaux de sarments.

Les plantes stimulantes

LES GRAINS DE CAFÉ VERT, ou café marchand, les feuilles du thé et les fèves du cacaoyer sont des denrées cotées en Bourse dans le monde entier. Le chiffre d'affaires cumulé de ces trois produits représente sur les marchés internationaux une somme analogue à celle consacrée au pétrole.

Ces trois plantes tropicales, diversement mais universellement appréciées, permettent de préparer des boissons chaudes ayant la double qualité d'être savoureuses et stimulantes. Le cacao et, dans une moindre mesure, le café interviennent aussi pour préparer des produits de confiserie.

Bien que de familles botaniques très différentes, le caféier, le théier et le cacaoyer présentent des aspects culturaux analogues. Ce sont des plantes pérennes arbustives demandant beaucoup de soins et cultivées le plus souvent selon un système de grandes plantations. Les récoltes, présentant une grande variété de rendement d'une année sur l'autre, conduisent à des produits qui ne sont pas directement consommables ou conservables : les graines de café vert, les feuilles de thé, les fèves du cacaoyer doivent subir un double traitement combinant une fermentation plus ou moins poussée, qui développe les arômes et doit donc être conduite avec beaucoup de soins, et un séchage, qui stabilise les produits et permet leur exportation vers les pays consommateurs.

À côté de ces trois grandes plantes, il existe des espèces spontanées ou cultivées qui sont consommées comme médicament ou comme stimulant, voire comme drogue plus ou moins douce.

Le café

PREMIÈRE PRODUCTION AGRICOLE D'EXPORTATION PROVENANT DES RÉGIONS CHAUDES, LE CAFÉ EST CONSOMMÉ POUR SON ARÔME ET SON AMERTUME MAIS AUSSI POUR SON ACTION STIMULANTE PROVOQUÉE PAR LA CAFÉINE.

Originaire d'Afrique, le caféier (genre coffea, famille des rubiacées) est un arbuste cultivé sous deux espèces : le caféier d'Arabie *(Coffea arabica L.)* ou arabica, avec les variétés Bourbon, Cattura, Munconovo, qui fournissent la majorité de la production mondiale et proviennent d'Amérique du Sud et d'Amérique centrale ; l'autre espèce, le caféier Canephora *(C. canephora L.),* est connue sous le nom de sa variété robusta, cultivée en Afrique et en Indonésie.

Les caféiers sont exploités le plus souvent dans des plantations où ils reçoivent des soins intensifs. La mise en place, par bouture et repiquage, d'abord en pépinières puis en plein champ, mobilise une main-d'œuvre importante. Les jeunes arbres, dont la densité atteint 1 500 pieds à l'hectare, commencent à porter des fruits à partir de deux à quatre ans, et demeurent productifs vingt à vingt-cinq ans. Un hectare fournit un rendement très variable de 500 à 5 000 kg de graines commercialisables, enfermées dans des « cerises » mucilagineuses. Ces « cerises », récoltées manuellement bien mûres, renferment chacune deux graines. Un traitement, par voie humide avec fermentation, permet d'éliminer les pulpes et d'obtenir les graines séchées et polies qui constituent le café vert ou café marchand.

Il existe trois grandes catégories de cafés commerciaux, les cafés dits « mild » ou doux, préparés avec beaucoup de soins à partir d'arabica, les cafés brésiliens, également arabica mais de qualité plus courante, et les canephora, qui sont de plus en plus recherchés. Le commerce du café, son industrie représentent des chiffres d'affaires considérables car le café est devenu une boisson quasi universelle.

Pour obtenir le développement de son arôme, le café doit être torréfié, c'est-à-dire grillé pendant dix à quinze minutes à plus de 200 °C. L'industrie propose des cafés vendus en grains, moulus ou en poudre soluble. La préparation de la poudre soluble se pratique par atomisation dans une tour, où un extrait de café pulvérisé en microgouttes est séché à chaud. La méthode de lyophilisation, plus moderne et plus coûteuse en énergie, consiste en une dessiccation rapide sous vide, qui conserve mieux les arômes initiaux. Les cafés atomisés et lyophilisés correspondent à des parts égales du marché. L'industrie fournit également des cafés décaféinés. (La caféine est présente à un taux de 1 à 1,3 % pour l'arabica et à un taux double pour le robusta.)

La caféine, alcaloïde stimulant de la pression sanguine et de l'activité cérébrale, peut être extraite par un solvant et récupérée pour des usages pharmaceutiques. •

Le thé

PLANTE D'ORIGINE ASIATIQUE, LE THÉIER EST CULTIVÉ POUR SES BOURGEONS ET SES FEUILLES DONT ON TIRE LE THÉ.

Originaire des zones montagneuses d'Asie du Sud-Est, le théier *Camellia sinensis L.* (famille des théacées) est un arbuste dont il existe un grand nombre de variétés cultivées. Les unes, petites, correspondent à des formes rustiques de Chine et du Japon, ne dépassent pas 3 mètres et sont à feuilles sombres et courtes, de 3 à 6 cm. Les autres variétés, de type Assam (État montagneux du nord de l'Inde), plus grandes, atteignent 20 mètres de haut, leurs feuilles sont claires, longues de 15 à 20 cm.

Les plantations de théiers, surtout de type Assam, se développent dans toutes les régions équatoriales et tropicales à forte pluviométrie et à altitude élevée. Au bout de cinq années environ, les jeunes théiers deviennent exploitables pour une période d'une cinquantaine d'années.

Les parties récoltées sont les bourgeons terminaux, nommés Pekoe, et les jeunes feuilles cueillies à la main pour assurer une meilleure qualité. Un hectare fournit une tonne à une tonne et demie de thé sec. Quelques heures après la cueillette, les feuilles doivent être séchées ou traitées à la vapeur pour empêcher les dégradations par fermentation. Ce simple traitement, accompagné d'un conditionnement des feuilles, qui sont roulées, séchées, coupées, triées et emballées, aboutit à des lots de thé vert.

Les plus grosses quantités sont usinées pour aboutir à du thé noir. La première étape du traitement est un séchage à l'air libre pendant une quinzaine d'heures : les feuilles, flétries et molles, sont roulées mécaniquement avant de subir l'étape essentielle de la fermentation, qui dure quelques heures et permet le développement des arômes les plus subtils. La fermentation est arrêtée par un séchage à haute température à 80 °C environ. On procède ensuite à l'emballage de ces thés noirs, commercialisés dans le monde entier.

Parmi les meilleurs thés au monde, les professionnels distinguent des « grands seigneurs » analogues aux crus du vin : les thés de Ceylan, de la région des Uva, les thés de l'Inde avec le Darjeeling de l'Assam et les thés de Chine du Yunnan.

Pour les thés vendus sans origine géographique, ils sont classés en grades ; pour les thés verts, les connaisseurs placent en premier le Gunpowder, suivi du Chu Mee et du Matcha, thé en poudre au goût fort et amer apprécié des Japonais. Pour les thés noirs viennent en tête ceux dont les feuilles sont entières, « Flowery Orange Pekoe » (FOP), puis ceux dont les feuilles sont brisées, « Broken Orange Pekoe » (BOP), et, enfin, les thés à feuilles broyées « Fannings et Dust ».

En dehors des arômes caractéristiques, donnés par des tanins et des huiles essentielles, le thé contient de nombreux alcaloïdes, qui en font une boisson stimulante universelle : la théobromine, la théophylline et la caféine, à un taux d'ailleurs plus élevé (1,10 à 5,6 %) que dans le café (0,8 à 2 %). •

2. Fermentation de fèves de cacao en Côte-d'Ivoire.

1. Plantations de thé au Sri Lanka.

Le cacao

PLANTE TRÈS PRODUCTIVE, LE CACAOYER FOURNIT ACTUELLEMENT LA MATIÈRE PREMIÈRE D'UNE TRÈS PUISSANTE INDUSTRIE DE CONFISERIE.

Originaire d'Amérique centrale, le cacaoyer (*Theobroma cacao L.,* famille des sterculiacées) pousse spontanément dans la forêt amazonienne. C'est un petit arbre d'environ 6 m, aux feuilles persistantes, aimant l'ombre. Les jeunes plantations sont conduites sous couvert végétal de bananiers, d'arbres fruitiers ou de forêts défrichées. Elles commencent à produire au bout de quatre ou cinq ans et restent productives durant 30 ans. Les fruits du cacaoyer sont de grosses cabosses à coque verte ou rouge pesant jusqu'à un kilo et contenant, noyées dans une pulpe blanche savoureuse, 20 à 50 fèves. La récolte des cabosses est étalée presque tout au long de l'année, chaque arbre fournissant une cinquantaine de cabosses, soit 500 à 1 000 kg de fèves à l'hectare.

Parmi les variétés de cacaoyer, les *criollo* ont la meilleure réputation mais sont peu cultivés en raison de leur faible rendement. Les *forastero* sont de loin les plus courants. Il existe des hybrides de ces deux variétés : les *trinitario.* La qualité finale du cacao est liée aux traitements que subissent les fèves après la phase d'écabossage, c'est-à-dire l'ouverture mécanique des cabosses. Les fèves sont alors soumises à une fermentation naturelle, que l'on stoppe au bout d'une semaine environ par un séchage au soleil ou dans des séchoirs à feu de bois.

Grâce à ces traitements, le cacao perd en astringence, en amertume et gagne en arôme ; les fèves sont stabilisées pour le stockage et pour le transport lointain. Elles sont ensuite traitées industriellement, le plus souvent dans les pays développés, pour être transformées en pâte, en poudre ou en beurre de cacao. La phase principale du traitement est la torréfaction, chauffage par courant d'air à 150 °C qui favorise le développement de l'arôme. Une torréfaction à la flamme, pratiquée en Allemagne et en Belgique, aboutit à un chocolat plus amer, avec un arrière-goût de brûlé apprécié dans ces pays. L'art de la torréfaction joue un rôle important dans la qualité finale des produits. Après avoir été torréfiées, les fèves sont concassées, décortiquées, broyées et chauffées autour de 60 °C pour obtenir la pâte fluide qui donnera le beurre ou la poudre de cacao.

S'il est originaire d'Amérique et si le Brésil demeure un producteur important, le cacao est devenu une grande richesse de l'agriculture africaine, la Côte-d'Ivoire étant le premier producteur, suivie du Ghana, du Nigeria et du Cameroun, sur un marché mondial de fèves de cacao extrêmement spéculatif.

La demande industrielle pour préparer des produits chocolatés ne cesse de croître mais les plantations s'étendent également dans de nouveaux pays, ce qui aboutit à la création d'excédents sur le marché mondial et à la faiblesse des cours. •

Autres plantes

DU MATÉ AU COCA, DE NOMBREUX VÉGÉTAUX FOURNISSENT DES PRODUITS STIMULANTS.

Dans la plupart des régions chaudes, il existe des plantes stimulantes comme le maté (*Ilex paraguensis,* famille des iliacées), arbre d'une quinzaine de mètres, originaire du Pérou mais surtout répandu en Argentine, où ses feuilles, grillées et infusées, sont consommées comme du thé. Le maté renferme 2 % d'un alcaloïde proche de la caféine. Les Argentins consomment en moyenne dix kilos de maté par personne et par an. Il existe d'autres plantes stimulantes qui fournissent des pâtes à mâcher, comme le guarana (*Paulisia cupana,* famille des sapindacées), liane dont les graines, qui sont riches en caféine (3 à 5 %), sont consommées au Brésil, au Pérou et au Venezuela.

Le colatier (*Cola acuminata* et *C. nitida,* famille des sterculiacées), arbre d'une quinzaine de mètres, originaire d'Afrique, est cultivé pour ses fruits ou cabosses qui contiennent 6 ou 7 noix. Les noix de cola sont mâchées. Elles sont appréciées pour leur saveur et leur caractère stimulant lié à un taux de caféine proche de 2 %. Elles sont recherchées par l'industrie, par la pharmacie et pour les boissons gazeuses (la famille des colas). Le coca (*Erythroxylum coca Lamarck,* famille des érythroxylacées), ou thé du Pérou, est un arbuste de quelques mètres de haut, originaire d'Amérique du Sud. Ses feuilles contiennent de la cocaïne, alcaloïde utilisé en médecine et drogue dure.

Parmi les plantes stimulantes spontanées et cultivées sous nos climats européens, il faut signaler la sauge (*Salvia officinalis L.,* famille des labiées), la véronique (*Veronica officinalis L.,* famille des scrofulariacées) et surtout la chicorée (*Cichorium intybus L.,* famille des composées), consommée comme succédané du café. •

→ **Voir aussi :** Les cultures tropicales, **GEO. ECO**, p. 236-237. Sucre et confiseries, **ALIM**, p. 500-501.

Les grands pays producteurs (1988)

Cacao en fèves	*milliers de tonnes*	*Café*	*milliers de tonnes*	*Thé*	*milliers de tonnes*
Côte-d'Ivoire	680	Brésil	1 236	Inde	690
Brésil	380	Colombie	708	Chine	550
Ghana	290	Indonésie	348	Sri Lanka	225
Malaysia	245	Mexique	330	Kenya	158
Nigeria	140	Côte-d'Ivoire	270	U.R.S.S.	154
Cameroun	130	Inde	210	Turquie	152
Équateur	80	Ouganda	210	Indonésie	137
Indonésie	60	Éthiopie	180	Japon	96
Colombie	52,3	Guatemala	162	Argentine	48
Mexique	40	Costa Rica	148	Iran	42
Monde	**2 200**	**Monde**	**5 492**	**Monde**	**2 505**

Morphologie des plantes stimulantes

Alors que le théier (6) et le caféier (5) sont des arbustes de l'ordre de 2 à 3 mètres, le cacaoyer (4) est un arbre pouvant atteindre 10 mètres de haut, le plus souvent cultivé sous couvert forestier. Les feuilles du théier comme les graines ou « cerises » du caféier et les graines ou fèves du cacaoyer subissent après la récolte une fermentation qui développe les arômes et facilite la stabilisation du produit.

4. Cacaoyer.

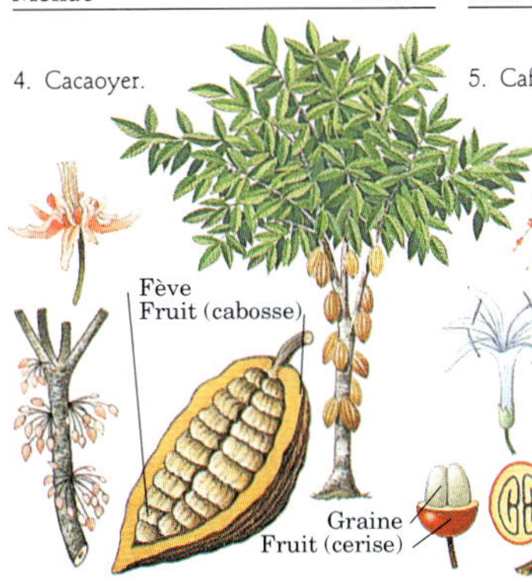

5. Caféier.

6. Théier.

3. Séchage du café au Burundi.

Des productions de pays tropicaux

La culture du théier, du caféier et du cacaoyer demande beaucoup de soins et de main-d'œuvre. Les thés de Ceylan (Sri Lanka, ici la région de Nuwara Elya [1]) sont réputés dans le monde entier. Le cacao de Côte-d'Ivoire est également apprécié dans beaucoup de pays, en particulier d'Europe. La phase de fermentation-séchage des fèves (2) est essentielle pour l'arôme final du chocolat.
Le thé et le cacao représentent, pour les agriculteurs de ces régions, une ressource vitale et pour leur pays une source de devises indispensables, malgré des difficultés techniques et commerciales.
Le caféier est largement cultivé en Afrique noire. La cueillette, mensuelle, s'étale sur une période assez longue. Le traitement après récolte des « cerises » consiste à éliminer la pulpe et les parches (c'est-à-dire la fine enveloppe qui entoure les graines) pour extraire les graines. Le séchage au soleil, sur des claies, du café en parches (3) précède le décorticage, qui fournit le café vert ou café marchand.

Épices et aromates

LES ÉPICES ET LES AROMATES proviennent de plantes qui, entières ou fractionnées et après traitement, servent à rehausser le goût et l'odeur des aliments. Venues de pays lointains et pour cela, surtout autrefois, très coûteuses, les épices ont constitué des enjeux économiques considérables. Les aromates, au contraire, sont des plantes indigènes ou non, mais cultivées sous nos climats. Leur saveur est moins piquante que celle des épices.

Épices et aromates sont d'abord utilisés pour deux qualités, saveur et odeur, qu'il est souvent difficile de distinguer et que l'on confond sous le nouveau et unique terme de flaveur. Épices et aromates sont associés à des légumes et à du vinaigre pour préparer les condiments qui servent d'assaisonnement.

Bien d'autres propriétés sont mises à l'actif de ces végétaux. Beaucoup jouent un rôle dans la coloration des mets auxquels ils sont incorporés : c'est le cas du safran, plante dont on utilise les stigmates floraux pour leur belle couleur jaune. Les épices ont aussi un rôle thérapeutique tout au long du tractus digestif : stimulateur de la secrétion salivaire (sialagogue), antispasmodique, hépatique, réducteur des fermentations intestinales et des flatulences (carminatif).

Une puissante industrie des arômes s'est constituée pour répondre aux besoins croissants de l'industrie alimentaire, qui réclame des extraits stabilisés et normalisés. À côté des arômes naturels d'origine végétale, on voit apparaître des arômes de synthèse et, depuis peu, des arômes préparés par voie biotechnologique qui revendiquent la qualité d'arômes naturels.

Les épices

TRÈS ANCIENNES ET AUTREFOIS DE PROVENANCE TRÈS LOINTAINE, LES ÉPICES SONT DEVENUES COURANTES MAIS SONT TOUJOURS RECHERCHÉES.

Les épices représentent des centaines d'espèces végétales de familles variées, souvent originaires de régions chaudes et dont on consomme les organes les plus divers : les graines, les fleurs, l'écorce, la racine...

La cannelle, écorce séchée des canneliers, arbres de diverses espèces (*Cinnamomum zeylanicum* : cannelier de Ceylan, *C. cassia* : cannelier de Chine, *C. burmanii* : cannelier de Batavia, famille des lauracées), est très utilisée par les industries alimentaires, la liquoristerie et la parfumerie.

La cardamome (*Elettaria cardamomum,* famille des zingibéracées) est une plante à port de roseau donnant des fruits qui constituent, après le safran, l'épice la plus chère. La cardamome est un des ingrédients du curry et du pain d'épices. Les Américains en parfument les cigarettes.

Le clou de girofle est le bourgeon floral séché au soleil, la corolle pas encore épanouie, du giroflier (*Eugenia caryophyllus,* famille des myrtacées), arbre cultivé en Inde, à Zanzibar et à Madagascar. Le clou de girofle, antiseptique et analgésique, est utilisé en pharmacie.

Le curcuma est la tige souterraine, le rhizome, d'une plante herbacée (*Curcuma longa L.,* famille des scimitaminacées) qui donne une poudre jaune, qu'on appelle pour cela safran des Indes, constituant majeur du curry.

Le curry (ou cari) est une poudre obtenue par mélange de plusieurs épices comme le curcuma, la coriandre, l'anis, le cumin, la cannelle, la cardamome, le gingembre, le poivre, le clou de girofle et la muscade. Le curry est une des bases de la cuisine indienne. En pratique, les formes de curry sont très variables, suivant les régions et surtout suivant les plats qu'il accompagne.

Le gingembre est la tige souterraine ou rhizome d'une plante herbacée (*Zinziber officinalis,* famille des zingibéracées) cultivée en Inde, à Sri Lanka et en Chine. Le gingembre sec peut être vêtu, avec ses écailles, ou non vêtu, décortiqué. Il peut également être consommé frais ou conservé dans du sel ou du sucre. Le gingembre entre dans la préparation du pain d'épices, de biscuits et de bières.

La muscade est l'amande ou noix d'un arbre de quinze mètres de haut, le muscadier (*Myristica fragrans,* famille des myristicacées) ; le macis, enveloppe rouge de l'amande, est également commercialisé pour les mêmes usages d'assaisonnement doux de tartes, de sauces ou de plats cuisinés.

Le paprika est une variété de poivron (*Capsicum annuum,* famille des solanacées) à l'arôme plus fort que les variétés légumières voisines.

Le piment, appelé aussi chili, poivre de Cayenne, piment enragé, est le fruit d'une plante annuelle (*Capsicum frutescens L.,* famille des solanacées). Il sert à préparer le pili-pili.

Le poivre est le fruit, ou baie, d'une liane (*Piper nigrum L.,* famille des pipéracées) cultivée dans les régions tropicales. Le poivre vert correspond à des baies cueillies deux mois avant maturité, le poivre noir est cueilli juste avant maturation et séché au soleil, le poivre blanc est cueilli à maturité mais débarrassé de ses téguments par une immersion dans de l'eau pendant une semaine.

En dehors de leurs saveurs propres, toutes ces épices étaient autrefois très appréciées pour leurs vertus thérapeutiques, d'ailleurs plus ou moins réelles, et pour leur action de conservation des mets ; enfin, on leur reconnaît un fort pouvoir bactéricide. •

Les aromates

SI LA VANILLE, L'ANIS OU L'ANGÉLIQUE ACCOMPAGNENT PLUTÔT DES PRODUITS SUCRÉS, LES AUTRES AROMATES, FINES HERBES OU HERBES DE PROVENCE, INTERVIENNENT PLUTÔT DANS DES PLATS ÉLABORÉS ET CUISINÉS.

Si les épices sont exotiques, les aromates, dont les fines herbes, sont indigènes, spontanés ou cultivés, en particulier dans les régions méditerranéennes.

L'ail (*Allium sativum L.,* famille des liliacées) possède à la base de sa tige une partie renflée : un bulbe, ou tête d'ail, formé de 5 à 15 gousses. Divers composés sulfurés donnent à l'ail son arôme très marqué.

L'aneth (*Anethum graveolens L.,* famille des ombellifères), faux anis ou fenouil bâtard, est utilisé en confiserie et en cuisine.

L'angélique (*Angelica archangelica L.,* famille des ombellifères) est également utilisée en confiserie. L'angélique confite est une spécialité de la ville de Niort.

L'anis (*Pimpinella anisum L.,* famille des ombellifères) est très apprécié depuis l'Antiquité pour ses vertus thérapeutiques, en particulier digestives ; l'anis vert, riche en anéthol, est utilisé pour fabriquer le pastis.

Le basilic (*Ocimum basilicum,* famille des labiacées), plante médicinale à considérer comme une panacée, est utilisé pour un grand nombre de plats, sauces, soupes (soupe niçoise « au pistou ») ; il intervient également en liquoristerie pour la préparation de la Chartreuse.

Le cerfeuil (*Anthriscus cerefolium Bess.,* famille des ombellifères) est utilisé pour accompagner diverses préparations, en particulier de poisson.

La ciboule (*Allium schoenoprasum L.,* famille des liliacées), ou ciboulette, est cultivée pour ses feuilles, qui relèvent sauces et soupes.

La coriandre (*Coriandrum sativum L.,* famille des ombellifères) est une plante dont on consomme les fruits séchés.

Le cumin (*Cuminum cyminum,* famille des ombellifères) fournit des graines à saveur chaude, recherchées pour la fromagerie, la liquoristerie et de nombreux plats cuisinés.

L'estragon (*Artemisia dracunculus,* famille des composées) donne des feuilles utilisées pour accompagner la salade, les condiments, parfumer la moutarde.

Le fenouil (*Foeniculum officinalis All.* ou *Anethum foeniculum L.,* famille des ombellifères) ou fenouil doux de Provence fournit des tiges et des graines utilisées pour aromatiser les grillades de poisson. Le fenouil amer (*F. vulgare*) est cultivé pour son anéthol, constituant du pastis.

Le laurier (*Laurus nobilis L.,* famille des lauracées) est un arbuste dont les feuilles sont utilisées pour relever les sauces.

La menthe (*Mentha piperita L.,* famille des labiées) ou menthe poivrée (pippermint) contient du menthol, qui aromatise confiseries, liqueurs et tabac.

L'oignon (*Allium capa L.,* famille des liliacées), dont le bulbe est consommé comme légume aromatique, est très utilisé par l'industrie des plats cuisinés.

Le persil (*Petroselinum sativum Hoffm.,* famille des ombellifères) donne des feuilles plates ou frisées qui accompagnent les viandes.

Le romarin (*Rosmarinus officinalis L.,* famille des labiées) est un arbuste dont les feuilles persistantes sont utilisées en conserverie.

La sarriette (*Satureia montana L.,* famille des labiées) est proche du thym.

Le safran (*Crocus sativus All.,* famille des iridacées) est une plante dont les stigmates des fleurs fournissent, après séchage et broyage, une poudre jaune, au prix très élevé, qui sert à colorer et à parfumer un grand nombre de spécialités méditerranéennes : paellas, bouillabaisse.

La sauge (*Salvia officinalis L.,* famille des labiées) est surtout cultivée pour ses vertus thérapeutiques reconnues depuis l'Antiquité. Ses propriétés aromatiques permettent de rehausser des plats cuisinés, viandes, sauces, etc.

Le thym (*Thymus vulgaris,* famille des labiées), ou farigoule de Provence, est un arbrisseau dont les feuilles sont utilisées en pharmacie (tonique, pectoral, bactéricide) et en cuisine pour aromatiser soupes, viandes et poissons. •

Industrie et tradition

L'extraction industrielle des arômes (2), à partir de produits naturels, se pratique sur de petites quantités. Malgré leurs qualités organoleptiques indéniables, les épices vendues sur les marchés traditionnels (1) cèdent la place aux arômes naturels industriels, qui seront demain préparés par voie biotechnologique.

1. Marché aux épices à Djerba (Tunisie).

Les condiments

LE VINAIGRE INTERVIENT DANS LA PRÉPARATION ET LA CONSERVATION DES PRINCIPAUX CONDIMENTS : LA MOUTARDE, LES CORNICHONS, LES CÂPRES.

Les condiments sont des préparations végétales obtenues à partir de vinaigre et consommés en assaisonnement. La moutarde (crucifère cultivée sous deux espèces : *Brassica nigra Koch,* moutarde noire, et *B. juncea,* brune) fournit, par écrasement des graines et délayage dans du jus de raisin vert, dans des vins, et même dans du vinaigre, une pâte plus ou moins aromatisée dont Dijon s'est fait une spécialité. Le cornichon est le fruit de petits concombres (*Cucumis sativus,* famille des cucurbitacées) macérés dans du vinaigre. Les câpres, préparées aussi dans du vinaigre, sont des bourgeons floraux provenant de deux espèces différentes : le câprier (*Capparis spinosa,* famille des capparidacées) et la capucine (*Tropoeolum majus,* famille des tropoeolacées).

Le vinaigre qui accompagne les condiments est obtenu par une fermentation, dite acétique, du vin laissé à l'air libre en présence d'une bactérie *(Mycoderma aceti).* Il se développe, à température ordinaire, au bout de quelques jours, un voile superficiel : la fleur ou mère de vinaigre. Cette opération, autrefois réalisée dans les familles, est aujourd'hui conduite industriellement dans des acétificateurs qui transforment l'alcool en acide acétique. Le vinaigre de vin, titrant 6° ou 7°, est le plus apprécié, surtout s'il a subi un vieillissement en fût de chêne ; par contre, le vinaigre d'alcool 6° est le plus courant. Quant au vinaigre blanc, dit cristal 8°, il est surtout destiné aux conserves industrielles. •

2. Extraction industrielle d'arômes alimentaires.

Les arômes

LA FABRICATION DES ARÔMES, AVEC LA BIOTECHNOLOGIE, ACCOMPAGNE LA CROISSANCE DES INDUSTRIES ALIMENTAIRES.

Le développement des industries alimentaires s'accompagne d'une demande croissante d'arômes pour renforcer la flaveur de la plupart des produits. À partir de groupes autrefois spécialisés dans l'industrie des parfums est née une puissante industrie des arômes alimentaires, qui fournit les industries agroalimentaires du monde entier en arômes d'origine végétale, extraits et stabilisés. Un arôme est constitué de plusieurs centaines de composants dont chacun est parfaitement connu et mesurable : ils se révèlent dans les pics des diagrammes de chromatographie par lesquels on les analyse. Ce qui constitue l'originalité des arômes tient aux proportions respectives de leurs composants : on en dénombre plus de 300 pour l'arôme de fraise ou de framboise, 250 pour la menthe, 500 pour le café et davantage encore pour certains grands crus de vin.

Plusieurs méthodes sont utilisées pour récupérer les arômes à partir des végétaux :

– l'hydrodistillation est le procédé le plus ancien. Il s'agit d'un traitement, par épuisement à la vapeur d'eau, pour fabriquer des concentrés huileux purs, ce que l'on nomme l'huile essentielle, obtenue à l'alambic. L'inconvénient de ce procédé tient à la perte des parties les plus volatiles : les huiles essentielles ont un arôme propre, proche de celui des plantes originales mais différent ;

– l'infusion et la teinture consistent en une macération dans l'alcool, soit à température ambiante pour la teinture, soit à chaud pour l'infusion ;

– l'extraction par solvant est pratiquée en immergeant le végétal dans un solvant, en général l'hexane, puis en concentrant, par ébullition, le miscella jusqu'à obtenir un extrait brut pur.

L'industrie alimentaire reçoit souvent les arômes et les extraits d'épices sous forme d'oléorésines, huiles contenant tous les éléments volatils et sapides de la plante, ou sous forme absorbée sur des supports comme le sel, la maltodextrine, le lactose et même sur de la poudre de biscotte. Une nouvelle technique consiste à encapsuler les arômes...

La concurrence de l'industrie chimique pour fournir des arômes de synthèse se heurte à la fois à des problèmes réglementaires et au goût affirmé du public pour le naturel.

Aux États-Unis, la très rigoureuse FDA *(Food and Drug Administration)* a autorisé l'incorporation d'arômes fabriqués par voie biotechnologique et leur a accordé la précieuse appellation « naturelle ». Il s'agit d'arômes apportant un goût de fromage, de viande ou de crustacés et destinés à la haute restauration. Pour l'instant, en Europe comme en France, la prudence est encore de mise et les autorisations, examinées au cas par cas, sont exceptionnelles. En revanche, les laboratoires de recherche travaillent activement pour essayer de mettre au point des arômes « bio » : la culture de tissus, encore peu envisageable économiquement, est une première voie. Une autre méthode est l'utilisation de micro-organismes qui, dans certaines conditions, développent des arômes proches de ceux des fruits ou des fromages. C'est ainsi que l'on peut, sur des résidus laitiers, cultiver des moisissures qui reproduisent fidèlement l'arôme du beurre ou du roquefort. Une autre voie est fondée sur l'utilisation d'enzymes qui agissent dans un produit donné sur les précurseurs d'arômes pour aboutir à une plus grande concentration. Une dernière voie de recherche porte sur les exhausteurs d'arômes. Dans ce cas, l'objectif n'est pas d'augmenter la concentration réelle de l'arôme mais, grâce à un exhausteur, du type glutamate par exemple, de donner l'impression au consommateur que l'arôme est plus marqué. Ces exhausteurs de goût commencent à être produits par bioconversion.

Il n'est pas sûr cependant que ces procédés, utilisés aujourd'hui en laboratoire et demain en usine, feront disparaître les cultures traditionnelles ; les progrès de la biotechnologie s'appliquent aussi à l'amélioration des plantes et permettront d'augmenter les rendements en molécules utiles. Les espèces végétales retrouveront alors un avantage puisque l'énergie solaire qu'elles utilisent par les réactions de photosynthèse est gratuite. Les perspectives de marché pour tous ces arômes biotechnologiques sont presque illimitées, à la fois pour l'imitation mais aussi pour la création de nouvelles impressions gustatives et olfactives. •

Les grandes zones productrices d'aromes

	chiffres d'affaires (en milliards de dollars)	*parts de marché (en %)*
Europe	2,10	35
États-Unis	1,55	25,8
Japon	0,70	11,7
Reste du monde	1,65	27,5

Les grandes multinationales des arômes

firmes	*pays*	*chiffres d'affaires (en millions de dollars)*
1 IFF (International Fragrance)	États-Unis	621
2 Quest	Pays-Bas	515
3 Givaudan (Hoffman-Laroche)	Suisse	411
4 Takasago	Japon	329
5 Firmenich	Suisse	294
6 Haarman-Reimer (Bayer)	R.F.A.	270
7 BBA (Union Camp)	Grande-Bretagne	168
8 PFW (Hercules)	États-Unis	150
9 Florasynth/Lautier	États-Unis	150
10 Hasegawa	Japon	148
11 Dragoco	R.F.A.	147
12 Fritzsche (BASF)	États-Unis	132
13 Roure (Hoffman-Laroche)	France	106

L'horticulture ornementale

L'HORTICULTURE ORNEMENTALE est constituée de l'ensemble des opérations permettant de multiplier, élever, mettre sur le marché et utiliser les végétaux destinés à l'agrément du cadre de vie. Ce secteur de l'agriculture est caractérisé, d'une part, par des systèmes de production intensifs : valeur élevée de la production, forte utilisation de main-d'œuvre, investissements importants ; d'autre part, par sa diversité : non seulement par celle des végétaux cultivés (plus d'un millier d'espèces végétales) mais aussi par celle des techniques de production, des types d'établissements, des équipements mis en œuvre et des modes d'utilisation des produits. On distingue cinq filières de production selon les caractéristiques de la culture et de l'utilisation des végétaux : fleurs et feuillages coupés, plantes cultivées en pot, plantes à massif, plantes bulbeuses, pépinières.

Les techniques de production sont très sophistiquées, notamment sous les climats tempérés. La majorité des cultures florales y est réalisée dans des serres où l'on parvient au contrôle de la physiologie des plantes et à la maîtrise des facteurs de la production.

Depuis plusieurs années, le marché de l'horticulture ornementale connaît un fort développement dans les pays industrialisés. Pour faire face à la demande, de nouvelles zones de production se sont développées, en particulier dans les pays à climat plus favorable et à main-d'œuvre bon marché : Côte-d'Ivoire, Colombie, Kenya, Costa Rica, etc. En conséquence, dans le même temps, les importations des pays industrialisés ont augmenté dans de fortes proportions.

1. Effleurage d'un champ de tulipes aux Pays-Bas.

Les techniques de production

L'AMÉLIORATION DES TECHNIQUES PERMET D'ÉCONOMISER LA MAIN-D'ŒUVRE, DE MODIFIER ET DE CONTRÔLER LE CYCLE VÉGÉTATIF, DE RÉGULARISER LA PRODUCTION.

Dans les pays à climat tempéré, la majorité des productions florales est faite sous serres. Au cours des vingt dernières années, en raison d'une meilleure connaissance et de plus grandes possibilités de contrôle des milieux sous abri, les méthodes ont subi une sophistication très poussée : pilotage informatisé du climat des serres, automatisation de l'irrigation et de la fertilisation, augmentation des densités de plantes cultivées par utilisation de tablettes roulantes. La recherche d'économies de main-d'œuvre, autre tendance du secteur, a poussé au raccourcissement des cycles de culture, ce qui a conduit à la mise sur le marché de végétaux plus petits et à l'utilisation de régulateurs de croissance, en particulier de substances de pincement en remplacement des opérations de taille manuelle.

La nécessité d'approvisionner le marché avec un même produit tout au long de l'année, ou au moins pendant plusieurs mois (ce qui aboutit à la perte de la notion de saison par le consommateur), a fait mettre en œuvre tous les moyens possibles pour contrôler les conditions de la floraison et réguler la production. C'est ainsi qu'on procède au traitement thermique des bulbes pendant la phase de repos apparent pour accélérer et homogénéiser la différenciation des ébauches florales (tulipe, jacinthe, iris) ou qu'on les conserve au froid pour décaler les périodes de plantation (glaïeul, lis). Beaucoup de plantes horticoles étant des plantes de « jours courts » naturels, le photopériodisme est utilisé pour modifier le cycle végétatif : une période de jours longs artificiels (obtenus par un éclairage artificiel de faible intensité) permet de maintenir ces plantes à l'état végétatif ; inversement, une période de jours courts naturels ou artificiels (par déroulement de toiles noires) provoque la floraison (chrysanthème, poinsettia, kalenchoe). Par l'application de régulateurs de croissance, on obtient le raccourcissement de la phase de juvénilité et on provoque la floraison des broméliacées.

Grâce à la culture hors sol sur substrat inerte, avec apport contrôlé de solution nutritive, la lutte contre l'extension de certains parasites du sol est améliorée et la production devient plus régulière (œillet, gerbera). Enfin, par l'utilisation d'un éclairage photosynthétique de forte intensité, la production hivernale de plantes héliophiles peut être augmentée (rosier, géranium). •

Les pépinières

LA MULTIPLICATION DES PLANTES PÉRENNES SE FAIT À PARTIR DE NOMBREUX PROCÉDÉS MAIS LE BOUTURAGE EST LA TECHNIQUE LA PLUS SIMPLE ET LA PLUS RAPIDE.

Étymologiquement, une pépinière est un endroit où l'on sème des pépins, et par extension l'endroit où l'on produit et cultive les arbres, arbustes et autres végétaux pérennes d'extérieur. On distingue les pépinières de multiplication, d'élevage et spécialisées.

Les pépinières de multiplication assurent la propagation des végétaux et commercialisent des jeunes plants après une, deux, quelquefois trois années de culture. Tous les procédés sont utilisés. Le semis sert à la multiplication des porte-greffes (rosiers, conifères). Le marcottage, procédé long et onéreux, n'est plus appliqué qu'à quelques espèces dont la multiplication est délicate, comme le noisetier. Le greffage, technique ancienne employée pour associer le système racinaire d'une plante avec la partie aérienne d'une autre, permet la constitution d'un nouveau végétal vigoureux, bien adapté au sol et au climat. Le bouturage est la technique la plus simple et la plus rapide. Grâce aux connaissances acquises sur la physiologie du développement des plantes, à l'utilisation d'hormones de synthèse et d'équipements spécialisés, le bouturage a pu être appliqué à un très grand nombre d'espèces. Enfin, pour assurer la propagation de plantes difficiles à multiplier ou de très grande diffusion, certaines pépinières sont associées à des laboratoires de culture *in vitro* qui reproduisent les plantes par culture cellulaire.

Les pépinières d'élevage cultivent les jeunes plants pendant plusieurs années jusqu'à ce que les végétaux aient atteint leur taille de commercialisation ou d'utilisation. Cet « élevage » dure plus ou moins longtemps : de deux à trois ans pour les arbustes et les jeunes arbres, jusqu'à dix ou quinze ans pour certains conifères et autres arbres formés.

Les pépinières spécialisées sont souvent des entreprises de taille moyenne qui réalisent toutes les opérations de multiplication et d'élevage d'un groupe particulier de végétaux rares ou qui nécessitent la mise en œuvre de techniques spécifiques : plantes aquatiques, plantes de terre de bruyère, clématites.

Enfin, il faut signaler le développement et l'intérêt de la culture en conteneur. Cultivés en substrat inerte, hors sol, avec des apports réguliers de solution nutritive, les végétaux bénéficient d'une croissance plus rapide et régulière, d'une meilleure reprise après transplantation et leur période de vente est élargie. •

L'horticulture ornementale en France

	superficie (ha)	*chiffre d'affaires (millions de francs)*	
Pépinières	16 940	3 182	(36 %)
Fleurs coupées	2 200	1 238	(14 %)
Plantes en pot	1 540	2 563	(29 %)
Bulbes	660	355	(4 %)
Plantes à massif	660	1 502	(17 %)

La commercialisation se fait principalement par l'intermédiaire des fleuristes détaillants (53 % du marché en valeur), puis directement par les producteurs (14 %), le reste étant partagé entre marchés, jardineries et grandes surfaces. La vente par correspondance est presque négligeable (1,5 %). Il existe de fortes différences selon les produits et les lieux d'achats : les fleuristes vendent essentiellement des fleurs coupées et des plantes en pot, les jardineries des produits de pépinières et des plantes à massif, les grandes surfaces des plantes en pot et des plantes à massif.

Les plantes à bulbe

ENSEMBLE BOTANIQUEMENT TRÈS VARIÉ, LES PLANTES BULBEUSES CONSTITUENT UN SECTEUR HORTICOLE, COMMERCIALISANT BULBES ET FLEURS, DOMINÉ PAR LES PAYS-BAS.

En horticulture, une plante bulbeuse est une plante herbacée pluriannuelle qui possède un organe souterrain tubérisé assurant la pérennité et la propagation de l'espèce. Cet organe, par ailleurs, passe par une période de repos de végétation au cours de laquelle il est commercialisé.

Cette définition apparemment simple désigne en réalité un ensemble de végétaux très divers à la fois par la nature des organes de réserve, les modes de multiplication et les périodes de floraison.

La nature des organes de réserve est extrêmement variée : depuis les bulbes vrais, au sens botanique, comme celui de la tulipe, jusqu'aux racines tubérisées du dahlia ou de la renoncule. De même, tous les modes de multiplication sont utilisés : semis pour les anémones et les renoncules, bouturage pour le dahlia, multiplication végétative naturelle par formation de bulbilles pour le glaïeul, la tulipe, le lis. Enfin, selon l'époque de la floraison, on distingue deux grandes catégories commerciales : les bulbes à floraison printanière et les bulbes à floraison estivale et automnale.

Quelle que soit sa période de floraison, une plante bulbeuse a schématiquement le développement suivant : après plantation, il y a d'abord émission de nouvelles racines, puis, par utilisation des réserves, développement de la partie aérienne et apparition des fleurs ; enfin, après floraison, des réserves se reconstituent dans de nouveaux organes souterrains.

Le secteur des plantes à bulbe est constitué de deux catégories de professionnels. On trouve tout d'abord les producteurs de bulbes, qui les multiplient et en assurent le grossissement. Ces horticulteurs sont généralement situés dans des régions à climat doux et à sol léger (en France : littoral de la Manche, côte Atlantique, Val de Loire). La deuxième catégorie est celle des producteurs de fleurs, qui mettent en œuvre des techniques de forçage et approvisionnent le marché en fleurs coupées issues de bulbes. La principale région productrice est, en France, la Côte d'Azur.

Les Pays-Bas sont leader mondial de la production et du marché des plantes à bulbe, la France se situant au cinquième rang. •

2. Culture de chrysanthèmes sous serre.

Les plantes à massif

UN PETIT NOMBRE DE PLANTES ORIGINAIRES D'AFRIQUE ET D'AMÉRIQUE DÉCORENT PARCS, JARDINS ET BALCONS.

On désigne sous le terme de plantes à massif l'ensemble des plantes herbacées utilisées pour les décorations temporaires des parcs, jardins, balcons, qu'ils soient publics ou privés.

La majorité de ces végétaux sont originaires d'Afrique ou d'Amérique du Sud. Introduits en Europe dans le courant du XIXe siècle, ils ont fait l'objet d'améliorations et de sélection qui ont profondément modifié leur aspect et leurs exigences culturales. Les variétés actuelles ont un port plus ramifié et compact et une floraison plus longue et plus abondante que leurs ancêtres sauvages. Le semis est le mode de multiplication qui a remplacé, dans la plupart des cas, le bouturage.

Le marché amateur est caractérisé par la prédominance d'un petit nombre d'espèces. En revanche, les services publics gérant des espaces verts utilisent une palette végétale beaucoup plus large : une cinquantaine d'espèces dont beaucoup décoratives par leur feuillage.

Le marché français a des besoins relativement faibles en plantes à floraison printanière, telles les pensées (50 millions de plants). Par contre, en ce qui concerne les fleurs d'été, la demande est beaucoup plus élevée. Les espèces les plus utilisées sont le géranium à massif et à balcon (80 millions de plants), le bégonia (60), le pétunia (50), l'impatiens (32), l'œillet d'Inde (24), la sauge (20). La production nationale couvre à peu près la demande. •

3. Bonsaï.

Fleurs coupées et plantes en pot

LA PRODUCTION DE FLEURS DESTINÉES À LA DÉCORATION D'INTÉRIEUR EST RÉALISÉE PAR DES HORTICULTEURS SPÉCIALISÉS ET S'ÉTEND SUR LES HAUTS PLATEAUX TROPICAUX.

Le secteur désigné souvent par le terme « floriculture » produit les végétaux destinés à la décoration intérieure. Il fournit une très large gamme de végétaux originaires de toutes les zones climatiques du globe, avec une prédominance des régions tempérées ou méditerranéennes pour les végétaux à fleurs (rose, œillet, chrysanthème, azalée, hortensia) et une prédominance des végétaux tropicaux pour les plantes à feuillage (croton, ficus, dieffenbachia). Il a toujours été le domaine privilégié de l'application des connaissances en physiologie végétale, en particulier par la mise en œuvre de techniques permettant le contrôle de la croissance et du développement (photo- et thermopériodisme, régulateurs de croissance).

Ce secteur s'est profondément modifié sous l'effet de la division du travail, les entreprises se spécialisant non pas dans une production mais dans une opération culturale. C'est ainsi que se sont créés des établissements « multiplicateurs » produisant des boutures racinées ou des jeunes plants ; des établissements « éleveurs » commercialisant des plantes en pot prêtes à fleurir ; des établissements « forceurs » conduisant les végétaux jusqu'au stade final de consommation.

Pour abaisser les coûts de production, les établissements multiplicateurs de plantes à feuillage ont installé des filiales dans les pays à climat favorable et à main-d'œuvre bon marché (Afrique, Amérique centrale). Actuellement, la majorité des plants de potées à feuillage cultivés en Europe ou aux États-Unis sont produits en zone tropicale.

De la même façon, pour satisfaire un marché en croissance constante, sont utilisées de nouvelles zones climatiquement favorables à la production de fleurs coupées. Les hauts plateaux de certains pays équatoriaux, comme la Colombie, l'Équateur, le Kenya, qui présentent des conditions de longueur de jour et de température d'une très grande régularité, se sont révélés très favorables à la production de fleurs répandues : œillets, roses, chrysanthèmes. •

Des techniques sophistiquées

De la production des bulbes à celle des bonsaïs en passant par la culture en serre, l'horticulture ornementale met en œuvre des techniques variées et sophistiquées. Dans la culture des tulipes pour la production des bulbes, il est essentiel, par l'effleurage (1), d'éliminer les plantes atteintes par des parasites, d'éviter le mélange des variétés et d'empêcher la formation des fruits et des graines. Dans les serres, la très grande sensibilité du chrysanthème à la photopériode permet de programmer parfaitement la culture et d'obtenir une floraison particulièrement homogène (2). Originaire de Chine (au début de l'ère chrétienne), la culture des « arbres en pot » (bonsaïs) fut introduite vers le XIIe siècle au Japon, où elle a atteint une très grande popularité et un niveau de technicité impressionnant. Les arbres sont nanifiés par une complète maîtrise du développement : taille régulière des tiges et des racines, contrôle des arrosages et de la fertilisation (3).

Les plantes industrielles

AUJOURD'HUI, L'ALIMENTATION est de loin la destination principale des produits végétaux cultivés et l'agriculture est devenue surtout le fournisseur de l'industrie alimentaire. Autrefois, pourtant, les matières végétales jouaient un rôle dans toutes les étapes de la vie quotidienne.

Certaines plantes utiles ont disparu, telles les plantes tinctoriales, remplacées par les colorants chimiques. D'autres sont devenues marginales, comme les pyrèthres (famille des composées) roses ou du Caucase, qui fournissaient un insecticide obtenu en pulvérisant les capitules bien séchés.

Si le chaume des céréales qui servait jadis comme couverture des maisons rustiques n'est plus employé, de nos jours, des agglomérés de liège ou de tiges et rafles de maïs sont utilisés dans l'industrie du bâtiment comme revêtement isolant.

Parmi les plantes qui ont perdu leurs usages, on rencontre un grand nombre de « simples », utilisés autrefois comme médicaments et détrônés par des molécules de synthèse. Le tabac, initialement prisé contre les maux de tête, est aujourd'hui consommé dans le monde entier par plaisir, voire par accoutumance : statut ambigu, proche de celui des drogues moins douces, elles aussi pourtant utilisées comme médicaments. Les plantes à parfum restent des matières premières irremplaçables, très recherchées par l'industrie. L'hévéa (*Hevea brasiliensis,* famille des euphorbiacées) est un grand arbre atteignant 30 mètres de haut, cultivé dans les régions tropicales et qui fournit par incision de l'écorce un lait, ou latex, recueilli en godets, qui se coagule en donnant le caoutchouc. Malgré les recherches nombreuses pour le remplacer par des produits de synthèse, le caoutchouc reste une matière première importante.

Les plantes textiles comme le lin, le chanvre et surtout, à l'échelle internationale, le coton demeurent aussi des matières premières industrielles recherchées. L'avenir des plantes industrielles semble bien assuré. Une grande interrogation subsiste cependant pour les cultures énergétiques : l'alcool de céréales, de vin ou de betterave rivalisera-t-il avec le pétrole comme carburant ?

Les plantes à parfum

MALGRÉ LE DÉVELOPPEMENT DE PRODUITS D'IMITATION ISSUS DE LA CHIMIE DE SYNTHÈSE, LES PARFUMS OBTENUS DES PLANTES CONSERVENT LA PREMIÈRE PLACE.

Spontanée dans les régions méditerranéennes, la lavande (famille des labiées) est cultivée sous deux espèces : la lavande aspic *(Lavandula latifolia),* la lavande vivace *(L. angustifolia)* ou lavande fine, elle-même divisée en deux sous-espèces : *fragrans,* ramassée, odorante, de teinte claire, et *delphinensis,* élancée, bleu foncé, d'odeur plus fine.

Le lavandin est un hybride naturel de la lavande vivace et de la lavande aspic. Lavande et lavandin sont plantés pour rester en production 4 à 5 ans, avec un écartement qui permet la mécanisation de la récolte annuelle. Ce sont les inflorescences qui sont coupées, liées en bottes et transportées dans les meilleurs délais vers la distillerie, tout retard entraînant la détérioration des arômes par fermentation. D'autres plantes à parfum sont cultivées, en particulier dans la région de Grasse, en France, qui bénéficie d'un climat exceptionnel et d'une réputation internationale. Il s'agit de roses (centifolia et doubles), de jasmin, qui correspondent à de petites productions, de thym ou d'angélique. Pour toutes ces cultures, le marché est relativement médiocre depuis plusieurs années.

Alors que l'industrie française des parfums, forte de sa haute réputation et de sa créativité, exporte dans le monde entier, l'agriculture ne fournit pas la moitié des tonnages nécessaires. Le déficit porte évidemment sur les espèces exotiques : patchouli, ilang-ilang, bois de santal, etc., mais aussi sur les espèces cultivées en France comme la lavande, avec des importations provenant de Bulgarie et d'U.R.S.S., le jasmin, importé d'Égypte, du Maroc, de l'Inde, ou encore les roses, dont les essences sont importées de Turquie.

Les techniques industrielles mises en œuvre pour récupérer les arômes des parfums sont identiques à celles utilisées pour la fabrication des arômes alimentaires : hydrodistillation, infusion ou teinture, extraction par solvant, etc. Ce sont d'ailleurs des entreprises initialement spécialisées dans les parfums qui traitent aujourd'hui les arômes alimentaires. La concurrence avec les produits d'imitation qu'élabore industriellement la chimie de synthèse existe pour les parfums et, semble-t-il, ne provoque pas, comme pour les arômes alimentaires, de réaction négative des consommateurs. Cependant, les spécialistes qui créent les grands parfums, les « nez », continuent à préférer les arômes naturels. L'industrie des parfums s'efforce de diversifier ses débouchés en créant de nouveaux produits pour de nouvelles catégories de population jusque-là peu coutumières des parfums. En conséquence, certains pays, et non des moindres, comme le Japon, s'ouvrent aux charmes de la parfumerie. •

Le tabac

LA LUTTE CONTRE LE TABAGISME N'EMPÊCHE PAS LE TABAC D'ÊTRE LARGEMENT CULTIVÉ DANS LE MONDE.

Plante américaine découverte par Christophe Colomb et introduite en Europe par les Espagnols, le tabac fut d'abord un remède très apprécié, à partir de 1560, quand Jean Nicot, ambassadeur à Lisbonne, l'envoya sous forme de poudre pour guérir les migraines de la reine de France Catherine de Médicis.

Cette plante annuelle (*Nicotiana tabacum,* famille des solanacées) pouvant atteindre 2 m de haut donne de larges et grandes feuilles qui, séchées et préparées, permettent de fabriquer cigares, cigarettes, poudres à priser et carottes à chiquer.

Originaire d'Amérique, le tabac est aujourd'hui cultivé dans le monde entier : les meilleures qualités, destinées à la fabrication des cigares, proviennent des havanes de Cuba, de Java ou de Sumatra. Les États-Unis produisent des quantités importantes de tabac (Kentucky, Maryland, Ohio, Virginie) ainsi que la Chine, l'Inde et l'U.R.S.S.

La culture du tabac demande une grande technicité, beaucoup de soins pour un semis sur couche suivi d'un repiquage, de nombreux travaux d'entretien avant une récolte qui se déroule fin août-début septembre. Le rendement moyen est, sous les climats tempérés, de l'ordre de 20 à 25 quintaux de feuilles sèches à l'hectare. Longtemps récoltées manuellement et une à une, les feuilles, avec ou sans les tiges, sont aujourd'hui récoltées d'une manière semi-mécanisée.

Le traitement du tabac commence, immédiatement après la récolte, par un séchage dans des séchoirs à aération, chaleur et humidité contrôlées. Le séchage est suivi d'une fermentation et d'un traitement industriel légèrement différent pour les feuilles, ou strips, et les tiges et nervures, ou côtes, qui subissent un hachage et un laminage préalables. Les strips sont assouplis par humidification sous vide puis trempés dans de l'eau tiède au cours d'une opération dite de mouillage. Les strips et côtes, mélangés et hachés, constituent le scaferlati humide, qui subit un chauffage à 90 °C environ, suivi d'une torréfaction à 300 °C. Après refroidissement et stockage, le scaferlati est envoyé vers les machines confectionneuses, dont le rendement peut atteindre 4 000 cigarettes à la minute.

Comme la plupart des plantes de la famille des solanacées, les feuilles de tabac contiennent un alcaloïde, la nicotine, dont les effets physiologiques, considérés autrefois comme bénéfiques, sont aujourd'hui dénoncés par le corps médical. La nicotine, mais aussi le goudron contenus dans les cigarettes favorisent les cancers de la bouche et des voies respiratoires et les maladies cardio-vasculaires. Les recherches les plus récentes ont démontré, au-delà de l'action nocive directe sur le fumeur, des effets indirects sur les personnes qui respirent une atmosphère enfumée.

Pour répondre à ces critiques, les industriels du tabac ont essayé de trouver diverses parades : bout filtre, allongement des cigarettes, dénicotinisation partielle, etc. Les pouvoirs publics, qui tirent un grand profit des taxes sur le tabac, font cependant un effort pour freiner le tabagisme. •

1. Feuilles de tabac vert.

Des végétaux toujours utiles pour l'industrie

Avec l'apparition et le développement des produits de synthèse, on aurait pu craindre la disparition des débouchés industriels des cultures destinées à fournir des matières premières non alimentaires. Au contraire, la demande de produits d'origine agricole croît. Ainsi, la culture du coton demeure une ressource vitale en Afrique, pour les petits paysans (2), comme les plantes à parfum pour certaines régions, par exemple dans le sud de la France (4) ou encore comme le tabac dans la région de Bergerac (1). Les secteurs industriels les plus divers réclament des matières – ou des matériaux – d'origine biologique. En Asie, le bois, et même le bambou, très solide et très léger, jouent un grand rôle dans la construction (3).

Les plantes textiles

LES TEXTILES D'ORIGINE VÉGÉTALE, EN PARTICULIER LE COTON, CONSERVENT DES MARCHÉS IMPORTANTS MALGRÉ LA CONCURRENCE DES FIBRES SYNTHÉTIQUES.

L'industrie des fibres textiles artificielles, malgré sa puissance et sa créativité, n'a pas fait disparaître les plantes cultivées à des fins textiles.

Le cotonnier (genre *Gossypium,* famille des malvacées) est une plante annuelle des régions chaudes, à port arbustif, qui donne en cinq mois des fleurs dont l'ovule, en forme de capsule, renferme de nombreuses graines recouvertes de poils cellulosiques unicellulaires. Dès que les capsules sont mûres, c'est-à-dire ouvertes, elles doivent être récoltées et transportées en usine d'égrenage. On dénombre 50 espèces parmi lesquelles quatre sont cultivées : *G. barbadense,* à longue soie, de haute qualité, produit en Égypte ; *G. hirsutum,* à moyenne soie, le plus courant, en particulier aux États-Unis ; *G. arboreum* et *G. herbaceum,* à courte soie, qui ont tendance à disparaître. Les fibres subissent le mercerisage, mis au point en 1844 par l'Anglais Mercer, un traitement chimique à la soude et un étirage mécanique qui aboutissent à donner aux fils et aux tissus de coton leur aspect brillant. Le coton, matière première très importante, représente environ la moitié du tonnage mondial des fibres textiles.

Outre le coton, d'autres plantes textiles sont exploitées dans les régions chaudes. Le jute (genre *Corchorus,* famille des liliacées) est surtout cultivé au Bengale. Plante annuelle pouvant atteindre 6 m, sa tige contient des fibres courtes qui sont dégagées par rouissage et décorticage. Le jute sert à fabriquer des ficelles, des toiles pour sacs et pour ameublement. Le kapokier ou fromager (*Ceiba* et *Bombax,* famille des bombacées) est un grand arbre des savanes dont les capsules contiennent une bourre qui possède une extrême flottabilité, cinq fois plus grande que le liège, le kapok, utilisé notamment dans la fabrication des ceintures de sauvetage. La ramie (*Boehmeria nivea,* famille des urticacées), arbuste originaire d'Asie, fournit des fibres blanches et soyeuses de haute qualité mais difficiles à traiter. Le sisal (agave, famille des agavacées), originaire du Mexique, est une plante dont les feuilles contiennent des fibres très utilisées en ficellerie.

Dans les pays tempérés, les plantes textiles ne jouent plus qu'un rôle modeste et les surfaces qui leur sont consacrées sont très limitées. Le lin (*Linum usitatissimum,* famille des linacées) est une plante annuelle dont la tige atteint plus d'un mètre de haut et contient des faisceaux de fibres qui sont dégagées, après la récolte, en deux étapes. Le rouissage, fermentation à l'air libre, aboutit tout d'abord à la séparation des fibres, puis le teillage, opération mécanique de broyage et de séparation, permet d'obtenir la filasse, qui est travaillée en filature. Le lin fournit des tissus d'excellente qualité, très résistants, utilisés pour des draps, du linge de table, des bâches ou des stores. Le chanvre (*Cannabis sativa,* famille des urticacées) est une plante annuelle pouvant atteindre 3 m de haut, dont la tige fournit des fibres. Le chanvre sert surtout à fabriquer des cordes et des toiles de sac. •

2. Concentration de producteurs de coton au Tchad.

Autres plantes

OUTRE DES UTILISATIONS TRADITIONNELLES TRÈS VARIÉES, DE NOMBREUSES PLANTES DONNENT LIEU À DES EMPLOIS INDUSTRIELS CROISSANTS.

De toutes les plantes, le bambou, avec ses 1 500 espèces connues, est sans nul doute celle qui est la plus utilisée en Asie. Ses pousses sont consommées comme le sont les cœurs d'artichaut, son rhizome est utilisé pour fabriquer des manches de couteaux, d'outils ou de parapluies. Ses chaumes et tiges servent à construire des maisons, des meubles, des échafaudages ou des passerelles. Dans certaines régions, il est utilisé comme base papetière, ou bien ses feuilles servent à emballer les aliments, comme autrefois le poisson au Japon. Dans la baie d'Along, « la Baie aux montagnes en pain de sucre », qui est surnommée la huitième merveille du monde, au nord-est du Viêt-nam, les pêcheurs disposent de barques en forme de nacelles construites en bambou tressé.

Parmi les débouchés industriels considérables et encore croissants pour le monde végétal, on peut distinguer trois grands domaines : la papeterie, la pharmacie et l'énergie. Le papier est constitué de fibres cellulosiques d'origine végétale : longtemps fabriqué à partir de vieux chiffons, il est aujourd'hui obtenu surtout à partir de fibres de bois (94 %), le reste provenant de plantes diverses (pailles de céréales, alfa, roseaux, canne à sucre, etc.). Dans le domaine de la pharmacie, les possibilités immenses du règne végétal ne sont pas encore recensées dans toutes les régions du monde. Parmi les groupes de médicaments les plus utilisés, il faut citer : les alcaloïdes, substances organiques décelées au début du XIXe siècle et reconnues pour leurs propriétés physiologiques ; la morphine, toujours utilisée comme sédatif ; la belladone, l'émétine, la strychnine, la quinine, découverte en 1820 par Pelletier et Caventou dans le quinquina jaune et dont les propriétés, utilisées dans la lutte contre le paludisme, ont été un bienfait pour l'humanité ; la codéine, utilisée contre la toux ; l'opium, latex qui s'écoule de la capsule florale du pavot, qui contient un grand nombre d'alcaloïdes ; la cocaïne, puissant anesthésique, ou encore la colchicine, utilisée dans le traitement de la goutte.

L'utilisation de l'alcool comme carburant est une possibilité qui réapparaît à chaque choc pétrolier. Si l'on voulait faire fonctionner les moteurs avec seulement de l'alcool, il faudrait, comme l'ont fait les Brésiliens, créer une véritable industrie de moteurs adaptés à ce nouveau carburant. En revanche, si l'on introduit 10 à 15 % d'alcool dans l'essence, les moteurs actuels sont utilisables. C'est la solution adoptée par la Suède, qui introduit de l'alcool de blé dans son essence. Les calculs économiques réalisés dans la C.E.E. ne sont pas pour l'instant favorables à l'alcool, qu'il soit de betterave, de blé ou de vin. •

3. Échafaudage de bambou à Hongkong.

Le bambou, plante universelle

Dans les pays en développement, les plantes ont conservé le rôle universel qu'elles occupaient autrefois chez nous. Un exemple frappant est celui des bambous, graminées gigantesques (genre *Bambusa*) qui poussent à une très grande vitesse en pays tropicaux. Dans les régions tempérées, le bambou est cultivé pour quelques rares usages comme les palissades, la canne à pêche, ou pour créer un espace exotique ou touristique. Les tentatives pour cultiver le bambou papetier ont été un échec. En revanche, le bambou joue un rôle essentiel dans l'économie orientale : construction, vannerie, ameublement, etc. Avec ses racines traçantes et fibreuses, il fixe admirablement les berges des rivières et des fossés. Les Japonais disent du bambou qu'il accompagne l'homme de la naissance à la mort.

→ **Voir aussi :** Les fibres textiles, **TECHN,** p. 396-397.

4. Récolte de lavandin sur le plateau de Valensole (France).

Principes de l'élevage moderne

AU COURS DE L'HISTOIRE, l'élevage a rempli une grande diversité de fonctions, selon les milieux, les sociétés, les époques. Il a eu, et a encore sous certaines latitudes, un rôle d'accumulation et de préservation de richesses ou de monnaie d'échange (les mots cheptel et capital ont la même racine, le mot *pecus* [bétail] a donné pécuniaire). Son concours pour la fertilisation des terres et comme source d'énergie (travail du sol, battage, pompage, transports civils ou militaires) a été longtemps fondamental. Il a beaucoup contribué à l'approvisionnement des familles d'éleveurs en protéines, en ressources pour l'abri ou pour l'artisanat du vêtement, avant d'intervenir dans la réalisation de profits dans les économies modernes. L'élevage conserve également un rôle culturel et social (sociétés nomades, sélectionneurs européens), qui se développe même avec nos divers animaux de compagnie, de loisir, de défense ou de prestige. Enfin, il peut être symbole religieux (comme en Inde, ou dans l'ancienne Égypte...). Dans de nombreux pays, l'élevage a gardé tout ou partie de ces fonctions et, ailleurs, il en retrouve de nouvelles, par exemple lorsqu'il participe à l'entretien de l'espace.

La modernisation de l'élevage conduit à des formes de productions animales spécialisées, en général de plus en plus intensives et concentrées, rarement extensives. Fondées sur l'exploitation de quelques fonctions biologiques améliorées par le progrès technique, ces productions sont liées au développement de la consommation de masse des sociétés urbanisées.

L'activité moderne d'élevage repose sur un matériel animal orienté et « travaillé » génétiquement, sur le contrôle des facteurs et des conditions de la production et sur une augmentation de la productivité du travail. Cela passe par une spécialisation de la production et par un raccourcissement ou une accélération des différentes phases d'élevage.

L'élevage actuel, marqué par la division du travail, est de plus en plus un fournisseur de matières premières pour des industries agroalimentaires mettant sur le marché des gammes de produits que l'on s'efforce de diversifier et d'améliorer en qualité.

La maîtrise des fonctions biologiques

REPRODUCTION, CROISSANCE, LACTATION ET PONTE SONT LES PRINCIPALES FONCTIONS DE L'ÉLEVAGE.

La maîtrise de la reproduction est un moyen essentiel pour rationaliser la conduite des élevages grâce à la réduction des périodes improductives et au choix des rythmes de production. On recherche par là l'adaptation du calendrier des besoins du troupeau à celui des ressources alimentaires, l'accroissement de la productivité du cheptel, la simplification de la conduite grâce à l'élevage de bandes homogènes d'animaux permettant de rentabiliser les équipements, de créer et de diffuser efficacement le progrès génétique. Pour atteindre ces objectifs, l'insémination artificielle joue un rôle considérable dans toutes les espèces. D'autres techniques, hormonales ou non, ont un intérêt variable selon l'espèce, par exemple le contrôle des cycles sexuels ou de la ponte, le transfert et la congélation d'embryons et, dans l'avenir, la fécondation in vitro, le clonage, le transfert de gènes.

L'élevage moderne, en ce qui concerne la production de viande, dépend de la maîtrise de la croissance des animaux et de la composition des carcasses. On peut maintenant optimiser l'expression du potentiel de production en fonction d'objectifs souhaités. L'abattage se fait généralement sur des animaux plus jeunes qu'autrefois et l'efficacité alimentaire a été beaucoup accrue. Les progrès génétiques dans ce domaine se sont révélés importants chez les monogastriques et faibles chez les herbivores. Par exemple, en 1930, il fallait environ 4 mois et 7 à 10 kg de nourriture pour produire un poulet de 1,5 kg vif, contre seulement 6 semaines et 3 kg d'aliments pour un poulet de 1,7 kg dans les années 1980. Des recherches continuent sur le traitement des aliments et sur l'optimisation du fonctionnement digestif et métabolique pour améliorer l'efficacité de la « machine animale ». Souvent, la qualité des produits s'en trouve améliorée : par exemple, les carcasses des porcs sont moins grasses.

La maîtrise de la lactation a beaucoup progressé également, grâce à la connaissance des mécanismes biologiques de la production du lait, des règles d'expression du potentiel génétique, de la nutrition. Le potentiel laitier des cheptels a bénéficié de l'insémination artificielle, par une large diffusion des meilleurs reproducteurs et de l'estimation sur descendance de la valeur génétique. Ces progrès génétiques et de conduite ont permis l'accroissement du lait produit par vache, mais ont aussi provoqué la saturation des marchés dans les pays industrialisés. De nouveaux gains de productivité sont encore possibles par l'utilisation de l'hormone de croissance, qui stimule la production laitière et dont l'application demeure en discussion. •

Spécialisation et diversification

LA SPÉCIALISATION DES ÉLEVAGES, LIÉE À L'ACCROISSEMENT DE LA PRODUCTIVITÉ DU TRAVAIL, S'ACCENTUE MALGRÉ L'HÉTÉROGÉNÉITÉ DES MILIEUX ET DES RESSOURCES ANIMALES.

Les lois d'accroissement de la productivité imposent une spécialisation des élevages. C'est ainsi, par exemple, que chez des veaux d'ateliers laitiers ou chez des poules pondeuses, l'aptitude à produire de la viande compte peu : l'accent est mis sur le lait dans le premier cas, sur les œufs dans le second. Face à la diversité biologique des animaux et à la variété des milieux socio-économiques ou écologiques, la spécialisation n'empêche pas que les systèmes de production mis au point soient eux-mêmes divers, mais avec des constantes : diminution des tâches manuelles répétitives au profit de la mécanisation et des tâches de gestion, tendance à rechercher les séries et les lots d'animaux les plus nombreux et les plus homogènes possible.

Cette recherche d'une productivité du travail et des animaux toujours plus grande suit deux axes principaux : d'une part, l'artificialisation du milieu d'élevage, qui entraîne des besoins croissants en capitaux, mais très variables selon l'espèce ; d'autre part, une gestion technico-économique plus raisonnée, notamment en adaptant au mieux les animaux à leur milieu et à leurs fonctions, dans le but de s'accommoder des risques naturels et économiques, dont les conséquences sont alors amorties dans le fonctionnement du système.

Les systèmes d'élevage qui résultent de cet accroissement de productivité se répartissent entre trois types :

l'élevage intensif hors sol, où le milieu est complètement artificialisé : alimentation automatique, bâtiment clos et conditionné en température, hygrométrie, nature du sol... et même parfois en éclairement. Ce système, qui concerne surtout les volailles et les porcs, est coûteux mais évidemment apte techniquement à fonctionner partout ;

l'élevage intensif non affranchi complètement des aléas du milieu, qui, malgré un recours massif aux facteurs de production provenant de l'extérieur de l'exploitation et aux équipements, reste peu ou prou lié au sol, notamment l'élevage laitier modernisé ;

l'élevage maîtrisé, fréquent dans l'hémisphère Sud, l'Ouest américain, les steppes d'Asie, et qui reflète une gestion écologique raisonnée pouvant concerner les bovins à viande mais aussi laitiers, les ovins à viande et à laine, les chevaux, les cervidés, les camélidés voire les porcs dans l'aire méditerranéenne. La conduite des troupeaux vise une adaptation aux aléas pour en diminuer les effets néfastes, à travers le choix des modalités de reproduction, du niveau génétique ou des aptitudes comportementales, d'une stratégie d'exploitation différenciée des herbages dans l'espace et dans le temps.

Cette tendance à la spécialisation se retrouve chez l'animal : elle explique les sélections divergentes chez certains groupes d'espèces et la valorisation d'espèces ou de fonctions nouvelles ainsi que les schémas intégrés de sélection et de croisement avec introduction de souches performantes dans telle ou telle fonction, comme la prolificité, l'aptitude à produire de la viande, etc. D'où la concurrence entre races et la réduction du nombre de races, la concentration des pouvoirs de décision concernant la mise en œuvre des programmes génétiques, phénomène accentué par l'internationalisation de l'économie des processus de sélection et d'amélioration des races. •

1. Élevage ovin extensif en Écosse.

La maîtrise des facteurs et des conditions de production

LE PROGRÈS DES CONNAISSANCES SUR LA PHYSIOLOGIE ANIMALE PERMET DE CONTRÔLER LE PROCESSUS DE PRODUCTION PAR L'ALIMENTATION, LA SANTÉ, LE LOGEMENT.

La connaissance des besoins alimentaires des différentes catégories d'animaux est maintenant très approfondie, ce qui permet d'élaborer des programmes d'alimentation et des rations visant des objectifs précis de production, tout en tenant compte des contraintes techniques et économiques imposées par les aliments de base susceptibles d'être consommés. En conséquence, dans les pays industrialisés, l'alimentation des animaux a subi des transformations considérables. En France, par exemple, la part des prairies naturelles a diminué au profit des fourrages annuels cultivés, surtout le maïs et le ray-grass, et des aliments concentrés souvent fabriqués par l'industrie de l'alimentation du bétail qui utilise des produits provenant quelquefois de fort loin, comme le tourteau de soja et le manioc. Le développement des ensilages, de maïs principalement, et les progrès dans la mécanisation de la fenaison, avec, notamment, les machines compactant le fourrage en balles rondes, sont pour beaucoup dans l'amélioration de la qualité et de la régularité, quantitative et qualitative, de la production de fourrages. Les rations alimentaires de base destinées aux ruminants, qui reposent sur les fourrages, s'en trouvent souvent simplifiées, d'où une attention particulière quant à leur complémentation en aliments apportant de l'énergie, des protéines, des vitamines et des minéraux.

Au total, cette évolution des modèles d'alimentation des animaux entraîne une nette amélioration de l'efficacité de la transformation de la biomasse consommée : entre 1938 et 1987, en France, il a été constaté une augmentation d'environ 60 % de la quantité de protéines animales produites par unité d'aliment transformée par les animaux, les monogastriques convertissant plus efficacement la nourriture que les herbivores.

La santé des animaux et la salubrité de leurs produits conditionnent le résultat économique des élevages et la conquête des marchés intérieurs et extérieurs. Un suivi sanitaire et une prévention systématiques sont indispensables, d'autant plus que, avec l'intensification et la concentration des animaux, de nouvelles pathologies, métaboliques ou infectieuses, se développent. On raisonne en général en terme de pathologie de groupe et, dans le cas de certaines maladies, des mesures prophylactiques et/ou de dépistage sont obligatoires.

Le contrôle du milieu d'élevage, c'est-à-dire la conception des bâtiments et des équipements, l'aménagement de l'espace, est plus ou moins poussé selon les espèces et selon le niveau d'intensification. Pour les monogastriques, on utilise de plus en plus des bâtiments fermés à ambiance contrôlée. Pour les bovins, la tendance est à la stabulation libre et au regroupement des animaux en lots homogènes, tandis que la traite, la conservation et la distribution des fourrages sont mécanisées. Pour les litières, l'utilisation de la paille est fréquemment délaissée au profit d'installation qui donnent lieu à du lisier, dont l'enlèvement est plus facilement mécanisable mais qui rencontre des limites avec l'apparition de problèmes d'environnement dans les régions de forte concentration des élevages intensifs. La mécanisation, la standardisation et la simplification des opérations d'élevage ont généré une croissance des ateliers de production et une concentration régionale, ce qui s'accompagne d'une fréquente séparation des fonctions zootechniques : les éleveurs qui font naître et élèvent les jeunes ne les engraissent en général pas, certains éleveurs se spécialisent dans la sélection, etc. Il faut ajouter que la mise en œuvre de toutes ces techniques est coûteuse : elle nécessite des investissements importants, qui, à leur tour, permettent l'accroissement de la productivité. •

2. Élevage ovin intensif en bergerie.

Diversité des systèmes d'élevage

Les anciens élevages bovins donnaient à la fois fromage et beurre, bœufs de travail finis en boucherie, génisses reproductrices, lactosérum pour les porcs, fertilisants, sans achats de produits industriels mais avec beaucoup de travail. L'élevage moderne, inséré dans le marché et spécialisé, donne lieu à des modèles techniques divers pour une même production. On peut, par exemple, produire la viande ovine en système extensif de plein air, ici en Écosse (1), ou bien intensivement en bergerie (2) ou encore en combinant les deux. Élevage industriel en plein essor, la production de dinde (3 et 4), volaille vendue après découpe en morceaux, offre plus de 30 spécialités différentes et concurrence presque toutes les autres viandes.

Productions animales et environnement économique

L'ÉLEVAGE S'INSÈRE DE PLUS EN PLUS DANS DES FILIÈRES INDUSTRIELLES, LA TRANSFORMATION DES PRODUITS ET DES ÉCHANGES SE DÉVELOPPE.

Autrefois activité dont les produits servaient d'abord à la consommation des familles paysannes et au fonctionnement des exploitations avant d'être destinés à la vente, l'élevage est maintenant conçu pour la satisfaction du marché, à tel point qu'il est largement conditionné par les industries de transformation et par les grandes chaînes de distribution. Il est aussi soumis aux industries dites d'amont, qui fournissent les aliments du bétail, le matériel, les souches d'animaux sélectionnées, etc. L'élevage moderne est maintenant inséré dans un ensemble complexe d'activités économiques qui débordent largement les frontières. Il en résulte toute une gamme de productions adaptées à des marchés spécifiques et souvent internationaux, en général de grande qualité.

Les productions animales, devenues des consommations intermédiaires dans un processus long intégrant l'animal et les industries d'aval et d'amont, doivent répondre à des normes de qualité nutritionnelle, diététique et organoleptique dont le respect constitue un élément essentiel de régulation du marché à l'interface de la production et de la transformation. Par ailleurs, les formes modernes de distribution, les équipements des ménages et la diversification des habitudes alimentaires amplifient la demande en produits d'origine animale plus élaborés, issus des innovations de l'industrie agroalimentaire.

Tout au long de ces chaînes de production agricoles et industrielles, des gains de productivité ont provoqué une baisse des coûts de production, variable selon les espèces. Forte pour les volailles et les porcs, par exemple, elle a permis de mettre à la disposition des consommateurs des produits riches en protéines à des prix bien inférieurs, ce qui a provoqué une élévation considérable de la consommation. Dans les pays développés, l'offre croissante, les pratiques du marketing et l'évolution des rapports de prix ont conduit à la saturation des marchés de certains produits animaux.

Mais l'élevage moderne est aussi un savoir-faire individuel et collectif et une organisation des producteurs. L'appareil de recherche, de formation et de développement, qu'il soit public, professionnel ou privé, fournit des références pour la prise de décisions adaptées aux différentes situations individuelles, régionales, nationales ou internationales. Enfin, il est essentiel de rappeler le rôle des politiques agricoles et de l'État dans le fonctionnement de l'élevage, à travers les aides publiques directes et de soutien de marché, les réglementations et les mesures d'orientation. •

→ **Voir aussi :** L'élevage, **GEO.ECO**, p. 228-229.

3. Dindon adulte en 1974 (25 kg).

4. Dindon adulte sélectionné pour la production de viande, en 1989 (40 kg).

L'amélioration technique de l'élevage de dindes entre 1974 et 1989

Critère	*1974*	*1989*
Poids vif à l'abattage	4,5 kg	7,2 kg
Poids de la femelle reproductrice adulte	6,5 kg	9,5 à 10 kg
Poids du mâle reproducteur adulte	25 kg	35 à 40 kg
Indice de consommation (kg d'aliment/kg de croît)	2,45	2,20

Les bovins laitiers

DANS LE MONDE, L'ESSENtiel du lait est fourni par les bovins, encore que, dans certaines régions, la vache cède la première place à d'autres espèces comme la bufflesse dans le Sud-Est asiatique, la chèvre et la brebis dans les zones méditerranéennes...

La production de lait de vache s'effectue, en fonction des conditions physiques et économiques de chaque région, selon des modalités variables, depuis la traite réalisée en complément de la tétée du veau dans les systèmes extensifs traditionnels, jusqu'à la récolte complète du lait tout au long de la lactation dans les systèmes intensifs spécialisés. Des techniques concernant la conduite du troupeau, l'alimentation, la sélection, l'hygiène sont utilisées pour augmenter les rendements des animaux ou la productivité des ateliers de production. Ces derniers ont des liaisons de plus en plus suivies avec leur environnement économique, tant à l'amont : approvisionnement en matériel génétique (reproducteurs, semences, embryons), en aliments du bétail, en services, qu'à l'aval : industries collectant et transformant le lait. Ces liaisons aident les éleveurs à mettre sur le marché, au meilleur coût, des produits (lait et jeunes veaux à engraisser) répondant à la demande et aux normes de qualité.

La production de lait de vache s'est surtout développée en zone tempérée (Europe, Amérique du Nord et Océanie) où elle trouve des conditions climatiques et économiques favorables ; cependant, à l'heure actuelle, tous les pays des autres zones cherchent, pour répondre aux besoins croissants de leurs consommateurs, à développer cette production.

Bases physiologiques de la production laitière

CHEZ LES FEMELLES DE MAMMIFÈRES, LA PRODUCTION LAITIÈRE EST ÉTROITEMENT ASSOCIÉE À LA REPRODUCTION.

La production de lait est spécifique aux mammifères : elle est destinée à couvrir les besoins alimentaires des petits au cours de leurs premières semaines, mais l'homme peut, lorsque cette production est suffisante, en prélever une partie sans nuire à la croissance des jeunes animaux. C'est pour cela qu'il a été conduit depuis longtemps à essayer d'augmenter cette production, d'une part en soignant de mieux en mieux son bétail, d'autre part en le sélectionnant.

La sécrétion du lait par la mamelle démarre au moment de la mise bas et se poursuit pendant un nombre de mois variable selon le potentiel de production de la vache et ses conditions d'exploitation : de 3 à 4 mois à plus de 15 mois. Pendant cette période, dite de lactation, la production varie : dans les conditions normales d'élevage, elle augmente au tout début, passe par un maximum puis diminue progressivement. L'arrêt de la lactation est provoqué par la rétention du lait dans la mamelle, soit au moment du sevrage du veau, soit lors de l'arrêt de la traite. La lactation et la reproduction se trouvent ainsi étroitement liées.

Durant la lactation, la sécrétion du lait est continue. Stocké dans les sinus, les canaux et les alvéoles sécrétrices de la mamelle, le lait ne sera vidangé qu'au moment de la traite ou de la tétée. Cette vidange fait intervenir un double phénomène. Tout d'abord, par action réflexe liée aux stimulations mammaires du début de traite ou de tétée (dans certaines races non habituées à la traite, celle-ci ne peut se faire qu'après « amorçage » par le veau), une hormone hypophysaire est libérée (l'ocytocine) qui permet de faire descendre la quasi-totalité du lait sécrété vers les gros réservoirs du bas de la mamelle où il devient disponible pour le veau (tétée) ou le trayeur (traite à la machine ou à la main). Il est extrait grâce aux différences de pression provoquées de part et d'autre du sphincter des trayons par la bouche de l'animal, par la machine ou par la main. •

1. Production de lait de vache.

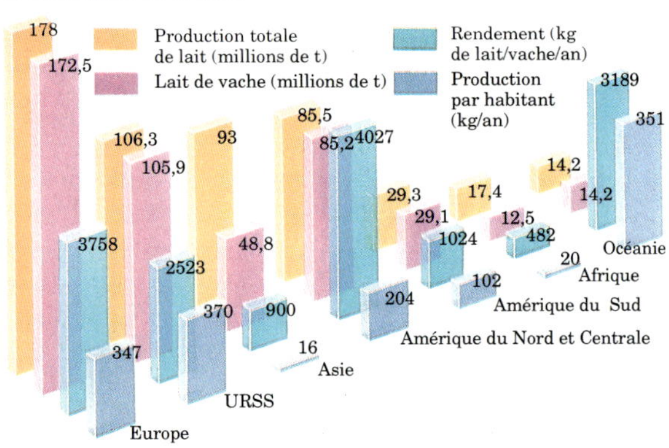

La production de lait

La production de lait de vache (1) est surtout développée dans les régions tempérées. La quantité de lait disponible par habitant varie d'un pays à l'autre : 15 à 20 kg en Asie et en Afrique, 500 kg en France, plus de 1 000 kg en Irlande et Nouvelle-Zélande, d'où des courants commerciaux entre régions exportatrices (Océanie, Amérique du Nord, C.E.E.) et pays importateurs (U.R.S.S., Amérique latine, Japon). La productivité des animaux varie en fonction des conditions de milieu et du degré de technicité des éleveurs. En Europe occidentale, la production moyenne des vaches contrôlées est voisine de 6 000 kg de lait par lactation, les meilleurs sujets ayant des productions qui dépassent 10 000 kg.

Cycle d'exploitation de la vache

L'objectif de l'éleveur est de faire vêler ses vaches laitières chaque année à la saison favorable. Compte tenu d'une durée de gestation d'environ 280 jours, cet objectif est réalisé si la saillie – ou l'insémination fécondante – a lieu 80 à 90 jours après le vêlage (3).

2. Consommation des principaux produits laitiers (1988).

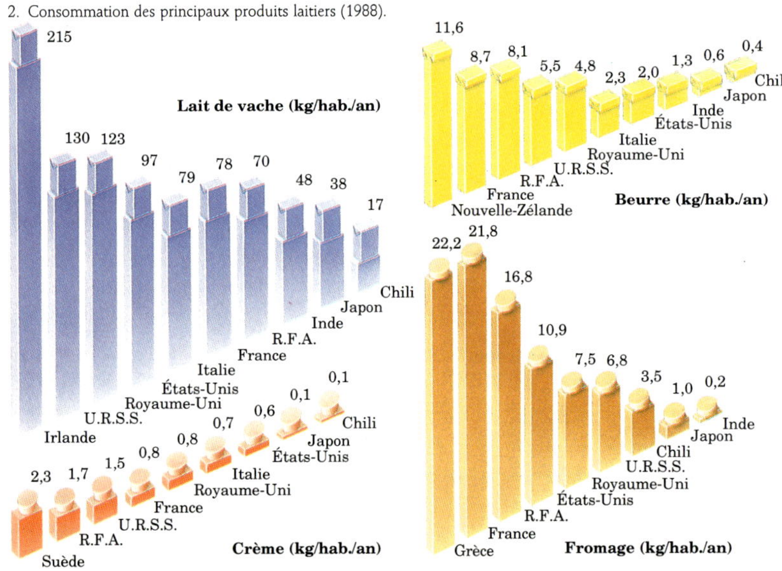

3. Les phases du cycle.

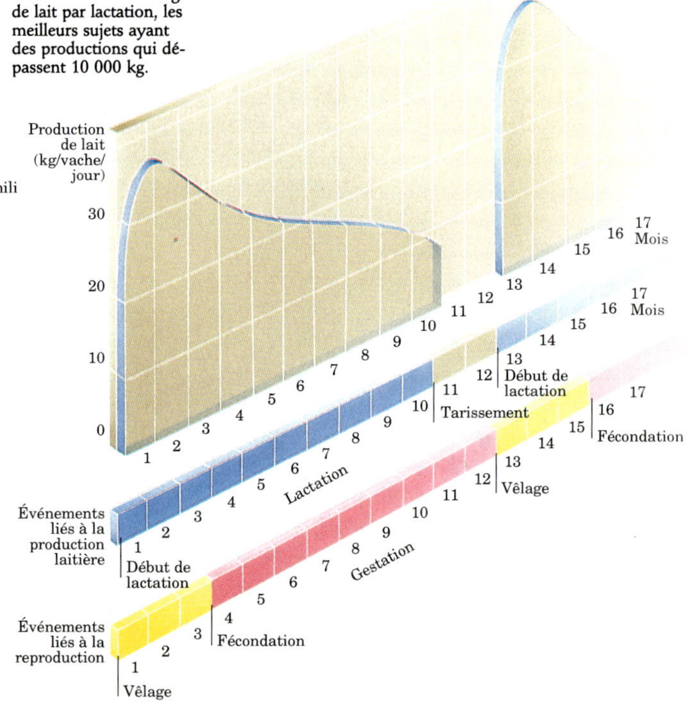

Conduite du troupeau laitier

LA VACHE LAITIÈRE D'AUJOURD'HUI EST UN OUTIL DE PRODUCTION PERFECTIONNÉ QUE L'ÉLEVEUR DOIT CONDUIRE RATIONNELLEMENT.

Dès qu'elle atteint les deux tiers de son poids adulte, la génisse est mise à la reproduction en vue d'un vêlage entre deux ans (systèmes intensifs) et trois ans (systèmes extensifs). L'insémination artificielle est très largement pratiquée dans les troupeaux laitiers, la détection des chaleurs et la contention des animaux y étant facilitées en raison de la traite biquotidienne. L'objectif des éleveurs est d'obtenir un vêlage tous les douze à treize mois, en saison favorable, c'est-à-dire lorsqu'il y a des disponibilités fourragères (vêlage au début de la saison de pâturage) ou au moment où le prix de vente du lait est particulièrement attractif.

La vache laitière est un animal exigeant : elle ne peut donner une production élevée et se reproduire régulièrement que si elle reçoit une ration abondante et équilibrée, lui apportant à la fois l'énergie, l'azote et les minéraux qui lui sont nécessaires. Traditionnellement, la vache était nourrie à l'herbe : pâturage durant la belle saison, foin et sous-produits industriels en hiver, avec un complément de céréales et parfois de racines (betteraves). Cela reste encore vrai, mais l'intensification des productions a conduit à un développement des cultures fourragères (maïs-fourrage) et à une distribution systématique d'aliments complémentaires, constitués de céréales, de manioc, de tourteaux, de minéraux.

Autrefois, toutes les vaches laitières étaient de races mixtes lait-viande ou même à aptitudes multiples : lait-viande-travail. Il en est encore ainsi dans les zones exploitées en système extensif, mais dans les zones plus favorables (pays développés, zones irriguées) la spécialisation et l'intensification des productions ont conduit au développement de races laitières spécialisées. C'est ainsi que la pie noire (frisonne-holstein) s'est progressivement imposée comme la grande laitière mondiale. Certaines régions ont aussi réussi à développer des cheptels mixtes : c'est en particulier le cas de la France avec la montbéliarde et la normande.

Un niveau élevé de production et la fourniture d'un lait de qualité imposent de disposer d'animaux sains : des programmes de prophylaxie ont ainsi été mis en place en vue d'éliminer les maladies contagieuses (fièvre aphteuse, tuberculose, brucellose, leucose) et de limiter l'impact des autres (comme les mammites). •

4. Troupeau de vaches de race pie noire à l'auge.

5. Troupeau de vaches de race montbéliarde au pâturage.

Organisation des ateliers de production

AUJOURD'HUI, UNE FERME LAITIÈRE EST ORGANISÉE ET GÉRÉE COMME L'EST UNE ENTREPRISE.

D'une région à l'autre, d'un pays à l'autre, la taille des troupeaux varie énormément : de quelques vaches pour les plus petits à quelques centaines ou milliers pour les plus grands. Les très grands troupeaux sont généralement conduits en stabulation ou en enclos, en raison des difficultés de déplacement de lots importants d'animaux, deux fois par jour, pour aller des zones de pâturage au lieu de traite et en revenir. Par contre, les autres troupeaux ont le plus souvent accès, du moins à la belle saison, aux pâturages ou aux parcours.

En ce qui concerne les bâtiments, on note un développement de la stabulation libre avec salle de traite spécialisée, aux dépens de la stabulation entravée, où les vaches se trouvent à l'attache : ainsi, les animaux peuvent évoluer librement de l'aire d'alimentation à l'aire de repos. La conception des bâtiments et des installations a beaucoup évolué dans le sens d'un allégement des charges de main-d'œuvre (distribution programmée des aliments, évacuation automatique des déjections) et le développement de la robotique autorise encore beaucoup d'espoirs : ainsi, le robot de traite est en train de sortir des laboratoires !

La traite est l'opération la plus contraignante en ce qui concerne la gestion d'un troupeau laitier : elle représente jusqu'à 40 % du temps consacré à chaque animal, et elle est biquotidienne ! Cette opération se fait de plus en plus en salle de traite spécialisée, avec un matériel performant et procurant aux trayeurs de bonnes conditions de travail. Le lait, aussitôt trait, est refroidi à + 4 °C afin de limiter le développement des bactéries ; il est stocké à cette température en attendant son transfert à l'usine. Toutefois, la fabrication de certains fromages (comté) impose un transfert du lait de la ferme à l'atelier de fabrication après chaque traite.

Les élevages laitiers d'aujourd'hui ne peuvent fonctionner, à la différence des élevages traditionnels d'antan, qu'intégrés dans un réseau de relations avec des organismes d'amont : achat et mise en place de semences pour la fécondation, voire d'embryons, achat d'aliments concentrés, contrats divers de prestations de service, et d'aval : vente du lait, vente des veaux qui ne sont pas conservés pour le renouvellement du troupeau et des vaches de réforme. •

Les quotas laitiers

Le lait bénéficie, dans le cadre de la C.E.E., d'une organisation commune de marché qui assure aux producteurs l'écoulement de leur production à un niveau de prix donné. Toutefois, pour limiter la surproduction et le coût qu'elle entraîne pour le budget communautaire en raison des dépenses occasionnées pour subventionner l'exportation des excédents, la C.E.E. a institué en 1984 une politique de quotas : chaque pays se voit attribuer, pour chaque campagne laitière, un droit de production dit de « référence » à répartir entre ses producteurs ; chaque producteur dispose ainsi d'un quota de production qu'il ne peut en principe dépasser, sous peine d'importantes pénalités. Cette politique a provoqué la disparition de nombreux petits élevages.

Diversité des systèmes d'élevage

Dans un atelier laitier intensif en stabulation libre (4), les animaux peuvent séjourner durant toute leur lactation dans un espace clôturé et ne sortir aux pâturages que pendant leur période de tarissement. Dans un système d'élevage semi-intensif fondé sur l'exploitation de l'herbe, comme dans les zones de pâturage de moyenne montagne (5), le bâtiment d'exploitation est conçu pour accueillir, l'hiver, tout le cheptel et les réserves de foin nécessaires.

Production et consommation du lait de vache

IMPORTANTES DANS QUELQUES PAYS TEMPÉRÉS, LA PRODUCTION ET LA CONSOMMATION DE LAIT SONT SOUVENT FAIBLES AILLEURS.

La production mondiale de lait de vache se concentre dans trois zones qui en fournissent 80 % : l'Europe (39 %, dont 24 % pour la C.E.E.), l'U.R.S.S. (22 %), l'Amérique du Nord (18 %). Or, on sait que la densité de la population y est relativement faible, c'est pourquoi il existe, dans le monde, des différences considérables dans la disponibilité de lait par habitant, d'un pays à l'autre : de 1 à plus de 100 ! Dans chaque pays développé, les effectifs de vaches laitières ont tendance à se concentrer dans des zones qui offrent des avantages comparatifs. C'est le cas, par exemple, aux Pays-Bas, où la proximité des ports et le réseau des canaux permettent une alimentation peu coûteuse à base de produits importés, notamment du manioc et des tourteaux.

La France, quant à elle, possède le plus important cheptel et est le plus gros producteur de lait de la C.E.E., toutefois, la dimension moyenne de ses troupeaux est notablement inférieure à celle de certains de ses partenaires, comme la Grande-Bretagne. Cette production, bien que répartie sur l'ensemble du territoire, est particulièrement développée dans le Grand Ouest : Bretagne, Pays de Loire et Basse-Normandie, qui représentent la moitié de la collecte, dans les zones herbagères et mixtes du Nord-Ouest et du Nord-Est, ainsi que dans les régions de montagne du Centre et de l'Est : Auvergne, Franche-Comté, Rhône-Alpes.

L'industrie laitière, qui collecte et transforme le lait, était autrefois constituée d'un très grand nombre d'entreprises de petite dimension. Avec le développement de la réfrigération du lait à la ferme et la mise au point de technologies complexes pour la transformation du lait, les firmes sont maintenant beaucoup plus grandes, certaines atteignant la dimension multinationale.

Au cours des dernières années, cette industrie a beaucoup diversifié ses produits pour élargir son marché. En effet, la demande en produits laitiers plafonne ou diminue dans les pays déjà gros consommateurs (avec une forte baisse de la consommation de beurre mais une augmentation de la demande en fromages) ; par contre, elle se développe dans les pays de l'Est et du Moyen-Orient, qui sont devenus de gros importateurs. Enfin, les pays aujourd'hui dépourvus de ressources (Sud-Est asiatique, Afrique) représentent une demande potentielle très importante. Les niveaux de consommation des principaux produits laitiers sont très différents selon les habitudes alimentaires, le niveau de développement, le revenu des consommateurs et les disponibilités de chaque pays. •

Les bovins à viande

LA PRODUCTION DE VIANDE revêt des aspects très divers : si, dans quelques régions (Pampa argentine, Grandes Plaines nord-américaines, nord du Massif central français, etc.), elle provient de troupeaux spécialisés exploités en vue de ce seul objectif, cette production n'est toutefois le plus souvent que le sous-produit d'autres productions : du lait des troupeaux de type mixte dont les vaches sont traites, du travail dans les régions où le cheptel bovin est utilisé pour la traction, sans parler des troupeaux qui, en Afrique, constituent un capital sur pied.

Les systèmes de production de viande sont eux-mêmes variés. On peut abattre des animaux jeunes (moins de 5 à 6 mois) non encore sevrés : ce sont les veaux de lait, donnant de la viande blanche. Toutefois, la pratique de loin la plus courante est d'abattre des animaux plus âgés, soit encore en croissance, soit déjà adultes, qu'il s'agisse de taurillons, de génisses, de bœufs, ou encore d'animaux de réforme, c'est-à-dire qui ont terminé leur vie productive, pour le lait notamment : on obtient alors de la viande rouge, dite de « bœuf ». La production de ces animaux est très généralement assurée grâce à des fourrages grossiers naturels (herbe des prairies et des terrains de parcours), encore que, dans les systèmes intensifs, les fourrages cultivés et des aliments complémentaires (céréales, concentrés) puissent s'y ajouter et parfois même devenir prépondérants.

La viande bovine, qui fait l'objet d'un actif commerce international, est aujourd'hui dépassée en tonnage par la viande de porc pour l'alimentation en protéines.

1. Courbes de croissance de bovins de boucherie.

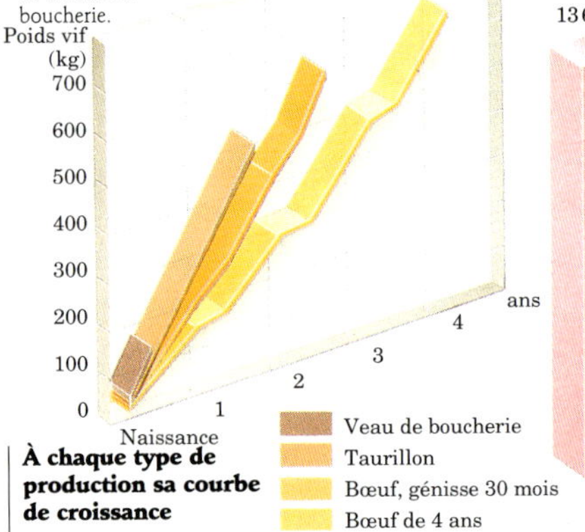

À chaque type de production sa courbe de croissance

L'éleveur adapte le régime alimentaire de ses animaux à ses objectifs de production (âge et poids visés à l'abattage) et de commercialisation (abattage à un stade d'engraissement correspondant à la demande du marché, vente à une saison donnée). Les taurillons, alimentés en permanence avec des rations énergétiques, réalisent des croissances élevées et régulières alors que, pour les animaux abattus plus tardivement, il est possible de moduler les objectifs de croissance en fonction des disponibilités alimentaires : fortes croissances aux périodes de pousse importante de l'herbe, croissances plus faibles aux autres saisons.

2. **Production de viande bovine dans le monde (FAO 1988).**

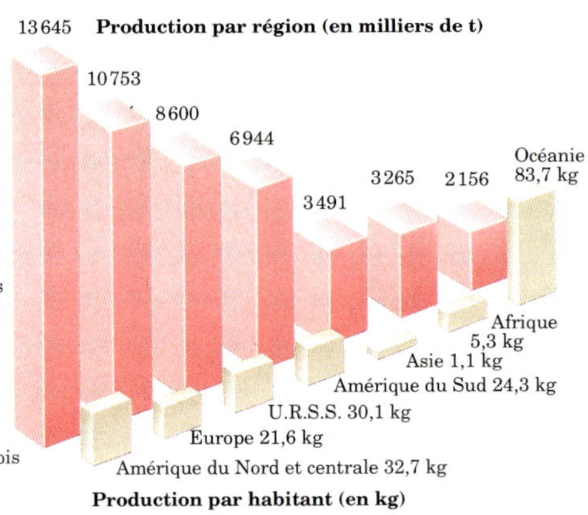

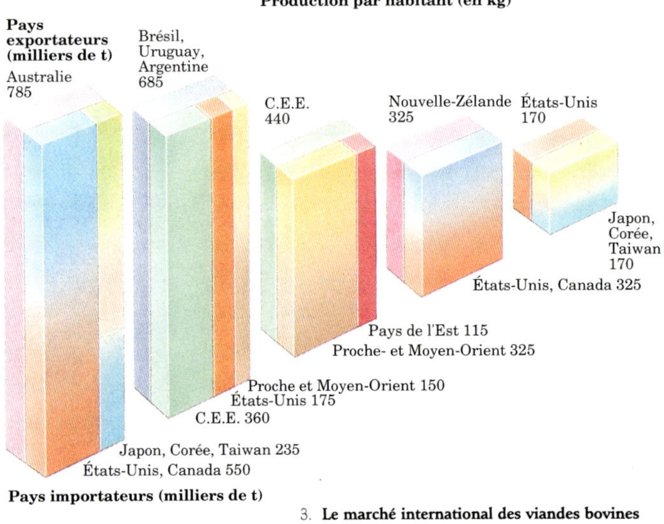

3. **Le marché international des viandes bovines (FAO 1988).**

Production et consommation

LA VIANDE BOVINE, FORTEMENT CONCURRENCÉE PAR LES VIANDES DE PORC ET DE VOLAILLES, MOINS COÛTEUSES À PRODUIRE, GARDE UNE PLACE ESSENTIELLE DANS L'ALIMENTATION DE L'HOMME.

À l'échelle mondiale, la production de viande bovine, bien qu'en léger accroissement, n'arrive plus, depuis la fin des années 1970, qu'au second rang derrière la viande porcine : elle représente aujourd'hui environ le tiers de la production de l'ensemble des viandes, mais ce pourcentage diminue progressivement (il était de 47 % en 1975) en raison du rapide développement et de la forte concurrence des viandes de porc et de volailles. En comparaison, la production de viande de petits ruminants, ovins et caprins, est relativement modeste (6 % du total).

La quasi-totalité (82 %) de la viande bovine est produite par l'Europe, l'U.R.S.S., l'Amérique du Nord et l'Amérique du Sud. L'Europe, U.R.S.S. comprise, occupe la première place, et elle tend à la consolider : 29 % du total mondial en 1950, 38 % aujourd'hui (23 % pour l'Europe, 15 % pour l'U.R.S.S.). L'Amérique du Nord et l'Amérique centrale ont fortement augmenté leur production dans les années 1960 ; elles fournissent aujourd'hui 29 % de la viande mondiale. L'Amérique du Sud, avec une production quasi stable, voit son importance relative diminuer (15 % du total). Les autres zones occupent une place modeste puisqu'elles n'assurent que 18 % environ de la production mondiale, cette position étant même en recul ; l'Océanie, bien qu'elle figure dans les grandes zones d'élevage du monde, n'apporte qu'une contribution de l'ordre de 4 % à la production mondiale.

Il existe des disparités considérables lorsque l'on rapporte la production à la population : des zones comme l'Océanie, l'Argentine, l'Uruguay, l'Irlande assurent une production moyenne de 100 kg par habitant, alors qu'à l'inverse, en Afrique et en Asie, la situation, avec une production inférieure à respectivement 5 et 1 kg par habitant et par an, est tout à fait critique.

Les niveaux les plus élevés de consommation se rencontrent dans certains pays de l'hémisphère Sud (Argentine, Uruguay, Australie, Nouvelle-Zélande) ainsi qu'en Amérique du Nord (États-Unis, Canada) : dans ces pays, la consommation (de l'ordre de 50 kg par habitant et par an) a sûrement atteint son plafond. En Europe, la consommation, de l'ordre de 25 kg par habitant, se trouve freinée par les prix et le pouvoir d'achat. Ailleurs, la situation est beaucoup plus délicate (la consommation moyenne par habitant n'est, dans le monde, que de 9 kg par an) et ne devrait pas s'améliorer rapidement.

Le commerce international est essentiellement l'apanage des pays développés. Les échanges s'organisent en deux courants : aux exportations traditionnelles d'Océanie vers les États-Unis correspond un autre flux presque aussi important d'Amérique du Sud vers la C.E.E. ; les produits de ces deux grandes régions exportatrices ne se rencontrent guère que sur les marchés du Moyen-Orient. Les grands pays exportateurs de viande (Australie, Nouvelle-Zélande, Argentine, Brésil...) connaissent de grandes variations de production selon les phases de capitalisation ou de décapitalisation de leurs cheptels, liées aux énormes variations des prix mondiaux. •

4. *Feed-lot* de taurins et de zébus en Californie.

Les types d'animaux de boucherie

LA VIANDE BOVINE PROVIENT D'ANIMAUX DE TOUTES ORIGINES ET DE TOUS ÂGES, ÉLEVÉS SELON DES SYSTÈMES INTENSIFS OU EXTENSIFS.

Les animaux qui fournissent la viande bovine proviennent soit de troupeaux exploités spécifiquement pour cette production (troupeaux allaitants), soit de troupeaux faisant l'objet d'autres utilisations : production laitière, éventuellement traction animale. Les races exploitées sont donc fort diverses : races laitières, races à aptitudes mixtes ou multiples, races allaitantes. Dans ce dernier cas, il s'agit alors soit de races bouchères spécialisées, soit de races rustiques, soit encore d'animaux croisés.

On dispose ainsi de trois types d'animaux : des sujets de réforme, vaches et quelques taureaux, généralement âgés ; des veaux à engraisser, soit âgés de 1 à 3 semaines, que l'on vient de séparer de leurs mères afin de réserver celles-ci à la production de lait (races traites), soit ayant atteint l'âge de 3 à 7 mois, qui ont été élevés avec leur mère et sont sevrés à cet âge (races allaitantes).

On peut alors produire deux types de viande : de la viande de *veau* (viande blanche), correspondant à des animaux abattus entre 2 et 4 mois après avoir reçu une alimentation lactée (lait maternel ou aliment d'allaitement) ; de la viande de *bœuf* (viande rouge), correspondant à des animaux, mâles ou femelles, abattus à plus d'un an ; les âges d'abattage varient beaucoup : on distingue les taurillons et génisses (14-24 mois), les bœufs (animaux castrés) et génisses plus âgés (24-40 mois), les bœufs âgés et les vaches de réforme (plus de 40 mois).

Les animaux à viande rouge abattus les plus jeunes sont produits intensivement : pâturage, alimentation en enclos *(feed-lot)* ou en stabulation (distribution, à l'auge, d'ensilage de maïs, de sous-produits industriels, de céréales) ; les animaux intermédiaires sont caractéristiques des systèmes herbagers des régions tempérées, alors que les animaux les plus âgés sont produits dans les régions (souvent les régions chaudes) où les contraintes alimentaires et climatiques interdisent l'obtention de croissances élevées. •

Les principaux systèmes de production

DANS CHAQUE RÉGION, LES ÉLEVEURS ADAPTENT LEUR PRODUCTION AUX POSSIBILITÉS ET AUX CONTRAINTES DU MILIEU, MAIS ON DISTINGUE ESSENTIELLEMENT TROIS GRANDS SYSTÈMES D'ÉLEVAGE DANS LE MONDE.

Dans les zones chaudes difficiles (zones tropicales), les systèmes sont extensifs et le cheptel est en général de type zébu ou croisé de zébu avec une race bouchère européenne. Les animaux sont en permanence dans les herbages ou sur les parcours, avec un faible chargement, c'est-à-dire avec beaucoup d'espace pour chaque animal : de quelques hectares à plus de 15 ha par couple mère-veau. Les jeunes subissent les effets de la diminution de la production fourragère en saison sèche, d'où une croissance « en accordéon » qui ne permet l'abattage qu'à plus de 3 ans.

Dans les zones tempérées, on trouve des systèmes semi-intensifs dans les prairies nord-américaines, en Argentine, en Uruguay, en Australie. Le cheptel est d'origine européenne : soit britannique (hereford, angus), soit continentale (charolais, limousin, simmental, blonde d'Aquitaine, salers), le croisement étant généralement utilisé pour combiner les aptitudes maternelles des races britanniques aux qualités bouchères des races continentales. Les troupeaux de mères sont conduits extensivement : densité moyenne, pâturage toute l'année sur des terres à faible valeur foncière, dans des exploitations de grande taille (ranching) ; par contre, après leur sevrage et leur castration vers 200 jours, les veaux sont nourris intensivement et finis entre 15 et 24 mois grâce à une alimentation riche en énergie, à base de céréales et de tourteaux.

Les systèmes intensifs des zones tempérées européennes ressemblent aux précédents, si ce n'est que le chargement des herbages est, en raison de la faible dimension des exploitations agricoles, beaucoup plus fort : 1 hectare par couple mère-veau. Les jeunes veaux sont, après sevrage, soit engraissés intensivement (abattage à 18 mois), soit élevés à l'herbe dans la perspective d'un abattage à 28-32 mois. •

La conduite des troupeaux

LES CONDITIONS DE MARCHÉ IMPOSENT AUX ÉLEVEURS DE RÉDUIRE AU MINIMUM LEURS COÛTS DE PRODUCTION : LA CONDUITE DES TROUPEAUX EST GUIDÉE PAR CET OBJECTIF.

Dans les troupeaux allaitants, la reproduction est saisonnée, c'est-à-dire que l'éleveur s'efforce de faire correspondre au mieux la période des forts besoins alimentaires du troupeau (lactation des mères, croissance des jeunes) avec la production d'herbe. Dans l'hémisphère Nord, les vêlages ont ainsi normalement lieu en fin d'hiver (février), les veaux sevrés étant vendus à l'automne. Les génisses effectuent leur premier vêlage soit à 2 ans (pratique anglo-saxonne), soit à 3 ans (pratique des éleveurs continentaux).

Le mode de conduite des mères en liberté rend l'utilisation de l'insémination artificielle difficile ; c'est pourquoi, à la différence des troupeaux laitiers, la monte naturelle est le mode de reproduction le plus utilisé, et cela d'autant que l'on a affaire à de grands troupeaux, avec une faible présence humaine et dans des zones difficiles d'accès.

Les contraintes économiques et le mode de conduite des troupeaux à viande impliquent de disposer de femelles rustiques, c'est-à-dire capables de s'adapter à des variations saisonnières de régime alimentaire (mobilisation des réserves corporelles en période de disette), fertiles et bonnes mères, afin d'avoir une productivité numérique (nombre de veaux sevrés pour 100 mères mises à la reproduction, ou « calf-crop » des Anglo-Saxons) aussi élevée que possible (90 en zone tempérée). Les conditions sanitaires (c'est-à-dire protection contre les maladies infectieuses, traitements antiparasitaires) ne doivent pas non plus être négligées.

La sélection des bovins à viande est beaucoup plus difficile que celle des bovins laitiers en raison du grand nombre de caractères à sélectionner : fertilité, facilité de vêlage, production laitière, vitesse de croissance, conformation, qualité de carcasse, et des oppositions qui existent entre les caractères recherchés chez la mère et ceux souhaités pour son produit. Ainsi, la recherche de veaux bien conformés et à potentiel de croissance élevé conduit à sélectionner des mères plus musclées, et présentant donc de moins bonnes aptitudes au vêlage, ainsi que des veaux plus lourds à la naissance, d'où naturellement des difficultés de mise bas.

Les races ont des aptitudes différentes en raison de leur origine, de leurs conditions d'exploitation et des objectifs de sélection qui en résultent. Chacune se trouve donc plus particulièrement adaptée à un système de production. Cela explique la répartition des races entre régions et pays, ainsi que les évolutions de cette répartition lorsque changent les systèmes de production ou la demande du marché.

Cependant, la production de viande se fait souvent en croisant des races, notamment un taureau de race bouchère de grand format avec une vache de format moyen, rustique et fertile : ce modèle est courant, en France, dans les zones de montagne (taureau charolais avec vache salers ou aubrac) ainsi que dans les zones extensives d'Amérique (taureau à viande avec vache anglo-saxonne en zone tempérée ou zébu en zone tropicale). Le croisement avec des taureaux de race à viande est aussi utilisé pour améliorer les caractéristiques bouchères des veaux issus des vaches laitières dont on ne souhaite pas, en raison de leur potentiel laitier insuffisant, conserver la descendance. •

5. Jeunes taurillons d'un an de race limousine.

6. Troupeau d'un ranch du Montana (États-Unis).

Diversité des systèmes d'élevage

La viande bovine provient d'animaux élevés dans des conditions très différentes. Certains systèmes fournissent de jeunes bêtes alimentées intensivement, comme des taurillons de races bouchères réputées (5).
Dans les systèmes américains, les animaux sont rassemblés dans de très grandes installations *(feed-lots)* pour y être engraissés en enclos, par une alimentation énergétique, distribuée à l'auge (4). Dans le système du *ranching*, de vastes espaces sont utilisés extensivement pour l'élevage de grands troupeaux de mères avec leurs petits. La figure du cow-boy à cheval, popularisée par le western, en fait toujours partie (6).

Ovins et caprins

LES PRODUCTIONS OVINES et caprines (viande et lait, laines, poils et peaux) n'assurent dans le monde qu'une faible part de la consommation totale de viande (environ 10 %), de lait (5 %), et de la production de textiles (environ 15 %). Mais l'importance des moutons et des chèvres dépasse largement la modestie de ces chiffres puisque, depuis Caïn l'agriculteur et Abel le berger, ces deux espèces sont présentes dans les pratiques rituelles de tous les peuples issus des civilisations du Proche-Orient.

Elles ont en commun leur domestication très ancienne (environ 7 000 ans) ; l'importance de leurs fibres (laine et poils) et de leurs peaux ; une alimentation basée sur des végétaux pâturés ; leur faible taille, qui oblige l'éleveur à les protéger des prédateurs ; enfin, leur capacité d'adaptation remarquable. À l'origine animaux des pays chauds et secs, moutons et chèvres sont présents aujourd'hui sous toutes les latitudes. Le trait fondamental des productions ovines et caprines est la diversité, que l'on peut mesurer par l'extrême variété des types génétiques et des systèmes d'élevage, mais également par les ressources que l'homme a su en tirer : hormis la laine, la viande et le lait, ces animaux ont fourni des peaux pour se vêtir probablement depuis le début de la domestication, puis, par la suite, la confection d'instruments de musique et de parchemins ; les excréments, employés comme engrais, servent de combustible dans les zones steppiques déboisées ; des boyaux on tire des cordes de violon, les os servent à fabriquer des outils, la graisse, des chandelles.

1. Chèvres angoras.

Races et caractéristiques des élevages

MULTIPLICITÉ DES RACES ET DES POPULATIONS, VARIÉTÉ DES SYSTÈMES D'ÉLEVAGE ET CAPACITÉ À VALORISER DES MILIEUX NATURELS PAUVRES CARACTÉRISENT OVINS ET CAPRINS.

L'effectif des moutons élevés dans le monde est voisin de 1,2 milliard de têtes. Il existe un grand nombre de races, composées d'animaux dont le poids adulte varie de 30 à 120 kg et dont la toison peut être constituée de laine (races mérinos), d'un mélange de laine et de poils en proportion variable, ou uniquement de poils (races des zones tropicales). Les races diffèrent aussi par leur conformation, plus ou moins bonne pour la boucherie, par leur aptitude à la production laitière, par la présence ou l'absence de cornes, par le développement de réserves graisseuses autour de la queue (pouvant peser 7 à 8 kg chez certaines brebis du bassin méditerranéen et du Moyen-Orient).

Les caprins (0,5 milliard de têtes), essentiellement élevés dans les pays en voie de développement (94 %), se différencient des ovins par le petit nombre de races sélectionnées et une multitude de populations de chèvres aux caractéristiques très diverses : format élevé ou animaux nains, couleur de la robe et types de poils, forme des cornes. Ces deux espèces de mammifères ruminants sont capables d'utiliser les aliments riches en cellulose (végétation herbacée, arbustive ou ligneuse). Comme leurs besoins alimentaires ne sont élevés qu'en fin de gestation et en début de lactation (soit environ 3 à 4 mois par an), ces animaux sont capables de tirer parti des zones à faible productivité agronomique (parcours, landes et friches en zones montagneuses ou arides).

L'activité sexuelle des ovins et des caprins dépend du rythme nycthéméral : les chaleurs des femelles se manifestent naturellement en période de jours décroissants (juillet à décembre dans l'hémisphère Nord).

La durée de gestation est voisine de 5 mois (en moyenne 145 jours chez la brebis et 153 jours chez la chèvre) et les mises bas ont lieu en général une fois par an, habituellement en hiver ou au début du printemps (de janvier à mars en France). Cependant, certaines races ovines peu saisonnées, c'est-à-dire à saison sexuelle longue (200 à 240 jours), peuvent agneler environ tous les huit mois, ce qui conduit à trois agnelages en deux ans.

La prolificité (nombre de jeunes nés par femelle ayant mis bas) est une caractéristique raciale importante pour les deux espèces. Si la chèvre peut donner naissance à 1, 2 ou 3 chevreaux par mise bas (prolificité moyenne 1,5 à 1,7), la brebis, dans certaines races, peut donner 5 ou 6 agneaux par portée (prolificité de 1,1 à 3,0 selon la race).

Le bon état sanitaire des troupeaux est aussi un élément essentiel de la maîtrise technique de l'élevage. Parmi les affections les plus fréquentes et les plus graves figurent les parasitoses externes et internes (douves, strongylose, coccidiose, ténia, gales...) et les maladies abortives (brucellose, chlamydiose, salmonellose...).

Le comportement de la chèvre diffère de celui de la brebis. Plus intelligente, beaucoup moins grégaire, elle n'est pas craintive et s'apprivoise facilement. La chèvre se distingue par une plus forte capacité d'ingestion et une aptitude particulière à choisir les espèces fourragères ou les parties de végétaux qu'elle préfère. Ce trait particulier permet à cette espèce de tirer profit de couverts végétaux très pauvres. •

La production de viande

LA VIANDE D'AGNEAU ET DE MOUTON EST TRÈS APPRÉCIÉE DANS CERTAINS PAYS, MAIS LA PRODUCTION EST MODESTE PAR RAPPORT AUX AUTRES VIANDES ; LA VIANDE DE CHEVREAU EST SURTOUT PRODUITE DANS LES PAYS EN VOIE DE DÉVELOPPEMENT.

La production de viande ovine dans le monde, sous forme d'agneaux (mâles et femelles de moins d'un an) ou de moutons (mâles castrés de plus d'un an), s'élève à environ 6,6 millions de tonnes, quantité modeste au regard des autres viandes. Les échanges internationaux portent cependant chaque année sur près de 17 % de la production. Le marché est dominé par la Nouvelle-Zélande (43 % des exportations dont les trois quarts des agneaux) et l'Australie (31 % dont la moitié des moutons exportés). Les pays importateurs sont essentiellement les pays producteurs de pétrole du Moyen-Orient pour le mouton, la C.E.E. pour l'agneau et le Japon.

Globalement déficitaire en viande ovine, la C.E.E. a mis en place, en 1980, un règlement communautaire, qui a surtout bénéficié aux éleveurs du Royaume-Uni et a profondément marqué l'élevage ovin français, actuellement sur le déclin.

En France, la production se concentre dans trois régions : le Centre ouest, la bordure méridionale du Massif central et les Alpes du Sud. La viande d'agneau représente 80 % du tonnage annuel (138 000 t en 1989), mais le terme d'agneau, de plus en plus banalisé, recouvre une assez grande diversité de types, de poids et de qualités de carcasses (de 12 à 22 kg) selon les régions et les habitudes de consommation. Les périodes de production et de consommation sont légèrement

2. Troupeau de moutons transhumant au pâturage dans les Alpes.

4. **Répartition des ovins dans le monde.**

3. Chèvres africaines consommant des feuillages.

5. Chèvre laitière de race alpine chamoisée.

Diversité des élevages

Le caractère cosmopolite de l'espèce ovine est dû à ses remarquables capacités d'adaptation. Les grands pays producteurs sont situés dans l'hémisphère Sud (laine et viande) et le bassin méditerranéen (lait et viande) [4]. Les systèmes transhumants (2) sont fondés sur une utilisation maximale d'herbages spontanés à faible coût toute l'année. La population caprine est concentrée dans les pays en voie de développement. Ces animaux sont remarquablement adaptés à tirer parti d'une végétation pauvre, y compris arbustive (3). La chèvre angora (1) est élevée pour son poil. En France, l'élevage de la chèvre laitière (5) a connu un grand développement.

décalées : le maximum de production se situe en été et en automne, alors que la consommation de viande, souvent festive (méchouis, gigots, brochettes...), culmine en fin d'année, à Pâques et au printemps. La consommation (près de 5 kg/hab./an), très variable d'une région à l'autre, augmente régulièrement, accroissant ainsi chaque année le déficit (127 000 t en 1989).

En élevage caprin, la viande est la production dominante dans le monde (2,3 millions de t) et se situe quasi exclusivement dans les pays en voie de développement (93 % de la production mondiale) ; elle joue un rôle négligeable dans le commerce international. La viande est fournie par le chevreau, abattu plus ou moins âgé, donnant des carcasses de 10 à 17 kg.

En France, le chevreau de boucherie est un sous-produit du lait. Vendus jeunes (5 semaines environ) au poids vif moyen de 9 kg, ces chevreaux sont traditionnellement commercialisés par les volaillers autour de Pâques.

La production de lait et de fromage

LA TRANSFORMATION DE LAIT DE CHÈVRE ET DE BREBIS EN FROMAGES, DE LONGUE OU DE BRÈVE CONSERVATION, EST UNE ACTIVITÉ TRADITIONNELLE DES PAYS DU BASSIN MÉDITERRANÉEN ET DU MOYEN-ORIENT.

Le lait obtenu par la traite est généralement transformé en fromages à longue conservation et de très bonne qualité (roquefort en France, pecorino romano en Italie, manchego en Espagne...) ou en produits de consommation plus rapides (yoghourts ou feta). Les systèmes d'élevage pratiqués dans les pays méditerranéens varient considérablement selon le milieu physique, les traditions et les coutumes. Mais le système extensif est encore prédominant. Ses traits caractéristiques sont les suivants : le recours à la transhumance et au nomadisme ; l'absence quasi totale de structures foncières ; l'utilisation exclusive des pâturages naturels par les troupeaux (peu ou pas de fourrages conservés ni d'aliments concentrés) ; la traite manuelle des brebis et des chèvres après une période plus ou moins longue d'allaitement des jeunes, conditionnant la durée de traite (de 2 à 6 mois) et la production laitière (60 à 250 kg en moyenne par brebis).

La spécialisation laitière des chèvres élevées en France ne se rencontre pas fréquemment dans les autres pays. Les potentialités laitières de cette femelle sont remarquables (plus de 600 kg, en moyenne, en 250 jours). Le lait collecté (60 % de la production) est transformé en fromages (plus de 30 000 t) par des industriels. La production de fromages fermiers très variés, difficile à estimer, présente deux atouts : une bonne valorisation du lait et la production de fromages originaux et de qualité.

Le lait de brebis concerne essentiellement, en France, la région de Roquefort, les Pyrénées-Atlantiques et la Corse. En constante augmentation, la production laitière est transformée, en majeure partie (94 %), par des industriels produisant des fromages traditionnels (roquefort, le plus important, 17 000 t/an ; ossau-iraty, broccio). La fabrication de fromages fermiers est moins développée qu'en élevage caprin.

Laine, poils et peaux

LA LAINE DE MOUTON, FIBRE TEXTILE PAR EXCELLENCE, EST L'APANAGE DES GRANDS PAYS PRODUCTEURS DE L'HÉMISPHÈRE SUD ; LES POILS DES CHÈVRES D'ANGORA ET DU CACHEMIRE DONNENT DES PRODUITS DE HAUTE QUALITÉ.

La laine, fibre à croissance continue de la toison du mouton, s'apprécie selon trois critères : la qualité (ou catégorie), qui dépend notamment de la longueur des mèches ; la finesse, qui s'exprime par le diamètre du brin ; le rendement « lavé à fond » (L.A.F.), qui correspond à la quantité de laine, débarrassée du suint et des impuretés. Les races mérinos, très répandues dans le monde, sont réputées pour la qualité de leur toison et la finesse de leur fibre.

Le marché mondial de la laine est dominé, à l'exportation, par l'Australie (30 % de la production totale), la Nouvelle-Zélande, l'Argentine, l'Uruguay et l'Afrique du Sud, et, à l'importation, par le Royaume-Uni, le Japon et la France. La chute des cours de la laine due à la concurrence des pays de l'hémisphère Sud a entraîné, au début du XXe siècle, la régression des grands troupeaux ovins de l'Europe et l'orientation de l'élevage vers la production de viande. Ce phénomène s'est accentué vers 1950 avec la présence des fibres artificielles.

La laine plus grossière de certaines races d'Asie et du Moyen-Orient est utilisée pour la fabrication des tapis. La race karakul, exploitée en U.R.S.S. et en Afrique du Sud, présente à la naissance une toison bouclée très caractéristique. Les peaux des agneaux abattus à la naissance sont traitées pour donner la fourrure d'astrakan.

La chèvre angora, originaire de Turquie, produit le mohair (2 à 3 kg par an), utilisé dans la fabrication de laines très légères. C'est un animal très rustique que l'on élève également en Afrique du Sud, à Madagascar et en Amérique du Nord.

La chèvre du Cachemire, en Inde, produit un poil qui entre dans la confection d'étoffes de très haute qualité.

Les peaux d'agneaux et de chevreaux sont traitées par une industrie qui pratique le tannage à l'alun. Du fait de leur finesse, de leur résistance et de leur élasticité, elles sont très recherchées pour la fabrication de gants de luxe, de vêtements et d'empeignes de chaussures.

Les porcins

LE PORC, MAMMIFÈRE grégaire, monogastrique omnivore (largement herbivore le cas échéant) et d'élevage peu exigeant, prolifique et à croissance rapide, est un très ancien compagnon de l'homme. Les premiers témoignages de sa domestication au Proche-Orient remontent au VIIe millénaire avant notre ère, comme pour les bovins, et après le chien, les ovins et les caprins. Cette facile domestication, réalisée à partir de jeunes sangliers (*Sus scrofa ;* un peu moins de 5 petits par portée) et qui semble avoir accompagné la sédentarisation des groupes humains en Asie du Sud-Ouest, se poursuivra en Europe.

Le porc s'est révélé un très bon transformateur en viande (et d'abord en lard et en saindoux) de ressources diverses et souvent sans valeur marchande. L'importance des dépôts gras, les facilités de conservation de la viande par le sel, la dessiccation et la fumée en ont fait un animal soumis à la transformation domestique puis industrielle plutôt que directement consommé en frais après abattage, et un animal dont toutes les parties sont valorisées. Il faut souligner que la charcuterie était connue dès l'Antiquité.

Au fil des siècles, l'élevage du porc a suivi deux voies : d'un côté, un élevage extensif fondé sur la cueillette, améliorant peu les performances zootechniques ; de l'autre, un élevage de basse-cour avec des truies en petit nombre, sélectionnées, chaque portée faisant l'objet de soins attentifs. Le premier type d'élevage a dominé en Europe jusqu'au XVIIIe siècle tandis que le second caractérise depuis longtemps la Chine, dont les porcs importés dès le XVIIIe siècle ont amélioré les races européennes.

Races et reproduction

L'ÉLEVAGE MODERNE REPOSE SUR LA MISE EN ŒUVRE DE CROISEMENTS ENTRE QUELQUES GRANDES RACES SÉLECTIONNÉES.

La sélection porcine est organisée à grande échelle sur la base d'une dizaine de races améliorées parmi les 360 dénombrées dans le monde il y a 20 ans. Les objectifs économiques de la production conduisent à sélectionner les animaux sur trois groupes de critères : reproduction (nombre de petits par portée), production (croissance, qualité de carcasse et efficacité de transformation des aliments) et adaptation. On distingue quatre types de races : les races mixtes, sélectionnées à la fois pour la reproduction et la production (Large-White, à oreilles dressées ; Landrace danois ou français, à oreilles tombantes ; Duroc ; etc.), très répandues en race pure ou comme lignées maternelles lors de croisements ; les races spécialisées en production, de type culard, c'est-à-dire ayant la particularité génétique d'une hypertrophie des jambons (Piétrain, Landrace belge) ou non culard (Hampshire) ; les races spécialisées en reproduction telles que certaines races chinoises ; les races rustiques, adaptées à un milieu contraignant (corse, créole, ibérique...).

Depuis les années 1930, l'élevage français a été marqué par l'extension du Large-White, qui, avec le Landrace, a éliminé la plupart des races autochtones. Actuellement, au moins 80 % des truies sont issues de croisements entre Large-White et Landrace. Les verrats sont, pour moitié, croisés entre Large-White et des races spécialisées pour la production, et, pour l'autre moitié, appartiennent à des souches spécialisées en production ou composites.

En élevage moderne, la truie Large-White ou Landrace est pubère à 205-210 jours (80 à 90 jours seulement dans le cas des races chinoises) et met bas la première fois vers 350 jours. Après 115 jours de gestation, la truie reproductrice, qui pèse 150 à 230 kg, donne en moyenne par portée 10,5 à 11 porcelets de 1,3 kg dont un peu plus de 9 seront vivants au sevrage, vers 25-30 jours (7 à 8 porcelets sevrés seulement chez les races spécialisées pour la production, 13 chez les races chinoises). Une truie donne en moyenne 2,3 à 2,4 portées par an (au lieu de 1,5-1,6 il y a 20 ans) et est réformée vers 3 ans. L'insémination artificielle peut se pratiquer mais sans congélation du sperme à raison de 30 à 40 doses par éjaculat.

Évolution des systèmes de production

ISSU DE MÉTHODES FERMIÈRES TRÈS RÉPANDUES, L'ÉLEVAGE DU PORC S'EST TECHNIQUEMENT TRANSFORMÉ MAIS CONSERVE UNE GRANDE DIVERSITÉ DE SYSTÈMES DE PRODUCTION DE PAR LE MONDE.

Autrefois nourris en forêt (glandée) puis, plus tard, intégrés dans les exploitations agricoles au système de polyculture-élevage, les porcs étaient, jusqu'au début du XXe siècle en France, abattus l'hiver pour être transformés et conservés. Après une période assez longue d'élevage extensif, on procédait à un engraissement intensif de trois à quatre mois qui aboutissait à des animaux lourds et gras (de 140 à plus de 200 kg). L'alimentation comprenait déchets de cuisine, verdure et petit-lait, cueillette en forêt ou pâture et, pendant l'hiver, racines, tubercules, grains, son, etc. Durant l'entre-deux-guerres, s'ajouta une production spécialisée, associée aux laiteries, collectivités, ports.

Dans les années 1950, une production fermière intensive mais économe, fournissant des animaux plus maigres, s'inspire des méthodes danoises en petites unités valorisant les ressources de l'exploitation (5-20 truies, 50-100 porcs à l'engrais). Avec les années 1960, la course à la productivité du travail impose de nouveaux bâtiments, des installations d'élevage mécanisées et l'alimentation à partir de produits fournis par l'industrie. Le type d'élevage aidé et vulgarisé est alors l'atelier naisseur-engraisseur intensif d'une cinquantaine de truies. L'élevage atteint dans les années 1970 une meilleure maîtrise de la santé et de l'adaptation des porcs, une assistance technique modulée avec des références de terrain et une diversification des techniques (ainsi est apparu un modèle intensif de plein air).

Au sud de l'Europe (Espagne, Portugal, Corse...) persiste une petite production extensive qui mise sur la qualité des produits charcutiers. Le porc au piquet est typique de la Caraïbe. Hors de l'aire culturelle occidentale, le porc joue un rôle éminent en Chine et en Asie du Sud-Est. Des élevages familiaux de quelques animaux y fournissent aliments, revenu et fumier grâce à des races prolifiques, précoces et valorisant les fourrages herbacés.

L'élevage porcin est localisé sous l'effet du climat, de l'histoire, des cultures et des religions (il est ainsi incompatible avec la vie nomade, les zones tropicales sèches, l'islam) et, bien sûr, sous l'influence des pôles de consommation, de transformation et d'approvisionnement en matières premières pour son alimentation (zones céréalières, ports).

Le porc dans le monde (1988)

Continents et pays		*Effectifs en milliers de têtes*	*Consommation par habitant (kg/hab./an)*
Asie		404 963	8,4
	Chine	334 862	18,5
Europe		190 412	41,4
	C.E.E.	103 752	37,3
	R.F.A.	23 670	54,1
	Espagne	16 941	44,9
	France	12 577	37,7
Amérique du Nord et centrale		77 904	22,9
	États-Unis	54 620	30,5
U.R.S.S.		77 403	23,7
Amérique du Sud		54 299	7,0
	Brésil	32 700	7,5
Océanie		5 365	14,5
Afrique		3 057	0,8
Monde		823 403	12,5

Sources : FAO ; USDA cité par CFCE ; ITP.

La diversité des systèmes de production

La production porcine mondiale a crû de 25 % en 10 ans. La Chine, qui élève trois fois plus de porcs que de bovins, possède 40 % du cheptel mondial et la C.E.E., avec 0,5 porc par habitant, est au 2e rang. Le modèle intensif occidental avec milieu artificialisé et animaux concentrés est coûteux mais productif. Les animaux sont souvent maintenus dans des bâtiments fermés, qui limitent les possibilités de mouvement, comme dans le cas des truies gestantes logées en stalles individuelles (2).

Il reste en Europe des élevages ayant conservé certains caractères extensifs des méthodes traditionnelles, comme les porcs ibériques nourris sous des chênes [glandée] (1). Ce système donne des animaux de 130-150 kg abattus entre 10 mois et 2 ans.
Le modèle de production chinois est fortement intégré à l'agriculture, entre mares (pour l'alimentation) et rizières (pour la fumure). Il est illustré ici par une prolifique truie de race Meishan consommant des jacinthes d'eau (3).

Les techniques d'élevage

L'AMÉLIORATION DU MODÈLE INTENSIF DE PRODUCTION A PERMIS DES GAINS DE PRODUCTIVITÉ CONSIDÉRABLES.

Les effectifs des élevages augmentant, l'organisation du travail et l'aménagement des porcheries nécessitent des lots d'animaux homogènes, d'où le regroupement des porcs en bandes, fondé sur un fractionnement du troupeau en groupes donnant une production échelonnée et programmée. Dans un local préalablement vidé et désinfecté, on introduit en une seule fois des porcs ayant les mêmes exigences physiologiques : même stade dans le cycle de reproduction pour les adultes, même âge et même poids pour les jeunes. Pour une bande de truies, le sevrage comme la mise bas sont groupés dans le temps. Toute bande change de local selon son stade physiologique, chaque local étant spécialisé en fonction d'un stade du cycle de production et des exigences des animaux à ce stade : maternité, attente-saillie, gestation pour les truies ; maternité, post-sevrage, engraissement pour les porcelets.

La truie reçoit 2,5 à 3 kg d'aliments par jour en gestation et 6 à 7 kg en lactation, soit environ 1 250 kg par an. Le porcelet, animal à croissance remarquable, double son poids de naissance en 8 jours, le multiplie par 4 en 3 semaines et par 15 à 20 en 8 semaines. Le sevrage intervient entre 3 et 5 semaines, soit à 7-8 kg ; puis, jusqu'à 25-30 kg, le porcelet est dit en post-sevrage. Ensuite, l'engraissement, jusqu'à l'abattage à 100-105 kg, demande près de 4 mois et environ 260 kg d'aliments. Une truie donne près de 18 porcs charcutiers par an et l'ensemble de l'élevage consomme 3,4 à 3,5 kg d'aliments par kg de porc produit. La valeur des carcasses (78 à 80 % du poids vif) dépend d'un classement établi en fonction de leur teneur en muscle. La nourriture est à base de céréales et de leurs sous-produits, de tourteaux, de manioc, etc. Elle est distribuée sèche ou humidifiée. L'alimentation des porcs dans les élevages intensifs modernes résulte d'une connaissance approfondie des besoins des animaux à chaque période de leur vie. À partir des matières premières disponibles sur le marché, l'industrie de l'alimentation du bétail établit des formules alimentaires qui tendent à réduire le coût des rations, constituées soit entièrement à partir de produits extérieurs aux élevages, soit calculées afin de compléter des aliments obtenus par l'éleveur lui-même sur sa propre ferme.

La maîtrise de l'état sanitaire des élevages exige un savoir-faire spécialisé. Outre les maladies légalement contagieuses – fièvre aphteuse, maladie d'Aujeszky, peste porcine, rouget –, les porcs sont sensibles à de multiples affections respiratoires, digestives et troubles de la reproduction. Un contrôle strict des facteurs microclimatiques des porcheries est nécessaire ainsi qu'une prophylaxie sanitaire et médicale.

Les bâtiments sont en général fermés et sans paille, pour faciliter l'enlèvement mécanique du lisier. La taille des unités s'accroît et on considère aujourd'hui qu'un travailleur peut conduire à lui seul un élevage naisseur-engraisseur de 80 à 100 truies. Le capital requis constitue cependant un facteur limitant ; chez un naisseur-engraisseur, le prix moyen du bâtiment (évidemment très variable) dépasse, en France en 1989, 22 000 F par place de truie, si bien que les charges d'amortissement représentent 10 % du coût de production du porc, alors que l'alimentation en constitue 70 % et l'amélioration génétique seulement 1 %.

Au cours des 15 à 20 dernières années, d'importants gains de productivité ont été réalisés. Annuellement, la vitesse de croissance a progressé de 0,5 %, l'efficacité alimentaire de 1 % et l'épaisseur de lard a diminué de 2,5 % ; le nombre de porcelets par truie, responsable de plus de 40 % des différences de marge économique entre élevages, a augmenté de 30 % en 15 ans, ce qui, avec l'intensification de la reproduction, a porté la productivité à un niveau de 1,5 tonne de carcasse par truie et par an. •

La filière porcine

UN ÉLEVAGE DE PLUS EN PLUS STANDARDISÉ, CONCENTRÉ ET INTÉGRÉ AUX INDUSTRIES D'AMONT ET D'AVAL.

En Europe, la concentration géographique et industrielle de la filière porcine résulte du choix de libre concurrence de la C.E.E., qui ne protège pas ce marché soumis à des fluctuations cycliques de prix. Ainsi, en France, plus de 95 % du cheptel de truies appartiennent à moins de 20 000 éleveurs de plus de 10 truies, la plupart adhérents de groupements de producteurs. La production porcine demeure cependant une activité liée à des exploitations familiales ayant d'autres activités agricoles. Le qualificatif d'élevage « hors sol », c'est-à-dire non lié aux productions agricoles de l'exploitation, ne s'applique qu'imparfaitement, car, dans beaucoup de cas encore, une partie notable de l'alimentation du troupeau est obtenue sur la ferme.

Progressivement, cet élevage complexe s'est concentré dans certaines régions avec industries d'abattage et d'alimentation animale (qui fournissent les deux tiers de la nourriture) et sous la pression de l'encadrement technique. La découpe industrielle puis la salaison ont tendance à suivre cette concentration géographique. La Bretagne, avec en moyenne 320 porcs pour 100 ha, rassemble désormais plus de 50 % de la production française sur 6 % de la surface agricole ; localement, on y atteint des densités de 2 000 à 2 500 porcs pour 100 ha, comparables à celles du Nord-Brabant en Belgique. Tout porc engraissé produisant 0,5 à 1 m³ de lisier, des seuils critiques de concentration sont parfois atteints. Jadis « éboueur » dans les villes, l'élevage porcin doit aujourd'hui limiter ses effets polluants. L'odeur nauséabonde des stocks de lisier au voisinage des élevages provoque une sérieuse nuisance environnementale. Quant à l'épandage de ce même lisier, il contribue à la pollution des eaux souterraines.

Depuis la fin des années 1960, la France doit importer du porc (plus de 15 % de sa consommation ces dernières années), essentiellement de la C.E.E., qui est légèrement excédentaire. La consommation a augmenté de 1,4 % par an en France depuis 1960, les prix ayant fortement baissé en francs constants. Plus de 70 % sont consommés en charcuterie-salaison et le reste en viande fraîche. L'autoconsommation chez les agriculteurs est devenue négligeable. La tradition de charcuterie est ancienne et a peu évolué et l'élaboration de produits à base de porc par l'industrie a encore un vaste champ d'innovations à explorer. •

1. Troupeau de porcs ibériques à la glandée en Espagne.

2. Truies gestantes dans un élevage intensif européen.

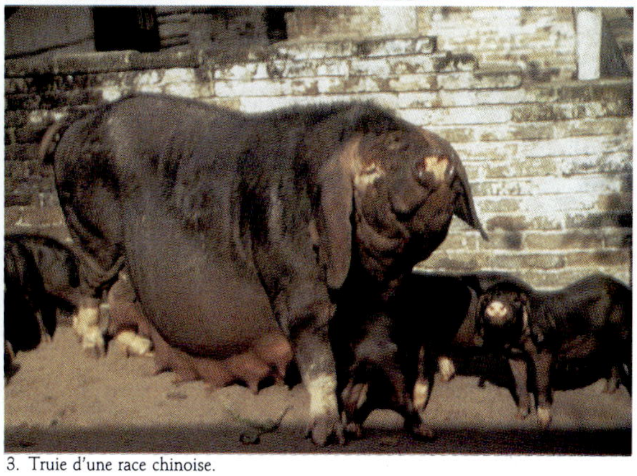

3. Truie d'une race chinoise.

Les volailles

LES PRODUCTIONS DE BASSE-cour ont toujours assuré la couverture d'une partie des besoins protéiques des familles à la campagne mais aussi en ville. Relevant un peu de l'économie de cueillette, elles continuent d'exister dans les pays développés et un peu partout à travers le monde.

Cependant, une aviculture moderne, ayant démarré aux États-Unis dans les années 1930, a supplanté très rapidement ces productions. Elle s'est développée en Europe dès le début des années 1950, à une époque où l'agriculture abordait une phase de transformation en profondeur et de modification des structures. L'aviculture répond parfaitement à ce type d'évolution. Elle a pris une grande importance, tant sur le plan des quantités produites qu'en ce qui concerne sa place dans l'économie nationale. Avec un chiffre d'affaires supérieur à 26 milliards de francs, l'aviculture (volailles, œufs, mais aussi lapins) représente quelque 17,5 % de la valeur des productions animales en France. Ce secteur occupe la troisième place derrière le lait et la viande bovine et devance d'une façon très nette le porc.

Compte tenu des traditions, des habitudes de consommation, de la spécificité de certaines régions et, d'une façon générale, du maintien d'une activité rurale relativement importante, des types de production bien particuliers ont pu être maintenus, développés, réhabilités même. À côté de la production dite industrielle, la réglementation européenne a ouvert une place plus large à des formes de production plus extensives (poules pondeuses au sol, volailles en plein air, etc.).

1. Évolution de la consommation de viande de volaille dans quelques pays.

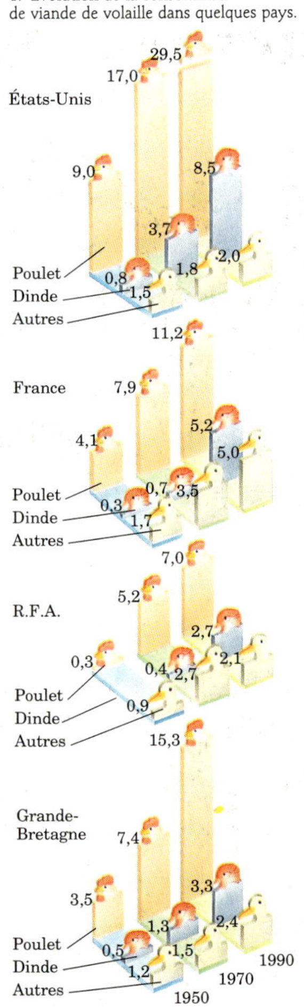

Croissance de la consommation de volaille

La consommation de viande de volaille a fortement progressé. Depuis 1950, elle a été multipliée par trois ou quatre aux États-Unis, en France, en Grande-Bretagne, elle a décuplé en R.F.A. Aux États-Unis, où elle est deux fois plus importante qu'en Europe, elle dépasse 40 kg par habitant et par an. Cette consommation repose surtout sur le poulet (de 50 à 75 % selon les pays), mais la dinde a fortement accru sa part (entre 20 et 25 %).

2. Poules pondeuses en cage.

3. Poussins dans un poulailler pour poulets de chair.

L'aviculture dans le monde

LES PRODUCTIONS AVICOLES MODERNES RÉPONDENT À UN SEUL MODÈLE QUI TEND À DEVENIR UNIVERSEL.

Dans les pays développés, l'aviculture moderne s'est organisée partout de la même façon, malgré certaines particularités conservées par chaque pays. Des relations de plus en plus étroites (techniques, économiques, contractuelles, financières) se sont établies entre les différents maillons de la chaîne avicole, constituée par les sélectionneurs de souches de volailles, les producteurs de poussins ou accouveurs, les fabricants d'aliments composés, les abattoirs et centres de découpe des carcasses, les centres de conditionnement des œufs et les sociétés commerciales. Ces relations conduisent à une meilleure efficience globale et à la réalisation d'économies d'échelle. Des ateliers ont été spécialisés pour telle production ou tel type de produit. Au fil des années, l'aviculture a été marquée par une forte concentration économique. Cette concentration s'est faite dans différentes directions. Au stade des entreprises : les plus importantes fabriquent désormais des aliments, contrôlent la production des poussins et commercialisent les produits finis ; au niveau régional : deux ou trois régions dans chaque pays concentrent la production ; par exemple, en France, Bretagne, Pays de la Loire, Rhône-Alpes assurent les trois quarts des quantités produites. La sélection des souches de volailles mâles et femelles est devenue un maillon stratégique contrôlé par des firmes multinationales qui relèvent de la chimie, du pétrole, des produits pharmaceutiques et vétérinaires, du commerce international des matières premières. Dans le monde, il n'existe plus aujourd'hui qu'une dizaine de sélectionneurs avicoles, dont une société française.

Dans les pays en voie de développement, les formes de production liées à l'économie familiale sont encore importantes. Mais il existe partout une tendance à l'implantation du modèle des pays développés.

En 1988, la production mondiale a été de 621 milliards d'œufs et de 36,9 millions de tonnes de volailles. Les productions sont beaucoup plus importantes dans les pays développés (56 % de la production mondiale pour les œufs et 65 % pour la viande de volaille), mais progressent plus rapidement dans les pays en voie de développement. Les principaux producteurs sont la Chine, les États-Unis, l'Union soviétique, le Brésil et la France. Abstraction faite du commerce au sein de la C.E.E., qui se développe, les échanges mondiaux de produits avicoles ne représentent qu'une faible proportion de la production (1,5 % pour les œufs, à peine 4 % pour la volaille). La France est le premier exportateur mondial de viande de volaille, tandis que pour les œufs les Pays-Bas détiennent la première place. Les exportations sont surtout dirigées vers le Proche- et l'Extrême-Orient. •

4. Troupeau de jeunes oies.

Diversité des produits avicoles

LA VIANDE DE VOLAILLE EST COMMERCIALISÉE DE PLUS EN PLUS SOUS FORME DE MORCEAUX, ET LES ŒUFS TRANSFORMÉS EN OVOPRODUITS.

Le développement de la consommation de viande de volailles est mondial et constitue un phénomène de société. Il résulte de la conjonction de plusieurs facteurs : richesse en protéines, faible teneur en graisses, maîtrise technique de la production, rotation rapide des capitaux dans les élevages, compétitivité par les prix à l'égard des autres viandes, absence de tabou religieux, etc.

Les caractéristiques de la consommation de viande de volailles ont beaucoup évolué sous l'influence des entreprises agroalimentaires, de la modification des habitudes des consommateurs et des changements dans la cellule familiale. La mode est, désormais, à la présentation des viandes sous forme de morceaux. La découpe des volailles concerne une part importante du marché : 90 % pour la dinde, 50 % pour le canard, l'oie, les animaux de réforme (poules pondeuses), 25 % pour le poulet. La pintade est la seule espèce qui continue d'être consommée seulement en carcasse. Pour la carcasse entière, la présentation « prête à cuire » est privilégiée pour toutes les volailles.

Les ventes se font surtout au travers de la distribution moderne, mais les formes traditionnelles continuent d'avoir droit de cité en France : ventes directes, ventes sur les marchés forains. Des productions comme la dinde fermière ou le chapon ont pu être préservées et se sont même développées. Enfin, le label a donné une forte impulsion au développement de la production de poulet, pour lequel il représente près de 20 % de la consommation.

Espèce par espèce, les consommations s'établissent comme suit, par habitant et par an, en France : 10,5 kg de poulet, 4,8 kg de dinde, 1,8 kg de canard, 1,7 kg de poule, 0,9 kg de pintade, 0,2 kg d'oie, sans oublier la caille (0,3 kg) et le pigeon (0,1 kg). Autour de ces moyennes, les consommations individuelles varient beaucoup d'une catégorie socioprofessionnelle à une autre.

La consommation d'œufs est de 265 unités par an et par habitant en France. Elle progresse plus lentement (+ 30 % en 20 ans) que pour la viande de volaille. Pour les œufs, l'accent est mis sur la fraîcheur, la qualité, le circuit court de commercialisation, ce qui explique l'importance des ventes directes. Près de 60 % des œufs sont vendus en petits emballages (œufs dits « extra frais » notamment). L'œuf continue d'être en grande quantité commercialisé en coquille, mais un marché important et en pleine croissance existe pour les produits transformés à base d'œufs, dits ovoproduits. Selon les pays, ceux-ci représentent de 10 à 25 % de la consommation finale. •

La production de l'œuf

LES POULES PONDEUSES, ÉLEVÉES SOIT EN CAGE INDIVIDUELLE, SOIT PAR GRANDS LOTS, ONT UNE PÉRIODE DE PONTE D'UNE ANNÉE.

Une très forte proportion des poules est élevée dans des cages ou batteries de ponte mises au point pour ce type de production. Ce matériel est placé dans des bâtiments de taille plus ou moins grande, dont l'ambiance (température, hygrométrie, ventilation) est contrôlée de façon à obtenir les meilleures performances possible. La distribution de l'eau de boisson et de l'aliment, le ramassage des œufs, la récupération des déjections sont le plus souvent automatisés.

La vie d'une poule pondeuse comporte deux phases bien distinctes : l'élevage des poulettes, qui dure un peu plus de 5 mois, et la production de l'œuf proprement dite, qui peut aller jusqu'à 12 mois. L'élevage des poulettes peut être fait soit par le producteur d'œufs lui-même (ce qui est assez rare), soit par l'accouveur fournisseur des poussins, soit par des producteurs spécialisés.

La dimension des élevages peut aller de quelques milliers à plusieurs dizaines de milliers de poules. En ce qui concerne les petits et moyens élevages, il s'agit souvent d'unités faisant partie d'une exploitation agricole et liées par contrat soit à des firmes d'aliment du bétail, soit à des sociétés de commercialisation ou encore de producteurs membres de coopératives. Les plus grands élevages, véritables « fermes de ponte », développées dans beaucoup de pays, fabriquent leurs aliments, conditionnent et vendent leurs œufs. Ils sont souvent situés à proximité de grands centres urbains.

Depuis quelques années, on revient aux élevages au sol. Les poules sont regroupées par lot, dans les poulaillers, au sein d'élevages de quelques milliers d'animaux. Dans certains cas, les poules disposent, hors du poulailler, d'une aire d'exercice.

En 1989, la France a produit un peu moins de 15 milliards d'œufs, la production française restant stable, alors qu'elle a plutôt tendance à diminuer dans d'autres pays européens. Le produit obtenu est essentiellement un œuf coloré, ce qui tient à une habitude de consommation. La production commerciale se situe aux alentours de 12 milliards d'œufs, auxquels il y a lieu d'ajouter près de 3 milliards d'œufs fermiers ou fournis par de petits producteurs artisanaux. Le cheptel national comptait 52 millions de poules pondeuses en 1988. À côté d'un nombre très important de petites unités, les élevages spécialisés sont peu nombreux (environ 6 000) mais ils détiennent plus de 85 % des effectifs. •

La production des volailles

LE POULET ÉLEVÉ INTENSIVEMENT EST LA VOLAILLE LA PLUS IMPORTANTE MAIS LA DINDE S'EST BEAUCOUP DÉVELOPPÉE RÉCEMMENT.

Poulet, dinde, canard, pintade sont élevés de la même façon : production au sol, bâtiment standard de 1 000 à 1 500 m², équipé de mangeoires et d'abreuvoirs adaptés à l'espèce, automatisation de l'alimentation, aliments produits par l'industrie. Le nombre d'animaux au m² dépend de l'espèce et du type de production. Pour le poulet standard, la densité peut atteindre 20 oiseaux au m² et l'âge d'abattage se situe autour de 40 jours. Pour les productions sous label, qui répondent à des normes techniques très strictes, les densités sont plus faibles et les sujets disposent d'un parcours extérieur à partir de quelques semaines d'élevage. La taille des élevages varie de 5 000 à 20 000 sujets, suivant l'espèce et le type de production. Dans les filières orientées vers l'exportation, l'éleveur dispose souvent de plus d'un bâtiment afin d'étaler la production et de limiter les risques sanitaires. Les élevages sont généralement organisés autour d'abattoirs qui assurent le conditionnement et la transformation des animaux. Ils sont regroupés dans de grands groupes économiques avicoles (une dizaine en France) qui se partagent l'essentiel du marché. En France, la production de viande de volaille est concentrée dans l'Ouest.

Le canard (canard de Barbarie et son hybride stérile, le mulard) est également élevé pour le foie gras. La France est le premier producteur de foie gras au monde : près de 5 000 tonnes au total, dont 800 tonnes de foie d'oie. Les palmipèdes gras, oies et canards, sont élevés à plus de 90 % dans le Sud-Ouest (Aquitaine et Midi-Pyrénées), chez de petits agriculteurs : la dimension des troupeaux ne dépasse guère quelques centaines d'animaux car l'opération du gavage, qui n'est que partiellement mécanisée, demande beaucoup de travail de la part de l'éleveur. Si certaines races d'oie sont réputées pour la production du foie gras, d'autres sont élevées pour la viande : elles fournissent l'oie à rôtir, production nouvelle qui commence à se développer.

Dans cet inventaire, il y a lieu de tenir compte d'autres espèces tel la caille et le pigeon, plus petites par la taille, qui sont revenues au goût du jour depuis quelques années. À la différence des autres productions, les éleveurs sont généralement indépendants et assument toutes les tâches : sélection, production de poussins, élevage, abattage, commercialisation. Les élevages de caille, qui peuvent atteindre des tailles importantes, sont équipés de batteries. La caille est élevée non seulement pour la viande mais aussi pour les œufs, pour le repeuplement des chasses et en tant qu'animal de laboratoire. Le pigeon de chair est élevé dans des bâtiments spéciaux, inspirés des volières.

La production de volailles (plus de 1,5 million de tonnes en France, en 1989) recouvre donc une grande diversité d'espèces et une large gamme de produits. Le poulet est l'espèce la plus produite en France (890 000 t, 59,3 % de la viande de volaille, dont 350 000 t exportées). Les productions sous label, typiquement françaises, représentent plus de 10 % de la production. La production de dinde (385 000 t, 25,6 %) a véritablement explosé (seulement 15 000 t en 1985) et constitue un produit à part qui concurrence la viande de veau. Le canard (surtout l'espèce Barbarie) représente une production de 100 000 tonnes (6,7 %) soit 2,5 fois plus qu'en 1980. La production de pintade est de quelque 55 000 tonnes (3,7 %), la France étant le seul pays au monde à sélectionner et à produire cette espèce sur une grande échelle. À ces produits, il y a lieu d'ajouter les animaux de réforme (poules et reproducteurs), qui représentent un tonnage de viande légèrement inférieur à 100 000 tonnes. Les cailles comptent pour 15 000 tonnes et les pigeons pour 5 000 tonnes. •

Diversité du logement

L'aviculture moderne se réalise dans des bâtiments souvent de grandes dimensions. Les animaux peuvent être logés soit par grands lots, comme les poulets de chair (3), soit en cage individuelle, comme les poules pondeuses (2). Certaines espèces, comme les oies (4), sont maintenues dans des parcs en plein air.

Les petits élevages

L'ÉLEVAGE DES PETITS ANIMAUX est une tradition. L'apiculture est une activité qui remonte à l'Antiquité. L'élevage du ver à soie a connu un développement considérable en Europe pour satisfaire les besoins de l'industrie textile. La production du poil de lapin angora n'est pas nouvelle et l'élevage du lapin de chair pour l'alimentation des familles rurales est ancré dans le passé.

Avec le développement industriel et les concurrences qu'il a instaurées, ainsi qu'avec la modernisation de l'agriculture, certains de ces élevages ont pratiquement disparu en Europe, tel celui du ver à soie. Mais d'autres, au contraire, ont pris une importance économique nouvelle grâce aux progrès des techniques d'élevage. C'est le cas de l'élevage du lapin de chair, devenu dans beaucoup de pays une viande aussi importante, en quantité, que celle du mouton. C'est le cas des animaux à fourrure comme le vison, dont on a su rationaliser la production.

Des espèces qui, autrefois, étaient l'objet de pratiques de cueillette, comme l'escargot, l'écrevisse, la grenouille, et qui entraient dans un circuit alimentaire d'autoconsommation et de restauration ont été quasiment décimées par les excès des cueilleurs et pêcheurs, mais aussi par les méfaits des pollutions et de l'agriculture intensive. C'est pourquoi des efforts sont réalisés pour mettre au point des techniques qui assureraient l'expansion d'élevages encore balbutiants.

L'inventaire des petits élevages est complexe car, pour beaucoup d'entre eux, les techniques ne sont pas maîtrisées, les données peu fiables.

Le lapin de chair

APRÈS AVOIR OCCUPÉ UNE PLACE DE CHOIX DANS LA BASSE-COUR, LE LAPIN EST MAINTENANT ÉLEVÉ POUR SA VIANDE DE MANIÈRE RATIONNELLE ET INTENSIVE DANS DES ÉLEVAGES SPÉCIALISÉS.

Comparé au clapier traditionnel, souvent relégué au fond de la cour de la ferme, l'atelier cunicole moderne ou lapinière est de conception différente. Il s'agit d'un élevage spécialisé du type naisseur-engraisseur. Les femelles reproductrices sélectionnées sont élevées sur grillage, en cages individuelles équipées d'abreuvoirs, de mangeoires, de boîtes à nid. Après le sevrage, qui intervient entre trois et quatre semaines après la naissance, les jeunes lapereaux sont transférés dans la moitié du bâtiment réservée à l'engraissement. Celui-ci se fait aussi en cages grillagées, les animaux étant regroupés par lots. La durée de l'engraissement se situe entre 70 et 80 jours. L'alimentation est adaptée aux différentes phases de la vie de l'animal : gestation, allaitement, post-sevrage, engraissement, etc. Fabriqués par l'industrie, les aliments pour lapins sont composés de céréales, de farine de luzerne, de tourteaux, de pulpe de betterave, etc. Riches en cellulose, ils se présentent sous forme de granulés de 5 mm de diamètre et 5 à 8 mm de longueur.

On distingue trois types de races : les lapins dits « géants » atteignant 6 à 8 kg à l'âge adulte, comme le géant des Flandres, le papillon français ; les races de format moyen, de 4 à 5 kg à l'âge adulte, comme le fauve de Bourgogne, l'argenté de Champagne ; les races de petit format, de 2 à 3 kg, tels le petit-russe, le polonais. Ce sont les races de format moyen qui présentent les meilleures aptitudes d'élevage : prolificité, qualité laitière, vitesse de croissance.

La lapine accepte le mâle dès le jour de la mise bas. L'accouplement peut donc être réalisé très vite après une naissance. Comme il provoque l'ovulation, il est possible d'obtenir une succession rapide des gestations. Celles-ci sont de trente à trente et un jours, une portée de 8 à 9 petits constituant une bonne moyenne. En un an, une femelle peut produire de 40 à 55 lapereaux sevrés.

Le lapin est surtout consommé sous forme de viande fraîche, en quantité variable selon les pays (en France, un peu plus de 3 kg par habitant et par an), et quelque peu en charcuterie (pâtés).

1. Chenilles de vers à soie.

Les animaux à fourrure

MIS À PART L'ÉLEVAGE DU LAPIN ANGORA, L'ÉLEVAGE DES RONGEURS À FOURRURE, NOTAMMENT DU VISON ET DU RAGONDIN, S'EST DÉVELOPPÉ DU FAIT DE L'EXTERMINATION DES ESPÈCES SAUVAGES.

Plusieurs petits mammifères sont élevés pour leur fourrure, utilisée soit sous forme de poils, comme le lapin angora, soit sous forme de peau, tels le vison, le myocastor, le chinchilla.

Le lapin angora.
On obtient du lapin angora des fibres blanches, les plus faciles à teindre, fournies par des animaux albinos (blancs avec des yeux rouges). Les lapins sont épilés tous les cent jours environ. C'est à partir de l'âge de 9 mois et jusqu'à 4 ans que les récoltes sont intéressantes, de l'ordre de 200 à 300 g par épilation. Pour que les poils restent propres, les lapins angoras sont élevés en cages individuelles en Fibrociment. La Chine est, de loin, le premier producteur mondial devant la France. Le poil angora français est récolté par épilation (fibre longue) tandis que le poil chinois est prélevé par tonte. Les techniques d'élevage du lapin angora sont sensiblement les mêmes que pour le lapin de chair.

Le vison.
L'élevage du vison se pratique en plein air ou sous des hangars, en cages individuelles grillagées. Les visons s'accouplent une fois par an et donnent, en mai, des portées de cinq petits en moyenne. Ils sont adultes à 7 mois, âge auquel ils sont abattus pour l'exploitation de leur fourrure. Un vison mange l'équivalent de 200 g de viande par jour, principalement sous la forme de sous-produits d'abattoir et de poissons.

La production mondiale de vison est de 40 millions de peaux brutes par an et représente 70 % du chiffre d'affaires global de la fourrure. Cette espèce est surtout élevée en Scandinavie et en U.R.S.S. La France produit moins de 700 000 peaux. Les cours des peaux sont formés à l'issue de ventes internationales aux enchères à Copenhague, Londres, New York, Paris.

Le myocastor.
Animal amphibie et herbivore, le myocastor, ou ragondin, originaire d'Amérique du Sud, est élevé pour sa fourrure aux poils longs et au très large éventail de couleurs. Chaque famille de myocastors (un mâle, trois femelles et leurs petits) est placée dans un petit parc comportant un abri, un terre-plein et un bassin. Cet animal se nourrit comme un lapin. Les femelles donnent deux portées par an. Les jeunes sont abattus vers l'âge d'un an, tandis que les animaux reproducteurs sont conservés quatre ans.

2. Concentration de grenouilles au Brésil.

Le ver à soie

FONDÉ SUR LES PARTICULARITÉS DU BOMBYX, L'ÉLEVAGE DU VER À SOIE, AUTREFOIS TRÈS DÉVELOPPÉ, N'A PU SUPPORTER LA CONCURRENCE DES FIBRES SYNTHÉTIQUES.

Le ver à soie est la chenille du bombyx du mûrier *(Bombyx mori)*. Le cycle du ver à soie s'étend sur deux mois. Les œufs pondus par le papillon sont mis à incuber à une température s'élevant progressivement de 6 °C à 25 °C en deux semaines. La chenille qui sort de l'œuf se nourrit exclusivement de feuilles de mûrier. L'élevage, ou sériciculture, se déroule sur des claies ou dans des casiers installés dans un local que l'on appelle magnanerie. En l'espace d'un mois, les chenilles, gros vers blanc grisâtre, subissent quatre mues et passent de 3 mm à une longueur de 8 cm. Elles sont prêtes à tisser leur cocon avec un fil qu'elles sécrètent et dont la longueur peut dépasser 1 000 m. À partir de 6 kg de cocons frais, on obtient 1 kg de soie grège.

Connu en France depuis le début du XIIIe siècle, l'élevage du ver à soie a eu sa période faste aux débuts de l'ère industrielle, notamment chez les canuts lyonnais. Vers 1850, la production dépassait 25 000 tonnes de cocons. Actuellement, il ne subsiste qu'un petit nombre d'élevages et d'artisans localisés dans les Cévennes, produisant quelques dizaines de tonnes. La production mondiale, de l'ordre de 50 000 tonnes, est essentiellement fournie par la Chine, le Japon, l'Inde. La concurrence des textiles artificiels et les bas prix qui sont pratiqués sur le marché mondial ont causé le déclin de la sériciculture. •

L'apiculture

L'ÉLEVAGE DES ABEILLES EST UNE PRATIQUE ANCESTRALE QUI DEMANDE UN GRAND SAVOIR-FAIRE.

Pratiqué depuis la plus haute antiquité, l'élevage des abeilles ou apiculture permet l'exploitation des produits que ces insectes accumulent et mettent en réserve. Élaboré à partir du nectar des fleurs, le miel renferme 80 % de sucres, directement assimilables par l'organisme, 15 % d'eau, le reste étant constitué d'un grand nombre d'éléments : sels minéraux, acides aminés, vitamines, arômes, etc. Remplaçant le sucre dans de nombreux usages, consommé pour ses vertus thérapeutiques, le miel entre dans la fabrication de nombreux produits : hydromel, bonbons, pain d'épice.

L'apiculture se pratique au moyen de ruches, sortes de petites maisonnettes souvent en bois, percées d'une fente horizontale ou trou de vol par lequel entrent et sortent les abeilles. La ruche renferme des cadres verticaux dans lesquels les abeilles construisent des rayons de cire.

L'ensemble des ruches, ou rucher, doit être judicieusement placé, afin de profiter des ressources naturelles (arbres fruitiers, prairies) et d'obtenir des miels aux parfums particuliers (bruyère, acacia, sapin). La transhumance consiste à transporter pendant la nuit les ruches d'une région où se termine la miellée (période de grande production de miel) vers une autre où se trouvent des espèces à floraison tardive.

Pour recueillir le miel, on enfume la ruche, on chasse les abeilles et on retire les cadres un à un. On ouvre les alvéoles avec un couteau à désoperculer, puis les cadres sont placés dans un extracteur qui retire le miel par la force centrifuge. La production par ruche peut varier entre une moyenne de 20 kg et un maximum de 50 kg. Le goût du miel, sa couleur dépendent très largement de la région, c'est-à-dire de la flore naturelle et des cultures. L'extension de la varroase, maladie des abeilles provoquée par un petit acarien hématophage, et l'intensification de l'agriculture constituent des sujets d'inquiétude pour les apiculteurs. Le miel représente, à lui seul, plus de 80 % des recettes, le reste étant assuré par la gelée royale, la cire, le pollen, le commerce des essaims et des reines d'abeilles.

La France, premier producteur de miel de la C.E.E., ne couvre que 75 % de ses besoins (600 g par habitant et par an). Premier marché au monde, la R.F.A. importe 80 000 tonnes par an. La consommation se situe entre 300 g par habitant et par an (Grande-Bretagne) et 1,8 kg (Grèce). •

3. Vison élevé en cage individuelle.

Des élevages inégalement maîtrisés

Dans les magnaneries, la maîtrise de la production du ver à soie est très poussée (1). Pour l'élevage des animaux à fourrure, des méthodes ont été mises au point qui permettent d'obtenir de bons résultats, comme dans le cas du vison (3). En ce qui concerne certains animaux qui ont traditionnellement été l'objet de ramassage, l'étude de méthodes d'élevage est très récente, comme pour la grenouille (2).

Les autres petits élevages

LES POPULATIONS NATURELLES D'ESPÈCES COMME L'ESCARGOT, L'ÉCREVISSE ET LA GRENOUILLE ONT ÉNORMÉMENT DIMINUÉ, ET LEUR ÉLEVAGE, ENCORE BALBUTIANT, DOIT ÊTRE DÉVELOPPÉ.

La production de petits animaux destinés à la consommation humaine concerne aussi des espèces dont les populations naturelles sont en forte diminution : ainsi l'escargot, l'écrevisse, la grenouille.

L'escargot.
Deux escargots sont très appréciés pour leurs qualités gastronomiques : l'escargot de Bourgogne *(Helix pomatia)* et le petit-gris *(H. aspersa)*. L'élevage (héliciculture) a longtemps consisté en un simple parcage d'escargots sauvages recueillis dans la nature. Actuellement, on distingue une phase d'élevage et une phase d'engraissement. Le petit-gris s'adapterait mieux à la captivité et serait plus prolifique que l'escargot de Bourgogne. Au cours de l'engraissement, les mollusques sont placés dans des enclos à raison de 100 petits-gris au m² et nourris à partir de végétaux divers (choux, pommes de terre cuites, son) et d'aliments composés spéciaux, préparés par l'industrie.

On estime que la consommation d'escargots en France, qui occupe la première place mondiale, est supérieure à 30 000 tonnes par an et provient surtout d'une activité de « cueillette ». Le marché français est largement approvisionné par des importations qui proviennent d'Europe centrale, du pourtour méditerranéen, d'Extrême-Orient.

L'écrevisse.
L'élevage de l'écrevisse (astaciculture), crustacé d'eau douce que l'on pêche dans les rivières au moyen de petits filets circulaires appelés balances, en est encore au stade expérimental. Les tentatives d'élevage concernent des espèces comme *Pacifastacus leniusculus*, de l'est de l'Amérique du Nord, et *Procambarus clarkii*, de Floride. L'amélioration des techniques de production passe par une meilleure connaissance de l'espèce (biologie, physiologie, besoins alimentaires). La consommation potentielle d'écrevisses en France est de l'ordre de 5 000 tonnes par an. Les besoins sont couverts par des importations en provenance de Turquie.

La grenouille.
La pollution des eaux, l'utilisation des pesticides et une pêche intensive ont considérablement réduit la population de grenouilles. L'élevage (ranaculture) permettrait de remédier à cet appauvrissement, mais il n'en est encore qu'au stade expérimental. Cependant, certains élevages aux États-Unis sont capables d'obtenir une production régulière.

Dans un pays comme la France, gros consommateur de cuisses de grenouilles, les besoins du marché sont couverts par des importations en provenance d'Indonésie, du Bangladesh, d'Égypte et de Turquie. •

Le cheval

L'EFFECTIF DES CHEVAUX dans le monde a régressé d'environ 20 % depuis les années 1960. Cette baisse, générale dans les pays industrialisés, reflète en réalité deux tendances inverses : une progression régulière des chevaux de sang (courses, sport, loisir) et une disparition progressive des chevaux de trait, qui constituaient encore l'essentiel des cheptels équins au début du XXe siècle.

Le cheval n'est donc plus cet animal qui, pendant des millénaires, fut indispensable au fonctionnement de l'économie et des sociétés. Autrefois source d'énergie pour l'agriculture, les transports, l'armée, la chasse, il remplit maintenant, dans les pays développés, des fonctions liées au progrès d'autres utilisations telles la course et l'équitation sportive et de loisir.

D'importantes innovations techniques ont amélioré la productivité de l'élevage. Elles se manifestent dans la reproduction (meilleure maîtrise des cycles, échographie, insémination artificielle), dans l'alimentation (nouvelles normes de recommandations alimentaires), dans les systèmes de production, dans la génétique (indices de sélection), dans la médecine vétérinaire et dans la prévention des maladies.

Dans les économies faiblement industrialisées, le cheval, et plus généralement les équidés, conservent une place importante pour accomplir leurs tâches traditionnelles dans les travaux agricoles, les transports. Pour le développement d'agricultures moins dépendantes de l'environnement économique, notamment industriel, les équidés offrent même des perspectives intéressantes.

L'utilisation du cheval

SI LES CHEVAUX DE TRAIT ONT PRATIQUEMENT DISPARU, LES ACTIVITÉS SPORTIVES ET DE LOISIR À CHEVAL ONT VÉRITABLEMENT EXPLOSÉ.

Les chevaux se répartissent entre trois types : chevaux de course, de selle et de trait. Le cheval de trait a été longtemps le type le plus important par les fonctions qu'il remplissait dans l'agriculture et dans les transports. Avec l'arrivée du tracteur et, plus généralement, du moteur, ce rôle a énormément diminué dans les pays développés. Les chevaux de course et de selle sont devenus prépondérants en raison tant du développement et de la popularité des courses que de l'essor de l'équitation sportive et de loisir sur chevaux et poneys.

Parmi les chevaux de course, on compte principalement des chevaux de pur sang et des trotteurs français ou américains. Le poulain de moins d'un an est appelé foal. Entre un et deux ans, il devient un yearling. Les chevaux courent très tôt au galop en courses plates (entraînement dès 18 mois, course à 2 ans), plus tard à l'obstacle ou au trot (3 ans minimum). Dans la plupart des pays, les courses font l'objet de paris soit sur l'hippodrome (pari mutuel hippodrome), soit hors de l'hippodrome, grâce à un réseau de guichets où peuvent se rendre les parieurs, comme celui du P.M.U. (pari mutuel urbain) en France. D'autres types de courses sont organisées, suivant les pays, pour chevaux de sang (pur-sang arabe, anglo-arabe...) ou pour chevaux de trait (Japon, France...). Le cheval de type selle, cheval proprement dit et poney, sert à l'équitation sous toutes ses formes (instruction, dressage, obstacles, cross, randonnée, jeux...) ainsi qu'à l'attelage. Selon les cas, on s'oriente soit vers un sport de compétition, qui reste prisé de certains, soit vers une équitation plus tournée vers le loisir et la détente, correspondant mieux aux aspirations de la grande masse des cavaliers. Ce dernier objectif s'accompagne de besoins nouveaux en chevaux rustiques, confortables, maniables, dociles.

Le cheval de type trait, reconverti dans certains pays en animal de boucherie, reste pour divers agriculteurs – certes peu nombreux en pays développés – une source d'énergie non négligeable pour certains travaux spécialisés (maraîchage, pépinières, vignobles, débardage en forêt...),

Effectifs de chevaux et de petits équidés dans le monde
(en millions de têtes, 1988)

Pays	*Chevaux*	*Petits équidés*
Chine	10,7	16,0
États-Unis	10,7	–
Mexique	6,1	6,3
Brésil	5,8	3,3
U.R.S.S.	5,8	0,3
Argentine	3,0	0,2
Colombie	1,9	1,3
Éthiopie	1,6	5,4
Turquie	0,6	1,4
Pakistan	0,4	3,0
Monde	65,0	57,0

Source : FAO

Effectifs de chevaux et de petits équidés dans la C.E.E.
(en milliers de têtes, 1988)

Pays	*Chevaux*	*Petits équidés*
R.F.A.	350	–
France	292	35
Espagne	250	241
Italie	250	136
Royaume-Uni	180	5
Pays-Bas	64	–
Grèce	60	258
Irlande	55	22
Portugal	29	265
Danemark	29	–
C.E.E.	1 582	963

Source : FAO

L'élevage du cheval

LA REPRODUCTION DU CHEVAL DOIT ÊTRE SUIVIE ATTENTIVEMENT. SON ALIMENTATION NÉCESSITE DES PRÉCAUTIONS PARTICULIÈRES ET SES PERFORMANCES SONT SYSTÉMATIQUEMENT ENREGISTRÉES.

L'éleveur de chevaux, par ses choix, se donne des objectifs de production. Ces choix s'exercent dès l'accouplement (choix génétique), puis tout au long de la vie des sujets, en fonction des modes d'élevage, jusqu'à la mise en marché. La reproduction, l'alimentation et le suivi des performances des animaux sont les domaines sur lesquels doit porter particulièrement l'attention.

L'activité ovarienne de la jument peut démarrer dès le mois de février et se poursuivre jusqu'à l'automne. En moyenne de 22 jours, le cycle ovarien peut varier de 14 à plus de 30 jours. La durée des chaleurs est elle-même très variable d'une femelle à l'autre. Ces variations nécessitent un suivi rigoureux des juments pour la détection des chaleurs, celles-ci pouvant être éventuellement induites par des traitements hormonaux. Le plus souvent, l'ovulation a lieu dans les 2 ou 3 jours précédant la fin des chaleurs. La saillie peut être soit naturelle, en monte en main (la jument étant en général entravée) ou en monte en liberté (accouplement en totale liberté), soit artificielle par la mise en œuvre de l'insémination à l'aide de sperme frais ou congelé.

La gestation, qui dure 11 mois environ, avec une forte variabilité (10 à 12 mois), peut être détectée très tôt, avec 95 % d'efficacité, à l'aide d'un diagnostic par échographie, dès le 14e jour après l'ovulation. Aucun moyen sûr ne permet de prévoir avec exactitude le moment du poulinage. Produire un poulain par an et par jument est une véritable performance compte tenu de la longueur de la gestation et des difficultés liées au suivi de la reproduction de la jument.

Le cheval est un herbivore à l'estomac peu volumineux (15 à 18 l environ) et à l'intestin bien développé (plus de 180 l). Son petit estomac nécessite une distribution d'eau et de fourrages avant les aliments concentrés (grains, graines, racines), car ceux-ci doivent y rester suffisamment de temps pour subir un début de transformation et non se voir vidangés par la poussée de l'eau ou des fourrages. Pour la même raison, on multiplie le nombre de repas à base d'aliments concentrés.

La jument allaite son jeune pendant 6 à 7 mois. Son lait est pauvre en matières grasses et azotées mais riche en lactose. La production laitière est maximale entre le 2e et le 3e mois de lactation (2,5 à 3 kg de lait par jour par 100 kg de poids vif, soit près de 15 kg par jour pour une jument de 500 kg). Au cours du premier mois, le poulain double son poids de naissance ; à l'âge de 6-7 mois, il a multiplié son poids par 5 (220 à 260 kg pour les races de selle, 300 à 400 kg pour les races de trait). À 1 an, le poulain a atteint 65 % de son poids adulte et 88 % de sa hauteur au garrot.

À l'entraînement ou au travail, le cheval de course, de sport ou d'instruction est alimenté principalement à base de concentrés (céréales, tourteaux ou aliments du commerce). À l'élevage, les juments sont conduites de façon à valoriser des fourrages grossiers et principalement de l'herbe. Le cheval reste délicat à alimenter et ne supporte pas les changements brusques d'alimentation ni les aliments moisis ou ceux qui contiennent trop de poussières.

Les performances d'un cheval de sport ou de course sont synthétisées sous forme d'indices de deux types. L'indice individuel mesure la performance annuelle d'un cheval dans une discipline (sauts d'obstacles, concours complets, courses) effectuée à partir des gains corrigés en fonction de l'âge et du sexe. La carrière d'un cheval est ainsi représentée par une succession d'indices annuels dans chaque discipline. L'indice BLUP (Best Linear Unbiased Predictor), estimation de la valeur génétique d'un cheval pour une discipline donnée, est calculé d'après ses performances propres et celles de tous ses apparentés. Il existe des livres généalogiques (appelés aussi *stud-books*, pour les chevaux) sur lesquels sont inscrits les reproducteurs des deux sexes d'une race donnée, leur filiation et leur production. Mais une identification fiable reste le préalable indispensable à l'ensemble des actions conduisant à la production de chevaux toujours plus performants ou adaptés à une discipline précise. Elle débute au moment de l'accouplement par une gestion rigoureuse de la monte. Une véritable « carte d'identité » suivra le poulain toute sa vie. La base de cette identification réside dans la description graphique de l'animal. Des contrôles de filiation certifient dans certains cas l'origine du cheval par une analyse de son groupe sanguin.

Les actions de reproduction ainsi que les concours d'élevage, les courses et les compétitions équestres sont réglementés, aussi bien que la circulation des chevaux dans le pays et leur passage aux frontières. •

ou encore sur terrains pentus ou dans les petites exploitations. Le cheval de trait est également utilisé pour le loisir : traction de roulottes, courses de traîneaux (trait-tract), animations folkloriques. C'est toutefois, pour certains pays européens (France, Belgique, Italie, Espagne) consommant du cheval, la production de viande qui constitue aujourd'hui le débouché essentiel de l'élevage de ces animaux. Cependant, l'approvisionnement résulte principalement (80 % pour la France) d'importations complétées par une production nationale fournie par des réformes de chevaux de sang. Le patrimoine génétique des races de chevaux de trait est en danger en Europe, car certaines races n'ont plus que des effectifs très limités (moins de 1 000 juments saillies). Cependant le percheron et le breton sont bien représentés en Amérique du Nord et au Japon.

Enfin, parmi les diverses utilisations du cheval, il faut citer la production de lait de jument, qui est pratiquée depuis longtemps en U.R.S.S. et depuis peu en R.F.A. et en France, la production de vaccins et d'hormones, le défrichage de zones semi-montagneuses, le spectacle, la chasse à courre, le maintien de l'ordre (police montée), etc., sans oublier son rôle dans l'agriculture dans les pays en voie de développement. •

Les équidés dans le monde

LES EFFECTIFS DE CHEVAUX SE STABILISENT, CEUX DES ÂNES ET MULETS ONT PROGRESSÉ : LE RÔLE DES ÉQUIDÉS EST ENCORE IMPORTANT.

Dans la famille des *Equidae* à laquelle appartient le genre *Equus,* six groupes (ou sous-genres) composent aujourd'hui ce genre : les caballins, les hémiones, les asiniens, les zèbres de montagne, de plaine et de Grévy. On dispose de statistiques dans les divers pays du monde pour deux de ces groupes : les caballins, parmi lesquels figurent chevaux et poneys domestiques ; les asiniens, qui comprennent ânes, mulets et bardots.

L'effectif mondial de chevaux est d'environ 65 millions de têtes (1988), auquel il faut ajouter un effectif à peu près comparable (57 millions) de petits équidés, avec beaucoup plus d'ânes (41,6 millions) que de mulets (15,4 millions). Le cheptel mondial de chevaux est en recul par rapport à 1950 (80 millions environ), mais se maintient depuis les années 1970 jusqu'à aujourd'hui. Les effectifs de petits équidés (ânes et mulets) ont, en revanche, progressé ces quatre dernières décennies, passant de 48 à 57 millions de 1950 à 1988.

Une analyse par grandes zones du monde montre que les tendances sont la résultante de deux évolutions différentes : les zones comprenant l'essentiel des pays les plus industrialisés du monde (Europe, U.R.S.S., Amérique du Nord, Océanie) ont vu leurs effectifs de chevaux fondre de près de moitié en 30 ans (40 millions en 1950, 21 millions en 1980). Depuis 1980, les effectifs stagnent (22 millions en 1988). Dans le reste du monde (Afrique, Asie, Amérique latine), l'effectif de chevaux s'est maintenu autour de 40 millions (43 millions en 1988). Pour les petits équidés, le recul a été plus marqué dans le premier groupe de pays, où ils ne représentent plus que 1,8 million de têtes en 1988. L'Amérique latine demeure la zone du monde la plus peuplée en équidés et son cheptel continue à croître ; elle détient plus du tiers des chevaux (34,6 % en 1988) et plus du quart des petits équidés (25,3 % en 1988).

Depuis 1980, les effectifs d'équidés dans les pays de la C.E.E. se stabilisent autour de 2,5 millions. Les pays méditerranéens comme l'Espagne, l'Italie et la Grèce se placent en tête dans la C.E.E. pour leur effectif en ânes et mulets. Pour l'ensemble des chevaux, la R.F.A. vient en tête devant la France, l'Espagne, l'Italie, le Royaume-Uni.

Partout, on assiste à la régression des races de trait. Dans ce domaine, la France est la première en Europe, les autres pays ne disposant que d'effectifs très faibles, voire inexistants. La France, si elle a perdu sa place dans les dix premiers pays producteurs par la quantité de ses chevaux vers 1950 (2,4 millions), n'en reste pas moins au tout premier plan par la qualité, la diversité et la richesse génétique de ses races.

L'attrait de l'équitation progresse partout et sous toutes ses formes. Le développement le plus remarquable, après celui des courses, au début du siècle, est celui de l'équitation de loisir et de tourisme équestre.

Placés pendant des millénaires au centre de l'évolution des sociétés, tour à tour aliment de l'homme, moyen de transport, force de traction pour l'armée, l'agriculture, les mines, l'industrie, instrument de loisirs, les équidés, notamment le cheval, conservent encore aujourd'hui un rôle économique nullement négligeable. •

2. Course d'obstacles en Europe.

1. Dépiquage des céréales en Tunisie.

Les multiples ressources du cheval

Dans beaucoup de pays en voie de développement, non seulement le cheval conserve ses fonctions traditionnelles (1), mais il fait l'objet d'un regain d'intérêt. Des paysans, déçus par le tracteur, reviennent à la traction animale : les effectifs des équidés augmentent en Afrique et en Amérique du Sud.
Le cheval de course (2), au galop ou au trot, connaît toujours le même engouement en France, même si les conditions économiques d'exploitation et la concurrence étrangère sont de plus en plus difficiles. L'entreprise « courses » est aujourd'hui une des vingt premières entreprises françaises. Elle assure l'autofinancement de l'élevage et de la production du cheval.
La production de lait de jument est une des principales originalités de l'élevage équin en U.R.S.S. (3). La fabrication de koumys par fermentation du lait, coutume ancestrale, contribue de façon essentielle à l'alimentation, notamment par l'apport de vitamines. L'augmentation de la production de lait chez la jument se heurte cependant au problème du volume limité de la mamelle (1,5 l en moyenne), qui contraint à traire très souvent. Des ateliers de production de lait de juments se sont développés récemment en R.F.A., en Finlande et en France pour des utilisations cosmétologiques (crèmes régénératrices pour la peau) et diététique (faible teneur en matières grasses).

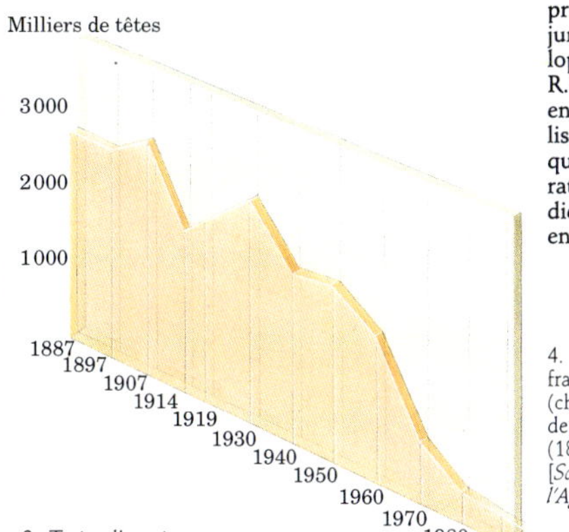

3. Traite d'une jument en U.R.S.S.

4. Évolution du cheptel français d'équidés (chevaux, ânes et mulets) depuis un siècle (1887-1988).
[*Source : ministère de l'Agriculture.*]

Les élevages particuliers

PEU D'ESPÈCES ANIMALES ont été domestiquées, comparativement aux espèces végétales, mais l'élevage ne se réduit pas aux seuls bovins, ovins, caprins, porcs et volailles. Une bonne trentaine d'espèces importantes sont ainsi élevées dans le monde, chacune souvent à plusieurs fins, leurs apports se regroupant en quatre catégories : des produits divers obtenus lors de l'abattage, comme la viande, ou tout au long de l'existence de l'animal, comme le lait ou les phanères ; de l'énergie (trait, port, foulage) ; des comportements spontanés ou provoqués, alimentaires et de prédation, sociaux, territoriaux ; des productions symboliques et signifiantes. La place et le rôle de chaque espèce peuvent être évalués par rapport à ces fonctions d'importance très variable dans l'espace et dans le temps.

Les civilisations pastorales traditionnelles de l'Ancien Monde ont su, outre les habituels bovins, ovins, caprins et chevaux, se fonder sur l'exploitation d'autres herbivores tels que rennes, yaks, chameaux, dromadaires, adaptés à des écosystèmes particuliers. Ces élevages ont tendance à régresser au profit de systèmes moins extensifs, plus sédentaires et davantage intégrés à l'agriculture. Le buffle occupe une place particulière en Asie rizicole. Les auchenidés (lamas) de l'aire andine constituaient quasiment le seul élevage de l'Amérique précolombienne et demeurent une de ses principales originalités zootechniques. L'Afrique et l'Asie continuent de nous offrir des exemples plus ponctuels d'élevages particuliers. Mais partout dans le monde apparaissent de nouveaux élevages.

Élevages des civilisations pastorales

RENNE, YAK, CHAMEAU ET DROMADAIRE, ANIMAUX ADAPTÉS À DES MILIEUX DIFFICILES, ONT LARGEMENT CONTRIBUÉ À FAÇONNER LES CIVILISATIONS PASTORALES.

Le renne *(Rangifer tarandus)* est adapté aux régions arctiques où les lichens assurent sa survie. Du nord de la Scandinavie à l'est de la Sibérie, il est le pivot d'une « civilisation du renne ». Sur environ 3 millions de rennes domestiques, 80 % se trouvent en U.R.S.S., le reste en Scandinavie et moins de 50 000 en Alaska et au Canada, où, en revanche, le caribou, renne sauvage chassé, est abondant. Le renne pèse de 70 à 150 kg et est élevé en vastes troupeaux. Il est surtout exploité pour fournir de la viande. Il est de moins en moins trait mais reste utilisé pour le transport (traîneaux, rarement bât ou selle).

Les chameaux *(Camelus bactrianus)*, à deux bosses, et les dromadaires *(C. dromaderius)*, à une bosse, sont parmi les rares animaux capables d'exploiter un environnement semi-désertique. Les chameaux supportent le froid des hauts reliefs d'Asie centrale, jusqu'à plus de 5 000 m ; ils sont plus bas sur pattes, de robe plus sombre et plus laineuse que les dromadaires ; dispersés de la région de la mer Caspienne à l'est de la Mongolie en passant par le Pamir et le Gobi, la grande majorité des 2 millions de têtes est en Chine et en Mongolie. Bête de bât, le chameau, qui pèse environ 500 kg, est également attelé et monté. Sa viande est appréciée ainsi que sa laine et son lait, dont les Mongols traient 120 à 200 litres par chamelle et par an. Ses

3. Yaks chargés franchissant l'Himālaya.

Le buffle

ANIMAL TRADITIONNEL DU SOUS-CONTINENT INDIEN ET DE TOUTE L'ASIE RIZICOLE, LE BUFFLE A ÉTÉ INTRODUIT DANS DE NOMBREUX POINTS DU GLOBE.

Spécifique des régions chaudes et humides – il a besoin du contact de l'eau –, le buffle *(Bubalus bubalis)* y remplace souvent le bovin ou le zébu, assimilable au bovin. Avec 140 millions de têtes, ses effectifs mondiaux dépassent 10 % du total des bovins. L'Inde possède plus de la moitié de ce cheptel, la Chine 15 %, le Pakistan 10 %, la Thaïlande près de 5 %. Il a depuis longtemps gagné l'Égypte et le sud de l'Europe jusqu'en Italie et, dès la fin du XIXe siècle, a été introduit en Australie du Nord comme en Amérique du Sud, où le Brésil en compte désormais près d'un million.

On distingue deux types principaux : le buffle des marais, en Asie du Sud-Est, orienté plutôt vers le trait ou le bât et la boucherie, et le buffle de rivière, dominant d'Inde en Europe et plutôt laitier ; mais le buffle est très polyvalent. Selon les génotypes et les milieux, le buffle adulte pèse entre 250 et 1 000 kg, en général de 500 à 700 kg. Les buffles produisent dans le monde deux fois plus de lait que l'ensemble des brebis et chèvres traites ; les deux tiers du lait consommé par les Indiens sont du lait de bufflonne. Celle-ci, dans les élevages paysans, donne de 300 à 800 kg de lait par année de lactation. Le lait de bufflonne est plus riche que le lait de vache. La mozzarella, fromage italien dont le berceau est dans le Latium et en Campanie, était, à l'origine, mais en partie encore maintenant, fait avec du lait de bufflonne. Des bufflonnes améliorées peuvent dépasser une production de 5 000 kg de lait par an. La gestation dure 310 jours. Le buffle joue un rôle irremplaçable en Asie pour la culture (du riz surtout) et pour les transports, mais il suscite un intérêt grandissant en divers points du monde tropical pour la production de viande. •

2. Caravane de lamas dans les Andes péruviennes.

1. Buffles au travail dans une rizière.

excréments servent comme combustible.

Les dromadaires sont environ 16 millions, dont près de 60 % en Somalie et au Soudan, les autres étant dispersés dans toute l'Afrique septentrionale et le Proche-Orient jusqu'à l'Inde occidentale. Ils rencontrent les chameaux au Turkestan et au Caucase. Plus laitiers que ces derniers, ils sont traits essentiellement en Afrique de l'Est, mais ce sont principalement des animaux de bât ou montés. À la fin du XIXe siècle, ils ont été introduits en Australie. Le chameau valorise les aliments très fibreux des régions sèches et peut rester de 7 à 12 jours sans boire, quitte à engloutir plus de 100 l d'eau en 10 minutes si nécessaire.

Le yak *(Bos grunniens)* est ce bovin grognant, à longs poils et queue touffue caractéristiques, des hautes contrées d'Asie centrale (3 000-5 500 m) : plateau tibétain surtout, Himālaya et massifs reliant le Pamir au lac Baïkal. Les yaks sont donc concentrés en Chine (12 millions sur un effectif mondial voisin de 14 millions) et en U.R.S.S. Très adapté au climat froid et sec de haute altitude, le yak joue un rôle central dans la vie matérielle et culturelle des sociétés qui l'ont domestiqué. Le mâle pèse de 250 à 550 kg et la femelle de 180 à 350 kg. Le yak fournit à la fois du lait (environ 450 à 650 l par lactation dont moins de la moitié est trait), de la viande, des poils, du cuir, des bouses (combustible précieux) ; il sert également au transport (bât, selle, traction) et au travail du sol. Croisé avec le bovin ou le zébu des zones périphériques de moindre altitude, il donne des hybrides très appréciés dont le mâle est stérile et la femelle fertile. •

Les élevages des Amériques

BOVINS, CHEVAUX, OVINS, CAPRINS ET PORCS ÉTAIENT ABSENTS D'AMÉRIQUE JUSQU'À LA CONQUÊTE ESPAGNOLE MAIS ON Y TROUVAIT UN ÉLEVAGE ORIGINAL DANS LES ANDES : LES AUCHENIDÉS.

L'Amérique précolombienne connaissait peu l'élevage. L'Amérique du Nord – qui nous a donné le dindon – était le pays du bison (plus de 30 millions de têtes), animal sauvage, difficile à domestiquer, chassé par les Indiens ; quasi exterminés à la fin du XIXe siècle, les bisons sont aujourd'hui près de 100 000, en élevages extensifs de ranchs (éventuellement croisés avec des bovins) ou dans des parcs. L'Amérique du Sud avait en revanche domestiqué les auchenidés (camélidés andins) : lama *(Lama glama)* et alpaga *(L. pacos),* qui coexistent avec deux formes sauvages, le guanaco et la vigogne ; mais ce continent restait un pays d'agriculture manuelle où l'élevage comptait peu, les bovins, les ovins, les caprins, le porc et le cheval ayant été introduits par les colonisateurs.

Les lamas sont des animaux de 110 à 120 kg, élevés surtout pour le transport de charges de 25 à 30 kg, et secondairement producteurs de poil et de viande, mais jamais traits, ni attelés, ni montés. Désormais concurrencés par les mulets et les ânes, qui peuvent porter davantage, ils ne sont utiles qu'à haute altitude. On en trouve plus de 3,5 millions, surtout en Bolivie et au Pérou, au-dessus de 2 500-3 000 m.

Les alpagas sont un peu moins de 3,5 millions et 90 % d'entre eux sont au Pérou. Plus trapus que les lamas et, surtout, dotés d'une toison plus abondante et soyeuse, ils sont élevés en grands troupeaux pour la laine et ne sont jamais bâtés. Leur aire de répartition est analogue à celle des lamas mais moins étendue car on ne les élève qu'au-dessus de 4 000 m.

Les populations de la moitié nord des Andes élèvent traditionnellement le cobaye ou cochon d'Inde *(Cavia porcellus)* pour sa viande. L'Amérique du Sud, dans les vastes plaines tropicales d'inondation s'étendant de l'Orénoque aux Andes colombiennes, est aussi l'aire du cochon d'eau, encore appelé cabiai ou capybara *(Hydrochœrus hydrochœrus),* gros rongeur herbivore de 40 à 60 kg, chassé et élevé pour sa chair (salée et séchée) et son cuir.

L'élevage américain actuel résulte surtout des apports d'espèces nouvelles au XVIe siècle, dont le cheval, vite adopté par les Indiens du Nord pour chasser le bison et qui permit aux Espagnols d'exploiter rapidement tout le Sud, et notamment les vastes steppes centrales. •

Les élevages d'Asie et d'Afrique

DES ÉLEVAGES LOCALISÉS QUI CORRESPONDENT À LA VALORISATION DE RESSOURCES ANIMALES ORIGINALES.

L'élevage d'Asie comporte, outre le yak, quelques suidés originaux et deux bovinés particuliers : le bovin de Bali *(Bos javanicus),* ou banteng domestique, et le mithan *(B. frontalis).* Les bovins de Bali approchent 1,5 million de têtes et 15 % du bétail d'Indonésie. Ils ont la partie arrière du corps et l'extrémité des pattes blanches. Ce sont des animaux de traits réputés pour leur bonne conformation malgré leur taille modeste. Le mithan, ou gayal ou gaur domestique, des hauteurs du sud-est de l'Himālaya et des collines bordant la Birmanie au nord-ouest est d'assez grande taille, avec une raie dorsale caractéristique, et peut vivre en forêt. Traditionnellement animal de sacrifice et de prestige, il est aussi attelé.

L'éléphant d'Asie *(Elephas maximus)* est depuis longtemps utilisé par l'homme pour porter ou pour tirer, notamment lors de travaux en forêt. Comme il est difficile de le faire reproduire en captivité, il est traditionnellement capturé sauvage et dressé.

La province du Cap en Afrique du Sud élève l'autruche *(Struthio camelus)* depuis plus d'un siècle. Après avoir atteint 750 000 animaux vers 1910, cet élevage a périclité puis est remonté à environ 100 000 oiseaux. Les autruches, qui pèsent de 100 à 130 kg, sont traditionnellement élevées pour leurs plumes, prélevées tous les 8 mois, mais le revenu principal est désormais fourni par la peau tannée ; les plumes blanches des ailes des mâles restent des ornements prisés tandis que celles des femelles font des plumeaux. À l'abattage, les cuisses fournissent une viande appréciée. •

Les élevages nouveaux et les nouveaux marchés

LA RECHERCHE DE CRÉNEAUX COMMERCIAUX SPÉCIFIQUES AMÈNE LA CRÉATION D'ÉLEVAGES DIVERSIFIÉS PLUS OU MOINS ORIGINAUX.

Les exemples abondent d'élevages récemment développés pour prendre place sur des marchés plus ou moins nouveaux, sans oublier les multiples élevages d'animaux de compagnie (du chien au papillon) et ceux d'animaux de laboratoire.

Le cerf *(Cervus elaphus)* connaît un développement spectaculaire en Nouvelle-Zélande avec bientôt 1 million de têtes. L'élevage de cet animal pour la boucherie se pratique aussi en U.R.S.S. et, ces dernières années, en Grande-Bretagne, au Danemark, en France (près de 10 000 têtes), etc. Selon les sous-espèces, le poids du cerf varie : de 100 à 250 kg pour les mâles, de 65 à 120 kg pour les femelles. Le daim est aussi élevé dans certains pays (R.F.A., Australie, etc.).

Le bison, déjà produit en Amérique du Nord, fait l'objet d'expériences d'élevage dans divers pays (dont la France). D'autres bovidés sauvages sont aussi soumis à des essais localisés d'élevage pour produire de la viande dans des milieux mal valorisables par les herbivores domestiques classiques : il s'agit, par exemple, en U.R.S.S. et Amérique du Nord, de l'élan *(Alces alces)* déjà domestiqué dans l'Antiquité, qui pèse jusqu'à 800 kg, et, en Afrique sub-saharienne, de l'éland du Cap *(Taurotragus oryx)* et de l'oryx *(Oryx gazella),* deux grandes gazelles de régions où la végétation est très maigre. L'alpaga commence à sortir d'Amérique du Sud. On voit des éleveurs bretons ou allemands s'intéresser au nandou, autruche d'environ 45 kg originaire d'Amérique du Sud, pour la production de viande.

Le bœuf musqué *(Ovibos moschatus),* animal de la toundra aride et dont la laine est extrêmement précieuse, fait l'objet d'essais d'élevage au Canada, en Alaska et en Norvège. Le crocodile, dont la peau est bien valorisée, est élevé dans différents pays du monde : Asie, Amérique du Nord et centrale, Australie, Afrique. Toujours pour la valorisation de la peau, il faut mentionner les diverses productions d'animaux à fourrure tels que chinchilla, myocastor, loutre, vison, etc. •

→ **Voir aussi :** Les petits élevages, AGRI, p. 466-467.

4. Campement d'été de Kirghiz en Afghanistan.

Une utilité aussi grande que mal connue

Dans les milieux difficiles, l'homme a domestiqué des animaux qui lui rendent des services immenses, souvent mal connus. C'est ainsi que dans la haute montagne le transport est souvent l'affaire d'un bétail rompu aux risques du climat. C'est le cas des lamas, indispensables auxiliaires de l'homme dans les hautes vallées des Andes péruviennes (2). Les yaks au pied très sûr, capables de survivre et de se déplacer dans la neige à des altitudes très élevées, assurent une fonction de portage indispensable dans toute l'aire tibétaine (3). Certaines sociétés nomades, dans ces milieux inhospitaliers, sont marquées par leurs rapports avec l'élevage. Ainsi, dans le Pamir afghan, à 4 000 m d'altitude (4), les chameaux, les chevaux et les yaks sont partie intégrante de la civilisation de l'« yourte » (« ger » en mongol). Cet abri est une large tente ronde facilement démontable et transportable, formée d'un treillis de bois pliant recouvert de feutres clairs. Quant aux buffles, c'est dans des milieux humides et chauds qu'on les emploie, en particulier pour réaliser les durs travaux des rizières (1).

L'aquaculture

L'AQUACULTURE PEUT ÊTRE définie comme l'élevage ou la culture d'animaux ou de plantes aquatiques, par intervention humaine sur tout ou partie du cycle biologique.

Activité multiforme, l'aquaculture présente tout d'abord une grande diversité des modes d'alimentation des organismes, depuis les algues et les coquillages se nourrissant uniquement grâce à la production naturelle du milieu jusqu'aux poissons et crustacés, souvent carnivores. Ensuite, le degré d'intervention humaine dans le cycle biologique peut porter soit sur la maîtrise complète de toutes les phases (reproduction, élevage des jeunes, grossissement), soit simplement sur l'une d'entre elles (production artificielle des juvéniles pour le repeuplement, grossissement de jeunes prélevés dans le milieu naturel). Enfin, le degré d'intensification de la production varie par les densités adoptées, l'apport ou non d'aliments ou de fertilisants, la main-d'œuvre nécessaire et les performances obtenues.

Les techniques mises en jeu sont très diversifiées, selon l'espèce concernée, mais aussi selon le contexte de la production. L'aquaculture offre des modes de développement très variables selon les régions du monde, diversité qui s'explique par les atouts du milieu naturel, l'existence de fortes traditions de production et de consommation de produits aquatiques dans certaines zones comme l'Asie, mais aussi, récemment, par la création de nouvelles activités tournées vers l'exportation (crevette et saumon).

Enfin, l'aquaculture peut contribuer à la résolution de grands problèmes mondiaux : fourniture de protéines animales à des coûts compétitifs aux pays en voie de développement, compensation de la quasi-saturation des prises de pêche par le développement d'élevages peu coûteux, excluant en particulier l'utilisation de poissons de pêche (entiers ou en farine) pour l'alimentation.

La répartition des 13,4 millions de tonnes produites en 1987 dans le monde fait apparaître l'importance de zones comme l'Asie (84 %), avec en particulier la Chine (42 %) et le Japon (9 %), et celle de produits comme les carpes (26 %), les algues (21 %), les huîtres creuses et les moules (14 %).

Les techniques de production

ALGUES, COQUILLAGES, CRUSTACÉS ET POISSONS FONT L'OBJET D'UN ÉLEVAGE DE MIEUX EN MIEUX CONTRÔLÉ.

La production des algues passe par l'obtention, à partir de spores captées dans le milieu naturel ou produites artificiellement, de plantules cultivées ensuite en mer sur des structures flottantes ou fixes.

L'élevage des coquillages, ou conchyliculture, se pratique à partir de juvéniles recueillis généralement dans le milieu naturel (captage du naissain) ou produits artificiellement en écloserie. Ceux-ci sont mis à grossir dans la zone de balancement des marées ou en eau profonde, selon différentes techniques : semis direct sur sol, mise en enceintes d'élevage posées sur le sol ou surélevées, suspension sous des structures flottantes ou fixes.

L'essentiel des crustacés élevés dans le monde est représenté par les crevettes Pénaéides, produites en milieu saumâtre. Les jeunes, pêchés en lagunes dans les systèmes traditionnels du Sud-Est asiatique, sont aujourd'hui produits en écloserie, puis soumis à un élevage semi-intensif en bassins en terre, ou plus rarement en intensif en bassins maçonnés.

L'aquaculture des poissons d'eau douce prend plusieurs formes. La pisciculture en étang, tout d'abord, pratiquée traditionnellement selon des méthodes extensives mais qui peut être intensifiée par fertilisation et distribution d'aliments. En Chine ou dans la Dombes (France), elle s'intègre avantageusement aux activités agricoles. La salmoniculture d'eau douce produit essentiellement des truites, en système intensif en bassins maçonnés, avec maîtrise complète du cycle biologique et des conditions d'élevage ; des techniques récentes sont à signaler : élevage intensif en bassins en terre du catfish aux États-Unis, grossissement de poissons en cages flottantes en retenues artificielles.

L'aquaculture des poissons marins, autrefois pratiquée par sim-

2. Saumons Coho à l'éclosion.

Production de l'aquaculture mondiale (en tonnes)

	poissons	*crustacés*	*mollusques*	*algues*	*autres*	*total*	*part du total (%)*
Afrique, N. et N.-E.	51 397	2	286			51 685	0,39
Afrique, sud du Sahara	10 461	77	229		50	10 817	0,08
Amérique du Nord	266 672	44 480	138 841			449 993	3,41
Amérique centrale	9 485	6 564	50 719			66 768	0,50
Amérique du Sud	21 674	79 759	2 456	9 178		113 067	0,86
Caraïbes	17 725	800	1 503	210	31	20 269	0,15
Europe	399 037	3 285	645 271			1 047 593	7,93
U.R.S.S.	288 970		159	3 459		292 588	2,22
Proche-Orient	23 816	18				23 834	0,18
Océanie	2 730	174	27 185	1 710	140	31 939	0,24
Asie	5 701 474	439 747	1 805 745	3 124 916	27 481	11 099 363	84,04
Total	6 793 441	574 906	2 672 394	3 139 473	27 702	13 207 916	
Part du total (%)	51,4	4,4	20,2	23,8	0,2		

Source : FAO Fisheries Circular n° 815, Rev. 1, 1989

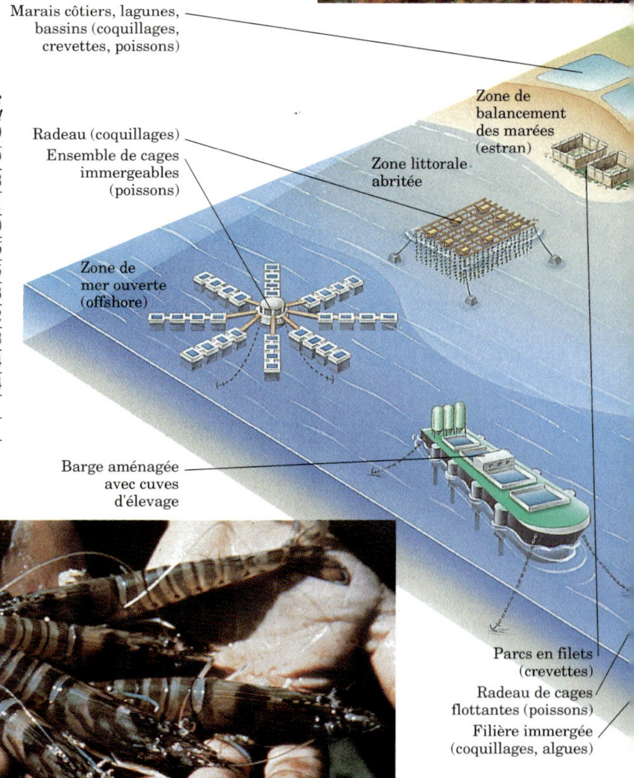

Formes et milieux de l'aquaculture

Les nombreuses techniques utilisées en aquaculture créent des paysages très diversifiés. En milieu continental, on trouve des étangs, des bassins en terre ou des marais aménagés, mais aussi des batteries de bassins maçonnés, des stations de production de juvéniles en conditions contrôlées. En milieu marin, les supports d'élevage varient selon la distance à la côte. Ils sont généralement fixes dans la zone de balancement des marées et flottants plus au large. Là, leur conception est fonction de la dureté de la mer dans la zone d'implantation. Des structures flottantes en zone abritée sont utilisées depuis plusieurs dizaines d'années, mais ce n'est que récemment qu'a été amorcée la colonisation de zones en mer ouverte (ou offshore), grâce à des systèmes capables de résister à de fortes houles.

1. Crevettes pénéides.

ple piégeage des juvéniles en lagunes, connaît un nouveau développement depuis une quinzaine d'années. Les juvéniles mis en élevage sont obtenus soit par pêche (sériole au Japon), soit en écloserie. Dans les écloseries, on reconstitue la chaîne alimentaire : production de microalgues distribuées à des crustacés planctoniques qui alimentent à leur tour les alevins. Le grossissement est réalisé dans des cages flottantes ancrées en zone littorale abritée, parfois dans des bassins aménagés sur la côte. Depuis peu sont utilisés en mer ouverte des équipements résistant à la houle (barge aménagée, complexe de cages immergeables). En mer se pratique également, dans les mêmes types d'élevage, le grossissement des salmonidés, truites et saumons, à partir de jeunes produits en eau douce. •

L'aquaculture dans le monde

L'AQUACULTURE SE DÉVELOPPE DANS LE MONDE ENTIER MAIS RESTE ENCORE CENTRÉE SUR L'ASIE, SA ZONE TRADITIONNELLE.

La production aquacole mondiale a beaucoup augmenté depuis deux décennies. Selon la FAO, elle aurait doublé entre 1975 et 1987, passant de 6,5 à 13,2 millions de tonnes (19 milliards de dollars en 1987), alors que dans la même période les prises obtenues par la pêche ne progressaient que de 20 %, de 60 à 79 millions de tonnes. Les produits obtenus de l'aquaculture dans le monde comprennent 51 % de poissons (dont la moitié est représentée par le seul groupe des carpes, produites en majorité en Chine), 24 % d'algues, 20 % de mollusques (avec deux espèces principales : huîtres et moules). En tête des producteurs apparaît le groupe des pays asiatiques (84 % de la production), avec des productions traditionnelles en eau douce et saumâtre : carpes en Chine, milk-fish aux Philippines, ou marine : huîtres et algues au Japon. Récemment, on a pu observer un développement remarquable de productions marines : crevettes dans de nombreux pays, algues en Chine, au Japon, en Corée, ainsi que différentes espèces de poissons.

L'Europe aquacole est diverse. Les pays d'Europe de l'Est se caractérisent par l'importance de la pisciculture d'étang, intensifiée dans les dernières décennies. En Europe de l'Ouest, la France, l'Espagne, les Pays-Bas et l'Italie disposent d'un secteur conchylicole traditionnel important. Enfin, l'élevage des salmonidés s'est développé, en Europe de l'Ouest et du Nord, avec la trutticulture, dans les années 1960, et récemment un essor spectaculaire de l'élevage du saumon en mer, en Norvège en particulier.

La France se caractérise par la diversité des espèces élevées. Il y a coexistence de productions traditionnelles importantes : huître et moule (186 000 tonnes), truite en eau douce (32 000 tonnes), et de nouvelles activités en développement (palourde, bar, turbot, daurade, crevette japonaise, algue Undaria, truite et saumon en mer). La production traditionnelle en étang connaît un sensible regain d'intérêt. Au total, l'aquaculture a fourni 226 000 tonnes de produits en 1987.

L'Amérique du Nord représente 3 % du total mondial, comprenant traditionnellement des huîtres, des salmonidés, des écrevisses et, récemment, des tonnages importants de catfish.

Les continents sud-américain et africain montrent un développement limité, excepté les productions de crevettes en Équateur, de saumons au Chili et de tilapias en Afrique. •

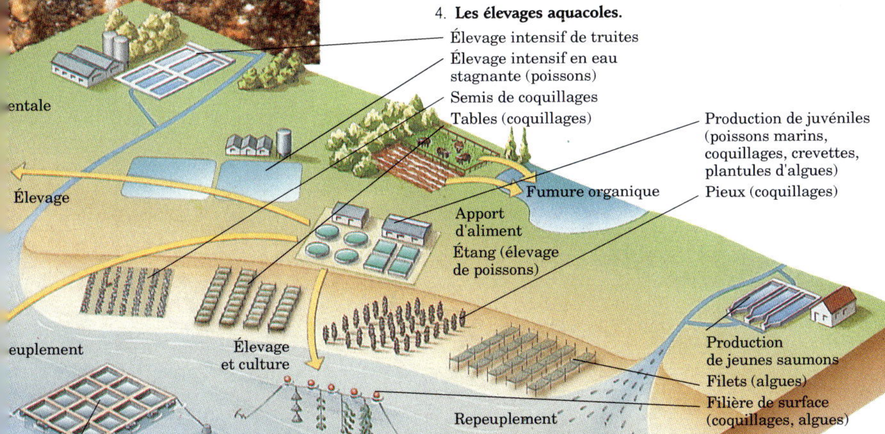

4. **Les élevages aquacoles.**

3. Jeunes turbots après 6 mois d'élevage (25 g, 10 cm).

Fonctions de l'aquaculture

PARTICIPANT À LA PRODUCTION ALIMENTAIRE L'AQUACULTURE CONTRIBUE ÉGALEMENT À LA RESTAURATION DES RESSOURCES DE PÊCHE ET À LA CRÉATION D'EMPLOIS.

Les fonctions et les objectifs de l'aquaculture sont nombreux. Dans les pays en voie de développement, elle contribue à la fourniture de protéines à faible coût grâce à des systèmes extensifs ou intensifiés par simple apport de fumure organique. Dans les pays développés, la production d'espèces à haute valeur marchande pour l'exportation est à l'origine de développements spectaculaires dans la dernière décennie. Les exemples les plus frappants sont le saumon, pour lequel la Norvège est leader avec 68 % des 175 000 tonnes produites en 1989, suivie par le Japon, le Chili, l'Écosse et l'Irlande, et les crevettes en milieu tropical, dont la production a dépassé 500 000 tonnes en 1989, produites par la Chine (29 %), l'Indonésie, la Thaïlande, les Philippines, l'Équateur, le Viêt-nam et l'Inde. L'explosion de ces productions a eu pour conséquence récente une baisse notable des prix de marché qui a placé en situation difficile les élevages et les régions les plus exposés aux nouvelles concurrences.

La satisfaction du marché intérieur et, surtout, le redressement de la balance du commerce extérieur des produits aquatiques ont amené à préconiser le développement de l'aquaculture des espèces à haute valeur marchande dans les pays développés. Tel est le cas de la France, dont le déficit dans ce secteur est passé de 3,5 à 8,4 milliards de francs entre 1980 et 1988.

À côté de l'aquaculture commerciale, dont l'objectif est l'approvisionnement des marchés, il existe une aquaculture de repeuplement, destinée à restaurer ou à aider à la création de ressources de pêche. Un exemple de réussite en ce domaine est fourni par les saumons au Japon. À partir des années 1970, l'amélioration de techniques d'écloserie a permis des lâchers de jeunes saumons en grand nombre, suivis d'une remontée des captures dans la zone côtière de 2 à 25 millions de têtes en 15 ans.

Enfin, l'implantation de l'aquaculture apparaît aussi dans certains cas comme la traduction d'une volonté politique de création d'emplois et de maintien d'activités en zones difficiles. •

Atouts et contraintes

L'AQUACULTURE BÉNÉFICIE D'UN FORT DYNAMISME TECHNIQUE ET ÉCONOMIQUE MAIS, EXIGEANT NOTAMMENT DE L'ESPACE, DE L'EAU, ELLE SE HEURTE À DES DIFFICULTÉS LIÉES À L'ENVIRONNEMENT.

Les atouts de l'aquaculture sont, d'une part, l'existence de secteurs traditionnels solides, d'autre part, l'essor récent de nouveaux secteurs soutenus par de forts investissements structurels et humains en recherche et développement, ainsi que l'amorce d'un dynamisme financier international. Mais l'aquaculture est confrontée à des contraintes dans son développement. Tout d'abord, comme elle nécessite de l'espace et de l'eau de bonne qualité, deux composantes pour lesquelles existe une forte concurrence entre activités économiques, la recherche de sites est de plus en plus difficile, sur le secteur continental et surtout en zone littorale. La raréfaction des sites et l'apparition de plus en plus fréquente de problèmes d'environnement entraînent une colonisation de zones plus au large, avec mise au point de technologies adéquates. Cependant, les efforts entrepris pour mieux gérer l'environnement devraient apporter une amélioration de la qualité des eaux côtières.

Une autre contrainte est liée aux disponibilités en nourriture. Dans le cas d'élevage de coquillages reposant sur la productivité naturelle du milieu, on a observé dans différents bassins une saturation des capacités trophiques des zones d'élevage, se traduisant par un allongement des durées d'élevage et des troubles pathologiques chez les animaux. Pour les élevages de crustacés et de poissons, des limites apparaissent pour l'approvisionnement en « poisson-fourrage » ou en farine de poisson, issus des captures par pêche et destinés à l'alimentation de ces animaux.

On peut noter par ailleurs que, pour de nombreux élevages, grâce aux importants progrès technologiques réalisés, les problèmes d'ordre biotechniques n'apparaissent plus comme des contraintes essentielles à moyen ou à long terme. Enfin, il faut souligner que le cadre structurel et réglementaire de l'aquaculture, la gestion économique de la production et de la commercialisation jouent un rôle prépondérant dans le lancement et dans la réussite des entreprises qui s'adonnent aux activités aquacoles dans des zones de plus en plus nombreuses. •

Pêche industrielle et traitement du poisson

QU'IL SOIT PÊCHÉ SELON des méthodes artisanales ou sur des navires de pêche hauturière, chalutiers congélateurs, thoniers, le poisson est surtout consommé à l'état frais ; la fraction transformée avant commercialisation représente, en poids, le dixième seulement de la consommation totale. Pourtant, les méthodes de transformation du poisson sont extrêmement variées : les traitements traditionnels comme le séchage, le salage ou le fumage demeurent très pratiqués. Le saumon est le plus souvent consommé fumé. Les conserves de poisson, avec la triade thon, maquereau, sardine, maintiennent leur marché en diversifiant leurs spécialités. Les techniques de congélation et de surgélation, également très présentes, peuvent s'appliquer à des blocs de poissons entiers ou filetés destinés soit à la conserve, soit à la préparation de plats cuisinés ou de portions individuelles panées. L'ionisation est une technique aux grandes perspectives pour le traitement de ce produit délicat.

Grâce à son excellente valeur nutritive, le poisson permet de fabriquer des gammes entières de nouveaux produits dont le succès peut être considérable. La charcuterie de poisson propose des « pâtés », des « beurres », des « saucisses » qui renouvellent les traditionnelles quenelles. Parmi les derniers apparus en Europe, on trouve le surimi, fabriqué au Japon depuis des siècles par reconstitution, sous forme de bâtonnets ou de pièces anatomiques, de filets ou de déchets aromatisés au goût de crabe.

Ainsi, la diversité des produits préparés à partir de poisson se conjugue à l'extrême variété des espèces pêchées.

Traitement du poisson à bord des bateaux de pêche

Après la remontée du chalut, étape essentielle de la pêche, commence dans les cales du bateau une chaîne du froid qui devra rester ininterrompue jusqu'au réfrigérateur du consommateur. Le poisson peut être congelé sans subir de transformation ou, au contraire, être soumis à des opérations plus ou moins complexes. Le filetage, la plus fréquente, consiste à débiter le poisson pour en prélever les parties les plus nobles, celles-ci étant ensuite proposées au consommateur sous forme de portions congelées.

1. Remontée du chalut.

Les grandes zones de pêche industrielle

LES EAUX FROIDES ET TEMPÉRÉES DE L'HÉMISPHÈRE NORD SONT SUREXPLOITÉES MAIS L'OCÉAN INDIEN EST SOUS-EXPLOITÉ.

La pêche a connu, au cours des cinquante dernières années, une croissance régulière de l'ordre de 2 % par an en tonnages ; pour obtenir ces résultats, les pêcheurs ont étendu progressivement leurs activités à de nouvelles zones et à de nouvelles espèces. Bien que les connaissances sur la pêche aient progressé, il reste encore beaucoup d'inconnues sur la biologie des poissons et mammifères marins. Si certaines zones n'ont guère été exploitées, comme l'océan Indien, dans beaucoup d'autres régions la surexploitation, aggravée dans certains cas par la pollution, a conduit à la quasi-disparition de certaines espèces, l'exemple le plus marquant étant celui de la baleine, dont la chasse est aujourd'hui interdite, peut-être provisoirement.

La grande zone traditionnelle de pêche, d'où provient encore la moitié des tonnages pêchés dans le monde, correspond aux mers tempérées et froides de l'hémisphère Nord. Dans cette zone est pêché, le long des côtes européennes et américaines, le hareng (famille des clupéidés) qui a joué un rôle historique considérable, de même que la morue (famille des gadidés), encore appelée cabillaud, pêchée dans la partie nord de l'Atlantique, autour du Groenland, des côtes du Labrador et de Terre-Neuve. De la même famille et dans les mêmes eaux se rencontrent l'églefin, ou haddock, le maquereau et le merlu. Le saumon atlantique *(Salmo salar)* est aussi pêché dans les eaux froides où il effectue de très longues migrations pour retourner ensuite vers les rivières où il est né. Le lieu d'Alaska (poisson de la famille des gadidés), une des espèces les plus pêchées au monde, se rencontre dans les eaux froides du Pacifique Nord.

La deuxième grande région de pêche correspond aux eaux tropicales et tempérées chaudes qui fournissent aujourd'hui un quart des tonnages mondiaux avec une part prépondérante pour le thon (famille des scombridés), représenté par plusieurs espèces réparties dans la zone intertropicale, mais qui se manifeste en surface dans tous les océans. L'anchois (famille des engraulidés) a été la plus importante espèce capturée pendant quelques années, le long des côtes du Pérou, avant que la surexploitation n'aboutisse inévitablement à un effondrement des stocks.

La dernière grande région, où est pêché environ un cinquième des tonnages mondiaux, est constituée par les eaux tempérées et froides de l'hémisphère Sud. Elle connaît une exploitation de plus en plus intensive portant sur les merlus (famille des gadidés), les chinchards, les sardinops, les saumons du Pacifique (genre *onchorhynchus*).

La géographie de la pêche industrielle est en constante évolution car les progrès techniques permettent de connaître et d'atteindre de nouvelles populations grâce aux grands chaluts pélagiques. •

Les grands pays pêcheurs dans le monde
(en tonnes, en 1987)

Japon	11 841 104
U.R.S.S.	11 159 617
Chine	9 346 222
États-Unis	5 736 493
Chili	4 814 360
Pérou	4 583 600
Inde	2 893 436
Corée du Sud	2 876 367
Indonésie	2 609 700
Thaïlande	2 165 100
France	843 714

Traitements du poisson et bateaux-usines

À CÔTÉ DES TRAITEMENTS TRADITIONNELS ET DE LA CONSERVERIE SE DÉVELOPPENT LES TRAITEMENTS SUR DE GROS NAVIRES QUI SONT DE VÉRITABLES USINES FLOTTANTES.

Le poisson est une denrée très sensible qui se détériore, avec une odeur ammoniaquée caractéristique, dès qu'il est laissé à l'air libre à température ordinaire. Il est donc indispensable de le traiter à bord des navires par congélation, par congélation-séchage ou même par surgélation à –18 °C. La plus grande part du poisson pêché en France est encore aujourd'hui consommé frais, c'est-à-dire qu'il n'a subi aucun traitement si ce n'est celui du froid. En revanche, un dixième environ du tonnage subit une transformation comme le salage, qui se pratique pour les anchois. Cette technique peut être considérée chez nous comme marginale, tandis que dans certains pays le salage revêt encore une grande importance : pour la morue, par exemple, dans les pays scandinaves. Il en est de même du séchage, qui se pratique soit à l'air libre au soleil, associé au salage pour la morue, soit dans des séchoirs industriels.

Le fumage, traditionnellement pratiqué au feu de bois, est un traitement apprécié par les consommateurs des pays nordiques. Mais aujourd'hui, pour le saumon, par exemple, il s'agit davantage de l'adjonction d'un goût que d'une méthode de conservation. La tendance industrielle est donc de se dispenser du fumage mais d'ajouter un arôme de fumaison, n'ayant d'ailleurs pas la nocivité reconnue des terpènes qu'apporte le fumage traditionnel. Les activités de salaison et de fumage concernent surtout le saumon, le haddock (ou églefin), le maquereau et le hareng.

Les conserveries ont, en France, une activité importante qui les oblige d'ailleurs à importer des quantités croissantes de poissons étrangers, en particulier du thon, qui est devenu la principale espèce mise en boîte, suivie par la sardine et le maquereau. Les conserveries ont su faire preuve d'innovation et ont de la sorte obtenu des résultats encourageants dans le domaine des plats cuisinés à base de poisson.

L'exploitation intensive, deve-

3. Pont d'un chalutier.

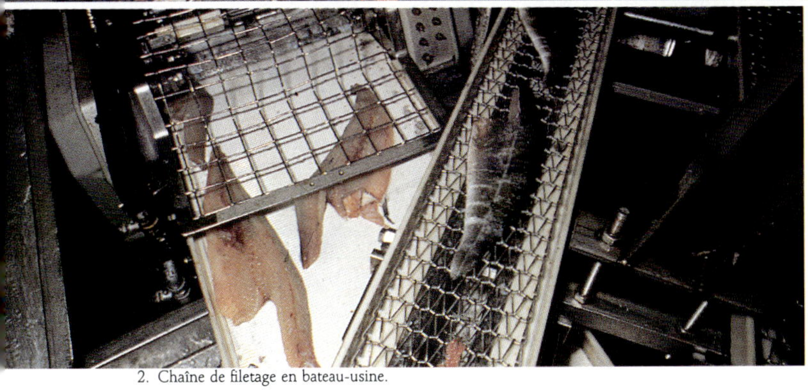

2. Chaîne de filetage en bateau-usine.

nue vite excessive, des eaux du plateau continental proches des ports a conduit les pêcheurs vers des lieux de plus en plus lointains pour découvrir de nouveaux bancs de poissons. Cet allongement des sorties a entraîné une augmentation du tonnage des navires et de leurs équipements. Tandis que se développaient sur les petits bateaux des installations frigorifiques de congélation, on a vu apparaître une seconde génération de navires plus importants, permettant d'effectuer divers traitements en mer comme l'éviscération, le lavage et surtout le filetage qui donne des filets frais très appréciés. La fraction restante est transformée en pulpe et les résidus triturés en farine pour l'alimentation animale.

Certains pays, l'U.R.S.S. d'abord, le Japon ensuite, ont armé un nombre important de navires-usines de fort tonnage. D'une manière générale, l'Europe, y compris la France, joue un rôle modeste dans ce domaine. Cependant, depuis 1989, fonctionne le premier navire de grande pêche équipé d'une ligne de fabrication automatique et continue de surimi. À partir de merlan bleu, qui est pêché dans la zone nord-ouest du pays de Galles, la capacité quotidienne de production est de 10 tonnes. Ce navire est le premier de ce type dans la Communauté économique européenne. •

La consommation de poisson

D'UNE HAUTE VALEUR NUTRITIVE, D'UNE GRANDE VARIÉTÉ DE SAVEURS, TRAITÉ DE MULTIPLES FAÇONS, LE POISSON RESTE ENCORE PEU CONSOMMÉ DANS LA MAJORITÉ DES PAYS.

Les nutritionnistes sont très favorables à la consommation de poisson, auquel ils ne trouvent que des qualités : les protéines sont de haute valeur, les vitamines et les sels minéraux abondants, et les lipides présents dans les poissons gras ne sont pas nocifs, bien au contraire, puisqu'ils joueraient un rôle protecteur vis-à-vis des maladies cardio-vasculaires. À l'appui de ces considérations, les statistiques de santé et de durée de vie dans les pays gros consommateurs de poisson sont très favorables : les pays nordiques ou le Japon par exemple.

Les Français sont des consommateurs moyens même si la consommation annuelle, en équivalent de produits frais, les classe, avec 23 kg par habitant, parmi les premiers consommateurs d'Europe. La consommation augmente peu en volume : elle semble toujours liée au traditionnel « maigre » du vendredi ; en revanche, elle augmente sensiblement en valeur car on assiste à une diminution régulière des produits frais, qui représentent encore les deux tiers de la consommation, en faveur de produits élaborés : fumés, conservés et surtout surgelés. Aujourd'hui, conserves et surgelés atteignent les mêmes tonnages : 160 000 tonnes en France mais la croissance des surgelés est très forte. Cela entraîne de grosses importations de poissons destinés à être traités en France et également des importations de conserves et de surgelés.

Les produits élaborés que prépare l'industrie agroalimentaire évitent au consommateur les quelques inconvénients reprochés au poisson dans les études de marché : difficulté de préparation, odeurs à la cuisson, présence d'arêtes. Malgré ces défauts, tout à fait éliminés avec les conserves ou les surgelés, l'image du poisson est excellente auprès du public qui connaît ses qualités nutritionnelles, apprécie le côté naturel plus marqué que pour les protéines d'animaux d'élevage et enfin attribue souvent un caractère festif à sa consommation. •

Les nouveaux produits à base de poisson

L'INDUSTRIE FABRIQUE LE SURIMI, D'ORIGINE JAPONAISE, QUI IMITE LE CRABE, OU LES PÂTÉS ET MOUSSES, QUI IMITENT LA CHARCUTERIE.

De très nombreuses innovations apparaissent sur le marché du poisson pourtant relativement stable en tonnage. Dans le domaine du poisson frais, les grands progrès ont porté sur la chaîne du froid mais des recherches récentes vont déboucher sur des traitements par ionisation et un emballage plastique sous vide qui pourront sans doute relancer la consommation.

Les conserveurs ont créé des gammes de spécialités. Toutes les sauces sont possibles pour accompagner le thon, le maquereau ou la sardine : filets de citron, escabèche, sauce brésilienne, etc. Les plats cuisinés surgelés ont également connu une grande diversification, quoique les filets et les pièces panées représentent encore la grande majorité des produits surgelés.

Certains produits ont donné lieu à une véritable explosion au cours des dernières années : ils sont connus sous le terme général de charcuterie de poisson. Il existe une gamme d'une centaine de références dans ce nouveau rayon de traiteur : il s'agit de pâtes à tartiner, appelées improprement « beurre de poissons », de terrines, baptisées « merrines », de rillettes, de « pains » ou saucisses, etc.

Un autre produit nouveau pour la France mais ancien pour le Japon est le surimi, pâte de poisson obtenue après lavage, broyage et stabilisation par des additifs. À partir de cette pâte, les Japonais fabriquent un grand nombre de spécialités, comme des imitations de queue de langouste ou de pinces de crabe qui ont la forme et la structure de ces produits mais qui sont en réalité du colin d'Alaska, ou lieu d'Alaska *(Theragra chalcogramma)*, coloré en rouge avec du paprika et aromatisé pour rappeler l'arôme de la langouste. La France importe environ 2 000 tonnes de bâtonnets de surimi et le marché potentiel est évalué au triple de cette quantité pour la seule consommation directe ; des efforts sont entrepris pour créer une filière française de surimi à partir des espèces pêchées sous pavillon français : maquereau, chinchard, merlan bleu, tacaud, éventuellement sardine, qui demande toutefois un traitement déodorant.

Les produits nouveaux à base de poisson présentent plusieurs avantages : leur haute valeur nutritionnelle, recommandée par tous les spécialistes, l'absence d'arêtes (les arêtes sont un obstacle majeur à la consommation du poisson, en particulier chez les enfants), les facilités de préparation sans déchets nauséabonds ; enfin, les spécialités offertes relèvent souvent d'une bonne gastronomie sans atteindre des prix excessifs. Pour toutes ces raisons, la consommation de produits nouveaux à base de poisson continuera à croître, ce qui entraînera de nouvelles importations de poissons en France. •

La chasse

LA CHASSE EST-ELLE AUjourd'hui condamnée à disparaître ou demeure-t-elle un loisir socialement intégré ? Cette pratique, où un homme, le plus souvent porteur d'un fusil et accompagné d'un chien, s'efforce de tuer un gibier, demeure violence et rapport à la mort. Aussi, depuis la nuit des temps, toutes les sociétés ont ritualisé les actes de chasse. Traquer le renard dans une jaquette à parements bleus, sonner du cor la prise d'un blaireau à la pince après des heures de déterrage, attribuer le « ferum » du sanglier (les parties génitales) à celui qui a accompli le sacrifice final : ces actes se perpétuent sur ces mêmes terres européennes où, il y a quelques milliers d'années, le chasseur moustérien ornait la paroi de ses grottes d'ex-voto sans doute cynégétiques.

Cependant, au-delà de la pratique, la chasse est un rapport au sol et à la propriété. Partout, les droits d'accès au gibier sont soigneusement codifiés. Qui dit limitation légale de la chasse dit droit à braconner légitime, car la dépossession d'un bien gratuit fourni par la nature est frustration pour tout homme aux racines encore rurales. Si, jusqu'au milieu du XIXe siècle, le braconnage a été une quasi-nécessité pour des fermiers et des métayers souvent très pauvres, ruse et droit se perpétuant en opposition séculaire, aujourd'hui, le droit de non-chasse s'inscrit dans une nouvelle logique de l'État et de la société. Aussi, selon les pays et les régions, selon leur degré d'urbanisation, leur composition sociale, la chasse pourra être de plus en plus contestée par des minorités actives ou, au contraire, constituera le loisir prédominant de tout un terroir.

Les espèces gibier
(84 espèces)

Gibier sédentaire (oiseaux) : colins, faisans de chasse, gélinotte des bois, lagopède alpin, perdrix bartavelle, perdrix rouge, perdrix grise, tétras-lyre (coq), tétras urogalle (coq).

Mammifères : blaireau, belette, cerf élaphe, cerf-sika, chamois ou isard, chevreuil, daim, chien viverrin, hermine, lapin de garenne, lièvre brun, lièvre variable, marmotte, martre, putois, mouflon, ragondin, rat musqué, raton laveur, renard, vison d'Amérique, sanglier.

Gibier d'eau : barge à queue noire, barge rousse, bécasseau maubèche, bécassine des marais, bécassine sourde, canard colvert, chipeau, pilet, siffleur, souchet, sarcelle d'été, sarcelle d'hiver, eider à duvet, fuligule milouin, milouinan, morillon, garrot à œil d'or, harelde de miquelon, macreuse brune, macreuse noire, nette rousse, huîtrier pie, chevalier combattant, aboyeur, arlequin, gambette, courlis cendré, cordieu, foulque macroule.

Autres oiseaux : oie des moissons, oie rieuse, oie cendrée, pluvier argenté, pluvier doré, poule d'eau, râle d'eau, vanneau huppé, alouette des champs, bécasse des bois, caille des blés, grive litorne, draine mauvis, draine musicienne, merle noir, pigeon biset, colombin, ramier, tourterelle des bois, tourterelle turque.

1. Battue.

Les chasseurs en Europe (1988)

pays	*nombre de chasseurs*	*territoire par chasseur (en ha)*
Belgique	28 000	75
Danemark	170 000	20
Espagne	1 050 000	45
France	1 700 000	28
Grande-Bretagne	800 000	26
Grèce	300 000	40
Irlande	120 000	52
Italie	1 500 000	17
Luxembourg	2 500	80
Pays-Bas	36 000	70
Portugal	150 000	31
Rép. fédérale d'Allemagne	265 000	74
Total	**6 121 500**	

Une pratique sociale

LA CHASSE, QUI SE DIFFÉRENCIE PAR L'APPARTENANCE SOCIALE DU CHASSEUR, PAR L'ANIMAL CHASSÉ ET PAR LA TRADITION RÉGIONALE, EST UNE PRATIQUE À L'AVENIR INCERTAIN.

En France, 1 700 000 personnes traquent le gibier ; en Europe, plus de 6 millions. Sans être un loisir de masse, la chasse est un loisir populaire. Les tenues chamarrées des équipages de vénerie (6 à 7 000 veneurs en France) ne doivent pas masquer les 20 % d'ouvriers, les 18 % d'agriculteurs, les 16 % de retraités, les 14 % d'employés qui constituent l'essentiel des pratiquants chasseurs. Cadres moyens et supérieurs, commerçants, industriels, professions libérales sont tout au plus un petit tiers. Par contre, dans les pays d'Europe centrale et d'Europe du Nord, le chasseur appartient plus fréquemment à des classes aisées ou est un grand propriétaire terrien.

La chasse est ensuite un loisir masculin : en France, 1,5 % des femmes parmi les chasseurs et 9 % de chasseurs dans la population masculine de plus de 16 ans. Cet ostracisme masculin est général chez tous les peuples chasseurs et correspond plus à une exclusion rituelle de la femme qu'à une limitation pour des raisons physiques. Il est possible de commencer à chasser dès l'âge de 16 ans, l'âge moyen du chasseur étant en France de 43,7 ans.

La chasse française est caractérisée par de fortes hétérogénéités régionales dans les pratiques. La vénerie se déroule surtout dans les anciennes grandes forêts royales de l'Île-de-France, la tenderie aux grives est spécifique des Ardennes, les gluaux sont du Midi, les palombes et tourterelles du grand Sud-Ouest. La chasse au lapin de garenne est une pratique plutôt méditerranéenne, ainsi que la chasse au sanglier. La chasse à la perdrix et au lièvre en longues traques nécessite de vastes plaines. Être sur une voie de migration (nord de la France, littoral atlantique, Dombes, Camargue) incite à la chasse aux canards. L'hétérogénéité régionale est aussi présente dans l'accès aux territoires de chasse : chasse à la journée dans le grand bassin pari-

2. Traque du sanglier.

sien, chasse sur territoires loués par bail de longue durée dans le Nord et surtout l'Est, chasse au travers d'une société communale au sud de la Loire. La chasse banale où le chasseur parcourt, libre et solitaire, de vastes étendues sans frontières relève aujourd'hui de l'image d'Épinal.

La chasse est une pratique à l'avenir incertain. Le déclin du nombre de pratiquants est une constante de la dernière décennie. Cette érosion est liée à des transformations profondes de la société (diminution de la population agricole), à des difficultés économiques (taux de chômage ouvrier), à la contestation par les mouvements écologistes, mais aussi à la progressive raréfaction du petit gibier de plaine. Ce dernier phénomène résulte à la fois des méthodes de l'agriculture intensive et de l'abandon du système de polyculture-élevage, qui maintenait des biotopes accueillants pour ce petit gibier.

L'avenir de la chasse réside dans un compromis harmonieux entre les exigences diverses de la société moderne et une gestion fructifiante des populations de gibier, équilibre qui devrait assurer une pleine satisfaction à un pratiquant qui sera de plus en plus urbain. •

Une pratique gestionnaire

UNE GESTION MAÎTRISÉE DE LA CHASSE SUPPOSE L'ÉQUILIBRE ENTRE LE GIBIER, LA CAPACITÉ D'ACCUEIL DE SON MILIEU ET LES PRÉLÈVEMENTS OPÉRÉS PAR LES CHASSEURS.

Chasser, c'est d'abord établir une liste des espèces gibier, travail administratif effectué aujourd'hui en Europe par la Commission des Communautés, qui a pris le relais des autorités nationales pour cette tâche. Cette liste comprend à ce jour (1990) 62 espèces d'oiseaux et 22 espèces de mammifères. Son élaboration est un compromis entre les études scientifiques relatives à l'écologie des espèces et à l'abondance de leurs populations, les traditions cynégétiques propres à chacun des États membres et les demandes des diverses associations de protection de la nature.

Chasser, c'est ensuite maintenir le capital gibier. Le premier acte du chasseur gestionnaire doit donc être de dénombrer les populations exploitées. Une chasse moderne s'inscrit dans un contexte de connaissances démographiques, afin que le prélèvement cynégétique corresponde, au maximum, à l'accroissement annuel, le capital étant transmis inchangé, voire augmenté d'une année sur l'autre. Des techniques de dénombrement rigoureuses ne sont applicables que pour quelques espèces sédentaires (lièvre, perdrix grise, cerf, chevreuil, chamois). Pour d'autres espèces, des indices de présence permettent cependant de comparer les effectifs annuels et d'apprécier ainsi les diminutions ou augmentations de la population. Pour les espèces migratrices chassées, pour le sanglier, la connaissance des effectifs est toujours délicate et objet de recherches en cours. La mise en œuvre de ces techniques demande la mobilisation d'un grand nombre de personnes, 30 à 40 étant indispensables pour, par exemple, dénombrer une population de chevreuils sur une étendue de 250 hectares.

Chasser, c'est aussi connaître la capacité biologique d'accueil du territoire. Chaque bois, chaque bosquet, chaque hectare de marais, de prairie ou de culture abritera, selon la densité et la structure de sa végétation, un nombre plus ou moins grand d'oiseaux ou de mammifères gibier (et autres, évidemment). Une plaine de grande culture qui comporte, outre ses parcelles de céréales et de betteraves, quelques haies-abris, un maquis dense avec quelques hectares de cultures spécifiques pour la perdrix et quelques points d'eau verra sa capacité d'accueil multipliée par 3, 4, voire 5 ! La gestion attentive de ces micromilieux est une activité collective qui mobilise la solidarité du chasseur gestionnaire.

Chasser, c'est enfin maîtriser la pression cynégétique en établissant des plans de chasse. D'une manière idéale, le plan de chasse est une répartition des prélèvements en incluant dans ceux-ci les différentes causes de pertes dues aux contraintes écologiques (mauvaise saison, prédateurs, maladies, maintien du capital). Le surplus peut être réparti entre les chasseurs. Dans le cas du cerf et du chevreuil, en l'absence de prédateurs naturels, l'importance de l'accroissement annuel (20 à 30 %) peut entraîner des dégâts aux cultures ou aux forêts : le plan de chasse est alors une régulation qui doit prendre en compte cette particularité. •

3. Chasse à courre en forêt de Compiègne.

Les flux économiques

L'ACCÈS À UN TERRITOIRE DE CHASSE, LES ARMES ET LES MUNITIONS, LES CHIENS, LES DÉPLACEMENTS OCCASIONNENT L'ESSENTIEL DES DÉPENSES DU CHASSEUR.

La pratique de la chasse induit des dépenses spécifiques, certaines obligatoires et annuelles, d'autres occasionnelles et dispersées dans le temps. En France, la dépense moyenne est de l'ordre de 6 500 F par an et par chasseur (1987), le flux financier global étant de l'ordre de 11 milliards de francs.

Se mettre en règle avec la loi implique de passer une seule fois un permis, délivré à l'issue d'un examen, de payer une ou plusieurs taxes annuelles de validation de ce permis (départementale, nationale, timbre gibier d'eau, grand gibier), enfin de régler une assurance. Ce poste s'élève à 6 % de la dépense globale. L'Office national de la chasse et les fédérations départementales sont financés exclusivement par les ressources ainsi dégagées.

L'accès à un territoire de chasse se fait soit par cotisation annuelle à une société communale, soit par participation (appelée le plus souvent « action ») à un groupement de chasseurs, soit par location d'un territoire. La part de cette dépense est d'environ 15 % du flux financier global. L'équipement comprend les armes, les munitions (en moyenne : 1,38 fusil et 224 cartouches par chasseur et par an, 0,28 carabine pour le grand gibier, 2,5 balles), les équipements spécialisés (cartouchière, gibecière, couteau, jumelles, lunette de visée, appelants). L'équipement représente 17 % de la dépense. Le flux annuel d'armes de chasse est de l'ordre de 150 000 unités.

Le chien représente une part importante de la dépense : 37 %, qui consistent en frais d'acquisition, de nourriture et de soins. Neuf chasseurs sur dix ont au moins un chien, plus d'un quart d'entre eux en possèdent deux (moyenne : 1,59 chien par chasseur). La moyenne est plus élevée dans les zones rurales. La « meute » française atteint 3 millions de chiens de chasse. Ceux-ci sont répartis en dix races principales : plus d'un chien de chasse sur cinq est un épagneul (22 %), suivi par les griffons, les setters, les beagles, les braques. Les chiens sans race sont peu fréquents (10 %). Les chiens d'arrêt, qui recherchent le gibier et s'arrêtent devant celui-ci sans le poursuivre, représentent 40 % de l'effectif total, mais tous ne sont pas dressés d'une manière efficace.

L'accès au territoire de chasse entraîne des dépenses de déplacement. Le kilométrage moyen parcouru est de 1 100 km par an et par personne, si on exclut les chasseurs chassant dans leur commune. En outre, la possession d'un véhicule spécialisé, les dépenses d'hôtellerie et de convivialité, ainsi que le tourisme cynégétique à l'étranger complètent les dépenses de services qui comptent pour 24 % de la dépense globale. Enfin, les dépenses d'information (presse, livres, souvenirs) atteignent 2 %.

Ces dépenses contribuent à maintenir des emplois ; en France, on compte au total 27 000 emplois, soit 1 emploi pour 65 chasseurs. Dans la Communauté européenne, les dépenses moyennes par chasseur varient de 1 (Espagne, Portugal, Grèce) à 3 (Benelux, Danemark) pour un même type de chasse. Cependant, dans chaque pays, la dépense peut varier de 1 à 10 selon le type de chasse. •

4. Chasse aux palombes en Béarn : lancer de palettes.

Chasse et société

La battue (1) est une forme de chasse adaptée aux vastes plaines cultivées où la perdrix grise, le lièvre fuient loin devant le chasseur. Cette pratique demande d'excellents tireurs et, de plus, favorise l'apprentissage de la gestion, les comptages du gibier de plaine n'étant que des battues à blanc. La traque du sanglier (2), tout aussi conviviale, est la chasse qui, dans les brumes de novembre, retiendra les hommes une longue journée durant. La vénerie (3) est la chasse traditionnelle par excellence, dont les rites un peu surannés ont l'étrangeté de l'incompréhension. La quête, pas toujours couronnée de succès, reste un lieu d'émotion fort. La chasse aux palombes en Béarn (4), avec lancer de leurres ou de palettes, relève de l'acte tribal. Son apparente simplicité masque des savoir-faire d'une complexité redoutable.

Sylviculture et exploitation forestière

LA SYLVICULTURE EST L'ART de cultiver les forêts, c'est-à-dire de leur donner les soins nécessaires pour en assurer la protection, le développement et la régénération, et pour leur permettre de fournir un rendement soutenu en bois de bonne qualité.

La forêt, qui n'était jadis que terrain de chasse, de pâturage ou de cueillette, a été transformée peu à peu en source d'énergie en fournissant du bois de chauffage et du charbon de bois pour les fours à chaux, les forges et l'industrie du verre. Mais, surtout, on lui a demandé du bois pour le bâtiment, la marine, l'industrie du meuble, et, plus récemment, la matière première pour la fabrication de placage, de contreplaqué, de panneaux et de pâte à papier.

La forêt ne joue pas seulement ce rôle essentiel de production. Il existe aussi des forêts de protection, en montagne, pour lutter contre l'érosion des sols et, en bord de mer, pour assurer la fixation des dunes. Au voisinage des grandes villes, des forêts de récréation fournissent au citadin les espaces verts dont il a besoin. Enfin, la forêt est restée, grâce à la présence du gibier, un terrain de chasse privilégié.

La forêt est une ressource naturelle renouvelable qui, du fait de la longévité des espèces forestières, nécessite une gestion à long terme. Les méthodes de la sylviculture varient en fonction de la composition et de la structure des peuplements forestiers : taillis ou futaies, feuillus ou conifères, essences d'ombre ou de lumière, forêt de plaine ou forêt de montagne, forêt de la zone tempérée, des zones froides ou de la zone intertropicale.

1. Éclaircie mécanique dans une forêt de pins laricio.

Les forêts dans la C.E.E. et en Suisse

	Superficie boisée		*Essences*		*Propriétaires*		
	(en milliers d'ha)	*% sup. totale*	*Conifères % de la sup. boisée*	*Feuillus*	*État % de la sup. boisée*	*Collectivités*	*Privés*
R.F.A.	7 207	29	69	31	31,1	25,1	43,8
Belgique	617	20,2	47	53	10,9	36	53,1
Danemark	493	11,4	63	37	30,4	4,1	65,5
Espagne	12 511	24,8	48	52	35		65
France	14 765	26,9	30	70	9,6	18,5	71,9
Grèce	5 755	43,6	19	81	73,1	12,1	14,8
Irlande	397	5,6	90	10	79,3	0,5	20,2
Italie	6 403	21,3	25	75	5,9	33,9	60,2
Luxembourg	82	31,7	34	66	8,5	37,8	53,7
Pays-Bas	348	9,3	64	36	30,2	16,7	53,1
Portugal	2 976	32,4	46	54	17		83
Royaume-Uni	2 230	9,1	73	27	43,5		56,5
C.E.E.	53 784	23,8	42	58	42,6		57,6
Suisse	1 187	28	61	39	73		27

Source : Statistiques C.E.E., Office fédéral de la statistique, Berne (Suisse)

Les peuplements forestiers

LA DIVERSITÉ DES ESSENCES FORESTIÈRES S'ACCOMPAGNE DE MODALITÉS COMPLEXES DE GESTION DES FORÊTS, AFIN D'OBTENIR DE CELLES-CI UNE PRODUCTION RÉGULIÈRE DE BOIS.

Les essences forestières se partagent entre les arbres dits feuillus et les conifères, ceux-ci étant appelés encore résineux parce que leur bois contient souvent de la résine. Chez les conifères, les feuilles sont remplacées par des aiguilles et les fruits ont généralement la forme d'un cône de dimensions variables.

Le facteur qui conditionne la régénération des arbres en forêt étant la lumière, le forestier cherche à éclaircir le peuplement pour permettre aux jeunes semis de s'installer et de croître. Mais les plants de différentes essences n'ont pas les mêmes besoins : il existe des essences d'ombre et des essences de lumière, et le sylviculteur applique des méthodes différentes aux unes et aux autres.

Du point de vue de la régénération, le forestier distingue les taillis, dont les brins sont issus de souche, les futaies, dont les tiges proviennent de semences, et les taillis sous futaies, formations mixtes qui comportent à la fois des rejets de souche et des arbres provenant de graines. Les futaies sont dites régulières, quand tous les arbres d'une même parcelle ont le même âge et à peu près la même taille, ou jardinées, quand on rencontre en mélange sur la même parcelle des arbres de tous les âges et de toutes les tailles.

Aménager une forêt, c'est fixer les objectifs que le gestionnaire doit poursuivre, et qui dépendent de la nature de la forêt et de son environnement. L'aménagement permet, en fonction de ces objectifs, d'assurer une production soutenue de bois, tout en préservant l'avenir et la régénération du peuplement. Pour réaliser un tel aménagement, le sylviculteur effectue un inventaire des ressources puis il détermine l'âge d'exploitabilité, âge auquel la

2. **Taillis sous futaie, taillis simple, futaie jardinée, futaie régulière.**

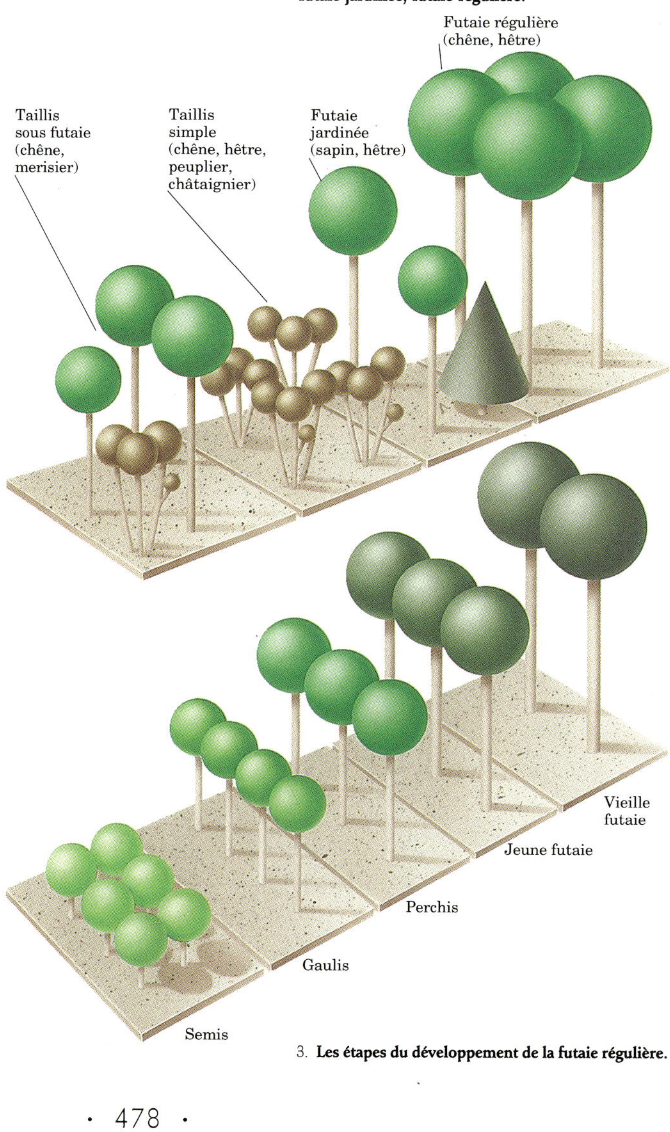

3. **Les étapes du développement de la futaie régulière.**

Taillis et futaies

La sylviculture du taillis est simple puisqu'il n'y a qu'un seul type de coupe à faire, au cours de laquelle tous les bois sont coupés sur une même parcelle. La fréquence des coupes est liée aux débouchés du bois obtenu.

La création d'un taillis sous futaie consiste à réserver, au moment de l'exploitation d'un taillis, les brins de belle venue, qu'on appelle baliveaux. Ceux-ci grandissent et deviennent des arbres exploités comme bois d'œuvre.

Le taillis sous futaie est donc constitué de deux étages : l'étage inférieur, traité comme un taillis, et l'étage supérieur, qui comprend les réserves. Les baliveaux, sont sélectionnés parmi les essences les plus utiles, à croissance rapide, à couvert léger (leur feuillage ne doit pas étouffer le taillis).

Dans une forêt traitée en futaie régulière, toutes les classes d'âge doivent être représentées, l'aménagement consistant à exploiter chaque année une surface qu'il faut en même temps ensemencer.

Dans les futaies jardinées, chaque parcelle doit donner l'image d'une petite forêt constituée par un ensemble d'arbres de tous diamètres, déterminés suivant une loi précise de façon à fournir régulièrement du bois tout au long de l'exploitation.

croissance s'arrête et où il convient d'abattre les arbres. Cet âge permet de fixer la révolution, c'est-à-dire le temps nécessaire pour assurer la régénération complète de la forêt. Il faut ensuite calculer la possibilité, qui correspond au volume moyen de bois que l'on peut extraire chaque année sans nuire au développement de la forêt. L'aménagement doit définir également le règlement d'exploitation, c'est-à-dire la nature, l'intensité et la périodicité ou rotation des coupes, ainsi que la liste des travaux d'équipement à effectuer. Pour les massifs de petite dimension, l'aménagement est remplacé par un plan simple de gestion. •

La conduite des peuplements

LA FORÊT EST UN ÉCOSYSTÈME FRAGILE AU SEIN DUQUEL LE SYLVICULTEUR FAVORISE LES ESSENCES ET LES ARBRES LES PLUS APTES À FOURNIR DES SUJETS D'AVENIR.

Le mode de traitement (ou régime) le plus simple d'un peuplement forestier est le taillis, mais on ne peut l'utiliser que pour les essences qui rejettent de souche : chêne, châtaignier, hêtre (en montagne), eucalyptus. Ce traitement consiste à couper tous les arbres au ras du sol ; après quelques semaines, on voit apparaître sur le pourtour de la souche des rejets, dont l'ensemble constitue une cépée. On coupe les rejets tous les 20 à 25 ans, plus souvent pour les essences à croissance rapide, comme l'eucalyptus. Mais le taillis ne fournit que des petits bois, aussi a-t-on intérêt à rechercher une production complémentaire de bois d'œuvre, en réservant les arbres issus de graines qui sont disséminées entre les souches.

C'est l'opération du balivage qui conduit peu à peu à un régime nouveau, le taillis sous futaie. En laissant vieillir le taillis, on effectue une conversion, qui transforme progressivement le taillis sous futaie en futaie. Celle-ci constitue le régime le plus répandu, parce que c'est celui qui permet d'atteindre le meilleur rendement en bois d'œuvre de qualité. La régénération de la futaie s'obtient soit par une « coupe rase » (ou coupe à blanc), dans le cas du pin maritime par exemple, soit plus souvent par la méthode des coupes progressives : ensemencement, éclaircies, coupe définitive. Le sylviculteur ouvre peu à peu le peuplement à la lumière en enlevant les arbres qui gênent le développement des sujets d'avenir et des porte-graines. C'est la méthode du réensemencement naturel et des éclaircies. Suivant l'âge des arbres, la futaie porte des noms différents : semis, fourré, gaulis, perchis, jeune et vieille futaie.

Ce traitement, qu'on appelle futaie régulière (ou futaie pleine), est utilisé pour les forêts de chênes, de hêtres, de sapins ou d'épicéas en plaine. Pour les forêts de montagne, le forestier préfère utiliser la méthode de la futaie jardinée, qui est plus souple, mais plus délicate. Elle consiste à parcourir la forêt tous les 10 ou 15 ans en enlevant les arbres exploitables, ainsi que les sujets morts ou dépérissants. La futaie jardinée est une méthode plus près de la nature, mais plus coûteuse.

La forêt est un écosystème fragile qui est soumis à de nombreuses agressions : les unes sont d'origine climatique, vents violents, fortes gelées, sécheresse prolongée ; les autres d'origine biotique : insectes et champignons, qui provoquent des maladies parfois mortelles, comme dans le cas de l'orme. D'autres enfin sont le fait de l'homme : feux de brousse, cultures sur brûlis, surpâturage dans la zone intertropicale ; incendies de forêts dans la zone tempérée, dont on connaît les ravages dans les régions méditerranéennes.

Les écosystèmes forestiers sont également sensibles à la pollution (pluies acides), celle-ci étant, en partie du moins, responsable du dépérissement de certaines forêts, surtout dans les régions industrielles d'Europe et d'Amérique du Nord. •

Le reboisement

UNE NOUVELLE FORÊT EXIGE BEAUCOUP, DEPUIS LA PRÉPARATION DU TERRAIN JUSQU'À L'ÉLEVAGE DES JEUNES ARBRES.

Le terme de reboisement s'applique indifféremment à des plantations effectuées sur des terrains anciennement boisés, sur des parcelles de forêt où la régénération naturelle a échoué, sur des sols non cultivables, landes ou friches, ou encore sur des terres agricoles abandonnées.

Les reboisements nécessitent toujours la même suite d'opérations : reconnaissance des conditions écologiques du lieu, étude des besoins et des possibilités d'utilisation des produits forestiers, choix des essences et de l'origine des graines, semis direct ou plus souvent élevage des plants en pépinière, préparation du terrain et fertilisation, plantation proprement dite, remplacements et entretiens.

Selon les conditions de sol et de climat, et selon les besoins du marché, on procède au choix des essences. Parmi les feuillus, les essences de reboisement sont le chêne, le hêtre, le peuplier, l'eucalyptus (dans les climats chauds), le teck (dans la zone tropicale) et, parmi les conifères, le douglas, l'épicéa, le sapin, les pins. Il faut aussi choisir des graines pour obtenir les meilleurs plants. Celles-ci proviennent en général des peuplements classés, des principales essences de reboisement.

Dans certains cas (pin maritime), le reboisement peut se faire par semis direct. Mais le plus souvent les plants sont élevés en pépinière ; le semis se fait en planches et les plants sont transportés sur le terrain soit à racines nues, soit après repiquage en pots.

Une bonne préparation du terrain est indispensable à la réussite des plantations. Cette préparation consiste à faire un dessouchage quand c'est nécessaire, un labour croisé, parfois un sous-solage. Sur les sols envahis par l'herbe, il faut faire un nettoiement, au besoin un désherbage chimique. L'époque de plantation se situe généralement en automne pour les feuillus et au printemps pour les conifères. La plantation se fait encore manuellement soit en fentes à la bèche, soit dans des trous, mais il existe des machines à planter. On favorise la croissance des jeunes plants en répandant des engrais. La densité de plantation varie suivant les espèces ; en général, les plantations se font en ligne, à des écartements de 3 à 3,50 m entre les lignes et de 2 à 2,50 m sur la ligne.

Les jeunes plants craignent la concurrence de l'herbe, qu'il faut éliminer pendant au moins deux ans. Pour favoriser la qualité du bois, les arbres d'avenir sont élagués, jusqu'à une hauteur de 6 à 7 m. •

4. Plantation de pins contorta.

L'exploitation forestière

LA MÉCANISATION DE L'EXPLOITATION DU BOIS OBLIGE À DES AMÉNAGEMENTS FORESTIERS PERMETTANT LE PASSAGE DE GROS ENGINS.

Sylviculture et exploitation forestière sont deux activités distinctes : le propriétaire sylviculteur choisit les arbres à abattre et vend la coupe sur pied à l'exploitant, lequel est obligé de respecter ce choix.

Sous l'influence du progrès technique et de l'augmentation des coûts salariaux, l'exploitation forestière s'est mécanisée. L'abattage se fait à la scie à chaîne (tronçonneuse) ou, pour les perchis d'éclaircie d'un diamètre inférieur à 35 cm, au moyen de tracteurs munis de pinces coupantes hydrauliques ; le débardage (ou débusquage), qui consiste à tirer les grumes en bordure de route, est effectué par des tracteurs avec treuils et châssis articulés. Le transport se fait par des camions spéciaux, appelés grumiers, munis de grues pour le chargement et le déchargement des bois.

Cette mécanisation entraîne pour le sylviculteur un certain nombre de contraintes d'ordre technique et financier. En effet, l'exploitant utilise des engins tout terrain, suffisamment puissants pour pouvoir transporter de lourdes charges : ils sont donc encombrants et nécessitent, pour pouvoir circuler en forêt, des passages ayant au moins 3 à 3,50 m de large. Le sylviculteur doit respecter cette largeur entre les lignes au moment des plantations ; il doit prévoir aussi l'ouverture de layons ou lignes de cloisonnement pour faciliter la circulation des engins et la création d'un réseau de pistes suffisamment dense pour réduire la distance de débardage.

Les coupes trop petites ou trop éloignées des routes sont devenues inexploitables et invendables ; il en va de même des arbres de petites dimensions. Le sylviculteur doit en tenir compte pour l'établissement de son plan de gestion, en agissant sur le volume des coupes et la dimension moyenne des arbres, c'est-à-dire en prévoyant des éclaircies moins fréquentes et plus fortes.

Mais la structure de la propriété forestière en France ne favorise pas le développement rapide de la mécanisation, ce qui est partiellement compensé par l'existence de groupements forestiers ou de coopératives d'utilisation de matériel agricole (C.U.M.A.). •

L'avenir de la sylviculture

LA SYLVICULTURE MODERNE S'ORIENTE VERS DES FORÊTS PLUS PRODUCTIVES ET PLUS PROCHES DE LA NATURE.

Le but de la sylviculture est aujourd'hui de produire du bois de qualité. On cherche donc à sélectionner des arbres d'avenir à croissance rapide ; aussi la sylviculture devient-elle une culture d'arbres plutôt qu'une sylviculture de peuplements. Les arbres d'avenir subissent une taille de formation et plusieurs élagages ; les éclaircies sont plus fortes et plus précoces. Les arbres sélectionnés et mieux soignés poussent plus vite et le forestier peut réduire la durée de la révolution : 100 ans pour le chêne au lieu de 150 à 200 ans. Pour atteindre ce but, il faut étudier avec soin l'écologie des stations et réserver les plus fertiles à la production intensive de bois, ou ligniculture. Les plants sont produits à partir de graines récoltées dans des peuplements sélectionnés (vergers à graines). Les clones les plus intéressants sont multipliés par bouturage et culture *in vitro,* pour améliorer le matériel végétal.

À une échéance plus lointaine, la tendance est aussi de remplacer la sylviculture traditionnelle par une sylviculture où le peuplement reste plus proche de la nature. On ne fera plus de coupes rases, on ne recherchera plus des futaies régulières mais une forêt comportant, comme la forêt naturelle, un mélange d'essences et d'âges différents, où le sylviculteur marque avec soin les arbres d'avenir, qu'il exploite individuellement à maturité. Il s'agit d'une véritable mutation de la sylviculture des pays forestiers d'Europe, qui demandera de nombreuses années. •

→ **Voir aussi :** La forêt tropicale, **BIOL**, p. 122-123. Les forêts, **TERRE**, p. 116-117.

Agriculture et environnement

NÉE AU NÉOLITHIQUE, l'agriculture s'est développée à partir des potentialités des écosystèmes originels et des climats locaux. Ainsi se sont progressivement installés des agrosystèmes diversifiés, dérivés des milieux naturels et marqués par des apports exogènes et des facteurs liés à la société. L'environnement a modelé l'agriculture, tout autant que l'agriculture a transformé l'environnement. Depuis longtemps, donc, des déséquilibres localisés sont apparus mais, actuellement, dans les pays développés comme dans les pays en voie de développement, la symbiose tourne au conflit.

Dans les pays industrialisés, malgré d'incontestables succès quantitatifs, l'intensification de l'agriculture et de l'élevage a conduit à une surexploitation des milieux et des ressources naturelles, à une augmentation sans précédent des pollutions, à la normalisation des paysages ou des écosystèmes, et à des évolutions sociales et démographiques qui amènent maintenant à envisager un dépeuplement radical de certaines campagnes et un abandon des terres relativement important. La dégradation des rapports entre environnement et agriculture se retourne même parfois contre l'agriculture elle-même : érosion des sols, manque d'eau, maladies généralisées...

Dans les pays en voie de développement, la substitution à l'agriculture traditionnelle d'une agriculture d'exportation, les évolutions démographiques et culturelles, les luttes économiques mondiales ont fréquemment détruit les équilibres ancestraux entre milieux naturels et exploitation agricole.

Comme souvent en matière d'écologie, un seuil a été atteint : des équilibres planétaires deviennent sensibles à l'impact de l'agriculture. Celle-ci ne peut alors échapper à un réexamen à la lumière de l'environnement. Les interrogations qui en découlent sont loin de condamner a priori les percées technologiques promises par le génie génétique, l'amélioration des pratiques agricoles, la sélection des variétés végétales et des espèces animales, la lutte contre les ravageurs, etc. Certaines contribueront même à une gestion raisonnée de l'environnement. Cependant, un contrôle strict des impacts négatifs des technologies nouvelles est indispensable.

1. Étourneaux sur champ de maïs.

2. Campagnol et sa galerie.

Avant l'ère industrielle

LES MODIFICATIONS DE L'ENVIRONNEMENT SONT ANCIENNES MAIS, JUSQU'À L'ÈRE INDUSTRIELLE, ELLES SE SONT ACCOMPAGNÉES D'UNE COHABITATION HARMONIEUSE AVEC L'AGRICULTURE.

Dès le néolithique, l'extension de l'agriculture a provoqué une première série de mutations localisées de l'environnement. Les mécanismes naturels ont longtemps gardé un poids prépondérant, puis l'intervention humaine est devenue un facteur déterminant des équilibres. Dès lors, bon nombre de milieux originels terrestres ont été à tout jamais perdus ; de là la valeur d'écosystèmes vierges comme certaines forêts tropicales, certains milieux de montagne ou de zones reculées dont la régression est malheureusement constante et la pérennité menacée du fait des interactions lointaines.

Les premières transformations de l'espace ont donc été amorcées très tôt et bien des paysages modernes gardent la marque de l'appropriation initiale de l'espace par l'agriculture (défrichements, enclos, champs, fossés et talus, cadastrations). De tout temps l'agriculture a suscité des installations relativement permanentes, une adaptation des sols, un morcellement des terres, la mise en place de systèmes de stockage et d'échange, toutes transformations de l'espace qui ont marqué plus ou moins durablement et profondément les milieux et en ont bouleversé l'écologie à tout jamais. De là sont nés les premiers dysfonctionnements durables : la surexploitation des pâturages est à l'origine d'une désertification dans certains secteurs du sud de la France dès le néolithique, l'érosion de certains sols s'est amorcée en France tempérée dès le Moyen Âge ; certaines essences d'arbres, certaines plantes, favorisées par l'éclaircissement, ont proliféré, des déséquilibres faunistiques se sont multipliés (pullulation des petits prédateurs, de rongeurs, d'oiseaux inféodés à l'homme, d'insectes ravageurs de cultures).

Transformation irréversible des milieux, accroissement de la pression humaine, rupture définitive des équilibres écologiques originels et apparition des premiers dysfonctionnements ont donc depuis longtemps accompagné le développement de l'agriculture. Mais la relative lenteur de l'évolution, son hétérogénéité laissèrent s'établir des complémentarités telles que bon nombre de milieux, plus ou moins transformées par l'homme, ont longtemps recélé diversité, complexité et richesse. Même dans le cas des pays développés ou densément occupés, et malgré des dégradations locales, agriculture et environnement ont pu cohabiter dans une certaine harmonie, ce dont témoignent les paysages ruraux qui ont pu être préservés jusqu'à présent. •

Les effets de l'agriculture intensive

L'INTENSIFICATION DE L'AGRICULTURE APPAUVRIT LE PATRIMOINE GÉNÉTIQUE, PROVOQUE LE GASPILLAGE DES RESSOURCES NATURELLES ET INDUIT LE DÉPEUPLEMENT DE RÉGIONS ENTIÈRES.

Développement des connaissances et nécessité alimentaire aidant, l'ère industrielle a conduit à une intensification radicale de l'agriculture. Bénéfique quant aux rendements, le nouveau modèle a introduit massivement mécanisation et intrants chimiques. Ce recul de la dépendance vis-à-vis des mécanismes naturels a accentué l'artificialisation des milieux et la diffusion mondiale du modèle a généralisé les perturbations de l'environnement. L'agriculture s'étant affranchie de l'écosystème, les milieux se résument à une somme de facteurs de production à maîtriser individuellement et de contraintes à limiter.

Les rapaces déclarés nuisibles participent pourtant à la régulation des ravageurs, comme les petits rongeurs. Les haies, réputées inadaptées, sont arrachées, sans considération pour leurs rôles biologique, hydrologique, climatique, pédologique ou économique. L'imbrication des utilités écologiques et agricoles, dont l'analyse débute à peine, s'efface devant des dispositifs techniques incompatibles avec le fonctionnement des écosystèmes ruraux.

L'artificialisation de l'agriculture repose sur trois données principales : le recours exclusif à des substituts techniques et industriels, la standardisation des productions, des ressources et des facteurs de production, et, enfin, la normalisation des milieux. Autant de causes de l'aggravation des dysfonctionnements. Le poids et la puissance des machines accélèrent la dégradation des sols, augmentant l'érosion et condamnant l'exploitation de terroirs inadaptés. Le recours systématique aux engrais et aux pesticides, la monoculture, la multiplication des élevages industriels sont à l'origine de pollutions généralisées, chroniques ou accidentelles. Pratiques agricoles et intrants ont appauvri la flore et la faune (20 % des plantes typiques de France sont menacées) et perturbé des processus biologiques (équilibre entre populations, reproductions, évolutions génétiques). L'inertie des choix techniques est telle que remédier à ces dysfonctionnements impose une accentuation de l'artificialisation. La dépendance technique s'en trouve accrue, comme souvent la perturbation des mécanismes écologiques.

Cette évolution comporte des hypothèques sérieuses ; certaines dégradations ne se révèlent qu'à terme. C'est ainsi que la présence excessive de nitrates dans les nappes de France provient parfois d'engrais épandus voici 15 ou 20 ans. Le devenir et l'effet des pesticides insidieusement accumulés dans les milieux sont encore mal connus. La standardisation des productions, des ressources et des facteurs de production contribue quant à elle à un appauvrissement du patrimoine génétique : des races domestiques adaptées à certains milieux ont déjà disparu ou sont gravement menacées, condamnant des ensembles de caractères génétiques qui peuvent être utiles à long terme. La spécialisation des exploitations simplifie les milieux et réduit l'intérêt des productions complémentaires, fondées sur une exploitation simple des ressources naturelles utiles aux équilibres écologiques.

Le gaspillage de ressources naturelles apparemment illimitées peut conduire à leur épuisement : l'irrigation massive, combinée à l'augmentation des autres usages de l'eau, déséquilibre le bilan hydrologique de pays traditionnellement bien arrosés et accentue la sensibilité aux accidents climatiques. S'amorcent alors d'autres conséquences : assèchement de biotopes aquatiques, accentuation directe ou indirecte de pollutions... L'uniformisation de la production conduit à l'abandon de régions inadaptées, amorçant une désertification qui s'accompagne d'effets pervers : dégradation des paysages, incendies, multiplication d'espèces indésirables ou pathogènes..., sans pour autant laisser l'espoir d'un retour à des écosystèmes peu affectés par l'homme, riches et stables. Elle a aussi, comme dans le cas de la généralisation du maïs-fourrage, simultanément conduit à l'augmentation de la pollution nitratée non seulement par les engrais, mais aussi lors du retournement des prairies naturelles, à l'explosion catastrophique de populations de prédateurs (les étourneaux, par exemple), etc.

La normalisation des milieux repose, elle, sur une conception monofonctionnelle et utilitariste de l'espace. L'intensification de l'agriculture s'est accompagnée d'un effort d'équipement et d'aménagement des campagnes dont les conséquences ont transformé paysages et agrosystèmes. Trop souvent, remembrements, recalibrages de rivières, ouvertures de chemins... ont mis en cause ici des phénomènes de dénitrification spontanée (zones humides), là la reproduction de ressources naturelles exploitées (comme les poissons), ou aggravé des risques comme l'érosion des sols ou l'inondation des régions en aval. Les choses sont ainsi faites qu'agir sur l'une réagit sur les autres. •

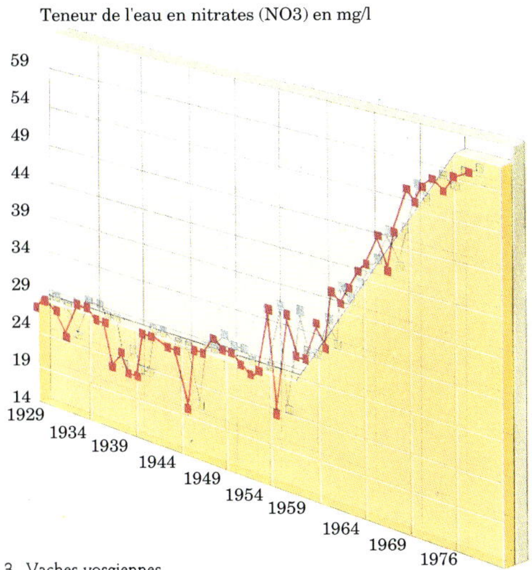

4. Pollution des nappes phréatiques par les nitrates. (Captage de la « Petite Traconne », Seine-et-Marne.) [Source : CORPEN-Agence financière de Bassin « Seine-Normandie ».]

Déséquilibres écologiques

L'intensification de l'agriculture a de nombreux effets pervers sur l'environnement et les ressources naturelles, à commencer par la pollution des nappes phréatiques par l'excès d'engrais azotés (4). Le développement excessif de granivores comme l'étourneau s'explique largement par la concentration de la culture du maïs et par la pratique de l'ensilage, sources d'aliments pour ces oiseaux qui vivent en colonies (1). La pullulation de certains rongeurs, comme le campagnol (2), est liée à des déséquilibres tenant à la disparition d'oiseaux rapaces, déclarés nuisibles, qui en assuraient la régulation. La préférence donnée aux races bovines choisies pour leur haute productivité laitière fait disparaître les races que les éleveurs avaient sélectionnées pour leur adaptation à des milieux difficiles et pour leur capacité à remplir plusieurs fonctions, comme dans le cas de la vache vosgienne (3). La disparition de races qui ont autrefois rendu d'énormes services aux paysans pose d'ailleurs un problème général : celui de la conservation du patrimoine génétique. Des programmes sont mis en place pour sauvegarder des animaux appartenant à des populations en voie d'extinction.

3. Vaches vosgiennes.

La situation planétaire

LE TRANSFERT DU MODÈLE D'AGRICULTURE INTENSIVE DANS LES PAYS EN DÉVELOPPEMENT MONDIALISE LES DYSFONCTIONNEMENTS ÉCOLOGIQUES.

Enjeux géopolitiques, accroissement des besoins alimentaires, internationalisation de l'économie et politiques de développement ont contribué à la diffusion de l'agriculture intensive dans des contextes différents de ceux qui lui avaient donné naissance. Cette mondialisation s'est accompagnée de nouveaux dysfonctionnements : surexploitation de ressources naturelles et dégradation d'écosystèmes quasi originels ; déstructuration des complexes productifs locaux traditionnels ; augmentation des pollutions. Les défrichements massifs, l'exploitation forestière industrielle ou certaines monocultures d'exportation sont la traduction de la surexploitation. Des milieux peu transformés par l'homme, supports de sociétés ayant des rapports complexes avec leur environnement, ont soudainement été soumis à une exploitation intensive. Il en résulte un gaspillage des ressources de base (eau, faune, flore, sol), le bouleversement des ressources génétiques domestiques, l'intensification agricole inadaptée. Plus insidieusement, cette forme d'exploitation a participé à la déstructuration de l'agriculture vivrière, à l'accroissement de la sédentarisation et à une exploitation urbaine à leur tour dommageables.

La situation de l'environnement, combinaison des facteurs de dégradation propres à l'agriculture intensive et de ceux dus à la déstructuration de milieux fragiles, est encore compliquée par d'autres facteurs. Les risques présentés par les techniques importées sont fréquemment aggravés par simple défaut de compétence. De plus, les pays en développement sont souvent considérés comme politiquement peu sensibles, par nécessité ou par volonté, aux préoccupations environnementales. Procédés « sales », produits déclassés y trouvent donc un débouché. Des pesticides dont le danger est maintenant avéré, interdits en Europe ou aux États-Unis, sont employés sans précautions en Afrique noire et leurs emballages sont quelquefois jetés dans les lagunes. Sur la planète, les situations se répartissent entre deux positions extrêmes : celle des pays développés, berceau de l'agriculture intensive, et celle des pays en développement, lieu d'une greffe agricole que certains n'hésitent plus à qualifier de contre nature. Sous des formes différenciées, s'y déclinent les mêmes conséquences négatives que dans les pays industrialisés.

Ainsi, les dysfonctionnements écologiques s'accumulent sur la planète : la déforestation et les changements d'utilisation des sols interviennent pour environ 22 % dans les émissions anthropiques de gaz carbonique, le bétail produit probablement huit à dix fois plus de méthane que les océans, les engrais la moitié des émissions naturelles d'oxydes nitreux dues aux océans. •

Quel choix pour demain ?

POUR PRÉSERVER LES RESSOURCES ET RETROUVER D'AUTRES ÉQUILIBRES, IL FAUT REPENSER LES RAPPORTS ENTRE AGRICULTURE ET ENVIRONNEMENT.

L'agriculture résulte d'un détournement des écosystèmes naturels originels et de l'optimisation intéressée mais partielle de mécanismes biologiques et écologiques. Dans l'absolu, agriculture et environnement ne sont pas antinomiques. Certaines pratiques ont su composer avec la nature et en ont même enrichi la diversité et la complexité. Une relative intensification n'est pas non plus en soi contradictoire avec une gestion raisonnée de la planète et avec un projet de développement durable et compatible avec la conservation des ressources. Mais des formes particulières d'agriculture ont conduit à aggraver des inégalités, écologiques ou non, et à déstabiliser la majorité des écosystèmes, naturels ou artificiels.

Le moment est venu de produire mieux et différemment et d'intégrer l'environnement à tous les niveaux de choix et de décision. Le moment est également opportun : le modèle fondé sur une intensification sauvage à vocation économique est épuisé ; la course aux rendements se révèle dans nombre de cas contre-productive. Le renversement des tendances est devenu inévitable : les désordres induits, écologiques ou non, annoncent des risques majeurs. Le passage d'une agriculture intensive à une agriculture plus douce, maîtrisant les contre-effets technologiques, est devenu un problème de société. Des embryons de réponses existent ; la lutte biologique contre les ravageurs, qui favorise les antagonismes naturels entre organismes vivants et les effets de milieux, réduit l'usage des pesticides.

Définition des objectifs et révision des politiques agricoles, industrielles ou d'assistance, recherche et progrès technologiques, mentalités et références, formation et compétences sont autant de niveaux où des réorientations sont indispensables et accessibles. Mieux connaître milieux, mécanismes et utilités écologiques, contrôler le progrès scientifique et l'enrichir d'une dimension environnementale, mieux apprécier la complexité du monde biophysique et les effets de système sont du ressort de la recherche.

Privilégier le long terme et les potentialités, diversifier les productions et l'agriculture, réintégrer les coûts écologiques collectifs, autant de nécessités qui, si elles sont prises en compte, modifieront les politiques, les productions et les habitudes. Vivre avec ou sans la nature : cette alternative d'actualité est un choix de société. •

→ **Voir aussi :** Menaces sur les écosystèmes, **BIOL**, p. 132-133.

L'agroalimentaire Les fonctions

L'INDUSTRIE ALIMENTAIRE met des aliments à la disposition des consommateurs tout au long de l'année. Elle est organisée pour les distribuer sur l'ensemble du territoire et équipée pour recueillir, auprès des agriculteurs et des centres de collecte, une matière première dispersée, constituée de très nombreux produits végétaux et animaux.

Les produits agricoles d'origine végétale sont en général récoltés une fois par an ; quant aux animaux, ils sont abattus à des âges variables suivant les espèces, seules les productions d'œufs et de lait étant étalées dans le temps : une poule pond un œuf presque chaque jour et les vaches sont traites deux, quatre et même six fois par jour.

Tous les produits biologiques sont altérables : ils subissent des détériorations internes, d'origines enzymatiques, ou externes, d'origines microbiennes : moisissures, levures, bactéries... Pour éviter ces altérations, les produits agricoles doivent être collectés rapidement, stockés dans des conditions correctes, éventuellement transformés, puis conditionnés et distribués pour être disponibles régulièrement sur le marché dans de nombreux points de vente.

Chacun des maillons de cette chaîne agroalimentaire, de la fourche à la fourchette, a connu depuis la fin de la Seconde Guerre mondiale une croissance régulière. Alors qu'une fraction limitée (20 %) des produits agricoles était traitée par voie industrielle, aujourd'hui cette proportion s'est inversée, l'industrie s'occupe de presque tous les aliments et même les fruits et les légumes frais sont conditionnés de manière à conserver leur fraîcheur.

Le stockage

LA POSSIBILITÉ DE STOCKER EST UNE GARANTIE CONTRE LES DÉTÉRIORATIONS PAR LE CLIMAT, LES FLUCTUATIONS DE L'ÉCONOMIE, LES DÉGRADATIONS BIOLOGIQUES.

La céramique est née du besoin d'enfermer les grains dans des récipients clos : c'est la première fonction du stockage que de mettre les produits à l'abri de l'air, en particulier de l'oxygène qui favorise les réactions enzymatiques et le développement des parasites (insectes ou champignons). Pratiqué par l'agriculteur qui entrepose ses grains dans des cellules ou son fourrage dans des silos, le stockage est devenu aujourd'hui une véritable fonction économique, exercée par des organisations spécialisées, largement subventionnées par les pouvoirs publics. Méthode de gestion des excédents agricoles, le stockage met en œuvre des investissements coûteux et des techniques adaptées aux différents produits. Le froid est indispensable pour stocker de la viande. Pour les légumes et les fruits, surtout pour la pomme, on combine un abaissement de température et une atmosphère contrôlée : l'air est appauvri en oxygène et enrichi en gaz carbonique, ce qui diminue l'activité respiratoire des fruits et freine ainsi leur maturation.

Les industriels pratiquent en général un double stockage. D'abord en matières premières, pour constituer un volant de sécurité de plusieurs semaines ; en produits finis ensuite, pour répondre aux commandes urgentes. Les réserves constituées par les grossistes, les commerçants, les consommateurs représentent un volume de stockage de plusieurs mois. En Suisse, un stock alimentaire de survie pour deux mois est imposé systématiquement dans tous les foyers. Les méthodes modernes de gestion des usines agroalimentaires préconisent des stocks aussi faibles que possible ou même un niveau « zéro stock ». La nouvelle science qui s'intéresse à ces flux de matière, la logistique, nécessite des équipements informatiques performants. •

La collecte

LE RAMASSAGE ET LE TRANSPORT DOIVENT PERMETTRE DE CONSERVER AUX PRODUITS AGRICOLES LEURS QUALITÉS NUTRITIONNELLES.

L'agriculteur qui apporte ses produits une ou deux fois par semaine au marché local est aujourd'hui une exception : la collecte à la ferme des récoltes et des animaux par les industries qui vont les transformer est devenue la règle. L'organisation du transport de ces produits lourds, peu coûteux et très dispersés, demande une logistique routière d'autant plus élaborée que les produits biologiques sont fragiles. Dès le moment de la récolte, les végétaux commencent en effet à subir une dégradation plus ou moins rapide selon les espèces : pour les petits pois, par exemple, l'intervalle de temps entre la cueillette au champ et la mise en conserve à l'usine ne doit pas dépasser la dizaine d'heures ; les betteraves, de leur côté, peuvent supporter une attente plus longue, mais leur volume et leur poids empêchent des déplacements sur de longues distances. La fraîcheur dans le cas du pois, le coût du transport dans le cas de la betterave imposent une aire de collecte aussi limitée que possible, et les usines doivent donc être installées à proximité des lieux de production.

De tous les produits de l'agriculture, le lait est, de loin, celui qui pose le problème le plus difficile. La dispersion des troupeaux et leur petite taille, la multiplicité des traites chaque jour, l'extrême fragilité hygiénique du lait imposent une chaîne du froid qui commence dans des tanks réfrigérés à la ferme, où des camions-citernes, également réfrigérés, viennent s'approvisionner tous les deux ou trois jours. Dans les pays ayant un élevage laitier important, comme la France, le parc de camions-citernes laitiers vient en tête de tous les parcs de camions spécialisés. •

Les premières sociétés mondiales

rang	*société*	*pays*	*chiffre d'affaires en millions de F*	*effectif (employés)*
1	Unilever	Pays-Bas	186 650	291 000
2	Nestlé	Suisse	165 669	197 722
3	Ferruzzi Finanziaria	Italie	113 831	75 811
4	RJR Nabisco	États-Unis	101 040	116 881
5	Hanson	Grande-Bretagne	78 353	105 000
6	Pepsico	États-Unis	77 508	235 000
7	Conagra	États-Unis	67 577	55 202
8	Kirin Bewery	Japon	66 613	12 238
9	Sara Lee	États-Unis	62 115	85 700
10	Elders Ixl	Australie	54 187	36 884
11	Anheuser-Busch	États-Unis	53 178	41 118
12	George Weston	Canada	52 487	61 400
13	Coca-Cola	États-Unis	49 685	18 774
14	Allied-Lyons	Grande-Bretagne	47 715	81 440
15	Borden	États-Unis	43 164	45 400
16	Snow Brand Milk Products	Japon	42 708	14 604
17	B.S.N.	France	42 177	42 234
18	Archer Daniele Midland	États-Unis	40 511	9 006
19	Hillsdown	Grande-Bretagne	37 669	42 832
20	Ralston Purina	États-Unis	36 801	56 734

d'après *le Nouvel Économiste* (novembre 1989)

1. **Décomposition du prix du yaourt.**

Le lait, de la ferme au supermarché

Pour un aliment aussi précieux, du point de vue nutritionnel, et aussi sensible, du point de vue hygiénique, que le lait, il est indispensable d'obtenir tout au long de la filière un maintien rigoureux de la propreté et de la température. L'état sanitaire du troupeau, le nettoyage des pis et des machines à traire (2), le stockage, le transport (3) et le traitement à l'usine exigent des matériaux appropriés, des nettoyages réguliers. En bout de chaîne le consommateur dispose, avec la brique aseptisée (4), d'un lait garanti sur le plan de la

Les transformations

LA PLUPART DES TRANSFORMATIONS RÉALISÉES AUJOURD'HUI PAR L'INDUSTRIE ÉTAIENT AUTREFOIS PRATIQUÉES ARTISANALEMENT DANS LES FERMES.

Certains produits alimentaires sont traités en usine sans subir de véritables transformations, mais simplement pour être soumis à des conditionnements qui facilitent leur commercialisation : c'est le cas, par exemple, des œufs, des fruits ou des légumes. En revanche, beaucoup de produits sont profondément transformés soit par des traitements physiques (broyage, séchage, action du froid ou de la chaleur), soit par des traitements chimiques (ajout de sucre ou de sel, d'acide citrique, d'additifs divers), soit par des traitements biologiques, dont le plus élaboré est la fermentation. Les procédés industriels reposent sur l'une ou l'autre de ces opérations élémentaires ou sur une combinaison de plusieurs d'entre elles.

Ces techniques ont été mises au point de manière plutôt empirique en reproduisant à une plus grande échelle des méthodes utilisées autrefois dans les familles ou dans des ateliers artisanaux. Le passage d'une fabrication discontinue à une production continue a été un progrès considérable, relayé depuis peu par l'automatisation de beaucoup d'opérations. Par exemple, des appareils de mesure précis, des « capteurs », donnent non seulement le pH ou la température, mais aussi des indices biologiques comme la concentration en un enzyme donné, les résultats de ces mesures influant directement sur la poursuite des opérations.

Deux nouvelles tendances apparaissent aujourd'hui qui vont modifier profondément les technologies de l'industrie alimentaire. La première découle des progrès de la biotechnologie qui, à long terme, peut remettre en cause les méthodes de fabrication les plus classiques. L'autre tient à l'intégration de l'acte culinaire dans l'industrie alimentaire. Paradoxalement, ces deux tendances agissent en des directions opposées, la biotechnologie ouvrant des perspectives vers de nouveaux produits alors que la préparation de plats cuisinés aboutit au contraire à diffuser des plats traditionnels, le consommateur se trouvant en pays de connaissance devant les surgelés du supermarché. Les méthodes de préparation deviendront de plus en plus élaborées, les arômes, par exemple, étant développés par des micro-organismes génétiquement programmés pour obtenir des portions dans lesquelles le consommateur retrouvera des saveurs, des odeurs, des couleurs, des textures correspondant à son attente, c'est-à-dire le plus souvent à sa mémoire gustative. •

L'emballage et le conditionnement

L'EMBALLAGE NE SERT PAS QU'À PROTÉGER LES PRODUITS, IL FACILITE AUSSI LE TRANSPORT, INFORME LES CONSOMMATEURS, REND PLUS COMMODE LA CONSOMMATION.

Envelopper l'aliment pour éviter les souillures et le contact de l'air au cours des transports et de la commercialisation est un acte universel. Autrefois, les Japonais enfermaient le poisson frais dans des feuilles de bambou. Aujourd'hui, une puissante industrie de l'emballage s'est développée pour fournir à l'industrie alimentaire tous les matériaux possibles et les machines automatiques correspondantes. Les matériaux traditionnels n'ont pas répondu à toutes les demandes, pourtant ils ont su s'adapter et conserver des domaines d'excellence : le verre demeure, avec le bouchon de liège, le conditionnement exclusif des vins de qualité, le contreplaqué est toujours le suremballage du vrai camembert normand, entouré d'une feuille de papier paraffiné.

Parfois, l'introduction de nouveaux emballages s'est traduite par un échec et un retour au produit traditionnel, comme en Allemagne, où, pour des eaux minérales, la pression des consommateurs a imposé le maintien de la bouteille de verre. Ainsi le verre s'est allégé tout en augmentant sa résistance à la casse, le carton s'est durci, protégé par des couches paraffiniques, le fer s'est allégé et les méthodes d'ouverture des boîtes se sont améliorées.

Les nouveaux matériaux plastiques et les nouvelles machines bouleversent certaines techniques. Par exemple, la brique en carton plastifié et des machines combinant un remplissage stérile et un traitement à ultra haute température (U.H.T.) ont permis, il y a vingt ans, la création du lait stérilisé et, plus récemment, la mise sur le marché de soupes, de jus de fruits conservant leur arôme initial. On dispose ainsi actuellement de jus de raisin « nature » qu'aucun autre emballage classique ne permettait.

La cuisson sous vide, qui connaît une croissance extraordinaire pour préparer des plats cuisinés individuels de qualité, est une technique qui repose sur des emballages plastiques souples, où le produit est cuit dans un sac fermé par thermoformage. Par l'extension régulière de sa gamme, le matériau plastique va bouleverser des pans entiers de l'industrie alimentaire. Déjà, dans certains pays, la boîte de conserve métallique a été détrônée par l'emballage souple plastique stérile. Demain on pourra, grâce à de nouveaux emballages stériles, se dispenser de la chaîne du froid dans de nouveaux secteurs.

Au-delà de la simple protection, les emballages, de plus en plus sophistiqués, deviennent partie intégrante de l'aliment, apportant au consommateur des services : une information nutritionnelle, une présentation attractive, un récipient qui tient lieu de casserole ou d'assiette. •

2. Traite mécanique.

3. Collecte du lait par camions-citernes.

4. Conditionnement aseptique en brique de carton paraffiné.

composition et de l'hygiène, qui se conservera dans des conditions normales jusqu'à six mois. À partir de denrées biologiques variables et périssables, l'industrie alimentaire met sur le marché des produits stabilisés et de composition homogène.

La distribution

LES MAGASINS DE GRANDE SURFACE ONT RÉVOLUTIONNÉ LA DISTRIBUTION ALIMENTAIRE.

Depuis 1985, en France, la majorité (54 %) des ventes alimentaires au détail se fait dans les grandes surfaces, qui augmentent régulièrement leur part de marché. Le reste des ventes s'effectue selon les canaux traditionnels : la ferme ou le bord des routes, les marchés, les commerces spécialisés (boulanger, boucher, charcutier, crémier, épicier, marchand de primeurs), les commerces d'alimentation générale (indépendants, succursalistes, coopératives de consommation).

Inexistantes en France il y a encore vingt ans, les grandes surfaces (hypermarchés de plus de 2 500 m² et supermarchés, de moindre superficie) ont su répondre aux besoins d'une population récemment urbanisée, disposant d'une voiture et d'un pouvoir d'achat croissant grâce au travail féminin. Ces nouveaux consommateurs veulent en peu de temps trouver une gamme aussi large que possible de produits pour la semaine. Un simple supermarché offre 5 000 produits alimentaires, un hypermarché le double.

En France, les quelque 700 hypermarchés et les 7 000 supermarchés organisés en chaînes représentent 9 millions de m² de vente et 260 000 salariés. La part des produits alimentaires est majoritaire dans le chiffre d'affaires des grandes surfaces et ces chaînes ont constitué des centrales d'achat qui sont des partenaires incontournables autant que redoutables pour les industriels de l'agroalimentaire. Être référencé par les centrales d'achats est indispensable pour lancer un nouveau produit. Les grandes surfaces profitent de leur position commerciale dominante pour obtenir des prix, des délais de paiement, des ristournes de toute nature.

À côté de ces points de vente traditionnels ou modernes, on voit se développer une distribution alimentaire dans tous les lieux où passe un large public : distribution murale automatique (165 000 appareils en France), distribution ambulante dans les salles de spectacle ou les transports publics, rayons alimentaires dans les stations-service. L'offre alimentaire devient permanente et ubiquiste. •

→ **Voir aussi :** L'agroalimentaire Les techniques, **ALIM**, p. 484-485.

L'agroalimentaire Les techniques

LES PRODUITS ANIMAUX ou végétaux qui arrivent dans les usines agroalimentaires doivent être traités rapidement pour être stabilisés par des méthodes d'ordre physique : la chaleur, le froid ; d'ordre chimique : les additifs ; ou encore d'ordre biologique : les fermentations.

La plupart des techniques utilisées maintenant correspondent à des méthodes traditionnelles appliquées autrefois dans les familles ou dans des ateliers artisanaux. Nicolas Appert, l'inventeur de la conserve cinquante ans avant Pasteur, destinait aux ménagères de son temps son ouvrage *l'Art de conserver pendant plusieurs années toutes les substances animales et végétales* (1810).

Les traitements thermiques, soit par la chaleur soit par le froid, sont à la base d'importants procédés industriels comme par exemple l'appertisation, traitement des denrées par la chaleur dans des récipients hermétiquement clos, sur laquelle repose l'industrie de la conserve. Mais, le plus souvent, les processus appliqués par l'industrie combinent plusieurs techniques, dites « opérations unitaires » : le chauffage, la réfrigération, le séchage. À ces traitements classiques s'ajoutent aussi des méthodes plus récentes comme la surgélation, la lyophilisation, l'ionisation, qui font appel à des procédés d'ordre physique. Enfin, l'utilisation de produits chimiques, qu'on appelle les additifs, est maintenant banale et généralisée à l'ensemble des industries alimentaires. Aujourd'hui, aucun aliment n'est exempt d'additifs, qu'il s'agisse de colorants, de conservateurs, d'arômes ou d'agents de texture.

Dates clefs

1804 J.A. Chaptal présente à l'Académie des sciences un *Mémoire* sur le sucre de betterave.

1810 Nicolas Appert publie *l'Art de conserver...*

1822 Dubrunfaut découvre l'hydrolyse de l'amidon par les enzymes du malt.

1860 F. Carré crée le premier compresseur frigorifique à ammoniac.

1865 Brevet sur la pasteurisation du vin, de L. Pasteur.

1869 Brevet de fabrication de la margarine, de H. Mège-Mouriès.

1876 Ch. Tellier effectue le transport frigorifique de la viande depuis l'Amérique du Sud.

1893 Fabrication des boîtes de conserve étamées, par les Forges de Basse-Indre.

1893 Création de l'École des industries agricoles.

1930 Brevet de traitement des aliments par irradiation, de Wurst.

1948 Première usine de café soluble en France.

1950 Apparition du procédé de surgélation

1964 Brevet de fabrication du fromage par ultrafiltration, de Maubois, Mocquot, Vassal.

1974 Introduction des automates programmables sur des chaînes agroalimentaires.

1980 Procédé et appareils de cuisson Cryovac-Pralus pour la cuisine sous vide.

1988 Légalisation des édulcorants intenses (saccharine, acesulfame, aspartame).

Code des principaux additifs alimentaires autorisés

catégorie	*code*	*nom*
colorants *	E 121	orseille
	E 140	chlorophylles
	E 150	caramel ammoniacal
	E 160	caroténoïdes
	E 162	rouge de betterave
conservateurs **	E 220	anhydride sulfureux
	E 222	bisulfite de sodium
	E 233	acide formique
	E 241	nitrite de sodium
	E 250	nitrate de sodium
	E 252	acide acétique
	E 270	acide propionique
antioxydants naturels	E 300	acide ascorbique ou vitamine C
	E 306	tocophérols (extraits naturels) ou vitamine E
	E 330	acide citrique (et ses sels)
antioxydants de synthèse	E 307	alpha-tocophérol de synthèse
	E 312	gallate de dodécyle
	E 320	BHA buthylhydroxyanisol
	E 321	BHT buthylhydroxitoluène
émulsifiants ***	E 400	acide alginique
	E 406	agar-agar
	E 407	carraghénates
	E 420	sorbitol
	E 440	pectines

** de plus en plus produits par synthèse chimique, ils étaient autrefois d'origine naturelle.*

*** leur rôle est d'empêcher le développement des micro-organismes.*

**** ce sont des stabilisateurs, épaississants, gélifiants, naturels ou de synthèse.*

Traitement par la chaleur

AU SÉCHAGE SOLAIRE, MÉTHODE MILLÉNAIRE, L'INDUSTRIE A AJOUTÉ L'APPERTISATION, LA PASTEURISATION, LA STÉRILISATION.

Traditionnellement, dans les pays méditerranéens, les raisins, les figues, les dattes, les abricots sont séchés au soleil, ce qui permet une longue conservation et un transport lointain de ces produits. De même, le poisson pêché dans le fleuve Sénégal, qui constitue la base alimentaire protéique des populations de la région, est séché sur des claies pour fournir le « guedj ». L'utilisation de l'énergie solaire n'est pas réservée aux pays chauds : ainsi, la morue est toujours séchée à l'air libre en Islande et en Norvège.

Le séchage est aujourd'hui pratiqué industriellement dans des enceintes où un courant d'air chaud est envoyé sur les produits à traiter : maïs dans son séchoir, saucissons dans leur étuve. Dans d'autres cas, le séchage s'effectue d'une manière continue dans un tunnel surchauffé à travers lequel se déplacent les denrées.

Le traitement par la chaleur aboutit souvent à combiner une opération de séchage avec une véritable cuisson, par exemple pour la biscuiterie, qui est, à cet égard, une grande consommatrice d'énergie. Une des fonctions essentielles du traitement par la chaleur est de permettre la conservation de produits enfermés dans des enceintes hermétiques.

L'industrie de la conserve, née des expériences de Nicolas Appert, au début du XIXe siècle, et des confirmations scientifiques de Pasteur, repose sur des barèmes de stérilisation qui fournissent, pour une boîte remplie d'un produit donné, le temps pendant lequel cet ensemble doit être porté à une température qui détruit les micro-organismes, empêche l'évolution ultérieure de leurs spores tout en maintenant les qualités appétissantes et gustatives de l'aliment.

En dehors des conserves, beaucoup d'autres produits subissent des traitements à température élevée ; l'apparition d'emballages résistants en matière plastique a permis le traitement thermique et la conservation en longue durée du lait stérilisé et de beaucoup d'autres liquides : jus de fruits, soupes, compotes, café liquide, etc. La nouvelle industrie des plats cuisinés fait également appel à des traitements thermiques pour la cuisson, de plus en plus pratiquée sous vide, mais aussi pour la conservation de certains plats cuisinés en barquette plastique ayant subi une appertisation.

Dans une large mesure, les traitements des aliments par la chaleur étaient autrefois réalisés dans les familles au foyer. Aujourd'hui, la cuisine est en train de se transporter à l'usine, les plats préparés demandant un simple réchauffement à domicile. •

1. Ionisation par accélérateur d'électrons.

Traitement par le froid

LA CONSERVATION PAR LE FROID A BEAUCOUP AUGMENTÉ NOTRE CAPACITÉ DE CONSERVATION DES ALIMENTS.

Si les traitements par la chaleur permettent de stabiliser un produit et de le conserver ultérieurement sans précautions particulières, les traitements par le froid ne sont pas limités dans le temps. Il existe une chaîne du froid dont les maillons sont l'usine, les véhicules de transport – camions ou wagons –, les hangars, chambres ou armoires, et chez le consommateur final le congélateur ou le réfrigérateur. La qualité du produit dépend en grande partie de la continuité de cette chaîne : toute élévation de température, par négligence ou par panne, entraîne une détérioration irréversible.

Les différents traitements par le froid se distinguent par le niveau de température qu'il faut atteindre : la réfrigération est un abaissement de température qui n'atteint pas zéro degré mais reste dans ce que les spécialistes nomment le froid positif, autour de 3 ou 4 °C. Pour la congélation, la température doit être plus basse : — 20 °C pour les glaces, — 18 °C pour les poissons et plats cuisinés, — 10 °C pour les viandes. La congélation peut s'obtenir par contact : congélateurs à plaques, à bandes ou rotatifs, ou par des systèmes à air forcé dans un tunnel de congélation, à bande transporteuse ou à lit fluidisé ; la congélation peut également s'obtenir soit par immersion soit par pulvérisation.

La surgélation ne se différencie de la congélation que par la rapidité du traitement, qui permet d'atteindre — 18 °C en franchissant vite la zone de cristallisation du produit, procédé qui maintient les qualités d'arôme, de couleur, de texture.

Pour la conservation d'un très grand nombre de denrées, le froid représente une méthode irremplaçable, qu'il s'agisse de fruits et légumes, de carcasses ou de morceaux de viandes, de poissons et de crustacés, de produits laitiers frais. Cela explique que les gros investissements que représentent les entrepôts frigorifiques soient souvent subventionnés par les pouvoirs publics.

La qualité de la chaîne du froid, dans un pays donné, est une composante particulièrement importante de la santé alimentaire des populations. •

Les additifs

LA LISTE DES PRODUITS AJOUTÉS AUX ALIMENTS POUR AMÉLIORER LEUR QUALITÉ ET LEUR FABRICATION S'ALLONGE SANS CESSE.

Les additifs sont des substances introduites au cours de la préparation des aliments pour améliorer les qualités organoleptiques ou faciliter la fabrication. Le sel est le plus ancien et chimiquement le plus simple des additifs. Il a été utilisé depuis la plus haute antiquité, en raison de son rôle bactériostatique, pour conserver des viandes, des poissons, des fromages.

D'autres produits sont utilisés depuis des siècles, comme le salpêtre (nitrate de sodium ou de potassium) ; oxydant énergique incorporé à la viande de porc, il contribue à la formation du pigment rose, stable, des salaisons. L'acide ascorbique, sous forme de sel de sodium, ou vitamine C, est également utilisé comme antioxydant en charcuterie et pour beaucoup d'autres produits : laits concentrés et en poudre, bières, sodas, etc. Parmi les glucides, le sucre, ou saccharose, le lactose, les amidons (malto-dextrines, glucose, amidons modifiés) sont très utilisés, au-delà de leur fonction sucrante, par exemple pour les crèmes glacées, afin d'éviter une cristallisation grossière ou encore pour exalter les arômes dans une sauce.

Les produits gélifiants sont le plus souvent des macromolécules de polysaccharides, les carraghénates, extraits d'algues, la caroube ou le ghar, issus de graines de légumineuses. Les arômes, naturels ou artificiels, les colorants, les exhausteurs de goût, comme le glutamate, très utilisé dans la cuisine chinoise, font partie des additifs classiques. Parmi les additifs récemment autorisés en France (mars 1988), il faut signaler les édulcorants de synthèse, de type aspartame, qui ont l'avantage d'apporter un goût sucré sans les calories nutritionnelles correspondantes. Ces édulcorants ont permis de fabriquer et de mettre sur le marché une large gamme de produits allégés (« light » selon la terminologie des professionnels), en particulier dans le domaine des boissons gazeuses.

Dans les prochaines années, l'industrie chimique et surtout l'industrie biotechnologique naissante proposeront un grand nombre de nouveaux additifs comme par exemple des arômes fabriqués par fermentation de micro-organismes. La législation des additifs est extrêmement rigoureuse en France, où a été adoptée une politique de liste positive : ne sont autorisés que les produits figurant explicitement sur cette liste et pour un usage précis. Au contraire, certains pays anglo-saxons ont adopté une position de liste négative, où figurent les produits interdits, ce qui permet une bien plus grande liberté. La conception française a été adoptée par les instances de la Communauté économique européenne, dont les directives jouent un rôle décisif dans ce domaine où s'affrontent conceptions scientifiques, arguments passionnels et intérêts financiers. •

Les techniques de pointe

APRÈS LA LYOPHILISATION, DE NOUVELLES TECHNIQUES, TELLES L'ULTRAFILTRATION ET L'IONISATION, SE DÉVELOPPENT.

Dans les groupes agroalimentaires multinationaux, la recherche, portant à la fois sur des produits nouveaux et sur des technologies nouvelles, est très active. Dans les petites et moyennes entreprises, les plus nombreuses en France, la recherche est quasiment inexistante, ce qui n'empêche pas toutefois une certaine créativité liée à des transferts de technologies proposés par des fournisseurs de matériel ou par diverses sociétés de conseil.

Dans chaque branche industrielle, il existe des techniques avancées spécifiques comme, par exemple, la stimulation électrique des carcasses de bovins, qui accélère la transformation du muscle en viande. Cependant, on assiste, pour l'ensemble de l'industrie alimentaire, à l'introduction de nouvelles techniques qui portent sur l'automatisation des procédés et la gestion de la production (productique). Toutes les industries alimentaires, en général grosses consommatrices de main-d'œuvre, déploient des efforts d'investissements pour remplacer les fastidieuses tâches répétitives manuelles par des machines automatiques fonctionnant en continu. Les cadences des chaînes d'embouteillage d'eau minérale atteignent 35 000 bouteilles par heure. L'augmentation de la productivité pose d'ailleurs de délicats problèmes d'approvisionnement et de logistique.

Parmi les techniques qui ont soulevé beaucoup d'espoir, il faut citer la lyophilisation, consistant en une dessiccation par congélation brutale à basse température (— 60 °C) suivie d'une évaporation sous vide qui, par sublimation, élimine l'eau contenue dans la substance tout en conservant l'arôme et la saveur. Utilisée largement pour le café depuis trente ans, la lyophilisation a été pratiquée pour des fruits rouges, des champignons, des crevettes, mais son développement a été freiné par l'accroissement du prix de l'énergie. Autre technique d'avenir, l'ultrafiltration utilise des membranes semi-perméables pour opérer un tamisage à basse énergie. L'ultrafiltration a connu un développement spectaculaire dans l'industrie fromagère. Certains estiment que, pratiquée à la ferme, elle permettrait d'éviter de collecter l'eau du lait.

L'ionisation, traitement par radiations provenant du cobalt 60 ou d'accélérateurs d'électrons, a été brevetée en France dès 1930 et utilisée pendant longtemps sur les seules pommes de terre pour éviter leur germination. Ce procédé de conservation va connaître un grand développement en raison de son inocuité démontrée et de sa commodité.

Beaucoup de techniques nouvelles existant dans l'industrie chimique nucléaire, mécanique ou électronique sont susceptibles d'être prochainement utilisées par l'industrie alimentaire. •

→ **Voir aussi :** L'agroalimentaire Les biotechnologies, **ALIM**, p. 486-487.

Variété des techniques agroalimentaires

Le paradoxe de l'industrie alimentaire est de maintenir de vieilles techniques artisanales tout en innovant, dans d'autres secteurs, avec des techniques de pointe. Ainsi, le saurissage des harengs ou le séchage des saucissons se pratiquent dans des enceintes plus vastes et à l'échelle industrielle pour améliorer la productivité ; de même, les hachoirs manuels deviennent des cutters mécaniques, ce qui ne modifie pas profondément la technique. En revanche, l'ionisation, originaire de l'industrie nucléaire, représente une réelle innovation pour stabiliser les qualités microbiologiques d'un aliment. Toutes les industries participent indirectement aux progrès de l'industrie alimentaire.

2. Hachage par cutter en charcuterie industrielle.

3. Saurissage des harengs.

L'agroalimentaire Les biotechnologies

LES BIOTECHNOLOGIES SE définissent comme l'ensemble des techniques permettant de modifier les propriétés héréditaires des organismes vivants. Depuis la naissance de la génétique comme science, depuis les travaux de l'Autrichien Gregor Mendel sur les pois et de l'Américain T.H. Morgan sur la mouche drosophile, la sélection génétique est entrée dans une phase rationnelle qui a produit, depuis trente ans, des résultats remarquables pour l'amélioration des plantes cultivées et des animaux domestiques.

Aujourd'hui, grâce aux progrès de la biologie moléculaire, il est possible d'agir directement sur les gènes qui, dans le noyau des cellules, transmettent l'hérédité. Le génie génétique, c'est-à-dire la manipulation des gènes, offre pour l'avenir des perspectives d'application dans tous les domaines du vivant : la médecine, la pharmacie, l'agriculture, l'élevage, les industries alimentaires seront bouleversés par les biotechnologies.

Les manipulations génétiques étant plus faciles à réaliser sur des micro-organismes, ce sont les traditionnelles industries de fermentation utilisant des levures qui bénéficient en premier des avancées biotechnologiques : la vinification, la brasserie, les industries laitières...

Parallèlement, on voit apparaître de nouvelles productions synthétisées par des micro-organismes, des « microbes utiles », dans des bioréacteurs industriels permettant de fabriquer des arômes, des enzymes, des acides aminés, ou encore des vitamines... Une véritable industrie biotechnologique, déjà florissante au Japon, est en train d'apparaître en Europe.

Biomasse

L'EXPLOITATION INDUSTRIELLE DES MICRO-ORGANISMES PERMET D'OBTENIR DES ANTIBIOTIQUES, DES VITAMINES, DES ACIDES AMINÉS, DES ENZYMES.

Les espèces domestiquées par l'homme depuis cinq millénaires ou plus sont des animaux et des plantes supérieures. Les micro-organismes jouent certes un rôle important dans les sols cultivés ou dans le rumen des vaches laitières, mais ils ne sont pas directement exploités. De même, dans les fermentations, les levures servent d'intermédiaires indispensables, mais l'objectif n'est pas de fournir de la biomasse. Par contre, depuis une cinquantaine d'années on voit apparaître une véritable fabrication industrielle de biomasse qui a commencé justement avec les levures vivantes sélectionnées comme agents de fermentation. Dans un deuxième temps, la richesse des levures en protéines de haute valeur biologique et en vitamines du groupe B a conduit à les fabriquer à des fins alimentaires humaines ou animales, la production de levure-aliment s'effectuant sur différents supports biologiques comme le lactosérum, sous-produit de fromagerie, les mélasses, les liqueurs sulfitiques, résidus de la fabrication de pâtes à papier, ou les paraffines des hydrocarbures. Cependant la fabrication de « protéines de pétrole » s'est heurtée aux augmentations du prix du fioul.

L'exploitation des micro-organismes par voie industrielle s'est orientée vers des productions de molécules à haute valeur ajoutée, utilisées à des fins pharmaceutiques comme les antibiotiques. La fabrication d'antibiotiques s'effectue dans des fermenteurs industriels de 50 à 200 mètres

Les multiples applications des biotechnologies

La biotechnologie apporte des progrès sensibles dans tous les domaines de la production alimentaire. Parmi les applications les plus importantes figurent les améliorations génétiques des plantes cultivées, au premier rang desquelles on trouve, en France, le blé, dont les rendements sont améliorés régulièrement (3, 4). Pour la préparation du vin de Champagne, les cépages demeurent encore traditionnels. En revanche, une méthode biotechnologique a été mise au point par la société Moët-Hennessy avec des billes (1) sur lesquelles sont fixées des enzymes qui diminuent la manipulation

1. Billes biotechnologiques en Champagne.

Les fermentations

PROCÉDÉS TRADITIONNELS DE TRANSFORMATION PAR VOIE BIOLOGIQUE, LES FERMENTATIONS PERMETTENT DE FABRIQUER UN GRAND NOMBRE ET UNE GRANDE DIVERSITÉ D'ALIMENTS.

Depuis les travaux de Pasteur sur la fabrication de la bière et du vin, les fermentations, transformations biochimiques provoquées par des micro-organismes, sont soumises à l'analyse scientifique. Des progrès appréciables sont apparus à partir du moment où était reconnu le rôle des levures, ces micro-organismes unicellulaires, champignons primitifs, se nourrissant du sucre présent dans le malt ou dans le moût du raisin pour le transformer en gaz carbonique et en alcool. Obtenir une composition optimale des sucres fermentescibles, contrôler la température et la pression, s'assurer de la présence de levures sélectionnées ont été les principales améliorations apportées à la technologie des fermentations. Les brasseurs ont été les premiers à investir dans la recherche pour améliorer la qualité de la bière qu'ils produisaient. C'est ainsi que la notion de pH, essentielle pour l'évolution de la chimie, a été définie par S. Sørensen, en 1909, dans les laboratoires de la Société Carlsberg à Copenhague.

La grande majorité des bières fabriquées dans le monde est aujourd'hui du type de fermentation basse (de 8 à 11 °C environ), celle-ci étant assurée par la levure *Saccharomyces ovarum* (lager yeast). Seuls le Royaume-Uni et quelques brasseurs isolés en Belgique ou en France pratiquent encore la fermentation haute (15 à 25 °C) avec la levure *S. cerevisiae* (ale yeast). Les progrès ont permis d'obtenir une bière aux qualités régulières en augmentant les volumes des cuves, la capacité moyenne étant de l'ordre de 5 000 hectolitres, avec une tendance au gigantisme (15 000 hectolitres). Malgré de nombreuses tentatives, les procédés de fermentation en continu n'ont pas pu être mis au point à l'échelle industrielle.

Pour ce qui concerne la vinification ou la fermentation panaire, les progrès ont été également importants, encore que, dans un cas comme dans l'autre, les structures professionnelles n'ont pas toujours permis la généralisation de toutes les techniques nouvelles adaptables aux petites entreprises.

Le domaine des fermentations s'est élargi il y a peu à la production d'énergie par fabrication d'alcool-carburant à partir de produits sucrés ou amylacés : le Brésil a mené une politique volontariste, 10 tonnes de manioc fournissant 1 tonne d'alcool, pour créer de toutes pièces une industrie et un réseau de distribution d'alcool-carburant.

Compte tenu des enjeux économiques dans tous ces domaines, la tendance est aujourd'hui d'assimiler complètement la biotechnologie à la science des fermentations. •

Pasteur et les levures

Louis Pasteur (1822-1895), formé à l'École normale supérieure à la chimie et la cristallographie, est nommé en 1854 à la faculté des sciences de Lille où des industriels de la brasserie lui demandent d'expliquer des accidents de fabrication et de conservation qui, surtout en période chaude, rendaient la bière imbuvable. À cette occasion, Pasteur découvre le mécanisme de la fermentation, l'existence et le rôle essentiel des micro-organismes : la levure de bière pour la conduite régulière et le bacille lactique pour les fermentations parasites. Pasteur démontre ainsi qu'à chaque type de fermentation, alcoolique, butyrique, acétique, etc., correspond un type particulier de micro-organisme, un « ferment spécifique ».

La mise en évidence de champignons microscopiques, les levures, devait orienter d'une manière décisive tous les travaux qu'a poursuivis ultérieurement Pasteur : le monde des microbes était découvert. D'innombrables applications pour la santé humaine et animale, pour l'hygiène, pour l'industrie et l'agriculture découleront de ces premières et géniales observations sur les champignons du sucre, ou saccharomyces : les levures.

cubes dont la régulation est entièrement automatisée. À cheval sur la pharmacie et l'alimentation, des vitamines, des acides aminés, des enzymes sont également fabriqués par voie microbiologique.

De nombreux travaux sont poursuivis pour fabriquer par voie microbiologique des additifs, aujourd'hui obtenus par voie chimique, comme des arômes afin qu'ils bénéficient aux yeux des consommateurs de la précieuse appellation de « naturel » qu'accepte de leur conférer, aux États-Unis, la FDA (Food and Drug Administration). On voit ainsi apparaître de plus en plus d'usines où se fabriquent des produits biologiques, de la biomasse, alors que cette production était autrefois le privilège des agriculteurs. Comment évoluera cette concurrence ? L'industrie de la biomasse fera-t-elle disparaître les agriculteurs-éleveurs ou au contraire fournira-t-elle de nouveaux débouchés pour nourrir les micro-organismes qui sont présents dans les fermenteurs ? •

des bouteilles, ou remuage (2), opération longue, fastidieuse, répétitive. La biotechnologie permet dans beaucoup de secteurs une amélioration des rendements et de la qualité des produits.

Plantes et animaux transgéniques

LE GÉNIE GÉNÉTIQUE A OUVERT LA VOIE À LA CRÉATION D'ESPÈCES TRANSGÉNÉTIQUES QUI VONT BEAUCOUP INFLUER SUR L'AGRICULTURE.

Les études de biologie moléculaire ont porté, pendant des dizaines d'années, sur une bactérie intestinale de l'homme, *Escherichia coli*, qui est devenue l'organisme vivant le mieux connu. Le grand intérêt des micro-organismes, en dehors de leur facilité de culture, est leur rapidité de reproduction : une bactérie peut fournir dix millions de descendants en 24 h. Aussi les premières manipulations génétiques ont-elles porté sur des bactéries ou des levures, mais, très vite, l'objectif a été d'introduire une information génétique nouvelle non pas sur des micro-organismes mais sur des plantes ou des animaux supérieurs, et même des hommes. Ces opérations posent des problèmes d'ordre éthique d'autant plus redoutables qu'elles ne demandent pas d'équipements scientifiques très lourds mais surtout une grande habileté, de la part des expérimentateurs, pour prélever une fraction de gène d'un organisme donné, le greffer sur une autre espèce et obtenir ainsi un individu dit transgénique.

La première étape consiste à reconnaître les parties des gènes qui renferment, sous forme d'informations codées, les qualités que l'on veut transmettre. On réalise pour cela une véritable cartographie des gènes. La seconde opération, le séquençage, consiste à découper la fraction reconnue utile du gène. L'obtention de plantes ou d'animaux transgéniques peut s'effectuer par diverses méthodes dont la micromanipulation est la plus fréquente. Des tentatives ont été menées par une voie mécanique qui consiste à bombarder les cellules à l'aide d'un microcanon avec des microparticules que l'on souhaite insérer ; ainsi est née la biologie balistique ou biolistique...

Un des premiers résultats en biologie végétale a été d'obtenir, sur du colza rendu transgénique par introduction de gènes provenant de la bactérie *Agrobacterium tumefaciens*, la production de protéines, qui restent encore aujourd'hui de petite taille, comme les peptides. Ces prouesses de laboratoire laissent espérer l'obtention dans l'agriculture au champ ou sous serre, d'une récolte de molécules à haute valeur médicale. Les premiers pas vers la « culture des molécules » *(molecular farming)* sont franchis. Certains pensent également à économiser les engrais azotés en fixant sur les plantes cultivées les gènes des légumineuses qui leur permettent d'absorber directement l'azote de l'air.

Des démarches analogues ont été entreprises pour obtenir des animaux transgéniques, par exemple des vaches dont le lait contiendrait des molécules nouvelles à haute valeur ajoutée. •

2. Remuage des bouteilles de Champagne.

3. Amélioration des variétés de blé.

Les industries biotechnologiques

NÉE EN CALIFORNIE, LA PRODUCTION BIOTECHNOLOGIQUE INDUSTRIELLE EST EN TRAIN DE SE DÉVELOPPER DANS LES PAYS INDUSTRIALISÉS.

Si l'on englobe sous l'expression d'industries biotechnologiques toutes les industries qui font appel aux fermentations traditionnelles : la brasserie, la panification, la fromagerie, la vinification, on aboutit à des chiffres d'affaires impressionnants, et certains ont voulu démontrer ainsi que la biotechnologie était parmi les premières industries au Japon, aux États Unis ou en France.

En réalité, c'est à la fin des années 1970, avec l'apparition des manipulations génétiques et la fabrication industrielle de l'interféron que la biotechnologie, en tant que science, a pris son essor et que des entreprises davantage liées à la recherche qu'à la production industrielle sont nées. Le phénomène est apparu sur la côte ouest des États-Unis où des chercheurs d'universités californiennes ont créé leurs propres entreprises avec quelques capitaux personnels et des appuis extérieurs sous forme de « joint-venture ». Parmi ces quelques dizaines d'entreprises, une moitié environ a obtenu des résultats scientifiques exploitables et sont devenues des entreprises florissantes, cotées en Bourse, mais dont l'activité demeure pour l'essentiel la recherche, leur revenu provenant des brevets et contrats passés avec de grandes sociétés pharmaceutiques, chimiques, agroalimentaires ou encore pétrolières qui, elles, ont maintenant une véritable activité de production biotechnologique. Avec un certain décalage dans le temps et à une moindre échelle, le phénomène s'est développé selon le même schéma dans les pays européens, et spécialement en France, où Elf Aquitaine a créé une société, Elf-Bio-Industrie, disposant à Labège, près de Toulouse, d'un très actif centre de recherche. On retrouve d'ailleurs des capitaux d'Elf Aquitaine liés à B.S.N., Moët-Hennessy, Paribas et A.G.F., au sein de Transgène, dont les laboratoires implantés à Strasbourg sont orientés vers le génie génétique. Il faut également signaler, dirigée plus spécialement vers les industries alimentaires, Transia, société lyonnaise filiale de l'Institut Mérieux.

La biotechnologie représente pour la France une chance de développement industriel appréciable car elle dispose de deux atouts majeurs. Le premier : des équipes de recherche fondamentale de premier ordre en biologie moléculaire, biochimie, microbiologie, génétique, avec au premier rang les Instituts Pasteur (Paris, Lille, Lyon) ; le second atout est lié à la présence d'entreprises industrielles performantes, en particulier dans l'industrie pharmaceutique mais aussi dans des domaines plus strictement biotechnologiques comme Lesaffre, première entreprise productrice de levures au monde, ou A.E.C. (Alimentation Équilibrée de Commentry), filiale de Rhône-Poulenc, qui est la première entreprise productrice d'acides aminés au monde. •

→ **Voir aussi :** Le génie génétique, **BIOL**, p. 62-63. Les biotechnologies, **ECO**, p. 308-309.

4. Embryons de blé obtenus in vitro.

La transformation des céréales et des féculents

GRÂCE À L'AMIDON, PRÉcieux glucide de réserve qui constitue l'essentiel de leur grains, les céréales (blé, orge, maïs, riz) sont les grandes plantes nourricières de l'humanité.

Différentes techniques sont mises en œuvre pour récupérer l'amidon à partir des grains de céréales, ou la fécule (nom donné à l'amidon provenant de sources non céréalières) à partir des graines de légumineuses ou des pommes de terre.

La meunerie est l'activité industrielle qui a pour objet de transformer, par mouture mécanique, les grains de céréales en farine. Le principe de la mouture est de séparer l'amande, riche en amidon, des parties externes du grain, constituées de substances peu digestibles. Cette séparation s'effectue, depuis des millénaires, grâce à des outils et des machines qui produisent un frottement : pierre sur pierre des meules romaines ou pilon sur mortier, encore utilisé en Afrique, et, depuis un siècle, broyage par cylindres métalliques. Diverses formes d'énergie ont été successivement employées : le travail humain, souvent celui des femmes ou des esclaves, la force des animaux, l'énergie du vent ou celle des rivières, remplacés aujourd'hui par des moteurs électriques.

À côté de la meunerie, qui traite la plus grande partie des grains, se sont constituées une puissante industrie de l'alimentation du bétail, qui prépare une large gamme d'aliments composés, adaptés aux besoins des animaux, ainsi qu'une industrie de l'amidonnerie-glucoserie, dont les débouchés se développent à la fois vers l'alimentation humaine et vers d'autres secteurs industriels comme la pharmacie, la papeterie, le textile.

La meunerie

LONGTEMPS ARTISANALE, LA MEUNERIE EST MAINTENANT UNE INDUSTRIE MODERNE CAPABLE DE LIVRER DES FARINES DIVERSIFIÉES.

La meunerie réalise des opérations mécaniques relativement simples sur le plan technologique : le broyage des grains et la séparation des particules qui en résultent. L'apparition des broyeurs à cylindres cannelés, à la fin du XIXe siècle, a correspondu au début de l'industrialisation des moulins. Les progrès, depuis, ont surtout porté sur l'accélération du procédé et sur les économies d'énergie. L'étape suivant le broyage, le tamisage ou blutage, permet de séparer le son et les particules de farine en plusieurs sortes, de finesse différente. Le blutage est effectué sur des tamis à plateaux superposés : les planchisters. Toutes ces opérations sont aujourd'hui réalisées par des appareils télécommandés, voire complètement automatisés. La grande innovation a été le transport pneumatique à l'intérieur du moulin, qui a permis d'éliminer les élévateurs à vis et, surtout, de mettre en place un système de livraison en vrac des blés, des farines et des issues.

Les efforts des meuniers ont porté sur la qualité des farines, livrées en quasi-totalité à la boulangerie. La farine blanche destinée à la panification comprend de 65 % à 72 % d'amidon, de 14 % à 16 % d'eau, de 8 % à 12 % d'une partie protéique, le gluten, de 1,2 % à 1,4 % de matières grasses et des quantités faibles de matières minérales et de vitamines (B, PP, E). Pour certains produits dits « de viennoiserie », comme les brioches, on utilise une farine plus blanche. En revanche, pour les pains complets, on emploie des farines brunes qui contiennent presque tous les éléments du grain originel. Les meuniers peuvent ainsi fournir une gamme très variée de mélanges ou « mixes » permettant des panifications spéciales, comme des pains de campagne, pains au son, au seigle, etc. Parmi les progrès récents réalisés par la meunerie, il faut signaler l'enrichissement des farines en gluten. En effet, beaucoup de blés cultivés en France manquent de force boulangère, ce qui oblige à mélanger leur farine avec celle de blés dits « de force », importés d'Amérique du Nord. Le procédé nouveau de turbo-séparation consiste à réduire les particules de farine à 40 micromètres et à les introduire dans un tambour, ou vortex, où les accélérations centrifuges de l'air séparent l'amidon du gluten. Grâce à ce procédé industriel, on peut enrichir les farines en gluten et améliorer leurs qualités de panification. Le gluten est un produit également utilisé pour la biscotterie, pour les produits de régime ou pour l'enrichissement protéique de diverses denrées. La France dispose de quatre usines, des glutenneries, produisant amidon et gluten. •

Les utilisations non alimentaires de l'amidon

Les utilisations non alimentaires des produits amylacés ont pris de l'importance, notamment dans la papeterie-cartonnerie.

Par oxydation électrolytique de l'amidon, on obtient l'amidon dialdéhydique, employé pour l'amélioration des pâtes à papier, la préparation des colles et le tannage du cuir. La nitratation aboutit à l'amidon nitré, employé comme explosif. En mélange avec des orthophosphates, l'amidon devient soluble et acquiert un pouvoir épaississant élevé, propriété utilisée par l'industrie des cosmétiques.

Par son action émolliente, l'amidon sert en pharmacie contre les inflammations cutanées, soit en nature (bains, cataplasmes), soit sous forme de glycérolés, de pommades ou de poudres.

La féculerie

OBTENUE À PARTIR DE PLUSIEURS VÉGÉTAUX, MAIS SURTOUT DE LA POMME DE TERRE, LA FÉCULE EST UTILISÉE PAR DE NOMBREUSES INDUSTRIES.

Dans le langage de la physiologie végétale, l'amidon désigne un polymère du glucose présent dans tous les végétaux, où il constitue la substance de réserve. Pour les milieux professionnels, l'amidon est un produit extrait de céréales et de légumineuses, alors que la fécule, bien que de même composition chimique, est extraite d'autres végétaux et en particulier de la pomme de terre. Il existe également des fécules d'igname, de patate douce, de sagou ou de manioc. C'est cette fécule de manioc, après cuisson ménagée en présence d'eau, qui fournit le tapioca.

Les producteurs de pomme de terre sont rétribués par l'usine à laquelle ils livrent les tubercules selon la teneur en fécule, qui oscille entre 13 % et 23 %. À l'arrivée en féculerie, les tubercules sont nettoyés à sec et lavés à l'eau, de manière à éliminer la terre, les herbes, les pierres. La seconde étape de traitement est un râpage mécanique, réalisé dans les usines les plus efficientes par des ultrarâpes produisant 30 tonnes/heure à 2 800 tours par minute. La « râpure » obtenue est une bouillie soumise à un procédé de décantation-tamisage aboutissant à une pulpe épuisée, c'est-à-dire vidée de son amidon, et à un lait brut contenant à la fois de la fécule et des fibres. Le lait est purifié par voie centrifuge dans un hydrocyclone ; la fécule humide est ensuite séchée à l'air chaud avant d'être stockée en silos. Elle est distribuée soit en camions citernes, soit en sacs.

Les utilisations de la fécule sont importantes dans divers domaines et, d'abord, dans l'industrie du papier, du carton, des textiles, des colles, dans le traitement des eaux, etc. Dans l'industrie alimentaire, la fécule est aussi utilisée comme ingrédient pour des conserves, des pâtisseries, des sauces et des potages. L'industrie pharmaceutique utilise aussi la fécule comme excipient.

Dans toutes ces utilisations, la fécule pure non traitée, qualifiée de « native », apporte des qualités de liant, d'épaississant, de stabilisateur colloïdal, d'accroissement de la viscosité, d'adhésif. À partir de la fécule on peut également fabriquer de nombreux dérivés, comme les dextrines, qui sont très demandées par l'industrie des adhésifs, ou encore les amidons gonflants ou amidons pré-gélatinisés, également utilisés dans différentes industries et en alimentation humaine.

Les féculeries étaient autrefois très nombreuses en France. Au milieu du XIXe siècle, on en recensait plus de 500, pour la plupart se présentant en petits ateliers annexes d'exploitations agricoles. Aujourd'hui, il existe en France trois féculeries produisant près de 200 000 tonnes, ce qui place ce pays au deuxième rang européen après les Pays-Bas.

Traditionnellement, une concurrence a toujours existé entre les amidons préparés à partir de pomme de terre ou fécules et ceux préparés à partir de céréales. L'amidon de blé est devenu marginal, alors que la fécule de pomme de terre et l'amidon de maïs ont accru leur importance. •

Amidonnerie de maïs et glucoserie

LE MAÏS, EN PARTICULIER AUX ÉTATS-UNIS, FOURNIT PLUSIEURS CENTAINES DE PRODUITS ET COPRODUITS À BASE D'AMIDON, PARMI LESQUELS L'ISOGLUCOSE.

Le grain de maïs est composé de 70 % d'amidon, 10 % de cellulose, 10 % de protéines, d'un germe comptant pour 6 % et de 3 % de substances solubles, sucres et divers. L'industrie de l'amidonnerie prépare l'amidon dans l'état de pureté le plus élevé possible et recueille les autres constituants qui sont valorisés sous forme de coproduits.

La première opération est le trempage, destiné à amollir les grains avant de les broyer légèrement, de manière à récupérer les germes, dont on tire une huile de table. On procède ensuite à un broyage plus fort, dans des broyeurs à disques, qui donne un lait d'amidon, lui-même traité sur filtre rotatif pour séparer l'eau de l'amidon finalement séché. Si l'amidon demeure le premier produit de traitement, on obtient également des coproduits dont la valeur n'est pas négligeable. Les restes cellulosiques pressés et séchés constituent les drêches, vendues comme aliment du bétail sous forme de *corn gluten feed,* qui contiennent environ 20 % de protéines. Comme produit de substitution des céréales, le corn gluten feed donne lieu à un important commerce international. L'huile de germe de maïs, riche en acide linoléique, donc en corps gras non saturés, est recommandée par les nutritionnistes ; elle est vendue comme huile de table ou incorporée à la margarine. Quant à l'amidon de maïs lui-même, ses débouchés industriels ne cessent de croître vers les industries comme la papeterie, la fabrication d'adhésifs, les textiles, la pharmacie. Les industrie alimentaires utilisent aussi de plus en plus d'amidon de maïs, à la fois pour ses propriétés de liant et pour sa richesse nutritionnelle.

Cependant, l'extraordinaire débouché de l'amidon de maïs est venu, d'abord aux États-Unis et maintenant en Europe, de sa transformation en glucose, monomère de la macromolécule d'amidon. Cette transformation est obtenue par un procédé d'origine japonaise, exploité par les Américains, reposant sur l'utilisation d'enzymes pour fabriquer un sirop de glucose riche en fructose, qui a un pouvoir sucrant double de celui du saccharose. La production de ce sirop, dit « isoglucose », a trouvé un marché énorme et croissant dans le domaine des boissons gazeuses où il a remplacé le sucre de betterave ou de canne. L'isoglucose présente en effet le double avantage d'être liquide, donc facile à transporter et à stocker, et d'être, à pouvoir sucrant égal, moins cher que le saccharose. L'amidonnerie et la glucoserie ont connu une croissance spectaculaire aux États-Unis, grâce à des usines peu nombreuses mais extrêmement bien équipées. En Europe, les réticences des betteraviers ont freiné l'utilisation de sirop de glucose, qui est contingentée. La France dispose cependant de quelques amidonneries et glucoseries bien équipées. •

1. Les destinations du maïs.

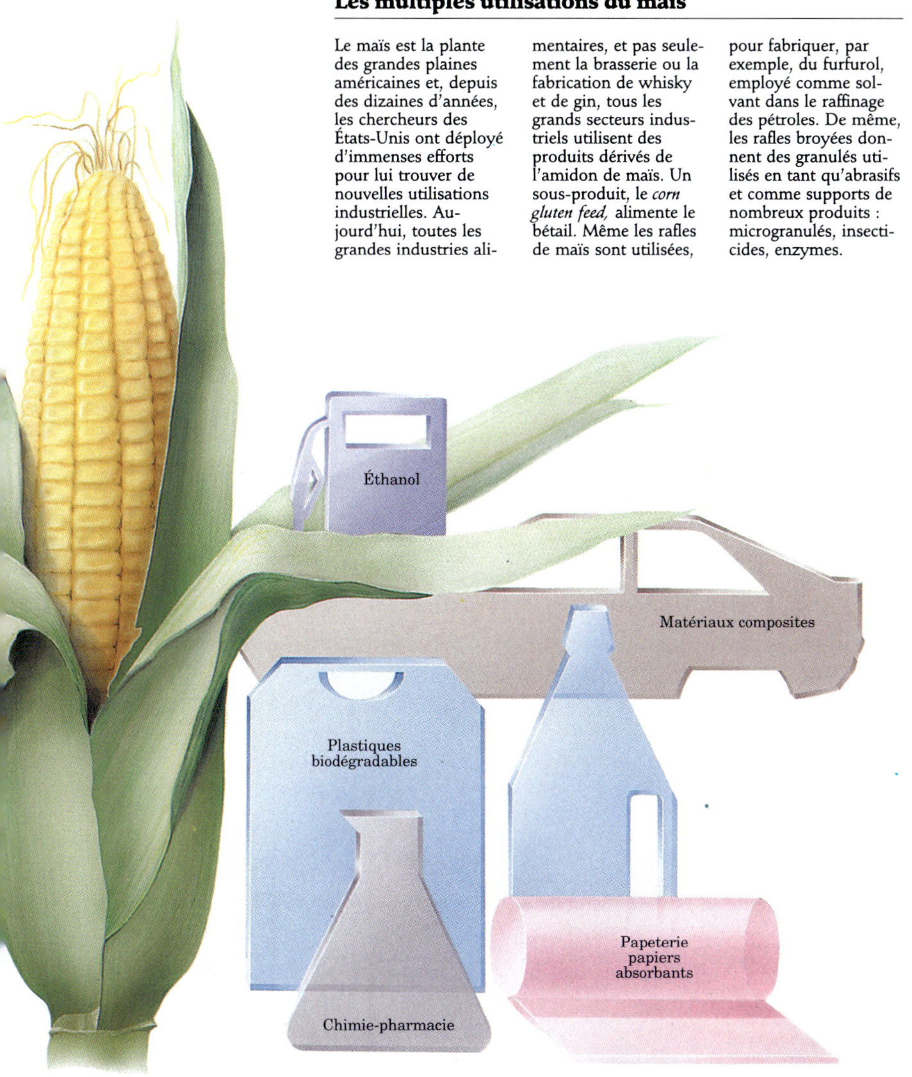

Les multiples utilisations du maïs

Le maïs est la plante des grandes plaines américaines et, depuis des dizaines d'années, les chercheurs des États-Unis ont déployé d'immenses efforts pour lui trouver de nouvelles utilisations industrielles. Aujourd'hui, toutes les grandes industries alimentaires, et pas seulement la brasserie ou la fabrication de whisky et de gin, tous les grands secteurs industriels utilisent des produits dérivés de l'amidon de maïs. Un sous-produit, le *corn gluten feed,* alimente le bétail. Même les rafles de maïs sont utilisées, pour fabriquer, par exemple, du furfurol, employé comme solvant dans le raffinage des pétroles. De même, les rafles broyées donnent des granulés utilisés en tant qu'abrasifs et comme supports de nombreux produits : microgranulés, insecticides, enzymes.

L'industrie de l'alimentation du bétail

NÉE DE LA MEUNERIE, CETTE INDUSTRIE, AUJOURD'HUI AUTONOME, UTILISE DES MATIÈRES PREMIÈRES DU MONDE ENTIER.

La croissance prodigieuse de l'élevage industriel n'aurait pu avoir lieu sans la possibilité de nourrir les animaux avec des aliments composés, c'est-à-dire les mélanges préparés industriellement et adaptés à chacune des espèces : aliments pour bovins, pour vaches laitières, aliments pour ovins et caprins, aliments pour volailles, soit pour poulets de chair, soit pour poules pondeuses, aliments pour lapins, pour dindons, pour canards, etc. Les connaissances nutritionnelles étant aujourd'hui extrêmement précises pour toutes les espèces d'animaux domestiques, on ajuste la composition des rations en fonction d'objectifs précis, surtout liés au gain de poids.

L'industrie de l'alimentation animale s'est développée à partir de la meunerie, qui a toujours destiné ses sous-produits, issues et sons, aux animaux domestiques. Cependant, avec les premiers élevages dits « hors-sol » dans les exploitations agricoles, c'est-à-dire installés dans des bâtiments spécialisés hébergeant des volailles ou des porcs qui ne sortent jamais, s'est imposée la nécessité de fournir une alimentation complète, pas ou peu liée aux céréales et aux fourrages de l'exploitation. Il s'est ainsi créé une industrie de l'alimentation animale, industrie de broyage et de mélange à partir de diverses céréales, mais aussi de produits contenant des protéines, comme les farines de poisson, les tourteaux ou des produits de synthèse tels que l'urée ou des acides aminés. Des produits comme le soja et le manioc présentent un grand intérêt et constituent aujourd'hui une part importante des aliments composés. Malgré des efforts pour développer en France leur culture, l'Europe importe de très grandes quantités de ces matières premières ; c'est pourquoi les grandes usines nouvelles se sont implantées près des ports de l'Atlantique. En plus de ces ingrédients de base, les rations sont complétées par de petites quantités, mais soigneusement mélangées, de vitamines et de sels minéraux. Pour améliorer leur productivité, les industriels ont automatisé leurs usines et ont, surtout, fait porter leurs efforts sur la logistique, le transport et la distribution, dont les coûts dépassent souvent ceux de la fabrication pour ces produits peu onéreux. Ainsi le conditionnement en sac a-t-il été remplacé par les livraisons en vrac pour la majorité des quantités consommées.

L'industrie de l'alimentation animale a su diversifier ses débouchés aussi bien vers les élevages nouveaux, comme ceux des poissons en aquaculture, que vers les animaux de compagnie. Dans ces secteurs, la progression des ventes a été croissante, mais semble arriver à un palier, bien que la consommation actuelle représente seulement 30 % des besoins nutritionnels des animaux familiers. Les entreprises essayent de relancer le marché en proposant des produits plus diététiques ou plus appétissants. •

→ **Voir aussi :** Les céréales, **AGRI**, p. 432-433, Les plantes riches en fécule, **AGRI**, p. 434-435.

Le manioc

Appelé dans certains pays « cassava » ou « tapioca », le manioc *(Manihot utilissima),* de la famille des euphorbiacées, est une plante qui atteint de 2 à 4 mètres de hauteur, à tige ramifiée et à racine tubéreuse riche en amidon. Le manioc est une des grandes plantes vivrières des zones tropicales humides d'Amérique du Sud, dont il est originaire, mais aussi d'Afrique et d'Asie. Il est soit consommé immédiatement après la récolte (manioc frais), soit conservé après dessication (manioc sec). Dans les deux cas, des précautions doivent être prises afin d'éliminer une amertume éventuelle provoquée par la présence d'acide cyanhydrique dans la pulpe fraîche. La part du manioc dans la nourriture de beaucoup d'habitants de pays du tiers-monde est tout à fait considérable.

Cependant, le manioc est devenu aussi une matière première très demandée sur les marchés internationaux, non pas tellement pour la consommation humaine sous forme traditionnelle de tapioca ou comme ingrédient dans diverses préparations comme les soupes, mais en tant qu'aliment du bétail, en produit de substitution des céréales. Le manioc importé de Thaïlande, d'Indonésie ou du Brésil joue un grand rôle dans l'alimentation animale, en Europe, en particulier pour les porcs dont les élevages industriels se sont implantés, pour cette raison, à proximité des grands ports de Rotterdam ou d'Anvers.

La fabrication du pain et des produits céréaliers

Le pain est préparé à partir de farine, d'eau, de sel et de levure. Alors que la farine est aujourd'hui obtenue exclusivement par voie industrielle, la fabrication du pain est encore une activité majoritairement artisanale en France et, d'ailleurs, qu'elle ait lieu chez le boulanger ou en usine, elle donne lieu aux mêmes opérations principales : préparation de la pâte, lors du pétrissage dans le pétrin, fermentation, division de la pâte en pâtons, mise en forme des pâtons selon le type de pain fabriqué, enfin cuisson.

Les industries céréalières, qui ont connu un développement important au cours des dernières années, sont avant tout des industries de mélange et de cuisson qui ont beaucoup diversifié leurs fabrications : biscottes, biscuits, pâtisserie industrielle et produits nouveaux à partir du procédé révolutionnaire de cuisson-extrusion, appliqué initialement aux matières plastiques et aujourd'hui couramment utilisé en industrie alimentaire. Le même phénomène de diversification se constate dans le secteur traditionnel des pâtes alimentaires.

Si la consommation de pain a connu, au fil des dernières générations, un fléchissement marqué, on constate en revanche une augmentation de la consommation des autres produits céréaliers, soit pour des raisons de plaisir : les pâtisseries de toute nature, soit pour des raisons diététiques : les biscottes, considérées comme légères, les produits enrichis en fibres, considérés comme protecteurs contre les cancers des voies digestives, ou les pâtes alimentaires, recommandées, par exemple, pour les épreuves sportives d'endurance.

La panification artisanale

LE PÉTRISSAGE MÉCANIQUE, L'ENSEMENCEMENT À LA LEVURE, LES FOURS CONTRÔLÉS AUTOMATIQUEMENT ONT PERMIS LA SURVIE DU BOULANGER ARTISANAL.

Longtemps pratiquée dans les familles, surtout à la campagne, la panification est une opération simple qui débute par un mélange de farine (100 parties), d'eau (60), de sel (2) et de levure (1). On laisse la pâte ainsi obtenue reposer et fermenter, puis on cuit au four de manière à arrêter les transformations biologiques. La cuisson donne leurs structures à la croûte et à la mie, elle assure une bonne digestibilité du pain.

Les boulangeries d'aujourd'hui ont conservé en France une organisation artisanale. Elles sont 38 000, réparties sur tout le territoire, et leurs conditions de travail ont été considérablement améliorées grâce aux progrès des industries des matières premières et à la mécanisation.

Les progrès ont d'abord porté sur les ingrédients : les meuniers fournissent des farines de plus en plus blanches, ou des « mixes », mélanges prêts à l'emploi, adaptés à des panifications spéciales. Les levures *(Saccharomyces cerevisiae)* sont également fournies par une puissante industrie qui a mis au point des levures rapides et des souches adaptées aux différents types de panification. Ces levures sèches, actives, à action instantanée se présentent sous forme de très fines particules pouvant être conservées pendant un an à température ambiante. L'utilisation des levures a fait disparaître, aux environs de 1930, le levain, qui était une fraction de pâte fermentée, conservée par le boulanger d'une semaine sur l'autre pour réensemencer en levure ses nouvelles pâtes.

Mais le progrès le plus sensible pour l'artisan boulanger est né de la mécanisation, et même de l'électrification de ses appareils. Depuis 1920 environ, le pétrissage, mélange intime de la farine, de l'eau, du sel et des levures, est réalisé dans des pétrins métalliques mécanisés.

Après le pétrissage, le boulanger introduit la pâte dans une peseuse-diviseuse, puis dans une façonneuse, qui donne leur forme aux différents pains, enfin dans la chambre de fermentation et dans le four où se déroule la cuisson. Celle-ci n'est plus faite uniquement sur la sole du four, mais aussi dans des filets métalliques tournant dans une armoire à air chaud. Parallèlement à la mécanisation, l'utilisation du froid permet au boulanger une pleine maîtrise des processus fermentaires en ralentissant la vitesse de fermentation, ce qui permet le repos de nuit, ou le jour de congé. Grâce à la congélation d'abord, à la surgélation aujourd'hui, la pâte peut être préparée une fois par semaine puis maintenue à –18 °C sous forme de pâtons façonnés ou non. Grâce à toutes ces techniques, le boulanger fournit à ses clients à la fois des pains, des produits de viennoiserie, de la pâtisserie fraîche, etc. Si la qualité du pain a considérablement évolué dans la couleur de la croûte, dans la blancheur de la mie et, surtout, dans l'allégement général, il existe une grande fidélité de la clientèle, qui accepte chaque jour de se rendre chez le boulanger pour acheter son pain frais. •

Composition nutritionnelle du pain
pour 100 g de pain blanc

Eau	38 g
Lipides	1,4 g
Protéines	8 g
Glucides (amidon)	53 g
Fer	1,8 mg
Calcium	90 mg
Vitamine B1	0,18 mg
Vitamine B2	0,04 mg
Vitamine PP	1,7 mg
Valeur calorique	240 kcal = 1 MJ

Les industries de cuisson

PLUS DE CINQ MILLE PRODUITS À BASE DE CÉRÉALES ET D'ORIGINE INDUSTRIELLE SONT PROPOSÉS AU CONSOMMATEUR.

La panification industrielle n'a pas pris en France l'essor que l'on constate dans les autres pays développés : elle n'y représente que 10 % de la consommation totale de pain, alors qu'elle atteint 30 à 35 % en Allemagne et aux Pays-Bas, 50 % en Suisse et en Autriche, 70 à 75 % en Grande-Bretagne et aux États-Unis. Dans ces pays, les boulangeries industrielles fabriquent généralement du pain de mie. Aujourd'hui, en France, seules quelques collectivités et les grandes surfaces s'approvisionnent auprès d'usines à pain, avec une tendance de la part des grands magasins à installer leur propre atelier industriel.

Si la panification industrielle est donc naissante en France, il n'en est pas de même pour les autres industries de cuisson : la biscuiterie est née dans l'ouest de la France, au milieu du XIXe siècle (Lefevre-Utile en 1846, Olibet en 1862), à l'imitation d'entreprises britanniques. La grande innovation dans ce secteur a été la cuisson en continu, qui s'est généralisée après la Seconde Guerre mondiale, le gaz se substituant alors au charbon comme source d'énergie. L'électricité est encore souvent considérée comme trop onéreuse, mais sa compétitivité pourrait s'améliorer avec l'apparition de nouveaux types de four à infrarouges ou à micro-ondes.

La biscotterie est une industrie récente et particulièrement performante, qui a su obtenir une continuité dans ses fabrications au niveau des étuves de fermentation des pâtes, de la découpe et de la dépose automatique des tranches de pain à griller. Une grande difficulté tient au refroidissement des pains après leur cuisson et avant le tranchage ; il est nécessaire de maintenir un temps de repos que l'on essaie de réduire par refroidissement sous vide ou par traitement aux micro-ondes.

La pâtisserie industrielle a connu, au cours des dernières années, un extraordinaire développement, portant d'abord sur la pâtisserie préemballée (cakes, gâteaux fourrés, marbrés, etc.), mais surtout sur la pâtisserie surgelée fabriquée pour des grandes surfaces ou des collectivités.

Pour toutes ces industries de cuisson, la création de nouveaux produits est une nécessité vitale, qui, dans une certaine mesure, s'oppose aux chaînes entièrement automatisées. L'élargissement des marchés a permis de passer à ce type d'usines fournissant des produits fragiles et délicats, mais bien contrôlés et bien emballés. La France est le troisième pays producteur de la C.E.E., et le deuxième marché national. Les consommations les plus fortes, par habitant et par an, sont celles des Pays-Bas (17,4 kg) et de l'ensemble Belgique-Luxembourg (13,3), les plus faibles étant celles de la Grèce (3,8) et du Portugal (3,2). La France, avec 11,5 kg, est assez proche de la Grande-Bretagne (13,2). •

1. Four-tunnel à chauffage infrarouge.

Sciences et Techniques

CE VOLUME REGROUPE L'ENSEMBLE des sciences dites exactes : sciences de l'Univers, de la Terre, de la matière et de l'énergie (physique et chimie), mathématiques ainsi que les techniques dont elles sont souvent des applications.

Le domaine **L'Univers** donne un panorama complet des divers objets qui peuplent l'espace (planètes et leurs satellites, étoiles, nébuleuses, galaxies, etc.), décrit leur composition, leur structure, leur origine et leur évolution. Il montre comment l'homme étudie ces astres et expose les théories qu'il a élaborées pour rendre compte de l'origine, de l'état présent et de l'avenir de l'Univers.

Le domaine associé **La Terre** décrit la planète sur laquelle nous vivons : sa composition, sa structure, les roches qui en constituent la croûte, les phénomènes qui se déroulent dans son atmosphère, à sa surface ou dans ses profondeurs. Il présente aussi les grands types de formations végétales et leur extension. Pour observer, mesurer, surveiller, représenter tout ce qui se déroule sur sa « planète bleue », l'homme a mis au point toutes sortes de méthodes (géodésie et topographie, cartographie, télédétection, etc.) qui sont ici exposées.

Le domaine **Mathématiques** donne, dans un langage le plus simple possible, les éléments fondamentaux de cette discipline. Cette science construit, à partir de l'expérience sur les nombres et sur l'espace (géométrie), des notions, des êtres de plus en plus complexes. Elle étudie les relations existant entre ces êtres et en dégage des formes communes d'organisation : les structures. Ces êtres abstraits (fonctions, suites, séries, groupes, etc.) ainsi que les outils (intégration, équations) ou les méthodes d'étude (combinatoire, probabilités, statistique) se révèlent de puissants moyens d'analyse ou de modélisation pour les autres sciences, qu'elles soient physico-chimiques, biologiques ou sociales.

Le domaine **Physique** présente l'ensemble des phénomènes dont la matière est le siège : le mouvement, la lumière, la chaleur, l'électricité, le magnétisme, la gravitation, les ondes, la radioactivité, etc. Il décrit les principes de fonctionnement des appareils qui ont été développés à partir de ces phénomènes : microscopes et imagerie scientifique, machines électriques ou thermiques, laser, etc. Il expose les concepts et les théories qui ont permis d'unifier cette science : énergie, thermodynamique, relativité, symétrie, chaos, etc. Il pénètre au cœur de la matière (atomes, noyaux, particules) telle que la découvrent avec leurs puissantes et coûteuses machines les « alchimistes » du temps présent.

Le domaine **Chimie**, partant des aspects les plus familiers de notre environnement (l'air, l'eau), montre comment le chimiste procède à une analyse de plus en plus fine de la matière (corps composés, corps simples, molécules, éléments), comment il a mis au point les concepts et les théories qui rendent compte des mécanismes par lesquels les atomes se lient les uns aux autres, les molécules interagissent. Cette connaissance permet aujourd'hui à l'homme de construire des molécules, des substances, des matériaux ayant de multiples usages et propriétés utiles. Elle permet aussi de comprendre de mieux en mieux ce qui se passe dans les êtres vivants grâce à l'étude chimique des processus biologiques.

Dans le domaine **Techniques**, enfin, on trouvera l'ensemble des méthodes et des réalisations grâce auxquelles l'homme exploite des sources d'énergie, fabrique des matériaux, des machines ou des objets, se déplace sur terre, sur l'eau, dans l'air ou dans l'espace, communique par l'écrit, l'image ou le son, stocke et archive le savoir et les créations de son esprit, manipule et traite l'information pour une plus grande maîtrise de tous les processus. •

SOMMAIRE

Arts et Culture

Ce volume dresse le bilan des moyens employés par l'humanité pour s'approprier le monde autrement que par l'activité quotidienne utilitaire et parcellaire : le penser, le décrire, le mimer, le représenter ; non plus le transformer localement par des techniques, mais le recréer d'un seul coup par la magie de l'art, dans la dureté du marbre ou la fugacité de la mélodie, dans l'immobilité du tableau ou dans les arabesques de la danse, dans le grand silence de la page ou la fébrilité sonore des médias.

Le domaine **Littérature** se déploie ainsi entre deux interrogations : comment la notion de littérature s'est-elle dégagée de la parole consacrée, aux origines des sociétés, à perpétuer le savoir et les valeurs d'une communauté pour devenir l'expression irréductible du moi d'un individu unique ? Comment la nouvelle culture audiovisuelle peut-elle faire encore sa place à une activité qui s'identifie aujourd'hui à l'écriture ? Entre ces deux pôles, le domaine dessine un double parcours dans l'espace et dans le temps : à travers les grandes aires culturelles (européenne, américaine, indienne, arabo-persane, extrême-orientale, etc.) qui se définissent par une sensibilité particulière, l'insistance de thèmes privilégiés, le développement de genres spécifiques ; en s'arrêtant aux temps forts que composent les grands mouvements et les grandes périodes de l'histoire littéraire (de la poésie courtoise au théâtre de l'absurde en passant par le classicisme), incarnés par quelques génies (de Dante à Kafka).

Le domaine **Beaux-Arts** brosse le panorama d'une aventure qui va de la préhistoire au post-modernisme. Il met en lumière les conditions politiques, économiques et sociales d'apparition des techniques et des thèmes en peinture, sculpture et architecture, du mystère de l'art néolithique à l'ironie du néo-dadaïsme, de la figuration à la simulation. Il trace les grandes lignes de l'évolution de l'art européen, à travers ses manifestations majeures, de la renaissance carolingienne aux nouvelles avant-gardes des années 1980. Il fait comprendre comment le style se met au service d'une vision par l'analyse détaillée de quelques œuvres phares (de Saint-Marc de Venise à *Guernica* de Picasso). Il introduit à la sensibilité et à l'esthétique des civilisations anciennes, de l'Égypte pharaonique à l'art des Andes ou de la haute Asie.

Le domaine **Musique** entrelace une double histoire : des instruments et des formes musicales, des styles et des théories. Il explicite les caractéristiques des musiques primitives et extra-occidentales et fait comprendre l'évolution complexe d'un art qui va des chants liturgiques du Moyen Âge à la culture rock de la jeunesse urbaine des métropoles modernes.

Le domaine **Danse** définit la nature et le rôle de l'art chorégraphique dans les diverses formes de société, de la danse magique et religieuse au divertissement des bals bourgeois et populaires. Outre les aspects sociaux de la danse, il met en valeur la transformation continue des techniques, des danses de la Renaissance et des ballets de cour à la virtuosité corporelle des troupes contemporaines.

Le domaine **Cinéma** entreprend l'histoire, courte mais particulièrement riche, du septième art. Des inventions techniques des bricoleurs isolés à l'organisation d'une industrie planétaire, le cinéma est étudié à travers ses grands genres (du western au documentaire et au film de science-fiction) et ses grandes manifestations nationales : du star-system d'Hollywood à l'inspiration mythologique de l'Inde et à l'émergence du cinéma du tiers-monde et des nouvelles nationalités.

Le domaine **Médias**, enfin, passe en revue les différentes composantes d'une culture nouvelle qui redonne la primauté à l'image et à la parole : de la presse à la radio, de la publicité à la télévision, elle bouleverse nos façons de voir et de communiquer et participe à la gestation, pour le meilleur et pour le pire, de l'homme du XXIe siècle. •

SOMMAIRE

MUSIQUE

DANSE

CINÉMA

MÉDIAS

Photocomposition : Maury – Malesherbes
Photogravure : Arrigo – Bordeaux
Imprimerie : Maury – Malesherbes
Dépôt légal : octobre 1991 – N° Série éditeur : 16 217
Imprimé en France (Printed in France) 152 245 octobre 1991